昭和の郊外

東京・戦前編

三浦展編

柏書房

昭和の郊外　東京・戦前編

■目次

解　題（三浦　展）　7

第1章　戦前戦後郊外開発史

第2章　郊外住宅地

①田園調布

②成城学園

③洗足

［1－2－③B］『世代交代からみた21世紀の郊外住宅地問題の研究――戦前及び戦後の郊外住宅地の変容と将来展望』（日本住宅総合センター、一九八五年、三三～一一〇頁）317

④大森・山王・馬込

［1－2－④］『大田区の近代建築　住宅編1』（大田区教育委員会、一九九一年、三五～五八、七九～八八頁）363

⑤桜新町

［1－2－⑤］『ふるさと世田谷を語る　深沢・駒沢三～五丁目・新町・桜新町』（世田谷区総務部文化課文化行政係、一九九二年、一〇五～一一二、一三一～一三六頁）391

⑥海軍村

［1－2－⑥A］鈴木宗「海軍村とドイツ村」（『せたかい』37号、世田谷区誌研究会、一九八五年、四二～四三頁）396

［1－2－⑥B］世田谷住宅史研究会『世田谷の住居――その歴史とアメニティ　調査研究報告書』（世田谷区建築部住環境対策室、一九九一年、五〇～五三、五六～五七、六四～七〇頁）397

⑦目白文化村

［1－2－⑦A］「目白文化村」研究会編『「目白文化村」に関する総合的研究(1)』（住宅総合研究財団、一九八八年、一四～三四頁）404

［1－2－⑦B］野田正穂・中島明子編『目白文化村』（日本経済評論社、一九九一年、五五～一〇〇頁）431

⑧国立・大泉学園・東村山・小平・国分寺

［1－2－⑧A］国立市史編さん委員会編『国立市史　下巻』（国立市、一九九〇年、七八～一一五頁）451

［1－2－⑧B］くにたち郷土文化館編『学園都市開発と幻の鉄道――激動の時代に生まれた国立大学町』（くにたち文化・スポーツ振興財団、二〇一〇年、一三～四〇、四二～四八頁）473

⑨常盤台

［1－2－⑨A］板橋区史編さん調査会編『板橋区史　通史編　下巻』（板橋区、一九九九年、一八一～二〇二、二五九～二七〇頁）496

［1－2－⑨B］東武鉄道社史編纂室編『東武鉄道百年史』（東武鉄道、一九九八年、四二一～四二六頁）510

［1－2－⑨C］『常盤台住宅物語』（板橋区教育委員会、一九九九年、四六～七〇頁）514

③日吉

［1―4―③］『**港北区史**』（港北区郷土史編さん刊行委員会、一九八六年、四〇二～四一五頁） 806

④藤沢市

［1―4―④］藤沢市史編さん委員会編『**藤沢市史　第六巻　通史編**』（藤沢市役所、一九七七年、五三一～五四七頁） 817

⑤沿線広告資料

［1―4―⑤A］奥原哲志「**武蔵野鉄道・旧西武鉄道の沿線開発と地域社会――沿線案内図からの検討**」（『地域史・江戸東京』岩田書院、二〇〇八年、二七三～三二二頁） 824

［1―4―⑤B］『**武蔵野の理想郷**』（東京土地住宅、一九二五年、一～一一頁） 846

［1―4―⑤C］遅塚麗水編『**京浜遊覧案内**』（京浜電気鉄道、一九一〇年、一～七、四六～四七、七三～七六頁） 853

第5章　論文など

［1―5―A］山口廣「**郊外住宅の100年**」（『田園と住まい展――世田谷に見る郊外住宅の歩み』世田谷美術館、一九八九年、九～一六頁） 860

［1―5―B］内田青蔵「**住宅作家の誕生**――住宅作家山田醇を中心に」（『田園と住まい展――世田谷に見る郊外住宅の歩み』世田谷美術館、一九八九年、一三八～一四一頁） 869

［1―5―C］岩渕潤子・ハイライフ研究所山の手文化研究会編『**東京山の手大研究**』（都市出版、一九九八年、二五～八四頁） 876

［1―5―D］奥須磨子「**郊外の再発見**――散歩・散策から行楽へ」（奥須磨子・羽田博昭編著『都市と娯楽――開港期～1930年代』日本経済評論社、二〇〇四年、一九三～二一五頁） 898

［1―5―E］白幡洋三郎「**西洋見立ての理想郷、王子・飛鳥山**」（北区飛鳥山博物館編『江戸のリッチモンド　あこがれの王子・飛鳥山展』北区教育委員会、二〇〇五年、六～一一頁） 911

［1―5―F］今和次郎「**郊外風俗雑景**」（今和次郎・吉田謙吉編著『モデルノロヂオ（考現学）』春陽堂、一九三〇年、一一一～一二七頁） 916

［1―5―G］『**特別展　Montage Suginami '30～'60――映画にうつされた郊外**』（杉並区立郷土博物館、二〇〇五年、一～二七、三二頁） 928

凡　例

一　翻刻にあたっては、漢字は旧字体を新字体に直し、歴史的かなづかいはそのままとしました。

一　原本に見られる明らかな誤植は適宜修正を施しましたが、一部、編集部注として行間に〔　〕で補足した箇所があります。

一　原本には今日において適切でないと思われる表現が含まれる場合がございますが、資料の歴史的価値を鑑みて、原文のまま掲載しました。

一　抄録資料については、資料中で参照されている箇所が収録対象外の場合がございます。該当箇所にその旨注記を施すか、煩雑となる場合は一部文言を削除させていただきました。また、紙幅の関係上、一部の資料については写真や図表を適宜削除しました。

一　抄録のため見出しの番号や図表番号が連続していない資料については、混乱を避けるために番号を削除あるいは振り直した場合があります。

一　一部の原本にはすべての漢字にふりがなが付されている資料が含まれますが、ふりがなは削除しました。

一　収録にあたっては、可能な限り著作者の方々に連絡を取り、承諾を得ておりますが、いまだに連絡のつかない著作者の方々がおられます。お心当たりの方は小社まで御一報賜りますようお願い申しあげます。

解題

三浦　展

第1章　戦前戦後郊外開発史

私は一九八八年からアメリカの郊外の研究を始めた。当時は文献も非常に少なく、自分なりに手探りで文献を探し、特に戦後アメリカの郊外大規模住宅地とその文化に関するささやかな考察を、ようやく九五年に『「家族と郊外」の社会学』（ＰＨＰ研究所）の一部としてまとめた。

二〇〇六年、アメリカで『The Suburb Reader』（Nicolaides and Wiese編）というリーディングスが出た。序文はコロンビア大学のケネス・ジャクソンが書いていた。アメリカ郊外研究の古典であり、多くの郊外研究の論文で引用されている『Crabgrass Frontier』の著者であった。

このリーディングスが一九八八年の段階で出ていれば、私のそれまでの一八年の郊外研究は、少なくともその基礎的部分は三年で済んだだろうと思われる網羅的内容だった。

こうしたリーディングスを日本の郊外研究においてつくるのが本書の目的である。ただし、本書が収録した文献は、大正、昭和の東京圏郊外に関するものに限られる。東京圏以外については、もし必要であれば、たとえば関西の郊外研究者が同様の資料集成をつくるであろう。

また本書上・下巻に収録した資料は、郊外化と代表的な郊外住宅地、ニュータウンについての基礎的な資料が中心であり、その他には、研究論文は含まれるが、小説、随筆、批評は含まれない。郊外に関する小説、随筆、批評にもすぐれたものがあるが、それらの基礎となる事実について調べるための資料集を編むことを本書は狙ったのである。

もちろん、まだまだ掲載すべき資料はたくさんあり、また掲載したものも部分的に掲載したにすぎないが、それでも、今、ゼロから東京郊外の研究を始める人がいるとして、その研究の土台形成に要する時間を五年から一年にするくらいの価値を本書が持てるなら幸いに思う。

小田内通敏『帝都と近郊』

本書の巻頭は人文地理学者小田内通敏による『帝都と近郊』（正しくは『都市及村落の研究　帝都と近郊』、1－1－A）である。大正七年（一九一八）に書かれた同書は、東京圏におけるまだ始まったばかりの郊外化をいち早く研究したものであり、その内容は非常に包括的である。同書の全体を収録すべきかと思ったが、紙幅の都合で断念した。

小田内は一八七五年秋田県生まれ、官立東京高等師範学校で地理学を学び、卒業後は早稲田中学の地理科講師となった。その頃新渡戸稲造の『農業本論』を読み、一九一六年に、大倉發身が創設した大倉研究所に入り、新渡戸稲造博士の指導の下（とはいえ新渡戸自身は、自分はこの研究の「完成を祈ったに過ぎない」と謙遜して言っているが）、武蔵野の地が帝都の郊外としていかに変化しつつあるかをつぶさに調査研究した。

大倉發身は、大倉財閥の大倉家の一人であり、実業界でも大成功を収めたが、もともと史学を専攻したこともあり、村落の研究を学術的、系統的に行うために大倉研究所を創設すべく、山崎直方博士に相談した。山崎は、そうした研究には小田内が適任であると推薦した。小田内と大倉は十数年来の旧知であり、小田内は水を得た魚のように、大倉研究所で東京郊外の村落の変貌についての実地研究に専念することができた。その成果が同書である。

研究対象として「近郊」を選んだのは、時々刻々と都市化し、変貌を遂げる東京近郊の村落地域を研究すること自体の価値だけではなかった。欧米諸国の大都市においては、都市計画の見地から、近郊地域を含めた都市経営のための研究がなされているが、日本にはそれがない、いつかそれが必要になるであろう、と大倉が予測したからである。当時は「村落の研究に就いては、参考とすべき良書も無く自得した研究法もないから、一に新渡戸・山崎両先生の指導に基き、苦心して研究綱目を定め、以て踏査に従事した」と小田内は書いている。白鳥庫吉、柳田國男らの助言もあったようである。

ところで、同書内に収められた地域のスケッチは今和次郎の手になるものだ。今は、早稲田大学の恩師であり、早稲田大学に建築学科を創設した建築家・佐藤功一の誘いで、柳田の主宰する「白茅会《はくぼうかい》」の農村・農家研究に入会し、一九一七年から埼玉県の調査に参加して民家の絵を描いていた。また佐藤は白芽会と同時に、新渡戸稲造が主宰し一九一〇年から開かれていた「郷土会」という研究会にも入っていた。郷土会のメンバーの一人が小田内だった。白芽会と郷土会は一九一八年に合流して神奈川県の農村調査を行ったが、これは柳田、佐藤、小田内らが主体となって行ったものだった。今は彼らの助手としてスケッチを担当した。さらに今は一九二二年に『日本の民家』を出版した後、小田内とともに朝鮮の農家の研究もした（黒石いずみ『「建築外」の思考　今和次郎論』）。

小田内によれば、江戸時代の「当時は主として江戸の囲繞地帯中、江戸より徒歩にて日帰りに遊覧し得べき地域」が郊外であり、そこには「都市に対する蔬菜《そさい》栽培地・遊覧地の意味を含める」といい、「住宅地区としての郊外の意義は、全く近世的色彩たるは今更言ふを俟たず」という。つまり、小田内は農業経済の観点から、消費主体の都市に食糧を供給する地域を郊外の第一の定義だと考えたのである。

この農村地帯が、東京の発展に伴ってどんどん人口が増え、住宅が増え、商店が増え、工場が増えるなどして、いわゆる「都市化」していった結果が、現在言われるところの「近郊」あるいは「郊外」である。

明治大正時代には、交通網の発達により、蔬菜栽培地・遊覧地の範囲も拡大し、一日に往復できる範囲も広がった。住宅地域は、「日本橋より直径七哩半即ち約二里の地域を、実現すべき第一期の予定区域として議定」されたため、「郊外の意義に更に都市的居住地なる新味を加ふるに至れる」と小田内は書く。今日、郊外といえば住宅地が第一義となったが、同書執筆の時点では、それは第二義だったのだ。そして小田内は、まさにこれから都市化し住宅地化しようとしている郊外農村の実状を研究したのである。

同書が探索した郊外は、東京の西郊である。「所謂郊外は大都市東京の経済生活と其居住関係とに就きて、特殊の交渉を有する地域に限らる、を以て、其縁辺は東京市の中心より一定の等距離即ち略々《ほぼ》直径五里の圏線に当る」として、「西郊の西境は、北豊島・豊多摩・荏原三郡の境を超え」と書いており、杉並区、世田谷区、練馬区に、さらに武蔵野市、三鷹市、狛江市、調布市、西東京市を加えた地域を小田内は調査している。収録した「特説――東京市の西郊」の第一章は、その地域の水系に即した自然、風土、地形の調査報告にあてられている。そしてその調査の過程で、江戸時代以来の遊覧地、景勝地を探り、洗足池畔の台地に別荘があり、田園都市株式会社が住宅地開発を計画していること、田園調布の予定地が玉川村と調布村にまたがる景勝地であることにも触れている。

第二章「住民と其居住」では、西郊を都心からの距離帯別に四つに分けて分析を行っている。第一帯は一～二里圏内の日暮里町、渋谷町、内藤新宿町など現在の山手線沿線まで。第二帯は二〜三里圏内の王子町、板橋町、大井町、世田ケ谷村、馬込村、杉並村など、ほぼ現在の環状七号線あたりまで。第三帯は三〜四里圏内の上練馬村、下練馬村、玉川村、調布村、高井戸村、千歳村など、ほぼ現在の環状八号線あたりまで。第四帯は四〜五里圏内の狛江村、石神井村、武蔵野村など、さらにその外縁部である。小田内は第三帯までを当時の「郊外の限界」と見ている。

また第一〜第二帯は人口に占める男性、特に独身者の割合が多く、かつ壮年人口（一五〜五〇歳）が多いが、これはこれらの地域に力仕事を必要とする仕事、特に工場が多いためである。また第一〜第二帯は寄留者が多い。寄留者とは、現在でいう転入者である。東京の都市化、工業化に伴って職を求めてきた若い男性が多かったということである。こうした傾向は現在でも同じであって、東京都心部には全国平均に比して生産年齢人口（一五〜六四歳）、特に二〇〜四〇代が多く、独身者が多い。都心部に工場はもはやあまりないが、生産性の高い人間が都心部に集まるための傾向である。

つまり、第三帯以遠の農村から東京市内への人口の集中が起こっている、ということを小田内は見逃さない。現在の杉並区、和田堀内村のある農家では、次男、三男が神田に出て、漬物屋を経営するようになったため、農地を集約し、農作物の種類も減らしたという事例を小田内は収集している。このように小作農が、より高い賃金を求めて農業を捨て工場労働に就いたり、都市的労働に就くことが増えていた。女性も同様であり、女中見習いなどで都市部に出た女性がそのまま帰郷しないことが増えたという。農業労働を嫌い、都市文明への憧れによるものだと小田内は分析しており、現在の目から見ても共通性があり興味深い。

住宅地化した郊外の人口の職業別分析においては、小田内は「近年遽に都市的発展をなせる渋谷町」に注目している。渋谷町には一万六四七四戸中、軍人・官公吏員が五〇四〇戸と多数を占めていた。これは目黒、世田谷、駒沢の軍施設が多かったこと、市内への交通至便のために通勤者が多かったこと、町内に高燥な地区が多く、住宅地の開発に適していたことなどがその理由である。さらに「土地・家屋・恩給・年金・有価証券等の収入」で暮らす世帯も多かった。これは都心勤務を終えた人々が余生を悠々自適に楽しむにふさわしい地域として、郊外住宅地としての渋谷町が認められていたからだろうという。これもまた現在から見ても興味深い論述である。

小田内は、大久保町についても当時の住宅地の代表として特に取り上げているが、この地にも軍人や官吏が多かったという。後述する奥沢の海軍村もそうであるが、当時の住宅地の発展にとっては、比較的高所得者である軍人、官吏の果たした役割が大きかったと言えるであろう。

他方、こうした「中等階級」だけが郊外の居住者ではなかったのであり、「貴族及富豪」が所有する邸宅も少なくなかった。「品川町北品川宿御殿山附近の台地には原邸・西村邸・益田邸・日比谷邸、大崎町の平岡には池田邸、同じく袖ヶ崎には島津邸、渋谷町の代官山より目黒村の目黒川沿の台地には、西郷邸・根津邸・山本邸、千駄ヶ谷町の渋谷川沿の台地には両徳川邸・池田邸、落合村の旧神田上水沿の台地には近衛邸・相馬邸」があり、それらの邸宅は宅地が広いだけでなく、居宅の配置は「壮麗を極め」、「自から一種の装飾の如き観を呈しつゝある」と小田内は書く。

「中等階級」向けの住宅地については「所轄行政官衙も、一定の方針に従つて住宅地の経営に就きて計画する処無かりしを以て、郊外の住宅地区は欧米大都市の郊外住宅地区に比すれば、全く自然の成行に放任せられたりといふも過言に非ざるなり」と小田内は嘆く。それに対して「近年に至り、貴族及富豪が、従来所有せし広き耕地を修理して宅地となせる所に於ては、地割・道路・排水・飲料水・住宅等に対し、一定の方針に依つて経営する所、例へば鍋島家の渋谷町に経営せる松濤園、渡辺氏の日暮里に経営せる渡辺町、徳川家の千駄ヶ谷町に経営せる貸地、前田家の大久保町に経営せる貸家、大山園及其共同者の代々幡町に経営せる貸地・貸家の如きものあり。東京信託株式会社が駒沢村に経営せる田園都市〔桜新町・三浦注〕の如きは、最も進歩せる経営の一形式なり」と小田内は計画的で良質な郊外住宅地への期待を述べている。

また、本章は住宅地区だけでなく、工場地区、商業地区についてもページを若干割いており、特に大崎や大井町に於ける工場地区での急激な人口増加に対応して供給されている住宅は「六畳一間・三畳一間位のもの多く」と、その対策の遅れを指摘している。

商業地区については「東京市中の商業地区の縮図を見るが如き」と、郊外の商業の発展に目を見張りながら、一方で「注目すべきは、住宅地区及工場地区に居住する住民の生活程度によりて、附近商業地区の商品殊に食料品の品質等に差異を生ずるは、郊外生活の一特色と見るべきものなり」として、たとえば、大森や中野のある地区の菓子屋では、中流以上の居住者が多いために、他ではあまり見ないような良い品を常備していると、風俗的な面についても目を配っているのはさすがである。

『東京市域拡張史』

昭和九年（一九三四）、東京市役所編纂発行の『東京市域拡張史』（1－1－B）は、『帝都と近郊』から一六年後の書物である。その間に関東大震災があり、また東京市周辺の郡を区として市に併合し、ほぼ現在の二三区ができるなど、東京はその間に爆発的に変貌したが、同書は、この変貌ぶりを定量的に把握できる貴重な資料である。文章は簡明であり、およそ東京を語る者はすべて同書の概要、特に本書に収録した部分をおおかた暗記するほどでなければならない。

収録した「第三章　大震災と大都市社会の現出」の冒頭では、「この大震災を契機として（一）郊外町村の人口の上に急激異常なる増加を招来せしめ（二）焼失区域を始めとして、東京市の内外に於ける都市計画的諸施設の実現を可能ならしめた」、「この二つは、明らかに大震災の産んだ双生児的所産であって」「結局市郡併合の必要を痛感せしめる直接の誘因とな」ったことに触れている。併合以前にすでに人口が増えて飽和状態に達していた市部が、大正九年（一九二〇）から昭和五年（一九三〇）の一〇年間で人口を五％減らしたのに対して、周辺五郡は約二・五倍に増えたのである。

同書では『帝都と近郊』同様、東京の圏域を四つに分けており、市に隣接する一八ケ町を第一圏、それに外接する一六ケ町を第二圏、その外側に二三ケ町村を第三圏、さらにその外側の二五ケ町村を第四圏としている（ただし各圏域に含まれる町村は『帝都と近郊』とは異なる。またこの四圏域の分類は昭和三年刊行の東京市役所編『東京市郊外に於ける交通機関の発達と人口の増加』によってつくられたものらしい）。一〇年で大きく人口が増えたのは第二、第三圏であり、それぞれ三・六倍、三・八倍だった。

町村別で人口増加が著しかったのは第二圏の荏原郡荏原町であり、一〇年間で一五・五倍、次いで第三圏の豊多摩郡杉並町であり一四倍、三位は第二圏の北豊島郡尾久町で九・七倍という驚異的な増加を示したのである。

このように、大正から昭和にかけて、いかに驚くべきスピードで東京が近代都市に、言い換えれば都心にオフィスビルや大型商業施設が集中し、郊外に住宅地が広がる大都市圏に変貌し始めたかがわかる。

こうした郊外化を可能ならしめたのは、鉄道などの交通網の発達である。たとえば省線（現JR）は、東海道線では大正三年（一九一四）に大井町、九年に大森に駅ができた。中央線は万世橋駅から東京駅までつながり（大正八）、高円寺、阿佐ヶ谷、西荻窪（大正一一）などの駅ができて、東京駅から乗り換えなしでそれらに行くことができるようになった。上野駅から神田駅までもつながった（大正一四）。その他私鉄も明治末から昭和初期にかけて郊外に整備された。同書はそうした鉄道の整備状況についても、詳しく開通年や乗降客数などを示している。

奥井復太郎『現代大都市論』

奥井復太郎は慶應義塾大学教授であり、磯村英一、鈴木栄太郎らと並ぶ都市社会学者であった。その『現代大都市論』（一九四〇年刊、1―1―C）は彼の都市社会学の包括的な著書であり、都市計画、大都市、都心、郊外、盛り場と商店街、景観、さらにはより社会心理学的な人格分析についてなど、実証研究も含めて幅広い論述がなされたすぐれた古典である。ただし本書では同書の郊外論についてのみ収録した。

先述した都心のオフィスビルについての調査も掲載されており、大手町、丸の内、有楽町、霞ヶ関などの貸事務所用のビルの延べ床面積は明治三八年（一九〇五）を一〇〇とすると震災前の大正九年（一九二〇）には七五〇、震災後の昭和五年（一九三〇）には二四六九にまで増えたという（この箇所は本書には収録していない）。

また、小説の引用などから郊外の心理というべきものまで論じているところ、また職業別の居住地の分析がされているところなどは興味深い。収録はしなかったが、郊外の広がりを交通網や乗降客数のみならず、電話加入区域、速達配達区域、新聞配達区域、百貨店無料配達区域などの、生活により密着した視点から分析しているのも面白いところである。

たとえば、郊外居住を求める心理を語るに当たって、久保田万太郎の大正三年（一九一四）の小説の一部「何の苦労もなければ気兼もない―暢々した、空のいろの始終晴れてゐる郊外へうつりたいと云ふことは、未亡人の、五六年このかたの希望であつた。（中略）町居住の煩はしさに疲れた―といへばいふのだらう。未亡人は、だんだん自分の年齢をとつて来たことに気がつくと、どこか東京を離れた、庭の広い、畑でもあり、青いもの、沢山植わつた家へ住んで、静養―まあ静養でもするやうな毎日が送りたかつた」を引用して、郊外が単に物理的に住居を供給していたのではなく、心理的なストレスからの解放を提供するものとして期待されたことを奥井は示しているのである（なお、久保田の小説が描く郊外はなんと駒込だった！）。

しかし「郊外とは職業的活動も、文化的消費的活動も、其の土地では行はれない」のであり、「郊外地の働さは僅かに寝室と、い、空気及び清澄な日光を供給する土地たるに止まつて了ふ。之れ郊外地が普通、寝室都市と呼ばれる所以である」と、現代まで通ずる郊外の本質がここですでに述べられている。

このように、住居の郊外化は職住の分離を意味するが、奥井は東京においてこの分離がいつ進んだか、一律に進んだかは断定できないと書く。最初は本宅を郊外にいきなり構えるのではなく、商人などが自分や家族のための、あるいは社交のための別宅、別荘として家を建てることもあったのであり、これらが本宅となるのは当主が隠居して子どもに店の経営を譲るか、反対に子どもが結婚して親と別居する場合である。だが子どもが独立する場合は山の手ではなく下町に住む場合もあったと奥井は書いている。一般的には都心に通う勤め人が郊外に住んだと一括して間違いないのだが、こうした細かな分析をするところに奥井の面白さがある。

職業別の居住地では、明治三七年（一九〇四）九月刊行の雑誌『女学世界』秋季増刊「社会百生活」中の文章を引用して、官吏は麴町区内、四谷、赤坂、牛込、麻布などに住んだが、軍人は牛込、麻布に多く、大蔵省や内務省の官吏は小石川、麴町に多いという特徴があり、また官吏の住居は近年、千駄ヶ谷、渋谷、大久保などにまで広がっていると奥井は書いている（この点については後述する汀波戸昭『東京の地域研究』にデータがある）。またその住居は「八畳の応接間に六畳か四畳半の書斎、客間、会食室兼用の一室が十畳か狭くても八畳で、」「それに茶の間、書生部屋、下女部屋、細君の居間、寝室、これ等が先づ普通の上等の部で」あって、全てが和室。「洋風の一間もある家は到底《トテ》もこの階級の人々の生活費の許さぬ所」だったそうだ（「高等官吏の生活」より）。

以上三冊を以て、大正から昭和にかけての東京郊外（西郊）の変遷を、主に地理、人口、生活という三点からわれわれは概観することができるであろう。

『日本地理大系』／『日本地理風俗大系』／江波戸昭『東京の地域研究』

『東京市域拡張史』（1-1-B）などに明らかなように、東京の区ごとの人口を見ると、旧東京市一五区の人口は震災前の明治四一年（一九〇八）から大正九年（一九二〇）にかけてすでに増加傾向が弱まっており、特に麴町区、神田区、日本橋区、京橋区は一二年間で一五％前後しか増えていない。

それに対して芝区、麻布区、赤坂区、四谷区、牛込区、小石川区、本郷区、下谷区、浅草区、本所区、深川区では三〇％台から六〇％近い増加率を示している。

ところが、大正九年から大正一四年（一九二五）になると、震災で旧一五区が壊滅的な打撃を受けたために、すべての区で人口が減少し、逆に、昭和七年（一九三二）に市に併合されてできた二〇区すべての人口が劇的に増加する。

大正一四年から昭和五年（一九三〇）でも旧一五区の人口はあまり回復せず、新二〇区の人口増加は続く。ただし旧一五区に隣接する品川、渋谷、淀橋、荒川、向島、城東各区の人口の伸びは一〇％台に落ち着く。

このように、人口の伸び率に注目すると、東京三五区のなかに四つの段階があることがわかる。と同時に、西側の台地の上に住宅地区が発展したただけでなく、東側の低地でも、農村地帯や湿地帯だったところで、住宅地区とは言えないものだが、とにかく人口が増えていったことがわかるのである。

ただし、東側で増えた人口は、工場の立地と共に増えた工場労働者、その増加に比例して増えた商業従事者が多く、都心のオフィス街に勤めるホワイトカラーの割合は西郊に比べて少なかった。大正一五年（一九二六）に、日本橋区、京橋区、浅草区が商業地として、西側は住宅地として、東側は工場地帯として、用途地域指定されたからである。

『日本地理大系』（1-1-D）および『日本地理風俗大系』（1-1-E）は、いずれも三五区成立直前の東京を写真と図版で解説した非常に面白い本であるが、これらの書においても、西側の発展だけでなく、東側の変貌についても詳しく記述されている。旧一五区の特に都心に近い地域が次第に近代都市として発展し、道路網も整備されていくに従って、都心部に従来存在していた工業が郊外化し、特に大規模な工場が主として東側で発展し、それに伴って中小零細工場も増加したこと、さらに都市の貧困もまた東側により多く移動し広がったということが、同書の記述によって理解できるのである。武士も町人も比較的近接しながら都心に固まっていた江戸が、次第に、ホワイトカラーとその他の人々が、西と東に遠く分離して住む傾向が顕著になったと言うこともできるだろう。

写真からは、たとえば、日本橋、浅草はもちろん、新宿などのターミナル駅にも華やかな賑わいが生まれており、また成城学園付近はまだまったくの自然、農村の風景が残っていて、中流階級の人々のために健康的な住宅地が開発されていたのに対して、東側の郊外の水田地帯に工場が大量に誕生した地域などでは、労働者階級の人々がバラック同様の住宅に住まわされていたことがわかる。極めて激しい貧富の差があったのだ。しかし工場や労働者がなければ殖産興業も高度経済成長もありえなかったわけで、東京のみならず日本の歴史を語るときに、この工業の郊外化という面を忘れるわけにはいかない。人口が増えて郊外化したと言うよりも、工場が郊外化して、そこに人口がついていったのである。だから、それらの地には人間らしい住環境は用意されなかったのだ。若い世代ほど、こうした厳しい現実が東京に存在していたことを知らないだろうから、是非とも本書を見て学んで欲しい（本書の趣旨とは無関係だが明治神宮にまだ木がまばらであることにも時代を感じる）。

　この点についても江波戸『東京の地域研究』（1－1－F）に基本となるデータが掲載されている。大正九年と昭和五年の職業別人口を比較すると、大正九年には本所区、浅草区、深川区、下谷区、芝区で多かった工業従事者が昭和五年には軒並み減少し、そのかわり旧一五区の外側の荒川区で五万三〇〇〇人に、向島区、城東区、品川区、豊島区で三万人前後に増えている。

　言い換えると、旧一五区の外側では農地などが工場用地に変わったと言えるのであり、農業人口の総就業人口に対する割合は著しく減少している。たとえば杉並区は五九％から八％に減っているのである。

加藤仁美『戦前の信託会社による住宅地開発について』

　話を西郊の山の手に戻す。現在、たとえば東京都庁の展望台から見渡すと、一体どうやってこんなにたくさんの住宅ができてきたのかと呆然とする。いわゆる山の手の高級住宅地だけでも相当な戸数があるわけで、それがいつだれによってつくられてきたのかを調べるだけでも途方もない労力がかかる。

　加藤仁美の論文（1－1－G）は、三井信託会社が大正一五年（一九二六）から昭和一三年（一九三八）に開発した分譲住宅地を研究したものであるが、同社だけでも五八の宅地が分譲されているのである。同論文によると明治末期、東京の宅地総面積の約四分の一は一〇〇人の大土地所有者（一万坪以上の宅地を持つ）によって保有されていた。旧大名などの華族、財閥華族、豪商、新興富豪などがそれである。旧大名の土地は維新後武家地公収により多くが官庁や軍用地にされたが、有力な旧大名などの私邸は公収されず広大な土地が残されていたという。それらの土地や、そこに建てられた借家は、「差配」といわれる、今で言う不動産管理業者によって賃貸管理業務がなされていた。しかし昭和初期に信託会社が四〇社ほどに整理され、財閥系信託会社が設立されると、大口土地所有者は財閥系信託会社に土地の活用を任せ始めた。三井信託会社は大規模な土地を整地分割して分譲することを考え出し、人口が増大する東京に宅地を供給したのである。

　加藤はこのうち一四地区について調査し、当時の住所および現住所のほか、図面も載せているので現状がどうなっているかを調査に行くにも非常に有益である。私は中野、大森、目黒、戸越、江古田などいくつかの物件の現状を見に行ったことがある。特に中野の桃園町は閑静な高級住宅地となっているが、戦災を経るなどの理由からか、ほとんど名残をとどめない地区もあった。日本に於ける良好な住宅地の維持の難しさを感じる。

　なお、先述の江波戸『東京の地域研究』（1－1－F）には、地理学者服部銈二郎による山の手地域における住宅の規模別に見た高級住宅分布図が掲載されているので、参照されたい。

樋口忠彦『郊外の風景』

　先述した奥井の著書の中に、久保田万太郎の小説の一部「何の苦労もなければ気兼もない――暢々した、空のいろの始終晴れてゐる郊外へうつりたい」、「東京を離れた、庭の広い、畑でもあり、青いもの、沢山植わつた家へ住んで、静養—まあ静養でもするやうな毎日が送りたかつた」という引用があったが、郊外が文学などを通じていかに理想化されたかを論じているのが樋口忠彦『郊外の風景』（1―1―H）である。

幸徳秋水の「郊外生活」（明治四一年）は「京《みやこ》に田舎あり、コスモス咲ける……秋高く気澄めるの日、苗木畑隔てし牧場には五六の乳牛ゆるやかに眠り……夫婦の農夫清水に蹲《しゃが》んで、白玉の如き蕪《かぶ》を洗う、飾らぬ野趣はおのずから其中に在り」と、転居したばかりの家を描いたのは大塚駅北口のことである。その頃は大森、大久保柏木（現・北新宿）が郊外としての人気を得、秋水も柏木に転居したが、そこがすぐに「俗悪なる貸家軒《のき》を並べて雑閙《ざっとう》漸く加わり、排水の設備なき新開地は、家々より流す下水道路に溢《あふ》れて、臭気近づく」状態になり、大塚に引っ越したのだった。徳冨蘆花は千歳村に住んで「僕は田舎者、元来《もとより》田舎が好きだ。田舎はノンキで好い」と書いた。東京の郊外は故郷の「代替である」と樋口は言う。そしてそうした「野に向かう心が」かえって次々と「郊外住宅を生みだし、その郊外住宅が、西郊あるいは東郊の趣ある近郊を呑み込み、消滅させていくことになる、という矛盾した関係」に文学者たちは気づいていないと批判するのである。

文学者ですら気づかない矛盾に、一般人が無頓着だとしても当然である。その後郊外開発は、イメージとしての「田園都市」への憧れとともに大衆化し、郊外の自然や農村を破壊することで田園都市もどきができた。先にそこに移り住んだ人々は、そこがどんどん「都市化」することで「田園」が喪失され、景観が破壊され、ひいては資産価値の下落にもつながることを嘆いた。しかしそもそも最初に移り住んだ人々もまた、それ以前にあった風景を破壊したという矛盾に気づこうとはしないのである。

第2章　郊外住宅地

①田園調布

東京を代表する高級住宅地といえば田園調布である。大正一二年（一九二三）に分譲が始まったが、その年は丸の内に丸ビルができた年であり、日比谷にフランク・ロイド・ライトの帝国ホテルが完成した年でもある。帝国ホテル竣工の九月一日に関東大震災が起こり、東京、特に下町が壊滅する。前日には田園調布の第二回分譲も開始されていた。

先述した『東京市域拡張史』（1―1―B）に、この大震災を契機として郊外町村の人口の急激な増加、東京市の内外における都市計画的諸施設の実現が起こったと書かれていたが、まさに大正一二年は、家族は田園調布などの郊外住宅地に住み、夫は都心の丸ビルなどのオフィスに電車で通うといった職住分離の生活の開始を象徴する年だと言うこともできるだろう。

田園調布の生みの親は渋沢栄一。明治四二年（一九〇九）、古稀になったのを機に実業界から引退し、社会事業に乗り出す。その一環として大正四年（一九一五）に田園都市づくりの検討を開始した。かねてから数度の欧米視察を踏まえて田園都市の建設を渋沢は構想していたが、私はその背景に、深川に住んでいた時代にコレラで妻を失ったことが影響しているのではないかと想像している。都心部とその近接地帯が工業化により環境を悪化させていたことが田園都市建設へと渋沢を駆り立てたのであろう。

大正一一年（一九二二）には洗足の第一期、一二年には田園調布（当時は多摩川台）の第一期が販売開始された。開発事業の中心は渋沢栄一の四男・秀雄。秀雄は震災の日に軽井沢の万平ホテルにいたが、翌日東京へ戻る。飛鳥山の栄一の家で休み、三日には地獄絵のような都心を歩いて自宅の品川・御殿山に到着。翌日洗足の田園都市を見たが、「洗足地区は何と美しかったろう。緑の森に日は輝き、小鳥は平和を歌っている」と秀雄は書いている（『東京急行電鉄50年史』1－2－①A）。

ちなみに田園調布といえば日本における田園都市の嚆矢とも言われ、そのためロンドン郊外のレッチワースをモデルにしたと言われるが、それは正確ではない。秀雄はたしかに大正八年（一九一九）にレッチワースを視察しているが、冬だったこともあり、寂しい印象だった。その後アメリカ、サンフランシスコの山の手にあるセント・フランシス・ウッドを訪れた秀雄は、そこが気に入り、放射状の街路モデルをそこから学んでいる。レッチワースが最初の思想的なモデルであったとは言えるが、実際の街路構成はセント・フランシス・ウッドなのである。また田園都市といっても当時の日本では誰も理解できなかったことなどが秀雄のエッセイに書かれており、ほほえましいエピソードを読むことができる（『郷土誌　田園調布』1－2－①B）。

田園都市株式会社は、昭和三年（一九二八）、目黒蒲田鉄道株式会社に吸収され、また別途、東京横浜鉄道株式会社も設立されて、両社は昭和初期に現在の東急電鉄沿線をくまなく住宅地として開発し分譲した。阪急の小林一三に学んだ郊外開発の手法にのっとり、田園調布の隣には遊園地の多摩川園、綱島には温泉地、碑文谷には貸しボートとつり堀、等々力にはゴルフ場というように、娯楽施設も多くつくられた。また、大岡山には東京高等工業学校（現・東京工業大学）、日吉には慶應義塾大学を誘致した。また、衾町には東京府立高等学校（現・首都大学東京）、駒沢町には青山師範学校（現・東京学芸大学）が移転してきた。

このように、大正から昭和初期における郊外開発は、住宅地のみならず、鉄道、娯楽、教育が一体となった総合的な開発として展開したのであった。分譲された住宅地もおおむね好評を博し、東急沿線一帯は東京の中でも最も良質な住宅地として定評を得ることになった。そこには、良好な住宅地を開発すれば生活水準、文化水準の高い住民が集まり、それがまた住宅地の価値を高めるという好循環が生まれた。

大田区教育委員会編『大田区の近代建築　住宅編２』（1－2－①C）は、田園調布と大森山王の住人の職業、生年、出身地、家族構成、趣味を比較するという興味深い研究である。山王は明治二二年（一八八九）に東海道線が全通したことなどにより住宅地、別荘地として人気が出たところであり、田園調布よりは歴史が古い。おのずと住人の属性にも若干の違いが出る。すべての住人を調べたわけではないが、それぞれの街の特徴を知ることができる。日本の郊外研究は文献学による開発史がほとんどであるが、こうした住人研究、その住人の生活研究もまた行われるべきであろう。

なお、田園調布住人の職業、業種、住宅取得費などについては「田園調布の位置づけについて」（1－2－①D）に掲載されている。

②成城学園

成城学園は田園調布と並ぶ東京の代表的郊外高級住宅地である。しかし田園調布と比べると、文献が少ない。これは、田園調布が渋沢栄一や電鉄会社の田園都市開発事業として行われたのに対して、成城学園は、まずは学校づくりとして始まり、その流れの中でつくられた住宅地であるためであろう。

酒井憲一「成城〝理想的文化住宅〟誕生の背景」（1－2－②）でも、「学園後援会地所部の手による非デベロッパー開発」であるために、街区は「整然」とはしているが、同心円とか放射状とかの「幾何学デザインではなく」「不規則性もある図画工作的な手づくりの街だった」、「都市計画らしい都市計画がなかった」と書かれている。

しかし成城には、他の街にはなかなかない文化的な雰囲気、都心の雑沓から離れた別天地のような静かな雰囲気が今も漂っている。これはむしろ開発業者ではなく教育者がつくった街であること、そのため住民にも教育・文化関係が多かったことが影響しているのであろう。

またこれは酒井の発見と言えると思うが、成城学園において朝日新聞社が昭和四年（一九二九）に開催した「朝日住宅展覧会」が、その後の成城学園の発展に寄与したらしい。

これは朝日新聞社がこれからの住宅を提案する設計競技イベントであり、成城以外の地域でも行われたが、成城では入選作一六棟が実際に竹中工務店によって建設され、販売された。実際に朝日の住宅に住んだ女性は、「あの当時、畑の中に洋館が20軒もまとまって突然できたことは、別世界のようで驚きだった」という。朝日住宅が話題になるとともに、成城の町が宣伝され、人々はその環境のよさを知り、続々と移り住んできたのである。

③洗足

洗足住宅地区については、『東京急行電鉄50年史』（1-2-①A）が若干触れている。洗足住宅地区は大正一一年（一九二二）六月に最初の分譲が行われているから、田園調布よりも一年早い。田園都市株式会社の本社も丸の内から洗足に移転したくらいであるから、当初は洗足のほうが田園都市事業の中心だったのではないかと思われる。

ただし洗足住宅地区は、行政上は平塚村、馬込村、碑衾村にまたがっており、警察の所管が異なるため、治安上の問題があり、通信、教育機関にも支障があった。そのためか、洗足ではなかなか住民がまとまらなかったが、田園調布は住民が自治組織をつくってうまくまとまった（1-2-③A）。そうしたことの結果として、洗足よりも田園調布が代表的な住宅地区として順調に発展し、知名度をあげていくことにつながったようである。そして戦後の二つの街の様子も、田園調布が比較的土地が分割されず景観も維持されていったのに対して、洗足はかなり土地が分割されてしまった。日本住宅総合センターの研究（1-2-③B）は、そのプロセスを克明に調査している。

それによると、戦前には土地の分割はほとんど皆無で、まず終戦後の昭和二五年（一九五〇）前後にピークがあり、昭和三五年（一九六〇）までは減少し、再び増えて、昭和四〇年（一九六五）に小さなピークがあり、さらに昭和四七年（一九七二）前後に二度目の大きなピークがあったという。終戦後の混乱、東京オリンピックや高度経済成長による都市改造などがその背景にあるものと考えられる。

ちなみに土地の面積は分譲時に平均五八七㎡あったものが、昭和六〇年（一九八五）には二一〇㎡にまで縮小していた。また、実際に分割された土地に限ると、分譲時は六六四㎡と広く、それが分割後は、分割前の「親土地」については平均二七六㎡となり、その他の分割された「子土地」は一三六㎡と、むしろ狭小とも言える土地になってしまったのである。この調査報告書は昭和六〇年に刊行されたので、バブル前である。バブル時代にはさらに土地の分割が進んだものと推察される。

こうした土地の分割は洗足に限らず、至る所で今も見られる。分割により現代の中流階級が都心に近い地域に家を買ったり借りたりする可能性が増えるという意味では、土地分割には最大多数の最大幸福を高める効用があると言うことができる。しかし一方で、広々とした敷地に豊かな植栽をほどこした家々が並ぶ良好な居住環境は損なわれ、道路からすぐ玄関と駐車スペースが面しているという貧しい景観が増えていく。それは大正昭和につくられた住宅地独特の文化価値を損ない、ごく普通の大量生産的な郊外住宅地と同様の風景が拡大していくばかりである。一体このジレンマをどう解決するのか、なかなか困難な課題である。

なお田園調布の区画の細分化については1-2-①Bで示されている。

④大森・山王・馬込

大田区は田園調布以外にも戦前からの良好な住宅地がある。その代表がJR大森駅西側の高台の上に広がる山王である。

山王は本来住宅地というよりは別荘地として発展した。明治五年（一八七二）に新橋―横浜間に日本初の鉄道が敷かれ、明治九年（一八七六）にはすでに大森駅ができたからである。明治一七年（一八八四）には東京湾を見下ろす高台・山王の八景坂上の一万坪の土地を買収して八景園をつくり、園内に料亭「三宜楼」が開業。明治三〇年代になると、別荘や邸宅が建ち始める。芦田均、徳富蘇峰、和辻哲郎、志賀直哉らが移り住み、大正時代には山王の高級イメージができあがった。大正一一年（一九二二）には大森ホテルパンション、望翠楼などの宿泊施設もでき、大森ホテルに逗留してアトリエ兼住居とした絵描きもいたという。

山王からさらに西南方向に広がるのが馬込である。明治末期以来、川端龍子、小林古径、村岡花子、伊東深水、尾崎士郎・宇野千代夫妻、川端康成、吉屋信子らが馬込を中心に移り住み、いわゆる「馬込文士村」を形成したことはあまりにも有名である。

⑤桜新町

桜新町は、大正二年（一九一三）から「新町分譲地」として分譲された住宅地であり、東京の西郊における最初の計画的住宅地と言われる。当初は「東京の軽井沢」とすら呼ばれた。街路に千数百本の桜の木が植えられたために、いつしか桜新町と呼ばれるようになった。

住宅地を開発したのは東京信託会社。明治三六年（一九〇三）、三井銀行地所部長の岩崎一が個人経営で創設した会社であり、三井銀行の顧客、華族階級、一般資産家を対象にビジネスをしていたが、当初は社有の不動産が少なく、郊外住宅地の開発分譲がビジネスの大きな柱になっていたらしい（山口廣編『郊外住宅地の系譜』所収、鹿島出版会、一九八七年）。

当時、玉川電気鉄道沿線は理想の郊外住宅地として早くから注目されていた。最初は、多摩川の河原の砂利を運ぶ玉川砂利電気鉄道株式会社として明治二七年（一八九四）に設立されたが、日露戦争のさなかで景気が落ち込み、また用地買収が思うように進まぬなど、事業は困難を極めていた。

そこで東京信託が資金を出し、ようやく明治四〇年（一九〇七）に渋谷道玄坂―二子ノ渡（現・二子玉川）間が開通したのである。電車が開通すると、東京信託は住宅地の用地買収に乗り出した。

そこに、地元出身の東京府府会議員の谷岡慶治が登場する。地域発展を第一に考えていた谷岡は、最近世田谷方面が発展するのに駒沢が遅れているのは土地開発がないからだと主張し、地主に対して新町住宅地のために土地を売ることを求めたのである（菅沼元治『私たちのまち 桜新町の歩み』東洋堂企画出版、一九八〇年）。

こうして、東京信託、玉川電気鉄道、谷岡慶治の三者が牽引役となり、新町住宅地が開発されることになった。東京信託は、住宅地に最初から電灯、電話を通じさせ、排水溝を施し、巡査駐在所、浴場、商店をつくり、新町住宅地の居住者の電車賃を割引し、また住宅地の入り口付近に駅を設置させ、駅名を「新町停車場」とするなど、積極的に新町住宅地の振興に努めた。

最初の分譲は大正二年五月で、五〇区画。第二回分譲は大正二年の下期で、九七区画。その後、大正中期頃まで少しずつ売れていったらしい。郊外住宅地というより別荘地のようであり、そのためか、サラリーマン層はまだあまり購入せず、多かったのは軍人、特に海軍の軍人だった。

また、分譲当初から町内会組織として「新町親和会」が存在していた（現在は「桜新町親和会」）。この設立の背景には、第一に、東京信託に対する住民側の窓口組織をつくる必要があったこと、第二に、新開地だから自分たちの手で町を守らねばならないという自治意識、自衛意識、第三に、住民に軍人が多かったので、集団行動が得意、ということがあったのではないかと言われる。いずれにしろ、住民自身によるまちづくりへの積極的な関与が、分譲から一〇〇年を経てもなお、この住宅地を美しく保つ原動力になっている。

⑥海軍村

奥沢にあった海軍村、ドイツ村についての小エッセイも興味深い。これまでも述べてきたように、郊外住宅地の住民で大きな比重を占めているのは軍人だからである。海軍村はまさに海軍の軍人たちが親睦団体の水交社からの融資により建設した、軍人が主体となった住宅地である（世田谷区誌研究会『せたかい』37号、1－2－⑥A）。

⑦目白文化村

東京の戦前の西郊の新興住宅地は、どちらかというと西南部においてより多くの代表的な住宅地が建設された。これまで述べてきた田園調布、成城、山王、馬込もそうである。

これらに対して西北部を代表する住宅地というと、目白文化村であろう。目白といっても、住所は現在の新宿区下落合であり、文京区目白台や豊島区目白ではない。

目白文化村は、後の西武グループの総帥・堤康次郎率いる箱根土地が開発した。箱根土地は、大正九年（一九二〇）の会社設立以前には軽井沢の開発、会社設立後は、その名の通り箱根の開発を行っていたが、大正一一年（一九二二）から麻布や小石川方面を中心に旧華族の土地を買って分譲販売し始めた。さらに目白文化村を皮切りに、後述するように、小平学園、大泉学園、東村山、そして国立での郊外建設に一気に着手したのである。

とはいえ目白文化村となる土地の購入を始めたのはすでに明治四四年（一九一一）であり、大正三年（一九一四）には目白第一文化村の敷地の購入を終える。さらに土地購入を続け、大正一二年（一九二三）には目白文化村全体の敷地を手に入れたのである。

ちなみに「文化村」という言葉は、大正一一年に上野で開催された平和記念東京博覧会において、建築学会が文化住宅を一四軒まとめて展示した会場が「文化村住宅展」という名前であったことに由来する。その後、その名の人気が出たことにあやかって、堤は、もともとは「目白不動園」という名前だった分譲地を「目白文化村」に改称したのである。

博覧会における文化村では、出品する住宅について、ガス、水道、電気設備を完備し、雨戸と障子をやめて風雨盗難に耐える工夫をすること、台所には炊事、洗濯のための実用的設備を設けることなど、住宅の近代化に向けての条件を課していた。そのため目白第一文化村も、電気、ガス、上下水道完備、電線の地中化をほどこし、道路幅も広い近代的な住宅地として土地分譲されたものであり、発売から一ヶ月たらずで完売した（ただし縁故者への分譲が主だったらしい）。

第一文化村の成功を受けて、第二文化村の土地が大正一二年に分譲された。第一文化村の人気のために第二文化村の土地の値段は上昇し、第一文化村の五倍から七倍になっていたというから驚く。まさに土地商法のプロ堤ならではである。

宣伝にも力を入れ、新聞に大きな広告を打ち、絵はがきもつくった。広告には「神の創造した武蔵野と人の建設せる都会との折衝地帯たる目白文化村は天恵と人為の利便を兼ね備へた現代人に相応しき安住の地であります」と書かれた。現代のマンション広告に通ずる不動産の商品化がここに始まったと言えそうである。

「目白文化村」研究会編『「目白文化村」に関する総合的研究(1)』（1-2-⑦A）は、この目白文化村の全体像を詳細に研究したものであり、昭和六一年（一九八六）時点での調査により、住民の入居年代、世帯主年齢、前住地、世帯主職業、家族人数といった住民属性、住宅の種類、構造、面積、居室数などのハード面、近所づきあい、町への愛着、町のイメージ、満足度などの行動・心理面、緑、騒音、防災などの環境面などについての大量の質問が詳細に分析されている。この調査研究を踏まえて、より一般向けに書かれたのが野田正穂・中島明子編『目白文化村』（1-2-⑦B）である。

⑧国立・大泉学園・東村山・小平・国分寺

堤は、目白文化村の事業が進むや否や、さらに東京の西側の小平学園、大泉学園、東村山、そして国立での郊外住宅地建設に一気に着手した。目白文化村は規模も小さく、理想的な田園都市の条件を十分には満たしていないと堤は考えたからである。そこで堤は大正一二年（一九二三）に都市開発の調査研究のために、社員をドイツのゲッティンゲンに派遣し、参考資料を集めた。

また、目白文化村は既存の田園都市開発の後追いの感があったが、学園都市は独創的であり、自分がパイオニアだと言えるものだったことも堤にとっては魅力だったようである。こうして堤は大正一三年（一九二四）に豊島郡から埼玉県までの広大な土地を買い、上下水道、電気の完備はもちろん、公園、野球場、テニスコート、馬場、運動場なども設置した。これが「大泉学園都市」である。ここに当初、東京商科大学を誘致する予定だったが、実現せず、今に至るまで大泉に学園が立地することはなかった。

さらに堤は小平にも土地を買い、大正一四年（一九二五）から「国分寺大学都市」の名で売り出し、明治大学を誘致したがまたしても実現せず、昭和六年（一九三一）になって女子英学塾（現・津田塾大学）と東京商科大学予科が移転したが、それでも空き地が目立った。そのため堤は昭和一〇年代半ばに国分寺大学都市を「国分寺厚生の家」と改称して分譲した。

このように大泉と小平では十分な成功が得られなかったが、堤は東京商科大学と大正一三年に土地取引に関する契約を取り交わし、同学にふさわしい土地を探した。一年ほど後、ついに谷保村に土地を見つけるや、村長の西野寛司に理想的学園都市をつくる計画を説明し、土地買収を進めた。国分寺と立川の間にあることから、また新しい日本という国がここから生まれる（立つ）という意味から、堤は「国立大学町」と名付けた（由井常彦編著『堤康次郎』。ただし、「一橋新聞オンライン」では、商大初代学長の佐野善作が谷保村に目を付けてから、箱根土地に相談したとなっている。また国立の名称についても商大側が名付けたという説もある）。

大正一五年四月には箱根土地が国立駅を設置して鉄道省に寄付、同年中に大学通りと東西に放射状に延びた旭通りと富士見通りも完成し、四谷から東京高等音楽学院（現・国立音楽大学）が移転、同校周辺の土地を「音楽村」として分譲する計画もあった。こうして昭和二、三年（一九二七、二八）には大学町の基本的諸施設がほぼ整い、五年（一九三〇）秋には東京商科大学が全面移転し、国立大学町がスタートした。

⑨常盤台

目白文化村と並ぶ東京西北の郊外住宅地と言えば、東武鉄道の初の沿線開発だった常盤台住宅である。昭和一〇年（一九三五）に東武東上線にときわ台駅（当初は武蔵常盤駅）が開設されると、翌一一年（一九三六）に分譲が開始された。設計は、昭和九年（一九三四）に東京帝国大学工学部建築学科を卒業し、内務省大臣官房都市計画課に配属されたばかりの小宮賢一。ある日、上司に呼ばれて図面を渡され、これを好きなように書き直してみろと命じられたのが常盤台住宅地だった。それまでの図面が碁盤の目状の平凡なものだったので、若い小宮に書き直させて、それをたたき台にしてもっと別の設計案を出させるのが上司のもくろみだったらしい。ところが、小宮の案がそのまま実現することになった。東武鉄道側が小宮の案を気に入ったらしかった（越沢明『東京都市計画物語』）。

都市計画研究者の越沢明は、「常盤台の特徴は曲線を多用した街路パターンであ」り、それは「日本の宅地開発の中ではきわめて珍しい事例である」とし、田園調布、成城学園、常盤台を「超える高級住宅地は今日、首都圏を見渡してもなかなか存在しない。この中で都市設計、都市デザインの観点からみて最も美しく、優美にデザインされた住宅地は常盤台である」と書いている（同）。

このような緑豊かな住宅地を創造してきたのは、常盤台住宅地のコンセプトが「健康」にあったことによる。もちろん、他の住宅地もそうであるが、常盤台住宅地はその分譲パンフレットで「東武直営　健康住宅地」と謳っているほどである。

パンフレットは、「土地起伏に富み大小の樹木到る処に生ひ繁り自ら健康住宅地としての天分を持つて居り」、「此の恵まれた大自然の風致を生かし理想的な設計に従ひ住宅地の選定に腐心して居られる皆様に自信を以て御奨め出来る健康住宅地を経営し沿線開発の魁とならせる様計画し出来上りました」と、豊かな自然の中に出来た健康な田園郊外ぶりを宣伝している。

また、パンフレットにはこうも書いてある。

「当住宅地が最も誇りと致しますは完備した道路網で環状線式の散歩道が地区の中央部を一週し、（中略）整然たる理想的道路網で御座居ます。（中略）電気、瓦斯、水道の施設を致しますは勿論で御座居ますが（中略）排水には多大の犠牲を払ひまして全部暗渠式に致しましたので汚水の汎濫、悪臭の発散等は絶対になく衛生的になつて居ります。特に御居住者の保健に備へ中央部に二千坪の公園を駅前に三百余坪の文化的施設になる庭園式大広場を、共他諸処に小公園式緑地帯を配置致しましたので散歩道に植込んだ街路樹と共に文字通りの健康住宅地で御座居ます」

常盤台住宅地を特徴づけるクルドサック（袋小路）も、健康生活に寄与した。クルドサックによって、緑のオープンスペースが増え、車が入り込まない閑静な空間が生まれるからである。

また、住宅地としての環境の保全のために、東武鉄道は当初から建築規制を設けていた。まず「住宅地内には住宅以外の建物を建ててはいけない（但し、病院、写真館を除く）」、第二に「ゆとりのある二階建て住宅とし、二階壁面は後退する」。つまり、最近の住宅によくあるように、一階も二階も同じ床面積ではなく、一階の面積が大きく、二階の面積が小さくすることで、ゆとりのある景観を実現しようとした。第三は「道路に面した敷地境界は生け垣とし、前庭を設ける（緑あふれた街並みとする）」。第四は「住宅を建てる際に東武鉄道から建築許可を受けること」。こうした規制によって、常盤台住宅地は今もなお、他の住宅地と比べても庭の緑が多く、家が建て込んだ感じがしない、ゆとりのある景観をつくりだしている。

また常盤台住宅は「単なる『建て売り』ではなく、当社建築課のほか、大倉土木、大林組、清水組、鹿島組など、15業者による見本住宅を展示・販売するという、当時としては斬新な試みで、好評を博した」という（『東武鉄道百年史』1－2－⑨B）。

このように常盤台住宅地は、現在の全国的な知名度、ブランド性においては、他の高級住宅地に劣るとはいえ、むしろいたずらに知名度が上がらなかったために、無用な建て替え、土地の分割がなく、当初の入念な計画どおりの姿を現在まで保っている。

なお『板橋区史　通史編　下巻』(1-2-⑨A)では、板橋駅にほど近い「上御代の台」という住宅地と環状七号線の北側の板橋本町にある同潤会の職工向分譲住宅地についての記述がある。特に「上御代の台」は知る人も少ないので、興味深い。小樽の海運業者が、旧加賀藩下屋敷の一部一七ヘクタールを取得し「帝都北部の大文化住宅地」と銘打ってつくったという。上下水道、電灯、ガスがあり、敷地は採光を考えて雛壇式とし、敷地内には公園とロータリーを設けるなど、整然と区画されていた。昭和一三年(一九三八)から分譲されたが、宅地は一〇〇坪未満と小ぶりで、中堅サラリーマン向け。広告には「本地の強味とする物価の低廉、即ち生活費の逓減と環境の良好、通学通勤に便利な交通関係は、中流インテリ市民層の吸引に好適」と書かれ、実に中流向けで庶民的である。こうした無名の、少し大衆的な住宅地の研究がもっと進められるならば、郊外研究はさらに興味深く広がりのあるものになるだろう。

第3章　23区

以下では、区単位に西郊の郊外化の動向を概観しよう。まず、旧東京市に隣接していた西郊の渋谷区、品川区、中野区である(ちなみに東郊の郊外化については各区の区史を見ても十分な記述が見つからなかったため、本書には収録しなかった)。

①渋谷区

先述した小田内は「近年遽に都市的発展をなせる渋谷町」に注目していたが、白根記念渋谷区郷土博物館・文学館による「住まいからみた近・現代の渋谷」の展示図録(1-3-①)は非常に充実した研究である。

明治以降は茶畑や乳牛の牧場もつくられたというが(牧場は六一箇所もあった)、明治も半ば以降になると、明治一八年(一八八五)に日本鉄道品川線の渋谷駅が開業。明治三九年(一九〇六)には代々木、原宿、恵比寿駅もでき、かつ明治四〇年(一九〇七)には玉川電鉄が開通、明治四四年(一九一一)に東京市電が渋谷まで開通と、交通網の整備により住宅地化が進み、特に千駄ヶ谷は、大正期には空き地はわずかとなったという。

代々木では、明治神宮の建設が決まると、代々木の名が全国に知られるようになって地価が高騰し、場所によっては一〇倍以上になった。明治神宮付近では、大正一一年(一九二二)に帝都土地株式会社により住宅地が分譲され、昭和二年(一九二七)には表参道に同潤会アパートが完成、表参道南側一帯は浅野侯爵の土地が分譲され、また代々木上原でも前田家分譲地、昭和五年(一九三〇)から昭和一一年(一九三六)に大山園分譲地、昭和一五年(一九四〇)徳川山分譲地などが分譲されて、渋谷周辺地域の高級住宅地化の端緒が開かれたのである。

②品川区

渋谷区と比べると、品川区の人口増加の様子は工業化と並行しており、若干性格が異なる。大井町、大崎町はすでに明治末期に人口が急増していたが、震災後の荏原町(当時は平塚村、昭和七年に荏原区)の人口は大正九年(一九二〇)〜昭和五年(一九三〇)の一〇年間で一四・五倍と激増したことは先に見たとおりである。さらに、荏原町の中を見ると、小山地区は四一倍、上蛇窪(現在の西大井あたり)は三五倍、中延は二五倍に増えている。大正一二年(一九二三)の日蒲線、昭和二年(一九二七)の大井町線、昭和三年（一九二八）の池上線（五反田駅から）と、郊外電車の開通が相次いだこともその背景にある。地図に見るように、この人口変動により品川区の人口重心は沿岸部から一気に西側に移動したのである。『品川区史』（1－3－②）でも当時の工場の騒音、小山地域の「雑然とした家並みの新興住宅地」、駅前商店街の「ネオンサインと、あくどい看板と、原色ショーウインドー」について記述している。

③中野区

『中野区史』（1－3－③）の郊外化の記述は、職業面に注目していて興味深い。大正四年（一九一五）、中野区はまだ農村地帯だったが、全七八九戸中、官公吏が一二〇戸と多く、軍人、学校教員、弁護士、医師、新聞雑誌記者、宗教者も多かったという。

ここに震災後ホワイトカラーが増えていくが、それに代わり、旧住民であった小作人などが離農し、八百屋、植木屋、鳶職、日雇い労働者などに転職したのだという。子供も男は新宿、渋谷の魚屋、八百屋などに小僧に出た。女は市内に女中として奉公に出た。女中奉公を嫌う女子は杉並にできた工場に勤めたがったという。他方、裕福な家庭では男は上級の学校に行き、女は学校に進むか家事手伝い、行儀、裁縫見習いをしていた。それらの女子は農家に嫁に行くことを嫌がり、都会に出ることを望み、サラリーマンや商家に嫁ぐことを希望した。そのため特に裕福な農家では娘を女学校に入れて、勤め人の妻として恥ずかしくない教養を与えたいと望んだという。さらに相当の地主は地元の女学校では満足せず、都会の学校に入れたらしい。

一方、移住してきたサラリーマンも、昭和初期の世界恐慌後の不況により生活は苦しかった。中野では昭和五年（一九三〇）に全国俸給者組合評議会（サラリーマンユニオン）が設立されたという。

郊外を、田園調布、成城あたりを中心に語ると、豊かな中流階級だけが注目されてしまうが、小津安二郎の映画『大人の見る絵本 生れてはみたけれど』に描かれたような、名もなく貧しいサラリーマンの生活や、旧住民の変化にももっと光を当てると、郊外研究が一層広がりを持ちそうである。

④世田谷区

次に、旧東京市に隣接しない、世田谷区、杉並区、大田区について見る。

世田谷区は面積の広い区であるため、それぞれの地域で、発展の時期、契機が異なるようである。世田谷区の中心は世田谷村であり、明治から大正にかけて人口が増えているが、これは三宿、太子堂、池尻に軍の施設ができ兵隊が増えたためである。駒沢町も大正以後、軍の立地により兵隊が増えた。

松沢村は、大正八年（一九一九）に巣鴨から府立病院が移転し、松沢病院として開業したこと、さらに青山の青山病院が火災により松沢に移転したことにより人口が増大し、世田谷村をしのぐほどになる。

玉川村は、明治二〇年代後半から人口増加をしているが、字別では、田園都市会社の開発の影響もあり、奥沢、等々力で大正以降人口が急増している。

また、昭和二年（一九二七）に小田急線、昭和八年（一九三三）に帝都電鉄（井の頭線）が開通したことにより、世田谷、代田、下北沢の人口が増加している。

このように、各地域で明治から昭和にかけて人口が増加した世田谷区だが、品川区とは異なり、工場の増加は激しくない。大正七年（一九一八）、現在の世田谷区を含む荏原郡内の工場数は二七七箇所だが、世田谷地域には八箇所しかなかったのである。

以上のように『世田谷近・現代史』（1－3－④A）には詳細に村、字ごとに人口増加の背景が描かれているが、特に世田谷の住宅地化に大きな意味を持った玉川全円耕地整理事業についても詳述している（なお玉川全円耕地整理事業については越沢明『東京都市計画物語』『東京の都市計画』、および後述する『井荻町土地区画整理の研究――戦前期東京郊外の形成事例として』1－3－⑤Bも参照のこと）。

『世田谷まちなみ形成史』（1－3－④B）は、街づくり、都市計画に焦点を絞った世田谷史であり、図版も多く有用な資料である。先述した成城学園、桜新町、奥沢海軍村を含め、上北沢、代田橋、駒沢や松陰神社の同潤会、三軒茶屋の府営住宅、および都市計画道路の整備、鉄道・バス路線網、軍事施設とその跡地利用、私立学校、昭和三九年（一九六四）のオリンピックの影響、公営団地の分布など、総合的に世田谷の発展の歴史が理解できる。

上北沢については、田園調布、成城学園、常盤台などと比べると無名だが、実際はかなり計画的な高級住宅地である。この点については、本書に収録していないが越沢明の研究がある（「知られざる高級住宅地『上北沢』」『家とまちなみ』六八号）。たとえば中曽根康弘、宮沢喜一という元総理が住み、長嶋茂雄も田園調布に住む前は上北沢に住んでいたという。開発は第一土地建物株式会社であり、上北沢の土地三万坪を入手したのは一九二三年であるという。だが同社は戦後まで存続しなかったなどの理由から、ながらく上北沢は無名の高級住宅地であり続けた。こうした個別の住宅地の研究が今後さらに進められることが望まれる。

⑤杉並区

杉並区の郊外化の概要は『新修　杉並区史』（1－3－⑤A）に簡明に叙述されているが、その過程で欠かすことができないのは井荻村村長内田秀五郎による土地区画整理事業である（井荻町になるのは大正一五年）。これについては高見澤論文が詳細に研究をしている。

私事ながら、私の仕事場はこの一〇年来JR中央線・西荻窪駅の周辺、あるいは上荻あたりで三箇所移動しており、街並みの「ちょうどよさ」については常日頃から満足していた。ちょうどよい、というのは、道路が自然の地形を生かして上下左右に適度にうねっているため歩いていても自転車で走っていても飽きないのである。道幅も狭からず、広からず、歩いても自転車でも自動車でも不自由がない。並木道はないが、それぞれの家の庭の植生は豊かであり、季節ごとに、梅、桃、桜、沈丁花、花梨、ミカン、柿、もみじなどを楽しむことができる。これらはすべて戦前の事業だからという点に大きな理由があろう。戦後の開発事業だと、機械化が進んだために、自然の地形を削りすぎて土地が平坦になりすぎ、自動車のために道路を広げすぎて、歩くにはつまらなくなりがちであり、また庭が狭くなり、木々を楽しむことがなくなるからである。

杉並区の西半分ほどにあたる井荻町では大正一四年（一九二五）に井荻町土地区画整理事業組合が設立されたが、それ以前大正一二年（一九二三）に井荻第一耕地整理事業組合が設立され大正一五年（一九二六）の組合解散まで土地区画整理事業を先導していたようである（1－3－⑤B）。そしてこれが関東大震災後の人口増への対応を早めたのである。また、すでにあった荻窪駅と吉祥寺駅の間に西荻窪駅をつくることに対する内田秀五郎の熱意も強く、土地区画整理事業が推進された。

耕地整理事業と土地区画整理事業の違いだが、耕地整理事業とは、明治三二年（一八九九）に法制化されたものであり、本来は農業経営の合理化を目指して灌漑用水や農道の整備を行うことを主な目的とし、従来の不定形な田畑（耕地）を碁盤の目状などの道路で区分しなおす事業だが、実際は、住宅や工場の立地にとってもふさわしい土地に整備する事業であった。各地域の農民たちが整備組合をつくり、国から事業費の半額を補助してもらいながら事業を行った。

対して土地区画整理事業は、大正八年（一九一九）に都市計画法によって初めて規定された。土地を換地、減歩により整備し、市街地化を促進するためのものであり、耕地整理事業よりさらに近代都市計画にとって必須の事業である。東京府、東京市、内務省では大正一一～一二年ごろから土地区画整理事業への助成制度が用意し始めていた。内田はこうした時代の変化を先取り、耕地整理事業ではなく土地区画整理事業を選択して、井荻町の整備を進めたらしい。

⑥大田区

大田区では耕地整理事業として認可されたものは四四組合にのぼるが、最初は明治四五年（一九一二）設立の玉川耕地整理組合である（主に世田谷の事業であるが、大田区の一部がこの事業の範囲に入る。1-3-⑥A）。

大田区の郊外住宅地としては既に述べた田園調布、山王、馬込が代表例だが、蒲田の「吾等が村」についても触れておきたい（1-3-⑥B）。

吾等が村はタイプライター製造販売業の黒沢商店の経営者・黒沢貞次郎がつくった工場村である。黒沢は、聖書を愛読し、英詩を口ずさむ人物であり、かねてから、従業員の「通勤に伴ふ疲労を除き住宅難の脅威を免れ」るために職住近接の工場村をつくり、かつ子弟に理想の教育を施したいというユートピア的な思想を持っていた。

そこで大正三年（一九一四）から、同社の蒲田工場は、単に工場だけでなく、一一〇戸の社宅、農園、遊園地、テニスコート、さらには従業員の子供のための幼稚園、小学校までをも擁する吾等が村をつくったのである。住宅はすべて「美しき庭園をもつて繞し、各従業者をして一家族団欒なさしめ、遺憾なく休養且つ修養し得る」ものとした（詳細は鍋谷孝至「『蒲田モダン』を知っていますか？」『東京人』二〇一一年一月号を参照）。

また、三省堂は大正一二年（一九二三）、現在の仲六郷一丁目にニューヨーク州にある印刷工場をモデルにして印刷所を建設した。この工場は「蒲田女学校」とも呼ばれ、女子工員は紺の袴を着用して出勤し、仕事の合間に華道、茶道などの教育も受けたという。

ニューヨーク州の印刷工場とは、有名な出版社ダブルデー社が一九一〇年にナッソー郡ロングアイランドのガーデンシティ地区につくったものである。その名も「田園都市」であるガーデンシティ地区は、大富豪のA・T・スチュワートが一八六九年につくった住宅地であり、ガーデンシティホテルの設計は当時最高の建築事務所マッキム・ミード・アンド・ホワイトによるもの。こんなところにダブルデー社はどんな印刷所をつくったのか。そしてそれをなぜ三省堂が真似たのか。

関東大震災により三省堂の神田三崎町の印刷所は灰燼に帰し、代わりに、すでに印刷所の移転のために蒲田に買収してあった土地に急遽印刷所がつくられた。新しい印刷所建設に当たっては大正一〇年（一九二一）に専務の亀井寅雄がアメリカに行き、いくつかの印刷工場を視察していた。そのなかで特に気に入ったのがダブルデー社だった。「これはすばらしく立派な自家工場を持つ出版会社で、田園都市に工場があるとは不思議に思うが、実際どう見ても工場とは思えない工場なのである。従業員はバラのアーチのつづく小路を通り、美しい噴水と、イタリヤから移植したサイプレスの並木の中の白亜の工場にかよう。広い構内には従業員の社宅が点在し、運動場もあれば小学校もある。ニューヨークから数十哩も離れた土地で、一見不便のようではあるが、従業員の移動を防ぎ、労働運動の影響も少なく、皆生活を楽しんでいるということであった」（『三省堂の百年』）というから吾等が村とも相通ずる（拙稿「郷土博物館から始まる街歩き⑥　大田区郷土博物館」『東京人』二〇一六年二月号所収）。

考えてみればロンドン郊外の田園都市の始祖レッチワースには、女性下着のコルセットの部品の工場があり、女性を多く雇用した。また、機械、木工、印刷の工場もあった。だから本来の田園都市は、工場を一つの核として雇用をもたらす工場村でもあると言えなくもない。蒲田にもそんな性格があったのかもしれないと思うと大変興味深い。郊外というと住宅地化の視点から研究されることが多いが、工場地帯化の観点も必要であり、またさらに学校、娯楽施設などの観点も追加した、より総合的な郊外研究が今後望まれる。

郊外住宅地というと民間資本によるものが語られることがほとんどであるが、大田区教育委員会「公益住宅の建設と郊外住宅地」（『大田区の近代建築　住宅編2』1－3－⑥C）では、同潤会および町営住宅について論じている。特に「町営住宅と郊外」というテーマは珍しい。

町営住宅とは、大正九年（一九二〇）東京府が町村・社会事業団体・産業組合及び市場協会に住宅・店舗の建設資金として低利の貸し付けを行い、その資金で各町村が建設したものだという（村営もある）。

町営住宅には三種類あり、第一に普通住宅と呼ばれる一般の賃貸住宅。勤労階級向けであり住宅の質は高くないが、立地はよかったらしい。第二に店舗向住宅と呼ばれる小売業向けの店舗併用住宅。第三が分譲住宅であり、大田区では東調布町、池上町、矢口町などの閑静な土地に建設された。建築的な詳細は省くが、「郊外地の開発のプロトタイプとして果たした役割は大きい」と同書は述べている。

第4章　三多摩、神奈川、埼玉

①東村山市

三多摩地域など現在「東京郊外」と呼ばれる地域の郊外化のプロセスについては、基本的には戦後のことであるため、第二巻で詳述するが、第一巻では戦前から一定の開発があった東村山市、小平市、日吉、藤沢市についてだけ触れておく（国立は前述した）。

野田論文（1－4－①）は、特定の地域に限らず、西武鉄道の沿線開発を総合的に検証しており、中野区、杉並区、練馬区から、保谷、田無、小平、東村山、清瀬、国分寺などの地域の住宅地化や娯楽施設の開業などについても詳しくわかる。開発業者についても、箱根土地だけでなく東京土地住宅による分譲事業に触れている。

東京土地住宅は、大正八年（一九一九）設立、最初は中小企業だったが、その後、東洋製糖社長の山成喬六、東京瓦斯社長の渡辺勝三郎らを監査役とし、東武鉄道社長の根津嘉一郎、政友会幹事長の山本条太郎らを相談役とするなど、急速に力を強めたらしい。大正一二年（一九二三）には、国分寺で一〇万坪を分譲、清瀬で一四万坪、大正一四年（一九二五）には東村山で一〇〇万坪の分譲計画を発表した。東村山の購入者には、徳川圀順侯爵、講談社社長の野間清治ほか、そうそうたる資産家が名を連ねていた。分譲地は住宅地というより投資用または別荘地として売買されていたのであり、野間清治らは、購入した土地を小作人に貸して不在地主化した。また、大日本製糖も約二万坪の土地を小作人に貸したが、その後すべてを西武鉄道に売却し、そこに村山線（現・西武新宿線）が敷かれた。これらの土地が農地から住宅地に変わったのは戦後のことである。

先述したように、堤康次郎に限らず、郊外化はこのような土地転がし的な現象を増やしたのであり、その傾向はその後もずっと継続したと言える。何十年も前から土地を投資用に買い、時期を見て売り飛ばす土地投機現象。これは郊外化の裏側の側面、負の側面であろう。

また、村山線の建設には千葉の鉄道第一聯隊が演習として協力した。そのため、建設費は少なく済み、着工から三ヶ月で開通したという説もある（根拠はないらしいが）ことを野田は紹介していて興味深い。真偽はともかく、土地でいかに儲けるかという時代が始まったのだ。

蛇足だが、若尾文子演じる女性を二号に抱える堤康次郎らしき人物を主人公に、東京土地住宅社長らしき人物をライバル役に据えて、東村山あたりに鉄道を敷くために農民から土地を買収する様子を描いた映画『傷だらけの山河』が昭和三九年（一九六四）につくられている。

また西武鉄道は、村山線の開通に先立って、大正一四年（一九二五）、早稲田大学に上保谷（現・東伏見）の土地約二万五〇〇〇坪を寄付し、開通と同時に駅南西部を住宅地「長者園」として分譲した。村山線が早稲田まで延伸する計画もあったことから、考現学の今和次郎をはじめとして早稲田大学関係者が長者園に数多く住むことになった。

さらに、京都の伏見稲荷大神の分霊を関東地方に奉斎しようという計画がおこると、西武鉄道は上保谷の七〇〇〇余坪の用地を寄付し、これにより駅名が東伏見となったのである。こうした一連の動きを見ると、堤康次郎の「ミカドの肖像」型の事業は都心部だけでなく、郊外でも展開されていたことがわかる。

②小平市

『小平市史』（1－4－②）の記述は、東京商科大学予科の小平への移転が決まるまでの経緯を詳しく書いており、発見が多い。東京商科大学を国立に移転する構想の前に大泉学園への移転が考えられていたことは知られているが、予科については一旦石神井公園駅近くに移転し、それから石神井の土地を交換する形で小平に移転したとは、ＯＢである私も知らなかった。

また、先述したように、女子英学塾（津田塾大学）は大正一一年（一九二二）に小平村小川に土地を購入、昭和六年（一九三一）に移転した。明治大学も、箱根土地が大正一二年（一九二三）に買収していた小平の土地への移転を検討していたため、箱根土地は明治大学を中心とした国分寺大学都市を計画し、住宅地の分譲を行ったが、明治大学の資金難で計画が頓挫、かわりに東京商科大学予科が昭和八年（一九三三）に移転し、住宅地は小平学園として分譲されることとなったのである。

その他、小平市史には、昭和一一年（一九三六）に結核療養所である多磨済生院、昭和一二年（一九三七）に農林省の獣疫調査所、昭和一六年（一九四一）に蚕糸科学研究所小平養蚕所が開設され、さらに昭和一二年には小金井カントリー倶楽部が開場したことが書かれており、郊外が住宅地とともに、医療、研究、スポーツ施設の立地場所としても注目されたことがわかる。

③日吉

東京西部の三多摩の国立、国分寺、小平が大学などの移転によって発展したとすれば、西南部において同じような傾向を示すのは日吉（横浜市港北区）である。日吉は、横浜からかなり内陸に入ったところであるが、それでも大正一二年（一九二三）の関東大震災では大きな被害を受け、日吉村の九割近くの家が全半壊した。そこに、昭和二年（一九二七）に東横線が開通、昭和九年（一九三四）に慶應義塾大学予科が日吉に移転し、周辺住宅地の分譲がされたのである（『港北区史』1－4－③）。

④藤沢市

また『藤沢市史』（1－4－④）は、鎌倉、鵠沼海岸、大磯などが、大田区山王同様に、明治以来海水浴場、別荘地として発展したことを指摘している。大磯の別荘地化は明治二九年（一八九六）に伊藤博文が西小磯に別荘を構えたことの影響力が大きく、明治四〇年（一九〇七）には有力政治家や財閥関係者などの別荘が一五〇戸余りにまで増えたという。鎌倉も明治末期には五八〇戸余りの別荘があり、ほぼ三戸に一戸が別荘だった。

鵠沼では、地主の大給子爵家が土地を貸与、分譲し、大正一〇年（一九二一）には、江ノ電鵠沼海岸駅の西方一帯に二五万八〇〇〇坪の別荘地が形成された。さらに昭和四年（一九二九）、小田急江ノ島線が開通する前後から、藤沢地区の別荘地化が進み、多数の地主により辻堂西海岸方面までが別荘地となっていった。鵠沼海岸は、医学、国学関係の学者、知識人や、画家、音楽家などの芸術家、文化人が別荘を構えることも多かったという。

⑤沿線広告資料

こうした郊外の住宅地、別荘地などを宣伝する資料の分析もまた興味深いものである。奥原哲志の論文「武蔵野鉄道・旧西武鉄道の沿線開発と地域社会」（1－4－⑤A）は、当時作成された沿線案内図から当時の鉄道各社の戦略などを分析しており有意義である。

沿線案内図は主として多色刷りであり、沿線の主要な名所、旧跡、遊覧地などを網羅し、地形などを大胆にデフォルメしながら、沿線の魅力をパノラマにして伝える印刷媒体である。自社の宣伝したい施設や観光地を強調し、ライバルの鉄道沿線のそれらは無視していることが多い。制作年度などにより同じ沿線案内図でも詳細が異なり、なかなか面白いものである。吉田初三郎、金子常光といった観光鳥瞰図の専門画家もいたらしい。

なお、当時の郊外を宣伝する資料として、東京土地住宅による『武蔵野の理想郷』（1－4－⑤B）という東村山分譲用の営業パンフレットを、また京浜電気鉄道が明治四三年（一九一〇）に発行した『京浜遊覧案内』（1－4－⑤C）を本書に収録した。

第5章　論文など

山口廣「郊外住宅の100年」／内田青蔵「住宅作家の誕生」

本書は郊外住宅地という地域についての資料を集めたものなので、郊外に建つ住宅建築についてはほとんど重きを置かないが、最小限のものとして、山口論文（1－5－A）、内田論文（1－5－B）を収録することにした。

両論文に共通する郊外住宅地の持つ重要性とは、子供である。山口は日本で活躍したヴォーリズの住宅観の特色を「安楽の増進」「個性の尊重」「健康の増進」の三点に集約されるとし、「個性の尊重」とは「家族の中でも特に子供たちの資質を形成する大切な場所が住宅なのだという意味がこめられている」と述べる。「安楽」とは「明るく楽しく心地よい場所」を指す。これも子供の良き生育環境としても重要であるし、「健康の増進」も言うまでもない。

他方、内田は遠藤新と並んで「わが国最初の住宅作家」である山田醇は特に「郊外の独立小住宅の発展に尽くした」とし、山田が「住宅を一生の仕事として意義を見いだす契機となったのは、大正四年（一九一五）の自分の子供の病気であった」と書いている。結果として山田の住宅は気候との関係を第一に考え、通風の良さ、夏冬共に都合の良い日光を取り入れる事のできる窓を設けることなどを重視したという。

こうした子供の重視は、郊外住宅のみならず、郊外住宅地全体としてもしばしば見られることである。アメリカの代表的田園郊外住宅地のひとつラドバーン、近年のニューアーバニズムの住宅地ヴィレッジホームズなども、子供の肉体的、精神的健康、あるいは社交性や自立心などの育成を重んずる人々にとりわけ好まれる住宅地として有名である。

岩渕潤子・ハイライフ研究所山の手文化研究会編『東京山の手大研究』

戦前に開発された郊外住宅地に軍人と官僚が多いことはこれまでの資料の中にもたびたび触れられていた。しかし、実際にどのあたりにたくさんそれらの職業の人々が住んでいたかはなかなかわからない。そこを詳しく調べてくれたのが『東京山の手大研究』（1-5-C）である。

ここでは「文部省職員録」と「国家公務員職員録」により、東京帝国大学教授と陸軍将官の自宅の立地を、明治二〇年（一八八七）、大正一二年（一九二三）、昭和一七年（一九四二）あるいは一八年（一九四三）の三時点で地図にしており、私も何度かこれを拙著で紹介してきた。

帝大教授は、明治二〇年には本郷、小石川、牛込、麴町、赤坂、麻布に多く、また三分の一が下町に住んでいた。ところが大正一二年になると、池袋、新宿、渋谷、品川を結ぶ線、すなわちほぼ現在の山手線の西側に即して居住地が拡大し、他方、下町に住む者は二％以下に減少した。さらに昭和一八年には練馬、杉並、世田谷、目黒、大田、さらには吉祥寺、三鷹、小金井にまで居住地が西進している。

陸軍将官もほぼ同様の傾向であるが、明治二〇年ですら下町に住む将官はいなかったし、多くが皇居周辺を固めるように居住していた。大正一二年でも、市ヶ谷を中心に固まる傾向があるが、代々木、戸山、目黒、世田谷、中野といった軍関連施設の付近にも広がり、さらに昭和一七年には吉祥寺方面にまで広がっている。このようにリアルに郊外の広がりを示す地図は実はあまり多くないので同書の作業は貴重である。

また同書は、山の手の住宅様式の変遷についても触れている。第一は、明治期の洋館、あるいは洋館と和風建築を併置した様式（例：湯島の岩崎久彌邸）。

明治末期からつくられたのが中廊下式の住宅である。これは、それまでの田の字型の住宅では部屋と部屋がふすまでのみ仕切られ、プライバシーがないため、廊下を経由して他の部屋に移動するという様式である。そして応接間は洋風。中廊下の南側は家族の生活の場所、北側は水回りと女中室を配置するという機能分化も起こった。

大正時代になると、家族重視の風潮が強まり、「椅子座式の採用」「家族の団欒」「プライバシーの重視」「台所の改良」が起こる。洋風の居間（家族の団欒の場）を中心とし、子供も含めて家族の構成員に個室を与え、ドアで仕切るという、かなり洋風な住宅も提案された。田園調布の大川邸はそうした様式の住宅であり、「部屋も、居間も中心に蛸の足のように広がって」「南側の庭に面した書斎や居間、寝室などはさんさんと日の光が入ってきて、明るくて気持ちいい部屋で」「居間には庭に出られるドアが」あり「家族の者もご近所のお友達も、そこから出入りして」いたという。山の手というと下町に比べて閉鎖的な印象があるが、新興の郊外には「慣習にとらわれない新しい生活を追求」する気運、「明るい生々しさ」「排他的でない暖かさ」「おのづからなる創造力」があったという証言も紹介されている。

奥須磨子「郊外の再発見——散歩・散策から行楽へ」

本論でしばしば言及してきたように、今後の郊外研究には住宅地のみならず、娯楽地、工業地としての展開についての研究の増加が望まれる。

奥によれば、雑誌では「郊外」を表題に入れたものが一九〇〇年ころから見られるようになり、一九一〇年代半ばからは、東京郊外および近郊案内書が増大し、一五年から二九年の一五年間に「郊外」「近郊」「行楽」を書名に含む一六点の郊外散策本が刊行され、それらの語を含まないものも同数以上刊行されたという。特に一九二〇年代前半は「東京郊外・近郊案内書出版ブームと呼んでもよいような状況になった」のである。

一九一〇年代後半には新聞も郊外に関する話題を取り上げるだけでなく、郊外散歩の効能について語る記事をしばしば掲載するようになった。家にこもったり芝居や三越に行くばかりではなく、郊外に出て清い空気を吸い、遠足をしたほうが身体によいし、「自然精神も爽快になって、清い趣味も養はれ、又歴史的の意味ある場所でも探る事にすれば、地理歴史的の智識も養はれる事になるから、どれ程利益があるか知れません」と書く新聞もあったという。

一九一六年には鳥居龍蔵が「武蔵野会」を結成し、一八年には同会の機関誌『武蔵野』を創刊、一九年には同会主催により、上野松坂屋で「武蔵野会江戸研究資料展覧会」を開催、二九年には三越で「武蔵野今昔の会」を開催している。これには三越自体も「有史以前住民の生活」などの模型を四点提供し、また京王電気、王子電鉄、京成電気、目蒲電鉄、青梅鉄道の鉄道五社と豊島園が、それぞれの沿線案内資料を展示している。

時代が後先になるが、二二年には荒川遊園地、二五年には谷津遊園地、多摩川園、二七年には向ヶ丘遊園、京王閣と、電鉄各社による郊外遊園地も開園しており、一九二〇年代の東京に郊外ブームが起こっていた。

さらに一九三〇年から四五年には「郊外」「近郊」「行楽」の語を含む本がまた一六点出版された。この時代の特徴は、キャンプ、スキー、ハイキングという言葉が登場していることであるという。このように大正、昭和にかけて、郊外が注目され、そこに居住だけでなく、行楽、健康、娯楽といった機能がどんどん追加されていったことがわかるのである。

白幡洋三郎「西洋見立ての理想郷、王子・飛鳥山」

田園都市思想は二〇世紀初頭にイギリスから輸入されたが、イギリスのモデルが江戸だったという説がある。そもそも江戸こそは田園都市だったのだ、とは川添登の名著『東京の原風景』の主張だ。内務省有志による『田園都市』（一九〇七年）も、イギリスの田園都市思想を学びながら、日本の都市はすでに田園都市ではないかと何度も主張している。

たしかにそういうところがある。その一つの事例、王子がかつて日本のリッチモンドと呼ばれた、ということに目をつけて企画されたのが、北区飛鳥山博物館の『江戸のリッチモンド　あこがれの王子・飛鳥山展』（1－5－E）である。

「日本では、桜や桃の花が咲く季節に祝日や大きな祭があるそうです。木が植えられた特別な場所に集まり、花の下で酒盛りをして祝日を楽しむのです。もしもわれわれが、われわれの国の街路にもそんな個性を与えられるなら、われわれの国民は、家と仕事場をただ往復するのではなく、花の咲く道に立ち寄るでしょう。早春はアーモンド、晩春には桃、リンゴ、サンザシ。春が過ぎればアカシア、きささげが咲き、初夏にはいちじくの若葉が輝きます。そして秋。ナナカマド、ブナなどが実をつけて、落ち葉をはかなむ季節となるのです。」（拙訳）

これを書いたのはイギリス人レイモンド・アンウィン。一九〇九年の著書『都市計画の実際』（Town Planning in Practice）の一節である。アンウィンは、世界最初の田園都市と言われるレッチワース、およびハムステッド・ガーデンサバーブ、ウェルウィンなどの住宅地を計画した都市計画家である。そのアンウィンが日本の都市、おそらくは江戸・東京の街の中に桜や桃がたくさん植えられ、それらが季節を告げるように次々と咲き、庶民が花見をして楽しむ暮らしをうらやみ、ぜひイギリスの都市もそうしたいと言っているのである。

では、アンウィンは江戸が花に溢れた都市であることをどこで知ったのだろうか。多くのイギリス人が幕末や明治の日本を訪れ、訪問記を書いているから、そのうちのどれかを読んだだろう。八代将軍吉宗が、中野に桃を、隅田川、御殿山、飛鳥山に桜を植えさせ、都市の娯楽観光を盛んにしたことはよく知られている。他にも江戸にはたくさんの花の名所がある。幕末に来訪した外国人たちは、それらを見て感動したのだ。

一八六〇年に東京に来たあるイギリス人も、ある風景を見て祖国を思い出し、その風景を本国に伝えた。彼の名はロバート・フォーチュン。世界中から新種の植物を採集して本国に持ち帰るプラントハンターである。

フォーチュンは団子坂、染井などの苗木園に幾度か訪れ、特に染井は「私は世界のどこへ行っても、こんなに大規模の、売り物の植物を栽培しているのを見たことがない」と驚き、「私は容易に、新しい観賞用の樹木や灌木類を、大量に選び出すことができたので、他日、英国の公園や遊園地に植えて、目を楽しませる上品な外観を作りたいと考えた」と記している。イギリスの都市に江戸のように植物を増やそうとしたのだ。もしかしたらアンウィンが読んだのはフォーチュンではないか。

そのフォーチュンが最も愛し、「日本のリッチモンド」と名付けた土地が王子である。リッチモンドはロンドンの西北、テムズ川をさかのぼって一〇キロメートルほどのところにある景勝地。広大なリッチモンド公園やロイヤル・ボタニック・ガーデンズもある。その、美しい川と緑の風景が王子にもあったと彼は驚いたのだ。

そのほかにも、『古代への情熱』であまりにも有名な考古学者シュリーマン、イギリスのエルギン卿、イギリス遣日使節のオズボーン、ロシア艦隊のヴィシェスラフツォフ、英国国教会主教スミス、プロイセン遣日使節のオイレンブルク、スイス遣日使節のアンペールが王子を訪れ、口をそろえて王子の自然の美しさをたたえた文章を残していることを同企画展図録は教えてくれる。

今和次郎「郊外風俗雑景」

本書冒頭の『帝都と近郊』掲載のスケッチを担当した今和次郎は、彼独特の考現学、民家採集的な視点でいくども郊外を調査している（『モデルノロヂオ（考現学）』1-5-F）。だが銀座などの繁華街の調査と比べて、郊外の調査は、同じ道をウロウロすると怪しまれるため突っ込みが足りず、やりたいことの何分の一もできていないと今は嘆いている。私も今の真似事を何度もしてきたので、その気持ちはわかる。郊外の静かな住宅地で何度も犬に吠えられた。

今は、高円寺駅前通りで駅に向かう人、駅から家に向かう人の服装から職業、属性を推定して、通行人数を数え、吉祥寺駅から東京へ向かう電車内の人々の服装をスケッチし、阿佐ヶ谷の住宅地では、住宅様式が日本式か文化式か和洋折衷かを調べ、阿佐ヶ谷駅前商店街の店の業種を調べるなど、多様な調査をしている。ところで、阿佐ヶ谷の商店街の地図をよく見ると、お菓子屋がとても多い。しかも、せんべい屋と洋菓子屋は別である。昔は商店街にこんなにたくさん菓子屋があったものなのかなどと考えさせるのが、単なる定量調査ではない魅力である。

『特別展　Montage Suginami '30～'60——映画にうつされた郊外』

東京を舞台にした映画やテレビドラマを論じた本は多いが、杉並区郷土博物館特別展「映画にうつされた郊外」の図録（1-5-G）は、それを杉並区内に限定したものであり、貴重である。杉並は調布や大泉の撮影所に近かったので、ロケに使われることが少なくなかったのであろう。それら昔の映画を見れば、白黒フィルムのぼんやりした映像の中に、新興の郊外の姿を垣間見ることができる。

第1章
戦前戦後郊外開発史

〔1－1－A〕
小田内通敏『都市及村落の研究　帝都と近郊』（大倉研究所、一九一八年、一～一〇一頁）

緒説

第一章　江戸及東京の都市的発達

現代の所謂都市は政治的はた経済的原因によりて、一定の行政区域内に密集居住の生活状態を営める所にして、欧米に於ては、人口の多少により之を大都市・中都市・小都市に区別すれども、我国に於ては公にかゝる類別なく、たゞ制度上人口二万五千以上を有するものを市制によりて市と称するに過ぎず。されば同じく市と称するものの中に、人口の数に於て著しき差異を見るのみならず、其経済的はた社会的価値にも非常の径庭あるを免れず。我東京及大阪の二市は其最大なるものにして、人口の如きは東京市は過去四十年間に其増加約四倍に達し、大阪市は四倍を超えて東京市の七割に達したり。斯かる大都市に於ける人口の増加と其密集とは、国家の政治的・経済的・社会的はた文化的生活に甚大なる意義と影響とを有するものなれば、其生活が組織的に経営せらるゝと否とは、大都市其物の生存上利害の岐るゝ所たるのみならず、国家百年の大計より見るも亦重大なる問題なり。

抑々大都市の発達に伴ふ都市的生活の充実は、一定の行政区域内にのみ限らるゝものにあらず。即ち其外延的発展は之を囲繞する地帯をも都市化して、此に新に都市的地域の拡大を創造しつゝある事は、東京・大阪二市を囲繞する隣接町村の実情に徴して明かなり。是世界の大都市たるロンドン・ニューヨーク・ベルリン・パリー等が、其核心たる都市と其隣接地たる都市的地域とを包括する大ロンドン・大ニューヨーク・大ベルリン・大パリー等の呼称を用ゐる所以にして、我国に於ても近年大東京・大大阪の名起り、最近内務省に設定せられたる都市計画調査会の如き、大東京の改造計画を其主要の一事業となすもの亦此意に外ならず。されば大都市を囲繞する地帯の研究は、其核心たる大都市の発達を探究する上より切要なるのみならず、大都市の外延的発展に伴ひ、其囲繞地帯が純農村生活より都市的生活に遷りつゝある特殊なる村落生活の研究としても最も価値あるものなり。

本書は此見地より東京市の囲繞地帯、即ち都市的地域たる特殊農村に就きて地理学的考察を遂げ、以て東京の都市的発達に伴へる外延的発展が、如何に其囲繞地帯の農村を都市化しつゝあるかを窺はんとするものなり。されど其目的たる郊外農村の研究に入るに先ち、其核心たる東京市の都市的発達を一瞥するは、研究の順序として最も必要の事なりと信ず。

江戸の都市的発達

武蔵野とよばるゝ台地の北東端、東京湾に臨める一角に、江戸の市街が建設されて漸く都市の萌芽を見るに至れるは、今より四百六十二年前即ち長禄元年四月、太田道灌が海に臨める形勝の地に築城せるに基けるなり。されど当時宿駅の形態を有するに過ぎざりし事は、江戸宿の名によつて明かなり。其後九十三年即ち天正十八年八月、徳川家康の入国は、江戸の都市計画の基礎を築けるものといふべく、当時は城郭其物の築造よりも先づ城下町を経営するの計画に出でたる事は、入国後九年に当る『慶長江戸図』によつて其大勢を明にする事を得べし。此図に依れば、城郭の周囲には今の麹町区番町を始め、処々に集団的に武士屋敷を置きて其警備となし、日本橋附近には新に町割をなして町人の住地となし、更に沿海地区には貨物の集散を便にする設備を施す等、所謂住宅地区・商業地区の経営を実行したり。即ち当時の市街は、東部は日本橋通、西部は外濠以内、北部は神田橋附近に及び、南部は日比谷附近猶海に瀕するの状態なりき。

然るに『寛永江戸図』を繙けば、入国五十年後、江戸は都市的構成の整備と共に、其市街区域も大に拡張せられ、西は外濠を限るも、東は隅田川岸に及び、北は神田川に沿ひ、南は日比谷附近を埋立して、新橋附近に及べるを見る。即ち三代将軍家光の時代は、諸侯が競ふて江戸に壮大なる居館を構ひたるのみならず、参勤交代の制は諸侯をして江戸の屋敷を基本邸とするの已むなきに至らしめ、其邸宅も上屋敷・中屋敷乃至抱屋敷等を有するもの少なからざりしかば、当時江戸市街の大部は武士の住宅地区の集団に依つて構成せられ、附近には其需要に応ずべき小商業地区の点在を見るに至りたり。下りて四代将軍家綱時代の『寛文江戸図』を見れば甲州街道・中仙道等の主要街道に沿ひ、市街区域の発達をなせるは、江戸の都市的発達が漸次外延的発展をなすに至れるを証するものなり。更に下つて五代将軍綱吉時代の『元禄江戸図』に拠れば、市街区域の更に拡大せられたる事は、『寛永江戸図』に多くの市街を見ざりし外濠の外郭即ち四谷附近が著しく街区の発達を見、しかも其地区の道路が迂曲複雑せる事は、耕地が住宅地に変じたる結果、其間の畦畔が道路に変じたる事、猶今日の郊外の如く、囲繞地帯の農村を都市化せる当時の状態を想見せしむ。之に対し本所・深川二区の街区の整然たるは、開鑿せる溝渠に沿ひて道路の開通と居住の分布を見るに至れる事、前者と好対照を示せり。

されど江戸の大部を灰燼に帰せし明暦三年の大火が、如何に都市としての江戸の建築・構成・施設に影響せしかは、幕府の質素・倹約・驕奢・抑制の主義が、之を機として江戸の家屋建築に一大制限を加へたるのみならず、火除地としての広閑地を市内の所々につくれるは、『元禄江戸図』に、麹町区の竹橋、日本橋区の広小路・中橋小路、神田区の柳原土手通等に、殊に広き地区を見、麹町通南側一帯の地区の如き、火除地たる目的を以て薬草畑となし、今日元園町の名が之に由来せしに依つても明かなり。穴蔵の如き車長持の如き、何れも此大火に刺戟せられて生じたる都市の防火的施設の一たるを失はず。又此大火が隅田河岸に於ける避難の不便を感ぜしめし結果、両国橋の架設を見、為に其地先に新開の住宅地区を見るに至れるなど、此大火が如何に江戸市街の拡大に影響するものありしかを知るに足るべし。

斯く江戸が都市として大に発達せし結果、人口の集中夥しく、為に八代将軍吉宗の享保年間に「人返し」の令出づるに至り、当時五十六万を算せし人口が天明年間（十一代将軍家斉）に二百万を算するに至り、町数の如きも初め八百八町たりしもの、正徳年間には九百三十三町、享保年間には千六百七十二町、天保年間には二千七百七十余町に及びたり。

斯く江戸の都市的発達は、地積の上にも人口の上にも町数の上にもあらはるゝのみならず、『武江年表』中、寛文年間に梓行せる『江戸図』に、北は新堀・駒込・雑司ヶ谷、西は青山・渋谷、南は高輪に至る地域を載せたるは、郊外を附記せる初なりと載せたるに徴すれば、四代将軍家綱の時代に於ける町奉行の行政地区たる江戸と其囲繞地帯との限界が、今の本郷区・赤坂区・芝区の一部にあるを知る事を得べく、下つて十一代将軍家斉の天明八年に、御府内の区域に就き評定せし伺書に、

品川・板橋・千住・本所・深川・四ッ谷大木戸より内を御府内と相心得可申候哉奉伺候

とあるに依りて、当時江戸の都市としての行政地区が、四代将軍の当時に比して著しく拡大せられたるを見る。然るに三十一年後の文政元年には

御府内と唱候場所之事

東　砂村　亀戸　木下川　須田村　限り
西　代々木村　角筈村　戸塚村　上落合村
南　上大崎村より　南品川宿迄
北　千住　尾久村　滝野川村　板橋　川限り

右之通に付御曲輪内より四里迄之所を御府内と相心得

とあるに徴すれば、江戸の行政的地域が此時代に拡大せられ、之を今日の東京市と其隣接町村との関係に比して大差なきにより、江戸が其囲繞地帯を都市化しつゝゆける径路をも想見するに足らん。而して文政八年に『東都近郊図』の板行を見るに至れるは、江戸人が其囲繞地帯たる郊外の勝地を遊覧するもの漸く多きを加へたるを証するに足るべく、文政に次げる天保年間に梓行せられたる『江戸名所図会』中、郊外の勝地を挿入せられたるに就きて、『武江年表』の著者は

寛政中祖父長秋居士の遺稿、先考県麿の校訂にして、郊外に及ぼせるは大かた県麿の編輯なり、

と記せるを見れば、江戸の盛時に於て囲繞地帯の農村の間に散点する寺社及勝地が、常時郊外として如何に江戸人に喜ばれ、従つて其所在を明にする必要の生じたるを想見するに足るべく、板行後二十年にして増補せる『東都近郊図』にも、

郊外に遊ぶ者これに依る時は教導は乞はずして可ならん云々、此図は三十六町を以て行程一里となし、曲尺一寸六分を以て一里に当つ。コンパスを一寸六分にひらき、我こゝろざす処よりあてゝ歩せ見る時は、其里数を得べし、依つて図中に里数をしるさず。

と記せり。更に『嘉永改正府郷御江戸絵図』を繙けば、御府内たる江戸の都市的構成を知り得ると共に、之を囲繞せる一定距離の地帯が、郊外として明に江戸人に認められたる事を明にする事を得。即ち此図によれば、遊覧地としての郊外は、北は荒川を渡りて草加・鳩ヶ谷より越ヶ谷・浦和・大宮に及び、西は武蔵野の白子・膝折・小金井・調布・府中に達し、南は川崎を始め多摩川沿一帯に、東は江戸川に臨める国府台に及べり。

されば当時遊覧地としての郊外は、今日に於ては啻に遊覧地たるのみならず、都市計画上、大東京の予定地域と見做さるゝ処と略々相一致するに至れるを見る。想ふに比地域の大部は当時遊覧地として、郊外の色彩を帯ぶるのみならず、江戸人の日々の副食物たる蔬菜の供給地となり、日々神田・京橋等の市場を賑はせし事勿論なるも、其栽培地帯の限界は、今日之を明にすること能はざるを遺憾とす。

されど今日に比して人口及之に伴へる需要の程度、道路始め運搬機関の不備等より考察し、比地帯が蔬菜栽培地帯として今日の如く広からざりしは想像に難からず。住宅地区としての郊外の意義は、全く近世的色彩たるは今更言ふを俟たず。

斯の如く三百年間発達し来れる都市「江戸」も、幕府の倒覆と諸侯の帰藩とにより、著しく其戸口の激減を見、武士の屋敷が桑茶畑に変じたる事多かりしは、明治四年官版『東京大絵図』に就き、左の如き主なる分布を見る。

麹町区　一番町井伊邸南方一帯　永田町一丁目総理大臣官邸及大蔵大臣官邸附近

本郷区　湯島五丁目順天堂病院所在地　砲兵工廠江戸川間諏訪町　新諏訪町附近　茗荷谷町　小日向台町

牛込区　払方町砂土原町間　加賀町一丁目及薬王寺前町　江戸川沿　東五軒町　赤城下築地町

赤坂区　区役所附近　青山北町六丁目善光寺南側

麻布区　江戸見坂西久保町間　笄坂両側

以上の地区は、悉く宅地の耕地に変ぜしものと断じ難きも、当時の俚諺に

広いお江戸に桑茶を植えて

くはでおれとは人を茶に

とあるに依つても、人口の激変・宅地の空閑なりしにより、桑茶の栽培を奨励せし事を知るに足らん。

東京の都市的発達

明治の奠都は再び此都市を政治・経済・社会及文化の中心たらしめ、従つて人口の激減は漸次に回復し、明治十一年には現住人口八十一万三千に上り、二十年後の明治三十二年には百四十九万八千に上りて一倍八に増加し、三十八年後の大正六年には二百三十五万に上りて、殆んど三倍に達するに至りたり。然るに之を各区に見るに、市の中央地区たる麹町区・日本橋区の如きは、近年に至りて其増加の度を減ずるに関はらず、郡部に接続せる牛込・小石川・本郷・浅草・芝・本所諸区の如きは、之に反して其増加率著しく高き事を示せるは、東京市に於ける人口移動の方向を明にすると共に、隣接町村の人口増加の傾向をも暗示するものなり。更に其密度を見るに、パリー・ベルリンに次ぎ世界第三位に位して千坪に九十人の率を示し、其居密は住宅一人に就き床面積三坪といふ世界の最密に達したり。又東京市の現住人口中、男子の数が女子に比して約二割の多きを示せると、幼者階級（一歳～十五歳）壮者階級（十五歳～五十歳）老者階級（五十歳以上）の比が、幼者の三割を占むるに対し、壮者が五割六分に上れるとは、東京市の都市生活が女子よりも男子殊に男女の壮者を要する事を示すものなり。

東京市現住人口一覧表

区名	明治三十七年	同　四十一年	大正元年	大正六年
麹町	六七九六〇	六八六六九	五五九九九	六五八九三
神田	一五〇九八三	一五三三四六	一七二一九〇	一六八八八三
日本橋	一四三五八五	一五一八七三	一三二九七一	一五〇〇七〇
京橋	一八〇七六二	二〇七九〇〇	一三七六六七	一七一七四八
芝	一六二〇四三	一七六二八七	一五七八三八	一九一八一八
麻布	六五三五三	七六七五三	八四一九五	一〇〇二三七
赤坂	六一五八七	六九〇八八	五四九四五	六六一五五
四谷	六四五五三	七一四八一	五三三五二	六六〇三四
牛込	八〇九〇一	九三三六二	一二二三六八	一七〇八七三
小石川	九三〇二三	一〇二三六三	一三二八三五	一七三二〇四
本郷	一二一一二四	一五三二七七	一一五六二二	一二四七五七
下谷	一五六一四九	一九七二三六	二〇二四三七	二〇二七六五
浅草	二五三五五〇	三〇六八二一	二一七一三七	二六六一四九
本所	一五一五八二	一八六四一〇	一九二二四二	二四七五三三
深川	一一七四七三	一五〇二八五	一七八一八二	一八三七一一

此都市が東京と改められたるは、明治元年七月にして、同十月初めて車駕の御東幸あり、同十二月京都に御還幸、二年三月再び東京に行幸あらせらる。斯くして帝国の首府として政治・教育・軍事の諸機関は設けられ、市と郡との境界は定められ、市の行政区画は六大区七十小区に分かれたり。今明治四年官版『東京大絵図』に就きて市郡の境界の主なる地点を見るに、左の地区は

本郷区　駒込千駄木町・同林町・同動坂町・同曙町・同神明町・同富士前町

小石川　原町・林町・久堅町・白山御殿町・竹早町・大塚窪町・大塚町・音羽町・関口台町・高田老松町・高田豊川町・雑司ヶ谷町

牛込区　山吹町・鶴巻町・下戸塚町・若松町

赤坂区　青山墓地・青山一丁目……六丁目・霞町・笄町・高樹町

麻布区　富山見町・広尾町

芝　区　白金三光町・白金台町・白金今泉町

下谷区　谷中三崎町・同初音町・同天王寺町・上中下根岸町・坂本町・金杉町・入谷町・龍泉寺町

本所区　向島小梅町・押上町・太平町・柳島町・柳原町

深川区　石島町・千田町・豊住町・平井町

当時郡部たりし事を明にするを得たり。明治十一年郡区町村編制法の発布せらるゝや、市内は十五区に分たれて区役所は設けられ、爾来東京府の治下にありしも、同二十一年市町村制の発布により、同三十一年に至りて市役所の創設を見、茲に東京市は完全なる自治体となれり。

是より先明治十七年、時の東京府知事芳川顕正は、都市経営の一着手として市区を改正するの議を内務大臣山県有朋に上り、政府は之を容れて内務省内に委員を置きて其審査をなさしめ、同二十一年東京市区改正条例の発布を見るに至りたり。而して其着手は翌二十二年東京府告示を以て、東京市区改正設計を公示せらるゝに創り、爾後該設計に従ひて之を施行せしも、其設計余りに広汎に失し之に要する費用亦多大に、従つて完成を見るの難きのみならず、帝都たるの面目に関するを以て、之を縮小速成すべき方途を講ずべきの議起り、明治三十六年市区改正新設計の公示を見るに至りたり。斯くして着々事業の進行を見たれども、日露戦争後時勢の進運に伴ひて之が速成の要あるを認め、明治三十九年臨時市区改正局を設置し、同四十三年に亘り最急なる部分に就きて其計画を実行し、越えて同四十四年再び事業速成の計画成り爾来今日に及び、重要道路は殆んど其施設を了し、三十年の沿革を有する本事業も今や終局に近づきつゝあり。而して今年六月至り従来市内のみに施行せる此事業を、東京市の区域外に亘りて議定する事を得る法令の発布を見るに至れるは、其隣接町村が東京市の外延的発展に伴ひ行政上市郡の別あるに関はらず、経済上・社会上の関渉は寧ろ共同的施設を要するに至れる趨勢を示すものなり。

今東京市区改正第二期速成事業報告書に附掲せる市区改正道路全図を見るに、市内の主要道路は殆んど此事業により順次改修せられたるものにして、第一期（自明治二十二年至明治三十九年）に属するものは、例へば新橋より京橋に、四谷見付附近より淀橋町角筈に、神田裏神保町より水道橋を渡りて小石川白山前に、小石川富坂より本郷を横りて厩橋に、第二期（自明治三十九年至明治四十三年）に属するものには例へば牛込矢来町、小石川安藤坂より大塚辻町に、本郷追分より巣鴨に、第三期（自明治四十三年至大正六年）に属するものには例へば本郷三丁目より滝野川に、芝白金台町、青山霞町より同南町に、麻布桜田町より渋谷橋に至るが如き是なり。斯かる道路の改修は市民の交通に多大の便宜を与ふるのみならず、市内と隣接町村との連絡を便にし殊に日々手車により て市内に往復する農民には非常なる恩恵といはざるべからず。斯く市区改正事業の主なるものは、道路の改正にあれども、外に溝渠・河川改修・橋梁・公園等に相当の費目を支出せるを見る。

市区改正事業と共に、東京市の都市経営事業として知らるゝは上水・下水・電気・築港及感化救済にして、道路の改正と相並んで市の六大事業と称せらる。上水は徳川時代に於て、既に玉川・神田・千川・三田・青山・亀有の六派を見しが、今日は玉川・神田・千川の三派のみ現存し、神田上水は現水道の施設と共に明治三十四年其飲用を廃せられ、千川上水は明治四十年岩崎氏の所有に帰し、玉川上水のみは現水道の水路に利用せられ、其間水路取締の為め七箇所に水衛所を置き、市外の淀橋町に導水し之を沈澱濾過して市内に配水する設備をなせり。而して始めの設計は全市の人口を百五十万と見做し、一人一日四立方尺の水量を給するを標準となし、明治三十二年一月より給水を開始せしも、人口年々増加して二百万を算するに至れるが為め、其設計を拡張し、一日千七百二十八万立方尺の水量を供給し得るを標準とし、今や其工事に着手中なり。下水は明治三十二年上水道の工事を竣ると共に其企画に入りしものなるが、其設計案は所謂合流法にして、雨水及汚水を同一の管渠に導き、雨水は適所に雨水吐を設けて河川・濠池等に放出し、汚水は清澄して之を品川湾・隅田川及中川に放流するにあり。而して其汚水量は全市の人口を三百万と仮定し、一人一日平均六立方尺を八時間内に排泄するものとし、雨水量は一時間の最大降雨量を一吋四分の一となし、全市の排水区画を三区に分ちたり。而して其計画たる未だ漸く第一期の工事に着手して之を進行しつゝあるに過ぎず。されば大正十六年に於て竣工の暁は、帝都の衛生上大に面目を改むるものあるべし。

電気事業たる電車及電灯の市営が、大都市としての東京生活に寄与しつつある事の偉大なるは、日々吾人の享受しつゝある所にして、電車が全市に亘りて取れる一市均一賃銭制度は、東京市民の交通を至便ならしむるのみならず、隣接町村と市内の連絡を密接ならしむると共に、其発達をも誘致せし事は、後章の交通機関に説く所の如く（本書には収録せず）、其延長哩数は単線換算にて約二百哩に達し、其敷設は啻に市内の主要街路のみならず隣接町村にも入れる所あり。而して一日の平均乗車人員は、明治四十一年に於て四十四万六千を算せしに、十年後の大正六年に於ては八十一万二千に上り、約二倍の増加を示せり。蓋し東京市人口の増加率は、最近五年間に於て毎年約四分六厘を示せるに、電車乗客の増加率は毎年平均約七分四厘なるは、市民及其他のものが電車の利用年と共に盛大に赴く事を推知し得べし。又電灯の市営は近時に属するを以て、久しく経営せる東京電灯に比すれば、其灯数甚だ少なきも、電気局・東京電灯・日本電灯を合すれば、最近の灯数二百六十七万四千に達し、為に市民は現住戸数六十万に対し、一戸平均四灯数を有するに当る。隣接町村に於ても其点灯地域に入れる所あり。

東京市の都市的発達は、之を市内建築物の種類・様式及其分布の上に見る事を得。即ち官衙・学校等に宏壮なる西洋建築多きのみならず、諸会社に於ても、実用的見地より実務に便益多き洋風建築を試むるに至り、中流以上の住宅に於ては趣味の変遷に伴ひて住家建築の様式亦趣を異にするに至れり。建築の様式は斯かる自然的発達に見るを得るのみならず、東京市は都市経営の見地より、建築に関する研究を試み、曩に建築学会に依嘱して東京市建築条例案を編纂提出せしめ、一定の法規によりて東京市の建築物に地区・防火・衛生・保安の上より制限する方法を講ずるに資せんとせり。例へば道路に面する建物に対しては、すべて公定建築線の指示を受くるものとなすが如き、材料及結構に就きては一定の標準を示すが如き、防火に対しては市内の防火区域・防火線路及準防火区域・準防火線路を一定せんとするが如き是なり。今般開設せられたる都市計画調査会に於ても、建築法規に基きて東京市の建築を制限せんとする事が、大東京改造計画の主要事業たるに見るも、東京市の都市的発達と其建築物の整調とは、如何に密接の関係あるかを知るに足らん。

啻に建築のみならず、東京市を中心とする交通機関、即ち鉄道・電車・道路及水運の便を一新するは、都市経営の重要なる大問題なれば、已に大東京改造計画の主題となり、鉄道協会の総裁にして現首相たる寺内伯は、鉄道協会及土木学会に内命して東京交通調査会なる者を組織せしめ、其調査の結果成案を見るに至りたり。之に拠れば現在の東京市総面積三十万平方哩の八倍たる二百四十万平方哩を大東京と仮定し、日本橋を其中心とし、一哩間隔毎に順次円線各々五線を重ね、それより二哩間隔毎に円線二線を描き、之を基本として鉄道・電車・港湾・河川等を取捨按配せんとするものにして、是亦都市計画調査会の根本案たるもの、如しといへり。

されば帝都たる東京市の都市的発達は、是等の計画・施設より魚・鳥・獣肉・青物等の市場の改善に及び、更に完全なる発達を遂ぐるに至ると共に、其囲繞地帯たる隣接町村も、益々都市化せられて東京市の一部たるが如き生活状態をなすに至るべきや明かなり。

第二章　東京市の郊外地帯

郊外なる熟語は、従来我国に於ても慣用せられたる事は、既に前章江戸の発達にも述べたるが如く、当時は主として江戸の囲繞地帯中、江戸より徒歩にて日帰りに遊覧し得べき地域を意味したるが如し。されどか丶る地帯に位する農村の一部は、其核心に当れる都市に居住する江戸人に対し、日々新鮮なる蔬菜を供給するの必要上其栽培を主とし、荷車の使用行はれざりし当時の事とて、梶棒を以て之を江戸に運搬するなど、農業経営上都市と特殊の関渉を有する事ありしを忘るべからず。而して蔬菜の栽培地帯に於ては、市内より廉価なる人糞尿を搬入したる事も亦郊外としての一意義たり。即ち郊外なる語義には、都市に対する蔬菜栽培地・遊覧地の意味を含めるは、今日に於ても其変化を見ざれども、東京市の戸口の激増と、之を囲繞する農業地より蔬菜を運搬すべき道路の改善及荷車の利用とは、相俟ちて蔬菜の栽培及人糞尿の搬入地帯の拡大を見るに至れるのみならず、道路・汽車・電車・自動車・馬車・人力車等交通機関の発達が、東京市より一日に往復し得べき地域の拡大を見るに至れる結果、遊覧地域の外延を来し、更に市外に住宅地区の出現を見るに至れり。斯くして隣接町村に於ける住宅地域が、一定の方針に基ける都市計画により、其中心より略々一定の距離を有する地域、例へば日本橋より直径七哩半即ち約二里の地域を、実現すべき第一期の予定区域として議定せらる丶に至れるが如きは、時代の変遷に伴ひ、郊外の意義に更に都市的居住地なる新味を加ふるに至れる事を思はざるべからず。

されど現在の交通機関が改善せられて更に高速なるに至らば、郊外地帯も之に伴ふて拡大せらる丶に至るべく、従つて其地帯は自から可動性を帯ぶるものなる事固より論を俟たず。固より其地区が東京市の中心より等距離の圏内にあらずとするも、其経済的はた社会的生活が、東京市の郊外と認むべき所なきにあらざれば、単に等距離圏内を以て郊外地帯と限定するは、あまりに形式に拘はるの嫌なきにあらざれども、斯の如きは寧ろ例外と見るべく、実地を踏査して其現状を観るに、住宅地区の分布も、蔬菜栽培地帯の範囲も、東京市の中心を距る等距離圏に依つて支配せらる丶に徴すれば、之に依つて郊外地帯を決するも過当にあらざるべし。是本書が東京市の郊外地帯の限界を中心日本橋より直径約五里に置ける所以にして、東京府下より千葉・埼玉二県に及べり。

地上何れの所に於ても、一定の土地に限られたる面積と動かすべからざる地理的位置を有するが故に、東京市を囲繞する郊外地帯も亦所定の面積と不動の自然的意義あるや明かなり。今地図によりて本地帯の地形を大観するに、之を二大別する事を得べし。即ち北西部より南西部に亘る地域は、遠く秩父山麓より開展せる武蔵野台地の一部にして、其北縁は荒川により其南縁は多摩川によりて限らる。然るに北部より東部にかけての地域は、殆んど荒川・中川・江戸川の諸大川により貫流せらる丶低地にして、之を武蔵野台地に比すれば、地形の関係上一は波浪の起伏するが如く風景亦多趣を極むるに関はらず、一は一望平遠の趣を備へ、農業地として一は畑場所多きに対し一は田場所に富み、地味に於ても西半の畑地には蘿蔔・胡蘿蔔・牛蒡の如き根菜類、胡瓜・茄子・南瓜・西瓜の如き果菜類を適産とせるに、東半の畑地には千住葱・三河菜・京菜の如き葉菜類を始め、根菜類に於ても小蕪・亀井戸蘿蔔の如き短小なるものを適産とす。更に居住地域としても、武蔵野台地は土地高燥且眺望に富める関係上、上中流の住宅地区の拡大を見るに反し、河渠の水運に富める低地に於ては、工場地区の発展著しきものあり。されば東京市の郊外は自然及人文の上に於て自から特色ある二大地域に分つを至当とす。而して本書は其西半を占むる武蔵野台地を、自から実地に踏査したる資料に基き、其自然的特色及人文的特色が、郊外としての特殊の意義と結合し、如何なる一代活画を織成せるかを究めんと欲す。

古川古松軒は、江戸時代の地理学者にして足跡天下に遍かりし人公命により江戸の近郊を踏査し、其見聞をものせるものに『四神地名録』あり。中に郊外の二大別に就いて述べて曰く、

扨葛飾郡にての御朱印地は、高とは違ひ広くして粗米も数多納る事

なり。玉郡・豊島郡にては、御朱印地畑方故に納米少分の事にて、中には御朱印高十余石にて寺への納米は僅に一石斗の所も有之なり。荏原郡・玉郡にては畑在所数多なる故に、米を食事とする百姓は至つて稀なり。足立郡・葛飾郡は田方八分の村々にて、畑へは江戸へ出す専菜の物をあまた作る事にて、麦作は少なき故に中以上の百姓は米は食事とするよし云々。

本書に載せたる西郊諸郡に関する比較は更に趣味深きを覚ゆ。曰く、

管中の見ながら、此度通行せし村里の風土を考へ見しに、荏原郡を平均し土地すべて宜しからず。土質黒く灰の如くなる故、少し強き風には吹ちらし通行もなりがたく五穀の育悪しくして実る所も少く、畑在所数多にて民家のもやう宜しからず。人物言語も賤敷大下々国の風土なり。江戸なくばいかならんとおもう斗の地也。最も東海道の海浜玉川に添ひし村里便利よく屋宅さしてあしからずといへ共、豪家と覚しき家居更になし、百姓の暮しかた少しは江戸に習ひて他国の百姓よりも呑喰の奢有。

玉郡の平均荏原にかはりなく、最府中辺の土地はあしからず、古へ府を置きしも宜なりと思ひし事なり。此郡も玉川に添し村々は悪敷見へず。甲州街道筋・東海道と違ひて淋しく茶屋なども少なく、百姓の住居見苦敷思へて、己が相応の暮しかたにや難渋人はなきやうに見へ侍りしなり。武蔵野新田所は広大なる事にて、地面不相応に人家少なく此故に雑木林打続き良材最多し。開発の初荒野なりし故に、人の来りて住馴るゝやうに、貢も他方と違ひ甚少なく縄も延し事にや、今にては百姓のもやう悪からず。大概の民家古田所よりも多し。今四五十年も立ちなば、土地ことに肥え能き村々となるべし。

豊島郡を平均して右の二郡に競べ見れば、大に勝れて別国の如し。家居を始め人物言語もよく、別けて日光御成道より荒川筋の村々は、田方数多にて土質上国の風土にて五穀の実り他国に劣らず、中にも下村神谷村・豊島村抔は、上がた中国筋の土地と少しもかはらず。草木・村立大上々国の風土にて、僕が中国に替らず、植物に紅花・蚕豆・蕪抔も見侍りしなり、云々

著者が『四神地名録』を出したる寛政六年より今日に至るまで百二十五年其間自然の姿は依然として変らざれ共、人事の推移は本書に述ぶる所の如く甚し。古松軒の探訪せし西郊に親しむ事浅からざる余は、斯く風土より生業民俗に及べる著者の多面的なる観察と其暢達なる筆致とに無限の感興を催すのみならず、本書の読者に対しても、此篤学者のものせる此好著を繙読せられんことを切望するものなり。

特説――東京市の西郊

第一章　自然的環境

境域

東京市の西郊たる本地域は、東京市の西部を構成する台地「山ノ手」の連続にして、北は荒川南は多摩川により所謂自然的境界をなせども、西方は台地連亘し其間に画然たる自然的境界なし。されど所謂郊外は大都市東京の経済生活と其居住関係とに就きて、特殊の交渉を有する地域に限らるゝを以て、其縁辺は東京市の中心より一定の等距離即ち略々直径五里の圏線に当るべきは、既に緒説に述べたる所なり。斯かる意義より見たる西郊の西境は、北豊島・豊多摩・荏原三郡の境を超え、其外囲をなせる埼玉県北足立郡の白子村・新倉村・東京府北多摩郡の保谷村・武蔵野村・三鷹村・神代村・狛江村・砧村・調布町等の地域に出入し行政区画たる村界と一致せざる事勿論なり。

地形

武蔵野台地は北西より南東に傾斜するを以て、其東部を占むる本地域も亦同方向の傾斜をなし、其北西部に於ては海抜六十米内外なるも、東南部に於ては二三十米に過ぎず。今二万分一地形図によりて之を見るに、其西境をなせる小平村・小金井村及田無町に於ては、海抜七十米乃至六十五米の高処処々にあらはるゝも、域内に於ては更に低下して、六十米以上の高処さへ其北西隅たる保谷・武蔵野・三鷹三村の一部に見得るに過ぎず。されば河流の主なるものは、何れも此附近に発源し、傾斜の方向に従ひて北・東及南の三方に流下す。かくて本地域の台地は、或は北に或は東に或は南に流下する河流の本支流によりて水蝕せらるゝが故に、台地と河域と交錯せる地形は、恰も波浪の起伏せるが如く、武蔵野台地特殊の景観をなす。而して域内に於て地形の最も平遠に展望の頗る広く、所謂武蔵野の曠野を想見せしむる所は、武蔵野村より東は高井戸村に、南は三鷹村に至る耕地を逍遥するに如かず。即ち中央線吉祥寺駅にて下車して玉川上水の縁に出て、それより北して武蔵野村を東西に通ずる五日市街道を横断して村の北境に出づるか、南して三鷹村の西部大字連雀を横断して神代村に出づるかにあり。されど高処より其大観を恣にせんと欲せば、三鷹村大字牟礼の後丘大番山に登るを可とす。此丘は海抜六十五米なれば、附近一里内外に開展せる曠野の展望に適す。即ち北西には井ノ頭池附近の森林、武蔵野村の屋敷林など歴々指点し得るのみならず、其後空には狭山の丘陵を望むを得べく、南東には井ノ頭池より流出する神田上水の流路と沿岸の地形とを下瞰し得べし。宜なるかな、天正年間に小田原北条氏の家臣高橋氏は、此形勝によりて深大寺の又住に拠れる上杉氏の家臣難波田氏に対抗せし事や。

深大寺より北の方武蔵野新田の地へ通行せしに、広大なる事筆紙に尽し難し　人家もなき深林の中を二十丁三十丁も蜘手の如く行のくること故に、終には方角も取失ひ磁石なくては行路を迷ふべき地なり。此辺一村を中国筋に置けば十箇村ともなるべし。案内の者なくては通行もならぬやうに思ひき。（『四神地名録』）

本地域の北西部にして武蔵野台地の中心に位する武蔵野・三鷹二村附近の地形は、斯の如く比較的平遠にして且高燥なれば水田甚だ少なく、僅に烏山用水上流の低窪地（三鷹村大字牟礼）野川の左岸に注入する支流の渓谷（神代村大字深大寺）石神井川の上流の渓谷（三鷹村大字牟礼及高井戸村大字久我山）に見るに過ぎずして、全部殆んど畑場処なり。されど此平遠なる台地の東縁に点在する狭長の低窪地には、四周より湧出する地下水此に瀦溜し、水の乏しき武蔵野にはオーシスの感あらしむるもの、例へば井ノ頭池・善福寺池の如きありて、共に武蔵野を流るゝ重要なる河流の水源たるのみならず、其沿岸に開かるゝ水田の用水となり、殊に井ノ頭池の如きは徳川時代より明治時代にかけ、江戸人及東京市民に供給せる簡易水道の水源たりしが、今日之を中心とせる一郭が、東京市の公園となれるが如き、時代に伴ふて利用の変遷著しきものあるを示せり。石神井川上流の左岸に湧出せる三宝寺池の如きも、其形状が北西よりも南東に狭長なる点に於て、以上の二池に類するのみならず、此三池の位置を連絡すれば、共に略々北東より南西の方向に走る線上にあるは、地体構造上何等かの理由あるにあらざるか。三鷹村大字新川の水源仙ノ谷池の如き、神代村大字深大寺と同名たる深大寺境内の豊かなる湧水の如き、何れも地下水の湧出するものなる事前の三池に異ならず。深大寺の境内は、湧水に加ふるに森林の鬱蒼たるありて、泉の備はれるあり。寺僧亦此自然の景観を保存しつゝ一大公園となさんとするの計画あるは、東京人に取つての一大福音ならん。本地域の北部王子町、名主の滝の如きも、斯かる地下水の湧出を利用して造れるものなり。是等地下水の湧出する原因に就きては、後節地質の部に述ぶるが如くなるが、附近の住民は之を飲料水に、はた灌漑用水に利用して、武蔵野の開発に資する事の大なりしは、後章土地と其利用の部に述ぶる所の如し（本書には収録せず）。

　以上述べたるが如く、本地域中最も高燥なる保谷・武蔵野・三鷹の三村より北・東及南の三方に開展傾斜せる台地は、其間を流るゝ数多の河流の本支流によりて分岐せらるゝが故に、台地の水平的分布は恰も樹木の幹枝の如き状態をなす。其利用の状態は、後章土地・其利用に説く如くなるも、其主なる分布を見るに、

神田上水・目黒川間の台地　此台地は武蔵野村より東京市に至るまで、狭き脊梁の連亘なれど、其間渓谷及河流の之を断絶するものなければ、交通上の利用に好適なる地形なり。即ち武蔵野村と三鷹村との境に位する井ノ頭池附近より、南東に走りて三鷹村の牟礼に大番山を起し、三鷹・千歳・高井戸三村の境界附近に広がりて高井戸村の南部を過ぎ、更に高井戸・松沢二村の境、和田堀内・松沢二村の境に出で、北には和田堀内村和泉より中野町雑色に至る狭き分岐を出し、南には松沢村より世田ヶ谷村に至る広き分支を出す。而して基本幹は代々幡・淀橋・千駄谷三町を経て内藤新宿町の地域に亘り四谷区に接続す。内藤新宿町大木戸より起れる甲州街道に、此台地の脊梁に通じて淀橋・代々幡の二町より和田堀内・松沢・高井戸の三村を過ぎ、京王電車の軌道の如きも、之を利用する事甲州街道と同じく、其位置甲州街道と不離不即の間にあり。多摩川中流の左岸羽村より分派する玉川上水も、本地域に入りては、此台地の脊梁を通り、武蔵野・三鷹二村の境より大番山の北方に出で、高井戸村の南部を通りて甲州街道の北側に沿ひ、和田堀内村に至り、同衛水所下より新に開かれたる新上水の通路により、此台地の北側を一直線に東流して、淀橋町浄水場の沈澄地に入るの施設たり。此台地は代々幡町の南部より世田ヶ谷・目黒二村に稍々広く開展し、地形急斜且多く分岐するが故に近年住宅地区の好適地として知らる。

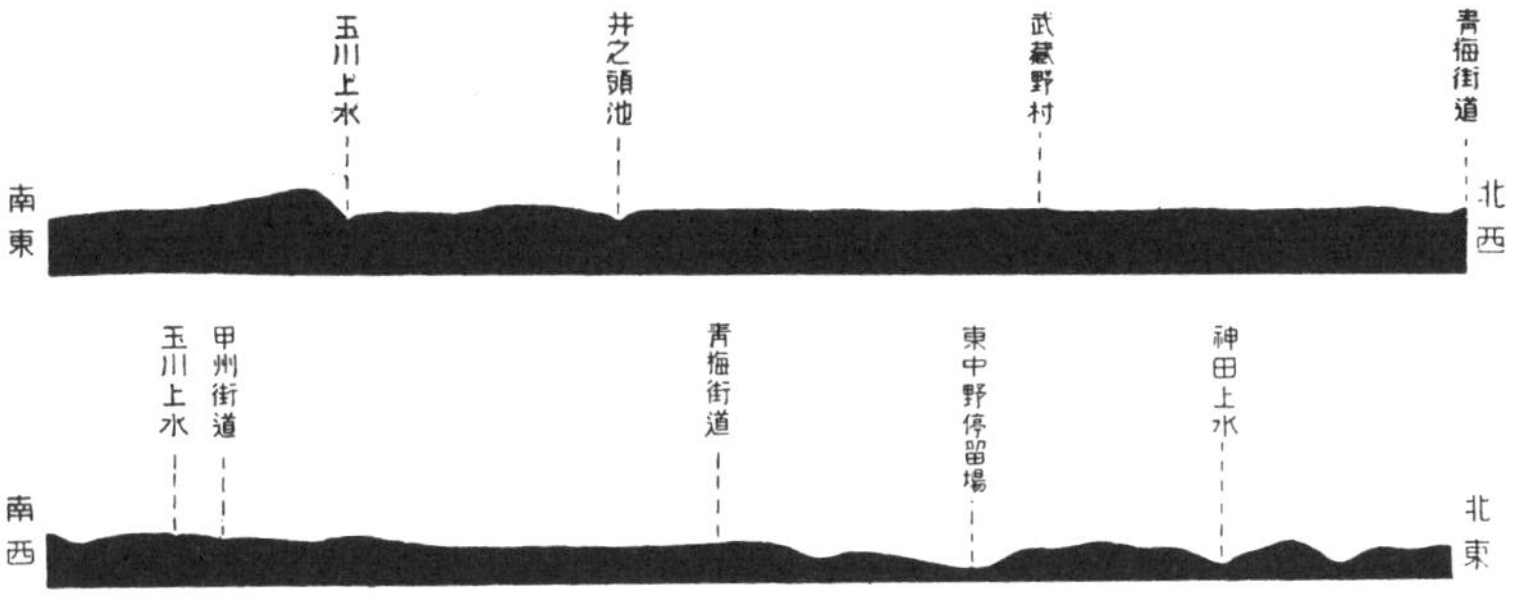

上図は武蔵野台地の最も平遠なる台地の断面にして、玉川上水左方の高丘は牟礼の大番山なり。下図は武蔵野台地の起伏多き地区の標式的断面なり。両図を並せ見ば此台地の特徴を明にするを得べし。

神田上水・石神井川間の台地　神田上水は井ノ頭池より流出する本流を始め、善福寺流・妙正寺流等の支流あるを以て、其流域広く其間に分布する台地は為に分岐する所多し。就中重要なるは善福寺流の左岸に沿へる台地にして、其分布状態は甲州街道の通ずるそれの如く狭く長なれど、石神井村より東京市に至る間、中野・淀橋の町境に神田上水の狭き渓谷を見るに過ぎざれば、新宿追分より通ずる青梅街道は、淀橋・中野の二町と杉並・井荻・石神井の三村に通じて、此台地の脊梁を過ぐ。此台地の一支にして北方神田上水の一支流と石神井川との間に位する台地は、杉並・野方・落合の三村に亘りて稍々広く、中央線此処を経由するのみならず、中野町分は今日鉄道院電車の終点に位するを以て、其附近は近年住宅地区としての土地需要盛なり。

　石神井川の右岸に沿へる一帯の台地は、上流より下流に続けるを以て其分布広く、其北縁の石神井川は支流乏しきを以て、其上流より中流に沿へる石神井・上練馬・下練馬・中新井の四村は、殆んど台地の分支を見ざれども、南縁の妙正寺流は迂流し且一支流を有するにより、石神井村より野方村に至る台地の一分支を出せり。而して下練馬・中新井の二村の東方に隣れる上板橋村に於ては、石神井川に注ぐ一支流に依つて台

地の分支を見、其東方の長崎村に於ては、迂曲して東京市に流入する谷端川のあるが為に、妙正寺流と谷端川との間には、長崎・落合・高田・巣鴨四村に亘る台地の分支を見、谷端川と石神井川との間には、上板橋・長崎の二村、板橋・滝野川・巣鴨の三町に亘る台地の分布を見る。而して滝野川町の中央より流出し、南方東京市に流入する藍染川のあるが為に、其右岸沿に巣鴨町より本郷区に、左岸沿に滝野川・日暮里の二町より下谷区に接続する台地の分岐するを見る。

斯の如く台地の分岐の複雑なる間に於て、其脊梁の最も長く連続して渓谷及河流の之を断絶する所少なきは、高田・落合・長崎・上板橋・中新井・上練馬・下練馬・野方・石神井・井荻の十村に亘れる地域なり。是小石川区より高田・落合・長崎の三村に通ぜる清戸道及之に連絡する関道の通路たるのみならず、玉川上水の分派たる千川用水は、大部此台地の脊梁を通り、更に板橋・滝野川二町に亘る台地を過ぎて石神井川に入る通路なり。谷端川と藍染川との間の台地の脊梁には、巣鴨町より通ぜる中山道、藍染川左岸の台地には岩槻街道の通ぜる共に注目すべし。又院電山ノ手線目白駅、田端駅附近の台地が、近年住宅地区として名高く、滝野川・日暮里二町に亘れる台地が、東方荒川沿の平野に臨み展望甚だ広きが故に、江戸時代よりの遊覧台として飛鳥山・道灌山などの名知らるゝが如き、台地の地形を利用せる好実例なり。

石神井川・白子川間の台地　此二川は共に保谷村より流るゝを以て、同村内に於ては其間に介在する台地の分布広からざれども、白子川は北東の方向に、石神井川は東方に流るゝを以て、流路の進むに従ひ、台地は保谷村より石神井・大泉二村に、更に上練馬・下練馬・赤塚の三村に広がり、東部は上板橋・志の二村及板橋・王子・岩淵の三町に亘りて広し。石神井川の左岸は中流に至るまで支流なければ、之に沿へる台地は分岐を見る事少なきも、上練馬村より出て、此台地の中央を流れ石神井川に注ぐ田柄川により、上練馬・下練馬の二村は石神井村に続ける台地の一分支となる。田柄川の左岸に沿へる上練馬・下練馬・赤塚・志・上板橋の五村に亘れる台地には、其間河流によつて断絶せられざる長き脊梁を有し、中山道より分岐せる川越街道の通路たるに反し、北端荒川沿の志・赤塚の二村に亘れる此台地の縁辺は、小渓谷の発達著しきは、本書の口絵に示すが如し〔本書には収録せず〕。斯かる地形は比較的小地積の間に、田・畑・森林等土地の利用状態を多様ならしめ、又其附近は生活に必要なる飲料水を得易きが故に、旧き民居の核心たりしは、後節地形と其利用の部に説く所の如く〔本書には収録せず〕、本地域の居住状態を研究するには標式的地形なり。志村の東部より岩淵・王子・板橋の三町に亘れる部分は、二三の小渓谷によりて分岐せらるれども大部は平坦に、其東縁は岩槻街道、西縁は中山道の通路に利用せらるゝに注意すべし。其東縁の石神井川を挟みて飛鳥山に対する地区は、王子権現等ありて江戸時代の有名なる遊覧台たりしは人の知る所なり。

目黒川・多摩川間の台地　台地の分布が河流の方向によつて決定せらるゝは、前述の例に依つて明かなるが、以上の諸河が概ね西より東に流るゝに反し、目黒川と多摩川とは、北西より南東に流るゝが故に、既記の諸台地が多く西より東に連れるに反し、此二河の本支流によりて分岐せる諸台地は、北西より南東に連れるもの多く、二河が小支流に富める丈台地の分岐亦複雑せる事既記の諸台地に見ざる所なり。

従つて東京市より通ずる道路の如きも、台地の脊梁のみを通る甲州街道・青梅街道の如く坦々たるもの少なく、比較的長く台地の脊梁を通過する厚木街道すら、猶且目黒川の本支流及蛇崩川の渓谷を横断せざるべからず。台地中最も長き連亘を見るは、目黒川の支流たる烏山用水と新川との間に分布するものにして、三鷹村より神代・千歳・世田ヶ谷の三村を過ぎ、千歳・世田ヶ谷・砧・玉川四村の境附近に於て其分布最も広く、其間より流出する蛇崩川及呑川に依つて三分岐を見る。其一は烏山用水と蛇崩川との間に位し、世田ヶ谷・駒沢二村の境より世田ヶ谷・目黒二村の境に及び、目黒川の狭き渓谷を挟み目黒村・渋谷町の台地に対して、厚木街道及品川往還の通路となるもの、其二は蛇崩川と呑川との間に位し、小支流の渓谷に沿ふて小分岐をなし、一々之を記述するの繁に堪へず。其一分支の末端が、馬込村洗足池畔に於て、数多の丘陵となり、風景従つて宜しければ、沿岸に社寺を始め別荘も多く、新に起れる田園都市株式会社の如き、亦其予定地の一を此池畔に相せんとす。会社の目的たる、東京市に活動する中流階級の人士を郊外の清浄境に生活せしめんとするものにして、玉川・調布二村に跨れる地区と洗足池沿の地区とにて、地積合計約四十万坪を相し、交通機関は荏原電気鉄道株式会社が、新宿駅より此住宅地区を経て大井駅に達する電車を経営し、以て其住民の便益を計らんとす。

其三は最も狭長なる台地にして、呑川と新川との間を南下し、多摩川岸に出づるや、台址は切断せられしが如く直立するのみならず、台地も突乎たる隆起多く、玉川・調布二村の境界附近は海抜四十五米乃至四十六米に及び、其連脈たる亀甲山の如きは、旧幕時代に将軍の登臨を試みられし所、田園都市株式会社の予定地の一は、恰も此二村に跨れる形勝の地たり。

大井町と入新井池上・馬込の三村に亘れる一等の台地は、北西より南東に連りて近く東京湾に臨み、最も眺望に適する遊覧台たるのみならず、明治に至り所謂別荘地として、はやく（明治二十一年頃）開けたる所、俗に「大森」の名によつて知らる。馬込村の如きは小渓谷に沿ひて地形の変化著しく、俗に九十九谷の称ある程にて、近年住宅地区に利用せらるゝ処尠なからず。

此辺遥に見る時は山の如くに見へ、近くよつて委しくみれば山にはあらずして岡なり。頂は渺茫たる平地にして広大なる事いふべからず。これより東方の海面を眺望すれば、諸州よりの廻船往来は貴賤となく打続繁茂限りなし。

（『四神地名録』）

河流

本地域の地形は、北西部に当る高処より、北・東及南に傾斜開展するが故に、河流の方向も亦此地形に支配せらる。即ち北方荒川に入るものには黒目川・白子川、東方隅田川及東京湾に注ぐものには石神井川・神田上水・渋谷川・目黒川・立会川・呑川、多摩川に入るものには新川・野川あり。黒目川と野川とは、共に本地域の境界河ともいふべきものなれば、其流域は本地域との関係薄けれども、其他の諸河の流域は、西郊農村の生活と密接の関係を有す。たゞ水源より川口に至るまで、流程甚だ短く、従つて其流域も亦狭小なれば、諸大河の上・中・下流域が、其住民の生活及居住の様式に影響する事大なるが如くならず。是等諸河の水源は前述の如く

（一）井ノ頭池・善福寺池・三宝寺池等地下水の湧出潴溜して池をなすものに発源するもの多く、其の類型の小なるものに三鷹村新川の仙ヶ谷池、上練馬村貫井の谷、杉並村の田端・碑衾村の碑文谷・狛江村の和泉・千歳村の根ヶ谷等に見る事を得べし。神代村深大寺境内の泉水の如き亦同種のものたるは前述の如し。斯かる地下水は降雨に基くが故に、其湧出は季節によりて水量に増減あるのみならず、水源地附近の森林の伐採により著しく減ずる事あるは、井ノ頭池の水源上の所謂御殿山の森林が、明治初年官林払下の時伐採せられたる当時に徴して明なり。然るに地変の為めに涸渇するに至りし例は、神代村大字深大寺宇野ヶ谷なり。此処はもと「釜」と唱ふる池ありて地下水湧出し、附近の水田を灌漑せしに、安政三年の大地震に水口塞り、之を用水とせし水田は耕作に困難を感ずるに至れるより、関係農村は明治四年玉川上水分水の許可を得、所謂深大寺用水をつくり、以て其灌漑の欠を補へりといふ。

（二）されど周囲の緩斜せる台地に於ては、地形の関係上降下せる雨水が、表土を滲透して下部より湧出し、所謂地下水となりて河流の源をなし、雨期に多く流出する「間歇川」をなす事多し。斯かる河流は春秋

の雨期に於ては相当の水量を有しながら、降雨少なき冬季に於ては全く河床を露はすに至る。例へば白子川の上流をなせる一支流の、保谷村大字下保谷より大泉村大字小榑に至る低窪地を流るゝもの、如きに、梅雨及秋霖の際には、水量豊かなるのみならず、沿岸の林池及畑地を浸し、為に栽植せる櫟林は浸水部より病を生じて枯るゝものあるに反し湿地に適する榛は之に代りて繁生するが如き、其流末の右岸（妙福寺裏）に於て実見したる所なり。又下練馬村の北部田柄川右岸沿の耕地は、丸久保の小字あるが如き地形なるが故に、表土を滲透して流下する間歇川の排水宜しからず、為めに其間に通ずる道路の両側には、今猶深き畦隙（凹地）を残し且暗渠をも設けて排水に便にし、道路の両端には畦隙の埋没を防ぐが為めに、櫟並木の栽植をなす事、今日本地域中稀に見る所なり。

畦隙と並木　畦隙は道路沿の並木の根の耕地に入るを防ぐと、耕地の排水を宜しくするとの目的より作れるものにして、並木は公有地たる道路と私有地たる耕地の境界を利用して植えられたるものなり。斯かる並木はもと私有地の境界にも多かりしも、戸口の増加は漸く耕地の狭小を感ずるに至り、為に其拡張を図れる結果、今日に於ては並木を伐り畦隙を埋めて耕地となせる所多し。されど為に排水を悪くし、秋霖の際表土を滲透して流出する所謂「野水」の溢出を見る事多しとは、上練馬村役場に於て聞きたる所なり。

河流の本支流は、永年の間此台地を水蝕するが故に、之に沿ふて刻まれたる無数の渓谷は、台地の地形を複雑ならしむるのみならず、為に垂直的に甚だ短かき此台地をば水平的に多様に開展せしめ、且其風景を多趣ならしめたり。而して河流はすべて灌漑排水の用に供せらるゝが故に、本地域に於ても其沿岸には水田開かれ、殊に水源附近に於ては地形の関係上甚だ狭長なり。斯かる処は地下水が直ちに水田に入る所謂「冷水がかり」にして、稲の生育為に宜しからざれば古来「直播」を試む。されど地下水の湧出少なき低窪地の水田は、所謂「天水場」にして旱魃の際は被害多きのみならず、灌漑の水量豊かならざるが故に、用水に依つて其欠を補へる所多く、例へば杉並村阿佐ヶ谷の如き然り。

冷水がゝり　地下水は水温低きが故に、直ちに之を受くる水田は「冷水がゝり」と称せらる。斯かる冷水を田に入るゝ前には、其水路を迂回せしめ、然る後田に導くやうにせる所あるを見たる事あり。

天水場　乏しき地下水を用水とする水田は、降雨に頼る事多きを以て、降雨の少なき時は其灌漑用水の欠乏を感ずる事夥し。されば馬込村に於ては、台址の処々に三四尺四方の溜を掘り、用水の乏しき時は、之を汲みて其用に供する設備あり。

河流中長大にして、且支流の多きものは、神田上水を最とし目黒川之に次ぐ。石神井川に至つては、最も長けれども支流甚だ少なく、従つて流域亦広からず。かく石神井川は上流より下流迄、西より東に刻まれたる細くして単調なる渓谷を流下し、右岸の台地が左岸に比して傾斜の急なる事は、本地域河流の一標式たるのみならず、神田上水及目黒川に於ても、基本支流が上流より中流に至る迄、概ね西より東に流るゝ事石神井川に類し、為に沿岸の田畑は、地形の関係上南陽・北陰の分布を示せり。

想ふに武蔵野の開発当時に於て、居住者に取りては住心地よき宅地と飲料及灌漑に供すべき水とを得易しき南陽の地は、居住地として最も好適なりしなるべし。故に河流の両岸に発達せる聚落の発達を研究するには、此自然的条件を第一の命題となさゞるべからず。神田上水は下流に至つて東京市に流入するが故に、其下流域の利用状態は、西郊農村の研究問題外に属すれども、目黒川・石神井川の二川に至つては、流末に至るまで西郊を流るるが故に、上流より下流に至るまで西郊に於ける河流の利用状態を見る事を得べし。

即ち発源地附近に於ては、之を飲料に供する事深大寺境内の如く、特に山葵田の栽植に資する事三鷹村多摩村の如きあり。上中流に於ては灌漑用に充つるの外、水車の動力に利用せらるゝ事各町村共に多く、殊に神代村の如く傾斜の急なる処に於ては、水車の数他村に比して著しく多きを見る。されど本地域の如き郊外にありては、水車の利用が東京市に隣接せる町村ほど著しく其目的を異にするは、後章工業の部に述ぶる所の如し〔本書には収録せず〕。下流の利用状態は、或は排水の作用のみに止まる所なきにあらざれども、特に閘門を設けて水車の運転・灌漑水の調節に資する所尠なからず。又品川の妙華園・目黒の苔香園の如く、河水を園内に引き河土と河水の利用によりて園芸に従ふ所あり。下流の或地域が、工業地区となれる結果、其水の利用法も複雑に赴けるは注意すべき一現象なり。

　東京市に近接せる諸河の下流域は、運輸の便と悪水排除の利と相俟つて、目黒川・石神井川・立会川の如く工場の設立夥しく、殊に目黒川下流に於ては、潮汐の干満を利用して小運送船の上下に資すを得るが故に、其利用最も盛んに、為に沿岸に工場の多き事、本地域中第一とす。其分布に至つては後章の工業に明かなり。

目黒川流域　烏山・北沢二用水の合流域にして、烏山用水は三鷹村より千歳・世田ヶ谷二村を流過し、北沢用水は松沢村より世田ヶ谷村に流入し、共に北西より南東の流路を取り、世田ヶ谷村の東端に於て合して目黒川となる。北沢用水は其長さは烏山用水の半にも及ばざれども、其左岸に沿へる台地の地形は武蔵野台地研究の好資料たるものあり。即ち上流域を占むる松沢村字土手より字向山に至る約十五町の間、傾斜極めて緩に、新宿追分より府中に至る甲州街道沿道中、最も平遠の眺望あるに反し、下流域に当る世田ヶ谷村大字下北沢附近は、海抜四十米内外の台地が、甲州街道附近より分岐して河岸に突出せるを以て、其間には「冷水がゝり」の狭き水田を挟み、地形の変化に富める事隣村代々幡村大字代々木に類す。円乗院・森厳寺の如き何れも此南面せる形勝の台地に立てり。又烏山用水の流域には、其上流左岸に高丘屹立し、其麓に三鷹村大字牟礼の発達せる外著しく注意すべき所なきも、千歳村の粕谷以東、河流が略々西より東の方向に流るゝを以て、左岸の日当りよき処は右岸に比して民居の密集せるを見る。又駒沢村の北西部世田ヶ谷村界に近き窪地より発源し、烏山用水と並行して駒沢村を東流し、目黒村に入りて目黒川に合する蛇崩川は、中流より殆んど排水路の状に変ぜるを以て、沿岸の水田は到る処品川用水の灌漑に待つ処多し。

　目黒川の目黒村を過ぎ、大崎品川二町を経て品川湾に注ぐ迄約二里の間、右岸の台地が目黒不動堂附近に於て僅に二十四米三の高度を示せるのみにして、他は二十米内外の低き台地の連れるに反し、左岸は目黒村分に於て一帯の台地三十米内外の高度を示し、更に大崎町に入りて霞ヶ崎・袖ヶ崎等の小突出をあらはし、品川町に入つて所謂御殿山の台地をなせり。是等の台地は眼下に数百頃の水田を見下し、対岸に台地の開展を望みつゝ、富士を仰ぐの絶景を恣にするを得るが故に、江戸時代に於て、夙に郊外住宅地区の好適地として知られ、殊に大崎大字下大崎の如き、現に島津公・池田侯等の大邸宅の建てらるゝを見る。

神田上水流域　此流域の最も広大なるは、神田上水・善福寺流及妙正寺流の合流するが為にして、其本流は三鷹村大字牟礼の北境武蔵野村大字吉祥寺に近き井ノ頭池に発源し、高井戸・和田堀内二村を過ぎ、中野町に入りて支流善福寺流と会する迄、両岸水面より何れも高さ二米乃至四五米の台地相対し、其間の幅員流頭附近に於ては直径僅に四十余間あるのみにて、水田に利用せられし処も、一年放棄すれば上図の如く蘆野に変ずるが如き低湿地なり。且其両岸の台地傾斜急なれば水田に沿ふて民居の発達を見る事なし。稍々下れる左岸和田堀内村大字永福寺附近は、日当りよく水田に沿へる台地の傾斜最も緩なるが故に、水田に近き南向

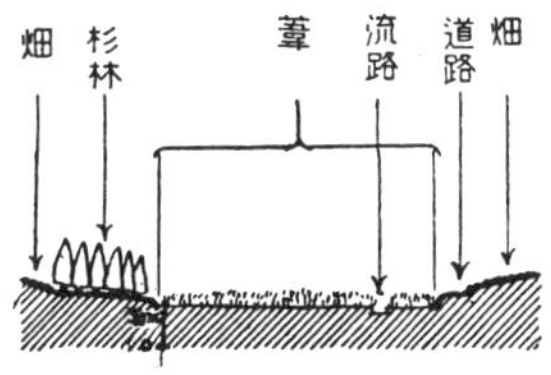

流頭と其附近

の地点に旧き民居の定着せるを見るは、後章土地と其利用に説く所の如し〔本書には収録せず〕。本流が善福寺流を合せ中野町を東流するに至るや、両岸台地の傾斜稍々緩に、従ひて両岸共に民居の分布多し。而して淀橋・中野二町の境を北流するや、右岸に沿へる中野町大字桐ヶ谷の台地は俗に柏木とよび、水田に沿ふて約十米の高さを示し、且其位置東又は南に水田を瞰み得るが故に、近年住宅地区としての価値を有するに至れり。

支流善福寺流も、本流の如く井荻村大字善福寺の善福寺池に発源し、上流附近の地形はよく神田上水のそれに類す。たゞ井荻村を過ぎて杉並・和田堀内の二村を過ぐるや流路の迂曲甚し。而して右岸の台地の傾斜及高度は、左岸に比して概して高く且急なり。例へば右岸和田堀内村の大宮八幡附近が、四十五米乃至四十一米なるに、左岸杉並村の田端本村附近が四十三米七、和田堀内村の大字和田本村が三十九米八なるが如し。従つて水田の如きも右岸は冷湿なる所多く、上流域に於ては今猶蘆野たる所あり。されば民居も左岸の台地の水田近き処に多く、上荻窪本村・和田本村・堀内本村・田端本村等の散在多きを見る。

支流妙正寺流も、流頭附近の地形は、青梅街道を隔てゝ相対する善福寺流に類すれども、著しき水源なく両岸の傾斜緩かに、十余町にして右岸に妙正寺池の水を合せ、井荻村より野方村に入る。而して野方村より落合村に入るに従ひ、両岸台地の高度及傾斜著しく増し、殊に南面せる左岸落合村大字下落合に於ては、水田より高さ十米内外を示し、且其位置南面するを以て近年好住宅地区となり、近衛公・相馬伯・大島大将等の邸宅を見るに至る。

神田上水が妙正寺流を合せて、戸塚町と高田村との境を東流し牛込区に入るの間、南面せる左岸の台地が右岸に比して著しく高く且傾斜の急なるが為めに、細川公・藤田男等の宏壮なる邸宅其上に相並び、所謂目白台なる好住宅地区をなせるは人のよく知る所なり。

石神井川流域　石神井川は其発源地の地形に於て、其流域の状態に於て、神田上水と大に趣を異にせり。即ち其水源は、神田上水に見るが如く地下水の瀦溜せる地より発源するにあらず。小平村の東南部大字鈴木新田と大字回田新田との間に位する、西より東に傾斜する狭長なる低窪地に滲透せる地下水の集積せるものにして、小平村より田無町に入る上流域

石神井川の中流

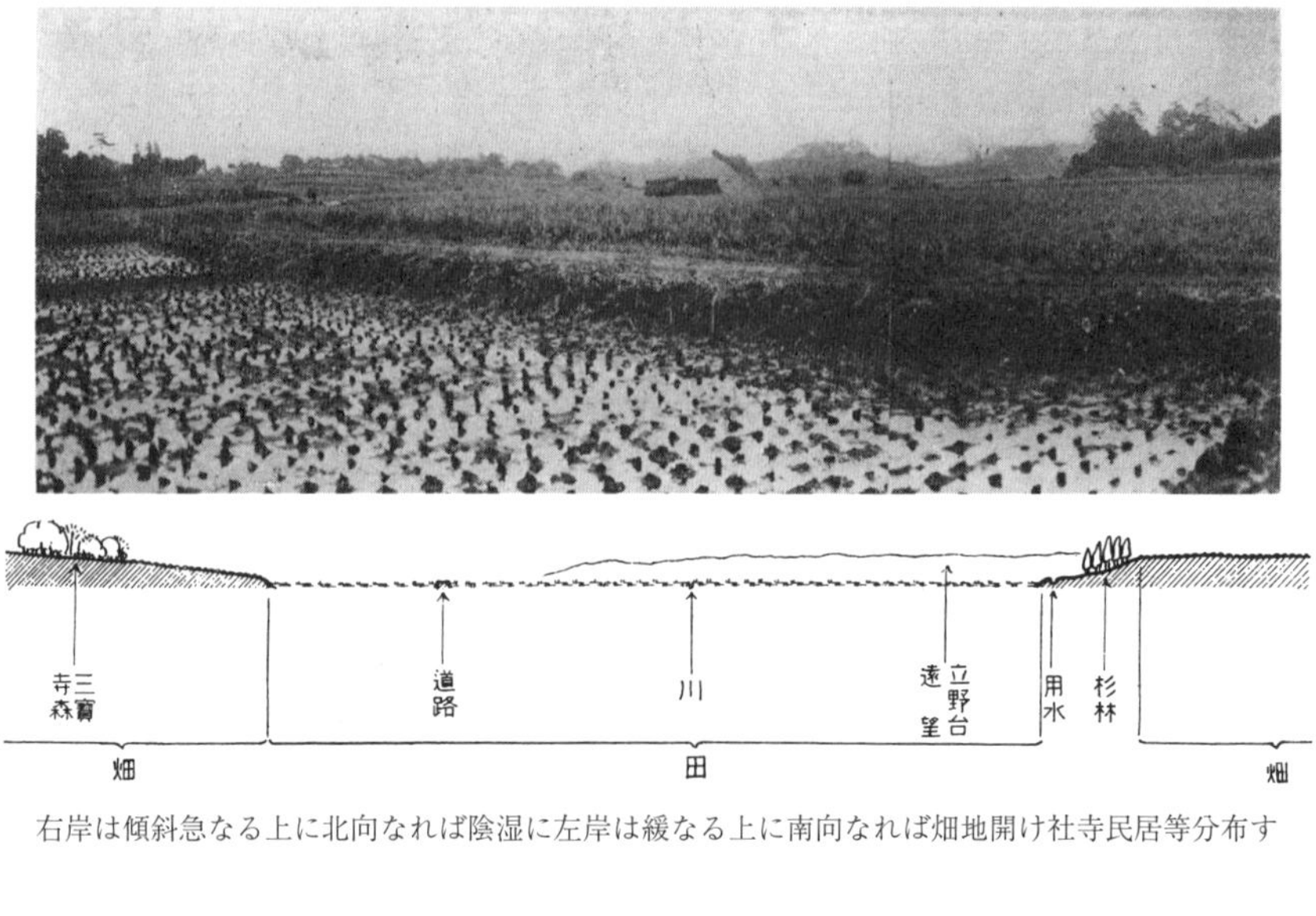

右岸は傾斜急なる上に北向なれば陰湿に左岸は緩なる上に南向なれば畑地開け社寺民居等分布す

に「永久保」の小字あるはよく其地形をあらはせる地名なり。其保谷村を過ぐる迄は、流路も迂曲し両岸台地の傾斜も緩かなれど、石神井村に入りて上・下練馬両村を過ぐるや、流路は略々西より東に向ひ、両岸に沿へる台地も迫りて、其間の水田は直径一町内外に過ぎず。而して右岸の台地が左岸に比して傾斜比較的急なる事は、石神井村大字上石神井の三宝寺附近に於て、右岸が約十四度なるに、左岸の僅かに六度を示すに過ぎざるに依つても明かなり。されば沿岸の水田も右岸は深くして冷湿なる深田多く、石神井村大字和田前の亀尾、下練馬村の栗山下の如きあるに反し、左岸には緩傾斜にして排水宜しく且口当りのよき所多し。殊に石神井村大字上石神井の三宝寺前及大門、大字下石神井の和田前、大字谷原の箕輪、上練馬村の宮前、下練馬村の宮宿の如き、何れも石神井流域中の上田と称せらる。思ふに斯かる所は何れも旧き民居の定着を見たる所なるべし。而して左岸石神井村の三宝寺池、右岸上練馬村貫井の谷地は、共に豊富なる水源なれども、其流頭附近の水田は共に冷湿にして収穫少なきが故に、二村に於ては之を利用して養魚を試みんとの計企あり。流路の上板橋村に至るや、両岸共に開け、且両岸より支流の流入するあり、為めに之に沿へる水田の配置広きを見る。されど板橋町を過ぎ王子滝野川二町の境を通るや、両岸迫りて低き峡をなし、所謂滝野川の勝景を呈す。飛鳥山下に至り初めて平野に出づると共に、沿岸に三角洲の発達を見る事本地域の河流中稀に見る所、而して水は引かれて数多の用水網に利用せられ、為めに流末の隅田川に注ぐ迄約十町の間、其本流は寧ろ排水溝の状をなせり。飛鳥山下に広がれる此河の三角洲上に分布せる諸工場は、此河水を呑吐すべき好位置を選みて設置せられたるものなり。

白子川流域　白子川の水源も石神井川の如く、保谷村大字下保谷より大泉村大字小榑に続き、西より東に傾斜する低窪地に発する事、石神井河源に類するが故に、平時と雨期との水量の差著し。其沿岸の水入久保・唐沢等の小字はよく其地形を適証し、唐沢の如き、為めに特殊の林相を呈せるは既に挿絵に示せる所にして、唐沢附近の畑地が、湿潤の結果作物の収穫不良なる為め田に変ぜられし所少なからず。而して甘藷は斯かる湿地に適せざるものなるに、左岸に近き畑地に其栽植を見たるは、近年に至りて試植を施せる「金時」なる適種が、斯かる土地をも嫌はざるが為めなるを確めたり。而して大泉村に於て左岸の大字小榑の前田、大字橋戸の富士下など水田の地味よろしきは、日当りと排水の関係による事猶石神井流域に於けるが如し。

　されど此川の白子村に入るや、台地両岸に迫りて牛房附近は為に沿岸に水田を見ざるのみならず、左岸は海抜四十米八の高度を示し、白子宿附近に於ても猶三十五米内外を示せり。而して急斜せる両岸の崖辺には地下水の滲出夥しく、之を利用せる水車は、牛房・白子共に各々三個を有せり。斯くて川は台地より白子・赤塚二村間の狭き平野に出て荒川に注げるが、白子宿より吹上の観音に至る左岸一帯の台地が、古き民居の定着地たる事は、其突端の観音下と白子川を隔て丶赤塚村の水田間の通路とに、今日の里道に似もやらぬ大石橋の架するを見ると、吹上観音を始め白子の地福寺など、何れも其開基の旧きに徴しても明かに、武蔵野台地に於ける旧き居住を研究すべき好適地の一たるを失はず。

立会川・呑川流域　此二河域は目黒川流域の南方多摩川に至る間に位し、共に北西より南東に流れて東京湾に入る。立会川は碑衾村大字碑文谷の御洗水に発源し、平塚村の北西部を流れ更に大井町の北部に入り、低き台地の間を流れて東京湾に入るものにして、甚だ小なれども、其下流の東海道線と交叉せる附近に諸工場の設立を見るは、河道が排水に便なるに因る事、既に石神井川に述べたる所の如し。呑川に至つては世田ヶ谷・碑衾・玉川三村の低窪地に発源せる細流の合して池上村に流入し、更に平野の蒲田・羽田二村を灌漑するものにして、其支流が玉川村大字等々力の奥沢附近を流る丶や、水田の分布稍々広く、且耕作に「カンジキ」を穿たざるべからざる程の深田なるは、其右岸の浄真寺境内が、もと吉良氏の城たりし際に其外濠に用ゐられし為なるべしといへり。又馬込池上二村の境に湛へる洗足池は、弘安年間に田用水に供するが為に溜井にせしものにして、其流末亦呑川流域に属せり。

野川流域　野川の水源及上流域の状態は、よく石神井川のそれに類す。即ち国分寺村大字国分寺より東は小金井・三鷹二村に連れる台地の縁辺に沿ひ、北西より南東に走れる狭長なる低窪地を其上流域とす。而して其左岸の台地は右岸に比して高く、水田より高さ十米内外の崖が水田に沿ふて連り、其崖下より地下水の滲出するもの多く、小金井村貫井弁天の湧水の如き其著しきものなり。又三鷹村の大沢・神代村の佐須の如き、水量の豊かなるのみならず、勾配の急なるが為に流勢も急なれば、之を利用して設置せる水車の数他村に比して著しく多きは既に地形に述べたる所、沿岸の水田も為に排水宜しく、殊に日当りよき上佐須虎狛神社南方の如きは、附近の上田にして、昨秋踏査の際収穫後、藁を田面に干しあるほど乾燥せるを見たり。されど甲州街道を過ぎて神代・狛江二村の境を流るゝや、直径十数町の間僅に四五米の差を見るに過ぎず、為に流路迂回し秋霖の際には汎濫を来たす事屢々なり。両岸の土堤に竹を植えたるは其被害を少なくするが為なり。西郊農村の境界河たる此川の流域中、上流域より中流域に至るまで、府中・調布の二町及国分寺・小金井・多磨・三鷹・神代の五村に亘る間、西郊農村の圏内に入るべき処は神代村あるのみ。即ち神代村は其下流域に位する狛江村と共に、蔬菜栽培地帯の縁辺に位し、養蚕地帯に入るべき通過地帯と見るべきものなる事は、後章農業の部に明かなり〔本書には収録せず〕。

黒目川流域　田無町・小平村・東村山村に囲まるゝ久留米村は、中央に南西より北東に傾斜する低窪地を有し、黒目川の水源は其所より湧出する細流に発す。斯くて北東の片山村に流入し、膝折村を経て荒川に入るものにして、西郊農村の境界河たる此川の流域に属する諸村は、何れも帯外なれども、其流域の右縁をなせる台地の諸村のみ、僅に西郊農村の縁辺に位す。即ち東は保谷大泉二村と西は久留米片山二村との境界附近の台地は、白子川と黒目川との分水界をなすのみならず、北方新倉・膝折二村に連れる地域と共に、其東縁のみが蔬菜栽培を事とするのみにして、他は穀菽及養蚕を主とする事猶野川の流域に同じ。而して此台地の一部に最も広大なる自然林の残存せるが如き、其地域が純農村の状態にあるの表標と見るべきなり。たゞ膝折村が此川の水力を利用して、徳川時代より夙に針金製造に従事し来り、東京市の発達殊に近頃欧洲戦争後に於て、需給の関係上著しく其生産額を増すに至れるは、郊外に於ける水力応用の一生面と解すべきものなり。

以上は本地域に於ける河流の主なるものなれども、西郊の隣接町村に於ては、細小なる河流が用水としてはた排水路として重要なる意義を有するもの少なからず。例へば滝野川・巣鴨の二町を貫き、本郷・下谷二区の間を流れて不忍池に入る藍染河域、長崎村より巣鴨町と巣鴨村、本郷区と小石川区との間を出入流下する谷端河域、内藤新宿・千駄ヶ谷の二町より渋谷町を経て麻布区に入る渋谷河域の如き然り。是等の諸河は、沿岸が純農村たりし当時に於ては、其水脈が飲料として、はた灌漑用として重要の価値を有せしものならんも、今日に於ては、寧ろ住宅地区の排水路としての価値多きのみならず、川沿の低地は密集せる住宅地区となれり。且其水量が今日の如く制限せられざりし往時に於ては、其水力を利用する水車の数亦多かりしも、今日に於ては、水量の利用昔日の如く自由ならず、為に其運転を困難にし終に廃車の悲運に陥りしもの多く、或は動力の全部か一部を電力に仰ぐに至れるもの少なからず。余が実見したる所にては、大崎町大字上大崎篠ヶ谷の窪地に於ては廃車、千駄ヶ谷町渋谷川岸に於ては著しく杵数の運転を減ずるに至れるを見たり。

地質

武蔵野台地は、地質上最も新しき新生代の第四紀層に属する洪積層にして、同じ新生代の第三紀層の水成岩を被覆せるものなり。此洪積層の厚さは、本地域の西方北多摩郡に於て六十米乃至四十米に達すれども、東方に進むに従ひて其厚さを減じ、王子町・品川町等に於ては其厚さ二十米を超えず。此に挿める田端駅構内の地質断面図によるも、之を推知する事を得べし。即ち其上部は火山灰の堆積によつて成れる壚坶（赤土）にして、夫以下の岩層は主に河海の浅所に累積せし凝灰質を帯べる粘土及砂利を夾雑せる砂の累層より成れり。挿図の地点に於ては、上部の壚坶の下に粘土層あり、其下の砂層中には数条の狭き砂利層が水平に堆積し、其砂利層中には概ね褐鉄鉱を含むを見たり。斯く河海に沈積せしものが、現時の如く数米の高さを有する崖壁をなすに至れるは、沈積後土地の昂起せるが為にして、其層位の概ね平坦なるは、桑滄の変が急激に起りしものに非ざるを証するものなり。其上層をなせる壚坶の成因は、従来火山より噴出せる火山灰が、往昔の河谷の地形に従ひて堆積せるものとせられたれども、最近の研究によりて、或る水力によりて運搬堆積せるものなりとの定説に傾けるが如し。

抑々岩石は其種類によりて、水の吸収及通過に難易あるが故に洪積層中其上層は孔竅多く、岩層中に縦破の割条を現出する事あるのみならず、其下方は往々砂質に富むを以て降雨ある毎に雨水を吸収する量は決して少なからず、為に一種の帯水層をなせり。本地域の厚く且広く分布する洪積層の上層は、帯水層としての一大地域にして、其下に多少水を淹滞せしむべき粘土質壚坶を有するのみならず、更に其下に粘土層ありて地下水の濾過を遮ぎるが故に、此に真の涸水層をなす。是即ち上部水脈にして、台地上の住民に多量の飲料水を供給するものなり。されば粘土層は台地の水脈に関し極めて緊要なる地層にして、本地域中地上より深さ一丈五乃至二丈の井戸は皆此水脈によるものとす。又其下に位する砂利を夾雑せる砂層は、厚さ約十米にして、其間に個々の粘土即ち涸水層を介するが故に、数箇の水脈を有し、所謂中部水脈をなす。此層は地下三丈乃至四丈にして之に達する事を得べし。斯く上部水脈は中部水脈に比して甚だ浅きが故に、堀井には容易なれども雨水や汚物の流入多く且減

洪積層断面図（田端駅構内）

洪積層全部の地質断面図（東京地質図説明書）

イ、壚坶　ロ、浮石層　ハ、粘土質壚坶　ニ、粘土　ホ、砂利ヲ夾雑セル砂層
ヘ、泥鉄鉱　ト、凝灰質粘土（第三紀層）

水の恐あり。然るに中部水脈は掘下に困難なれども、水質純良にして且減水の恐なきを以て、台地住民の重要なる飲料水源たり。已に前節地形及河流に述べたる水源は、何れも此上部水脈か中部水脈の露出せるものにして、井ノ頭池の如き其北岸近くの水底に砂利層を指点し得る所少なからず。明治十九年内務省に於て全国より蒐集せる地理資料ともいふべき『郡村誌』には、井ノ頭池に就きて

深き処一丈余浅き処四尺、水湧口七箇所其他一円冷水湧出す。水中沼土にして底砂利一枚板の如く是神田上水の源なり。

と記せるもの即ち是なり。

土壌

上部の壚埴即ち赤土は、赤褐色にして土壌上所謂埴土なるが、其表層は腐植質に富むを以て黒褐色を帯び、且軽鬆膨軟にて耕鋤従つて容易なり。鍬の如きも為に操持に比較的軽便なる東京鍬使用せらる。されど土粒が風によりて飛散し易く、為に作土を附近の水田に運び、元来肥沃ならざる台地の地味を益々痩薄ならしむる嫌なきにあらず。殊に雨少なき冬季に於ては、為に麦苗の埋没を見る事多きが故に、防風に麦稈・甘藷蔓等を用ゆる処少なからず。冬季霜柱の為に麦苗の浮游して倒伏するを見る事あるも、春季に至りて跣足にて二三回麦苗を踏むを常とするも、亦土壌の特質の然らしむる所なり。斯かる土性なれば吸水力大に、雨後又は霜解後は全く泥状に化するに至る。是此台地の道路が山砂利・河砂利を入れて改修せざりし当時に於ては、泥濘踵を没するに至る事の少からざりし所以にして、明治初年に於ける甲州街道・青梅街道・川越街道等の状態に徴して明かなり。北多摩郡保谷村の如き、武蔵野鉄道の開通前は、主として山砂利即ち洪積層に夾雑せる砂利を使用せしが故に、道路の改修も意の如くならざりしといへり。今日甲州街道沿の京王電車車返停留場附近より、中央線境駅に通ぜる多摩鉄道の如きは、旅客が乗車をなし得るも、其主なる目的は武蔵野台地の中心地域の道路を改修せんが為に、多摩川砂利を搬入するにあれば、武蔵野の農村の道路は、為に面目を改むるに至らん。

表土たる腐植土の厚さは、平坦なる所にては二三尺なるを常とすれども、低窪なる傾斜地に於ては、下部に至るほど表土厚く、従つて其地力は台地に比して遥に優れるも、地形の関係上水分は常に飽和状態にあり。為に土地は冷湿に傾き空気の流通亦宜しからざれば、作物の種類及其栽培は台地と自から異ならざるを得ず。農家は斯かる畑地を島地とよび、之に対し高燥なる畑地を原地とよべり。是後章土地と其利用に述ぶる所なるが〔本書には収録せず〕、其排水をよくするが為には、一部を田とな

原地より島地に至る作物の変化

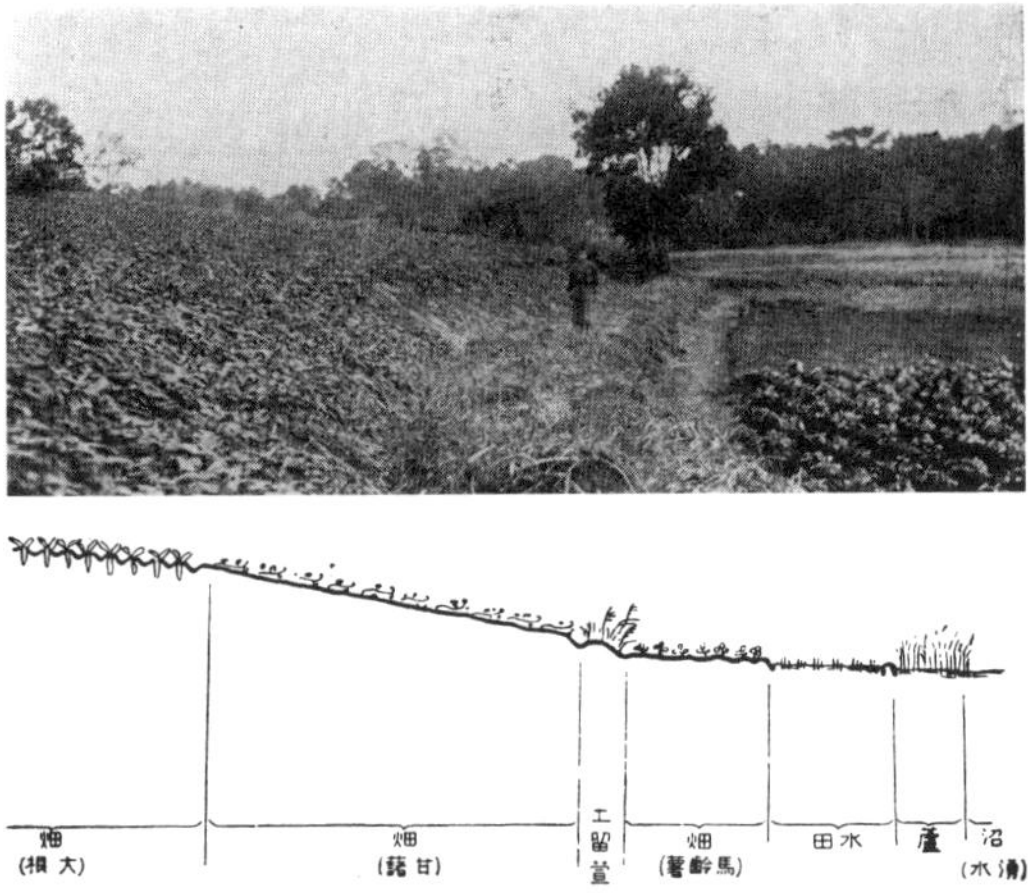

上図は上練馬村貫井にて下図は同地に於ける作物の変化を示す

落合村下落合にて初春に南向の傾斜地に菜を下の湿地に植木を栽植するを示す

す事神代村柴崎、下練馬村田柄川岸の如きあれど、排水を試みずして之を庭園用植木類の栽植に利用する事、杉並村・長崎村の如きあり。挿絵は落合村上落合と上練馬村貫井となるが、高燥なる台地の畑地より低湿なる水田に至る地形と、其地形の関係より生ずる表土の厚薄及作物の差異とを見るに足るべし。

気候

東京府農事試験場本場に於て調査せる十年間（明治三十四―同四十三年）の半旬平均気温を見るに、十二月中旬より二月中旬に至る間は、最も低温なる季節にして、摂氏三度より五度の間にあるも、夫より漸次上昇す。農家が苗床を作り始むるは即ち二月下旬なり。されど結霜未だやまざれば、油障子を用ゐて外気との調節を計るの苦心一方ならず。然るに四月上旬に至れば、気温は十三度を超え、漸く晩霜を見ざるに至るを以て、蔬菜の栽培を主とする本地域に於ては、農家の野外に於ける作業殊に繁忙を極む。もと八十八夜（五月上旬）に苗床より畑に苗を下すを常とせしも、茄子・胡瓜の如き苗を畑に下す事一日早ければ開花結実もそれ丈早く、従つて市場に於ける価格も高ければ、苗床に於ける苗の仕立、早く畑に苗を下して晩霜の害を防ぐ方法など其苦心従来に比して殊に甚し。

六月中旬は梅雨季に入りて田植始まり、湿気多き為め田畑に於ける害虫の発生多ければ、其駆除を講ずる事他の時季よりも盛んなり。十一月に入れば気温は略々四月上旬に同じく、従つて初霜を見るに至るを以て、農家は此時季までに蔬菜の収穫を終るを常とす。されど漬菜類の如きは、一度霜に会ふ時は殊に柔かになるとて夫れ迄畑に置くも、甘藷・生薑の如きは霜害を嫌ふを以て其前に収穫を終り、麦播の作業は初霜の時季と前後して行はる。

雨量の最も多きは梅雨季の六月と八九月の交なるが、最も少なきは十一月中旬より二月下旬に至る期間なり。又風の平均方向が、四月より八月にかけては東南風、十月より三月にかけては北西風多きは人の知る処なり。

第二章　住民と其居住

人口構成

人口の分布が著しく密集的なる点に於て、其増加の原因が自然増加よりも来住者の激増に依る点に於て、男女別の割合が著しき差異ある点に於て、人口構成が都市的色彩を帯べる事は、東京市の郊外としての西郊町村にも之を認むる事を得。

西郊町村千坪当人口密度表

帯	町村	人
第一帯	日暮里町	一一四
	渋谷町	一〇三
	内藤新宿町	一〇一
	品川町	八一
	巣鴨村	八〇
	淀橋町	七六
	大崎町	六三
	滝野川町	五五
	高田村	五五
	大久保町	五四
	千駄ケ谷町	五四
	戸塚町	五三
	巣鴨町	五二
	代々幡町	四三
第二帯	王子町	八八
	板橋町	七六
	大井町	七二
	世田ケ谷村	五五
	岩淵町	四六
	目黒村	四三
	中野町	四〇
	平塚村	三八
	上板橋村	三四
	碑衾村	三四
	和田堀内村	三二
	入新井村	三二
	落合村	三一
	馬込村	二八
	長崎村	二七
	杉並村	二七
	駒沢村	二七
	野方村	二四
第三帯	下練馬村	三八
	中新井村	三八
	赤塚村	三三
	志村	三二
	玉川村	三二
	池上村	三一
	調布村	三一
	上練馬村	二九
	高井戸村	二八
	松沢村	二六
	井荻村	二五
	千歳村	二〇
第四帯	狛江村	二七
	石神井村	二四
	武蔵野村	二四
	神代村	二四
	三鷹村	二三
	砧村	二二
	大泉村	一八
帯外	砂川村	二五
	保谷村	二四
	多摩村	二四
	東村山村	二二
	久留米村	二一
	清瀬村	二〇
	小平村	二〇
	小金井村	一九

（大正四年末現在）

先づ人口の分布に見るに、東京市に隣接せる地区ほど密集的生活を営めるは、西郊に於ける一日の踏査によりて之を認め得るのみならず、統計上にも之を明にする事を得。其町村約五十に就き、宅地千坪に於ける現住人口の疎密を比較するに、東京市との距離の遠近により著しく其度を異にするを見る。即ち東京市に接続する第一帯即ち日本橋より直径一里乃至二里の圏内にある町村は、距離の関係上概ね密集せる住宅地区にして、人口の最密地帯たり。例へば日暮里町・内藤新宿町・渋谷町の如き、何れも千坪当の居住人口百余人に上り、滝野川町・戸塚町・大久保町・千駄ヶ谷町・高田村の如きは何れも五十余人に達せり。然るに之に次げる直径二里乃至三里の圏内に位する第二帯の町村は、第一帯に比すれば密度減じ、宿駅たりし板橋町、工業地区たる王子・大井二町の如き密集的生活を営める以外は、何れも四十人より三十人の間にあり。同じく第二帯に位するも、長崎村の如き主要なる交通路に沿はざる純農村に於ては、密度は下りて二十七人に過ぎず。第二帯より第三帯に跨れる杉並・駒沢・野方三村も其密度長崎村に類せり。

然るに直径三里乃至四里の圏内たる第三帯に入れば、其密度は下つて四十人に達するものなく、三十八人より二十人の間を上下するのみならず、第一帯及第二帯に於けるが如き最密地区を見ず。是此地帯は殆んど純農業地帯に属し、第一帯及第二帯に於けるが如き住宅地区・工業地区を見る事少なきが為なり。而して直径四里乃至五里の間に位する第四帯に至れば、其密度更に下りて三十人に上るものなく、何れも二十余人を算し、大泉村の如きは僅に十八人を見るに過ぎず。是此帯の大部は武蔵

西郊町村宅地千坪当人口密度比較図（一黒点は五人）

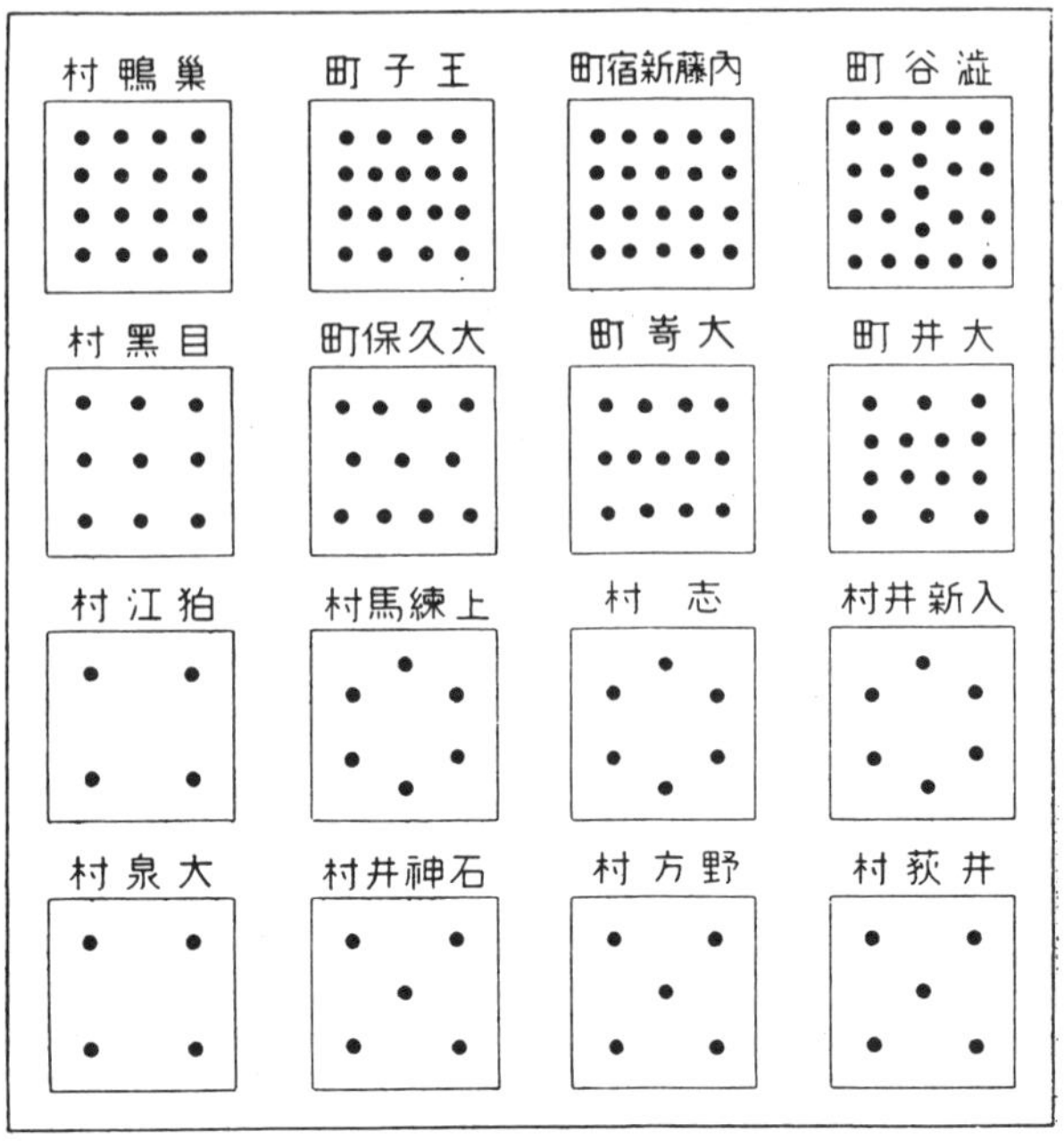

西郊町村一戸当宅地坪数比較図

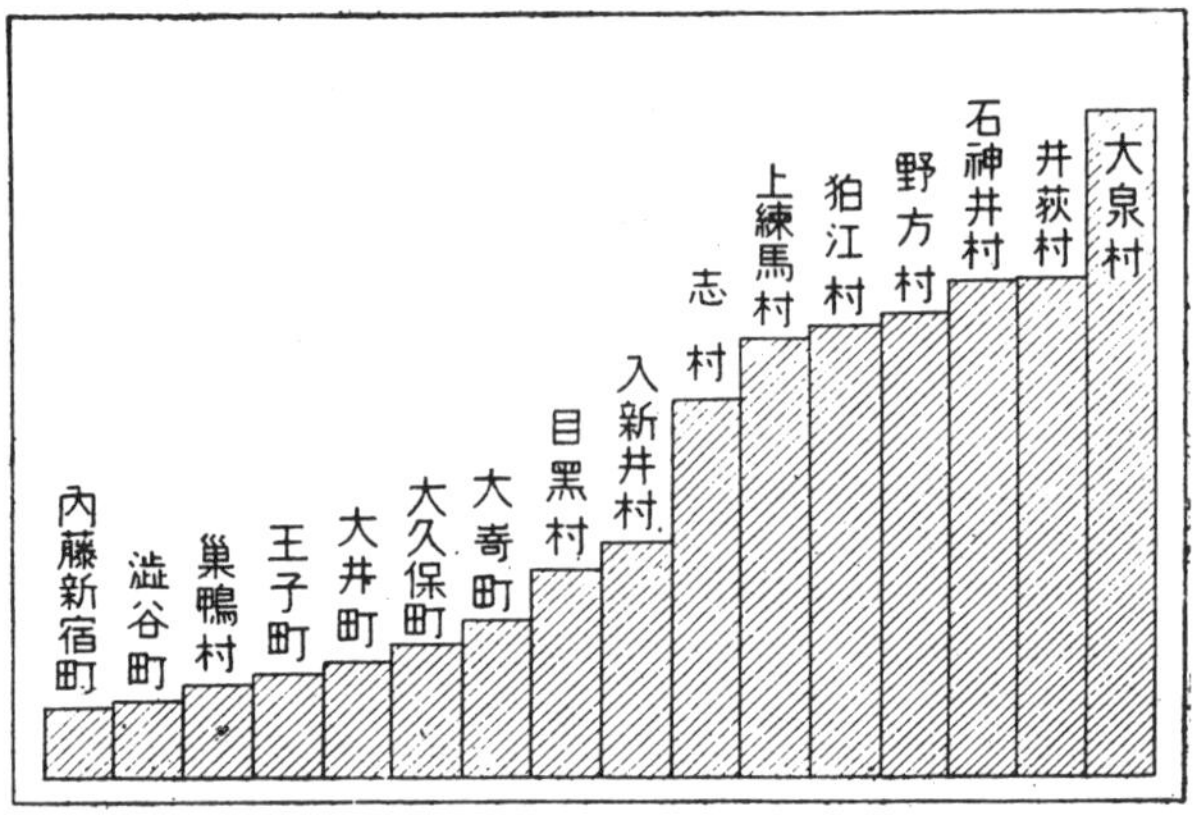

野台地の中心に当り、地形上水田少なきが為に、其開発新しき農村多きを占むるに因るべし。且此帯は人口の密度に於て、郊外地域中の最小を示すのみならず、農業地帯としても東京市との距離漸く遠く、日々東京市に供給すべき蔬菜の運搬に難ずるが故に、従つて其栽培少なく、為に蔬菜栽培が養蚕に変ずる通過地帯に属すれば、郊外として工業地区を有せざるのみならず、蔬菜栽培地帯の辺縁に位し、あらゆる意義に於ける郊外の限界と見るべし。而して第四帯外に位する農村の人口密度が、何れも第四帯のそれに近きものあるに徴すれば、東京市西郊町村の人口の疎密と、更に東京市より隔れる武蔵野農村の人口密度の標準とを明にするを得べし。第一帯及第二帯に於ける密集的生活は、人口の自然的増加よりも、東京市の都市的発達に伴ひ、住宅地区・工場地区の拡大による来住者の激増に負ふ所多きは、左表の如く西郊町村の現住人口数と入寄留人口数とを比較するに依りて知る事を得べく、之を第三帯・第四帯及帯外の諸農村に比すれば、其間に著しき差あるを見る。

又第一帯及第二帯の町村が、男女別の人口数の上にも、著しき特色を示し、現住人口中男子の数が女子に比して遥に多き事は、都市的職業が男子に待つ事多きと、都市的生活が村落的生活に比して困難なる結果独身者の多き事、東京市に類するに依るなるべし。村落生活を営める住民の年齢別中、幼者・壮者・老者の三階級が順を追ふて三角塔型をなすを常とするに反し、壮者の活動舞台たる都市生活が、他の二階級に比して中間階級たる壮者を要し、従つて其数著しく多数を占むるは、緒説に述べたる所の如し。都市と村落の通過地帯たる外郊町村に於ても、斯かる

西郊町村現住及入寄留人口比較表

帯	町村名	現在	入寄留
第一帯	日暮里町	二三七八三人	一三五四一人
	渋谷町	七〇〇五七	五二二六八
	内藤新宿	一三六七九	八一三四
	品川町	二七九九七	七〇八三
	巣鴨村	二五三一九	一〇七六五
	淀橋町	二八八一二	一九五八一
	大崎町	一五七五九	一〇七〇七
	滝野川町	二一二三五	一四五九六
	高田村	一二三四一	五九三五
	大久保町	一五七五九	一三六八四
	千駄ケ谷町	二四一四一	二一六七七
	戸塚町	八九六四	五六一九
	巣鴨町	一三一五七	八四八〇
	代々幡町	一〇五三三	三三二〇
第二帯	王子町	三〇五五五人	一八五〇一人
	板橋町	一二五八六	五七〇二
	大井町	二二三〇二	一二七八〇
	世田ケ谷町	一三六一九	六五二二
	岩淵町	七六二七	二五五二
	目黒村	一〇五三三	五六〇五
	中野町	一二五七七	五四〇〇
	平塚村	五〇七七	一四八七
	上板橋村	三二九六	一八九
	碑衾村	四〇三二	二三三
	和田堀内村	三三二一	四八九
	入新井村	八二七六	五一八一
	落合村	四二二二	一八〇一
	馬込村	二四八五	二二四
	長崎村	二四七四	一九四
	杉並村	四八一三	八七九
	駒沢村	五六一九	一二八〇
	野方村	四八九九	一二二三
第三帯	下練馬村	四六八七人	五八四人
	中新井村	一九七六	九二
	赤塚村	五一八五	二八五
	志村	五六八六	二五八
	玉川村	七五三一	六一六
	池上村	五二九八	四四八
	調布村	三一〇九	二六一
	上練馬村	四五一〇	二一六
	高井戸村	四三一九	三五二
	松沢村	一九〇一	七二
	井荻村	三九八〇	二九九
	千歳村	四一七四	一二〇
第四帯	狛江村	二八三四人	一三六人
	石神井村	五七六二	四〇二
	武蔵野村	四一六六	二五五
	神代村	四一二七	一三二
	三鷹村	五五二一	二三
	砧村	三三〇一	一五七
	大泉村	三四八四	三七四
帯外	砂川村	五三六六人	六一二人
	保谷村	四一一四	六四九
	多摩村	三五四二	一三二
	東村山村	六五三二	六八七
	久留米村	四五一九	二三六
	清瀬村	二九〇七	一〇六
	小平村	五九三四	五五四
	小金井村	三五五四	二八五

（大正四年末現在）

中間現象を見る事を必すべきも、統計資料の不備なる今日に於ては、之を立証すべき材料を西郊町村に得る能はざるを遺憾とす。

郊外地帯に於ける人口の構成上、更に見遁すべからざるは、農民の東京市集中の傾向なり。且其都市的発展が郊外農村の労力を牽引するのみならず、其社会的生活はた経済的活動が、彼等を刺戟し誘惑して都市移住を促すに至らしめし結果に外ならず。和田堀内村大字永福寺より得たる左の資料は、其出生男子にして健全に東京市に一家を創立せる者多き実例なるが、か丶る統計は極て有益にして趣味多きものなれど、其調査は中々困難なり。

焼芋屋　九戸	八百屋　四戸	水菓子屋　三戸	餅　屋　二戸
金物屋　二戸	洋服屋　一戸	人力車業　一戸	人力車夫　一戸
植木屋　一戸	小間物屋　一戸	貸座敷屋　一戸	

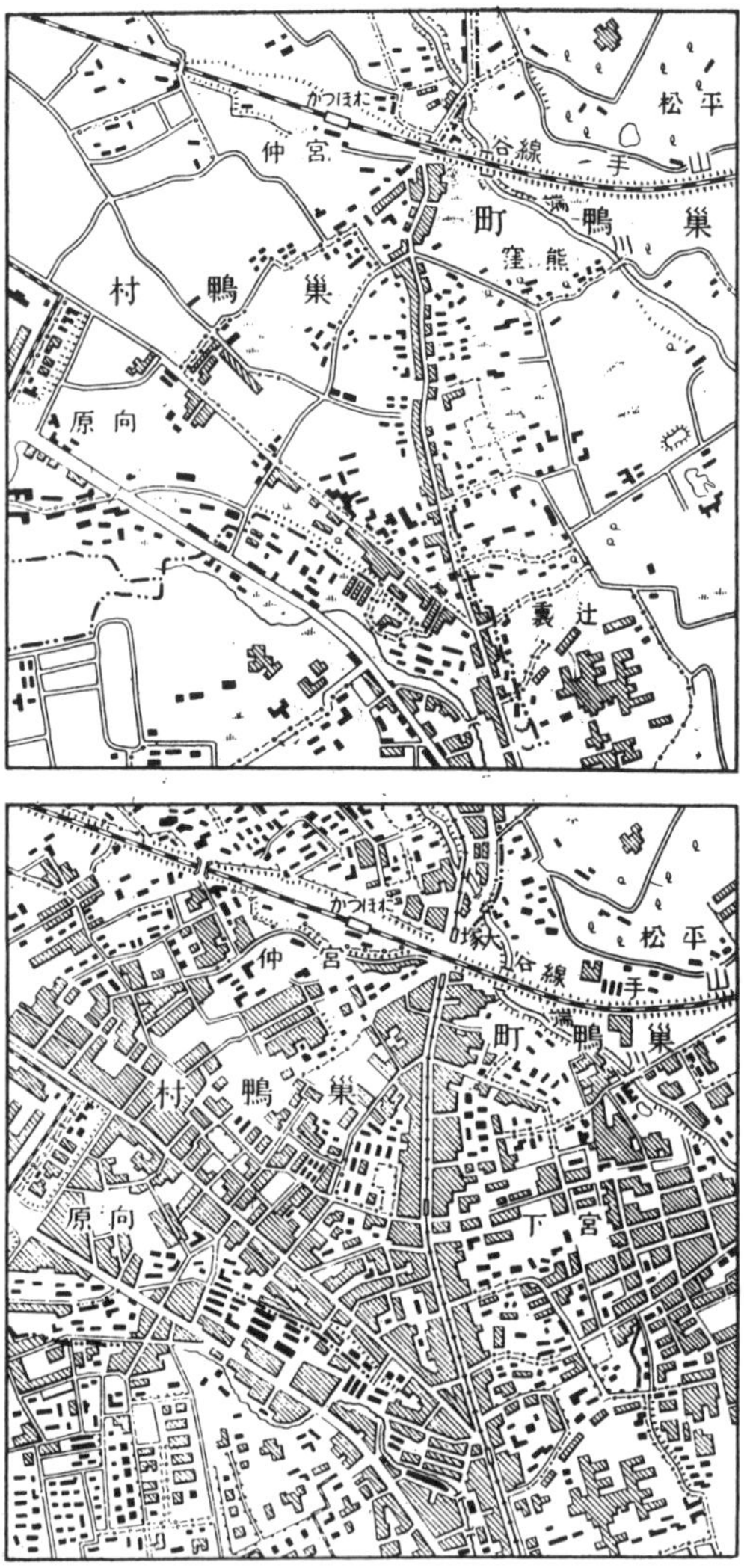

（明治四十二年）

（大正五年）

大塚駅・大塚停留場附近居住疎密変遷比較図

以上二十六戸の職業中、其三分二は農業に縁あるものなるは注目に値すべく、中新井村の金子氏、上練馬村の上野氏共に同じ実例を物語り。金子氏の二三男の如き何れも神田区に漬物屋を営める結果、金子氏の耕地は農作物の種類に於ても其経営に於ても殊に集約を極めつ丶あるを見たり。されど農民の東京市に集中するもの丶中、小作農が労銀の関係上、自動的に農業労働を棄て工場労働を始め、あらゆる都市的労働に赴く結果集中し移住するもの亦決して少なからざるべし。農民の都市集中は、斯く之を男子に見るのみならず、女子に於ても亦同様の趨勢を示せり。是一は東京及隣接町村に見習として将た下婢として赴くもの多きに依るものにして、神代村絵堂の富澤氏は

二十年前には、養蚕季に臨時の雇人を得るに困難を感せざりしも、今日は主婦以外の女子にして小学を卒へたるものは桂庵の手を経て東京に下婢に赴くもの多く、養蚕季には自家の手伝の為に帰村し、養蚕を終るや更に新なる桂庵によりて下婢に赴くもの多し。

といへり。井荻村の報告にも、

他村に赴ける女の雇人十名、概ね東京市への女中奉公

とあり。されど農村の婦人が斯く都市労働者として東京市に集中するのみならず、其嫁入先を隣接町村に望むもの多きは、中野町の森氏、上板橋村役場吏員の共に語れる所にして、其労働忌避と都市文明の憧憬によるものなる事は、注意すべき社会的現象なり。

職業別

西郊の町村は、其人口構成の上に都市的色彩をあらはせるのみならず、其職業別に於ても亦多様なる分岐を示せり。今明治三十九年・同四十三年及大正四年の三回に行はれたる東京府下町村職業別調査表によりて其大勢を見るに、第一帯より第二帯に、第二帯より第三帯に、第三帯より第四帯に属する町村により、各業種の所属戸数に著しき差違あるを示せり。今試に大正四年末の調査によりて、第一帯・第二帯・第三帯及第四帯の各帯十四箇町村に就き各業種の所属戸数を見るに左の如し。

第三回現住者職業別戸数調

帯	町村名	農業（戸）	工業（戸）	商業（戸）	交通運輸業（戸）	軍人官公吏及庶業（戸）	職業不詳及無職業（戸）
第一帯	内藤新宿町	九九	一〇〇二	一二二四	三一八	四一三	四五四
	淀橋町	二四一	二六二一	一七四四	七二〇	一一三七	四五九
	渋谷町	四九五	四二〇六	三三五八	一五七一	五〇一八	一七八七
	大久保町	一五三	六五四	七四五	三三五	一三三二	八六六
第二帯	野方村	四九一	三八	五二	四	一六〇	六四
	目黒村	三一八	五二〇	三七八	一五七	四一九	三七一
	入新井村	二二〇	五一九	四九五	一一九	四二〇	二九二
	大井町	三七二	一四三一	一一〇九	一一五	五六九	一一七七
第三帯	志村	六五八	六八	六三	三	三七	八
	井荻村	四〇七	六四	七五	一四	三一	三
	上練馬村	五二二	七五	三九	六	二二	七
第四帯	石神井村	六六四	一〇一	八一	一〇	三三	六
	大泉村	四〇八	五四	三四	九	二〇	七
	狛江村	三六二	三一	一九	〇	一五	一

（大正四年末現在）

更に近年遽に都市的発展をなせる渋谷町に就きて之を細検するに、其総戸数一万六千四百七十四戸中、最も多きは軍人・官公吏員等の五千四十戸にして、鉱業及工業の四千二百六戸、商業の三千三百五十八戸之に次ぎ、職業不詳及無職業の千七百九十戸と、交通運輸業の千五百七十一戸とは共に伯仲の間にあり、而して農業に至つては僅に四百九十五戸に過ぎず。渋谷町に軍人・官公吏の最も多きは、其西隣なる目黒・世田ヶ谷・駒沢の三村に軍営の多きと、市内との交通至便なるが為に、市内への通勤者の多きと、町内の高燥なる地区が新住宅地区たる等に因るなるべし。更に其細目中に、土地・家屋・恩給・年金・有価証券等の収入によりて生活する者四百八十六戸を算し、隣接町村中其数最も多きを示せり。是此町が郊外の住宅地区となり、為に都市生活の奮闘を了へたる人士が、悠々其余生を郊外に楽まんとするもの、多きを致せるを証するものなり。又工業に従事するもの四千二百六戸中、土木建築業に従ふもの千百九十二戸に上るが如きも、大都市に接続せる発展地の職業上に現はれたる特色と見るべきものなり。機械及器具の製造に従ふもの四百八十四戸中、化学的製品及類似の製品製造に従ふもの二百五十八戸、木竹類の製造に従ふもの三百五十一戸、飲食料品及嗜好品製造に従ふもの三百五十五戸の如き、物品商二千六百四十八戸中飲食料品の販売に従事するもの八百九十戸、燃料を販売するもの百三十五戸、米のみを販売するもの百六戸の如きは、渋谷町が斯る職業を有する都市通勤者の居住多き事を証すると共に、人口六万九千に近き此町自身の都市的生活乃至附近農村の経済的中心たるを示せり。然るに之に反して漸減しつゝある農業者四百九十五戸中、植木職が三百四十三戸に上り、農作戸数の百五十二戸に過ぎざるは、近郊農業の衰退と其特色とを示すものなり。而して職業不詳及無職業者が千二百八十戸に上り、総戸数の一割に過ぐるが如き、大都市の隣接地帯に居住する斯かる民衆の一大集団が、労力上・衛生上はた犯罪上重要の意義ある事を示すと共に、人員の戸数に等しき事は居住上の特色を示すものなり。斯く隣接町村民の職業の多岐を見るは、之に隣れる大都市東京との複雑なる関係より来れるが故に、住民の職業上より見れば、寧ろ東京市の一部と見るべきものなり。

然るに第二帯と第三帯との間に位する野方村の如きは、総戸数七百八十九戸にして、渋谷町に比し著しく少なきのみならず、職業の分岐甚だ単純に、軍人官公吏員は百六十戸、土木建築業は四戸、木竹類の製造に従ふもの三十四戸、飲食料品及嗜好品製造に従ふもの十一戸にして、機械及器具の製造に従ふものは全く之を見る事能はず。而して職業不詳及無職業のものは六十四戸を算するのみ。然るに農業者は之に反して四百九十一戸に上り、なほ総戸数の六割を占む。此職業調査は大正四年末現在なれば変遷烈しき郊外としては、野方村の如き戸口の密度、職業の分岐等之を以て今日を律すべからざれども、渋谷町と雖ども、年々の発展驚くべきものあれば、以上の比較によりて其大勢を卜するに足るべし。而して野方村より更に後方に位する第三帯及第四帯に分布する農村に於ては、職業の分岐更に単純なるのみならず、野方村に於て漸減を示しつゝある農作戸数が、反つて漸増しつゝあるを見るは、農業を主業としつゝある地帯の職業状態が、全く農村的なる事を卜するに足る。かくて第三帯及第四帯に於ては、街道に沿へる地区に於て僅に職業の分岐を見る事、左表に示せる甲州街道沿の松沢村の如く、農業以外の職業に従ふものにして、なほ農業を兼ぬる者多きに注目すべし。

農	自作	一〇人	自小	四人	小	一人
	自小(古著)	一	自小(飲食店)	二	小(米穀)	一
	小(荒物)	一	小(青物)	一	小(桶)	一
工	大工	一	漬物	一	下駄	一
	氷	一	理髪	二	請負	一
商	菓子	三	魚	二	青物	二
	小間物	一	古物	一	植木	一
	足袋	一	茶	一	材木	一
	米穀雑貨	一	馬糧	一	金貸	一
公	官吏	一				
無	無職	二				

居住の状態

人口の密度が、東京市に近接せる第一帯及第二帯と、其後方を囲繞する第三帯及第四帯と著しき差違あるが如く、其居住状態の疎密に於ても亦同様の差違あるを見る。今一戸当宅地の地積に就きて之を見るに、第一帯に位する町村中、日暮里・内藤新宿・渋谷三町の如き最も密集的居住にして、一戸当の宅地は三十坪乃至四十坪に過ぎず。而して巣鴨村・品川町・淀橋町・巣鴨町の如き、之に次ぎて五十坪乃至六十坪の間にありて、第一帯の居住状態を示すべき標式的宅地々積たり。然るに大久保・滝野川・戸塚・高田・千駄ヶ谷・大崎等の諸町村に至れば、地積稍々広くして七十坪乃至八十坪となり、近年発達せる郊外住宅地区の平均状態を示せり。代々幡町の如きも、同じく郊外住宅地区として発展しつゝある点に於て異ならざれども、其位置第二帯に跨り、町内には純農業地区の点在するもの少なからざるが故に、其宅地々積は第二帯の中野町・目黒村・平塚村・入新井村等に類す。而して第二帯の王子・板橋・大井三町の宅地々積が、第一帯の標式的宅地々積と同じき理由は、已に人口の密度に於て述べたる所なり。第二帯より第三帯に亘れる諸村の多くが、百五十坪乃至二百五十坪の間にあるは、西郊農村の宅地々積の標準を示すものにして、第四帯に位する七村中、多摩川に沿へる砧・狛江二村のみ之に類すれども、同じ第四帯に於ける神代・三鷹・大泉三村の如き、共に三百坪以上なるは、人口の密度が隣接町村に比して著しく疎なると、其農業経営の状態も亦蔬菜栽培地帯の如くならざるより来る居住状態とを示すものにあらずや。

されど居住の状態は、斯かる宅地々積の平均状態以外、更に職業上より来るものある事を考察せざるべからず。是郊外の住民中、農業地帯に於ける農民は、何れも農業を主業とするが故に、其居住の状態は従来と変らざる純農村的気分を帯べるに関はらず、職業の多岐を示せる隣接町村に於ては、其職業と其経済生活との密接なる関係を反襯する居住状態に於ても、農業地帯の如く単純ならず。是職業上より見たる居住状態の種々相を、踏査の結果に基きて左に略述する所以なり。

農業地帯　農民の居住状態は、農業地帯といふべき第三帯及第四帯に之を見るべく、此地帯の住民は其自作たると小作たるとの別なく、年中農事に営々として蔬菜の栽培及其改良、其市価に対する細心の注意より、東京市場への運搬及東京より肥料の搬入等、蔬菜農の一年間の生活は全く寸暇なしといふべく、従つて各村には篤農と仰がるゝ人少なからず。

西郊町村一戸当宅地坪数表

帯	町村	坪数
第一帯	日暮里町	三一坪
	渋谷町	四一
	内藤新宿町	三八
	品川町	五六
	巣鴨村	五〇
	淀橋町	五五
	大崎町	八四
	滝野川町	七二
	高田村	八〇
	大久保町	七一
	千駄ケ谷町	八三
	戸塚町	八〇
	巣鴨町	六一
	代々幡町	一一〇
第二帯	王子町	五五坪
	板橋町	五六
	大井町	六一
	世田ケ谷町	九六
	岩淵町	一三四
	目黒村	一一二
	中野町	一一六
	平塚村	一一六
	上板橋村	一九〇
	碑衾村	一八七
	和田堀内村	一八五
	入新井村	一二六
	落合村	一五四
	馬込村	二一六
	長崎村	二〇八
	杉並村	二二〇
	駒沢村	二三二
	野方村	二四八
第三帯	下練馬村	一六七坪
	中新井村	一七一
	赤塚村	一九四
	志村	二〇二
	玉川村	二一〇
	池上村	二〇六
	調布村	二二三
	上練馬村	二三五
	高井戸村	二七六
	松沢村	二五一
	井荻村	二六七
	千歳村	三四七
第四帯	狛江村	二四二坪
	石神井村	二六六
	武蔵野村	二六二
	神代村	三〇三
	三鷹村	三四一
	砧村	二五一
	大泉村	三五六
帯外	砂川村	二九九坪
	保谷村	二三四
	多摩村	二三七
	東村山村	二八八
	久留米村	二九五
	清瀬村	三〇七
	小平村	三二九
	小金井村	三四七

（大正四年末現在）

中新井村の金子氏の如き、ゴールデンメロンの改良家として名高く、現に府農事試験場の委託試作をなしつゝあり。是等農家の宅地の周囲には生垣を繞らし、其間には防風を兼ねたる欅又は櫧の列木の丈高く繁れるを見る。されど今日宅地回りに欅の大木を見るは、殆んど中流以上の家のみなり。是欅が造船用の硬材として高価なるが為なり。従つて宅地回りに大なる欅の木立を見るは、中以上の農民の表標ともいふべく、例へば杉並村の相沢氏、中新井村の金子氏、志村の川端氏の如き何れも其適例にして、相沢氏の如き欅大尽と称せらる。大泉村の加藤氏の如きは、宅地回りの南側に植ゑたる欅が生長して樹影を干場に落すにより、干場を更に屋敷林の南側に移せるを見たり。農民住宅の間取は身分によりて一定せざれど、其位置は何れも南面して干場を前にし、住宅の中部以東を座敷となし、西部の広き土間を炊事場・調製場等に充て、之に続き東端に厩の建てらるゝを見る事あり。井戸の位置は殆んど住宅の南西方にして、肥料小屋は井戸の附近に設けらるゝを見る。収納小屋の位置に至つては、干場を隔てゝ、住宅の南方に設りらるゝもの多し。されど斯かる宅地内の建物の位置は宅地の広袤及道路との関係上必ずしも一様ならず。殊に其道路に沿ひて他の職業を兼ぬるが如きものは、住宅の間取も自から変化を受くるを免れず。例へば甲州街道沿の高井戸村分の如きは、旧幕時代の伝馬場なりしが故に、此小宿駅に居住せる小農の居住は、穀物の調製場たる土間の坪数、他の農家に比して狭く、中には店を有するもの少なからず。

農家の建坪は、純農たる久原・雲ヶ谷・石川・上池上の諸部落に於ては、何れも大構に、従つて干場も広きも、街道に沿へる野倉・堤方・下池上・徳持は構も小さく干場も亦狭し。（池上村役場員）

されど更に東京市に近き第一帯及第二帯に入れば、従来の農業地帯が住宅地区に変じ、為に農民の所有地たる畑が、宅地に変ずる事多きのみならず、従来広かりし宅地内にすら、数軒の貸家を見るに至れる所少なからず。

俗に大森と称するは、入新井村新井宿後方の丘陵より、北東大井町鹿島谷に続ける一帯の丘陵にして、此処を住宅地に選定せしは、明治二十一年高木兼寛氏が畑地を買取（一反四百円）りしに始まる。

（大井町長）

されば多くの耕地を有したりし大農も、其面影を宅地回りの欅の屋敷林と其家構とに残すに過ぎざるに至りたるは、板橋町の金井窪、巣鴨町の大塚駅附近、高田村の雑司ヶ谷等に実見せし処なり。斯くして大農たりし地主は、もと小作人のみを相手とせし時代は去りて、一躍貸地の大地主・貸家の大家主と変じ、日夕官公吏・工場主・商人・労働者等と交渉せざるべからざると共に、従来僅少なる小作料のみを得るに止まりし土地より、思ひ設けざる多額の地代と家賃とを得るに至りし結果、堅実なる農民心理は急変し浮華なる都市生活を憧憬し、糟糠の妻を捨て、売春婦を入れ、為に健全なる家庭を破壊したる実例は、高田村の豪農に見たる所なり。而して住宅地の要求甚だ切に、耕地としては一反歩に於ける農産物の収入年百円に過ぎざりし地積が、之を売却するや一坪十円乃至二三十円に当り、貸地としても一坪三銭乃至五銭に価するに至れるを以て、之を耕作しつゝある自作農は勿論、之を小作しつゝある小作農に於ても、旧来の生業に対して甚しき動揺を感ずるに至れるは已むを得ざる事態なり。小作農が其耕地を失へるものに至つては、他動的に植木職人・井戸堀・手間稼等の日雇取に変ぜるもの亦少なからず。

余の踏査せし所にて、代々幡村初台の自作農加藤氏は、東に傾斜し狭き水田を隔て、代々木の練兵場に対する眺望よき畑地約一町歩を、購客をよばんが為に芝地になし置きて、何時にても宅地となし得るやうにせるを見たるが、又長崎村に於ては、中農が地所熱に浮され、一攫千金を夢みつゝ、其所有地を抵当として畑地を買入れたるが、購客なき結果其元利の仕払に逐はれ、終に其所有地をも手放さゞるべからざるに至れるを聞き、大井町に於ては家屋敷を売りし金を事業に投じ、全く失敗して今は貸長家に詫住居するに至り、其旧居は東京通勤者の住宅となれるを見たり。隣接町村が斯く地狭になれる結果、中農も植木職を兼ね、宅地及宅地回りの耕地を植木畑に変じたるは、中野町及其地続の杉並村にて実見したり。

今日最も堅実に且穏健に其生業に従ひつゝある少数の自作農は、将来如何に変化すべきか。是等の農民は今日未だ職業上の変化を見ずと雖ども、心理上には著しき変化を呈しつゝあるは蔽ふべからざる事にして、農事に熱心なる中野町の森氏が、四囲の新移住者に対して温き感情を持ち得ずに、一種淋しき哀愁の禁じ難きものあるを語りしによりても明かなり。斯く住宅地区に変じつゝある所に於ては、住宅の構造の如きも大に変遷し、草葺の屋根は瓦葺に変じ、広き土間の調製場は狭くなると共に、竈は煉瓦造に変じ、収納小屋は物置となり、肥料小屋はなくなり、生垣は板塀又はトタン塀となり、欅の屋敷林の如きも見る影もなくなれり。

代々木の農家にして植木職に転じたるものは十五戸、副業とするものの二十戸、大久保より日露戦争後移住して借地営業するもの二人あり。

（代々幡村長）

住宅地区　市内電車の延長と、院電山ノ手線・王子電車・京王電車及玉川電車の開通は、東京市内と其隣接町村との往復を便にし、殊に其中心なる日本橋より約一時間程にて達し得らるべき地域は、行政上市外なりと雖ども、市内通勤者には適度の往復時間なるを以て、市内に比すれば家賃比較的廉に、且清新なる空気を呼吸し得る是等の地区は、近年著しく来住者の激増を来したり。されば地主及屋主は此大勢に動かされて競ふて畑地を宅地となし、其需要に応ずべき貸家を造り、或は来住者自から地所を購ひて居宅を構ふるに至りたり。斯かる意義の住宅地区は、市内へ往復する便宜より、市内電車の各終点附近及之に連絡する各電車の

新しき住宅地区の激増

中山道に沿へる巣鴨町にはかく旧主を失へる農家が屋上制限と共に取毀たる、運命に遇へるに其横の細き小路は貸長屋の密集せる新住宅地区となり大井町南端もかく農家の屋敷林に農村の面影をあらはせど其附近は処狭きまで商業街区の発達を見る

（巣鴨町四丁目）

市内に近き停留場附近に分布し、殆んど市内に等しき密集的居住状態を見るに至りたり。

今是等の住宅地区に就き一々之を述ぶるは、寧ろ煩雑に流るゝを以て、其標式的地区としての大久保町に就きて、之を語らん。同町の住宅地区として発展せしは、明治三十八年、其南方約十町の内藤新宿町三丁目（今の車庫）に、市内電車の開通し、市内との往復が便利となれるが為にして、当時始めて住宅地区たりし地点は、電車に近き南裏及仲通なり。其居住者は軍人及官吏多く、自から地所を購ひて居宅を構ひたるもの亦少なからざりし。当時一坪の価僅に二三円に過ぎざりしも、今日に於ては一坪三十円を価するに至り、住宅地としての利用盛んなるに従ひて、耕地の宅地に変ずるもの益々多く、西大久保の如き十年前まで植木職八十戸を算せしに、今や僅に五六戸に減じたり。今日なほ植木職を営みつゝある藤田氏の如きは、千二百坪の狭長なる地積の大部を宅地となし、其間に十二戸の貸家を建て、貸家の周囲には種々の植木を栽植するなど、中々に集約なる土地利用を営みつゝあり。千駄ヶ谷町の原宿・代々幡町の山谷・高田町の大原及旭出・滝野川町の田端及西原の如き、何れも之に類する住宅地区にして、是等の居住者は其階級より見れば何れも中等階級に属す。

山谷の住宅地として発展せしは、代々木停車場の開設せし以来にして、明治四十年頃には居住せる戸口も甚だ少なかりき。

（代々幡町長）

代々木は土着百四十戸に対して移住者は八十戸なり。移住者にて借地する者は平均三反内外なれど、地所を購ふ者は平均四五反なり。

（同上）

宅地の利用は、東京市に近き中野町と遠き井荻、高井戸二村と比較するに大に異る。

（橋本技手）

宮仲は大塚に市内電車の開通を見るに至つて、俄に住宅地となりし所にして、巣鴨監獄の北側の如きは、今は屋続の市街地たれども、十年前迄は僅に三戸を見るに過ぎざりき。（巣鴨村役場員）

されど郊外の居住者は、必ずしも市内に通勤する中等階級のみに非らず。波浪の如く小起伏に富める台地の地形は、高燥にして眺望宜しき地区少なからざるを以て、市内との交通便利となれる今日、斯かる地区は貴族及富豪の擁有する所となり、天然の景勝と人工の趣致と相俟ちて、自から別個の住宅地区たる所決して少なからざるなり。是既に自然的環境の地形に於て述べたる所、品川町北品川宿御殿山附近の台地には原邸・西村邸・益田邸・日比谷邸・大崎町の平岡には池田邸、同じく袖ヶ

風致ある住宅小区

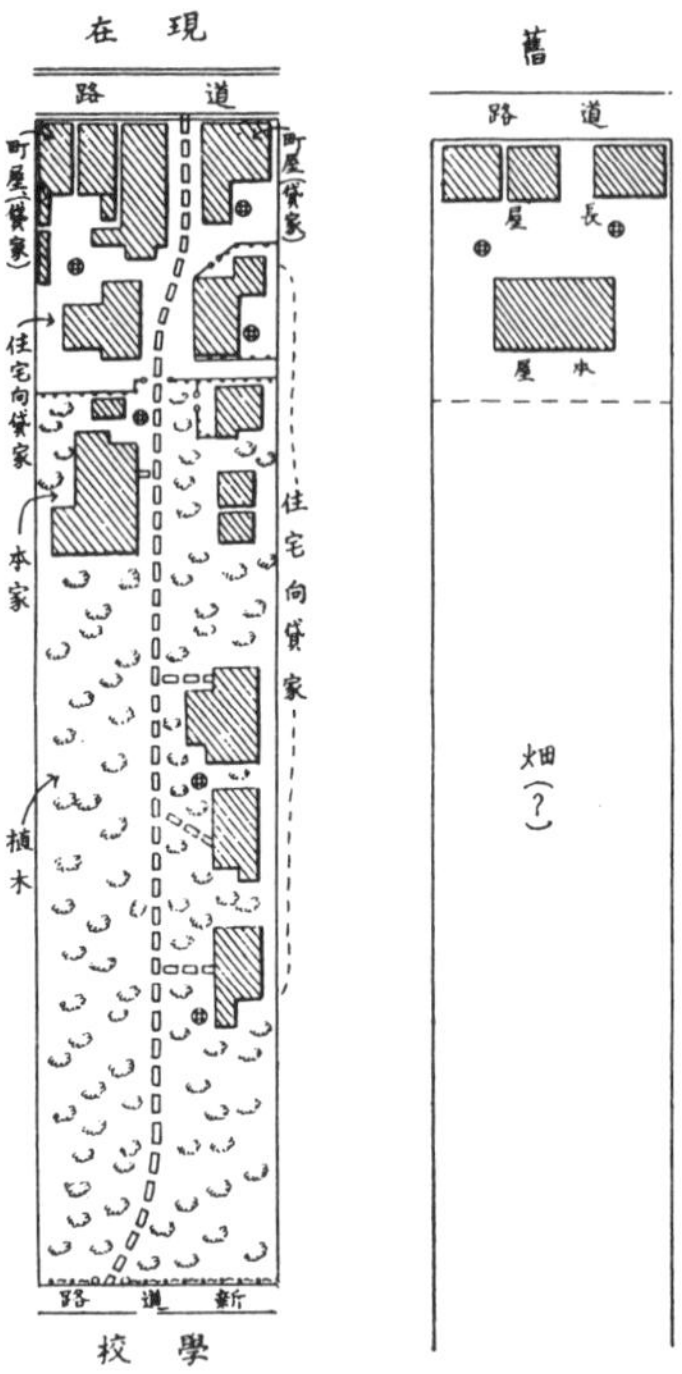

もと八王子の千人組の侍の住地間口十六間奥行一町十六間なりしも奥行は近隣と談合の上学校の敷地及道路に寄附せし為減じたり当主田中氏はもとより土地の植木職なるが日露戦争中之を購ひたり茅屋の母屋の外は通に沿ひて汚き長屋三戸ありしをかく貸家を作り今は表通に蕎麦屋・白米屋・薬種屋及八百屋の四戸外に母屋の附近に六戸の貸屋を見る其通路は一列の切石帯の如く両側の手入の届ける植木と並んで一種の風致を呈し所謂庭園住宅小区をなす借屋人の転々せざるも亦宜なり

崎には島津邸、渋谷町の代官山より目黒村の目黒川沿の台地には、西郷邸・根津邸・山本邸、千駄ヶ谷町の渋谷川沿の台地には両徳川邸・徳大寺邸・池田邸、落合村の旧神田上水沿の台地には近衛邸・相馬邸あるが如き其主なる分布地区なり。斯かる邸宅は其宅地々積甚だ広きのみならず、居宅の結構園囿の配置共に壮麗を極め、郊外の住宅地区中自から一種の装飾の如き観を呈しつゝあるは、東京市郊外の住宅地区に於ける特殊なる居住状態の一なりといふべし。

されど是等の住宅地区たる、其土地の所有権甚だ区々たるのみならず、従来は所轄行政官衙も、一定の方針に従つて住宅地の経営に就きて計画する処無かりしを以て、郊外の住宅地区は欧米大都市の郊外住宅地区に比すれば、全く自然の成行に放任せられたりといふも過言に非ざるなり。是今般内務省に新設せられたる都市計画課の方針が、新地区の設立よりも先づ住宅地区たるべき旧地区の改善に重きを置く所以にあらざるか。されど近年に至り、貴族及富豪が、従来所有せし広き耕地を修理して宅地となせる所に於ては、地割・道路・排水・飲料水・住宅等に対し、一定の方針に依つて経営する所、例へば鍋島家の渋谷町に経営せる松濤園、渡辺氏の日暮里に経営せる渡辺町、徳川家の千駄ヶ谷町に経営せる貸地、前田家の大久保町に経営せる貸家、大山園及其共同者の代々幡町に経営せる貸地・貸家の如きものあり。東京信託株式会社が駒沢村に経営せる田園都市の如きは、最も進歩せる経営の一形式なり。

斯の如く上中流の階級が、隣接町村に居住するもの日に月に多きを加ふると共に、土地の売買及家屋建築の需給が益々必要を加へ来れる結果、是等の必要を充たすべき会社の新設亦漸く多きを加へたり。東京土地建物会社の如き、其設立明治二十九年にして、最も社運の隆盛を致せるもの、西洋建築に関しては、近年比較的簡易に其請負に従事するアメリカ屋なるもの設立せられたる結果、此種の西洋建築の住宅が、西郊に散見するもの少なからざるは、人の知る所なり。

新町

新宿停車場より約五丁の淀橋町新町は街道に沿ひて商業街区の発達せる事東京の如く昔の街路沿の屋敷林の面影は僅に右側の井伊邸に見るのみ

工場地区　工場地区の分布は、之を東郊の郊外に比すれば比較的少なきも、其最も密集せる地区は、北に於ては石神井川の下流域を占むる王子・滝野川・板橋の三町と、南に於ては目黒川の下流域に位する大崎・品川二町と品川町の南隣大井町立会川沿の地区なるが、欧洲戦争後新に小工場の続設を見たるは、渋谷町・巣鴨村など処々に散点せり。石神井川岸に於ける工場地区は、台地の上には板橋町の火薬製造所、王子町の鉄砲製造所、滝野川町の雷汞場・醸造試験所等分布し、何れも官設工場にして地積甚だ広し。石神井川が台地の間を流下して築ける三角洲附近には、印刷局抄紙部・王子製紙会社を始め、恒川メリヤス工場・豊王製紙場・東洋檻褸合資株式会社等密集的分布をなし、其多くは水を利用する工業を特色とす。其川口附近には火薬製造所及貯弾場設けられ、共に台地上の銃砲製造所・火薬製造所との間に電気鉄道の開通連絡を見る。目黒川岸に於ては、荏原郡役所所在地たる要津橋畔より、川上居木橋に至る間に最も密集的分布をなし、新設せらるゝものは漸次川上の水田を埋むる傾向あるは、敷地の得易きが為なるべく、迂曲せる河身の一部が真直に開鑿するに至れるが如き、其両岸の利用の必要に迫れるを示せり。而して小さき立会川沿には、数に於て少なきも、東京毛織株式会社・日本毛織株式会社等の大工場の設立を見る。すべて工場には何れも多数の職工其他の就業員出入するが故に、其附近は彼等の居住に適する住宅建設せられし為に、職工町ともいふべき特殊の居住状態を見るに至る。斯かる職工町の住民は勿論大部は職工なれども、其生活に必要なる物品商の存立を要し、其他之に関係ある者の居住を見るを以て、他に見る能はざる一種の居住形式をなすに至る。

　大井町の役場吏員が、職工町の成立に伴へる居住に就きて、

　工場地区の発展に伴ひて生じたる新開地には、商業・雑業を営むものの多けれども、其営業の基礎何れも確固ならず。

といへるは、よく其状態を言い尽せるものなり。余の見たる所にては、大崎町の霞ヶ崎下及袖ヶ崎下の大崎道に沿へる新開町こそ、其の代表的のものにして、二十年前まで殆んど田のみなりし所が、今は連擔市街をなすに至りたり。大崎町は十年前に六百戸なりしが、今日其五倍の三千戸に上りしによりても其推移を知るに足るべし。大井町の如きも十四年前には三百戸なりしが、今日其十三倍の五千戸を算するに至り、従ひて就学児童は最近三年間に二倍となり、もと耕地多かりし三俣附近は、東京毛織物会社の設立せる結果市街地となり、新に生じたる千八百戸の為に、第二尋常小学校（大正五年四月開校）を見るに至りたり。石神井川沿に於ても、鉄砲製造所・火薬製造所の南方を東西に通ずる王子板橋道の如き、亦此種職工町の標式的のものなり。中山道沿巣鴨町の北裏、恵比須麦酒製造所の北方渋谷町の目黒渋谷道沿の一郭の如き、亦此種の居住地区たり。斯かる地区の住家は、何れも借主の生活を標準とするが故に、其建坪は六畳一間・三畳一間位のもの多く、巣鴨四丁目に於ては、貸地に何れも六畳一間の長屋が軒を並べて建てらるゝ事挿絵の如きを見たり。

商業地区　今まで耕地たりし所も、或は住宅地区として或は工場地区として発展するに至れば、其住民の生活に必要なる物品を商ふ民戸の居住

新住宅地経営の順序

中野駅の南西数町今は多くの住宅を見る

大山園及其他の共同経営にて京王電車幡ヶ谷停留場より近し

富豪渡辺氏の個人経営にて渡辺町といひもと佐竹侯の別野たりし処本郷動坂より近し

地形と好住宅地区との関係

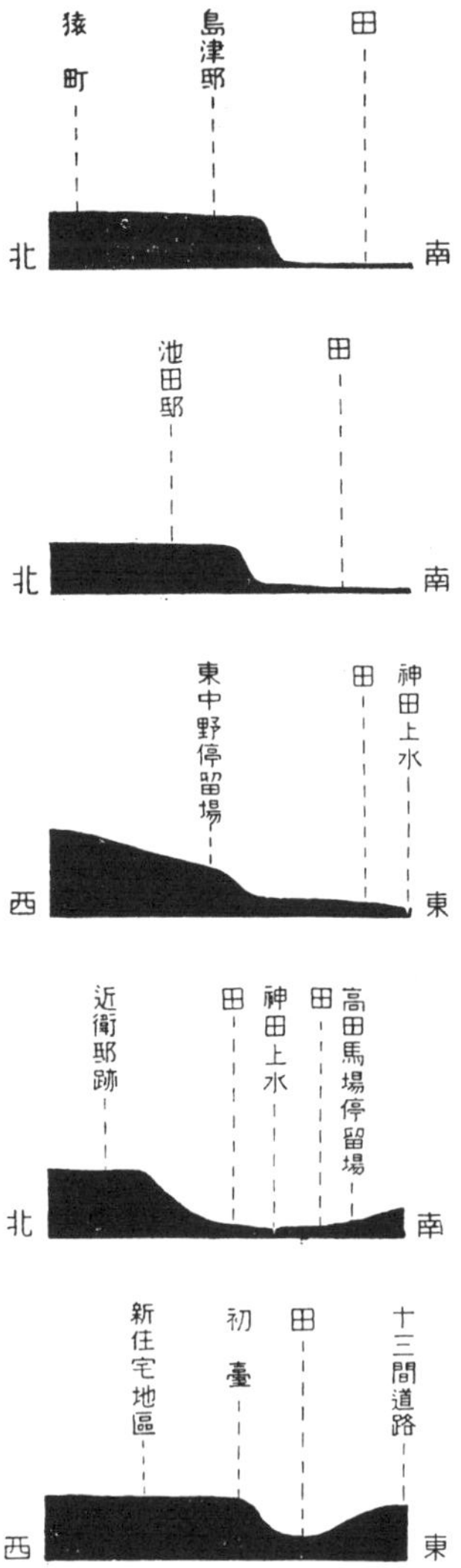

細民の住宅

左図は一戸当六畳一間右図は四畳半一間一は工場の職工多く一は市内の屑拾なり一は高燥の所にあれど一は低湿なる所に位す何れも借地しての貸屋なり

（巣鴨四丁目北裏）

（新宿南町）

を見るべきは当然のことなり。されば商業地区の大小・多少は其附近に分布する居住地区の広狭、戸口の疎密に密接なる関係を有す。即ち東海道・甲州街道・青梅街道・川越街道・中山道街道・岩槻街道等主要なる道路に沿ひては、宿駅たりし品川町・内藤新宿町・板橋町・王子町等、必要上夙に商業地区の発達を見たれども、斯かる街道に沿はざる農業地帯に於ては、村落の中心に二三の物品商を見るに過ぎざる所多し。而して近年隣接町村に勃興したる住宅地区及工場地区に伴ふて起れる商業地区は、其発達の新しき丈、其状態は東京市中の商業地区の縮図を見るが如き感あり。隣接町村として最も発展せる渋谷町の商業地区（道玄坂附近）の如きは、全く東京市の一郭と異ならず。されど此に注目すべきは、住宅地区及工場地区に居住する住民の生活程度によりて、附近商業地区の商品殊に食料品の品質等に差異を生ずるは、郊外生活の一特色と見るべきものなり。入新井村の入新井、中野町桐ヶ谷の新住宅地区が、多く中流以上の居住者多きが為に、菓子屋など附近に見ざる精品を備付くるが如き其一例なり。又住宅地区の新開と共に商業地区の発展推移を見たるの例は、淀橋町通に於て、内藤新宿町に続ける淀橋が、もと商業地区として盛んなりしも、其地先の成子が今日商業地区の中心たるに至りしは、全く其背後の耕地が新に住宅地区として発展したるが為なり。個人の経営せる住宅地区中、特に商業地区の設定を見たるは、余の踏査したる所にては、鍋島家の経営せる松濤園あるに過ぎざりき。

細民地区　細民の標準は未だ一定せざれども、東京府救済課の所定に依れば、一家一人月収九円以下・一家二人月収十四円以下・一家三人月収十七円以下・一家四人月収十九円以下・一家五人以上にては月収二十一円以下・一家六人以上のものは月収平均一人四円を超えざるもの（一家とは同居者をも含む）及其他生計状態により細民と認めらる丶ものをいふ。之を戸数に見るに東京市と郡部とは略々相半し、合せて三万一千戸に近し。本地域内にて、其最も多きは王子・内藤新宿・南千住・板橋・千住・品川等の接続諸町にして、郡部総戸数の約六割を占む。是其職業が東京市と密接の関係あるを示すものにして、余の踏査したる内藤新宿南町の細民地区の如き、新宿御苑西隣の低湿地にして、戸数二百四十四戸と外に木賃宿二十二軒に九十四家族を収容せるを見る。其職業は概ね市内の屑拾なれど、実は掻浚をなすもの多く、其児童の公立小学に就学せるもの百分の二十に過ぎざるの状態なり。是等の細民は、もと多く四谷区鮫ヶ橋の細民地区に居住せしものなれども、鮫ヶ橋の漸次改善せらる丶に従ひて、移住し来れるものなりと云ふ。細民地区の位置及其家屋の如き、従来は殆んど放任せられたるの観ありしも、近年社会救済の方面より漸く世人の注目する所となれるは喜ぶべし。

　巣鴨町の百軒屋　中山道街道沿の南裏に在りて、約二十年前に建てられたるものなれども、其建築粗末なれば、二十年間に柱の根つぎを幾度もし、屋根を瓦葺にしたくも柱弱くして之を支持する力なければ其儘になし置けり。長屋内は宛然一の町にて煙草屋・酒屋・理髪店・歯入・貸布団屋・青物屋・駄菓子屋・屑拾等ありて、不潔にして入るべからず。

（板橋町長）

〔1－1－B〕
『東京市域拡張史』（東京市役所、一九三四年、五三～九一頁）

大震災と大都市社会の現出

第一節　郊外町村の急激なる発達

かゝる情勢の下に発達して来た東京市は過去六十余年に亘つて、全国より人々を吸収し、今尚膨脹の一途を辿つてゐるのであるが、東京市の膨脹を人口増加の趨勢より観察するならば、郊外町村の発達は全く東京市の延長として今日の発展を来したものであつて町村独自の力によつて発達したものでないことが判るのである。

東京市の人口は明治二十二年市政施行当時より累年増加の一途を辿り、その市域人口は已に大正九年頃に於て、即ち大震災以前に於て飽和の域に達し、これと相前後して隣接町村の人口増加の情勢が急激に助長されて来たのである。しかも、大正十二年九月一日の大震災は、大東京の相貌の上に急激且つ絶大なる変動を持ち来した。それは、この大震災を契機として（一）郊外町村の人口の上に急激異常なる増加を招来せしめ（二）焼失区域を始めとして、東京市の内外に於ける都市計画的諸施設の実現を可能ならしめたからである。

この二つは、明らかに大震災の産んだ双生児的所産であつて、そして又、この二つは、結局市郡併合の必要を痛感せしめる直接の誘因となり、これが必要を痛感せしめる諸種の条件を提供したのである。

東京市の人口は既に大震災以前に於て殆んど飽和の域に達し、従来累年増加の勢にあつた市内人口はむしろ低下の傾向を示してゐた。その半面に於て郊外町村は逐年、累進的にその人口を増しつゝあつたのである。別言すれば、即ち大東京の人口増加は大震災以前に於て已に市部は殆んど包容力を失ひ、増加する人口の九十九パーセントが単り郊外町村に於てその捌け口を見出す情勢にあつた。従つて若し大震災が無かつたとしても、大東京の人口は結局は郊外に於て増加するの外なき情勢にあつたのであるが、この勢に拍車を加へ、この情勢を決定的ならしめたのはやはり大震災そのものであつた。次に大震災を中心とする大東京人口の異動の概況を検討しよう。

大東京人口異動表
東京市及隣接五郡町村人口増加の趨勢

郡別	町村別	大正九年 人口	大正九年 指数	大正十四年 人口	大正十四年 指数	昭和五年 人口	昭和五年 指数	昭和五年 女百ニ付男	昭和五年 一平方粁ニ付人口
荏原郡	品川町	四一〇五九	一〇〇	五二〇九六	一二九	五五六三九	一三五	一一〇・六六	一八六〇二
	大崎町	三四八三七	〃	四八四七六	一三九	五三七七七	一五四	一〇九・八三	一六九二七
	目黒町	一八〇九四	〃	四五二六八	二五〇	六七二三六	三七一	一一三・二三	九三七七
	世田ケ谷町	一三〇五四	〃	三八〇六八	二九一	七三二一〇	五六〇	一〇九・五五	五八六八
	松沢村	二六五六	〃	七二三七	二七二	一二三三七	四三三	一〇六・五一	二五六四
	荏原町	八五三三	〃	七二二五六	九〇六	一三二一〇八	一五五〇	一〇八・三七	二三七八五
	碑衾町	四一九三	〃	一七七五一	四二三	四〇九七二	九七〇	一〇七・九二	五四二三
	玉川村	七五九一	〃	一一九七四	一五七	一六七五九	二二〇	一〇六・八五	一二九一
	駒沢町	八六八四	〃	二〇九九一	二四一	三一〇四三	三五〇	一一一・九一	三六三四
	馬込町	二七二五	〃	一〇四八九	三八〇	二三〇二五	八四〇	一〇四・八七	五五七一
	東調布町	二九七〇	〃	五一八四	一七四	一二三三六	四一五	一〇二・一〇	二二二七
	矢口町	三四六七	〃	七九八六	二三〇	一八二六一	五二六	一〇八・六〇	四一二六
	池上町	五六二四	〃	一〇一八〇	一八一	二〇七二〇	三六八	一〇五・六八	二八七一
	入新井町	一九〇八八	〃	三六五八五	一九一	四五二〇九	二三六	九八・六九	一六七五六
	大井町	三六六五九	〃	五八六一九	一五九	七〇〇八〇	一九一	一〇四・一七	一七五四六
	大森町	一九五〇一	〃	三二〇一四	一六四	四六〇五五	二三六	一〇五・五三	一二〇九一
	蒲田町	六四二〇	〃	二五六一六	三九九	四四〇三〇	六八五	一〇三・四〇	一五一一〇
	六郷町	四一八一	〃	六七三一	一六〇	一四四四一	三四五	一〇九・三五	三五二〇
	羽田町	一四五四六	〃	一七二二〇	一一八	二一三九〇	一四七	一〇九・八三	二〇六四

郡	町村							
	計	二五三八七一	〃	五一五七四一	二〇七	七九八五一八	五一四	一〇七・九三	六九六三
豊多摩郡	大久保町	二七九四九	一〇〇	三三六四四	一二六	三三八一五	一二〇	一〇一・三一	一六三六七
豊多摩郡	戸塚町	一八三八七	〃	二九二九五	一五九	三一七八一	一七二	一二五・二五	一七七六五
豊多摩郡	落合町	七一一〇	〃	二〇三四五	二八六	三〇五九三	四三〇	一〇八・七九	九四九二
豊多摩郡	淀橋町	四〇四五三	〃	五三二一五	一二九	五七三一三	一四一	一一〇・八〇	一九二五八
豊多摩郡	渋谷町	八〇七九九	〃	九九〇二三	一二三	一〇二〇五六	一二六	一〇四・五六	一六八八三
豊多摩郡	代々幡町	二〇〇三四	〃	五一七五五	二五八	七〇五七七	三五二	一〇七・五二	一〇四七三
豊多摩郡	千駄ケ谷町	三六三七四	〃	三九九九七	一〇九	四〇九〇〇	一一二	一〇五・二九	一六六八〇
豊多摩郡	中野町	二一八七五	〃	六〇九六二	二七八	八七二六三	三九八	一一〇・八六	一三三七八
豊多摩郡	野方町	七三三三	〃	二四三三三	三三二	四六八三五	六三九	一一四・九五	五二七三
豊多摩郡	和田堀町	三九〇七	〃	一一六六三	二九八	一九一九四	四九一	一〇六・三三	三〇八九
豊多摩郡	杉並町	五六三三	〃	三六六〇八	六五〇	七九一九三	一四〇六	一〇四・九一	八七一九
豊多摩郡	井荻町	四三六九	〃	一〇八六四	二四八	二二七二四	五二〇	一〇一・八七	二四〇八
豊多摩郡	高井戸町	四一九一	〃	六八四六	一六三	一三四一八	三二〇	一〇七・二三	一四三四
豊多摩郡	計	二七八四〇三	〃	四七六五四八	一七一	六三五六六二	二二八	一〇八・一二	八四九九
北豊島郡	南千住町	五〇六六六	一〇〇	五四六九三	一〇七	五六〇一〇	一一〇	一〇八・二二	二〇四〇四
北豊島郡	三河島町	二一四八二	〃	五九〇四八	二七四	八〇二一七	三七三	一一四・〇三	三〇二四八
北豊島郡	尾久町	七五二五	〃	四七四九三	六三一	七三三六八	九七四	一〇九・五九	二二四四四
北豊島郡	日暮里町	四一七三九	〃	五七一九四	一三七	七一〇二一	一七〇	一一四・八二	三七四三九
北豊島郡	滝野川町	四〇六八九	〃	八二二五二	二〇二	一〇〇七四六	二四七	一〇八・九五	一九三八五
北豊島郡	巣鴨町	二八〇三五	〃	四〇一四八	一四三	四三三三九	一五四	一〇六・四一	二一四〇五
北豊島郡	西巣鴨町	五一四七八	〃	九九一二五	一九二	一一五六五四	二二四	一一四・九〇	二四一一五
北豊島郡	王子町	三八三六八	〃	六〇〇八六	一五六	八九〇〇九	二三一	一〇五・三五	一四一四六
北豊島郡	岩淵町	一六〇八三	〃	二四九三七	一五五	三七六六四	二三四	一〇九・三九	三九五二
北豊島郡	志村	六一七四	〃	八五四八	一三八	一二一五一	一九六	一〇七・四一	一〇三五
北豊島郡	板橋町	一六六六一	〃	三〇七一六	一八四	四四七一七	二六八	一〇八・七七	八五〇五
北豊島郡	高田町	二六七八六	〃	四五一四七	一六八	四八五四二	一八一	一〇九・一二	一八八五一
北豊島郡	長崎町	三五〇四	〃	一三八三〇	三九四	二九二六六	八三五	一〇七・四九	七五六〇
北豊島郡	中新井村	二〇〇七	〃	四一一六	二〇五	七三一一	三六四	一〇六・〇〇	二〇二六
北豊島郡	上板橋村	三四一五	〃	五〇四〇	一四七	八四五四	二四七	一〇九・八三	一四七四
北豊島郡	練馬町	五三九一	〃	九五七八	一七七	一三一四五	二四三	九九・五三	一七三三
北豊島郡	上練馬村	四六四二	〃	五一六〇	一一一	六一五九	一三三	一一一・八〇	五八八
北豊島郡	赤塚村	五三六五	〃	六二六七	一一六	六七五八	一二五	一〇一・二八	六五四
北豊島郡	石神井村	六〇三五	〃	七六三九	一二六	九八三九	一六三	一一四・三一	七〇三
北豊島郡	大泉村	三七九二	〃	四二三七	一一一	五〇五二	一三三	一〇〇・三三	四二三
北豊島郡	計	三七九八三七	〃	六六五二五四	一七五	八五八三二二	二二五	一〇九・九一	六八三九
	千住町	三二〇四七	一〇〇	五二一〇一	一六七	六九〇八五	二二二	一〇六・二三	一二一〇七
	西新井町	五一八九	〃	九四一六	一八一	二〇〇七七	三八六	一〇四・八〇	三三一三
	江北村	四六九〇	〃	四六六七	九九	五五三四	一一七	九八・九九	六〇七
	舎人村	一九二〇	〃	一九四八	一〇一	一九五七	一〇一	九二・二四	四三九
	梅島村	三八七九	〃	五六二一	一四四	一二七四八	三二八	一〇七・〇二	二五三六

郡	町村							
南足立郡	綾瀬村	二七九九	〃	三三七二	一二〇	五六七三	二〇二	一〇四・〇六	一六六五
南足立郡	東渕江村	二九一六	〃	三一六八	一〇八	三一〇五	一〇三	一〇四・〇一	六五八
南足立郡	花畑村	四〇七〇	〃	四一五二	一一三	四三六三	一一三	一〇二・八四	六六四
南足立郡	渕江村	二八八〇	〃	三二二八	一一二	三三七七	一一三	一〇一・七九	六一一
南足立郡	伊興村	一三九〇	〃	一五五三	一一二	一六八八	一二一	一〇五・一〇	五四七
南足立郡	計	六〇七八〇	〃	八九二二六	一四六	一六七五〇七	二〇九	一〇五・一三	二三八三
南葛飾郡	小松川町	八〇一九	一〇〇	二四一三五	三〇〇	三九九二八	四九六	一〇七・五四	九三二八
南葛飾郡	松江町	七六五五	〃	一〇九九八	一四三	一七一一二	二二三	一〇八・一七	一九〇三
南葛飾郡	葛西村	七六八八	〃	八六〇六	一一一	九三二六	一二一	一〇四・五二	八二六
南葛飾郡	瑞江村	五七四四	〃	六九四〇	一二〇	七八三六	一三六	一〇一・一八	一〇九五
南葛飾郡	鹿本村	二九一九	〃	三〇八三	一〇五	三七六八	一二九	一一一・三九	九二九
南葛飾郡	篠崎村	二九一八	〃	三八七七	一三二	四一五三	一四二	九五・七一	七三四
南葛飾郡	小岩町	四四四三	〃	六八九一	一五五	一四八四八	三三四	一〇五・六五	二七五一
南葛飾郡	金町	三三二四	〃	七六六九	二三〇	一〇三一〇	三一〇	八六・八六	二二七四
南葛飾郡	水元村	二八二三	〃	三六四七	一二九	四〇三〇	一四三	一〇一・〇〇	六八二
南葛飾郡	新宿町	二四〇一	〃	三六三八	一五一	四八四八	二〇一	一〇四・〇四	一八三八
南葛飾郡	奥戸町	五四五九	〃	七五三七	一三八	一一三六五	二〇八	一〇五・七四	一三〇九
南葛飾郡	吾嬬町	三一〇〇五	〃	六〇五二五	一九五	八〇九八五	二六一	一〇六・六七	二〇五九六
南葛飾郡	本田町	五八七五	〃	一三一五六	二二三	二七三九〇	四六六	一〇六・三九	五四八二
南葛飾郡	亀青村	三一四二	〃	四五二六	一四四	六一五九	一九六	一〇三・八一	一五一三
南葛飾郡	南綾瀬町	四六三七	〃	九二四二	一九九	二〇三五四	四三八	一一九・八九	四一一二
南葛飾郡	隅田町	一四六〇七	〃	二一二九〇	一四五	二五〇七七	一七一	九五・〇八	一四一四四
南葛飾郡	寺島町	一八八一四	〃	三八六四七	二〇五	四九四五七	二六二	一〇七・一〇	二三七五五
南葛飾郡	亀戸町	三八五四八	〃	五七三二一	一四八	六五一七四	一六九	九九・〇五	二五三一〇
南葛飾郡	大島町	二三三三三	〃	三五・四二〇	一五八	四三一四〇	一九三	一一六・九四	一九〇三〇
南葛飾郡	砂町	一二一八四	〃	二〇三四六	一六六	二四六五七	二八四	一一三・八五	六四九六
南葛飾郡	計	二〇四五三八	〃	三四七四九四	一六九	四七九九一七	二三四	一〇六・一八	四七七三
	五郡計	一二七七〇一八	〃	二一〇三八五一	一七八	二八九九九二六	二四六	一〇八・一〇	六一八二
	東京市	二一七三三〇一	〃	一九九五五六七	九一	二〇七〇九一三	九五	一一九・六二	二五四九八
	総計	三三五〇三一九	〃	四〇九九四一八	一二二	四九七〇八三九	一五〇	一一二・七六	九〇三二

即ち上掲の数字によつて明かなる如く、市内の人口は大正九年の二百十七万三千二百一人を最高として大正十四年の中間調査に於ては百九十九万五千五百六十七人に激減した。勿論この減少は震災によつて市域の大半は焼土と化し、市内人口の約六十パーセントに近い人口は、その住居を失つた大打撃のためその大部分は主として郊外其他に移動し、人口の復帰未だしかつた〔ママ〕に由るのであるが、震災後満七年を経過し、帝都の復興殆んど完成を見た昭和五年の国勢調査に於て尚市内人口は二百七万

	人口 東京市	人口 第一圏	人口 第二圏	人口 第三圏	人口 第四圏	人口 郡部計	指数 東京市	指数 第一圏	指数 第二圏	指数 第三圏	指数 第四圏	指数 郡部計
大正九年	二一七三二〇〇	六四二一三五	二六四八四一	一四三〇四四	一二七四〇九	一一七七四二九	一〇〇	一〇〇	一〇〇	一〇〇	一〇〇	一〇〇
十年	二四三七五〇三	六九五〇九八	二九五二八二	一四六四三一	一三四四五七	一二七一二六八	一一二	一〇八	一一一	一〇三	一〇六	一〇八
十一年	二四七八二三三	七六三一二九	三五五八六六	一六八九五九	一四二三三九	一四三〇二九三	一一四	一一九	一三四	一一八	一一二	一二一
十二年	一五二七四八九	八六九三七七	四八四四五七	二〇一〇八九	一五五八五〇	一七一〇七七三	七〇	一三五	一八三	一四一	一二二	一四五
十三年	一九二六三一〇	九六七二一五	五六九七〇六	二六二八六七	一七八三八四	一九七八一七二	八九	一五一	二一五	一八四	一四〇	一六八
十四年	一九九五五六七	九四五五六三	六三八五九七	三一二七四一	二〇七三六二	二一〇四二六三	九二	一四七	二四一	二一九	一六三	一七九
昭和元年	二〇六八九〇〇	九七一六五七	七〇六二〇五	三四八三四〇	二三三三七四	二二五八五七六	九五	一五一	二六七	二四四	一八二	一九二
二年	二一四三二〇〇	一〇〇三一六六	七七二五七一	三八八四七二	二五二六六六	二四一六八七五	九九	一五六	二九二	二七二	一九八	二〇五
三年	二二一八四〇〇	一〇六六三〇四	八五七八六八	四三七四〇七	二八八〇三四	二六四九六一三	一〇二	一六六	三二四	三〇七	二二六	二二五
四年	二二九四六〇〇	一一〇二五五二	九〇八二七八	四九六六一一	三〇七四九六	二八一四九三七	一〇六	一七二	三四三	三四八	二四一	二三九
五年	二〇七〇九一三	一〇八三九〇六	九四七二七九	五四七六〇七	三二一一三四	二八九九九二六	九五	一六九	三五七	三八二	二五二	二四六
十年間増加実数	(−)一〇二二八七	四四一七七一	六八二四三九	四〇四五六三	一九三七二五	一七六二四九七	八五	六九	二五七	二八二	一五二	一四六

九百十二人であるから、大正九年の人口に比し、大約五パーセントに当る十万二千二百八十八人の減少を示してゐる。

然るに一方五郡町村地帯に於ては、如何なる変化を示してゐるか。先づ五郡八十二ケ町村の総計に就て見ると大震災以前に於てはその増加率極めて緩慢であつたが大正九年には百十七万七千十八人に過ぎなかつた人口は、大正十四年には二百十万三千八百五十一人となり、昭和五年には二百八十九万九千九百二十六人となつてゐる。即ちこの地域に於ける人口は、初めの五年間に於て七十九パーセント約八割の増加を見、次の五年間に於て三十九パーセント即ち約四割の激増を示し、要するにこの十年間に於てその人口は大約二倍半に増加してゐる。

これを個々の町村に就て見ると、この期間に於て実に驚くべき発達を来した町村の多いのを知る。即ち、この十年間に人口増加の最も著るしかつたのは荏原郡荏原町であるが、その人口は大正九年の八千五百二十二人に対し、同十四年には一躍七万二千二百五十六人となり、昭和五年には再躍して十三万二千余人となつた。即ち十年間に十五倍半の激増を来してゐる。同じく碑衾町は大正九年には僅かに四千余の人口を有するに過ぎなかつたのであるが同十四年には一万七千余人となり、更に昭和五年には四万余に激増して十年間に大約十倍の増加を見てゐる。更に馬込町、矢口町、蒲田町、世田ケ谷町等はそれ〴〵八倍乃至四倍に達する増加を来してゐる。

荏原郡の荏原町に次いでこの期間に著大な人口増加を来したものに豊多摩郡杉並町がある。杉並町は、この同一期間に約十三倍余の人口増加を来して、大正九年五千六百余人であつた人口は大正十四年には三万六千六百余、昭和五年には七万九千百余人となつた。次に野方町の五倍半、井荻町の四倍半、和田堀町の約四倍、落合町の三倍半、中野町の約三倍等が顕著な部類に属する。

他の三郡、即ち北豊島、南足立、南葛飾の各町村に就ても、大体に於て顕著な人口増加を見たのであるが、その中、北豊島の尾久町の約九倍、長崎町の七倍半、南足立郡では西新井町の約三倍、梅島町の二倍強、最後に南葛飾郡に於ける小松川町の約四倍、本田町の三・七倍、南綾瀬町の約三倍半等何れも驚異的増加を来してゐるのである。

一方、この期間内に於て増加率の比較的緩慢であつた町村に就ては、これを二つの異つた部門に分類することが出来る。その一つは、市に接続して早くより市街地化し、その人口も大正九年前後に於て殆んど飽和の域に達した、又はこれに近かつたもので、例へば、荏原郡品川町、大崎町、豊多摩郡渋谷町、千駄ケ谷町、淀橋町、大久保町、戸塚町北豊島郡巣鴨町南千住町、高田町、南葛飾郡隅田町等主として市の接続町がこの部類に属するものであり、他の一群は、都市発達の影響に対してその地理的、社会的環境が然らしむるところの一種の処女地帯と目さるゝ農村地域であつて、例へば荏原郡羽田町、北豊島郡赤塚村、上練馬村、大泉村、石神井村、南足立郡江北、舎人、綾瀬、東淵江、花畑、淵江等の諸村、南葛飾郡の葛西、鹿本、篠崎、水元の各村等、主として大東京の外縁地帯に属する諸村である。是等各村は全く農村地帯としてその人口は自然増加による以外特別の原因を有せず、又、その或るものに就ては、市内方面に就業のため移出人口多く、却つて低率なる人口減少を示してゐるものもある。

勿論、以上は極めて概括的の観察で、夫等町村の各別に就て観測すれば、交通機関の発達産業構成の態様等夫れ〳〵の事情に基き各特殊な原因を有するのであるが、而も大体に於て上述の分類が可能とされる。又、以上の町村を便宜上、四個の圏に分つて観測するならば、右表の如き数字を得るのである。即ち市に接続する十八ケ町を第一圏、その外接十六町を第二圏、第二圏の外囲二十三ケ町村を第三圏、残部の外廓二十五ケ町村を第四圏とするならば、過去十年間に増加率の最高を示した荏原町は第二圏にあるが、増加率の最高を示してゐるのは第三圏である。第二圏、第四圏之に次ぎ、第一圏最も少い。然るに実数に於ては第二圏最高を示して六十八万二千余人を増加し、第一圏、第三圏殆んど伯仲して前者四十四万、後者四十万を増して之に次ぎ、第四圏は遥かに劣つて十九万三千余人の増加である。此の関係は上に述べた処と大体に於て合致するのである。

第一圏内町（十八箇町）
品川町、大崎町、渋谷町、千駄ケ谷町、淀橋町、大久保町、戸塚町、高田町、西巣鴨町、巣鴨町、滝野川町、日暮里町、南千住町、寺島町、吾嬬町、亀戸町、大島町、砂町

第二圏内町（十六箇町）
大井町、荏原町、目黒町、代々幡町、中野町、落合町、長崎町、板橋町、王子町、尾久町、三河島町、千住町、隅田町、本田町、奥戸町、小松川町

第三圏内町村（二十三箇町村）
入新井町、馬込町、碑衾町、駒沢町、世田谷町、和田堀町、杉並町、野方町、上板橋村、志村、岩淵町、江北村、西新井町、梅島町、綾瀬村、南綾瀬町、亀青村、新宿町、金町、小岩町、鹿本村、松江町、葛西村

第四圏内町村（二十五箇町村）
羽田町、大森町、蒲田町、六郷町、矢口町、池上町、東調布町、玉川村、松沢村、高井戸町、井荻町、石神井村、大泉村、上練馬村、練馬町、中新井村、赤塚村、舎人村、伊興村、淵江村、花畑村、東淵江村、水元村、篠崎村、瑞江村

更にこれを五郡別に示せば、次表〔次ページ上右〕の如くであつて、増加率に於ても又実数に於ても荏原郡が最高で、前者に於ては南葛飾郡、豊多摩郡、北豊島郡、南足立郡の順位であり、後者に於ては北豊島、豊多摩、南葛飾、南足立の順である。

この市郡別の人口を更に十年を遡つて明治四十四年以降の、即ち過去二十年間の推移を見るならば、次表〔次ページ上左〕の如くであつて、増加率に於ては荏原、北豊島、南葛飾、豊多摩、南足立の順位であるが、増加数に於ては北豊島が六十九万四千を増して第一位であり、荏原は僅

市郡別人口累年比較

市郡名	昭和五年人口	大正十四年人口	大正九年人口	大正十四年ニ比シ増減	大正九年ニ比シ増減(一)	増加割合 大正十四年ニ比シ	増加割合 大正九年ニ比シ
東京市	二〇七〇九一三	一九九五五六七	二一七三二〇〇	七四三四六	(一)一〇二二八八	〇・〇三八	(一)〇・〇四七
荏原郡	七九八五一八	五二五七四一	二五三八七一	二七二七七七	五四四六四七	〇・五一九	二・一四五
豊多摩郡	六三五六六二	四七六五四八	二七八四〇三	一五九一一四	三五七二五九	〇・三三四	一・二八三
北豊島郡	八五八三二二	六六五二五四	三七九八三七	一九三〇六八	四七八四八五	〇・二九〇	一・二六〇
南足立郡	一二七五〇七	八九二二六	六〇七八〇	三八二八一	六六七二七	〇・四二九	一・〇九八
南葛飾郡	四七九九一七	三四七四九四	二〇四五三八	一三二四二三	二七五三七九	〇・三八一	一・三四六
五郡小計	**二八九九九二六**	**二一〇四二六三**	**一一七七四二九**	**七九五六六三**	**一七二二四九七**	**〇・三七八**	**一・四六三**
総計	**四九七〇八三九**	**四〇九九八三〇**	**一三五〇六三〇**	**八七〇〇〇九**	**一六二〇二〇九**	**〇・二一二**	**〇・四八三**

（昭和五年国勢調査人口ニヨル）

市郡名	明治四十四年	大正四年	大正九年	大正十四年	昭和五年	率	実数
北豊島郡	一六三九七四	二二九三九〇	三七九八七三	五六五二五四	八五八三二二	五・二三四	六九四三四八
荏原郡	一四六六一八	一七六七七五	二五三八七一	五二五七四一	七九八五一八	五・四四六	六五一九〇〇
豊多摩郡	一五四九八九	二〇九八六九	二七八四〇三	四七六五四八	六三五六六二	四・一〇一	四八〇六七三
南葛飾郡	一一六五一六	一四〇五二九	二〇四五三八	三四七四九四	四七九九一七	四・一一〇	三六三四〇一
南足立郡	五一八三二	五四五八七	六〇七八〇	八九二二六	一二七五〇七	二・四六〇	七五六七五
郡部計	**六三三九二八**	**八一一一五〇**	**一一七七四六五**	**二一〇四二六三**	**二八九九九二六**	**四・五七四**	**二二六五九九八**
東京市	**一九〇八八〇九**	**二二四七四六三**	**二一七三二〇一**	**一九九五五六七**	**二〇七〇九一三**	**一・〇八四**	**一六二一〇四**

備考　大正九年以降ハ国勢調査人口、ソレ以前ハ公簿人口

かに劣つて六十五万、豊多摩は十八万、南葛飾三十六万三千、南足立七万五千を増してゐる。その増加率は五郡を平均して四倍半を越え、二百二十六万五千余人を増してゐるのである。

これに反して、東京市内人口は震災の影響より完全に恢復してゐないとしても、殆んど二十年間に認むべき変化を見てゐない。即ち、市内人口には二十年前に於て殆んど飽和の域に近かつたことを物語つてゐるのである。

又、是等隣接五郡八十二ケ町村のうち、町制を施くに至つたもの六十の多きに達したのであつて、それは大体に於て五郡地域に於ける一般的発達の状態を示すものであるが、是等町村が町制を施くに至つた事情は、全く前述の如く欧洲大戦以後に於ける好景気と大震災の影響を受け、急激なる人口膨脹を来した結果であることは、次表に示すところによつて明かである。即ち明治二十二年、町村制施行当時より町制を施いてゐたものは品川、板橋、南千住、淀橋、岩淵、千住、巣鴨、新宿《ニイジク》の八町に過ぎなかつたが、明治年代に中野、大森以下十町を加へて十八町となり、大正時代には三十二町を加へて五十町となり、昭和時代に入つて更に十町を加へて六十町に達した。大正時代町制施行を見たもの、大半は大震災の影響による人口の激増に基くものと見て大過ない処である。

合併各町々制施行年代

明治時代（十八）

品川町（二二年）　岩淵町（二二年）　板橋町（二二年）

千住町（二二年）　南千住町（二二年）　巣鴨町（二二年）

淀橋町（一二年）　新宿町（一二年）　中野町（三〇年）
大森町（三〇年）　亀戸町（三三年）　大島町（三三年）
羽田町（四〇年）　千駄ケ谷町（四〇年）　大崎町（四一年）
大井町（四一年）　王子町（四一年）　渋谷町（四二年）

大正時代（三十二）
吾嬬町（元年）　大久保町（元年）　滝野川町（二年）
日暮里町（二年）　戸塚町（三年）　小松川町（三年）
代々幡町（四年）　練馬町（四年）　西巣鴨町（七年）
入新井町（八年）　三河島町（九年）　高田町（九年）
砂町（一〇年）　目黒町（一一年）　蒲田町（一一年）
寺島町（一二年）　尾久町（一二年）　世田ケ谷町（一二年）
隅田町（一二年）　金町（一三年）　落合町（一三年）
野方町（一三年）　杉並町（一三年）　駒沢町（一四年）
松江町（一五年）　荏原町（一五年）　池上町（一五年）
長崎町（一五年）　和田堀町（一五年）　高井戸町（一五年）
井荻町（一五年）　六郷町（一五年）

昭和時代（十町）
碑衾町（二年）　馬込町（三年）　矢口町（三年）
東調布町（三年）　梅島町（三年）　西新井町（三年）
小岩町（三年）　南綾瀬町（三年）　本田町（三年）
奥戸町（五年）

村制そのまゝ（二十二村）
玉川村　志村　赤塚村　松沢村　石神井村　上板橋村
中新井村　大泉村　上練馬村　江北村　舎人村　淵江村
綾瀬村　東淵江村　花畑村　伊興村　瑞江村　葛西村
鹿本村　亀青村　篠崎村　水元村

之を要するに大東京人口膨張の情勢は、先づその都心を起点として、大体に於て都心よりの距離に逆比例的に発達し来り、又、発達しつゝあることは明かである。しかしてこれは大都市膨張の公式的現象に外ならないのであるが、しかし乍らこの急激著大な郊外人口の膨張は、要するに大震災を契機として展開されたものである。

第二節　郊外発展の原動力としての産業的発達

しかし乍ら、上述の大勢を馴致した所以のものは、その根本に於ては単なる大震災の影響なりと断ずることは出来ない。大震災そのものは郊外膨張の契機となり、その勢に拍車をかけたものではあるが、大東京膨脹の根元の力はこれを別個の処に求めなければならぬ。その力は何であるか。それは欧洲大戦を通じて全世界に影響せしめたる国際経済関係の推移と、これを天与の好機として展開されたる日本資本主義経済の驚異的発展そのものでなければならぬ。一言にしてこれを云へば、所謂戦時好況の機運に導かれて躍動し、乱舞した我が経済界の情勢が、根強き都市膨脹の原動力となつたのである。明治時代よりも大正年間に於て、大正時代もその中葉以後に於て我が国都市膨脹の趨勢は強力に示されてゐる。それは単り東京市のみではない。大阪、名古屋、京都、神戸、横浜等の大都市は、何れもこの期間に於て郊外に膨脹して行く人口の刺戟を受け、此等地域の市域編入を必要とする事情に立ち至つたのである。所謂、六大都市なる名称も、この時代の産物として漸く一般化されるに至つた。

これを東京市の実状に就て見ると、当時、経済界好況の機運に煽られたる市民の経済的活動は全く張目に値するものがあつた。あらゆる産業の分野に亘つて異常な活気を呈し、幾多の大小工場は市の内外に簇生し、従つて又無限に労働力を要求して、潑剌たる生気に充満されつゝ人口膨脹の一途を辿つたのである。そして新設されたる各種工場の大部分は比較的地代其の他の低廉なる郊外町村に蝟集すること、なり、その従業者の多くは又郊外町村が吸収して、郊外膨脹の趨勢は著るしく高められたのである。

大正九年財界の変動を境として此等各種工場も甚大なる打撃を受け、凋落の道程を辿るに至つたけれども、大東京全体としての人口膨脹の趨勢は依然として衰へず、且つ、郊外発展の勢も決して遽かに停止するには至らなかつた。

大震災は突如として、かゝる情勢の下に置かれてゐる大東京の全域を

1-1-B
『東京市域拡張史』

襲つた。しかし乍らその惨害の実況に至つては市内と郊外とは全く同日の談ではなかつたのである。罹災市民は、先づ郊外へ、又は夫れ〴〵の郷里へと一時の難を避けたのであるが、やがて帝都復興の根本方針の確立と共に、復興の新らしき意気に燃えて、人々はその焼野原のたゞ中に立つた。忽ちにして仮建築の市街は帝都の全面を埋めて行つた。其処に開かれる再建の斧の響は、市民の心に大なる刺戟と希望とを与へたのである。

この震災の直接的影響として郊外人口の膨脹は急激に上昇した。戦時好況時代にあつて、帝都の内外を通じて重大なる社会問題化せんとした住宅難の声は、震災によつて文字通りに激化されたのである。先に、住宅難緩和の目的を以て創設された、低利資金の融通に基く住宅組合の経営を始め、府、市、町村、其の他の公共団体経営の集団的住宅地が、郊外の所在に開設されて行つた。又、震災の脅威に脅えた市民の間に、安全にして閑雅なる郊外に住居を求むる風を生ぜしめ、昨日までの耕地は開かれて住宅地となり、到る処に新市街の出現を促がしたのである。士は三日見ざれば拭目してこれを遇すといふが、全く震災後に於ける町村の相貌は一日々々と新らしき姿に変つて行つたのである。

第三節　帝都復興事業の完成

大震災を契機として、大東京の外延的発展が上述の如く展開され、郊外地域の急激なる発展を来たしたる半面に於て、帝都復興の大事業は、前後八ケ年の日子と、大約七億の巨費によつて昭和六年三月完成された。この復興事業の完成により、大体に於て市内の都市的諸設備を完備せしめ、震災前に比し、著るしくその面目を一新せしむるに至つたことは見遁すべからざる事実であつた。

顧みれば大正十二年九月一日、突如として関東一円の地を襲つた大震災は、忽ちにして帝都の四割三分を焼土と化し、建物二十一万九千棟、三十六万六千戸を焼失し、百四十八万四千人の人々よりその住居を奪つて、文字通りの焦熱地獄と化せしめたことは、全く未曾有の大惨事であつた。東京市はこの災害によつて過去何十年の間、孜々として努力して来た施設の大半をその根底より破壊され、暗澹たる状態に投げ出されたのである。

帝都東京市のこの災害は、国を挙げての大問題であつた。それは単に東京市そのもの、興亡に関するのみならず、実に国運の消長に関する大問題であつた。当時、一部の間に真面目に遷都の説を為すものさへ生じたことは、如何にその惨害の甚だしかつたかを語ると共に、これが復興の業が殆んど不可能とさへ信じられたがために外ならない。しかし乍ら、政府当局を始め、関係当事者の誤りなき判断と昂然たる意気とは、決してこの一時的、突発的惨害のために歪められなかつた。忽ちにして帝都復興の議が決せられ、政府は直ちに帝都復興審議会を起し、帝都復興院を設け、必要なる機関を発動して鋭意復興の事に当ることになつた。第四十七臨時議会は帝都復興に要する予算を成立せしめ、案を立て、帝都復興の基礎的事業の遂行に邁進すること、なつたのである。

我が東京市は素より政府の方針に準拠して東京市復興委員会をつくり、復興総務部を設けて復興事業を統轄せしめ、その根幹を成す土地区画整理に対しては土地区画整理局を設け、関係各局課を総動員して鋭意この事に当つたのである。

復興事業の大要は、街路、河川、橋梁、運河、上下水道、公園、市場、土地区画整理、社会事業施設、保健衛生施設、教育等、都市生活の基本的諸施設を成すものであるが、是等事業の遂行に当つては、先づその基幹となるべき幹線道路並にその橋梁の新設改修に、河川運河の新鑿埋立、大公園の新設及び土地区画整理の一部を国に於て執行し、爾余は地方団体たる府及び市の施行に俟ち、之に対して政府は財政上の援助を与へる方法によったのである。

国、府、市が帝都復興に投じたる経費並にその執行による事業の大要は左の如くである。

国施行ニ依ル復興事業

事業種別	費額	摘要
街路	二五七四五八四〇〇円	幹線街路（幅員二二米以上）五二線ノ築造 延長 二五八一六米 橋梁九六ノ架設延長 三七一八米
河川運河	二八八七九〇六五	京橋、日本橋、本所、深川方面 改修一一、新鑿一、埋立一 幅員三三米乃至五五米、深度小名木川ヲ除ク外一・八米 皇城外濠改修 延長 七二〇米 幅員 二七米乃至四〇米
公園	一一九〇〇〇〇〇	浜町公園一一〇〇〇坪、隅田公園五二七〇〇坪 錦糸公園一七〇〇〇坪 計 八〇七〇〇坪
土地整理	八七五〇〇〇〇	一五地区一五〇〇〇〇〇坪
小計	三〇六九八七四六五	
防火地区建築費補助	一八〇〇〇〇〇〇	
計	三二四九八七四六五	

府施行ニ依ル復興事業

事業種別		費額	摘要
国道	道路	九三七〇七八二円	京浜国道 一〇四八五米（幅員二二米） 陸羽街道 一八八五米（幅員二二・七米） 千葉街道 二〇六〇米（幅員二二米） 中仙道 二九六五米（幅員二二・七米） 計 一七三九五米
	橋梁	一八八三二五四	六郷橋 四四四米（幅員一四・五米） 千住大橋 一〇九米（幅員二二米） 千住新橋 四五四米（幅員一一米） 計 一〇〇七米
府県道		七五〇〇〇〇〇	環状線 八九〇七米 放射線 三三三六米
教育施設		三二五〇〇〇〇	中等学校新営五校
合計		二二〇〇四〇三六	
内	補助	七五一八二六九	
	貸付	二二七四九六九八	
	負担	一七三六〇六九	

東京市施行ニ依ル復興事業

事業種別	費額	摘要
土地区画整理	九三九五一〇〇〇円	五〇箇地区面積 七九二〇〇〇〇坪
補助線街路	八〇一一四三二四	一二一線（幅員八米乃至二二米）築造 延長 一二四一五九米 橋梁 一二ヵ橋ノ架設（延長）三五三二米
道路橋梁	一三六八四二二一	道路舗装復旧 二三〇五〇坪 同新築 一二一三九坪 橋梁復旧 一九四橋 橋梁改築 八八橋 橋梁新設 五七橋
上水道	一〇〇〇〇〇〇〇	拡張工事 四七〇〇〇〇〇円 上水道拡張事業ノ内村山貯水池ノ完成及和田堀新宿線配水本管其他附帯工事、境浄水場濾過地築造工事等 復旧工事費 五三〇〇〇〇〇円 玉川上水新水路及淀橋浄水場内並市内水道施設ノ災害復旧工事デ新水路ニ於ケル復旧工事、淀橋浄水場内及市内水道施設復旧工事等
下水道	四〇二一一三二一	既成下水道復旧費 三一八三六九円 三河島汚水処分場、浅草喞筒場 浅草喞筒場浅草出張所庁舎 下水管渠附属構造物等ノ復旧工事 第一期工事完成費 二二六三一七円 三河島汚水処分場工事及浅草区焼失跡枝線管渠ノ未成部分ノ埋設工事 第二期工事費 一二八九七六八〇円 麹町区丸ノ内、日本橋区、京橋区（月島ヲ除ク）全部及芝区ノ一部ニ対シテ、下水管渠及銭瓶町並芝浦喞筒場ノ施設 第三期工事費（第一区第三区） 二一四九七一一五円 第一区、神田、麹町、芝各区ノ焼失区域ニ対シ幹線全部枝線ノ一部（約五割）施設 第三区、本所、深川、両区ニ対シ幹線全部、枝線ハ四割五分ノ管渠並業平橋、三之橋、木場ノ三喞筒場及砂町汚水処分場ノ施設
小公園	一三七五二一七六	面積平均九〇〇坪ノ小公園五二ケ所（合計面積約四四、〇〇〇坪）ヲ復興小学校ニ隣接シテ附設ス
塵芥処分	一八五〇〇〇〇	塵芥取扱所 二五箇所 塵芥処理工場（同一箇所） 三箇所
中央卸売市場	一五〇〇〇〇〇〇	京橋区築地四丁目内ニ所在シ面積約五九、一〇二坪ヲ占ム同市場テ取扱フ品目ハ、魚類、肉類、鳥類、蔬菜、果実等ノ腐敗シ易キモノニシテ、其ノ市場区域ハ大東京ノ全域ニ亘ル
小学校	四一〇五六五八二	小学校一一七校ノ建設 内訳

区名	学校	区名	学校
麹町	二	下谷	一三
神田	一三	浅草	二〇
日本橋	一二	本所	一八

京橋	一三	芝	九	本郷	二	
深川	一五	計	一一七			

事業	金額	事業種別	予算額	設置箇所
市立病院	三一〇〇〇〇〇	実費診療所兼施療病院（病床平均二〇〇）五箇所ノ建設		
社会事業	四五二五〇〇〇	職業紹介所	四二四〇五〇円	一三
		託児所並児童健康相談所	九六〇七四〇〇	一四
		婦人授産所	五四四一〇〇	六
		公衆食堂	四六三五一〇〇	一〇
		簡易宿泊所	一四〇六七八〇〇	一二
		質屋	一五二二五〇	七
		浴場	二一六八四	三
		授職場	一四九〇〇	一
		設計監督費	三一二八八六	
		計	四五二五〇〇六	六六
電気事業	二六〇八〇〇〇〇	本事業ハ大震災ニヨリ損傷シタル軌道、送電線、車輌、変圧所並変電所其ノ他附帯施設等ノ新設改良復旧ヲ為スモノデアル 軌道事業費　二三五六〇〇〇〇円 供給事業費　二五二〇〇〇〇円		
合計	三四三三二四六一四			
補助	一四七二一八三五八			
貸付	四七〇七〇〇〇			
負担	一四九〇二九二五六			

これら復興事業の完成は、民間に於ける復興と相俟つて市街の面目を全く一新せしめたのである、就中、街路の著るしく整備されたること、幹線街路五十二線を始めとしてその幅員は拡げられ、主要街路は元より、大部分の細道路に至る迄舗装又は簡易舗装を施され、市の路面は全く震災前に比し隔世の感を呈するに至つた。即ち震災前に於ける本市総面積（七九八八九一六六平方米）に対する街路面積の割合は一割六分に過ぎなかつたが、復興事業の完成により、市の道路は延長十三万六千二百七十米、面積四百二十六万八千六十五平方米、幅員平均二・八米の増加を見、結局本市総面積の約一割八分に相当することになつた。その数字を示せば左の如くである。

区域別	整理施行前 平均幅員	整理施行前 延長	整理施行前 面積	整理施行後 平均幅員	整理施行後 延長	整理施行後 面積
整理施行地域内	九・七米	六〇六一〇〇米	五八七三二五九平方米	一三・七米	七二九〇二九米	九九九二〇五八平方米
整理施行地域外	八・四	四〇五二五〇	三四一〇六〇八	八・五	四一八五二八	三五五九八七四
計	八・九	一〇一一三五〇	九二八三八六七	一一・七	一一四七五五七	一三五五一九三二

橋梁の竣成も復興後の帝都を象徴する特徴的存在である。全市の橋梁六百七十五橋のうち震災により破壊されたるもの三百五十八橋であつたが、国に於て百十五、市に於て三百十を架設し、市は外に震災により破損したる一百五十七橋の部分的復旧工事を施したのであつて今や市内橋梁の施設は整備され、殆んど間然する処なきに至つた。

更に区画整理の遂行によつて焼失地区内が整然たる街衢となり、補助線街路は四通八達し、河川、運河の新鑿改修によつて水運の便は加へられ、又、国に於て施行したる浜町、隅田錦糸の三大公園の新設されたるを始め、焼失区域に於ける五十二の小公園は新設され、百十七の小学校校舎は堂々たる鉄筋コンクリート建に更生し、平均二百のベッドを有する五つの市民病院は新設され、塵埃処分施設、中央卸売市場、上下水道の拡張は行はれ、職業紹介所、託児所並児童健康相談所、婦人授産場、公衆食堂、簡易宿泊所、質屋、浴場等の社会事業的諸施設は備へられ、これを震災前の状態に対比すれば、全く隔世の感ある長足の進歩を示したのである。

この市内に於ける諸施設の整備は、都市計画乃至都市施設の上に全く無統制なる処女地として自然的膨脹のまゝに都市化の過程を辿つた郊外地域に対比して一層その懸隔を著大ならしめ、且つ、大都市社会のこの不均衡なる発達に対して、識者をして、これら郊外地域に対する何等かの統合的経営の要を痛感せしめる状態を現出せしめたのであつて、それは、結局今回の市域拡張を呼び起した伏線的条件を成したものである。

第四節　交通機関の発達

概　説

この郊外膨脹の過程に於て重大な役目をもつたものは実に交通機関の発達である。都市の膨脹が交通機関の発達を促がすことは論を俟たないが、逆に又、交通機関の発達が都市の膨脹を助成し、或はその相貌を左右するとさへ云へるのであつて、大東京に於ける交通機関発達の模様を検討すると、近来特に急激に展開された郊外町村の膨脹が、如何に交通機関によつて助長され、刺戟されて来たかゞ明瞭に肯かれるのである。

大東京内に現存する交通機関は、市電、鉄道省線を首め、東京地下鉄外十三の民間経営の鉄道、軌道、並に市電外五十二会社経営の乗合自動車がその主たるものであるが、此等各機関は、大体に於て東京市の外延的膨脹と相関関係の下に発達して来たのである。

是等交通機関のうち、全く市内交通を職とする市電、地下鉄、市内バス等は暫らく措き、主として郊外、即ち郡部に於ける交通機関に就てその発達過程を考察するならば、それが如何にその沿線町村の発展膨脹に力あるものであつたかゞ肯かれるのである。概括的、大観的にこれを検出しよう。

省　線

先づ第一に省線であるが、省線が、東京市近郊に於ける交通機関として今日有数の地位を占めてゐることは、その乗客数が昭和五年に於て、大東京内総乗客中の三三・〇七%を占めてゐることによつても明かであるが、大正九年にはその運輸率は一九・二八%に過ぎなかつた。これは、省線の都市交通機関としての諸設備が、最近十余年間に著るしく整備されたこと、照応して、当然の帰結であると同時に、省線の発達がその沿線町村の膨脹を刺戟してゐることは、実に大なるものあるを思はざるを得ない。

例へば、東海道線に於て東京駅開設と同時に東京、横浜間の電車専用線竣成し、大井（大正三）大森（大正九）両駅を開設したことが如何に人口をこの沿線に移植するに役立つてゐるか、これら沿線町村の人口増加率と対比して考察するなら、その影響の著大なるを想はざるを得ない。又、中央線が、万世橋、東京間開通（大正八・三）により東京駅起点の運輸を開始してより、中央への連絡至便となり、中央線沿線に著大なる人口を吸収したこと、又更に電車運輸区間を次々と吉祥寺（大正八）国分寺（大正一一）立川（昭和四）と迄延長したことは、結局これら外郊へ人口を移植したことを物語つている。

東北本線は上野、神田間の高架線開通（大正一四）により中央との連絡至便となり、田端、赤羽間電化（昭和三）と共に東京市膨脹の勢を遠く埼玉県下の方面へ作用せしめてゐる。

山手線が早くより沿線地域の発展に貢献してることは云ふまでもないことであるが、上野、神田間の高架線開通と同時に現在の環状運転を開始して以来、その乗客吸引力を倍加し、且つ、山手線主要各駅と郊外電鉄及び乗合自動車との連絡次々と開け、間接的ではあるが著大なる影響をそれら郊外町村発展に及ぼしてゐる功績は否定するを得ない。

常磐線、総武線は電化されず、又その沿線地域は、他の方面に比し著るしく未開発の状態にあることは交通機関の発達だけが必らずしもその沿線の発展に致命的、決定的だといふ訳ではないが、興味ある事実とされやう。

次に省線乗客増加の情勢を指数を以て表示すれば、次表の如く十年間に大約三倍してゐる。これは交通回数の増加にも由るが、大体に於て沿線住民の激増を物語るものであること云ふ迄もない。

省電各線別乗客増加指数

年度＼種別	東海道線	中央線	東北本線	山手線	常磐線	総武線	計
大正十年度	一〇〇	一〇〇	一〇〇	一〇〇	一〇〇	一〇〇	一〇〇
同十一年度	一二一	一二〇	一一七	一一九	一一八	一一八	一一九
同十二年度	一四五	一四〇	一四六	一六六	一四三	一五一	一五〇
同十三年度	一七一	一五九	一五二	一九六	一六六	一七六	一七三
同十四年度	一九三	一七五	一七〇	二〇八	一七五	一八八	一八九
昭和元年度	二三三	一九九	二三八	二三六	一九八	二一一	二三〇
同二年度	二四八	二一八	二五七	二六六	二一四	二四七	二四六
同三年度	二七九	二四二	三二五	二九五	二四〇	三一七	二八〇
同四年度	二九一	二五九	三二七	三〇七	二四五	三三三	二九二
同五年度	二八五	二六〇	二九九	二九八	二三三	三一七	二八四

郊外電鉄

次に私鉄は、東京地下鉄道を除き、京浜電気鉄道（明治三四・二）池上電鉄（大正一一・一〇）目黒蒲田電鉄（大正一二・三）東京横浜電鉄（大正一五・一二）玉川電気鉄道（明治四〇・三）小田原急行鉄道（昭和二・四）京王電気軌道（大正二・四）西武鉄道（大正一一・一一）武蔵野鉄道（大正四・四）王子電気軌道（明治四四・八）東武鉄道（明治三二・八）京成電気軌道（大正元・一一）城東電気軌道（大正六・一二）の十三であるが、是等私鉄は全体として最近に至つて何れも著大なる発達を遂げたのである。就中、池上電鉄、目蒲、東横、小田急、西武の各線は、大震災前後に営業を開始するに至つたものであるが、戦時好況の刺戟を受けて創業され、偶々大震災の影響とによる、市民の郊外移動の傾向と相俟つて、それら沿線地域を急激に市街地化して行つたのである。沿線の地主が会社の株主となり、又会社が、その沿線に住宅地を経営し、以つて沿線地域の開発に積極的の努力を示して行つたのである。そのために、会社は是等特別なる地域への移住者に対しては一定期間乗車料を免除し、或は特別の割引料金を設けて、只管、沿線開発に力めたことは、郊外電鉄の各線に就て見られた現象であつた。池上電鉄の荏原、馬込、東調布、池上各町の開発、目蒲電鉄の目黒、荏原、碑衾、玉川、東調布、矢口等沿線各町村の開発、東横の目黒、碑衾、玉川、東調布等各町村の開発、小田急の代々幡、世田ケ谷、松沢等各町の開発、西武鉄道村山線（昭和二年四月開通）の落合、野方、井荻各町村の開発に於ける等、何れも急激顕著なる効果を示現してゐることは、それら町村の人口が、上記の軌道開通と前後して急激なる膨脹を来してゐることに見て明かである。

最近十年間に大東京地域内私鉄路線営業粁程の増加並に同上乗客数の増加は次表の如くであつて、営業粁に於て二・二倍、乗客数に於て約四倍してゐる。

大東京内ニ限レル私営諸電鉄会社営業粁程累年調

種別＼年度	昭和五年度	昭和四年度	昭和三年度	昭和二年度	昭和元年度	大正十四年度	大正十三年度	大正十二年度	大正十一年度	大正十年度
京浜電鉄	一五・一粁	一五・一粁	一五・一粁	一五・一粁	一五・一粁	一四・二粁	一四・二粁	一四・二粁	一四・二粁	一四・二粁
池上電鉄	一三・四	一三・四	一三・四	一一・一	五・四	五・四	五・四	五・四	一・九	—
目蒲電鉄	二三・五	二一・九	一八・一	一八・〇	一三・四	一三・四	一三・四	一三・四	—	—
東京横浜電鉄	九・一	九・一	九・一	九・一	—	—	—	—	—	—
玉川電鉄	二二・七	二二・七	二二・七	二二・七	一九・二	一九・二	一四・〇	一〇・九	一〇・九	九・〇
小田原急行	八・〇	八・〇	八・〇	八・〇	—	—	—	—	—	—
京王電軌	八・六	八・六	八・六	八・六	八・六	八・六	八・六	八・六	八・六	八・六
西武鉄道 村山線	一二・一	一二・一	一二・一	一二・一	—	—	—	—	—	—
西武鉄道 新宿線	七・五	七・五	七・五	七・五	七・五	七・二	七・二	七・二	七・二	七・二
武蔵野鉄道	一三・七	一三・七	一三・七	一三・七	一三・七	一三・七	一三・七	一三・七	一三・七	—
王子電軌	一六・五	一五・九	一五・〇	一二・一	一二・一	一〇・八	八・四	八・四	八・四	八・四
東武鉄道 本線	一五・七	一五・七	一五・七	一五・七	一五・七	一五・七	一五・七	一五・七	一五・七	一五・七
東武鉄道 東上線	一〇・四	一〇・四	一〇・四	一〇・四	一〇・四	一〇・四	一〇・四	一〇・四	一〇・四	一〇・四
京成電軌	一二・七	一二・七	一二・七	一二・三	一二・三	一二・三	一二・三	一二・三	一二・三	一二・三
城東電軌	一一・三	一一・三	一〇・九	一〇・八	九・八	六・一	六・一	四・四	四・四	四・四
計	二〇〇・三	一九八・一	一九三・〇	一八七・二	一四三・九	一三七・〇	一二九・四	一二四・六	一〇七・七	九〇・二

備考　『大東京ニ於ケル交通ニ関スル調査』ニヨル

大東京内郊外諸電鉄乗客累年比較

会社名＼年度	昭和五年度	昭和四年度	昭和三年度	昭和二年度	昭和元年度	大正十二年度	大正十年度
京浜電鉄	二六八四九六〇四人	三〇七一九一九〇人	三四四七八二三六人	三三六八九三一三人	三二八八一八二三人	二七〇九二六〇二人	二三〇七一〇八四人
池上電鉄	一二三八四八八二	一一二六四六九九	七四六三七〇五	一九四七八六六	一二八三三〇二	五二一七五五	—
目黒蒲田電鉄	二五六四三一八五	三一四一三六八九	二八七〇四六四九	三三七一九二五三	一八一三四五六四	二四八四〇八七	—
東京横浜電鉄	七三四七七三四	五八三一四〇四	一八七八八〇七	七四三六八四	—	—	—
玉川電軌	二〇五九六六五三	二一八六九五一三	二〇二九四一四五	二〇三一五五〇三	一八三三七三八五	九六七七七五二	五六二四二一八
小田原急行	一〇九三〇四八〇	一〇〇六七九一〇	七六二五五二五	二七二七三八一	—	—	—
京王電軌	二一七九二七八五	二二七一九一七二	二一九五三七九〇	二〇七五二四七四	二〇二二三一一七	二二三八七三四二	八一二六六三三
西武鉄道（村山線）	五六九一四七二	五二二一四九四	三九〇七六〇六	一七六二六四九	—	—	—
西武鉄道（新宿線）	八二六一三四五	九六二三八六四	九三四三九五二	八四九九四三三	六九三八四四八	二五一九一〇〇	二〇四五二一七
武蔵野鉄道	八二一七七六七	九四三三五六四	八〇八八二二七	六四二一五七四	五〇一九二五四	一三四〇〇二九	—
王子電軌	二〇九二一八九三	二四五七五六〇四	二四九三七三九九	二一七六三一八三	二三〇五二六八五	一七〇三六四九二	九五〇九六〇〇
東武鉄道（本線）	一二四九三五五三	一四七九二七七三	一四三七六六八三	一〇九四一七二七	九六六一八二二	九三五九九三	不明
東武鉄道（東上線）	九一二七九三	八四七八七一	七三七〇六七	六五九〇一七	六三〇八三〇	二六一〇二一	不明
京成電軌	一九八一二三七一	二〇七八〇五四七	一九五一三六九二	一六四四四四四一	一三五六二一〇八	一〇四四七八七五	七〇七八二八六
城東電軌	一一〇七二六八〇	一二六七四〇三七	一二七三二二八八	一〇七一三四六五	一〇〇八八五八〇	七六二七一八二	四一一二四七三
計	**二二二九三四二二六**	**二三一七三五三三一**	**二二六〇三五七七一**	**一八二一〇〇九六三**	**一五八八一三八一七**	**九二三二一三三〇**	**五七七二六八二〇**

備考　京浜、玉川、京王、京成ノ各軌道ハ大東京区域内ノ乗客ヲ明ニスルコト困難ナルニヨリ全営業線ノ総乗客ヲ示ス

乗合自動車

次に郊外交通機関として乗合自動車の急激なる発展を見遁すことが出来ない。東京に於ける乗合自動車はその始めは大震災を契機として発生したのであるが、その発達は全く郊外膨脹の所産と見るべきである。

大東京の地域には、現存、市営外五十二の乗合自動車営業者があるが、その大部分は大震災後に発達したものである。即ち震災前に営業を開始したのは、東京乗合自動車が大正八年三月より市内二十四哩の営業を始めたのと、同年十二月市電巣鴨終点より志村兵器庫前三哩余の営業を開始した板橋乗合との二つだけであつた。然るに、大震災の突発により、有軌的交通機関が何れも大損傷を蒙り、殆んど足を奪られた市民の急に応ずるために発生したのが乗合自動車であつた。この応急的交通機関は、自動車の外にも乗合馬車其の他があつたが、その多くは秩序の回復と共に姿を消して、独り乗合自動車のみは爾後引続き急速な発達を遂げて今日に及んでゐる。

これら乗合自動車のうち、その規模の大なるは、市営及び東京乗合の両者で、この両者は主たる営業区域を市内に有するのであるが、五十三乗合中四十六は郡部に存して郊外交通機関として有力な地歩を確立したのである。即ち震災後の急激なる郊外町村の膨脹は、交通量の躍進的増加を招来し、多くの私鉄の新設、拡張等を可能ならしめたのであるが、有軌的交通機関の建設は、莫大の建設費を要するのみならず、その性質上、細胞的交通路を開拓することが出来ない。そこで、郊外人口の或る程度の発達を来した地域にあつては電車交通に対し、細胞的部分的交通路による交通機関を要求する。この要求に応じて起つたのが、郊外到る処に発達した乗合自動車である。

従つて郊外に於ける乗合自動車の多くは、軌道交通の補助機関的意味に於て発達してゐる。その営業の始点又は終点が市電又は省線乃至私鉄各駅等と連結してゐるもの、多いのによつてもそのことが肯れると同時に、郊外の膨脹に刺戟されて起つた乗合自動車交通が、又人口の郊外移植に役立つてゐることを見遁してはならない。

郊外乗合自動車営業を郡別に表示すれば次の如くであつて、大体に於て、その地域の発展状態を表示してゐると見ることが出来る。

郊外乗合自動車郡別営業者数及営業粁程

市郡別	営業者		営業粁	使用車輌
東京市	市営乗合外	七	四六〇・三粁	九六一台
荏原郡	京浜乗合外	六	一五二・九	一九一
豊多摩郡	東横乗合外	八	二四六・一	一七九
北豊島郡	西武乗合外	一三	一六八・五	一三七
南足立郡	川口乗合外	五	五九・〇	四二

南葛飾郡	隅田乗合外	八	一〇六・七	七四
計		四七	一二九三・五	一五八四

以上各種の交通機関による大東京の交通量は、大正十年より昭和五年に至る十年間に大約倍加の勢を示してゐる。即ち大東京の乗客総数は大正十年には六億四千二百余万人であつたが、昭和四年度には十一億四千余万人となり（昭和五年度には十億六千二百余万人に減少したが、これは経済界不況の影響と目される）一・七八倍してゐる。そして、是等乗客の各機関別の実数は、同期間に於て著大な変化を来してゐる。即ち大正十年当時、大東京乗客の約七〇％を輸送してゐた市電は、漸次その輸送率を低下して昭和五年には約三五％となり、省電は一九・二八％より三三・〇七％に、郊外電鉄は八・九九％より二〇・〇五％に、乗合自動車は一・九〇％より一一・一二％に何れも躍進的成績を示してゐる。即ち乗客実数に於て省電は約三倍、郊外電鉄は約三・七倍、乗合自動車は約十倍の増加を来し、反対に市電は一割八分を減じている。而してこの変化は大体に於て郊外の異常なる発達を率直に物語つてゐると同時に、東京市の外延的発展に関聯して、交通機関の発達が演じた役割の如何に重要であつたかを示すものである。

【1－1－C】
奥井復太郎『現代大都市論』（有斐閣、一九四〇年、三五四～三八七頁）

郊外地（一）――郊外社会の性質

一

郊外とは何であるか、と云ふ問題が先づ提示される。之れに対して最も簡単に答へるならば、郊外とは或る都市の地域的外側だと云つて差支ない。即ち其の都市が都市の中心地から見て地域的に将に終らんとする外側地帯が郊外である。勿論、茲で云ふ、都市及び都市の地域とは、直ちに行政的な市及び市域ではない。社会的に見て実体的な都市と其の生活地域とである。従つて行政区画による市部、郡部の区別は市と郊外との実体的区別にならない。唯、統計的数字及び資料の便益上、行政区画による区別が援用されてゐるに過ぎないが、実情に即して大過なき場合以外は充分な注意を要する。

扨、郊外が都市の地域的末端的外側であるとすれば如何なる都市に就いても郊外現象を認める事が出来るが、此の問題は所謂都市の外側又は外円周乃至は縁辺と云ふが如き物理的地理的観念に基いて取扱ふならば、都市は愚か凡べての密集聚落に郊外現象が附随する事となる。密集的聚落にあつては、常に其の密集状況――殊に建築物の櫛比せる状況、所謂連檐状況は、大体中心より外方に離れるに従つて、密度が密より粗へと移るを通則とする。従つて其の集団の最外側に在つては、密集状態が離散的になる。かゝる空間的現象を以つて郊外現象とするならば、郊外は単に都会にのみ限られる現象でない。

されば、茲に問題とする郊外とは、単なる空間的地理的状態ではない。勿論、通念に従つて郊外と云ふ時、吾々は直ちに田園風趣の間に点在して建つた住宅地区を想ふ。又、之れが郊外であるに不思議は無い。蔬菜、麦、薯、大根、茄子、胡瓜の畑があつたり、灌水用の小溝に鮒や目高が泳いでゐたり、雑木林や竹藪があり、所によつては桃畑もある、近所に新しい住宅が茅葺屋根の百姓家に混つてポツ〳〵建つ。家の内に居て大地、大気の匂ひをはじめ草いきれ、肥料の臭まで腹の底深く充分に吸ひ込む事の出来る所が郊外だと思はれるに不思議は無い。風が少し強く吹くと畑が家の中に引越して来たと云ふ、徳冨蘆花の住んだ千歳村は当時にしては郊外を出過ぎて恐らく全く田舎であつたらう。

併かし、かうした景観も、町や市が発展し膨脹すれば直ちに無くなつて了ふ。

「私が此処に初めて居をトしてから、もう十年近くなるがこの間の変遷は実に夥しいものである。都会の膨脹力は絶えず奥へ奥へと喰ひ込んで行つてゐる。昔、欅の大きな並木があつたところに、立派な石造の高い塀が出来たり、瀟洒な二階屋が出来たり、此近所では見ることが出来なかつた綺麗なハイカラな細君が可愛い子供を伴れて歩いてゐたりする。停車場へ通ふ路には、もとは田圃であつたところに、新開の町家がつゞいて出来て、毎朝役所に通ふ人達が洋服姿でぞろ〳〵と通つて行く。何でも代々木の停車場の昇降者は今では毎日二千人を下らないで、客の多いことでは全国の駅中五六番目だといふ話である。私の来た時分は、それは小さなあはれな停車場で、冬は木枯の風が寒く吹いて、朝の霜が白く茅葺の百姓家の屋根に置いてゐたのに……」

之れは花袋の「東京の近郊」の一節である（大正九年版）従つて之れが町となり家々が建て込んで来て、以前の様な田園自然の風景が無くなつて了ふと、最早、郊外とは考へられなくなる。してみると郊外とは田舎と都会の接触地帯と云ふ事が出来る。それと同時に此の都会が相当の大さを持つ必要がある。小さい町では町全体が郊外の様で、仮令、一部分は非常に建て込んでゐても町の中央に在る家を出て数分ならずして、田圃に出られる様な所では、町と郊外との区別がない。郊外が本質的に郊外である為めには、少くとも都会の大さに可なりの条件が与へられねばならぬ。

更に都市殊に市街地の広さは人口量に関係する所が多い故に、郊外を持つ都市の大さは同時に人口量の大小にも標準を持つ事となる。今仮りに結論を先きに云ふ事を許されるならば郊外現象は、現代大都市（殊に人口百万級都市）の現象であると断定したい。勿論、既に述べた様な意味で、市街地と田園との接触地帯としての郊外は人口二十万、十万級の都市に於いても見る事が出来る。併かし後に述べる様な理由及び特質に基いて、郊外現象は、現代の最大都市の現象だと考へたい。中央にあつては、どう踠いても鉄と石と煉瓦に囲まれた世界、そして之れから脱け出して悠々した天地に出るにも、数十分の時間、若干の交通費を要する様な大さを持つ都市について始めて郊外らしい郊外がある。

二

郊外とは既に述べた様に、都市市街地の中心から見て外側の周辺である。市街地と田園との接触点である。特に郊外地と云ふ所以は、其処が純粋の田舎でなくて都会生活の形式が延長して来てゐるからである。故に郊外生活者は、其の都市の市民であつて、都市の側から見たものに外ならない。其処でかうした地域と生活の成立は、都市の発展史的経過に於いて見なくてはならぬ所となる。

先づ第一に気附く事は、都市の膨脹が人口の増加と共に、空間的に高さ及び広さを拡大する事である。つまり一定面積の土地には居住人口の飽和点が在る。若し人口量が増加して飽和点に近づき、又は之れを超すやうになると此の増加分は従来の地域に滞留するを得ないから勢ひ外方へと溢出する。試みに東京に於ける数字を見る。東京市人口は明治二十一年に百三十万人を持ち、之れが同四十年頃に二百万に達してゐる。此の二十年間に東京市で五四％許り人口が増加してゐる。併かし昭和七年に市域拡張する迄は、東京市人口は明治四十年以後、余り増加してゐない。市勢調査によると四十一――四十四年迄は反つて再び百六十万台又は百九十万台に低下してゐるが大正元年以来の数字は二百三十五万を超さぬ。第一回国勢調査では二百十七万と云ふ数字が示されてゐる。のみならず十二年の大震災で東京市の人口は（勿論旧市域であるが）百九十万台に低落し、再び二百万台に戻つても昭和五年の国勢調査に二百七万であり、昭和七年の市域大拡張後の合併新人口を別にすれば元東京市域の人口は結局二百万人台を以つて最高としてゐる。之れが東京旧市域の飽和人口と云つて差支ない。実体としての東京は六百万にも増加してゐるに対して旧市域人口は二百万余を容れるに過ぎない。つまり、大東京の膨脹を来した人口の新しい増加分、約四百万人は、東京市域の外側に溢出し居住して了つた事になる。この外側が東京市の膨脹以前には、田園であつた事は改めて説く迄もない。かくして昭和五年に於ける材料に基くと旧市域の飽和人口は二百二十万と算出され其の到達年次は昭和十三年と推定されてゐた（東京市役所『大東京概観』第五章参照）反之、新市域は昭和五十六年迄に六百万を容れる余地ありとされてゐる。勿論、飽和人口の算出は其の方法を異にするに従つて答が一様でないが、当面の問題としては、建築及び生活様式其の他に特別の変化が無い限り東京市旧市内の飽和人口は既に実現されてゐると見て差支ない。

東京市内外人口増加の変遷

市域＼年次	明一四	一八	二四	二九	三四	三九	大四	九	一四	昭五	一〇
旧市域	八六三	九九九	一二一四	一三六五	一九三〇	二〇六三	二三四四	二一七三	一九九五	二〇七〇	二二四七
新市域	二七二	三〇一	三三〇	三五八	三八七	五五三	八一一	一一七七	二一〇三	二八九九	三六二八

備考『大東京概観』東京市役所による。単位は千人、以下は切捨、昭和十年の数字は著者に於いて補入。

扨、郊外現象が都市の急激な膨脹に基因するとすれば、此の現象の発生に都市の急激な膨脹は何時かと云ふ事を求めれば見出し得る理である。前掲の表に於いて、略々毎年五ケ年に於ける東京市内外の人口増加の傾向が示されてゐるが其の増加率を算出すると、次表の示す通りであるが、旧市内（当時の東京市）の人口は明治四十年以前は兎に角、其の後に於いては毎五ケ年次に増加が無いと云つて差支ないに対し、新市域（之れが実体東京を構成する部分）の人口は、日露戦役頃から急激に増加をはじめ、この傾向は（略々五〇％の増加率）大正九年より十四年（震災を含む年次）に於いて約八〇％に飛躍してゐる。昭和年間に入つては稍々低調を示したがそれでも三八％、二五％となつて、驚く可き増加率を維持してゐる。以上の傾向によると、都市の飛躍的膨脹（東京の）は日露戦争と云ふ事であり、最近では、世界大戦後、大正年間の末期と云ふ事になつてゐる。

東京市新旧市域に於ける人口増加率の変化

年次	明一四―一八	一九―二四	二五―二九	三〇―三四	三五―三九	四〇―大四	大五―九	一〇―一四	一五―昭五	昭六―一〇
旧市部人口の増加率％	一六	二二	一二	一九	二六	九	三	八	三	八
新市部人口の増加率％	一〇	九	八	八	四三	四八	四五	七九	三八	二五

近松秋江氏は大森に就いて次の様に書いてゐる「明治三十五六年の頃、汽車に乗つて大森を通過しながら、高台の方を眺めると林の中に

麦畑が点綴して、五六月頃ともなれば、それが黄色く成熟してゐるのが目に付いた。……やがて日露戦争があつた。何といつても、戦勝後の日本の繁栄は大変なものであつた。東京市の膨脹は漸々眼に見えて来た。明治四十年頃になると、大森が南郊の最も好適なる住宅地として、われも〳〵と、そつちの方へ新住宅を求める者が続出した。
　でもまだ大正十二年の震災以前までは、開けたといつても、それほどではなかつたが、震災から後十余年間の発展は、ひとり大森ばかりではない、今日の大東京となるまでの凄まじい膨脹である。」（「近郊今昔物語」昭和十年二月六―八日、東日紙）

　此の都市膨脹の趨勢を現実に眺めてみよう。東京市役所編『東京市郊外に於ける交通機関の発達と人口の増加』と云ふ昭和三年刊行で年代的には聊か古いが上述した東京市人口の躍進的年次、即ち明治大正の各末期の数字は揃つてゐるからして、之れによつて少しく右趨勢を例証しよう。

　此の調査に於いては東京の郊外（旧市街）を四圏に分ち、第一圏を直接的隣接町村とし（此の町村は南は品川、西は淀橋、大久保、北は巣鴨、滝野川、東は大島、砂町に至る十八ケ町）更に之れに外接する一六ケ町村を以つて第二圏とし（南―大井、西―代々幡、中野、北―板橋、王子、東―小松川）第三圏は更に其の外方を囲繞する二十三ケ町村（南―入新井、西―和田掘、杉並、北―志村、岩淵、東―松江、葛西）第四圏、東京市都市計画区域の最外側にあたる二十七ケ村（南―羽田、六郷、西―高井戸、千歳、北―赤塚、練馬、東―篠崎、瑞江）とに分けてゐる。此の諸人口圏に於ける人口増加の趨勢を見ると、次の表を得る。

	第一圏区	第二圏区	第三圏区	第四圏区
明治三十一年	一〇〇	一〇〇	一〇〇	一〇〇
同　三十六年	一一二	一〇九	一〇四	一〇六
同　四十一年	**二〇一**	一五三	一一四	一一三
大正　二年	三四四	二〇一	一三一	一二三
同　七年	五一七	二七六	一五五	一三一
（大正九年）	（六四〇）	（三三六）	（一七八）	（一三二）
同　十二年	八六八	**五九六**	**二四六**	一六一
同　十三年	九六三	七二三	三〇七	八四
（大正十四年）	（九四二）	（八一一）	（三六五）	（二一三）

備考　前掲書二頁、括弧内の数字は国勢調査によるもの、特に指数として算出せり、太文字は著者による

　右表の示す所によれば第一圏区に於いては太文字の示す通り、明治四十一年以降に、第二圏に於いては大正十二年度に飛躍的発展が窺はれる、第四圏は著しき増加を見ず、第三圏は同じく大正十二年度に稍々顕著な増加があれど、此の程度の飛躍は、第一圏区では明治四十一年度即ち十五年以前に、第二圏区に於いては、大正二年以後即ち約十年前に於いて現実した数字である。

　従つて前述した、明治及び大正末期の東京に於ける都市人口の膨脹は正しく、隣接町村に溢出し、然かも其の後年になるに及んでより外方へと拡張して行つた事は明白に示されてゐる。従つて各地区の増加率を見ると、一定点に到達した地区の増加率は稍々減退の勢を示してゐる。大正九年、十四年の両度の国勢調査に示された、各地区の増加率を見ると、第一圏区は四七％　第二圏区は一四一％　第三圏区は一一九％　第四圏区は六〇％であつて、此の年次には第二圏区の増加率の最優勢を物語つてゐる。即ち溢出人口が既に、第一圏区を可成の程度に埋め尽して、更に其の外方に侵入する事盛んなるを示すもので、更に第三圏区も漸く此の侵入の盛んなるを示し、第四圏区は其の未だしを思はせる。此処に於いて各地区の人口増加の絶対数は第二圏区が多く三十七万人に及び第一

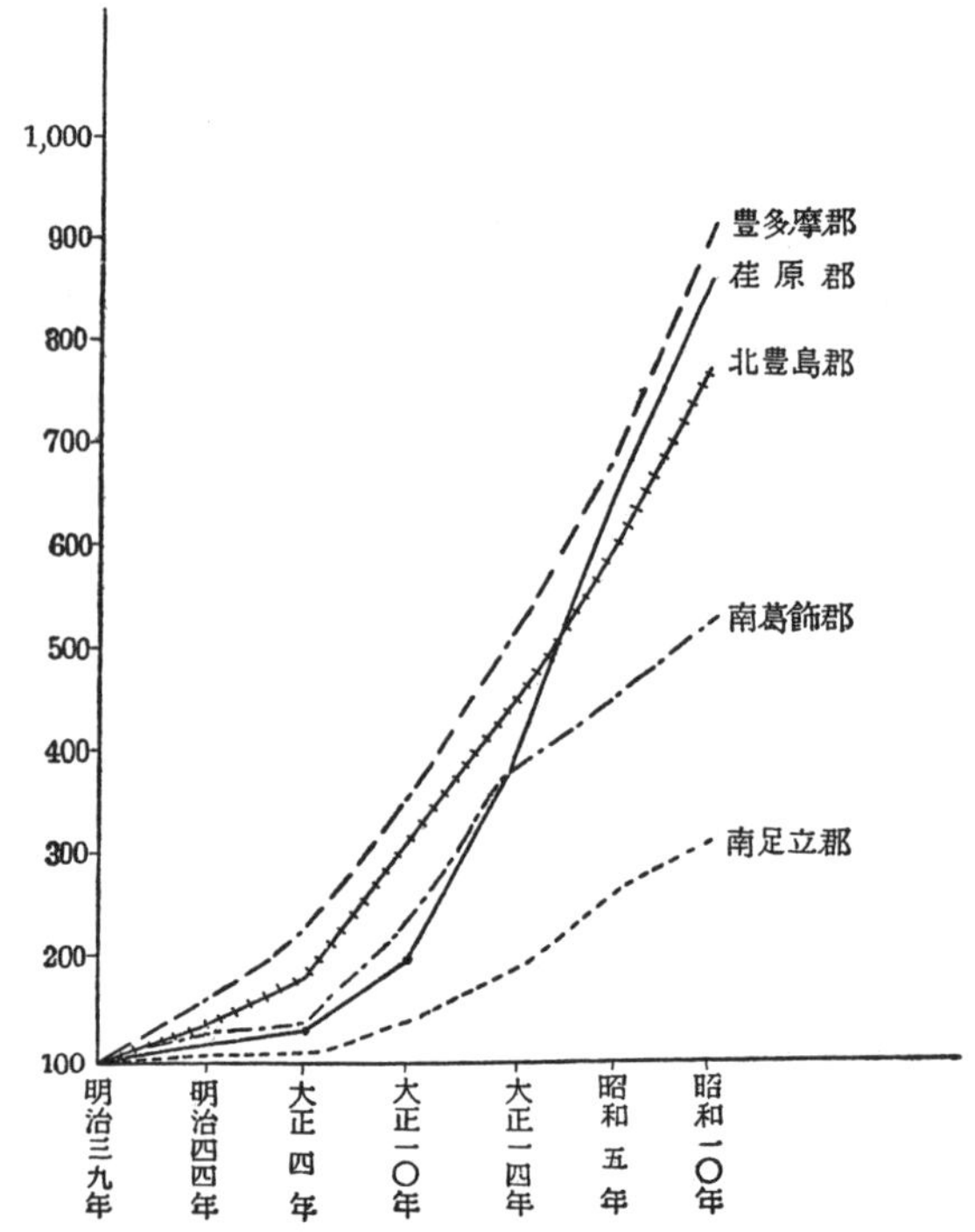

東京府五郡に於ける木造家屋建築増加傾向
（明治三十九年ヲ指数100トシ、総坪数＝現ハレタ増加率）

圏の三十万人を凌駕し、大正九年に於ける両者の人口比の七―三の割合が十四年には五九％、四一％の比率に変化してゐる。

故に第一圏区は比較的に早く（明治の末期）郊外地となり、更に郊外地侵出の勢力が継続して大正年間殊に其の末期には漸く郊外地の特色を失はんとしてゐたと見る事が出来、嘗ての郊外は、純然たる市街地化して、郊外は更に其の外側に押し出されたと見る事が出来る。前掲の花袋の文章も大正年間のもので、彼が其の十年前とを比較してゐる所に此の変化が見えつゝある。

「府下世田ケ谷町松陰神社の鳥居前で道路が丁字形に分れてゐる。分れた路を一二町ほど行くと、茶畠を前にして勝園寺といふ扁額をかゝげた朱塗の門が立つてゐる。路はその辺から阪になり、遥に豪徳寺裏手の杉林と竹藪とを田と畠との彼方に見渡す眺望。世田ケ谷の町中でもまづこの辺が昔のまゝの郊外らしく思はれる最幽静な処であらう。寺の門前には茶畠を隔てゝ西洋風の住宅がセメントの門牆をつらねてゐるのが、阪を下ると茅葺屋根の農家が四五軒、いづれも同じやうな藪垣を結びめぐらしてゐる門に、場所柄からこれは植木屋かとも思はれて、摺鉢を伏せた栗の門柱に引違ひの戸を建て、新樹の茂りに家の屋根も外からは見えない奥深い一構がある」（永井荷風『つゆのあとさき』）

之れは荷風氏の昭和六年の作品に描れた風景であるが、世田ケ谷と云へば、前記の人口圏では第三圏に当る所、上記の数字では漸く、都会人の侵寇が活潑になりつゝある事を示してゐるが、昭和六年ともなれば、「まづ昔のまゝの郊外らしく思はれる」に過ぎなくなつてゐる。そこで、

「売れ残つた草茫々たる空地の隅々、或は既に広大な屋敷になつた板塀外の地尻なんぞに、五六軒づゝチラバラと建てられたペンキ塗の新しい貸家の中には、赤い瓦で葺いたのも見えて、外見はいづれも窓から戸口に至るまで、すつかり西洋風なるに似ず、内へ入れば麤末なる障子唐紙に、畳が敷いてある」（荷風『ちゞらし髪』大正十三年）と云ふ風に、市街地的発展につれて、最早空地も「草茫々」で畑や野菜などをつくつてゐないのである。従つて所謂郊外ではなくなつて来る。

三

郊外が都市膨脹の現象である事を説明した、殊に其れが大都市現象である事は、次の二つの数字が之れを物語つて呉れるであらう。

先づ第一に六大都市の郊外人口の増加についての数字である。『日本都市年鑑』第一巻（昭和六年）所載の数字を次表に掲げる。

六大都市の市部及び郊外人口増加対照表

	市部 大正十四年	市部 大正九年	市部 増減率%	郊外 大正十四年	郊外 大正九年	郊外 増減率%
大阪市	二一一一九八四	一二五二九八三	六三	八三八一六九	五五三一二五	五一五
東京市	一九九五五六七	二一七三二〇一	(―)八二	一一八四九八四	九二八五六二	七八四
名古屋市	四六五五四九	四三三三四九	七一	三〇七四八一	一七五七七八	七四九
京都市	六七九九六三	五九一三二三	一五〇	一五七〇八〇	一二三九六八	二六七
神戸市	六四四二一二	六〇八六四四	五八	一一七六七五	八三〇七九	四一六
横浜市	四〇五八八八	四二二九三八	(―)四〇	一〇九一九三	七九四七五	三七四

第二の数字は当時市政調査会の猪間驥一氏のもので、日本都市年鑑に載せられた前記数字も同氏の作成になるものであるが、同氏が第二回全国都市問題会議に研究報告として寄せられたものは、前記の六大都市の郊外人口増加に対照して、地方都市の其れに関する数字を示されてゐる。当時郊外地を都市計画区域に含む地方都市七十一市に就いて見ると、内十六市にのみ郊外人口の増加率が市部人口増加率を凌駕するのみで、残の五十五市については市部人口の増加率の方が優勢である。「而して十六市中、増加率と増加実数と両方面から考察して、比較的大規模の郊外発展を見たと云ひ得るは、大阪神戸間に介在する尼崎及び西宮両市である。広島、堺、和歌山、姫路四市等之に亜ぐも、此等は六大都市郊外に於けるが如き顕著な傾向を観取することは困難であり、其の他に至つては一層然りである」(『第二回全国都市問題会議文献第一研究報告』一九―一二三頁、昭和五年) 猪間氏は、「郊外」地域の見方を変更する事によつて結論に多少の相違を来すけれども「郊外地に於ける人口激増の現象は、六大都市特有の現象であつて、地方都市には殆ど見受けられないと云ふてよい程である」と結論しても強ち正鵠を失した言でないと断定されたが、此の点、正しくさうであると云つて差支ない。既に述べた様に、十万、二十万人級の都市の現象は、空間的には同じでも、其の社会的性質は著しく異るからである。

尚ほ参考の為めに米国に於ける郊外人口増加の趨勢に関する数字を掲げる(次の二表)。建築及び居宅様式の異る外国では郊外人口現象も自ら相違があるかも知れないが、兎に角、郊外人口の増加率が市内の其れを凌駕してゐる事は明白である。(Gist and Halbert : Urban Society. pp.149.150所載第十一、十二表)

人口階級による都市の内外に於ける人口増加率(米国)

人口階級＼年次	中心都市 A	中心都市 B	附近区域 A	附近区域 B	合計区域 A	合計区域 B
十万以上全市	二三・二	二一・七	三一・〇	四三・七	二五・二	二七・五
十万以上二十五万未満	二三・二	二〇・〇	一八・六	二三・〇	二一・九	二一・〇
二十五万以上五十万未満	三七・〇	一六・八	六一・八	五八・五	四〇・九	二一・八
五十万以上百万未満	一七・七	二二・二	二六・三	六九・一	二〇・六	三七・〇
百万以上	一九・三	二四・一	三四・〇	四〇・二	二二・六	二七・九

A＝一九一〇―二〇年の増加率%　B＝一九二〇―三〇年の増加率%

米国三大都市に於ける人口増加の地域的変化

ニューヨーク(四哩別圏区)	A	B	シカゴ(二哩別圏区)	A	B	クリーヴランド(二哩別圏区)	A	B
全体	一七	一三	全体	二四	一八	全体	四〇	一二
第一圏区	(―)六	(―)二五	第一圏区	(―)二三	(―)二一	第一圏区	〇	(―)二七
第二〃	二五	三一	第二〃	一	(―)一〇	第二〃	二九	(―)四
第三〃	七九	七七	第三〃	三九	一一	第三〃	一一六	四九
第四〃	五八	二七七	第四〃	七六	三四	第四〃	二九〇	一〇二
第五〃	一一	一三	第五〃	七七	五二	第五〃	六九	九五
隣接地域	二七	二四	隣接地域	七九	七三	隣接地域	一四〇	一一五

A＝一九一〇―二〇年の増加率%　B＝一九二〇―三〇年の増加率%

扨、かうした郊外現象の歴史的変遷け何を物語るか。嘗て、大都市郊外の歴史的変遷を考察して、其の地域が漸次、都市の発展と共に外方へ移動する事を知り、之れを東京市の場合に当嵌めて見た。例へば其角の句と云はれる「梅さくや隣は荻生惣右衛門」で以つて日本橋茅場町の風景を想像するのは如何かとも思はれるが徂徠先生の「別号蘐園の蘐は茅と云ふ字だざうだから、未だ其頃の茅場町は卑湿の地に蘆荻が生え残つて居たらしい事」は矢田挿雲氏の考証である。

「まだ面白いのは元禄から五十年程度の宝暦十四年の秋に、田安侯を致仕せる国学の大家賀茂真淵翁が、大に郊外生活の気分を味はふ積りか何かで『浜まちと云ふ所』即ち今の浜町へ転居せる頃の有様である。今は久松町一丁目に属し唯真淵翁県居の跡と云ふ丈けで、屋敷跡も有名な山伏の井戸も道路の真ン中になつて湮滅して終つたが、県居は今日の言葉で云ふ郊外生活の意味で翁は茲へ転居せる秋の歌会に『こふろぎの鳴くやあがたの我宿に月かげ清し訪ふ人もがな』『あがたゐの茅生の露原かきわけて月見に来つる都人かも』と全然《すつかり》自分の家を田園扱ひにしてゐる」(『江戸から東京へ』第一冊、日本橋区の条第四)

兎に角、江戸時代、明治初期及び末期、大正時代、昭和時代で郊外の地域的変遷のある事は不思議でない。入谷の朝顔、団子坂の菊、滝野川の紅葉、向島百花園、四ツ目の牡丹、堀切の菖蒲等は明治中期過ぎて生れた著者すら知つてゐた所である。漱石の「三四郎」では団子坂の菊見から動坂の方に行くと田圃に出る場面があり、一葉女史の「たけくらべ」柳浪の「今戸心中」には赤蜻蛉や白鷺の飛ぶ田圃の光景が描かれてゐる(荷風『随筆冬の蠅』所載「里の今昔」)是等の風景名所は早く滅びたが、同じ勢力に押されて、筍や苺摘みの目黒ゴーで吾々学生時代に親しかつた目黒、洗足池、大森八景園等の郊外名所は、其の後になつて同じく滅びて了つた。恐らく、かうした郊外を東京発展史に於いて略々三期に分けて示す事が出来るだらうと思ふ。其れは江戸時代——そして大分無くなつたかも知れないが大体明治にまで引続いた郊外的田園風趣を第一期とし、次に明治末期より大正中頃までの郊外を第二期とし更に現在の郊外を第三期とする。此の三期は地域的に見ると第一期は旧市内中に郊外的地域があり(註)、第二期は省線山の手線、大体に於いて其の外側であり、第三期は現東京市域の境界又は所によつては更に其の外方に見出される。そして粗雑な計算乍ら東京駅を中心として、略々一時間内外の交通距離の所が現代の郊外地域であると考へてゐる。此の点は尚ほ充分、検討するを要する。

(註)明治十四年頃の渋谷、駒場附近の光景は田山花袋に描れてゐるが「宮益の坂を下りると、あたりが何処となく田舎々々して来て、藁葺の家があつたり、小川があつたり、橋があつたり、水車がそこにめぐつてゐたりした。私はそこを歩くと、故郷にでも帰つて行つたやうな気がして、何となく母親や祖父母のゐる田舎の藁屋が思ひ出された。」(『東京の三十年』一三頁。)花袋氏の回想によれば二十年頃の山の手は「さびしい野山で、林あり、森があり、ある邸宅の中には人知れず埋《ウモ》れた池があつたりして、牛込の奥には、狐や狸などが夜毎に出て来た」(同上、三〇頁)「本郷も兼康までが江戸のうち」であつたらうが、明治末期に小学校時代を本郷に送つた著者の回想では、その頃尚ほ千駄木町の太田ノ原は一部は文字通りの原で根津寄りの太田侯屋敷は頗る淋しかつた。根津神社裏から団子坂に抜ける藪下と称する道には「送り狸」が出るとも云はれてゐた。庭の老樹に木兎が来たり、池に五位鷺やカハセミの来る事も珍しくなく、蛇や蟇に至つては、一々驚いてはゐられなかつた。先代の頃には狐も狸も出たと云つてゐた。田端道灌山下は、半日の摘草魚取りに最も楽しい所であつた。

大正中期に大森に移つたが木原山は開けてゐたが其の山麓はまだ〲開けてゐなかつた。前が麦畑、裏が桃畑、それが池上より木原山はづれの地域で、土地の商人は「別荘値段」で物を売つて呉れた。駒込、洗足、世田ケ谷等がまるで田舎であつたのは云ふ迄もない。其れが大正中期で其の後、著しい変化を遂げたのである。日露戦争頃に大学を出たての板倉卓造博士が大森の田圃で泥鰌を刺しておられたさうであるが、それは又、更に昔の大森の事である。（東京日日新聞、昭和十三年四月二十一日附夕刊）

此の地域の変遷は同時に郊外なるもの、性質の変遷を伴つてゐる。元来、郊外と云ふと、最初は別荘又は隠宅、乃至は寮の如きものを建てた地域であつたらう。前掲の近松秋江氏にしても「東京市中の雑沓と雑々に大分倦怠してゐた時分のこと、て、あ、、こんな郊外の閑静の土地に住んでゐたら、い、だらう」（明治三十五、六年頃の大森）と思つた事もあるさうだし、大正三年作の久保田万太郎氏の小説の内には、

「何の苦労もなければ気兼もない—暢々した、空のいろの始終晴れてゐる郊外へうつりたいと云ふことは、未亡人の、五六年このかたの希望であつた。（中略）町住居の煩はしさに疲れた—といへばいふのだらう。未亡人は、だんだん自分の年齢をとつて来たことに気がつくと、どこか東京を離れた、庭の広い、畑でもあり、青いもの、の沢山植わつた家へ住んで、静養—まあ静養でもするやうな毎日が送りたかつた」（之れが本郷吉祥寺の先《さき》、駒込の事である）。

かう云ふ心算で郊外生活に入るのである。前記の荷風氏の作品中、世田ケ谷に住む人も、「文官年限令で帝国大学教授の職を免ぜられたので、之を機会に千駄木の家を人に貸して、以前から別荘にしてあつた世田ケ谷の廃屋に棲避した」漢学の老先生であつた。再び著者自身の場合を云ふならば、大正五年頃の大森、大正後半期以後の湘南地方はいづれも比較的に時間の楽な大学生と隠居した両親丈けを含む生活であつた。

郊外に就いて外国の学者は様々の区別を設けてゐる。或者は生産的郊外と消費的郊外とに区別し前者は工業、殊に工場を中心とした郊外を指し、後者は住宅又は其の他娯楽的学校的郊外を含めてゐる。他の者は（一）住宅的（二）工業的（三）教育的（四）政治的（五）特殊的（六）娯楽保養的等の郊外に分けてゐる。（N. Carpenter : The Sociology of City Life. pp. 102-109. Gist and Halbert : Urban Society. pp. 146-157）併かし多くの場合、問題にする郊外現象は、住宅地としての郊外であつて、例へば国立に於ける商科大学、日吉に於ける慶應義塾の如き学校的郊外や、遊園地的郊外も、場合によつては当然、附近に住宅地を吸引する事になる。反之「工場郊外」は生活々動が其の土地で完了してゐる所に単なる住宅地でない性質が示されて、所謂郊外とは別問題になつて来る。大都市膨脹に附随する郊外現象としての特色は確かに、住宅を求める為めの溢出人口であつて、其処に職場を求める為めの移住では無い（勿論、郊外人丈けを目的として商売する人々を除く）。これが住宅郊外として現代の特色であり、前述の様に、隠遁者や保養、静養人の居宅でないからして茲に当然、郊外地の成立と発達について或る条件が必要になつて来る。

四

英国に於いては、この形式の郊外を「寝所的郊外」と称してゐるが、郊外が若し病人や老人の隠家又は療養所たり又は活動家の週末的保養所であるならば、郊外と都心地との便利な関係は必ずしも必要でない、寧ろ便利で喧騒であるよりは、不便で閑静なのが好ましい。然かるに上述した如くに現在の郊外は、隠遁閑居の類でなくて、都市に於いて日常、毎日活動する人々の居宅である。従つて茲に、郊外と都心地とを結ぶ設備が必要となつて来る。之れ即ち郊外交通機関の問題である。之れが現代大都市の地域的膨脹を、都心部の形成と郊外の成立発展、交通機関の完成との三位一体として取扱ふ所以である。都市の中心と其の縁辺とを結ぶものは、勿論交通機関である。郊外地が一般住宅地化するや、交通機関の整備が不可欠なるは論を俟たぬ。

前掲の東京市役所の郊外発達と交通機関の関係を論じた調査は、此の目的の為めに最も好適であるが、同調査は頗る詳細を極め、茲に詳しく紹介するは煩雑であるから、主な点丈けをとつて利用すると、省線山の手線沿線即ち前記の第一圏区が開けたのは、山の手線の発達に負ふ所頗る大である。併かし、山の手線は品川―赤羽間は明治十八年に開通してゐるが、若し前述した様に、都心地と連絡せしめる為めには、都心地乗入れが肝要で、之れが実現したのは、山の手線が電車となり、烏森（今の新橋）を経て呉服橋仮駅に迄延長した明治四十三年の事であり、上野―東京間を通じて循環線を完成したのは大正十四年の事である。一方中央線は新宿―万世橋間を全通するには、明治二十七年より四十五年迄を要し、更に東京駅に乗入れたのは、大正八年の事である。此の山の手線及び中央線完成の年次、明治四十三年及び大正八年は、取りもなほさず、東京郊外発達の顕著な時代で、四十年は第一圏区の躍進時代である。即ち山の手線の都心地乗入れによつて、四十年の百二十三万の乗客は四十三年には三百五十万人に激増した。（但し東京都市計画地域内の部分についての数字で以下同じ）中央線について明治四十年四百七十八万の乗客は大正七年に於いて千三百二十三万。更に八年は東京駅全通によつて一躍二千万人、其の翌九年には二千八百万人に及んでゐる。茲に交通機関の整備が物語る面白い現象がある。山の手線と中央線の乗客数を比較すると明治四十年には山の手線百二十三万に対して中央線四百七十八万であつたものが大正六年に於いて略々同数の千百万台となり、大正十五年には七千二百二十九万に対する七千七百二万の割合で中央線がやゝ優勢を示すに過ぎない。即ち明治四十年前の山の手線が如何に都心地連絡の重要効果に欠けてゐたかを物語るものである（『東京市郊外に於ける交通機関の発達と人口の増加』六三―七三頁）。

右の外私設の郊外電車に就いても、京浜電鉄、東武鉄道の明治三十二年を最も古参として、四十年玉川電鉄、四十四年王子電軌、大正元年に京成電軌、二年に京王電軌、四年に武蔵野鉄道、六年に城東電軌、飛んで十一、十二年に西武鉄道、池上電鉄、目黒蒲田電鉄、昭和二年に小田原急行鉄道が開通してをり何れも日露戦後、大正末期の特定年代に関連を持つてゐる。（前掲書五〇―五一頁）

郊外発達の助成としての乗合自動車を省略する事は出来ない、乗合自動車は、「大正二年に発生の起源を有し、大正八年頃から逐年増加したが大正十二年の大震災以来最近の発達は特に著しく将来益々発達の状勢に在る」とは前掲調査書の結論である。（前掲書二五一―二頁）

今、昭和二年以前に開通した乗合自動車について（東京都市計画地域内）見ると其の営業総数は三十九であるが、内大正十四年が最も多く十三、大正十五年即ち昭和元年が之れに次いで九、大正十三年が五、十二年以前を合計して十二と云ふ割合で大正十三年以降は断然多い。（前掲書一四一―五頁）

斯くの如く人口の増加と交通機関の整備とは関連がある。茲に於いて前掲調査書の結論として掲げるところを要約して引用すると

（一）交通機関の設置乃至発達は人口の増加を招来する。
（二）増加した人口は交通機関の伸長乃至発達を促す。
（三）但し通例鉄道、軌道の敷設は沿線人口の増加に先ち、乗合自動車其の他の施設は沿線人口の増加に後れる。
（四）旧時の交通機関の施設乃至発達は地方人口を駆つて本市に集中せしめた。
（五）近時の交通機関の発達は前項（四）の機能を有すると共に併せて市内人口を郊外に分散せんとする作用を有する。
（六）人口密度高き地域程其の附近に於ける交通機関は整備してゐる。
（七）人口の増加と交通機関の発達との数字的推移は趣向を同じくするが人口の増加は交通機関より著しく高率である。（前掲書二五三頁）

最後の点、即ち明治三十一年を一〇〇とする指数による人口及び交通機関の発達を対照すると大正十三年では人口五一九に対しての鉄道哩数は二六五に止まつてゐる。元来飽和人口の地域以外に於いて人口の増加する場合は交通機関の哩数には何等変化を及ぼす必要はないので要するに運転を集約的にして即ち運転哩数の増加となつて現はれるからである。其の地域が充分密集的になるに及んで地域の拡張を生ずる必要に迫られて始めて、軌道の哩数も延長を刺戟されるのである。両者の増加比率の相違するは当然である。

増加人口と交通機関の内いづれ相手を吸引するやに就いては、此の調査書の結論では、相互作用を認めながらも交通機関の設置及び発達を第一位に於いてゐる。此の点は決定の頗る困難な問題であつて、理論的に云へば交通便宜の無い所に、溢出による人口の増加を許す筈は無い。併かし、実際、都市溢出人口の移動を眺めると恐らくは、決して同一の速度で溢出するのでなく、最初は極く僅か、極めて微弱に、併かし時を経るに従つて段々強烈に流出するのでは無いかと思はれる。即ち郊外への初期移住者は最大の不便を忍んでの移住であつて、此の開拓者に後続する移住者となるに及んで急激に奔流的進出となるもの、如くである。此の点は、特に具体的な調査及び観察を必要とするが故に、軽々には断定し難い。

要するに郊外地の成立、少くとも発展の一条件として交通機関の発達整備の条件の必要なる事は以上の記述で明かである。

兎に角之れで以つて郊外地の成立、少くとも発展の一条件として交通機関の整備発達の条件の必要な事は明白にし得たと思ふ。

五

次に既に述べた様な郊外地、即ち住宅地としての郊外の成立に対する他の条件として挙ぐ可きものは、住宅地化の条件である。元来、か、る住宅地郊外の生活は最も良く次の言葉に表現されてゐる。「毎日朝は七時四十五分の列車に乗つて町に出て、夕方は五時半着のの列車で夕刊新聞を持つて帰つて来る」生活が行はれる所が郊外である。故に郊外地域と定期券利用者との関係が不可分になる。此の点は別段に説明するとして、此のラッシュアワァを伴ふ通勤現象は当然居住地と職場との分離を意味する。居住地と職場の分離は、大都市の地域的構成に関係を持つと共に大都市をさうした形態に発展せしめた経済的発展に起因する。経営の大規模化と合理化とに伴つて、大経営は云ふに及ばず中小の経営に於いても、合理化が行はれた。其れが都心の商業地域に行はれると、店と「奥《オク》」との分離となり、店主と其の家族の山の手又は郊外移住が発生し、店は純粋の営業所となるに至つた。東京に於いて此の分離が何時頃行はれたかと云ふ事に就いては、差当り之れを断定する資料が無い、同時にかうした居宅・職場分離の趨勢が一律に進行したとは断定する事は出来ぬであらう。

此の分離の先づ第一の過程としては寮又は別宅乃至は別荘を是等の（主として）商人が持つと云ふ事である。吾々は往々にして何某別宅又は控宅と記された門標を山の手の町々に見かけた事がある。是等の別宅又は控宅は、別荘とも云ふ可きもので、店主又は家族の休養の為めに設けられ、又は一種の社交的な場所（人を招待したり色々な会を催したりする）であつた。併かし、勿論生活の本拠では無かつた。之れが一度生活の本拠となる様な場合には、当主が隠居して子供に店を譲る場合か、又は反対に子供が一家庭を持つ様になつて親と別居して、此の別宅に生活をする様な時に、常住的生活地となつて来る。此の場合にも、若し子供の新家庭丈けの問題だと、山の手や其の他閑静な所を選ばないで、当時下町の諸所に見出された、所謂粋な住宅街に新居を構へる場合もあつた。要するに、山の手又は郊外地へ居宅を移すと云ふ傾向は最初から、かう云ふものとして発生してはゐない。長谷川時雨女史の『旧聞日本橋』には根岸入谷の方面が、かう云ふ意味の別宅又は隠居所風景として描かれてゐる。（同書一七一頁以下）

従つて、かゝる意味の、山の手（当時は郊外的な）への進出は比較的に古い現象だが、都心地の商業的活動が旺盛になつて来ると、是等の地域は家庭生活地として不適当になるので、漸次住宅的要素は山の手又は郊外に転出して来る。東京に於いて此の傾向を助成したのが大正十二年の大震災であるのは云ふ迄もない。此の突発の事件の為めに、此の趨勢は決定的に行はれて了つた。併かし、之れが無かつたとしても、徐々ではあるが、住宅の郊外進出は行はれる運命にあつたであらう。

唯、此の場合に於いても商売の性質如何によつて、分離作用の程度にも相違がある。同じ商業でも、小規模な経営や小売店的な場合には分離作用が必ずしも顕著でない。反之、大規模な経営や卸商的な場合又は取扱ふ商品が重要商品である等によつて、経営が早く会社化し、店が事務所営業所化した様な場合には、此の分離が明確に行はれてゐる。

完全な資料と云ふ事は出来ないが、東京市日本橋区馬喰町を地域社会的に調査した数字を利用すると、此の商業地域には、人口約五千五百を擁し、行政的には一丁目より四丁目に分れてゐるが女子一〇〇人に対して男子二〇二人（弱）の性別構成を示し、職業人口の性質を裏書してゐる。年齢構成では、総人口で十六歳以上四十五歳迄に約三千三百人が集まり、全体の六〇％を占めてゐる。幼少年者は一四％四十六歳以上は千四百人足らずで二五％の割合を示してゐる。故に人口構成に於いて職業的活動を充分示してゐるが、此の内、一、二、三、四丁目を別箇に見ると、此の丁目の順に於いて、男女比率の差が（男子の優勢）階級づけられ（三二四、二四〇、一八一、一七四）、年齢別に見るならば、当歳より十五歳迄の幼少年者が、一丁目では一六％二丁目では七％、三丁目では一三・四％、四丁目では一六％の割合を示し各地区による著しい変化はない。更に身分別の数字を求めると（家族及び使用人別人口）全人口の半数が使用人（約二七〇〇人）であるのも驚く可き数字であるが、此の使用人の地域的分布は、一世帯に就いて見ると、一、二丁目は約五人、三、四丁目は四人弱乃至二人半の割合を示し、一世帯当りの家族数は逆に一、二丁目が少くて、三・四人、二・六人に対し三、四丁目は四人、三・六人の優率を示してゐる。之れによつて見ると、馬喰町でも一丁目から四丁目迄の四地区は、一丁目の方は卸商的であり、四丁目の方は（浅草橋寄）小売商店街的である傾向が観取されるのであつて、卸商店街は非住宅的で、小売商店街は住宅要素を附随してゐるものと云へよう。（調査年次は昭和十二年）

故に職場殊に商店と居宅との分離現象を、都心地に就いて一概には云ひ難いが、現代的大都市の形成には附随的の現象と見て差支ないし、其の年次も大正中期殊に東京に就いて云へば震災以後である。

東京市丸の内地域に於けるビルディングの発達は、都心地構成の過程であるが、之れは当然、職場と居宅とは分離する性質のものであつて、茲に於いては純然たる勤人、通勤者が問題になる。従つて是等巨大のビルディング人口が、決して郊外から通勤するのを必然とするものではないが、ビルディングの発達に示された経済的発展は、東京の住宅難の歴史でもある。ビルディング街発展に就いては前に述べた（第三章第三節〔本書には収録せず〕）。其れによれば明治二十七年以降、著しい発達を遂げたのは大正十四年であつて（大正十年よりの五ケ年間）ビルディングの個数、建坪、延坪及び其の収容人員に於いて躍進的数字を示してゐるが其の実体を為すものは、丸ビル、郵船ビル及び逓信省等の建設である。（同書二一一―二一二頁）。

扨、かうした勤人が先づ何処に住つたか、東京の山の手は古くは官吏―官員様の住宅である。

明治三十七年に刊行された「社会百生活」と題する『女学世界』の秋季増刊に左の記録がある。

「東京で官吏の住所と云へば先づ麹町区内、四谷、赤坂、牛込、麻布などと云ふ山の手がお定りで其の内にも軍人が牛込と麻布とか、大蔵省や内務省の官吏は小石川、麹町と云ふ様に自ら一定の区域が出来て居る、それはめい〳〵勤めの官庁への便否とか、児童の通学する学校の位置などから何となく斯様な傾向を生ずるのでせう。そして彼等が下町よりも山の手を多く撰ぶものは下町の狭つ苦しい所で高い家賃を払ふよりも山の手の高台で空気も好く眺望も好い方が利益であると云ふのも一つの原因でせう、それに役人の住宅は如何しても小《チイサ》くとも門の一つもあつて植込の少々ある庭園を有して所謂お屋敷然として居らねば威厳が欠くると云ふ様な考へも一つの原因でせう。両三年以前までは官吏の住所は前記の麹町や四谷や小石川などでありましたが、現今ではそれが千駄ケ谷、渋谷、大久保などまでも押し込んで然様《サヤウ》な遠方から通勤すると云ふ風に為つた、それは俗塵を避くると云へば大変に立派な様であるが実は生存競争の為に起る自然の結果であることは争はれませぬ。」

「八畳の応接間に六畳か四畳半の書斎、客間、会食室兼用の一室が十畳か狭くとも八畳で、これは家の内で尤も立派に装飾さる、室である、それに茶の間、書生部屋、下女部屋、細君の居間、寝室、これ等が先づ普通の上等の部で洋風の一間もある家は到底《トテ》もこの階級の人々の生活費の許さぬ所である……家賃は勿論場所に由つて多少の相違はあるが大抵この辺の家屋では一ケ月十八九円から二十四五円迄です」

（上掲書「高等官吏の生活」）

そこで、郊外進出は或る意味では経済的原因に基く逃避とも見られる、漱石は次の様に書いてゐる。

「大久保の停車場を下りて、仲百人の通を戸山学校の方へ行かずに、踏切からすぐ横へ折れると、ほとんど三尺許りの細い路になる。それを爪先上りにだら〳〵と上ると、疎らな孟宗藪がある。其藪の手前と先に一軒づつ人が住んでゐる。野々宮の家は其手前の分であつた。

（中略）

「……いか様古い建物と思はれて、柱に寂がある。其代り唐紙の立て附けが悪い。天井は真黒だ。洋灯許りが当世に光つてゐる。野々宮君の様な新式の学者が、物数寄にこんな家を借りて、封建時代の孟宗藪を見て暮らすのと同格である。物数寄ならば当人の随意だが、もし必要に逼られて、郊外に自らを放逐したとすると、甚だ気の毒である。聞く所によると、あれ丈の学者で、月にたつた五十五円しか、大学から貰つてゐないさうだ。だから已むを得ず私立学校へ教へに行くのだらう。それで妹に入院されては堪るまい。大久保へ越したのも、或はそんな経済上の都合かも知れない……」（『三四郎』）

併かし郊外の発展は必ずしも、経済的逼迫によるもの許りではなく一方には高等住宅地を持つ事は周知である。唯、大体の傾向は中産階級的で、「有識無産階級のつゝ、つましやかなる小住宅地として、いづれにもせよ多少の庭園的技巧を伴ひつゝ、街路化する成行を指していふのである」（雑誌『日本及日本人』昭和二年一月号所載、西野乱鶉「東京郊外の研究」）是等の点では後に述べる知識階級の大都市蝟集及び其の居住地域に関する数字を参照して貰ひたい。之れによると所謂郊外地並びに新市街住宅地化せる旧郊外地に知識階級の居住する状況が判明するであらう〔本書には収録せず〕。

六

扨、かくの如くして郊外地の成立及び発生を見、吾々は之れを大都市の現象として、殊に通勤者の住宅地として観察する。茲に都市社会学者の所謂、定期券通勤者の地域が成立する理である。現在、此の地域が都心地から見て何れ程の距離に在るかと云へば、地理的距離は一概に定める事は出来ない、蓋し交通機関の整備が問題になるからである。高速度交通機関の発展によつて可なり遠方の土地が郊外化して来る。殊に、飛地的形式のもとに郊外の発生する事がある。吾々はこゝで湘南の諸地区、例へば鎌倉や藤沢等を東京（又は横浜）の郊外と考へる。勿論、是等の土地の特色は、母体都市即ち東京から距離的に非常に離れ、其の中間に、殆ど無関係な土地——農村——を介在せしめてゐる点に在る、従つて形から云へば、独立の都市形態であつて、中央都市の直接的地域的延長の外側とは云へない。併かし実質的に見て諸般の生活形相が郊外地的特色を附随せしめてゐる。例へば、前述せる通勤者的性質は其の著しい例である。従つて、是等の土地には、先づ第一に生活の職業的活動が居住者に伴はぬ。即ち是等の土地には、現在々住する人々、然かも有識技能的な活動力を持つた人々に生活機会を与へる職業的活動は皆無である。仮りに何名かの弁護士の如き、大学教授の如き、会社重役、其の他銀行会社員の如き有業者が生活してゐても、土地に是等の人々を容れる法廷も学校も会社も銀行も無いのである。従つて是等の人々はいづれも外へ出て働く人々である、職場を他に有する人々である。同様に是等の土地に生活する人々の有する比較的高い教養趣味に応ずる施設も無い。教育をはじめ映画、劇、飲食、趣味及び日用商品に就いても前述する人々の嗜好に投ずるが如き供給を致すものは皆無又は少いのである。故に、此の方面に於いても人々は、其の満足を他の土地に求める理である。此の両面の生活々動の中心地になるのが母体都市であつて、従つて是等の土地は立派に郊外地的性質を具有するに至るのである。唯、空間的に連続的に接続しない点、即ち飛地的存在である所に特色を持つてゐる理である。

斯かる飛地の郊外又は郊外的であるとすると大都市の郊外の空間的拡がりは頗る大と云はねばならぬ。湘南方面は、東京を中心として、略々三十哩半径の圏内に在る事は既に前に述べたところである。普通此の郊外圏は都心より十哩乃至五十哩に定められるであらう。郊外人口が此の距離に比例して減少して来るのは当然、或る米国都市の郊外研究では、十五哩に於いては全人口の二〇%、二十哩に於いては全人口の一五%、二十五哩の地点に於いては一〇%が通勤者であると算出されてゐる。即ち「母体都市に対する郊外の依存は、其の都市の距離と共に幾何級数的に減少する。郊外は人口の或る単位量を都市の周囲に投げ出す遠心力的作用の結果であると共に、又同時に中央都市に郊外を結びつける反対方向に働く求心力的作用の所産でもある。求心力の強度は殊に、中心と郊外の距離、人口の性質、経済的活動の性質、従属的中心と支配的中心との間の交通便益等によつて決定される」（Gist and Halbert : Urban Society. pp. 154-155）かくて、東京の場合で云へば、嘗て行つた東京都市生活圏の調査では、「大正年間のはじめには本当の郊外であつた」山の手線沿線の地域、東京駅より半径十粁円の領域の土地は市街的住宅地化してゐるので現在の郊外からは除かれる。従つて其の外方地域が、所によつて又は情況によつて、現在郊外地である所と漸く郊外地の景観を脱却した所とに分れる。前掲の東京市役所の郊外調査によれば第三圏が茲で問題の地区に該当するが、東京市の現代的発展は西及び南に著しいので一概に郊外地域を公式的に示す事が出来ない。第三圏には、南及び西では、旧郡部の入新井、馬込、碑衾、駒沢、世田ケ谷、和田掘、北に廻つては、杉並、野方、上板橋、志村、岩淵、江北、西新井、梅島、東へ廻つては、綾瀬、南綾瀬、亀有、新宿、金町、小岩、鹿本、松江、葛西の諸町村を含んでゐるが大部分市街地化した所も少くない。従つて現在の東京郊外は、東京市域に就いて見れば此の第三人口圏の一部と、其の外方、第四人口圏に在ると云つて差支ない。（前掲書、第一地図、東京都市計画区域内に於ける交通機関圏参照）更に川崎、横浜を連ねる都市群について大東京的の観察を下すならば、郊外地の連続は、此の方面にも延び、更に前述した様に、湘南方面をも含むに至るであらう。寔に「高速度交通路線に沿へば五十哩遠方にある郊外の方が、距離は三十哩でも交通便益の悪い支線に沿ふ他の郊外地よりも時間及び費用の点に於いて、母体都市により近いと云つて差支ない」からである。(Gist and Halbert. p. 145)

七

扨、郊外地の地理的構成が既述の通りであるとして、残された問題は、か〻る土地に営まれる生活の内容及び形相の問題である。既に郊外の性質及び種類に就いて区別する所はあつたが、本論の郊外とは住宅地を中心とするものとした故に、茲でも住宅地を本質とする郊外について其の生活を論ずべきである。若し前節に述べた所を正しとするならば、即ち、郊外とは職業的活動も、文化的消費的活動も、其の土地で行はれないで、つまり母体都市で行はれる場所であるとするならば、郊外地の働きは僅かに寝室と、い〻空気及び清澄な日光を供給する土地たるに止まつて了ふ。之れ郊外地が普通、寝室都市と呼ばれる所以である。

勿論、定量の所得を有し、定量の人口が密集する地域に対し、全然、職業的活動の発生しないと云ふ事は無い。

「市内の住宅地と同じ様に、どの住宅地にも直接附属する所の経済的及び其の他の活動が存在する、即ち食料品配給、小売商、応急医療施設等々が存在する。更に婦人や子供は大部分の時間を斯かる郊外で過すが故に彼等についての利害関係に叶つたものがある。斯かる社会では一般に教育的活動が非常に発達してをり、同じく既婚婦人が通例関係してゐる公式又は非公式の団体活動も盛んである。最後に住宅地郊外は成年男子が夕方又は週末に利用する活動及び組織を含んでゐる。社交クラブ、ダンスホール、映画館、其の他が郊外で繁昌する。又教会やゴルフクラブ等は、必ずしも両立の出来るものではないが、郊外生活者の週末活動として典型的なものである。郊外地に於いて是等の組織が繁昌する事は、両者が各々の社会に於いて既婚婦人の週末的関心に役立つと云ふ事実に一部負ふ所ありとも云へる。」(N. Carpenter : Sociology of City Life. p. 104)

果して、凡べての郊外が之れ丈けの組織や活動を有するかと云ふと頗る疑問である。例へば或る郊外では主人が通勤して了ふと其の前後に子供が矢張、市内(中心地)の学校に通学し、更に午前中、家婦も買物其の他の為めに市内に出て了ふ例は少くない。其れ故、昼間の郊外は、殊に住宅地区では、家庭の使用人と猫と犬と小鳥丈け、或ひは隠居の老人とが残されてゐる状態となる。郊外生活の単調又は鈍重性が茲に生れると云はれてゐる。故に「住宅地郊外は決して社会学的に見て完全なものではない。其の経済活動は明白にシティーに従属してゐる。居住者の所得の大部分は、シティーで得られ、其の支出も大部分が、同じくシティーに集められる。郊外生活者の娯楽的知的生活の大部分は中心都市に結びつけられてゐる。ダグラスが好んで『仕事仲間《ジョブフェローシップ》』と呼ぶ所の個人的結合もシティーに結びついてゐるか又は都市の持つ多くの郊外の何処かに結びついてゐる。郊外生活者の優勢な関心又は忠誠――注意を喚起する出来事、感情を刺戟する問題等はいづれもシティーに結びついてゐる。一般の郊外人は、完全な都会人と同じ新聞を読む、自分自身の町に関する報道欄が仮りに印刷されたとして、間違なく下位に置かれてシティーに対して第一に関係あるものが上位にある事を見出しても何等不釣合の念を感じない。」(前掲書一〇四―六頁)

正しく之れが郊外生活の姿である。併かし茲に問題を一つ提起して差支ないと思ふ。即ち、郊外地が一つの住宅地区であるならば、そして其処に不完全な社会生活が行はれると云ふならば、何故、同じ大都市内に在る他の住宅地の生活も之れと同列に検討されないのであらうか。独り郊外住宅地丈けが不完全であつて他の住宅地が社会的に完全だと云へるのであらうか。大都市内には地域的に見て住宅地区が決して少くは無い。都心地域にも住宅地の残余があれば、之れに近隣する下町《ダウンタウン》、更に山の手《アッパアタウン》にも住宅地は決して少くない。更に旧市街で元の郊外が市街的住宅地と化した一帯なぞも、性質上では郊外住宅地に頗る近似してゐる。故に、経済活動が土地に行はれぬ、教育其の他の活動が、他の土地に依存してゐる、消費が外の土地で為される、等々の事は是等の諸住宅地でも共に同じく見る現象ではなからうか。それを郊外に就いてのみ、取り挙げて問題にし、他の場合に等閑視するのは何故か。之れは現代郊外生活論の一問題として確かに提起せらる可き価値がある。

此の問題が発生するに就いては、一つの考方、又は認識の偏向が先在するのを見出す事が出来る。即ち他の住宅地は、之れを含む都市其のものと全く一体である、丁度都心地又は近接の地区が其の都市の全き一部分であると同様に是等の住宅地区はいづれも、全き都市の一部分であるに対し、郊外は尚ほ若干、独立した地域、別個の社会と考へる見方が根本に横はつてゐる為ではなからうか、東京市に就いて云ふならば、本郷、牛込、麻布の住宅地は東京そのものと一体であるが、世田ケ谷、杉並、中野、大森、蒲田の一部には、所謂、こゝで「不完全」と銘をうたれた郊外生活があるとする。市街地化した品川、荏原、目黒、渋谷、淀橋等の住宅地はどうなる。東京山の手の居住者が丸の内、日本橋に通勤し、銀座に買物や映画見物をしても、山の手の生活を不完全と云はないのは、山の手の諸地区も、丸の内も銀座も同じ都市の内であると云ふ観念に基いてゐるとせば、渋谷、目黒の市街地化した地区も同じ様に考へられるであらうし、又社会生活の実体から云つて、同じ都市の延長に外ならぬ本格的な郊外住宅地も同様に考へられて然かるべきではなからうか。其れを、恰も、別の社会に属するものとしての考が基礎に横はるが故に郊外地丈けを、不完全な生活地区と批判する様に思へる。

実際の差異は、一都市全体の内に組成せられるに至つた時間の長短、旧新と云ふ事と、単に距離丈けの問題ではなからうか。一方は早くから都市の一部となり又従つて都市の中心に近い。他方は新しい発展に於いて都市の延長とも見られ、又其の距離は一般に遠い。之れ丈けの相違が、以上述べた様に郊外と、市街地的な他の住宅地とを差別的に取扱ふ充分な根拠と云へるか。

此の問題は仲々面白い課題を含んでゐる。故に早急に回答を与へ難い様に思はれる。

（一）郊外地が如何なる点で何れ程、別の社会であるか、即ち母体である都市にどれ程隔つて（社会的に）ゐるか。

（二）郊外地が其の地区として自存的でないとして他の住宅地は、どれ程自存的であるか、又は全市と一体なりと考へられる根拠は何処に在るか。

（三）他の住宅地が自存的なりとすれば其の性質は——経済的、政治的、文化的、社会的に見てどうか。

（四）結局若し郊外地が、母体都市に完全に組織立てられないとし、いつ迄も偏歪せる生活が営まれるとすれば母体都市の限界は何処に求められるか、換言すれば、母体都市の住宅地区として合理的な範囲はいづこに定む可きか。

以上の諸問題が更に提出される。概説するに郊外地が充分組織された——生活者の生活必要に充分応じ得る程度に組織立てられた社会でない事は云ふ迄もない。殊に近郊農村との接触点に在るとすれば古い農村的な生活が残つてをり、支配してゐる。茲に二つの文化の推移的抗争がある。若し一般的に云ふを許されるならば此の抗争は三期に分たれる。第一期は最初の移住者が全然、田園的農村的約束の内に生活する事であり、第二期は移住者が漸次増加して勢力の抗争が始まつた時、第三期は都市的勢力が圧倒的となつて農村的色彩が殲滅され、彼等は後退するか又は都会人に同化されて了つた時期である。此の第一、第二の時期に於いて郊外が充分組織的で無いのは当然である。従つてあらゆる点で、都会人的要求を持てば、其の生活は自存的でなくなる。

反之、母体都市の一部となつた住宅地、よし新しく市街地化した土地でも、其処には、市街地的住宅地化した事に因る組織が在る。或る程度まで自存的になり得てゐる。其の組織の範囲及び種類は問題であるが、——そして之れは又別に検討して見たいが——市街地化した所に充分組織立てられる可能性があり、未組織の郊外の様に全部が全部、母体に依存して行くと云ふ必要がなくなる。勿論経済的活動は中央都心地に依存しても、消費、教育等に於いて可成りの程度に自存的になつてゐるとも思はれる。従つて、郊外の生活程、単調な生活内容でも無くなる。茲に若し斯かる住宅地が比較的遠隔の地に成立する様になると、都心地の第二次的発展がある。即ち従来の都心地に対して副次的都心が出来て、是等の住宅地は其の第二次都心に支配されて考へられる様になる。之れが都心地を中心として考へた都市の限界であつて第四問は之れによつて答へられる。実際には、渋谷、目黒、淀橋、中野等の市街地化住宅地化と共に新宿の成立を見た事が之れを例証する。経済的活動に於いては都心的では無いかも知れないが、商業、娯楽、文化の諸点に於いては銀座日本橋の都心地に対抗する傾向を示してゐる、それは、下町が山の手に対したと同様、新市域に対する中心的機能を示してゐる。

以上此の項に示した問題に対しては、未だ一応の暗示的解釈を下したのみで、更に検討して見る必要のあるは明かである。

〔1－1－D〕
『日本地理大系　第三巻　大東京篇』（改造社、一九三〇年、三五五～三八四頁）

地理的地域（住宅区域）

田中啓爾
桝田一二

大東京は地理的地域に区分すると官衙区・商業区（事務所区を含む）・工業区・住宅区に大別される。然して官衙区・商業区・工業区については各章節に於て既に或程度まで説述されてあるからこゝには重複を避けて省略し、住宅区につきて詳説することにする。

東京の東西断面

今試みに飛行機上の人となつて、東京市の東方船橋町から、真一文字西に向つて東京市の空を飛ばんか、下総台地の南縁に沿うて東京への通勤者によつて発達しつゝある市川の住宅区が大東京の延長の東端として目につく。江戸川を越えれば脚下に展開する一望平遠の低湿地、之ぞ江戸川・中川・荒川の諸流が発達させたデルタ平野の南葛飾である。初夏ならば満目緑の水田の中に藁葺の集村が散点した純農村地域で、大東京の影響の未だ薄い地帯である。やがて荒川の大放水路が北から南へと長く延びた姿や、蛇の様にメアンダーした中川が、銀色に光つて如何にもこの平野が低平そのものであることを感ぜしめる。中川を渡れば煙突林

浅草の地下鉄タワー上より駒形橋及び砂町の瓦斯タンクを望む

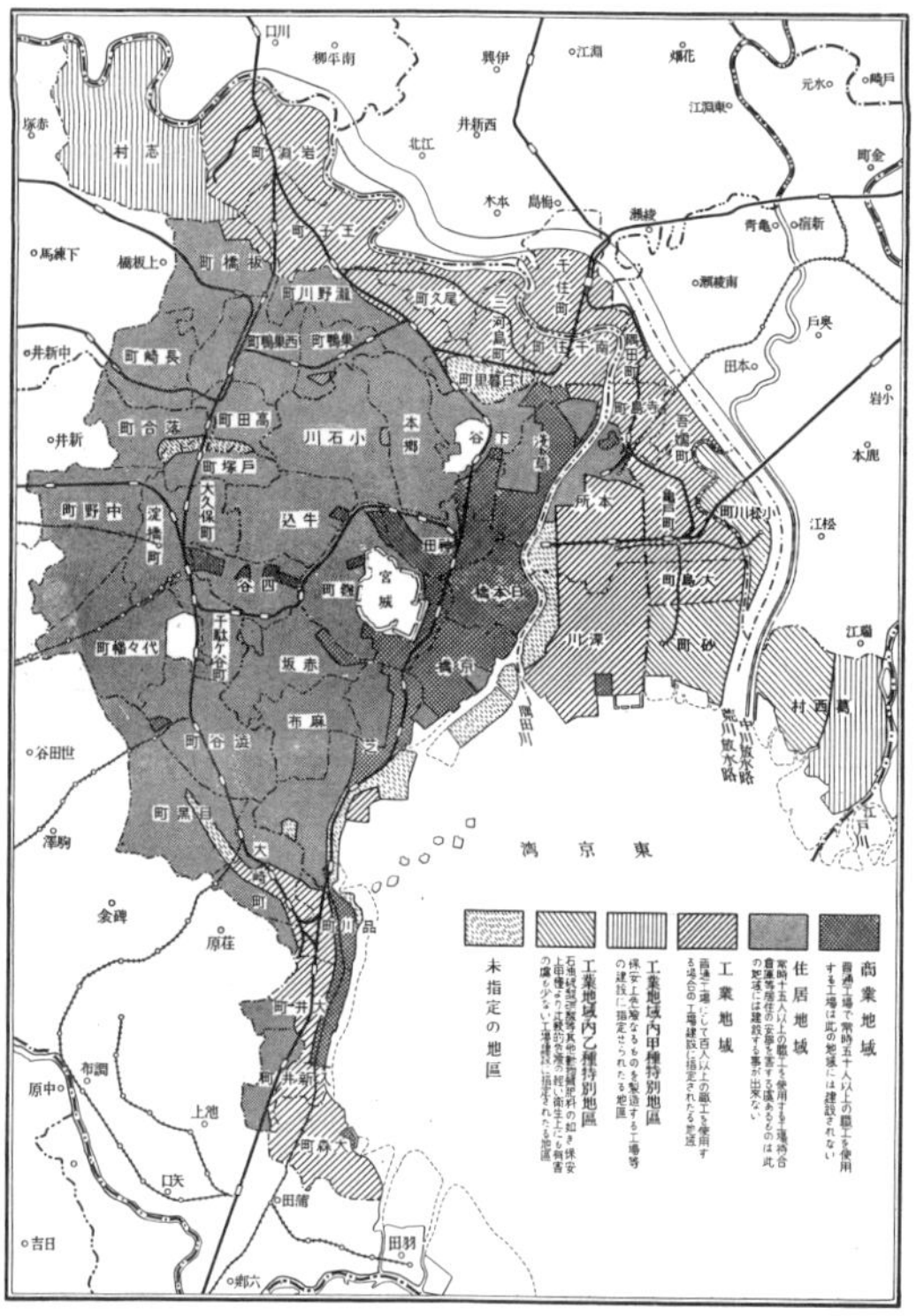

第一図　東京都市計画地域総覧図

立して黒煙濛々天を蔽ふ。これぞ江東の大工業地で放水路から西方へ約四粁位の間全く煙の町、煙の中からかすかに縦横に通ずる大小の運河に挾つて或規則立つた配列の大小工場の屋根や、集団する職工の住宅長屋が目につく。左方には小さな運河と水溜めと橋とがやたらに目につくのが深川の木場町の一廓、水か木材か木材か水か、貯木場に浮べられた木材の丸太の海が限りなく展がつて北は横十間川に沿つて遠く錦糸堀まで南は東京湾岸までその面積凡そ百万坪、木場区全体が水面に木材を浮べて作られた町の様な感がする。更に其西を南流して海に注ぐは隅田川で両岸に並ぶ荷船の列、上り下りの舟の動き両岸の屋根の稠蜜帯、東京の活躍と、経済界の発展が此一帯から喚発してゐる様に見える。そして江東《こうとう》、江西《こうせい》の二大活躍帯が相生、永代、清洲、両国の諸橋をはじめ震災後何れも最新科学を応用した十大橋によつて結ばれてゐる。江の西二粁乃至三粁の幅で下流から上流に連る家屋の密集帯、街路の外は寸土の地面をも余さず家が建てこめてゐる。これが京橋・日本橋・神田・浅草の、東京繁華の中心で所謂下町の大商業区である。百貨輻湊し最新の流行と、世界の商品のあらゆる種類を集め常に時代の尖端に立つ、大東京の商業区であり、買物町である。

永代橋及び深川方面（中央を貫くは第三号幹線道路）

やがて森厳な宮城の一廓を背景にして都心の東京駅前広場を中心に巨大な高層ビルデイングが空を目ざして聳立するのがニユーヨークのマンハツタンのブロードウエーを偲ばせる。此ビジネス・センターには毎日数十万の人が出入して近代式の高速度な商取引や金融が行はれて行く。之から西部は景観が一変する。起伏の多い変化に富む台地の列、比較的疎らな人家、街路より外には地面の見出せなかつた下町区に対して、人家と人家、屋根と屋根、その間に残された緑の空地、鬱蒼たる森さへ交へて、木立や独立家屋の屋敷構が多くなる所謂山ノ手の住宅区に入つたのである。麹町をはじめとし本郷、小石川、牛込、四谷、赤坂、麻布、芝の諸区が北から南に各台地部に横はる。この景観は遥かに西に延びて山ノ手省線の鉄路を越えても依然として同様である。やがては田園都市の郊外の空を飛ぶのであるが田園都市の新しい住宅の集団と放射状に果しなく続く帯状の街村が市内の住宅区と景観を異にして来る。東郊の低湿地に見た職工の長屋住宅群とは趣を異にして、赤瓦モルタル塗の外壁、所謂文化住宅各種の様式が見られる。やがては雑木林に囲まれた武蔵野の面影を偲ぶ藁葺の農家が散点し、地面は起伏も多く大東京へ供給の蔬菜の畑や植木畑が西へ西へと連つて行く。

以上は大東京の東西断面景で、台地と低地・洪積層と沖積層、山ノ手と下町の人文景の相違の概観である。

山ノ手と下町

山ノ手と下町、それは前記の如く台地と低地、低地は約二米の平坦部で台地と凡そ二十米の差がある。常に平坦部に居住して終生山を知らざる都人には、此台地の小起伏に対してもいつか山と称し、山ノ手と称へ、低地を下町と呼ぶに至つたのであらう。しかし単なる地形上の意味ばかりではなく、やがては観念の上で区別され、区画付けられて、二者相異なる人文上の特色型を構成するに至つたのである。古図を案ずるに、古くから山ノ手は、屋敷町として発達した事が明瞭である。即ち徳川幕府が山ノ手の五形勝台地脈端に神社、仏閣を祀り、旗本八千騎、及び三百諸侯の邸宅の多くを山ノ手に配した事は比較的少数の人間が自然広大な地域を占居して、久しく閑静の境地を保持して来たことになる。下町は町家区として限られた地区に人家連檐櫛比して商業区をなし、江戸文化の中心となつて、其処には下町独特の言語、風俗、気質が醸成された。今尚下町風なる風習や下町言葉が存するが、侠気を売る侠客や、宵越しの金を使はぬ江戸児気質は山ノ手武士気質に対するもので、町人と武士、下町と山ノ手の対立が江戸時代に発生したのである。かくて屋敷町と商業区との二分野が存在したのであるが、江戸から東京へ、慶長、寛永、享保、天保から明治、大正、昭和へと、そして特殊な在来の文化景は漸次其特色が薄らいで行きつゝある。殊に近き過去の経済界好況時代、日本の勃興時代に我が東京は交通の便、地形の利の然らしむる区域に大小種々雑多の工場を群生させた。そして其周囲に新らしく労働者の居住地をも簇出させた。而して山ノ手の屋敷町、住宅地としての従来の閑静区にも工場の進出を見、又随所に小商業地域が出来したが、やがて反動として不景気の襲来と共に地理的要素を軽視して乱立した諸工場は漸次没落の運命に陥つた。この時偶々大震災があつて大部分の下町の焼失した結果大正十四年第一図都市計画地域図の如き地域制なるものが発布され

大和郷の住宅

本郷下宿屋街

麹町住宅区

大日本麦酒株式会社を中心とした目黒町と渋谷町

て地理的諸要素を等しうする同一地域内には同一目的の建築物を集団せしめ、各地域特有の目的を達成せしめ、衛生保安、交通、経済上の不便、不利、不安を除かんために又都市体裁の上からも、諸機能の上からも十分各区の能率を発揮せしめんとするもので、この規則の発布と共に山ノ手が多種多様の生産過程、並に生活様式の混在から免れて、山ノ手が住宅区としての色彩を保ち得るに至つた。即ち、麹町、本郷、小石川、牛込、赤坂、麻布、芝の諸区と更に発展しつゝある郊外の住宅区と合してこゝに一大住宅区を形成して、下町の商工業区と対立の形となるに至つたのである。

市内住宅区

　市内住宅区は即ち山ノ手で、何れの地区よりも優秀な地理的条件を具有してゐる。第一近代人は住宅を求むるに低地よりも台地、卑湿地よりも高燥の地を愛好する。これが一般の住宅位置に対する共通心理で、而も極端に云へば住宅の位置の高さは富と文化階程との如何を表層せる様である。実に此山ノ手台地は二十米内外の高度を保ち壚母《ローム》に蔽はれた洪積層よりなり、北に所謂上野台地、巣鴨、駒込、本郷台、湯島台、更に大塚、伝通院台、牛込、四谷台、宮城、霞ケ関台、更に赤坂、麻布台、白金、高輪台等となりて何れも土地高燥で、比較的森に恵まれた部分で、殊に肩摩轂撃、車馬輻湊する下町の商工業区と断然地形の相異によつて画される。殊にこの山ノ手が江東の大工業地帯の煤煙を巧みに避け得る好個の位置に在る事である。即ち此地方では夏季は偏南風、冬季は西北風の卓越する地方であるから、好都合にも夏季は江東の北部の農業地域に、冬季は南の海に吹かれるのであつて、西方に位置する此住宅区、官衙区は何等煤煙に苦しめらるゝ事はなく四時空気の清澄を保ち誠に最良の位置に存在するのである。尚北に王子の工業地区、南部に品川、大井、川崎等京浜工業地帯ありて、一部に害を及ぼしてゐるが、それほど甚だしくはない。尚幾多の複雑な諸要素が住宅区としての重要性を山ノ手台地が保持する事に気付かるゝ事と思ふ。かくして山ノ手台地は理想的住宅区として其機能を発揮してゐるのである。先に上空より望んだ本所、深川、三河島等の低湿地住宅のそれと比較するならば著しい対照でプロとプチブルの世界の相異が明瞭に認められるのである。

　即ち山ノ手の住宅区には宮城を初めとして赤坂御所、青山御所、其他霞ケ関離宮を中心として各皇族方の邸があり、閑寂に充たされた永田町を中心とする官邸街には首相官邸をはじめ文部・陸軍・大蔵・外務・内務の諸大臣の官邸があり、書記官長・次官等の官邸もあつて、住宅区中の特色なる地域が官衙区内の一廓を占めてゐるのである。

　更に山ノ手には住宅と殆んど同一理法を要素とした支配のもとに帝国大学をはじめ専門学校程度以上の主要な学校が此住宅区の中に適当な位置に存在する事は山ノ手住宅区の一大特色で、又、東京市の特色の一面でもある。即ち本郷台の東京帝国大学、第一高等学校、女子高等師範学校、大塚台には東京文理科大学、目白台に学習院、女子大学、牛込台に早稲田大学、陸軍士官学校、赤坂台に女子学習院、三田台に慶應義塾大学等、而して其学校区を中心として下宿屋、貸間モダーンアパートの特殊住宅地域が発達する。本郷龍岡町から森川町にかけての地域や、早稲田では鶴巻、馬場下等に多数の下宿屋があつて、此処にも特殊な住宅地域を構成してゐる。又これ等の学校に関係する教授其他の学究徒が多く住み学者町と称せらるる西片町、曙町等がある。尚市外の吉野村、小石川の原町大和村、小日向台久世山、牛込の矢来、麹町の富士見町等にも学者、実業家、軍人、医師等の高級な住宅がそれぞれ存在する。最近人口の激増と共にかつて諸侯や富豪の独占した広い屋敷を開放して其処には近代式な文化住宅が作られて今や殆んど飽和の状態である。第二図は昭和二年度末調査東京市統計を基として新築住宅家屋分布図を作成したもので、住宅家屋の新築が下町六区の商工業地区には極めて少なく之に反し山ノ手住宅区では著しく多く就中小石川、牛込両区が最多で、本郷が之に次ぐ。即ち一ケ年新築棟数小石川区八七九棟、牛込六二一棟、本郷五〇二棟で全市四五四〇棟に対し三区の和は実に四五パーセントを占めてゐる。之等の三区はシビックセンターに比較的遠く旧諸侯富豪の未開放地や空地が最近まで存在した事に起因するのであつて何れも新式の文化住宅が多い様である。

郊外住宅区

市内山ノ手の住宅区が残す余地なき過飽和の状態に達すると共に郊外に住宅地を求めて次第に溢れて行つた。省線山ノ手線の電化と共に其名駅を中心とした附近の土地に代々木、淀橋あたりの茶畑や練馬大根で名高かつた長崎村や、練馬の在に或は目白の丘に所謂文化住宅が見え初めたのもこの頃からで最初は伝統的であり因習的な日常生活から離れて合

小田急沿線成城学園附近（一）

小田急沿線成城学園附近（二）

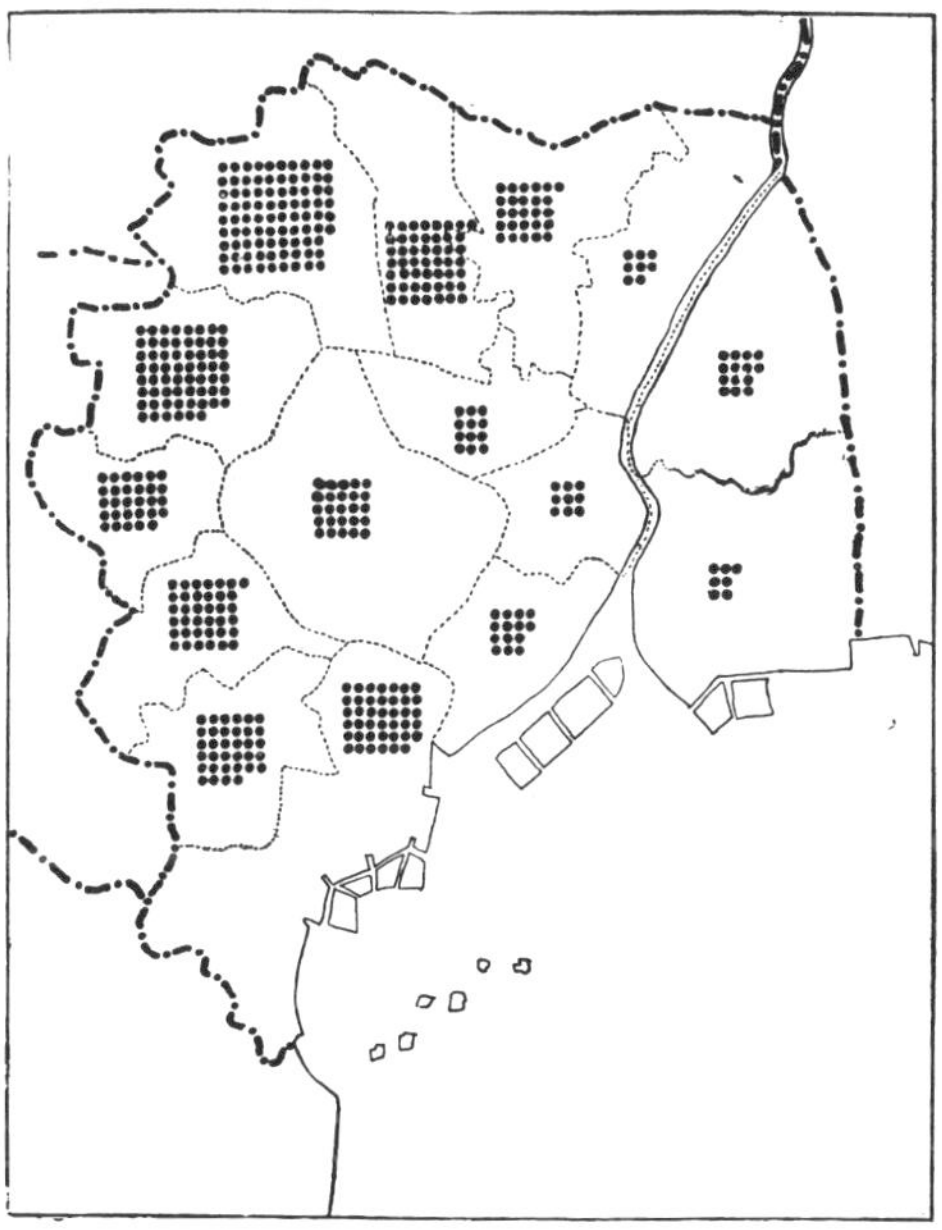

第二図　昭和二年度東京市新築住宅増加数

•は10棟（但四捨五入法）総計4540棟　69,629坪

第三図　中野
（大正十年第二回修正測図）

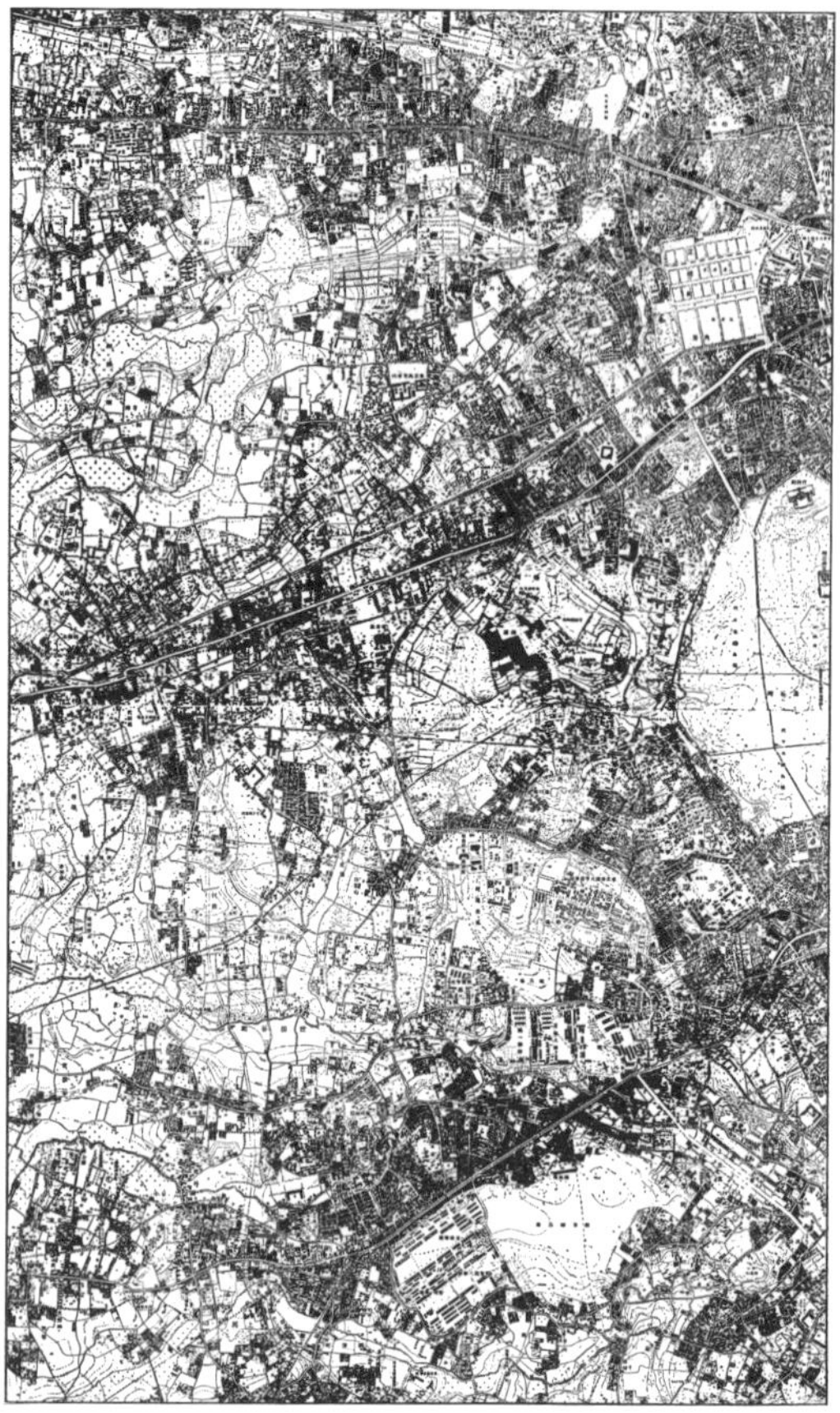

第四図　中野碑文谷
（昭和三年第三回修正測図　空中写真測定）

理的である境地へといふ思潮の動きから漸次衣・食・起居に最も合理化された住宅が先づ此方面に見られたのであるが世界大戦の経済界の好況時代に刺戟されて山ノ手線を中心に内部へ外側へと急激な増加を見た。殊に市電が省線と交る為に大集団を速成した。即ち品川、渋谷、新宿、池袋、大塚、巣鴨等更に稍小にしては五反田、大崎目黒、目白、駒込等、更に大震災で市内総面積二四〇〇万坪に対し焼失面積一一〇〇万坪之がため一五四五〇二九人が其居所を失つた（人口篇参照）之が更に強い動機となつて郊外住宅が急激に発展した。之を助成した力は市外電車網の発達で山の手省線電車駅を夫れ〴〵起点として、京浜電鉄・池上電鉄・東京横浜電鉄・小田原急行鉄道・玉川電車・京王電鉄・西武鉄道・武蔵野鉄道・王子電気軌道・城東電気軌道・東武鉄道等十三の私設鉄道が十度乃至二十度の角度を以て郊外に放射状に敷設され、尚其間隙を乗合自動車を以て角度の小につとめ尚之を覘つて新線敷設の認可を受け様とする盛んさで、郊外は住宅としての膨脹力を有するのであつて、最も郊外電車線路間の間隙度の少いのは新宿西部の中央線を初めとして西武・京王・小田原の諸線を持つ地域であつて殊に中央線の発展振りで最初は中野までゞ、中野駅を中心とする住宅地域は立どころに貴族・軍人・学者・政治家の住宅地に埋められて、更に吉祥寺まで延びるに及んで高円寺、阿佐ケ谷、荻窪の新住宅地域を発生せしめ、更に国分寺まで延び、立川に其驥足を延ばして、益々沿線に田園都市を発展せしめつ、ある。

第三図及第四図は郊外住宅地として最も発展の顕著な新宿より西及西南の地域の八年を隔てた新旧の比較であつて如何に其発達の速かなるかを推し得ると共に略郊外の他の住宅地

大東京昼夜人口移動表

域の発展も推知し得ると信ずるのである。即ち第三図は陸地測量部発行一万分の一大正十年第二回修正測図、中野及び世田ケ谷の二図幅を繋いだもの第四図は最近出版の右二図幅を昭和三年更に第三回修正測図したもので（空中飛行写真測量によつたものである）第四図は第三図の大正十年の現在と比較しつゝ、昭和三年現在に於て増加したる住宅を容易に認識し得る為に着色したものを複写したものであつて、其発展の物凄さに驚かざるを得ないのである。即ち旧図は大正十年の現在を語る住宅地域で、新宿を中心として追分から分岐した青梅・甲州の二街道に沿ふ街村と、淀橋の濾過池を中心に密集せる住宅を見るのみであつて其西方、両街道の中間の地帯の台地には殆ど住宅なく台地下の旧神田上水の谷《だに》及其他の谷地《やち》は水田であつたものが新図には東京高等学校が先の台地の中央に建ち之を囲んで文化住宅の大集団を見、水田であつた谷や谷地《やち》は整然と道路が開かれて住宅区の計画成り、当に青梅・甲州の二街道間の空隙

三ノ輪上空より西南方を望む　右肩の森は上野公園で左肩の森は浅草公園である。前方汽車の走つてゐる路線は常磐線。図の左下から右上に向ふ街路は第一号幹線である。

地を埋めて更に西に展びんとして此地域が恰も旧図の濾過池を中心とした地域と略同様の住宅密度を呈してゐる。此急激な発展は青梅街道に西武電車の開通を見、京王電気軌道の高速化があり、小田原急行鉄道等の開通の齎した結果である事に気付き、更にこの発展の機運を促進せしめたものは大震災による下町の焼失であつた。下半は世田ケ谷図幅に属する。渋谷の西、道玄坂を中心とした住宅の集団の外には原木（大山）街道に通じた玉川電車の沿線はもと藁葺の農家を交へた貧弱な街村に過ぎず、他は、東京警備の軍事区ともいふべく、各開析台地の原形面には広大な代々木の練兵場や近衛師団特科隊の練兵場と兵舎、外に駒場の農大と獣医学校のあるに過ぎなかつた地域が、旧図には認めなかつた下高井戸線が玉川電車の三軒茶屋から分れ、本線との追分の点を中心として急に住宅が発展し、東京横浜電鉄もその東に敷設されて其沿線に更に新らしい住宅区の発生を見、成長を見るのであつて、此処にも電車の新設と共に新住宅区の増加発展を見るのである。新線の開通と共に変り行く沿線の住宅景観の変化こそ最も興味ある問題である。開通後日尚浅き小田原電鉄の客となり新宿を後に西南に向つて台地の上を車のすべる時山谷代々木の駅に近く各自とりどりの構へもつ文化住宅、赤色瓦、硝子窓、西洋下見、モルタル塗の外壁、純白のカーテンや籐椅子等が目につく。下車する客の風采が其新住宅にはふさはしく、その発展を裏書してゐる。世田ケ谷、北沢から千歳村の田園都市と新宿を遠ざかるに従つて田園の気分が濃く、円味を帯びた緩かなスロープ自然の赤松の高い姿を取入れた庭には日当りも風通しもよく蔬菜園があり花壇があつて鶏舎などもある、如何にも恵まれた健康の境地が羨まれる。経堂、千歳船橋と多摩川が近くなるにつれ愈々減少する住宅の数、屋根もトタンや藁葺に変り全く純農村景になる。以上が開通後日浅き新沿線の景観であるが、数年の間には市の隣接地域の充実と共に各一つづゝ順に押されて菜園の住宅区化と桑畑、麦畑の菜園化とが遠心的にこの方面にも行はれて京王電車の沿線の如く住宅区化が進み大東京の西郊進出の一大機能となることも遠くはあるまい。

西部住宅区中最も進出のトップをきるものは中央線の沿線地域で客は最も短時間で一回の乗換もなくシビックセンターに運ばれ行くからである。最近東京市の調査によれば市及び郊外は昼夜によつて著しい人口の増減を見るのである。即ち市内は昼間二九七万の人口となり夜は七五万減少して二二二万となるのであつて実に此七五万は朝夕のラッシユアワーを限度として動く郊外居住者である。

大東京の細民街と生活の態容

草間八十雄

細民の種類

何日も無産の境涯にあつて朝から黄昏まで一生懸命に働き、懐中に這入つた収入で翌日の米塩を賄ふ其日暮しの日傭人夫、或は世知辛い思ひで常に行商を業とするもの、或は毎日孜々と勤める薄給の勤め人、或は職工、工夫、車力、人力車輓、小使、配達人、屑屋、露店商人、按摩、屑拾ひ、雑業、等々、かゝる業態にある人々は如何に齷齪として働いても収入が少いから、経済的では人並の生活が出来ないのである。かうした少額収入者その日暮しの人々は云ふまでもなく細民である。

其処で、此細民にも種類があつて、（一）定居的細民、此れは仮令九尺二間の棟割長屋に住つても一軒の家に住むもの、或は狭い室でも間借り住ひをするものである。（二）不定居的細民、此れは定居的に住所を構へないで木賃宿に泊り或は簡易宿泊所に宿るもので、かうした類ひのものを俗にドヤと謂ふ。其れから人夫請負業者の設くる合宿所に居るもの、此れを部屋ものと謂ふ。更に酷いドン底生活におちたものでは、サブリと云つて蒲鉾小屋だのミノ虫小屋に寝るもの、一層と酷いのに、オカンと云つて野宿をするもの、斯の如く不定居的細民には四つの類ひがある。

茲に説かうとする細民問題は大東京に於ける細民街の分布的状態であるから、彼の（一）の類ひである定居的細民に就ても種類のあることを述べる必要がある。此定居的細民には（イ）集団的のもの（ロ）点散的のもの、斯の如く二つに分けるのである。（イ）の集団的のものは棟割長屋トンネル長屋、或は六畳一間の狭い家など、其孰れにするも軒を並べて一つの環境を形成せる、即ち細民街に住む細民のことである。（ロ）の点散的細民と云ふのは、表通りは繁華な巷でも其横に這入り裏に曲れば、此処に一軒彼処に一軒と点散的に細民が住ひを構へて居る。此れが点散的細民である。而して、此大東京に於ける細民の数は集団と点散を合せ定居的のものは、市内推定数十万人、市街推定数二十万人、合せて三十万人である。亦、不定居的のものは四百四十五軒の木賃宿に泊るもの八千五百人、公設と私設を合せ簡易宿泊所は市の内外に於て四十九所に上る。此処に宿るもの二千五百人、人夫部屋に拠るもの四千人、彼のサブリと唱へる小屋住ひは少く数百五十人、オカンと称する野宿ものは七百人、総てを合せると三十一万六千人であつて、東京郡市を合せたら大東京の人口は四百九十七万六千七百五十九人であるから、此人口に対比すれば、百分の六は生活苦に悶踠く貧しい者である。

野方乞食小屋《のうがたサブリ》（落合火葬場裏）

細民の職業と収入

経済的に貧しい者は一体全体いかなる職業に従事し、さうして何程の収入で生計を支へて居るであらう。茲に、東京府社会課に於て今から五年以前に定居的細民の世帯主と其職業並に収入を調査したのである。亦、市社会局では昭和四年に細民と此れが収入を調査したのである。此双方の調査を比較して見ると年々の不景気は、細民の収入を減じ日に日に生活苦を募らせてゐることが判る。で、其収入状態を説くことにする。

大正拾五年八月東京府社会課調査

（但し世帯主四千五百二拾七人に対する一人当り平均収入額を挙ぐ）

職業別	人数	一人当り平均収入額
	人	円　銭
勤め人	五六	五七、五七
交通通信従業者	九五	五七、四五
店員	二六	六三、二七
工場職工	六六六	五四、九二
職人	五〇一	五八、二五
居職	一八三	五二、五五
鳶職	一三七	五三、一八
井戸掘	二九	五二、三九
土工工夫	二七〇	四九、四八
仲仕船夫	二四	五九、三八
植木職其手伝	九九	五〇、〇二

人夫日傭	一〇四七	三六、六八
小使、夜番	五七	四一、七二
車力馬力	一八〇	五三、三三
配達運搬	三九	五六、七九
人力輓	七九	五〇、六三
屑買	一六九	五四、五九
日用品商	四九	四四、八二
飲食物店	一二六	四二、一六
露店商	四五	四五、四〇
飴菓子行商	三三	三五、二四
風船売り	一二	三三、七五
納豆、アサリ売り	四二	三九、二四
其他行商	一〇四	三〇、七五
洗濯針仕事	四二	三一、九五
履物直し	四〇	四三、四〇
傘直し	三〇	四六、四三
羅宇直し	六	四五、八三
イカケ屋	四	三五、〇〇
研屋目立屋	一一	三八、八二
按摩	八	二〇、五〇
遊芸人	一二	三九、二五
行者	一〇	三六、〇〇
物乞	一	四〇、〇〇
雑	二五六	四六、八四
不詳	三九	一八、四三
合計	四五二七	―
平均一人当り平均月収		四七、九五

以上の如く定居的細民世帯主四千五百二十七人の月収状態を見ると一人当り平均月収額は四十七円九十五銭に過ぎない。此れでは家族数人の生計を支へるに困難のものがある。其処で、配偶者である妻も働かねばならない。亦、活動能力をもつ児共も稼がねばならぬ。故に四千五百二十七世帯の中で配偶者の稼いで居るもの一千三十六人にして、尚ほ児女の働くもの一千四百二十一人の多きを見る。其妻の職業を訊せば女店員、露店商、飴菓子行商、納豆売り、女工、掃除婦、洗濯針仕事、袋貼、内職等々、業態別は三十七種に上る。そうして、此配偶者一人当りの月収額は次の如くである。

十二円十四銭。

其れから児女等一千四百二十一人の職業は、勤め人、女工、店員、給仕、女給、屑屋、居職、職工、納豆売り、青物行商、人夫、等々、其業態は二十九種に上り、一人当り平均月収額は左の如くである。

二十七円二十五銭

前述の如く世帯主のみで稼ぐものと、夫婦共々働くもの、或は世帯主と児女で稼ぐもの、此等を合せ一家の総収入額を見るに次のやうである。

五十九円四十五銭

前掲四千五百二十七世帯の一世帯当り平均人口は三人と九分である。之れに月収額五十九円四十五銭を割当ると、一人当りの所得は十四円八十六銭に過ぎない。此少額で家賃其他の生計を支へるのである。

細民住居の畳数と家賃

其れから一戸当り平均の畳数と家賃の平均額は左の如くである。

一戸当り畳数　平均六畳と四分

但し六千二百二戸に就ての平均数

一戸当り家賃平均額　六円七十九銭

但し六千百六十二戸に就ての平均額

此調査施行後四年目に当る、昭和四年三月東京市社会局で、市内の細民一万六千四十六世帯に就て、（一）世帯主、（二）配偶者、（三）其他の家族、此等の収入を調べると左のやうである。

一世帯当り平均収入額　四十八円八十四銭

一世帯当り平均人口は三人と九分四厘である、故に一人当りの所得は十二円三十九銭である。彼の四年以前に東京府で調査せる当時の収入状態に比較すると十円六十一銭の減収を現はしてゐる。要するに年一年と襲ひ来る不景気はかくの如く細民に悪影響を及ぼしたのである。

而して一戸当りの平均畳は七畳と七分一厘で、此一戸当り家賃平均額は十四円二十七銭である。彼の市外の定居的細民一戸当り家賃は六円七十九銭であるのに、市内の定居的細民は十四円余りの家賃を払つて居る。此れによつて観るも細民は市外の家賃値安の環境に移り行くのも無理ならぬことである。

	世帯主	配偶者	合計
無教育者	一三〇四人	一八七六	三一八〇
読み書きをなし得るもの	六二三	二二三	八四六
尋常半途退学	一〇一四	八五二	一八六六
尋常卒業	一三〇五	八四四	二一四九
高小半途退学	八四	三九	一二三
高小卒業	三八〇	一一七	四九七
中等学校半途退学	六六人	三	六九
中等学校卒業	三二	一一	四三
専門学校半途退学	〇	〇	〇
専門以上卒業	七	一	八
合計	四八一五	三九六六	八七八一

十五歳二十歳	青少年 男	青少年 女	合計
無教育者	七四人	七二	一四四
読み書きをなし得るもの	四	一一	一五
尋常小学半途退学	二二五	二一二	四三七
尋常在学中	一一	五	一六
尋常卒業	四一三	三六九	七八二
高等半途退学	二一	一五	三六
高小在学中	二八人	九	三九
高小卒業	四八	三三	八一
中等学校在学中	三二	七	三九
中等半途退学退学	七	三	一〇
中等卒業	三	四	七
専門在学中	四	〇	四
専門半途退学	〇人	〇	〇
専門以上卒業	〇	〇	〇
合計	八七〇	七四〇	一六一〇

細民の教育程度

東京府の調査による市外定居的細民の教育を見るに、世帯主で無学のもの二割七分強、配偶者の無学四割七分三厘に上り、亦、学齢を超えたる十五歳以上二十歳以下の青年並に少年で無学のものは九分強に当つてゐる。茲に此れが教育程度を掲ぐることにする。

世帯主に無学があり其配偶者にも夥しい無学がある。さうして、配偶者の無学比例四割七分三厘に当るのは驚くべきである。此教育程度の実状は何事を物語るであらう。即ち、精神的生活の容易に向上されない事が判る。更に、学齢を超えたる十五歳から二十歳の青少年男女一千六百十人の中に、無教育のまゝ育てられたもの百四十六人比例〇九・〇七に上る。義務教育普及の時代に於て今尚かうした無学の青少年の有るのは慨くべき事柄と云はねばならぬ。

細民の健康状態

経済的生活は常に貧弱である。然るに健康状態には欠陥がある。此れでは如何にしても下層の淵から浮き上られない。茲に男一万二十五人、女九千六百七十五人合せて一万九千六百九十六人の健康状態を見れば左

木賃宿（浅草田中町）

日暮里バタ長屋

のやうである。

即ち健康者は九割七分三厘五毛に当り、罹病者は二分三厘七毛、不具癈疾のものはわづかに二厘八毛である。

	健康者	罹病者	不具癈疾者	合計
男	九七二九	二五八	三八	一〇〇二五
女	九四四八	二〇八	一八	九六七四
計	一九一七七	四六六	五六	一九六九九

大東京の定居的に拠る細民の生活態容と、其概観は以上論述の如くである。此種細民の中で集団的に環境をなし、其処を生活の根拠とする細民街は、昔と此頃では著しい変遷があり、尚ほ興廃の態を現はせるのである。此れより曾て細民窟と謂はれた処が今では其跡を絶ち、又、或方面に新しく細民街がつくり出される。斯る変遷と興廃及び其分布の状態を述べて見よう。

細民街の変遷と興廃

市内に於ける集団的の細民街

大東京の集団的細民街を説くには江戸時代から現代に至るまでの細民街と其変遷の状態を述べねばならぬ。彼の、徳川家康が江戸に入り城主となれるは天正十八年である。後、慶長八年征夷大将軍となるに及び、江戸は覇都となり、茲に千代田の城は輪奐の美を一層と耀かせ、外、市井には商工の移り寄るもの多く、年一年と人口は増加して、江戸の輪廓は段々拡大され熱閙の巷となつたのである。かくて江戸が繁昌して来ると共に、都会生活の常として漸く貧富の懸隔は著しく、富めるは厦屋に住めるも、貧しきはわづかに雨露を凌ぐに足る小さな陋屋を住家としたのである。殊に封建時代の掟として、社会の一面には強制的に陋屋茅廬に住まねばならぬ者があつた。亦は、此の時代には、公家、武家、平民、賤民の四階級が設けられ賤民はその住宅の構造並に住居の地域を制限され、人並の住宅を構へることが出来ないで、限定された地域に集団的で然も小さな家に住むのであり亦、平民の貧しいものは俗に裏店住ひと唱へ、商賈連簷たる町通りの裏面に這入ると、其処彼処に設けられた九尺二間の棟割長屋に住むか、さもなければ、細民窟と言ひ囃されたる場所に軒を連ねて住んだのである。要するに平民の貧しきものは点散的に諸々方々の裏路次に居を構へるものと、更に輪廓をなせる地域に集団的に住むものと、かくの如く住居の状態は点散と集団の二通りに分れてゐた。其れから、水平同人、非人、乞食の類ひは賤民であつて、此等の人々は住居の地域を限定され、此区域外に住むことを許されない。尚ほ非人は御小屋或は江戸小屋と唱へ、一戸当り九坪以内の建物で、概ね屋根は茅葺で天井を張らない家で雨露を凌いだものである。そうして、江戸時代には集団的の細民は殆ど賤民の群で細民街を形成してゐたのである。

茲に細民街の起りと変遷の態を叙するため、
(一)江戸時代に細民街となり、大正十二年の大震火災で焼失し、其後改善整理され態容の変れるもの。
(二)明治時代に細民街となり、大正十二年の大震火災で焼失し、其後改善整理されて態容の変れるもの。
(三)明治時代に細民街となり、大正十二年の大震火災に焼失をのがれ、其後復興事業に関係なく、家主によつて改善整理され細民街の面影を失ひたるもの。
(四)江戸時代に細民街となり、明治大正を経て今尚細民街たるもの。
(五)明治時代若しくは大正時代に細民街となり今尚ほ細民街たるもの。

大正の大震火災で廃滅せる細民街

江戸時代から大震火災までの細民街

三輪町細民街全景（南千住）

斯の如く大東京の細民街につき、其形成的起源から変遷の情勢及び減失せるもの、現在のもの、此等の状態を時代的に叙述すれば左の如くである。

江戸時代からドン底の人々が多く群り寄り環境をなせる処は、(イ)下谷区万年町、(ロ)芝区新網町、(ハ)四谷区鮫ケ橋谷町などで、此細民街は大東京に於ける三大細民窟と謂はれ有名なものであつた。そも、下谷の万年町は江戸時代下谷山崎町と称し、明和二年山本仁太夫なる浪人が棟割長屋を設け、乞食物貰の徒を宿らせ、賤民の集団地となる。天保十四年幕府は仁太夫を浅草三十三間堂前(松葉町)に移し、此山崎町に住める乞食物貰ひの輩らは、此れを非人頭車善七に支配させた。

明治維新となり賤民階級は撤廃されてから、町名を万年町と改め土着の旧賤民以外に、世の常の貧しき者も此処に移り寄り、大きな細民街となつた。而して、明治三十年の調査によると、細民長屋の戸数は八百七十五戸に上りたるが、日露戦役後に至り大東京の膨脹発展は著しく、延ひては何処も土地の価格と家賃が騰貴したので、此万年町に住む細民の中には已むなく、家賃の安値である場末の細民街に移り行くものがあつて、漸次、細民の数は減少するのである。加之ならず、大正七年から施行されたる屑物営業取締規則は、此処の細民を市外日暮里辺に移り行くべき動機をあたへたのである。此万年町に住む細民の職業は、(イ)紙屑拾ひ、(ロ)紙屑買など多く、亦、此買入問屋も此処に営まれるのであつた。然るに、屑物営業取締規則は衛生の見地から、斯る屑物問屋は市外でないと営業を許さないので問屋は孰れも市外日暮里三河島に移れるので、従つて紙屑拾ひも其れに付いて同方面に移り行き、日を経る毎に此万年町の細民集団は縮少され、大震災直前の頃には細民長屋の戸数はわづか三十戸位ゐであつたが、大震火災で此ボロ長屋も焼払はれ全く跡かたがない。江戸時代から百六十余年の永い間に亙る万年町の細民街は前に述べたやうな生業の関係と大震火災で細民街の態容は根底から消え失せたのである。

芝区新網　此処は元禄時代から賤民の蝟集地となり、門づけ、日勧進、物貰ひの類ひが住むのであつた。然るに安政の大震災で救護を施すべき窮民を移せるので細民街は一層と拡大され、明治維新以後も三大細民窟の一つとして貧しい人人の根拠地であつた。明治三十年の調べによると、細民住宅の戸数は五百三十二戸である。其れから、此新網も万年町と同様に家賃の値上げと職業の関係から、此処に住めないで他に移り行くものが多く、大正十二年の大震火災直前に於ける細民の戸数は百八十戸である。之れも震災の焔で焼きつくされ、復興後は立派な町となり今では細民の姿を消して了つた。

此以外で江戸時代から有つた細民街で大正十二年の大震火災のため焼失し、復興事業により、区画建物等の体裁は改善され現在では細民集団の跡を絶ち、細民線を超えた人々が軒を連ねて住んでゐる処は左の如くである。

神田区三河町、日本橋区北島町、京橋区長沢町、同松屋町、深川区蛤町、同海辺町、同古石場町等で、此町々は孰れも江戸時代から大正の大震火災までは細民街であつた。

明治時代から大震火災までの細民街

明治の初年代から同中葉の頃までに細民集団の地域となり、そうして、同末葉時代までに細民は場末若しくは市外に新しく出来た細民街に移り行くものがあり、従つて細民集団は縮少されたが、其れでも尚ほ細民長屋が軒を並べ、細民街を形成せるも大正の大震火災で其面影を失つた町々は次の如くである。

京橋区八丁堀仲町、同岡崎町、下谷区山伏町、同豊住町、同金杉上町、同金杉下町、同入谷町、同三ノ輪町、同竜泉寺町、浅草区玉姫町、同光月町、同元吉町、同地方今戸町、本所区吉岡町、同永倉町、同長岡町、同三笠町、同横川町、同松倉町、同徳右衛門町、同若宮町、同太平町、同柳島横川町、同梅森町、同柳島元町、深川区西平井町、同霊岸町、同仲大工町、同扇橋町、同猿江裏町、同本村町、東大工町、同千田町、同石島町、以上三十五ケ町は明治時代に細民街となり、殊に本所深川の其細民街には、酷いドン底生活者が軒を連ねてゐたが大正の大震災で焼失し以後集団的の態容は消え失せたのである。

江戸時代から現存せる細民街

東京市内には前述の如く、江戸時代から有つた大小の細民街は幾ケ所もあつて俗に云ふ下町方面に在つた其細民街は、大正の大震火災で焼失し、此頃では山ノ手方面に江戸時代からの細民街が恰〔ママ〕つてゐる。然し、此れも都市の膨脹から場末に移り、更に市外へ新しく形成された細民街に移り行くので、現在では孰れも其環境は縮小され、亦、細民長屋の戸数も激減し、之れが反対に市外の細民街は日に日に拡大されるのである。茲に先づ江戸時代からの細民街で著名なる四谷の鮫ケ橋谷町から説くことによる。

四谷区鮫ケ橋谷町　此処は元和年間沼池を埋め慶安時代町家を開き市街に編入さる。江戸中葉の頃に賤民階級のヤドナシ乞食等が集団し、明治初年代に細民窟に変る。此谷間一帯に細民長屋が建連なつた。明治三十年に於ける長屋の戸数は一千三百七十戸に上る。三大細民窟の中で此処が最も大きいのである。同末葉時代から此処の細民で新宿南町の棟割長屋に移り行くもの多く、大正となりては一層と細民の数を減じ、現在では谷町一二丁目を合せ細民長屋は六十戸をとゞめるのみである。

四谷区旭町　江戸時代ヤドナシと唱へる賤民の根拠地であつた。明治初年代其跡を絶つ。然るに、明治二十年木賃宿営業地に指定されてから、細民の蝟集地となる。大正十二年大震火災直前に於ける、細民長屋の戸数は三百五十戸に上りたるが大震火災による約百五十戸を焼失し、尚ほ千駄ケ谷方面より新宿追分に通ずる環状道路が設けられたので、俚俗いろは長屋は取払はれ、現在では約百五十戸の細民長屋が残されて在る。此処も細民の環境が縮小された。亦、此処には現に木賃宿が三十三軒営まれてゐる。因に此旭町は大正九年三月まで豊多摩郡の地域で新宿南町と称したが翌四月東京市に編入され四谷区旭町と改称さる。

牛込区山吹町　江戸時代鳥追或は門廻りと称する賤民の根拠地である。明治初年その跡を絶ちたるも、明治三十五年頃より細民の集団せるもの多く、細民長屋の戸数は二百戸に上りたるが、大正初年代から整理改善され現在では一棟二十室の共同長屋と外に二十余戸の長屋を見るに過ぎない。

小石川区大塚坂下町　江戸時代鳥追或は門廻りと呼ぶ賤民の根拠地である。明治初年代その跡を絶ち田圃となる。然るに明治三十六年頃に俚俗五十軒長屋が設けられ、今尚ほ此長屋が存在してゐる。

京極区佃島　江戸時代漁師の群で貧しい環境がつくられたのである。大正十二年の大震火災には此地域だけ火震をのがれ、今尚ほ二十戸位ゐの細民住宅が怡〔ママ〕つてゐる。

明治時代から現存せる細民街

明治時代に入り細民街を形成され、大正の大震火災で火災をのがれ、今尚ほ現存する細民街を挙げて見よう。但し、東京市内山ノ手方面に在るものである。

麻布区霞町　明治二十年頃俗に汽車長屋が設けられ、同三十年頃整理改築されたが、今尚ほ三拾戸位ゐの集団的細民長屋が在る。

同新広尾町　明治二十年此処は木賃宿営業指定地となり、現に十二軒の木賃宿が営まれてゐる。

四谷区永住町　明治二十年木賃宿営業指定地となり、現に二十六軒の木賃宿が営まれてゐる。

小石川区西丸町　明治三十五年俚俗いろは長屋が建てられ、現在百五十戸の細民長屋がある。

同区白山御殿町　明治三十七年に植物園前の田圃を埋立て、此処へ細民長屋約三百戸が建設され山ノ手方面に於ける大きな細民街となり現在に及んでゐる。

同区氷川下町　明治三十八年田圃を埋立て約百戸の細民長屋が設けられた。其後改築整理されたが現在五十戸ほど怡〔ママ〕されて在る。

同区大塚仲町　明治四十年棟割長屋が建てられ現在三十六戸の陋屋が軒を連ねてある。

本郷区神明町　此処には明治三十年頃に約二十戸のぼろ長屋が出来て今尚ほ十五戸ほど集団してゐる。

下谷区谷中初音町　此初音町四丁目には明治の末葉時代に建てた細民長屋が二十戸ほど怡〔ママ〕つてゐる。

大震火災後復興せる細民街

処で、大正の震火災で焼払はれた東京市内下町方面の細民街にして、復興事業で街路建物が改善されても、生活事情の関係から怎うしても、再び細民が集団的に住居を構へねばならぬので、又も、細民街の態容を形成せる場所は左の数ケ町である。

浅草区浅草町　此処は明治二十年木賃宿が設けられてから、此辺りに細民長屋が建てられ震災直前には約四百戸に上る。震災後木賃宿は七十五軒営まれ、亦、細民長屋も百戸位ゐは建てられた。

同田中町　明治二十八年頃田甫を埋立て段々細民長屋が設けられ、俚俗大新長屋或はゴミ食長屋其他で二百戸ほどの細民長屋が有つた。此等は震火災で焼失したが其後約百戸の長屋が建てられ、現在細民集団地としては酷い処である。

本所区業平町　此処も木賃宿がある。罹災後再び木賃街となり、現に木賃宿が五十六軒あり、どん底の巷となつてゐる。

同花町　震火災直前トンネル長屋があり又木賃宿もあつた。罹災後再

トンネル長屋（三輪町）

び木賃宿が設けられ現在八十軒に上つてゐる。此処もどん底に悶踠く人々の集団地である。

深川区富川町　明治二十年から木賃宿が営まれ、町内にはトンネル長屋或は共同長屋が三ケ所に在り、棟割長屋又は此れに等しい長屋が百六十戸に上つてゐたが、罹災で焼失した。其後又も木賃街となり現に八十三軒の木賃宿がある。即ち震災後は酷い長屋はないが、此木賃宿に雨露を凌ぐもの一日二千人に上り、市内に於けるどん底の環境としては此処が最も悲惨の態容を示してゐる。

市外に於ける集団的の細民街

年々市外の細民街は拡大さる

十五に区画さる。東京の市井は年々と人口が増加する。土地と家賃は高値となる。その日暮しの細民では市内に住めないので、段々と市外に移り行き、殊に大正の大震火災以後は罹災地域に区画整理が行はれたので、貧しいものは経済的関係から市外へ押出されるので、市外に於ける集団的細民街の街数は、東京府の調べによると大正拾五年八月現在では六十四ケ所に上り、戸数は六千二百五十八戸である。茲に（一）荏原郡、（二）豊多摩郡、（三）北豊島郡、（四）南足立郡（五）南葛飾郡此隣接各郡に於ける集団的細民街を説いて見よう。

荏原郡には集団的のものは九ケ所である。然し孰れも小集団で一ケ所に百戸と纒つた処はない。品川町二日五日市に九十戸。大崎町百反九十七戸、大井町鎧ケ淵六十九戸、羽田町猟師町五十四戸、南品川東広町五拾七戸、此以外は孰れも五十戸以下の小集団である。

豊多摩郡　には集団的の処が五ケ所ある。即ち戸塚町下戸塚と源兵衛、中野町本郷、淀橋町、千駄ケ谷町などである。然し何処も小集団で、下戸塚は十八戸である比較的戸数の纒つた処は千駄ケ谷九百九十八番地で三十八戸の細民長屋がある。

北豊島郡　此地域には大小集団は三十ケ所に上り、戸数は四千五百三十四戸である。此三十ケ所の細民街の中で、五十戸以上集団してゐる細民の環境を挙げることにする。

下板橋根村東宿裏　俚俗岩ノ坂には三畳一間或は四畳半一間又は六畳一間の細民長屋が四百七十七戸ある。さうして、乞食のみが住む長屋が太郎吉長屋、狩出しと唱へ物品行商を装ひ物貰ひに歩く輩らの住む長屋が台湾長屋、日傭人夫の長屋が北海道長屋に憲兵長屋、かうして長屋に綽名がある。尚ほ此岩ノ坂には江戸時代から木賃宿があり現に十二軒の木賃宿に四百人余りの貧しいものが泊つてゐる。亦、滝の川町の鴻ノ台に五十四戸、同谷津に二百八戸の細民長屋が孰れも集団的に設けてあり、日暮里町金杉には俚俗バタ長屋五百三十六戸の大集団による細民長屋がある。此バタと云ふのは紙屑拾ひの異名で、此バタ長屋は前章東京市内の部〔本書には収録せず〕に於て説ける下谷万年町の細民が此処に移つたのである。故に此日暮里金杉（一三九一番地）附近一帯は二十余年昔の万年町と態容は同一なもので紙屑拾ひの巣窟である。日暮里一一一〇番地附近一帯に百七戸の六畳長屋があり、三河島町には俗に千軒長屋と称する有名な大集団の細民街がある。此れは大東京に於ける最も大きな細民街で、地域は同町次郎田、中道、釜坪一帯に渉り八百十九戸の長屋が棟を連ね、づらり建ち並んでゐる。同町前沼に二百戸の集団があり、同町辻元にも九十戸の集団がある。其れから南千住町には三の輪一五〇番地附近から千住南八〇〇番地に渉り八百二十七戸の細民長屋があり、此環境の内に朝日館と云ふトンネル長屋があつて、一棟の裡に四畳間八十室が設けられ白昼でも薄暗く恰もトンネル同様に採光が不充分である。此一棟に三百人の貧しいものが住んでゐる。千住南六七八番地千住製絨所附近に二百八十五戸の細民長屋があり、王子町では同町九五番地附近に五十戸、高田町に於ては一七四―一六九の水窪に四十八戸、孰れも集団であり、西巣鴨町庚申塚には二百十一戸俚俗二百軒長屋がある。然し、此二百軒長屋は不良住宅改善事業に依り、現に公費をもつて改築中である。尚ほ西巣鴨には五二一番地に五十六戸、向原二九九七番地に七十七戸の細民長屋が建連なつてゐる。

南足立郡　此地域には三ケ所に集団的細民街がある。然し、孰れも集団は小さく千住町三丁目と四丁目に渉り七十戸の集団が比較的大きく、他の二ケ所は三十戸以下のものである。

南葛飾郡　此地域には集団的のもの十六ケ所に上る。此中で隅田町三八五番地附近六十二戸、同五九九番地附近六十五戸、吾嬬町請地三二八番地附近九十戸、寺島町一三二九番地附近九十四戸、同二二七〇番地附近五十六戸、大島町一丁目役場附近五十三戸、砂町亀高五十戸など比較的戸数が多く、此以外の集団は孰れも五十戸以下の小さい環境である。

以上説述せる市外各方面に於ける細民街の中で、品川町二日五日市、羽田猟師町、板橋町岩ノ坂、此三ケ所の細民街は江戸時代からのもので、此以外の六十一ケ所は東京市の市勢膨脹から、貧しい者が市外に移り来るのを見込んで、明治三十七年頃から細民長屋が設けられ、殊に日暮里方面の如きは明治末葉時代に沼池を埋立て棟割長屋が設けられ、亦、三河島の千軒長屋は大正七年に出来上り忽ち大きな細民街となる。大正十二年の大震火災直後である九月六日に火を出し約二百戸は焼失したが、救護当局の手で其跡へ直ちに収容バラックが設けられ罹災者を収容し、今でも其れに住つてゐる。此千軒長屋も巣鴨庚申塚の二百軒長屋と同様に、不良住宅改善法に依る公費で改築に懸つてゐるから昭和七年には、東京に於ける此最大なる細民街も面目を一新するであらう。

要するに東京の下町方面に於ける細民街は、京橋区佃島を除くの外は孰れも大震火災で焼失し其後に於て集団的の細民街を形成せる処は、浅草区浅草町の約一〇〇戸、同田中町の一〇〇戸で此れは定居的即ち長屋住ひの細民である。尚ほ此外に不定居的細民と称する人々の群がる処は浅草町の木賃宿と本所区業平町と花町の木賃宿、其れから深川区富川町の木賃宿等である。

亦、大震災で火災をのがれた山ノ手方面に在る細民街（集団的）は四谷区鮫ケ橋谷町の六〇戸、同旭町一五〇戸、牛込区山吹町二〇戸、小石川区西丸町一五〇戸、同白山御殿町三〇〇戸、同氷川下町五〇戸、同大塚坂下町五〇戸、同仲町三六戸、本郷区神明町一五、下谷区谷中初音町二〇戸等で、木賃宿では麻布区新広尾町、四谷区永住町、同旭町がある。故に市内では小石川の白山御殿町が最も大きい細民街である。斯の如く市内に於ける集団的の細民街は十三ケ所で、此戸数を合せると約一千一百軒に過ぎない。現に市内には定居的の細民は約十万人に上るが、此九割五分までは集団を形成せざる点散的の細民である。然るに市外には集団的の細民街が六十四ケ所に上り、戸数は六千二百五十八戸、此人口二万二千七十四人にして、此れによつて観るも細民は経済的の関係から市外に蝟集し、其処彼処の細民街で貧しい生活と悲しい運命の途を辿るもの、多いことが判る。

「市外」集団的細民街の調査は前述の如く大正十五年八月現在のもので、此以後に於ける数的調査は東京附当局に於て目下調査中である。故に具体的のことは未詳であるが、最近新しい細民街を見出したさうである。其れは市外千住放水路向の西新井にして、数ケ所に分れ集団を形成し戸数は数五百戸に上る、細民の職業は概ね紙屑拾ひであると云ふ。

大東京の人口

田中啓爾
桝田一二

江戸時代

天正十八年八月一日徳川家康が封を江戸の地に移し、江戸城を以て柳営となして茲に従来政圏心が常に近畿を中心とした偏西的位置に在つたものが東に移る事となり、文化の東漸と共に四方より人口が流れ込みて遂に一大都市を建設するに至つたのであるが、其初頭は八代洲河岸《やよすかし》と麴町附近に百姓、町家が僅かに百余戸有りしに過ぎずといへば恐らく当時の人口は五百を過ぎなかつたであらう。其後に於ける人口も拠るべき統計は得がたいが、町奉行支配にて作成の人別帳記録に因れば次の数を見出すことが出来る。

享保八年癸卯（西暦一七二三）改。
　町数一六七二町。家数二〇八七七五戸。
　人口五二六二一二外に寺社人数四四〇七五人。
　合計五七〇二八七人。
天明七年丁未（西暦一七八七）改。
　町数二七七〇町（但し新地寺院共）。
　家数二〇八〇〇〇戸。
　凶歳にて人民救助のため調査したものである。
　人口一三六七八八〇人（寺社人数を含む）。
天保十四癸卯（西暦一八四三）改。
　町数一七三一町。家数　不明。
　人口五六二五五七人（外に出家人三四一九一。寺社人七七〇八〇人）。
　合計六七三五二八人。

当時は武家の人口は統計に入れなかつたため、完全に全人口を知る事は難いが、これに各武家想定人口四十五万を加へると享保度一百余万、天明度に於ては約百八十万、天保度に於て百十三万余に達した事になる。幕末勝安房氏は百八十万の統計を採り、江藤新平氏は百三十二万を計上、吉田東伍氏は米の年消費四十万石として庶民七十万、之に武士を加へて百四十万を推定した。阪谷芳郎氏は百万を越えずと。明治二年東京朱印内の地を定められた時の市の限界を見るに東は本所扇橋川筋、西は麻布、赤坂、四谷、市ケ谷、牛込、南は品川境より高輪町裏通、白金台町二丁目、麻布本村町通、青山、北は小石川伝通院、池の端、浅草寺後より橋場町を以て限界としたのであるから、明治十一年七月現在の市区の制定を見た時の地域よりも面積狭く、密度に於ても現在より遥かに疎であつたことは推測に難くないから、恐らく百万内外の人口を妥当と信ずるのである。

東京時代

明治元年「自今江戸を称して東京とせん。」の詔勅あり、十月十三日車駕江戸城に入らせ給ひ一先御還幸、翌二年再び鳳輦を迎へて、茲に永遠の帝都としての確定を見るに至つたのであるが、維新当初の東京は所謂新東京建設の準備時代ともいふべく、諸官諸設の改廃常なく、従つて最初十年間の人口統計は得らるべくもないが、明治十一年七月郡、区、町、村編成法の発布により市内十五区の制定を見たものが現在の市区で四・九六方里である。今十一年以後五十二年間の統計により、人口表を作成し其の増加の傾向を見ると此間に於ける人口増加の現象は実に顕著なるものであるが、尚調査機関及人口調査法が一貫して居らぬ点より来る人口上の相違が三様式となる。即ち第一様式は明治十一年より四十一年に至る東京市の調査による推定人口統計、次は四十一年より大正八年に至る市勢調査会の調査にかゝる統計、次は大正九年から昭和二年に至る間で大正九年及大正十四年の国勢調査と、其間市勢調査の調査会にかゝるものとであるが、茲に著しく注意を惹くことは新調査機関に依て行はる、度毎に、人口数が著しく減少してゐる事であつて、この前者に比して著しく減少した結果こそ、最も真面目に遺漏なき手段と方法とによつて調査された結果であつて、これこそ真実数で真の東京市の人口を表現せるものであらう。兎に角全体を通じて著しい増加現象である。表によれば明治十八年から二十二年にかけての激増でこれは維新創業より西南の役も終つて天下の人心漸く其の途に安んじ、帝都の安定と共に地

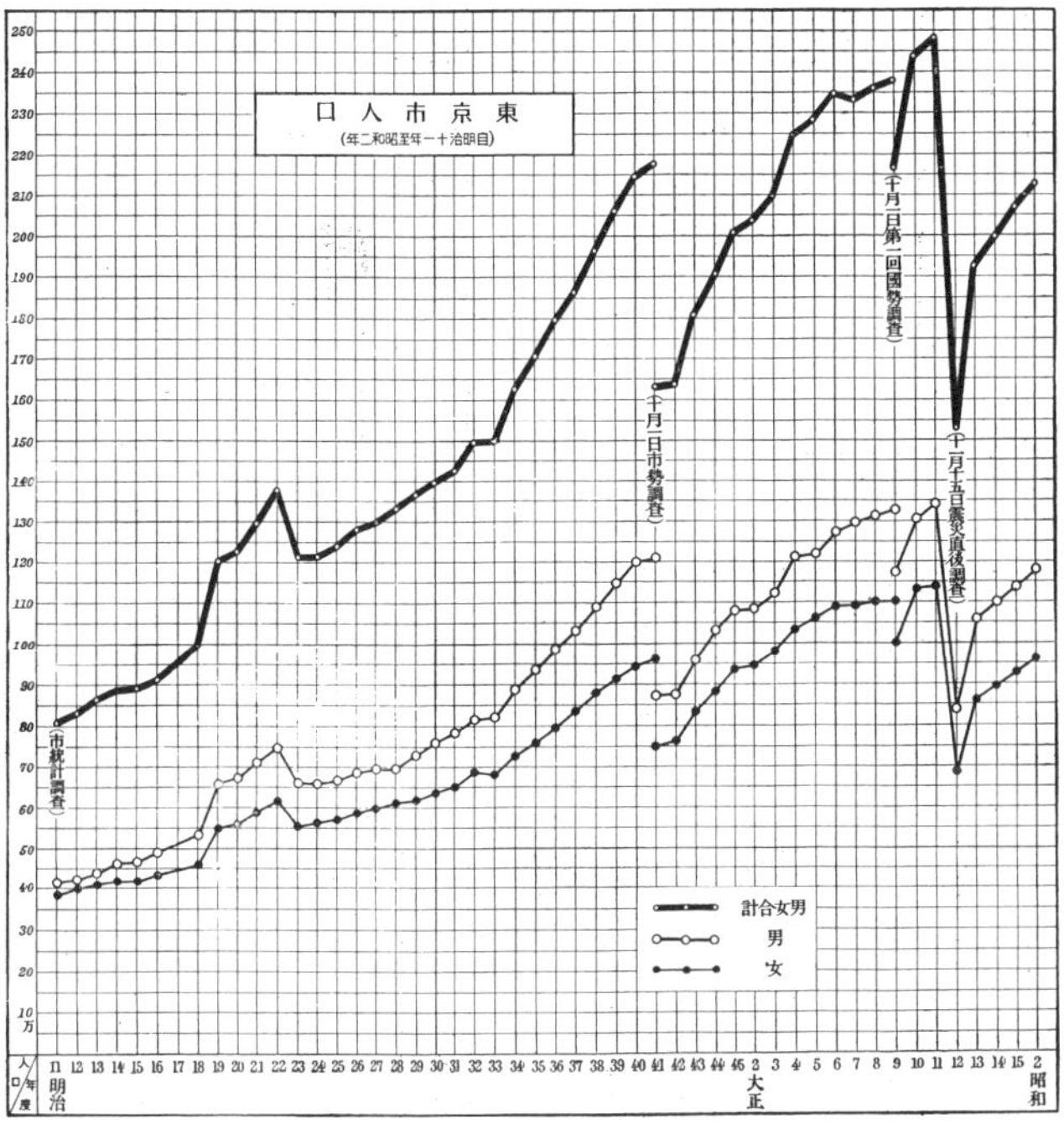

東京市人口
（自明治十一年至昭和二年）

方諸国より入居住したるもの、最も多かつた時代である。明治二十三年には一時的減少の傾向を表はしてゐるがこれは数年来の激増の反動で其志業を得ずして退京したる者等の多かつた結果であらう。要するに、

明治一一年（西暦一八七八年）、八一三四〇〇人
同　二一年（同　一八八八年）、一二九八六六一人
同　三一年（同　一八九八年）、一四二五三六六人
同　四一年（同　一九〇八年）、二一七二三六五人
大正七　年（同　一九一八年）、二三三一八六〇人

で五十年間に二・八六六倍約三倍の人口を擁する大都市となつた。然るに一九二三年即ち大正十二年九月一日突如として起つた関東未曾有の大地震は瞬時にして五八一〇四人の生霊を奪ひ、一〇五五六人の行方不明者を出し、（内務省社会局編大正震災誌）当時の震火は下町の延焼二昼夜に及び総面積二四〇〇万坪に対し焼失面積一一〇〇万坪（総面積の四割六分）を失ひ之が為一五四五〇二九人（全人口の六割三分）が其住居を失ふに至つた。（東京市役所震災直後調査）同年十一月十五日震災地人口調査の結果は一五二七四八九人に減少したが同十四年の第二回国勢調査に於ては一九二六三一〇となり昭和二年十月一日現在二一四三二〇〇を計へ、震災前と同様の数に達した事は図表の明かに示す所である。然してこの三月廿四日陛下の行幸を仰ぐまでの復興の実を見、いよ〳〵人口は増加して充実、更に郊外へと溢るゝの状況である。以上は家康創業当時から現代に至る三百余年間の人口の垂直的増加であるが実に其密度大正十五年十月一日現在に於て一方粁二五八九〇人で世界稀に見る大都市となつたのである。

東京都市計画区域内郊外人口

都市計画区域内八十四箇町村を市街との距離、地価、地代、人口、密

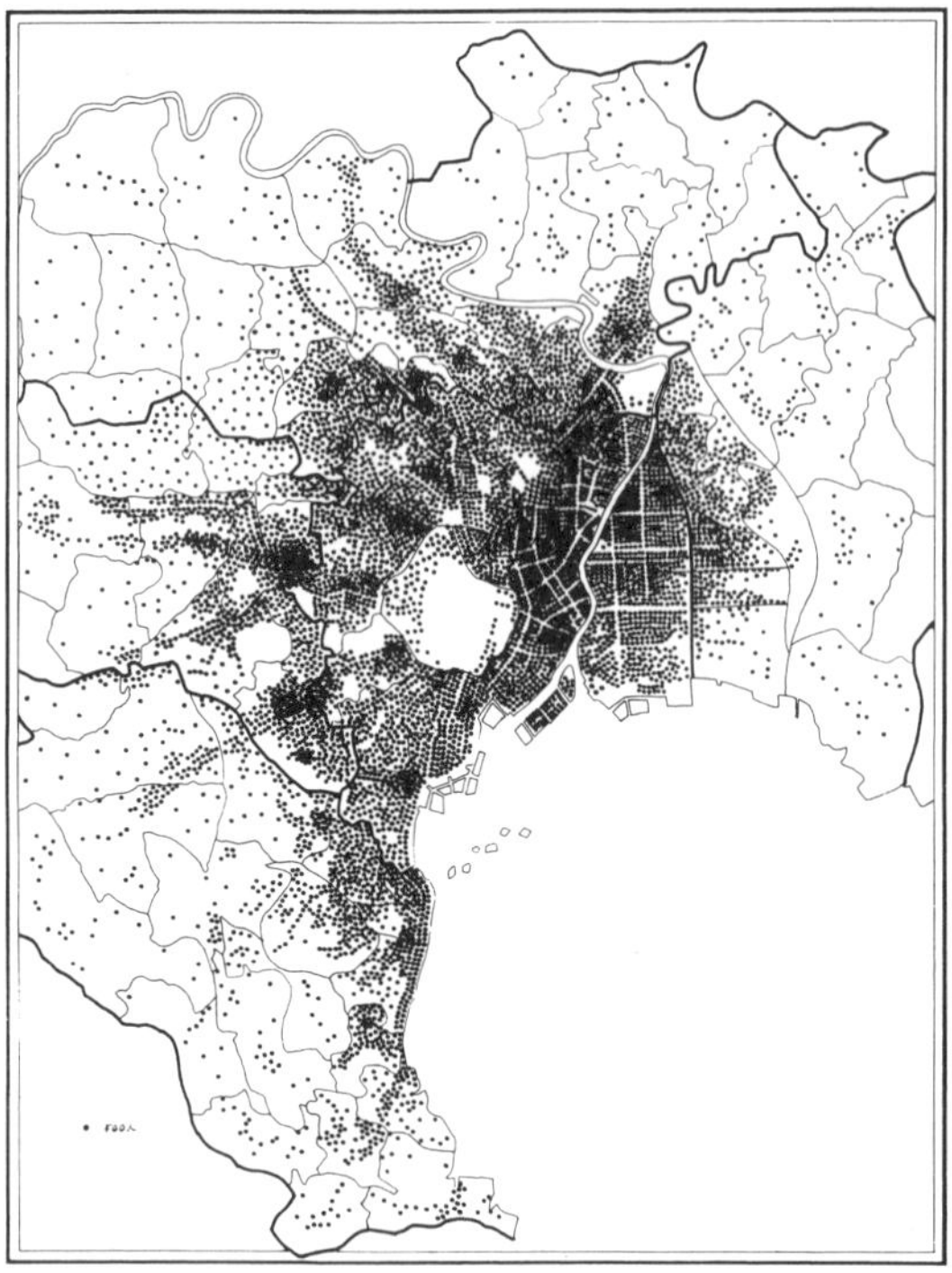

東京市及其郊外人口分布図
大正十四年国勢調査

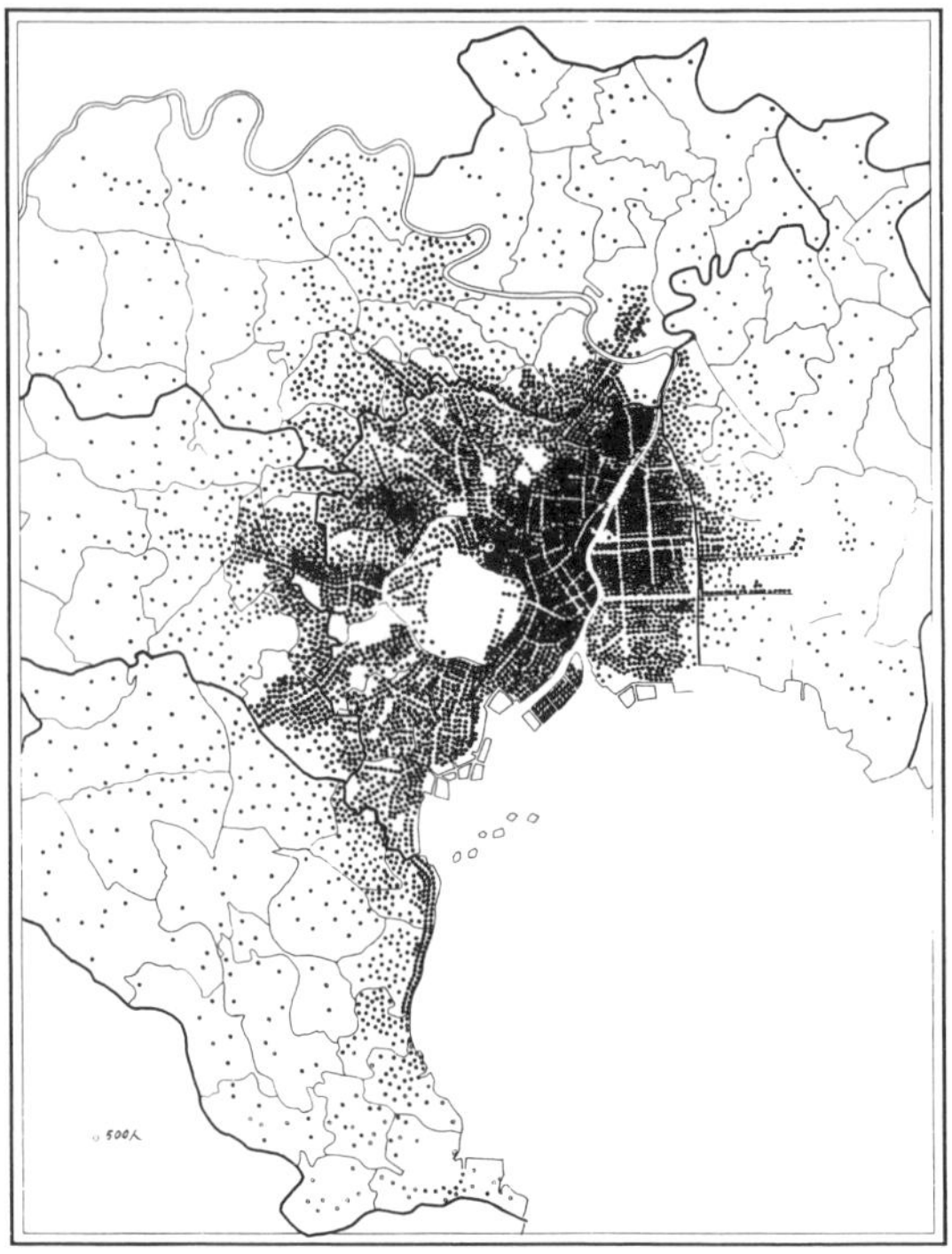

東京市及其郊外人口分布図
大正九年国勢調査

度等の上より之を三圏に分類することが出来、此標準による区域内の人口累年を作成すると増加の過程が三期に分れる事に注意を惹く。

第一期は大正二年前で、第二期は大正二年から震災まで、第三期は震災後より現在即ち（東京都市計画区域内の人口累年表参照）大正二年頃までは郊外殆ど入居住による人口の増加なく、大正二年頃市内人口が密度が二万六千に達するに及んだ頃世界の大戦から経済界の好況時を招来し市内から溢れたため、第一圏に漸く増加の傾向が現はれ逐年増加を現はしたのであるが第二、第三圏には依然著しき増加を見なかつたのである。関東震災の翌十三年には第一、二、三圏共殆ど同一の割合を以て急激に増加したが其後の増加は第一圏は比較的僅少なるに反し、第二圏は著しき増加を続け今尚停止する所を知らぬ状態で東京市内人口充実期から第一圏の郊外の充実期を過去にして第二圏及び第三圏中第二圏に外接する町村の人口膨脹期に入れる時代と見る事が出来る。今大正十四年の国勢調査現在により大正二年以後増加したる割合を図表にすれば次ページ上図の如くであつて、大正二年度人口七〇三一六三人が、昭和二年末二四二六五〇三人で約三倍半の増加をなしたが更に四年度末、否現在の統計を得たならば更に驚くべき割合を提示するに違ひない。かくて大東京の人口は約五百万で実に驚くべき大発展をなしたのである。

東京市人口構成の年齢及性別に表はれた特色

次ページ下図は大正十四年東京市現在人口年齢別及配偶関係を表したものであるが、地方の一般都市は男女の数相半ばし幼年者最も多く、老年者最も少くして通常二等辺三角形を成すものであるが、東京市は図表の如く其趣を異にし、変形帽子形を形成する。即ち老、幼の両階級が著しく少く、青、壮年級のもの即ち二十歳より五十歳迄の者一〇七五九六五人で全体の五五％を占むる事は他の都市の四〇乃至四五％に比し特色ある所で東京市が生産的であり、動的である特色が認められ、更に十五歳より二十五歳迄の者五五一九二八人全人口の二九%である。これ等は多くが修学、修業の目的で来住したものであつて、自然増加よりも入増加の著しきを表はし此点に於ては当市の特色の一面を表現してゐる。更に十五歳以上五十歳までの女子五二一〇一二に対し、男の多きこと実に一八〇三五五である。

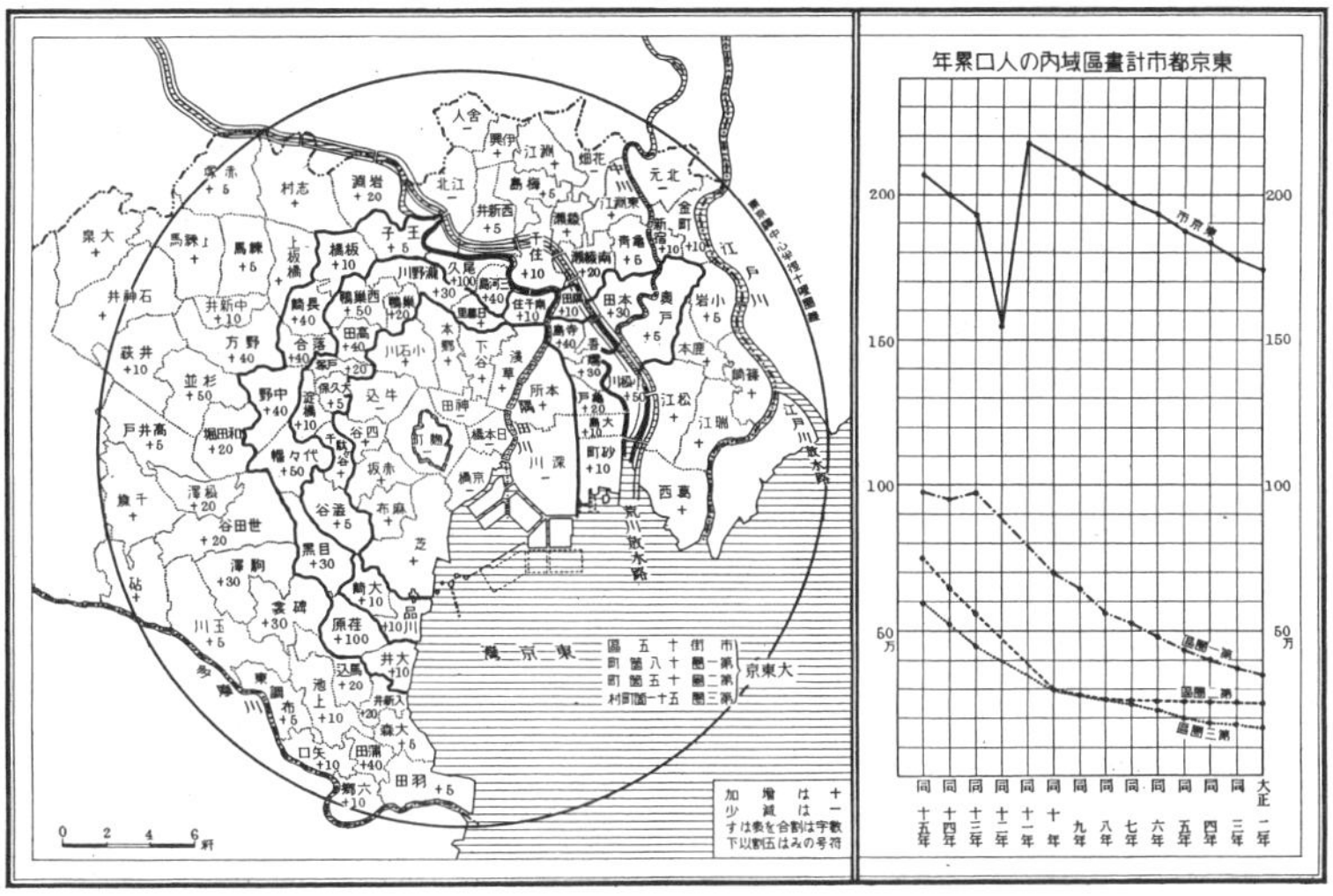

東京都市計画区域内人口増加率及圏区図
自大正二年至大正十四年

人口分布

大東京に於ける人口分布の状況を詳にせんがため大正九年、及十四年度の各国勢調査の結果に基き作成したる人口分布図は最も明瞭に地理的現象の総和価値を認むる事が出来、更に郊外第一圏第二圏と順次其増加の現象を認むる事が出来る。

即ち人口の最も稠密なるは下町地域で浅草区一方粁三九五七八人を最大とし日本橋、神田、京橋、本所の順で之に次ぐは下谷区で尚二六四九五人の密度である。此地域は隅田川を中央に標高二米乃至三米の沖積層からなる平坦部で所謂下町と称する部分であつて、堅川、小名木川の運河を初め幾多の運河は陸の運輸と相まつて貨物輻輳し問屋小売の商賈連檐して江戸時代より既に商業区として江戸繁華の中心をなした部分が更に東京時代に入り近代都市としての諸機関が完備し殊に地域制が重要視さる、に至つて商家は益々同区に集団すること、なり、かく過飽和的稠密帯をなすに至つたのである。深川区

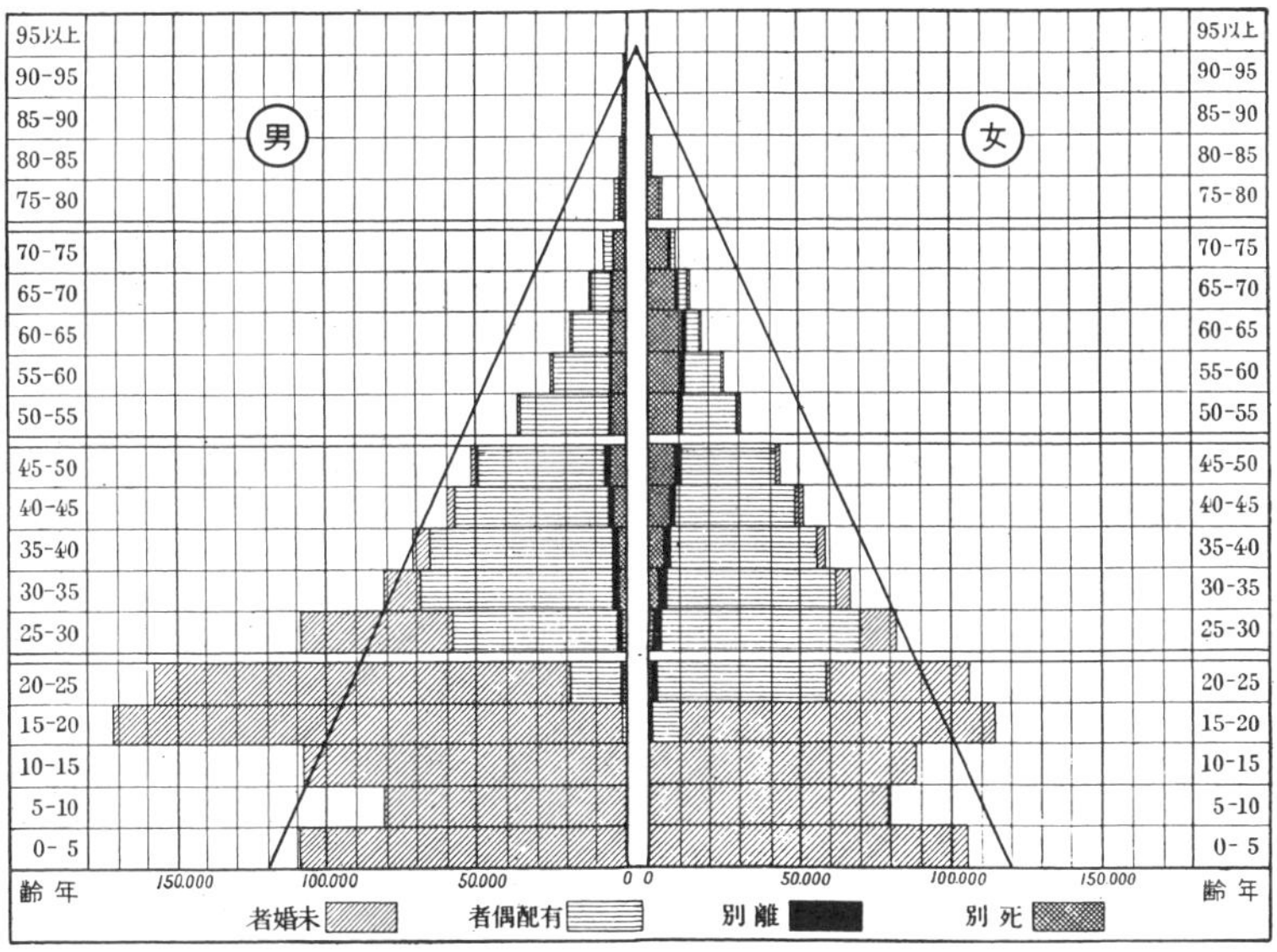

東京市現在人口年齢別及配偶関係
(大正十四年十月一日現在)

が比較的疎に見えるのは地域内に水面利用の貯木場が大なる部分を占めて所謂木場をなしてゐるからである。西半の比較的疎なる部分は所謂山の手で武蔵野台地の東縁部を占め洪積層のロームからなり、市の北方より西半を擁して南に連る部分で、海面上二十米以上の高さに及び、其表面は概して平坦な台地であるが、侵蝕による渓谷が通じて台地は指状に分れてゐて坂路の起伏する所が少くない。台地の低地に臨む所は夫々坂をなしてゐる。東北部は上野の台地でその西は不忍池及び根津の卑窪地を隔てゝ、巣鴨、駒込、本郷、湯島台となり神田川の運河を隔てゝ駿河台となる。本郷台の西に氷川の低地があつて更に大塚より伝通院に至る台地となり其の下部の谷地を江戸川が横流してゐる。目白台は護国寺の台地から連り其南に牛込、四谷の台地があり更に南に麹町、宮城、霞ケ関一円の台地がある。溜池は麹町台地と赤坂、麻布台地との間に横はる窪地であるが、飯倉と三田台との間に猶一条の谷地があるが之等の台地列の尾根上を中山道甲州街道等の主要幹線道路が通じてゐるのであつて、之等の台地列は恰も指が掌で合する如くやがて武蔵野台地となつて西方に連るのであるが、台地面及其斜面には今尚老樹鬱蒼たる所があつて武蔵野の原形を偲ばせるものがある。之等の地域がかつては諸侯の邸宅となり寺社領となつて何れも少人数が大地域を占有した閑区であつた。それが、現在の主要なる住宅区をなして下町に比して比較的疎な西半部をなしてゐるのである。その疎な間に帯状の稠密帯を見出すのは主要街道の両側と細長い渓谷低地部等であつて、これ等は山ノ手住宅区に対する買物町の出現で神楽坂、四谷新宿の大通がある。市と郊外との漸移地帯に或距離の下に稠密な集合帯を見るのは山ノ手線の開通と共に山の手線と市電との交る点で之を中心に膨大した住宅区であり、買物町区である。更に幹線道路及郊外電車の起終点と一致した所であつて淀橋町は其密度実に一九一八一人其新宿は中央、小田原急行の諸線を山ノ手線に入れる所であり、甲州、青梅の二大街道を集めて急激な発展をなし第二の都心と呼ばるゝに至つた所である。更に南に渋谷、五反田、品川、北に池袋、大塚、王子等何れも同一理法による稠密群を認めるのであるが更に環状省線より外に帯状の稠密帯を品川の南、東海道、渋谷の西南大山（厚木）街道、新宿の西、甲州、青梅の両街道、巣鴨の西川越街道、中山道、千住の東北、浜街道の諸沿線に於て市に接近して何れも帯状の稠密帯をなしてゐる。之等はみな山手台地の続き武蔵野台地の西方及西南、西北方へかけての発展を証するものであるが、東郊及東北郊は密度著しく小で且つ増加率の小なことである。殊に江北、舎人《とねり》、花畑の諸町村は何れも其密度五〇〇内外であつて関東地方の平均四二〇に優ること僅かで而も最近減少しつゝあるのである。これ等は何れも隅田川の外方にあり東部も亦荒川放水路を境として人口分布の疎なのは放水路に発展を制約されたためである。此所にも地形をはじめ地理的諸要素が人口分布の上に大な関係を有する事が認められる。

　要するに東京市の人口は江戸時代の後をうけて維新後急激な増加比率を表はし生産によるよりも入居住によつて増加し幼、老者の少きに反し青、壮者著しく多く殊に此階級に於ける男子の多い事が一大特色である。人口分布は低地である下町は商工業区の主体として其密度最も大で今や人口過飽和の域に達し、山ノ手台地も住宅主区として人口が飽和し溢れて隣接の第一圏に及んだのであるが、大正十二年の大震を画期として更に外接する第二、第三圏区に及び今は後者の激増期に入つて其発展の停止する所も知らぬ状態である。之等の郊外居住者が昼間市内に出でて各自の活動をなし、夜静けき住宅に休養をとるのであつて、所謂ラツシユアワーを限度として市内の人口が昼夜に於て顕著な相違を表はす事は之亦近代大都市の人口上にあらはれた一大特色ともいふべきである。

［1－1－E］『日本地理風俗大系　第二巻』（新光社、一九三一年、九〇～一一五、三三八～四〇八頁）

市勢

人口

概説

都市の発達は歴史上に於ても珍らしくないが、政治的単位であつたギリシャの古代都市、経済的単位であつた西ヨーロッパの中世都市に比較して、既に政治的にも経済的にも独立したものでなく国家といふ有機体の一部として世界経済に関与してゐる現代都市の人口の増大は実に驚異に値する。世界の大都市は十九世紀の後半以来著しい人口増加を来してゐるのである。人口の都市集中の傾向は真に世界的現象で、都市中心は現代文化の一大特色と観察し得るのである。殊に純粋な産業都市よりも、首府の人口膨脹は一層顕著であつて、首府の人口の大小はその国の勢力を暗示するとさへ極言されてゐる程である。

わが東京は封建時代においても幕府の所在地として、世界有数の大消費都市であつたが、維新後も新興日本の首府となり、明治、大正、昭和の数十年を通じて各方面の発達と共に、社会的経済的の単元たる大東京は地域の点でも、人口においても著しい増加を来してゐる。かくて内地人口の約八パーセントに相当する五〇〇万の大人口を擁して、大ロンドン、大ニュー・ヨークに次いで、世界第三位の巨人都市《ジャイアント・シティー》となつてゐるのである。

江戸の人口

徳川十五代二百六十余年の間幕政の中心であつた江戸はいふまでもなく旗本八万騎の集中地であり、三百諸侯の邸宅地であつて、それらに寄生する雑多の生業者が集中してゐた標式的の城下町である。

江戸の人口は大阪のそれと同様に比較的よく伝へられてはゐるが、調査の精密を別問題としても、いはゆる江戸の人口として知られてゐるものは、多く町方支配の町々惣人数高を示すもので、中には寺社方門前町町惣人数高を加へ、或は出稼人を調査したもの、出家社人等をも附加したものがあつて、統一的計数を得ることは至難である。従つてそのいはゆる江戸府内の人口として記されてある数字に増減のあるのは当然であるが、四五――五七万の間を上下してゐる。享保六年（西暦一七二一年）の町方人口は五〇一三九四人、同十六年（一七三一年）の飢饉に際しての調査によれば町方五二五七〇〇人、出家、山伏、禰宜併せて二九九〇〇人、新吉原一一九六〇人とあり、延享元年（一七四四年）には四六〇一六四人の記録が残る。天明六年の火災、飢饉等のため救済の必要上調査したものによれば、町方人口は座頭三八四〇人、吉原男女一四五〇〇人を含めて一二八五三〇〇人。（そのうち男六九七八〇〇人、女五八七五〇〇人）出家、山伏、神主を併せて六四二四〇人とあつて前後を通じて断然多数を示してゐる。これは調査が比較的精密に行はれた結果もあるが、虚偽のものもあつたであらうし、新地、門前町人等にも亙つて調査面積が著しく相異してゐることに原因する。次いで寛政十年（一七九八年）には町方四九二四四九人となり、天保飢饉の十三年の調査は最小で町方四四七三四九人、門前町人七三七一四人と記録されてゐる。その後は再び増加し安政二年（一八五五年）には町方、寺社門前、新吉原、品川、三軒地糸割府、猿屋町会所等を合算して五七三六一九人を示し、幕末は多くの他の都会と同様に稍々減少して慶応三年（一八六七年）には町方四五七〇六六人（そのうち男二二八九五九人、女二二八一〇七人）寺社門前町人八一三九七人、出稼人四六三四人となつてゐる。

世界に比類なき大都市江戸

以上を概観して興味あるはいはゆる江戸府内の人口が終始一貫して大きな変動のなかつたことである。産業状態の静止的状態にあつた徳川時代のわが国の人は人口の上でも定常的状態であつたことは多くの学者によつて証明されてゐるが、覇都たる江戸に人口の集中する傾向は少くなかつたのである。それを地方の封建領主が出移住を喜ばず、他方江戸では入移住を禁じた例が多いので、江戸の人口は予想外に変化の乏しいものとなつた。

次に注目すべき点は消費都市たる江戸は当時の世界では類例のない大都市であつたことである。既に述べた通り江戸府内の人口は町方人口を主とし、門前町人、出家、神主等を含まない場合を普通とする。その他武士及びその家族や奉公人、他所支配の町人、穢多非人、無宿者等を全然加算してないのであるから、天明六年の統計を信用しないとしても一〇〇万人位は少くとも現住人口があつたと推算されるロンドンは十八世紀の初には欧大陸第一の都会であるが約五〇万人と計算され、一八〇一年の最初の国勢調査当時には八六四八四五人であり、これに次ぐパリーは中世に於て久しく覇を称へた都会であるが、十八世紀の初葉においては約五〇万人といはれ、同世紀末に革命があつたことにも禍するが、最初の国勢調査なる一八〇一年には五四七七五六人に過ぎなかつた。更にアメリカ合衆国の最初の国勢調査の行はれた一七九〇年におけるニュー・ヨークの人口は僅に三三一三一人であつた、これ等の人口と比較して当時の江戸が如何に大都会であつたかを了解し得るのである。

東京の人口

明治維新となり江戸は東京と改称され、次いで車駕東幸して東京は帝都と定められた。しかし維新直後の東京の人口は他の城下町と運命を共にして減少を来し、明治六年（一八七三年）には、殆ど半減して五九五九〇四人と計算されてゐる、明治九年（一八七六年）以降最初の国勢調査の前年なる大正八年（一九一九年）までの現住人口の消長は表に示した通りである〔本書には収録せず〕。概観するにその増加率は一般に大ではなく、この四十四年間に三倍の増加であるが、年平均では五・二パーセントに過ぎなく、比較的増加の著しかつたのは日露戦争前と、明治の末期である。尤も公簿に登録せられたる戸口の調査による現住人口の弊として、法令の改正若くば寄留者整理施行の年によつて甚しく高低起伏し、例ば明治四十一年から四十二年に五四万人余を減じ、翌年には一八万人を増加してゐる。然し実際上の現住人口は斯様に著しく増減したものではない。但し大正七年の現象は世界的流行感冒に原因すること大なりと考へられる。

市内定住者の減少と大東京

東京市の人口は昭和五年の国勢調査の結果によると二〇七〇五二九人で、大正九年に比較すると実数において一〇二六七二人、割合において四・五パーセントの減少を示してゐる。そして減少の割合が最も多いのは日本橋区（一四・八パーセント）神田区（一四・五パーセント）麹町区（一〇・八パーセント）で次いで本所区（八・二パーセント）京橋区（八・〇パーセント）浅草区（五・八パーセント）下谷区（五・〇パーセント）で、少いのは赤坂区（三・五パーセント）深川区（二・四パーセント）麻布区（二・三パーセント）芝区（一・九パーセント）である。残りの四区が僅に増加を示してゐて、その割合は四谷区（六・八パーセント）小石川区（三・四パーセント）牛込区（二・三パーセント）本郷区（〇・九パーセント）である。蓋し十年前既に飽和状態にあつた下町地域の商業街は、大正十二年の大震火災と、それに続く区画整理を機会として定住者を減少し、住宅地域である山手において幾分の増加をみたものである。

この人口減少の現象は、大阪、名古屋、神戸、京都、横浜等の大都市は何れも著しく増加してゐる点から観ると、都市の人口集中の大勢に逆行した観がある。しかしこの十年間に前記の五大都市は例外なしに境域の拡張が行はれてゐることを考慮に入れなければならない。そこで行政上の東京市のみでなく、都市としての東京の人口について観察してみたい。都市としての東京は勿論行政上の東京市と、それに直接従属する管掌地帯、即ち接続町村を合したものを指し、都市計画の大東京地域がそれである。この大東京地域は東京市の他に南葛飾郡一三町七村、南足立郡三町七村、北豊島郡一三町七村、豊多摩郡一三町、荏原郡一七町二村及び北多摩郡二村を包含するもので、面積は東京の八〇・四平方キロなるに対し、大東京は五七一・四平方キロに増大して、大大阪市の一八一・七平方キロ、大名古屋市の一四八・九平方キロ、大横浜市の一二四・九平方キロに比較しても著しく大となるものである。

大東京の人口

大東京の人口は大正九年において市内二一七三二〇一人、市外一一八五三九六人で合計三三五八五九七人であつたが、大正十四年においては市内は一九九五五六七人に減じ、市外は七八・三パーセントの増加を示して二一一三九五八人となり、結局二二・四パーセント増加して四一〇九五二五人となつた。昭和五年においての市内の人口は既記の通りであり、市外は二九一五九七一人となつたから、過去十年間に市内は稍々減少したが、市外は実に一七三〇五七五人、一四六・〇パーセントの増加で、大東京としては一六八〇六〇三人、四八・五パーセントの激増である。内地総人口はこの十年間に八四八四六七一人、一五・二パーセント

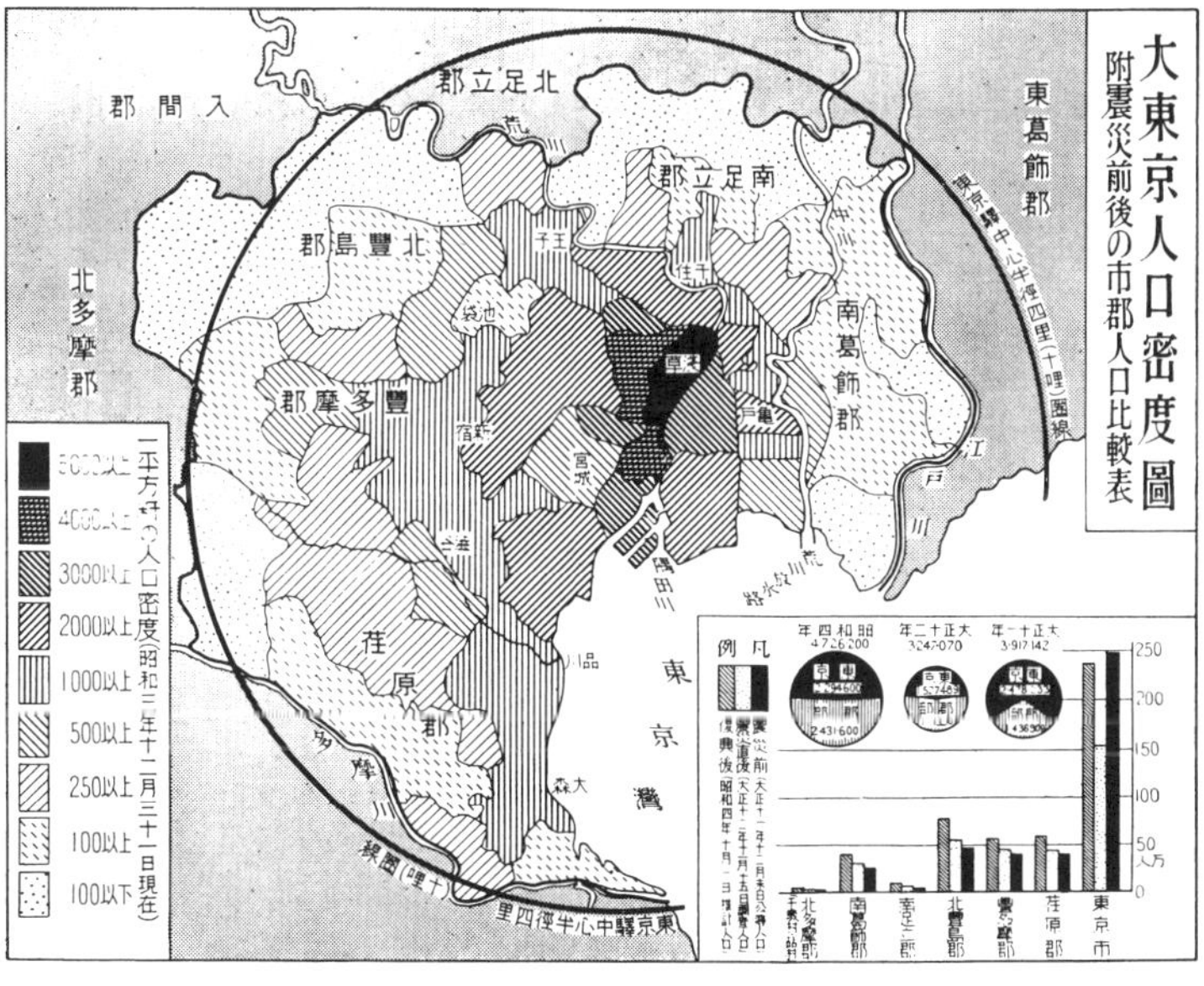

大東京人口密度図
附震災前後の市郡人口比較表

1-1-E 『日本地理風俗大系 第二巻』

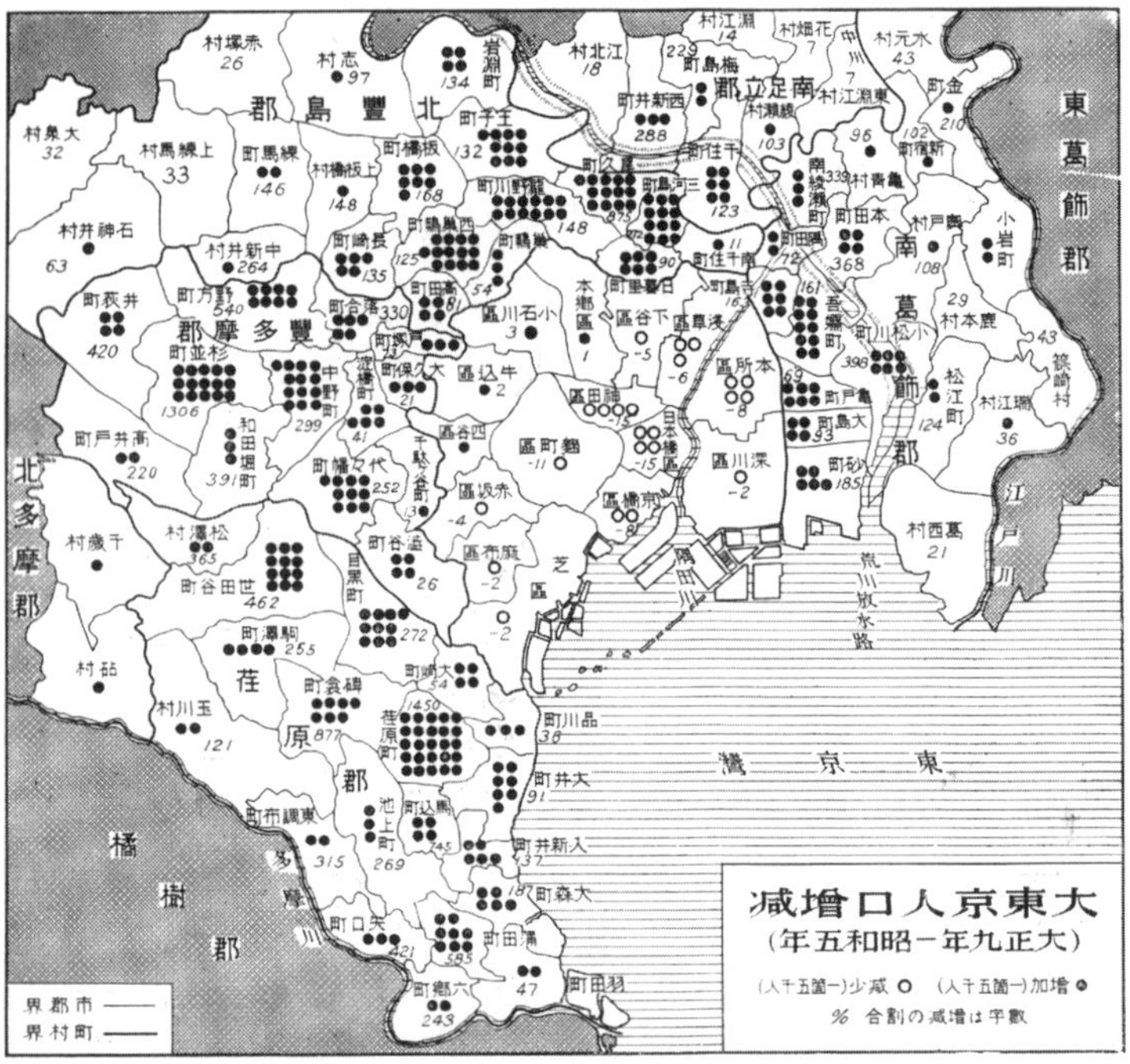

大東京人口増減（大正九年－昭和五年）

増加した。現在の境域を以てしての同年間の増加割合が名古屋市四九・二パーセント、大阪市三八・七パーセント、京都市二九・四パーセント、横浜市二三・五パーセント、神戸市二二・二パーセントであつたのと比較して、決して小なるものでない。

市外人口の増加が勿論市内の飽和と相俟て交通機関の発達に原因し、既に明治の末期から顕著に見られた現象である。大正元年の統計をみると東京市人口は二〇三三二三〇人であつたが、接続三四町村の人口は四七六一二五人あつて、市の人口の二三パーセントに相当してゐたが、大正八年には市内二三五九六三六人に対して市外八三六五四七人となり、三五パーセントに増加してゐる。大東京地域でみると、市外の面積は著しく増大してゐる。大正九年には市内の五五パーセントを示してゐたものが、大正十四年には一〇六パーセント、昭和五年には一四一パーセントに激増してゐる。

次に最近十年間に、どの方面に人口が膨脹してゐるかを観察するのも興味ある問題である。先づ注目されるのは市に直接連続する第一地帯、即ち山手電車沿線の町村において増加率が最も低いことで、千駄ケ谷町一二・五パーセント、大久保町二〇・九パーセント、渋谷町二六・三パーセント、品川町三五・五パーセント、淀橋町四一・四パーセント、巣鴨町五四・二パーセント等がその例で、市の東縁では南千住町一〇・五パーセントが最も著しい。更に第二地帯として前者に外縁する町村においては最も顕著な増加を示して荏原町一四五〇・二パーセント、杉並町一三〇六・一パーセントを最高とし、何れも数倍の膨脹である。その外囲にある第三地帯とみるべき大東京の最外側になると増加率は急減してゐるが、概して第一地帯より高い。要するに第一地帯は大正九年において既に比較的飽和状態に近かつたので、郊外電車の発達と共に第二地帯に非常な勢で注入し、第三地帯は距離の関係から前者に著しく劣るものである。そして方面別に見ると西郊から北郊に続く住宅地域において最も多く増加し、次で京浜沿岸の工業地帯と、江東、江北の工業地帯とである。東北から東部にかけての最外側は住宅地としても工場地としても歓迎されない部分を占めるため、人口の増加は極めて微々たるものである。

入移住者の人口

大東京の人口の異常なる増加は、自然増加よりも寧ろ出移民より入移民の多いことに基く移住増加が大である。昭和五年の国政調査の結果は未だ不明であるから、大正九年の場合について観察してみたい。大正九年の東京市の人口は既記の通り二一七万余であるが、そのうち四二・五パーセントに相当する九二二七三四人が市内の出生で他は凡て入移住して来たもので、東京府下の市外に出生したもの八七六五五七人（四・〇パーセント）植民地及び外国に出生したもの一〇五九三人（〇・五パーセント）で、他府県から移動して来たものが一一五二二一七人で市の人口の実に五三・〇パーセントを占めてゐる。実に標式的の入移住地と見なければならないが、その人口吸引圏を京阪地方のそれと比較するのは興味あることである。

大東京の資料が見当らないために、遺憾ながら東京府に入移住した府県の出生地の分布について述べる。大正九年において大東京の人口は東京府の人口の九〇・八パーセントを占めて、入移住は勿論それ以上に大東京地域の割合が大であると推量してよいからである。他府県に出生して入移住したものは一七二九六七七人である。埼玉、千葉等の近県を最多として関東六県にて七五〇一七一人（四三・四パーセント）を占め、更にその外縁の福島、新潟、長野、山梨、静岡の五県で三七五五六三人（二一・七パーセント）を占め、結局これらの大東京の主要吸引圏からの入移住者を以て六五・一パーセントを構成してゐるのである。福島を除く東北五県及び北海道も勿論大東京に従属するが、一三九二三一人（八・〇パーセント）で重大な要素となつてゐない。以上を除く残余の府県は京阪神及び名古屋の大都市の吸引圏に明に入るものであるが、東京が首府であるといふ点から、大阪に比較して吸引力が普遍的であるのが特色である。即ち中部の残余五県一八五三三五人（一〇・七パーセント）近畿二府五県一二六〇五一人（七・三パーセント）、中国五県五六一一八人（三・二パーセント）、四国四県（一・八パーセント）九州八県六五四〇七人（三・八パーセント）となつてゐる。

市外町村の人口階級別数の変化

人口数	大正九年	昭和五年
五〇〇〇以下	三三	九
五〇〇一――一〇〇〇〇	二〇	一三
一〇〇〇一――二〇〇〇〇	一一	一四
二〇〇〇一――五〇〇〇〇	一八	二七
五〇〇〇一――一〇〇〇〇〇	三	一七
一〇〇〇〇一以上	―	四

入移民と人口構成

夥しい入移民は当然人口構成に変化を及ぼす。大正九年の東京府人口の場合に観ると、府内の出生者は女一〇〇人につき男一〇〇・六一人（市内一〇〇・四八人）で内地平均一〇〇・四五人に近似して男女の数はよく平均してゐるが、他府県出生者では男一二五・四四人、植民地出生者では男二〇九・五一人、外国出生者では男一九八・二八人を示して男の割合が非常に大となつて、男女の数の平均衡は全く入移民に原因することが了解される。昭和五年の国勢調査では内地平均女一〇〇人に男一〇〇・一人であるに対し、大東京地域では男は一一二・七五人であつて、内地の市のうちでは横須賀、佐世保、呉、旭川等の軍事的都市を除けば最も男の割合が多い。殊に市内は男が多くて一一九・六二人の割合を示し、各区とも男が多いが日本橋、神田、本所、深川等が最も割合大で、四谷、赤坂、麻布等の山手住宅地域が比較的平均してゐる。市外では平均男一〇八・一三人であるが、女の多い町村は八あり、残りの七六町村は何れも男子が多い。女子の多い町村は紡績工場の所在することに原因し、江東方面に多い。

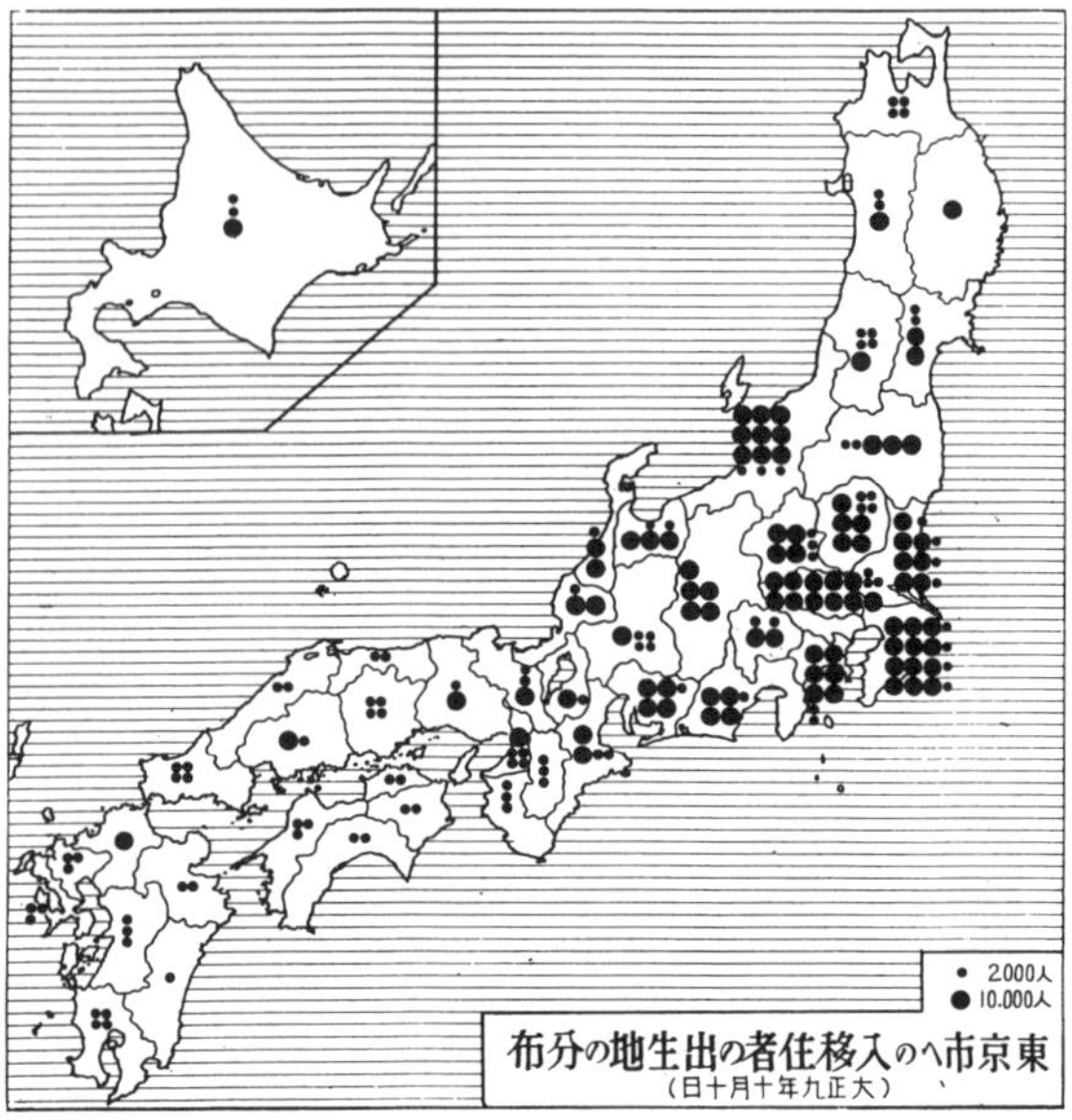

東京市への入移住者の出生地の分布

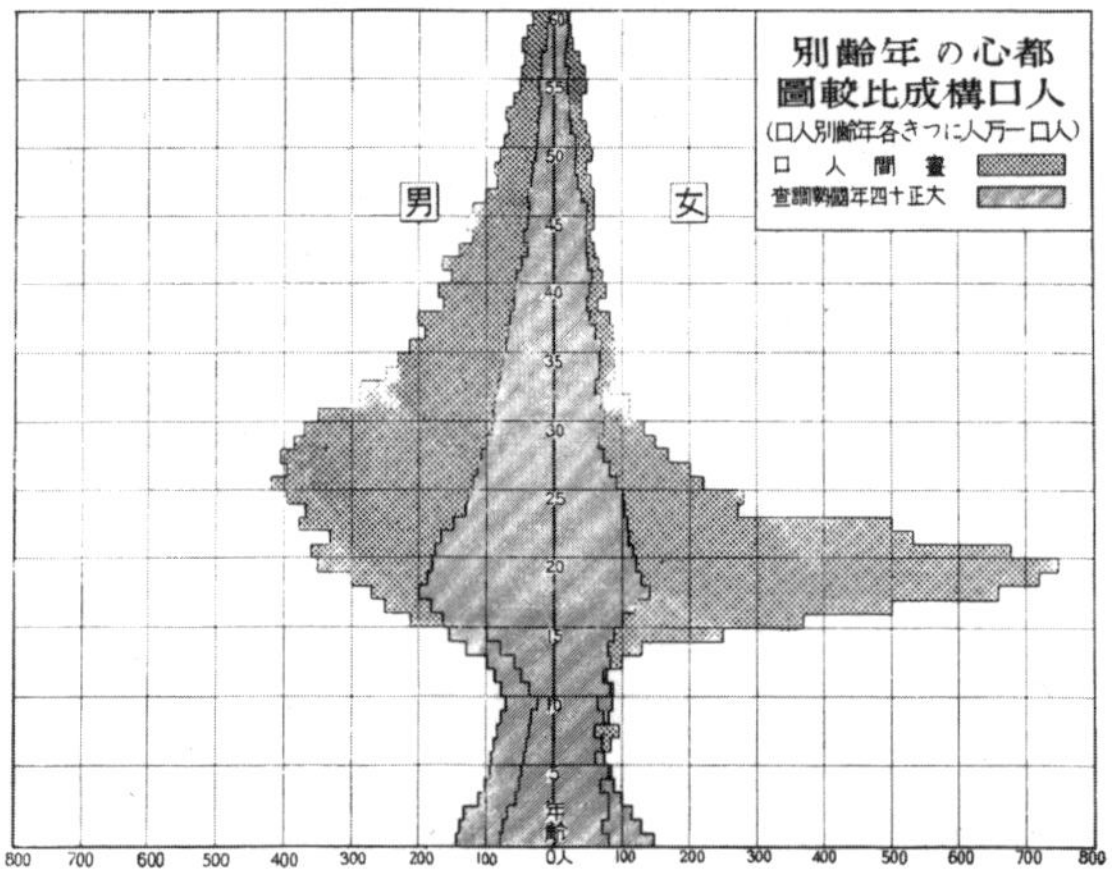

都心の年齢別人口構成比較図

都心の昼間人口

都心《シビック・センター》の人口が飽和点に達すると純然たる業務地域に漸移して、人口は外延の住宅地域に漸次移動する。都市が発達すればする程都心には空地が減少して高層建築増加し、昼間人口と夜間人口との懸隔は益々大となる。大東京の人口は既述の通り異常の膨脹を来し、下町の商業地域は夙に大正の初年頃から飽和の現象が顕著となり、山手の住宅地域及びそれに接続する市外に人口の増加が甚しくなつて来て、近年の郊外電車の発達はそれを大に助長した。また都市計画の実施と共に商業地域、住居地域及び工業地域の区別が判然と定められた。従て大東京地域に於ける昼間、及び夜間の人口の移動は夥しい数に達することは想像に難くない。市内の昼間人口は夜間人口に比較して約七五万人多く、そのうち七〇万人は大東京地域の市外から、五万人は地域外から集中して来るものと推算されてゐる。しかし全域についての科学的調査は未だ行はれてゐないから、丸の内を中心とする範囲において東京市が昭和四年十一月五日午前十一時現在で施行した結果を述べて大勢をうかがふことにする。この地域は大ニュー・ヨークのマンハッタン区、大ロンドン市のロンドン・シティーに相当する大東京の都心地域で、昼夜の人口の懸隔は最も大であると予想されるものである。

この調査によれば、大東京の都心の昼間現在人口は一六九二六二人で、一万坪につき、一六三七人に及んで、これを大正十四年の簡易国勢調査の結果による六六一人に比較すると二・五倍に相当する。これを一九二一年のロンドン市の調査で、昼間人口が夜間人口の三一倍といふ驚異的増加に比較すると著しい差が見られる。しかし日比谷公園等空地の少からぬこと、高層建築の多くないこと、大正十四年の夜間人口と比較したこと等を考慮に入れる必要がある。この都心地域では収容人員五〇人以上のビルデングは一七七に及び、最大の丸ビルの五三七三人を初めとして二〇〇〇人以上八、一〇〇〇人以上一八、五〇〇人以上二五、三〇〇人以上二七、五〇人以上四七あるが、その多くが密集してゐる丸の内（丸の内一・二・三丁目、有楽町一・一〔ママ〕丁目）においての昼間人口は六三三九八で、夜間人口の一八倍に達し、最高密度を示してゐるのである。

性別及び年齢別

男女別及び年齢別に観ると、昼間活動者が生気潑溂たる青年、特に男子が断然多数を占めてゐる。即ち男子一二九四一七に対し、女子は僅に三九八四五で、女子一〇〇に対して男子三二五の割合を示す。そして官公署学校四〇の在勤者三七七六六では、女子一〇〇につき男子五〇二に当るに対し、会社銀行四〇の在勤者四一三三八では女子一〇〇につき男子三一二の割合となつて、職業婦人の活動分野は民営会社において一層拡大されてゐる事実が知られる。年齢構成図は活潑なる都会においてはいはゆる入移住地型なる玉葱状を呈するが、都心の昼間人口においては極端にこの傾向を示してゐる。図で観うるやうに女子は二〇歳を最多として、この前後に非常に多いが男子は二六歳を最多として活動年間が遥に長い。男女を通じて一五歳以下の少年不生産階級に属するものが七・八九パーセント、六一歳以上の老年不生産階級のものが一・九六パーセントなるに対し、一六―六〇歳の生産階級年齢者は実に九〇・一五パーセントを占めてゐて、夜間人口とは著しい対照を表してゐる。職業別に観ると、商業最も多くて四一・八一パーセント、公務自由業二〇・〇六パーセント、工業一六・八〇パーセントとなつて、無職業は夜間の五五・六〇パーセントに対し僅に一一・四二パーセントに過ぎなく、有業者の割合が著しく多いことは、都心の昼間人口構成の特色を遺憾なく発揮してゐる。

通勤通学者と利用交通機関

次に本調査で地域外からの通勤通学者が多数を占めるのは当然で、総数の七三パーセントにあたる一二三七〇一人はこれである。そのうち男子は一〇三三三〇で男子総数の七九・九パーセント、女子は二〇三七一で女子総数の五一・一パーセントに当り、男子は実数においても割合においても遥に多い。更にかれ等の現住所を観るに、市内四九九〇一人（四〇・三パーセント）府下六七七二七人（五四・八パーセント）神奈川県四三八八人、埼玉県九五六人、千葉県六六二人、その他六七人となり、府下では京浜沿線の荏原郡最も多くて二四〇七一人、中央沿線の豊多摩郡二一二七八人、東北沿線の北豊島郡一七六七〇人で、江東の南葛飾、南足立の二郡は著しく劣る。またかれ等の利用交通機関の種類別に観ると、

神田の喫茶店街

表神保町の一角喫茶店街が密集し朝からレコード騒々しく学生の遊ぶもの多く学生町神田の趣が深い。

夏の仲見世

暑い夏の真中でも浅草は常に賑かである。本尊観世音の御利益もさることながら御参りを済ませばあとは日本一の大歓楽の巷がまつてゐる。しかもいづれも大衆を相手としたものでここに浅草の浅草らしい気分が人々の心を酔はせる。図は仲見世を通して仁王門。

省線、市電、乗合自動車のうち一種のみの利用者九〇八二九人、二種以上の利用者二一六九八人、徒歩者一一一七四人である。一種利用者のうち省線のみによるもの五九・四パーセント、市電のみによるもの三五・七パーセント、乗合自動車等が四・九パーセントである。利用者全体では省線六〇・一パーセント、市電及び乗合自動車三九・一パーセントで、如何に省線利用者が増大し、市電を圧迫しつつあるかが了解される。省線四駅のうちでは東京駅の三二二三六が最多で、有楽町駅は第二位で約その半数を占め、市電停留場では和田倉門三六五一人、日比谷公園二八五二人が最も多い。

前記の通勤通学者のうち東京駅降車数は、この駅の降車人員の四八パーセントにしか当らない点からも類推されるやうに、この調査に全然除外されてゐる買物・見物・散歩・観劇・訪問等の目的で、この地域に入込む者が一層多いことであらう。またこの調査によつて政治的の東京市が、都市としての東京の限界には何等意義を有しないものであることが明瞭に示された。

交通

概説

大都市の成長と交通の発達とは不可分の関係にある。交通機関の完備なしには到底今日の大都市は現出し得ないものであつた。大東京の交通の過去及び現在を観察しても明かにその関係が了解される。人口の増加と共に境域は拡張し、商業地域、工業地域及び住宅地域に画然と分化して来、それ等の相互間を往復する乗客数は加速度的に増加し、連絡する交通機関は可及的に高速度を要求してゐる。人力車や馬車の時代を既に去つて、市内の路面電車も過去のものとして取残されつつある。それに反して高架鉄道、自動車、地下鉄道の利用時代に入つてゐる。自動車の著しい使用は当然旧来の道路では満足できなくなり、拡張と舗装を余儀なくされた。域外との交通も全く同様でスピードが最も尊重され、超特急は主要省線を走り、郊外鉄道も遊覧地と高速度電車で連絡してゐる。

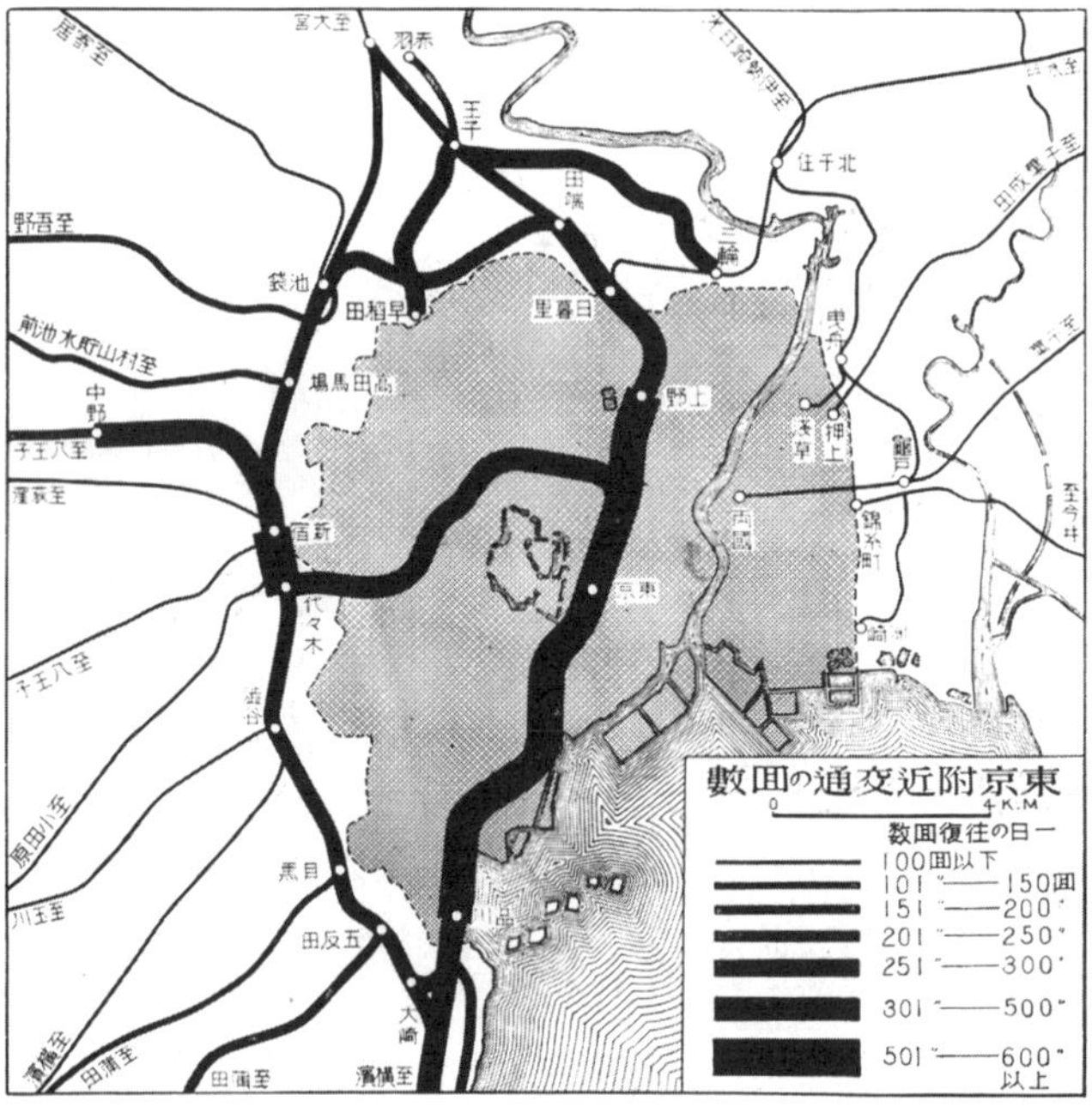

東京附近交通の回数

道路

道路の系統は江戸時代のそれを根幹とするもので、当時の主要道路は日本橋を起点とする東海道（品川）、中山道或は東山道（巣鴨）、甲州街道（新宿）、水戸街道或は陸羽街道（千住）、日光街道或は岩槻街道（王子）のいはゆる五街道と、千葉街道（小松川）、青梅街道（淀橋）、厚木街道（渋谷）との八大幹線が走つてゐたが、これらの諸道路は現在においても都心地域から外部に通ずる放射道路として最も重要な役割を演じてゐる。しかし江戸初期の道路は東海道にしても幅員五間に満たない程で、明暦の大火（一六五七年）後、或は幅員を拡張し、市区もまた多少改正して日本橋京橋間に三箇所の広小路を設け、上野と本郷に朝小路を造る等のことがあつたが、概して道路は無秩序であり、路幅は狭隘であつてかつ屈曲多く袋路も少くなかつた。これは都市の支配者たる将軍の居城をのみ守護せんとした軍事的必要に迫られたのであらうが、他方には地形に基因するものである。下町は菹茹の低湿地を逐次埋立拡張して行つたものであり、山手は台地と谿谷とが交互して下町から山手に通じ、若くは台地間を連絡する道路には必ず坂路を生じ、路線の屈曲を免れなかつたのである。

明治維新となつて一時は士民が離散し、大邸宅も荒廃したが、漸次膨脹する人口を包擁するために道路は一層錯雑せざるを得なかつた。従つて市区改正の必要に迫られ、既に明治五年の丸の内、銀座方面の大火の跡に実施され、その後も明治二十二年から四十三年に至る第一期速成事業、大正三年から六年に至る第二次速成事業が決行され、次で大正九年一月から実施された東京都市計画事業は市郡に亘り緊急なる路線八六、延長七七〇〇間の新設拡張を計画したが、未だ着工されない際に大正十二年九月の大震火災が突発して、偶然にも面目一新の好機を齎したのであつた。この点ではロンドンの大火、シカゴの大火と規を一にするものである。

帝都の復興計画は焼失地域の内外に亘り約三三〇〇万平方メートルに実施されたが、復興計画には勿論街路系統が根本であつて、幹線街路（幅員二二―七三メートル）五三線一一八五三四メートル、補助線街路（幅員一一―二二メートル）一二三線一二三八六二一メートル、区画整理街路（幅員三―二七メートル）四五九四九五メートル、合計七一六六一〇メートルの延長に亘る街路が整備した。中にも市を南北に貫通する品川から銀座東裏を抜けて上野駅前を通り千住に至る幅員三三―四四メートルの第一号幹線が最大のもので、これの完成のために従来の日本橋、銀座の本通りは補助的地位に落ち、これと直交して東西に横断する第二号幹線が幅員一五―三六メートルを有して九段から両国を経て亀戸に至り、神田の古本屋、柳原の古着屋の景観を一変してしまつた。その他はこの二幹線を基準として不規則格子状の配置で、東京駅を中心とする環状街路も竣成した。

かくて既成都市の改正で幾多の因習上、経済上の困難に直面したが、復興計画地域はもとより、残余の地域にも漸次道路の改善が行はれ、車道歩道の分離、瀝青《アスフワルト》、膠石、木塊等による舗装道路は街路の緑化施設、照明装置と相俟つて交通上以外にも衛生上、美観上面目を改めて、晴天の黄塵、雨天の泥濘は昔日の夢と化しつつある。

道路の完備は当然橋梁の整備を随伴する。震災前の橋梁としては日本橋、旧常盤橋等の石橋、吾妻橋、永代橋等の鉄橋もあつたが、復興事業と共に隅田川に架せられた永代橋、大橋、清洲橋、両国橋、蔵前橋、厩橋、吾妻橋、駒形橋、言問橋等を始めとして実に四一七橋が竣工し、これらは型式は多種多様であるが、何れも嶄新の意匠をこらして鋼及び鉄筋コンクリートの耐火耐震の構造で、復興の帝都は宛然橋梁の展覧場の観を呈してゐる。

市営電車

明治四十四年東京鉄道株式会社から買収して経営を開始したもので、昭和二年における営業キロ数三一七・七キロ、全市に普く走つてゐるが

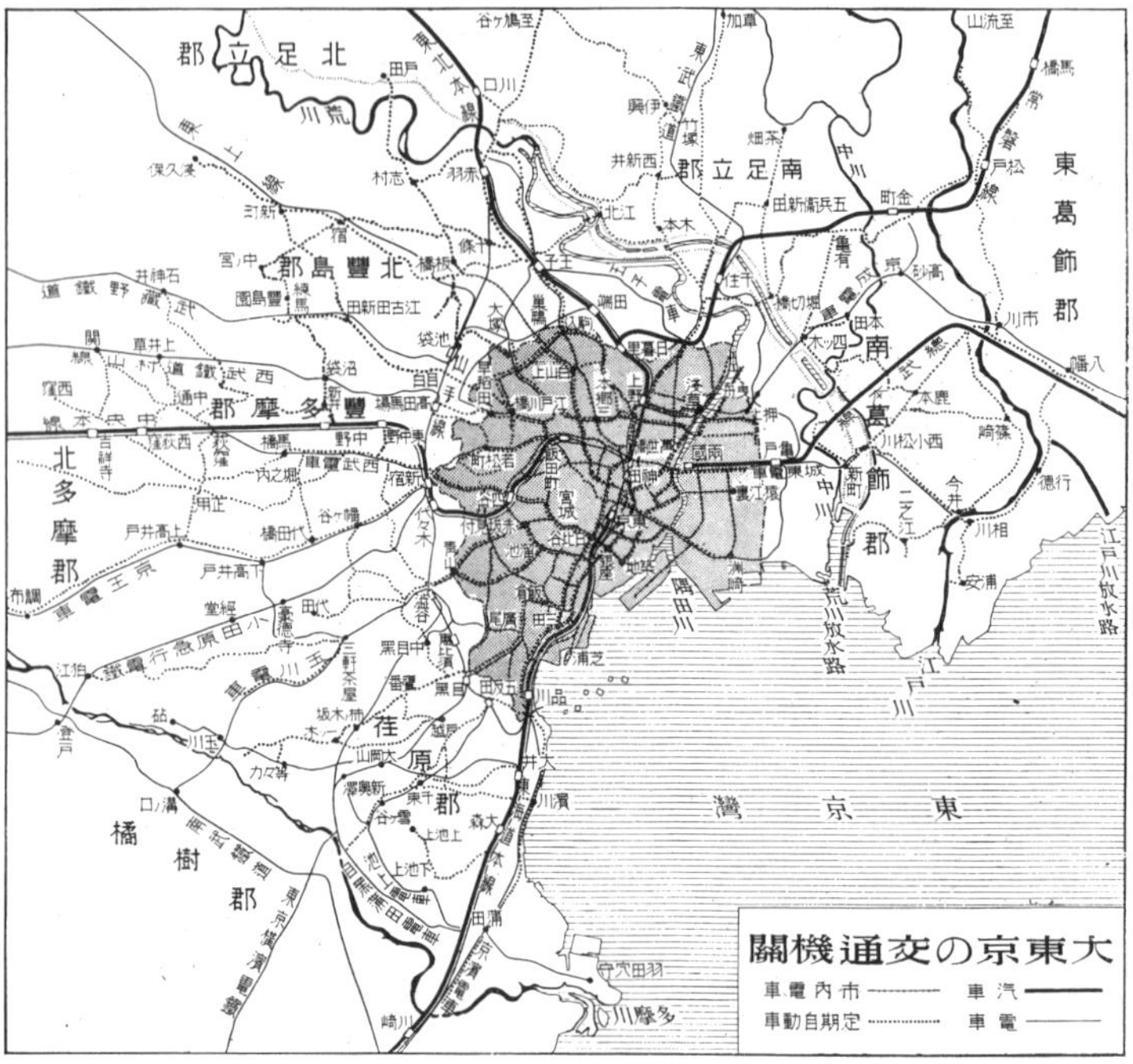

大東京の交通機関

都心地域において最も密であつて、山手は概して粗で環状線は甚しく劣つてゐる。同年の乗客数は四三八一〇万人、一日平均一二〇万人に達して、その輸送量の大なると低廉なる点において市内交通機関のうち最も大衆的のものである。しかし固定した市域内にあることは急増する郊外居住者の吸収に不便であり、その速度は最近目覚しく進出した自動車、省線電車等の高速度交通機関に比較して甚しく遜色があるため、大戦前の如き独占的地位を失つて補助的地位に降つてゐるのは当然である。

月別乗客数の較差は至つて少いのが市営電車の特徴で、春の行楽季節四月五月に最も多く、次いで秋の行楽季節なる十月十一月で、年末と年始がこれに次ぎ、八月、二月において最も少数である。一月のうちの変化は天気や日曜等に左右されること大であるが、月初よりも月末に多い傾向が認められる。一日中の変化は勿論電車系統によつて差別があるが、始電には少いが、七時から九時までの朝にラッシュアワーに激増して最も多く、九時から四時までは大きな変動なく、夕のラッシュアワーはやや長くて四時から七時まで持続し、その後は終電まで緩かに減少してゐる。

お江戸日本橋は徳川時代に日本全国里程の起点の場所で今は橋の中央に電柱を兼ねた里程元標がある。ここを起点として市内を通ずる国道は品川に出る東海道板橋に至る中山道千住に至る奥羽街道市川に出る千葉街道及び新宿に至る甲州街道の五線である。

日本橋里程元標

乗合自動車

スピード時代の要求に応じて出現した自動車の普及は実に顕著なもので、東京市内の自動車は大正元年僅に一五〇台、大正九年二一二三台のものが、昭和二年には九四三三台に増加し、現在は一・五万台に近い。その三分の二が乗用車で、残余は貨物自動車であつて、何れも短距離の補助的交通機関として活躍してゐる。そして円タク、乗合自動車の発達は全く乗用馬車、人力車を顧る者なきまでに大衆化して来、貨物自動車は近県の都市を縫うて汽車輸送と対抗しつつある。

大東京地域における定期乗合自動車網は図に示した通りで、省線、郊外電車の補助的高速度交通機関として如何によく利用されてゐるかを推知し得る。乗合自動車の経営者として最も大なるは東京乗合自動車株式会社（大正七年創立）と東京市（大正十二年大震災後開始）の二である。両者とも市内を主とし、その密度や頻度は都心地域を最大として多くは東京駅に集中し、輸送人員（延区数）は一年に一億人に近く、一日に二五万人を超えて市営電車の最大なる競争者となつてゐる。

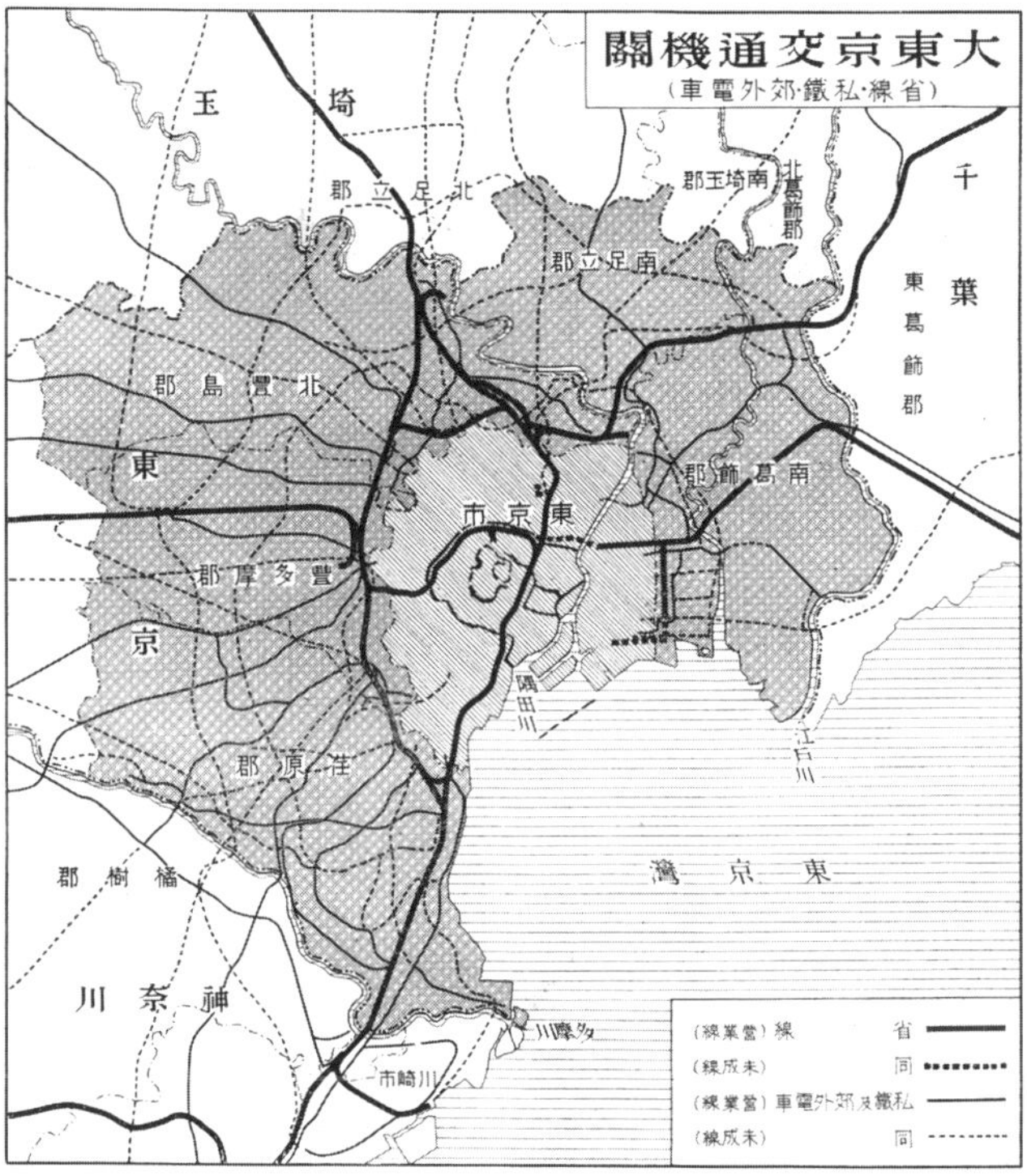

大東京交通機関

省線鉄道

東京は東北日本における最大の交通核心地で、幾多の汽車、電車、自動車、船舶、飛行機等がここを中心として放射してゐる。省線としては東海道線が東京駅を起点として東海地帯及び西南日本と連絡し、東北日本の門戸としては上野駅があつて東北本線、常磐線はここを起点とし、中央高地へは中央線が走つてゐて飯田町駅を発駅とし、房総方面には両国駅から総武本線が出てゐる。これらの発駅間の乗換連絡としては省営の電車、自動車がある。また貨物駅としては東海道線に汐留駅、中央線に飯田町駅、東北本線に秋葉原駅、常磐線に隅田駅、総武本線に両国駅があるが注目すべきは何れも水運の便も併有することで、連結仕分駅として南に品川駅、北に田端駅がある。

大東京地域における旅客駅は六一あり、昭和二年において乗客数三〇一〇〇八二一四、降客数二九七五九六九六に及んでゐるといふから、その数の甚だ多いことが知られる。また市内外の二三貨物取扱駅の発送量は三〇一三二七〇トンなるに対し、到着量は七六二四三四八トンの多きに達して、大東京の消費都市なることを有力に物語つてゐる。

上野山下の交通状態

現代の東京は自動車全盛時代で「市内一円」の札を掲げた空車の洪水でうつかり道も横ぎれない。円タクが事実は五十タクとなり近頃は三十銭二十銭でも乗せるといふので猫も杓子も便乗。歩くのが馬鹿なくらゐ。写真は自動車横行の一例として掲ぐ。

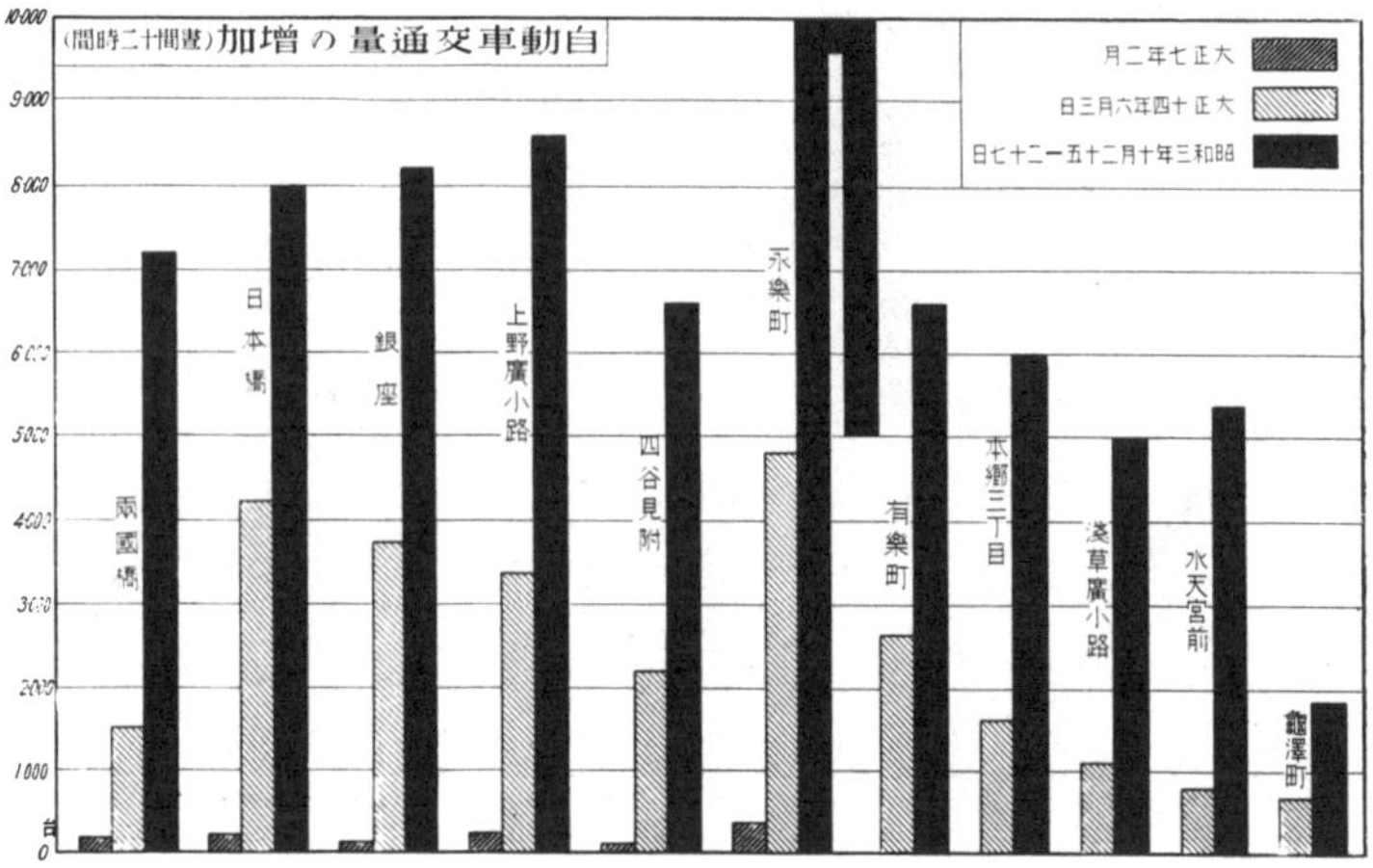

省線電車

汽車は大東京の貨物輸送のためには多大の機能を発揮してゐるが、比較的遠距離との間に行はれるもので、大東京地域内の貨物移動機関としては貨物自動車、川舟等が一層貢献してゐる。旅客輸送においても同様の関係で、汽車旅客は大東京地域外の遠距離を使命とし、地域内においては専ら各種の電車及び自動車が活躍してゐる。中にも都心と郊外を連絡する高速度交通機関としては省電の京浜、山手、中央の三線の独占である。市営電車、自動車は殆ど行政上の市域内に限られ、郊外の電車、自動車は例外なく省電線各駅と結び、これを基点としてその培養線たるに過ぎない現在である。従つて省線電車の乗客数は極めて多く、前記の乗客数の大部分は省線電車の占めるものであり、定期券の旅客を合すれば一日平均の旅客数は実に一〇〇万人を突破してゐる盛況である。

省線電車の旅客交通量については昭和四年五月二十二日（水曜）の調査がある。それの結果によると、電車区間各駅に下車した総人員は一一九〇八〇五人であるが、そのうち六六一一五人は汽車電車併用駅に汽車から降車したもの及び省社共同使用駅に会社線から降車したもので、実際省電に乗車した人員は一一二四六九〇人である。そして乗車券別にみると普通乗車券による乗客四六一四三九人（四一％）、定期乗車券による乗客五九六八一三人（五三％）、鉄道乗車証所持者六六四三八人（六％）であつた。定期乗車券による者が最大多数を占める事実は、かゝる平日の固定乗客を目標とした調査では当然と予想されるが、当日有効の定期券所持者の使用回数は平均一・六回に当るといふから、これ等の数字からして市内の昼間人口の増加は大約七五万人と推算されてゐるのは大差ないと観察される。

各駅別の降車人員を観ると、新宿が第一位を占め、東京、上野がこれに次ぎ、池袋、渋谷、新橋、有楽町、神田、大井町、目黒、品川等の順序となつて、都心地域及び郊外電車との接続駅において著しく雑踏することが知られる。次に時間別降車人員は、午前は七時から九時までをラッシュ・アワーとし、最高潮時の七時半から八時までの三〇分間の総計は八一三六六人であるに対し、午後のラッシュ・アワーは四時から七時半まで続き、その最高潮時などは定員を倍加してゐて、朝のラッシュ・

アワーは如何に混雑するかが窺知される。

乗車駅に就いては、午前の混雑時（六時半―九時半）に東京、有楽町、神田及び新橋のビジネス・センターに下車したものを観ると、所要時間三〇分以内、即ち蒲田大井間、赤羽上野間、中野飯田橋間及び山手線の各駅で乗車するものが七九%を占め、一五分以内一二%、四五分以内七%、一時間以内二%となつてゐる。

各駅の最高輸送区間と時間

線	時間（時 分）	通過人員（人）	輸送力	通過車輛（輛）	超過率（%）
京浜線	午前 七・三〇 八・〇〇	一〇九七五	五四〇〇	五八	一〇〇
山手線	同	五四五二	四〇〇〇	四〇	三六
中央線	同	一二七一二	七八〇〇	七八	六三

郊外電車

大東京の人口増加と郊外電車の発達とは極めて密接なる関係にあること勿論である。現在一三会社一五線と市電の三延長線及び省線の山手循環線、中央線、京浜線等が営業してゐるが、最も密集してゐるのは南郊に次いで西郊を専らとし、北郊及び東郊には割合に少くて全然人口密度や人口増加の方向に一致してゐる。

南郊即ち京浜沿海地帯には省線の外に京浜電気鉄道の本線が高輪―横浜間（二二・三キロ）を走り、大森、穴森、川崎大師の三支線があり、池上電気鉄道線は省線蒲田駅と五反田駅との間（一一・〇キロ）を連絡し、雪ケ谷、新奥沢間（一・四キロ）の支線を有し、また目黒蒲田電鉄は省線の目黒、蒲田両駅を彎曲して結び（二一・八キロ）、大井町と二子玉川を連ねる支線（一〇・二キロ）もある。山手の渋谷駅を起点とする東京横浜電鉄は本横浜との間（二四・九キロ）を走り、玉川電気鉄道は市内の天現寺橋から渋谷駅を経て溝ノ口に至るを主とし（一三・九キロ）、他に三支線（八・八キロ）がある。その上、この地域には京浜電鉄五反田延長線、山手急行、大東京鉄道等も、既に免許されてゐて最多最密の電車網を呈してゐる。

更に北上すると新宿が大集合点を示して、省線の山手、中央の両線が交叉する上に、小田原急行鉄道は新宿―小田原間（八二・八キロ）を急馳し、新原町田から江ノ島に至る支線（二九・〇キロ）を出し、京王電気軌道の本線は四谷新宿から東八王子に至つて（三八・五キロ）八王子市と結び、その支線は調布から多摩河原に至り（一・〇キロ）、省線も多摩御陵に近い浅川駅まで電車を通じ、これらは何れも郊外住宅者を顧客とすると同時に遊覧地を終点としてゐる点で一致してゐる。また西武鉄道の新宿線は青梅街道上を新宿から荻窪まで走り、村山線は高田馬場駅から分岐して川越市に至るが（四五・七キロ）、途中で東村山から村

京浜電鉄高輪停留場

京浜電鉄は諸電鉄の先駆をなすもので高輪横浜間の本線のほかに大森穴森川崎大師の三支線がある。省線の京浜電車ができるまでは京浜間の交通に便益を与へ乗客頗る多かつたものであるが今は省線に客を奪はれた形で以前ほどさかんでなくなつた。

東武鉄道雷門駅

近頃活躍しつつあるのは私営電鉄の市内への進出である。中でも東武鉄道は今年に入つてから線を延長して雷門駅を新設した。これによれば日光鬼怒川温泉などへも汽車に乗らずして簡便短時間に至ることができるのでこれを利用する遊山客が少なくない。

地下鉄ビル

都市騒音時代における地下鉄の要求は切なるものがあつた。ここに東京地下鉄道株式会社は創立され東洋最初の地下鉄道は第一期に浅草上野間を第二期に上野万世橋間を完成し更に延長工事中である。写真は浅草雷門東の地下鉄ビルデイングで売店食堂等がある。

山貯水池までの支線を有してゐる。

池袋もまた電車の集合点で省線の山手循環線から赤羽線を派出し、武蔵野鉄道はここから飯能を経て吾野に至り（五七・九キロ）、豊島遊園地と村山貯水池に短かい支線を出し、東武鉄道の東上線は近年電化して池袋から川越を経て寄居に達し、秩父鉄道線に連絡してゐる（七四・八キロ）。市電の早稲田終点から大塚駅を経、王子駅に出で三ノ輪に至る（一一・三キロ）王子電気軌道があり、王子駅前から赤羽まで支線（四・二キロ）を出してゐる。また市電の市外線なる飛鳥山線と板橋線がこの地域にある。

江東方面においては最も稀薄になるが、南には城東電気軌道が小松川と洲崎、今井を結び（一一・〇キロ）、その北に京成電気軌道と東武鉄道の東武本線がある。前者は押上を起点として門前町成田に達し（五五・七キロ）、津田沼から分岐して千葉に通じ（一三・〇キロ）、その他金町支線（二・三キロ）、白髭支線（一・四キロ）を有し、後者は雷門から日光まで一二四・四キロの電化を完成して省線と激烈なスピード競争を演じつつあり、曳舟―亀戸間（三・四キロ）に支線を出してゐる。また市電の市外線が千住大橋―千住新橋間に通じてゐる。

郊外電車の乗客数は幾何級数的に急増してゐて、大正七年三四〇三万人、一日平均九・三万人のものが、昭和三年には二四一三五万人、一日平均六六万人となり、実に七倍強の増加である。そして乗客数の多いものは京浜、目黒蒲田、次いで王子、玉川、京王以下京成、西武、東武、城東、小田急、武蔵野、池上、東京横浜の順序となり、延長一キロ当りの平均にすると目黒蒲田、王子、京浜、城東、玉川、池上、京王、西武、東武、東京横浜、京成、武蔵野、小田急の順序となつて、郊外人口の分布はこれによつて大体を推知し得る。ただ大東京の郊外電車の欠点とするところは放射線で環状線を殆ど欠くばかりでなく、市内を起点とするもの殆どなく、況んや都心地域に突入してゐるものに至つては皆無のことである。郊外電車の使命は郊外居住者と都心地域との敏活な連絡を主とし、兼ねて衛星都市や遊覧地を接続するにあり、殊に現在の如きスピード時代に省線、市電に必ず乗換を余儀なくするは時代錯誤の甚しいものといはねばならない。

地下鉄道

市外地域交通機関として最も将来あるは地下鉄道である。その高速度にして輸送力の大、しかも安全であつて乗車賃も比較的低廉な諸点は他の交通機関の企及し得ない長所である。ただ建設費の大なることと、大東京は高層建築物少く、人口の割合に水平的の膨脹が甚しいために発達が遅れてゐる。

地下鉄の乗降口

東京における地下鉄道の工事は日毎に進行してゐる。そしてスピード時代にふさはしいこの交通機関の利用は今や珍しいといふ時代は過ぎて実用化されるに至つた。写真は上野駅前の乗降口。

現在の営業線は東京地下鉄道株式会社の経営にかゝり、浅草—万世橋間の三・八キロに過ぎなく、乗客数も年に三万人位で局部的の地位にあるが、その予定線なる浅草—品川間が全通し、更に資金難から未だ着手されてゐないが東京市の敷設権を得てゐる次の五線（八二・四キロ）が開通の暁には、大東京の交通潮流に一大変化を招来するものと期待されてゐる。

1　五反田—新橋—万世橋—上野—浅草—押上　一六・七キロ
2　目黒—西大久保—本石町—浅草—南千住　一六・一キロ
3　渋谷—桜田本郷町—東京駅—万世橋—巣鴨　一五・四キロ
4　新宿—四谷見附—日比谷—築地—御徒町—本郷三丁目—大塚　二〇・〇キロ
5　池袋—早稲田—一ツ橋—東京駅—永代橋—洲崎　一四・二キロ

（武見芳二）

東郊と北郊

東郊

概説

大東京の東部を占める南葛飾郡と南足立郡の千住町を除外した部分とをここで東郊と呼ぶこととする。この地域は荒川（下流は隅田川）と江戸川とに挟まれて、その真中を中川が流れ、これ等の形成した三角洲平野である。従て西郊が雑木と薄との乾燥した台地であるに対し、東郊は蘆荻と白帆の風趣を特色とする沮洳地に富み、西郊の広々とした畑地であるに対し、東郊は平板な水田多く、西郊の富士の秀麗の眺めあるに対し、東郊は紫の筑波の双尖が浮んでゐる。

千住、向島以南の南葛飾郡の殆ど全部は、古くは葛西清重の寄進した伊勢大神宮の荘園で、葛西御厨と呼ばれ、享保《（ママ）》頃には小田原北条氏の所領であつた。その北は河辺氏の下河辺の荘で、後には淵江領と総称されてゐた。南足立の郡名は新しいもので、明治十一年の命名に過ぎない。面積は南葛飾郡一〇〇・六平方キロ、南足立郡五三・五平方キロあり、南葛飾郡は小松川、松江、小岩、金町、新宿、吾嬬、本田、南綾瀬、隅田、寺島、亀戸、大島、砂町の一三町と、葛西、瑞江、鹿本、篠崎、水元、奥戸、亀青の七村、南足立郡は千住町を除くと西新井、梅島の二町及び江北、舎人、綾瀬、東淵江、花畑、淵江、伊興の七町に分れてゐる。

放水路の西と東

この東郊地域は更に荒川放水路以西と以東とに於て顕著な相違があるから分けるのが至当である。放水路以西の隅田、寺島、吾嬬、亀戸、大島、小松川、砂町の七町は江東の本所、深川の二区に隣接して、いはゆる江東の工業地帯の一部として早くから人口の稠密地となつてゐるに対し、放水路以東においては近年工業が比較的発達して来た西新井、綾瀬、南綾瀬、本田等の諸町村もあるが、概して未だ農村的色彩強く、耕地及び人口から観ると、この相違は甚だ明瞭となる。即ち全面積に対する耕地の割合は南足立郡は五七・七パーセント、南葛飾郡は四〇・七パーセントの多きに達してゐるが、これを荒川放水路で分けると、以東は六一・〇パーセントあるにも拘らず、以西は僅に二・二パーセントに過ぎない。

また昭和五年の国勢調査によれば以西の人口は三三八四〇六人で、この面積が約三一平方キロであるから人口密度は実に一平方キロにつき一〇九一六人の多きに及んでゐるが、以東の人口は一九九九二四人でその密度は一七二四人に過ぎなく、前者より遥に劣つてゐるのである。南葛飾郡の工産価は実に三億円を越え、大東京地域の区、郡の首位を占め、職工数も四万人に近くて第一位にあるのも結局この放水路以西に大小工場が密集してゐることに基くもので、前記の人口と職工数とを比較すると、工業関係の人口が如何に多いかがうかがはれる。但しこの地帯は既に飽和状態に近く、小松川町、砂町を除けば近年の人口増加率は著しくなく、放水路以東に進入しつつあることは西新井町、梅島町、本田町等が純農村と比較にならぬ程人口が激増しつつあることから知れる。

荒川放水路以西

隅田町は荒川と綾瀬川との合流点にある。もと荒川（入間川）と利根川が合流して、大体今の綾瀬川を流れた時代には武総両国の通津として重要な位置を占め、対岸は浅草区の橋場もとの石浜の地である。「伊勢物語」に載る業平朝臣の「名にし負はば　いざ言問はむ　都鳥　わがおもふ人は　ありやなしやと」の歌は余りによく知られてゐる。足利尊氏が小手指ケ原に敗れて逃げた時もここを渡つてゐる。陸羽街道も以前はここを通つたもので、天徳の頃には人家益々繁盛して隅田千軒宿の名で知られてゐたといふ。このあたりには水神森即ち隅田川神社、木母寺、梅若神社等の名所が多く、往時は墨堤の桜時に殊ににぎはつたものである。この北は鐘淵といはれ、また荒川、綾瀬川、隅田川の会点であるため三俣とも呼んだといふ。今では低地を埋めて鐘淵紡績株式会社の大工場が建設され、その南には日本車輌製造会社があり、今では全く工業聚落となつてゐる。

寺島町はその南にあり、向島の中心で白髭神社がある。以前には植木屋の多かつた所であるが、今では三共株式会社の製薬工場、日本電線、隅田川製鉄所、小島ゴム工業の大工場を始め多数の工場が設けられてゐる。東武鉄道はこの町を縦走して隅田、千住町に至り、京成電気軌道もまたこの町の東部を切つてゐる。東に隣る吾嬬町の西南端には吾嬬の森といふ吾嬬神社があり、境内には有名な相生の樟がある。この辺一帯も大工場多く、東京モスリン紡織の本社及び東京モスリン紡績の亀戸工場、花王石鹸工場、千代田製靴機械、大日本自転車、明治製革等の諸工場はその代表的のものといへる。

北十間川を境として南に亀戸町、大島町及び砂町が並ぶ。市川、鴻ノ台に通ずる街道が亀戸町を東西に貫いてゐる。有名な亀戸天神は町の西北部にある。寛永年中、太宰府天満宮別当の一族の者が、神殿、反橋、心字池に至るまで本宮に擬して造つたもので、東郊の一偉観である。また藤の名所であると共に、初卯、鷽替、追儺式等の神事は今日も猶伝つてゐて人出が多い。その東に近くある香取神社は由緒のある神社で、また亀戸が海中の島であつて亀の島と呼ばれてゐた頃、藤原鎌足が東国下向の際、羈旅の幣所として香取大神を勧請したに始り、亀の島が村内にある亀が井といふ井戸と音相混じて亀井戸と称せられる頃には、亀戸総鎮守葛飾神社香取大神宮と称せられてゐたといふ。萩の名所としてその名を負ふた萩寺即ち龍眼寺も、郊外の梅林のうちでも著名であつた臥龍梅の跡、震災で焼失してしまつた星祭りで名高い妙見堂など、凡てこの附近に集つてゐる。大島町は北に南堅川、西に横十間川、南に小名木川、東は中川があつて取囲まれてゐる。亀戸附近はもと有名な大根の産地で、下町では大根のことを亀戸と呼ぶものがある位であり、大島から砂村にかけては三寸胡羅蔔《にんじん》の特産があつたが、今では殷盛な工業町に変じてしまつた。亀戸町の日清紡績、東洋モスリン亀戸工場、日立製作所、三田土ゴム及びローヤルセルロイドの亀戸工場、大島町の宮地鉄工所、小島印刷の大島工場、東京鋼材、日本鋳鋼等の諸工場はいづれも代表的のものである。砂町は海浜の沼沢地で開墾も遅れて万治以降で、相模三浦郡の砂村某の開拓によるため砂村の地名がつけられたといふ。大日本製糖、日本醸造、東京計器、東京亜鉛鍍金等の大小工場が北半部を占め、南の八幡には葛飾八幡と不知八幡森があり、埋立地には養魚場や東京市の汚物処分場がある。

小松川町は中川の渡場町で逆井新町がそれである。逆井には近年本所区表町から移つた五色不動の一なる目黄不動（伝良弁作）や牛御前の大日如来を安置せる景勝寺がある。昔から蔬菜の産地として知られ、特に小松菜は著名で、秋蒔のものを小松菜、春蒔のものを鶯菜と呼んでゐるのである。中川の東にあるため工業は前記の各町のやうに盛でなく、日本製薬、大日本肥料等の大工場を挙げ得るに過ぎない。

荒川低地の水田

荒川の低地一帯は東京近郊での水田地帯で一望万頃の田圃が連つてゐる。以前は荒川の氾濫によつてしばしば水害を被つたものであるが荒川放水路の完成によつて今や安全に耕作を続けることができるやうになつて毎年相当の米作収穫をあげつつある。

日本車輌工場

川に沿へるが日本車輌工場で背後の烟突は鐘ケ淵紡績である。隅田町にあり前面の川は綾瀬川。同工場は日本車輌の東京支店で従業員五〇五人を有し汽車電車等の車輌を製造す。けだし東京の発展に伴ふ交通の発達は斯業の活躍に希望をおくものといはねばならぬ。

小菅刑務所

小菅は徳川時代将軍家遊猟の地で小菅御殿の建てられたこともあつた。寛政四年御殿の取払はれた址を新開地となし文化四年籾倉を多くおかれた。明治五年銀座街の建設にあたつてここに煉瓦の窯を築いたことがあり明治十一年刑務所を設け爾来今日に至つた。

春の荒川堤

荒川堤の桜花も名高い。放水路の堤上約一里ここに五百株の桜樹があり且つその大分が里桜であり花の色数種あるので「荒川の五色桜」の名がある。ここの花見もまた飛鳥山のそれの如く花よりも気持の洗濯を主とする行楽が多く写真の如く堤上は雑沓喧騒を極める。

荒川放水路以東

荒川放水路と江戸川に挟まれたこの細長い地帯のほゞ中央を中川と綾瀬川が流れてゐる。正保国図をみると利根川の本流は荒川を合せて水元村あたりから東南に走つてゐる。また綾瀬川が本流で、中川及び太井川（江戸川）に分流してゐた昔もあつた。万葉時代の真間の入江は国府台あたりまで入込んでゐたものらしい。

承応年間の洪水で利根川は常陸へ転じて旧河道は浅淤の野水と化したので、享保十四年幕府は井村某をして古利根川（葛西用水）の水を受けて中川に疏水したのであつた。今では花畑運河で、中川と綾瀬川とは結ばれてゐる。

南部の町村

古利根川が水元村以下で中川と呼ばれるが、この村の猿又の田圃の中に伊勢神明社の小祠があつて里人の崇敬を集めてゐる。これは往古、伊勢神領当時の祭壇、いはゆる庤《かんだち》であつた葛西御厨神社の後である。金町は松戸町と江戸川を挟み、水戸街道の要津で、町の東、江戸川端に金町関が設けられてあつた。今の常磐線もこの町から松戸町に渡つてゐる。

町には東京モスリン紡織の金町工場があり、京成電車の金町支線が柴又を経て高砂に通じ、押上――成田間の本線に接続してゐる。柴又には俗称、柴又の帝釈天といふ日蓮宗の題経寺がある。歴史上格別古い由緒の寺といふのでないが、日蓮の刻んだ帝釈天の像があり、病気平癒祈願の参詣者多く、殊に庚申の日には夥しく雑沓して都下流行仏の随一である。新宿町は水戸街道（陸前街道）と佐倉街道との分岐点で、夙く小田原北条時代から宿場の意義を持つてゐたが今は振はず古駅路の昔が偲ばれるに過ぎない。その南に続く亀青村の青戸には、葛西城趾がある。青砥藤綱の住んだといふのは疑問であるが、その館趾といふがあり、周囲より稍高く松や銀杏が雑然と生え、土地の人は御殿と呼んでゐる。小岩町は佐倉街道の渡津で、江戸川の東なる市川、鴻台に対してゐる。更に南には鹿本村、篠崎村があり、後者には富士製紙の江戸川工場がある。

瑞江村は葛西の古村の一で浄興寺、明福寺などの寺多く、西に接する松江町の東小松川に総国分尼寺の趾とも称せられる善照寺がある。南は船堀川を境として葛西村の新田に対してゐる。船堀川は慶長年中に疏通した運河で中川と江戸川を結び、現在も通船頗る多く、西は小名木川に連絡するが故に、両者合して行徳川といつたこともある。

北西部の町村

本田町、南綾瀬町は荒川放水路を隔てて吾嬬町、隅田町に対してゐる。引舟堀が亀有から南下してゐる。本田町の四ツ木には親鸞の遺跡で知られてゐる西光寺があり、上木下川には木下川薬師がある。放水路工事のため移転したので昔時の俤は全くないが、本尊薬師並に開山沿革などについては興味ある伝へがある。それから南綾瀬町に入ると小高園、武蔵園、堀切園で名高い堀切に出る。ここの花菖蒲が都下に賞玩せらるるやうになつたのは比較的新しい。しかし小高園、武蔵園は稍々古く、安政年間には立派な菖蒲園が存してゐたといふ。水戸街道に沿ふ小菅には刑務所がある。旧幕時代には関東郡代の代官所で、維新後には小菅県庁が置かれ、明治十一年には集治檻となり今日に至つたものである。

次に南足立郡は明治十一年の命名で、旧淵江領である。千住町北組から千住新橋を渡ると梅島町で、陸羽街道が真直に北に草加町へ抜けてゐる。この附近は低湿地で慶長、寛永以後の開拓で新田名が多い。即ち花畑村の久左衛門新田、佐野新田、辰沼新田、内匠新田、久右衛門新田、嘉兵衛新田、長左衛門新田、東淵江村の長右衛門新田、綾瀬村の弥五郎新田、五兵衛新田、次郎左衛門新田、梅島町の小右衛門新田等実に多い。西新井町には真言新義派の総持寺があり、ここの厄除大師は信仰甚だ盛である。この町にはスタンダート靴工場があり、隣の綾瀬村には東京ゴム工業の工場がある。西北にある舎人村は埼玉県の鳩ケ谷町に近く、永禄の頃、岩槻城の家臣舎人土佐守の住んだことからこの地名が残つたもので、その南には江北村があり、千住町と川口町との中間を占め、江北橋を以て荒川対岸の王子町に連絡してゐる。ここの堤上には桜の古木残存し、今では天然記念物に指定されてゐる。

北郊総説

北郊の地形と交通路

武蔵野台地の東北端は高度凡そ三〇メートル内外の飛鳥山、道灌山等となつて急に崖をなして荒川の沖積低地に終つてゐる。荒川はまたほゞ直角に曲つて南流し、水神以下では隅田川と呼ばれてゐる。北郊は斯かる位置を占め、地形的には明かに二帯に分れ、西の台地帯と東の沖積地帯となり、前者は高燥な地で最も古くから人類の占居地に選ばれたに反し、後者は荒川、中川、利根川の氾濫原で蘆荻の叢生した沮洳地で比較的近世になつて開墾された部分である。行政的に西に並ぶ日暮里、滝野川、王子及び岩淵の四町は台地と沖積地を併有し、東にある南千住、千住、三河島及び尾久の四町は台地は全然沖積地のみを占め、岩淵、王子の二町と共に何れも荒川に臨んでゐる。

東北本線は台地帯と低地帯との境界を日暮里、王子、赤羽の諸駅を縫

荒川放水路の橋

これは千住の荒川放水路にかかる橋である。この放水路は荒川の水害を防ぐために開いたもので岩淵町に開閉自在の水門を造つて洪水量の五分の四をここに排疎せしめ五分一を隅田川方面へ分流せしめるしかけになつてゐる。この工費約三千万円といふ。

尾久町

尾久町は王子町の東方荒川の岸に沿ふた地点にあつて最近東京郊外膨脹の結果として急激の発展を見るに至つた。近くに荒川遊園荒川堤など遊覧地もあるがそれよりもむしろ遊興地として発達し料亭旅館等軒をつらね芸者の数もまた多い。同時に連れこみ地である。

王子製紙株式会社

日本における洋紙製造業の嚆矢であり今日でも富士製紙と共にわが国に製紙業の覇権を争ふ王子製紙株式会社工場は王子駅前にある。明治七年渋沢子爵等によつて創立され株式会社としても日本で最初のものである。ただし本社は現在丸の内に存する。

うて北に走り、常磐線は日暮里駅から分岐して低地帯の三河島、南千住、北千住の三駅を経て東に走り、山手線は田端及び赤羽の両駅から台地帯を抜けて西に向ひ池袋に至る。王子電車は東西に、台地帯の大塚駅から王子駅に合し、更に南千住町の三輪に達して市内電車に連絡し、支線は王子から赤羽に延びてゐる。道路としては台地帯には岩槻街道が走り、低地帯の東南端陸羽街道が通つてゐる。

著しい発展

この北郊地域は比較的近年まで東京を廻る蔬菜栽培地帯の一部として重大の役割を演じてゐた。即ち三河島は三河島菜の名産地として知られ南千住から尾久附近にかけては春大根が多く栽培され、滝野川から赤塚にかけてはもつぱら夏大根が栽培されてゐた。千住の葱、滝野川の牛蒡もまた特殊の生産として名声を博してゐたものであつた。しかし現在のこの地域は、東京市の接続町村としてその発展は真に顕著なものがあり大部分の地積は既に或は住宅地に変じ、或は工場地に化して昔時の蔬菜畑の盛況は想像するだに困難となつてゐる。

人口の激増

先づ人口の推移から発展振りを観察してみたい。大正九年の国勢調査と昭和五年のそれに至る最近十年間に何れも驚くべき人口増加を来してゐる。中にも尾久町は僅に七千五百のものが七万三千となり、実に九・八倍の激増であり、次いで三河島町の三・七倍、滝野川町の二・五倍、王子町と岩淵町の二・三倍、千住町の二・二倍、日暮里町の一・九倍の増加で、南千住町は遥に劣つて一・一倍にしか当つてゐない。概して東京市に直接相続いてゐる南方の町、即ち滝野川、日暮里、南千住の三町において増加の割合が低く、次いで東北本線に沿うた王子、岩淵の二町で、荒川に臨んではゐるが従来交通に余り恵まれてゐない尾久町が群を抜いて増加したことが知られる。南千住町は大正九年に五万の人口を有してゐた程で、当時既に下町の一部と見て差支へなかつたものである。従つてその後の増加を許さない位人口が飽和状態にあつたのである。また外延の各町、殊に最も未飽和の状態にあつた尾久町が最も増加割合の大であるのも当然である。

工業地帯としての北郊

人口は前述の通り激増をみたが、その原因は北郊の工業の発展にもとめなければならない。既に述べた通り住宅地に好適するのは台地帯であるが、南端部は江戸時代からの寺院地域であり、中部以北には軍事関係のものが後に述べるやうに既に広大の地積を占有してゐるので、住宅地としての発展余地は至つて少いのである。発展の余地のあるのは東の低地帯で、寧ろ住宅には不適当ではあるが、荒川の水運の便にも恵まれてゐて工場の叢立をみ、これに随伴する比較的低級の住宅地が密集して建てられたのである。われ〳〵が王子電車に乗り、西の台地帯から東の低地帯に走る時、この著しい相違を痛感することができる。

岩淵町の下、神谷、王子町の王子、豊島、堀の内、船方、滝野川町の田端、日暮里町の日暮里、金杉、尾久町の上尾久、下尾久、三河島町の三河島、南千住町の南千住、菅谷、汐入、千住町の中組等には大小の工場が林立して、いはゆる北郊の工場地帯主要部を形成してゐる。

製紙工業

この工業地帯の最も特色あるものとしては製紙工業が挙げ得られ、大東京の主要な製紙工場の凡てが集団してゐる。王子駅前にある王子製紙株式会社は渋沢子爵等によつて創立されたもので、日本に於ける洋紙製造業の嚆矢であるは勿論、株式会社としても最初のものであつて明治七年以来操業してゐる。これに隣つてある印刷局抄紙部の工場も明治八年に水利の便をみて、ここに建てられたものである。その他、十条には元印刷局抄紙部工場を払下げた王子製紙の十条工場があり、岩淵町の袋には日本製紙株式会社がある。また南千住町の菅谷には富士製紙株式会社千住工場が荒川畔にあり、千住町には甲子製紙及び高崎板紙の両株式会社の大工場がある。王子町の上十条には日本加工製紙株式会社の工場もある。パルプや粗製紙の工場が樺太や北海道にあつて、大都会に近く優良紙の工場が設立されてゐるのは興味ある事実で、これは主として商取引に基因すること粗糖工場と精糖工場の関係と類似する。

紡織工場その他

紡織工場も江東地域と共に早くから設立され、千住町船方の東洋紡績王子工場、滝野川町田端の田端モスリン株式会社、三河島町には日本原毛株式会社があり、南千住町の荒川端には千住製絨所、新興毛織の南千住工場、大日本紡績の東京工場等の大工場あり、中でも千住製造所は絨類毛糸紡績の工場としては最も古い歴史を有し、明治十二年の設立で近年まで陸軍の経営した千住製絨所の後である。また千住町には東京織物株式会社がある。千住町の皮革工業も特色あるもので、東郊と共に一大中心地をなし、日本製靴株式会社、日本皮革株式会社、山和毛線株式会社等の大工場が何れも江畔に所在してゐるのが注目される。人造肥料工

千住製絨所

千住製絨所は明治二十年に陸軍省の手で設立せられた工場で軍隊において使用せられる軍服毛布等すべて絨類毛糸はここで紡績せられた極めて重要性をおびた工場である。しかし最近では民営に移されてひろく需要に応ずる商品を製造してゐる。荒川岸にある。

場としては王子町豊島にある大日本人造肥料株式会社の王子工場は大東京最大のもので、これは近年まで関東酸曹株式会社と称し、もと印刷局の抄紙原料の苛性曹達、晒粉製造工場であつたものを払下げ、その後現在の荒川沿岸に移り、人造肥料の外に硫酸等の薬品も製造してゐる。同じく豊島の合同油脂クリーニング株式会社及び尾久町田島の旭電化工業株式会社は共に有数の石鹼晒粉の製造工場である。

機械工場

機械工場としては三河島町に建築金物製造の日本建鉄株式会社、日暮里に防火戸製造の栄進舎、尾久町に扉製造の東京建鉄工業株式会社等あるも、概して殆ど見るべきものの存在しないのも面白い。しかし土地柄とて小資本で、しかも内職をも可能とする工業が南部に於いて著しく盛であるのが注目される。即ちゴム、セルロイド製品、履物類、メリヤス類、電球等が、その代表的のものである。ゴム及びセルロイド製造工場は大東京地域でも東郊と共に最大の集団地で、尾久町上尾久の永崎セルロイド工業株式会社、滝野川町の鋳物機械ゴム製造の山吉工場等や、大なるものもあるが、大部分は小規模で玩具等をつくる。セルロイドや金属の玩具の組立て、組合せは重要な内職で日暮里町を中心とし、尾久町、三河島方面に及び、製品は大部分輸出され、その輸出価はこの地域を主とする檻褸布の輸出と共に侮り難いものがある。日暮里町金杉の檻褸紙屑問屋の集団は主として下谷区万年町から移転したもので、檻褸紙屑の選別の小工場が散在するは、北郊以外には見られない景観の一である。王子豊島にある日本フエルト株式会社を除けば何れも小工場に過ぎないがフエルト、下駄、草履等の履物工場も少くなく、三河島、尾久、日暮里の諸町の細民街に於ては、鼻緒の製造や底附が重要なる内職となつてゐること、浅草区及び下谷区の接続地域と同様である。メリヤス、鍍金《メッキ》の小工場の多いのは、江東工業地帯の一触手と見るべく、電球の製造は南郊及び西郊に比較すれば遥かに劣るも、日暮里町はその一中心と言ひ得る。鉛筆工場は大工場こそないが、大東都地域に於ける最大密集地であり、万年筆工場も可成りに多い。

以上は北郊の東部低地帯に存在する諸工場に就いて略述したもので、西部の台地帯になると全然趣きを異にし工場地より寧ろ住宅地に適する部分多く、滝野川町西原の英工舎の柱時計、西尾亀の子菓子製造工場等特殊のものが若干あるに過ぎないが、台地帯の北半部には軍事的工場が密集してゐるのは一偉観たるを失はない。

軍事的工場

北郊に軍事的工場の設立は滝野川反射炉を以て嚆矢とする。今から約

製紙の工程（一）

写真は王子製紙十条工場における製紙工程より。もと内閣印刷局抄紙部分工場として紙幣用紙製造に従事してゐたが大正五年六月官業整理の結果王子製紙で後を受けたもの。この写真に見るは同工場のボロの選別でここで釘その他の混りものを取除く。

製紙の工程（二）

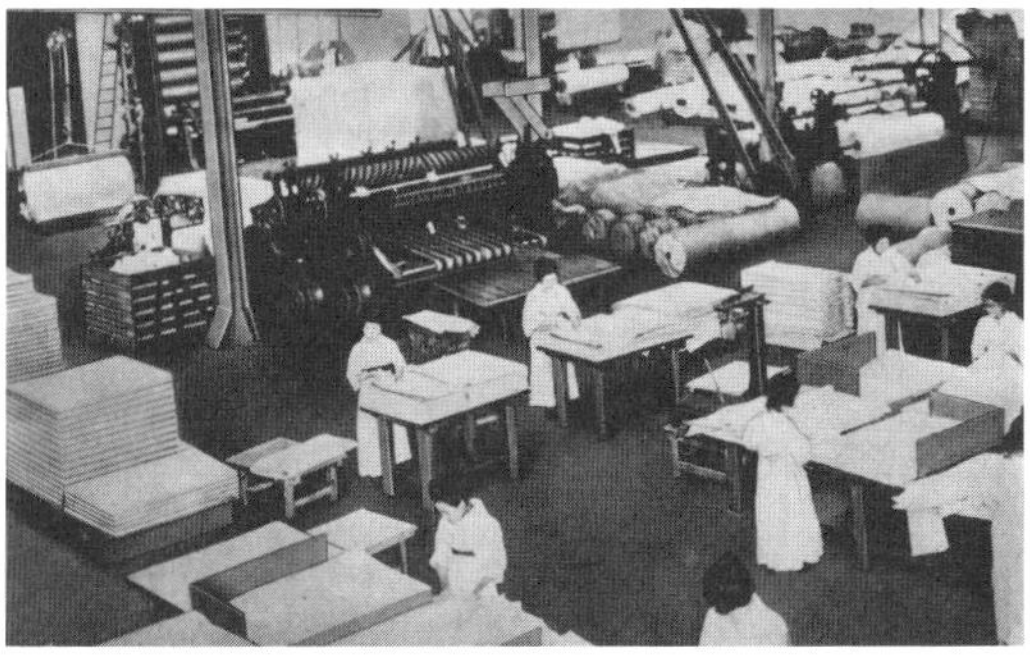

王子製紙における抄紙機は上掲のものの外なほ六台もあつて日々の生産高は実に夥しい。それ等はその用途により光沢機を経ていよいよ任意の形の裁断にかゝる。かくて一連づつの包装をなし纏つたものは次から次へと市場に運ばれる。写真は裁断から包装へ。

石鹸の製造（一）

すべての点に設備の完成した花王石鹸の工場では更に作業は次から次へと進捗する。写真は沸き立つ鹸化罐内の石鹸膠でここで原料油脂はアルカリで鹸化されグリセリンと脂肪酸アルカリ塩即ち石鹸液とを分離する。なほこの釜は四十三トンの大鹸化罐である。

石鹸の製造（二）

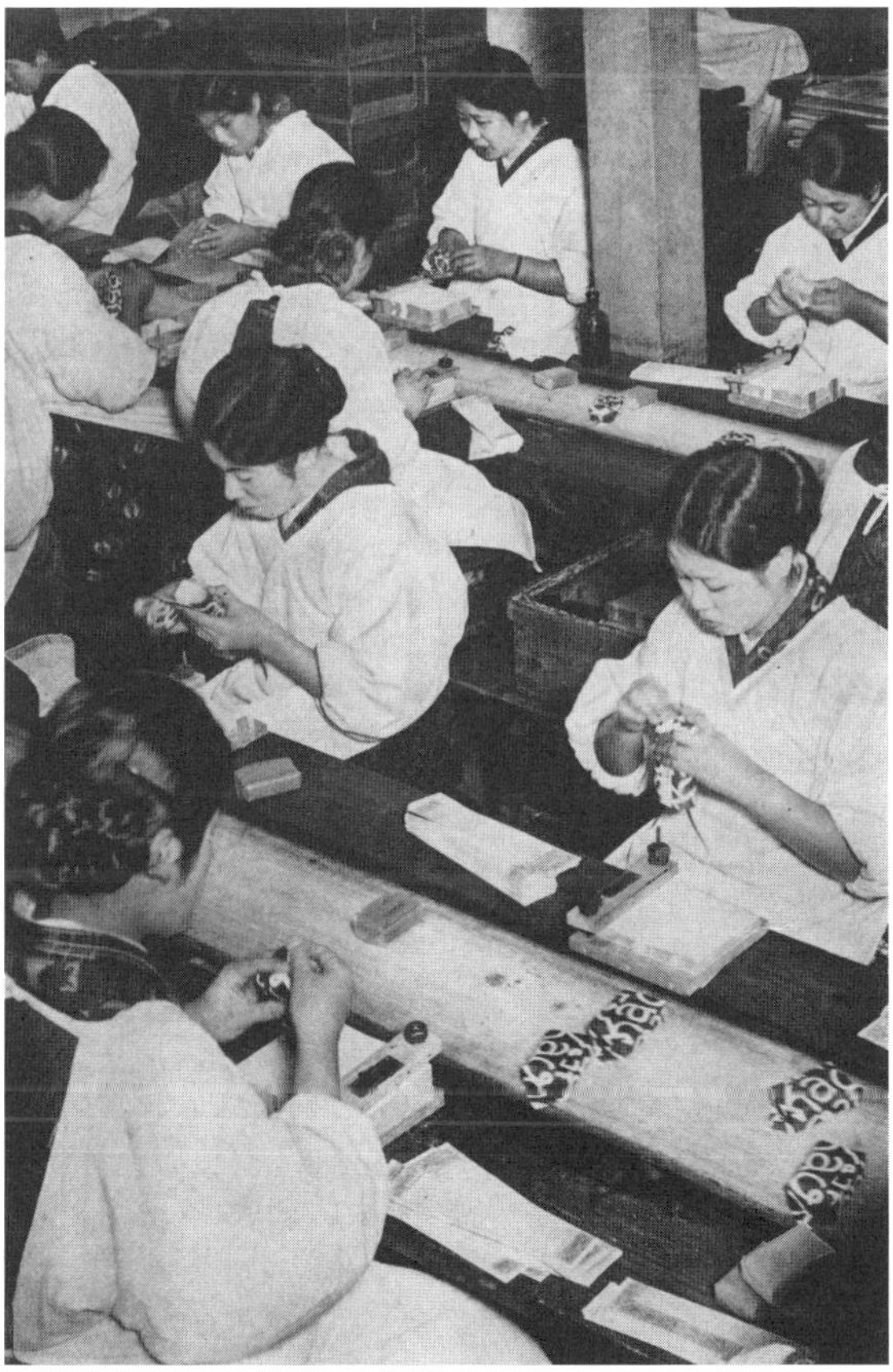

幾多の工程を終へていよいよ型うち機から流れでる石鹸は生々しい脂ぎつた姿でベルトの上を伝つて来る。写真は仕上作業で待ちうけてゐた女工たちがベルトの上を伝ふ石鹸を一つ一つ包装してゐるところ。かくて荷造りを終へれば市場に搬出されるのである。

七〇年前の元治元年に徳川幕府の陸軍奉行は今の醸造試験所内に大砲鋳造の反射炉並びに大砲錐入水車取建目論見を起し、伊豆韮山に江川太郎左衛門の建設した中村反射炉を廃止し、そこにある器械の役に立つ分は全部ここに運ばせて反射炉及び錐台を建築し、水車運転のためには千川用水を引入れ、飛鳥山下を堀割つて大川から船を通じたのであつた。反射炉が本来伊豆の下田に設けられ、それが韮山に移され、更に滝野川に建てられた変化は、軍事的工場の移転の一例と興味ある資料である。しかしこの反射炉は間もなく壊廃し去つた。滝野川火薬製造所も同じ頃計画され、維新の騒動で工事は中断されたが、明治政府によつて明治九年に竣工された。これが後の板橋火薬製造所であり、陸軍の雷汞場、銃砲製造所等が近接して建設されたが、現在は陸軍造兵廠火工廠と総称されてゐる。これ等の南には海軍の火薬製造所、後の海軍火薬廠爆発部の工場も数年前まで存続してをつた。またこれ等の北、赤羽駅の西には陸軍被服本廠があつて多数の職工を使役し、附近には近衛工兵大隊の兵舎や火薬庫、兵器庫等が広大な地積を占有してゐる。

北郊一巡

元の宿場町千住

　次に千住方面から順次各町に就いて眺めて行きたいと思ふ。千住町は南側は荒川に面し、北側も現在では荒川放水路が開鑿されたので全く島状になつてしまつた。常磐線の北千住駅で私鉄東武鉄道が直交してゐる。千住の地名は恐らく千手観音に由来するといはれ、旧幕時代には中組、北組、南組（今は南千住町に入る）に分れて千住宿と称し、北は奥州街道の草加宿へ二里半、東は常陸街道の新宿へ一里半、日本橋を距ること二里、江戸東北の咽喉を占める宿駅として繁栄し、宿並一二五六間には左右旅亭商家軒をならべてゐた。この町の市場は極めて古く、大東京地域に現存する六〇余の市場の中で神田、駒込と共に最も古く元亀、天正の頃に萌芽し、慶長、元和年間には公許を得て市場となし、江戸の大場所の一として雑沓した。即ち南足立の農業地域のみならず秩父や常総方面をも水運で結んでゐて後背地頗る広く、五穀青物よく集り、魚市は始めは鰻、鯰、鯉、鮒、鯔等の川魚を専らとし、上野、下野、常陸方面は固より、仙台方面からも水戸の那珂港を仲継として水運で集中される盛況であつた、現在においては千住食品市場の名称となり、問屋二二戸、仲買八戸、近年住宅、工場の外延的拡大と交通の発達とによつて地廻り野菜は著しく蚕食されつつあるとはいへ、北足立の蔬菜栽培地を後背としてゐるため尚ほ一箇年の出荷量は青物二五〇万荷、土物三〇〇万貫を超えてゐる。また秩父からの木材がここに水送されたことが、今でも深川区の木場に次ぐ材木問屋の集団地となる原因となつた。現在では工場を夥しく、大部分は荒川に沿ふ中組に集り、次いで常磐線の東に多い。

南千住町

　南千住町は浅草区山谷町と下谷区金杉町との二道を合せ、前記の如く千住宿の一部として街道筋は最も早くから町並の形をなし、現在では全く下町の一部とみてよく、市内電車が千住大橋まで通じてゐる。町の南を占める三ノ輪（箕輪）は下谷町家の代地で、市内になつたり、市外になつたりしてゐる程で、ここの三之輪天王社は著名である。徳川時代に刑場のあつた小塚原も今や全く町並に変化して元禄十二年に建てたといふ花崗岩の大地蔵尊と丈余の題目碑等によつて僅に昔が偲ばれ、回向院境内には吉田松陰、頼三樹三郎、雲井龍雄、相馬大作、水戸浪士等の刑場の露と消えし諸名士の墓碑がある。

附近には南千住駅及び隅田川貨物駅があり、後者の発着貨物量は昭和三年に於いて二三二万トンに及び、大東京地域において最大の貨物を呑吐する駅である。到着貨物は一四三万トンで僅に汐留貨物駅に劣り、鉄及び鋼の四〇万トン、木材の二六万トン、粉石炭の一六万トン、塊石炭の一〇万トンを主要のものとし、発送貨物は九〇万トンに達し、多いのは人造肥料一二万トン、木材一一万トン、豆粕肥料、塊石炭、粉石炭の各八万トン等とする。江東、東郊、北郊の工業地域に近く、隅田の水運に至便であることがこの大を招来したものである。

駅の東南、東京ガスの巨大なるガスタンクの林立するあたりに郷社石浜神社があり、その東に続く真崎稲荷のあたりは風光明媚で、隅田川に新に架せられた白髭橋も近い。これより上流、荒川と利根の旧河道であつた綾瀬川との激衝するところで鉤形の築堤があり、堤外を汐入新田と呼んでゐる。大日本紡績の東京工場、新興毛織の南千住工場、日本石油の隅田川油槽所、渡辺倉庫等がこのあたりに密集してゐる。

三河島と日暮里町

三河島町、尾久町等は最も低湿の地域を占め、もとこの辺一帯は峡田《はけた》の領といはれた。蓋し峡、岾等は一般に低野の耕地につけられた地名で尾久町の中里には峡上《はけうえ》、西峡《にしはけ》等の小学名が残り、岩淵町にある袋といふ地名もほゞ類似の地形につけられたものと思はれる。従て開墾されたのも遅く、徳川時代にも永く将軍の遊猟地となつてゐた。三河島といふ地名も三河から家康に随伴して来た者の知行であつたことから由来するといふ。河岸には広大な東京市汚水処分工場がある。

日暮里町は谷中の丘陵に続く道灌山の丘陵以外は低地である。道灌山は太田道灌の城砦であつたかどうかは疑問であるが、日暮里はもと新堀と書いたといふから城砦に関係のあつたことが推測される。この附近は下谷区谷中から続く寺院の密集地である。これらの町は特に細民街が多い。日暮里町金杉には俚俗バタ長屋がある。バタは紙屑拾ひの異名で下谷区万年町から移動して来たものである。三河島町の千軒長屋は大東京地域最大の細民街であり、南千住町の三の輪にはトンネル長屋がある。これ等と家内工業と密接な関係の存することは既に述べた。

滝野川町

滝野川町のほゞ中央を岩槻街道が南北に貫通してゐる。慶長年間に日本橋元標から二里の標として設けられた一里塚が今でも残り、近年まで大小二本の榎が茂つてゐたが、今は大榎は枯れてしまつた。この一里塚からやゝ南すると東京蚕糸専門学校があり、更に農林省農事試験場、獣疫調査所がある。試験場の位置は徳川時代に将軍遊猟の林地で、殿舎も建てられてゐたところから御殿山と呼ばれ、その東には豊島氏の平塚城の趾に平塚神社があり、附近には攻坂、勝坂等の地名も残つてゐる。また試験場内からその南、或は王子脳病院地内からその南に続く昌林寺境内にかけては石器、土器の発掘多く、南郊の大森貝塚と共に西ケ原貝塚の名称を以つて、わが国では最も早く坪井正五郎博士等の学者に注意されたものである。王子町との境には石神井川の侵蝕谷が台地を深く刻み、元はもっと急流をなして、水勢四方に聞ゆる所から滝野川の地名の起源になつたともいはれてゐる。一寸深山幽谷の趣があり、紅楓《もみぢ》の植栽も行はれて、京都の如く山に近くない江戸府中の人士の来遊するものが多かつた。紅葉寺即ち金剛寺の附近には蝦夷地探検家として有名な近藤重蔵の石像がある。かれは紅葉山文庫の管理者となつてこの地に閑居してゐたことがあつたためである。

王子から岩淵

王子駅の直ぐ西には桜花で有名な飛鳥山がある。享保頃から桜が植ゑられたと伝へられ、境域は広くもないが今に至るまで花時は非常に雑沓する。景色も左程よくはないが、眼下の大小工場の煙突を越えて荒川の白帆が見え、足立、葛飾の田野が広く開け、遥に筑波山を望み得る。石神井川を隔てて相対する北の岡には王子権現社がある。豊島荘の総鎮守で三月十日の花鎮め祭と七月十三日の編木祭《びんざさらまつり》の祭事は殊に雑沓する。王子名主滝がその北にある。王子稲荷を中心として小さな滝が幾条も見られる。これは台地を構成するローム層の下に粘土の滞水層があり、断崖のところで湧出するもので、名主の滝もこの種の一で、曾て名主畑野某の屋敷であつたのでこの名を得、現在は個人の所有ではあるが公開して小遊園地となつてゐる。王子から十条にかけての台地にも古墳貝塚が少くなく、その北に続く岩淵町稲付には太田道灌の城と称する稲付城址が静勝寺境内附近にあり、赤羽駅の北には赤羽八幡社がある。この台地上では北端に近衛工兵大隊がある外、被服本廠、火薬庫、兵器庫、及び既記の銃砲製造所等の陸軍関係のものが集団してゐる。

岩淵本宿は元は岩槻街道の渡場として開け、日光御成街道の宿場として発達した聚落である。対岸には川口宿があり、今では鋳物工業を以て聞えてゐるが、両宿の間には荒川の流路変遷に基く境界争いが屢々起つたものであり、徳川時代には舟渡しで、将軍日光社参の際にのみ仮橋を架設したといふ。現在では河身改修が全く成つて昔の面影なく新荒川大橋が架せられ、西には東北本線の鉄橋並び、東の下手には荒川放水路の水門があり、公園地となつてゐる。

（武見芳二）

西郊と南郊

概　説

その範囲

東京の郊外地としては、東の方に荒川、江戸川流域の低湿な地域と、西の方にいはゆる武蔵野と古くから称《よ》びならわされてゐる地域とがある。この中で前者は水田をひかへて農業地となり、水利を得て工業地となつたが、後者の地域は畑地をなして蔬菜農が発達し、また住宅地として早くから開け、近年は益々その傾向が著しい。古い武蔵野の文化は、その中に湧出する泉を中心にして発達したといはれてゐる。後には交通の発達と、人口の増加等のために泉を離れた原野の地域に文化が延びて、そこに土地を伐り開いて農業を起し、住居の発達が見られた。

この武蔵野といふものの限界は北に荒川が流れてをり、南には多摩川がこの荒川とほゞ平行に流れて、同じく東京湾に注いでゐるが、この二つの河川が挟む台地の一帯を指すのである。この南北の幅が約二〇キロ南東東から北北西に長く西部の関東山地に続いてゐる。一番東の端で約三〇メートルの高度を示し、西の方に段々高くなつて、約二〇キロを隔てた田無、小金井の附近に来ると、六〇メートルから七〇メートルの高さを示し、更に西に延びて青梅の附近においては約一八〇メートルにも達してゐる。この間約一五〇メートルばかりの高度の差が見られるが、何分その距離が大きいので極く平坦である。これを成因的に見ると、この台地は西部の関東山地から流出した土砂の堆積によつて、形成された開析デルタである。そして堆積の行はれた後に、現今の多摩川及び、荒川の二つの大きな川の系統に属する諸河川が侵蝕して、現今の地形を作つたのである。西部の方ではこの谷の発達もあまり著しくなく、非常に平坦な地形をなしてゐるが、少し東の方では河水の侵蝕による谷の発達が極めて著しくなつて、樹枝状に台地といふよりは起伏の激しい丘陵をなしてゐる。これ等の谷の中で北の荒川の系統に属するものとしては練馬川、石神井川、妙正寺川、善福寺川、井頭川等が主なるものであり、南の多摩川の系統の河川としては、目黒川、立会川、呑川、砧川、野川等が主なるものであつて、何れの河川も台地を深く刻んで、その境に著しい崖を作つてゐる。中でも一番古くこの地域を流れた荒川、多摩川の二つの川は台地とそれ等の河川の流域の低地との境に長くつゞく崖を作り、台地面と低地との高度の差は、二〇メートルにも及んでゐるので、低地の方からこれを望むと、恰も山頂の非常に平らな山地が発達してゐるやうに思はれるのである。これ等の谷の水は、善福寺の池、井頭の池、洗足池等の如く大規模のものもあるが谷の上流に発達した自然の地下水の湧出によつて供給され、それによつて谷は豊富な水を絶えず流してゐるのである。これ等の泉は何れも流水が、台地面を次第に侵蝕して、遂に下部の砂礫層に到達してそこに泉を作つたものであつて、文化の発達の中心が実にここに置かれたのである。

このやうな地域で東京の西部として考へられる範囲は如何といふに、大体東京の都心（日本橋）を中心にして半径五里の円を描いて、この地域の中に含められる部分と考へることもあるし、また交通機関から時間的に見て、一時間位の区域内に含められる範囲といふものもあるが、とに角都市に毎日通学、または通勤する人々の住む地域か、或は毎日トラック等の高速度の機関を利用せずに手車、或は牛車等により都市に蔬菜類を搬入するその産地の地方等は含めて郊外地と考へて差支へあるまい。特に後者の場合には地方で見るやうな農業風景はなく、いひかへると米、

善福寺の池

善福寺池は武蔵野台地井荻町の西端に近く存在する。三宝寺池や井頭池と同じく湧水を湛えた小池であるがその下流は武蔵野に特有な狭長な水田を灌漑し西南流して堀の内で神田上水に合してゐる。写真は池の一景で水面は水草で蔽はれ池辺には水田が開けてゐる。

玉川上水

江戸の人口増加と神田上水の不足は三代将軍家光公の時にこの玉川上水の建設となつた。これは多摩川の水を羽村から取り入れたもので工事の当事者庄右衛門清右衛門両氏の功績は実に偉とすべきである。写真は桜の名所小金井の下流境浄水場附近の玉川上水道。

田園調布

東京市内における生活の非保健的であることは既に識者間の問題であつた。そして郊外の地に住居を営むものが次第に増加した。田園調布の如きもこの表れの一つで土地会社の経営になる謂はゆる文化式住宅地である。しかし郊外の実際の発展は大震災後である。

麦、養蚕等を主業とする代りに専ら都市への蔬菜の供給に重きを置いてゐて、極めて特殊な農業が行はれつゝあるのを見ることができる。そこでここでは厳格な範囲はきめ難いので、大体大東京の区域内を主に述べて見たいと思ふ。

住宅地としての西郊

大東京の範囲の中には八四ケ町村がある。この中に昭和五年十月一日の国勢調査に依ると、約四九五万人の人口が収容され、中、二〇七万人は東京市域に住み、残りが全部郡部に住むが、さらに東部の低地と、西部、西南部の台地とに分けて見ると、西部と、西南部の台地の多い地域には約二〇五万九〇〇〇人の人口があり、東部の低地には八五万七〇〇〇人の人口が収容されてゐる。即ち西部が住宅地域として著しく発達してゐることが知られるのである。これを十年前の大正九年十月一日の国勢調査に比べると、東京市の人口は二一七万三〇〇〇余人で、近接の八十四ケ町村では一一八万余人、合計三三五万人程であつたから、大東京の人口は、この十年間に一六〇万人といふ膨大な増加をなしたのである。この中で、市域の人口は却つて一〇万三〇〇〇人程減少してゐるから、郡部、殊に西部における人口の増加の割合は非常に著しいものである。これを更に地域的に見ると、東京市の距離の上から、または時間の上から近接してゐるもの程、人口の収容されてゐる割合が大きく、市域から離れゝば離れる程、交通も不便になり、人口の収容されてゐる割合が小さい。それだけ住宅地化の程度が低いともいふことができよう。

農村としての西郊

このやうに郊外の住宅地として次第に発達して来る一方、西郊はまた住宅地に対する蔬菜の供給地としても一大特色を具へてゐる。勿論大東京の中に住む人口は非常に多いのでその蔬菜を供給する地域も非常に広範囲に亙つてゐて、北は北海道、南は台湾に至るまで日本の全地域がこの東京を中心にして、年々莫大な数量及び金額の蔬菜を供給してゐる。昭和四年には鉄道に依つて一〇九六八二トン、海路に依つて一二九七トン、合計一一〇九七五トンの甘藷、馬鈴薯、その他の野菜類が諸地方から供給されたのである。

しかし地方から来る野菜は概ねその内容に非常な特色がある。即ち地方から来るものは、殆ど凡てが特産品といふべきもので多数の種類の野菜類を供給するといふわけには行かない。従つて品質からいふとその地方の代表的なもの、即ち極めて優良なものが送られて来て、東京の各市場においては、独占的な価値を示すことが多い。一例をとると玉葱では北海道、大阪、兵庫、愛知等、甘藍では岩手、長野、静岡、大阪等、馬鈴薯では北海道、青森、福島、長野等、白菜は宮城、茨城等、その他ゴボウ、里芋、人参、ワサビ、葱、南瓜等が諸府県から盛に東京の市場に移入されて、東京市民の食膳を賑してゐるのである。

ここでこれ等の地方から来る蔬菜類を見るに、根茎菜が非常に多く、さうでなければ玉葱や甘藍等のやうに葉菜でも品傷みの非常に少ないものが大部分を占めてゐる。即ち途中の船車の運送に対して十分耐え得るものが、殆ど全部を占めてゐるといつてもいゝ。中には静岡の久能の地方や、伊豆の南の地方や、房州等から来る胡瓜、青豌豆等のやうに時季外れに来て、非常に価格の高いものもあるが、極く少量ではあり、時季が早いだけ品傷みも少ないものもある。

以上のやうに地方からの野菜の供給が非常に特殊な状態にあるために、それに応じて近郊の地域では極めて平凡化されて来てゐる。しかしまたその位置が他の如何なる地方よりも東京市域に近いために、その距離の上において最も大なる利益をうけて、農業の内容が著しく進んでゐるのである。以下前述の事項に関して地域的に西郊の色々な特色に就て記して行かう。

山手沿線

山手線

省線山手線は東京の西郊を南北に走つて、市部と郡部の境界をなし、南端で市内に入つて北方に市部の中心を過ぎて循環線をなしてゐる。延長三四・五キロあり、東京駅から横浜の南、程ケ谷駅を過ぎてさらに二七キロ程の延長を有し、これを一周するに電車で約一時間余か丶る。この線が建設されたのは明治十八年三月一日に品川—新宿—池袋—赤羽間約二〇・九キロに開通したのに始まり、その後明治三六年四月一日に池袋から大塚、巣鴨を経て田端へ開通した。四二年六月二五日には烏森(今の新橋)から有楽町まで、その秋九月十五日には有楽町から呉服橋に至り、その後中央線の万世橋—東京間が大正八年三月一日に開通し、東北本線の神田—上野間が大正十四年十一月一日、それより前、明治五年九月十一日に汐留から六郷川、明治四二年十二月十六日にその途中の浜松町から烏森に開通があり、明治十六年七月二十八日に東北本線上野—赤羽間が開通してゐて、完全に循環線の完成は大正十四年十一月一日になるのである。この線が明治十八年三月一日、品川—赤羽間に開通された当時は、東北本線と東海道線を連絡する線路としての意味をもつてゐたのであるが、この線に沿ふ町村は現在のやうに純然たる住宅地をなしてゐず、田もあれば畑もあり、原野もありで現今郊外地に見られる近郊の農村の特色を具へてゐたものである。しかるに東京があらゆる点において日本の中心的意義を次第に確立するに伴ひ、東京への人口の集中は急速に行はれて、そのために市域も実際的にだん〳〵外へ延長して行き、山手線沿線も次第に居住地として発展して来た。同時にこの線も逐次改善されて明治四二年十二月には上野から田端を廻り、池袋から新宿、品川を経て烏森（現今の新橋）までと、赤羽—池袋間に電車の運転を見、それから急速に発達して今では都心と住宅地を結ぶ重要な交通路となつてしまつた。更にその後の市域拡大の結果は、この線を中心にして外方へ私設鉄道の発達が著しい。駒込駅からは東京市営の飛鳥山線があり、巣鴨からは同じく市営の下板橋線があり、大塚からは王子電車の飛鳥山線、池袋からは東武鉄道の東上線と武蔵野鉄道、高田の馬場からは西武電車の村山線、新宿からは省線の中央線を第一に西武電車、京王電車、小田原急行電鉄線等があり、渋谷からは玉川電車、東京横浜電車線があり、恵比寿からは玉川電車の上目黒線が短距離ではあるが出てをり、目黒からは目黒蒲田電車線、五反田からは池上電車線、品川からは京浜電

池袋駅附近

池袋駅は市内との交通の便には余り恵まれないが山手線の通過する重要駅であり省線赤羽行きもここを起点としまた武蔵野鉄道及び東武鉄道東上線の起点として乗降の客夥しく駅前の聚落は著しい発展をなした。かくて狭隘を告げた家並は写真の如く拡張された。

車線が出てゐる。これ等の中には単に郊外の住宅地と都市中心との連絡用のものもあるが、中には遠隔の地域と連絡して、省線とは別個に東京に入る重要な交通路をなすものもある。尚これ等路線の大東京の区域内に含められるものを合計して見ると、約一四〇キロ程の距離になる。

この山手線における一日の乗客数は二〇万人以上に及んでをり、駅について見ると、新宿駅は省線の中央線やその他の私設の諸線が集中してゐるために最も多く、一日約五万人の乗客があり、これに次いでは私設線の発達した渋谷、目黒等の駅が乗降客が最も多い。

池袋方面

巣鴨町、西巣鴨、王子、板橋、高田等の諸町はこの地方でも最も古く人口が集中した地方であつて、早くから相当に大なる人口が収容されてゐた。明治三一年の人口統計によると、各町の一平方キロ密度は巣鴨が一五一二人、西巣鴨が一〇四四人、板橋が一三五八人、王子が一六九五人、高田が一〇七一人である。現在この程度の人口密度を示してゐる町村としては、上板橋村の一二六七人、練馬町の一七八一人、中新井村の一八四五人等がある。これ等と比較して見ると、前記の諸町の古い時代の状況がいくらか想ひ見られる。市域の人口密度はその当時一九六六七人であるから、その約一〇分の一の人口密度持つてゐたに過ぎなかつた。その後市では密度は段々増加して、昭和五年秋の国勢調査当時には二五四九八人を示して約三割の増加をしたが、これ等の町では巣鴨町が二一四〇五で約一三一割、板橋が八五〇五で約五四割、高田が一八八五一人で約一六四割といふやうに、密度では到底市部のそれには及ばないが、その都市化の速度は非常に著しいものが見られる。

このやうにして現在では全く住宅地となり、それも新しく発達したものではなく、古くから市内に出る便宜がよかつたので住宅地としては古い地域をなしてゐる。

飛鳥山と王子権現

王子町は元王子、豊島、堀ノ内、船方、上十条、下十条等の諸旧村からなり、丁度武蔵野の台地の東北端で荒川の侵蝕による急崖に臨み、北東にかけては低平な水田地帯を見下して景勝の地を占めてゐる。この地方は東に続く滝野川の町等と共に、平安王朝の末頃から足利時代の中頃にかけて、豪族豊島氏の勢力を振《ふる》つた地域で、その後一族は附近の各地に拡がつて、板橋、滝野川、赤塚、宮城等に住ひ、従つてこれ等の地域には同一族に関する史蹟もまた少なくない。

飛鳥山はちょうどこの崖端にあり、西には台地の上を切つて荒川の低地に流れ入る石神井川があり、そしてこれを隔てて王子権現のある台地がある。今では省線の東北本線に沿つて真下に王子駅があり、市電は駒込から滝野川の西ケ原を通つてこゝに来て、大塚からは王子電車の飛鳥山線があり、何処から来るにも非常に便利な位置にある。このやうに交通の便の開けない時代にも距離もあまり遠くなく、一日の清遊には適してゐたので、徳川時代花見の時季になると、花見客で著しく賑つたものである。桜花が植ゑられるやうになつたのは享保の頃で、将軍吉宗の時代である。将軍も屢々この地の桜花を探り、一般に市民にも開放して遊行の場所とし、今では東京最寄では仮装の花見客がほしいまゝに清遊を試みるところである。王子権現は元亨年間に豊島氏が紀州から熊野神社を勧請して若一王子宮として崇敬したのに始まるといはれてゐる。昔から非常に尊崇されて来たもので、徳川時代には代々の将軍が遊猟についで屢々参拝してゐる。

長崎、落合、戸塚、大久保方面

これ等の地域もまた前述の地域と同じく、古く住宅地として発達したもので、人口密度も多く、明治三一年には大久保が一五九一人、戸塚が一〇三一人、落合が五七九人、長崎が五二三人であつたが、昭和五年秋の国勢調査には大久保が一六三六七人、戸塚が一七七六五人、落合が九四九二人、長崎が七五六〇人の密度を有するやうになつた。

池袋駅から省線山手線は南方に台地を切り開いた部分を通り抜けるが、目白駅から僅にして相当に大きい東西の方向の谷を横断する。この谷が即ち神田上水にあたつてゐる。その起源は詳ではないが、江戸幕府が開かれた当初に、この上水は江戸の飲料水を供給するために開渠されたもので、元井頭の池から東南に流れて、今の和田堀町のところで北東に大久保の西側を通つて、前記の谷を東に、小石川の関口まで開渠され、こゝからは小石川区小日向台の下を石造の暗渠として後楽園まで開かれ、更に神田の猿楽町、錦町を過ぎて神田橋に至り、こゝで市内に分水して飲料に供したのである。極く近年までは江戸の上水道として非常に大切な役割を演じてゐたが、東京市の上水道が完成されてから、明治三六年に廃止されてしまつた。現在はこの上流の水路の一帯は武蔵野の谷の一特色をなす水田が設けられてをり、その谷壁には畑が開かれてゐる。

西郊の中心新宿

大久保に次いで南には淀橋町、代々幡町、千駄ヶ谷町がある。淀橋は人口約六万人、一方キロの密度にして一九二五八人、明治三一年に比べると、七九割程の増加を示してゐる。特に大正一二年の震災後、災害を受けた下町の人々が西郊に移り住むやうになつてから、新宿の駅を中心にしてあの四谷の大通が、著しく発展して、百貨店、その他の商店の目覚しい活躍が見られるやうになつた。新宿駅の乗降客数も同時に著しく増加して、東京駅や上野駅等と共に東京の三大門戸をなすに至つた。この膨大な駅の西側に、東京市内に供給されてゐる上水の淀橋給水所がある。ここに来る水は多摩川の羽村取入口から和田堀町に至る三六キロの間、旧玉川上水路を利用し、これより約四キロは新に開鑿した水路に依り、同浄水所に来るのである。この浄水所は明治二五年に起工して全部ができ上つたのは、明治四五年、その後も段々改良して今日に至つてゐる。所内には沈澄池が四面あり、一面は面積約六八〇〇坪、中に三〇〇万立方尺の水を入れることができる。濾過池は

淀橋煙草専売局

新宿駅の西方に広大なる建築物がある。これが淀橋の煙草専売局支局でここで莫大な煙草が製造される。新興新宿発展の地域におけるこの存在は当然問題視されることであらう。

淀橋給水所

東京市民の一日も欠くべからざる上水の水源は多摩川に求めてゐる。東村山貯水池から淀橋に送られこの給水所から市民に送水してゐるのである。所内には六八〇〇坪の沈澄池四。一二〇〇坪の濾過池十二。一〇〇万立方尺の浄水池があつてポンプ給水を行つてゐる。

1-1-E

『日本地理風俗大系　第二巻』

新宿追分

追分は青梅街道と甲州街道の分岐点で写真はここから新宿駅方面の大観である。向つて右は布袋屋でその裏は市電車庫。

新宿駅前通り大観

大新宿は今や建設の途上にある。大正十二年の関東大震災以来西郊の発展著しくその中心新宿の発展また素晴しいものがあつた。見よ数年を出でずして帝都の殷盛は新宿に移つた観がある。大劇場映画館を初め三越布袋屋のデパートの進出等はその顕著なものでその他銀座等帝都の中心地の雄はすべてここに進出しまたは進出せんと試みてゐる。写真は駅前二幸楼上から東方新宿大通りの大観。

映画の殿堂

映画の殿堂武蔵野館の存在はこれまた新宿の生命に重要な位置を占めてゐる。新宿大通りに高級映画館として西部に覇を称へた当時から今日裏通りに移り素晴しい近代建築をもつて内容と外観とを誇る今日も一貫して帝都の斯界に冠たる栄誉を担つてゐるのである。

帝都座前景

新宿の発展は実に著しい。デパートの進出劇場映画館の簇生そして何れも満員の盛況である。ここに映画の殿堂武蔵野館が態々裏通りに入つたのに帝都座は追分に近い大通りに面した大殿堂が建てられて武蔵野館新歌舞伎その他に対し人気の焦点となつてゐる。

新宿のカフェー街

新宿街上の殷盛は既に他の追随を許さない。新宿駅の乗降客の数も東京駅を凌駕するといふ盛観。新宿歌舞伎座裏や東海通りのカフエー街を形造るところこれまた銀座のそれを圧倒せんとする勢を示しここにも新宿の近代的進展振りが明に認められてゐる。

一二面あり、一面は約一二〇〇坪の面積をもつてゐる。浄水池は一〇〇万立方尺の容量を持ち、喞筒《ポンプ》給水を行つてゐる。

明治神宮

代々幡町の東隅に当り、代々木練兵場に隣る土地、約二二万坪を以て霊域となし、明治天皇及び昭憲皇太后を祀る。この域は全国各地から奉献された樹木、約一〇万本にその他を加へて処々に密林を繁茂させてある。境内は元御料地であつた時代から黒松、赤松等の大樹を始め、楢、榎、椋、欅等多く、相当の林苑をなしてゐた。参拝道としては南側が表参道で、市電は明治神宮前停留所で下車、北北西に約一二〇〇メートル直線の大通りがありその終りに大鳥居がある。省線電車では原宿駅下車、駅前を右に省線の陸橋を渡ればこの大鳥居の前に出る。北の参道は外苑の競技場に続くもので、省線電車に依ると代々木或は千駄ケ谷駅で下車すればこの北参道に出られる。西の参道は小田原急行電車の神宮裏からのものである。この三つの参道に沿うて各々鳥居があるが、何れも台湾阿里山から送られた檜材を以て造られてゐる。中でも南参道と北参道が相合して西折した場所にあるものは最大で、高さ一二メートル、柱の直径は一・二メートルあり、境内最大のものであり、同時にわが国諸神社の木造鳥居中最大のものである。この大鳥居をぬけて西行して、右折すると社殿の正面に出る。祓社の前から鳥居を過ぎ拝殿に至る。拝殿より内部は内院といひ、外部を外院といふ。内院には御本殿と中門があり、廻廊により繞らされてゐる。社殿は大正四年に起工し、同九年に竣工した。毎年一一月三日が例祭である。社殿の後方に宝物殿があり、建坪約五五〇坪、明治天皇及び昭憲皇太后の御遺物が陳列されてゐる。

明治神宮

市外代々木の地約二二万坪を霊域として明治天皇及び昭憲皇太后を奉祠する官幣大社明治神宮がある。天然の林野に全国各地から奉献された樹木一〇万本を植えて霊地にふさわしい幽境をなしてゐる。写真は拝殿で参道を入つた一般の参詣者はここで拝礼する。

明治神宮宝物館

明治神宮の社域約二十二万坪のうち本殿の北に宝物殿がある。二千五百坪の敷地を画し総建坪約五百五十坪の和洋折衷の優美な建築が営まれ聖徳鴻業を偲び奉る数多の宝物が蔵されてゐる。四近緑の芝生に松樹点綴し常に掃き清められて浄域を形づくる。

代々木練兵場

明治神宮の西から南に繞つて広漠たる原野がある。赤土の露出した中にところどころ草地がありまた欅その他の大木が空をついて武蔵野の姿をいくらか止めたところそこが代々木練兵場である。写真は早春の或日のこの練兵場で見た演習の一場面のスケッチ。

西郊の大きな町渋谷

渋谷の中心は市電渋谷終点、省線渋谷駅、東京横浜電車、玉川電車等の線路の集中するところにある。ここもまた新宿と同じく山手線に沿ふた交通上の一中心をなしてをり、震災後の発達が極めて著しかったところである。この町は人口一〇二〇五六人、密度にして一六八八三人である。人口密度からいふと淀橋町の一九二五八人、荏原町の二二七八五人、南千住町の二〇四〇四人、巣鴨町の二一四〇五人、日暮里町の三七四三九人、品川町の一八六〇二人、三河島町の三〇二四八人、尾久町の二二四四四人、西巣鴨町の二四一一五人に比べると到底及ばないが、人口総数からいふと、荏原町の一三二一〇八人、西巣鴨町の一一五六五四人に次いで第三位に大きい町である。最近までの経過から見ると、大正一四年の国勢調査に渋谷町は九九〇二二人、西巣鴨町は九八九五〇人、荏原町は七二二五六人であって、渋谷町は近郊第一の町であり、同時に日本一の大きな町であった。日本の他の都市に比べると、新潟市が一二五一〇六人、堺市が一二〇三四七人、和歌山市が一一七四三七人、横須賀市が一一〇三〇四人、その他浜松、門司、川崎市等に相当し、市として人口の渋谷町より大なるものは二四市、人口の小なるものは実に八五市に及んでゐる。近年は交通関係からいつても、住宅地としてまた都市としての設備からいつても良く具つてゐる。東京市に隣接するために市制の執行が後れてゐるが、近い将来には大東京に編入されるものである。

目黒町は南北に細長い形をしてをり、山手線がこの東端を南北に走つてゐる。この町も近接せる住宅地として発展したところで、現在人口、六七二三六人、密度にして九三七七人、明治三一年の頃には人口四一一五人、密度が五七四人、震災後に急に増加して、大正一四年の国勢調査には四五二六八人、密度にして六三一二人になつた。

目黒競馬場と目黒不動尊

省線電車の目黒線から西方約一キロ半、東京競馬倶楽部に属する目黒競馬場がある。乗合自動車の便もあつてシーズンには多数の人々が集る。この競馬場の南側は小さな谷で、その谷を東に下ると目黒不動尊の境内に入る。この本堂、仁王門等の堂宇は三代将軍家光の造営したもので、寛永十一年に竣工してゐる。境内に甘藷先生青木昆陽の墓と碑がある。この不動尊の前には料理店が軒を並べて、春は竹の子飯を、秋には栗飯を食べさせる。筍の供給は元々荏原郡に非常に多い。竹林がこの地に初めて移植されたのは寛永元年で、戸越の旧家山路氏が鹿児島から孟宗の母竹を移したのに始まり、後次第に広く栽培されて、農家の重要な収入になつてゐるが、最近郊外地が段々住宅地化しつゝあるので、竹林も段々荒廃して以前程の名を留めない。

東上線・武蔵野鉄道沿線

荒川の低地と志村・赤塚の台地

巣鴨から市電の下板橋線により終点で降りるとここで二つの街道が分岐する。一つは沢庵用の大根で有名な、練馬、膝折、志木町を経て川越に至る川越街道で、他は埼玉県の浦和、大宮から高崎に行く中山道である。この中山道に沿うて約四キロ、台地の上の平坦な国道を北西に行くと、急に荒川の低地に臨み、夏ならば水に満たされた青田を一望の中に見渡すことができる。この急な坂路は武蔵野の台地から北の低地に移るところには、何処にも見られるもので、荒川の侵蝕により形成された崖である。この崖を境にして上下の両面では著しく農業状態が異つてゐることは、誰の目にもとまることで、低地の地方では春の終りに田に水を入れて稲を作り、秋の終りに収獲し、一年一回だけ作物の栽培をなすに止つてゐる。しかるに台地の上に来るとそれが非常に異り、一年中栽培をつゞけてゐるのである。志村は人口も僅かに一二一五一人、密度も一〇三五人に過ぎない代表的な近郊の農村である。一帯に郊外の農村は地方の一般の農村に比べると、著しく趣を異にしてゐることは前にいつたが、如何やうに異つてゐるかをこの志村の畑地を探りながら述べて行かふ。この附近で夏の時季に相当多く栽培されてゐるものは、大根、三ツ葉、トウガラシ等である。近郊の農村ではどこでも大概同じであるが、一年中できるだけ色々なものを栽培するやうにして収益を増すことに心掛ける。それで一つの畑の中でも唯一のものを作る代りに、早くできるものと栽培に時期のかゝるもの、また一緒に栽培しても差支へないものは、一つ畑の中で同時に栽培するやうにするのである。かうすることに依つて、単に収益をより上げるばかりでなく、一年中平均して労働を続けることができるから、田地ばかりをもつて稲作をしたり、畑地をもつて夏は桑を植ゑ、冬は麦を作るといふよりも比較的小面積の畑地で十分収益を上げることができるのである。

　麦は大抵五月末から六月始めに刈り取つてしまふが、その刈入れをやる前、四月の中頃から麦と麦の畔間に、或は一つおきに三ツ葉を播き、又はトウガラシを播き込む。そして麦を収獲してしまふとその麦のあつたところに大根を作る。この場合前に一つ置きに三ツ葉を播いたところでは、この大根が四五十日の後に収穫されてからまた中央のところに、今度は沢庵用の大根、或はトウガラシを作るのである。即ち二度栽培するのであるが、各畔間に播いた場合には大概一度作つたら後は三ツ葉を専ら育てゝ、冬になつてから段々市場に搬出するのである。これはほんの一例に過ぎないが、要するに非常に労力を加へてできるだけ多く収益

渋谷駅附近

新宿とともに西郊の一大中心をなす渋谷はその人口において随分大きな町である。駅は市電の終点東京横浜・玉川電車の起点で郊外と市内との連絡上重要な地点をなしてゐる。震災後急激なる郊外の発展は当然連絡地渋谷を大ならしめずには置かなかつた。

目黒の競馬

目黒川の路を越えて西方に当り東京競馬倶楽部に属する目黒競馬場がある。横浜の根岸や千葉の中山競馬場とともに東京附近における著名なもので写真は競馬当日における場内の景観である。莫大な観覧者は席を離れて秒毎に移り行く戦況に胸を躍らせてゐる。

荒川低地の水田

志村から赤塚の方面にかけて台地の北側はこの写真に見るやうな荒川の低地に開けた水田である。この水田は畑作と異り水稲を作るのみ即ち年一回の利用に過ぎないので至つて粗放に経営されてゐる。ただ近年の傾向としてこの中に蓮田が稀に見られて来た。

練馬大根の収穫

広々とした畑の一面に大根は抜かれた位置に葉と別に寝かされてゐる。写真はそれを纏めてわが家の井戸端へ或は水の流れに運ぶ農婦とその伜である。生のままで市場に或は漬けて沢庵に更に干大根として大東京の人々の食膳を賑はすのである。

を挙げやうとしてゐることが、このことからも十分看取されやう。西に行つて赤塚村の方にも同じものが見られる。たゞだんだん土地も広くなつて農家の所有してゐる畑も面積を増して行くので、次第に栽培の仕方が簡単になり、志村程の複雑さは次第に消えて行く。

松月院と赤塚の城址

志村から台地の上を西の方に行き、武蔵野に特有な三、四の谷を越えて西台、徳丸等を過ぎると下赤塚に出る。この下赤塚の台地の上に松月院がある。交通の便を利用すると、池袋から東武鉄道の東上線に依つて新町の駅で下車すればそれから僅に一キロ程北方に当つてゐる。この寺から更に西方に約一キロ、相当に大きい谷を越して西側に赤塚城址が一丘陵上にある。この松月院と赤塚城といふのは下総千葉氏の一族、武州千葉氏に関係するもので、千葉氏は平忠常の後で代々下総、上総にその勢を振つたが、後康正年間にその一族の自胤といふ人がこの赤塚によつたのである。そして松月院を起して菩提所としたのである。東方徳丸の原は、天保一二年に高島秋帆がこゝに来て鉄砲の修練をなし、その時この松月院を陣屋として十余日滞在したといふ。徳川時代には寺領四〇石、この地方での名刹である。

練馬の大根

志村、赤塚の台地につゞいて南の方には大根と牛蒡の栽培が極めて多く、練馬町から上練馬の方にかけてその栽培の中心をなしてゐる。牛蒡の栽培はこれからずつと西方に多く、埼玉県の白子村、新倉村、膝折村、志木町等のこれにつゞく地方から、上練馬村に続く大泉村、石神井村等に非常に多い。品質も非常に良く、単に東京に出荷するばかりでなく、遠く関西の地まで積出してゐる。市域に遠いところと近いところではその栽培の時期がいくらか異つてゐて、遠いところでは秋の終り頃から牛蒡を作り、長く太い非常に優良なものを栽培するが、東の都市域に近いところでは、春の始に麦の間に播き込んで、秋には収穫するやうにして、余り長い間畑の中に置かないやうにしてゐる。これも前述の都市に近い程畑も狭くなるので、だん〳〵忙しい収益をするやうになる一例であるが、大根の方になるとそれを栽培する期間も牛蒡に比べるとずつと短くなるので、余程変つた状態が見られる。即ち前に述べたやうに間作をしながら何度も栽培するが、都市域に近い程生食用のものが多く、少し離れたところでは沢庵用の大根を作る。この練馬町及び上練馬村は昔から大根の産が多く、年々東京の神田市場、京橋市場に出すのであるが、この一番出盛りは十、十一月頃である。この時期には白菜と一緒にどの車もどの車も満たされてゐる。沢庵用にする大根は非常に長大で先の方が細くなつてをり、八月中旬以後作られて十一月になると掘り上げて、溜池や川等で白く洗ひ、乾かして樽につけ、早ければ十二月になつてから次第に市場に出てくる。北豊島郡だけで年々二〇〇万貫の干大根があり、農家の主なる副業をなすが、最近は工場ができて大規模に製造してゐる。その製品は東京に出すばかりでなく、関西から外国にまでも輸出されてゐる。

静な農村大泉

上練馬村の西に続いて大泉村がある。人口五〇五二人あり、密度は一方キロにつき四二三人で、大東京の中に含まれる町村の中では最も人口の収容の割合が小なる村である。それだけ農村としては都市の影響を受けることが少く、武蔵野の百姓地としては静かな雰囲気にある。この附近に来ると前に述べた志村におけるやうな栽培の高度化した状態は割合に見ることができない。一般には近年沢庵用の大根を作るやうになり、夏期には越瓜《しろうり》を栽培して粕漬にし、奈良漬を製造したり、秋の終りから二年生牛蒡を栽培して非常に優良なものを収穫する。これから西方、埼玉県の片山村から大和田村の方にかけては林地も相当に多く、武蔵野の特色をなす雑木林や松林も多い。

中央線沿線

中野・高円寺附近

中央線は始め、甲武鉄道株式会社によつて敷設経営され、明治二二年に新宿、八王子間に開通し、二七年に新宿、牛込間、二八年に牛込、飯田町間、三五年に飯田町、お茶ノ水間が開通した。三七年には飯田町、中野間に電車が運転され、三九年十月には国有鉄道となつた。この頃までは中野町や杉並町の人口も余り多くはなく、明治三一年の頃、前者は一〇一五人、後者は僅に三七七人の人口密度を持つてゐたに過ぎない。そして大正七、八年頃までは中野町が二〇〇〇人余、杉並町が五〇〇人余の密度を持つてゐたが、その後急激に増加して大正一四年の国勢調査の時には、中野町が九三四四人、杉並町が四〇二八人、昭和五年には、中野町は一三三七八人、杉並町は八七一九人といふ非常に大きい密度を持つやうになつた。昨今も東京に出る便利の良いために益々人口は増加しつゝある。

古くは青梅街道がこれ等の町の南部を東西に過ぎ、街道町としても栄え、中野の犬小屋、高徳寺等は歴史上に名高い。中野の犬小屋といふのは今の中野駅の附近、電信隊の兵営及び、小字桃園附近に五代将軍綱吉の時代に建てられたもので、畜類を憐み、江戸市内の飼犬から野犬の類に至るまで大切に保護し、違反したものには厳罰が課せられたのを言ふ。

高徳寺は東中野の駅で下車西北に約八〇〇メートルばかり、中野町大塚にある。荒居山法善院といひ、真宗大谷派に属してゐる。親鸞上人の弟子了智が開いた寺で、ここは新井白石とその子孫の菩提所になつてゐる。白石は元上総の国、久留里の藩、土屋氏の臣で、後江戸に出て木下順庵の門に学び、将軍家宣に仕へて多くの功績をあげ、家宣の死後は退いて書を著し、殊にその藩翰譜、読史余論等は今もなほ世の識者に愛読されてゐる。

新宿から出てゐる西武電車で高円寺停留所下車、すぐ近くに松応寺がある。曹洞宗の寺であるが、この寺には有名な経済学者である佐藤信淵の墓がある。信淵は出羽の人で著書も多数あり、嘉永三年に歿してゐる。

井頭恩賜公園と神田上水の谷

中央線の吉祥寺駅で下車、駅の西側で線路を南に横断すると、その突当りが井ノ頭の恩賜公園である。公園は地下湧水による池を中心にその周りの自然林一帯を占めてをり自然の幽邃境をなしてゐる。西方に地下水が湧き出て、池はそれに続いて東の方に長くその東の端には水泳場が開かれてゐる。この水が東に流れて旧神田上水になることは前に述べたがこの池から下流一帯の地域は武蔵野を刻む侵蝕谷の良い例をなしてをり、谷の中、斜面、上の台地等について見ると、近郊の農業の様子の一端をうかゞふことができる。

　秋の頃、上の方からこの谷の左側を下つて行くと、上の台地面には白菜が随分作られてゐる。この白菜は八月の中旬頃から栽培されるもので、十一月末、十二月頃になると漬物用にも生食用にもなつて多量に市場に出荷されて来る。この白菜については余り間作の様子は見られないが、収穫の後には大概は麦が芽を出してゐる。谷の南側に目をやると、谷の斜面には灌木の林が生ひ茂つてその南側の台地面への見通しはきかないが、北側ではたどる道の所々に斜面の畑があり、またその下の平なところにも畑がある。甘藷もあれば里芋もあり、概して上の台地面とは趣が異つてゐる。同じ谷の斜面でも南側と北側とではこれ程の差違が見られるのである。これも山国にでも行けば、平な土地がなく山の斜面を伐り開くこともあるが、平地の多い武蔵野では全く都市の膨脹して行く圧力に押されて、こゝ迄開かれたものと見ることができる。谷底の土地は水が多いので水田として開かれてゐるが、谷の北側の太陽の良くあたるところでは水田に並んで畑がある。これ等も同やうに都市の影響に依るものと説明がつく。近郊の百姓は蔬菜は熱心に作るが、米は大切に作らない。それだけ畑は大切にするが、田は重要視しない。そこで畑は出来るだけ開いて田は減すといふ結果になるのである。これは東郊の低地の多い土地に行くと余計はつきり認めることができる。

十二社池畔の景

十二社の名は床しいものであるが現今の十二社は絃歌濁水に淀んで名所全く廃頽してしまつた。ここは古く某氏が郷里熊野から十二社の神々を勧請して小祠を建て家運大に隆昌したといふので参詣の者陸続として一躍郊外の名所となつたといはれてゐる。

戸山ケ原の射場

戸山ケ原の射場・練兵場も今は住宅地の中に取囲まれて了つたので青年達のよい散歩場ともなつてゐる。射場も一般住宅に近いので流丸等の危険も多くために最も近代的なトンネルを設けて射撃の練習に供してゐる。この射程は三〇〇メートルで七つある。

駒場の農大

東京帝国大学の農学部は駒場にある。駒場といへばこの農大を思ひ出すほど一般の頭に入つてゐるのに最近本郷の第一高等学校と入換ることになつたのは多少物淋しい。敷地の中央には銀杏の並木がありそれに列んで校舎がある。近くに大学に附属した農場等がある。

小金井の桜と玉川上水

玉川上水は徳川家康が将軍に任ぜられてから後、約五〇年の承応二年に竣成したものである。多摩川の上流、羽村の堰で取入れられ、東にずつと小金井を経て、井頭公園の南を大体旧神田上水に平行して新宿に至り、遂に御苑に達し、これから石樋、または木樋で各戸に給水されてゐたもので、明治二三年市の上水道が竣工するまで、専ら市民の飲料となつてゐた。今この水道は新しく淀橋の浄水道に引かれてゐる。

小金井の桜は丁度この水道に沿つて、西は小川水衛所から、東は境水衛所に至る約六キロの間、その両側に植ゑられたものである。

この桜樹は武蔵野新田の人、川崎平右衛門氏が幕府の許可を得て、元文の頃植ゑつけたもので今に至るまで多数保存されてゐる。勿論後には多数補植されたものもある。樹の種類は殆ど凡てが白山桜であつて、この中では大和の吉野山から移植したものが大半を占め、残りは常陸の桜川から移し植ゑられたものである。東の境橋附近のものは補植されたものが多くて、余り太いものはないが、西の関野新田の方に来ると太い樹が多い。数は西岸に約七六〇本、北岸に約七〇〇本程ある。小金井橋はこの桜並木のほゞ中央に位してゐる。この橋の北詰の桜樹の下に川崎平右衛門植樹の碑が建つてゐる。

東京天文台

中央線の武蔵境駅の南約三キロ半、京王電車で行くと上石原駅の北、約二キロ、三鷹村の大沢にあり、敷地は約三平方キロある。この中に日本で最大な且つ最優秀な設備をもつた東京天文台があるので、この位置を正確に記すと、東経一三九度三二分一九秒、北緯三五度四〇分二一秒の位置で、海面からの高さは約五七メートル位に相当してゐる。中の建築物の蒲鉾形の屋根は子午環室、角屋根は経緯儀室、子午儀室があり、

井頭の池

恩賜井頭公園は井頭の池と御殿山とを含んだ美しい森林の公園である。暗いまでに繁つた老杉のあちこちには桜も咲いて湧泉に涵養された美しい池水に映え郊外有数の幽邃な公園。写真は井頭池の一部で涼風送る水面にはボートが浮べられ池尻にはプールもある。

桜の名所小金井

徳川時代江戸市民の為に幾多難苦を経て完成した玉川上水道。これは多摩川の水を羽村で取入れ江戸に上水を送つたものでその沿岸には桜が植えられてゐる。その最も著名なのはこの小金井で幾百株を数へる老桜が上水道の両側に春日妍を競つてゐる。

三鷹天文台鳥瞰

北多摩郡三鷹村に三平方粁の地を擁して報時・天体観測等に従ふ東京三鷹天文台の鳥瞰。丁字型の建物が本館その先のドームは二六吋赤道儀室でその左にアインシユタイン塔がある。建物を囲んだ畠のやうなものはやがては都会を飾る並樹の苗圃である。

1-1-E
『日本地理風俗大系　第二巻』

円屋根には、第一赤道儀室、天体写真儀室、卯酉儀室が含まれてゐる。共に鉄筋コンクリート造りである。この外木造の本館、太陽写真儀室、聯合子午儀室等の建築物がある。専ら通信用に用ひられる無線電信の鉄塔は三基あり、その高さは約六〇メートルある。これ等の設備の中で子午環室の基礎工事は特に強固である。南北約一〇〇メートルに各々子午環標があり、この中にはゴンチュー二〇センチ三の子午環を蔵めてゐる。聯合子午儀室には、口径約六センチ、倍率一一〇倍の子午儀が二台あり、日没後恒星の子午線通過によつて時刻を計り、グリニッチ時の零時、日本の中央標準時、午後九時に銚子、船橋両無線電信局に有線で通報し、ここから大洋航海中の船舶に無線電信に依つて、時刻を知らせ船の位置を明にさせる。この外毎日午前十一時に行ひ、正午には中央郵便局を経て全国へ時刻を知らせる。またフイリッピン、仏領印度支那、ジャヴァ、ハワイ、フランス、ドイツ等の諸地方より報時を無線電信で受け、前の観測と比較して経度の測定を行ふ。なほ構内には測地学委員会の設けてゐる測量基線がある。陸地測量部では一等三角点をこゝに置いて、全国三角点の経緯度測定の基準点をしてゐる。天体写真儀室には口径二〇センチ三、焦点距離が一二七センチの赤道儀を備へてをり、新星、彗星、小惑星等を天体写真に撮影し、また太陽の直接像写真撮影により太陽黒点の消長を調査する。太陽写真儀室では口径三〇センチもの平面反射鏡を有するサイデロスタット、口径一二センチ八の太陽分光写真儀及び引伸器を備へ、約六センチの太陽像を作り、スペクトル線中カルシゥムのK線により、スリットの移動によつて太陽全面における白紋の分布状態の変化を研究してゐる。第一赤道儀室には口径二〇センチ三の赤道儀を備へ、彗星のやうな異状天体の出現に際し、実視観測を行ひまた変光星等の観測もする。正門に向つて左の円屋根の見えるのはこれである。毎年春秋二回を限り望遠鏡による天体観測を特志の人に許可する。

京王・小田急沿線

豪徳寺

旧神田上水以南の地は、北の方に比べると葉菜や、茄子、トマト、瓜の類が非常に多い。大根、牛蒡の数は少なくなり、漬菜、小蕪、小松菜、水菜といつた類のやうに、余り深い土を必要としないものが多い。一つには北部に比べて都会地らしくなつてゐるのであるが、一面また土地の性質が前と大分異つてゐるのである。そして更に一つの特色は北部では殆ど竹林を見なかつたが、これから南の方になると農家は大抵宅地の隅に竹林を持つてゐる。

渋谷から玉川電車で三軒茶屋に行き、こゝで下高井戸行に乗代へて、豪徳寺前停留所で下車すると、この東北にこんもりとした相当に大きな森がある。こゝに曹洞宗の名刹豪徳寺がある。元弘徳院といはれたもので、この地方には永らく吉良氏の一族が住んでゐて、文明十二年の吉良左京太夫正忠がその伯母、弘徳院のために建てた寺で、寛永十五年に修理し万治二年今の豪徳寺となつた。寺の西の墓地に井伊家の墓所がある。井伊家の菩提の寺は江州彦根にもあるが、江戸で死した人々はここに葬られた。この中には直弼の墓もある。直弼は安政五年に幕府の大老となり、大いに国事に尽したが、万延元年に桜田門外で水戸の浪士のために刺された。この豪徳寺の外に吉良氏の縁故の寺院として勝光院、勝国寺、浄徳院、宇佐神社等がこの附近にある。

松陰神社

同じ玉川電車の松陰神社前停留所の北、約二五〇メートルばかり、世田ケ谷町若林にある。若林は本村、東山谷、西山谷等の部落に分れてをつた。この附近では竹の子の産出が非常に多い。この社は明治十五年の暮に建てられたもので、社前の西の方に吉田松陰の墓がある。そして、その側に頼三樹三郎、小林民部少輔、来原良蔵、福原乙之進、綿貫治良助等の墓が並んでゐる。これ等の人々は幕末の同志のもので、安政元年、松陰は米艦渡来の折に海外の事情を探らんとして密航を企て、果さず、安政六年に江戸小塚ケ原で斬られ、一度回向院に葬られたが、その後ここに改葬されたのである。この神社の西に近年国士舘学校が建てられ、多数の子弟を指導してゐる。

航空研究所

新宿駅から出る小田急で、約十分東北沢駅で下車して約一町程南に行くと、東京帝国大学航空研究所がある。元帝国大学工学部の一部にあつたが、大正七年の八月に創設され、市内の越中島に新に研究室を建てた。その後大正一二年の大震火災に際して類焼し、土地も地震のために約二尺程も沈下したので、昭和二年以後この土地に移転工事を始め、昭和六年春全く完成して開所するに至つたのである。この研究所の任務は、航空機の学理的研究をなすもので、航空機の設計、製作等をなすところではない。従つて陸海軍の航空研究とは別個の立場に立つてゐる。内部には建物が十棟程ある。研究部は冶金部。材料部、風洞部、飛行機部、発動機部、物理部、測器部、航空心理部、図書部等が主なもので、これ等の研究部においては、帝大の工学部及び、理学部の諸教授を中心に研究が続けられてゐる。

航空研究所

航空研究所は東京帝大に属し元深川越中島にあつたが昭和六年現在の地旧駒場農学部の敷地に竣工成つて移転した。二百に近い所員・技師等を擁して航空学の研究に専念してゐる。図はその鳥瞰で緑に包まれた厖大な敷地には本館を囲んで種々の研究室がある。

東京横浜・目黒蒲田沿線

冬の農業

渋谷から東京横浜電車線で一〇分程出るか、または目黒蒲田電車で同じ位西南の方に出て行くと、碑衾村《ひぶすまむら》の柿の木坂から玉川村の奥沢附近に出る。ここまで来ると、春から秋にかけては瓜類を始め漬菜が多く秋から冬を越して春の始めまでは小蕪や、小松菜、水菜等の葉菜の類が非常に目立つて作られてゐる。しかも冬に行つてすぐ気のつくことはこの葉菜類を栽培するのに一風変つた形をしてゐることである。即ち海で秋から冬にかけて海苔を採集するのに、枝をよくはつた竹を海に立てそれに海苔を附着させて採るが、これと同じやうな枯れかゝつた竹が畑に立ち並んでゐる。

一体東京の気温は、年平均一三・九度で、房総半島の勝浦の一四・五

玉川の温室村

大東京の西南部多摩川の洪涵平野は水田に果樹園に既によく利用されてゐる。しかし大東京の限りなき需要と季節はづれものの要求とはここに温室村の発達を促した。トマトやナスの促成栽培にカーネーションその他の花卉類に都人士の欲求をみたしてゐる。

洗足住宅地

住宅地としての西郊の発達も素晴しいものがある。それは関東大震以後における住宅地の郊外進出によるもので村で一躍町制を敷いたものも甚だ多い。また区画を限つて住宅地を形成するものも現はれて来た。写真に見る洗足池畔の住宅地の如きはその好例である。

度、沼津の一五・三度等に比べると甚だ低い。かつは冬の期間が来ると、気温が非常に低くなるので、普通の蔬菜の露地栽培は一寸停止の状態になる。そしてこの間温室等を設けても余り低温のために保温設備に費用がかかり、引いては経営に莫大な費用を要する結果になるので、高級の蔬菜類を栽培するか、或は観賞用の草花類を作るのでなければ経営上利益を上げることが六つかしいのである。

　このやうにして東京の西部では秋の終りから翌年の二、三月頃にかけては、一般には農閑期になつてゐるが、小松菜、水菜、からし菜、ほうれん草、小蕪等の葉菜の類は相当広く栽培されてゐる。ところがこの時期にはまた雨量が最も少なく、一月の平均降雨量は五六・六ミリで至極乾燥してゐるし、その上霜も例年十一月の初旬から翌年の四月初旬まで下りるので、これ等に対して特別の設備をほどこして天候による災害をできるだけ少なくするのである。即ち前に述べたやうな竹林がこの頃畑の中の一特色をなすのである。

　この竹林が即ち保温の設備にもなり、北西風を防ぐことにもなり、乾燥を防いで霜の害を少なくすることにもなる。従つて特別に高い費用のかかる設備をすることもなく、僅な経費によつて、冬の間絶えず新鮮な蔬菜類を市場に供給する。

　春の中頃四月五月の頃になつて、この地方に出て見るとまた面白い栽培の模様が見られる。前に述べたやうな葉菜類を冬の間栽培する外に大抵畑には麦を作るか、春から夏にかけて瓜類を作つたり、茄子やトマトを栽培したり、芋類を作るやうな場合には、その前作として麦を畑に必ず作る。この麦にどのやうな意味があるかといふと、別にその収穫を目的とするのではないのであつて、麦を作ることに依つて前述のやうな野菜類の収穫をより一層大ならしめやうとするのである。甘藷とか里芋等の芋類や胡瓜、南瓜、冬瓜、茄子等を作るのには麦のある五月の中旬頃に、これ等のものをその畑の畔の間に定植して、六月になつて麦を収穫するとその後がこれ等のものの畑に変るのであるが、少しでも早く収穫して市場に出し度い場合には、麦を全く犠牲にしてしまふ。この場合には定植の時期がずつと早くなり、五月の上中旬には相当に木も大きくなつてゐる。特に茄子の場合によく見ることであるが、麦はその頃地上から一尺乃至一尺五寸位のところから刈り取つてしまふ。これは日照をよくし、まだこの頃時々吹いて来る北北西の冷い風を防いで茄子の生育を早め、また茄子の実が風のために傷められることを防ぐのである。夏になると葉菜の栽培が非常に多い。この附近の野道を僅でも歩いて行けば、漬菜の畑に芽の出たばかりのものもあれば、丁度収穫しつつあるのを見る。また一つ畑を三つ位に区切つて三段位に分けて漬菜を作つてゐるのも見られる。

漬菜とか小松菜、ほうれん草等の葉菜類は一年中栽培されるが、冬の霜の下りる時期にはその栽培の期間が六、七〇日もかゝる。四月からだん〳〵暖かくなると成長も早くなり、夏の最中には大抵三〇日から三五日もかかれば市場に出すことができるので、この附近では一年に六回、或は七回も葉菜を一つの畑に作つて、高速度の連作が見られる。

九品仏とその附近

西南部は中央線の沿線、即ち新宿駅を中心にした区域に次で、交通電車網の発達が著しい。渋谷からは玉川電気鉄道の線路が西南に厚木、大山街道に沿うて、多摩川の縁に至り、更に川を渉つて溝ノ口に達してをり、東京横浜電車線は同じく渋谷から上目黒、碑衾町、柿ノ木坂へ、更に丸子で多摩川を渉つて横浜に通ずる。目黒からは目黒蒲田線、五反田からは池上電車線、大井町からは目黒蒲田線の支線が大岡山に至り、ここから更に二子の渡しまで延長されてゐる。このやうに電車の便がよくなつたから、居住者も著しく多くなつた。目黒蒲田線の洗足駅の附近と、同線の田園調布駅を中心にした附近とは田園都市株式会社の経営する田園都市が発達し、広潤な道路を敷き、各特色をもつた住宅が建設され郊外の住宅地の中では特色ある住宅区域をなしてゐる。

浄真寺は大井町、二子線の九品仏駅から間もないところにある。珂碩上人が延宝六年に開いたもので、俗に九品仏と呼んでゐる。これは三つの仏堂に三体づゝの阿弥陀仏を安置してあるからである。中央を上品堂、向つて右を中品堂、左は下品堂と呼ぶ。本尊は聖徳太子の御作といふ阿弥陀仏である。この寺の西方約一キロのところに、武蔵野の台地の中では珍しく深い峡谷の発達が見られる。この谷に沿つて等々力の滝がある。元この谷は浄真寺の方につゞいて、東に大岡山から池上の方に出て行く谷川につゞいてをつたが、この谷の位置よりも低い多摩川から新しく深い谷が刻まれて、遂にこの上流をうばつてしまつたのである。

洗足池

目黒蒲田電車で洗足駅に下車するか、または池上電車の洗足池下車か、或は大井町線で洗足公園に下車すれば間近に洗足池がある。井頭の池等と共に武蔵野の台地に特有な地下水の湧出による池であつて、南北約一〇〇メートル、東西約三〇〇メートルばかりの大きさを持ち、池の附近には松、桜、椎等の樹木が生ひ茂つて、幽邃の境をなしてゐる。日蓮上人が身延から池上に来て、この池畔の松に袈裟をかけ、足を洗つたといふので、千束池を洗足池にしたと伝へられてゐるのである。この池畔に沿うて勝海舟の墓、清明文庫、西郷隆盛の祠、日蓮上人の銅像等がある。

（西水孜郎）

南郊

品川町

帝都の南に続く一大市街地で、市街地或は郊外として市内と離して取扱はれてゐるが、これはただ行政上からかくするのみで、今日の品川町は実質において、市内の或地域よりも優れてゐる点もあり、また東京といふ大都市を研究する上に、これを市内と離して独立に取扱ふことは不合理であり、かつ実際上不可能である。とも角市内とはあらゆる点から見て不分離の関係にあるもので、同様なことは以下に述べる大崎町大井町、大森町、入新井町、蒲田町その他にもいへるが、見方によつては品川町は、大崎町、これ等より市内に更に近いだけ、その関係は一層密接であるともいひ得られる。

品川町は誰も知る如くもと東海道五十三次の第一駅で、その繁華であつたことは図会や古老の昔語りなどからも想像される。しかし当時賑かであつたところは街道に沿ふ細長い海岸地帯、即ちいはゆる街村の形態を作つてゐるところだけで、これから一歩西すれば水田も広く開け、農家が点々と散在してゐたのである。

今その地形を見るに、町の中央を東西に目黒川が貫流して幅約一キロの細長い沖積地を作り、その北と南の両側は二〇メートル内外の台地をなしてゐる。この台地には更に小さな入込みが谷頭浸蝕によつてできてゐるから、台地と低地との境界線は随分複雑になつてゐる。この目黒川は古名を品川といつたことからこれが地名になつたと伝へ、或はまた砂川といつたのが転じたともいつてゐる。

しかるに今日実際行つて見ても、また最近の測量にかゝる地図を検しても、沖積地といはず台地といはず、到るところ人家が建並び、また目黒川の谷は工場で埋まり地形の細い変化を遠望することは困難である。なほ地図では等高線が人家によつてかき消され、殆どその凹凸が不明になつてをり、過去数十年間における急激な発展の跡を物語つてゐる。

品川町は人口五万六千、品川歩行新宿、北品川宿、南品川宿、二日市の大字に分れてゐる。この中品川歩行新宿が往昔最も繁栄したところで今なほ店舗軒を連ね、当時の隆盛を幾分偲び得るとはいふもの丶、何分にも道路の幅が狭いから今日の速力時代には適し難く、一方これと並行してその西に、全く近代的な京浜国道が眩苦《めまぐる》しいばかりの活躍振りを示してゐるため、次第にその繁栄を後者に奪はれつゝある。しかしこの二

品川駅の俯瞰

品川は帝都の直南に位する殷盛な町で昔は東海道の第一駅。その役目は今も変りなく鉄道の東海道線における第一駅である。山手線の分岐点として旅客の昇降多く雑沓常である。写真は駅を俯瞰したもので屋根を越してかなたには東京湾上に台場が浮んでゐる。

品川町歩行新宿

東海道五十三次の第一駅として江戸の南関に繁盛を誇つた品川宿は海岸に沿ふた街道町であつたが今や帝都とともに著しい発展をなし広区域に亘り人家密集し人口五万六千の大品川となつた。図は歩行新宿で往時の繁盛は狭い道路や家並などに幾分偲ばれる。

京浜国道

品川から起る京浜国道は旧東海道に或ひは平行し或ひは交はり六郷の鉄橋を渡つて横浜に到つてゐる。坦々たるコンクリートのこの国道は自動車でドライヴするに最もよく自動車・バス・トラツクなど引きも切らず疾走する。わが国が誇りとする道路の一つである。

つの並行した道路は夫々特色があり、即ち一方は交通といふよりは寧ろその両側の商店が主で、各種の店が軒を並べてゐるに対し、一方は両側の店よりは交通路としての重要性を発揮し、自動車その他の交通機関の往来の断えないことは甚だ興味深いことである。

名勝と古社寺

北品川の字に猟師町といふのがあるがこの辺は目黒川の出口に当つて築き立てたもので、始め殆ど人家がなかつたものを、南品川宿三丁目に住んでゐた漁師を明暦年間にここに移住させたものである。また同じく北品川字御殿山といふのは一つの台地であつて、古書に「御殿山は東海寺の北なり、慶長元和の間此地に省耕の御殿ありし故に御殿山の号あり、寛文の頃和州吉野山の桜の苗を植ゑさせ給ひ、春時爛漫として尤壮観たり、弥生の花盛には雲とまがひ雪と乱れて、花香は遠く浦風に吹送りて、磯菜摑海人の袂を襲ふ、樽の前に酔を進むる春風は枝を鳴らさず、鶯の囀りも大平の楽を奏するに似たり」(江戸名所図会)「御殿山、歩行新宿大横町の西にあり、広さ三町八段、今御林となり桜樹多し、相伝ふ、此所長緑の頃、太田道灌の館あり、文明年中、連歌師心敬僧都と道灌千句の連歌を催す、世に品川千句と云ふ之なりと」(新武蔵風土記)等を記してある。今日では勿論全く昔の姿を失つて了つたけれどもなほ大きな邸宅、学校、寺社等が互いに広大を競つて建並びその大部分の面積を占めてゐる。

これを要するに今日の品川町は、街道に沿ふ街村を最も重要なる前身とし、これから西に進むに従つて次第にその発展の年代が新しくなつてゐる。否寧ろこの街村以外の町(台地の麓の小部分を除いて)は東京市内の影響を受けた、極く最近の発展に係るものである。

古社寺としては天《あめ》乃《の》比《ひ》理《り》乃咩命《のやすのみこと》を祀る品川宿の鎮守たりし品川神社、建長三年大鮫の死骸が海上に浮び、この腹中より出たる正観音木像を納め、またこれよりその門前に鮫洲の名が起つたと伝へられる海晏寺、十一面観世音を本尊とする海雲寺、品川問答の旧跡なりと伝ふる本光寺、天照大神《あまてらすおほがみ》、豊受大神《とようけおほがみ》、素盞嗚尊《すさのをのみこと》を合祀する荏原神社、日蓮の弟子天目の草創した妙国寺、有名なる僧宗彭号沢庵の創立した東海寺等である。

大崎町

大崎町は現在人口五万四千、品川町とともに殆ど全く都市化されてゐる。その地形は中央に目黒川の広い冲積地を挟んで、北南両側に一五乃至二〇メートルの丘陵台地を持つてゐるが、この台地が目黒川の谷に臨むところ、北側の傾斜は急で南側は緩である。この目黒川の谷は今日幾多の工場で埋められ、また川と並行して新しく開かれた道路には商店が並んで、町中で最も家屋の密度の大きな地帯を形成してゐるが、その両側の傾斜の相違は家屋の分布状態に直ちに反映してゐる。即ち北側は急傾斜であるため、この斜面には樹木が残つてゐて、台地上と谷底との家屋の密な間に家屋の粗な不連続地帯を形成してゐるのに反し、南側では殆どこれが見られないことである。

さてここで大崎町の数十年前を顧る。先づ目黒川の谷には一帯に水田が発達し、北側の斜面は樹木が現在よりも一層美しく緑どり、また南側の斜面も同様であつたことは先づ確実である。

人家の発達を考へるに品川町の如く主要な街道は通つてゐないから、僅に芝白金台町から現在の目黒停車場に到る道と、白金猿町から現在の五反田停車場を通り桐ケ谷に至る道とに沿つて小さい道路村が存在してゐた程度で、以前には密な聚落景は見られなかつたに違ひない。他は谷の斜面の麓に沿つて農家が散在し、この坂を登つて台地の上に出れば一面の畑で、先づどこを見ても都市的色彩は極く淡《うす》かつたことであらう。

これが今では全く昔の面影を見ることが出来ない。真に郊外の発達、文化景の変遷には驚歎すべきものがある。

大井町

今日この辺の一万分の一といふやうな精密な地形図を見ても、その高低が品川町と同様余りよくわからない。それ程近年の発展振りは目覚ましい。品川町の目黒川の如く大井町では、西方碑文谷辺から発し品川用水の一部を合して東流する立会川が浜川で海に注ぐ。この両岸に低地があり、また河口に近く品川町から続く海岸に沿つて細長い低地があり、これが更に南の大森町方面へ延びてゐる。その他一帯は細かい谷が入り込んだ台地で、東海道線は大体この台地と海岸の低地との境を南北に走つてゐる。しかし品川町へ入る途中で一寸台地にかゝるから、鉄道線路はここだけ深く掘下げられてゐる。

　大井町の起源は仲々古いらしく、奈良朝、平安朝頃の東海道に沿つた宿駅にも大井駅といふのが見出される。しかし当時の東海道は今日のものとは大部異つた途筋をとつてゐるもので、現在の大井町を起させた大きな原因は、近世の東海道であると見ることができよう。即ち五十三次の宿駅ではなかつたが、品川の南に続く東海道に沿ふ街村として発達したものに違ひない。従つて今日でこそ家が台地といはず低地といはず一面に蔽つてはゐるが、も少し昔の大井町或は大井村を考へれば、先づ東海道に沿ひ漁師の多く住んでゐる街村と、西方の丘陵地の麓に当つて点点と散在する人家とから成る大井町の前身を想像することも難くはない。これがその後の発展著しく、今日では人口七万を算するにいたつた。しかし仔細に見れば矢張り昔の面影を存し、即ち海岸に沿ふ低地には商店が多く、特に横浜に到る国道に沿つては近代的色彩著しく、台地は主として住宅地となつてゐる。また大都市附近では川が流れてゐるところは、小さな川でもその両側に工場が並ぶものであるが、この例に洩れず立会川沿岸には種々な工場が建ち、ためにその流れは気味悪いまでに濁つてゐる。

大森貝塚と鈴ケ森

大森停車場と大井町停車場との中間、大井町鹿島谷の南斜面の台地の末端に、大森貝塚の紀念碑が建てられてゐる。これは誰も知る如く、明治十年に東京帝国大学の教師をしてゐた米人エドワード・モールスが自宅から大学へ通ふ道すがら、車中よりこの附近に貝殻の散布してゐるのを見て、貝塚であらうと思つて発掘して見た結果、貝殻は勿論、土器、石器、人骨、獣の骨等をも出し、我国考古学上非常に貴重な材料となつたものである。

　しかし今日になつて見ればこの貝塚の正確な位置は不明となり、近年になつて再び入新井町新井宿山王下こそ、モールスが発見した大森貝塚であらうといつて、ここに第二の紀念碑が建てられたやうな始末である。

　また歴史上名高いいはゆる鈴ケ森の跡も大井町にある。本来の鈴ケ森は入新井町不入斗《いりやまず》にある磐井神社辺であるが刑場のあつたところは更に少し北の大井町内である。今日では非常に賑かなところとなり、一向刑場の跡らしい感じも起らないが、徳川時代の初めにこゝに刑場が設けられた頃は、恐らく人家とて一軒もなく、たゞ街道に松並木が続いてゐるだけで、非常に淋しく且つ物凄かつたことであらう。今はここにも紀念碑が建てられてゐる。

入新井町

世人は入新井町と大森町とを混同し、或はまた入新井町を以て大森町の一部と考へてゐる者さへもある。これは恐らく東海道線の大森駅が入新井町にあるからであらう。

入新井町は大森町の北西に隣り人口四万五千、品川町、大井町等と同じく丘陵台地と低地とを持ち、大森町は一帯の低地である。先づ入新井町の地形を見るに前に述べた地域と大差がない。たゞ大森駅が丁度台地の東の直下にあるために著しくこの高さが目立つ。この町も品川や大井と同じ発展の径路を辿つてゐる。即ち西方台地の麓に当る比較的古い聚落（新井宿）と、東方の東海道に沿ふ街村が大体この型であつたらう、西方の聚楽も矢張り台地の裾に沿ふ道路が、その発達の最大原因をなしてゐたもの、如く、今日ここは立派な町並となつてゐる。故に入新井町には地理的に見て二つの重要な町並があり、一は台地の麓に沿ふもの、一は東海道筋である。この両者の中間は新しい家によつて埋められたもので、工場等も多く、また一方上述の二つの町並を連絡するもの、即ち東海道と大森停車場とを結ぶ町並もできた。なほ西方の台地上或はこれに入り込んでゐる谷にも人家が甚しく増加したが、この辺では附近と連絡する道路は多くは谷を通つてゐるから、これに沿つては殊に人家の増加が急激でその密度は大となり、台地上は比較的大きな住宅地となつてゐるため、密度が小さいことは最近の地形図を見たゞけでも大体見当がつく。

入新井町の住宅地

大森駅の西方台地の上にはいはゆる文化式の住宅が建ち並んでゐる。赤い瓦白の壁緑の生垣に囲まれた美しい住宅は電車の窓からも望み見ることが出来る。この附近は一般に大森と思はれてゐるがそれは停車場が大森と呼ばれるからで実は入新井町である。

八景坂と不入斗

大森停車場が台地の直下にあることは前に述べたが、ここから北方、台地上に到る間の坂を八景坂と呼んでゐる。この名称も近江八景を真似て撰んだ八景から来たものであらうが、今では坂もなだらかとなつて眺めがきかず、またきいたところで見渡す限り屋根ばかりで八景どころの話ではない。因にいはゆる八景とは笠島夜雨、池上晩鐘、富士暮雪、大井落雁、海上秋月、六郷夕照、砂水晴嵐、羽田帰帆である。

なほこれは筆者の如きもの、喙を入れるべき範囲ではないが、故文学博士吉田東伍氏は、万葉集巻十二にある「草かげの荒藺《あらゐ》の崎《みさき》の笠島を見つゝや君が山路越ゆらん」といふ歌について、この荒藺といふのは今の大森停車場のある新井宿に当るから、荒藺崎は八景園のある木原山、笠島は鈴ケ森、新井神社のあるところに相当すると述べてゐられるが、果して真であらうか。

また不入斗を書いて「イリヤマズ」と読ませる地名であるが、これは昔磐井神社（鈴ケ森八幡或は不入斗八幡）の神領地として租税不入の地であつたのが、今日地名となつてゐるものである。

大森町と浅草海苔

大森町は入新井町の南に当り、一帯の低地で、その名を持つ大森停車場とは一キロも離れてゐる。このために入新井町との区別を知らぬ人もある位だから、将来は停車場の名称を改める必要があらう。町の型、発展の順序等もこの附近の他の町々と類似し、主として近世の東海道に負つてゐる。人口四万六千、主なるところは矢張り東海道筋で商店が櫛比し、中でも北原、中原、南原が目抜きの場所であり、他は多く工場及び住宅である。

また有名な池上本門寺の前を流れてゐる呑川が大森町で海に注ぐが、この出口近くに森ケ崎の鉱泉がある。大規模なものではないが都会に近いので遊ぶ人多く、旅館、料理店等も建ち並んでゐる。

大森といへば誰でも海苔を思出すであらう。それ程こゝの海苔は有名であり、また製造が盛んである。新編風土記にも「此地多く海苔を産す郡中海岸の村々何れよりも出ると雖も、元当所にて始めて製せしより他の村々にても製すること、なりし由」と記してあるほどで、昔から有名であつたと見える。こゝの海苔を始め、東京湾沿岸の海苔が江戸浅草において売出されたから、浅草海苔の名が起つたものである。

蒲　田　町

大森町の南に当り、北蒲田、蒲田新宿、女塚、御園より成り人口四万四千、昔から梅の名所として名高かつたが、今では蒲田撮影所の名によつて津々浦々にまで、その名が知られてゐる。呑川が町の中央を東西に流れ、人家も甚だ密ではあるが、如何にも新興の町といふ感を与へる。もつともこれは町の起源を指していふのではない。仲々古い起源を持つてゐる町なのである。

この蒲田は前にも一寸述べた如く、本来は梅の名所で古書にも「当地の土性わきて梅樹に適するを以て、陸田の間或は家の周りに数百株を植ゑて産業の資助となす。其実肉厚く核小にして味も亦他産と大に異り加ふるに其花も亦清白の一種なり。是れもと実を得んがために植ゑたるに過ぎざれども、春初の頃は看花の人いと多し。安永天明の頃より江戸より来り見るもの多く加はり一名所となる」（新編風土記）とあるけれども、今日ではその中心であつた梅屋敷を始め、その他も古い面影を殆ど失つてゐる。

この辺をたゞ電車の窓から眺めたゞけでも気がつくことであるが、町はづれには未だ点々と田畑が残つてはゐるが、これ等より増して草原が荒れるが儘に放任され、且つこれが可なり広い面積を占めてゐることを発見する。

現在の如く一尺四方の土地さへも遊ばせて置くことの不経済な世の中に、これまた不思議な現象と思はれるかも知れないが、これは近郊農村の末路を示すものであらう。

都市の膨脹に際して附近の農村は一歩一歩退却を余儀なくされる。即ち都市に近い耕地は年々減少して、住宅或は工場の敷地に変じて行く。かくの如き変化を受けた土地は以前の農耕時代とは比較にならぬほど地代は騰貴することは当然である。こゝに着眼した農村の地主は、有用なる農耕地を前以て惜気もなくつぶし、荒れるがまゝにまかせながら宅地として利用されるのを待つてゐるのである。

六　郷　町

大東京の一部に入るとはいふものゝ、この辺まで来れば都市的色彩は割合に薄らぎ、いづれかといへば郊外気分が濃くなつて来る。六郷町は蒲田町の南に隣り、多摩川（六郷川）を挟んで川崎市と相対し、また東は羽田町と境を接してゐる。見渡す限り一帯の低地で古川、高畑、八幡塚、町屋、雑色の旧村より成り人口は一万四千、この中に農業に従事する人口が可なり多いことから見ても、東京市に境を接する町村と大部趣を異にすることがわかる。聚落群はこれを大体二つに分けることができる。一は多摩川の堤防に沿ふもの、一は東海道に沿ふものとであるが、この中年一年と変りつゝあるものは東海道筋である。先づ歴史的にも甚だ興味深い六郷橋の裾にある八幡塚は、橋村或は渡村として発達したものであらうことは、その位置並びに形から判断できる。更にこれから北方蒲田町に通ずる東海道筋の人家については地理的に見て色々と面白いことが観察される。先づ街道に沿ふ人家は、多くは小さいながら商店であるが、この中に以前の農家が近頃になつて店に早変りしたものらしいのを認める。即ち草葺屋根で前には南に乾場を持ち平入りであつたものが、時の移るに従つて商店となり、街道に面した方を正面とし妻入りに改めたものなどがある。次に注意されることは道路に沿ひ、未だ人家が連続の域に達しないことである。元来大都市が年を追ふて次第に外方に膨脹して行くに際して、たゞ円の半径を拡げて面積が増大する如き単純なものではなく、主なる街道に沿つて最も早く、また最も遠くまで都市化されるのが普通である。これには交通の便利が並び備はる場合に一番迅速であることは当然である。もつとも計画的な田園都市といふべきものはしばらく問題外とする。さてこの街道に沿つて都市化されるに際して人家の増加の波が、中心から連続的遠方に伝はるものであるや否や、先づ大勢から見ればこれは認め得る現象であるが、次に一つの街道に沿つて細かにこれを観察するとさうでない場合も認め得る。例へばこの六郷町における如く少し北には人家の連続した蒲田町があるが、これが六郷町に入つてからは点々となり、家と家との間に空地をのこしてゐる。従つて家が一軒一軒と連続的に北方から南方へ延びてゐるのではないこ

森ケ崎の海岸

大森海岸の南に偏して森ケ崎の冲積加工地がある。呑川と船入堀に限られた野趣に富んだ静寂境であるが今や森ケ崎鉱泉なども営まれ都人士の来り遊ぶもの日に増しまたその海岸は近く汐干狩の季節の人出もなかなかに多い。写真は干潮時の森ケ崎海岸の風景。

蒲田撮影所内部

蒲田町は昔は亀戸の臥龍梅や淀橋の銀世界と並び江戸時代郊外の梅の名所として知られたところ今も梅屋敷は残り復旧保存につとめてゐる。しかし今日の名を得たのは実に撮影所の存在によるといへる。写真はその内部でトーキー「隣の雑音」のスナツプである。

羽田の河港

古くは羽田港も海船の碇泊や漁業の根拠地として知られたものである。しかし今日の大型船舶寄港に適せず且つは多摩川の冲積作用が顕著で旧町は河口から離れそして新しく建設されたのが猟師町。新しい文化が入つたとはいへここのみはなほ盛な漁業の町である。

とを示す。恐らくはこれが都市膨張の真の姿であらう。近い将来には勿論蒲田町から六郷橋の袂、八幡塚まで家が建並んで了ふことは明であるから、現在の状態は都市発展の初期における研究の一の良い材料を与へてゐるものと見られやう。なほ東海道の両側には農家が点在してゐるが、果してこれ等の生命は今後何年位持ち続け得るものか。

羽田町と穴守稲荷

六郷町の東に隣り羽田町がある。羽田、羽田猟師町、鈴木新田、糀谷下袋浜竹、萩中に分れ、人口二万一千。多摩川の河口近い左岸に密集した人家、これが羽田及び羽田猟師町である。先づ羽田はよほど以前から海船並びに漁業で有名であつたらしい。即ち河口波穏かに、昔の小さな船の時代には絶好の碇泊場であつたために、海船即ち昔の海軍の根拠地となり、また一方海漁の根拠地となつてゐた。しかし年を経るに従ひ多摩川の持ち来る土砂の堆積が甚しく、遂に羽田が河口から少しく離れる結果を生じた。そこでこの新しく堆積されたところに川に面してできた部落が羽田猟師町である。今日漁業が盛んに行はれてゐるのはこの羽田猟師町であるが、これとても最近は漁家が漸次減少の傾向にある。即ち多摩川の堆積により河口から年々遠ざかることから、羽田の跡を追つて次第に商業化してゐる。しかし一般の商業地と異り、その源が漁業であるから仮令内容は商家に改まるとも、依然として密集した人家、雑然とした裏通り等は漁業聚落の観を失つてはゐない。

なほ穴守線大鳥居駅よりここに到る広い路が最近開かれてゐるが、これに沿つては如何にも新開地らしい店が並び、また同時に六郷町の東海道における如き現象も見得る。

羽田猟師町の東、新しい三角洲の辺を鈴木新田といふ。もと最近の生成にかゝる三角洲の特徴として甚だしい湿地で、全く見向きもされなかつた土地であつたものを、天明年中に鈴木弥五右衛門といふ人が開墾したもので、この名がなほ残つてゐる。この鈴木新田は海面と余り変らない位の低地であるから、海岸には堤防をめぐらして海水の浸入を防いでゐるが、この守護神として有名なのが穴守稲荷である。社の後の築山から東京湾を眺める景色、或は多摩川を上下する漁船の眺め、仲々捨て難いものがあるためか最近では都会人の行遊地と化し、特に夏季は海水浴場として賑つてゐる。穴守神社の裏には有名な鴨猟場があり、四時種々の海鳥や渡り鳥が巣を営んで帝都に近い場所としては珍しい処女地になつてゐる。その隣接地に地上げして出来たのが東京国際飛行場で総面積十六万坪あり、空輸会社、民間等の事務所格納庫のほか気象観測所、逓信省出張所、税関、検疫所等がやがて設置されて、我が国中央飛行場としての本格的諸施設が完備する筈である。そして京浜国道から稲荷橋を経て海老取川に沿ふて専用道路も開通した。この附近は将来東京湾築港工事竣工の暁には多摩川口より遥か北、芝高輪の辺まで京浜運河会社の埋立が完成し、そして埠頭や倉庫が連つて大小船舶が輻輳していはゆる近代的大東京港が現出し、海苔の朶《そだ》や漁船の白帆によつて形づくられてゐる今日の姿を失ふであらう。

糀谷には、小さいながら標識的散村を見る。日照りの関係からいづれも南向きで、周囲に樹木或は低い生垣を囲《めぐ》らしてゐるが、流石に都市に近いためか、草葺の家は極く少数しか残つてをらず、多くはトタン屋根に変り、これ等の間に点々として郊外居住者の家なども入雑《いりまじ》つてゐる。

池上町

池上町は馬込町、入新井町の西に当り、稍南北の方向に細長い町である。この細長い方向に呑川が流れて台地の間に沖積地を作り、南部は一面の低地である。町内は池上、雪ケ谷、道々橋、石川、久ケ原、下池上、徳持、堤方、市野倉、桐ケ谷の大字に分れてゐる。郊外の都市化の波がここにも押寄せて、西北の台地は住宅地となり、東南の低地の古い聚落が起つてゐたところは、今では商業地化されてゐる。

人口二万一千。しかし何といつても池上町の名前を聞けば誰しも本門寺を思ひ起す。本門寺は池上電車池上駅より北半キロ、呑川を前にして丘の上にあり、日蓮宗の霊地である。もと池上右衛門太夫宗仲の屋敷であつたが、その日蓮に帰依するや、日蓮はこの風景を賞して己の終焉地と定め、弘安五年十月十三日遂にこゝに入滅した。宗仲はそこで屋敷を寺院として本門寺と称したが、その死後日蓮の遺弟日朗がその後を継いで次第に宏壮な寺院となして今日に及んでゐる。祖師堂、釈迦堂、客殿、五重塔婆、仁王門寺が、現存してゐる諸建築中の主なものである。十月十一、二、三の会式の賑ひはまた格別でために東京の市内電車、省線等も終夜運転を行ふほどである。

（保柳睦美）

［1－1－F］
江波戸昭『東京の地域研究』（大明堂、一九八七年、一〜四五頁）

東京の地域形成史

商人と職人の町

「日本橋区と浅草区とは東京市中生活社会の中心たり。神田本郷の両区は幾分か生活に縁遠き書生にて維持せられ、京橋区は性質を銀座通の上に示して皮相を西洋に取り、麴町区は諸官省にて維持せらる。唯だ東京に於て特色を見るを得べきは独り日本橋区と浅草区とに存す。而して日本橋区の特色は商人に現れ、浅草区は神田区の一部と共に職人の上に示す。」（横山源之助、『日本の下層社会』、明治三十一年刊、〔岩波文庫版二〇ページ〕）と記されているように、明治のころの東京の経済活動はもっぱら商人と職人に委ねられていた。維新以後、資本主義の展開につれて、しだいに近代的な要素をもやどしはじめていたとはいえ、産業資本の未熟な当時にあって、まだまだ東京の性格は江戸時代からの延長ともいうべき下町の商人、職人層に特徴づけられていたのである。明治期を通じて、東京の中心は須田町―日本橋にあったといわれるゆえんである（奥井復太郎、「明治・東京の性格」、『三田学会雑誌』四六巻六号）。まず、明治前期の東京における商工業の状態を、検討してみよう。

明治前期の工業

最初に、工業生産の中でも比較的資料的にとらえやすい工場についてみる。明治十七（一八八四）年の東京府の工場総数は八四であり、表1

ー1のように機織工場一二を擁する芝区の一六工場を筆頭に、浅草区八、牛込区七、下谷区六と続いている。

明治二十五（一八九二）年になると工場数はほぼ倍の一六八となり、本所、京橋の二区にその半数近くが集中してみられる。しかし、その構成をみると、一方の本所区は瓦をはじめ、マッチ、製鋼、鋳物等のような種目が多いのに対し、他方の京橋区は印刷・新聞関係が一六工場もあって対照的である。規模別にみると、すでに職工数が千人をこしている鐘紡を筆頭に、百人以上のものが一六工場にも達しており、また動力面からみても、蒸気力使用工場が明治十七年の一四・三％から四二・九％に急増しているなど、このころになってようやく本来の工場としての形態が整えられてきたことを示している。

表1－1　明治17年業種別区別工場数

	紡織	食料品	窯・土石業	化学	機械金属	その他	計	明治25年
麹町	1			2			3	2
神田						1	1	5
日本橋				2	1		3	13
京橋	1			1	2	2	6	30
芝	12			3	1		16	17
麻布								2
赤坂				1			1	1
四谷				1			1	
牛込			2	4	1		7	1
小石川			1	1	3		5	8
本郷								1
下谷	1			4	1		6	3
浅草			1	4	1	2	8	5
本所				2			2	37
深川			3				3	10
郡部	2	1	11	8			22	33
計	17	1	18	33	10	5	84	168
比率	20.3	1.2	21.4	39.2	11.9	6.0	100.0	
全国比率	60.9	9.3	12.0	4.6	9.9	3.3	100.0	

明治17年『東京府統計書』「工場」欄より集計算出。

紡績（器械糸・綿糸・莫大小・機械）、食料品（小麦粉）、窯・土石（粘土・セメント・陶器・瓦・煉化）、化学（摺付木・革・炭酸カリ・西洋紙・石鹼・油）、機械金属（諸器械・螺鋲・ランプ口金。造船・鑪・喞筒）、その他（靴・活字）をそれぞれ合算。

全国比率は山口和雄『明治前期経済の分析』による。

郡部は荏原・東多摩・南豊島・北豊島・南足立・南葛飾六郡の合計を示す。


しかし、このように工場は次第に増加し、規模も拡大されていったとはいえ、当時の段階ではまだ大部分がマニュファクチュアの域を脱していなかったといえる。工業生産物の内容からみても、維新前後から急速に拡大されてきた国内市場ないし国外市場を対象としたものというより、激増する市民の需要に応ずるための、いわば局地的な市場を対象としての日用品類が中心となっていたことがわかるであろう。しかも、そのような日用品類の生産額全体からみるなら、当時の工場における生産はそのほんの一部を占めるにすぎず、多くのものが従来の職人層によって、家内工業なり、手工業的段階で行なわれていたといえるのである。たとえば、明治三十（一八九七）年の工業戸数をみると表1－2のごとくである（同年以前の統計書には同様のデータが欠けている）。また、明治

表1－2　市内に50戸以上ある各種小工業（明治30年12月31日現在）

戸数	種類
1000戸以上	大工、左官
500～999	石工、錺、指物、鉄鍛冶、和服裁縫
300～499	屋根葺、木挽、畳、足袋、染物、鼈甲、靴*
200～299	植木、木具、帽子*、袋物、鋳物、経師、塗物、下駄*、革細工*、鼻緒*、建具
100～199	瓦*、煉瓦*、瓦葺*、金銀細工*、鉄葉細工、髢、ペンキ塗*、挽物、櫛、煙管、機械、洋服裁縫*、判木、筆、製本、形付、縫箔、印判*、西洋洗濯、象牙細工、提灯、煙草、蒔絵、桶、巻煙草、洋傘*、象牙彫刻、張物、菓子、麻袋、傘
50～99	杣、渋塗、荷車*、簪、鋳掛、金銀鍍金*、鑪、電気機械*、船大工、人力車*、銅壺、時計、股引腹掛、莫大小、写真、籐細工、銅版、石版、葛籠、籠、唐木細工、上絵、木版、竹細工、簾、刷毛、人形、翫具、桐油、馬具、楽器、角細工、革染*、鞄*、団扇、硝子細工*、椅子テーブル*、紙漉、紙箱、塗師

明治30年『東京府統計書』「工業戸数」欄より。

*印は横山『日本の下層社会』に「明治時代特に増加、又は新たに起ったもの」と記されているもの。

市内工業戸数総数は22,629戸、同年の市内工場総数は206。

十七年の総生産額と工場における生産額との割合を業種別にみると表1－3のとおりで、これにより、工場生産が一〇〇％を占めるものは五四種目中わずか一六種であるのに対し、工場生産が〇％、すなわち、すべてが家内工業的段階で生産が行なわれていたと推定されるものが二八種にも達していたことがわかる。これら、家内工業的生産のにない手こそが、さきに記した東京の市民生活の一方の旗頭をつとめていた下町の職人層であったのである。

以上みてきたことから、明治前期の東京における工業生産は、一部に官営ないし民営による工場生産が行なわれてはいたが、まだ支配的な地位を占めるに至っておらず、むしろ、膨大な消費人口を対象として、江戸時代から引き続いて行なわれてきた職人層による家内工業的生産によるものが卓越していたといえよう。すなわち、問屋を中心とする商業資本を基軸にして展開してきた江戸の産業構造は維新後の当時に至ってもなお、変革されることなく存続し、産業資本の形成は一般に未熟な段階にあったのである。

問屋中心の商業

では続いて、職人とともに当時の市民生活の中核をなしていたといわれる商人に目を向けよう。「維新前は問屋は産業界にては唯一の主権者にして、実に市民社会には上級を占めたり」（横山、前掲書）とされるように、江戸時代における問屋の勢力は非常に大きなものがあり、維新後も日本橋から神田、浅草方面にかけての問屋街は依然たる勢力をもっ

表1－3　工場生産額の総生産額に対する比率

比率		種目
100％以上		器械糸、綿糸、莫大小、理化教育器械、セメント、紙、石鹼
100％		鑵、医療器械、螺鋲、ランプ口金、粘土、活字、西洋型船、小麦粉、西洋紙
75～99％		陶器、石油
50～74％		摺付木、靴、織物、煉化
25～49％		革
1～24％		喞筒、瓦、日本形船
○％（生産額一位の区郡別）	浅草	人力車、コーモリ傘、鼈甲細工、角細工、漆器、鼻緒
	日本橋	筆、団扇、玩具物、足袋、袋物
	神田	馬車、ローソク
	麴町	巻莨、擬革壁紙
	赤坂	雨日傘、刻莨
	下谷	鉛筆、ゴム
	深川	煙管、刻昆布、鋳物
	その他区部	扇子（京橋）、紙煙草入（小石川）
	郡部	麦藁細工、牛脂、種油（荏原）、ガラス（北豊島）

明治17年『東京府統計書』「工場」、「製作及製造品」両欄より算出、比率は金額の記載ないため、数量による。両資料の調査上の相違からか100％以上となったものがあるがそのままにしておく。

表1－4　商業会社および商業同業組合数

	商業会社		商業同業組合	組合代表者数
	明治17年	明治25年	明治25年	明治22年
麴町	—	—	1	1
神田	3	—	7	3
日本橋	21	21	26	24
京橋	10	13	17	10
芝	3	2	3	1
麻布	—	—	—	—
赤坂	—	—	—	—
四谷	1	—	—	—
牛込	—	—	—	1
小石川	—	—	—	—
本郷	—	—	—	—
下谷	1	1	—	—
浅草	1	2	—	—
本所	1	2	1	3
深川	4	3	6	6
区部計	45	44	61	49
郡部	1	—	2	—

商業会社、商業同業組合は明治17・25各年『東京府統計書』より。組合代表者数は『諸問屋商事慣例』に掲げられた24業種の答申者を集計したもの。

て、商権を握っていた。

当時の商業に関しては、工業で行なったような分析は資料的になしえないが、維新後に結成された会社とか、組合の組織を通して、ある程度の状態はつかみうる。すなわち、表１－４に示されるように、商業会社、同業組合の大部分は日本橋、京橋の両区に集中している。これより以前、江戸時代の麴町には「下町の越後屋（現三越）、白木屋、大丸などと拮抗し、異常な繁昌振りをみせた岩城升屋、伊勢八、越又など」（『麴町区史』）があったが、これらは大名、旗本をおもな顧客としていたため、維新後、それら消費階級の失禄とともに衰退し、明治中期にこれらののれんは全く影をひそめてしまったといわれる。

明治十～二十年代の商業戸数については、区別の資料がえられぬため、明治十七年度における業種別の総数から概観すると、表１－５のごとく、上位二〇位までのほとんどが食料品、古物、簡単な日用品で占められており、工場生産物は、工業の未発達に照応して商品としても非常に少なかったことがわかる。

このほか、当時登場した特色的なものとして、勧工場《かんこうば》があった。これは、明治十一（一八七八）年に麴町の永田町に設置された第一勧工場に端を発したもので、初期的な百貨店形式をとって市民の好評を博し、明治三十五（一九〇二）年には二七場に増加しているのが注目される。

旧市域の充実・発展

日清・日露の両戦役から第一次大戦にかけての時期の東京は、旧市域

表１－５　区部商業人員数

業　種	卸　売	小　売	仲　買	合　計	府内総計
菓子類	918	4,979	57	5,954	8,404
荒　物	90	2,575	13	2,678	3,238
古道具	3	2,535	27	2,565	2,663
米・雑穀	165	2,125	240	2,530	3,129
古　着	13	1,833	48	1,891	2,029
酒	129	1,518	15	1,662	2,377
煙　草	411	1,106	93	1,610	1,891
薪　炭	198	1,277	19	1,494	1,739
魚	430	793	141	1,364	1,627
青　物	106	736	35	877	1,034
その他共合　計	4,496	31,928	1,251	37,675	46,264

明治17年『東京府統計書』「卸売・小売・仲買数」欄。
上位10位までを掲げたが、以下20位までは、下駄・傘・履物、水油・石油、小間物・鉄物、紙、材木・竹・屋根板、呉服、反古紙・紙屑、足袋、茶の順である。

表１－６　区郡別主要庶業戸数　明治33年12月31日現在（　）は％

	官公吏	通　勤	人力車挽	労働者・日雇
麴　町	1,849（11.0）	497（ 4.6）	969（ 4.6）	156（ 0.9）
神　田	543（ 3.2）	1,078（ 9.9）	1,645（ 7.2）	803（ 4.5）
日本橋	211（ 1.2）	2,702（24.9）	691（ 3.2）	644（ 3.6）
京　橋	545（ 3.2）	777（ 7.2）	1,269（ 6.0）	1,126（ 6.4）
芝	1,901（11.9）	1,205（11.1）	1,694（ 8.0）	3,412（19.2）
麻　布	1,371（ 8.1）	85（ 0.8）	987（ 4.6）	517（ 2.9）
赤　坂	1,428（ 8.5）	210（ 1.9）	574（ 2.7）	122（ 0.7）
四　谷	1,488（ 8.8）	200（ 1.8）	757（ 3.6）	596（ 3.4）
牛　込	1,956（11.6）	194（ 1.8）	866（ 4.1）	212（ 1.2）
小石川	851（ 5.1）	236（ 2.2）	1,056（ 5.0）	1,504（ 8.5）
本　郷	740（ 4.4）	206（ 1.9）	1,020（ 4.8）	285（ 1.6）
下　谷	673（ 4.0）	566（ 5.2）	2,081（ 9.8）	911（ 5.1）
浅　草	596（ 3.5）	720（ 6.6）	2,432（11.4）	819（ 4.6）
本　所	593（ 3.5）	1,380（12.7）	2,232（10.5）	941（ 5.3）
深　川	243（ 1.4）	780（ 7.2）	1,670（ 7.8）	1,573（ 8.9）
区部計	14,987（89.0）	10,836（100.0）	19,934（93.6）	13,621（76.8）
荏　原	216（ 1.3）	—	317（ 1.5）	657（ 3.7）
豊多摩	744（ 4.4）	—	231（ 1.1）	389（ 2.2）
北豊島	468（ 2.8）	—	436（ 2.0）	2,040（11.5）
南足立	211（ 1.3）	—	314（ 1.5）	606（ 3.4）
南葛飾	213（ 1.3）	—	61（ 0.3）	419（ 2.4）
５郡計	1,852（11.0）	—	1,359（ 6.4）	4,111（23.2）
合　計	16,839（100.0）	10,836（100.0）	21,293（100.0）	17,732（100.0）

明治33年『東京府統計書』「現住者庶業」欄より。郡部は三多摩を除く。当時の職業分類における庶業は、農業、商業、工業を除いたものの多くをひっくるめた58業種に細分されている。官公吏は原資料の官吏（15,341）＋公吏（1,498）、労働者・日雇は同じく労働者（9,975）＋日雇（7,757）の数値である。
ちなみに同年の区部総戸数は355,517（５郡65,989）、工業戸数は66,148（7,548）、農業戸数は425（33,661）である。なお『全国工場統計表による同年の工場数416、職工数29,366。

（旧一五区）の充実期であり、郊外＝後の新市域への拡大発展はまだほとんど行なわれない。当時の郊外は「別荘地」とよばれていたように、まだまだ一般サラリーマン・通勤者の生活の場ではなかったのである。これに対し、市内の発展は、たとえば交通機関をみただけでも、人力車から鉄道馬車へ、さらに市内電車への進展、また山手線、中央線の開通など、目ざましいものがあった。

当時の東京の住民の地域的階層性を示しうる資料はほとんど見当たらないが、明治三十三（一九〇〇）年『東京府統計書』から職業別（庶業および商業）戸数をみると表1－6のごとくになる。ここに掲げたのは庶業として分類されている五八業種のうち、区郡において一万戸以上を数える主要四業種である。調査の関係もあろうが、「通勤」はすべて旧市域に限られており、後の新市域に記載がないことは、当時の通勤者の分布が、まだ郊外ではほとんどとるに足らないほどのものであったことを示しているとみてよかろう。同様に「官公使」についても、全体の九割が旧市域、とくに山の手地区に集中していることがわかる。これに対し、不安定な賃労働関係の業種では「人力車挽」に典型的に示されるように、下谷・浅草・本所をはじめとする下町の外郭地区に住む者が多い。また、「労働者・日雇」は芝・京橋・小石川と工場地区に多く、工業関係の職人層とは性格を異にしたものであり、地域的分布もずれている。一方、教師・軍人・会社員等はいずれも山の手地区に多い。

表1－7　明治16（1883）年の耕宅地

	宅地率（％）	耕地率（％）	明治16年を100とした宅地面積の指数	
			明治25年	明治41年
麹町	27.2	0.9	110.0	101.4
神田	63.9	—	107.5	102.0
日本橋	63.6	—	97.1	93.4
京橋	43.3	—	111.1	109.8
芝	43.5	6.5	128.0	132.0
麻布	44.8	28.1	126.9	149.0
赤坂	30.6	23.6	106.9	131.2
四谷	58.2	14.7	129.6	133.9
牛込	40.8	19.5	126.9	150.8
小石川	28.7	34.8	141.7	192.6
本郷	48.7	14.7	162.2	155.8
下谷	45.8	3.6	155.2	166.0
浅草	56.5	1.2	123.6	136.0
本所	62.3	4.4	128.5	136.8
深川	54.6	1.8	115.9	139.8
荏原	7.4	63.0	106.1	
豊多摩	6.7	61.7	100.2	
南豊島	9.4	58.4	130.2	
北豊島	7.1	67.8	108.2	
南足立	6.2	79.8	108.1	
南葛飾	6.9	72.4	99.0	

『東京府統計書』より。
石塚裕道：資本主義の発展と東京の都市構造。
東京都立大学都市研究会編『都市構造と都市計画』昭和43年 pp.64～65より。

もうひとつ、大正十五（一九二六）年八月に東京市社会局で調査した「細民調査」のデータから草間八十雄がとりまとめた「大東京の細民街と生活の態容」（『日本地理大系　三、大東京編』、昭和五年所収）からみると、江戸時代からの三大細民窟といわれた下谷万年町、芝新網町、それに元和年間の沼地の埋立地である四谷鮫ケ橋谷町が、明治期を通じて転出によりしだいにその規模を縮小させていったのに対し、明治以後形成され、震災で消滅した細民街として、京橋二、下谷七、浅草四、本所一三、深川九の三五地区があげられていて、当時の下町の外郭地区に多くみられたことがわかる。ちなみに、震災後の大正十五年の調査時点において存在した細民街としては、浅草・本所・深川の旧市域にわずか五～六か所しか記されていないのに対し、新市域に六十三か所、とくに北豊島郡に三〇、南葛飾郡に一六までがみられ、さらに一段と外周に移動していったことがわかる。なかでも明治末期に沼地を埋立てて多くの棟割長屋が設けられた北豊島郡の日暮里町金杉のように、地盤の悪い地区での形成が進んでいったことが注目される。

土地利用の面からこの間の状況をさぐってみよう。表1－7に示されるように明治十六（一八八三）年の段階で、皇居という特殊な存在を擁する麹町区は別として、小石川区や赤坂区において宅地化の遅れが認められる以外は旧市域内はすでにかなりの程度に市街化していた。明治期における宅地化の進行は、後にみる大正・昭和初期ほどに急速なものではなかったにせよ、明治十六年の宅地面積を一〇〇とした指数でみて、明治四十一（一九〇八）年には小石川区の一九二六を筆頭に、下谷区一六六〇、本郷区一五五八、あたりの増加率が高い。これはひとつには、これらの地区の工場進出と結びついているものとみられる。すなわち、山の手の中の下町として取り残されていた神田川をはじめとする開析谷の低湿地に工場が進出し、それに伴って労働者階級の住宅や商店も増加して工住混合地区を形成していったのである。

なお、このような伝統的、保守的性格の強かった東京にも、発展途上にあった日本資本主義の波は、このころから近代的息吹きを吹きこみはじめた。それは丸ノ内の開発に象徴される。「とりのこされた下町」といわれた丸ノ内が三菱に払い下げられたのは明治二十三（一八九〇）年のこと、その一面の野っ原は、〝三菱ガ原〟の名でよばれたものであった。ここに明治二十七（一八九四）年の第一号館をはじめとして、「三菱村の四軒長屋」「一丁ロンドン」といった呼名に示されるような赤れんがのビル街が次第に形成されていったのである。このようなオフィス街の生成は、近代的産業の発展をバックにはじめて可能であったのであり、都心の形成、サラリーマン階級の収容を通じて、明治期における東京の性格を徐々に変えていった。しかし、丸ノ内が本格的発展期に入るのは、大正三（一九一四）年の東京駅開設、第一次大戦期の経済発展以降である。

大震災から第二次大戦へ

明治期の東京が江戸の延長として市街地をほぼ維持し、その範囲での拡充・発展が図られたのに対し、大正期にはいるころからの東京は、日本資本主義の産業資本段階から独占資本段階への移行を反映して、急速に近代都市としての様相を加えていくことになる。その大きな契約となったのが第一次大戦期の経済成長であり、大震災による破壊と建設であった。丸の内を中心とする都心の形成はようやく本格化し、住居と職場は分離し、いわゆる郊外電車の敷設とあいまって、郊外・都心間の通勤現象が多くみられるようになった。とくに居住条件がよく交通条件もととのった西南部における市街地化は急速に進展していった。その過程をまず、国勢調査の産業別人口構成の変化から追ってみよう（表1-8～10）。

大正九（一九二〇）年度において、すでに、第一次産業は旧市域ではほとんど残存しておらず、全区が府平均以下の比率を示している。これに対し、後の新市域では、荒川区を最低に、向島、城東方面、および品川、渋谷、淀橋あたりは比較的少なく、かなり都市化が進んでいたことがわかるが、杉並をはじめ、板橋、江戸川、葛飾ではいまだ約半数が従事している。第二、第三次産業についてみると、旧市域はかなりの発展が示されている。とくに工業は本所を中心とした深川・浅草・下谷方面、および京橋・芝方面の二地域に集中しており、このうち、前者は新市域の向島、城東、さらに荒川、王子、滝野川へと連なって「江東工業地帯」を形成し、後者は品川、荏原、大森に連なって狭義の「京浜工業地帯」を形成している。このうち、当時にあっては職人層をバックに発展した江東地区がなお優位に立っており、京浜地区の発展は、大正末から昭和初期にかけての重工業の躍進をまって行なわれる。

商業については旧来の問屋街の中心である日本橋がずば抜けており、神田、京橋、浅草がこれに次いでいる。公務自由業は、旧市域から新市域への住宅地の移動が緒についたころとして、まだ旧市域が余勢を保っている状況であるといえる。旧市域での住宅地の代表は赤坂、麴町であり、新市域では世田谷をはじめ、目黒、中野あたりにかなり郊外発展が進んでいたことがわかる。

表1－8　大正9年の職業別人口

	総数	農・水産業	工業	商業	交通業	公務自由業
東京府	1,627,868 (100.0)	173,467 (10.7)	635,740 (39.2)	400,866 (24.6)	105,912 (6.5)	165,484 (10.2)
東京市	969,166 (100.0)	9,879 (1.0)	379,739 (39.2)	303,123 (31.3)	64,173 (6.6)	114,948 (11.9)
麴町	30,983 (100.0)	219 (0.7)	6,118 (19.8)	7,826 (25.3)	2,007 (6.5)	9,913 (32.0)
神田	73,843 (100.0)	647 (0.9)	26,356 (35.7)	27,640 (37.4)	4,495 (6.1)	7,396 (10.0)
日本橋	65,985 (100.0)	448 (0.7)	12,439 (18.9)	40,665 (61.8)	3,871 (5.9)	5,211 (7.9)
京橋	69,327 (100.0)	605 (0.9)	27,736 (40.0)	23,702 (34.2)	6,480 (9.4)	6,347 (9.2)
芝	78,527 (100.0)	896 (1.1)	32,075 (40.8)	20,564 (26.2)	7,707 (7.8)	9,690 (12.3)
麻布	35,122 (100.0)	542 (1.6)	13,545 (38.6)	8,674 (24.7)	2,324 (6.6)	6,056 (17.3)
赤坂	26,562 (100.0)	244 (1.1)	5,665 (21.4)	6,576 (24.8)	1,410 (5.3)	9,332 (35.2)
四谷	28,213 (100.0)	539 (1.9)	8,825 (31.2)	8,975 (31.8)	1,841 (6.5)	4,835 (17.1)
牛込	51,253 (100.0)	514 (1.0)	15,620 (30.5)	12,877 (25.1)	2,655 (5.2)	9,714 (19.0)
小石川	58,200 (100.0)	720 (1.2)	23,398 (40.2)	12,995 (22.3)	3,542 (6.1)	8,189 (14.1)
本郷	60,040 (100.0)	823 (1.4)	17,587 (29.3)	16,344 (27.2)	2,778 (4.6)	9,446 (15.7)
下谷	77,189 (100.0)	904 (1.2)	34,283 (44.5)	23,530 (30.4)	5,191 (6.7)	7,911 (10.3)
浅草	116,523 (100.0)	888 (0.8)	52,863 (45.4)	40,275 (34.6)	4,913 (4.2)	10,185 (8.7)
本所	115,849 (100.0)	907 (0.8)	67,546 (64.3)	26,867 (23.2)	7,046 (6.1)	6,565 (5.7)
深川	81,550 (100.0)	733 (0.9)	35,683 (43.8)	25,613 (31.4)	7,913 (9.7)	4,158 (5.1)
大森	18,969 (100.0)	3,691 (19.5)	7,406 (37.1)	4,256 (22.4)	989 (5.2)	1,288 (6.8)
蒲田	11,535 (100.0)	4,250 (36.8)	2,782 (24.1)	1,588 (13.8)	1,667 (14.4)	518 (4.5)
品川	46,127 (100.0)	1,531 (3.3)	23,628 (40.2)	10,170 (22.0)	3,271 (7.1)	3,459 (7.5)
荏原	3,014 (100.0)	840 (27.9)	1,210 (25.6)	375 (12.4)	220 (7.3)	195 (6.5)
目黒	8,922 (100.0)	1,993 (22.4)	2,402 (25.6)	1,062 (11.9)	453 (5.1)	2,120 (21.2)
世田谷	13,783 (100.0)	4,984 (36.2)	1,916 (13.9)	1,241 (9.0)	445 (3.2)	3,789 (27.6)
中野	11,895 (100.0)	2,082 (17.5)	3,052 (25.6)	1,783 (15.0)	733 (6.2)	2,291 (19.3)
杉並	7,189 (100.0)	4,231 (58.9)	838 (11.7)	729 (10.1)	221 (3.1)	572 (8.0)
淀橋	35,372 (100.0)	1,554 (4.4)	12,128 (34.4)	8,211 (23.2)	3,384 (9.6)	5,191 (14.7)
渋谷	50,844 (100.0)	2,217 (4.4)	17,893 (35.2)	10,902 (21.4)	5,414 (10.6)	7,825 (15.4)
豊島	43,799 (100.0)	2,256 (5.2)	15,823 (36.2)	8,047 (18.4)	3,716 (8.5)	5,318 (12.1)
滝野川	16,063 (100.0)	830 (5.2)	7,246 (45.1)	2,568 (16.0)	1,762 (11.0)	1,915 (11.9)
荒川	54,250 (100.0)	1,687 (3.1)	29,266 (54.0)	10,972 (20.2)	6,843 (12.6)	2,567 (4.7)
王子	26,805 (100.0)	1,480 (5.5)	14,514 (54.2)	2,996 (11.2)	1,455 (5.4)	2,059 (7.7)
板橋	22,274 (100.0)	11,106 (49.8)	6,059 (27.2)	2,412 (10.8)	647 (2.9)	1,177 (5.3)
足立	28,744 (100.0)	9,586 (33.4)	10,945 (38.1)	4,526 (15.8)	1,492 (5.2)	1,380 (4.8)
向島	32,218 (100.0)	1,034 (3.2)	24,557 (71.2)	3,599 (11.2)	1,179 (3.7)	939 (2.9)
城東	34,930 (100.0)	1,465 (4.2)	23,188 (66.4)	4,970 (14.2)	2,548 (7.3)	1,341 (3.8)
葛飾	14,312 (100.0)	6,634 (46.3)	4,122 (28.8)	1,074 (7.5)	471 (3.3)	511 (3.6)
江戸川	18,638 (100.0)	10,227 (53.8)	4,206 (22.6)	2,006 (10.7)	617 (3.3)	717 (3.9)
八王子市	18,110 (100.0)	734 (4.1)	10,885 (60.1)	3,907 (21.6)	783 (4.3)	992 (5.5)
西多摩郡	37,705 (100.0)	18,972 (50.4)	11,154 (29.6)	3,158 (8.4)	1,346 (3.6)	1,214 (3.2)
南多摩郡	37,037 (100.0)	24,355 (65.7)	8,455 (22.8)	2,000 (5.4)	617 (1.7)	1,001 (3.1)
北多摩郡	49,991 (100.0)	33,923 (67.9)	7,543 (15.1)	4,122 (8.2)	1,136 (2.3)	1,559 (5.5)

大正9年国勢調査「職業別本業人口」欄より算出、人口は男女計、（　）は総数を100.0とした百分率を示す。ただし鉱業、交通業、家事使用人、その他無職（失職中のもの）の諸業は省略。新市域の20区は町村別データにより後の合併町村ごとに集計した。東京市は旧15区のみの合計。

　続いて昭和五（一九三〇）年の状態を検討しよう。大正末から昭和初期にかけては、東京においても全般的に高次の産業部門の一層の発展がみられる。第一次産業は全面的に後退し、とくに新市域でも、板橋、江戸川を除くすべてが二〇％以下になっており、この間の変化をみると、わずか一〇年の間に、杉並の五〇・六％を筆頭に、江戸川、葛飾、蒲田、荏原の各区ではいずれも三〇％前後の減少という大きな動きが示されている。

　工業従事者率は、一般に旧市域では減少し、郊外の一部に増加が認められている。しかし、これはもちろん、工業の衰退を示すものではなく、相対的な比率の減少であって、実数では増加しているのである（統計上の基準の相違による多少の誤差も考えられる）。工業を上回った発展を示しているのは商業と公務自由業である。商業は全体を通じて増

表１－９　昭和５年の職業別人口

	有職者総数	農・水産業	工　業	商　業	交通業	公務自由業
東京府	2,298,851（100.0）	157,437（ 6.9）	758,452（33.0）	683,712（29.7）	139,337（ 6.1）	327,150（14.2）
東京市	995,512（100.0）	4,707（ 0.5）	312,385（31.4）	372,925（37.4）	59,511（ 6.0）	132,066（13.3）
麴町	30,085（100.0）	217（ 0.7）	4,656（15.4）	8,488（28.2）	2,005（ 6.7）	9,107（30.3）
神田	70,624（100.0）	130（ 0.2）	20,966（29.6）	32,603（46.2）	3,492（ 4.9）	6,710（ 9.5）
日本橋	65,930（100.0）	93（ 0.1）	9,752（14.8）	39,895（60.6）	3,685（ 5.6）	4,942（ 7.5）
京橋	69,381（100.0）	199（ 0.3）	19,443（28.0）	29,792（42.9）	7,108（10.8）	5,843（ 8.4）
芝	85,745（100.0）	409（ 0.5）	27,313（31.8）	26,598（31.0）	8,271（ 9.7）	12,314（14.4）
麻布	38,442（100.0）	322（ 0.8）	11,126（29.0）	10,311（26.8）	2,081（ 5.4）	8,266（21.5）
赤坂	29,705（100.0）	271（ 0.9）	5,095（17.2）	8,234（27.7）	1,486（ 5.0）	9,259（31.2）
四谷	35,043（100.0）	347（ 1.0）	8,496（24.2）	13,282（37.8）	1,611（ 4.6）	6,287（17.9）
牛込	55,542（100.0）	516（ 0.9）	14,907（26.9）	16,456（29.8）	2,488（ 4.5）	13,440（24.2）
小石川	61,949（100.0）	344（ 0.6）	20,465（33.0）	17,122（27.6）	3,304（ 5.3）	11,919（19.3）
本郷	59,238（100.0）	398（ 0.7）	15,968（26.9）	20,400（34.4）	1,618（ 2.7）	12,006（20.3）
下谷	81,151（100.0）	381（ 0.5）	29,793（36.7）	31,554（38.8）	3,208（ 4.0）	9,483（11.7）
浅草	119,611（100.0）	313（ 0.3）	43,411（36.4）	51,780（43.3）	4,335（ 3.6）	9,551（ 8.0）
本所	111,672（100.0）	320（ 0.3）	52,008（46.6）	36,106（32.3）	6,776（ 6.1）	7,465（ 6.7）
深川	81,394（100.0）	447（ 0.6）	28,986（35.6）	30,304（37.2）	7,043（ 8.6）	5,477（ 6.7）
大森	56,439（100.0）	3,541（ 6.3）	16,778（29.8）	15,631（27.7）	2,919（ 5.2）	10,431（18.5）
蒲田	37,733（100.0）	3,452（ 9.2）	12,918（34.3）	9,200（24.4）	3,174（ 8.4）	5,926（15.7）
品川	73,557（100.0）	1,031（ 1.4）	26,662（36.2）	20,688（28.1）	4,535（ 6.2）	12,272（16.7）
荏原	48,972（100.0）	466（ 1.0）	19,480（39.8）	12,830（26.2）	2,359（ 4.8）	9,090（18.5）
目黒	40,140（100.0）	2,022（ 5.0）	12,662（31.5）	8,858（22.1）	2,726（ 6.8）	9,480（23.6）
世田谷	47,628（100.0）	5,094（10.7）	11,210（23.6）	10,127（21.3）	2,868（ 6.0）	13,073（27.4）
中野	49,062（100.0）	1,761（ 3.6）	13,188（26.9）	12,638（25.8）	3,203（ 6.5）	12,941（26.4）
杉並	46,127（100.0）	3,807（ 8.3）	9,498（20.6）	11,298（24.5）	2,682（ 5.8）	13,350（29.0）
淀橋	59,070（100.0）	1,062（ 1.8）	16,154（27.3）	17,214（29.2）	3,538（ 6.0）	13,691（23.2）
渋谷	82,898（100.0）	1,456（ 1.8）	22,168（26.7）	22,828（27.6）	6,041（ 7.3）	18,131（21.9）
豊島	90,031（100.0）	1,525（ 1.7）	29,497（32.8）	25,577（28.4）	5,894（ 6.5）	18,643（20.7）
滝野川	37,270（100.0）	422（ 1.1）	14,106（37.7）	8,632（23.1）	2,843（ 7.6）	7,750（20.8）
荒川	112,263（100.0）	846（ 0.8）	53,372（47.5）	32,350（28.8）	8,459（ 7.5）	9,343（ 8.3）
王子	47,327（100.0）	1,017（ 2.2）	18,802（39.8）	10,882（23.0）	4,361（ 9.2）	8,198（17.6）
板橋	44,692（100.0）	13,416（30.0）	12,158（27.2）	9,270（20.7）	2,174（ 4.9）	4,641（10.4）
足立	53,069（100.0）	9,816（18.5）	18,891（35.6）	13,683（25.8）	3,126（ 5.9）	3,549（ 6.7）
向島	63,938（100.0）	549（ 0.9）	37,405（58.6）	15,039（23.5）	2,809（ 4.4）	4,117（ 6.4）
城東	58,456（100.0）	820（ 1.4）	30,105（51.5）	14,046（24.1）	5,055（ 8.7）	3,308（ 5.7）
葛飾	33,560（100.0）	6,005（17.9）	12,531（37.4）	6,215（18.5）	1,601（ 4.8）	2,833（ 8.4）
江戸川	37,568（100.0）	8,832（23.5）	12,716（33.9）	7,646（20.3）	2,119（ 5.6）	3,336（ 8.9）
八王子市	23,112（100.0）	642（ 3.1）	11,506（49.9）	6,576（28.4）	1,014（ 4.4）	1,675（ 7.2）
西多摩郡	39,883（100.0）	18,048（45.2）	11,596（29.0）	5,110（12.8）	1,343（ 3.4）	1,635（ 4.1）
南多摩郡	36,604（100.0）	22,525（61.5）	7,228（19.7）	3,233（ 8.8）	969（ 2.6）	1,283（ 3.5）
北多摩郡	68,201（100.0）	32,935（48.3）	12,034（17.7）	9,853（14.4）	2,457（ 3.6）	5,648（ 8.3）

昭和５年国勢調査「職業別人口」欄により算出、他は前表に同じ。

加傾向にあるが、これは一つには、生産者としての第一次産業人口の減少に対して、購買者層の急増によるところが大きいと考えられる。公務自由業においては、旧市域で以前トップをきっていた麹町、赤坂は共に減少傾向を示し、郊外、なかんずく、杉並、世田谷、中野等の住宅地としての発展が目立っているところである。

以上のごとき産業別人口構成の変化にも示されるように、産業の近代化に伴う職場と住居の分離は、必然的に人口の郊外流出となってあらわれ、図１－１に示されるように、都心部ではこのころから人口の停滞ないし減少傾向がみられるようになる。このような現象が都心の経済的地位の低下を示すものではなく、その逆であることは無論のことである。

大正七（一九一八）年に刊行された小田内通敏『帝都と近郊』には次のように記されている。「市内電車の延長と、院電山ノ手線・王子電車・京王電車及玉川電車の開通は、東京市内と其隣接町村と

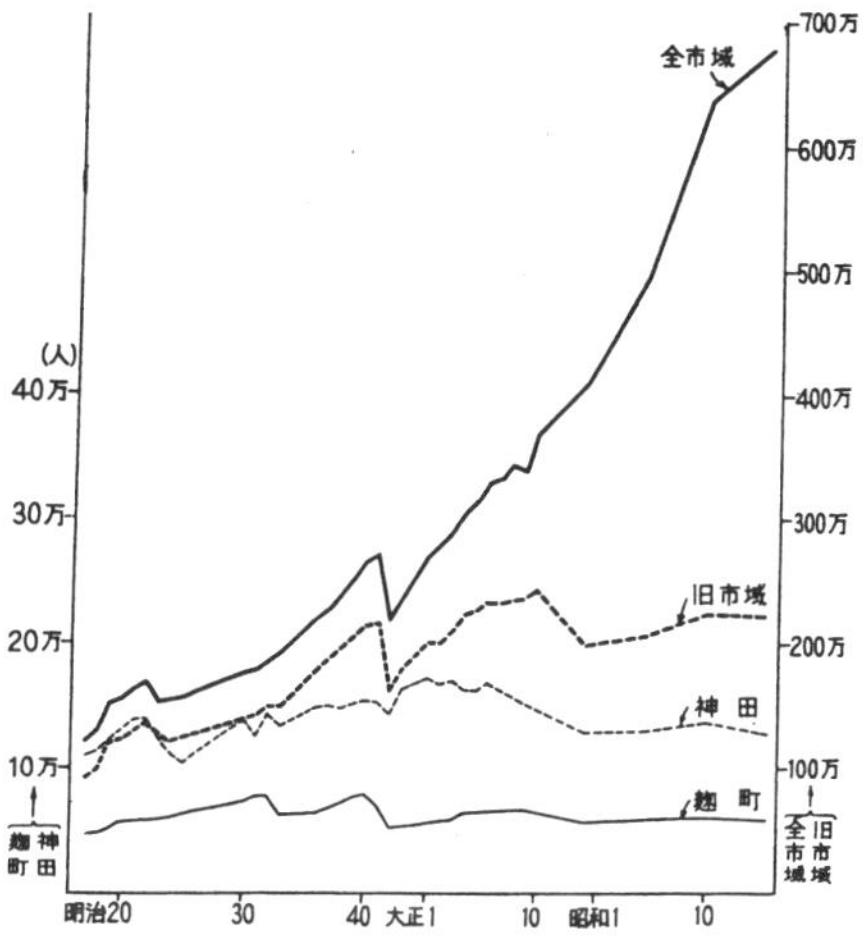

図1－1　人口の変化

『東京府統計書』より。

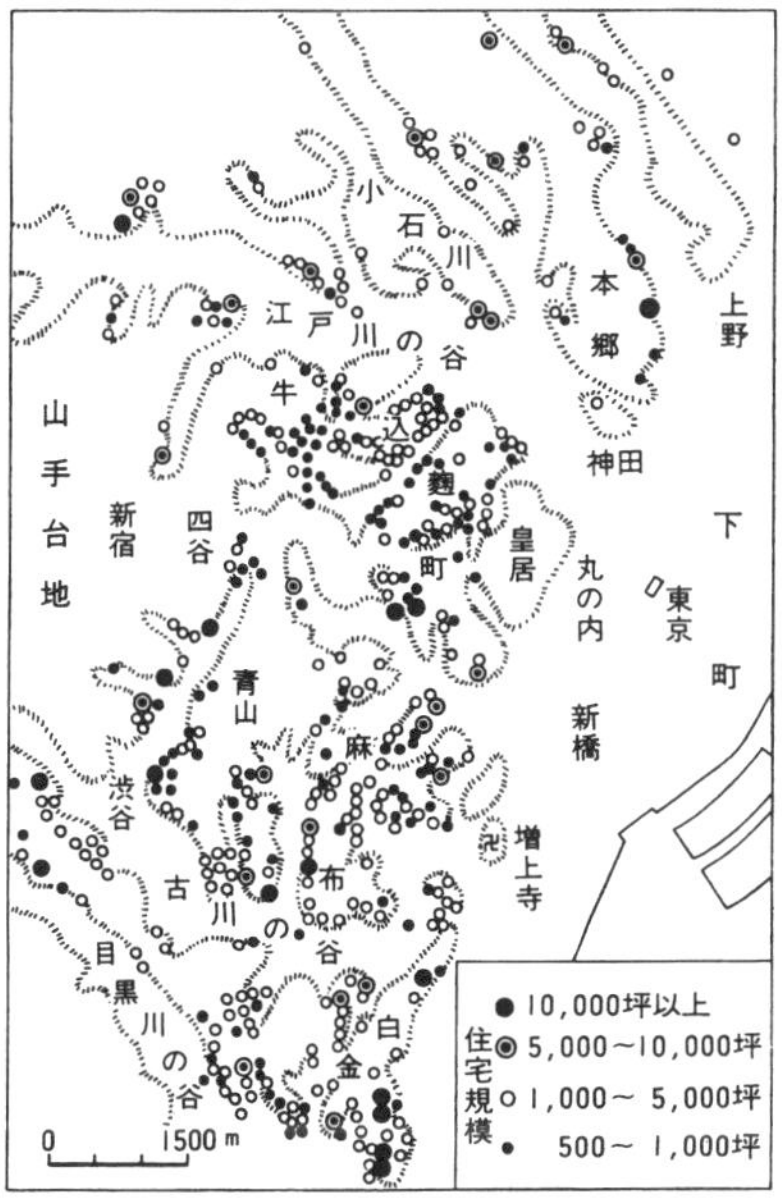

図1－2　高級住宅分布地域

服部銈二郎：『大都市地域論』p.194

表1－10　職業別人口構成比率の増減（大正9年～昭和5年）

	農・水産業	工業	商業	公務自由業
東京府	－3.8	－6.2	＋5.1	＋4.0
東京市	－0.5	－7.8	＋6.1	＋1.4
麹町	0.0	－4.4	＋2.9	－1.7
神田	－0.7	－6.1	＋8.8	－0.5
日本橋	－0.6	－4.1	－1.2	－0.4
京橋	－0.6	－12.0	＋8.7	－0.8
芝	－0.6	－9.0	＋4.8	＋2.1
麻布	－0.8	－9.6	＋2.1	＋4.2
赤坂	－0.2	－4.2	＋2.9	－4.0
四谷	－0.9	－7.0	＋6.0	＋0.8
牛込	－0.1	－3.6	＋4.7	＋5.2
小石川	－0.6	－7.2	＋5.3	＋5.2
本郷	－0.7	－2.4	＋7.2	＋4.6
下谷	－0.7	－7.8	＋8.4	＋1.4
浅草	－0.5	－9.0	＋6.7	－0.7
本所	－0.5	－17.7	＋9.1	＋1.0
深川	－0.3	－8.2	＋5.8	＋1.6
大森	－13.2	－9.3	＋5.3	＋11.7
蒲田	－27.6	＋10.2	＋10.6	＋11.2
品川	－1.9	－15.1	＋6.1	＋9.2
荏原	－26.0	－0.4	＋13.8	＋12.0
目黒	－17.4	＋5.9	＋10.2	＋2.4
世田谷	－25.5	＋9.5	＋12.3	＋0.8
中野	－13.9	＋1.3	＋10.8	＋7.1
杉並	－50.6	＋8.9	＋14.4	＋21.0
淀橋	－2.6	－7.1	＋6.0	＋8.5
渋谷	－2.6	－8.5	＋6.2	＋6.5
豊島	－3.5	－3.4	＋10.0	＋8.6
滝野川	－4.1	－7.4	＋7.1	＋8.9
荒川	－2.3	－6.5	＋8.6	＋3.6
王子	－3.3	0.0	＋12.0	＋9.9
板橋	－19.8	0.0	＋9.9	＋5.1
足立	－14.9	－2.5	＋10.0	＋1.9
向島	－2.3	－12.6	＋12.3	＋3.5
城東	－2.8	－14.9	＋9.9	＋1.9
葛飾	－28.4	＋8.6	＋11.0	＋4.8
江戸川	－30.3	＋11.3	＋9.6	＋5.0
八王子市	－2.0	－11.2	＋6.8	＋1.7
西多摩郡	－5.2	－0.6	＋4.4	＋0.7
南多摩郡	－4.2	－3.1	＋3.4	＋0.8
北多摩郡	－19.6	＋2.6	＋6.2	＋5.2

各年国勢調査より算出、前二表に示した百分率の差を出したもので－印は減少したもの。ただし両年度の調査基準に相違あるため、このままうのみには出来ない。傾向を知る程度である。

たとえば、大正9年の無職は失職中のものをいうが、昭和5年においては失職者はその前職により有業者にくみいれられている。ゆえに百分率の計算には大正9年の場合は無職を含めた総数を100とし、昭和5年の場合は無職を除いた有職者数を100とした。

の往復を便にし、殊に其中心なる日本橋より約一時間程にて達し得るべき地域は、行政上市外なりと雖ども、市内通勤者には適度の往復時間なるを以って、市内に比すれば家賃比較的廉に、且清新なる空気を呼吸し得る是等の地区は、近年著しく来住者の激増を来したり。されば地主及雇主は此大勢に動かされて競ふて畑地を宅地となし、其需要に応ずべき貸家を造り、或は来住者自から地所を購ひて居宅を構ふるに至りたり。……されど郊外の居住者は必ずしも市内に通勤する中等階級のみに非らず、波浪の如く小起伏に富める台地の地形は、高燥にして眺望宜しき地区少なからざるを以って、市内との交通便利となれる今日、斯かる地区は貴族及富豪の処有する所となり、天然の景勝と人工の趣致と相俟ちて、自から別個の住宅地区たる所決して少なからざるなり。」（八九ページ）。

ここに記されている状況はまだ大震災前のこととして、上流階級が居を構えた高台は御殿山、代官山あたりのことを指している。なお、時代はいささかずれるが、終戦後の地図から住宅敷地五〇〇坪以上の高級住宅の位置を検討した服部銈二郎によれば、図１－２のごとく、八〇％までが台地の末端に位置し（台地全体では九七％）、前面の傾斜地を含めて庭園を造っていたことが記されている。居住条件としてはまさに最高にぜいたくなものであったに違いない。

大震災前後における宅地化の状況をみたのが表１－11、12、図１－３～６である。前掲表１－７の明治十六年当時に比べ、はるか急激な勢いで大正五（一九一六）年から昭和十（一九三五）年の間の郊外発展が進んだことがよみとれよう。この二〇年間の宅地面積の伸びは荏原区の九倍近くをはじめ、杉並・目黒・世田谷でほぼ五倍に達している。図１－５にきわめて明瞭に示されるように、この時期の発展が西南郊に偏していること、図１－６と対比してわかるように、水田地帯において概して宅地化が遅れていたことから、台地開発の時期であったといってよい。

ただ、補足的にいうなら、この間の郊外における宅地増は農地からの転用が多かったにせよ、なお、林野の開墾による農地の造成もまださかんに行なわれていたのがみられる。それはもっぱら、近郊蔬菜地帯として、この地域が大きな役割りを果たしていたからで、世田谷区のごときは、耕地面積までが増加している。ただし同区においても宅地の増加はそれを上回っている点、例外ではない。また杉並区においても大正末期に耕地はかなり減少したが、その後、昭和初年に著しい増加がみられる。これについては「市内の需要に応じる蔬菜栽培のためであり、杉林や雑木林からの開墾が多かった。」（『杉並区史』）といわれ、世田谷と同様の傾向が示されている。これに対し、麹町区では、「大正以後番町辺りの旧華族は大方宅地を売却して郊外に安住の地を求め、その跡に移ったものは下町辺りの富商の住宅・別宅が多い。」（『麹町区史』）と、すでに住民の流出・交替がはじまっていたことが示されている。なお、このような郊外人口の急増につれ、郊外電車が続々と設置され、従来の中心的交通機関であった市電の地位を奪っていった過程は、表１－13から察しうるであろう。

一方、東北部においても、西南部の五倍ないしそれ以上というほどではないにせよ、大正五年～昭和十年の間に、王子区の三倍強をはじめ、荒川・葛飾区の三倍弱といった、それなりの宅地化が進行している。これは、ひとつには明治後期からの工業地域の拡大に伴うものである。すなわち、工場は隅田川に沿って城東区から荒川区へと北上し、さらに王子区から川口市へと連絡して、東部の外郭工場環が形成されていった。もうひとつの要因は、明治四十三（一九一〇）年の水害を機として、荒川の治水工事が着手され、大正十三（一九二四）年に荒川放水路が完成したことにある。その結果、その内側の地区が水害の危険から一応解放され、工住混合地区化していったのである。

水害対策としての河川工事は、その後もひきつづいて行なわれ、中川放水路が作られ、さらに昭和十三（一九三八）年には新中川放水路の工

表1－11　耕宅地の変化（大正5年～昭和10年）

	大正6年1月1日			昭和11年1月1日			増　減		
	田	畑	宅　地	田	畑	宅　地	田	畑	宅　地
麴　町	—	—	225.06	—	—	198.89	—	—	－ 26.17
神　田	—	—	192.45	—	—	150.68	—	—	－ 41.77
日本橋	—	—	174.00	—	—	144.60	—	—	－ 29.34
京　橋	—	—	159.58	—	—	197.73	—	—	＋ 38.15
芝	0.61	10.46	412.45	—	—	399.43	－ 0.61	－ 10.46	－ 13.02
麻　布	—	10.00	269.63	—	—	269.14	—	－ 10.00	－ 0.49
赤　坂	—	0.68	195.89	—	—	189.14	—	－ 0.68	－ 6.76
四　谷	—	—	123.34	—	—	162.88	—	—	＋ 39.54
牛　込	0.18	1.57	317.40	—	—	311.05	－ 0.08	－ 1.57	－ 6.35
小石川	2.42	16.49	392.29	—	—	401.97	－ 2.42	－ 16.49	＋ 9.68
本　郷	2.80	9.30	319.83	—	—	307.18	－ 2.80	－ 9.30	－ 12.65
下　谷	0.19	0.17	276.26	—	—	229.94	－ 0.19	－ 0.17	－ 46.32
浅　草	2.39	0.16	304.89	—	—	277.52	－ 2.39	－ 0.16	－ 27.37
本　所	8.48	1.03	395.80	—	—	327.98	－ 8.48	－ 1.03	－ 67.82
深　川	35.55	8.15	393.59	—	—	410.73	－ 35.55	－ 8.15	＋ 17.14
大　森	529.17	867.01	281.38	243.95	664.56	778.11	－ 285.22	－ 202.45	＋ 496.73
蒲　田	641.24	557.02	153.48	325.21	320.59	488.76	－ 316.03	－ 236.43	＋ 335.28
品　川	129.26	194.23	352.26	5.17	25.46	642.89	－ 124.09	－ 168.77	＋ 290.63
荏　原	43.19	346.49	45.73	7.68	55.87	396.25	－ 35.51	－ 290.62	＋ 350.52
目　黒	140.95	671.49	125.96	37.35	369.62	623.13	－ 103.60	－ 301.87	＋ 497.17
世田谷	354.23	2,072.02	261.69	497.58	2,417.68	1,230.87	＋ 143.35	＋ 345.66	＋ 969.18
中　野	158.56	829.49	179.44	104.42	396.66	726.49	－ 54.14	－ 432.83	＋ 547.05
杉　並	303.88	1,876.59	205.19	245.23	1,196.85	1,156.19	－ 58.65	－ 679.74	＋ 951.00
淀　橋	74.75	294.87	378.68	16.02	54.39	616.38	－ 58.73	－ 240.48	＋ 237.70
渋　谷	63.56	365.74	477.58	9.82	48.70	889.42	－ 53.74	－ 317.14	＋ 411.84
豊　島	84.18	565.15	304.78	28.66	157.97	776.49	－ 55.52	－ 407.18	＋ 471.71
滝野川	84.05	127.69	134.42	6.90	7.03	300.70	－ 77.15	－ 120.66	＋ 166.28
荒　川	327.65	169.84	238.89	19.96	22.92	651.74	－ 307.69	－ 146.92	＋ 412.85
王　子	307.86	282.38	178.59	102.96	100.10	599.72	－ 204.90	－ 182.28	＋ 421.13
板　橋	1,054.10	4,381.82	454.99	958.10	4,141.53	874.09	－ 76.00	－ 240.29	＋ 419.10
足　立	2,574.76	993.42	366.74	2,188.27	952.67	714.72	－ 386.49	－ 40.75	＋ 347.98
向　島	261.72	44.89	190.07	32.15	3.47	448.52	－ 229.57	－ 41.42	＋ 258.45
城　東	343.21	84.21	267.34	130.62	33.29	506.32	－ 212.59	－ 50.92	＋ 238.98
葛　飾	1,705.75	642.03	184.86	1,243.64	557.78	515.78	－ 462.11	－ 84.25	＋ 330.92
江戸川	2,286.41	506.46	244.77	1,887.13	525.34	595.53	－ 399.28	＋ 18.88	＋ 350.76
西多摩郡	426.89	5,430.11	751.84	400.43	5,358.31	866.28	－ 26.46	－ 71.80	＋ 114.44
南多摩郡（含八王子）	2,348.08	6,915.76	960.60	2,270.47	6,925.39	1,162.42	－ 77.61	＋ 9.63	＋ 201.82
北多摩郡	1,641.28	13,584.94	1,380.73	1,311.73	13,111.95	1,826.81	－ 329.55	－ 472.99	＋ 446.08
東京府計	15,937.35	41,839.66	12,271.44	12,073.45	37,448.13	21,366.46	－3,863.90	－4,391.53	＋9,095.02

注　大正5年、昭和10年東京府統計書より算出、大正5年度の新市域は町村別データより集計。

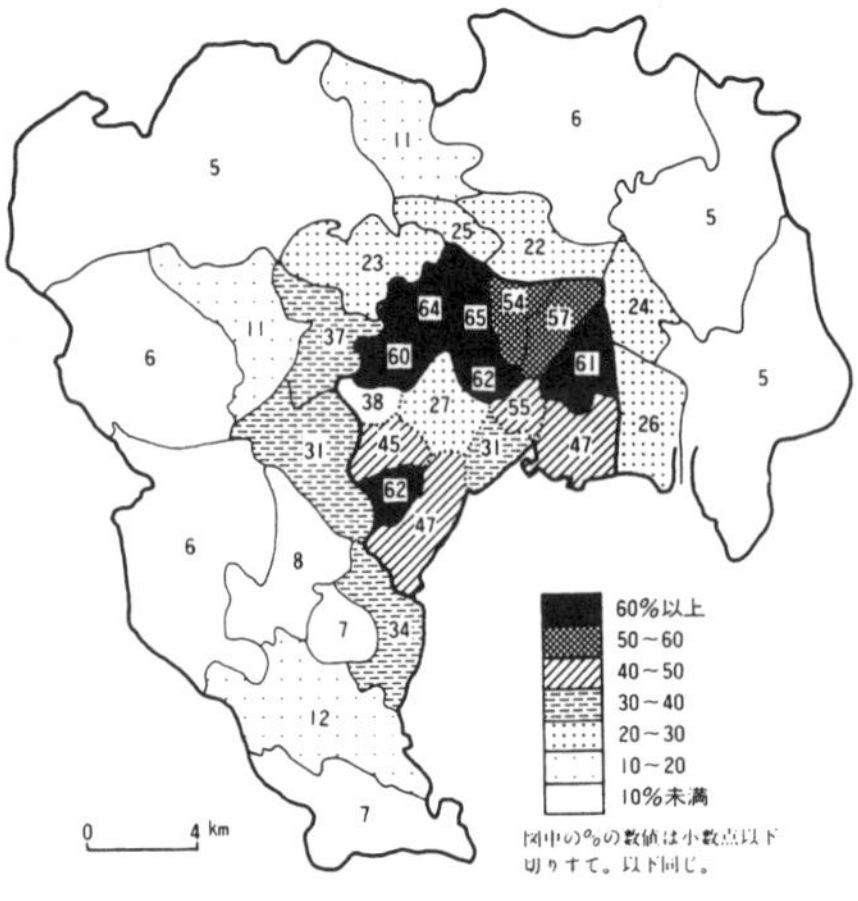

図1－3　宅地率（対総面積　大正5年）

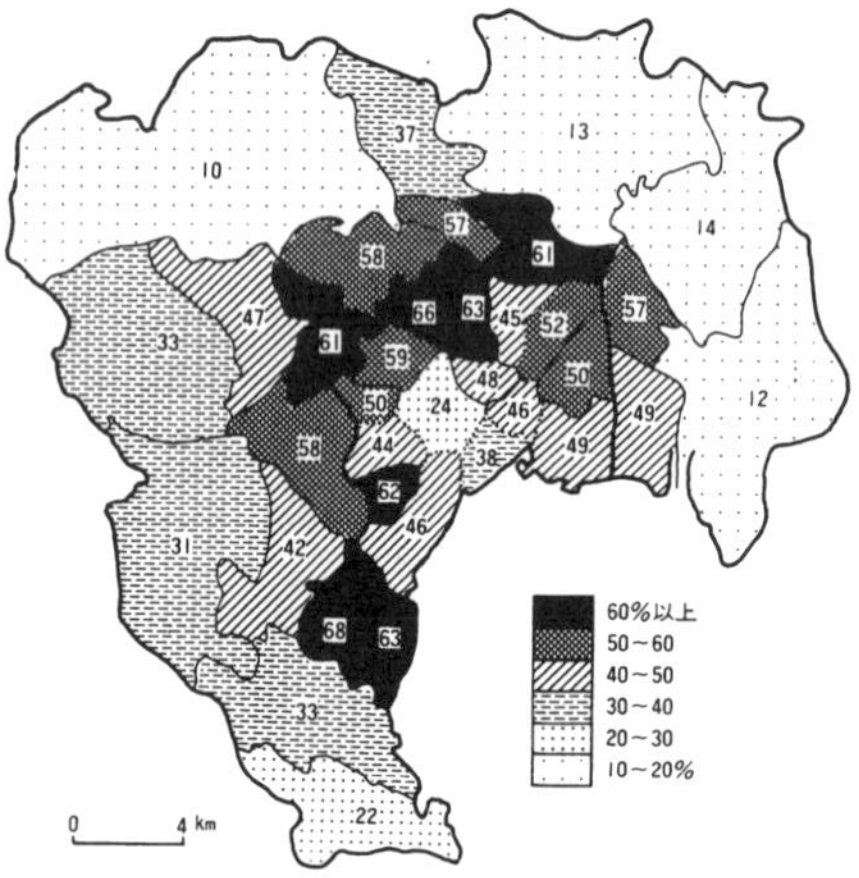

図1－4　宅地率（対総面積　昭和10年）

表1－12　宅地化の状況（大正5年～昭和10年）

	宅地率（対総面積）		宅地の増減 大正5年を100とした昭和10年の指数	水田率（対耕地）大正5年
	大正5年	昭和10年		
麹町	27.2%	24.0%	88	—%
神田	62.1	48.6	78	—
日本橋	55.9	46.4	83	—
京橋	31.3	38.7	124	—
芝	47.9	46.4	97	5.5
麻布	62.9	62.8	100	0.0
赤坂	45.5	44.0	97	0.0
四谷	38.1	50.3	132	—
牛込	60.9	59.7	98	10.3
小石川	64.7	66.3	102	12.8
本郷	65.6	63.0	96	23.1
下谷	54.8	45.6	83	52.8
浅草	57.8	52.6	91	93.7
本所	61.0	50.5	83	89.2
深川	47.8	49.9	104	81.4
大森	12.0	33.3	277	37.9
蒲田	7.0	22.4	318	53.5
品川	34.7	63.3	183	40.0
荏原	7.9	68.3	866	11.1
目黒	8.6	42.3	495	17.3
世田谷	6.7	31.7	470	14.6
中野	11.6	47.2	405	16.0
杉並	6.0	33.9	563	13.9
淀橋	37.7	61.3	163	20.2
渋谷	31.3	58.4	186	14.8
豊島	23.0	58.5	255	13.0
滝野川	25.9	57.9	224	39.7
荒川	22.6	61.7	273	65.9
王子	11.3	37.9	336	52.2
板橋	5.6	10.8	192	19.4
足立	6.9	13.4	195	72.2
向島	24.4	57.6	236	85.4
城東	26.3	49.8	189	80.3
葛飾	5.2	14.4	279	72.7
江戸川	5.2	12.7	243	81.9

大正5年、昭和10年『東京府統計書』より算出。大正5年（数値は6年1月1日）の新市域については、町村別データより集計。

事がはじめられた。また防潮堤も同じころから着手されたが、これらはいずれも戦時下に工事を中止されている。しかし、工事の進捗に応じて、日中戦争から第二次大戦中に、荒川放水路をこえて、工場が東郊へ拡延し、城東外周および城北の工業地帯を形成していった。これらの工場進出が、戦後、この地区の宅地化の進展に一役買うことになるのである。

当時の住民の階層性は表1－14、図1－7、8においてそれなりに把握しうる。納税者の比率にせよ一世帯当たりの建坪にせよ、旧市内の山の手と下町の差、さらにそれぞれの延長としての西南郊と東北郊の差は明瞭に認められるところである。

重工業の発展

東京における工業は、図1－9に示した工場数、職工数の動きにはっきりみられるように、第一次大戦～大震災を契機として大きく変貌、発展する。すなわち、東京の工業生産はこの頃から、大都市需要のためばかりでなく、しだいに国家需要、とくに軍需のための体制にくみかえられていくのである。

このような工業の構造変化を、まず業種

表1－13　郊外電車乗客数累年比較

年度	乗客数	大正7年を100とした指数
大正7年	34,032,121	100
8年	43,525,957	128
9年	52,453,696	154
10年	60,659,960	178
11年	75,801,798	223
12年	94,981,558	279
13年	139,977,666	411
14年	154,626,460	454
昭和1年	167,748,332	493
2年	193,446,220	569
3年	241,345,042	708

中村舜二『大東京』pp.249～250より。なお郊外電車の設置年次を記しておけば、京浜（明.31）、玉川（明.40）、王子（明.44）、京成（大.1）、京王（大.2）、城東（大.6）、西武（大.10）、武蔵野（大.11）、池上（大.11）、目蒲（大.12）、東武（大.13）、東横（大.15）、小田急（昭.2）である。

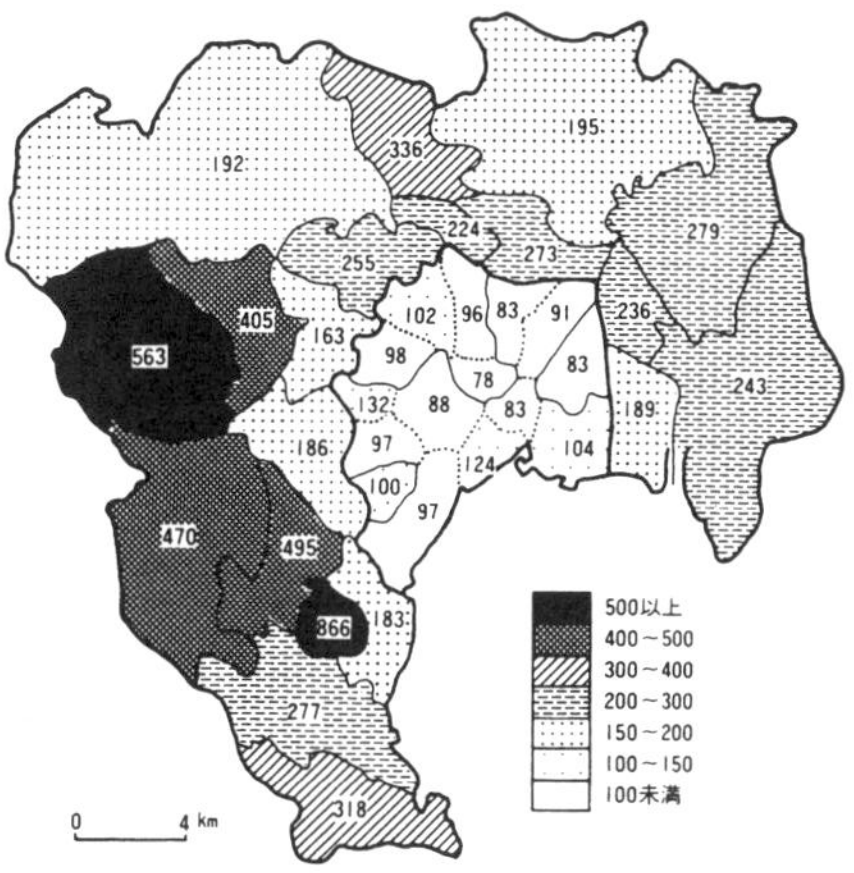

図1－5　大震災前後における宅地の増減
（大正5年の面積を100とした昭和10年の指数）

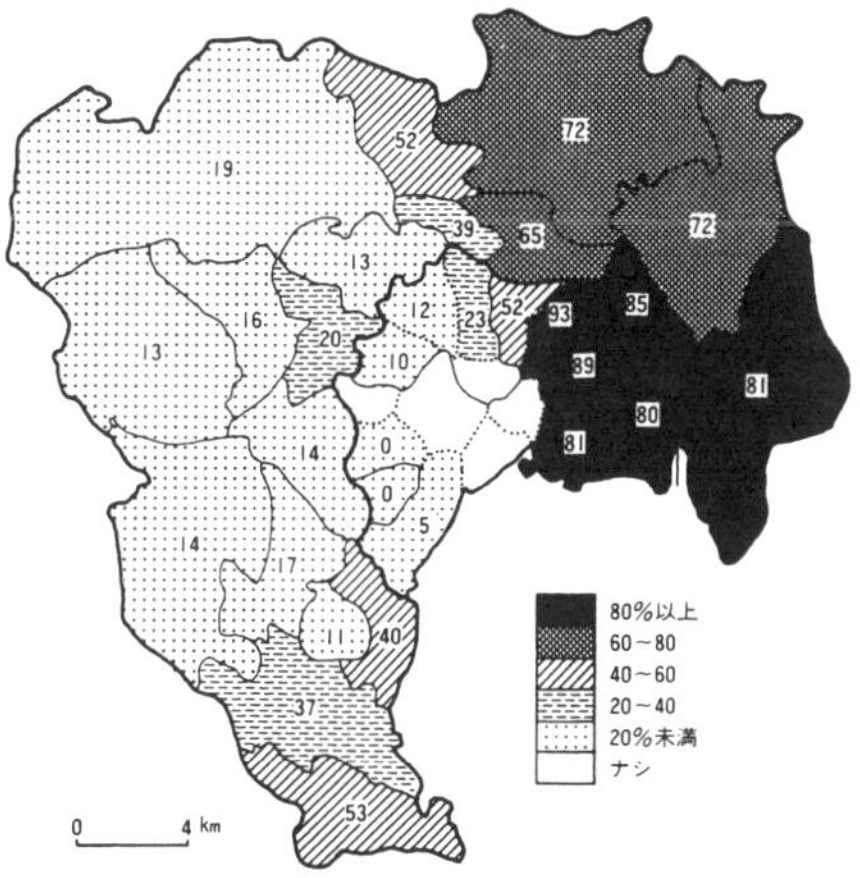

図1－6　水田率（対耕地　大正5年）

表1－14　区郡別にみた地域差　昭和5年

	人口密度（人／km²）	所得税納税人員比率*	1世帯当たり建坪
麹町区	7,090	41.9（%）	42.7（坪）
神田	41,928	26.4	14.0
日本橋	34,557	41.7	18.1
京橋	25,792	21.2	12.9
芝	20,425	24.2	22.9
麻布	20,176	26.6	21.3
赤坂	14,001	37.7	22.8
四谷	23,169	28.1	13.9
牛込	24,776	27.4	18.8
小石川	24,999	23.7	15.1
本郷	28,063	25.1	16.3
下谷	34,506	12.7	10.3
浅草	45,826	12.5	13.4
本所	36,248	9.7	12.2
深川	21,474	9.5	13.0
荏原郡	6,963	14.9	17.1
豊多摩	8,499	19.3	16.3
北豊島	6,839	9.1	14.3
南足立	2,383	6.3	16.9
南葛飾	4,773		16.4

*第1種・第3種納税人員合計の世帯数に対する百分比
昭和5年『東京府統計書』より。

別にみると、表1－15のように、明治末期まで首位を占めていた紡績工業が、大正初期には工場数において、さらに同末期には従業者数においても機械金属工業に追いこされている。さらに、昭和十年代に入ると、機械工業が全工場数の約三分の一、従業者数の約半数を占め、完全に主導的な地位に立つに至っている。このような業種構成の変化は、当然、地域的分布にも大きく影響し、従来の工業中心地であった江東地区の軍需工業化が進められたのみならず、重工業中心の大工場地帯として、京浜地区の地位を急上昇させたのであった。すなわち、表1－16において示されるように、当時、工場数、従業者数において大幅な増加が認められるのは、芝区から荏原郡にかけての地域であり、同時に、工場数と従業者数の比率の差からみて、郡部（新市域）に大規模工場が多いことがわかる。さらに、郡部における工場数の増加は、大工場の設置につれ、その下請けとしての中小工場が随伴的に簇生したことをも示すものと察せられる。また、機械金属工業の発展に対応して、図1－9に示されるごとく、昭和に入って男子工員が急増していることも注目されるところであり、メーデーが年中行事の一つに数えられるようになったのも、このころであった。

　ところで、大震災を契機とする変貌は、もちろん、工業面に限られたわけではなく、各方面についてみられるところである。その一つの典型が、ビジネス・センターとしての丸ノ内の飛躍的発展に示される。これより前、大正三年の東京駅開設とともに、丸ノ内の存在は一躍して認められるようになったが、さらに震災に際して、地盤の悪さにもかかわらず鉄筋コンクリートのビル街が軽微の被害ですんだということから、その後「市内殊に京橋、日本橋方面の事務所は翕然として丸の内に集中した」（『丸の内今と昔』）のである。かくて、表1－17に示されるように、過去三〇年間に集まった事務所数よりも、震災後の一年余に集まったものの方が多いというほどの発展を遂げたのであった。

　その他、商業面における百貨店の進出を中心とする近代的商業経営組織の確立、都心と郊外を結ぶ結節点における新興商店街の形成等が行なわれたのも、この時期であったことをつけ加えておこう。

大東京から都制へ

　前述のごとく、大震災後急速に進んだ郊外発展の結果、新市域における人口の増加はいちじるしく、表1－18にみられるように、大正十四（一九二五）年には早くも旧市域を凌駕してしまっている。このような状況に照らして、昭和七（一九三二）年に、隣接五郡を合併して市域を拡張するという答申案が可決された。すなわち、「大正十二年の震災後、

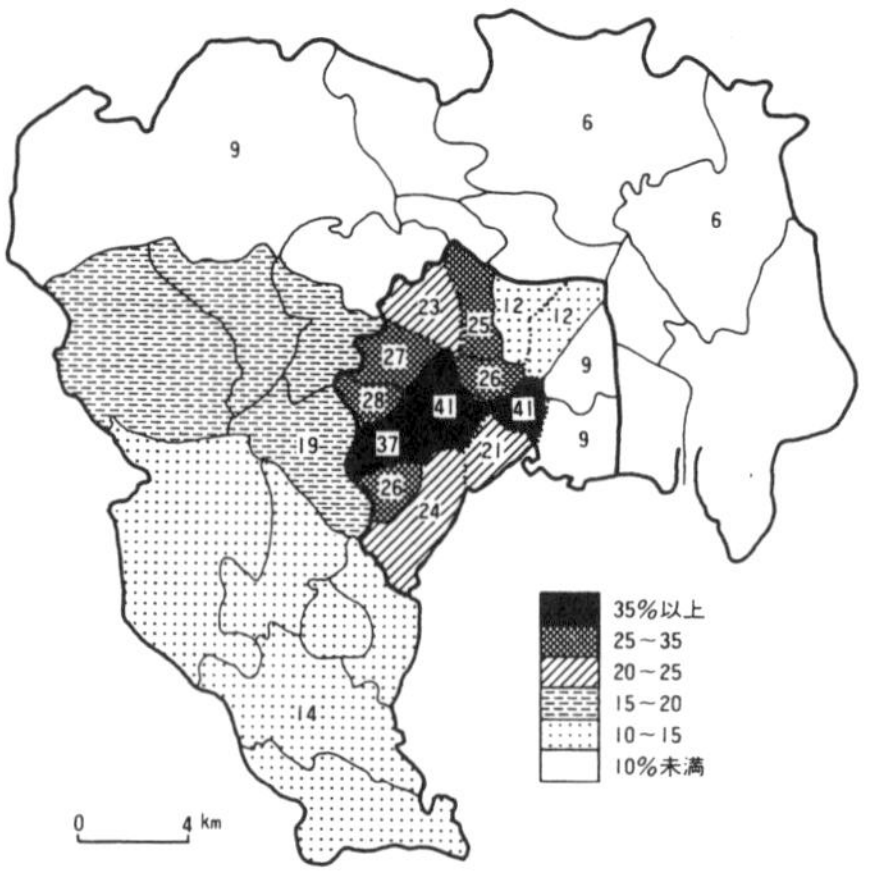

図1－7　所得税納税人員比率（昭和5年）

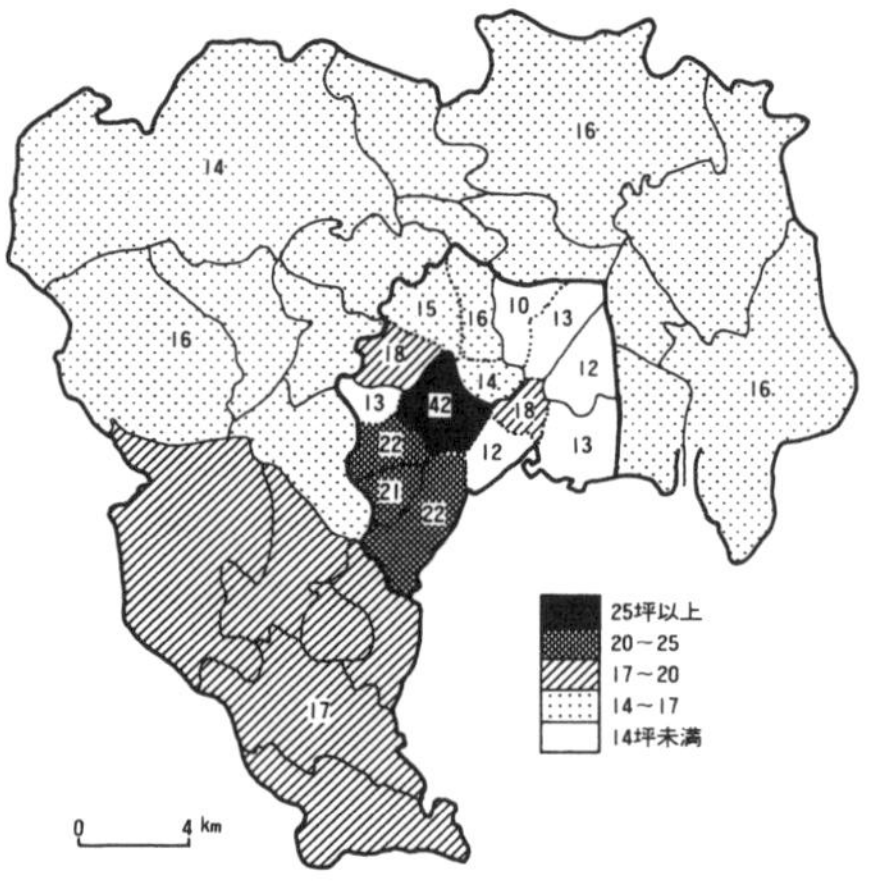

図1－8　一世帯当たり建坪（昭和5年）

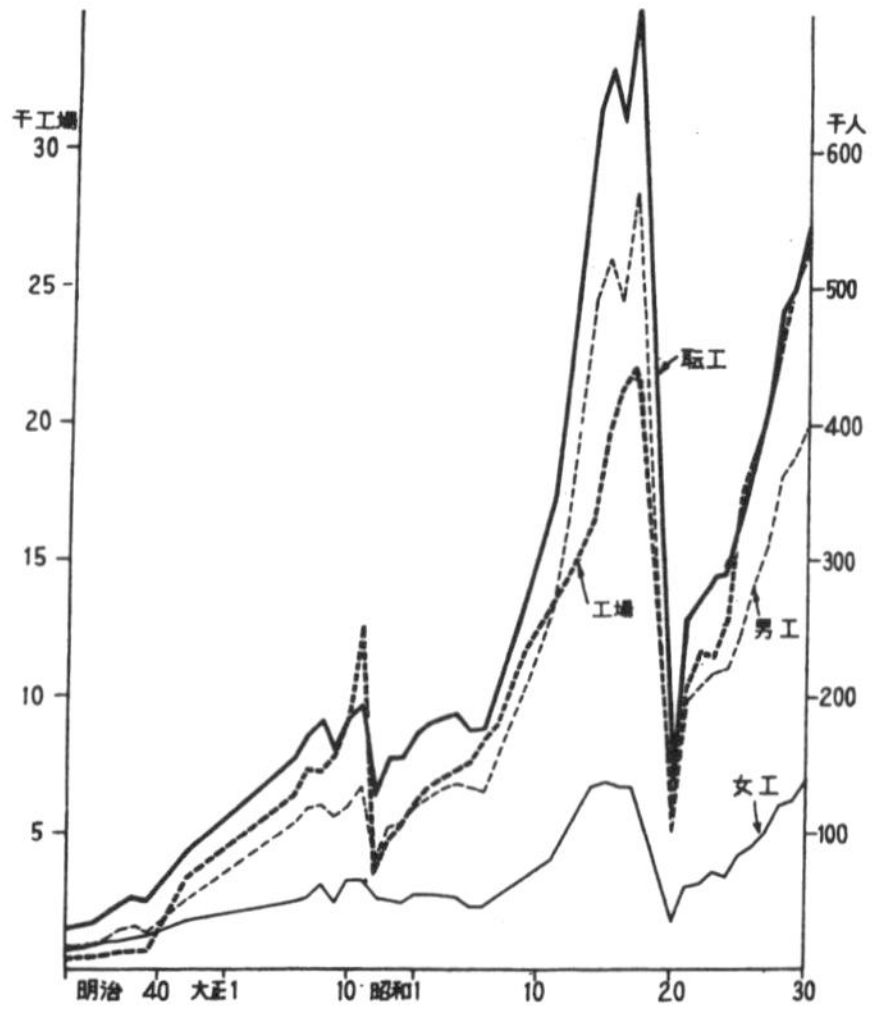

図1－9　工場、職工数の変化

工場数の単位は左、職工数（男・女・総数）の単位は右。『東京府統計書』より。

表1－15　業種別工場数、従業者数の変遷

		明治42年	大正10年	昭和元年	昭和5年	昭和10年	昭和15年	昭和21年	昭和25年
工場数	紡績工業	817（24.6%）	1,759（19.1）	1,159（19.1）	1,539（18.3）	2,225（17.0）	2,764（13.0）	684（6.7）	2,400（12.8）
	金属工業	800（24.1）（金属・機械）	2,537（27.6）（金属・機械）	1,966（32.4）（金属・機械）	1,140（13.6）	2,338（17.8）	3,641（17.1）	1,935（18.7）	3,508（18.4）
	機械工業				1,883（22.4）	3,555（27.1）	8,198（38.6）	8,357（32.4）	4,620（24.2）
	窯業工業	341（10.3）（窯業・化学）	986（10.7）（窯業・化学）	817（13.5）（窯業・化学）	223（2.7）	418（3.2）	678（3.2）	251（2.4）	489（2.6）
	化学工業				703（8.4）	1,436（10.9）	2,204（10.4）	1,113（10.8）	2,054（10.7）
	食料品工業	338（10.2）	2,366（25.8）	456（7.5）	683（8.1）	823（6.3）	921（4.4）	394（3.8）	1,621（8.5）
	製材・木製品工業	1,025（30.8）（製材・木製品、印刷・製本、その他）	1,532（16.7）（製材・木製品、印刷・製本、その他）	1,674（27.5）（製材・木製品、印刷・製本、その他）	460（5.5）	644（5.0）	956（4.5）	937（9.0）	1,390（7.3）
	印刷・製本工業				1,014（12.1）	1,143（8.7）	1,145（5.4）	391（3.8）	1,651（8.7）
	その他の工業				757（9.0）	531（4.0）	724（3.4）	243（2.4）	1,284（6.8）
	合計	3,321（100.0）	9,180（100.0）	6,072（100.0）	8,402（100.0）	13,113（100.0）	21,231（100.0）	10,325（100.0）	19,017（100.0）
従業者数	紡績工業	36,750（43.1%）	65,910（35.9）	49,290（28.6）	37,310（21.2）	52,204（17.2）	56,207（8.5）	15,353（6.1）	33,680（10.3）
	金属工業	17,255（20.2）（金属・機械）	51,968（28.3）（金属・機械）	50,509（29.2）（金属・機械）	17,646（9.9）	45,499（14.9）	87,699（13.3）	39,022（15.2）	53,601（16.0）
	機械工業				47,289（26.6）	102,511（33.7）	352,644（53.6）	122,160（47.4）	104,220（31.3）
	窯業工業	8,626（10.1）（窯業・化学）	26,346（14.4）（窯業・化学）	27,480（15.9）（窯業・化学）	5,612（3.2）	9,731（3.2）	15,269（2.3）	6,132（2.4）	11,145（3.3）
	化学工業				20,702（11.6）	38,509（12.7）	80,892（12.3）	17,242（13.7）	49,083（14.7）
	食料品工業	5,373（6.3）	9,561（5.2）	7,876（4.6）	9,002（5.1）	12,300（4.0）	14,831（2.3）	5,518（2.1）	18,175（5.4）
	製材・木製品工業	17,215（20.2）（製材・木製品、印刷・製本、その他）	29,502（16.1）（製材・木製品、印刷・製本、その他）	37,676（21.8）（製材・木製品、印刷・製本、その他）	5,375（3.0）	8,345（2.7）	12,389（1.9）	13,726（5.4）	13,165（4.0）
	印刷・製本工業				21,903（12.3）	24,590（8.1）	27,101（4.1）	15,910（6.2）	33,034（9.9）
	その他の工業				12,649（7.2）	10,531（3.5）	11,493（1.7）	3,903（1.5）	17,155（5.1）
	合計	85,219（100.0）	18,3287（100.0）	172,831（100.0）	177,888（100.0）	304,270（100.0）	658,525（100.0）	256,966（100.0）	333,258（100.0）

明治42年～昭和5年は『東京府統計書』、昭和10年以降は『東京都の工業』（都経済局）より算出。

表1－16　区郡別工場数、従業者数の変化

	大正10年		昭和5年		大正10年～昭和5年間の比率の増減	
	工場数	従業者数	工場数	従業者数	工場数	従業者数
麴町	55（0.6%）	1,860（**1.0%**）	126（1.5%）	4,819（**2.3%**）	＋0.9	＋1.3
神田	541（5.9）	4,065（2.2）	405（4.8）	5,384（2.6）	－1.1	＋0.4
日本橋	136（1.5）	1,234（0.7）	116（1.4）	1,984（0.9）	－0.1	＋0.2
京橋	671（7.3）	12,158（6.6）	364（4.3）	10,105（**4.8**）	－3.0	－1.8
芝	241（2.6）	11,100（**6.1**）	627（7.5）	17,292（**8.2**）	＋4.9	＋2.1
麻布	444（4.9）	2,523（1.4）	160（1.9）	2,378（1.1）	－3.0	－0.3
赤坂	13（0.1）	210（0.1）	42（0.5）	571（0.3）	＋0.4	＋0.2
四谷	118（1.3）	752（0.4）	44（0.5）	614（0.3）	－0.8	－0.1
牛込	222（2.4）	1,847（1.0）	145（1.7）	4,117（**2.0**）	－0.7	＋1.0
小石川	150（1.6）	4,493（2.5）	224（2.7）	5,740（2.7）	＋1.1	＋0.2
本郷	522（5.7）	2,563（1.4）	186（2.2）	2,131（1.0）	－3.5	－0.3
下谷	300（3.3）	2,474（1.4）	293（3.5）	3,302（1.6）	＋0.2	＋0.2
浅草	441（4.8）	1,988（1.1）	394（4.7）	3,790（1.8）	－0.1	＋0.7
本所	1,275（13.9）	20,792（11.3）	1,410（16.8）	21,858（10.4）	＋2.9	－0.9
深川	1,155（12.6）	12,950（7.1）	341（4.1）	9,240（**4.4**）	－8.5	－2.7
計	6,284（68.4）	81,009（44.2）	4,877（58.0）	83,325（44.4）	－10.4	＋0.2
八王子市	736（8.0）	4,505（2.5）	391（4.7）	3,698（1.8）	－3.3	－0.7
荏原郡	417（4.5）	17,146（**9.4**）	694（8.3）	27,685（**13.2**）	＋3.8	＋3.8
豊多摩郡	188（2.0）	6,315（**3.5**）	327（3.9）	9,594（**4.6**）	＋1.9	＋1.1
北豊島郡	584（6.4）	30,384（**16.6**）	917（10.9）	28,522（**13.5**）	＋4.5	－3.1
南足立郡	64（0.7）	1,291（0.7）	96（1.1）	4,695（**2.2**）	＋0.4	＋1.5
南葛飾郡	603（6.6）	37,216（**20.3**）	715（8.5）	34,221（**16.3**）	＋1.9	－4.0
西多摩郡	119（1.3）	2,181（1.2）	182（2.2）	4,315（2.0）	＋0.9	＋0.8
南多摩郡	127（1.4）	2,008（1.1）	116（1.4）	2,230（1.1）	0.0	0.0
北多摩郡	47（0.5）	664（0.4）	77（0.9）	1,986（0.9）	＋0.4	＋0.5
島	11（0.1）	118（0.1）	10（0.1）	55（0.0）	0.0	－0.1
総計	9,180（100）	183,286（100）	8,402（100）	210,326（100）	0.0	0.0

各年『東京府統計書』より算出、百分率の太字は工場数の%より従業者数の%の方が大きいもの。

表1－17　丸ノ内事務所数の推移

	合　計	三　菱 社有建物	非三菱 社　有
大正5年	165	152	13
10年	390	251	139
13年	1,054	718	336
昭和3年	1,468	897	571
6年	1,443	808	635
7年	1,560	838	722
8年	1,564	909	655
9年	1,796	1,069	727
10年	1,824	1,091	733
11年	1,909	1,138	771
12年	1,931	1,162	769
13年	2,047	1,172	875

『丸の内今と昔』pp.159～160より。

表1－18　新旧市域別人口比率の変化

	旧市域	新市域
大正9年	64.9	35.1
10年	63.7	36.3
11年	62.5	37.5
12年	51.8	46.9
13年	53.1	46.9
14年	48.7	51.3
昭和1年	48.7	51.3
2年	48.7	51.3
3年	48.7	51.3
4年	48.7	51.3
5年	41.7	58.3
6年	40.6	59.4
7年	39.5	60.5

『東京五百年』p.151より。

市部の人口は急激なる外延的膨張を招来し、市と近郊町村とはますます其の緊密の度を加へ、速に市域拡張を行なう必要に迫られるに至った」(『東京市公報』第二一一六号)と述べられているところで、ここに東京は新たに二〇区を加え、従来の一五区分とともに三五区分となったのである。

かくて〝大東京〟は、その後ますます発展を続け、通勤現象の激化、都心部における昼夜間人口隔差の増大などがみられるようになるとともに、戦時体制への転換が各方面にわたって進められていった。そして統制経済のさなか、昭和十八(一九四三)年には府と市を合併した「東京都」が特に新たに設置されたのだった。

終戦後の復興再建期

第二次大戦末期の米軍戦略爆撃によって、東京の市街地の大部分は灰燼に帰してしまったが、とくに被害の大きかったのは下町であった。したがって、戦後の東京の復興、再建は下町からはじめられたといってよい。

すでにふれたように、戦後の東郊の都市化は荒川放水路の線でほとんど足踏みし、むしろ低湿地を飛びこえて、市川・浦和など台地上の既成都市に宅地造成は進められていた。ところが戦後の再建の過程で、再着手された治水工事が進展し、さらに戦前にもまして人口流入が増加してくるにつれて、ようやくこの中間の低湿地の宅地化が急速に進むようになった。これがこの時期の特色である。

昭和三六～四一年の宅地増加の状況は、表1－19、図1－10、11に示すとおりで、西郊で最も市街地化の遅れていた練馬・世田谷の両区を筆頭に、板橋・江戸川・足立・葛飾の東北郊諸区に著しい。ただし、西郊においては、すでにこの段階で、区部から市郡部ないし隣接県へと宅地化の波が移行しつつあったことを見落してはならない。

さて、下町から台地を刻む中小河川敷にかけての低地が復興・開発されていくなかで、戦災の残土処理を皮切りに河川の埋立てやら暗渠化が進められていったのは、単に市民の快適性を奪ったというばかりでなく、経済活動の面からみても大きな問題があったことを指摘しうる。江戸時代から、下町の水路とその両岸は、この大都市の物資流通の大動脈およびターミナルとしての役割りを果たしてきたのであった。第一次大戦を境として、東京をめぐる物資流通はそれまでの水上優位から陸上―鉄道優先に変わるという一大変化を示しはしたものの、とくに重量貨物の輸送に際しては、水上がまだ十分な有用性をそなえていた。あえていえば、東京の道路の不備は、強力な水上輸送によって補なわれてきたのである。ところが、戦後の自動車輸送の激増、都市施設の不足からくる水質汚濁により、多くは埋立てられたり、蓋をされて下水代りにされてしまった。その結果、水害の激化までを招いている現状である。河川の存在意義について、もっと慎重に検討されてもよかったのではないだろうか。

表1－19　戦後の宅地化の推移

	宅地率（%）			宅地の増減	住宅地区率（%）			住宅地増減		
	昭和26年	昭和41年	昭和60年	41/26	昭和26年	昭和41年	昭和60年	41/26	60/26	60/41
区部	57.9	75.9	91.3	130.6	40.7	51.7	72.1	126.7	165.7	130.8
千代田	100.0	100.0	99.9	103.6	38.9	34.0	16.2	90.5	43.8	48.4
中央	100.0	100.0	100.0	114.7	2.3	4.1	10.2	204.0	543.1	266.2
港	98.6	98.4	98.7	97.9	71.7	67.8	62.5	92.8	87.0	93.7
新宿	97.3	97.7	97.7	77.4	87.3	77.5	73.3	68.4	63.1	92.3
文京	99.8	97.3	97.5	101.6	85.7	79.5	74.3	96.6	87.8	90.9
台東	99.6	99.6	99.7	126.7	5.1	16.5	16.0	413.3	394.6	95.5
墨田	96.7	97.3	97.4	116.0	9.0	34.0	38.4	429.3	453.6	105.7
江東	97.2	94.3	97.2	127.4	34.0	15.0	38.6	57.7	154.4	267.3
品川	97.3	95.2	95.8	105.6	67.9	58.8	54.2	93.5	95.1	101.7
目黒	90.6	95.2	97.5	99.1	86.5	89.3	90.4	97.4	95.3	97.8
大田	81.7	94.9	95.9	103.7	52.1	75.9	75.0	130.0	127.2	97.9
世田谷	36.7	74.4	87.4	207.5	36.6	66.9	84.4	186.9	221.2	118.3
渋谷	95.8	98.3	97.9	107.5	95.0	89.2	85.8	97.9	93.0	95.0
中野	69.9	90.3	96.8	119.2	67.4	80.8	87.4	109.5	113.6	103.7
杉並	72.9	82.4	92.6	141.0	69.6	78.4	87.5	140.4	146.9	104.6
豊島	86.4	98.7	98.8	102.3	65.7	79.0	79.1	108.1	104.1	96.3
北	83.3	98.3	99.7	118.3	54.2	57.6	76.2	106.6	134.4	126.1
荒川	97.1	97.8	97.8	99.8	27.9	29.3	46.1	104.3	145.5	139.5
板橋	37.3	69.7	93.7	149.5	21.9	40.9	74.1	149.7	239.8	160.2
練馬	17.2	47.6	77.8	266.6	13.3	37.6	75.2	271.8	499.1	183.6
足立	26.0	45.4	81.5	165.8	17.5	24.8	73.3	134.3	340.0	253.3
葛飾	37.7	66.4	92.1	159.5	22.6	43.4	80.4	173.8	286.7	165.0
江戸川	30.5	51.0	85.5	203.3	15.4	25.9	76.6	122.8	316.0	257.4

各年『東京都統計年鑑』による。

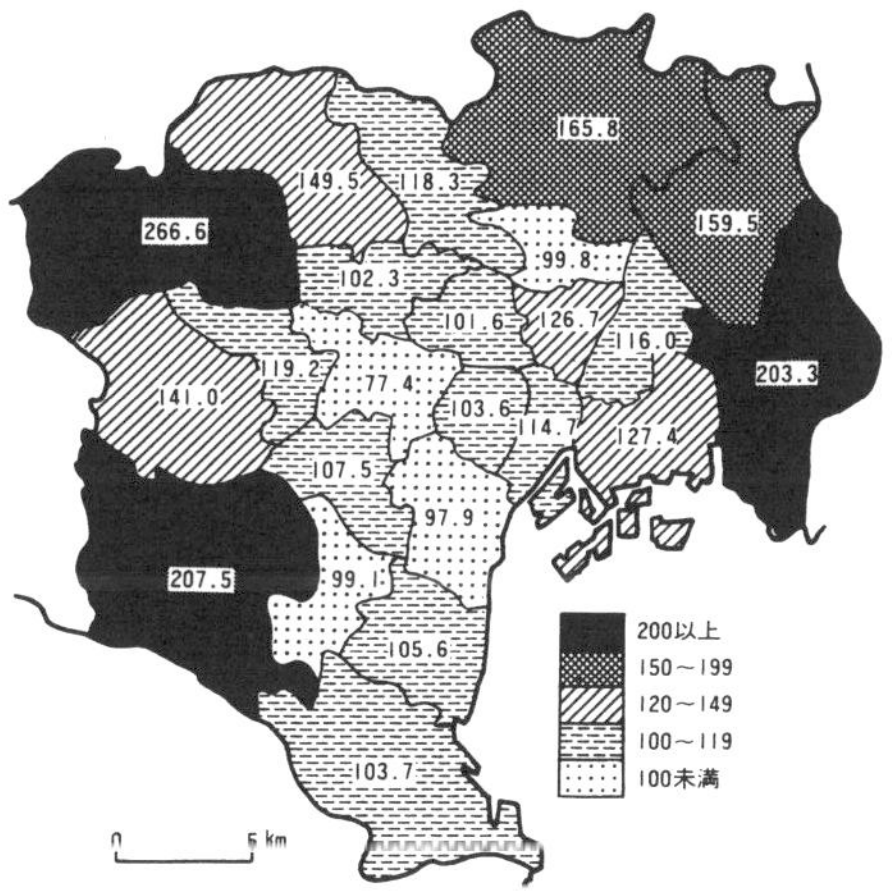

図1－11
宅地増減率（昭和41年／昭和26年）（区部平均130.6）

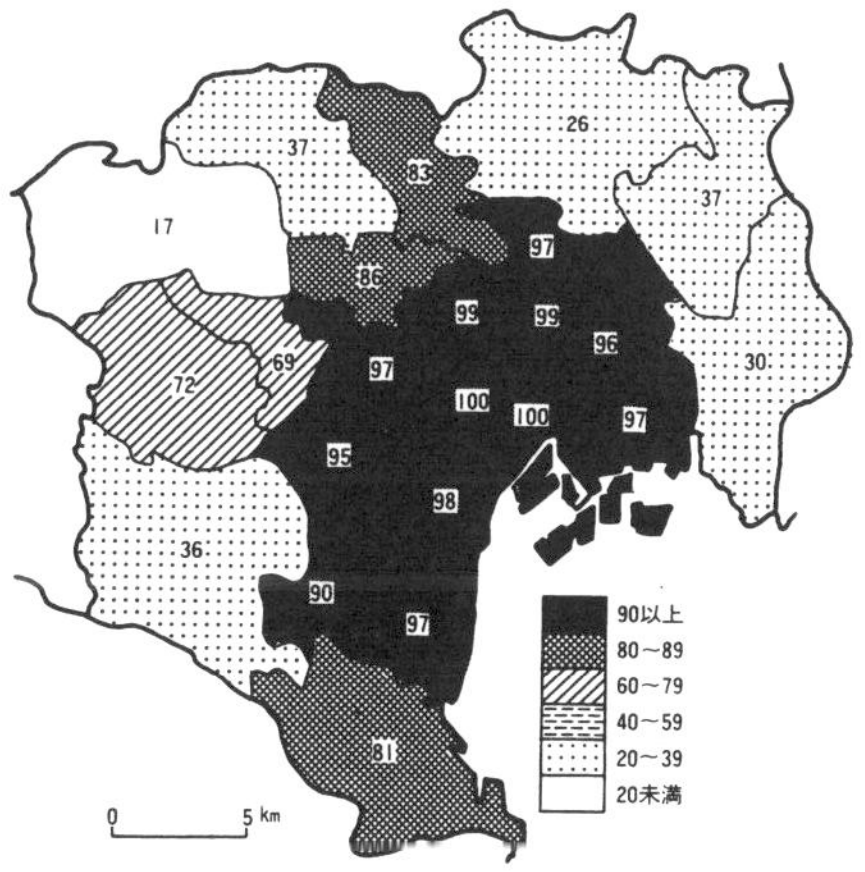

図1－10
宅地率（昭和26年）（区部平均57.9%）

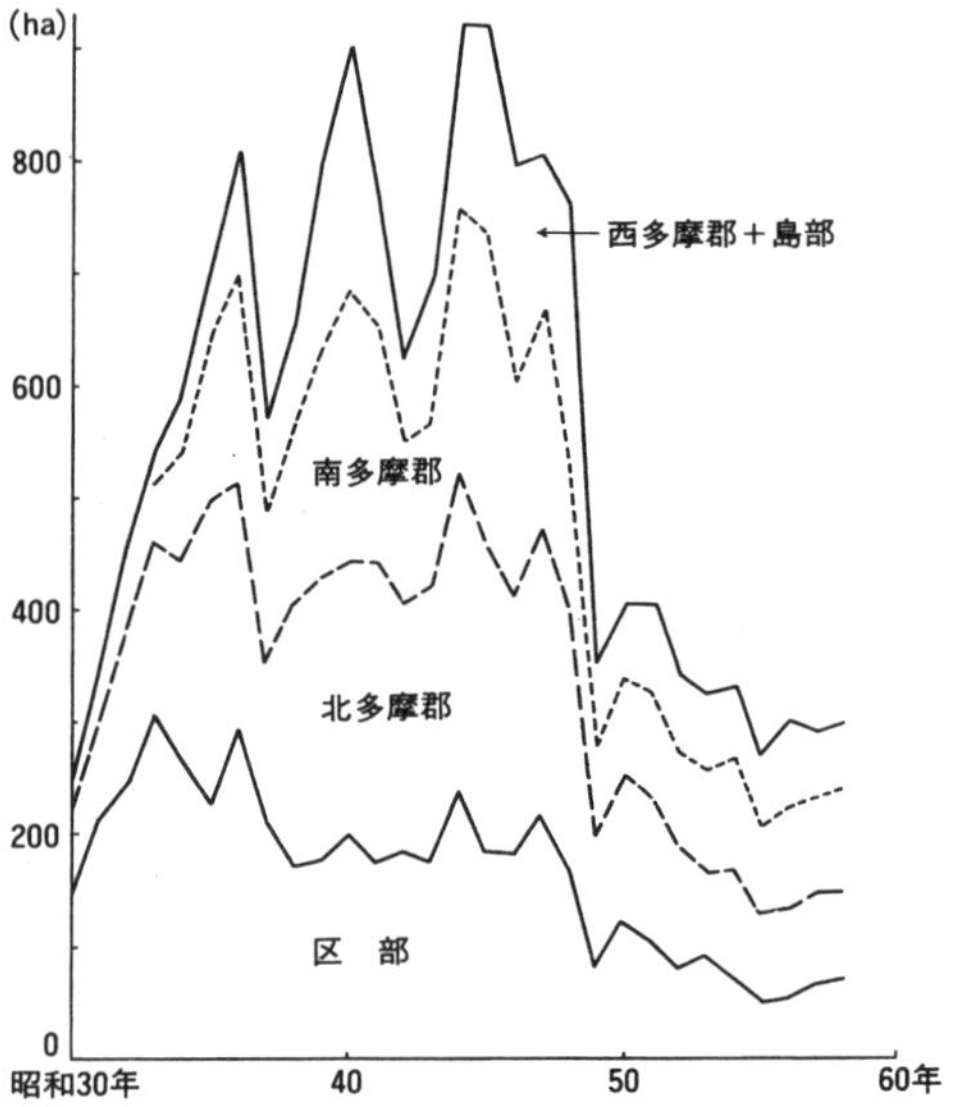

図1－12　農地転用面積（4条＋5条）の変化
都農業会議資料により作成。

戦後のこの時期において、もうひとつの重要な問題点は農地改革であろう。東京都の場合すでに農業県ではなかったにせよ、都市的土地利用との競合のなかで、この改革が多くの問題をかかえたものであり、しかも次期においてもっぱら登場する土地をめぐっての各種の問題のひとつの根源がここに求められるものとして、その具体的過程が明らかにされねばならないと思われる。しかし、東京都の農地改革に関する資料は、残念ながらほとんど残されていない。ごく単純な結果だけを記せば、改革前は小作・自小作を含めて、多少とも小作地を経営する農家が七〇%までを占め、ほぼ五〇%に達していた小作地率が、改革後にいずれも激減し、現在では自作農が八〇%となり、小作地率はわずか六%となっている。小作農家率からみると、全国の傾向とは逆に、都区内の場合、畑作の西南郊のほうが水田の東北郊より相対的に高率であった。畑作の台地では戦前からの宅地化の過程で、さらに戦中戦後の混乱の中で、所有と経営が分離する傾向が強くなっていたためであろう。ともかく、改革前の昭和二二年に都下の農家数は五万八〇〇〇戸であったのが、改革後の二四年には六万七〇〇〇戸へと一万戸近くも増加し、以前から他産業に比べて零細経営の多かったのが、いっそうの零細化を進め、平均一戸当たり五二アールとなってしまった。この際創出された極零細の新農家階層を中心に、改革後の昭和二五年代にはいって、農地転用がはじめられたものと推測される。こうした動きが導火線となって、高度成長期にはいるころから、図1－12にみられるように、転用は急増していくのである。

高度経済成長期以後

戦前を台地開発段階、戦後の一〇年間ほどを低地開発段階とすれば、この時期は丘陵開発段階とも名づけられよう。

朝鮮戦争を契機に日本経済が急速に立直り、戦前にもまして資本が強大化するとともに、東京がいわば中心的な地方から、中央そのものへと、あらゆる面での集中を強めていくなかで、都心部では、資本の強大さを誇るかのような巨大ビルの建設があいつぐようになった。昭和三三年からの五年間に建築された鉄筋コンクリート建事務所は一四三九・四万平方メートルで、これは過去六〇年間に建てられた三二八・六万平方メートルの床面積の四・三倍に及ぶというすさまじさである。高度成長期に入ってのビルラッシュがいかに激烈であったかが想定されよう。

都心部にこうした巨大ビルが一つ完成するごとに、その地域の昼間人口は万単位で増加する。したがって、都心の規模の増大は、ただちにそれを支える夜間人口の容器を必要とするわけである。このような資本の側の要請もあって昭和三十年に住宅公団は発足した。朝鮮戦争後、農地転用の増大とともに上昇しはじめた地価は、この公団の発足でさらに拍車がかけられた。宅地ブームの波は団地のための土地取得をさらに困難にし、近郊から遠郊へと団地造成を追いやった。図1－13にも示されるように、公団発足当初のころは区部ないしその縁辺部での住宅地造成が主体であったが、昭和四十年代以降では三多摩から近県での造成へと移行し、その規模も数千戸級の大団地へと拡大されてきた。この点は表1－20、図1－13の農地転用の地域的変化からもはっきりよみとれよう。すなわち、昭和三十三年まで転用面積の大きかったのは農地改革での国有保留地の五か年明けの加わった区部であったのが、以後はまず西隣りの北多摩部へ、さらに大規模開発の進む四十～五十年代には南・西多摩郡の郡部へと比重が移っていくのである。

団地造成は、いうまでもなく、住宅公団ばかりが行なっているのではない。都をはじめとする地方自治体によるもの、一方では民間企業によるものも増大している。とくに民間企業の場合、高度成長期以前にあっては、戦前からすでにこの分野に進出していた私鉄資本を別にすれば、ほとんどが零細な宅地造成業者や建売業者による小規模なものにすぎなかったのが、以後は私鉄資本のよりいっそうの介入をはじめ、大手の不動産会社、建設会社、総合商社などの人資本がいっせいにこの部門にのりこんできた。いわゆる民間デベロッパーの登場である。公団をふくめて、これらの大資本が、丘陵の林野をけずり、低地を埋立てて造成する宅地は、それまでの個人的規模の開発の常識を破ったもので、売出し方法もマスコミのあらゆる媒体を利用するという大量販売方式に移っていった。こうした開発方式が周辺地区の地価の高騰をもたらすとともに、当該地域の動植物の生態系をもまったく無残に破壊していった。首都圏整備計画中にうたわれたグリーンベルト構想など、またたく間にふみにじられてしまったのである。それどころか、事前調査もほとんど行なわれていない無謀な開発の代償としての地盤災害が憂慮されるところとなった。

一方、山の手の台地地区もこの時期にはいってかなり様相が変わってきている。前掲の図1－2のごとく、崖縁部に多く立地してその偉容を誇っていた高級住宅の多くが分譲されて中小住宅化したり、譲渡されて高級料亭やホテル等に変質したり、あるいは崖を利用してマンションが築造されたりして、所有者が戦前と交替してしまっている。こうしたなかで、山の手台地上

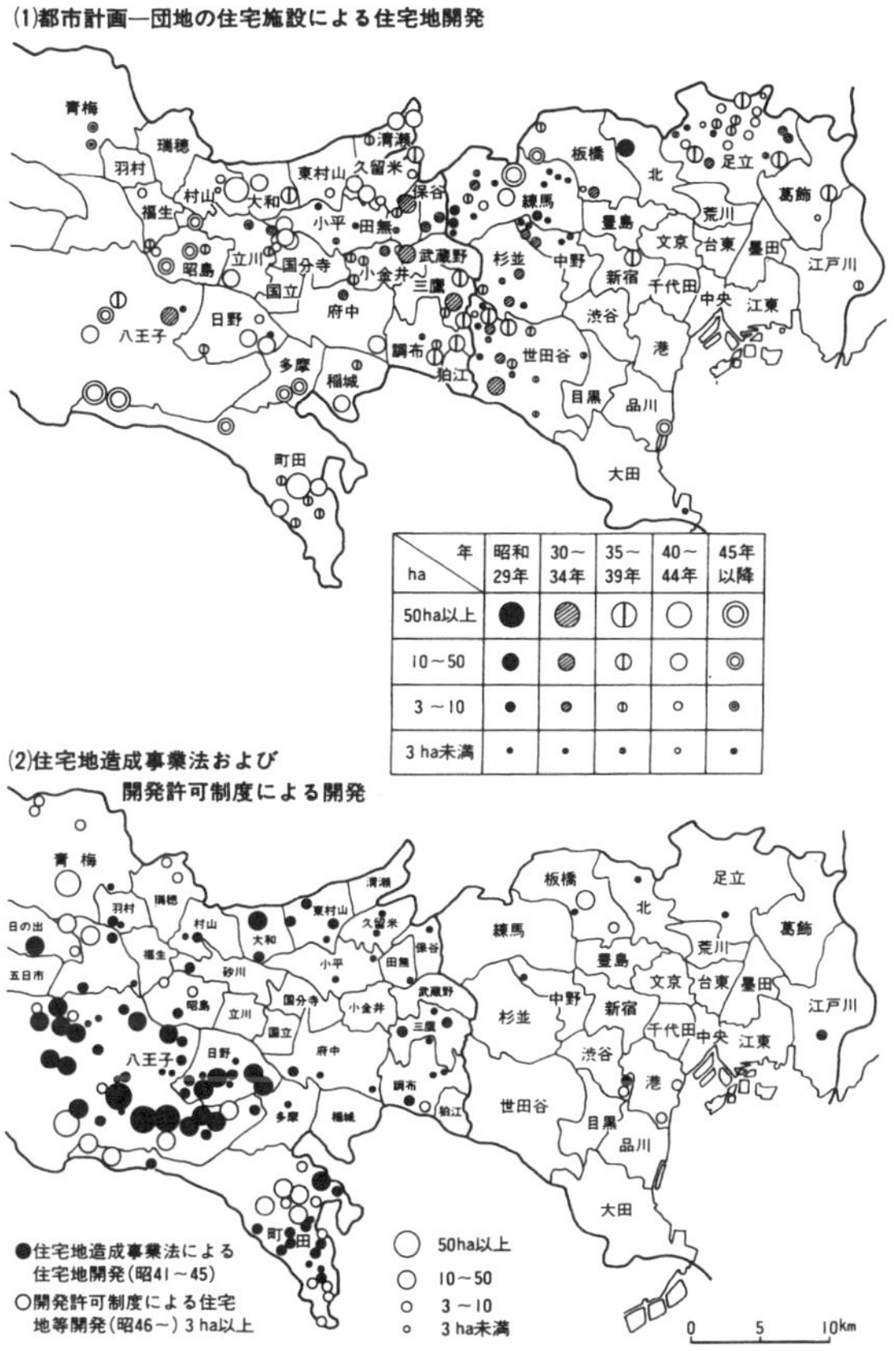

図1－13　東京都における宅地造成地区一覧

東京都都市計画局『東京都における土地区画整理事業 一団地の住宅施設事業および宅地造成事業施行位置図』(昭和59年版)による。

表1－20　宅地転用面積割合の変化

	都合計	区部	北多摩郡	南多摩郡	西多摩郡	島部
昭和31－35年	264,826a	47.3%	31.2	13.8	7.4	0.4
36－40年	362,854	28.9	30.3	25.7	13.4	1.6
41－45年	394,523	24.2	32.9	25.8	14.1	3.0
46－50年	302,133	25.6	31.9	22.3	15.1	5.1
51－55年	167,400	23.3	29.7	27.1	14.9	5.0
56－58年	89,539	21.4	26.9	29.5	18.0	4.1

『東京都農業会議三十年史』による。

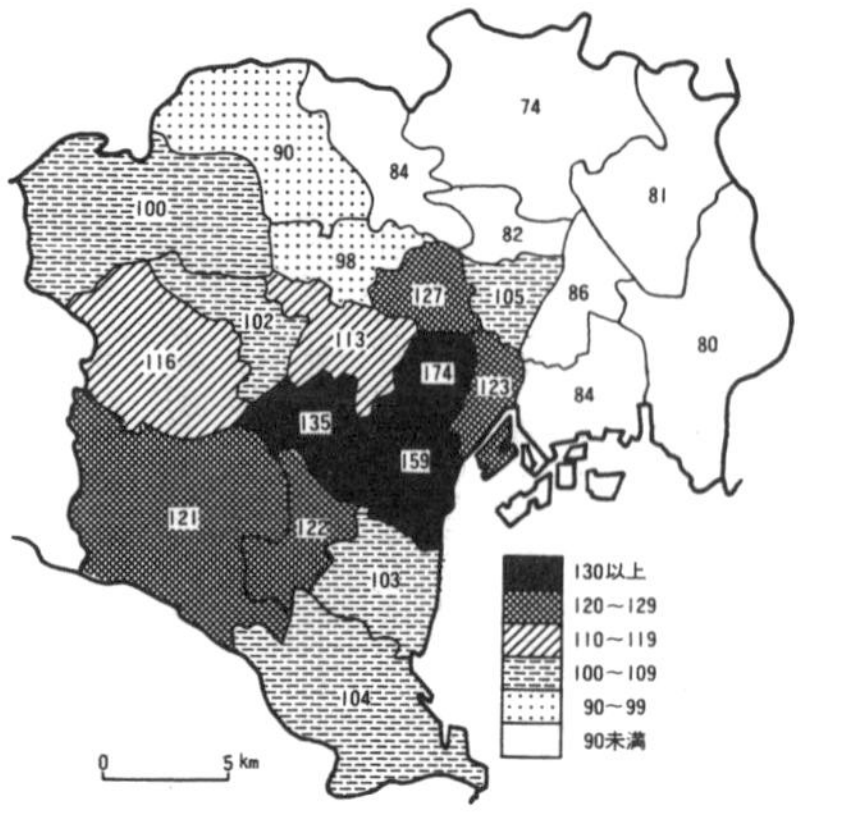

図1－17　所得指標（都平均100）

市町村税務研究会監修『個人所得指標』（昭和60年版）より作成。

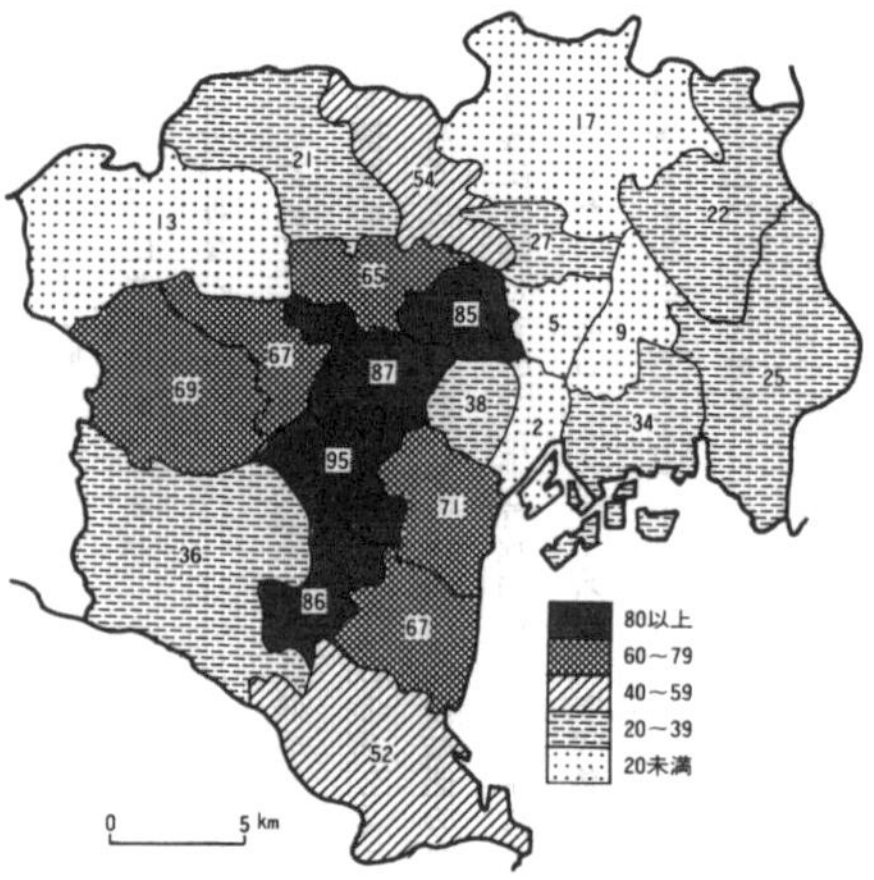

図1－14　住宅地区率（昭和26年）

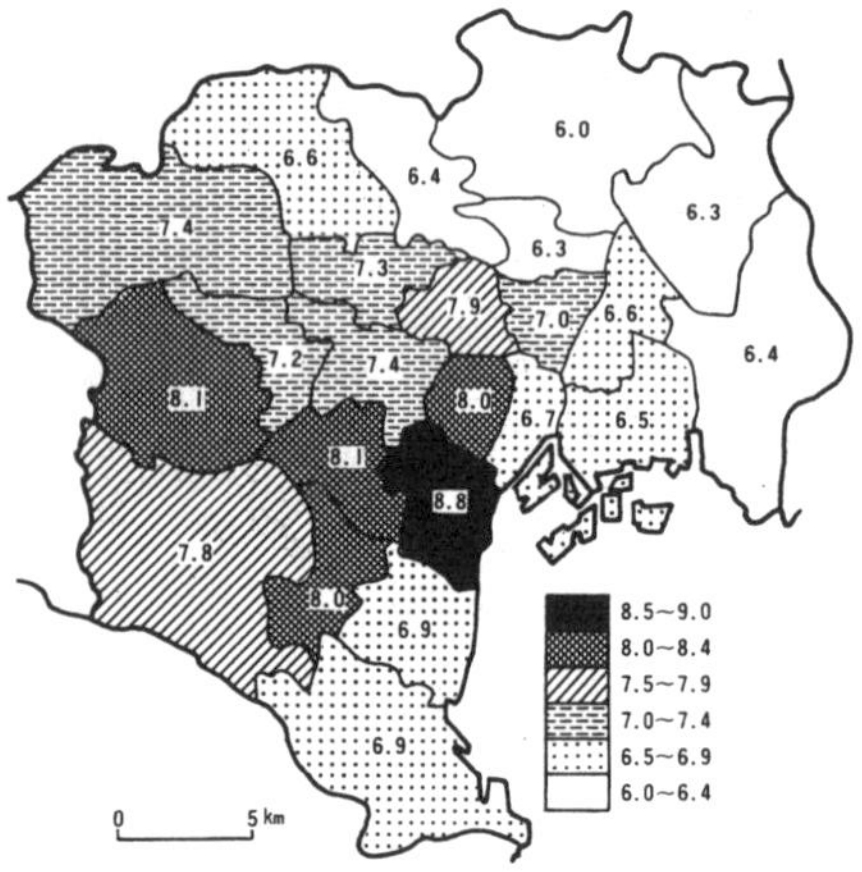

図1－18　1人当たり畳数

『住宅統計調査』による。

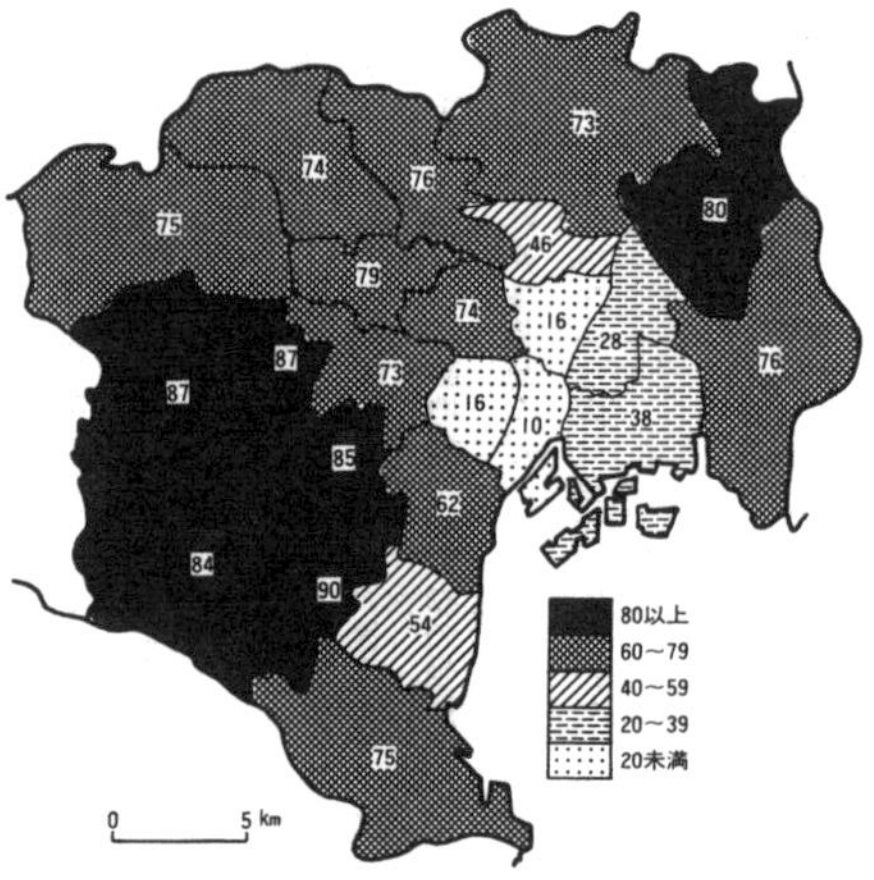

図1－15　住宅地区率（昭和60年）

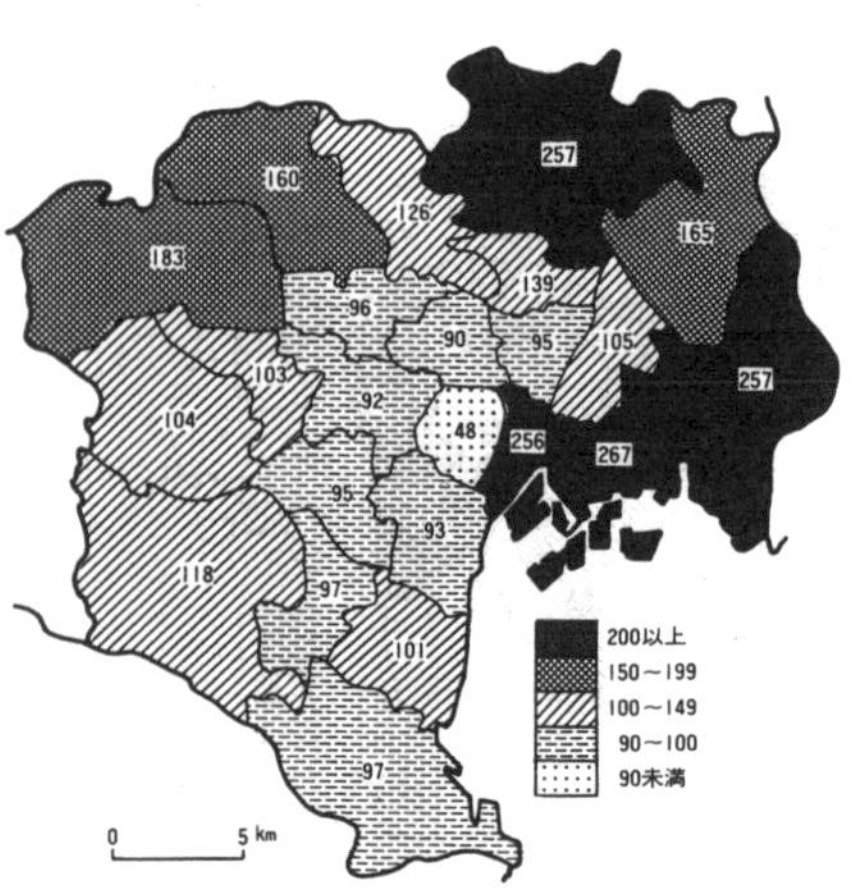

図1－16　住宅地増減率（昭60年／昭41年）

（区部平均130.8）

の緑はますます消滅しつつあり、官用地や寺社地の存在はいっそう貴重な存在となっている。

宅地化そのものについては、前掲表1－20に示したように、すでに区部全体でも九〇%をこすほどになり、ほとんどその地域差はなくなったといってよいのだが、宅地の内容についてみるとかなりの変化が生じていることがわかる。すなわち、戦後初期の段階では、むしろ商工業地区から住宅地区への変化が加わって、墨田・台東に住宅地の増加が顕著にみられたのだが、その後は月島地区を擁する中央区や埋立地造成によって住宅地の急増した江東区を例外的存在として、千代田区をはじめとする都心ないしその周辺の一帯で住宅地率は低下をみている。高度成長下でのいっそうの業務機能の集中とともに、住宅地区から商工業の業務地区への転換が進行し、地価高騰がそれに拍車を加えてきたのである。一方、郊外、とくに東郊地区一帯は相変わらず住宅地化の状況がつづいているが、荒川・墨田のように、以前から宅地化が展開していたところで、高度成長期以降、公害企業などの転出により、むしろ住宅地率が漸増したところもあり、新しい地域変動も進んでいることがわかる（図1－14～16）。

宅地化率の均一化、住民の変質に伴って、山の手・下町の経済的格差はかつてほど鮮明ではなくなったといえるが、それでもなお両者の差はかなり大きなものがみられる。その一端は図1－17、18に示されるごとくで、所得指標で都区部平均以上のところは、世田谷・目黒両区をはじめ、ほとんどが都心から西郊地区に集中しており、また一人当たり畳数からみても同様な傾向がはっきりと示されている。いずれにせよ、現在のような土地に対する固定資産税・相続税等、住民にとって不当な税制が維持されるかぎり、こうした格差は解消されるどころか、いっそう拡大していく可能性が存置されているものと思われる。

［1－1－G］加藤仁美『戦前の信託会社による住宅地開発について――三井信託会社の場合』（第一住宅建設協会（現・一般財団法人第一生命財団）、一九八九年、一～六六頁）

1．はじめに

明治末期、東京の宅地総面積の約4分の1は、1万坪以上の宅地を所有する１００人程の大土地所有者―旧大名などの華族、財閥家族、豪商、新興富豪等によって支配されていた。旧大名の土地については、維新後武家地公収によりその多くが官庁庁舎の敷地や軍用地にされたが、有力な旧大名等の私邸用地には公収されず、広大なまま残されたものも少なくなかった。

明治末期から大正にかけて、人口の東京集中が急速に進行し、住宅建設の需要が高まる。そのため、土地所有が細分化の過程をたどることになり、いわゆる不動産業が登場する。大正初期の好況期の大小不動産業者による開発ラッシュがおさまり、経済恐慌、関東大震災後の大正末期から、電鉄会社、信託会社等の民間資本による計画的な住宅地の開発が始まる。

このうち信託会社による宅地開発は、大名屋敷跡地の宅地化の一翼を担い、当時の新興ブルジョワや上流サラリーマンの住宅地を形成したことで知られている。電鉄会社による住宅地開発については、その実態についての研究が進んでいるにもかかわらず、信託会社による住宅地開発の実態に関しては今まで明らかにされていない。

本報告は、昭和初期に財閥系信託会社として指導的役割を果たした三井信託会社による住宅地開発の実態について、同銀行調査部保管の個々の開発地の開発手続きに関わる資料の分析により明らかにし、住宅地開発の手法とその位置づけについて検討したものである。

2. 三井信託会社による住宅地開発

2－1　住宅地開発の契機

信託とは、財産を自ら管理運用する能力やその時間的余裕のない者が、信頼できる他人にその財産の管理・運用・処分を委ねる制度のことをいう。もともと信託業の制度は、明治30年代以降に欧米から輸入され、わが国でも明治末期から信託会社と称する会社は全国に500近くもあった。しかし、信託とは名ばかりで無尽や貸金を業とするものも多く、政府はこれらの不健全な信託会社を取り締るため、大正12年に信託法と信託業法を施行した。

これにより、昭和初期に信託会社は40社程度に整理され、新たに財閥系信託会社が設立されるのである(1)。

信託業者法により、信託会社の業務として、金銭、有価証券、金銭債権、動産、土地及びその定着物、地上権及びその貸借権の6つの財産の信託業務と5種の併営業務が認められた。このうち、信託会社の不動産関連業務とされたのは、土地及びその定着物、地上権及びその賃借権の信託（略称して不動産信託）受託と、併営業務中の代理事務としての不動産管理代行、不動産売買及び貸借の媒介等であった。

当時、東京市内の大口土地所有者は貸地や貸家を昔ながらの差配に管理させていたが、大手の信託会社が設立されるのを機に信用の大きい信託会社に委託して管理してもらおうという傾向がみられた。しかし、不動産信託は登録税や登記税が重く、それほど伸びなかった(2)。

財閥系信託会社のなかでも指導的立場にあった三井信託会社の設立者米山梅吉社長は、信託会社の扱う不動産業務は従来の不動産業務とはまったく異なった新しい形のものでなければならないという信念をもっていた。

不動産担当者はこれに応えて、代理事務により、大名屋敷跡地の処分などを通して大規模な土地を整地分割し分譲することを考え出した。これは、当時換金難に悩んでいた大口土地所有者のためばかりでなく、敷地難に困っていた住宅建築希望者や良質の住宅用地を求めていた人々に大変、好評であった(3)。

表－1　三井信託会社による不動産業務の推移

（単位千円）

期別	代理事務（残高）			売買成立総額		内売買媒介高		調査取扱高	
	管理不動産	分譲地	計	口数	金額	口数	金額	口数	金額
昭和７年上	623	2,016	2,639	48	1,007	23	546	25	1,141
昭和７年下	1,038	2,153	3,191	100	641	50	336	24	5,052
昭和８年上	1,718	3,467	5,185	98	1,233	34	462	17	4,102
昭和８年下	2,130	3,854	5,984	79	801	20	265	20	5,589
昭和９年上	2,111	3,346	5,457	87	2,084	30	1,288	11	5,149
昭和９年下	2,216	3,540	5,756	60	1,538	32	1,038	14	2,498
昭和10年上	2,245	3,216	5,461	73	1,507	38	790	18	1,130
昭和10年下	2,245	2,875	5,120	113	1,891	50	1,470	12	301
昭和11年上	2,212	2,502	4,714	108	1,417	52	903	30	1,847
昭和11年下	2,234	2,173	4,407	139	1,441	75	876	28	2,832
昭和12年上	2,261	1,442	3,703	141	2,166	51	1,527	29	3,335
昭和12年下	2,649	2,425	5,074	102	2,224	69	1,929	38	6,940

（注）「三井信託銀行30年史」より

2－2　住宅地開発の概要

表－2　三井信託会社による分譲地

開発時期	名称	現住所	元土地利用	開発面積（坪）	区画数
T．15	麻布笄町	港区西麻布４丁目	宅地	8097.4	53
S．2	中野桃園	中野区中野３丁目	宅地	11835.1	61
S．2	仙台坂	港区麻布１－３丁目	宅地	9203.3	43
S．2	高田豊川町	文京区目白台１丁目	宅地	3108.8	20
S．2	池袋	豊島区池袋本町１	畑	1702.1	31
S．2	下根岸	—	宅地	793.0	16
S．3	青山北町	港区北青山２丁目	宅地	863.5	6
S．3	永田町	千代田区永田町２	宅地	1701.1	5
S．3	大崎袖ケ浦	港区白金台５丁目	宅地	2002.8	20
S．3	千光園	練馬区栄町	畑山林宅地	4066.0	63
S．3	渋谷衆楽	渋谷区恵比寿西２丁目	—	1591.6	12
S．3	代田橋	世田谷区羽根木２丁目	畑山林宅地	2843.8	18
S．4	上目黒	—	—	2218.0	19
S．4	中目黒	—	—	1544.8	13
S．4	大森源蔵ケ原	大田区山王１丁目	宅地畑山林	5237.0	36
S．4	大森追加	品川区西大井３丁目	—	179.9	2
S．4	渋谷北谷	渋谷区神南１丁目	—	—	8
S．5	幡ケ谷	渋谷区幡ケ谷１丁目	宅地畑	3918.8	45
S．5	代々木山谷	渋谷区代々木３丁目	宅地	965.3	9
S．6	染井	北区駒込４丁目	宅地	632.3	4
S．6	渋谷向山	渋谷区恵比寿南	—	2143.5	22
S．6	上井草	杉並区善福寺１、２	宅地	3745.7	18
S．6	東中野	中野区東中野４丁目	宅地	520.8	14
S．6	代々木初台	渋谷区代々木５丁目	宅地	5340.0	37
S．6	麻布桜田町	港区西麻布３丁目	宅地	5042.9	53
S．6	渋谷町豊分	渋谷区広尾	宅地	10219.4	67
S．7	和田堀	杉並区和田１丁目	宅地	1321.0	8
S．7	麻布飯倉片町	港区麻布台３丁目	宅地	2643.1	14
S．7	麻布仲ノ町	港区六本木３丁目	宅地	2441.0	20
S．7	目黒駅前	目黒区下目黒１丁目	畑宅地山林	5282.8	63
S．7	下落合	新宿区中井２丁目	—	1100.0	9
S．7	戸塚町諏訪	新宿区西早稲田２丁目	—	393.1	7
S．8	戸越	品川区豊町１、２丁目	宅地	32688.0	101
S．8	雑司が谷	豊島区南池袋３丁目	宅地	1097.6	8
S．8	三田綱町	港区三田２丁目	宅地	893.4	8
S．8	代々木西原	渋谷区西原２丁目	宅地	3237.7	31
S．8	麹町一番町	千代田区三番町	—	—	10
S．8	麻布霞町	港区西麻布１、六本木７	宅地	2695.0	21
S．9	青山南町	港区南青山２丁目	—	762.6	6
S．9	西落合	新宿区西落合３丁目	宅地畑山林	1822.0	16
S．9	西荻窪第一	杉並区上荻４丁目	宅地	3093.5	23
S．9	西荻窪第二	杉並区上荻４丁目	宅地	2470.0	21
S．9	小淀	中野区中央１丁目	畑宅地溜井	13420.1	48
S．10	中根岸町	台東区根岸３丁目	—	—	21
S．11	高円寺２丁目	杉並区和田３丁目	宅地	838.0	9
S．11	池上洗足町	大田区上池台２丁目	—	866.0	7
S．12	沼袋駅前	練馬区沼袋４丁目	畑	968.6	11
S．12	赤坂福吉町	港区赤坂２丁目	宅地	5927.1	70
S．12	荻窪中通	杉並区桃井２丁目	—	942.0	10
S．13	品川御殿山	品川区北品川５丁目	宅地	1933.0	12
S．13	淀橋柏木	新宿区北新宿２丁目	宅地	1249.0	10
S．13	西落合	新宿区西落合３丁目	畑	874.2	12
S．13	大塚駅上	豊島区北大塚１、巣鴨３	宅地	16196.3	198
—	麻布材木町	—	宅地	—	9
—	赤坂表町	—	宅地	2000.0	10
—	麹町上二番町	千代田区一番町	—	2567.0	15
—	永田町２丁目	—	宅地	782.0	6
—	蒲田	大田区西蒲田６丁目	—	1425.0	14
合計	58地区	—	—	201446.0	1515

（注）—は不明

図－1　信託会社による分譲地の分布

三井信託会社による取扱分譲地は、東京都内で約60件確認された。これらの分布をみると、都心部では華族の邸宅地、西側周辺部では畑や山林地の開発が多く、現在の高級住宅地も多くつくり出されている。（表－2、図－1）

開発の規模は、500—3万坪、区画数は5—200区画とさまざまで、住宅地については、100—150坪程度の区画を、坪単価20—240円で分譲している。

各分譲地の計画については、土地整理の方針、設備、工事費用等を示した分譲案が作成され、整理後の分譲地のランクを上・中流向き、中流向き、中流以下向きと分け、それぞれに見合った開発の方針が示されている。

分譲案により、住宅地としての計画水準をみてみると、上・中流向き住宅地では、区画面積が平均100坪以上、道路は3間以上の幅員でアスファルト舗装、L型コンクリート下水が用いられるなど、当時の電鉄会社等による計画水準に劣らないものであったといえる。

これら三井信託による住宅地の計画水準や開発手法について検討するため、以下のような分析を行った。

1）取扱分譲地の内区画数30区画以上の比較的大規模な開発地14地区（本来は16地区存在するが内2地区について資料不足のため省略した）をとりあげ、これらの計画内容や計画水準の比較検討を行った。（第3章）

2）上記の中から2地区の住宅地の開発手続きに関する資料により、その開発経緯をたどり、三井信託銀行による住宅地開発手法について解明する。（第4章〔本書には収録せず〕）

3．住宅地の計画内容と計画水準

3－1　計画内容と計画水準の比較

三井信託による住宅地の計画内容と計画水準を検討するため、対象とした区画数30以上の地区を開発目的のランク別に次ページ上の表に示す。

各地区の計画内容は、主に「分譲案」に示されている。これは、各土地所有者（委託者）が正式に三井信託と分譲地開発についての契約（不動産代理事務契約）を結ぶ前に、土地所有者の合意に基づき三井信託によって作成されるものである。

「分譲案」には、整理後の土地利用の目的（上・中流／中流／中流以下向き住宅地）や土地整理の方針、開発規模、区画数、道路・下水・ガス・水道等設備の内容、工事費用、宅地・道路・樹木・既存家屋の処分方法、工事費用、売却価格、収支計算、受託手数料、委託者手取額などが示されている。

これらの内、分譲地の計画水準に関わる項目について、開発ランク別に比較したものが、表－3である。なお、対象14地区の内、3地区については分譲案を収集できず、開発ランクや計画内容で不明の部分がある。

この表から、開発ランクによる計画水準の違いについて次のようなことがいえる。

1）平均区画面積は、中流以下向きの池袋分譲地で50坪になっているほ

	分譲地名	開発規模	区画数	委託者
上・中流向	A 麻布笄町	8,097.4坪	53	黒田文紀、高木正得（子爵）
	B 仙台坂	9,203.3坪	44	松方　巌（公爵）
	C 麻布桜田町	5,042.9坪	53	西　竹一（男爵）
	D 小淀	13,420.1坪	48	鮎川義介
	E 赤坂福吉町	5,927.1坪	70	黒田長成（侯爵）
中流向	F 中野桃園	11,835.1坪	61	神田金樹（男爵）
	G 大森源蔵ケ原	5,237.0坪	34	小田柿健一郎
	H 代々木初台	5,340.0坪	44	寺内寿一
	I 目黒駅前	5,282.8坪	63	成瀬正恭、伊藤新次郎
	J 代々木西原	3,233.7坪	29	宮本　樟
中流以下	K 池袋	1,702.1坪	31	早川鉄夫
不明	L 千光園	4,066.0坪	63	高田直屹
	M 戸越	32,688.0坪	101	三井合名会社
	N 大塚駅上	16,196.3坪	139	三井合名会社

表－3　計画水準の比較表

（注）—は無し、空欄は不明

	地区名	区画面積（平均坪数）	道路		下水	水道	ガス	電気	電話	その他設備	売却価格（坪当り）	工事費（坪当り）
			幅員（間）	舗装								
上・中流向	A 麻生笄町	住165.7坪	4, 3.5, 3	コンクリート及びアスファルト	L型コンクリート下水	各戸配管	同左	地下線	同左	消火栓、街灯共同浄化装置	137.53円	17.51円
	B 仙台坂	178.9坪	3.5, 3	ワーレナイト、ビチュリシック簡易アスファルト、マカダム	コンクリート造改良下水	同上	同上	同上	同上	街灯	210.00円	16.51円
	C 麻布桜田町	117.14坪	3, 3.5	砂利舗装	L型コンクリート下水	本管埋設	同左	—	—	—	130.00円	3.18円
	D 小淀	146.52坪	3, 4	同上	同上	同上	同上	—	—	—	80.00円	6.50円
	E 赤坂福吉町	住89.49坪	5, 5.5, 11M	簡易舗装	同上	同上	同上	—	—	—	住160.00円	9.20円
中流向	F 中野桃園	132.40坪	3.5, 3	砂利舗装	コンクリート造改良下水	—	—	—	—	—	70.00円	5.87円
	G 大森源蔵ケ原	134.95坪	2.5	同上	同上	本管埋設	本管埋設	—	—	—	75.00円	6.50円
	H 代々木初台	102.73坪	3, 2.5	同上	同上	同上	同上	—	—	—	50.00円	3.80円
	I 目黒駅前	165.88坪	5 M	同上	同上	同上	同上	—	—	—	住85.00円	15.66円
	J 代々木西原	102.65坪	2.5	同上	同上又は暗渠下水	同上	同上	—	—	—	30.00円	2.50円
中以下	K 池袋	50.00坪	2	同上	常滑焼半土管	—	—	—	—	—	50.00円	2.35円
不明	L 千光園	住109.60坪	2, 2.5, 3		L型コンクリート下水	本管埋設	本管埋設	地下線	—	小学校、小公園	1）42-56円 2）35-54円	4.72円
	M 戸越	66-114坪	8, 5.5M							戸越公園		
	N 大塚駅上	92.00坪								児童遊園地	80円以上	

か、上・中流向き、中流向きのどちらも100坪―170坪の範囲で、ランクによる差はみられない。
2）道路幅員をみると、上・中流向きで3間以上、中流向きで2・5間以上、中流以下向きで2間と、開発ランクにより違いがみられる。
舗装は、上・中流向きでアスファルト舗装や簡易舗装などがみられ、他は砂利舗装である。
3）下水は、上・中流向きでL型コンクリート下水、中流向きでコンクリート造改良下水が主流で、中流以下向きの池袋では常滑焼半土管となっている。
4）水道・ガスは、上・中流向き、中流向き住宅地では完備しており、電線を地下線にしている例が、麻布笄町、仙台坂、戸越でみられる。
5）坪当り売却価格は、計画内容よりもむしろ立地条件による影響が大きいと思われるが、上・中流向きの麻布笄町、仙台坂、麻布桜田町、赤坂福吉町の4地区で、100円以上となっている。
6）坪当り工事費は、道路舗装や電線を地下線にすることなどにより影響が出ており、上・中流向きの麻布笄町、仙台坂で特に高くなっている。
そのほか、分譲案の中で三井信託による住宅地計画の特徴を示すものとして、以下の点があげられる。
1）宅地面は、道路面より幾分高くし境界に大谷石などが積まれた。土地が斜面になっている場合は、なるべく現状に従って整地工事がなされ、雛段式の宅地にしている。
2）道路の整備は、自動車の出入りに差し支えのないようにすることが主眼とされた。
3）道路の完成後は、東京市や町などに寄付することが原則とされたが、寄付の受け入れられなかった場合は宅地に付属して土地買受人に無償譲渡するものとされた。
4）土地上の既存建物は、原則として取り壊し予定家屋として売却することとされたが、借家人に割引価格で売却されることもあった。
5）土地上の樹木は、新設宅地に配分して移植され、買受人に無償譲渡された。
また、開発のきっかけについては、三井信託による住宅地開発の位置づけにとって重要であると考えられるが、「分譲案」にはほとんど示されていない。

収集された資料の範囲で述べると、
1）相続人が財産処分として土地建物の処分を行った例（麻布笄町、目黒駅前、代々木西原等）、2）不動産として売却の際一邸地としての売却が困難であると判断された場合（麻布笄町、仙台坂等）、3）土地の一部が担保物件になっておりその債務の返済のために分譲地とした例（麻布桜田町、目黒駅前、池袋等）、4）三井関係会社所有の土地を三井関係者への分譲を意識して開発した例（戸越、大塚駅上等）などがあげられる。
そして、14地区のうち、華族による土地処分が5地区ある。（麻布笄町、仙台坂、麻布桜田町、赤坂福吉町、中野桃園）ことも特筆すべき点である。

3－2　14地区の開発事例

計画水準の検討でとりあげた14地区の計画の実態について明らかにするため、分譲案や分譲案内パンフレット等により、各地区ごとの区間図（計画図）、計画内容表、地区の変遷図（地形図）、現況図を整理して掲載した。

A　麻布笄町分譲地

契約年次	黒田家　大正14年３月—　高木家　大正15年３月—
旧住所	麻布区笄町
現住所	港区西麻布４丁目
元土地利用	宅地
委託者	黒田文紀、高木正得（共に子爵）
開発面積	8097.4坪
立地条件	市電　高樹町停留所
開発動機	故黒田清輝子爵の遺言により美術界に貢献する事業に寄付する資金のため
開発の目的	（上、中流向き住宅地）
開発方針	中流住宅地に相応の設備を完備、道路は舗装し、上水、下水、消火栓、電気、ガス、汚水浄化装置を設ける
区画数	53区画　（住宅地39区画、商店地14区画）
区画面積	住宅地　76.3坪—255.0坪　平均165.7坪
道路	幅員　４間、3.5間、３間　コンクリート及びアスファルト舗装
宅地	
設備	水道、電線、ガス、電話線は地下線で各戸まで配管 下水はＬ字型コンクリート下水 地域内は水洗式便所で、共同浄化装置を設置 その他　消火栓、街灯
売却価格	坪当り137.53円
工事費	114,378.72円（坪当り　17.51円）
純収入	653,291.00円
受託者手数料	—
委託者手取額	—

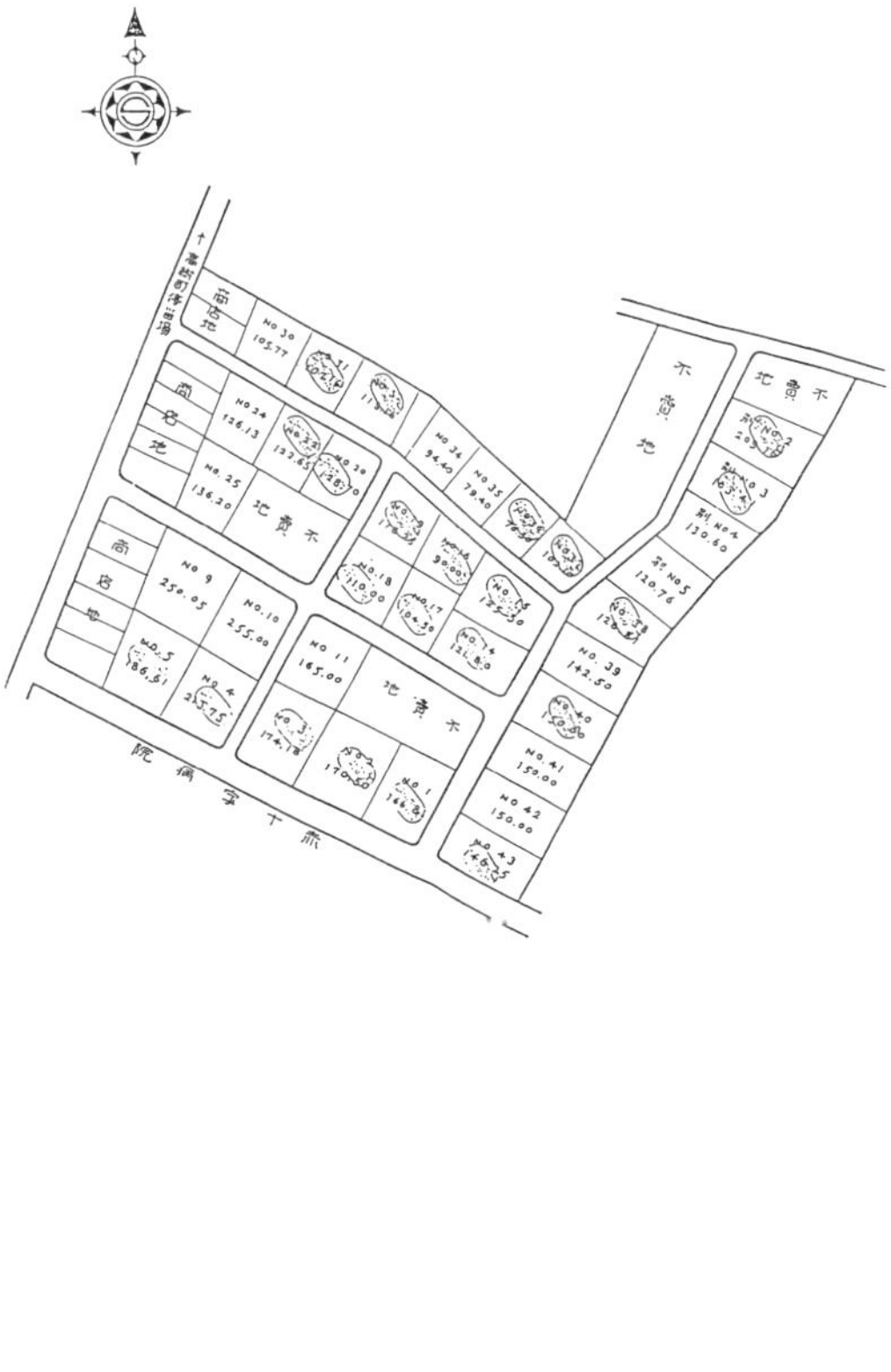

B　仙台坂分譲地

契約年次	昭和２年８月―
旧住所	麻布区竹谷町６、７番地
現住所	港区南麻布１―３丁目
元土地利用	宅地
委託者	松方　巌（男爵）
開発面積	9203.32坪
立地条件	市電二の橋停留所、四の橋停留所
開発動機	一括売却は面積大にして売却困難、２、３の大邸宅として分割も無理、大邸宅の庭園としても魅力がなく、道路に接する部分も少なく、地形もあまり良くないため
開発の目的	中流並びに上流の住宅地
開発方針	現状に従い整地工事、中央部を切取り低地を埋め立て、全部の宅地を高台とし東南向き斜面とする、道路は3.5間の主要道を通し３間幅の補助道路３本を東に向け平行して分岐し、自動車の出入りを自由にする、東町側道路中央部に徒歩者の出入りの便のためコンクリート階段を設ける
区画数	44区画
区画面積	132.00―321.00坪　　平均178.904坪
道路	主要道（幅3.5間、１本）ワーレナイト、ビチュリシック舗装 補助道路（幅３間、５本）簡易アスファルト、マカダム舗装 道路率14％　　角切り
宅地	路面と同じ高さないし７尺高くして道路との境に大谷石積
設備	下水は、道路の両側にコンクリート造改良下水を設け暗渠下水につなぐ 一灯式鋳鉄ポールの街灯を設置 電灯、電熱、電話は地下線とし各宅地内まで配置する ガス、水道は各宅地内まで配置する 東町側分譲地境に高さ33尺の鉄筋コンクリート造擁壁を設け中央部に幅１間の階段を設ける
売却価格	1,653,075.90円（坪当り　210.00円）
工事費	152,000.00円（坪当り　16.51円）
純収入	1,493,475.90円（坪当り　162.27円）
受託者手数料	―
委託者手取額	―

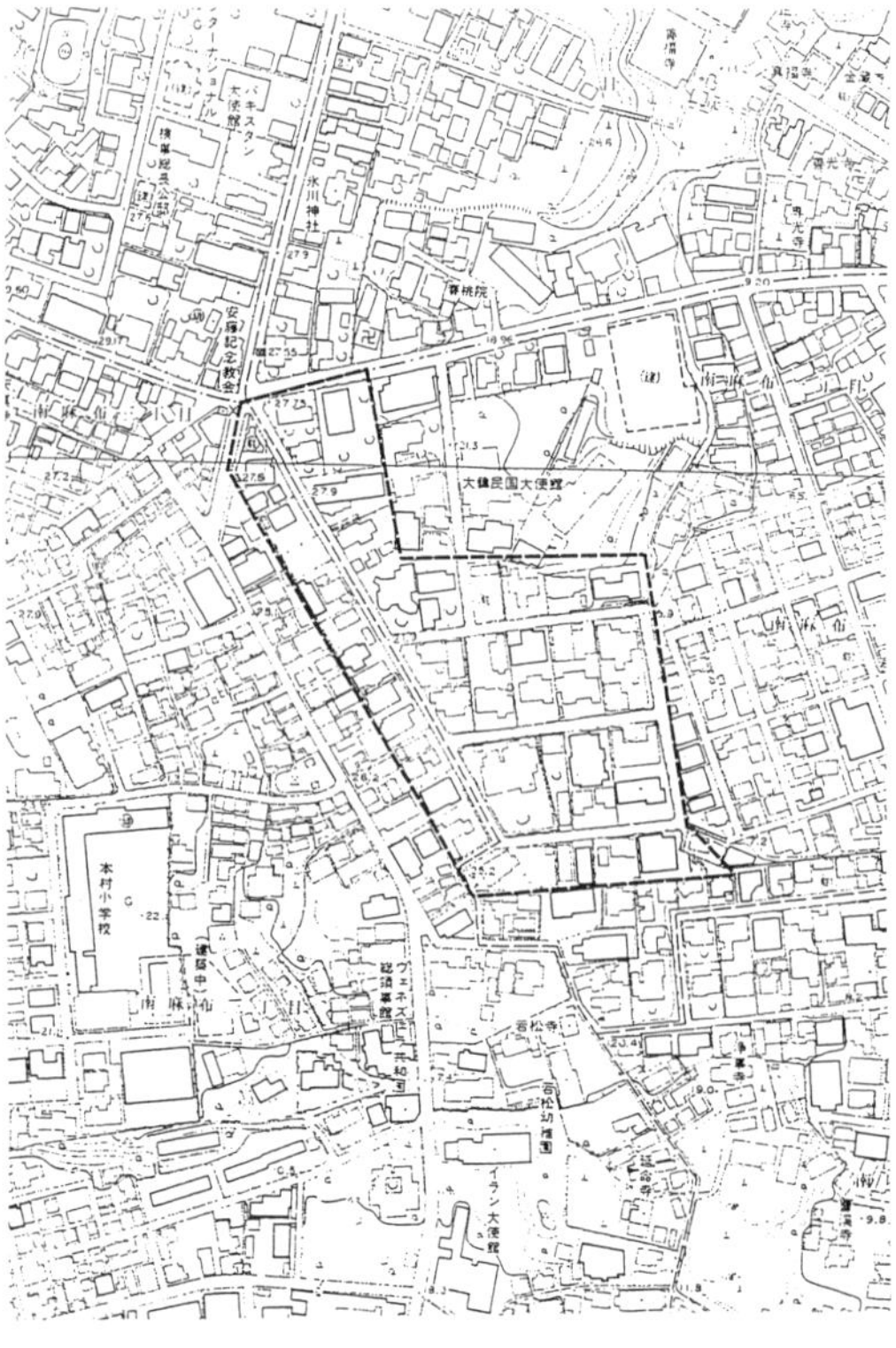

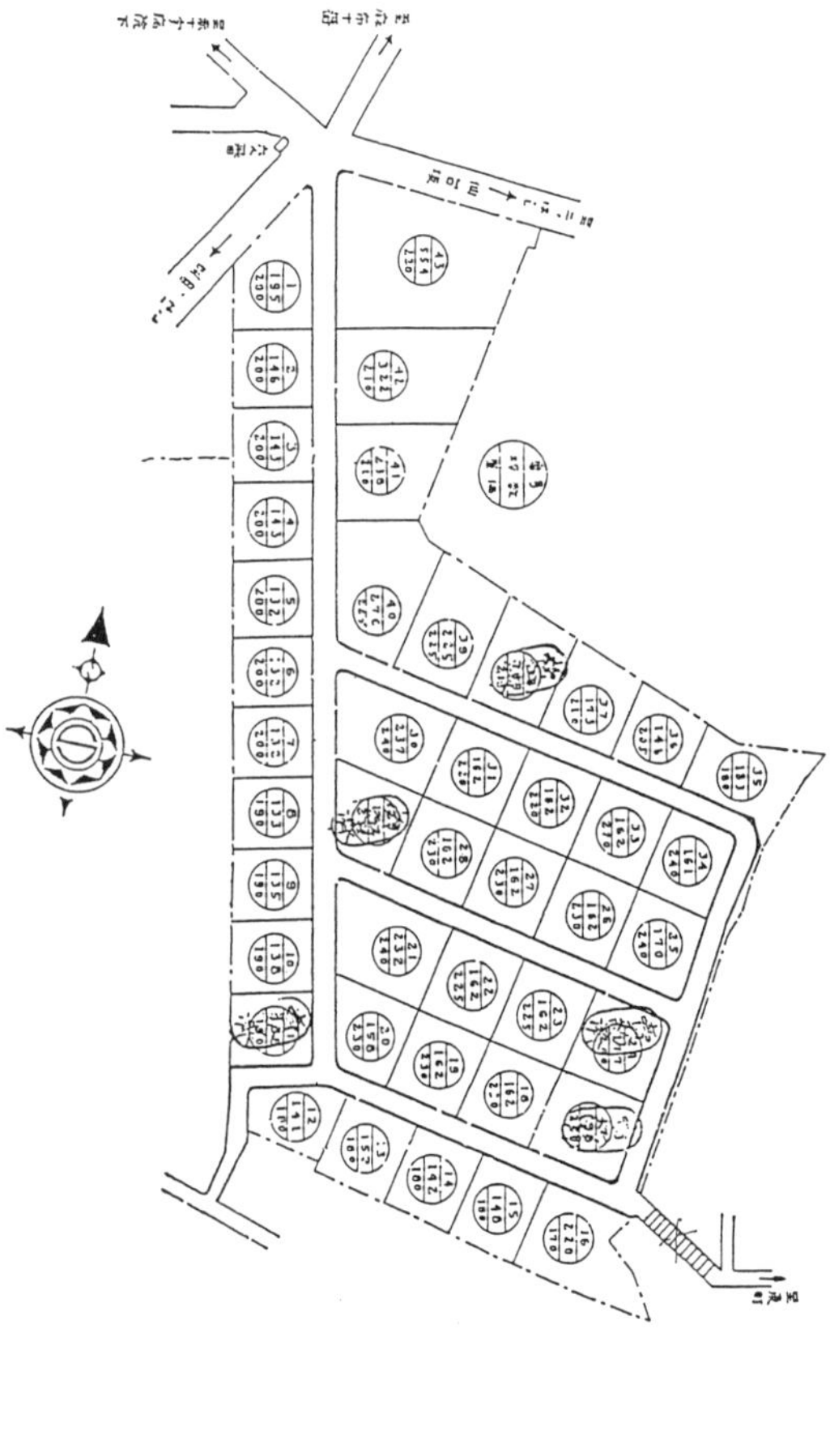

C　麻布桜田町分譲地（第１分譲地のみ示す）

契約年次	昭和６年12月
旧住所	麻布区笄町
現住所	港区西麻布３丁目
元土地利用	宅地
委託者	西　竹一
開発面積	4,125.00坪
立地条件	市電　笄町停留所
開発動機	
開発の目的	上、中流向き住宅地
開発方針	現状に従って整地工事、宅地は西南下り雛段式、北側一部は北下がり、道路は在来の私道に連接し自動車の出入りに差し支えなくする
区画数	28区画
区画面積	38.8坪—157.4坪　平均117.14坪
道路	幅員３間、3.5間　砂利舗装
宅地	宅地面は道路より幾分高く、境界には大谷石
設備	道路両側にコンクリートＬ型下水 ガス、水道は新設道路に本管を埋没 現存樹木で移植できるものは新設宅地に移植配分
売却価格	426,400.00円　（坪当り　130.00円）
工事費	13,120.00円　（坪当り　3.18円）
純収入	408,360.00円　（坪当り　98.99円）
受託者手数料	—
委託者手取額	—

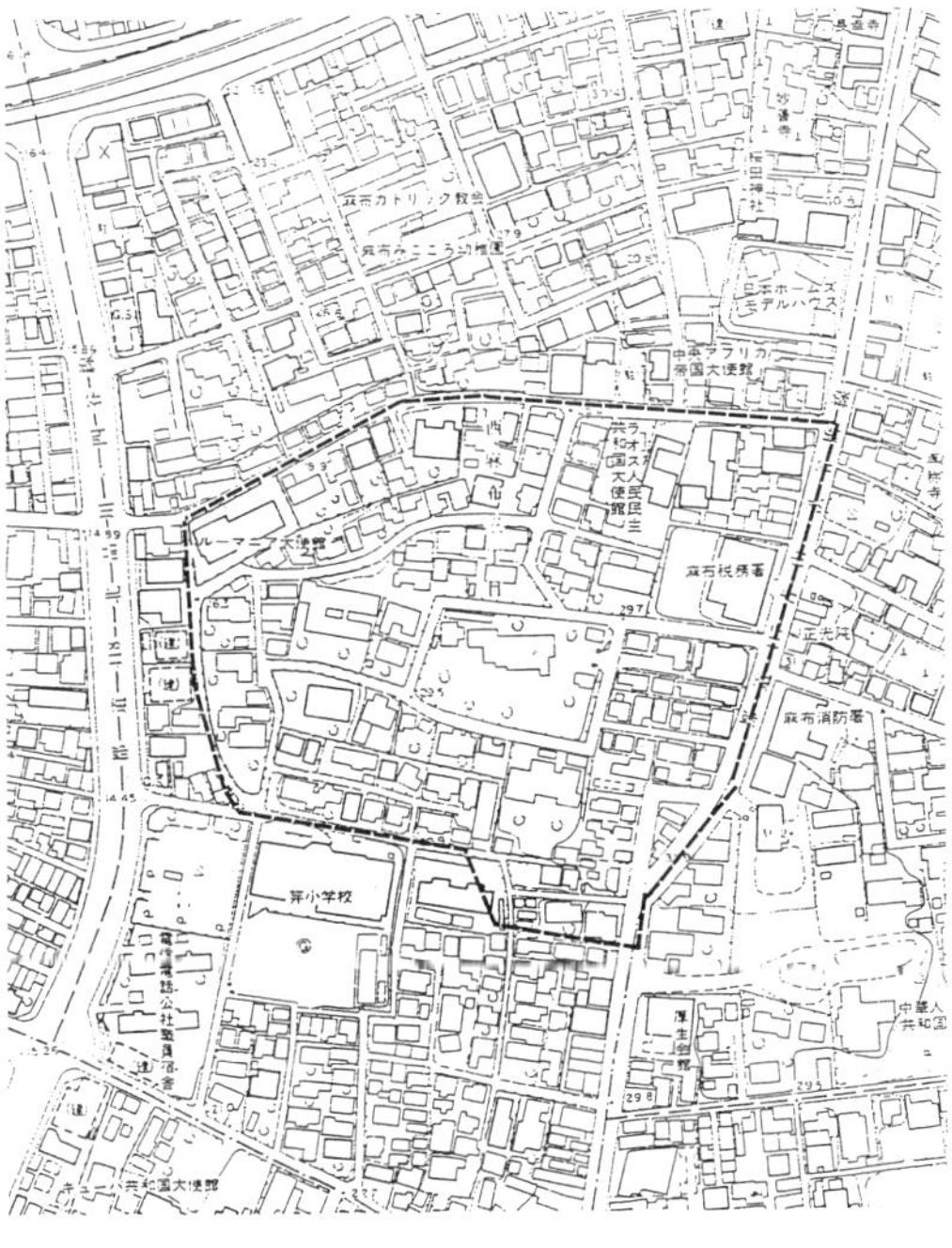

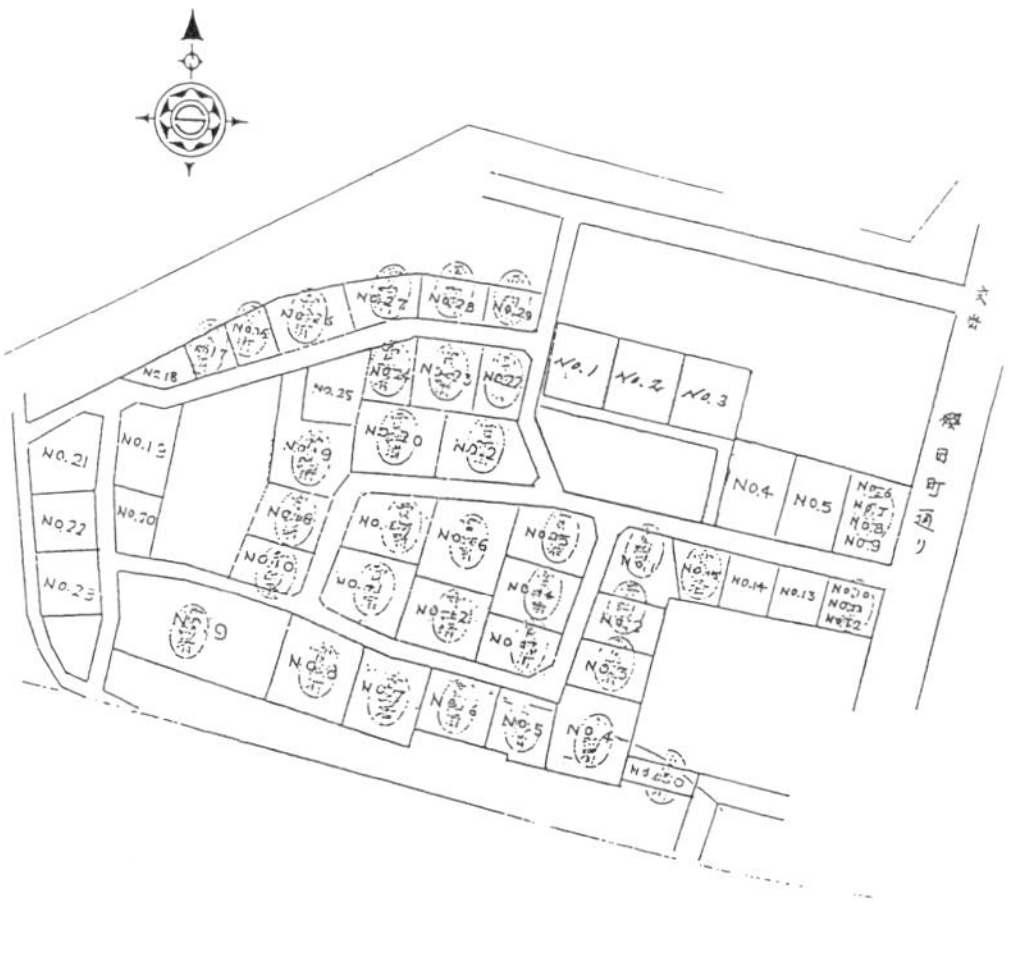

D　小淀分譲地

契約年次	昭和９年10月―
旧住所	中野区小淀町31、37番地
現住所	中野区中央１丁目
元土地利用	畑、宅地、溜井
委託者	鮎川義介
開発面積	13,420.13坪
立地条件	西武電車　中野坂上下車、青バス　塔の山停留所前
開発動機	
開発の目的	上、中流向き住宅地
開発方針	現状に従い整地工事、大体において北半分は平坦、南半分は雛段式の宅地とし、道路は幅員３間とし、自動車の出入りに差し支えなきものとする
区画数	48区画
区画面積	83.20坪―255.20坪　平均146.52坪
道路	新設道路は大部分幅員３間、一部４間　砂利敷 南側公道沿い宅地は後退せしめ有効幅員３間とする
宅地	路面より幾分高くし、道路との境には大谷石積土留
設備	道路両側にコンクリートＬ型側溝 ガス、水道本管を新設道路に敷設 現存樹木の内庭木となるものは各宅地に移植配分
売却価格	562,648.00円　（坪当り　80.00円）
工事費	54,367.95円　（坪当り　6.50円）
純収入	502,361.66円　（坪当り　60.06円）
受託者手数料	30,850.79円
委託者手取額	471,510.87円　（坪当り　56.37円）

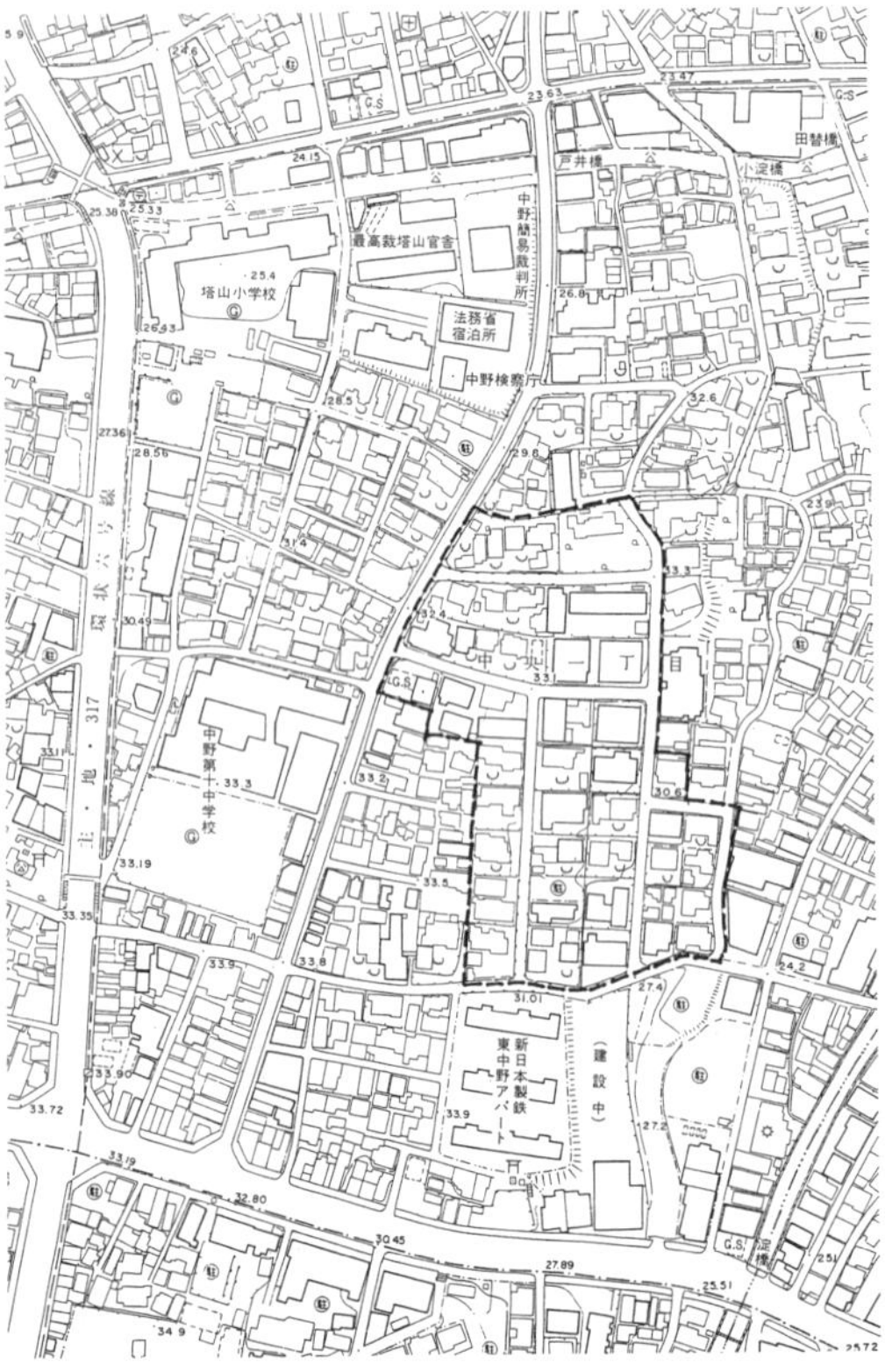

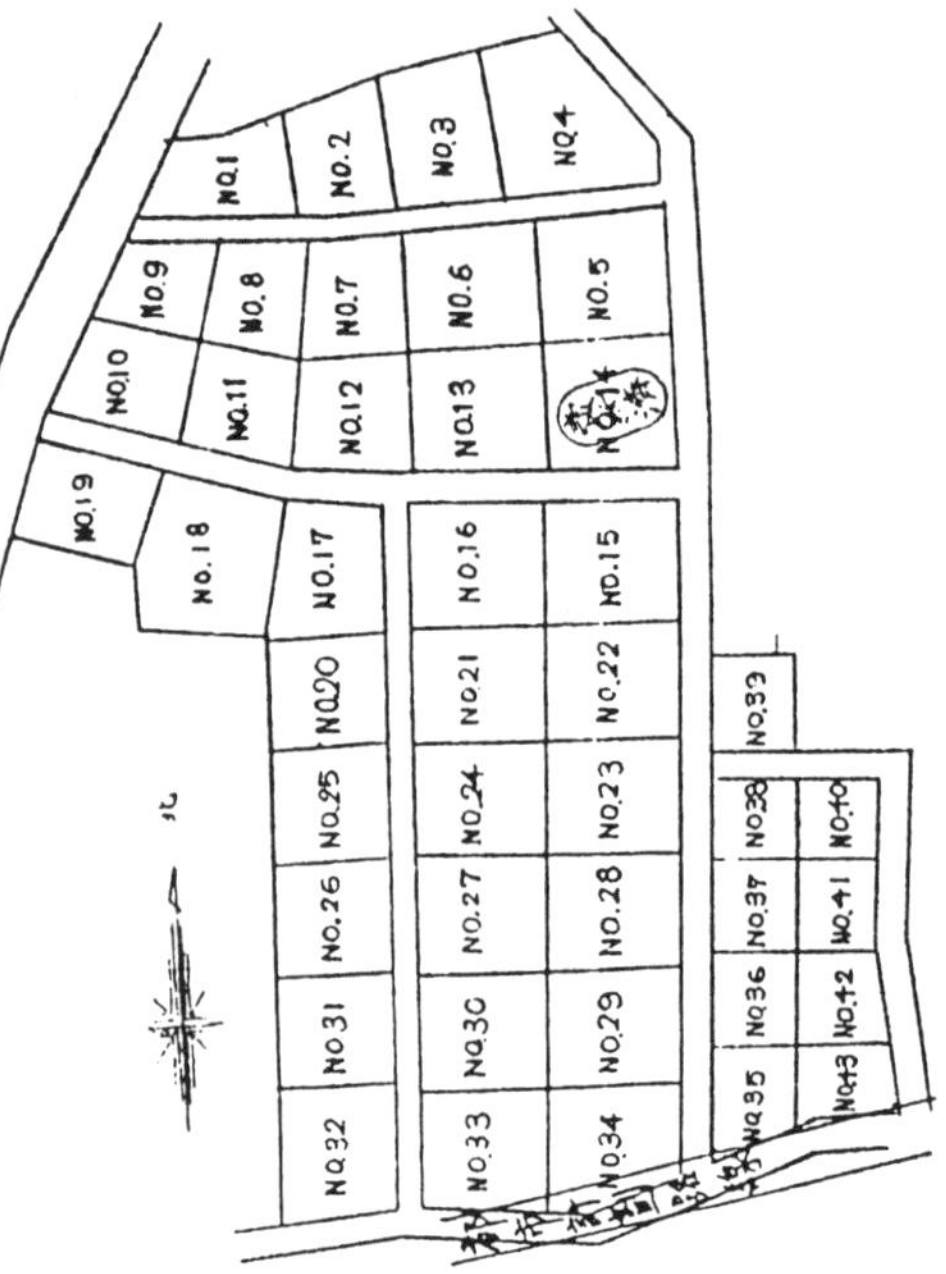

E　赤坂福吉町分譲地

契約年次	昭和12年７月―
旧住所	赤坂区福吉町１番地
現住所	港区赤坂２丁目
元土地利用	宅地
委託者	黒田長成（侯爵）
開発面積	5927.10坪
立地条件	市電、市バス　溜池または福吉町停留所
開発動機	
開発の目的	上、中流向き住宅及び商店地
開発方針	現状に従い整地工事、正面入口は11M、その他は６ないし５M道路を新設、自動車の出入りに便ならしむ
区画数	住宅地　34区画　　商店地　29区画　　貸地　７区画
区画面積	住宅地　27.00―230.50坪　　平均　89.49坪 商店地　8.00―100.00坪　　平均　42.87坪 貸地　30.60―197.50坪　　平均　65.87坪
道路	幅員５M、5.5M、11M　　簡易舗装
宅地	路面より高くし、路面との境界には大石石土留
設備	下水はL型下水を道路の両側に設置し、中央に新設の暗渠下水を通し市設下水に放流する ガス、水道は、新設道路に本管を埋設 現存樹木を各宅地に配分移植
売却価格	760,440.80円 坪当り　住宅地　160.00円　商店地　180.00円 貸地　108.00円
工事費	54,529.32円　（坪当り　9.20円）
純収入	700,185.02円　（坪当り　118.13円）
受託者手数料	40,748.50円
委託者手取額	659,436.52円　（坪当り　111.25円）

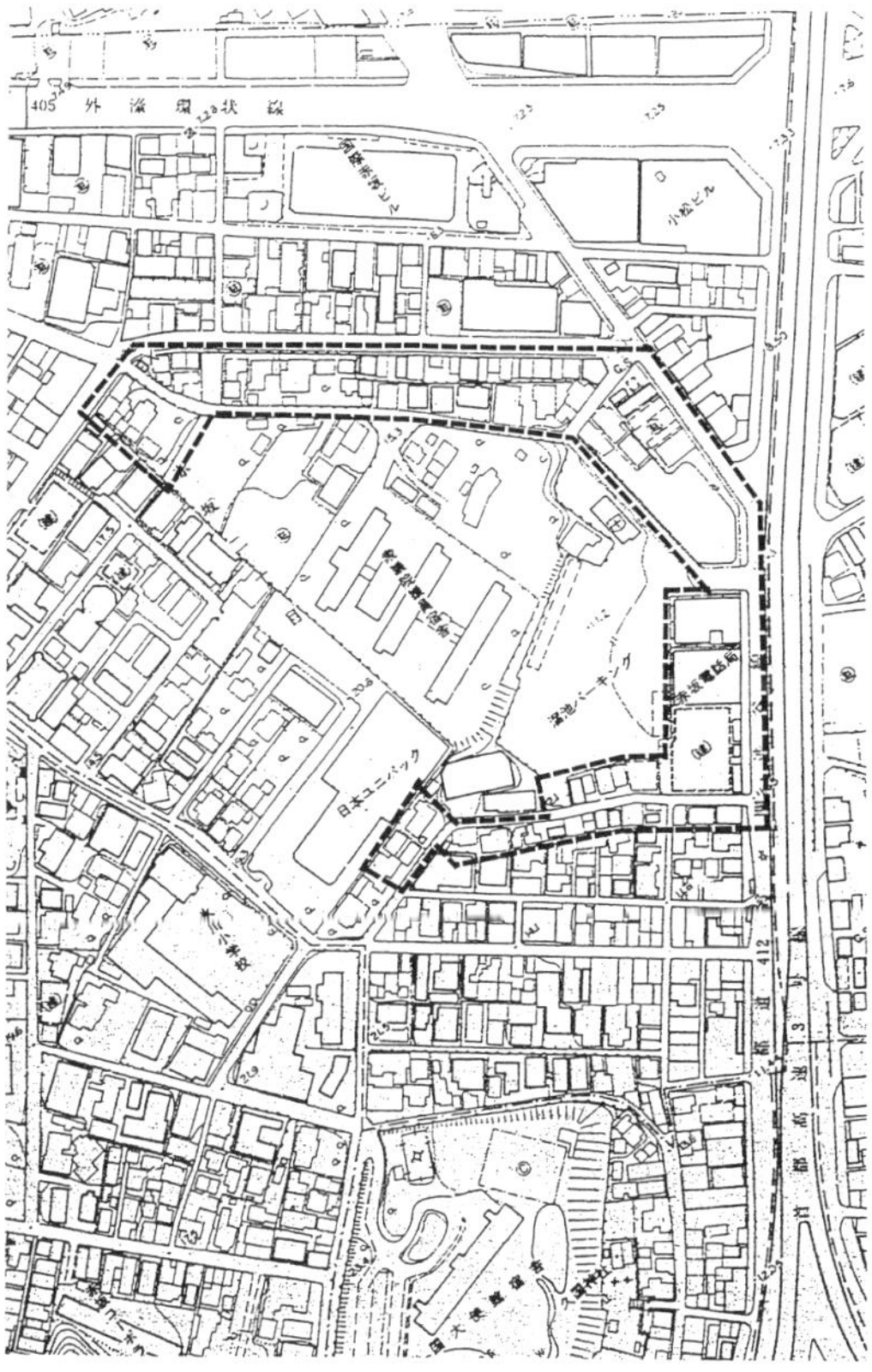

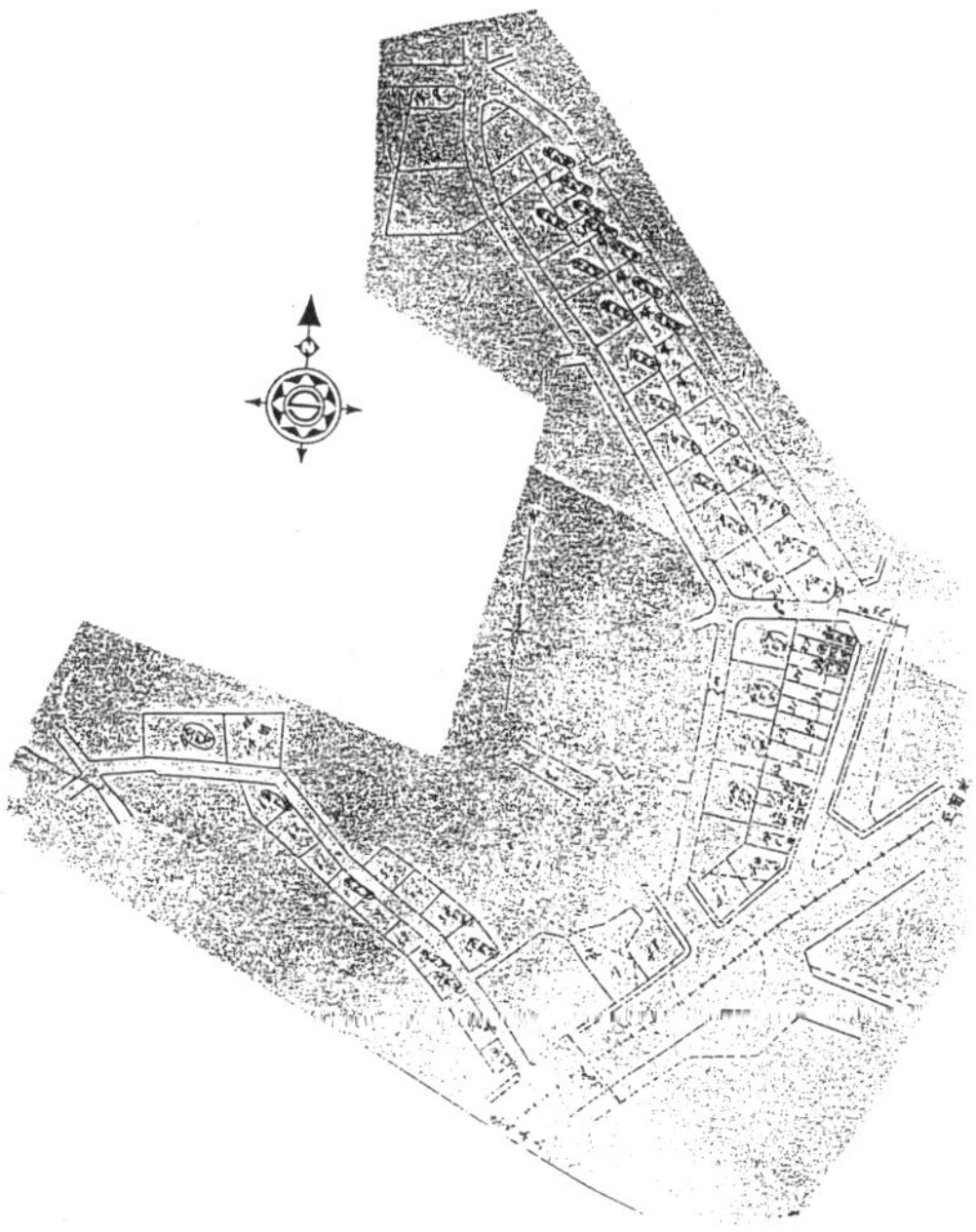

F　中野桃園分譲地

契約年次	昭和２年３月
旧住所	豊多摩郡中野町桃園3312番地
現住所	中野区中野３丁目
元土地利用	宅地
委託者	神田金樹（男爵）
開発面積	11,835.148坪
立地条件	省線中野駅
開発動機	
開発の目的	中流階級向き郊外住宅地（但現存大道路沿いの小部分を商店向き）
開発方針	貸地部分は現状のままとし現存道路に下水設備を施すのみ。自用地部分の高台の部分を上段の宅地、南側斜面と低地部分は高台との境界にコンクリート土留壁を設けて一段低い宅地とする。道路は中野駅に直通する大通りより幅3.5間の主要道路を南北に直通、これより幅３間の５本の補助道路を分岐、自動車の出入りに差し支えなくする
区画数	自用地部分　50区画　　貸地部分　11区画
区画面積	自用地部分　81.10—340.50坪　平均　132.408坪 貸地部分　平均　341.195坪
道路	幅員3.5間（１本）　３間（４本）　道路率12% 砂利敷　　角切り
宅地	地均しをし道路面より約２尺高くして境に大谷石を積み樹木を配す
設備	下水はコンクリート改良下水道を道路の両側に設置、暗渠下水につなぐ
売却価格	651,086.10円　（坪当り　62.76円） （自用地内新設宅地　坪当り70.00円　貸地　坪当り50.00円）
工事費	69,414.55円　（坪当り　5.87円）
純収入	581,671.55円　（坪当り　49.06円）
受託者手数料	—
委託者手取額	—

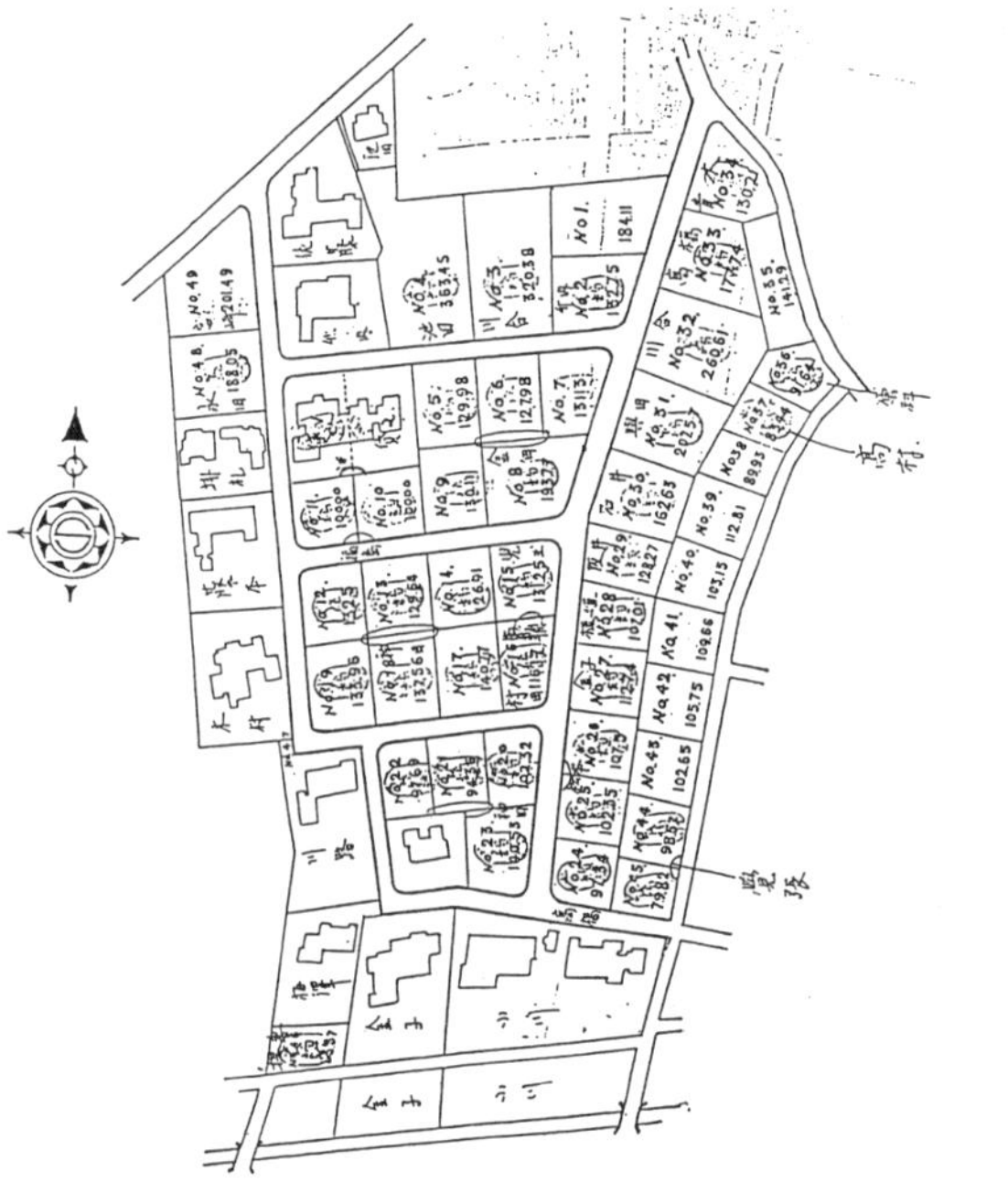

G　大森源蔵ケ原分譲地

契約年次	昭和４年
旧住所	荏原郡入新井町源蔵原
現住所	大田区山王１丁目
元土地利用	宅地、林、畑
委託者	小田柿健一郎
開発面積	5,237.00坪
立地条件	省線　大森駅
開発動機	
開発の目的	中流向き住宅地
開発方針	現状に従い整地工事、大体において東南向住宅地とする 道路は2.5間とし中央に２本を設けその先端を合わせて１本とし公道につなぐ
区画数	34区画
区画面積	平均　134.95坪
道路	幅員2.5間　砂利舗装　角切り
宅地	路面より幾分高くし道路との境には大谷石を積む
設備	下水は改良下水を道路の両側に設け、地下の暗渠につなぐ ガス、水道本管を新設道路に埋設する 各宅地に樹木を適宜移植または増殖
その他	現存建物の内１棟は委託者受託者間の協議の上適当の位置に引家するものとする
売却価格	212,691.00円　　坪当り　75.00円
工事費	32,968.00円　　坪当り　6.50円
純収入	176,574.60円　　坪当り　54.54円
受託者手数料	—
委託者手取額	—

H　代々木初台分譲地

契約年次	昭和６年12月
旧住所	渋谷区代々木初台町
現住所	渋谷区代々木５丁目
元土地利用	宅地
委託者	寺内寿一
開発面積	5,340.00坪
立地条件	小田急線　参宮橋駅
開発動機	
開発の目的	中流向き住宅地
開発方針	現状に従い整地工事、東南部を切取り西南部に埋め立て東南西向きの傾斜面とする
区画数	44区画
区画面積	60.8―153坪　　平均　102.73坪
道路	新設道路　幅員３間（１本）　2.5間（２本）　砂利舗装 在来公道の内2.5間未満の部分は拡張し2.5間とする
宅地	道路面より幾分高くし、境界は大谷石積み及び芝貼土披
設備	ガス、水道本管を新設道路に敷設 現存樹木を各宅地に移植配分
その他	現存建物は所有者で取り壊し他へ搬出する
売却価格	222,709.00円　（坪当り　50.00円）
工事費	20,292.00円　（坪当り　3.80円）
純収入	196,947.22円
受託者手数料	―
委託者手取額	―

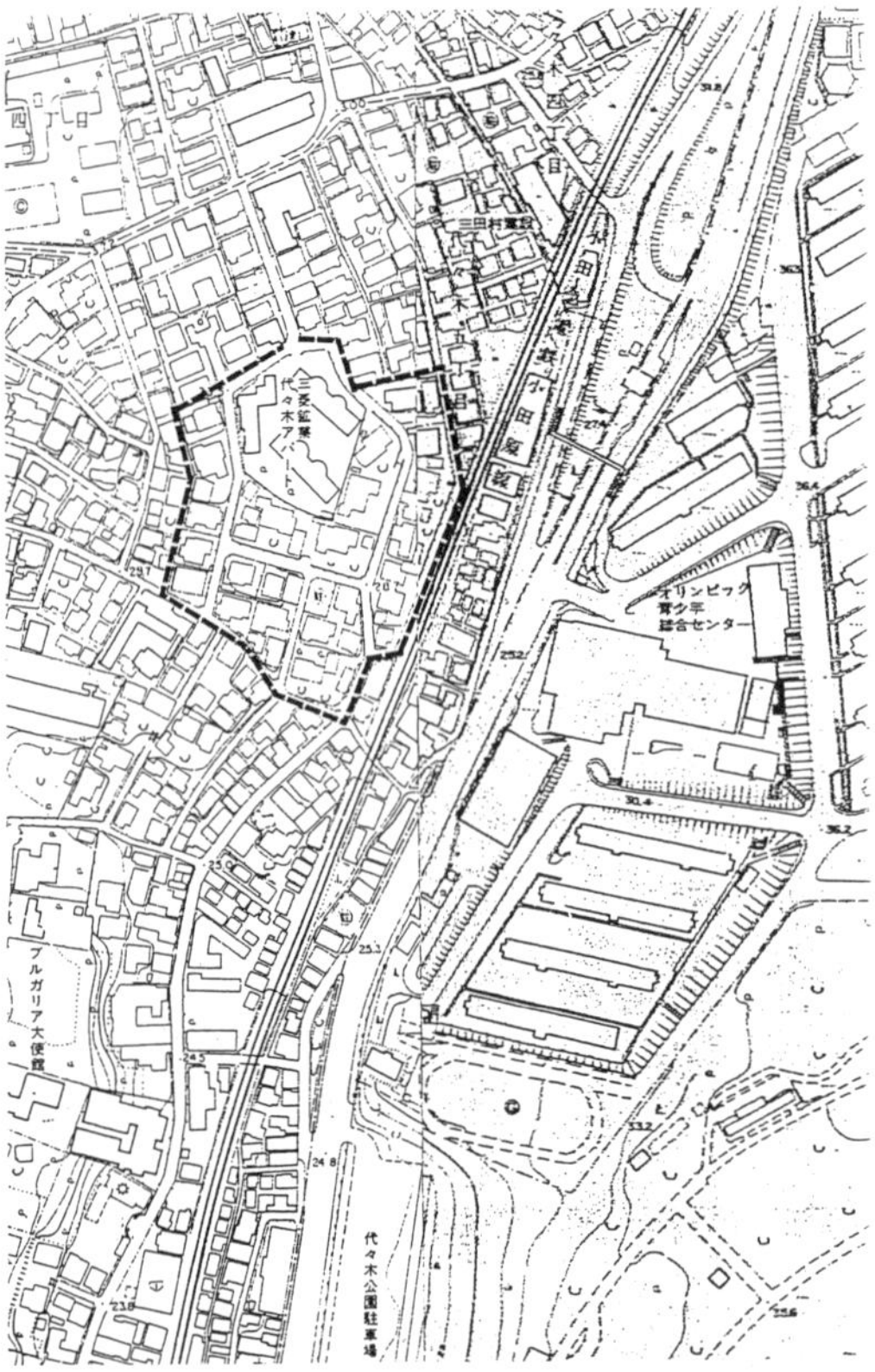

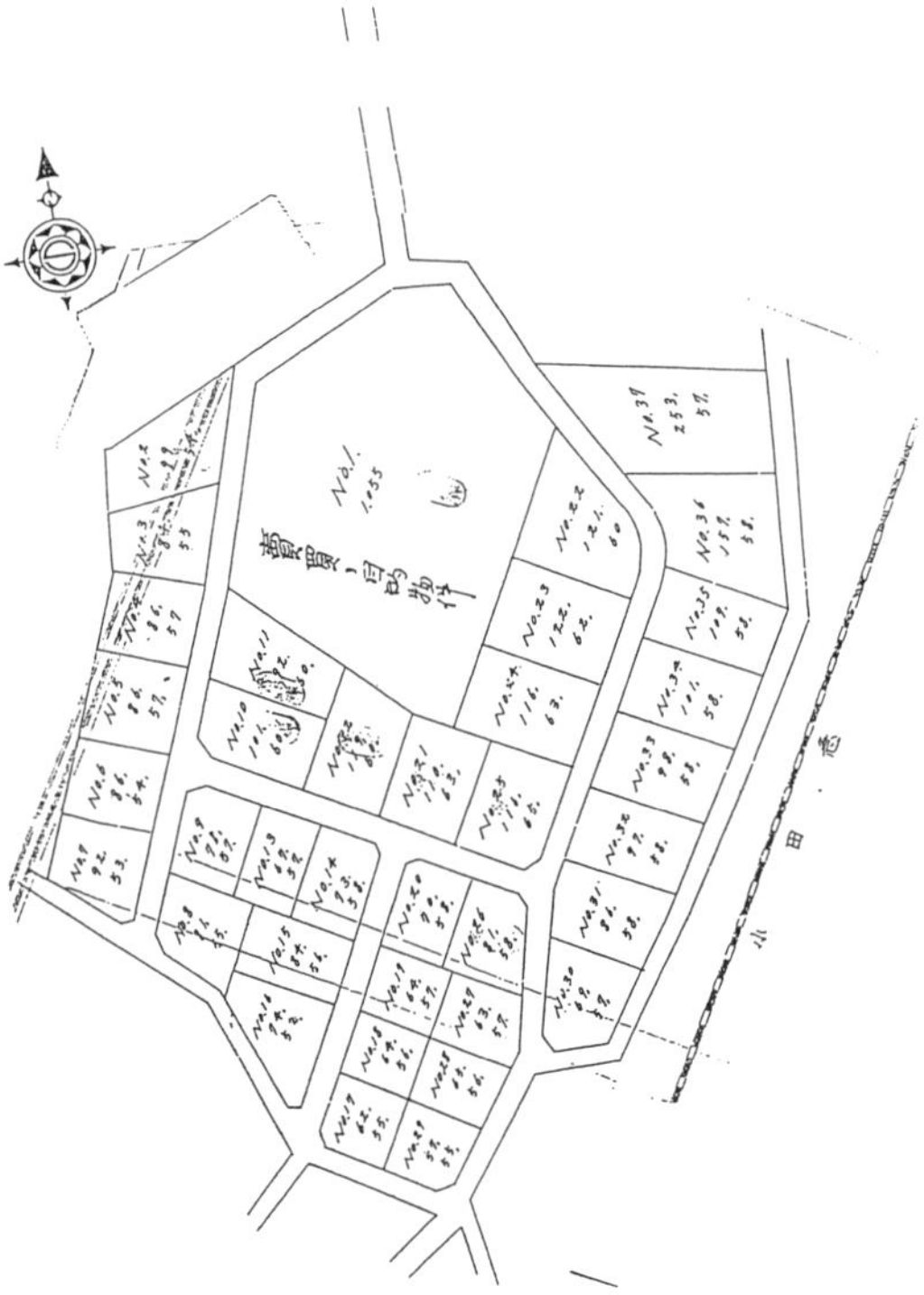

Ⅰ　目黒駅前分譲地

契約年次	昭和９年
旧住所	目黒区下目黒１丁目
現住所	目黒区下目黒１丁目
元土地利用	畑、山林、宅地
委託者	成瀬正恭、伊藤新次郎
開発面積	（第１期）1,251坪、（第２期）4,031.88坪
立地条件	省線及び目蒲線　目黒駅
開発動機	三井信託会社貸付部からの貸金の担保物件であり、その貸金の返済のための不動産処分として
開発の目的	（１）商店向宅地、（２）中流向住宅地及び商店地
開発方針	（１）第２期分譲地のため低地に盛土、建物の内付属家は取り壊し主家は第２期分譲まで現状のままとする （２）現状に従い整地工事、西南向雛段型の住宅地とする
区画数	住宅地　40区画　　商店地　23区画
区画面積	（１）商店地　60.0—721.0坪　　平均　165.8坪 （２）住宅地　57.0—202.0坪　　平均　109.9坪 商店地　21.0—　44.0坪　　平均　　23.6坪
道路	（１）第２期分譲のため行人坂と権之助坂をつなぐ幅５Ｍの道路敷も宅地並に切下げ下水を設ける （２）幅員５Ｍのものを行人坂と権之助坂をつなぎ東西に３本設ける　　砂利敷
宅地	（１）地均し （２）商店地は既存道路面と等高、住宅地は路面より高くして大谷石積土留擁壁を設ける
設備	（１）移植可能な現存樹木は第２期分譲地内に移植 （２）新設道路の両側に改良下水溝、ガス、水道本管を新設道路並びに権之助坂の一部に敷設
売却価格	（１）坪当り120.00円（２—７号）（２）302,755.00円 住宅地坪当り　85.00円　　商店地坪当り　120.00円
工事費	（１）　5,650.00円　　坪当り　4.51円 （２）　63,139.24円　　坪当り15.66円
純収入	（２）233,958.80円　　坪当り58.02円
受託者手数料	（２）　18,294.71円
委託者手取額	（２）215,664.09円　　坪当り53.48円

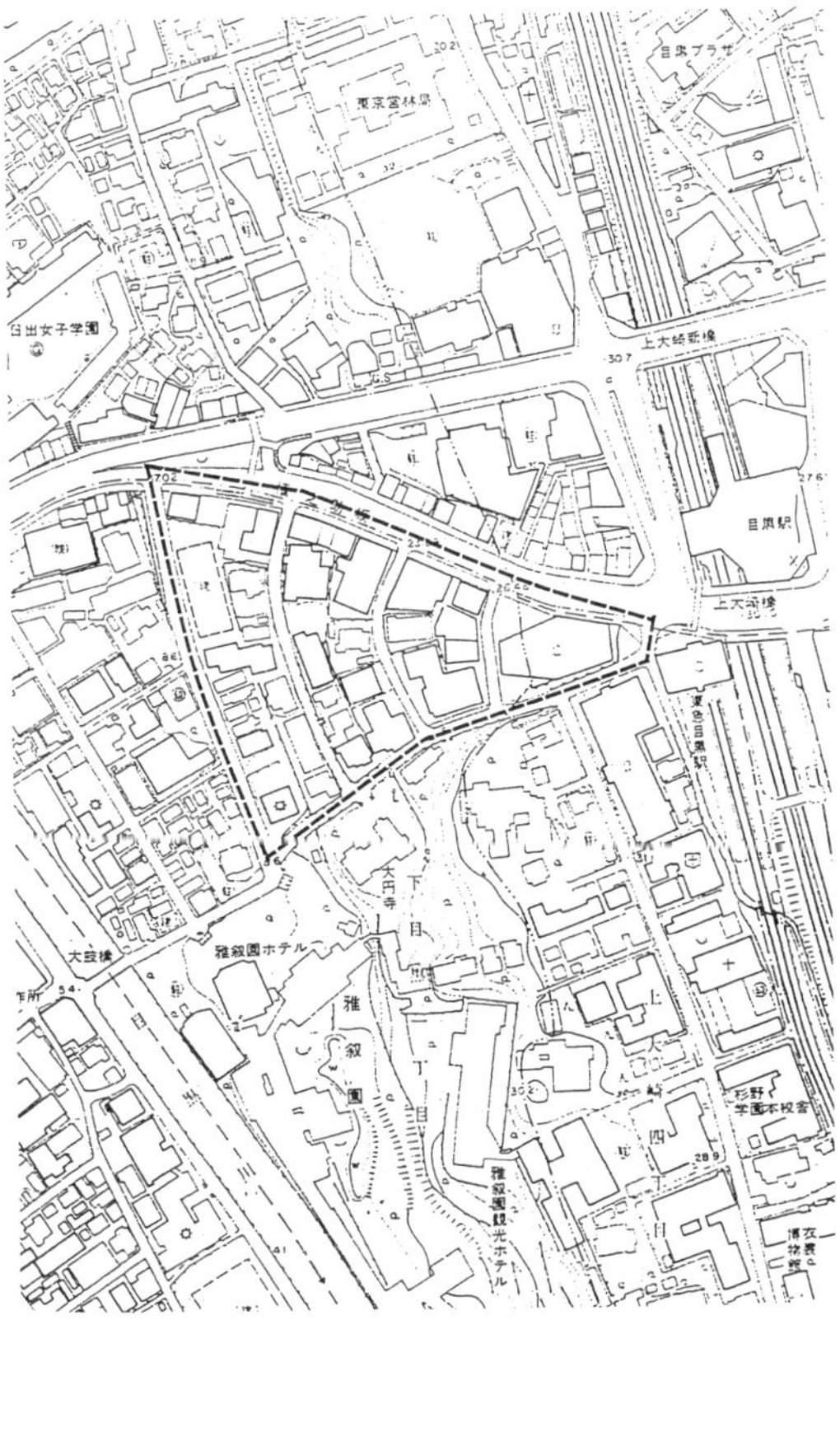

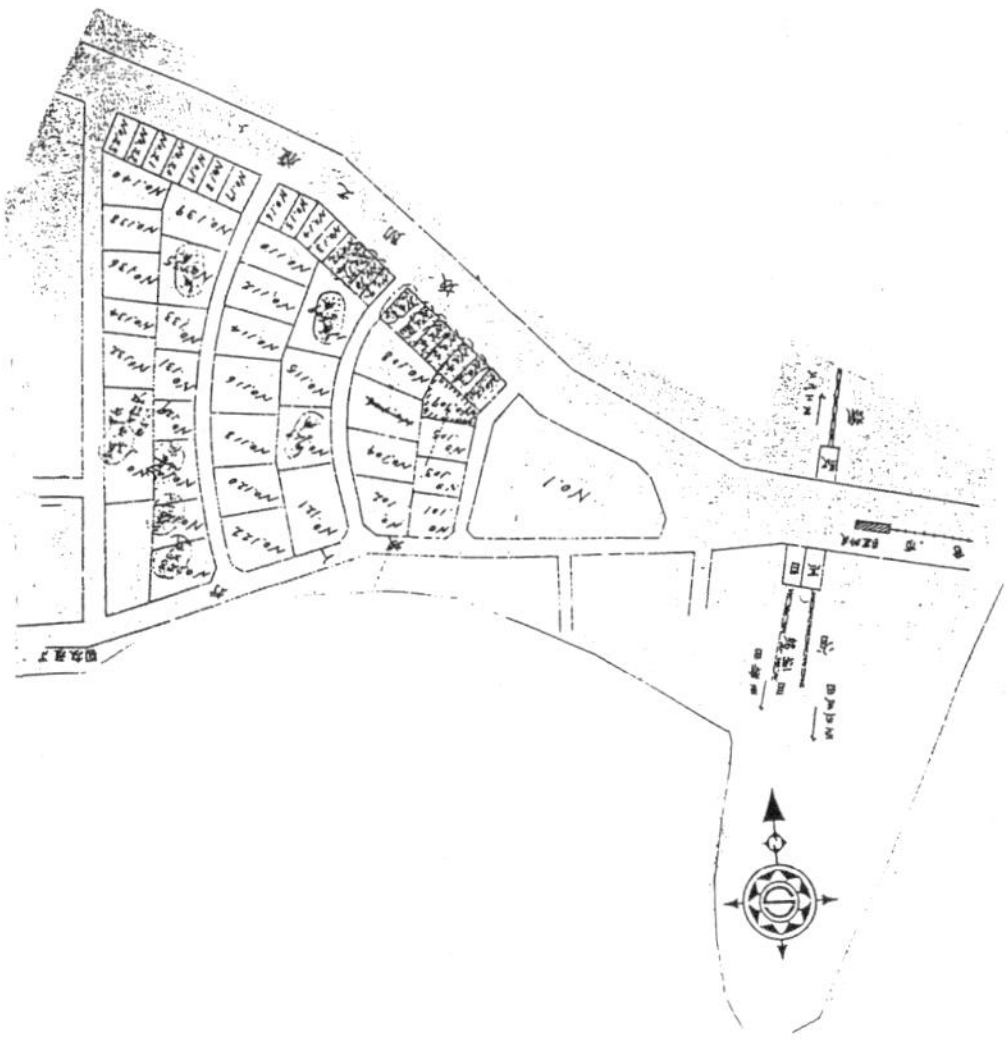

J　代々木西原分譲地

契約年次	昭和８年９月
旧住所	渋谷区代々木西原町
現住所	渋谷区西原２丁目
元土地利用	宅地
委託者	宮本　樟
開発面積	3,233.70坪
立地条件	京王電車　幡ヶ谷駅　　東急バス　西原停留所
開発動機	
開発の目的	中流向住宅地
開発方針	現状に従って整地工事、幅員2.5間の道路１本を新設、各宅地への自動車出入りに差し支えのないようにする
区画数	29区画
区画面積	94.00―125.00坪　平均102.65坪
道路	幅員2.5間　砂利敷
宅地	路面より幾分高くし、境に大谷石土留を設ける
設備	コンクリート造改良下水または暗渠下水溝を道路の片側または両側に設ける ガス、水道を新設道路または既存道路の一部に埋設する 庭木となる樹木は各宅地に移植
売却価格	89,310.00円　　坪当り　30.00円
工事費	8,084.25円　　坪当り　2.50円
純収入	79,240.70円　　坪当り　24.50円
受託者手数料	4,869.71円
委託者手取額	74,370.99円　　坪当り　22.99円

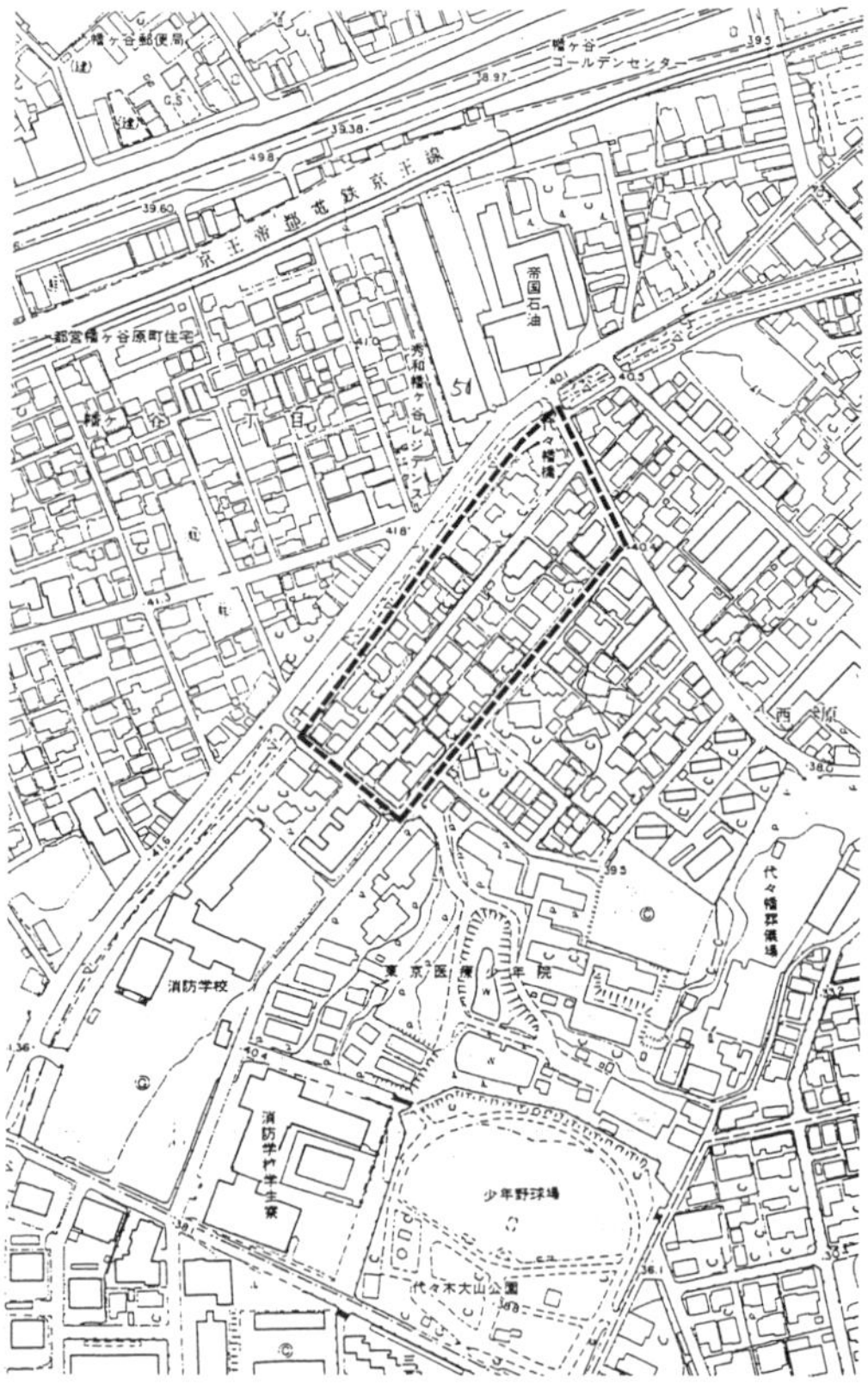

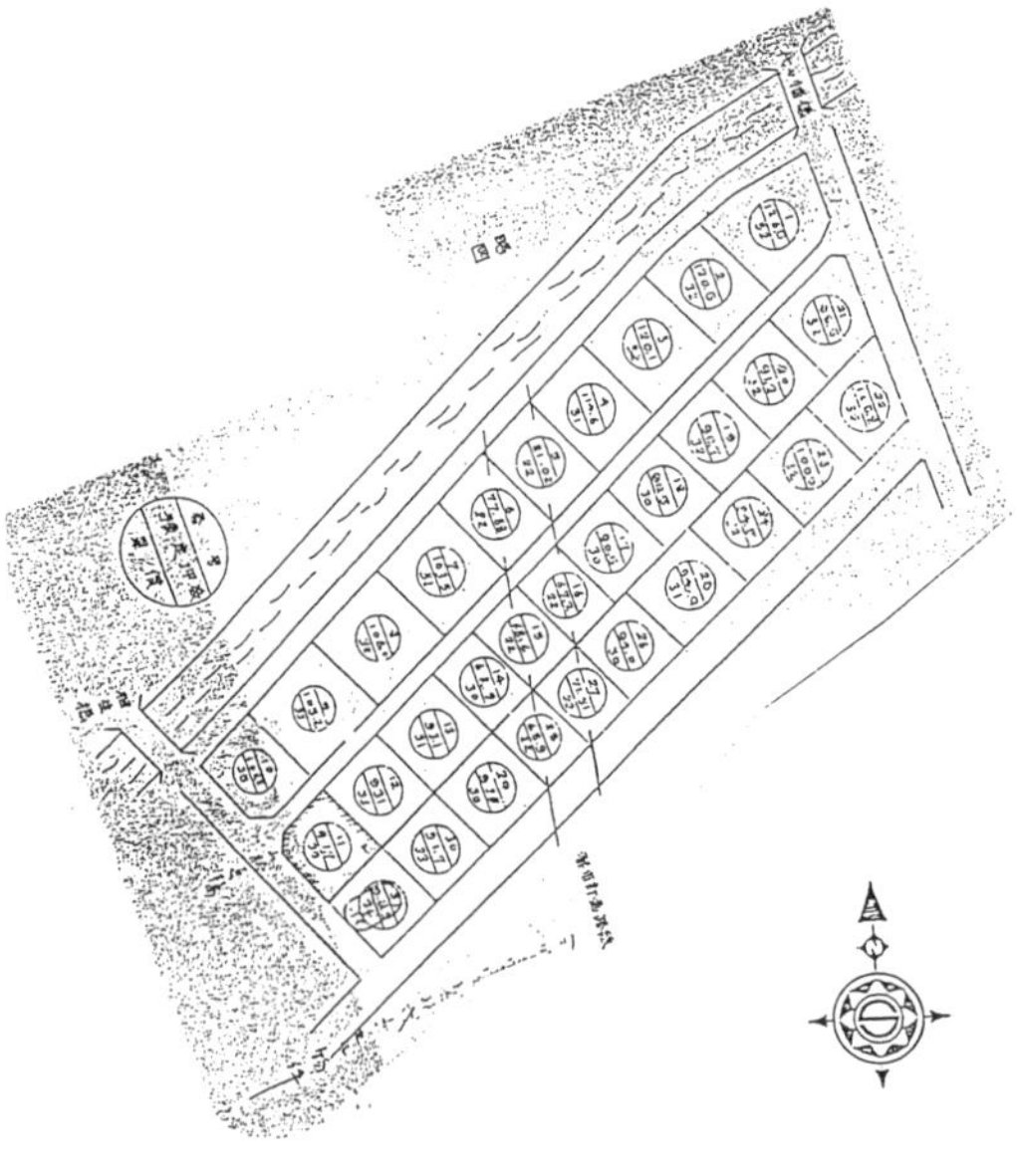

K　池袋分譲地

契約年次	昭和２年11月
旧住所	北豊島郡西巣鴨町大字池袋字本村200番地、下り谷122番地
現住所	豊島区池袋本町１丁目
元土地利用	畑
委託者	早川鉄夫
開発面積	1,702.12坪
立地条件	省線池袋駅、板橋駅、東上線下板橋駅 池袋駅よりバス、本村下車
開発動機	
開発の目的	中流以下の住宅地
開発方針	２間幅道路を設けこれに沿って１区画平均50坪内外の宅地を配列、工事費はできる限り節約、現在の地形に従い簡単に道路、宅地を区画、下水も簡単なものを設ける
区画数	31区画
区画面積	平均50坪
道路	幅員２間　砂利敷　　下水境は５―６寸の大谷石１列 総面積の8.8%
宅地	道路との境は大谷石を５寸―２尺の高さに積む
設備	下水は常滑焼半土管を道路両側に設ける
売却価格	77,616.00円　(坪当り　50.0円)
工事費	4,000.00円　(坪当り　2.35円)
純収入	73,616.00円　(坪当り　43.24円)
受託者手数料	3,880.80円
委託者手取額	―

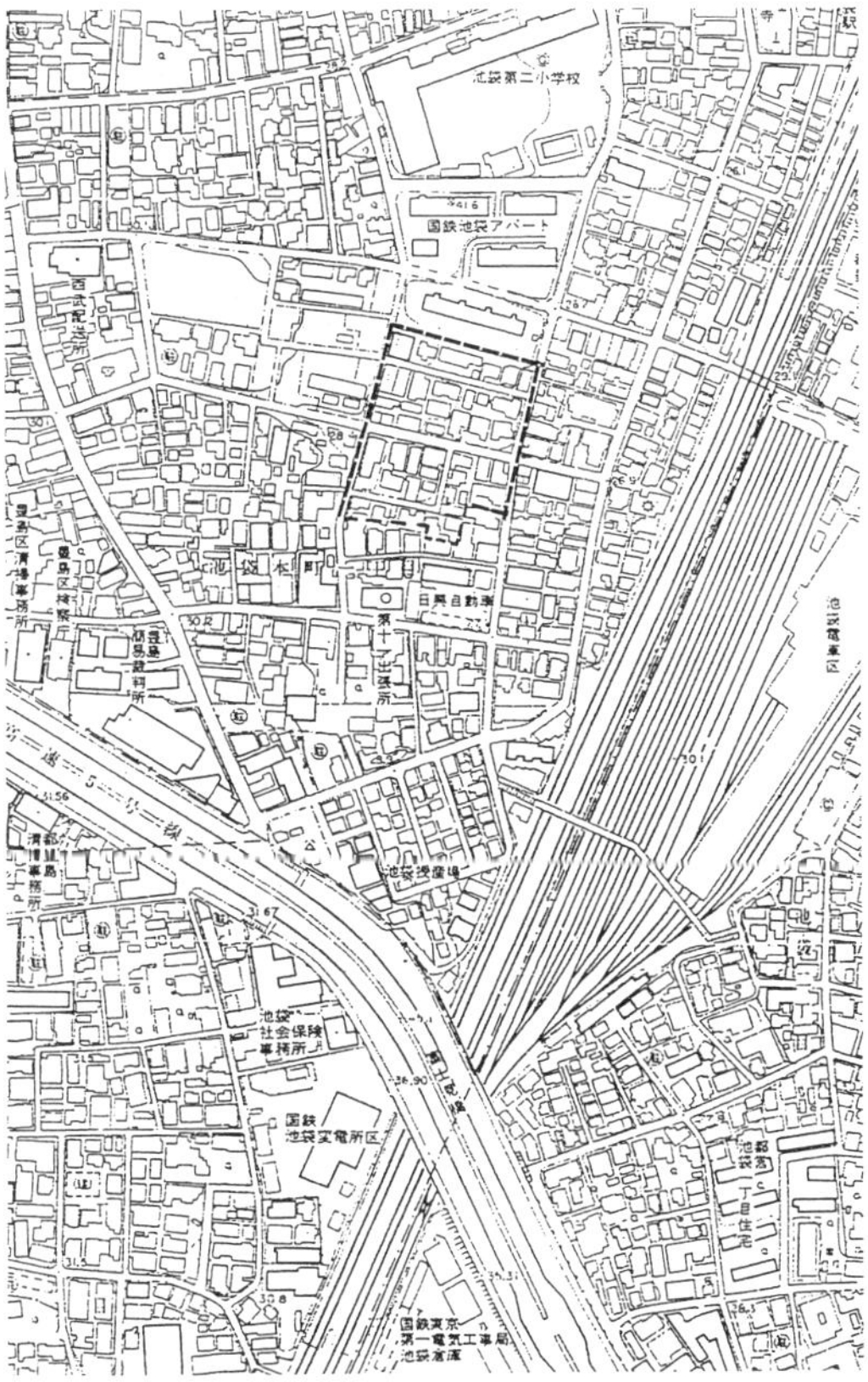

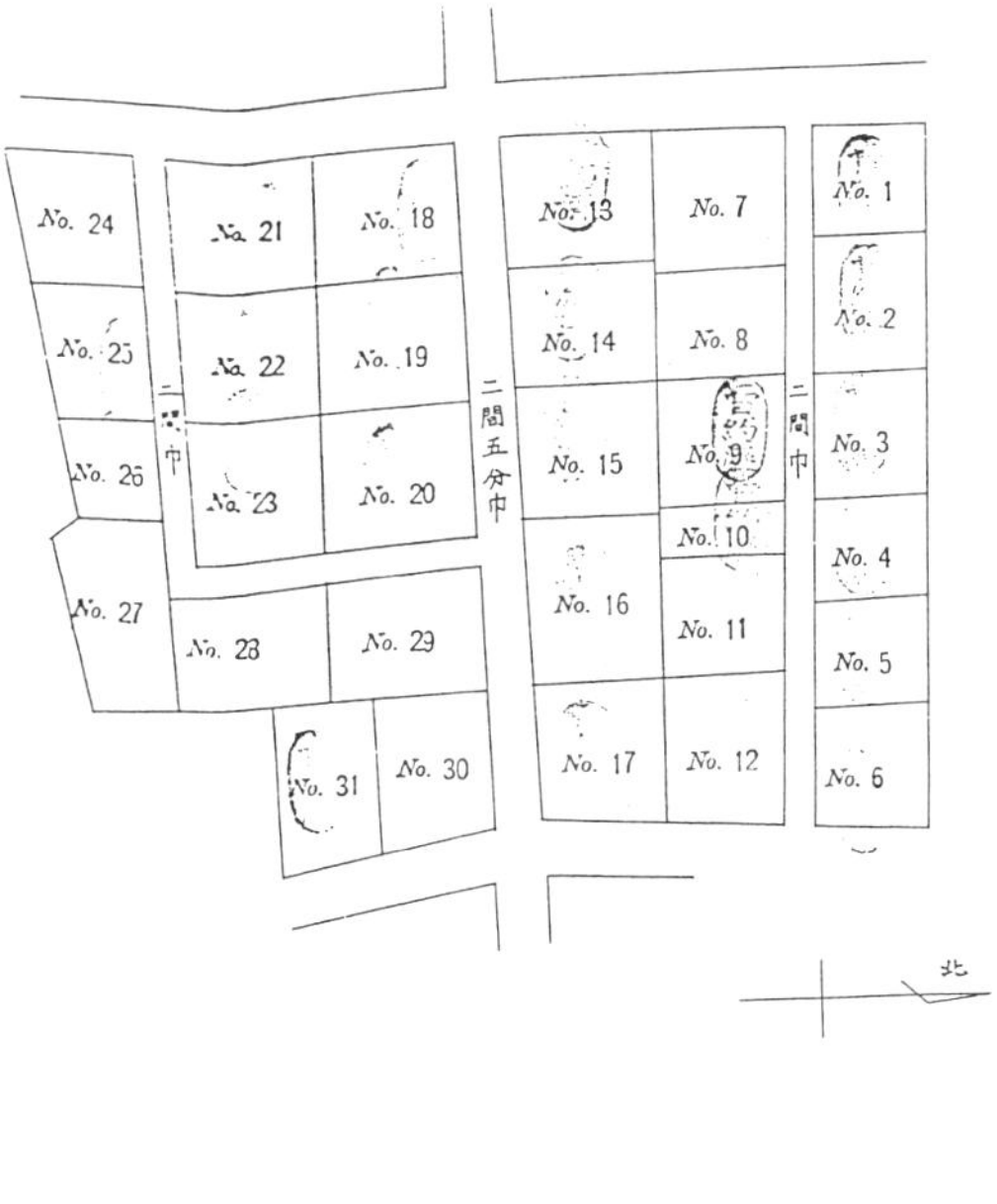

L　千光園経営地（江古田分譲地）

契約年次	昭和３年11月
旧住所	板橋区練馬南町１丁目
現住所	練馬区栄町
元土地利用	畑、山林、宅地
委託者	高田直屹
開発面積	約4,066坪
立地条件	武蔵野電車　江古田駅
開発動機	
開発の目的	
開発方針	
区画数	住宅地　23区画、 商店地　40区画
区画面積	住宅地　62.04―179.60坪　　平均109.6坪 商店地　22.78―56.68坪　　　平均27.5坪
道路	２間、 2.5間、 ３間、 路地裏0.5間
宅地	
設備	下水　境界標石を植え込む
売却価格	住宅地　坪当り45―48円　　商店地　坪当り73―75円
工事費	―
純収入	―
受託者手数料	―
委託者手取額	―

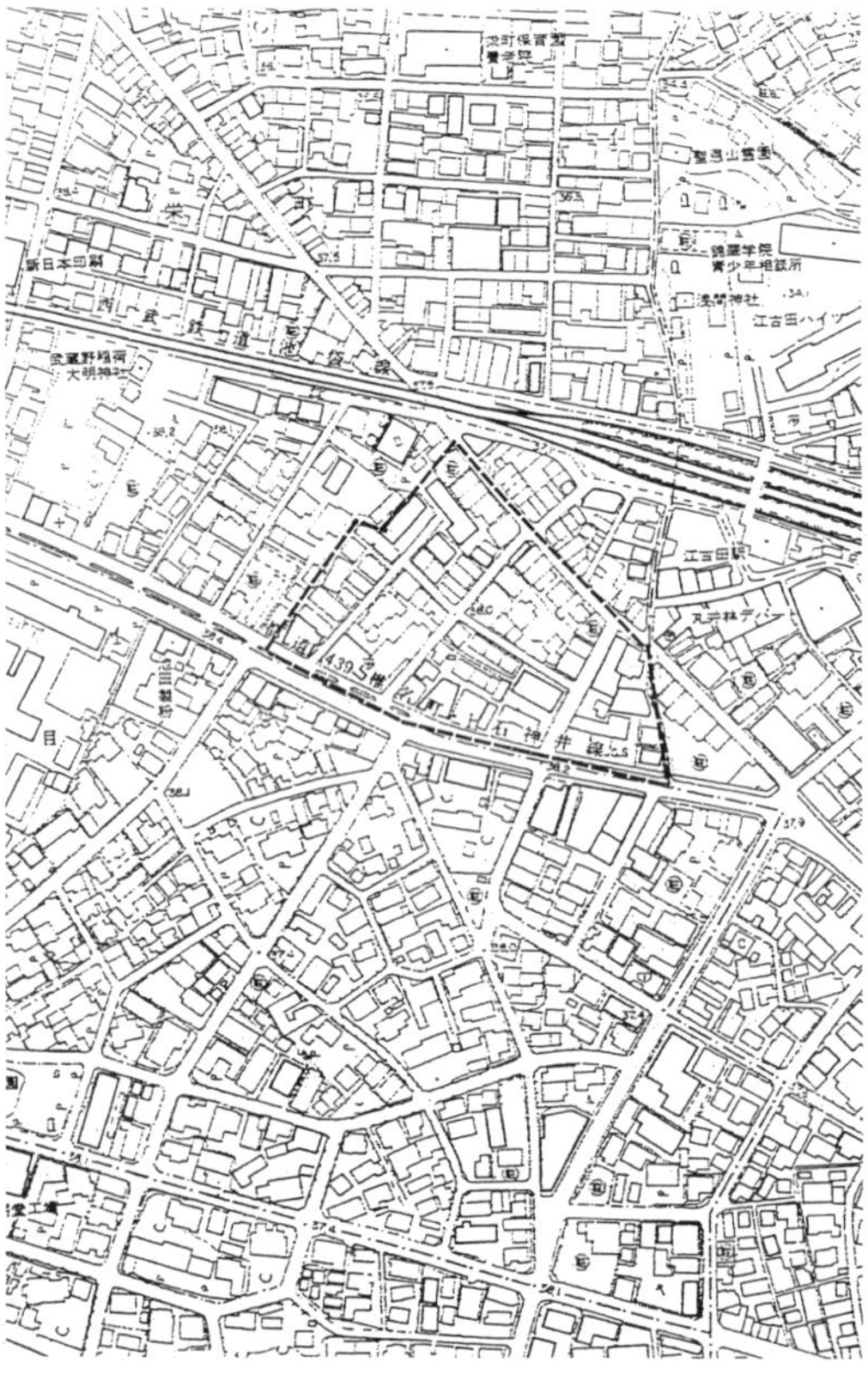

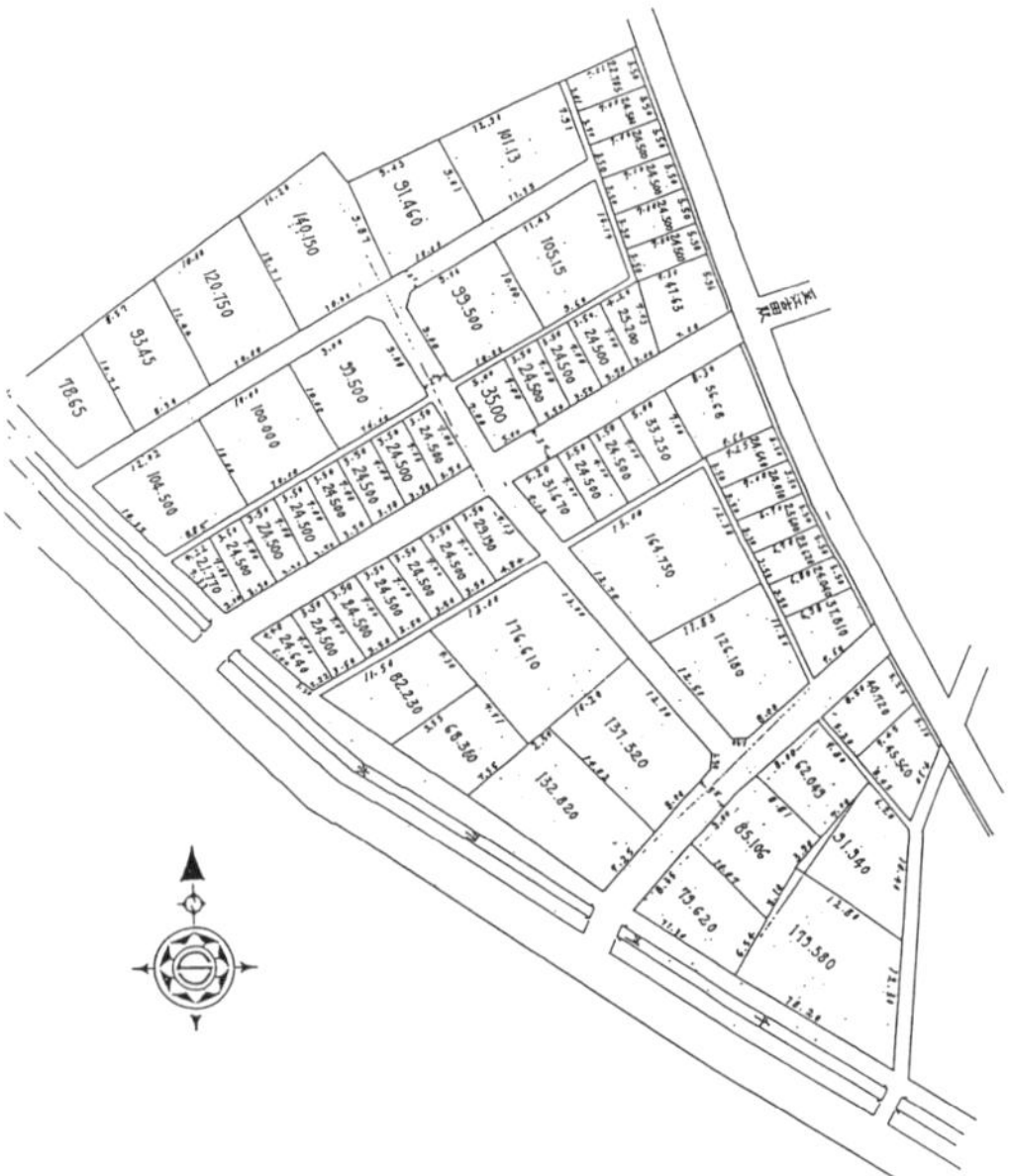

M　戸越分譲地

契約年次	昭和８年４月
旧住所	荏原区戸越町1125番地
現住所	品川区豊町１丁目―２丁目
元土地利用	宅地
委託者	三井合名会社
開発面積	32,688.0坪　（第１期）21,270.0坪　（第２期）11,398.0坪
立地条件	目蒲電車大井線　戸越公園駅または下神明駅、 池上電車　戸越銀座駅
開発動機	
開発の目的	
開発方針	
区画数	101区画　　（第１期）51区画　　（第２期）45区画
区画面積	（第１期）66.32坪―114.89坪
道路	幅員８M、5.5M　　角切り
宅地	
設備	ガス、水道は本管を道路に敷設 下水はＬ型コンクリート管を道路の両側に設け、地下の集束管に放流 電灯、電熱線は地下にケーブル線を埋設
その他	小学校、小公園、戸越公園
売却価格	（第１期）坪当り42―56円　　（第２期）坪当り35―54円
工事費	坪当り4.72円
純収入	―
受託者手数料	―
委託者手取額	―

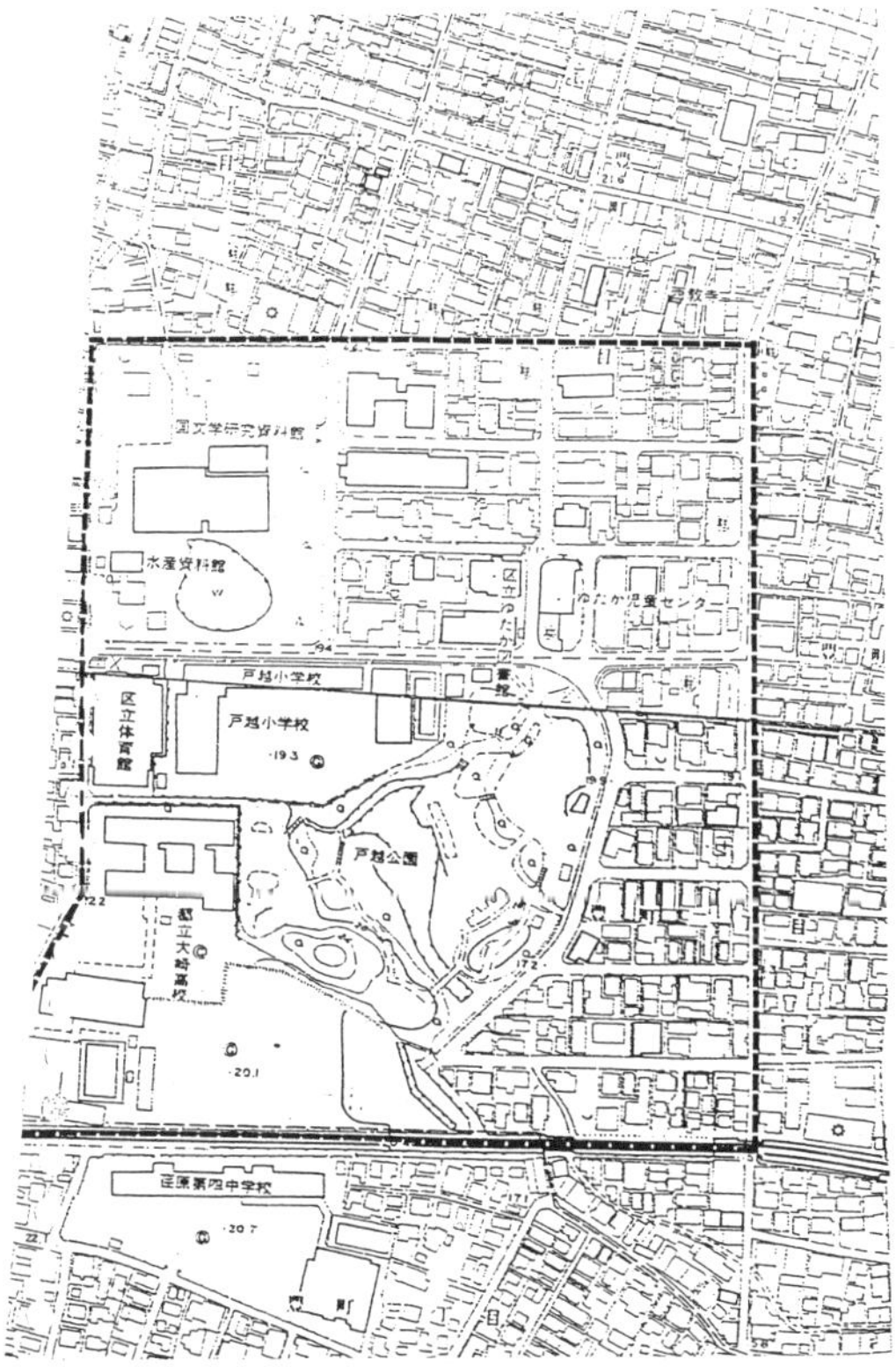

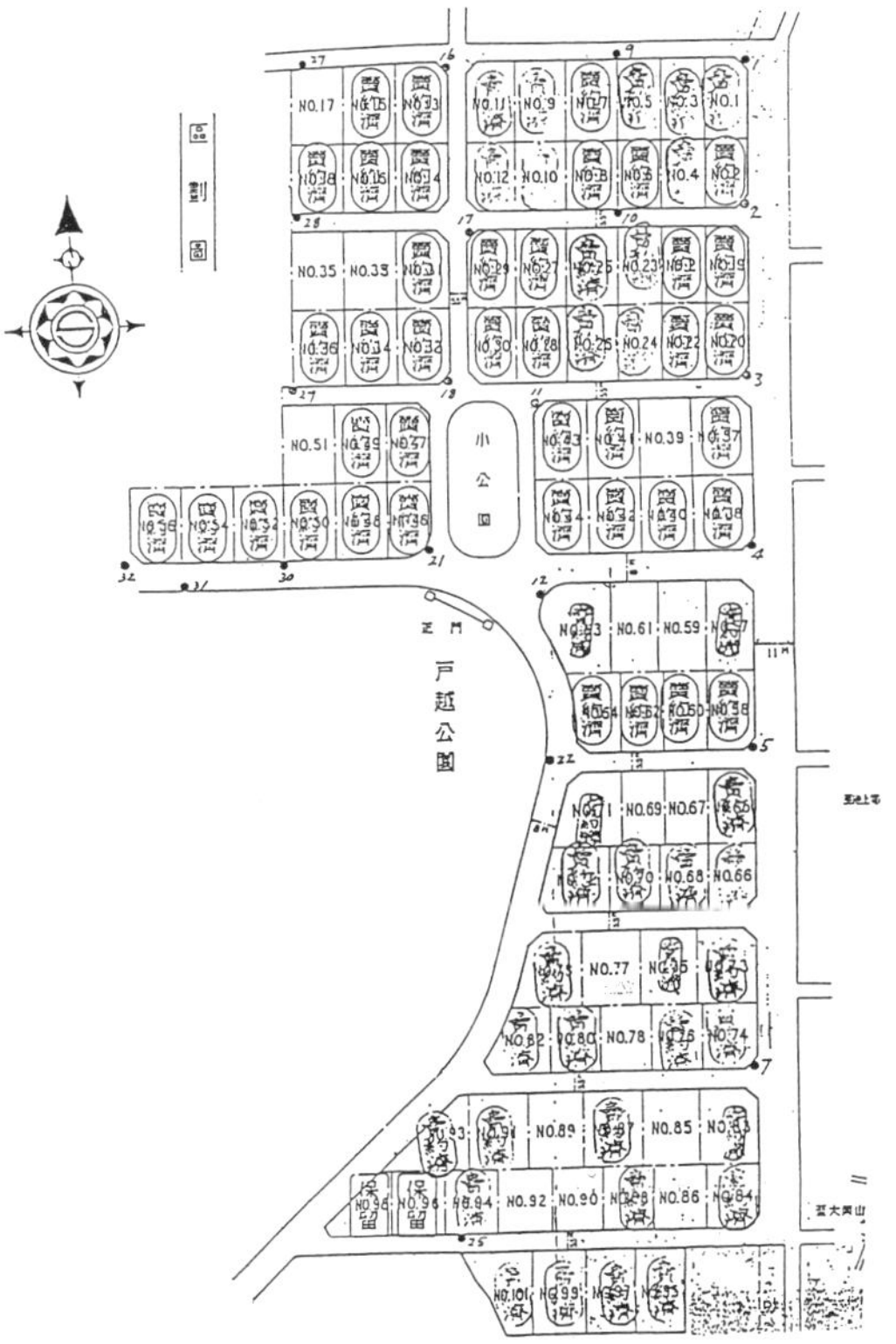

N　大塚駅上分譲地

契約年次	昭和13年８月
旧住所	豊島区巣鴨６丁目
現住所	豊島区北大塚１丁目、巣鴨３丁目
元土地利用	宅地 （元傷兵院跡）
委託者	三井合名会社
開発面積	16,196.34坪
立地条件	省線大塚駅、巣鴨駅
開発動機及び形式	土地処分（分譲）を受託、整地工事は委託者が施行 処分の方法　三井関係者に対しては委託者扱い 　　　　　　一般買受人に対しては受託者扱い
開発の目的	
開発方針	
区画数	139区画　　住宅地　108区画、商店地　31区画 他に児童遊園地１区画 分譲パンフレットによれば　198区画
区画面積	平均92坪　　住宅地　70—298坪　商店地　33—130坪 児童遊園地　360坪
道路	—
宅地	—
設備	—
売却価格	坪当り80円以上 但三井関係者に売却の場合は特別の取扱
工事費	—
純収入	—
受託者手数料	12,800円（但三井関係者以外の売買を総坪数の約３割とみなした場合）
委託者手取額	—

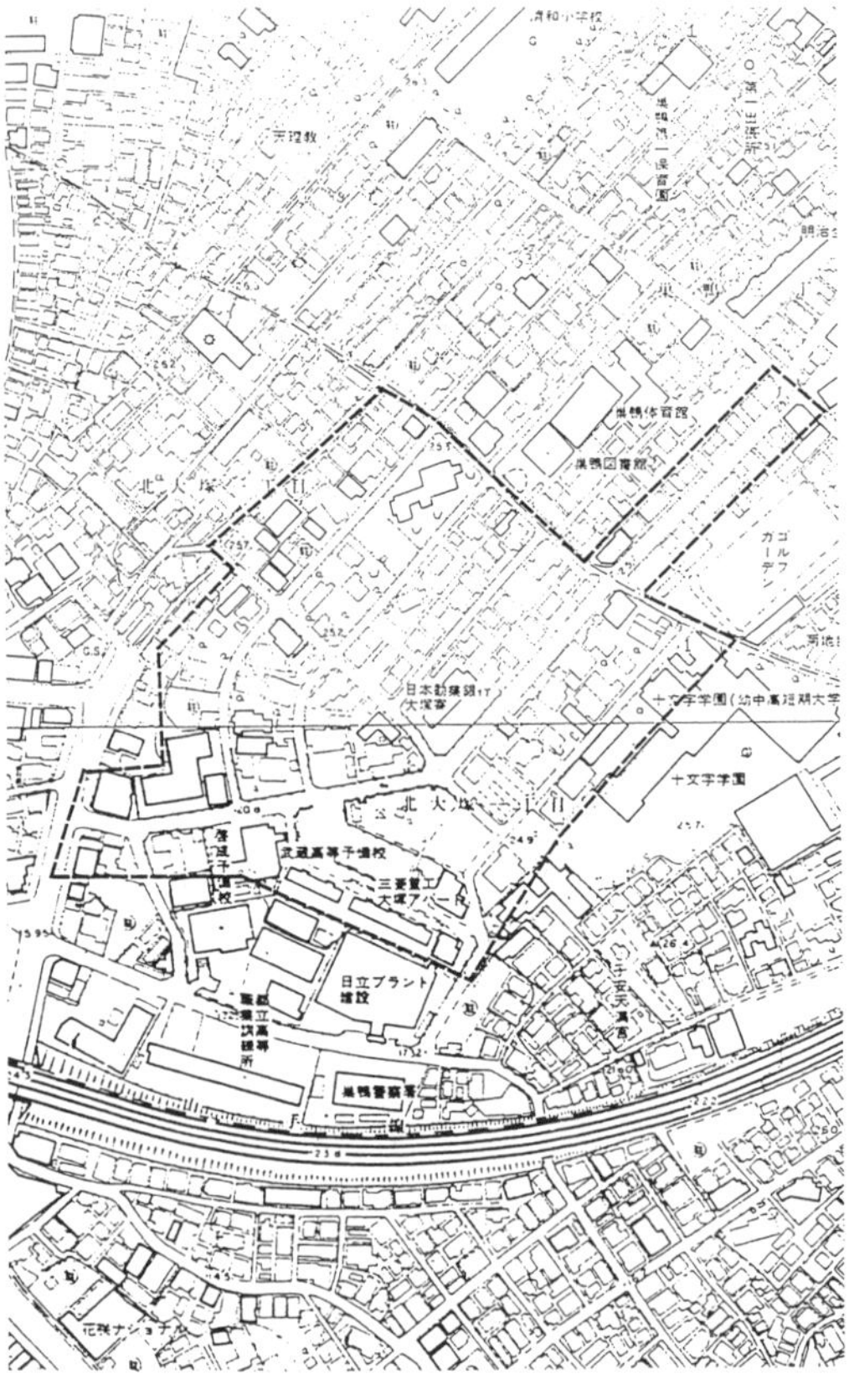

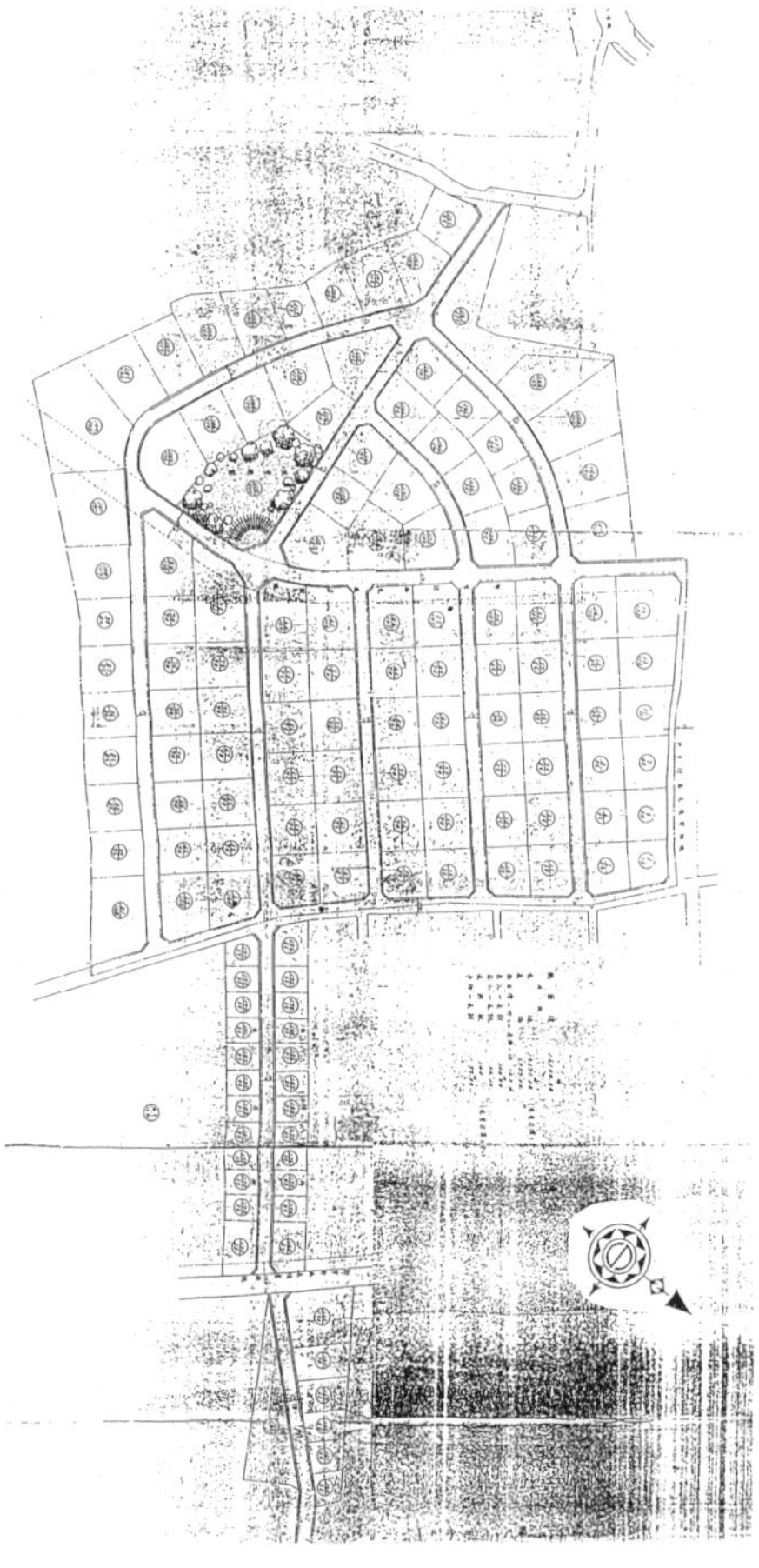

［1−1−H］
樋口忠彦『郊外の風景——江戸から東京へ』（教育出版、二〇〇〇年、七五〜一四〇頁）

郊外生活の流行と田園都市論

交通網が整備されるのに伴い、都市を逃れて、郊外に移り住む人びとが増えはじめる。幸徳秋水の「郊外生活」（明治四十一年）を読むと、この頃の東京での郊外生活がどんなものであったかを知ることができる。しかし、郊外への憧れだけで、郊外をこれからどう開発していったらよいのかというしっかりした考えをもっていなければ、新鮮な空気、天真の美にめぐまれた郊外も、人家稠密、黄塵万丈、車馬輻輳、空気不流通の灼熱地獄のような市街地になりかねない。

市街地が郊外に無秩序に拡大していくスプロール現象を、日本でいち早く問題視したのは、幸田露伴である。「都外は都外たらしむべし、都は都たらしむべし」という、スプロールをくい止めるための露伴のユニークな提言を取りあげる。

都市でもなく農村でもない、都市と農村とを結婚させた田園都市という考え方を、内務省地方局有志（編）『田園都市』（明治四十年）が日本に紹介する。紹介の仕方に問題がなかったかどうか、振り返ってみたい。

郊外生活の流行は、散歩好き、武蔵野好き、という郊外趣味の流行と無関係ではなかったろう。散歩は都市問題を引き起こすことはなかった。しかし、郊外生活の流行は、郊外に市街地のスプロールというあたらしい都市問題を生み出すことになった。

1 幸徳秋水の「郊外生活」

「京に田舎あり」

幸徳秋水（高知県生まれ）は、「郊外生活」という文章を明治四十一年（一九〇八）の「経済新聞」に書いている。秋水が、またこの頃の東京人が、どんな郊外生活をしていたのかを知ることができる。

秋水は、日本鉄道（現・山手線）の大塚停車場の近くに住んでいた。

「京に田舎あり、コスモス咲ける大塚停車場を半丁、仙渓園の楓林に隣りて、我は此程一屋を貸しぬ、軒傾き柱朽ちて、見るかげもなき破屋ながら、室の数は五、賃は七両二分、廉ならずとせず。

若し夫《そ》れ秋高く気澄める日、苗木畑隔てし牧場には五六の乳牛ゆるやかに眠り、荒れたる庭の横手には、夫婦の農夫清水に蹲《しゃが》んで、白玉の如き蕪《かぶ》を洗う、飾らぬ野趣はおのずから其中に在り。」

「丘高く水清くして、散策によく、読書によし」、「文明の臭気未だ甚だ高からず」、とも書いている。このような野趣に富んだ光景をもつ郊外の地に、「清き空気と暖かき日光とに事欠かぬ住居」を得たことを、秋水は心からよろこんでいる。

「遮莫《さもあらばあれ》、今の我が郊外生活は、平穏なり、閑静なり、古雅なり、質朴なり、文明を知らず、流行を趁《お》わざる郊外生活なり、我は我が清福を欣《よろこ》ぶ。」

「文明を知らず」、といっている秋水であるが、大塚停車場から、上野へ向け、新宿へ向け、それぞれ十六回ずつ電車が出ていて、この地は東京に出るにも不便ではない、とも書いている。

「京に田舎あり」という秋水の表現も面白い。野趣に富んだ光景、清き空気、そして暖かき日光を求めながら、都会に近いところにも住みたい、という二つの欲求を満足させてくれる理想郷を表現しているように思える。

うたかたの理想郷

京の田舎である東京近郊は、理想郷であった。

「今の都会には、人は多し、金は多し、食物は多し、美しき衣服も亦た多し、左《さ》れど人間の活力を養うに最も緊要なる空気と日光には極めて乏し、都会人の吸うは有毒瓦斯《ガス》と塵埃《じんあい》なり、其光明と温熱とは瓦斯燈、電燈、炭火、蒸気に過ぎず、斯《か》くて出来得る程の人々は、皆な郊外に向うて走る。」

空気と日光とを重視していて、鷗外等が唱えた「公衆衛生学」の知識が浸透していることがわかる。

「欧米には古くより、日本にては近年より、都市の住宅は店舗となり、郊外の別荘は住宅となること、今の文明の趨勢の一なり、「郊外のレシーデンスより電車若くは汽車にて、市内のオツフヰースに通勤するに非ずんば、以て文明のビジネスマンにあらず」、とは今のハイカラ青年の気焔《きえん》なり、今や郊外生活は、東京に在りては、文明の趨勢と言わんよりも流行と名《なづ》けんこと適切なるやもしれず。」

この流行のために大きな影響を受けているのは、東南の品川大森と西北の大久保柏木だという。ともに、市電の終点周辺の近郊である。貴族紳商の多くが品川大森に、軍人文士の多くが大久保柏木に移り住み、二つの地はともに都会の一部になっているという。

秋水が大久保柏木に移った頃は、「春は麦畑に雲雀揚《ひばりあが》り、秋は柿の梢に百舌《もず》鳴きて」、というのどかな所であったが、今は「俗悪なる貸家軒《のき》を並べて雑閙《ざっとう》漸く加わり、排水の設備なき新開地は、家々より流す下水道路に溢《あふ》れて、臭気近づく可らず」、という有様である。それゆえ、秋水は「閑地を尋ねて」、現在の地に移り住んだのだという。

しかし、現在の地が閑静なのは、まだ市電が通じていないからで、音羽から大塚に市電が通じるときには、ここも大久保柏木と同じように「熱閙《ねっとう》の巷《ちまた》」となって、我々は「また何処《どこ》にか逃出さねばならぬべし」、といっている。

東京近郊という理想郷は、理想郷を求めて移り住む人が増えるにつれて、理想郷でなくなっていくという、うたかたのようなものである。理想郷を追い求める人は、まだ市街化が進んでいない近郊へ、近郊へ、と移り住んでいかなければならない。

この悪循環を絶つために考えだされたのが、イギリス人ハワードがいうところの第三の選択、都会の利便と田舎の趣味とを調和させた計画都市、「田園都市」である。

2　幸田露伴の都市内外分離論

『一国の首都』

古今東西において、都市論には二つの流れがある。一つは、都市集中論である。大都市肯定論といってよい。もう一つは、都市分散論である。大都市を否定する立場をとる。

明治三十二年（一八九九）に書かれた幸田露伴（東京生まれ）の『一国の首都』は、首都肯定論である。一国の首都を、人間の頭部にたとえ、高密度、高機能の、善美をつくした都とすべき、と説いた。もちろん、都市集中論の立場である。

露伴は、都会を否定し村落を賛美する詩人や小説家を、次のように批判している。

「詩人および小説家等は、やゝもすれば都府を罪悪の巣窟《そうくつ》の如く見做《みな》し、村落を天国の実現の如く謳歌す。何事につけても観察力のみ鋭敏に過ぎて施為《しい》の能に乏しきを常とする詩人小説家等の、都会を好む能《あた》わずして村落を愛するに至るべきは勢い然るべき事ながら、悪《あ》しきものをば悪し、とのみし抛《なげう》ち捨てんは仁恕《じんじょ》の道にあらず。」

「吾人は決して一派の詩人小説家等に雷同して、無責任に都会を厭悪嫌忌《えんおけんき》しこれを嘲罵《ちょうば》するのみに終るべからず。観察の力の鋭敏なる人よりはその観察の結果を藉《か》りて、而《しか》して吾人が考量の資となし、吾人が執るべき改善の方法を定むべきのみ。」

無責任に都会の欠点のみをあげつらい、都会を否定するのでなく、それらの欠点を改善する方法をさぐるべきだ、と露伴は主張し、『一国の首都』を書いている。東京生まれである露伴のこの責任感のある能動的な姿勢が、『一国の首都』をたぐいまれな東京論としている。

スプロール問題

この本のなかで露伴は、都市と郊外とは明確に分離すべきだ、という市内市外分離論を展開している。市内市外分離論▼は、西欧では近代においてもよく主張され、また実践されている考え方であるが、明治以降の日本ではまったくなされなかったユニークで貴重な主張である。

「都外は都外たらしむべし」、「都は都たらしむべし」、このために、「東京市内市外の区別、即ち東京市と市外との限界線の仮定もしくは確定は甚だ重要なる問題なり」、というのである。

まず、東京の市街地が郊外に無秩序に拡大しているスプロール現象を、露伴は次のように述べている。

「幕末の江戸に比して今日の東京の繁栄なるは言を待たず、東西南北より入り来たりて東京の民となるもの甚だ多き結果として、家屋は年々に市中の空処を塡充《てんじゅう》し、而して漸く市に連接せる閑地、即ち俗にいわゆる「場末《ばすえ》」を侵すに至りて、今や四方至るところ人家櫛比《しっぴ》の状況を呈し、三々五々家断続し阡々陌々路《せんせんはくはくみち》縦横せる郊外も、また往日《おうじつ》の郊外にあらずして、鶯児《おうじ》の啼声《ていせい》は嬰児《えいじ》の啼声となり、機《き》杼《じょ》の音には格子戸《こうしど》の音に代る世となり、」

郊外に、市中と同じように人家が建ち並ぶようになり、いろんな問題が起こってくる。

「水の氾濫するが如くに人家は歳々月々郊外の菜畦麦隴《さいけいばくろう》を埋め、林野蕭散《しょうさん》の状態変じて屋廂《おくしょう》相望み、鶏犬の声緩《ゆる》やかに聞こえしところも新聞売りの鈴の音忙《せ》わしきに至れば、名は都外というといえども実は既に都内と同じく、飲用水も足らざらんとする勢いを示し、下水も自然にのみ任せ置く時は耐えがたき不潔の状を呈し、警察上衛生上の注意及び施設も市内同様緻密《ちみつ》ならざるを得ざるの状を存するに至るべし。」

幸徳秋水が「熱閙《ねっとう》の巷《ちまた》」と化しているとした大久保柏木の光景を思い浮かべる。このような「都内たらんとしていまだ都内たらず、郊外たらんとして既に郊外たらざるの状態にある」土地が、ますます拡大していくことは、都の経費を増大させ、郊外を減少させ、郊外を都民から遠ざけることにもなる、と露伴はいう。

都外は都外たらしむべし

それゆえ、「都市に接近せる郊外の状況」を良好にするためには、水が氾濫するように都市が郊外を侵していくのを、放置すべきではない。「都外はその自然と人間との関係」を適度に保てるようにしなければならない。一方、「都は都たるに適する各般の施設経営」をもつようにすべきである。こうしてこそ、「都をして漸く善良ならしめ、都外をして長く清新ならしめ、都と都外とをして相呼応して互いにその福祐を享受せしむるの道ならずや」、というのである。

以上が、「都は都たらしむべし」、「都外は都外たらしむべし」という露伴の主張である。そして、このためには、「東京市内市外の区別、即ち東京市と市外との限界線の仮定もしくは確定」が必要だ、というのである。

どのように、市内市外を区別し、限界線を画定するかについては、壁を設けるべきということではなく、「都外に家屋を新築せんとする場合に対」して、「或規定を設け」れば、都外らしい状態を保つことは可能ではないか、としている。

露伴のこの考え方が、わが国の都市計画法に市街化調整区域▼というかたちで取り入れられるのは、『一国の首都』が発表されてから六十九年後の昭和四十三年（一九六八）のことである。

独歩と露伴にとっての町外れの光景

町外れ《まちはずれ》の光景を、独歩と露伴は、全く違った目で見ている。

国木田独歩が『武蔵野』を発表したのは、露伴が『一国の首都』を書いた一年前のことである。すでに前章で取りあげたように、独歩は、町外れの光景が、「頗《すこぶ》る自分の詩興を喚《よ》び起こす」、として、「何となく人をして社会というものの縮図でも見るような思《おもい》をなさしむる」からであろう、といっていた。「大都会の生活の名残《なごり》と田舎の生活の余波とが此《こ》処《こ》で落合って、緩やかにうずを巻いているようにも思われる」、とも書いていた。

この町外れの光景に、独歩は「人生の幽音悲調」（ワーズワース）を見出している。

一方、露伴は、町外れの光景を、将来に禍根を残す、市街地の無秩序なスプロールであり、好ましくない現象とみている。さらに露伴は、この問題を解決するための方法として、市内市外分離論を提案しているのである。近代の都市計画家と全く同じ見方であり、態度である。

しかし、独歩が『武蔵野』で描いている町外れの光景と、露伴がここで描いているスプロールしている町外れの光景は、少し異なるようだ。独歩の「人生の幽音悲調」が聞こえてくる町外れは、露伴が憂慮する町外れより人家の密集度が少ないようだ。その一歩手前の段階の町外れであろう。ほどなくして、ここは憂慮すべき町外れになっていく。

独歩の鋭敏な観察力は、町外れのうたかたの光景に「人生の幽音悲調」を見ている。

3　内務省地方局有志は郊外をどう見ていたか

内務省地方局有志（編）『田園都市』

ハワードの田園都市論は、まず一八九八年（明治三十一）に、そして改訂版が一九〇二年（明治三十五）に出版され、欧米ばかりでなく、日本にも大きな影響を及ぼすことになる。

内務省地方局有志（編）『田園都市』は、明治四十年（一九〇七）に発行された。この本は、渡辺俊一氏の『「都市計画」の誕生』によれば、日本に「田園都市論を本格的に紹介した最初の著作」であり、この本によって、ハワードが提唱した garden city は「田園都市」と和訳されることになったという。また、この『田園都市』は、好評をもって迎えられ、名著の誉れを得て、以後五年間に七版を重ねる売れ行きで、「田園都市」の用語をわが国に広めることになったという。

『田園都市』が好評であったのは、「田園都市」という言葉が、田園趣味、自然趣味を尊ぶ日本人の心をとらえたからではないだろうか。訳語としては「庭園都市」、「花園都市」の方が適切だったろう。しかし、これらの訳語では、「田園都市」のようには広まらなかっただろう。

田園▼というと、田園詩、田園詩人、田園生活、田園文学という言葉が連想されてくる。田舎というとき、田舎詩、田舎詩人、田舎生活、田舎文学という言葉がすぐに連想されるだろうか、あるいは農村▼というときは、どうだろうか。

また、「田園」というと、漢文の素養のある明治人は、陶淵明の「帰去来の辞」を思い浮かべたのではないだろうか。「帰りなんいざ　田園将《まさ》に蕪《あ》れなんとす　胡《なん》ぞかえらざる……」

田園という言葉は、田舎あるいは農村が、都会の方から、好ましいところとしてかえりみられる時に、使われる傾向があるようだ。「田園都市」は、日本ではどのように理解されることになるのだろうか。

「黯澹の光景」

内務省地方局有志（編）『田園都市』は、都市を「黯澹《あんたん》の光景」だという。

「工業地区を蔽《おお》うの煤煙は事業の殷盛《いんせい》にともないてますます都市の天空を掩蓋《えんがい》し、これをして朦朧《もうろう》たる淡暗色を呈せしめ、都人の大半は挙げて塵埃《じんあい》を混じたる、不潔汚濁《おだく》の空気を呼吸せざるなし。蒼《そう》白憔悴《はくしょうすい》の顔色を帯びたる同胞が、工場内の敗れたる暖炉を擁《よう》じつつ、たがいにののしり合うの有状《ありさま》は、またほとんど人間の光景とも思われず。」

まさに黯澹たる光景である。光景にとどまらず、『田園都市』は、さらに都市の暗黒面として次のようなものを挙げている。「都市における空気の腐敗と風俗の退廃」、「南アフリカ遠征軍と死亡率を同じゅうせるバーミンガム市」、「人口の過剰と家屋建築の不備」、「三代相続の住民なきロンドンの実例」等々である。

「南アフリカ遠征軍と死亡率を同じゅうせるバーミンガム市」ではバーミンガム市での死亡率を取りあげ、鷗外の都市論と同じように、都市での死亡率の高さを問題にしている。「三代相続の住民なきロンドンの実例」では、生活環境が悪いために、住民の体質がだんだん衰弱して、「三代相継《あいつ》ぎて市中に生まれたる者を発見しがたし」、すなわち三代で家族は絶えてしまう、というロンドンの状況を紹介している。

ロンドンの黯澹の光景（貧民街のある通り）

ギュスターヴ・ドレの版画／ベネーヴォロ著『図説・都市の世界史―4』1983年、相模書房刊から転載

「清新の光景」

一方、郊外の農村を「清新の光景」であるという。

「かくのごとき陰鬱四閉《いんうつしへい》の都市を去りて、ひとたび郊外の農村に出ずれば、なんびともまったく別大地に解放せられたるの感なきを得ざらん。一望これ天然の活画図、ひとつとしてことごとく清鮮《せいせん》の風致を帯びざるなし。見わたすかぎり香ばしく匂える青緑《せいりょく》の色彩、美《うる》わしく隈《くま》なく輝ける日光、野の末、森の端までも続ける天の光、雲の影、さては飛びかう鳥の姿までも、みなこれ都会に見慣れざる光景たり。」

さきの都市の「黯澹の光景」と対比されて、農村の「清新の光景」は一層ひかり輝いて見える。

幸田露伴は、『一国の首都』で次のようにいっていた。「詩人及び小説家等は、ややもすれば都府を罪悪の巣窟《そうくつ》の如く見做《みな》し、村落を天国の実現の如く謳歌す。」どうも、詩人や小説家に限らなかったようである。

さて、ここから、次のような考えが導き出される。

「もし同じく自己の額に汗《あせ》しておのおのその勤労に従うにも、かくのごとき美《うる》わしき天地に身を置くあらば、まことに人世の幸福にしてまた人世の至楽にあらずや。」

田園都市論の基本にあるアイデアである。

田園生活の趣味

都市と農村の光景を比較したとき、両者の優劣ははっきりしている。しかし近年、都市での商工業の発展はめざましく、「鋤鍬《すきくわ》をなげうちて、父祖以来久しく住みなれたる楽しき郷土を捨て、競うて都会に移住する者」が増え、地方の農村は衰頽《すいたい》しはじめている。

この問題をどう解決したらよいかということで、西洋では試行錯誤▼が繰り返されてきた。そういう中から、最近になって、都市か農村かという二者択一ではなく、都市の生活のあらゆる利点と、農村の美しさと楽しさとが完全に融合した、第三の選択が存在する、という考えがイギリスからでてきた。それが田園都市だというのである。

「地を卜《ぼく》することまた山野樹林の勝景《しょうけい》に富める近郊の区寰《くかん》をもってし、四周の光景と風土とをして、すべて彼らの健康と衛生とに適せしめんと勉《つと》め、さらに公会堂、クラブ、美術館等をも設けて、一般に品位ある娯楽の趣味を進めしめんと期せり。」

都会の黯澹《あんたん》たる光景のなかで生活している人びとは、この田園都市に移り住み、趣ある田園生活を大いに享受できる、というのである。

ここでは、農村の光景は「慰安《いあん》」の効用をもつとされている。

「田園の生活やもとより清新にして、自然の致趣《ちしゅ》や人に慰安《いあん》を与うることもっとも大なるものあり。その潺湲《せんかん》として流るる清き野水、さては翠緑滴《すいりょくしたた》るがごとき鎮守の森、いずれか一日の労を慰《い》するにか足らざるものあるべき。」

また別のところでは、品性修養の効用をもつとされる。

「そもそも品性の修養をはからんには、人をしてなるべく自然の風光に接触せしめ、隠約《いんやく》のあいだに清新の趣味をつちかわしめんことを要す。されどかくのごときは、農村漁浦《ぎょほ》のごとき、山海原野の風趣に富めるの土地にありてこそ、容易にこれを望みうべけれ。」

農村の光景と田園都市の光景を混同

『田園都市』を読んでいて気になることがある。それは、農村の光景と自然の光景と田園都市の光景とを混同していることである。

最初に、都市の「黯澹《あんたん》の光景」と農村の「清新の光景」とを比較している。ところが、ここで述べられている「清新の光景」は、農村の光景というよりは自然の光景である。農村の光景は、自然の光景と区別されていない。

この頃はまだ、農村と自然とが分離したものとして意識されていなかった。両者が分裂したものとして意識されるようになるのは、農業の近代化が進み、農業が工業とあまり変りない産業であることが認識されるようになったつい最近のことであるから、これは仕方ないかもしれない。

問題なのは、農村の光景（＝自然の光景）と田園都市の光景とを混同していることである。「潺湲《せんかん》▼として流るる清き野水」、また「翠緑滴《すいりょくしたた》るがごとき鎮守の森」が、人に慰安を与えることは確かだろう。しかし、これは農村の光景である。

同じことは、品性の修養をはかるのには、「農村漁浦《ぎょほ》」のような「風趣に富めるの土地」がよい、といっているところにもいえる。「農村漁浦」の光景を田園都市の光景と同一視しているのである。

農村に、都会に住む人びとが移り住んで、農村が田園都市になるとき、このような農村の光景がきちんと保護・保存されなければ、それは田園都市の光景にはならないはずである。

幸徳秋水が移り住んだ頃は、春には雲雀《ひばり》があがり、秋には百舌《もず》が鳴く、のどかな郊外であったところが、いつのまにか「熱閙《ねっとう》の巷《ちまた》」になってしまった、と秋水は記していた。自然や農村の光景を、田園都市の光景と同一視してしまうような理解では、このようなことになりかねない。農村は田園都市ではなく、幸田露伴が憂慮するような郊外となり、ついには「熱閙《ねっとう》の巷《ちまた》」と化し、農村の光景は消え失せてしまうだろう。

なぜ、農村の光景と田園都市の光景とを混同してしまったのだろうか。理由は、「田園」という言葉にあるように思われる。農村の光景は実は田園の光景のことである。内務省地方局有志は、田園の光景と田園都市の光景とを混同してしまったのではないだろうか。「田園」という情緒性の強い言葉は、そのような力を持っているような気がする。すると、問題は、gardenを「田園」と訳してしまった、訳語の不適切さにある、ということになるのだろうか。

さきに、「田園都市」という言葉が、田園趣味、自然趣味を尊ぶ日本人の心をとらえた、としたが、これは、「田園」という言葉が、田園趣味、自然趣味を尊ぶ日本人の心をとらえた、とした方がよいのかも知れない。このために、田園都市の光景を、田園の光景すなわち農村の光景とはっきりと区別して認識することができなかったのではないだろうか。

田舎住居と隠遁と散策

明治時代後期から大正時代になると、郊外に移り住む作家が出てくる。国木田独歩は、散歩することで武蔵野の光景を発見したが、これらの作家は郊外に住むことで、独歩とは異なる風景を見いだしていく。

徳富健次郎（蘆花）▼は、東京郊外の千歳村で田舎住居《いなかずまい》をはじめる。この半農生活で蘆花が見いだすのは、目の前を移り過ぎていく、定住者にとっての風景である。『みみずのたはこと』を手がかりに、どんな風景であるか見てみることにしよう。

佐藤春夫は、多摩丘陵に近い武蔵野の一寒村に、息苦しい都会をのがれて隠遁する。この生活から『田園の憂鬱』が生まれる。ここに描かれている隠遁地の風景を、見てみることにしよう。また、武蔵野の雑木林の奥を桃源郷の舞台にした『西班牙犬《スペインけん》の家』もとりあげてみたい。

東京郊外を散策する人が増えてきて、郊外の案内書が出版されるようになる。大町桂月の『東京遊行記』（明治三十九年）、田山花袋の『東京の近郊』（大正五年）と『一日の行楽』（大正七年）、河井酔茗の『東京近郊めぐり』（大正十一年）などである。ここでは、田山花袋の『東京の近郊』をとりあげる。名所を列挙して、それぞれについて解説していくという、『江戸名所図会』のような形式を抜け出て、国木田独歩が『武蔵野』で見いだした新しい風景観で、東京近郊を案内しているからである。

1　徳富蘆花の田舎住居

『国木田哲夫兄に与へて僕の近状を報ずる書』

散歩好きの武蔵野好きを通り越して、武蔵野に田舎住居《いなかずまい》する人が現れた。徳富健次郎（蘆花）（熊本生まれ）である。蘆花は、明治四十年（一九〇七）二月から、東京郊外の千歳村に居を定め、半農生活を始める。蘆花四十一歳の時である。

「彼（蘆花のこと――引用者）は其年《その》（明治三十九年のこと――引用者）の春千八百何年前に死んだ耶蘇《やそ》の旧跡と、まだ生きて居たトルストイの村居《そんきょ》にぶらりと順礼に出かけて、其八月にぶらりと帰って来た。帰って何を為《す》るのか分からぬが、兎に角田舎住居《いなかずまい》をしようと思って帰って来た。」（『みみずのたはこと』）

ここでの田舎住居の様子を知るには、蘆花の『国木田哲夫兄に与へて僕の近状を報ずる書』（明治四十一年）がよい。このころ、国木田独歩は病状がおもわしくなく、明治四十一年に、茅ヶ崎の病院に入院していた。独歩を慰めようと、友人たちは『二十八人集』を作り、同年四月、独歩の病床に贈る。その巻頭を飾ったのが、蘆花のこの作品である。

武蔵野での田舎住居

蘆花はこの作品で、『武蔵野』の著者に、武蔵野で自分がどんな田舎《いなか》住居《ずまい》をしているか、その近況を報告している。

どうして田舎住居をしようと思ったのか、その理由を次のように書いている。

「僕は田舎者、元来《もとより》田舎が好きだ。田舎はノンキで好い。新しい野菜が食える。自然に親しむ機会が多い。自然に近い人間 即《すなわち》農夫の生活若《もし》くは之に近いものが出来る。生活費も少なくて済む。都会が嫌いじゃない。田舎が好きなのだ。そこで田舎住居をすることにきめた（中略）。それで、地球の陸土五千二百万方哩《マイル》の内三反未満の土を買い、土間共十五坪の麦藁葺《むぎわらぶき》を買って、藉まで移して、いよいよ千歳村平民徳富 某《なにがし》になったのが、昨年（明治四十年のこと――引用者）二月の二十七日。最早《もう》満一年になる。」

千歳村字粕谷の住居については、次のように書いている。

「八つの字があって、中央部落が粕谷と云って戸数僅《わずか》に二十八軒。二十八軒の中一番小さくて、淋しくて景色のいいのが僕の住居だ。低い丘の端で、前は浅い谷からだらだら上りの丘になり、雑木林に東と北の一部を囲って、南面独立。日もあたる。風もあてる。西は麦畑から村の杉木立や、雑木林、其上に相武甲の連山がちょいちょいと顔を出して居る。裏へ出ると富士も見える。」

独歩にとっては、懐かしい武蔵野の景色である。蘆花は、この景色を一昨年訪れた露西亜の景色と比較し、さらに次のような文章も添えている。

「僕の家の向の丘に青山街道がうねって居る。時々荷車のがらがらが聞こえる。僕はきっと「あひびき」の「から車の音が虚空に響き渡った」の句を念《おも》い出す。」

『武蔵野』で、ツルゲーネフの「あひびき」を引用しながら、武蔵野の野と露西亜の野とを比較していた独歩への、蘆花の心遣いである。次の文章も、おもに秋から冬のことを書いた『武蔵野』への配慮だろう。

「百舌鳥《もず》が鳴くと栗が笑《え》む。富士が白くなると、甘藷《いも》が甘《うま》くなる。十月の末頃から十一月十二月にかけては、実に何とも云えぬ。遊びに来るなら小春だね。それから凩《こがらし》、落葉、時雨《しぐれ》と愈《いよいよ》寂《さ》びて愈高い自然の趣味は、云う丈管《くだ》だ。遊びに来るなら晩秋初冬に限る。」

もちろん雑木林の描写もある。

「一条の小道を隔てて直ぐ東隣が四反程の雑木林だ。冬枯も好い。

若葉は実に美しい。早起して水の様な空気を吸って居ると、林の奥に睡そうな日が出る。花を欺く木々の若葉からぽたりぽたり露が滴《た》れる。」

生活についても触れる。

「僕の家族は目下夫妻に犬一疋だ。「白」と云って雄だが、極《ごく》無抵抗主義で、イワンの犬だ。」

「寒い中は風呂を土間にたてたが夏から秋にかけては、裏の小杉の蔭にたてた。昼でも人通りの少ない処だから、夜は大びらなものだ。風呂の中から天の川を仰いだり、「行水《ぎょうずい》の捨所なし虫の声」虫の音《ね》聞いて湯をつかうのも頗《すこぶ》る風流なものさ。雨が降ると海水帽をかぶったり、傘をさしたりして入る。田園生活の夏は好い。」

半農生活についても触れる。

「労働かね。労働も少しはやる。僕思うに頭脳《あたま》ばかり使うと悪魔になり、手足ばかり使うと獣になる。そこで少しは読書もやる。労働もやる。尤《もっと》も三反未満の内、家と庭と櫟《くぬぎ》林とそれから樹木を植え散らした残りがやっと一反あまりで、米麦はやらぬから無論正式の農でなく、園芸と云う程為行的《いこうてき》でもない。タダの野菜づくりだ。」

「タダの野菜づくり」といってるが、蘆花が栽培していた野菜の種類は以下のごとくで、半端ではない。甘藷《いも》、大豆、黍《きび》、蕎麦《そば》、豌豆《えんどう》、隠元、玉蜀黍《とうもろこし》、越瓜《しろうり》、南瓜《かぼちゃ》、胡瓜《きゅうり》、茄子《なす》、根芋、白菜、大根、甘藍《キャベージ》、球葱《たまねぎ》、

◀恒春園の蘆花住居

▶同・梅花書屋

◀同・秋水書屋

▶同・愛子婦人居宅

図23 現在も残る蘆花住居。一棟のみではない。屋根が異なる。

すべて一時に建ったものではない。「秋水書屋」の「秋水」は大逆事件で処刑された友人幸徳秋水の名にちなむ。すなわち大逆事件（明治44年1月）後に造られたもの。

馬鈴薯《じゃがいも》、金時ササゲ。

最後に、「明るくて静かで、寝心地のよさそうな」、一番近いお隣である墓地の話をして、自分自身の「死」に対する覚悟が足りないことを記す。そして、この『国木田哲夫兄に与へて僕の近状を報ずる書』を次の文章で結んでいる。

「明治四十五年大博覧会▼までには、新宿八王子間の電車▼が近所を通るそうだ。つい此頃東京の某《なにがし》が近在に地所を買った。其内前の谷に工場でも出来て、真黒な息つく煙突が立つかも知れぬ。そうなればお仕舞だ。僕は早速第二植民地を求めるね。そうならぬ内、健康になって、一家挙《こぞ》って泊りがけに遊びに来玉《きたま》え。自慢の甘藷《いも》でも蒸《ふか》して武蔵野の秋の一夜を語ろうではないか。

明治四十一年三月十一日

雪霽《は》れて日光眩しい午後三時」

しかし、蘆花の家を訪れることなく、この年の六月二十三日、独歩は茅ヶ崎の病院にて三十七年の生涯を終えた。

蘆花の風景

蘆花は、大正二年（一九一三）に『みみずのたはこと』を出版する。武蔵野千歳村での六年間の田舎住居《いなかずまい》をスケッチ風にえがいた随想集である。蘆花は、この本の新刊予告▼を自分で書いている。

「『み、づのたはこと』は、著者が過る六年間田舎に引込み、み、ずの真似して、土ほじくりする間に、折にふれて吐き出したるたわ言共をかき集めたるものなり。その内容には村落生活の即興写生あり鍬《くわ》とるひまの偶感偶想あり、短編小説みたようなものあり、日記の断片あり、長短の手紙あり、稀に村より這い出してのろのろと旅しまわりたる紀行あり。著者居村の風物を撮影したる印画数葉を挿《さしはさ》みて、趣を助く。」

この本の巻頭は、「故人に」となっている。このことについて中野好夫は、「「故人に」とあるのは、おそらく民友社以来の友人国木田独歩のことであろうと、蘆花研究家佐藤勝氏は推定されています。多分そうだろうと私も思います」、と『みみずのたはこと』岩波文庫版の解説に書いている。

蘆花は、誰よりも先に、この本を独歩に読んでもらいたかったのだろう。

独歩の『武蔵野』の風景と蘆花の『みみずのたはこと』の風景の違いは、散歩者の視点から見た風景と、定住者の視点から見た風景との違いといえるだろう。一方は、歩くにつれて、散歩する人の目の前に次から次へと継起してくる風景であり、他方は、定住する人の目の前を移りゆく風景である。

定住者の風景

定住者の目の前を移りゆく風景は、たとえば夕立雲である。

「夕立が来るぞ」

主人《あるじ》は大声に呼んで、手早く庭の乾し物、履物などを片づける。裏庭では、婢《おんな》が駈けて来て洗濯物を取り入れた。

やがて食卓から立って妻児が下りて来た頃は、北天の一隅に埋伏《まいふく》し居た彼濃い紺靛色《インジゴーいろ》の雲が、倏忽《たちまち》の中にむらむらと湧き起《た》った。何の艶《つや》もない濁った煙色に化《な》り、見る見る天穹《てんきゅう》を這い上り、大軍の散会する様に、東に、西に、天心に、ず、ずうと広がって来た。」

（『夕立雲』）

あるいは、夕立や秋風や雲や日や風などである。

「西の方甲州境の山から起って、玉川を渡り、彼が住む村を過ぎて東京の方へ去る夕立を目迎《まむか》えて見送るに好い。向こうの村の梢に先ず訪れて、丘の櫟《くぬぎ》林、谷の尾花が末、さては己が庭の松と、次第に吹いて来る秋風を指点《してん》するに好い。翳《かげ》ったり、照ったり、躁《さわ》いだり、黙《だま》ったり、雲と日と風の丘と谷とに戯るる鬼子っこを見るにも好い。」(「低い丘の上から」)

定住者の目の前を移りゆく風景には、ゆったりしたリズムで変化する風景もある。

「武蔵野に春は来た。暖い日は、甲州の山が雪ながらほのかに霞む。庭の梅の雪とこぼるる辺《あた》りに耳珍しくも藪鶯の初音が響く。(中略)初午《はつうま》には輪番に稲荷講の馳走《ちそう》。各自《てんで》に米が五合に銭十五銭宛持寄って、飲んだり食ったり驩《かん》を尽くすのだ。まだまだと云うて居る内に、そろそろ畑《はた》の用が出て来る。落葉掻《か》き寄せて、甘藷《さつま》や南瓜胡瓜《とうなすきゅうり》の温床《とこ》の仕度もせねばならぬ。馬鈴薯《じゃがいも》も植えねばならぬ。」(「村の一年」)

東京が大分攻め寄せて来ているとはいえ、郊外のここ千歳村は、まだまだ都市化をまぬがれた純農村である。村の生活と自然のリズムの歯車がよくかみ合っている。そのような村の生活風景を、「村の一年」はよくとらえている。

定住者の目の前には、記憶や思い出を宿している風景もある。

「村居六年の間、彼は色々の場合にこの杉の下《した》に立って色々の人を送った。彼《かの》田圃を渡り、彼雑木山の一本檜から横に折れて影の消ゆるまで目送《もくそう》した人も少くはなかった。中には生別即死別となった人も一二に止まらない。生きては居ても、再び逢うや否疑問の人も少くない。この杉は彼にとりて見送りの杉、さては別れの杉である。」(「わかれの杉」)

このほか、『みみずのたはこと』は、「おぼろ夜」、「田川」、「水車問答」、「蛇」、「墓守」、「梅一輪」など、忘れがたい風景を載せている。

図24 『みみずのたはこと』(大正2年、服部書店)に掲げる「わかれの杉」

図25 現在の同所(杉は切り株)

図26 『みみずのたはこと』に載せる「田川」

図27　千歳村の水田風景
『みみずのたはこと』掲載「蛙声」

図28　台地・雑木林・水田・草葺屋根の農家のある武蔵野の自然
『帝都と近郊』所蔵。現在の板橋区赤塚付近から志村方面を望む所

ふるさとの風景

蘆花が描いたのは、定住者が体験している風景である。もちろん、『武蔵野』の独歩が描いた風景と重なるところはある。しかし、『武蔵野』の独歩は、定住者が体験している「ふるさと」の風景を描きえなかった。

「「ふるさと」とは、山や川や木や草、家や道や人や森が、動かし難い姿として其処に在り、ひとつひとつに記憶や思い出を持ち、それらと己が互いに交って会話しているような、そういう処であろう。」（唐木順三『日本人の心の歴史』）

こういう「ふるさと」の風景を、蘆花は、東京郊外千歳村で発見し、これを、中野好夫が指摘するように、「ユーモア」と「適度な感傷」をまじえて、「実にのびやかな調子」で描いたのである（『みみずのたはこと』岩波文庫版の解説）。

『みみずのたはこと』は好評で、長い間にわたって版を重ねるロングセラーとなった。大きな理由は、この本が、「ふるさとの風景」を、それも農村の「ふるさとの風景」を描いていたからではないだろうか。日本人そして東京人の大多数にとっての「ふるさと」は、農村であった。それゆえ、ここに描かれている風景は、多くの人にとって共通の原風景であったといえるだろう。

「都会住者は読んで麦の穂末を渡り来る暮春の薫風の如き自然の気息に接せよ」、といって蘆花はこの本を宣伝した。地方出身の都会人の原風景を大いに刺激するコピーである。

よそ者の風景

定住地の風景は、そこに住んでいる定住者にはなかなか見えないものである。ところが、旅に出ると、自分が住んでいる所と変わらない、何の変哲もない所でも、そこを風景として見てしまうから面白いものである。旅人になることで、風景はよく見えてくる。歌人、俳人、画家が、古来旅を好むのはこのためである。

蘆花は、千歳村に都落ちしたよそ者であるがゆえに、千歳村の風景をよく見ることができた。千歳村の風景は、よそ者である蘆花によって発見されたといえる。これは、さきに述べたように、農村の原風景の発見でもあった。

「田舎に住む人は此に依りて新に吾周囲を見るの眼を開け」、といって、蘆花は『みみずのたはこと』を田舎に住む人たちにも宣伝している。

ところで、『みみずのたはこと』は、さきにも引用したように、「著者が過る六年間田舎に引込み、み、ずの真似して、土ほじくりする間に、折にふれて吐き出したるたわ言共をかき集めたるもの」である。田舎住《いなかずま》居《い》を始めてから六年である。もっと後になったら、蘆花はこの本を書けただろうか。

定住年数が長くなれば長くなるほど、風景は見えなくなってくる。清新な風景はほとんど見えなくなり、思い出の風景の方がよく見えてくる。田舎住居を始めて一年後に書いた『国木田哲夫兄に与へて僕の近状を報ずる書』の風景の方が、六年後に書いた『みみずのたはこと』の風景よりも、ずっと生き生きしている。六年というのは、清新な風景と思い出の風景が並存する、幸運な時機だったのではないだろうか。

ちなみに、国木田独歩の『武蔵野』は、渋谷の「丘の上の家」での半年の印象から生まれている。

都会と田舎の分裂

最後に、東京近郊に田舎住居《いなかずまい》することになった蘆花の意識構造について触れておきたい。蘆花は、『みみずのたはこと』の「故人に」で次のようなことを書いている。

「堕落か成功か、其様《そん》な屑々《けち》な評価は如何でも構わぬ。儂《わし》は告白する、儂は自然がヨリ好きだが、人間が嫌《いや》ではない。儂はヨリ多く田舎を好むが、都会を捨てることは出来ぬ。儂は一切が好きである。」

蘆花の意識は、都会と田舎の間で分裂している。

「儂が住居《すまい》は武蔵野の一隅にある。平生読んだり書いたりする廊下の窓からは甲斐《かい》東部の山脈が正面に見える。三年前建てた書院からは、東京の烟が望まれる。一方に山の雪を望み、一方に都の烟を眺むる儂の住居は、即ち都の味と田舎の趣とを両手に握らんとする儂の立場と欲望を示しているともいえる。斯欲望が何処まで衝突なく遂《と》げ得らるるかは、疑問である。この両趣味の結婚は何ものを生み出したか、もしくは生み出すか、それも疑問である。」

どちらも否定できないまま、しかし蘆花は田舎住居を決断している。

農業社会が工業社会に変化していく過程で、職を求め、田舎を捨てて都会に出てくる人びとが増えてくる。都会と田舎とがだんだん分裂していく。田舎から都会に出てきた人の意識も、都会と田舎に分裂していく。蘆花は、この分裂を美的百姓になることで克服しようとした。

「彼は美的百姓である。彼の百姓は趣味の百姓で、生活の百姓では無い。然し趣味に生活する者の趣味の為の仕事だから、生活の為と云うてもよい。」

（「美的百姓」）

2　佐藤春夫の近郊の風景

武蔵野への隠遁

佐藤春夫（和歌山県生まれ）は、『田園の憂鬱』について次のように記している。

大正五年（一九一六）の「晩春から晩秋までの半年ほどそこに居住した神奈川県都築郡の一寒村の生活の回想を記したもの」で、「東洋古来の文学の伝統的主題となったところのものを近代欧州文学の手法で表現してみたいという試みによって書かれた田園雑記、なま若い隠遁者の手記」である、と（岩波文庫版「あとがき」）。

佐藤春夫は二十四歳の時に、この武蔵野の一寒村に移り住んでいる。「ひとりの女と二匹の犬と一匹の猫とチウブばかりになった絵具と十冊の書物と二枚の着物」とを持って『田園の憂鬱』の主人公が移り住むのは、「広い武蔵野が既にその南端になって尽きるところ、それが漸《ようや》く

図29　『田園の憂鬱』の舞台となった家とその周辺
佐野英夫氏撮影／日本近代文学館提供

に山国の地勢に入ろうとする」ところにある、山の辺の「草深い農村」である。

「それはTとYとH▼との大きな都市をすぐ六七里の隣りにして、たとえば三つの劇《はげ》しい旋風《つむじかぜ》の境目に出来た真空のように、世紀からは置きっ放しにされ、世界からは忘れられ、文明からは押流されて、しょんぼりと置かれているのであった。」

「その平静な四辺の風物は彼に珍らしかった。ずっと南方の或る半島の突端に生れた彼は、荒い海と嶮《けわ》しい山とが激しく咬み合って、その間で人間が微小にしかし賢明に生きている一小市街の傍を、大きな急流の川が、その上に筏《いかだ》を長々と浮べさせて押合いながら荒々しい海の方へひしめき合って流れてゆく彼の故郷▼のクライマックスの多い戯曲的な風景にくらべて、この丘つづき、空と、雑木原と、田と、畑と、雲雀《ひばり》との村は、実に小さな散文詩であった。前者の自然は彼の峻厳《しゅんげん》な父であるとすれば、後者のそれは子に甘い彼の母であった。」

主人公は、「都会のただ中では息がつまった、人間の重さで圧しつぶされるのを感じ」ていた。「息苦しい都会の真中にあって、柔かに優しいそれ故に平凡な自然のなかへ、溶け込んで了《しま》いたいという切願を、可なり久しい以前から持つようになっていた。」

都会の華やかな白熱燈の下を、石畳の路の上を、疲れ切った流浪人のように歩いている時、「嗟《ああ》、こんな晩には、何処《どこ》でもいい、しっとりとした草葺きの田舎家のなかで、暗い赤いランプの陰で、手も足も思う存分に延ばして、前後も忘れる深い眠に陥入《おちい》って見たい」、という切ない思いに何度も囚《とら》われていた。

都会に適応できない、といって、峻厳な父のいる故郷には帰れない。そこで、主人公は、東京の郊外という第三の場所に移り住もうとする。広い武蔵野が山国の地勢に入ろうとする山の辺《ほとり》にある、世紀や世界や文明からは取り残された、小さい散文詩のような平凡な風景をもつ、母性的な雰囲気の草深い農村、そこにある草葺の田舎家である。

「高い木立の下を、路がぐっと大きく曲った時に、

「ああやっと来ましたよ」

と言いながら、彼等の案内者である赭毛《あかげ》の太っちょの女が、（中略）彼等の行く手の方を指し示した。男のように太いその指の尖《さき》を伝うて、彼等の瞳の落ちたところには、黒っぽい深緑のなかに埋もれて、目眩《めまぐる》しいそわそわした夏の朝の光のなかで、鈍色《にびいろ》にどっしりと或る落着きをもって光っているささやかな萱葺《かやぶき》の屋根があった。」

夢想の故郷

この隠遁地の風景には、興味深い特徴がある。

一つは、東京の郊外だということである。実際の故郷ではなく、その代替である第三の場所として、東京の郊外が選ばれている。「柔かに優しいそれ故に平凡な自然のなかへ、溶け込んで了《しま》いたいという切願」を満たしてくれる、「子に甘い彼の母」のような草深い農村、という理想化された「夢想の故郷」として、東京の郊外が見いだされている。

実際の故郷は、そこに戻ってみれば、夢想の故郷ではなくやはり現実の故郷である。もちろん、東京郊外の農村も、夢想の農村＝田園などではなく、現実の農村である。この農村で、「憂鬱」な生活が始まるのはいうまでもない。

丘の辺

二つは、広い武蔵野が「山国の地勢に入ろうとする」丘陵の辺《ほとり》だということである。徳冨蘆花が移り住んだ千歳村が、東京から「西三里のところにある武蔵野のただ中であったのに対して、佐藤春夫の隠遁地は、多摩丘陵にずいぶんと近い。

このため主人公は、家の縁側から丘を眺めることができた。

「彼は、何時初めてこの丘を見出したのであろう？　とにかく、この丘が彼の目をひいた。そうして彼はこの丘を非常に好きになっていた。長い陰気なこのごろの雨の日の毎日毎日に、彼の沈んだ心の窓である彼の瞳を、人生の憂悶からそむけて外側の方へ向ける度毎に、彼の瞳に映って来るのはその丘であった。」

丘の自然に、苗木の畑や草屋根などが工合よく溶け入っていて、何とも美しい丘である。

「それは見ていて、優しく懐しかった。おれの住みたい芸術の世界はあんなところなのだが……」

「彼の瞳は、常に喜んで其の丘の上で休息をしてい」た。

この丘が見えなければ、恐らく主人公は、長い陰気な雨と、神経衰弱による幻覚に耐えられなかっただろう。

長雨が明ける。

「天と地とが今朝甦《よみが》えったようであった。（中略）すべては透きとおり、色さまざまな色ガラスで仕組んだ風景のように、彼には見えた。彼はそれを身体全部で感じた。彼は深い呼吸を呼吸した。冷たい鮮《あざや》かな空気が彼の胸に真直ぐに這入っていくのが、いかなる飲料よりも甘《うま》かった。」

彼の心に平和が訪れる。

「フェアリイ・ランドの丘は、今日は紺碧《こんぺき》の空に、女の脇腹のような線を一しおくっきりと浮き出させて、美しい雲が、丘の高い部分に小さく聳《そび》えて末広に茂った木の梢《こずえ》のところから、いとも軽々と浮いて出る。黄ばんだ赤茶けた色が泣きたいほど美しい。（中略）その丘が、今日又一倍彼の目を牽《ひ》きつける。」

家の縁側からいつもこの丘を眺めることができたがゆえに、主人公は救われたといえるかもしれない。多摩丘陵に近い都築郡中里村に住んで幸いだった。

ところで、この丘は陶淵明の次の詩の一節を思い起こさせる。

「菊を東籬《とうり》の下《もと》に採り
　悠然と　南山を　見る」

庭の東の垣根のもとで菊を手折り、悠然と南の山すなわち廬山を見る、という意味で、隠遁者の境地をうたっている。『田園の憂鬱』の丘は、この南山に相当するのだろう。『田園の憂鬱』のテーマになっている薔▼薇は、この菊がヒントになっているのだろう。

日本の伝統からすれば、隠遁地といえば山里である。陶淵明の詩に出てくる▼廬山の地が実際にどのような風景か、私は知らないが、多くの日本人は山里とかんがえているのではないだろうか。漱石も陶淵明のこの詩を、『草枕』（明治三十九年）で引用しているが、ここでの隠遁地も山里である。

こういう感覚からすると、山から遠い武蔵野で隠遁というのは、奇異である。しかし、ここは、山からは遠いが丘には近かった。佐藤春夫は、かろうじて、「東洋古来の文学の伝統的主題」を、武蔵野を舞台に表現することができたといえるだろう。

草葺の田舎家

三つ目の興味深い特徴は、住むことになったのが草葺の田舎家だということである。この家について、主人公はこういっている。「この家ならば、何日《いつ》か遠い以前にでも、夢にであるか、幻にであるか、それとも疾走する汽車の窓からででもあったか、何かで一度見たことがあるようにも彼は思った。」主人公にとって草葺きの田舎屋は、夢想の家であった。

徳冨蘆花も『みみずのたはこと』（大正二年）で、「家を有つなら草葺の家」といっている。蘆花は、二歳から十八の春まで草葺の家で育ったというから、蘆花にとって、草葺の家は原風景の家だった。蘆花に限らず、田舎から東京に出てきた地方人にとって、草葺きの家は彼等の原風景であった。

「東京は火災予防として絶対的草葺を禁じてしまった。草葺に住むと云うは、取りも直さず田舎に住む訳である」とも蘆花は書いている。東京では、草葺の家はますます郷愁の家になり始めていた。

このようなことから、息苦しい都会を逃れて、閑居、隠棲、隠遁するのにふさわしいのは、草葺の田舎家だったのだろう。しかも、「どっしりと或る落着きをもっ」た草屋根は、その下で、「手も足も思う存分に延ばして、前後も忘れる深い眠に陥入《おちい》って見たい」という思いを、いかにも満たしてくれそうである。

「おお！　深い眠、おれはそれを知らなくなってからもう何年になるであろう？　深い眠！　それは言わば宗教的な法悦だ。おれの今最も欲しいのはそれだ。熟睡の法悦だ。」この切なる思いが、主人公をこの草屋根の田舎家に導いてきた。

漱石は、『草枕』で、非人情の天地の功徳は、「汽船、汽車、権利、義務、道徳、礼儀で疲れ果てた後、凡てを忘却してぐっすりと寝込む様な功徳である」、といっている。そして、「二十世紀に睡眠が必要ならば、二十世紀にこの出世間的の詩味は大切である」、という。夏目漱石も佐藤春夫も、二十世紀への不適応、あるいは二十世紀を象徴する東京への不適応を、不眠症というかたちで表現している。

雑木林の奥へ

佐藤春夫は、「夢見心地になることの好きな人の為の短編」という副題のある『西班牙犬《スペインけん》の家』を大正五年（一九一六）に発表している。加藤百合氏によると、「『田園の憂鬱』を書きあぐむ最中にひょいと思いうかび、三時間ほどで一気に書き上げ、書き直しもほとんど一字もない、といわれる」作品だという。そして、この作品は、「すでに指摘があるように、桃源郷見聞記として読むことができる」、という。（『大正の夢の設計家』）

主人公である「私」は、飼い犬と一緒に散歩にでる。この犬は時々、思いもかけぬようなところに「私」をつれてゆくので、行き先を決めずに、犬の行く方にだまってついて行く。犬の案内に任せた、あてのない散歩である。

「フラテ（犬の名）は急に駆け出して、蹄鍛冶屋《ひづめかじや》の横に折れる岐路のところで、私を待っている。（中略）蹄鍛冶屋の横道は、私はまだ一度も歩かない。よし、犬の案内に任せて今日はそこを歩こう。

そこで私はそこを曲がる。その細い道はだらだらの坂道で、時々ひどく曲がりくねっている。」

曲がりくねった道であることが強調されている。

「おれはその道に沿うて犬について、景色を見るでもなく、考えるでもなく、ただぼんやりと空想に耽《ふけ》って歩く。（中略）こんな風にして私は二時間近くも歩いた。」

かなりの距離を歩いたことになる。

「歩いているうちに我々はひどく高くへ登ったものと見える。そこはちょっとした見晴《みはらし》で、打開けた一面の畑の下に、遠くどこの町とも知れない町が、雲と霞との間からぼんやりと見える。（中略）それにしてもあんな方角に、あれほどの人家のある場所があるとすれば、一たい何処《どこ》なのであろう。私は少し腑に落ちぬ気持がする。」

異界にまぎれこんだようである。

「さて後《うしろ》の方はと注意して見ると、そこは極くなだらかな傾斜で、遠くへ行けば行くほど低くなっているらしく、何でも一面の雑木林のようである。その雑木林はかなり深いようだ。（中略）正午に間もない優しい春の日ざしが、楡《にれ》や樫《かし》や栗や白樺などの芽生したばかりの爽《さわ》やかな葉の透間から、煙のように、また匂いのように流れ込んで、その幹や地面やの日かげと日向《ひなた》との加減が、ちょっと口では言えない種類の美しさである。おれはこの雑木林の奥へ入っていきたい気持になった。」

国木田独歩によって発見された美しい雑木林である。雑木林の奥に、どんな桃源郷が現れるのだろうか。

犬はうれしげにずんずんと林のなかへ入っていく。「私」もその後に従う。

「早足で行くこと三十分ばかりで、犬は急に立ちとまった。同時に私は潺湲《せんかん》たる水の音を聞きつけたような気がした。（中略）思ったよりもこの林の深いのに少しおどろいた。この地方にこんな広い雑木林があろうとは考えなかった（中略）。犬の様子といい、いつまでもつづく林といい、おれは好奇心で一杯になって来た。」

いつまでもつづく深い雑木林である。

雑木林のなかの「夢想の家」

「こうしてまた二、三十分ほど行くうちに、犬は再び立ちとまった。さて、わっ、わっ！　という風に短く二声吠《ほ》えた。その時までは、つい気がつかずにいたが、直《す》ぐ目の前に一軒の家があるのである。それにしても多少の不思議である、こんなところに唯一つ人の住家があろうとは。」

現れたのは、雑木林のなかの一軒家である。良田美池に桑竹があり、鶏と犬の鳴き声が聞こえ、畑を耕し、種をまく男女がいる、という陶淵明の詩に表現された桃源郷とは違う。

「打見たところ、この家には別に庭という風なものはない様子で、ただ唐突にその林のなかに雑《まじ》っているのである。（中略）近づいてのこの家は、別段に変わった家とも思えない。ただその家は草屋根であったけれども、普通の百姓家とはちょっと趣が違う。というのは、この家の窓はすべてガラス戸で西洋風な造《こしら》え方なのである。」

これが「西班牙《スペイン》犬《けん》の家」である。

加藤百合氏は、「ここで注目すべきは、桃源郷が一軒の「家」に代表されている点であろう」、として、この草屋根の洋風建築を佐藤春夫の「夢想の家」として、この建築のディテールに着目していく。

この夢想の家が、武蔵野の深い雑木林のなかにあることの方に、私は注目したい。独歩によってその美しさが発見された武蔵野の雑木林が、桃源郷の舞台にまでなったことに対してである。

3 田山花袋の『東京の近郊』

近郊散策者のための案内書

田山花袋（群馬県生まれ）は、「近郊散策者の伴侶となることが出来れば」、と大正五年（一九一六）に『東京の近郊』という東京近郊のガイドブックを出している。柳田国男が『武蔵野の昔』で指摘しているように、国木田独歩を元祖とする「武蔵野趣味」がこの頃ますます広まって、近郊を散策する人が増えてきた、という背景があったのだろう。国木田独歩を郊外に導いたのは、さきに触れたように文政八年（一八二五）に発行された『東都近郊図』であったが、田山花袋を郊外に導いたのは、『江戸名所図会』である。

「東京の近郊については、別に多く知っていることもないが、散策が好きで、昔からよく出かけて行くので、四季の推移や、地形の状態や、名所や、古蹟や、そういうものは常に私の心を惹いた。それに、江戸名所図会一巻、それがどんなに私の若い心を動かしたか知れなかった。私はその写生に成った挿絵を翻《ひるがえ》して見ては、よく荒れた寺や亡びた名所や名もない眺望台などを訪ねた。」

『東京の近郊』の「はしがき」で、花袋はこのように書いている。

徳川時代の四季の名所は、江戸の市街地の外縁部にあった。しかし、この頃には、これらの名所はほとんど市街地のなかに呑み込まれてしまっていた。そこで花袋は、鉄道を利用して、それよりも遠方にある新しい近郊を訪ねることになる。

それでも、花袋が訪れる東京の新しい近郊は、江戸の人たちが足に任せて歩き回っていた遊観圏▼のなかにとどまっていた。まだ『江戸名所図会』を花袋は案内書として利用できたのである。

東京近郊の趣

花袋の『東京の近郊』は、東京近郊の趣《おもむき》をよく捉え、わかりやすく表現している。実地踏査し、よく観察しているばかりでなく、対比的な記述方法をとっていることが、その理由の一つである。

たとえば、東京郊外の趣を示すために、京都のそれと対比するという書き方をする。まず、東京郊外の特徴についてである。

「東京の郊外は他《た》にはちょっと見られないような好《よ》い郊外だ。上方の人に言わせると、東京の郊外は、空風《からかぜ》▼の強い、見る物のない、広漠としたつまらぬところのように言うけれど、それは細かい古い空気に浸《ひた》って見ないためで――あるいは本当に武蔵野の丘の趣味、林の趣味、川の趣味を見ないからであって、静かにその細かい気分に浸って見ると、ちょっと他の都会の持った郊外にはこれに及ぶものはないと私は思う。」

これに京都郊外の趣を対比させるのである。

「さすがに京都の郊外は好《よ》かった。歴史の址《あと》が到る処にあった。それに、山にも水にも近かった。嵐山や東山や祇園や、ああいうところは東京には見たくても見られないものである。それに京都は、山で四面を囲まれているだけあって嵐気《らんき》が饒《おお》い。水にも富んでいる。しかし、東京の郊外のようなあら削りな、素朴な、太古の俤《おもかげ》を存しているようなところがない。到る処に人工が加わっている。加わりすぎている。山などでもやはりそうである。それに比べると、東京の郊外は広くって大きい。」

荒川と多摩川の趣

花袋は、東京近郊の趣を、荒川と多摩川を切り口にして語り始める。ユニークな着眼である。

「武蔵野を流れている川が二条《ふたすじ》ある。北にあるのが荒川で、南になるのが多摩川である。この二つの川があるために、東京の近郊はどんなに色彩づけられているか知れないのである。そしてこの二つの川の間に、主なる武蔵野は横《よこた》わっている。」

地理学的知識に支えられた明快な空間把握である。ついで、二つの川の趣が対比される。

「荒川はすっかり下流の趣を持った川である。従って舟楫《しゅうしゅう》の便が多く、白帆《はくはん》常に徂徠《そらい》すという光景を持っている。多摩川はこれと反対に、下流というよりも上流という形を多く持っている。二子、鞠《まり》子《こ》あたりでもまだ石川である。六郷に来ては、それでも帆が浮かんだり舟が通ったりするが、荒川の末流が東京の都会に入って、ペンキ塗の小蒸気《こじょうき》を浮かべているのに比べると、よほど趣が違っている。（中略）

従って荒川の方では溶々《ようよう》とした趣を見ることが出来ると共に多摩川の方では清浅掬《せいせんむす》ぶに堪《た》えた綺麗な水を見ることが出来る。一方では鯉《こい》が獲《と》れると共に、一方では鮎《あゆ》が名物である。」

荒川はすっかり下流の趣をもっているのに対して、多摩川はまだ上流である、とこれまた明快である。

林の趣味――西郊

東京の郊外を花袋は、東郊、西郊、南郊、北郊の四つに分けている。東郊は、隅田川を境にして、その東。西郊は、板橋から渋谷目黒あたりを起点に、扇のように先を開いてみた区画。北郊は、千住、赤羽付近で、その間には荒川が流れている。南郊は、大森、川崎あたりで、多摩川が流れて海に入っている。

東京の郊外を方角によって分類している。はじめての名所図会とされる『都名所図会』は、京都の名所を青竜（東）・白虎（西）・朱雀（南）・玄武（北）の方角ごとに分類▼して編纂している。花袋がよく利用した『江戸名所図会』は、江戸の名所を北斗七星にならって七つの方面に分類している。『都名所図会』も『江戸名所図会』も、方角ごとにまとめた方が名所を検索するのに便利だ、というのが主な理由と考えられる。

しかし花袋は、そればかりでなく、風景の特徴をとらえやすいという理由もあって、このように分類している。そして、それぞれの郊外風景の特徴を、またも対比させながら、浮かび上がらせていく。

花袋は、まず西郊を取りあげる。

「西郊はどちらかと言えば、山の興味である。丘の興味である。林の興味である。村落の興味である。武蔵野に特有なカラアである欅《けやき》の並木や、雑木林や、丘陵や、そういうものを見ようと思えば、どうしても西郊である。若葉のそよぎ、緑色《りょくしょく》の動揺、林にさした日の影、あたりに人もなく風の音ばかりきこえる野、丘から丘へと上下して行く路、黄《きいろ》く熟した麦畑、牛の吼《ほ》える声のする牛舎、天末《てんまつ》遠く青い山の見わたされる牧牛場、古いこんもりとした社《やしろ》、里の子がざるで鰌《どじょう》をすくっている小川、濃淡の日影を縞のように織り出している林、――そういう光景は、西郊でなければ見られない光景である。ことに、雑木林の美は最もそこにあると思う。」

西郊の光景の粋を見事に捉えているのではないだろうか。国木田独歩が『武蔵野』で、また徳冨蘆花が『みみずのたはこと』で見い出したのと同様の、新鮮な光景である。

ここで注目すべきは、花袋が東京の近郊の光景を、西郊から語り始めていることである。江戸の文芸家であれば、隅田川を中心とした東郊から筆をすすめていくはずである。西郊から書き始めるなどということは、無粋なことで、思いつきもしなかっただろう。

花袋の故郷は上州の館林である。大利根（利根川）の船着を出て、大利根を下って小利根（江戸川）に入り、それを下って新川へ入り、中川を横断して小名木川へ、そして深川の高橋の船着へと、花袋はこの航路▼

を利用して、故郷と東京の間を何遍となく往復している。東京は花袋にとって懐かしく、思い出深い土地だ。

そのような花袋でさえも、東京の近郊の光景を西郊から語り始めている。花袋は親友・独歩と一緒に、西郊の武蔵野をよく散歩した。花袋にとって西郊は、独歩をそして独歩の『武蔵野』を思い出す特別な場所であった、ということが一つの理由だろう。

もっと大きな理由は、この頃の近郊散策者の多くが、独歩の『武蔵野』を読んで武蔵野趣味をもつようになった人びとであった、ということではないだろうか。花袋はそのような読者を想定して、この本を書いているため、西郊から書き始めているのではないだろうか。独歩の『武蔵野』の影響は大きかった。

そして、この頃には隅田川が近郊としての魅力を失ってしまっていた、ということも大きな理由だろう。花袋は次のように書いている。

「隅田川の沿岸は、今は近郊的気分を多く失ってしまった。近郊から東京市中に入って行ってしまった。向島の土手なども、全く都会の気分である。」

水郷の美―東郊

さて、東郊の趣である。

「西郊の特色が丘陵、雑木林、霜、風の音、日影、氷などであるのに引きかえて、東郊は、蘆荻《ろてき》、帆影《はんえい》、川に臨んだ堤、桜、平蕪《へいぶ》などであるのは面白い。これだけでも地形が夥《おびただ》しく変わっていることを思わなければならない。林の美、若葉の美などは、東郊は到底西郊と比すべくもない。その代わりに、水郷《すいきょう》の美、沼沢《しょうたく》の美は西郊には見ることの出来ないものである。

荒川と中川と小利根《ことね》と、この三つは東郊の中心を成している。林がない代わりに、欅《けやき》の並木があり、丘陵のない代わりに、折れ曲が

図30　『風俗画報』別冊（東京近郊名所図会）に掲げられた「荒川堤の桜花」（上）と花袋『東京の近郊』に掲載の「荒川」（下）

って流れている川がある。あんなところに川があるかと思われるばかりに、畑の中に白帆《はくはん》が緩《ゆる》やかに動いて行ったりする。蘆荻《ろてき》には夏は剖葦《よしきり》が鳴いて、魚を釣る人の釣竿に大きな鯉が金色《きんしょく》を放って光る。」

西郊と対比しながら、東郊の光景のエッセンスを的確に把握しているように思える。

花袋は東郊の中心をなす川として、荒川と中川と小利根をあげて、隅田川をあげていない。「東郊は隅田川を境にして、その東である」として、中心ではなく、境になっている。さきに記したように、隅田川はもはや近郊ではなくなっている。

空間の光景

花袋は『江戸名所図会』の挿絵に惹かれて郊外を訪れ、図会に載せられた名所を巡っている。しかし、花袋の主たる関心はこれらの名所・旧跡ではなかった。そこに到るまでの道すがらの光景、あるいは名所・旧跡の周辺の光景こそが、花袋の関心の的であった。

注目すべきは、郊外散策者のための案内書が、このような風景観で書かれるようになったということだろう。季節の景物という枠組みが取り払われて、風景を見る目は一層自由になった。多くのものが見えるようになってきた。その楽しさを、花袋の『東京の近郊』は案内書というかたちで教えてくれた。

ところで、このような目によって見出された光景は、江戸の人々が見ていた季節の景物と比較すれば、新鮮で多様である。しかし、見る人によって異なるという意味では、恣意的で印象主義的なものである。このように見出された景物が、季節を選び、場所を選び、眺め型までも規定するという、すでに見た江戸の季節の名所のような様式化された名所の体系を生むとは、もはや考えられない。

国木田独歩の『武蔵野』の光景が、名所にとらわれない、地名の出てこない光景であることについてはすでに触れた。独歩の光景は、「歴史的・文学的な意味（概念）におおわれた場所」である名所から切断されている、と柄谷行人氏は述べ、「均質空間の発見」と係わっていることを示唆している（「内面の発見」『日本近代文学の起源』）。

風景をみる視線が拡散することによって見えてきたのは、柄谷氏が示唆するように、空間ではないだろうか。生き生きとしたリアルな、郊外という広がりをもつ空間、そこの光景である。独歩の場合は、武蔵野という広い空間の光景であった。花袋の場合は、西郊あるいは東郊という空間の光景であった。取り上げられている蘆荻《ろてき》や帆影《はんえい》や剖葦《よしきり》などの景物の美しさは、あくまでもこの空間の中の構成要素として語られている。

そういえば、『江戸名所図会』を意識して書かれたこの案内書の書名も、『東京名所図会』ではなく、『東京の近郊』と空間的な書名である。

ところで、地名と歴史的・文学的な意味とを捨象して、実用的な近郊案内書は書けないだろう。花袋は、独歩の延長線上にある風景観で、東京近郊の魅力を語りつつも、名所と地名を捨象してはいない。それゆえ、この本は、両者を折衷した案内書になっている。

電車の光景――都会に向かう心と野に向かう心

国木田独歩は『武蔵野』で「町外《まちはず》れの光景」を見いだした。「大都会の生活の名残《なごり》と田舎の生活の余波とが此処《ここ》で落合って、緩やかにうずを巻いているようにも思われる」、そういう光景である。

花袋も、この町外れの光景に触れている。

「渋谷の道玄坂は独歩がそういうところの代表地として書いたものであるが、もうその時とはまるで違った賑やかなところになった。今では却《かえ》って世田ヶ谷、三軒茶屋あたりに、その気分は移って行ってしまった。その他《ほか》、小石川の雑司ヶ谷あたり、本郷の駒込の果《はて》あたり、根岸の先の三の輪あたりにそういう気分が残っている。」

しかし、町外れの光景のとらえ方は、独歩とは異なる。独歩は距離を置いて観察しているが、花袋はそこに住んでいる人間として体験している。

「都会に向かう心と、野に向かう心と、こういうことを私はよく考える。現に私達も、実はこの都会と野の接触点に住んでいる人間である。（中略）一日の労働をすまして、静かに身を電車に横《よこた》えると、電車は風を切るように早く早く市の雑踏を横ぎって、そして緑《りょく》色《しょく》の漲《みなぎ》った野の方へとやって来る。一停車場毎《ごと》に、野と空とがひろく前にひらけて見渡されて来る。踏切の棒が上がったり下りたりする。やがて林が来る。空の果てには、富士の晴色《せいしょく》が一目に見わたされる。これが冬ならば、箱根から丹沢山塊の連《つら》なっているさまが手に取るように見える。秋ならば、野の銀杏《いちょう》が美しく黄葉《こうよう》して、それに夕日が美しく見事にさしわたる。もずが何処かでキキと鳴く。いつもの停車場に来るともう家に帰ったような気がする。都会から野に向かう心の楽しさを私は何年経験したことであろうか。」

独歩の時代には描くことのできなかった、車窓の光景である。郊外に住む通勤者が体験している車窓の光景と、都会から野に向かう心の楽しさを、花袋は実に鮮やかにとらえている。

「そうかと思うと、こんなことを私は言った。『都会は夜ですね、夜でなければ、都会の本当の味はわかりませんね。町は一杯に灯《ひ》で彩られる。カフェには美しいわかい女がいる。川に臨んだ室《へや》からは三味線の音《ね》がきこえて来る。歓楽はこれから始まるというんですね。それなのに、私達は電車に乗って、野にある家へ帰って行《ゆ》かなければならない。それを思うと、さびしいね。郊外には明るい灯なんかありませんからね。（中略）郊外に住むのもよしあしですよ。電車に乗るところに来ると、ああまた今日も暗い郊外に帰って寝るんだ。こう思うと陰気な気になりますよ。』つまり都に向かう心である。この都に向かう心と野に向かう心とが、丁度都会と野と接触したところの空気に似ているなどと私は思った。やはり、郊外に住んでいる人の心だなどとも思った。」

都会に住みたいという都会心と、田舎に住みたいという田舎心と、二つの矛盾した欲望を抱きながら、都会と郊外との間を通勤している郊外人の意識も、花袋はよくとらえている。

しかし、野に向かう心が、郊外住宅を生みだし、その郊外住宅が、西郊あるいは東郊の趣ある近郊を呑み込み、消滅させていくことになる、という矛盾した関係に、花袋は気づいていない。

▼市内市外分離論　西欧の都市のほとんどは、城壁の中で発展してきたコンパクトな城塞都市である。このためか、「都市は都市たらしむべし」、「市外は市外たらしむべし」という考え方は、近代以降も西欧都市論の基本になっている。

▼市街化調整区域　都市計画区域を、計画的な市街地形成を促進する市街化区域と、無秩序な市街化を防止する市街化調整区域とに区分する、いわゆる線引きをする制度が、昭和四十三年制定の都市計画に取り入れられる。市街化調整区域では、市街化をはかる目的の開発行為は認められていない。

▼田園都市　大正四年の序文を付した『大言海』の「田園」の項目の（二）には、郊外、イナカの語釈の下に「田園生活」という語例を挙げる。この語は、田山花袋「田舎教師」や島崎藤村「家」にも見える。ただし「……都市」については、「田園」「庭園」「花園」ともに見えない。

▼農村……　ただし、「農民……」はある。『日本近代文学大事典』によってその雑誌名の例を挙げると、『農民』『農民芸術』『農民闘争』『農民文学』などが昭和になって出てきている。

▼試行錯誤　公衆衛生法で、都市内の非衛生的住宅などを取り締まり、労働者住居法で、非衛生的な住居を撤去あるいは取り壊して、衛生的な住居を建設していくと

いう方法が、イギリスなど西欧でとられた。スラム・クリアランスであるが、巨額の費用がかかった。しかし、こちらのスラム街が改良されると、別の場所にまたスラム街が形成されるということが繰り返された。

▼潺湲　水がさらさら流れるようすをいう語だが、谷崎潤一郎は京都に移住して『細雪』中・下巻を執筆中に、その家の窓の外を流れる川に魅せられて、その住居に「潺湲亭」の名を与えた。

▼徳冨蘆花　蘆花が田舎住居するにいたった理由は、『みみず……』ほかに書かれているところによると、トルストイの影響もあるようである。トルストイも日本の近代文学に大きな影響を与えた作家だが、後半生は田舎に居住して領地の自然や農民を重んじて暮らした。

▼明治四十五年大博覧会　一九一四年（大正三）の「明治大正博覧会」のことか。明治四十五年は明治天皇が不例から薨じ大正となった年だが、一年間は諒闇の喪があった。そのため延期になったものか。

▼新宿八王子間の電車　一九一三年（大正二）四月十五日の、京王電軌の笹塚・調布間開通のことをいっている。ちょうどこのころから、郊外電車が延伸される趨勢がでてきたといわれる。しかし、『みみず……』において蘆花は京王電軌の悪口を言っている。

▼新刊予告　作家が自ら自分の本をコピーした例が、時々は見られた。例えば、夏目漱石『こころ』は漱石自らが新聞広告のコピーを作った。「自己の心を捕へんと欲する人々に、人間の心を捕へ得たる此作物を奨む」というのがそれである。

▼TとYとH　モデルは東京・横浜・八王子。

▼彼の故郷　「南方の或る半島の突端」は紀伊半島で、「故郷」は和歌山県新宮市。佐藤春夫は、田舎の名家の長男として、故郷と地元の名士たる父親に屈託した感情を抱いていたものとされている。

▼テーマになっている薔薇　『田園の憂鬱』の第一稿は「病める薔薇」という題名で発表された。また『田園の憂鬱』中にも「おお薔薇、汝病めり！」というエピグラムが見られる。

▼廬山　中国でも日本文学でも古来有名な山。漢詩に詠まれる名山としてさまざまな作品中に名を残す。また、そのうちにある香炉峰は『枕草子』にもでてくる。

▼深い眠　川端康成『山の音』などにも、古代遺跡から発掘されて開いた二千年前の蓮の実のように、地中に体を預けて二千年も眠りたいという主人公の願望が語られる。日本文学の主人公たちは、疲れ、深い眠りに憧れている。

▼足に任せて歩き回っていた遊観圏　『江戸名所図会』が取り上げている範囲を示す。東は、松戸、市川、船橋くらいまで、西は、高幡、百草、狭山、所沢くらいまで、南は、保土ヶ谷、金沢くらいまで、北は、浦和、大宮くらいまでである。

▼空風　幕末の紀州田辺藩士の書いた『江戸自慢』という本にも、郊外ならぬ江戸市内の空っ風について「晴天には風吹かぬ日は少なし。強く吹く日は土煙り空に漲り、……」とあって、防護メガネだの黒足袋だのの着用が記されている。

▼方角による分類　いわゆる「風水」思想による四神がこの四つの動物として示されている。地形の吉凶を占う理論（風水思想）では、背後に山を負い、左右は丘陵に限られ、前方にのみ開いている（中でも北が山というのが最も基本）の都城のパターンで、私はこれを『日本の景観』の中で「蔵風得水」型景観と名づけ、山の辺の景観の一タイプと位置づけた。

▼航路　江戸初期まで利根川といえば、現在の江戸川水系のことであった。江戸近辺の水運は盛んで、近郊作物をはじめ野田や銚子の醤油が江戸に船で運ばれ、人の往来も船に頼るところも大きかった。

第2章 郊外住宅地

❶田園調布

［1－2－①A］
『東京急行電鉄50年史』（東京急行電鉄社史編纂委員会、一九七三年、四五～六〇、一二五～一四〇頁）

第1章　田園都市業の創始

1　田園都市会社の創立

1）創立とその趣旨

渋沢栄一の計画

田園都市株式会社の生みの親は、子爵渋沢栄一である。渋沢栄一は、大蔵省の中堅官吏として明治政府の財政立直しに尽力してきたが、政府の軍事優先方針に対する反発と、民間実業界の不振打開のため、率先、第一線に立って自分の才能にかなった働きをするのが国家に貢献する道でもあるという信念から、明治6年5月、退官して実業界に乗出すこととなった。その年の8月、わが国初の国立銀行である第一国立銀行（第一勧業銀行）が創立されると、銀行当局者は、渡りに舟とばかりに渋沢栄一に頭取就任を依頼してきた。本人としても、国立銀行の創立に関しては在官中には国立銀行条例制定の任に当たっていたので、国立銀行のその後の経営について責任を感じ、明治7年8月、頭取に就任した。

さらに渋沢栄一は、現在の東京商工会議所の前身である東京商法会議所の初代会頭就任をはじめ、八十余社の事業に関係して、わが国実業界の興隆に尽力したが、明治42年、古稀（70歳）に達したのを機に、銀行・教育・慈善・公共事業などの団体役員を除くすべての事業から引退した。しかし、その後もわが国実業界の大御所であることには変わりなかった。

渋沢栄一は、大正4年10月、76歳という高齢ながら、その主宰する日米関係委員会の委員数人とともに渡米した。これは、サンフランシスコで開催されるパナマ運河開通記念万国博覧会の視察と日米親善を兼ねたものであったが、渋沢栄一の渡米は、それまでの3度にわたる欧米視察に続いて4度目の海外視察であった。それまでの欧米視察で、渋沢栄一は田園都市をつぶさに見て、わが国にも田園都市の必要であることをかねてから力説し、渡米前の大正4年10月に、有力者数人と共同して田園都市づくりの企画の検討を始めていたが、この訪米でことさらその感を深くした。

田園都市の必要性を、渋沢栄一は次のように述べている。

「元来、都会生活には自然の要素が欠けている。しかも都会が膨張すればするほど自然の要素が人間生活の間から欠けていく。その結果、道徳上に悪影響を及ぼすばかりでなく、肉体上にも悪影響をきたして健康を害し、活動力を鈍らし、精神は萎縮してしまい、神経衰弱患者が多くなる。

人間は、到底自然なしには生活できるものではない。人間と自然との交渉が稀薄になればなるほどこれを望む声が生まれてくるのは当然のことである。近年、東京、大阪などの大都市生活者の中で郊外生活を営む人の多くなったのも、一面では経済上の理由もあるだろうが、主として、都会の生活にたえきれなくなって自然に親しむ欲求からであることはまちがいない。

都会の最も発達している英国などにおいては、かなり前から都会生活の中に自然をとり入れることについて苦心しているが、年々人口の増加する大都市に自然をとり入れることはむずかしい。そこで20年ばかり前から、英米では『田園都市』というものが発達してきている。この田園都市というのは簡単にいえば自然を多分にとり入れた都会のことであって、農村と都会とを折衷したような田園趣味の豊かな街をいうのである。

私は、東京が非常な勢いで膨張していくのを見るにつけても、わが国にも田園都市のようなものを造って、都会生活の欠陥を幾分でも補うようにしたいものだと考えていた。」

（渋沢栄一著『青淵回顧録』より）

渋沢栄一

これが、とりもなおさず渋沢栄一の田園都市建設の目的であり、理想であった。渋沢栄一は大正5年1月に帰国後、余生を公共事業のためにささげることを決心し、以後はいっさいの営利事業には関係しなかったが、この田園都市の具体化については、自分がその衝に当たらないまでもどうにかして実現したいものと思い、機会あるごとにこの意見を述べていた。

やがて、おいおいと渋沢説に同調する意見が現われるようになり、大正7年に至って、渋沢栄一を中心とする同志の間に田園都市計画が成立したのである。

当時の不動産業

渋沢栄一の田園都市計画は田園都市会社として具体化されたが、この田園都市について、渋沢栄一は、前記『青淵回顧録』に「田園都市とは、自然を多分にとり入れた都会である」と説明している。また、昭和43年発行の『明日の田園都市』の著者であるエベネーザ・ハワードは、「田園都市とは、田園の中にある都市――つまり、美しい農村にとり囲まれた都市」と定義づけている。この著者によると、公式に田園都市の名が与えられたのは、１８６９年（明治2年）、アレキサンダー・J・スチュアートによって始められたニューヨーク郊外の新都市であったようである。わが国においては、田園都市会社が手がけた「田園都市」が最初であった。

次に、当時の不動産業の沿革についてみると、江戸時代の口入業から副業として発生してきた仲介業がその始まりで、明治以降、土地建物の信託業務ないし管理経営業務として発達した。明治末期から大正以降になって、私鉄などの郊外開発事業が起こってきたが、またこのころから、土木建築会社系統のものも現われてくるようになった。

ところで、草創期の不動産会社としては、東京においては、明治29年に安田善次郎らによって創設された東京建物、明治39年に創設された東京信託（日本不動産）などがあり、関西では、明治29年に創設された万成社などがあった。これら代表的な草創期3社の事業活動に共通しているのは、いずれも社会の上層部分を対象としていること、土地・建物の売買・賃貸を主目的としたこと、などであった。

このなかで東京信託は、郊外開発の先駆者でもあった。同社は、大正元年、荏原郡駒沢村から玉川村にかけての一帯（旧玉川線桜新町停留場の南側一帯）に約23万平方メートルの新町分譲地を造成、翌2年に分譲した。規模はともかく、これが関東地区で最初の郊外開発計画といわれている。

私鉄で初めて土地分譲、土地付住宅の経営を開始したのは、明治40年10月に設立された箕面有馬電気軌道（現阪急電鉄）であった。同社の代表者である小林一三のこの事業発想は、田園都市業の収益を期待することによって電鉄業を成立させる、というところにあった。したがって、田園都市会社の起業趣旨とは明らかに大きな差異があったということができる。

小林一三は、起業に当たって、大半の株式引受けを依頼した北浜銀行の頭取岩下清周に次のように説いている。

「この会社は設立期で信用はゼロである。早晩解散されることと見られている。仮りに何とか工夫して会社を設立し得るとしても、結局は駄目だという風に、沿線一般の人から馬鹿にされている。それを幸いに、沿線で住宅地として最も適当な土地を仮りに1坪1円で買う。50万坪買うとすれば、開業後、1坪に就いて2円50銭利益があるとして、毎半期5万坪売って12万５０００円もうかる。

5万坪が果して売れるかどうか、これは勿論判らないけれど、電車が開通せば1坪5円くらいの値打ちはあると思う。そういう副業を当初から考えて、電車がもうからなくとも、この点で株主を安心せしめることも一案だと思います。」

（小林一三著『逸翁自叙伝』より）

土地会社の経営方針

大正15年5月28日付の朝日新聞は、当時の土地会社の経営方針を、次のように特徴づけている。

「土地会社には旧式の大地主主義と、新式の分譲地主義との二種類がある。旧式のは金融中心で行く土地経営の方式で、先づ将来地価が騰貴する可能性の多い土地を、一まとめに見切って買い、自然に依る地価騰貴で不労増収を計る経営方法である。安田系の不動産金融機関である東京建物がこれである。

一方、新式の分譲主義は、箱根土地（現国土計画）、田園都市会社等の土地会社で、土地の分割売中心で経営している会社である。武蔵野の山林原野を一まとめに数十万坪も買い入れ、これに道路、電車、給水、電灯、電話、郵便局、マーケット、運動場等を設備して、人為的に地価をつり上げて分譲経営する方法である。

池袋から武蔵野電車で行く商大の在る大泉学園都市、目黒蒲田電鉄の沿道に在る田園都市等はこの例である。」

箕面有馬電気街道の路線計画は、梅田～宝塚～有馬、宝塚～西宮というものであったが、このうち、梅田～宝塚間が明治43年春に開通した。

これに先立ち、同社は土地事業に着手し、総面積１００万平方メートルを買収して、明治42年から池田、豊中、桜井という順で住宅地を造成し、鉄道の開通と同時に分譲を開始した。そして、８万９０００平方メートルが短期日に売切れてしまった。

土地付住宅の場合は、1区画がだいたい330平方メートル、住宅は2階建て5~6室で、関西でいう〝文化住宅〟の元祖をなすものであった。

会社の創立と役員の選任

田園都市計画がまとまったところで、発起人が募られた。その結果、発起人に名を連ねたのは、渋沢栄一、中野武営（東京商法会議所2代会頭）と、京橋、日本橋の紳商として名の高かった服部金太郎、緒明圭造、柿沼谷雄、伊藤幹一、市原求、星野錫の8人であった。しかし、渋沢栄一自身は、すでに実業界から引退していたため表面に立って事業計画を遂行することをせず、その子渋沢秀雄を交えた前記発起人とはかって事業計画の達成を期したのである。

事業用地については、高台で空気は澄み、地質が良好で樹木が多く、道路が発達して、しかも33万平方メートル以上の広大な地域という条件で選定した。そして、地元村民の協力により、東京府荏原郡洗足村、碑衾村、玉川村にかけての多摩川畔一帯の地、合計138万6000平方メートルが事業対象地に決定した。

そこで発起人一同は、大正7年1月、まず会社設立に先立って会社設立趣意書を一般に公表した。大要は次のとおりである。

「今や吾人が経営せんとしつつある田園都市会社の如きもまた此事業の一分科にして、要は黄塵万丈たる帝都の巷に棲息して生計上・衛生上・風紀上の各方面より圧迫を蒙りつつある中流階級の人士を空気清澄なる郊外の域に移して以って健康を保全し、且つ諸般の設備を整えて生活上の便利を得せしめんとするにあり。田園都市の目的実に斯くの如し。而して吾人は東京市の実状に鑑みて其の必要に迫れるを覚り、地を東京府下荏原郡玉川村及洗足池付近に相し、地積42万坪を撰定し、株式会社を組織して以てこれが経営を為さんとす。右の予定地は品川・大崎・目黒附近における都市境界線を去ること西南約20町乃至1里余の中に在りて、土地高燥地味肥沃近く多摩川の清流を俯瞰し、遠く富岳の秀容と武相遠近の邱岳を眺望し、風光の明媚なる宛然一幅の活画図なり。且つ其附近には歴史的の名所旧蹟各所に散在して、遊覧行楽の境亦従って鮮なからず、田園都市建設地として洵に無二の好適地なりとす。而して東京市とを連絡すべき交通機関の設備に就ては、曩に認可を得たる池上電気鉄道及び武蔵電気鉄道2会社の敷設すべき線路が何れも洗足に於ける我予定地の一部を貫通すべき計画なりと雖も、然も当社は之を以って満足せず、更に府下大井町を起点として我洗足予定地に至り、池上電気鉄道及び武蔵電気鉄道線と交差し、玉川予定地を過ぎて玉川電気鉄道駒沢附近に連絡し、尚ほ進んで院線新宿駅に至る電気鉄道を自ら敷設するの計画を樹て既に其大部分は主務省に対して敷設認可を

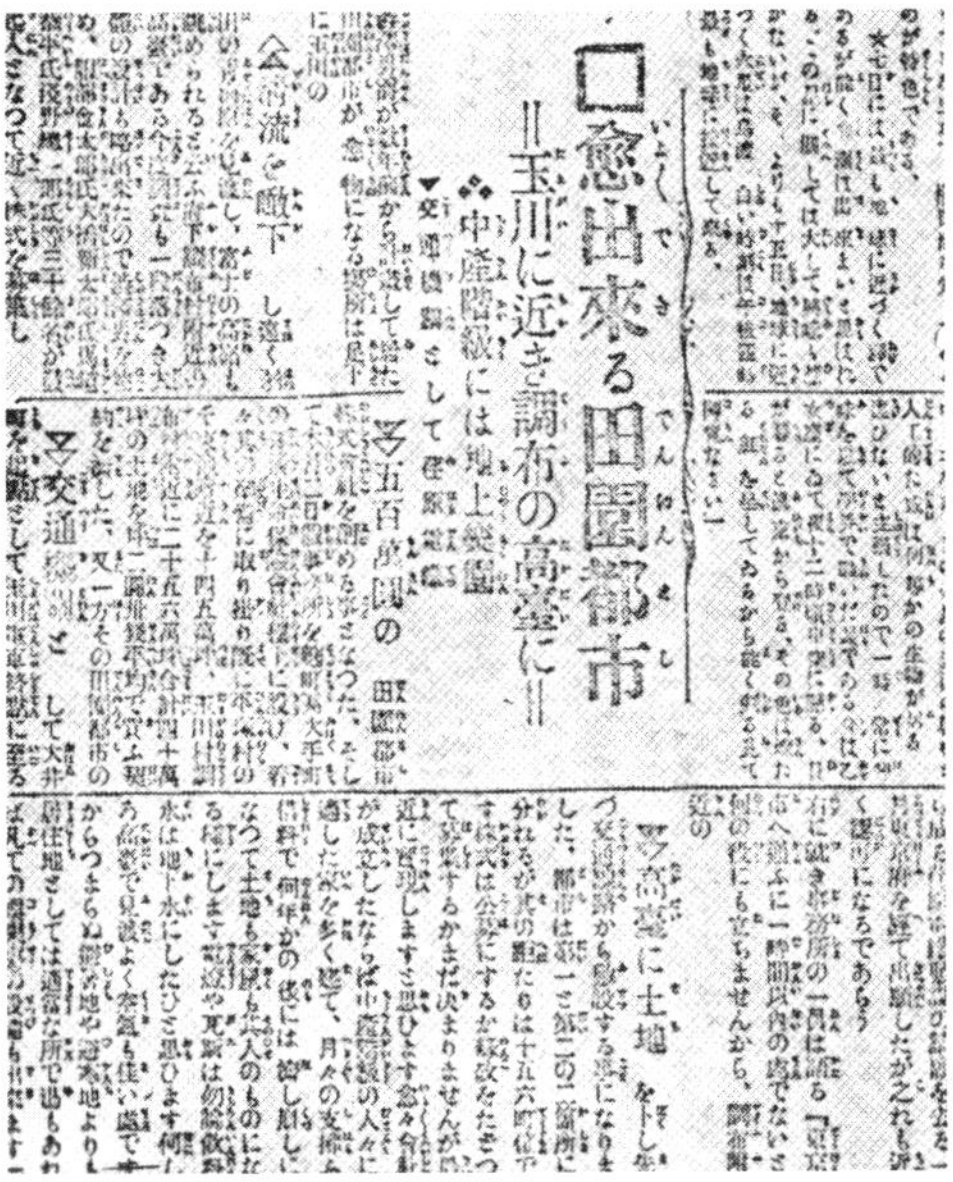
愈《いよいよ》出來《でき》る田園《でんゑん》都市
―玉川に近き調布の高臺に―

大正7年3月5日付時事新報の記事

1-2-①A『東京急行電鉄50年史』

渋　沢　秀　雄

申請せり。

斯くの如く当会社は内、田園都市自身の整備を整へ、外、交通機関の連絡を完了するに於て茲に初めて目的事業の経営其緒に就くを得るものとす。

而して吾人の計画は、予定地域内に先づ第1期に於て500戸の中流階級者の住居に適すべき家屋を建築し、毎戸各若干坪の庭園菜圃を添へ、低廉なる賃貸料を以って之を貸付し、且つ年賦払込にて其所有権を居住者に移転せしめ、若干歳月の後には知らず知らず土地家屋の所有者たらしむるの方法を採らむとす。田園都市株式会社設立の趣旨及び事業の概要大略前述の如く、其目的は偏に公益に存すと雖も然も其性質素より純然たる営業会社にして、公益を図ると同時に亦自己の営利に努め土地の開拓より生ずる収入、住宅貸付料及び年賦利息金、電気鉄道事業其他各種の利益より株主に対しては開業後両3年の間に於いても尚ほ能く優に年7分乃至9分の配当を行い爾後事業の経営其歩を進むるに従ひ一層多額の利益を挙げ得るの目算あり。

況して今後逐年昂上して止まざるべき土地価格の騰貴は、会社の資産をして数年ならざるに殆んど数倍せしめんとするは、今日より歴然たるものあるに於いておや。本事業の将来極めて有望なるべきは更に言を須ゐずして明かなりとす。望むらくは大方諸君、吾人の意図を諒とし奮って賛同の栄を与へられんことを。

大正7年1月　　　発　起　人」

（『東京横浜電鉄沿革史』より）

こうしてすべての準備が整ったところで、大正7年9月2日、創立総会が開催されて田園都市会社が設立された。資本金は50万円、本社は東京市麹町区永楽町2丁目10番地日清生命館（現千代田区大手町2丁目2番地東京生命ビル）内に置いた。

取締役には中野武営、服部金太郎、緒明圭造、柿沼谷雄、星野錫、竹田政智が、また監査役には伊藤幹一、市原求が選任された。なお、同日の取締役会において、社長に中野武営、専務に竹田政智が就任した。

社長に就任した中野武営は、農商務省出身で、退官後、大隈重信らとともに改進党創立に参画し、また実業界においては、東京株式取引所理事長、関西鉄道社長として活躍、明治38年には、前記のように東京商法会議所会頭に就任、大正3年には東京市議会議長の要職にあったという、政財界の大立物であった。また、専務に就任した竹田政智は、大株主服部金太郎の女婿で、中野武営と同じ農商務省の出身であったが、大日本人造肥料社長のほか数社の役員を兼ねていた。

渋沢栄一は、すでに実業界からいっさい引退していたため、相談役として同社の発展に貢献することとなり、代わりにその子の渋沢秀雄が、翌年1月から同社支配人として実務を担当した。

ところが、発足してわずか1か月後の10月9日、社長中野武営が急逝した。しかし同社では、後任社長を置かず、しばらくの間、専務竹田政智が代表取締役として会社運営に当たることとなった。

荏原郡の沿革と交通

田園都市会社の創業当時、荏原郡全郡は19か町村であった。荏原郡には郡役所が設けられ、郡長が任命されたが、これは府県と町村との中間にあって、単に政務の取次ぎにすぎないという点から、大正12年に郡役所ならびに郡長は廃止されている。その後、昭和7年10月、東京市へ編入されるとともに、郡名も失われるに至ったが、当時の荏原郡は、現在の区画からいえば、世田谷、大田、目黒、品川の4区がこれに当たる。

荏原郡下における人口の推移を、目黒区史は、「明治30年ごろ、荏原郡下で1万人以上の町村は、品川町と大森町のみであり、他は3000人から4000人ぐらいの町村が多い。次いで、約10年を経た明治末期の荏原郡下をみると、人口が急激に増加した町村と、10年間にそれほど変化のない村とがみられる。品川町、大森町に続いて南方の羽田町、大井町および大崎町がいずれも人口1万以上に達しており、とくに大井町と大崎町の増加はこの間4倍以上である。これに対し、市街地に面していない矢口村、調布村、池上村、馬込村、平塚村、碑衾村、駒沢村、世田谷村、玉川村などの人口はほとんど増加していない」と記述している。

これら各村に共通している点は、交通機関に恵まれないことで、大正の初期までに郡内に利便を与えていた鉄道は、南部を通過する京浜電気鉄道と北部を走る玉川電気鉄道および京王電気軌道の3線だけであった。

これらの各社線は、それぞれ東海道、大山街道、甲州街道として古くから開けた街道沿いに敷設されたので、これら各線から遠く隔てられた荏原郡中心部一帯の村落に居住する人びとにとっては非常に不便であった。

この地域では、明治末期からわずかに目黒権之助坂から玉川野毛までの間に、〝ガタ馬車〟と呼ばれた乗合馬車が走り、また現在、混雑を極めている中原街道でさえも、五反田～丸子（丸子橋）間を10人乗りの乗合馬車が1時間2台程度の間隔で走っているだけであった。

田園都市計画の内容

田園都市会社は、会社設立後ただちに次のような事業計画に基づいて、事業用地の買収に取りかかった。

〔事業対象地〕

荏原郡洗足村、調布村および玉川村にわたる多摩川畔一帯の地域（洗足・大岡山・多摩川台地区）が事業対象地に選定された。面積は、会社設立までの目標である138万6000平方メートルより若干縮小され、125万4000平方メートルとなった。

〔交　通〕

田園都市会社自体で完全な交通機関（のちの大井町線、目蒲線をさす）を設けて省線、東京市電と連絡させ、都心からの交通の便を図る。なお、自動車・腕車（人力車）の利用のため、新設電車線に沿って幅7・2メートルの道路を設ける。

〔電灯・ガス・上下水道・道路〕

電灯・電力については、田園都市会社直営とする。料金も東京市内と同額とする。ガス供給については検討を続ける。上水道は、当時創業された玉川水道に建設費を補助してその新設濾過池から引用し、自然水のみにたよらないこととした。下水道は高地を利用し、道路の両側に水路を設けて完全に放出させる。

また、郵便局の設置、電話の架設を請願し、住民の便宜を図る。道路は、幅員3・6メートルから12・6メートルに及ぶものを適宜に通し、街路樹を植え美観を添える。

〔住宅の建築〕

住宅の建築は居住者の任意であるが、田園都市会社としても、建築部を設けて土地購入者の依頼に応ずる。また、その建築に当たっては、美観を保ち環境の悪化を防ぐため、次の条件を規定し、いわゆる理想的な田園都市に恥じない住宅の建築を希望し、強調することとした。

① 他人の迷惑となるような建物を建造しないこと。
② 障壁を設ける場合も、瀟洒典雅なものとすること。
③ 建物は3階以下とすること。
④ 建物敷地は宅地の5割以内とすること。

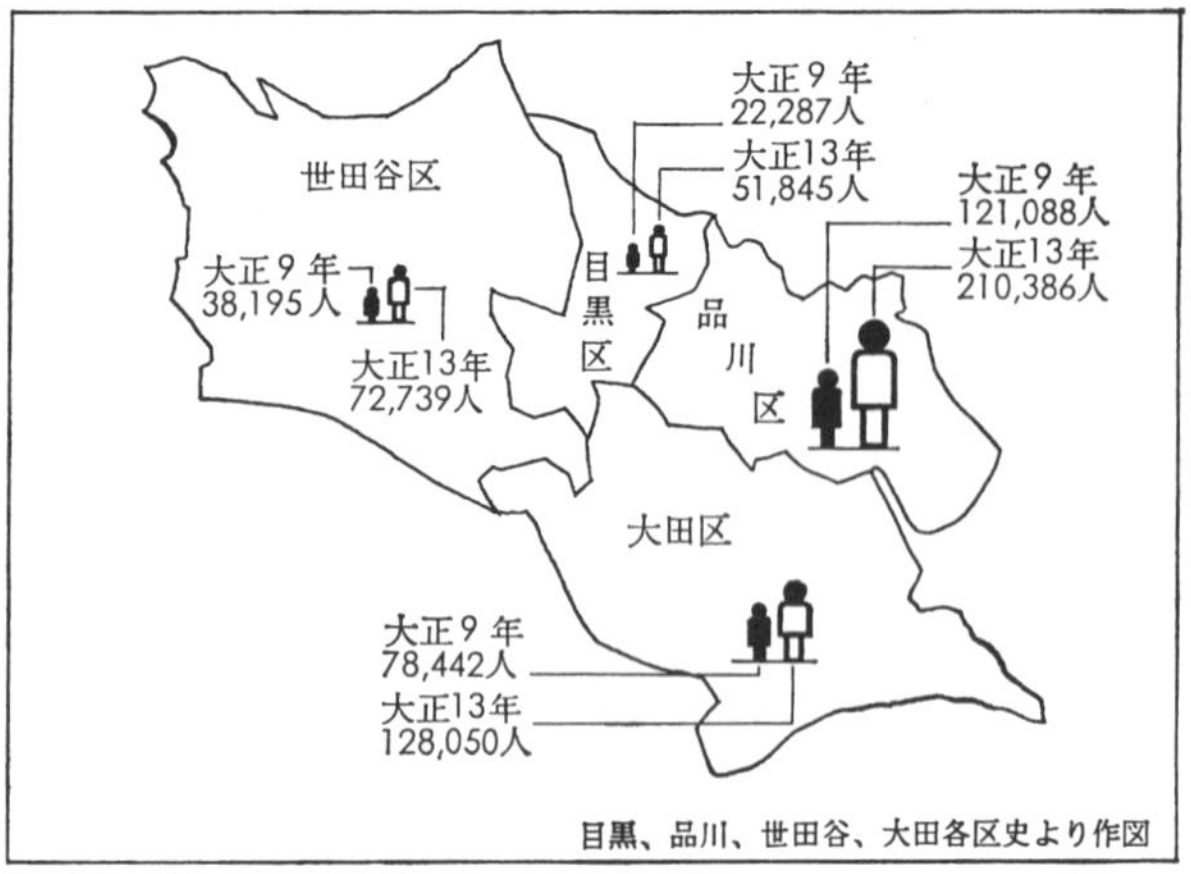

荏原郡当時の各区別人口

⑤　建築線と道路との間隔は、道路幅員の2分の1とすること。
⑥　住宅の工費は1坪当たり120円以上とすること。

なお、万全を期するため、建築部において住宅図面の参考書を一般に閲覧させたり、見本住宅を建築して展示したりするほか、庭園の設計、花壇・菜園などについてもそれぞれ指導に当たることとした。

〔教育機関〕

完備した教育機関もまた都会人の要望するところであるので、田園都市計画では初めから小学校と幼稚園の用地を準備し、居住者の子弟教育に充てることとした。居住者の移住に伴い、これらの機関を特設し、あるいは地方村長と協力して従来の町村小学校と幼稚園の施設を改善、拡張し、教育上遺憾のないようにする。男・女中学校については、建設予定の鉄道沿線に誘致する。

開発以前の田園調布

〔住宅地域と店舗地域〕

田園都市建設の目的からいっても、住宅以外の他の建物の建設を禁ずる。しかし、居住者の便宜を図るため、駅を中心とした一画に店舗地域を定め、ここに店舗を集中する。このほか、居住者の趣味・嗜好に基づき、洋風建築区域を定める。

〔保安と衛生〕

保安については、駐在所設置を請願して居住者の安全を図り、衛星については、医師の誘引開業により居住者の不安を除去する。

〔倶楽部の設置〕

居住者相互の交際機関、また意思の疎通を図る協議機関として倶楽部を設置する。倶楽部用の土地は提供する。

〔公園と遊園地〕

田園都市内の景勝地を選んで居住者と一般の娯楽場とし、ここにテニスコート、ブランコその他の運動設備を設ける。また、外郭である多摩川沿岸を利用して一大遊園地を設置し、さらに在来の洗足地を清浄にしてボートを備えるほか、各種の施設を設ける。府立公園も府当局その他と交渉して立案計画する。

以上が田園都市会社の田園都市計画の内容であるが、このように大規模で、しかも上下水道が完備し、道路に樹木を植えて美観を添えるなどということは、当時の郊外住宅においてはまったく珍しいことであった。また、通信施設・教育施設・保安施設・医療施設のための用地を用意することはもちろん、日用品その他の生活必需品の供給機関としての市場・購買組合施設にも便宜を与えることとしている。これらの文化的施設の設置が、田園都市会社の街づくりの大きな特色であった。

このなかで、とくに多摩川台地区（田園調布）の住宅街については、渋沢秀雄の欧米視察があずかって大きな力があった。渋沢秀雄は、大正8年に入社早々欧米を一巡して、田園都市や衛星都市などを視察した。その結果、パリの凱旋門のエトワールという環状線と放射線が交錯している形式とし、「町ぐるみ公園」というイメージで緑地・公園・道路の面積をできるだけ高率（18パーセント）にとることとなった。欧米諸都市の道路率に比べると、18パーセントではまだ低いが、当時のわが国の分譲地は平均5パーセント以下で、これに比べると非常な高率であった。

渋沢秀雄は、この間のいきさつを「大学を出て間もなかった私にとって、文化的な住宅地をひらくという仕事は魅力があった。そして、諸外国から集めてきた住宅地の平面図や写真を参考資料として、建築家の矢部金太郎氏に引いて貰ったプランの成果が、現在の田園調布界隈に跨がる住宅街である」（社内誌『清和』創立30周年記念特集号より）と語っている。

2）計画の具体化

土地の買収

田園都市会社は、大正7年9月2日、会社設立と同時にただちに事業用地の買収に取りかかった。

買収予定地区は、洗足、大岡山、調布、玉川の一円であったが、買収を進めていくうちに地価が騰貴し、とくに洗足地区が激しかった。そこで、計画面積である125万4000平方メートルを確保するため、大正7年11月29日、重役会を開催して土地買収要項を決議した。

土地買収要項の概要は、「洗足地区（荏原郡碑衾村・馬込村・平塚村）

創業時の思い出（渋沢秀雄）

欲得以外に、農家の人は土地に根強い愛着を持っている。洗足地区では小杉慎太郎氏、大岡山地区では角田光五郎氏、調布地区では森総吉氏などが熱心に地主仲間を奔走してくれた。

そもそも、この田園都市計画を地主に吹き込み、それを私の父のもとへ持ってきたのは、畑弥右衛門という古風な名前の人だった。畑氏は、後年洗足地区に宅地を買うと、そこに生えていた老松数本を惜し気もなく切り倒した。そしてその年、何かの議員に立候補したが見事落選。すると知人が面と向かって、それは松の木のたたりだよ、と平気で冷やかすことのできる人だった。

田園都市は“Garden City„の語訳である。会社は、最初、事務室を大手町の日清生命館内に置いた。よそへ電話をかけるたびに、私は社名が通じないので弱った。

「こちらはデンエントシです」と絶叫しても、「は？　デンセン？　デンセンボチ？　伝染病の墓地？」

縁起でもない。「違います。タンボの田に動物園の園、それから京都の都に東京市の市、田・園・都・市になるでしょう」、「はあ、なるほど、田園都市」、やれ嬉しやと思うとたん、「何です、それは？」

ある日、社用の電報を打ちにゆき、局員が料金を計算するあいだベンチで待つ。すると窓口から「タゾノさん」、「タゾノトイチさん」と呼ばれ、ハッと気がついたことなどあった。すべてこれは、関東大震災以前ののどかな夢である。

（社内誌『清和』創立30周年記念特集号より）

1－2－①A　『東京急行電鉄50年史』

は、この地価の高騰で1坪当たり8円から15円ぐらいの取引事例が現われるほどになり、当初の1坪当たり2円30銭で買収することは困難となっている。そこで、洗足地区は一時見合わせ、もっぱら玉川村、調布村地区の買収に力を注ぎ、30万坪を獲得することとする。同地区の当初買収計画28万坪のうち、すでに買収済の14万7000坪のほか、5万3000坪は1坪につき50銭増額して買収し、残りの8万坪は、地上物件が非常に高価につくため買収を中止し、新たに亀甲山一帯の景勝地10万坪を増加することとする。なお、洗足地区についてはすでに買収登記済の分として6万1360坪があったが、その後の買収を見込んで合計10万坪を予定することとする」(『東京横浜電鉄沿革史』より)というものであった。この土地買収要項によって、結局、計画面積は132万平方メートル、買収所要資金は141万円に達することとなった。

ちなみに、調布村(田園調布駅付近から多摩川園前駅にかけての一帯)における買収地価は、平均3・3平方メートル当たり5円33銭、最高で8円、最低で2円50銭であった。大正8年時点における日本橋付近の地価が3000円という高値であったのに比べて、田園都市計画地はいかに〝いなか〟であったか容易に推測できる。

こうして、田園都市会社は、前記土地買収要項に基づいて土地の買収を進め、大正10年11月、各地区の買収を完了した。その結果、買収総面積は159万9000平方メートルとなり、計画面積132万平方メートルを27万平方メートルも上回る好成績を収めた。また、大岡山地区については、別途に30万平方メートルを買収した。

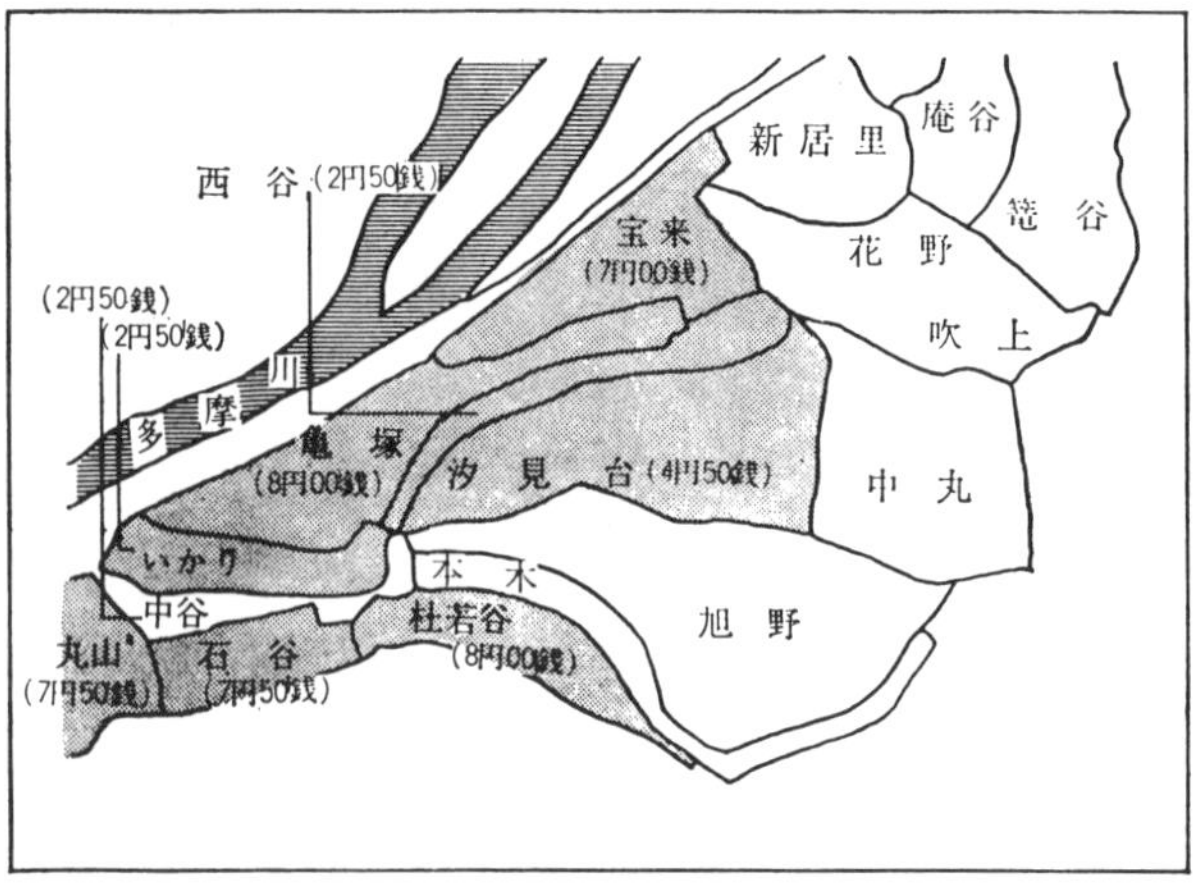

調布村における地区別買収単価(3・3㎡)

買収計画と資金総額

(大正7年11月)

地区名	面積と単価 (3.3㎡当たり)			資金総額	備考
	㎡	円	銭	円	
多摩川台	485,100	@ 2	30	338,100	買収済み
	174,900	@ 2	80	148,400	未買収
	330,000	@ 5	33	533,000	新規買収予定地
(小計)	990,000			1,019,500	平均単価3円40銭
洗足	202,490	@ 2	30	141,120	買収済み
	127,510	@ 6	46	250,000	未買収
(小計)	330,000			391,120	平均単価3円91銭
合計	1,320,000			1,410,620	平均単価3円53銭

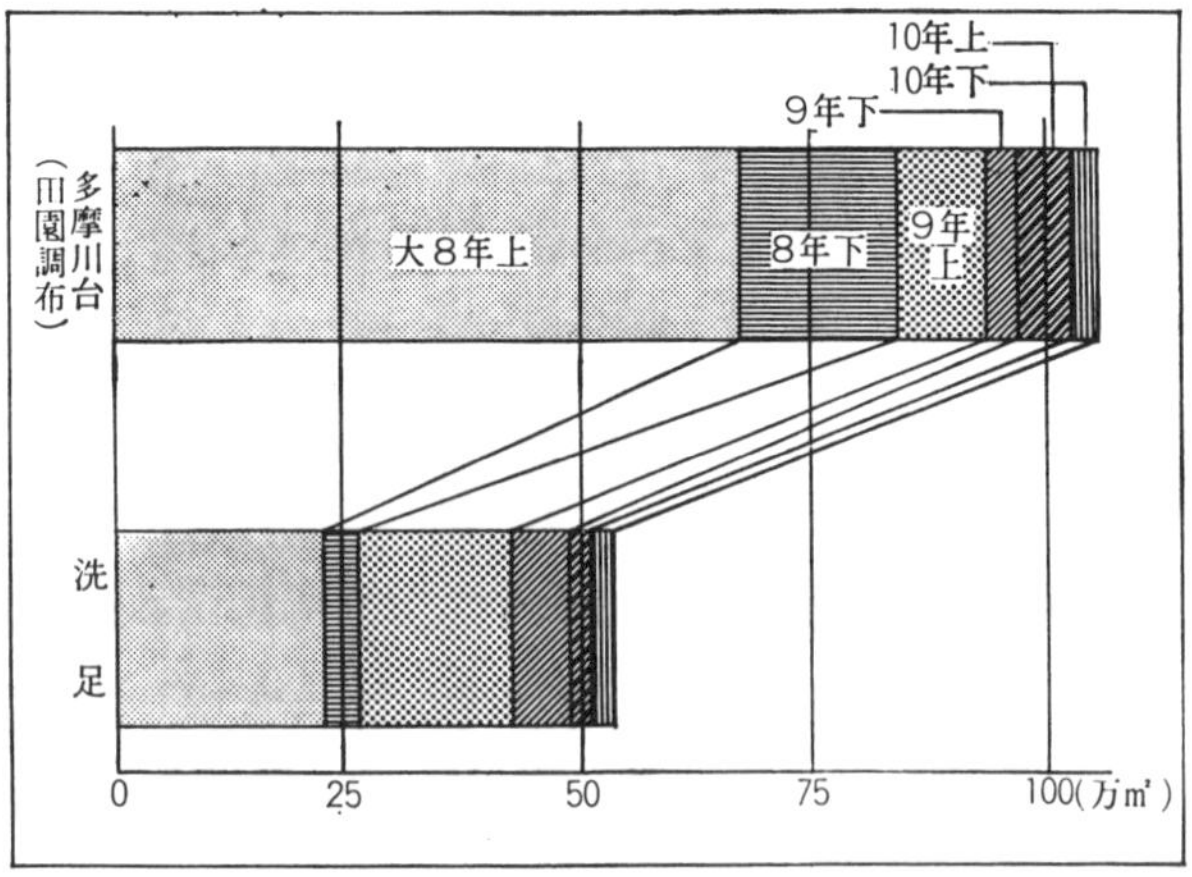

年度別土地買収実績

なお、池上電気鉄道の工事施行認可申請延期願（大正5年9月30日提出）のなかに、池上電気鉄道の計画路線に近接した地域については、鉄道建設に着手することによって買収が困難になるため、田園都市会社が契約を終えるまで数か月の間、工事着手を延期してくれるよう池上電気鉄道に依頼したという記録が見られ、すでに田園都市会社と池上電気鉄道との提携を裏付けている点が注目される。

耕地整理組合による事業推進

田園都市会社は、土地の買収と並行し宅地造成のための第1段階として、大正10年5月26日、田園都市耕地整理組合を設立した。

この耕地整理組合は、洗足地区碑衾村の一部（洗足駅付近）12万2100平方メートルを対象としたもので、当時、すでに発足していた矢口村耕地整理組合が、村の行政機関による事業であったのに対して、同じように公共事業的性格をもってはいたが、土地を所有している地主と農民と田園都市会社が共同で行なう民間事業であった。これは、今日、当社が進めている多摩田園都市建設の過程としての区画整理事業とまったく性格を一にしたものであった。民間による事業であるだけに、土地所有者の土地に対する愛着、利害関係などからで相当の反対者もあったが、結局、田園都市会社の熱意と設立趣旨が多くの賛同を得て、この耕地整理事業は推進され、完成をみたのであった。

整地中の洗足分譲地（大正11年）

田園都市会社本社（洗足）

田園都市耕地整理組合が近郊に与えた影響は大きく、のちに、隣接した奥沢耕地整理組合の結成から、ひいては玉川村全域に及ぶ玉川全円耕地整理組合の誕生へと進み、現在の世田谷区への発展につながったのである。この田園都市事業が近郊の村々の発展にいかに貢献したかを、世田谷区史は大要次のように述べている。

「田園都市会社が、着々、付近の町村の開拓を図り成功していくのを見た玉川村村長は、村民大会を開き、『玉川全円耕地整理組合』を結成し、都市的発展の促進の実施にふみきった。これは、近隣町村の都市化におくれをとらないようにすることとともに、田園都市会社に村の土地がどしどし吸収されている現状から村を守るため、というのが真意であった。そして、村民の努力によって理想的田園住宅地として、また、玉川風致地区として指定を受けるに至った。」

このように、田園都市会社の街づくりが近隣の村々を刺激し発展させたということができるが、田園都市会社が耕地整理によって宅地造成を進めたのは、この洗足地区碑衾村の一部12万2100平方メートルだけで、田園都市会社の他の地区は、田園都市会社単独で宅地造成を進めた。

分譲の開始

田園都市会社は土地の買収と並行して、前記のように、洗足地区をはじめ各地区で次々と宅地造成を行なっていった。そして、分譲地への送電設備、下水道その他の工事を終え、土地の分譲売出しを開始したのは大正11年6月であった。

第1回の分譲売出しの際は、のちに記すように、すでに3か月前の3月30日に鉄道（目黒線）敷設工事に着手していたため人気を集め、洗足地区のうち18万1500平方メートルを用意したが、このうち約80パーセントはたちまち予約済みになるという好調なすべり出しであった。

第1回洗足地区の売出し分は、好調のうちに完了し、大正12年8月には、同社第2回分譲地として多摩川台地区内の10万5600平方メートルを売出すに至った。分譲売出しの内容・方法については、当時一般に配布した宣伝パンフレット『土地分譲案内』にわかりやすく書かれてある。

関東大震災の影響

田園都市会社が第2回分譲を開始した翌月1日、つまり大正12年9月1日、関東大地震が発生した。

この大地震の被害は、最も人口の密集していた京浜地方に集中し、しかも大火災を伴ったため、当時木造建築の多かった東京、横浜の両都市は、まる3日間も燃え続け、その被害総額は101億円（大蔵省調べ）にのぼった。荏原郡も東京府の東南に位置し、神奈川県にも隣接していたため大きな損害を受けたが、とくに現在の品川区、大田区など東海道沿いの沖積層地域の被害が大きく、西部の世田谷区域などの丘陵地帯は比較的軽微であった。むしろこの不慮の災害は、東京市民に対して郊外が安住の地であることを教えてくれたようなものであった。事実、洗足を中心に、田園都市に建てられた40軒余の住宅には1軒も被害がなかった。なお、大正12年6月から、分譲地の販売促進のために、本社を洗足駅前に移設していたことも幸いした。

田園都市会社の取締役渋沢秀雄は、田園都市居住者を1軒1軒たずね、震災時の東京の状況を話し、いかに田園都市が安全であるかを宣伝しながら祝福して回った。のちに渋沢は、当時の状況を次のように記している。

「9月1日の大地震に、私は軽井沢の万平ホテルで出会った。9月2日に矢部金太郎君と汽車で川口駅までゆき、荒川の鉄橋が落ちたため、あそこから歩く。その晩、私は飛鳥山にあった両親の家に泊めてもらい、翌3日の朝、そこから品川御殿山のわが家へテクテク歩き出した。

途中、神田三崎町辺では、電車のトロリー線まで焼け落ちている焼野原のなかに、逃げおくれた焼死体2、3を目撃した。丸の内を通って帝劇の焼け跡へ寄った。芝公園の手前では、倉庫みたいな建物がまだ燃えていた。御殿山の家へ着いたのは夕方だった。

翌4日午前、私は自転車で洗足の会社へ行った。東京市内の地獄絵みたいな無残さ、惨たらしさとうらはらに、洗足地区は何と美しかったろう。緑の森に日は輝き、小鳥は平和を歌っている。まさに天国と地獄だった。私は40軒あまりの住宅を一つ一つ見舞って歩いた。最大の被害でも壁に亀裂がはいり、煉瓦がズレ落ちた程度だった。ほとんど全部の家の奥さんがたが、『いいときに土地を売って下さいました。もとのウチは焼けております。本当にありがとうございました』とお礼をいわれた。私は商売冥利を感じ、そのとき味

土地分譲案内

〔事業経営地〕

「田園都市」付近には，洗足池，九品仏，池上本門寺，御嶽神社，等々力ノ滝，浅間神社，矢口ノ渡，鵜ノ木の桜等歴史的の名所旧蹟が各所に散在して居ります。

〔設計の概要〕

斯の広潤なる総面積48万坪の土地に凡て住宅建設に適する施工を為し，必要の個所に土留，石垣等を築くは勿論，中央に幅７間に亘る幹線道路を敷き，これに四通八達せる数十条の４間道路を配します。そして幹線には，銀杏，篠懸の木等の街路樹を並植して，天然の風致に人工を加えて田園閑雅の美を彩ります。

〔売買契約の事〕

好個の住宅地を安価に，しかも年，月賦払いの便法をもって理想的田園都市生活を楽しんでおられる間に，知らず知らずにご自分の地所を所有されることになります。

〔土地分譲方法〕

土地の分譲方法は，１人１口100坪乃至500坪をその限度とし，希望により３か年乃至10か年賦払の月賦もしくは半年賦払とし，契約金として初め総額の２割を頂きます。また賦金払として，途中で残額の全部または一部を一時に入金しても差支えありません。

賦金払の一例（1,000円につき）

賦払期間	月　賦	半年賦
10か年	13円20銭	80円24銭
５か年	21円22銭	129円50銭

土地販売一覧表

地区名	販売面積	販売年月	備考
洗足	181,500 m²	大正11年６月	洗足地区は碑衾村，平塚村，馬込村
多摩川台	106,969.5	大正12年８月	多摩川台地区は玉川村，調布村
多摩川台	96,234.6	大正12年11月	
大岡山	300,300	大正13年１月	大岡山地区は碑衾村，馬込村，池上村にまたがっている。
多摩川台	86,859.3	大正13年５月	
多摩川台	11,550	大正13年11月	
多摩川台	212,889.6	大正14年５月	
多摩川台	25,512.3	大正14年11月	
多摩川台	37,583.7	昭和２年11月	
合計	1,059,399.0		

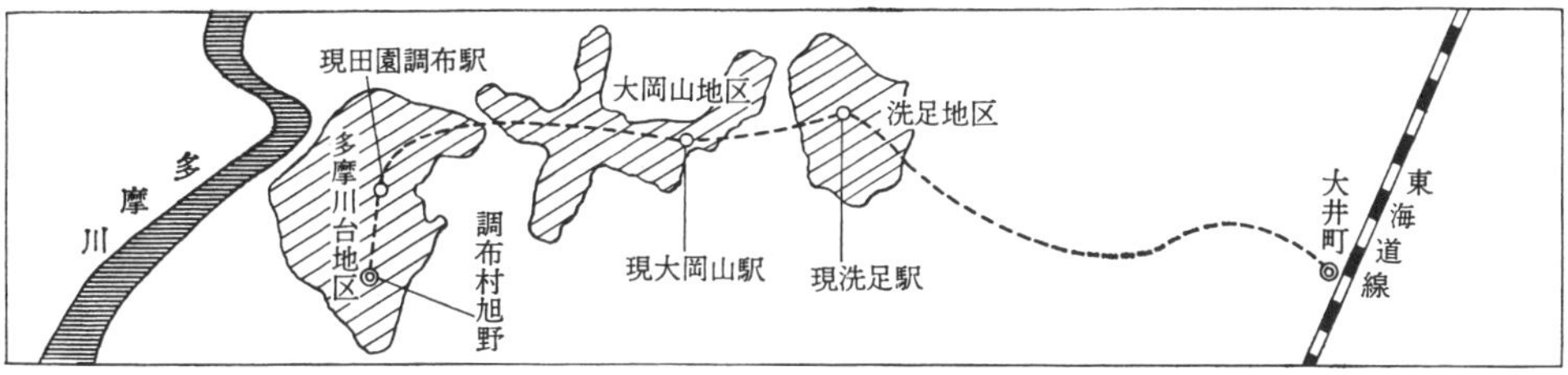

田園都市計画地と予定路線

わった地獄極楽の体験を土地分譲の新聞広告に書きそえた。当時田園都市会社では、私の兄の友人河野通氏が支配人になっており、地震当日は、40余軒炊き出しをしたそうである。」

（渋沢秀雄著『わが町』より）

上記の新聞広告というのは、第2回多摩川台地区売出し（大正12年10月2日）の際の新聞広告のことで、「今回の激震は、田園都市の安全地帯たることを証明しました。都会の中心から田園都市へ！　それは非常口のない活動写真館から、広々とした大公園へ移転することです。すべての基本である安住の地を定めるのは今です」と宣伝している。

この間、大震災の災害の恐しさをみた人びとの間に郊外移転の風潮が生まれ、「事務所は東京に、住宅は郊外に」ということばも流行していたという。

こうした大震災の影響もあって、田園都市は急速に人気を集め、3か月後の11月末までに、第2回分譲予定面積の半分以上に当たる5万6、100平方メートルの分譲契約が成立するという、予想以上の好調を示したのである。

したがって、関東地区に大被害をもたらした大地震ではあったが、結果からみれば、田園都市会社にとっては、まさに〝地震さまさま〟であった。

こうして田園都市会社が、昭和3年5月5日に目黒蒲田電鉄に合併されるまでの約6年間に売上げた分譲地は、浅草蔵前の東京高等工業学校（現東京工業大学）3万9600平方メートル余と大岡山の同社社有地30万平方メートルとの交換分を含め105万9400平方メートルにのぼった。この売上げ総面積は、買収総面積159万900平方メートルの約67パーセントに相当した。残りの土地は会社合併により目黒蒲田電鉄に引継がれ、以後は同社によって分譲されていった。

第2章　事業の拡張と多角化

目黒蒲田電鉄・東京横浜電鉄両社にとって、その経営する目蒲線、東横線が、街道筋を走る他の私鉄路線とは異なり、当初から〝街づくり〟のための路線であったため、開通時の沿線は、大半が畑や竹やぶばかりであった。したがって、両社発展のためには、なによりも鉄道業の充実が先決であった。そのためには、沿線を開発して旅客を誘致すること、しかも同時に片道輸送を解消することが必要で、学校誘致ならびに付帯事業の拡張が行なわれていった。

また、事業の多角化と拡張も、両社の本業充実に欠かせない要素であった。そのため、兼業として田園都市業・砂利業・乗合自動車業・百貨店業・電灯電力供給業などの新規事業に着手するとともに、池上電気鉄道、玉川電気鉄道を合併して、鉄軌道本業ならびに兼業の充実、事業範囲の拡張に努めていった。そして、これらの兼業は、もちろんその事業独自で採算がとれることが不可欠であったが、帰するところは、鉄道本業を培養するための手段であった。

同時に、これらの事業を推進していくためには、社員教育・福利厚生面での充実が必要であるとして、さまざまな方策が講じられたのであった。

1　学校誘致と付帯事業の拡張

1）積極的な学校誘致

最初は東京高等工業の誘致

最初の学校誘致は、浅草区蔵前にあった東京高等工業学校（現東京工業大学）であった。当時、大正12年の関東大震災で大損害を受けた同校は、移転先を物色していた。そこで、目黒蒲田電鉄は、田園都市予定地のうちの大岡山地区（田園都市会社社有地）30万平方メートルと同校の敷地4万平方メートルを、日本勧業銀行の評価によって交換し、同校の大岡山移転が実現したのである。同校の開校は大正13年4月21日であった。なお、小山駅前に誘致した府立第八中学校（現都立小山台高校）も同時に開校している。

目黒蒲田電鉄の大正13年上期営業報告書には、「4月ヨリ武蔵小山駅（大正13年6月、小山を改称）前ニハ府立第八中学校、大岡山駅前ニハ東京高等工業学校ガ開校シ、陽春ノ遊覧客ト共ニ一層乗客ノ激増ヲ招致セリ。即チ前期ニ比シ人員ニ於テ実ニ2倍余、旅客収入ニ於テ約8割、総収入ニ於テ2倍1分ヲ増加シタリ」と、両校の開校による好影響が記されている。

もっとも、ここにいう前期では、蒲田線（丸子～蒲田間）が完全営業をしていないので比較するのは当たらないかもしれないが、それにしても、両校の開校が、当時の目黒蒲田電鉄にとっては大きな福音であったことは間違いない。

また、この年からは芝、麻布、日本橋の各区の教育会や府立第八中学校などによる林間学校が多摩川畔で開催されるようになり、多摩川が東京市民の〝いこいの場〟として大きくクローズアップされることとなるのである。昭和2年夏からは、丸子多摩川水泳場も開設された。

23万平方メートルを慶応に寄付

昭和4年7月3日、慶応義塾大学予科の日吉移転が決まった。

かねてから慶応義塾大学では、関東大震災後の復旧工事を機会として、諸施設の新設・拡張を行なっており、大正13年には、荏原郡矢口村新田に総合運動場（4万6000平方メートル）を完成し、昭和2年、3年には相次いで三田図書館を増築した。このため、三田の敷地が狭隘となったので、昭和3年6月、評議員会は「主として大学予科を郊外に移す」という方針を決定したのであった。

そこで、目黒蒲田電鉄・東京横浜電鉄の両社は協力し、同校の必要とする約43万平方メートルについて、日吉台における共同経営地から23万7600平方メートルの未整理地を無償で寄付するとともに、残りの10万5600平方メートルは、一般所有者から慶応義塾が買収するのをあっ旋することとし、昭和4年7月3日、仮契約が締結された。以来、両社共同で土地買収に努め、翌5年2月、予定面積全部の買収を終えたところで、両社を代表して東京横浜電鉄が慶応義塾と本契約を締結した。

ちなみに、当時の日吉台の地価は3・3平方メートル当たり10円であった。とすると、東京横浜電鉄は、沿線開発のために72万円にも達する財産を慶応義塾に寄付したわけで、同期の鉄道運賃収入が51万円であったことを考えれば、いかに膨大なものであったかがわかろう。

しかし、現実に慶応義塾の日吉台移転の影響は大きく、昭和5年上期の日吉台地区の土地売上げは、その前期、つまり慶応義塾の日吉台移転が確定する前の期の1万6338平方メートル、1万7900円に対して、13万7400平方メートル、37万9680円と急上昇している。このように、慶応義塾大学予科の日吉台への誘致は、旅客誘致のみならず、東京横浜電鉄の田園都市業にも大きく貢献したのである。

1－2－①A　『東京急行電鉄50年史』

大岡山に移転直後の東京高等工業学校

昭和11年に移転が終わった慶応大学予科

慶応義塾大学予科が開校したのは、昭和9年5月であった。その後、昭和11年までに3次にわたって移転が行なわれた。なお、昭和14年5月、慶応義塾大学の敷地に、現在の同大学工学部の前身である藤原工業大学も開校した。

相次ぐ有名校の移転

東京府立高等学校（現東京都立大学）が、赤坂山王から目黒区柿ノ木坂所在の現在地に移転することが決まったのは、昭和5年であった。これは、東京横浜電鉄が、衾町に同校敷地6万9300平方メートルの買収あっ旋の労をとったことによるものである。同校の開校は、昭和7年4月26日であった。また、昭和5年には昭和女子薬学専門学校（現昭和女子薬科大学）が、上目黒5丁目2607番地に校舎を建築、移転している。

昭和6年3月には、日本医科大学予科の建設用地として3万3000平方メートルを、川崎市新丸子所在の目黒蒲田電鉄・東京横浜電鉄両社の共同経営地のなかから無償提供することとなった。これにより、慶応義塾大学の場合と同様に、昭和5年下期には売上げのなかった同地区が、翌6年上期には、5800平方メートル、4万4684円の売上げを計上したのである。同校の開校は、昭和7年4月11日であった。

さらに昭和7年には、青山師範学校（現東京学芸大学）の移転が決まった。同校の敷地6万6000平方メートルが駒沢町下馬に選定されるに当たって、目黒蒲田電鉄・東京横浜電鉄両社の専務五島慶太は、下馬土地区画整理組合代表者鈴木政治らから、同組合整理地区内の土地を青山師範学校の敷地として売却するためのあっ旋方依頼されたので、それが東京横浜電鉄の発展にもつながるとして、東京市長牛塚虎太郎に尽力を要請し、目的を達成したのであった。牛塚虎太郎は、五島慶太の親友である篠原三千郎と同じく服部金太郎の女婿であったこともあって、五島慶太とは、20年来の親交があり、これが目的達成にあずかって力があった。青山師範学校が開校したのは、昭和10年4月であった。

なお、こうしたあっ旋の努力が、のちに東京市長選挙にからむ贈賄の嫌疑を受けるもととなり、五島慶太は昭和8年10月から約6か月の間入獄することになるが、12年3月、白日の身となった。

昭和10年には、東京横浜電鉄は、その前年に撮影所用地として日活に提供するために買収していた川崎市木月所在の土地3万3000平方メートルを、法政大学予科誘致移転のために寄付した。また、多摩帝国美術学校（現多摩美術大学）に対しては、世田谷区上野毛所在の土地を敷地に貸与するなど、積極的に誘致を図ったことにより、その移転が実現した。

当時、これだけの規模の学校誘致は、他私鉄に例をみないもので、これら有名校の沿線への移転が、攻玉社、昭和医科専門学校（現昭和大学）、武蔵高等工科学校（現武蔵工業大学）などの沿線への移転を誘発したともいえる。もっとも、武蔵高等工科学校の場合は、昭和4年9月に大岡山駅前（現東急病院）に開校していたもので、その後昭和10年に現在地に新築、移転した。

こうした有名大学・有名高等学校の移転に伴い、沿線の宅地化が急速に進んでいった。このことは、東横線の輸送量にみても明らかで、昭和5年下期の輸送人員が550万人であったのに対して、前記各校がほぼ移転を完了した昭和10年下期における輸送量は、ほぼ2倍に当たる1000万人に増加している。

なお、これらの学校誘致に当たっては、当時、当社の取締役で、昭和高等鉄道学校長および豊島商業学校長を兼務していた中川正左の尽力が大きかったと伝えられている（日本交通学会発行『中川正左伝』による）。

2）付帯事業の拡張

学校誘致と並行して、兼業としての砂利業、それに田園グランド、綱島温泉浴場、等々力・駒沢のゴルフ場などの旅客誘致のための施設も、多角的、効果的に設けられていった。

催し物では、東京日日新聞とタイアップしての丸子多摩川大花火大会、いちご摘み、いも掘り大会、舞踊ページェント、朝日新聞社と提携しての朝日週間、そして読売新聞社とタイアップしての菊人形展など、すでに大規模なものが実施されていた。

旅客誘致施設の開設、沿線開発策の実施に伴い、目黒蒲田電鉄・東京横浜電鉄両社は開発課を設け、昭和11年3月からは東横百貨店1階に東横サービス・ステーションを、12月には玉電サービス・ステーションを、また、14年3月には大井町駅に大井町サービス・ステーションを開設し、沿線居住者および当社線利用旅客の便宜を図るとともに、沿線の年中行事である2月の多摩川園の凧あげ大会、鶴見川の寒ぶな釣り、春の綱島温泉、二子玉川などの観桃・観桜、夏の綱島のいちじくとり、10月の池上本門寺の御会式などを積極的に宣伝した。

なお、後記するが、昭和9年10月には目黒蒲田電鉄が池上電気鉄道を、昭和13年4月には東京横浜電鉄が玉川電気鉄道を合併し、両社の事業ならびに付帯事業を引継いでいる。

砂利業

東京横浜電鉄は、大正14年7月27日から砂利業を開始した。当時、関東大震災後における東京市の復興工事と都市計画の推進による需要、横浜市の復興事業用による需要、田園都市会社の都市づくりによる需要、ならびに目黒蒲田電鉄の新線建設と東横線建設による需要というように、砂利業開始のための条件が整っていたのである。そして、神奈川県と東京府から多摩川の砂利層の払下げを受けて機械掘りを行ない、貨車によって、その需要先に供給した。

その後、採取・搬出などの面で改良を行ない、販路の拡張に努めた結果、業績は向上したが、東横線自体、乗客が増加し、旅客輸送の比重が高まっていったため、昼間の砂利専用貨車の運転が不可能となり、自動車輸送に切替えて販売することとなった。渋谷駅に設けられたホッパー、目黒駅に設けられた積みおろし場などは、都心への販売の拠点であった。ただし、渋谷ホッパーは、のちに昭和8年、東横百貨店建設のため取払われた。

昭和9年2月13日、内務省は、多摩川沿岸の砂利採取を禁止した。こ

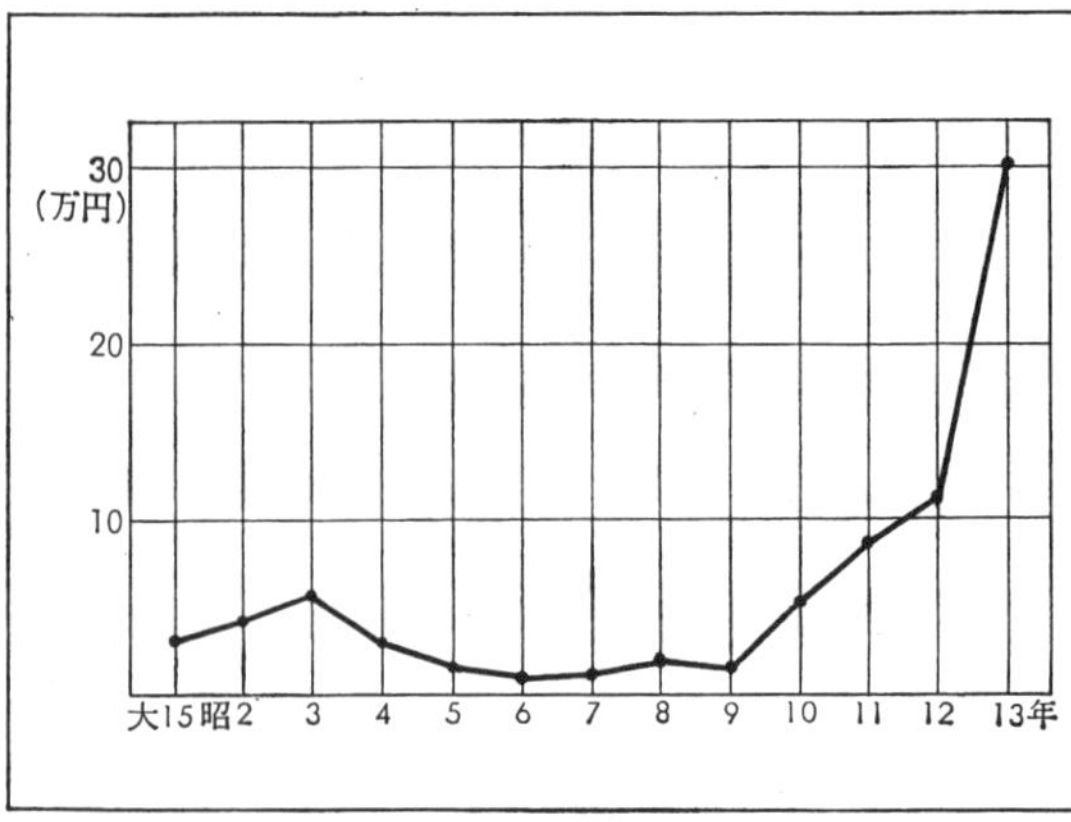

東京横浜電鉄の砂利業営業収入の推移

の措置は、折からの不況対策として実施されていた各地における砂利の採取・販売調整の一環として行なわれたものであったが、当時、東京市内1か年間の使用数量の3分の1が多摩川産であったため、当社を含めた砂利業者は大打撃を受けた。その結果、砂利の品不足をきたし、価格の上昇をもたらした。

多摩川採掘禁止のため、東京横浜電鉄は、現在も実施されている陸掘りを計画し、地質調査の結果、多摩川の流域には、砂利の宝庫ともいえるほど埋蔵量のあることを確認し、さっそく用地を買収し、昭和10年3月26日、最初の事業所である川崎市新丸子採取場の操業に着手した。ちなみに、この新丸子採取場あとが、現在は東横池、当社社員グランドなどとなっている。

この陸掘りが予想外の成績をあげたため、これにならう業者が続出し、やがては販売価格を乱すようになった。そこで東京横浜電鉄は、昭和10年8月、これらの採取業者を統一し、その販売を一手に引受ける契約を結び、さらには、その鉱区を下野毛・北多摩方面にまで広げていった。

東京横浜電鉄は昭和13年4月に玉川電気鉄道を合併したが、同社の場合は、開業当初から砂利業については委託経営を行なっていたうえに、すでに東京横浜電鉄でも砧・下野毛方面へ進出していたこともあって、さしてプラス面は期待できなかった。昭和14年10月、目黒蒲田電鉄・東京横浜電鉄両社が合併した。目黒蒲田電鉄は、砂利業を行なっていなかったが、この合併により事業基盤が強固になって、他私鉄ならびに他業者への影響力が大きくなったことが、その後の事業の推移に好結果をもたらした。

その後、当社が中心となって小田急電鉄、相模鉄道との3社による砂利組合を結成し、これにより鉱区の拡張、経営の合理化が可能となった。同組合は戦時下における高度の資材統制による土木界の不振、燃料不足による輸送力の低下、徴兵・徴用による労力不足などの痛手をはねのけて、従来を上回る成績をあげた。

綱島温泉浴場の開場

昭和2年4月、東京横浜電鉄直営の綱島温泉浴場が開場した。建設費は総額で3万8000円、その内訳は土地が3372平方メートルで1万5000円、浴場が300平方メートルで1万9000円、給配水・庭園が4000円であった。当初は、多摩川園にならって遊園地にする計画であったが、結局、資金の点から、とりあえず温泉浴場だけでスタートすることとなった。

綱島温泉浴場開設の趣旨は、東京横浜電鉄が鉄道大臣小川平吉あてに提出した兼業認可申請書によれば、「弊社綱島温泉駅付近ニハ『ラジユームエマナチオン』ヲ含有スル鉱泉湧出致居リ候ニ付、同鉱泉ヲ利用シ旅客誘致及土地開発ノ一助トシテ同駅前ニ温泉浴場経営致度」ということであった。

開業当初は、原っぱにしゃれた浴場の建物がめだつだけであったが、その後、分譲地も売れ出し、料理屋もできて、綱島周辺は大きくひらけていった。

入浴料は、当初は1日10銭の予定であったが、開業直前に変更して20

銭とした。ただし往復乗車券所持者は無料であった。この間の経緯を、当時、同温泉浴場を手がけた乾正直（元東京通運社長）は、次のように語っている。

「綱島温泉浴場の設計は、食堂や百貨店の場合と同様に、関西私鉄の経営する温泉や遊園地が手本となった。

入浴料は、最初10銭に決めたら、五島専務にしかられてね。『10銭じゃ安すぎる。20銭に変更して許可とってこい』だよ。開業の前日のことだよ。それでもコネを頼んで神奈川県警から許可をとったが、それで終わりじゃないわけだ。入浴券の印刷し直しだろう。あのときはまったく参ったよ。」

（昭和43年1月25日開催の座談会より）

昭和2年上期（4月、5月の2か月）の営業成績は、入場者は有料937人、無料1475人で、収入は195円85銭であった。これは、収入予算における年間休祭日60日の入場者合計1800人を上回るものであった。

貸ボート業とゴルフ場

昭和5年6月、東京横浜電鉄は、碑文谷弁天池を碑衾町から借受けて、貸ボート業ならびにつり堀の営業を開始した。また、その周辺を整備して碑文谷公園としたのも東京横浜電鉄であり、隣接の日本大学水泳部のプールと相まって、旅客誘致に寄与するところが大きかった。これらの設備費は2386円14銭で、昭和5年下期の収入は2340円であった。

一方、目黒蒲田電鉄は、直営ゴルフ場を等々力と駒沢の2か所に設けた。

等々力に設けられた玉川ゴルフコースは、昭和6年6月1日、8万2500平方メートルのパブリックコースの一部6ホールと練習場をオープンし、同年9月1日に至って全9ホールを開業した。興業費は6万6738円であった。

翌7年10月23日からは田園調布～等々力ゴルフコース前間および等々力駅前間のバス路線の営業も開始し、利用者の利便を図った。なお同コースは、同年11月1日から等々力ゴルノ場と改称された。昭和6年下期における営業成績は、営業日数183日、入場人員1万3764人、収入2万3275円70銭で、1日当たりの入場人員は75人となり、当時としては非常なにぎわいぶりであった。

駒沢ゴルフコースは、駒沢町所在の旧東京ゴルフ倶楽部所属コースおよび付属設備を同倶楽部から譲受け、昭和7年5月1日から、パブリッ

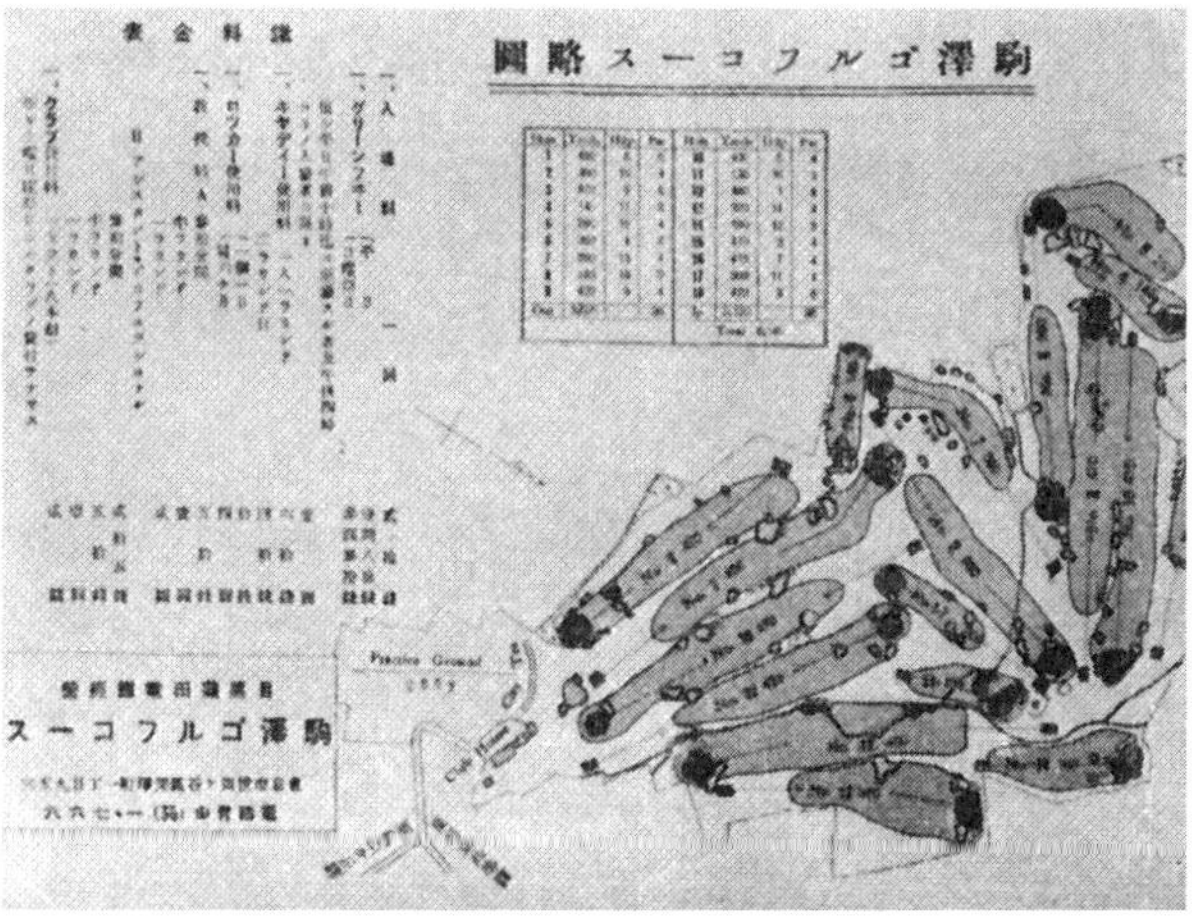

駒沢ゴルフコースの案内パンフレット

駒沢ゴルフコース

敷　地	43万平方メートル
ホール数	18ホール
トータルヤード	6,400ヤード
建　物	クラブハウスその他　建物22棟, 1,300平方メートル

クコースとして営業を開始したものである。

昭和7年上期における営業成績は、営業日数31日、入場人員3308人、収入1万843円64銭で、1日当たりの入場人員は110人に相当し、本格的なコースだけに等々力ゴルフコースをはるかにしのぐ好成績であった。

駒沢ゴルフコースは、昭和7年11月1日、新コースおよび練習場の改造工事完成と同時に、クラブハウスを世田谷区深沢町1丁目53番地に新築移転した。この結果、東横線府立高等駅から徒歩15分と便利になり、しかも自由ケ丘駅には専属自動車を常備したため、いっそう好調な成績を収めることとなった。

その後この駒沢ゴルフコースは、昭和13年12月15日に廃止され、翌16日から同じ東京横浜電鉄系の日吉ゴルフ倶楽部に賃貸された。その日吉ゴルフ倶楽部は、日吉の慶応義塾大学の反対側の高台に、59万4000平方メートルのゴルフ場の建設計画を推進中であった。

スポーツ施設の経営

昭和7年1月、東京横浜電鉄は、太尾公園約3万平方メートルにわたって梅の苗木1000本を植え、将来の散策客誘致の布石とした。同年4月24日には、多摩川の河川敷10万平方メートルを整地して、軟式野球場4面、1周400メートルの陸上競技場1面を設けた。

昭和9年11月3日には、田園調布に17面のコートを有する田園テニスクラブが誕生した。続いて昭和11年10月3日には、観客2万人収容の硬式アンツーカー・テニスコートとして田園読売スタンドが開場した。現在の田園コロシアムである。そして、読売新聞社と協力して、世界的な名手であるチルデン、バインズ、シヤープの3選手を招待し、わが国初の国際試合である日米国際庭球大会（10月10日～25日）を行なった。以来、国際テニス大会のメッカとして、また各種公式試合の会場として利用され、今日に至っている。

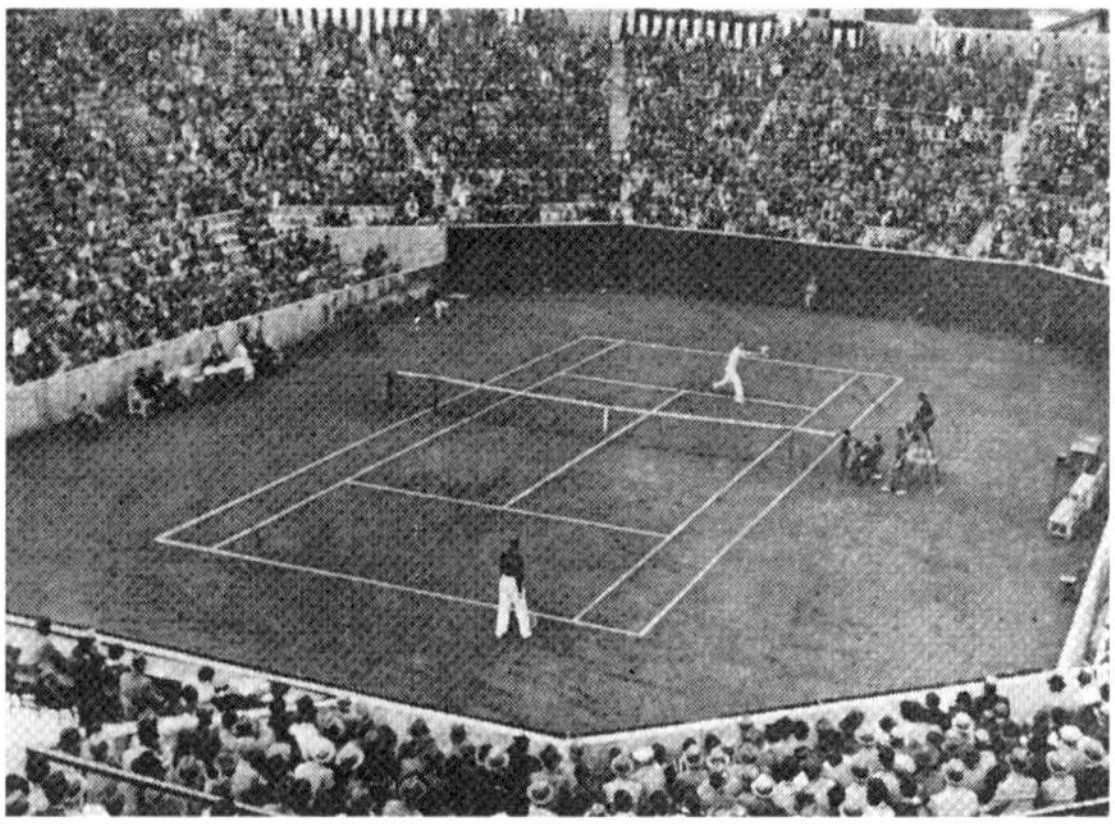

最初の国際試合が行なわれた田園コロシアム

この田園テニスコートならびに田園コロシアムの敷地は、それまでは、慶応大学のホームグランドとして早慶戦などが行なわれた田園グランドであった。これは、多摩川園が所有し、年間500円で慶応義塾大学に賃貸していたものであった。

この田園グランドは、また、はなばなしい催し物の舞台でもあった。

昭和5年の夏、「石井漠、高田せい子舞踊大デモンストレーション」と銘打っての一大ページェントが開催された。当時、東京横浜電鉄開発課員であった黒川渉三（のちに当社取締役）は、「娯楽の少ない当時としては高田せい子といえば大スターだったから、これがものすごい人気を呼んで8000人からの観客がグランドを埋めた。そのため、五島専務以下社員が総出で警戒に当たったものだ」と語っている。

この催し物の成功が、その後、朝日新聞社との提携による「朝日週間」に発展することとなった。その1週間というのは、たとえば「エノケンの夕べ」、三浦環による「マダム・バタフライの夕べ」というように、超豪華なプログラムが組まれ、昭和初期の夏の夜をいろどったのであった。

丸子多摩川の大花火は、東京横浜電鉄が主催して昭和4年の夏にすで

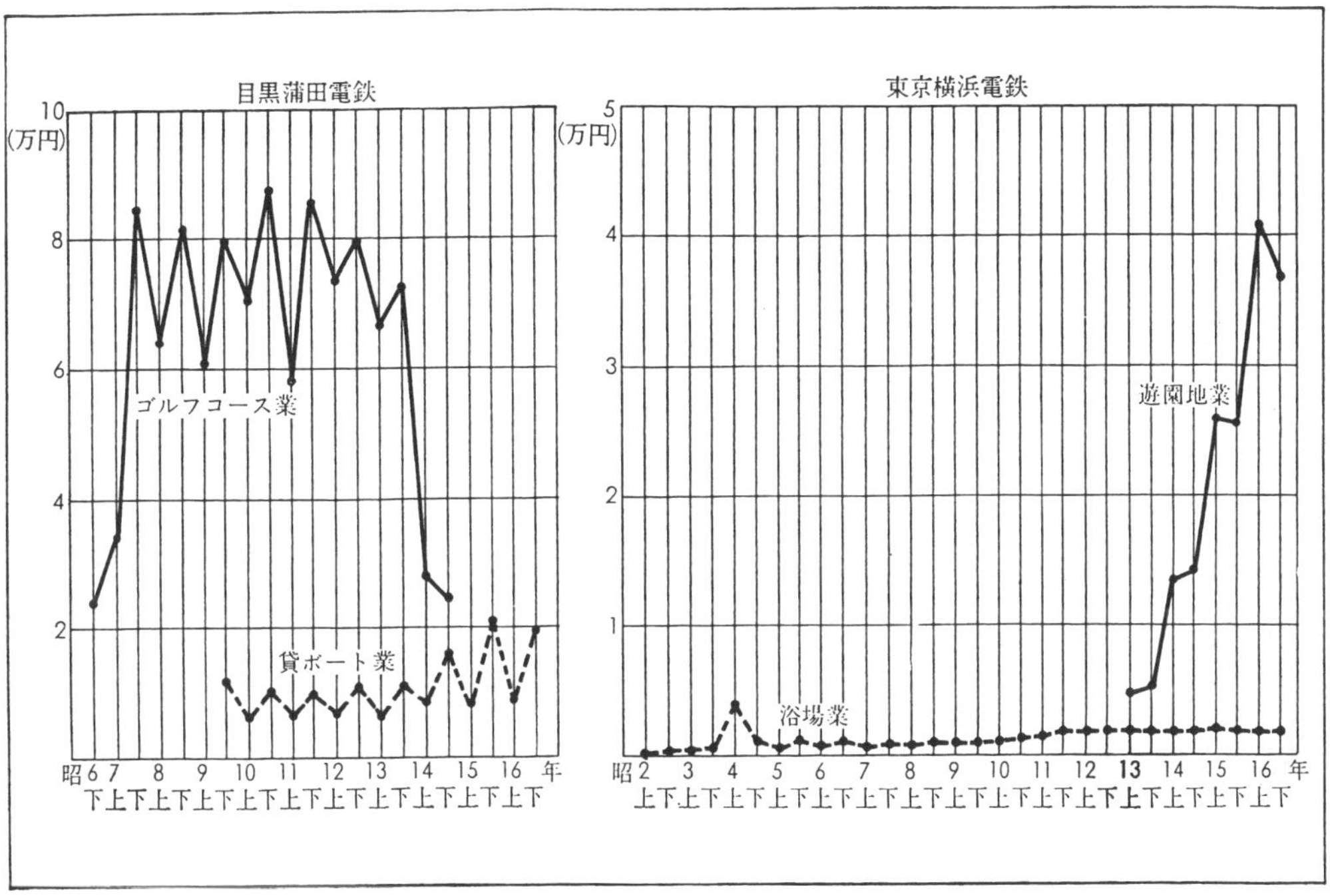

その他の事業の営業収入推移

に行なわれたが、東京日日新聞社と組んでの大花火大会は、昭和6年から始った。これは、昭和12年の8月まで毎年継続して行なわれ、夏季の旅客誘致策のなかで最大の催し物となった。

昭和11年1月には、面積1300平方メートルの大倉山スケート場が開設された。大倉山公園を綱島の方向に下った東横線の北側に位置し、入場料は1時間25銭であった。

有料橋の経営

昭和6年7月、東横線の多摩川鉄橋に付属して、その下流側に幅1メートルの通称「渡月橋」と呼ばれる有料橋が設けられた。同年5月1日に東京横浜電鉄が鉄道省に提出した多摩川橋梁側通路添架認可申請書のなかで、その設置の理由を次のように述べている。

「東京・神奈川間ノ一般交通ハ現設渡船ニヨルノ外ナク、待合セノ為ソノ不便少ナカラザルノミナラズ洪水時ニ於テハ交通杜絶ヲ余儀ナクサレ、殊ニ同渡船ニ糞尿汲取車ノ同船スルコト頗ル多ク春秋多摩川原散策者ノ不便不愉快ヲ招来シ、彼岸ヘノ渡行ヲ中止スルノ有様ニ御座候。

糞尿汲取車も同船する丸子多摩川の渡船

依テ沿道住民ノ要求ニ依リ之カ不便ヲ除キ該散策者並単身通行者ノ便ニ供センガ為、現設鉄道橋下流側ニ側通路ヲ添架セムトスルモノニ御座候也。」

渡橋料は、渡船料が3銭であったので、初めは2銭としたが、昭和10年5月12日に1銭に改訂し、翌11年1月1日からは無料とした。それは、昭和7年10月に着工した丸子橋が、10年5月に竣工したからであった。

そのほか、昭和13年4月に玉川電気鉄道を合併したことにより、同社の遊園地である玉川第2遊園地（現二子玉川園）などを継承したが、その詳細については、本章6．玉川電気鉄道の合併の項〔本書には収録せず〕で記述する。

2　田園都市業・電灯業の継承

1）田園都市会社の合併

存在意義の薄れた田園都市会社

目黒蒲田電鉄は、大正11年9月、田園都市会社から鉄道敷設権を譲受けて発足したが、大正12年11月1日には目蒲線を全通させ、さらに昭和2年7月6日には大井町線（大井町～大岡山間）の営業も開始して、同社の営業内容は年ごとに充実していった。つまり、田園都市会社の目的の一つであった〝交通機関の完備〟は、目黒蒲田電鉄によって所期の目的は一応達せられたわけである。しかも目黒蒲田電鉄は、さらに大井町線を二子玉川まで延長する工事を推進し、開発の可能性を十分にもった沿線地域をかかえることとなったのである。

田園都市会社のもう一つの目的である〝田園都市づくり〟のための土地分譲については、同社自身により、買収総面積１６０万平方メートルの約67パーセントに相当する１０６万平方メートルを売上げて、着々とその成果をあげていた。

このように田園都市会社は、事業が予定どおり進行し、もはや多額の資本が不要となったため、大正15年10月2日の臨時株主総会において、資本金を５００万円から３００万円に減額することを決議した。

その理由は、同社保有地の大部分を売上げ、回収された資金は、姉妹会社である目黒蒲田電鉄および東京横浜電鉄に投資して、その総額は、大正15年5月末現在で４００万円に達し、実に資本金の約80パーセントが姉妹会社の株式に変わっていたからである。そのうえ、同社の保有地は2、3年もすれば全部売約済みになるという見通しであり、そのあとは、年賦・月賦契約金の徴収だけで、それも4、5年で完了するという事業状況であった。したがって、目黒蒲田電鉄の発展に対して、同社はきわめて消極的な役割しかもたないこととなる。

そこで、①田園都市会社は、目黒蒲田電鉄の母体としての役割を完全に果たして、その存在意義を失った、②田園都市会社の残りの分譲地は、目黒蒲田電鉄が継承して営業したほうが沿線開発に資するところが大きい、として、目黒蒲田電鉄ならびに田園都市会社は、昭和2年10月3日の臨時株主総会において、両社合併契約書を承認したのである。さらに同日、田園都市会社の総会は、再度資本金を半額に減じて１５０万円とすることを決議し、目黒蒲田電鉄の総会は、定款を変更して住宅地の経営ならびに土地家屋の賃貸および売買を為す、など4項目を加えることを決議した。

合併の方法と内容

当初、両社の合併の方法としては、もちろん、田園都市会社は解散し、目黒蒲田電鉄が存続するものとし、合併の期日は昭和3年4月30日とした。契約書を要約すると、合併の内容は次のようになる。

〔目黒蒲田電鉄〕

① 225万円（7万5000株、50円払込み）を増資し、田園都市会社（合併当時の資本金150万円、3万株）の株式（50円払込み）2株に付き3株を交付する。

② そのほか、解散費用として田園都市会社に47万円を交付する。

〔田園都市会社〕

① 現在資本金300万円のところを、合併期日までに150万円、3万株（50円払込み）を減資して資本金を150万円に改める。その方法としては、株主に持株2株について1株（50円払込み）を提供させ、目黒蒲田電鉄株式1株（50円払込み）および東京横浜電鉄株式1株（50円払込み）を交付する。

② 昭和2年下期には30パーセントの配当を行ない、株主の希望により配当金の3分の1までは東京横浜電鉄第2新株（5円払込み）を、またその3分の2までは目黒蒲田電鉄新株（10円払込み）をいずれも払込金額で売渡す。

このように、交付株式の差額75万円および解散費用47万円を支出しても、なお、目黒蒲田電鉄が田園都市会社を合併するのは、前記のように、田園都市会社が多額の資産を有していたからにほかならなかった。

なお、この契約のなかでとくに、宝来公園を永久に公衆に開放することと、土地購入者で現住者の会である調布会、洗足会の両会に対し、両地区の幸福・発展のための維持金として10万円を寄付すること、さらに、田園都市事業地買収に際して尽力した地元有志に対して7万円の功労者慰労金を贈ることが明記されているのは注目に値する。

こうして昭和3年5月5日、目黒蒲田電鉄と田園都市会社の合併が成立した。なお、契約では、合併期日は4月30日となっているが、これは鉄道省の認可の関係で遅れたもののようである。

2）両社の田園都市業

目黒蒲田電鉄による事業

目黒蒲田電鉄は、田園都市会社の業務を継承したのち、その残地53万1500平方メートルの販売を行なうとともに、姉妹会社の東京横浜電鉄と共同で、各地で宅地造成を行ない分譲した。目黒蒲田電鉄のおもな分譲地は、多摩川台11万平方メートル、奥沢5万8900平方メートル、多摩川台諏訪分6万1700平方メートルなどで、その合計は33万2000平方メートルにのぼった。さらに貸地経営を開始し、尾山台地区の5万1000平方メートルを手始めとして、奥沢ほかにも事業地を広げていった。

昭和9年10月以降は、池上電気鉄道を合併したことにより、事業範囲も広がり、池上・袖ケ崎分譲地をはじめ、末広・久ケ原・雪ケ谷地区における貸地経営などを行なった。

昭和10年ごろの尾山台住宅地

また、外部からの受託分譲でも、池上の11万9000平方メートルなど8か所において合計20万8000平方メートルの実績をあげるなど、きわめて活発であった。

このように、目黒蒲田電鉄にとっては、田園都市業の利益が10パーセント配当の重要な財源であった。しかし、昭和12年からは、日華事変の長期化によりしだいに戦時統制がきびしくなったため、横ばい状態となり、昭和14年に東京横浜電鉄を合併した直後は、一時的には事業内容が向上したが、しだいに先細りの状態となった。

目黒蒲田電鉄の土地分譲実績のおもなものは、右表のとおりである。

社有地分譲

地区名	面積	分譲年度
多摩川台	110,240 m^2	昭和2年下期～10年下期
洗足	19,962	昭和3年上期～11年上期
上野毛	8,570	昭和5年下期
奥沢	58,915	昭和4年上期～10年下期
奥沢中丸山	10,646	昭和7年下期～9年下期
等々力	35,010	昭和7年上期～14年下期
諏訪分	61,703	昭和8年上期～13年上期
蒲田	4,082	昭和8年上期
大岡山	21,130	昭和10年上期～11年下期
袖ケ崎	1,739	昭和10年上期
合計	331,997	

受託分譲

地区名	面積	分譲年度
池上	76,402 m^2	昭和10年下期～13年上期
池上	42,758	昭和11年上期～14年下期
戸越	17,546	昭和12年下期～13年上期
武蔵小山	13,675	昭和11年上期～12年上期
洗足南台	24,258	昭和11年上期
洗足池畔	9,752	昭和11年上期～12年下期
戸越	4,917	昭和12年下期～13年上期
雪ケ谷	13,807	昭和13年上期～13年下期
石川台	4,633	昭和13年下期
合計	207,748	

両社の共同経営地

目黒蒲田電鉄、東京横浜電鉄は、共同で新丸子、日吉台の両地区において土地分譲を行なった。これは、田園都市会社と東京横浜電鉄が、大正15年5月までに新丸子で5万6856平方メートル、日吉台において44万7800平方メートルを買収したのが始まりで、以後両社は共同で整地のうえ分譲を開始した。そして昭和3年5月に、田園都市会社が目黒蒲田電鉄に合併されてからは、目黒蒲田電鉄・東京横浜電鉄の共同経営となったものである。共同経営地の内訳は、全体で約50万平方メートルのうち、田園都市会社にかかわるものは18万平方メートルで、残りの32万平方メートルが東京横浜電鉄の所有であった。

昭和2年ごろ造成中の菊名分譲地

なお、新丸子住宅地については、大正15年5月22日から売出しを開始し、日吉住宅地については、同年10月10日から7万9600平方メートルの分譲を開始した。

その後、昭和4年7月に至って日吉台に慶応義塾大学予科が、昭和6年3月には新丸子に日本医科大学予科がそれぞれ移転することが決定したことにより、日吉台・新丸子両分譲地も急激に売れ行きがあがっていった。

東京横浜電鉄による事業

東京横浜電鉄が田園都市業に着手したのは、目黒蒲田電鉄と提携した大正13年からであった。同社は、田園都市会社を模範とし、最初は、田園都市会社と共同経営で新丸子および日吉台両地区を宅地化し、分譲を進めた。

その後、業績の向上とともに、小杉、元住吉、菊名など未開発の同社沿線の社有地を整地のうえ分譲した。これは同時に、沿線開発に寄与するところが大きかった。

同社は、目黒蒲田電鉄と同様に委託分譲も行ない、昭和10年から13年までの間に白楽、片瀬などにおいてそれぞれ10万6390平方メートル、5万490平方メートルを販売した。

昭和4年3月からは、貸地無料紹介ならびに住宅資金貸付を開始した。そして、昭和11年末までの8年間にわたって行なわれたが、この間の融資戸数は709戸、融資総額は87万円にのぼった。これは、沿線に住宅が1軒建てば年間100円の運輸収入があり、しかもこれと関連して土地が売れるという一石二鳥のもくろみが行なわれたものである。その当時のいきさつを、前記黒川渉三は次のように語っている。

「1000円借りた場合、償還金が月15円53銭になる。当時、市内の家賃は8畳、6畳、3畳に台所、風呂場がついた程度で25円だった。そして、自由ケ丘の地代が坪当たり5銭から10銭だった。100坪で10円になる。償還金が15円53銭だから合計で25円。そうすると、7年間で住宅は自分のものになるわけだ。そこで、『今払っている家賃で家が建ちます』というキャッチフレーズで宣伝した。」

（昭和43年2月27日の談話より）

最初のうちは宣伝がゆきとどかず、電車の優待パスをつけて募集しても、なかなか融資実績があがらなかった。しかし、まもなく学校誘致その他の沿線開発が具体化するにつれて評判になり、集まりすぎて資格審査をするのに骨が折れたという。なお融資限度は3000円で、金利は年6パーセントであった。この貸付制度によって、自由ケ丘・九品仏・尾山台・日吉地区の発展が促進されていった。

同社は、昭和13年4月に玉川電気鉄道を合併したが、玉川電気鉄道では本格的な田園都市業を行なっていなかったため、同社の田園都市業としてはほとんどメリットがなかった。

東京横浜電鉄の土地分譲実績のおもなものは、前ページの表のとおり

社有地分譲

地区名	面積	分譲年度
小杉	94,383 m²	大正15年上期
元住吉	81,144	〃 ～昭和3年下期
綱島	59,044	〃 ～昭和4年上期
太尾	60,581	〃 ～昭和3年下期
菊名	78,652	〃 ～ 〃
神奈川	12,916	〃 ～昭和4年上期
下沼部	2,072	大正15年下期
玉川等々力	37,445	〃 ～昭和4年上期
玉川奥沢	10,652	〃 ～ 〃
日吉(元住吉分)	15,150	〃 ～昭和4年下期
日吉村	12,524	〃 ～ 〃
大綱村	34,558	大正15年下期 ～昭和4年下期
旭村	2,462	〃 〃
青木町	5,570	〃 〃
高島町	845	大正15年下期
神奈川町平尾前	185	〃
目黒三田台	33,307	昭和11年下期 ～12年上期
祐天寺	15,800	〃 〃
府立高等付近	4,181	昭和12年上期
目黒区役所前	37,574	昭和12年下期
守山公園	31,492	〃 ～14年下期
中目黒	2,274	昭和13年上期
豪徳寺前	27,327 m²	昭和12年下期 ～14年上期
代々木徳川邸跡	53,368	昭和13年上期～ 〃
宿山	5,405	昭和13年下期 ～14年下期
横浜駅前	14,381	昭和13年下期
新丸子	37,930	昭和13年上期 ～14年上期
五反田	1,999	昭和13年下期
伊豆伊東	26,456	〃 ～14年下期
下馬	12,550	昭和14年上期
箱根春山荘	113,055	昭和14年下期～
目黒競馬場跡	4,290	昭和14年下期
大倉山	2,409	〃
元住吉無花果園	3,531	〃
合計	935,512	

受託分譲

地区名	面積	分譲年度
白楽	106,389 m²	昭和10年上期 ～15年上期
片瀬	50,490	昭和13年上期
三宿台（淡島）	18,256	昭和13年下期
合計	175,135	

である。

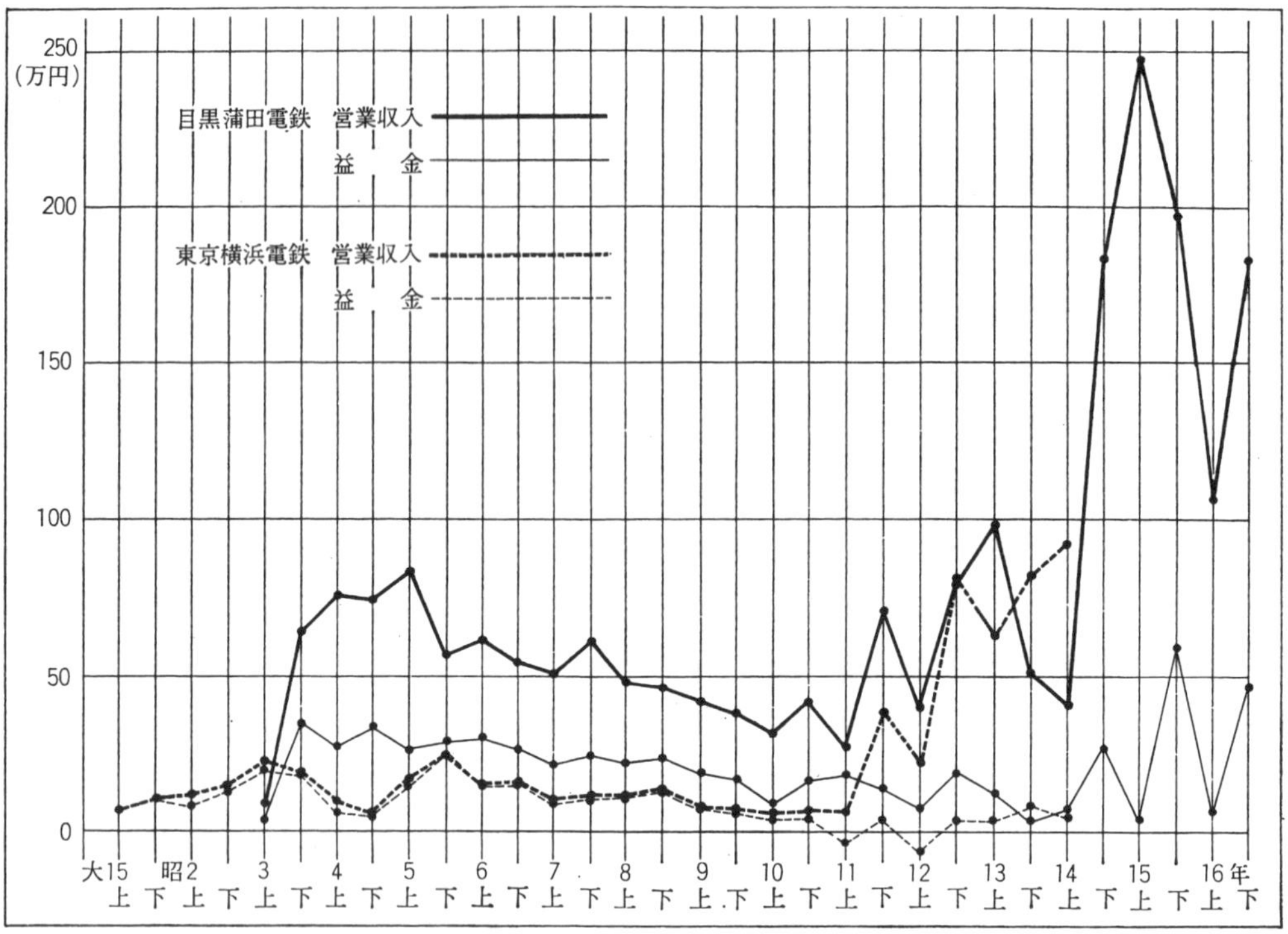

両社田園都市業の営業成績の推移

【1-2-①B】
江波戸昭「田園調布のあゆみ」(『郷土誌 田園調布』田園調布会、二〇〇〇年、三四~六一、二四八~二五五頁)

田園調布の形成

田園都市株式会社の登場

田園都市という訳語にせよ、その近代都市計画上の性格・内容にせよ、かの『明日の田園都市』(Garden Cities of Tomorrow, 1898)の著者エベネザー・ハワードによって提唱された〝ガーデン・シティ〟とはかなりのずれがあることはしばしば指摘されているところだが、いかに日本的に換骨奪胎された〝田園都市〟であったにせよ、それが現在の田園調布という地名の由来となった街を生み出したのは田園都市株式会社であった。当然、田園調布の歴史は、この会社の創設が出発点となる。

大正七年九月二日に設立された田園都市株式会社は、周知のように、明治期、日本の近代化の過程で経済界に大きな足跡を印した渋沢栄一(天保一一年—昭和六年)の手になるものである。ちょうど、ハワードより一〇歳年長にあたるその青淵翁が自ら書き残した「田園都市の創設と都市集注の弊害」(『青淵回顧録 下』昭和二年 所収)から、その意図したものを語っていただこう。

田園都市の創設と都市集注の弊害

御承知の通り、私は大正五年に実業界を全く引退し、余生を公共事業のために献げる決心をしたので、其の後は一切営利的の事業には関係せぬが、此の田園都市については自から其の衝に当らぬまでも、どうかして実現したいものと思つてゐた。それで敢えて私が主唱したいといふ訳ではないが、機会ある毎に此の意見を述べて居つた。処が時代の要求でもあらうし、又幾分か私の説の反響もあつたと見えて、追々と同じ様な意見が行はれるやうになり、大正七年頃に至つて同志の間に田園都市を造る相談が成り立つた。私は実業界を引退して居るから直接田園都市会社の仕事には携はらぬけれども、万事について相談相手となつて及ばずながら力添へをしたのである。会社が創立すると同時に現在の土地を選定して田園都市計画を進めたのであるが、会社に関係して居る秀雄（渋沢子爵令息）なども英国に於て田園都市について実地視察研究をなしたので、是等を参考として我が国情に適合する様に計画し、小公園や運動場を始め、充分に自然の要素を取り入れる様にしたが、更に都市との交通の便を期するために、姉妹事業として目黒蒲田電鉄会社を経営し、漸次発達して今日稍々完整の域に達した。理想から言つたら未だ不足な点もあるだらうが、兎も角、此の会社の創設によつて我が国に於ける田園都市の発達を促し、其後、此の種の計画が他にも行はれ、郊外に大学町のやうなものも出来るやうになつたのは、健康上から云つても、思想上の感化といふ見地から見ても、頗る悦ばしい現象と言はなければならぬ。

『回顧録』中の「田園都市創設の由来」と題された章の一部にあたるこの文章がいつ書かれたのかは定かではないが、つづいてもうひとつ、同じ『回顧録』に収められている『祝辞』でこれを補足しておこう。昭和二年六月三〇日、多摩川園で開催された田園都市居住者及び関係者による歓迎会の席上での祝辞の草稿である。

祝辭

……

賀田園都市會社事業發展

新阡先占映朝光四望山川引興長高不二便耕讓時来然義利両全鄕

昭和二年六月三十日
八十八翁青淵澁澤栄一

大正８年ころの丸子渡付近と浅間神社　（渋沢秀雄）

　大渋沢と呼ばれていた西洋通の青淵翁がハワードの著作そのものを目にしていたかどうかは知る由もないが、はやくも明治四〇年に内務省地理局によって訳出紹介されていたセネットの『田園都市』論には当然目を通していたものと思われる。公職を退いて公共事業に身を徹しようと夢を描いていたその大渋沢の前に、はからずも登場したのが畑弥右衛門なる人物であった。『渋沢栄一伝記資料　第五十三巻』（昭和三九年）には次のように記されている。

　大正四年二月一八日　曇
　午前七時起床入浴シテ朝食ヲ食ス　畢テ畑弥右衛門氏ノ来訪アリ

　この出会いの日の話合いの内容は不明であるが、ついで、五月一二日の記述に、

　午前九時商業会議所ニ抵リ　畑弥右衛門氏ノ為メ開催スル田園都市経営ノ協議ニ出席ス

とあることからみて、畑が当初から田園都市の構想をひっさげて大渋沢を訪問したことはたしかだろう。つづけて、日記には六月二〇日、七月にはいって一一日、一二日、一四日、一九日とたてつづけに畑の来訪を受け、土地会社設立について談合したとある。
　田園調布の真の生みの親とでもいうべきか、大渋沢への火附け役となった畑とはいかなる人物だったのか、同じ『回顧録』中に収められている畑自身の談話から引いてみよう。

私は曾て朝鮮の龍山に於いて、田園都市に類する事業を起したことがあつたが、之れが種々の原因で失敗したので、時の東京市長尾崎行雄氏に依頼して種々之れが挽回策に腐心した。尾崎市長は私に添書を以て、安田善次郎氏と渋沢子爵とに紹介の労を吝まれなかつた。処で安田氏には私は門前払ひを受けたけれども、渋沢子爵は快く迎へられて種々な御意見を承つたのであるが、是れが子爵を知る抑々の初であつたのである。当時漸く東京市に人口問題が考慮さるゝやうになり、都市問題の真意義が世人に注目せらるゝやうになつて来たが、特に此の問題を渋沢子爵は非常に心配せられてゐた。結局商業地区と住宅地区を截然区別して、商業地と住宅地との長所を発揮し欠点を補ふべく、大都市計画を樹てる事は極めて必要であると云ふこと、及び商業地区と住宅地区とを截然区別することは、極めて喫緊である事に就き感を同じうしたのである。
大正元年頃から、東京市の近傍に田園都市を設けて理想的住宅地を開いたならば、都市問題の解決に資すること甚大であらうと考へるやうになり、現在の田園都市の地元の有志と、東京側では渋沢子爵初め、中野武営、服部金太郎、柿沼谷蔵、朝吹英二、市原求、星野錫、伊藤幹一、大橋新太郎等諸氏との協議の結果、此の有意義なる事業計画は具体化して来たのである。併し私は土地の有力家でない為め、或ひは泡沫的性質のものではないかと見らるゝこともあり、渋沢子爵が湯河原に暑を避けて居られた時に、地元の有志中にわざ〳〵子爵を訪ねて、子爵の田園都市計画に対する意思を伺つたと云ふやうな挿話もあつたが、子爵はこれに賛成し熱心に創立に就きて骨を折ることを明かにされたのである。大正四年子爵が米国より帰朝せられてか

ら、田園都市計画は愈々進捗するやうになつた。さうして大正七年九月二日五百万円の資本金を以て、田園都市株式会社が創立さる〻やうになつたのである。

いかにもやま師的性格をもち、今でいえば地上げ屋の親分といった畑が田園都市開発の仕掛け人で、大渋沢が糾合した財界人がその後援者であるという見方は、すでに当時の新聞紙上にもみることができる。

「田園都市株式会社創立につき熱心の唱道名たる畑弥右衛門氏は、渋沢男爵、中野武営氏等の賛成を得て池上付近の地に田園都市会社を設立すべく準備中なるが十八日午前十時、商業会議所に於いて中野武営、伊藤幹一、畑弥右衛門氏等参集協議する……」

（中外商業新報、大正五年一〇月一九日付）

田園都市株式会社は大正七年九月二日に発足をみた。資本金は五百万円、一万株の株はわずか十一人の出資であった。取締役は中野武営（商業会議所会頭）、服部金太郎、柿沼谷雄（洋糸商）、緒明圭造（東京横浜電鉄経営者）、星野錫（東京印刷社長、渋沢の娘婿）、竹田政智の六名、監査役は伊藤幹一（株式取引所代表）、市原求（豊国銀行創業者）の二名。渋沢栄一自身は相談役として後に控えている形をとっていたが、いうまでもなく、実質上は会長役であった。渋沢の信用でこの事業に賛同し、役員に名を連ねたメンバーは、いずれも日本を代表する財界人で、日本橋の紳商、明治二三年創設の伝統ある日本橋クラブの仲間たちだった。

しかし、「事業のほうは経営者が素人ばかりで、二年経っても、ちっとも進捗しないでいた。……大正九年三月のパニックで株式と綿糸の大暴落があり、日本橋クラブのメンバーたちは大打撃を受けた。本業のほうが立って行かないのに田園都市など続けて行くことは出来ない。そこで渋沢翁が奔走して日本橋クラブのメンバーの持株を第一生命が引き受けることになった」と矢野恒太自身が回想しているように、渋沢の依頼によって第一生命社長の矢野が経営に参画することとなり、つづいて関西から小林一三が助っ人として請われて登場するに至り、ようやく田園都市株式会社の経営は軌道に乗ることになる。

その田園都市株式会社が最初にとりまとめたパンフレット『田園都市案内』（大正一二年一月、全五一ページ）から、その開発の意図した原像を垣間みておこう。すでに分譲が始まっていた洗足地区はもちろん、つづく多摩川台地区もここに被瀝されている構想の下に開発が進められていたからだ。

一　田園都市会社の事業

田園都市の理想　田園都市なるものは元来労働者の生活改善を目的として居るものであることが能く解りますが、都会生活の脅威を受けて生活の不安を痛感するもの豈啻に労働者のみではありません。殊に吾国の如き都市設備の不完全な所では一層甚

感深きものがあります。都会生活の必要を感じ乍ら而かも其生活に満足し得ないのは貴族富豪階級を除き現在多数者の心理ではないでせうか。私共は之等の人々の為めにも田園都市を造りたいと思ひます。さり乍ら都市集中の趨勢激しき今日大都市を離れて生活資料を自給し得る新都市を建設するのは至難のことであります。故に一方に於て大都会の生活の一部を為すと共に他方に於て文明の利便と田園の風致とを兼備する大都市附属の住宅地ありとせば如何に満足多きことでありませう。此の目的に添ふ住宅地の要件としては私共は凡そ次のことを要求したいと思ひます。

一、土地高燥にして大気清純なること。
二、地質良好にして樹木多きこと。
三、面積は少くとも拾万坪を有すること。
四、一時間以内に都会の中心に到達し得べき交通機関を有すること。
五、電信、電話、電灯、瓦斯水道等の設備完整せること。
六、病院、学校、倶楽部等の設備あること。
七、消費組合の如き社会的施設をも有すること。

右の如き住宅地を単に郊外市と呼捨てるのは余りに物足りなく思ひます。天然と文明、田園と都市の長所を結合せる意味に於て同じく田園都市と呼ぶも強ち不当ではあるまいと思ひます。そして我社の田園都市は即ち此種類のものなのであります。つまり我社の建設しつゝある新市街は、本来の田園都市の地的要素として第二に掲げました工業地域に易うるに東京市といふ大工場を所有してゐるとも見られる訳で、しかもこの大工場への通勤を便ならしむる高速度の電車が時間の上で距離を短縮致しますから、所謂田園都市に於ては工業地域の工場へ通勤する労働者の住宅地を主眼とするに反して、我が田園都市に於ては東京市と云ふ大工場へ通勤される智識階級の住宅地を眼目と致します結果、勢ひ生活程度の高い瀟洒な郊外新住宅が建設されて行くことは自然の数であると存じます。そして経済上、衛生上将又道徳上、漸次に悪化されつゝある市内生活の脅威に対する緩和剤としても一臂の力添を致すことも出来やうかと考える次第で御座います。

本社の事業地　は東京府荏原郡洗足池附近及び同碑衾《ひぶすま》村平南《たいらみなみ》大岡山《おほおかやま》一円並に調布《てうふ》、玉川《たまがは》両村に亘る多摩河畔一帯の地合計約四十六万坪の勝地で、丁度、品川、大崎、目黒近傍に於ける都市境界線を隔たること西南約二十町乃至一里半の中に在るのです。その土地は高燥で、満潮時の海面を抜くこと四十米の高きに及び、地味は肥沃で花卉の栽培等には佳適であります。そして、近くは老松の葉越しに多摩の清流を俯瞰し遠くは富岳の秀峯と武相遠近の丘陵とを居ながらにして眺望する一方、品川、大森の海浜を模糊の間に指摘することが出来る場所でありますから、空気の清浄であることは申す迄もありません。それ等の実証は、御散歩がてら現場に杖をお曳き下されば自然御会得になることゝ存じます。近傍に名所旧蹟も多いことですから、何卒日本晴の日曜日にでも一度この附近一帯の勝地に武蔵野の美をお探り下さるやうお願ひ致します。

二　交通と運輸
三　通信と通話
四　電気瓦斯の供給
五　上下水道と通路
〔略〕
六　教育機関

七　住宅と建築

建築規則　本社の事業地内に御住まひ下さる方々はいづれも理想的な田園都市を実現なさらうと云ふ御希望の方に相違御座いません。その為めに必要なことはこれから出来て行く新市街の外観が美しいと云ふことも重要な一つで、居所の体裁の美醜は意外に人間の活動力の基礎たる精神上に大影響を与へるもので御座います。当社の建築規則はそれ等を参酌致しました上、衛生上又は保安上、必要な事項を考慮致しました結果の成案で御座いますから、杓子定規にならない範囲に於ては皆様に是非この規則をお守り戴くやう御願ひ申上げる次第で御座います。

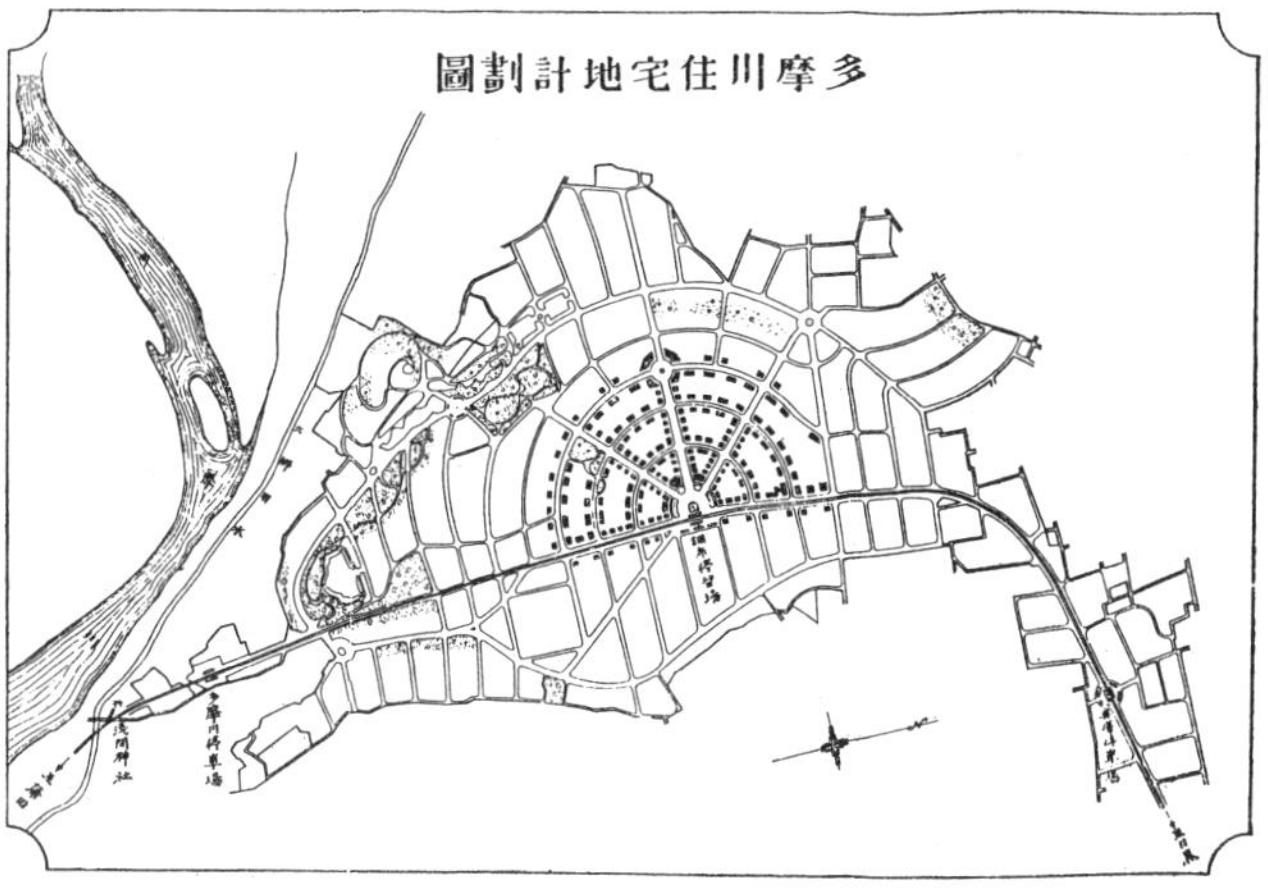

建築に就ての希望

一、他の迷惑となる如き建物を建造せざること。

二、障壁は之れを設くる場合にも瀟洒典雅のものたらしむること。

三、建物は三階建以下とすること。

四、建物敷地は宅地の五割以内とすること。

五、建築線と道路との間隔は道路幅員の二分の一以上とすること。

六、住宅の公費は坪当り約百二、三十円以上にすること。

住宅建築の設計監督規定　現在では土地の一部売出が済んで愈住宅の建築が問題となる時期に這入つて居ります。即当社に於いても種々研究致しました結果田園都市住宅の如き新しい文化生活の本拠を造るのに、唯在来のやうに大工委せにして置きますのは勿論、建築業者に設計請負迄も依頼することは、その出来栄から云つても工費から云つても、明に不得策である事を確知致しました。従つて田園都市へ居住を構へやうとすれば勢ひ相当な建築家に設計監督等を依頼しなければならなくなります。

〔中略〕

住宅地域　本社の事業地は住宅地を経営するのが其眼目であります。この頃のやうに忙しい世の中に成つて参りますと事務所と住宅とを区別する事が合理的な文化生活の要素のやうであります。そして本社事業地の如きもその意味での住宅地でありますから此処には住宅以外の建物の建築を厳禁致すのであります。繁激な東京市で一日の活動を済まして帰らるゝ方々、又は閑雅な土地に静な生活を享受なさる方々、或は又都塵を避けて清浄の地に御子弟の御教育をお志になる方々のための楽土たらしむる事が理想でありますから、住宅の間に不規則に店舗商店の類が雑然と入混る不快を避ける所以であります。とはいふもの、生活に必要な日用品の販売及諸設備がなくてはなりません。
店舗地域　はその意味から生じた次第で、停車場を中心とした一区画は田園都市に於ける銀座通りとなる訳で御座います。事業地に住宅が殖えれば殖える程この店舗地域も繁昌して参ることは当然の帰結で御座いますが、本社はまだ住宅の極少い最初からこの店舗地域には相当の設備を設けて郊外の不便を緩和する積りであります。其一方法として皆様方の中で一つ田園都市の店舗地域に店を出して見やうと云ふお考の方がありましたら御遠慮なく御申込を願ひます。〔中略〕
洋風建築地域　本社事業地に御住居をトされる方々の中には、欧米諸国に於ける生活の御経験がある方又は内地に於ても常に欧米の生活様式に慣れて居らる丶方々も大分あらうと存じます。田園都市住宅の如きは体裁上から云つても実質上から云つても洋風建築の方が幾多の長所を持つてゐるやうに見受けられます結果、是等洋風住宅を御希望の方々を一ケ所に纏めて洋風建築地域を造へます。〔後略〕

分譲用地の買収

調布村のあたりに開発の話が持ち込まれたのは田園都市株式会社が最初ではない。早く、明治一五年には、亀甲山付近に涼風館なる温泉遊園地造成の計画が出され、つづく二一年ころには日本鉄道が新宿から調布を経て横浜に至る路線で鉄道の敷設を申しいれてきたが、当時の段階では地元民は馬耳東風、それに応じる気配は全くなかったようだ。

田園調布地区の宅地造成工事。当然のことながら、工事は人力とトロッコで行われていた。（『わが父 渋沢秀雄』より）

明治末ともなると、東京の人口増、経済発展に伴って、とくに西郊に向かっての開発が進められるようになる。調布村近辺でも、明治四〇年には「玉川（砂利）電気鉄道」が開通し、大正二年その沿線に小規模ながら宅地開発の草分けといえる桜新町が東京信託会社によって造成された。明治三二年に制定された耕地整理法（四二年改定）によって郊外農村部には、来たるべき宅地開発を多少とも意識して各地に耕地整理組合が形成されるようになったが、その先がけとなったのが明治四五年の玉川耕地整理組合で、その施工区域内には上沼部村内の玉川村飛地も含まれていた。工場の進出も増加し、とくに川崎側では臨海地区の埋立築港を伴う近代的な京浜工業地帯の造成が明治四〇年代に着手された。

このような情勢にあって、明治四三年、武蔵鉄道から鉄道敷設と沿線開発計画をもちこまれた地元有力者、森総吉、猿渡覚太郎、野村治右衛門らは「朧気ながら其町村の発展を祈る心の中、是れ亦理想の夢を描いて居て、いつかは之れを遂行せんとした」（西原稿「田園調布史」昭和一一年）ところで、かなり協力的態度を示したのだったが、これは鉄道側が経済不況に祟られて資金難に陥り、実行に至らないまま、東横電鉄に肩代わりされてしまった。この間のいきさつは猪瀬直樹『土地の神話』（昭和六三年）に詳述されているところである。次いで明治四五年のころには大日本麦酒（ヱビスビール）がその創業にあたって、工場用地を調布村あたりに物色したが、「当時ビールの何物であるかを解せぬ住民のために一蹴せられ、遂に目黒に逸してしまった」（露木論文）という。他にも工場進出については「多摩川付近に工場の進出するに極力反対して……肥料会社の如き、電力会社の如き、好餌をもって町会を誘ひたるに係らず、断然拒絶した」（西原稿）ともある。

田園調布のいいだしっぺの畑が先頭に立って地元有力者に働きかけ、土地買収の斡旋を依頼したときも、ことはすんなりと進んだわけではなかった。まだ田園都市株式会社成立以前の田園都市経営協会の段階での大正六年の「田園都市歓迎趣意書」にそれが記録されている。田園都市の土地買収に際しては、洗足地区の小杉信太郎、大岡山地区の角田光五郎、調布地区の森総吉といった地元有力者が畑の要請を受け、率先して地主仲間を説得・糾合したとされてきたが、当時、碑衾村の村長をしていた小杉家に残されている文書（小杉家の当主清が『郷土目黒』第29集（昭和六〇年）に紹介）の内容は次のようなものである。

田園都市歓迎趣意書

男爵渋沢栄一閣下は、早くから文明諸国の例に鑑み、日本にも田園都市建設の必要を感じ「田園都市経営協会」を創立して近郊を調査の結果、昨年の秋に候補地として我荏原郡洗足池付近の四か村を選定された。そこで我等と協会幹部との間で拾数回の交渉を重ねたが、協会側は交通機関や其他の設備に多大な費用を要するので、到底我等の希望する価格には達しられないと言うことであった。

しかしこの計画は、部落の開発には千載一遇の好機であり、この機を逸しては再び発展の機会はないものと考え、左記二項の妥協案を作り、飽迄我部落に歓迎し度いので、地主諸君も万難を忍んでご賛成いただきたい。

一、壱坪の土地買上代金を弐円拾銭以上五拾銭で懇請すること。

二、第一項の外候補地全体の下肥を永遠に買上げて欲しい。但し法律上の手続はどのような形式であっても、実質の成果を得るようにすること。

右　大正六年四月

平塚村　高橋　勝蔵
馬込村　加藤為太郎
碑衾村　小杉信太郎
池上村　渡邊　茂吉

証

一、田園都市候補地区内に於ける平塚村分六万五千余坪、馬込村分四万余坪、碑衾村分参万八千余坪、合計拾四万参千余坪を規定価格（壱反に付金七百円）にて取り纏め申すべくの処、種々困難なる事情に遭遇致し候間、右候補地全体に対しこの上金弐万円の増額を御承諾被下候へば、拙者どもに於いて全責任を負い取り纏め申すべく候、依りてここに後日の為一書を差し入れ置き候也。

但し東京の地主は拙者共より交渉は致すべく候へども、価格は見当付き申さず候につきこれは別途の扱いに願ひたく候。

大正六年拾壱月　日

平塚村地主代表　高橋
　　　　　　　　海老澤
　　　　　　　　鏑木
馬込村地主代表　野村
　　　　　　　　岸田
碑衾村地主代表　小杉
　　　　　　　　角田

ここに見られるように、地元農民としては開発に賛同を示しつつも、買収価格の点では難色を示し、下肥の買上げをつけ加えた上、半年後の「証」では全体として二万円の増額を要求している。畑がしばしば渋沢を訪れ、相談していたのはこのようなことでもあったろう。ちなみに反七百円という買収価格は坪当りにすると二円三三銭で、二万円の増額は坪当り約一四銭となるから、これを上積みしても二円五〇銭弱でしかなかった。

ところが、会社側の思惑とはうらはらに、この田園都市開発計画と鉄道敷設が引き金となって、周辺一帯でも耕地整理組合結成への動きが高まり、このあたりの地価は急上昇をつづけることになってしまった。田園都市株式会社設立直後の大正七年一一月二九日の重役会で決議された土地買収要項には次のように記されている。

土地買収要項

洗足方面ハ最近地価著シク昇騰シ現ニ一坪八円乃至拾五円位ニテ陸続取引アル趨勢ナルヲ以テ予定ノ価格一反歩七百円ニテ買収スルハ頗ル至難ノ事ニ属ス、依テ同方面ハ一時成行ニ放任シ置キ専ラ力ヲ玉川、調布方面ノ買収ニ尽シ同方面ニ於テ約三十万坪ノ地区ヲ獲得シテ都市経営ニ資セントス、乃チ同方面ノ地区二十八万余坪ノ内既ニ買収済ノ十四万七千余坪ノ外、五万三千坪ハ一坪ニ付金五拾銭増額シテ買収シ、残余ノ八万坪ハ地上物件ノ関係アリテ頗ル高価ニ当ルヲ以テ之ヲ減区シ、更ニ亀甲山一体《ママ》ノ景勝地十万坪ヲ増区セントス。右計画ニ由ル土地買収代金左ノ如シ

拾四万七千坪（壱坪金弐円参拾銭）
　此代金参拾参万八千百円
五万参千坪（壱坪金弐円八拾銭）
　此代金拾四万八千四百円
拾万坪（壱坪金五円卅参銭）
　此代金五拾参万参千円
計参拾万坪
　此代金壱百〇壱万九千五百円
　平均壱坪金参円四拾銭弱

外ニ洗足方面ニ於テ売買登記済ノ分六万千参百六拾坪アリ、今後契約ニ基キ提供シ来ルモノ四万坪内外アルモノト仮定シ、合計約拾万坪ノ買収資金ハ別ニ準備シ置クモノトシ、此金額約弐拾五万円ヲ要ス。

　以上ニ要スル土地買収資金総額壱百弐拾六万九千五百円ナリトス

〔傍点編者〕

ここにあるように、多摩川台地区への経営主力の転換は、先行した洗

足方面の地価騰貴に対処したものであった。会社結成時の「設立趣意書」には、まだ調布村の名は登場していないのである。

なお、この追加買収決定ころの調布村の字別標準地価は次のようなものだったと『東京横浜電鉄沿革史』（昭和一八年）に記載されている。

丸山　山林、畑、六千七百五十三坪　（一坪金七円五拾銭）
石谷　山林、畑、六千八百八坪　（一坪金七円五拾銭）
西谷　山林、畑、六千八十四坪　（一坪金弐円五拾銭）
いかり田　五千八百五十一坪　（一坪金弐円五拾銭）
牡若谷　山林、畑、一万五千七百五十坪　（一坪金参円）
汐見台　山林、畑、一万七千九百〇九坪　（一坪金四円五拾銭）
亀塚　山林、畑、一万八千七百四十九坪　（一坪金八円）
宝来　山林、畑、一万四千七百〇四坪　（一坪金七円）
合計坪数九万九千弐百九拾坪
代金五拾弐万九千〇参拾円五拾銭也
平均壱坪金五円参拾弐銭八厘弱

このように亀塚の坪八円を筆頭に、概して台地上の畑地の地価が高く、水田のある低湿の谷地は安価であったが、ともかく、平均して五円台と、洗足地区に比べてまだかなり低いものだったことがわかる。地元側も、森総吉をはじめ、猿渡覚太郎、野村治右衛門、鈴木浅吉、落合甲之助、落合重吉、安藤久重などの地主たち三十名ほどが、工場進出には反対だが、宅地造成なら協力しようということで、この場合は話がよりスムーズに、かつ急速に進んだようである。会社設立直前の大正七年五月に、渋沢翁自ら、中野、市原、柿沼等の仲間と共に、多摩川畔にあった旗亭若松にまで足を運び、地元有志を集めての懇談会を開き、自動車で現地を視察したというのも、その伏線であったとみられる。

では、土地買収および整備・売出しの経過を、調布村関連の主要事項とともに、田園都市株式会社の「事業報告書」から書き抜いてみよう。

表Ⅱ－1　土地買収の状況

（坪）

	大正7年9月～8年5月	8年6月～11月	8年12月～9年5月	9年6月～11月	9年12月～10年5月	10年6月～11月	合　計
調布村	110,707	34,780	7,879	10,692	16,489	1,645	182,192
玉川村	92,834	19,050	22,685	－	509	3,513	138,591
総　計	270,915	65,792	80,829	29,522	22,013	12,252	481,323

総計には碑衾、平塚、馬込、池上の４村分をも含む。『東京横浜電鉄沿革史』より

田園都市株式会社業務報告書（抄）

第壱回（大正七年九月二日～八年五月三十一日）

本期間ニ於テ買収シタル土地ハ荏原郡玉川村ニ於テ田、畑、山林含反別弐拾九町八反七畝九歩宅地弐百拾五坪、調布村ニ於テ田、畑、山林含反別参拾五町九反二畝十九歩宅地弐千九百弐拾八坪（中略）最近一般地価騰貴セシ為メ予定ノ土地残部ノ買収ニ就テハ頗ル困難ヲ来タセシモ其買収方法ハ目下地方総代ト協議ヲ凝シ各地主ニ対シ交渉ニ努力シツ、アルヲ以テ遠カラス庶幾ノ目的ヲ達シ得ル見込ナリ

第弐回（大正八年六月一日～八年十一月三十日）

本期間ニ於テ買収シタル土地ハ荏原郡玉川村ニ於テ田、畑、山林含反別六町拾弐歩宅地壱千〇三十八坪、調布村ニ於テ田、畑、山林含

反別拾町九反六畝十八歩宅地千八百八十二坪

〔後略〕

第六回（大正十年六月一日〜十年十一月三十日）

本期間ニ於テ買収シタル土地ノ内売買登記ヲ了シタルモノ調布村ニ於テ田、畑含反別四反八畝十七歩宅地八十八坪、玉川村ニ於テ畑、山林含反別九反九畝二十三歩宅地五百二十坪〔中略〕来期早々鉄道布設ノ工事ニ着手シ大正十一年ノ秋季ニハ竣成スルノ見込ナリ而シテ住宅地域ノ経営モ亦其調査ノ完了シタル部分ヨリ順次起工スルヲ以テ来春三四月ノ交ニハ一部ノ売出ヲ開始セントス

第八回（大正十一年六月一日〜十一年十一月三十日）

大正十一年十一月二日東京府ヘ荏原郡玉川村及調布村ノ一部並ニ馬込村ノ一部ニ電灯供給ノ為メ電灯配電線建設ノ為メ道路使用ノ許可ヲ出願セリ

既ニ調布地上ノ設計モ成リタレバ来春早々工事ヲ始メ四五月ノ交ニハ其一部ノ売出シヲ開始シ得ルコトナルヘシ

第九回（大正十一年十二月一日〜十二年五月三十一日）

調布地区ニ於テモ四月以来約八万坪ノ第一期工事ニ着手シタルガ此部分ノ売出開始ハ洗足地区ノ如ク予約方法ニ拠ラズシテ其設備ノ大略竣成スル時期ニ於テ為サント欲ス。従テ其時期ハ凡ソ今秋九、十月頃ノ予定ナリ

第拾回（大正十二年六月一日〜十二年十一月三十日）

調布玉川両村ニ跨ル所謂多摩川台地区ノ開拓、施設ニ努力シ其一部竣工地域ニ対シテ同地区第一回ノ売出ヲ行ヒ期末迄ニ約壱万七千坪ノ契約ヲ了セリ。抑々本回ノ売出ハ九月末ヨリ開始ノ予定ナリシモ這般ノ大災ニ因シテ其時期遅レ期末ニ近ヅキテ漸ク之ヲ成シ得タル次第ナリ、而カモ売行上ニ震災影響ノ少クシテ比較的好成績ヲ挙ゲ得タルト、空前ノ大災殃ニ面シテ当社ノ被害皆無ナリシトハ共ニ深く欣幸トスル所ナリ、次期ニ於テハ多摩川台地区ノ整理モ益々進展ニ向ヒ引続キ第二回第三回ノ売出ヲ為スノ運ビトナルヘシ

第拾壱回（大正十二年十二月一日〜十三年五月三十一日）

本期間中ニ於ケル業務概要ヲ報告センニ先ヅ多摩川台ニ於ケル第壱回売出ノ後引続キ第弐期工事ノ進捗ト共ニ第弐回の売出シヲ行ヒ本期中ニ於テ約参万壱千余坪ノ契約ヲ了セリ而シテ第参回ノ売出シハ準備略整ヒタルヲ以テ来期匆々之ヲ行ヒ更ニ其他ノ地区ノ設計及工事ニ取懸ラントスルノ計画ナリ

第拾弐回（大正十三年六月一日〜十三年十一月三十日）

多摩川台事業地ニアリテハ第壱回及第弐回売出シニ引続キ電車線路東側ニ於テ第参回約弐万六千坪ノ売出シヲ行ヒ其大半ハ九月本契約ヲ締結スルニ至レリ尚居住者ノ便利ヲ図リ日用品ノ供給ヲ容易ナラシムル為同所ニ於テ六月中店舗地約弐千五百坪ノ売出ヲ開始シ開業ノ運ビニ至ル者アリ〔中略〕本社ハ渋谷ヨリ横浜ニ至ル電気鉄道敷設権ヲ有スル武蔵電気鉄道会社ノ株式大半ヲ買収シ之ヲ東京横浜電鉄株式会社ト改称シ愈々建設ニ着手スルコト、セリ

第拾参回（大正十三年十二月一日〜十四年五月三十一日）

調布第四期工事ニ着手シ五月下旬売出ヲ開始セリ

第拾四回（大正十四年六月一日〜十四年十一月三十日）

本期ニ於テハ調布村第四期工事ヲ完了シ更ニ玉川村ニ於ケル区画整理許可ト同時ニ其工事ニ着手シ拾壱月末其売出シヲ開始セリ而シテ本期間ニ於ケル本契約ハ壱万五千百九拾参坪ニシテ仮契約ハ参百六拾坪ナリ

第拾五回（大正十四年十二月一日〜十五年五月三十一日）

本期中ニ於ケル工事状況ハ多摩川台住宅地ノ一部ニシテ玉川村ニ属スル主要部分ノ工事ヲ完了シ調布村ニ於ケル一部ノ地区ノ整理工事ヲ行ヒ〔中略〕本契約ヲ締結セルモノ八千参百八拾四坪ニシテ仮契約ヲ結ヘルモノ参千四百七拾壱坪ナリ

〔第拾六回以降は、とくに調布村関係の記事なく、田園都市株式会社は第拾八回業務報告書（昭和二年六月一日〜十一月三十日）を最後に目黒蒲田電鉄と合併に至る。〕

大震災と土地の分譲

田園都市株式会社には、現役引退というたて前もあって、相談役という名に甘んじていた渋沢翁は、自らに代わってその理想の実現に向けて、四男の秀雄を、会社結成の翌八年一月から取締役支配人の名目で入社させた。そして同年夏秀雄は、〝田園都市の現地視察〟ということで欧米に向け出発した。もちろん、イギリスの田園都市《ガーデンシティ》の元祖レッチワースへその冬に行ったが、「まだ完成していなかったから、家も少なく人影もまれで、道路をさしはさむ広い空地は枯草に覆われ、淋しくて住む気になれなかった」と記しているとおり、ここはあまり彼の感興を惹かなかったようだ。これに対し、「私はサンフランシスコ郊外のセント・フランシス・ウッドという住宅地が気に入った。土地に多少の起伏があって樹木や草花も多かった。そこの中心には、パリの凱旋門にあるエトワール式道路ができていた。むろんパリとは比較にならない小規模のエトワールだったが、それはその住宅地に美しさと奥深さを与えていた。カーブのある道は、ゆく手が見通せないから人に好奇心と、夢を抱かせる。私は田園都市の西側に半円のエトワール型を取り入れてもらった。この分譲地のサイト・プランを依頼した矢部金太郎君に注文をつけたのである。矢部君は優秀な建築設計師だったが、当時は田園都市会社の社員になっていた」（渋沢秀雄『わが町』昭和四六年）。かくて画かれたのが前掲『田園都市案内』につけられた計画図であった。その『案内』中にも「目下地区割の設計も出来、その計画に付いては現在斯道の権威たる内務省都市計画局並に都市研究会の諸大家を招聘して会社作製の設計図に付いて種々批評を仰ぎ土地の整理に手を染めましたから、早晩本社が売出を発表する準備が整ひます。」（大正十二年）と記されているところである。

　一見、こうして順調に事が進んでいたかにみえる田園都市だったが、いかに渋沢翁の依頼で矢野恒太が、さらにその矢野が三顧の礼をもって助っ人に迎えた小林一三（阪神での宝塚開設者）という二人の後見役がついていたにせよ、会社が改組しての新発足当時、わずか三名の社員と事務所をまかされ、きりもりした〝お坊っちゃま〟秀雄はかなり苦労したようである。その回顧談を『わが町』から再録しよう。

新発足

田園都市株式会社は資本金五十万円から出発して五百万円に増資された。私がはじめて出勤した事務所は、大手町の日清生命保険会社内の一室で、最初は専務の竹田と私のほかには、中年以上の社員が二人いるきりだった。そのうちに二人、三人とふえていったが。…

　若い私は海外まで視察してきて、新しい事業に出発したということがうれしかった。ペダンティックな気持も手伝って、英語のガーデン・シティー、独語のガルテン・シタット、仏語のシテ・ジャルダンの訳語「田園都市」なる社名を得意になって電話する。

「もしもし。こちら田園都市会社ですが、パンフレットの印刷をお頼みしたいのです」

「はあ？　なに？　デンケン？」

「ちがいます。デン・エン・トシ。タンボの田に、ドウブツエンの園に、キョウトの都に。トウキョウの市、そうです、田園都市です……」

「なんです、そのデンエントシって」

郵便局で電文を電話で申し送るみたいな努力も水の泡である。もっとヒドイのになると

「え？　なに？　伝染墓地？」とくる。まったくもって、いやはやだった。

ある日社員が社用の電報を打ちに郵便局へいった。局員が料金を計算するあいだ、社員はベンチに待っている。すると「タゾノさん」と呼ぶ声が聞こえた。しかし気にもとめずにいたら、局員が「タゾノさん。タゾノトイチさん」と大きな声で繰りかえしたので、やっと気がつき、「なるほど田園都市（タゾノトイチ）さんに違いない」と苦笑したそうである。

会社の事務所は、日清生命の次に京橋の第一相互館の一室へ移った。このときは篠原三千郎さんも既に常勤重役になっていたし、社員も相当ふえていた。つまり〔先に〕引用した「矢野恒太伝」に出ている時代である。そしてその次が現場の「洗足」となる。これは目蒲線が目黒と丸子多摩川間に開通してからで、目黒界隈の鉄道用地買収のとき手にはいった、個人の相当大きな洋風住宅を、そのまま洗足駅前へ移築し、それを田園都市会社の本社にしたのである。

大正十二年三月十一日が開通式で、私はモーニングを着たまま、目黒から多摩川へ運ぶ来賓の乗客整理をした。丸子の渡し（まだ丸子橋などなかった）に近く仮りの舞台ができ、歌舞伎芝居が上演され、来賓の接待には新橋芸妓が大勢きたし、いろいろな模擬店なども出た。

そのころ目黒洗足間は大部分畑地で、まれにポツリポツリと農家が立っている程度だった。線路を敷く前に目黒から多摩川まで歩いて、文字通り踏査したこともあったが、絵に描いたような武蔵野そのものだった。それが電車が敷けたとたん、おそろしい勢で沿線に小さな貸家が建ちはじめた。当時その新築速度は、毎月三、四百軒ずつと噂されていた。

そのころ私は毎日のように目黒から洗足まで電車に乗った。車体は小さいのだが乗客が少ないため、立つ人はいない。だから私も腰かける。ところがタマに混み合って、吊り皮につかまることがある。人間の欲というものは恐ろしい。「まあ、きょうは何といい日だろう！」私は欣々然として立ちしかも立ち続けることをこいねがった。いつも腰かけられる電車では困るからである。ところが、毎日混むようになってからは、タマに腰かけられるとうれしかった。現金なものである。

目蒲線が混み出したころには、例の毎月三、四百軒ずつ建つといわれた貸家群が、沿線を畑地や野原から町へと変貌させていった。そして洗足、田園調布という企画された住宅街は、電車事業のいわゆるイメージ・アップに役立つパターンにはなるが、乗客という栄養を供給してくれるのは、こまかい貸家その他の密集地帯なのである。

ふり返って見ると、私も及ばずながらいろいろ働いた。目蒲

線の免許申請に鉄道省へお百度を踏んだころ、五島慶太さんが課長で、「何卒お願い申しあげます」と九拝はともかく、三拝ぐらいはした時期もあった。それが後日同じ会社の同僚になったのだから、縁はふしぎなものである。〔中略〕

五島さんがある日私にこういった。

「ご尊父に、銀行から目蒲電鉄へ金融してくれるよう、お口添え願いたいのだが……」

借金するときだから、言辞は極めてインギンだったと覚えている。当時「ご尊父」はもう八十を越え、実業界から隠退していた。私は湯ケ原へ湯治していた父をたずね、口添えの件を依頼した。そして叱られた。

「田園都市事業に関しては、既に私がお前のために、関係者をお招きしてお願いしたではないか。あとは当局者が自力で経営するのが当然だ。今もって老人に頼るとは、意気地がなさすぎる」私は返す言葉もなく引きさがった。そして「父の使い」になって五島さんの頼みをことわった。

たぶんそのころだったと思う。ある雨の日、私は五島さんと二人で内幸町辺の某生命保険会社へ金を借りにいった。応接間がふさがっていたのだろう。はしご段の下の廊下を衝立で仕切った、仮りの待合室みたいな所へ通された。粗末な丸テーブルと貧弱な椅子が置いてある。五島さんは巨体をその一つに托した。見ると目の前には、アバタのように雨滴をつけたガラス窓があり、外には樋の破れから落ちる雨水が細い滝をかけている。その不景気な音を聞きながら、長いこと待たされた。と、五島さんが私を見てしみじみといった。

「金を借りるって、わびしいもんだね」

二人は顔を見合わせて苦笑した。そこへ雨音がさびしい伴奏をつけていた。

田園都市計画を新聞が報道したので、分譲地の希望者が盛んに会社へ問いあわせてくる。事務所はまだ第一相互館にあった。そこで洗足のサイト・プランが出来あがると図面を印刷し、電車開通前に売りだした。大正十一年の五月ごろだったと思う。畑の土を掘って計画通りの道筋だけをつけた。だから道筋以外には青麦がはえ、馬鈴薯の花が咲いていた。そこをお客さんたちは図面を手にして、気に入った場所を物色して歩いたのである。

大正十二年（一九二三）九月一日の大地震に、私は軽井沢の万平ホテルで出会った。五十嵐与七君という旧友と、田園調布地区の設計者矢部金太郎君と私が、浴衣一枚になり、畳の上で昼飯を食べているところへグラグラときたのである。

九月二日に矢部君と汽車で川口駅までゆき、荒川の鉄橋が落ちたため、あそこから歩く。……翌四日午前、私は自転車で洗足の会社へいった。東京市内の地獄絵みたいな無残さ、惨たらしさとはうらはらに、洗足地区はなんと美しかったろう。緑の森に日は輝き、小鳥は平和を歌っている。まさに天国と地獄だった。私は四十軒あまりの住宅を一つ一つ見舞って歩いた。最大の被害でも壁に亀裂がはいり、煉瓦がズレ落ちた程度だった。ほとんど全部の家の奥さんがたが、

「いいときに土地を売って下さいました。もとのウチは焼けておりました。本当にありがとうございました」とお礼をいわれた。私は商売冥利を感じ、そのとき味わった地獄極楽の体験を土地分譲の新聞広告に書きそえた。

当時田園都市会社では、私の兄の友人河野通氏が支配人になっており、地震当日は四十余軒へ炊き出しをしたそうである。

罹災した方々には申し訳ないが、関東大震災は田園都市会社には福の神だった。あれ以来、ビジネスは市内、住居は郊外という生活様式が普及されていった。〔中略〕

会社には例の矢部金太郎君のほかに、渡辺栄治君という建築設計家がはいった。家を建てる居住者のために、会社が住宅の設計をサービスしたのである。たぶん無料で設計と工事監督をしたのだろう。そしてある居住者の新築が落成したとき、そこのご主人が、矢部、渡辺両君と私を新居に招いて夕食をご馳走してくれた。それも商売冥利の一つだった。

田園調布を売り出したころ、私は将来理想的な住宅街になる、会社の計画はこれこれだ、と知友にふいちょうして、ぜひお買いなさい、と勧めた。するとある友人に

「そんなよい所へ、どうして君自身が住まないんだ?」と逆襲された。一言もない。当時私の両親も兄や姉一家も飛鳥山辺にいたので、私もその近くに住んでいたが、友人の言葉で田園調布へ少し広い地所を買った。売りだしてすぐは売れなかった場所である。坪四十三円と四十二円だった。

さて田園調布で一番高価な地所は、駅の西口を背にして、左端と中央の銀杏並木道にはさまれた、駅のまん前に位する宅地で、坪五十五円につけた。そこは久しく売れずにいたが、いつか買う人が出てきた。安いほうは駅から遠い場所で坪二十円台もあったように思う。

半年賦も十年月賦も共に年一割の利息がついていた。そこで賦払者は三、四年支払うと元金が減少するから、日本勧業銀行に肩替りしてもらう。勧銀は土地価格の七掛けぐらい貸してくれるからである。しかも勧銀の利息は七分ぐらいだった。

田園都市会社が盛んに土地を買っていたころは、会社へくる地主さんたちの服装が見るみるゼイタクになっていった。そしてそれは中以下の地主さんに多かった。

今までお百姓さん丸出しだったオヤジさんが、夏は絽の羽織を着、その次にはイキな雪駄などはいてくる、という調子だ。しかもなかには、持ちつけない金が手にはいったため、蛎殻町の米相場に手を出し、元も子もなくしてしまった人もある、という噂さえ聞いた。そこへゆくと最近の大都市近郊の地主さんたちは、蓄財がうまくなったものである。

さっき掲げた田園調布の道路率のなかには宝来公園の面積も含まれている。なんでも旧式にいえば五、六千坪ほどあったと思う。松の木の多い見事な雑木林だ。そして現在ある池の西北端の低地から、清水がモクモクと盛りあがりながら湧いていた。それを利用して作ったのがあの池で、その前は幅の狭い水田だった。

前掲の『業務報告書』中にも記されているように、多摩川台地区の分譲は大正一二年一一月に着手された。実は、ほぼこの地区の土地売収の終った大正一〇年に、地区内に居住していた一四戸の住民に代替地を与えて移住させ、一一～三年の耕地整理組合認可とともに全部をいったん更地とし、矢部の設計を土台として八万坪の整地を進め、九月に第一次分譲を予定していたのだったが、はからずも「この年〔大正一二年〕九月一日、かの大震災が突如として人心を混乱の底にたゝきこんだのである。しかし都心の大火災は、却って人心に郊外の安住地たる所以を教へた。成行は危惧されたにかゝはらず、業績は良好で十一月末までに一万七千坪の分譲契約が成立したのは、予想外の好成績といはなければならない。」(『東京横浜電鉄沿革史』)となったのだった。関東大震災が、た

またまその気運にのっていた東京の近代化促進の契機となり、市民の職住分離、郊外の発展をもたらしたことはよく知られているところだが、渋沢秀雄の記述にもあるように、まさに〝禍い転じて福となす〟、多摩川台地区の売出しはいささか遅れることになったものの、これ以上のタイミングはないといった結果をもたらしたのだった。

田園都市の分譲方法については『沿線分譲地案内』に次の契約要旨が収められている。

土地譲渡契約要旨

土地譲渡契約の要旨は左の通りで御座います。

一、契約の際内入金として代金の約二割を申受けます。

一、残代金は即金又は三年以上十年までの賦払として頂戴致します。即金の場合は土地御引渡後所有権移転登記の際に御支払を受け、賦払の場合は土地御引渡の時より始まり月賦又は半年賦として御払込を願ひます。賦払には年一割に相当する利子を頂戴致します。

一、土地は契約と同時に御引渡致します。

一、土地を御買取下さつた方は御相互の御利益の為左の御負担願ひます。

（一）本土地は住宅地の場合は住宅用としてのみ、商店地の場合は御承認申上げました御営業の店舗用地（住宅御兼用は差支ありません）として御使用下さること。

（二）住宅地の場合は土地引き渡のときより一年六ケ月以内に住宅を御建築下さること。但し御契約により本規定を削除せる場所も御座います。

（三）近隣に対し悪感迷惑を惹起する程度の事物を発散せしめられぬこと。

（四）住宅地は会社が御承認申上げぬ限りは一区分地を二個以上の住宅の敷地として御使用又は御割譲せられぬこと。

一、賦払契約に対しては以上の外史に左の条件を御承認願ひます。

（一）土地の所有権移転は賦金完済と同時なること。

（二）土地御引渡以後に於ける契約地関係の公課は土地御購入者に於て負担せらる、こと

（三）契約上の権利義務を御譲渡なさる場合には会社の承諾を求めらる、こと。

賦金表　（壱千円ニ付）

賦拂期間	三年	四年	五年	六年	七年	八年	九年	十年
半年賦	一九七・〇二銭	一五四・七二銭	一二九・五〇銭	一一二・八三銭	一〇一・〇二銭	九二・二六銭	八五・五五銭	八〇・二四銭
月賦	三三・二七銭	二五・三七銭	二一・二四銭	一八・五三銭	一六・六〇銭	一五・一六銭	一四・〇七銭	一三・二〇銭

実際に会社と買手との間に交わされた契約書の一例を次に掲げておこう。田園都市株式会社社長市原求との間に交わされたこの件の契約は分譲開始後ほぼ一年目の大正一三年九月九日、賦払期間は一〇か年と記されている。会社から土地を賃借して、年賦で払った人が多かったのである。

多摩川台地区の売出価格は坪当最高で五十五円、最低が十六円（遠隔の玉川田園調布方面には十三円からあり）、いうまでもなく駅に近い台地の一帯が高値で、谷地、とくに字いかりから一本木谷にかけての低湿

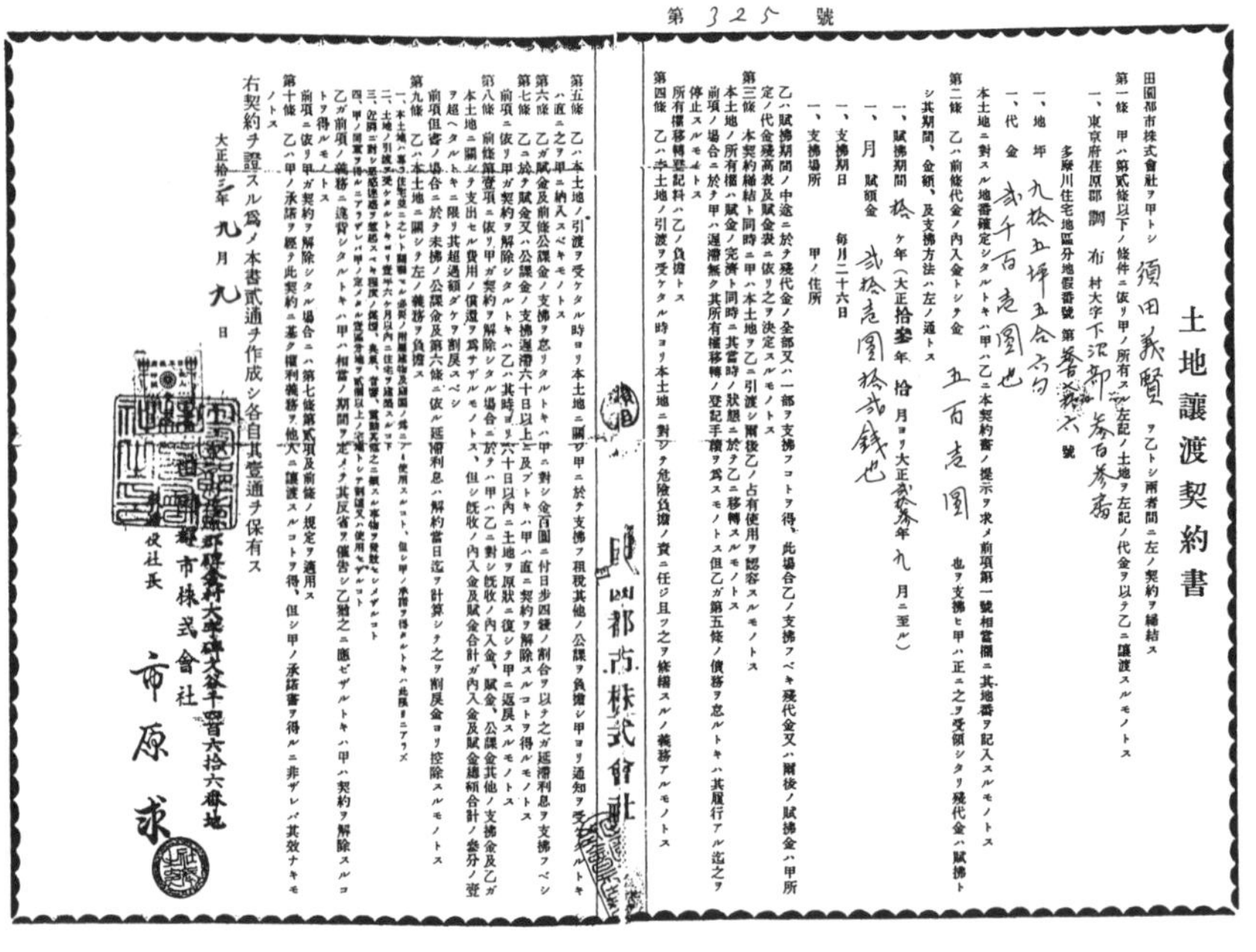

第３２５號

土地譲渡契約書

田園都市株式會社ヲ甲トシ須田義賢ヲ乙トシ兩者間ニ左ノ契約ヲ締結ス

第一條　甲ハ第貳條以下ノ條件ニ依リ甲ノ所有ニ係ル左記ノ土地ヲ左記ノ代金ヲ以テ乙ニ讓渡スルモノトス

一、東京府荏原郡調布村大字下沼部参百参番

多摩川住宅地區分地假番號第参拾六號

一、地坪　九拾五坪五合六勺

一、代金　武千百壹圓也

本土地ニ對スル地番確定シタルトキハ甲ハ乙ニ本契約書ノ提示ヲ求メ前項第一號相當欄ニ其地番ヲ記入スルモノトス

第二條　乙ハ前條代金ノ内入金トシテ金五百壹圓也ヲ支拂ヒ甲ハ正ニ之ヲ受領シタリ殘代金ハ賦拂トシ其期間、金額、及支拂方法ハ左ノ通トス

一、賦拂期間　拾ケ年（大正拾参年拾月ヨリ大正武拾参年九月ニ至ル）

一、月賦額金　武拾壹圓拾武錢也

一、支拂期日　毎月二十六日

一、支拂場所　甲ノ住所

乙ハ賦拂期間ノ中途ニ於テ殘代金ノ全部又ハ一部ヲ支拂フコトヲ得、此場合乙ノ支拂フベキ殘代金又ハ爾後ノ賦拂金ハ甲所定ノ代金殘高表及賦金表ニ依リ之ヲ決定スルモノトス

第三條　本契約締結ト同時ニ甲ハ本土地ヲ乙ニ引渡シ爾後乙ノ占有使用ヲ認容スルモノトス

本土地ノ所有權ハ賦金ノ完濟ト同時ニ其當時ノ狀態ニ於テ乙ニ移轉スルモノトス

前項ノ場合ニ於テ甲ハ遲滯無ク其所有權移轉ノ登記手續ヲ爲スモノトス但乙ガ第五條ノ債務ヲ怠ルトキハ其履行アル迄之ヲ停止スルモノトス

所有權移轉登記料ハ乙ノ負擔トス

第四條　乙ハ本土地ノ引渡ヲ受ケタル時ヨリ本土地ニ對シテ危險負擔ノ責ニ任ジ且ツ之ヲ修繕スルノ義務アルモノトス

第五條　乙ハ本土地ノ引渡ヲ受ケタル時ヨリ本土地ニ關シ甲ニ於テ支拂フ租税其他ノ公課ヲ負擔シ甲ヨリ通知ヲ受ケタルトキハ直ニ之ヲ甲ニ納入スベキモノトス

第六條　乙ガ賦金及前條公課金ノ支拂ヲ怠リタルトキハ甲ニ對シ金百圓ニ付日歩四錢ノ割合ヲ以テ之ガ延滯利息ヲ支拂フベシ

第七條　乙ニ於テ賦金又ハ公課金ノ支拂遲滯六十日以上ニ及ブトキハ甲ハ直ニ契約ヲ解除スルコトヲ得ルモノトス

前項ニ依リ甲ガ契約ヲ解除シタルトキハ乙ハ其時ヨリ六十日以内ニ土地ヲ原狀ニ復シテ甲ニ返戻スルモノトス

第八條　前條第壹項ニ依リ甲ガ契約ヲ解除シタル場合ニ於テハ甲ハ乙ニ對シ既收ノ内入金、賦金、公課金其他ノ支拂金及乙ガ本土地ニ關シテ支出セル費用ノ償還ヲ爲サザルモノトス、但シ既收ノ内入金及賦金合計ガ内入金及賦金總額合計ノ参分ノ壹ヲ超ヘタルトキニ限リ其超過額ダケヲ割戻スベシ

前項但書ノ場合ニ於テ未拂ノ公課金及第六條ニ依ル延滯利息ハ解約當日迄ヲ計算シテ之ヲ割戻金ヨリ控除スルモノトス

第九條　乙ハ本土地ニ關シテ左ノ義務ヲ負擔ス

一、本土地ハ專ラ住宅又ハ之ニ附屬スル建物及庭園ノ爲ニノミ使用スルコト、但シ甲ノ承諾ヲ得タルトキハ此限リニアラズ

二、土地ノ引渡ヲ受ケタルトキヨリ壹年六ケ月以内ニ住宅ヲ建築スルコト

三、近隣ニ對シ惡感ヲ與フヘキ程度ノ煤煙、臭氣、音響、震動其他之ニ類スル事物ヲ發散セシメザルコト

四、甲ノ同意ヲ得ルニアラザレバ甲ノ定メタル宅地分割ヲ更ニ分割シテ貳個以上ノ宅地トシテ割譲又ハ使用セザルコト

乙ガ前項ノ義務ニ違背シタルトキハ甲ハ相當ノ期間ヲ定メテ其反省ヲ催告シ乙猶之ニ應ゼザルトキハ甲ハ契約ヲ解除スルコトヲ得ルモノトス

前項ニ依リ甲ガ契約ヲ解除シタル場合ニハ第七條第貳項及前條ノ規定ヲ適用ス

第十條　乙ハ甲ノ承諾ヲ經テ此契約ニ基ク權利義務ヲ他人ニ讓渡スルコトヲ得、但シ甲ノ承諾書ヲ得ルニ非ザレバ其效ナキモノトス

右契約ヲ證スル爲メ本書貳通ヲ作成シ各自其壹通ヲ保有ス

大正拾三年九月九日

東京府荏原郡碑衾村大字碑文谷千四百六拾六番地

田園都市株式會社

取締役社長　市原求

地が安かったが、その両極値の地がなかなか売れなかった。むしろ、駅から多少離れていても、平均的な坪四十円ほどのところが、手頃な買い易さもあってどんどん売れて行った。坪四十円で百坪を買ったとすると四千円、契約の際の内金二割八百円を納めて土地の引渡を受けると、以後の十年間に毎月賦払金として四十二円二十四銭を払い込めばよいという計算になる。もちろん、これに一年半以内と条件づけられている住宅建築費が加わるわけだから、それなりの所得階層でなければ来住しえなかったことは事実であろう。しかし、高値の地が売れ残ったこと、契約後一年半たっても建築に手をつけないでいた者がかなりいたこと、初期の来住者が坪数・地価ともに納得いくところを選択しているところからみて、いわば、普通のサラリーマン階層が職住分離の機にこの地に来住してきたといってよかろう。ちなみに、田園都市の他の分譲地についてみると、洗足地区が三〇～四〇円、奥沢地区が一九～四五円、日吉地区でも一八～三六円（いずれも売れ残り分についての坪単価）で、とくに当地区が際立って高いとはいえなかったようである。

田園都市株式会社が宣伝用に発行していた『田園都市だより』（第一信は大正一一年八月）の第五信（大正一三年五月）に最初の「多摩川台地区契約者名簿」（大正一二年一二月一五日現在）があり、大正一五年七月以後は独立した「名簿」が作製されている。その大正一三年の名簿と、昭和四年八月末現在の名簿から契約者の出身地（当時の居住地）を市に合併後の区別に整理したのが表Ⅱ－2である。

大正一三年の時点では、「契約者の内既に建築に着手された向が三四軒御座います」という段階で、一二六軒すべてが購入時の現住所で記されている。これに対し、昭和四年の資料では、すでに新築移住済の者については（住宅区三七二、店舗区六一）、旧住所が記載されていないため、土地を購入したが未移住の者についてのみの数値である。いずれにせよ、現在の港区（旧芝区が最多）、品川区をはじめとするより都心に近い近隣城南地区からの転出者が多かったことがよみとれよう。地元調布村（東調布町）からの購入者は昭和四年で一〇件（うち商店四）だけである。

さて、多摩川台地区の土地売出しは、表Ⅱ－3に見られるように、田園都市株式会社が目黒蒲田電鉄に吸収合併される昭和二年末までに六回

（大正一二年八月分は一一月にくりこみ）、延一七一、五三〇坪となっている。その後も分譲は目蒲電鉄田園都市部に引き継いで行なわれているが、それらは周辺の一部にすぎない。ともかく、分譲時点で住宅地が約一、一〇〇、商店地が約一二〇の区画に区分された実際のこの地区の区割りは、当初、矢部が描いた図面とはかなり異ったものとなっていた。それは、前掲の「計画図」とその後の分譲地図（口絵）とを比べれば一見してよみとれよう。まず、計画では区域が浄水場や奥沢駅方面に向かって広がっており、その一角にもロータリーがあり、全体に放射・環状とも街区が整然としている。とくに駅からの放射路はそれぞれ真直ぐに抜けていて、東口側にもそれが一本通ることになっている。それが、西側に見られる田園調布のシンボルとなった五本の環状線、三本の並木の放射線、そして小林一三をして〝あいた口がふさがらない〟といわしめた破天荒な道路率といった基本パターンは変わらなかったものの、公園は縮小され、随所に見られたロータリー状の交叉点は消滅して、広場は駅前のみとなってしまった。放射線の道路は直進できず屈折し、周辺部に行くにつれ、敷地面積が全体に縮小されて一般の街並みとあまり変わらないものになっている。ただし、玉川地区については都市計画道路環状八号線の決定（昭和二年）により、この一帯は田園調布から事実上分断されて計画を変更せざるを得なかったこともあり、また、放射線の正面の一本が突き当たりになってしまったのは、地主との不調和によるものといわれている。

表Ⅱ－2　居住地別土地購入者数

	大13・2	昭4・8
港	36	63
品川	14	41
新宿	12	28
大田	7	27
文京	9	22
中央	4	18
渋谷	8	16
目黒	5	15
千代田	4	14
豊島	8	9
世田谷	1	5
台東	0	4
中野	3	3
その他	1	7
区部計	112	272
神奈川	7	19
関東	0	5
中部	3	8
近畿	2	12
その他	2	13
計	126	329

『田園都市だより』（第5信）および「多摩川台地区契約者名簿」による。

表Ⅱ－3　多摩川台地区土地売出一覧

売出年月	坪数
大正12・8	32,415
11	29,162
13・5	26,321
14・5	15,461
14・11	45,000
15・5	11,782
昭和2・12	11,389
計	171,530

『東京横浜電鉄沿革史』による。
大正12年8月の売出しは公示のみ。以後は目黒蒲田電鉄として売出し。ただし、この数字は資料によりまちまちである。

　先ほどの「売出一覧」の表にある六回の時期に、どの地区が売り出されたのかについては資料が残されていない。唯一頼りになる資料が売出しに際して会社が宣伝用に作成した「多摩川台住宅地平面図」の地図が毎年のように改定され、譲渡済みの地番を朱塗りとしたものである。

目蒲線と東横線

不況をのりこえ、震災にもめげず、多摩川台地区の売出しが好調裡に進んだことの大きな要因に鉄道の敷設があげられる。もともと田園都市株式会社は宅地開発と鉄道敷設とをセットとして考えていたわけで、『田園都市案内』にも、

「本社が経営致します田園調布の地域は、前記の如く都塵から離れた閑雅の土地を選びました結果、東京市内との交通の便が不完全であります。本社はその不便を補ひ田園都市としての真価を備へます為めに、事業地から省線及市電に連絡する高速度電車を敷設する計画を立て、即ち省線目黒駅を起点として事業地最端の多摩川を終点とする、全長四哩五十六鎖の電気鉄道複線を敷設する為に、早くから多大の資力と時間とを費しまして、略予定通りの進捗を遂げて来たのでありました。その結果として、最新式の型を選んだ頗る乗心地のい、高速度

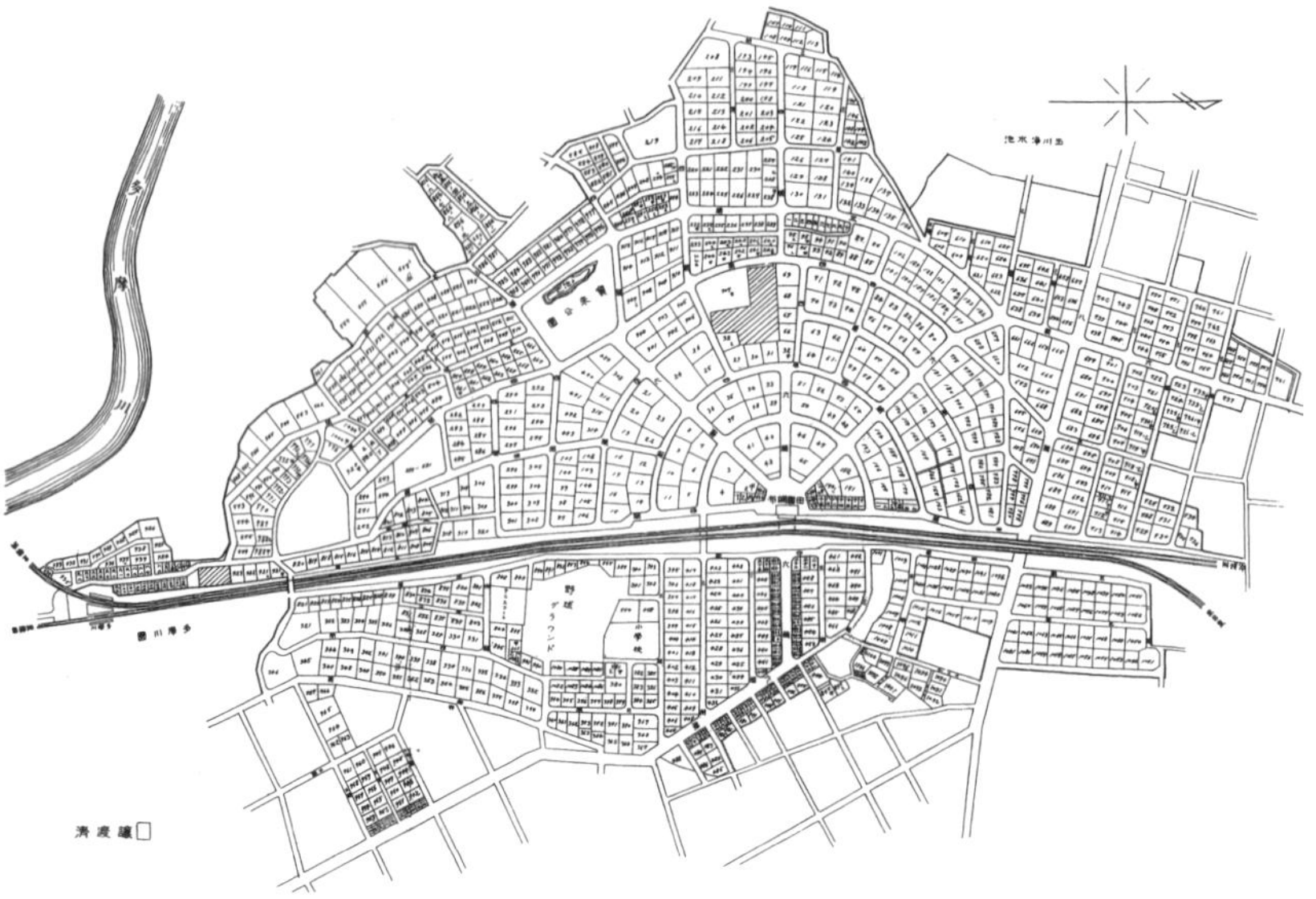

図Ⅱ－１　多摩川台地区住宅平面図

（「多摩川台地区契約者名簿」より）

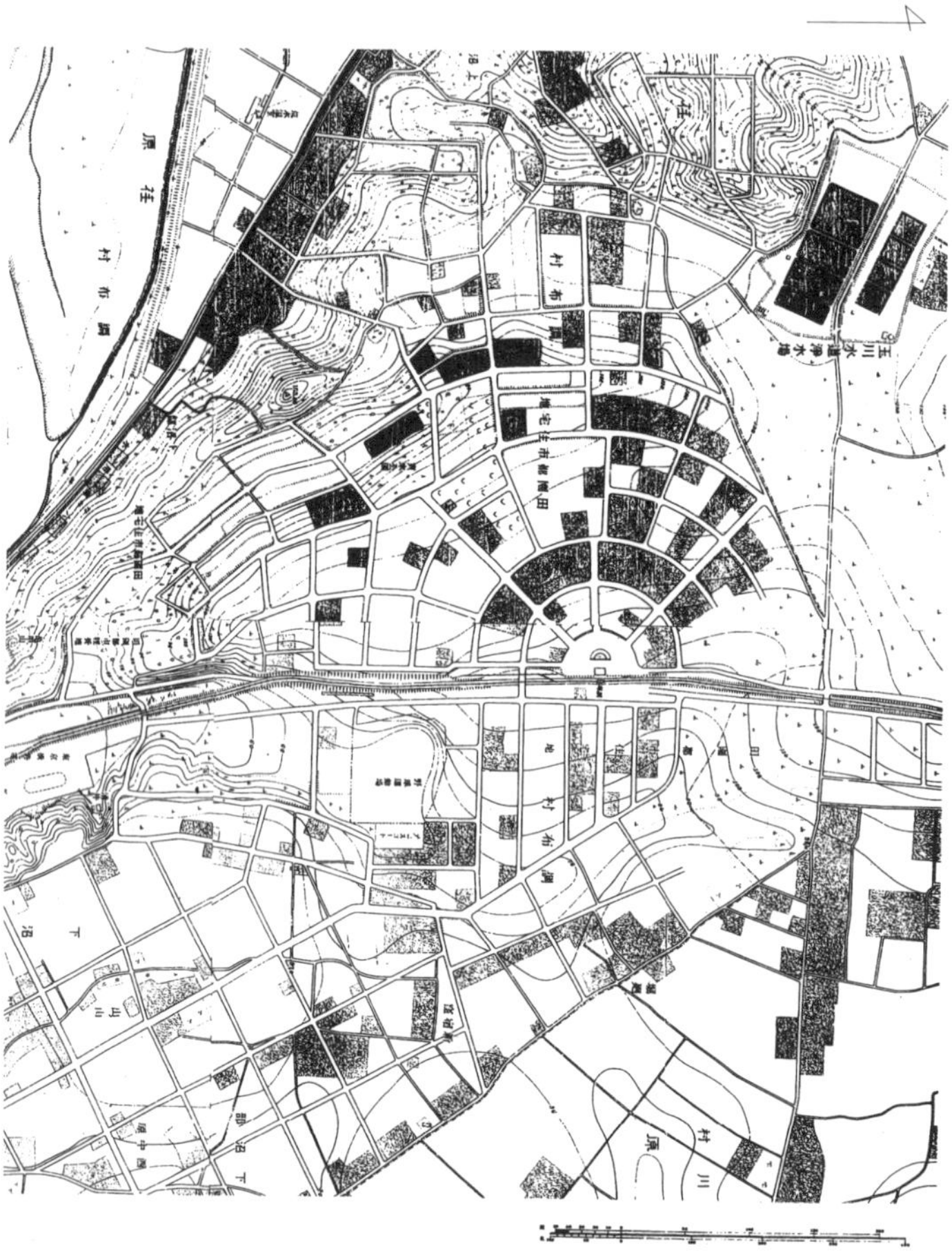

大正末期の田園調布

大正14年　内務省復興局・都市計画地方委員会発行　1：3,000
「玉川東南部」「調布西部」「調布北部」「調布」を合成縮小

の電車が本年三月中に運転を開始し、本社の事業地の最端多摩川終点まで、僅々十五分間で到達する運びになりました。」

とある。大正一一年九月に設立された目黒蒲田電鉄の創設時の経緯については他に譲るが、ともかく、元鉄道院監督局総務課長からのいわば天下りとして、一面識もない小林一三がその辣腕ぶりをみぬいてスカウトした五島慶太を専務に迎え、その手みやげとして武蔵電鉄が所有していた渋谷―横浜間の認可路線を手中にし、多摩川台地区の開発基盤は万全のものになったのだった。多摩川台から蒲田までの路線も、同時に、やはり武蔵鉄道のもっていた多摩川―蒲田の路線を手に入れた。もともと田園都市株式会社の子会社として荏原電鉄がそれまで持っていた鉄道敷設権は、目黒と分譲地の洗足および多摩川台を結ぶ路線だけだったのである。

そして、大正一二年三月一一日、目黒―丸子（大正一五年一月、沼部に駅名変更）に処女電車が走った。荏原電鉄の多摩川までの路線に新しく入手した分から一駅たして中原街道とつなぎ、予定していた遊園地開発に備えたのである。開通式は午前十時に洗足駅前で行なわれた。前掲の渋沢秀雄の文中にも描かれているところだが、当日の状況を『田園都市だより』第四信（大正一二年七月）は次のように描いている。

此の日は、前日から少し天気模様が気づかはれてゐましたが、幸にも雨は降りませんでした。洗足停留場前の式場で午前十時挙式午後一時から多摩川停留場前の浅間神社境内で余興が開始され、午後一時半から、浅間神社裏に設けました園遊会場で種々な模擬店が開かれ、当日御招待申上げました八百余名の名士が、一日の歓をつくされて、予定の午後三時に目出度散会を告げました。

開通式の模様を申上げますれば、洗足停留場前、本社事務所の側に、千人程のお客を容れる丈けの、大式場を設け、一発の花火が中空に燦くを合図として、式は開始され、先づ、目黒蒲田電鉄会社専務五島慶太氏司会の下に、同社々長本社専務の竹田政智氏が式辞を朗読され、つゞいて鉄道大臣……等の祝辞があり、最後に本社創立主唱者子爵渋沢栄一閣下の御挨拶がありまして、頗る盛大に終りました。かくも多数の朝野の名士が、本鉄道の開通を祝され、本社に好意を持たれて、お忙しい中を割いて御来臨下されたことは、実に本社として、また目黒蒲田電鉄会社として光栄の至りで厶いました。従つて将来の発展を祝福し、層一層の努力と熱誠を捧げる覚悟を新たに致した訳であります。

尚ほ当日鉄道沿線の光景は殆ど空前の賑でありました。何に致せ、従来交通関係が不備であつた沿線の土地では、年来渇望してゐた鉄道が愈々開通されたのでありますから、これを祝福しない町村はありません。不動前、小山、洗足、奥沢、丸子等の各所には、舞台が出来まして太神楽や、茶番や、手品なぞの興行があり、または祝開通と記された緑門にイルミネーションが点ぜられたりしました。調布村には、芝居小屋が出来て、東京の俳優が出演したりなぞしまして、沿線各町では殆んど聯合の祭礼が一斉に行はれた観がありました。かうしたお祭り気分の漂ふ華やかな中を、新調の車台は人々を満載してめまぐるしくも往復しながらその日も夜に入つたのであります。

そして大震災からわずか二か月後の一一月一日に、辛うじて赤字経営をのりこえ、災害を逆手にとって、目蒲電鉄は丸子―蒲田間の工事を完

東京横濱．目黒蒲田電車沿線案内
新宿
澁谷
並木橋
代官山
中目黒
祐天寺
碑文谷
柿木坂
九品佛
奥澤
田園調布
多摩川
新丸子
元住吉
二子玉川
上野毛
等々力
九品佛前
大岡山
洗足
西小山
武蔵小山
不動前
目黒
二ノ橋
品川
東京
大森
大井町
戸越
蛇窪
中延
荏原町
東洗足
池月
沼部
鵜ノ木
下丸子
武蔵新田
矢口
本門寺道
蒲田
競馬場
多摩川園
南武鐵道
多摩川

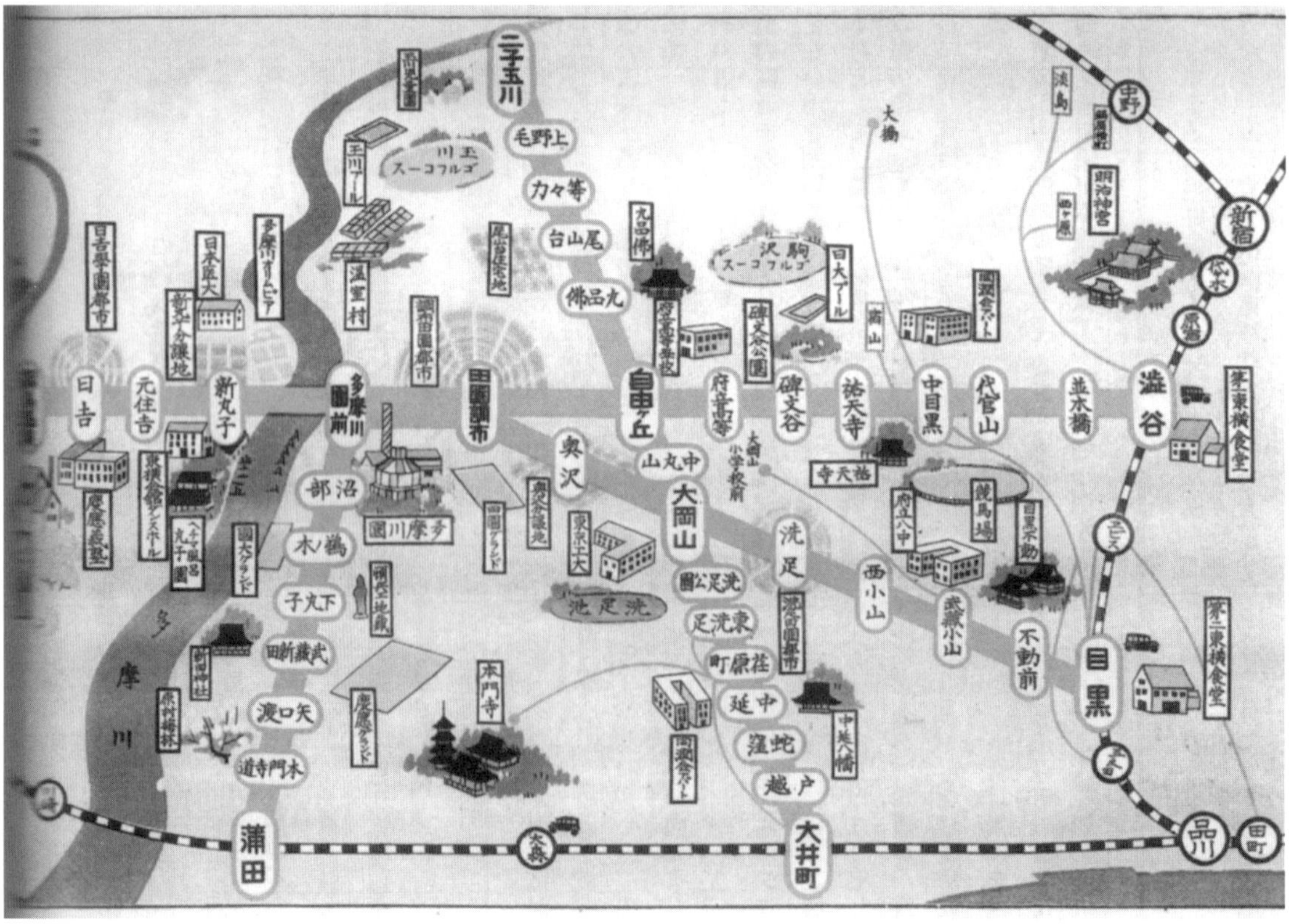
二子玉川
上野毛
等々力
尾山台
九品佛
玉川ゴルフコース
駒沢ゴルフコース
明治神宮
新宿
澁谷
並木橋
代官山
中目黒
祐天寺
碑文谷
府立高等
自由ヶ丘
田園調布
多摩川園前
新丸子
元住吉
日吉
奥沢
中丸山
大岡山
洗足
西小山
武蔵小山
不動前
目黒
品川
大井町
戸越
蛇窪
中延
荏原町
東洗足
洗足公園
洗足池
沼部
鵜ノ木
下丸子
武蔵新田
矢口渡
本門寺道
蒲田
大森
本門寺
多摩川園
競馬場
東京工大
慶應義塾
日本医大
碑文谷公園
多摩川

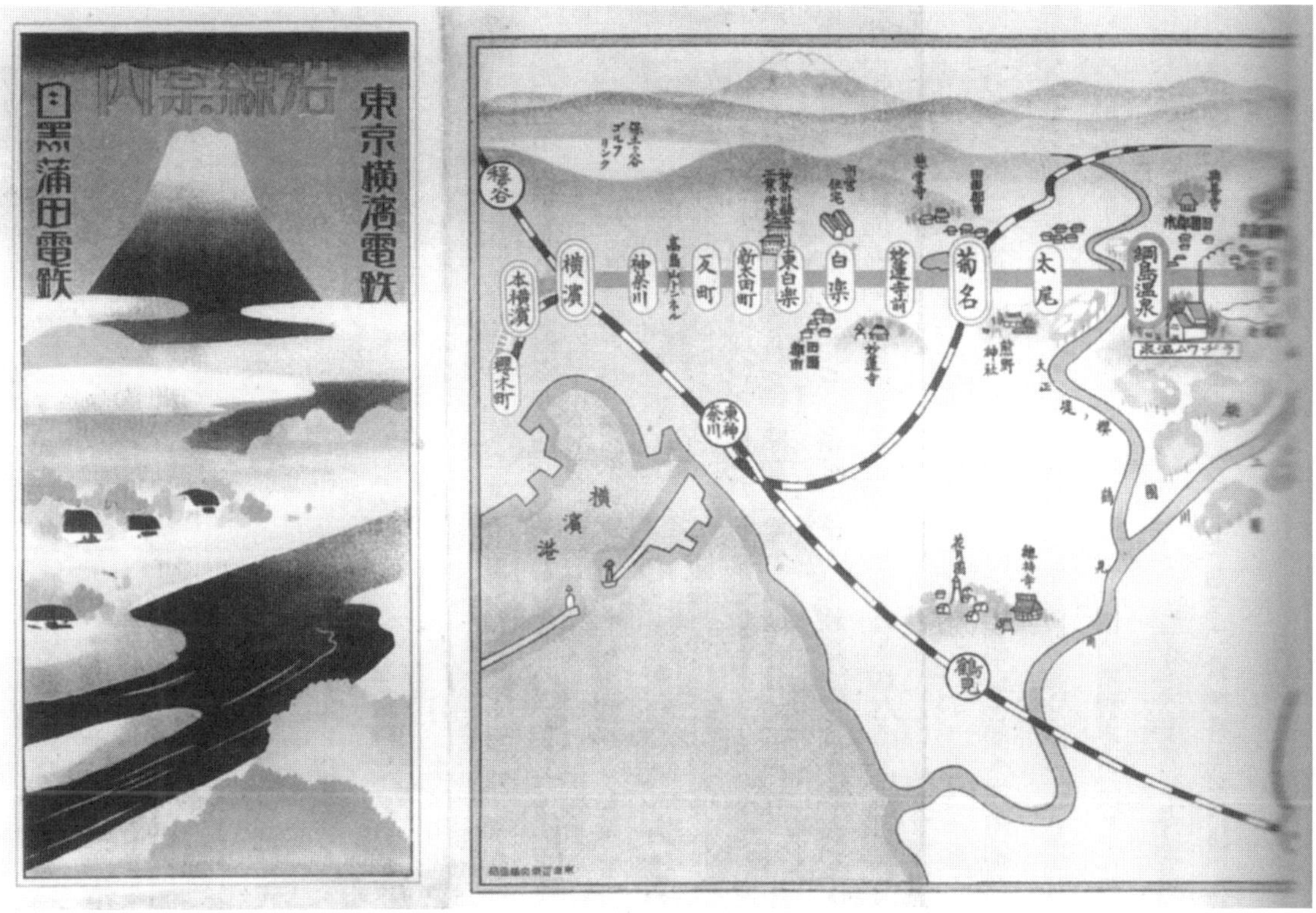

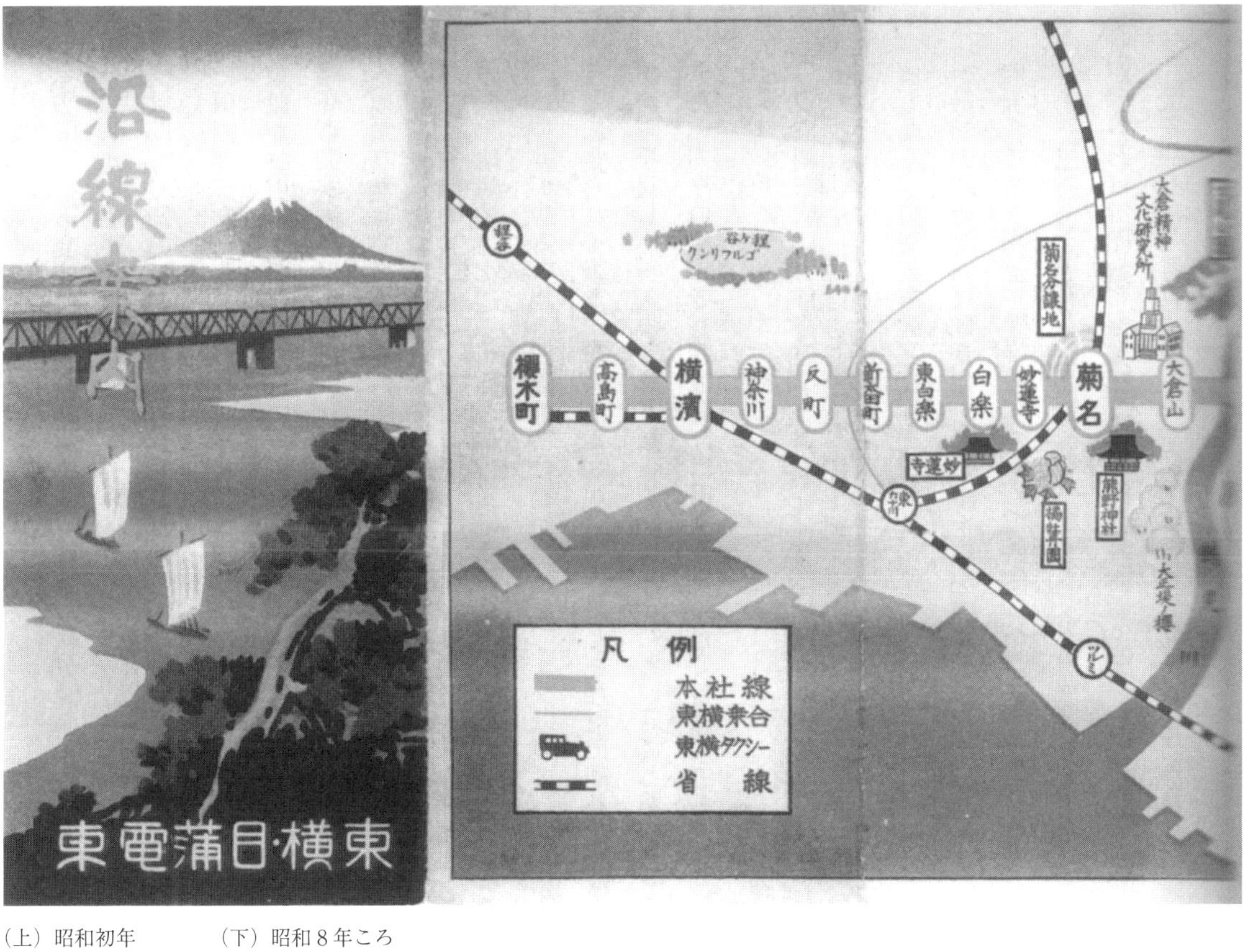

（上）昭和初年　　（下）昭和８年ころ

成し、社名のとおりの目黒—蒲田間が全通、同時に多摩川台地区をまさに絶好のタイミングで売り出すことになったのだった。

一方、東京横浜電鉄株式会社は大正一二年一〇月に、すでに路線がその前年に目蒲電鉄に移行していてまさに有名無実となっていた武蔵電鉄が改称され、渋谷—横浜間の路線を担当する新会社として再発足することになった。大正一五年二月二日には一大難工事といわれた多摩川架橋も終えて、丸子多摩川（大正一五年一月、多摩川から改名）—神奈川間が開通し、三月二八日に新たに分譲地として一〇月売り出しがきまっていた日吉台（日吉駅前）で盛大な開業式が挙行された。昭和二年八月二八日には渋谷—丸子多摩川間も開通し、ここに東京—横浜を結ぶ東横線が完成をみたのである。ちなみに、丸子多摩川が多摩川園前と改名されたのは昭和六年のことである。（前ページ『沿線案内』参照）。

その直後の一〇月三日、目蒲電鉄は臨時株主総会を開き、田園都市株式会社の合併契約書を承認し、一二月二八日には定時株主総会に於いて、田園都市合併に依る資本金二百五十万円の増額を可決したのだった。

①田園都市会社は、目蒲電鉄の母体としての役割を完全に果たして、その存在意義を失った。

②田園都市会社の残りの分譲地は、目蒲電鉄が継承して営業したほうが沿線開発に資するところが大きい。

というのが表向きの説明だったが、実は豊富な資産を持つことになった田園都市を、その後の経営を展開させるだけの資本をもたない目蒲電鉄が強引に吸収合併したにすぎない。渋沢が意図した公共性をもつ開発事業主体から、ひたすら営利を追求する五島の鉄道・不動産事業へのすりかえである。このあたりの〝水の流れ〟はせんさくすれば興味尽きないものがあるのだが、それは当面の課題ではない。猪瀬直樹の『土地の神話』にでも目を通していただくことにしよう。ここではただ一言、生みの親の田園都市会社が消滅し、まま母の電鉄会社からうとんじられるようになったことが、生みおとされた田園都市の新住民たちを逞しく一人歩きをさせることになったということをいっておきたい。その意味で、五島慶太は田園調布の育ての恩人であるといえようか。

田園調布駅は、目蒲線第一期工事、すなわち目黒—丸子間が竣工をみた大正一二年三月に建設をみている。当初は調布駅と呼ばれたが、まもなく、田園調布駅と改称された。

最初の駅は幅六尺延長六十尺のホームが線路を挟んで二つあるだけのものであったが、翌一三年の始め、西側にかの駅の本屋が出来あがった。二階は斉藤房吉経営のレストラン、ヂグス堂に貸した。これが、いわば田園調布会発祥の場である。

大正一五年二月に東横線第一期工事として丸子多摩川—神奈川間が開通してホームを百二十尺に延長、ついで昭和二年八月の第二期工事で渋谷—丸子多摩川間開通を機に、それまでは線路を横切って往来していたホームに上屋を造ることになった。東西の跨線橋が完成したのは昭和八年一月で、ようやく沿線有数の停車場となったのだった。駅周辺にサクラの木が多いが、これは大正一三年ごろ、植木職落合岸太郎が他に移住する際に残して寄附していったものだという。

平成二（一九九〇）年、駅工事のためにいったんとり壊されたこの旧駅舎については、藤森照信も「田園調布誕生記」（山口廣編『郊外住宅地の系譜』昭和六二年所収）に次のように書いているとおり、建築学界でも大変に評判がよい。

赤い屋根の駅舎

藤森照信

町割りパターンをさらに協調し、一つの町並の美にまで高めたのは、パターンの中心点に立つ駅舎（大正一二年竣工）の姿だった。この瀟洒な駅舎こそ、同心円放射パターンに画竜点睛を加えたものだった。

設計者を矢部金太郎といい、東京美術学校（現・東京芸大）で建築を学び、大正七年卒業の後、内務省の技術者として明治神宮外苑の建築にたずさわり、その後、田園都市会社に入社し、（矢部自筆の履歴書は、大正一四年まで、内務省に在任しており、前後矛盾するが）、この駅舎を担当している。デザインは、当時一般の駅舎のように肩ヒジ張った固さはなく、いかにも住宅地にふさわしいやさしさをもっているが、それも道理で、このデザインのネタは小住宅そのものだった。こういう急な腰折れ屋根を特徴の一つとする住宅デザインが、明治の末頃よりドイツにまき起こって日本にも影響を与え、大正建築の要素の一つになっていて、それが若い建築家の手からほとばしったのだった。

ロマンチックでありながら、そのくせ少女趣味に走らず、キュッと身を引き締めたような軽い緊張感がいかにもこの町の求心的パターンにふさわしい。それともう一つ、放射パターンの街路上から、並木の間を通し広場ごしに駅舎を眺めた時にハッキリ分かるんだが、道路幅や広場の大きさと駅舎のプロポーションが絶妙にいい。これだけのプロポーションは、その後の日本の住宅地を含めても、僕は出会ったことがない。

こうした、町並の視覚的な素晴らしさは、誰の目にもすぐ了解されるが、この素晴らしさを見えない所で支えているもう一つの町の構成原理があることも知っておいてほしい。

変貌する田園調布

土地細分化と地価高騰

田園都市株式会社分譲時での標準一区画面積は一五〇坪、したがって二区画を購入すれば三〇〇坪というのが目安とされた。もちろん商店地区はその限りではない。分譲のほぼ完了した昭和八年当時の地籍図を分析した今朝洞重美によると、当時の区画数（後の世田谷区玉川田園調布分を含む）は図Ⅵ－5・表Ⅵ－3のとおりで、一一八二区画であり、専用住宅区画一〇四五区画のうち、一五〇坪に相当する四九五平方メートル以上のものが七三・四％、三〇〇坪にあたる九九〇平方メートル以上のものが二・九％であった。その後、とくに戦後、世代交替に伴う分筆・分譲は徐々に進行し、昭和五二年現在で一四四一区画、筆数では一八九九と六割増となった。いうまでもなく、分譲時の基準となった一五〇坪を割るものが激増して六割に達し、それ以上の面積のものが減少をみて、この間に細分化が著しく進んだことが示されている。

高度成長期に入り、いっそうの世代交替が進行し、地価高騰とともに相続時の分割譲渡が増大するようになって、細分化がいかに増幅されていったかは表Ⅵ－4に示すとおりである。昭和三七年からの三〇年間に、田園調布町会域内の区画数は九一一から一〇九四と二割増となり、とくに三〇〇平方メートル未満のものが二五・四％から三七・三％へと、本来の分譲区画に近い五〇〇平方メートル未満をとると六〇・八％から七四・二％へと増大し、その分大規模区画は減少をみている。商店街を擁する二丁目に零細区画が多いのは致し方ないとして、分譲時基準の一五〇坪を四分の三までの区画が下回ることになったのである。

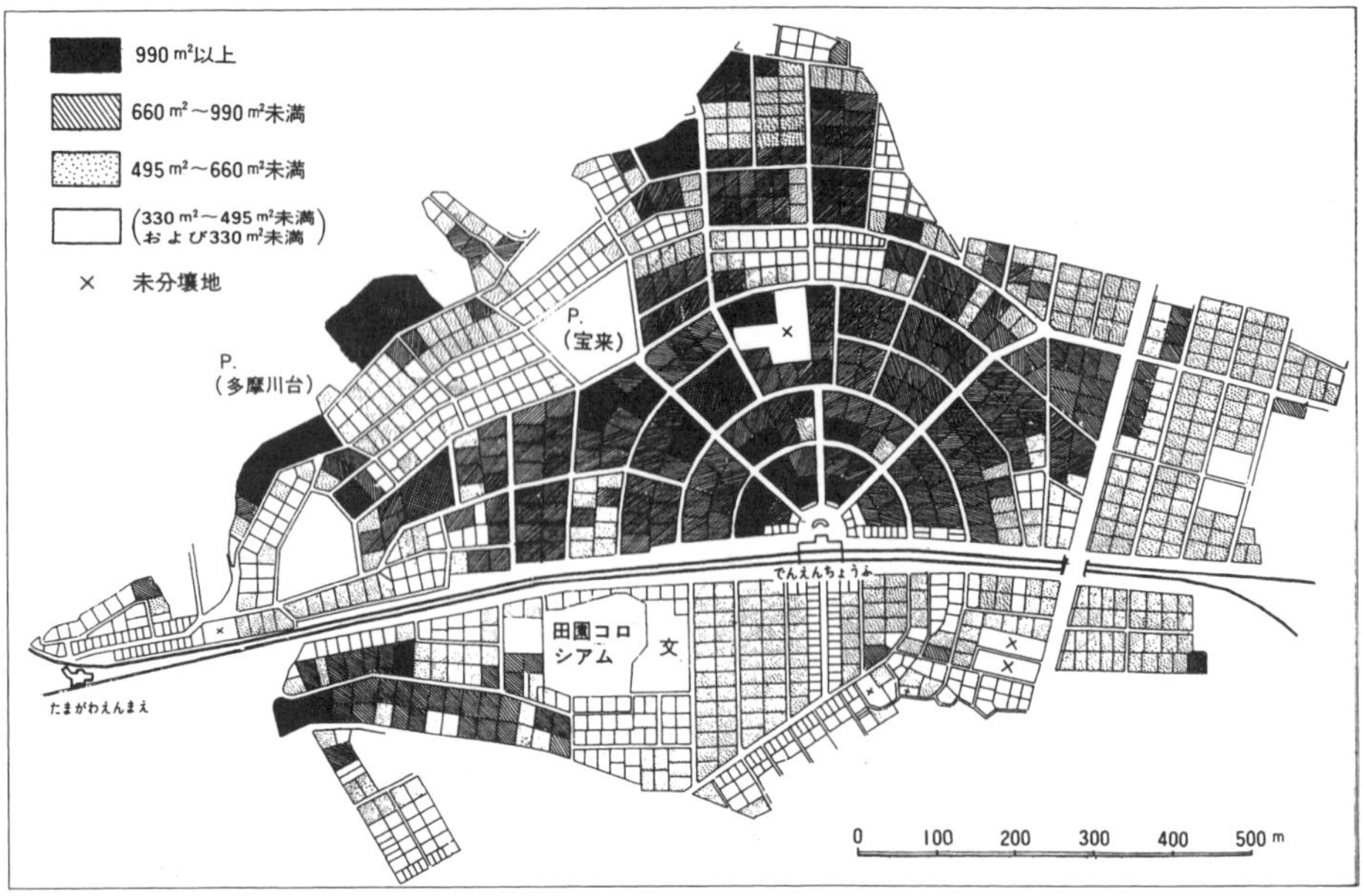

図Ⅵ－5　田園調布（多摩川台住宅地）、開発当初の地割図（大正12～昭和8年）

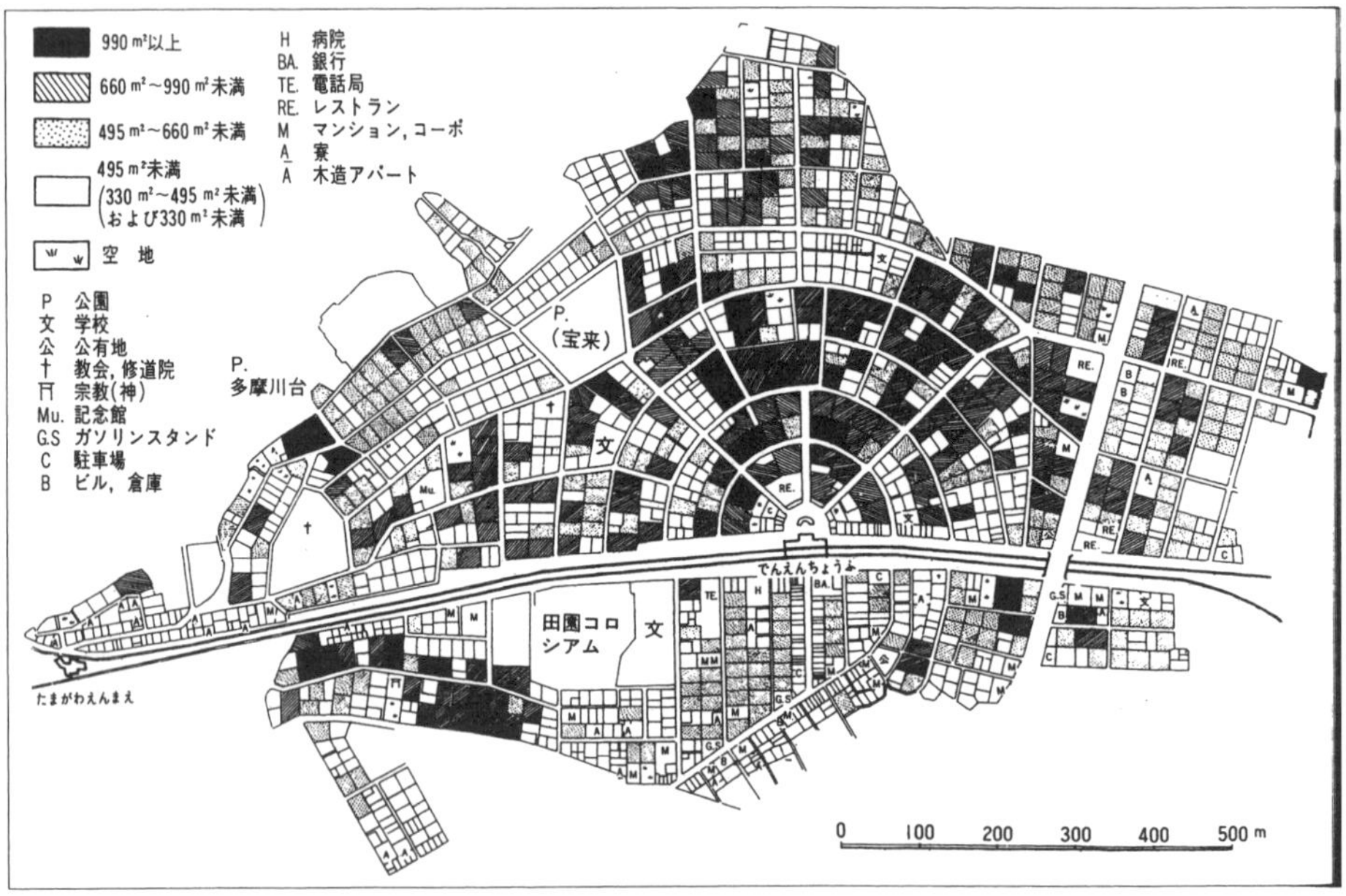

図Ⅵ－6　田園調布（多摩川台住宅地）、昭和52年の宅地界図

今朝洞重美作

表Ⅵ－3　田園調布分譲地区宅地数の増減

	区画数	地割筆数	専用住宅区画数	990㎡以上	660～990	495～660	330～495	330㎡未満	商店区画数	その他*
大正12～昭和８年	1,182	1,182	1,045（100.0）%	31（2.9）	281（26.9）	456（43.6）	196（18.8）	81（ 7.8）	121	16
昭和52年	1,441	1,899	1,210（100.0）	15（1.2）	200（16.5）	269（22.6）	339（28.0）	387（32.0）	126（143）	105
増　減	＋259	＋717	＋165	−16	−81	−187	＋143	＋306	5（22）	＋89

今朝洞重美：東京郊外における高級住宅地の変容（『駒大文学部紀要』37号　昭和54年）による
*学校、病院、公園、マンション、寮、駐車場など、商店の（　）は店舗数累計

ここで注意しなくてはならないのが、表Ⅵ－5に示されるように、分割が進んだのはこの三〇年のむしろ前二〇年、昭和五七年までのことで、一〇年ごとに六〇～七〇件、とくに三三〇～九九〇平方メートル（一〇〇～三〇〇坪）の中クラスに多くみられたことだ。これは、狂乱地価といわれた高騰期に入るまで、田園調布の住民はなお、分割によって相続しうるだけの余力を有していたことを示している。分割して一部は世代交替に、一部は換金対策として売却というケースもあったろうが、いずれにせよ、このころまでは町会会員数が増加をつづけていたことを裏付ける。ところが、昭和末期にのしかかってきた地価高騰は、そうした分割をもほぼ不可能にしてしまったのである。分割は減少し、土地は相続しえぬまま、売却せざるをえなくなったのだった。田園調布会からの退会理由で、従来の「死亡」を「土地建物売却」がぐっと上回るようになったのも、昭和六三年だった。

表Ⅵ－4　敷地規模別区画数の変化（町会内）（%）

敷地規模	昭和37年	平成4年
100㎡未満	28 (3.1)	42 (3.8)
100～200	90 (9.9)	163 (14.9)
200～300	113 (12.4)	204 (18.6)
300～400	177 (19.4)	247 (22.6)
400～500	146 (16.0)	156 (14.3)
500～600	91 (10.0)	83 (7.6)
600～700	92 (10.1)	72 (6.6)
700～800	65 (7.1)	49 (4.5)
800～900	29 (3.2)	24 (2.2)
900～1000	30 (3.3)	17 (1.5)
1000㎡以上	50 (5.5)	37 (3.4)
合　計	911 (100.0)	1,094 (100.0)

建設経済研究所調査による

表Ⅵ－5　敷地分割の年次別比較

	330㎡未満	330～660	660～990	990㎡以上	計
昭和38～47年	10	27	25	10	72 (41.6)
昭和48～57年	2	23	28	6	59 (34.1)
昭和58～62年	4	14	12	1	31 (17.8)
昭和63～平成4年	1	4	3	3	11 (6.4)
計	17	68	68	20	173 (100.0)
(%)	(9.8)	(39.3)	(39.3)	(11.6)	(100.0)

　さて、そのすさまじいばかりの地価高騰の実態はどのようなものだったのだろうか。もちろん、国土庁にせよ、東京都にせよ、お上が勝手に設定し、しかも数年ごとにくみかえている基準地の数値が絶対に正確なものとはいい難いが、とりあえずはこれで検討するほかない。昭和五〇年以降の田園調布（三丁目――最高の地三丁目をあえて基準地にとらないところがミソなのだが）と都区内西部の主要住宅地五か所を抽出して、地価変動をみたのが図Ⅵ－9である。ここでは基準地の変更をとくに気にせず。町丁単位でみていることをお断りしておく。この図からみてわかるように、昭和五〇年代初期の田園調布の地価は、〝家が建つ〟といわれはしたものの、他の主要住宅地に比してとくに高いということはなかった。むしろ柿の木坂のようなより都心に近いところが高く、商店街ははるかそれ以上に高かった。基準地の交替もあろうが、五三～四年ころから開きが出はじめ、五七～八年に田園調布は柿の木坂とともに大きくぬけだして商店街の水準に迫り、六〇年代の急騰へと進む。その結果、田園調布の五〇～六一年の上昇率は七・六四%と他地区をかなり引きはなして高い。

　六一～六二年はいわゆる狂乱地価の時代、六一年平方メートル当たり百万円を突破して一三〇万円となって驚いたのもものかは、六二年には二七〇万、国土庁公示価格では、三丁目がついに郊外住宅地としては唯一の三百万を超す、まさに最高級住宅地となってしまったのである。

　ところで、この六二年の国土庁の数値が発表された時点の「朝日新聞」の記事には次のように記されている。

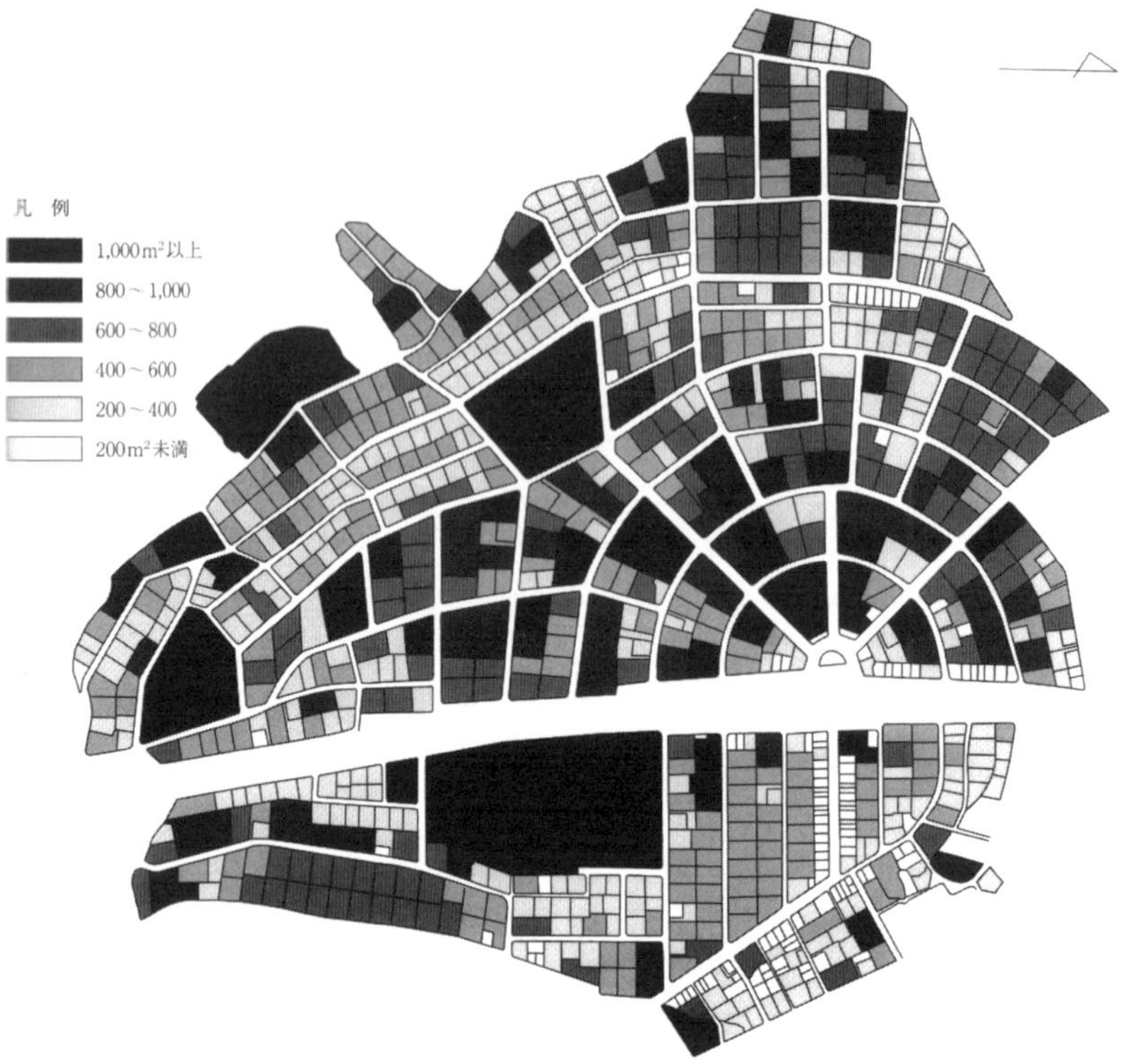

図Ⅵ－7　敷地面積（昭和37年）　　建設経済研究所作成

図Ⅵ－8　敷地面積（平成４年）　　建設経済研究所作成

駅前広場

この広場に据付のごみ入れが六個、空缶入れが四個、吸いがら入れが十個、そのあとしまつは、田園調布会が毎日やっている。駅前の理髪店の御主人は柄の長い掬い網で、心なき人の投込む空缶やごみを池からすくうのが日課だ。花壇の手入れバラの世話など、フラワーショップ荒木さんの御好意にあまえている。昭和62年

（読売新聞社提供）

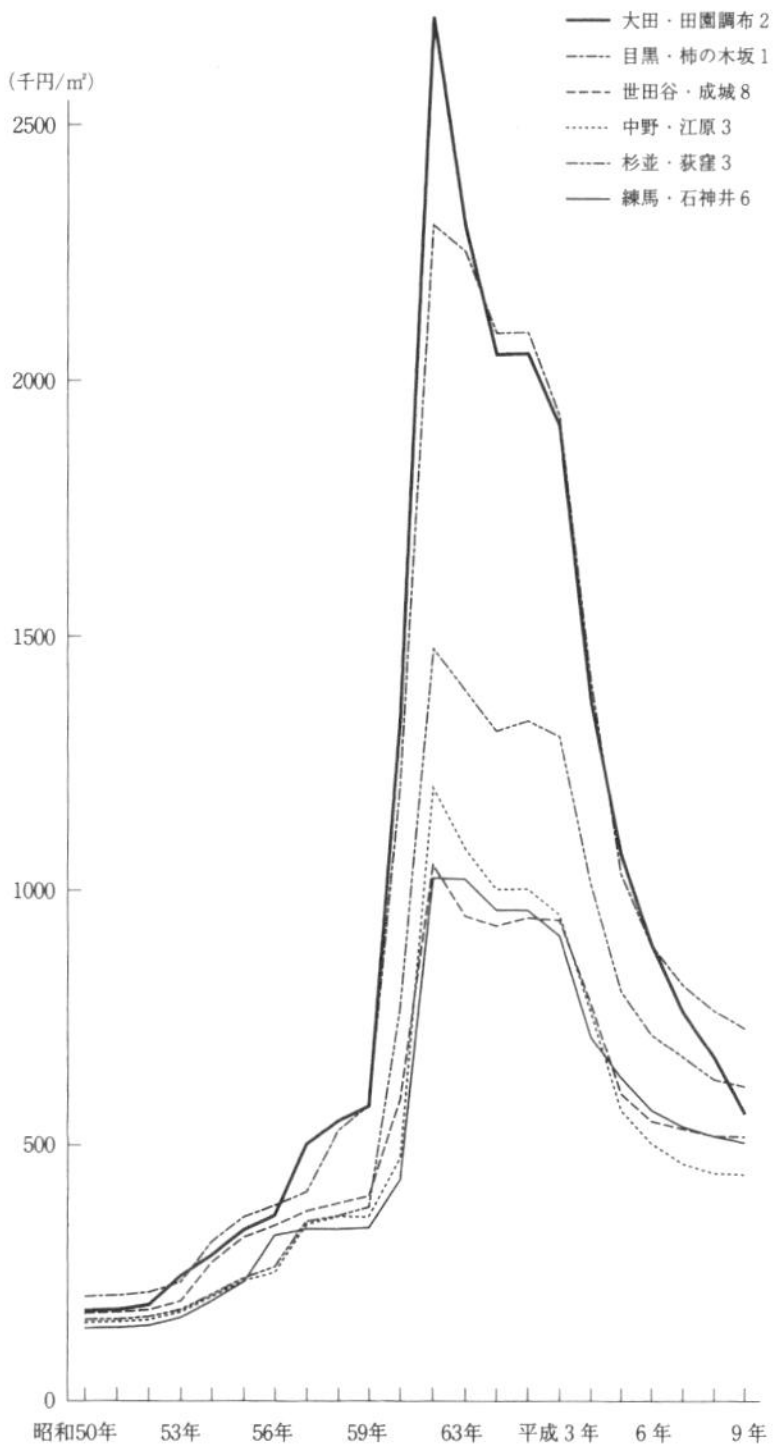

図Ⅵ－9　主要住宅地基準地価格の変化

田園調布の実態

実売買もなく暴騰　業者、投機狙い転がす

今回の地価調査で全国一の値上がり率を示した田園調布二丁目の地点から電車の線路を挟んで五百メートル。大正初期、財界人渋沢栄一氏が都会と田舎の長所を備えた模範的住宅地として開発、いまも閑静なたたずまいを残す田園調布三丁目の一角に、雑草の生い茂った空き地がある。

敷地面積は約三百六十平方メートル。昨年三月時点では三・三平方メートル当たり三百万円ほどだったが、いま「千三百五十万円で買いたい」という話が、何人かの不動産業者から所有者の不動産業者のもとに持ち込まれている。

この三丁目では、他に三件の土地が売りに出されていて、価格は三・三平方メートル当たり一千万円から千四百万円。が、うち一件の土地には家が建ち、「売るなんて一言も言ってない。大迷惑です」と住人。どうやらどこかの不動産業者が、買い手が見つかり次第、この土地の売却を家人にもちかけ、まとめる算段でこの売却話を勝手に振りまいているらしい。

田園調布の駅前で不動産業を営んで四十年、この付近の土地取引の状況をつぶさに見てきた井上満夫さんは、この異常事態をこう解説する。

「企業の本社ビル拡充や東京への移転、さらに外国企業の東京進出で赤坂、青山などの地価は三・三平方メートル当たり五千万円にも急騰。百平方メートルの土地を売れば、十五億円の大金が手に入る。それで地価の安い所に移転してもその差額をごっそり所得税でとられてしまうから、高級住宅地に移り住も

うとする。こうした買い替え需要の高まりを見越した不動産業者らが一年ほどまえからどっと投機買いに殺到し、現在の事態を招いている」

千三百五十万円の値がついている三丁目の空き地も、五十九年十月、戦後ずっと住んでいた人が、都内のビル管理会社へ売却。その後、六十年四月、都内の商事会社、さらに今年三月には神奈川県内の不動産会社へと、所有権は転々としている。このうちの一人、商事会社社長は、「実際住もうと思って買ったが、買い手があり、びっくりするほどの価格でもあったので売った」。

ここ一年半ほどの間に井上さんが扱ったうち、前の住人から実際に移り住む人へという直接の売買は一件もなく、すべて、こうした不動産業者などから他の業者への転売。売買は「われ先に」とほとんどその日のうちに決まり、最近では、現場も見ずに航空写真をもとに作った住宅地図を広げ、電話でその地番を伝えるだけで話がまとまるケースさえあるという。

しかし、井上さんは「こうした異常急騰もすでに限界を超えており、地価値下がりの可能性さえある」と今後を予測する。

田園調布では、だいたい六百六十平方メートルが一区画。仮に、赤坂あたりの土地を売って十五億円の金を手にしたとしても、とても追いつかない。さらに、現在、田園調布三丁目で六百六十平方メートルほどの土地を所有している人が支払う固定資産税は、年間約百五十万円。地価が上がれば固定資産税のほか、相続税も上がるわけで「いくら資産家が多いといっても、このままでは税金が支払えず土地、家を手放さなければならない人が出てくる」とみるからだ。

実際、田園調布では、世代交代が進行するなかでも「めったに土地を売る人なんかいません。年に二人か三人、みんな相続税に困って手放すケースばかり。買いたい人のほうはいま、順番待ち状態で二〇人くらいいるかなァ。みんな二〇〇坪以上欲しいっていう人ばかりだね。」（駅前の不動産屋さんの話。『週刊平凡』一九七八・六・二二「徹底ルポ　田園調布に家が建つ……」）といわれるとおり、実売買がないままに、いわゆる〝地上げ屋〟によって投機的に転がされて、地価は釣り上げられたのだった。まさに異常事態というべきで、相続の折、うまうまと業者にとりこまれて、土地を分割した〝被害者〟が実際に何人も存在したのだった。一方で「今でも十億円から二十億円の金を用意して、この町に土地をさがしている人が、ウチだけで七、八人います」（前と同じ不動産屋）とあれば、〝新住民〟の登場による田園調布住民の変質もまた、当然のことだったといえよう。

しかし、バブル崩壊とともに、この虚構の地価高騰は急速に瓦解していく。六二年をピークに、その後の十年間で地価は五〇年代末の水準へと急落し、田園調布三丁目は柿の木坂や荻窪を下回るほどの地価になってしまった。それでも、昭和五〇年代初頭の水準よりは、いずれの地も、まだかなり高い段階にとどまっている。また、税金算定には、崩壊期前の基準価格が後にまで尾をひいている事実をも忘れてはならない。

都内一の地価の下げ幅を記録した平成四年の公示地価発表の折の朝日新聞は次のように報じている。

「宴」の後　悲喜こもごも「税金少しは安くなる」

それでも相続は依然大変

地価高騰の「宴」の後。土地にかかる税金が安くなるとひと息つく人。土地が換金できず剣が峰の業者。悲喜こもごもの表情は――。

前年比下落率が都内一の大田区田園調布三丁目。前年比で三〇%、ピーク時の八八年からは三五・六%も下がった。

「もっと下がってほしかったが、まずはよかった」と住民組織田園調布会（会員千九十七世帯）の北村尚善副会長。地価高騰で相続税が払いきれず、土地を手放す人が相次いでいたという。

急激な地価の下落で、売値が公示価格、さらには路線価まで下回る例が出てきたため、相続税や固定資産税も割高になっていた。昨年末には、実際の売買事例を持って国土庁などに陳情。今回の公示地価を実情に合わせて引き下げてほしいと働きかけた。

だが、地価が下がる前に相続が発生した世帯は、依然として大変だ。相続税はピーク時並みにかかるのに、買い手がつかないからだ。待ちくたびれて引っ越してしまった空き家も目立つ。

相続物件を買った不動産業者も転売できず、苦しいという。駐車場にして口銭を稼いでいる。住宅新築の作業小屋はできたものの工事がストップ、草ぼうぼうになった土地もある。

「このままでは、地域社会がくずれてしまう。バブル経済の後遺症は大変なものです」。北村副会長の心配は尽きない。

そして、雑誌・週刊誌もつぎつぎに格好のテーマとしてこの種の記事をとりあげた。その一部を紹介しておこう。

税金のために家を売る「理想都市」田園調布

上原俊彦

売買価格が二年間で二分の一に落ち込む

それにしても売買価格が二年間で二分の一に落ち込むとは！もっとも数年前の地価の急騰ぶりもすさまじかった。八五年頃は高い所で坪三〇〇万円程度だったが、八六年に急上昇して一年で三倍から三・五倍にはね上がり、坪一〇〇〇万円台に突入した。

ピーク時の八八年、三―三二の公示価格調査時点で、公示価格は一平方メートル当たり四一〇万円で、売買時の実勢価格は五四五万円、相続税算出の基準になる路線価格は一七四万円だった。

九二年は三月末に発表された公示価格が一平方メートル当たり二六四万円。これに対して、公示価格発表時の実勢価格は二四二万円で、公示価格を下回る異常事態である。公示価格は前年比三〇%、ピーク時の八八年からは三五・六%も下落した。路線価格は八月に発表される見込みだ。すでに昨年から実勢価格が路線価を割っており、前年の二七二万円を大きく割り込むはずだ。相続税の負担も少しは軽くなるだろう。

だが地価の下がる前に相続した人の税は、ピーク時と変わりない。しかも土地を処分しようとしてもピーク時の半額か、それ以下の価格でしか売れない。泣き面に蜂である。

東急線田園調布駅西口の駅前に不動産業「方円堂」がある。店先に表示してある物件を見ると、二～三丁目で売りに出ているのが九件。売値は、坪当たり四八〇万円から九五〇万円まで分かれている。

「三丁目の実勢価格は一応六〇〇万〜七〇〇万円ですが、それで売れるかと聞かれても自信ありません。三丁目全体の売り物は一七、八件ですが、買手はありません。売買の相場も出てこない状況なのです。価格はまだ下がるでしょう」（井上満夫・方円堂社長）

＊　＊　＊　＊

契約の条件は「他人の迷惑になる建物を建てない」

田園調布を歩いて回ると、なるほど空地や駐車場の多さに驚かされる。通路を残して道路に面した部分を切り売りした家も多い。

相続税などで街を去る人に代わって入ってきているのが白人の外国人である。買い取った土地に外国人用の賃貸住宅が建てられた。一〇〇世帯以上の外国人がすでにおり、駅前や街中でひんぱんに彼らの姿を見かける。

田園調布会の北村尚善副会長によれば、住居の法人化が進んでいるという。

「最近この街に入ってくるのは個人ではなく、法人です。オーナー企業が役員用の社宅を建てるケースが目立っています」

［1－2－①C］
『大田区の近代建築　住宅編2』（大田区教育委員会、一九九二年、一四七〜一六〇頁）

田園調布と山王の人々

1. はじめに

大田区内には田園調布と山王という二つの違った経緯を持ち「高級住宅地」としてイメージされている地区がある。大田区の住宅地成立事情を追っていく際、この両地区が、周辺地域に少なからぬ影響を与えたと考えられる。この両地区の形成についての昭和初期から戦前期における様々な言説はあるが、それらは客観的な立場からのものが多く、実態に即した研究はほとんどなされていない。そこでこの地区の人々の職業、生まれ、出身地、家族構成、趣味といった様々な項目を多角的に比較することによって住民構成や地域特性などの実態を明らかにすることは非常に重要である。

本題にはいる前に山王については『大田区の近代建築―住宅編1―』で詳しく述べられているので一部を引用する。

（前略）特に明治22年に東海道線が全線開通するようになって、山王は政治家・実業家・高級官吏・高級将校などの住宅地や別荘地となって行ったのである。（中略）以上のように日本初の鉄道の新設に携わったドイツ人を始めとした外国人は優遇されており、当時では住環境として最高といわれていた山王に数多く住んでいた。

（中略）明治も30年代になると大森駅近郊に風光明媚さと駅からの至近さから別荘や邸宅が建ち始める。早くも明治5年に開通した東海道線に沿って住宅地が南下してつくられる。また、大森山王地区が海に近く見晴らしが良いことから、高級住宅地として開発されていく。大田区ではこのように大森駅などを中心とする郊外住宅地が、明治30年代から始まったが、大正時代に入ると工業化した東京への人口集中に拍車がかかり、郊外地への需要は急増していく。（中略）山王全体で当時の様子を見て見ると、三井、三菱などの財閥所有の地所が多く、その関係の人々やサラリーマン・軍人が数多く住んでいた。このようなことからも、当時企業が山王を別荘・保養地として高く評価していたことが分かる。（中略）以上のように山王は別荘・保養地として開発され、大森倶楽部も結成され、高級住宅地として順調に発展していったわけであるが、関東大震災以後各種娯楽施設が衰退、その後分譲地やアパートなどを中心にして高級住宅地と庶民の住宅地の混在したものへと変化して行ったのである。*1

一方、田園調布は渋沢栄一提唱のもと田園都市株式会社が大正12年から分譲を開始することになるのだが、詳細については本稿第1章第3節「田園調布の開発」〔本書には収録せず〕に譲ることにする。

2.『大衆人事録』について

前稿「別荘・保養地としての山王開発」〔本書1-2-④〕と本稿「田園調布の開発」によってある程度昭和初期から戦前期に両地区にどのような人々が居住していたか推測できる。しかしここでは更に具体的な数値による検討を可能にするために、その当時の紳士録のひとつである『第13版 大衆人事録 東京編』（帝国秘密探偵社・国勢協会 昭和15年11月発行 以下、単に大衆人事録とする。）を資料として使用していくことにする。紳士録とは、名士・富豪とみなされる人の氏名・職業・経歴などが収録された名簿のことである。

出版元である帝国秘密探偵社は、本社が東京日本橋にあり、その他に支店を各地に持つ国内最大規模の探偵社の1つであった。業務内容としては結婚調査・信用調査・雇入調査・学生就学状態調査・土地家屋買入調査・特殊調査などを幅広く行っている。業務説明の中に「本社は依嘱に応じて人事百般の調査に従い、社会生活の明朗化に資すると共に、大衆人事録を毎期発行之を一般予約者に頒布し、営業上、社交上の指針たらしめ既に江湖各位の絶賛を博しつゝあり。」と記されており、帝国秘密探偵社にとって人事録の発行は大事な業務であることが分かる。大正14年の初版発行以来、版を重ね今回資料としては改訂第13版（1940）を用いた。この第13版においてはじめて改訂がなされている。

この時期、他にもいくつかの紳士録が発行されていたが、掲載件数と内容の充実において大衆人事録はかなり高い水準であったといえる。因に掲載件数は約31,000、掲載内容は職業・生年月日・出身地・経歴・家族構成・所得税額から宗教や趣味に至るまでの細やかなものである。

大衆人事録が極めて貴重で重要な資料であることは疑うまでもないのだが、これを資料として使用する際には紳士録の性格上、編集に際して設けられた一定規準以上の人が掲載されていること、またその総数も東京都在住者全体からみればほんの僅かであることを留意しなければならない。この資料による結果・考察は一般市民と比較するとかなり上層階級のものである。しかし逆に本来、文化活動の担い手の多くはこれら上層階級の人々であるという一面を持っており、その意味において大衆人事録による田園調布と山王地区の比較検討は意義のあるものと言える。

3.『大衆人事録』にみる田園調布と山王の人々

ここから大衆人事録をどのように資料として使用したのかについて、具体的に触れていくことにする。前述のように今回使用する大衆人事録は昭和15年発行のものである。この当時、東京都は現在の23区よりも12区多い35区制を敷いており、大田区は大森区と蒲田区の２区に別れていた。（昭和21年合併決定、翌22年発足）そこでまず最初に大衆人事録の中から両区在住者をすべて抽出し、その総数を大田区のものとし、次に各地域ごとに分類した。その分類表が表－１である。抽出総数２５７６は、大衆人事録全体掲載数約３１０００のおよそ８％に当たる数であった。また昭和15年度の国勢調査による大森・蒲田両区の総人口合計数５３１３６９人に対しては、およそ０・５％を占めており、単純計算すると２００人に１人の割合で大衆人事録に掲載されていたことになった。これはかなり高い割合であるといえるであろう。この他に掲載者数が多かった区としては、世田谷区や品川区や渋谷区などがあった。

田園調布は３４４、山王は２３３の掲載者があり、それぞれ大田区の13％と９％を占めている。この他に数の多かったものとして、大森区では新井宿（２３５）、馬込（１７７）、大森（１６７）、北千束（１３１）、久ケ原（１１４）、入新井（１０９）、雪ケ谷（１００）などがあり、蒲田区では蒲田地区（１２５）、六郷地区（１２０）などがある。*2

大森区と蒲田区を比較してみると、大森区の２０１８に対して蒲田区は５５８となっており圧倒的に大森区の方が掲載者数は多くなっている。このことから、昭和15年の段階において大森区の方が住宅地の開発が進んでいたことが分かる。その中でも田園調布と山王は割合が高く大田区内においても合計20％を越え、かなり高い割合で上層階級の人々が集まっていたと考えられる。

次に、田園調布の掲載数３４４と山王の掲載者数２３３について、職業・生まれ年・出身地・家族構成・趣味の５項目で比較し、必要に応じて、各項目で更に細かい点を検証していくことにする。

大田区在住者分類表（表－１）

大田区（総数2576）			
大森区	掲載数	蒲田区	掲載数
田園調布	344	蒲田	22
山王	183	仲蒲田	33
新井宿１丁目	50	東蒲田	34
新井宿	235	本蒲田	36
馬込	177	女塚	53
大森	167	御園町	41
北千束	134	東六郷	37
久ケ原	114	西六郷	22
入新井	109	南六郷	36
雪ケ谷	100	仲六郷	25
上池上	74	糀谷	39
南千束	61	北糀谷	18
市野倉	42	蓮沼	28
鵜ノ木	41	小林町	16
堤方	37	道塚	13
池上徳寺	37	下丸子	18
調布領町	36	羽田	18
桐里町	24	萩中町	14
池上洗足	18	安方町	12
調布千鳥	13	矢口	18
石川町	8	新宿	9
池上本町	7	今泉	7
森ケ崎	4	原町	6
調布大塚	3	古市場町	2
		志茂田	1
小計	2018	小計	558

谷元治『第十三版　大衆人事録　東京編』（帝国秘密探偵社国勢協会、1940年）より作成

4. 職業について

田園調布と山王の在居者の職業を「会社員」「官吏」「教師」「軍人」「医師」「商工業者」「資産家」「議員」「その他」「なし」の10項目と、更に「叙位叙勲者」とに分類したものが表－２である。10項目については別に表－３において詳細を記す。これは東京工業大学の藤岡洋保氏の論文『１９２１年と１９３１年発行の「人事興信録」に掲載された東京府在住者に見られる郊外への転居について』（日本建築学会計画系論文報告集第４０５号、１９８９・11）で行っている分類方法を参考にした。この論文は『人事興信録』（人事興信所）と『日本紳士録』（交詢社）の

二つの紳士録を使用して、関東大震災を挟んだ1921年から1931年の10年間に、どれだけの人々がどの地域から郊外へ転居していったのか、そしてそこには特徴があるのかといったことを考察しており、紳士録を主要な資料として使用したおそらくはじめての論文であると思われる。残念なことに、1921年と1931年の時点では東京は15区制を敷いており、大田区域は「荏原郡」として現在の品川区、世田谷区、目黒区を包含した広い地域であった為に、藤岡氏の使用した資料と今回の資料とを直接比較することはできない。

職業分類表（表－2）

	田園調布		山王	
	数	割合(%)	数	割合(%)
会社員	206	60	161	69
官吏	28	8	17	7
教師	24	7	6	2
軍人	44	13	9	4
医師	9	3	11	5
商工業者	8	2	7	3
資産家	3	—	2	—
議員	5	1	8	3
その他	17	5	18	8
なし	6	2	2	—
重複	5		7	
合計	344	100	233	100
叙位叙勲	103	30	46	20

谷元治『第十三版　大衆人事録　東京編』（帝国秘密探偵社国勢協会、1940年）より作成

職業分類の詳細（表－3）

会社員	株式・合資・合名・相互会社の重役や社員
官吏	官庁職員、大使館員、宮中関係者、軍人ではない武官、軍主計など
教師	大学教授・助教授、官立高校教授、市立学校の教授・校長など（原則として、医学部教授は除外）
軍人	主計と軍医・退役者を除く陸海軍人
医師	大学医師部教授と軍医を含む医師
商工業者	製造業や販売業を自営している者
資産家	「資産家」とだけ記されていた者
議員	衆議院議員、商工会議所議員、府区市会議員など
その他	農林水産業従事者、芸術家、聖職者、弁護士など
なし	職業記載のない者

谷元治『第十三版　大衆人事録　東京編』（帝国秘密探偵社国勢協会、1940年）より作製

　職業はたいていの人が一つであったが、中には「官吏」と「教師」を兼ねた人や、「医師」と「教師」を兼ねた人が数人含まれていた。このような場合にはどちらか一方を採るのではなく重複させることにした。これはそうした方がより忠実に職業の実態を反映させることができると考えたからである。また、田園調布と山王では抽出した数が異なっているので比較する際には、掲載者数（田園調布344、山王233）に対するそれぞれの割合を用いることにした。これは以下の「生まれ年」「出身地」「家族構成」「趣味」についても同様である。

　それでは田園調布と山王の人々の職業について表－2を用いてみていくことにする。それぞれの地区で割合が高かったものを列挙すると、田園調布では、「会社員」の60%、「軍人」の13%、「官吏」の8%、「教師」の7%などがあり、山王では、「会社員」の69%、「その他」の8%、「官吏」の7%などが目立っている。一つの地区で最も大きく割合の異なっているのは「会社員」と「軍人」であり、会社員は山王が、また軍人は田園調布が共に相手よりも1割近く高くなっている。特に田園調布における軍人の割合は、山王でのその割合が官吏や医師よりも低く4%であるのに対して13%と、会社員以外では両地区で唯一2桁を示し、傑出しているといえる。会社員は予想された通り田園調布と山王ではいずれも高い割合を示した。ここで会社員とはなっているがこれは分類上の呼び名であって、内訳を見るとほとんどの人が役職者であった。会社員と軍人の内訳についての詳細は、後に別表によってみていくことにする。

「会社員」「軍人」に次いで差異の大きなものは「教師」であり、田園

会社員内訳（表－4）

	田園調布		山王	
	数	割合(%)	数	割合(%)
相談役	1	―	4	1
顧　問	1	―	6	2
会　長	3	―	4	1
社　長	17	5	25	8
代　表	12	4	17	6
専　務	18	5	18	6
常　務	27	8	20	7
取　締	84	26	81	27
監　査	57	17	50	17
理　事	4	1	3	―
参　事	6	2	7	2
主　事	3	―	1	―
支配人	7	2	11	4
工場長	5	2	2	―
所　長	1	―	2	―
支店長	9	3	4	1
部　長	16	5	6	2
課　長	38	12	18	6
係　長	7	2	4	1
主　任	5	2	4	1
社　員	7	2	11	4
その他	4	1	2	―
合　計	329	100	299	100

谷元治『第十三版　大衆人事録　東京編』（帝国秘密探偵社国勢協会、1940年）より作成

調布が7％で山王の2％を上回っている。特に、田園調布では「教師」の24名中12名の半数が大学教授であり、その中には東京大学名誉教授なども含まれていた。また東京工業大学教授が多く含まれていたが、これは東京工業大学が関東大震災後に田園都市株式会社によって現在地の大岡山に誘致され、大正13年に移転したという経緯に深くかかわっていると思われる。

これら以外の「官吏」「医師」「商工業者」「資産家」「議員」「その他」「なし」はほぼ同様の割合を示した。相対的にみると、田園調布は山王より軍人と教師の割合が高くそれだけに多様な住民層が形成されており、逆に山王は会社員が全体のほぼ70％と圧倒的多数を占めており、他の職業がみな同様な低い割合しか示していないことから、住民層の多様性には欠けていたと考えられる。

ここで会社員の内訳を表－4で示して、それについてみていくことにする。田園調布と山王には役職を複数持つ人が非常に多く存在し、中には一人で十数個も肩書を持っている人もいたが、基本的にはそれらのすべてを採った。ただし同一会社内での兼任、たとえば「取締兼工場長」とある場合には最初に書かれた方の役職がより高位であるとみなし、取締役の方を採るというようにした。このようにして抽出した数の合計は田園調布では329（会社員206人）山王では299（会社員161人）であった。割合はこの数に対するものとし、これによって比較していくことにする。

両地区を比べて著しく割合の異なっているものは「課長」で、田園調布が12％、山王は半分の6％となっている。

次いで「社長」（田園調布5％、山王8％）と「部長」（田園調布5％、山王2％）の差異が3％と比較的大きかった。この他ではほぼ同様の割合が示された。

ここで全体的に表を見ていくと、田園調布よりも山王の方が役職者の割合が高くなっていることが分かる。表の「相談役」から「工場長」までを役職者とみなせば、山王の方が約1割も高い割合を占めることになった。また田園調布では役職者が少ない分「部長」「課長」「支店長」といった人々の割合が高くなっており、山王と比較すると、若く次代を担う世代が多く居住していたことが分かった。

次に会社の内訳を分類し、それを表－5とした。内訳としては以下の8つを設定した。

―会社内訳―

①工業（水産・鉱業・繊維・紙・化学・石油・ゴム・窯業・鉄鉱・金属・機械・電気・輸送・精密・諸工業・電気・ガス）
②建設・不動産
③食品
④商業
⑤金融・保険
⑥運輸・通信
⑦サービス・その他
⑧不明

この表によると田園調布と山王の両地区で「工業」が全体の約5割を占めており、以下田園調布では「金融・保険」「運輸・通信」「商業」、山王では「商業」「金融・保険」「食品」の順に割合が高くなっている。産業別では、①〜③までの第二次産業*3は田園調布で61％、山王で63％と全体の約6割を占め、④〜⑦までの第三次産業*4は田園調布で32％、山王で35％と全体の約3割を占めた。昭和15年当時では現代のような第三次産業の発達はみられず第二次産業が隆盛を誇っていたが、田園調布と山王においてもそれが同様であったことが分かる。また田園調布では「金融・保険」と「運輸・通信」の割合が山王より高く、一方、山王では「商業」「食品」の割合が田園調布より高くなっている。その要因としては、田園調布は銀行勤務者と新聞社勤務者が多かったこと。山王は「〇〇商会」「〇〇商店」という形式の株式会社勤務者が多かったこと、また食品会社「森永」関係の勤務者が多かったことなどがあげられる。

次に軍人の内訳を表－6でみていくことにする。大衆人事録に掲載されている軍人は少尉以上の将校である。先にも触れたが、山王では軍人の割合が少なく、数にして9名しかいないので、ここでは特に田園調布の軍人の内訳についてみていくことにする。

海軍は将官者9名、佐官者17名、尉官者1名の合計27名、陸軍は将官者5名、佐官者4名、尉官者8名の合計17名である。海軍と陸軍の人数の違いは10名であったが、これは将官者数と佐官者数の相違、特に海軍大佐が13名とずば抜けて多くなっていることによっている。このことから高級将校は海軍に多かったといえる。それでは何故、海軍大佐がここまで多いのかということを検証するために以下に大衆人事録掲載順に海軍大佐13名の出身地と出身校と卒業年次を、また任務名が記されているものについてはそれも列挙してみる。

①兵庫県　機関学校　大正4年　燃料局事務官
②和歌山県　兵学校　大正3年
③三重県　兵学校　明治43年
④兵庫県　機関学校　明治44年
⑤福岡県　兵学校　明治44年
⑥東京都　兵学校　明治35年
⑦長崎県　兵学校　明治38年
⑧石川県　東京大学　大正8年　海軍技術研究員
⑨茨城県　兵学校　明治41年
⑩石川県　兵学校　明治40年
⑪不明

会社内訳表（表－5）

業種＼比較	田園調布 数	田園調布 割合(%)	山王 数	山王 割合(%)
工業	171	52	156	52
建設・不動産	14	4	10	3
食品	17	5	24	8
商業	27	8	47	16
金融・保険	41	12	26	9
運輸・通信	34	10	20	7
サービス・その他	6	2	8	3
不明	19	6	8	3
合計	329	100	299	100

谷元治『第十三版　大衆人事録　東京編』（帝国秘密探偵社国勢協会、1940年）より作成

軍人内訳表（表－6）

		田園調布		山王	
		陸軍(人)	海軍(人)	陸軍(人)	海軍(人)
将官	大将	—	—	1	—
	中将	1	4	1	1
	少将	4	5	—	1
佐官	大佐	1	13	—	1
	中佐	2	1	—	—
	少佐	1	3	—	—
尉官	大尉	—	1	—	—
	中尉	2	—	1	—
	少尉	6	—	2	1
合計		17	27	5	4

谷元治『第十三版　大衆人事録　東京編』（帝国秘密探偵社国勢協会、1940年）より作成

叙位叙勲者内訳表（表－7）

	田園調布	山　王
会社員	9	9
官　吏	25	14
教　師	14	2
軍　人	44	9
医　師	2	4
商工業者	1	1
資産家	0	0
議　員	2	5
その他	5	2
な　し	5	2
重　複	4	2
合　計	103	46

谷元治『第十三版　大衆人事録　東京編』
（帝国秘密探偵社国勢協会、1940年）より作製

⑫石川県　兵学校　明治40年
⑬愛知県　機関学校　明治43年　海軍機関大佐

これをみると⑥⑧と不明の⑪を除いた他の10名は、出身地では関西地方と中部地方が多く、出身校は機関学校か兵学校のいずれか、そして卒業年次は明治末から大正初めに集中しており、これらのつながりがある程度予想される。また横須賀基地などの勤務地に近いことなど交通の便が良かったことが田園調布居住の大きな要因であると考えられる。しかしあくまでも推測の域を出ず、なぜ海軍が多かったのかについての詳しい実情は現時点では不明である。

最後に叙位叙勲者の内訳を表－7でみてみる。ここで位階勲等制度について『世界大百科事典1』（平凡社）から引用し補足とする。

位階勲等　栄典の一種。位階ははじめ推古天皇のとき（604）隋制にならって設けられた。現在の制度の位階令は1926年（大正15）勅令第325号で定められた。一位から下って八位まであり、そのおのおのが正従に分れる。皇族以外の日本人に授与される。勲等は、西洋諸国にならって、明治の初め（1875～76）に設けられた。大勲位を最高として、その他勲一等から勲八等までの8級に分れ、各等に叙される者には勲章が授与される。（中略）（勲章は）皇族や外国人にも与えられる。明治憲法時代には位階勲等を有する者に特別の礼遇が与えられた。第二次世界大戦後は位階も勲等も、日本国憲法の下でひきつづき存続しながら、特別のばあいを除いて、授与は事実上停止されていたが、1963年（昭和38）7月の閣議で生存者叙勲の開始を決定、翌64年1月には太平洋戦争戦没者の叙位叙勲基準を、同年4月には生存者叙勲基準を閣議決定してこれを授与した。

表－2によると叙位叙勲者は、田園調布では103人、山王では46人で大田区内の大衆人事録掲載者のそれぞれ30％と20％を示しており、いずれもかなり高い割合を示しているといえる。

表－7でその内訳をみていくと、軍人はすべて叙位叙勲者に含まれていた。また田園調布では軍人と教師、山王では医師と議員に叙位叙勲者が多かった。田園調布と山王の間に1割もの差異が生じているのは、田園調布に傑出して軍人が多く居住していたからであった。

5．生まれ年と出身地について

生まれ年を明治元年を基準として10年ごとに分類したものを表－8とし、田園調布分譲開始年の大正12年を基準として10年ごとに分類したものを表－9とする。

まず、表－8から見てみると、田園調布と山王とでは各項目の割合の傾向は同様であった。一番高かったのは明治20年代で、田園調布で約5割、山王で約4割を占めた。以下、明治10年代、30年代、元年～9年の順で続いていく。しかしここでもう少し数字を詳細に追っていくと、明

治元年から10年代生まれの人の割合は山王の方が高く（約5％）、続く明治20年代から30年代生まれの人の割合は、逆に田園調布の方が高く（約7％）なっている。ここで田園調布と山王の間に世代の相違がおぼろげに浮かび上がってくる。つまり、田園調布と山王とでは、田園調布の方により若い世代が多いという傾向があるといえるのである。住宅地として開発された時期を比較してみれば、このことは明白ではあるのだが、ここで改めて証明されたと言える。

表－9は、言うまでもなく特に田園調布について重要である。表は便宜上、大正12年から時代をさかのぼらせて構成している。そして10年ごとにしてあることで、田園調布分譲時の購入者の年代の内訳が分かる。つまり表の上から「9歳まで」「10代」「20代」「30代」「40代」「50代」「それ以上」として読み取ることができる。大衆人事録に掲載されている人すべてが分譲と同時に購入したかについて、疑問が残るが、ある程度の傾向は示しているものと考えられる。それによると、購入時の年代で一番割合の高いのは30代の45％、ついで20代の27％となっており、20代と30代で全体の7割以上を占めていることになる。このことから当時、田園調布という場所が20代、30代といった若い世代やこの世代の子息を持つ父母に支持されていたことが窺える。

田園調布と山王の人々の出身地を本府（東京府内の出身者）と地方別（北海道・東北、関東、中部、近畿、中国、四国、九州）とに分類したものが表－10である。田園調布と山王とを比較してみると、奇しくも、どの地方もほぼ同等の割合を示した。本府は約2割を占め、地方別では中部と近畿が高く、続いて関東と中国が高くなっている。また、県別でみると両地区で出身が多いのは、兵庫、静岡、広島の各県であった。

生まれ年分類表（表－8）

	田園調布		山王	
	数	割合(％)	数	割合(％)
明治以前	7	2	5	2
M元～M9	21	6	24	10
M10年代	78	23	56	24
M20年代	157	46	96	41
M30年代	65	19	40	17
M40以後	5	1	5	2
不明	11	3	8	4
合計	344	100	233	100

谷元治『第十三版　大衆人事録　東京編』（帝国秘密探偵社国勢協会、1940年）より作成
M＝明治

生まれ年分類表（表－9）

	田園調布		山王	
	数	割合(％)	数	割合(％)
T12～T3	0	—	1	—
T2～M37(10代)	11	3	9	4
M36～M27(20代)	93	27	60	26
M26～M17(30代)	156	45	90	37
M16～M7(40代)	52	15	47	20
M6～K元(50代)	20	6	13	6
上記以外	1	—	5	2
不明	11	3	8	3
合計	344	100	233	100

谷元治『第十三版　大衆人事録　東京編』（帝国秘密探偵社国勢協会、1940年）より作成
T＝大正　M＝明治　K＝慶応

出身地分類表（表－10）

	田園調布		山王	
	数	割合(％)	数	割合(％)
本府	65	19	49	21
北海道・東北地方	21	6	16	7
関東地方	37	11	24	10
中部地方	62	18	41	18
近畿地方	57	17	34	15
中国地方	37	11	21	9
四国地方	15	4	10	4
九州地方	26	8	24	7
不明	24	6	14	6
合計	344	100	233	100

谷元治『第十三版　大衆人事録　東京編』（帝国秘密探偵社国勢協会、1940年）より作成

本府以外の出身者上位府県（人）

田園調布	山王
1．兵庫（14）	1．兵庫（10
2．大阪（13）	2．静岡（8
3．静岡（11）	3．宮城（8
4．新潟（10）	愛知（8
長野（10）	三重（8
広島（10）	広島（8

谷元治『第十三版　大衆人事録　東京編』（帝国秘密探偵社国勢協会、1940年）より作成

江波戸昭氏の『東京の地域研究』（大明堂）の中で「居住地別土地購入者数」が田園調布について掲載されているが、これによると大正13年2月現在で126人の購入者があり、このうちの112人が東京市に住んでいたことが分かる。このことから田園調布の分譲地購入者はほとんどが東京在住者となっていて地方の人々などほとんどいないような印象を受けるが、その人々の出身地をみると、おそらく表－10のような傾向を示すと予想され、地方から東京に出て来ていた人々が新たに田園調布を購入したと考えることができる。このことからむしろ田園調布構成人員は、東京出身者よりも地方出身者が多かったといえそうである。また山王についても同様な傾向があることも興味深い。

6．家族構成について

家族構成において、田園調布と山王それぞれについて、世帯全人数で分類したものを表－11、同居子供数で分類したものを表－12、大衆人事録掲載者の妻子以外の同居者数で分類したものを表－13とする。それぞれについての詳しい考察を、以下順次していくことにする。

表－11で示している「世帯全人数」に含まれるのは、大衆人事録掲載者とその妻子、父母、兄弟、親類などであり、原則として、婚姻や養子で他家にいった者を除いて、掲載されていた者をすべて含んでいる。

まず最初に田園調布と山王を個別に見てみると、田園調布では、「2人」が7％、「3人」が15％、「4人」が17％、「5人」が18％、「6人」が9％、「7人」が10％、「8人」が4％、「9人」が3％となっており、二桁台は、「3人」「4人」「5人」「7人」で、このうち「3人」「4人」「5人」は同様に高い割合を占めた。また、最多人数は「14人」であった。

一方、山王では、「2人」が3％、「3人」が12％、「4人」が18％、「5人」が22％、「6人」が15％、「7人」が8％、「8人」が4％、「9人」が6％となっており、二桁台は、「3人」「4人」「5人」「6人」で、特に「5人」の割合が22％と両地区で唯一20％を超えていた。また、「9人」が6％と高い割合を占めているのも特徴である。最多人数は田園調布よりも一人少ない「13人」であった。

田園調布と山王を比較してみると、山王では「5人」「6人」の占める割合が、いくらか田園調布よりも高くなっている。そして全体的にみても山王の方が田園調布よりも家族構成人数は多くなっているようである。

この表で目につくことは、多人数世帯が多いことである。上述のように最多人数は、田園調布で14人、山王で13人であり、割合はそれほど高くはないのだが、10人以上の家族もみられた。

表－12における子供の人数は、大衆人事録掲載時に掲載者と同居している人数であり、婚姻や養子で他家に行った者は含まれていない。しかし逆に養子に入った者は含まれている。

田園調布と山王について個別に見てみると、田園調布では子供のいる世帯は合計265世帯であった、これは田園調布の掲載総数344の約77％を占めている。子供人数では「1人」「2人」「3人」がそれぞれ20％を超える高い割合を示し、次いで「4人」「5人」が10％前後となっていた。また、子供総数は758人となり、これを平均して田園調布における一世帯当たりの子供数を出すと、2・2人であった。

一方、山王では子供のいる世帯は合計198世帯であり、山王の掲載総数233の約85％を占めている。子供人数では「2人」「3人」がそれぞれ20％を超える高い割合を示し、次いで「1人」「4人」が10％台後半を占めていた。また、子供総数は590人となり、これを平均して山王における一世帯当たりの子供数を出すと、2・5人であった。

田園調布と山王を比較してみると、平均値が示しているように、子供の数は山王の方が若干多いようである。そして子供人数では、田園調布で「1人」「2人」「3人」の割合が高かったのに対して、山王では「2人」「3人」の割合が高く、「1人」が比較的少なくなっていた。

表－13における「大衆人事録掲載者の妻子以外の同居者数」には、掲載者の父母兄弟、親類などが含まれている。この表を見ると、これらの人々がいる世帯が、田園調布では84世帯、山王では54世帯ある。それらの内訳では両地区ともに「1人」「2人」が圧倒的に多くなっている。ここで大衆人事録掲載者とその妻子だけしかいない世帯、いわゆる核家族の割合を地区ごとに出してみると、田園調布では76％、山王では77％と、ほとんど同じ割合を示した。昭和初期から戦前までは、まだ2世代・3世代同居の大家族が多かったと思われがちであるが、実際には核家族化が進んでいたことが分かる。

以上のことから、両地区共に家族構成人数は多いが、これは2、3世帯同居によるものは少なく、単に子供数が多くなっていることが理由であることが分かった。また、核家族率は両地区で75％を超える高い割合を示していることも分かった。

7. 趣味について

田園調布と山王の人々の趣味について分類したものが次ページの表－14である。大衆人事録には「経歴」の欄の一番最後に趣味が記載されているが（資料－1参照）記載のあった人は約半数であった。しかし重複記載が多かったために、記載総数は田園調布で380、山王で282と、それぞれの地区で総掲載者数を超える数を得た。また、表の割合は総掲

家族構成分類表（表－11）

	田園調布		山　王	
	数	割合(％)	数	割合(％)
2人	23	7	7	3
3	51	15	28	12
4	59	17	42	18
5	61	18	52	22
6	31	9	36	15
7	34	10	18	8
8	13	4	8	4
9	11	3	13	6
10	5	1	3	—
11	2	—	1	—
12	3	—	0	—
13	1	—	1	—
14人	1	—	0	—
不明	40	14	24	10
合計	344	100	233	100

谷元治『第十三版　大衆人事録　東京編』（帝国秘密探偵社国勢協会、1940年）より作成

家族構成分類表（表－12）

	田園調布		山　王	
	数	割合(％)	数	割合(％)
1人	63	24	34	17
2	58	22	52	26
3	68	26	45	23
4	36	14	38	19
5	23	9	19	10
6	9	3	5	3
7	5	2	3	2
8	1	—	0	—
9	1	—	1	—
10人	1	—	1	—
合計	265	100	198	100

谷元治『第十三版　大衆人事録　東京編』（帝国秘密探偵社国勢協会、1940年）より作成

家族構成分類表（表－13）

	田園調布	山　王
1人	43	26
2	23	15
3	7	7
4	6	3
5	1	2
6	2	1
7	1	0
8	0	0
9人	1	0
合計	84	54

谷元治『第十三版　大衆人事録　東京編』（帝国秘密探偵社国勢協会、1940年）より作成

趣味分類表（表－14）

	田園調布		山　王	
	数	割合(%)	数	割合(%)
読　書	51	15	39	17
旅　行	41	12	33	14
スポーツ・運動・散歩	45	13	31	13
音　楽	12	3	12	5
謡　曲	17	4	24	10
書画・書道・絵画・骨董	13	4	16	7
囲碁・将棋	44	13	17	7
俳句・川柳・長唄・義太夫・茶道	6	2	14	6
写　真	12	3	7	3
演芸・映画・観劇	8	2	9	4
園　芸	26	8	6	3
釣　り	19	6	6	3
漕艇・ヨット	3	—	2	—
登　山	5	1	4	2
野球・庭球・撞球	23	7	13	6
ゴルフ	24	7	18	8
乗　馬	4	1	5	2
スキー・スケート	5	1	1	—
水　泳	5	1	1	—
その他	17	5	18	8
合　計	380		282	

谷元治『第十三版　大衆人事録　東京編』（帝国秘密探偵社国勢協会、1940年）より作成

載者数（田園調布344、山王233）に対するもので、各地区でどの趣味がどれだけ好まれていたのかが分かるようにしている。分類の内訳では、数の少なかったものについては同類項を探し、出来るだけ一つにまとめるようにした。（たとえば、「スポーツ」「運動」「散歩」を一つに、また、「野球」「庭球」「撞球」を一つにした。）「その他」には、「弓道」「柔道」といった各種武道と、ほんの数例しかなかった「小鳥」「犬の研究」といったものが含まれている。

田園調布と山王それぞれについて見ていくと、まず田園調布では、「読書」が15％、「スポーツ・運動・散歩」が13％、「旅行」が12％、そして「囲碁・将棋」が13％といずれも高い割合を示し、次いで「園芸」が8％、「ゴルフ」が7％、「釣り」が6％の順になっている。

一方、山王では「読書」が17％、「スポーツ・運動・散歩」が13％、「旅行」が14％、そして「謡曲」が10％といずれも高い割合を示し、次いで「ゴルフ」が8％、「書画・書道・絵画・骨董」「囲碁・将棋」が7％、「俳句・川柳・長唄・義太夫・茶道」「野球・庭球・撞球」が6％の順になっている。

田園調布と山王を比較すると、どちらの地区でも「読書」「スポーツ・運動・散歩」「旅行」の割合は高かった。また田園調布では「囲碁・将棋」「園芸」の割合が山王よりも高く、逆に山王では「謡曲」「俳句・川柳・長唄・義太夫・茶道」の割合が田園調布よりも高かった。田園調布において「囲碁・将棋」を趣味としている人の内訳は会社員36名、官吏4名、教師、医師、商工業者、その他各1名ずつであった。また「園芸」が多かったのは、田園調布の住環境がよかった、つまり、大きな庭付きの住宅に住んでいた人が多かったためと思われる。山王において「謡曲」「俳句・川柳・長唄・義太夫・茶道」など日本の伝統的なものを趣味としている人が多かった理由としては、山王が政治家や文化人たちの別荘や保養地として開発されていった経緯と、先にあげた田園調布と山王の世代の相違が現われているものと思われる。山王ではこのようにどちらかと言えば懐古主義的なところがある反面、「野球・庭球・撞球」「ゴルフ」を趣味としている人もかなりいて、先進的な面も持ち併せているように感じられる。その「ゴルフ」は、田園調布では7％、山王では8％を占め、特に現在の山王3、4丁目にあたる当時の新井宿1丁目においてゴルフの愛好家が多かった。この地区は大森駅前にあたり、大邸宅の多い場所として知られている。ゴルフが昭和初期に、最近のように流行していたと考えられず、そのことからすると両地区共かなり高い割合を示していると考えられる。

8．まとめ

最後に、これまで見てきた職業・生まれ年・出身地・家族構成・趣味のそれぞれ明らかになったことや特徴などを列挙し、総括とする。

［職業］

・両地区で最も多かった職業は会社員であり、田園調布では6割、山王では約7割を占めた。その内訳には、役職者が多く、また課長・部長が田園調布に多かった。

・田園調布には海軍関係の軍人が多く、階級も全体的に陸軍より高かった。

・田園調布には教師が多く、その内訳の半数が大学教授であった。

・両地区で叙位叙勲者が多く、田園調布では3割、山王では2割をも占めた。両地区の差は、軍人数の相違と関連している。

・職業別に見た住民構成では、田園調布の方がより多様性があった。

［生まれ年］

・生まれ年の割合の傾向は田園調布と山王とは同じであった。しかし更に詳しくみると田園調布の方により若い世代が多いことが分かった。

・田園調布購入者の購入時の年代で多かったのは20代と30代で全体の約7割以上を占めていた。

［出身地］

・田園調布と山王の出身地の割合はほとんど同じであった。

・もとからの東京在住者は全体の約2割程度であった。

・中部、近畿地方出身地が多く、全体の約3割以上を占め、次いで中国、関東の順であった。

・両地区に共通して兵庫、静岡、広島各県の出身者が多かった。

［家族構成］

・両地区とも家族構成人数は多いが、2、3世代同居の形態ではなく、ただ単に子供の人数が多い場合が多かった。（核家族化が進んでいた。）

・田園調布と山王とでは、山王の方が多人数世帯が多かった。

・核家族率は両地区で75％を超える高い割合を示した。

［趣味］

・両地区で共通して「読書」「スポーツ・運動・散歩」「旅行」の割合が高かった。

・田園調布では「囲碁・将棋」「園芸」の割合が山王を大きく上回っていた。

・山王では「謡曲」「俳句・川柳・長唄・義太夫・茶道」の割合が田園調布を大きく上回っていた。

・山王には懐古的な面と先進的な面とが同居していると考えられる。

以上のような事を挙げることができた。今回、大衆人事録を資料として用いた考察により、これまで一般的に住宅地成立時期から言われていた、田園調布と山王の住民構成の世代の相違が証明され、東京出身者ではなく地方出身者に田園調布購入者が多かったことが判明した。また新たに、田園調布に軍人が多かったことや両地区で核家族率が高かったことや趣味の傾向に相違があることなどが明らかになった。

全体を通してみてみると、会社役員は多いのだが超一流企業が少なかったり、軍人に佐官者が多かったりすることなどから、戦前、大田区内の田園調布と山王地区には中産階級の上層部に位置する人々が多く居住していた事がおぼろげながら浮かび上がってきたように思われる。

最後にもう一度ことわっておかなければならないのは、ここで使用した資料は大衆人事録という一定規準以上の人が掲載されているものであり、田園調布と山王在住者のすべてをみたわけではない、ということである。今後更に大田区のこの他の地区について同様な比較検討を試み、それらとの相関関係を見い出すこと、また、違う年代の大衆人事録による比較などが課題として残されている。

注

＊1　住宅編1第2章第2節「別荘・保養地としての山王開発」〔本書1－2－④〕より。

＊2　新井宿1丁目は現在の山王3、4丁目にあたる「新井宿1丁目」と表記されていたが「山王」に含めた。以下すべて同様。

＊3　第二次産業
各産業のうち、自然物をとりだす鉱業と、鉱産物・農林水産物などをさらに二次的に加工する工業のこと。

＊4　第三次産業
商業・運輸通信業・サービス業など、第一次・第二次産業以外のすべての産業。

〔1－2－①D〕
大方潤一郎「田園調布の位置づけについて」（『コミュニティ59　まちづくりの実験』地域社会研究所〔現・一般財団法人第一生命財団〕、一九八〇年、八一～八四頁）

田園調布は当時の東京の住宅事情の中で、どのように位置づけられるべきものであろうか。当時の東京の住宅事情を正確かつ全面的に把握することは困難であるが、ここでは、とりあえず東京府社会課が大正11年9月に行った「東京市及接続町村中等階級住宅調査」（大正12年）から、大正11年当時の東京市および周辺部の新中間層の住宅事情の概要を掲げておこう。

この調査は、表1に示された職業の者6700人に対し、職場を通じて調査表を配布して行われたものであり、サンプリング（標本採集）に問題があるほか、回収率も42％と低く、全面的に信頼できる調査ではないが、おおまかな傾向を知ることはできよう。

表1に見られるように、9割方が借家であり、その床面積も平均42㎡、室数3・15という、ほぼ2DKと同規模のものである。銀行員・会社員・中学教員などと、職工・電車従業員・警官などとは、住宅事情にやや差が見られるものの、それぞれの平均値を見る限りでは、敷地面積で30坪、床面積で20坪を超えるものはない。

表2で、住宅型を見ると約半数が1戸建、3／4が平家である。表3により、市部と郡部とを比較して見ても、敷地面積が郡部で3割ほど広いほかは大差がなく、床面積は郡部の方がむしろ狭い。当時は郊外といえども密集した東京の市街地の延長でしかなかったのである。

田園調布を典型とする、電鉄敷設と同調した郊外1戸建住宅地が提供する住宅地環境は、このような当時の状況の中で、まさに画期的なものと受けとられたに違いない。

とはいえ、このような郊外住宅地に入居できた層は新中間層の中でも比較的上層の階層に限られていたようである。

田園調布に入居した人々はどのような階層に属したのであろうか。

昭和3年7月15日現在の田園調布会会員名簿からこれを見ると、総員309名（うち店舗等26）中、店舗入居者を除き、職業の明らかな192名（68％）の職種と所属は表5のように分類される。

大企業社員・官公吏（事務職）が1／3、技師・船長・技術将校など技術専門職が1／4、経営者・役員が17％、医師が7％、教授・教師が6％、芸術家・自由業が6％を、それぞれ占めている。専門職層の割合がほぼ5割に達し、「会社員」も大企業に所属するものが多く、入居者の大半は、いわば当時形成されつつあったアッパー・ミドルに属していたといえよう。

さらに、住宅取得の負担について見ると、田園調布の土地分譲価格が13～55円／坪で40～50円が中心であり、建築費は120～130円／坪以上と協約されていたから、今、かりに、100坪の土地を坪40円で購入し、30坪の住宅を坪120円で建てたとすると総費用は7600円となり、先に見た銀行員の平均月収（但、大正11年時点）173・6円の約44ヵ月分にあたる。一方、警官の平均月収に対しては約85ヵ月分であ

表1　東京市及周辺部の新中間層の住宅事情（大正11年9月）

職業	世帯あたり人員（人）	借家率（％）	月収（円）	家賃（円）	家賃/収入（％）	敷地面積（㎡）	延床面積（㎡）	室数	畳数	一人あたり畳数
官吏	4.56	92.2	114.2	21.7	19.1	74.3	45.2	3.39	15.4	3.38
公吏	4.61	92.4	121.2	18.4	15.2	59.2	40.7	3.19	14.0	3.04
警官	4.30	95.5	89.6	16.1	17.9	42.3	34.7	2.77	12.2	2.84
中学教員	4.95	87.1	142.5	24.7	17.3	86.9	51.4	3.80	17.5	3.54
小学教員	4.43	93.8	124.9	21.1	16.9	68.2	43.5	3.37	15.1	3.41
会社員	4.47	90.6	156.1	26.4	16.9	78.3	51.9	3.63	17.1	3.83
銀行員	4.34	85.6	173.6	32.1	18.5	78.9	61.6	4.26	20.4	4.70
電車従業員	4.82	98.3	95.5	13.2	13.9	35.0	30.6	2.44	10.8	2.24
職工	4.59	96.3	83.6	12.8	15.3	35.2	30.1	2.46	10.6	2.31
その他	4.27	93.7	125.8	20.1	15.9	63.8	41.7	3.13	14.2	3.33
平均	4.53	93.3	116.7	19.7	16.9	61.1	41.5	3.15	14.2	3.13

表2　住宅型・住宅階数

住宅型	（％）	階数	（％）
1戸建	48	平屋	75
2戸建	35		
3戸建	4	2階建	25
4戸以上	13		

表3　支部と郡部

	敷地面積（㎡）	建ペイ率（％）	延床面積（㎡）	家賃（円）	敷金（円）
市部	52.0	68.0	42.0	19.48	50.28
郡部	69.8	55.4	41.0	19.90	54.75

表4　居住年数

6ヵ月未満	2年未満	3年未満	4年未満	5年未満	6年未満	10年未満	10年以上	不詳
16	22	11	9	7	11	16	7	1

（％）

表5　田園調布入居者の階層構成

	官公庁	大企業				その他民間企業	軍	学校	自営・自由	その他・不明	計	構成比
		銀行・保険	公益企業	運輸・商社	製造・建設業							
経営・役員		4	3	1	3	22					33	17.2
事務職	4	15	9	5	13	16					62	32.3
技術専門職	11		8	6	14	2	8				51	26.6
医師			1				1	1	11		14	7.3
教育・研究						1		11			12	6.3
芸術						1			4		5	2.6
その他自由業									6	1	7	3.6
その他							6		2		8	4.2
計	15	19	21	12	30	42	15	12	24	2	192	
構成比(%)	7.8	9.9	10.9	6.3	15.6	21.9	7.8	6.3	12.5	1.0		100

る。一般に特別の資産でもない限り、年収の5倍を超える住宅を取得することは不可能と考えられるから、田園調布に入居できた層は、やはり、新中間層の中でも、かなり上層に属する階層であったと考えられる。

地価、建築費のこと

大正末年の東京郊外（通勤圏外）の地価3～10円／坪といわれ、ここに電車を敷設し、街路・公共施設をとり、宅地造成を施すと、土地原価は20～30円／坪になるといわれている。

建築費は、一応の最低限が坪１００円といわれている。地価・建築費とも、変動が激しく、細かい条件で大きく変わり、平均的水準を確定することは困難であるが、一応の目安は右のとおりである。

［1－2－②］
酒井憲一「成城〝理想的文化住宅〟誕生の背景　その1・2」
（『家とまちなみ』41・42号、住宅生産振興財団、二〇〇〇年三月・九月、一六～二一、四四～四九頁）

図画工作的「街区整然」の文化住宅街

「街区広大整然・知名人多き東都西郊に於ける唯一の文化住宅である」（『郊外住宅地としての成城町』昭和14年、世田谷区砧尋常小学校発行）、「現住者の生活様式及程度が大体に於て類似して居て、いはゆる文化式であり、プチブル的であり、又は新式であるといえる」（成城自治会誌『きぬた』昭和8年11月号）として、田園調布と肩を並べてうたわれた、大正13年3月誕生の高級住宅地、成城の今昔はどうであろうか。ちなみに田園調布は、前年8月に誕生している。

田園都市株式会社によって開発された田園調布に比べて、成城が決定的に違う点は、学園後援会地所部の手による非デベロッパー開発の学園都市であるということ。同心円状と放射線状の幾何学デザインではなく、街区整然といわれはしたものの、不規則性もある図画工作的な手づくりの街だったこと。および鉄道の敷設工事と併行しての開発だったことなどである（図1）。図画工作的というのは、区画整理はあっても、都市計画らしい都市計画がなかったという意味である。それは肌のぬくみがあるということでもある。

大正14年に売り出した大泉学園都市、翌年売り出した国立大学町などは、箱根土地株式会社の開発であり、ともに学園町イメージを喧伝した。これに対して、成城学園住宅地はデベロッパーに頼らず、しかも学園住宅地の規模が広大だった（図2）。

田園調布に鉄道が通じるのは、かなり遅れてのことである。一方、成城は小田原急行鉄道が住宅地売り出し3年後の昭和2年に開通、初めから学園名を冠した成城学園前駅を開業し、急行電車を停めた（図3）。それまでの移転校への足は、京王電車烏山駅から6キロの道のりを、通学バスか徒歩だった。もちろんタクシーはあるにはあった。人力車もあった。

一方、小田急の複々線化工事が成城に及んでいる。しかし、高架化の他地区と違って堀割方式になるこの地区は、新駅とバスターミナル込みの駅前広場ができる計画で、ここ10～20年ほどで街の外観は、駅周辺からフィジカルに変貌していこうとしている。

学園移転は、大正14年に成城

図1　昭和初期の空から見た成城学園とその周辺（『成城学園70年の歩み』）

第二中学校、併設成城玉川小学校、成城幼稚園、15年に成城高等学校を創設して財団法人成城学園となった。昭和2年に成城高等女学校が開校、戦後は25年に成城大学が発足、今は幼稚園から大学院まで同じキャンパスに、過密ながら展開している。

図2　昭和初年「理想的郊外住宅分譲及貸地」チラシ

図3　小田急開通当時の沢柳通り（駅前通り）（『成城学園70年の歩み』）

成城の人口は、当初は7戸の集落だったが、昭和17年5345人、20年5420人、26年8653人、28年8155人、30年8520人（いずれも9月1日）と推移し、41年1月1日では11537人に増え、現在は1～9丁目2269㎢、世帯数7615、人口18224人、65歳以上の老年人口比は17・46％（98年1月1日）である。

移り住んできた人々

「知名人多き」についていえば、成城住宅地売り出し初期の売貸希望芳名録や住宅契約者一覧には、三宅やす子（作家）、細田民樹（作家）、小林武三（香川師範学校長）、星島二郎（弁護士、代議士）、中西富雄（東京大学助教授、経済学）、新見政一（海軍中佐、海軍大学校教授）、橋本正治（札幌市長）、沢柳政太郎（成城学園長・元文部次官、京都帝大総長）、小原国芳（成城学園主事）、小西重直（京都大学学長、哲学）、喜多六平太（能楽師）、正宗得三郎（作家）、長田新（広島大学教授、教育学）、加藤武雄（作家）、今村明恒（東京大学教授、地理学）、長岡隆一郎（内務省社会局長）、坂口昂（東京大学教授、歴史学）、市河三喜（東京大学教授、英語学）ら諸氏の氏名が見える。

そのほか平塚らいてう、柳田国男、そして後年には、武者小路実篤、野上弥生子らの邸宅も知られていた。

1988年10月、朝日新聞社などの主催で福岡市で開かれた第1回「住宅地サミット」にパネリストとして出た筆者は、成城学園住宅地文化の系譜を学園系の「教育文化系」、文人、東宝撮影所系の「芸術・芸能文化系」、成城住宅地・自然環境・交通系の「環境文化系」に大別して発表した。この3系で成城を考察すると、実態が補捉しやすい。

そこでは昭和6年3月から始まった武者小路実篤を中心にした「砧人会」、それ以前の加藤武雄らの「草分け会」の文化活動などを紹介した。

同年4月に発行された『有名人宅早わかり帳』（KKロングセラーズ）の成城地図には、次の人名が載っている。

駅から北側は、相沢英之・司葉子、石原裕次郎、宇津井健、大江健三郎、大林宣彦、大町陽一郎、草刈正雄、黒沢明、高津善行・中村メイコ、沢田重隆、白坂依志夫、杉良太郎、高橋悦史、滝沢修、田村正和、千秋実、佃公彦、並木鏡太郎、深田祐介、藤村俊二、水上勉、三船敏郎、山田洋次、横尾忠則、南側は、芥川也寸志、黒沢明、長門勇、三芳悌吉の諸氏である。

小田急に乗って成城探索

新宿を出た小田急の急行は、西の小田原に向かう。代々木上原、下北沢と停車したあと、上下線別々あるいは両方高架になった線路を走る。東京農業大学のある経堂を通過し、やがてコンクリート護岸の小さな仙川を渡ると、急行停車駅の成城学園前駅である。新宿から15分である。

南流する仙川は、線路右側のぎっしり校舎が建ち並ぶ成城学園内を流れ、成城地区に属する高校・大学と上祖師谷地区に属する幼稚園・初等学校・中学校とを分ける。その間をかわいい橋がつなぐ。岸辺の春の桜はみごとである。

学園内を流れてきた仙川は、線路をくぐって南へと下り、うねって旧東宝撮影所のなかを分け、やがて野川に注ぐ。野川は多摩川に注ぐ都市河川である。

駅のホームから見回わす。駅のまわりには中層ビルが並んでいるのがわかる。もともと線路で北側と南側に分断されていた成城は、昭和7年に東宝撮影所の前身であるP．C．L．（写真化学研究所）ができてから、俳優たちが目立つようになり、静かな貸地住宅街の一角に喫茶店や赤い屋根、青い屋根が続出し、「清浄住宅」ともじられるほど落ち着いた街にふさわしくないと、問題にされたりした。

北側は、禁酒会長でもあった沢柳政太郎成城学園長が、いかがわしい飲食店などは困るし、とくに中学、高校生相手に酒を飲ませる店は絶対つくってはならない、という信念で臨んだという。

駅の北口を出てみよう（図4）。右手に交番、左にスーパーがある。正面にまっすぐ桜並木がつづいている。昔は沢柳氏に因んで沢柳通りと呼ばれた。商店街がほんのしばらく両側に見える。商店街主催の春のさくら祭りはにぎやかである。

図4　現在の駅北口（スライド）

ひとつめの角を左に曲がったところが、平塚らいてうの自宅だった。沢柳通りふたつめの角を右に曲がると、正面が成城学園正門で、銀杏並

図5　柳田国男旧邸

図6　朝日住宅、佐川邸（日本大学生産工学部藤谷研究室提供）

木である。その角を右折ではなく左折すると、昭和2年築の柳田国男邸があった（図5）。今は長野県飯田市に移築され、あとは建て替えられ、画廊を兼ねた長男為正邸になっている。

駅北側の西方向間もなく、ほぼ線路に沿った一帯に、昭和4年に人気を集めた朝日住宅があった。過去形でいうのは、数年前に1戸もなくなったからである（図6）。

線路の南側では、仙川にまたがる旧東宝撮影所の広い敷地に、東宝スタジオ、大きな日曜大工センター、住宅展示場が展開している。近くにあった野上弥生子邸は、九州の故郷臼杵市に移築されて今はない（図7）。

電車で成城を横切ってみよう。学園前駅を出た電車は、構内端の踏切を越えたところから、ぐっと下りになる。みるみる眺望が開け、丹沢から富士までが絵のようである。景色にうっとりしかけるとすぐ川を渡る。仙川の何倍もある川幅で、近自然護岸である。このため、岸辺の桜も流れのなかの自然の植生や野鳥が、こころをなごませる（図9）。

図7　野上邸（日本大学生産工学部藤谷研究室提供）

この野川に下る斜面が武蔵野台地の南端で、貴重な国分寺崖線と呼ばれる傾斜地である。野川を渡ると世田谷区の西端・喜多見地内で、工場風の小田急電車基地が川沿いに延びている。屋上の半分は、「きたみふれあいひろば」（公園）になっている。野川を渡ったところが、各駅停車しか停まらない喜多見駅である。

昔この喜多見村砧地区に成城という地名、そして成城住宅地が生まれたのである。

成城というと、住宅だけが語られるが、仙川と野川にはさまれ、湧水が絶えない国分寺崖線が縁どって、街を潤していることを忘れてはならない。

電車は国分寺崖線を堀割で下るが、野川鉄橋の南側、つまり成城地区には、湧水と源氏蛍自生池がうっそうとした森の中に残っている。湧き出た清流が音をたてて野川に流れ込み、住宅地の道路際にも噴き出している。蛍はときに人家の窓辺まで飛んでくる。

野川も崖線も国分寺あたりに端を発している、小金井市内のハケ（今でいう国分寺崖線の斜面）の湧水と野川の環境を主舞台に、大岡昇平が名作『武蔵野夫人』を書いた。その作家は、成城学園出身者で、成城に住んで亡くなった。

学園騒動で消えた住宅地資料の発見

ところで、近々70有余年の「整然」とした成城住宅地がどのようにしてつくられたか。第一回売り出しの年月日からして、どうしても確定できないでいた。

そうした状況下、成城に住み成城短期大学（今は成城大学短期大学部）で教え、地元の朝日住宅顕彰運動をしていた筆者が、研究と実践を通して集めた資料により『郊外住宅地の系譜　東京の田園ユートピア』（鹿島出版会、87年）のなかに「成城・玉川学園住宅地」として成城住宅地形成の論考を世に問うたのが、成城住宅地の総合的な初の図書文献になったというほど、成城住宅地の研究は遅れていた。

なぜなら、小原国芳という成城学園小学校主事が、天才的不動産手法で成城住宅地をつくったという個人伝説的資料以外に、実際の分譲測量図や売買契約者名簿などの資料が発見されず、研究者にとってミステリーもどきだったからである。

その苦労のひとつが、88年のある日突然クリアできた。成城学園本部事務局に保管されていた資料が発見されたのである。事務局に徹底的な資料探しをお願いした後、かなりたった日のことだった。

ある課に残っていた古い包みがその資料だった。分譲地図には、駅のすぐ近くの土地が、平塚らいてうの本名明子で載っていた。前述の売り出し初期の芳名録なども、この際に発見されたのである。

先の小原国芳氏は、成城住宅地が定着しかけたころは、玉川学園創設をめざし、玉川住宅地づくりに手を延ばしていた。成城学園幹部でいながら、同時に他学園の創設を堂々と進めるとは、当時は寛大な世情だったのか、小原流独走だったのか。

そもそも、成城学園側が東京市牛込区の学園を移転させ、中学校と高等学校一貫の7年制高校をつくるため、校地を拡張する目的で白羽の矢を立てたのが成城だった。しかし、その高校が帝大の予備校化していくのに小原氏は絶望し、玉川に手を延ばしたと自身は書いている。それはともあれ、反小原勢力が台頭し昭和8年の小原騒動という追放事件に発展した。

そのため成城学園の資料から小原関係はかなり廃棄された。このことがあって、小原主導の成城住宅地関係資料が姿を消したなかで、かろうじて残っていた資料が発見されたのである。

図8　長岡邸（日本大学生産工学部藤谷研究室提供）

図9　近自然護岸の野川の風景（右側が成城）スライド

日大山口研究室の分析解題

成城学園でこの貴重な資料の包みが発見されたときの対応、解題について述べたい。

まず世田谷美術館刊『田園と住まい展』（89年6月7～25日開催の図録）のなかに、筆者が書いている「成城あのころ」から長めに引用する。成城住宅地研究のエピソードを伝えておきたいからである。

> 最近発見された貴重な住宅地の初期資料——成城学園そのものの資料は多いが、住宅地についての当初資料はほとんど発見されず、その資料探しに狂奔していたが、最近、成城学園内に保管されていた大正13年3月19日付の「住宅分譲に就いて」や水道、電灯、電熱、小田原急行電車の出来る迄、診療期間、産業組合などを記した「砧村土地の諸設備に就て」などのチラシ類、「成城学園住宅整理地平面図」（図10）「価格等級図」などの図面から、「売貸地希望芳名録」や契約書類まで見つかり、関係者に喜びの声があがった。主なものは、この「田園と住まい展」に初展示することができたが、資料に基づく本格的研究はこれからであり、成城学園住宅地のあけぼのの時の全容が次第に明らかになっていくことが期待される。

この資料は、成城学園教育研究所の保管とし、急きょ学術調査がそこで行われた。山口廣教授・世田谷住宅史研究会代表日本大学生産工学部山口研究室、世田谷区建築部住環境対策室、世田谷美術館、成城学園教育研究所と筆者（当時の成城短大講師・世田谷住宅史研究会員）による緊急ミーティングである。

その後、刊行された世田谷住宅史研究会調査報告書『世田谷の住居——その歴史とアメニティー』（世田谷区住環境対策室発行、91年3月）（本書1－2－⑥B）に、山口研究室の精力的分析整理によって、全資料が解題つきで収録された。

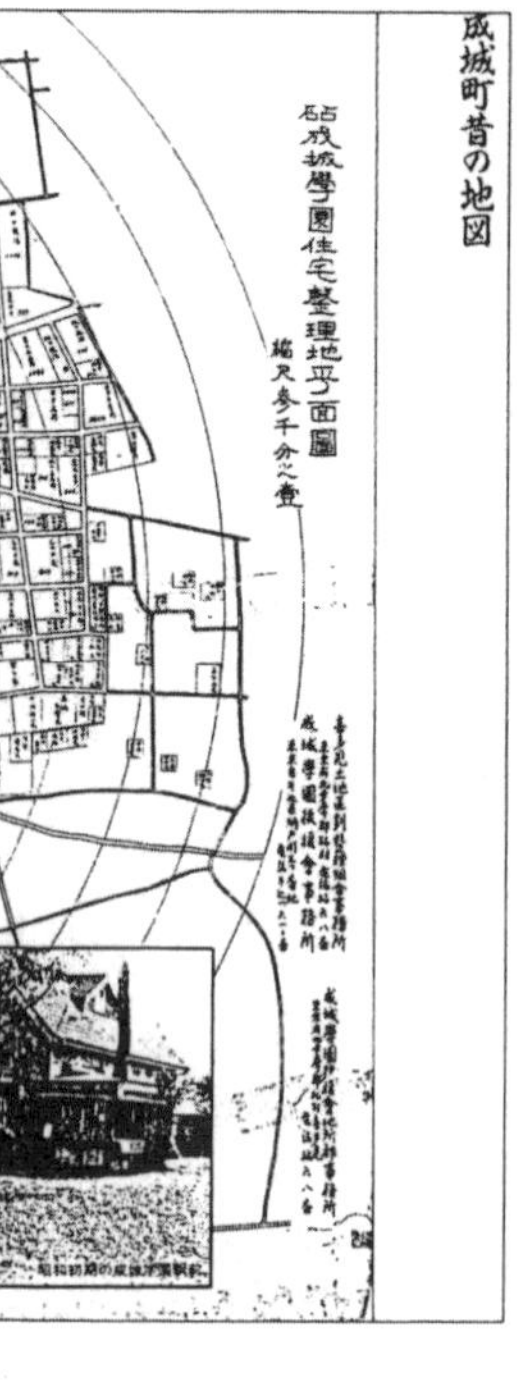

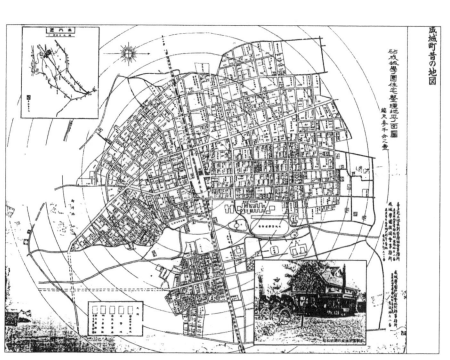

図10　昭和初年砧成城学園住宅整理地平面図

その「分譲地単価並に坪数表」により計算すると、分譲地は坪当たり単価27～50円、貸地については坪当たり0・06～0・1円で貸していることがわかる。商店街の地割敷地地図によれば、学園付属の住宅敷地において、その中央に路地を通し、両側を区画に分けて分割し、商店街には購買組合や食堂が設けられた。

　住宅ばかりでなく、住宅地であるからには、コミュニティの形成が注目される。「最も有効な火災保険の契約に就きて」のパンフレット解題では、「特に、団体加入すると保険料の割引等の利益があることを述べている。この団体加入の勧めに見られるように、新住民だけを対象とする団体活動が行われていた。それは、新しいコミュニティを確立するための重要な活動であったと考えられる」としている。

　「町内会の設立について」もパンフレットであるが、発起人25名の連名で住民に配られた。内容は「旧村民各戸に比して私共高台の住民に不公平に負担の多きことなど今後是正を要する事件も多々あり。方々この際私共の間で結束かたき会を組織して内外の改善に当たるの必要あり」とあるのを引用している。成城住宅地は国分寺崖線の高台にあった。

　そして、「この町内会の設立の要因は、旧住民と新住民との税の不公平の是正を目指すためであった。このように、町内会のようなコミュニティは、基本的にはコミュニティの構成員に共通した利害関係が存在して初めて成立し得ることがうかがえる」と指摘した。示唆に富むコメントである。

関係していたヴォーリス

　示唆といえば、アメリカ人建築家ウィリアム・メレル・ヴォーリスが、成城学園住宅地にかかわっているかどうか、気になっていた。大正時代から昭和初期にみる一種の洋風住宅ブームを引き起こしたモデル住宅を、日本各地に残した人物である。その手による住宅は400余棟を数えた。

　それが前述の発見資料中にあった「成城小・中学校後援会住宅地運営委員」名義の「住宅地分譲に就て」（大正13年3月19日発送）に、分譲についての区画計画は「ヴォーリス氏ニ設計図ノ作製ヲ求メ又森島委員ノ手ニテ別ノ設計図ヲ作製シ比較対照シテ研究」という記述があり、ヴォーリスの関与が認められた。

　しかし、ヴォーリス案と森島案のどちらが採用されたかについての記述がなく、第二期分譲計画を森島氏の東京工務社が行なっていることを考え合わせると、第一期分譲計画も森島案が採用されたと考えられる、と解題は述べている。森島という人は、後援会専任敷地委員である。

　また土地分譲の利益で校舎を建築する案は、小原氏のアイデアかどうか不詳だったが、発見資料により、もともとは父兄の大井樸応氏と上記森島収六氏の発案ではなかったかというのが解題の推理である。小原氏はその案を採り、大胆な方策で実行に徹したのであろう。

　ヴォーリスと成城のかかわりは、小原氏が大正13年の正月に私淑する山口県のキリスト者本間俊平氏を訪ねたとき、次のようにいわれたことからだった。「僕に金はないよ。何年か前、鹿島銀行の広岡あさ子さんが、50万円使ってくれといって持って来られたが、私は必要な時は神さまが下さることになっているといってお断りした。その金が近江八幡のヴォーリスというアメリカ人のところにあるはず。奥さんは広岡のご主人の妹さんだ。紹介状を書くから、帰りに寄ってみたまえ」。

　このことは、小原氏が74年10月の日経新聞の「私の履歴書」に書いたところである。「近江八幡の」というのは宣教師でもあったヴォーリスが、伝道のため近江八幡に来て、そこで近江ミッション（伝道団）、ヴォーリス建築事務所と近江セールズ株式会社をつくっていたことを指す。近江ミッションは、米国のメンソレータム社の代理店にもなり、「世界の常備薬メンソレータム」の名とともに世に知られた。昭和9年に近江兄弟社と改称された。

　以来、ヴォーリスが成城学園従宅地に何らかのかかわりがあったかどうかが、気になっていたのである。上記以外にまだどこからにヴォーリスの影響がないとはいえず、そうした資料の出現に期待をつないでいる。

強力な個性による素人開発

成城住宅地誕生物語を続けよう。

開発はデベロッパーではなく、成城学園小学校主事であった小原国芳流素人開発である。不動産業まかせでなく、学園後援会に地所部をつくり、広大な土地取得から分譲まで、その手で行なったことで、いたずらに業者に利をむさぼられることを防止した。そのために分譲価格は他に比して安く、大正13年3月の第一次分譲は購入者が殺到した。

大正12年9月1日の関東大震災後、学校も個人住宅も郊外へ流れる風潮があったが、成城学園は震災で郊外移転を決めたのではなく、それ以前から7年制高校をつくるために広い土地を郊外に探していたのであり、このために最高の土地が騰貴前に得られたのだった（写真1）。

成城は整然とした碁盤の目の街区といっても、広い通りが行き止まりになっていたり、突然細くなったり気ままである。本格的幾何街区よりは人間的でいいのだが、これは当初の形成が小原氏のひらめきによるところが大きく、綿密な設計ではなく、かなり図画工作的素人っぽさだったことの遺産である。

このへんの経緯は、その小原国芳という人物抜きでは語れない。

小原国芳氏は、明治20年鹿児島県生まれで、通信技術養成所に入り、海底電信局に勤めた。しかし向学心が強く、鹿児島師範学校と広島高等師範学校を出て、香川師範学校教諭となった。2年後に京都帝国大学哲学科に入学、卒業と同時に広島高等師範学校附属小学校教諭となった。

写真１　当初の成城学園正門（『成城学園六十年』）

写真２　今の正門前の雪景色

写真３　1950年代の成城学園全景（『成城学園六十年』）

ここで東京の成城学園を知り、見学に行ったあと、沢柳校長に乞われて小学校の主事になったのが、ユニークな手法で成城学園住宅地が生まれる機縁になった。

成城学園は大正14年4月、東京市牛込区（現在は新宿区）原町から府下北多摩郡砧村喜多見に移った。それが学園名をとって砧村喜多見成城となり、昭和3年に成城町として独立、11年に世田谷区に編入され、昭和37年に「町」が消えて「成城」だけになったのである（写真2）。

小原氏は初め小田急線の南側にある御料地の借地を交渉した。大震災直前のことである。これで、震災で郊外移転を考えてではないことがわかる。交渉中に大地震に見舞われた。話は不調に終わり、急ぎ線路の北側に校地を求めた。歩いて近い位置である。そのときは、見渡す限りの雑木林で、家が一軒もない平らな高台だった。面積は2万4000坪で、地価は非常に安かった。震災と小田急で土地が騰貴する前に、この一帯に詳しくなっていたからこそ、交渉は迅速だった。

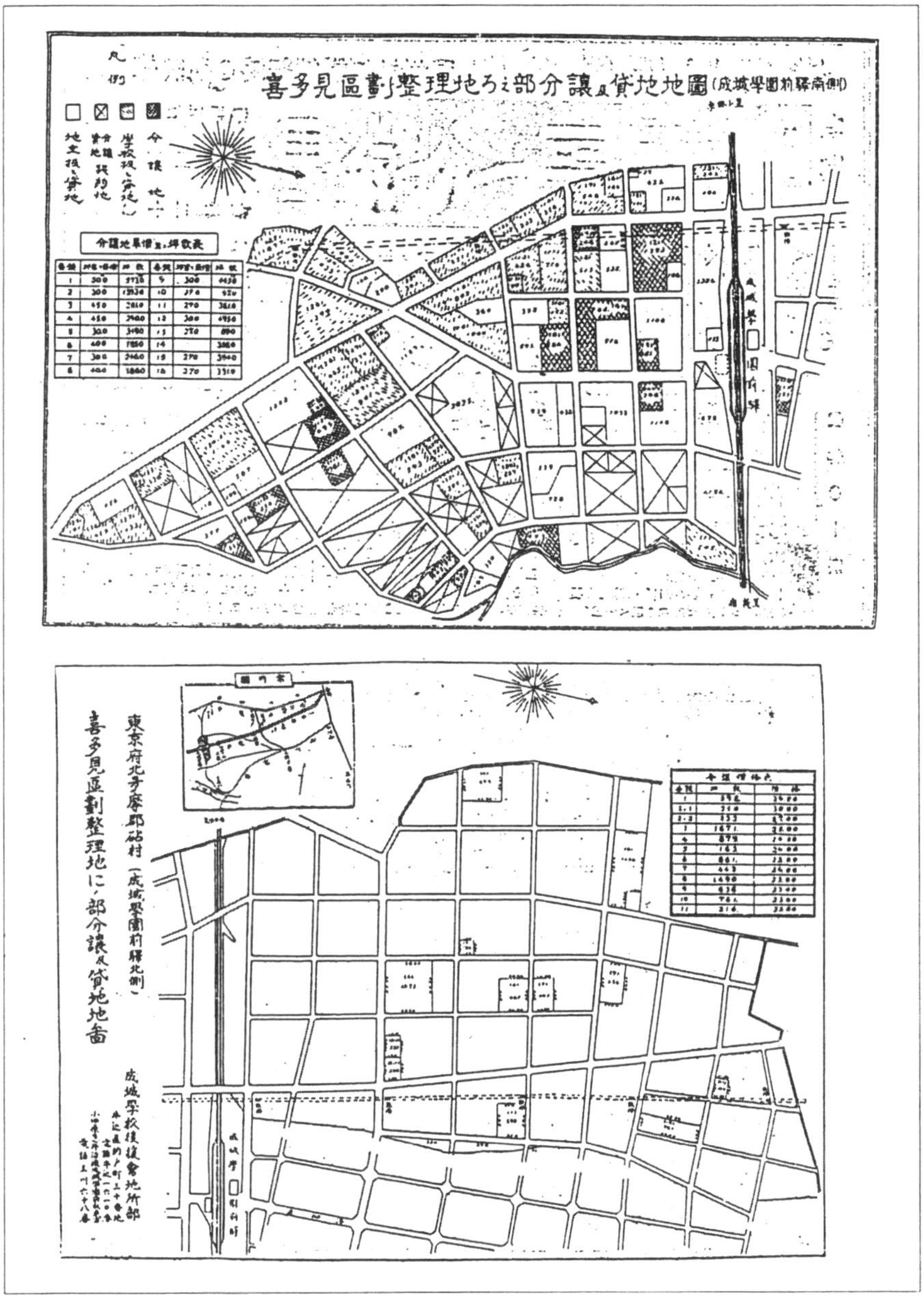

図1　昭和3年喜多見区画整理地ろ之部分譲及貸地地図

そもそも新宿から小田急に向かって鉄道が敷設されるであろうから、その沿線に校地をとなったのは、山口県在住の本間俊平氏の勧めだった。そのアドバイス通り小田急の工事開始の情報が父兄からもたらされ、すかさず学園名を冠した急行停車駅を設けて欲しい、と利光鶴松小

写真4　学園村の住宅（昭和6年ごろの絵はがき）

田急社長に陳情した。先発開発の田園調布は逆に鉄道が遅れていた。

　1800坪の駅敷地を3円で地主から小田急が買い、それを5円で学園側が買い上げるとともに、駅舎も学園側で建てて寄付するという条件を持ち出して妥結した。学園側というのは、成城学園後援会のことで、その地所部の直販方式、いわば不動産業の中間所得をなくすることで、廉価な売買をしたのである。学園というものの信用による売買だった。

　小原氏は気に入った24000坪を校地に予定したうえに付近の2万坪を購入し、さらにこの2万坪を売って差額で学校を建てることに成功した。初めに必要な資金25万円は、父兄である大同生命社長の広岡恵三氏に懇請して借りている。成蹊大学が三菱から巨額の融資を受けているのと違って、無一文からの挑戦だった。

　後援会地所部は、小原氏と父兄である既述の大井、森島両氏とで土地買収に当たり、買い上げた土地は喜多見区画整理組合の手で整理し、それを売った。一区画400坪といっても、昭和3年の「喜多見区画整理地分譲及貸地地図」（図1）によると、1区画210坪から450坪までのバラツキがある、それに貸地もかなりみられる。これは地主貸付である。当初より構想がふくらみ、学園敷地も借地を加えて4万坪に増え、住宅地も2万坪が10万坪となり、さらに37万坪となっていったためである。

　「ドリームマン」といわれた小原氏は、スイスのジャンジャック・ルソー研究所のような教育研究所や、フランスの高等師範のような教師養成大学への夢があった（写真3）。

　沢柳校長は外遊するとき、2万坪の範囲で買収をと指示していくが、小原氏は買いまくり、その指示を大幅に越えて買収した。任されていた自信と絶対損はしないという信念があったからである。

近隣公害防止と生け垣協定

　ところで、成城といえば、広い邸に生け垣といわれる。土地分譲契約は次のようになっていた。

　買主ハ本土地ニ関シテ左ノ義務ヲ負担ス。
一、本土地ハ専ラ住宅並ニ之レト関連セル必要ノ附属建物及ビ庭園ノ為ニノミ使用スルコト。
二、近隣ニ対シ悪寒迷惑ヲ惹起スベキ程度ノ煤煙臭気、音響、振動其他之ニ類スル事物ヲ発散セシメザルコト。
買主ガ右ノ義務ニ違背シタルトキハ売主ハ相当ノ期間ヲ定メテ其ノ反省ヲ催告シ買主尚之レニ応ゼザルトキハ売主ハ契約ヲ解除スルコトヲ得ルモノトス。

　今でいう近隣公害防止の規定が明記され、快適な住環境をめざしていたことがわかる。

さらに、成城住宅地が田園調布と並ぶ高級住宅地といわれるようになったのは、学園町としての教育的雰囲気と宅地と街路の広さとモデル住宅、それに生け垣主義の緑の風致、閑静さが主な要素である。

生け垣については、契約ではないにしても、地所部の申し合わせとして次のように通知していたことも影響があったと考えられる（写真4）。

住宅地ノ外囲ニ就テ板塀ヤ煉瓦塀ハ風致ヲ害シマスカラ、コンクリート又ハ大谷石ノ土坡ヲシテ芝貼リノ土堤ニ小樹木ヲ植ヘニナルカ又ハ生垣ニ致シタク、ソノ工事ニ就テハ多数ヲ一緒ニ請負ハスレバ安価ニ上リマスカラ一応地所部ト御相談下サイ

この生け垣協定は、町内会が強制的に実施させたという聞き書き資料もあり、後年「緑の憲法」といわれ、品のいい緑環境を創出していった。時代は流れ、今はブロック塀が多くなったのは残念である。

成城を一躍有名にした朝日住宅

この成城の地で、昭和4年10月25日から1か月間、「朝日住宅展覧会」が開かれた。今でいう住宅フェアである。北側成城の駅西に近いあたり一帯にコンペ入賞の16棟のモデルハウスが建てられ、その即売展示会が展覧会というにぎやかな名称で開催された。報道によれば、5万人の参観者を集め、成城が一躍有名になった（図2）。

単なる民間業者の建て売りなら地元以外では話題にならなかったであろうが、朝日新聞社が「朝日住宅」の図案を懸賞募集し、竹中工務店の施工で分譲したのであり、コンペ方式ゆえの質の高さがあった。といって大邸宅ではない。デザインも立派というのでないが、瀟洒だった。平均敷地50坪、2階建て、建坪25坪といった程度だった。時流を敏感に反映して、庶民の手の届く新様式の文化住宅で、しかも貸地で、新聞社らしい先駆的事業だった。

朝日新聞社は、『朝日住宅図案集』を昭和4年7月、『朝日住宅写真集』を5年3月に発行した。後者には、次のような解説があった。

従来の接客本位の設計を家族本位の設計に改め……居間を中心にして、子供室を保持し、玄関、応接等を西北に取って東と南とを専ら家族の慰安と休息との目的に当てたこと、外観は防盗、防寒のために洋風を採り、内部に畳と椅子の部屋を適宜に案配して、室の経済と、活動の便宜と、落ち付のある休息のために苦心を払い、日本趣味と洋風の長所とを巧みに調和して、昭和和洋折衷の一様式を出したのは各案に共通の点といってよい

『東京朝日社報』第65号（昭和4年11月、非売品）を入手したが、それによると、「府下砧村に実現した朝日文化村」と報じた住宅展覧会場は１３０００坪あった。各棟の売価実費は、最低３３００円から最高７０００円で、地代は借地期間20年で、1ヶ月坪5銭、5年間は4銭に割引かれた。

衛生にもとくに力を入れ、トイレは全部アイデアル式改良便所だった。外部から蠅が入らず、無臭が特徴だったとされる。

それにしても、なぜ朝日新聞社がこの地を選んだのか。衛生（高燥）、交通（小田急）、眺望（台地）の条件を満たしたからというが、だれが推薦し実現にこぎつけたかがわからない。ちなみに昭和2年から住んだ民俗学者の柳田国男氏は、当時は朝日新聞論説委員か顧問かの時期であり、あるいは推薦者のひとりだったかも知れない。

この華々しく登場した朝日住宅も、歳月を経ていつしか建て替えられたりして一軒一軒消えていき、75年5月26日のＮＨＫテレビ研修番組

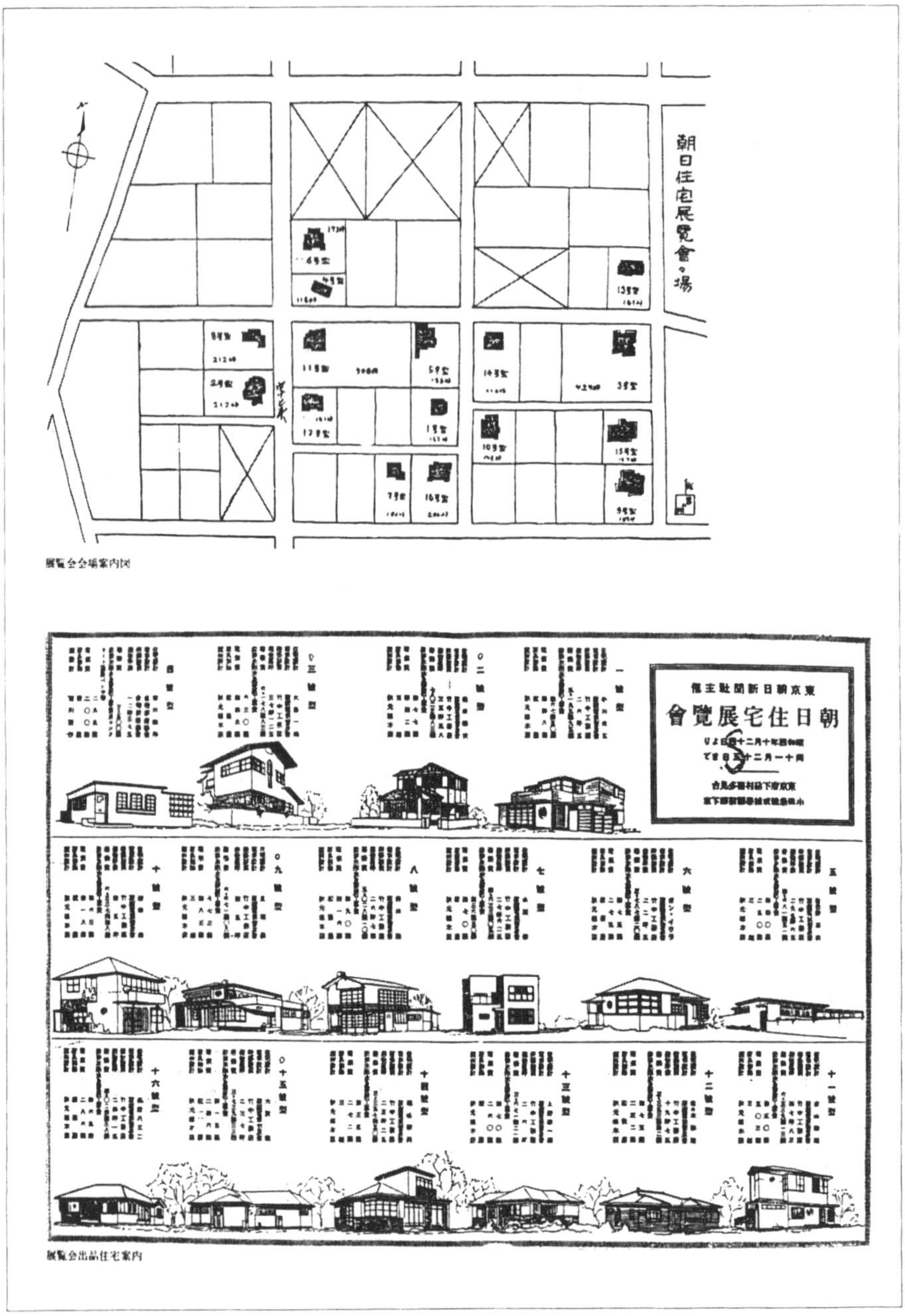

図2　朝日住宅展覧会チラシ

「世田谷区の時間　成城の今昔」で放送したときは、広田邸（『肉弾』の著者・桜井忠温陸軍少将邸）1戸しか残っていないことになっていた。ところが、世田谷区教育委員会が87年3月に刊行した権威ある『世田谷の近代建築第一輯・住宅系調査リスト』には、成城の住宅が最も多く82棟収録されているものの広田邸の記述はなく、現存する朝日住宅は、画家の佐川かづ邸1軒となっていた（写真5、6）。

それをまだ見ていなかった筆者が、階段の窓の形と位置から展覧会当時に朝日住宅第8号とよばれたものではないかと直感し、そのまま飛び込みで尋ねたところその通りだった。

そこで今こそ、朝日住宅顕彰運動を起こさなければ、全滅してしまうという危機感を抱き、同年7月12日「朝日住宅を語る会」を開いて起爆剤にした。主催は筆者が成城4丁目に本部をおいて会長をしている「アメニティ・ミーティング・ルーム」（現AMR）だった（写真7）。

その会は佐川かづさん母娘をはじめ、朝日住宅で理髪店をしていた前田実愛氏や、日大の山口廣教授その他の学者、研究者、住民らで満員になった。参会者で朝日住宅の意義や思い出を語り合ったあと、一同は佐川邸に向い、内部の隅々まで見学した。

その後、日大山口研究室の佐川邸実測調査は2日間かけて行なわれ、秋の日大生産工学部の学園祭には「朝日住宅展示室」が登場した。そこには、佐川邸の実測図と紙製模型のほか、他の朝日住宅模型も資料を参考にしてつくられ展示された（写真8）。

次いで、朝日新聞主催で東京都美術館で催された「１９２０年代展」に、朝日住宅コーナーができ、その模型が並べられた。そのときのカタログに朝日住宅が1ページ掲載されたことは、顕彰運動の成果の記録だった。さらに89年6月には、世田谷美術館で開催された「田園と住まい展」に、本格的な朝日住宅コーナーが開設された。

ところで、前田理髪店主はＮＨＫテレビ「成城の今昔」に出演した際、次のように語っている。

……今では想像もできないが、山があった。それを切り崩して住宅をつくった。松がところかまわず生えていた。畑も多く、虫が多く、夏の夜は毎晩大変だった。蛇も出た。農村地帯だった。あの当時、畑の中に洋館が20軒もまとまって突然できたことは、別世界のようで驚きだった。……朝日住宅が話題になるとともに、成城の町が宣伝された。人々は成城の環境のよさを知り、続々と移り住んできた。つまりは、朝日住宅の影響が大きい。

この朝日住宅も、87年に広田邸が建て替えられ、95年ごろに佐川邸が壊された。アガサ・クリスティの小説『そして誰もいなくなった』をもじれば、「そして1軒もなくなった」のである（写真9）。

こうして顕彰運動は一段落したが、その後、特定非営利活動法人「せたがや街並保存再生の会」が中心になってさらに顕彰熱が高まり、99年12月には朝日住宅を目玉にしたワークショップが成城にある世田谷区砧総合支所の後援で催され、基調講演を筆者が行なった。谷田部支所長は前世田谷区建築部長のアーキテクトで、区内の近代建築保存、ことに成城住宅地への関心が強いことから、この催しも盛り上がった。

また、89年に発足した財団法人「せたがやトラスト協会」は、数年前から「近代建築保全ボランティア」制をつくり、成城の旧猪股邸（吉田五十八設計）保存など、由緒ある近代建築の保全を進めている。

写真5　階段窓で見つけた朝日住宅佐川かづ邸

写真6　佐川邸。昔のままの窓の配置が美しい

写真7　立って話す佐川かづさんの娘さん（その右かづさん）87年7月

60年代からの変容、新駅とともに加速

成城の環境に変化が起こり始めたのは、１９６０年代の半ばからである。その後、30数年の間に世代の交代、地価の高騰、都市化の進行など、内的、外的要因により、宅地の細分化、緑の減少、歴史的な住宅建築の減少とさまざまな様式建築化で、かなり調和が失われてきた。とくにバブル期の地価

暴騰により、相続税や固定資産税の負担によって住み続けることができなくなり、転居が相次いで櫛の歯が抜けたように更地になった土地が目立つ。

開発当時、300坪、400坪のゆったりした宅地も、昭和40年代半ばから細分化が進み、今では75～100坪前後になっている。そのうえ、マンション化や田の字型ミニ開発で小住宅が増えている。なかには旗竿型の宅地や袋路地を介した宅地など裏住宅も増えている（図3）。

小原氏は札幌の大通りを視察して帰ってくると、急きょ造成中の道路を両側の分譲ずみの土地を買い戻して3間から6間に広げたところがあったということだ。その大通りではないかと思われる南北幹線道路「成城通り」（中央通り、6間通りとも呼ぶ）の線路北側部分が、10余年前に突如としてコンクリート電柱の林立する「電柱通り」に豹変するという出来事もあった。普通のレンズで写しても、望遠写真と見間違えるばかりの電柱通りが、高級住宅地のモデルとされた成城のしかもメインストリートに誕生したのである（写真10）。

成城地区の土地利用の構成は、駅周辺の商業地区、その周辺部、戸建て住宅地区、まとまった農地と空き地が点在するなかに集合住宅と戸建て住宅が混在する地区、野川地区と大別できる。いずれも、近年はマンションや長屋建て住宅など共同住宅が増えている。住宅地のなかに店舗などの併用住宅も点在している。

写真8　昔の佐川邸を含む朝日住宅模型（『田園と住まい展』より）

写真9　取り壊し中の朝日住宅広田邸（87年5月）

建築素材も昔は木造が中心だったが、近年は鉄骨、鉄筋コンクリート造りなど多様な材質が増えている。コンクリートの現代的なデザイン建築も目立ってきた。朝日住宅を基調とした歴史的な住宅建築物も少なくなった。そこへ小田急線複々線化工事現場が景観に破調をみせている。

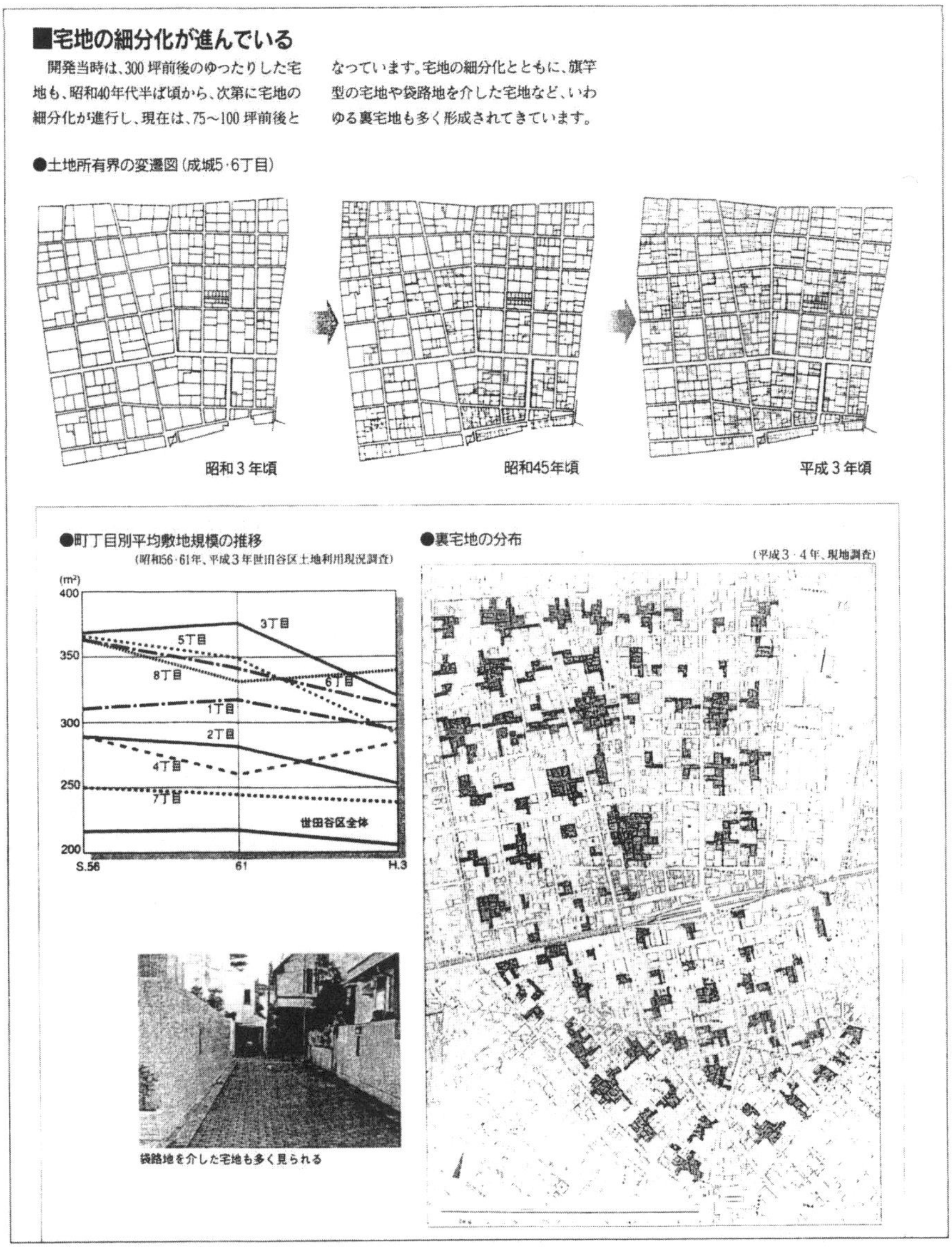

開発当時は、300坪前後のゆったりした宅地も、昭和40年代半ば頃から、次第に宅地の細分化が進行し、現在は、75～100坪前後となっています。宅地の細分化とともに、旗竿型の宅地や袋路地を介した宅地など、いわゆる裏宅地も多く形成されてきています。

図３　宅地の細分化が進んでいる図（『成城』11ページ）

建築、構造物に次いで問題にされるのは、全国の都市共通のことではあるが、道路、交通環境の悪化である。成城も駅周辺は広場がなく、交通量の増加とともに流れのぎこちなさに拍車がかかった。半面、一方通行の道が多く、混むところは混むが、いつも空いている道があって道路の中央を悠々と歩いて行ける。朝日住宅のなかを走る道路がそのひとつである。

ともあれ、小田急複々線化工事が終わる２００４年ごろを機に、駅は国分寺崖線の堀割新駅として地下ホーム、地上階駅となり、駅前広場が線路の上を覆ってできる可能性は高い。そこは今はないバスターミナル化が図られ、成城の他の幹線道路も通過交通のために拡幅される計画がある。

成城の住環境についての最近の世田谷区砧総合支所街づくり課発行の小冊子『貴重な自然・歴史と文化が息づくまち成城のまちづくりを考える』（94年11月）に掲載された平成４年実施の住民アンケート調査（４９７人回答）では、トップが「宅地の規模が小さくなった」65・４％である。２位は「まとまった緑が減少している」58・４％である。３位は「駐車場等が増えて雰囲気が悪くなった」49・７％、４位が「かつての生け垣が少なくなった」

写真10　突然出現した成城電柱通り

49・5%である。

さらに同アンケート項目である「成城地区への定住傾向」についての結果を紹介しておく。

「ずっと住み続けたい」42・9%、「できれば住み続けたい」25・4%、「住み続けたいが難しい」19・3%、「当分は住むがいずれは住み替える」7・6%、その他である。住み続けたいという愛着度が90%近く上ることは、まだまだ住み心地のいい街の証拠である。関連して、将来の住宅建築についての希望では、「戸建てと2～3階建ての共同住宅の住宅地」31・8%、「やや規模の小さい戸建て中心の住宅地」28・8%、その他である。「庶民の街」化が進む未来を相当見てとっている住民たちである。

また、住民や商店街で聞くと、「これ以上車や人に来てほしくない。成城は閑静でいい。それより放置自転車は何とかならないか」という声が、今のところ強い。よき時代からの成城人の見識が生きている感がするが、相当の変貌はさけられまい。

主な参考文献：
・山口廣編『郊外住宅地の系譜　東京の田園ユートピア』（鹿島出版会、87年）
・世田谷住宅史研究会調査報告書『世田谷の住居―その歴史とアメニティー』（世田谷区住環境対策室発行、91年3月）
・『田園と住まい展』（世田谷美術館、89年6月）
・『成城学園50年』（成城学園、67年10月）
・『成城学園60年』（成城学園、77年10月）
・『成城学園70年のあゆみ』（成城学園、87年）
・『世田谷　近・現代史』（世田谷区、76年）
・『朝日住宅図案集―懸賞中小住宅八十五案』（朝日新聞社、昭和4年）
・『朝日住宅写真集』（朝日新聞社、昭和5年）
・NHKテレビ『成城の今昔』台本表紙（昭和50年5月26日）
・『世田谷の近代建築第一輯・住宅系調査リスト』（世田谷区教育委員会、87年）
・『貴重な自然・歴史と文化が息づくまち成城のまちづくりを考える』（世田谷区砧総合支所街づくり課、94年）

【1－2－③A】
大田区史編さん委員会編『大田区史　下巻』（大田区、一九九六年、三一七～三二二頁）

洗足住宅地区のこと

洗足住宅地区は、田園都市株式会社が多摩川台の田園調布とともに造成した所で、東が平塚村、西南が馬込村、北が碑衾村にまたがる地域からなっていた。警察の管区では、平塚が品川警察、馬込が大森警察、碑衾が世田谷警察であったため、治安上で問題があった。それだけに住民は、行政上、治安上のみならず、通信・教育機関などをもふくめ、不便を強いられた。そのため購入者は、田園都市洗足地区土地購入者暫定委員会を組織し、大正一二年（一九二三）四月に田園都市株式会社に二八条からなる質問書を提出した。そこには、田園都市とは名ばかりで、宅地造成地がかかえる問題が明らかとなっている。

第一　洗足地域を連絡統一せしむる適確なる方策に付き説明を求む
第二　電線を地下線式とすること
第三　瓦斯供給の計画を実現すること
第四　配電容量を十分にすること
第五　上水道を急設すること
第六　上水容量に付きて
第七　下水道を暗渠式とすること
第八　街路面の工事を完全にすること
第九　街路面施工に関し証言を求むること
第十　案内掲示板を設くること
第十一　停留場設備を設くること
第十二　毎戸一人を限り無賃乗車券を交付すること
第十三　日用品売捌商店を急設すること
第十四　宅地地面及等級に関する説明を求むること
第十五　塵芥取運びに関する方法を講ずること
第十六　医師、産婆の設備を急設すること
第十七　電車運転回数増加のこと
第十八　小公園を多くし街路樹を植えること
第十九　運動場を増設すること
第二十　小学校を至急建設すること
第二十一　家屋税及戸数割に関し会社は十分有利なる斡旋をなすこと
第二十二　保安設備を急ぐこと
第二十三　連絡切符を発売すること
第二十四　省線目黒駅ホームに連絡するブリッヂを設備せられたし
第二十五　移住者を優遇すること
第二十六　宅地境界石標を設置せられたし
第二十七　通信期関に関する件
第二十八　電車区間改正の件

（『田園都市だより』第四信　大正一二年七月）

会社は、一戸一人一年間にかぎり洗足・目黒間定期乗車券を贈呈することで住民の意をくんだとはいえ、行政区間や学校・通信については力の及ぶところではなかった。治安については請願巡査の配置で解決をはかろうとした。

田園生活ことはじめ

移住者は、こうした不便をしのびながらも、あこがれていた「田園生活の理想実現化」にむけ、町づくりに努めた。望岳楼主人広田四郎は、「引越しの記」（『田園都市だより』第四信　大正一二年七月）において、家庭電化の一端にふれつつ田園生活を認めている。家庭電化は、ガスがないだけに、移住民にとり急務のことと思われていた。

三月廿一日

天気よし、午前九時約の如く運搬自働車来る、積み込みに約二時間余を要し、三台の自働車は十一時半四谷を出で五反田をまはり、中原街道を経て洗足に着きしは正午を過ぎること三十分、四谷洗足間に丁度一時間を要したり
引越し自働車は荷物を傷くべしと友人の止むるものありたれども、前日運送屋に簡単なる荷造りをさせたるため、殆んど一物をも壊さざりしは何よりの仕合せ也荷物さへ破損せずば時間の経済より見ても郊外への引越しは自働車に限ると感ぜられたり、唯だ困りたるは自働車や人夫などの弁当の仕入れ不足なりし為め、俄かの準備に手コズリたる事也、田舎を覚悟しながらこの失策は吾ながら恥しき限也。電灯は如何とまづ心配されたるが本社電業課社員の奔走によつてたそがれ頃に点火するに至れり、予想したるよりも光力の充分なるにやれ〱と安心したり唯だ電熱器具は明日持参との事にて、久しぶりに炭の七輪にて夕食は片付けたり夜に入りて庭に立てば星華満天嫩涼肌に迫りて心神の清爽限りなし、恰も南三百里の家郷九州の田園に在るが如く洗足停留所を中心として輝く電灯は、高原の夜を彩りて美はしく、二十分間毎に上下する電車は闇を貫いて走る流星の如し、これでは桐ケ谷の六人殺しなどいまさらの取越苦労也

三月廿二日

新居の木香覃（ママ）にたけり、うつら〱に第一夜を過せば五時ならぬに窓は白めりたしかに都よりも三十分間は夜あけ早き心地す朝靄けぶる野末の森も林も、所謂武蔵野の趣をしめす、余よりはじめに引越せるは吉富さん和田さん石橋さんにて余は第四番目也、されど目下建築着手中のもの廿七八戸に達せるを見れば上半期中に五十戸を越ゆるなる可し、午前八時四十五分の電車にて洗足停留所を発し省線に乗替へ有楽町駅まで合計三十五分也、乗替へ更に順調ならばたしかに三十分にて可なるべし、午後五時本社電工課社員来り三升焚釜及七輪を取附く、まづ試みに二升あまりの夕飯を焚く、立会の社員は電気釜は決してふき出しませぬと電熱器の自家広告の真最中ブツ〱と白泡ふき出でたるには、流石の有弁家も遁辞に窮する喜劇を演じたり、されど時間は三十分にて間違ひなかりしかば直ちに消して更に十分間を放置しまづ〱芽出度出来上れり、お次は七輪にて牛肉を煮たるがこれは比較的長時間を要したるらしきも今夜の成績はまづ〱八十点位也と申すべし。

三月廿三日

富士山はじめて朝霧の上に頭を出したり、京城の魯石翁より横額をよせて望岳楼と命名し来れるものを楣間にかゝぐ、霜ばしらをふみ砕きての朝の逍遥はとても都人の味ふところにあらず、されど丁々たる斧声のしげくなりゆくに連れ、新らしき家の軒をならぶる

に至らば、この閑寂も、清浄も、いまのおもかげを残すこと少かるべしと思へば、余としては地区の人々の集まりの一日も遅からんことをこそ希望する也
朝食炊事につき家婦の報告に曰く、朝飯廿五分、点火十分間放置、上出来也、但しお汁は炭火の方が早しと、木炭から瓦斯に代つた時の心持と瓦斯から電気に変つた時の心持ちと同様らし、夜の炊事は飯は百点、七輪も八十点位の成績也、朝寒をふせぐに取付けたる反射炉も心地よきより見れば、所謂家庭電化の成績は先づ上々の部也。
（大正十二年三月廿三日夜上弦の月を仰いで記之）

豊かな田園生活をめざして

しかし田園生活は、造成中であるだけに、日常生活に多くの困難がつきまとっていた。それだけに倉井幹雄は、洗足地域の住民がなかなかにまとまらない現状を憂え、「如何にして田園生活を楽しむべきか」（『洗足会報』第五巻第四号　昭和四年八月）と問いかけもした。洗足地域は、田園調布が会社設立者を中心に、自治的な結合をなし、居住者としてのまとまりを時とともに密にしていったのにたいし、造成地として未完成なまま、住民に課題をのこしたといえよう。

◆扨て然らば吾々の理想郷なる此洗足田園都市は、どんなもので御座いませう、先づ電車を降りて停車場を出ますれば此頃の様なお天気続きでは往来は砂埃で御座います、又少しの空地でもあれば塵埃捨場の様になつて居り、立派な住宅の裏口に石炭殻が捨てられてあつたり、不愉快な臭が鼻を突くと思へば下水が往来に撒かれてあつたりして田園都市の美名に反した事共が、多くの都市訪問者の期待を裏切つて居る現状なので御座います、誰も遠方から田園都市の空地にまで塵埃を捨てに来る御苦労は致しませんでせう、其捨てられた紙屑の中にある葉書や封筒などを見ますと其宛名は其近所の方のもので御座います、畢竟之等の事は皆都市居住者に依つて実際に行はれて居る醜態で、お互の面目を蔑にした行為と云はなければなりません。

◆幸に本田園都市には洗足会がありまして都市内の手入に就いて色々努力されて居りますが、此会は吾々の会で御座いますから吾々がお互に注意すれば夫れ丈け会の仕事が省けて其余つた暇を他の方面へ仕向けて頂けば、吾々の享受する事が自然増加して行き楽しい生活の範囲が広げられる事になると思ひます。

◆然るに最近此洗足会の存在を軽視して或方面には連袂退会を希望されて居る向もある様に聞き及びましたが、之は飛んでもない大間違の事と思ひます、其方々の言分は洗足会に会費を払つても其恩恵を受ける事が少ないとの事で御座いますが、之は其方々の御考へ方が悪いと申し上げなければなりません、夜を明るくする街灯も会が設備して居るでは御座いませんか、其電球が切れて点灯せぬ所があると暗くて困る、会の不行届だなど、仰せられる方もある様で御座いますが会としてもなか〳〵手が廻らぬ事で御座いませう。

◆吾々はお互に此様な事が気付きましたら一寸会迄お知らせ致せば会では喜んで手続をして下さる事で御座いませう、又或街路に電灯が無く暗くて困れば其趣を会へ希望なされば会は相当の手段を取つて下さいませう、例へば過般投書に依つて数個所に点灯設備もして下さいましたし、又南台の下水掃除が不完全で御座いましたのも此程同方面の注意により会で掃除をして下さいました。

◆若し皆様が御希望又は御気付の点が御座いますればどし〳〵投書なり又は其他の方法で会へお申出でになつて、吾々の会を吾々で充分利用して行けばこそ吾々の為になるのでは御座いませんでせうか、

よく聞く事で御座いますが、希望もあり気付いた事があつても、わざ〳〵会へ申出るのは面倒だといふ事で御座いますが、吾々の洗足会に吾々が協力する義務があり、それが吾々の利益となり、延いては真に田園生活を楽しむ事が出来ると云ふ事になるので御座います、例へば自分の店に自分が努力せなければ利益が上らぬと同様で御座いませう、此点特に御留意を願ひ度いと思ひます。

◆斯う申しますと洗足会の為めに提灯を持つ様に聞えますが決して左様では御座いません、吾々の会を活用して洗足田園都市を美化し、其享受する所を多く致したいと云ふ其居住者の一人としての希望を申述べたので御座います、尚ほ洗足会当局者に対して御願ひ致し度い事は会員の申出を尊重し骨を惜まず会の為めに御努力願ひ度いので御座います。時々会員有志の集合をなし其希望や苦情などを開陳して、如何にして会の使命を果すべきかを計つては如何なもので御座いませう。

◆斯くして会員相互の協力に依り吾々の真の安息所を得、真に田園生活を楽しみ得て、茲に初めて吾々の田園生活に対する理想を実現する事が出来るので御座います。(八月十五日稿)

田園調布や洗足は、「田園都市」と称するものの、ハワードが企図したロンドン郊外のレッチウォースと造形的類似性があるとはいえ、異質な街づくりであった。欧米の田園都市は、労働者階級の生活改善を目的としており、ブルマンが「最も意を職工の家屋に用ゐ」と評価しているように、工場主が「職工」のためにきずこうとしたもので、中心地に公園、プール、労働者クラブ等配置するなどの心くばりをしていた。日本の場合は、こうした街づくりではなく、職住分離による「有産知識人」の生活空間として営まれ、造成宅地が「田園都市」の名で形成されたにすぎない。そのため宅地造成においては、「田園都市」をはじめ「学園都市」「文化都市」等々の名称を喧伝することで、夢が売られたのである。

なお田園調布への移住者は、旧芝区を最多とする現港区、品川をはじめとする近隣の城南地区からが多かった(江波戸昭『東京の地域研究』)。

［1－2－③B］
『世代交代からみた21世紀の郊外住宅地問題の研究――戦前及び戦後の郊外住宅地の変容と将来展望』（日本住宅総合センター、一九八五年、三三～一一〇頁）

戦後の郊外住宅地の形成・変容と世代交代

1．戦前の郊外住宅地の形成と変容

戦前の郊外住宅地、とくに調査した洗足や奥沢地区において、開発当時の状態、およびその後の居住者や環境の変容がどのようなものであったかを明らかにする。戦前の郊外住宅地の開発時の経過として、田園都市株式会社の手によった洗足住宅地を中心として、契約者の状態、町づくりの手法、洗足会などのコミュニティ形成の様子などを、現居住者からのヒアリングや当時の資料によって知ることができた。また、住宅・環境の変容については、洗足、奥沢地区のアンケート集計をもとに証明し、居住者の変容については、洗足会名簿、町内化名簿によって居住者の出身地、転出、転入の状態などを明らかにした。

(1) 開発時の洗足（戦前）住宅地の状態

i) 大正11年の分譲

開発時の経過など

洗足の住宅地を分譲したのは、現在の東急のスタートを切る田園都市株式会社である。（『街づくり五十年』東急不動産）田園都市株式会社はその名が示すとおり、洗足、田園調布、新丸子、日吉とつぎつぎに田園都市の理想にもとづいた郊外住宅地をうみだし、東京における住宅地づくりの手本をつくりあげた。洗足はその先がけである。田園都市株式会社が設立される経過が『街づくり五十年』に紹介されている。「大正4年3月、仲介者畑弥右衛門と共に東京府下荏原郡の地主有志数名が、王子飛鳥山に、わが国経済界の元老渋沢栄一を訪ね、荏原郡一円の開発計画を説明して、その実施を依頼したことが始まりである。」あくまで、地主側の要望から市街地の開発、土地の売買、仲介をするのであって、営利的な不動産投機ではないことを印象づけている。

当時、渋沢栄一は実業界を引退して、余生を公共事業にささげる熱意を自叙伝「青淵回顧録」にのべている。

「大正7年頃に至って同志の間に田園都市を造る相談が成り立った。私は実業界を引退して居るから直接田園都市株式会社の仕事には携はらぬけれども、万事について相談相手となって及ばずながら力添へをしたのである。会社が創立すると同時に現在の土地を選定して田園都市計画を進めたのであるが、会社に関係して居る秀雄なども英国に於て田園都市について実地視察研究をなしたので、是等を参考として我が国情に適合する様に計画し、小公園や運動場を始め、充分に自然の要素を取り入れる様にしたが、更に都市との交通の便を期するために、姉妹事業として目黒蒲田電鉄会社を経営し、漸次発達して今日稍々完璧の域に達した。」

洗足の現居住者からのヒアリングにおいて、渋沢とのなんらかの縁故があるか、渋沢から直接、居住をすすめられたり、商店街に出店を要望するなど、渋沢栄一の田園都市建設に対するなみなみならぬ情熱を実証することができた。

洗足地区の第1回売り出しは大正11年7月であった。続いて、多摩川台（田園都市）が大正12年、東京高等工業学校が大岡山に大正13年に開校し、第2回洗足地区売出しは大正13年10月であった。洗足地区の分譲規模は約8万4500坪（27万9000㎡）、574区画である。田園都市株式会社発行の大正12年3月末現在の「洗足地区契約者名簿」には288地帯の契約者がしるされている。

売り出しの情況はかなり好評で、渋沢秀雄の「洗足回顧」によれば、快適な郊外住宅地を格安に分譲するという渋沢栄一の談話が新聞に出て、希望者が会社に殺到したというさいさきの良いスタートであった。

ちなみに大正13年8月発行の「田園都市案内」より、電車開通、土地売出し、町勢調査の記事を再録する（図2－1）。

入居者の以前の居住地、職業、年齢など

大正15年7月現在の「洗足地区契約者名簿」には、分譲の区分番号、地番、現住所、氏名、職業が記され、当時どのような人達が洗足住宅地に入居したかをうかがい知ることができる。

契約の総数は351世帯、そのうち、大正15年7月現在に、すでに洗足に居住しているのは、208世帯で、分譲後3年で契約総数の59・2％に達している。そして、契約はしているがいまだ入居していない143世帯の現住所はつぎのようになる。

洗足周囲の町村	6・2％
府下（区部を除く）	28・7％
区部（東京市15区部）	48・3％
関東	4・2％
その他	12・6％

これらのことから洗足分譲地の購買者は、区部、府下が圧倒的に多く、

◇電車開通
- 大正一二年　三月一一日　目黒、むさし丸子間開通
- 大正一二年一一月　一日　むさし丸子、蒲田間開通

◇土地賣出
- 大正一一年　六月　洗足第一期賣出（七万六千坪）
- 大正一二年一一月　調布第一期賣出（七万六千坪）
- 大正一三年　一月　大岡山地区を東京高等工業学校へ移譲（九万六千坪）
- 大正一三年　六月　調布第二期売出（四　万　坪）

◇町勢調査

	洗足 戸数 既居住	洗足 戸数 建築中（上棟済）	洗足 戸数 合計	洗足 人口 大人 男	洗足 人口 大人 女	洗足 人口 小児 男	洗足 人口 小児 女	洗足 人口 合計	調布 戸数 既居住	調布 戸数 建築中（上棟済）	調布 戸数 合計	調布 人口 大人 男	調布 人口 大人 女	調布 人口 小児 男	調布 人口 小児 女	調布 人口 合計
大正一一年一二月三一日現在	三	五	八	四	二			六								
大正一二年六月三〇日現在	二一	三一	五二	二八	二九	二一	一四	九二								
大正一二年一二月三一日現在	六五	一二	七七	一〇九	一一六	七九	四五	三四九		二	二					
大正一三年六月三〇日現在	九四	三九	一三三	一四三	一七八	八一	六五	四六七	九	二六	三五	一一	一一	五	九	三六

図2－1　分譲当時の洗足、田園調布の状況（「田園都市案内」より）

まさに、東京市街地の人達が郊外に移住したとかんがえることができる。

洗足にどのような人達が入居したのであろうか。職業や世帯主の年齢を大正15年の契約者名簿から調査した。

入居者の職業については、名簿に記載されている総世帯数351のうち214世帯の職業が記入されている。これに、大正14年の「人事興信録」、昭和2年の「日本紳士録」から職業が不明の人達の調査をした。この結果、267世帯の職業がわかり、判明率は76％となった。内訳はつぎのようになる。

官吏	22・0％	自営業	7・8％
軍人	11・9％	医師	5・2％
会社重役	22・4％	自由業	2・9％
会社員	23・9％	その他	3・3％

会社重役、会社員、官吏がほぼ同じで、全体の70％を占め、次いで軍人となる。やはり、新中間層が圧倒的に多い。

この職業構成を、財閥　岩崎久弥によって大正10年に開発された「大和郷」と「洗足」とを比較する。ただし大和郷は昭和4年の職業である。（和田清美「戦前期住宅地開発の展開とその特質」立教大学応用社会学研究26号）

	大和郷	洗足
専門的職業（医師、技師）	26・5％	11・6％
管理的職業（会社重役、官吏、軍人）	24・5％	46・0％
ホワイトカラー（会社員）	4・5％	31・0％
自由業（商店）	14・2％	7・8％
その他	0・0％	3・3％

大和郷と洗足との違いは、比較的、大和郷は専門的職業が多く、洗足はホワイトカラーが多い。そして、両方とも管理的職業は半分ぐらい占めている。大和郷は別名学者村といわれたほど大学教授が多く、また開発主体が岩崎家であったため三菱の関連企業の社長クラスが多い。そのため管理的職業の率も高い。また、大和郷は現在の文京区本駒込6丁目に位置し、洗足よりも地理的に都心に近かったことも専門、管理的職業が多いことに影響していると考えられる。これに比べ、洗足はより郊外であり、ホワイトカラーも多く、新興の郊外住宅地的である。

洗足入居の世帯主の年齢は、大正14年の「人事興信録」から約60名判明した。つまり、入居時を大正12年と仮定とすると、そのときの平均年齢は49歳であった。生年の範囲は万延元年（1860年）から明治24年（1891年）であった。

ii）町づくりの手法

町づくりの夢

大正11年の洗足における町づくりがどのようなものであったかは、当時の売出し宣伝パンフレット、証言、洗足についての記事などから推測することができる。そして、この町づくりは、企画計画者側にさきにのべたような理想があったが、入居者側にもひとつの夢をいだかせたのである。

現在、一冊しかみつかっていない貴重な機関誌、昭和14年6月発行の「洗足会報」、第15巻、第2号（通巻75号）、が洗足会館に保存されている。そこに、掲載された遊佐氏の「洗足田園都市は消えたか」の投稿記事が、この町づくりの夢を如実に物語っている。（以下、古典漢字はおおむね当用漢字に直し、難解な字句にはルビを付した。）

洗足田園都市は消えたか

遊　佐　生

我が洗足田園都市は大正末期に於て社会政策の一の住宅政策としてこの洗足の地区が実現したのは我国に於ても最初のものであつた。当初私共はこの地区に一つの憧憬として理想以《も》て来たのである。関東大震災の大試練を通じてこの地区は頓《とみ》に住宅が建てられた。その当時は電車が建設せる前後があつて幾多の不便を忍び、パイオニヤーとしての自覚を以て互に隣保相扶の行はる、美はしい情景を見たのである。各ロットは牆《かき》もなく、家に居つて電車の通るのも見えて居つたし、洗足の駅の辺には亭々たる美しい松林もあつたのである。これならば洵《まこと》に田園都市として各自の庭も畑にして週末には百姓も出来ると悦しく思つて居つた。近所の交際も頗《すこぶ》る親密で「遠くの親類、近くの他人」の道徳も行はれること心から楽《たのしみ》にして居つたのである。然るに空いたロットは漸次家が建てこめて、高い塀が出来、近所の顔見知《しり》の挨拶もいつの間にか疎くなつて来たので、旧市内の嬉しからぬ延長は斯くして行はれて来たのである。

瓦斯を引く、水道を引くにも尠《すくな》からず苦心したことは昔語《がたり》となつて来て、洗足会に対する吾人の関心も昔の様ではなくなつて、封建時代の気分から抜け切れない意識が働いて居ることを感ずる様になると何のために洗足に来たのか解らなくなつた。

成程自分もこの地区に来た時は若かつたので、消費組合も出来やう、倶楽部も出来やう、隣保相扶の理想も実現しやうと思つてゐた自分がまだ夢想家であつたのである。もう二十年にも垂《なんなん》とする程老いて来たのであることを気が付き、地区に来た時の赤坊は嫁にも行き、孫も生れようと云ふのである。

幾多の社会情勢の目まぐるしい展開ではある。七八年間も関西に行つて帰つて見ると洗足は故郷として考へるには余りにも発展しすぎて居ることに気がついたのである。また自分の境遇にも一大変化を齎《もた》らして居るのである。

洗足田園都市とは全く夢と消えて、全く今日売出が流行して居る住宅地に過ぎなかつたのである。今はたゞ懐しい昔の思出を語るに過ぎない場所となつた。この洗足は行政区画も三区にまたがつて居る。特に大森区の一角にある処などは道路が舗装さへ出来てゐないのである。(後略)

遊佐氏は、昭和14年にすでに洗足田園都市の夢は消え、他の住宅地と変りなく、分譲当時の思い出を語るに過ぎない場所となったことを嘆いている。

洗足のプランニング

実際の町づくりがどのような内容を持っていたかは、まず町の平面からうかがうことができる。洗足の分譲地売り出しのための平面図（図2－2）には、目蒲線の洗足駅が中央に位置し、駅周囲は店舗区域として、洗足の中心街となる。（目蒲線は、目黒—多摩川間が大正12年3月に開通した。）住宅地は、鉄道線路の両側に広がり、それらを結ぶ道路は、駅から遠くなるほど細く、7間、4間、3間になる。これをみても駅が中心のプランニングであることがわかる。そのほか、遊園地、小学校建設地、洋風建築地域などが、地区にしるされている。

駅を中心に、商店街を形成し、鉄道の両側に住宅街が広がるスタイルは、ハワードの田園都市の理念を実現したといわれるレッチワースの平面に類似している。渋沢秀雄の証言（「洗足回顧」）「…学校を出たばかりの私が欧米の立派な住宅地を見てきた直後ですから、……」を裏づけているかのようである。

洗足分譲後の大正12年1月に編集された小冊子「田園都市案内」には、田園都市株式会社が実現する新しい住宅地の説明が欧米の田園都市と比較してなされている。

欧米の田園都市の成立の条件として、つぎの4地域の田園都市の例が含まれていなければならないという。

① 商業地域（市街中心地）—生活上欠くべからざる日用品、食料品、その他の店舗ならびに社交、娯楽等に必要な設備ある地域。

② 工業地域—工場所在の地域。

③ 住宅地域—工場通勤者を主とする居住者の住宅所在の地域。

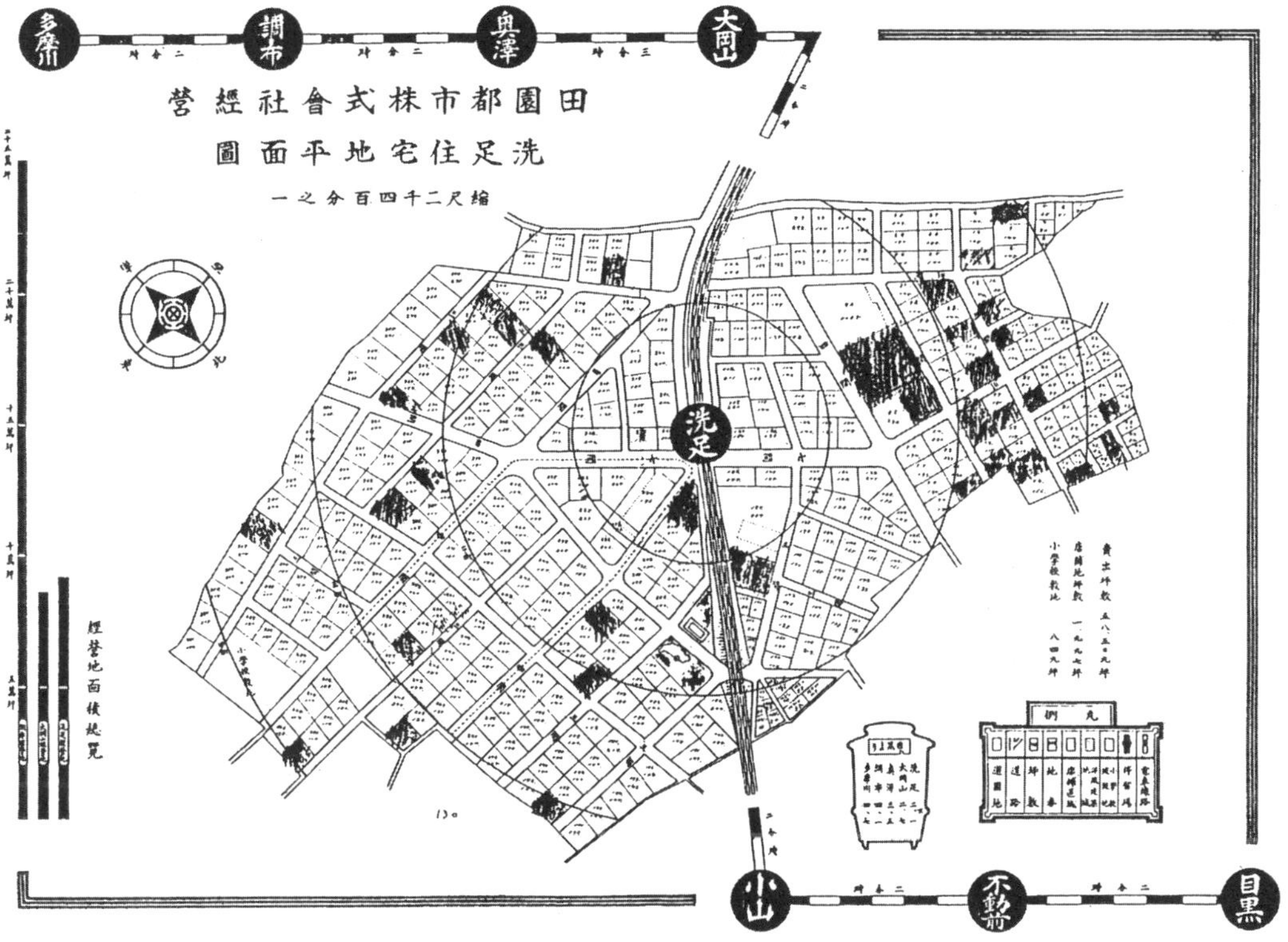

図2－2　洗足売出しの地図

④　農業地帯―上述の三地域を囲繞する耕作地帯。該地帯は田園都市の田園たる美観と実益とを供する傍、将来都市の周囲に建込んで来る住宅に対して緩衝地帯となるもの。

田園都市株式会社のつくる住宅地には、このうち第2の工業地帯は含まれておらず、そのかわりに、「東京市という大工場」を所有しているとのべている。さらに、つぎの7点が洗足をはじめとする田園都市の特徴であるという。

①　土地高燥にして大気清純なること。
②　地質良好にして樹木多きこと。
③　面積は少くとも拾万坪を有すること。
④　一時間以内に都会の中心地に到達し得べき交通機関を有すること。
⑤　電信、電話、電灯、瓦斯水道等の設備完整せること。
⑥　病院、学校、倶楽部等の設備をも有すること。
⑦　消費組合の如き社会施設をも有すること。

これらの記述をみるかぎり、わが国の田園都市は、ハワードを代表とする欧米の田園都市の理想を精いっぱい翻訳しているようにみえる。そして、欧米と日本との違いは、社会と都市の現実的な実状の相違から生まれていると、考えることができる。

土地分譲ローンなど

実際の分譲地がどのように売られたかは、そのときの宣伝パンフレットに説明されている。土地の分譲方法は現代の宅地分譲ローンと非常によく似ている。大正2年の東京信託株式会社による最初の郊外住宅地といわれる桜新町にも、すでに同じシステムが取り入れられている。

洗足の場合の分譲方法は、1人1口、500坪を買うことができる限度とし、契約金として土地代金の2割を払う。そして、残りの代金の支払い方には、即金と賦払いがある。賦払いは最短3年、最長10年とその利息はつぎのようになる。

千円に付賦金割

10年の返還　月賦　１３２０円
　　　　　　半年賦　８０・２９円
5年の返還　月賦　２１２２円
　　　　　　半年賦　１２９・５０円

洗足の坪当り単価は17円から56円まであった。一区画の最も多い広さは１５０坪であるから、売り値は２５５０円から８４００円の間である。土地を譲渡するときにつぎのような条件をつけた。

① 本土地を住宅以外の用途に充てないこと。
② 土地を引渡しを受けたる時から一ケ年以内に建物を築造に着手すること。
③ 近隣に対し、悪感迷惑を惹起すべき程度の煤烟臭気音響震動其他之に類する事物を発散せしめないこと。

上記の条件は、宣伝パンフレットから洗足売出しの時のものと考えられるが、2年後の多摩川台の売り出し時には、手直しが行なわれた。それは、②の築造期限1ケ年を1ケ年6ケ月とし、さらに項目④を追加している。

④ 会社の承諾を得るに非ざれば1区分地を2個以上の宅地として、割譲又は使用せざること。

現代の土地細分化を予見したかのように、洗足売り出しよりも多摩川台売り出しは環境推移のためのよりきびしい措置が決められていた。それが現在みるような良好な環境をつくりだす理由と考えられる。

洋風地区、住宅建設など

洗足の売り出しの時の平面図（図2－2）には、洋風建築地域という区域が、破線で示されている。その区域は、洗足駅からはじまる7間の表通りから東方向にむかって、5ブロック、47区画がそのなかに含まれている。それは、洗足駅を降りたった人に、商店街のほかに、洋風の屋敷が並ぶ景観をアピールするという計算にもとづいているようである。「田園都市案内」（大正12年）には、この地域には、全体の調和を考えて洋風建築以外の住宅を建てては困るという趣旨が明記されている。

実際に、土地を入手してから入居者が住宅を建設するときにも、洋風か和風かというだけでなく、「建設原則」と称していくつかの制限を加えている。売り出しの宣伝小冊子「田園都市案内」には、建築についての希望として、つぎのことが書かれている。

① 他人の迷惑となる如き建物を建造せざること。
② 障壁は之れを設くる場合にも瀟洒典雅のものたらしむこと。
③ 建物は3階以下とすること。
④ 建物敷地は宅地の5割以内とすること。
⑤ 建築線と道路との間隔は道路幅員の2分の1以上とすること。
⑥ 住宅の工費は坪当り約１２０～３０円以上にすること。

現代でいう、建築協定がすでに決められている。そして、この協定の中味は、高さ、建ペイ率、道路からの後退距離などで、大正9年にはじめて施行された「市街地建築物法」よりも、現在の建築基準法に近い進んだ内容となっている。

住宅建築の設計に関しても、大工まかせのものではなく、建築家設計監督を依頼することをすすめている。そして、建築設計監督規定、指定建築請負業者、設計の相談、図表、参考表の閲覧、住宅展覧会の開催、庭園、菜園の紹介、などについても詳しくのべている。

実際にどのような住宅が建てられたかを知るには、現存するものから推測するしか方法はないけれど、ヒアリング調査の過程で当時の雑誌に掲載された洗足の住宅の平面をみることができた。M氏邸（図2－3）は、昭和6年雑誌「住宅」11月号に、「誌上小住宅展会」として紹介された。小住宅M氏邸、建坪21坪、総工費2230円、木造折衷式平展建、あめりか屋の設計施行である。

M氏邸の平面（図2－3）は、中廊下型である。平井聖によれば、（『図説日本住宅の歴史』学芸出版社）洗足地区では、中廊下のない従来型と中廊下型の2つの住宅タイプが、大正末、昭和初期では大半であった。従来型から中廊下型に移り、昭和8年から特に後者が多くなることを指摘している。そういう意味では、この昭和6年のM氏邸は、各室の独立性を重んじた中廊下型のはしりであった。しかし、座敷に接する「次の間」は「茶の間」となっている。これも新しい傾向である。

このM氏邸を設計施行した「あめりか屋」は、明治42年に設立され、建築材料・家具の販売と共に洋風住宅の設計・施行を行っている。店主は、第1章、3、（1）〔本書には収録せず〕ですでにのべた橋口信助である。

まさに、洗足地区の住宅は、この「あめりか屋」によって建てられた住宅のように、洋風の客間、書斎、台所を備え、新しい時代の中流の家庭生活を象徴するものであった。

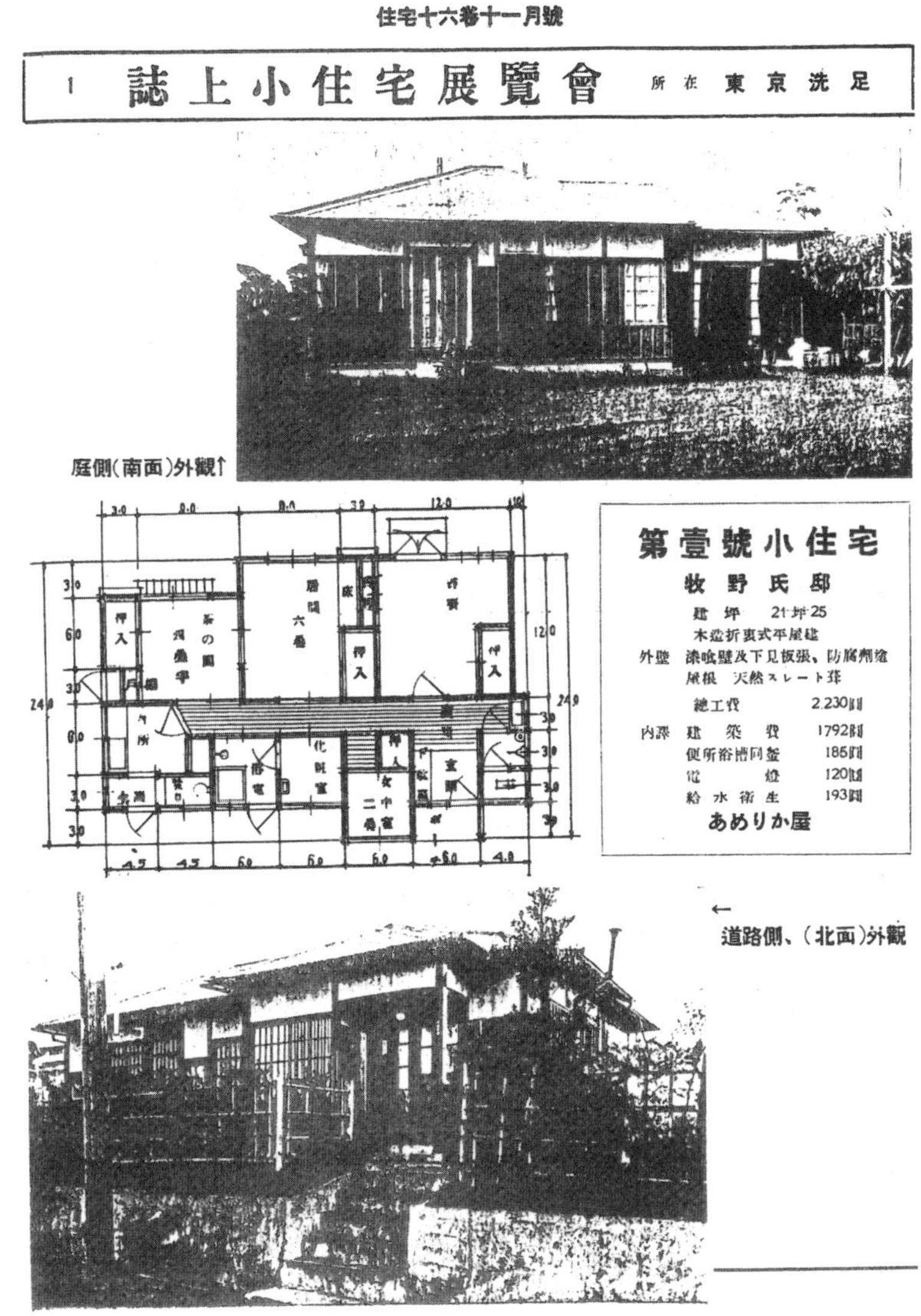

図2－3　M氏邸外観、平面図（「住宅」16巻12月号、昭和6年）

住宅街と商店街

近代以前の店舗併用住宅とは違って、近代の住宅は純粋に住むための機能しかもっていない。もともと、近代以前の都市的な住宅は、表通りの店舗付住宅と裏の長屋建の住宅から成り立ち、住宅に店はつきものであった。それが、工業化により、店を営まない商人でも職人でもない階層が生まれ、郊外に家族を中心とした専用住宅を建設することになる。つまり洗足のような新興の郊外住宅地が出現する。

そこではどうしても、生活に必要な日用品の供給のために、小規模な商店街を必要とする。いわゆる近隣商店街である。洗足でも住宅地計画として、はじめから商業地域が予定されるが、いくつかの問題を含んでいる。

この小売商店の問題は、ハワードの『明日の田園都市』のなかでも語られている。それは、商店どうしの競争によって通常は低廉な価格、広範囲の品物の選択、公正な取引き、店の丁重さなどが、商店の独占によって保つことが難しいことである。現在の洗足住民からのヒアリングでも「商店街の人たちは不勉強で、本当に商店街らしくなったのは三越と東急（スーパー）ができた10年くらい前ですね」と不評を買う。商店側からは、洗足の住人はあまり洗足商店街で買い物をしないし、電話一本で魚とか野菜を配達させ、ここで商売をやるメリットはないという。しかも、ほとんどの商店主は土地を所有しているから、借店とは違って、店がつぶれて回転することも少なく、商店街として発展しないという。競争の論理がないのである。

大正15年の名簿からは、予定された商店街はほぼうまり、21店舗が記入されている。その内訳は、飲食店7軒、食料品店11軒、日用品販売9軒、その他は4軒であった。

これらの中から、現在まで続いている商店「松風」（当時）の店主S氏から、店を出すようになったいきさつを聞いた。

「……はじめ（洗足入居以前）はウチはね、京橋に居たんですョネ。労使協調会館がありますよ。で、そこの社の食堂やってたときに、渋沢栄一さんが、目蒲線が今度できるんで、ここで店した方がいいんじゃないかってことで、それで越してきて、日本食堂をネ、やったの。……で、ここの松風って名前はネ、渋沢栄一さんに頂いた……。」

昭和18年に、戦争のため食堂をやめ、代が替わり、戦後は他の商売に変ったけれど今でも店は健在である。大正15年当時から引き続き商店を続けているのは、渋沢栄一と縁のあったこの「松風」だけである。

iii）コミュニティの形成

洗足会の生い立ち

現在、田園調布株式会社が分譲した洗足地区は、品川区、目黒区、大田区の3つの行政区分に分かれている。従って、町内会組織も、小山七丁目町会、洗足二丁目町会、旗の台六丁目町会からなる。そして、これらの町内会の全域をカバーするのが洗足会である。洗足会は現在、社団法人として、洗足会館の維持、管理、講演会、講習会、福祉活動、などを行う親睦的な会となっている。しかし、戦前の洗足会は、町内会としての機能を果たし、洗足における地域コミュニティの核としての役割を果たしていた。

洗足会がどのような事情のもとに発足したのかは、昭和59年の「洗足会会員名簿」の付記である「洗足会のおいたち」から知ることができる。要約するとつぎのようである。

田園都市株式会社が売り出した353区分に応募した人々は、官吏、陸海軍人をはじめ実業界の中堅幹部連が多かった。その数は大正12年には276名に達した。そこで田園都市株式会社は、大正12年2月26日、購入者一同を丸ノ内生命保険協会に招き夕食会を催した。出席者176名。会社は購入者間の親交をはかりつつ購入者側の希望を聞いたり、会社側の意向を伝えたりして、ともに理想的田園都市をつくりましょうと申し合わせを行った。その席で、委員会を設け、委員長、委員15名を決めた。

第1回委員会を大正12年4月12日に水交社で開催、会社に対する購入者の要望事項を決議し会社に提出した。その内容は29項目にわたっている。主なものは、行政区の問題、小学校建設、電線地下埋設、都市ガスの供給、電気の容量、上水道の敷設、下水道の暗渠化、など施設の完備を要求するものであった。

会社が約束した小学校建設は、洗足地区から3ケ村にまたがっていてなかなか実現しない。居住者のうちには、生徒数の少ない小学校を建てるよりも市内の優秀校に通学させた方が良いとの意見もでてきた。そこで代案として、会社は宅地数約２５０坪と金5万円を洗足会に寄贈するということになった。

洗足会は昭和4年に社団法人となり、寄贈されたうち約3万円で、会員服部文四郎に洗足会館の設計を依頼し、昭和6年5月に竣工した。落成式には会員とその家族数百人が招かれ、ホールで終日演芸などの余興を楽しんだ。

洗足会館は、その後幸いにも戦災による焼失をまぬがれ、洗足会の活動の中心の場として、現在も活用されている。

戦前と戦後のコミュニティ

戦前の洗足会の活動を正確に知ることは、入居者が2代目となってしまった今となっては非常にむずかしい。現在、洗足会には戦前の洗足会報が一冊残されているだけで、昭和14年で通算75号を数えたことがわかるが、他の号は発見することができなかった。だから、断片的ではあるが、2代目の居住者からのヒアリングをもとに戦前と戦後の洗足会の動きを追ってみよう。

M—土地一坪についていくら、それから家が一坪（について）いくら、それで洗足会費をだしたのみなんだ、それで全部運営していって、……親睦、その他……会館ができて大体上下で３００人ぐらい入れる講堂を作って、和室は大体7部屋ぐらい、……応接、趣味の囲碁、将棋、その他（を行うことができた。）

M—毎月1ぺんは講演会を……会員の方が進んで、いろいろ新しい知識に、興味がありましたからね。そして、奥さんのためには奥さんの会があり、月に何べんかは、子供を集めて映画をみせたり、結構利用してましたよ。

W—事務員さんは何人ぐらい。

M—……2人おったかな。

M—それから道路清掃（もやっていた。）

Y—会費も割合高かったでしょうね。

M—20坪の家で2円から3円ですよ……

昭和14年の戦時色で染った会報には、「会館利用の定期催物」のお知らせが出ている。会は全部で15あり、週ごとに開かれていた。主なものをひろうと、花柳日本舞踊、洗友会、昭和洗足婦人会、書道、料理講習、家族映画会、ギター教授、謡曲研究会など、親睦、趣味、講習、婦人会などが行なわれていた。また、同号には、「御案内」として、「御催物に娯楽会に其他各種御会合に洗足会館の御利用御願申します。」と呼びかけている。利用できるスペースは、1階和室23畳、2階和室22畳、16畳、講堂舞台は５００名入、料金は終日、和室6円から8・5円、講堂30円とある。

戦後の洗足会は、町内会としての役割を解かれ、純粋に親睦会となり、3つの行政区にまたがった洗足地区をまとめる機能を果たしている。しかし、近年この会も、この調査研究がテーマとしてきた、世代交代と新住民の問題をかかえている。

W—……この七丁目会に関しては、洗足会と重なりますから、親睦については洗足会に任せるというのみではないのですか。

S—ええ、これはね、やはり会員が違うんですね。町会の会員全部が洗足会に入ってくれりゃいいんですけどね。……2代目3代目になりますと、今まで大きな土地をお持ちになってる初代の人のを持ちきれないんですね、……お宅を分譲するとか、アパートなり、マンションなり…だんだん人が入れ替わりましてね、洗足会そのものの存在をほとんど分かんなくなっちゃった。

O―すると新しく入ってこられた住人、マンションとかアパートに住む人は……

S―そういう方は無関心です。町会にはお入りなりません、…洗足会というものには全然縁もなくなっちゃってるんですねえ。

……………………

S―（2代目から3代目に）これから移るわけですから。

O―どういうふうになるんでしょうね。

M―結局2代目は、ほとんど疎開とかなんかでしょう。ここに愛着がないでしょう。そして、そろそろ3代目、この辺のこと何も知らないでしょう。

S―……ですから今2代目さんもね、盛んに会員に引き込もうと思って、まあMさん中心になって、2世会かなんかつくろうかっておっしゃってますけどね、なかなかそれがね、2世がハゲ頭や白髪頭になって（笑）。

……………………

現在、洗足会員は約１５０名、戦前のような大所帯ではない。活動も小規模である。しかし、この洗足会館を建て直しをしようという案があり、区と共同で図書館か何かにして、一部を使いたいという計画がある。これを機会に、洗足3世の新しい展開が期待されるところである。

（2）戦後の住宅・環境の変容

これまで、戦前に開発された洗足住宅地が、どのような過程によって郊外住宅地として形成されてきたかをのべた。特に、戦前の様子について説明したが、この節では、これらの住宅地が戦後どのような変容を受けてきたかを、アンケート調査結果を中心にのべる。なお、戦前のアンケートの集計には、洗足住宅地の有効３１１票と奥沢住宅地の有効２５3票とが含まれる。

i）住宅・住宅地について

住宅取得理由・方法

現在居住している住宅を取得した理由、取得の方法について聞いた（次ページのアンケート参照）。

取得の理由は、「住宅の周囲の環境」や「不便であった」というよりも、「職業上の理由」、「住宅不満」、「相続」などが多い。「住宅需要の動向」（昭和58年）から、移転の理由をみると、東京圏では、職業、住宅不満、結婚などの順で、本調査との違いは相続が多いという点である。

住宅・土地取得の方法では、「自分で購入した」についで「相続」が多く、取得の時期の平均は昭和39年頃で、比較的中古の住宅が多い。

入居以前の住宅・住宅地

入居以前の住宅は一戸建が圧倒的で60%、集合住宅は27%で、住宅地もそれとほぼ一致している。

現在の住宅の所有関係、形式、広さなど

現在居住している住宅の状態について聞いた。所有関係は「持家」が大部分であるが、「持家借地」が12%と多いのが戦前住宅地、とくに旧地主が健在である奥沢に多い。敷地面積は、平均２６３・０９㎡と、洗足分譲時の標準的面積５００㎡と比べると、かなり小規模に分割されているといえよう。住宅の広さは、平均１３８・８㎡、居室６・６室、35・３畳で、全国平均よりもかなり広い。昭和58年住宅総計調査（京浜大都市圏）では、専用住宅、持家の平均延べ面積90・０㎡、居室数５・1室である。

ii）住宅・土地、環境などの変容

一般に、家族的な理由によって、居住者が現在住んでいる住宅や土地に手を加えて状態を変える可能性が大きい。たとえば、住宅については、「住宅の老朽化」、「子供の成長」や、「結婚」、「親との同居」などの理由で、「建て替え」、「別棟」、「部屋の増築」、「改築」をすることが考えられる。また、土地に関しては、「相続」や「売買」のために分割することがある。これら、居住者が、家族および個人的な理由により、住宅と土地に加えた変容の働きかけについて聞いた（次ページのアンケート参照）。

住宅についての改善

住宅の改善方法については、「建て替え」と「手を加えていない」が多い。これらを、入居年ごとにクロス集計してみると、昭和47年以前の入居は、ほとんど建て替えをしている。逆に、手を加えていないは、新しい入居者ほど多い（図2－4）。

改善の理由は、建て替えの理由と考えられる「住宅が古くなったから」が半分で、「子供が大きくなったから」が、21％と意外に少ない。これは、戦前開発の郊外住宅地では家族的な老齢化が進んでいるためである。

土地の分割理由に

(2) どのような理由で現在の住宅を取得されましたか。
該当の番号一つに○をつけて下さい。

(N＝510)

1. 家族構成が変わったから (9.8%)	6. 相続のため (13.6%)
2. 結婚したから (9.6%)	7. 職業上の理由 (14.1%)（就職、転勤、開業など）
3. 住宅が不満だったから (13.8%)	8. その他の理由 (17.1%)（　　　）
4. 住宅の周囲の環境が不満だったから (7.1%)	
5. 住宅が不便な所にあったから (3.8%)	

(3) 現在の住宅・土地はどのようにして取得したものですか。
該当の番号一つに○をつけて下さい。2,3に○をつけた方は下の問にも解答して下さい。

(N＝522)

1. 借家である (8.4%)
2. 親から相続した（土地だけの相続も含む）(23.4%)
3. 自分で住宅・土地を購入した (47.1%)
4. その他（　　　）(12.0%)

●それはいつですか　(N＝447)
昭和［　　］年頃　(39.0年)

●その住宅は新築でしたか　(N＝453)
1. 新築 (45.9%)　2. 中古 (33.2%)

(4) 現在の居住地に入居される以前は、どのような住宅にお住いでしたか。
該当の番号一つに○をつけて下さい。

(N＝368)

1. 庭付一戸建住宅 (59.8%)	4. 木造・鉄骨アパート (8.1%)
2. 長屋（低層住宅）(1.9%)	5. 間借り (4.9%)
3. マンション・鉄筋アパート (19.0%)	6. その他 (6.3%)

(5) 以前の居住地は、どちらかといえばどのような住宅地でしたか。
該当の番号一つに○をつけて下さい。

1. 庭付一戸建の住宅地であった (54.6%)	4. 商店街であった (7.6%)
2. 一戸建が密集した住宅地であった (15.4%)	5. 農村的であった (2.5%)
3. マンション・アパートが多い住宅地であった (13.2%)	6. その他 (6.7%)（　　　）

2. 現在の住宅についておうかがいします。

(1) 所有関係はどうですか。　(N＝482)
1. 持家 (86.5%)　2. 貸借 (7.3%)　3. 社宅 (3.7%)　4. 持家借地 (12.0%)

(2) どのような形式の建物ですか。　(N＝527)

1. 庭付一戸建住宅 (92.79%)	4. 木造・鉄骨アパート (3.6%)
2. 長屋（低層住宅）(2.09%)	5. 間借り (0.0%)
3. マンション・鉄筋アパート (0.38%)	6. その他 (1.1%)

(3) どのような構造の建物ですか。　(N＝527)
1. 木造 (88.6%)　2. 鉄骨造 (5.7%)　3. 鉄筋コンクリート造 (5.7%)

(4) 土地の広さ（敷地面積）はどのくらいですか。　(N＝480)
約［　　］㎡（1坪は3.3㎡）　平均 (263.09㎡)

(5) 住宅の広さ（総床面積）はどのくらいですか。　(N＝452)
約［　　］㎡　平均 (138.82㎡)

(6) 居室数及び畳数の合計はいくらですか。
(N＝518) 平均 (6.61) 室，(N＝477) 平均 (35.35) 畳

注．居室とは，居間，茶の間，寝室，応接室，食事室，ダイニング・キッチン等のことで，玄関，台所，便所，廊下や店，事務室等は含めないで下さい。

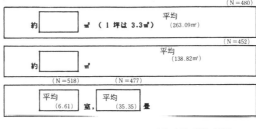

住宅についての改善

●昭和３０年より前にすでに洗足にお住まいになっていた方は、次の問のなかの「入居」を「昭和３０年」と読みかえて、問に答えてください。

３．住宅・土地を取得された後の建替、改築、相続などについて、おうかがいします。

(1) 入居から現在までに、住宅についての最も大きな改善はどのようなものでしたか。
該当する番号一つに○をつけて下さい。1，2，3，4に○をつけた方は下の問にも解答して下さい。

(N＝434)
1. 建て替えた (34.5%)
2. 別棟を増築した (5.5%)
3. 部屋を増築した (16.5%)
4. 改築・修繕をした (17.9%)
5. ほとんど手を加えていない (25.3%)

●それはいつですか。
(N＝315)
昭和□年頃 平均 (46.78年)

●その理由は何ですか。
該当の番号一つに○をつけて下さい。
(N＝322)
1. 住宅が古くなったから (51.8%)
2. 子供が大きくなったから (21.4%)
3. 子供が結婚して同居することになったから (3.7%)
4. 親と同居することになったから (4.6%)
5. アパート、貸家経営のため (3.1%)
6. その他（　　　　） (15.2%)

(2) 入居から現在までに、土地を分割しましたか。それはどのような目的のためでしたか。
該当する番号一つに○をつけて下さい。2，3，4，5に○をつけた方は下の問にも解答して下さい。

(N＝366)
1. 分割していない (81.1%)
2. 相続税を払うため土地を分割した (2.1%)
3. 子供が住宅を建てるため土地を分割した (4.9%)
4. アパート・貸家を建てるため土地を分割した (0.2%)
5. その他の理由によって土地を分割した (11.4%)

●その時期はいつですか。
(N＝65)
昭和□年頃 平均 (47.35年)

ついて聞いたが、「分割した」と回答した人は少なく、しかも、分割した理由は「その他の理由によって」が比較的多い。

環境、利便性についての変化

アンケートでは、周囲の環境、生活の便利さについての変化、および評価を聞いた。周囲の環境については、「道路からのイメージ」、「緑」、

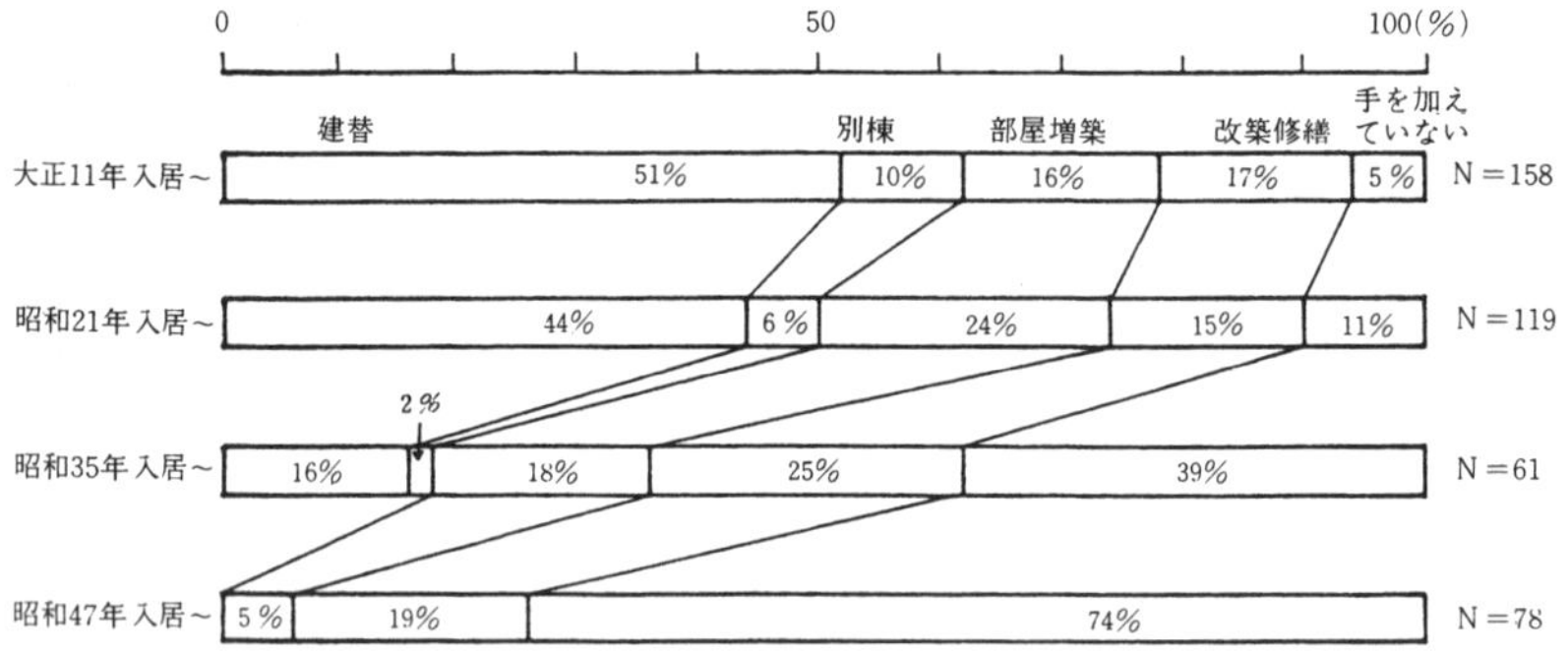

図2－4　戦前の入居年別住宅改善方法

「家のたてこみ」など8つの項目、生活の便利さについても同時に、「商店」、「公的施設」、「交通」、「教育など」の項目について変化を聞いた。変化は、「良くなったか」あるいは「悪くなったか」を問題にした。環境について、「悪くなった」と回答した項目の高い順は、「家のたてこみ」、「騒音」、「日当り通風」の順で、40%を越えている。環境全体についても、「悪くなった」は37%に達している。

利便性については、「悪くなった」項目は、「近所づきあい」、「子供の教育環境」、「スポーツ」、「レクリエーション」の順である。しかし、生活全体の利便性で「悪くなった」は6%と低い。環境は悪くなったのに比較して、利便性は良くなった、向上したといえる。

iii) インナーシティ化

戦前に開発された洗足や奥沢が、戦後、急激な都市的変化をしたのは、いうまでもない。ヒアリングでも、いくつかの証言を聞くことができた。

W―やはり戦災で、ほとんど焼けて……。

Y―このブロックが、ずっと焼けたんですよ。両側は焼けてないんですけどね…。
W―こう、家が建て込んできたのはいつぐらいからですか。
Y―やっぱり、非常にどんどん建てこんできたのは昭和45年ぐらいから……。やっぱり40年ぐらいでしょうかねえ…、目に見えて建てこんできたのは、自分のとこだってこう（マンション）でしょう、もとは（自宅の）庭だったんですから。
W―これは何年。
Y―これ（マンション）ができたのは……1976年ですから9年前ですねえ。

……………………………………………

G―ひとくちにいえば、知らない方が増えましたね。昭和40年頃から最近とくに。前にいた人の名前がなくなったり、自然にそうなるんじゃないですか、細分化されて。

これら2人の洗足居住者の話からも、昭和40～45年頃から町が変っていった。

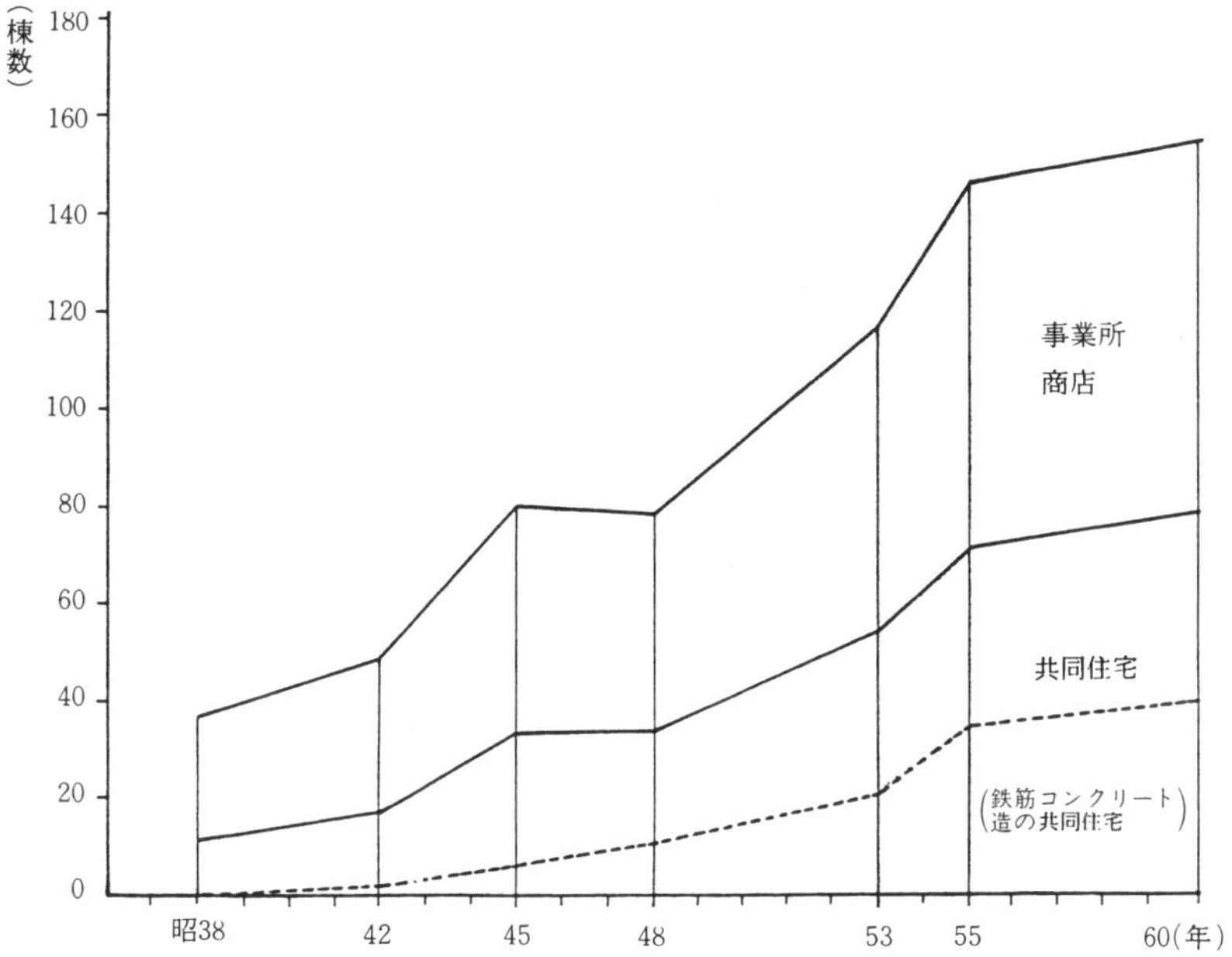

図２－５　洗足の一戸建住宅以外の建物の棟数の経年的変化

住宅以外の用途の建物の増加

開発分譲時にはほとんどが庭付一戸建住宅からなる住宅地に一戸建の住宅以外の建物、事務所、商店、共同住宅が年ごとにどのように増加しているか踏査調査した。図２－５の一戸建住宅以外の建物の棟数のグラフからは、昭和42年、48年以降に、急激な増加率を示していることが読みとれる。とくに、48年から60年にかけては、ほぼ倍に増加している。

これらの関係を昭和38年、48年、60年に増加の状態を分けて地図にその分を示すと図２－６、２－７、２－８のようになる。この地図では、業務・商業と共同住宅とは立地する場所は異っている。昭和48年、図２－７では、急速に鉄筋コンクリートの共同住宅、つまりマンションが増えている。昭和60年、図２－８は継続してマンションが増え、幹線道路側にも立地する傾向がみられる。図２－９は、奥沢の昭和60年の現状である。洗足との違いは、奥沢は木造のアパートが多くみられることで、いわゆる木賃アパートである。しかも、駅に近いほど多くなる傾向がある。

洗足や奥沢のように、かつては郊外であったが、現在、都心の住宅地

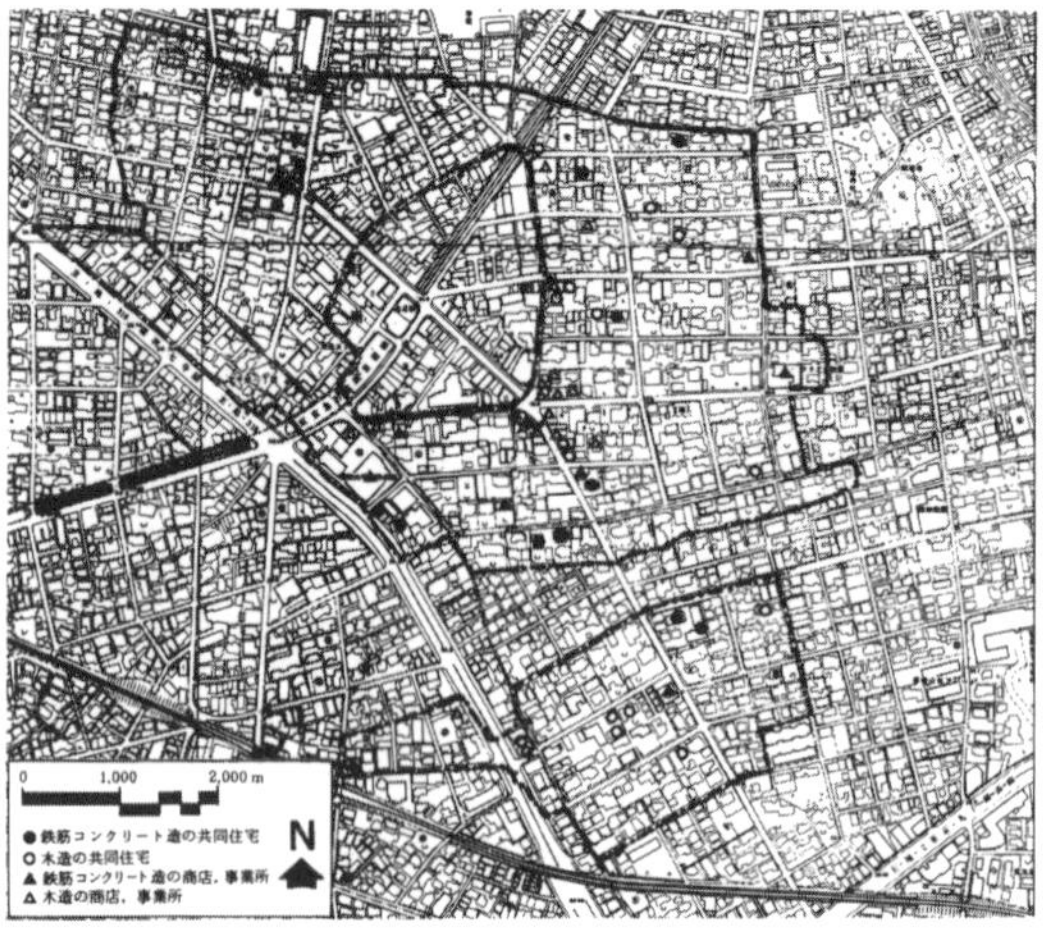

図２－６　洗足の一戸建住宅以外の建物の分布（昭和38年）

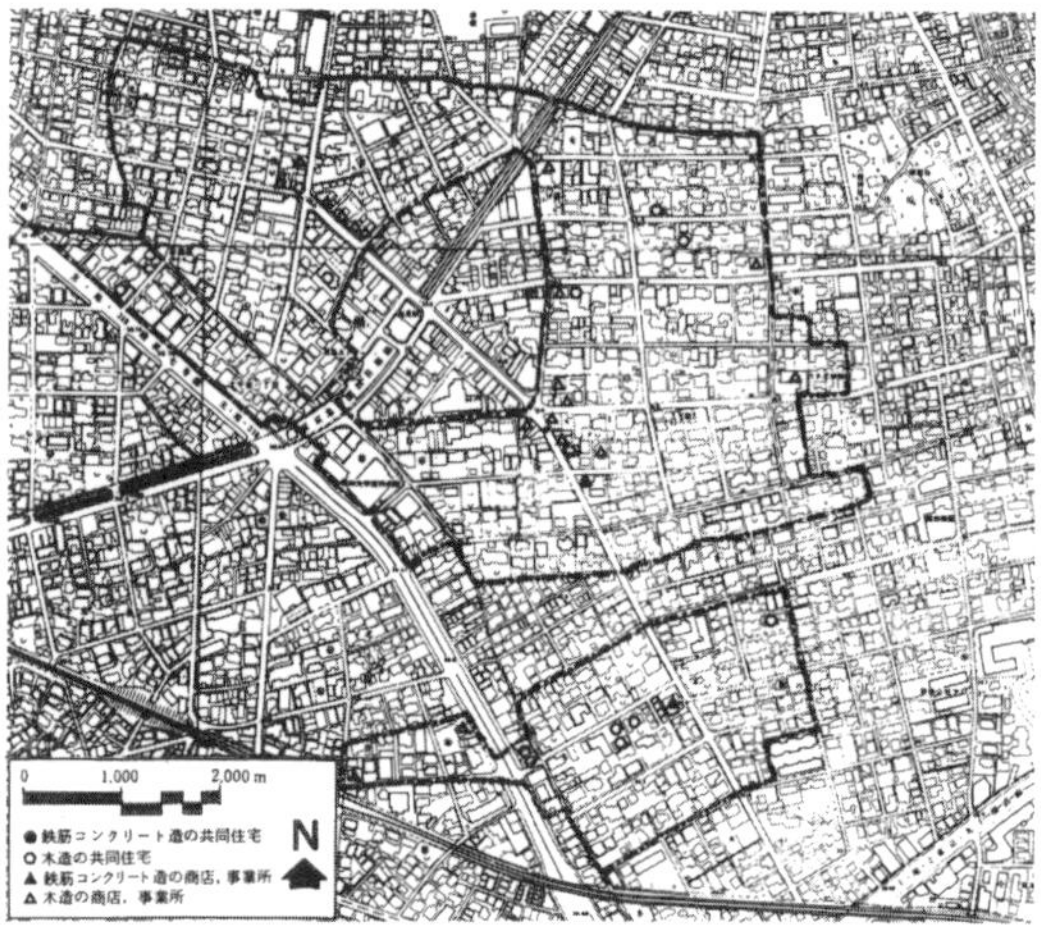

図２－７　洗足の一戸建住宅以外の建物の分布（昭和48年）

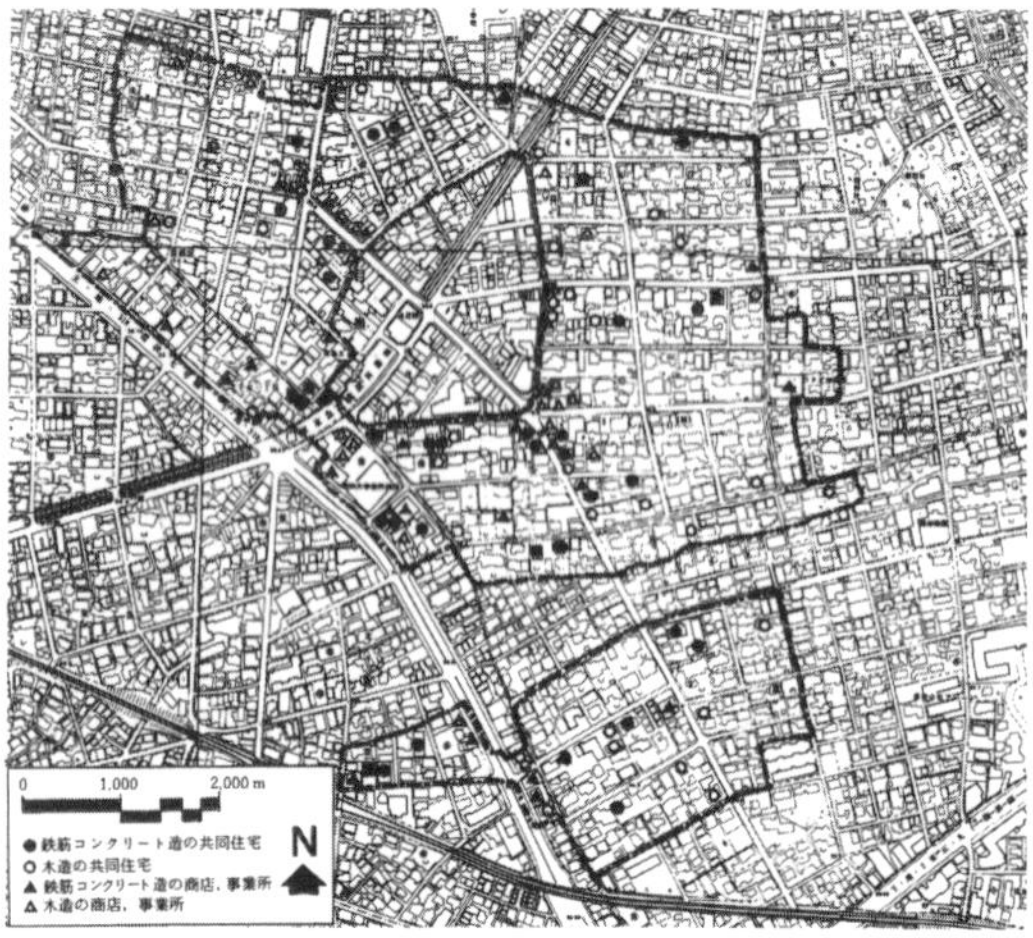

図２－８　洗足の一戸建住宅以外の建物の分布（昭和60年）

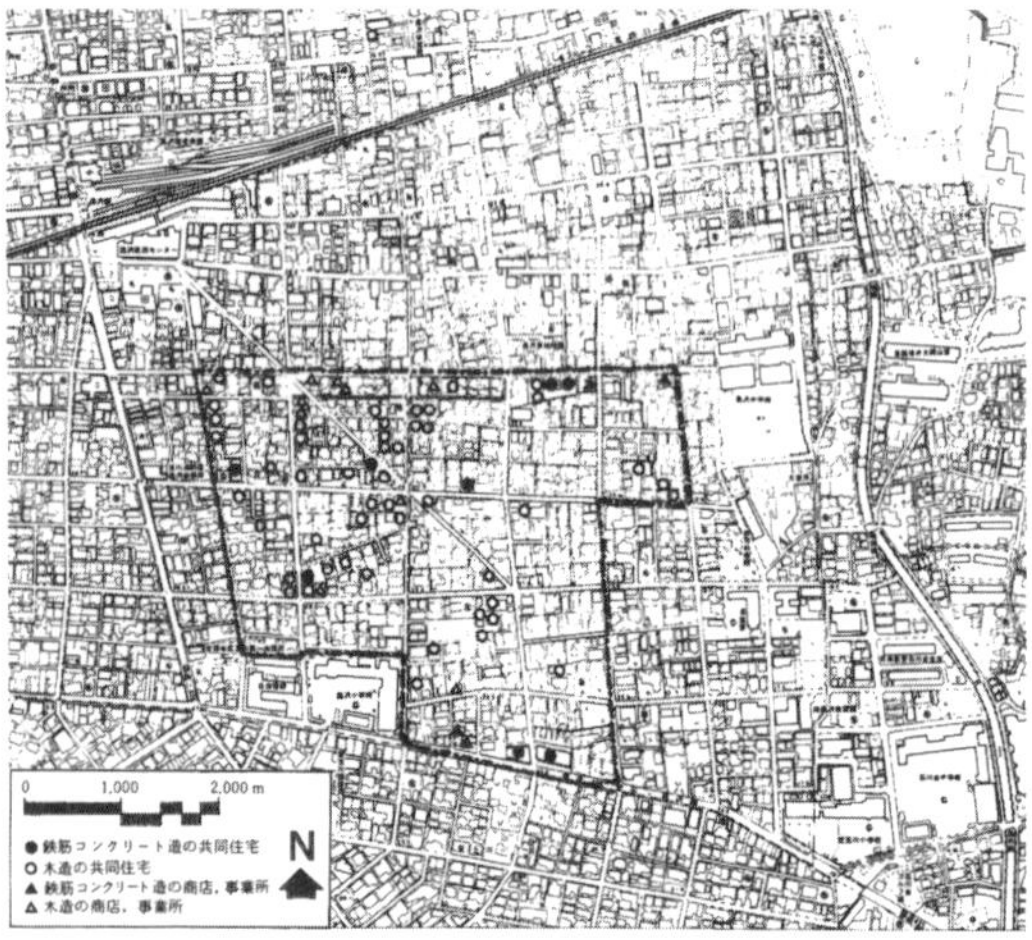

図２－９　奥沢の一戸建住宅以外の建物の分布（昭和60年）

に取りこまれてしまった地域では、いわばマンション化や業務化していく傾向がある。再度の都市化とでもいえるこの現象をインナーシティ化と呼んでおきたい。それは奥田道大が都市型社会（Urbanized Society）と呼び都市的生活様式の全般的拡がりのなかで生まれてきたもので、それまでの都市化社会（Urbanizing Society）の後に来るものである。このような意味において、戦前に開発された住宅地は現在郊外住宅地から都市型住宅地に変容しつつあるといえる。

（3）開発時から現在までの居住者の変容

住宅地の環境と居住者とは密接な関係があることは、すでにのべた。そして、特に戦後については、居住者が住んでいる周囲の環境は悪くなったが、生活の利便性は向上した。さらに、昭和40年頃からインナーシティ化によって住宅地に変りつつある。このような住宅地の変容に対し、居住者がどのように、転入・転出と世代交代を行なっているかを明らかにする。

ｉ）名簿調査による居住者の変容

入居年について

アンケートの項目に、あなたの「いえ」が、この洗足に住みはじめたのは、いつ頃ですかという質問をした。つまり、現在居住している家族がいつ入居したかを聞き、現居住家族の入居年を明らかにした。結果はつぎのとおり。

開発期　大正11～14年　6・2％
戦前期　昭和元～20年　25・5％
戦後復興期　昭和21～34年　26・1％
高度成長期　昭和35～46年　17・0％
低成長期　昭和47～59年　25・0％

全体に、現在の居住家族入居年は、戦前期、戦後復興期、高度成長期、低成長期に分散している。これは分譲してから60数年経過するなかで、戦争、高度成長期、世代交代などが大きく居住者の入居・転居に影響してきたといえる。

西洋館が残る戦前住宅地（洗足）

良好な環境と高級住宅（洗足）

最近のミニ開発（洗足）

洗足居住者名簿から

現在、洗足会の名簿および開発時の契約者名簿が残されている。これらの名簿から、入居・転居のさらに詳しい状態を明らかにしよう。

はじめに、現在残されている洗足居住者についての名簿はつぎのように整理できる（表2－1）。これらの名簿のうち、比較的記述の内容や居住者の記載が完全なものを4つ選び、名簿にある氏名を比較することによって、居住者の転出、転入の状態を推測した。ただし、名簿には世帯主氏名だけが記入されているから、ここでは居住者というより、居住世帯とした。図2－10は、名簿ごとの残留世帯と転入世帯の割合及び、大正15年の居住世帯の残留状態を比較したものである。大正15年の契約者名簿には、351世帯（世帯主人数）が記載されている。それが、昭和15年の状態では、居住世帯は490に増え、このうち、大正15年から継続して居住している世帯は、164で、全体の33・4％となる。15年の間に半数の世帯が転出している。昭和30年の名簿には、251世帯しか記載されておらず、居住世帯の減少は戦争による影響があったことを示している。居住世帯全体のなかでの、大正15年からの居住世帯の割合（31・0％）や昭和15年からの残留世帯の割合（65・7％）は、必ずしも低いとはいえない。それは、入居、転居によって変動しているというよりも、全体に戦争による影響が大きかったことを物語っている。最後に、昭和58年の現代の町内会名簿をみると、居住世帯数が昭和30年の4倍、昭和15年の2倍に増えている。しかも、昭和30年からの残留居住世帯は14・1%にしかすぎず、昭和30年から昭和58年の間に85・8%の世帯が転入してきたことを表わしている。さらに、1003世帯のうち共同住宅世帯は25・8%に達し、いわゆるマンションの増加がこの新住民の増加のひとつの原因となっていることがわかる。新住民が増加したことで、大正15年からの居住世帯の割合（4・8%）も減少している。

昭和30年以前の洗足会は、今日の町内会と同じ機能を果たしていた。したがって、当時の洗足会名簿は現在の町内会名簿と同等に扱うことができる。しかし、現在の洗足会名簿は現在の町内会名簿と同等に扱うこ

表2－1　洗足居住者名簿リスト

発行年	名　称	発行名団体	記述内容
1. 大正12年3月末	洗足地区契約者名簿	田園都市株式会社	契約区分地，地番，住所，氏名
2. 大正15年7月末	洗足地区契約者名簿	田園都市株式会社	区分番号，地番，現住所，氏名，職業
3. 昭和15年7月	会員名簿	社団法人洗足会	本籍，職業，地番，氏名，電話
4. 昭和27年11月	会員名簿及定款	社団法人洗足会	本籍又は出身地，氏名職業，住所，電話
5. 昭和30年12月	洗足会会員名簿	社団法人洗足会	本籍　は出身地，氏名職業，住所，電話
6. 昭和40年	洗足（洗足町会会報）	洗足町会	氏名，住所，電話，職業
7. 昭和58年8月	会員名簿	目黒区洗足二丁目町会	氏名，住所，電話，備考
8. 昭和58年9月	会員名簿	品川区小山七丁目町会	氏名，住所，電話，職業

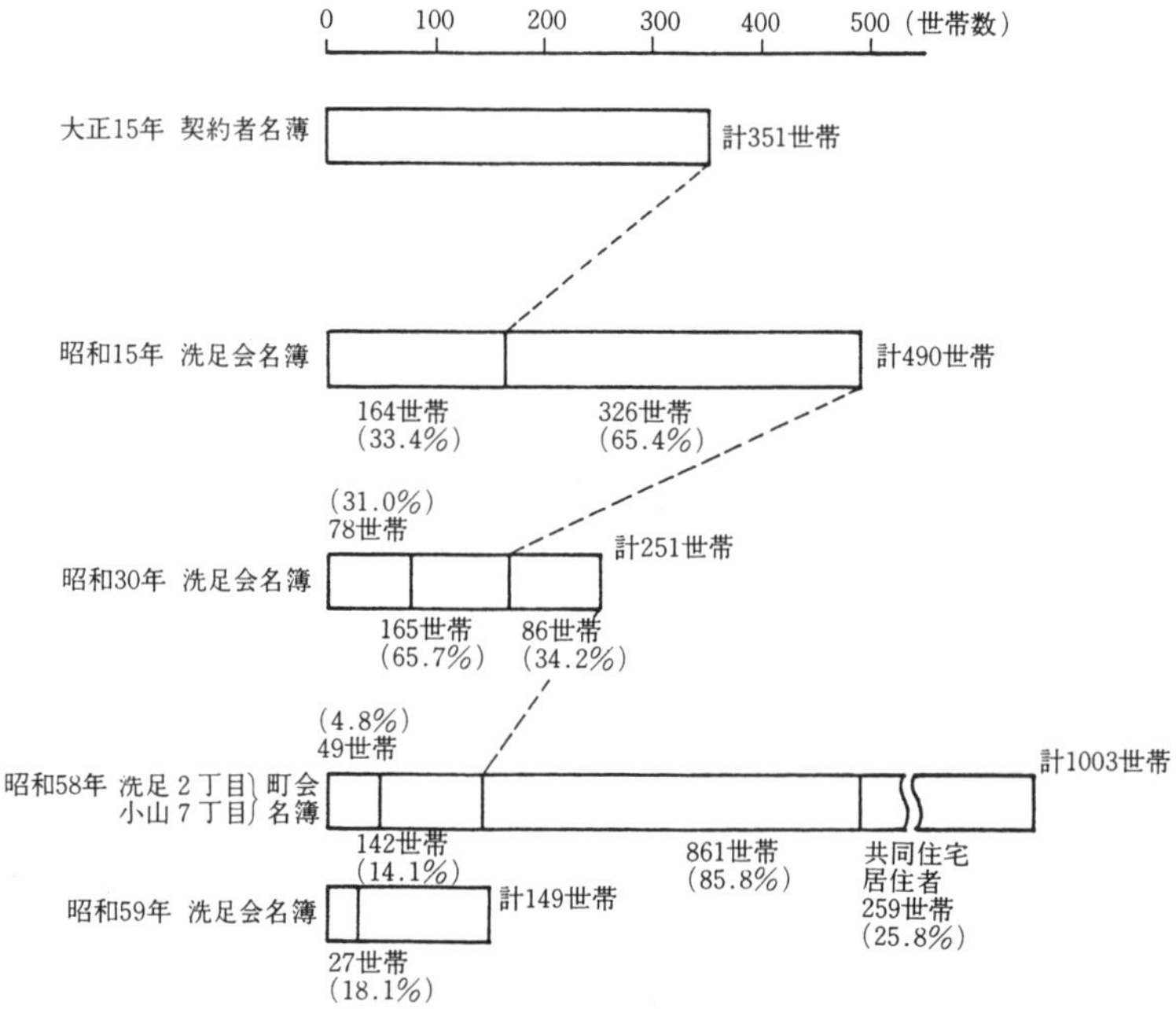

図2－10　洗足の名簿から見た居住世帯の変遷

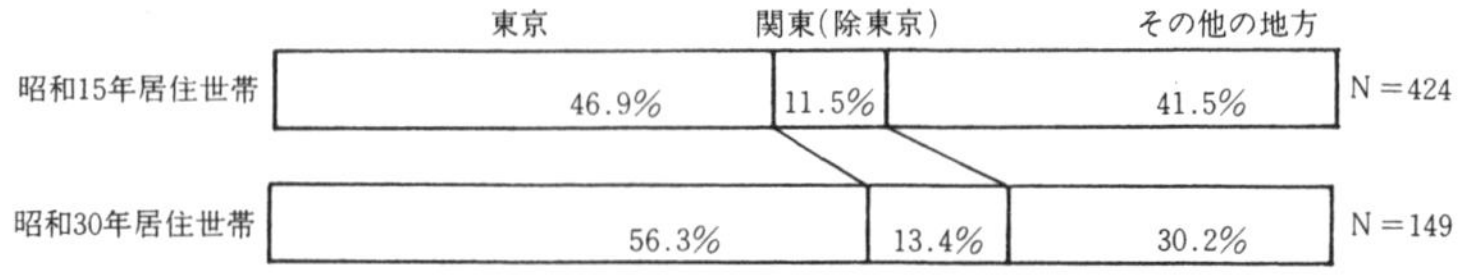

図2－11　洗足の居住世帯の出身地（昭和15年、30年）

とができる。しかし、現在の洗足会名簿には149人しか記載されておらず、大正15年からの居住世帯49のうち27だけが洗足会に加入していることになる。このことより、昭和30年以後、洗足会が全世帯加入の町内会から親睦的団体となったことがわかる。

居住世帯の出身地、職業、代替わり

居住世帯の出身地は、昭和15年、昭和27年、昭和30年の洗足会名簿にのみ記入されている。このうち記載が不備の昭和27年を除いて、昭和30、15年の名簿から、居住世帯主の出身地の比較を行なった。図2-11からは、東京出身の世帯が昭和30年には46・9%から56・3%に増加しているのがわかる程度である。いずれにせよ、東京出身が全体の半分近くを占めているのが特徴的で、これは、この章の1.(1)で述べたように、分譲当時の入居者の以前の居住地の8割ほどが、洗足団地の町村、東京府下、区部からの転居者で占められていることからも理解できる。

居住世帯の職業は、大正15年、昭和15年、昭和30年の名簿から判明する。名簿ごとにその職業別割合を比較した(図2-12)。大正15年と昭和15年を比較すると、会社員と事業主、商店主が増加、官吏と軍人が減少している。昭和15年と昭和30年とを比較すると事業主、商店主の場合がめだっている。これらのことを総合すると、官吏、軍人、会社重役が減少し、会社員が増大したのは、洗足に限らず一般的な傾向であると考えられる。事業主、商店主の増加は、洗足に商店と事業所が増えたためであると思われる。しかし、洗足地域の居住者の変動、居住者の属性の変動は、この昭和30年以降に起きる。この図2-12では、戦前と戦後の変容を示し、そこからは、あまり大きな変動がなかったことを読みとることができる。

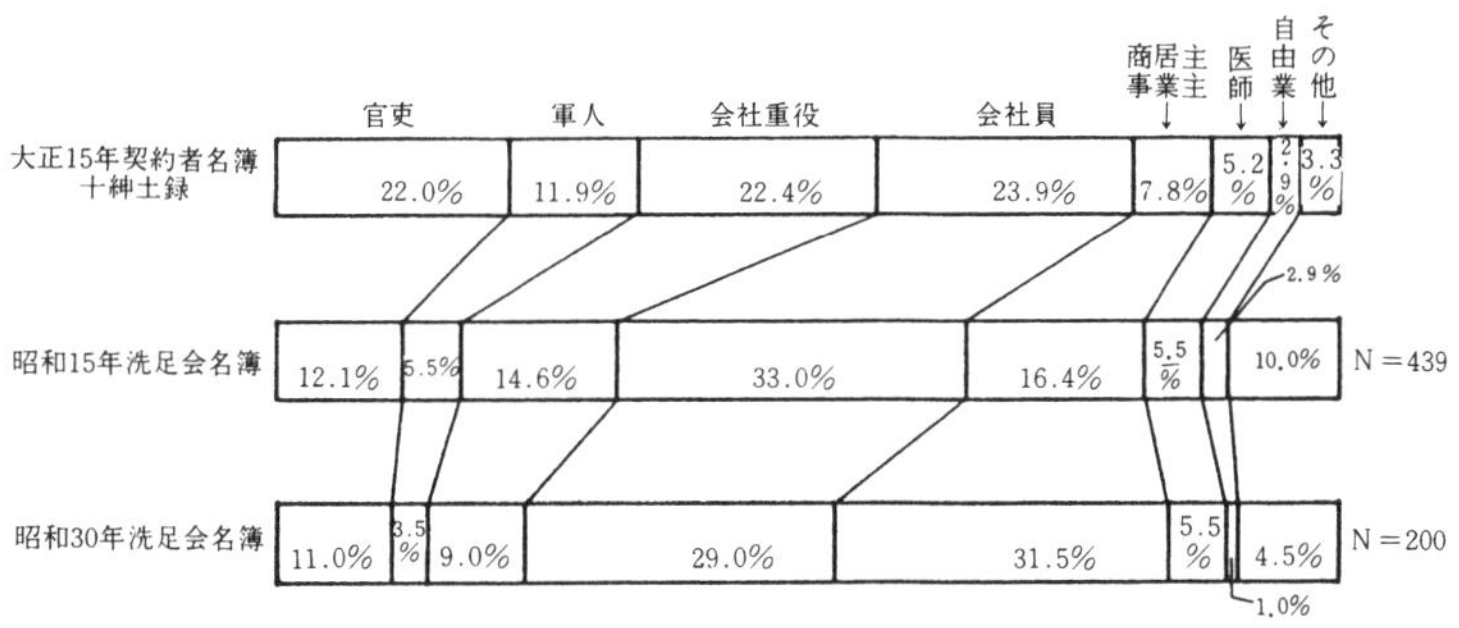

図2-12　洗足の居住世帯の職業(大正15年、昭和15年、30年)

代替りについては、それぞれの名簿に記載されている氏名と住所の比較から、代替り、つまり家族のなかで世帯主が親から子に変った世帯数を明らかにした。調査した名簿は、大止15年、昭和15年、昭和30年である。この結果、昭和15年に、大正15年から引続き居住している世帯は164世帯、このうち代替りしているのは、30世帯となり、入居後15年経過した段階で18・2%が代替りしている。昭和30年では、大正15年からの居住世帯は78で、これらの世帯が昭和15年から昭和30年までに、代替りした世帯は34・47%にのぼる。大正15年と昭和30年との間の代替りは、当然のことながら全部であるといえる。

(4) まとめ

戦前に開発された郊外住宅地、とくに洗足が、どのような手続、計画にもとづいて町づくりがなされたのか。そして、そこにどの様な人々が入居し、どのようにして地域のコミュニティを形成したのか。さらに、戦後にこの住宅地はどのような変容をして現在に至ったのかを明らかにした。

大正11年分譲された洗足地区の開発時の状況は、買い手が押し寄せる好調なスタートで、入居者のうち官吏・サラリーマンの新中間層が70%

を占めていた。洗足のプランニングは、駅舎中心の計画で、レッチワースに類似していた。分譲時には、3つの条件と6つの建築規則があり環境保全が考慮されていた。居住者は開発当初郊外生活に美しい憧憬を抱いていたが、昭和10年代にはその夢も破れつつあった。

コミュニティとしては、大正12年結成された洗足会が戦前の町内会としての役割を果し、地域社会の核として活動していた。しかし、現在では会員数の減少、活動の縮小という事態になっている。その理由には住民の世代交代、新しい住民増加の問題がある。これら、開発時の洗足の状況を調査結果や「田園都市案内」という小冊子からみてみると、ハワードの理想を精一杯翻訳し、計画を推し進めていたことがよくわかった。洗足に代表される戦前の郊外住宅地が、戦争や戦後の高度成長を経て変容していった様子を、アンケート調査、踏査調査、名簿調査、ヒアリングなどから明らかにし、つぎのような結果を得た。

① 昭和47年以前の入居世帯は、ほとんどが住宅を建て替えている。土地については分割が進み、洗足、奥沢の平均敷地面積は263㎡である。

② 比較的、環境については悪くなった。利便性については良くなったと回答している。

③ 一戸建以外の用途の建物棟数を調査したところ、事務所、商店、共同住宅などが昭和40年に入って増えつづけ、昭和48年を境に急激に増加している。これをインナーシティ化と定義した。

④ 居住者名簿からは、現在洗足地区に居住している入居時期は戦前期から今日まで広く分布している。現在居住している世帯の4・8％（49世帯）が大正15年から居住している。昭和30年の時点で東京出身者は56％となり半数を越えた。職業は戦後、軍人、官吏などが減少し、事業主、商店主の増加が目立つ。代替りは、大正11年から昭和15年の間に18％、昭和15年と昭和30年の間では47％行われた。

2. 現居住者の住宅地変容に対する評価

本章では、郊外住宅地の形成と変容、郊外住宅地変容の要因、そしてこの郊外住宅地の変容に対する評価の3つについてのべている。つねに、住宅地の変化、変容に注目し、変容のメカニズムを解明するようにこころがけてきた。その結果、居住者と居住環境との関係をさまざまな局面においてとらえることができた。

この節では、現在、洗足および奥沢に居住している人達が、居住環境についての変容、とくに入居時と現在の居住環境の比較、昭和30年以前から居住している人については昭和30年当時と比較して、その変化をどのように評価しているかをのべた。調査は、アンケートによった。評価についての項目は、住宅、環境、利便性に分け、さらに26の細項目についてきいた。

(1) 住宅・環境・利便性の変容の評価

i) 評価項目間の相関

アンケート調査に含まれた評価項目の内容は、表2－2の一覧表にあるとおりで、住宅については8項目、環境については9項目、利便性については9項目である。それぞれの項目に対する評価は5段階とし、「たいへん満足」、「やや満足」、「どちらともいえない」、「やや不満」、「たいへん不満」、のどれかひとつを選択してもらった。

まず、各項目の集計に際して、項目間の相関係数を求め、項目関係を把握することにした。

表2－2　評価項目間の相関係数（戦前）

評価項目		住宅								環境									利便性								
		III. 1. 住宅の広さ	2. 住宅の間取り	3. 住宅の日当り，通風，湿気	4. 住宅の経済的負担	5. 住宅の庭・敷地	6. 住宅の耐久，耐火，耐震性	7. 住宅の総合的評価	8. 入居時と現在の住みごこち	IV. 1. (1) 道路からのイメージ	(2) 緑の環境	(3) 家のたてこみ状態	(4) 道路の安全性	(5) 日当り通風の快適性	(6) 静かさ，落ち着き	(7) 公園，遊び場	(8) 災害の安全性	(9) (1)～(8)などの総合（環境）	(10) 商店などの便	(11) 病院などの公的施設	(12) 通勤，通学の便	(13) 子供の教育環境	(14) スポーツ，レクリエーション	(15) 行事への参加機会	(16) 老人の福祉サービス	(17) 近所づきあい	(18) (10)～(17)などの総合（利便性）
住宅	III. 1. 住宅の広さ	1	0.68	0.39	0.09	0.40	0.30	0.58	0.29	0.18		0.17			0.16							0.10					
	2. 住宅の間取り		1	0.44	0.08	0.37	0.43	0.65	0.36			0.18			0.15							0.19					
	3. 住宅の日当り，通風，湿気			1	0.07	0.46	0.36	0.47	0.28			0.23			0.13							0.17					
	4. 住宅の経済的負担				1	0.10	0.16	0.12	0.04			0.06			0.07							0.03					
	5. 住宅の庭・敷地					1	0.31	0.43	0.23			0.23			0.11							0.09					
	6. 住宅の耐久，耐火，耐震性						1	0.56	0.31			0.22			0.11							0.15					
	7. 住宅の総合的評価							1	0.41			0.25			0.18							0.23					
	8. 入居時と現在の住みごこち								1			0.21			0.15							0.19					
環境	IV. 1. (1) 道路からのイメージ									1	0.65	0.58	0.24	0.39	0.42	0.25	0.39	0.6				0.37					
	(2) 緑の環境										1	0.56	0.26	0.43	0.42	0.28	0.38	0.57				0.28					
	(3) 家のたてこみ状態											1	0.30	0.50	0.51	0.39	0.45	0.65	0.20	0.24	0.20	0.35	0.21	0.13	0.07	0.27	0.35
	(4) 道路の安全性												1	0.23	0.36	0.27	0.28	0.42				0.23					
	(5) 日当り通風の快適性													1	0.32	0.27	0.39	0.45				0.27					
	(6) 静かさ，落ち着き														1	0.36	0.37	0.62	0.19	0.22	0.22	0.29	0.13	0.19	0.06	0.23	0.34
	(7) 公園，遊び場															1	0.42	0.46				0.42					
	(8) 災害の安全性																1	0.63				0.30					
	(9) (1)～(8)などの総合（環境）																	1				0.40					
利便性	(10) 商店などの便																		1	0.48	0.36	0.36	0.27	0.30	0.19	0.17	0.31
	(11) 病院などの公的施設																			1	0.39	0.38	0.33	0.35	0.33	0.24	0.37
	(12) 通勤，通学の便																				1	0.42	0.31	0.31	0.29	0.25	0.41
	(13) 子供の教育環境																					1	0.40	0.32	0.29	0.36	0.49
	(14) スポーツ，レクリエーション																						1	0.54	0.48	0.30	0.41
	(15) 行事への参加機会																							1	0.54	0.33	0.46
	(16) 老人の福祉サービス																								1	0.26	0.43
	(17) 近所づきあい																									1	0.61
	(18) (10)～(17)などの総合（利便性）																										1

総合的評価と評価項目の相関

住宅、環境、利便性のそれぞれの細項目の終りに、総合的評価がある。その総合的評価と各細項目との関係は、住宅、環境、利便性の各大項目のなかでの細項目の重要度を示している。表2－2からみると、相関係数0・4以上の重要度3位までの項目はつぎのようになる。

住宅については、「間取り」、「広さ」、「耐久・耐火・耐震性」。

環境（住宅の周辺の）については、「家のたてこみ状態」、「災害の安全性」、「静かさ、落ち着き」である。

利便性（日常牛活の）については、「近所づきあい」、「子供教育環境」、「行事への参加機会」である。

これらの重要項目からイメージできる住宅地とは、住宅については長持ちのする余裕のあるものであり、環境については、あまり住宅が建てこまず安全でしかも静かであること、生活の利便性については、子供にとって良い環境であること、しかも地域コミュニティ、地域活動が活発であること、となる。

評価項目相互の関係

表2－2に示されている相関係数0・4以上について印をつけてみると、評価項目間に関係の深いものが明らかとなる。

住宅について、

。広さ、間取り、日当り・通風・湿気―当然良い住宅の第1の条件である。

◦庭・敷地、日当り・通風・湿気—住宅の敷地に余裕があれば、日当り、通風も良くなる。

環境について、

◦道路からのイメージ、緑の環境、家のたてこみ—この3つは住宅地の環境の重要な要素で、道路からのイメージは緑と家のたてこみからつくられる。

◦家のたてこみ、日当り・通風の快適性、静かさ・落ち着き、災害の安全性—つまりは、建物の密度が住宅地の快適さや安全性に作用しているといえる。

利便性について、

◦商店などの便、病院などの公的施設—生活しやすさの指標である。

◦スポーツ、レクリエーションの便、行事への参加機会、老人福祉サービス—相互の関連は不明であるが、全体に地域サービスに関連している。

1．住宅の広さについてどのようにお感じですか。
該当の番号一つに○をつけて下さい。

（N＝541）

不満率（20.6%）

1．たいへん満足	（28.4%）	4．やや不満	（16.6%）
2．やや満足	（38.4%）	5．たいへん不満	（4.0%）
3．どちらともいえない	（11.4%）		

4,5に○をつけた方のみ御記入下さい。
●最も不満なものは何ですか。
該当の番号一つに○をつけて下さい。

（N＝94）

1．居　間（19.1%）	5．子供寝室（11.7%）	9．収　納（25.5%）
2．台　所（19.1%）	6．玄　関（2.13%）	10．その他（0.0%）
3．食　堂（6.3%）	7．書　斎（3.2%）	（　　　）
4．夫婦寝室（7.4%）	8．浴室・洗面所（5.3%）	

ii）住宅・環境・利便性の変容に対する評価

現在の住宅についての評価

住宅についての評価項目は、広さ、間取り、日当たりなど、経済的負担、庭・敷地、耐久性など、総合評価、以前の住宅との比較、である。そして、「不満である」と回答した人については、その理由についてもきいた。ただし住宅については、住宅の変容、改善についての評価ではなく、あくまで、現在居住の住宅の住みごこちについての評価である。以下、集計結果についてのべる。

住宅の広さ、間取りについての評価は、一戸建の住宅の場合、それほど不満が高いわけではない。不満率とは、「やや不満」と「たいへん不満である」と回答した人の割合（%）とした。広さの不満率は20・6%、間取りの不満率は23・9%である。どの室について不満であるかは、「収納」、「居間」、「台所」で、「個室」、「寝室」以外について不満が高い。間取りについては、「家族以外の人を泊める部屋」、「台所が狭い」、「家族数に対し個室の数が足りない」、の順で室数の要求が高い。

住宅内部の日当り、通風、湿気についての不満率は25・2%、最も不満なものについては、「日当りが悪い」であった。

住宅の経済的負担に関して家賃、地代、住宅ローンの支払いなど、不満率はかなり高く35・4%である。

庭・敷地については、不満率23・8%で、「庭が狭い」、「日当りが悪い」がその理由である。

住宅の耐久、耐火、耐震性については、不満率33・8%と高く、ほとんど同等に不満である。

住宅の総合評価についてはやや満足が51・1%、不満率21・3%であるから、回答者は現在の住宅についてはほぼ満足しているといえる。

入居時と現在の住宅を比較して、悪くなったという人は25・5%、その理由は、「周囲に家が建てこんできたから」と「住宅が老朽化してきたから」、がその主な理由である。

周囲の環境についての評価

回答者が居住している周囲の環境について、8つの評価項目について、環境が「良くなったか」、「かわらないか」、「悪くなったか」、をきき、

不満率（23.9%）

2．住宅の間取りについてはどのようにお感じですか。
該当の番号一つに○をつけて下さい。（N＝502）

1．たいへん満足（17.8%）
2．やや満足（42.9%）
3．どちらともいえない（15.1%）
4．やや不満（19.6%）
5．たいへん不満（4.3%）

4,5に○をつけた方のみ御記入下さい。
●最も不満なものは何ですか。
該当の番号一つに○をつけて下さい。（N＝126）

1．食事室と寝室がわけられない（1.6%）
2．夫婦の独立した寝室がない（7.1%）
3．家族数に対して個室の数が足りない（19.8%）
4．台所が狭い（21.4%）
5．家族以外の人を泊める部屋がない（23.8%）
6．プライバシーの保てない部屋がある（5.5%）
7．窓のない部屋がある（1.6%）
8．その他（19.0%）
（　　　　　）

不満率（25.2%）

3．住宅内部の日当り、通風、湿気などについてはどのようにお感じですか。 該当の番号一つに○をつけて下さい。（N＝510）

1．たいへん満足（30.9%）
2．やや満足（34.1%）
3．どちらともいえない（9.6%）
4．やや不満（18.8%）
5．たいへん不満（6.4%）

4,5に○をつけた方のみ御記入下さい。
●最も不満なものは何ですか。
該当の番号一つに○をつけて下さい。（N＝133）

1．日当りが悪い（69.1%）
2．通風が悪い（3.0%）
3．湿気がある（5.3%）
4．冬、非常に寒い（14.2%）
5．夏、非常に暑い（4.5%）
6．その他（3.8%）
（　　　　　）

不満率（35.4%）

4．毎月の家賃又は地代、住宅ローンの支払いなど住宅の経済的負担についてどのようにお感じですか。
該当の番号一つに○をつけて下さい。（N＝355）

1．負担に感じない（23.3%）
2．あまり負担に感じない（21.4%）
3．どちらともいえない（19.7%）
4．やや負担に感じる（25.0%）
5．たいへん負担に感じる（10.4%）

不満率（23.8%）

5．住宅の庭・敷地についてはどのようにお感じですか。
該当の番号一つに○をつけて下さい。（N＝404）

1．たいへん満足（18.8%）
2．やや満足（34.0%）
3．どちらともいえない（12.5%）
4．やや不満（27.3%）
5．たいへん不満（7.2%）

4,5に○をつけた方のみ御記入下さい。
●最も不満なものは何ですか。
該当の番号一つに○をつけて下さい。（N＝181）

1．敷地内に駐車の余裕がない（11.1%）
2．庭が狭い（48.1%）
3．庭からの眺めが悪い（2.8%）
4．庭の日当りが悪い（25.4%）
5．庭のプライバシーがない（5.0%）
6．物干し場がない（3.3%）
7．その他（4.4%）
（　　　　　）

不満率（33.8%）

6．住宅の耐久性、耐火性、耐震性についてはどのようにお感じですか。 該当の番号一つに○をつけて下さい。（N＝495）

1．たいへん安心（9.0%）
2．やや安心（28.0%）
3．どちらともいえない（28.8%）
4．やや不安（27.2%）
5．たいへん不安（6.6%）

4,5に○をつけた方のみ御記入下さい。
●最も不満なものは何ですか。
該当する番号一つに○をつけて下さい。（N＝178）

1．住宅の耐久性（36.5%）
2．住宅の耐火性（27.0%）
3．住宅の耐震性（34.2%）
4．その他（2.3%）

不満率（21.3%）

7．現在の住宅そのものについて、総合的にどのように評価されますか。 該当の番号一つに○をつけて下さい。（N＝491）

1．たいへん満足（13.4%）
2．やや満足（50.1%）
3．どちらともいえない（15.0%）
4．やや不満（17.1%）
5．たいへん不満（4.2%）

不満率（25.5%）

8．入居時と現在とを比較して住宅の住みごこちは良くなりましたか。
4,5に○をつけた方は下の問にも解答して下さい。（N＝488）

1．たいへん良くなった（10.8%）
2．やや良くなった（21.5%%）
3．かわらない（42.0%）
4．やや悪くなった（18.8%）
5．たいへん悪くなった（6.7%）

●その最大の理由とお考えのもの一つに○をつけて下さい。（N＝135）

1．住宅が老朽化してきたから（30.4%）
2．家族構成が変わったから（11.9%）
3．生活の質が向上したから（2.2%）
4．周囲に家が建てこんできたから（43.7%）
5．家族が年をとったから（1.5%）
6．その他（10.4%）

7

●昭和30年より前にすでに洗足にお住まいになっていた方は、次の問のなかの「入居時」を「昭和30年当時」と読みかえて、問に答えてください。

Ⅳ　現在お住まいになっている周囲の環境、生活の便利さなどについて、おうかがいします。

1．現在の居住地に入居した当時と現在とを比較して、周囲の環境や生活の便利さが、良くなりましたか、悪くなりましたか。該当する番号一つに○をつけて下さい。

2．それぞれの項目の現状について、あなたは満足していますか。該当する番号一つに○をつけて下さい。

項目	1（入居時と比べて）		2（現状について）	不満率
(1)「道路からみた建物、ヘイ、生垣の景色、イメージ」は入居時と比べて (N＝468)	1.良くなった (28.2%) 2.かわらない (48.5%) 3.悪くなった (23.2%)	そしてあなたはこの現状に (N＝451)	1.たいへん満足 (15.0%) 2.やや満足 (43.0%) 3.どちらともいえない (20.1%) 4.やや不満 (15.0%) 5.たいへん不満 (6.6%)	不満率 21.6%
(2)「植木などの緑の環境」は入居時と比べて (N＝473)	1.良くなった (12.9%) 2.かわらない (51.3%) 3.悪くなった (35.7%)	そしてあなたはこの現状に (N＝453)	1.たいへん満足 (12.1%) 2.やや満足 (36.2%) 3.どちらともいえない (19.8%) 4.やや不満 (24.2%) 5.たいへん不満 (7.5%)	31.7%
(3)「周囲の家のたてこみの状態」は入居時と比べて (N＝471)	1.良くなった (4.0%) 2.かわらない (40.1%) 3.悪くなった (55.8%)	そしてあなたはこの現状に (N＝451)	1.たいへん満足 (7.7%) 2.やや満足 (23.2%) 3.どちらともいえない (23.5%) 4.やや不満 (32.8%) 5.たいへん不満 (12.6%)	45.6%
(4)「最寄駅から自宅までの道路の安全性」は入居時と比べて (N＝466)	1.良くなった (24.6%) 2.かわらない (55.3%) 3.悪くなった (19.9%)	そしてあなたはこの現状に (N＝449)	1.たいへん満足 (18.4%) 2.やや満足 (39.8%) 3.どちらともいえない (22.0%) 4.やや不満 (15.5%) 5.たいへん不満 (4.0%)	19.5%
(5)「日当り、通風の快適性」は入居時と比べて (N＝472)	1.良くなった (5.7%) 2.かわらない (54.6%) 3.悪くなった (39.6%)	そしてあなたはこの現状に (N＝453)	1.たいへん満足 (13.9%) 2.やや満足 (31.7%) 3.どちらともいえない (13.4%) 4.やや不満 (28.4%) 5.たいへん不満 (12.3%)	40.7%
(6)「騒音のない静かさ、落ち着き」は入居時と比べて (N＝473)	1.良くなった (3.7%) 2.かわらない (51.5%) 3.悪くなった (45.2%)	そしてあなたはこの現状に (N＝456)	1.たいへん満足 (15.5%) 2.やや満足 (31.5%) 3.どちらともいえない (11.8%) 4.やや不満 (26.3%) 5.たいへん不満 (14.6%)	40.9%
(7)「公園、遊び場などのゆとり」は入居時と比べて (N＝448)	1.良くなった (12.9%) 2.かわらない (68.5%) 3.悪くなった (18.5%)	そしてあなたはこの現状に (N＝430)	1.たいへん満足 (3.9%) 2.やや満足 (29.5%) 3.どちらともいえない (34.1%) 4.やや不満 (23.4%) 5.たいへん不満 (8.8%)	32.2%
(8)「災害、火災に対する安全性」は入居時と比べて (N＝472)	1.良くなった (9.5%) 2.かわらない (65.6%) 3.悪くなった (24.7%)	そしてあなたはこの現状に (N＝451)	1.たいへん満足 (5.1%) 2.やや満足 (27.0%) 3.どちらともいえない (35.9%) 4.やや不満 (24.1%) 5.たいへん不満 (7.7%)	31.8%
(9)「(1)から(8)までのような周囲の環境全体について」は入居時と比べて (N＝460)	1.良くなった (8.9%) 2.かわらない (53.4%) 3.悪くなった (37.6%)	そしてあなたはこの現状に (N＝442)	1.たいへん満足 (6.7%) 2.やや満足 (34.8%) 3.どちらともいえない (23.3%) 4.やや不満 (25.5%) 5.たいへん不満 (9.5%)	35.0%
(10)「商店が近くにあり、充実していること」は入居時と比べて (N＝479)	1.良くなった (56.7%) 2.かわらない (42.3%) 3.悪くなった (0.8%)	そしてあなたはこの現状に (N＝460)	1.たいへん満足 (23.0%) 2.やや満足 (51.9%) 3.どちらともいえない (15.2%) 4.やや不満 (8.9%) 5.たいへん不満 (0.8%)	9.7%
(11)「病院、出張所などの公的施設が近くにあること」は入居時と比べて (N＝474)	1.良くなった (28.4%) 2.かわらない (71.5%) 3.悪くなった (0.0%)	そしてあなたはこの現状に (N＝458)	1.たいへん満足 (16.1%) 2.やや満足 (50.2%) 3.どちらともいえない (25.7%) 4.やや不満 (7.4%) 5.たいへん不満 (0.4%)	7.8%
(12)「通勤、通学の交通の便」は入居時と比べて (N＝478)	1.良くなった (26.5%) 2.かわらない (71.7%) 3.悪くなった (1.6%)	そしてあなたはこの現状に (N＝459)	1.たいへん満足 (27.4%) 2.やや満足 (48.1%) 3.どちらともいえない (18.7%) 4.やや不満 (4.5%) 5.たいへん不満 (1.0%)	5.5%
(13)「子供のための教育環境」は入居時と比べて (N＝439)	1.良くなった (12.5%) 2.かわらない (78.5%) 3.悪くなった (9.8%)	そしてあなたはこの現状に (N＝428)	1.たいへん満足 (13.7%) 2.やや満足 (38.7%) 3.どちらともいえない (35.5%) 4.やや不満 (10.5%) 5.たいへん不満 (1.8%)	不満率 12.3%
(14)「スポーツ、レクリエーションが近くでたのしめること」は入居時と比べて (N＝440)	1.良くなった (19.0%) 2.かわらない (74.5%) 3.悪くなった (6.3%)	そしてあなたはこの現状に (N＝428)	1.たいへん満足 (7.9%) 2.やや満足 (22.6%) 3.どちらともいえない (43.6%) 4.やや不満 (21.0%) 5.たいへん不満 (4.6%)	25%
(15)「趣味、娯楽、文化サークル行事への参加の機会」は入居時と比べて (N＝442)	1.良くなった (32.8%) 2.かわらない (66.2%) 3.悪くなった (0.9%)	そしてあなたはこの現状に (N＝432)	1.たいへん満足 (9.7%) 2.やや満足 (30.7%) 3.どちらともいえない (50.2%) 4.やや不満 (8.3%) 5.たいへん不満 (0.9%)	9.2%
(16)「老人のための福祉サービス・施設」は入居時と比べて (N＝424)	1.良くなった (33.2%) 2.かわらない (66.0%) 3.悪くなった (0.7%)	そしてあなたはこの現状に (N＝414)	1.たいへん満足 (5.8%) 2.やや満足 (29.4%) 3.どちらともいえない (54.5%) 4.やや不満 (8.7%) 5.たいへん不満 (1.4%)	10.1%
(17)「近所づきあいのしやすさ」は入居時と比べて (N＝474)	1.良くなった (9.2%) 2.かわらない (76.5%) 3.悪くなった (14.1%)	そしてあなたはこの現状に (N＝457)	1.たいへん満足 (8.1%) 2.やや満足 (35.6%) 3.どちらともいえない (41.3%) 4.やや不満 (12.4%) 5.たいへん不満 (3.0%)	15%
(18)「(10)から(18)までのような日常生活全体について」は入居時と比べて (N＝457)	1.良くなった (23.4%) 2.かわらない (70.4%) 3.悪くなった (6.1%)	そしてあなたはこの現状に (N＝444)	1.たいへん満足 (7.8%) 2.やや満足 (47.3%) 3.どちらともいえない (35.5%) 4.やや不満 (7.8%) 5.たいへん不満 (1.3%)	9.1%

さらに満足の度合いについて問うた。その結果、良い悪いと満足不満足とはほぼ比例した関係となった。全体に環境については「悪くなった」、「不満である」という評価である。不満率の高い順は、周囲の家のたてこみの状態45・4%、騒音のない静かさ・落ち着き40・7%、となる。調査地域にしだいに住宅が建てこみ、騒音や日当りの問題が生じ、いわゆる環境面においてもインナーシティ化してきた現われであるといえる。

日常生活の利便性についての評価

利便性については周囲の環境とは対照的な結果となっている。環境は「悪くなった」、「不満である」、という評価が評価項目全体についていえるのであるが、利便性については「よくなった」、「満足である」と評価している。まず、利便性が「よくなったか」「悪くなったか」については、近所づきあいのしやすさ14・1%を除いて、「悪くなった」と回答した割合はすべて10%以下であった。そのうち、子供のための教育環境7・8%、スポーツ、レクリエーションがたのしめること6・3%が比較的高いといえる。満足、不満足の評価については、環境のように30%以上の高い不満率を示すものはない。不満率の高い順からいえば、スポーツ、レクリエーションが近くでたのしめること25・6%、近所づきあいのしやすさ15・4%、子供のための教育環境12・3%で、その他は10%以下となる。これらのことから、日常生活の利便性に関しては、公的施設、商店、通勤・通学、趣味・娯楽、福祉サービス、などすべて「良くなった」「満足である」と評価されているが、比較的、近所づきあい、教育環境、スポーツ、レクリエーションについては評価は低い。これらは調査地の洗足や奥沢地区が、都市部化したため、地域の人の転入転出が激しいことや、野外のスポーツ、レクリエーションの場所が郊外スプロールによって遠くなったことが理由であると考えられる。

（2）ライフステージ別、入居年別などの評価

評価項目の不満率について、家族類型別、世帯主年齢別、入居年別、敷地面積別、などのクロス集計を行なった。それは、ライフステージ・入居年によって、住宅、環境、利便性などに対する評価は異なっていると予想されたからで、現居住者にとってどのような事柄が問題であるのかを明らかにしたい。

ⅰ）ライフステージ別の評価

クロス集計の結果は、大きく分けてライフステージに関するものと、入居年に関するものがあり、この2つが評価を決める重要な観点であると考えられる。ライフステージはさらに家族類型別と世帯主年齢別のクロス集計を行なった。

家族類型別の不満率

家族類型を5つに簡略化してクロス集計を行なった。ただし、核家族（長子年齢11歳以下）は票数が少なく集計からは外した。図2-13はこれらの類型別に評価項目ごとに不満率をプロットし、1～5までを線で結んだ。この結果、不満率の最高と最低、序列、幅などがわかる。

1．夫婦家族（世帯主年齢64歳以下）
2．夫婦家族（世帯主年齢65歳以上）
3．核家族＋欠損家族（長子年齢12歳～17歳）
4．核家族＋欠損家族（長子年齢18歳以上）
5．直系家族

全般的に、家族類型別の評価は、住宅および利便性については核家族＋欠損家族（長子年齢12～17）、環境については夫婦家族（世帯主年齢64歳以下）がもっとも不満率が高い。住宅に関しては、長子年齢12歳～

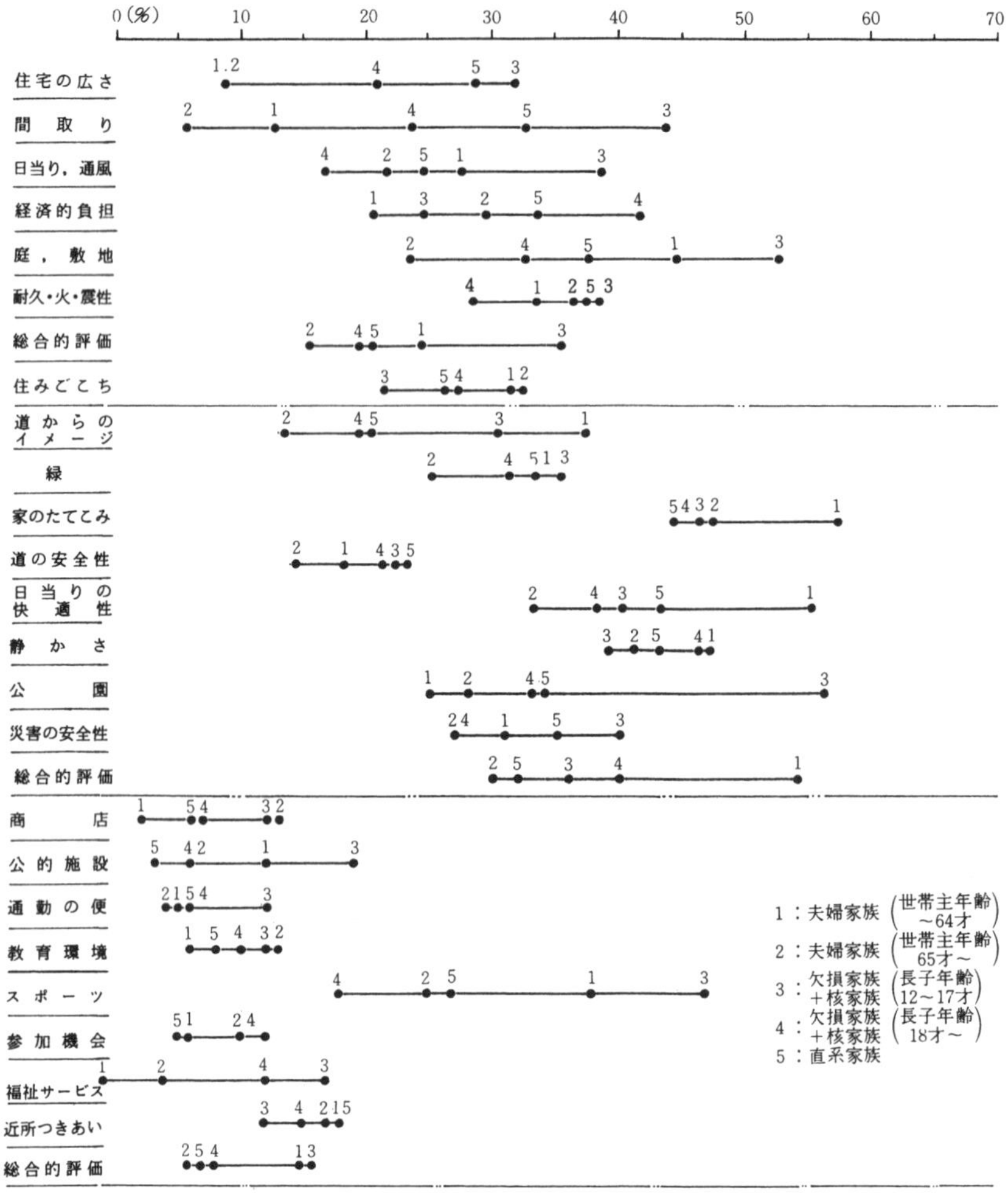

図2－13　戦前の家族類型別不満率

17歳で核家族が住宅に対する要求が高いのは当然といえる。さらに詳細にみると、住宅の評価項目では、1、2、4、5、3の序列がある。つまり、夫婦家族、核家族（長子年齢18歳以上）、直径家族、核家族（長子年齢12歳～17歳）の順で住宅に対する不満率が高い。

環境については、64歳以下の夫婦家族が道路からみた建物・ヘイ・生垣の景色・イメージ、家のたてこみ、日当り・通風の快適性、の3項目について、他の家族類型よりは格段に不満率が高いのは、家族形態からくる問題ではなく、居住年数が長いということに関係していると考えられる。比較的満足しているのは夫婦家族で65歳以上となる。環境のうち植木などの緑の環境、公園、遊び場などのゆとり、災害、火災に対する安全性の3項目は、類似した評価がされ、しかも住宅の評価とも似ている。

利便性では、住宅と同じく核家族（長子年齢12歳～17歳）が不満率が高いか、明確な不満率の序列はみられない。スポーツ、レクリエーションが近くでたのしめることは、きわだって不満率が高い。理由は家族に若い世代が居ることのように考えられる。

世帯主年齢別の不満率

世帯主年齢を3段階に分けてクロス集計を行なった。20歳～49歳、50歳～64歳、65歳以上である（図2－14）。

その結果、住宅については世帯主年齢の低いほど不満率が高い。ただ、住宅の耐久、耐火、耐震性につい

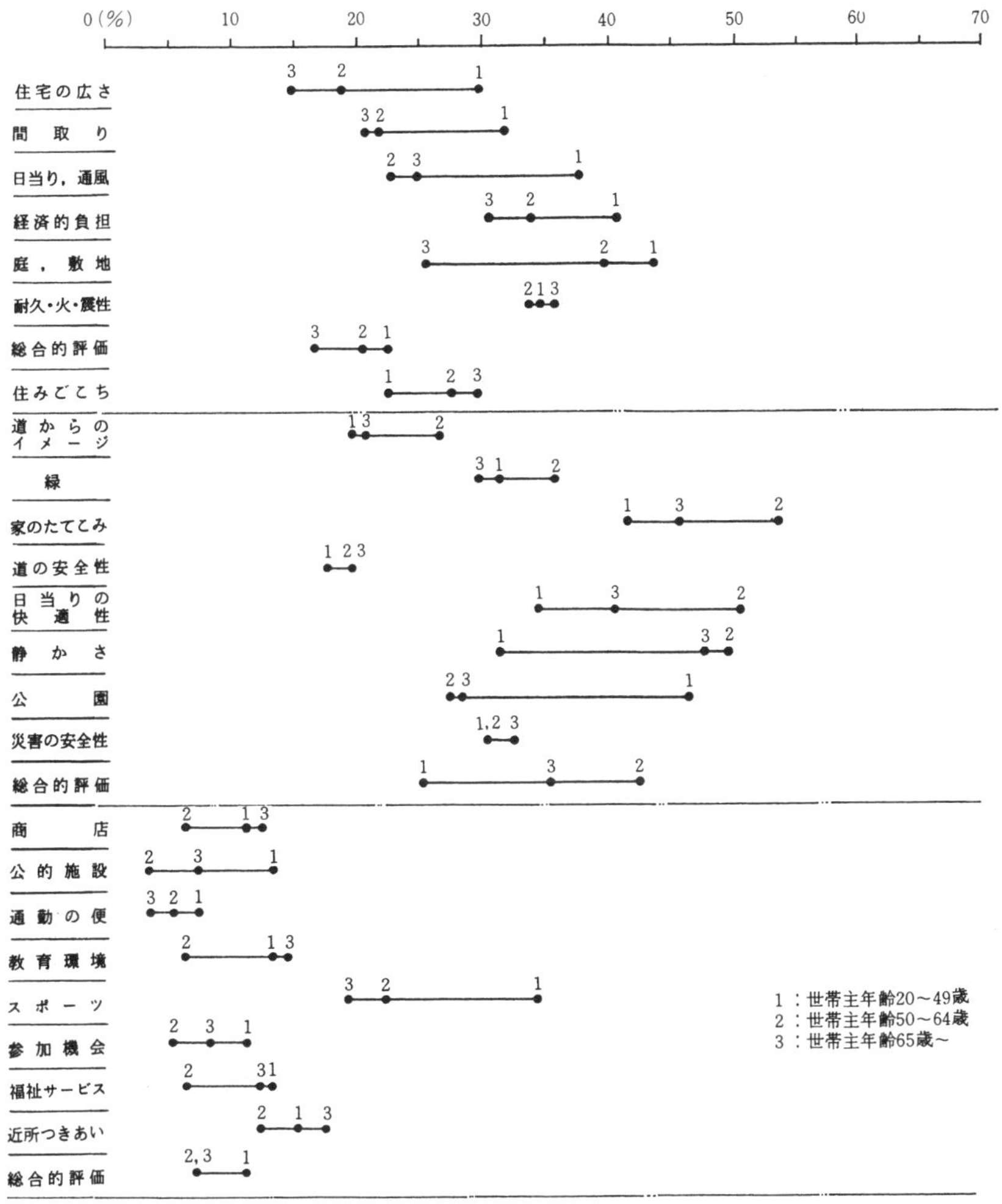

図2－14　戦前の世帯主年齢別不満率

ては、序列がみられず、不満は世帯主年齢と関係していない。

環境については、50歳～64歳、65歳以上、20歳～49歳の順で居住年数に関係しているように考えられる。

利便性では、家族型類型別と同じく、序列は不明確であるが、20歳～49歳が不満率の高いグループと65歳以上が高いグループの評価項目がある。

家族型類型別と世帯主年齢別との両方から、クロス集計結果は、住宅についてはよくライフステージに従った評価をしているといえる。

ii）入居年別の評価

入居年別の評価では、入居年別の不満率、敷地面積別の不満率の2つのクロス集計を行なった。

入居年別の不満率

入居年とは、この場合回答者の入居した年というより、回答者の「いえ」がこの地区に住みはじめた年とした。この章では戦前に開発された郊外住宅地をアンケート対象地としているため、入居年は大正末からになる。4段階に分けた（図2－15）。

1．大正11年～昭和20年入居（戦前期）
2．昭和21年～昭和34年入居（戦後復興期）
3．昭和35年～昭和46年入居（高度成長期）
4．昭和47年～昭和60年入居（低成長期）

住宅、環境、利便性について、入居年ごとの序列が明らかな評価項目は多く、入居年は評価にとって

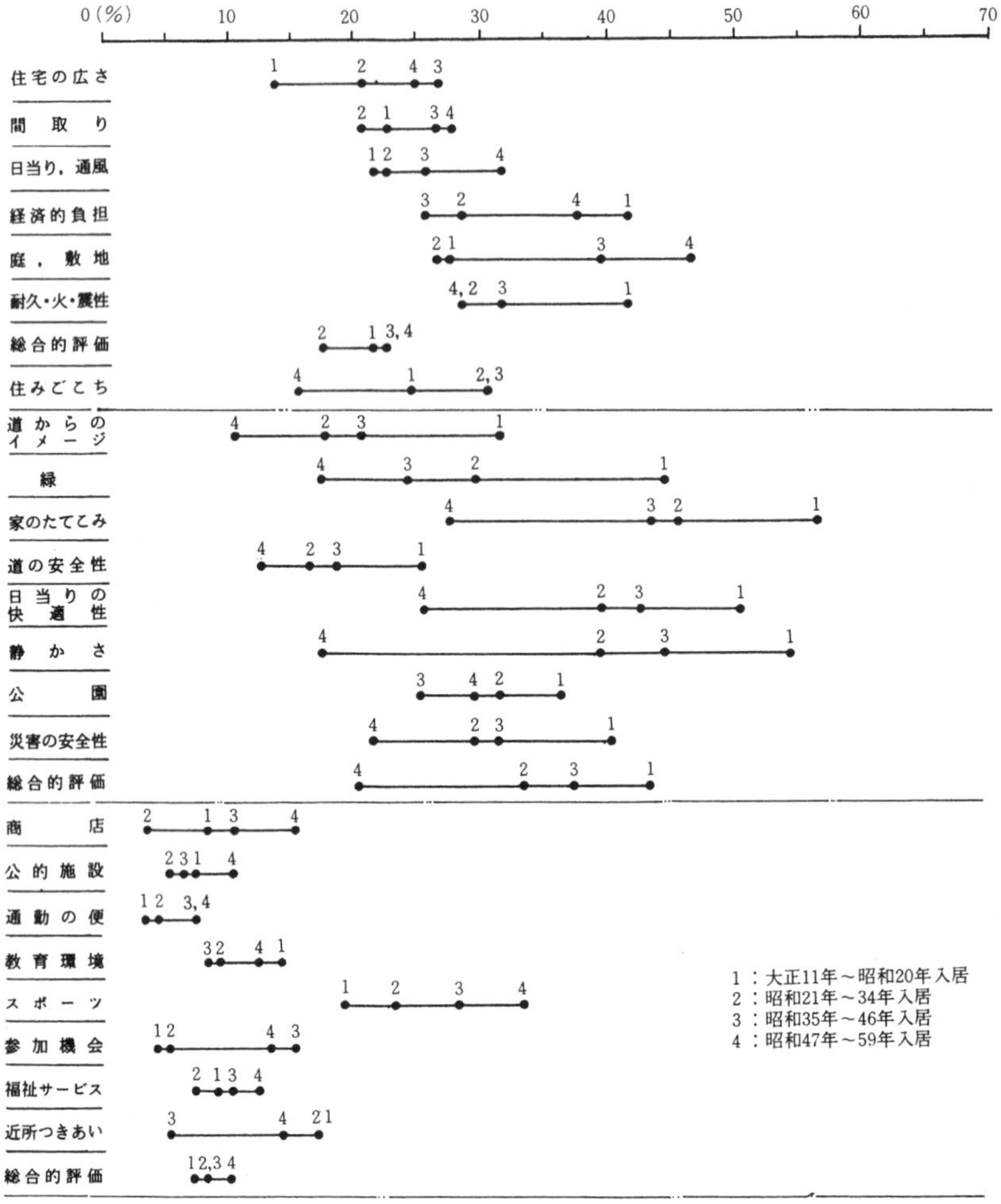

図2－15　戦前の入居年別不満率

重要な要素であることが理解される。

住宅については全般に新しい入居者つまり新住民ほど旧住民に比べて不満率が高い。しかし、住宅の経済的負担と耐久・耐火・耐震性については全く逆に、旧住民の方が不満が高い。

環境に関しては、住宅よりもさらに、明瞭な序列がみられる。４、２、３、１と、入居者が古いほど不満率が高いのであるが、２と３つまり戦後復興期と高度成長期だけが序列が逆になっている。高度成長期に入居した人の方が環境についての不満率が高い。ほとんどの評価項目において、入居年ごとの評価は大きな開きがある。

利便性については、教育環境と近所づきあいについては旧住民ほど不満が大きく、その他評価項目は逆に新住民が不満であると評価している。

敷地面積別の不満率

本章の2. で説明したとおり、入居年ごとに、その居住する敷地面積が異なる傾向がある。入居年が古いほど広い敷地に住み、新住民ほど狭い。敷地面積を１００㎡ごとに5段階に分けた（図2－16）。

住宅に関しては、狭い敷地の人ほど不満率が高く、当然のことながら、住宅の庭についてはその開きは大きい。意外なことは、敷地面積２００～３００㎡の平均的な広さの人達は比較的不満率は低い。

環境については、極端に狭い敷地１００㎡未満の人が不満が低い。これは、新住民の評価であると考

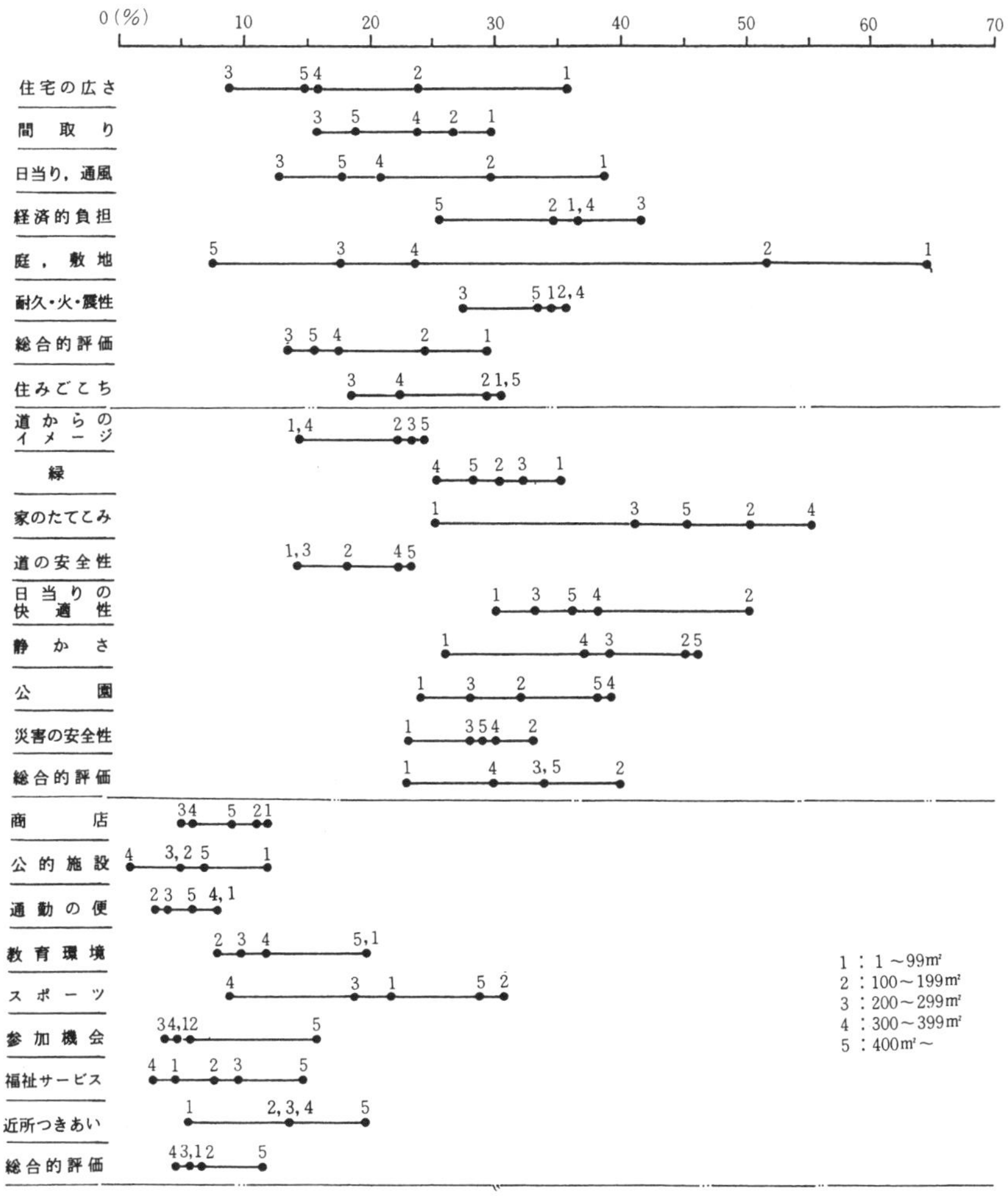

図2－16　戦前の敷地面積別不満率

えられる。その他はあまり傾向はみられない。

利便性については、敷地400㎡以上と100㎡以内の人が不満率が高い、その他は明確な傾向は見られない。

入居年別の評価は、環境について明解な傾向がみられ、新住民は良い評価をし、旧住民は悪い評価をしている。

最終的な現居住者による住宅、環境、利便性に関する変容についての評価の結論は、住宅の評価についてはライフステージ、環境の評価については入居年、利便性については明快ではないが、ライフステージと入居年の両方、に作用されているといえる。

(3) まとめ

ここでは、居住者と居住環境の関係を明らかにするために、アンケートによって住宅、環境、利便性に対する住民の評価を以下3つの観点で調べ、その相互関係をみてみた。

まず第一に、項目間の相関をみ、総合評価と相関の高い、いくつかの項目をあげた。それら重要項目は、住宅の間取り、広さ、耐久性、環境のたてこみ、安全性、静かさ、利便性の近所づきあい、教育環境などであり住宅地の全体的な評価を決める重要な条件となる。

次に、変容についての評価をみた。住宅に対する評価では、広さよりも間取りについて不満率が高く、都心の共同住宅とは逆の結果となった。環境については、「悪くなった」という評価が多く、インナーシティ化が進む状況を反映している。利便性では逆に、「良くなった」「満足である」という評価が多い。

三番目に、居住者の状態により評価の違いがあるかみてみた。住宅については、核家族+欠損家族（長子12~17歳）で居住年数の短い、世帯主年齢の低い世帯に不満が高かった。環境については、夫婦家族（世帯主年齢64歳以下）で入居年の古い居住年数の長い世帯に不満が高かった。利便性は、項目により不満の高いものは異なっていた。この住宅と環境に対する評価構造の差は、住宅地の評価と居住者の綿密な関係を示している。

以上、住宅、環境、利便性に関する評価は、住宅はライフステージ、環境は入居年、利便性は両方に作用されていることがわかった。そして、住宅については間取り、環境については家のたてこみ、利便性については近所づきあいという条件が重要な意味をもつことがわかった。

3．変容の要因としての世代交代

（1）住宅地変容の要因

住宅地が変容していく要因には

① 開発時の要因

② 居住者の条件による内的な要因

③ インナーシティ化などによる外的な要因

の3つがあることが、第1章（2）〔本書には収録せず〕で明らかにされている。また、住宅地の変容を考えていく上で、2つの世代交代をみていくことが重要である。と第1章（1）〔本書には収録せず〕で述べた。世代交代と、この3つの要因との関係は、非常に密接である。開発時の要因として家族の世帯主年齢や成員数が似ていることは、家族的世代交代が同じ時期に起きることを示し、外的な要因は、土地取引（売買）が活発になることで地域的世代交代を促進していくことを表わす。そして、家族的世代交代も地域的世代交代も、土地の相続・売買・贈与などの取引を経て、土地の分割を引き起こす。この土地の分割・細分化は様々な意味で環境変化（悪化）につながっていく大きな契機となっている。つまり、世代交代によって土地の分割がひき起こされ住宅地は変容していくのである。

i）現居住者の世代交代（相続）の状態

戦前住宅地のアンケート調査から、具体的に家族的な世代交代がおきている状態を知り、土地分割との関係などを明らかにしようと試みた。しかし、アンケート調査では、長期に居住している世帯の回答が少なく、しかも土地分割に関する回答率が低かったため、具体的な考察は、後の土地登記簿調査で行うこととした。したがって、ここでは、居住者の世代交代の状態をいくつかの角度から分析し、その特徴を明らかにすることに留めた。

相続の時期（世帯主年齢、長子年齢）

世代交代を端的に表わしているもののひとつに相続がある。アンケートの中で相続に関して次のように質問した。（戦前住宅地：奥沢、洗足についてのアンケート）

相続回数の回答結果は、573人中1回相続21・6%、2回相続2・9%で、計24・5%の世帯で相続が起きていた。そして、相続の平均は、1回相続の場合昭和40年、2回相続の場合昭和29年と昭和47年という結果になった。また、それぞれの場合の親の平均年齢は、72・9歳~67・

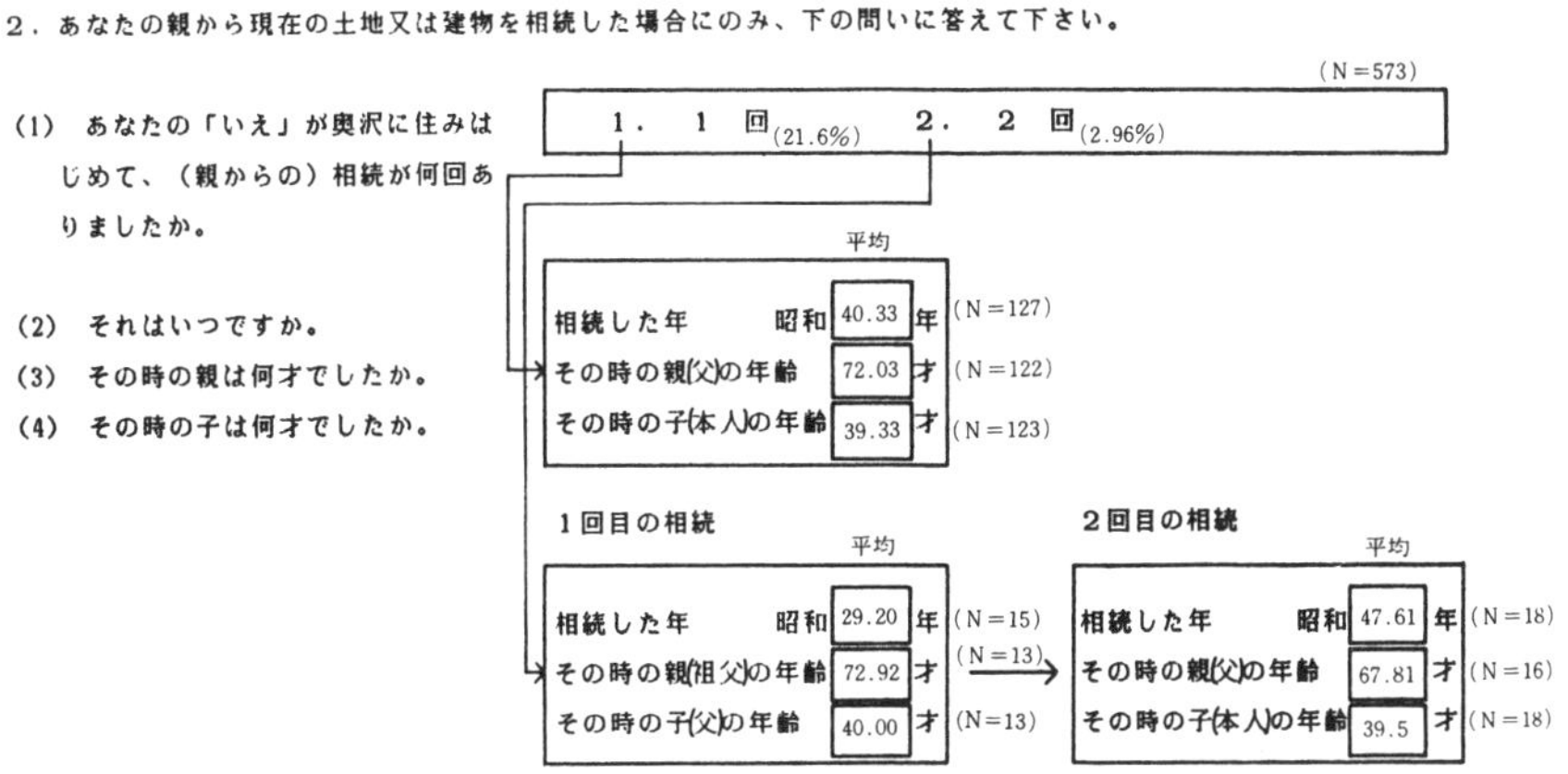

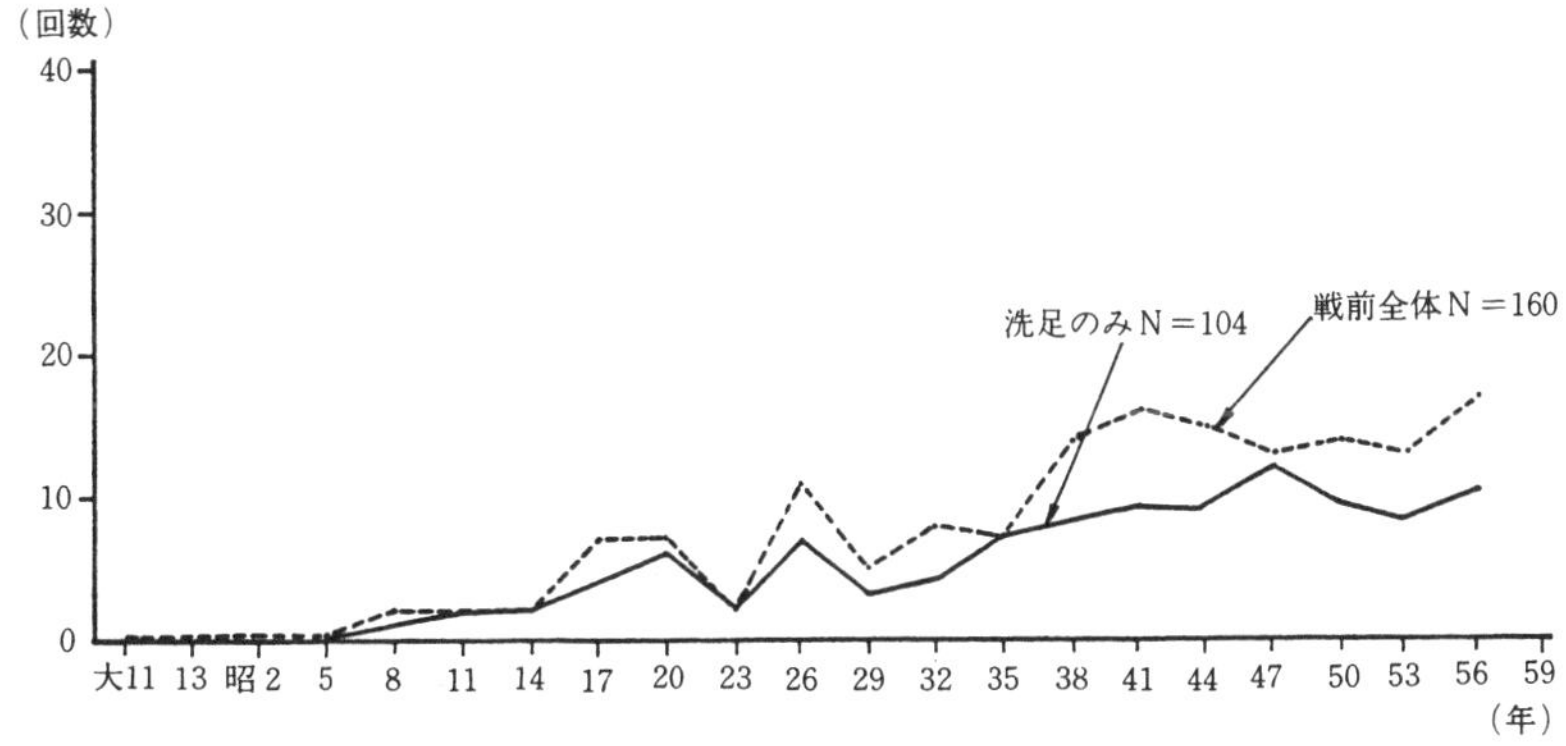

図2－17　戦前と洗足の相続の時期

8歳と約70歳、子の年齢は39・3歳～40歳と約40歳だった。この結果の中で注目されるべき点は、親の年齢と子の年齢が常に一定な点である。親または子がその年齢に達した時が世代交代の時期だといえる。郊外住宅地は、分譲されてから、世帯主が同年代である家族が多数入居する。そして、何年か後に各々の家族では世帯主年齢が70歳に近づき、世代交代及び土地相続の時期を迎える。このことは、世代交代を、単に家族内部の問題としてみるのではなく、住宅地の社会問題環境問題に関係した、住宅地全体の地域の大きな問題として捉える必要があることを表わしている。

次に、アンケート調査から、相続の時期を単純集計してみた（図2－17）。すると、戦前住宅地全体では、昭和20～28年と昭和41～43年の2回に相続のピークがあることがわかった。（洗足住宅地のみでは、2回目のピークは昭和47～49年になっている。）この第1回のピークは、分譲当初から居住していた人達の世代交代の時期にあたると考えられ、第2回のピークは、昭和10～20年代の入居者（途中入居者）の世代交代の時期である。この洗足住宅地の相続の時期は、次項の十地登記簿調査による時期とピーク時などと酷似しており、図2－44を参照していただきたい。

ここで明らかにされた、相続の時期の特徴は、郊外住宅地の将来予測を考えていく上で重要な意味をもつ。すなわち、世帯主年齢70歳、長子年齢40歳の時に世代交代の時期を迎え、その世代交代の時期は、当初からの居住者と途中入居者によって2回に分けられる、ということである。第3章の2〔本書には収録せず〕の居住者の世代交代の予測の中で詳しく述べた。

居住年数と相続

相続があった24・5％の世帯を居住年数別にみてみると、居住年数と相続回数とに大きな相関関係があることに気がつく（図2－18）。大正11年以後、4段階に分類して比較したところ、昭和20年以前の入居者は62％に相続があったのに対し、昭和21～昭和34年14％、昭和35～46年8％、昭和47～59年5％と、戦後入居者は10％前後に激減する。これをさらに詳しく見るために、入居年ごと（3年おき）に相続のおきた割合を比べてみた（図2－19）。すると、明らかに、居住年数の長い世帯ほど相続がおきやすく、特に居住年数がワンジェネレーションである30年を超えると、相続が増えることがわかった。昭和41年以降の入居者にはほとんど相続は起きず、居住年数20年以下では相続の起きる可能性がほとんどないこともわかった。

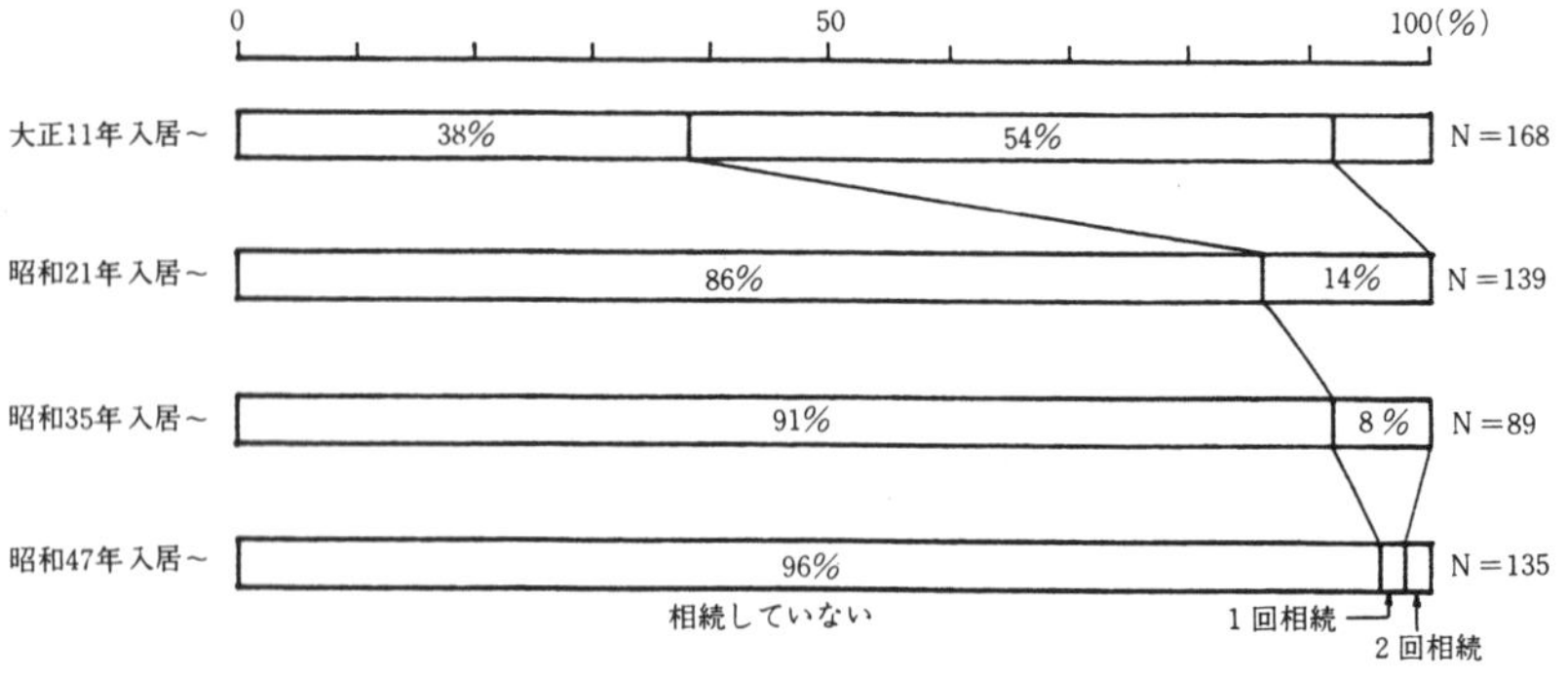

図2－18　戦前の入居年別（4段階）相続回数

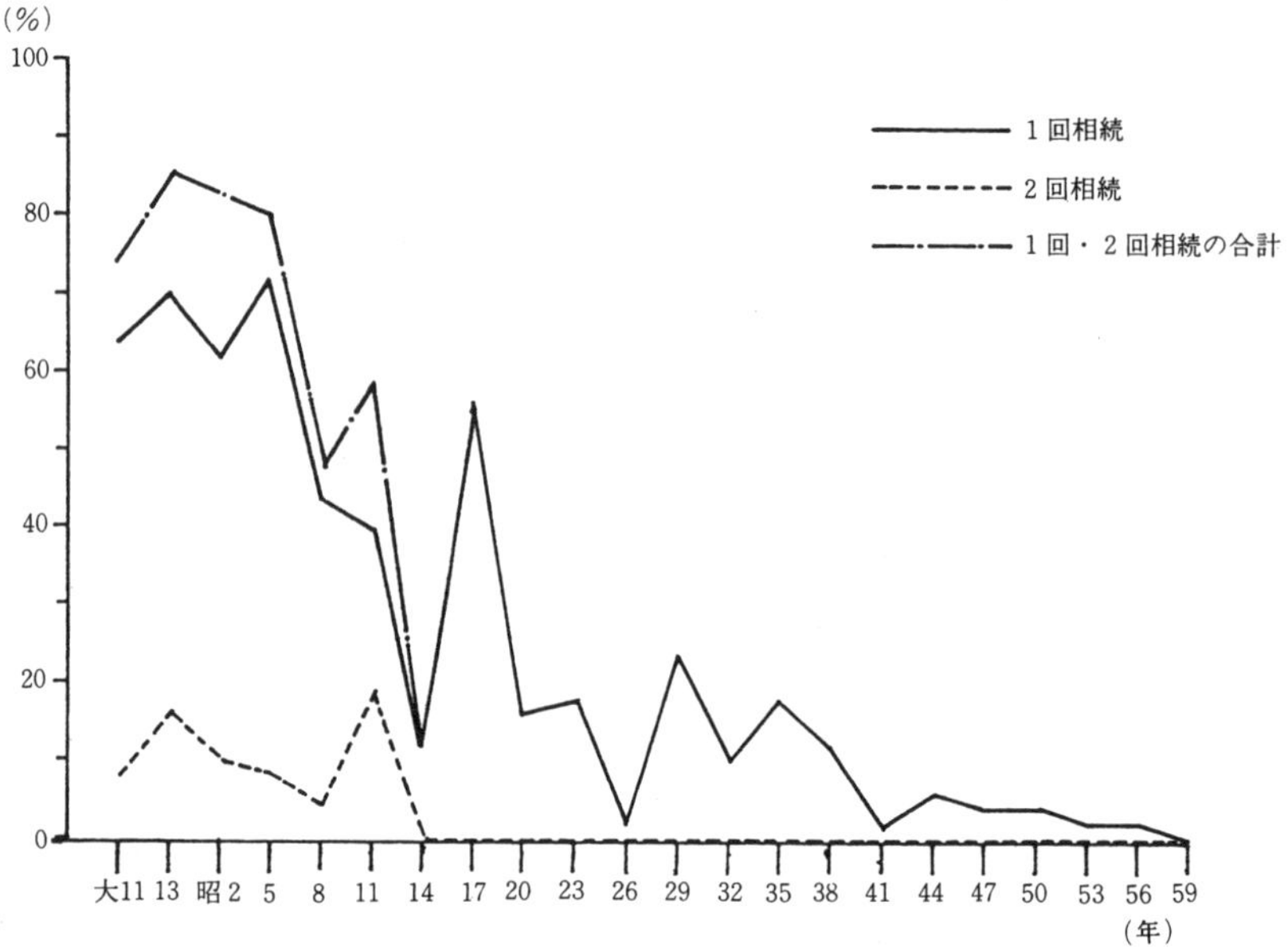

図2－19　戦前の入居年別（3年おき）相続回数

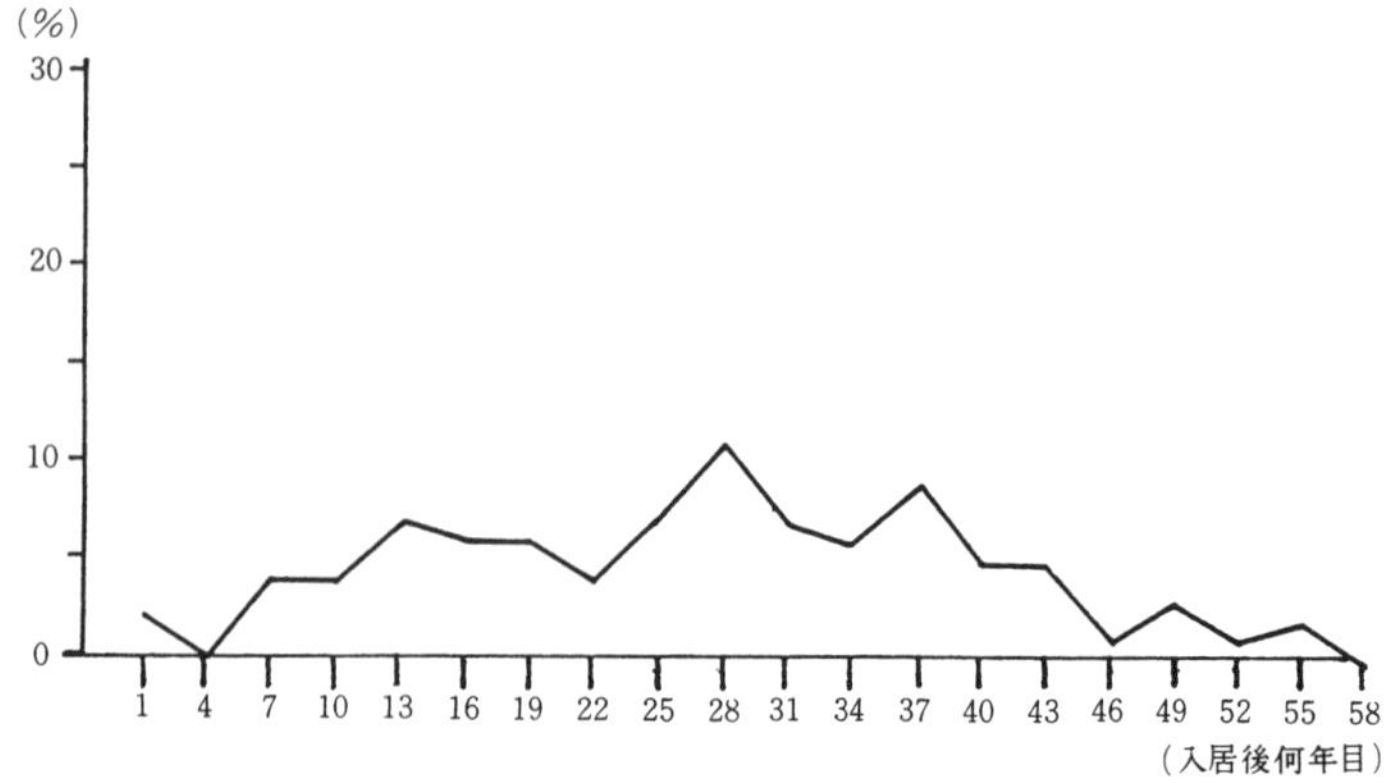

図2－20　戦前の入居後何年目に相続がおきたか

このことを踏まえ、入居して何年後に相続が生じたか、ということをアンケートのクロス集計により求めてみると、28年目~31年目にピークがあり、上に述べたように、30年という節目がはっきりと読み取れた（図2－20）。

以上のように、居住年数の長さにより、相続の生じる割合は異なり、入居年の違いにより2回の世代交代期があることがわかった。相続回数と土地分割の関係は、図2－21のクロス集計から、2回相続があった世帯の56％が土地分割を行うなど関連性があることが予想できる。

また、入居年別敷地面積のグラフ（図2－22）をみてみても、昭和47年以降の入居者の多くは175㎡以下の土地に住み、戦前入居者は17

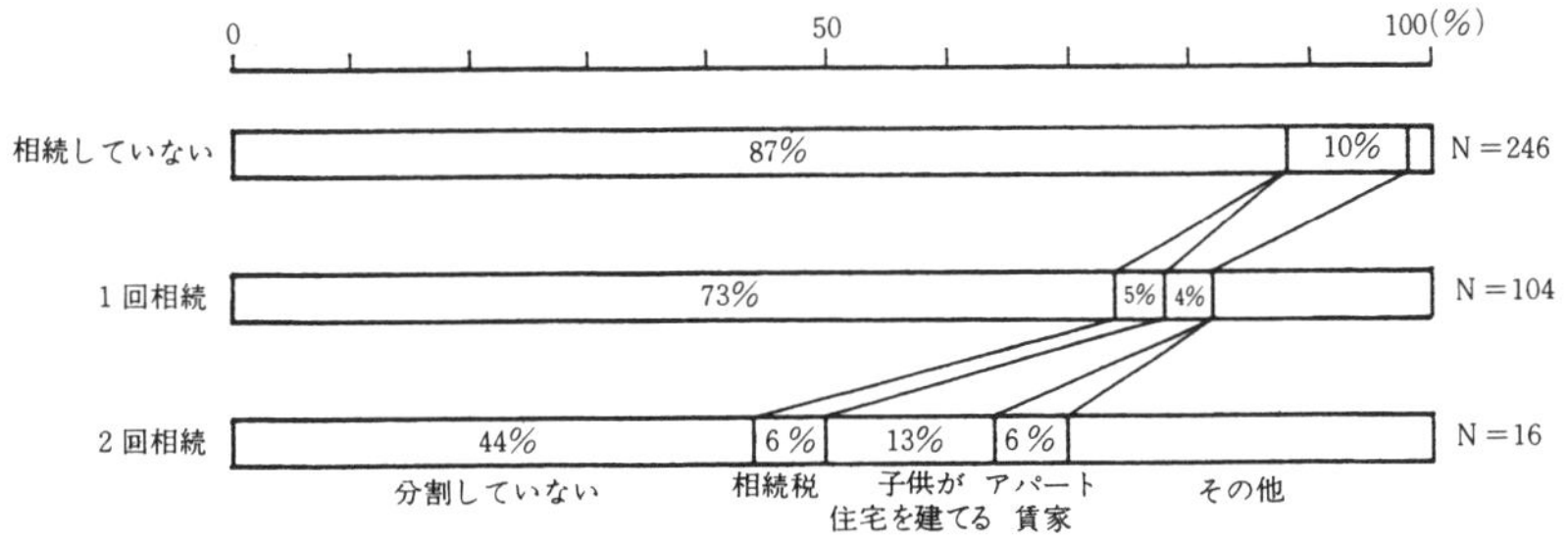

図2－21　戦前の相続回数別土地分割理由

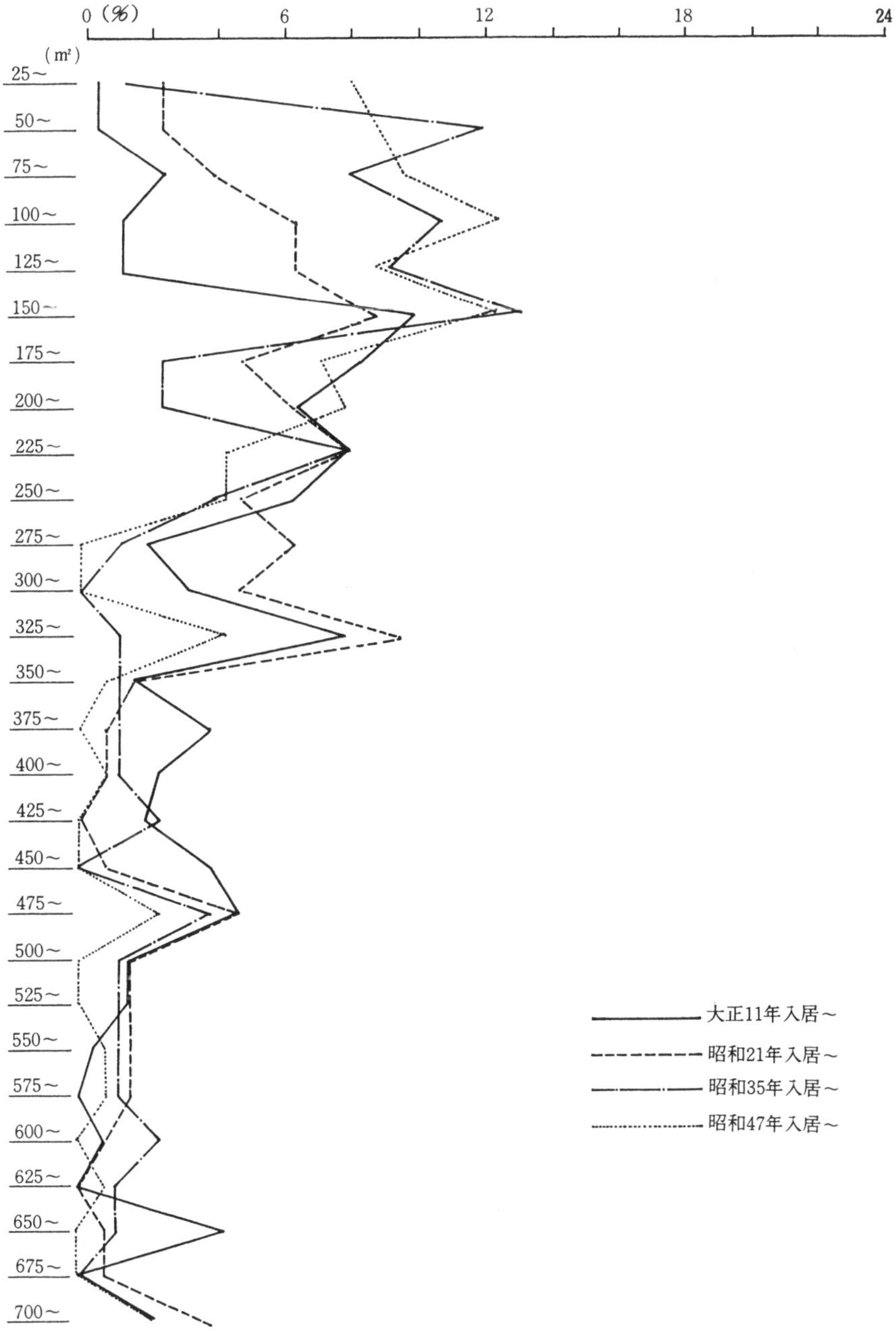

図2－22　戦前の入居年別（4段階）敷地面積

5㎡〜350㎡の土地に居ることがわかった。つまり、昭和47年以降の入居者の土地は、戦前入居者の土地が2つに分割された土地であることが考えられるのである。

このように、居住者の相続の状態の特徴から、郊外住宅地の姿が描き出され、さらに相続と土地分割の関連性についてもある程度推測ができた。

(2) 世代交代と土地分割

変容の要因の中で、世代交代によって引きおこされる大きな環境変化のひとつに、土地の相続、売買に伴う土地分割（土地細分化）が考えられる。土地の細分化によって、建物の密集や共同住宅の建設などのフィジカルな意味でも、新住民の転入や住民のコミュニティ活動への影響などソフトな面でも変化をしていく。

ここでは、洗足住宅地をとりあげ、土地の分割の状態を調べ、相続や売買などの原因との関係について検討し、土地分割の起きるプロセスや背景を明らかにした。土地分割の状態はアンケートの中でも質問した。だが回答数が少なく、ほとんど参考にならない。そのため、ここでは、東京法務局品川、目黒出張所の土地登記簿（現行ものと移記閉鎖のもの）を用いて調査した。

i) 土地分割の状態（面積、分割年、地域差）

土地区画数の増加

計画開発が行われた洗足住宅地では、分譲当時の土地区画は、整然としており、ひとつひとつの区画の規模は大きく、区画数は現在に比べると少ない。街区ブロックは、住宅の敷地に適するように設けられ、基本的には北入南入の2つの土地が背中合わせに並んでいる形態をとっていた（図2－23）。

その後、土地分割が行われ、土地区画数が増加していく過程が図2－24、25、26の3枚の地図でみられる。昭和30年当時では、地図の中心部にあたる駅周辺の商業地域での分割がみられるが、住宅地域での分割はさほど目立たない。しかし昭和47年には、目黒区側で、昭和60年現在になるとほぼ全域に土地分割が起き、区画数が増加していることがわかる。地図上には、ミニ開発と呼ばれる最小敷地に分割した土地区画が出現し、その上には、小住宅が密集して建てられていることが予想される。今まで一軒の家が建っていた敷地に、6〜8軒の家が所狭しと並んでいる状態は、環境の非常に大きな変化と考えられる。

区画数の増えていく過程を年度別にみてみると図2－27のようになる。昭和26年と昭和44年〜47年、56年にピークがあり、昭和26年と47年は、先に並べた洗足の居住者の相続の時期（世代交代別）と一致している。（図2－17参照）つまり、このことからも相続と土地区画数の増加には関連性があることがうかがえる。

年度別分割回数

土地の区画数の増加は、土地分割の行われたことを意味している。分割の行われた回数を年度ごとにまとめると、図2－28のようになる。昭和25年（1950）と昭和47年（1972）にピークがあり、昭和35年頃には逆に谷がある。つまり、戦前は土地分割はほとんど行われず、昭和21〜33年にかけて、土地分割が盛んに行われた時期があり、さらに昭和40年に小さなピークがあって、昭和45年以後の分割が進展する時期へと突入していった。この戦後すぐの分割の背景には、家族の大きな変動が考えられる。戦争による疎開、戦死などによって居住地を移転したり、世代交代をせざるを得なかったのであろう。また、洗足住宅地の場合、昭和26年頃に、丁度第一回世代交代期を迎えており、戦争による後遺症

図２－23　洗足の分譲当時の土地区画（大正11年～昭和２年）

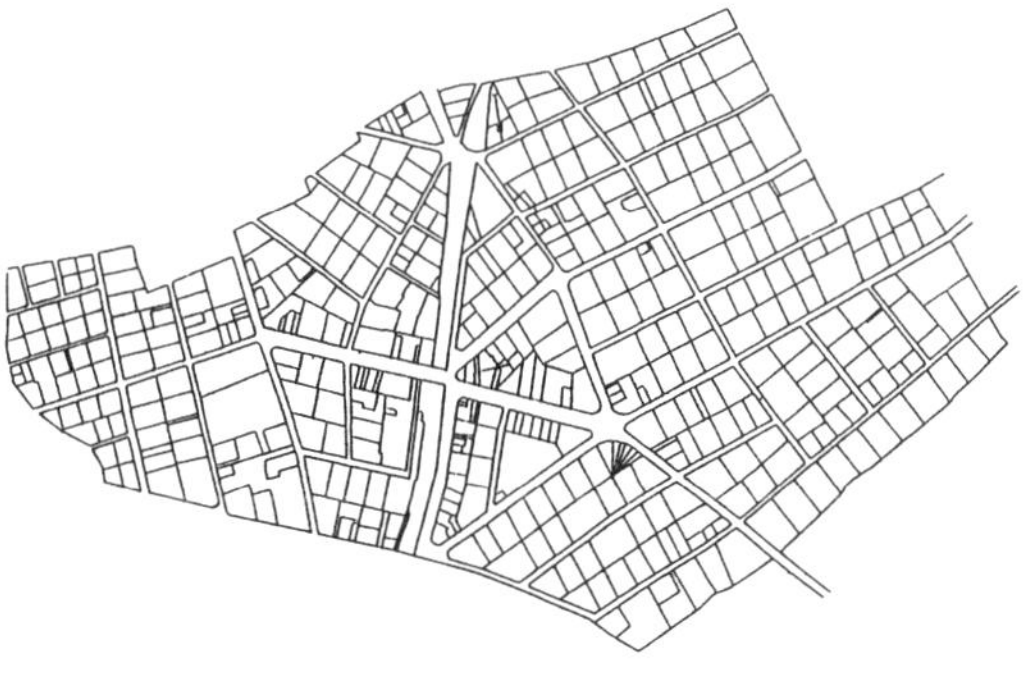

図２－24　洗足の昭和30年の土地区画

図２－25　洗足の昭和47年の土地区画

図２－26　洗足の昭和60年の土地区画

だけでなく、大正12年に入居した世帯の自然な世代交代も分割に大きく関与している。

この分割回数のグラフは、１回の分割で何筆の土地が生まれても１回としか数えていない。そのため、土地区画数の増加とは完全には一致はしない。特に昭和45年以降の分割には、一度に５～10筆にも割れているケースがいくつかあった。

そのため、分割回数のグラフより区画数増加のグラフの方が上まわっている。

洗足の第２回世代交代期と考えられる昭和47年には、やはり分割回数はピークを迎えている。そして、その後分割回数が落ち込むのは、東京都全体の土地取引（売買）件数の変化と呼応した動きと言える。東京全体の都市の土地需要の動きが、洗足住宅地にも影響を与えているのである（図２－29）。

次に、分割の行われた割合をみてみると以下のようになった。

現在の洗足の地番は全部で１０８２筆ある。その中で、分割が行われた土地は３３５筆で、30・９％あった。１度も分割が行われなかった土地７４７筆のうち、分割によって生じた土地は５８２筆あり、分譲時から１度も分割せずに現在に至っている土地は１６５筆（15・２％）あった。分割が行われた土地のうち84筆は、途中から生じた土地でその後自らも分割した土地であり、分譲時からあった土地２５１筆（23・１％）だった。つまり、分譲時の地番数は４１６であり、そのうちの60・３％、２５１筆の土地に分割がおき、２５１筆の３・６５倍の９１７筆に増えた。そして、現在の地番数は９１７筆＋１６５筆＝１０８２筆という数になっている。分割回数は、１回～２回が多く、４回以上のものはほとんどなかった（図２－30）。

分譲時・現在の土地面積

洗足における土地の分割の有無、回数などからみた分類を先に示したが、分譲時から現在までの土地の筆数の増加と性格の違う土地毎の平均面積を図に表わしてみた。（図2－31）分譲時416筆の全体の平均面積は586・8㎡現在の1082筆の全体の平均面積は220・1㎡となっている。分譲時から現在まで土地分割のなかった165筆は469・51㎡で、分譲時以降分割のあった251筆（親土地）の分譲時の面積663・96㎡とは200㎡程の開きがある。つまり、土地面積の大きな土地の方が分割がおきる可能性が高いと言える。分割の行われた親土地は分割によって土地面積を減らし、現在は分譲時の41％の276・10㎡になっている。そして、親土地から生まれた子土地666筆の、現在の土地面積は136・46㎡であり、その中には、子↓親土地（84筆）、孫土地のように再度分割された土地、道路の共同所有のための分割によって生じた土地、などいくつかの分類が必要な異なった性格の

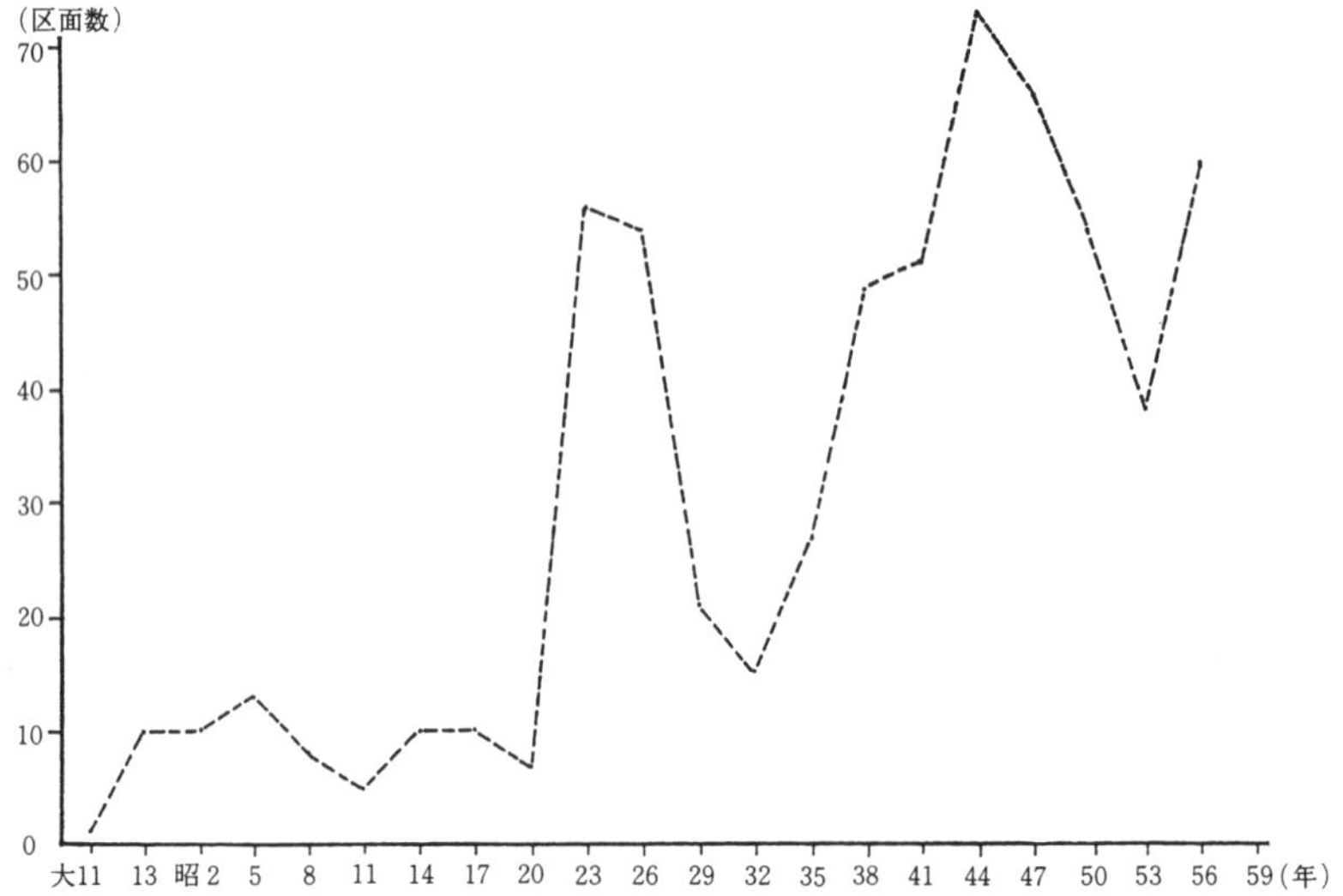

図2－27　洗足の年度別増加土地区画数

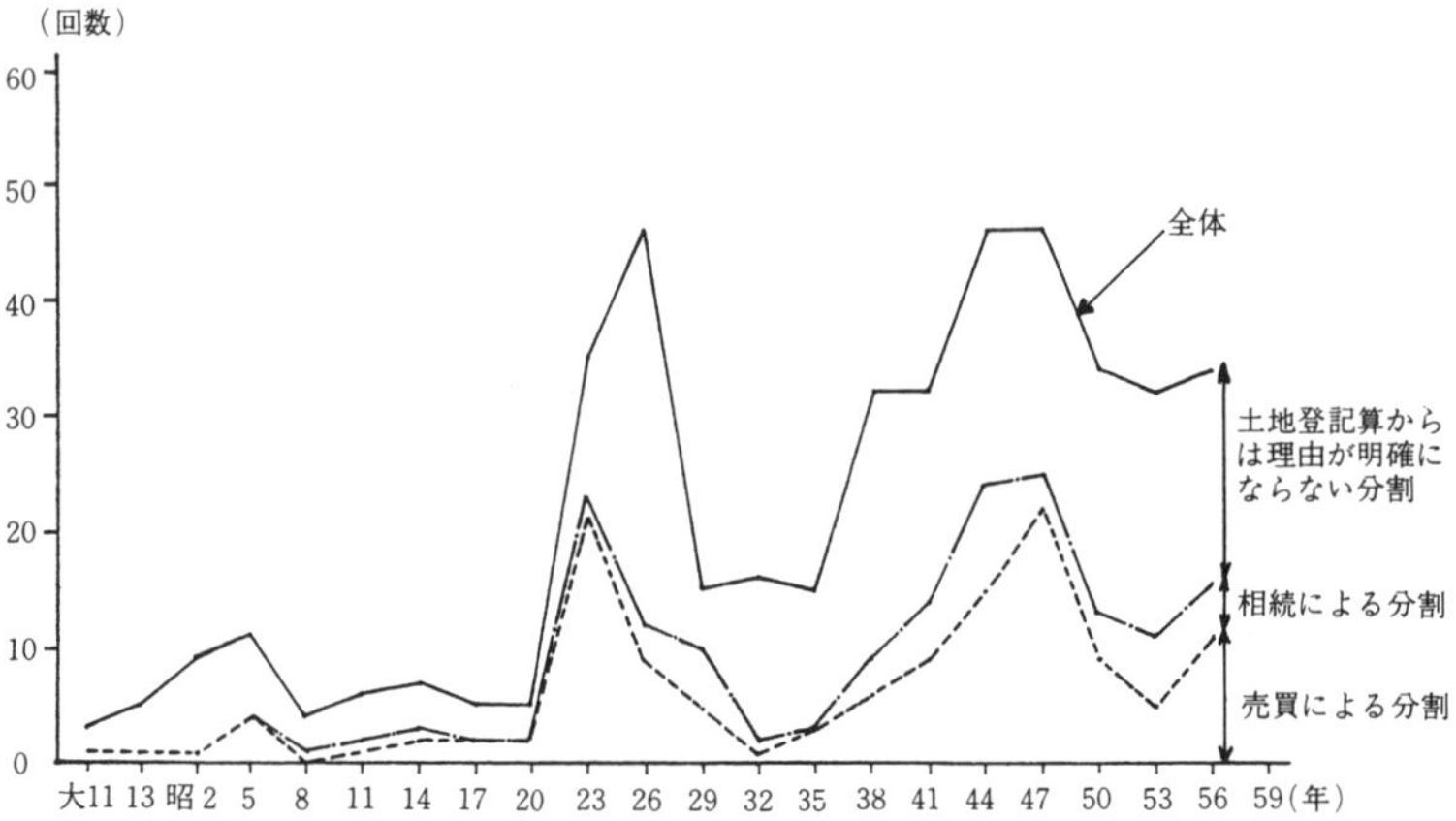

図2－28　洗足の年度別土地分割回数

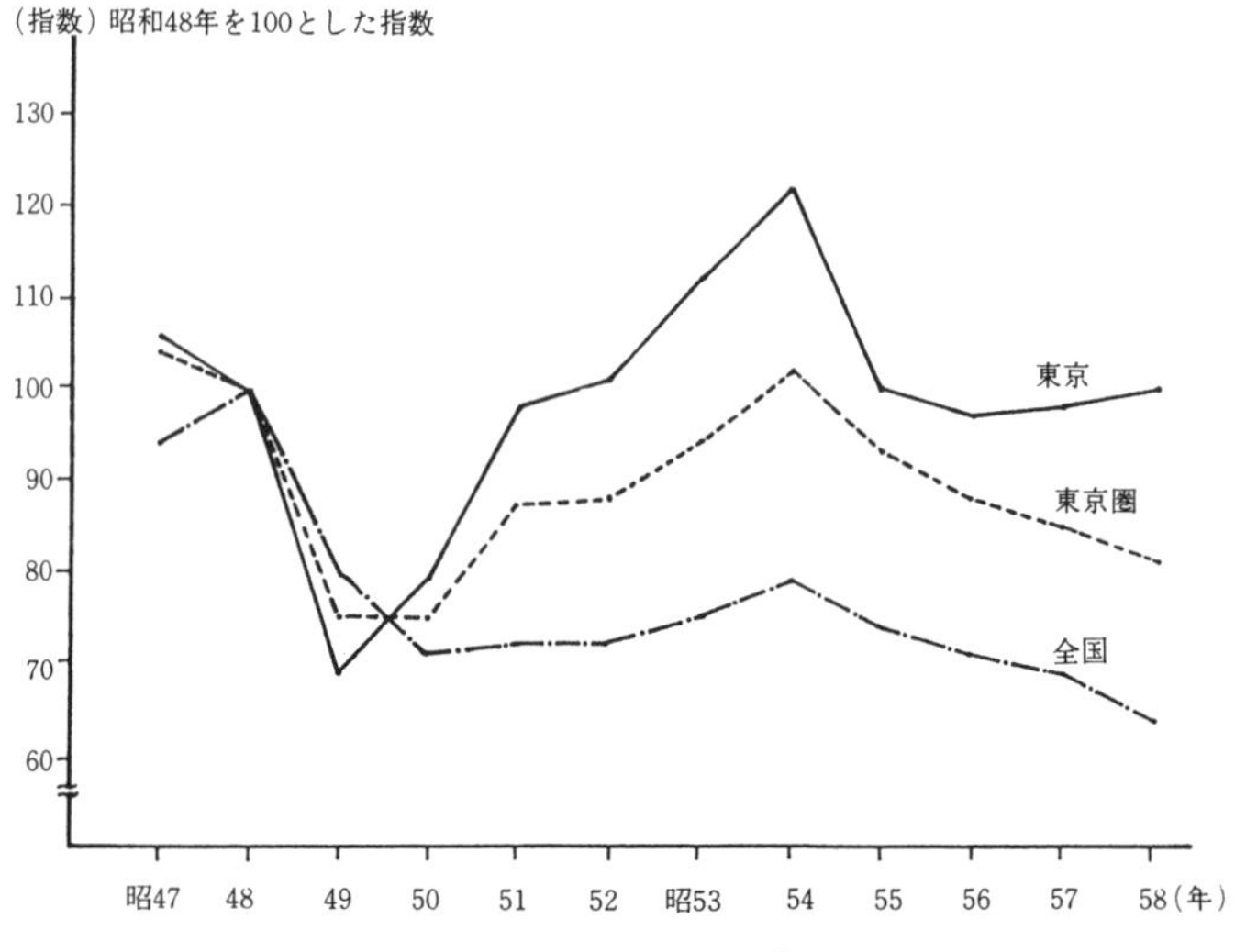

図2－29　土地取引（売買）件数の推移（「法務統計月報」より）

土地が含まれている。筆数は、251筆から251+666=917筆へと増加しており、約3・65倍になっていた。親土地と子↓親土地を合わせた335筆の土地を、分割のあった土地として考えてみた。すると、分割前の土地面積は650・53㎡、分割後の土地面積は当初の43%程の239・06㎡となった。

次に、これらの土地面積を50㎡ずつに区切って度数表示してみると、分譲時の土地に関しては、分割の有無にかかわらず、同じような構造をしていると言える。たしかに面積的には200㎡の開きがあるのだが、550~600㎡の度数が低く、600~650㎡の度数が高いという点で非常に類似しており、分譲の際の土地の区画の特徴がはっきりとみえる。つまり、洗足の分譲時の土地の面積は、450~550㎡の土地と600~650㎡の土地という2つのランクがあったのである。そして、分割のあった土地の現在の土地面積の分布の特徴は、分譲時の区画の特徴を打ち消してしまい、面積の小さな順に(150~200㎡をピークとして)階段状になっている。つまり、分割の論理は、全体としてみると、当初の親土地の面積とは関係なく、150~200㎡に近い面積へと小さくなることを示しているのである。また、このグラフで、もうひとつ言えることは、子↓親土地の面積が小さいということだ。これは、当然といえば当然で、元々分割前の面積が239・03㎡小さかったためであるが、0~50㎡の度数が高く、一軒の住宅を建てるための分割とはいいがたい面積になってしまっている。つまり、再分割を受けた土地は、道路位置指定の道路の共同所有など、特別な用途の分割が多いのである(図2-32、33、34)。

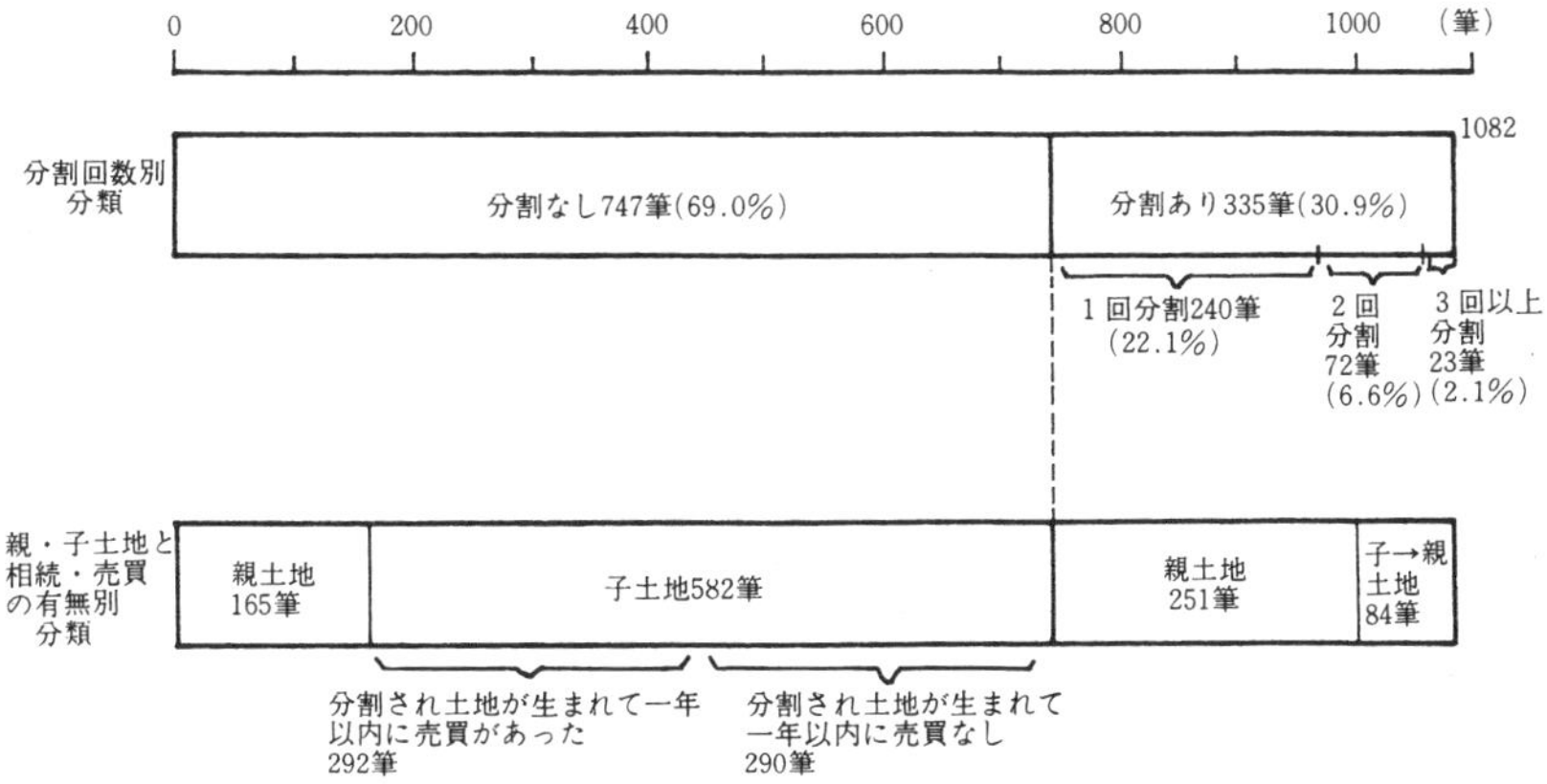

(注) 親土地とは，分割の行われた元の土地のことを指し，子土地とは，分割が行われて生じた土地のことを指す。つまり，1度分割が行われると親土地は面積を減らしいくつかの子土地がつくられ，1筆だった土地は2筆以上の土地に割れる。
子→親土地とは，分譲時にはなかった土地が分割によって子土地として生じ，さらにその後，子土地が分割を行い孫土地がつくられた場合の子土地のことを指す。

図2-30 洗足の分割の行われた割合と親土地、子土地の割合

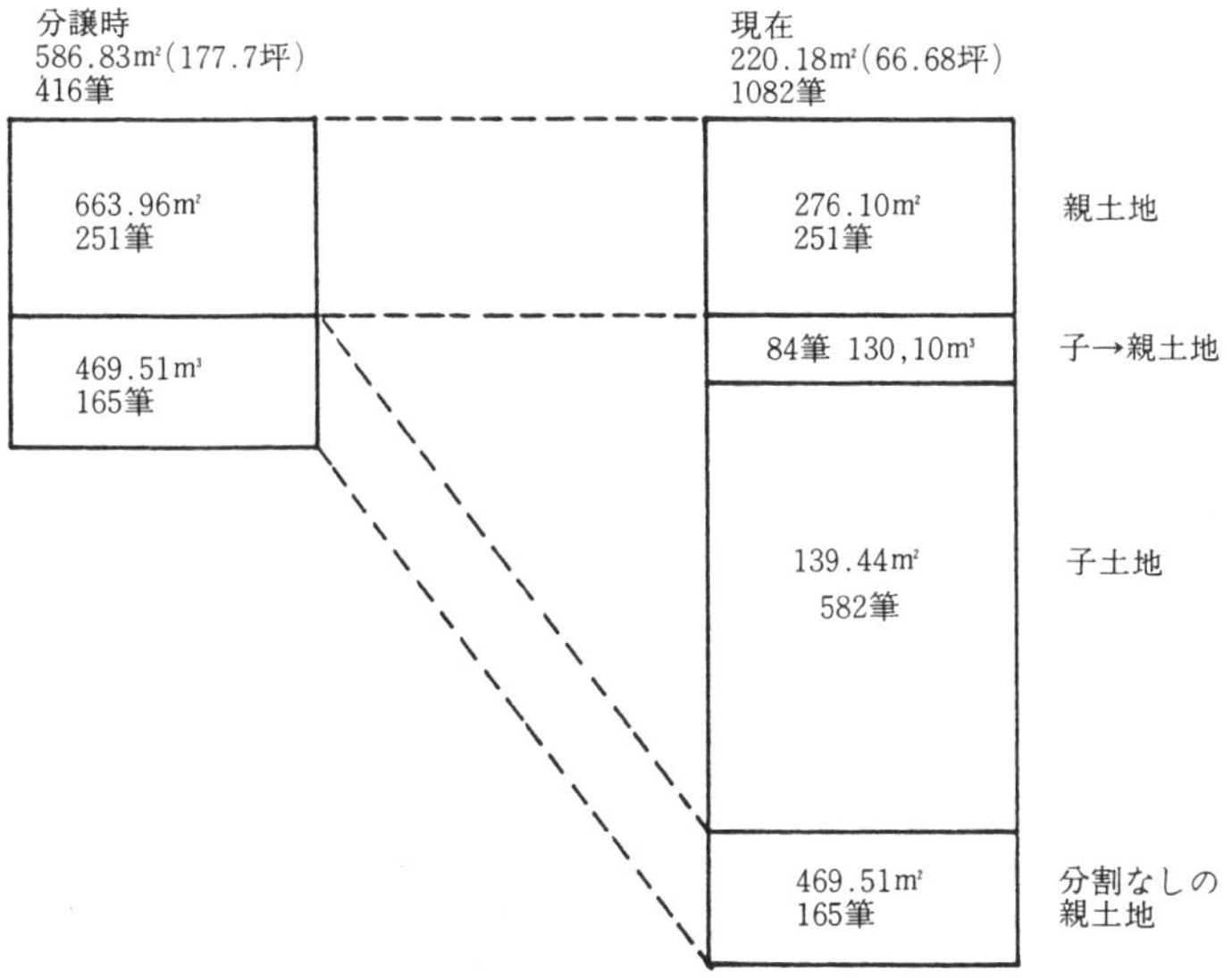

図2-31 洗足の分譲時と現在の土地の区画数と平均面積

地域差（駅周辺と住宅地域）

洗足住宅地は、住宅地の中央を目蒲線が横切り、洗足駅が中心部につくられている。そして、その駅から南北に商店街が形成され住民の生活必需品の供給源となっている。

この駅を中心としたダイヤモンド形の地域は、周囲の住宅オンリーの地域とは土地の状態が異なっている。現在の土地面積をみてみると、駅周辺地域では平均123・09㎡で、目黒区、品川区の住宅地域の215・25㎡、257・36㎡とは大分違い、面積がせまい。一般に商店建築は道路に面して3～5間程の間口で隣接して建てられ、住宅建築より少ない土地面積で充分である。この土地面積の差は、駅周辺の商業機能を表わしていると言えよう。また、品川区と目黒区の住宅地域にも若干の差がある。品川区の方は400～550㎡にひとつの山があるのに対し、目黒区ではその山がない。その分だけ品川区の平均面積が大きくなっている（図2－35、36、37）。

次に、分割年度をみてみると、駅周辺地域が、昭和21年～27年の間に分割が進んでいたことがわかった。それに比べ、品川区と目黒区の住宅地域は昭和45年以降の分割が顕著であり、商業地域と住宅地域では、分割年に差があることがわかった（図2－38、39、40）。

このように、商業地域では、家族的な問題から生じる土地分割ではなく、商業的な問題として土地分割が起きると考えられ、世代交代と土地分割の関係を調べていくにあたって、除外しなければならない地域であると思われる。

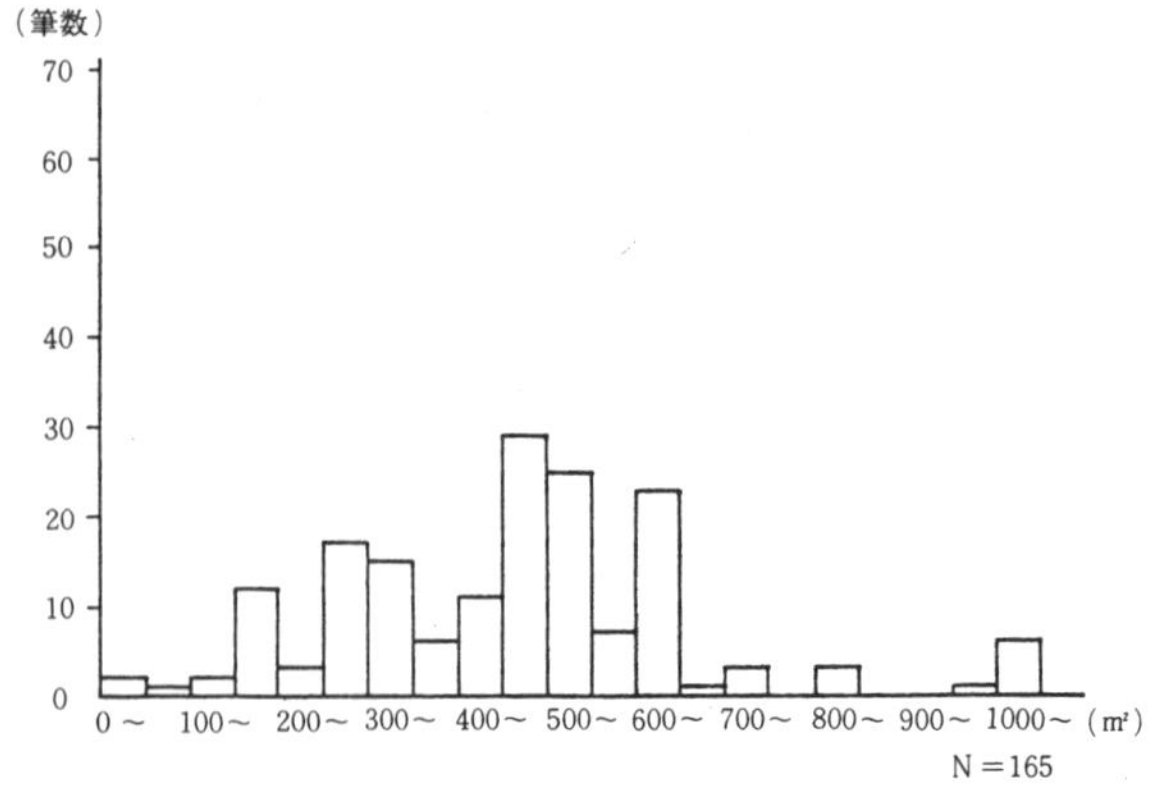

図2－32　洗足の分割なしの親土地の現在（分譲時）の面積

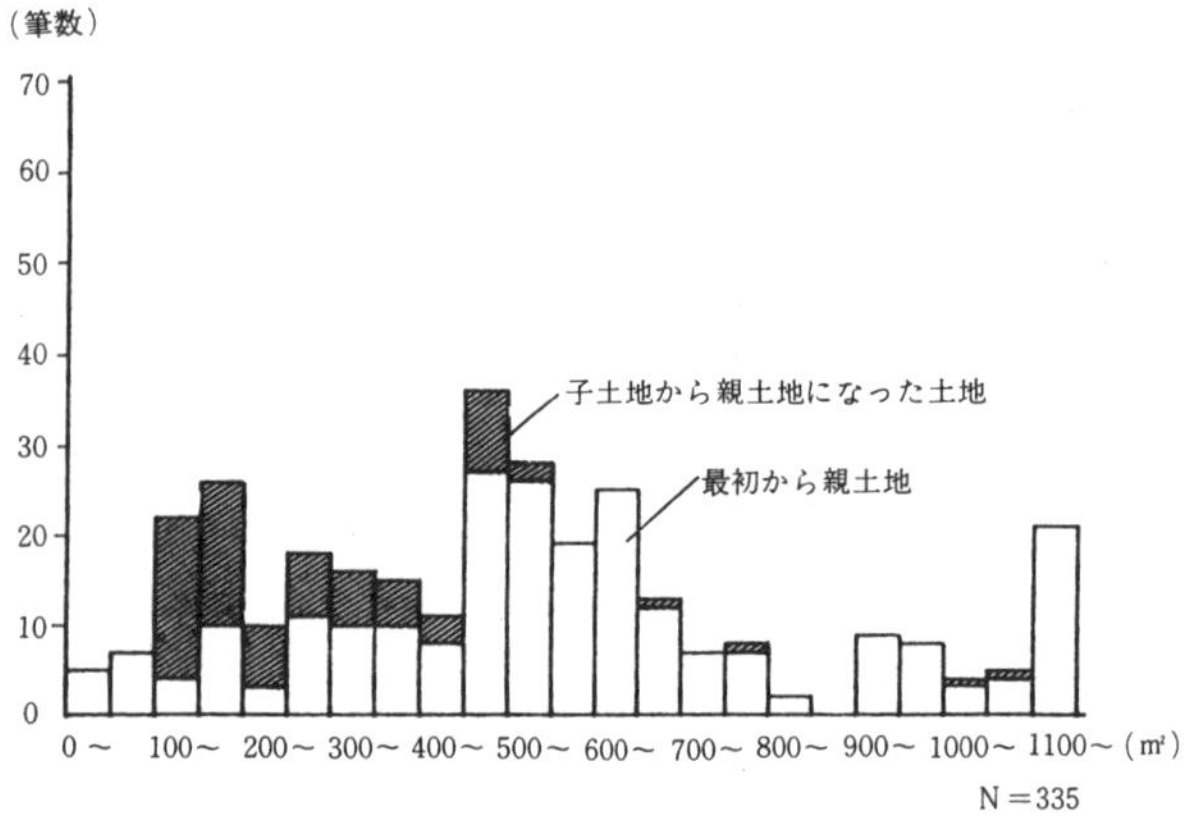

図2－33　洗足の分割のあった親土地の分譲時の面積

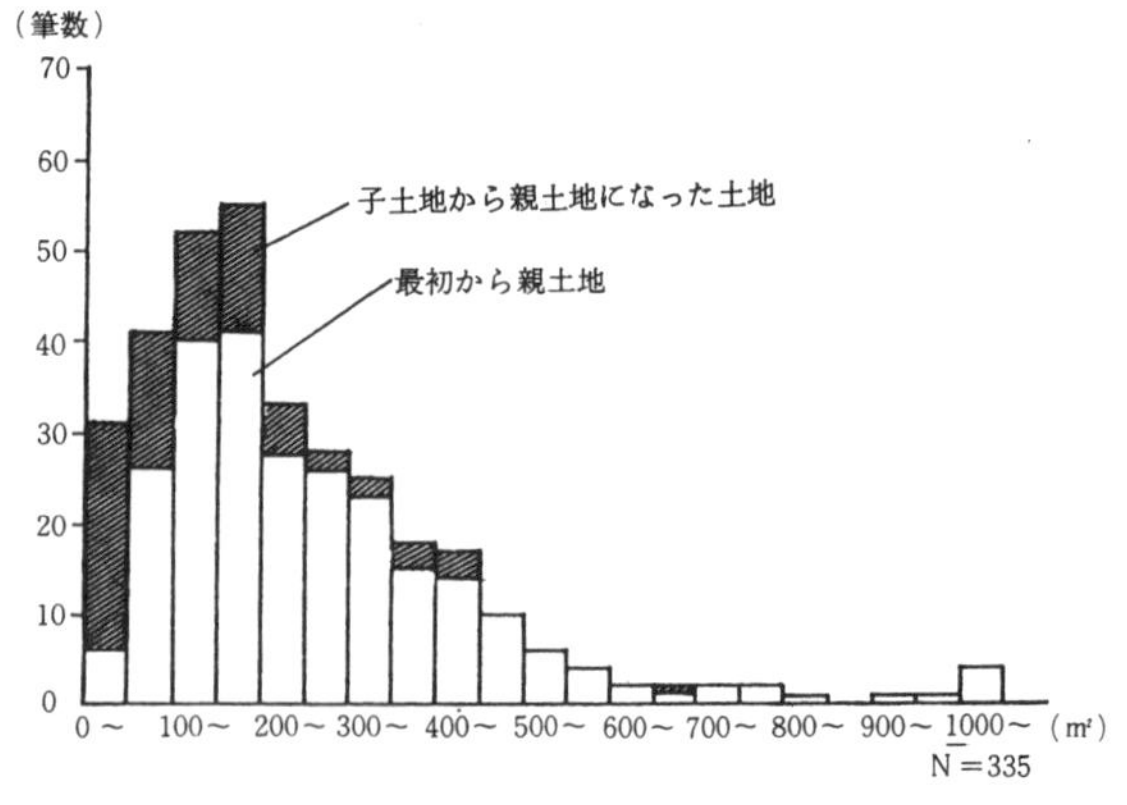

図2－34　洗足の分割のあった親土地の現在の面積

ii）土地分割の理由（相続、売買）

2つの大きな理由

今回の土地登記簿調査の目的のひとつに、分割の理由を明らかにすることがあった。土地登記簿には所得権移転の欄があり、そこには所有権移転の原因と原因日付、受付日付が記載されている。また、各々の地番には表題部があり、土地の地目、面積、分割年月、が書かれている。しかし、直接、分割の原因が書かれてはいないため、所有権移転の原因日付と分割年月日を結びつけ、両者の関係づけを行うことが必要となった。分割のあった各々の地番において、分割年に一番近い所有権移転の原因日付を比べてみると、売買、相続という2つの原因がほとんどを占めていることがわかった。とくに、売買の回数は圧倒的に多く、7割以上が売買を原因としていた。（図2－41）。

そこで、分割年を基準として、一番近い相続を原因とした所有権移転年、売買を原因とした所有権移転年を調べ、その差をみてみた（図2－42、43）。分割が複数回数ある地番については、各々の分割に最も近い相続、売買を選び出し、一番差の短い分割年との差をその地番の値とした。すると、〈相続年－分割年〉では、分割年の1年前に相続が行われるケースが18件と最も多く、前後4～5年の間に相続が行われた時は、分割と関係がある相続ではないかと推測できた。また、分割よりも前に相続がおきている土地の方が、分割されてから相続よりも多いことがわかった。〈売買年－分割年〉では、分割年と同年に売買されるケースが

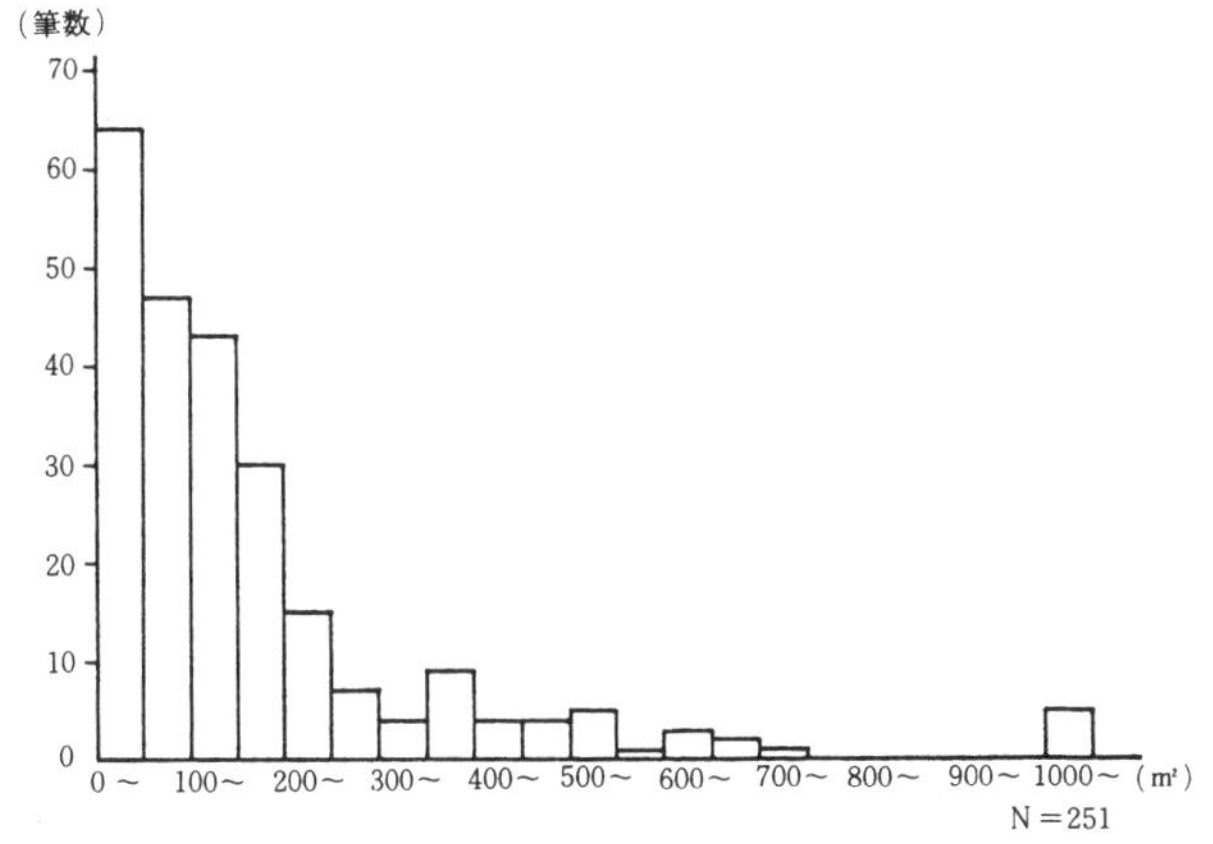

図2－35　洗足の駅周辺部の現在の土地面積

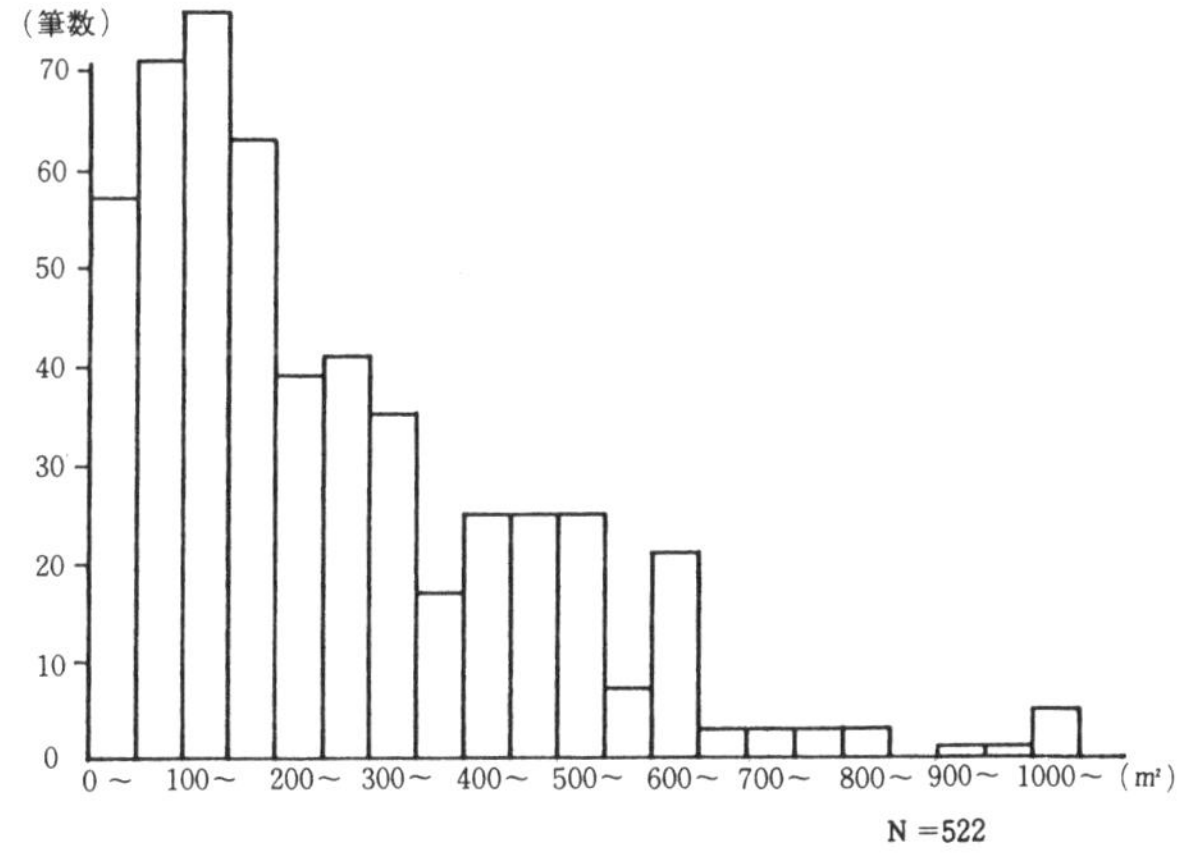

図2－36　洗足の品川区部分の現在の土地面積

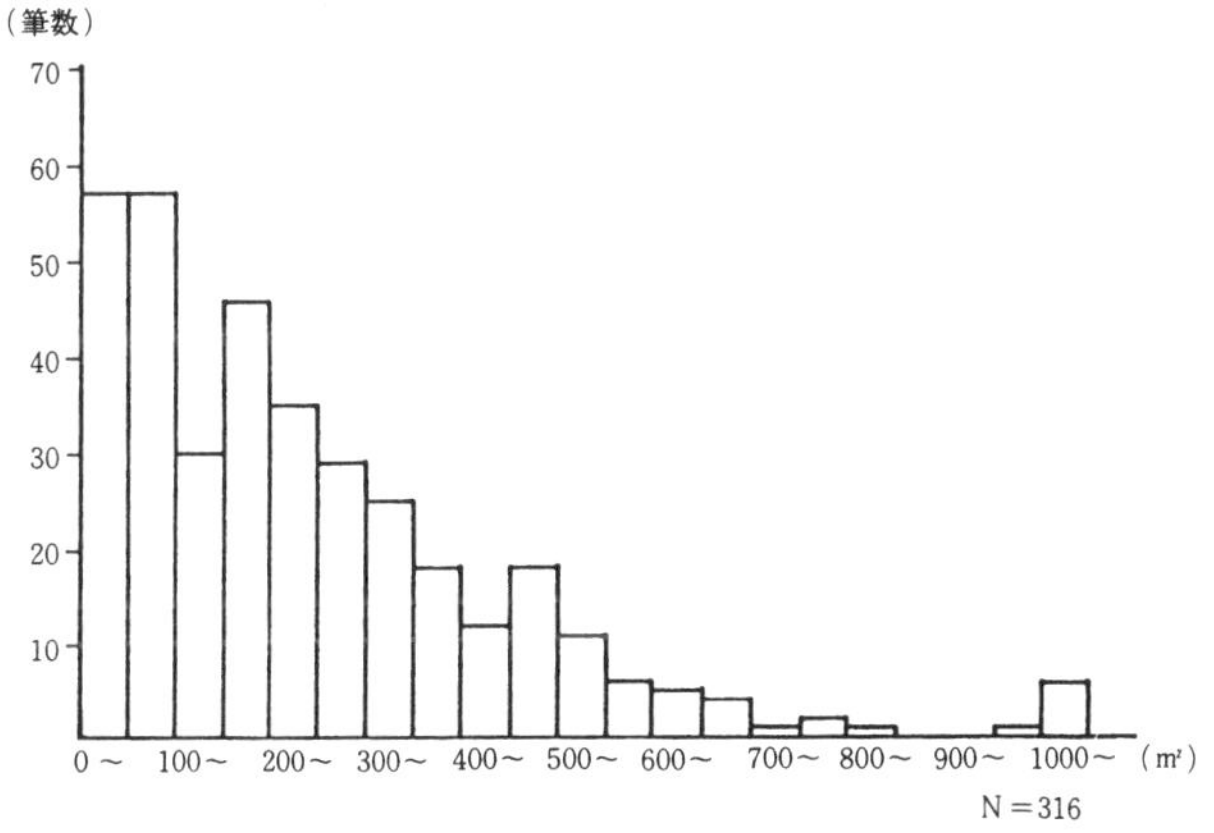

図2－37　洗足の目黒区部分の現在の土地面積（駅周辺部を除く）

156件ととびぬけて多く、分割前に売買されることよりも分割後5年以内に売買されることが多いことがわかった。（但し、売買に関しては、分割後生じた子土地が、生まれてから何年後に売買があったのか、というケースも含めた。そして、その多くは同年売買であった。）

この結果、分割とその理由に関して、以下のような仮定をし、調査を進めた。

・〈相続年－分割年〉が±4年より小さい場合、その分割を、相続による分割とみなす。

・〈売買年－分割年〉が同年（即ち0）の場合、その分割を、売買による分割とみなす。

ここで基準として定めた±4年、0年という数値は、今後、更に精細な調査、又は地域や条件の違いによって可変であると考えられる。

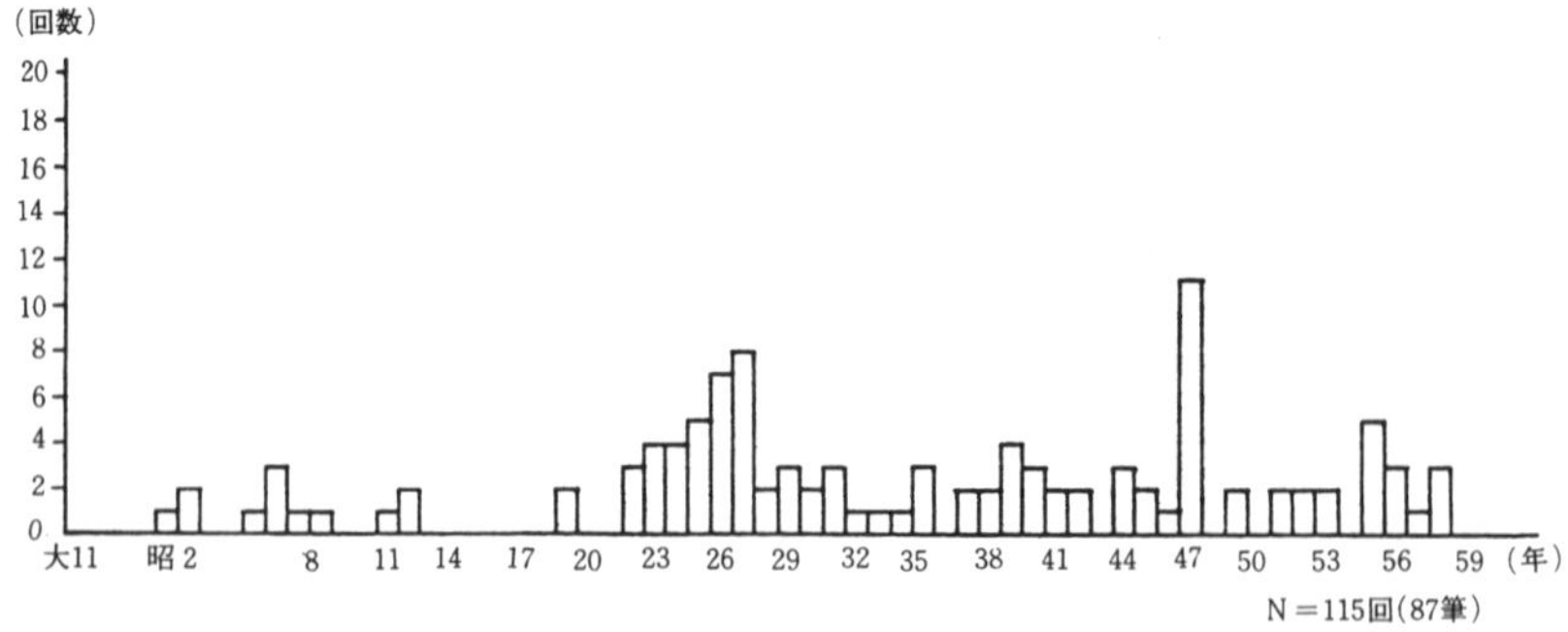

図２－38　洗足の駅周辺部の年度別分割回数

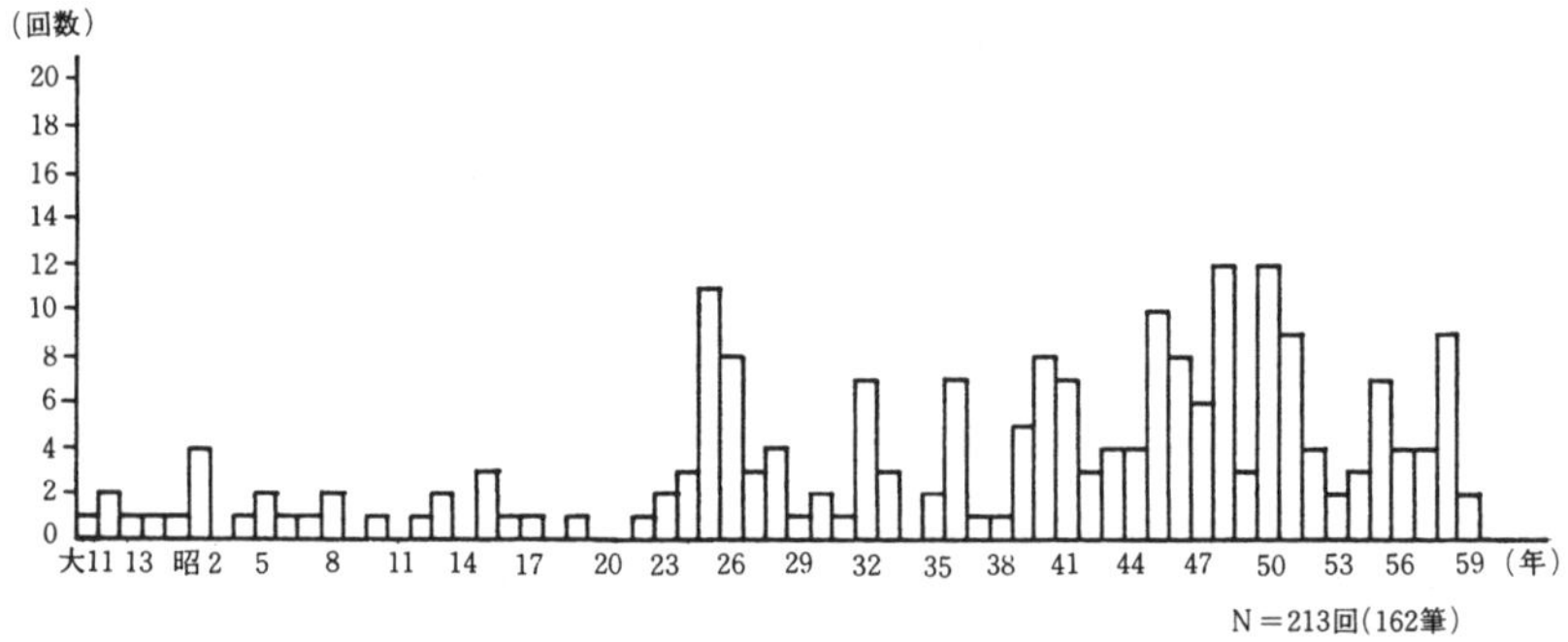

図２－39　洗足の品川区部分の年度別分割回数

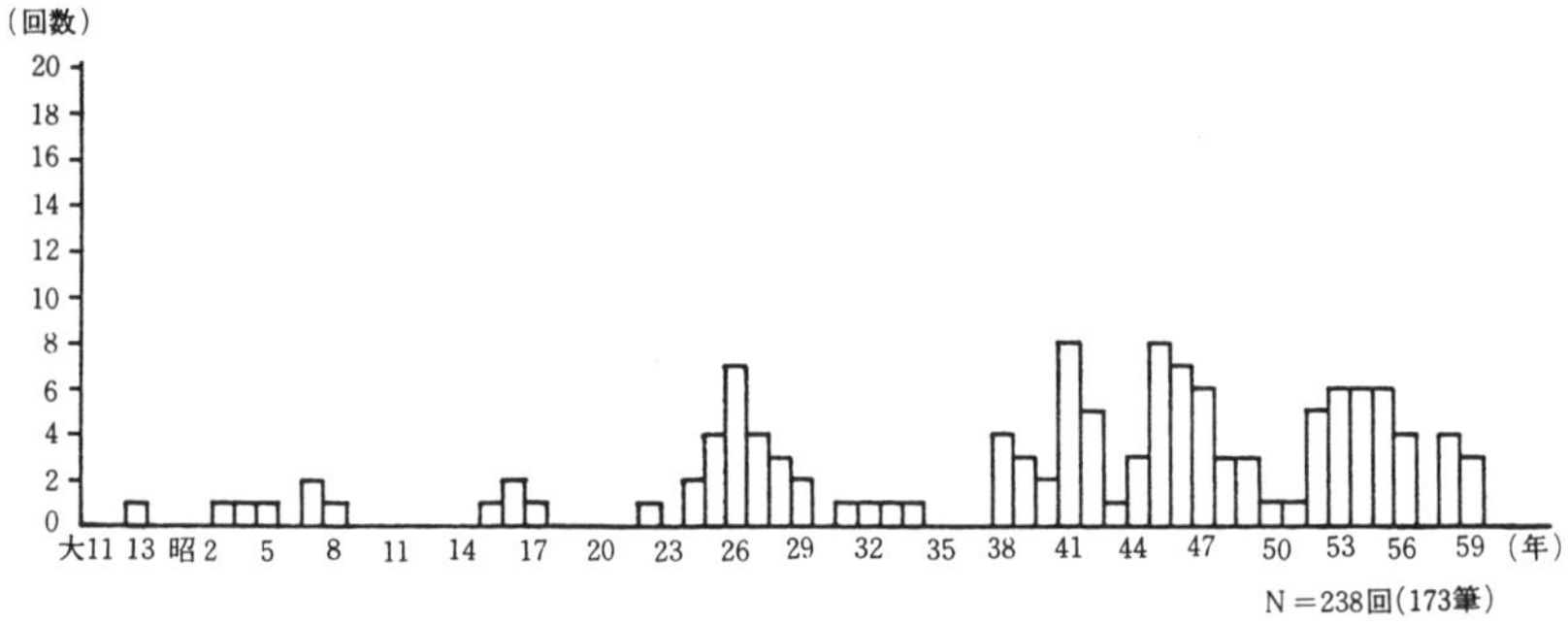

図２－40　洗足の目黒区部分の年度別分割回数（駅周辺部を除く）

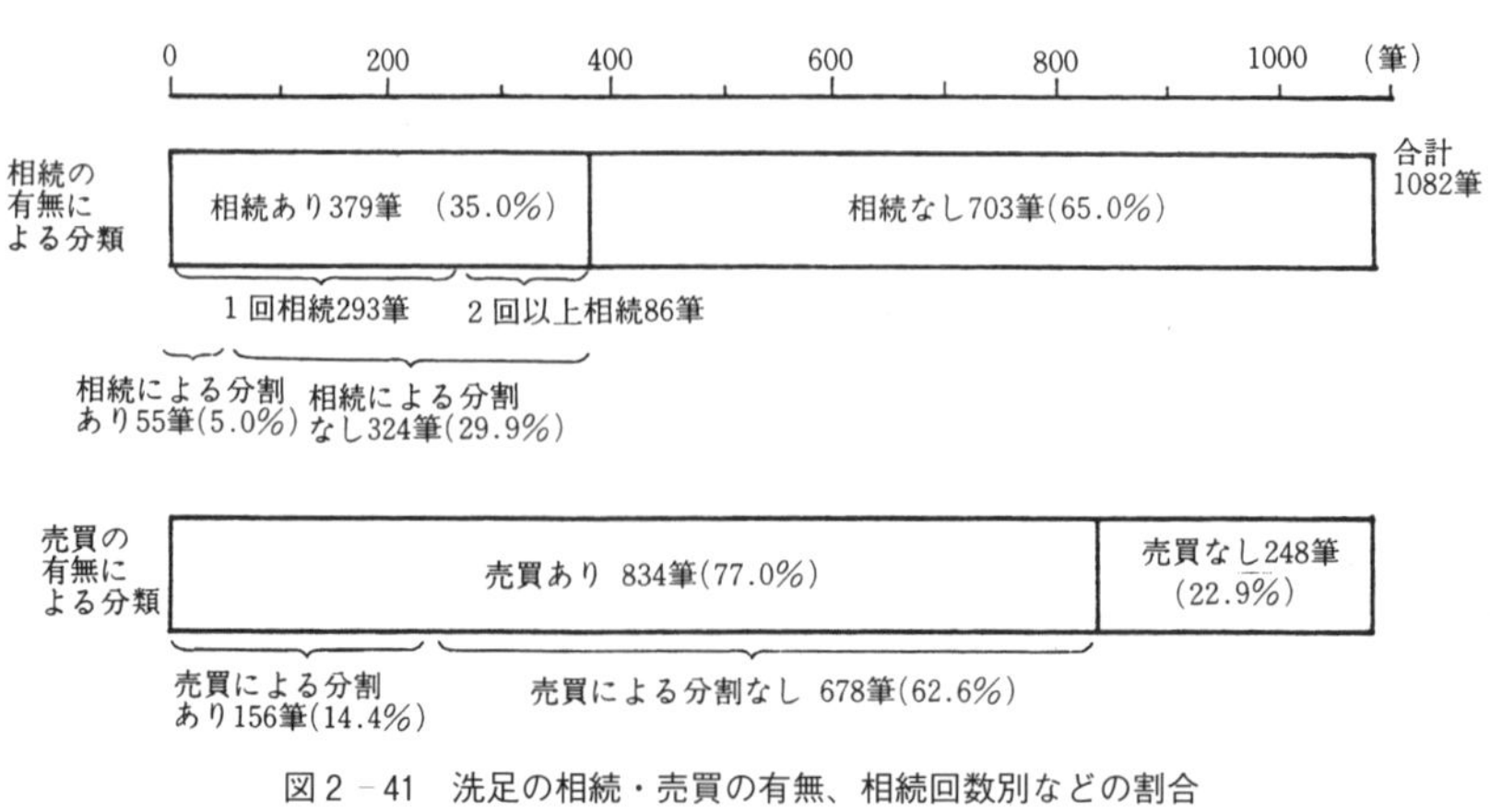

図２－41　洗足の相続・売買の有無、相続回数別などの割合

相続による分割

洗足住宅地における相続の状態を示すものとして、アンケート集計による年度別の相続回数と土地登記簿調査による同じものがある。前者は、先に述べた戦前（洗足＋奥沢）住宅地の居住者の相続の時期から洗足のみを取り出したものであり、後者と比較するために、１回相続と２回相続とを合わせた。後者は、土地登記簿にある所有権移転の原因が相続であるものの年度別集計で、３７９の土地で相続が起きていた（図２－44）。この２本のグラフは、票数の差こそあるものの、同じような傾向を示している。アンケート集計のピークは昭20、26、47年の３回であり、登記簿の方でもそれぞれの年はピークとなっている。

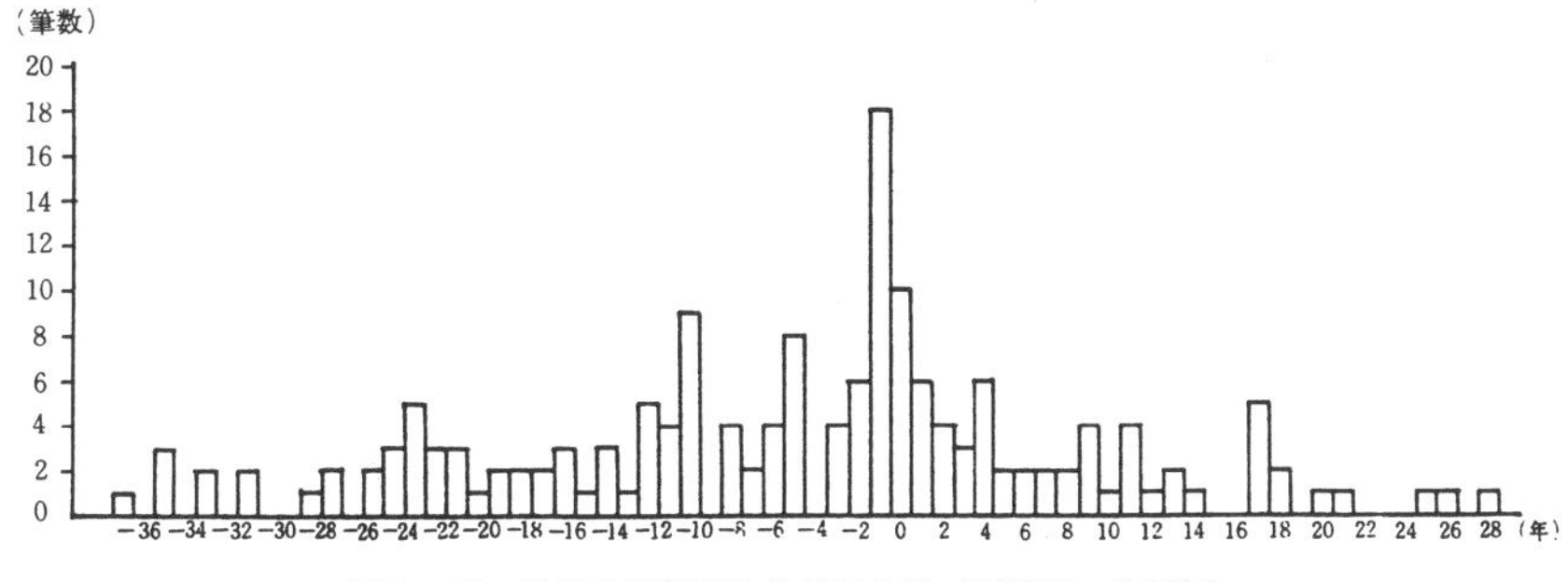

図２－42　洗足の相続年と分割年の差（相続年－分割年）

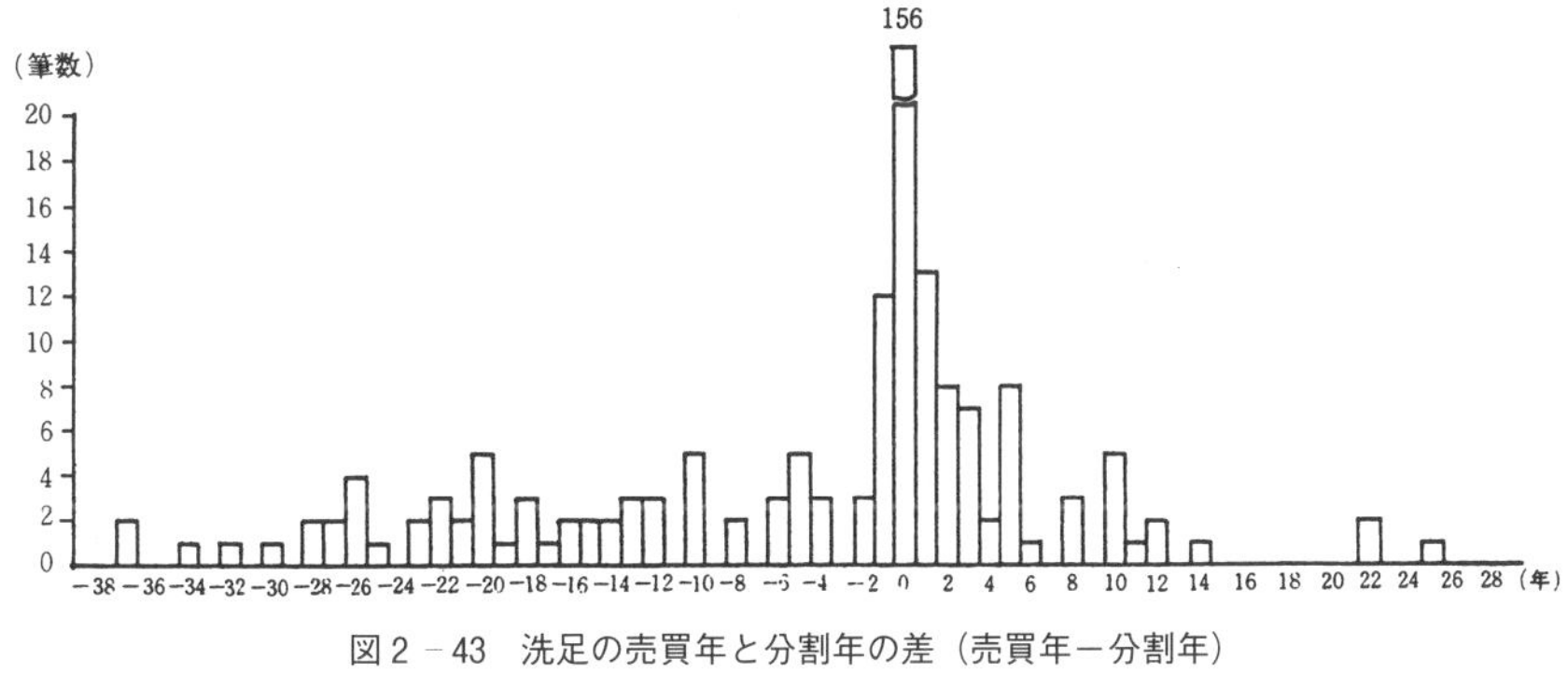

図２－43　洗足の売買年と分割年の差（売買年－分割年）

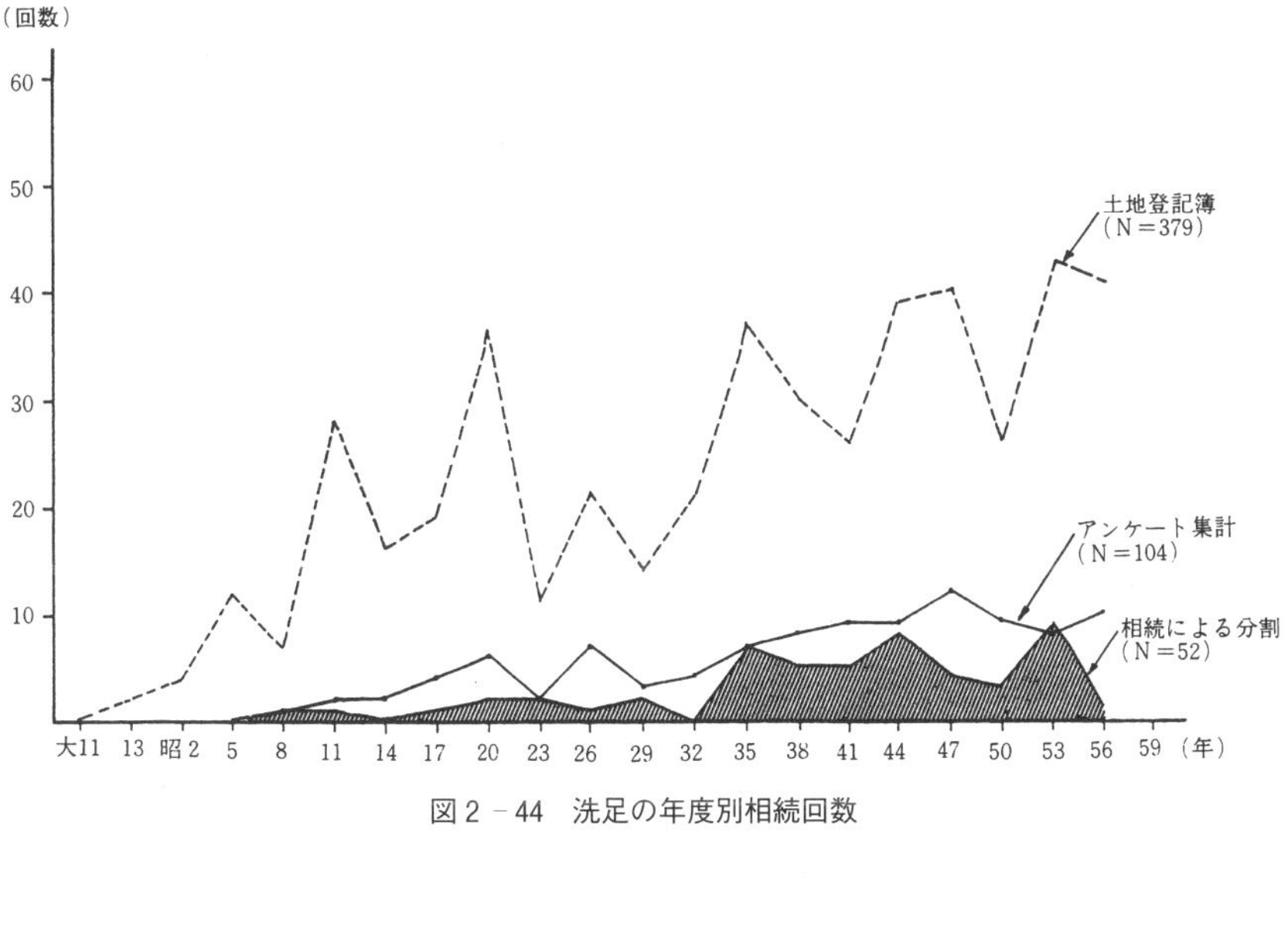

図２－44　洗足の年度別相続回数

票数の多い登記簿調査の集計をさらに細かくみていくと、４年以内に分割あり＝相続による分割がおきているケースが55あることがわかった。相続は、１つの土地で複数回おきている場合もあり、総累計すると４７５回あった。そして、そのうちの11％ほどで相続による分割がおきていたのである。年度別にみてみると、昭和35年（１９６０年）を境に、かなり近年、分割が進んでいることがわかった。昭和35年までは、相続回数１７１回の５・２％の10回の相続による分割があったの

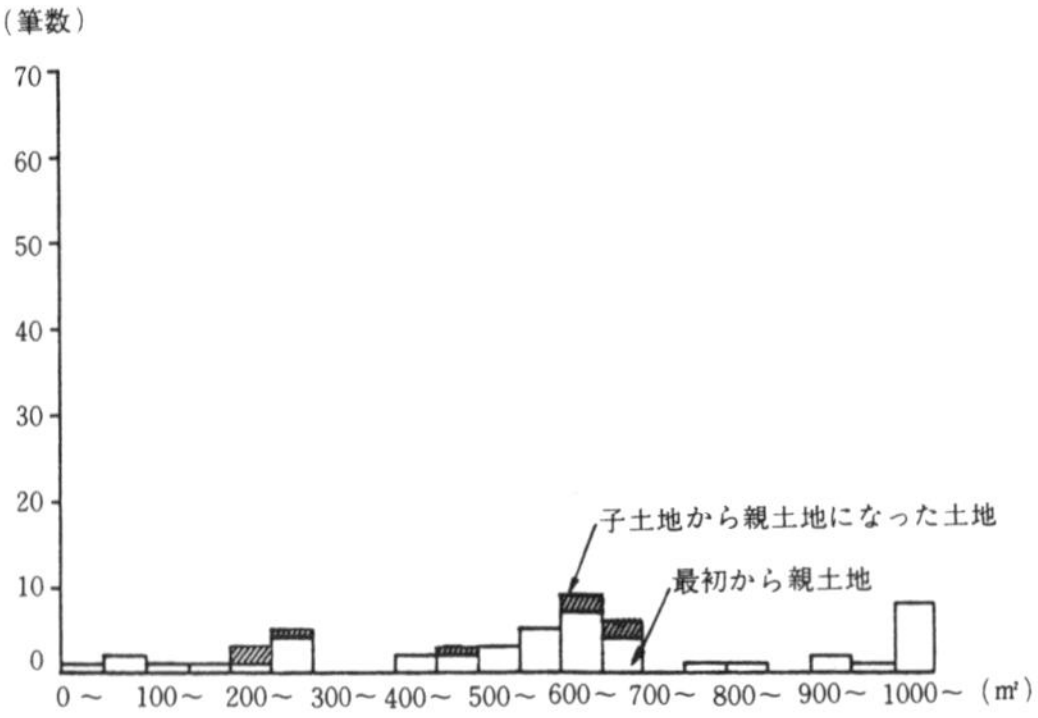

図２－45　洗足の相続による分割のあった親土地（分譲時の面積）

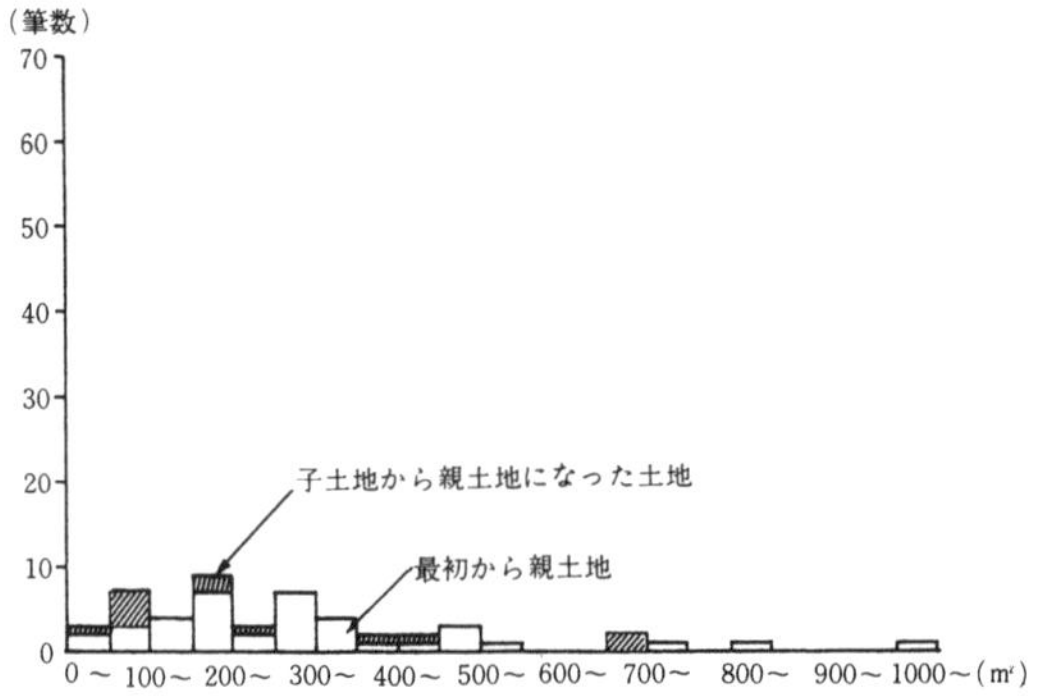

図２－46　洗足の相続による分割のあった親土地（現在の面積）

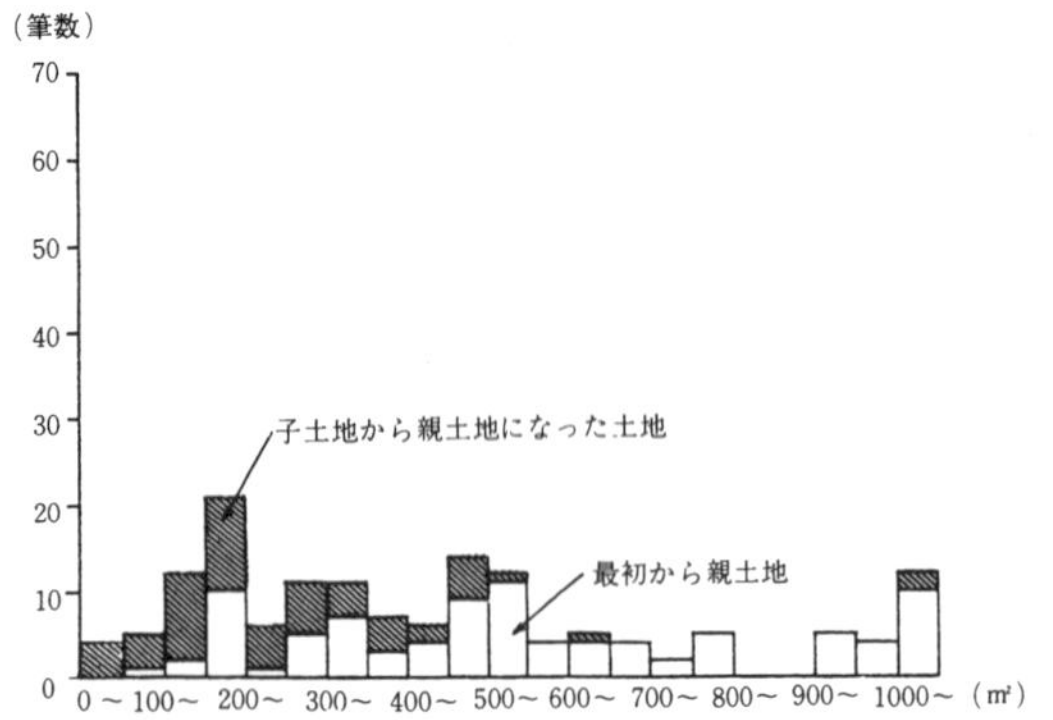

図２－47　洗足の売買による分割のあった親土地（分譲時の面積）

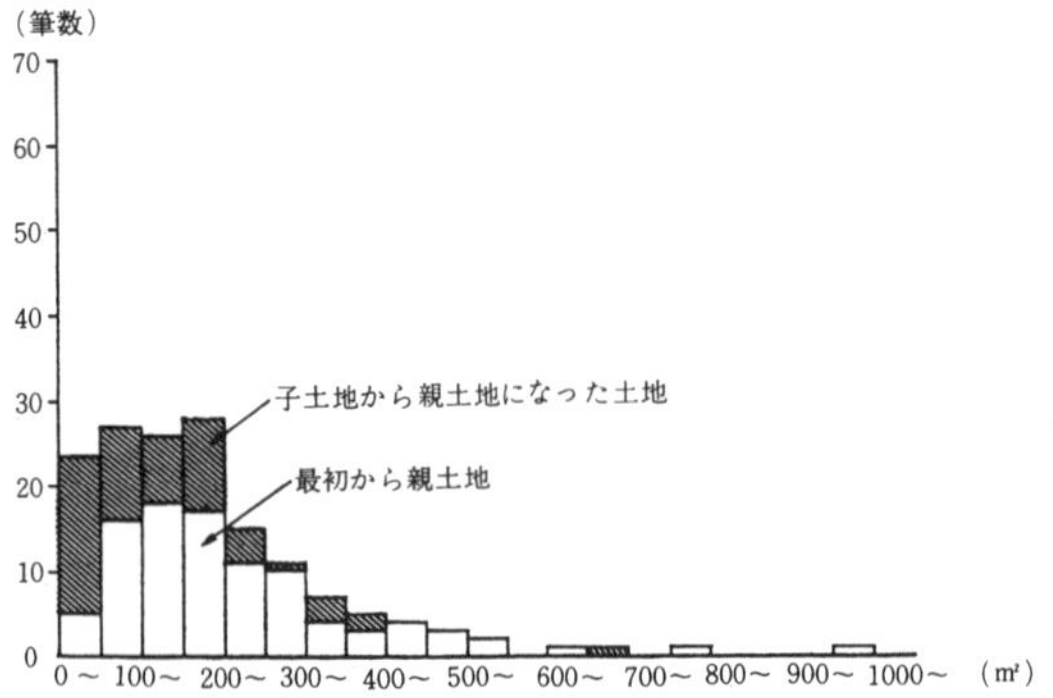

図２－48　洗足の売買による分割のあった親土地（現在の面積）

に対し、昭和35年以降は、２８６回のうち14・６％の42回もあった。相続による分割の相続年は全体の80％が昭和35年以降に集中していて、やはり昭和35年がひとつの大きな節目となっている。

面積に着目してみると、これら55の土地の分譲時の面積は、４００〜７００㎡に分布しており、６００〜７００㎡がピークである。このピークは分割のあった土地全体や、売買による分割のあった土地に比べて高く、分譲時の面積が広いことを示している。分割後の現在の土地面積は１５０〜３００㎡であり、やはり他の２つよりも広くなっている（図２－45、46）。

以上のように、相続による分割は、昭和35年以降生じる割合が高くなり、近年の相続の際には、土地をもちきれずに分割される傾向が大なのである。相続による分割が行われる土地は一般に広い土地で、分割後の新土地の面積も大きいという特徴もある。相続と土地分割の関係は、かなり複雑であり、直接的に相続される回数が増えれば土地分割が進む、というようにはっきりとした数字ではでてこない。しかし、全体的な傾向として、昭和35年以降の相続の増加の中で急激に相続による分割が増えていることは、両者の相互関係を表現しているとも言える。

今回の土地登記簿の原因日付だけによる、分割の理由の調査では、居住者の家族的な変化を詳細にはつかめず、厳密な意味での土地分割の理由は不明瞭である。今後の調査の中で、居住者側からの調査（例えばヒアリングなど）を強化し、家族的状況を綿密におさえる必要がある。

売買による分割

１０８２筆の洗足全体の土地の中で、売買が行われたことのある土地は８３４筆あり、77％を占めている。しかも。一筆に一回だけとは限らず、多くの土地では売買は複数回行われている。その中で、全体の14・４％にあたる１５６筆の土地で、売買年＝分割年つまり売買による相続がおこなわれた。売買による分割の行われた時期は、かなり特徴的である。3年おきに年度別にみていくと、昭20年までは、ほとんどなく、昭23～29年までと、昭44～49年に2つの大きな山があることがわかった。その大きな山は、分割全体の回数に比例していると考えられ、売買による分割は、年代に関係なく全分割のだいたい3割程度である。

156筆の土地の特徴としては、分譲時の面積は300～600㎡に分布しており、550㎡にピークがある。そして、分割した後は50～300㎡になってしまう。（図2－47、48）一度分割されて生じた土地が再度、分割がおき細分化していく土地（子→親土地）の場合は、0～220㎡とたいへん小さな面積になる。また、売買による分割によって生まれた土地（子土地）の現在の土地面積も非常にせまく、0～100㎡がもっとも多くなっている。このことは、売買による分割は、親土地、子土地ともに小さく、一筆の土地の上に家が一軒建てられているケースはほとんどないと言える（図2－49）。つまり、実質的には土地を共同所有しているのと同じ状態になっているのである。

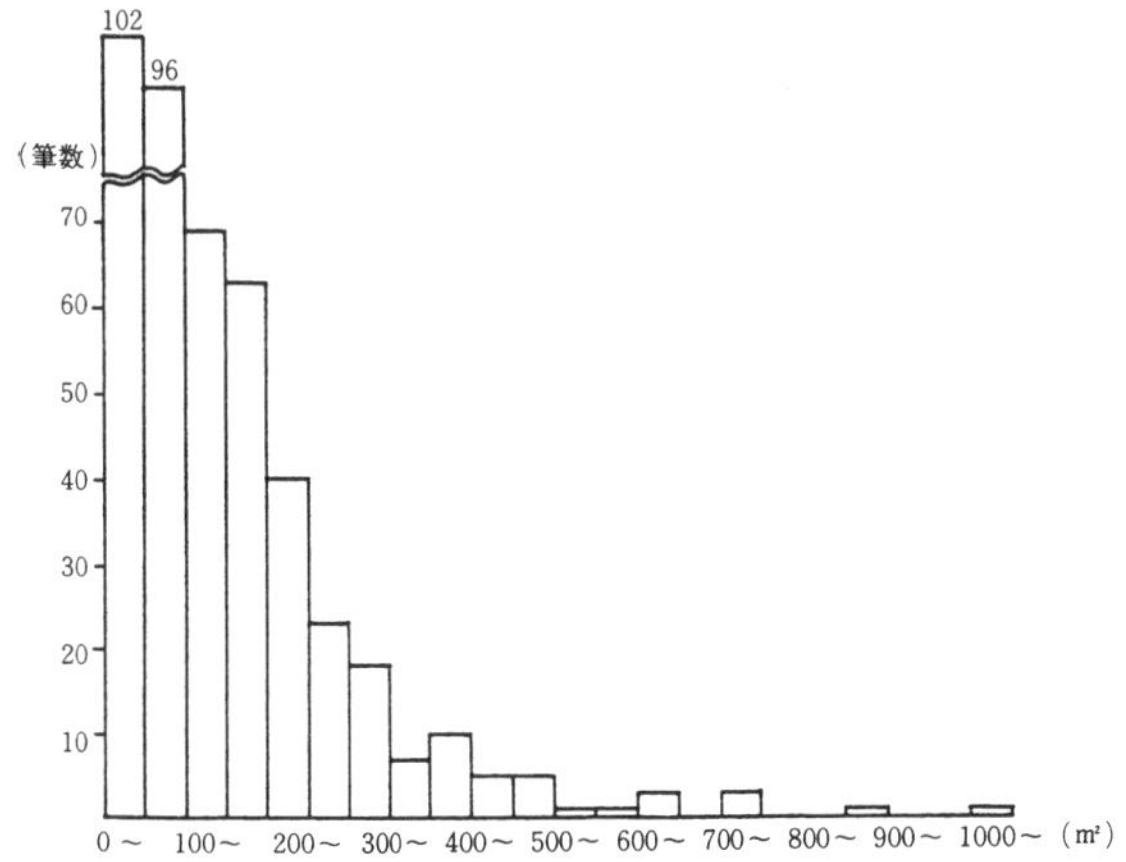

図2－49　洗足の売買による分割のあった土地（現在の面積）

iii）土地分割の形態

分割理由別の親・子土地面積

先に述べたように、相続による分割、売買による分割では分譲時・現在の土地面積に差がある。それらを表にまとめたものが表2－3である。筆数でいえば、分譲時の総地番数416が、3・65倍に膨れ上がり、現在1082になっている。つまり分割の結果、親土地の2・65倍の子土地ができ上がったといえる。このことを、この表にあてはめて考えてみた。すると、相続による分割の場合〈分譲時－現在〉が386・68㎡で2・65で割ると145・91㎡になる。つまり、1筆あたりの子土地の面積は、平均すると145・91㎡になったのである。同じように売買による分割の場合、115・88㎡となり非常にせまい。売買による分割をよくみてみると、親土地の面積が分割前の33・7%に減少している。このことは、分割のあった土地全体の43・4%減からみると10%も低い値であり、売買による分割は、親土地が小さくなり、子土地の面積が増え、その分、数多くに分かれることを表わしていると考えられる。

表2－3　分割理由別の親土地（子→親土地含む）面積、分割・相続年

土地の種類／項目	分割あり　N＝335			分割なしN=165
	全　体	4年以内相続 N=55	1年以内売買 N=156	全　体
現在の面積	平均 239.06 m² （除く子（親） 276.10m²）	平均 256.47 m²	平均 156.17 m²	平均 469.51 m²
分譲時の面積（親土地のみ）	平均 550.53 m² （除く子 →親 663.96 m²）	平均 643.15 m²	平均 462.48 m²	平均 469.51 m²
分　割　年	1949年(昭23)～1959年(昭44) ピーク 1960年以前 37% 1960年以降 62%	1970年頃	1950～51年（昭25） 1970～73年（昭45～48） ピーク	――
相　続　年	1945年前後（昭20） 1960年以降（昭35）	1960年以降（昭35）	――	1945年前後（昭20） 1962年以降（昭37）

分割年別の親・子十地面積

ここでは、年度別の分割回数と増加区画数を比較することによって、1回の分割でいくつの土地に割れたのか、

ということを知り、親土地・子土地の面積に分割年によって差があるのかみてみた。上の2本のグラフを重ねてみると、昭和35（1960）年を境に状況がかなり変わったことがわかった（図2－50）。即ち、1960年以前は分割回数と増加区画数の数が近く、1960年以降は、区画数の方が多い。数値で表わすと、前者は、〈区画数÷分割回数〉＝1・18で後者は1・56となった。1960年以前の分割回数は全体の37％しかなく、親土地の面積は563・11㎡（分割前）→320・79㎡（分割後）であった（図2－51、52）。1960年以降の親土地の面積は、だいぶせまく、440・23㎡（分割前）→234・07㎡であった（図2－53、54）。つまり、1960年以前は、563・11㎡－320・79㎡＝242・32㎡が子土地の面積となり、区画数が1・18倍増えているのだから243・32÷1・18＝205・32㎡が平均的子土地面積となる。同様にして、1960年以降の子土地の平均面積を求めると、132・15㎡となった（表2－4）。

土地分割のプロセスの形態（流れ図）

土地が分割されていく過程を具体的にみていくために、①相続による分割、②売買による分割、③相続・売買による分割、④理由の判明しない分割という4つの理由の違いから実例をあげ、検討した。

①相続による分割：相続による分割は、分割の前後4年以内に相続があった分別を指し示すのだから、前、同年、後の3つに分けて実例を挙げた。

図2－55は、昭和54年に相続があり、昭和55年に分割がおきた。親土地の面積は635㎡で分割後323㎡に減っている。分割して生まれた

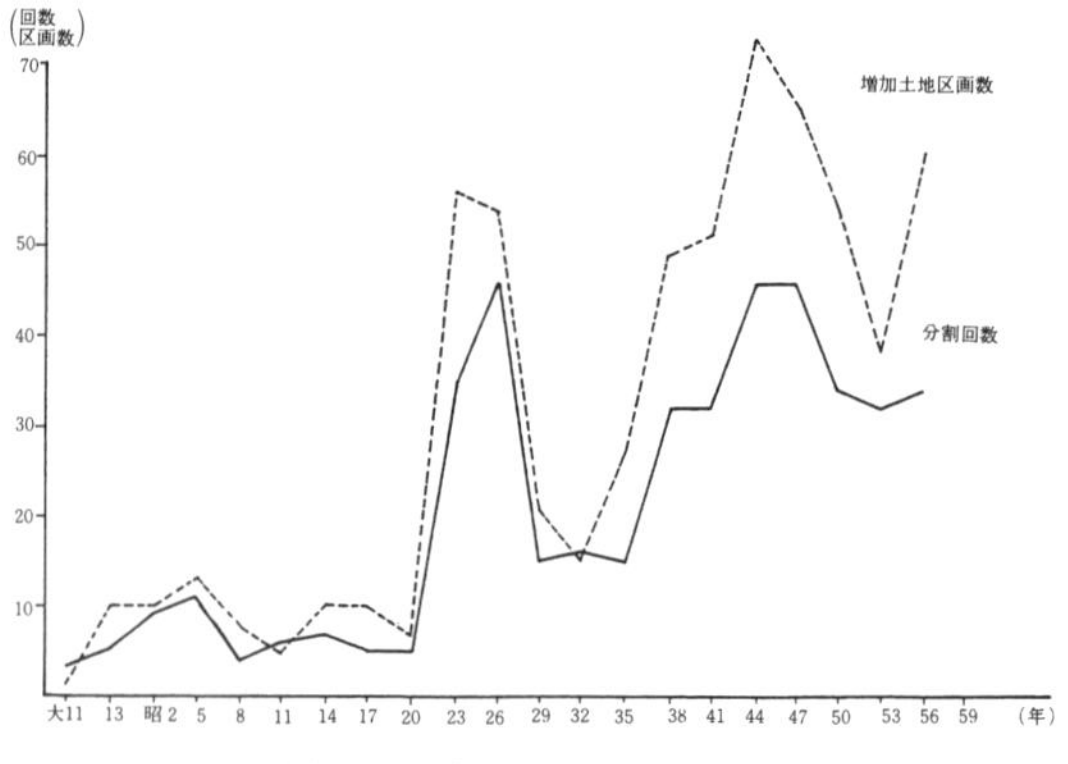

図2－50　洗足の年度別増加土地区画数と分割回数

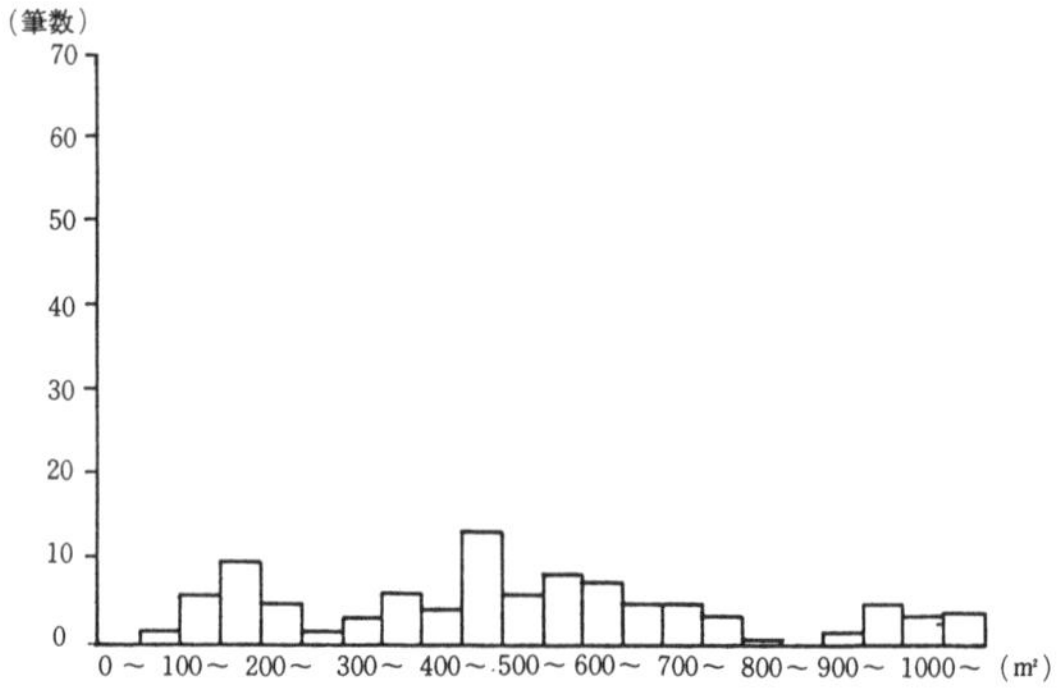

図2－51　洗足の1959年以前の分割のあった土地（分譲時の面積）

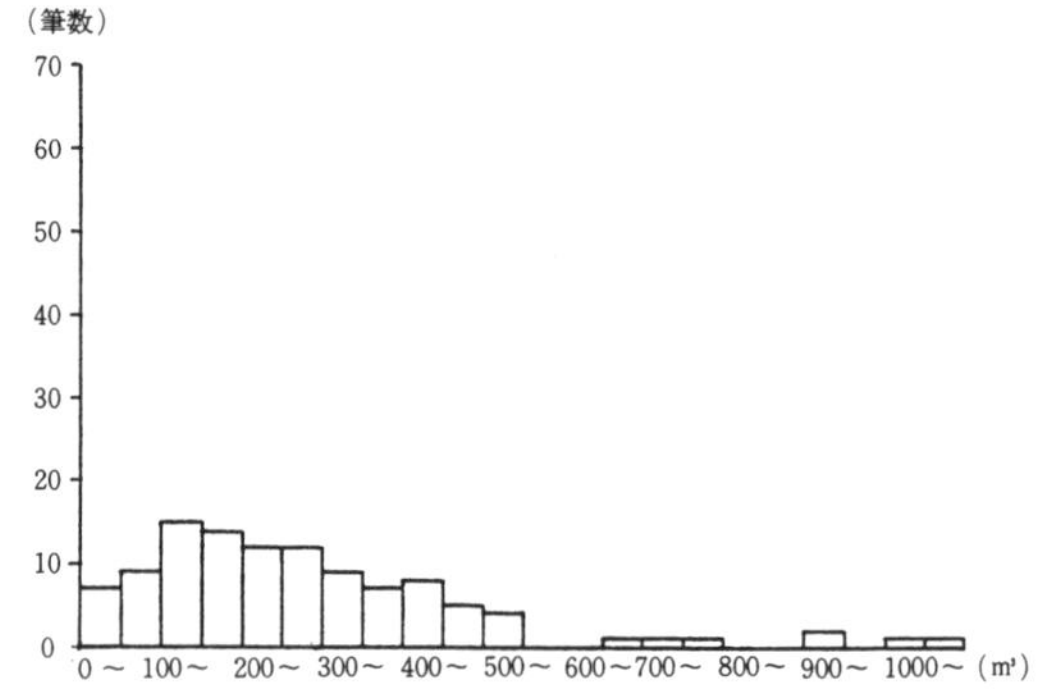

図2－52　洗足の1959年以前の分割のあった土地（現在の面積）

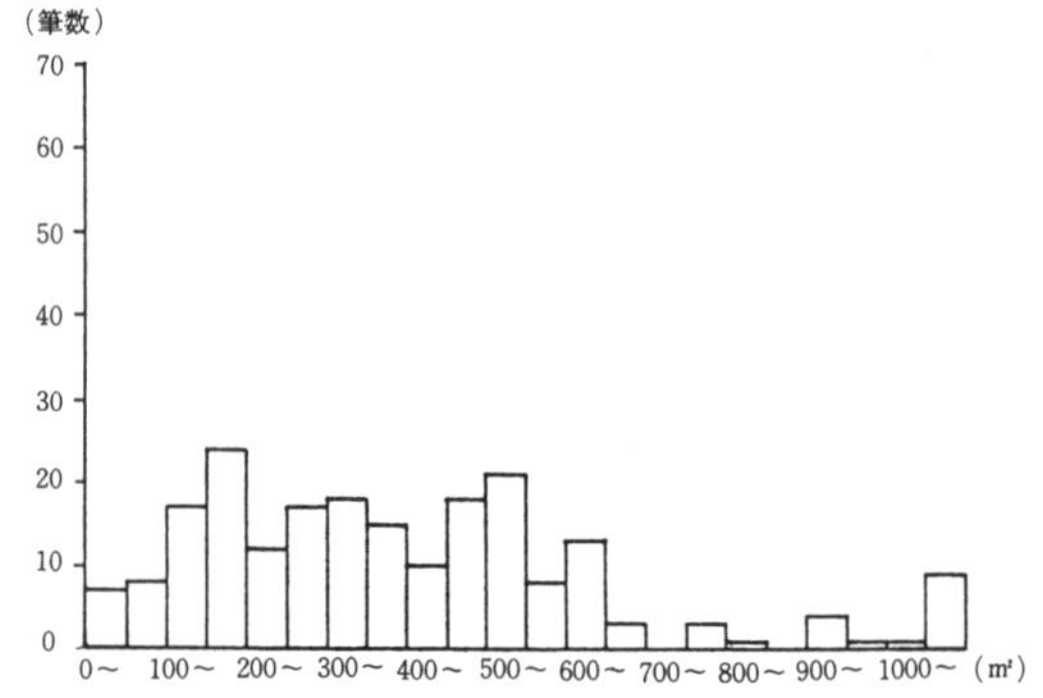

図2－53　洗足の1960年以降の分割のあった土地（分譲時の面積）

子土地は、昭和58年に売買による分割がおき、さらに2つに割れている。

図2－56は、昭和57年に相続がおき、同年に分割がおき3つの子土地ができた。面積は600㎡あったものが、188㎡、181㎡、171㎡と3つの均等割りになりさらに62㎡の私道だと思われるものができている。分割後は、所有権の移転、再分割はまったくなく、そのまま保存されている。

図2－57は、昭和16年に分割があったあと、昭和45年に再び分割がおき、親土地を含め4つの土地に割れた。昭和49年にその4つの土地すべてに相続がおき、その後は保存されている。
②売買による分割：売買年と同年に分割年があった土地で、たいへん多くの場合がこのケースにあてはまった。
図2－58は、昭和26年に分割がおき、土地が前後に割れた。道路側の土地は同年に売買によって売却されている。そして、昭和48年には、親土地の売買が行われ、同年に3つの土地に割れた。つまり、分譲時の所有者は、昭和48年の時点で、この土地から居なくなったのである。親土地の面積は、昭和48年までは627㎡あったのだが、分割により322㎡となり、子土地は281㎡と18㎡（の私道）に分かれた。

売買による分割の中に、「ミニ開発」と呼ばれる土地分割の形態がある。昭和40年代以降、増えてきている形態で、敷地の真中に道路位置指定の私道があり、両側に40㎡～70㎡の敷地にめいっぱい2階建の建売住宅が建てられている。その実例を以下に示す。

図2－59は、大正12年に分譲され昭和42年まで同一の所有者が居て、一軒の家が建てられていた。しかし昭和42年4月に売買によって土地は売却され、同日に分割がおこなわれた。最初の分割で私道部分の分割が、6月の分割で回りの宅地の部分が分割された。分割で生じた土地は、昭和42年6月～12月のうちにすべて

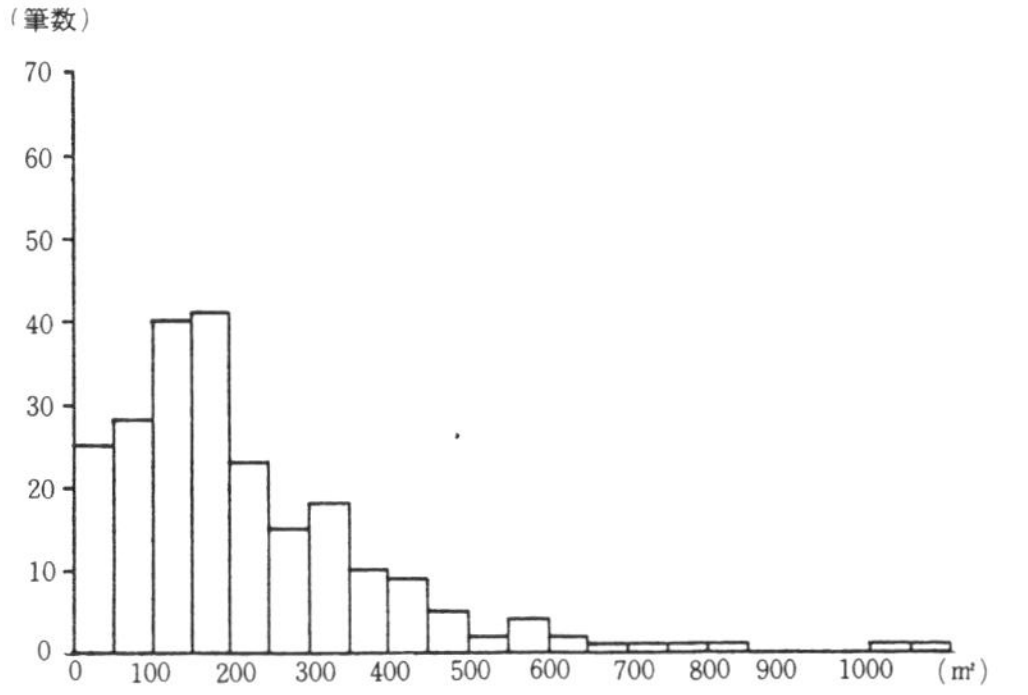

図2－54　洗足の1960年以降の分割のあった土地（現在の面積）

表2－4　分割年1960年以前・以降の親子土地面積の比較

分割年	(A) 分割回数	(B) 増加区画数	(B)／(A)	(C) 親面積分割前	(D) 親面積分割後	((C)－(D))／((B)÷(A)) 子土地平均面積
全体(1922年～84年)	446回	635筆	1.42倍	550.3m²	239.06 m²	219.18 m²
1959年以前	167	198	1.18	563.11	320.79	205.35
1960年以降	279	437	1.56	440.23	234.07	132.15

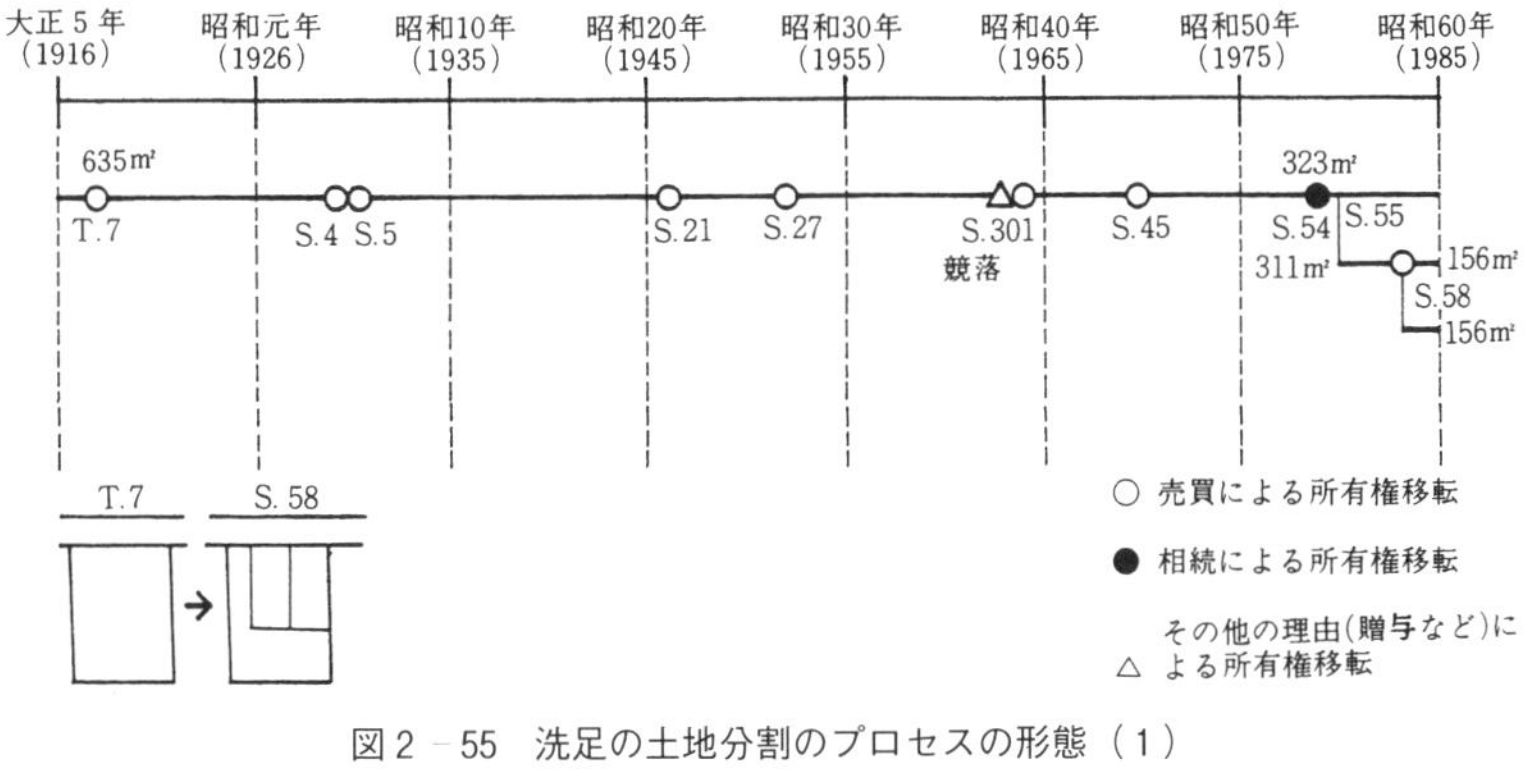

図2－55　洗足の土地分割のプロセスの形態（1）

売買が行われ、親土地も10月には売られている。このように、1年以内のうちに、土地は21に分割され、8軒の家が建てられていった。

③相続・売買による分割：1082筆の中で17筆が相当していた。そのほとんどは、分割の1～4年前に相続があり、売買があった年に分割が行われているケースだった。

図2－60は、昭和28年に贈与によって分割があり、昭和29年に相続、売買があった。そして昭和48年に再び相続があり昭和51年に売買、分割が行われた。相続後すぐに売買があることから、相続と関係のある売買という見方もできるが、その辺について、更に詳しい調査が必要である。

④理由の判明しない分割：登記簿の所有権移転の原因日付と分割年の間に相関がない土地、つまり相続があっても±4年以上、売買があって同年でない場合は、仮に理由を定めることは難しい。また、以下の実例のように、全く所有権移転が行われなかったケースもあった。

図2－61は、昭和2年に分譲された土地432㎡を買い、そのまま現在まで同一人物が所有している。そして途中の昭和42に道路側の194㎡を分割しているのだが、やはり所有権移転はなく、保有されたままで

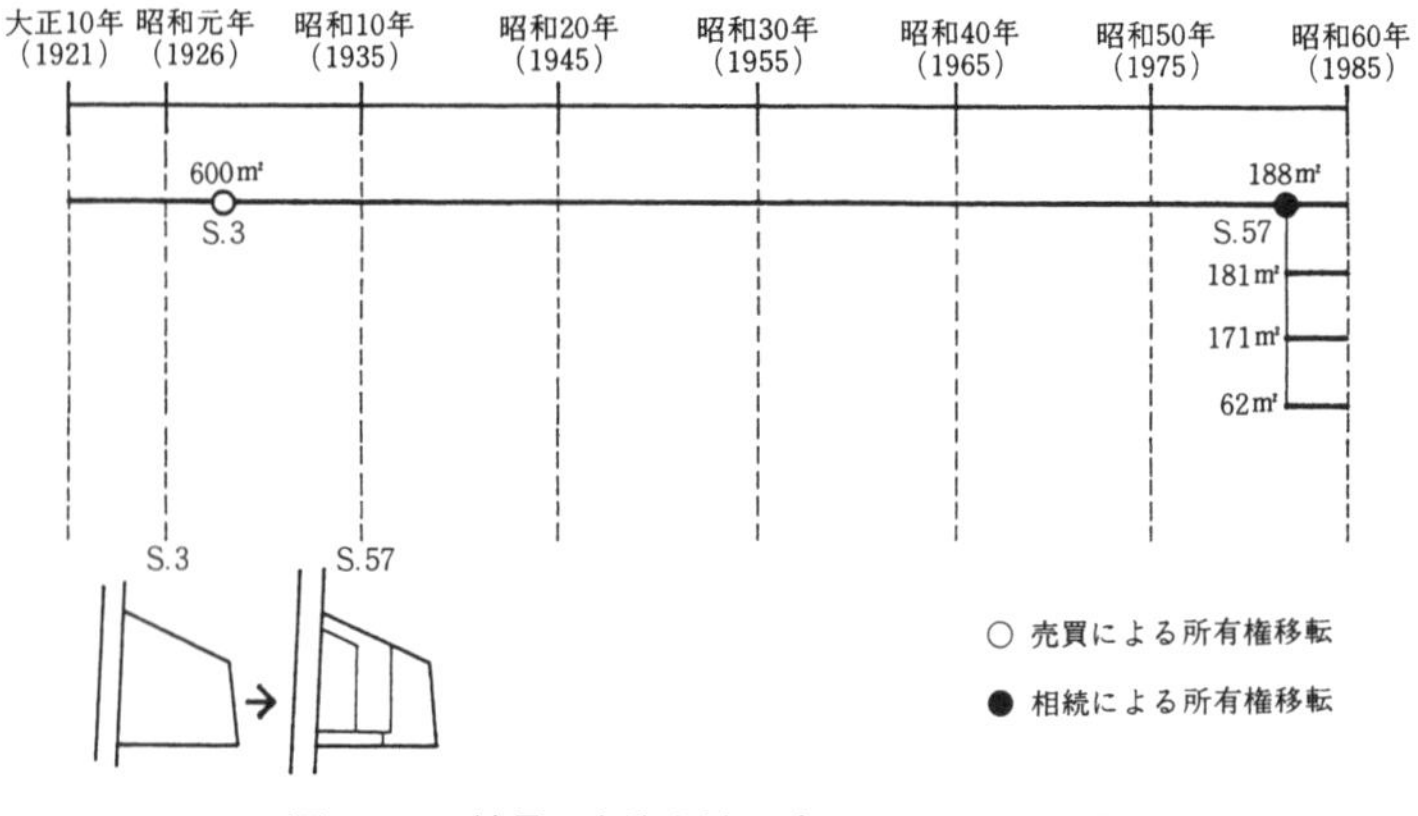

図2－56　洗足の土地分割のプロセスの形態（2）

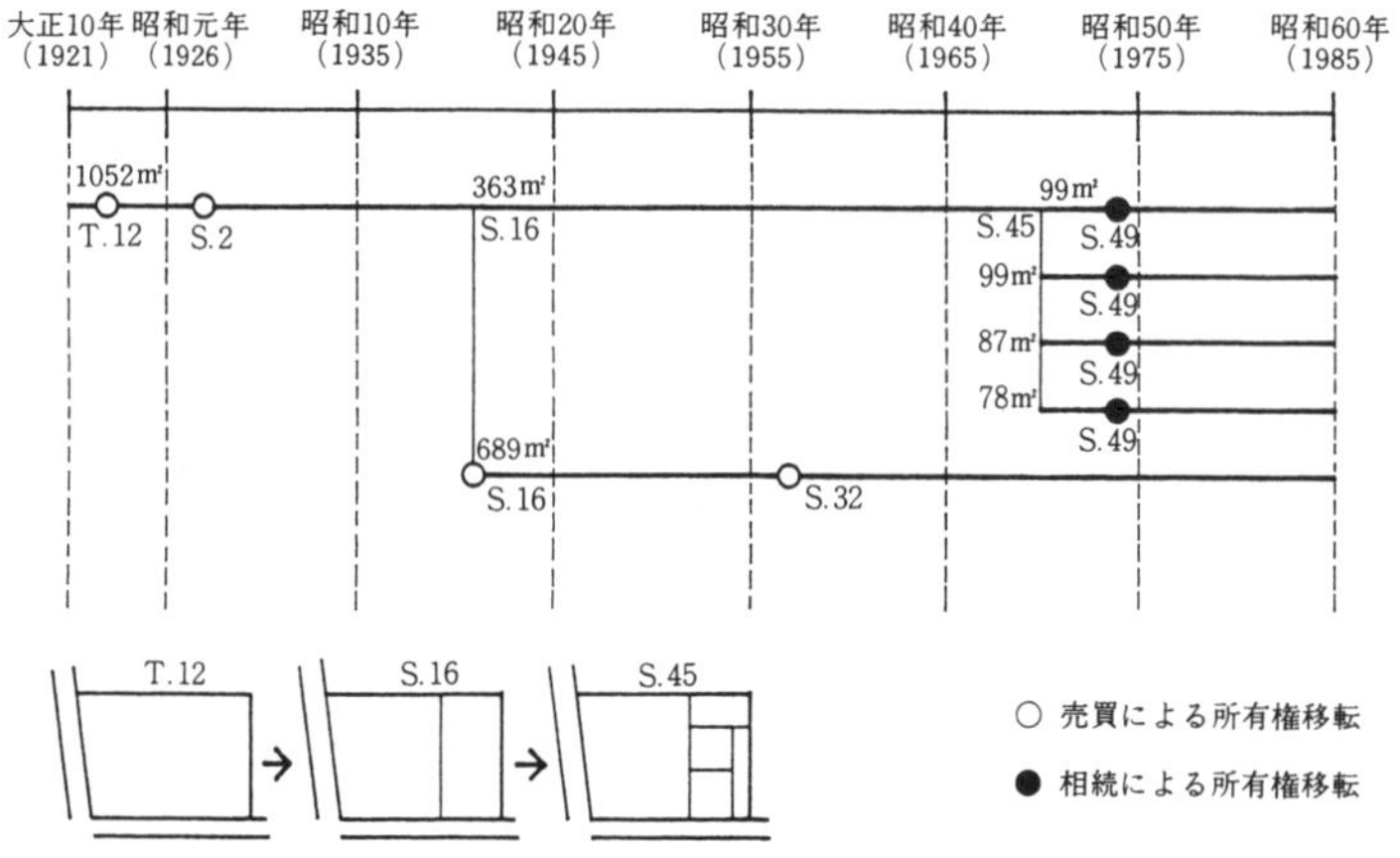

図2－57　洗足の土地分割のプロセスの形態（3）

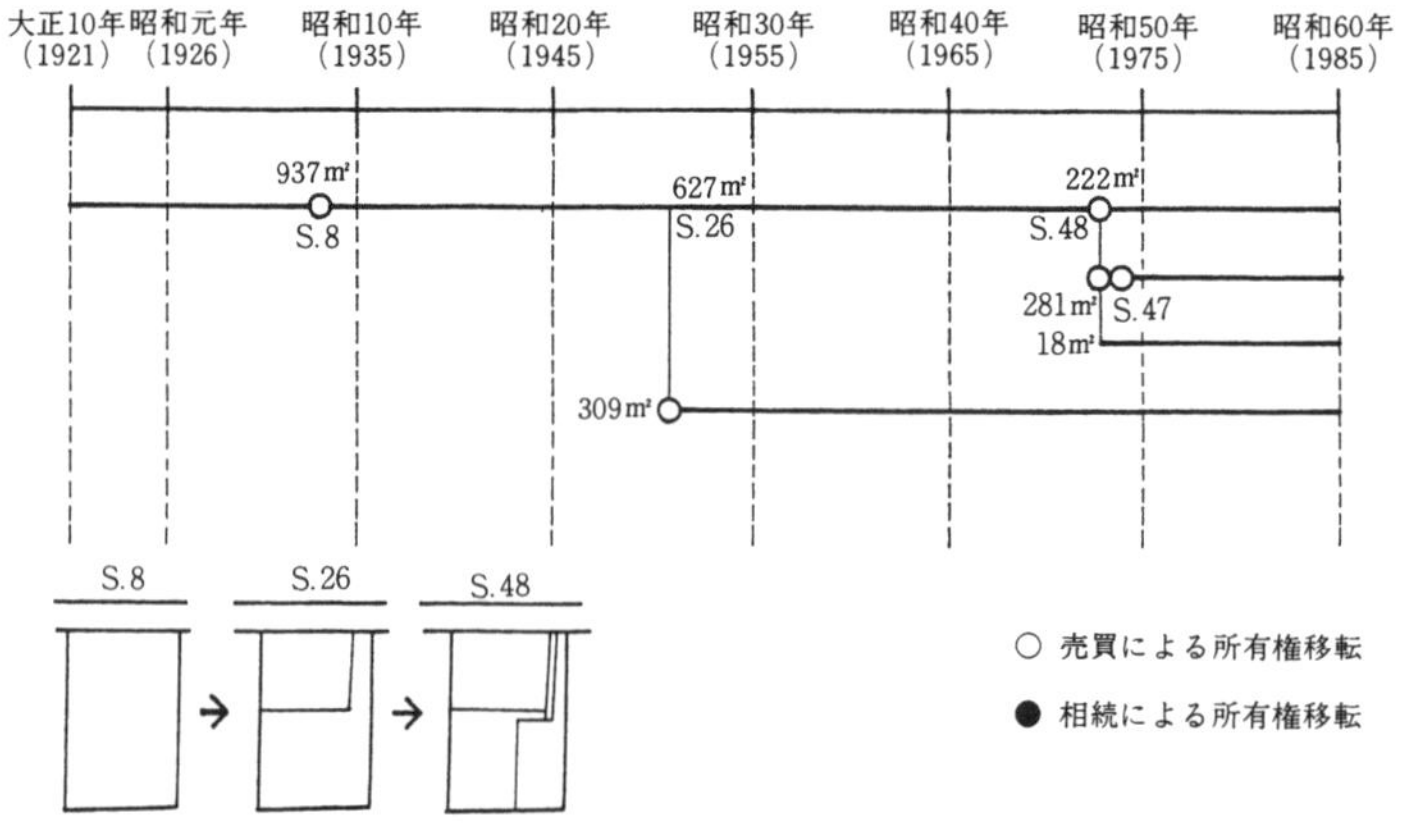

図2－58　洗足の土地分割のプロセスの形態（4）

ある。

（3）まとめ

戦前の郊外住宅地について、形成と変容、変容に対する評価と進み、この変容の要因としての世代交代がここでのテーマであった。形成・変容・戦後、要因と順にスタディをするなかで郊外住宅地の変容のメカニズムを明らかにすることができる。

郊外住宅地の変容の要因として、開発時の要因、内的な要因、外的な要因の3点が存在することは、すでにのべた。ここでは、郊外住宅地が

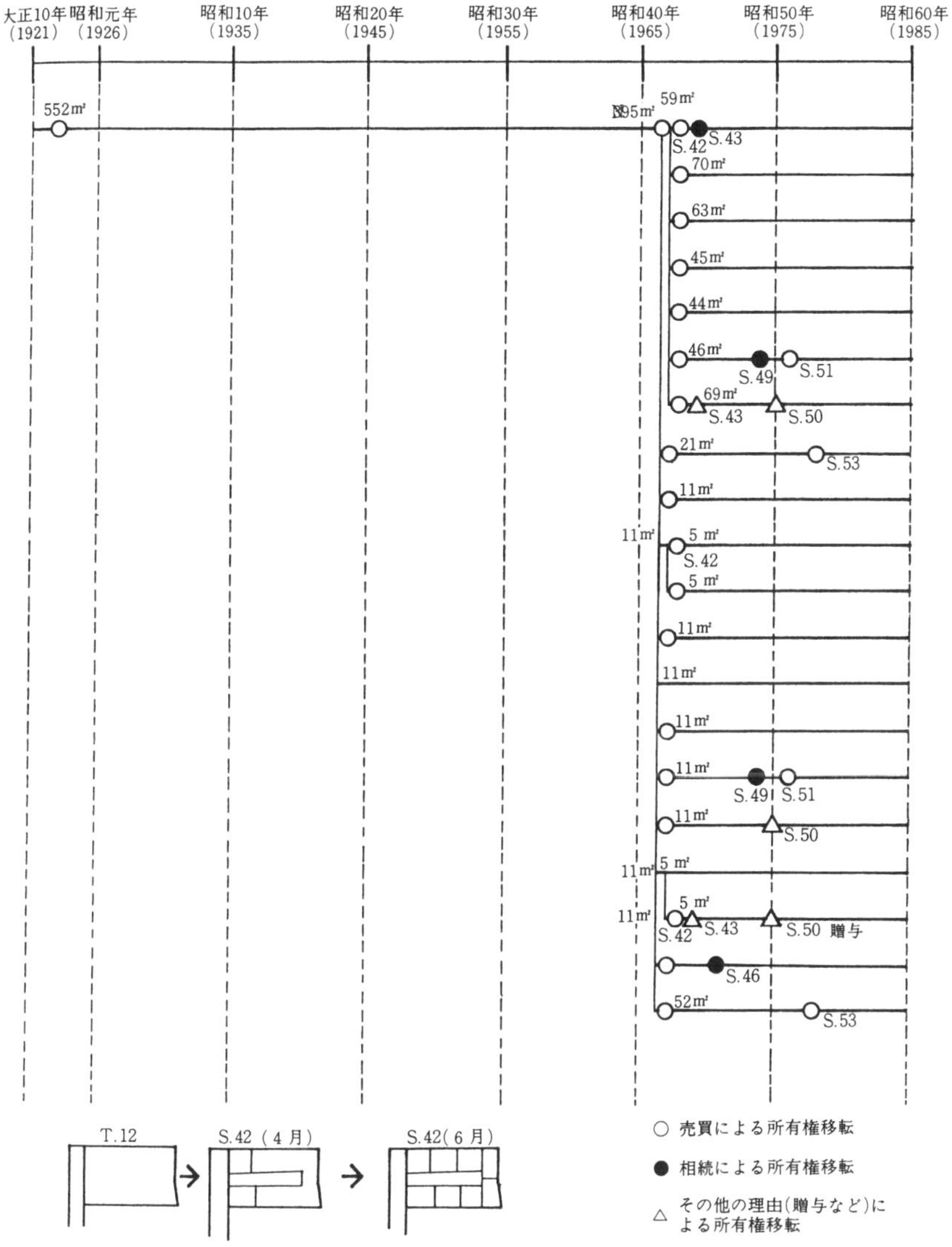

図2－59　洗足の土地分割のプロセスの形態（5）ミニ開発

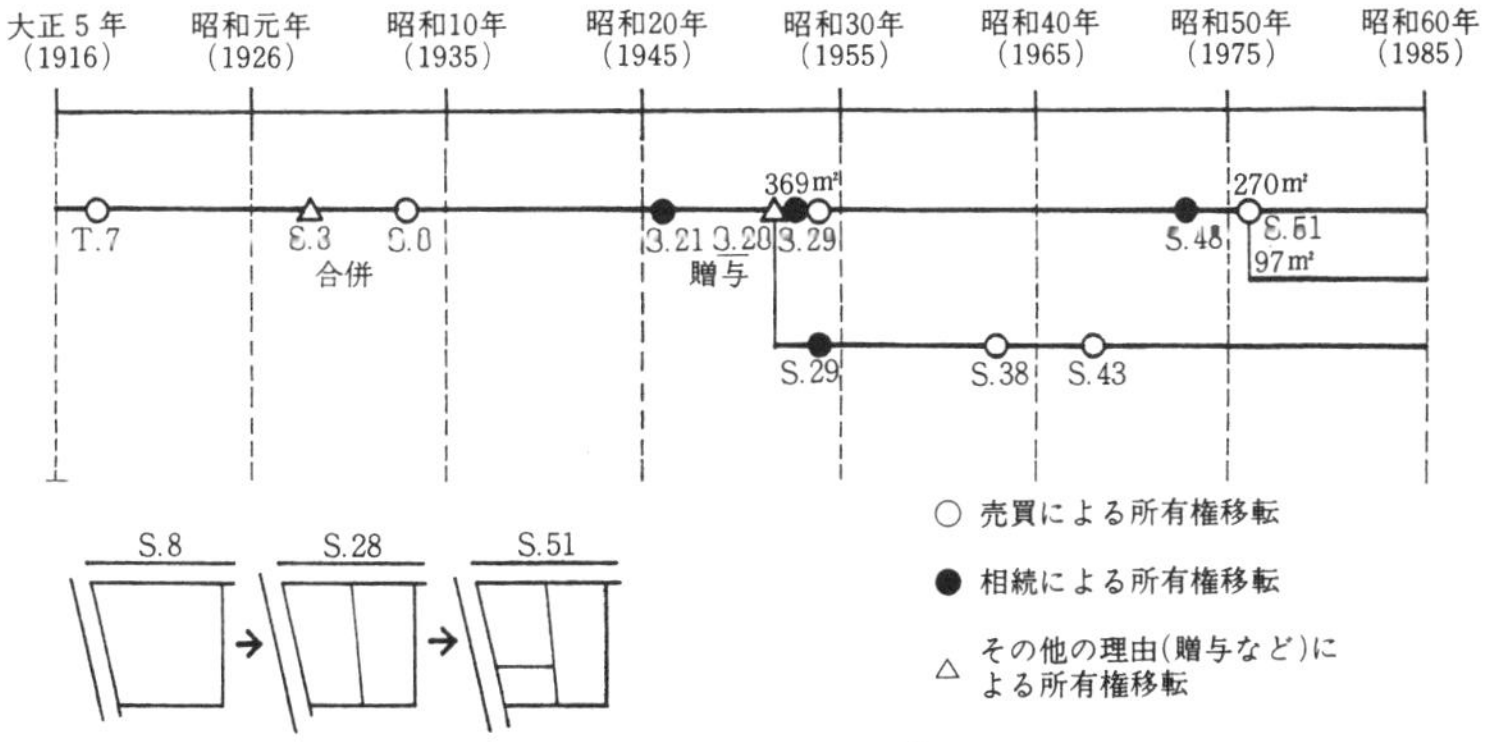

図2－60　洗足の土地分割のプロセスの形態（6）

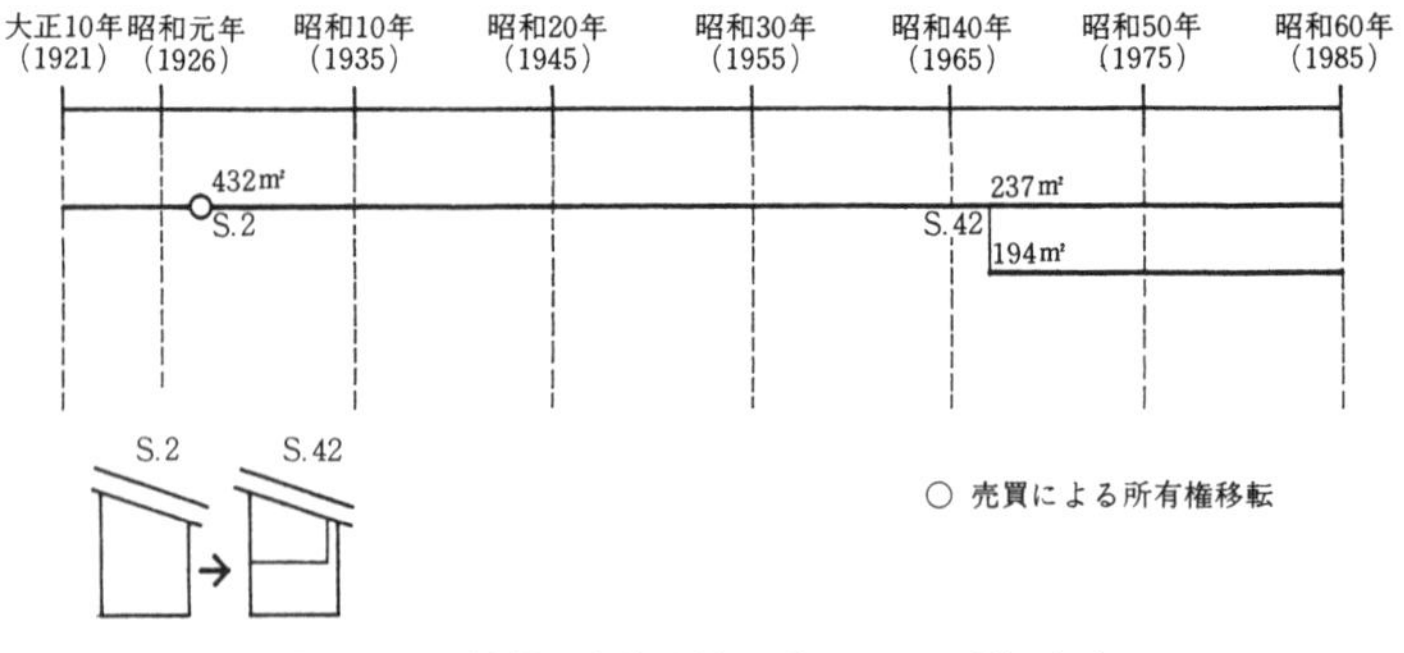

図２－61　洗足の土地分割のプロセスの形態（７）

切実に直面している内的な要因、つまり、郊外住宅地がその特性のなかから必然的に内包している家族的な世代交代の問題に焦点をあわせた。この家族内における世代交代、代替りは、土地や家屋の相続の問題を引き起こし、ついで土地の細分化や売買、住宅の建てなおしなど、住宅地の変容に重大な影響をおよぼすことになる。

戦前の郊外住宅地の相続の時期と入居時期、居住年数は明らかな関連性をもっている。相続の時期は、昭和26～28年と昭和41～43年の2度のピークがあり、これは大正11年から15年頃までの開発当初の入居者とそれ以降の入居者とに対応している。入居後、約30年に相続が生じる割合が多いことが明らかとなった。

つぎに、世代交代（相続）と土地分割の関係を明らかにした。この関係は、土地分割の状態、理由、形態として、つぎのことが明らかとなった。

① 土地分割の分割年、面積、地域差などの状態については、つぎのような結論を得た。まず、土地分割の時期は、昭和20年と昭和47年がピークとなり、昭和47年以降は土地区画数は急増し、土地細分化が進行している。そして、面積が広いほど土地分割が生じる可能性が大である。分譲時の平均面積は５８６㎡、現在は２２０㎡。土地分割の時期に関して、商店が多い駅周辺とその外周の住宅地との違いは、前者は昭和21～22年に分割が進行、後者は昭和45年頃がピークとなっている。

② 土地分割の理由として、相続が売買かを問うた。ただし、売買、相続による土地分割は相互の生じた時期の差で判定した。売買による土地分割は同時期、相続による土地分割では前後4年以内とした。この結果、相続が生じたケースの11％が土地分割をした。また、売買による土地分割よりも相続による土地分割の方が分割された土地は2倍も広い。つまり、売買の方が細分化される。土地分割のうち、3割が売買によるもので、2度分割を経過した後は、０～２００㎡の間に小分割されることが明らかとなった。

③ 土地分割の形態として、親土地、子土地の面積、土地分割のプロセスなどを明らかにした。土地分割は、昭和35年（１９６０年）の以前と以後と比較してみると、筆数でみると、昭和35年以前は分譲時から１・１倍に増え、以後は１・５倍にも増加している。筆あたりの平均面積は、以前は２４２㎡、以後２０５㎡となっている。分割理由別の、子土地平均面積は、相続が１４５㎡、売買は１１５㎡であった。したがって、売買による土地分割の方が土地は細分化される傾向にあることが実証された。土地分割のプロセスの形態では、相続、売買と実際土地が分割される形を対比させてみた結果、その形態にはいくつかの形態、パターンがあることが予想できた。その詳細については再調査の必要がある。

［1－2－④］『大田区の近代建築　住宅編1』（大田区教育委員会、一九九一年、三五～五八、七九～八八頁）

昭和初期の大森区と蒲田区

1. はじめに

現在の大田区に含まれる地域の近代化について、これまで様々な形で紹介がなされてきた。本節では、昭和・戦前期の調査対象地区の置かれた環境を理解するために、園田末熊編による昭和10年発行『大東京大観』(1)の記載によって近代化の過程を見てみたい。この本は昭和7年に35区制になった当時、数多く出版された東京の案内書いわばガイドブックの一つである。このような東京の案内書の刊行は、明治40年に東京市役所・市史編纂係編による『東京案内』『東京遊覧案内』などの出版の後を受けて、数々の類書が出版されている(2)。

それらの中でもこの本の論調は、決して格調の高いものに属するとは言えない。編者・著者の意向が強く反映し、リベラルな視点が欠如していることがその原因であろう。しかし、そのことがかえって当時の庶民感覚の一端を知るうえには貴重だと思われる。

明治末から昭和初期にかけての案内書の多くは、東京の賛歌であったり、都市生活を謳歌するものであったり、逆に社会の不公平を指摘し都市・社会施設の不足を訴えるものであったり、また単なる観光案内書であったりすることが多い。そのような意味では、都市と郊外を同時に視点として取り上げた著書は少なく、筆者は大正7年発行の小山内通俊の『帝都と近郊』(3)を知るだけである。これまでの郊外開発の利点を取り上げて紹介するだけでなく、その側面を探ることによって初めて、郊外地域の近代化の過程を理解することができるのではないだろうか。

2. インテリの街「オホモリ」

現在の大田区を構成していた大森区、蒲田区のうち、大森区の紹介から始めよう。

朝、ラッシュ・アワーの大森駅頭に見る人種――官吏と会社員と学生とタイピスト……とその後刻に見る芸術家らしい男と有閑らしい婦人と…これらが此の区の西北部東調布、池上、馬込の高燥住宅街にみる緑野とバンガロー(4)とヒュッテ(5)と犬小屋のある風景中の点景で、一日中の大部分を都心のビルに、デパートに御用のある「不在区民」だ。東南部入新井、大森両区の商工業地帯に止まっている住民こそは「忠実な区民」である。そして、この大森駅頭の混雑と、この十年来素晴らしく充実した当区内の交通網とその万遍ない利用者群とが、猛烈な人口(6)の増加と同時に新開地の落付きなさを物語る。

事実これは震災後の現象で、旧市内の住宅払底と、いわゆる「オホモリ」のインテリ向きらしい閑静さと、丸の内までの手頃の行程とが齎したものだ。大正九年と昭和五年の人口を比較してみると、何と馬込が約五倍、東調布が四倍強、以下これに従うと言うんだから、百姓上りの俄地主が鉈豆煙管をホープに代える景物があっても仕方がない。唯人口の急増が小学校教員に二部教授を余儀なくさせ、「第二の区民」達に迷惑を負担させている。その癖どの町でも小学校費が町の予算の50%を占めているから皮肉だ。

本文中に見るように、明らかに筆者である園田氏は都心に勤めを持つ新興の俸給生活者、いわゆるサラリーマンに対し好感を抱いているとは言えない。関東大震災後、「仕事場は都心に、住まいは郊外に」という掛声に乗って、多くの人々が密集した都心から郊外に流入したが、少なくとも震災以前から〝郊外〟と呼ばれる地域に逸速く住んでいた人々にとって、新たな流入者を見る目は厳しいものであったようだ。しかし、同様に農家が自分の地所を貸したり、そこに貸家を建てて地主然としている姿にも、好意的ではない。都市の急速なスプロール化に対する戸惑いが見て取れる。

又、近在の世田谷、杉並地区でも、当時急激に流入した生活者の師弟の入学する小学校の不足は、事実大きな社会問題であった。この小学校の絶対的不足は、郊外に移り住んだ人々の年令層と相関があると考えられる。これまでの調査事例によると、旧市内からの移住の要因の中に、子供の健康や教育を考えてというものが数多く聞かれた。結婚したての若い夫婦が郊外居住の主体になっていたのであろう。そのためこれらの地域では学校の新設が間に合わず、2部授業を行っていた学校も多くあった。このような都市施設の整備に関しては多くの地域で計画性に乏しく、行政サイドの対応はいつも民間の宅地開発の後手に回っていた。

大森駅前の八景坂（大正末期）
『大田区の文化財第20集写真でみる郷土のうつりかわり（風俗編）』（大田区教育委員会、1984年）

大田区交通機関開設図（Mは明治、Tは大正、Sは昭和）
東京都大田区史編纂委員会『大田区史（資料編）民俗』（大田区、1983年）

羽田の海苔干し場（昭和10年ごろ）
『大田区の文化財第20集写真でみる郷土のうつりかわり（風俗編）』（大田区教育委員会、1984年）

もう少し、続きを読んでみたい。

　交通機関の発達が人口増加を齎したのか、或はその逆が真か、馬込、池上、東調布の三町には目蒲線（大井町線を含む）と池上電鉄、東京、横浜線とがあり、夫々省線の渋谷、目黒、五反田、蒲田等と連絡、又その他各町にバスがあって、ガソリン煙臭が省線駅と結びついている。然し面積七百七万六千三百八十四坪に十四万七千三百三十五人は収容して余りありで、今でも馬込、池上、東調布の三町の主要産物が、農産物だから依然〝田臭〟紛々たるものがある。ただ入新井、大森両町の主要産物が海苔で、所詮大森海岸には〝しび〟が横隊に並列して、海草のくっ付くのを気長く待っている。（後略）

　交通機関の発達については、少なくとも穴守稲荷参拝を含めた京浜電車や、田園調布の開発に伴う東急目蒲線の敷設など、交通手段の確保がまず最初に行なわれていたことは明らかである。田園都市株式会社による一連の住宅地造成の事例を除くと、本格的な宅地開発がなされなかったことが、その計画性の希薄さを居住者に印象づけたのであろう。

　同時に昭和10年（1935）当時でも旧大森区はまだ農村的な色彩を多く残した、近郊農村からまだ脱皮していなかった様子が知られる。大森海岸で行われていた海苔養殖についても触れている。海苔は秋の彼岸ごろに海中に海苔を付着させる「ヒビ」と呼ばれるケヤキ・ナラ・クヌギ・竹の枝束、後には網を建て、12月から翌年3月に付着し成長した海苔の葉体を摘み取る。それを板海苔に干し上げるまでが海苔漁家の仕事であった。このような光景が昭和38年の全面的廃業まで見られたという。郊外の開発は震災後に急速に拡大されたと考えられがちであるが、昭和40年前後までは、農村的要素と都市的要素を合わせ持った郊外が身近に残されていた。田園の中の都市風俗と、都市の中の田園風景とが共存していたと言える。

3. モダン都市「カバタ」

次に同書に従って、区南部を占める蒲田区の様子を見てみよう。

　稀には輸出映画を作る意味で、海外にも知られている筈のシネマ・タウン（?）「カバタ」と「国際エヤ・ポート」の名に於て大東京の空港を持つ羽田町と浄瑠璃芝居で知られた「神霊矢口の渡し」の矢口町と崇神天皇御宇知々大彦命の支配地だったという六郷町と、この尖端と古典とを構成分子とした我が蒲田区である。（中略）

　日本のハリウッドなんて言うにはお粗末な…所が〇〇キネマの宣伝力と活俳への魅惑が「カバタ」を現実以上に美化させて、あのスタディオの貧弱な門前で月に平均50人（内3割は女）の俳優志願者達が、受験の課題でもないのに笑えぬ悲喜劇を演じて見せると言うから笑わせる。試みに中に入って見よ。そこに君は「幻滅の悲哀」

蒲田電気館（昭和11年）
月村吉治『蒲田撮影所とその附近』（私家版、1972年）

を建物に、トリックに、大部屋の女優群に等々、至る所に痛感することであろう。だが、この町に官能的色彩が感ぜられるのも、このスタディオの存在のせいとすると、映画の影響という奴はスクリーンを通して許りでなく、現実のうえでも恐ろしいものです。（後略）

蒲田区の中でも、現在の蒲田駅周辺部は戦災の被害を受けており、今回の調査では大正・昭和初期に建てられた建物はほとんど残存せず、紹介することができない。蒲田地区の都市化・近代化の要因を考えるには、松竹キネマ蒲田撮影所の開設と大森区につながる地域の工場進出を欠くことができない。工場に関しては第2章第4節〔本書には収録せず〕で触れるので、ここでは撮影所の周辺の変化について見てみたい。〝モダン蒲田風景〟と題された、昭和8年発刊の、菊池政雄編纂の『蒲田町史』[7]によると、

蛙の鳴いていた蒲田たんぼが、近代感覚の先端に躍る映画の都となったんだから、古い伝統が裏返しになったって、別に不思議はない訳です。震災を契機として急テンポに跳躍した新興蒲田は、単調な蛙の音楽から、複雑なジャズのリズムへ、ものうげなランプの明かりから、輝くネオンの閃きへ転向して、コケティッシュな都会となったんですから、変われば変わったものです。（中略）

其所謂蒲田銀座に於ける、毎土曜の夜店、この夜店こそは、真に大東京35区をリードするところの、強い光と力をもって居ます。何が此夜店をそうさせたか、答える迄もないでしょう。京橋銀座のペーブメントに、蒲田のスターを発見した時の、ギンブラリストの、顔、顔、顔。蒲田の夜店の繁盛は、正しくその延長なんです。銀座から新宿から「おい蒲田の夜店にいこう」と、円タクで乗りつけるのさえ、あるんですから、夜店の人込みは歩けなくなる訳です。蒲田信者か、蒲田ファンか、何れにしても、松竹映画王国の存在は、近代蒲田の豪華版です。

と記されている。

前出の園田の撮影所に対する視点と、『蒲田町史』の編纂委員長である菊地政雄の思いは掛け離れている。菊地は元国民新聞の記者で町史編纂当時は東京市会史編纂掛を務めたほどの才人で、既に大正7年（1918）に『蒲田郷土史』に「都市計画より見たる蒲田村の将来」[8]という論文を寄稿するなど、記者時代には都市問題に対して特に造詣の深い人物である。ここでは撮影所に対する両者の意見を紹介するに留どめ、撮影所の設立と実態についてもう少し見てみよう。

まず、どのような理由で蒲田に撮影場が開設されたのであろうか。[9]平澤勘蔵の「松竹キネマ撮影所」によると、撮影所の用地買い入れに対しては、幾つかの候補地が上がっていたと言う。東海道線の国府津付近、神奈川県の鶴見花月園付近、埼玉県の大宮公園あるいは東京の井の頭公園付近などであった。結局大正9年（1920）5月の末になって、東京に近く交通の便も良いうえに、多摩川・池上本門寺・羽田などロケーションの適地にも恵まれ、地価の安かった蒲田村の中村化学研究所の用地約3万平方メートル（現在の5丁目36番地付近）と建物を買収するに決定したのである。全てを新しく建設するよりは、既存の施設を転用できることから、かえって好都合であったこともその理由の1つらしい。

撮影所は大正9年6月に開設され、撮影が始まったが、そのことによって急速に蒲田の町が変化したわけではなかった。大正11年頃になっても、「東京の郊外というよりも、むしろ穴守のお稲荷さまへ参詣する道筋の一村落で、ちょっとでも大雨が降ると、すぐもう駅の付近一帯に1尺も2尺も水がでるという騒ぎで、その駅前の通りから撮影所の方へ折れ曲り角に、よしずをかけた饅頭屋が一軒あり」（野田高梧、『物語松竹蒲田―大船史』）という状態で、大正12年の関東大震災後に復旧され、業界一位の施設・機材が調えられたころから、ようやく脚光を浴びるようになる。

　また撮影所で働く人々や、仕事の性格上、ほとんど近くに住んでいたというが、前掲平澤の記述によると、昭和4年（1929）12月刊の『日本映画俳優名鑑・昭和5年版』（映画世界社）に掲載されている蒲田撮影所の関係者、145名の居住地を見ると、監督・脚色各9名、撮影12名の全員が現大田区内に住んでいる。また、男・女優の115名のうち、現大田区内の居住者は62名で、全体では、蒲田町に居住するもの66名（46％）、他の町に住むもの26名（18％）とあわせ、92名が（63％）が区内に住んでいたとされている。撮影所関係者が蒲田町とその近辺に住み、日常生活を送りながら映画製作に従事していたことから、蒲田をはじめとする大田区の〝風土〟も、一面では蒲田映画をはぐくんできたと指摘している。確かに、松竹キネマの撮影所が開設を要因として蒲田の商店街も発展したらしい。蒲田で最初の百貨店「松芳」が震災前に西口通りに開店したのを皮切りに、マーケットが次々に開設され、昭和に入るころには、東口駅前に蒲田で初めて洋菓子とコーヒーをだす店「明治製菓」が開店し、撮影所の人たちに愛好されたという。西口には名曲鑑賞の喫茶店「田園」がオープンし、洋楽ファンの憩いの場となった。

　このような撮影所に誘発された形での発展に対して、周辺の農家や勤め人を対象とした施設も徐々に形成される。大正の末に旧東海道に沿って1軒だけであった映画館も、その後京浜蒲田駅の近くに次々と建てられ、昭和10年（1935）頃には蒲田冨士館など数軒の映画館ができ、地元の人々も家の近くで映画を見ることができるようになった。また昭和2年には警視庁からかねてから出願中であった芸奴屋設置申請が許可され、新宿地区に三業地が形成される。新宿八幡神社（蒲田八幡神社）の近くに芸奴屋・待合が次々にでき、昭和7年には芸奴屋24戸、待合21戸、芸奴79人という歓楽地が形成された。

　マーケットは新宿では野崎マーケット（昭和5年）、北蒲田では世界

創立まもない松竹キネマ社屋（大正10年ころ）

蒲田東口商店街（昭和6年ごろ）

昭和初期の蒲田の裏通り

『大田区の文化財第20集写真でみる郷土のうつりかわり（風俗編）』（大田区教育委員会、1984年）

市場（昭和5年）が開業し、以後昭和8年までに廃業した店も含めて、新宿6店、北蒲田5店の計11店が開業し、地元の人の日用品の需要に応じていた。

蒲田は撮影所を一つの核としてさまざまな公共的とは言えない都市施設の誘致を促し、都市近郊の遊興的位置を占めるようになった。世田谷区の多摩川沿いの玉川地区（現二子玉川）と同様に、宅地として価値の高まった農地の地主等を含む檀那衆、新興事業主によって街のイメージ・カラーがつくりあげられていったといえよう。

別荘・保養地としての山王開発

1．山王の位置付け

現在の山王1～4丁目は、東海道線・京浜東北線の大森駅の線路を境に西側の部分と品川区との境界線・環状7号線に囲まれた形で位置している。これは昭和に入って行なわれた地区改正事業によるもので、それ以前は現山王1、2丁目辺りが新井宿字山王と呼ばれていた。

この山王地区は、明治5年に新橋～横浜間に日本最初の鉄道が敷設され、明治9年に地元の要望を中心にして大森駅が開設されたことによって都市化が誘発され、東京の郊外地として発展していった地域である。この大森駅の新設によって、山王地区の一部に別荘風の住宅ができ、郊外保養地としての兆しを見せ始める。さらに明治25年に大森の八幡海岸に海水浴場が開設され、同27年には「森ケ崎鉱泉」が発見されて、東京近郊の行楽地・保養地・遊興地として開発され、注目されるようになっていった。

昭和初期の山王周辺の様子を[10]、建築家中村順平の弟子の網戸武夫が、1980年8月号『建築知識』の中で次のように述べている。

当時、大森駅を海岸とは反対の山手側に降りると、駅前通り（現池上通り）は池上の方に向かって緩い下り坂になる。瓦屋根の古い家並に混じって、「富士屋レストラン」や「資生堂パーラー」などの洒落た洋風構えの店舗、看板建築の「山手家畜病院」（1820[11]5）、和風建築の「水平氷問屋」（18204）などが山王の崖下に片側一列に張り付いた形で、ここだけが銀座の地続きらしく栄えていた。しかしこの家並もやがて途絶える坂下から、山手の高台側に曲がる道を入ると、大きくカーブを描く昼さえ暗いかなりの急坂にさしかかる。暗闇坂とはよくいったもので、台地を切り拓いたせいか、両側から高い石垣がせまり、その上にうかがえる住宅地の庭樹が、かぶさってトンネルのような景色の、昔の東京の坂道には良く見かける、人の歩くには情緒こまやかな風情があった。この辺り山王から新井宿にかけて、更に馬込の文士村辺りまで、大震災後急いで開発された山手住宅地は、処々に神社や寺も点在する閑寂さで、東京のベッドタウンといった趣である。東京駅から桜木町を結ぶ国鉄桜木町線の電車は、これら山手から海岸沿いの住人が乗り降りする大森駅のプラットホームを、朝昼夜と時を仕分けて彩っていた。わけても昼近く水色の帯を巻いた二等車が停ると、山手の有閑奥様族や着飾った令嬢たちにまじって、文士や芸術家のそれと知れる個性が、このプラットホームを帝劇の新派舞台が開けたような、大正という時代の様式に完結するのである。[12]

ここに掲げた文は、建築家の中村順平が「暗闇坂」を上り詰めたところに位置していた、「大森ホテルパンション」をアトリエ兼住宅として使用していた様子を、先に述べたように師の弟子である網戸武夫が『建築知識』の建築家外伝の中で「中村順平　不惑匆忙」として取り上げたものである。建築家の中村順平は大森駅から二等車で桜木町駅に降り、弘明寺行きの市電に乗って、この「大森ホテルパンション」から大学に通っていた。大森駅周辺の様子については先に述べたように、「情緒こまやかな風情を持った東京のベッドタウンといった趣である」といわれ、住まいを建築するための環境、すなわち住環境としては駅に近いという点からも最高であるといわれていた。なぜ中村は、このホテルをアトリエ兼住宅として選んだのであろうか。同じ『建築知識』の中で網戸氏は「大森ホテルパンション」の内部や雰囲気について次のように語っている。

坂（暗闇坂）を上りつめると、左側に〝OHMORI HOTEL PANSION〟と横文字の看板が見られる。建物をうかがい得ないほどに繁った樹の小枝が覆う小道を左に半廻りすると、ポーチ先の玄関へと導かれる。ハーフティンバーのバンガロー建てだが、仰ぎ見れば玄関の切妻が葉影に隠れて、蔦が二階の外壁を被い尽くしている。異人屋敷にふさわしいたたずまいである。このホテル客はほとんどが外国人である。短期滞在の外国航路の乗員らしい客も良く見かける。フロントについても健康そうな赭ら顔をのぞかせているマネージャー猪原は、精悍な見るからに事務処理にたける権化か、多国籍の客を相手とってパンチのきいた濁声で、それはスラングまじりの英語らしいが、自在にさばく小気味の良さに、しばし来意も告げ得ずに立ちすくむ。ここのロビー界隈は日本であって日本ではない。いっさいの日本的馴れ合い的理解を距てていた。それが一層師の居心地を易くし、猪原とは結構馬が合うしかけとなる。（中略）フロントの前を二階に登る階段手前の左側は、可成り広いロビーが一段床を下げて、正面の庭に開口する窓から、緑の光が暗くよどんだ室内に滲んでいる。（中略）アトリエとはいっても、ホテルの一室をベットと仕事場とに、カーテンで仕切ってある十五畳

大森駅山王口の30銭タクシー（昭和８年ごろ）
『大田区の文化財第19集写真でみる郷土のうつりかわり（風景編）』（大田区教育委員会、1983年）

線路越しに見た暗闇坂（大正末年ごろ）
『大田区の文化財第19集写真でみる郷土のうつりかわり（風景編）』（大田区教育委員会、1983年）

大森ホテルパンションの玄関アプローチ
角田長蔵・編『入新井町史』（入新井町史編纂部、1927年）

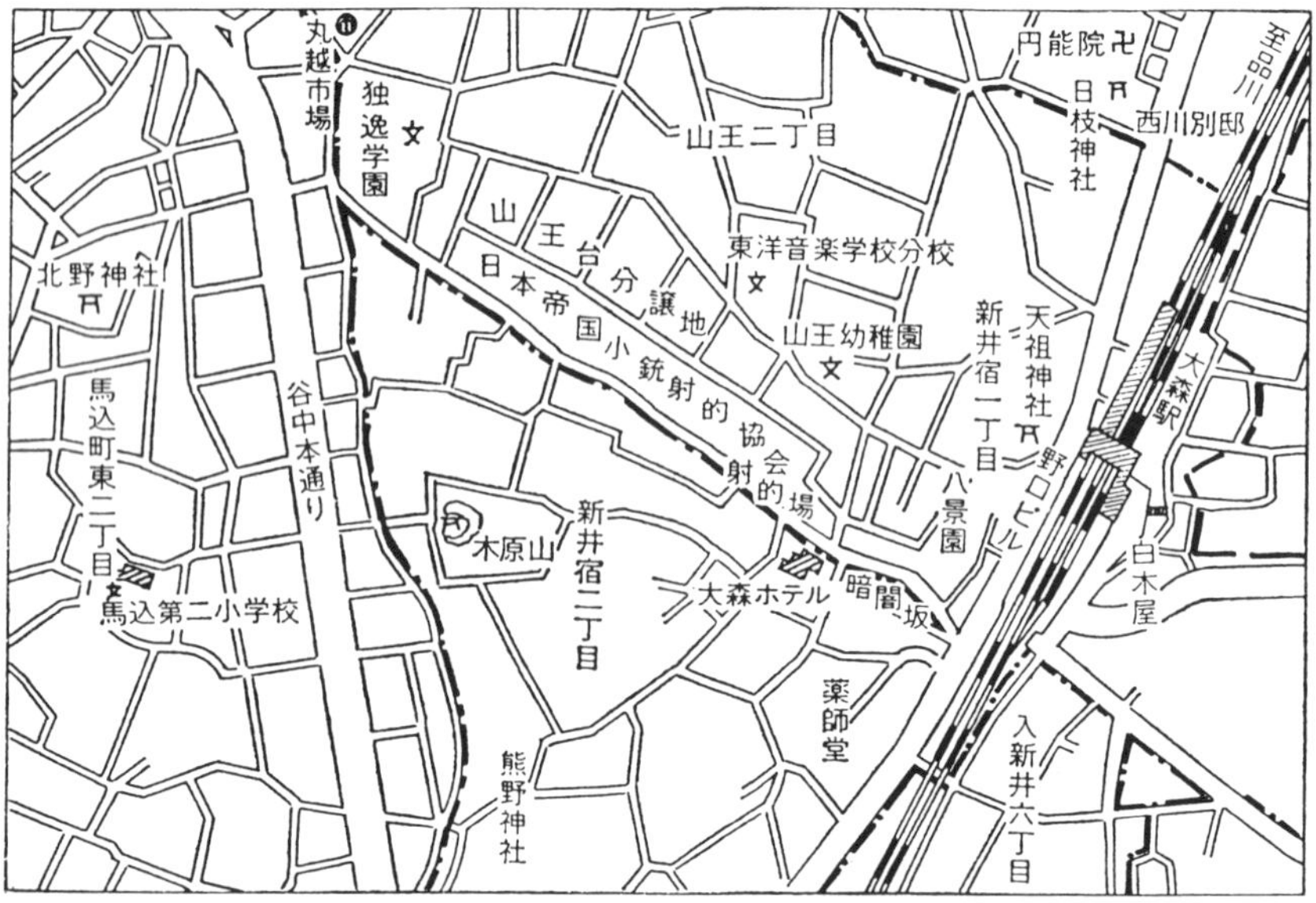

大森駅付近図（1939年）『建築知識』1980年8月号

ほどの広さしかない。製図板は二台がせいぜいで、天井に迫るほどのミロのビーナスの、石膏の白肌もあらわに格好のよい乳房が孤独のすまいを支配している。ベッドの頭近くに文机が一つ、「建築学」の執筆が進行中なのか、机の周りは雑然と仮綴の本もまじる原書が積み重ねられて足の踏み場もない。朝早かったのか、中庭に向こう小窓に寄せた小卓に朝食が運ばれている。その日はオートミール、トースト、ハムエッグに果実、コーヒーといった質素ながら巴里の生活がそのままにある風情で、師にとって屈託もない気易さが、長く独り身を支える住居となり続くのである。

このように中村は、パリの生活に近いこのホテルでの生活に満足を得ていたようである。その他、このホテルには外国人の客が多くいたということも山王周辺の特徴であったといえる。これは、鉄道の開設による影響が大きいといえる。あるいは『大田区史（民俗）』を引用すれば、

明治5年9月12日、天皇が出御されて新橋―横浜間に鉄道開業式が挙行された。中間の駅は品川・川崎・神奈川の3駅で、大森駅は設置されていなかった。当時この辺はまったくの農村地帯で駅を設ける必要性はほとんど無かったのであろう。しかし当初の鉄道路線計画は品川駅から東海道沿いに大森村を経て川崎方面に向かうものであったが、地元農漁民から反対が強く、やむを得ず大森村内を避けて山王台地の東縁をかすめて蒲田方面に路線を変更して敷設した。もともと大森村内に駅を設ける計画は当然あったものと思われるから、開設場所は変更しても古くから知名度の高かった「大森」の名称を生かして駅名に採用したことは容易に想像されるところである。現在の大森駅は、明治9年6月12日に開設営業されたものであるが、それ以前においても常時鉄道建設に従事した外人技師などが多くこの地に居住していた関係で、外人休憩所の名称のもとに随時列車が停車されていた。また、その他に八景坂近辺の景色が良く、ここで降りたいという乗客が多かったためともいわれる。広重の浮世絵にあるように八景坂は大森海岸を望む絶景の場所とされたが、明治17年に八景坂西側の土地一万坪が久我邦太郎に買収され、「八景園」が開設された。

このように日本初の鉄道の新設に伴ない、大森駅が開設されると、東

京中心部との往復も頻繁となり大森駅の利用価値は次第に高まっていった。それと同時に、次第に池上通り沿いに商店街が多くなり、特に明治22年に東海道線が全線開通するようになって、山王は政治家・実業家・高級官吏・高級将校などの住宅地や別荘地となっていったのである。

2. 保養地としての山王の開発

前項で述べたように、山王には保養地としての条件が揃っていた。このような性格の土地に外部からの人々のために建てられたホテルが、「大森ホテルパンション」である。これは「八景園住宅地」脇の高台に建てられたもので、このホテルは大正11年に新築開業、客室35、収容人員60名の純洋式「バンガロー風」の建物であったが、日本室の設備もあり、各室には給水給湯設備が設けられ、浴室や便所は洗浄式で汚水の浄化装置も完全であった。また、上下の「ベランダ」と構内の花園は、〝郊外気分〟十分で、特に各窓や出入り口には防虫対策の金網戸が設けられており、さらに応接室には常に「ピアノ」・「ビクトロラ」などの楽器音譜の最新ものを備え置くなど、最も現代的で洗練されてこざっぱりとあか抜けていたと考えられる。このホテルの経営者は各地でホテル経営をしており、内外人の知り合いも多く、常に宿泊客は一杯で、特に食堂は普通食堂の他、特別食堂も設けられていたため大小宴会の需要に応じることが可能であった。さらに飲食物などは原料を厳選し、すべての無駄を省いて実質を本位としていたと言われる。また城南の探梅・八幡の潮干狩り・近郊の散策・月見や雪見などの風流なことにも、四季折々の道すがら、家族同伴での会食を行なっていた人々が多数いたために、このホテルは終始繁盛していた。この他に同様の宿泊施設として「望翠楼ホテル」が有名であった。

望翠楼ホテル
角田長蔵・編『入新井町史』（入新井町史編纂部、1927年）

大森駅山王口付近
中央の一番大きな建物が国際アパート（山王のＹ氏所蔵）

また、前項で述べたようにこのホテルの宿泊客を初めとして、山王周辺には外国人が数多く居住していたが、その中でも一番数が多かったのはドイツ人であった。これらのドイツ人の多くは鉄道技師で、彼らのために大森駅周辺には自家製のパンを焼くジャーマンベーカリーが数多くあった。その中の一つであった駅前の「不二家レストラン」は、昭和初期の建物で、現在でも釜を使用してドイツパンを焼いている。また旧山王2丁目には独逸《ドイツ》学園と呼ばれている、ドイツ人子弟専用の学校があった。この他に、現在イトーヨーカドーの敷地に外国人専用の高級な「国際アパート」が建っていた。戦時中（第二次世界大戦）、このアパートは東京都によって買収され、戦災で家を失った人々の収容施設として使用されていたために、戦前まで住んでいた外国人は追い出されてしまった。以上のように日本初の鉄道の新設に携わった、ドイツ人を始めとした外国人は優遇されており、当時では住環境として最高といわれていた山王に数多く住んでいた。

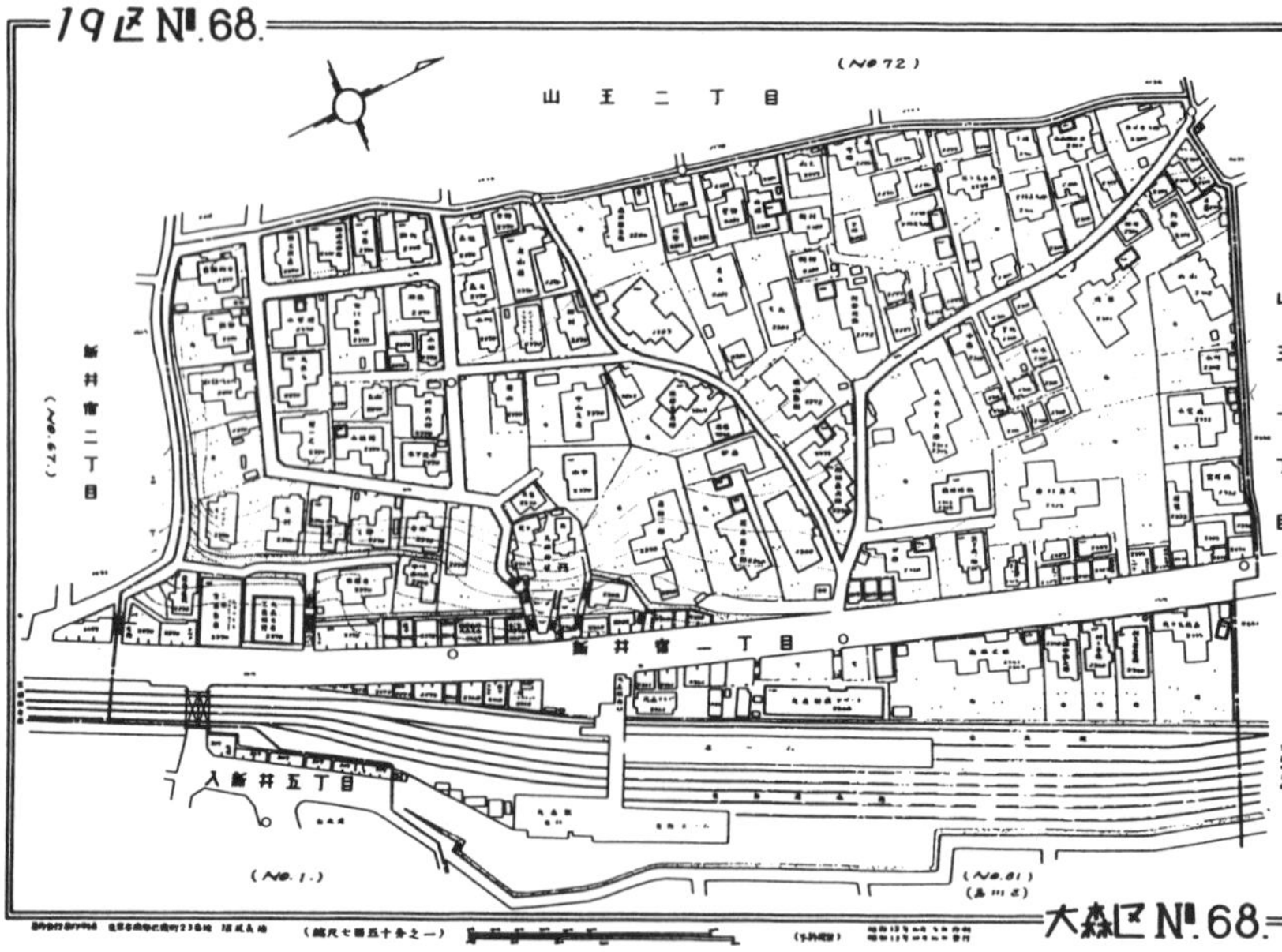

大森駅周辺の地図（昭和13年5月発行）

次に、山王に居住していた日本人にはどのような人々がいたのであろうか。右の地図は、昭和13年5月31日に発行された大森駅周辺の地図の1つであるが、この地図で山王周辺の地域に大規模な敷地を所有していた人々の職業を見てみると以下に示すようになる。

藤田一郎邸　現藤田工業の創設者である

山口八十八邸　某製薬会社社長
倉田邸　音楽家
田崎次郎作邸　株の取り引きに携わっていた
田村邸　朝日新聞社重役
塚本藤三郎邸　滋賀県出身で塚本商事（株）社長　塚本電機製作所（株）取締
清浦奎吾邸　熊本県出身　伯爵、第23代内閣総理大臣　その他会社役員などを歴任

その他大森地区の大土地所有者を掲げると、

地図番号　住居名（所在）　職業
No.10　出広邸（入新井3丁目）
No.15　西尾別邸（大森2丁目）
No.16　沢田邸（料亭沢田家）（大森1丁目）
No.35　大塚五郎右衛門邸（大森7丁目）　東京都出身の地主
No.36　福本喜吉邸（大森7丁目）
No.38　田中定男邸（大森7丁目）
No.40　高山平三（之?）郎邸（大森7丁目）
No.57　富田邸（市野倉町）
No.62　長岡善次郎邸（入新井6丁目）
No.66　西川平蔵邸（新井宿3丁目）
No.67　玉原邸（新井宿2丁目）
No.67　木村一男邸（新井宿2丁目）　石川県出身で東京歯科専理事、歯科医　東京歯科専卒業後に渡米してマーケット大学歯科卒業、大正3年開業
No.69　亀田候吉邸（山王1丁目）　兵庫県出身　大北産業（株）監査、亀田（資）代表
No.69　西川平蔵邸（山王1丁目）　塚本商事（株）監査

No.69 藍沢邸（山王1丁目）
No.70 高久肇邸（山王1丁目） 群馬県出身。日本炭礦汽船 昭和礦業各（株）専務 昭和銑鉄工場・昭栄金山・群山高久農場各経営者
No.70 田中邸（山王1丁目）
No.71 安藤彌一郎（徳富）邸（山王1丁目） 新潟県出身 アンドガード商会・新潟鉄工所・東京計器・川西航空機各（株）顧問 大正11年米沢高工機械科卒業
No.71 薄井邦矛邸（山王1丁目） 帝国火薬工業（株）顧問。先代の佳久氏は日銀理事・東京倉庫社長・明糖・日本火災などの重役であった 邦矛氏は明治15年、静岡県に生まれ、先代の養子となる同41年東大応用化学科卒業
No.72 相馬邸（山王2丁目）
No.72 山内廣太郎邸（山王2丁目）
No.73 時沢儀三郎邸（新井宿2丁目） 群馬県出身 龍泉寺鉄道（株）取締 時沢商店（資）代表 蚕糸貿易商
No.74 田中邸（新井宿1丁目）
No.75 山崎清邸（新井宿2丁目） 帝国火災保険 茨城県出身 東京報知機・日本ビルヂング・日本商事（株）取締 日清生命保険・日清保全各（株）監査 郵便電信学校卒業
No.75 中沢吟平邸（新井宿2丁目）
No.75 山口邸（新井宿2丁目）
No.75 大仲齋太郎邸（山王2丁目） 三重県出身 三井物産台湾大阪各支店本店に歴勤、大正13年電気化学工業（株）取締兼商務課長台湾電化・北海電化工業各（株）取締[13]

また、この他に『東京明覧』[14]の邸宅の項には次の4名が記されている

加納子爵邸全景
角田長蔵・編『入新井町史』（入新井町史編纂部、1927年）

不入斗方面を望む（明治20年ごろ）
『大田区の文化財第19集写真でみる郷土のうつりかわり（風景編）』（大田区教育委員会、1983年）

蒲田菖蒲園
満開の藤棚の下で池に写る花を見る婦人たち（明治43年ごろ）
『大田区の文化財第20集写真でみる郷土のうつりかわり（風俗編）』（大田区教育委員会、1984年）

子爵・加納久宣　入新井村
子爵・上杉勝憲　大森町北原
官吏・田代律雄　入新井村
官吏・宮原二郎　入新井村不入斗

大正時代以降になると、大森山王の高級地としてのイメージは定着し、戦後の首相芦田均を初めとする財政界の人々、徳富蘇峰・和辻哲郎・志賀直哉という人々が邸を構えたり、一時的に住まいを求めたりした。ここにあげた人々は、周囲の環境が別荘・保養地として最高であったことが敷地の選定理由となったようであるが、山王周辺にはどのような施設があったのだろうか。

明治5年に新橋～横浜間に鉄道が新設され、明治9年に地元の強い要望もあって正式に大森駅が設けられた。大森駅が新設されると徐々に近くの山王地区の一部に別荘風の住宅ができ、郊外保養地化の兆しを見せ始めた。明治24～25年に大森の八幡海外に海水浴場が開設され、同27年に森ケ崎鉱泉が発見されて、東京近郊の行楽地・保養地・遊興地として開発され、注目されるようになった。この他に現羽田国際空港内にあった穴守稲荷神社の近くまで京浜電車が施設されたことによって、いっそう便利になり、信仰圏を拡大した。また郊外に海を求めて楽しむ人々には原村の梅林[15]が目にとまり、蒲田の梅屋敷とともに並び称されるようになった。明治17年には大森山王口の前、天祖神社の隣地に八景園が開園され、遊園地化にともなって広く知れわたるようになった。このほか明治35年には蒲田菖蒲園が設立され、これが蒲田駅開設の要因となったといわれるほどである。同42年には羽田グランドと呼ばれる運動場が開設され、大学野球が行なわれたり、広く一般の運動会や園遊会にも利用された。さらに39年には東京競馬会が池上徳持に池上競馬場を開設するなど、明治期における本区域は郊外清遊地・保養地・行楽地としての発展は見せたが、住宅化は進まなかった。

明治27年、大森地方は干ばつに襲われ、無縁堂の御手洗用を兼ねて、水田灌水にしようと掘り抜き井戸が掘られ、明治20年代末に森ケ崎鉱泉が発見された。翌28年夏、森ケ崎教会所と共に接待湯（公衆無料入浴場）が設けられた。その後、鉱泉旅館が相次いで建てられ、さらに明治33年に鉱泉成分の分析が行なわれ、公的にもその医上の効用が確認され、森ケ崎鉱泉は「空気清良、気候温暖にして四季の眺矚に富む料理」と相まって東京近郊の保養地、湯治場の性格を持つに至ったのである。明治30年代後半から40年にかけて旅館の数は急増する。また周辺の田・湿地を部分的に掘って、その土で別の部分を盛り土することにより高台をつくり、建てられた旅館の周囲には多くの池・釣堀が生まれ、後に宿泊者はこの池や釣堀で釣りを楽しむこととなる。また、この時代の森ケ崎への客は老人や病人ばかりで、たまに彼らの親戚縁者・子供が遊んで帰ったこと、これらの旅館と共に鉱泉病院が紹介されていることなどが、この当時の療養地としての森ケ崎を物語っている。この療養地的性格は大正時代になってからも程度の差こそあれ続いてゆき、これとは別に、海をひかえたこの地が海水浴場として夏に多くの客を呼んだ。しかし大正期に入りしばらくたつと、これと対照的に芸者遊びなどの健康人のための歓楽街へ変わり、特に大正12年の関東大震災を境に姿を変えていった。震災直後、鉱泉街は遊興客専用となり、特に会社員にとっては絶好の土地となった。

この「一大歓楽街」への急速な発展は、震災後の京浜国道の開通、人力車から円タクへの変化と共に起こったといえる。昭和7年発行の『大東京遊覧地史』には、森ケ崎は都会の煙塵を避けて、風流な遊びを試みるというよりは享楽地に近いと書かれている。このような変化は作家たちの滞在の減少とも平行している。彼らは次第に交通の便が良くなった熱海などに足を向けることとなる。一方それに代わり大正の間に次第に定着した会社員の増加が見られ、当然その結果、宿泊日数は長期滞在よ

旅館名	特徴	一泊料金
光遊館	同地の草分け。鉱泉浴の元祖。二四室。釣堀有り。	七五銭、五〇銭
盛平館	光遊館に次ぐ老店。釣堀り有り。	八五銭、七〇銭、五〇銭
森浜館	四〇〇余坪の池に数百の鯉魚。白湯も有り。	一円二〇銭、一円、八〇銭、六〇銭
三好館	力士谷ノ川関経営。三〇〇〇余坪の釣堀有り。客間一〇余。	一円、八〇銭、六〇銭
若松館	最新式砂風呂。白湯も有り。釣堀有り。	一円、八〇銭、六〇銭
平盛館	客間数一〇有り。	七五銭、六〇銭、五〇銭
帝国館	釣堀有り。	
富士川		一円、八〇銭、六〇銭
東海楼	釣堀有り。	低廉なり。
勇　館	球突場有り。	
大光館	庭広し。	
東京庵	堅くて	低廉。
その他	養生館・海月・立田野・すず元・新柳亭あり。	

森ヶ崎の旅館一覧（特徴と一泊の料金）

東京都大田区史編纂委員会『大田区史（資料編）民俗』（大田区、1983年）

り2、3日のものが多くなる。また、明治・大正を通じて盛んであった海水浴（海水浴場としては大正13年開設）も、交通の便の変化あるいは海の汚染と共に昭和になって徐々に影をひそめていく。療養や保養にきていた人々は震災以降はほとんど来なくなり、その代わりに身体的に健康な会社員などの遊びの地となったのである。ちなみに昭和初期の森ヶ崎における芸者遊びの相場は、1、2時間で1、2円、一晩買い切りで6円であった。当時大卒の月給が40円ぐらいといわれているから、相当に高価な遊びであった。その後、昭和10年を過ぎると次第に戦争の影が濃くなり、客足は遠のき、11、2年頃になると、激増する周囲の工場の工員寮に姿を変える旅館が多くなってくる。それは太平洋戦争後まで続き、かつて辺り一面のたんぼの中に突出していた一つの町は乱立する工場の中に埋没して行くのであった。そして昭和20年4月15日、アメリカ軍爆撃機B29約200機が来襲し、付近はほとんど罹災したが、森ヶ崎

森ヶ崎温泉　養生館

森ヶ崎温泉　盛平館の玄関

森ヶ崎温泉　勇館

大森海水浴場（昭和初年）

『大田区の文化財第19集写真でみる郷土のうつりかわり（風景編）』（大田区教育委員会、1983年）

大森八景園内の情景（大正８年ごろ）

大森射的場　手前にはテニスコート

『大田区の文化財第19集写真でみる郷土のうつりかわり（風景編）』（大田区教育委員会、1983年）

一帯は焼け残る。

また上記のような旅館の離れは別荘として使用されていたり、逆に別荘が旅館になるという経緯もあり、これらの別荘が森ヶ崎に対する「東京」の人々の利用の仕方を表わし、まちとしての森ヶ崎の性格を物語っている。それは一方で心身両面の保養といった目的を持ち、他方で歓楽を目的とする点である。

大森八景園はその名の示す通り、大森八景を眺望し、景色絶景の遊園地であったが現在では当時の情緒ある面影をまったく残していない。八景園の創設は明治17年で、久我邦太郎が土地開発の目的で八景坂上の畑地や草原など一万坪を買収し、「八景園」と命名した。当初はほとんど何も設備がなく、相撲や人寄せの催しを時々行なっていただけであった。しかし、同20年に皮付き丸太を材料として、総藁葺きで中央に50坪の大広間を持つ家屋をつくり、当時都下において最も著名であった「料亭江東中村楼」の主婦中村いね子がこの家屋で「三宜楼」を開業し、武者料理と称して特にカニ料理を名物とし、宴会や演説会などが行なわれ、さらに園内に梅や桜などの花樹を植え付け、「八景園」の名が社会に宣伝されると共に学生の遠足や運動会にも利用され、郊外随一の遊園地として広く行きわたっていった。

「料理屋三宜楼」は次第に衰退していくが、遊園地としての行楽は益々発展し、さらにその勝景は皇室にも認められるほどのものであった。しかし大正期に入ると手入れが十分に行き届かず、単なる野原となってしまい、「八景園」の面影はなくなり、大正11年にはこの敷地のすべてを40余区画に分譲し、同13年に分譲を終了した。八幡海水浴場は、明治24、5年頃久我邦太郎氏の創設に関わったもので、当初は海水浴場と呼ばれるものが遠く大磯海岸にしかなかったため、東京近郊でのこの企画は大変歓迎され、さらに涼み所を建設して海水客を迎え、明治43年頃は最盛期であった。以降料理屋・芸妓屋・砂風呂が相次いで開設した。このように明治20年代の大森は東京近郊の観光地として開発されていった。また、明治21年には木原山と伊勢原の間のヤトに小銃射撃場が開設され、会員制により運営されたが、皇族・軍人の出入りもあり、大正12年にはテニスコートを併設した。現在はテニスコートとして使用している。

上記のような環境の中に大正から昭和にかけて高級住宅街としてたくさんの別荘・住宅がつくられて山王の名は広まっていったのだが、その中で明治39年、東京方面への通勤者の中心に「大森倶楽部」が設立された。当時の様子を『大森倶楽部八十年史』でみてみると

動機は大森から東京方面への上り列車の待合所がなく、東京方面への通勤者にとって不便なためであった。そして、協議の結果、西口に私設待合所を兼ねて、協議した人々の倶楽部室を創立した。入会金は1人5円、会費1日1円として運営を開始し、また社交機関としての必要性も説いている。会は娯楽場として球戯台のほか囲碁・将棋を備え付け、会員交流会として、謡曲の会・活花の会・囲

碁の会の開催、時には演芸会を開き社交場としての機能を発揮した。しかし、大正7年に大森駅の山王口が開設され、場所が駅前に移り待合室という本来の目的を失ったために、娯楽施設もなくなり、以降講話会などの利用が増えた。その後、昭和14年に社団法人大森倶楽部となり、現在に至るまで80余年続いている。会員は当初大森から池上にかけて住んでいた東京への通勤者であるが、委員長や理事長に子爵・伯爵と著名な人がなったように、荏原地区の知名人や議会関係者が多く入っていた。議会関係者には地主層の人もいたため、移住者のみの団体ではなかったが、層からいえば上流の層の人が多かった。活動内容も当初趣意書で書かれたような、公共事業をするのではなく、社交を主にする団体であったといえよう。しかし明治末年にこのような通勤者の会ができたことは画期的なことで、山王ならではといえよう。また、明治時代には飲料水がなく、遠くに水を汲みにいくのが大変だったので水屋から水を買っており、そのため地域が協力して玉川水道をつくったということからも、明治時代の山王周辺の住人は結束が堅かったということが分かる。

最後に明治期から大正初期にかけて建てられた個々の住宅について見ていきたいと思う。

（1）大森　望月小太郎氏邸

本邸は洋館と日本館とを連接し、廊下によって行き来するように設計されている。洋館はアメリカバンガロー式、地下・1階・2階および屋根裏の4階建てとなっている。敷地は大変傾斜したところを選んでおり、高所の地盤を1階とし、地底の部分、すなわち敷地の半分を地階として、風呂場・物置・女中室などを設けた。日本館は2階建てで、1階を地底にとり、自動車小屋・男部屋下の溜り室などを設け、2階は洋館の1階のレベルで洋館食堂より廊下で通じている。別に、台所からの廊下があって、同様に和洋の連絡となっている。また日本館1階の前面にはグリーンハウスを設け、冬季は暖房の代わりとなるなど、サンルームの機能を果たしている。

（2）大森　田中銀之助氏別邸　設計・施工あめりか屋

富豪田中邸の別邸で、在来の広大な和風主家に連接して洋館を増築したもので、廊下によって行き来できるようになっている。1階応接室には特に暖炉を造り、割栗石を積み上げ、内部で焚火ができる仕組みになっている。その応接室の庭側に設けられているベランダにこの別邸の玄関がある。その暖炉は片田舎の炉辺《ろへん》に粗朶（そえだorそだ）を折りくべて暖をとるという趣があった。2階は24畳の広さの和室で、置かれている座椅子は、特に田中氏の発案によって作られたものである。またこの和室には1間×2間の板敷きの間が付加されており、サンルームとしての機能を持っている。

（3）大森　大木氏令息邸　設計・施工あめりか屋

この住宅は、1階が洋風の各室と食堂がカーテンを仕切りとして隣接しており、各部屋とも椅子式である。この他、台所・女中室・物置・便所がある。2階には座敷・寝室・浴室・予備室が設けられている。外観は洋風。上下窓で、周囲はたくさんの木々に覆われている。

（4）山王　I邸（西洋館）　設計自家＋滝川某（大工）・施工滝川某
　　　　Y邸（日本館）　設計・施工不明

この2軒の家は、（1）、（2）と同様に同じ敷地内に日本館と洋館が建っているもので、前者が明治36年に、後者が大正11年に建てられたものである。これらも同様に渡り廊下によって連接されている。日本館の玄関脇の廊下は、当時、畳敷きであった。また、2階の客間は二方向に縁側がまわっている。洋館の敷地は傾斜地で、玄関は1階のレベル、裏の庭は地下1階のレベルとなっている。その地下には、浴室・台所などの水回りが配置されている。[16]

（1）、（2）、（4）は、明治時代に主流であった、同じ敷地内に日本館と洋館を共存させ、渡り廊下でそれらを連接するものであった。当時は、接客を中心に設計を行なっており、日本館を家族の生活用に、洋館を接客用に使用していた。ちなみに、戦後になると家族の生活が中心になり、和室と洋室の使い方が逆になっていく。

（2）、（3）の設計・施工はあめりか屋で、橋口信助氏によって明治42年に創立された。これは、アメリカの影響を強く受けた住宅を設計・施工するわが国最初期の住宅専門会社であった。また橋口は、わが国で最初期の住宅専門誌「住宅改良会」の機関誌を発行した。「住宅改良会」は、わが国の住宅の近代化や西欧化を目指して設立されたもので、大正・昭和戦前期において、住宅の啓蒙活動を通じて住宅改良運動の中心的役割を果たした。

以上のように見てくると、山王はたくさんの別荘や住宅ができてから保養地としての性格を示し始めたのではなく、山王周辺に海水浴場など、種々の娯楽施設や保養地ができたために、そこに目を付けたくさんの人々が移り住んできたと考えられる。

望月小太郎氏邸全景（大正５年ごろ）
『住宅』第１巻12月号

田中銀之助氏別邸（大正６年ごろ）
『住宅』第２巻新年号

大木氏令息邸（大正６年ごろ）
『住宅』第３巻12月号

3. 別荘地から住宅地へ

明治も30年代になると大森駅近郊に風光明媚さと駅からの至近さから別荘や邸宅が建ち始める。早くも明治5年に開通した東海道線に沿って住宅地が南下してつくられる。また、大森山王地区が海に近く見晴らしが良いことから、高級住宅地として開発されていく。大田区内ではこのように大森駅などを中心とする郊外住宅地化が、明治30年代から始まったが、大正時代に入ると工業化した東京への人口集中に拍車がかかり、郊外地への需要は急増していく。

次に聞き取り調査から判明している、大正末期から昭和初期の山王の様子について述べたいと思う。「現大森駅近くの山王2丁目周辺は、松山と呼ばれており円能寺の所有地である。大正12年には1軒の家もなく、山王・馬込一帯は樹木で緑一色であった。また、この周辺は関東大震災以前の分譲地でもあり、周囲の環境・敷地規模・交通の便などから考えると当時でも一等地と考えられていた。そして関東大震災後、日本橋や下町の主人層が周辺に越してきた。また周辺には東芝に勤めている人が多かった。この他、山王全体で当時の様子を見てみると、三井・三菱などの財閥所有の地所が多く、その関係の人々やサラリーマン・軍人が数多く住んでいた。このようなことからも、当時企業が山王を別荘・保養地として高く評価していたことが分かる。また、大正11年頃、周辺の土地は空き地が多かったが、戦前までにほぼ空き地は建物で埋まった。戦災で大森工業地帯には爆撃があったが山王周辺は無事であった。周辺にはテニスコートや射的場などがあり、当時、山王一体の住宅は、和風と洋風の住宅が大体半分ずつで、それらの中には第2章で述べたように1つの敷地内に日本館と洋館を建て、渡り廊下でつないでいたものであった。」

次にこのような住宅地の変化を地元民から見てみると、この地区では大正5年に最初の耕地整理が始まるが、入新井地区は明治7年に戸数381戸、人口2007人であったものが、大正5年に戸数2425戸、人口10423人と戸数は6倍、人口は5倍になっていた。そうした状況の中で、耕地整理を施工した大森駅周辺のうち鉄道の西側の新井宿方面は住宅地、西側不入斗方面は商工業地として発展していった。しかし大正・昭和の初めはまだ田や畑があり、農業を続けられた。それは大田区の内部に見られたように全体的に分譲地として売り出すことが少なかったからといわれ、確かに耕地整理の始まった地点で台地部はばらばらに邸宅化されており、旧道がそのまま残るような形になってしまった。特に暗闇坂から木原山にかけての通りは旧農道の細道に邸宅が並んだ。それらの邸宅の人々と農家の人々との交流は、農家から植木屋や商店に転じた人々が出入りするという形でつながっているほかは、地元著名人が、「大森倶楽部」などで顔を合わせていた。山王の日枝神社には清浦奎吾の奉書した社命碑が建っており、このような邸宅居住者からの協力行為はあるものの、旧来からの人々にとっては邸宅の人々は「一段上の人々であった」と意識され、地縁性は薄かったようである。

このような郊外住宅地の変化を大正期から昭和初期にかけて建てられた専用住宅、集合住宅、店舗併用住宅（商店建築）など、調査事例から現存しているものの特徴から見ていこうと思う。

◎洋風住宅の事例　山王2丁目　Tu氏邸(17)

大正13年、建築家の金子竹三郎によって設計された。敷地面積は250坪、延床面積は100坪、外観はハーフティンバースタイルで、スクラッチタイル、大谷石、ステンドグラスを用いた様式がその特徴である。内部は、7部屋のうち2部屋が和室で、その他は洋室である。敷地は駅に程近く、高台に位置している。この敷地を選定し、この住宅を建てた施主は、「銀座の大地主」で、質の高さでは当時山王に建てられた住宅の中でも最高のものの1つであったと考えられる。また、この住宅は、アメリカの建築家であり、多くの住宅作品を手掛けたフランク・ロイド・ライトの設計した住宅に酷似しており、設計者の金子がライトの作品を意識していたと考えられる。

◎和風住宅に洋館が付加した事例　山王2丁目　Sa氏邸

大正8年頃建てられた住宅で、敷地面積170坪、延床面積75坪である。この住宅の敷地は、上記の洋風住宅と同様、駅に程近く、交通の便・周囲の環境・敷地規模などを考えると、当時でも一等地と考えられていた。外観は、2階建ての西洋館が目立っているため、本格的な洋風住宅と見間違えてしまうが、玄関部と応接室以外は和室となっており、平屋の和風部分を含めて、内部は和風主体の住宅である。また、庭には茶室があり、裕福な生活をおくっていた人々の邸宅に相応しい住宅であったといえる。また、この辺りは、関東大震災以前の分譲地であったということである。

この他に分譲地に建てられた住宅としては、山王1丁目、N邸があげられる。これは「三井源蔵原分譲地」で、昭和5、6年に建築家の渡辺仁によって設計された宅地であることから大正末期から昭和初期にかけて分譲された住宅であると考えられる。敷地面積96坪、延床面積約52坪で、間取りは農家に見られる4つの部屋を「田の字」型に配置し、それに洋風の応接室を付加した形式を取っている。この「田の字」型のプランの特徴は、たくさんの来客のときに襖を取り外して1つの部屋として使用できるようになっていることである。また南庭には、手入れのいき届いたたくさんの植木がところ狭しと植えられており、この建物を引き立たせていると共に落ち着いた雰囲気を醸し出している。

◎和風住宅に洋館が付加した事例　山王2丁目　Su氏邸

昭和2年、大林組によって施工された住宅で、敷地面積209坪、延床面積約97坪である。施主は音楽家で、息子の結婚のために新居として建てた。現在の当主は、昭和25年にこの家を購入したが、住み替えを決心した時、山の手にあたる山王を居住地として強く推薦されたということである。間取りは、玄関脇に洋風の応接室を付加し、中廊下によって居室空間と設備空間が分離されている。間取り中央の2つの和室には、庭に面してサンルームとしての機能を持った広縁側が付加されている。さらにこの家は、長伸によって家族の空間と接客空間の区別を明確にしている。

◎集合住宅の事例　山王2丁目　Tアパート

大正末期から昭和初期の間に建てられたもので、部屋数は全部で36室である。玄関の上部にステンドグラス、幅1m50cmの階段、共同のトイレ・洗面所・浴場・洗濯場・ゴミ捨て場、2階に設けられた共同の物干し台、その他、すべての部屋には流しがあり、8畳の部屋には床の間が設けられている。以上のように、現在の都心に建てられているアパートとは異なり、階段や廊下などの移動空間が大変広くとられており、余裕を持った平面構成となっている。

◎店舗併用住宅の事例　山王2丁目　H邸

東海道線のそばにあったため、戦時中、周辺の建物はほとんどが強制疎開の対象となったが、この建物だけは唯一その対象とならなかった。外観は、木造の建物の表通りに面した部分だけにモルタルを塗り、人造石洗出で仕上げた、「看板建築」と呼ばれる建築の一つであった。池上通り沿いに建てられた店舗併用住宅である。

◎店舗併用住宅の事例　山王2丁目　M邸

昭和7～8年に大工によって建てられた店舗併用住宅である。延床面積40～50坪である。木造3階建て、1、2階部分は銅葺きの「看板建築」で、3階は純和風の茶室を持った内部構成となっている。

◎店舗併用住宅の事例　山王3丁目　H邸

昭和5年、深川の船大工によって施工されたといわれており、1階は事務所として利用され外壁はモルタル仕上げ、2階は住居で南京下見板張り仕上げである。一般的に見られる店舗併用住宅は「看板建築」であるが、この建物は本格的な洋風意匠となっている。

以上3棟は、池上通り沿いの店舗併用住宅であったが、「看板建築」・「和風出桁建築」・「洋風建築」などその種類は当時の商店建築の代表的な建物で、特にこの地域には「看板建築」・「和風出桁建築」が多かったと考えられる。

◎店舗併用住宅の事例　山王3丁目　I邸

この店舗併用住宅は、「和風出桁建築」で昭和9年から米屋を営んでいる。戦時中この建物は接収されていた。接収されていた建物の多くは洋風、もしくは洋風に近い建築であった。これはアメリカ人の生活に適していて使いやすかったということが理由にあげられるが、このような純和風の建物も接収されていた。

◎店舗併用住宅の事例　山王3丁目　I邸

昭和初期に建てられた2戸建て長屋の「看板建築」で、敷地面積60坪、延床面積30坪の店舗併用集合住宅である。外観は木造建築に人造石を貼り付けて洋風建築を模したものである。また屋根は、浅瓦葺で片流れである。

以上のように山王は大田区内の他の地域と比べると、高級住宅街といわれたように、当時は少なかった洋風住宅が大変多く、時代を先取りした住宅地であったといえる。俸給生活者の住まいとしては、和風住宅に洋風応接室が付加したものが主流となっていたようである。また上記の「三井源蔵原分譲地」などの他に、大正11年の「八景園」の跡地の「八景園分譲地」、射的場第三期の「山王台分譲地」[18]などが宅地化を推進させた大きな理由の1つであると考えられるが、これらの分譲地の中に明治期のような大規模なものはなかった。これは山王に平坦な土地が少なく起伏の多い土地柄が影響したものと考えられる。第2項で山王にはドイツ人が多く住んでいたと述べたが、ドイツ人によって設計された、デザイン（上下式の洋風窓や内部の家具など）の似た家が4～5棟あったということも聞き取り調査より判明している。昭和初期のこれらの住宅は1軒の敷地面積が、現在のものと比べると大規模であった。昭和初期に、300坪程の敷地に建っていたハーフティンバーの住宅が、現在は細分割され約10棟の建て売り住宅となってしまったのは、山王が大衆化されるにいたった1つの顕著な例であったということができる。またこの時期には、アパートも建てられるようになり、これらのことが高級住宅地であった山王に一般庶民が住み始める契機となったようである。[19]

また商店についても、池上通り沿いの商店を含めて、山王周辺は邸宅のお手伝いさんや邸宅よりも規模の小さい住宅の人々が買い物に出なくても済むように、代わりに御用聞きにいって注文を受けることを中心にして商売を営んでいたようである。

以上のように山王は別荘・保養地として開発され、大森倶楽部も結成され、高級住宅街として順調に発展していったわけであるが、関東大震災以後各種娯楽施設が衰退、その後分譲地やアパートなどを中心にして高級住宅地と庶民の住宅地の混在したものへと変化していったのである。

文士・芸術家達と馬込周辺の住環境

1．馬込文士村の位置付け

馬込といえば文士村という言葉が思い浮かぶほど、馬込という地名は大田区の中でも馴じみ深い。この馬込文士村に関しては、様々な角度からの記述があるが、中でも大田区郷土資料館が1989年12月に編集・発行した80ページほどの小冊子『馬込文化村ガイドブック』が最近の研究の成果を盛り込んだコンパクトな秀作といえる。特に文末に掲載された「馬込文士村小史」は文士村を概観するに最適である。ここではその記載をもとにしながら、馬込の開発・宅地化及びそこに建設された住まいについて解説・検討してみたい。

「馬込文士村小史」（以下小史）では文士村に対して幾つかの試論が紹介されている。その1つはこれまでの馬込文士村に関する記載が、文筆を業とする文士だけを取り上げているのに対して、画家などの芸術家達を含め〝文士創造の担い手〟として同類ととらえている点である。[20]2つ目はその範囲を旧馬込村を中心としながらも、周辺部の人々を含めたつながりを考慮して、山王・新井宿など隣接地域をその範囲に含め、旧馬込村全域をその範囲としてとらえていること。3つ目は時間的問題とし

関東大震災前の馬込山王付近

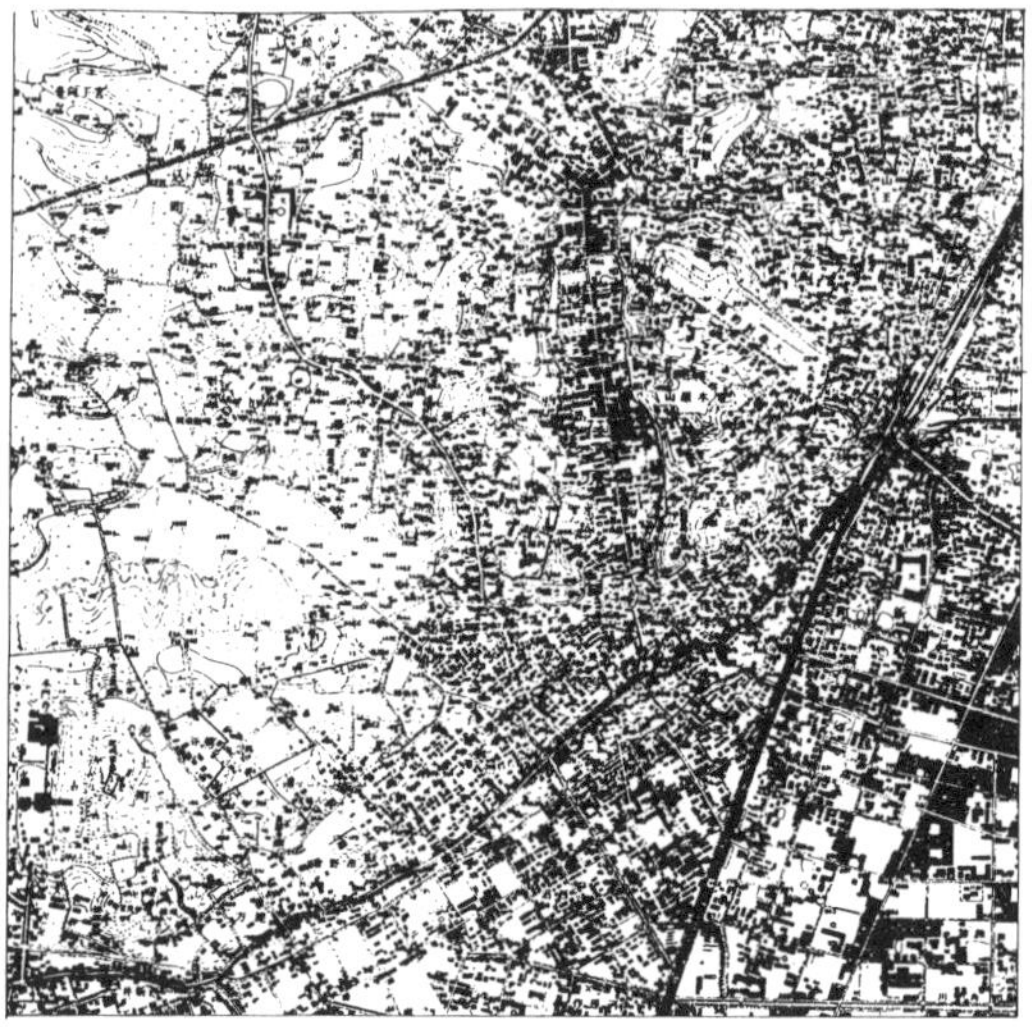
関東大震災後の馬込山王付近

て、大正末から昭和初期を中心・最盛期としながら、その前後を含めて明治末から昭和18～20年を馬込文士村の形成された時期として幅広く捕らえていることである。又、この期間を3つに分け、前期を明治末から震災前、中期を震災後から昭和初期、後期を昭和初期から戦前までとして整理している。

本項でもほぼ同様の解釈をしているが、馬込文士村の住まいを考える上での範囲に関してはやや異なった見解を取っている。旧馬込村の範囲は洗足池を含む大村であった。文士村を中心とした宅地化はほぼ旧鉄道省貨物線（現東海道新幹線）と（第2京浜国道）囲まれた地域を中心におこなわれたと考えている。これは文士村形成を主体として考える場合と、馬込地域の宅地化・近代化を対象としているという目的の違いから生じるものと考えられる。しかし馬込村東北部の開発は池上電鉄、目黒蒲田電鉄の敷設がその引き金となったと考えられ、また馬込の開発は当初中井、上ノ台、宮下、松原を中心とする台地上の高燥地が選ばれているということにもよる。天沼、山野、平塚はどちらかと言えば平坦地で、洗足池を過ぎたあたりからまた台地状の地域が広がっている。上記のような意味から、ここでは周辺が宅地化された範囲に限定して馬込文化村について述べてみたい。

明治末から震災前の「馬込文士村形成前期」と呼ばれる時期に馬込村に住んだ芸術家には、川端龍子、片山広子、小林古径、伊東深水、日夏耿之介、佐藤朝山、和辻哲郎、倉田百三、村岡花子、吉田甲子太郎がいる。前記の4者は大森の望翠桜ホテルで「大森丘の会」という芸術家・文士の会合の参加者であった。

文士村中期の馬込村の事を考えるには、尾崎士郎の存在が大きいことはよく知られている。関東大震災直前に馬込に住んだ尾崎は、誰彼の差別なく馬込に移ることを勧誘したらしい。関東大震災後から尾崎・宇野千代夫妻が馬込を離れる昭和4～5年までの時期が文士村の最盛期で、狭義にとらえればこの期間に限定して馬込文士村をとらえることもできる。この時期は居住者相互にかなり親密な交流が見られ、酒・マージャン・ダンス・恋愛あるいは離婚とバラエティにとんだ生活が展開された華やかな時代であった。

尾崎士郎の周辺には、今井達夫（小説家）、川端康成（小説家、昭和3年～同4年9月）、衣巻省三（詩人・小説家）、榊山潤（小説家）、藤浦洸（詩人）、間宮茂輔（小説家）、広津和郎（小説家・評論家）などが

おり、宇野千代は佐多稲子（小説家、昭和7年5月～12月）、吉屋信子（小説家、大正13年～同15年、大森不入斗）、村岡花子と交流があり、詩人のグループとして萩原朔太郎（詩人、大正15年～）、室生犀星（詩人・小説家、昭和3年～同19年、同24年～37年没）、三好達治（詩人・翻訳家、昭和2年～同4年）などがいた。他に文士村とは直接的な交流はなかったが、徳富蘇峰（政論家・歴史家、大正14年～昭和18年、山王）が住んでいた。

昭和4～5年頃から戦前までが文士村後期にあたるが、この時期の居住者は一部を除いて馬込村在住の期間が比較的長いのが特色であるといえる。後期に新たに加わったのは稲垣足穂（小説家）、小島政二郎（小説家、昭和12～18年）、佐藤惣之助（詩人）、竹村俊郎（詩人、昭和6年、馬込町）、北原白秋（歌人・詩人・昭和2年3月～昭和3年4月）などである。

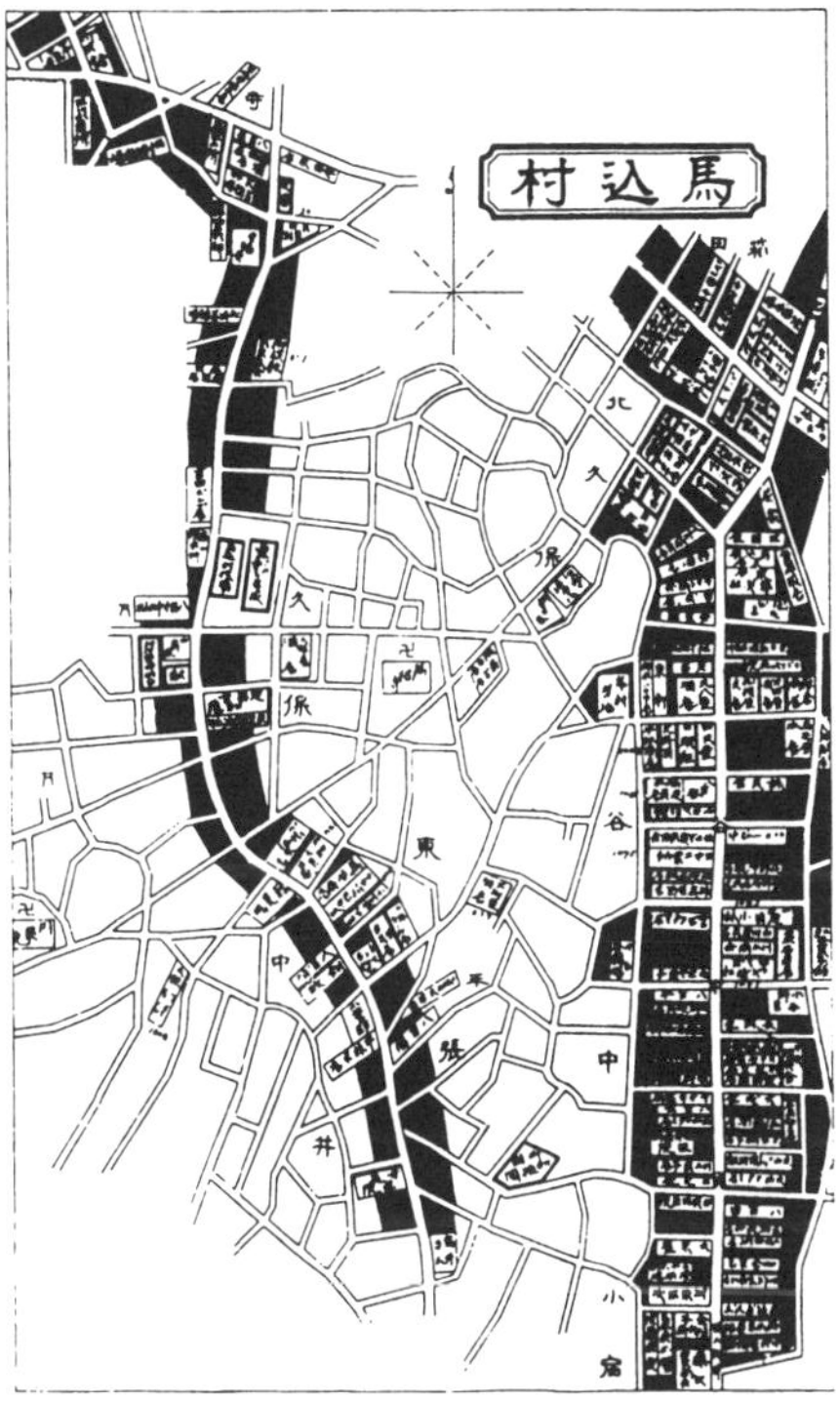

昭和元年の馬込の商店　東京都大田区史編纂委員会『大田区史（資料編）民俗』（大田区、1983年）

2．明治末から震災前の住人と住まい

前項で馬込文士村について概観したが、ここでも同様に3期に分けて馬込村の住まいの変化について見てゆきたい。しかし、現在でも文士村に関する当時の住まいに関する資料が残されていたり、建物が残っている事例は極めて稀で、報告書執筆までに実際に建築的な調査を行った建物はない。直接文士村とは密接な関係をもたずに建てられた住まいと残された資料から文士村の建築的な状況を探る以外には方法はない。

前期では比較的資料の残っている小林古径の住まいと、建築家が自邸として建てたと言われるU邸を取り上げた。実際に考察に用いた小林邸の建物は、大正8年（１９１９）のものと昭和9年（１９３４）のものであるが、小林は大正4年には既に文士村の住人であったことから前期の対象とした。

中期では調査をおこなった画家の山下忠平の住まいを取り上げた。後期では調査事例である弁護士の住まいであったY邸と北原白秋などの住まいと作品の中に描かれた馬込の環境について触れてゆきたい。

小林古径（１８８３～１９５７）は明治・大正・昭和期を通じて活躍した日本画家で、少年のころから画才があり、明治32年（１８９９）16才の時に上京して梶田半古の門に入り、古径の雅号をもらう。その後半古塾の塾頭となり、日本美術院に入る。大正期に『異端』『竹取物語』、昭和期には『清姫』『孔雀』など数々の名作を発表する。大正4年32才で大森新井宿に移り住んだときには既に日本画家として名を成しており、大正8年には馬込村字久保に画室を建築、翌年に竣工している。昭和9年には馬込の画室に隣接して住居を新築して、新井宿から移転している。また画室は昭和13年に採光上の問題から改造が施されている。その住宅の設計と画室の改造を手掛けたのが建築家の吉田五十八であった。吉田は近代数寄屋の代表的な建築家であるが、多くの芸術家の住宅を設計し

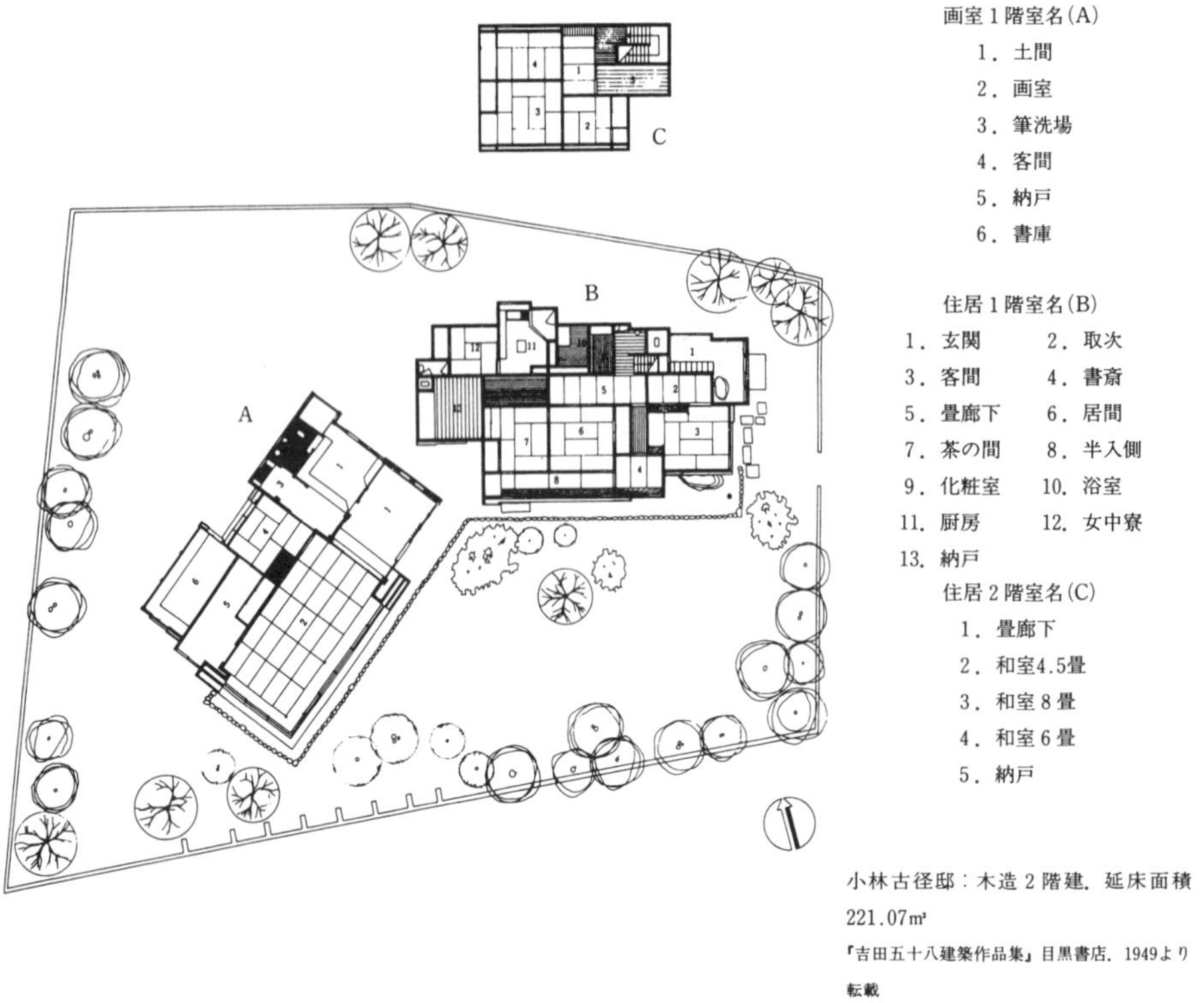

小林古径邸の配置・平面図（南馬込、1934）『吉田五十八建築作品集』（目黒書店、1949年）

ている。昭和８年（１９３３）には新宿に鏑木清方邸、同11年には品川五反田に山川秀峰邸、同年新宿牛込に小説家の吉屋信子邸、同年、牛込に川合玉堂邸、昭和12年池上に日本画家の伊東深水邸の改造、昭和15年世田谷祖師谷に山口蓬春邸などの住まいを設計している。

上図は小林古径邸の配置及び住宅と改造後の画室の平面図である。敷地は万福寺の西側のやや高台にあり４００坪を越える規模で、道路に面して東側に住まいを西側に画室を配置している。住まいは既に建てられていた茅葺きの田舎屋に調和するように計画され、掲載された雑誌の記事によると、新居は「京都八瀬大原方面の民家の建築手法を多分に取り入れ、しかも近代的の構造をもとに、明朗閑雅な近代生活に適する様苦心設計されている」としている。屋根は切妻で一文字京瓦葺、外観上に露出した木部には総て紅殻を塗布し、外壁はラス張りの上に特殊リシン仕上げされている。まさに京風の彩りをもった住まいであった。

その間取りを見ると、玄関脇に客間を配し、北側に台所・浴室などの設備空間を、南側に書斎・居間・茶の間を並べて計画され、それらの間に廊下を置く「中廊下型住宅様式」と呼ばれる平面形式である。玄関から居間までの中廊下は１間幅の畳を敷きつめた入側廊下となっているところに特徴がある。山王の事例（Y邸）で紹介したように、明治期から大正震災前の規模の大きな住まいでは、書院造の建物で用いられたこの入側廊下を用いるものが多い。震災後になると畳のメンテナンスの問題や機能性、清掃の利便性、南面した廊下や縁側を子供のための空間等に利用すること等から、入側とすることが少なくなるが、邸宅建築では昭和になっても見ることができる。

画室は右手に土間のある４ツ間取りのプランを柱・梁を入れ替えて、図に示したような平面に改められている。特に採光量の調整のため写真に示したように１本の障子に二つの猫間障子を取り付け、微妙に光量の調整が図れるように工夫されている。南面・西面の障子はすべて両サイ

外観　画室（右）と住居（左）『住宅』219号（昭和10年1月号）

玄関と書斎に接する客間　『住宅』219号（昭和10年1月号）

ドの戸袋に収納され、また南側には地盤から軒下まで届く大雨戸（高さ10尺7寸、巾6尺1寸）が設けられ、それぞれ1本ずつのレールが付けられ、操作が容易になるように配慮されている。吉田は新しい時代の和風として数寄屋の改革に着手し、実行した近代数寄屋・新興数寄屋の祖として知られるが、様々なディテールを研究・駆使して、洋風の室内構成にもそのまま適応できる和風の表現を獲得したが、そこには在来の工夫にとらわれない、近代建築家として創意の跡が見られる。

　吉田五十八は昭和12年に馬込に別の住宅（T邸）を設計している。和風の外観からは想像もつかない間取りで、玄関脇のホールを中心に階段を設けてそこを中心として巧みに各室の連絡が取られている。中廊下のスペースを節約しただけでなく、風呂場・便所・更衣室などは天井を低くしてこの部分のみ3階建にして納戸を設けている。又、当時としては相当に広い台所は施主の注文であったと言われるが、この間取りを見ると女中室・台所・内玄関が極めて合理的に計画されており、洋風の住まいの設計にも長けていたことが分かる。

　全く別の設計者の手になる住宅のようにも思えるが、玄関の上部を階段室としてそこに虫籠窓を設けている点、台所に接して女中部屋を機能的に配置していることなど幾つかの共通点も見いだされる。

　小林古径宅の建築年代はT邸と大きな差異はないが、そこには震災前と震災後の移住者層の生活スタイルの違いを見いだすことができる。この事例だけで安易に述べることは難しいが、震災以前に住んだ人々はかなり富裕な階層、又は職業に属していたとみなしてよい。そのため敷地は宅地としては最適とも言える環境が選ばれ、言わば邸宅の部類に入る住まいが建築されたのであった。芸術家の邸宅にも、小住宅にもこのように対応した住まいを提示することが出来た建築家は当時どれぐらい存在したのであろうか。極めて稀であったことは間違いないであろう。

　もう一つ関東大震災以前の建物について触れておきたい。U邸は建築家早水康の設計した自邸で、少なくとも震災前に建築されたと言われている。造成された敷地の東側は一段下がっており、ここに入口と噴水のある庭園があり、中央の階段を上って住まいにアプローチする。

　外観は当時の文化住宅を代表するとも言える。赤い屋根に窓やドアにペンキが塗られた洋風の意匠である。しかし、内部を見ると玄関脇にある応接間を除いては、すべてが和室で構成されている。吉田の建築と比べるのは難しいが、吉田の建築が外観を和風として統一し、内部はその生活様式に合わせて和風、洋風と使い分けているのに対して、ここでは外観を洋風に統一し、内部は畳の生活を中心とした住様式としている。客間の床の間脇の窓は、内部からは床の間に付随した地袋付きの違い棚と思わせる、全くの和風意匠であるが、玄関テラス脇から見ると内部が畳敷きの部屋であることは想像することができない。外観と生活様式を和洋使い分けるという意味では、表裏の関係とも言える設計手法であるが、住まいのありかたとして、どちらが本質的な問題に取り組んでいるかは言うまでもない。郊外に建てられた文化住宅と言われるものの多くは、U邸と類似したものが多かったと考えられている。

3．馬込村中期の住人と住まい

現在残るこの時期の遺構としては画家のY氏のアトリエ付きの住宅がある。２００坪の敷地の中に南京下見板張りの洋風の外観の住まいの2階からは、入居当時には富士山が見えたと言う。氏がこの地を選定したのは富士山を望むことのできる高台、空気が良いこと、周辺には家が建て込んでいないこと、大森の駅に比較的近いことなどを理由にあげている。設計は皇室関係の仕事を多く手掛けた、東京高等工業学校出身の臼井弥枝であった。臼井は細川侯爵邸（現文京区目白台、昭和10年、RC3階）、広瀬・岩崎邸（現新宿区信濃町、昭和11年、木造2階地下1階）などの設計で知られている。

Y邸の間取りは、玄関脇に応接間とアトリエを並べ中廊下を使って茶の間と居間を接続している。2階はアトリエの天井高の関係で茶の間と居間の上だけに2部屋設けられているだけである。

4．後期の住人の住まい

昭和2年から3年にかけての、馬込文士村の住まいを知るうえで貴重な記録を残した人物に北原白秋がいる。彼は昭和2年3月に、ある技師

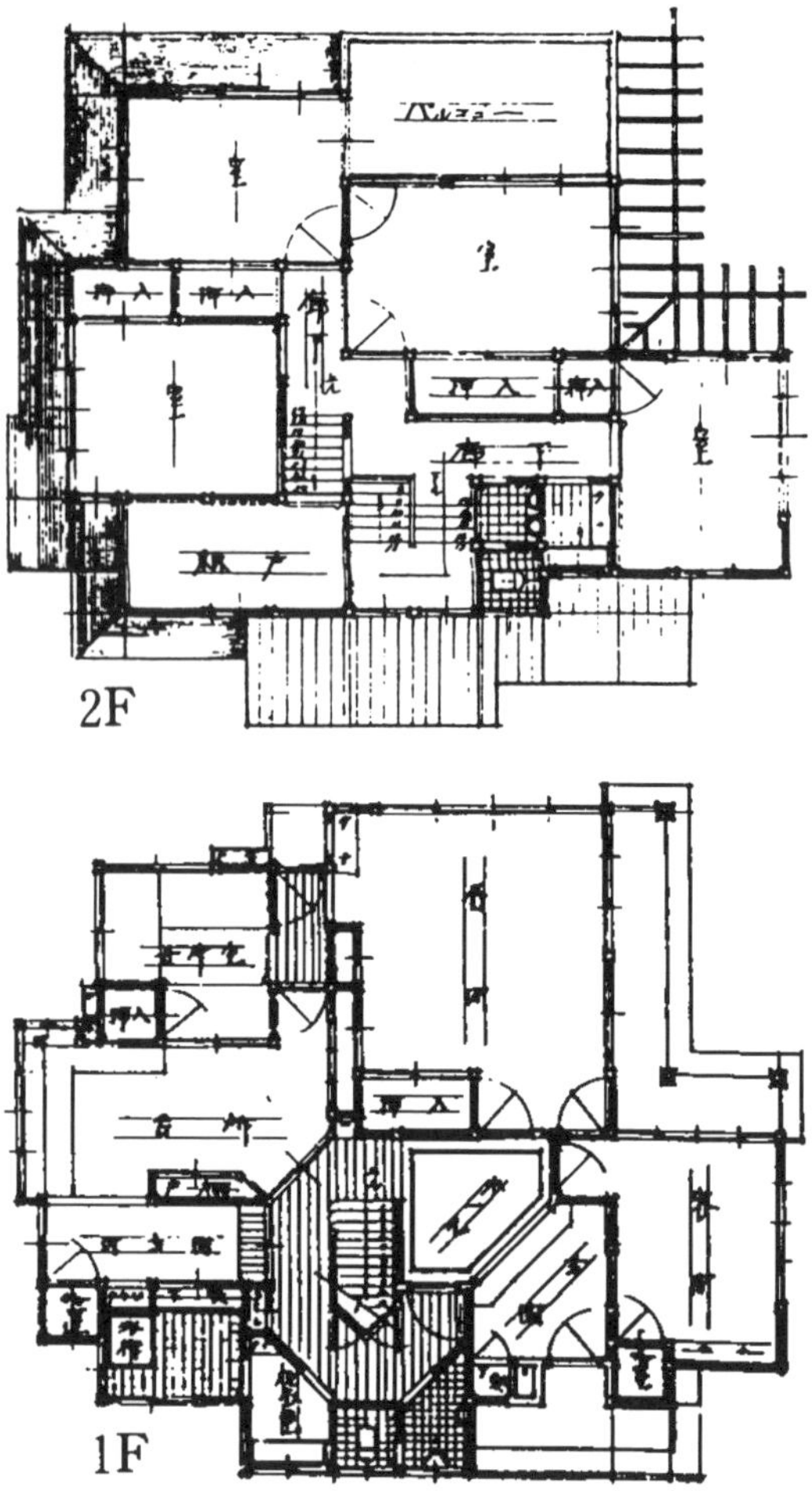

T邸平面図（吉田五十八設計）

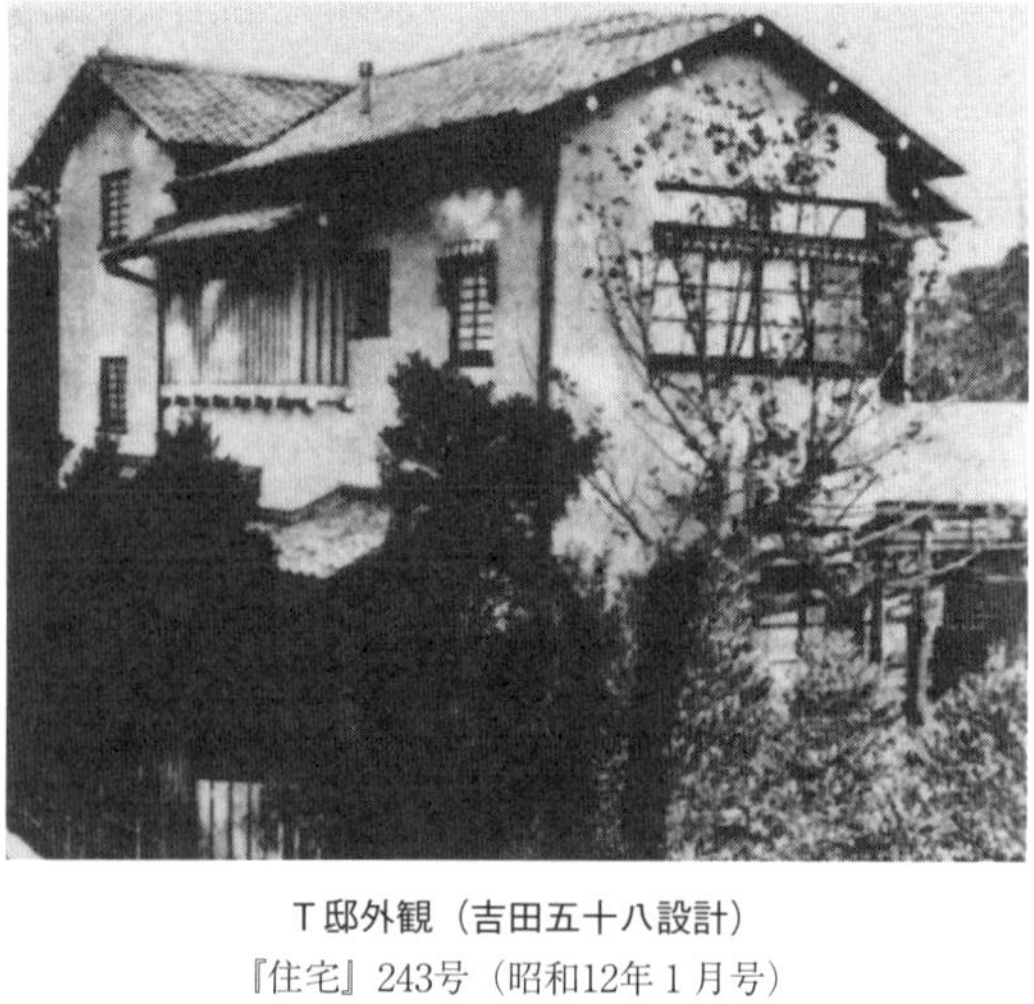

T邸外観（吉田五十八設計）
『住宅』243号（昭和12年1月号）

が自分のために設計した赤屋根の洋館に23度目の引っ越しを行い、移り住んでいる。そのことに関連した記事の一部を白秋の『白南風』より転載して見たい。

（前略）

「この緑ヶ丘は赤と緑と青の屋根の、種々雑多な建築様式の所謂文化住宅の波濤の中に突出したものである。」

曾つて、芥川龍之介君が、仰いで「これは白秋城」だと言つたこの家は、ヒマラヤ杉をあしらつて赤い瓦の屋根を尖らしてゐた。急坂に添つた石垣の上の芝土手（築地と歌には言つたが、日本風のそれではなく、洋風の芝の土手である。）を鍵の手に曲ると質素な丸木の門があり、通草が絡み、また芝土手と上の生垣が続いた。この家は或る建築師が自分の住居として設計したものであつた。簡素で贅が無く、しかも明朗で、如何にもその頭脳のよさを思はせた。庭の芝生や立木や、盆地を隔てた向うの丘、方々の丘の赤松、霧と灯火の九十九谷その他は、歌にある通りである。（中略）

その昭和二年暮春から翌三年の初夏に至るわたくしの生活は谷中時代とは全く相違した環境が至極快適であつた。わたくしは主として洋風の生活をし、支那を着け、或は仕事着の豊かなガウンを着けた。芝生へはトラピスト製の素木のサボウをつつかけて下りた。風景も東洋の水墨でなく、清新な油画のタツチであつた。歌の上の色彩も之に関連しない筈はない。ただ和室は二階に一間しかなかつた。その家に、夜ふけて月に開く窓は閑かであつた。その時折は坐つて古きを温むるわたくしであつた。

この白秋の記載と『白秋全集月報40』に載った間取りのスケッチを合わせみると、当時42歳であった彼のモダンな文筆生活の一端と、洋風の書斎を気にいっている様子がよく分かる。玄関に青銅の鐘が下がり、その扉にはノッカーが付いている。土手に囲まれた庭には芝生が植えられ、室内ではガウンを着て、洋風主体の生活が行われている。和室は2階の10畳間だけであることが、どこか誇らしげである。

一部の限られた人々だけではあろうが、昭和期になるとそれ以前の外観だけが洋風で、内部は和風という体裁だけの洋風好みだけではない、洋風生活を享受する層が増加してきたことを示唆している。この文章をよんで共感したり、せん望する人々の存在が多くなれば、白秋の記述はなされなかっただろう。ちなみに「白南風」の出版は昭和9年である。

この2年後の昭和11年に建築されたY邸は、計画的にはもう1歩進んだ平面をもつと言える。この間取りでは和室と応接間と食堂が南面して並び、イス式の応接間・食堂と視線を合わせるために、8畳の和室の畳を30cm上げて計画している。このような和室と洋間の接続に関する提案としては、建築家の藤井厚二による実験住宅が知られている。又、食堂と台所はハッチで結ばれ、その隅に食堂側から利用できる簡単な手洗い場が設けられている。現在でも何の不自由なく生活が営まれている。

内部の意匠はスコットランドの農家を模したものと言われているが、

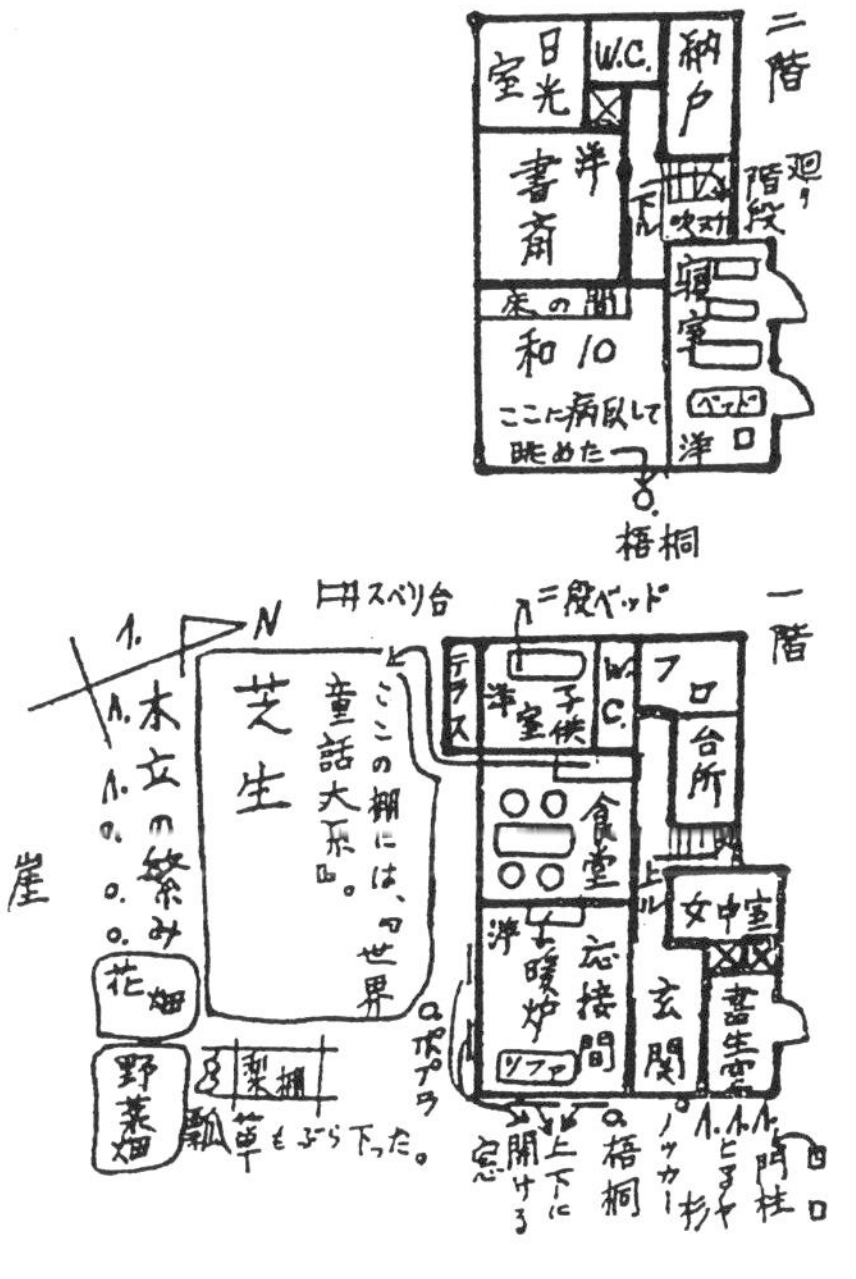

『白秋全集月報40』掲載の間取り

大田区立郷土博物館『馬込文士村ガイドブック』（大田区郷土博物館、1989年）

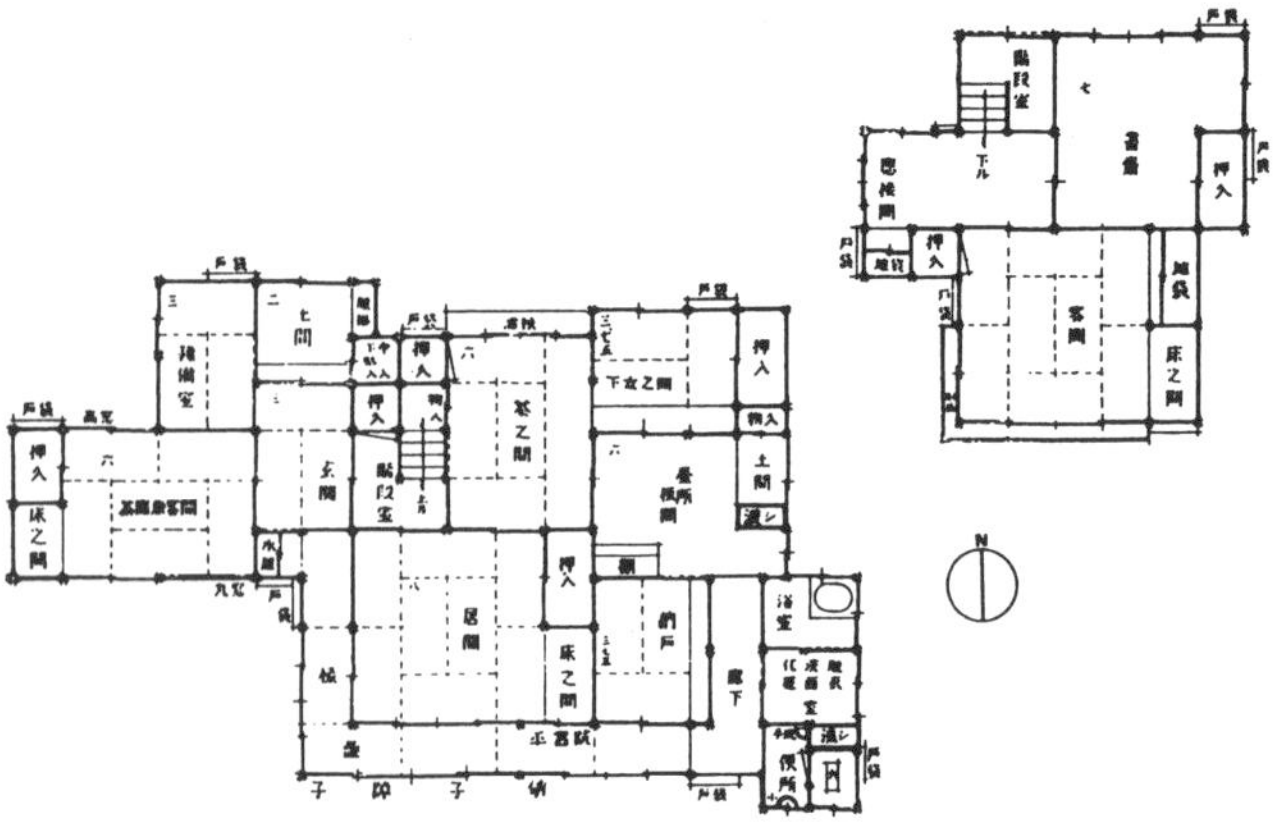

第1回住宅（1915）神戸・石屋川

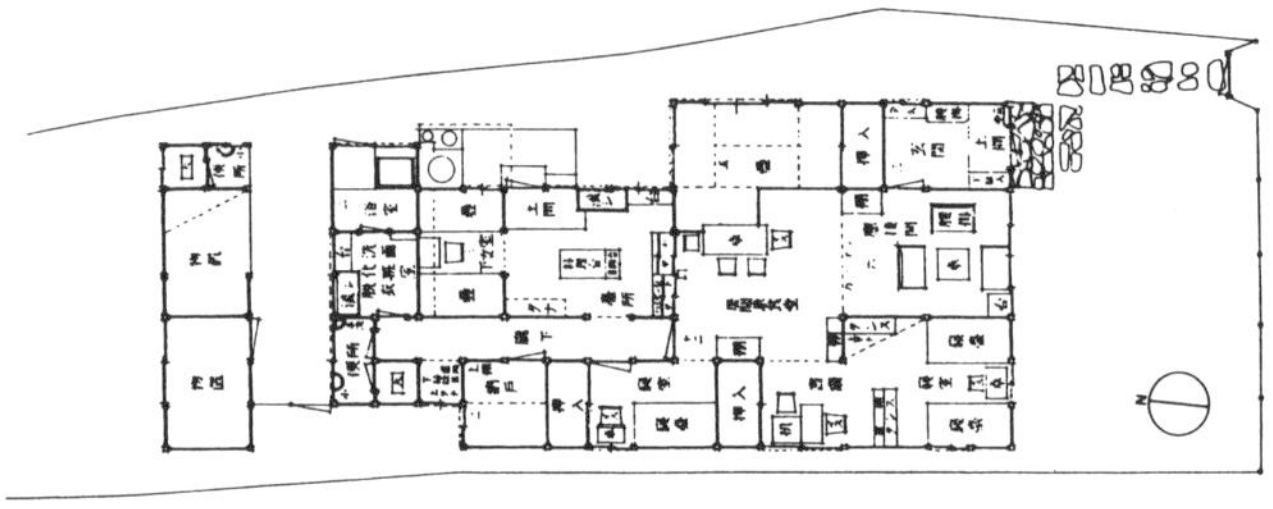

第2回住宅（1920）

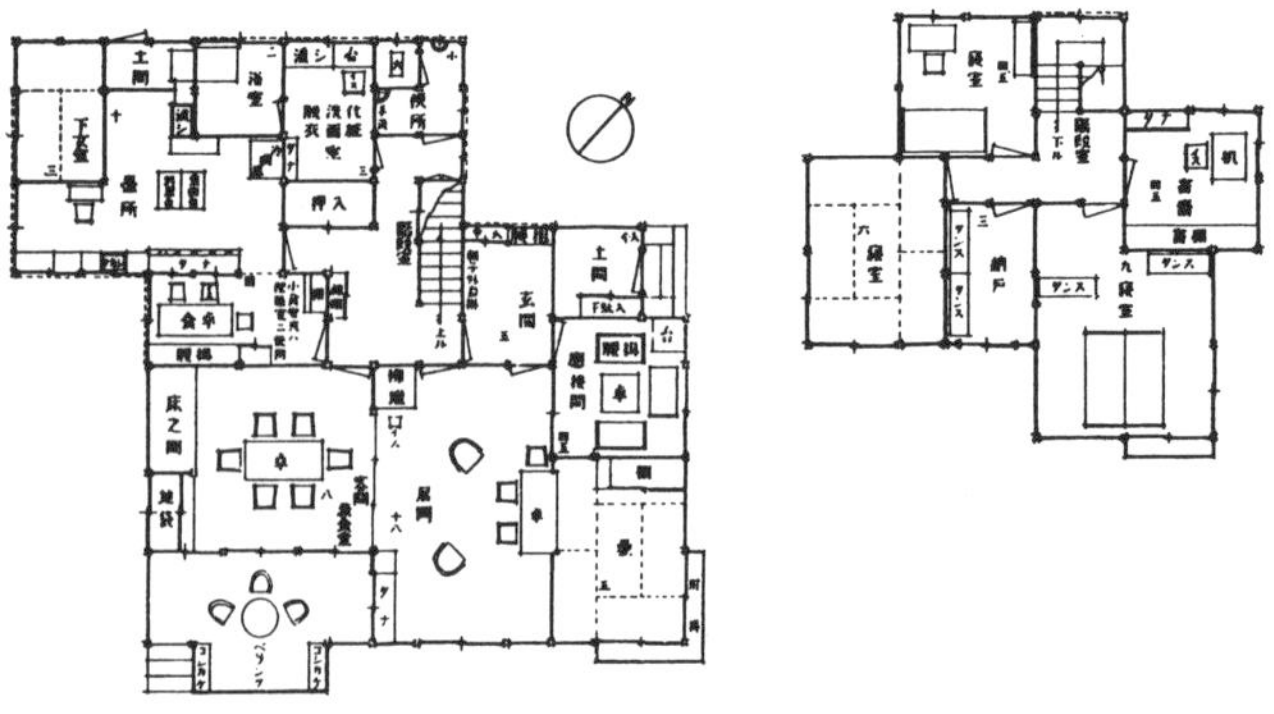

第3回住宅（1922）
藤井厚二『日本の住宅』（岩波書店、1928年）

暖炉の脇には秦野の古い農家から譲り受けた大黒柱が配され、床板には小節のあるひのきが用いられるなど、内部意匠も優れている。

　文士村後期にあたる昭和初期には、小住宅として様々な試みが実践され、生活様式に合わせた和風・洋風デザインの習練がやっと行われ始めたころに日本は戦時体制へと向かってしまう。そのためその成熟を見ることなしに、戦後の絶対的住宅不足という問題解決のために、住宅設計のエネルギーが費やされる事になる。

5. 馬込文士村の変化と周囲に与えた影響

　馬込の住まいも文士村の最盛期を過ぎたころから、大きく変質してゆく。それは馬込地域に限らず、山王地区を含めて震災以前より居住していた人々が、徐々に鎌倉や逗子に移り住むようになり、続々とこの地を離れてしまうからである。武蔵野の面影を残していた周辺に人家が建ち混み、人々の往来が激しくなると、それを嫌って彼らが馬込に移り住んだ当時のような、空気の澄んだ、未だ宅地化されていない新天地を求めて、より都心から離れていった。

　このような意味では、彼らは根本的に住まいの環境を大事にする、また大事にすることのできる階層であったと言える。震災以降に移り住んだ人々にとって、少々の環境の悪化が始まっても簡単には新しい住まいを求めて移動することはできなかった。彼らが当初入手した広い敷地を売却すれば、その費用で移住は容易であったろうし、また不動産的な意味合いで居住地の売買がなされたこともあったであろう。その問題についてここで是非を問うことはできない。彼らが自分達の住環境を大事にして移り住んだ人々であったと信じたい。では何故その地に留どまって環境の悪化に対抗手段を取る事、できなかったのであろうか。

米国では大都会を除いた都市の住環境が、見事に整備されている場合が多い。彼らは単に住環境を大事にする国民性をもっているという理由だけでは片付けられない。入居者は購入した土地の不動産的価値を下げないため、住まいの環境を維持することに本気で取り組んでいるという。そういう努力を続けないと環境は簡単に悪化し、果てはスラム化することを知っているのである。そうなれば自分の土地の価値が低下し、資産が目減りしてしまうのである。

不幸なことに日本ではそのような努力がなされなくても、自然に土地の評価額は上昇し、資産価値が高まってしまった。そのために環境を維持するという土地の資産価値上昇のために必要な努力が伴わずに、住宅地が形成され、高密度化してしまった。しかし、現在の私達には新しく優れた環境に移り住む事ができないほど、都市のスロープ化が進んでしまい、既に便利で良好な環境と住まいは切り放して考えざるを得ない状態に追い込まれている。

しかし、近年住まいを取り巻く環境に、人々の注意が払われるようになってきた。都市の中での居住環境は、手をこまねいていても悪化する事はあっても、自然に浄化されることはない。ひとたび汚染された環境はもとに戻すだけでも、複雑な利権や感情のために容易なことではない。土地の資産価値だけにとらわれることなく、先人たちが見付けだした優れた環境を後世に伝える気持ちを持ち、せめて環境を悪化することに加担しない良識を持つ努力はしたいものだ。

(1)『大東京大観』園田末熊編　昭和10年発行
帝国大観社

(2)『東京案内』2冊　東京市役所市史編纂係編
裳華房　明治40年［復刻］批評社　昭和61年

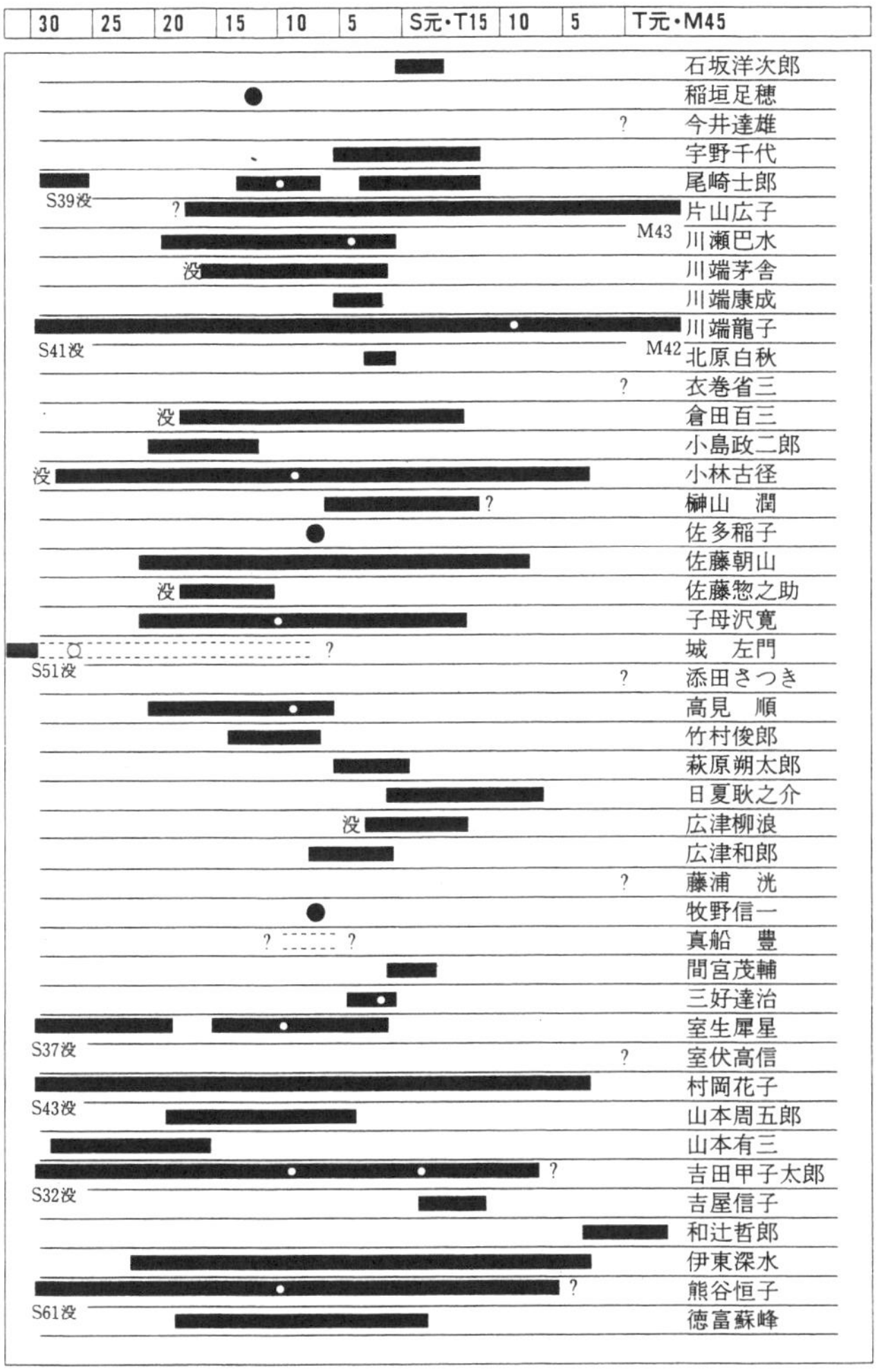

文士たちの馬込在住期間

大田区立郷土博物館『馬込文士村ガイドブック』（大田区郷土博物館、1989年）より作成
●は在住期間1年未満
○は文士村内での転居時期

『東京遊覧案内』東京市編　博文館　明治40年　他に『新版大東京案内』今和次郎編　中央公論社　昭和4年［復刻］批評社　昭和61年、『大東京の史跡と名所』佐藤大平著　博友社　昭和5年［復刻］昭和55年など多くの出版物がある。

（3）『帝都と近郊』小山内通俊著　大倉研究所　大正7年［復刻］有峰書店　昭和49年

（4）バンガロー（bungalow）低くて長い軒のベェランダを持つ小住宅またはコッテージの総称

（5）ヒュッテ（独、Hütte）山小屋、山小屋風デザインの住宅

（6）人口については第1章第3節〔本書には収録せず〕参照

（7）蒲田町史編纂会『蒲田町史』（1933）

（8）菊地政雄「都市計画より見たる蒲田村の将来」（『蒲田郷土史』、1918）

（9）大田区史編纂委員会『大田の史話　その2』（大田区、1988）

（10）第3章第2節山王の住まい〔本書には収録せず〕を参照

（11）建物名のうしろの数字は調査番号

（12）『建築知識』1980年8月号より引用

（13）以上、『大衆人事録』第13版より作製

（14）『東京明覧』織田純一郎ほか　集英堂　1904年より引用

（15）原村の梅林（園）明治16年（1883年）に、原村の名主であった原清次郎が梅の実を採る目的で、梅樹を植えたことに始まる

（16）第3章第2節〔本書には収録せず〕を参照

（17）以下第3章第2節〔本書には収録せず〕を参照

（18）本節第1項の「大森駅附近図」を参照

（19）昭和2～3年頃に山王2丁目から移り住んだK氏談

（20）カッコ内の年代は馬込村在住期間

川端龍子（日本画家、明治42年～昭和41年、新井宿村）
片山広子（歌人、翻訳家、明治43年～？）
小林古径（日本画家、大正4年～昭和32年、新井宿村）
伊東深水（日本画家）
日夏耿之介（詩人・英文学者、大正期～昭和14年？）
佐藤朝山（木彫家、大正8年～昭和20年、馬込町）
和辻哲郎（明治45年～大正4年、山王）
倉田百三（小説家・劇作家、大正9年～？、南馬込）
村岡花子（翻訳家・童話作家・評論家、大正6年～、新井宿）
吉田甲子太郎（児童文学者・翻訳家、大正期～？）
今井達夫（小説家）
川端康成（小説家、昭和3年～同4年9月）
衣巻省三（詩人・小説家）
榊山潤（小説家、昭和2年？～）
藤浦洸（詩人）
間宮茂輔（小説家）
広津和郎（小説家・評論家、大正15年～昭和4年）
佐多稲子（小説家、昭和7年5月～12月）
吉屋信子（小説家、大正13年～同15年、大森不入斗）
萩原朔太郎（詩人、大正15年～昭和4年）
室生犀星（詩人・小説家、昭和3年～同19年、同24年～37年没）
三好達治（詩人・翻訳家、昭和2年～同4年）
徳富蘇峰（政論家・歴史家、大正14年～昭和18年、山王）
稲垣足穂（小説家）
小島政二郎（小説家、昭和12～18年）
佐藤惣之助（詩人）
竹村俊郎（詩人、昭和6年～14年、馬込町）
北原白秋（歌人・詩人、昭和2年3月～昭和3年4月）

⑤ 桜新町

［1―2―⑤］
『ふるさと世田谷を語る　深沢・駒沢三～五丁目・新町・桜新町』
（世田谷区総務部文化課文化行政係、一九九二年、一〇五～一一二、一三三～一三六頁）

昔の新町ほか

新町はもと世田谷村の飛地で、万治年間（一六五八―一六六〇年）に分村して世田谷新町村となり、その後明治二十二年に駒沢村に編入されて駒沢村大字世田谷新町となったところです。

村は北を弦巻・北東部を上馬引沢・南を深沢・西を用賀村に囲まれ、昭和七年十月世田谷区成立の際には狸谷のごく一部が編入されて、新町一丁目から三丁目に区画されました。

さらにその後の区画整理により、周辺の地域を加えるなどして、現在の新町一・二・三丁目、桜新町一・二丁目、駒沢三・四丁目に分かれたのは、昭和四十一年から四十三年になってからのことでした。

新町村には村のやや北寄りを、西の用賀で分かれた大山街道の一方（新道とも言う）が西から東へと貫き、この街道沿いの北側には品川用水が流れていました。

品川用水というのは、熊本藩主細川越中守綱利の弟若狭守利重が、寛文二年（一六六二年）に品川領戸越、蛇窪両村入会地に四万五千坪の抱《かかえ》屋敷を拝領した時に庭内の泉池用として水を引くため、寛文三年から四年にかけて玉川上水を境村から分水した仙川用水を野川村でさらに分水し、細い戸越上水として掘り割って造ったものです。この上水が後に品川領宿村の者たちに下賜されて品川用水となりました。この用水は西の用賀境をへて大山街道に沿って新町村を南北に切断し、東西に横断する形でおよそ一七〇〇メートルにわたって流れ、品川の方へと続いていました。

品川用水は、上流の用賀寄りは土手を築くなどして高い所を流れ、中流には木管を埋め敷石をした所もありましたが、下流の方では地面を掘り割っただけの低い所もあって、幅や深さにも違いがありましたが、大体幅は四～五メートル、深さは一メートル前後だったようです。

しかし、用水には橋を架けるにも、品川郡役所に届出が必要で使用料を払わなければならず、汚水や物を流すことなどは禁じられるなどの制約がありました。そのため水はきれいでハヤやフナなどが泳いでいましたが、村の北側の農家は大山街道へもすぐには出られずに不便もあり、南と北ではいろいろ異なった状況に置かれていたようです。

新町村の小字《こあざ》は、北側は上大道北・北裏・北中丸（三地区）橋場に分かれ、南側は上大道南、南中丸、稲荷丸・山谷・庚申前に分かれていました。しかし村の人は、通常は街道の西よりを上（京都を中心にして名付ける）・中・下に分かれていたようです。

橋場は、近くに江戸みちが通っていたために品川用水に橋が架けられて、橋場と名付けられた場所で、この村の中央は中丸が意味するように、南中丸、北中丸あたりだったろうと思われます。

明治七年の調べによると、当時はこの村は戸数六十八、人口三百七十七人、畑四十二町四反余、荷車一、農車一、馬十頭と記され、その後明治二十一年でも戸数は七十二戸とあまりふえず、小じんまりとした村だったことが分かります。

ここは街道沿いに早くからいくつかの店は出来ましたが、主道は世田谷通りの方だったようで、この街道の通行は専ら神奈川県の方から渋谷や麻布方面へ向かう肥上げの荷車や牛車だったようです。そして、村の八割ぐらいが農家であったにもかかわらず、この土地には水田がなく、土地は畑地と竹山などでした。それに街道の北側は傾斜地で弦巻田んぼへ続く土地で、地味《ちみ》もよくなかったと言うことです。しかし農家の中には、弦巻や深沢に田んぼを持っている家もありました。

そして街道沿いに開かれた村の特徴として、地割がだいたい短冊型になっており、南側の家などは一軒の間口が二十間から三十間もある縦わりで畑地を持ち、その裏に竹山などを持っていたと言うことです。

大道北に住む石田槌太郎氏は、明治四十二年に許可を得て品川用水に杵二十一本、挽臼一つを備えた水車を造りました。これは村人のみならず多くの人に利用されましたが、後に水量が少なくなったことなどから戦争中に取り壊され、品川用水も昭和二十四、五年に撤去されました。この時、多くの木管が出てきたと言うことです。

また明治四十年四月には、三軒茶屋と二子玉川間を玉川電車が開通して街道上を走るようになり、新町駅と駒沢駅が造られました。この電車は初めジャリ電と呼ばれて、多摩川の川原の砂利を運ぶための電車でしたが、貨車の後ろに客車をつけて人も運ぶようになり便利になりましたが、北側の方は品川用水の土手っぷちなので、中には怪我をしたり、子供が用水に落ちるなどの犠牲も出たと言うことです。電車は単線で後には複線になりましたが、そのための道路の拡張で、家の敷地を取られて家を下げなければならない所もありました。

街道沿いの家の中には中宿《なかじゅく》と呼ばれて江戸時代には、はたご屋だったのではないかと思われる家も残っていますが、当時は店と言っても多くは農業のかたわら商う程度で、客が声をかけると畑仕事をやめて店に出るとか、また年寄りが店番をするなどしていました。

さらにこの村には明治四十五年から大正二年にかけて、日本で初めて分譲住宅地が東京信託会社（現日本不動産）によって、「新町分譲地」として造成されることになりました。場所は西部の南側から深沢正永にかけての地域ですが、第一次世界大戦により途中で中止されましたが、早く開けた新町ではその道路の両側に桜並木が植えられ、それが桜新町の名の起こりとなったのです。

関東大震災後市街地から郊外へと移り住む人々は各地でふえ始めましたが、この村でも満州事変後から昭和十年にかけて、近くの練兵場の軍人などがこの土地を借りて住むようになりました。殊に南側で土地を貸す人がふえてきて、当時は一区画が百坪から百五十坪くらいの広さで、一坪七銭から八銭（昭和十年から十五年くらい）で貸したということですが、軍人はお金持ちできちんと地代を払ってくれたので、農家は作物による収入よりむしろこの収入によって潤ったのでした。

また昭和の初めには、この村でも区画整理の問題が持ち上がりました。しかし、南側の家では反対があって話はつかず、昭和六年に認可された後は、北側から実施されることになりました。北側はこれによって細い農道が六メートル道路に拡張されるなど、整理されていきました。南側の方は話がまとまらないまま日支事変に入って、結局やらずじまいのため、今でも昔の三尺道路が残り、行き止まりの道などもあると言うことです。

大正時代になると、村の近く（弦巻との境の辺）に給水塔ができて、渋谷方面への水道の中継所になりました。高さが三十メートルもあり、目じるしにもなっていました。

こうして昔の新町村は、多くの年代の中に様々の変化をもり込んで、今は新町一～三丁目、桜新町、駒沢三、四丁目に分かれて、発展を遂げてきたのです。

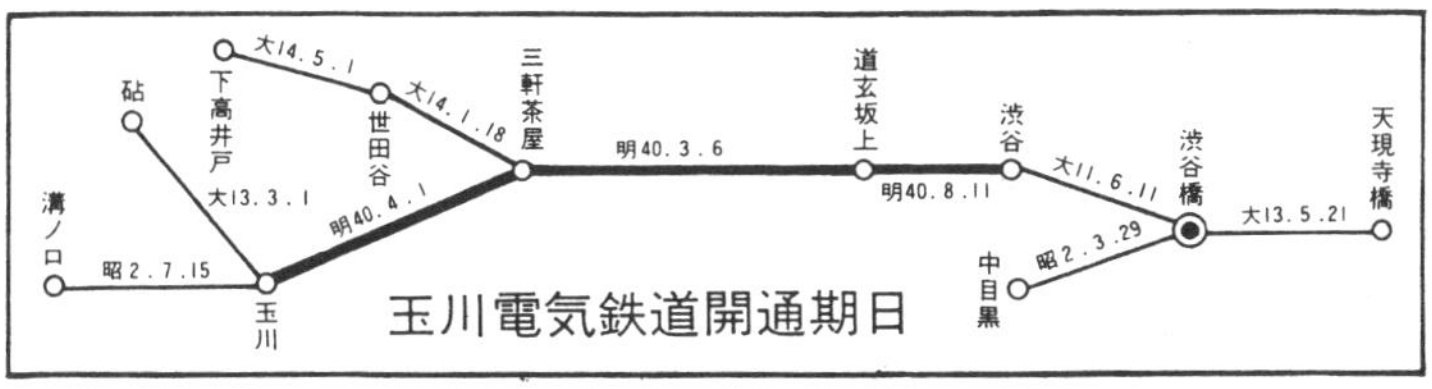

大正11年開通の「ゑびす駅前」は昭和２年中目黒迄開通した際に「渋谷橋」に名称が変わり「ゑびす駅前」は別に新設された

「世田谷のちんちん電車」玉電今昔より

特別の住宅

外人住宅

大山街道沿いの用賀との境に近いところに、明治の終わりのころからブライアン・チャールス（歌手ミッキー・カーチスの祖父に当たる人）という、イギリスの銀行家が住んでいました。

この家の敷地は七百坪以上もある広さで、建物は地上二階建て地下一階の煉瓦造りの豪華な造りで、庭には十五メートルから二十メートルくらいのプールがあり、またゴルフもできるようになっていました。家にはお手伝いさんを四、五人も雇い、ブルドック犬を飼い、馬車まであって凡そ周囲とはかけ離れた生活をしていたと言うことです。

ブライアンさんはふだんは電車で市街の方へ通っていましたが、いつもステッキを持ち、休日などは庭でゴルフを楽しんだ後、汗をかくとプールで汗を流すような自由なくらし振りで、庭が一メートルぐらい高く造成されていたので、植込み越しに周囲の人々は羨望の目で見ていました。

お手伝いの人たちは、この家でそのころはまだ珍しかったメンソレータムなどを貰い、それを村の人たちはしもやけの時などに借りてつけたと言うことです。

しかし、大正十二年の関東大震災の時に、この家は殆ど倒壊してしまいました。その後しばらくは仮の住居を建てて住まっていましたが、昭和十年ごろに第一生命保険会社がこの土地を買い取ることになり、この家族は本国へ引き揚げたようだと言うことです。

そして会社では、昭和十八年ごろに平屋建ての社宅を建ててずっと使ってきましたが、昭和四十年ごろにはこの社宅が壊されて、二棟の四階

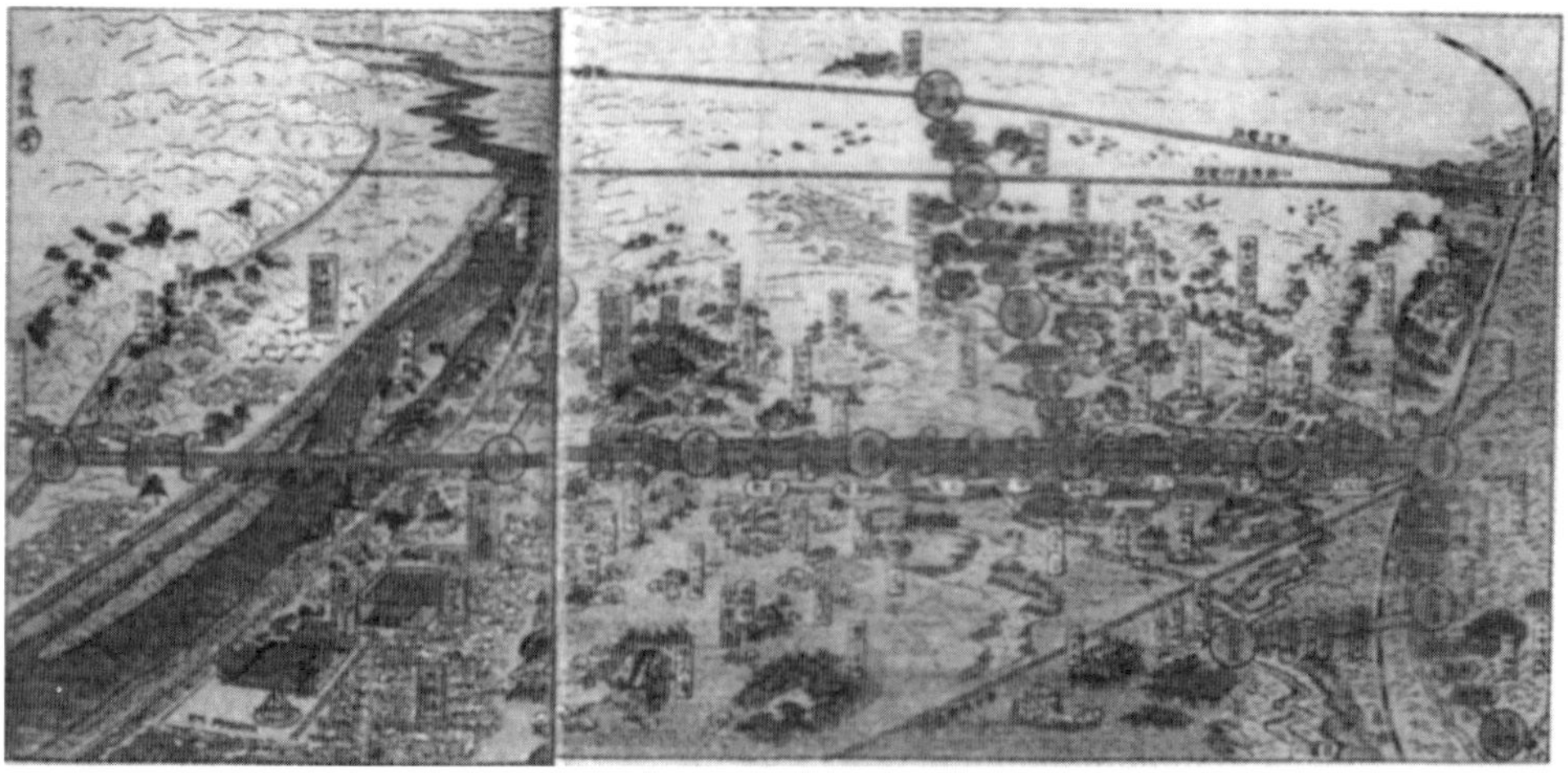

昭和初期「玉川電車沿線案内」（坂戸コレクション）

大正初期の分譲地

建ての社宅に造り替えられました。さらに現在はこの社宅も壊されて、拡張した表側が六階建て、裏側が三階建ての工事が行なわれていると言うことです。

分譲住宅

日本で初めて東京信託会社（現・日本不動産）によって、郊外開発のための高級分譲住宅地がこの地に計画されたのは、明治四十五年から大正二年にかけてのことでした。

今の桜新町一丁目の北部にその入口の道路があって、南でその道路は二股に分かれ、さらにそこから深沢正永の方へと開発工事が進められていきました。その周辺の道の両側には桜並木をつくって景観を整え、高級住宅地として軍人の将校や会社の重役たち、画家などが住むようになりました。そのために新町駅には、これらの人々を運ぶための人力車が用意されて、車夫が待機するなどしていましたが、まもなく第一次世界大戦にかかって開発は中止され、奥地の深沢の方が開けたのは、だいぶ後になってからだと言うことです。

しかし、桜並木は年々成長して美しい花を開かせ、それによって桜新町と名付けられるようになりました。この桜の木は三十年から四十年前に、桜の老朽化や新たな町の開発のために伐られたりして、今残っている桜並木はわずかになってしまいました。

その後、近くに二四六号道路ができて周囲が騒がしくなり、また家も古くなったことなどから、当初ここに住んでいた人々は、今は引っ越してしまった人も多いと言うことです。

分譲地入口（現在は交番がある）
「私たちのまち　桜新町の歩み」より（菅沼元治編著）

大正中ごろの東大通り桜並木
「私たちのまち　桜新町の歩み」より（菅沼元治編著）

老朽化した現在の桜並木（ひなづる保育園の通り）

❻ 海軍村

［1－2－⑥A］
鈴木宗「海軍村とドイツ村」（『せたかい』37号、世田谷区誌研究会、一九八五年、四二〜四三頁）

海軍村

大正六年頃、財界人で有名な渋沢栄一翁が欧米視察の後、都心を離れ理想的な田園都市を創設することを目的として、当時の玉川村、東調布村を候補地として選んだ。土地の開発が進み、奥沢もその一部に企画され、田園都市会社により分譲が開始された。当時目黒蒲田電鉄株式会社が創立されて、大正十二年三月十一日には目黒―多摩川園前間の複線が開通し、初めて玉川村の東部にも電車による交通の便が開かれた。同年九月一日の関東大震災による都心の大被害の影響等もあり、ますます都心を離れ郊外に住宅地を求め移り住む者が多くなった。そのため前記分譲住宅地と平行して、地主自身も希望者に土地を宅地として提供し始めた。その中の奥沢二丁目（奥沢神社東側）の地主原新五郎氏が、大正十三年十月に住宅地を希望する海軍軍人、浮田秀彦（中将）、中村一夫（少将）、佐藤修（大佐）、山村実（大佐）、伊藤利三郎（不詳）諸氏に宅地を提供し、住宅地としての開発が進んだ。その後、次々と海軍軍人による宅地化が進み、遂に軍人の町が誕生した。住民はここを海軍村と呼ぶようになった。軍人数三〇数名のうち少将、中将が半数近くで他は佐官であった。海軍村の出来た理由として、大正十二年の震災後であったこと、当時家を新築するのに海軍軍人の親睦団体であった飯倉の水交社から資金の借り入れが可能であったこと、建築の大工が水交社指定であったこと、さらに横須賀基地への便が良い所から、高級将校が住居を構えたことなどが挙げられる。建築資材も大震災直後の資材不足のため、屋根はスレート、木材は輸入材（米材）の使用が多く、現在も当時の面影を見ることが出来る。

ドイツ村

大正十三年頃、日本通運の元理事で明治大学教授であった原熊吉氏がドイツ留学から帰国され、海軍村の北側で奥沢二丁目四五番地の一角にドイツ風の家を建築した。その後、欧米から帰国した人たちがこの近くの住宅地に洋風の建物を三、四軒建築し、特にドイツ風の建物が目立ったので、近隣の人たちはドイツ村と呼ぶようになったが、現在これらの建物は見られない。

〔1−2−⑥B〕世田谷住宅史研究会『世田谷の住居——その歴史とアメニティ調査研究報告書』（世田谷区建築部住環境対策室、一九九一年、五〇～五三、五六～五七、六四～七〇頁）

世田谷の海軍村

1　開発の経緯

世田谷において、住宅組合による住宅地は余り発見出来なかったが、ここでは海軍軍人によって形成された海軍村を取り上げてみよう。

海軍村は「水交社」のなかに事務所を置く、水友住宅組合による組合員によって形成された住宅地である。場所は旧東京府荏原郡玉川村大字奥沢字沖谷（現　世田谷区奥沢2丁目）に位置する。

水交社とは海軍士官によるサークル機関を指し、組合員相互の交流と情報交換を目的とした親睦団体である。先に優秀な組合としての条件は、同業社としての集まりをいかに持つべきかにある、と記したが、その意味では海軍村はまさしくこの条件を満たしている。また『有終』などの雑誌の発行も行っており、その中には次のような土地の紹介記事も含まれている。

「住宅経営（借地、買地及び建築）に就き御紹介

会員　宮地民三郎

一・玉川線三軒茶屋と京王線下高井戸間を連接する新電車線路に沿ひたる約百三十萬坪の土地で、起伏多き雄大なる田園住宅地の解放が

近く発表されます。
二・此地域に住宅経営を望まる、諸氏は借地にせよ、買地にせよ、住宅建築にせよ、自分は安全なる御紹介を致します。
（中　略）
四・右の解放地は土地の地主組合に於いて区画整理を為し（大都市計画に基づき東京府の指図により）、道路下水を地主組合にて整頓します。
（中　略）
七・我々同士の間に従来悪仲介人や悪建築家に引掛り、手傷を負ったものは少なくありません。自分も其一人であるが為めに、何とかして後々の同士間に此厄を免れしめたいとの老婆心より、此度敢て自ら右の紹介を為さんとするものです[1]。」

これを見ると、水交社は住宅地の紹介・斡旋も行っていたことが分かる。

『東京市社会局年報第12回』には、組合の借入先が「東京府二五七、海軍共済組合二二、簡易保険局一〇、勧業銀行三、其他一なり」の順で記載されている。一番多いのが東京府からの貸付けで、海軍組合も独立した項目で東京府の次に記されている。海軍共済組合は全体の1割近くを占めている。水交社と海軍共済組合の具体的な関係については明らかではないが、海軍軍人による住宅組合が当時においていかに多かったか、これはそれを具体的に物語っている。

海軍村が世田谷区奥沢にできたのは大正13年頃である。田園調布はこれより1年早く、大正12年に田園都市株式会社の手で分譲されている。鉄道の発達もこの頃より始まっており、大正12年には目黒〜蒲田間（現東急目蒲線）が開通し、更に昭和2年には現在の東急東横線が全線開通し、その2年後に東急大井町線が大岡山から二子玉川園まで延長されている。これにより奥沢からの都心乗り入れが可能となり、奥沢からの通勤距離は一層延びるのである。海軍軍人の勤務地である日比谷海軍省や横須賀までの通勤時間は短縮となり、奥沢における住宅地としての条件が一層高まるのである。

かつて海軍村に住んだ丸田研一は海軍村移住の理由についてこう語っている。

「大正12年の大震災のあと、山手線の内側は危ないという噂が流れ、人々が郊外に土地を求めた時期があった。

その頃東急が目蒲線を造り、田園調布と洗足が分譲地として売り出された。両方とも高値であったが、両地の中間にある奥沢はいくぶん安かった。

それを口伝えに聞いた安月給の海軍士官たちが競って奥沢に土地を求め、この界隈に寄り集まってさながら海軍村の観を呈するようになったという[2]。」

すなわち、海軍村の開発は田園調布や洗足の売り出しを契機に始まり、その両方の土地を買い入れることのできなかった人達が流れ込んで成立したのである。

ところで、ここは今でも地主の原一族（原菊次郎）の所有地である。この辺り一帯は元々大根畑であったが、近々住宅地として開発されることを見込んだ原さんは、玉川全円耕地整理組合の耕地整理（大正14年）が始まる前年に、独力で区画整理を行うことになる。分家の土地を合わせて40ほどに敷地を分割し、海軍士官たちに借地として貸し与えている。取り交わされた「土地賃借契約証書[3]」を見ると、契約日は大正13年11月9日で当時の賃借料は坪8銭と記されている。大正13年の秋には最初の住宅が建設され、その後次第に人が集まり、こうして海軍軍人たちで構成された住宅地ができあがるのである。昭和10年頃には海軍軍人だけで40〜50人程を数える住人が住んでいたという。ここはいつしか「海軍村」と呼ばれるようになる。

2　人と住環境

ここに住む軍人たちは戦地に赴くものもいたが、主計官・軍医などの事務官たちが中心であった。西野定正（西野定市氏の長男）、荒木英吾（荒木彦弼氏の長男）の両氏が作成した「海軍家屋位置図」には、昭和10年当時の住民構成が次のように記されている。

荒木彦弼	主計中将
池田平作	主計少将
池辺安雄	主計中将
石黒利吉	主計少将
石原戒造	
伊藤利三郎	
伊藤正雄	主計
入江淵平	大佐
浮田秀彦	中将
多田力三	中将
金谷隆一	主計中将
壁島	軍医中将
川田小三郎	
工藤隆治	主計大佐
桑原	
紺野逸彌	主計中将
佐藤　修	少将
高城　喬	軍医中将
淡輪敏雄	主計中将
中島隆吉	
中村一夫	少将
中村勝平	少将
西野定市	主計中将
野村	主計少将
淵田	
前沢粥治	主計大佐
桝田次郎	主計少将
町田	
丸田幸治	軍医少将
宮本正光	主計少将
村井	大佐
元松直人	主計少将
山村　實	大佐
米花徳次郎	主計中将
渡邊	大佐

住民の構成は、軍人士官が9名のほか、主計官が17名、軍医3名、不明6名である。これから明らかなようにその大半が主計などの文官である。

海軍軍人は陸軍などに比べ、ハイカラで洒落者が多い。住宅地が形成されたばかりの頃は、少佐・中佐などの若手クラスが中心で、住民も若い人達が多かったという。そのうち3名はイギリス駐在武官としてロンドン生活を終えている。住民には外国の生活や風俗を知り尽くした人達が多く、従って町並みもそれなりに意識して美しく整備されたという。たとえば、住宅地には分譲当時から電気が引かれ、街路には電灯がおかれている。また敷地の周囲は生垣が廻り、緑豊かな街路空間が形成されている。ガスについては分からないが、水道は早くから引かれ、下水も住民の話によれば「引っ越して来た時から道路の脇に側溝が掘ってあり、下水を流していた」という。そのうえ畑を潰して、みんなでローラーを引いて、テニスコートを造っている。年1回行われるドイツ村住民とのテニス大会は、この地域のコミュニティを図るうえでの大切な年中行事であったという。

今でもこの地には良好なコミュニティを持ったエステートが築かれている。

海軍村の住宅

海軍村には現在も数棟の文化住宅が残されている。主なものを列記すると次のようになる。

・山沢潤三邸	不明	木造平屋	外壁下見板	
・田口　邸	不明	木造平屋	外壁下見板	
・田中　邸	不明	木造平屋	外壁下見板	一部モルタル
・松居喜三郎邸	不明	木造二階	外壁押縁下見	
・北山・大山邸	昭和5年	木造平屋	外壁下見板	
・三浦誠一邸	昭和4年	木造平屋	外壁下見板	一部モルタル
・舛田吉郎邸	大正14年	木造平屋	外壁下見板	
・渡辺　邸	昭和3年	木造平屋	外壁モルタル	

海軍村の住宅の大半は木造平屋で外壁下見板張りの洋風住宅である。和風下見は木造二階建の松居邸がただ1棟現存するだけである。聞き伝えによれば、この住宅地では海軍省技師住木直二によって建てられた住宅が多いという。住木直二は横須賀海軍の施設部長を経て、後に海軍中将となった人物で、当時はまだ海軍少将として海軍の官舎・宿舎を含む海軍施設を多数手掛けている。田園調布の旧大館邸の設計者としても知られる。(4) したがって洋風住宅の設計には手慣れており、この住宅地でも海軍関係の仕事の延長として、数棟まとめて設計したことも考えられる。

海軍村の住宅をもう少し詳しく見てみよう。

舛田邸はかつてロンドンの駐在武官であった桝田次郎の住宅として建築されたものである。木造平屋の外観下見板張り、典型的なバンガロー住宅である。

この家には当時の設計契約書が残されており、それによれば住宅は日米式建築工務所の設計施工で、木材をカナダから輸入して建てている。当時、日本では復興住宅を建てるために盛んに材料を外国から取り寄せた時期があった。そしてこれはちょっとした社会現象ともなり、カナダなどの外国から直接組立住宅が持ち込まれる場合もあったという。日米式建築工務所については知るところが少ないが、これもそのひとつとも考えられる。

建物は木造二階建て、一階に洋間2室と6畳、8畳（茶の間）、4畳半（老人室）と女中室を置き、二階は二間続き間の客室が置かれている。中廊下の間取りを基本とした住宅である。建築費は当時の金額で7564円であったという。先の住宅組合住宅の標準と比べるとかなり贅沢な造りであったと思えるが、当時の住宅組合法の規準がどの程度影響を及ぼされていたのか定かでない。

〈註〉

（1）『有終』第20巻　第5号　第138号（大正14年）

（2）丸田研一『わが祖父　井上成美』徳間書店

（3）地主の原菊次郎と住民の西野定市との間に取り交わされたので、「大正13年11月9日」の日付が入っている。

（4）『建築知識』（昭和61年1月）P149～172

図－１　1929年（昭和４年）頃の海軍村住宅図

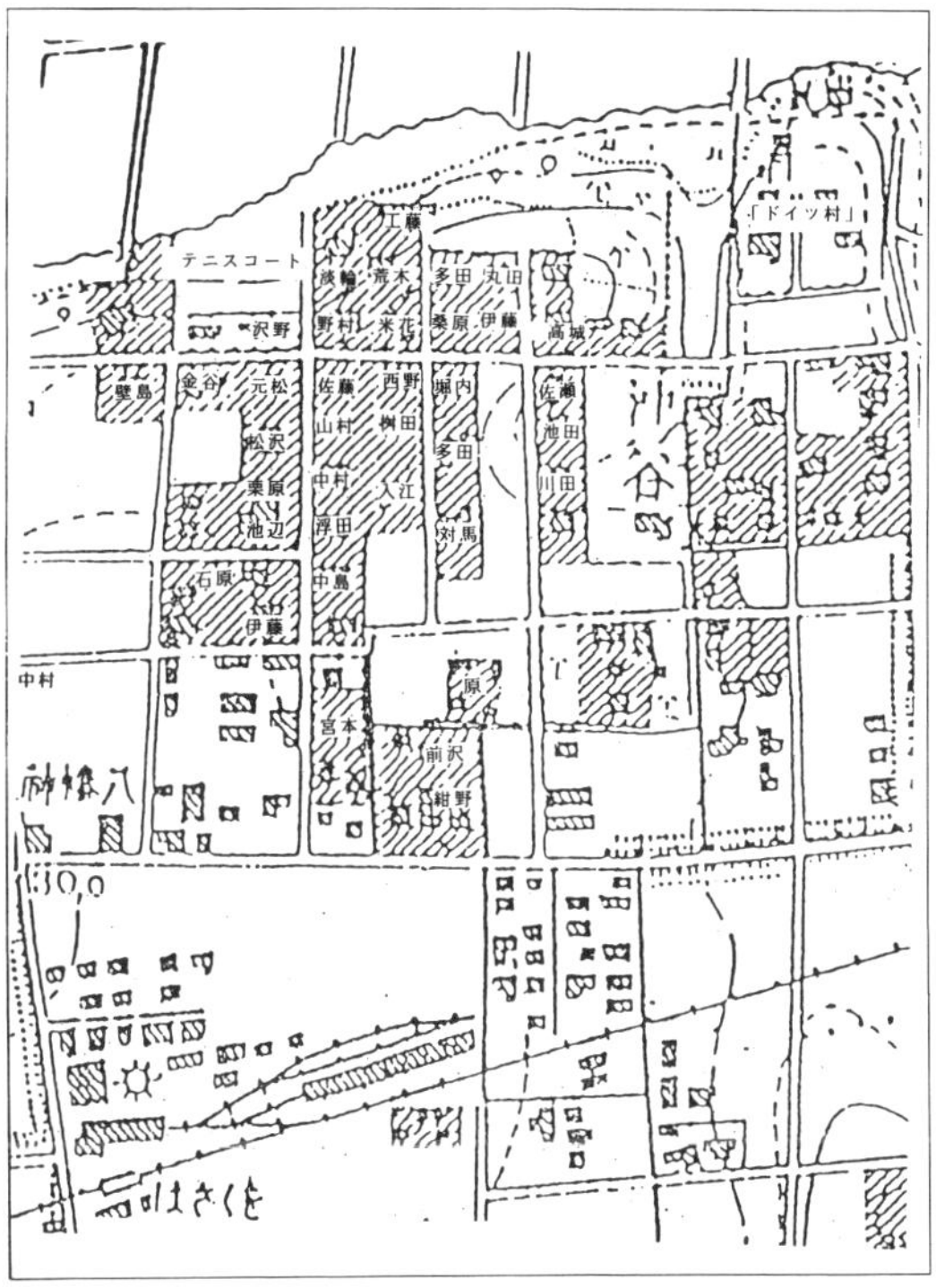

（明治42年実測図　昭和４年第３回正測図「碑文谷」大日本帝国陸地測量部）

図－２　現在の海軍村住宅地

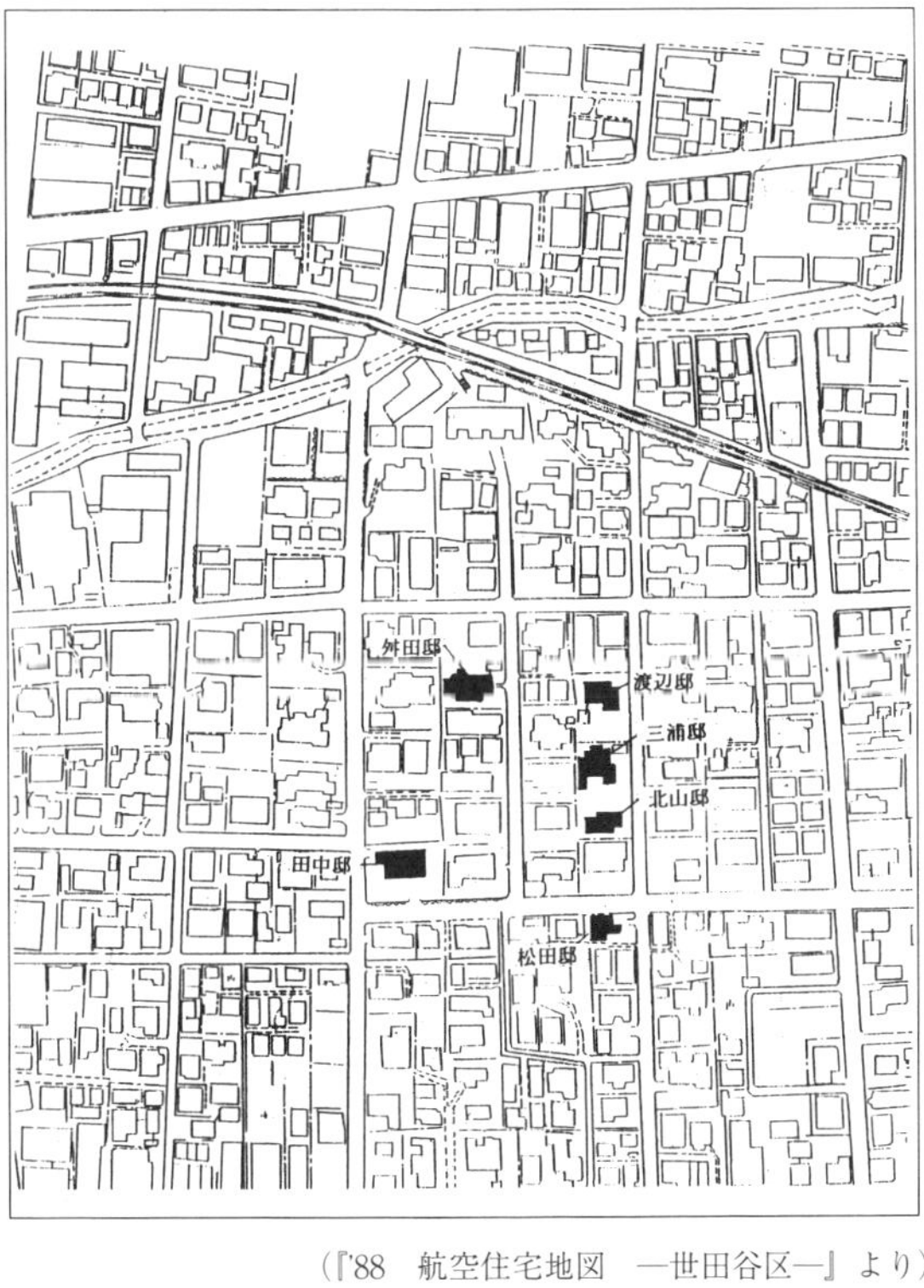

（『'88　航空住宅地図　―世田谷区―』より）

図－3　現在の海軍村の様子

図－4　現存する海軍村の住宅

(b)　三浦誠一邸

(a)　北山・大山邸

(d)　田中邸

(c)　田口邸

(f) 渡辺邸

(e) 舛田吉郎邸

図－5 舛田邸（図面：『世田谷区の近代建築：住宅系調査リスト』世田谷区教育委員会）
玄関の近くに洋間の応接室があるのは当時の典型である。

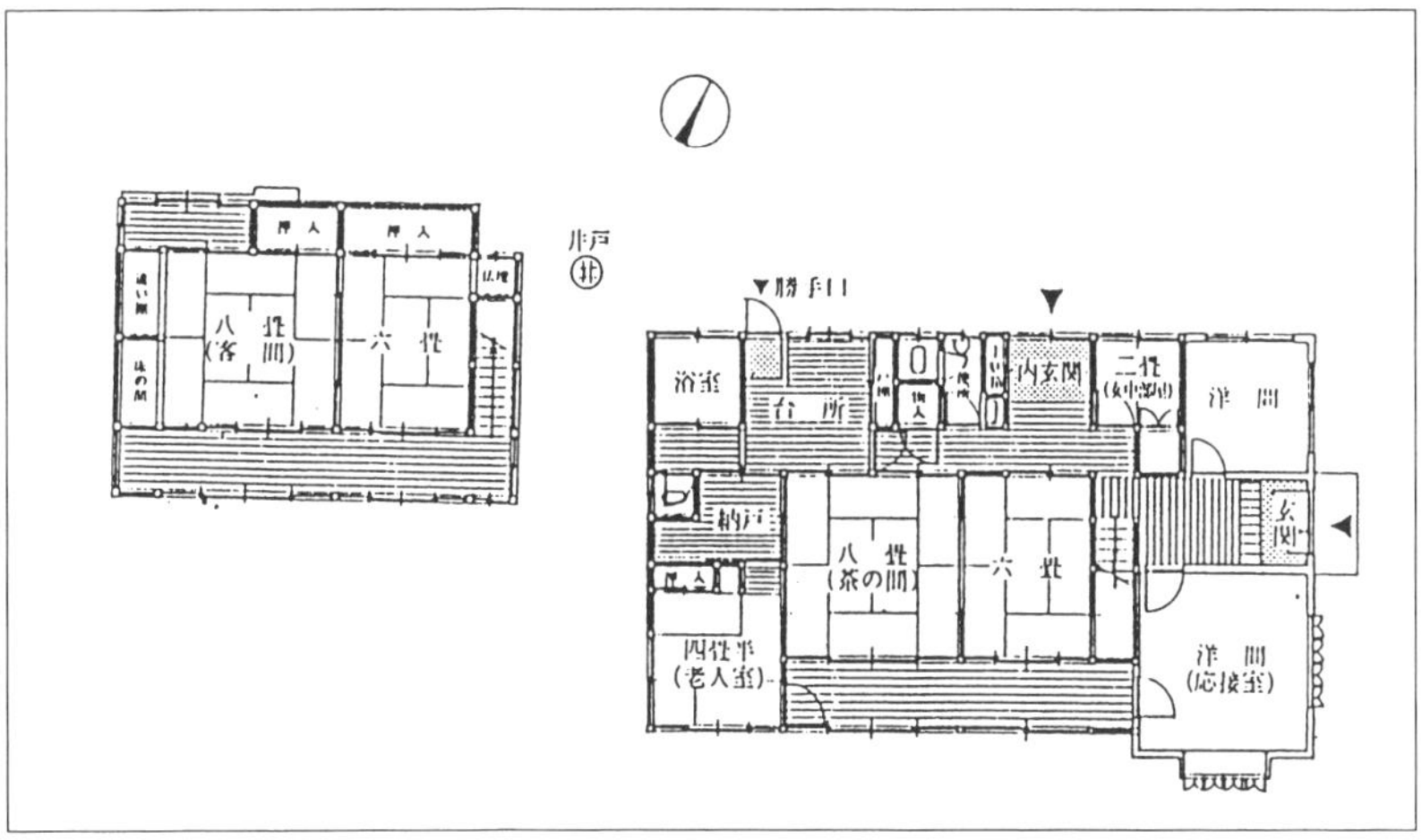

図－6 旧荒木邸

建 築 年：大正14年
設 計：不明
現在なし
写真提供：故荒木彦弼長男、荒木英吾。現在横浜に在住。
1926～7年頃の写真。

⑦目白文化村

［1－2－⑦A］
「目白文化村」研究会編『「目白文化村」に関する総合的研究⑴』（住宅総合研究財団、一九八八年、一四～三四頁）

「目白文化村」の現居住者の概要と居住地評価

はじめに

開発から60余年を経た今日、「目白文化村」の変貌は著しいものがある。2本の幹線道路の貫通により、かつての「文化村」としての地域的なまとまりは急速に失せつつあるし、また、地域を構成している居住者と建物の変化も著しい。この「目白文化村」の現状について居住者調査を行い、「文化村」の過去と現在を結ぶ資料にする。

1．研究の目的

「目白文化村」の現況把握のために、次の5点を明らかにする。ここで行った調査は「文化村」を解明してゆく基礎的な調査として位置付けている。

第1は、現在の居住者と開発した箱根土地との関係を明らかにすること。

第2は、現在の居住者階層の特徴とそのなかでの戦前以来の居住者を浮き彫りにして、変化の特性を明らかにすること。

第3は、「文化村」の居住地としての変貌が地域的にどのように現れているかを明らかにすること。

第4は、現在の住宅と土地の所有関係の特性を把握し、そのなかで分譲以来の特性を明らかにする。

第5は、意識調査による居住環境評価と今後の動向を把握すること。

2．研究の方法

対象地域全居住者のうち、1戸建て住宅は1戸につき1票、集合住宅は1棟につき1票、借家の場合にはその家主1票を住民票からサンプリングし、364戸を対象として、配布留め置きによるアンケート調査を行った。

調査機関は昭和61年7月から8月。有効回収数は264票で、73％の回収率であった。

3．現居住者の概要と居住環境評価

3－1　入居について

分譲が開始される以前、すなわち大正11年（1922年）以前からの居住者が7戸ある。また箱根土地と何等かのかかわりをもって入居したと推定される大正11年以降終戦前までの居住者は54戸で21％を占めている。

その他でみると、昭和20年代と昭和50年代が多くなっている。前者は戦争を契機とした居住者の変化（戦災、軍人の没落等による転売）によるところが大きい（図2－1）。

入居前の居住地では、新宿区および隣接区がともに29％で近隣からの入居者が多く、8割近くは都内からの転居である（図2－2）。

また前住宅の種類は注文1戸建て住宅が約半数、ついで1戸建て借家となっている（図2－3）。

3－2　文化村との関係について

現居住者を箱根土地の宅地分譲との関係で分類し、各々の戸数をあげると次のようになる。

①箱根土地から土地を購入・住宅も当時のまま。…6件
②箱根土地から土地を購入・住宅は建て替えた。…23件
③箱根土地が分譲した後転売したものを購入・住宅は当時のまま。…1件
④箱根土地が分譲した後転売したものを購入・住宅は建て替えたもの。…21件
⑤戦後に入居したが住宅は戦前のもの。…9件
⑥戦後に入居し、住宅も戦後に建ったもの。…168件
⑦その他（開発前から居住していたもの、文化村内転居等）…26件

これらから、箱根土地と直接間接に関係があった世帯は約2割であり、関係なく入居した世帯が圧倒的に多くなっている（図2－4）。

またこの文化村の範囲を知っていたかについては、「魅力を感じて入

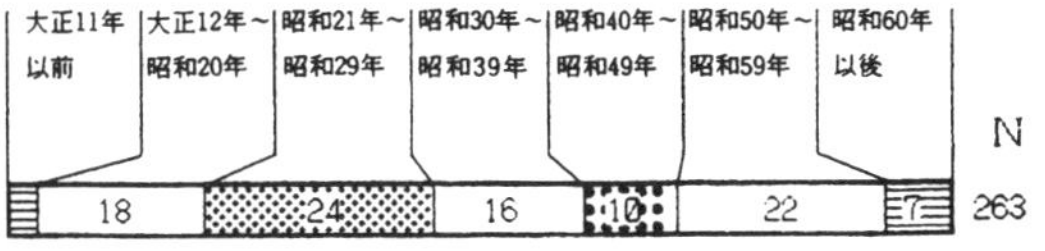

図2－1　入居年代

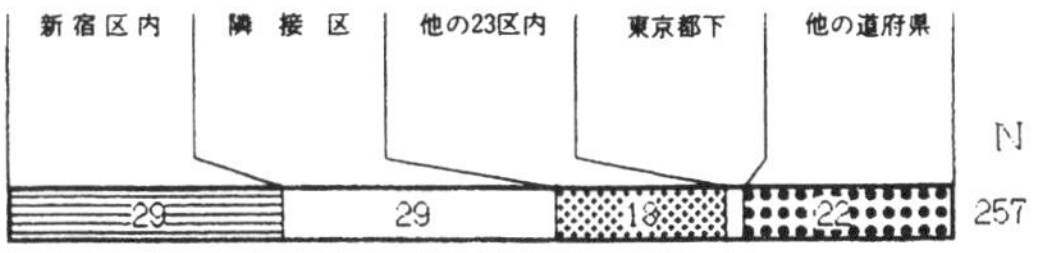

図2－2　入居前居住地

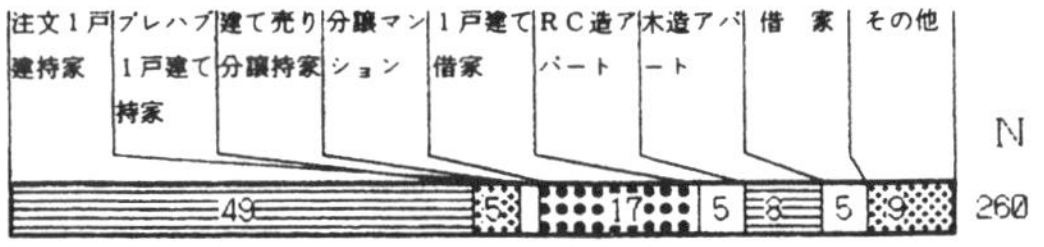

図2－3　入居前住宅の種類

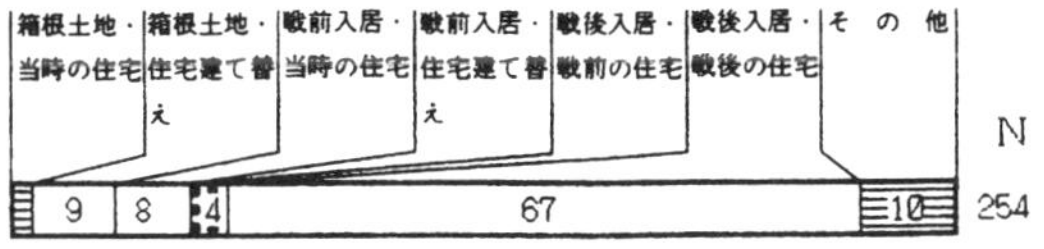

図2－4　「目白文化村」との関係

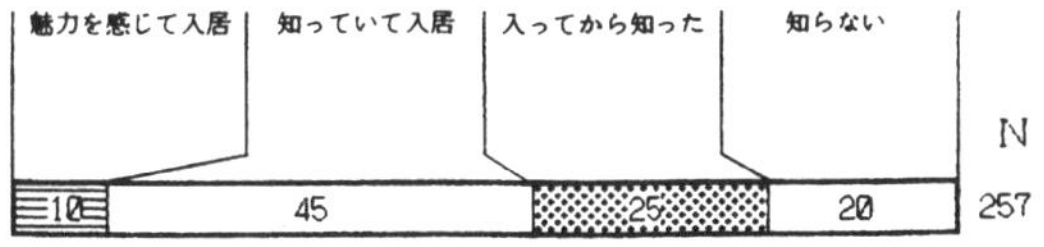

図2－5　範囲だと知っていたか

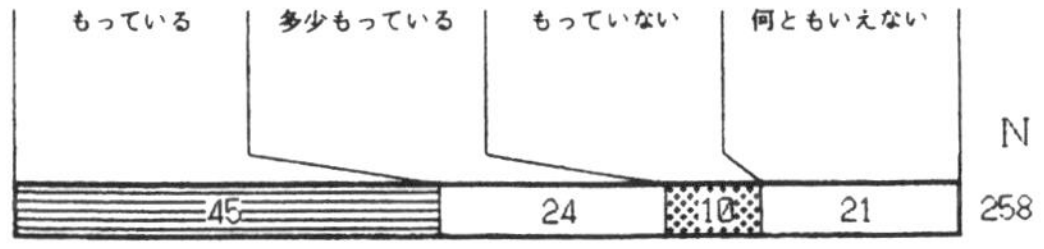

図2－6　文化村に対する愛着

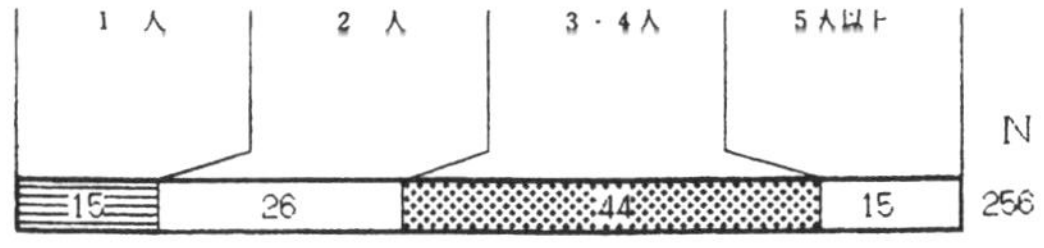

図2－7　家族人数

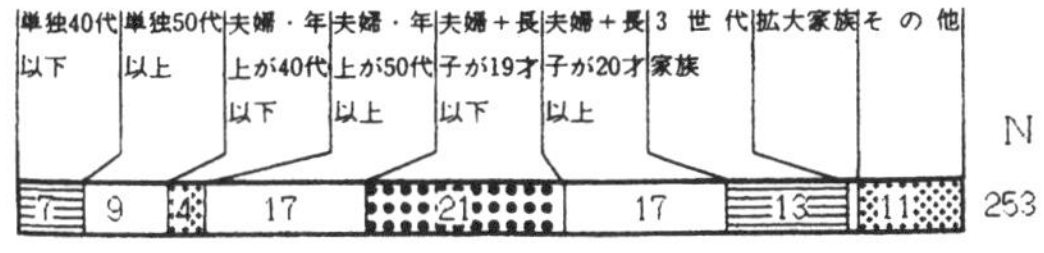

図2－8　家族タイプ

った」が1割、「知って入った」が45%と半数は知って入居している。反面現在なお文化村に関する情報が伝わっておらず、知らないという人が2割いる（図2－5）。

では現在でも「文化村」に対する愛着をもっているかというと、「もっている」が45%と大変高くなっている。「多少もっている」と答えた人と合せると7割近くになり、地域に対して愛着をもっている人はかなり多いと考えられる。また「文化村」を知らなかった人は「何ともいえない」としている（図2－6）。

3－3　居住者世帯の特徴

家族人数は3～4人が4割以上を占めているが、1人、2人世帯は合せると4割近くと多くなっている（図2－7）。

ここでの特徴は世帯人数と家族タイプ（図2－8）を重ねてみるとよくわかるが、50代以上の高齢単身者および夫婦のみの世帯が多く、高齢者を含む三世代家族と合せると、高齢者のいる世帯が相当の割合いを占めることである。したがって、世帯主の年齢（図2－9）は、60代以上が46%で、このうちの半数は70代以上で、世帯の高齢化が進んでいる地域であることが歴然としている。

また世帯主の職業であるが、会社員が約4分の1ともっとも多いものの、かつての文化村の特徴を示す会社役員が2割強、技術専門職と自由業が1割弱とおり、一方、退職した人が2割とかなりの比重を占めている（図2－10）。

さらに文化村の特徴とみられるが、近隣に親族が住んでいると答えた世帯人は3割となっており、以前は住んでいた人も加えると、3分の1以上が近くに住んでいる。これは戦前入居者の、子供の独立による世帯分離が多いものと推察される（図2－11）。

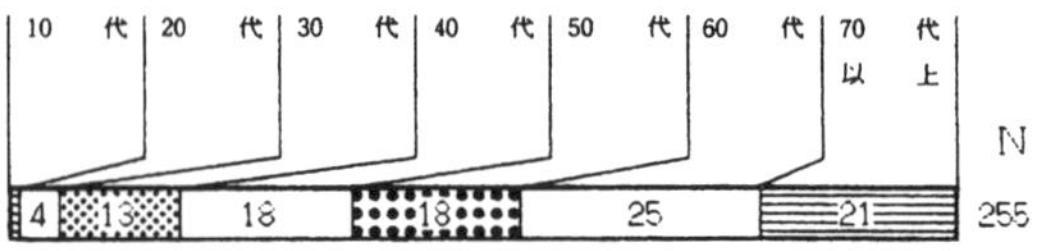

図2－9　世帯主年齢

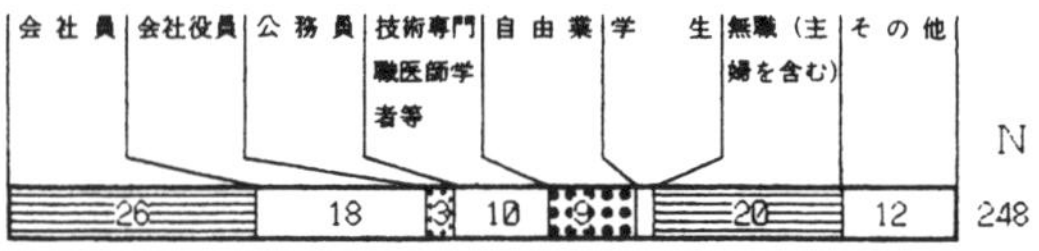

図2－10　世帯主職業

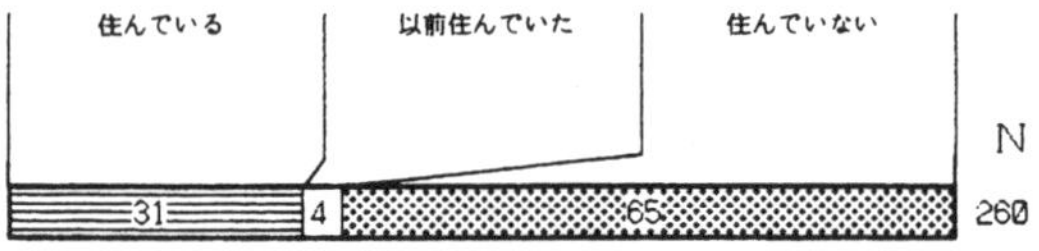

図2－11　近隣の親族

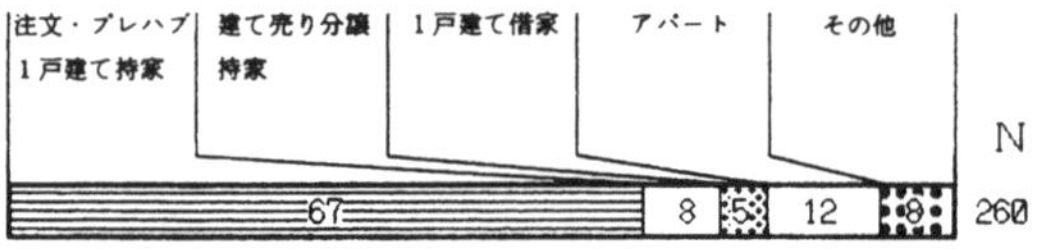

図2－12　現住宅の種類

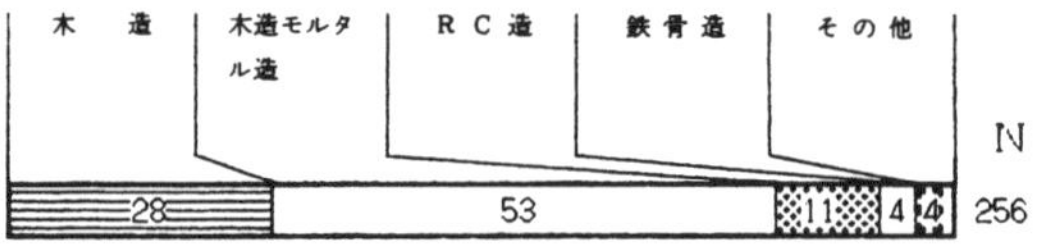

図2－13　現住宅の構造

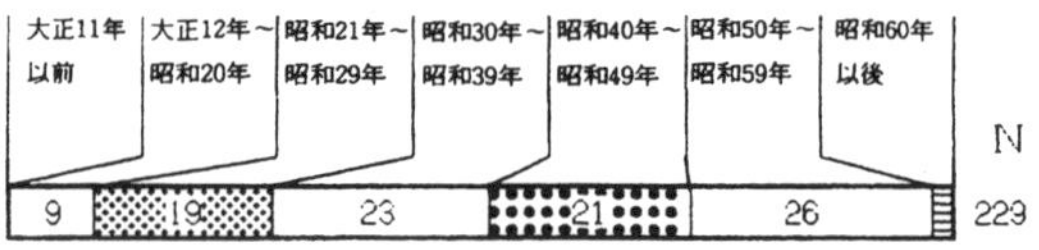

図2－14　現住宅の建築年代

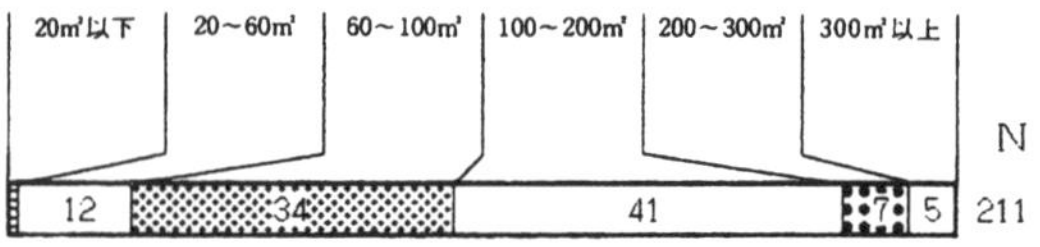

図2－15　現住宅の専有延床面積

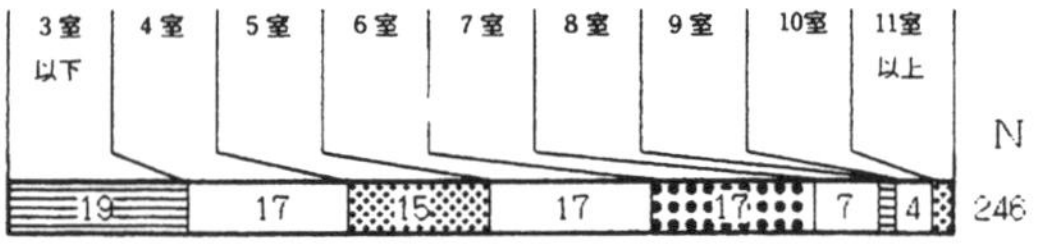

図2－16　現住宅の居室数

3－4　現住宅の特徴

所有関係を含む住宅型式はサンプリングを反映して、持家（注文1戸建て—プレハブ住宅を含む、建て売り分譲住宅）が4分の3と多く、借家（1戸建て借家、木賃アパート）は17％だけである。その他の住宅というのは寮である（図2－12）。

現住宅の構造については、居住者によっては「木造」と「木造モルタル造」の区別がつかなかった人がおり、その違いは明らかにならなかったが、「木造」は8割強と圧倒的に多い。鉄筋コンクリート造は1割、鉄骨造は4％あるが非木造住宅は集合住宅に多い（図2－13）。

これらの住宅の建築年代は居住者の入居年代とはズレて、開発前の大正11年（1922年）以前の住宅はない。大正11年以降から終戦に建った住宅は9％（11棟）ある。以後20年代、30年代、40年代、50年代ごとに大体2割前後となっている（図2－14）。

住宅の平均専有延床面積では、100㎡以上の大規模住宅が53％も占め、東京都全体の平均が13％であることを考えると、大規模住宅が多くを占めている地域といえよう（図2－15）。

部屋数についても同様で、3室以下が2割弱あるが、5室以上が6割以上になっている（図2－16）。

3－5　住宅に対する評価

現住宅について、〈広さ〉〈間取り〉〈日照・通風〉〈防災・安全〉の点から評価をきいている。

このなかで比較的「満足している」と答えている割合が多いのは〈広さ〉〈日照・通風〉であり、「不満」の割合が高くなるのは〈間取り〉である。しかし「やや満足している」を含めてみるとそれほど際立った違いはみられず、全般に6割程度の人はまあ満足して住んでいるといえよ

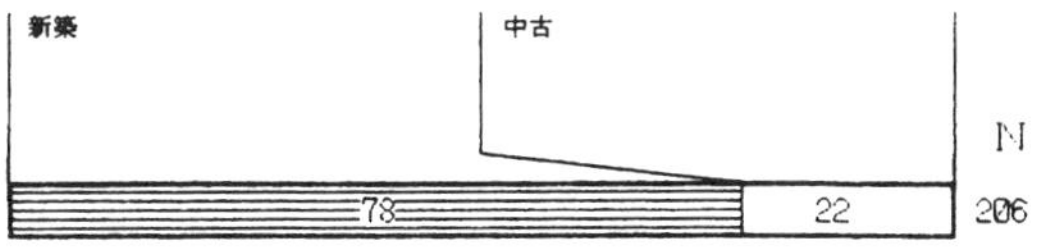

図2－17　1戸建て住宅—新築か中古か

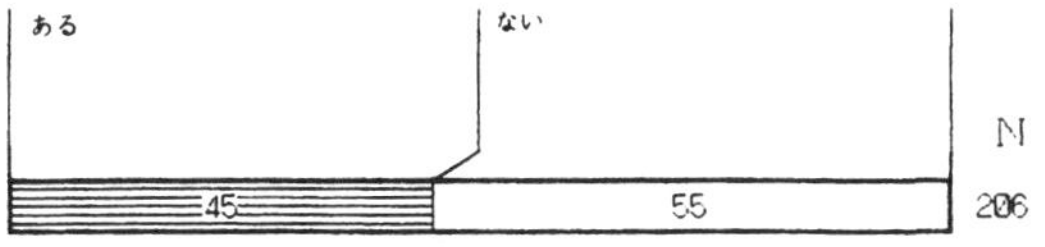

図2－18　1戸建て住宅—建て替えの有無

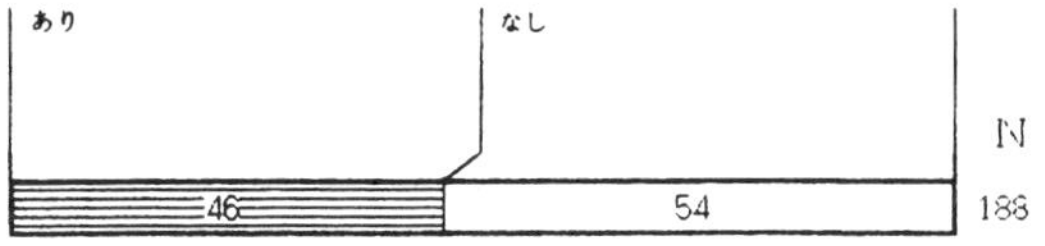

図2－19　1戸建て住宅—増改築の有無

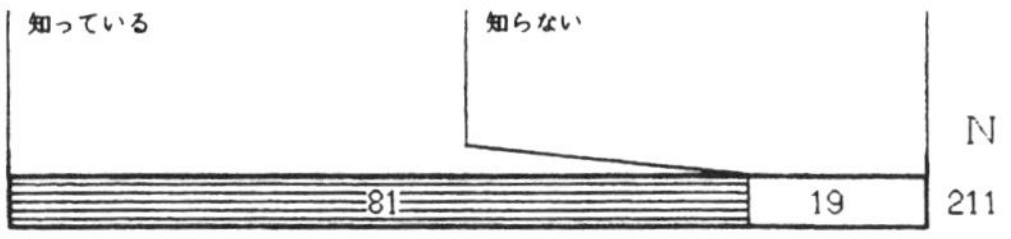

図2－20　1戸建て住宅—現住宅を建てた大工・工務店

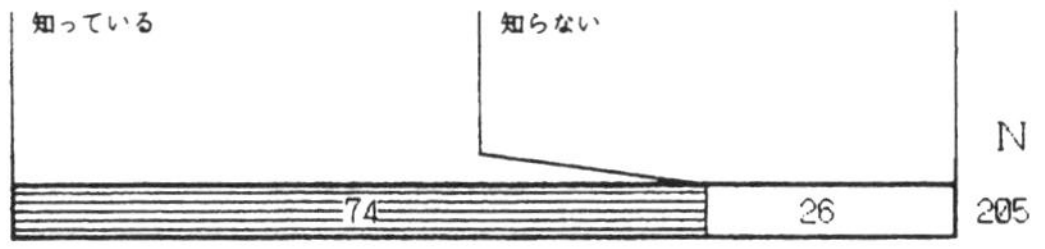

図2－21　1戸建て住宅—現住宅の設計者

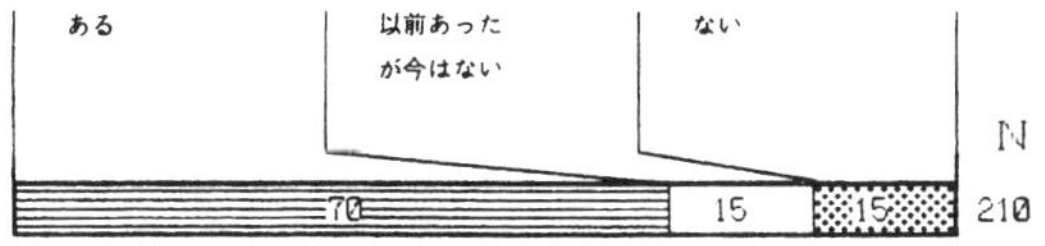

図2－22　1戸建て住宅—なじみの大工・工務店

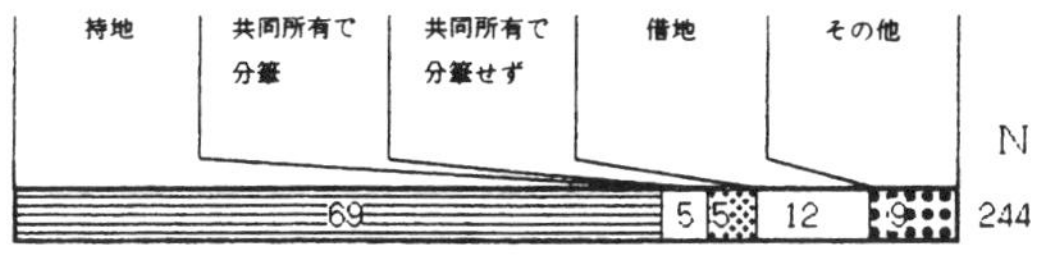

図2－23　土地の所有関係

う。

3−6 住宅の更新

これらの住宅の更新状況と、更新の担い手とのかかわりをみる。

入居した時点で新築だったのは8割近くであり、予想していたよりも中古住宅が少ない（図2−17）。

「建て替え」「増改築」の有無はおのおの半数弱である。これは半数の世帯が建て替えを行い、半数が増改築を行ったというのではなく、かなり重なった世帯で行われている（図2−18、2−19）。

次いで1戸建ての住宅の居住者に仕事を頼めそうな大工・工務店を知っているかどうか、設計技術者を知っているかどうかをきいたところ、大工・工務店については8割が、設計技術者については74％が「知っている」と答えている（図2−20、2−21）。では具体的になじみの大工・工務店があるかについては7割の世帯が「ある」と答えているが、「以前はあったが今はない」というのも15％みられた（図2−22）。

3−7 土地の所有関係

約7割が持地、1割が借地である。共同所有で分筆しているものといないもの、おのおの5％である（図2−23）。

持家の場合、自宅以外の建物を所有しているかをみると、「もっている」のが33％で、アパートが13％。専用住宅が8％、マンション6％、その他店舗併用住宅、別荘等が9％ある（図2−24）。

借地の場合の土地所有者の居住地は近隣と新宿区内で85％を占める（図2−25）。

1戸建ての住宅の敷地面積は100㎡以上のものが8割を越え、300㎡以上も3割強で、東京の水準からみるとかなり高いところにある

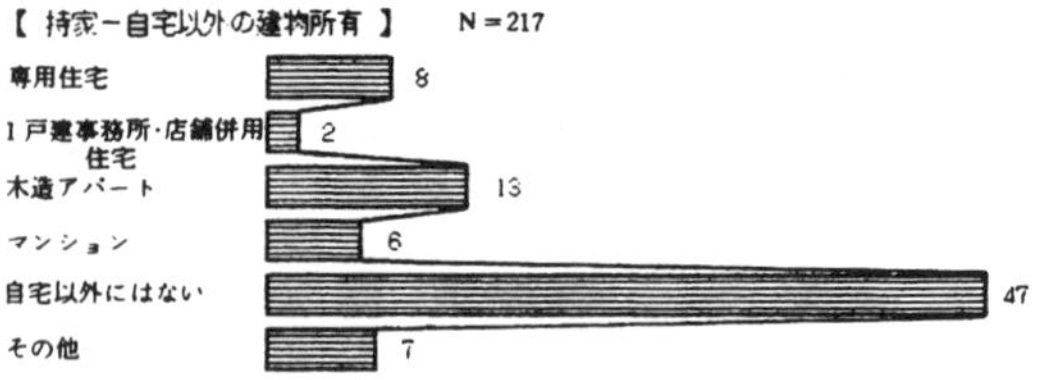

図2−24 持家—自宅以外の建物所有

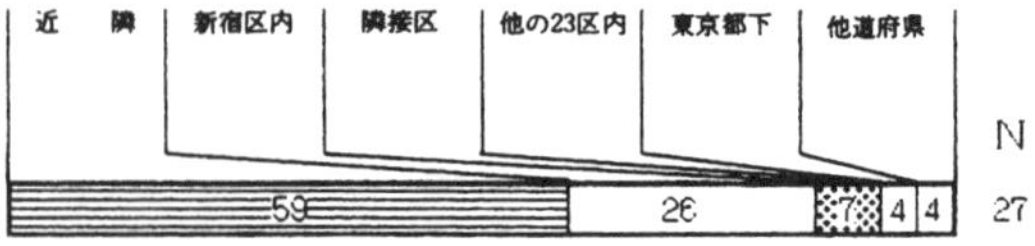

図2−25 借地の土地所有者居住地

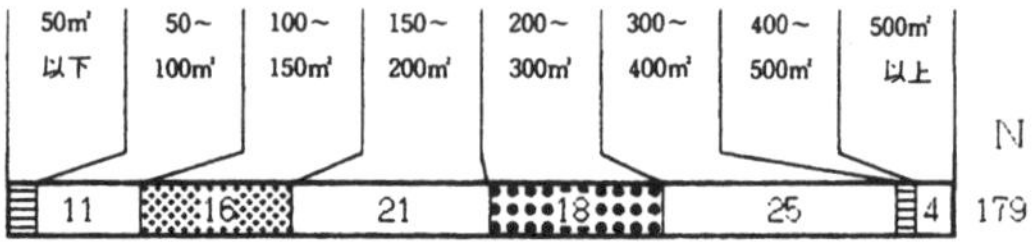

図2−26 一戸建て住宅—敷地面積

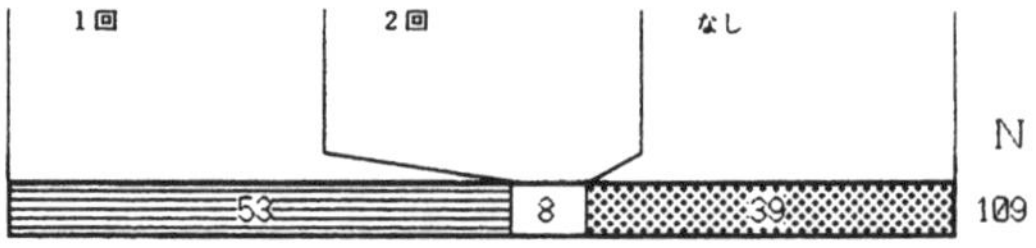

図2−27 持家—相続の回数

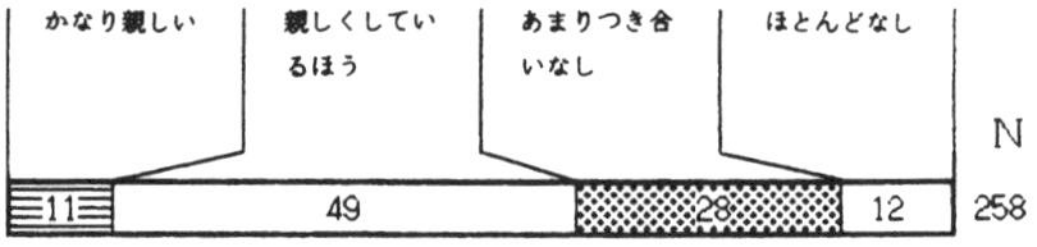

図2−28 近所づき合いの程度

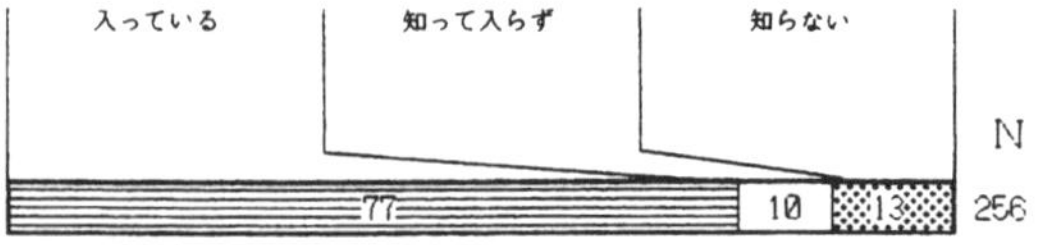

図2−29 町内会

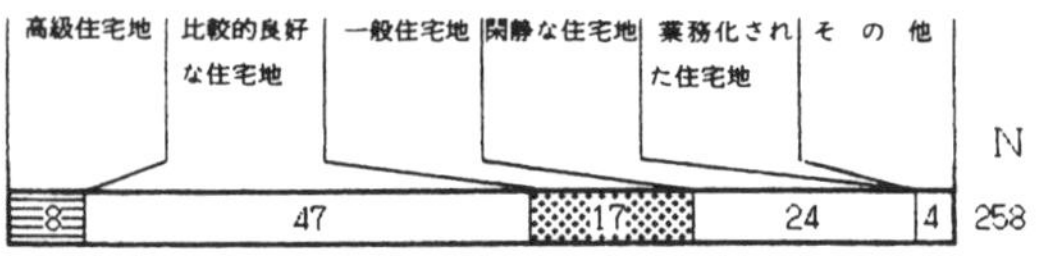

図2−30 町のイメージ

（図2－26）。

持地の場合、相続は半数以上は1回行っており、2回というのが8％みられる（図2－27）。土地の分割を行ったのは約18％で、「売買による」もの6％、「相続による」もの9％、「その他の理由」が3％となっている。

3－8　コミュニティーについて

近所づき合いを「親しくしている」人は6割である。この中で「ほとんどなし」という人が11％である。この内容は新住民と文化村の一定の地域の人である（図2－28）。

また町内会への加入の状況であるが、「入っている」という人が77％と多いものの、「知っているが入らない」というのが10％、これは前項目の「近隣とほとんどつき合わない」昔からの文化村居住者に対応し、「知らない」と答えた13％の人は、新住民に対応している（図2－29）。

3－9　居住地の評価

まず、〝町のイメージ〟についてきいているが、「高級な住宅地」としているのは8％で、もっとも多いのは「比較的良好な住宅地」というのが47％、「閑静な住宅地」は24％と、比較的良好な住宅地としての評価が高い（図2－30）。

次に居住地の評価を〈周辺の建て込み〉〈利便性〉〈緑の環境〉〈騒音・落着〉についてきいている。

〈周辺の建て込み〉状況では「ゆったりしている」と答えているのは23％、反対に「ごちゃごちゃしている」というのが16％になっており、感じ方の問題もあるものの、住宅の建て込みが地域的に進行しているのがわかる（図2－31）。

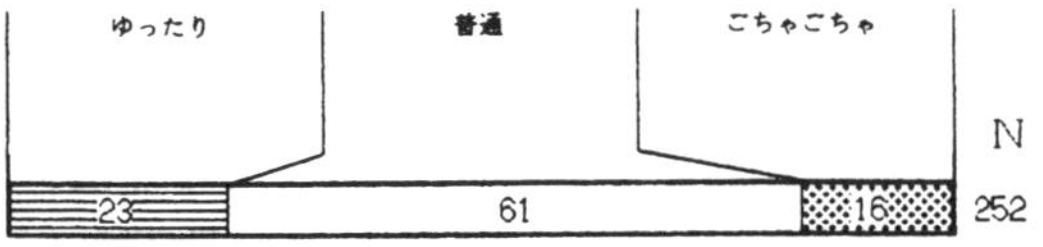

図2－31　周辺の建て込み方

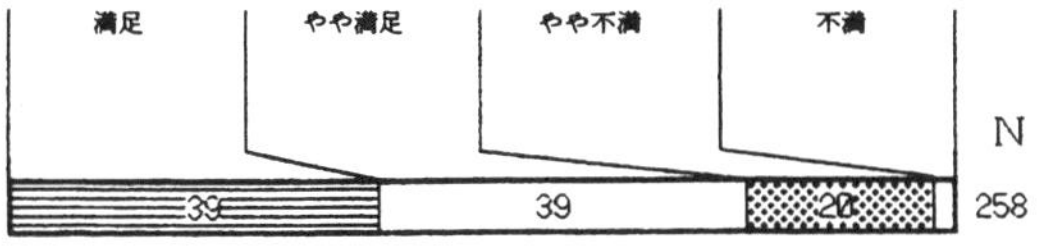

図2－32　満足度―利便性

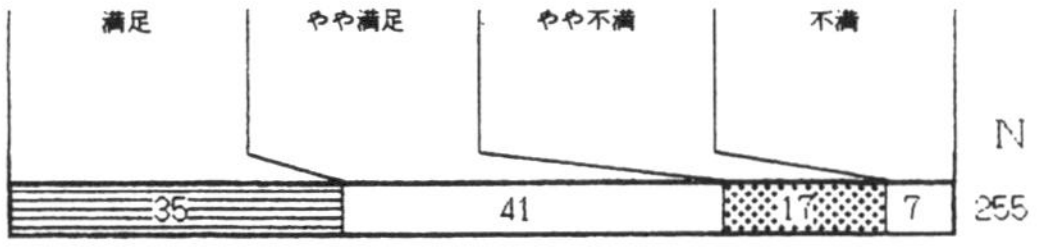

図2－33　満足度―緑の環境

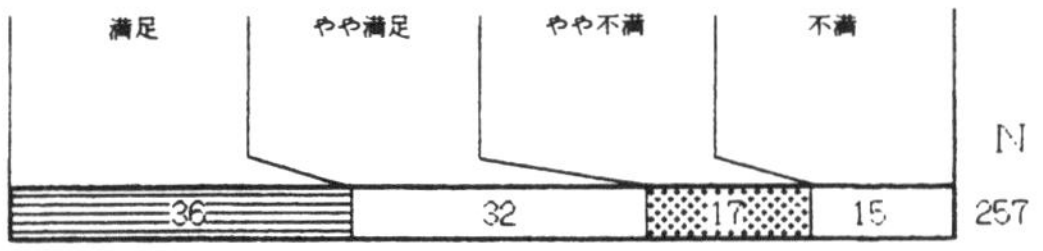

図2－34　満足度―騒音や落ち着き

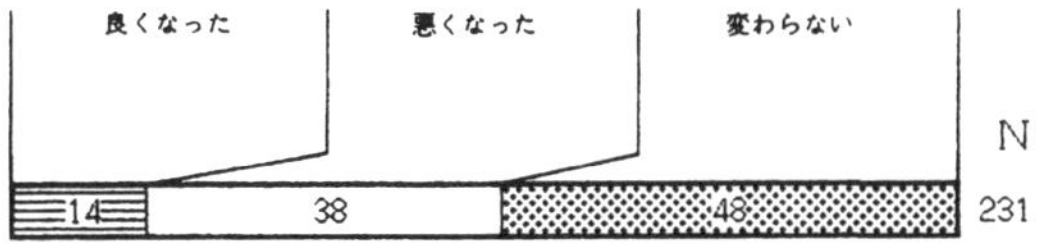

図2－35　入居時と今―住宅の住み心地

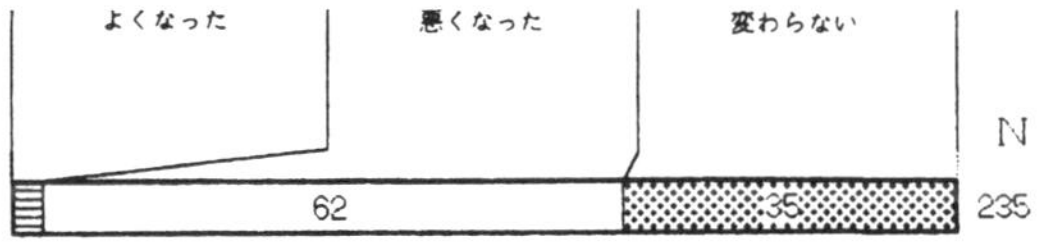

図2－36　入居時と今―周辺の建て込み

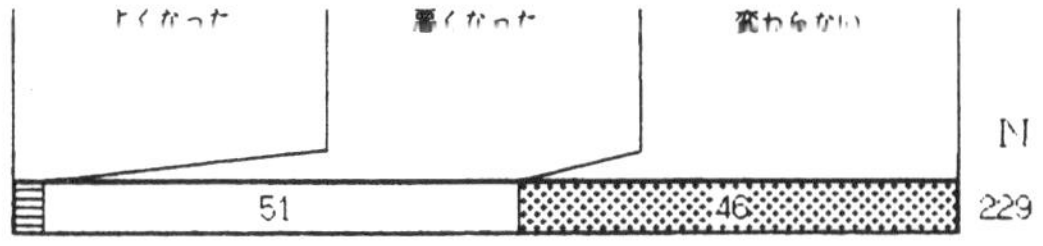

図2－37　入居時と今―緑の環境

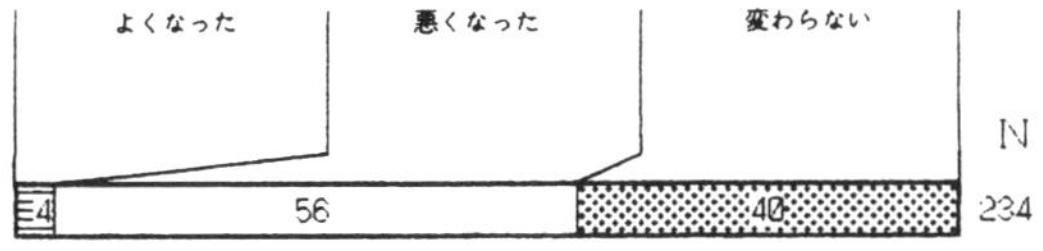

図2－38　入居時と今―騒音や落ち着き

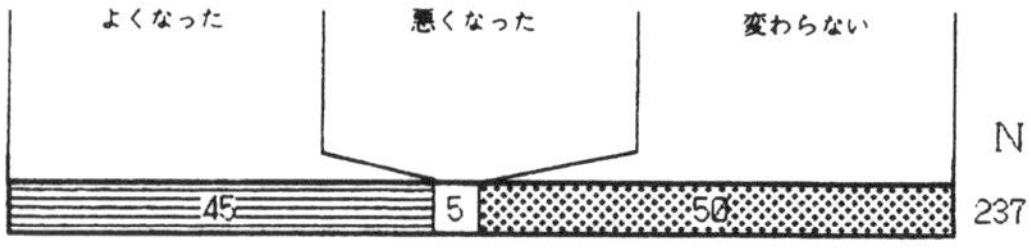

図2－39　入居時と今―利便性

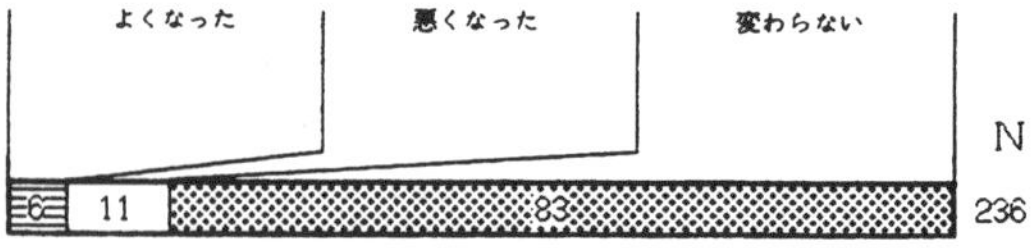

図2－40　入居時と今―近所づきあいや町内会

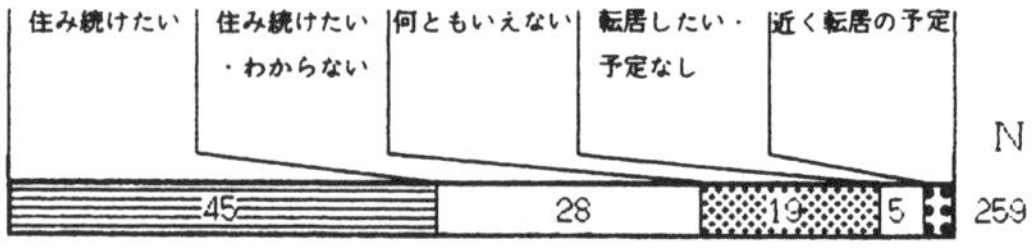

図2－41　永住意志

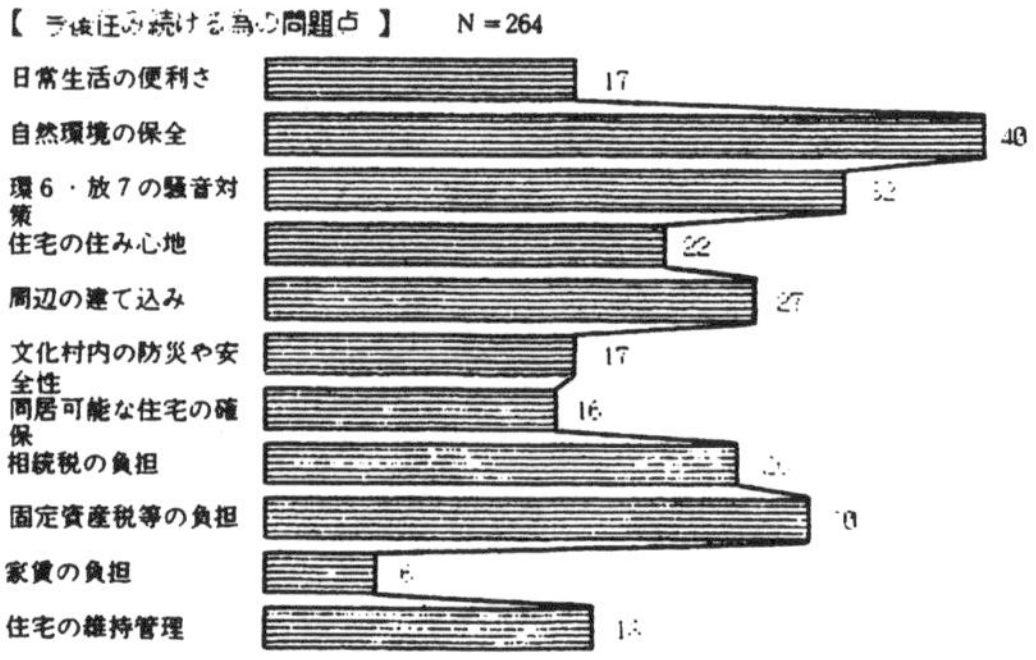

図2－42　今後住みつづけるための問題点

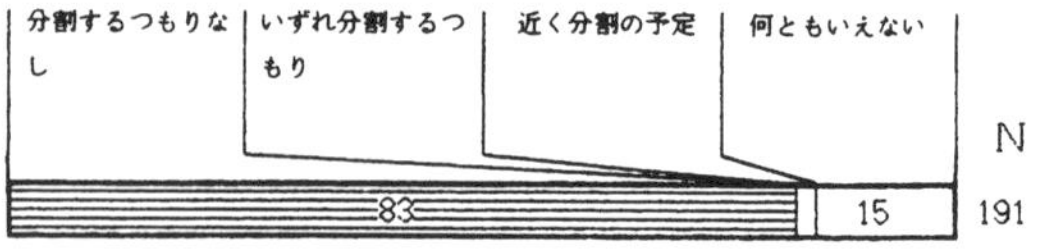

図2－43　持地―土地分割の予定

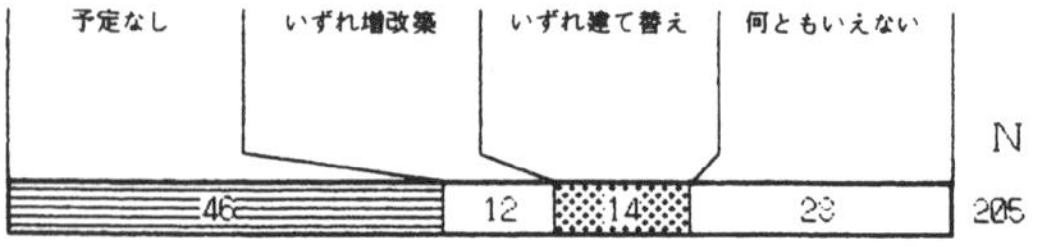

図2－44　1戸建て持家―建て替え増改築の予定

その他の3項目では、「利便性」と「緑の環境」の評価はほぼ同じで8割近くが満足している。これに対して「騒音・落ち着き」が他の項目に比べて不満をもっている割合いが多く、3割以上が不満を述べている（図2－32、2－33、2－34）。

3－10　入居時の環境と現在の環境との比較

入居した時点と現在の居住環境の比較をきいている。居住者の入居年代が異なるので、詳しくは後の章の入居年代別にみていただきたい。

住宅の住み心地は「変わらない」が約4割であるが、「悪くなった」というのがやはり4割近くあり、古い住宅の居住性の低下がうかがわれる（図2－35）。

〈周辺の建て込み〉〈緑の環境〉〈騒音・落ち着き〉は「悪くなった」というのがもっとも多く、おのおの62％、51％、56％と半数以上の人が悪くなったと答えている（図2－36、2－37、2－38）。

反対に〈利便性〉についてはむしろ「よくなった」が45％と多く、この間の新宿の新都心としての発展の影響を受けてきているのがわかる（図2－39）。

また近所づき合い等の人間関係については、「変わらない」が8割と多くを占めているが、「悪くなった」が1割とやや目だっている（図2－40）。

3－11　今後の居住意識の動向

まず、永住意志については、「住み続けたい」が45％ともっとも多いとはいえ、「住み続けたいがわからない」「何ともいえない」といった不確定な回答を合わせると47％にもなり、この地域の不安定さがうかがえる（図3－41）。

そこで住み続けるためにはどのような問題があるかをみると、第1は「自然環境の保全」40％、「環状6号線、放射7号線の騒音対策」32％、「周辺の建て込み」27％と環境問題が大きな障害となっており、第2には「固定資産税等税金の負担」30％、「相続税の負担」26％と資産にかかわる税金の負担問題をあげている人が多い。その他では「住宅の住み心地」が22％と多く狭小住宅の問題の他、老朽住宅の建て替え問題が推測される（図2－42）。

また持地の場合、土地分割の予定をきいたところ、「分割するつもりはない」が8割以上であるが、反面「何ともいえない」が15％と、今後の土地の細分化については、やはり流動的な様相を示している（図2－43）。また1戸建て持家では、建て替え増改築の予定をもっているのは約4分の1の世帯であった（図2－44）。

「目白文化村」の将来について要望も含めてまとめると次のようになる。

建物については「中高層化せず1戸建て住宅を中心に」が57％と圧倒的に多い反面「土地の高度利用を図り、空地を増す」というのは8％しかいなかった。最近の住宅が高層化する傾向に対しては批判的感情をもっている。また「戦前の文化住宅の保存の対策」というのも26％と予想以上に高く、現存している「文化住宅」への愛着がうかがえる。一方問題として指摘されたように税金に対しては「良好な住宅には減税策を」というのが41％と高い。コミュニティーに関しては、「文化人が再び集まる地域になるとよい」というのが2割でやや目だった。また「現状のままでよい」というのが18％あるが、現状の居住水準を保つこと自体が大きな課題でもある（図2－45）。

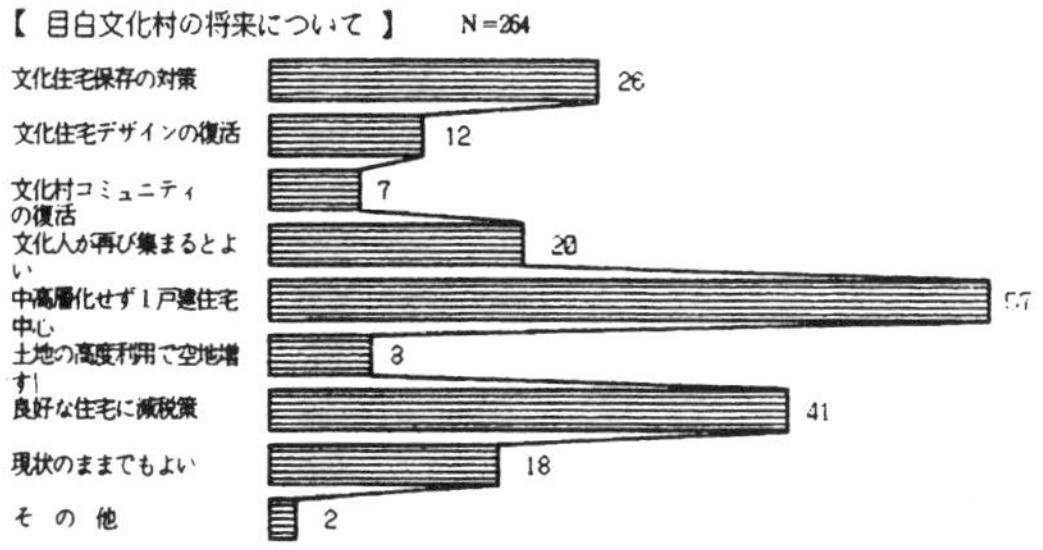

図2－45 「目白文化村」の将来について

3－12　まとめ

「目白文化村」は大部分が戦災を受け、また幹線道路の貫通により、戦前の様相から大きく変貌したが、約2割の戦前居住者を残し、高齢者世帯が多いとはいえ、未だに「文化村」への愛着が根強く残っている地域である。

またアパート、マンションが散在してきたとはいえ、1戸建て住宅を中心に居住地が形成されており、東京区部内住宅地としては敷地面積も広く、住宅の規模も大きい。したがって住宅の評価は高く、住宅の生産者とのつながりも強くなっている。

土地は持地が多く、相続が起っている。

居住地の評価は比較的高いが、入居時に比べると、便利になった反面、建物の建て込み、自然環境や騒音等については悪くなったとする意見が多い。

今後については環境問題と税金問題が特に障害となっている。また居住地に対する主体的な動向としても不確定な部分がかなりある。これは「目白文化村」が、震災、戦災、幹線道路貫通等の後、さらに東京改造計画の進行の下で環境の変化の波にさらされてきているためである。

「文化村」は、居住地としては大半が第1種住居専用地域の比較的良好な住宅地であるが、近年の建て替え、集合住宅化、土地細分化の進行、全般的な環境悪化、そして相続問題等により、居住者の主体的努力だけで、現状の環境を維持することさえ、困難なところにおかれているといえよう。

4．地区別特徴

「目白文化村」は5次にわたり段階的に分譲され、ある部分は土地が買収できなかったり再分譲されたところもあるなど、その成立過程が複雑であった。また地区の3分の2が戦災に遇い、戦後は環状6号線や放射7号線が建設されるという変化もあり、現在これらの変遷過程によって同じ「目白文化村」内にもいくつかの地域的特徴がみられるようになってきた。ここではこうした点に注目し、地区ごとの居住者、土地、住宅の動向・現状や評価について比較分析し、各地区の現状と今後の動向を浮き彫りにするものである。地区分けは、まず放射7号線に関係した街区Bとその他A・Cの3ブロックに分け、これをさらに次のように7区分とした（図2－46）。

なお、各地区の平均所有区画面積は表2－1に示した通りである。

①A－1地区　Aブロックのうち分譲しなかった部分を含む地区。戦災を受け土地が比較的細分化している。

②A－2地区　Aブロックのうち全部分譲した街区。戦災はあまり受けず、比較的戦前の面影を残す地区。

③B地区　昭和39年から42年までに建設された放射7号線に関係した街区（Bブロック）。

④C－1地区　Cブロックのうち、第2文化村として全部分譲した街区。戦災を受けている。

⑤C－2地区　Cブロック第2文化村のうち、分譲されなかった部分を含む街区。土地がかなり細分化した。

⑥C－3地区　第1文化村として分譲された街区。戦災をかなり受けている。

⑦C－4地区　第4文化村部分として再分譲された部分。環6東側の不

表2－1　平均所有区画面積（昭和60年現在）　（㎡）

地　区	A－1	A－2	B	C－1	C－2	C－3	C－4
面　積	164	376	270	280	124	275	130

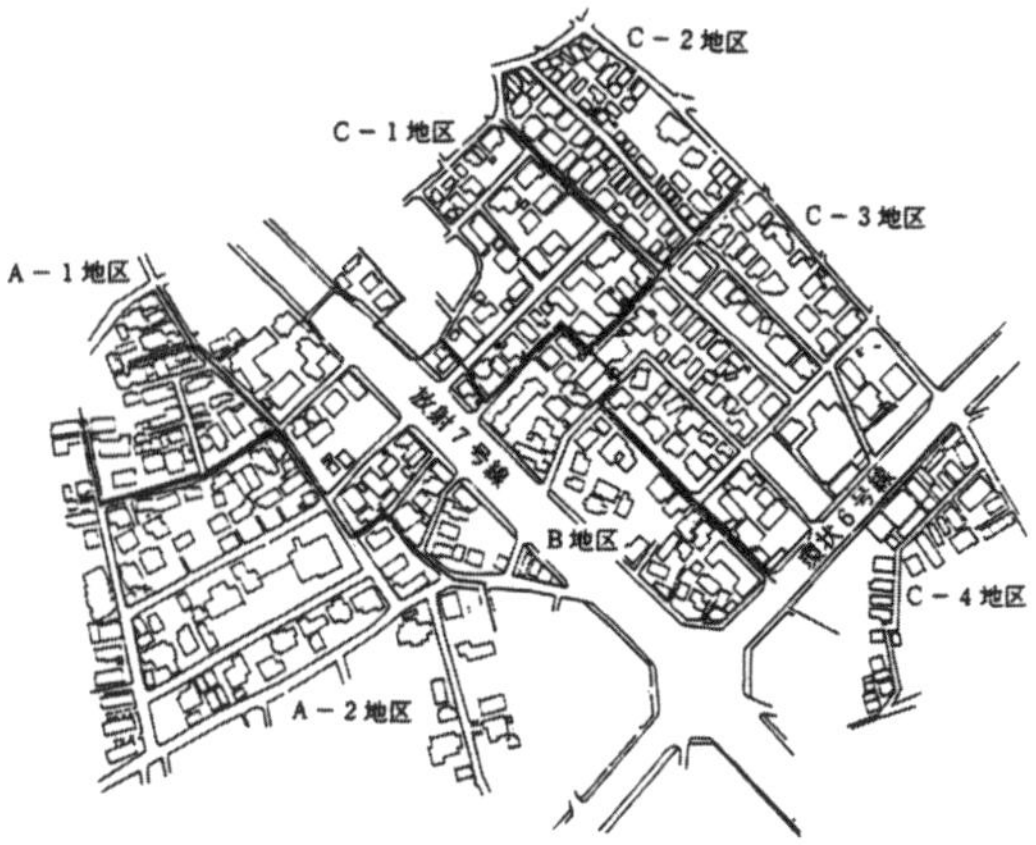

図2－46　地区分け

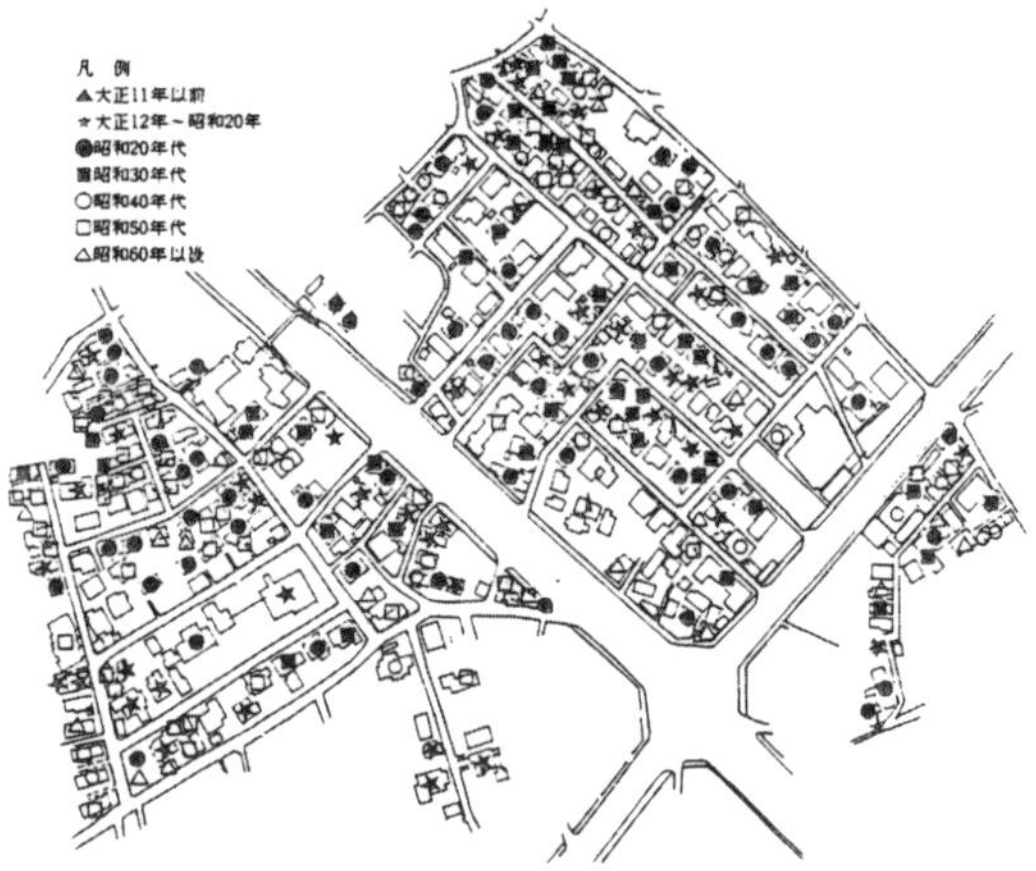

図2－47　入居年代の分布

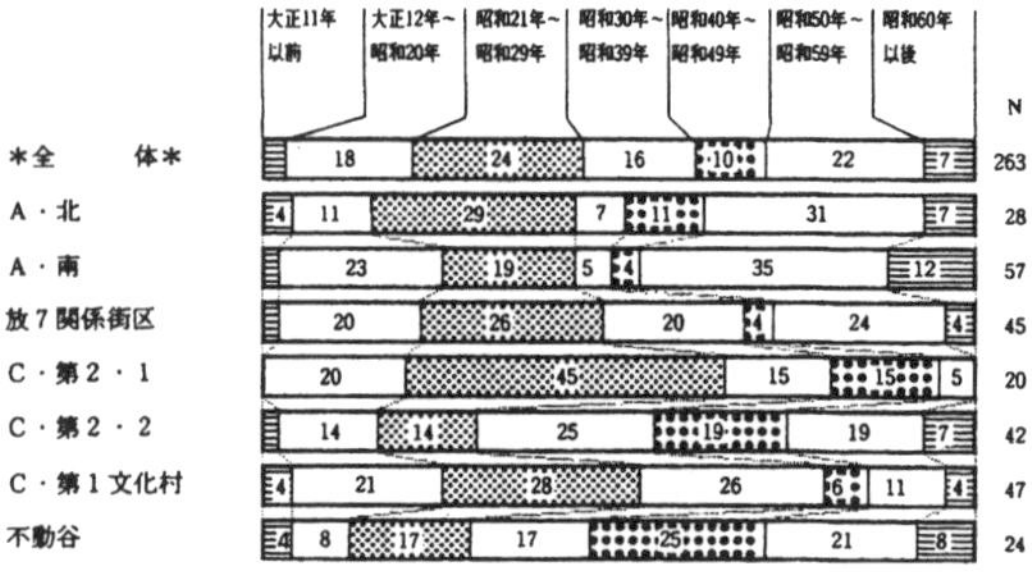

図2－48　地区別入居年代

動谷という谷でかなり密集した地区。

4－1　入居年代

図2－47に示すように、戦災を受けた地区でも戦前からの居住者がそのまま住みつづけている世帯の多いことがわかる。特にA－2地区とC－3地区は戦前が2割以上であるが、A－2地区は半数が昭和50年以後であり、戦災を受けたC－3地区は半数が昭和20年代・30年代である。またC－1地区は半数近くが昭和20年代である。土地が細分化しているC－2・4地区は昭和30年代から50年代までがそれぞれ2割ずつ分布している（図2－48）。

4－2　建築年代

戦災の少ないA－2地区は2割が戦前住宅である一方、昭和50年以後が半数を占める。戦災を受けたC－3地区では7割が昭和20年代・30年代の住宅である。土地が細分化したA－1地区、C－2・4地区やB地区では昭和30年代以後が8割である（図2－49）。

4－3　現在の住宅

大方の地区は6割から7割が注文1戸建である。C－3地区は9割が注文1戸建であり、文化村で最も1戸建住宅率が高い。A－2地区とB地区は建て売り持家、1戸建て借家、ｱﾊﾟｰﾄがC－3地区より多い。C－4地区は注文戸建が半数以下ともっとも少ない（図2－50）。

4－4　土地の所有関係

1戸建持家が比較的多い中落合3丁目側は8～9割が持地であり、一方それよりもアパート、マンションが多くみられる中落合4丁目側では

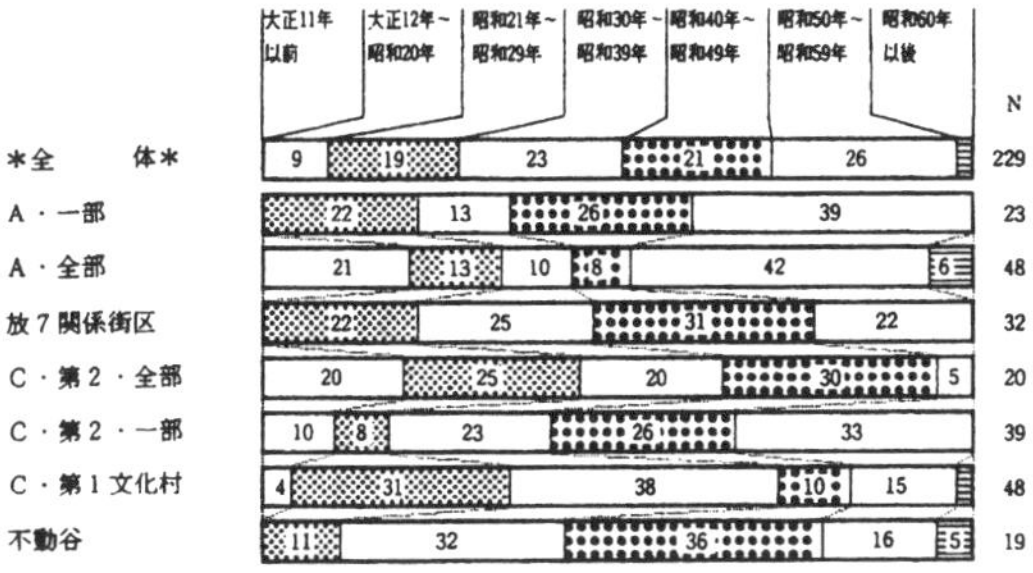

図2－49　地区別建築年代

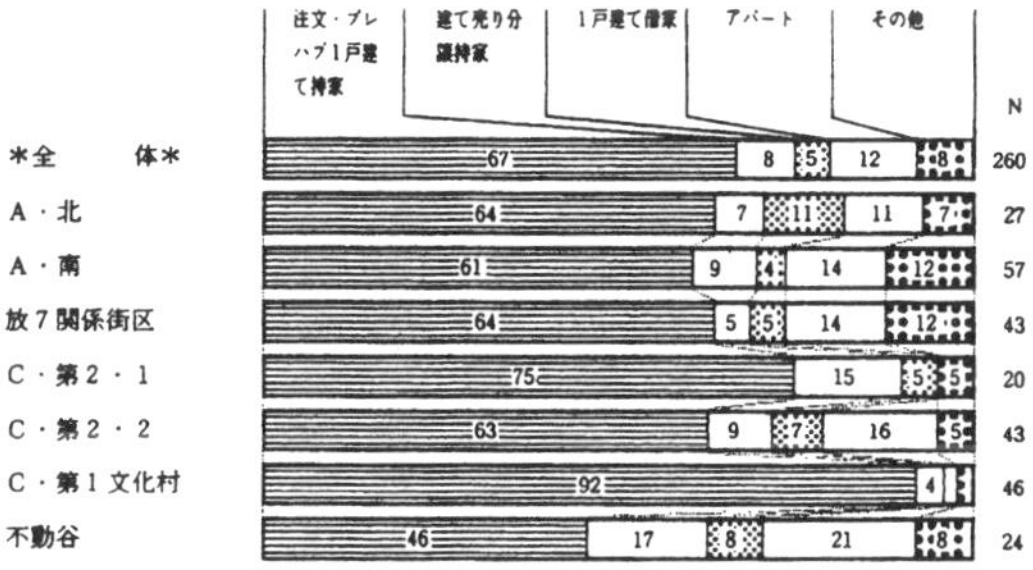

図2－50　地区別現在の住宅

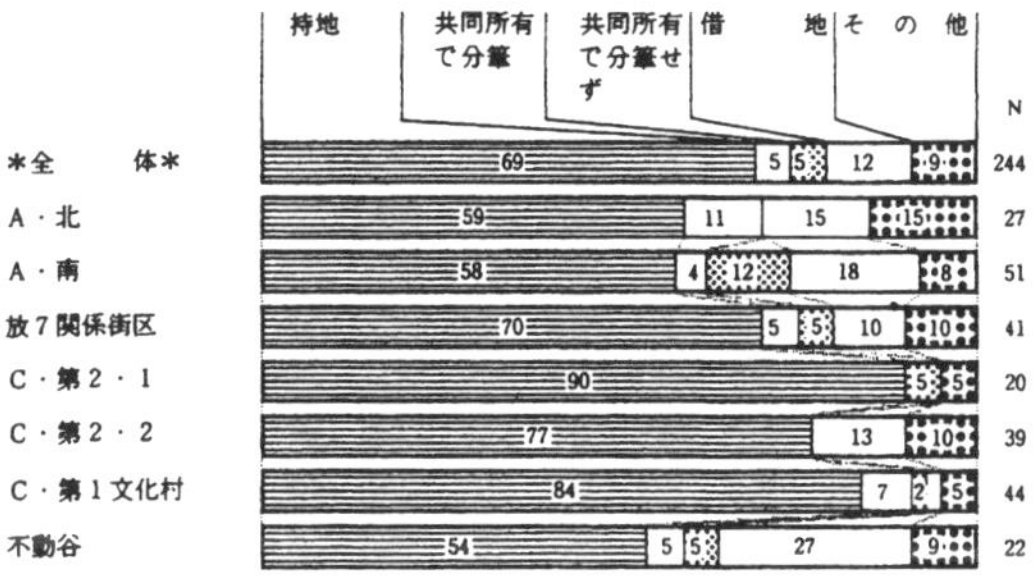

図2－51　地区別土地の所有関係

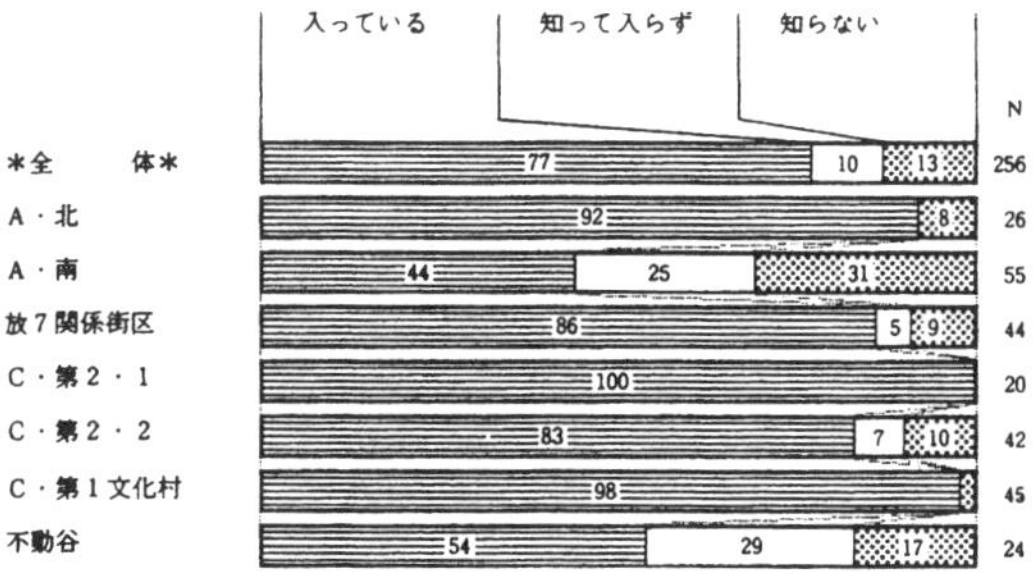

図2－52　地区別町内会加入状況

借地や共同所有などが4割を占める。アパートが多く注文1戸建てが半数以下のC－4地区では借地が3割ともっとも多い（図2－51）。

4－5　町内会

7地区中5地区は8割以上が入会しており、特にC－1、3地区ではほぼ全員が入会している。一方A－2地区では4割しか入会しておらず、25％は知っているのに入会していない。C－4地区も半数は入会していない（図2－52）。

4－6　町のイメージ

A－2地区では2割が「高級住宅地」としているが、細分化しているC－2、4地区では3、4割が「一般住宅地」としている（図2－53）。

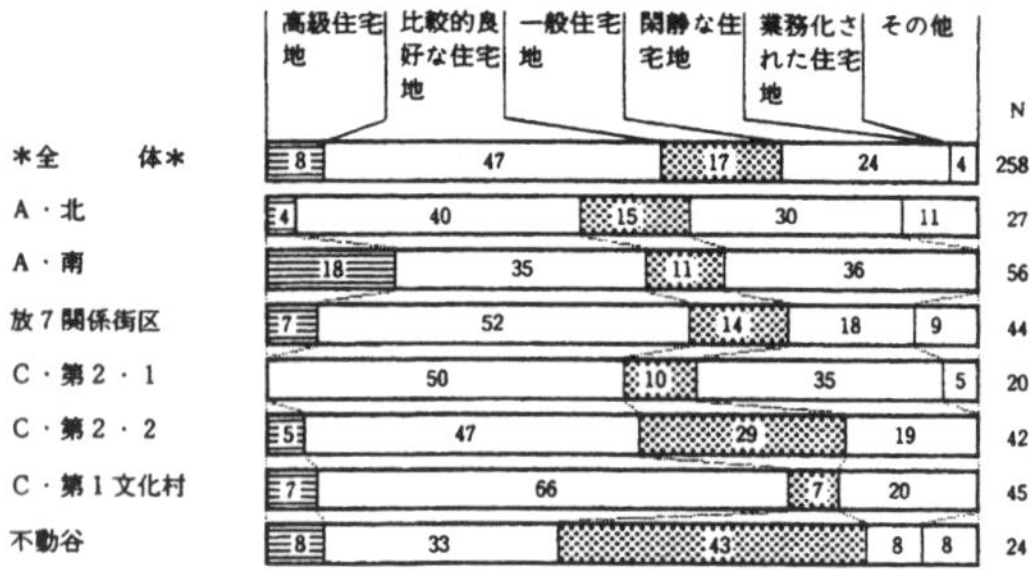

図2－53　地区別町のイメージ

4－7　周辺の建て込みに対する意識

A－2・C－1・3地区では3、4割が「ゆったり」としているが、細分化しているC－4では半数が、A－1・C－2地区では2・3割「ごちゃごちゃ」としている（図2－54）。分布図（図2－55）でみると、裏宅地では「ゆったり」と「普通」がまばらに分布し、A－2地区の戦前住宅が多く残る所では「ゆったり」が多い一方、「ごちゃごちゃ」とするものが細分化しているA－1地区とC－2地区北部、不動谷の3ケ所に多くみられる。

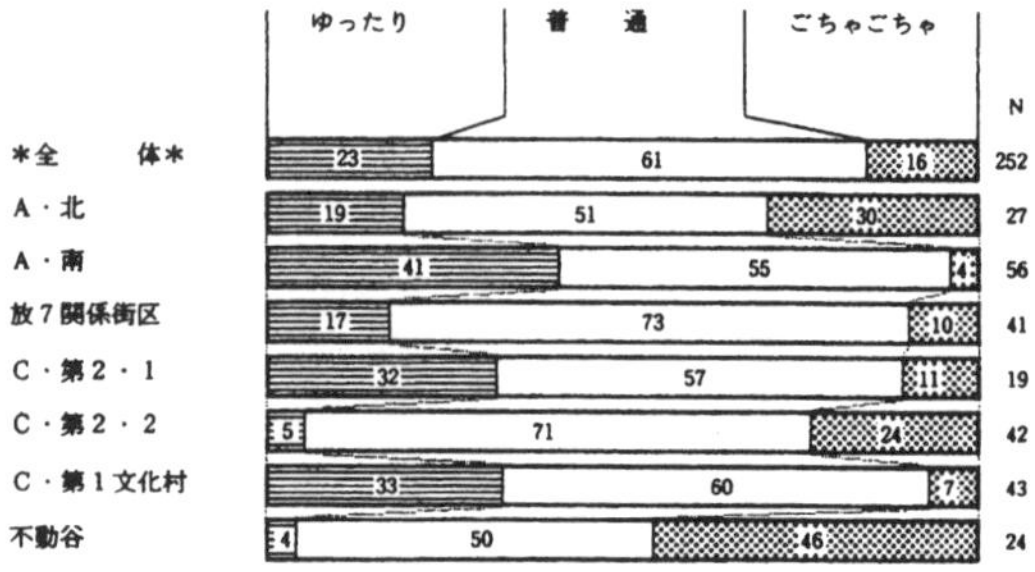

図2－54　地区別周辺の建て込み方

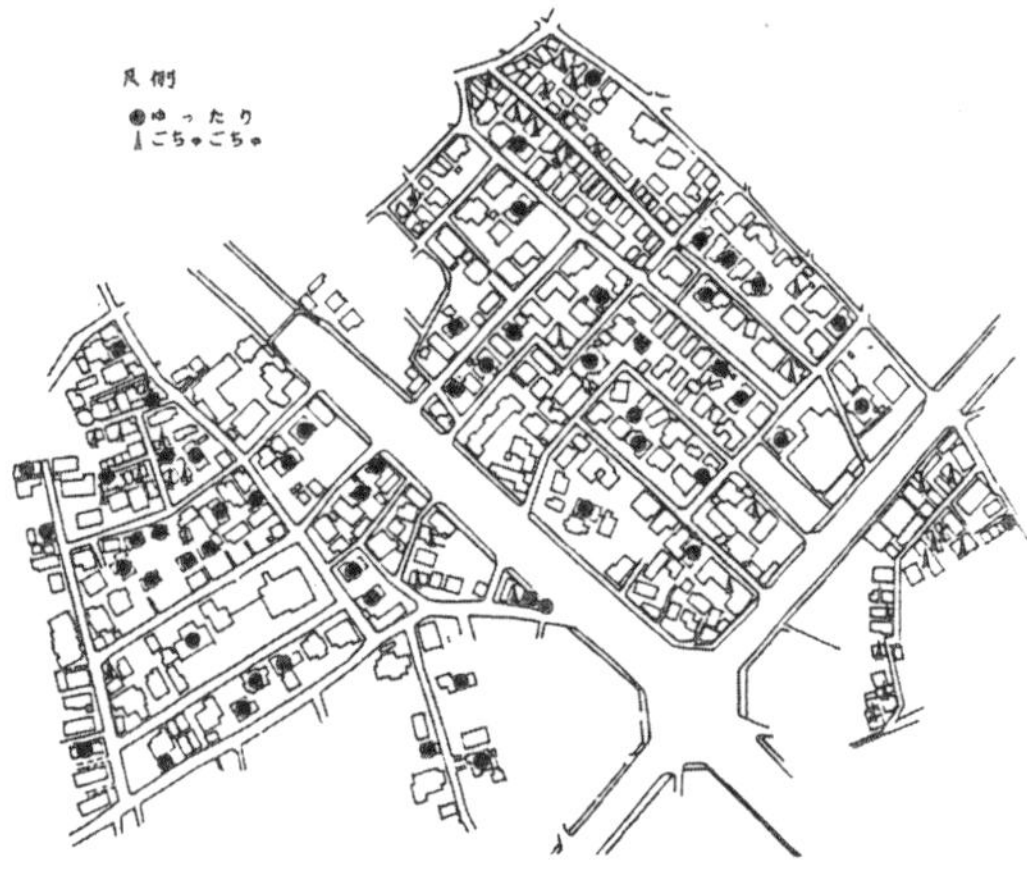

図2－55　周辺の建て込みに対する意識の分布

4－8　地域および住宅に対する評価（満足度）

（1）利便性

C－1・3地区では85％が「満足」または「やや満足」（以下満足層）としているが、C－1地区では「満足」が2割ともっとも少ない。C－

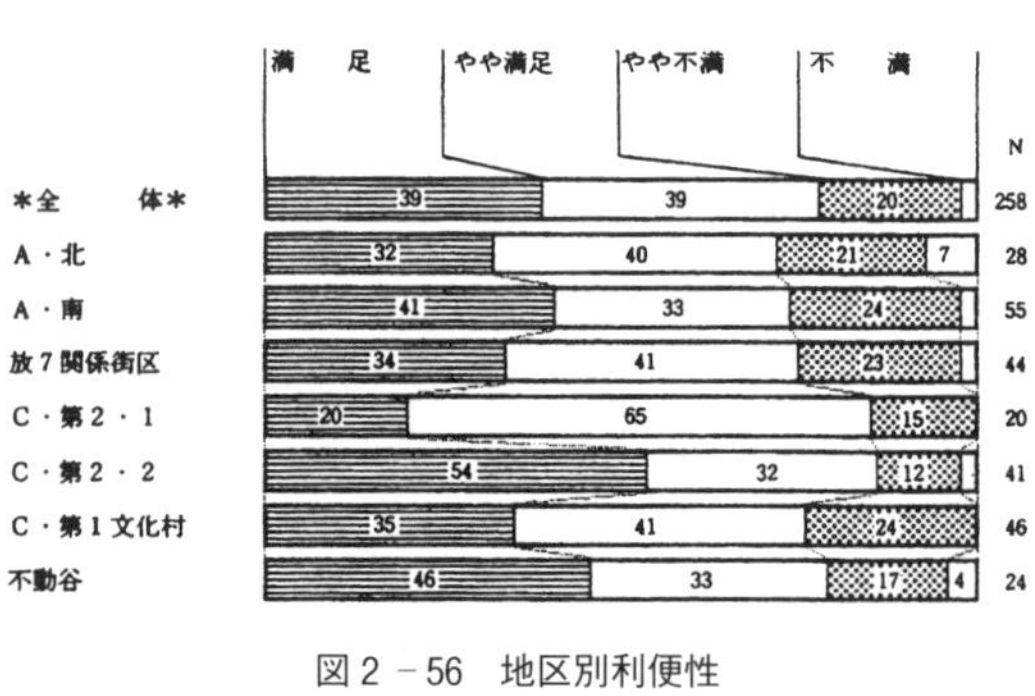

図2－56　地区別利便性

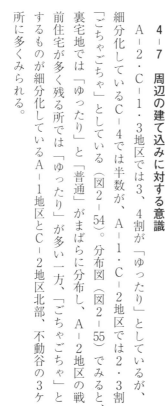

2地区は半数以上が「満足」としている。放射7号線に面するB地区では「満足」とするものは3割である（図2－56）。

（2）緑の環境

「満足」とするものが各地区とも2～3割であるが、A－2地区だけは6割と多くなっている。土地が細分化したA－1地区、C－2、3、4地区では3割以上が「不満」または「やや不満」（以下不満層）としている（図2－57）。

（3）騒音・落ち着き

裏宅地であるA－2、C－2地区では「満足」であるのが5割前後である。一方、放7に面するB地区では「満足」が1割と最少で4割が「不満」としており、不満層が6割である。環6に面し谷で密集しているC－4地区でも6割が不満層である（図2－58）。分布図（図2－59）で示すように、環6や放7に面した所に「不満」や「やや不満」とするものが多く分布していることがわかる。

（4）現住宅の防災・安全性

放7に面したB地区では「満足」とするものが4割ともっとも多い。不満層が各地区とも大方2～4割であるが、C－4地区では6割と多く「不満」とするものだけで4割を占める（図2－60）。

4－9　今後の建て替え・増改築

昭和30年代以後の建物の多いA－1、C－2地区では「予定なし」とするものが半数以上あり、戦前の建物の多いA－2地区では「いずれ建て替え」よりも「いずれ増改築」の方が多い一方、C－1地区では半数以上が「何ともいえない」としている（図2－61）。

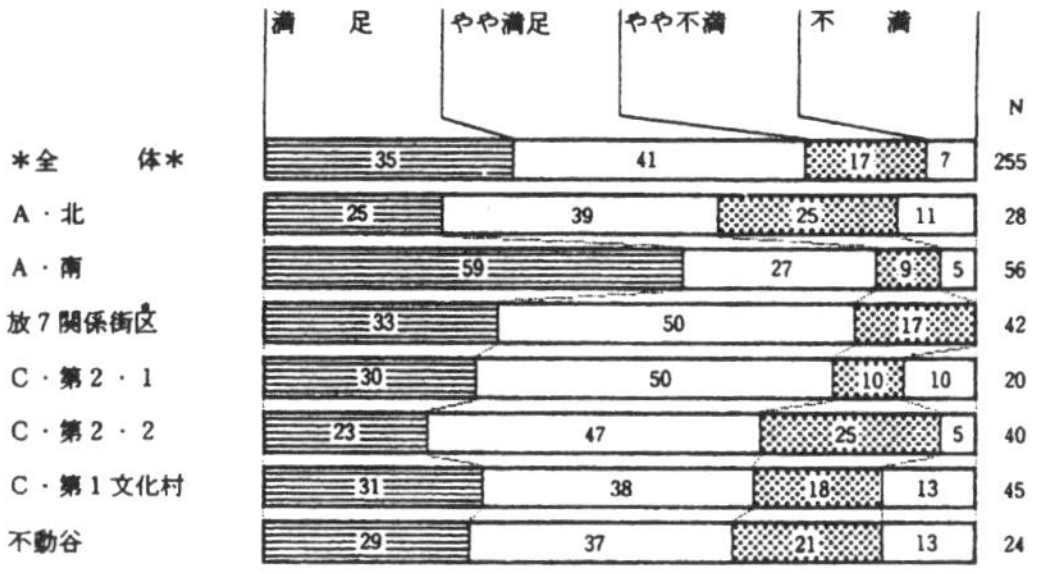

図2－57　地区別緑の環境

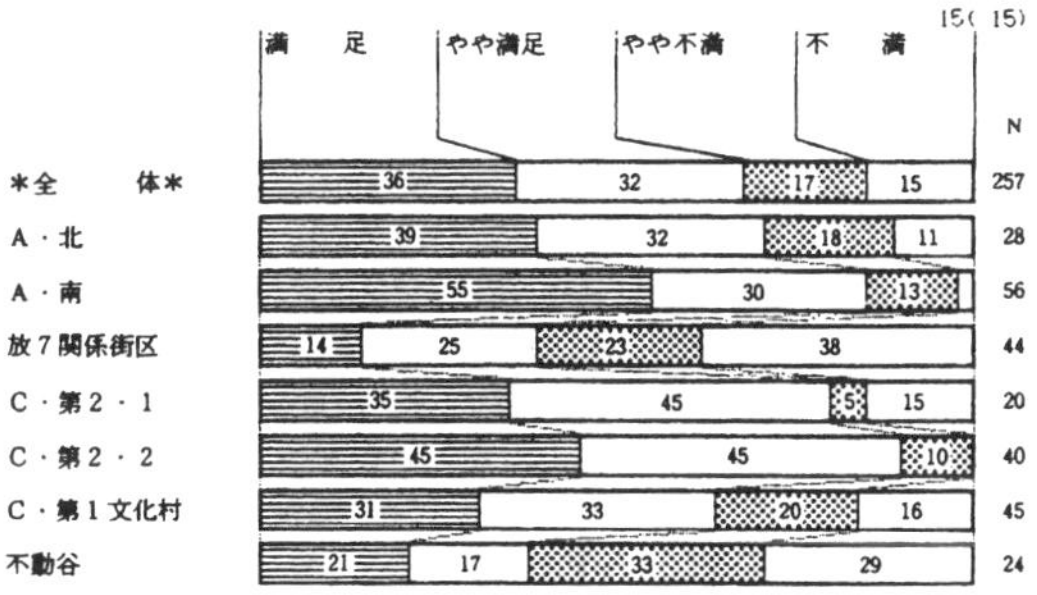

図2－58　地区別騒音・落ち着き

図2－59　騒音・落ち着きに対する評価の分布

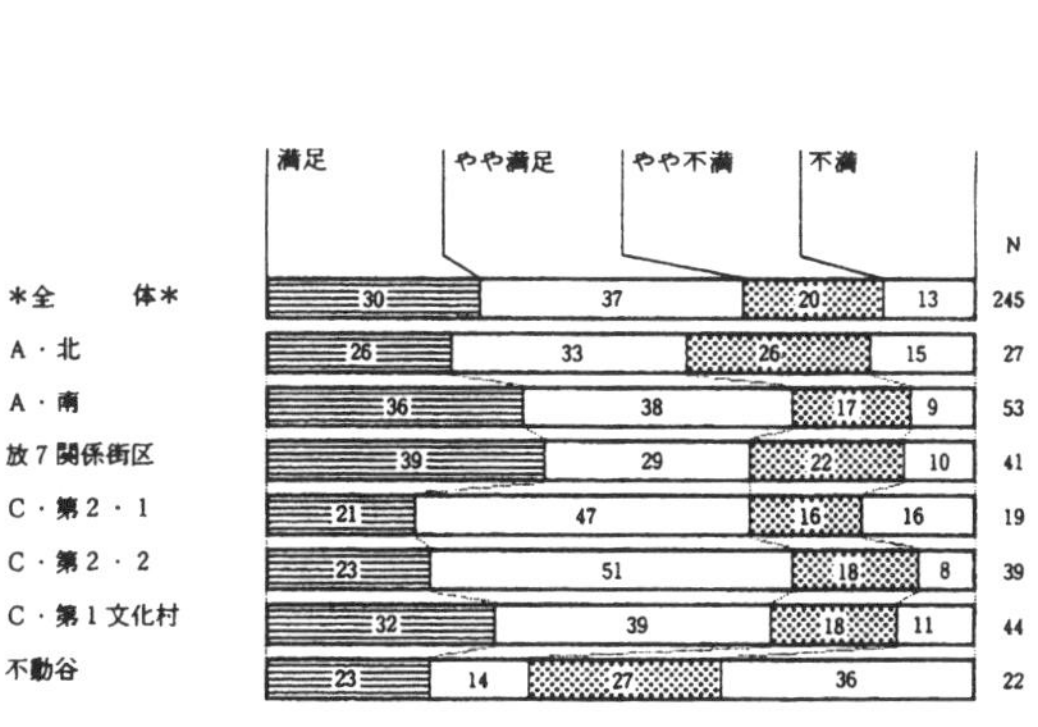

図2－60　地区別現住宅の防災・安全性

4－10　各地区の全体的特徴

（1）A－1地区

戦災を受けたので戦前の建物はなく、戦前入居者も15％と少ない。昭和50年以後の建物が4割ともっとも多く、アパートや1戸建て借家が1割ずつある。土地が細分化し、町の評価は低い方であるが、近所づきあいは高い。

（2）A－2地区

あまり戦災を受けず、入居者および建物は戦前が2割以上残るが昭和50年代以後が半数を占め、アパートが1割を越えるなど、近年の変化が大きいと思われる地区である。地域に対してはゆったりした「高級」イメージをもつものが比較的多く、逆に近所づきあいが他地区に比べてかなり低い。

（3）B地区

戦前の入居者は2割残るが建物はない。昭和42年に開通した放7に面しており、騒音・落ち着きに対し6割が不満層で7割が悪くなったとし、一方防災・安全性には7割が満足層である。幹線道路に面しながら、利便性の満足層は他地区に比べてそれほど多くない。

（4）C－1地区

入居者・建物ともに戦前が2割残るが、戦災を受けているので、昭和20年代入居者が半数近くを占め、昭和20～40年代の建物が多い。しかし現在も9割が1戸建て持家であり、その意味では比較的文化村の様相を留めた地区でもある。町内会には全員が入っており、定住志向が最も高いが、今後の建て替え・増改築に対して過半数は不確定である。

（5）C－2地区

居住者の7割、建物の8割が昭和30年以後でアパートが2割近くあり、土地が細分化している。町の評価としては周辺の建て込みや緑の環境などが比較的低く、騒音・落ち着きや利便性には9割が満足している。近所づきあいも高い方である。

（6）C－3地区

戦前入居者が25％残るが、戦災を受けているので入居者の5割、建物の7割は昭和20・30年代である。注文1戸建てが9割を越え、1戸建て住宅地としての純度がもっとも高い地区である。ゆったりした町の評価は高いが、A－2地区に比べて「高級」イメージは少なく、逆に近所づきあいがかなり高くてほぼ全員が町内会に入っている。今後3割以上が建て替え増改築の予定をもち、不確定層も多い。

（7）C－4地区

再分譲であること、谷である地形や土地が細分化していることなどの特徴をもつ。入居者・建物ともにほとんどが戦後であり、文化村とのつながりがかなり稀薄化している。アパートが2割を越え、1戸建て住宅地としての純度はもっとも低い。町の評価は他地区よりも低く、特に防災・安全性には不満層が6割以上もあり、3割以上が建て替え増改築の予定をもっている。

4－11　まとめ

「目白文化村」として全部分譲した裏宅地では、特に戦災の少なかった街区に戦前の住宅が多く残り、戦災を受けた街区は戦後の昭和20年代や30年代の入居者や建物が多いが、戦前の入居者も住宅を建て直して住みつづける世帯が多く、全体的に文化村の1戸建て住宅地としての性格を比較的留めていると考えられる。

一方、一部分譲しなかった所や不動谷のような、開発時点ですでに文化村としてまとまった分譲がされなかった地区では、入居者・建物ともに昭和30年以後が多く、土地が細分化してアパート等が多く、地域に対する評価が比較的低くて不満層が多い。また戦後に開通した幹線道路に面している地区では騒音・落ち着きに対する不満が多い。

Aブロックでは近年、建て替えや居住者の変化が大きかったが、今後は、Cブロックに比較的増改築・建て替えや永住に対して不確定である世帯が多く、住みつづけるためには何らかの住宅の改良が必要であることがうかがわれる。

5．入居年代別の特徴

分譲後60余年を経た現在、「目白文化村」には入居年代の異なるさまざまな層の居住者が混在している。家族が最初に「目白文化村」に入居した年代を入居年代としたが、年代によって入居事情や時代背景が異なり、また現在までの居住年数も違ってくる。ここでは各年代の入居者について家族、住宅、近所づきあい、意識などや相続・建て替えの状況と今後の動向を明らかにする。また、後に述べる入居時との比較では、目白文化村の変遷が居住者の意識にどうとらえられ、それが年代によってどう異なるかをみるものである。入居年代は次の7区分とする。

①大正11年（1922年）以前（分譲が開始される以前。地主を含む。）
入居後64年以上

②大正12年（1923年）～昭和20年（1945年）（分譲開始後の戦前入居者）
入居後41～63年

③昭和20年代（昭和21年～29年）
入居後32～40年

④昭和30年代（昭和30年～39年）
入居後22～31年

⑤昭和40年代（昭和40年～49年）
入居後12～21年

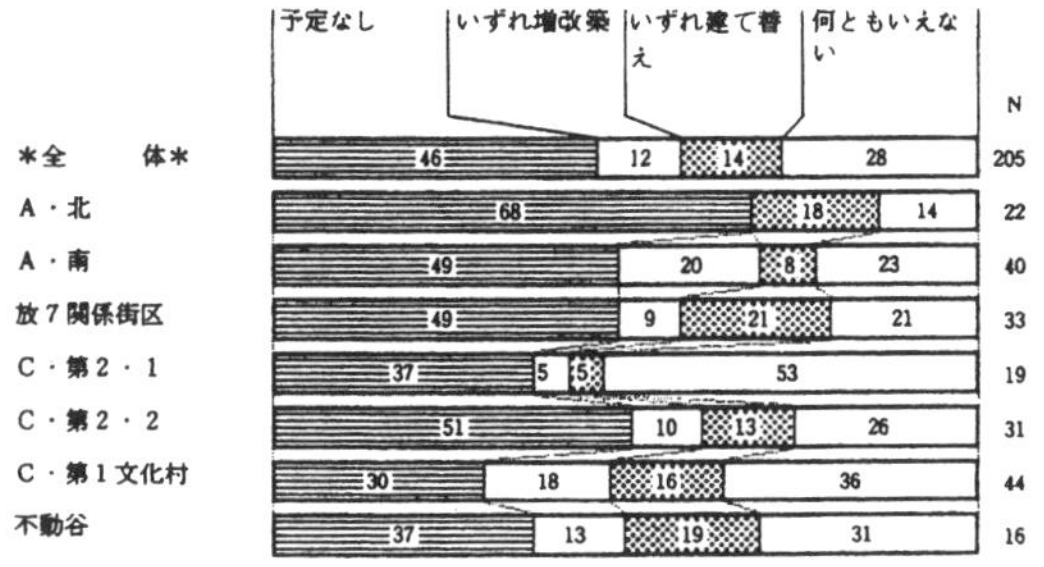

図２－61　地区別１戸建て持家―今後の建替や増改築の予定

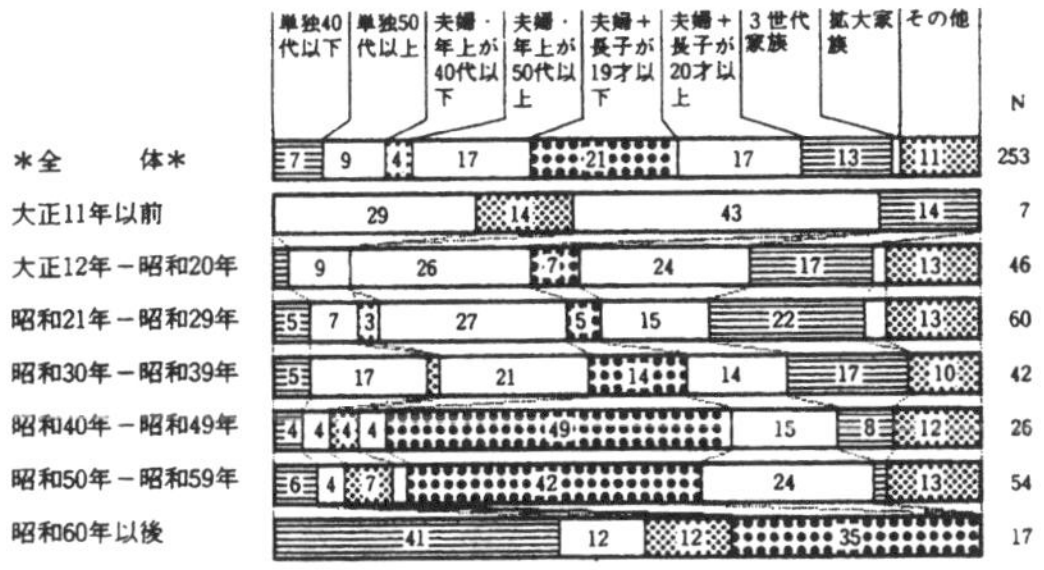

図２－62　入居年代別家族タイプ

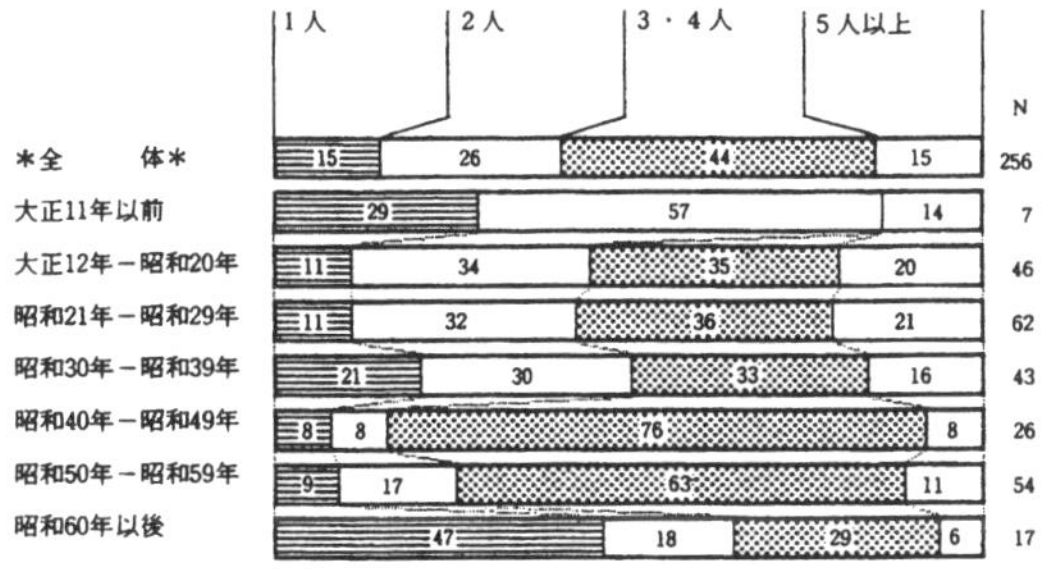

図２－63　入居年代別家族人数

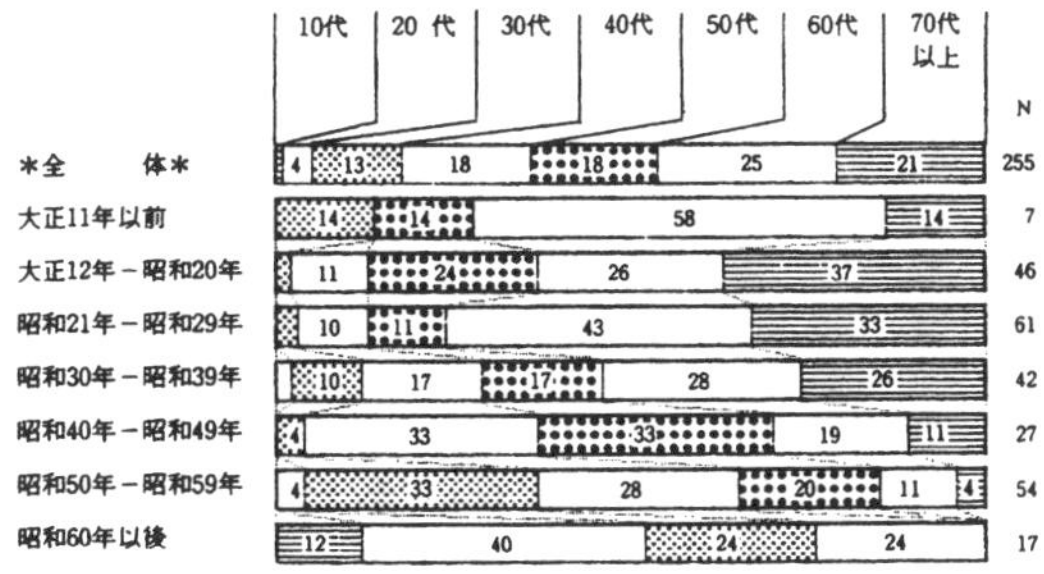

図２－64　入居年代別世帯主年齢

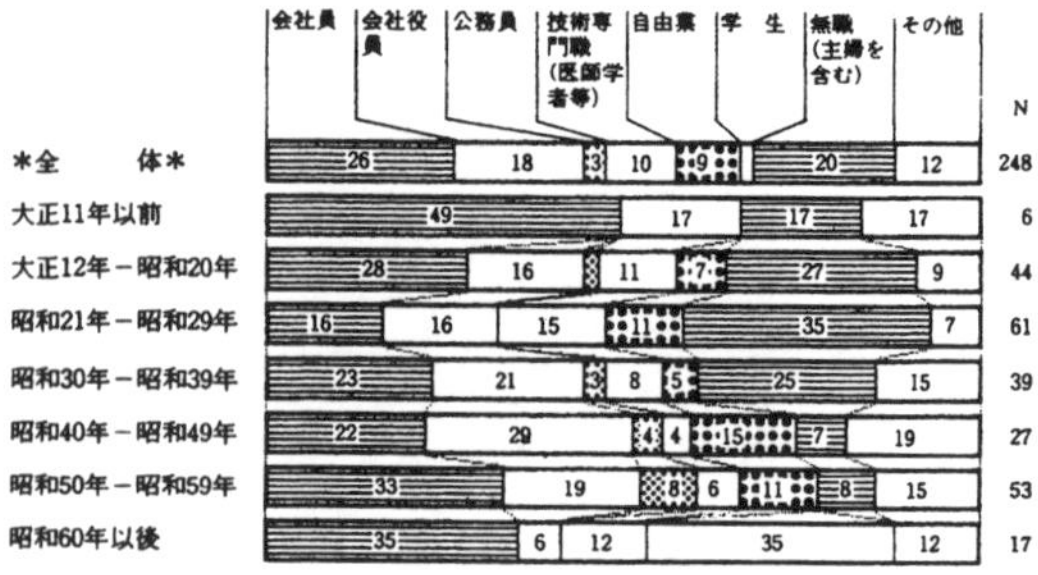

図2－65　入居年代別世帯主職業

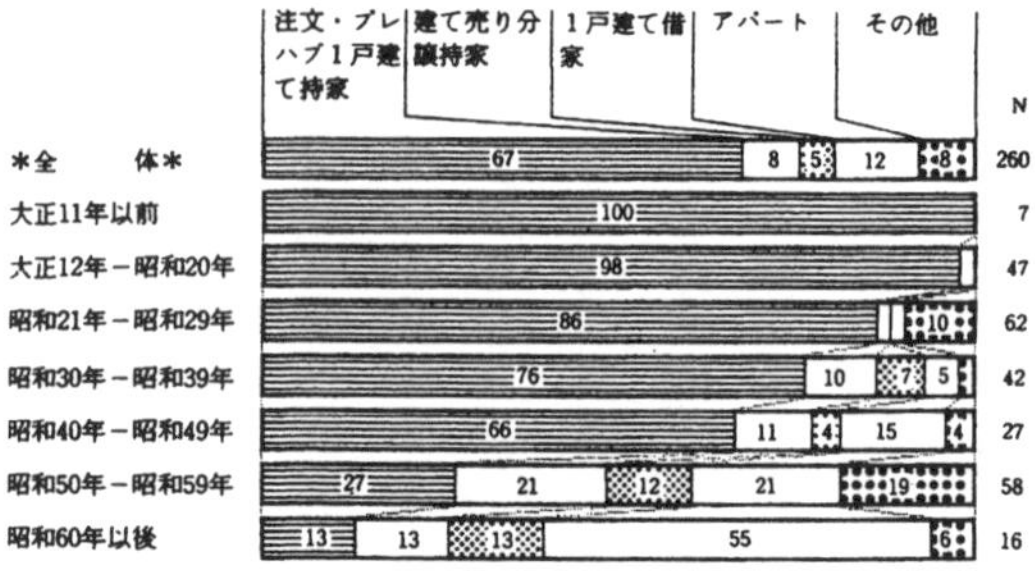

図2－66　入居年代別現在の住宅の種類

⑥昭和50年代（昭和50年～59年）
入居後2～11年
⑦昭和60年代以後（昭和60年・61年）
入居後0～1年

5－1　家族タイプ

大正12年～昭和20年入居者は世帯主年齢が50歳以上の夫婦世帯および長子が20歳以上の核家族がもっとも多く、昭和20年代では3世代家族が2割を越え、昭和30年代になると50歳以上の単独世帯および長子が19歳以下の核家族が1割を越える。しかし戦後も昭和30年代までの入居者は戦前と同様に、高齢者を含む単独・夫婦世帯、3世代家族が合わせて3割以上を占めている。一方、昭和40年代・50年代では長子が19歳以下の核家族が半数近くになり、核家族全体で6割半を占めている。昭和60年以後は40歳以下のいわゆる若年単身者が4割を占め、次いで長子が19歳以下の核家族が3割半となっている（図2－62）。

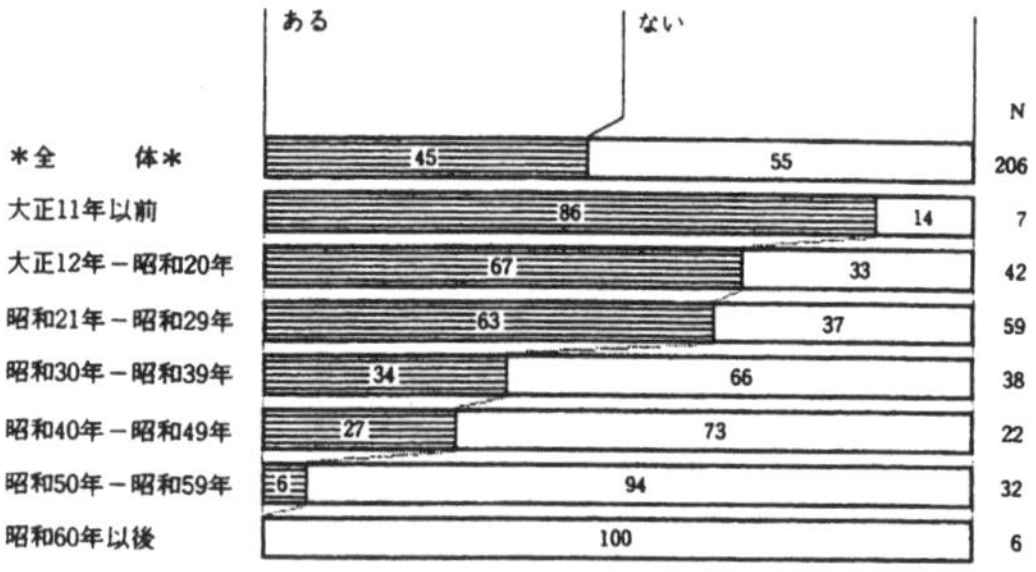

図2－67　入居年代別1戸建て住宅の建て替えの有無

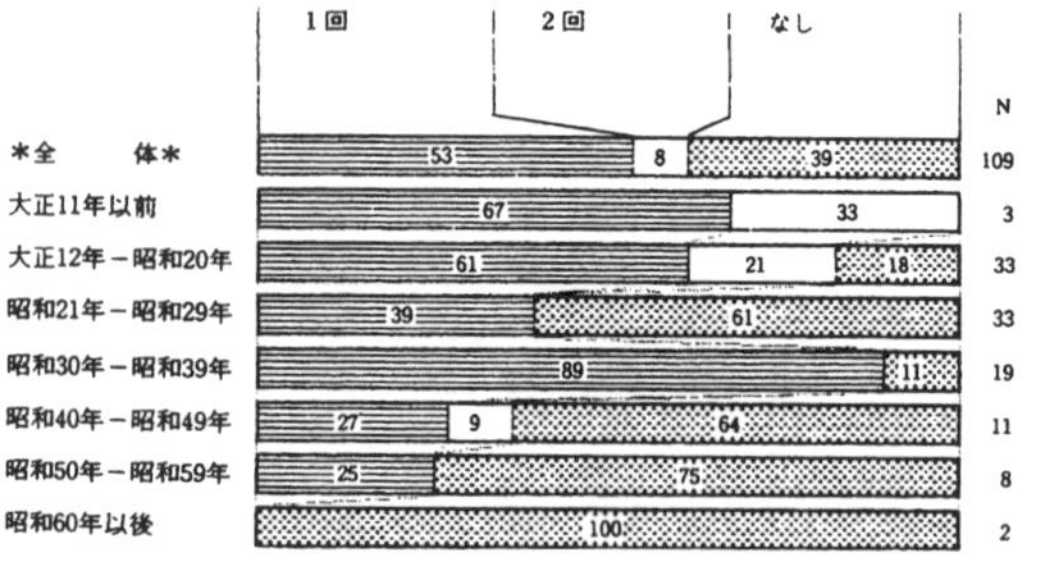

図2－68　入居年代別相続の回数

5－2　家族人数

大正11年（1922年）以前は7人中6人が1人または2人である。大正12年（1923年）から昭和30年代までの入居者はほぼ同じ割合で、2人と3・4人がそれぞれ3割以上、5人以上が2割であるが、昭和30年代入居者は1人世帯が2割と多い。昭和40年代・50年代入居者になると、3人・4人世帯が7割と多くなり、昭和60年以後では1人世帯が約半数となる（図2－63）。

5－3　世帯主年齢

戦前から昭和20年代までの入居者は7割前後が60歳以上で、特に大正

12年～昭和20年は70歳以上が37%ともっとも割合が高い。昭和30年代では40代・50代がそれぞれ17%とやや多くなるが、60歳以上が半数以上を占める。昭和40年代になると40、50代がそれぞれ3分の1を占め、もっとも多くなる。さらに昭和50年代では30代が3分の1を占めてもっとも多く、次いで40代、50代、60代の順に多い。そして昭和60年以後は4割が20代である。もっとも多い年齢でみると、昭和60年以後が20代、昭和50年代は30代、昭和40年代は40代と50代、昭和30年代、20年代は60代、戦前は70歳以上であり、全体に古くから入居している世代ほど高齢化していることがわかる。特に昭和39年以前の入居者は世帯主が70歳以上の世帯を3割前後含んでいることになる（図2－64）。

5－4 世帯主職業

会社員は昭和20年代までは少なくなり、以後の入居者では再び多くなっているが、無職は逆に昭和20年代まで多くなって、以後、特に昭和40年代にかなり少なくなる。技術専門職は昭和20年代までは1割以上であるが、以後は少なくなる。会社役員は昭和50年代までは年代にかかわらず2割前後と比較的多い。昭和60年以後は35%が学生であり、他の年代とは大きく異なっている（図2－65）。

5－5 現在の住宅

戦前入居者はほとんどが注文1戸建て持家（以下注文1戸建てと略す）に住んでいるが、戦後その割合が少なくなる。戦前入居者でも1世帯はアパートに住んでいるが、昭和20年代からは建て売り分譲持家、昭和30年代からは借家に住む世帯がある。特に昭和50年代では注文1戸建てが昭和40年代の6割半から2割半に減少し、持家と借家が逆転している。昭和60年以後は半数以上がアパートに住んでいる（図2－66）。

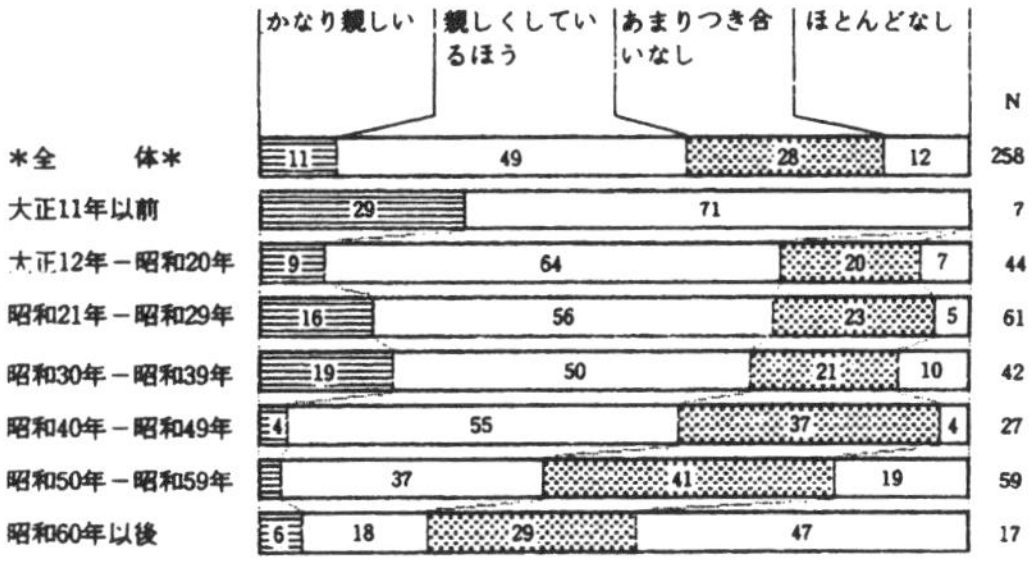

図2－69　入居年代別近所づき合いの程度

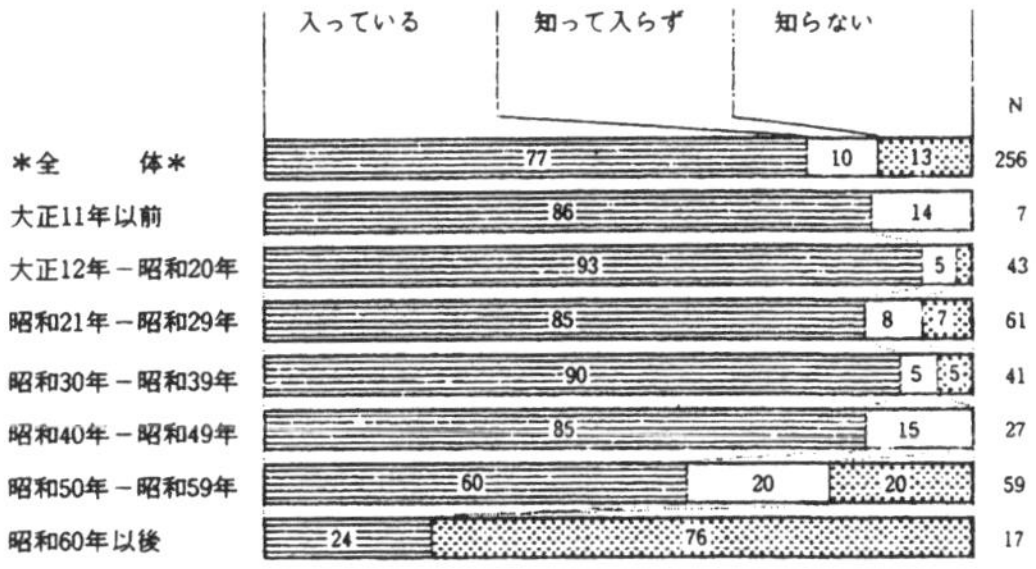

図2－70　入居年代別町内会の加入状況

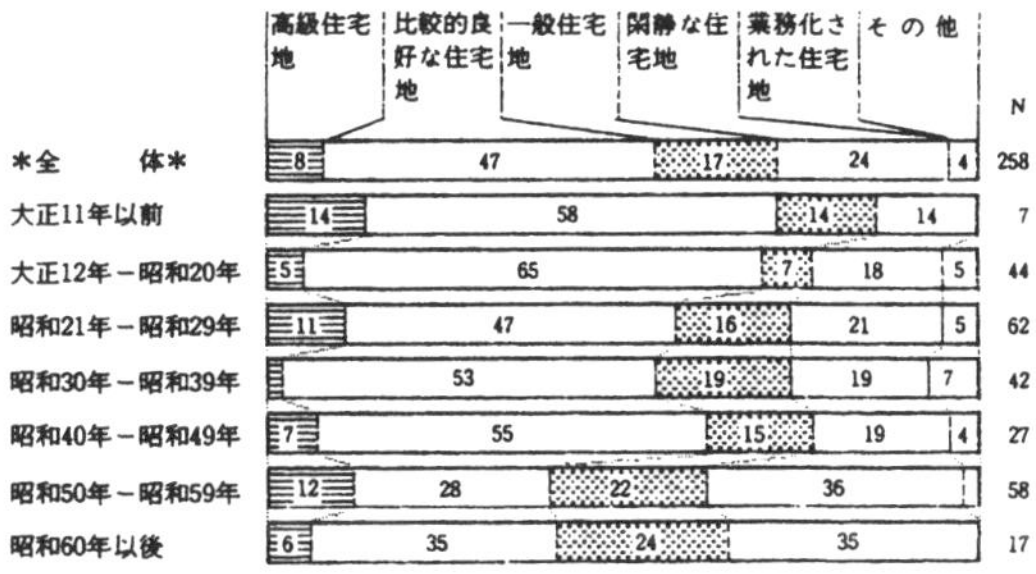

図2－71　入居年代別町のイメージ

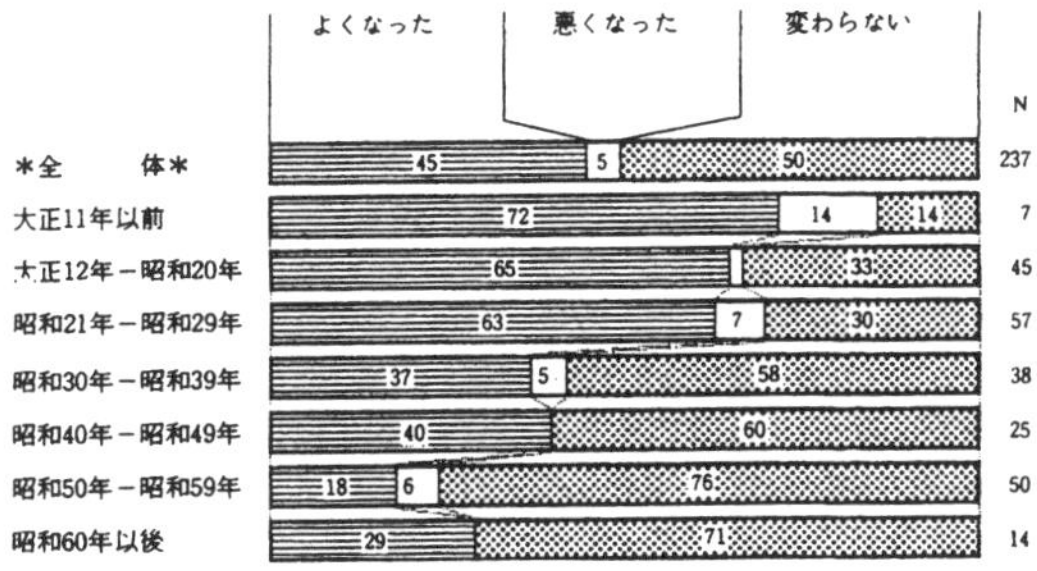

図2－72　入居年代別入居時と現在の比較―利便性

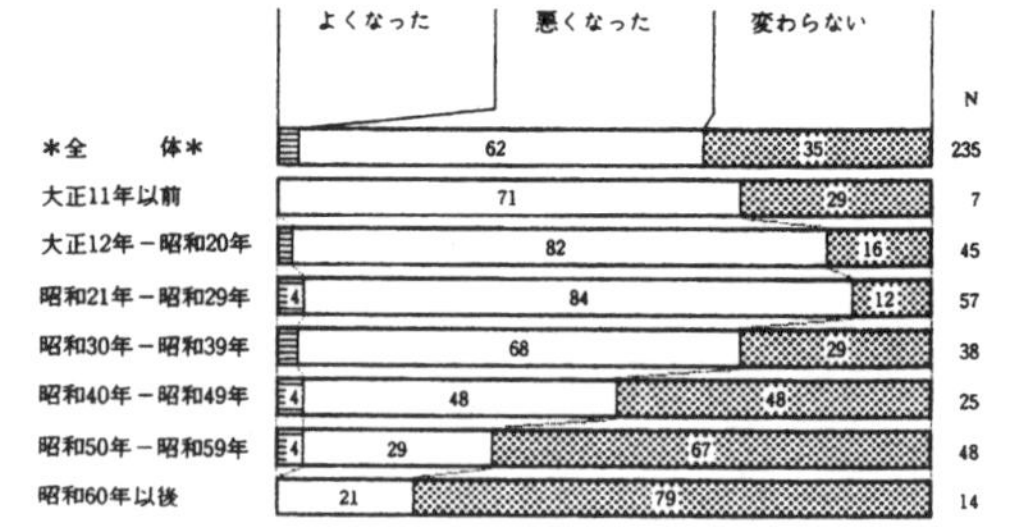

図２－73　入居年代別入居時と現在の比較―周辺の建て込み

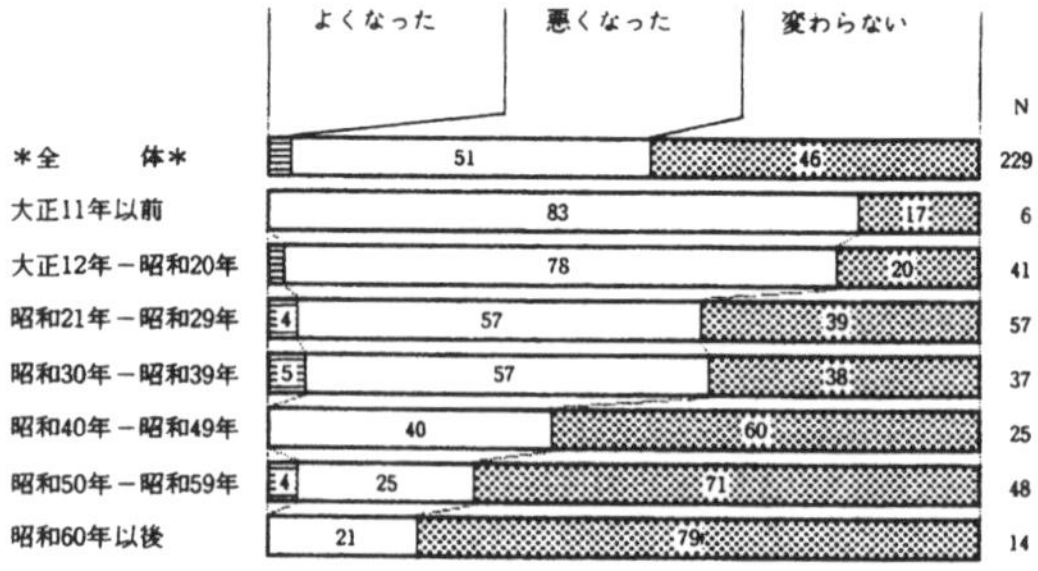

図２－74　入居年代別入居時と現在の比較―緑の環境

5－6　1戸建て住宅の建て替えの有無

昭和20年代までの入居者は、6割以上が建て替えをしている一方、昭和30年代・40年代は3割前後で、特に昭和60年以後は建て替えはいない（図2－67）。

5－7　相続の回数

戦前および昭和30年代は8割以上が相続しているが、昭和20年代は6割が相続しておらず、昭和40年代以後も新しい入居者ほど相続は少ない。全体に古い入居者は相続している割合は高いが、昭和20年代と30年代が逆転している（図2－68）。

5－8　近所づきあいの程度

「かなり親しい」とする世帯が昭和30年代までの入居者では多くなるが、昭和40年代以後は1割に満たない。また、昭和40年代までは半数以上が「親しくしているほう」で「ほとんどなし」が1割以下であるが、昭和50年代以後は親しくしている世帯が4割、2割と少なくなり、昭和60年以後では約半数が「ほとんどなし」としている（図2－69）。

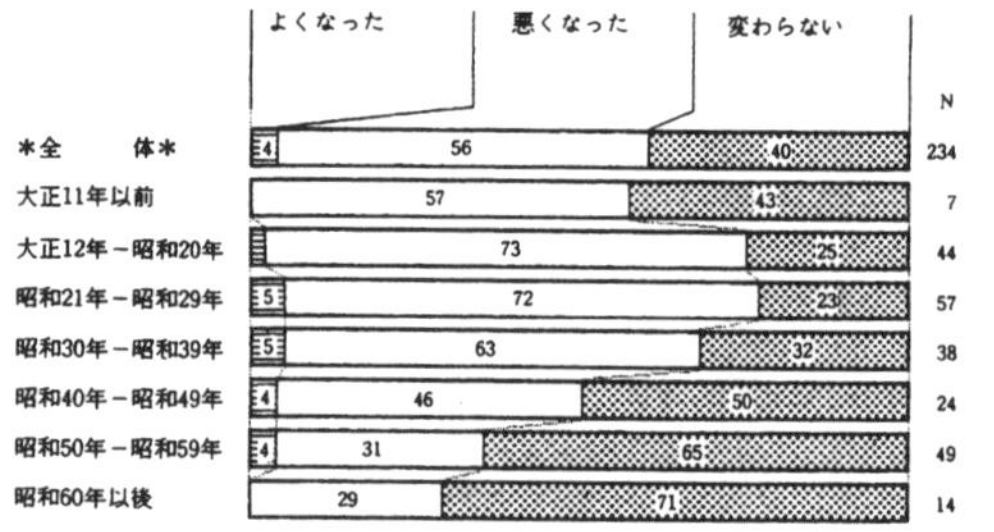

図２－75　入居年代別入居時と現在の比較―騒音や落ち着き

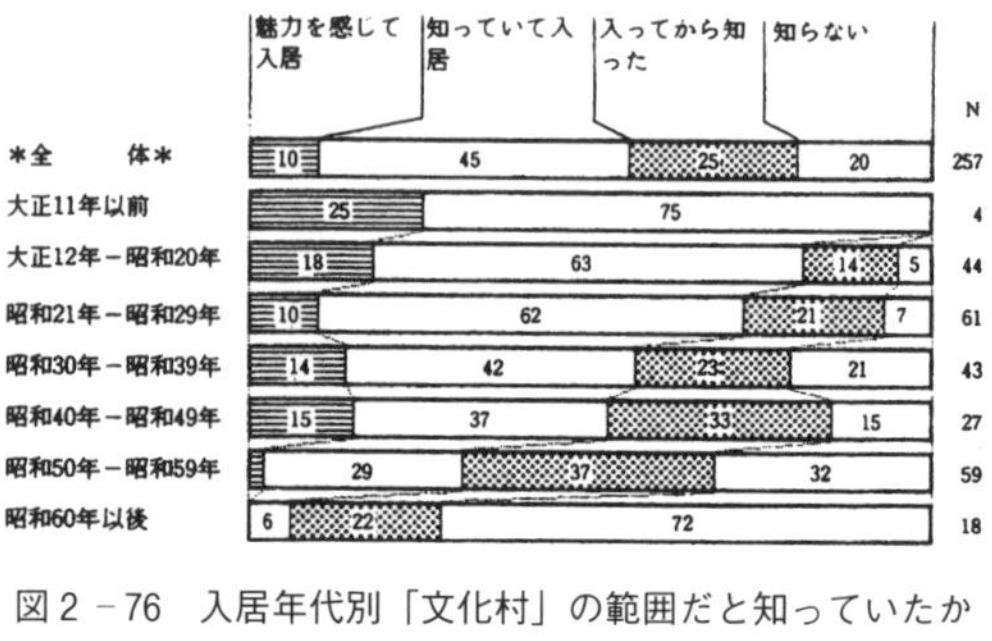

図２－76　入居年代別「文化村」の範囲だと知っていたか

5－9　町内会

昭和40年代までの入居者は8割以上が町内会に入会しているが、昭和50年代は6割、昭和60年以後は2割半となって8割は「知らない」としている（図2－70）。

5－10　町のイメージ

「高級住宅地」とするものは各年代とも1割前後である。昭和40年代以前の入居者は約半数以上が「比較的良好な住宅地」とし、約2割が

「閑静な住宅地」としているが、昭和50年代以後は「閑静な住宅地」とするものが3割を越え、「一般住宅地」とするものも2割以上である(図2－71)。

5－11 入居時との比較

(1) 交通・商業・施設等の利便性

昭和20年代までの入居者は6割以上が「よくなった」としているが、昭和30年代以後は約6割以上が「変わらない」としている(図2－72)。

(2) 周辺の建て込み

「悪くなった」とするものが戦前から昭和20年代の入居者までは多くなって8割を越え、以後は新しい入居者ほど「変わらない」とするものが多くなり昭和60年以後は8割が「変わらない」としている。「よくなった」とするものは各年代とも1割に満たない(図2－73)。

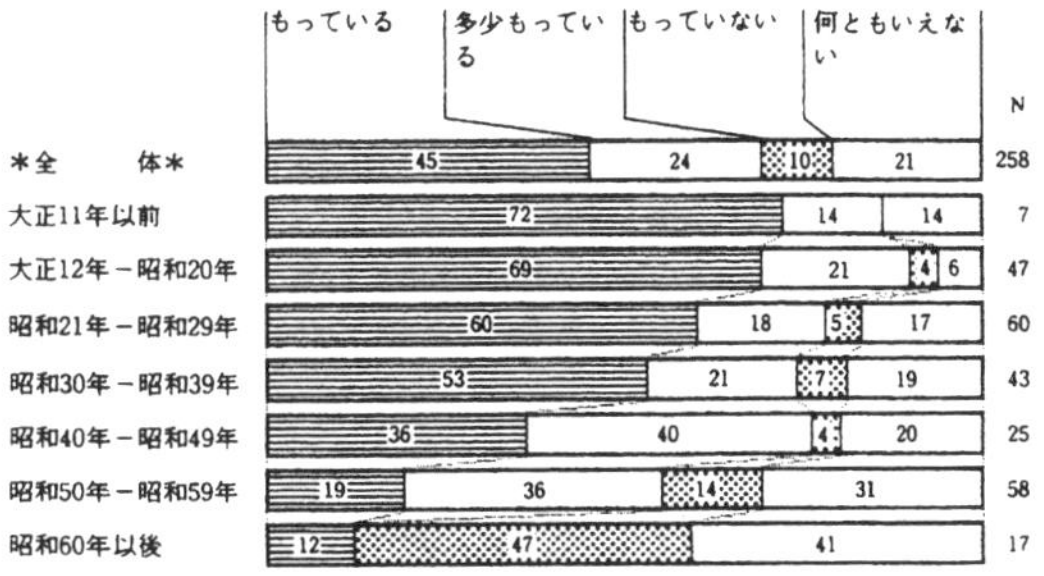

図2－77 入居年代別文化村に対する愛着

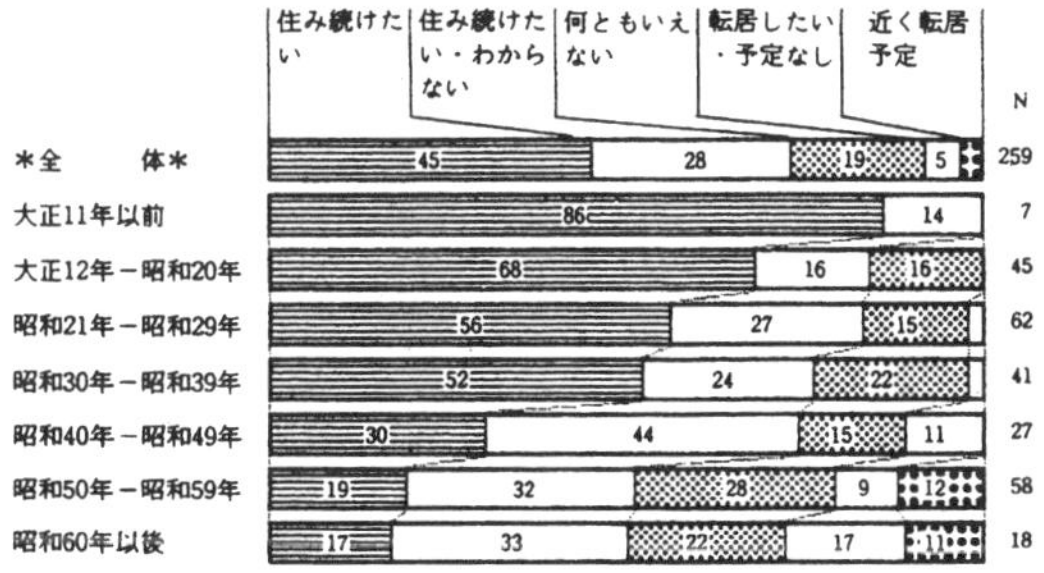

図2－78 入居年代別永住意志

(3) 緑の環境

戦前の8割、昭和20年代、30年代の入居者の6割は「悪くなった」としているが、昭和40年代以後は「変わらない」が6割以上であり、昭和30年代と昭和40年代との間に大きな違いがある(図2－74)。

(4) 騒音や落ち着き

「悪くなった」とするものが昭和20年代までの入居者は多くなり、以後は少なくなっている。昭和30年代までの入居者は6割以上が「悪くなった」としているが、昭和40年代以後では「変わらない」がもっとも多くなっている。

5－12 「目白文化村」の範囲について

昭和40年代までは「魅力を感じて入居」したのが1割以上あり、戦前、昭和20年代入居者の6割以上、昭和30年代・40年代の4割が、「知っていて入居」している。昭和50年代以後は半数以上が知らずに入居しており、特に昭和60年以後は7割が今も「知らない」とし、「知っていて」入居したのが1割に満たず、「魅力を感じて」入居したものはみられなかった(図2－76)。

5－13 文化村に対する愛着

「目白文化村」に愛着を持っている人は新しい入居者ほど徐々に少なくなっているが、特に昭和30年代までの入居者は過半数が愛着をもっているのに対し、昭和40年代以後かなり少なくなり、昭和60年以後ではもっている人がわずか1割で半数は愛着をもっていない。また、前項の「目白文化村」を知らない層の増加により、「何ともいえない」とするものが年代ごとに多くなっている(図2－77)。

5－14　永住意志

昭和30年代までの入居者は、半数以上が「住みつづけたい」としているが、昭和40年代以後は「住みつづけたいがわからない」がもっとも多く、昭和50年代以後には「近く転居の予定」であるのがみられる（図2－78）。

5－15　各年代別入居者の全体的特徴

（1）大正11年（1922年）以前入居者

全体で7世帯あり、大多数は60歳以上の1、2人世帯である。全戸注文持家でほとんどが建て替えや相続をした。近所づきあいが高く、町の評価は利便性以外は過半数が悪くなったとしながらも7割以上が満足層であり、文化村に対する愛着も強くてずっと住みつづけたいとしている。

（2）大正12年（1923年）～昭和20年（1945年）入居者

箱根土地株式会社から土地を買って入居し、戦災や老朽等により住宅を建て替えたかそのまま戦前住宅に住んでいる家族などがこれに該当する。高齢者世帯が多く、ほぼ全戸が注文1戸建てに住むが、6割が建て替えや相続をした。近所づきあいは高く、町に対しては悪くなったとしながらも満足層が多くて文化村に対する愛着が強く、定住志向が強い。

（3）昭和20年代入居者

戦災を受けたこともあり、現在「目白文化村」ではもっとも多い層である。戦後でありながら7割以上が文化村と知って入居した。戦前入居者同様高齢者世帯が多く、拡大家族や無職の割合がもっとも多い層である。9割近くが注文1戸建て住宅に住み、過半数は建て替えをした。町に対する評価は戦前入居者よりやや低いが悪くなったという意見は多い。しかし文化村に対する愛着は強く、定住志向も高い。

（4）昭和30年代入居者

文化村を知らずに入居したものが4割を越える。戦前居住者同様高齢者世帯が多いが、核家族も1割あり、40代、50代の世帯主がやや多くなる。建て売り持家や1戸建て借家に1割近く住み、建て替えをしたのはまだ3割で、9割が相続をした。昭和20年代以前と同様、町に対しては満足層が多く、悪くなったとする意見が過半数である。文化村に対する愛着は強く、定住志向は高い。

（5）昭和40年代入居者

核家族が6割を占め、世帯主の7割が40・50代で、無職が少なく自由業が1割を越える。15％がアパートに住み、建て替えや相続を行ったものは3割以下である。近所づきあいは高く町の評価も高いが、入居時と変わらないとするものが過半数となる。文化村に対して愛着をもっているものが4割未満で住みつづけたいとするものが3割となり、大きく減少した。このように全体的に昭和30年代以前入居者とは大きく異なる性質を示している。

（6）昭和50年代入居者

核家族が7割あり、世帯主の7割が30・40代である。注文1戸建て住宅に住むものが3割に満たず、建て売り持家やアパートにそれぞれ2割以上が住んでいる。近所づきあいが昭和40年代以前に比べてかなり低く、町に対して7割は入居時と変わらないとしている。この層は7割が文化村を知らずに入居しており、愛着をもつものも少なく今後に対し3割が不確定層で1割は近く転居の予定をもつ。

（7）昭和60年以後入居者

9割以上が文化村を知らずに入居した。30代以下の世帯や若年単身者がかなり多く、会社員と学生が7割を占める。過半数がアパートに住み、近所づきあいがかなり薄く、8割が町内会を知らない。町に対し満足層はほぼ半数と他の年代よりも少なく、文化村への愛着をもつものが1割しかおらず、定住志向も低い。このようにこの層は他の年代とは違った特殊な性質を示している。

5－16　まとめ

放射7号建築（昭和39～42年）前の昭和30年代までと昭和40年代以後に入居した家族との間に世帯・住宅・意識等に大きな違いがみられる。昭和30年代以前の入居者が高齢化している一方で、特に昭和60年以後の入居者は若年単身者の借家層が多くて他の年代入居者と異なった様相が顕著であり、文化村への愛着も当然少なくなってきている。しかし昭和20年代は戦災を受けながらもまだ戦前同様文化村として入居した傾向が強く、昭和30年代以前の居住者は過半数が建て込み・緑・騒音等悪くなったとしながらも文化村に対する愛着は根強く、ずっと住みつづけたいとしている。

6．建築年代別特徴

アンケートを行った対象者の現在住んでいる住宅について、それらを建築年代別に用途、広さ、増改築、居住者の評価等の面から、「目白文化村」における新築された住宅の変遷とこれらの住宅が現在置かれている状況と動向を建築年代別に分析する。年代区分は入居年代とほぼ同様であるが、大正11年（1922年）以前の住宅はなく、また昭和60年以後は5戸であったので、これらを統合し、それぞれ昭和20年以前（戦前）および昭和50年以後とし、以下のような5区分とした。

①昭和20年以前（戦前）
②昭和20年代（昭和21年～29年）
③昭和30年代（昭和30年～39年）
④昭和40年代（昭和40年～49年）

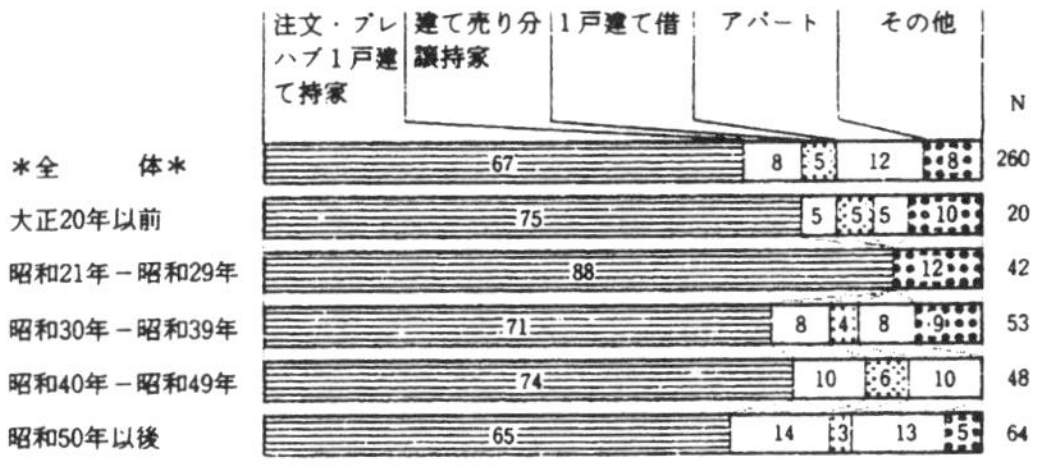

図２－79　建築年代別住宅の種類

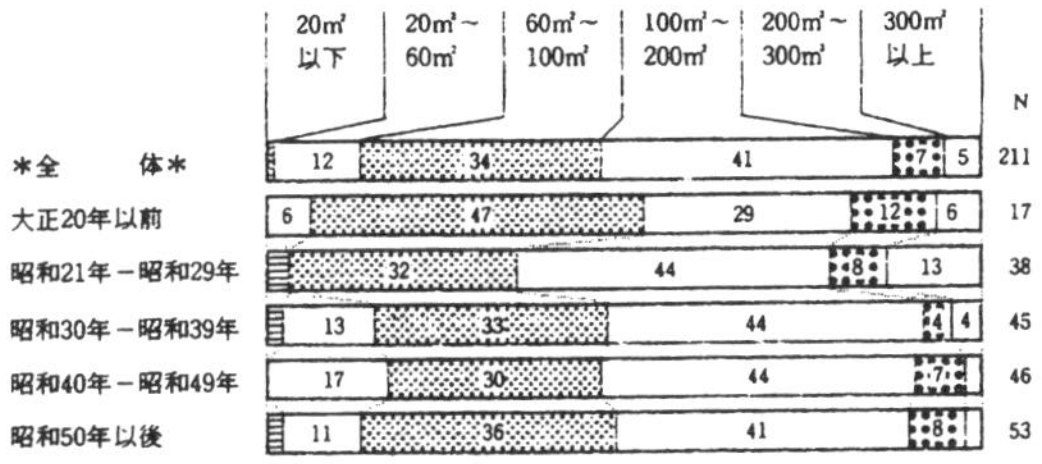

図２－80　建築年代別専用延床面積

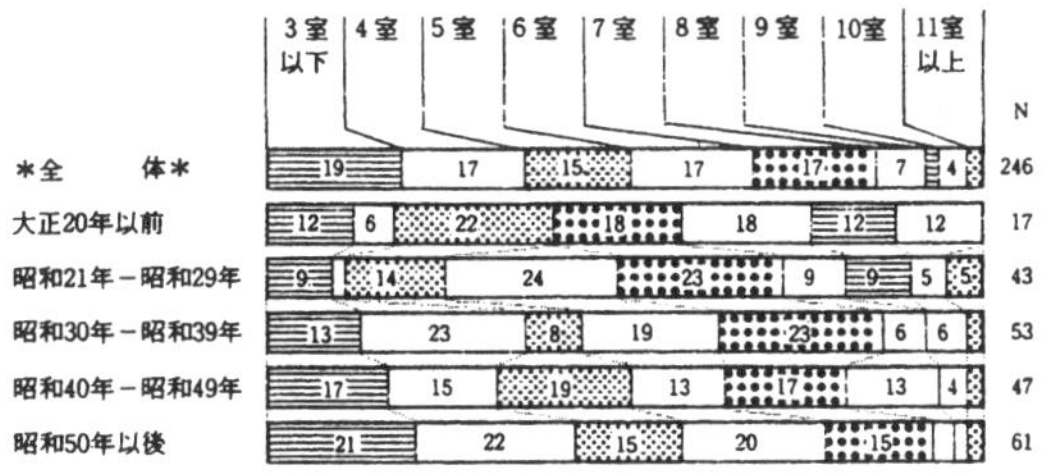

図２－81　建築年代別居室数

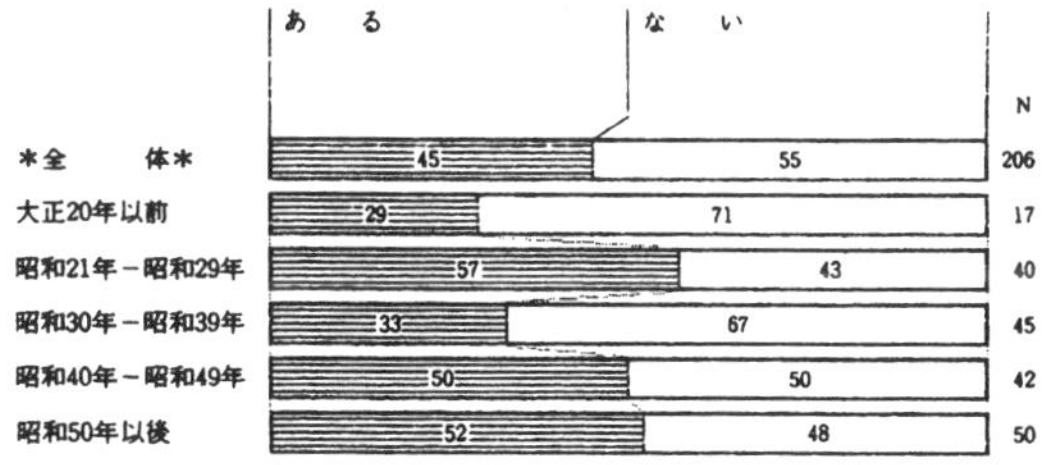

図２－82　建築年代別建て替えの有無

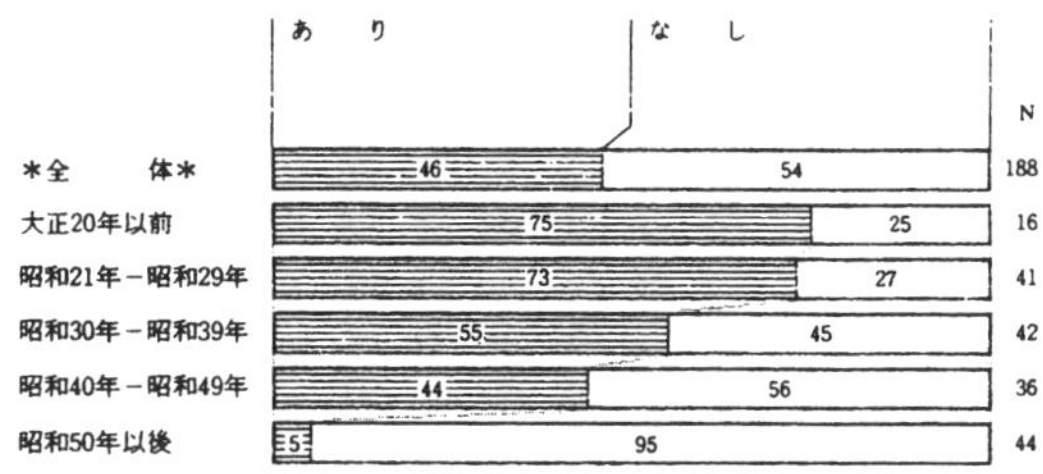

図２－83　建築年代別建増改築の有無

⑤昭和50年以後（昭和50年〜61年）

6－1　住宅の種類（用途）

戦前は注文1戸建てが75％であり、建て売り持家、戸建借家、アパートがそれぞれ1戸ずつ建てられた。

昭和20年代は9割が注文1戸建てでその割合はもっとも高く、昭和30年代・40年代ではそれが7割、昭和50年以後は6割半となり、徐々に注文1戸建ての建てられる割合が低くなってきている（図2－79）。

一方建て売り持家、アパートは昭和20年代には建てられなかったが、昭和30年代にはそれぞれ8％、昭和40年代には10％、昭和50年以後には13、14％と、建てられる割合が増加傾向を示している。

6－2　専有延床面積

戦前の住宅は約半数が60〜100㎡である。戦後は昭和20年代・30年代・40年代・50年以後各年代とも100〜200㎡が4割以上でもっとも多く、次いで60〜100㎡が3割以上を占めるが、昭和20年代では1割以上が300㎡以上と、大規模な住宅が多い一方で、昭和30年代以後の住宅は1割以上が60㎡以下である（図2－80）。

6－3　居室数

戦前の住宅は6割が7室以上あるが、昭和20年代は5割であり、6室および7室が半数を占める。昭和30年代以後3室が増加し、昭和50年代以後では2割以上で、7室以上は2割となる（図2－81）。

6－4　建て替えの有無

戦前の住宅は17戸中5戸は戦前中に建て替えられて建ったものである。戦災を経た昭和20年代は半数以上が建て替えにより建てられた。昭和30年代は建て替えによるものが3割と最も低く、昭和40年代・50年代以後は建て替えが半数である（図2－82）。

6－5　増改築の有無

戦前、昭和20年代の住宅の7割以上は増改築を行っており、昭和30年代、40年代は5割前後、昭和50年以後は5％が行っている。逆にいえば、新築後10年以内はほとんど増改築は行わないが10年から30年のものは半数は増改築を行い、30年を越えたものになると7割以上が増改築したことになる（図2－83）。

6－6　住宅の居住性に対する評価

（1）広さ

戦前から昭和20年代の住宅には過半数が「満足」であり、特に昭和20年代には「不満」および「やや不満」（以下不満層とする）が2割以下と少ない。一方昭和30年代以後の住宅には4割半が「満足」で、不満層が4割を占める（図2－84）。

（2）間取り

昭和40年代までの住宅には3割が「満足」としており、昭和30年代までには過半数が満足層であるが、昭和40年代では過半数が不満層となる。昭和50年以後になると逆に4割が満足し、満足層が7割ともっとも高い（図2－85）。

（3）日照・道具

「満足」であるのが戦前の3割から各年代新しいものほど多くなって昭和50年以後では過半数となる。満足層も新しいものほど多い（図2－86）。

（4）防災・安全性

昭和40年代までの住宅には約3割が満足し、昭和50年以後には4割が満足している。一方戦後では満足層が6、7割前後だが、戦前の住宅に対しては9割が満足層である（図2－87）。

6－7　建て替え・増改築の予定

戦前の住宅には過半数が「予定なし」としている。昭和20年代から40年代まででは3割以上が「何ともいえない」とし、昭和20年代と30年代は「いずれ建て替え」が23％であるのに対し、昭和40年代では25％が「いずれ増改築」としている。特に昭和30年代には「予定なし」が30％ともっとも低く「何ともいえない」が36％ともっとも高くなっている。全体に戦後、特に昭和30年代頃の住宅にもっとも建て替えを予想させる意見が多くみられ、逆に戦前の住宅に対しては建て替え・増改築の予定をもつものが比較的少ない（図2－88）。

6－8　各年代の全体的特徴

以上より、建築年代別に住宅の状況とその特徴をまとめると次のようになる。

（1）昭和20年以前

75％が注文1戸建て持家であり、100㎡以上、5室以上の比較的大規模の住宅が多い。設計・施工者名を知っている率は6割ともっとも低い。居住性に対し、広さ、防災・安全性など、全体に比較的満足層が多い。現在までに4分の3は増改築をしたが、今後は半数以上が建て替えや増改築の予定をもたないとしている。

（2）昭和20年代

注文1戸建ておよび60㎡以上、5室以上である住宅がいずれも9割と各年代中もっとも多い。半数以上が建て替えにより建ったもので、さらに

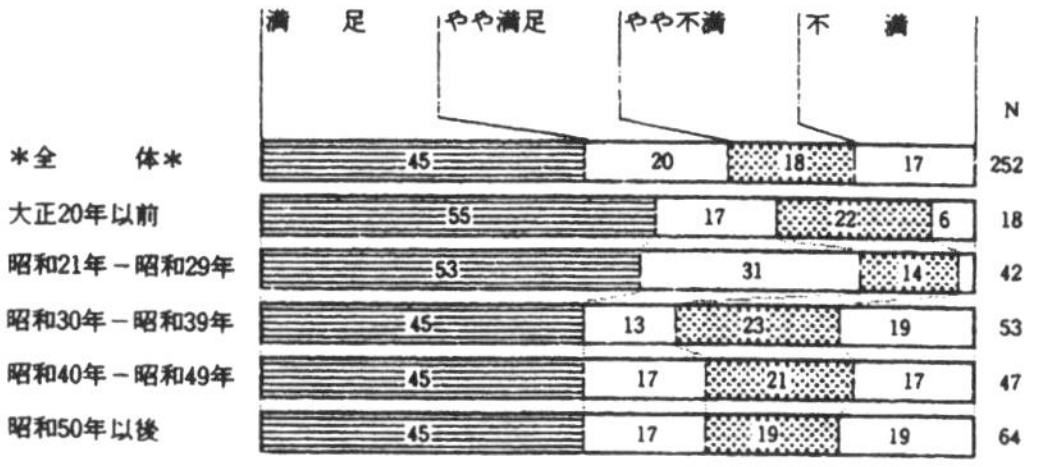

図2－84　建築年代別現住宅の評価―広さ

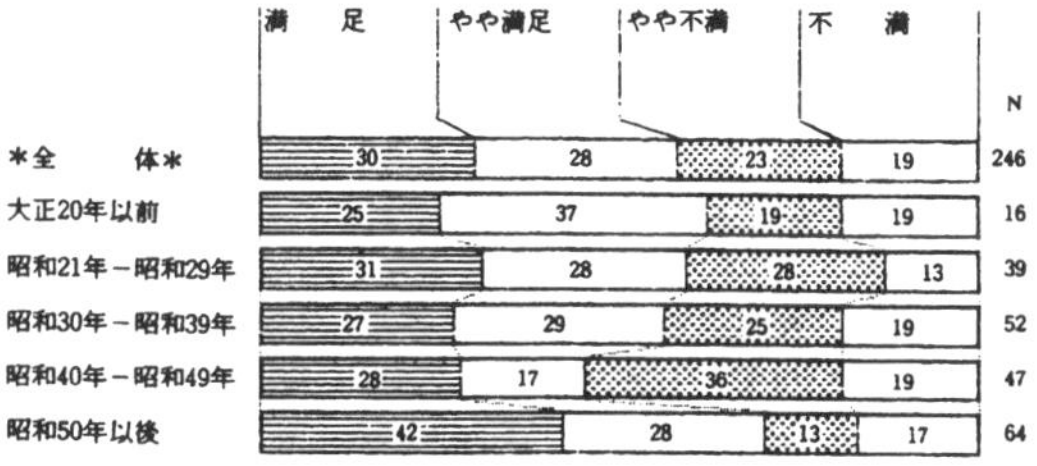

図2－85　建築年代別現住宅の評価―間取り

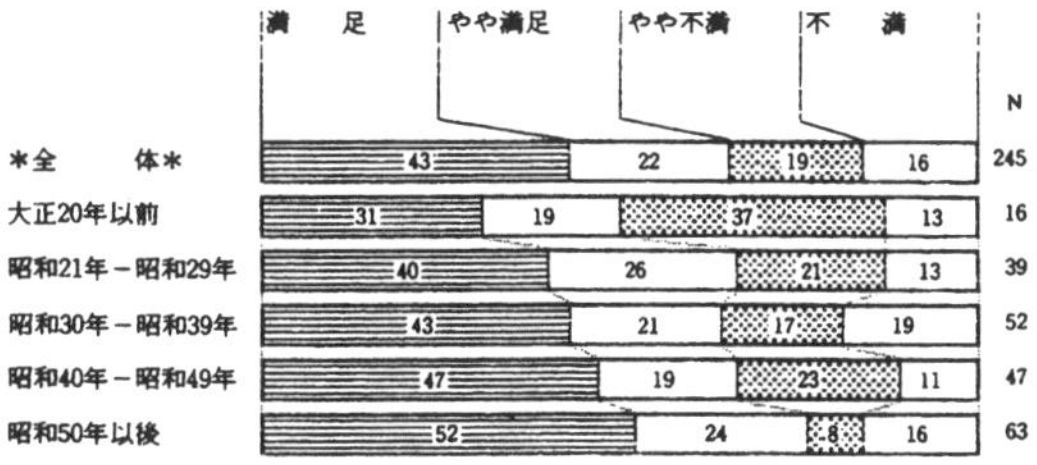

図2－86　建築年代別現住宅の評価―日照・通風

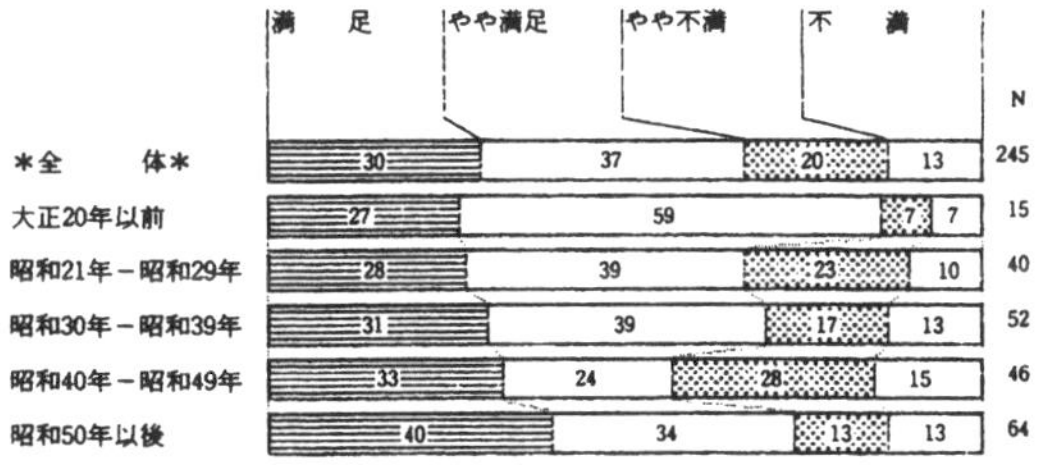

図2－87　建築年代別現住宅の評価―防災・安全性

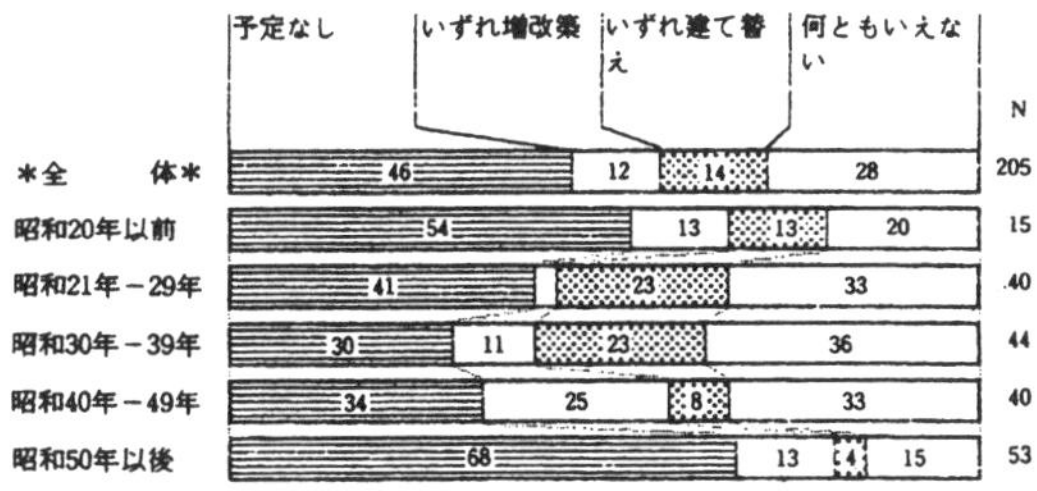

図2－88　建築年代別建て替えや増改築の予定

7割が現在までに増改築されている。全体的に居住性には満足層が多いが、今後に対して建て替えの予定をもつものと不確定層が過半数を占める。

（3）昭和30年代

建売分譲持家やアパートなども1割ずつあり、規模は昭和20年代以前に比べてかなり小さく、半数は増改築をしている。居住性にはいずれも過半数が満足層であるが、昭和20年代よりも広さに対する不満層がかなり多くなる。昭和30年代中の建て替えの割合はもっとも少なかったが、今後建て替えの予定をもつものと不確定層が6割ともっとも多い。

（4）昭和40年代

住宅の種類・規模の割合は昭和30年代と大差なく、半数近くが増改築をしている。間取りに対して不満層が過半数となる。半数は建て替えにより建ったものであり、今後は建て替えの予定をもつものは少なく、増改築と不確定層で6割を占める。

（5）昭和50年以後

建て売り分譲持家やアパートが共に1割以上で、注文1戸建て住宅は65％と少なくなる。規模は昭和40年代よりも居室数が少なく、居住性に対しては広さ以外では満足層がいずれも7割以上と各年代中もっとも多い。半数が建て替えにより建ったものだが、増改築はまだほとんど行われず、今後も7割が予定を持っていない。

6－9　まとめ

全体に新しい年代の住宅ほど注文戸建の割合が少なくなり、アパート等が増えてきている。また規模は新しい住宅ほど小さく、特に昭和20年代と昭和30年代との間に大きな違いがあって広さに対する評価も異なるが、昭和20年代以前では大多数が増改築されている。戦前の住宅には建て替えの予定があまりない一方で、終戦後の昭和20年代や30年代の住宅に対しては建て替えを予定したり今後の処置が未定であるものが多い。

昭和50年以後の住宅には広さ以外には満足しており、建て替えや増改築の予定もまだほとんどない。

7．住宅種類別特徴

「目白文化村」は範囲の大部分が第1種住居専用地域に指定され、現在もなお1戸建て住宅中心の住宅地であるが、徐々に集合住宅が建てられてきている。また、古くから木造アパートが建てられてきている。ここでは「目白文化村」にある住宅を種類別に分類し、居住者、規模、評価についてそれらを比較分析する。種類分けは①注文1戸建て持家、②建て売り分譲持家、③1戸建て借家、④アパート、⑤その他の5区分とする。「その他」には寮や社宅等が含まれ、また1戸建て注文持家には昭和35年に登場したプレハブ1戸建て住宅を含むものとする。

7－1　家族タイプ

注文1戸建て住宅には各タイプが分布しているが建て売り分譲持家の6割には核家族が住んでいる。アパートでは5割近くが子供が未成年の核家族が住み、また若年単身者が4割を占める（図2－89）。

7－2　世帯主年齢

注文1戸建て住宅では世帯主が60歳以上の家族が6割あり、39歳以下が1割未満となっている。建て売り分譲持家では50代と60代がそれぞれ4分の1あってもっとも多く、70代と30代が2割ずつある。1戸建て借家は50代と60代が3割ずつあり合計6割を占める。アパートでは3分の1が30代であり10代・20代が他より割合が多く、30代以下が6割である（図2－90）。

7－3　世帯主職業

注文1戸建て住宅では会社員、無職の順に多く、会社役員が2割、技術専門職が1割を占める。建て売り分譲持家では他に比べ各職業が均等に分布している。1戸建て借家では会社役員がもっとも多く、アパートには3分の1が会社員で学生が2割を占め他より多い（図2－91）。

7－4　住宅の専有延床面積

注文1戸建ては半数が100～200㎡で、60㎡以下はわずか3％である。建て売り分譲持家は60～100㎡が6割ともっとも多く、60㎡以下が3割ある。1戸建て借家は45％が60～100㎡であるが2割は200㎡である。アパートはすべてが100㎡以下であり、特にそのうち8割が20～60㎡で、20㎡以下も13％ある。ここで、比較的広い注文1戸建てと狭小なアパートとの差が歴然と現れている（図2－92）。

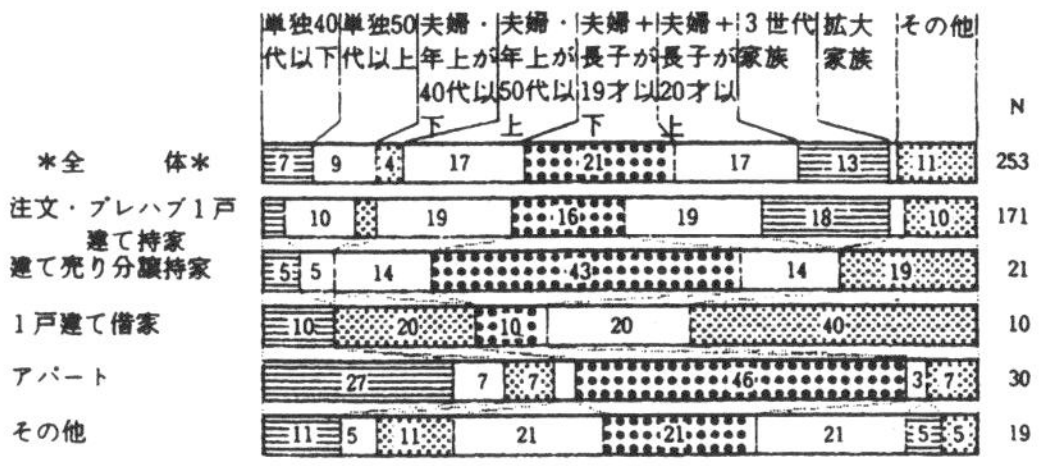

図2－89　住宅種類別家族タイプ

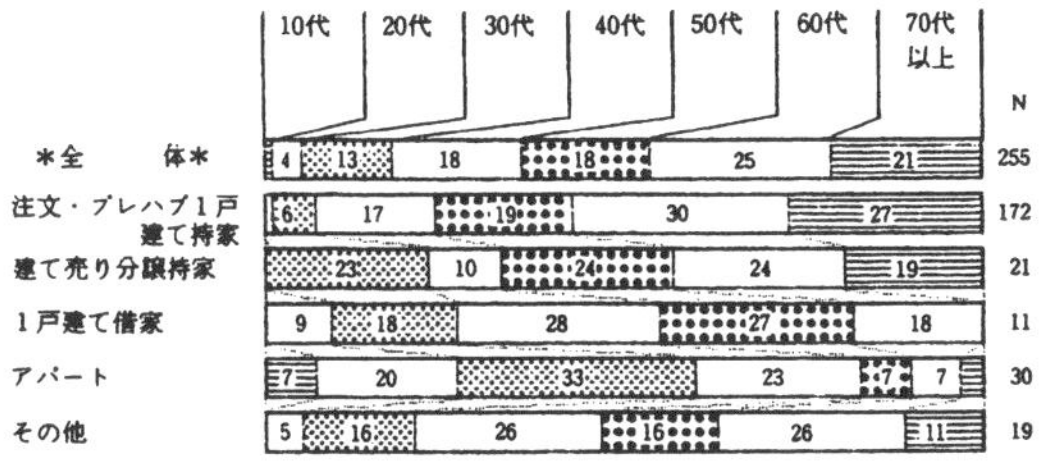

図2－90　住宅種類別世帯主年齢

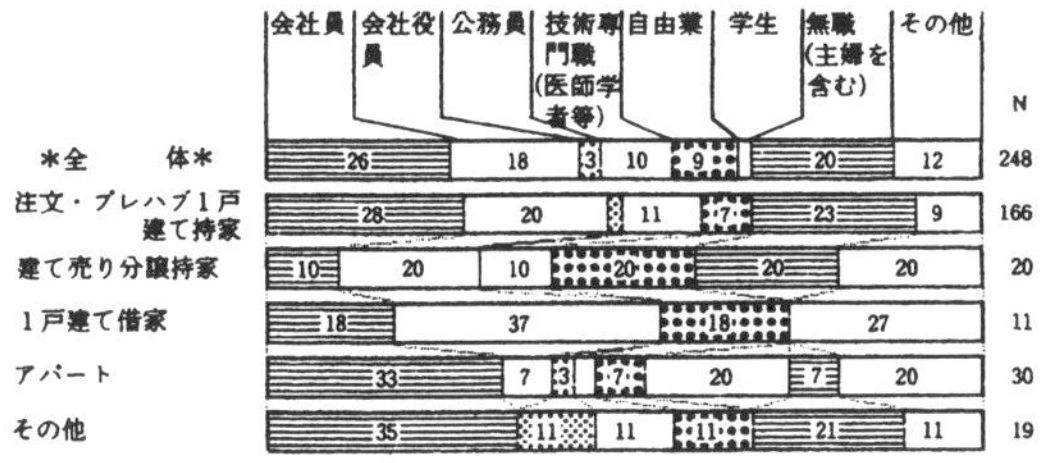

図2－91　住宅種類別世帯主職業

7－5　住宅の居室数

注文1戸建て住宅では6室、7室が2割ずつある。建て売り分譲持家では4室が半数近くあり、5室以上が3割ある。1戸建借家では4室・5室が多く、両方で8割近くを占める。アパートは84％が3室以下である。ここにもアパートの狭小な間取りが現れている（図2－93）。

7－6　住宅の居住性に対する評価

（1）住宅の広さ

注文1戸建て住宅居住者の過半数は「満足」しているが、反対にアパートでは過半数が「不満」としている。また1戸建て借家は3分の1が「満足」とし、満足層が過半数であるが、建て売り分譲持家では満足層が4割であり、1戸建借家の方が満足の割合が高い（図2－94）。

（2）住宅の間取り

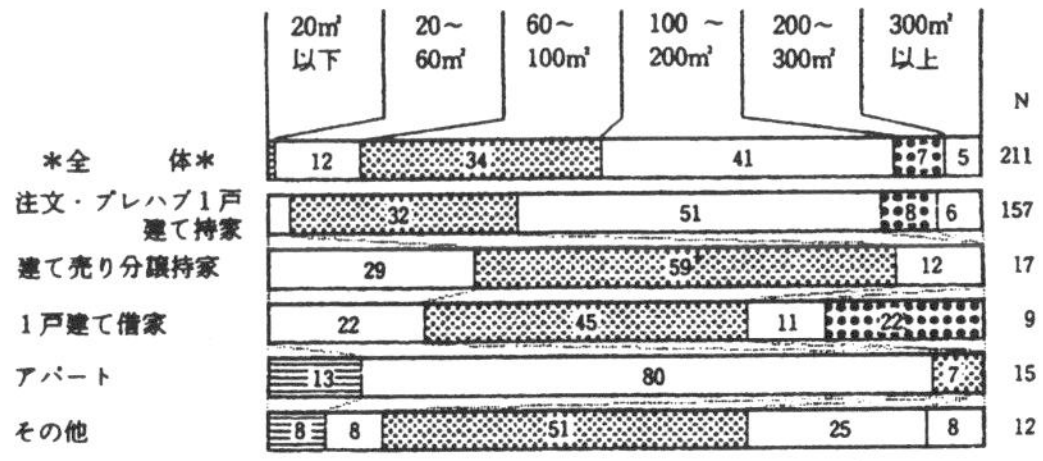

図2－92　住宅種類別住宅の専有延床面積

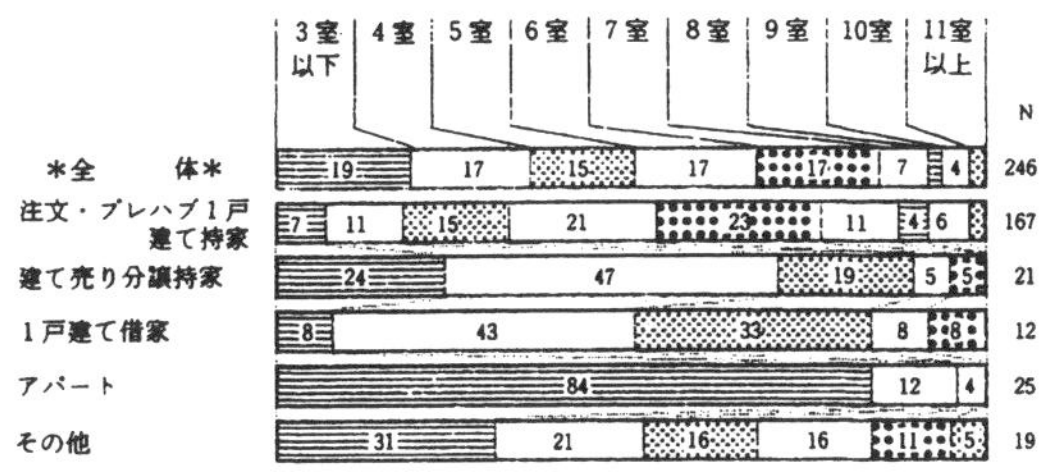

図2－93　住宅種類別住宅の居室数

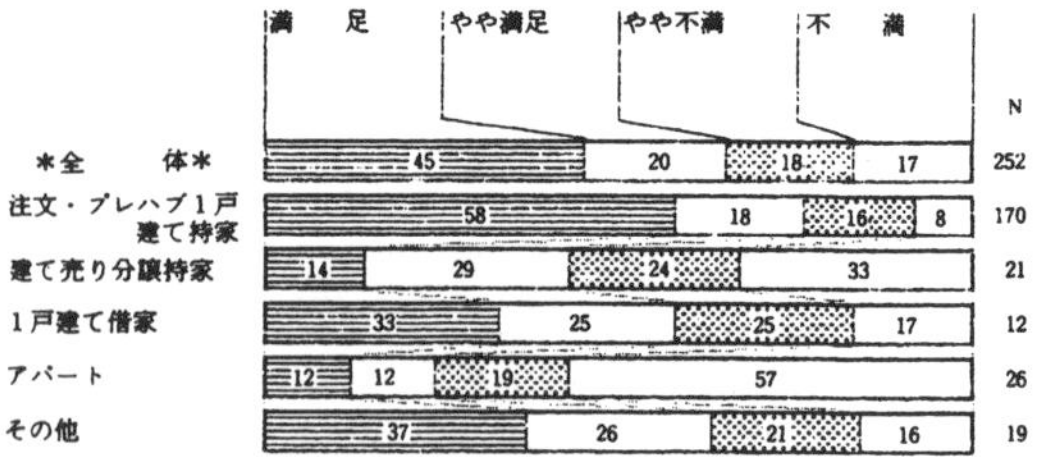

図2－94　住宅種類別現住宅の評価―広さ

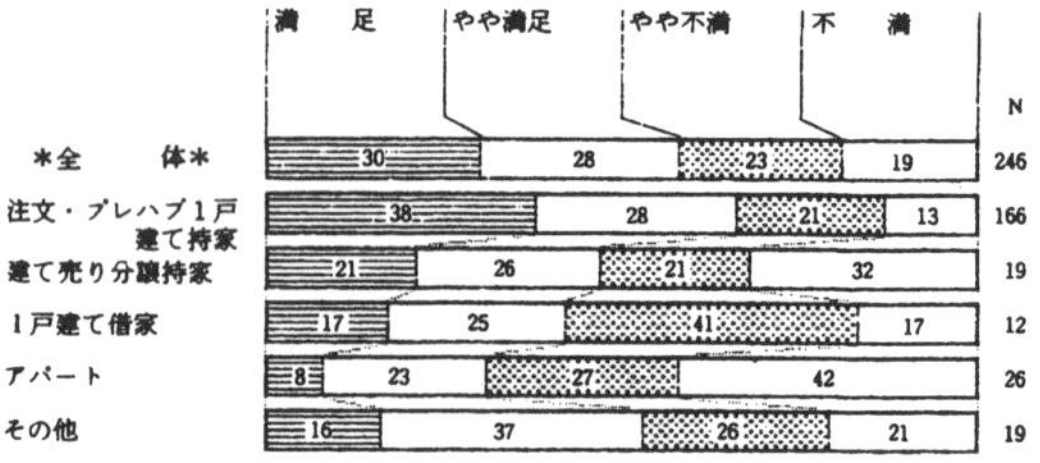

図2－95　住宅種類別現住宅の評価―間取り

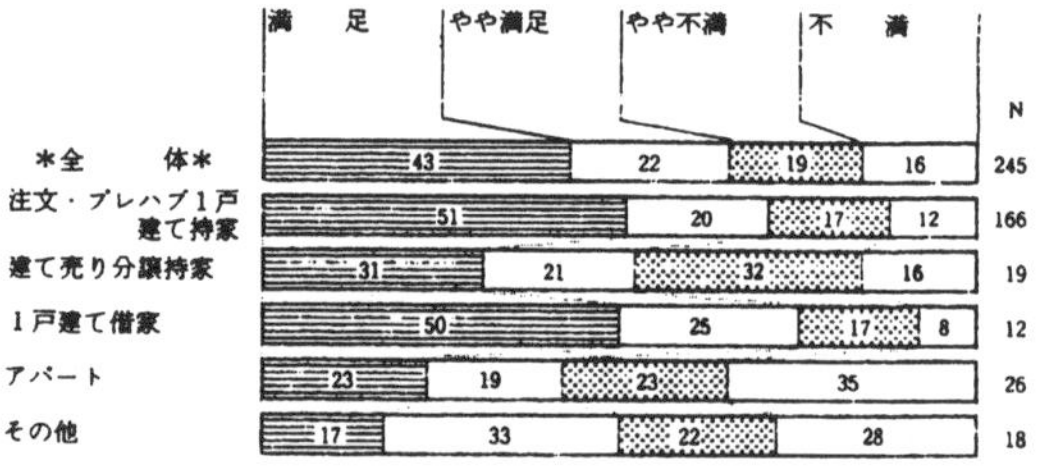

図2－96　住宅種類別現住宅の評価―日照・通風

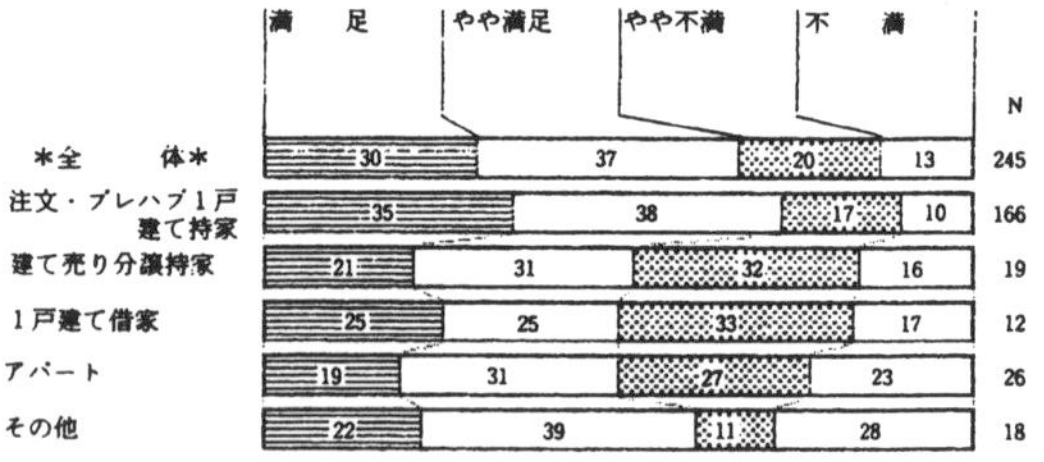

図2－97　住宅種類別現住宅の評価―防災・安全性

注文1戸建て住宅には4割が「満足」とし、満足層が7割近くともっとも高い。建て売り分譲持家や1戸建て借家では過半数が不満層となり、アパートでは「満足」とするものが1割にも満たず7割が不満層である（図2－95）。

（3）日照・通風

注文1戸建てと1戸建て借家では5割が「満足」としている。建て売り分譲持家では満足層と不満層がほぼ同数である。アパートでは満足層が4割ともっとも少なく、「不満」とするものが3割を越える（図2－96）。

（4）住宅の防災・安全性

注文1戸建て住宅では7割が満足層であるが、その他は「満足」と「不満」がそれぞれ2割前後で満足層と不満層がほぼ同数である（図2－97）。

7－7　各住宅タイプの特徴

各住宅タイプについてその特徴をまとめると次のようになる。なお「その他」については省略する。

（1）注文1戸建て住宅

さまざまなタイプの家族が住むが、世帯主に高齢者が多い。延床面積が100㎡以上で居室を6室以上もつ比較的広い住宅が多く、特に広さに対して満足層が多い。居住性は全体に5タイプ中もっとも評価が高くなっている。

（2）建て売り分譲持家

核家族が多く、世帯主の職業はさまざまであるが、100㎡以下で居室数が3～5室のものが多い。居住性には満足層と不満層がほぼ同数であるが、広さに対しては不満層が多い。

（3）1戸建て借家

世帯主が40代・50代の世帯、会社役員・自由業の世帯が多い。100㎡以下及び200㎡以上がともに比較的多く、4室・5室が中心である。居住性に対しては満足層と不満層がほぼ同数であるが、日照・通風に対しては満足層がもっとも多い。

(4)アパート

核家族や若年単身者の世帯、会社員や学生の世帯が多く、60㎡以下で3室以下の狭小な住宅が大多数を占め、広さを中心に居住性に対しては5タイプ中もっとも不満層が多くなっている。

7-8 まとめ

注文1戸建て住宅は比較的規模が大きく、居住性に対しては満足層が多いが高齢化した世帯が多い。建て売り分譲持家や1戸建て借家はそれよりも規模が小さく、核家族が多く住んでいるが居住性に対し1戸建て借家の方がやや満足が多くなっている。アパートは狭小なものが多くて不満が多いなど、他とは大きく異なっている。ここに比較的良好な注文1戸建てと狭小なアパートとの差が大きく現れており、そういったアパートが近年徐々に多く建てられてきているということである。

8. 要約

「目白文化村」は戦災による被害を大きく受けたため、戦後になってからの入居者、建物が多くを占めているが、本調査においては戦前入居者が54世帯、戦前に建てられた住宅が17棟であることが判明した。

「文化村」に魅力を感じ、または「文化村」であることを知っていて入居した人が多く、現在なお愛着をもっている人が多い。しかし、昭和40年代以降の入居者の場合には、「文化村」との関係の稀薄化がみられ、コミュニティー意識も次第に低下している。

家族については、昭和30年代以前の入居者に高齢者世帯が多い一方で、60年代以降の入居者は若年単身者層が多いのが特徴である。

昭和40年代までは注文1戸建住宅の割合いが多かったが(昭和20年代で9割)、昭和50年以降になると賃貸住宅の割合いが多くなってくる。比較的大規模で質の高い注文1戸建住宅と狭小な賃貸住宅との居住性の差がはっきりみられた。

また居住地環境については、戦災や幹線道路の建設により、1戸建住宅を中心とする比較的ゆったりした地域と、宅地が細分化して住宅等が建て込んでいる地域、道路に面して騒音が著しい地域といったように、「文化村」区域といっても、地域差がかなり顕著にみられるようになっている。

今後の「文化村」については、昭和30年代以前の入居者は、入居した当時に比べて環境が悪くなったとしているものの、「文化村」に対する愛着は強い。しかし40年代以降の入居者については、今後も住みつづける意志があるかどうかについては不確定層が半数近くを占めており、今後の動向については居住者の主体的判断では決められない状況を迎えていることがうかがえる。同時に昭和20年代、30年代に建設された住宅については建て替え予定のあるものが多く、狭小アパートとともにそれらの動向によっては今後の「目白文化村」の形態を左右することになるであろう。

いずれにしても、「目白文化村」としての居住地を維持していくことは、居住者の主体的条件からも、住宅や住環境の条件からも難しくなってきていることが明らかになった。

調査対象者による自由意見　(　)内は居住地区記号

【文化村のイメージ】

●お金持ちの住宅地でなく〝インテリ〟の住宅地である。(C8)

●現在地にはまだ4年程しか住んでいないが、以前中落合2丁目に10年住んでいました。「目白文化村」とは全く知りませんでしたが。とても保守的でそれでいてどことなく文化的な町に魅せられ大好きな町です。

古い時代のものが姿を消しつつある現在「文化村」というなつかしい言葉を聞き、たとえ一時ではあっても住んだ者として文化村の歴史を知っておきたいと思います。（C5）

【戦前からの居住者】

●大正12年の震災で家は倒れなかったが昭和に入って改築した。戦災にあい現在の場所に戦後家を建てた。

文化村の出来たのは震災後であり文化村に住んでいた人は戦後に大半の人が移転し、その跡地は細分化されるかアパートとなり、その後もその傾向は続いており戦前に戻すことは不可能と思う。従って戦前の文化村の資料の収集をしておくことは有意義だと思います。（A2）

●生まれた時から住んでいますので愛着がありますが、時代が変わっていくと共に文化村も変わってしまうのは当然のことなのだと受けとめています。（A4）

●資料に乏しい御苦労の多い御研究と存じますが、真の「目白文化村」の歴史を後世に残して参りますためには専門の先生方の協力がとても大きな結果となりまして引き継がれて参る事と存じます。

精神面を忘れないほんとうの「目白文化村」の灯がいつ迄も消えない事を念願して止みません。

私も伯父がいつこの地に入ったのか、皆故人となり資料も何一つありませんのでお役にたてず残念でございます。私共が建てます前の建物は木造でなくコンクリート造りの様でした。土地にありました建物のかけらとかから見ましての事ですが…。（A5）

●各種メディアで「目白文化村」をもっとPRしたらどうでしょうか。（A5）

●年金で暮らしている人が多い反面、税が上がっているので住みにくく、昔の文化村を残したいが賛成しがたい。

土地を買った時の領収書を持っている。（C3）

●相続により住宅がだんだん分割され小さくなり昔生垣で緑の多かった文化村が変わってきたのは時代の流れでしかたのない事と思いますが淋しい気持ちがします。（C4）

●高層住宅を建てないでほしい。（C5）

●これは文化村だからというのではありませんが、犬の散歩に人家の門の前でまで〝フン〟をさせっぱなしの人達の多いのに閉口しています。飼主は〝フン〟の始末器を持参しなければ連れて歩けない様になってほしいものです。昔の文化村は道路はもちろん空地でも犬の〝フン〟等有りませんでした。犬を飼っている御家も今の様に多かったのですのに…。（C7）

【文化村のエピソード】

●目白文化村は第二次大戦前、大戦中、隣組活動に協力しなかった。〝光り会〟という街灯の管理だけをする組織があった。コミュニティー活動の歴史を調べると面白いと思う。（A3）

●数年前、落合第一小学校（旧落合小学校）で「目白文化村」についての展示会を実施した。（B1）

●以前、この近くに〝文化村米店〟があり、その名前から「目白文化村」のことを知りました。住人としては興味があります。（C4）

●老人の話によると〝箱根土地の経営者（堤兄弟の父）が土地を買収する時に残虐無残であった〟と聞く。逆にいえば如何に彼が先見の明があったかということだ。（C8）

●当所は目白通りの文化村入口（旧ダット乗合自動車の終点）を南に下がった箇所で箱根土地（堤康次郎）により開発宅地分譲化された一隅であるが、戦前より建築されずテニスコートとして戦前から戦中迄使用さ

れていた（文化村の共用施設ではない）。（C９）

●歩道橋の前の三角地に巡査がいた。箱根土地からお金を払って住んでもらっていた。（C13）

【文化村の変貌】

●昔は文化村であったでしょうが現在は全くその様な町であったとは考えられません。特に今いる所は住宅が密集し、アパートが多く文化村にはほど遠い話です。近所づきあいもほとんどなく自分だけよければ良い、他人への迷惑等考えない人が多い様に思われます。

　私は3年前迄（文化村に越す前）はここからすぐ２００m位離れた所に住んで居りましたがそちらの方が人間関係も環境もずっと住みよかった様な気がします。（A２）

●60年前の単なる郊外であったというにすぎない。今さら文化村でもない。現在の文化村は、さらに郊外に存在するのではないですか。（A５）

●車の騒音で悩まされ文化村のイメージを失いました。（B３）

●文化的な行事は全く行なわれていない。町会はあっても文化事業的なものは実施されていないので、往時の文化的の如き感覚は現在失われている。（C５）

【今後の要望】

●このアンケートが生かされてこの環境が現在より悪化しないよう区への白書となれば幸と思います。（A１）

●若し、建て替えることが出来ましたら周囲との調和なども考えて建て直したいと思います。又、区なども街なみを考えて指導をしていただけたら美しさも出る様に思いますが？（C１）

●この文化村は住人がやはり教養ありよい方々が多いので住心地がよい。ただ、中央線、山手線までに時間がかかりタクシーを使うことが多いのでなるべく早く放射7号線に地下鉄が出来る様、心待ちにしています。（C８）

【１－２－⑦B】野田正穂・中島明子編『目白文化村』（日本経済評論社、一九九一年、五五〜一〇〇頁）

目白文化村の開発計画

一　土地買収の目的

目白文化村の分譲が開始されるのは一九二二年（大正一一）からである。しかし、土地の購入はこれより早く、すでに八年前より始まっていた。

開発以前のこのあたりの状況はすでにみたように、近郊農村で、高台に位置し、眺望にもすぐれているが、当時はまだ落合尋常高等小学校と二、三の民家が点在するだけの武蔵野の面影を残す田園地帯であった。一九一四年の土地台帳で地目を調べても、郡村宅地が約一割ほどあるだけで、残りは畑、山林、墓地、沼地で占められている[1]。土地所有者も宇田川家をはじめとする地元の農家が大半であった[2]。堤康次郎がここで最初に土地を購入するのは一九一四年（大正三）からである。

最初の土地登記は同年六月二九日におこなわれており、この土地は下落合の大地主で目白文化村の六割ほどの土地を所有していた宇田川家から買い上げたもので、最初の規模は二六六七坪である。次いで、周辺の土地を毎年のように買い入れて、一九一七年には目白第一文化村全体の区域について土地の購入を終えるようになる。この堤による土地の購入は二三年までつづき、最後には一万四二三五坪を所有して、目白文化村開発の素地が形づくられるのである（3－①）。

それでは、堤は最初から開発目当てに土地の買収をつづけたのであろうか。買収の過程をみていくと、必ずしもそうであるとは受け取れない。むしろ興味は資産としての土地にあり、関心はもっぱらその保全と運用にあったと思われる。たとえば、第一と第二の文化村の買収ルートをみていくと、第二文化村の西方部分については二万二八九七坪の土地を買い残しており、ここは箱根土地への委託の形で分譲がおこなわれている。土地所有者は次の四人である。

一、山上喜太郎……神奈川県浦賀に在住し、一九一六年に購入する。
二、加藤小兵衛……豊多摩郡高田村に在住し、一九二〇年に購入する。
三、大塚雄造……豊多摩郡高田村に在住し、一九二一年に購入する。
四、大塚万次郎……豊多摩郡下落合村に在住し、一九二三年に購入する。

彼らがここを購入したのは一九一六年から二三年にかけての間である。うち一人は第二文化村の分譲が開始される一九二三年に買い上げている。彼らの履歴について当時の人名辞典で調べたが[3]、山上喜太郎はダイヤモンド社編の『全国株主要覧』（一九一〇年版）で〝米穀酒類商〟とわかるものの、それ以外の人については略歴すら定かでない。しかし、その住所をみると明らかなように、うち一人は神奈川県の在住であり、彼らもまた土地投資を目的とする資産家であったと考えられるのである。かりに、堤が開発を目当てにこの一帯を買収したと考えたなら、全体における一部の地域といえども土地投資者に買収を許し、委託分譲の形で開発を請け負う行為は想定しがたい。堤の目的はあくまでも資産目当てであったと考えられるのである。

実際、目白文化村の開発に至る途中の経過をみていくと、堤自身も一度購入した土地を他へ売り渡す行為をおこなっている。この土地は第二文化村の一角（字不動谷一三六七番地）にある五〇四六坪で、彼はここを一九一四年から一九年にかけて買収すると、二一年の秋に坪二二円五〇銭で早稲田大学に売却し、再び箱根土地が会社の名義で買い戻して分譲をおこなっている[4]。

「最近早稲田大学が土地の思惑を試みとん〳〵拍子に当って鳥渡《ちょっと》の間に大金を儲けたといふ事がある。問題の土地は府下豊多摩郡落合村大字下落合字不動谷一三六七にある五千四十六坪で大学はこれを最初箱根土地株式会社専務取締役堤康次郎氏から坪当り二十余円で買入れ更に二年を経た去月中旬坪当り三十余円で箱根土地に売り戻すと其の

3－①　開発前の筆割りと買収の過程

鞘合計約八万円を利得したのだ」。

これで早稲田大学は約八万円の利得を手にすることができたが、専務取締役の堤康次郎も自ら「あの土地は一昨年秋まで私の所有であったのを、坪二十二円五十銭で早稲田大学に売ったので、それを三月十七日坪三十七円か八円で箱根土地の方へ売って貰ったのですが同日手付として金四万円を渡し、残金は五月十五日に支払ふことになつてゐます」と語っており、会社の利益とは別の形で儲けているのである。大学による財テク話が話題となっている昨今、早稲田大学の土地経営も興味深い話だが、目白文化村では買い取り分譲と委託分譲の二つの方法で開発が進められていたのである。

二　箱根土地の住宅地開発の手法

それでは目白文化村では、なぜこのような無計画な土地買収とつぎはぎ的な開発が進められたのであろうか。それを知るには、箱根土地における土地開発の方法についてみておかなければならない。

箱根土地が東京において住宅地の開発を手がけるようになったのは一九二二年からで、その最初の一つが目白文化村であることはいうまでもない。ところで、箱根土地はこの年すでに六つの地域において土地分譲をおこなっている。これらはいずれも高級住宅地として知られており、たとえば目白文化村とほぼ同時期に開発された麻布桜田町を例にとると、当時の新聞[5]に次のように記されている。

「帝都の中心に散在する富豪華族で近来其広大な邸宅地を一般のために開放する傾向があるが、麻布桜田町の柳原義光伯も其邸宅三千余坪を今日開放して中産階級の人々に提供することになった。伯は語る〝近来各所の広やかな邸宅を開放する風潮は尤もの次第で、自分も約三千坪の土地を一人で所有して居るが、是れはさうあり得べきものでないと考へて、自分の宅に六百五十坪を取った他の二千三百五十余坪を開放しやうと考へ今回箱根土地会社の力を借りて愈実行することにした〟」。

これからみると、この住宅地は土地開放の機運にあった柳原伯爵の屋敷地を利用して開発したものとわかる。住宅地の規模は約二五〇〇坪である。開発の仕方は路地を屋敷の奥に引き込んで、それをロの字に循環させており、設備としては「下水道を完全」に備え、建物は「洋式の日本館を総数四十余戸建築し……家屋一戸は約三十坪一戸を約五千円の見当で土地と共に売る方針である」ことがもくろまれている。分譲の方法については「今回箱根土地会社の力を借りて愈実行することにした」と記されている。これから考えると、土地はあくまでも柳原家の所有で、箱根土地は委託分譲の形でこれにかかわったことも考えられる。

箱根土地は土地開放の機運にあった富豪の土地を数多く買い上げて、分譲をおこなった土地会社として知られている。たとえば、当時の新聞には箱根土地の分譲広告が所々に紹介されており[6]、これらを読むと明らかに、箱根土地はこの方法によって土地分譲をおこなっていたことがうかがえる。箱根土地の分譲広告は決まった紹介の仕方があり、必ず土地の来歴、施設計画、交通手段などが同一形式で記載されている（3－②）。一九二二年から二五年までの分譲地を例にとると、一四の住宅地が紹介されており、このうち三番町を除くすべての住宅地は有爵者の土地を譲り受けて分譲したところである[7]（表3－1・2）。これらの住宅地には共通した特色があり、次のような方法で計画がなされている。

一、子爵、公爵、男爵など、いわゆる有爵者からの払い下げ分譲が多い。

二、都市施設としてはガス・水道・下水などが完備されている。

三、街路の擁壁に大谷石が使用されるなど、都市的な統一ある景観が

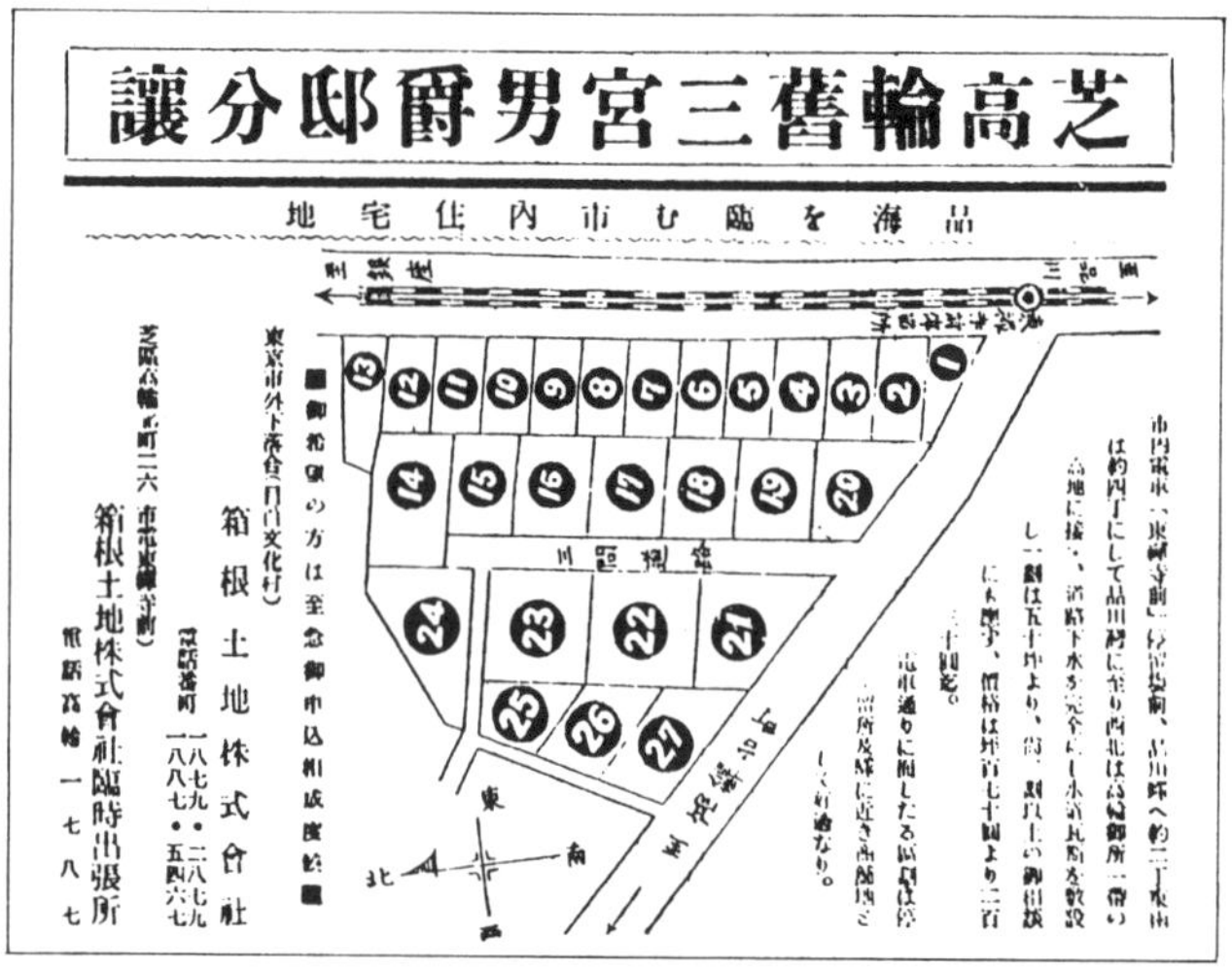

3－②　箱根土地㈱の分譲広告の例
(『時事新報』1923年2月24日)

意識されている。

すなわち、土地の来歴や都市施設を広告に出し、そのことで高級住宅地としてのブランドをつくり、住宅地のイメージを高めているのである。

それでは、開発手法からみた箱根土地の分譲地の特色はどこにあるのであろうか。やり方はあくまでもミニ開発が中心である。規模については五〇〇〇坪から三〇〇〇坪が中心で、一万坪に近い住宅地は文京区久世山にみられるものの、大半が中規模な開発で、なかには一〇〇坪程度の敷地を四分割しただけのものも含まれている。すなわち箱根土地は、市外において国立や大泉学園などの総合的な住宅地開発を試みる一方、市内では有爵者の空地を対象にその敷地内だけで完結するミニ開発型分譲を得意としたのである。ミニ開発型の開発は、ガス・水道などの都市施設については充実が得られるものの、都市的なスケールの点からいえば統一的なビジョンを欠くところが多い。また開発の仕方について買い取り分譲、さらには委託分譲などとさまざまである。これらは箱根土地における住宅地開発の特色をよく物語っており、目白文化村においてさえもこれらと共通する特色が多くみられるのである。

三　目白文化村の住宅地

目白文化村が開発されたのは、一九二二年から二五年にかけての間である。分譲回数は四期に及んでおり、おのおのの住宅地は第一、第二、第三、第四文化村の名称で呼ばれている[8]。もっとも、第四文化村は第一文化村の売れ残り地を再分譲した所であり、目白文化村における開発事業は実質的に第三文化村までで完結していたと理解できる。

それでは、各文化村はどのような形で開発されたのであろうか。当時の「土地地割図」や分譲広告を元に具体的な内容についてみていこう。

(1)　目白第一文化村

第一文化村は不動谷と呼ばれる地域を開発したものである(3－③)。ここは落合台地の尾根筋にあたり、昔は所々に湧き水が湧いたといわれ、一九二一年の実測図でその地形を眺めると、高田馬場へと至るかつての主要道路の裏手には溜め池が描かれている。その椎名町寄りの「不動谷」と書かれた一画、ここが目白第一文化村の場所である。

第一文化村は当初「不動園」の名前で呼ばれ、一九二二年六月二〇日の分譲開始である。この頃、上野公園では平和記念東京博覧会の「文化

表３－１　箱根土地開発リスト

名称	所在地	分譲時期	開発面積	区画数
広尾町	港区南麻布５丁目	1923年４月	4,076坪	13
富士見町	〃　４丁目	1922年12月	1,185〃	8
一本松町	〃　元麻布３丁目	1923年５月	4,486〃	36
宮村町	〃　３丁目	1922年11月	3,046〃	46
西町	〃　２丁目	1922年11月	3,818〃	26
桜田町	〃　３丁目	1922年９月	3,328〃	25
高輪北町	品川区高輪３丁目	1923年２月	687〃	15
三河町	千代田区平河町５丁目	1922年12月	4,197〃	34
麹町三番町	〃　九段南４丁目	1923年５月	1,133〃	7
小石川関口町	文京区関口３丁目	1924年４月	1,727〃	13
小石川久世山	〃　小日向２丁目	1922年12月	8,086〃	61
河田町	新宿区若松町	1925年２月	313〃	15
喜久井町	〃　喜久井町	1925年３月	119〃	4
駒込林町	文京区千駄木４丁目	1924年４月	4,118〃	32

（注）所在地は現在の地名。新聞広告の記事をもとに、1912年と1932年の「地籍台帳」と照らし合わせながら、分譲地の所在を確認した。

表３－２　分譲地施設内容

名称	施設	宅地規模	価格
広尾町	ガス・水道・下水・３間道路	700～54坪	125～165円
富士見町	ガス・水道・下水・３間道路	256～66坪	
一本松町	ガス・水道・下水・２間道路	510～54坪	
宮村町	ガス・水道・下水・２間道路	176～6坪	100～175円
西町	ガス・水道・下水・電熱装置・３間道路	668～93坪	165円～
桜田町	下水・住宅40戸３間半、２間半、１間半道路	408～13坪	5,000円*
高輪北町	ガス・水道・下水・２間半道路	114～69坪	170～230円
三河町	ガス・水道・下水・３間、４間道路	302～67坪	
麹町三番町	ガス・水道・下水・３間３尺道路	348～90坪	240～255円
小石川関口町	ガス・水道・３間道路	602～60坪	
小石川久世山	ガス・水道・下水・３間道路	350～13坪	坪60円
河田町	ガス・水道・下水・電灯	20坪前後	
喜久井町	ガス・水道・下水	20坪前後	100～150円
駒込林町	ガス・水道・下水	1,068～39坪	125～155円

（注）『時事新報』の新聞広告をもとに作成。宅地規模は1932年の「地籍台帳」に示される坪数を表わした。*印は、土地・家屋の売出価格。

村」が開催されており、この住宅地はその会期の真っ最中に分譲されている。第二文化村を分譲する際に宣伝する目的で印刷された「目白文化村分譲案内葉書」をみると、ここの分譲の様子が次のように記されており、住宅地は当時の住宅改善の気運を意識に置いて開発されたものと明らかにわかる。目白文化村の名称もこの博覧会にちなんでのちに付けられたものである。

「現代に於ける日本人の生活は総ての点に於て改造の時機に際会致居候へ共、就中緊急を要するは住宅問題及びこれに付随せる道路下水の設備改善に在りと存じ候。旧来の都会生活は衛生、趣味を没却せる欠陥有之候へ共、伝統久しき四周の環境上僅かに改造する事困難にご座候。目白文化村は之が改善と二重生活の醇化とを理想とせるものにして……」。

住宅地を眺めると、第一から第四までの文化村のなかでは一番整えられた敷地割りをもっており、計画的な開発がなされている。敷地の北側に溜池があって近くに箱根土地本社と乗合自動車の車庫が置かれているが、方形に近い敷地の上には整然と道路が通り、道路幅も二間と三間の二種類で設計されている。分譲敷地面積は約八六一五坪である。宅地についてはこの土地を三九区画に分割し、一区画の平均は約一一二坪、約一〇〇坪から最大一四五坪までの大きさを平均坪単価一〇円で売り出している。今の目白文化村と比較すると、宅地は倍近い規模で屋敷もゆったりと構えられている。都市施設は敷地地割図に「文化的設備・地下電気、瓦斯、水道、完全下水、道路は幹線巾三間支線二間、自動車出入り自由、倶楽部、倶楽部内に電話交換台を儲ける予定」と記されており、ガス・水道・下水・地下ケーブル式電気設備の設置とクラブハウスが考えられている。

（2）目白第二文化村

目白第二文化村（3－④）は第一文化村の西北にあり、これを包み込むように広がっている。第一から第四までの文化村のなかでは最大規模を誇る住宅地である。ここは農道に規制され、自然の地形の上にそのまま街区割りが通されたために、先の第一文化村と比較すると景観的な統一感がやや見劣り

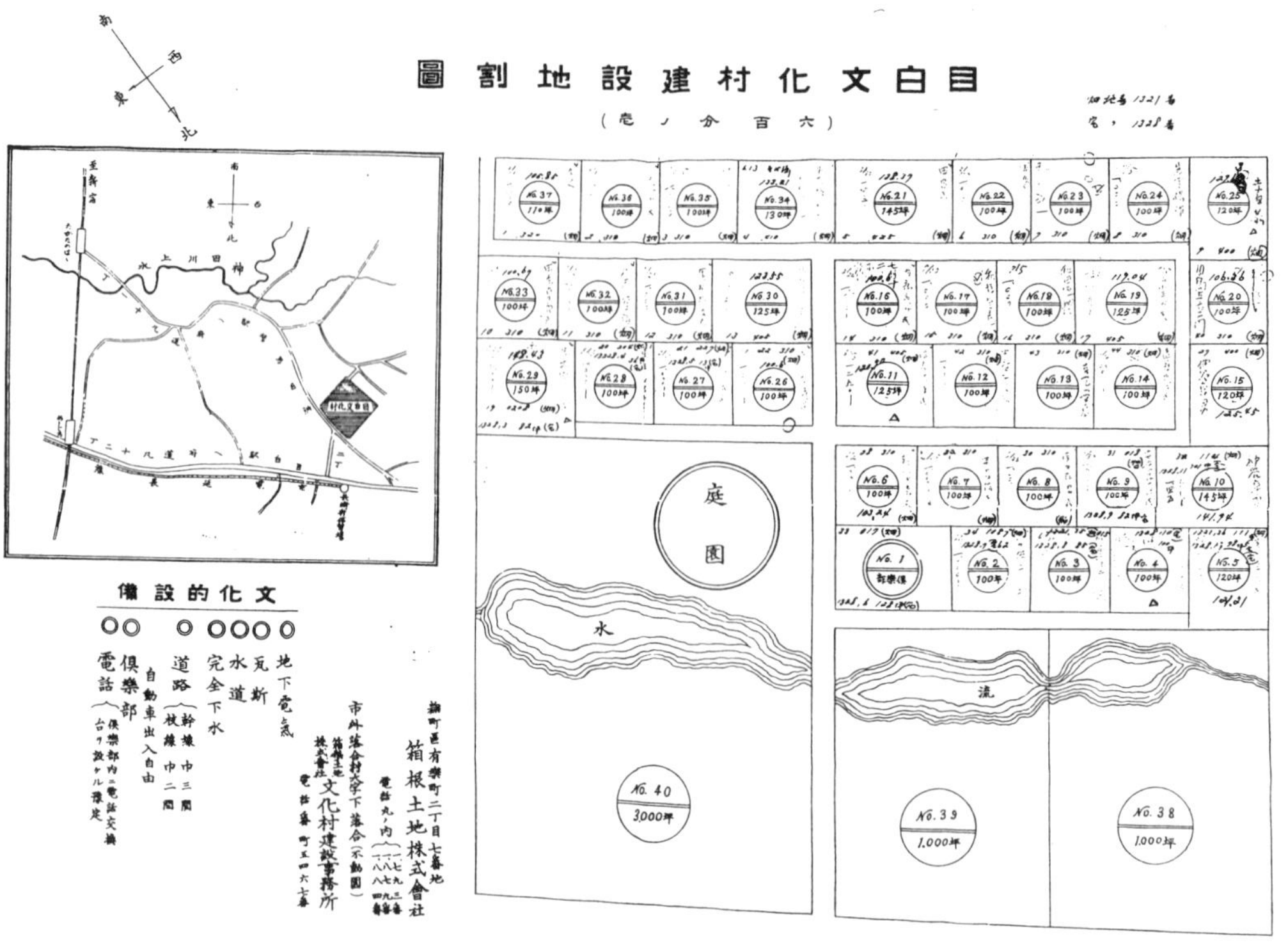

3－③　第一文化村建設地割図

するのは否めない。しかし、堤が最も力を入れて開発した所である。

売り出しは一九二三年五月二五日からおこなわれ、当時の新聞（『朝日新聞』一九二三年六月三日）には売り出し広告が載せられている。そこには次のように記されている。「目白文化村は昨夏本社が趣味と健康を基調として企画致候処直に分譲済と相成申候。今回これが隣接地約一万五千坪を拡張し更に道路下水を完全にし水道、電熱装置（台所及び暖房用）、倶楽部、テニスコート、相撲柔道道場等を新設し分譲致候」。これから察するに、ここは発売後一カ月たらずで完売した第一文化村の好評を受けて、取り急ぎ隣地に拡張して開発されたものであることがわかる[9]。おそらく、堤がここを華々しく売り出した背景には、第一文化村の成功が頭にあってのことと思われる。

住宅地は自然の地形に規制を受けたために不整形となってはいるが、道路を東西方向に走らせており、格子状の区画割りを目指していたことをうかがわせる。道路幅は二間と三間の二種類である。宅地については分譲面積一万三二〇二坪の土地を一〇二区画に分割し、一区画の平均は約一一二坪、四五坪から最大一八九坪までを坪単価五〇～七〇円で売り出している。第一文化村と比較して、値段はわずか一年足らずで五～七倍の値上がりとなっている。これからも堤の自信の程をうかがわせるものがある。売り出し広告をみると、そこには次のようなキャッチフレーズが付けられている。

「位置　山手線目白駅より府道を西に約十二丁、目白駅より文化村迄乗合自動車の設けあり。市内電車予定線停留所より南へ約二丁。環境　山の手の高台、西に富士を眺め展望開裕。学校は新築落合小学校へ約一丁、目白中学、学習院、成蹊学園、女子大学、武蔵野高等学校、早稲田大学等、十五丁内外。周囲に百五十戸の府営住宅あり。日用品の購入至使。設備　高圧地下電気、瓦斯、水道、完全下水、道路（幹線三間、支線二間）、倶楽部、テニスコート、相撲柔道の文化的道場」。

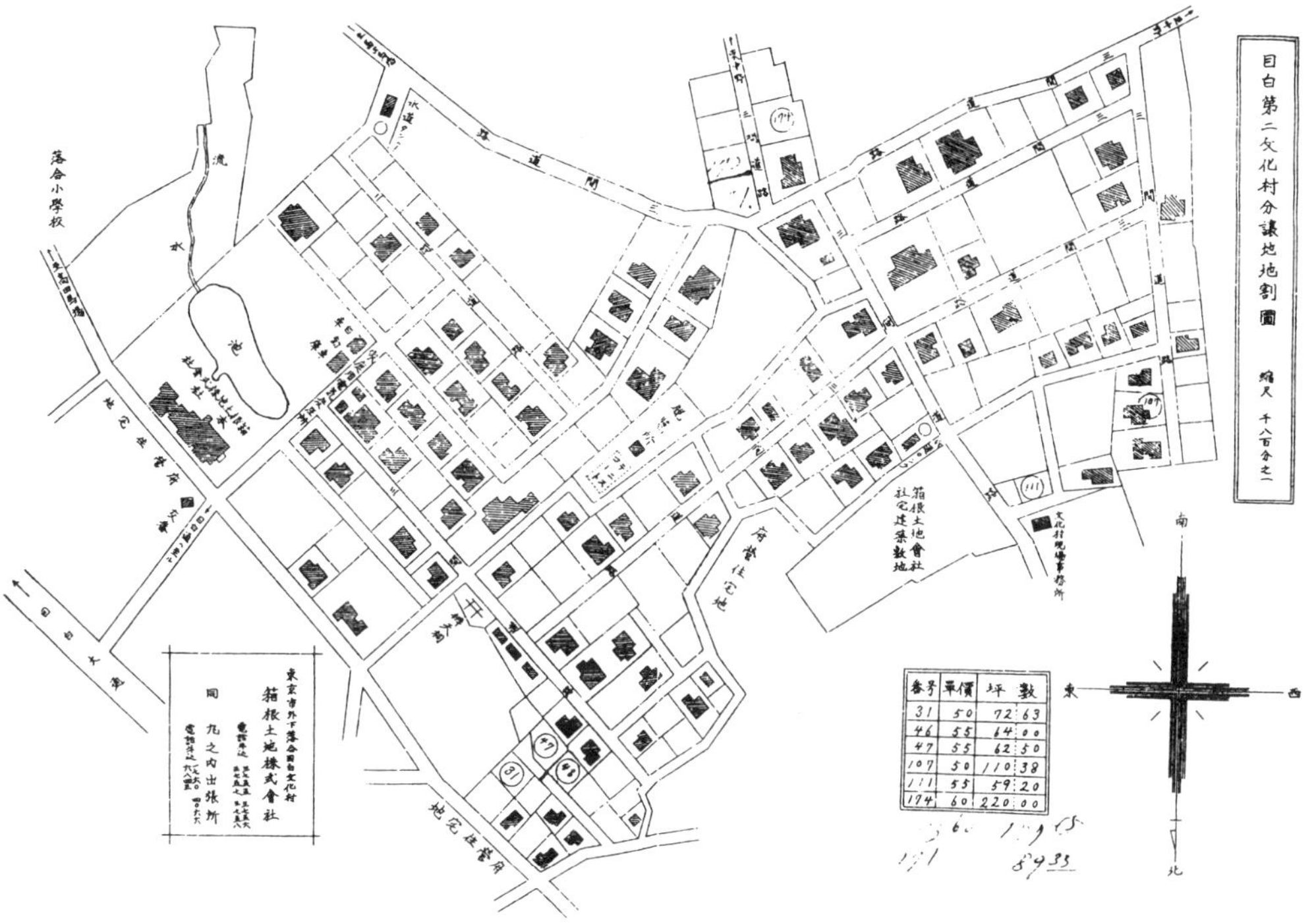

3－④　第二文化村分譲地地割図（第一文化村を含む）

これから知られるように、売り出しに際しては細心の注意が払われたといえよう。日常生活の利便性にはとくに配慮が払われている。なお、都市施設は第一文化村と重複するが、ガス・水道・下水・地下ケーブル式の電気設備とクラブハウス、テニス・コートがあり、これに相撲柔道場がつけ加えられている。

（3）目白第三文化村

第三文化村（3－⑤）は一九二四年（大正一三）九月開始の震災後における分譲である。ここは第一・第二文化村に対して山手通りを挟んで向かい側に位置し、しかも三七二坪と二一三〇坪の二つに離れた場所に計画されており、街区としてははなはだしくまとまりを欠いている。それでは、なぜこのような分譲地が形成されたのであろうか。詳細については定かでない。しかし、当時の事情から判断すると、箱根土地の開発の手法にみられる街区としてのまとまりを欠いたミニ開発型の特質が現われたためと、震災直後における人びとの郊外移住に応えるために、取り急ぎ土地を用意して開発がなされたためであろう。

住宅地は二間半と二間の道路をそれぞれの住宅地のなかに貫通させ、その両側に宅地を配して計画されている。宅地数は両者を合わせて五一区画である。平均の区画面積は約一一五坪、これを坪単価五〇～八〇円で売り出している。施設については当時の新聞広告（『時事新報』一九二五年九月二日）に「自然に恵まれた健康的要素と瓦斯・電気・下水等完備」と記されており、インフラストラクチャーの完備がはかられている。

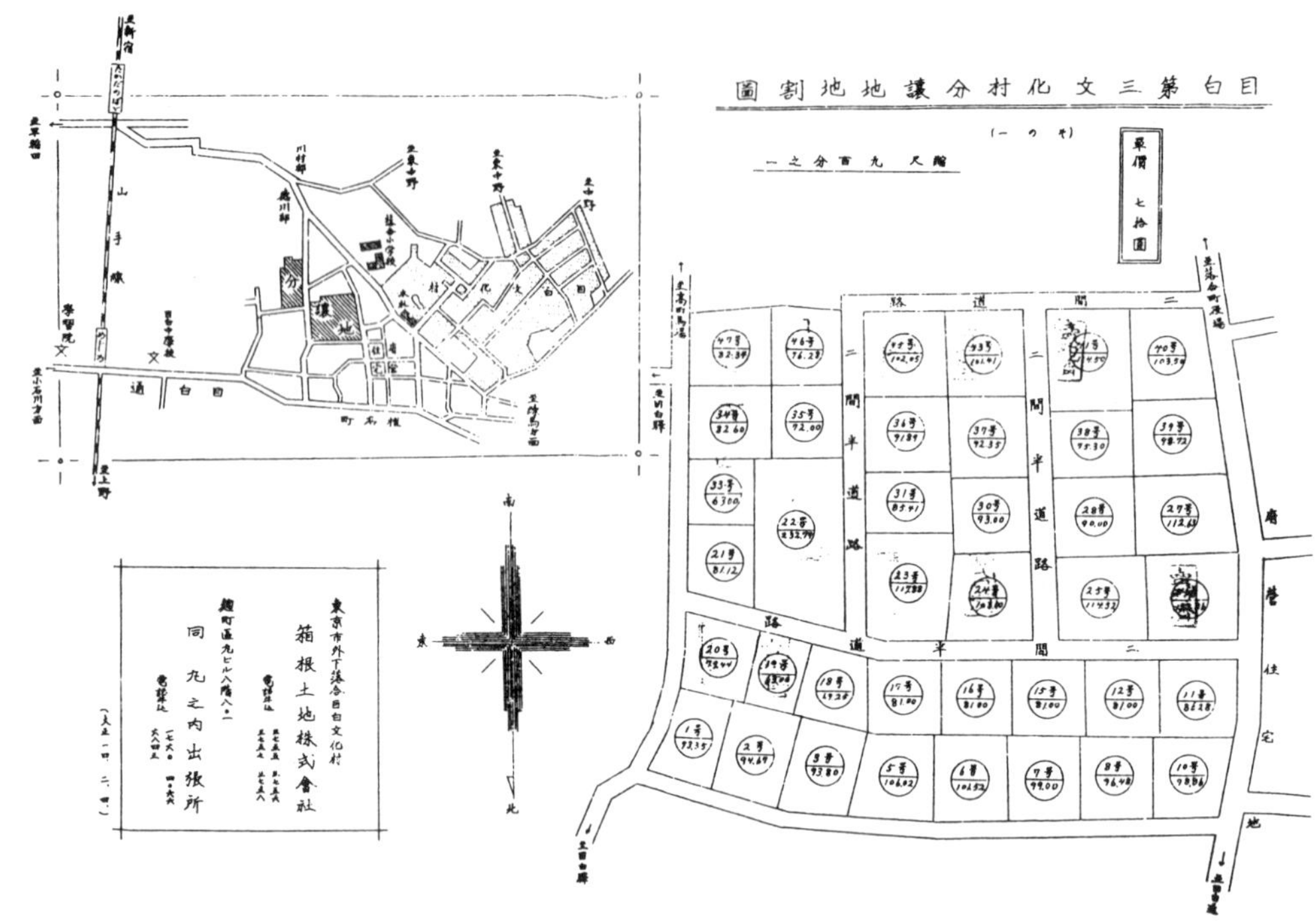

3－⑤　第三文化村分譲地地割図

（4）第四文化村

ここは第二文化村の売れ残りの一五六〇坪を再分譲したところである。場所は箱根土地本社の東南側、すなわち現在の放射七号線（一九六七年）を挟んではす向かいに位置している。ここは分譲当時の土地地割図でみると、第二文化村の売り出しの際には大住省三郎の所有地となっており、敷地の中央には流水が描かれている。これから土地はいったん大住省三郎に渡ったものの、地形的に不利な条件であったために住宅を建てる前に再び売りに出され、箱根土地によって再分譲されたことがわかる。細長い敷地の中央には二間道路がカギの手に走り、その両側を一九区画に分割して売り出されている。分譲開始は一九二五年九月一〇日である。宅地は平均約九〇坪で区画され、坪三五～七三円の値段で売り出されている。

このようにみていくと、目白文化村の住宅地としての特色は次のように考えられる。

①住宅地としてのプランが不統一で、開発の仕方もつぎはぎ的である。

②ガス・水道・下水・地下ケーブル式電気設備など、インフラストラクチャーの整備に力が注がれている。

③倶楽部ハウスをはじめとして、テニス・コートや相撲柔道場などの文化施設の建設が考えられていた。

①については前節においてみたとおりである。箱根土地は国立・大泉学園などにおいて総合的な住宅地開発をおこなう一方、市内においては有爵者の遊休地を対象とした多数のミニ開発型分譲をおこなっている。目白文化村の分譲はそのやり方を受け継いだものと思われる。また、土地の購入過程をみると、その買い入れ方もつぎはぎ的である。住宅地における不統一な街区プランはここから生まれたものと思われる。

四　理想的な住宅地の条件

それでは目白文化村は当時どのような形で受け止められ、考えられたのであろうか。ここでは当時の田園都市に対する考えと比較することで、その社会的な位置付けを試みたい。

日本の田園都市が一九〇七年に刊行された『田園都市』を嚆矢とすることはよく知られている。これは井上友一、生江孝など内務省有志が中心となって編纂に努めたもので、E・ハワード、A・R・セネットの著作を元に、欧米田園都市の実情と地方都市の自治と生活改善について紹介したものである。日本における最初の田園都市論といわれており、当時の財界人・知識人には多大な影響を与えている。たとえば、それは五年後の『東京日日新聞』（一九一二年五月七日）に次のような記事が載せられていることからもわかる。

「最初は東京附近の高燥な所と思ひましたが都合上国府津界隈で停車場から五哩と離れていない土地を選定するつもりです而して水道下水を完全にし学校病院墓地遊園倶楽部及び物品分配場を設置し電話電灯瓦斯の設備もし汽車で東京へ一時間内外で達せらる丶様に計ります創業費は約二百万円の予定で追々と増資します一体田園都市と云ふ仕事は一朝一夕で完備する訳のものでなく漸を追はねばなりません既に英仏米の先進国には立派な田園都市があり本邦でもその必要に迫られて来ました」。

これは益田孝・朝吹英二・馬越恭平ら三井系財界人が中心となって、神奈川県国府津の郊外に田園都市を建設する話であり、渋沢栄一が田園都市会社を持ち出す四年前のことである。これ一つみても、当時の財界人の田園都市に対する関心の高さの程がうかがえるのである。

この『田園都市』を読むと、多少地方改良の啓蒙書的な意味合いが強いというものの、この時すでに郊外生活の基本的な考え方が示されていることがわかる。たとえば都市施設については、イギリス最初の田園都市であるレッチワースを引き合いにしながら、「レッチウォースに就きて、三千八百十八エーカー（千五百九十町歩）の地を購ひ、或は菜圃、花園、運動園、浴場、遊泳場を作り、或は学校の外更に図書館、音楽堂等をも設け、或は共同組合、倶楽部の類を組織して、茲に田園生活を中心とせる市民生活を遂げしめんとしたり」と記しており、田園における都会趣味的な生活が描かれている。

また「田園都市は果して如何なる施設に出でたりしか」という問いに対して、ここでは「先づ労働者の家族をして、清新和楽の家庭を組織せしむるに在り。されば其住む所をして、殊に空気の流通と光線の透射とを十分にならしめ且付するに数畝歩の庭園を以てし、……労務の余暇には農芸を習はしめ、一には之に依りて各自の健康を保持せしめ、一には其収益を挙げて生計の幾分を補助せしめんと図りぬ」[10]と農芸をあげ、それに加えて、「山野樹林の勝景に富める……四周の光景と風土とをして、総べて彼等の健康と衛生とに適せしめんと勉め、更に公会堂、倶楽部、美術館等をも設けて、……品位ある娯楽の趣味を進めしめんと期せり」[10]と趣味的な生活をすすめており、これが郊外生活の理想的な考え方であった。この健康と娯楽とがミックスした田園の郊外生活イメージは阪神急行の小林一三の住宅地経営にも多大な影響を与えている[11]。堤が宣伝文句に掲げる「之が（旧来の都会生活は衛生、趣味を没却せる欠陥有之）改善と二重生活の醇化とを理想とせる」の考え方や、「文化的施設：地下電気、瓦斯、水道、完全下水、道路は幹線巾三間支線巾二間、自動車出入り自由、倶楽部、倶楽部内に電話交換台を設ける予定」という都市施設の充実も、明らかにこれからの影響を受けて計画されたと考えられるのである。

一九一八年を過ぎると内務省の主導により、日本でも田園都市や郊外住宅に対する基本的プランが示されるようになる。それらは主に、内務大臣のもとに設置された都市計画調査会や救済事業調査会によっておこなわれ、住宅については救済事業調査会の「小住宅改良要綱」（一九一八年）を経て、都市研究会の「都市の住宅政策綱領」（一九一九年）で一つの到達点を迎えるが、具体的な内容は次のようなものである。

（一）閑地の利用や区画整理など、建築敷地の造成
（二）交通機関の整備
（三）上下水道の完成
（四）電気及び瓦斯の供給
（五）建築組合の設置や公共団体の住宅供給など、住宅の建築及び建築事業に対する保護

これらと比較すると、目白文化村も明らかに、これらの影響下のもとに計画されていることがわかる。目白文化村は当時の理想的な田園都市の一つとして考えられていたのである。

ただタウンプランニングとして見た場合、目白文化村には惜しむらくはただ一つの欠点が見受けられる。それは都市的なまとまりを欠いていることである。これは先に示したミニ開発的なつぎはぎ分譲がもたらした結果であり、目白文化村の抱える限界もここにあったと思われるのである。

堤はその後、国立、大泉、小平などの学園町の建設を手がけ、堤の田園都市にかける夢は旧市内やその周辺地域をはるかにこえて、西郊方面の村落で花開くのである。

（藤谷陽悦）

注

（1）土地台帳で一九一四年次における土地地目を調べると、畑が五四％と過半数を占め、次いで山林が二カ所、田が一カ所、墓地が一カ所の順であった。

（2）開発前の目白文化村の範囲は筆数一五〇筆、所有区画数は六四区画である。そのうち、所有者については全体で一四家族、寺院が二（薬王院、景勝寺）に分かれ、一四家族中六家族は複数の人で占められていた。そのため、全体の所有者は三一人となっている。なかでも落合地域の大地主といわれた宇田川家は一一人が三五区画を占め、全体の六割を所有するほどであった。そのほか、地元の農家では栗原家（三名）、高田家、石井家、小野田家、太田家が代表的な地主としてあげられる。

（3）主に『大正人名辞典』で調べた。この中には四人の名前は一名も記載されていない。

（4）『国民新聞』一九二三年五月三日。

（5）『時事新報』一九二二年八月一八日。

（6）箱根土地の分譲記事が多くみられるのは『時事新報』と『読売新聞』である。ただし、目白文化村の記事については、第二文化村を記した『東京朝日新聞』の「目白文化村土地分譲」（一九二三年六月三日）が最初であり、次いで「目白第三文化村土地分譲」（『時事新報』一九二六年九月二日）、「第四目白文化村」（『時事新報』一九二六年九月八日）とつづいている。

（7）箱根土地の広告は、『時事新報』を対象に見た場合、新しく分譲された所は一九二九年までに定期的に掲載されているが、これ以後はぷっつり途絶えて掲載されなくなる。それが何に起因するのか、理由は定かでない。

（8）目白文化村を最初に紹介したのは蒲池紀生の『地上楽園への挑戦――土地・建物をめぐる社会史――』（財界展望新社、一九七〇年、一一三ページ）であろう。そこには目白文化村について、次のように記されている。

「ここにでてくる『目白文化村』というのは、当時、箱根土地㈱（現在の国土計画㈱）が経営していたものと思われ、国土計画の資料によると、その分譲は次のような経過でおこなわれている（現在の地名はいずれも『新宿区下落合』、面積単位は坪、道路面積は外数）。

	分譲面積	道路面積	分譲年月
目白第一文化村	九〇二一	八六〇	大正一一・六

目白第二文化村	一五〇三三	一九六七	大正一二・五
目白第三文化村	六三七七	五〇五	大正一三・九
目白第四文化村	一四五一	一〇九	大正一四・九
目白第五文化村	一六三九	一七四	昭和 四・一〇
	三三五二二	三六一五（総計三七一三七）」	

これから判断すると、目白文化村は第五まで計画されていたことになる。しかし、われわれが調べた範囲では第五文化村の存在は確認できなかった。新聞広告をみても、第四文化村についてはその売り出しが確認できるものの、第五文化村については記載がない。第四文化村は第二文化村の売れ残り地を再分譲した所である。第五文化村が計画されたとすれば、これは第四文化村が分譲されてから五年後に計画されており、その規模も第四文化村と同程度である。したがって、第五文化村は再び売れ残った土地を買い戻して再分譲した所を指す可能性も考えられる。

（9） この目白第一文化村は売れ行きに関しても一番好調だった様子である。また「土地地割図」には、一区画の敷地ごとに売却された日付がメモ書きされている。それによれば、売却日は五月一八日～七月一五日の間で記載されており、わずか二カ月で完売された様子がわかる。

（10） 内務省地方局有志編『田園都市』博文館、一九〇八年、四～五ページ、二〇ページ。

（11） 小林一三が発行した分譲地のパンフレット『住宅地御案内——如何なる土地を選ぶべきか、如何なる家屋に住むべきか』には、田園生活に対する基本的な考え方が「巨万の財宝を投じ、山を築き水をひき、大廈高楼を誇らんとする富豪の別荘なるものは暫くおき、郊外に居住し日々大阪に出で、、終日の勤務に脳漿を絞り、疲労したる身を其家庭に慰安せんとせらる、諸君は、晨に後庭の鶏鳴に目覚め、夕に前栽の虫声を楽み、新しき手造の野菜を翫賞し、以て田園的趣味ある生活を欲望すべく、従つて庭園は広きを要すべし」（吉原政義編『阪神急行電鉄二十五年史』同社、一九三二年）と記されている。

目白文化村の成立

一 目白文化村の分譲

（1） 方式は土地だけの更地分譲

目白文化村の分譲は、第一文化村の場合は一九二二年（大正一一）六月より、第二文化村の場合は翌二三年五月から開始された。また、第三文化村の分譲開始は二四年九月からとなっている。注目されるのは、いずれの場合も今日のような建売り分譲[1]ではなく、土地だけの更地分譲であった（4－①）ことであろう。このような分譲方式は、箱根土地だけでなく、当時の土地会社に共通してみられた一般的な分譲方式であったのである。

その理由としては、次の二つの事情があげられよう。第一は、更地の上に自ら建物を建築する方が、建物の構造や間取りを自由に選択できるからである。すなわち「他人の建設せる建物は之を取得せんとする人々の利用目的並に趣味に合致するものでなく……更地の場合は自由に是等の欲望を充足することが出来るからである[2]」と。第二は、第二次大戦前にあっては郊外の地価は比較的安く、小資本による土地の投資（または投機）が盛んにおこなわれていたが、転売目的のこのような土地の購入にとっては、建物の存在は必要がないばかりでなく、将来の転売のさいにかえって障害となったからである。

ところで箱根土地は、すでに長野県の沓掛（現在の中軽井沢）で建物付き別荘地を分譲しており、そのさい同社の建築部が別荘の建築にあたっていた。そのため、目白文化村の分譲にあたっても、購入者の注文に

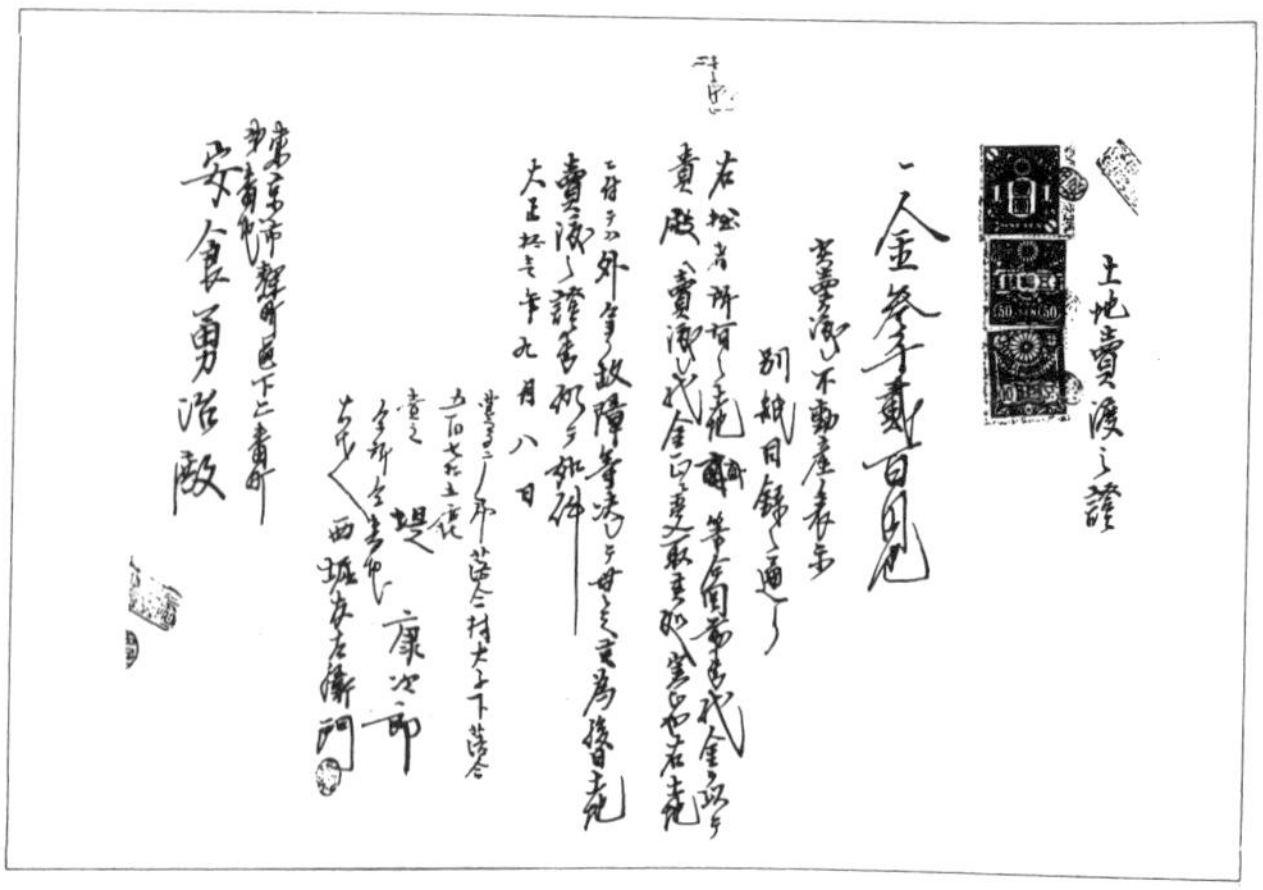
土地賣渡シ證
一金參千貳百圓也
大正拾年九月八日
安倉勇治殿

4－①　堤康次郎の「土地売渡し証」

より住宅の建築を引き受ける場合があった。このことは、次のような新聞記事からも明らかであろう。すなわち、箱根土地は「坪五十円乃至六十円で敷地を分譲した上坪当り百五十円乃至二百円の実費で希望の家屋を其上に建てて提供して居る」(3)。しかし、この場合も土地と建物は別々に販売されており、両者をセットにした建売りとは区別することが必要である。目白文化村は分譲の形式からすれば、あくまでも更地分譲方式であったといえよう。

なお、第二次大戦前の住宅地の分譲はすべてが更地分譲であったわけではなく、大規模な建売りもおこなわれていた事実をつけ加えておこう。その最初のものは、一九一〇年（明治四三）の阪神電気鉄道による鳴尾の住宅約七〇戸の分譲や、同年の箕面有馬電気軌道（阪急電鉄の前身）による池田の住宅二〇〇戸の分譲であった。後者の「最初に着手された池田室町住宅は一番町から十番町に分ち、碁盤目のように一〇〇坪を一区画とし大体二〇～三〇坪で、二階建、部屋は五、六室の住宅が二〇〇戸建築された。土地家屋庭園施設一式で二五〇〇～三〇〇〇円、頭金五〇〇円残金は一〇カ年月賦、一カ月二四円であった」(4)。以上のように、関西の私鉄がいち早く沿線での建売り分譲にのり出したのは、乗客誘致のためにはすぐ居住できる建売り方式の方が効果的と考えられたからであろう。しかし、第二次大戦前にあっては、関西でも建売り方式は例外的であったのである。

（2）箱根土地の販売戦術

更地分譲にしても、目白文化村は総面積が三万坪をこえる規模をもっており、箱根土地はこのような目白文化村の分譲地をどのような方法で宣伝し販売したかが、次の問題になる。

まず第一文化村からみることにしよう。第一文化村は当初は「目白不動園」といった。最寄りの駅が山手線の目白駅であること、所在地の小字名が不動谷であることから、このように名づけられたのである。しかし「目白不動園」という名称は、「江戸五色不動」の一つである目白不動ゆかりの土地との誤解を招くおそれがあり、第二文化村の分譲のさいに新たに「目白文化村」の名称が選ばれたため、それと区別する必要があり、第一文化村と改称されたのである。

もっとも、箱根土地はこの目白不動園を主として縁故（もしくは口コミ）で販売し、第二文化村以降にみられるような新聞広告その他による大々的な宣伝はおこなっていない。経済雑誌の『ダイヤモンド』は、次のように伝えていた。「〔堤康次郎は――引用者〕東京府下目白《ママ》村に住宅地一万坪を所有してゐるが……過般既に縁故者に大部分販売し、其利益も相当ある」[5]、「〔箱根土地は――引用者〕当下期より東京市内及郊外住宅地の経営を行ふ事となった。最初は試験的に郊外目白不動園を手数料制度で販売を試みた処、意外な好成績であった……」[6]と。

このように、目白不動園の分譲は「試験的」に「手数料制度」で「縁故者」に販売されたという。この「手数料制度」というのは、地主から土地の分譲を委託され、分譲に応じて手数料の支払いを受ける方式をさしている。事実、目白不動園の地主は堤であって箱根土地ではなく、このことは同社の『第六回報告書』（一九二二年六～一一月）にも「本期間ニ於テ売却シタル土地」のなかに落合村下落合の記載がないことからも明らかである。つまり、堤は一九一四年（大正三）以来小刻みに買い集めたその所有地を「手数料制度」により箱根土地を通じて「縁故者」に販売したのであり、その限りでは目白不動園の分譲は、箱根土地が積極的に土地を買収して開発した第二文化村の分譲とは性格を異にしていたといわなければならない。

ところで、目白不動園の分譲が良好な成績を収めたことから、箱根土地は本格的な文化村開発に乗り出すことになった。一九二二年（大正一一）一二月から翌年五月にかけて、堤が二一年秋に早稲田大学に売却した五〇四六坪の土地を買収するとともに、目白不動園の隣接地約一万坪を買収し、二三年五月に一万五〇三三坪の第二文化村として分譲を開始したのである。第二文化村は文化村全体の面積の約四五％を占め、また二三年下期には箱根土地が第一文化村内に本社（4－②）を建設したことからも明らかなように、第二文化村は当時の箱根土地が最も力を入れた分譲地であった。

それだけに、第二文化村の分譲に際しては、箱根土地は新聞への広告、絵はがきの作成など、積極的かつ大々的な宣伝を展開した。明治以来、新聞の広告欄に掲載される商品広告といえば、書籍、不動産、薬品（化粧品）などが大きな部分を占めていたが[7]、箱根土地は分譲地の売込み、イメージ・アップのために、新聞への広告を最大限に利用したのである。いま『東京朝日新聞』に掲載された第二文化村の分譲広告をみると、4－③は一九二三年（大正一二）六月三日付けのものであるが、タテ三段ヨコ約三〇センチの大きさである。また、同年一一月二一日付けの広告は「神の創造した武蔵野と人の建設せる都会との折衝地帯たる目白文化村は天恵と人為の利便を兼ね備へた現代人に相応しき安住の地であります」の文章で始まっていた。みられるように、他の土地会社の広告とは比較にならない大きな広告スペース、美辞麗句を連ねた独特の文体の広告内容（おそらく堤自身の筆になるものと思われる）からも、箱根土地

4－②　松下春雄「下落合文化村入口」（1925年）右の建物は箱根土地㈱本社

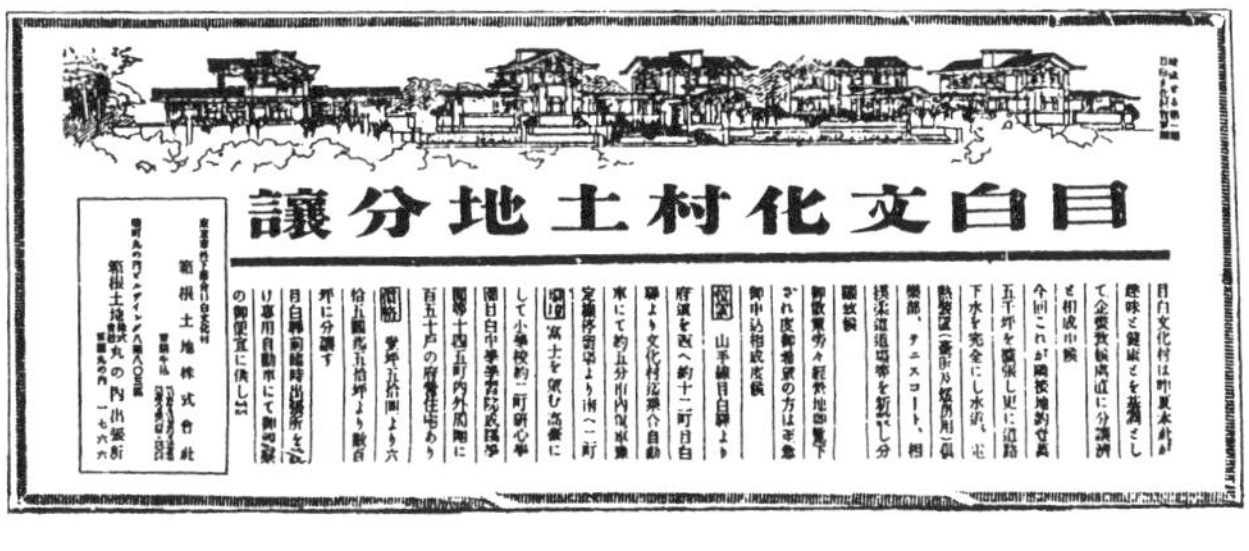

目白文化村土地分譲

4－③『東京朝日新聞』に載った第二文化村の分譲広告

独特の販売戦術の一端をうかがうことができよう。

なお、箱根土地の文化村分譲広告のなかでもとくに有名なのは、第三文化村のそれであり、「米国フラー建設会社のターナー支配人が一日目白文化村を訪れて、お、ロスアンゼルスの縮図よ！　と申しましたやうに……」の文章で始まっている（『東京朝日新聞』一九二五年三月一八日付け）。フラー建材というのは日米合弁のフラー建築株式会社（一九二〇年三月設立、資本金四〇万円、本社は丸の内仲通り）のことと思われるが、この広告は早速岸田国士により二五年五月号の『文芸春秋』に発表された戯曲「紙風船」の冒頭でほぼそのまま使用された。新聞広告が文学作品のなかにとり上げられた数少ない例といえよう。

（3）分譲地の売れ行き

それでは、目白文化村の分譲は成功したのであろうか。第一と第二を中心に、分譲地の売行きをみてみよう。

まず第一文化村。箱根土地は第二文化村の分譲のさいに作成した絵はがきのなかで、「昨夏本社に於て計画したるに未だ発表前に不拘この挙を賛する人々を以て直ちに満員と相成候」と、発表前に売り切れたと記している。実際はそれほどではなかったが、一九二二年（大正一一）六月の分譲開始後三カ月以内に三三区画のうち二四区画が売れ、残りの九区画も三区画を残して半年以内に売れているから、全体として売行きはかなり好調であったといえよう。

次に第二文化村。土地の買取にあたって旧所有者との交渉に手間どり、分譲開始の一九二三年（大正一二）五月の時点でも区画割りが完了せず、そのため当初の売行きはかなり悪かったといえよう。分譲開始後三カ月以内に売れたのは一二七区画のうちわずか二二区画にすぎず、半年後でもなお九〇区画が売れ残っていた。しかし、区画の整備が進むにつれて売行きはテンポを速め、一年以内には九一区画が売却済みとなった。第二文化村の売行きもまずまずであったといえよう。

関東大震災後に郊外住宅地が脚光をあびるなかで分譲された第三・第四も含め、目白文化村のほとんどの区画は一九二六年（大正一五）末までに売れていた。箱根土地の宣伝もさることながら、新聞や雑誌が地理的条件に恵まれた高級住宅地として紹介したことも一役買い、以上のような順調な売行きとなったのである。目白文化村は箱根土地が手がけた大小の住宅地分譲のなかでは、成功を収めたものの一つに数えてまちがいない。

二　分譲地を購入した人びと

（1）購入者は「中流」の上以上

目白文化村の中心となった第二文化村は、一区画が平均一一三坪、価格は坪当たり五〇〜七〇円（当時の大学卒初任給一カ月分に相当）で、国民の所得水準が低い当時にあっては決して安いほうではなかった。そこで問題になるのは、このような文化村の分譲地を購入したのは、どのような階層に属する人びとであったかであろう。箱根土地は一九二五年（大正一四）当時の目白文化村の地割図を作成しているが、そこには購入者の氏名と大多数の職業（肩書き）が書き込まれていた。あとでみるように、購入者の多くは「中流」の上以上の階層に属しており、彼らの職業を記入したのは目白文化村が高級住宅地であることを宣伝するねらいがあったものとみてよい。

そこで、以上のような箱根土地の地割図を手がかりに、第一、第二文化村の購入者一四五人を職業別に分類したのが表4－1である。

みられるように、会社役員、それも古河鉱業や内国通運、東邦電力といった大会社の役員を含む実業家が二六人とトップを占め、また鉄道省の局長をはじめとする高級官僚が一〇人、佐官・将官クラスの職業軍人が一三人、さらに政治家（衆議院議員）も二人を数えており、目白文化村の購入者の多くが支配階級ともいうべき「上流」階級に属していたことは明らかである。また、会社員や公務員などのサラリーマン、学者や芸術家といった都市新中間層も少なくないが、会社員のなかには三井物産や第一銀行など一流大会社の社員が含まれており、学者も東京帝国大学や早稲田大学などの教授が多く、全体として「中産」「中流」と呼ばれた都市新中間層のなかでもその上層が多かったといえよう。

　第二次大戦前、土地付きの持ち家に住んでいたのは華族や実業家など少数の資産家階級でありサラリーマンや学者・芸術家などの都市新中間層の多くは、一戸建ての借家を利用するのが一般的であった。文化生活研究会を主宰する森本厚吉は一九二三年（大正一二）に「代表的と認むべき中産階級三百八十八家族」の生活実態調査(8)をおこなっているが、全員が借家住まいであり、その標準的な生活費約二〇〇〇円（年額）に対して家賃は一七・四％の約二九円（月額）となっていた(8)。また、建築学者の佐野利器は一九二五年に、住宅の敷地面積について「中流住居に於て一戸百坪前後を標準と考ふることが最も適当ではあるまいか。下層民の最小限度としても一戸当り約三十坪は下りたくない(9)」と述べていた。借家とはいえ、敷地が一〇〇坪前後の住宅に月収の一七％程度の家賃で住んでいた戦前のサラリーマンの生活を、どのようにみたらよいであろうか。今日の日本の「豊かさ」を考える上でも参考になろう。

表4－1　目白文化村の職業別購入者

職業	人数	購入区画数	構成比(%)
実業家	26	43	22.8
学者	21	24	12.7
会社員・公務員	17	19	10.1
軍人	13	18	9.5
高級官僚	10	15	7.9
医師	4	5	2.6
芸術家	2	4	2.1
家主	2	4	2.1
政治家	2	3	1.6
その他	8	9	4.8
不明	40	45	23.8
計	145	189	100.0

（注）箱根土地の地割図（1925年）より作成。

　ところで、第一次大戦を契機とする日本経済の飛躍的発展の過程で、会社銀行員などの都市新中間層はいちじるしい量的増加をとげ、それにともなって上層・下層といった内部の質的分化も進展することになった。そして多数を占める下層の前では一九二〇年（大正九）以降は物価騰貴による生活難などから「俸給生活者組合」「サラリーマン・ユニオン」といった労働組合が組織される反面、上流志向の強い少数の上層の間では、借地上の持ち家からさらには土地付きの持ち家を取得するものも出現した。目白文化村の購入者のなかにみられる会社員・公務員などいわゆる「中産階級」に属する人々は、その少数の上層であって、当時の「中産階級」の大多数はいぜんとして借家住まいから脱却できず、せいぜい借地の上にマイホームを建設するのがせい一杯であった。

　この点で興味深いのは、目白文化村の居住者とそれとは隣り合わせの府営住宅の居住者の間に、かなりの格差がみられることであろう。一九二五年（大正一四）の『銀行職員録』(10)には目白文化村の居住者が二人、府営住宅のそれが三人掲載されているが、前者は中沢銀行の取締役、帝国商業銀行の副支配人、後者は八十四銀行の支店長、内国貯金銀行の係長（以上、落合）、村井銀行の支店長代理（世田谷）となっていた。同じく銀行の職員といっても、目白文化村（土地付き持ち家）には「上流」に数えられる銀行の役員が居住していたのに対して、府営住宅（借地上の持ち家）には典型的な「中流」ともいうべき銀行の中間管理職が居住していたのである。

（2）購入の目的と資金調達

次に問題になるのは、以上のような購入者は何を目的に目白文化村の分譲地を購入したかであろう。すでに指摘したように、第二次大戦前には華族や財閥をはじめとする資産家の間では、資産の保全や有利な運用を目的に、市街地や郊外の住宅地などの土地への投資（または投機）が広くおこなわれていた。また、当時は今日と比較すれば、これらの土地の価格ははるかに安く、そのため都市新中間層（の上層）にあっても小資本による小規模な土地投資は決して不可能ではなかった。

目白文化村の場合も、居住目的の購入が大部分を占めていたとはいえ、以上のような投資（または投機）目的の購入も少なからずみられた。いま第一・第二両文化村の一五五区画についてみると、当初の購入者またはその相続人が所有していた区画は一九三〇年（昭和五）当時で一二八区画であり、すでに二七区画が転売されていた。また、三五年までをとると、四〇区画（二六％）が転売されており、これらの区画の多くが更地のままであったことをみると、以上の転売は主として投資（または投機）目的による購入の結果であったといえよう。

次に居住目的の購入者についてみると、第二文化村の場合、土地代として約五〇〇〇円から七〇〇〇円、さらに住宅の建築費としてほぼ同額、合計して一万円から一万五〇〇〇円（現在の二〇〇〇万円から三〇〇〇万円）が必要であった。購入者の多くはいわゆる「中流」の上から「上流」に属していたとはいえ、遺産相続や停年退職などでまとまった資金が入る場合を別とすれば、これだけの資金を一度に支出することは必ずしも容易ではなかった。

当時法政大学の教授をしていた安倍能成（のちに文部大臣、学習院長となる）は、次にように回想していた。「大正十二年九月一日の震災の時には、小石川水道町の友人岩波茂雄〔岩波書店主――引用者〕の借家に居たが、翌十三年に目白の文化村というのが分譲されたので、色々借金をして土地を買ひ、家を建てたのは夏になってからであった……」[11]と。ここでは「色々」な借金の具体的な内容は明らかにされていないが、第二文化村のほかの購入者のなかには、金融関係から土地を担保に借入れをした者も少なくなかった。

当時、不動産のなかでも都市部の住宅地は金融関係からの借入れの際に担保として利用されていたが、とくに第一次大戦後に郊外住宅地などの購入や住宅の建築のために広く利用されたのは、日本勧業銀行（一九七一年一〇月に第一銀行と合併し現在の第一勧業銀行となる）や各府県や農工銀行（一九二一年九月から四四年九月までの間に日本勧業銀行に合併されて消滅）といった不動産専門の金融機関からの不動産担保の借入れであった。なかでも日本勧業銀行は一九一一年（明治四四）三月の同銀行法の改正により、農工業以外に対する不動産担保貸付が可能となり、第一次大戦後は以上のような住宅ローンをかなり拡大した。『東京経済雑誌』は次のように報じている。

「……近来流行の市内宅地の分割売りを買ふには一万円乃至一万五千円位もあれば買へる。それも半額位は勧業銀行なり農工銀行なりから低利の資金を借りられる。現に此の方法によって中産階級の人々で富豪の開放した宅地を買入れたものが可なりある。三菱の開放した小石川及び巣鴨の土地の如きは……三菱としては左程廉いとは言へないもので、市内では坪百円内外、郡部で八九十円といふ所であったが、兎に角場所柄とて買手は帝大の教授とか相当の官吏とかいふ連中が多く、而もその多くは勧銀の厄介になってゐる……」[12]

以上のように、山手線の巣鴨駅近くの「大和郷」分譲地をはじめ市内・郊外の分譲地の購入にあたっては日本勧業銀行や東京府農工銀行からの借入れが利用されており、目白文化村の場合もその例外ではなかったのである。

なお、箱根土地は一九二六年（大正一五）三月の社債償還不能事件をきっかけに経営危機に陥ることになるが、この過程で、社債権者のなかには箱根土地から現金による償還のかわりに目白文化村または国立学園都市の土地の提供を受けた者があった。つまり、社債は土地と交換されたのであるが、結果的には目白文化村の土地を取得した大口の社債権者は多くの社債権者のなかでは恵まれたほうであったといえよう。

三　目白文化村の完成

（1）住宅の建築と入居

目白文化村の購入者のなかには投資（投機）目的の者も含まれていたとはいえ、全体として居住目的の購入者が多く、したがって分譲地には次々に住宅が建築されることになった。

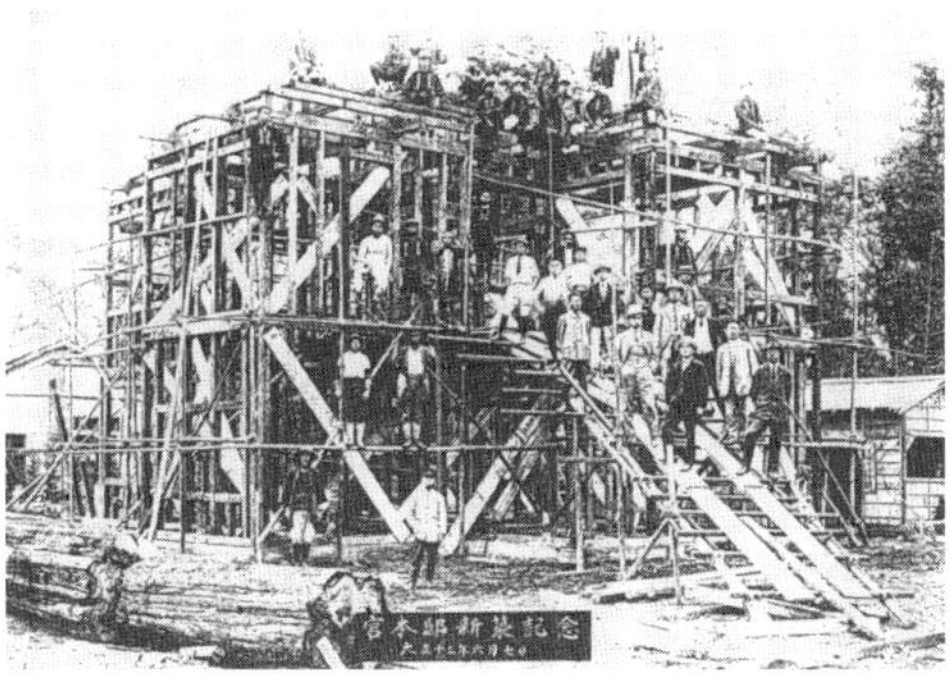

4－④　第二文化村の宮本恒平邸上棟式（1924年6月）

いま、第一・第二の両文化村について住宅の建築状況を調べてみると、関東大震災から三カ月後の一九二三年（大正一二）一二月の時点では、分譲から一年半を経過した第一文化村では、売れた三二区画のうち半数の一六区画で住宅が建築されていたが、分譲から半年しか経過していない第二文化村ではわずか一七区画で住宅が建築されたにすぎなかった。しかし、二五年八月の時点では第二文化村でも一一二区画のうち半数以上の六〇区画で住宅が建築されており、二二年から二三年にかけては第一文化村で住宅の建築が進んだのに対して、二三年から二五年にかけては第二文化村で住宅の建築が進んだといえよう（4－④）。

農商務省の書記官であった小平権一（のちに農林次官となる）が第二文化村の一区画を購入し、二階建ての住宅を新築したのは関東大震災の翌年の一九二四年（大正一三）のことであるが、長男の邦彦（のちに数学者となり文化勲章を受章、現・東京大学名誉教授）は、当時を回想して次のように述べていた。「当時第一文化村の方は割合に家が建っていましたが、私の家のあった第二文化村の方は一軒おき位にしか家は建っておらず、空き地だらけでした。放し飼いにしていたセロという名前の犬は、その空き地を飛び回っていました。そして今は見えませんが、富士山が見えました」[13]と。

住宅の建築が進むにつれて、目白文化村は文字通り〝村〟としての体裁をととのえ、営みが始まることになった。この点は第二部〔本書には収録せず〕でくわしく紹介し検討するが、その前に入居者の前住地をみておこう。

入居者が文化村の分譲地を購入した時点の住所をみると、東京・神奈川・愛知などにわたっているが、やはり東京が八割近くと大多数を占めていた。そしてそのほとんどは旧市内（一五区）からの移住者であるが、ごく少数ではあるが永井外吉（東京護謨常務取締役）など箱根土地関係者のように、同じ落合村から移住した者も含まれていた。このように、文化村の入居者の大多数は旧市内から居住環境のよい郊外住宅地の文化村へ移住してきたのであり、しかも小石川区内の借家から引っ越してきた小平権一のように、移住前は借家（官舎を含む）住まいをしていた者が多かったことも特徴的であったといえよう。

（2）姿を消す箱根土地の施設

目白文化村に居住者がふえ、高級住宅地としての輪郭が明らかになるなかで、箱根土地が分譲にあたって設けた倶楽部（クラブ）などの施設、本社社屋などの箱根土地関連の施設があいついで姿を消すことになった。とくに倶楽部やテニス・コートなどは文化村を象徴する施設として大いに宣伝され吹聴されただけに、注目すべき変化といわなければならない。

まず第一文化村の「都市施設」として宣伝された倶楽部をみると、たしかに一時期は住民に開放され、二十日会（自治会）の拠点として利用されたが、一九二九年（昭和四）頃にはただの住宅として売りに出されたという。また、第二文化村の「文化的施設」とうたわれたテニス・コートや相撲柔道場等はいずれも借地上に設けられており、二五年（大正一四）には相撲柔道場のあったところにテニス観覧所がつくられたが、三四年には地主によってその一部が売却されたという。なお、相撲柔道場は堤康次郎の個人的好みによるものと思われるが、文化村の居住所にはおよそ不向きな施設であったことはいうまでもない。

また、箱根土地の本社についてみると、その敷地は第一文化村の分譲の際に二〇〇〇坪の区画として売り出されたところで、一九二三年（大正一二）下期に本社の文化村への移転にともなって社屋が建築された。しかしわずか二年後の二五年末には、本社の国立学園都市への再移転にともなって、中央生命保険相互会社に売却され、建物は三六年（昭和一一）以降に取り壊されてしまった。また、敷地内にあった車庫は住宅に転用されたという。

以上のような経過をみて注目されるのは、箱根土地が宣伝した「文化的施設」の多くがその所有地上ではなく、地元の地主からの借地上に設けられていたことであろう。このことは、「文化的施設」が住民によって恒久的に利用される施設としてではなく、分譲を有利に進めるための一時的施設として設けられたことを示すものにほかならない。目白文化村の分譲がほぼ完了した一九二五年（大正一四）末に、箱根土地は郊外住宅地の新たな開発計画として学園都市建設を打ち出し、本社を国立に移転することになるが、これ以降、目白文化村の「文化的施設」はその役目を終えたのか、あいついで姿を消すことになったのである。

（3）目白文化村と落合文士村

目白文化村に思い思いの意匠をこらした「文化住宅」が建ちはじめた頃、落合の他の地域でも和風住宅や洋風住宅の建築があいつぎ、かつての畑や雑木林は急速に住宅地へと変わりはじめていた。落合村はすでに一九二四年（大正一三）二月に町制を施行していたが、その後の人口の増加はいちじるしく、二五年末の二万三四五人に対して三〇年（昭和五）末には三万五九二人と、実に五割の増加をとげていた。

「考現学」の創始者今和次郎は二九年に「自然の中に生活することの幸福と健康」を目標とした当時の郊外住宅の理想と現実について、次のように述べていた。「郊外住宅は、日当たりよく、風透しよく、庭園あり、蔬菜園あり、花壇あり、鶏舎あり、運動場がある、等のごとき道具立てが理想とせられてゐる」。そして、理想に近い光景が見られる「計画的な郊外住宅地」として田園調布などをあげ、その他の「一般郊外は、より無統制で、乱雑で、道路も敷地もそして家屋そのものも各種各態のものが混乱的に建てられたものとなつてゐる。トタン屋根の貸家その他雑多である」[14]と。

同じ落合町のなかにも、以上のような二つの対照的な「郊外住宅地」がみられたのである。下落合の高台の南斜面に立地する目白文化村はここでいう「理想に近い計画的な郊外住宅地であったのに対して、神田川に沿った上落合などの低地あるいは窪地は「トタン屋根の貸家」などが建ち並ぶ「乱雑で無統制な郊外住宅地」であったといえよう。

　そして、昭和のはじめ頃から、この神田川沿いでは貧乏な作家や詩人たちが借家（あるいは間借り）住まいを始めるようになった。その一人林芙美子が上落合の借家に移住したのは一九三〇年（昭和五）五月のことであるが、その借家は「陋屋と呼ぶにふさはしく、玄関の前に井戸があるので、家の前は水の乾くひまもなく」、「落合の火葬場の煙突がすぐ背後に見えて、雨の日なんどに、きな臭い人を焼く匂ひが流れて来た[15]」という。川沿いの低地で近くに工場なども多く、居住環境はむしろ悪い方であったが、家賃（あるいは部屋代）が安かったこと、しかも時代の先端を行く町〝新宿〟に近かったこと、などから多くの作家や詩人が住んだのである。

　当時、落合町の低地で借家住まいをした作家や詩人のなかには、以上の林のほかに江口渙、蔵原惟人、中野重治、藤森成吉、宮本百合子、村山知義などのいわゆる「プロレタリア作家」がいた。もちろん、目白文化村などの高台にも作家や詩人が住んでいなかったわけではない。彼らは東京帝大教授を父にもつ船橋聖一、流行作家でバンガロー風の家を新築した吉屋信子、あるいは一九三一年（昭和六）に早大の講師から教授になった歌人の會津八一など、低地に住む作家などとは地位も収入も隔絶した少数の「恵まれた」作家や詩人であったといえよう。

　それにしても、一九二〇年代から三〇年代にかけて落合町に住んだ作家や詩人、歌人は実に七〇名以上を数えた[16]のである。世上「落合文士村」と呼ばれるゆえんであるが、その中心となったのは多くの人数を集めた神田川沿いの低地であり、そこはまた「プロレタリア作家」を中心とした左翼文化運動の根拠地でもあった。一九二八年（昭和三）三月、左翼文化団体を結集した「全日本無産者芸術連盟」（略称ナップ）が結成されたが、その事務所が上落合に設けられたのも決して偶然ではなかったのである。

　なお、一九三〇年代半ば以降、落合町の北に接する長崎町には、貧乏な画家が多く住むアトリエ付き貸家が建ち並び、「長崎アトリエ村」が誕生した。その結果、目白文化村は落合文士村と長崎アトリエ村にはさまれる形となったが、学者が多く住んだとはいえ目白文化村はやはり高級住宅地であり、文士村やアトリエ村とは異質の世界を形づくっていたといわなければならない。

（野田正穂）

注

（1）第二次大戦後は建売り方式がしだいに比重を高め、一九七〇年代末には更地分譲方式は姿を消すことになった。「東京都内での土地分譲はついにゼロとなった」（『日本経済新聞』一九八〇年九月二日付け）のである。

（2）杉本正幸『市街地価格論』厳松堂書店、一九三三年、一七三ページ。

（3）『東京朝日新聞』一九二四年七月一日。

（4）池田市史編纂委員会編『新版・池田市史』概説編、同市、一九七一年、六二三ページ。

（5）『ダイヤモンド』一九二二年一〇月一一日。

（6）『ダイヤモンド』一九二三年一月一日。

（7）山本武利『広告の社会史』法政大学出版局、一九八四年、二九ページ。

（8）森本厚吉『滅びゆく階級』同文館、一九二四年、二二七ページ。

（9）佐野利器『住宅論』文化生活研究会、一九二五年、四〇ページ。

（10）野口真正編『東京府管内銀行職員録』同発行所、一九二五年。

（11）『落合新聞』一九六四年四月一一日。なお、作家の中勘助は一九三三年（昭和八）六月、友人の安倍能成宅を訪れている。以下は『街路樹』の一節。「目白から乗合自動車にのる。東長崎町行といふのの運転手に文化村へ行くかどうかをきいたら　行く　といふ。乗る。今度が文化村といふところで若い女車掌が誰にとでもなくそのことを口でいひながら車の響のためにそれをききかねてぼんやりしてる私に目でしらせた。大きないい目だった。私がうなづいて車をおりかけたときに彼女は後ろから肩越しに腕をのばしていつも曲がる菓子屋の角を指さしながら『そこを曲がると文化村です』と教へてくれた」（『中勘助全集』第六巻、角川書店、一九七一年、二六八ページ）。

(12)『東京経済雑誌』一九二三年八月五日。

(13)目白文化村研究会によるヒアリング。

(14)今和次郎『新版大東京案内』中央公論社、一九二九年、二六八〜二六九ページ。

(15)林芙美子「落合町山川記」（『林芙美子全集』第一六巻、文泉堂出版、一九七七年、一五一ページ以下）。

(16)目白学園女子短期大学国語国文科研究室『落合文士村』双文社出版、一九八四年。

［1―2―⑧A］
国立市史編さん委員会編『国立市史　下巻』（国立市、一九九〇年、七八～一一五頁）

国立大学町の誕生

（一）西野寛司と堤康次郎

黒塗りの自動車

箱根土地社長の堤康次郎と谷保村との最初の接触は、幸いなことに、谷保村役場庶務主任として現場にいた郷土史家の原田重久が記録を残している（「大正時代の谷保村と国立学園都市の開発」『多摩のあゆみ』第四一号）。以下では、これを手がかりに述べることにしよう。

関東大震災の翌年、大正十三（一九二四）年八月のある日、甲州街道沿いの桑畑の中にあった谷保村役場のわきに、一台の黒塗りの自動車が横づけされた。

このころは、自動車など一台も村になく、甲州街道も凸凹道で道幅も狭く、自動車など滅多に通らない。そこに、突然、ピカピカの豪勢な自動車がやってきたので、近所の農家は、なにさまが来られたのかと眼を白黒させたという。

和風平屋建てのお粗末な村役場に着いた自動車には、箱根土地株式会社の社長堤康次郎と事務中島陟、それに越丸八重蔵という社員が乗っていた。

堤康次郎（明治二十二・一八八九年―昭和三十九・一九六四年）は滋賀県出身、大正四（一九一五）年ころから軽井沢などで土地開発事業に着手し、大正九年に箱根土地株式会社を設立した。ついで、芦ノ湖の遊覧船と駿豆鉄道の支配権を握って両者を合併、駿豆鉄道箱根遊覧（いまの伊豆箱根鉄道）という会社にし、谷保村を訪れたときは両社の社長でもあった（和久田康雄『日本の私鉄』）。また堤は、大正十年に社内に東京土地部を設け、大泉、小平などの学園都市開発に乗りだした。堤の谷保村役場訪問は国立大学町開発のためであった。

さて、黒塗りの自動車から降りた三人は、村役場に入り、事務室わきの会議室兼応接室の八畳間に通され、村長の西野寛司と面談した。

当時の村長は名誉職村長と呼ばれ、無給だったので、村の名望家の持ち回りであった。西野家は、村人が「本宅」とよぶ十何代もつづく旧家の大地主で、当主の西野寛司も屈指の名望家であった。西野寛司は東京四谷簞笥町に別宅をもち、谷保村の本宅や役場には月に二、三回、村会や知人宅に不幸のあったときなどに顔を見せていたという。

郊外の土地ブーム

大正期の多摩は、前節〔本書には収録せず〕で述べた多摩川の変貌も含め、第一次大戦と関東大震災で大きな影響を受けた。第一次大戦による日本経済の急成長の結果、北九州・阪神・中京・京浜の四大工業地帯が

表9　大正時代の東京の主な土地会社

会社名	設立年月	資本金
東京信託	明治39年5月	500万円
東京土地	明治41年12月	150万円
田園都市	大正7年9月	500万円
東京土地住宅	大正8年9月	150万円
大日本信託	大正9年2月	250万円
箱根土地	大正9年3月	2,000万円
帝都土地	大正9年3月	136万余円
中央土地建物	大正9年3月	150万円
荏原土地	大正9年3月	150万円
第一土地建物	大正13年5月	100万円

（出典）野田正穂「多摩の開発と土地会社」（『多摩のあゆみ』第41号）第2表
注：原表の出典は東京興信所『銀行会社要録』各版、資本金は大正末年のもの。

成立し、企業や工場などが集中した市部では過密化と住宅難、地価の上昇がおきた。また、企業や工場の発展は中間管理職のサラリーマンを大量に生みだした。

　こうした現象はもっとも経済活動が旺盛だった阪神地方で典型的にみられたが、震災に見舞われた京浜地域でも、震災による住宅の減少が住宅難に拍車をかけ、サラリーマンや職場を自由に設定できる芸術家など、中間層とよばれる人びとが郊外に新しい住居を求めて移動し、また大戦期からのインフレで投機目的に土地を買いあさる動きもあって、土地ブームがおきた。おりから平屋和風建築に赤や青のとんがり屋根のついた文化住宅とよばれる和洋折衷住宅が人気をよび、郊外の宅地化が進んだ。新しい住宅地は、都心への通勤に便利な私鉄や国鉄の電車線沿いに展開し、新宿、渋谷などのターミナル駅の周辺は繁華街になった。

　郊外の宅地化は、通勤手段である電車と生活のための電気の普及が条件で、多くの電鉄会社が電気事業と不動産業を兼ね、沿線の開発と乗降客の確保につとめた。

　土地ブームは大小の土地会社を生んだ。表9にあるように、東京のおもな土地会社は大正七年から九年に誕生している。とくに大正九年には五社が設立され、国立大学町をつくった箱根土地は、なかでも群を抜く大会社であった。

交渉が始まる

　堤社長と西野村長は、村の有力地主数名をまじえて懇談した。席には、箱根土地の中島専務、田中谷保村助役、それに庶務主任の原田重久が加わった。

　懇談の内容は、谷保村北部の山林約一〇〇万坪を会社がまとめて買収整備して分譲したい。そして立川と国分寺の中間に新駅を設け、神田一ツ橋の東京商科大学（いまの一橋大学）などを招致して、理想的な学園都市を作りたい、という計画の提案だった。要旨説明は、欧米各都市を視察研究してきたという中島専務が主としてあたった。

　会社側の壮大な話も、地主にとってはあまりにも突然で、提案の内容も突飛だったので、この日の会合では地主側の即答は得られなかった。しかし、会社側の内示条件と中島専務の要領よくまとめられた解説で、ある程度の反応はあった、というのが原田の観察である。

　この訪問で「国立大学町開幕の柝《き》が鳴らされた」と原田重久は書いている。

堤康次郎と谷保村との出合い

　それにしても、堤康次郎はなぜ谷保村のヤマを選んだのか。原田重久は、次のように推理する。

　当時の政治は政友、憲政の二大保守政党が交互に政権を掌握し、堤は憲政会系の政治家であった。他方の西野村長も、政友系が多数をしめる谷保の地主たちのなかにあって、反主流を標榜する独自の立場にあった。

　また西野村長は株や相場を手がけていたので、この面からも堤をはじめとする財界人と交流があり、多摩の一寒村を開発して一大学園都市を作るという構想も、二人がたびたび料亭などで会っているうちに出てきたのではないか。つまり、堤の理想郷実現の夢に友人の西野が手を貸したのではないか、というのが原田の推理である。

西野村長は、「こうときめると、村の公会堂を建築して寄付したり、村役場が古くなって不自由になると、ぽんとわが土地をその敷地として提供し、二階建の庁舎を寄贈したり、ありふれた株屋や地方の地主とはどこか違っているところがあった」。西野には、村の発展に私財を投げ出して惜しまないだけの器量があった、というわけだ。

しかし、国立市職員の田島すみ子は別の推理をする。

猪瀬直樹の『ミカドの肖像』によれば、堤は大正四年ごろ軽井沢の開発に取組んだが用地買収に手間取った。この頃の堤は無名で若かったので、容易に村民の信頼が得られなかったためである。村民は野沢源次郎という人物に信頼を寄せていた。野沢は、貿易商社野沢組の経営者で、軽井沢の二〇〇万坪を買収し、別荘として分譲を始めており、実績があった。堤は野沢と対抗して、用地買収を進めることになったのである。

ところが、野沢源次郎は谷保村の、いまは滝乃川学園の敷地の一部などを所有していたのである。

この二つの事実から、野沢源次郎がヤマの開発を考えたか、あるいは野沢が堤にこの土地を紹介したのではないか、というのが田島の推理である。

両者の推理は内容的に両立しないわけではない。何かの折りに野沢が堤に話し、それを堤が西野にもっていったのかもしれないからだ。

だが、どちらの推理も、いちばん肝心の商大がなぜ移転する気になったかを説明していない。それを解くカギは、商大と堤との関係にあるのではないか。そのことは、後にふれよう。

買収前のヤマ

通称一〇〇万坪といわれる国立大学町は、おもに拝島道北とよばれた地域で、ナラ、クヌギ、ソロ、エゴ、クリなどの雑木の間に点々と赤松の大樹が混じり、人家は一軒もない。幅二、三メートルの林道が数本あったが、両側からオギやススキが覆いかぶさって、めったに人も通らない。『国立の生活誌』には、ここでキツネやタヌキにばかされた話も登場する。

しかし、ヤマとよばれたこのあたりは、農家にとって重要な意味をもっていた。ひとつは、落葉が大切な堆肥の原料だったからであり、肥料のもとになる雑木林を失うことは農家にとって死活問題だったからである。さらに、ヤマの雑木は燃料としても農家にとって不可欠だった。

むろん、畑を荒らすことと先祖からの土地を手放すことを一番の恥とした当時の農家にとっては、土地を売るだけでも一大決心を迫られる大問題であり、その上、肥料や燃料といった生業や毎日の暮らしに直結する問題が重なったから、買収交渉は難航した。

村では地主側から委員数名を選出して交渉にあたらせ、会社側からは、中島専務のほかに、川島、岡野らの社員が加わり、交渉は数十回におよんだという。

買収の条件

箱根土地が提示した山林の買収価格は、一反歩（三〇〇坪、約一〇アール）平均一〇〇〇円であった。坪三円強である。ちなみに小平学園町の場合は坪三円ちょうどであった。

このころの庶民のタバコ、ゴールデンバットが六銭（大正十四年に七銭になる）、葉書が一銭五厘、繭や甘藷を売っても、なかなかイノシシとよばれた一〇円札にはお目にかかれないときである。しかも、山林の売買などはほとんどなく、借金のかたにとられるときは一反歩一〇〇円か二〇〇円程度だったという。売ろうにも売れない山林が一反歩一〇〇〇円は破格の高値で、多くの地主の気持ちが動いたのは事実だったらしい。

会社はさらに好条件を上乗せした。雑木や松は、村の委員たちの評価

図４　国立開発時の立木の計測（現一橋大学付近、大正12年）

どおりに時価で買取るというのである（雑木一反五円、松は尺じめ一本七〇～八〇円を会社から提示したとする説もある）。地主たちの間に波紋が広がった。先祖伝来の土地は手放したくないし、法外な土地代金は欲しい。中には、あまりの好条件に警戒する地主も出て、話は容易にまとまらなかった。

会社側はさらに追い打ちをかけ、地主側委員や一部の大地主を府中の料亭に招いたり、箱根の温泉場に自動車で連れていき、芸妓をよんで歓待した。「土曜・日曜の夜ともなると屋台を開いて大福もちを振るまったりしてね。そのころ温泉場なんて会社の社長でもなければ行けない所だったものね」（遠藤文武、『国立の生活誌』V）。

買収済み二一パーセント

こうして、多くの地主たちは抜き差しならぬ立場に追い込まれていったが、一部には会社の繰り出すあの手この手をガンとしてはねつけ、会社側や西野村長の話にいっさい耳をかそうとしない地主もあったという。

ようやく大半の地主の気持ちが売渡しに傾いてきたのは大正十四年であった。西野村長が村百年の計を説き、率先してかなり広い所有山林のすべてを提供したのと、やはり大地主で村屈指の名望家である本田定寿が村長に協力して東地区の所有地の大半を提供するなど、大地主で名望家のお大尽が協力したことが、土地を手放すことを恥とした農家の重い腰をあげさせることになった。こうして、あくまでも強硬に譲渡を拒否する一部の地主を残して、ヤマの地主の大半が売買契約に調印しはじめた。なかには、頑張るには頑張ったが、周囲の土地を買われて、自分の地所が袋になってしまい、ついに手放さざるをえなくなった地主もいた（『私たちの町　国立』）。

西野村長が東京商科大学長にあてた大正十四年四月付の買収状況報告によれば、買収予定地九四万四四八二坪のうち、買収済み二一%、契約済み四三%となっている。

大正十四年四月十三日　　谷保村長　西野寛司

東京商科大学長　佐野善作殿

今般箱根土地株式会社本村内之経営土地見込額御照会相成候ニ付取調候処左記ノ通リニ付此段及御報告候也

一、既ニ買収済ノ地坪数　拾九万七千弐百四拾四坪
一、既ニ契約済ノ地坪数　四拾万弐千参百六拾八坪
一、近キ将来ニ買収シ得ベキ地坪数　参拾四万四千八百七拾坪

商大は、この報告を受けて文部省に正式の移転申請を提出するが、この時点で、文部省の内諾はすでに得ていた。

（二）移転を決意した東京商科大学

復興委員会の発足

　では、なぜ商大が移転する気になったのか。この点を商大の側から追ってみよう。

　神田一ツ橋にあった東京商科大学は大正九年に東京高等商業学校から東京商大に昇格すると、大学の陣容を整えるには手狭だったキャンパスの移転を検討しはじめ、震災前の大正十二年五月には北豊島郡石神井村に運動場を購入した。購入して半年もたたぬ内に震災に見舞われ、神田の建物は書庫と教室二棟を残し烏有に帰した。大学では、急場しのぎに仮建築の木造バラック校舎をつくり、暮れの十二月一日から他の学校も借りて授業を再開したが、震災直後の九月十六日には教授会を開き、復興委員会ともよばれる教授委員会を発足させた。委員会での最大の議題は、懸案の敷地移転問題とからみ、どこに本建築の校舎をつくるかであったが、早くから移転を前提に議論が進んだようである。震災が移転を決断させたのだろう。委員会の議事内容は不明だが、年内だけで数十回の委員会が開かれた（『上田貞次郎伝』）。この間、土地探しも精力的におこなわれたらしい。

　そして、『一橋新聞』第二号（大正十三年七月一日）は、「本学復興委員会は相当なる復興費を計上して之を当局に提出し議会の協賛を待つて直に実行に着手する予定であつた。然るに彼の突然なる解散のために一時中止するの余儀なきに至つた」と報じている。「彼の突然なる解散」は大正十三年一月三十日に暴徒三名が国会の壇上を占拠し、議場混乱で休憩中に解散した一件を指すと考えられるので、大正十三年一月には、議会に予算要求ができるところまで計画が具体化していたことになる。当然、文部省や大蔵省との調整も済んでいたはずである。

　つまり、堤の誘いに商大が乗ったのではなく、商大が自らの判断で移転を決意し、大正十二年暮れには予算要求のできるところまで移転を具体化させていた、という推理がなりたつのである。

「取得セント欲スル約七万五千坪」

　大学復興予算の獲得は議会の解散で流れたが、箱根土地と東京商科大学は、直後の大正十三年二月七日に契約を交わした。堤らが黒塗りの自動車で村役場を訪れる半年前である。箱根土地が「経営セントスル約壱

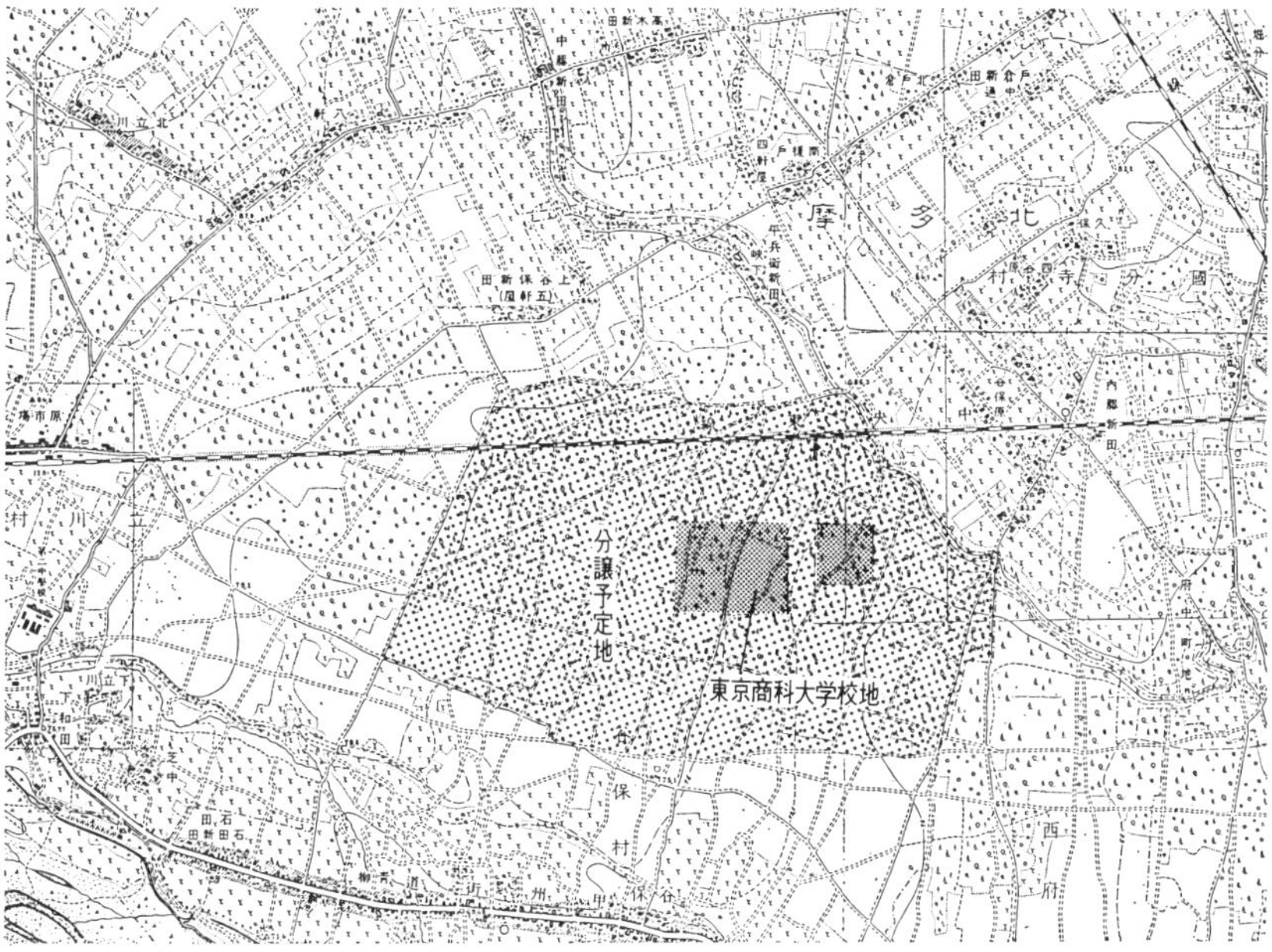

図５　東京商科大学移転地の位置

百万坪ノ内（添付図面ノ通）ヲ速ニ取纏メ」、商大が「取得セント欲スル地点役場台帳面約七万五千坪」を神田一ツ橋の敷地約一万坪と交換し、差額を国債証券で箱根土地が大学に支払う、という内容である。「経営セントスル」とあるから、箱根土地がこれから買収する予定の一〇〇万坪のうち商大が希望する七万五〇〇〇坪を神田の敷地と交換するというわけである。この契約には、議会解散で予算こそ成立しなかったが、規定方針通り移転準備を進めるという含みがあったのだろう。約一〇〇万坪の中には、いまの北地区も含まれていた（図5）。

ともかく、箱根土地が商大を誘致するために無償で土地を提供したとする巷説《こうせつ》は、この契約書や最後の土地交換が昭和五年三月三十一日に完了したことから誤りとわかる。また、同日付の「土地割譲契約覚書」では、大正十四年末までに大学職員に住宅地を安価で売り渡すことが記されている。

このように、買収の話が谷保村に持ち込まれた時には、商大と箱根土地は移転について契約書を取り交わしていたのである。

学長佐野善作と堤康次郎

では、時の商大学長佐野善作と箱根土地社長の堤康次郎とはいつ接触を始めたのだろうか。国立開発の話は、どちらから、どちらに、持ち込まれたのだろうか。

『国立駅の歴史』には、商大学長の佐野善作が「たまたま学長の友人である箱根土地株式会社の社長であり代議士である堤康次郎氏にこの（大学を安全で環境の良い場所に移転させる）考えを話し相談を持ちかけたのが大正十二年九月九日だった。それを聞いた堤氏は快諾し……」という一節がある。堤の代議士初当選は翌大正十三年五月で、この時はまだ代議士ではないが、九月九日説が事実なら、震災後一〇日もたたないうちに、商大から箱根土地に話が持ち込まれたことになる。

また、箱根土地社員だった芹沢栄も「国立は関東大震災のおとし子、（略）学長から堤さんに、どっかいいところはないかと頼まれて……」とか「堤さんが理想（家）肌だからというのじゃなく、佐野さんの提案で国立の町ができた」、「会社が買収を決定したのは大正十二年九月十五日で、当時一橋大（商大）学長佐野氏が積極的に働きかけた」と言う。

九月何日だったかはともかく、震災後早い時期に、商大移転の話が学長から友人の堤にもちこまれたのが国立開発の発端だというのである。

当時の箱根土地の業界に占める位置や学園都市方式ともよべる特徴のある郊外開発などからすれば、大学が箱根土地に移転先のことで相談を持ちかけたり、買収から造成までを一任したとしても、不自然ではない。

東京の土地会社の中では抜群の資本力を誇る箱根土地は、軽井沢や箱根の開発、目白文化村の開発・分譲などで実績もあり、富豪、華族に大邸宅の分譲をおこなう渋谷百貨店を開設したり、大学側の移転先探しがおこなわれた時期には、大泉学園町のほか、小平村でも、明治大学の移転を前提に学園町の用地八〇万坪の買収を進めるなど、大規模な宅地開発を学園都市方式でおこなっていた会社だからである。また、会社の学園都市構想は震災前の大正十一年から練られ、中島陟らは、そのために欧州各地を視察している。実績、資本力、学園都市方式など、大学側からすれば白羽の矢をたてるにふさわしい会社であった。

もちろん逆に、当時はやりの田園都市構想のむこうをはる学園都市構想を震災前から考えていた箱根土地が、商大の移転話をきいて、商大に働きかけた可能性も否定できないが、そのような証拠はみあたらない。

なぜ谷保村に決めたか

商大が考えていた移転先の正確な条件は残念ながらわからないが、「都会の雑踏を避けて、勉学に相応しい環境を造り出す適地で、理想的な学園都市建設可能な地」（『国立・あの頃』）であったろう。震災で壊滅的な打撃を受け、一日も早く本建築の校舎で大学としての機能を十全に発揮させたいという事情もある。したがって、買収に手間取ることは避けたい。震災復興で政府の財政事情も厳しいから、大学の移転・復興費も多額を望めず、神田一ツ橋の土地代金の範囲内という条件もあったのではなかろうか。

こうした条件で「千葉県、埼玉県、神奈川県等々、四方八方捜索となった」（『国立・あの頃』）とあるが、事実上、都心からの交通が便利で土地に余裕があり工場がないとなると、東京西郊に求めるしかない。しかも、電車線沿いは地価が高騰しているから難しい。

こうした大学側の条件から考えると、谷保村のヤマは、交通の便が悪いから最善とはいえないまでも、次善の土地ではなかったか。

当時のヤマは平地林で地価も安く、買収も耕地や宅地ほどは難航しないし、地主の数も多くない（一説に一六〇人前後で半分は谷保村の地主という）。道路も里道だけだし既存の建物もほとんどないから、自由に町づくりができる。電気は甲州街道までは来ている。電車は国分寺駅止まりだが、一駅延ばせば国立だし、立川までの延長は軍の施設もあるから難しい相談ではない。延長できれば都心から乗換えなしの一本である。上下水道と土木工事のめどがたてば、必要な条件は整えることができる。

このようにみてくると、谷保村のヤマに国立大学町が出現したのは、誰と誰とが知り合いだったからといった偶然もあるだろうが、合理的な判断の積重ねが大きかったように思うのである。

（三）造成事業と「国立」の命名

買取り方式と更地分譲

箱根土地は、地主との契約を済ませると、土地代金の一〇分の一の反あたり一〇〇円を支払って、開発事業に着手した。残額の支払いをめぐって後々までしこりが残るのだが、当時の土地会社の土地取引の慣行を、野田正穂「多摩の開発と土地会社」（『多摩のあゆみ』第四一号）によって見ておくことにしよう。

この時期の土地会社の宅地分譲には、地主から土地分譲の委託を受ける受託方式と地主から土地を買取る買取り方式とがあった。受託方式は、収入が販売手数料だけなので利益は少ないが、買取りの資金はいらない。買取り方式の場合は、分譲の規模にもよるが、国立大学町のように大規模な場合は、多額の買取り資金を必要とする反面、土地の買収価格と分譲価格の差が大きいと、多額の利益をあげることができるので、それだけ会社にはうま味があった。

ただ、買取り方式の場合も、契約の成立と同時に土地代金の全額を地主に支払うことはあまりなく、代金の一部を内渡金として支払い、残額は分譲終了後に支払うのが一般的であった。この内渡金方式は、中小の土地会社だけでなく、箱根土地のような大会社でも盛んに利用された。同じ箱根土地が開発した小平学園町でも同じ支払方式がとられた（『郷土こだいら』）。この方式では、土地ブームがつづき宅地売買が盛んなときは大きな問題は生じないが、宅地の分譲が困難になると、土地代金も支払われなくなり、残額の支払いをめぐって地主と会社の間で深刻な紛争が生じる原因となる。

地主と会社の間で紛争が生じたもうひとつの原因は、土地ブームのころの宅地売買の性格にあった。この時期の宅地取引の主流は、建売り住宅付きの分譲ではなく、更地《さらち》分譲だった。土地ブーム以前は更地分譲でも分譲後すぐに住宅が建設されるのが一般的だったが、土地ブームになると宅地や別荘地を、インフレ対策としての財産の保全や、値上り益を期待する投資や投機のために購入する者が増えたのである。投機や投資の場合、景気が昂進していれば物件が動くから問題が表面化することはないが、不景気になると買い手が急減して物件がダブつき、問題が急速に深刻化したのである。

しかも、悪いことに、土地ブームの最後の時期に箱根土地が村の地主を説得し始め、造成に着手した年はすでに土地ブームが退潮し、販売を開始した大正十五年は、金融恐慌、昭和恐慌へと、景気が次第にスピードを増しながら、奈落の底に向かって転げ落ち始めた時にあたっていた。

造成事業が始まる

地主との契約が済むと、まず測量である。「千丑の銀ちゃんと矢沢清一さんが雑木林を測って旗を立てて木を切り、もちろんよそから仕事師が来たけどね。あれだけの道路を測量したんだヨ。銀ちゃんは箱根土地に勤めていて、夕方仕事が終わってから家の百姓やってたんだわ」（遠藤文武、『国立の生活誌』Ⅴ）。

工事は買収と並行して、急ピッチで進められた。

「樹海とジャングルさながらだった谷保村のヤマに、一〇〇人近い土工が乗り込んできて、開発工事にとりかかった。ヤマの中には、みるみるうちに道路が縦横につくられ、下水溝が掘り割られ、雑木林が次々と伐採されていった。土地の区画は二〇〇坪を単位に整然と割り付けられた。最も見事な構成で村人たちをあっと驚かせたのは、その中央北端から南方数百メートル先の谷保天神に向かって作られた大通りだった」と原田重久は書いている（「大正時代の谷保村と国立学園都市の開発」『多摩のあゆみ』第四一号）。土工の人数が「一〇〇人近い」は、開発の規模からも、他の資料で見ても過少である。社員だった芹沢栄は「三〇〇〇人ぐらいいたでしょう。（略）三〇〇〇人のうち六〇％ぐらいは朝鮮人だった」という。「国立の外部からも大きな請負師が入っていて、人足なんかもたくさん外部から来ていました。朝鮮の人も大勢、働いていました。千丑の高柳さんの物置を朝鮮人の人が借りて住んでいました」（長島巳之吉、『国立の生活誌』Ⅵ）。

「国立のヤマ（平地林）が整地されて道路ができるとき、その道路に敷いた砂利は全部、ヤマから掘りだした砂利でしたよ。砂利の層が四メートルも五メートルもありましたから、国立の碁盤の目の道路はこの掘りだした砂利で作ったものです。

砂利を掘る仕事は、当時、石油箱一つ背負い出して二〜三銭でした。大体砂利掘りは五間四方ぐらいを掘っていくのですが、（略）一つの穴が掘り上がると次の場所に移って、上側の土は先に掘った穴へ入れるというように、順繰り順繰り掘ったんです。

四メートルも五メートルもある穴の底から砂利を背負い上げる仕事は容易なことじゃなかったですよ。それでもいろいろ考え出すもので、石油箱の底をはずれるようにしておいて、その箱を背負うのに楽なくらいの高さの台の上に置き、その中へ砂利を入れて底板に紐をつけておいて、背負うときはその紐を持って底が抜けないようにして砂利穴から出て、砂利をおろす時、その紐をゆるめると底板がはずれて、砂利が下へ落ちるようにしたりして、よく工夫したものです。整地もみんな人足の手仕事でできたものです」（長島巳之吉、『国立の生活誌』Ⅵ）。

急ピッチで進められた工事

箱根土地の側からみれば、資金の回転をよくするためにも工事は急がねばならない。しかし、一方では、商大との間で工事の内容や期限について詳細な契約が取り交わされていたことも、工事を急いだ理由だった。

商大は大正十二年中に谷保村への移転を決定したと考えられるが、文部・大蔵両省の認可は遅れて大正十四年九月二日になった。この認可をうけ、大正十四年九月九日付で商大は箱根土地と正式の土地交換契約を結んだ。もっとも、ほぼ同主旨の仮契約は、堤たちが谷保村に乗り込んだのと同じ前年の八月に結ばれた。

この契約には町づくりに関係する部分がある。文中、甲は商大学長佐野善作、乙は箱根土地代表堤康次郎である。文中の「第二条第一項ノ交換」とは、大正十四年十二月限りで神田一ツ橋の商大敷地の一部と現一橋大学敷地の一部を交換することをさす。

第六条　乙ハ第二条第一項ノ交換前ニ国分寺停車場ヨリ甲ノ取得スベキ大学敷地ニ至ルマデ幅五間以上ノ道路ヲ開通シ、一般交通及ビ建築材料ノ運搬等ニ支障ナカラシムルコトヲ契約ス

第七条　乙ハ大正拾五年六月マデニ本学敷地ニ接近シテ中央線上ニ停車場ヲ建築シ、停車場敷地ト共ニ之ヲ鉄道省ニ寄付シ、以テ汽車電車発着ノ便ニ資スルコトヲ誓約ス

第八条　乙ハ大正拾五年六月マデニ其当該経営地ノ道路上下水道工事並ニ電力供給設備ヲ完成シ、東京商科大学ニ毫モ不便ナカラシムルコトヲ誓約ス

このように、箱根土地は、工事ごとの期限を商大に約束していたのである。これが、工事を急いだ理由の一つであった。

とくに、多摩蘭坂から国分寺に抜ける道路は完成を急がなければならなかったが、国分寺村の関係地主の間に商大移転をめぐって風評が流れ、国分寺村の村長が大正十四年十月十七日付で、商大学長に移転の真偽、移転予定時期を照会する一幕もあった。

この契約では、国分寺駅までの道路の開通と新駅の建築以外には、町づくりについて具体的定めはないが、これには付随文書の「覚書」があり、そこで町づくりについて詳細に規定しているのである。

町づくりのビジョン

「覚書」は長文にわたるが、駅前のロータリーや富士見通り、大学通り、旭通りなど、国立地区の街割りの基本が定められている。

大正十四年九月九日付土地交換契約第七条並ニ第八条経営ニ関スル覚書

一、停車場　停車場用地ハ参千五百坪以上トシ、鉄道省ノ指定ニ従ヒ交通並ニ外観ヲ考慮シ入念ニ建築スルモノトス

一、道路　新設停車場ニハ相当ノ広場ヲ設ケ、此所ヨリ大学敷地ヲ貫通スル幹線道路ハ幅員ヲ二拾四間トス、但シ大学校用地ヲ通過スル部分ニ限リ之ヲ三十間幅トス

此外停車場ヲ起点トシ、幹線道路ト約四十五度ノ角度ヲナセル放射線及幹線道路ニ直交セル主要道路ハ幅員十間トシ、其他ハ二間乃至五間幅ノ道路ヲ出来得ル限リ整然タル区画ノ下ニ施工スルモノトス

一、上水道　上水道ハ砂川上水ヲ引用シ之ニ完全ナル沪過池ヲ設ケテ配水スル予定ナレドモ、水質水量ノ如何ニ依リテハ適当ノ場所ニ鑿井ヲ設ケテ地下水ヲタンクニ導キ、鉄管ヲ以テ学校及付近住宅ニ供給スルモノトス

一、下水道　幹線ハ巾一尺二寸以上深サ一尺乃至二尺トシ煉瓦若クハコンクリートヲ以テ適当ノ勾配ニ施工スルモノトス　支線ハ径三寸乃至一尺ノ土管ヲ地下適当ノ深度ニ埋設シ二百五十分一以上ノ勾配ヲ以テ幹線ニ取付クルモノトス

尚ホ主要ノ部分ニハ道路ノ両側ニコンクリート又ハ花崗岩及大谷石ヲ用ヒテレノ字形ノ側溝ヲ設ケ、適当ノ間隔ニマンホールヲ施シ之ヲ下水ニ連結シテ雨水ノ排除ニ便ナラシム

一、電力ノ供給設備　電灯、電力ニ就テハ曩ニ京王電気軌道株式会社ト特約シ、幹線送電装置建設費ノ一部ヲ弊社ニ於テ之ヲ負担シ、大学校及付近居住者ニ供給スルモノトス

右之通リ実行可致覚書仍而如件

大正十四年九月十二日

東京府豊多摩郡落合町大字落合五百弐拾五番地

箱根土地株式会社　専務取締役　堤康次郎
東京商科大学長　佐野善作殿

このように、箱根土地は東京商科大学の移転地を「整理地均シ」して大学に引き渡すだけでなく、街区を整え、駅を作り、上下水道と電気を施設し、大学町にふさわしい町を創ることを詳細に請負ったのである。

ところで、この「覚書」を含む大正十四年九月九日の契約は、前年の八月に締結し、九月十日付で商大が文部省に提出した「移転認可申請書」とほぼ同内容なので、堤たちが谷保村を訪れて町づくりの構想をはじめて説明した八月には、堤と商大の間で大枠の合意は成立していたと考えられる。

町の設計はドイツの大学都市ゲッティンゲンを参考にしたといわれる。『わが町国立』には、「整然たる放射道路の構想は、ヨーロッパのある文化都市と、満州国首都の駅前設計からヒントを得たものだという」とあるが、満州国の誕生は昭和七年、首都「新京」の建設は昭和八年からで、国立大学町の「設計は、後に満州国新京の都市計画のモデルケースとなった」(『堤康次郎伝』)とあるのが正確だろう。

「国立」の名付け親は堤康次郎

話は前後するが、国立という名の名付け親は誰なのだろうか。原田重久は二説を上げ、堤康次郎と伝えられる、と書いている。

「一つは、中央線国分寺駅と立川駅の中間にこの町ができたので、その双方の頭字を一字ずつとって『国立』と名付けた。(略)これは、国立地区の開発に当たった箱根土地会社社長堤康次郎氏の命名だというが、当時の村長西野寛司氏をはじめ、十二名の村会議員も全員賛成で決定している。

またの説には、開発者の堤氏が、この地より新しい国が立つ、という念願から、国立と定めた、とも伝えられている。国分寺と立川の間だから国立とつけた、と、これだけではあまりにもイージーすぎるので、更にこのように、命名発想の因拠を付加したともかんがえられる。何れにしても、国立という名称は、この二つの説を合わせて生まれた、とみて差支えないだろう」(『わが町国立』)。

図6　東京商科大学の移転を祝う（現一橋大学）

「国立」になった理由には二説あるが、名付け親は堤康次郎だ、というのが、原田重久の結論である。国立市の公式見解もこれに拠っている。

また、国立町史『谷保から国立へ』の再版本にある堤康次郎の「国立学園都市建設のころ」には、「新しい日本という国が、ここから生まれるという意気込みで、国立という名をつけたのも私である。さいわい、国分寺と立川の中間だから国分寺の国と立川の立で国立ともいえる」と明言してある。

国分寺と立川の間だから「国立」、商大が来るから「大学町」、両方併せて「国立大学町」となったと説明するのは、箱根土地社員でのちに国土開発社長をつとめた岡野関治だが、社員だった芹沢栄は「国立という名は国分寺と立川の間だからです。これは懸賞募集した。そして会社の阿部セキオという人が一〇〇円もらった」と証言する。応募した名前の選定は堤だろうから、提案者は阿部で名付け親は堤、という理屈も立つが、この場合は名付け親は阿部セキオとするのが通例だろう。

「国立」は商大がつけた名前で‥‥

新しく拓かれる大学町の名前は、売り主の箱根土地にとって、商品のイメージを左右する大問題だが、移転する商科大学にとっても実は大問題であった。移転先の地名が教授会の議題になり、国立と決定した経緯を証言する教官がいる。名付け親は大学だとする説である。

「行政上の地名から申しますと、北多摩郡谷保村でありますので、ヤボ大学といわれては困ると言うことから、国分寺の国と立川の立をとって国立というのは、学校で付けた名前で‥‥」と教官の千葉竹治は書き、「もちろん地名などないので、名付けを急ぎ、教授会で再三協議したが名案を得ないので、東に国分寺、西に立川があるから、此の双方の頭文字をとって国立としたらと云う経緯から、現在の国立と命名した」と、やはり教官だった福羅繁久も回想する（『国立・あの頃』）。

国立は神田一ツ橋からみれば正真正銘のイナカだった。新宿から電車ならまだしも、一時間に一本しかない汽車で一時間、高円寺から西は人家も疎《まば》らで、境、小金井あたりは一面に植木屋の苗木畑か農耕地で、その後ろに武蔵野特有の高いケヤキの森が空を区切る田園風景が展開した。国立駅に降りたてば、一〇〇万坪の広い林間に住宅がパラパラとみえる程度で、ほとんど無人に近い武蔵野が眼前に広がるばかり。冬は寒風吹きすさび、春先ともなれば黄塵万丈で空が黄色くなる。そんな所に、都会生活に慣れた学生を移すのだから、いくら何でもヤボ村はまずい。教授会を何回も開き、地名をめぐって審議を重ねたことは十分に理解できる。

1-2-⑧A　国立市史編さん委員会編『国立市史　下巻』

明るい、広い、末広な‥‥

『一橋新聞』の大正十四年七月一日付には「次はぁ‥‥‥？／ハテ何と呼ぼうか／新駅名を」という記事があり、駅名を公募している。『明るい、広い、末広な、自由な、呼び易い』という注文だから六ケ《むずか》しい。‥‥投稿は一橋新聞宛。（但一橋といふ駅名は不可）」とある。この段階で、一橋は候補から外されているが、「国立」という名は出ていない。

同じ年の十一月十五日付『一橋新聞』にも「さて何とする？／町の名駅の名／◇仮の名は国立村――その謂れは／『国分寺と立川の間だから』／◇谷保村は語呂がまづいから此際改める」という記事があり、「国立」には「くにたつ」とルビが振ってある。「其教授がさる雑談の席上で『国分寺と立川との丁度まん中に出来る官立の大学町なんだから国立としたらどうか』といひ出したのがもとで、一時学校側では『国立』と仮に呼んでゐたが、そのうちまた誰かから『国立村もいゝが、町になった時、クニタヽチマチでは慌ただしい感じがこもるから、これはクニタツと訓む方がよかろう』といふ異議の命名」であった。「原名『谷保村』は文字はいゝが語呂がわるいし、それに三、四里離れた『保谷村』としょっちう郵便の誤配があるので、この際是非改めたいと村の人も希望してゐるさうである」とあり、「谷保」も候補から外され、国立に決まりかけていることがわかる。

『一橋新聞』に「国立」が登場するのは、大正十五年三月十五日付の「工事中の国立町」が最初だが、箱根土地の宣伝ビラでも、大正十四年九月以降と想像できるビラに「国立の大学町」という言葉が登場するのが最初である。

会社と大学のどちらが先かを説明する資料や村会の記録が見つからないので、あとはヤブの中だが、国分寺と立川の間で「国立」は、「イージー」なだけに誰が考えついてもおかしくはない。「国が立つ」も「官立の大学町」だから「国立」も、「イージー」ゆえに考えられた由緒書ともみえる。神田からの移転組の商大生の中に「官立大学が移るので国立としたのかなあ、と最初勘違いした」（『国立・あの頃』）という学生がいたが、命名の由来からするとまったくの勘違いともいえないのである。

（四）売り出しと町づくり

分譲が始まる

分譲の開始がいつかははっきりしないが、もっとも古いと推定される広告は、添付図2（本書には収録せず）の大正十四（一九二五）年九月以降と想像される「国立の大学町鳥瞰図」（カラー）で、「商大に縁故ある校友、学生及其の関係の方々」向けのものである。この広告は、後の広告にないセールスポイントをうたっている。

　この鳥瞰図では、新駅と商科大学の位置、「約三千坪の駅の広場からは一直線に廿四間の立派な大幹線道路と左右に二条の放射幹線道路」は確定しているが、旭通り東側の地割りは旭通りと平行で、用地買収に失敗した中央線の北側は、すでに大学町から外れている。セールスポイントは、「簡易別荘」の建てられる「確実安全なる投資物」である。使いながら、確実に値が出る別荘地というわけだ。ウラは、商大関係者に割引価格で分譲するという案内である。商大関係者の優遇は商大との契約に基づく。文面から推してダイレクトメールだろうが、別荘地とか「簡易別荘」とかは、この広告にしかない。

　次に古いのは、大正十五年の一月か二月と想像される広告（添付図3（本書には収録せず））で、オモテが「国立大学町分譲地区画図」、ウラは「国立大学町の施設概要」である。まず、オモテから見ると、道路は完全な碁盤の目になり、分譲地の名称も「国立の大学町」から「国立大学町」に変わったが、工事中の駅はまだ「大学町停車場」である。また、この広告で初めて街路名が登場する。富士見通りだけは現在と同じだが、旭通りは「如水通」、大学通りは「一ツ橋大通」、学園通りは「南通」で、碁盤の目の南北の通りは大学通りを中心に東何条、西何条、東西は北から第一線、第二線、……となっている。「如水通」は、商大の同窓会、如水会からとったのだろう。もっとも「備考」に「通名ハ作業上仮ニ付シタルモノナリ」と断りがある。

　この図の後の「昭和二年十月一日印刷」と書かれた「国立分譲地区画図」（図7）では、駅名が「国立停車場」、「如水通」は「朝日通」、「南通」は「拝島通」と改められ、大学通りの中央を駅前広場の入口まで「京王電車予定線」が走っている。この線は国立・府中間の支線で、大正十五年に敷設免許が出願され（大坪省三「多摩地方『幻の鉄道敷設計画』」『多摩のあゆみ』第一一号）、昭和二年三月十六日に認可されたが、ついに幻の鉄道に終わった（『京王帝都電鉄三十年史』）。これとは別に、多摩川の砂利輸送を目的とすると思われる武蔵砂利鉄道が、国立・西府村間五・二キロの敷設免許を、昭和四年三月一日に取得しているが、これも開業せずに終わっている（『多摩川誌』）。

　国立を象徴する大学通りは、谷保天満宮に向かってまっすぐ延びている、とよく書かれるが、まっすぐに延ばすと谷保天神の東を通って「江ノ島の弁天様」に突き当たり、富士見通りは「富士山に突き当たる。富士山まで一一三キロメートル」だという（芹沢栄談）。

分譲地の価格

添付図3（本書には収録せず）の地図には区画割りと分譲価格が書き込まれている。一般向けの分譲は、この広告が最初だとすると、公開分譲の開始は大正十五年早々ということになる。

　分譲地は、幹線道路の「富士見通」、「一ツ橋大通」、「如水通」、「南

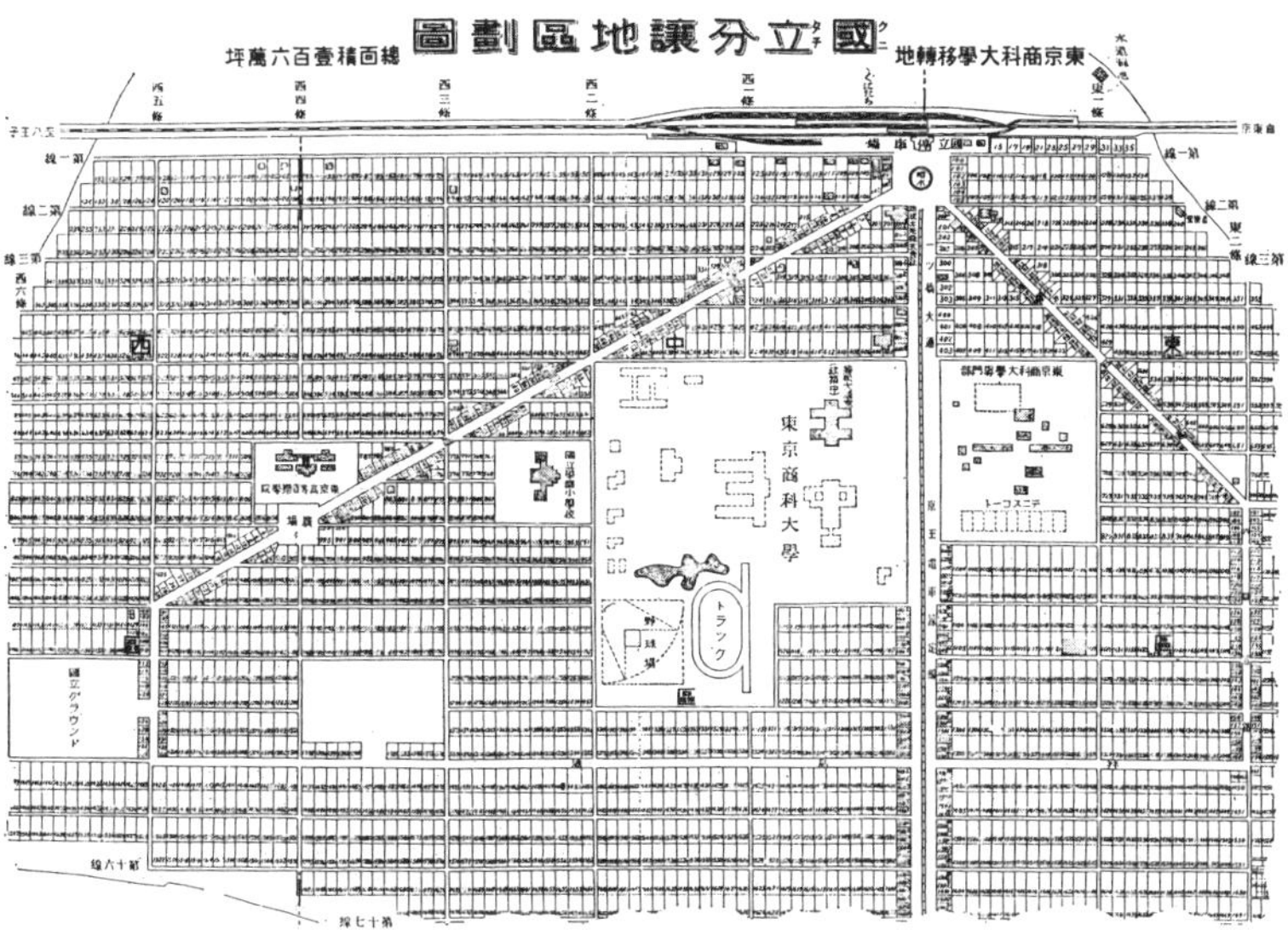

図７　「国立分譲地区画図」

通」に面した区画が商店地、それ以外が住宅地で、分譲価格は、商店地の最高が、駅前広場に面したいまの太陽神戸三井銀行の並びと大学通りの入口の両角、それに多摩中央信用金庫から増田書店までの並びなどで、坪一〇〇円、最低は多摩蘭坂の登り口の五〇円であった。

住宅地は、いまの都立第五商業高校の西側道路から東に値段がつけられ、最高は一橋大学の北側道路と中央線の線路に挟まれた所で坪四八円、最低は大学通りの東、学園通りの南部分で坪二八円である。分譲価格は最高で買収価格の三〇倍、最低でも八・四倍である。

村の地主たちは、坪三円そこそこで手放した山林が、一気に二十五、六倍にはね上がったのを見て、「吃驚仰天した」と原田重久は書いている（『わが町国立』）。幅二四間の大学通りをはじめ縦横に走る道路敷や駅前広場、国分寺までの道路の費用、駅舎などの建築費、買収や造成にかかった費用や会社の諸経費などがあるから単純な議論はできないが、売った側からは、そうみえても不思議はない。地主から有償で買上げると約束した立木は、「常緑樹ハ用材価格ノ参割増、落葉樹ハ薪炭価格ノ弐割増ヲ以テ別ニ代価ヲ申受ク」とあるので、分譲地の購入には土地代金の他に樹木の代金も必要だった。

いちばん安い住宅地を一区画買うと樹木代金を除いても五六〇〇円、大正十五年の初任給は公務員で七五円、銀行員は五〇〜七〇円（『値段の明治大正昭和風俗史』）なので、月給の七五倍から一一二倍、最高の所では一一八倍から一九二倍の値段である。まず庶民が買える代物ではなかった。売り出しの発端から高級住宅地として出発したのである。

「風儀を紊る営業は絶対に御断り」

広告のウラは分譲地の紹介である。交通の便、整備された道路、上下水道、電気、電話、郵便局や警察、消防、買い物の便や学校など、項目はいまの分譲地の広告と大差ない。最も大きな違いは、箱根土地が高級住宅地をめざして高い理想を掲げ、理想実現のために買い手に、あれこれ注文をつけていることである。

「郊外生活の理想郷」は、「郊外生活者のメッカたりメシナたる以上その外観にも内容にも美しく整備した街でならぬのは勿論の事」、買い手もそのつもりで会社の方針に従えという。「メシナ」とは、メッカに次ぐイスラム教の聖都メディナ（メジナ）のことだが、いまの不動産分譲でも、お客にあれはダメ、これはお断りなどと干渉する広告は珍しい。

「大学町の建築は商店たると住宅たるとを問はず総て最初より本建築に願ひます。大学町に建築さる、誰方にもトタン屋根やナマコ張りの粗雑なバラック建、その他街の美観を損ずるが如き建物は一切建築せぬ事を条件として頂きます」と、いきなり書いてある。「ナマコ」とは波板のことである。

さらに、「本年（大正十五年）四月一日より大学町を会場として住宅改善協会主催の住宅建築博覧会が開かれ、有力な建築業者が多数の住宅を実地に建築し、斯界の権威たる諸博士が顧問として審査指導せらる、から、「大学町に住宅を建築する御希望の方は可成この機会を御利用になる様に」とあり、会社は「住宅建築の画時代的改造を計る」決意だと宣言する。

商店にも制限があった。「大学町は学校を中心とした平和にして静かな郊外理想郷ですから工場や風儀を紊る営業は絶対に御断りせねばなりません」。戦後の文教地区指定の素地は、すでにこの時、作られていたのである。

諸学校についても商大と話がついており、「人口五万の都会となる以上は幼稚園、小学校、中学校、女学校の必要なるは当然であります、大学町に於ては既に之れ等の敷地は予定せられ、商大教授各位が御世話下さる事になつて居りますから、之れ等は大学町でなくては到底望んで得られぬ特典でせう。府立中学校や高等女学校は立川町にありますから、取り敢えず小学校の建設から着手されませう」とある。

このように、セールスポイントが僅かの期間に大きく変わった。添付図2〔本書には収録せず〕の広告と違い、「簡易別荘」を建てて週末に利用するのもよい、といった宣伝文句は影をひそめ、ここに住み生活することを前提とした宣伝に変わっている。建築物の制限も厳しく「簡易別荘」は取り消されている。

商大と町づくりのビジョン

この大学町を設計したのは箱根土地の中島陟専務で、国立大学町は社長の堤康次郎と中島の合作であるといわれている。しかし、少なくとも大学通りは商大の要求であった。

広告にも「これは商大提案の理想道路で廿四間のうち中央十間が本道、左右五間づゝが天然生の赤松やプラタナス、銀杏、野萩等を植え込んだ公園道となり、更に左右二間づゝ（学校前は五間づゝ）がアスファルトの歩道となるのであります。この大通りは商大を記念して『一橋通り』と命名致しました」とある。真偽のほどはともかく、当時としては破天荒な二四間道路を佐野学長から要求され、「さすがの堤氏も三日三晩考えこんだという話も」（『国立駅の歴史』）伝えられている。

大学通りに飛行機が発着したという話がある。箱根土地の社員だった佐伯という人は、大学通りに「飛行機が発着していた。ここから軽井沢のホテルへ新しい魚なんかを会社が運んでいた。これは（昭和）二年から四年頃までやっておったですかね」といい、『堤康次郎伝』には大正十五年夏、箱根土地に航空部を設置し「東京国立と、軽井沢との間に一日一往復の定期航空を開始した」とある。志田次子は、昭和四年に「国立駅裏手から爆音と共に複葉機が現れ、滑走して静止しました。飛行機は木の骨組みにオレンジ色の塗料を滲み込ませた丈夫な布を張った二人乗りでした。機は間もなく舞い上がり商大上空から立川飛行場へ帰って行きました」と書いている（『くにたちに時は流れて』）。

このように飛行機は発着したが、だからといって、はじめからそのように設計したということにはならない。大学通りは飛行機の離着陸を考えて作られたという説もあるが、事実ではあるまい。理想的な街作りをめざす大学が騒音源をわざわざ目の前で発着させる理由がないし、京王電車乗入れの計画もあった。立川に広大な飛行場を作った軍がすぐ近くに滑走路兼用の道路を要求するのも不自然だし、当時の軍がそれほど航空戦力を重視したとは考えられないからである。

「理想的の大学都市は・・・」

ところで、『一橋新聞』大正十四年十一月十五日付に佐野学長の談話が載っている。大学町について重要な指摘をしているので引用しよう。

商大の「移転と同時に小学校を開いて付近の子弟や新移住者のために初等教育の道を完備し、行々は中学校、高等女学校等をなるべく本学に縁のある人々の手で開設し、学校町の体裁を整えたいと、これは個人的にだが、考えて居る。最も憂慮に堪へぬのは、土地が俄《にわか》に開けるのに伴つて色々の如何《いかが》はしい営業者の入込むことである。これについては経営者なる土地会社とも相談し、その筋とも連絡を取って、完全にその侵入を防止して貰ふつもりである。娯楽機関は勿論結構、沢山開いてほしいが、但しこれも大学都市にふさはしい上品なものを心掛けて貰はねばならぬ。（略）之を要するに理想的の大学都市は理想的の高尚な住宅地に囲まれてこそ初めて実現せられるのである。箱根土地の誠意ある経営に吾人は大きな期待を有つのである」。

図８　「国立土地分割売出し」の広告（図７の裏面）

この談話は開発工事が始まって間もなくのものだが、前に紹介した添付図3〔本書には収録せず〕の広告と内容がよく一致する。「簡易別荘」云々の添付図2〔本書には収録せず〕の広告とこの談話では、おそらく添付図2が先だろう。談話は、添付図2を修正して添付図3に変える位置にある。この談話と同じころ、箱根土地は、小平学園町で販売促進のために、土地一〇〇坪に三角屋根のついた六坪のバンガローを建てて、五〇〇〇円で売り出している（『郷土こだいら』）。「簡易別荘」は、このバンガローをイメージしてのことかもしれないが、国立では、同じ会社がそれを撤回している。商大側が反対したためであろう。

商大は約七万五〇〇〇坪の大学敷地の内側だけに関心を持っていたのではなく、大学町全体の町作りまで含めて強い関心を持ち、その下に箱根土地の「理想的の高尚な住宅地に囲まれ」た「理想的の大学都市」作りが進められたとみるべきだろう。

国土開発社長になった岡野関治も「戦争中は、新しく発展するところはどこでも繁華街を作ったでしょ。ところが、ここは学園都市にするんだと、いっさいそういうものは会社で止めたんですよ。工場も絶対建てさせないと。会社で売らなかったんです。佐野さんとの約束なんです、理想的な学園都市にするんだという。これは会社でずいぶんがんばってやったんです。先代の堤康次郎の理想ですよ」と言っている。「理想郷」

表10　国立駅開業時の時刻表

下り	上り
493号（貨）前 5：01	430号（客）前 6：29
405号（客）前 6：15	432号（客）前 7：45
701号（客）前 7：59	460号（貨）前 8：20
431号（客）前 9：14	416号（客）前 9：30
407号（客）前10：01	434号（客）前10：43
511号（貨）前11：48	464号（貨）前11：40
433号（客）後12：22	404号（客）後12：07
409号（客）後 1：24	436号（客）後 1：19
435号（客）後 3：02	406号（客）後 2：31
411号（客）後 4：36	438号（客）後 3：42
461号（貨）後 4：50	450号（貨）後 4：00
437号（客）後 5：37	408号（客）後 5：07
413号（客）後 6：42	440号（客）後 6：30
439号（客）後 8：26	452号（貨）後 7：58
441号（客）後10：14	702号（客）後 8：09
	410号（客）後 9：55

（出典）『国民新聞』（大正15年3月31日付）
注：（貨）は貨物列車、（客）は旅客列車、前は午前、後は午後で、いずれも国立駅発時刻。

実現は佐野学長との約束であり、堤は会社が苦境にたったときも、理想をかかげて頑張りとおしたというのである。村人が「吃驚仰天」した分譲価格も、「理想的の高尚な住宅地」実現のために仕組まれた防波堤だったのかもしれないが、商大が町づくりにまで、このように注意を払っていたことはあまり知られていない。

国立駅の開業

国立駅は、大正十四（一九二五）年九月十七日に鍬入れ式がおこなわれ、翌十五年三月一日には谷保仮信号所が設けられ、同年四月一日に開業した。駅舎の設計は「箱根土地会社のライト式建築のベテランで河野という人」で、工費三〇万円、駅前広場は面積一町歩の広大なものであった。千駄ケ谷駅はこの駅舎をまねて作ったという（『国立駅の歴史』）。公民館に保存してあるメモには「大正十四年十一月、工事に着手」とある。

駅名の決定は遅く、駅完成前に出た大正十五年の箱根土地の広告でも「大学町」である。開業一か月前の三月一日に、飯田町助役の本山政人が初代駅長に発令されたときも「谷保仮信号所」で、三月十五日付の『一橋新聞』に、「全く寄付になる国立駅が昼夜兼行で工事を急ぎ四月一日から汽車がとまる」と、初めて「国立」駅の名が登場する。駅名は、駅舎完成の直前に決まったのだろう。

表11　国立駅一日平均乗客数・乗車賃

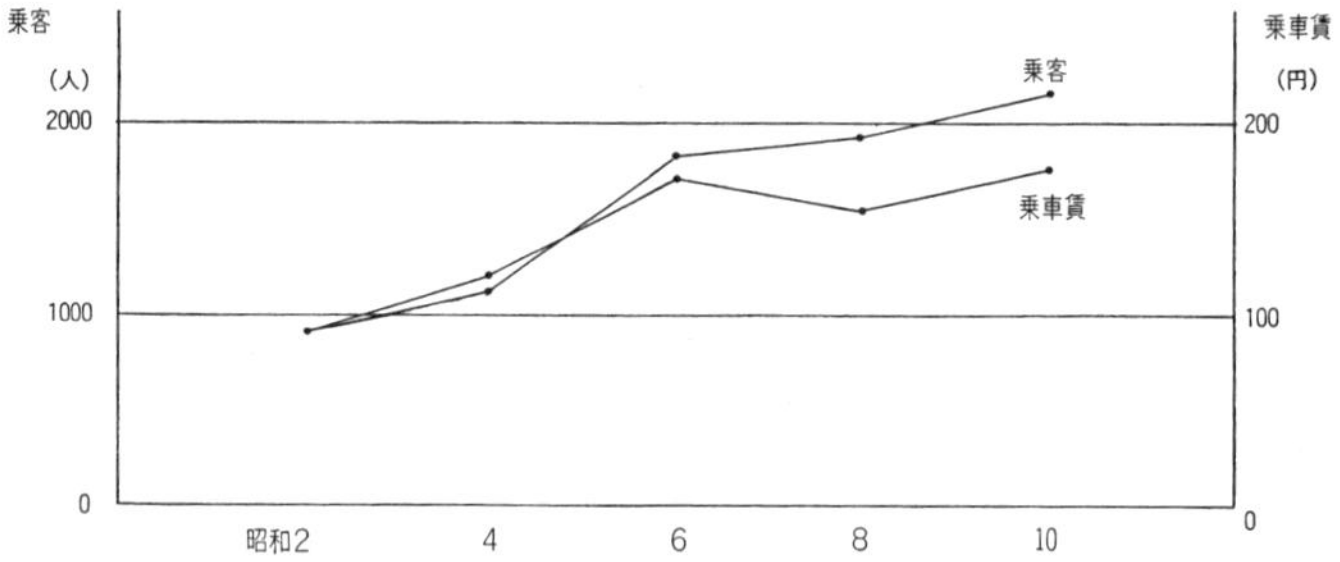

（出典）『東京府統計書』各年版

国立駅の新設は箱根土地が大学に約束しているので、堤から当時の鉄道大臣町田忠治に話が持ち込まれた（『国立駅の歴史』）が、商大学長も大正十四年四月十五日付で、次のように新駅設置を東京鉄道局長に請願している。

「拝啓　大正壱拾四年四月七日付ヲ以テ箱根土地株式会社ヨリ中央線国分寺、立川両駅ノ中間ニ停車場新設ノ件ニ就キ請願書提出致候処、右停車場新設地点ニ接スル一帯ハ本学復興移転敷地トシテ選定スベク目下其筋ニ稟申（申し上げること）中ニ属シ、不日（近日中のこと）指令可相成ト信ジ候ニ付、建築材料ノ運搬学生生徒ノ通学其他ノ便宜御賢察ノ上右請願至急御詮議相成候様御配慮相煩シ度此段得貴意候　敬具」

この文面から、大正十四年四月には、文部・大蔵両省の認可がおりることが内々に決まっていたことがわかる。

開業時の国立駅は汽車しか来ない。列車の本数（表10）は上下三一本、うち上下二四本の客車（上下一六本という説もある）はどれも一分停車で、汽車賃は立川でも国分寺でも国立から三等五銭であった。

開業当日は花火で気分を盛り上げ、箱根土地と谷保村の住民が招待客も交えて祝賀式をおこない、余興に相撲大会や茶番手踊りをやった。谷保村では当日を休業日とし、祝賀行事に一日を過ごした。「開拓者の鼻息荒い箱根土地会社では同日から四日間近郷の老若群れる中に盛んな開通祝ひを催し」た（『一橋新聞』第三一号）。

開業時一〇〇名前後であった（公民館所蔵文書）一日平均乗客数は昭和二（一九二七）年には九一二名となり、昭和六年には一八三一名と倍増し、以降は伸びが緩やかになっている（表11）。昭和二年四月に商大付属専門部と教員養成所、昭和五年九月には商大本科が移転したためだろう。

国分寺までだった電車が立川まで延長し、営業を開始したのは昭和四年六月十五日だが、三月十日には国立まで開通し試運転がおこなわれた。そのとき「国立の住民はホームに上って日の丸を打ち振り、試運転電車を歓迎しました」（『くにたちに時は流れて』）という回想がある。

郵便局の開局と電話の開通

国立郵便局は昭和二（一九二七）年四月一日に開設され、初代局長には開設者の川島與右衛門が就いた。はじめは郵便の配達をしない無集配特定郵便局で、郵便の引受け、為替貯金、保険年金を取り扱ったが、昭和五年一月二十六日から配達業務を始めた。

電話の通話事務の取扱いは昭和三（一九二八）年三月二十一日から始めた。最初は国分寺郵便局の交換台を通していたが、昭和三年十二月十六日から特設電話の交換業務を始めた（『わたしたちの町　国立』）。

この時の電話本数は全部で五六本で、同年五月五日に開かれた国立局特設電話加入者会議で、電話番号が抽選で決められた。「国立一番」は国立郵便局、二番は箱根土地株式会社、一〇番が国立学園小学校、二〇、二一番は東京商科大学、三〇番が東京高等音楽学院、谷保村役場は五六番で、この他の法人は箱根土地の西区出張所、国立水道組合、山二物産であった。個人名義は残り四六本で、社長の堤康次郎や専務の中島陟ら箱根土地関係者一〇本、東京高等音楽学院の創立者中館耕蔵をはじめ同学院関係で五本になる。つまり、箱根土地関係が会社や学園小、水道組合も含め一四本、音楽学院関係が七本である。三代目の郵便局長萩原久吾の「電話関係は全部（箱根土地の）寄付だった。当時五〇台以上ないと電話の交換はしないというので、音大などは使わない電話をいくつもつけたりした」という回想を裏付けている。

大学町最初の学校・国立学園

大学町最初の学校は、大正十五（一九二六）年三月二十一日に設立認可を受け、四月十九日に開校した国立学園小学校である。開校時の生徒数は四名であった。先生は校長の山本丑蔵と神田区蠣殻町から通勤した高田としの二人で、学年混成の複式授業がおこなわれた。「其の頃（昭和二年か）の国立学園小学校は又想いでの一つで、全校生総員七名で、毎年学校（商大）の秋の運動会に参加し、又、時々大学の運動場へ遊びに来て居りました」（『国立・あの頃』）という商大の体育の教官千葉竹治は、同じ体育の田島源一郎とともに、毎年、夏休み中に一〇日間の水泳訓練を多摩川でおこなうのを指導した（『くにたちに時は流れて』）。設立当初は、商大との関係が深かったのである。

国立学園は、大学町の計画に基づいて創立された小学校で、創設者は堤康次郎、商大学長の佐野善作は堤の相談相手となって設立に協力し、青山師範主事桜井美とともに顧問に就任した（『谷保から国立へ』）。

山本丑蔵の回顧では、「授業は、発足当時も、概して自由形式で、各自の創意を尊重しました。児童の名もすべて敬称―一郎さん、よしえさんという風に呼びました。開校当時が封建思想の残っているときであり、戦争が始まってからは軍国主義一点張りの中でいま申し上げたような自由教育を進めていたのですから、それは筆舌につくせぬ苦労がありました」（『谷保から国立へ』）という。

東京高等音楽学院と野外音楽堂

いまの国立音楽大学の前身、東京高等音楽学院は、大正十五年五月、四谷区番衆町の新宿園（いまの厚生年金会館あたり）に設けられた仮校舎で授業を開始し、六月二十三日付で設立認可が下りた。初代学院長は神学博士の渡辺敢であった。開校時には移転が決まっており、本校舎の建築が大学町で始まっていた。国立の選定は、堤の勧めによる。同年十一月本校舎が竣工し、十一月二十三日落成記念祭を国立で開いた。『ハレルヤ』の合唱をはじめ盛りだくさんの演奏が新しい講堂の窓から松林に流れていった」（『国立音楽大学創立四〇周年記念誌』）。堤の懇望をいれて十月に国立に移転したので、本校舎落成までは、箱根土地が見本に建てた住宅を使って授業をおこなった。大正十五年度には五名、翌昭和二年度には四名、昭和三年度には三三名の卒業生を送り出している。

学院の建築と並行して、堤からなんとか人の集まることを考えてくれと頼まれた中館耕蔵の発案で、いまの国立デパートを東に入ったつきあたり右に、箱根土地は傾斜地を利用して音楽堂を作った。舞台は三間に六間、五〇〇〇人を収容する野外音楽堂である。学院はこの音楽堂でたびたび合唱会を開いた。箱根土地は省線沿線の駅に広告を出したりして宣伝し、当日は電車でくる人のために国分寺から無料バスを走らせ、おおぜいの人が集まった。

最初の合唱会は大正十五年七月四日午後三時から開かれている。主催は国立音楽村委員会、会費一円で、ソプラノ武岡鶴代、メゾソプラノ渡辺宣子、バス矢田部勁吉の各独唱、ピアノ和泉千代子、ヴァイオリン末吉雄二の各独奏、榊原直の指揮とピアノ伴奏で学院生徒の混声合唱が、当日のプログラムであった。

東京商科大学の移転

東京商科大学は二回に分けて移転した。最初は、昭和二（一九二七）年四月一日に移転した商大付属商学専門部と付属商業教員養成所である。四月十五日から開講し、四月二十九日には、音楽学院の応援もえて、国立移転祝賀式が挙行され、祝賀会、講演会、運動会が開催された。音楽学院に遅れること、約半年である。二回目は昭和五年九月一日の東京商科大学本科で、九月十一日から授業が始まった。

移転祝賀式では堤康次郎の祝辞もあった。その中で、「東京商大と音楽学校とは性質からみて『アインシュタインの相対性原理、いや相対《あいたい》性原理』に合致するものである」とやって、大いに受けたという話がある。学生たちはその後、さらに「会度《あいたい》性原理」と訳して楽しんだ。

商大では本建築の完了する「大正廿年」（昭和六年）の移転を予定していたが、箱根土地からの木造建物八棟、渡り廊下や照明装置の寄付申出が大正十五（一九二六）年十一月に文部省に認可されたのを受け、十二月二十二日、翌年度の新学期から専門部と教員養成所の授業を国立でおこなうことを公式に発表した。神田一ツ橋のバラック校舎では全学生を収容しきれないためであった。寄付建物の受渡しは昭和二年三月二十五日に完了した。建物の一部は、大学通り東側の敷地に今も残り、使われている。

兼松商店の寄付になる兼松講堂は、大正十四年二月六日に寄付申出があり、翌年八月八日、竹中組の手で着工され、昭和二年三月十三日に上棟式、同年十一月六日に落成式と開館式が挙行された。設計者は工学博士伊東忠太である。十一月十六日には開館記念講演会が開かれた。

このように、商大の建物では箱根土地の寄付になるものが最も早く完成したが、建設物としては陸上競技用グランドの完成がさらに早く、大正十五年六月六日、グランド開きが盛大におこなわれている。

滝乃川学園の移転

滝乃川学園は、熱心なキリスト教信徒で立教女学院の教頭であった石井亮一が創立した、わが国最初の精神薄弱児の教育施設である。明治二十四（一八九一）年、東京市下谷区西黒門町の産婦人科医荻野吟子宅を仮園舎として、濃尾地震で孤児となった女児が人身売買されるのを救済するために、石井が引き取りを始めたのが学園のはじまりで、園の名称も聖三一孤女学院といった。学院はキリスト教主義に基づく女児の救済と教育の施設として発足したが、引き取った孤児の中に精神薄弱児のいたことが、発足の当初から、学院を「孤女」と精神薄弱児の教育施設として性格づけることになった。

学院は翌二十五年三月に北豊島郡王子村の石井の自宅に移転し、さらに同年四月には北豊島郡滝野川村の新院舎に移った。この時は、院児二三名、職員三名であった。院長の石井亮一は精神薄弱児の治療教育に強い使命感を抱き、この年の十月、立教女学校教頭と顕晦女学校校長の職を辞した。当時の日本では障害児教育そのものが手付かずのまま放置されていたので、石井は明治二十九年に精神薄弱児教育の研究のために渡米し、精神薄弱児教育の始祖といわれるセガンの未亡人から「生理学的教育法」を学んだ。帰国後の明治三十年には、孤女学院を滝乃川学園と改称して日本で初めての精神障害児教育施設とし、積極的に知能障害児の募集を始めるとともに、障害児教育の専門職員養成のために「保姆養成部」を設立したが、明治三十九年、学園の近くに軍事施設ができたため、北豊島郡西巣鴨村庚申塚に移転し敷地四三〇〇坪、建物五九〇坪の学園となった。

その後、大正九（一九二〇）年三月 一十四日の火災で園児六名が犠牲

図９　国立学園小学校（大正15年４月19日開校）

図10　東京高等音楽学院（現国立音楽大学、大正15年11月23日開校）

図11　東京商科大学（現一橋大学、昭和２年４月１日移転）

図12　滝乃川学園（昭和３年８月移転）

となり、責任を感じた石井は施設の閉鎖を決意したが、周囲の励ましで踏みとどまり、一層の発展を期して組織を財団法人に改め、初代理事長に渋沢栄一が就任した。このころには、都市化によって学園周囲の環境が悪化したため、コロニー建設をめざして一〇万坪の移転地を探したがうまくいかず、大正十四（一九二五）年、北多摩郡谷保村字栗原に希望の一〇分の一にも足りない七八三六坪の敷地を購入し、移転準備がはじまった。

敷地の中を矢川が流れる現在の地に滝乃川学園が移転したのは、購入後三年目の昭和三（一九二八）年八月である。園内には、教会堂、教室や講堂のある本館、幼稚部、男子部、女子部の各寮、職員住宅など一七棟が、雑木林の中に配置されていた。移転当時の保母さんの話に、夜は真っ暗で、浴室まで行くのが怖かったという。

滝乃川学園の移転にあたっては、地元に受け入れ反対の動きがあったが、村長であった西野寛司が理解ある態度で住民との間に立って話を進めるなど、移転に積極的に協力した。

移転当時の谷保村は事実上の無医村だったが、学園には診療所があったので、土地の人も利用したという。また、このころの学園は、現在のように公的援助制度が全く無かったため、寄付金と児童の委託費で運営されていたので委託費が高く、親も経済力のある人が多かった。親が、当時は珍しい自動車で来たり、二頭建て、四頭建ての馬車に召使いを乗せて学園を訪ねたりして、村人の度肝を抜いたこともあったという。また、昭和十二（一九三七）年二月に秩父宮が来園したときは、谷保小学校の児童が日の丸の小旗をもって沿道に並んだ（『滝乃川学園百年史年表稿』、『滝乃川学園要覧』、花房丞次談）。

昭和二年頃の大学町

箱根土地が分譲を開始してから一年ほどたった昭和二（一九二七）年には、不必要と思われるほど広い駅前広場を中心に二四間の大通りと六間幅の道路が放射状に延び、三間幅の道が規則正しく並ぶ大学町に、最初の建物が姿を現した。それから六〇年以上経った現在も、この道路は拡幅なしにそのまま使われ、都市計画の周到さを物語っている。

駅や郵便局もでき、いまの多摩中央信用金庫のところには箱根土地本社もできた。遠くまでつづく一直線の広い道路だけでなく、大きな赤い三角屋根にクリーム色の外装の駅舎も、広場中央の大きな水禽舎も、二階建ての箱根土地本社も、林の間にみえる完成間近の兼松講堂も、箱根土地が見本に建てた建物も、どれもが西欧趣味一色で、本社のスピーカーから流れる美しい音楽がいっそう雰囲気を盛り上げた。

水禽舎には「孔雀・ペリカン・鶴・オシドリ・雁などの鳥が飼って」あり（『国立駅の歴史』）、昭和二年に国立に下宿した学生の回想では、この水禽舎の「鶴の一声」で国立の夜は明けたという（『国立・あの頃』）。富士見通りの入口角には孔雀小屋、富士見通りから国立学園小に曲がる角には熊小屋、いまの音大付属高手前の十字路角には猿小屋があった。

立川の小学生が、遠足で、谷保のヤマに忽然と現れた西欧趣味の町を訪れ、珍しい動物を見たり、不思議な格好の駅舎を見学して帰ったり、谷保の人びとが「おべんとう持ちで大八車に老人を乗せたりして、汽車や駅周辺を見物したという」（『私たちの町　くにたち』）。

東の端には音楽堂が建ち、ときどき音楽会が開かれた。国立学園小学校、東京高等音楽学院、東京商科大学の専門部と教員養成所もある。

警察署はなかったが、箱根土地本社に請願巡査の派出所をおいた。請願巡査は、希望者が警察署に請願して巡査を配置してもらう制度で、巡査の給料は請願者の負担であったが、大正十五年から昭和二年にかけて、大学町にもおかれていたのである。

水道も、今のように完全ではなく、また会社から土地を買わなかった人には供給しないなどといった問題はあったが、ともかく敷設され、下水も、「暗渠式」は「暗渠式」だが吸い込み式のため、大雨が降るとマンホールのフタが噴き上げられたり、時とともにゴミが詰まって吸い込みが悪くなったりはしたが、ともかく造られたことは間違いがない。

「道路が完備して居りますから、この頃の霜とけにも、足駄やオーバーシューズの必要もなく、いつでも愉快に心地よく出入が出来ます」という宣伝文句は事実に反し、駅や途中の店などに履きかえる靴を預けたり、少し日が昇ってから自転車で出かけると、途中で自転車を担ぐ羽目に陥ったりしたという話が伝えられているが、砂利だけは敷かれていた。

いまから振り返れば美辞麗句を並べた誇大広告ということにもなるが、昭和初年にここまで町づくりをやりとげたことは、やはり「当時としてはびっくりするようなことだった」（佐伯国治談）し、谷保村の人びとにとっては、驚いても驚ききれない大事件だったに違いない。

図13　国立駅前（昭和２年頃）

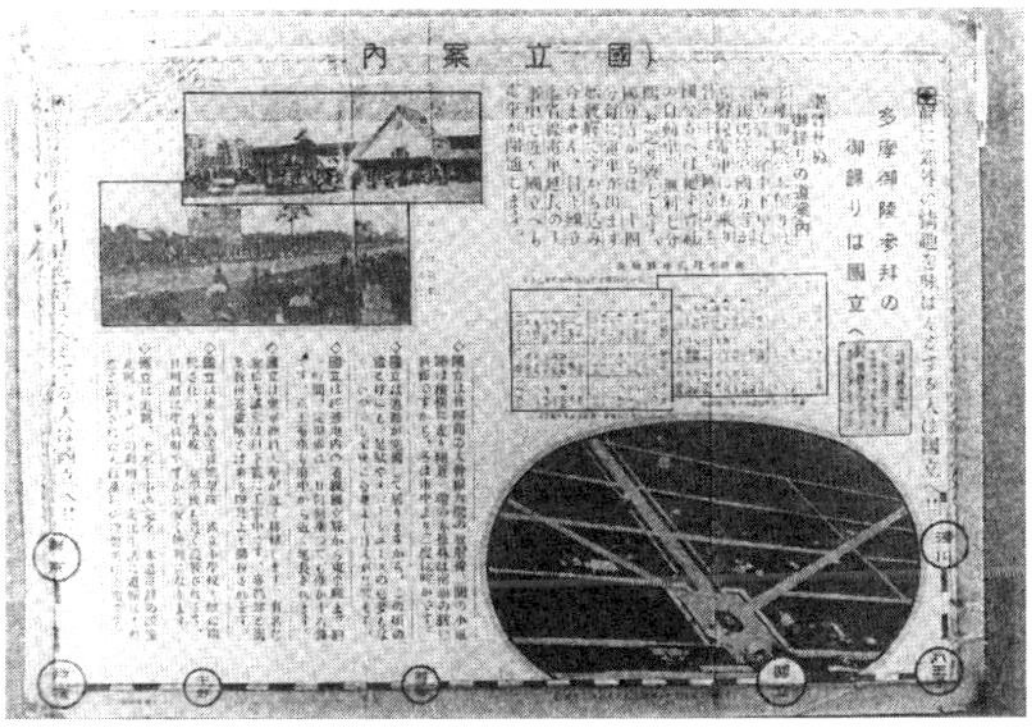

図14　「国立案内」の広告

箱根土地の宣伝

堤は、町づくりのために本社を駅前に移し、会社関係者を移住させ、自分も国立の住人となり、あらゆる機会をとらえて宣伝をした。

音楽堂を建設して音楽会を開き、中央線の各駅にその広告を出したり、新聞に宣伝をのせた。大正十五（一九二六）年一月二十一日から一週間、国立大学町の広告を主要新聞に掲載し、翌昭和二年には、多摩陵参拝客むけの広告を作った。高尾山行楽客用の広告を作り、建物ができるたびに絵はがきを作って、宣伝した。昭和二年四月に駅前に引っ越してきた志田次子は、駅に汽車が着くたびに、箱根土地本社三階の窓から軍艦マーチが流れたのが「昭和二年から三年までのことです」と回想する（『くにたちに時は流れて』）。

高邁な理想をかかげ、そのためには売れゆきを犠牲にしても辞さない強気の販売が始まったが、景気は震災後から少しずつ悪くなっていく。

すでに、大正十五年六月六日の商大のグランド開きに飛行機から式場にまいたビラには、「我等は昨今可なり経営の困難に遭遇して居ります。然し御蔭を以て社員一同心身共に健全であります。我等は最後の肉弾を以ても必ず我国最初のユニヴアーシテー、タウンとして恥しからぬ立派なものに仕上げます。（略）誓つて之を達成致します。」と書かれている。

新聞の住宅地分譲の広告でも、中央沿線の物件はせいぜい吉祥寺止まりで、それから西は絶えてないころである。土地ブームも去り、震災後の郊外ブームも終わっている。そういう時に、東京から一時間、汽車しか通わぬ新興分譲地の一〇〇万坪もの土地が簡単に売れる時代ではなかった。悪くなる一方の景気は、一私企業や一個人の手ではいかんともなし難く、やはて問題は深刻化するが、それは次節〔本書には収録せず〕にゆずろう。

「多摩蘭坂」のルーツ

「多摩蘭坂」がもとは「堪らん坂」であることは、よく知られている。商大生の命名とされているが、命名の由来となると諸説あり、登りが「堪らん」か、下りが「堪らん」かも不明で、「我らこそ名付け親」と名乗る学生も複数にのぼる。移転と同時に国立で授業を受けた学生の回想録『国立・あの頃』から三説を紹介しよう。

まず、登りが「堪らん」説は、「国立から国分寺に参ります途中の坂道を、運動部の学生がウォーミングアップで坂道を駆け廻る時、たまらんから多摩蘭坂と名付けたのが、今も其のまま言い伝えられて居る様です」と教官だった千葉竹治が書いている。この説だけは、不思議にも命名者が判然としない。

次に、下りが「堪らん」説はこうである。「私達が名付け親と自負する」加納太郎によれば、移転当時は電車が国分寺までしかなく、汽車に乗り遅れると、数分違いで着く電車で国分寺まで来て、箱根土地が廻してくれるバスに乗るか、歩くしかなかった。歩いて坂の上あたりへ来るころ、「始業の鐘がカンカンと鳴り、私達は最後のダッシュをかけるのが常であった。それでも天気の好い日は宜いが、雨降りや雨上がりの時は、柔い赤土が粘って一足毎にからみつく、折柄、鐘は鳴る、心は焦せるが走れない。靴は赤土で膨れ上がってますます重くなり、ズボンは泥まみれになって、やっと教室近くまで来ると、もう出欠をとる先生の声が聞える。飛び込みさま、『ハッハイ』。辛うじて席に着くと、吐息絶え〳〵思わず嘆く。『こいつあ、堪らん』」。

このころの「たまらん坂」は、雑木林を開いた赤土の道で途中からは切り通しになり、戦時中に学生の勤労動員で拡幅される前は、道幅も狭かった。

さらに「多摩蘭坂」説もある。吉井卓の『多摩蘭坂物語』である。吉井たちの坂の上の下宿の周囲には、一面にコスモスが群がり生えていた。あるよく晴れた秋の日、数人の袴姿の音楽学院の女学生が群がり咲くコスモスを摘んでいた。「秋の日に映えて、コスモスの可憐な美しさが、一層彼女たちを麗しいものにした。私たちは部屋の中から、息を殺して、さとられぬようにじっと彼女たちを見つめていた。やがて、彼女たちは手一杯にコスモスの花を摘み終わって、国分寺の方へ立ち去って行った。このとき、突然、宿舎の一角から大きな叫び声が起った。『わしゃ　もう　たまらん』、『もう　たまらん』。まさしく菊地の声であった。（略）このとき以来、菊地は若い女性を見ると、『わしゃ　もう　たまらん』というのが口ぐせのようになった。『たまらん』という言葉、それは、青春の感情の極限を表現するものだったのかもしれない」。こうして、「たまらん」は同宿の学生の合い言葉のようになり、学校からの帰り、坂にさしかかると自然に「たまらん」が口に出てしまうようになり、この坂に「たまらん坂」という名前をつけようということになったが、『たまらん』では趣がないので、格好のよい字をあてはめることにした。この地方の名から『多摩』をとり、北大の校歌にちなむ鈴蘭の『蘭』の字をとって、『多摩蘭坂』と書くことにした。私たちは、厳かに、『多摩蘭坂』の名を宣言した。そして、岡を切り開いた両側の赤土の壁に大きな字で多摩蘭坂と刻みこんだ」。

ところが、学生たちと同じ昭和二年四月に越してきた志田次子は「旭通りは突き当たると左が急傾斜の、長い長いタマラン坂です。それは大八車やリヤカーを輓く人が『こんな坂いやだ、たまらん、たまらん、たまらん坂』と自然発生的に通称していた坂名です。昭和二年春に私共が来たときは既に箱根土地会社の人達も国分寺村の人達もタマラン坂と呼んでいました」と書いている（『くにたちに時は流れて』）。あまりにも即物的だが、これがもっとも真相に近いのではないかという気もする。

【1－2－⑧B】くにたち郷土文化館編『学園都市開発と幻の鉄道――激動の時代に生まれた国立大学町』（くにたち文化・スポーツ振興財団、二〇一〇年、一三～四〇、四二～四八頁）

土地会社の隆盛と箱根土地

第一次世界大戦後の好景気による土地ブームや関東大震災による住宅難などを背景に鉄道会社や土地会社（現在の不動産会社）は、郊外住宅開発を行っていきました。鉄道会社は、鉄道利用客を増やす為に沿線の住宅開発をおこなったり、遊園地などの観光施設をつくったりするなど、鉄道事業だけではなく、他の事業も行っていました。その結果、路線の拡大や沿線の住宅開発など、郊外住宅開発の一翼を担っていました。

これに対して土地会社は、第一次世界大戦後の大正7～9年に多くの会社が設立されました。当時の土地会社の分譲方法は、分譲の委託を受けて行う委託方式と土地を買収してから販売する買収方式がありました。当初は、大規模開発ではなく、都心部の土地などを中心に販売していましたが、次第に郊外へと開発地域を拡大していきました。

（1）様々な事業を行う箱根土地

箱根土地株式会社（現在の㈱プリンスホテル、以下箱根土地）は、堤康次郎が大正9（1920）年に設立した会社でした。明治大学出身の実業家で、後に日本商工会議所の会頭となった藤田謙一が社長で、堤は専務取締役でしたが、実質的には、堤が指揮をとっていました。

堤は、箱根土地設立以前に大正7年頃から長野県沓掛の土地約80万坪を買収し、「千ヶ滝」と名前を付け、別荘地として売り出しました。その結果、第一次世界大戦による好景気により、販売は順調でした。そして、大正8年には、強羅や仙石原などの箱根の開発にも乗り出しました。この箱根の開発を目的に設立されたのが、箱根土地でした。

（2）都心部の住宅開発

箱根土地は、軽井沢や箱根の別荘地以外に、東京での住宅地開発をはじめました。主な特徴としては、華族の旧所有地などのまとまった土地を、道路を作り区割りをして分譲販売するという手法でした。

【主な土地開発】

分譲開始年	住宅地名	所在地	開発者
明治45年	吾等が村	大田区	黒沢貞次郎
大正 2年	桜新町	世田谷区	東京信託
大正 5年	渡辺町	荒川区	渡辺治右衛門
大正11年	大和郷	文京区	岩崎久弥
大正11年	八丁畷	横浜市鶴見区など	京成電気軌道
大正11年	目白文化村	新宿区	箱根土地
大正11年	洗足	目黒区	田園都市
大正12年	多摩川台	大田区	田園都市
大正13年	大岡山	目黒区	田園都市
大正13年	城南田園住宅	練馬区	城南田園住宅組合
大正13年	国分寺	国分寺市	東京土地住宅
大正13年	吉祥寺	三鷹市	大日本信託
大正13年	清瀬	清瀬市	東京土地住宅
大正14年	小平学園	小平市	箱根土地
大正14年	大泉学園	練馬区	箱根土地
大正14年	東村山	東村山市	箱根土地
大正14年	東村山	東村山市	東京土地住宅
大正15年	日吉台	横浜市港北区	東京横浜電鉄
大正15年	国立大学町	国立市	箱根土地
昭和 2年	千駄ヶ谷	渋谷区	箱根土地
昭和 2年	菊名	横浜市港北区	東京横浜電鉄
昭和 3年	成城	世田谷区	小原国芳
昭和 4年	玉川学園	町田市	小原国芳
昭和 4年	東村山	東村山市	箱根土地
昭和 4年	南林間	大和市	小田原急行鉄道
昭和 6年	中央林間	大和市	小田原急行鉄道
昭和 8年	海神台	船橋市	京成電気軌道
昭和 9年	千住	足立区	京成電気軌道

出典：野田正穂「多摩の開発と土地会社」

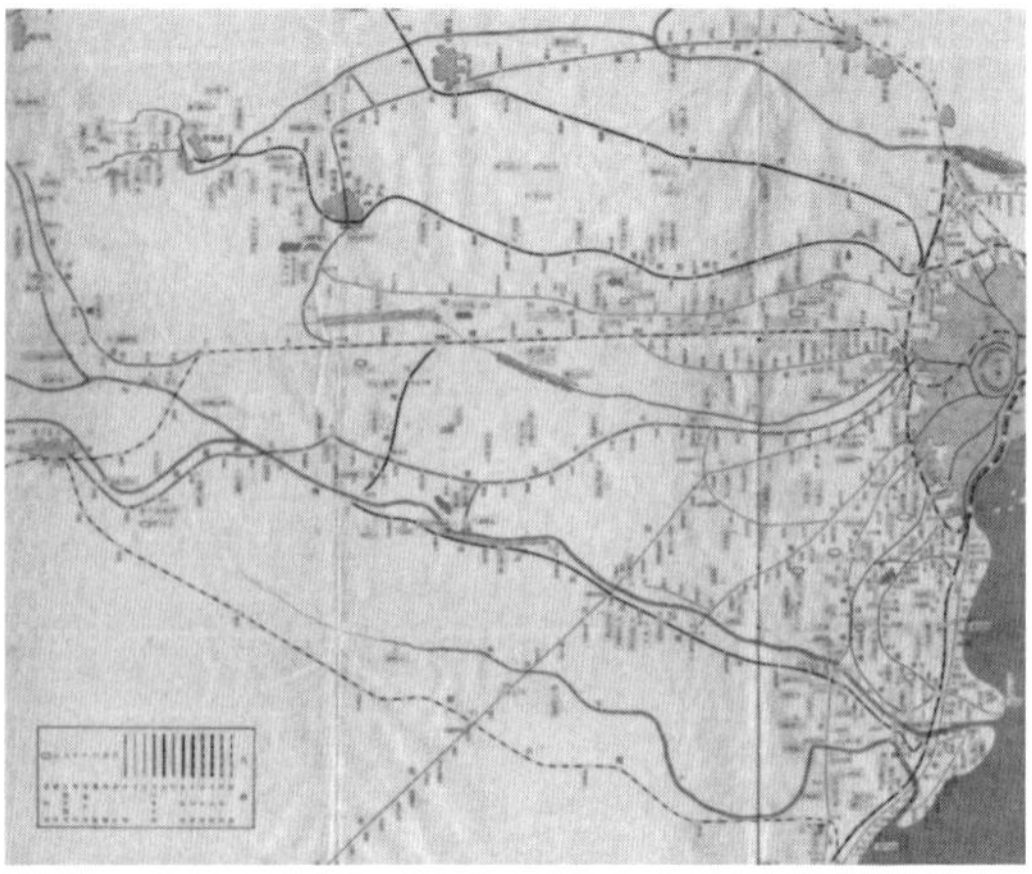
東京郊外鉄道電車沿線案内　昭和２（1927）年頃　個人蔵

昭和２年頃には、現在の鉄道網ができています。鉄道網の拡大は、郊外住宅開発を進めていく上で、重要でした。特に交通事業を持っていない土地会社は、鉄道会社の沿線地域を中心に開発していくこととなりました。

また、大正3年から堤が買収を行っていた下落合（現在の新宿区）の土地を、大正11年6月から売り出しました。これがのちの「目白文化村」で第2回の分譲からは、新聞の広告や絵はがきを活用した積極的な広報を行いました。

（3）平面的なデパートメントストア「渋谷百軒店」

箱根土地は、住宅開発以外にも事業を広げていきました。その一つが、渋谷道玄坂の百軒店でした。当初は、住宅地として売り出す予定でしたが、関東大震災の影響を受けた下町の名店を誘致する方針として、中央に劇場や活動写真館をつくり、その周囲に洋風の店舗を配置する形で売り出しました。

青山前浅野侯爵土地分譲案内
大正13（1924）年頃　個人蔵

（4）箱根土地の遊園地「新宿園」

現在の新宿区厚生年金会館付近に、箱根土地が経営していた遊園地「新宿園」がありました。新宿園は、大正13（1924）年の夏に劇場や映画館、演舞場、動物園などをそなえた遊園地として開園しました。しかし、入園者は少なく、大正15年に閉鎖となりました。その後、新宿園の跡地は分譲され新宿園にいた動物は、国立大学町に移されて、駅前の水禽舎などで飼われました。

箱根土地の郊外開発

箱根土地は、軽井沢などの別荘地や都心部の土地分譲を行っていましたが、大正12（1923）年頃から郊外の土地開発を始めます。

東村山地域は村山貯水池を視野にいれた東村山分譲地、大泉地域は東京商科大学移転を視野に入れた大泉学園都市、小平地域は移転する明治大学を中心とした国分寺大学都市として、大規模な開発を行っていきました。

そして、谷保地域も国立大学町として、開発されることとなったのです。

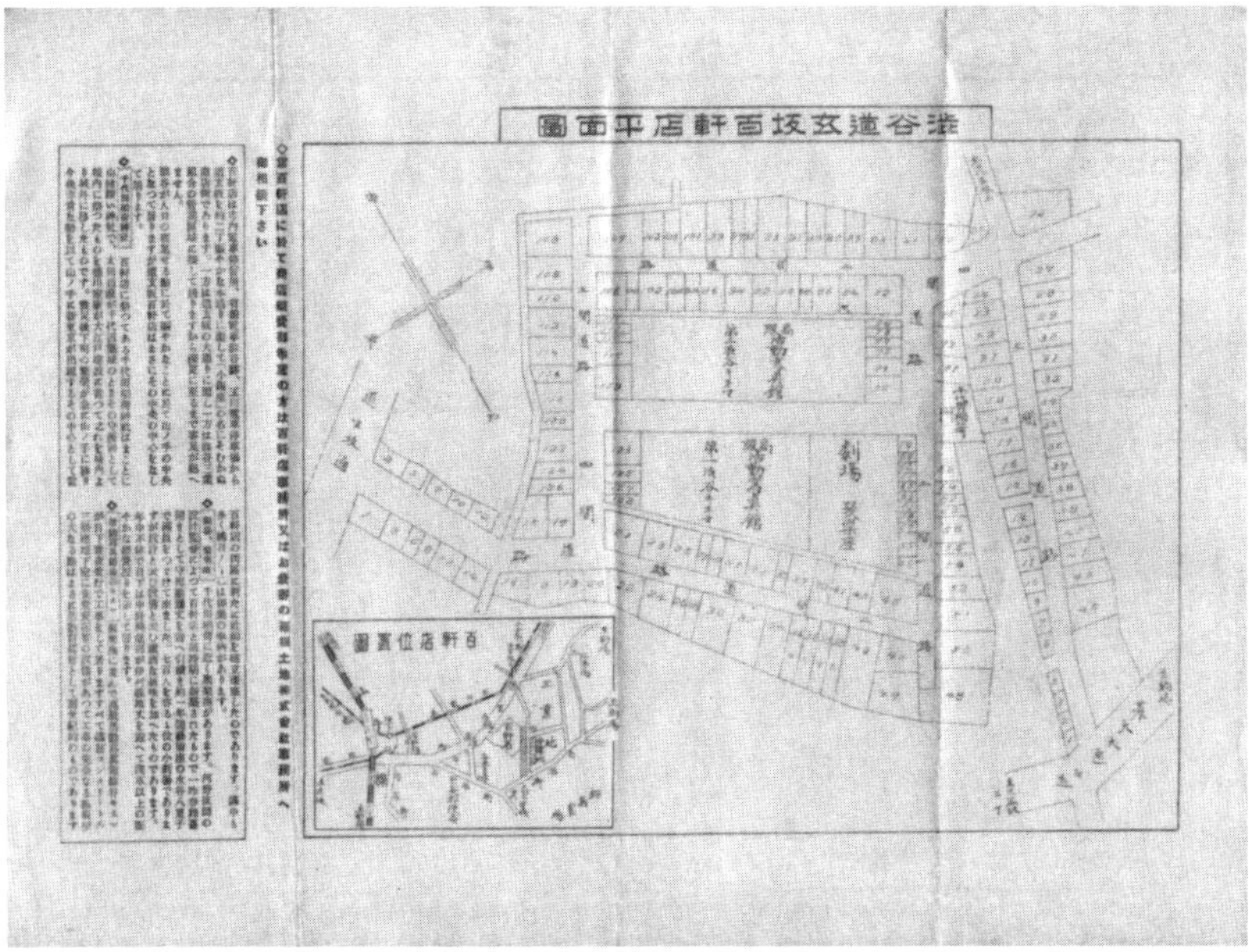

渋谷道玄坂百軒店案内（裏） 大正13（1924）年頃
㈱プリンスホテル所蔵

渋谷百軒店を「東京新名所小銀座」と宣伝しています。いろんなところで買い物をしなくても百軒店なら「平面的なデパートメントストア」なので、安くてよい品を手近で整えることができると宣伝しています。百軒店の中心部には、二つの活動写真館と劇場などを配置しています。130ほどの区画に分けられて分譲する計画だったことが、平面図からうかがえます。

（1）村山貯水池と東村山分譲地

東村山の土地分譲は、村山貯水池の完成により、周辺環境がよくなることを視野に入れたものと考えられます。東村山分譲地の東側には西武

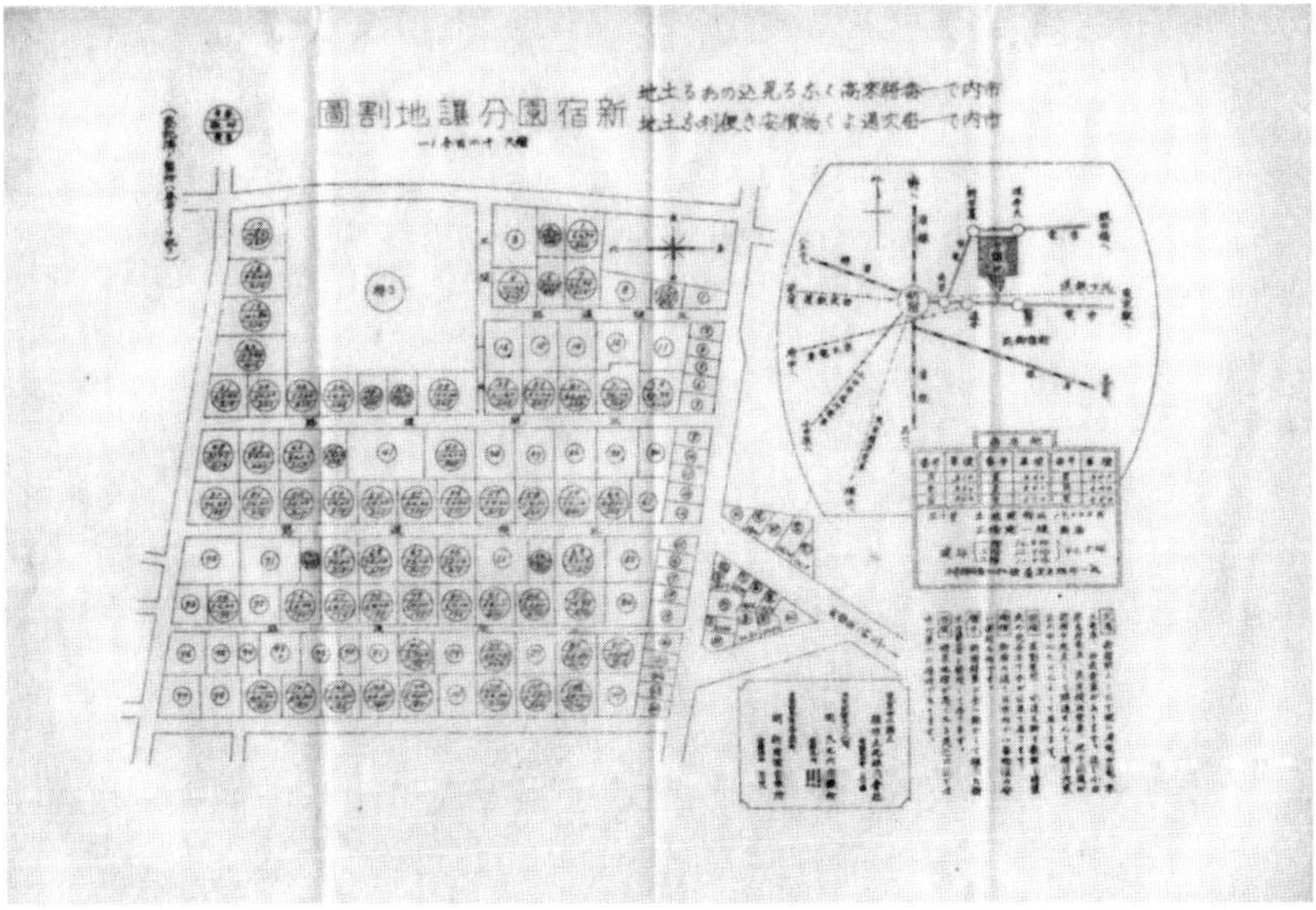

新宿園分譲地割図 昭和２（1927）年頃
㈱プリンスホテル所蔵

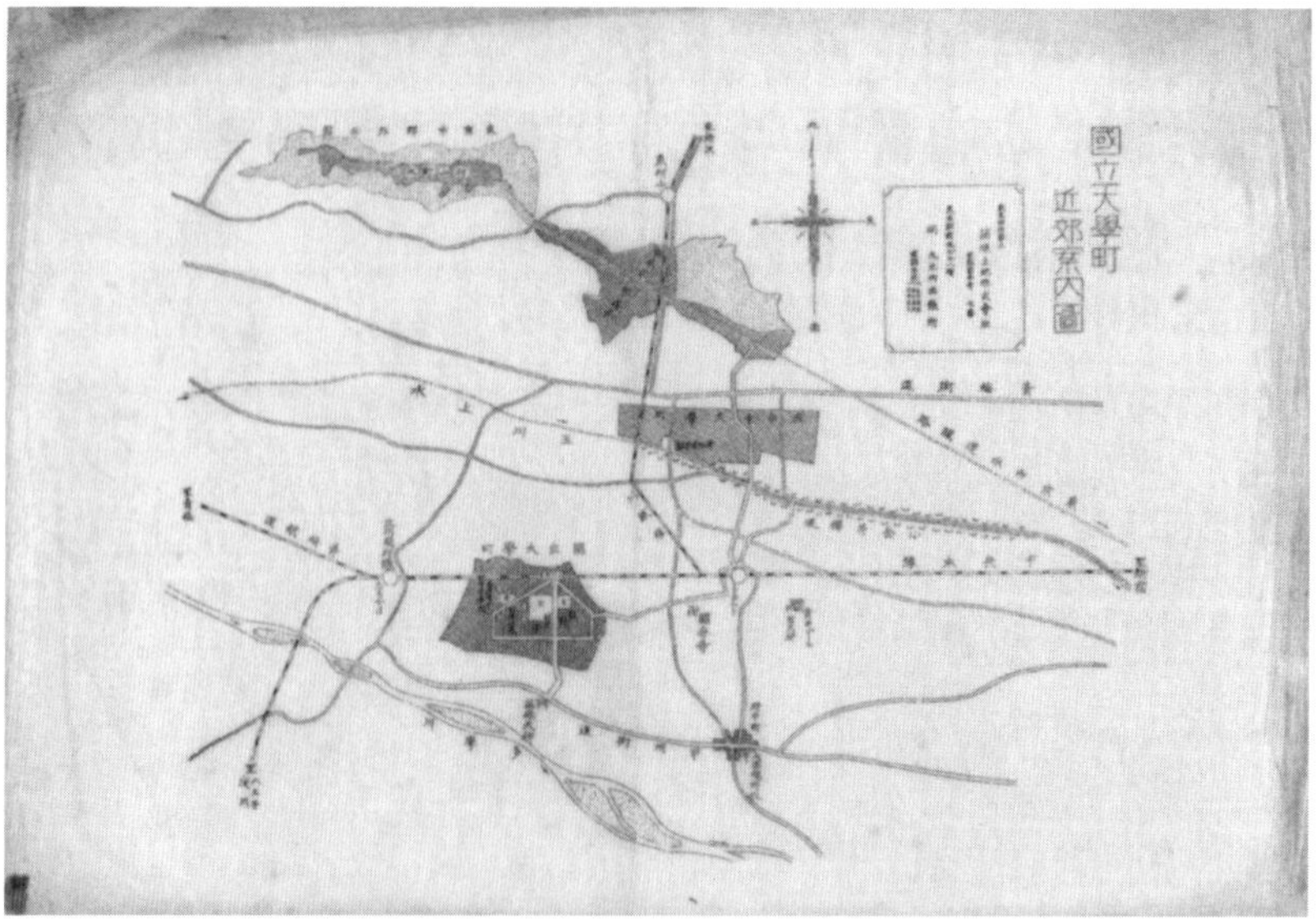

国立大学町近郊案内図　大正15（1926）年頃
くにたち郷土文化館所蔵

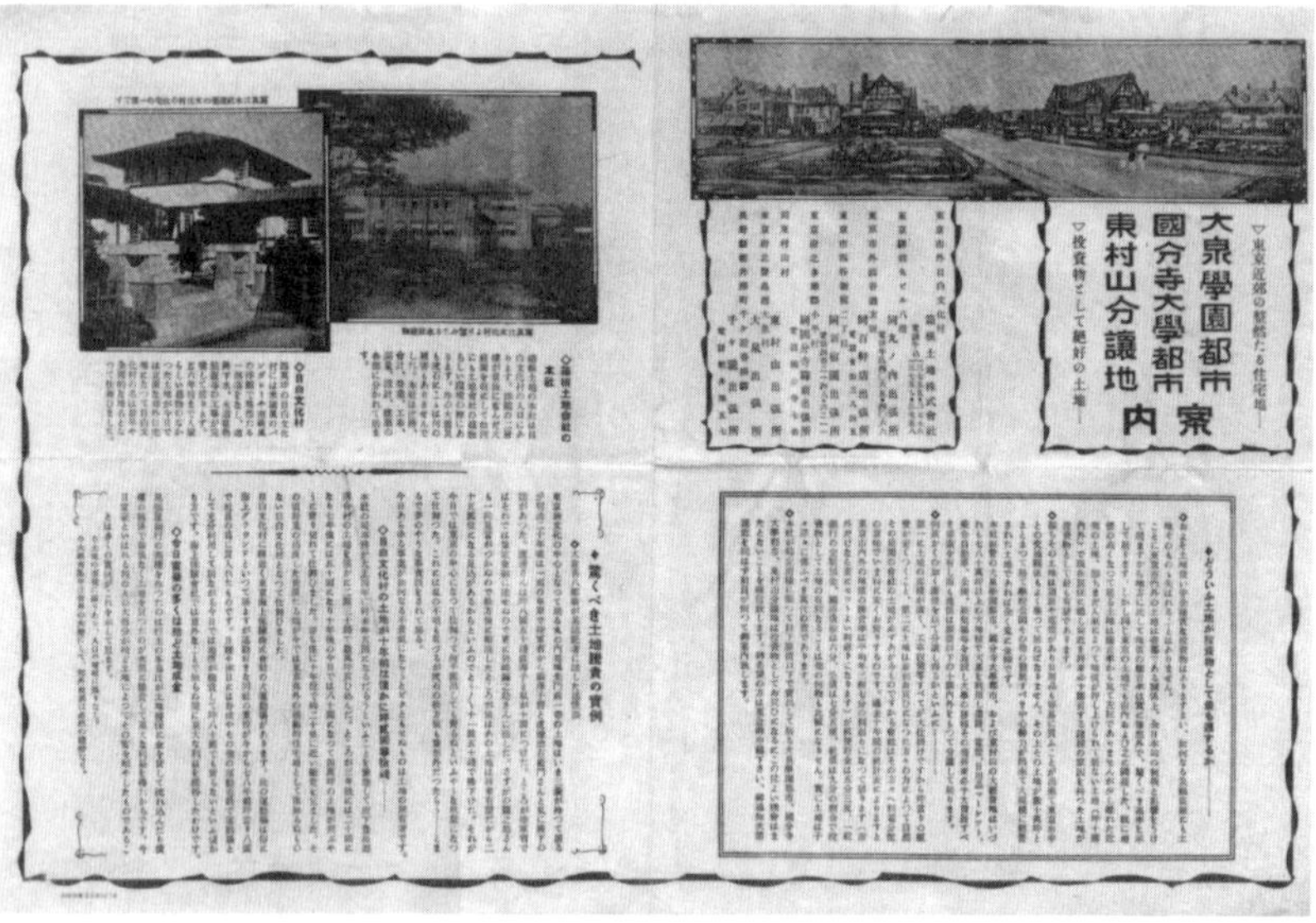

大泉学園・国分寺大学都市・東村山分譲地案内　大正14（1925）年
たましん歴史・美術館所蔵

箱根土地の売り方の特徴として土地投資の宣伝をしています。土地投資の具体例として、箱根土地が手掛けた目白文化村を紹介しています。また、土地の値段が上がる理由として、郊外地域を値段が安いうちに購入し、インフラ整備や施設ができて、人が多く住むことによって、土地の価格が上がると述べています。また、安い値段で提供できる理由として、大規模開発によって、インフラ整備などの経費が割安になることをあげています。いずれの分譲地も「七八拾万坪以上」と大規模な開発でした。

鉄道川越線が通っており、将来的には、西武鉄道が村山線を敷設することや、箱根土地の国分寺からの鉄道敷設など、多くの鉄道が通る交通の良い場所という事をアピールしています。

東村山分譲地は、三間道路と五間道路で碁盤の目状に区割りがされており、メインの道路は十二間道路となっています。この道路は、国分寺からの箱根土地の鉄道の路線予定になっていました。また、五間道路との交差地点に駅を設置する予定でした。

分譲地の大きな道路に鉄道を通す計画は、国立大学町での旭通りや富士見通りに鉄道を通す計画と類似性が見られます。箱根土地は、経営地の大きな道路に鉄道を通す開発スタイルを持っていたようで、そのために大きな道路を作っていたと考えられます。これらのことから、郊外住宅地における鉄道の重要性がうかがえます。

（2）最初の学園都市計画、大泉学園都市

大泉学園都市（現在の練馬区）は、東京商科大学を誘致して土地分譲をする計画でした。これは、東京商科大学が石神井に運動場の土地を購入していたことから、石神井に近い大泉を選んだと考えられます。

大泉学園都市は、北側に大学をはじめとした公園や野球場などの大規模施設をつくるとともに、分譲地の中心には、四十間（約72ｍ）の道路をつくり、その両側には商店街を設置して、住宅地は1区画300坪で分譲する計画でした。

箱根土地は、大泉学園都市分譲にあたり、大正13（1924）年11月に東大泉駅を開設して、武蔵野鉄道に寄付をしました。また、東大泉駅から経営地の大泉学園都市までは離れていたので、七間幅の道路をつく

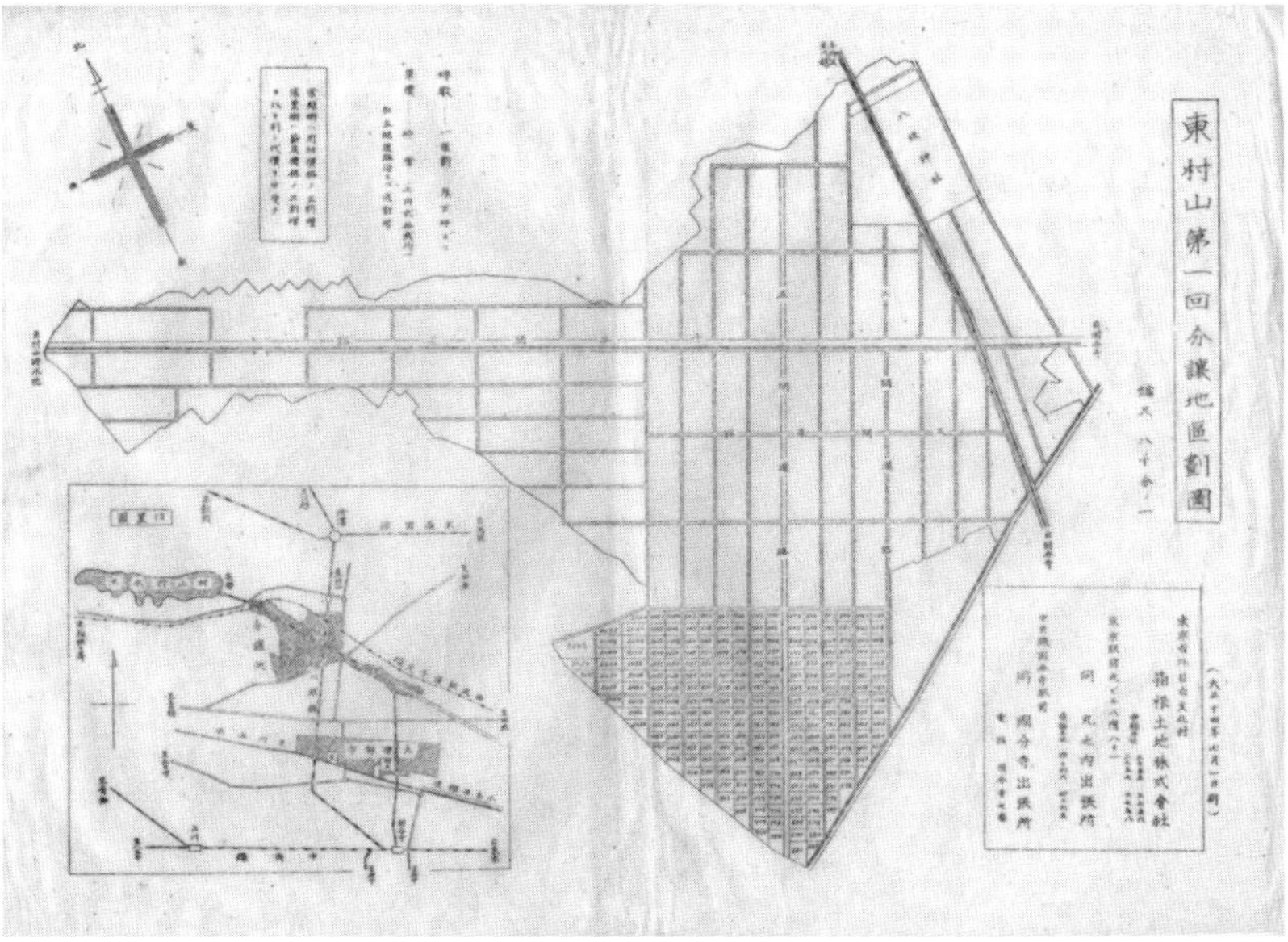

東村山第一回分譲地区画図　大正14（1925）年
㈱プリンスホテル所蔵

東大泉駅　大正13（1924）年頃
東京あおば農業協同組合提供
出典：大泉農業協同組合40年史

箱根土地が寄付した東大泉駅。駅舎を見ると国立駅舎によく似ていますが、東大泉駅舎は、左右対象となっています。昭和8（1933）年に「大泉学園」駅と改称しました。

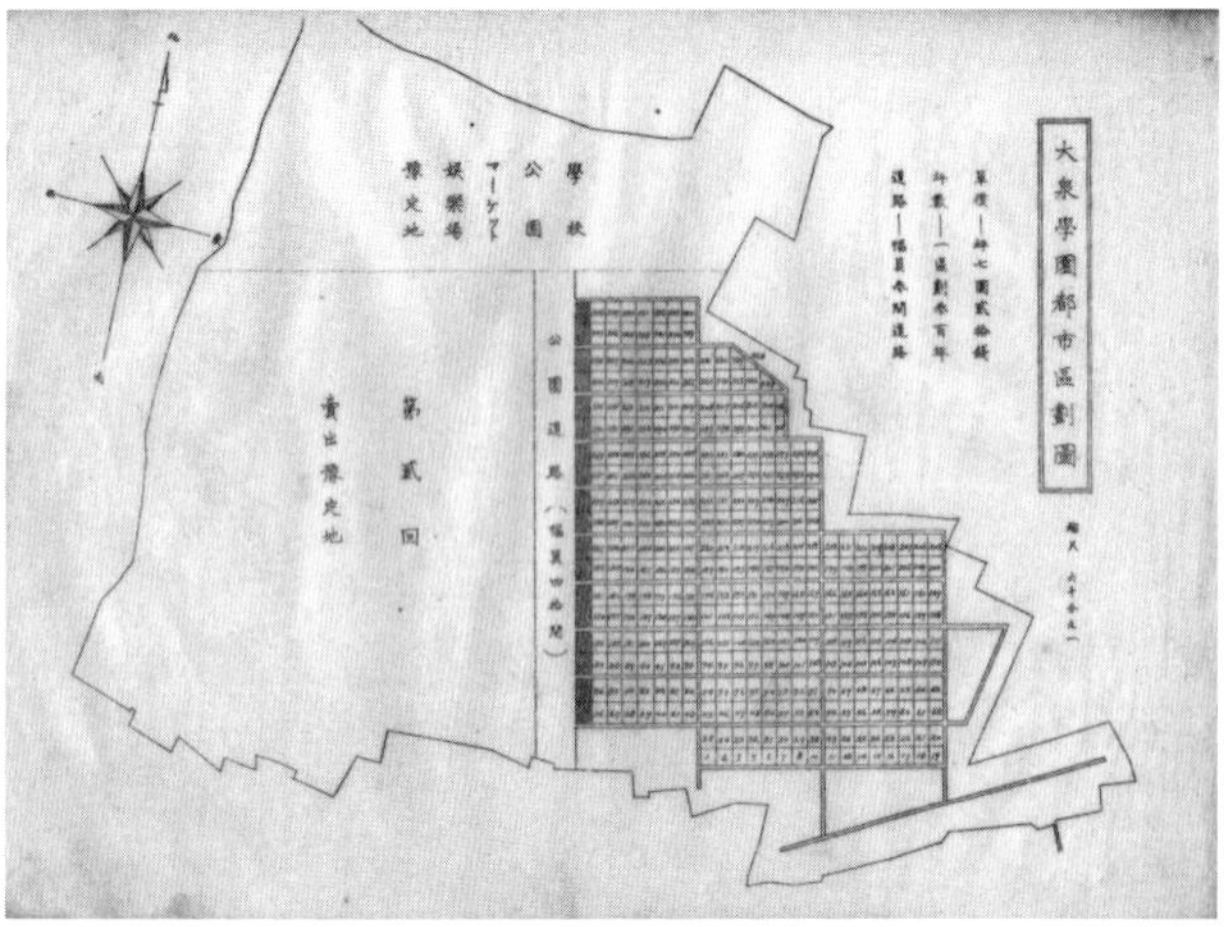

大泉学園都市の第一回分譲計画図と思われる区画図です。第一回は、道路の東側を分譲しました。西側には「第弐回売出予定地」と書かれており、北側の部分はまだ具体的なものにはなっていません。中央を通る「公園道路」は幅員四十間と国立大学町の「一ツ橋大通り」より広いです。

大泉学園都市区画図　大正14（1925）年
㈱プリンスホテル所蔵

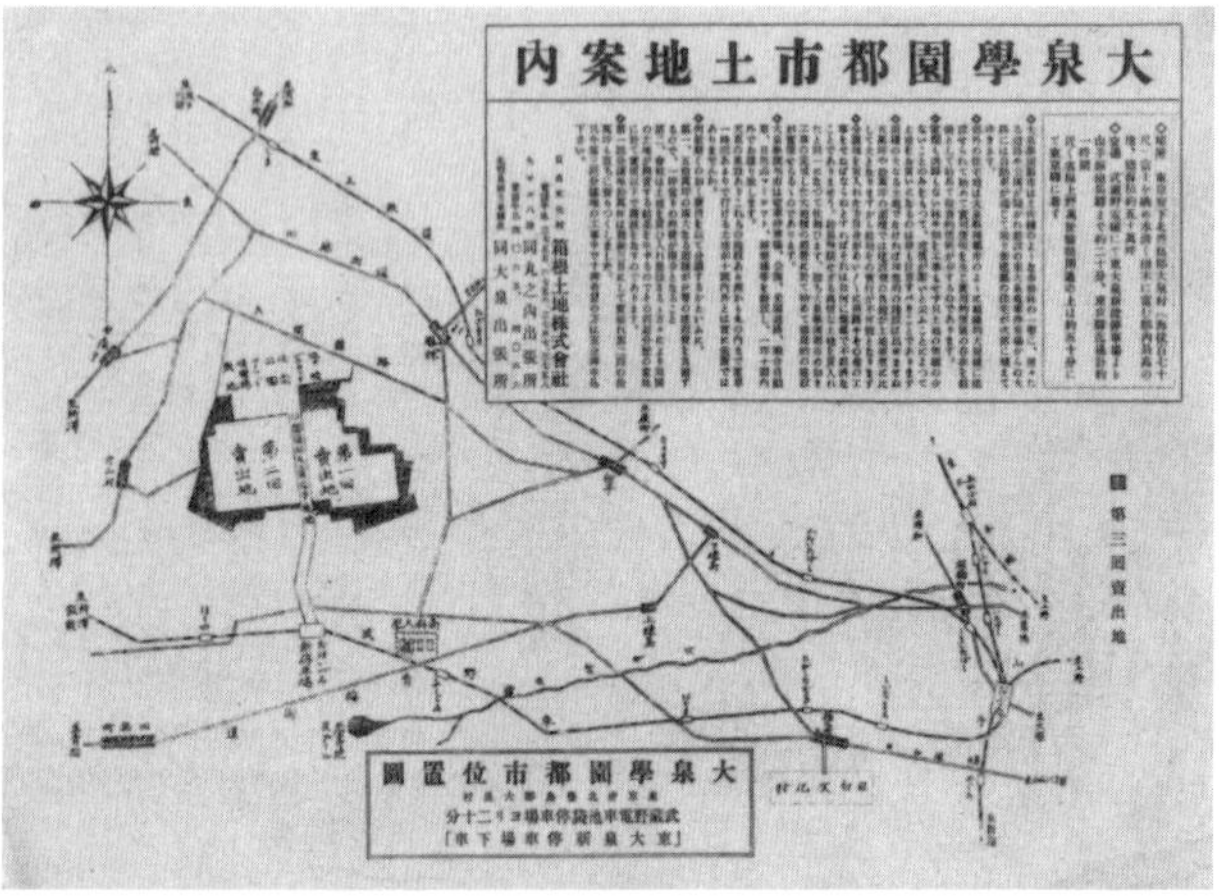

大泉の場所を「富士を眺め水清く樹木に富む郡内最高の地、総面積約五十万坪」と宣伝しています。また、箱根土地の手法の一つである土地投資の利点を述べています。「第一回分譲地拾万坪は発表三日にして売切れ第二回の拾万坪も直ちに売りつくしました。只今第三回分譲地の工事中です」と、販売が順調で第三回も早く売り切れてしまうことを暗示する宣伝内容となっています。

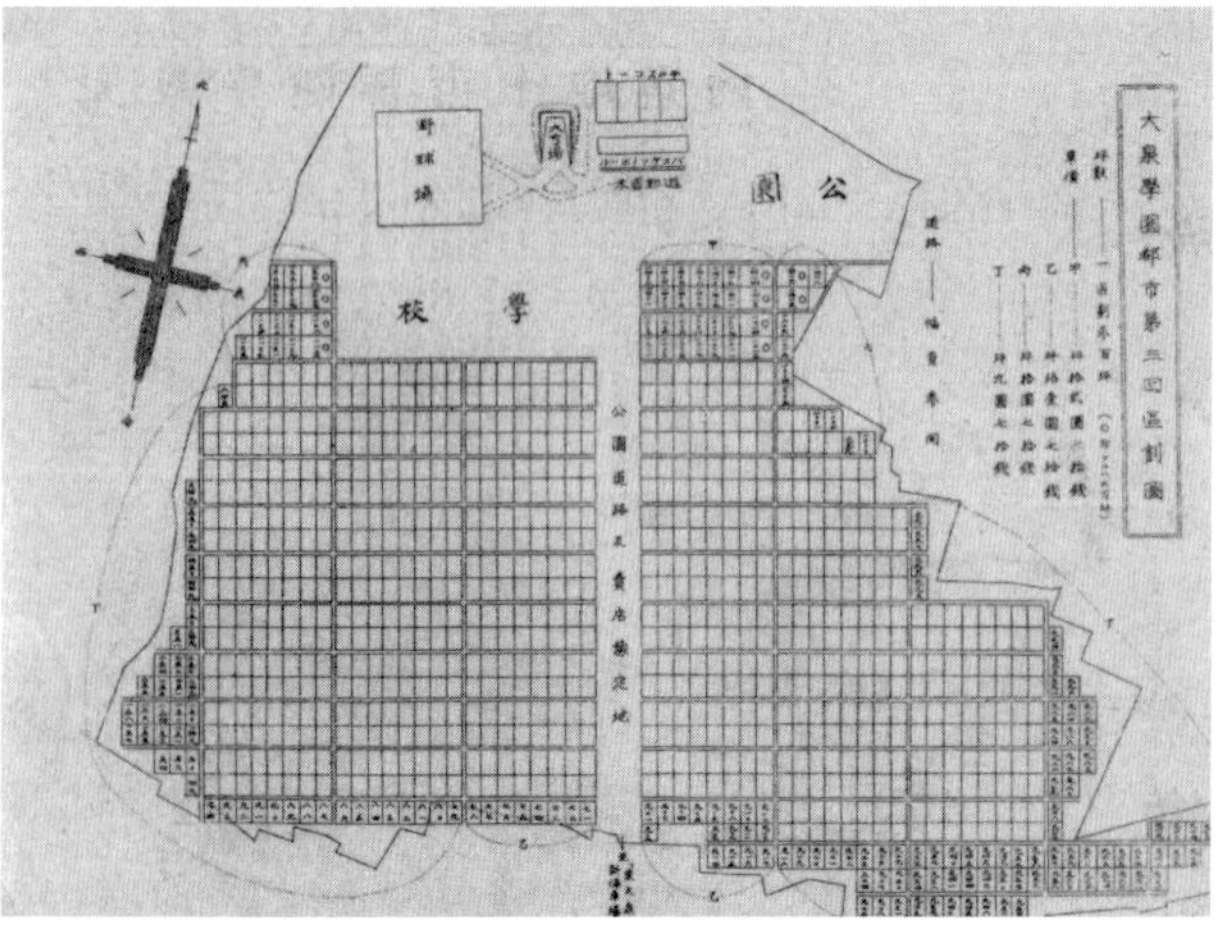

第三回の分譲は第一回と第二回の周辺部を売り出しました。また、北側には公園や野球場、弓場、バスケットボールコートやテニスコートなどのスポーツ施設が具体的に描かれています。また、学校の位置は、東大泉駅側から遠い、公園や運動場がある北側部分で、約二万坪の敷地を確保しています。

大泉学園都市土地案内（上・表、下・裏）
大正14（1925）年頃　㈱プリンスホテル所蔵

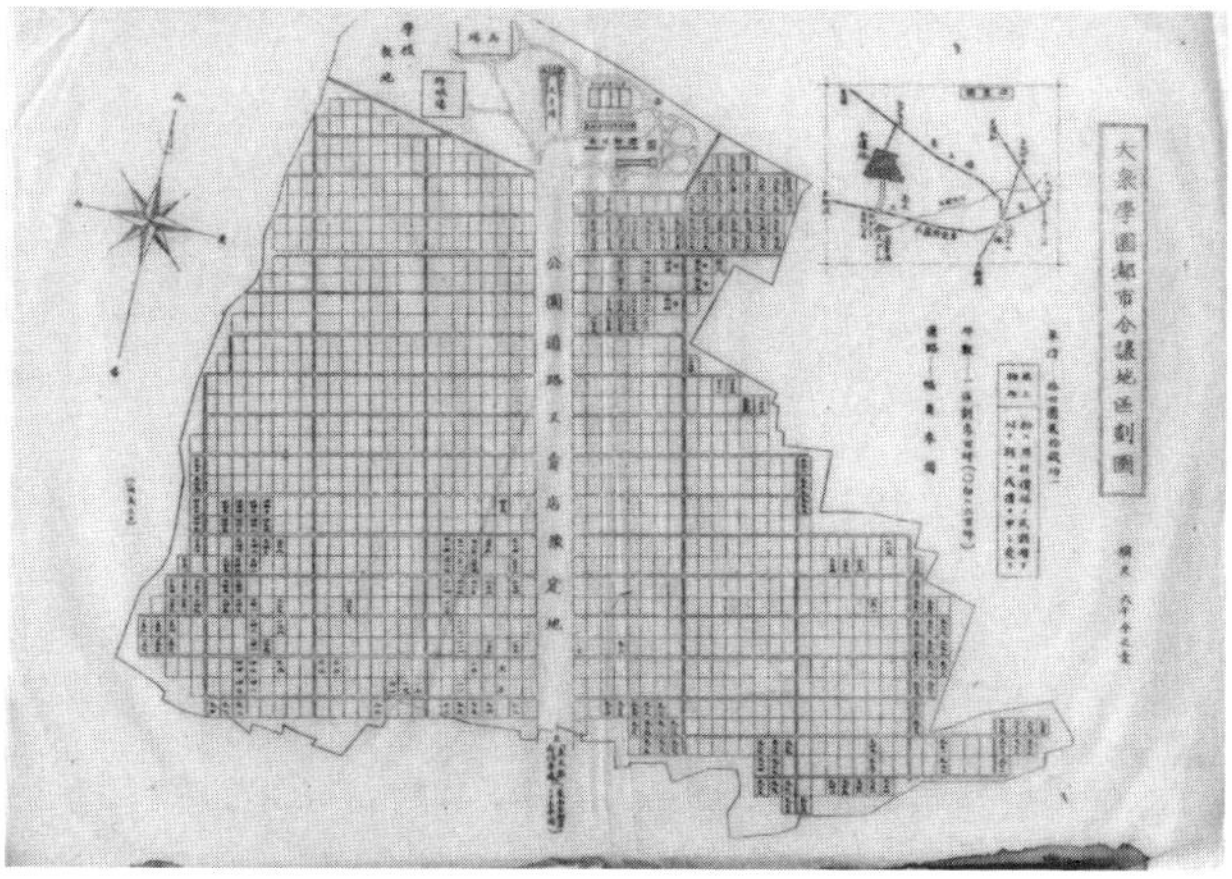

大泉学園都市分譲地区画図　大正14（1925）年頃
㈱プリンスホテル所蔵

第三回区画図の学校予定地場所や公園地域も縮小され、分譲区画になっています。

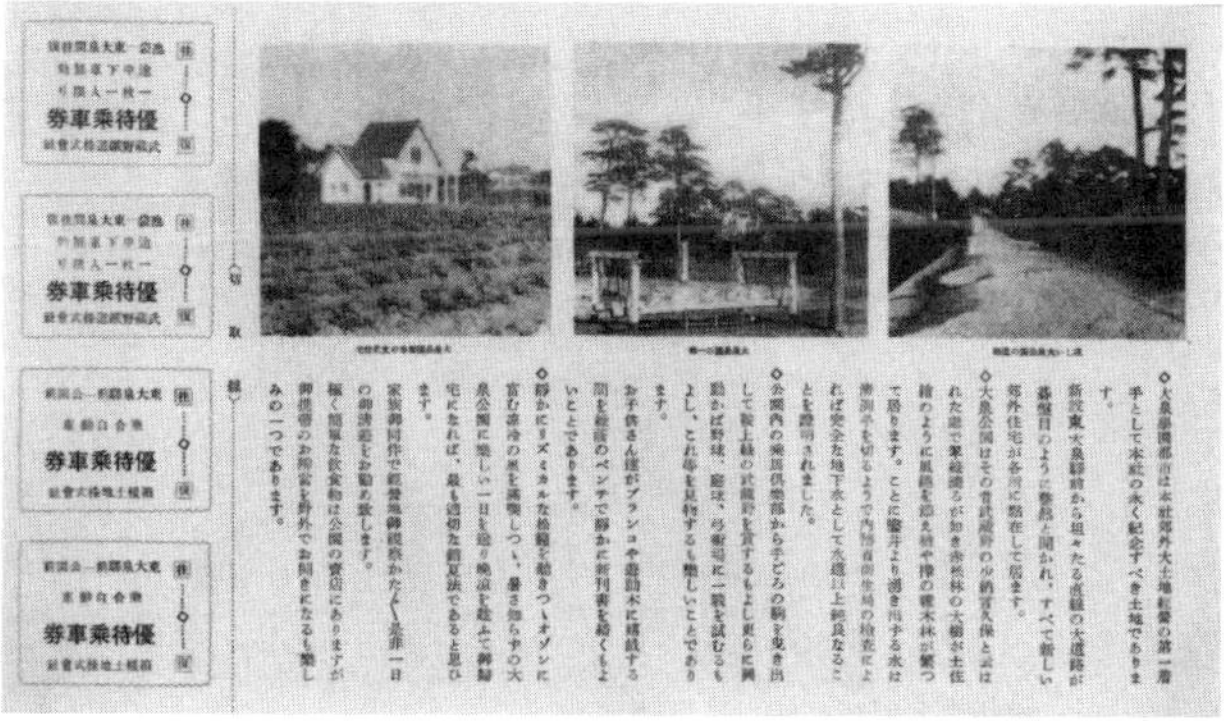

優待乗車券付大泉学園都市案内　大正15（1926）年頃
㈱プリンスホテル所蔵

「大泉学園都市は本社郊外大土地経営の第一着手として本社の永く記念すべき土地であります。」とあることから、箱根土地の郊外住宅の最初が大泉学園都市であったということがわかります。また、乗馬倶楽部から馬を借りて散策することやスポーツ施設の利用なども宣伝しています。今までの土地投資の宣伝から、環境の良さをアピールする形へと変化しているのがうかがえます。案内には、池袋―東大泉間の優待乗車券往復分と東大泉駅前―公園前間の乗合自動車の優待乗車券往復分がついています。

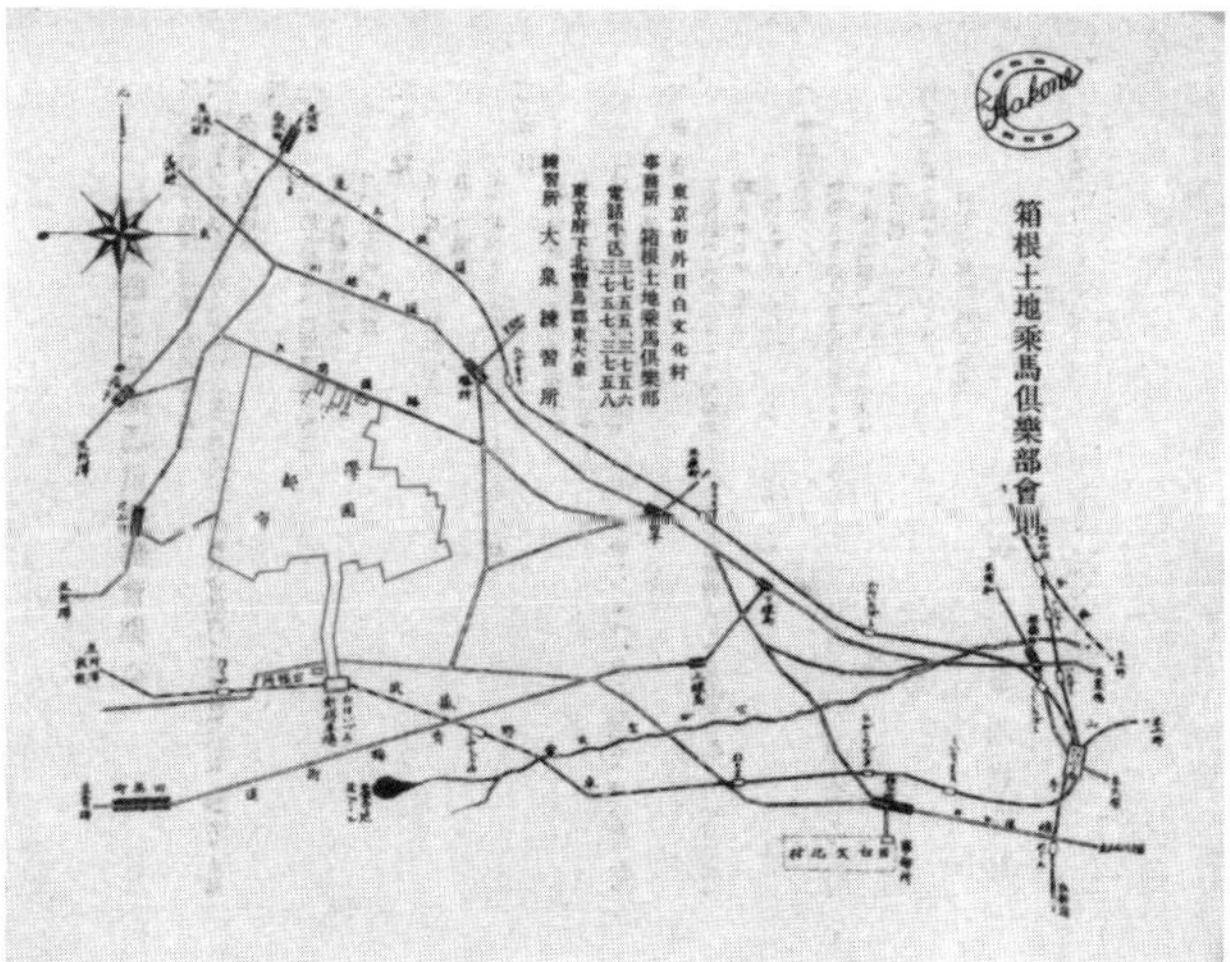

箱根土地乗馬倶楽部会則　大正14（1925）年
㈱プリンスホテル所蔵

箱根土地は、乗馬会や馬に関する調査研究、競技会開催などを行う「箱根土地乗馬倶楽部」を設立しました。会則以外には詳細なことはわかりませんが、練習場所として、大泉学園の北側の公園区域に馬場を設置して活動をしていたようです。

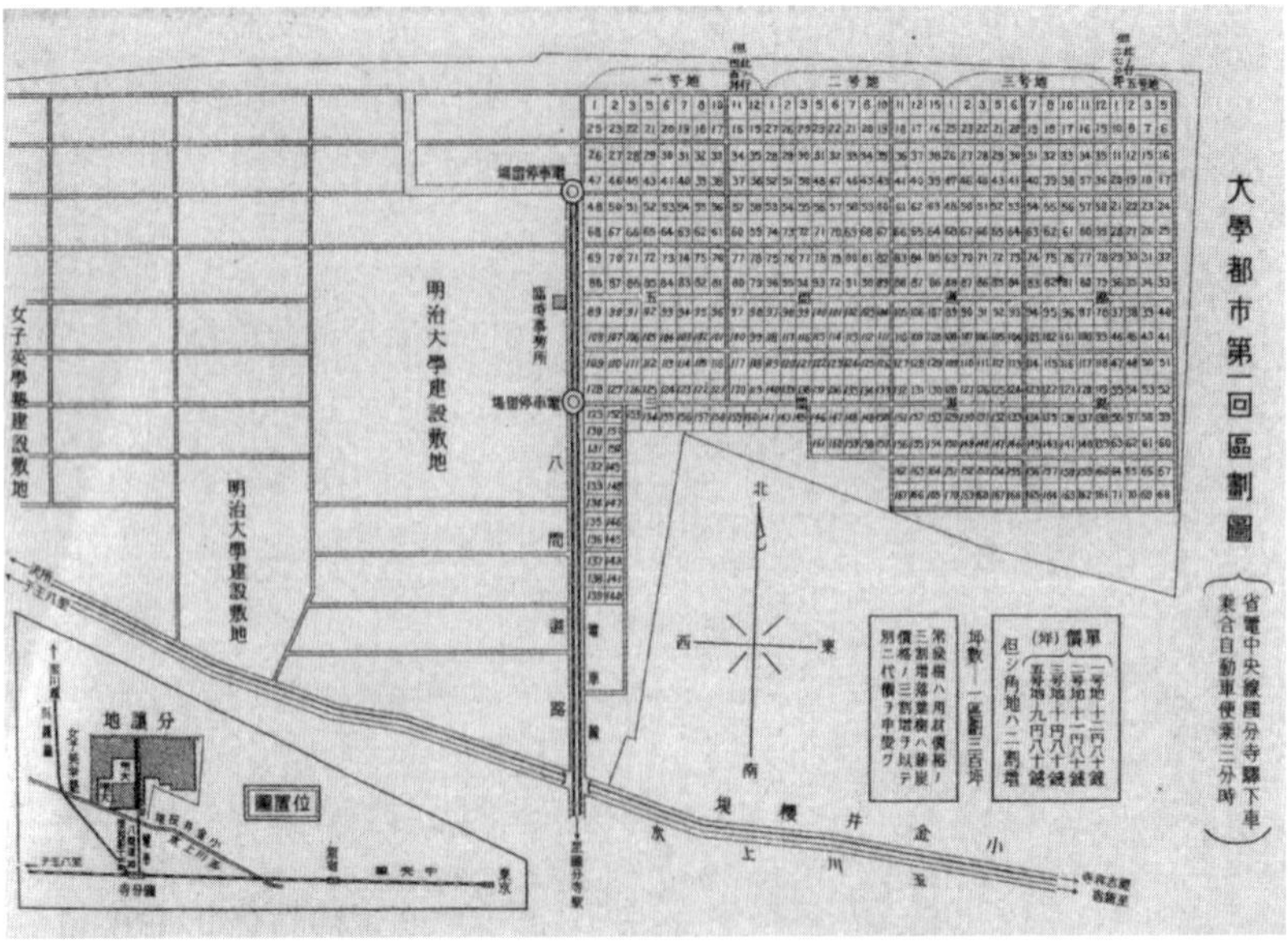

大学都市第一回分譲地案内はがき（裏）
大正15（1926）年頃　㈱プリンスホテル所蔵

国分寺大学都市は、南北を通る中央の八間道路を中心に東側と西側に分けられていました。この時、津田英学塾の移転予定地までは、箱根土地の分譲区画に入っていなかったようです。第一回の分譲は、東側部分を販売しています。八間道路には、電車線が描かれており、電車停留所が二か所予定されています。その停留所予定地の間に箱根土地の臨時事務所が置かれています。明治大学建設敷地は二つの区画が用意されています。また、土地分譲にあたって、大泉学園都市の売れ行きの好調をあげて、「五六円のプレミアム附で売買されてをります。」と土地投資の魅力を述べています。

り乗合自動車（現在のバス）を走らせていました。しかし、大泉学園都市に大学が移転してくることはありませんでした。

（3）波乱の国分寺大学都市と小平学園

箱根土地は、大泉学園都市に続いて国分寺大学都市（現在の小平市）

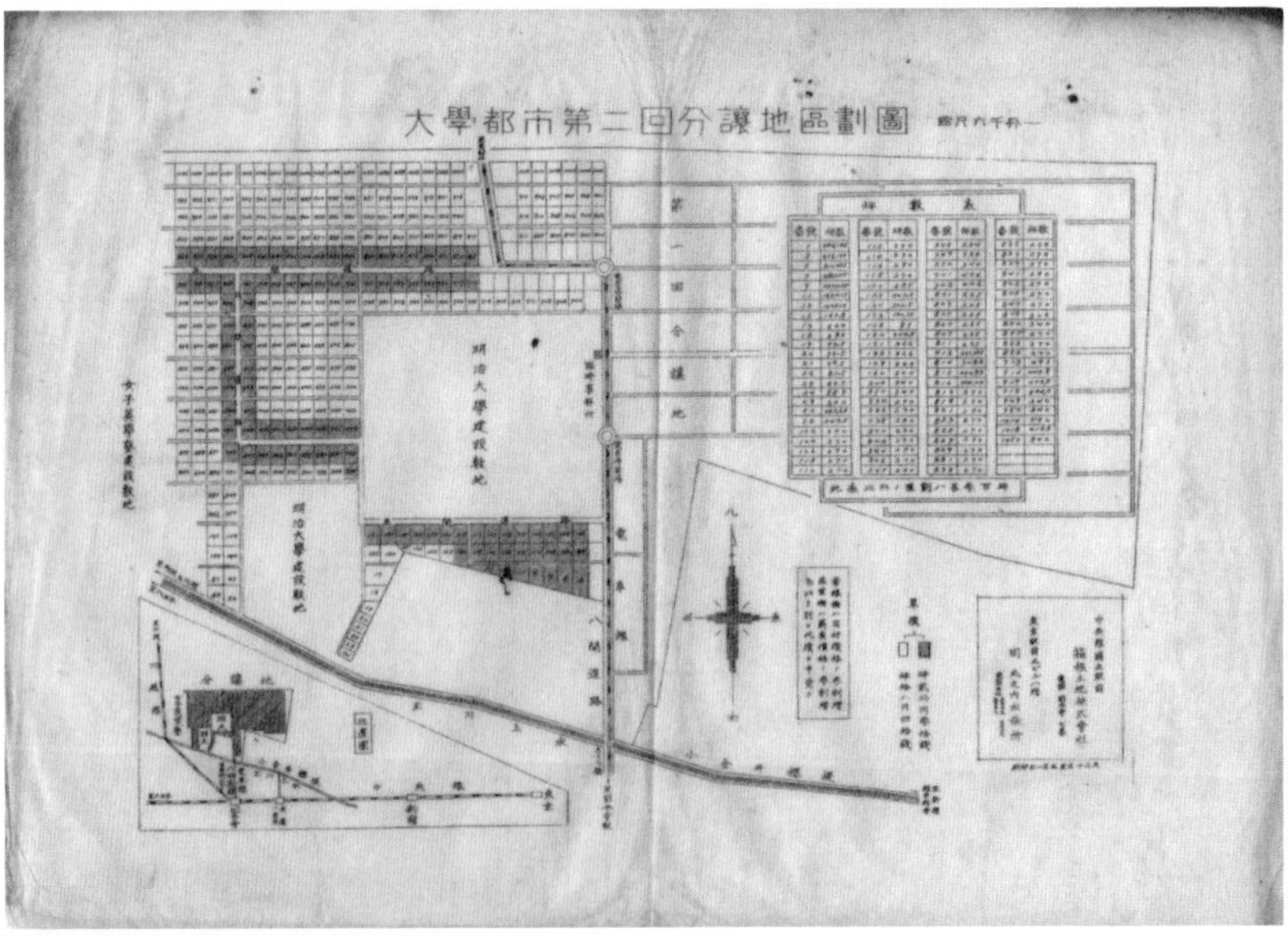

大学都市第二回分譲地区画図　大正15（1926）年
㈱プリンスホテル所蔵

第二回分譲では、八間道路から西側部分が販売されています。道路は、三間道路と五間道路で区画されています。この区画図は、「大正15年5月1日印刷」と書かれており、この二ヶ月後に、明治大学移転は中止となりました。一番大きい八間道路には、東村山経営地と同時に鉄道路線が敷設される計画になっています。後に多摩湖鉄道として実現しました。

を開発しました。国分寺大学都市は、明治大学移転を中心に計画された大学都市で、この移転計画は、大正13（1924）年8月に明治大学と箱根土地で契約が交わされています。

しかし、この移転計画は大正15年7月に明治大学側から撤回され、箱根土地は苦境に立たされました。その後、箱根土地の藤田謙一や東京商科大学の佐野善作の働きによって明治大学の代わりに東京商科大学予科が移転することとなり、「小平学園」として再び動き始めました。
国分寺大学都市としたのは、中央線の国分寺駅近くという交通の良さをアピールするために名付けたと思われます。これは交通の重要性を箱根土地が意識していたためと考えられます。ちなみに、同じ小平学園の津田英学塾（現在の津田塾大学）は、大正11年12月に土地を独自に購入しており、箱根土地の国分寺大学都市開発とは直接的な関係はありませんでした。

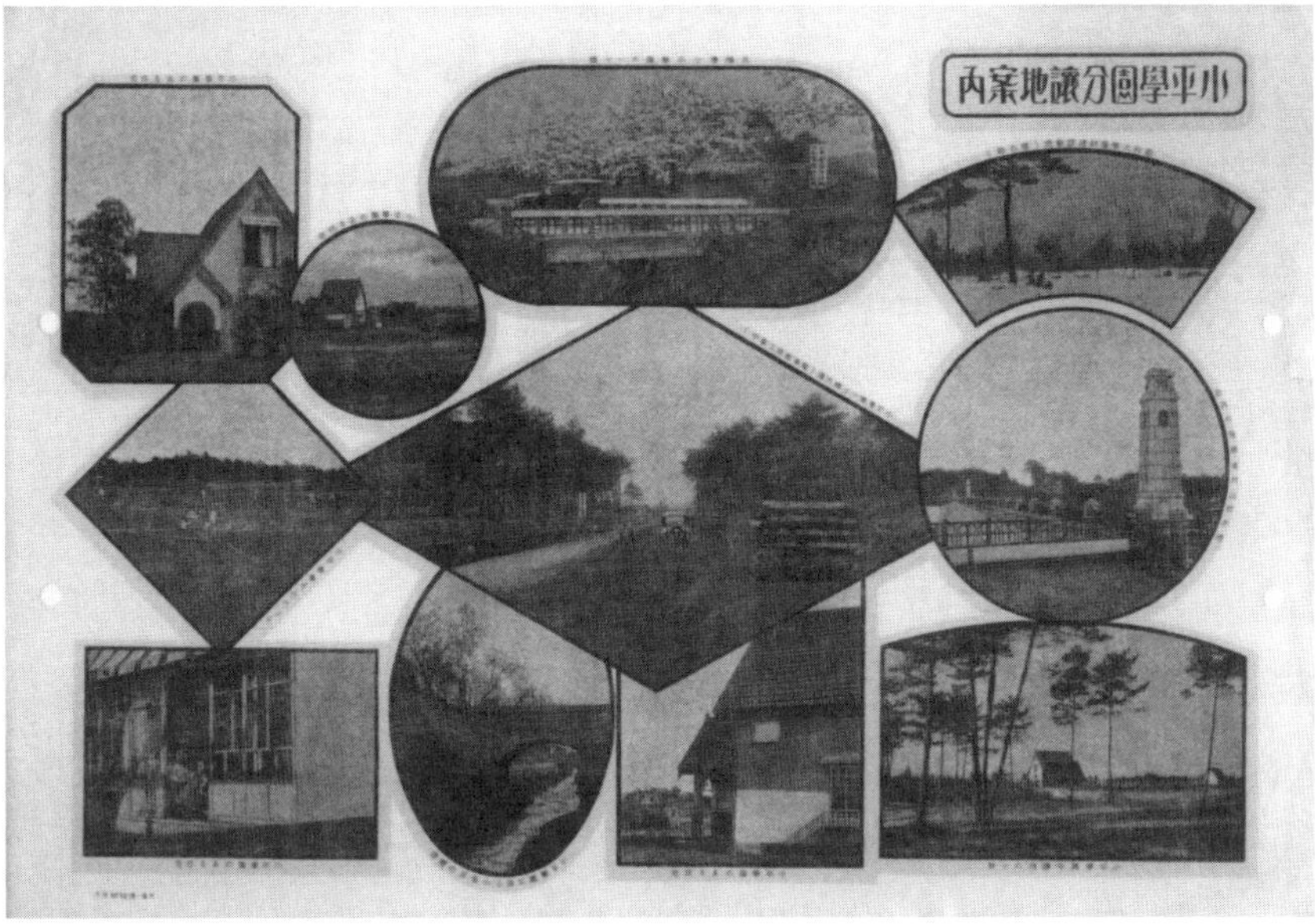

小平学園の分譲地案内。国立分譲地案内と同じ構成で、片面は風景や建物などの写真を掲載しており、もう片面が分譲地区画図と分譲地の説明がされています。写真には、「文化住宅」が紹介されているとともに、小金井の桜や「東村山貯水池」などの観光地も掲載されています。

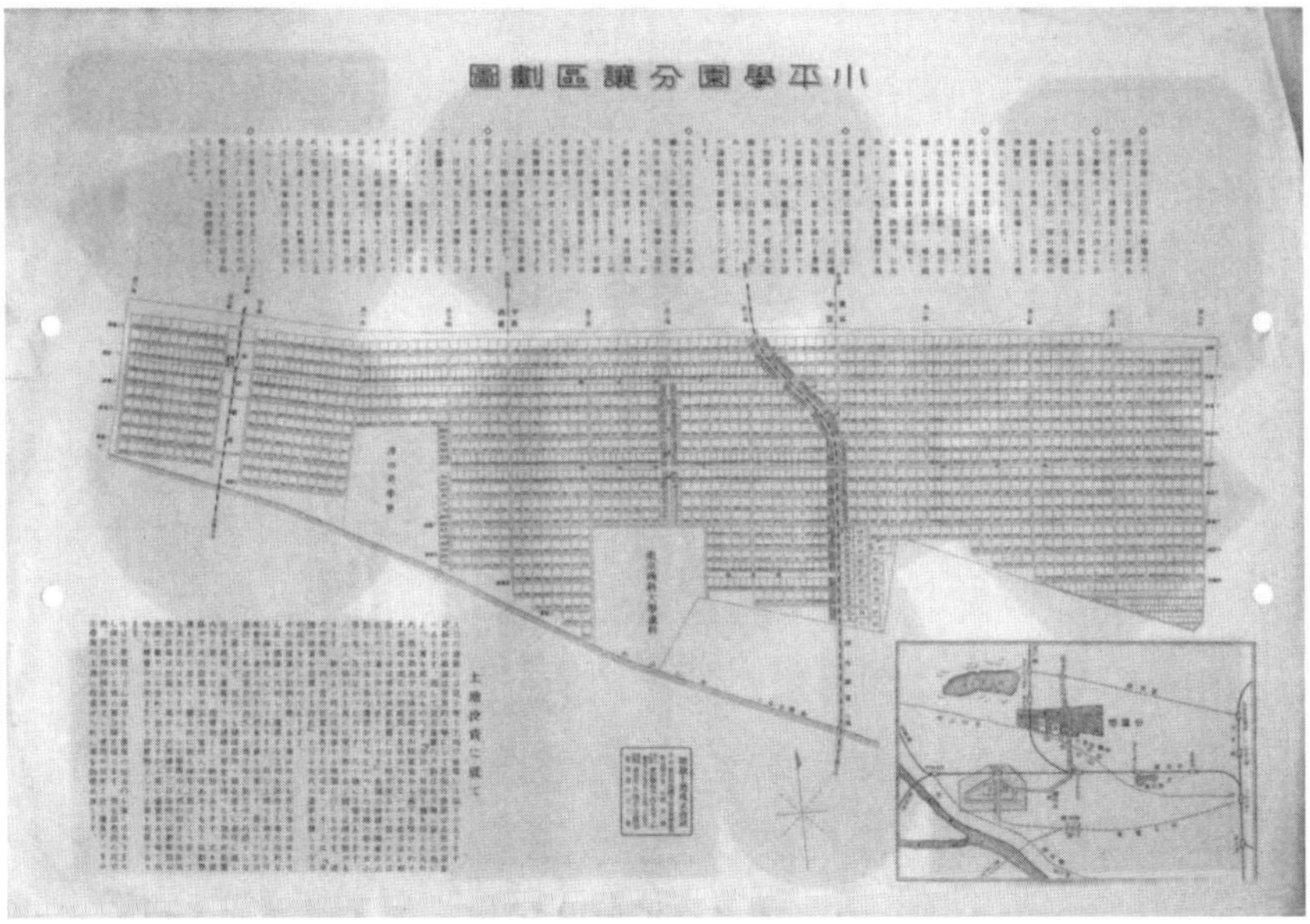

国分寺大学都市よりも分譲地域が拡大しており、西側は西武鉄道川越線まで範囲が広がっています。また、川越線の路線には「停車場予定」と書かれています。区画は、国立大学町と同じように「西区」「中区」「東区」に分けられており、「条」と「通」で碁盤の目状の区画になっています。鉄道駅予定のところから東京商科大学予科をつなぐ道路は、八間道路となっています。明治大学建設予定地は鉄道路線沿いだったのが、東京商科大学予科の予定地は鉄道から離れた場所となっています。

小平学園分譲地案内（上・表、下・裏） 昭和２（1927）年頃
㈱プリンスホテル所蔵

「国立大学町」誕生へ

箱根土地は、郊外住宅開発のひとつとして、学校を中心とした「学園都市」を作るために大泉学園都市や国分寺大学都市（小平学園）の分譲をはじめました。しかし、核となる学校の移転が決まらないとともに、郊外土地ブームも落ち着き、さらに第一次世界大戦の好景気の反動による景気の悪化により、土地分譲は思うように進みませんでした。

そんな中、箱根土地は大正14（1925）年9月に、東京商科大学と土地交換契約を正式に結び、大学を中心とした大学町づくりに取り組むこととなります。大泉学園都市のように、箱根土地が計画した場所に誘致する形ではなく、東京商科大学と箱根土地が共同でまちづくりに取り組んでいくことになりました。

箱根土地が開発場所として選んだのは、谷保村の「ヤマ」と呼ばれる雑木林でした。中央線の国分寺と立川の間に駅を新設して、そこを中心に「百万坪」の国立大学町開発に取り組みます。

東京商科大学との契約で二十四間（約43・6m、1間＝約1・8m）の道路や放射線状の道路を造成するとともに、中央線の新しい駅をつくりはじめました。また、駅の正面には駅前広場を設けるなど、谷保村の「ヤマ」が、国立大学町へと変わっていきました。

そして、国立大学町には、東京商科大学だけではなく、東京高等音楽学院（現在の国立音楽大学）や国立学園小学校などの学校も誕生し、「学園都市」の基礎が作られていきました。その間には様々な計画があり、「大学町」をつくるのに試行錯誤していたことがうかがえます。

しかし、国立大学町が完成した大正15年は、景気が悪く、土地分譲は好調とは言えない状況でした。さらに追い打ちをかけるように、昭和2（1927）年の金融恐慌や昭和4年の世界大恐慌による昭和恐慌などによって、国立大学町の分譲は苦しい状況に立たされました。この経済状況は、谷保村地主と箱根土地との間に土地代金の不払いなどを巡る深刻な問題となり、国立大学町誕生に陰をおとすことになりました。

変わりゆく谷保村

当時の谷保村は、農家が大半を占めており、米、粟、そば、麦、さつまいもなどを栽培していました。また、農作物以外に大きな収入源となったのが養蚕でした。明治初期には、桑をつくり繭をとる養蚕農家が全体の半数を超えているほどでした。

国立大学町の場所は、拝島道北と呼ばれた谷保村北部の地域で、クヌギやクリなどの雑木に赤松が混じり人家は一軒もなく、「ヤマ」と呼ばれていました。農家の人々は、「ヤマ」へ堆肥となる落ち葉や薪になる枝などを集めに行くなど、生活を支える大切な場所でした。その「ヤマ」を切り開き国立大学町をつくるという話は、谷保村の人たちには、大きな驚きでした。

（1）「ヤマ」を買収

箱根土地は、谷保村との買収の交渉に入りました。村では、地主側から委員を選出して交渉にあたらせました。箱根土地側は、国立大学町の設計などを担当していた専務の中島陟をはじめとする社員が交渉にあたりました。

箱根土地が提示した買収価格は、坪3円強でした。山林の売買はほとんどなく、借金のかたに取られる際の10倍程度の価格は、地主たちの心を揺り動かしました。さらに箱根土地は、箱根の温泉地に招待し接待するなど、様々な買収工作を行いました。そして、地主たちに大きな影響を与えたのが、大地主で村長の西野寛司でした。西野村長は、村百年の計を説くとともに、自らも所有していた山林を提供するなど、地元の人たちを動かすきっかけを作りました。

（2）東京商科大学と箱根土地との契約

東京商科大学は、大正9（1920）年に東京高等商業学校から東京商科大学に昇格すると、大学の体制を整える必要がありました。神田一ツ橋（現在の千代田区一ツ橋）のキャンパスだけでは狭かったので、キ

大将　学生時代より国会議員までスナップ（当選祝い写真）
大正～昭和初期頃　早稲田大学大学史資料センター所蔵

のぼりには、「祝堤康次郎君当選　西野寛司」と書かれています。法被に「西野本宅」と入っていることから、おそらく西野家で撮られた写真だと思われます。堤康次郎は、大正13年5月の第15回衆議院議員総選挙に地元の滋賀で初立候補で初当選。その後、12回の当選を果たします。堤が谷保村を買収先に選んだ理由として西野村長と親交があったことが影響したとも言われています。

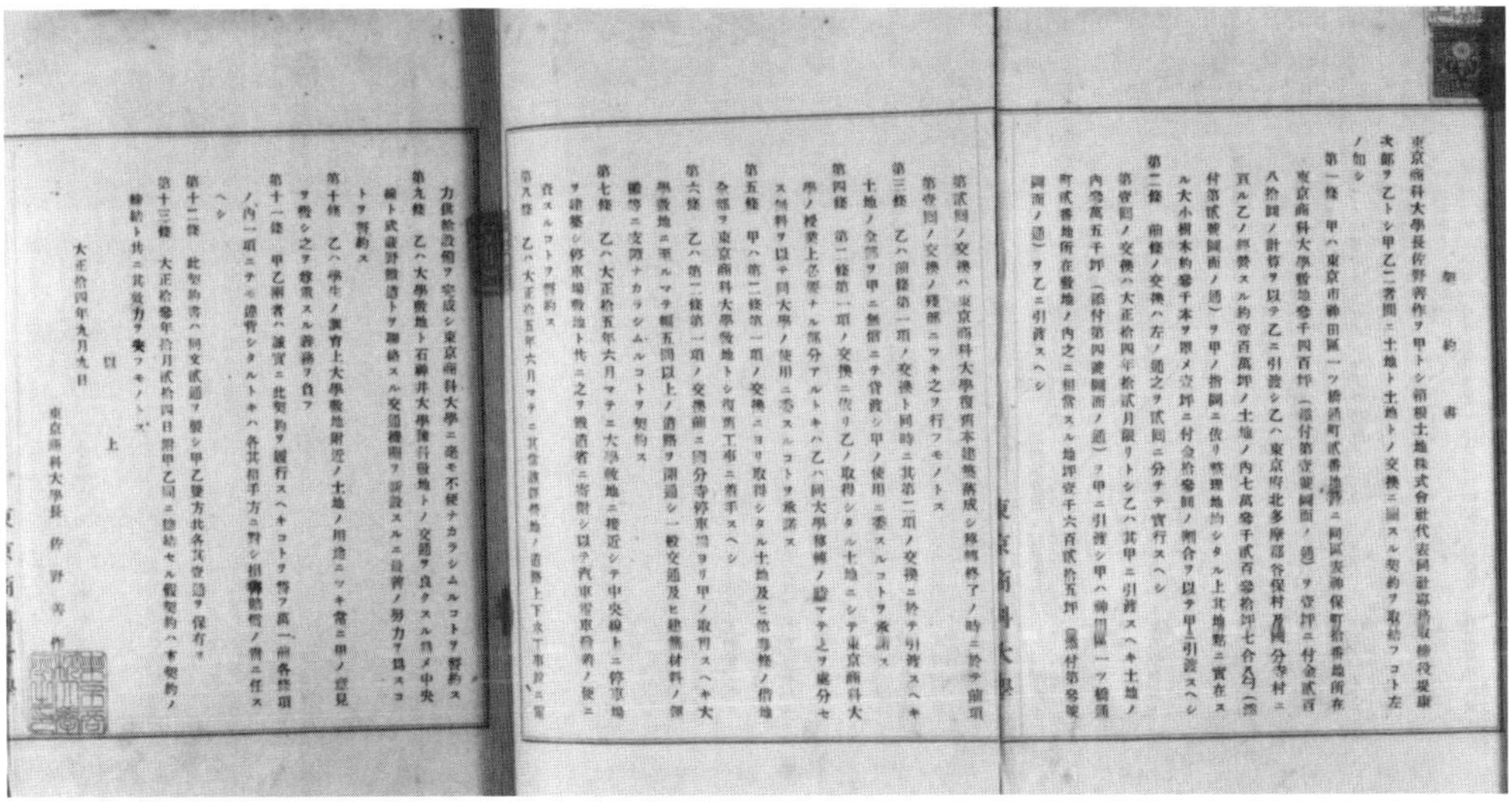

契約書

東京商科大學長佐野善作ヲ甲トシ箱根土地株式會社代表取締役堤康次郎ヲ乙トシ甲乙二者間ニ土地ト土地トノ交換ニ關スル契約ヲ取結フコト左ノ如シ

第一條　甲ハ東京市神田區一ツ橋通町貳番地所在東京商科大學敷地壹千四百坪（添付第壹號圖面ノ通）ヲ壹坪ニ付金貳百八拾圓ノ計算ヲ以テ乙ニ引渡シ乙ハ東京府北多摩郡谷保村大字分寺村ニ所有スル乙ノ所有スル約壹百萬坪ノ土地ノ内七萬參千貳百參拾坪七合八勺（添付第貳號圖面ノ通）ヲ甲ノ指圖ニ依リ整理地均シタル上其地點ニ實在スル大小樹木約參千本ヲ限メ壹坪ニ付金拾參圓ノ割合ヲ以テ甲ニ引渡スヘシ

第二條　前條ノ交換ハ左ノ通之ヲ貳回ニ分チテ實行スヘシ

第壹回ノ交換ハ大正拾四年拾貳月限リトシ乙ハ其甲ニ引渡スヘキ土地ノ内參萬五千坪（添付第四號圖面ノ通）ヲ甲ニ引渡シ甲ハ神田區一ツ橋通町貳番地所在敷地ノ内之ニ相當スル地坪壹千六百貳拾五坪（添付第參號圖面ノ通）ヲ乙ニ引渡スヘシ

第貳回ノ交換ハ東京商科大學復興本建築落成シ移轉終了ノ時ニ於テ前項第壹回ノ交換ノ殘部ニツキ之ヲ行フモノトス

第三條　乙ハ前條第一項ノ交換ト同時ニ其第二項ノ交換ニ於テ引渡スヘキ土地ノ全部ヲ甲ニ無償ニテ貸渡シ甲ノ使用ニ委スルコトヲ承諾ス

第四條　第二條第一項ノ交換ニ依リ乙ノ取得シタル土地ニシテ東京商科大學ノ授業上必要ナル部分アルトキハ乙ハ同大學移轉ノ時マテ之ヲ處分セス無料ヲ以テ同大學ノ使用ニ委スルコトヲ承諾ス

第五條　甲ハ第二條第一項ノ交換ニヨリ取得シタル土地及ヒ地上物件ノ措置ヲ東京商科大學敷地トシ復興工事ニ着手スヘシ

第六條　乙ハ第二條第一項ノ交換前ニ國分寺停車場ヨリ甲ノ取得スヘキ大學敷地ニ至ルマテ幅五間以上ノ道路ヲ開通シ一般交通及ヒ建築材料ノ運搬等ニ支障ナカラシムルコトヲ契約ス

第七條　乙ハ大正拾五年六月マテニ大學敷地ニ接近シテ中央線ト二停車場ヲ建築シ停車場敷地ト代ニ之ヲ鐵道省ニ寄附シ以テ汽車電車ノ便ニ資スルコトヲ契約ス

第八條　乙ハ大正拾五年六月マテニ其營業許可地ノ道路上下水工事ニ電力供給設備ヲ完設シ東京商科大學ニ毫モ不便ナカラシムルコトヲ契約ス

第九條　乙ハ大學敷地ト石神井大學豫定敷地トノ交通ヲ良クスル爲メ中央線ト武藏野鐵道トヲ聯絡スル交通機關ヲ新設スルニ最善ノ努力ヲ致スコトヲ契約ス

第十條　乙ハ學生ノ教育上大學敷地附近ノ土地ノ用途ニツキ常ニ甲ノ意見ヲ徴シ之ヲ尊重スル義務ヲ負フ

第十一條　甲乙兩者ハ誠實ニ此契約ヲ履行スヘキコトヲ約ス萬一各條項ノ内一項ニテモ違背シタルトキハ各其相手方ニ對シ損害賠償ノ責ニ任スヘシ

第十二條　此契約書ハ同文貳通ヲ製シ甲乙雙方共各其壹通ヲ保有ス

第十三條　大正拾參年拾月貳拾四日附甲乙間ニ締結セル假契約ハ本契約ノ締結ト共ニ其效力ヲ失フモノトス

以上

大正拾四年九月九日

東京商科大學長　佐野善作

佐野善作・堤康次郎のあいだで交わされた土地交換「契約書」
大正14（1925）年　一橋大学学園史資料室所蔵

ャンパス移転を検討し、大正12年5月には、北豊島郡石神井村（現在の練馬区石神井町）に運動場を購入しました。

しかし、移転を計画する中、関東大震災が発生。神田一ツ橋の建物は、校舎2棟と三井ホールが残っただけで、他は地震や火災の影響で壊滅的な被害を受けました。

震災後、復興委員会が発足し、移転先などの議論が行われた結果、東京商科大学と箱根土地は、大正13年10月24日に仮契約を結び、大正14年9月9日に神田一ツ橋の敷地「参千四百坪」と箱根土地が経営する土地の内「七万参千弐百参拾坪」との土地交換の正式な契約を交わしました。

昭和初期の多摩蘭坂　昭和初期　国分寺市教育委員会所蔵

「契約書」の第六条は、国分寺停車場から国立大学町を結ぶ五間以上の道路を作る契約がありました。多摩蘭坂もこの契約によってできたものでした。ちなみに多摩蘭坂の名前の由来は諸説あり、はっきりとしたことはわかっていません。

建設中の国立駅　大正15（1926）年頃　国立音楽大学所蔵

（3）「まちづくり」に関する覚書

大正14（1925）年9月9日付の「土地交換契約第七条並ニ第八条経営ニ関スル覚書」には、次のように書かれています。

一、停車場　停車場用地ハ参千五百坪以上トシ、鉄道省ノ指定ニ従ヒ
交通並ニ外観ヲ考慮シ入念ニ建築スルモノトス

一、道路　新設停車場ニハ相当ノ広場ヲ設ケ、此所ヨリ大学敷地ヲ
貫通スル幹線道路ハ幅員ヲ二拾四間トス、但シ大学校用
地ヲ通過スル部分ニ限リ之ヲ三十間幅トス
此外停車場ヲ起点トシ、幹線道路ト約四十五度ノ角度ヲ
ナセル放射線及幹線道路ニ直交セル主要道路ハ幅員十間

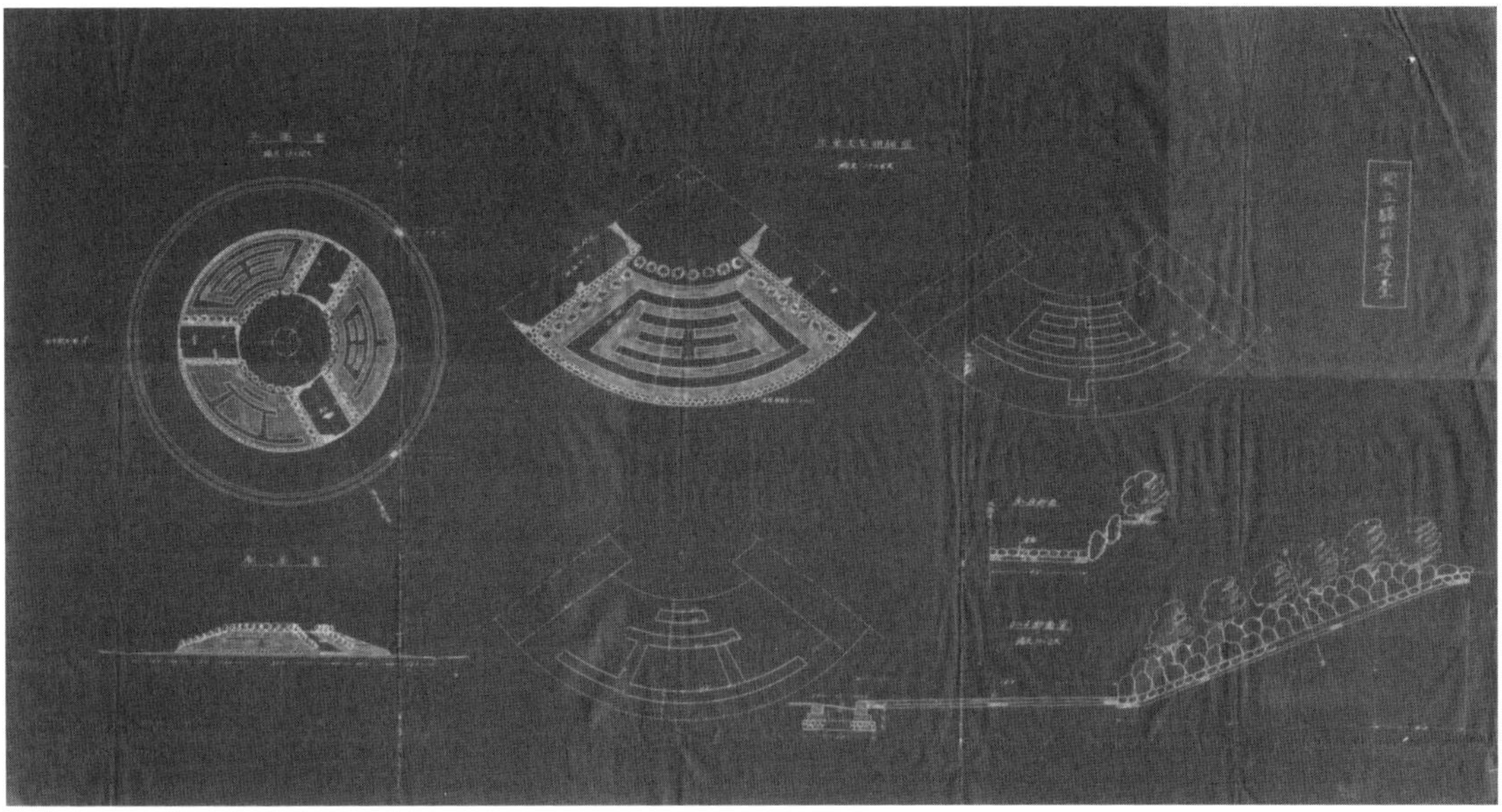

国立駅前展望台図面　大正14（1925）年頃　㈱プリンスホテル所蔵

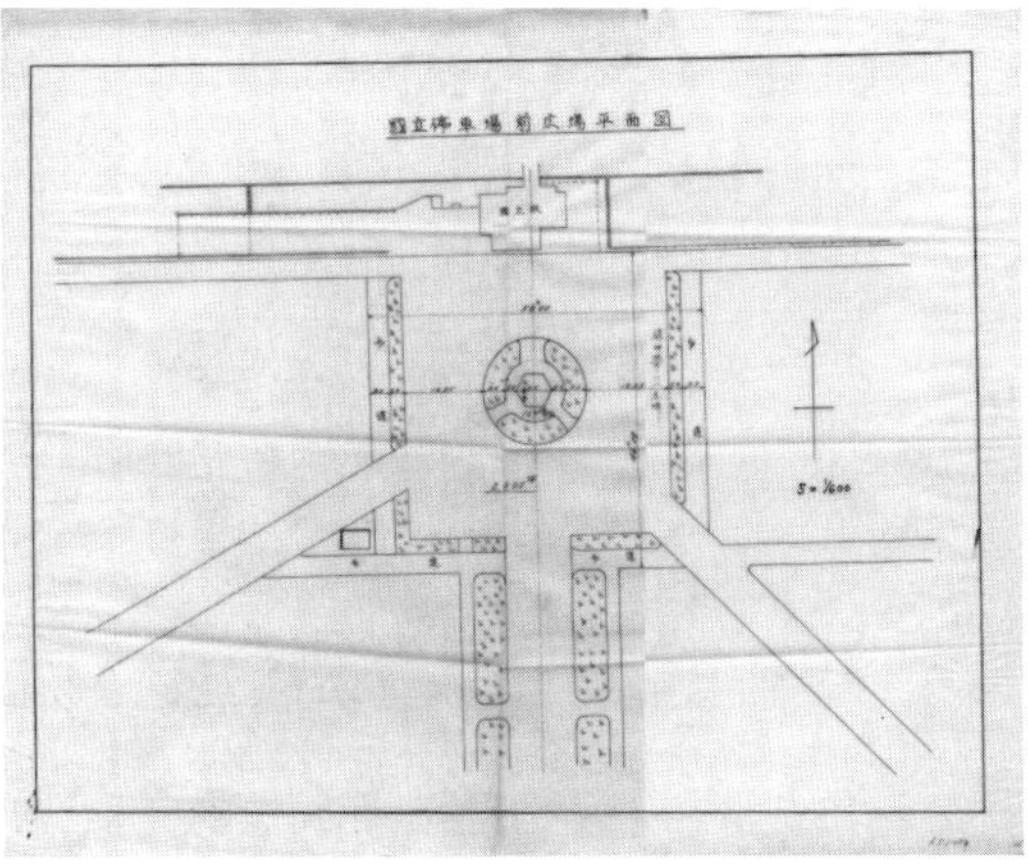

国立停車場前広場平面図
大正15（1926）年頃　㈱プリンスホテル所蔵

駅前広場のロータリー部分は、当初緑地帯で円形を作ろうとしていたようで、その後、四角形に変更されました。また、中心の水禽舎は円形の計画が、六角形に変更されていることも二つの図面から知ることができます。これらの図面などの資料は、当時の計画を知るのに重要な情報を提供してくれます。

国立駅南口駅前広場　大正15（1926）年頃
萩原俊治所蔵　国分寺市教育委員会提供

駅舎やホーム、駅前広場が写っているガラス乾板の写真です。水禽舎の周りには、数多くのベンチが設置されています。

　トシ、其外ハ二間乃至五間幅ノ道路ヲ出来得ル限リ整然タル区画ノ下ニ施工スルモノトス

箱根土地は、上記の覚書にあるように、道路による土地の区画を行うとともに、停車場は「外観」を考慮して建築するものと請け負ったのでした。道路は、中央線を基準として計画されたことが図面からうかがえます。

（4）国立大学町の顔としての駅前広場

現在、国立駅前のロータリーには池がありますが、ここには閉園した新宿園から移された水鳥などが飼われていた水禽舎が設置されていました。しかし、水禽舎がつくられる前には様々な計画があったのです。

最初の計画では、高さ6尺（約180cm）で、側面部分には、植木の刈り込みで「国立町」とつくり、三方向から登れる展望台を計画していました。これは、国立大学町を印象付けるものであるとともに、正面には二十四間の一ツ橋大通りと東京商科大学を眺めることができる「仕掛け」をつくろうと考えていたようです。

しかし、展望台は実現しませんでした。その後の図面や分譲地案内などをみると「噴水」と書かれています。箱根土地は、噴水施設の見積もりを徴収していたことからも、展望台の次に噴水を設置する計画だったようです。最終的には、新宿園の閉園などの状況を利用した水禽舎が設置されました。これらのことから、箱根土地が国立大学町の顔でもある駅前広場に苦心していたことがうかがえます。

（5）国立大学町完成に向けてのイベント

国立駅開設や国立大学町の誕生に向けて、箱根土地は様々な仕掛けを用意しました。園遊会や食事会、写真コンテスト等を開催し、多くの人たちに国立大学町に来てもらうための活動を行いました。

写真コンテストやパーティーなどの手法は、大泉学園都市や国分寺大学都市（小平学園）の開発でも行われていました。

国立大学町誕生

（1）国立駅のシンボル、国立駅舎

国立駅舎は、間口九間×奥行七間の本屋に、四間×二間半の改集札口が接続しています。広間を中心に西側に出札室、手荷物取扱所、駅長室、保管室、宿直室などの業務部門が置かれていました。

駅舎の構造は、木造平屋、大壁構造で、本屋の小屋はキングポストトラスの洋小屋でした。庇部分などには、古レールが柱として使われていました。国立駅舎は、当時の建築様式の特徴を持ち、三角屋根の平屋にアール・デコ風の半円窓がつけられています。都内に現存する大正期の駅舎建築は少なく、木造の旅客駅に限れば原宿駅舎（大正13年）に次いで古く位置づけられるとして、国立市指定有形文化財・建造物に指定されています。（2010年10月現在、現状変更中で解体保存されています。）

（2）国立駅開業

国立駅は、大正14年4月7日付で箱根土地から停車場新設の申請が提出され、東京商科大学の佐野学長からも4月15日付で嘆願書が提出されました。その結果、10月30日に設置許可がおりました。

そして、大正15（1926）年4月1日に国立駅が開業しました。開業時の国立駅には客車が1日上下合わせて24本停車し、汽車賃は立川や国分寺まで三等五銭でした。

谷保村は駅開業日を村の休業日として、村をあげて祝賀行事に参加したのです。余興に相撲大会や音楽などが行われ、4日間祝賀会が開催されました。

「国立駅開業ニ就テ」には、「駅前ニ立テバ広場道路等ノ規模ノ雄大」でみんな驚愕して、さらに「商科大学建設ノ暁ハ我国ノ模範市区トシテ大ニ誇ルニ足ルモノアルヲ確信ス」とあり、国立大学町にかける強い思いが感じられます。国立駅は、まさに理想のまちの玄関口として誕生したのです。

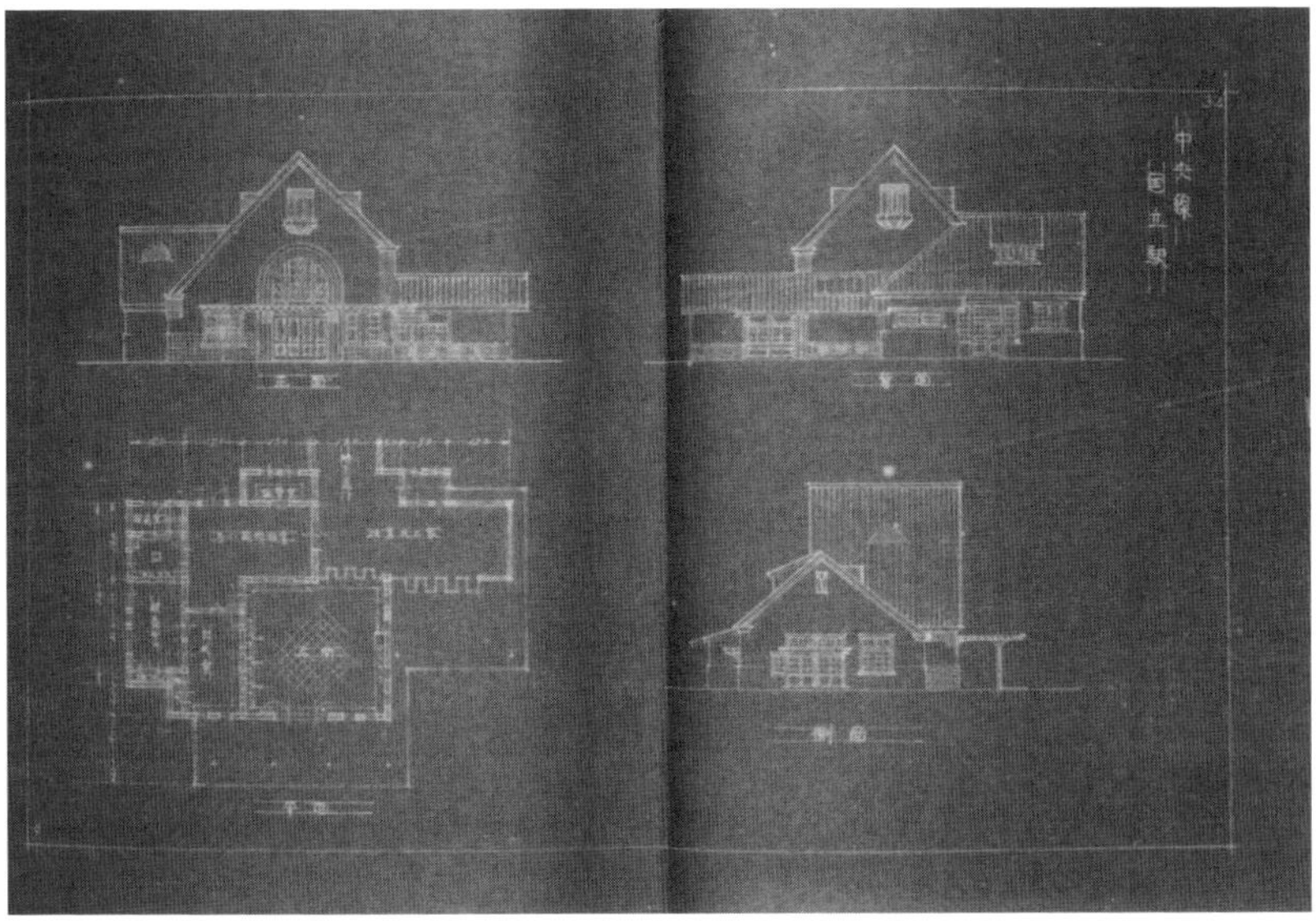

国立駅図面　大正14（1925）年頃　鉄道博物館所蔵

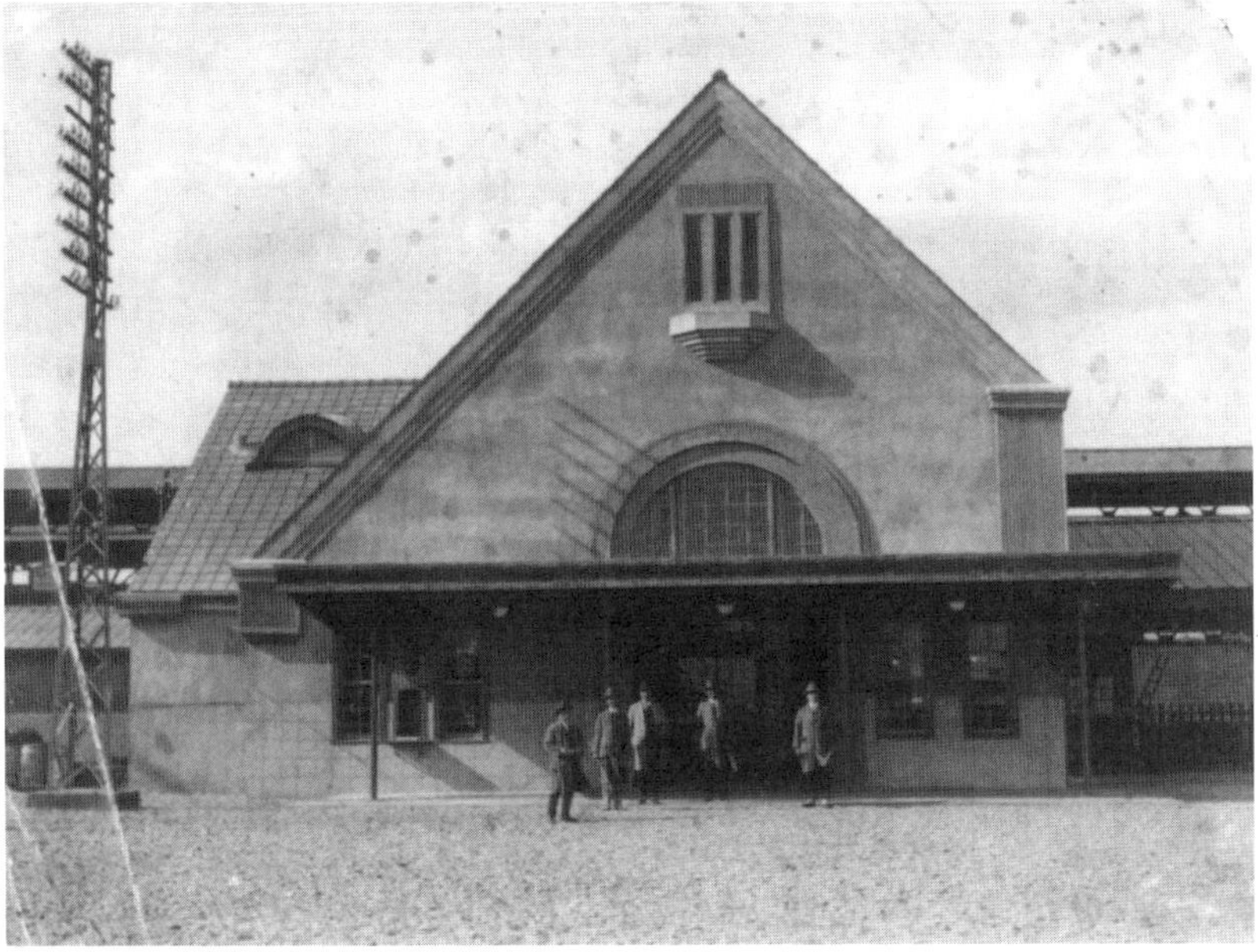

国立駅頭　大正15（1926）年頃　国立音楽大学所蔵

（3）空から見た国立大学町

兼松大講堂空撮写真　昭和２（1927）年　個人蔵

立川の第五飛行隊が撮影した兼松大講堂完成時の空撮です。右側には東京商科大学専門部の校舎が見えます。一ツ橋大通りの左側の本科予定地は、まだ雑木林です。現在の一橋大学構内にある松などはこの頃の雑木林の一部で、当時の様子を今に残しています。

分譲の宣伝活動

箱根土地は、国立大学町分譲のために、様々な広告を作成しました。広告は変化しており、その変遷をみることによって、どのように「国立大学町」がつくられていったかを知ることができます。また、数多くの広告があることからも国立大学町の分譲に力を入れていたことがうかがえます。

国立の大学町鳥瞰図案内　大正14（1925）年頃
くにたち郷土文化館所蔵

国立分譲の広告でもっとも古いと考えられているものです。ダイレクトメールとして、折りたたむとハガキサイズになり、すぐにポストに投函できるようになっています。鳥瞰図は、まだ計画段階時のもので、その後の大学町区画図や学校などの建物の位置など、変わっている所がみられます。

（1）区画図がついた広告

「分譲地区画図」は、片面が国立大学町の区画図になっており、区画の坪数や単価などが掲載されています。この区画図は、土地購入の際の契約書にどこの土地を購入したかわかりやすくするための添付図としても使われていたようです。もう片面は、時代によって内容が変わっており、初期は文字による解説が中心でしたが、建物ができてくると写真を多く掲載するスタイルへと変化していきました。

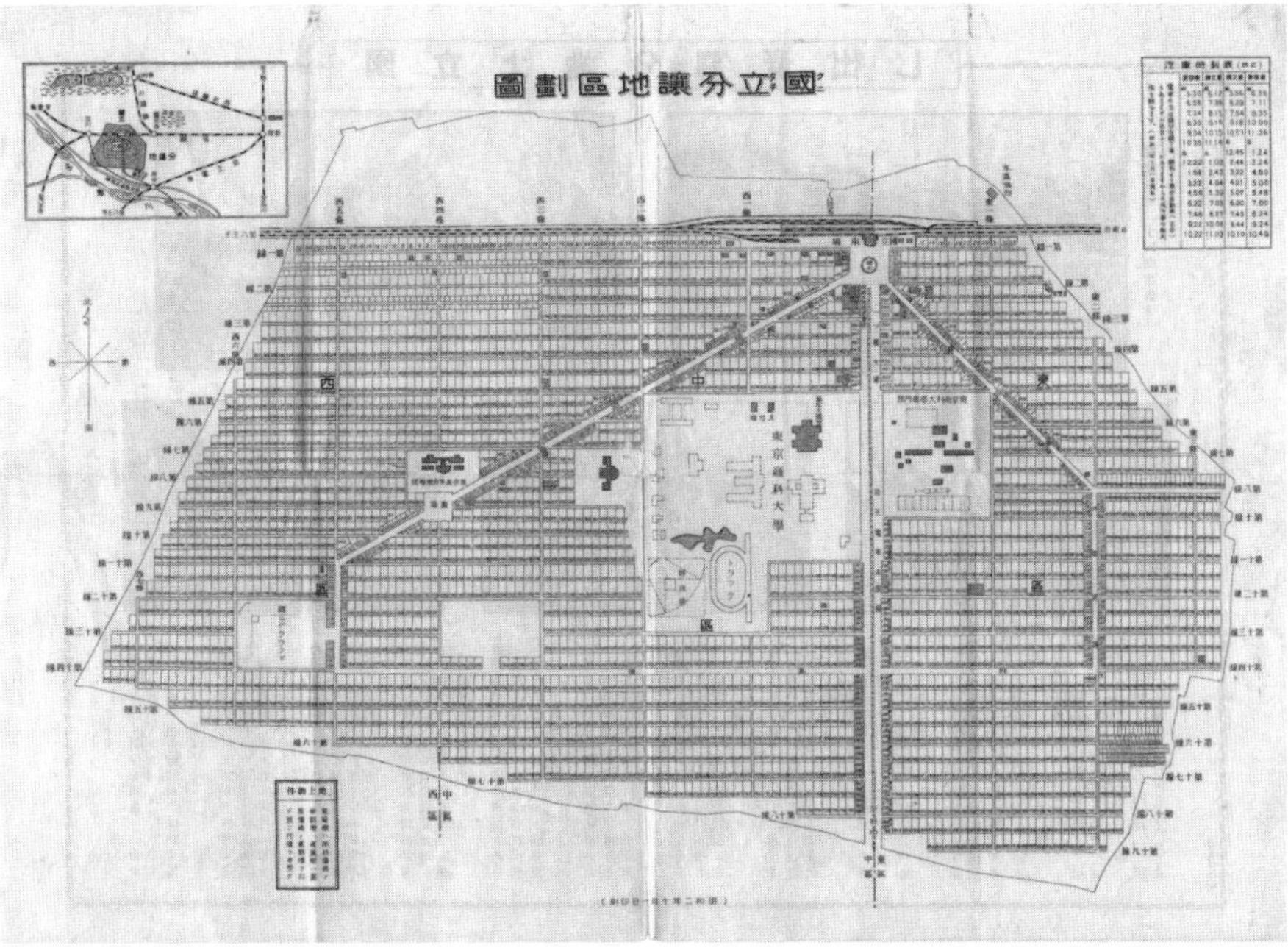

国立土地分割売出し案内　昭和2（1927）年
くにたち郷土文化館所蔵

東京商科大学をみると、兼松大講堂が完成し、その近くには大弓場もできています。駅前の箱根土地本社の隣には、国立郵便局が完成しています。しかし、建物は駅前周辺に少し見られるだけで、大正15年からあまり増えていません。ただ、建物がなくても土地投資で売れている場合があるので、建物の量のみで判断はできませんが、国立大学町に住宅を建てて住む人は少なかったことがわかります。左上の周辺図では、高田馬場―東村山間の西武鉄道村山線が完成しており、京王線と南武鉄道が「未成線」と表記されています。分割売出しの写真は、国立駅舎・二十四間道路と駅前広場・東京商科大学（兼松大講堂）・東京高等音楽学院が掲載されています。これらの建物は広告などに良く使われており、国立大学町の「顔」的役割を果たしていきます。

（2）観光客をねらった広告

箱根土地は、多摩御陵や小金井の桜などの観光客に対しての広告も作っていました。中央線の時刻表を掲載するとともに、国立で途中下車をして、箱根土地の乗合自動車で国分寺までいくルートを紹介しています。昭和4（1929）年まで、電車は国分寺までしか通っておらず、国立はまだ汽車だけでした。国立からバスで国分寺に行けば、電車の始発である国分寺から電車に混みあわず乗ることができると宣伝しています。広告には、国立―国分寺間のバスは無料と書かれています。

このように、箱根土地は少しでも国立で降りてもらい国立大学町を見てもらおうと、様々な宣伝方法を考えてたのです。

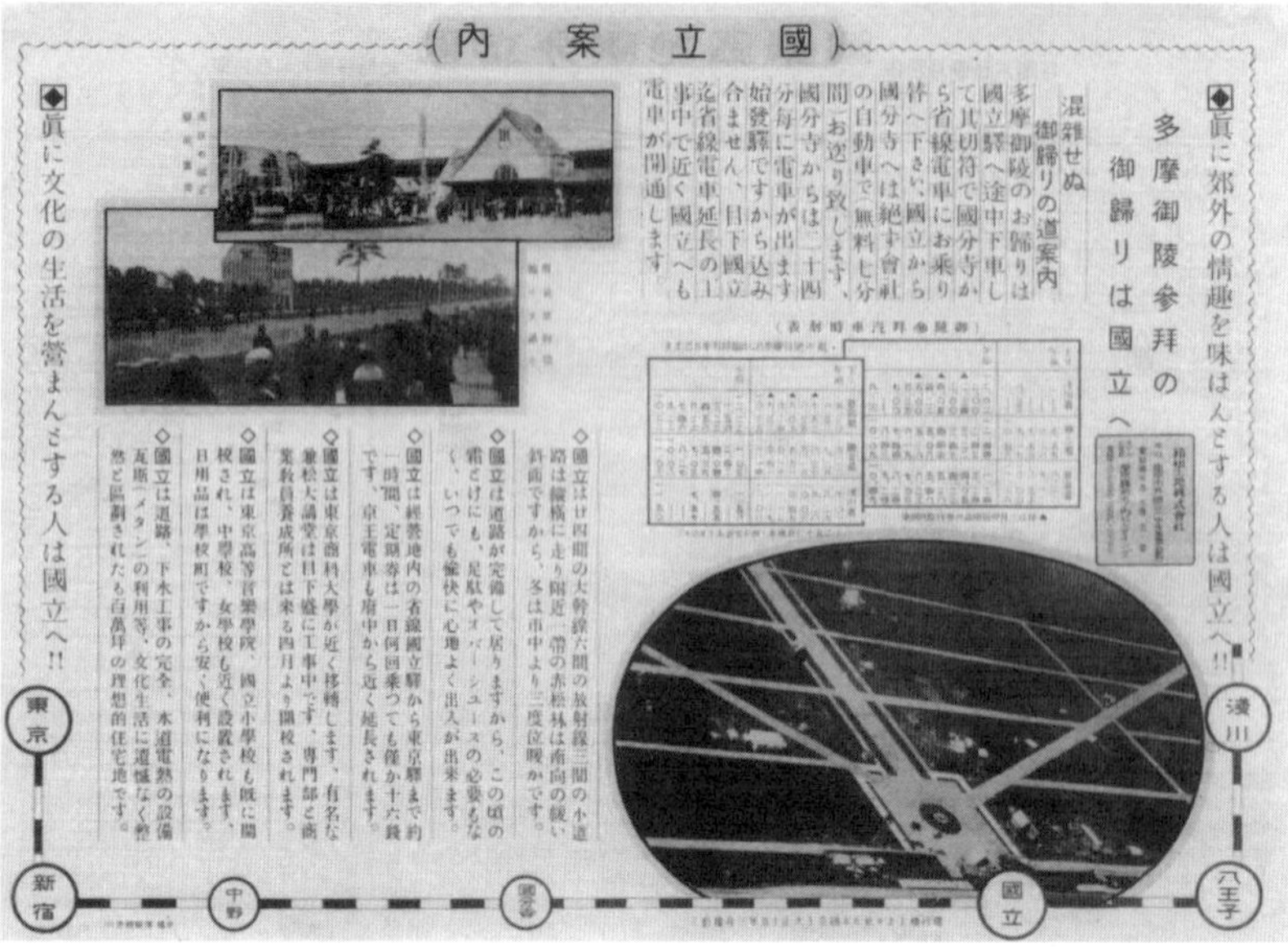

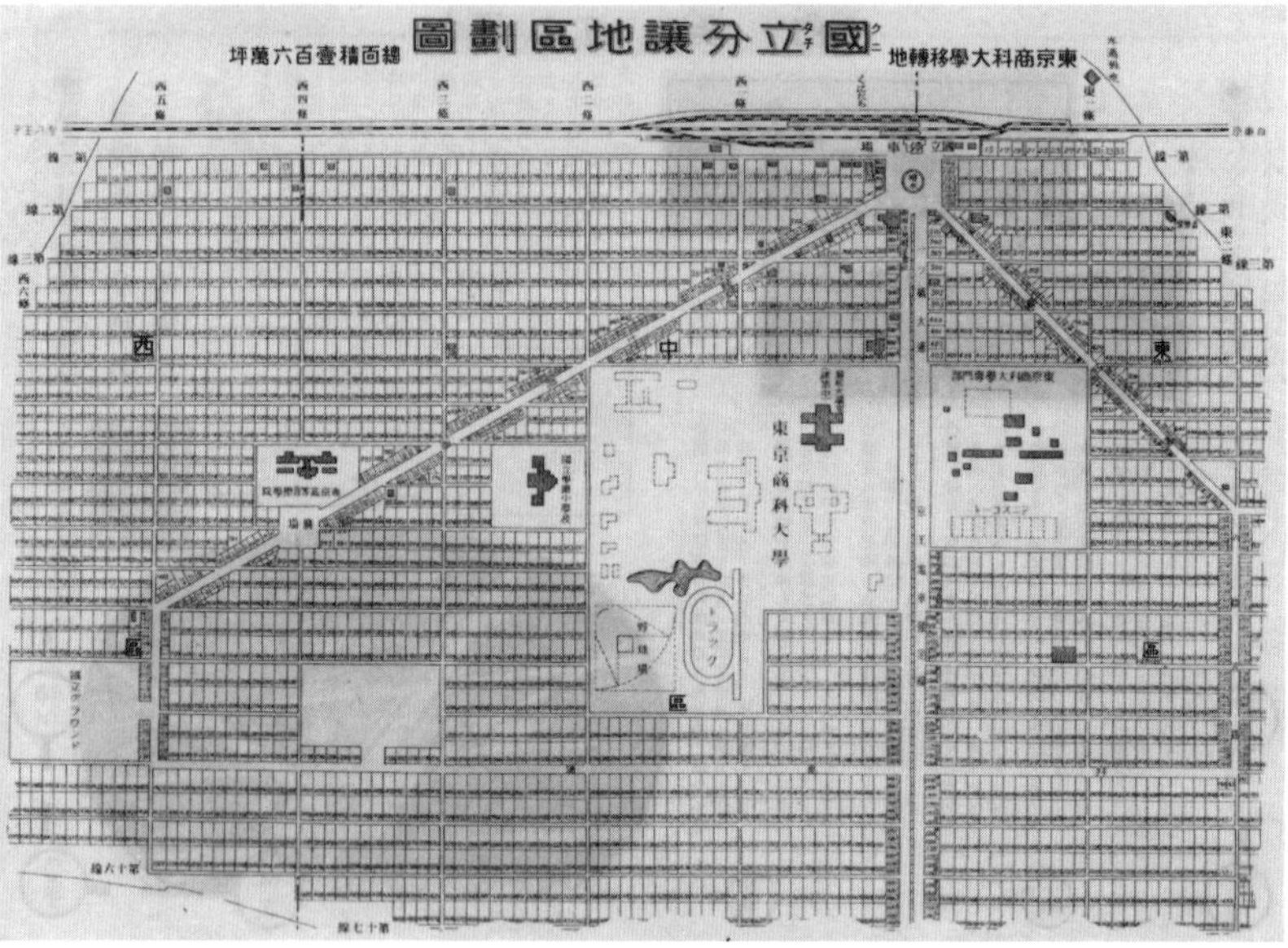

国立案内　昭和2（1927）年頃
くにたち郷土文化館所蔵

国立分譲地区画図には、「東京商科大学移転地　総面積壱百六万坪」と書かれています。片面には、「国立案内」とあり、多摩御陵参拝客に向けて国立に立ち寄ってもらうための宣伝文句が書かれています。

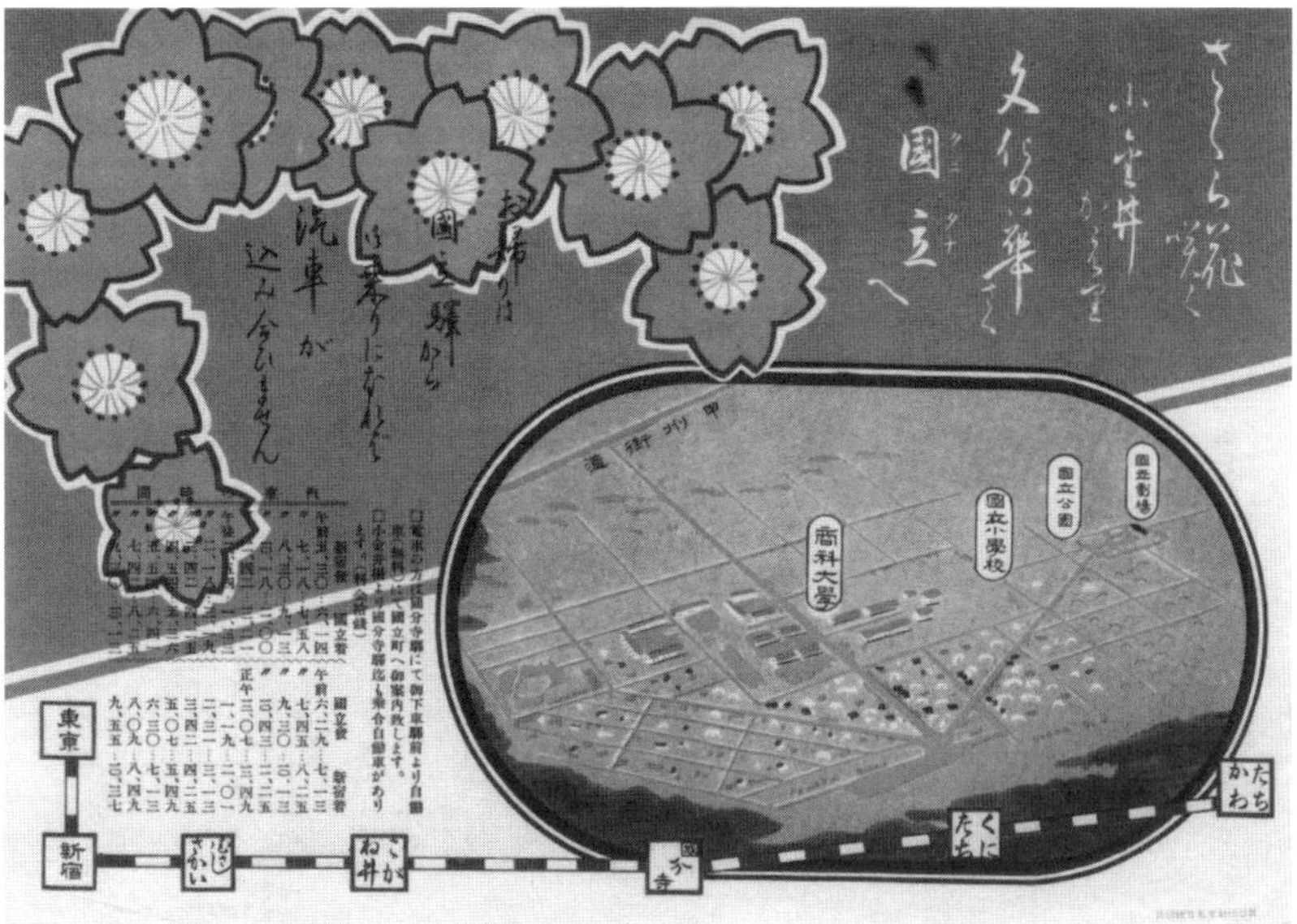

国立案内（小金井桜） 大正15（1926）年頃
くにたち郷土文化館所蔵

小金井桜の花見客を狙った宣伝で、国立駅から汽車に乗ればこみ合わないとうたっています。また、「さくら花咲く小金井」の対比に「文化の華さく国立」と趣きのある広告です。

国立大学町を形づくる施設

（1） 東京高等音楽学院と「音楽村」

東京高等音楽学院（現在の国立音楽大学）は、大正15（1926）年

国立音楽村分譲地割図 大正15（1926）年頃 ㈱プリンスホテル所蔵

5月に新宿園に設けられた仮校舎で授業を始めました。8月に校舎上棟式を行い、11月23日に混声合唱や弦楽四重奏、ピアノ独奏などを行う落成記念会と園遊会が開催されました。

東京高等音楽学院と箱根土地は密接な関係で、箱根土地から人を集める方法を頼まれた東京高等音楽学院の中舘耕蔵の発案で、箱根土地は五千人を収容する野外音楽堂の「国立音楽堂」を作りました。国立音楽堂での演奏会は、新聞に広告を掲載するなどして、多くの人を集めるとともに国立大学町の宣伝に大きな役割を果たしていました。

また、東京高等音楽学院周辺を音楽家や音楽愛好家のために「音楽村」として土地分譲をする計画がありました。

東京高等音楽学院絵葉書　昭和2（1927）年頃
くにたち郷土文化館所蔵

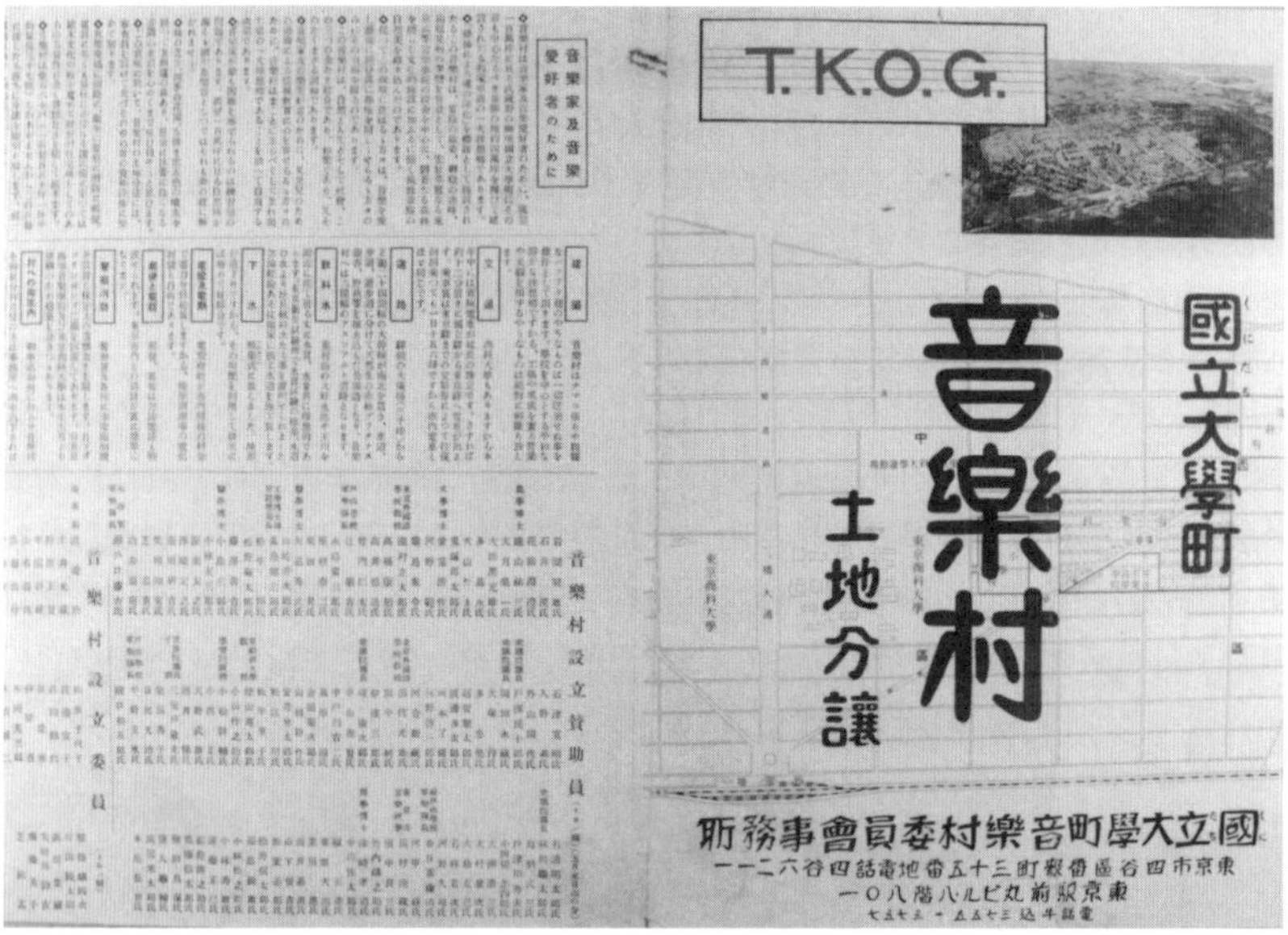

音楽村土地分譲案内　大正15（1926）年
くにたち郷土文化館所蔵

東京高等音楽学院周辺を音楽家や音楽愛好家のために「音楽村」として土地分譲をする計画でした。音楽村設立委員には、東京高等音楽学院の学長や理事の名前がみられるとともに、賛助員には、国会議員や大学教授などがみられます。音楽村の建築条件は、国立大学町と同じように、粗雑な建物が禁止されています。実際は、どの程度分譲されたかは不明ですが、学院前の広場は最終的に他の地域と同様に土地分譲されました。

（2）国立郵便局と国立学園小学校

箱根土地は、国立大学町に様々な施設を設置していきました。そのひとつに、国立郵便局があります。昭和２（１９２７）年４月１日に開設された際は、配達をしない無集配特定郵便局でしたが、昭和５年１月26日から配達業務を始めました。また、郵便局の重要な仕事として電話の通話事務取扱がありました。最初は国分寺郵便局の交換台を利用していましたが、昭和３年12月16日から国立郵便局での電話交換業務を開始しました。

もうひとつは、国立学園小学校です。国立大学町の構想で小学校から大学までの教育機関をそろえることが計画されており、分譲案内などにも、小学校や女学校の開設がうたわれていました。

大正15年４月19日に開校した国立学園小学校は、国立大学町最初の学校でした。創設者は箱根土地の堤康次郎で、東京商科大学学長の佐野善作も設立に協力しており、顧問に就任しています。児童数60名を想定した設計で、開校した時は児童４名、教員２名でしたが、昭和10年には児童数は73名、教員が７名まで増えました。国立学園小学校の教育は、大正自由教育の理念のもとにおこなわれ、児童の創意を尊重することを方針としていました。

（3）東京商科大学跡地の分譲

箱根土地と東京商科大学は、契約どおり第１回の土地交換を大正14（１９２５）年10月29日に行い、神田一ツ橋の土地１６２５坪と国立大学町の土地３５０００坪を交換しました。第２回の交換は翌年の３月１日に行われました。そして箱根土地は、土地交換を行った東京商科大学跡地を昭和２年頃に分譲しました。敷地面積は約３０００坪で「住宅商店、ビルディング、アパート、学校、病院等に好適です。」と、大規模施設などの利用を紹介しています。

また、関東大震災で残った鉄筋コンクリート造りの大学研究室と三井ホールを「土地附建物」として売り出しています。その建物の宣伝文句に「耐震耐火試練済み堅牢建築物二棟」とあるのも興味深いところです。

箱根土地と交換した以外の南側の土地は、道路に整備されたり、一部

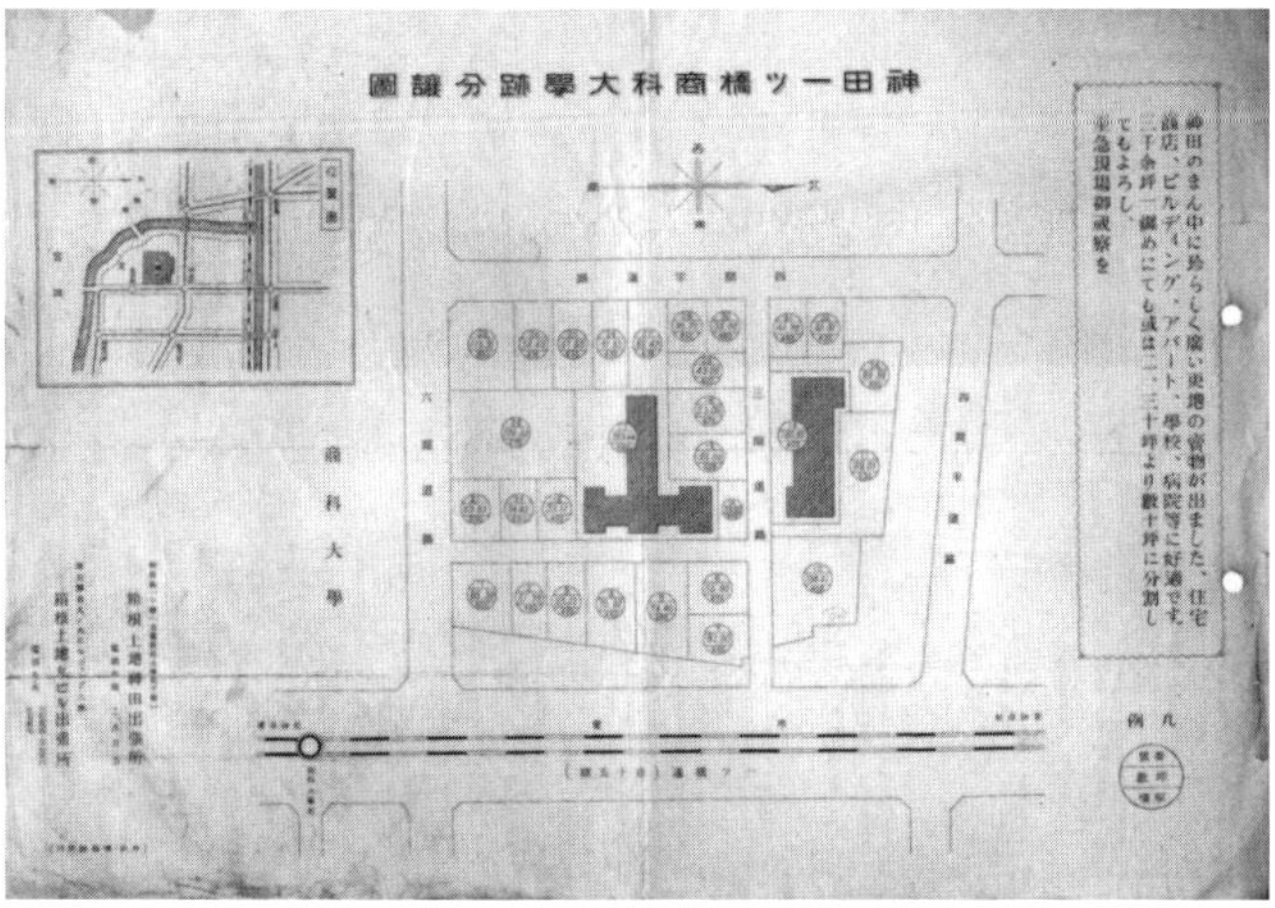

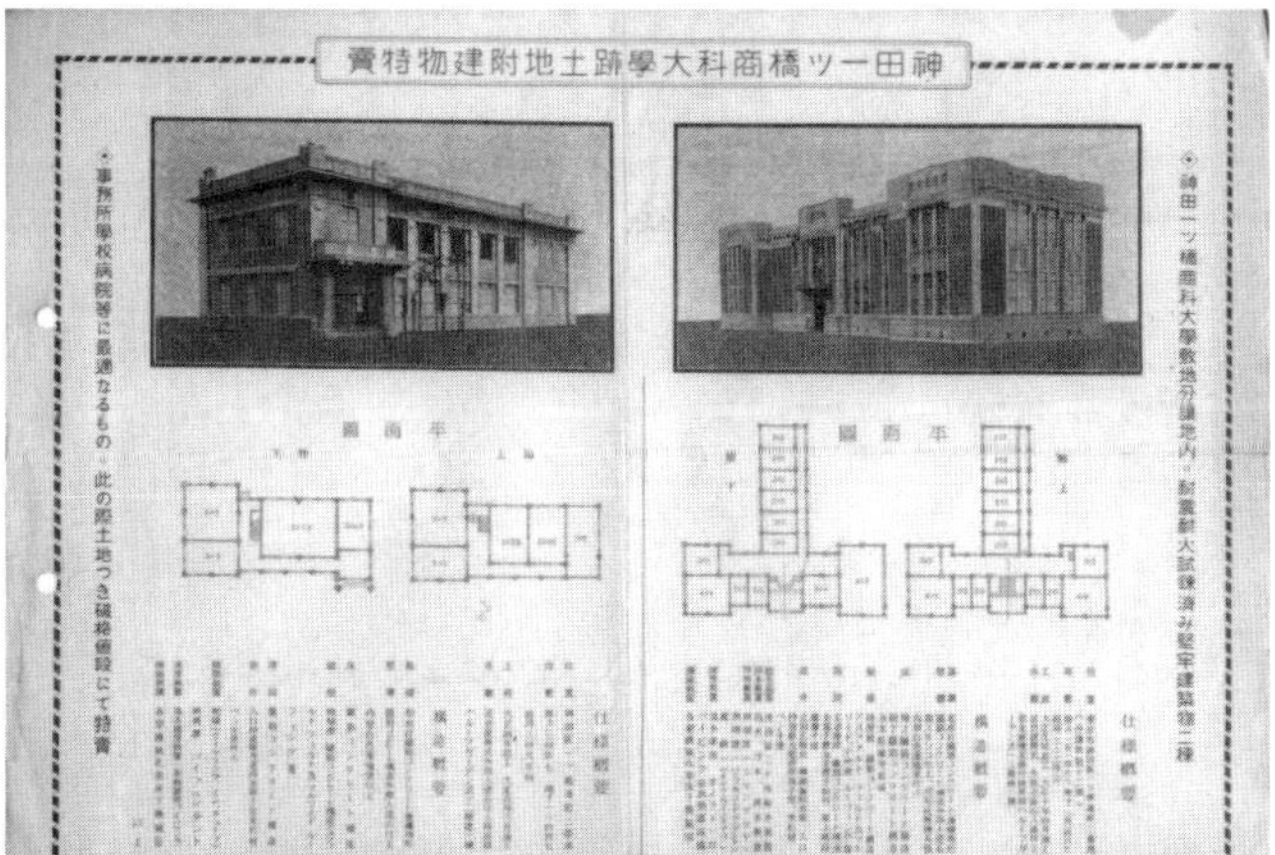

神田一ツ橋商科大学跡分譲案内（上・表、下・裏）
昭和２（1927）年頃　㈱プリンスホテル所蔵

右側は「大学研究室」として使われていたもので、左側は「メンガー文庫」があった三井ホールの建物です。

は大蔵省に引き渡され、その後、共立女子専門学校（現在の共立女子大学）に払い下げられて、今に至っています。

（4）東京商科大学の移転

昭和2（1927）年4月1日に東京商科大学専門部と付属商業教員養成所が移転してきました。最初は、箱根土地によって建設された仮校舎で授業を始めました。その後、本科は昭和5年9月1日に移転してきました。これにより、東京商科大学が国立大学町に完全に移転したのです。

東京商科大学商学専門部卒業記念写真帖　昭和3（1928）年　個人蔵

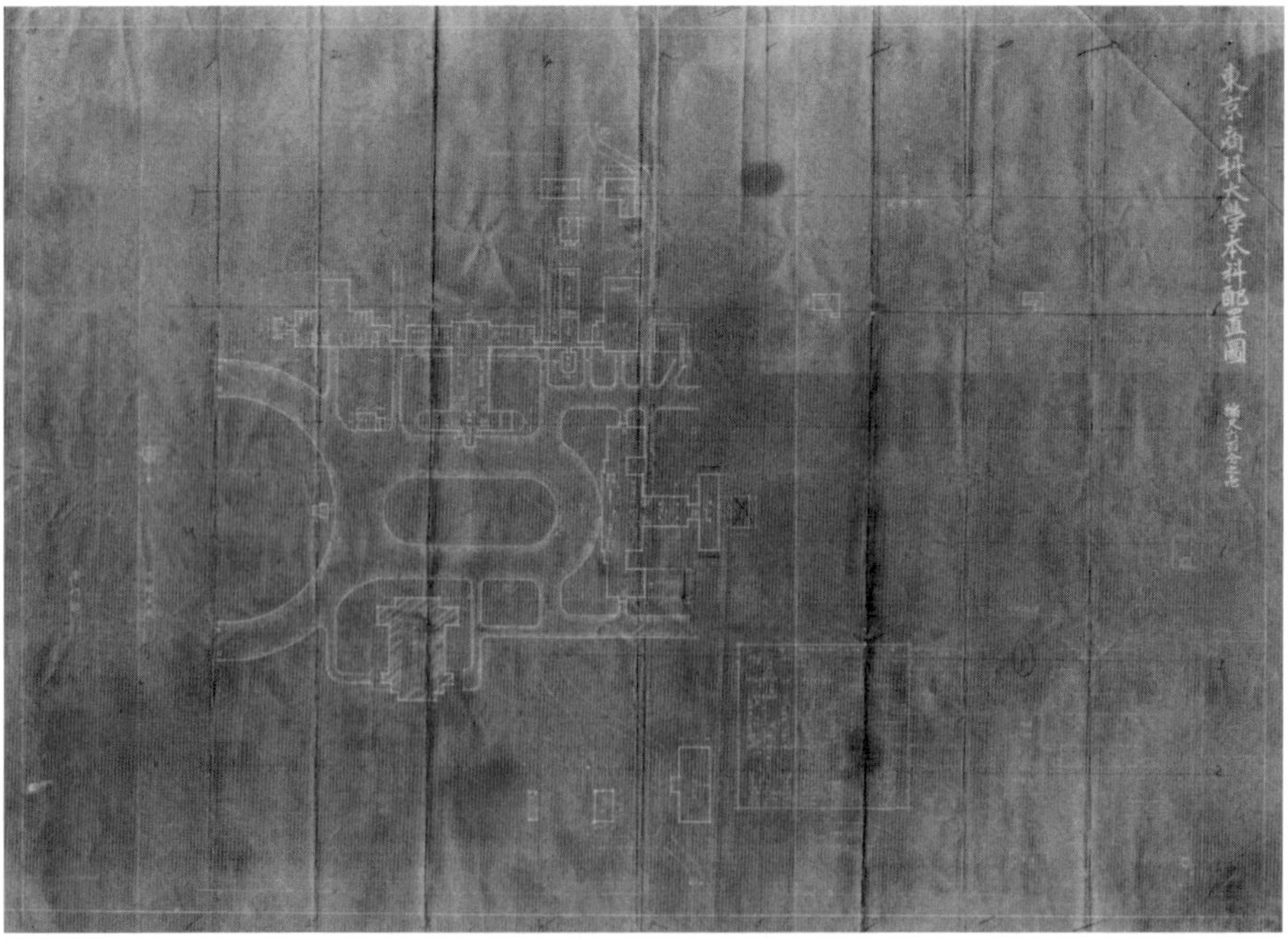

東京商科大学本科配置図　昭和3（1928）年　㈱プリンスホテル所蔵

図面の上が南。現在の建物配置に近い図面です。右下（北西）には、「寄宿舎仮定配置」とあります。

当初、本科は建物を左右に配置して、兼松大講堂は現在とは逆の位置の、門を入ってすぐ左に配置される計画でした。しかし、その後、何度か計画が変更され、現在の形となりました。図書館をはじめとする事務室や教室などは昭和5年に完成しました。

大正14（1925）年2月6日に兼松商店（現在の株式会社兼松）から寄付の申し出があった兼松大講堂は、昭和2年3月13日に上棟式を行い、11月6日に落成式と開館式が行われました。兼松大講堂の設計者は、築地本願寺などを設計した伊東忠太でした。現在、ロマネスク様式の兼松講堂や東本館などは国の登録有形文化財になっています。

不況の影響　—谷保村地主との対立—

国立大学町は道路と主な建物が完成しましたが、肝心の住宅分譲が思うように進みませんでした。その理由として、国立大学町が完成した頃には、震災後の郊外土地ブームも落ち着くとともに、昭和2（1927）年の金融恐慌を発端に、不安定な経済状況になったことがあげられます。さらに、昭和4年10月24日にニューヨーク株式市場の株価大暴落からはじまった世界大恐慌が、日本に昭和恐慌をもたらし、農作物価格の下落や商工業の不振による失業者の増加など、厳しい経済情勢となりました。

箱根土地は、谷保村の地主から土地を買収する際に、土地代金の1割を支払い、土地が売れたら残りの代金を支払う方式をとっていました。しかし、土地分譲が思うように進まず、土地代金の支払いは滞るようになりました。その結果、裁判沙汰になったり、現金で払えないため、土地で返すことになりましたが、分譲価格で計算されるため、売った時よりもだいぶ小さい土地で返されるなど、谷保村地主と箱根土地との間は険悪なものとなりました。その様子を『国立市史（下巻）』では、「一反を一〇〇〇円で売ったつもりが、手付金一〇〇円は現金だったが、残りの九〇〇円は土地で帰ってきたのである。しかも、買収価格で九〇〇円分ではなく、会社の売出価格で九〇〇円分の土地だから、坪三〇円の土地なら三〇坪だけを返してもらった。これでは、二七〇坪を一〇〇円で売ったのと変わらない。恐慌で一円でも現金が欲しいときに、売ろうにも売れない土地をごく小面積だけ押し付けられたのだから、村人が怒るのも無理はなかった」と述べられています。また箱根土地への怒りは国立大学町の住民にも向けられ、「谷保地区と国立地区の決定的な対立感を生んだ。これはその後もずっと尾をひき、何か事件が生じるたびに谷保と国立は対立することになってしまった」と『私たちの町　国立』に書かれています。このような土地代金に関するトラブルは、小平学園でも起きていました。

箱根土地は、大正15年に社債返還ができず事実上の倒産になるなど、国立大学町誕生の頃の経済状況は厳しい状態でした。しかし、その後も箱根土地は事業継続することになり、国立大学町開発が中断せず、進むことになったのです。

⑨常盤台

［1－2－⑨A］
板橋区史編さん調査会編『板橋区史　通史編　下巻』（板橋区、一九九九年、一八一～二〇二、二五九～二七〇頁）

郊外鉄道への夢

板橋をめぐる鉄道計画

日清戦争後の鉄道ブームのもとで、各地で多くの鉄道が計画された。これらの鉄道計画は、東京の場合、東京市内を中心とする近距離鉄道と板橋などの東京市周辺部から関東地方への長距離鉄道に大別することができる。その計画は、近距離が馬車鉄道や電気鉄道、長距離が蒸気鉄道というように動力のちがいとなって立案されていた。

近距離鉄道の計画は、市内から郡部へのルートで、馬車鉄道から電気鉄道へと推移していく。明治二十九年（一八九六）には、万世橋馬車鉄道が、神田万世橋から本郷通を通り駒込追分町で分岐し、日本鉄道の目白駅と板橋駅にいたる二つの路線を申請した。また同年には築地三丁目から市内を通って板橋駅にいたる南北馬車鉄道、毛武鉄道の出願を契機とする小石川から市内にむかう千代田馬車鉄道（翌年に板橋駅・万世橋に変更）、翌年には小石川関口台町から清戸道を通って大泉にいたる東京目白馬車鉄道なども出願された。

東京目白馬車鉄道の発起人には、現在の板橋区や中野区・練馬区などの沿線の有力者が多数参加しており、のちに東上鉄道の発起人にもなる上練馬村の上野伝五右衛門や宮本広太郎などの名前もみえる。上板橋村からは、飯島弥十郎など四名も参加している。しかし馬車鉄道計画は、市内における電気鉄道網の整備方針や鉄道馬車税の課税などで、立ち消えとなっていく。

電気鉄道計画としては、明治三十二年に東京市郡電気鉄道が申請された。それは、東京市と郡部の境界に鉄道を敷設する計画で、板橋区域では王子・下板橋間、下板橋・巣鴨町間、下板橋・上板橋間などの路線があった。また同年には、東京セルポレー式鉄道の本郷東竹町から巣鴨を経て板橋駅までの路線も申請されている。このような近距離の電気鉄道計画は多数申請され、競合する路線も多かった。そのため明治三十年に申請された牛込・板橋間の牛込電気鉄道と、路線は異なる柳北・蔵前・新橋・上野間の四電気鉄道が合併し、路線を統合して新たに申請するなどの動きもあった。これらの電気鉄道計画は、東京市内における交通網の整備の観点から検討されたが、いずれも実現はしなかった。しかし、郡部の町村は、市内における交通網の整備にともなって東京市が拡大するにつれ、都市化をうながされていくことになる。それだけに市内交通網に接続する郊外鉄道の整備が急務の課題であった。

長距離の蒸気鉄道としては、東上鉄道計画に先立ち、板橋区域を通過する計画がいくつか出されていた。なかでも有力な計画とされていたのは、明治二十八年八月に会社設立の認可を得た毛武鉄道である。毛武鉄道は、東上鉄道とほぼ同様の小石川区富坂町・栃木県足利までの路線で、上毛地域の織物を川越を経由して横浜から輸出するルートを確保することを意図した計画である。すでに明治二十七年十二月、川越鉄道の国分寺・久米川間が開通し、翌年には川越までの区間も開通していた。

毛武鉄道は、この川越鉄道の開通により甲武鉄道（現在の中央線）を経由して横浜へ繋がるルートができたことを前提として計画された路線であった。資金不足から起点を板橋駅に変更したものの、明治二十八年六月には仮免許が交付された。

毛武鉄道の認可から少し遅れた同年十二月、川越鉄道の延長線の申請がおこなわれた。川越から東京の神田万世橋までのルートで、上板橋村を経由して東京まで乗り入れる計画であった。このルートは、新河岸川の船運に取ってかわる路線として計画されたが、毛武鉄道と路線が競合するため明治二十九年二月に却下となった。

ついで明治三十二年五月には、板川鉄道が板橋・川越間の出願をした。板川鉄道の出願は翌年に却下されたが、毛武鉄道が資金不足などで任意解散決議をおこなったことを出願の理由としており、この路線の実現は容易ではなかった。毛武鉄道は、本免許の交付までこぎつけたものの、実現にいたらないまま明治三十五年に免許が失効してしまう。

そのため、明治三十五年八月の京越鉄道の申請など、毛武鉄道にかわって同じルートの鉄道計画が出てくることになる。この路線は、池袋から上板橋村、下練馬村などを経由して川越鉄道の川越駅にいたる路線で、発起人の大部分は川越町の有力者であった。この計画も具体化ができないまま消えていく。

東上鉄道株式会社の創設

明治三十六年十二月二十三日、東上鉄道株式会社の創立申請が提出された。東上鉄道の路線は、小石川区下富坂町を起点とし、巣鴨村（池袋駅）で日本鉄道に連絡、それから上板橋村を経て白子村・大和田町を通過し、川越町で川越鉄道と連絡、さらに松山町を通り花園村で上武鉄道に連絡、児玉町から藤岡町を経て高崎市で高崎線に連絡し、そこから渋川町にいたるというものであった。

この路線は、上州や秩父の生糸や織物、木材や薪炭、それにお茶や藍などの東京への輸送ルートとして期待されるとともに、近郊の白子や膝折からは水車による蕎麦粉や小麦粉、銅線など、さらに東京周辺の板橋や練馬などの近郊からは野菜や沢庵・干大根などの出荷ルートと位置づけられている。そこでは、これらの地域の物産の輸送だけでなく、都市近郊の名所・旧跡をめぐる旅客の増大も期待されていた。景勝地としては、志村城跡や赤塚村の松月院、豊島城跡や三宝寺池などがあげられている。

明治三十六年に最初に申請をおこなったときの発起人惣代は千家尊賀で、東上鉄道株式会社の創立事務所は京橋区山城町の千家宅に設置された。千家は、申請時における東京府知事千家尊福の弟として、交渉役を期待されていた。この鉄道計画の中心は志村の内田三左衛門であった。

発起人には、沿線の板橋や練馬、そして埼玉県の町村の有力者が名をつらねた。会社創立の資金は莫大な金額であるため、発起人の出入りもはげしく、名前が消えたり追加されたりしている。ちなみに千家尊賀以下一三名が最初からのメンバーで、榎本以下八名と高野以下一三名はそれぞれ後からくわわった者たちである（表3－1）。

発起人の財産調査をみると、最初のメンバーで相当の信用があるとされたのは二名にすぎず、追加されたメンバーには一四名もの「信用の厚い」者がいる。発起人の地域的な範囲も赤塚村や上練馬村に拡大している。とくに上練馬村の上野伝五右衛門は、内田三左衛門にかわって、のちに東上鉄道の中心となっていく人物である。

明治三十八年十二月には、市内における交通機関の発達と地価の高騰を理由に、起点を小石川から巣鴨町にした東上鉄道の路線の一部変更申

1－2－⑨A　板橋区史編さん調査会編『板橋区史　通史編　下巻』

請が提出された。鉄道敷設費用の増大に対処するため、路線を短縮してその不足分を補塡しようとしたことによる。こうして東上鉄道は、同年に巣鴨・渋川間の路線として出願されたものの、免許取得までには多くの紆余曲折を経なければならなかった。

明治三十九年十二月、発起人総代に上練馬村の上野伝五右衛門が就任し、創立事務所も京橋区南佐柄木町に移転された。これは千家が発起人を抜けたことによる措置と思われる。創立事務所は、その後、東上鉄道調査主任である弓削長左衛門宅に、ついで弓削の除名によりさらに神田須田町に移転した。待望の東上鉄道の仮免許が交付されるのは、明治四十一年十月のことで、ここに東上鉄道は本免許の獲得申請へむけ本格的な活動を展開していく。

表３－１　明治36年12月　東上鉄道発起人一覧

氏名	株数	職業	役職等	住所	現区市町名
千家尊賀	500			京橋区山城町	中央区
内田三左衛門	1,000	醬油醸造		志村大字蓮根	板橋区
狩谷源蔵	1,500	農業		北足立郡片山村	新座市
橋本善吉	1,500	農業		北足立郡大和田町	新座市
小見野喜平治	300	農業	郡会議員	北足立郡大和田町	新座市
正親喜平治	1,000	農業	町会議員	北足立郡大和田町	新座市
忽滑谷義道	300	医師	村会議員	入間郡三芳村	三芳町
抜井太吉	1,000	農業		入間郡三芳村	三芳町
荒井国蔵	300	農業		志村大字西台	板橋区
細田磯五郎	1,000	農業	村会議員	入間郡水谷村	富士見市
新井玉三郎	300	農業	村長	入間郡福原村	川越市
小峯甚之助	1,000	商業		入間郡高階村	川越市
小池助太郎	600	農業		入間郡仙波村	川越市
榎本松五郎	1,000	農業	町会議員	北足立郡大和田町	新座市
柴田伝蔵	500	農業		志村大字西台	板橋区
川口栄次郎	500	農業		志村大字蓮根	板橋区
松村金蔵	300	陶磁器小売		板橋町大字下板橋	板橋区
神山縫之助	300	農業		入間郡水谷村	富士見市
獅子倉長蔵	300	農業		北足立郡大和田町	新座市
須田広吉	1,000	農業		北足立郡内間木村	朝霞市
須田惣治郎	1,000	農業	村会議員	北足立郡内間木村	朝霞市
高野宗順	1,000		子爵	東京市麴町区	千代田区
土御門晴栄	1,000		子爵	東京市赤坂区	港区
菅沼銀蔵	500	農業		志村大字前野	板橋区
内田圭治	500		収入役	志村大字上蓮沼	板橋区
川口延次郎	500	農業		志村大字上蓮沼	板橋区
川口佐源治	500	農業		志村大字上蓮沼	板橋区
川口弥源太	500	農業		志村大字上蓮沼	板橋区
内田金蔵	2,500		村長	志村大字上蓮沼	板橋区
佐久間勘左衛門	3,000	穀類商		北豊島郡上練馬村	練馬区
宮本広太郎	1,000	製麺業	村会議員	北豊島郡上練馬村	練馬区
上野伝五右衛門	2,500	農業	郡会議員	北豊島郡上練馬村	練馬区
田中栄次郎	3,000	醬油製造		赤塚村大字上赤塚	板橋区
松戸福太郎	300	農業		赤塚村大字上赤塚	板橋区

東京都公文書館所蔵資料より作成

明治四十三年四月、東上鉄道創立事務所は本所区横網町の東武鉄道に移転する。この移転は、東上鉄道の路線のうち飯塚・渋川間が、東武鉄道の申請していた館林・渋川間と競合していたがため、東武鉄道との一体化により資本金を強化し、本免許の取得をめざさんとしたことによる。発起人の出入りは、仮免許の交付以後に数が増えたとはいえ、当初からの発起人の辞退と新たな追加によるものである。とくに同年五月から八月にかけて、当初の発起人の間から引受け株数の減少や辞退が相ついでおり、発起人の構成が大きく変化していく。

東武鉄道の根津嘉一郎は、このように発起人が出入りするなかで、東上鉄道の一切を取りしきる代理人となり、八月に上野伝五右衛門に替って発起人総代となる。新たな発起人には、終点である群馬県渋川町や藤岡町の住民が多く参加したのみならず、沿線とは直接関係のない投資家が増えている。根津の参加は、事業への期待を高めたのであった。いわば板橋や練馬など東京近郊の有力者によって計画された東上鉄道は、東武鉄道の根津の指導下、終点である群馬県側の参加もあって、ようやく実現にこぎつけることができたのである。

かくして東上鉄道は、明治四十四年十一月、起点を巣鴨町から大塚辻町に変更して本免許の申請をおこなった。十四日には、東武鉄道において創立総会が開かれ、東上鉄道株式会社が正式に発足した。内田三左衛門にかわって発起人総代をつとめた上野伝五右衛門は、根津嘉一郎とともに取締役のひとりに選出された。社長には根津が就任するが、東武鉄道からはほかの二名の役員が取締役となった。本免許は大正元年（一九一二）十一月十六日付で交付されたのである。

市内交通網の整備と東上線の開通

東京の鉄道事情は、東上鉄道の敷設計画から本免許の交付までのあいだに大きく変化していた。明治三十六年四月、日本鉄道の池袋・田端間が開業し、池袋・大塚・巣鴨に停車場が設置された。現在の山手線の誕生である。東京市内では、電気軌道の敷設による交通網の整備がすすめられた。明治三十六年の品川・新橋間の東京電車鉄道の開業を皮切りに、市内に路面電車が相ついで開業した。これらの市内電気鉄道は、合併を経て明治四十四年に東京市電となった。

板橋方面にも、明治四十四年八月には王子電気軌道が大塚・巣鴨間を開業するなど、電気軌道の敷設がすすめられた。これらの電気軌道は、それまでの鉄道が主として長距離の物資輸送を目的としていたのにたいして、近距離の人の移動を可能にする交通網の整備であった。さらに電気軌道の敷設は、沿線の地域を中心とする電気供給事業をも開始させ、大正後半期には蒸気鉄道の電化によるスピード化をうながすなど、大きな影響をあたえていく。

このような交通網の整備に対応し、東上鉄道も下板橋駅から池袋駅までの軽便鉄道を申請し、大正元年に認可された。山手線の開通で池袋駅ができたことにより、東上鉄道の起点が池袋に変更されたことによる。さらに東上鉄道は、大正二年十月に金井窪・千住間の軽便鉄道の敷設を申請した。この路線は東上鉄道から東武鉄道および常磐線への連絡を目的とするものであったが、千住町の反対により許可されなかった。

ここに東上鉄道は、下板橋を起点に、川越方面と池袋方面の工事にとりかかり、大正三年五月一日に池袋・田面沢間が開業した。板橋区内には、下板橋駅と成増駅、すこし遅れて六月十七日に上板橋駅が開設された。東上鉄道の開業の翌年には、同じく池袋を起点とする武蔵野軽便鉄道（現在の西武鉄道池袋線）も開業し、池袋が市内へのターミナルとして発展していく契機となった。

内田三左衛門の鉄道計画

東上鉄道を最初に計画した内田三左衛門のことはよくわかっていない。明治三十五年に創立された日本興業鉄道は、東上鉄道とほぼ同じ小石川区下富坂町・高崎間の鉄道で、その発起人には内田三左衛門や千家尊賀などの共通する名前がみえる。この鉄道計画は、発起人の間で意志の疎通をはかれず、翌年三十六年に免許申請が取り下げられて任意解散となった。

内田の名前はこの後のいくつかの鉄道計画に登場してくる。下板橋駅の構内にある東上鉄道記念碑には、東上鉄道に先立って、南北縦貫、毛武、上越、京越、日本興業の各鉄道会社が路線を申請していたが目的を達しえないなかで、内田三左衛門が東上鉄道敷設のため「東奔西走同志ヲ勧説」し、「千辛万苦百難ヲ排」してようやく開業にいたったと内田の功績を顕彰している。この記念碑は大正八年に建設されたもので、東上鉄道は翌九年に東武鉄道に合併される。いわば記念碑は、東上鉄道が新しく転生していくとき、創業に尽力した内田の顕彰を刻することでひとつの歴史に幕を引いたものといえよう。

内田は初代の発起人総代であったが、東上鉄道が仮免許をうけたときにはすでに上野に交替していた。発起人としては、東上鉄道株式会社の創立時にわずか一〇〇株を保有するにすぎず、内田の名前が東上鉄道の表舞台に登場することはなかった。しかし内田の顕彰碑ともいうべき記念碑建設の発起人として、明治四十四年に内田の引受株数のうち二〇〇株を引きうけて発起人にくわわった志村の荒井長三郎が名前をつらねているように、東武鉄道に合併吸収されて東上鉄道の名前が消えるにさいして、志村を代表して参画した発起人総代内田が地元発展のために苦闘した物語をのこすことで東上鉄道の名前を地元にとどめたのである。

東上鉄道の発起人が変化するのは、明治三十九年に総代が内田から上野に交替した時期と、同四十三年に創立事務所が東武鉄道内に移転した時期である。この明治三十九年には、内田が発起人総代となった中央電気鉄道の申請がおこなわれている。中央電気鉄道は、川口町から鳩ケ谷町を経由して春岡村（現大宮市）にいたる路線である。中央電気鉄道は、当時、王子電気鉄道が滝野川から岩淵町の荒川渡船場までの申請をおこなっていたことをうけ、対岸の川口町の渡船場から東北線に連絡する路線を敷設する計画であった。

この発起人には、総代の内田をはじめ、内田金蔵・川口弥三郎・川口弥源太（以上志村）、福田松五郎（板橋町）が名前をつらねている。板橋区域以外の発起人はいずれも川口町と鳩ケ谷町の有力者である。内田ら志村在住の発起人は、川口弥三郎以外はいずれも東上鉄道の発起人で、のちに東上鉄道の調査主任となる高木鋤次郎もくわわっている（国立公文書館所蔵「鉄道省文書」）。さらに東上鉄道の発起人のなかから、赤塚村の田中栄次郎や上練馬村の上野伝五右衛門など一〇名も発起人に追加されている。しかしこの鉄道計画は難航し、明治四十四年に中央鉄道として新会社にこの路線が引きつがれたときには、東上鉄道の関係者はすべて発起人から姿を消したのである。

さらに大正二年十月、板橋から志村、さらに志村から王子町にいたる城北電気鉄道の申請がなされた。発起人総代は内田三左衛門で、ほかに志村の内田鍬蔵、追加で板橋町の瀬田吉之助と桜田圭政（医師）が区内から発起人に名をつらねているが、これも認可されなかった。

内田三左衛門が計画した鉄道は、東上鉄道を除けば、どれも実現しなかった。その計画は、時代が生んだ「鉄道熱」にうながされた空想というよりも、かつて交通の要衝として繁栄した板橋の栄光をとりもどす地

表3－2　東京府下町村における1000坪当たり人口密度（大正4年末現在）

第1帯		第2帯		第3帯		第4帯		帯外	
	人		人		人		人		人
日暮里町	114	王子町	88	下練馬村	38	狛江村	27	砂川村	25
渋谷町	103	**板橋町**	**76**	中新井村	38	石神井村	24	保谷村	24
内藤新宿町	101	大井町	72	**赤塚村**	**33**	武蔵野村	24	多摩村	24
品川町	81	世田ケ谷村	55	**志村**	**32**	神代村	24	東村山村	22
巣鴨村	80	岩淵町	46	玉川村	32	三鷹村	23	久留米村	21
淀橋町	76	目黒村	43	池上村	31	砧村	22	清瀬村	20
大崎町	63	中野町	40	調布村	31	大泉村	18	小平村	20
滝野川町	55	平塚村	38	上練馬村	29			小金井村	19
高田村	55	**上板橋村**	**34**	高井戸村	28				
大久保町	54	碑衾村	34	松沢村	26				
千駄ケ谷町	54	和田堀内村	32	井荻村	25				
戸塚町	53	入新井村	32	千歳村	20				
巣鴨町	52	落合村	31						
代々幡町	43	馬込村	28						
		長崎村	27						
		杉並村	27						
		駒沢村	27						
		野方村	24						

小山内通敏『帝都と近郊』より作成

表3－3　東京府下町村における1戸当り宅地坪数（大正4年末現在）

第1帯		第2帯		第3帯		第4帯		帯外	
	坪		坪		坪		坪		坪
日暮里町	31	王子町	55	下練馬村	167	狛江村	242	砂川村	299
渋谷町	41	**板橋町**	**56**	中新井村	171	石神井村	266	保谷村	234
内藤新宿町	38	大井町	61	**赤塚村**	**194**	武蔵野村	262	多摩村	237
品川町	56	世田ケ谷村	96	**志村**	**202**	神代村	303	東村山村	288
巣鴨村	50	岩淵町	134	玉川村	210	三鷹村	341	久留米村	295
淀橋町	55	目黒村	112	池上村	206	砧村	251	清瀬村	307
大崎町	84	中野町	116	調布村	223	大泉村	356	小平村	329
滝野川町	72	平塚村	116	上練馬村	235			小金井村	347
高田村	80	**上板橋村**	**190**	高井戸村	276				
大久保町	71	碑衾村	187	松沢村	251				
千駄ケ谷町	83	和田堀内村	185	井荻村	267				
戸塚町	80	入新井村	126	千歳村	347				
巣鴨町	61	落合村	154						
代々幡町	110	馬込村	216						
		長崎村	208						
		杉並村	220						
		駒沢村	232						
		野方村	248						

小山内通敏『帝都と近郊』より作成

域振興への熱き思いにささえられたものにほかならない。まさに東武鉄道の経営参加により実現した東上鉄道は、のちの板橋区域の発展に大きな役割をはたしていくことになる。

帝都東京の膨脹をめぐり

日清・日露戦争後の帝都東京は、「向都離村」の現象にうながされ、流入人口が増加し、市域外の郡部といわれる郊外地へと拡大していく。その状況は、小田内通敏が明治末から大正初期にかけて東京府下を踏査し、克明に記録した作品『帝都と近郊』（大正七年刊）にうかがうことができる。

東京の膨脹は、東京市中との距離関係において、日本橋より直径一～二里圏内を第一地帯、二～三里圏内を第二地帯、三～四里圏内を第三地帯としてみれば、第一から第二、第三地帯へとはなれるにつれ、人口密度が下がっていくことがわかる。ちなみに千坪あたりの人口密度は、第一地帯の日暮里町（一一四人）、渋谷町（一〇三人）、内藤新宿町（一〇一人）が高く、第二地帯では工業地の王子町（八八人）、板橋町（七六人）に密集していた。宿駅であった板橋の密度は、第一地帯の品川町（八一人）、巣鴨村（八〇人）、淀橋町（七六人）につぐもので、ついで第二地帯の工業地大井町（七二人）であった（表3－2）。

第二～第三地帯は、工業地として宅地が多い王子町・大井町をのぞけば、畑地と田からなる農村地域であった。現板橋区域の密度は、第二地帯の上板橋村（三四人）、第三地帯の赤塚村（三三人）、志村（三二人）という状況におかれており、いまだ村のたたずまいを色こくのこしていた。一戸当たりの宅地坪数において板橋町が五六坪と第一地帯の住宅地区の標準と同じであるのにたいして、上板橋村が一九〇坪、赤塚村が一九四坪、志村が二〇二坪と、四倍ちかい宅地規模をしめしているのは、農業が生業であるからにほかならない（表3－3）。

こうした宅地状況は、大正初年に郡部への人口流入が顕著になったとはいえ、王子町とくらべ板橋町への寄留人口が少ないように（表3－4）、上板橋村はじめ赤塚村、志村などの現板橋区域の農村としていまだ手がつけられていなかったことによる。板橋区域の人口が増加するのは、『東京市域拡張史』が説くように、関東大震災後のことである。流入人口は、板橋町とその外縁部である上板橋町や志村で増加し、さらに赤塚村などの農村地域にも波及し、人口増加率を高めていく（表3－5）。

こうした膨脹する帝都東京の様相は、大正十四年に『東京日日新聞』埼玉版が震災後に一般化してきた都市化の景況につき、「伸びゆく東京」として連載した記事にうかがうことができる。記事は、東京から埼玉県に延びる四つの鉄道の沿線の震災後の都市化のようすを報告したもので、まず上野からの東北線については、工場地帯化する川口町の繁栄と、蕨町、浦和町、大宮町の郊外住宅化をとりあげている。とくに浦和町は、上野・神田間の鉄道開通で東京の中心部までが約一時間に短縮されたこともあり、文化住宅の建設ラッシュとなっていた。その地は、東京から移り住んだ人たちの住宅で、「東京化」が進行中であった。東武伊勢崎線の沿線では、越谷町までが都市化の限度であり、東上線沿線では成増、武蔵野線（西武池袋線）沿線では石神井までに都市化の兆候がみられるとし、東上線沿線をつぎのように紹介している。

池袋から出る東上線によつて入り込む東京化の力も、可成り激甚なものがある。東武線方面よりはむしろ、濃厚であるかも知れない池袋から下板橋、上板橋に至る間は、全く東京そのものであると見ることが出来る。『東京市』そのものではないが、人家櫛比、軒と軒を接して寸隙の地さへのこさぬといふ状態にある。震災後新興した街々が、西につらなり東に延びてゐる、震災後新興した街は中央線方面にも多いが、この東上線沿線もまた蓋しその大なるものであ

表3－4　東京府下町村の現住および入寄留人口の比較（大正4年末現在）

第1帯			第2帯			第3帯			第4帯			帯外		
町村名	現在	入寄留	町村名	現在	入寄留	町村名	現在	入寄留	町村名	現在	入寄留	町村名	現在	入寄留
	人	人		人	人		人	人		人	人		人	人
日暮里町	23,783	13,541	王子町	30,555	18,501	下練馬村	4,687	584	狛江村	2,834	136	砂川村	5,366	612
渋谷町	70,057	52,268	**板橋町**	**12,586**	**5,702**	中新井村	1,976	92	石神井村	5,762	402	保谷村	4,114	649
内藤新宿町	13,679	8,134	大井町	22,302	12,780	**赤塚村**	**5,185**	**285**	武蔵野村	4,166	255	多摩村	3,542	132
品川町	27,997	7,083	世田ケ谷村	13,619	6,522	**志村**	**5,686**	**258**	神代村	4,127	132	東村山村	6,532	687
巣鴨村	25,319	10,765	岩淵町	7,627	2,552	玉川村	7,531	616	三鷹村	5,521	23	久留米村	4,519	236
淀橋町	28,812	19,581	目黒村	10,533	5,605	池上村	5,298	448	砧村	3,301	157	清瀬村	2,907	106
大崎町	15,759	10,707	中野町	12,577	5,400	調布村	3,109	261	大泉村	3,484	374	小平村	5,934	554
滝野川町	21,235	14,596	平塚村	5,077	1,487	上練馬村	4,510	216				小金井村	3,554	285
高田村	12,341	5,935	**上板橋村**	**3,296**	**189**	高井戸村	4,319	352						
大久保町	15,652	13,684	碑衾村	4,032	233	松沢村	1,901	72						
千駄ケ谷町	24,141	21,677	和田堀内村	3,221	489	井荻村	3,980	299						
戸塚町	8,964	5,619	入新井村	8,276	5,181	千歳村	4,174	120						
巣鴨町	13,157	8,480	落合村	4,222	1,801									
代々幡町	10,533	3,320	馬込村	2,485	224									
			長崎村	2,474	194									
			杉並村	4,813	879									
			駒沢村	5,619	1,280									
			野方村	4,899	1,223									

小山内通敏『帝都と近郊』より作成

表3－5　町村別の板橋区域の人口一覧

町村名	板橋町		上板橋村		志村		赤塚村	
年度	戸数	現住人口	戸数	現住人口	戸数	現住人口	戸数	現住人口
明治41年	1,718	10,119	485	3,335	792	5,314	710	5,045
大正元年	2,446	10,229	499	3,300	805	5,572	719	5,035
大正 5年	2,997	12,777	526	3,469	850	5,770	805	5,596
大正 9年	3,836	16,661	562	3,415	1,092	6,174	879	5,365
大正14年	7,027	30,891	957	5,040	1,744	8,548	1,079	6,267
昭和 5年	9,930	44,717	1,775	8,454	2,543	12,151	1,180	6,758

各年度『東京府統計書』より作成

らう
池袋から上板橋に至る人家の状態を見ると、全くこの二三年来の新造で、まだ木の香新しいのが、綺羅星の如くつらなつて、見た眼にも盛観である

（『東京日日新聞』埼玉版、大正14年12月23日）

このような東京市に隣接する地域を飲み込むかたちで進行する都市化に対応して、新たな郊外鉄道計画が大正後半期から昭和前半期にかけて提出されてくる（図1）。

震災前後に出願された板橋区域を通過する鉄道計画は、表3－6のようになるが、路線の競合や資本金不足などで認可されなかったり、震災後に再提出されないまま消えていったものなど、実現不可能なものも少なくなかった。これらの計画には、当時の板橋がおかれた位置をうかがわせるものがある。板橋は、山手線の外周をめぐる路線が多い計画案のなかで、ターミナルと位置づけられていた。

この時期の東京市内の鉄道計画は、都市計画との関連で東京市の意向が優先された。東京市は市営電車により市内の交通機関の整備をはかっていたため、民間の鉄道計画は東京から放射状に延びる鉄道路線をつなぐ役割をになうことになった。これら郊外型の鉄道計画には、旅客および貨物の輸送だけでなく、帝都東京の膨脹に応じるための不動産経営や娯楽施設の経営など、沿線開発をめざす事業内容をかかげているものが多くみられる。そこでは郊外での快適な住宅環境、都心部への通勤の便、休日の娯楽施設の利用など、いわば都会人のための鉄道計画が強調されていた。山手線の外周ルートの免許は、昭和二年四月に東京山手急行電

鉄に交付された。この計画は、大井町から目黒、中野、板橋、千住、亀戸などを経由する砂町までの路線をかかげていたが、実現しなかった。

板橋町から志村、巣鴨町から上板橋村、西巣鴨町から志村という路線計画は、東京市電の延長線と位置づけられ、東京市電と競合するため、却下もしくは申請取り下げになっている。このような路線の典型は、王子電気鉄道の大塚・池袋間（池袋線）の申請であった。同社の池袋線は、すでに認可をうけていた大塚駅・内藤新宿三丁目間（新宿線）のうち、雑司ケ谷から分岐して池袋にいたるルートである。これは王子電気鉄道新宿線の工事が遅れていることもあったが、東京市が市電の延長を主張したことにより大正十一年九月に申請の取り下げとなった。池袋線の申請を取り下げた王子電気鉄道は、同年に巣鴨駅・下板橋駅間（板橋線）を申請したが、東京府による国道九号線（中山道）の改修工事との関係で却下された。東京市電の巣鴨・下板橋間の開通は昭和四年五月二十七日のことである。

板橋は、東京から浦和・大宮方面への起点と位置づけられていた。この路線は、浦和・大宮からの移住者により郊外住宅地として急速に発展していたことに対応したもので、東北線の混雑の緩和が期待されていた。すでに大正二年七月に、巣鴨町から中山道沿いに浦和・大宮までの路線を申請した武州鉄道があった。武州鉄道の発起人は、沿線の有力者であったが実現にはいたらなかった。また京埼電気鉄道の申請書には、沿線のうちとくに板橋町から志村にいたる地域を、「東京市トノ隣接地ナルヲ以テ郊外生活者ノ最適ノ地トナルニ至ル可シ」と記載されている。

この路線で仮免許が下付されたのは東京大宮電気鉄道であった。東京大宮電気鉄道は、大宮を起点に中山道沿いに浦和・蕨を経て東上線下板橋駅に接続し、さらに山手線大塚駅にいたる路線として計画された。大正十五年六

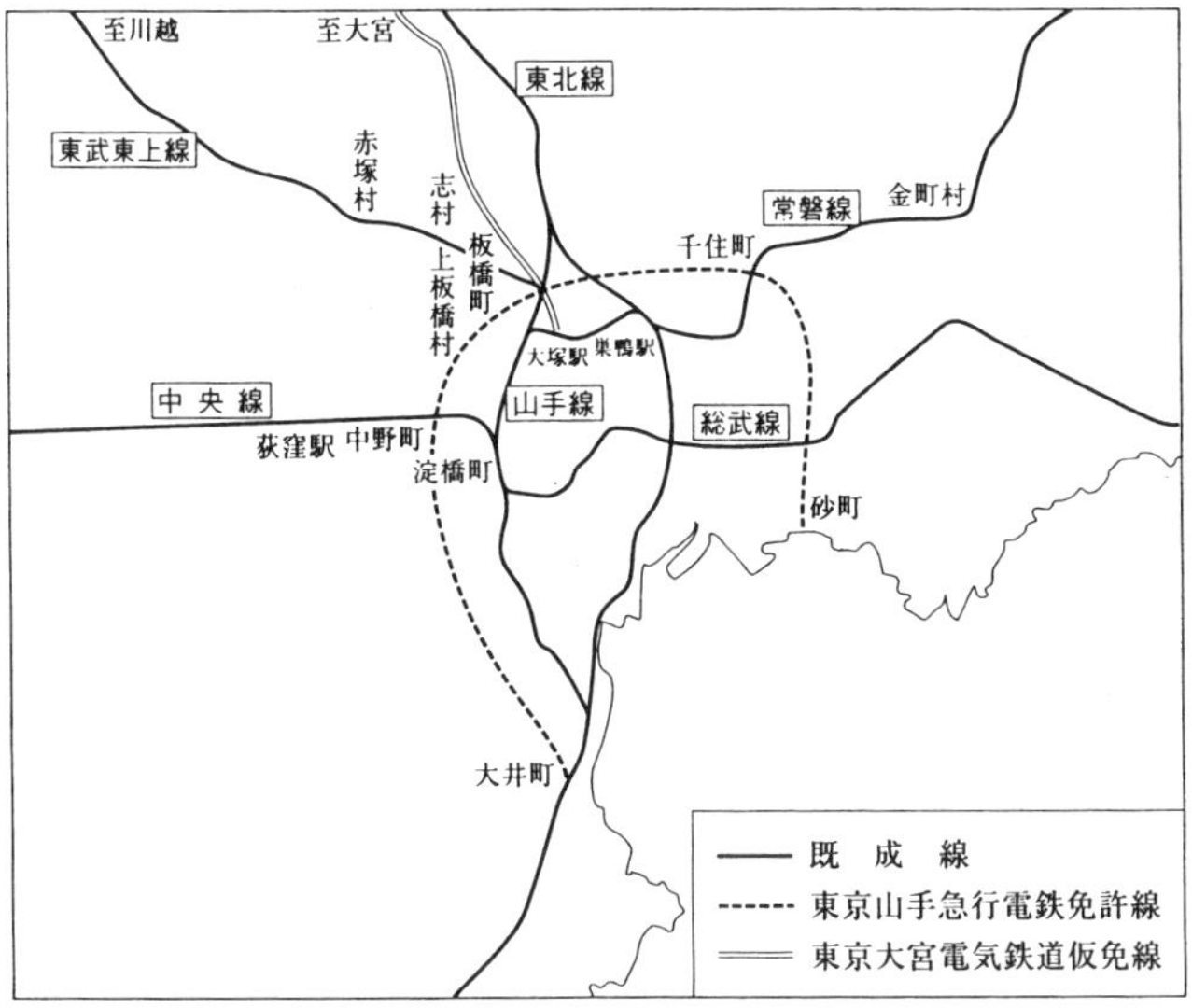

図1　昭和初年の郊外鉄道計画図

表3－6　震災前後の鉄道計画

申請年月	不許可年月	鉄道会社名	路線
大正 9年 3月	昭和 2年4月	東大電気鉄道	万世橋～板橋町～大宮町
大正 9年 3月	昭和 2年4月	東京鉄道	砂町～板橋町～大井町
大正 9年 4月	昭和 7年4月	京宮電気軌道	板橋町～戸田村～大宮町
大正11年10月	昭和 9年5月	東京電気軌道	大森駅～上板橋村～赤羽駅
大正12年 3月	昭和10年8月	京北電気軌道	大塚駅～板橋町～志村
大正12年11月	昭和 2年4月	東京循環鉄道	高輪南町～板橋町～上野公園
大正12年12月	昭和 2年4月	東京郊外電気鉄道	渋谷町～杉並村～大塚駅
大正13年 4月	昭和 2年4月	東京鉄道	上板橋町～巣鴨町
大正13年 6月	大正14年4月	城北高速電鉄	王子町～岩淵町～成増駅
大正13年12月	昭和 2年4月	京埼電気鉄道	板橋駅～戸田村～浦和駅
大正13年12月	昭和 2年4月	京浦電気鉄道	巣鴨駅～板橋町～浦和町
大正14年 2月	昭和 2年4月	宮都電気鉄道	巣鴨町～板橋町～大宮町
大正14年 4月	昭和10年8月	早稲田板橋電気軌道	早稲田駅～板橋駅
大正14年12月	昭和 2年4月	東京外円鉄道	板橋町～志村
大正15年 3月	昭和 2年4月	中武電気鉄道	池上村～赤塚村～大宮町
大正15年 7月	昭和 6年9月	東京大宮電鉄	淀橋町～上板橋村～大宮町
大正15年 9月	昭和 6年9月	京宮電鉄	淀橋町～上板橋村～大宮町
大正15年12月	昭和 2年6月	巣鴨大宮電鉄	巣鴨町～板橋町～大宮町
昭和 2年10月	昭和 6年4月	東越電気鉄道	巣鴨町～板橋町～川越市
昭和 2年10月	昭和 9年5月	城西電気鉄道	渋谷町～中野町～板橋町
昭和 4年 5月	昭和 6年4月	中央急行電気鉄道	上練馬駅～池袋駅

国立公文書館所蔵「鉄道省文書」より作成

月の鉄道敷設計画には、「都会人士」が郊外生活を好む風潮は震災後にいっそう助長されたとし、とくに「中山道沿線ハ所謂武蔵平野ノ中央ニ当リ、土地高燥、風光明媚、且ツ生活費低廉ニシテ」、宅地造成と交通機関の設備がととのえば、「最適ノ郊外住宅地」となることはまちがいないと説明されている。

敷設免許は昭和二年四月に交付され、同年七月には電気事業も認可され、営業内容も旅客および貨物輸送にくわえて、土地家屋の経営や電気供給事業もできるようになった。昭和三年には、終点が巣鴨駅まで延長されるなどの路線変更も許可された。ここに、当初板橋区内に設置が予定されていた志村駅と仲宿駅にかわって、志村・火薬庫裏・下板橋の三つの駅が設置されることになった。板橋町からも、従来の中山道沿いから、今後の開発がみこまれる上板橋村寄りへの路線変更は歓迎され、用地買収の交渉もすすめられ、板橋中部耕地整理組合と契約を締結することとなっていた。しかし金融恐慌の影響により、昭和五年十月、東京大宮電気鉄道は解散し、この路線の免許は大東京鉄道に譲渡され、同社の巣鴨線となっていく。

東京大宮電気鉄道の路線を引きついだ大東京鉄道は、鶴見・金町間の外周ルートを申請していた電気鉄道で、昭和三年二月に荻窪・金町間の敷設免許が交付された。ついで同年七月には荻窪・大宮間の申請をなし、東京大宮電気鉄道を引きつぐこととなった（「事業報告書」）。大東京鉄道は、昭和六年に、本線である鶴見線（鶴見・金町間）を軸に、大宮へは笹目村から、巣鴨へは赤塚村からそれぞれ分岐するように路線を整理し、さらに北武電気鉄道の日暮里・野田間の譲渡をうけて、千葉方面へと路線の拡大をはかる。しかし大宮および巣鴨への路線は、けっきょく実現することなく終わったのである。

東上線の展開

大正三年五月に池袋・田面沢間が開業した東上鉄道は、同五年には川越町から坂戸町へと路線を変更して開業した。東上鉄道の経営は、旅客収入と貨物収入の割合が六対四で、開業当初には利益もまずまずであったが、第一次世界大戦による諸物価高騰でしだいに営業費が純益を圧迫するようになっていた。

東上鉄道は、大正六年に坂戸町以北の工事延長申請をおこない、同九年五月までの延期を認可されたものの、大戦後の不況下、同年六月に東武鉄道に吸収合併となり、小石川・下板橋間の免許も失効する。それでも大正十二年十月には坂戸・松山間、そして翌月には松山・小川間が開業したが、同十三年五月には未着工の高崎までの路線のうち、寄居までが認可され、寄居から高崎までの免許は失効した。小川・寄居間の開業は同十四年七月である。東武鉄道は、高崎までの免許が失効した同じ日、西新井・上板橋間が認可され、東武鉄道の本線である伊勢崎線への連絡をはかっていくこととなる。しかし、この路線は用地買収が進展せず、昭和六年（一九三一）十二月に大師前まで開通したものの、そこから先の上板橋までの区間は同七年七月に断念された。

東上線は、開業時の大正三年の下板橋駅の乗降客が二〇〇〇人程度で、収入も二〇〇〇円で、「営業開始の当初は旅客貨物共に寥々として、殆んど数ふるに過ぎざりし」（『板橋町誌』）という状態であった（表3－7）。その後の旅客収入の推移は、板橋区域の人口の増加に対応しているといえよう。

池袋・寄居間となった東上線は、大正後期に顕著となる大量輸送と高速化に対応すべく電化と複線化が急務の課題となった。それは東上線だけの問題ではなく、都市化の拡大に対応する時代の要請でもあった。とくに電化の実現は、沿線の宅地開発や電気供給などの鉄道事業の拡大にとっても重要な問題であった。ここに東武鉄道の電化は伊勢崎線から着手され、大正十三年十月に浅草（現在の業平橋）・西新井間が電化された。伊勢崎線の電化により、東上線沿線の電化をもとめる運動もおこったが、用地の確保問題もありすぐには実現しなかった。東上線の電化は昭和四年で、十月に池袋・川越間、さらに十二月に寄居までの全線が電化された（『東武鉄道百年史』）。

東上線の電化は、競合関係にある西武鉄道（西武新宿線）との競争でもあった。西武鉄道は、国分寺・川越間（川越線）を運行していた川越鉄道が前身で、のちに川越電気鉄道（大宮・川越間、大宮線）と西武軌道（新宿・荻窪間、新宿線）を合併する。昭和二年四月には、高田馬場・東村山間を開業させた。当時の西武鉄道高田馬場・川越間の所要時間は一時間五分、東上線川越・池袋間は一時間二分であったという。東上線が電化されると池袋までは四〇分に短縮され、運転間隔も三～四〇分となる。そのため西武鉄道では、急行電車を運行して高田馬場までを四五分程度に短縮することで対抗したのである（『東京日日新聞』）埼玉版、昭和4年5月8日）。

表3－7　東上線営業収入一覧

単位：円（円以下は切捨）

駅名	下板橋駅		上板橋駅		成増駅	
営業年度	客車収入	貨物収入	客車収入	貨物収入	客車収入	貨物収入
大正 12 年前半	5,324	10,360	7,125	853	11,560	577
大正 12 年後半	10,477	20,546	8,437	358	13,915	1,214
大正 13 年前半	8,969	20,010	8,786	457	14,888	1,142
大正 13 年後半	10,077	20,627	9,294	515	14,563	1,000
大正 14 年前半	9,317	21,920	10,034	364	15,708	3,972
大正 14 年後半	9,432	21,665	8,954	373	14,613	975
昭和 1 年前半	9,855	23,944	9,605	375	17,162	1,407
昭和 1 年後半	9,046	20,233	8,345	502	16,049	10,424
昭和 2 年前半	11,499	19,017	9,497	333	17,267	7,618
昭和 2 年後半	9,443	15,800	10,019	411	16,452	1,473
昭和 3 年前半	10,952	13,883	10,606	493	17,197	1,354
昭和 3 年後半	8,834	11,657	10,254	582	16,237	1,206
昭和 4 年前半	10,949	11,502	10,273	493	16,731	815
昭和 4 年後半	11,807	10,712	10,808	637	18,564	1,358

渋沢史料館所蔵「各年度東武鉄道営業報告書」より作成

東上線は、昭和十年三月に池袋・上板橋間が複線化され、同年十二月に成増、昭和十二年五月に志木までが複線化されることになる。

まさに現板橋区域は、帝都近郊の農村が新しい宅地開発の場となるなかで、郊外電車の開通によって時とともに変貌していくこととなる。その変貌は、村のたたずまいを色こくのこしながらも、新たな都市の風波にゆらいでいくなかでもたらされたものにほかならない。いわば東上線をめぐる交通体系の展開は、中山道筋の町や村の暮らしぶりに転機の秋をつげるもので、農業構造を変えていったのである。（牛米　努）

遅れてきた田園都市

田園都市への夢

日露戦争後の日本では、さまざまな都市問題をはらみつつ膨張をつづける都市と、疲弊の度を強める農村の現実を前に、新しい都市と農村の姿を模索する動きがみられるようになった。内務省地方局の少壮官僚は、こうした状況を打開する方途として、E・ハワードが提唱したガーデン・シティ、いわゆる田園都市構想に着目、欧米視察をなし、「郡市改良」「農村興新」をかかげた地方改良運動を展開した。

日本における田園都市は、ハワードのそれとは異なり、都心をはなれた郊外の地に職住分離型の文化的で健康的な理想の町をつくろうという方向で展開される。その代表が渋沢栄　らが大正七年に設立した田園都市株式会社による多摩川台地区の開発であった。ここに成立したのが現在の大田区田園調布にほかならない。

こうした郊外住宅地の開発は、現板橋区域においてみれば、渋沢らによる多摩川台の田園都市づくりに遅れ、昭和になってはじまる。それは、東京西郊の宅地化とくらべ、板橋方面の開発が関東大震災後にやっとはじまったことによる。ここに登場するのが板谷商船と同潤会による郊外住宅地の建設であり、常盤台の開発にほかならない。各々の住宅地は、田園調布が紳商と学者の街として形成されたのとは異なり、都市中流層の場となったのである。

船会社がつくった街

板谷商船株式会社は、北海道小樽に本拠をおく海運業者で、多角経営をめざして「三五ケ原」「三合野原」などとよばれた旧加賀藩下屋敷の一部を取得し、宅地を開発した。地名の由来は、維新後、この地の払い下げをうけたのが「三合商会」であったことにちなむという（『いたばしの地名』）。

板谷商船は、昭和九年八月二十一日、約一七ヘクタールにおよぶ「三五ケ原」の分譲へむけた事務を開始、翌年一月十五日に起工式をおこなった。区画整理事業が認可されたのは昭和十一年三月、工事が完了したのは十三年八月のことである。第一回の分譲は整理事業開始直後に、「帝都北部の大文化住宅地」と銘打っておこなわれ、「上御代の台」と命名された。

分譲地は、文化住宅を標榜するにふさわしく「全地内ニ道路、下水工事完全、水道、電灯、瓦斯ノ引込」がなされ、整然と区画されていた。敷地は採光を考えた雛壇式になっており、地内には公園とロータリーが配置されていた。公園は、寄贈者板谷宮吉の名をとって「板谷公園」と命名され、板橋区二番目の公園として昭和十二年四月二十九日に開園した。

「文化住宅地」上御代の台は、多摩川台分譲地の規模からみれば小さなもので、一〇〇坪未満の分譲地が多く、坪単価が比較的廉価に設定されるなど、購入対象として中堅サラリーマン層を意識した造成になっていた。このことは、広告文のコピーで、「市電・丸ノ内日比谷直通三十五分、省線・板橋駅へ十分」と通勤の利便性を強調していることからもうかがえる。まさに板橋「上御代の台」の地は、「殊に本地の強味とする物価の低廉、即ち生活費の逓減と環境の良好、通学通勤に便利な交通関係は、中流インテリ市民層の吸引に好適し、此種の計画は、必ず最善の効果を齎す事を強調する次第であります」と、都市中流層をねらった宅地だったのである。

こうした特色は、東京の南部、西部よりも時期的に都市化が遅れて進行し、サラリーマン層の増加や職住分離型生活の広がりという傾向が反映されたものであり、常盤台住宅地にも共通する方向性をもっていた。

職工向け住宅地

同潤会は、関東大震災の復興事業を政府がすすめるなかで、住宅の建設経営業によって罹災者の生活安定化をはかることと、震災により障害者となった人びとの収容と授産を二大目的として大正十三年五月に設立認可された財団法人である。

同潤会は、近代的な設備をもった「同潤会アパート」によってその名を知られるが、不良住宅改良事業や、勤人あるいは職工向分譲住宅の建設をはじめとし、住宅に関する調査研究など多様で幅広い活動を展開した（『同潤会十八年史』）。なかでも板橋区では二度にわたって職工向分譲住宅を建設した。

同潤会が職工むけの分譲住宅を建設するのは昭和九年度からである。この職工むけの住宅は、当時住環境がほとんど顧みられていなかったという状況をふまえ、「労働者に対して快適にして、而かも其の経済力に適応したる住宅を給し、更に之れを適当なる方法に依つて、各自の所有に帰せしむることが出来るならば、彼等の生活環境を改善し、労働能率の向上を齎らす丈けでなく、牽いては生活と思想の安定に資する処甚大なるものがあつて、当時の社会状勢上極めて好ましき施設と言はざるを得ない」（『同潤会十八年史』）という思いから建設された。

この思いは、生活水準の向上とともに定住指向が強まっていた労働者の期待に応ずるものでもあった。しかも日中戦争以降の軍需工場を中心とする工場の拡張、新設は、労働者の間に極度の住宅不足をまねいており、同潤会の事業をうながしもした（『同潤会十八年史』）。

職工向分譲住宅の特徴は、「敷地は一戸当平均四十坪、坪当出来上り単価二十五円を標準とし（略）、平均十五坪（実施の結果十四坪弱平均となつたものもある）とし、木造瓦葺和風の平家を主とし、若干の二階建を交へ、敷地境界は当初表通りを板塀、隣地境界は生垣としたが、最近のものは表通り生垣、隣地境界は四つ目垣又は木柱鉄線張りとして居る。設計の方針は飽く迄質実堅牢を旨とし、間取りは採光通風に注意し、衛生的にして快適なることを期し、且つ生活の改善に資せしめ得ることを目標とし（略）、尚ほ昭和十四年度以降計画の分は、三室以上のものには必ず一室に略々完全なる独立性を有せしめ、急激なる青年職工の増加に伴ふ貸間の需要に応ぜしめ、一面月賦金の負担を軽減し、又将来子女の成育に備へしむる所謂一石三鳥の方法を講じた」（『同潤会十八年史』）ものであった。

板橋区では、板橋町一〇丁目二八四九番の土地一七七八坪が同潤会によって買収され、四三戸の住宅が建設された。それらは、三室住宅二四戸を中心に、二室住宅、四室住宅があり、すべて平屋建てであった。敷地はすべて三〇坪台、一カ月の賃料が十三円台から十八円台のあいだであり、比較的廉価に設定されていた。住宅は完成後の昭和十三年三月から入居申し込みがおこなわれたが、希望者は二室住宅が募集の三倍、三室住宅が七・二五倍、四室住宅はじつに一〇・二五倍に達した（『同潤会昭和十三年度事業報告』）。

第二期分譲は、板橋町九丁目二二二五番地の四一六六坪に、第一期の倍以上の一〇七戸の住宅を建設した。住宅は、すべて木造瓦葺き平屋一戸建で、敷地は二六から三九坪で、家賃が毎月一〇円から一七円に設定されていた。この分譲住宅は、昭和十五年六月に起工され、翌年の四月に竣工したという（『同潤会十八年史』『同潤会昭和十三年度事業報告』）。こうした同潤会分譲住宅は、板橋が工場地帯となり、多くの労働者が流入したがために生みだされた住宅地にほかならない。

お屋敷町常盤台

現在、「お屋敷町」と称される常盤台は、東武鉄道が買収するまで一面の大根畑であった。東武鉄道は、東上線沿線のこの地に着目し、大正十五年ごろに東武鉄道社長の根津嘉一郎が土地を買いにきたという。土地買収では、上板橋村長の飯島弥十郎が農民と東武との仲立ちをした。しかし東武は購入した土地の開発にすぐに着手せず、大根畑はやがて草の生い茂る原っぱに変わっていった（河原末吉談話）。この草原と化した常盤台の一部は、昭和初年の一時期に飛行場となり、遠藤飛行機という民間の航空会社が前野町にある格納庫から複葉機を運んできては遊覧飛行に飛び立っていた（『写真は語る』総集編）。

こうした常盤台は、昭和八年四月に区画整理が起工され、十三年五月まで工事がつづき、新興住宅地へと転生する。ここに二七ヘクタールの土地は放射線と同心円を基調とする独特の区画に整地された。

この特異な区画は自動車社会の先進国アメリカの都市計画の影響をうけたものであるという（山口廣「東京の郊外住宅地」『郊外住宅地の系譜』）。こうした自動車を意識した区画設計は、板谷商船の分譲地にもみられることで、一九三〇年代の郊外住宅地のひとつの特徴にほかならない。造成は順調にすすみ、昭和十一年には最初の分譲がはじまり、昭和十年十月に宅地の完成に先立って最寄り駅として武蔵常盤駅（現ときわ台駅）が開業した。常盤台という地名は、鉄路を挟んで隣接する天祖神社境内に茂る常磐松にちなんで東武が命名したものである。

健康生活をもとめて

常盤台は、東武鉄道が沿線開発の一環として、最初におこなった住宅地開発である（『東武鉄道六十五年史』）。この地に東武が住宅地を造営したのは、田園都市株式会社の事業に刺激され、沿線に展開する良好な自然環境を活用せんとしたことによる。それだけに常盤台住宅の宣伝文句は「健康住宅地」であった。このコピーには、都市の住人がいだく健康生活への欲求によびかけて、帝都北辺に位置する板橋区を売り出さんとの思いが秘められている。東武は、分譲にあたり、売り出しのパンフレットで、上板橋の地に健康住宅地を造る意義をつぎのように力説した。

都市居住者は、目まぐるしき程にスピード化した車馬の騒音に神経を尖らし、混濁した空気の坩堝の中で不健康な生活を続けてゐる為、絶えず静寂と明澄な健康住宅地の選定に非常な関心を持つて居ります。最近各所に分譲事業が簇生した所以は此の都人共通の需要を充たさんが為の時代的現象であります。

此の秋に際しまして弊社は従来の住宅地に其の比を見ない理想的健康住宅地の経営に着眼致し出来上りましたのが此の常盤台住宅地であります。

住宅地の第一要素であります環境としましては、西に富士、東に筑波、北には秩父の秀峰を背景に取り入れた本住宅地は、文字通り天然の美と人工の粋を兼備した理想的健康住宅地でありまして、堅実をモツトーとする弊社が絶大の抱負と自信を以て皆様に御奨めする所以であります。

（『常盤台住宅地案内』）

こうした「健康住宅地」常盤台は、『常盤台住宅地御案内』により、都心に近い理想的宅地と言挙げされた。

交通　弊社東上線電車にて池袋へ十分、新宿へ二十分、上野へ二十五分で御いでになれます。電車は複線で本年一月から回数も増加致しましたから御不自由は御座居ません。自動車は市内から地区内到る処へ自由に御乗り付けになれますし、大塚、巣鴨行バスの便も御座居ます。

諸施設　当住宅地が最も誇りと致しますは完備した道路網で、環状線式の散歩道が地区の中央部を一周し、南北及東西に幅員十一米（六間余）の主線貫通し普通道路も総て六米以上、それが各地区画に行き亘つて居りまして整然たる理想的道路網で御座居ます。尚主線道路は都市計画の路線と一致して居りますから将来建築上の御支障を生ずる惧は御座いません事を申添えて置きます。

電気、瓦斯、水道の施設を致しますは勿論で御座居ますが、わけて排水には多大の犠牲を払ひまして全部暗渠式に致しましたので、汚水の汎濫、悪臭の発散等は絶対になく衛生的になつて居ります。特に御居住者の保健に備へ中央部に二千坪の公園を、駅前に三百余坪の文化的施設になる庭園式大広場を、其他諸処に小公園式緑地帯を配置致しましたので、散歩道に植込んだ街路樹と共に文字通りの**健康住宅地**で御座居ます。

そこでは、衛生問題が都市における最大の関心ごとだけに、上下水道の完備と自然にめぐまれた空気の清浄な地であることが力説された。まさに常盤台は、周辺の自然環境を活用し、インフラを完備させることによって「健康住宅地」という一つの理想郷をめざした世界として造形されたのである。

東武は、常盤台における分譲区画を九〇ないし一〇〇坪台を中心となし、都市部に居住する中間層を主要な購入層にみこんで販売した（和田清美「『健康住宅地・常盤台』のまちづくり」『郊外住宅地の系譜』）。この分譲のモデルとして住宅展覧会に出品された十六棟の住宅付土地の平均値は、敷地一〇一・五坪で、坪単価が三〇円前後のものがもっとも多かった。その建物（母屋のみ）は、平均で三一・三坪、売価六七六八円六九銭である（『常盤台住宅地御案内』）。

常盤台の分譲は、田園調布をはじめ東京府下に展開していた郊外住宅地中、最後期のものである。それだけに計画では、きたるべき自動車社会を意識した道路網のほか、地内の各地にクルドサック（袋小路）、プロムナード（並木を道路中央に配した遊歩道）、小公園などを配置するなど洗練されたデザインと、暗渠式の下水道などに代表される充実した都市設備が盛りこまれていた。しかも敷地内には、学園の設置が予定されるなど、先行の郊外住宅地で取り入れられたアイデアが多様に取りこまれたのである。まさに常盤台は最後の田園都市にふさわしい優美な住宅地として形成されたのである。

この常盤台の分譲では、売買契約者に東武鉄道より一カ年の優待乗車証を、また契約後一年以内に家を建築すれば居住日より三カ年の池袋・武蔵常盤間の無料乗車券を発行するなど、鉄道会社の土地分譲らしい特典が盛りこまれていた。この特典は、当時の感覚としては比較的都心からは遠い印象のあった常盤台が、交通事情から敬遠されることを避けようとしたがためである。

街並みと住民

東武鉄道は、常盤台を東の田園調布とすべく、田園都市会社が規定したと同じように建築される建物にたいして細かい制約をなし、理想的な住宅地に相応な美観を守らんとした。昭和十三年四月の『常盤台住宅地建築内規』は、田園調布における規定以上に詳細なもので、新しい街づくりへの意欲をうかがうことができる。

当住宅地内ニ御建築ノ方ニハ、住宅地ノ風致美観ヲ保持スルタメ、左ノ内規ニヨッテ建築工事ヲシテ頂クコトニナッテ居リマス。

第壱、家屋ノ新築、増築、改築ノ場合ニハ予メ設計書ヲ弊社ニ御提出願ヒ、弊社ヨリ建築同意書ニ御調印申上ゲマシタ後、御着手願ヒマス。

（略）

第四、建坪ハ敷地面積十分ノ三以内ニ御制限願ヒマス。但シ角地又ハ緑地公園等ニ面スル敷地デ隣地ニ支障ノ無イ場合ニ限リ敷地面積ノ百分ノ三以内ノ超過ヲ御承諾申上ゲルコトモアリマス。

別棟ノ面積二坪未満、軒高七尺未満ノ物置及ビ移動式ノ建物ハ前項ノ制限ニ加ヘマセン

第五、建物ノ屋根勾配三十度未満、軒高十二尺未満ノモノハ軒ノ末端ヲ隣地境界線ヨリ四尺五寸以上離シテ御建テ願ヒ、屋根勾配三十度以上軒高十尺以上ノモノハ右ノ制限ニヨル外後記建築定規ヨリ突出サヌ様隣地境界線ヨリ後退シテ御建ヲ願ヒマス。但シ隣地ニ支障ノ無イ道路側又ハ別棟ノ面積二坪未満軒高七尺未満ノ物置及移動式建物ニハ右ノ制限ハアリマセン。

（略）

第六、建物ノ構造設備ニツイテハ左記制限ニヨッテ頂キマス。

一、外壁及屋根ハ「トタン」板類ヲ御使用下サラヌコト。但シ陸屋根反流シ六尺未満ノ下屋ハ右ノ制限ニヨリマセン。

二、便所ノ槽ハ大正式、内務省改良式、大盛式又ハ此等ト同等以上ノ構造ノモノヲ御使用下サルコト。

三、建物ノ雨水及汚水ハ適当ナル設備ニテ処理ノ上既設下水ノ蓋下マデ導ク構造トシ石垣又ハコンクリート垣等ノ外面ニ排水管ヲ露出ナサラヌコト。

第七、屋内電気工事、水道工事ハ着工前ニ予メ配線図及仕様書ヲ関係弊社掛員ニ御提出ノ上弊社ガ御承認申上ゲマシタ後御着手願ヒマス。工事竣工後ハ必ズ弊社掛員ノ検査ヲ御受ケ願ヒマス。水道工事ニツイテハ御建築者ニ於テ弊社掛員立合ノ上、圧力試験ヲ行ツテ頂キマス。

1-2-⑨A 板橋区史編さん調査会編『板橋区史　通史編　下巻』

第八、電気工事、水道工事ヲ第三者ニ御任セノ場合ニハ、電気工事ニツイテハ東京電灯株式会社公認ノ請負人、水道工事ニツイテハ東京市公認水道工事請負人ニ御任セヲ願ヒマス。
水道工事器具ニツイテハ将来市ノ水道供給ノ場合ニ支障セヌタメ、東京市ノ規模試験ニ合格シ得ルモノヲ特ニ御使用下サルコトヲ御ヒ致シマス。

こうした常盤台の住人は、自営業者や会社役員などのほか、官公吏、銀行員といった会社員や、医師・弁護士などで、「健康住宅地」に共鳴して移住してきた者たちである。その多くは都心に通勤するサラリーマンとその家族であり、農村的色合いの強い周辺の住民とはかなり雰囲気を異にしていたという。

常盤台の住民は、昭和十三年四月には「常盤台郷会」を結成し、住民間のコミュニティの形成にはげんでいく（前掲「『健康住宅地・常盤台』のまちづくり」）。こうした住民組織の結成は、田園調布会などにもみられるように、住民生活を旨とする独自の世界をきずかんとしたがためである。ここには、「健康住宅地」にふさわしい理想郷建設をめざし、街を住民自らの手で守り育てんとの強き意思がはたらいていた。その思いは現在にまで流れており、常盤台の文化を生み育てたものにほかならない。

なお常盤台の地は、昭和十二年の日中戦争下に販売されたがため、戦火の拡大により、土地を購入したまま家が建たない空地がめだってもいた。いわば東武の事業は、理想の田園都市常盤台の建設をめざしながら、戦火のなかで夢を十分に開花しえなかったのである。そこには、帝都東京のみはてぬ夢の場と位置づけられながらも、帝都にとりのこされた思いをいだき、己の世界をみいだしえぬまま放浪する姿がうかがえよう。

（内藤一成）

［1－2－⑨B］
東武鉄道社史編纂室編『東武鉄道百年史』（東武鉄道、一九九八年、四二一～四二六頁）

初の不動産分譲

（1）東京郊外地の開発

多角経営時代の訪れ

関東大震災後の乗合・貨物自動車の乱立が、地方鉄道事業者を脅かし、それが、当社の毛武自動車を通じての自動車運送事業への参入になった経過は、すでに見たとおりである。地方鉄道事業者は不況下に収入増大の途を早晩、準備しなければならない立場にあったが、それを阻んだのは地方鉄道法による兼業の制限規定であった。「地方鉄道会社ハ監督官庁ノ認可ヲ受クルニ非サレハ他ノ事業ヲ営ムコトヲ得ス」（第9条）というもので、こうした制限は軌道法にはなかったのである。

ただ、昭和4年（1929）この規定が削除されたため、それ以後、急速に兼業体制――事業の多角化に進む鉄道会社が増加した。それも電鉄網の拡大、成熟の度合いによって、低い場合の電力・電灯事業から、高い企業では乗合自動車はもちろん、土地・住宅、遊園地、百貨店、食堂、砂利、ホテルなどが兼業の対象として、経営されるようになった。

当社の兼業――〝付帯事業〟と呼称していた兼業の始まりは、6年11月から開始した東武ビルディングの松屋百貨店への賃貸と、そのころ東京府南足立郡（現東京都足立区）所在の西新井駅周辺の土地８５００坪

(2万8050㎡)の賃貸であった。

ついで当社は関東大震災以後、東京近郊地の住宅需要の急激な増加に対して、住民の利便を図るため、昭和3年に買収した北豊島郡上板橋村(現東京都板橋区)の土地7万3600坪(24万2880㎡)に、住宅地の開発を企図した。これが10年10月に、東上線中板橋~上板橋間に開業した武蔵常盤(現ときわ台)駅北口一帯に広がる常盤台住宅地で、当社の沿線開発第1号となったものである。

ユニークな街づくり常盤台

武蔵常盤駅の建設は、常盤台と名づけた住宅地のために行われたものであったが、昭和10年(1935)当時でも、その一帯は畑や荒れ地が広がる田園地帯であった。こうした東京近郊の新都市づくりの発想は、それ以前になかったわけではなく、古くは明治40年(1907)設立の箕面有馬電気軌道(小林一三社長、現阪急電鉄)が、43年に「最も有望なる電車」のキャッチフレーズで梅田~宝塚間を開業するのに先立ち、沿線住宅地の販売用に発行した宣伝用パンフレット「如何なる土地を選ぶべきか、如何なる家屋に住むべきか」によって、土地分譲、土地付き住宅の経営を意図したときに始まっていた。

同社は、沿線の池田、豊中、桜井の各地域に、30万坪(99万㎡)の土地を購入し、住宅地を造成して、鉄道開業と同時に分譲を始めた。これは、私鉄が明治時代に、すでにそうした兼業を並行させて、沿線の開発を収入増加につないでいたことの証明といえる。

関東地域では、鉄道資本ではないが、明治29年に創立された、安田善次郎らの東京建物、39年創立の東京信託などが草創期の不動産会社で、とくに東京信託は大正元年(1912)東京府荏原郡駒沢村から同郡玉川村(いずれも現東京都世田谷区)まで、23万㎡の土地(玉川電気鉄道桜新町停留場南側一帯)に新町分譲地を造成し、翌2年に販売した。東京郊外開発計画の草分けである。

ついで渋沢栄一の提唱から、7年9月に創立された田園都市会社は洗足地区、多摩川台地区、大岡山地区にわたる125万400㎡の広大な土地を事業対象として、渋沢のいう「自然を多分に取り入れた都会」づくりをめざす。「田園都市」造成に取りかかった。同社は、大正11年から13年にかけて、渋沢栄一の五男、秀雄を支配人として土地分譲を行ったが、土地購入者の住宅建築にあたっては、美観を保ち、環境を悪化させないような厳しい条件を提示、指導した。とくに多摩川台地区(田園調布)の住宅づくりには、町ぐるみ公園のイメージを強く打ち出し、家屋についてはむろんのこと、緑地、公園、道路の面積をできるだけ広くとることとしたのである。

この田園都市会社は昭和3年5月目黒蒲田電鉄(現東京急行電鉄)に合併し、以後の土地分譲は同社が担当した。

こうした先輩格の私鉄沿線開発を経て、昭和初期以後、関東地区の私鉄各社は、次々に東京郊外地の開発に乗り出した。しかも駅を中心とした住宅建設だけでなく、大学や遊園地などのレジャー施設建設、企業、工場などの誘致から、ターミナルビルで百貨店を経営するなど、日本独特の街づくりを行った。(表I-4-9)

当社の常盤台住宅地も、この流れのなかの一環ではあったが、のちにユニークな街づくりとして評価されることとなるのである。

(2) クルドサックのある街

優美な分譲住宅地の出現

当社は常盤台地区24・3haを、都市計画法による自社単独の土地区画整理事業として、宅地造成に取りかかった。建築掛の当初の設計は、従

表Ⅰ－4－9　関東私鉄の本業・兼業の収益率比較（昭和11～13年平均）

（単位：円）

社名	区分	鉄道軌道	兼業						計
			乗合自動車	電力供給	遊園・土地住宅	百貨店	砂利	その他	
東武鉄道	建設費	67,132,187	403,201		9,886,180				77,421,568
	（興業費）	（86.7）	（0.5）		（12.8）				（100.0）
	利益	4,727,479	36,996		503,427				5,267,902
		（89.8）	（0.7）		（9.5）				（100.0）
	収益率	7.0	9.2		5.1				6.8
東京地下鉄道	建設費	42,692,040	3,892,423			1,711,757			48,296,220
	（興業費）	（88.4）	（8.1）			（3.5）			（100.0）
	利益	1,985,106	1,005,476			237,035			2,927,617
		（57.6）	（34.3）			（8.1）			（100.0）
	収益率	4.0	25.8			13.8			6.1
小田原急行鉄道	建設費	28,913,436	25,714		7,828,217		362,759		37,130,126
	（興業費）	（77.9）	（0.07）		（21.0）		（1.0）		（100.0）
	利益	1,444,862	△134		44,020		5,646		1,494,394
		（96.7）	（－）		（2.9）		（0.4）		（100.0）
	収益率	5.0	－		0.6		1.6		4.0
東京横浜電鉄	建設費	16,714,302	2,179,864		4,953,234	2,676,068	502,823	54,403	27,080,694
	（興業費）	（61.7）	（8.0）		（18.3）	（9.9）	（1.9）	（0.2）	（100.0）
	利益	997,710	408,042		211,224	719,720	53,267	3,248	2,493,211
		（40.0）	（16.4）		（8.5）	（28.9）	（6.1）	（0.1）	（100.0）
	収益率	6	18.7		4.3	26.7	30.5	6	9.2
目黒蒲田電鉄	建設費	18,680,726	1,101,240	182,009	1,375,196			309,651	21,648,822
	（興業費）	（86.3）	（5.1）	（0.8）	（6.4）			（1.4）	（100.0）
	利益	1,864,938	468,272	74,899	318,499			31,863	2,758,471
		（67.6）	（17.0）	（2.7）	（11.5）			（1.2）	（100.0）
	収益率	10	42.5	41.2	23.2			10.3	12.7
京成電気軌道	建設費	39,575,583	1,526,722	6,266,092	2,619,150	76,171			50,063,718
	（興業費）	（79.1）	（3.1）	（12.5）	（5.2）	（0.1）			（100.0）
	利益	2,180,010	148,540	954,066	410,113	15,814			3,708,543
		（58.8）	（4.0）	（25.7）	（11.1）	（0.4）			（100.0）
	収益率	5.5	9.7	15.2	15.7	20.8			7.4
京王電気軌道	建設費	12,061,433	620,491	5,439,162	1,894,611				22,015,697
	（興業費）	（54.8）	（2.8）	（33.8）	（8.6）				（100.0）
	利益	618,570	60,690	1,159,092	△3,137				1,855,225
		（33.7）	（3.3）	（63.2）	（△0.2）				（100.0）
	収益率	5.1	9.8	15.6	－				8.3

*1　カッコ内は％
2　△印は欠損
3　各社損益計算書および貸借対照表から作成
資料：『日本私有鉄道史研究』中西健一（日本評論新社、昭和38年11月15日）

来型の碁盤目の区画割りである。だが、理想的な街づくりをめざしていた根津社長は、住宅地全体のデザインを、従来型とはまったく異なる思想でとらえ直すため、白紙にもどし、内務省および都市計画東京地方委員会の全面的な指導によることとした。ユニークな都市デザインは、この過程から生まれたのである。

　設計者は東京帝国大学を卒業後、内務省官房都市計画課に勤務中の弱冠20代の青年、小宮賢一であった。示された条件は、①宅地規模は1戸あたり100坪（330㎡）程度、べつに店舗用地を2か所ほどとる。②地区内を一巡する散歩道（プロムナード）および総面積の3％相当の公園用地、ほかに学校用地を散歩道沿いにとる、③道路率は20％程度に収める――であった。モデルとするニュータウンや住宅地がなかったため、設計者は欧米の都市計画関係の書籍、雑誌を参考に、デザインに取り組んだ。

　こうしてまず、常盤台アーバンデザインの最大の特徴であるプロムナード――地区内を一周できる環状の

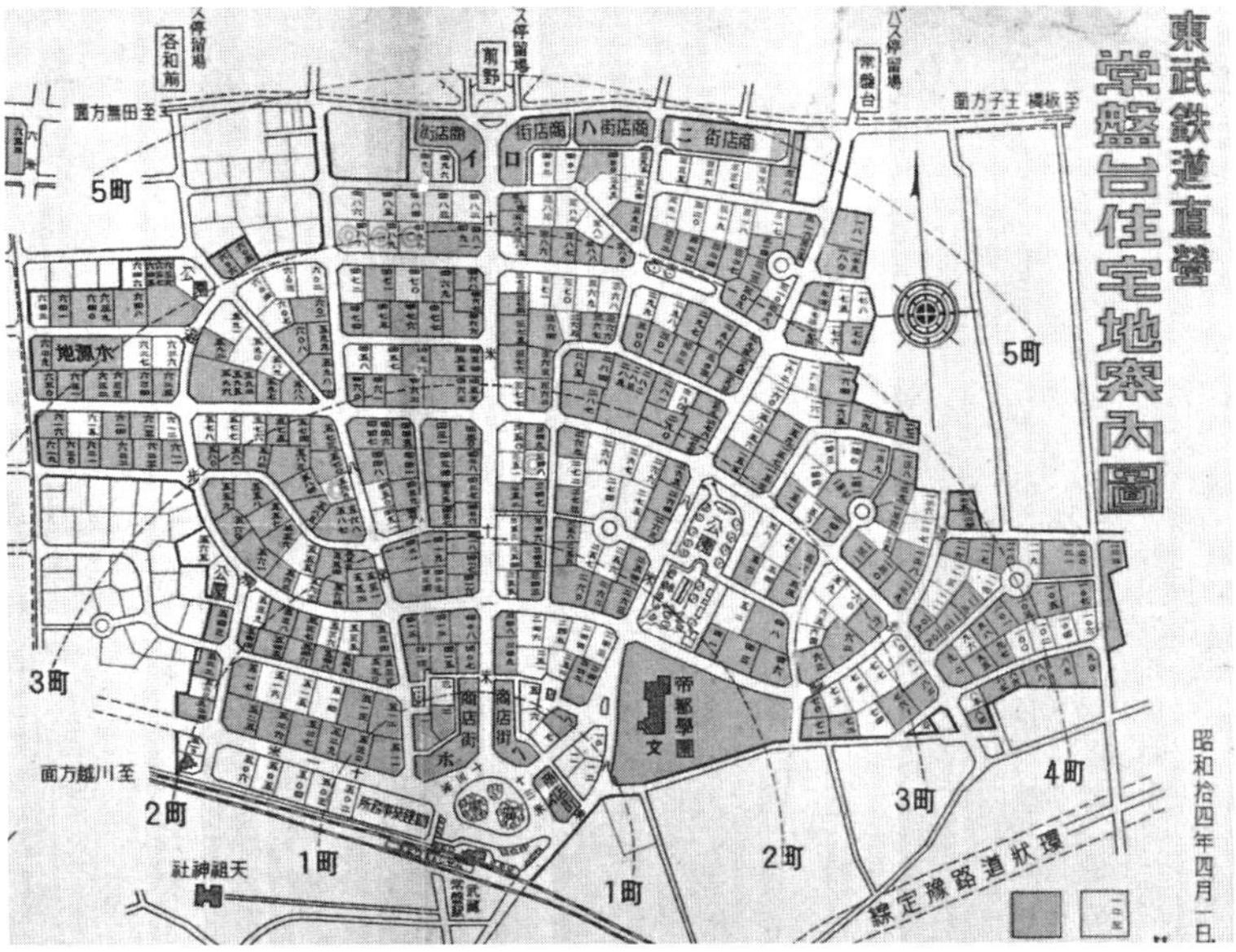

開発当時の常盤台住宅地（昭和14年の区割り図）

昭和10年に開業した武蔵常盤（現ときわ台）駅
写真は戦後の撮影

昭和モダニズムを色濃く反映した当時の
販売促進用パンフレット（右３点）

散歩道が生まれた。日本では珍しく、曲線を多用した街路ができ、5か所に設けられた袋路——クルドサック（cul-de-sac）や、プロムナード沿いの3か所に幼児公園——ロードベイ（road-bay）も用意された。

児童公園（5689㎡）は、当社から東京市への無償提供で生まれたもので、常盤台公園と名づけられた。

昭和10年（1935）武蔵常盤駅の開業直後から、宅地造成に取りかかった常盤台住宅地は、11年秋から分譲を開始した。総区画数591の内訳は、住宅433、店舗58、学校1、公園ほかで、住宅地1区画100～120坪（330～396㎡）の価格は、坪あたり20～35円に設定されていた。分譲は同年から翌12年春にかけて、およそ半数の区画を売却または賃貸として消化したが、好況とはいえなかった当時としては、〝健闘〟したといえよう。

付帯事業統括の事業部を設置

常盤台住宅地の分譲に際し、当社は購入希望者に対して建築規約、任意の紳士協定による建築条件の申し入れをした。①住宅以外の建築物は建てない、②ゆとりのある2階建て住宅として同壁面は後退、③道路に面する敷地境界は生け垣として前庭を設ける、④建築に際して当社の検査を受ける、などが規約の内容であった。こうした建物のデザイン管理を行う規約のアイデアは、東京の建築行政を所管していた警視庁建築課から出たもので、同課が「田園調布」に学んだものといわれている。

しかも単なる「建て売り」ではなく、当社建築課のほか、大倉土木、大林組、清水組、鹿島組など、15業者による見本住宅を展示・販売するという、当時としては斬新な試みで、好評を博した。ただ、そうはいっても、特別な階層だけを対象にせず、どこまでも一般のサラリーマンに〝夢〟を与えようというのが、当社の意図であった。

キャッチフレーズに「住み易い・環境の良い」「東武直営健康住宅地」をうたったのも、沿線に広く利便を提供する、という創業以来の精神の表れといえよう。

昭和15年度上期の事業報告書には、常盤台126坪（415・8㎡）の土地分譲が報告されており、これを皮切りに、20年度上期まで分譲報告が続いて、累計3万8800坪にのぼっている。

つづいて当社は、板橋区徳丸、足立区梅島に宅地を造成して分譲したほか、東武宇都宮駅付近、堀切駅付近、鬼怒川温泉付近などの当社所有地を、一般に賃貸した。このようにいわゆる付帯事業は営業路線伸長に伴い、いよいよ活発化する傾向をみせたため、15年5月事業課を設けて同事業全般を統括し、さらに17年3月には本社機構の部制化に伴い、事業部に昇格した。

しかし、このころから太平洋戦争が激化し、戦時体制が強化されたため、付帯事業活動もおのずから制約されて、業務は鉄道管理専一となった。そこで18年12月事業部を廃止し、同業務を総務、経理、工務の各部に分散移管した。

［1－2－⑨C］『常盤台住宅物語』（板橋区教育委員会、一九九九年、四六～七〇頁）

常盤台住宅とは

1．はじめに

明治時代は近代化が進む中で、江戸の風景を速いスピードで東京の顔につくってきた。

新政府発足後40年にして、商工業、官庁、学校、その他の公共建築は、装いをこらした近代建築でつくられ、東京の中心部は大きく変貌した。

明治も中期になると、これまで日本になかったサラリーマン層が東京に生まれ、また、近代化してゆく工場の労働者の東京集中も顕在化してきた。

明治から大正へと時代が変わる中で、更に東京への人口集中のスピードは上がってきた。

こうした状況を受けて、住宅地開発、それに伴なう鉄道建設などのインフラ整備を進めることが官民に求められた。

そして、図1、2に示すように大正から昭和初期にかけて東京旧市街地に大量の住宅地及住宅供給が求められたのである。そしてその流れの最後を飾ったのが常盤台住宅地開発だったのである。

2．郊外住宅地開発と住宅供給

図2に示す住宅地は代表的な宅地開発の位置を示したものである。

大正から昭和初期の郊外地が、どの辺りのことを指していたのかを見て頂きたい。

これらの地域が住宅地として成立する為には、都心部への交通網の整備が不可欠の要素であった。その為、政府は、電力開発と鉄道の開発が東京の発展に重要と考え力を入れた。その努力が実って、大正末には関東圏から東京に運ばれる電力は余剰の状態にまでなった。

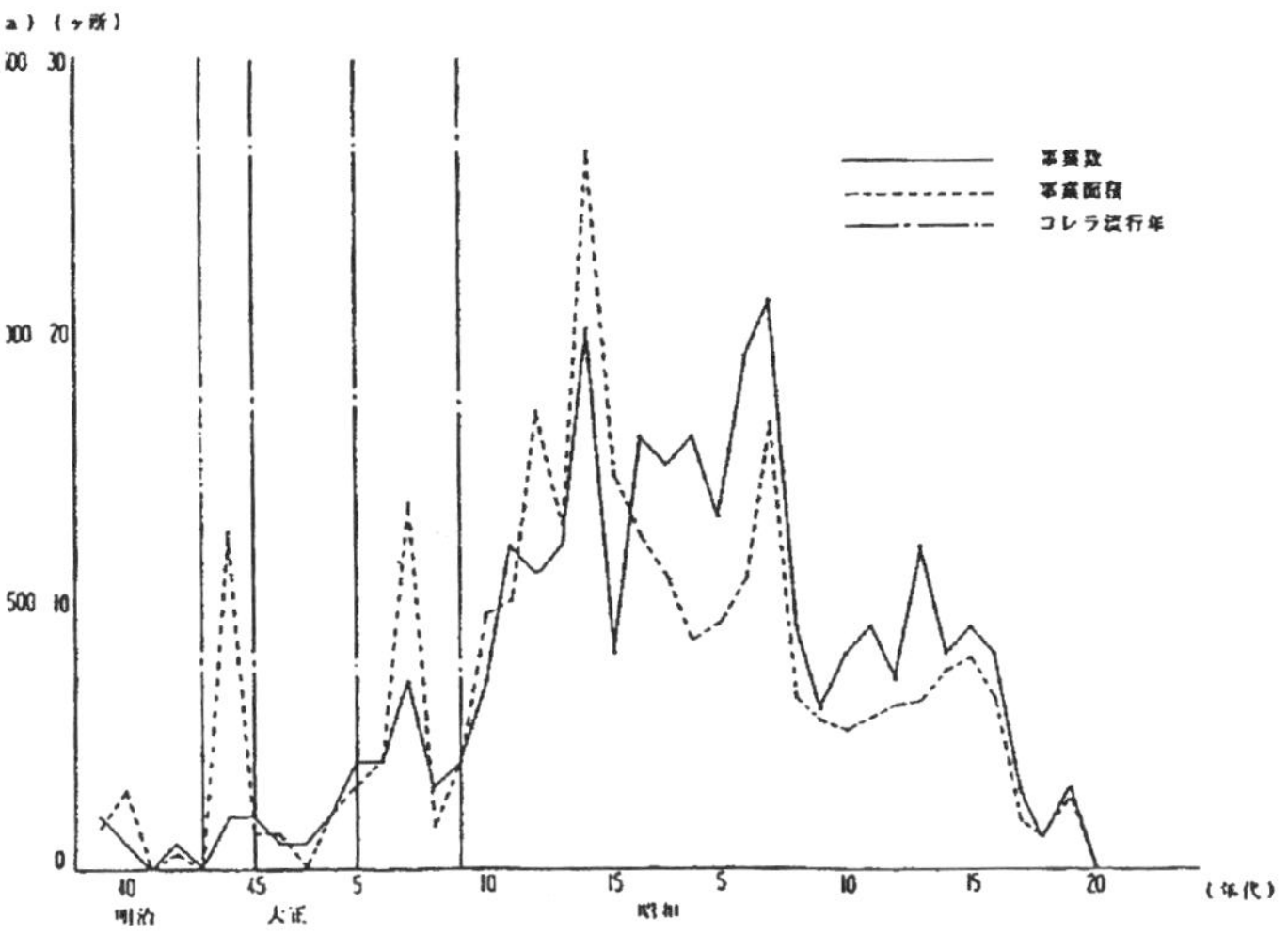

図１　事業数・事業面積の年代別推計

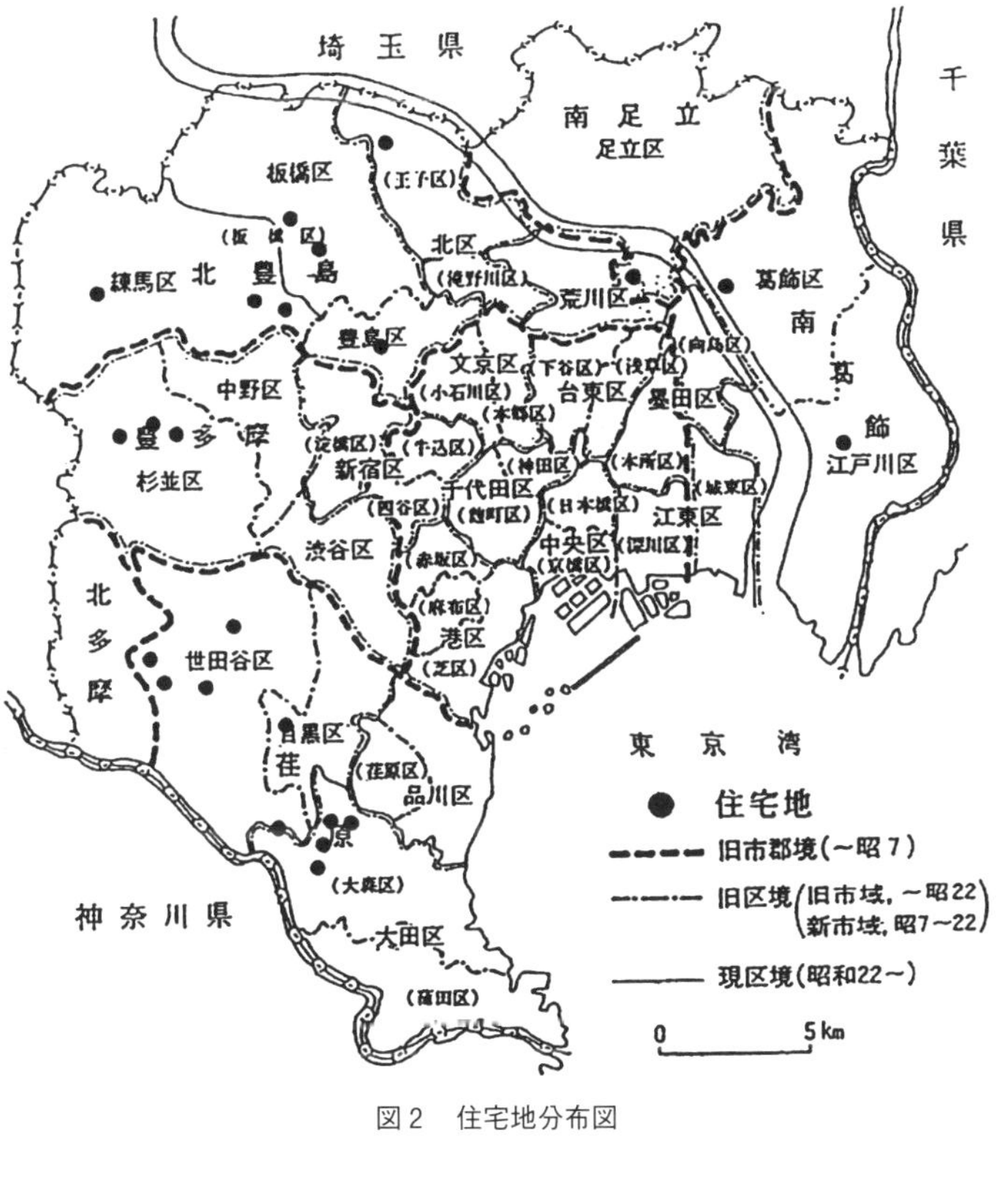

図２　住宅地分布図

小田急線などは、鬼怒川水力電気（株）の余剰電力の有効活用のアイデアとして東京―江ノ島間を結ぶ観光客用の鉄道として引かれたものであった（註）。

このような鉄道網の整備が、住宅開発を促すこととなった。

今日の東急電鉄（株）、小田急電鉄（株）、京王電鉄（株）、東武電鉄（株）などの主要在京私鉄は、この時期に開業したもので、沿線の開発と深く関係している。

各私鉄共、住宅地からの通勤客だけでは経営の発展は望めないとの判断から、主婦層の都心百貨店や劇場への誘致や、更に目的地を温泉地や名所旧跡地までのばして、観光客の利用を促すなどの努力をしていた。

また、学校の沿線への誘致も活発に行った。これは、教育施設のもつプラスイメージにうったえて沿線全体のイメージアップをはかると共に、通学生達が、出勤するサラリーマン達とは逆の流れをすることによって、上下線の安定した乗車率を確保することもねらったものであった。

○○学園の名をもつ駅名が多いのもこうしたことを反映している。中には、ついに誘致が実現しないで駅名のみ今日に至っているものもある。

この時期につけられた駅名を見ると、そこからも世相が見えてくる。○○学園、○○ヶ丘、○○台はポピュラーな駅名であった。

常盤台町や常盤台駅も、正にそうした時代を反映した町名であり、駅名であった。

図2にプロットしたいわゆる郊外住宅地の多くは、こうした鉄道網の沿線開発事業の一環として開発されたものであった。そしてこれらには、事業者の理念が込められていた。ビジネスとして儲かればいいというだけでない思いがあった。それは、計画立案した事業者の書き残したもの、人に語った記録、売り出しの時のパンフレットに、言葉として表されているだけでなく、実際に宅地環境整備や、建て売り住宅のモデル街区計画などに実態として示されている。だからこそ、今日、そうした住宅地が、住民に愛され、守られてきたのであり、住民以外の人々から望ましい住宅地として憧れの的となっているのである。

3. 常盤台住宅地の理念

ここでは特に、常盤台住宅地が目指した理念「健康住宅地」とは何であったのかについて述べたい。

年表（518～519ページ）に示したように、開国がもたらしたいわゆる国際化は、メリットだけではなく、デメリットである様々な伝染性疫病も日本に持ち込まれることとなった。建築の分野では、非衛星(生)な台所の改善、日当たりの悪い日常の居室などの改善が大きな課題となった。

大正期には、結核による有名人の死亡などが新聞で報じられるなどもあり、人々の健康に対する関心が高まった。また、富国強兵の国策からも、国民の健康増進は政府にとっても、重要課題であった。昭和に入って、日本人の一等国意識の高まりの中で、オリンピックを東京で、が官民あげての関心事のひとつとなった。昭和11年7月、IOCの総会で第12回（昭和15年）東京大会が正式に決定したのである。まさにこの昭和11年に東武鉄道（株）によって常盤台住宅地の分譲が開始したのである。東京郊外地で既に街として定着していた開発住宅地の多くが、生活の利便性、快適性や学園都市、山の手の環境などをキャッチフレーズにしていた。

後発の開発地の場合、キャッチフレーズを〝健康〟にしたものはまさにこうした時代の空気を具現化したものであった。

〝健康住宅地〟をつくり出す為に、住宅地と商店地を明確に区分、クルドサック（袋小路）によってメインストリート以外には住民以外の車が入ってこないような工夫、上下水道の完備（含暗渠式）、大公園、小公園の確保、プラタナスの植えられたゆったりとした遊歩道、駅前広場の庭園式緑地帯、等々、文字どおり理念を具体化したまちづくりの計画が実施されたのである。

4. 理念なき開発のもたらすもの

〝温故知新〟のフレーズは、しばしば歴史に学ぶ心を表した言葉として語られることが多い。昨今の問題の多い住宅開発、住宅供給のあり方を見るにつけ、この言葉の意味をもう一度かみしめる必要があるのではないかとの思いが強い。

特に、建築関係者は、先人達が利潤追求を当然とする一方で、理想の追求も一方ではかかげながら仕事をしてきたことの意味を、再確認することがなにより重要である。

今日の東京で、望ましい、あるいは美しい街並みと多くの人々が認める住宅地の多くは、明治末から大正、昭和にかけて、日本の近代化がおおいに進められた時期につくられていることに注目し、そこからあらためて学びとることが求められるのである。

その時代よりはるかに近代化が進み、都市のインフラが整い、豊かになったにもかかわらず、今日の開発行為から理念が消えてしまったことは一体どうしたことであろう。

その結果、相互に脈絡のない騒然とした住宅地が東京近郊に広がってしまった。最終的には、エゴのなせるワザということになってしまうが、ギリギリの経済効率追求と、最低のレベルを保つための建築基準法や、土地計画法など関連法律のアミの目を更にくぐっての開発や、住宅供給が、時代の流れとなって、個々の力ではどうしようもない状態になってしまった。

さらに建設技術の発展が、地震国での高層住宅化を促したことから、東京近隣市県に、居住人口の過度なアンバランスを生み出し、ゴミの問題を含めて深刻な環境問題を引き起こしている。

また、論外ではあるが、いわゆる手抜き工事に象徴される供給側のモラルの低下も、目にあまるものがある。

こうした問題は、大きくは時代の風潮がもたらす結果ではあるが、しかし、供給に直接関係する供給者の意識と、司法・行政府などの、時代の動きに適切に対応しようとする姿勢が関わっているのである。

やがて、供給側に立って仕事をしてゆく建築を学ぶ学生達が、なぜ今常盤台住宅地に注目し、卒論のテーマに取あげようとしているのか。

若い彼らは、本能的とも言える感性で、時代の危機を感じ取っているように思える。

そして〝温故知新〟しているのではなかろうか。

常盤台地区に限らず、洗足、山王、田園調布、国立、成城学園など、古きよき環境を今に伝えている街々〟では、そうした学徒達が、住民の方々に大変な迷惑をかけている現実を知る者として、誠に心苦しく、申し訳なく思っている次第である。

ご協力下さった住民の皆様の好意を生かして、再び理念ある開発に戻るよう努力することが、建築学徒の心得であると教育しているのであるが。

片桐正夫

（本節で使用した図表は、日本大学人学院研究科田中元明氏の平成3年度修士論文「明治・大正・昭和戦前期における東京の郊外住宅地開発にみられる保健衛生政策の影響について」より転載した。）

註

『世田谷の近代建築』第2輯　公共系調査リスト（世田谷区教育委員会、1988年）

年代	一般・衛生事項	都市・住宅計画
1923（T12）	5●渋谷町水道給水開始 9　関東大震災発生 ●第一期水道拡張工事完成 続いて第二期水道拡張工事起工 山口貯水池の新設、和田堀上水池の増設、配水管２万５千784間の工事の追加	8●田園都市（株）多摩川台地区の分譲開始 12◎特別都市計画法公布
1924（T13）		●箱根土地株式会社、大泉学園分譲開始 ●箱根土地株式会社、小平学園分譲学園 3◎特別都市計画法施行令 5　同潤会設立
1925（T14）	3　治安維持法、普通選挙法成立	●成城学園後援会地所部、成城学園分譲開始 ○不良住宅集団地区の調査（内務省）
1926（T15）	4●目黒町水道給水開始 8●江戸川上水町村組合給水開始	●三井信託銀行、分譲開始
1927（S２）	1◎健康保険法施行開始 3　金融恐慌始まる	●箱根土地（株）国立分譲地分譲開始 ◎不良住宅地区改良法公布
1928（S３）	2　第一回普通選挙 7　特高警察を全国に設置 9●東京瓦斯株式会社、隣接30ヶ町にガスの送致開始 料金　市内2.25円 市外2.45円 11●ラジオ体操放送開始	西巣鴨不良住宅地区改良事業 三河島不良住宅地区改良事業
1929（S４）	10　ミューヨーク株式大暴落、世界恐慌はじまる 3●大阪毎日新聞がプレスキャンペーンとして国民健康増進運動を開始する 全国で講演会などを行う	5●同潤会、赤羽第一分譲住宅開始 ●三菱信託銀行、分譲開始 ●玉川学園土地部、住宅地分譲開始
1931（S６）	9　満州事変はじまる	3◎耕地整理法改正　市、区域内の事業禁止
1932（S７）	満州国、建国宣言 ５郡82町村を合併して大東京市成立	
1933（S８）	1　ドイツ、ヒットラー内閣成立 3　日本、国際連盟脱退	7◎土地区画整理設計標準
1934（S９）	3●東京、第二期水道拡張工事完成	
1936（S11）	11　日独防共協定成立 7●IOC 第12回オリンピックを東京に決定 8◎「国策の基準」を制定（五相会議にて） ◎保健国策の策定	●東武鉄道（株）常盤台分譲開始
1937（S12）	7　日中戦争開始 7●政府、国民精神総動員運動を始める 「八紘一宇」「挙国一致」「堅忍持久」などのスローガンをもとに消費節約、貯蓄奨励、勤労奉仕、生活改善を説教した。 体力向上のため市民体操会やラジオ体操を奨励した。	
1938（S13）	3　国家総動員法成立 7●オリンピック東京大会中止 万博開催延期決定	
1939（S14）	9　第二次大戦開始	
1940（S15）	◎国民体力法制定 ●オリンピック東京大会開催予定	
1941（S16）	12　真珠湾奇襲、日本参戦。	
1942（S17）	◎国民医療法の成立 5◎改正国民体力法の実施	
1945（S20）	8　第二次世界大戦終了	

（○●◎印のある項目は特に関係のあるもの）

保健衛生政策年表

年代	一般・衛生事項	都市・住宅計画
1874（M７）	５●内務省が内務省土木寮雇オランダの工師ファン・ドールンに東京水道改良のための調査を命じる。	
1875（M８）	２●東京改良水道設計書を提出 骨組みは濾水をろか池でろかし、これを浄水池に貯留し、従来の木管は使用せず、鉄管で配水しようとするもの。	
1879（M12）	●コレラ流行、死者105786人	
1886（M19）	●コレラ流行、死者108405人	
1887（M20）	12●渋沢栄一ら他８名から改良水道により給水する東京水道会社設立願が内務大臣あてに提出される。 （注１）その後（明治23）の水道条例の公布により、私設水道の設立を許さなかったため、不許可となる。 （注２）この会社の技術的方面の一切を担当したのは英国技師パーマーで独自に改良水道設計を行っている。	
1888（M21）	10●内務省に東京市区改正委員会を開設 上水改良の設計調査を衛生工師バルトン以下７名に委託	◎東京市区改正条例
1890（M23）	●コレラ流行、死者35227人 ２◎水道条例公布 ７●バルトン、パーマーの案をもとに検討のすえ東京改良水道工事設計案が決定される。 11●後藤新平、内務省衛生局長に就任 「労工疾病保険法」提案	◎東京市区改正土地建物処分規則
1891（M24）	●コレラ流行、死者7760人	
1892（M25）	12●東京、改良水道工事起工	
1897（M30）	４◎伝染病予防法公布 12●後藤新平「救済衛生制度に関する意見書」提出	
1898（M31）		（英）ハワード、「明日の田園都市」
1900（M33）	３◎下水道法公布	
1903（M36）		（英）レッチワース田園都市着工
1909（M42）		４◎耕地整理法公布
1910（M43）	●コレラ流行、死者1656人	
1911（M44）	●東京、改良水道工事、全工事完成 ６●東京、下水道工事着工	○細民調査統計表（内務省地方局）
1912（T１）	●コレラ流行、死者1763人	○細民調査統計摘要（内務省地方局）
1913（T２）	●日本結核予防協会設立	●東京信託銀行、桜新町分譲開始
1914（T３）	８　第一次大戦開始、日本参戦。	
1916（T３）	●コレラ大流行、死者7842人 ●後藤新平、内務大臣に就任 ６●第一期水道拡張工事起工 村山貯水池、境浄水場、配水管の敷設 ９◎工場法施行	
1917（T６）	11　ロシア革命、ソビエト政権樹立	
1918（T７）	８　米騒動おこる 11　第一次大戦終わる 11●玉川水道株式会社給水開始	◎小住宅改良要綱 ○月島調査（内務省衛生局）
1919（T９）	２　普通選挙要求運動おこる ◎結核予防法制定	４◎都市計画法、市街地建築物法公布
1921（T10）	３　戦後恐慌おこる ５　日本最初のメーデー ●コレラ流行、死者3417人 12●後藤新平、東京市長に就任	１◎都市計画法施行 12◎市街地建築物法施行 ○東京市内の細民に関する調査（東京市）
1922（T11）	不況深刻化、労働争議、小作争議次第に激化。 財政緊縮のため軍事費縮小も行われる ７　神戸の三菱・川崎造船所ストライキ （戦前の最大争議となる）	４　東京市政要綱（後藤新平）発表 ○細民生計状態調査（東京市）
1923（T12）	３　平和記念東京博覧会が上野公園で開催される 文化村と称して数棟のモデルハウスが展示され話題になる	●田園都市（株）洗足地区の分譲開始 ６●箱根土地（株）目白文化村分譲開始 ○東京市内における住宅の不足数に関する調査 ○東京市及近隣町村中等階級住宅調査 ○東京市及近隣町村中等階級生計調査 ○東京市内の木賃宿に関する調査（東京市）

資料　常盤台住宅地分譲パンフレット

1. 昭和11年度建売住宅

〔建て売り住宅分類表〕

区画No.	業者名称	規模（坪）		価格（円）	階数	部屋数	平面形態
		敷地	建物				
262	株式会社竹田組	114	27.7	7,439	1	5	和＋洋
263	吉本建築事務所	103	38.5	6,913	1	6	和＋洋　中廊下
278	東武鉄道株式会社	92	24.8	6,553	2	5	和＋洋　中廊下
293	大倉土木株式会社	96	30.6	6,530	2	6	和＋洋
343	清水勝太郎	72	32.0	6,441	2	6	和＋洋　中廊下
374	藤田組	102	33.4	7,236	2	5	和＋洋　中廊下
412	長尾熊一	85	32.0	6,566	2	5	和＋洋　中廊下
417	明治工業株式会社	92	28.0	6,314	1	5	和＋洋
446	水谷組営業所	100	28.0	6,289	1	6	和＋洋
455	内藤工業所	121	31.5	6,910	1	6	和＋洋　中廊下
466	株式会社鹿島組	102	34.4	6,869	1	5	和＋洋　中廊下
533	株式会社大林組	103	34.2	7,519	1	5	和＋洋　中廊下
554	株式会社鶴川組	111	32.0	6,804	2	6	和＋洋　中廊下
582	(合) 清水組	109	29.7	6,988	2	7	和＋洋　中廊下
595	株式会社間組	98	28.1	6,478	1	6	和＋洋　中廊下
601	下村新三郎	116	32.8	6,450	2	6	和＋洋　中廊下

〔常盤台住宅地建売住宅出品業者（含・個人3名）〕

■㈱武田組　住所：京橋区新富町2-14
設立：大正12年
資本金：200万円（昭和18年度）
業務内容：土木建築請負業

■吉本建築事務所　住所：芝区車町36
業務内容：

■東武鉄道㈱　建築掛　住所：本所区小梅1-2
設立：明治30年
資本金：5050万円（昭和18年度）
業務内容：

■大倉土木㈱　住所：京橋区銀座3-4
設立：大正6年
資本金：800万円（昭和18年）
業務内容：土木建築請負業

■藤田組　住所：日本橋区浜町2-22
設立：昭和12年　株式会社設立
資本金：350万円（昭和18年）
業務内容：土木建築請負業

■明治工業㈱　住所：宇都宮市簗瀬町620
設立：昭和3年
資本金：30万円（昭和18年）
業務内容：土木建築請負設計及製図

■㈴水谷組営業所　住所：朝鮮平壌府幸41　営業所　本所区島押上町136
設立：昭和9年
資本金：19万円（昭和18年）
業務内容：土木建築請負

■内藤工業所　住所：山梨県甲府市朝気町387
設立：昭和22年　株式会社設立
資本金：300万円（昭和32年）
業務内容：建築業並木工品製作

■㈱鹿島組　住所：京橋区槙町2-3
設立：昭和5年
資本金：700万円（昭和18年）
業務内容：土木建築工事請負

■㈱大林組　住所：東京支店　麹町区丸の内1-2
設立：昭和11年
資本金：1500万円（昭和18年）
業務内容：

■㈱鶴川組　住所：川越市松郷398
設立：昭和10年
資本金：50万円（昭和25年）
業務内容：建設工事一式

■㈴清水組　住所：京橋区浜町2-1
設立：昭和12年　株式会社設立
資本金：1200万円（昭和18年）
業務内容：建築土木請負事業

■㈱間組　住所：赤坂区青山南町1-1
設立：昭和6年
資本金：300万円（昭和18年）
業務内容：土木建築工事請負

■清水勝次郎　住所：埼玉県坂戸町
業務内容：

■長尾熊一　住所：小石川区大塚仲町41
業務内容：

■下村新三郎　住所：深川区常盤町2-18
業務内容：

〔出典〕
『全国土木建築人名録』　土木建築工材社　昭和9年
『帝国銀行会社要録　31版』　帝国興信所　昭和18年
『建築業者要覧』　建設工業新聞社　昭和25年

東武直営　健康住宅地

常盤台はどんな処か、なぜよいか?

省線池袋駅より川越市を経て荒川の上流寄居に至る弊社東上線の沿線は土地起伏に富み大小の樹木到る処に生ひ繁り自ら健康住宅地としての天分を持つて居り今日迄此の方面に見るべき住宅地が現はれませんでしたのは全く不思議の感が致します。弊社は此の恵まれた大自然の風致を生かし理想的な設計に従ひ住宅地の選定に腐心して居られる皆様に自信を以て御奨め出来る健康住宅地を経営し沿線開発の魁とならせる様計画し出来上りましたのが本常盤台住宅地であります。

何故御懸念なく御契約願へるか?

不動産のお取引には得て懸引や複雑な手続や、思はぬ出費が伴ひ勝ちのものですが弊社は堅実を経営の旗印に致して居りますので絶対にブローカー、周旋人の類を介せず御取引は総て弊社の掛員直接に親切本位に御相談に応じますから聊かの御不安もなく御契約が願へます。

これだけの理想的施設を

致しまして此の御値段で御願へ出来ますのは鉄道会社として皆様方に沿線に御居住願ひ度い為めの奉仕的計画に外ならないので御座居ます。

地代金の御支払は

別表の通り一時払の他に便利な月賦御支払の方法が御座居ますから一時に多額の固定資金を要しませず御契約と同時に御自由に御使用が願へます。

貸地の場合は

後記の通り格安の料金で賃料六ケ月分相当額の保証金を頂きまして御契約致します。

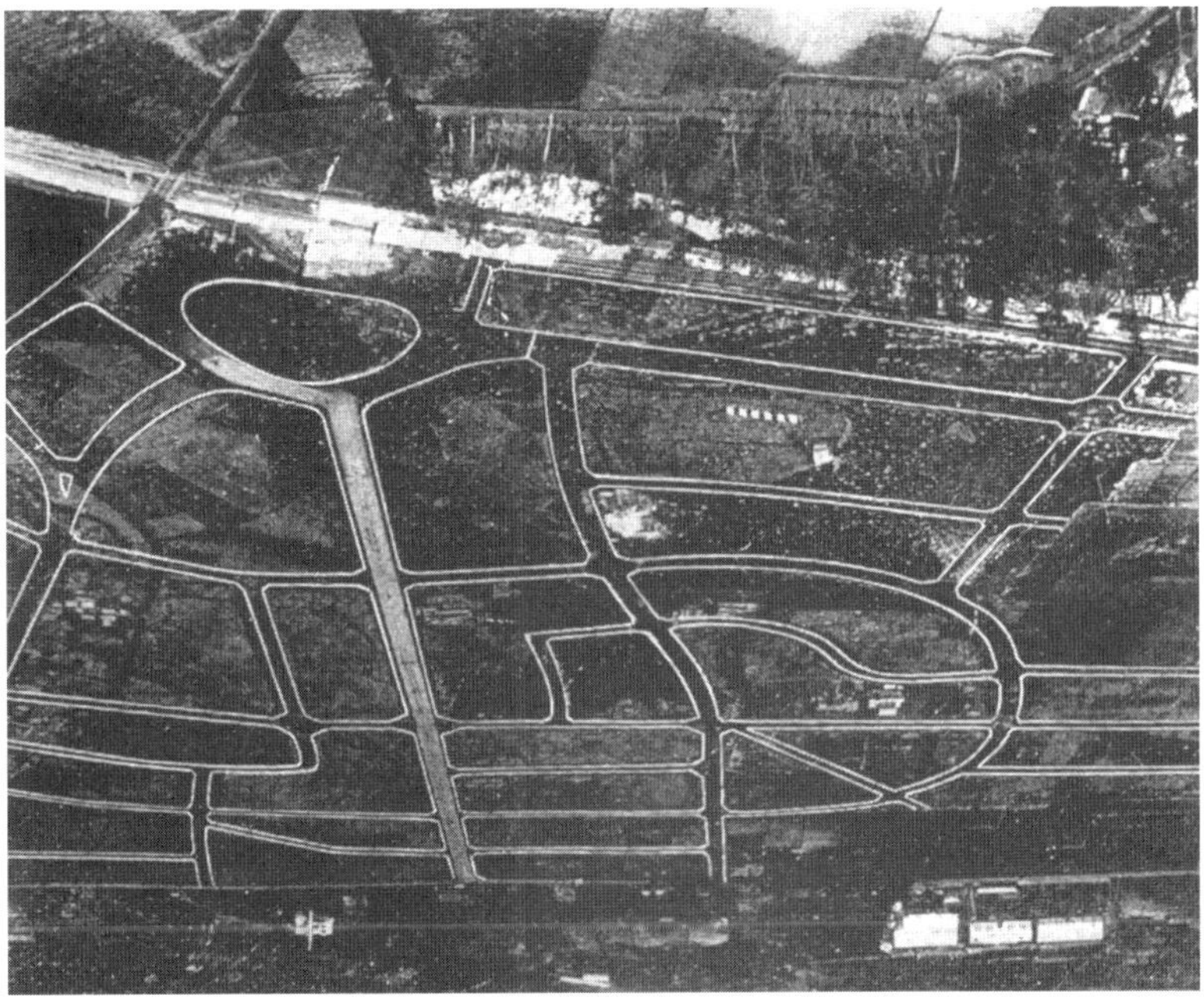

常盤台住宅地の概要

位置

地は弊社東上線にて池袋より十分新設武蔵常盤駅前の東南向緩傾斜地で総面積八万坪六百余区画、文化の粋と田園の情趣とを織り交ぜた絶好の場所で御座居ます。地区の南には駅を隔て、聖域天祖神社があり其の境内には常盤の緑滴る古松が枝振り面白く一帯に繁り常盤台の名を一層意義づけて居ります。東には府立商工学校の白堊の校舎を控へ東南数町の所には武蔵野情緒豊かな石神井の清流、それを利用して夏季にはプールが開場されます。

交通

弊社東上線電車にて池袋へ十分新宿へ二十分上野へ二十五分で御いでになれます。電車は複線で本年一月から回数も増加致しましたから御不自由は御座居ません。自動車は市内から地区内到る処へ自由に御乗り付けになれますし大塚、巣鴨行バスの便も御座居ます。

諸施設

当住宅地が最も誇りと致しますは完備した道路網で環状線式の散歩道が地区の中央部を一週し、南北及東西に幅員十一米（六間余）の主線貫通し普通道路も総て六米以上それが各地区画に行き亘つて居りまして整然たる理想的道路網で御座居ます。尚主線道路は都市計画の路線と一致して居りますから将来建築上の御支障を生ずる惧は御座いません事を申添えて置きます。

電気、瓦斯、水道の施設を致しますは勿論で御座居ますがわけて排水には多大の犠牲を払ひまして全部暗渠式に致しましたので汚水の汎濫、悪臭の発散等は絶対になく衛生的になつて居ります。特に御居住者の保健に備へ中央部に二千坪の公園を駅前に三百余坪の文化的施設になる庭園式大広場を、共他諸処に小公園式緑地帯を配置致しましたので散歩道に植込んだ街路樹と共に文字通りの健康住宅地で御座居ます。

御契約の要項――貸地、売地、

一区画　八十坪内外（別紙図面（本書525～540ページ）御参照）
貸　地　坪十銭より十八銭迄
売　地　坪二十円より三十五円迄　　何区画でも御契約に応じます。
売地代金御払込方法……御契約の節二割程度の内金を戴きまして土地御引渡しのとき残金を即金又は六分利附十ケ年間逓減月賦払（別表御参照）にて御支払願ひます。
賃地の場合……賃料の六ケ月分を保証金として申受け公正契約を致します。御契約者には一ケ年間の優待乗車証を、御契約後一ケ年以内に家屋御建築のお方には更に二ケ年間通算三ケ年間池袋武蔵常盤駅間の乗車証を贈呈尚御家族の方に回数券の特別割引を致します。
御用は　本所業平橋　東武鉄道本社地所掛（電話墨田三一〇番）
池袋駅西口東上線案内所（電話大塚四四〇番）東上線武蔵常盤駅住宅地案内所（電話板橋一三四番）

逓減月賦払御払込表（残金壱千円に付）

種別＼年数	1年度	2年度	3年度	4年度	5年度	各年度減額差	10年度
3ケ年	32.02	30.35	28.68			1.67	
5ケ年	21.21	20.21	19.21	18.21	17.21	1.00	
10ケ年	13.11	12.61	12.11	11.61	11.11	0.50	8.61

定期乗車賃金表（武蔵常盤駅より）

駅名	種別＼期間	1ケ月	3ケ月	6ケ月
池袋	普通	3.60	9.00	14.40
	学生	2.60	6.24	9.36
新宿	普通	5.65	13.90	22.20
	学生	4.15	9.94	15.21
上野	普通	7.20	17.65	28.05
	学生	5.30	12.69	19.61
東京	普通	8.60	21.00	33.35
	学生	6.35	15.24	23.56

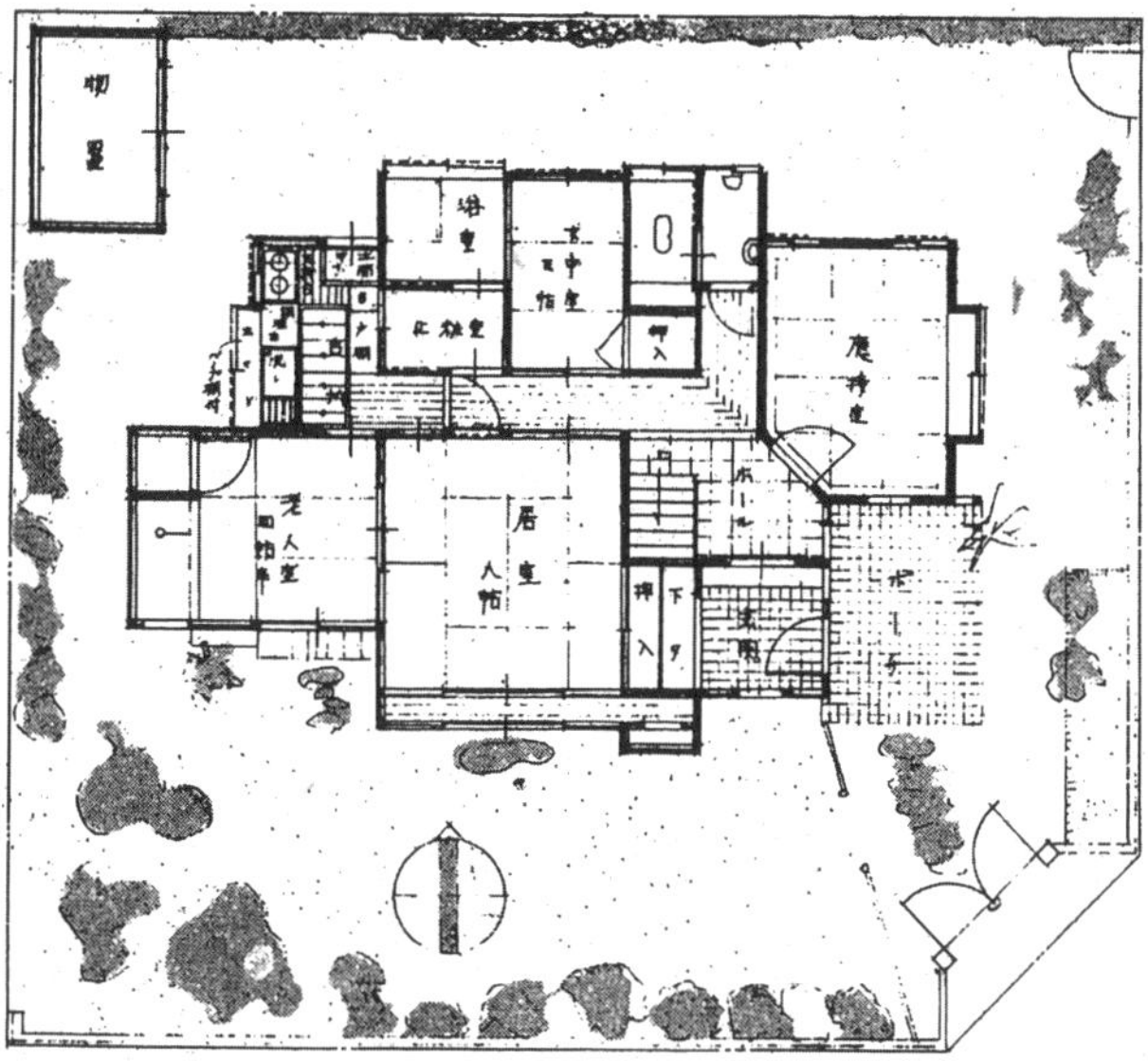

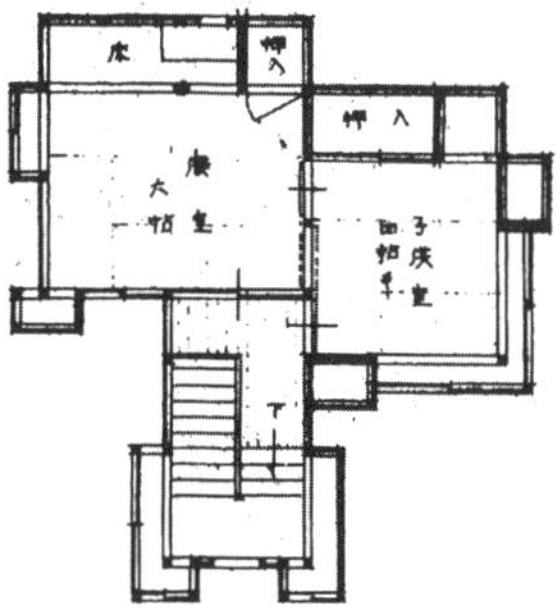

343
出品者　清水勝次郎

埼玉県坂戸町

敷地		72.080坪
建物	階下	21.970坪
	二階	9.160坪
	物置	0.750坪
売価（土地、建物、門、塀、庭木共）		6,441.00円
	内入金	1,341.00円
	残金	5,100.00円
残金十五ケ年間逓減月賦払		
	第壱年度各月御払込高	53.10円
	第弐年度各月御払込高	51.36円
	第拾壱年度以後各月御払込高	34.12円

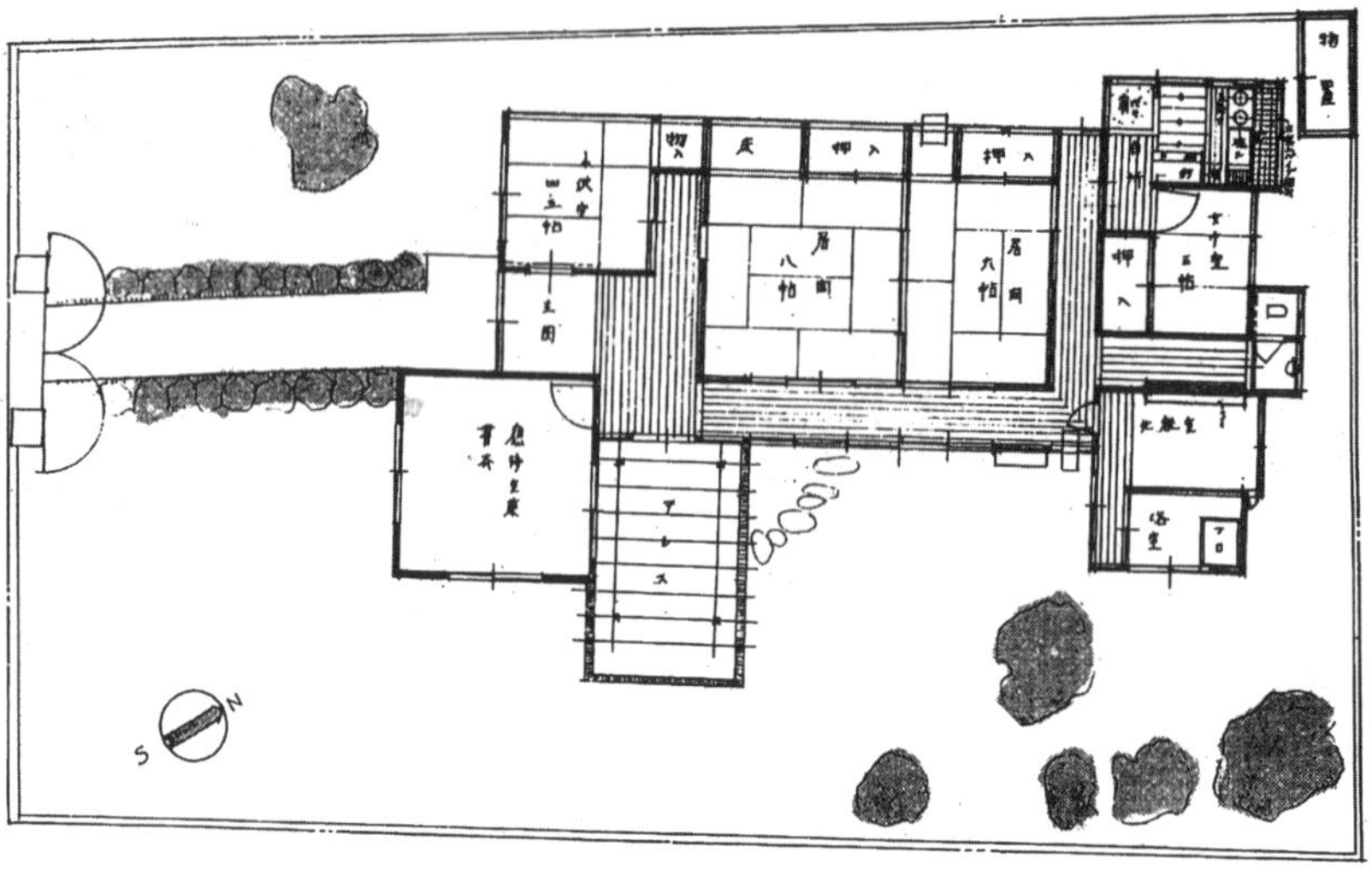

262

出品者　株式会社　竹田組

京橋区新富町二丁目十四番地

敷地	113.770坪
建物	27.650坪
物置	0.750坪
売価（土地、建物、門、塀、庭木共）	7,439.00円
内入金	1,539.00円
残金	5,900.00円
残金十五ケ年間逓減月賦払	
第壱年度各月御払込高	61.42円
第弐年度各月御払込高	59.42円
第拾壱年度以後各月御払込高	39.48円

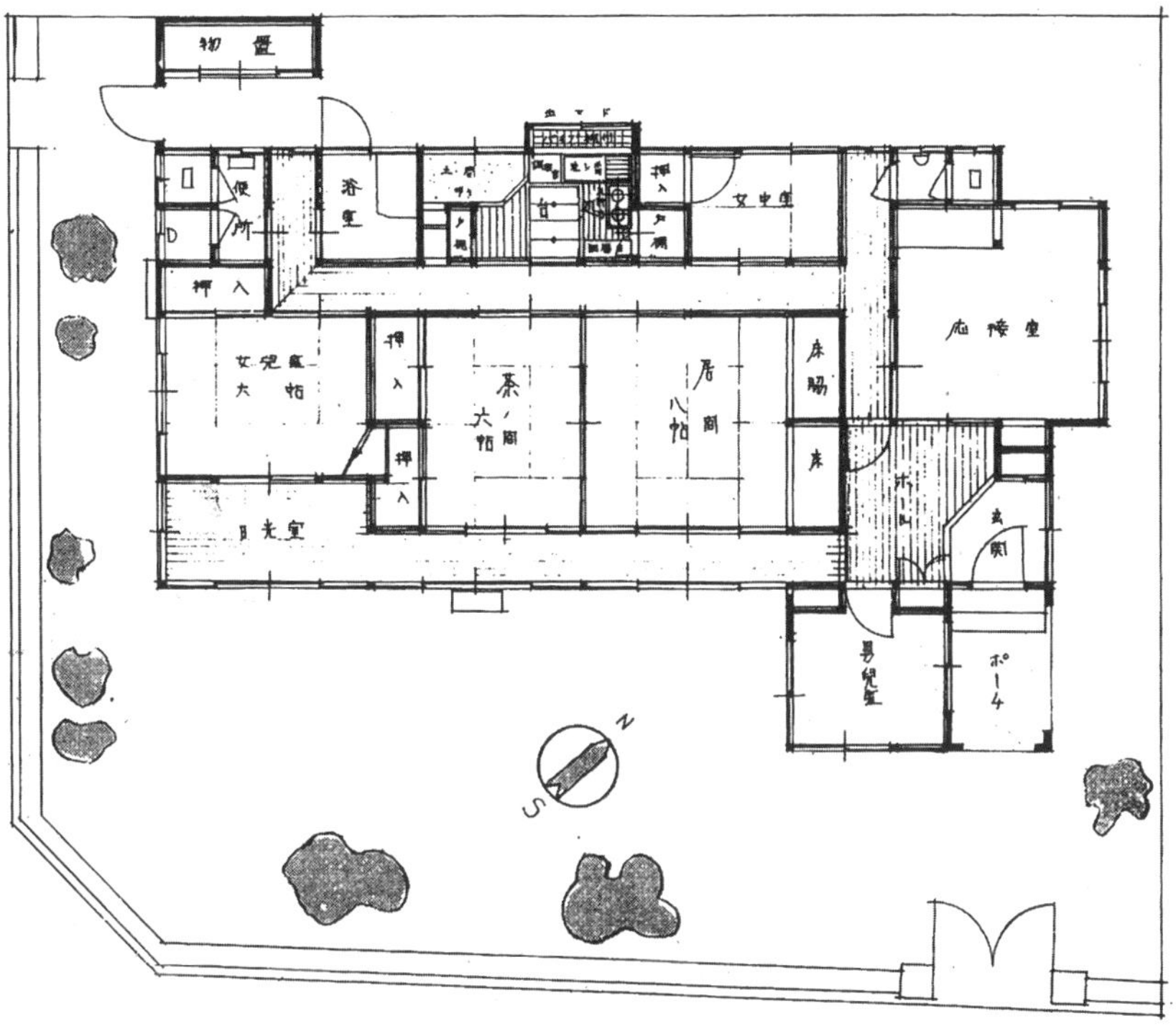

263

出品者　吉本建築事務所

芝区車町三十六番地	
敷地	102.650坪
建物	38.500坪
物置	0.500坪
売価（土地、建物、門、塀、庭木共）	6,913.00円
内入金	1,413.00円
残金	5,500.00円
残金十五ケ年間逓減月賦払	
第壱年度各月御払込高	57.26円
第弐年度各月御払込高	55.39円
第拾壱年度以後各月御払込高	36.80円

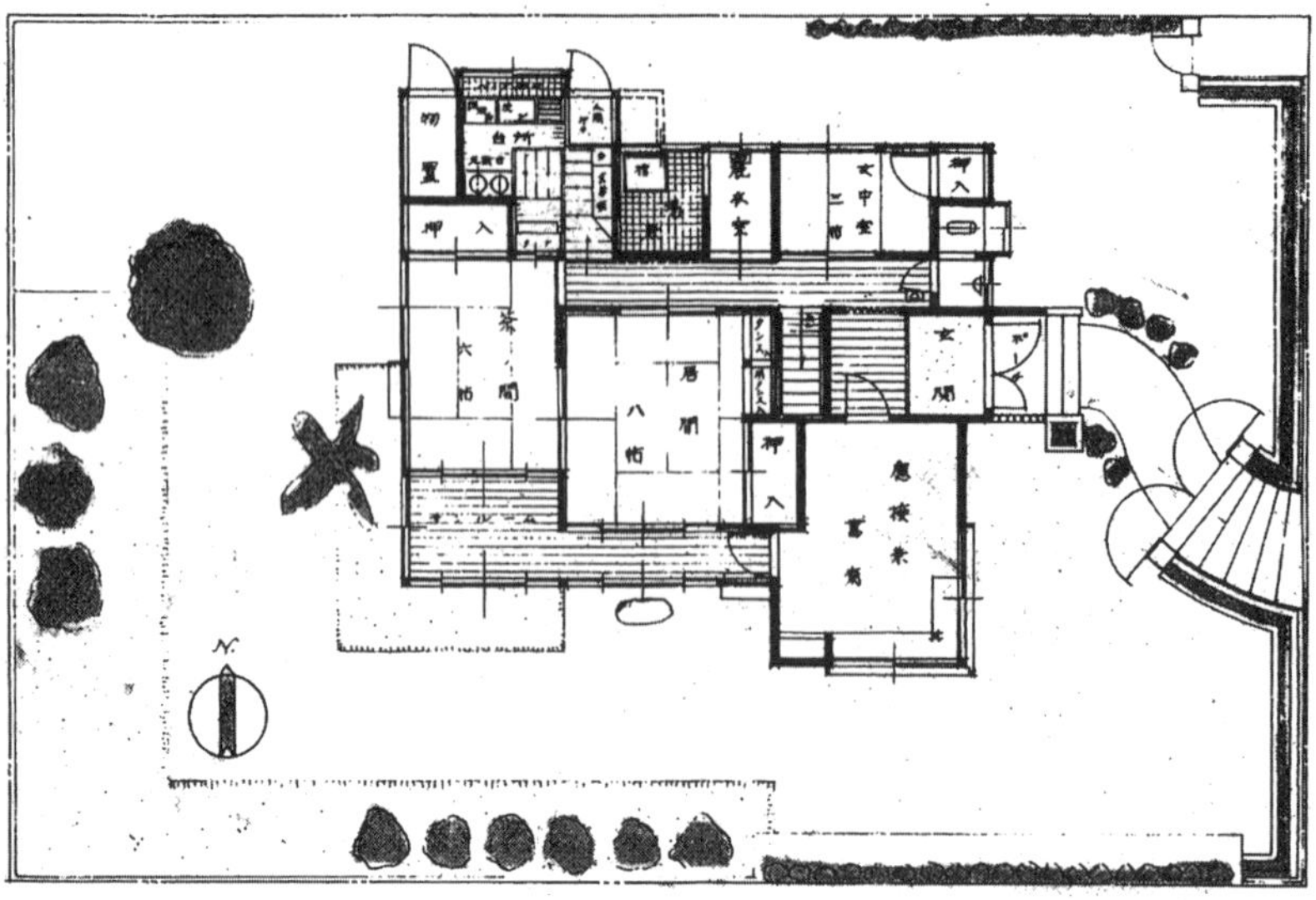

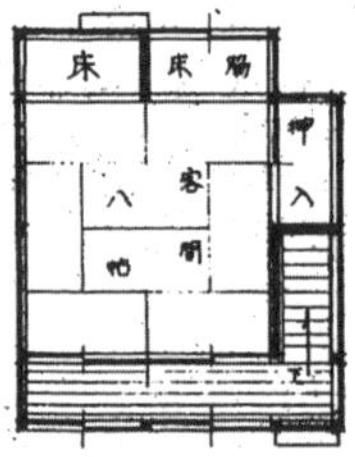

278

出品者　東武鉄道株式会社建築掛

本所区小梅一丁目二番地

敷地		99.260坪
建物	階下	24.750坪
	二階	7.000坪
売価（土地、建物、門、塀、庭木共）		6,553.00円
	内入金	1,353.00円
	残金	5,200.00円
残金十五ケ年間逓減月賦払		
	第壱年度各月御払込高	54.14円
	第弐年度各月御払込高	52.37円
	第拾壱年度以後各月御払込高	34.79円

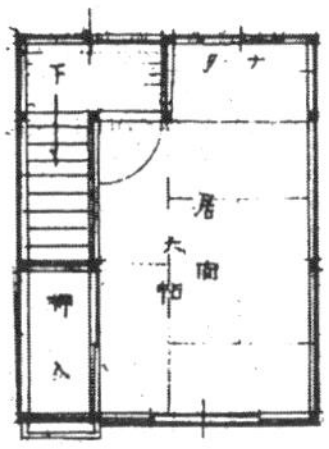

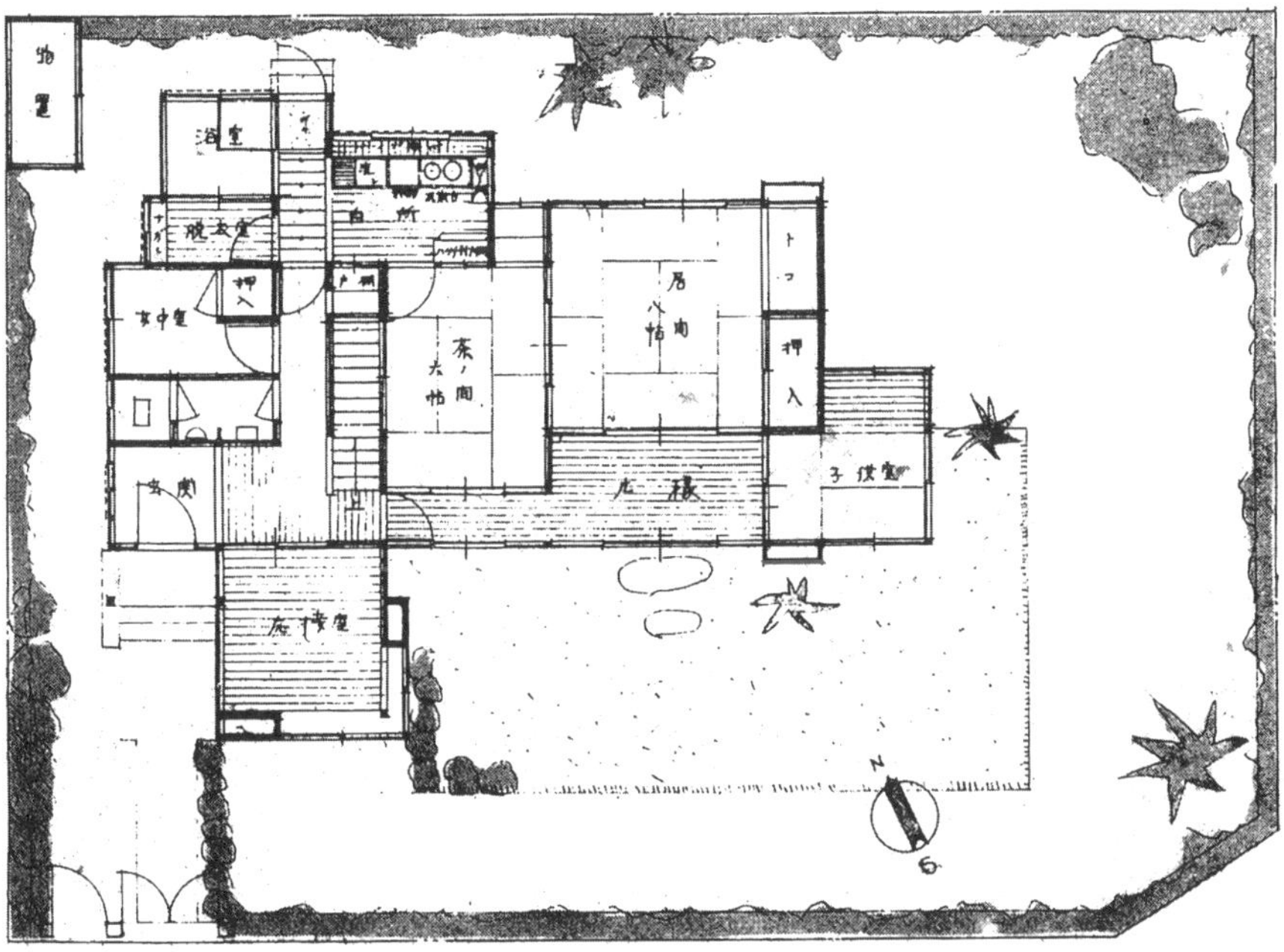

293

出品者　大倉土木株式会社

京橋区銀座三丁目四番地

敷地	95.760坪
建物　階下	25.750坪
二階	5.000坪
物置	0.750坪
売価（土地、建物、門、塀、庭木共）	6,530.00円
内入金	1,330.00円
残金	5,200.00円
残金十五ケ年間逓減月賦払	
第壱年度各月御払込高	54.14円
第弐年度各月御払込高	52.37円
第拾壱年度以後各月御払込高	34.79円

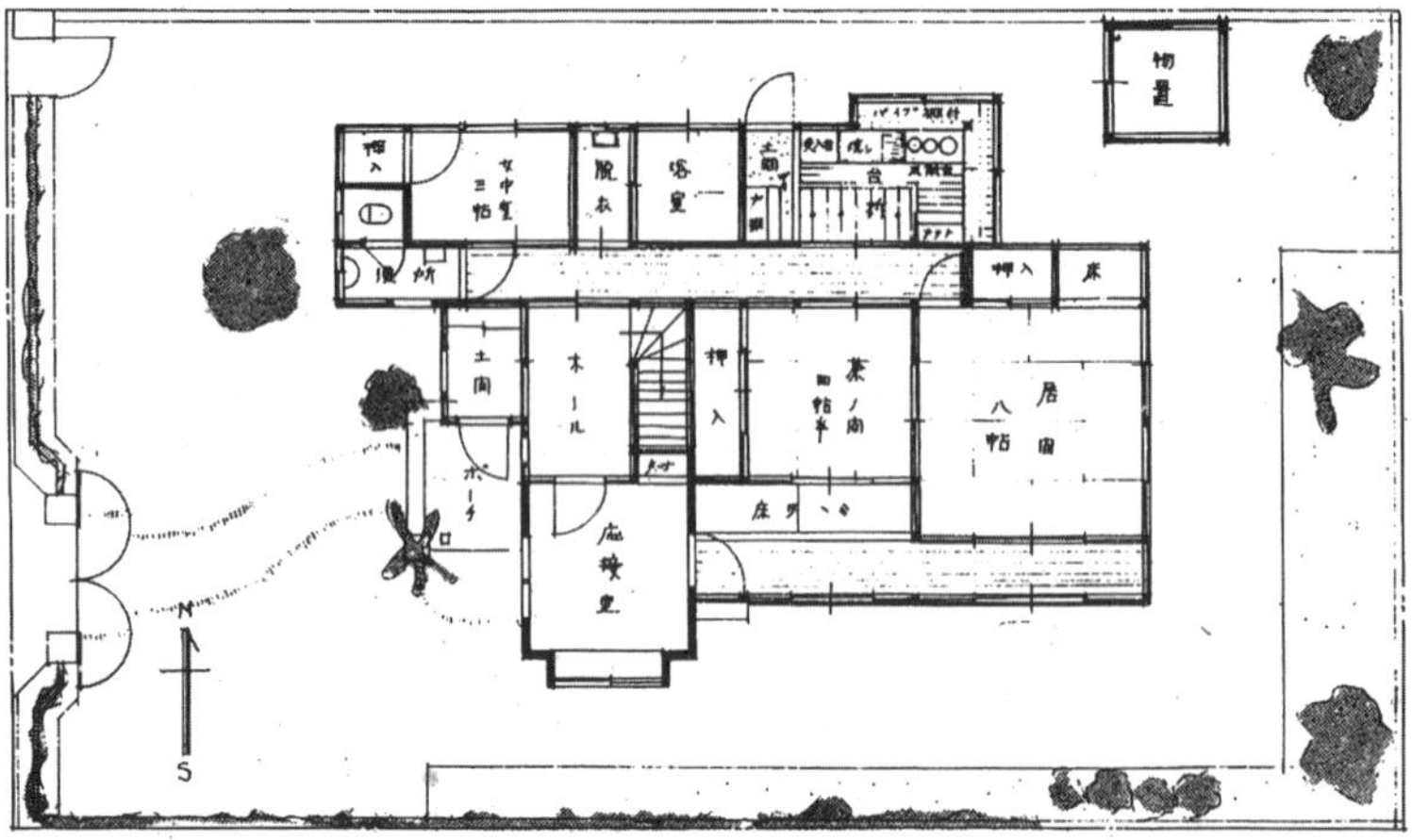

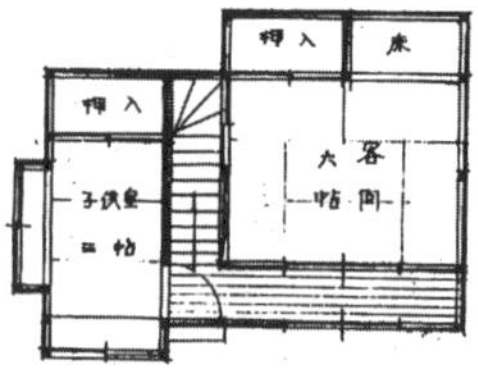

374

出品者　藤田組

渋谷区大和田町一〇七番地	
敷地	102.250坪
建物　階下	25.370坪
二階	8.000坪
物置	0.750坪
売価（土地、建物、門、塀、庭木共）	7,236.00円
内入金	1,536.00円
残金	5,700.00円
残金十五ケ年間逓減月賦払	
第壱年度各月御払込高	59.34円
第弐年度各月御払込高	57.40円
第拾壱年度以後各月御払込高	38.14円

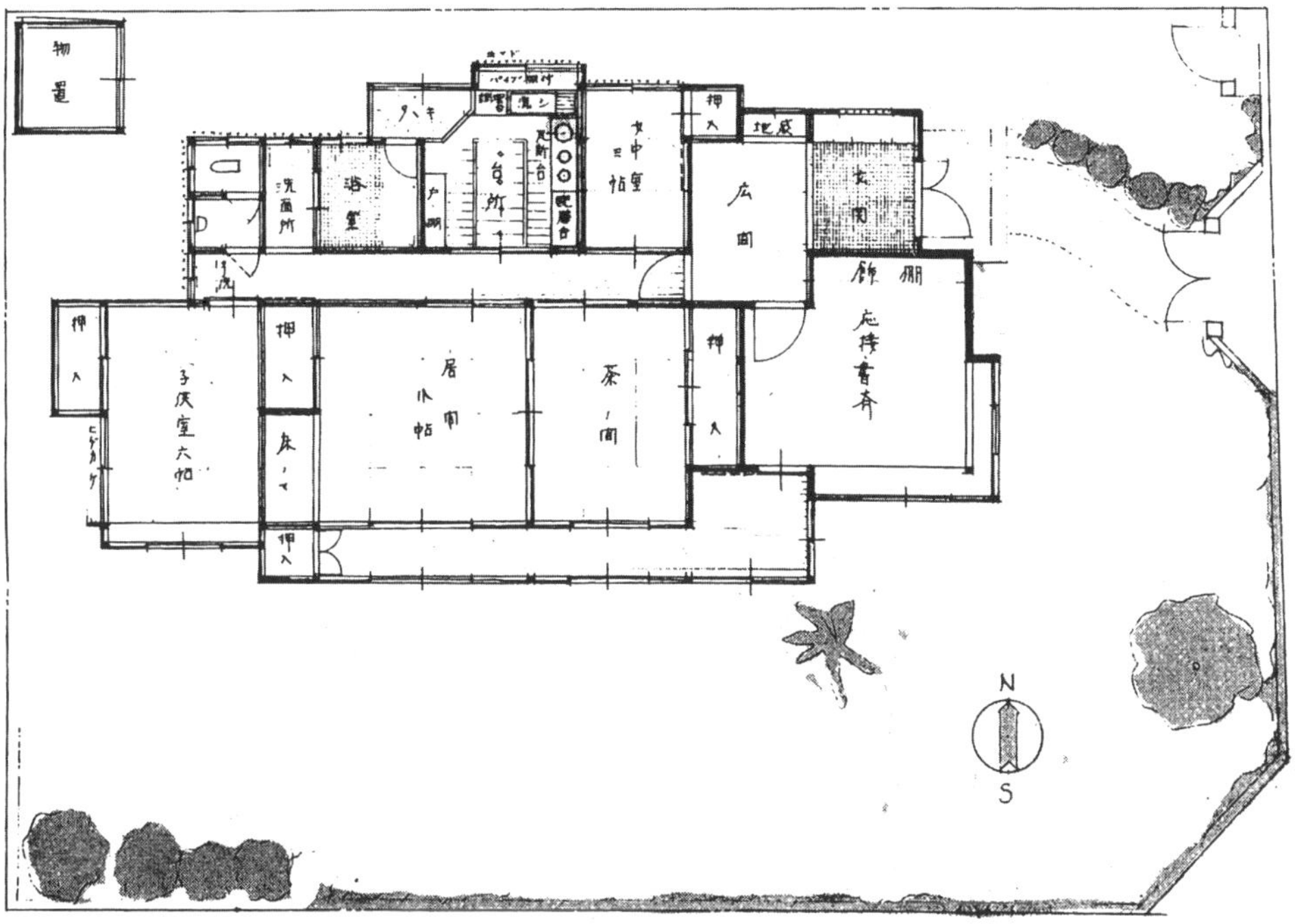

466

出品者　株式会社　鹿島組

京橋区槇町二丁目三番地	
敷地	102.450坪
建物	31.400坪
物置	1.000坪
売価（土地、建物、門、塀、庭木共）	6,869.00円
内入金	1,469.00円
残金	5,400.00円
残金十五ケ年間逓減月賦払	
第壱年度各月御払込高	56.22円
第弐年度各月御払込高	54.38円
第拾壱年度以後各月御払込高	36.13円

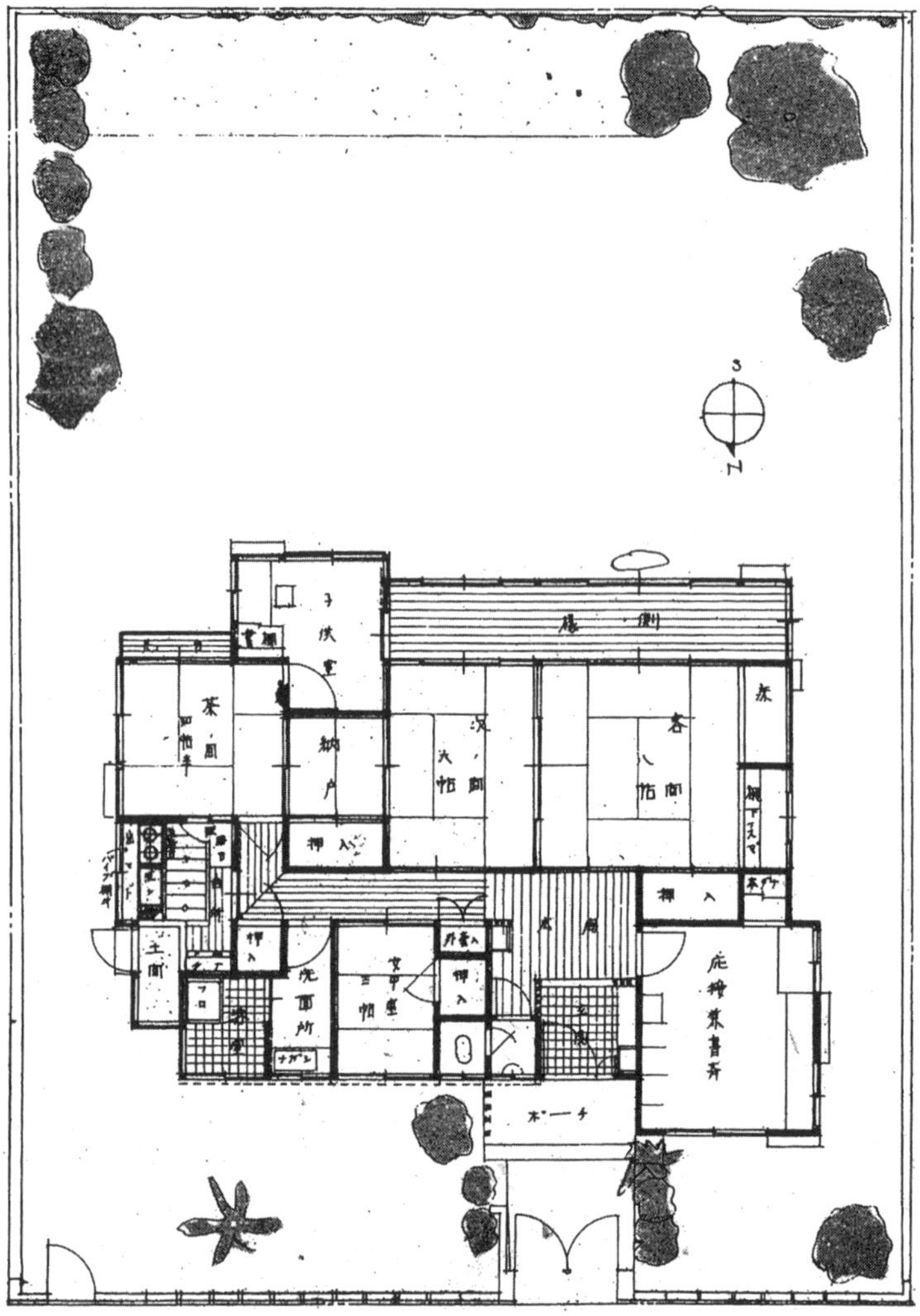

455

出品者　内藤工業所東京出張所

淀橋区下落合二丁目七三二番地

敷地	121.070坪
建物	31.500坪
物置	0.750坪
売価（土地、建物、門、塀、庭木共）	6,910.00円
内入金	1,410.00円
残金	5,500.00円
残金十五ケ年間逓減月賦払	
第壱年度各月御払込高	57.26円
第弐年度各月御払込高	55.39円
第拾壱年度以後各月御払込高	36.80円

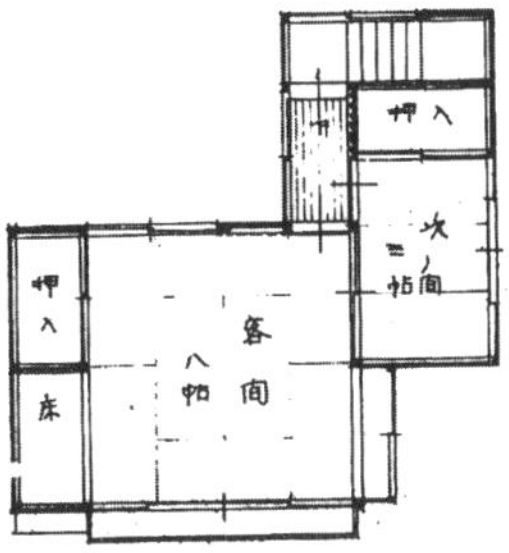

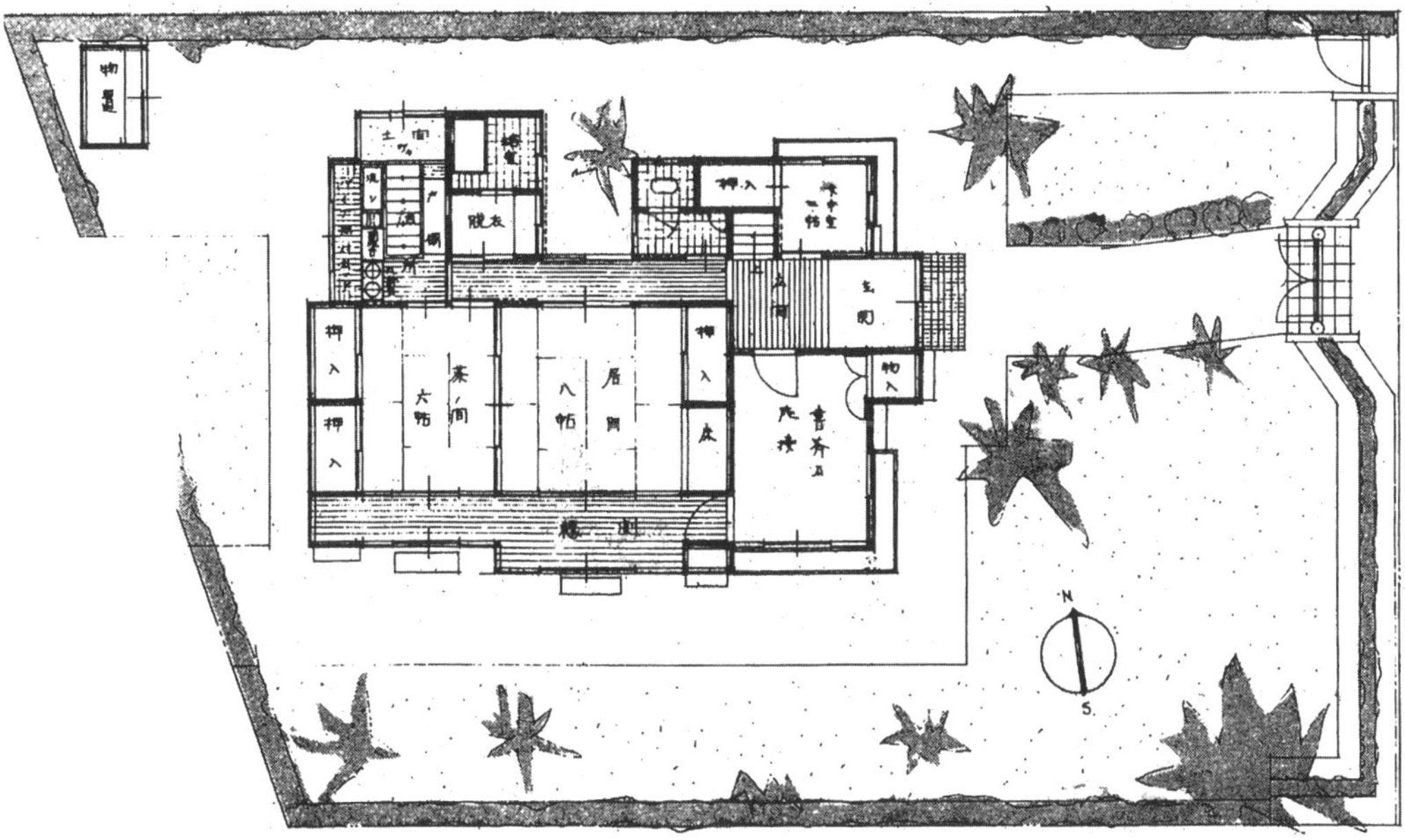

601

出品者　下村新三郎

深川区常盤町二丁目十八番地

敷地		115.610坪
建物	階下	24.625坪
	二階	8.250坪
	物置	0.666坪
売価（土地、建物、門、塀、庭木共）		6,450.00円
	内入金	1,350.00円
	残金	5,100.00円
残金十五ケ年間逓減月賦払		
	第壱年度各月御払込高	53.10円
	第弐年度各月御払込高	51.36円
	第拾壱年度以後各月御払込高	34.12円

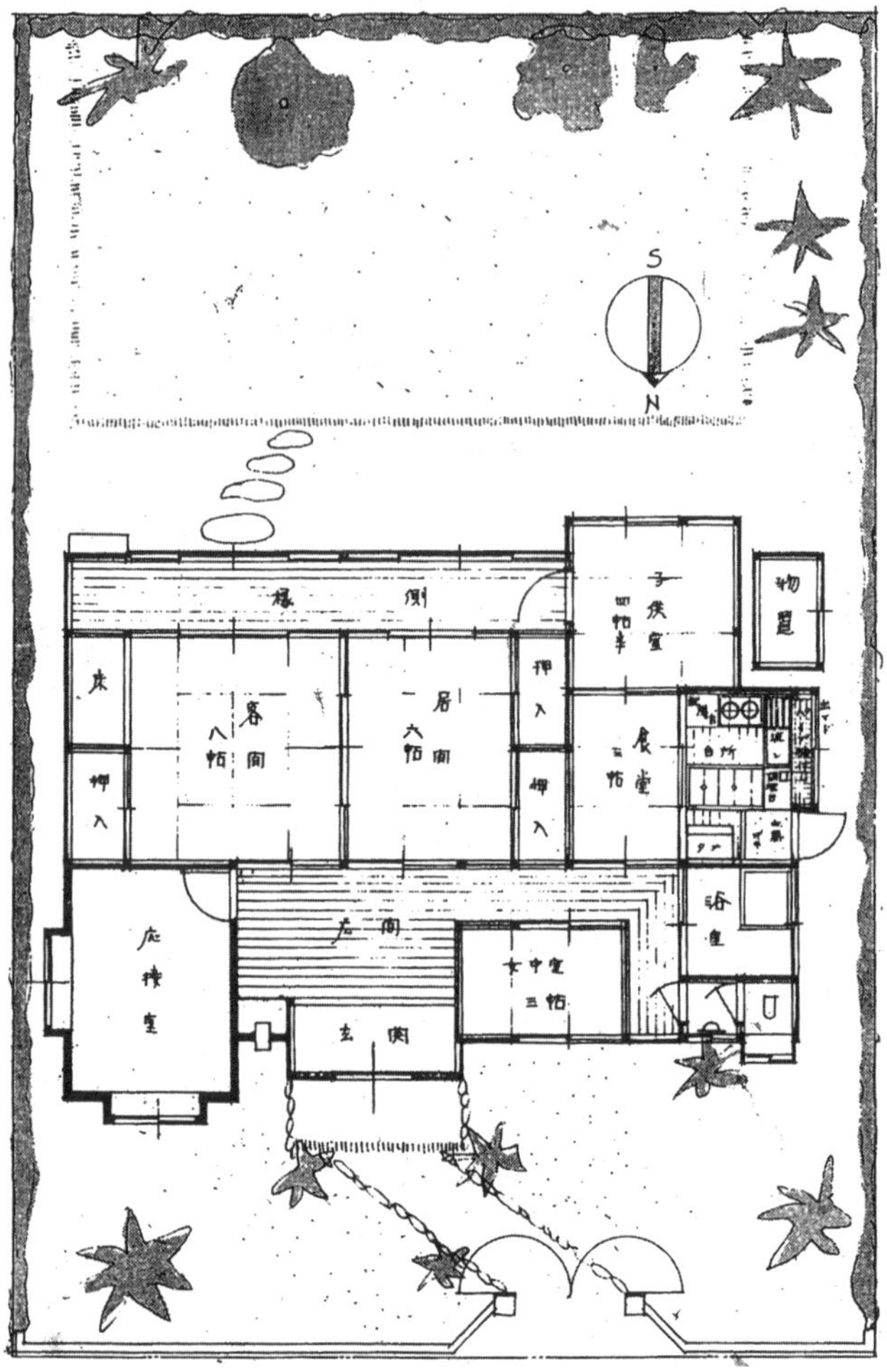

446
出品者　水谷組営業所

本所区向島押上町一三六番地	
敷地	100.160坪
建物	28.000坪
物置	0.750坪
売価（土地、建物、門、塀、庭木共）	6,289.00円
内入金	1,289.00円
残金	5,000.00円
残金十五ケ年間逓減月賦払	
第壱年度各月御払込高	52.05円
第弐年度各月御払込高	50.35円
第拾壱年度以後各月御払込高	33.45円

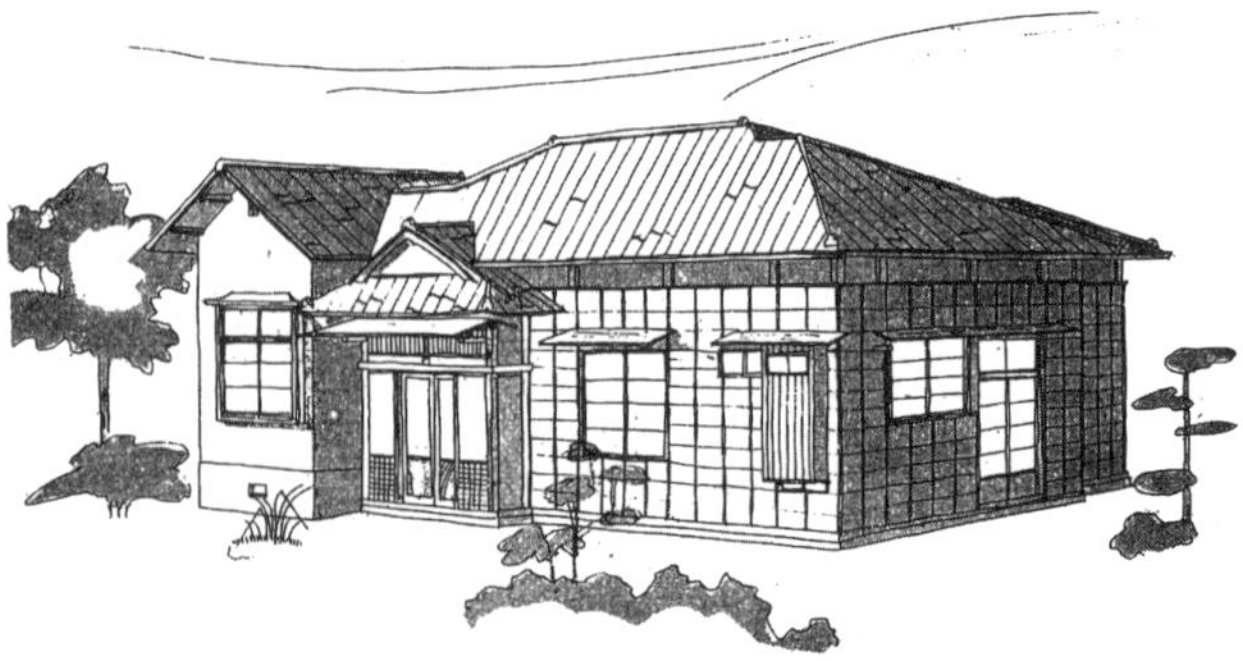

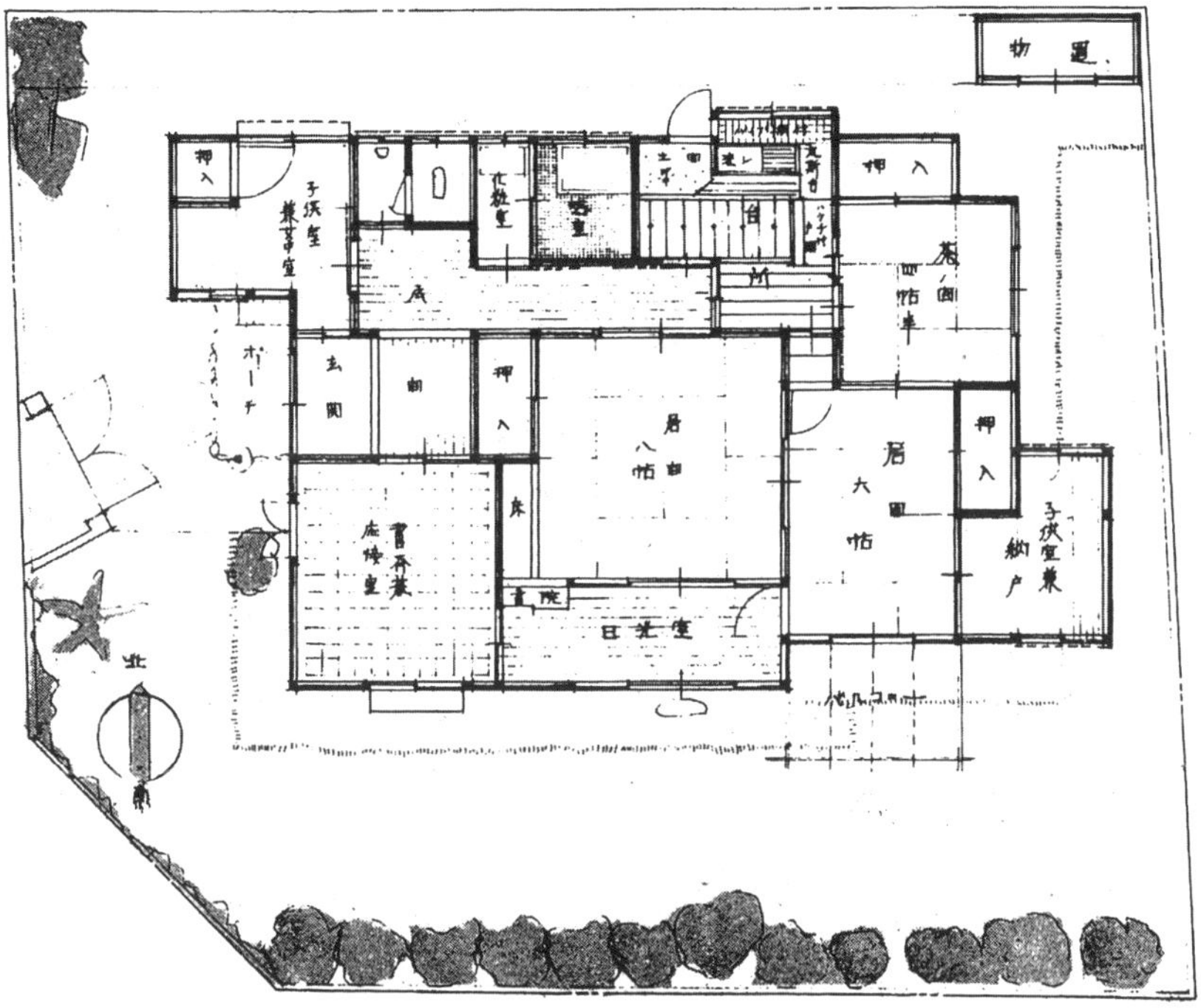

595

出品者　株式会社　間組

赤坂区青山南町一丁目一番地

敷地	97.860坪
建物	28.105坪
物置	1.500坪
売価（土地、建物、門、塀、庭木共）	6,478.00円
内入金	1,378.00円
残金	5,100.00円
残金十五ケ年間逓減月賦払	
第壱年度各月御払込高	53.10円
第弐年度各月御払込高	51.36円
第拾壱年度以後各月御払込高	34.12円

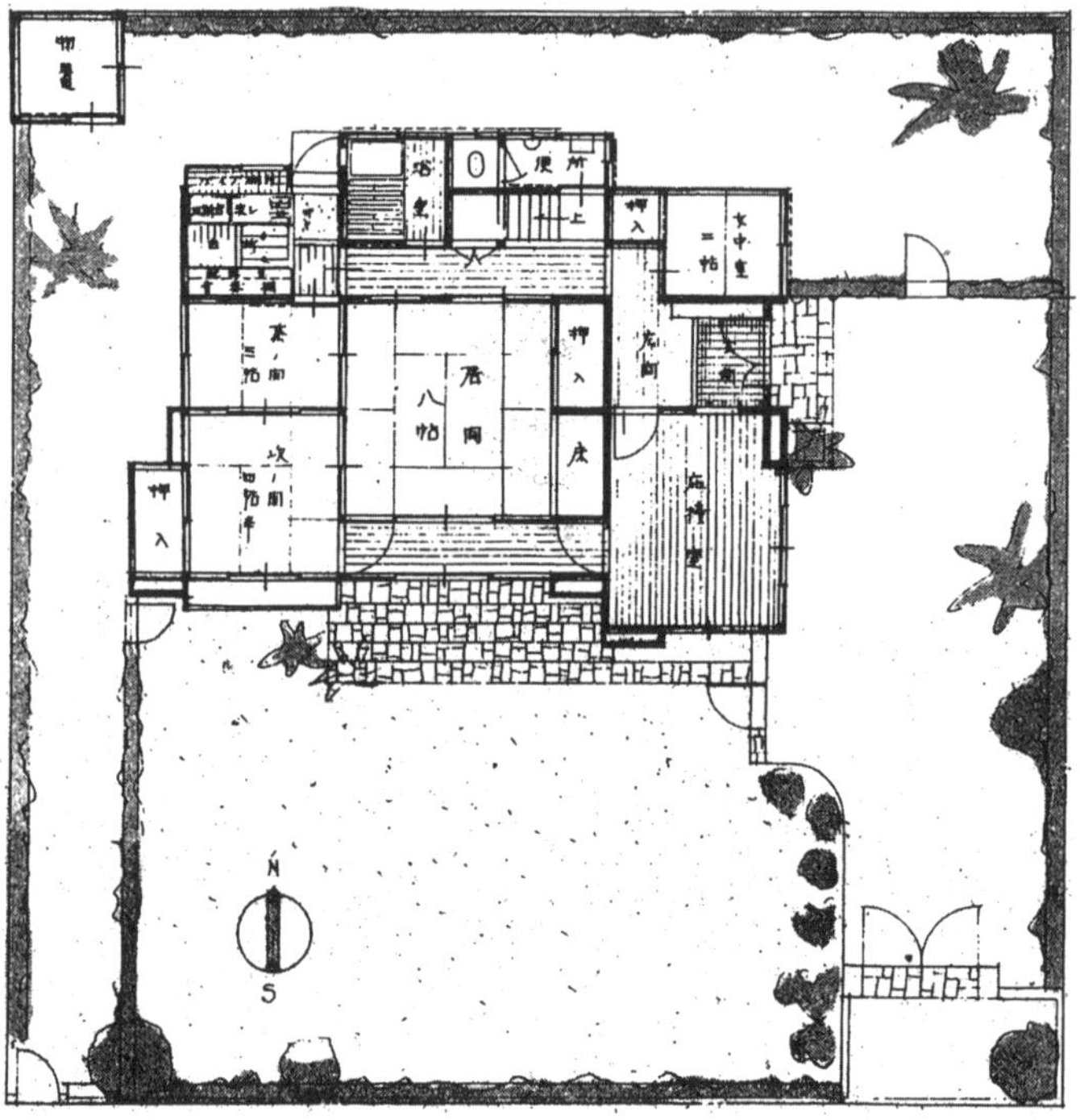

582

出品者　合資会社　溝水組

京橋区宝町二丁目一番地

敷地		109.140坪
建物	階下	21.500坪
	二階	8.250坪
	物置	1.000坪
売価（土地、建物、門、塀、庭木共）		6,988.00円
	内入金	1,488.00円
	残金	5,500.00円
残金十五ケ年間逓減月賦払		
	第壱年度各月御払込高	57.26円
	第弐年度各月御払込高	55.39円
	第拾壱年度以後各月御払込高	36.80円

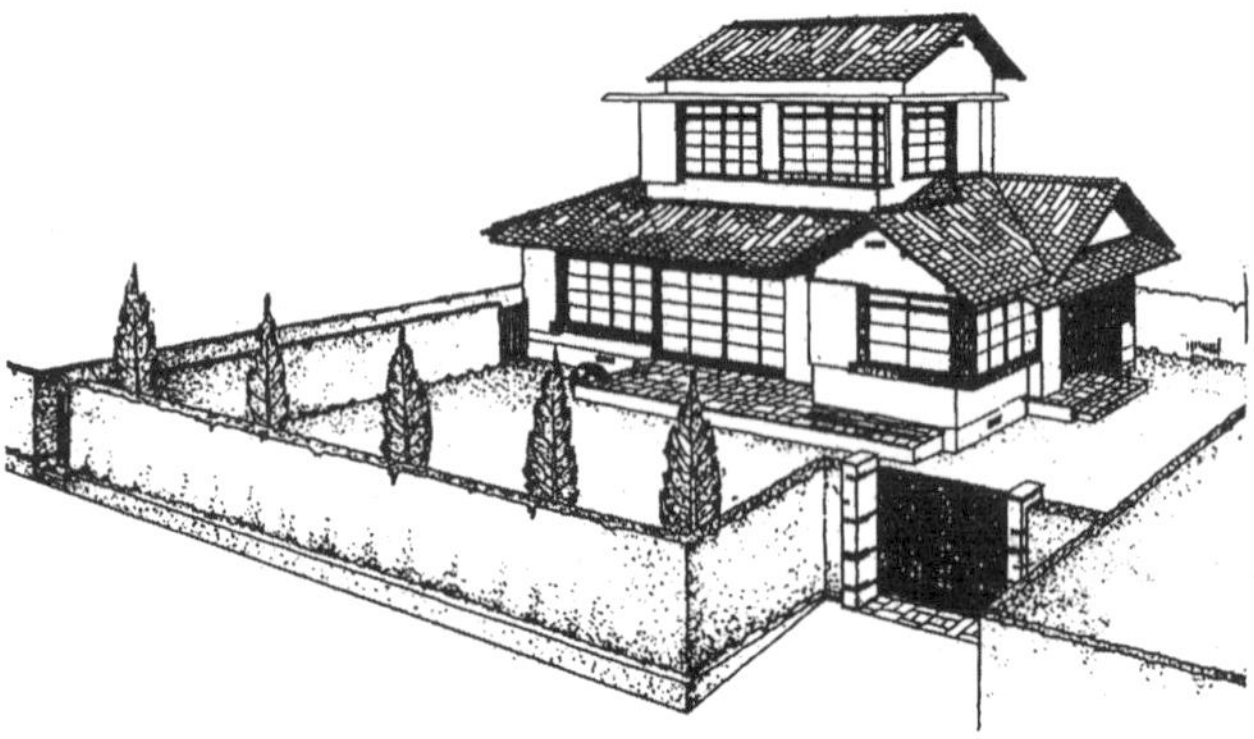

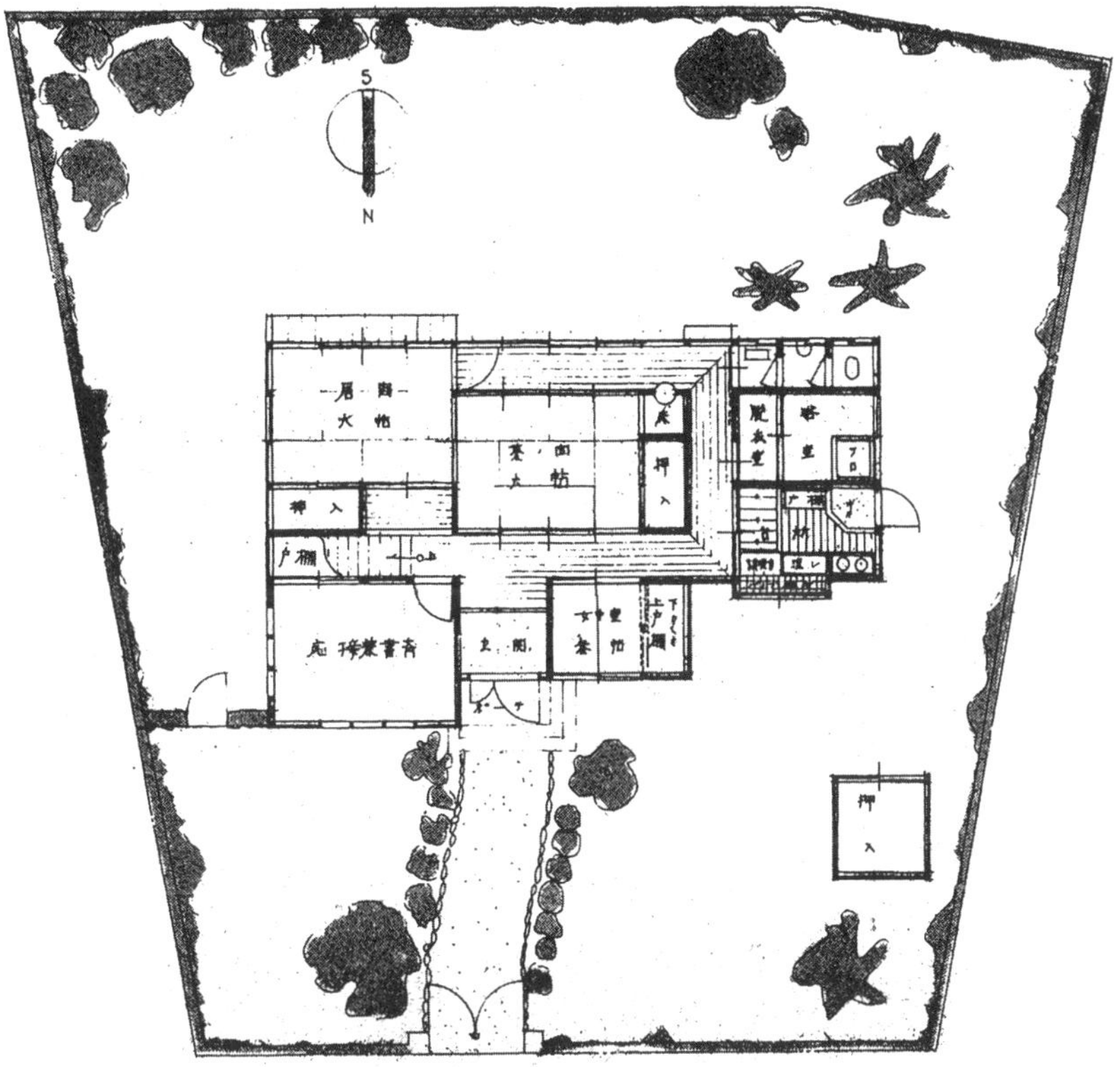

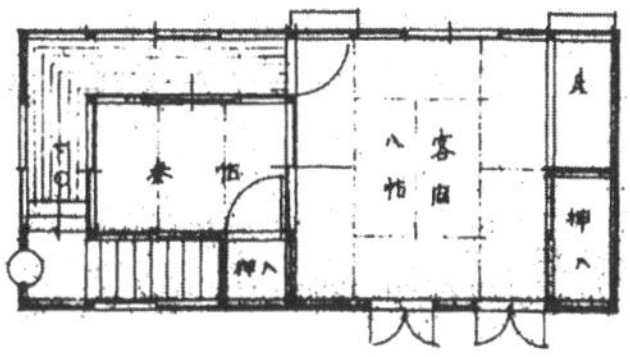

554

出品者　株式会社　鶴川組

川越市松郷三九八番地

敷地	111.270坪
建物　階下	22.000坪
二階	10.000坪
物置	0.750坪
売価（土地、建物、門、塀、庭木共）	6,804.00円
内入金	1,404.00円
残金	5,400.00円
残金十五ケ年間逓減月賦払	
第壱年度各月御払込高	56.22円
第弐年度各月御払込高	54.38円
第拾壱年度以後各月御払込高	36.13円

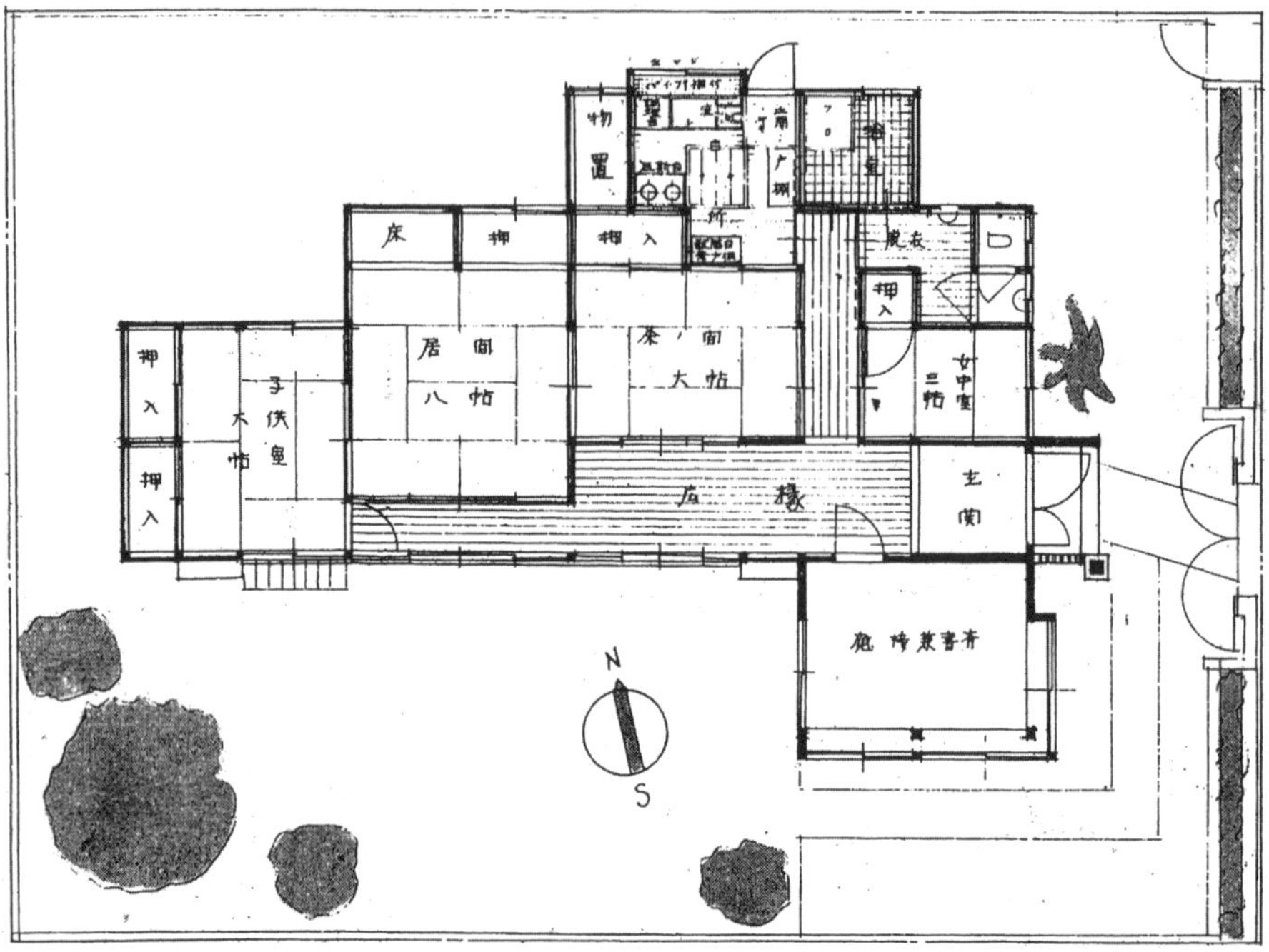

417
出品者　明治工業株式会社東京出張所
日本橋区江戸橋二丁目六明正ビル内

敷地	91.710坪
建物	28.000坪
売価（土地、建物、門、塀、庭木共）	6,314.00円
内入金	1,314.00円
残金	5,000.00円

残金十五ケ年間逓減月賦払

第壱年度各月御払込高	52.05円
第弐年度各月御払込高	50.35円
第拾壱年度以後各月御払込高	33.45円

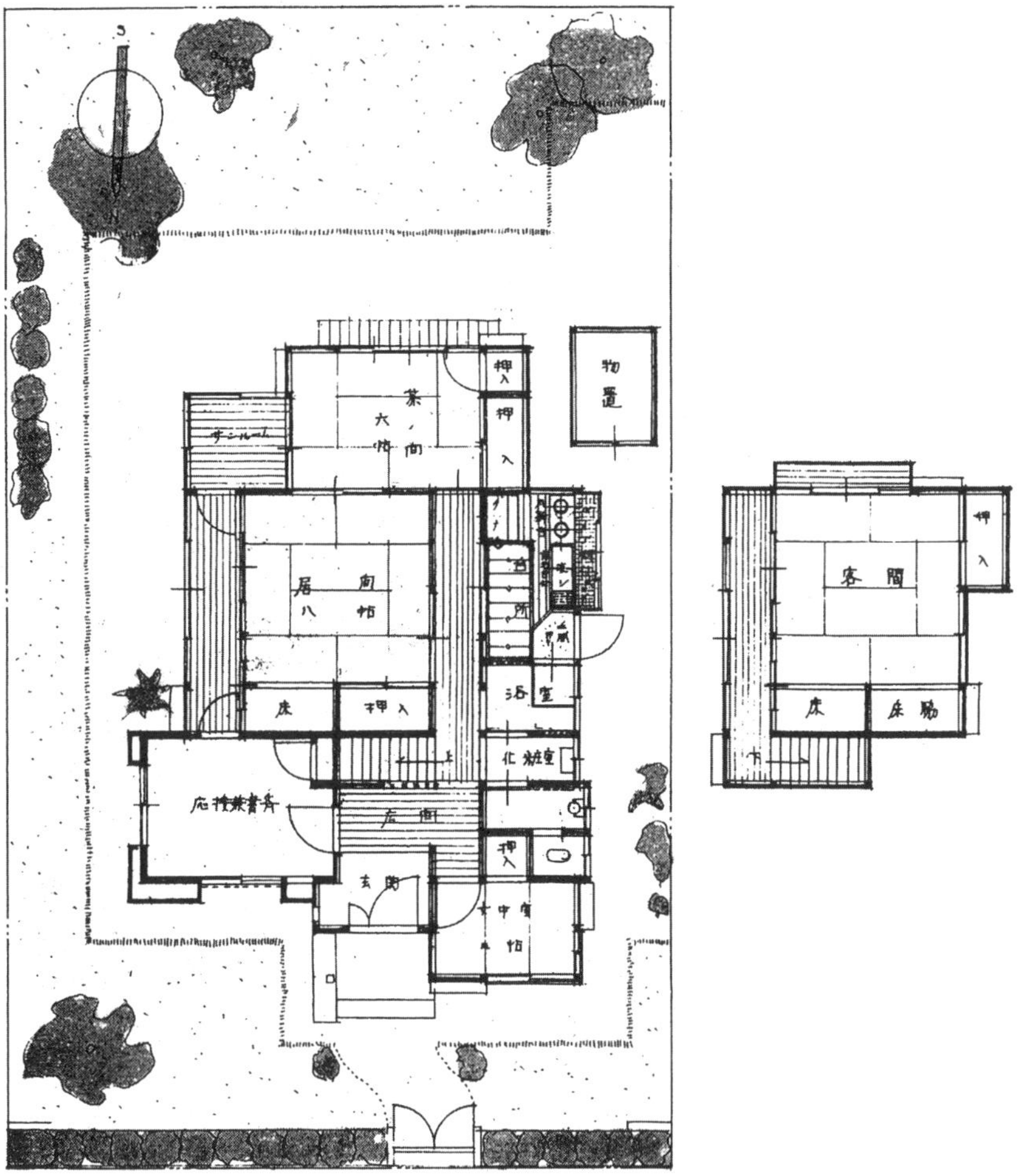

412

出品者　長尾熊一

小石川区大塚仲町四十一番地

敷地	85.060坪
建物　階下	24.450坪
二階	7.500坪
物置	1.000坪
売価（土地、建物、門、塀、庭木共）	6,566.00円
内入金	1,366.00円
残金	5,200.00円
残金十五ケ年間逓減月賦払	
第壱年度各月御払込高	54.14円
第弐年度各月御払込高	52.37円
第拾壱年度以後各月御払込高	34.79円

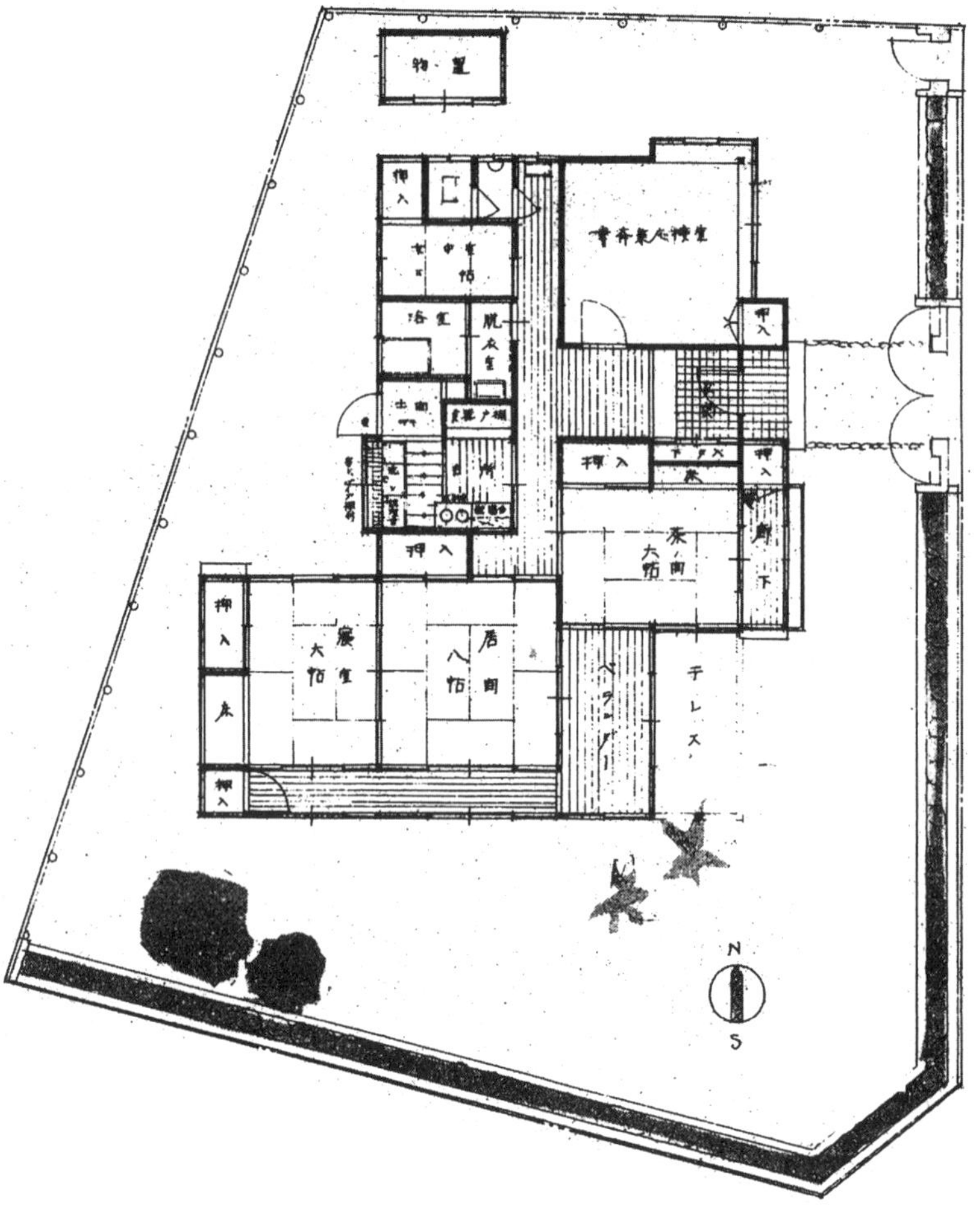

533

出品者　株式会社　大林組

麴町区丸ノ内一丁目二番地	
敷地	103.440坪
建物	34.194坪
物置	1.000坪
売価（土地、建物、門、塀、庭木共）	7,519.00円
内入金	1,519.00円
残金	6,000.00円
残金十五ケ年間逓減月賦払	
第壱年度各月御払込高	62.46円
第弐年度各月御払込高	60.42円
第拾壱年度以後各月御払込高	40.14円

常盤台住宅展覧会

住み易く環境のよい常盤台住宅地に尚一層御手軽に御住まひ願ふ為め都下一流の建築業者十余名に御願へし文化と実用とを兼ね備へた優良住宅を建築出品して戴き住宅展覧会を開催致すことになりました。出品建物は別表の通りの価格で土地共御譲り致し（但し土地を賃貸し建物のみ御求め願ふ方法もありますから御相談願ひます）代金は十五ケ年間月賦御支払の御便宜を御取計ひ致します。兎に角出品建築業者が展覧会後は此の値段ではとてもお引受けかねると申して居る程ですからお求めには絶好のチヤンスと確信致します、既に土地をお求めになられました皆様、又これから住宅をお建てになる方々に非常に御参考になる事と存じますれば是非御光来下さいます様御願ひ致します。

会場　池袋より十分東上線武蔵常盤駅前

於　常盤台住完地

会期　五月一日より五月二十日まで

（中尾鎌三氏蔵）

第3章 23区

❶渋谷区

［1－3－①］
『特別展　住まいからみた近・現代の渋谷――郊外生活から都市生活へ』（白根記念渋谷区郷土博物館・文学館、二〇〇七年、七～一八、四一～五五頁）

渋谷における宅地化の概要

（1）江戸期の渋谷

渋谷区は、今でこそ東京を代表する街のひとつにあげられているが、こうした位置づけがなされるようになったのは太平洋戦争後である。それまでの渋谷地域（以下現在の渋谷区の範囲をいう）は都市近郊の農村であった。

江戸時代、町は江戸城を中心に同心円状に広がり、発展していった。その過程で渋谷区地域でも、江戸城方向である東側地域の一部が江戸の町に含まれるようになる。しかし、ほとんどの地域には農村風景が広がっていた。

江戸の町の近接地である渋谷東部地域には、武家屋敷が多く作られた。千駄ヶ谷周辺などでは、幕府に仕える比較的身分の低い武士の小さな屋敷も連なっていたが、多くは大名屋敷であった。しかし、渋谷地域に作られた大名屋敷は「下屋敷」や「抱屋敷」で、多くは広い敷地に簡易な建物がわずかに作られた程度のものであったと考えられている。

大名屋敷には、上屋敷・中屋敷・下屋敷・抱屋敷などの種類がある。一般に上屋敷は出府した際の大名自身の住宅があり、登城の便のよい江戸城近くに設けられた。中屋敷は家臣団の住居や上屋敷の予備的な役割を担うことが多く、上屋敷よりは離れるものの、江戸城から遠くない場所に多く設けられた。これに対して、下屋敷は、別荘的な役割を担っており、江戸から離れた郊外につくられることが多く、大名の隠居所、上中屋敷が火災などの災害にあった際の避難場所、藩主をはじめとする藩士の食料の生産地などとして使用されていた。抱地は百姓地を買上げるなどして利用権を取得した土地をいい、そこに屋敷を建てたものを抱屋敷といった。所有の屋敷に隣接する土地を取得し、屋敷を広げる形で設けることも多かった。

現在の明治神宮のあたりを下屋敷として所有していた近江彦根藩主井伊家では、ここで掃除百姓とよばれる足軽級の下級武士に江戸藩邸で消費される野菜の生産をさせていたという。また、現在宮益坂上にある国連大学・こどもの城一帯には、三代将軍家光の乳母として有名な春日局の夫であった、稲葉正成の山城淀藩主稲葉家の下屋敷があり、広大な敷地に庭園が作られ、隠居所として使用されていた。発掘調査でも屋敷の屋根瓦や茶道具、ヨーロッパ製のガラス製の酒瓶などが出土しており、大名の隠居後の優雅な生活がうかがえる。

江戸の町には接しない渋谷地域の西側では農業が行われ、都市近郊の農村として都市で消費される食料などが生産された。また、渋谷川の豊

回陽舎牧場（現在のＪＲ千駄ヶ谷駅近くにあった牧場）（所蔵：渋谷区郷土博物館・文学館）

富な水を利用した水車により、江戸の人々が消費する精米なども盛んに行われ、都市で消費された紙を再生紙に加工することも行われていたようである。

（2）明治期の渋谷の変貌

明治政府の成立とともに、廃藩置県が行われ渋谷地域の大名屋敷の多くは、明治政府の所有となった。その一部は政府高官や宮家、華族となった旧大名家などに邸宅の用地として与えられたが、その他は、御料地（皇室の所有地）や現在の農業試験場にあたる「開拓使」用地とされたり、政府の桑茶政策により桑畑や茶畑などが作られたりした。そのため、渋谷地域が都市近郊の農村であるという状況は大きくは変わらなかった。当時、職を失った武士の中には安価に払い下げられた土地で耕作に励んだ者もいたが、慣れない畑仕事に失敗して破産する者も多く、耕作のために払い下げられた土地を売却するケースも出たようである。しかし、お茶の栽培は他の畑作物より利益率が高く、都市近郊の渋谷地域では、販売地に運搬する費用と日数はわずかですむため、成功者も現れ、「渋谷茶」の名が広く知られるようになった。その後、明治22年（1889）東海道線の開通により宇治茶が大量に入ってくると、ここでの製茶業は急速に衰退していった。

明治13年頃の茶畑分布図　（所蔵：渋谷区郷土博物館・文学館）

また、明治期にはそれまで日本ではほとんど飲まれていなかった牛乳の消費量が、都市生活者の健康志向とともに拡大していった。当時の牛乳は保存・殺菌技術の未熟さにより遠方から運搬できず、消費地である都心部に牧場を作る必要があった。しかし、明治36年（1903）に出された「牛乳搾取業者取締」という法律により、施設整備が必要となり、搾乳業者は都市近郊に牧場を移転した。そのため、この時期まだ田園地帯の多かった渋谷には多くの牧場が作られた。明治41年の『豊多摩郡誌梗概』によると、当時渋谷地域には61箇所の牧場があり、特に現在の初台・西原・恵比寿・広尾方面に集中していた。ところが、渋谷地域にも都市化の波が押しよせ、牧場の多くはわずかな期間に都市近郊から郊外へ移転し、やがては渋谷地域から消えていった。

(3) 明治期の鉄道の敷設と宅地開発

明治18年(1885)日本鉄道会社品川線の開通により渋谷停車場が開業した。明治37年に甲武鉄道の千駄ヶ谷停車場が開業すると、現在の山手線の駅も次々に開業し、明治39年には代々木・原宿・恵比寿の停車場ができた。明治40年には、玉川電鉄の渋谷・玉川間が開通、明治44年には東京市電が渋谷まで開通した。

こうした交通面の整備により都市部と郊外が結ばれることで、通勤・通学時間が短縮され、渋谷は都市近郊の住宅地としての条件が徐々に整っていった。そして、明治37・38年の日露戦争による好景気によって住宅は著しく増加し、東側からの都市化に伴い、渋谷地域の畑や牧場は急速に減少していった。現在の渋谷区を構成することとなる千駄ヶ谷・渋谷・代々幡の3村のうち、特に千駄ヶ谷村は交通の便が良いことから、明治30年代から宅地化が進み大正期には空地はわずかとなった。渋谷村の人口は年々10%以上の増加率を示し、東京の郊外地としての発展の兆しが見えている。しかし、渋谷地域の西側にあたる代々幡村は、甲州街道沿いや代々木駅付近にわずかに住宅が連なる程度で、ほとんどに田畑・山林が広がり牧場なども残っていた。

(4) 明治神宮の造営と宅地化

大正期、渋谷地域は大きく変貌することとなるが、その一因は明治神宮の建設にある。明治天皇の崩御後、陵墓は京都伏見に決定していたが、明治天皇奉祀の神宮建設を望む国民の声が高まった。これに応え大正2年(1913)7月、天皇の御一年祭終了後、政府はただちに神宮創建の準備に入った。建設地には、多くの候補地の中から、南豊島御料地が選ばれた。この地は明治天皇ゆかりの土地であり東京近郊で交通の便がよいうえ、付近には民家が少なく森林や湧水地があるなど、神域と感じられるような場所でもあった。加えて、御料地であるため、土地の買収の必要がない。このような理由から、南豊島御料地が明治神宮の造営地に決定した。

大正3年4月、正式に内定すると、南豊島御料地に隣接する陸軍代々木練兵場の一部を譲り受け、大正4年より建設工事が開始され、大正9年に鎮座祭が行われた。

明治神宮造営によって、近接する現在の千駄ヶ谷・神宮前・代々木の一帯は、その影響を強く受けることとなった。

千駄ヶ谷地域は、明治37年(1904)に甲武鉄道の千駄ヶ谷停車場ができ、都市部との交通が整備されたことから、華族の邸宅や政府高官・軍関係者などが住みはじめ、邸宅が作られた。このように宅地化の時期が早かったため、大正期末にはほとんど空地がなくなっていた。しかし、急速な都市化の中、一般の住宅の需要に応える形で、華族が所有していた邸宅や敷地など、広大な土地が細分化され、住宅地として供給されるようになった。さらに、大正3年に起こった第一次世界大戦(1914~18)による好景気は、こうした都市化に拍車をかけた。明治神宮の完成にともない、山手線の中で最も乗降客の少ないといわれた原宿駅に参拝の人が集まるようになった。そして、明治神宮参道(表参道)建設のため、浅野家(旧安芸広島藩主)所有の土地が買い上げられた。表参道北側には昭和2年(1927)同潤会青山アパートが完成する。南側は昭和3年に8000坪あまりの土地が「青山前浅野侯爵土地分譲地」として、分譲された。当時の広告を見ると、「明治大帝の英霊存します神宮祠畔に我等が安住の地を定むるは日本国民として無上の栄光であります」と書かれており、当時の人々にとって明治神宮周辺に住む意味を今に伝えている。

代々木地域は、明治神宮の建設が決まると地価が高騰したという。もともと、明治40年（１９０７）に隣接する代々木練兵場が多くの民有地を買収して作られた際、地価が大きく値上りした場所だったが、明治神宮建設が決定すると地価はさらに上昇し、場所によっては10倍以上になったという。これにより土地にかかる税は増加し、大土地所有者はその維持に大きな負担を強いられるようになった。

東京近郊の一地名に過ぎなかった「代々木」の名は、明治神宮が鎮座すると、全国に知れ渡ることとなる。その後も、大正11年（１９２２）には帝都土地株式会社により明治神宮付近の３０００坪が分譲されるなど、代々木地域の土地の売却や宅地化が進み、さらに西側へと宅地化の波は広がった。

また、代々木地域には陸軍練兵場が近いことから陸軍軍人が多く住んでいたが、海軍軍人も非常に多く住んでいたようである。現在の代々木2丁目あたりは戦前、海軍軍人が多く居住していたために、通称海軍村と呼ばれていたという話が残っている。軍人が代々木に多く居住した理由は、はっきりわかっていないが、明治神宮の緑溢れる良好な環境と明治天皇を祀る明治神宮に近接していることから、天皇の臣下としての軍人にとって、この地域に住むことは大きなステイタスであったとも考えられる。

この時期の宅地化を進めた要因のひとつとしては、大正12年の関東大震災による都市部から渋谷地域への移住者の増大があげられる。渋谷地域は硬い地盤のために、大きな被害を受けず、都市部で被害にあった人々が避難してきたのである。現在の渋谷区南側にあたる渋谷町の記録をみると、この時渋谷町に避難してきた人の数は、５３２３７人に達している。

（5）渋谷駅のターミナル化と分譲地

ターミナルステーションとしての「渋谷駅」は、明治18年（１８８５）現在の山手線の渋谷駅の開業に始まる。昭和2年（１９２７）東京横浜電気鉄道線（現・東急東横線）、渋谷～神奈川間が開通、昭和8年帝都電気鉄道線（現・京王井の頭線）渋谷～井の頭公園間が開通と、私鉄の開通が相次ぐ。さらに、昭和13年東京高速鉄道線（現・東京メトロ銀座線）渋谷～虎ノ門間が開通する。

また、電車以外にも駅と宅地を結ぶ交通手段として、大正13年（１９２４）に市営バス、昭和3年には玉川バス、昭和5年には東横バスが運行を開始する。こうした動きは、渋谷駅のターミナル化と沿線周辺の住宅地化を促進した。帝都電鉄線の開通にあわせて、ターミナルデパート東横百貨店が渋谷にオープンし、郊外居住者を対象に、生活必需品を主力とした販売が企画された。この企画の成功は、郊外居住者の生活の向上や、渋谷の郊外住宅増加に弾みをつける一方、道玄坂をはじめとする渋谷駅周辺の商店街の形成に大きな影響を与えた。さらに、昭和14年、地下鉄銀座線が浅草まで全面開通することにより、渋谷駅の戦前におけるターミナル化は完成し、渋谷は新宿・池袋と並ぶ東京西部地区有数の繁華街となる。

こうした鉄道の開通により、昭和2年東横電鉄代官山駅に同潤会代官山アパートがつくられるなど、鉄道沿線の宅地化が進んだ。この時期、宅地化の遅れていた代々幡町でも、宅地が増加するようになる。小田原急行線（現小田急）代々木上原駅周辺では、昭和2年に前田家分譲地、昭和5年から11年にかけて大山園分譲地、昭和15年徳川山分譲地など、次々に分譲が行われた。

昭和20年戦災直後の笹塚付近　(所蔵：渋谷区郷土博物館・文学館)

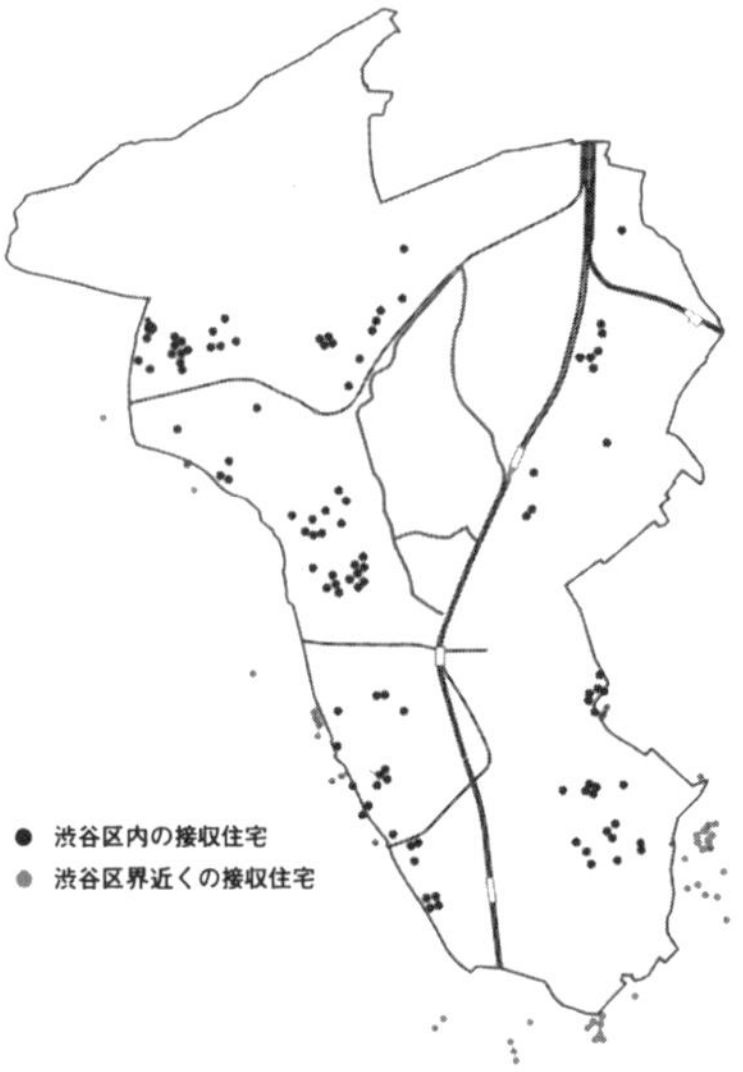

接収住宅分布図（参考：『G.H.Q 東京占領地図』雄松堂1987）

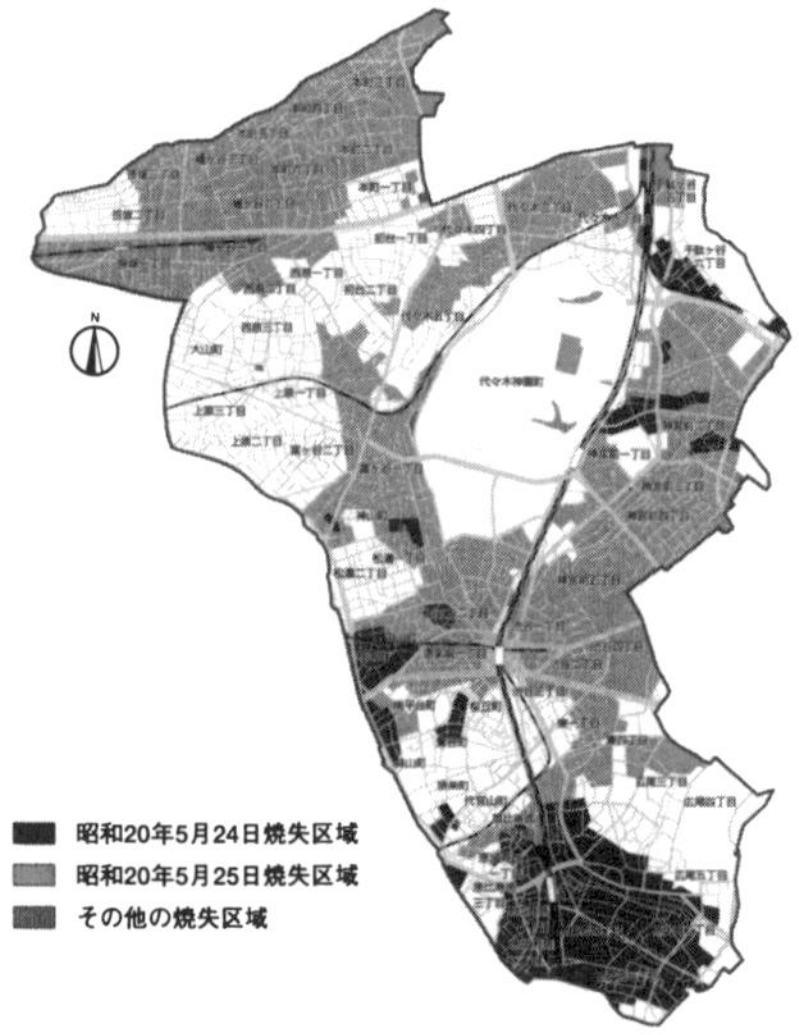

渋谷区被災地図（現在の地図に被災範囲を示した）

大正・昭和初期に住宅を求めた人々の多くは、この頃、新たに誕生したサラリーマン層であった。彼らは、毎月定額の収入がある俸給生活者で、月々の返済が可能であるため、住宅購入がこれまでより簡単に行えるようになったことも、住宅建築が進んだ大きな要因となった。

住宅の間取りも、家族の日常生活の場である居間を重視した。また伝統的な和風住宅の玄関に洋風の応接室がある「文化住宅」と呼ばれる和洋折衷の住宅が数多く建てられた。中には、「あめりか屋」住宅などの、外観も内部も全て洋風とした住宅もあった。

急速に都市化が進む昭和7年（1932）、渋谷、千駄ヶ谷、代々幡の三町が合併して、渋谷区が生まれ東京市に加わった。これにより、都市化と宅地化はさらに進むことになる。

こうして順調に良好な住宅地として発展してきた渋谷区であったが、太平洋戦争の戦災によって、区面積の77％が焼き尽くされ、多くの住宅が焼失した。

終戦後、焼け残った住宅の中で比較的大きな西洋風の住宅は、進駐軍軍人の住宅として接収（強制借り上げ）されることとなる。区内には、接収の対象となった住宅が100軒以上あり、その数は港区に続き都内で2番目に多かった。

（6）渋谷の復興と統制経済下の住まい

太平洋戦争により、多くの貴重な建築が失われた。焼け野原となった地域も少なくないが、その中から人々は復興にむけて立ち上がった。最初はバラックなどの簡易な小屋が作られたが、徐々に住宅が建てられるようになっていった。

しかし、昭和21年～31年（1946～1956）までは、日本経済は進駐軍により統制される「統制経済」のもとにあり、住宅資材の不足から、昭和22年2月から昭和23年8月までは建築面積12坪以下に制約された「12坪制限住宅」しか建てられなかった。昭和23年に12坪制限のもとで代々木2丁目に建設された事例を見ると、4畳半と8畳の二間に台所・トイレ・風呂がある簡素な住宅であった。この住宅は、その後の昭和31年には、2階家を増築している。このように、終戦直後は、様々な統制の中で最小規模の住宅しか建てられなかったが、規模制限が解除されると大きな住宅が建設された。そして、規模が大きくなるだけでなく、新しい住宅のスタイルとしてのダイニング・キッチン（DK）が取り入れられるなど、戦前とは異なる住宅が普及する。

（7）渋谷の集合住宅

渋谷地域に公共的住宅団地が建設されたのは、東京市を除く東京府下では2番目に早い、大正10年（1921）であった。渋谷町営住宅として172戸が建設されている。このように早い時期から団地が建設されたのは、明治後半からの急速な都市化によるもので、東京市区部での住宅不足を反映し、近隣である渋谷でも住宅を求める多くの人を受け入れる必要があったからである。この他、関東大震災の教訓を生かし、耐震耐火を考慮した鉄筋コンクリート構造による同潤会アパートが、青山・代官山（昭和2年）に建設された。

　昭和20年（1945）終戦を迎えた日本では、住宅不足が緊急の課題であり、応急簡易住宅の建設が都道府県を中心に進められ、昭和23年には都営住宅が幡ヶ谷・笹塚に建設された。平屋の二戸建住宅で、一戸は9坪の住宅であった。同じく昭和25年に建設された幡ヶ谷仲町住宅は独立住宅で、一戸10坪の規模であった。年を重ねるにともない、住宅の規模も少しずつ大きくなり、構造も木造から、ブロック造を経て鉄筋コンクリート主体となっていった。渋谷区では昭和26年に都営参宮橋アパートで戦後初の鉄筋コンクリートアパートが建設された。

　一方、太平洋戦争が終結した後、渋谷区内には進駐軍人とその家族住宅として、代々木にワシントンハイツ、恵比寿にエビスキャンプが建設された。ワシントンハイツは、都内最大の進駐軍住宅で、現在の代々木公園を中心とした広大な敷地に昭和22年（1947）に完成した。ここには住宅だけでなく、教会・スーパー・劇場、さらに小学校や野球・テニス・バレーボールのグランドなどもあり、アメリカの町がひとつ渋谷に出現したかのようであった。これらの進駐軍住宅はイスにテーブルという現在のわれわれの生活スタイルのモデルとなり、それまでの畳にちゃぶ台といった日

ワシントンハイツ内部
（所蔵：渋谷区郷土博物館・文学館）

エビスキャンプ入口
（所蔵：渋谷区郷土博物館・文学館）

代官山ヒルサイドテラス（撮影：東京理科大学大月研究室）

本の住宅と生活様式に大きな変革をもたらした。ワシントンハイツ周辺には、日本では見ることのできないような外国人向けの用品や、軍の払い下げ品を販売する店など、アメリカ文化が溢れていた。そのため、戦後、アメリカ文化を求める若者たちが原宿や渋谷に集まってきたことが、現在の渋谷や原宿が若者の街として賑わうきっかけとなったともいわれている。

　戦後すぐから外国人が暮らしていた地域には、外国人向けの商店など、外国人に合った生活基盤が整っていたこともあり、日本人だけでなく、外国企業に勤める外国人なども対象とした初期マンションが建設された。たとえば、渋谷駅周辺には「宮益アパート」、原宿駅周辺には「セントラルアパート」「原宿アパート」「コープオリンピア」など、時代の最先端の集合住宅が建築されている。

コープオリンピア（2007年撮影）
（所蔵：渋谷区郷土博物館・文学館）

　代官山では、すでに戦前から駅前に敷地内に豊かな樹木を配した田園都市的な集合住宅といえる同潤会代官山アパートが建設されており、周辺は高級住宅地となっていた。そして、戦後は周辺に接収住宅があったことや、外国大使館が建てられたことなどから、外国人が居住する環境整備が進み、「代官山東急アパート」「代官山ヒルサイドテラス」など日本人だけでなく、外国人も対象とした分譲マンションが建設された。

　このように大正から戦後にかけて渋谷では、時代を象徴する新たな試みや工夫をした集合住宅が建設されてきたといえる。渋谷での集合住宅の成功は、その後の日本の集合住宅の方向性を決めるほど、大きな影響を与えてきた。日本における昭和期の代表的な集合住宅の多くが渋谷に作られており、渋谷の集合住宅の歩みはほぼそのまま日本の集合住宅の歴史といえるだろう。

住宅地の開発とくらし

(1) 郊外住宅地「松濤園」の成り立ちとくらし

①松濤の誕生

渋谷駅から東急本店の脇を抜け、さらに西に進むと、それまでの繁華街の喧騒が嘘のような閑静な住宅地がひろがっている。住所で示すところの松濤1丁目（旧松濤町）、2丁目（旧大山町）のあたり。鍋島直映の開発した住宅地「松濤」である。この場所は、江戸時代には紀州徳川藩下屋敷であったが、明治維新後に収公され、新政府の桑茶政策をうけて「松濤茶」の生産が行われた。鍋島家が取得するのは明治時代後半だが、しばらくは農園として利用されていたようである。大正5年（1916）の地図では、一丁目には鍋島農場、二丁目には種畜牧場の記載が見られ、畜舎と思われる建物が描かれている。当時、鍋島家の本邸は永田町の現在の首相官邸の位置にあった。しかし大正12年の関東大震災で倒壊。これを契機に行政業務地区に変貌しつつあった永田町の地をはなれ、松濤に本邸を構え、周辺の開発にも本腰をいれたのであった。

②松濤と鍋島家

松濤を開発した鍋島家は、代々肥前佐賀藩主を勤める家柄である。肥前佐賀藩は明治維新を推し進めた薩長土肥四藩の一つであるが、その原動力となったのは、10代直正（なおまさ／1814―1871）の進めた近代化であった。この功により、版籍奉還後病気療養中だった直正に永田町の敷地が与えられる。続く11代直大（なおひろ／1846―1921）は、若くして藩主となり、維新を経て新政府の要職につく。明治4年（1871）より8年近く英国に留学。松濤の土地を取得したのはこの直大の代である。その子12代直映（なおみつ／1872―1943）は、明治24～31年に英国ケンブリッジ大学に留学、卒業後に朝鮮総督府より農事調査の嘱託を受ける。直映は農事に明るく、松濤本邸の一部に農園を設け、蘭やメロン、葡萄などの栽培や品種改良も手がけた。松濤の開発は、直大から直映への相続税対策も一因とされ、土地台帳によると松濤の宅地化は関東大震災以前から見られる。当時、日本では英国で生まれた田園都市思想をうけた郊外住宅地の開発が始まっていた。大正10年（1921）に家督を引き継ぎ侯爵となった直映は、留学先の英国で見た貴族たちの郊外生活に加え田園都市の思想の影響を受けながら松濤の開発を積極的に進めていったのであろう。

③鍋島本邸

分譲住宅地を通るS字の入口道路を登ったところに正門があり、そこから本邸の玄関車寄せへと道がつながっている。道の西側は園芸を主体とした農園と研究施設、東側は庭園があり、さらに東側にテニスコートが配置されている。北側には鍋島氏を支える旧家臣の家屋や、当時まだ珍しかった自動車の車庫などが見られる。自動車は直映自らも運転し、その腕前はなかなかのものであったという。本館は洋風2階建て。戦後接収され、昭和29年（1954）からは西武系のホテル松濤となった。

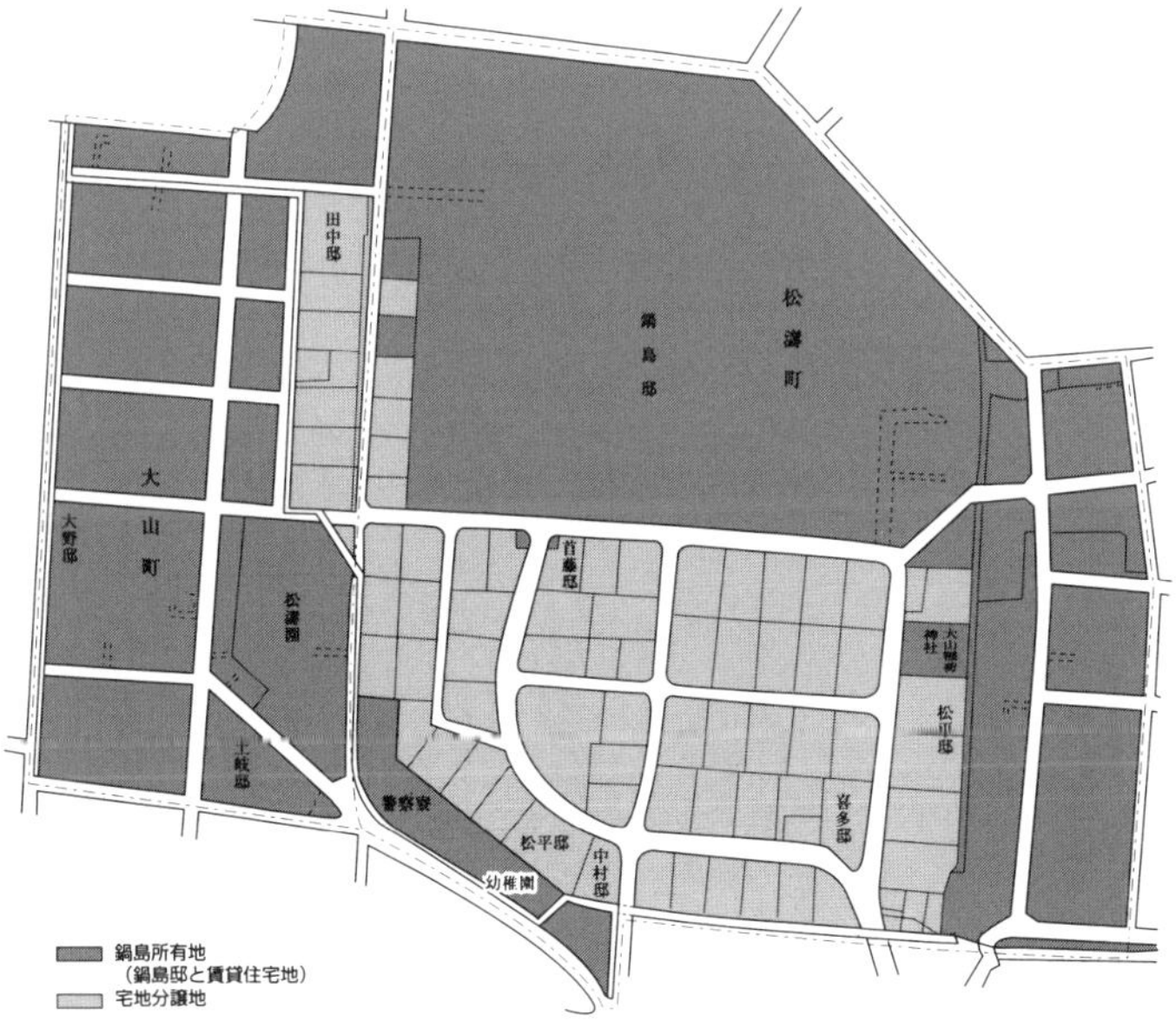

旧松濤町・旧大山町における鍋島所有地と宅地分譲地図（昭和10年）
（所蔵：渋谷区郷土博物館・文学館）

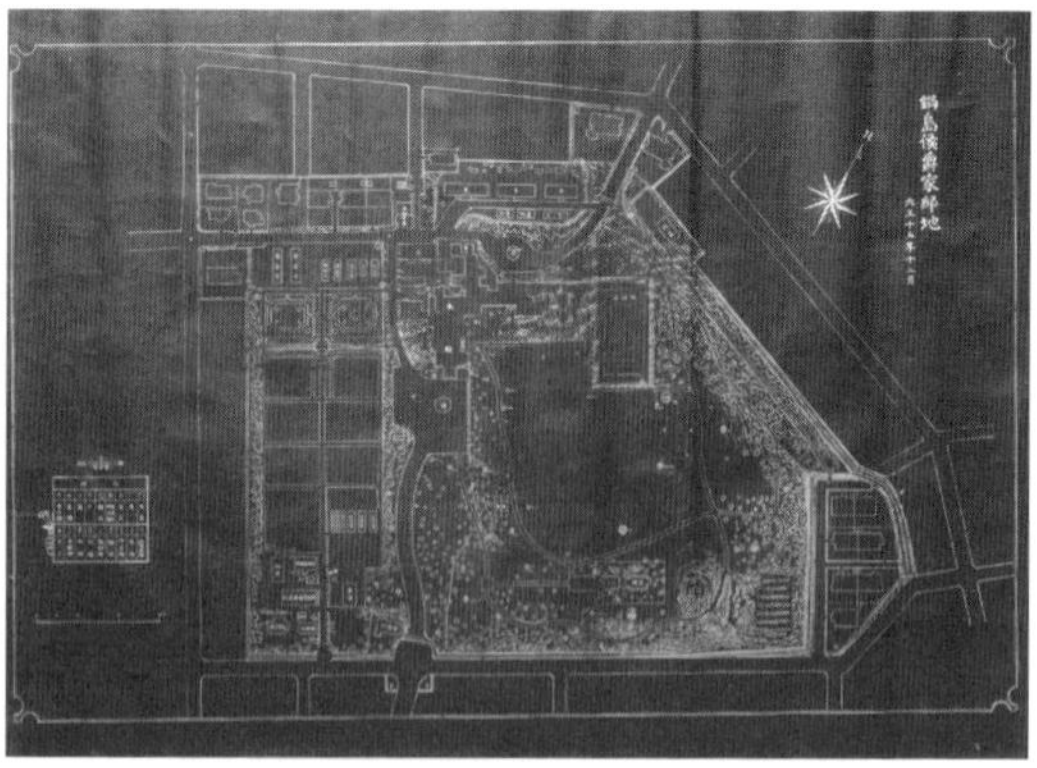

「鍋島侯爵家邸地」図面（大正15年12月）
（所蔵：公益財団法人鍋島報效会）

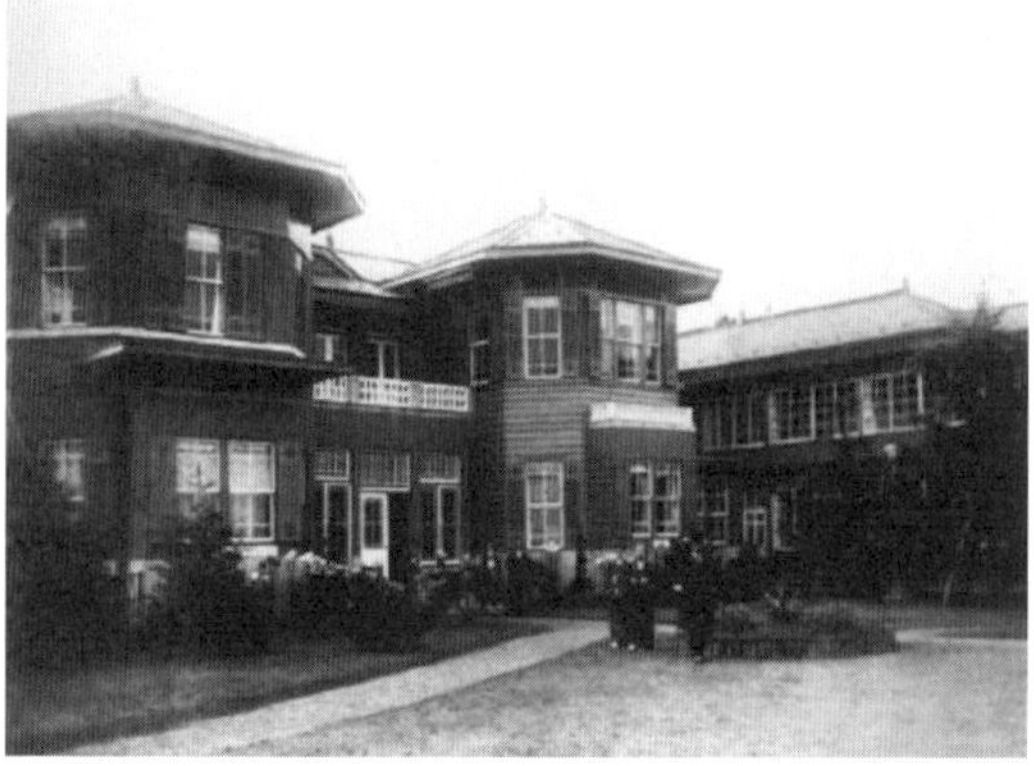
鍋島邸外観（所蔵：公益財団法人鍋島報效会）

伝・松濤園（所蔵：公益財団法人鍋島報效会）

④松濤の計画

松濤の開発は中村純九郎と原熙の2人の手に委ねられた。中村は肥前佐賀藩の出身で大正3年（1914）に退官するまで北海道庁長官、広島県知事などを歴任。大正3年に公職から退き、後に松濤の開発に従事。原は東京帝国大学農科大学農学科教授で、明治神宮の造園にも関り、日本のランドスケープアーキテクトの創始者といわれる。直映とは大日本園芸会長、副会長を務めた仲で、松濤内における農事研究にも携わっていた。

松濤は、大きく鍋島本邸、宅地分譲地、賃貸住宅地の3つで構成されている。本邸は、中央の高台に位置し、緩やかにS字を描くアプローチ道路が渋谷駅への道路に接続している。その道路沿い、本邸の南側に当たる部分は宅地分譲地。東側の渋谷の街に近い部分と、街から遠い西側は賃貸住宅地とする明快なゾーニングが行われている。宅地は250〜300坪で、大谷石の擁壁、ヒマラヤスギや赤松が植えられていたという。西側の谷戸には池を整備して松濤公園とし、その南側には商店を配置、このほかに幼稚園もあった。

⑤道路と宅地

街区の形状は、直線の道路により整然と区切られたグリッドプランを基本としているが、本邸入口道路だけは緩勾配のS字線形である。道路は舗装がなされ側溝が配置されている。宅地は切土、盛土によりひな壇造成され、分譲時には宅地間の斜面には芝が張られていた。宅地規模は250〜300坪。工事ごとに契約書類と図面があることから、工事は直営で行われていたと考えられる。図面は個人の署名などは見当たらない。開発当時、南側に松濤園事務所があり、その平面図には製図室などが記されていることから、開発に必要な図面はこの事務所で作られたの

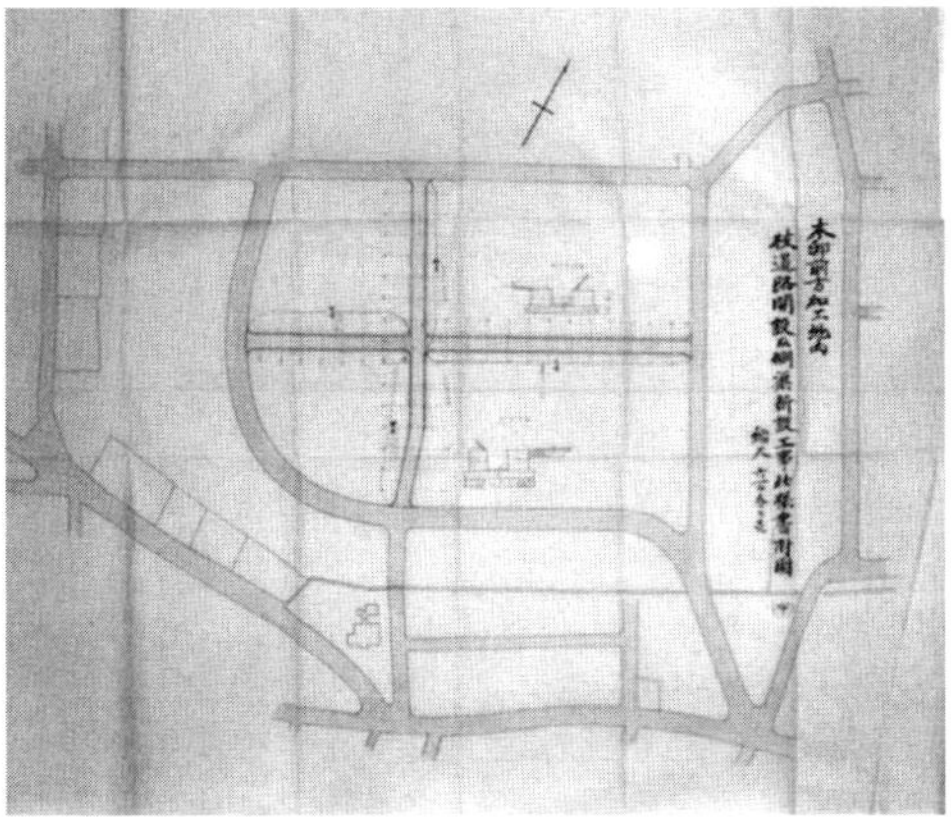

本邸前方加工地内枝道路開設及暗渠新設工事仕様書附図

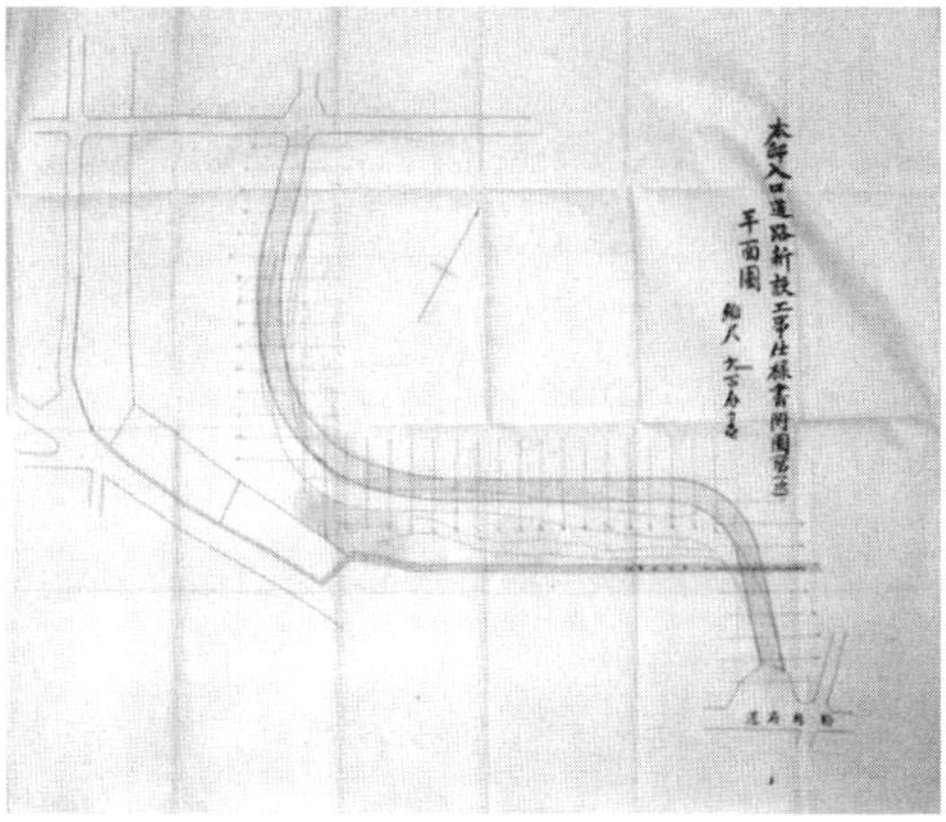

本邸入口道路新設工事仕様書附図

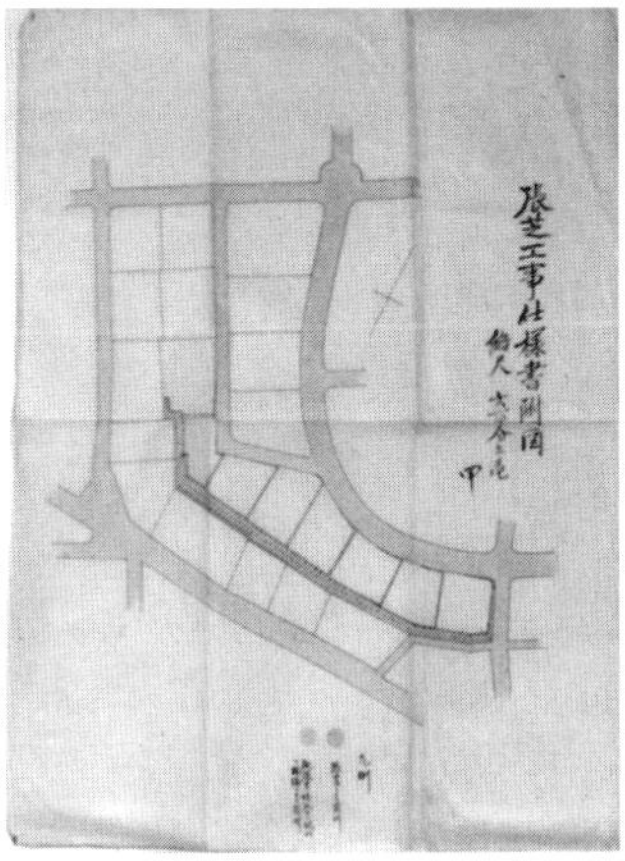

張芝工事仕様書附図

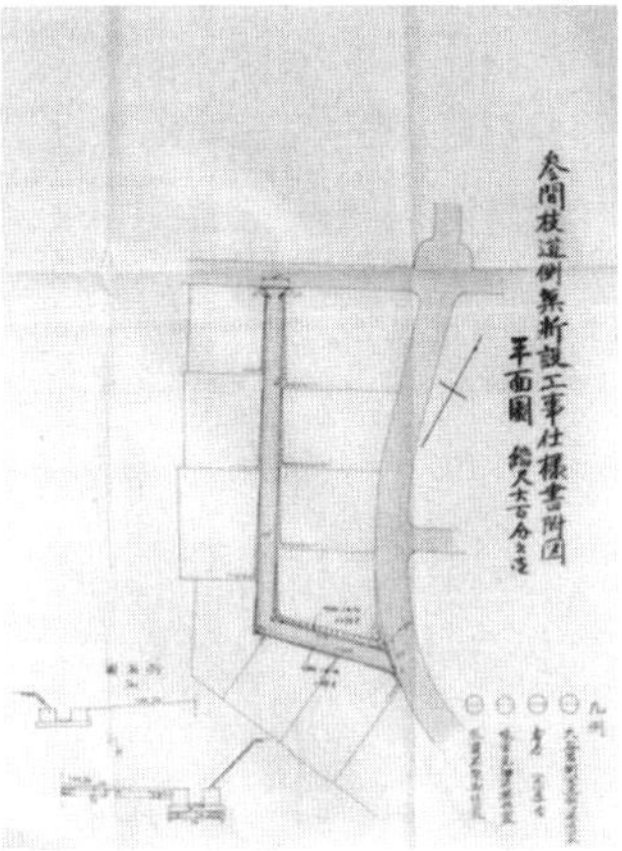

参間枝道側渠新設工事仕様書附図

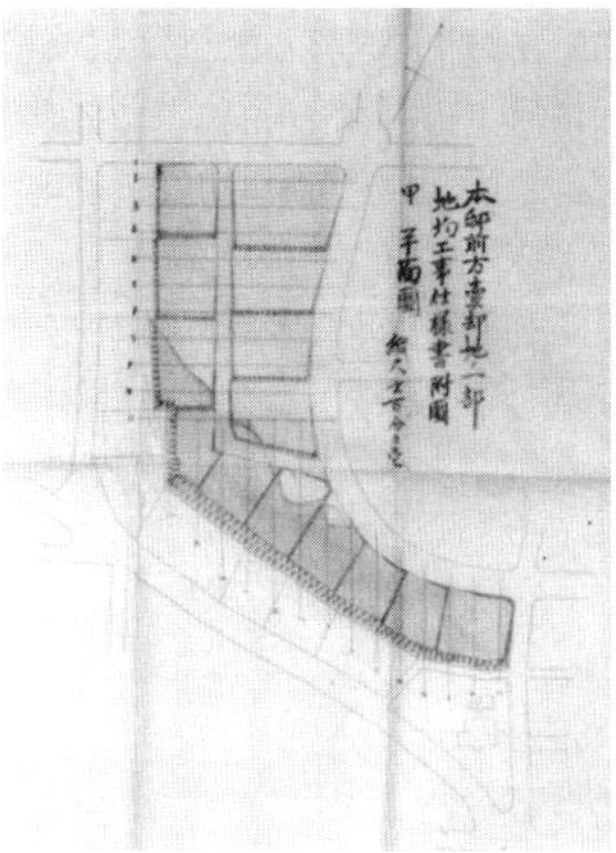

本邸前方売却地ノ一部地均工事仕様書附図

（所蔵：渋谷区郷土博物館・文学館）

ではないかと考えられる。

⑥松濤のくらし

「大日本職業別明細図之内東京府渋谷町」（昭和3年10月）によると、渋谷町の名家119件に対し、松濤町と大山町の松濤地区は22件と2割近くを占めている。内訳は分譲が主体の松濤町が19件、賃貸が主体の大山町が3件である。松濤では、他の宅地分譲地で見られる募集パンフレットの類は現在のところ確認されていない。居住者のお話を伺ったところ、入居のきっかけは人づての紹介とのこと。松濤の住人は佐賀藩関係者に限ったわけではないようだが、広く一般に公開して募集したのではなく、鍋島の新しいコミュニティに入るにはそれ相応のものが求められたようである。住民同士のつながりとしては、若者向けとしては青年会があり渋谷の喫茶店でレコードコンサートなどが開かれるなどそれなりの交流はあったが、基本的には他家には干渉しない大人の付き合いだったという。また年に1回程度、鍋島邸では居住者を招いて園遊会が開かれていた。

開発主が居住してコミュニティの中心となっていく住宅地としては、文京区向山の阿部家の例が知られているが、賃貸と分譲の配置や、整然とした宅地形状、本邸での園芸を主体とした農業研究、居住者との交流など、鍋島直映の描いていた新しい住宅地像はその規模やデザインの質とともに今後再評価されるべきであろう。

旧三島邸玄関

旧三島邸外観

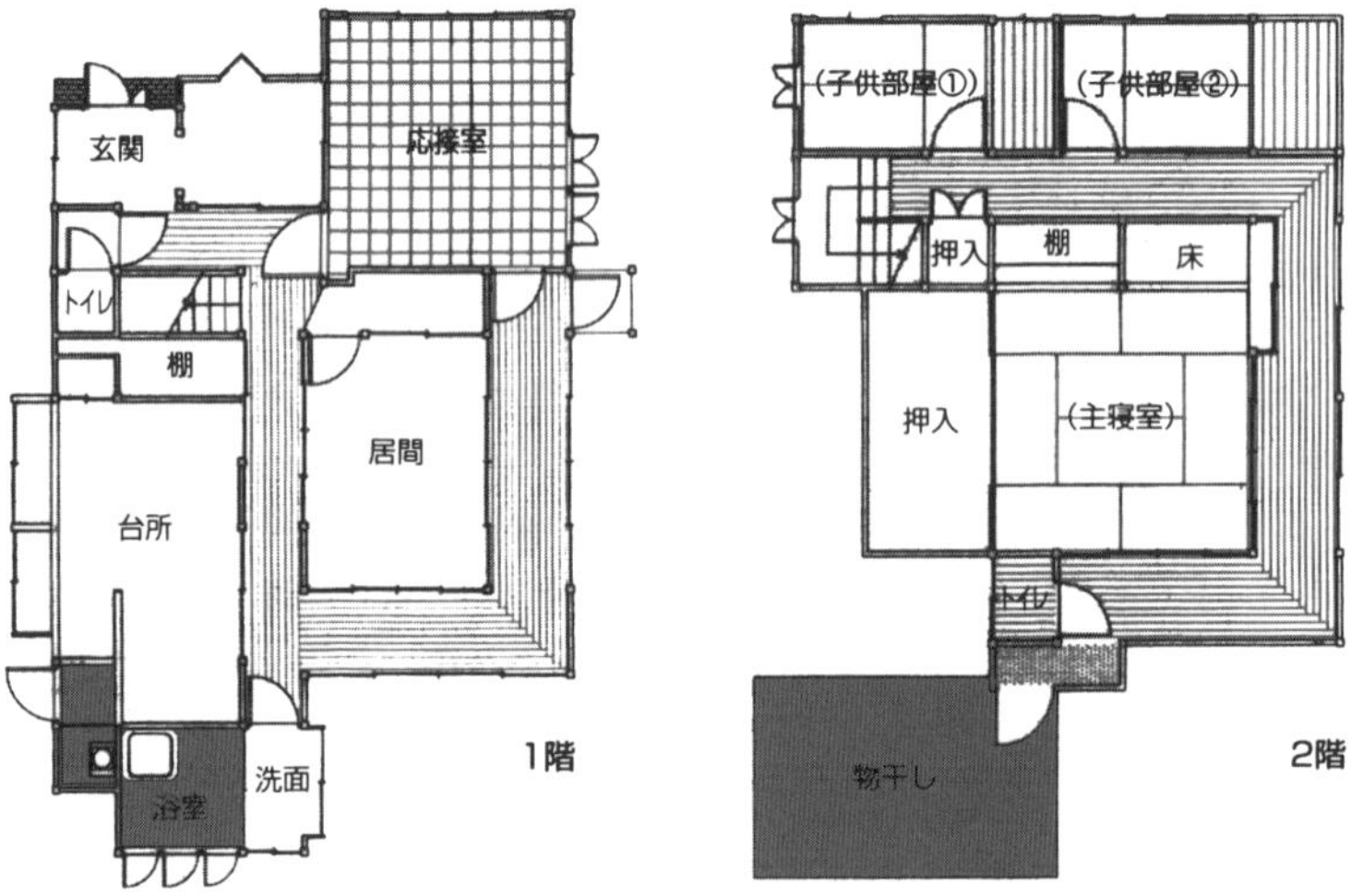

※台所は当初は女中室と台所にわけられていた。２階トイレは増築である。
平面図は平成５年の調査をもとに作成した。

旧三島邸１階・２階平面図　（所蔵：渋谷区郷土博物館・文学館）

⑦賃貸住宅

和風住宅（T邸）

この住宅は賃貸用として建設された和風住宅である。木造平屋建てで中廊下型の間取りである。図面は後年増築をしたときのものである。

洋風住宅（旧三島邸）

この住宅は、賃貸経営をしていた地区に残っていたもので、三島由紀夫が12～25歳まで過ごした住宅である。外観は急勾配の瓦屋根に荒い色モルタル壁のスパニッシュ風。1階は応接室と居間、台所、便所、浴室、2階は主寝室と子供部屋からなると思われる。応接室のみコルク敷きの洋室で、他は和室である。しかし、2階子供部屋と考えられる部屋には、作り付けの寝台が備えられていた。

（志岐祐一）

（2）代々木上原周辺における住宅地開発

①代々木上原周辺における宅地開発の概要

都市生活者は関東大震災後の大正末期には、郊外の住宅地を求めるようになった。郊外住宅地が発達した理由として、鉄道の開通も重要な要素であった。代々木上原周辺では、京王線、小田急線が開通された。

代々木上原駅周辺には、上原をはじめ、大山町、富ヶ谷、西原などの住宅地があり、現在でも良好な住宅地として知られている。これらの宅地開発は、大正末期から昭和初期にかけて行われた。宅地の開発には、

前田家分譲地住宅　昭和初期頃（所蔵：渋谷区郷土博物館・文学館）

箱根土地株式会社（現・株式会社プリンスホテル）や、山下汽船株式会社（現・株式会社商船三井）の社長山下亀三郎が関わる宅地開発を挙げることができる。また、徳川家や前田家など、華族所有の宅地分譲も同時期に行われた。左記のリストは、代々木上原周辺の住宅地開発を整理したものである。中でも、大山町周辺では、大山園分譲、徳川山分譲、前田家分譲などのまとまった規模の開発が行われている。ただ、その開発の経緯は、史料に乏しく不明瞭な点が多い。ここでは既往研究の『渋谷区大山町、上原（町）における戦前の中流住宅の調査研究』市村富士雄編修著（日本大学建築工学科）、地誌『まちの記憶』辻野京子著、地誌『大山町誌』大山町会発行を参考に行う。

・代々幡町代々木土地区画整理事業　組合施工　大正15年～昭和7年（1926～1932）
・名称不詳　昭和初頭　地元地主　荻島、帝都土地株式会社
・前田家分譲地　昭和2年　前田利為
・大山園分譲地　7600坪　箱根土地株式会社、山下亀三郎
・代々木初台分譲地　昭和6～17年　5340坪　三井信託株式会社
・三井信託銀行分譲　昭和7～13年　2942坪　三井信託銀行
・代々木西原分譲地　昭和8年　3233・7坪　三井信託株式会社
・代々木富ヶ谷土地区画整理事業　昭和12年　鍋島直映　一人施工
・徳川邸跡分譲地　目黒蒲田東京横浜電鉄株式会社　田園都市課
・代々木徳川山分譲地　昭和15年　約1600坪　箱根土地株式会社
・大山園土地区画整理事業　昭和15～18年

②民間企業による分譲

●大山町の初期宅地開発について

大山町およびその周辺の宅地開発は、昭和元年（1926）頃の周辺地主の荻島氏と帝都土地株式会社によるものがさきがけとされている。当該地区内に、住宅を備えていた個人による土地の売買および住宅の建設関係の資料が、横浜開港資料館に残されている。大山町に土地を購入し、自邸を建てた際の領収書が2点ある。一点は、後述する山下合名会社が大正11年（1922）に発行したもの。もう一点は、日本土地建物株式会社が同年に1万円を領収したことを示すものである。さらに、住宅工事に関する史料として大正12年に日本土地建物株式会社と記された各種内訳書もあり、同時期に住宅建築工事も行われていることがわかる。荻島氏や帝都土地株式会社の名は確認できなかったが、大山町の中でも、最初期に宅地開発が進められたとされている地域内で、山下合名会社および、日本土地建物株式会社が大正11年当時から宅地開発に携わっていたことがわかった。

●箱根土地株式会社による土地開発

昭和6年からは、大山園分譲住宅の第一分譲が始まる。この分譲は、箱根土地株式会社によって行われたとされている。大山園は、山下汽船社長の山下亀三郎の所有であった。山下亀三郎は自邸を建てるため、大正7年に徳川頼倫より26400㎡の土地を購入した。しかしながら、山下は自邸建設を取りやめ、分割して市民に提供する方針に変更した。

結果として、大山町在住者の史料によると、土地は山下合名会社から購入したことになっている。山下合名会社が山下汽船が大正6年に組織変更を行ったときに作られた会社で、山下亀三郎が主となっている会社である。山下汽船と箱根土地株式会社の関係は不明である。一部の史料からの推測ではあるが、箱根土地株式会社が、山下の土地を山下合名会社所有のまま、開発・販売を行ったと考えられる。箱根土地株式会社は、大山町の分譲以前に目白文化村で分譲を行っている。その手法として、地主たちの土地を買い上げるのではなく、土地所有権は地主たちのままで開発を行っている。当該地区においても、同様の手法が採用されていると考えられる。これは、後述する信託会社に類似した方法であったといえる。

●三井信託株式会社による土地開発

民間企業による分譲地開発は、箱根土地株式会社の外に三井信託株式会社の事例があげられる。三井信託株式会社については、加藤仁美氏による『戦前の信託会社による住宅地開発について』にまとめられている。これによれば、三井信託株式会社は、東京都内において60箇所の宅地開発を行っていたことが確認されている。信託とは、財産を自ら管理運用する能力やその時間的余裕のない者が、信頼できる他人にその財産の管理・運用・処分を委ねる制度のことをさす。信託会社の不動産関連業務は、土地及びその定着物、地上及びその賃貸件の信託受託と、併用業務中の代理事務としての不動産管理代行、不動産売買及び賃貸の媒介などであった。

代々木上原周辺では、三井信託株式会社によるものとして、代々木初台分譲地と、代々木西原分譲地の2箇所が確認される。前者は、現在の代々木5丁目付近、後者は代々幡斎場の隣地で行われた。代々木初台分譲地は昭和6年（1931）に不動産代理事務契約が締結され、不動産代理事務契約終了が昭和17年である。代々木西原分譲地は、昭和8年に同契約が締結されている。それぞれの分譲地は、計画前に分譲地のランクを上・中流向き、中流向き、中流以下向きと分けており、上原周辺の両分譲地は、中流向きとされている。同時期に行われた三井信託株式会社以外の宅地開発も、土地の規模や、道の幅などが同等であることから、上原周辺が当時の中流向きとして開発されたことがわかる。

●目黒蒲田電鉄株式会社 田園都市課による宅地開発

徳川邸跡分譲地、現上原2丁目は、昭和13年、目黒蒲田電鉄によって徳川邸跡地の分譲地として売り出された。その範囲は、後述する代々木富ヶ谷土地区画整理事業地に接する形で行われている。本事業は、代々木富ヶ谷土地区画整理事業地で造られた道路および街区にあわせて宅地設計が行われていることが地図で確認できる。この事業を行った目黒蒲田電鉄株式会社田園都市課は、田園都市株式会社を前身としている。田園都市株式会社は渋沢栄一によって大正7年（1918）に立ち上げられた住宅地開発のための組織で、代表的な開発として、田園調布があげられる。昭和13年（1938）に売り出されたこの地域は、「省線渋谷駅前より東横バスにて約5分。二ツ橋下車直前、帝都電車駒場駅より約5分の交通至便なる地点にして地味高燥、空気清澄なる高級住宅」として売り出された。販売方法は、「幣社当分譲地に於て植木、庭石等の整理を開始するや、土地分譲予約の殺到を見ましたが弊社は凡ゆる情実を排して、一斉に売却を開始致します。」とされている。当該地区の近隣にあたる松濤は、その販売先が土地の所有者であった鍋島氏によって選定され、誰でも買える土地ではなかった。徳川邸跡分譲地は、松濤の分譲とは違い、公募によって販売を行うことを売り文句としていることから、松濤との違いを示していると思われる。本事業の分譲方法も、土地のみの販売で、建築物はなかった。時代は戦争へと向かっており、建築行為も行いづらく、販売直後は空き地が多かった。住宅建設が進むのは戦後になってからで良好な住宅地が完成するまでには時間がかかったようである。

③土地区画整理事業による宅地開発

土地区画整理事業を用いた、宅地開発は代々木上原周辺において3箇所で行われた。代々木土地区画整理事業、代々木富ヶ谷土地区画整理事業と大山園土地区画整理事業である。本稿では史料のある代々木土地区画整理事業と、代々木富ヶ谷土地区画整理事業について話を進める。

土地区画整理制度とは、大正8年（1919）の都市計画法で、都市計画の手法として位置づけられた制度で、地主達が自主的に行う「任意的土地区画整理」と、土地所有者の意思に関係なく国が決めた都市計画を遂行するための「強制的土地区画整理」に大別することができる。本稿で説明する区画整理は、すべて「任意的土地区画整理」にあたる。

代々木土地区画整理事業は、大正15年11月22日に設立認可が下りた。都内で行われた区画整理事業の中でも17番目と、初期の区画整理事業であった。規模はおよそ4700坪で、昭和7年（1932）に換地処分が行われている。換地処分とは、土地所有権の清算が終わった事を指し、実際の宅地工事は換地処分前に終わっている。つまり、昭和7年には住宅の建築工事がすでに始まっていたと推察される。本事業は、組合による事業であった。これは、土地所有者が自主的に集まり、組織として自ら事業を遂行していたことを表している。

「徳川別邸分譲案内」パンフレット
（所蔵：渋谷区郷土博物館・文学館）

代々木上原周辺の宅地開発地域図（川上悠介氏作成）

昭和12年には、代々木富ヶ谷土地区画整理事業の申請が東京府へ提出され、昭和13年1月10日に一人施工による区画整理事業が認可された。規模は、9000坪と小規模であった。一人施工とは、前述の代々木十地区画整理事業が土地所有者によって組織された組合によって行われたことに対して、土地所有者が一人で自主的に開発を行ったことを意味する。その一人とは、鍋島直映であることが申請書類からわかる。周辺の状況は申請書類によると、「高低差約10mに及ぶ傾斜する狭隘なる谷地にして原野の状態なり」とされ、宅地でも、農地でもなかった土地であることが窺い知れます。さらに、地区外の現況として、「東部は名教中学校を始め其他住宅密集し西部は旧徳川邸跡地にして樹林地なるも漸次開発せらる予定なり（中略）北方は分譲住宅区域にして目下建築漸増しつつあ

昭和13年の代々木大山町付近
（所蔵：渋谷区郷土博物館・文学館）

り」と記されており、西側は徳川邸跡地が開発予定とされていること、北側も宅地として住宅が増えていることがうかがえる一文となっている。工事施工の目的内には、「中央に11mの幹線道路を築造して之に連絡する区画整理支線を配置し土盛を行ひて宅地を造成し以て土地の宅地としての増進を計らむとするものなり」とある。現在の富ヶ谷2丁目と上原2丁目の境を走る2車線道路が上記の「11mの幹線道路」にあたる。この道路には、現在「東海大学前」交差点として信号機も設置され、地域の主幹道路となっている。また、「区画整理支線」を配置した結果も現地で見ることができる。例えば、東海大学の敷地北部に接する道路は、主幹道路から数メートル中へ入ると、急に道幅が狭くなる。この道幅が狭くなる場所が、区画整理が行われた場所との境を今なお示す遺構といえ、地域一帯の区画を整えることを念頭に置いた計画であったことがわかる。西部に接する徳川邸跡地は、鍋島によって行われた区画整理で完成した道路幅や、街区に合わせて開発が行われていることが地図からもわかる。

●まとめ

以上より、代々木上原周辺の宅地開発を概観してきた。その結果、代々木上原周辺では、畑や荒野、あるいは大邸宅の敷地全体の開発といった、宅地としては未開発であった土地を切り開き分譲した経緯が確認できた。また、その手法も多様で、土地所有者による自主的な開発や、民間企業による開発が確認できた。大山町においては、様々な企業や土地所有者が同時期に開発を行ったことで、地域一帯に同規模かつ同時期の住宅が建設された。また、大山町は戦後まもなくＧＨＱによって多くの住宅が接収された地域であった。このことからも、大山町が宅地開発に成功し、優良な住宅が多数建設された地域であったことがわかる。

上原、富ヶ谷地域においても、鍋島による土地区画整理事業と徳川邸分譲地は、開発主が違うにも関わらず、区画割や道路幅が統一された開発であったことがわかり、結果として大規模な開発につながっている。

代々木上原周辺は、都心部にもっとも近い郊外住宅地として位置付けることができ、今でも閑静な住宅地となっている。

（川上悠介）

トピック

①旧徳大寺邸分譲地

現在の神宮前1丁目周辺には明治期より徳大寺家の大きな邸宅があった。しかしその土地は売却され、昭和2年（１９２７）箱根土地株式会社により分譲されている。分譲範囲は明らかでないが、分譲以前の徳大寺邸範囲をその後の地図と比べるなどすると、おおよその分譲範囲が特定できる。ただ、徳大寺邸跡から明治通りまでの分譲の境界は詳らかでないが、敷地割の形と道路形状により推定し、その部分は点線で記した。

②旧浅野邸分譲地

安芸広島藩浅野家は、江戸時代、現在の神宮前3・4・5丁目付近を下屋敷・抱屋敷として所有していた。明治期には、そのほとんどの土地をそのまま取得したようである。その後の経緯は明らかでないが、大正期にもそのままその土地を所有していたようである。

江戸時代には、浅野家の抱屋敷部分である、神宮前4・5丁目に浅野家の邸宅があった。しかし、大正3年（1914）、明治神宮造営が決まると、浅野家の敷地の中央にその参道（現・表参道）が通ることとなり買い上げられている。そこで浅野家は参道北側の土地を所有したまま借地として提供し、表参道の北側に大正12年穏原尋常小学校分教所（後の渋谷区立神宮前小学校）が、昭和2年（1927）同潤会青山アパートが完成する。参道の南側は昭和3年「青山前浅野侯爵土地分譲」として、8000坪あまりの土地が箱根土地株式会社によって売却分譲された。

分譲地の範囲を記録する正確な資料は見つかっていないが、北側は表参道、東側は浅野家所有地、南側は大山家所有地である。西側は分譲境界が定かでないが、旧浅野邸敷地範囲の境界の位置や区画の形や区画道路の有無などにより推定し点線で記した。

徳大寺邸分譲地範囲推定図
（所蔵：渋谷区郷土博物館・文学館）

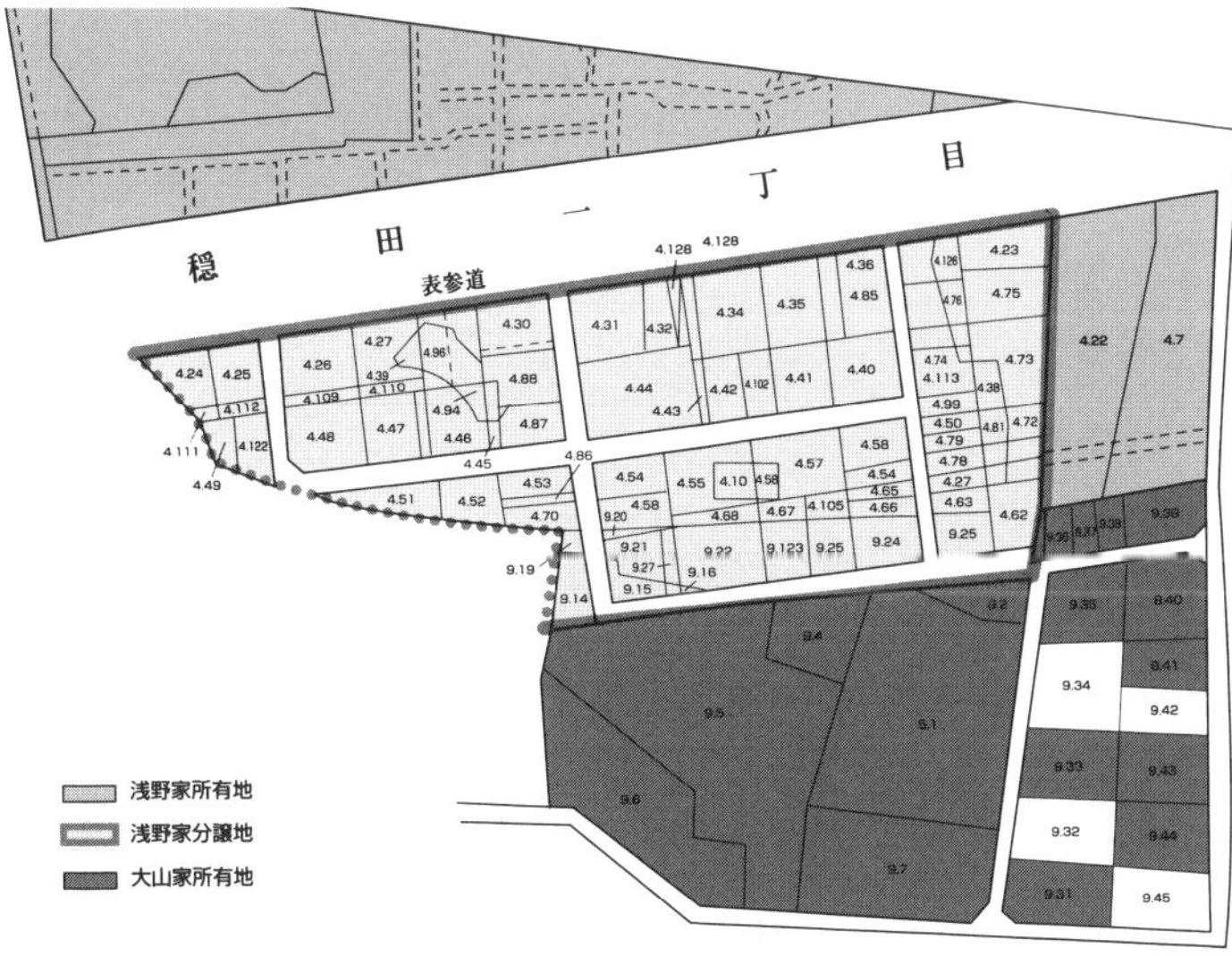

浅野家分譲地範囲推定図
（所蔵：渋谷区郷土博物館・文学館）

〔1－3－②〕『品川区史　通史編　下巻』（品川区、一九七四年、四六二～四九一、五〇〇～五〇九頁）

人口の変化

(1) 人口の急増

驚異的な人口増加

今日の品川区は四〇万に近い人口を有し、その人口密度は一平方キロ二・五万人もあって、都内各区のうちでは台東・豊島・荒川三区と並び、もっとも人口の密集した区の一つになっている。

しかし、明治時代には、東京の市街地に隣りあっていながら、まだまったくの田舎であり、その人口も明治の初め（明治七年）の概数は約一・九万人であり、下って明治三〇年代になっても約三万人に過ぎず、その人口増加の趨勢は微々たるものであった。

ところで、明治末期から大正・昭和の初期にいたると、この地域の人口増加の動きはめざましく、とくに大正八～九年から十二年の関東大震災をへて、昭和七年の新市域編入時までの十年余りの期間の増加ぶりは、まさに驚異的ともいえるのであった。

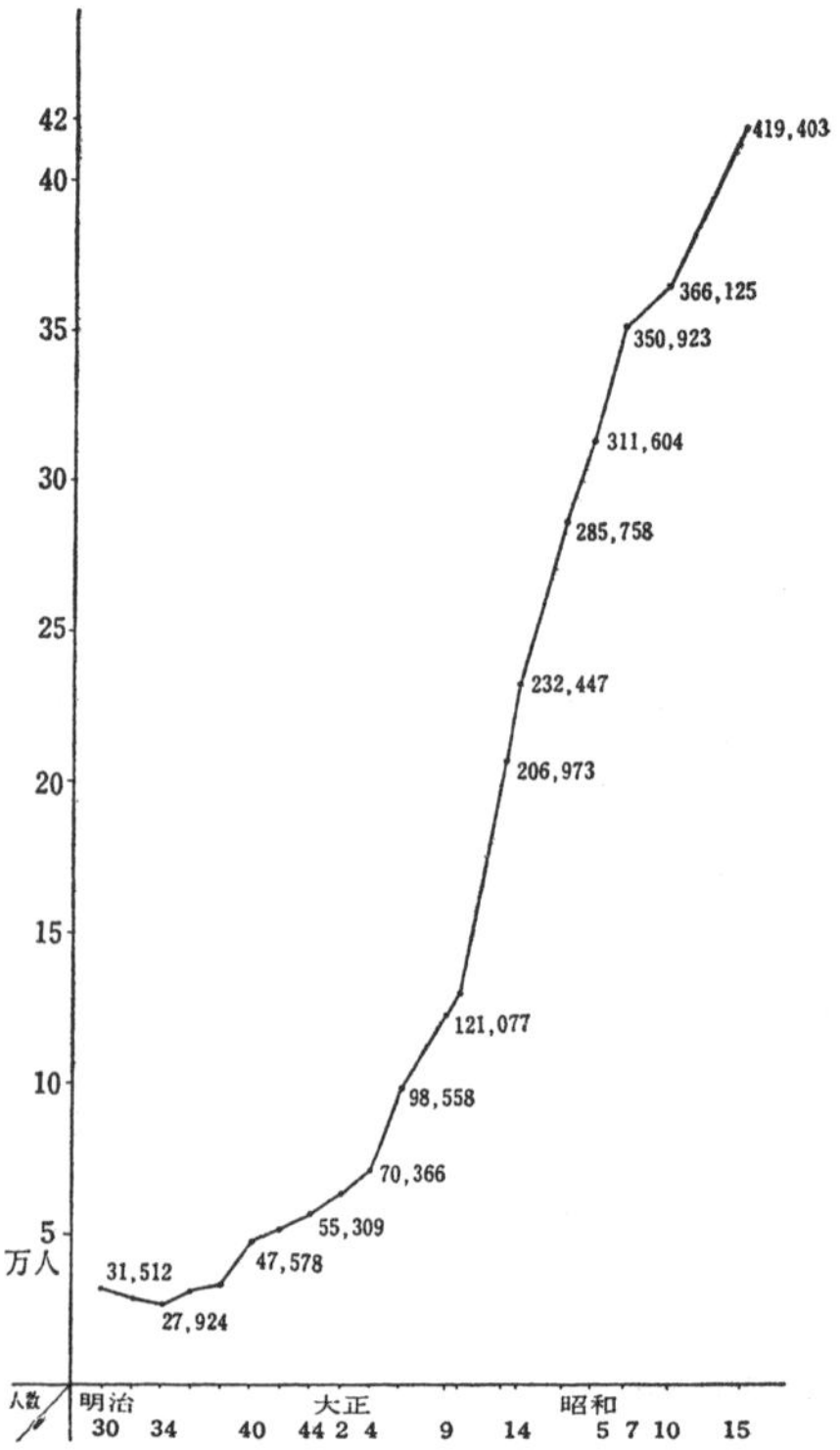

第１図　明治後期から昭和戦前期の品川の人口推移

この人口増加の動きをグラフによって眺めてみよう（第1図）。

明治四十一年、五万を超えた人口は大正四年ころまでさしたる伸びを見せないが、四年以降、第一回の国勢調査が行なわれた大正九年までに約七万から一二・一万へと約一・七倍という増加を示す。次いで第二回の国勢調査時の大正十四年には約二三・二万となって約二倍の増であり、次いで昭和五年には三一・二万と大正九年の二・六倍、そして第四回の昭和十年には三六・六万で同じく三倍となり、当時すでに今日の人口とさして変わらぬ人口稠密度をもつにいたっている。

従って、昭和七年の市域編入時には城西・城北の農村的色彩の濃かった他の新市域とは違って、名実ともに東京の町場としての姿をそなえて、大東京の一員に加わったということができよう。このような急ピッチの人口の増加は、大正とくに第一次世界大戦以降、近代工業の発展のいちじるしかった東京が、新たな工業用地を求めて、この地区の目黒川沿い低地や、海岸部におびただしく進出して工業地域が生みだされたこと、また、大正十二年の関東大震災による旧市内の壊滅が、新しい安全な居住地を求める人々を多く作りだし、それと時を同じくしてこの地域が目蒲・池上電鉄など郊外電車の開通により、都心への交通の利便が増したことが、新興住宅地としての発展をうながしたという大きな要因をあげることができよう。

他地区との人口増加の比較

この時代の品川における人口増加が東京の他の地域と比較して、どのようなものであったかを知るために、当時の東京の人口密度図によって、その変化を年を追って眺めてみよう。

第2図は、大正九年・十四年・昭和五年・十五年時の各国勢調査実施時における現都内の範囲を旧各区によって比較した密度図である（品川は旧品川区と旧荏原区）。

これを見ると、旧品川区は大正九年時すでに一・一万人を示し、旧荒川区とともに当時の郡部のなかではもっとも高い率を示しており、次いで大正十四年には旧荏原区が早くも一万人台に仲間入りをしているが、統計（第1表）でみると大正九年の一四七〇人から一二四六二人へと飛躍的な増を示している。また、昭和五年には荏原は品川を追い越して二万台（二二七八五）に達し、昭和十五年には荏原は三万台（三二四三二）、品川も二万台（二一七六六）に達している。

これを見ると、旧荏原区の人口増加の趨勢は、東京の他地域に較べて飛びぬけたものであったことを物語っており、また旧品川区も、新市域のなかでは早くから市街地的な性格をそなえていたことを示している。

次に、第2表の統計を見てみよう。この表は大正九年・十四年・昭和五年の、旧東京の市域並びに昭和七年時編入された新市域全体の人口、並びに品川（旧品川と旧荏原の合計）の実数と指数を示したものであるが、これを見ると旧市域が関東大震災後人口の減少をみているのに対し、新市域の人口は増加が顕著であることがわかるが、なかでも品川の指数は新市域のそれよりもかなり高い、品川の人口がこの時期に異常な急増

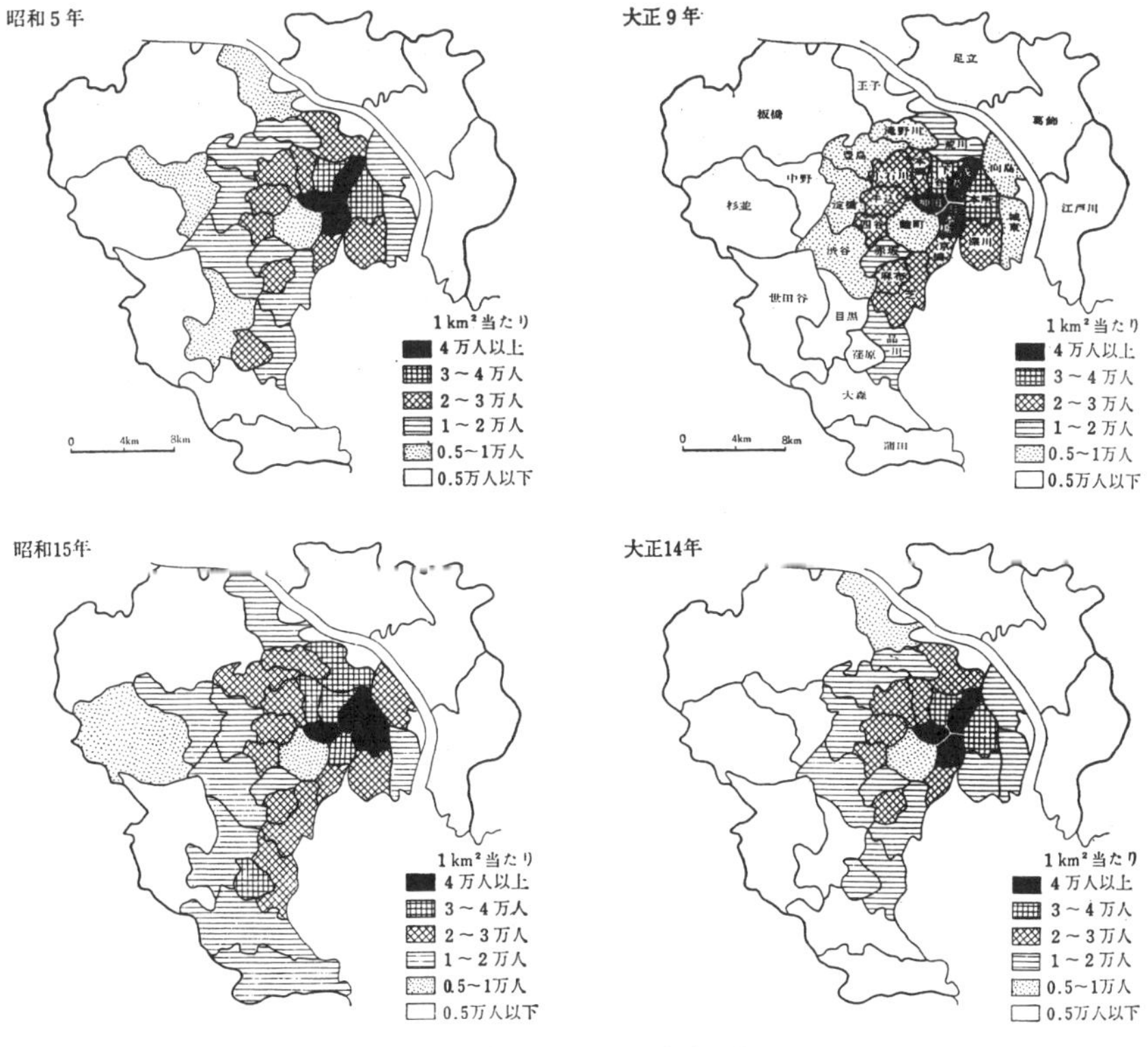

第2図　東京各区の人口密度変化図

を見せた事実を読みとることができる。

(2) 町別にみた人口の推移

当時の品川はじっさいには品川町・大崎町・大井町・荏原町（平塚村）の四つの町村からなっており、その人口の動向もこの四地区ではかなりの相違を示していたので、この四町の動きを第3・4図を参照しながら追うことにしよう。

明治後期の人口動向

明治三十年から明治四十二年までの動向をみると、荏原ではほとんど変化がみられず、品川は一時減少、その後ふたたび増加するという動きを示しているのに対し、大井・大崎では明治三十四年ころから徐々に人口増加の動きを示し始めるとともに、それが三十九年以降にいたっては急カーブを描くようになり、大井町では統計数値の上では三十九年から四十年の間に倍増という驚異的な増加を示している。これは当時、大崎・大井では工場の設立がようやく盛んになってきた時期にあたり、それに伴う人口増がこの二町で始まったことに起因するといえよう。

都市化時代の人口動向

品川町　明治四十二年から大正元年まで停滞、大正元年から四年にか

第1表　東京各区の人口密度の年度別変化（国勢調査による）

区　別	大正9年	大正14年	昭和5年	昭和10年	昭和15年
全　市	5,863	7,174	25,498	10,293	11,834
麴　町	7,933	6,808	7,090	7,286	7,068
神　田	49,029	41,461	41,928	44,163	41,348
日本橋	40,583	33,709	34,557	36,497	32,621
京　橋	28,095	23,582	25,840	28,832	27,841
芝	20,827	19,941	20,425	22,157	22,235
麻　布	20,657	20,505	20,176	20,479	20,784
赤　坂	14,466	14,190	14,001	13,651	12,954
四　谷	21,685	23,154	23,169	23,556	23,593
牛　込	24,229	24,921	24,776	25,017	24,739
小石川	24,176	25,185	24,999	24,280	25,521
本　郷	27,821	27,720	27,857	28,997	30,009
下　谷	36,332	34,248	34,506	37,802	37,538
浅　草	48,618	44,004	45,828	51,934	51,435
本　所	39,475	31,907	36,248	42,865	42,127
深　川	22,013	19,468	21,474	25,992	27,519
品　川	**11,076**	**15,764**	**17,663**	**20,105**	**22,766**
荏　原	**1,470**	**12,462**	**22,785**	**27,907**	**32,431**
目　黒	1,513	4,279	7,348	10,332	13,496
大　森	2,133	4,038	6,298	8,608	11,922
蒲　田	1,312	2,640	4,500	6,660	11,413
世田谷	658	1,448	3,038	3,468	4,638
渋　谷	9,005	12,440	14,015	15,410	16,844
淀　橋	9,339	13,378	15,268	16,818	18,802
中　野	1,895	5,537	8,705	11,576	13,895
杉　並	531	1,935	3,946	5,578	7,198
豊　島	8,280	14,935	17,848	20,212	23,545
滝野川	7,829	15,827	19,385	22,022	25,136
荒　川	11,494	20,679	26,566	30,862	33,234
王　子	3,415	5,347	8,006	10,704	13,786
板　橋	663	1,010	1,656	1,870	2,889
足　立	1,163	1,667	2,383	3,263	4,321
向　島	8,274	15,470	19,972	23,966	26,496
城　東	7,179	11,112	14,048	16,802	18,900
葛　飾	773	1,381	2,361	2,954	4,277
江戸川	842	1,379	2,072	2,761	3,788

第2表　地域別人口の変化

年次	実数			指数		
	旧東京市	新市域	品川	旧東京市	新市域	品川
大正9年	2173 千人	1185 千人	121 千人	100	100	100
14	1995	2114	232	92	178	192
昭和5年	2070	2915	311	95	246	257

けて漸増、大正四年から七年は停滞、次いで大正十三年まで漸増、十三年以降は停滞といういくつかの弧をもったカーブを描いているのが特徴である。

実際には大正二年から大正十二年の一〇年間に約二倍の増加を示し、かなりこの時期には人口増加が激しかったといってもよい。しかし、これも他地区に比較するとゆるやかであり、大正中期には社会的増加、すなわち人口の流入の伸びはほぼ止まり、とくに大震災以降の停滞からみると、自然増加分にあたる人口が、他地区に流出するという人口流出地域としての傾向を、その当時から持つようになったということがいえる。その点、この町はすでに当時から旧東京市域の性格と似かよった人口の動きを示していたものと解釈される。

大崎町　明治三十九年以降上昇を続けた人口は大正十三年まで、かなりの上昇率を示しながら増加する。すなわち明治四十五年の一万人から、六年後の大正六年には二万人を突破し、次いで大正八年には三万人台、そして大正十三年には四・八万人に達している。しかし、それ以降、昭和に入ると停滞ぎみで昭和三年にいたってはじめて五万人台に達している。この点からいって人口増加の趨勢は品川町と同じ傾向をもっていたといえる。

大正期の急増は、この時期に目黒川沿岸地域の工場地化、山手線五反

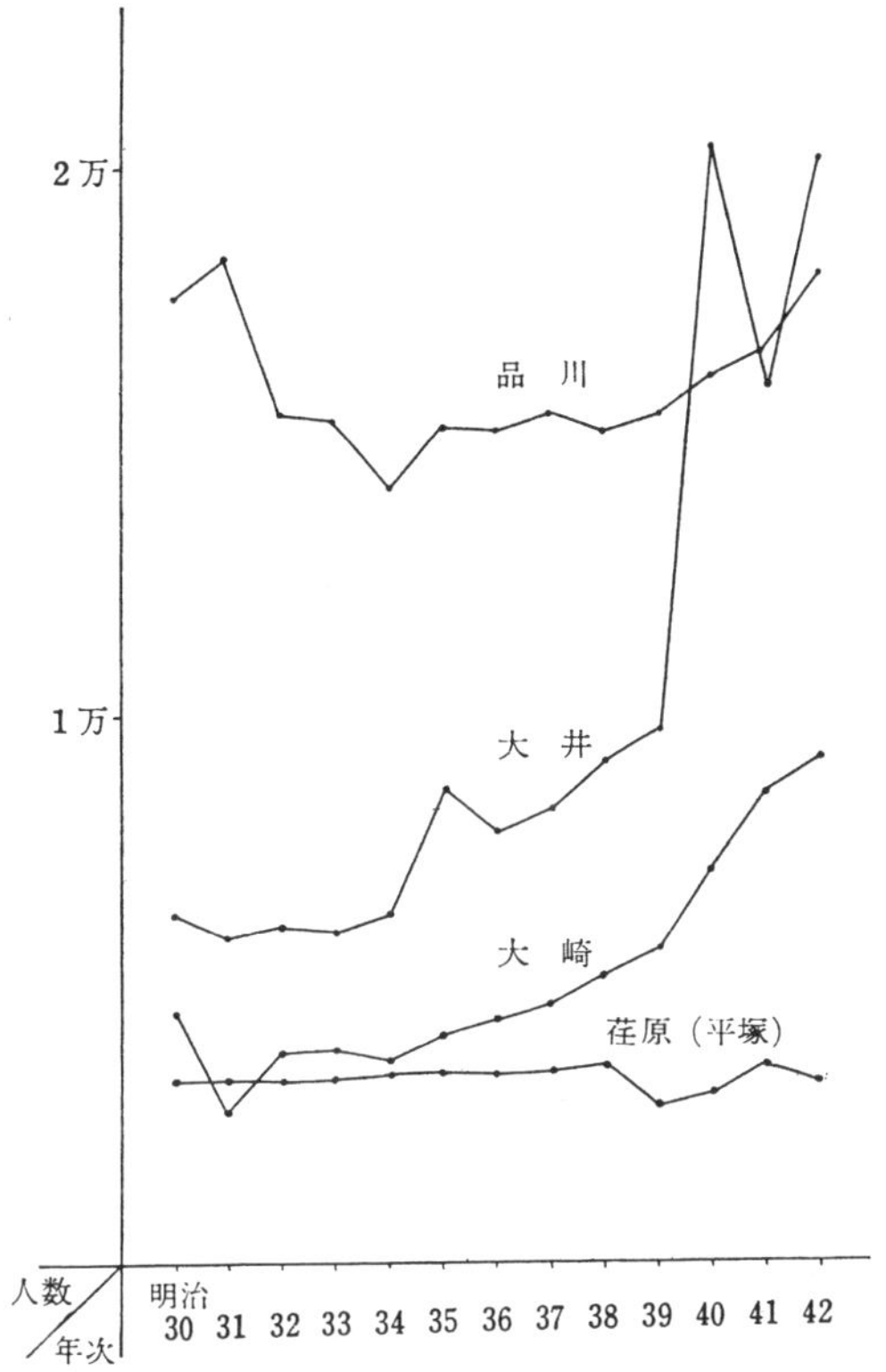

第３図　明治後期の町村別人口の変化（明治30年～同42年）

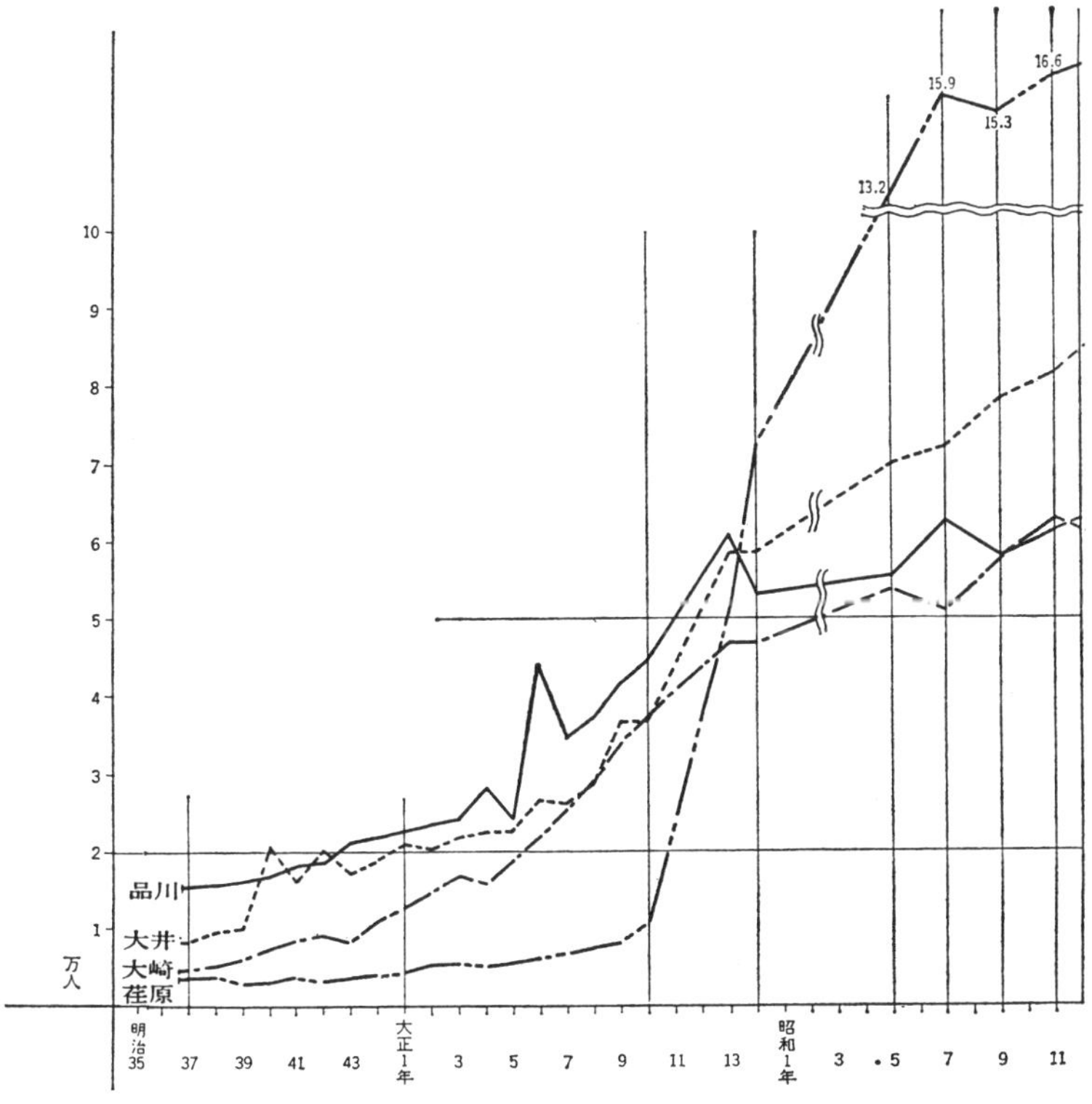

第４図　大正・昭和初期、町村別人口の変化（明治42年～昭和５年）

田・目黒駅付近の商業地としての発展が急速に行なわれた結果である。しかし、大正十二・三年を境にこの町の都市化も一応完了した結果、昭和期に入っての人口の停滞がもたらされたということができる。

大井町　明治末年に急増した人口は、大正に入ると五年まで停滞を続ける。しかし、大正五年以降急速に上昇のカーブを描き、大正十二年には大正五年の二・二万に対して五・八万と二倍半以上の増加を示している。しかし大正十二年からは十五年まで停滞し、昭和に入るとやや漸増の傾向を示している。

この大正五年から十二年までの人口増は、大正三年の大井町駅の開業による影響が大きく、駅周辺の発展や、海岸部低地の工業用地化の促進によってもたらされた。また昭和以降の漸増はこの町の西南部にとり残されていた農村部に住宅が進出し、また大正期にはまだ空地のあった海岸低地の工業用地がこの時期になって補てんされたことなどに起因しているといえよう。

荏原町　明治末年から大正十年まで、この町の人口は停滞的で、わずかな増加を示すのみであったが、大正十一年以降になるとその増加の趨勢はいちじるしく、人口のカーブはまさにうなぎ登りの勢を示している。これを大正九年の国勢調査人口八、一四四人を一〇〇として、その後の各年の指数を表わすと、大正十年一三一から始まり、十一年二七二、十二年四三七、十三年六四三、十四年には八四七となり、次いで大正十五年八九四、昭和二年一〇七一、三年一二八三、四年一四一六、そして五年には一四五〇、すなわち一四・五倍という驚くべき増加を示し、その人口も一三・二万に達している。この増加率は当時の東京周辺の町村のなかで飛びぬけて高い数字であり、また一町一三・二万という実数も府下の町村での最高の人口を有する町であった。

この人口の急増によって、いままでたんなる近郊にある蔬菜作りを主とする一農村に過ぎなかったこの町は、都市通勤者の住む新興の住宅町へと一変したのであった。この人口増加の理由は、大正十二年の目黒駅からの目蒲線の開通、昭和二年大井町駅からの大井町線、同じく昭和三年五反田駅からの池上線と郊外電車の開通が相つぎ、この町からの東京市内への交通がたいへん便利となったこと、また大正六年以降、住宅地化を考慮に入れて進められていた耕地整理による土地の区割化が当時にはほとんど終わり、平坦な台地上の畑地を宅地に変えるのにたいへん便利であったことなどの、地元側の受入れ体制ができた上に、関東大震災による市内の住宅欠乏がはなはだしく、そのため市の内外から住宅を求める移住者がどっとこの町に押し寄せてきた結果であった。

以上、四町それぞれについて人口の推移を見たわけであるが、これを各町を比較しながら全体的にまとめると次のようにいうことができる。

古くからの町場であった品川町を除き、この地域の都市化は明治末年ころから徐々に始まり、それに伴って全体としての人口の増加も顕著となる。

その動きは、まず、大井・大崎町に始まるが、この両町では明治末期から大正期の十年ころまでの間に、各地に工業地化・住宅地化の動きが本格的に進められ、それに伴ってこの地区の人口も急増のカーブを描く。しかし、品川町をふくめた三町は、大正十年以降になると地域的にはほぼ都市化を終わった段階に入るため、それまでのような激しい人口増はみられず、全般的に停滞的となる。

それに対して、対称的なのは荏原町であって、大正十年代、とくに関東大震災を通じて激しい都市化ブームがおこり、その動きは昭和七年の市域編入時まで持続する。そのため人口の増加も累年にわたって著しくみられた。

第３表　大正９年の町別人口統計（国勢調査による）

町村別	世帯数	男	女	計	一世帯平均人口	男100に対する女の比率
品川町						
北品川宿	2,633	6,097	5,830	11,927	4.46	95.62
歩行新宿	513	1,381	1,524	2,905	5.65	110.35
南品川利田新地	236	517	487	1,004	4.25	94.20
南品川宿	2,811	8,846	8,180	17,026	4.44	92.47
二日五日市	1,592	3,649	3,218	6,867	4.19	88.19
南品川猟師町	309	696	634	1,330	4.30	91.09
計	9,094	21,186	19,873	41,059	4.46	93.80
大井町						
大井町	8,250	18,388	18,271	36,959	4.27	99.36
計	8,250	18,388	18,271	36,959	4.27	99.36
大崎町						
上大崎	1,907	4,266	4,295	8,561	4.48	100.68
白金猿町	236	480	455	935	3.96	94.79
下大崎	2,092	4,881	4,213	9,094	4.31	86.31
居木橋	1,700	3,764	3,313	7,079	4.14	88.07
谷山	853	1,998	1,643	3,641	4.08	82.23
桐ケ谷	1,291	2,965	2,562	5,527	4.21	86.41
計	8,079	18,354	16,483	34,837	4.26	89.81
平塚村（荏原町）						
戸越	1,069	2,418	2,288	4,706	4.40	94.62
中延	253	770	689	1,459	5.77	89.48
小山	88	279	259	538	6.11	92.83
上蛇窪	79	219	199	418	5.29	90.87
下蛇窪	294	763	638	1,401	4.61	83.62
計	1,783	4,449	4,073	8,522	4.75	91.55

また、増加した人口のなかみは品川・大崎・大井の三町が地元に職場をもつ工業・商業者が比較的多いのに対して、荏原では住民の多くが東京市内へ通勤する都市勤労者層を主体としており、また消費人口の増加に伴って小売商店の来住も多く、私鉄駅付近には人口の密集した新興商店街の発生をみるといった違いを示していた。

(3)　人口の分布

この時代の人口が品川の地域内にどのように分布していたかを、当時の町別人口統計のうちから、大正九年と昭和五年を利用し、またそれを分布図にしたものから見ることにしよう。

大正九年の人口分布

都市化の初期、大正九年の町別統計並びに分布を示すのが第3表及び第5図である。品川町の統計を見ると北品川宿（約一・二万）と南品川宿（約一・七万）に人口が多く、次いで二日五日市《ふつかいつかいち》町は約六九〇〇、歩行新宿は約二九〇〇となっており、東海道沿いの旧宿場町が人口集中地区となっており、それに対して海岸部の猟師町・利田新地は一〇〇〇人程の人口を有する漁村としての存在であったことがわかる。一世帯あたりの平均人口をみると、歩行新宿が五・六五人と多い上、男女の比率が女子一一〇・三五と高いことは、遊廓と関係のある数値であろう。この人口を明治七年時の各町の人口と比較してみると、北品川宿が四倍、南品川宿三・一倍であるが、二日五日市は三八倍と非常に高く明治初期には農村部であったこの地区に、多くの人家が立ち並び、人口が増加したことを物語っている。また、歩行新宿は一・八、猟師町一・七倍と少なく、利田新地は六・六と増加している。

次に大崎町では下大崎九〇〇〇、上大崎八六〇〇と人口が多く、次い

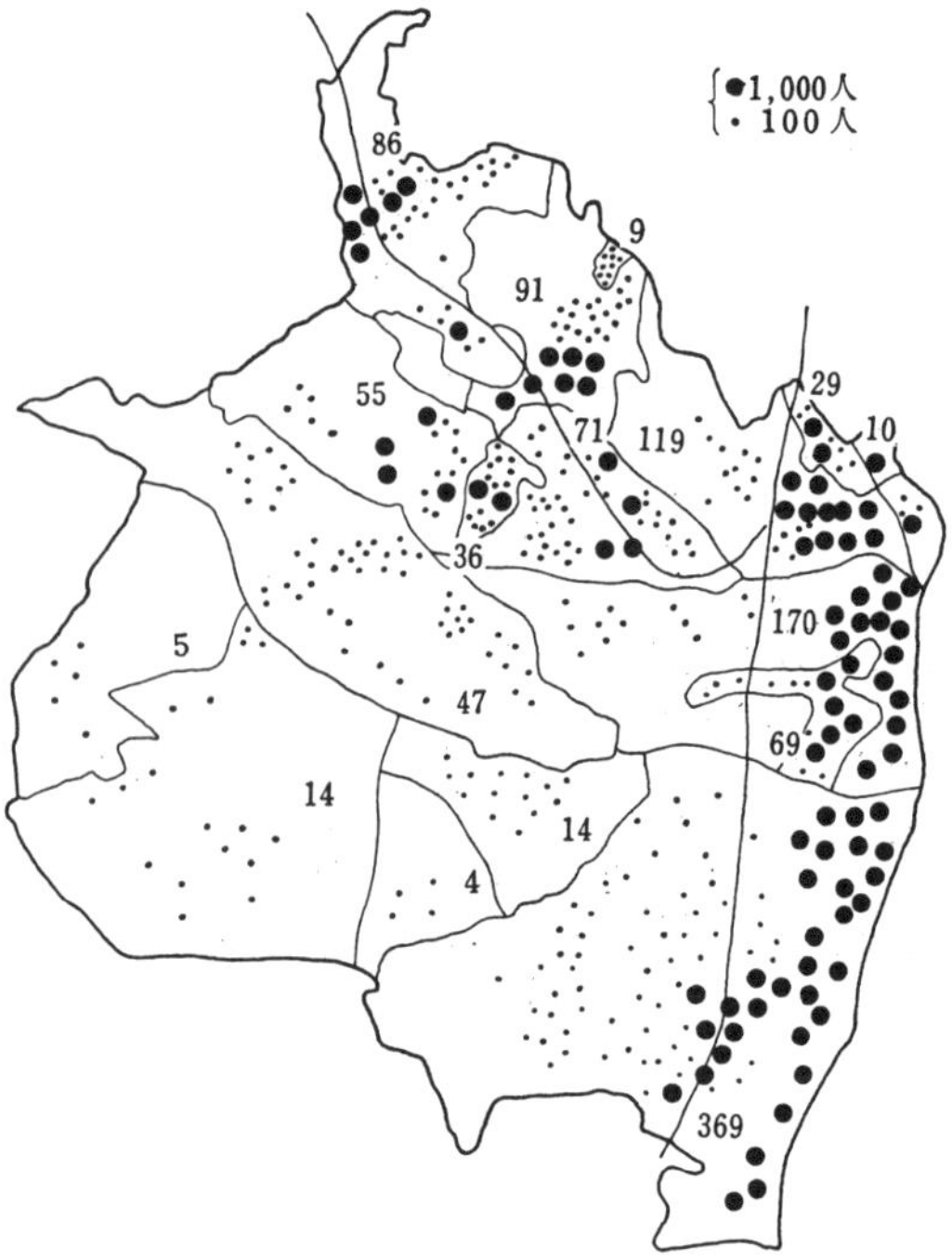

第5図　大正9年、町別人口分布図

第6図　昭和5年、町丁別分布図

で居木橋は七〇〇〇となっており、明治七年の人口がそれぞれ一九九、五一五、二八五であることから、とくに下大崎の人口の増加が著しかったことがわかるが、これは山手線五反田駅周辺の集落の発展の動向を示している。

平塚村は、戸越の四、七〇六をのぞくと、中延・下蛇窪が一四〇〇人台、小山・上蛇窪にいたっては四〇〇から五〇〇人であり、当時はまだ全くの農村集落に過ぎなかったことがよくわかる。

また、明治七年の人口は戸越八七九、中延七八八、小山四四四、上蛇窪一九三、下蛇窪三〇五であって、戸越の人口増が大きく、小山・上蛇窪の人口は停滞していたことがわかる。また一世帯あたりの平均人口は、農村地帯だけあって、五人以上が多いのもこの地区の特徴である。

大井町は全町をまとめた統計しか得られないので地域的の比較はできないが、明治七年の人口と較べると八・八倍とかなり高い増加をとげている。

この統計を利用して、品川の人口分布の概要図（ドットの位置は大縮尺地形図上の集落分布をもとに推測でうってあり正確ではない）を作ってみると、当時の人口は、海岸線に連らなる東海道沿いと、大井町・五反田・目黒駅などの駅付近に密集し、内陸部の平塚村付近はまったく人口の疎らな地域であったことを知ることができる。

昭和五年の人口分布

大正十年以降の荏原地区での急激な人口増加の結果、人口の分布は大正九年に較べて大きな変動がみられる。この統計を使って大正九年と昭和五年との間の各町別の人口増減率を計算してみると第4表のようになる。

これを見ると、荏原町の増加がひじょうに大きいことがわかるが、なかでも小山は実に四〇・八倍、上蛇窪三四・九倍という比率を示し、最低の戸越でも八・九倍となっている。

　これに対して品川町では歩行新宿が八七％と減少しているのをはじめ一〇〇～一二〇％台が多く、南品川宿が一七五をしめるに過ぎず、また大崎町でも桐ケ谷の二九五％をのぞき一〇〇～一五〇％台が多く、白金猿町では六〇％に減少している。桐ケ谷の増加はこの地区が荏原町に近い農村地帯であったことが、住宅地化の促進で、この高い率を出したものである。

　したがってこの時代の人口分布図を見ると、大正九年時に大きな地域的差異のあった人口分布が、南西の荏原地区の急激な人口増加によって、全域的に平均化されたことを物語っている。

(4) 人口構成の変化

　この時代の品川のように、人口の増加が激しく行なわれたときには、ただ人口の絶対数が増加するだけではなく、その内容、たとえば人口の年齢構成とか職業別構成、それに世帯あたりの人数などいろいろの面での変化もいちじるしいものである。そこで、当時の品川でこれら人口構成がどのように変わったかを探ってみよう。

　ところで、この地区での当時の人口増加の大きな特徴は、四つの町でかなりの相違がみられるので、四地区を比較しながら考察していくこととする。

年齢構成の変化

　各年度の国勢調査の統計によって地区ごとの年齢構成について眺めてみる。この年齢構成をみるのにもっとも適当な方法は、いわゆる年齢ピラミッドグラフを作成して、地域・年度で比較する方法であるが、当時の統計の集計が、年齢階層の区分が複雑である上、年度によって区分が

第４表　大正９年と昭和５年の各町人口の増減率

大正９年＝100

町名別	比　率
品川町	
北品川宿	101.6％
歩行新宿	87.2
南品川利田新地	101.4
南品川宿	175.7
二日五日市	119.2
南品川猟師町	123.5
大井町	191.1
大崎町	
上大崎	135.2
白金猿町	60.8
下大崎	119.5
居木橋	147.5
谷山	119.1
桐ケ谷	295.8
平塚村（荏原町）	
戸越	892.0
中延	2,471.5
小山	4,081.9
上蛇窪	3,493.0
下蛇窪	1,249.7

第５表　昭和５年　町丁別人口統計（国勢調査による）

町丁別	人口	町丁別	人口	町丁別	人口
北品川一丁目	2,634	上大崎五丁目	365	大井北浜川	3,903
二	4,698	長者丸	130	関ケ原	1,957
三	2,690	五反田一丁目	5,934	寺下	1,553
四	2,634	二	1,324	南浜川	5,112
五	1,460	三	2,993	水神町	514
六	632	四	510	鈴ケ森	6,196
南品川一丁目	2,568	五	566	海岸	1,404
二	2,445	六	1,050	坂下	1,801
三	2,699	下大崎一丁目	589	鹿島	1,315
四	5,370	二	1,462	倉田	4,177
五	8,175	西大崎一丁目	6,087	鎧	4,687
六	3,836	二	1,940	権現	1,573
西品川一丁目	246	三	1,362	森下	4,054
二	1,417	四	2,247	山中	4,725
三	4,714	大崎本町一丁目	1,217	滝王子	3,369
四	4,303	二	2,479	庚塚	1,541
五	2,323	三	2,635	出石	1,186
東品川一丁目	1,019	東大崎一丁目	2,424	原	3,310
二	1,642	二	813	森前	2,592
三	7	三	1,795	伊藤	3,445
四	0	四	5,037	金子	1,698
上大崎中丸	1,667	五	2,736	荏原戸越	41,980
一丁目	2,641	大井鮫洲町	2,558	小山	21,951
二	1,745	林	1,156	中延	36,060
三	798	立会	3,703	上神明	14,601
四	1,233	元芝	2,551	下神明	17,510

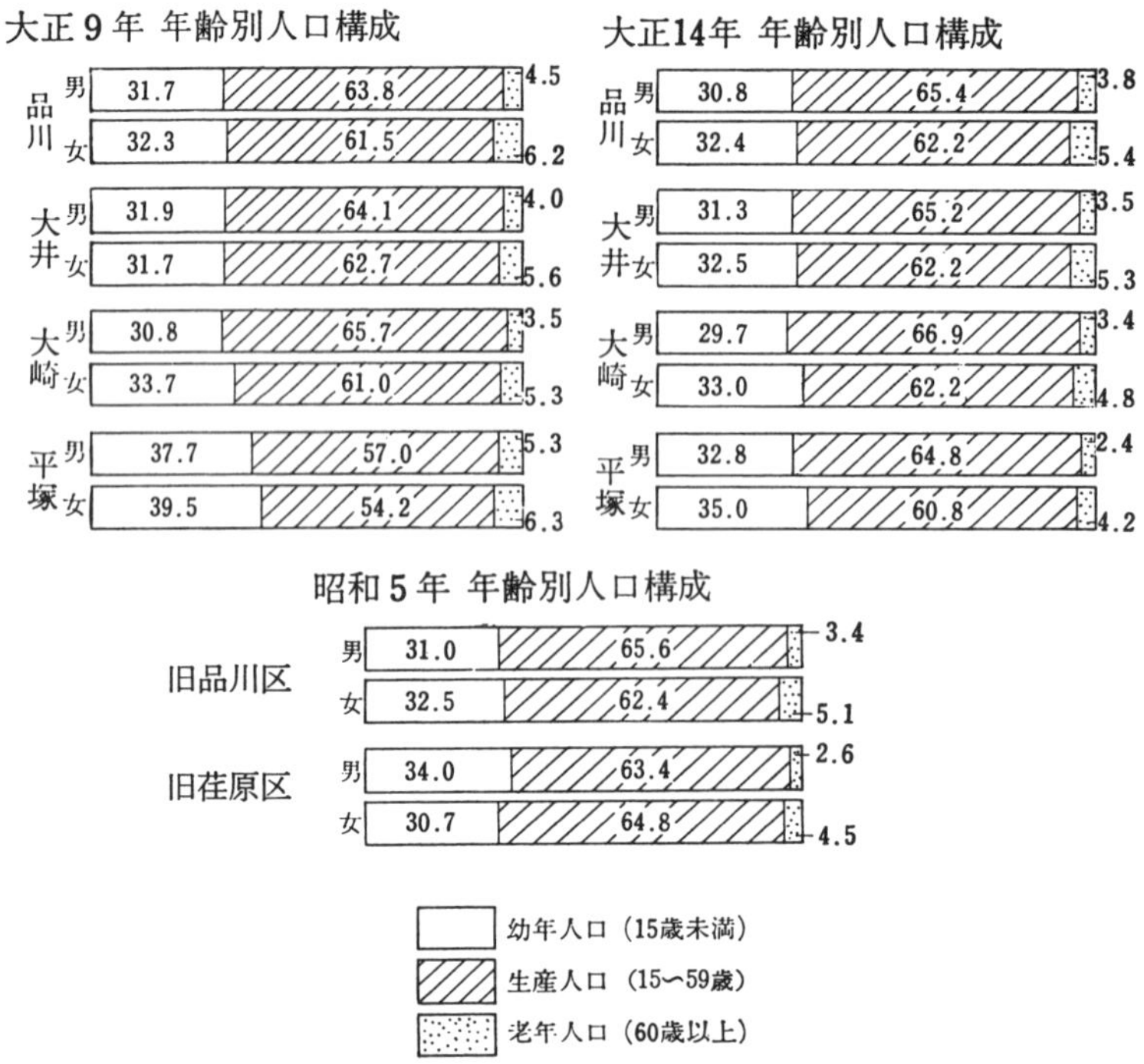

第7図　人口構成の推移（大正9、大正14、昭和5年の年齢構成の推移および昭和19年年齢構成図）

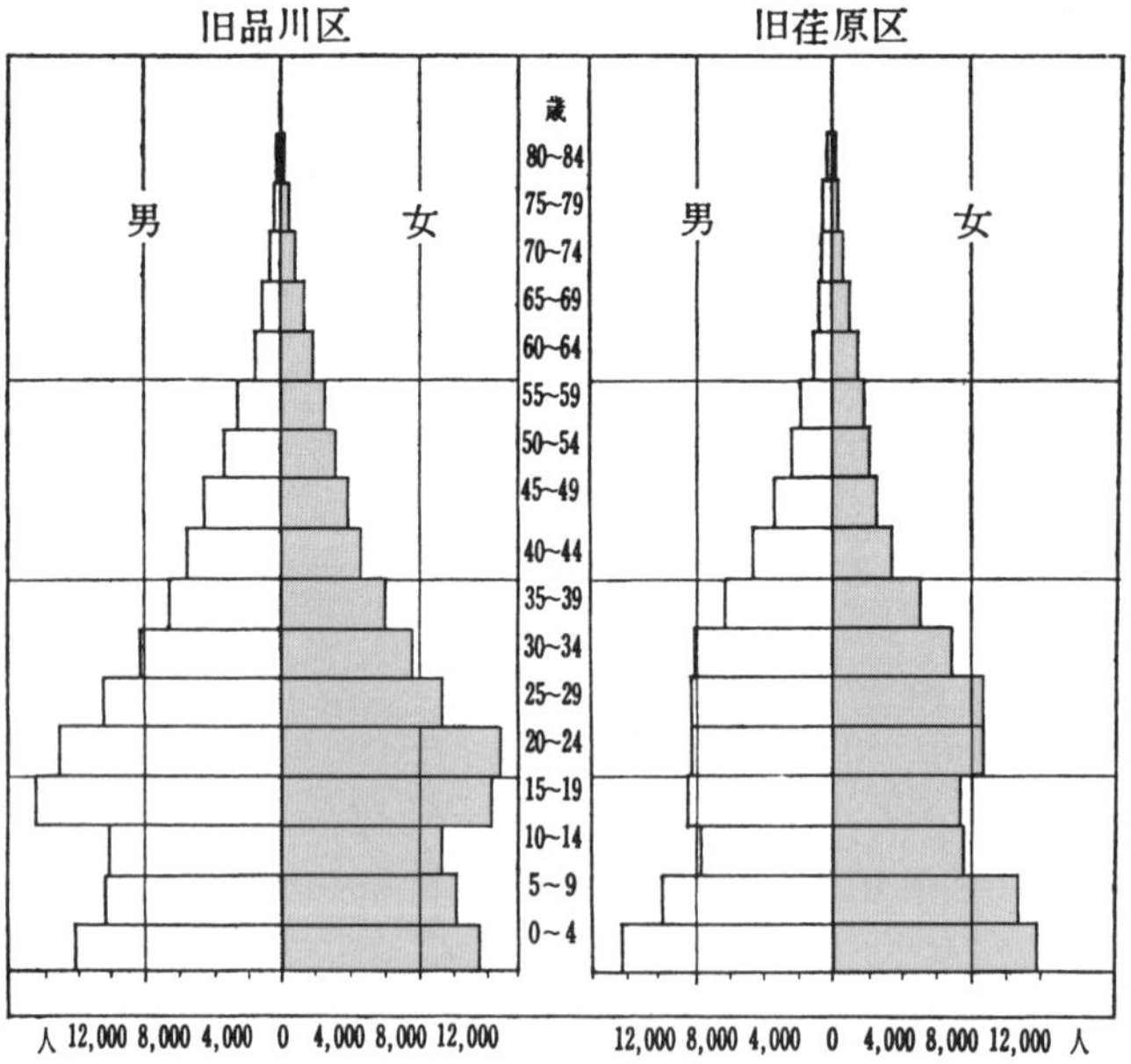

第8図　昭和10年年齢別・男女別人口構成

異なっていることなどがあってそれが不可能である。そこで、やむなく、幼年人口（〇～十四歳）生産年齢人口（十五～五九歳）老年人口（六〇歳以上）の三段階に区分し、その比率によって考察することにする（都市では農村にくらべ、生産年齢人口が大きいのが特徴であるから従ってこの統計では生産年齢人口の比率の伸びが、都市化の尺度を計る指標となる）。

大正九年の統計グラフをみると、男子の生産年齢人口は品川が六三・八％、大井六四・一、大崎六五・七という数値を示しており、この三町はすでにこの時期には、いわゆる農村にみられるピラミッド型から都市的な「たる型」の年齢構成を暗示しているのに対して、平塚（荏原）は五七・〇であって、前者三町にくらべるとかなり低く、まだ当時は農村型にとどまっていたことが推察される。

次いで、大正十四年についてみると、生産人口が品川・大崎・大井とも大正九年に較べて一％程度の増加をしめすだけで、ほとんど差がみられないのに対し、平塚（荏原）はこの五年間に六四・八と七・八％の増加をとげており、この間の他地域からの大量の人口流入が生産人口を増大させ、もはや都市型へ転じたといってよい。また、男子と女子の比率をこの五年間で比較すると、大崎をのぞく三地区では、生産人口の比率の差が、大正九年に較べて開いており、男子若年層の流入が多かったことをうかがい知ることができる。そして、昭和五年次の旧品川区と旧荏原区とでは、両者にほとんど差異のない状態となっている。

次に、この時代より少し後の時期となるが、昭和十年時の年齢ピラミッドグラフがあるのでこれを眺めてみよう。

これを見ると、旧品川区では十五～十九、二十～二十四歳の若年階層がもっとも多く、明瞭に都市の典型である「たる型」であるのに対し、旧荏原区では最高が〇～四歳で、二〇から三十四歳がかなり多いやや円垂型に近い農村型をしていることがわかる。これは近郊住宅地としての特徴である青壮年層を戸主とし、幼児の多い家族構成が多いことの反映とみられ、若年の単身家族層が比較的少ないことを裏付けている。

次に十四歳から二十四歳までの若年人口をとり出し、全人口に対する比率を出したのが第6表であるが、これをみると、平塚（荏原）が大正九年から大正十四年の間に、男女ともその層が著しく増加していることを知りうる。

職業別人口と世帯の構成人員

大正九年の各町別・職業別人口構成を第7表で見てみると、大井・大崎町では工業人口が全体の五〇％以上、品川町も四五・五％をしめており、すでに当時から工業地帯としての性格を持っていたことがわかる。しかし、品川町は商業人口が二七・七％あり、商業的機能が伝統的に強かったことを物語っている。これに対して、平塚村（荏原町）はまだ都市化の初期段階にあたり、農業の比率が二七・七％と高い比率をしめている。しかし工業人口も当時すでに四〇・五％と農業を大きく離しており、都市化の滲透を意味する数値である。

次に昭和五年について見ると、品川・大井・大崎三町を含めた旧品川区では、公務・自由業の比率の増加がめだち、いわゆる都市型の比率配分を示すようになり、旧荏原区（平塚村）でも農業がこの時期には全く衰退し、商業・公務自由業が増大しており、旧品川区と全く変わらない構成を占めるにいたっている。次に大正九年の各町別世帯構成人員からいくつかの町をとりだした比率グラフを見ることにする。

一般に一世帯の構成人員は農家では人員が多く、都市的生活者は少ないものである。また、都市化されつつある地域では、他地域から移入する都市的職業の人は、比較的若年層によってしめられる傾向が強い。したがって、大家族の多い地区は農村的であり、小家族の多い地区は都市的であるということができる。

第6表　若年人口（14～24歳）の全年齢に対する比率

年次	性別	品川町	大井町	大崎町	平塚村（荏原町）
大正9年	男	23.1	22.5	25.3	19.3
	女	34.3	25.5	23.2	18.8
大正14年	男	23.6	24.9	28.3	23.8
	女	25.45	25.8	24.9	23.9
昭和5年	男	—	27.13	—	25.7
	女	—	25.76	—	22.7

第7表　大正9年職業別人口構成

地域	農業	水産	鉱業	工業	商業	交通業	公務自由	その他	総数
品川町	280 (1.6)	224 (1.3)	128 (0.7)	7,711 (45.5)	4,701 (27.7)	1,372 (8.0)	1,343 (7.9)	1,172	16,941人 (100)％
大井町	374 (2.5)	285 (1.9)	88 (0.6)	8,779 (58.6)	2,690 (17.9)	762 (5.0)	1,039 (6.9)	967	14,984 (100)
大崎町	361 (2.5)	7 (0.05)	61 (0.4)	7,498 (52.8)	2,779 (19.5)	1,137 (8.0)	1,077 (7.5)	1,282	14,202 (100)
平塚村	835 (27.7)	5 (0.1)	31 (1)	1,210 (40.5)	375 (12.4)	220 (7.3)	195 (6.4)	143	3,014 (100)

第8表　昭和5年職業別人口構成（品川区は、品川・大井・大崎を含めた地域、荏原区は荏原町）

地域	農業	水産	鉱業	工業	商業	交通業	公務自由	その他	総数
旧品川区内	573 (0.8)	456 (0.6)	77 (0.1)	26,662 (36.2)	20,688 (28.1)	4,535 (6.1)	18,117 (24.6)	2,449	73,557人 (100)％
旧荏原区内	458 (0.9)	8 (0.02)	39 (0.08)	19,480 (39.8)	12,850 (26.2)	3,359 (6.9)	11,084 (22.6)	1,694	48,972 (100)

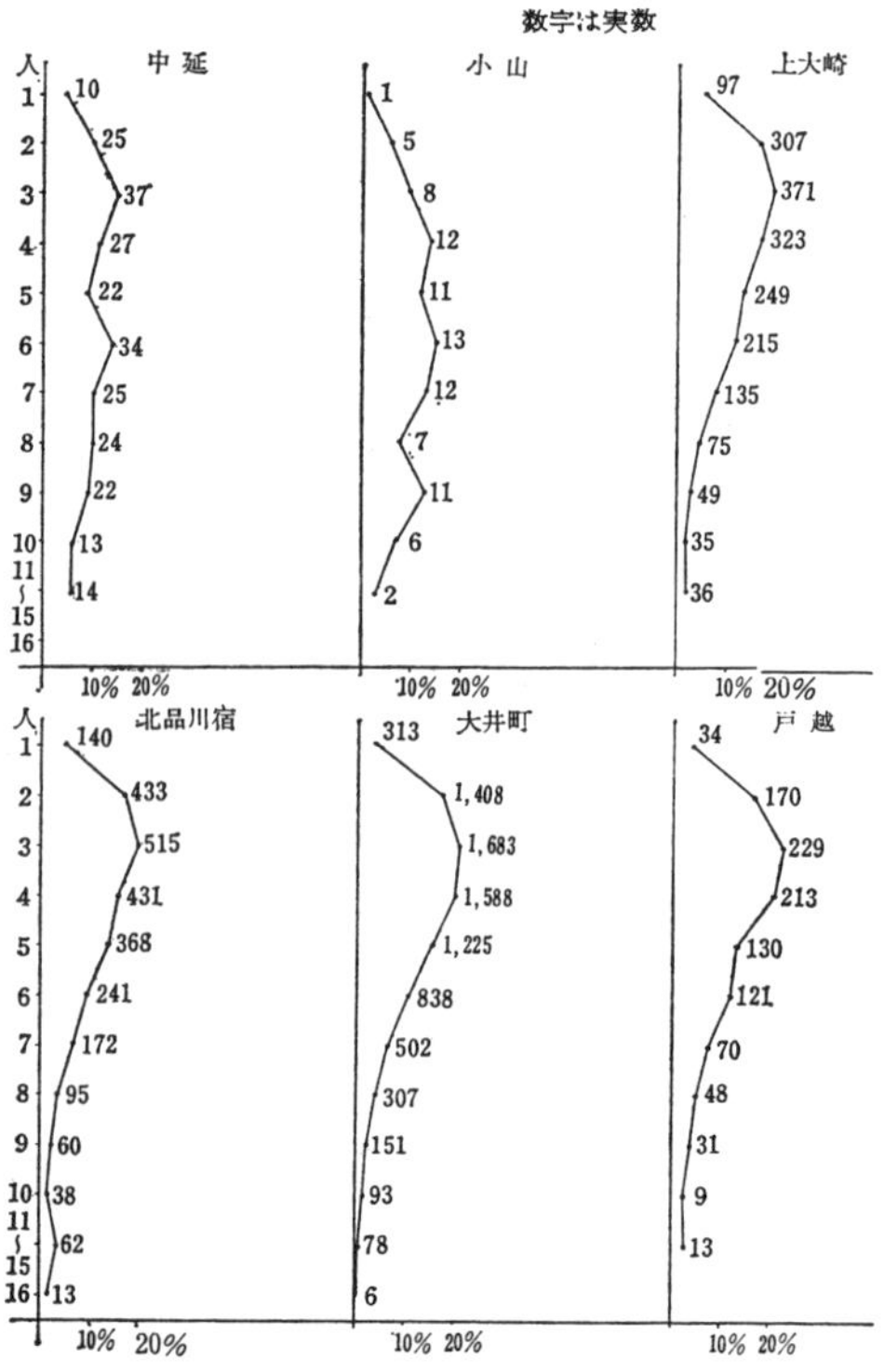

第9図　町別の世帯構成人員比率（大正9年）

グラフを見ると、北品川宿・大井町・上大崎などの地区では、三人を極大に二人ないし四人が次いで多く、都市型を示しているのに対し、中延・小山などでは六ないし七人の比率がかなり高く、いまだ農村型を示していることが知れる。しかし、同じ平塚地区内でも戸越では都市型に近いタイプをもっている部落もあり、都市化の波を早くうけ始めていることがうかがわれる。

(5) 他地域との人口の流動

都市化の進展によって、地区内に工場をはじめ多くの事業所が設けられるいっぽう、住宅地域が各所に形成されてくると、品川へ他地区から毎日通勤する人や、また品川から他地区へと出むく人々も多くなり、各地との人口の交流も盛んとなってくる。そこで、当時の品川でのこれら現象を探ってみることにする。

昼夜間人口

まず、昭和五年時の東京市域（新市制区の範囲）の昼間人口と夜間人口の地区別比較図を見てみよう。この図を見ると、当時昼間人口が夜間人口を上まわっていた地区は、都心部の麹町・神田・芝区をはじめ、旧市域の九区であり、他の地区はすべて一〇〇％以下の地域となっている。そのなかで旧品川区は九〇～九九％に含まれ、旧荏原区は八〇～八九・九％に入っている。

九〇～九九・九％という比較的人口流出の少ない地区は、旧市域内の都心周辺区、および城東や板橋などの諸地区などで、城南に少ないが、品川は城南のうち、これに属する唯一の地区となっている。ところで、この比率は毎日の人口流入と人口流出の差で表わされるので、比率は同じでも、流入・流出ともに少ないものと、ともに多いものとの二つの型に分けられる。城東方面の足立や江戸川地区やまた板橋などは、当時まだ農村的色彩の強いところであったので、その前者の型であり、旧市域内の諸区や品川は後者に属している。すなわち品川は一日に約二・八万の人が他地区に流出し、いっぽう一・七万の人口を移入しており、その結果としての比率がこのように表わされているわけである。その点から見て品川は当時旧市内の周辺区的な性格をすでに持っていたことを示しているといえよう。

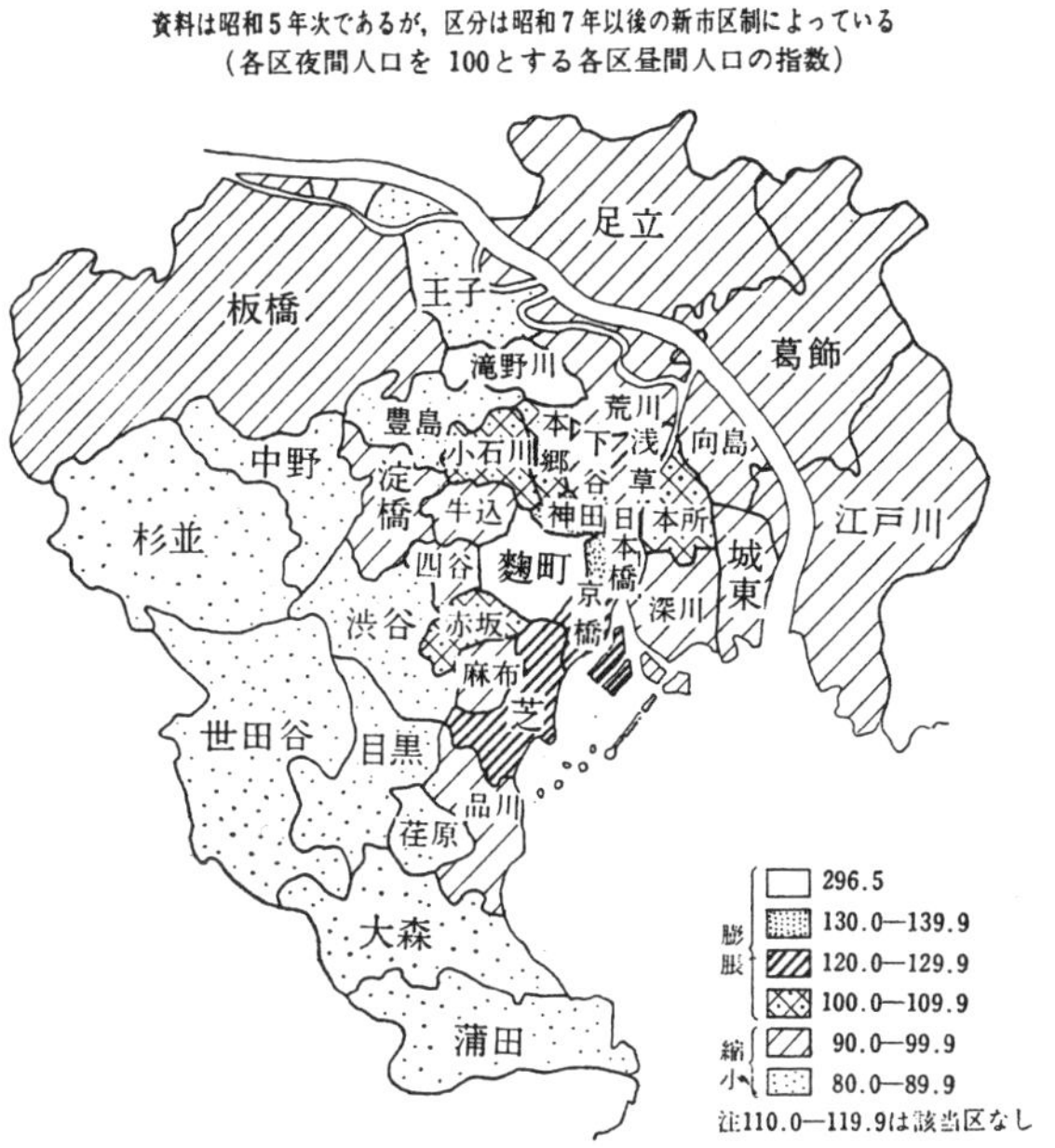

資料は昭和５年次であるが，区分は昭和７年以後の新市区制によっている
（各区夜間人口を 100とする各区昼間人口の指数）

第10図　昭和５年の昼間人口と夜間人口の比率による各区比較図

人口の移出入

次に第9表によって当時の人口の移出入を品川・荏原の両地区に分けて見ることにする。

旧品川区　移出する人口は約二・八万人であり、当時の人口総数の約一六％が他地区に出むいていたわけである。人口総数のなかには婦人・子供など家庭にとどまっている人口を多く含んでいるのだから、この比率はかなり高い率を示すといってよい。

その移出先は、旧市域が圧倒的に多く、全体の七九・三％をしめており、とくに隣接する芝区は二八・二％、また都心部の麹町区は一七・六％をしめ、この両区で旧市域流出者の半ば以上となり、それに京橋・日本橋・神田区を含めると六七・六％となって大半がこの五区でしめられる。新市域への移出は一七・七％で極めて少なく、そのうちでは隣接する大森・荏原が三％以上、渋谷が二・七％でこれに次いでいる。

次に移入についてみると、旧市部からの移入は一五・八％と極めて少なく、新市域に多いが、なかでも荏原が六五一六人、三八・四％とだんぜん大きく、品川は当時荏原町を大きな労働人口の根拠地としていたことを物語っている。その他では目黒・渋谷・大森など近接地区からがわりあいに多い。

第9表　旧品川区域昭和初期の移出入人口（昭和5年）

区別	移出人口		移入人口		移出入の差－は移入大
	実数	（%）	実数	（%）	
総数	28,095	100	16,975	100	11,120
旧市部	22,270	79.3	2,680	15.8	19,590
麹町	4,940	17.6	56	0.3	4,884
神田	1,584	5.6	96	0.6	1,488
日本橋	2,007	7.1	38	0.2	1,969
京橋	2,542	9.1	128	0.7	2,414
芝	7,911	28.2	861	5.1	7,050
麻布	476	1.7	260	1.5	216
赤坂	535	1.9	68	0.4	467
四谷	189	0.7	134	0.8	55
牛込	454	1.6	171	1.0	283
小石川	296	1.0	213	1.2	83
本郷	479	1.7	123	0.7	356
下谷	278	1.0	174	1.0	104
浅草	195	0.7	118	0.7	77
本所	199	0.7	130	0.8	69
深川	185	0.7	110	0.7	75
新市部	4,972	17.7	14,295	84.2	－9,323
目黒	670	2.4	1,617	9.5	－947
荏原	917	3.3	6,516	38.4	－5,599
大森	1,111	3.9	1,602	9.4	－491
蒲田	321	1.1	806	4.7	－485
世田谷	136	0.5	489	2.9	－353
渋谷	747	2.7	1,088	6.4	－341
淀橋	409	1.5	365	2.2	44
中野	85	0.3	272	1.6	－187
杉並	45	0.2	332	2.0	－287
豊島	242	0.9	387	2.3	－145
滝野川	46	0.2	128	0.8	－82
荒川	78	0.3	198	1.2	－120
王子	12	0.1	136	0.8	－124
板橋	70	0.2	106	0.6	－36
足立	22	0.1	52	0.3	－30
向島	22	0.1	44	0.2	－22
城東	30	0.1	104	0.6	－74
葛飾	3	0.01	18	0.1	－15
江戸川	6	0.02	35	0.2	－29

第10表　旧荏原区域　昭和初期の移出入人口（昭和5年）

区別	移出人口		移入人口		移出入の差－は移入大
	実数	（%）	実数	（%）	
総数	26,720	100	3,661	100	23,059
旧市部	16,925	63.3	578	15.8	16,347
麹町	3,875	14.5	15	0.4	3,860
神田	1,121	4.2	19	0.5	1,102
日本橋	1,086	4.1	7	0.2	1,079
京橋	2,001	4.5	23	0.6	1,978
芝	6,593	24.7	178	4.9	6,415
麻布	419	1.6	59	1.6	360
赤坂	397	1.5	43	1.2	354
四谷	130	0.5	33	0.9	97
牛込	285	1.1	28	0.8	257
小石川	175	0.7	38	1.0	137
本郷	213	0.8	38	1.0	175
下谷	207	0.8	28	0.8	179
浅草	138	0.5	30	0.8	108
本所	119	0.5	26	0.7	93
深川	166	0.6	13	0.4	153
新市部	9,470	36.0	3,083	84.2	6,387
品川	6,516	24.8	917	25.1	5,599
目黒	799	3.0	669	18.3	130
大森	534	2.0	533	14.6	1
蒲田	177	0.7	128	3.5	49
世田谷	154	0.6	185	5.1	－31
渋谷	585	2.2	268	7.3	317
淀橋	250	1.0	70	1.9	180
中野	44	0.2	59	1.6	－15
杉並	30	0.1	81	2.2	－51
豊島	174	0.7	64	1.8	110
滝野川	34	0.1	22	0.6	12
荒川	43	0.2	29	0.8	14
王子	15	0.1	15	0.4	0
板橋	46	0.2	8	0.2	38
足立	17	0.1	12	0.3	5
向島	14	0.05	11	0.3	3
城東	25	0.1	6	0.2	19
葛飾	4	0.01	1	0.03	3
江戸川	9	0.02	5	0.1	4

　移出入の差から見ると、旧市域への人口の供給、新地域他区からの人口の受け入れが極めて明瞭であり、新市域では淀橋を除いてすべて移入増である。このことは当時の品川の地域的性格をよく表わしている。すなわち品川が東京外延部の人口を集めて、工業を主体とする生産の場であった一面、都心部へもかなりの人口を供給する住宅地的性格もあわせもつ、二面性を持っていたということである。

旧荏原区　移出数は約二・七万であって、当時の全人口の約二〇%にあたり、かなり高い比率を示している。そのうち旧市域は六三%であって品川よりその率は低いが、実は新市域に含まれる品川への移出率が二四・八%という高率なので、全体から品川を除くと、旧市域へ通う人口はかなり高かったといえる。この地区も芝・麹町両区に高く、また都心五区に集中していることは品川のそれと似かよっている。移入はその実数も三、六六一人と非常に少なく、隣接する品川・目黒・大森からわずかに移入するだけである。新市域でも移出数の多いことがめだっており、移入が大きいのはわずかに世田谷・中野・杉並であるが、その実数も少ない。

　これらのことからみて、当時の荏原区は明瞭に東京のベッドタウンとしての性格を強く持ち、とくに隣接の品川地区ならびに東京都心部に多数の勤労者を送り出す地区であったことを表わしている。

都市化の進展

(1) 耕地整理の実施と都市化

大正の初めの品川地区は、まだ大井町・大崎町・平塚村などが広い部分にわたって田畑で占められており、東京の近郊農村としての地位から脱していなかった。当時、これらの農村部では、明治四十二年に制定された新しい耕地整理法を適用して、耕地整理を計画する話が各地でとりざたされる状態であった。この耕地整理法とは、政府が音頭をとって、それまでの日本農業の発展に大きな障害となっていた田畑の細分化や、経営耕地の分散、そして灌漑用水の不備などの改良を目的として、農家に共同の組織団体を設けさせ、資金の融通や指導を行なって、農地の区画整理や水利の改良、農地の交換分合などを行ない、農業の生産力を上昇させることを目的とするものであった。

この品川地区の農村も、地形が台地のなかに谷間の入りまじる複雑な条件のところであり、その田畑は細分化がいちじるしく、農道も迷路状に走り、水利も便の悪いところが多いなど、多くの欠点を持っていた。そこで、この整理法を適用して組合を設立し、耕地整理事業にとりくむ気運が各地で見られ始めていたのである。

しかし、この事業を行なうには、土地所有者の三分の二以上の人々の同意が必要であるとか、同意者の面積が整理地区のなかに三分の二以上なければならぬとか、いろいろと複雑な規定があり、また、資金も多額を要するため、耕作者間の意見が合わなければ実施にふみきれなかった。そこで、実施の時期は地域的にかなりの開きがあり、じっさいには大正初期から昭和六、七年にかけて、約二〇年間にわたって各地で実施されたのである。

水田の耕地整理と工業地域化

この地区で耕地整理の早く施行された地域は、目黒川沿岸や、大井海岸部に開けていた水田地帯であった。これは水田部には集落の立地が少ない上、平坦地であって整理事業を簡単に行ないえたこと、水利の改良が切実であったことなどから、土地所有者の意見も容易にまとまり、早く実施にふみきることができたものといってよい。

そして、品川町耕地整理組合が早くも明治四十五年に設立され、大正六年にかけて、広町・二日五日市の水田地帯を主として一〇六・九町歩の工事が行なわれたのを皮切りに、大井町では鈴ケ森組合が設立され、大正二年から四年にかけて五七・五町歩を、また、品川・大崎町耕地整理組合が、目黒川流域の水田を、大正二年から七年にかけて四六・五町歩の工事をするなど、この地区のほとんどの水田が整理の対象となり、大正七年ころには水田地域全域が短冊型に整地され、秩序のある田園へと生まれ変わった。

ところで、この水田地帯は、その耕地整理の効果を米の生産という面ではほとんど挙げるひまもなしに、その後十年ほどの間に姿を消してしまう。それは、当時あたかも第一次世界大戦時にあたり、わが国近代工業の発展がめざましく、それに伴って東京の工場が、新しい工場用地を求めてこの地区に進出して来た時期であり、東京湾・目黒川沿いというこれら低地の水田地帯が、最適の工場用地として利用されるにいたったからである。

この水田地帯の工業地域化は、別冊地図統計集の『土地利用の変化』〔本書には収録せず〕を参照すると明らかである。一万分の一の品川図幅において明治四十四年は耕地整理前の状態、大正五年が整理直後、または整理中の状態を示しており、それが昭和四年の図幅にいたると、その地域が全く工場や住宅によって占められていることを知ることができ、また旧大井町の海岸部の水田も大森図幅によって、その土地利用の変化の跡を追うことができる。

このように、この地区の水田の耕地整理は、あたかも工場用地造成のためのおぜん立ての役割りを果たした結果になったとみることができるのである。

畑作地域の耕地整理と住宅地化

畑を主とする地域の耕地整理事業は、水田地域に較べると比較的遅く始まっている。これは畑地が農業生産の都合上、水田ほど整理を必要とするほどの障害がなかったことや、集落の多くが畑地に立地し、畑のなかに農家が点在するため、宅地や道路もその整理の対象になること、また対象範囲の地積が大きいなど、資金的にも各戸が多大の負担を要することなどが、その理由としてあげられる。しかし、遅く始まったにしても、大部分の地域がその後この事業の適用をうけており、いずれも昭和七、八年までには、その工事を完了している。

ここでは、この地区での最大の畑作地をもち、また純農村でもあった旧平塚村をとりあげ、その整理事業の経緯をのべることにする。

平塚村での耕地整理事業は、もっとも早い組合の設立が大正七年であるが、他の組合は大正十二、三年に設立されており、その事業もかなりの年月をかけて行なわれ、昭和四年から六、七年になって工事を完了している。

この村では、整理法が施行された当時、有識者の間でその整理の必要を感じて、たびたび話題にはのぼりながら、じっさいには事業を始める決断にはいたらず、そのため、大正四年には東京府の役人から、整理事業の必要性を強く勧奨されたりしている。

第11図　竹筍の名産地中延の竹林（大正11年頃）

ところで、たまたま大正六年に一つの事件がこの村でおこる。それは、この年の六月、この村の中延から上蛇窪・下蛇窪地内の立会川に沿って、当時の桂川電力会社が、五万五〇〇〇ボルトの高圧線を架設する目的で、そのための測量を行ない、杭打ちが進められた。これを見た村民は、高圧線の危険性をおそれるとともに、土地利用上の支障を心配し動揺を来たす。

そこで急遽、有力者の間での協議が行なわれ、その会合で熟議した結果は、早急に耕地整理事業を実施し、その障害となる高圧線の架設を排除するという決議となり、ここに整理事業が始められることになったのである。つまり、高圧線さわぎが整理事業に踏み切らせる契機となったわけである。

このようにして、大正七年三月、一七五名の組合員を擁した平塚村耕地整理組合が設立され、高圧線予定地周辺の一〇一町歩を施行地域として事業が進められた。この事業はその後十数年の長年月にわたって進められ、工事はようやく昭和六年に完了、昭和八年になって組合は解散している。

平塚村における、その他の耕地整理組合には、蛇窪戸越組合（大正十三年設立―二八・四町―昭和六年完了）、平塚町第二組合（大正十二年設立―一四七・二町―昭和四年完了）、上蛇窪組合（大正十二年設立―二二・六町―昭和六年完了）、三谷組合（大正十二年設立―三四町―昭和四年完了）、小山組合（大正十三年設立―三〇・一町）などがあり、いずれも大正十二、三年に設立され、昭和四、五年にほぼ工事を完了している。

ところで、大正十二年というと関東大震災の時にあたり、このころからこの地区には急速に住宅地化ブームが起こり、人口の急増が見られた時期にあたっており、これらの耕地整理事業の真の目的は、すでに農業の基盤整備に名を借りた住宅地化に対応するための区画整理、道路整備におかれていたのである。

これはすでに、大正九年、東京の人口の増大と市街地化の拡大に対応して都市計画法が制定され、当時の大東京地域を東京駅を中心にした半径一六キロメートルの円内と規定しており、この圏内にふくまれていたこの地区では、農民はすでに農業から宅地地主への転身をはかる気持を強くもっていたからである。

このように、畑作地域の耕地整理事業も、当初の農業生産発展のための目的が、途中から情勢の変化によって、都市計画のための整備事業という性格に置きかわり、その目的のために短期間に強力に進められたということができるのである。

しかし、この土地整備のおかげで、この地域は、他地区にみられる迷路状の雑然たる市街地化をさけることができ、耕地整理事業が都市化にはたした貢献は、大きなものがあったということができよう。

(3) 都市化の様相

大崎工場街の形成

昭和七年発行の東京市公報のなかに「新東京プロフィル」という新市域編入直前の各町を取材した記事がのっている。その記事の大崎町の項は次のように書き出されている。

「品川町から隣りの大崎町に入ると、いきなり耳がガァンとなる。街自体が巨大な楽器のように我鳴りたてている。低地の大小無数の工場からわき起る音響がワァンと空に響く。

近代工場生産の奏でる力強いリズムだ。大崎は工場街だ。プロレタリアの町だ。粘土でつくりあげたような、見事な肉体が、盛り上って歩いている。……」

まさに昭和初期の大崎の様子をほうふつとさせる文章であるが、これはまた現在の大崎駅付近の姿とさして変わらぬ景観であるといってもよい。

ところで、大正の初めの大崎町は、大崎駅付近にあった明電舎のほか居木橋近くの目黒川沿いに点在する二、三の工場、また桐ケ谷の中原街道沿いにあった星製薬の工場などをのぞいては、目黒川の谷沿いに広がる水田地帯と、北側の台地上の旧大名屋敷、そして西側は平塚村へと広がる畑地帯からなる静かな近郊農村の一つに過ぎなかった。

しかし、大正の四、五年以降になると、この目黒川の河谷には急速に大小多数の工場の設立がみられるようになる。それは、一次世界大戦下の東京の工業の発展によって、東京市内にあった工場が手ぜまな敷地からのがれるため、この地に新工場を設けて移転してくるものをはじめ、芝浦や江東地区の工場の下請工場として、ここに誕生したものが多かったからである。

ここは工業用地としては、目黒川の水運によって海に結ばれ、また大

第11表　大崎町における工場の増加（大正10年～昭和５年）

	上大崎	下大崎	桐ケ谷	谷山	居木橋	計
大正10年	14	25	22	13	47	121
11	13	26	22	13	48	122
12	14	25	20	14	45	118
13	12	24	18	13	44	111
14	9	25	17	12	40	103
15	10	34	25	12	42	123
昭和２年	12	39	27	14	46	138
3	17	42	35	13	54	161
4	13	40	41	10	52	156
5	18	38	45	15	56	172

崎駅という貨物駅があり、その上、区画整理の終わっていた水田は、工場敷地としてすぐに転用できる等、当時の立地条件として最適であったことが、この工場地帯化を促進させた原因であったといえよう。

これらの工場群は、地域的には三つのグループに分けられた。

その一つは、目黒川沿いに並んだ出雲ゴム・三和ガラス・石川製陶などの化学・窯業系の工場のほか、小島プレス・門田鉄工などの鉄工場で、これらの工場は原料や製品などが重量物資で、もっぱら目黒川の水運に輸送をたよるために立地した工場群であった。

他のグループは大崎貨物駅を中心に立地した明電舎・園池精機・日本精工などの機械器具・精密工業などの集団であり、第三のグループは谷の北側の旧御成街道沿いに立地した東光電気・大崎電気・東洋製缶・宇都宮製作所などの主として電気・金属製品の工場群であった。

これらの工場はいずれも昭和以降に入っても、この地域での中核的な工場であり、大崎の工場地域としての基礎は、すでに大正期においてできあがっていたといってよい。

昭和期に入ると、これら中核工場の間隙に多数の下請的な小工場が乱立し、又工場の分布は目黒川をさかのぼって上大崎方面にも広がり、その数は一七二工場にも達していた。ここに大崎町は、名実ともに工場街としての姿をもつようになったのである。

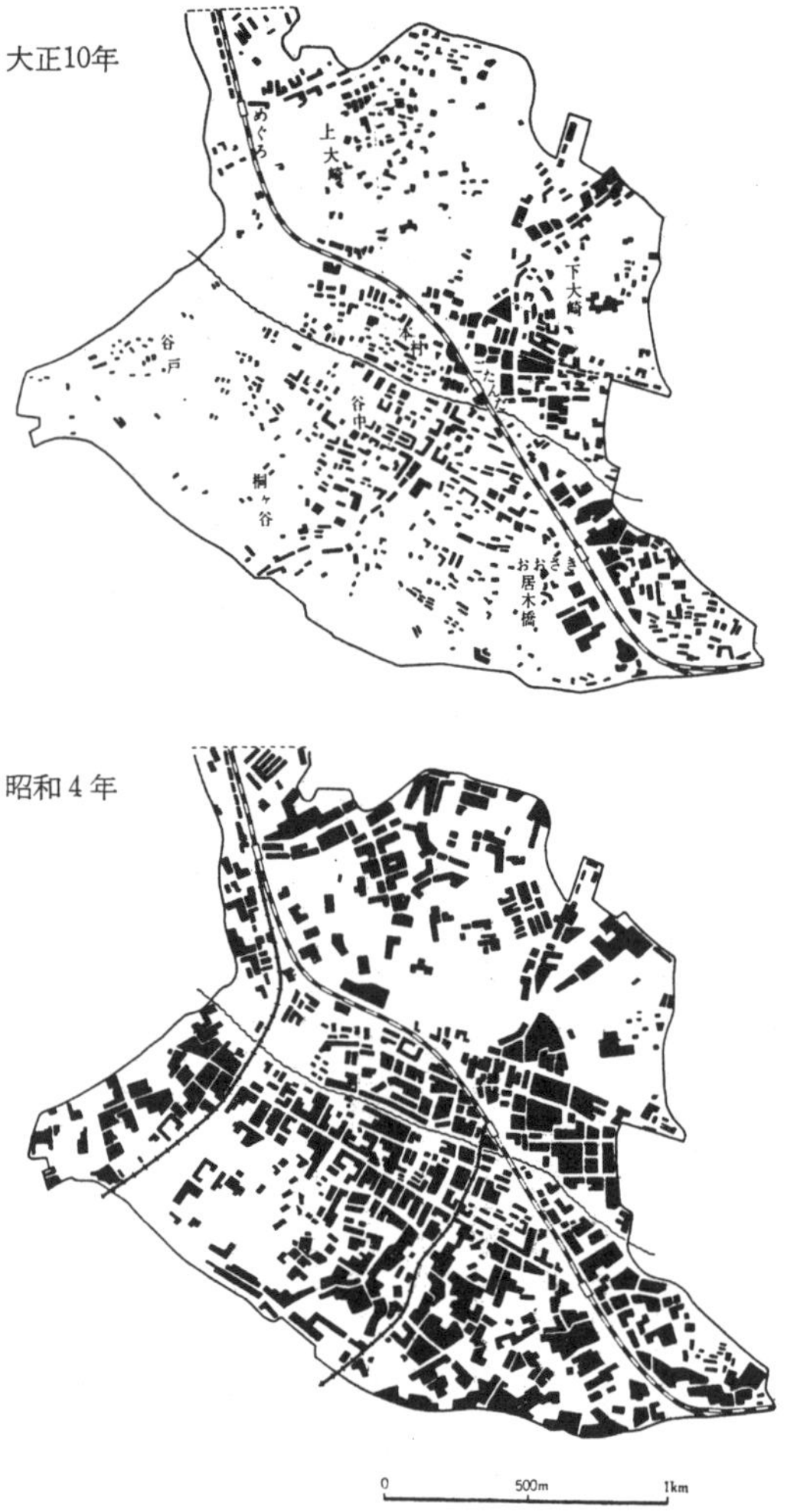

第12図　大崎町における集落の発展

第13図　大正・昭和初期の大崎町における工場の増加（昭和７年）

これら工場の増加に伴って、付近には勤労者用小住宅や、小売商店等の増加も急ピッチで進み、また、五反田駅に池上線（昭和三年）が通ずると、駅を中心に繁華街・歓楽街も急速に成長した。その上、上大崎方面の山手の台地に位置していた旧藩主の大邸宅も、昭和初期の金融恐慌のあおりで、分譲地として開放されることとなり、池田山のような高級住宅地が形成されるに至った。

このため、東京市制編入の昭和七年当時には、すでに大崎町は全町にわたって市街地化を果たし、人口もほとんど飽和の状態に達していたということができよう。

平塚村―荏原町の都市化

大正時代の前期、平塚村で人家のやや多かったのは、北の大崎町に接する部分と、中原街道沿い、それに大井町駅に近い下蛇窪の付近など、ごく一部に過ぎなかった。そのほかの大部分の地域は、広々とした麦畑や、そさい畑のうち続く田園で、その間を曲りくねった農道が走り、その先にはうっそうとした竹林にかこまれた農家が点々と散在する純農村地帯であった。そして当時の中原街道は、朝方には神田、京橋の青物市場へと野菜を運び、午後には東京市内からの下肥を持ち帰る馬車の往来が絶えない農業用の道路であった。とくに当時の小山部落は村はずれにあり、「小山六六軒」と呼ばれる小さな集落で、これがその後、十年ほどの間に、この地区第一の繁華街を有する住宅地に成長するとは想像すべくもなかった。

それが大正十二年に目蒲線が開通して小山駅ができ、また十三年には駅のすぐ西側に府立八中（現小山台高校）が設置され、そして関東大震災による東京市内住宅の壊滅という条件が重なると、急速に市内通勤者の居住地としての発展を見せ始め、住宅地化への様相を呈し始める。また当時の農家は、すでに区画整理を始める時期に、宅地地主への転進を考えていたのであるから、その変化も早かった。そして、多数の小住宅が軒を並べ、雑然とした家並みの新興住宅地が現出するにいたった。

「新東京プロフィル」はその姿を次のように記している。

「家、家、家の拡がりだ。狭い曲りくねった街路を挟んで、無統制に建てられた二間《ま》から五間《ま》くらいの家がごたごたに並んでいる。よくこれで郵便物が届くものだと、いまさら郵便局御苦労様と言いたいくらい。ギッシリ人家が密集、スクラムを組んでいる。瓦とトタンのカクテール、住宅地色の一見本だ。」……

これを読むと、当時のこの付近が如何に急速に住宅地化され、それが又震災直後の安ぶしんによる中・下級住宅であり、また借家も多くみられたことを物語っている。

このような人口の急増、とくに就学児童の多い家庭の増加によって、学校設備が整わず、昭和六年には荏原町の一〇の小学校のうち一六〇学級、約三〇〇〇人の生徒が二部授業をうけざるをえない状態であった。このような人口の急増は、小売商業の発展の契機ともなり、小山では駅を中心に中原街道に通ずる農道を中心にして、まず風呂屋をはじめとして、糸屋・ブラシ屋・漬物屋ができ、ついでたちどころに各種の商家がたち始め、それが発展して小山銀座と呼称される商店街の形成をみるにいたった。

これらの商店もまた、市内の震災被災商店や、近隣の都市計画にもとづいて行なわれた道路拡張による移転を余儀なくされた商店など、他からの来住者によって多くは占められていた。

「新東京プロフィル」

「小山銀座は、目蒲電車の武蔵小山駅通りである。例によって例の如く、ネオンサインと、あくどい看板と、原色ショーウィンドーのゴブラン織りだ。千代紙だ。その中をラジオが唸り蓄音機がひきつるように我鳴る。」……

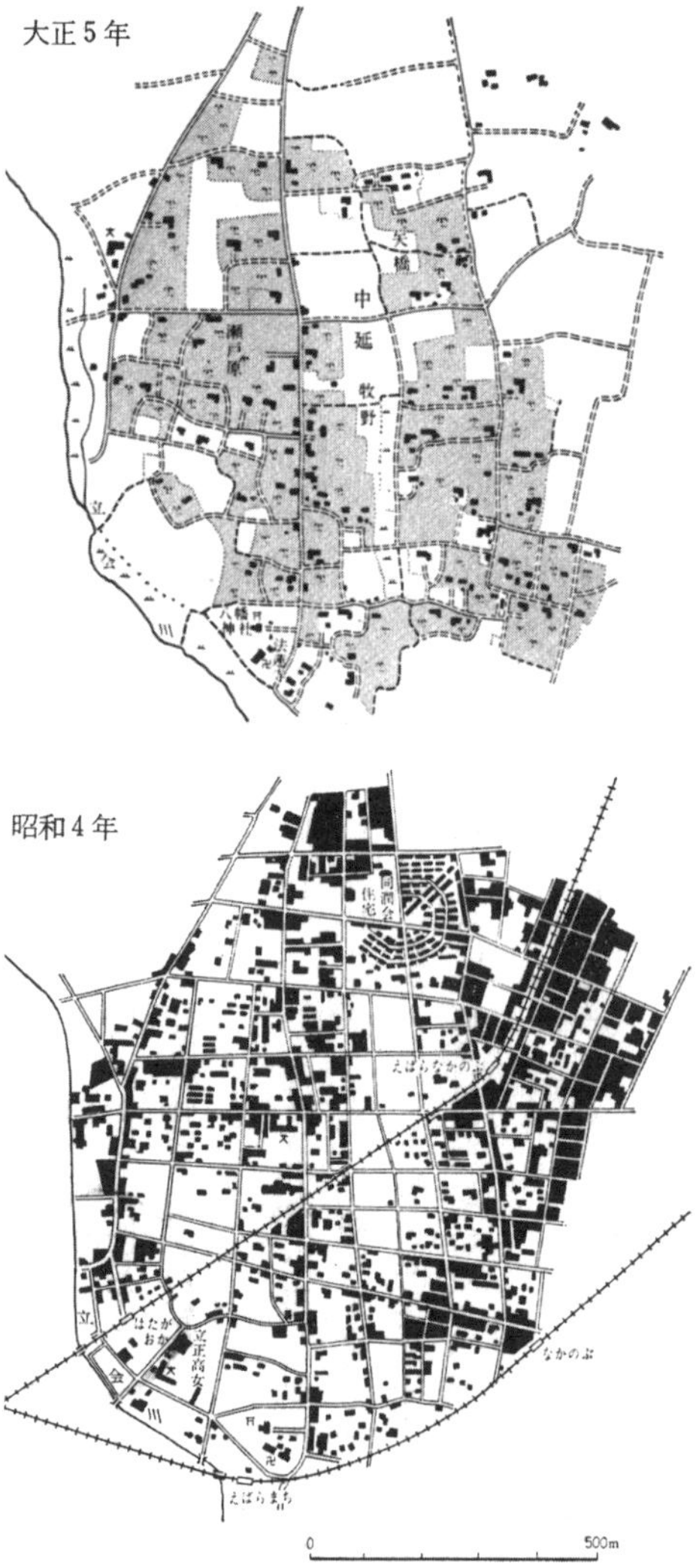

第15図　中延付近の集落の発展

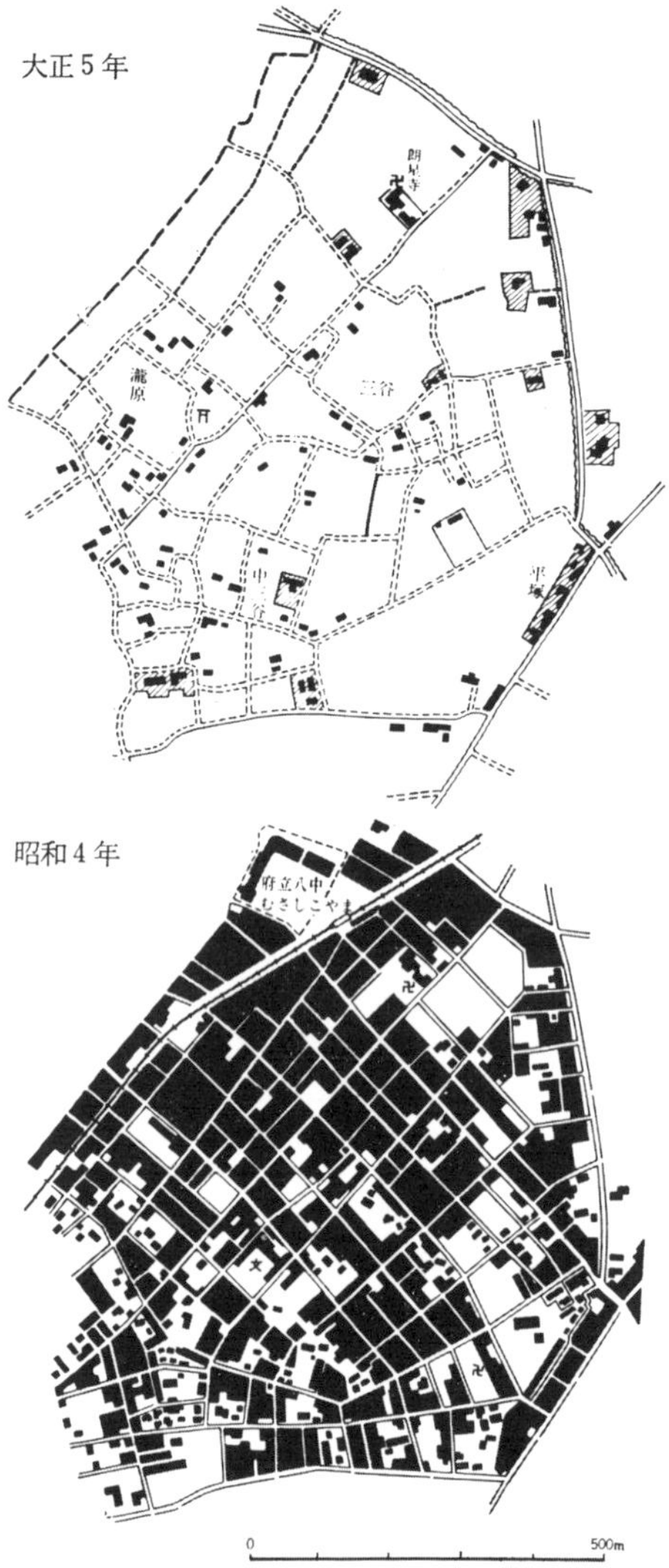

第14図　武蔵小山付近の住宅地化

新開地、商店街の殷賑さが想像できる。

この武蔵小山駅周辺のほか、荏原町における住宅地化は、池上線の戸越銀座駅付近および町の南東部を占める蛇窪を核として発展し、その中心にはそれぞれ戸越銀座・蛇窪銀座と称せられる商店街が形成されて、たがいに買物客を競い合っていた。

町の南西部を占める中延地区は、前の三地区に較べると都市化はやや遅れたが、昭和医専・立正女学校（ともに昭和三年）などの学校の新設が行なわれるとともに、住宅も徐々に建ち始めた。この地区の住宅は中・上流住宅も多く、その町並みは他の地域に較べて整った姿をもっていた点を特徴としていた。

大井町の都市化

大井町の都市化は、大崎・荏原両町に較べると早くから進められ、大正の末期にはほぼ市街地化をなしとげている。

町の北部では明治三〇年代、すでに後藤毛織工場をはじめとするいくつかの工場の設置があり、それに伴って周辺の市街地化が始まり、また大正三年の大井町駅の開業によって、都市化に拍車がかけられたからである。

また、町の南西部の台地も、隣村入新井村に古くからあった東海道線大森駅に近く、その西側の山王地区が早くから東京市内在住者

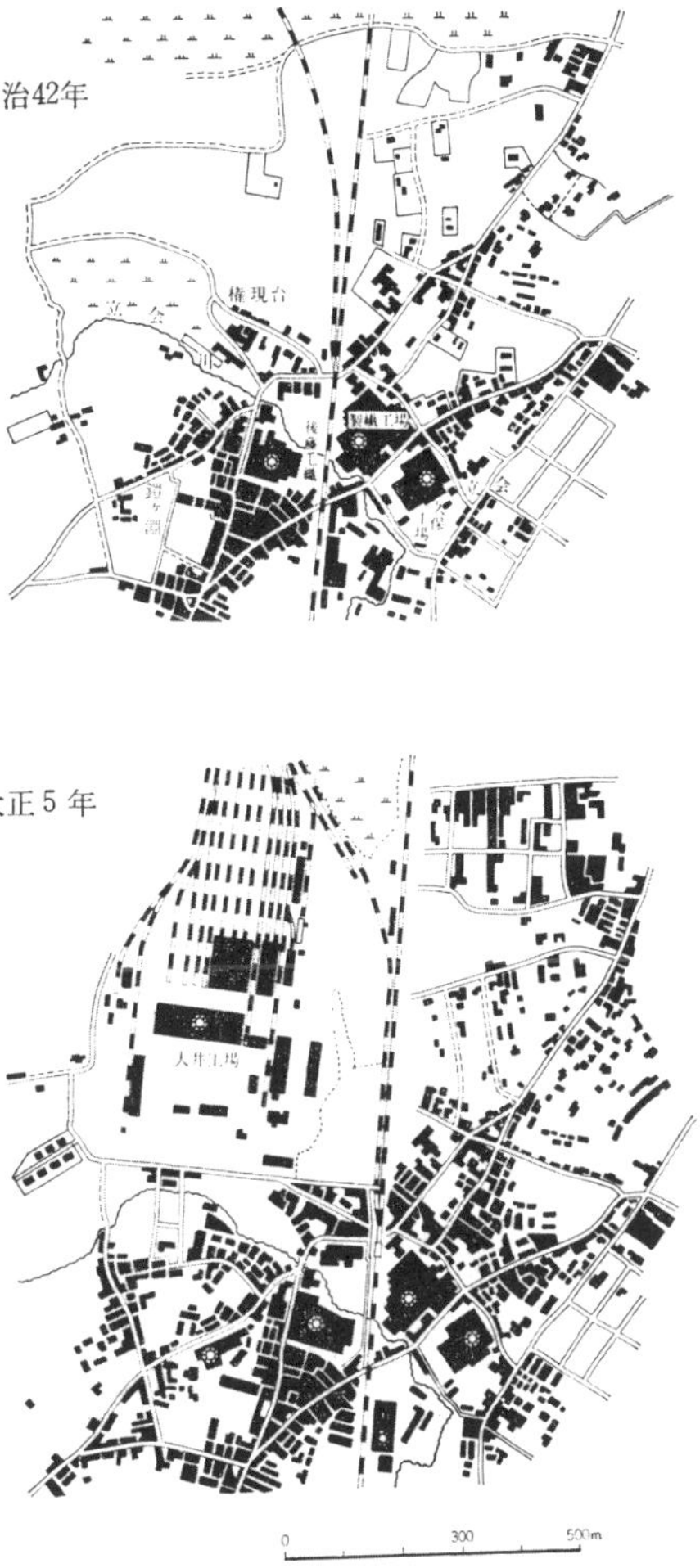

第16図　大井町駅付近の都市化

第17図　大井町の南西部の都市化（明治39年・大正11年）

の別荘地として開けたところであり、それに隣接した庚塚・出石町などに、大正の初めには、ぽつぽつと住宅が建ち始め、次いで大正十二年の大震災を契機として、大正末年にはほぼ全域にわたって都市化された。当時、この地区への市内からの移転者は中産階級以上の人が多く、落ち着いた屋敷町の姿を呈していた。しかし台地斜面であり、開発が早くて耕地整理も行なわれないままに宅地化されたため、農道がそのまま街路へと転じてしまい、今でも迷路状の狭い街路からなる、雑然とした街並をとどめている。

　町の東部に開けていた水田地帯は、耕地整理がなされた後、たちまち工場が進出し、工場地帯へと転じてしまった。

③中野区

[1－3－③]
『中野区史　昭和編一』（中野区、一九七一年、一六～三五、五四～六六、二四七～二五五頁）

農村から町へ

明治維新後の中野

慶応四年（明治元年・一八六八）四月一一日、東征軍の薩長ら七藩の兵は、幕府によって明け渡された江戸城に入った。開城に不満で上野の山に立てこもった旧幕府らの彰義隊にたいして、五月一五日大村益次郎の指揮する官軍は総攻撃を行なってこれを敗走させ、以後関東各地に転戦して幕軍を掃討した。江戸城に入った東征大総督府は、江戸鎮台府を設け、さらに五月二四日には江戸府を置いて、烏丸光徳が府知事に任命された。七月一七日、江戸は東京と改められ、駿河以東の一三ヵ国を管理する鎮将府がおかれた。このときまだ東京は正式の首都ではなく、明治天皇はこの年一〇月東京に行奉、一二月にいったん京都に還幸ののち、翌明治二年（一八六九）三月二八日再度東京城に入り、そのまま東京城が皇城と改められて、以後事実上の日本の首都となり、新政府の諸官衙はあいついで京都から東京に移された。

江戸が東京と改められた明治元年七月、武蔵国の行政機関として、東京府（旧町奉行支配地）、三人の武蔵知県事（旧代官支配地で、翌明治二年一月から二月にかけて、小菅、大宮、品川の三県となる）、および神奈川県が設けられた。中野の地域は、武蔵知県事、ついで品川知県事の管轄下にあり、中野、本郷、本郷新田、雑色、新井、上沼袋、下沼袋の各村には二一番組、片山、江古田、上鷺宮、下鷺宮の各村は二二番組、上高田村は二三番組に属していた。

＊もとの中野区史では新井、上沼袋、下沼袋三村についても上高田村と同じく二三番組所属であったろうとしているが、昭和四十五年三月品川区より刊行された「品川県史料」によると、これら三村は二一番組管轄となっている。

明治四年の廃藩置県にともない、従来の東京府、小菅県、品川県を廃して、新たに東京府がおかれ、中野地方をふくむ東多摩一帯も、東京府に編入された。またこの年六月、東京の市内外の朱引をあらため、朱引外すなわち市外の土地は六大区と小区に分けられた。大区の長は区長、小区の長は戸長、各村には副戸長をおき、いずれも官選であり、従来の名主や年寄が多くこれに任ぜられた。

翌明治五年一月、いったん東京府に入っていた東多摩地方は神奈川県に移管された。ところが中野村など三二カ村は、各村の名主、年寄の連署で東京府へ戻りたい旨の願書を出し、同年八月ふたたび東京へ編入された。

明治一一年、郡区町村編成法が公布され、これにもとづいて行政区画が再編された。すなわち大区小区制が廃止され、東京府は市内の九五区と市外の六郡になり、中野をふくむ東多摩地方は東多摩郡となった。そして中野村には東多摩郡の郡役所がおかれた。

このように、明治維新後の行政区画の変遷はめまぐるしいものがあったが、末端の村については、明治一七年に片山村が江古田村に併合したほかは変わりはなかった。従来の共同体としての村が、ほとんどそのまま残されていたのである。これに根本的改革を加えたのが、帝国憲法発布と併行して行なわれた地方制度改革であった。

明治二一年四月公布、翌二二年四月施行の市制および町村制によって、中野、本郷、本郷新田、雑色の四村を合わせて中野村を、江古田、上鷺宮、下鷺宮、新井、上高田、上沼袋、下沼袋の七村を合わせて野方村が作られた。従来の村名は、村の下の区域の名称としての大字として残されたが、その自治や行政の機能は公けには否定された。すなわち、自然の村落であり共同体であった従来の村、自然村を否定して、地方行政の末端機構としての性格をとった新しい村、行政村に統合したのである。

こうした行政的変化とともに、住民の生活にも大きな変化がおこった。明治四年、廃藩置県とともに、身分制が整理されて四民平等の立て前となり、武士の特権はなくなった。翌明治五年江戸時代の土地永代売買禁止が解かれ、本百姓の土地の所有権と、その売買処分の自由とが認められた。さらに翌六年地租改正条例が制定され、年貢に代って基準地価の一〇〇分の三の地租を、土地の所有者が金納することになった。この制度は中以下の農民には不利で、地主と小作という関係を固定させ、さらにひろげる原因となった。

中野町と野方町のちがい

明治政府の殖産興業政策、さらにそれにつづく資本主義の発展、首都となった東京の急速な成長で、中野地方の都市近郊地帯としての変化もしだいにすすんでいった。中野村は明治三〇年十月に町制を施き、野方村ははるかにおくれて大正一三年四月に町制を施くまでになるのである。

このように中野と野方には、農村から近郊住宅地へと変化するについても、時期的には大きなずれがあり、その特徴も対照的であった。

まず中野町と野方町の性格の違いは明治末年から大正初年にいたる人口増加傾向の差としてはっきりと示されている。たとえば第1図をみてみよう。中野町は、明治四〇年代に戸数および現住人口が急激な伸びを示しているのに対して、野方町はほとんど大きな変化をみせていない。

ちなみに明治五年の野方町の計数を見れば、五一四戸、二八六三人。さらに明治維新前にさかのぼって「新編風土記」にある文化年間（一八〇四～一八一七年）の戸数を見ると五三六戸であるから、あたかも明治四〇年度の戸数と同じであって、野方町（村）はこの百年間ほとんど大きな変化をみせることなく、純然たる農業部落としてとどまっていたことを知るのである。これに対して中野町は明治三九年戸数一二三三戸、現住人口七三九七人であったのが、大正四年には戸数二六九一戸、現住人口一二五七七人でそれぞれ二・二倍、一・七倍の伸び率を示すという違いをみせている。すなわち、右の事実は中野町と野方町との性格の差が

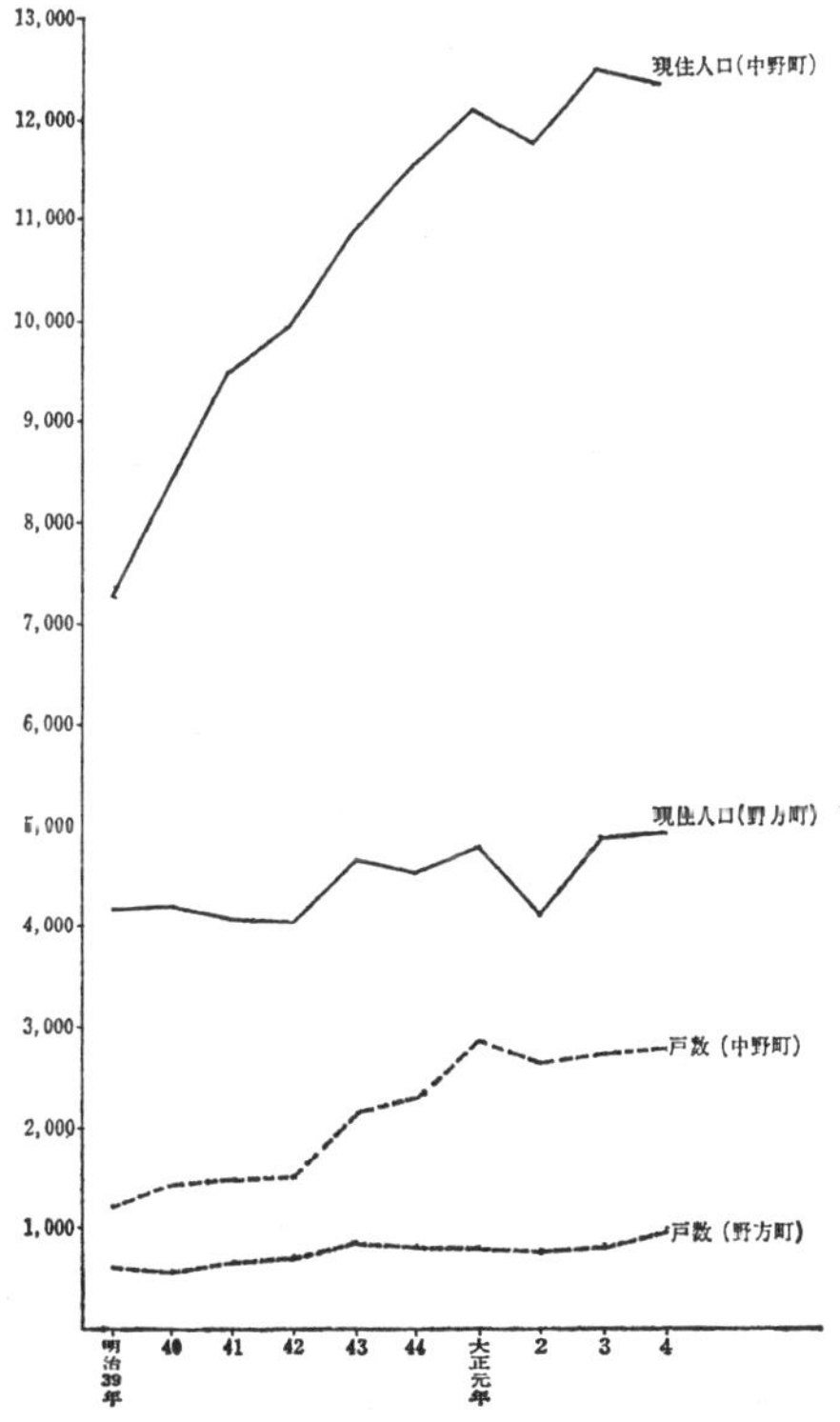

第１図　明治・大正の現住人口

中野駅（大正期）　いまの駅より西側にあった

はっきりとした形をとってくるのが明治末年から大正初年であったことを教えているといえよう。この両町における戸数および人口の増加傾向の違いは、大正四年現在の住民構成（＝職業構成別）にも明確に反映している。

第1・2表がそれを示すが、その違いは歴然としている。中野町は、全体で約二七〇〇戸で野方町のほぼ三、四倍の大きさであり、職業別構成比は、工業二四・九パーセント、商業二二・一パーセント、両者合せて四七パーセントであるのに対し、農業はわずか一三・六パーセントにすぎない。工業といっても、この時代は大工、左官、理髪業、裁縫、履物製造、建具製造、和傘《わがさ》提灯《ちょうちん》製造等の手工業的性格のものが大部分であって、近代的性格の工場は機械器具製造、木綿糸製造、撚糸《ねんし》および化学的製品製造業などほんの一部の工場にすぎなかった。ただ、中野町の特産として昔から名声の高かったそば粉業は、このころますます発展をとげ、従業者わずか五軒で年産額五八五〇〇貫、金額二一〇二五〇円に達し、原料を遠く鹿児島、北海道にいたる全国各県から調達するほどであった。また、醤油、味噌の醸造業も盛んで、明治五年わずかに三〇〇石にすぎなかった醤油も、大正初年には醸造戸数三戸で年産額一六二五〇石、この金額二二五〇〇〇円に達して、中野町第一の産物となった。醤油の発達とならんで味噌の産額もまた激増し、年産額八二八〇〇〇貫、この金額二一三五〇〇円に達した。以上から大正初年の中野町の工業は、手工業者、職人的存在を広く底辺にもち、食料品、醸造業を中軸にして、その周囲に機械器具製造業、綿糸紡績業などの少数の近代的工場（その

第1表〈中野町〉職業構成

大正4年現在

農業	365戸	農作	261戸	
		植木・庭造苗木職など	80	
		養蚕	10	
		その他の動物飼育	14	
工業	670			
商業	595			
交通運輸業	340			
軍人	66			
官公吏及雇傭員	132			
庶業	243			
職業不詳及無職者	243	34	財産収入によりて生活する者	
		209	その他	
計	2,691			

第2表〈野方村〉職業構成

大正4年現在

農業牧畜養蚕など	471戸	農作	463戸		
		植木・苗木庭造等	8		
工業	38	大工	10	桶樽製造	3
		理髪	8		
		菓子製造	4		
商業	52	物品商	25	飲食店	4
		料理店	8		
交通運輸	4				
軍人	8				
官公吏及傭員	120				
庶業	40				
職業不詳及無職	64				
計	789				

第3表〈野方村〉農業構成

		戸数	従業者	男	女
自作	専業	262戸	1,221人	688人	533人
	兼業	85	176	78	98
自作兼小作	専業	120	534	330	204
	兼業	40	104	40	64
小作	専業	62	258	160	98
	兼業	37	106	62	44

規模は職工数一〇～三〇人程度の小工場にすぎない）が並存するという構成をとっていたということができよう。

工業についで多いのは、商業であるがその大部分は、日常の生活資料または雑貨等を販売する小売商であって、あとは質商、周旋業、料理店、飲食店、遊戯場などが数軒ずつ存在していたにすぎない。銀行はわずか二行しかなく、株式会社中野貯蓄銀行（明治三三年四月創立資本金一〇万円）と合資会社浅田銀行（明治三二年二月設立資本金一〇万円）が、町内の商工業者を相手に営業をつづけていた。

このほか中野町の住民構成の特徴として、この時期から軍人、官公吏、知識人の存在が目だっていることである。大正四年現在で、軍人六六人（全体の二・五パーセント）、官公吏および雇傭人一三二人（同四・九パーセント）、学校教員、弁護士、医師、新聞雑誌記者、仏教およびキリスト教などの宗教者を合計すると八三人（同三・一パーセント）おり、「知識人の町中野」の原型がこのころに早くもつくりだされつつあったことがわかる。

桃園町　大正初年ごろの撮影で、武蔵野のおもかげをとどめている（現在の中野三丁目付近）〔小林信敏氏提供〕

住民構成からみた中野町の特徴が、以上のようだったとすれば、野方町の特色はどうであっただろうか。一見して明らかなように（第2表参照）この時期、野方はまだ純然たる農業部落であった。全戸数七八九戸のうち約六割にあたる四七一戸が農業者であって、工業者（といっても大工、理髪、菓子製造、桶樽製造にすぎない）は約五パーセント、商業者（物品小売商、料理店、飲食店）は約七パーセントにすぎず、中野町とするどい対照をみせている。この六割におよぶ農業者を自作、自作兼小作、小作の別に分類すると第3表のとおりであり、農業だけで生活できる自作農家は約六〇パーセントの二六二戸であって、残りの四〇パーセントは地主から土地を借りて小作をするか、植木職、庭造職、苗木職などの余業でようやく生計をたてていたことが推測される。

主要な農産物は、米麦をはじめ帝都市場へ搬出する野菜類の栽培が盛んであった。特に鷺宮はいわゆる「練馬大根」の本場であって、この地方の名産であった。産額もすこぶる多く、未加工のまま市場へ積送るもののほか、農家は各戸最高で数百樽、最低でも二、三〇樽の沢庵漬をつくっていた。その他甘藷、馬鈴薯、花卉の栽培が行なわれ、村内いたるところに花園を見るというのどかな光景がみられたのもこのころのことであった。野方町は大正初年ごろまでは、いわば武蔵野台地の一農村として、田園的おもむきをとどめていたのである。

人口の急増

中野地域の人口急増とその背景

このような郊外住宅地ないし近郊農村という性格をもっていた中野町と野方町の地域には、大正以後、とくに大正一二年の関東大震災以後に、急激な変化がおとずれるのである。それは何よりも人口の急増としてあらわれた。

大正から昭和にかけて中野区地域の人口は、飛躍的にふえた。たとえば、それに先立つ明治期には四〇年もの間に、数千人からせいぜい一万数千人に漸増した程度に過ぎなかったのに、大正期末には八万五千人余、昭和期戦前の最高時には二一万余にも達した（第4表参照）。各期の一年ごとの平均増加人員（年率）を比較すると、明治（五年――四三年）は二三七人ずつ、大正（四年――一四年）には六八二九人、昭和（五年――一五年）は八〇〇五人の計算になる。つまり大正・昭和の時代は、たった一年間で、明治時代の三〇年以上にあたる人口増加をみたわけである。

　こういった大正・昭和期の人口増加の大部分は、自然増（出産――死亡の差）ではなくて社会増（転入――転出の差）であった。ちなみに、昭和一〇年現在の中野区民の出生地がどこであったかをみてみると（第5表）、中野区内生まれはわずか二割だけで、区民の大多数八割は転入者であった。しかも転入者の過半数は他府県生まれであった、他府県出身者の約半数は埼玉、新潟などの関東甲信越で占められてはいたが、北海道から沖縄県まで全国各地にわたっていた。

　他府県からの転入者を中心とする中野区地域の人口急増は、第一次大戦前後から顕著になってきた東京の発展・膨張によるものであった。当時、地方農村から大都市への人口流入は、東京はじめ、大阪・京都・名古屋・横浜・神戸などにかなり共通してみられた現象であった（そもそも、これら諸都市が六大都市などとよばれるようになったのも、このころのことであった）。この点を、統計で確かめてみると（第6表参照）、大正九年（一九二〇）から昭和一五年（一九四〇）の二〇年間に日本の全人口は、一七一五万人ふえたが、その約六割（寄与率）にあたる一〇〇七万人は東京はじめ六大都市の存在するわずか七府県においてふえたものであった。その中でも、もっともいちじるしく東京は全人口増加分の二割――二割五分（寄与率）をひとりじめした。

　大都市への人口集中の原因は、一人一人の人間にとってみれば就職や就業あるいは就学の機会が与えられたからであろう。この時期に大ぜいの人をひきつける就職や就業の機会が大都市にできたのは、およそつぎ

第4表　中野の人口の推移

年	人口
明治5（1872）	6,057人
31（1898）	9,717
43（1910）	15,094
大正4（1915）	17,000
9（1920）	29,195
14（1925）	85,294
昭和5（1930）	134,068
10（1935）	175,394
15（1940）	214,117

（備考）　1）大正9年以降国勢調査
　　　　　2）大正4年以前「中野区史」「中野町誌」「野方町誌」より

第5表　中野区民の出生地（明治11年）

地　域	人員	構成比
総　数	175,394人	100.0%
中野区内	35,750	20.4%
中野区外	139,644	79.6%
1）内東京旧市部	23,982	13.7%
2）〃　新市部	16,842	9.6%
3）東京府他市町村	3,822	2.2%
小　計	44,646	25.5%
4）他府県道	90,807（郡部 76,452）	51.8%

1.埼　玉	6,286	25.岡　山	1,180
2.新　潟	6,242	26.岩　手	1,176
3.長　野	5,403	27.岐　阜	1,175
4.茨　城	4,843	28.山　口	1,153
5.千　葉	4,601	29.京　都	1,125
6.山　梨	4,212	30.福　井	1,023
7.栃　木	4,176	31.青　森	995
8.神奈川	4,151	32.熊　本	965
9.福　島	3,950	33.愛　媛	923
10.群　馬	3,564	34.大　分	893
11.静　岡	3,509	35.長　崎	891
12.北海道	2,600	36.滋　賀	691
13.山　形	2,356	37.島　根	598
14.愛　知	2,353	38.佐　賀	596
15.宮　城	2,086	39.高　知	595
16.福　岡	1,792	40.香　川	566
17.秋　田	1,756	41.和歌山	513
18.富　山	1,717	42.鳥　取	449
19.兵　庫	1,555	43.宮　崎	418
20.大　阪	1,464	44.徳　島	379
21.広　島	1,460	45.奈　良	281
22.石　川	1,417	46.沖　縄	148
23.三　重	1,380		
24.鹿児島	1,201		

5）外　地	2,598	1.5%
朝鮮	1,648	
台湾	823	
その他属領	361	
6）外　国	1,359	0.8%

（備考）　1）中野区役所国勢調査資料より作成
　　　　　2）外地のその他は樺太南洋諸島など

第6表　東京・他大都市の人口の増大（大正9年～昭和15年）

項 / 年 / 地域	実数：万人（大正9年基準指数）					増減数：万人（寄与率：%）					対前回伸び率（%）			
	大正9 1920	大正14 1925	昭和5 1930	昭和10 1935	昭和15 1940	大正9～大正14	大正14～昭和5	昭和5～昭和10	昭和10～昭和15	大正9～昭和15	大正14/大正9	昭和5/大正14	昭和10/昭和5	昭和15/昭和10
全国	5,596.3 (100)	5,973.6 (107)	6,445.0 (115)	6,925.4 (124)	7,311.4 (131)	377.3 (100)	471.3 (100)	480.8 (100)	386.0 (100)	1,715.4 (100)	6.7	7.9	7.5	5.6
東京	369.9 (100)	448.5 (121)	540.8 (146)	636.9 (172)	735.4 (199)	78.5 (20.8)	92.3 (19.6)	97.1 (20.2)	98.5 (25.5)	366.4 (21.4)	21.2	20.6	17.8	15.5
神奈川	132.3 (100)	141.6 (107)	161.9 (122)	184.0 (139)	218.8 (165)	9.3 (2.5)	20.2 (4.3)	22.0 (4.6)	34.8 (9.0)	86.3 (5.0)	7.0	14.3	13.7	18.9
大阪	258.7 (100)	305.9 (118)	354.0 (137)	429.7 (166)	479.2 (185)	47.1 (12.5)	48.0 (10.2)	75.7 (15.7)	49.5 (12.8)	220.3 (12.8)	18.2	15.7	21.4	11.5
京都	128.7 (100)	140.6 (109)	155.2 (121)	170.2 (132)	172.9 (134)	11.9 (3.2)	14.6 (3.1)	14.9 (3.1)	2.7 (0.7)	44.1 (25.7)	9.2	10.4	9.7	1.6
兵庫	230.1 (100)	245.4 (107)	264.6 (115)	292.3 (127)	322.1 (140)	15.2 (4.0)	19.1 (4.1)	27.6 (5.7)	29.7 (7.7)	91.6 (5.3)	6.6	7.8	10.4	10.2
愛知	208.9 (100)	231.9 (111)	256.7 (123)	286.2 (137)	316.6 (152)	22.9 (6.1)	24.7 (5.3)	29.5 (6.1)	30.3 (7.8)	107.4 (6.3)	11.0	10.7	11.5	10.6
福岡	218.8 (100)	230.1 (105)	252.7 (115)	275.5 (126)	309.4 (141)	11.3 (3.0)	22.5 (4.8)	22.8 (4.7)	33.8 (8.8)	90.4 (5.3)	5.2	9.8	9.0	12.3
以上7府県小計	1,547.7 (100)	1,744.2 (113)	1,986.1 (128)	2,275.1 (147)	2,554.8 (165)	196.5 (52.1)	241.9 (51.3)	288.9 (60.2)	279.7 (72.5)	1,007.0 (58.7)	12.7	13.9	14.6	12.3
その他40道県小計	4,048.5 (100)	4,229.4 (104)	4,458.8 (110)	4,650.2 (115)	4,756.5 (117)	180.8 (47.9)	229.3 (48.7)	191.4 (39.8)	106.2 (27.5)	707.1 (41.3)	4.5	5.4	4.3	2.3

（備考）　1）第1回以降各国勢調査より　2）千人未満切捨

のような経済的・社会的発展を基礎的背景としていた。すなわち、第一次大戦による戦争景気で工業とくに製造業がかつてない発展をとげた。たとえば、鉄鋼造船業の新設や拡張、民間鉄鋼業の新設など大工場の発展があいついで行なわれたばかりでなく、電力の普及による中小工業の大量の出現によって、工場労働者への就職機会が大幅にふえた。つぎに大銀行や日本独自な営業形態といわれる総合商社の発展、大工場での大量生産にともなう大量販売、競争激化、輸出の拡大、原料の調達、輸入など取引機能、従業員数の増加や近代化にともなう管理機構の整備拡張による本社機能の肥大化などという事態に基づいて、事務員、技術者、営業員、銀行員等々いわゆるホワイトカラーあるいはまたサラリーマンなどとよばれる新しい就職機会が、特に首都東京で著しく拡大した。丸の内ビル街などのオフィス街が本格的に形をなしてきた。さらに大量生産にともなう原料、製品の輸送量の増大、工業の部品、中間製品生産の発展つまり「社会的分業の発展」とでもいうべき事情にともなう輸送の増大、工場や事務所への通勤のための運輸・交通機関の発達と、そういった部門への就職機会の拡大。東京に特に独自だったのは、首府・国家機関の集中による官公吏の存在であり、首都防衛の軍隊や軍機関の軍人もかなり多数集中していた。

人口集積そのものが原因となって新たな人口集中をひきおこす、たとえばたくさんの人口を目当てとした小売商、サービス業の進出を可能にする。小売商、飲食業、サービス業や、中小工業はかなり少額資金でもってはじめることができるので就業機会をつくりだすことにもなる。こういった生産、資本の集積・集中、人口の集積・集中は、独占資本主義ないし帝国主義といわれる段階になって、顕著な傾向となる。

地方では、押しなべておもな産業は農業であるが、農業は大正期以降、換金作物の普及によって地主制の基礎をほりくずす方向に力が働くとともに、小作料の割増しなどによる地主支配の強化の中で小作争議の続発

第7表　東京府・市・旧市部・新市部・山手三郡の人口推移　（単位：万人）

年（西暦）	府	市（合新市部）	旧市部	新市部	山手 豊多摩	山手 北豊島	山手 荏原	山手 三郡計
大正　九（一九二〇）	三六九・九	三三五・〇	二一七・三	一一七・七	二七・八	三七・九	二五・三	九一・〇
同　一〇（一九二一）	三八一・三	三四五・九	二二〇・四	一二五・五	三〇・〇	四一・一	二六・六	九七・七
同　一一（一九二二）	三九三・四	三五七・五	二二三・六	一三三・九	三二・四	四四・六	二七・九	一〇四・九
同　一二（一九二三）	四〇五・〇	三六八・七	二二六・五	一四二・二	三四・七	四八・一	二九・二	一一二・〇
同　一三（一九二四）	三九八・六	三六〇・九	一九一・七	一六九・二	四一・〇	五七・九	三五・〇	一三三・九
同　一四（一九二五）	四四八・五	四〇九・七	一九九・五	二一〇・二	四七・六	六六・五	五二・五	一六六・六
昭和　五（一九三〇）	五四〇・八	四九六・九	二〇七・〇	二八九・九	六三・五	八五・八	七九・八	二二九・一
同　一〇（一九三五）	六三六・九	五八七・五	二二四・七	三六二・八	七七・二	一〇三・〇	一〇五・七	二八五・九
同　一五（一九四〇）	七三五・四	六七七・八	二二三・三	四五四・五				
大正九年―昭和一五年	三六五・五	三四二・八（一〇〇%）	六・〇（一・八%）	三三六・八（九八・二%）				

明治四三年（一九一〇）東京府人口　二六八・八万人　大正四年（一九一五）三三九・四万人
旧市人口　二八〇・五〃　二一四・四〃

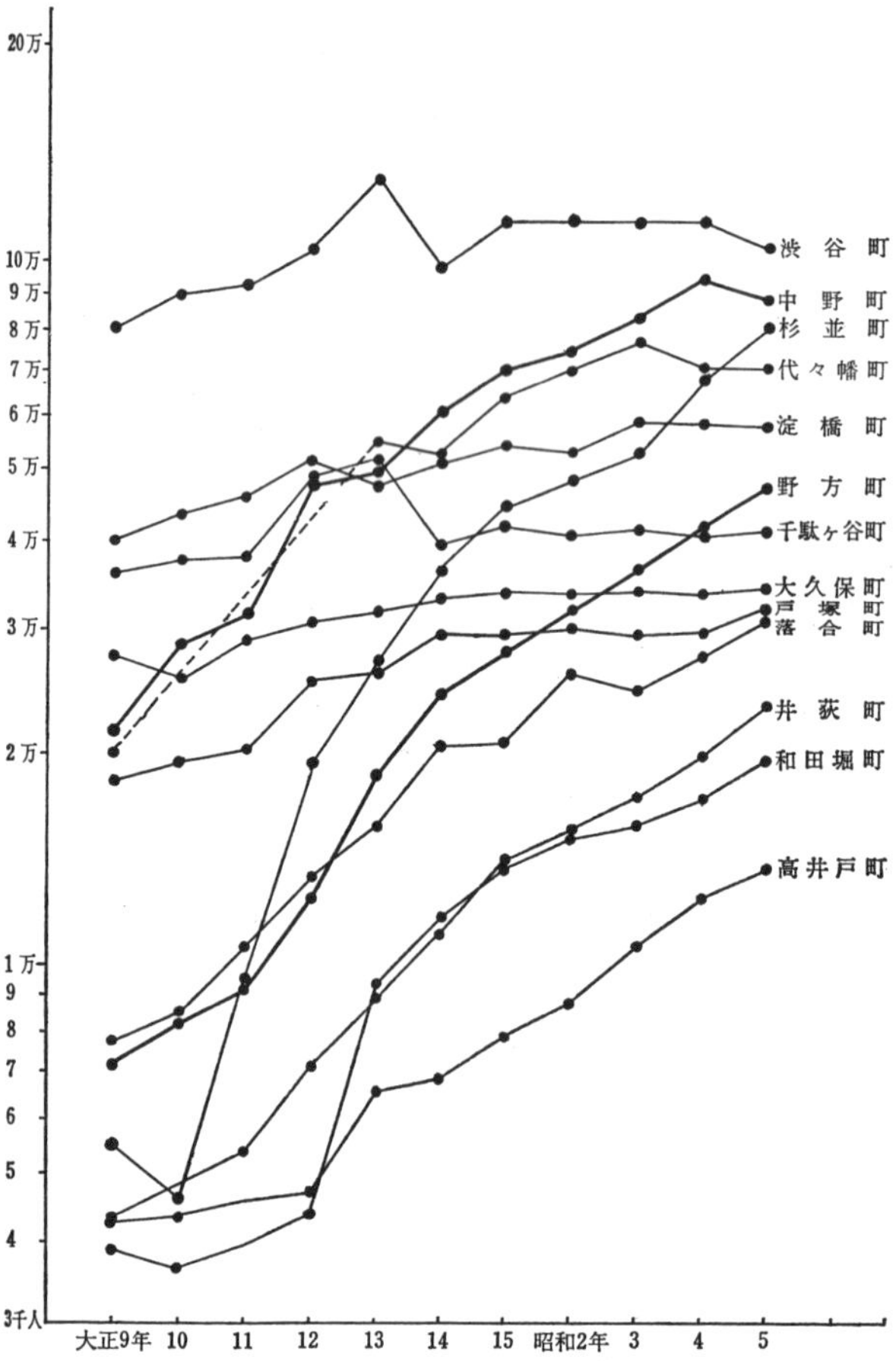

第2図　東京市併合直前における豊多摩郡各町村の諸指数総括表

（注）東京市臨時市域拡張部「昭和6年11月市域拡張調査資料」豊多摩郡各町村現状調査より作成

と激化をたどった。大恐慌による生糸輸出の激減、養蚕業への大打撃のうえに昭和九年には東北地方の大凶作、北陸三県の雪水害、九州の旱害などが重なりあって、農民は悲惨な状況に追いこまれていった。明治元年から昭和九年の六七年の間に述べ三〇回もの凶作・不作のおこった東北では昭和九年ごろは飢餓地獄の状態に陥り、日本の農村の危機を集中的にしめすものであった。欠食児童のニュースを多くの人びとは涙なしには聞けなかった。窮迫した農民は食えない村をあとに都会へ職を求めて出稼ぎや夜逃げ、中には身売りまでされて流れこんでいった。たとえば、昭和九年一〇月末現在で、東北六県の過去一〇年間における女子の出かせぎの内訳は、女中および子守一九二四四人、女工一七二六〇人、酌婦五九五二人、娼妓四五二一人、女給三二七一人、芸者二一九六人、その他五七二九人　計五八一七三人にのぼった（昭和七年には計一二一〇八人）。農村を主たる市場とする地方都市なども経済の疲弊がいちじるしいものがあった。このような地方経済の後退は当然人口の大都市集中のいま一つの要因となった。だから、人口は一層大都市へ流出していった。農村から都市へ、農業から商工業への人口流出は、農村と大都市の地域格差の拡大の結果であり、日本経済の不均等な発展のひとつの表現であった。

　ところで、東京の人口膨張は、東京の中のどの地域で生じたのであろうか。まず昭和七年合併前の旧市域と合併されて新たに東京市に編入された新市域（豊多摩・北豊島・荏原・南足立・南葛飾の五郡）の両地域を対比すると、旧市域が大正九年（一九二〇）の二一七万から昭和一五年（一九四〇）二二三万と、二〇年間にわずか六万人ふえたにとどまったのに対して、新市域では一一七万から四五五万と実に三三八万もふえた。つまり東京市人口の増加はもっぱら新市域でみられたのである。とくに注目すべきは、関東大震災で新市域の人口が急にふえて大正一四年に旧市域の人口をしのぐこと、震災以後新市域の人口増は顕著であるけれども、震災前においてすでに旧市域の人口増（年三万）よりも、新市域でのそれはかなり上廻っていた（年八万〜九万増）ことである。つまり、東京での人口増加は周辺郡部を中心にすでに進みつつあったのであり、関東大震災はその傾向を一挙におしすすめる直接の契機になったわけである。しかも、新市域五郡の中でも、北豊島、豊多摩、荏原のいわゆる東京山の手と呼ばれるにいたる地域における人口増加がその大部分を占めていた。大正九年から昭和一五年にいたる二〇年間に、この三郡の地域で三三五万の人口増加をみているが、これは、同じ期間の東京府、東京市（合併後）の人口増、三七〇万、三四〇万のほとんどすべて（九〇・五〜九八・五パーセント）に相当した。

こうみてくると中野・野方の人口急増は、東京とくに新市域の中でもいわゆる山の手地域への人口の集積・集中の一環であった。その中でも中野町・野方町は、大正から昭和にかけて豊多摩郡の中でもとりわけ急速に人口がふえた地域であった。第2図にみるとおり、渋谷・千駄ケ谷・淀橋・大久保・戸塚などが大正九年以降すでに横ばい状態になっていたが、中野・杉並・落合などは、この期間に急増した町村であった。やや遅れて、野方・井荻・和田堀・高井戸は、昭和に入ってから急増した地域であった。

中野区地域の人口急増のかなり主要な条件となったのは中央線の輸送力の整備強化であった。大正八年に東京駅まで達し、大正一一年には電車区間を国分寺駅まで延長し、大久保・中野・荻窪の各駅に加えて、高円寺・阿佐ケ谷・西荻窪の三駅を新設した。ことに、昭和九年九月一五日国鉄急行電車運転のはじまりとなった中野駅から東京への急行電車のスタートは、中野の立地条件を一段と引き上げ人口流入に拍車をかけたこと、西武鉄道などの私鉄も、同じく中野への人口流入に一役買ったこともいうまでもない。

このような新しい山の手の形成ないしは拡大ともいうべき豊多摩郡などの発展は、のちにみるように東京の独占資本主義段階における資本の集中・集積・本社機能や商社の集中にともなう、いわゆるサラリーマン・ホワイトカラーとよばれる階層の居住区の形成をもっともおもな特徴としていた。

都市化の矛盾

都市施設の立ち遅れ

中野区地域の人口急増にともない、大きな問題になったのは、都市施設の立ち遅れであった。

農村時代の中野・野方のあたりは「東京市山の手の西に連り、郡内多くは高台にして、緑樹枝を交えて到処《いたるところ》景勝に富み、水質大気共に清澄なるを以て、自ら郊外健康地の実あり」というような情景であった（『東京府豊多摩郡誌全』一二〇ページ）。上流階級の別荘や中野療養所がつくられたのも、自然の生活環境にめぐまれていたからでもあった。人口も少なく、家屋も密集していない農村ならば、川で洗い物をし、井戸水やわき水を飲用水として利用できただろうし、道路もそのほとんどは自然の地形にそって、徒歩で歩きやすいところが、いつとはなしに形づくられたものであった。大雨が降って水がでたり、ぬかるみになったりしたときは、晴れるのを待てばよかっただろう。

ところが、震災以降のように人口が密集して来ると、自然のままの状

妙正寺川　水もきれいな昭和初期の下谷橋付近

態では、生活が営めなくなってしまう。上下水道がないと伝染病流行の危険が出てくる。下水道が建設されないと、かつての清流はドブに変じてしまう。農家ならば焼却・埋めるなどしてかなり個人で処理できた汚物（ごみやし尿等）も社会的に遂行しなければ不可能になってしまう。しかも、急にふえた人口の大部分は、晴耕雨読などできないサラリーマンたちだ。彼らは風雨にかかわらず通勤しなければならない。それには、雨でヌカル道路はひどく困ることになる。人口急増と住民の職業・階層の変化、この両方の要因から、都市施設の整備は、絶対欠くことのできない社会的要請となった。さらに農村時代の自然を保持し、住民の健康をはかるためにも、都市施設は必要なはずであった。

それにもかかわらず、人口急増が先行し、都市施設はいちじるしく立ち遅れてしまった。たとえば、中野はじめ新市域の町村の保健衛生に関する施設は「極めて不満足な状態」（『東京市域拡張史』）であった。昭和五年旧東京市の伝染病発生率は、一〇〇〇人当り四・一三人だったのに対して、旧中野町は五・二二人、旧野方町四・三一人と、中野区地域は両町ともかなり高率を示した。とくに旧中野町は豊多摩郡中でも最高件数を記録した。人口増加のいちじるしいところほど伝染病患者も多数発生するという関係がみられた（第3図参照）。これは、新市域の人口増加に対して都市施設の立ち遅れを如実に示すものであった。

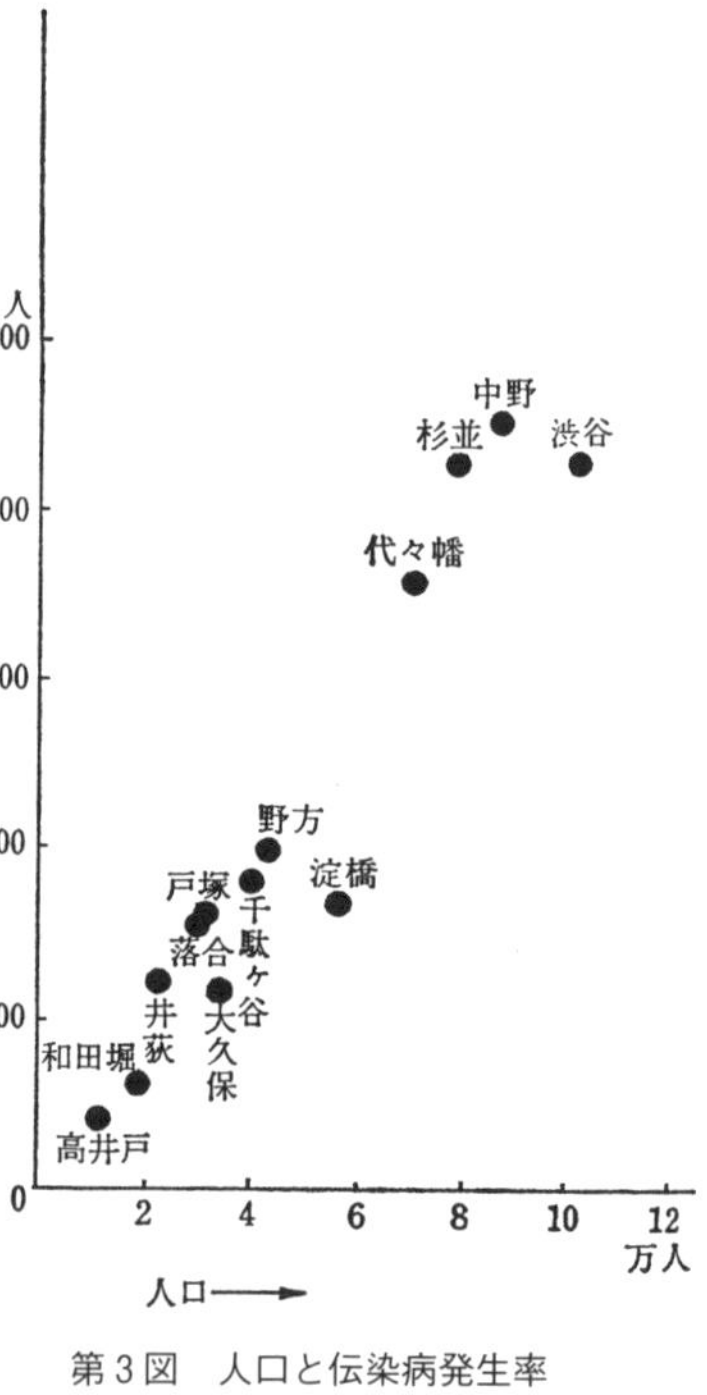

第3図　人口と伝染病発生率

住民の変化

人口増加の影響

今までに見たような、大正期いらいの人口急増、都市化の進行は、中野町、野方町にも急激な変化を生じさせ、とくに住民の生活やその意識に、大きな変動をあたえたのである。そのことを中野町と野方町の両地域を対照させつつ、その特徴を明らかにしてみよう。

第一次大戦のぼっ発を契機とする日本経済の空前の繁栄を背景に、東京市の急速な発展がみられ、まずその隣接町村より漸次外延的に都市化が進行した。特に大正一二年九月の関東大震災は、東京市隣接町村の都市化現象にいっそうの拍車をかけた。いま試みに、わが国で初めて国勢調査の行なわれた大正九年から大正一四年、昭和五年にいたる一〇年間の旧豊多摩郡全体の人口推移を見てみると、第9表のごとき著しい変化を示している。すなわち、大正九年には人口一万未満の村落級町村が六、一万以上五万未満の小都市級町村が六で、人口五万以上の町村はわずか一を数えるにすぎなかったのが、関東大震災後の大正一四年には、小都市級町村八、中都市級町村四に対し、村落級町村は逆に一となり、昭和五年には一〇万以上の大都市級一が現出し、人口一万以下町村は遂にゼロとなり、五万以上の町村の包容する人口は全体の六三パーセントを占めるにいたるという変化をみせるのであった（『東京市域拡張史』三一七ページ）。この時期の都市化現象の特徴は、東京市に接続する南千住、日暮里、亀戸、淀橋、品川、大崎等の第一圏内の町村の人口増加が鈍化傾向を示して、早くも飽和点に近い人口を包容するにいたっているのに対して、杉並、中野、世田谷、三河島、王子、代々幡、蒲田、砧等のいわば第二圏内に属する各町が急激な人口増加を示していることである。すなわち、人口動態から判断する限り、第一圏内各町村の都市化の過程は、大正末年においてすでに最終段階にはいっていたことを物語っており、中野、杉並を含む第二圏内の都市化現象が急速に進行したのが、大正九年から昭和五年ごろにいたる一〇年間であったことが判明するのである。その間の事情を端的に物語っているのは、大正九年と昭和五年における五郡（荏原、豊多摩、豊島、南足立、南葛飾の五郡）八二カ町村の人口順位の逆転現象である。たとえば、第二圏内に属する町村のうち荏原町は大正九年三四位だったのが昭和五年には一挙に第一

第9表　豊多摩郡階層別人口推移

人口種別＼年次別	大正九年			大正一四年			昭和五年		
	町村数	人口数	比率	町村数	人口数	比率	町村数	人口数	比率
一万未満	六	三二五三二人	一二%	一	六八四六人	二%	○	○人	○%
一万～五万	六	一六五〇七二	五九	八	二〇五七四八	四三	八	二三九二六〇	三七
五万～一〇万	一	八〇七六六	二九	四	二六三九五四	五五	四	二九四三四六	四六
一〇万以上	○	○	○	○	○	○	一	一〇二〇五六	一七

『東京市域拡張史』314～315ページより

青梅街道（昭和７年ごろ）
都心の周辺部から都市化が急速にすすむにつれて、道路の幅も広くなり、自動車や自転車の往来もはげしくなってきた（現在の本町二丁目付近）

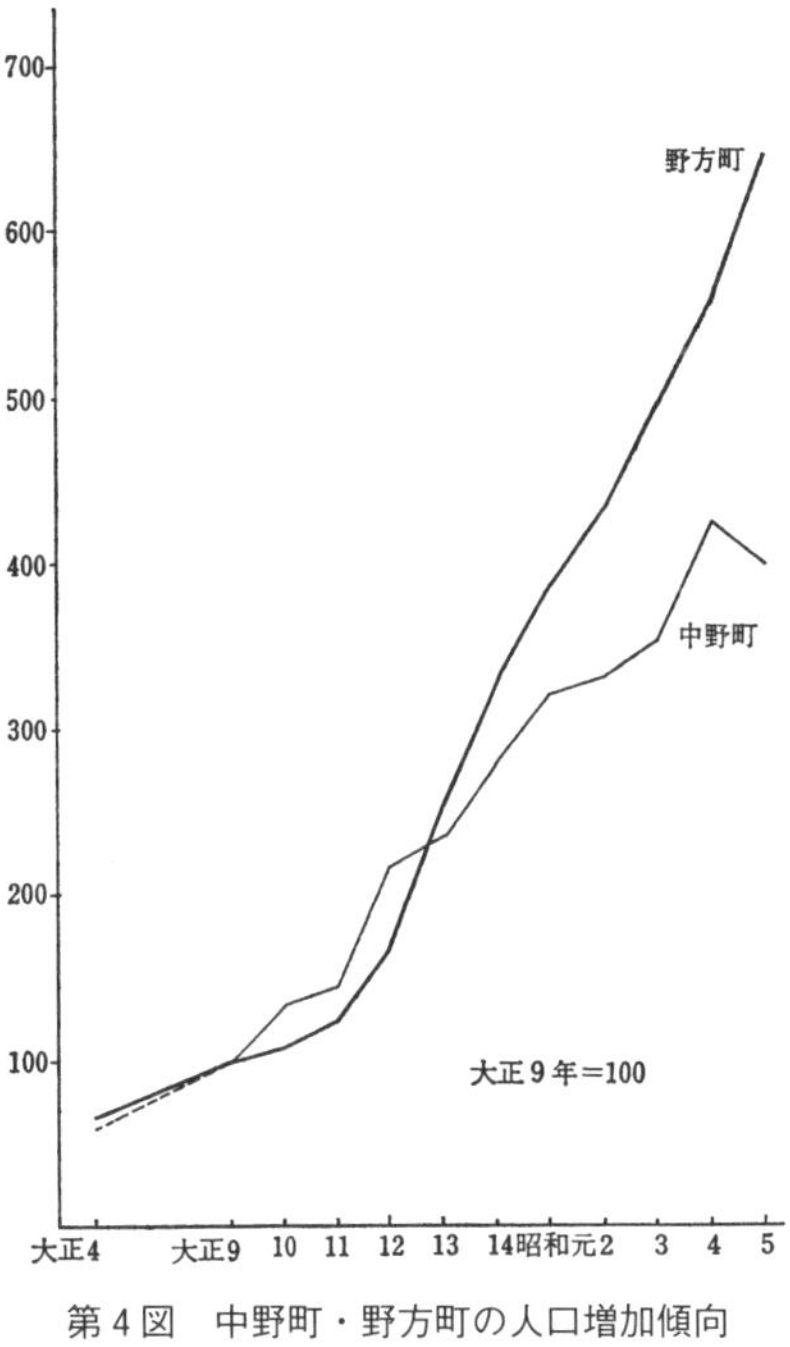

第４図　中野町・野方町の人口増加傾向
東京都臨時市域拡張部
『豊多摩郡中野町・野方町現状調査』より作成

位に躍進するという目ざましい発展をとげたのをはじめ、碑衾町は五八位から三一位へ、世田谷は三一位から一一位へ、蒲田は四二位から二八位へ、三河島は二〇位から八位へ、王子は九位から五位へというように急激な人口増加をとげており、わが中野町、野方町も大正九年にそれぞれ一九位、四〇位であったのが、昭和五年には六位、二四位へと上昇して、この時期の都市化過程の急激な進展ぶりを裏づけている。また、同じ性格の杉並町も四七位から一挙に九位にまで人口増加をとげていることが注目される（前掲書三一九～三二一ページ）。

大正九年から昭和五年にいたるこの人口増加の伸び率を、さらに指数化してグラフに示してみると、中野と野方とではっきりと異なる特徴を示していることがわかる。その最大の特徴は、両町とも一貫して増加傾向を示しながらも、関東大震災を境に野方の伸び率が急激な上昇線をたどっていることであって、大正一三年以降は中野の増加率を追い越して、昭和五年には大正九年の六・四倍の約四七〇〇〇人にまで達しているのである。この人口増加の背景には、すでにのべたとおり、第一圏内の人口増加がほぼ飽和点に達していたことと、国電、市電、乗合自動車（バス）などの各種交通機関の発達とがあったわけだが、さらに大震災による被災者の大量移住が決定的な契機となっていた。特に野方町は、杉並、碑衾、馬込、世田谷、千住、蒲田町とともにまだ建築物取締法の適用を受けてない地域だったために、粗雑な建築物の密集するところとなって、低所得者層の移住が多かったのである。

職業構成の変化

こうした人口の大量流入の結果、中野、野方町の住民構成も大きく変化していった。第10・11・12表がそれを示すが、大正初年から昭和五年にいたる約一五年間に、住民の職業構成がいかに激しい変貌をとげてい

第10表　野方町民の職業構成

業別	戸数	男	女	計
商業	2,504戸	3,801人	733人	4,534人
工業	1,241	2,250	134	2,384
農業	324	757	160	917
官吏		2,633	121	2,754
吏員		1,800	44	1,844
公吏		469	32	501
教員		344	65	409
其の他		4,100	2,128	6,228
会社員				1,991
銀行員				250
看護婦				226
植木職				210
医師				85
百貨店員				72
職工				572
日雇				205
その他				2,617
有権者数		16,817人		

昭和５年国勢調査による

第11表　中野町民職業別構成の推移

業別	明治43年	大正４年	大正14年	昭和３年
農業	370戸	365戸	53戸	37戸
工業	230	670	795	927
商業	447	595	1,546	2,848
医師	7	10	164	199
産婆	2	5	63	76
鍼灸按摩	3	3	55	63
理髪	27	27	94	225
土木建築	3	86	71	65
給料生活	206	441	4,017	5,630
労働者	619	?	6,374	7,931
其の他	—	243	125	252
計	1,914	2,445	13,474	18,252

『中野町誌』319ページより

第12表　中野・野方町民職業別構成

業別	人数	比率
有業者総数	49,062人	100％
農業	1,753	3.6
水産業	8	—
鉱業	39	0.1
工業	13,188	26.9
商業	12,638	25.7
交通業	3,203	6.5
公務、自由業	12,941	26.4
家事、使用人	4,120	8.4
其他の有業者	1,172	2.4
無業	85,036	—
合計	134,098	—

昭和５年現在

るかその変化のスピードには驚くべきものがある。まず、明治四三年、大正四、大正一四、昭和三年にいたる変化の跡が判明する中野町についてみれば、大震災を間にはさむ大正四年から大正一四年へかけての変化がいかに激しいものであったかがわかるだろう。すなわち、農家戸数は三六五戸から五三戸へと激減し、それに代って給料生活者が四四一戸から九倍以上の四〇一七戸へと激増していることが注目される。労働者については大正四年現在の数値が不明なため、はっきりしたことはいえないが、大正一四年には全有業者中、労働者は四七・三パーセントに当る六三七四人に比重を高め、昭和三年にはさらに約八〇〇〇人（同比率四三・五パーセント）にまで増加してもっとも高い比率を占めるにいたっている。以上のことからみても、震災後、中野町は急速に住宅地への転換をとげ、昭和初年には早くも「サラリーマンと労働者の町」としての姿を完成しつつあったことがわかる。事実、昭和五年の国勢調査によれば、本区調査人口のうち、いわゆる、昼間人口と夜間人口はそれぞれ一一二四四八人と一三四〇九八人であって、夜間人口一〇〇につき昼間人口は八三・八六となり、昼間における人口の縮少割合は三五区中、荏原、杉並についで多い。つまり、他地域に働きに出かけるサラリーマンや労働者の数がそれだけ多いことを右の数字は教えている。そのほかこのころになると有爵者、高級軍人が中野町に居住するようになり、昭和五年の数字によれば伯爵二、子爵一二、男爵一六、陸海大将七、同中将三二、同少将三四人が住んでいたことがわかる（『中野町誌』三五五ページ）。

これに対して野方町はどうであろうか。野方は、中野よりもいっそう激しい変化をとげている。すなわち、大正四年ではまだ六〇パーセントにおよんでいた農業者の比重は、昭和五年にはわずか五・四パーセントに激減し、それに代って商業四五三四人（全有業者中に占める比率一七パーセント）、工業一三八四人（同一四・二パーセント）、官吏一七五四人（同一六・四パーセント）へと住民構成は大きく変化している。さらに、その他に含まれている六二二八人の内訳をみると、会社員、銀行員、看護婦、百貨店員、職工の合計が三一一一人で全有業者中の一八・五パーセントに達している。これに官吏、教員を含めれば約三五パーセントがサラリーマンないし職工ということになって、野方がこの一五年間に急速に中野に近い性格をもちはじめたことが読みとれるのである。野方の、この農業部落から住宅地帯への変貌は、この地域に植木職（一一〇人）、庭師（一四人）、日雇（二〇五人）の数が非常に多いことにもあらわれている。すなわちかれらの多くは、農地の宅地化にともなって離農を余儀なくされた農民が一般にたどらなければ

伏見宮別邸（現在の中央一丁目）
中野には有爵者、高級軍人も比較的多く、このように宏壮な邸宅があった

桃園住宅風景（昭和７年）
このころになると農地はほとんどなくなり、住宅が密集するようになった

ならなかった運命でもあった。以上のように関東大震災を境として急速に都市化が進み、また、住民の職業別構成が大きく変貌していくなかで、この地域の住民意識も大きく変化しないわけにいかなかった。つぎにこの点をみていくことにしよう。

住民意識の変化

すでにのべたごとく、大震災以前は、本区とくに野方方面はまだ田園的情趣をとどめていた。田や畑の間を雑木林が起伏していて、その中を、小川のせせらぎが流れ、農家の庭には花が咲きみだれているといった、武蔵野の一隅の景観は保たれていたのである。ところが移住者がふえ、森林がきり倒され、田畑が宅地にかえられ、畑の中を真直ぐな道路が切開かれ、その間に住宅がぽつんぽつんと建てられるようになったなと思っているうちに、いわば「あっ」という間にこの地域も完全な市街地へと変貌していったのであった。それにともなって、新しい社会現象がいろいろと生じてきた。

まず、耕地が宅地化されていくのにつれて次第に離農者がふえていった。相当の耕地を所有していたものは不耕作地主となり、他方小作人は八百屋、植木屋、トビ職、日雇労働者（土方など）に転職していった。たとえば、昭和九年の秋、中野雑色の農家三五戸のうちなお農業を営んでいる者は自小作農一〇戸ほどで、それ以外の農業をやめた者のうちトビ職になった者二人、植木屋が二人、そのうち一人がタバコ屋を兼業し、他の多くは不耕作地主となっている。西落合でも土地収入で生活する者は全体の四〇パーセントで、他は植木仕事や附近の工場に通いだした。なかには旧市部（都心）の大きな屋敷に出入りする者もあり、これは弁当持参で一日一円五〇銭位の日当をもらったといわれている。一般的にいって住宅地地代で生活できる者は五、六軒にすぎず、それもあと一〇年もたてばだめになるといわれる状態であった。こうして現に農業を営んでいる農家でも、子供を家業に手伝わせることなく、いい加減の年になれば女は女中として市内に奉公に出、男は新宿、渋谷方面の魚屋、八百屋などに小僧に出た。もっとも比較的裕福な家では、男は小僧や丁稚に出かける代りに多くは上級の学校に行き、女子も学校にすすむかもっぱら家事の手伝い、行儀、裁縫の見習いなどをしていた。

中野区には大きな工場はなかったが、荻窪駅の北にある中島飛行機製作所は杉並一帯を中心に広く農家の労働力を吸収して、長男すらも工場勤めをするようになった。高井戸あたりでは、ウテナ化粧品、味の素の工場に、また西落合ではオリエンタル写真工場に女子が工場勤めをするようになり、女性はこのごろになると女中奉公を嫌って工場へ行くことを希望する者が多くなった。そればかりでなく、農家の子女は、農家へ嫁に行くことを嫌がりすべてが都会へ行くことを望みサラリーマン、商人などに嫁ぎたがるようになった。中には自作農家よりも、かえってその日暮しの植木屋やひき売八百屋を好む者さえあった。したがって、ちょっとした農家ではほとんど女学校（専修学校補習学校）へ入れ、勤人の妻としてはずかしくないような教養を与えたいと望んだ。そのために女学校を卒業しなくとも一、二年でも入れて、家の娘は女学校へ入れたという資格を得るのに腐心した。相当の地主＝土地成金ともなると、農家の子弟が多く通う土地の女学校へ入れるのを好まず、都会人の通う学校に娘を入れたがる傾向さえみられた。

また、服装、人間関係なども大きく変った。特にこの地域は都心に近いため、派手な都会の影響が直接的に伝わってきた。昔は農家といえば普段着はいつも盲縞が普通であった。ところがこのごろになると普通の農家でも晴着に銘仙やお召を用い、七子の羽織も羽二重の代り、女性も銘仙、メリンスはむしろ悪い方で、錦紗、お召などを着る者が多くなり、柄も次第に派手になっていった。男性も洋服を着て外出する者がだんだんと多くなり、中にはモーニングなどを着る者が出てきた。雨具が蓑から合羽に変ったのも震災後のことであった。若い者の間には、コールテン等のズボンが普及し、ゴム足袋、ゴム長靴が履かれるようになった。これらの呉服類は、もとは行商から買っていたが、しだいに晴着は新宿の三越、伊勢丹などから買入れる者が出てきた。いわゆるデパートの大衆化現象はこの時期に急速に進行したのであろう（『東京市域内農家の生活様式』参照）。

共同体的諸慣習の解体

こうして都会化がすすむにつれて住民の支出は衣食住だけでなく、一般に交際費まで膨脹してきた。それまで、村の寄合は個人の家か小学校やそばやの二階などで行なわれていたが、料理屋が使われるようにさえなってきた。ことにこうした会合は、従来単純な農村に過ぎなかった間は、村としての問題も少なく従って寄合いも数少なくてすんでいたのだが、都会人との接触が頻繁になるにつれて、色々と問題もうるさくなり、従って会合も多く持たれるようになった。特に、この時期の問題として注意しておきたいのは、原住者と移住者との間にデリケートな感情の対立が発生してきた点であろう。たとえば、貸地貸家をもつ農家では、移住者がぜいたくな生活をしながら地代や家賃を不払する者が多いといって憤慨したり、逆に移住者が集って借地人同盟をつくり、原住地主に対して地代値下げを要求するなどの新しい緊張関係が生まれたりした。また、急速に住宅化された地域では、同じ小学校にやりながら勤人の親は、地主の子供たちとつき合わせることを嫌って原住者の反感を買うようなことさえあった。さらに、移住者が大量にはいりこんできた結果、長年農民たちが慣れ親しんできた風習、慣行が壊され、人間関係におけるいわば共同体的結合がゆるみ変化していった。そのよい例として雪かきがある。昔は、雪が降れば村中総出で雪かきをするのが例であった。ところが、次第に移住者が引越して来て近所に住むようになっても、こういう人たちは村人といっしょに雪かきをしない。といって原住者が移住者の家の前まで全部してやるのはつまらない、という訳で遂に町内の自治会が会費を集め、それで人夫を雇って道路の雪かきをするようになっていく。このようにして村人の生活の共同のつながりはしだいに薄らいでいくのであった。鎮守様のお祭にしても同様である。かつては、神社で赤飯をふかし村中集って盛大にお祝いをし、祭が終れば「鉢払い」と称して、作ったご馳走全部を食べつくし、そろって十度手打をして社を出るという慣習があったが、このごろになるとお祭りはあっても、村人はあまり集まらず、ただ祭日を町会の掲示板に出し、ごく少数の人が寄り合うにすぎなくなっていった。このようになると、原住者の間でも人の心は薄情になり、地縁的結び付も稀薄となって町の名誉職などなかなか引きうけてがなくなり、町のために先頭にたって働くという気概が薄れるといった状況さえ生まれるようになったのである。一言でいえば都市化、宅地化にともなう共同体的慣習の解体ということである。現代の都会におけるギスギスとした人間関係の原型は、このようにして歴史的に形成されてきたのであってこうした事態に対処するために、町会を再編成して住民を上から行政的に組織するとか、隣保組織をつくって住民間の再結合を図ろうとする政策的努力が開始されてくるのである。

中野の区民生活

村落の変貌

村は長い間われわれ祖先の生活共同体であった。ところが、明治になって近代化が進んでくると、しだいに村の共同体としての堅いきずなが弱まってきた。大正期、ことに関東大震災前後から、まだまだ根強く残っていた、中野区地域の村落共同体的な要素は、かなりくずれさり、今度は一人一人の個人が生活単位になっていく傾向が強くなってきた。中野区地域の場合、かつての江戸近郊の農民としての生活から、東京の住宅地のサラリーマンの生活への変化によって、それはもっとも端的にあらわされた。

たとえば、昭和一〇年中野区民の八割は「よそ者」で占められていたが、これらの移住者は少なくとも、それまでの村落共同体と離れていたことを意味していた。もちろんこんどは中野・野方という地域の中で、共同体的要素の残された中に入りこんでいった部分もでてきたであろうが。

サラリーマンの生活

昭和八年九月、中野区会の一部の議員は「市民館設置促進」の建議案を提出したが、その理由の中で「本区ハ従来郊外ニ属シ……中小住宅地トナリ今猶商店街ハ一部ニシテ居住者ノ大部分ハ勤労生活者稠密シ他区ニ其例ヲ見サル状態ニアリ云々」とのべている。

中野区にたくさん住みはじめたこれらの人々は、〝給料取り〟とか〝月給取り〟などと呼ばれていたが、大正の末ごろからサラリーマンと呼ぶのがふつうになった。サラリーマンは会社員・銀行員・官公吏などであるが、仕事の種類からいえば事務員・販売員・技術者・管理者などであり、別名ホワイトカラーとか、新中間層などともいわれる階層である。日本でサラリーマン層が増大しはじめたのは、大正末期から昭和初期にかけて、しかも独占資本とよばれるような巨大企業、大銀行、デパートの出現した東京や大阪などの大都市においてであった。たとえば東京市内に住んでいた有業人口のなかで、会社員・銀行員と官公吏などのサラリーマン層（職員）の占める割合は、明治四一年五・六パーセントにすぎなかったものが、大正九年には二一・四パーセントと著しくふえた。このことはサラリーマンが一つの独自な社会階層になったことを物語っている。

彼らの生活の基盤である所得の源泉は給料（賃金）であるけれども、仕事の内容は経営者的というものがかなり多い。所得はブルーカラーといわれる現場の労働者とくらべて平均ではいくらか高いが、課長や係長などの役付きを除いた、ひらのサラリーマンだと、熟練労働者よりもたいていは安い賃金だった。こうした経済的な条件から、意識面では小ブルジョワ的傾向に陥り易く、反労働者的立場をとることが多いのだが、反対に急進的になり易い一面ももっている。

とくに、日本のように、賃金水準が国際的に低く、資本の利潤に対する分配率（相対賃金）も低い傾向のところでは、サラリーマンとは、しがない安月給取りのことを意味していたといってよい。彼らはこういった二面的な状況におかれていた。

下積みサラリーマンの仕事が、やりがいがあるということはめったになかった。「伝票一枚書き損じたといって叱りとばされ、書類一枚を出すにもオドオドと上役の顔色を伺いながら持っていく。たまさかのボーナス日には一人一人が重役室に呼ばれ、頭取から常務、支配人、そして部課長とうやうやしく最敬礼を何度か繰返して、お手盛給をおし頂くという、極端に抑圧された職場環境であった。」肉体労働と違って肉体の疲労はあまりないけれども、ネクタイのはしをつまみながら神経をすりへらす仕事が多く、精神労働よりも神経労働といった方がピッタリしていた。

各会社が毎年定期的に大学卒業者を採用するようになったのは、第一次大戦下の好況時代あたりからであったが、そのころ「三越の初任給は三〇円でこれに臨時手当六割がついて計四八円。これでも、さすがは三井系とうらやましがられた。」明治時代の大学出のサラリーマンは、まだ数も少なくて純然たるエリートだったが、すでに大学による格付けもはじまっていた。たとえば明治末の初任給の相場は、帝大工学部が六〇円、法学部四〇円、一橋大が三〇円、慶応二五円、その他私立大学が二〇円ぐらいだった。大正末期になると少し上がり、三菱の例で帝大、一橋、慶応、早稲田の初任給が七五円、その他私大と高専が六五円、これが昭和一〇年くらいまでの相場だった。小汀利得著『街頭経済学』によれば、給料の高いのは三井信託の慶応、一橋、帝大九〇円、早大八〇円低い方では東邦電力（今の中部電力）の大学六五円、高商五〇円だったとある。技術系はほぼ事務系より五円から一〇円程高かったようで、鐘紡などは帝大工学部一〇〇円、工専六四・七六円に対して、事務系は大学七三円、高商など六〇円だった。また、特権官僚の天下りだった明治時代は役人のサラリーがとびぬけて高かったが（民間二五円くらいの時に、官吏は八〇円）、大正時代に、そういった官民の格差はほとんど解消されていった。

職業紹介所（昭和７年）　今の中央二丁目１番付近にあった

「高等教育ある者の結婚年齢と収入は年齢三〇歳以上、月収は一五〇、六〇円以上にいたらなければ一家を維持することが困難だろう」（三井の教育課長成瀬隆蔵談）という見解もあったが、一五円、二〇円で現在の3DK程度の一戸建で、野方あたりだと狭くとも庭があり、門もついている住宅が借りることができ、朝食八銭、昼食・夕食一〇銭、コーヒー一〇銭だったから、外食しても一カ月の食費代が初任給の一〇パーセント内外で一応こと足りた。大正から昭和初期にかけてのサラリーマンの生活は、第二次大戦後とくらべるとはるかにめぐまれていたことになる。卒業して間もなくでも、ともかく結婚できたはずである。もっとも、さきの三井の課長の説は、一流サラリーマンたる資格は、一戸建の家をかまえ女中の一人も雇うという前提であってのことである。

　カフェーなどへいっても、一晩二〜三円あれば一応遊べた。週二、三回カフェー通いをしても給料全部飲んでしまうということもなかった。このように、ある程度の余裕があったせいか、大正一三年ころサラリーマンに「文化」という言葉が流行し、中野あたりの赤い屋根の小じんまりした文化住宅をはじめ、文化カミソリ、文化ナベ……とやたらと「文化」をくっつけるのが流行したこともあった。

　昭和九年ごろでも背広の既製品が一五円くらいだった。背広をきて、皮かばんを下げ、中折ソフト帽子（夏はカンカン帽子）をかぶるというのが、当時のサラリーマンの姿だった。

ラッシュアワーに電車が混雑するといってもカバンはもてたし、帽子もかぶれる程度のものだったことを物語っている。

　しかしながら、大多数のサラリーマンは中学校出身クラスで、月給は二〇〜二五円くらいだったから、ずっと生活は厳しいものであった。与謝野晶子は、サラリーマンを「中流の名を以って呼ばれる貧民階級」（『東京朝日新聞』大正七年八月一五日）だと言い切った。これを皮切りに大正一〇年ごろ「中流階級論」がジャーナリズムの世界をにぎわせた。大正一二年白木屋が既製服の売り出しをはじめたが、サラリーマンのふところをねらっての商法であり、やたらと「文化」をつけたのもサラリーマンを市場としての売らんかなの宣伝攻勢であったといわれている。

　とくに、関東大震災以後の不況、恐慌の嵐は労働者・サラリーマンに冷たい失業時代になった。飯田橋職業紹介所がインテリ層と女子を専門

東京朝日新聞
約八千名に上る
弁當なし兒童
梅雨時に欠食兒激增
反目を捨て、
共同戰線へ
農村の窮乏
教員の悲

東京の欠食児童の激増をうったえる新聞
昭和７年６月８日「東京朝日新聞」

にとりあつかうようになり、小津安二郎の「大学は出たけれど」という就職難を描いた映画が評判になった（昭和四年）。昭和五年青野季吉はこれを「サラリーマン恐怖時代」とよんだ。中野では選挙戦術に〝当選したら就職をあっせんしてやるから一票下さい〟という新手までが登場したのも、この失業時代ならではのことであった。

私大出身者のかなりの数がひらの警察官になったのも、このころの話だった。

失業者の心をあらわすかのように、昭和三年には「宵闇せまれば悩みは涯なし」（『君恋し』）や、四年に「ジャズで踊ってリキュルで更けて、明けりゃダンサーの涙雨」（『東京行進曲』西条八十作詞、中山晋平作曲）がヒットした。五年には、『酋長の娘』、広津和郎原作『女給』の主題歌で、カフェーの全盛時代をうたった「わたしゃ夜咲く酒場の花よ」（『女給の唄』）、六年『酒は涙か嘆息か』、『侍ニッポン』さらに『ルンペン節』や『私このごろ変なのよ』、というやけくそなナンセンスで無気力な流行歌が、時代の風潮をたくみにとらえた新興レコード会社によって流された。

とくに一九二九年の世界恐慌はたちまち日本経済をまきこんだ。工場閉鎖、企業倒産、商人の破産、農民の没落などが重なって、失業者がうなぎのぼりにふえ、昭和七年七月一日には失業者が五一万人を突破したと政府は発表した。統計専門家たちは、少くとも三五〇万人は下るまいとみていた。失業救済は道府県の仕事だということで、有効な対策はほとんどうたれないままだったので、失業者の窮状は目にあまるものがあった。東京の失業者が帰る汽車賃もなくて、水を呑みながら中仙道や東海道を歩いて帰る姿がニュースになり、世間の同情をさそった。沿道の人たちがあまりのことにカユの炊き出しなどをしたところもあった。中野でも失業者がふえ、サラリーマンの街だけにインテリ失業が目だった。くびはともかくつながっていても、賃金値下げや賞与の割引きなど勤労者のふところぐあいは火の車になる一方だった。小売店の売上げもがたんと減ってしまった。

窮貧家庭では子どもに弁当もたせてやれない、朝夕の食事にも事欠く状態がみられ、東京府でも全小学校の欠食児童に給食をしたが、一定期間で打ち切られてしまい、そのあとは予算不足でできないなどという中途半ぱなことしかやれなかった。

当然の結果とでもいうように、一家心中・自殺・強盗などの犯罪件数がめにみえてふえた。中野区地域でも、当時の新聞をめくってみると、昭和七年二月野方町で予備歩兵少佐某…妻子を殺し縊死、三月五日…一青年ガス心中、五月三日、宮里町の恐かつ、偽刑事事件、中野で昼は左官屋、夜は窃盗の名人、説教強盗…など暗いニュースがつぎつぎとおこっている。

こういった不況や恐慌による生活難の上に、昭和六年満州事変のぼっ発、翌七年の五・一五事件など日本のファシズム化の黒雲が民衆の上におおいかぶさってきた。

中野区地域でも、こういった社会情勢に対して何とかしなければならないという社会運動が起った。サラリーマンの中にも昭和五年八月一三日、中野町三〇四番地に全国俸給者組合評議会が創立された。これはサラリーマンの全国組織ということで、福島一郎・山川亮らが役員となり、従来の全俸給生活者組合（昭和四年二月一九日創立、荏原町戸越三六九、永見政保・山川亮　一八七名、支部六、大衆党、全国労農大衆党支持）、関東中部俸給者、大阪俸給者、全日本映画従業員などの組合を合同して発足したもので、この組織は望月らの日労系（中間派）のサラリーマン・ユニオンであった。昭和二年一月一七日創立の日本俸給者組合評議会（灘波英夫、山中信夫、橋本藤一郎ら、組合員九四〇）は労農党系・共産党系（左派）の組織であり、これに対して昭和三年一一月、おもに社会党民衆党系（右派）の全国俸給者協会（小山寿、小池四郎）がつくられていた。つまり、無産政党の左派、右派、中間派と系列別にサラリーマン・ユニオンも色分けされていたわけである。

ところで、こういったサラリーマン・ユニオンが結成されるようになったのは、大正期になって、サラリーマンがそれまでとは違って、急速にふえ独自な社会階層を形づくるようになってからのことであった。たとえば、はじめてのサラリーマン・ユニオンは大正八年一一月東京を中心に発足した。翌九年には全国タイピスト組合、全国通信従業員組合、教員組合啓明会、日本工人倶楽部（技術者の組合、大正一五年ごろから社会民衆党が支持するにいたり、昭和三年末、五〇〇〇名といわれる。代表者小池四郎）、大阪商工青年団（大阪市内店員が、丁稚《でっち》制度改革を目的として結成され、後に商業使用人組合新生会と改称）等が組織された。

サラリーマン・ユニオンが本格的に見直されたのは、大正一二年東京の日本電気株式会社の技手、工手級の日給社員によって組織された蒐集会が、一三年七月待遇改善要求をなし、同会職工が組織した日本労働総同盟関東鉄工組合三田支部と共闘して以来のことであった。大正一四年の総同盟大会で、神戸聯合会の提案により俸給生活者組合設置の件が決定されている。やがて総同盟第一次分裂では、神戸聯合会は日本労働組合評議会神戸地方評議会となり、サラリーマンの組織化につとめた結果、先の日本俸給者組合評議会という全国組織にまで発展した。しかし、この左派の組織も、中野の日労系の全国俸給者の方も、右派のものも、大衆的組織というにしては組織人員も少なくサラリーマン全体からみれば、一部の運動にとどまったのが実情のようである（協調会『最近の社会運動』昭和七年、二四六～二四九ページ）。しかも、中野にあったにもかかわらず地域の人たちには、あまり広範には知られていなかったようである。ただ、中野がサラリーマンの街であり、住民のかなりの部分を占めていたことを背景にしていたことだけは確かであろう。

〔1―3―④A〕
『世田谷近・現代史』（世田谷区、一九七六年、六九六～七八六頁）

市街地化と町づくりの進展

村から町への展開

大正一二年二月、世田ヶ谷村々長相原永吉は、内務大臣にあてて町制認可の稟請書を提出している。その内容は、町制施行の認可を取りつけようとするものであるから、多少の誇張を含んでいると思われるが、しかしその文面から、大正期における世田ヶ谷村の変貌の様子をうかがうことはできる。

本村ハ旧来荏原郡ノ西北ニアル一寡村ナリシモ、東京市発展ノ余波ハ自然隣接町村ニ膨脹シ、純然タル農業者ハ逐日其数ヲ減シ、過去拾年以来漸次商工業者ノ数増加シ、殊ニ隣接代々幡町ノ府営住宅ハ本村ニ近接シ有ルト、又本村内ノ府営住宅建築ト共ニ大正拾年以来著シク戸口増加シ、既ニ都市計画編入ニ因ル交通機関ノ発達ニ大変化ヲ与ヘタルハ、即チ天与ノ美ト住宅好適地トヲ関連シ（ママ）、上流人士並ニ市内既住者ノ移住心ヲ一層慫迎シ随ツテ高麗ナル住宅ノ新築夥シク目下一日平均五戸当リノ増加ヲ算シ、遠カラズ市街地化スルノ趨ニシテ、今ヤ人口弐万弐千五百拾参人ノ現住ヲ有スルニ至レリ。且玉川電気鉄道株式会社ノ電気軌道ハ本村池尻、三宿、太子堂ヲ運転シ停留所四ケ所アリ。京王電気軌道株式会社ノ電気軌道ハ本村代田ヲ運転シ、停留所壱ケ所アリ。又東洋自動車工業株式会社ノ自動車ハ世田谷上町ヨリ下町、若林、太子堂、三宿、池尻ヲ経テ中渋谷迄運転シ、毎度満員ノ盛況ヲ呈シ、尚厚木街道、黒駒道ヲ通シ延長四哩、目黒町境界ヨリ陸軍自動車隊ニ至ル沿道ハ商家櫛比シテ立錐ノ余地ナク商業繁盛シ本村ノ発展ハ駿々トシテ底止（ママ）スル所ヲ知ラズ。殊ニ世田谷警察署及世田谷郵便局ノ昇格ハ本村ノ発展ヲ証スルニ最モ顕著ナルモノトス。爰ニ商工取引上当業者ノ便益ト福利ヲ計ル為町制ヲ実施スヘキモノト認ムルニ依リ、此際本村名ヲ世田谷町ト改称改度候ニ付特別ノ御詮議ヲ以テ本年四月一日ヨリ改称ノ儀御認可被成下度本村々会ノ決議ヲ経別紙参考書類相添ヘ町村制第五条ニ依リ此段及稟請候也。

大正十二年二月二十八日

東京府荏原郡世田谷村長　相原永吉㊞

内務大臣　永野錬太郎殿

この文書は同年四月の町制施行に先立つ稟請書であるが、そこにおいて当時の村長は、世田谷の現状を次のようにとらえていたのである。「一寡村」に過ぎなかった世田ヶ谷村は「東京市発展ノ余波」を受けて、大正期初頭から「上流人士並ニ市内既住者」の「住宅好適地」として漸次町並を整え、今では厚木街道、黒駒道の沿道の両脇に「商家櫛比シテ立錐ノ余地ナキ」発展ぶりであると強調し、「遠カラズ市街地化スルノ趨勢（ママ）」にあると将来をも展望しているのである。

すでにこれまで述べてきたように、東京市中の人口は、新しい都市づ

第Ⅵ－４表　明治後期から戦前までの人口・戸数の変化

年次＼村名	総計 人口	総計 戸数	世田ケ谷村 人口	世田ケ谷村 戸数	松沢村 人口	松沢村 戸数	駒沢村 人口	駒沢村 戸数	玉川村 人口	玉川村 戸数	千歳村 人口	千歳村 戸数	砧村 人口	砧村 戸数
明治21			4,563	784	1,392	243	2,831	460	4,803	836				
23			4,798	789	1,442	231	2,926	461	4,959	831				
28	22,706 **26**	3,363 **19**	5,388 **14**	814 **9**	1,693 **23**	225 **17**	3,153 **15**	549 **13**	5,647 **47**	829 **35**	3,618 **70**	524 **60**	3,207 **71**	422 **58**
33	24,000 **27**	3,476 **19**	5,648 **15**	895 **10**	1,682 **23**	228 **17**	3,224 **15**	546 **13**	6,166 **51**	835 **36**	3,816 **74**	524 **60**	3,464 **76**	448 **61**
38	25,324 **29**	3,962 **22**	6,405 **17**	1,325 **15**	1,682 **23**	240 **17**	3,496 **17**	513 **12**	6,402 **53**	864 **37**	3,740 **73**	524 **60**	3,599 **79**	496 **68**
42	28,281 **32**	4,722 **26**	7,825 **21**	1,786 **21**	1,701 **24**	243 **17**	4,113 **20**	605 **15**	6,757 **56**	950 **40**	4,297 **83**	611 **70**	3,679 **81**	527 72
大正４	36,145 **41**	6,041 **33**	13,619 **36**	2,569 **30**	1,901 **26**	286 **21**	5,619 **27**	917 **22**	7,531 **63**	1,129 **48**	4,174 **81**	589 **67**	3,301 **73**	551 **75**
9	39,966 **45**	6,638 **37**	13,068 **34**	2,446 **28**	2,656 **37**	368 **27**	8,684 **41**	1,223 **30**	7,591 **63**	1,327 **57**	4,287 **83**	676 **77**	3,680 **81**	598 **82**
14	87,965 **100**	18,091 **100**	38,068 **100**	8,639 **100**	7,237 **100**	1,350 **100**	20,991 **100**	4,145 **100**	11,974 **100**	2,347 **100**	5,154 **100**	879 **100**	4,541 **100**	731 **100**
昭和５	146,362 **166**	30,798 **170**	72,444 **190**	16,082 **186**	12,337 **170**	2,357 **175**	28,748 **137**	6,173 **149**	16,759 **140**	3,341 **142**	8,110 **157**	1,401 **159**	7,964 **175**	1,444 **198**
10	207,713 **236**	42,324 **234**	100,819 **265**	21,300 **247**	19,817 **274**	3,743 **277**	37,687 **180**	7,717 **186**	29,175 **244**	5,861 **250**	10,349 **201**	1,882 **214**	9,866 **217**	1,821 **249**
15	291,661 **332**	60,320 **333**	130,239 **342**	28,453 **329**	27,295 **377**	6,021 **446**	60,632 **289**	10,643 **257**	46,959 **392**	10,160 **433**	13,417 **260**	2,603 **296**	13,119 **289**	2,440 **334**

（「市町村制実施録」明治21年、「稟申録」明治23年、「府統計書」明治28年～大正４年、国勢調査大正９年～昭和15年より作成）
注１．明治28年より５年目ごとの変化を追っているが、明治43年の資料が６ケ村全部にわたって知りえないため、明治42年の資料で代替した。
　２．太字は大正14年を100とした指数。

くりを目指す市区改正事業の実施、また日清・日露戦争を踏台とした都市産業の発達と相まって飛躍的に増加をしめしはじめていた。このことは、世田谷地域を含めた近郊農村地帯を都市人口の消費物資や労働力の供給基地として東京市の勢力圏に巻きこみ、この地域の農業の態様を変化させずにおかなかった。しかし急激な膨脹をつづける東京市は、次第にこの地域の農地を侵食しながらみずからの拡張を開始し始めた。軍事施設の移転にはじまり、交通機関の設置・拡充、これにつづく市民の流出は、好むと好まざるとにかかわらず、世田ヶ谷村に村から町への変化を課したのである。

流入人口の増加

世田谷地域が都市化へ向けて急速に動きはじめたことは、人口および戸（世帯）数の増加現象のうちに端的にあらわれている。第Ⅵ－４表は、明治後半期から昭和一〇年代に至る世田谷地域の人口および戸数の増加傾向を、明治二一年の市町村制施行後成立した六カ村別にみたものである。

まず表よりとらえられることは、世田谷地域全体において人口・戸数が増加の一途を辿っていること、しかしその増え方は、明治三八年頃を境にして趣きを異にしてきているということである。すなわち、三八年以前は人口と戸数とが双方並行的に微増してきたが、それ以降は増加幅が大きく、しかも人口増を上まわる戸数増がみられるのである。人口増を引き離す戸数増の現象は、明治初年から二〇年に至る間にみられた現象と好対照をなしており、それが明治二〇年後半に生じていることに注目したい。

ところで、人口増を上まわる戸数増加の現象は、より小さな規模の世帯が著しく増加したことを意味する。ふつう、こうした小規模世帯の増加については二通りの考え方ができるであろう。一つは在来戸からの新

第Ⅵ－１図　六カ町村別人口の変化

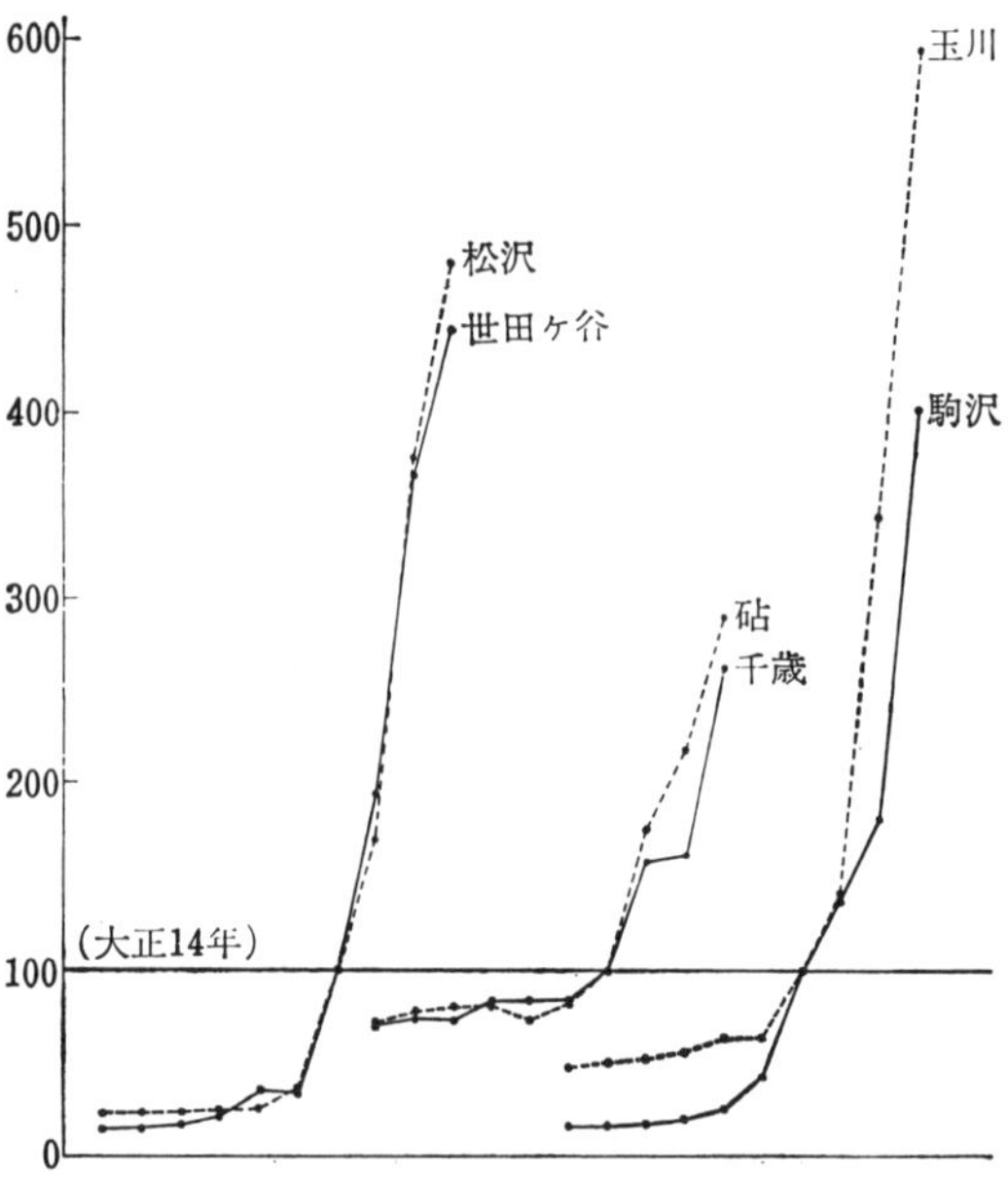

注　図示した指数の年次は、各村とも左から順次、明治28年、33年、38年、42年、大正４年、９年、14年、昭和５年、10年、15年である。

設の分家であり、他は来住家の増加である。いうまでもなく、この表にあらわれている数値がそのいずれに負うものであるかは、より詳細な検討をまたねばならない。しかし、郷土史家の鈴木堅次郎が大正五年に旧深沢村における在来戸の家姓分布の通時的な変遷について調査した結果によれば、宝暦一二年（一七六二）に二二家姓に分かれていた在村戸数八八戸が、調査時には六六戸、一〇家姓に縮小している。宝暦一二年では一つの家姓に属する戸数の平均が四戸であったのに対して、大正五年では六・六戸に増えているのであるから、この計算からいえば在来戸からの新設の分家は増えていることになる。しかしその内容を子細に検討してみると、宝暦時に一、二戸の家で構成していた弱小の家姓の家筋が大正五年には絶えてしまったがために、一家姓あたりの平均戸数が増えたのであって、在村の在来戸数にはほとんど増減がみられなかったと推定される。

もちろん、この旧深沢村の事例をそのまま他の地域にあてはめることはできないであろうが、しかし在来戸の急激な世帯分裂と戸数増加とがこの時期にあったとは、たとえ世田谷地域以外の例に照してみても考えにくい。むしろ、この時期における著しい戸数増加は、他地域からの小規模な来住世帯の急増に負うものとみるのが自然でないかと思われる。なかんずく、軍事施設の移転や交通機関の発達は、飽和状態寸前にまで膨脹した市中人口の一部を近郊の地に押し出しやすくしたことはまず間違いなかろう。移動するかれらの多くは、地方から上京した、あるいは市中の両親の家族から新たに独立した〝身軽な〟家族を構成していたはずである。

いずれにせよ、この時期の世田谷地域全体の人口および戸数増加の様相は、その後、すなわち関東大震災後から昭和一〇年代にかけての第一期人口急増期の序幕をなすことは確かである。

しかしながら、こうした変化が世田谷地域の内部において一様に生じたのでないことは明らかである。人口および戸数の目ざましい増加がみられる時期も、また、人口増と戸数増との跛行の様相も、村ごとに異なっている。この点について、以下簡単にみていこう。

第Ⅵ－１図は、大正一四年の人口を一〇〇とした六カ町村の指数を年次別にしめしている。これを先の第Ⅵ－４表と比較しながらみると、各町村の人口増加の傾向には、著しい特徴のあることがわかる。

世田ヶ谷町の人口急増と小田急線の開通

まず、世田ヶ谷村は六カ町村中もっとも早い時期に、戸数、次いで人口の著しい増加をしめしている。その後、その勢いは加速度を加え、大正九年になると、人口は明治二八年の二・四倍（この総人口には、準世帯員数一千人余〈三宿、太子堂、池尻の兵営内の兵士達〉が含まれている）、戸数はなんと三倍強にも達し、玉川村をしのぐ大きな村になっている。この村は、かつて代官所のお膝元として繁栄した大字世田谷を含み、また厚木街道、黒駒道が村内を貫通しているためもあって、もともと町としての性格をわずかとはいえ帯びていたところである。他村に比べて地味、水利などの農業立地上の条件に恵まれず、また他村以上に零細な経営上の悪条件を課せられていたことも、この村が農業村落としての存立を早くから諦めざるをえなかった一因であろう。それが兵営を中心とした「軍隊の町」づくりを率直にすすめさせ、したがってここに軍人、軍属の来住、あるいはかれらを相手とする小規模の商家が続々と増えていったものと思われる。

ところで、これの人口指数をみると、明治二八年から大正九年までの期間ではさしたる変化はみられないが、大正九年以降、昭和一〇年に至るまでの間に、すさまじいばかりの人口集積が行なわれたことがとらえられよう。すなわち、大正一四年の一〇〇（三万八千六八人）に対して二四七（一〇万八一九人）といった大幅な増加がみられるが、昭和一〇年から一五年にかけては依然急増を続けつつも、その趨勢にはやや鈍化の気配が生じている。こうしてみると、大正一〇年に完成した太子堂の府営住宅にはじまる村内の住宅建設は、同一二年の町制施行、関東大震災後の復興事業下に急速にすすんだことがわかる。

第Ⅵ－２図
世田ヶ谷町大字別人口の増加

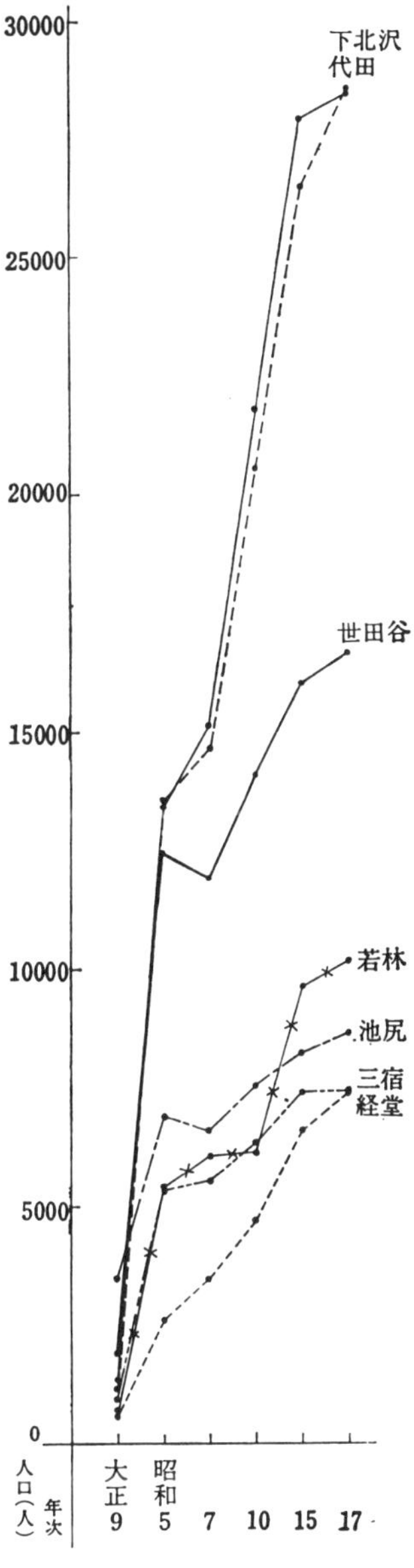

次に旧世田ヶ谷町（村）の大字別の人口について若干ふれておこう。第Ⅵ－２図をみれば明らかなごとく、代田、下北沢、世田谷の三大字の人口増加が特に激しく、大正九年においては他の大字に比べて人口の多かった池尻、太子堂、三宿などは、昭和に入るとすでにその伸びを停滞させている。大正九年から昭和五年に至る期間の代田、下北沢の急上昇は、昭和二年に開通した小田急線の影響に負うところが大きく、また昭和五年から一〇年に至る、下北沢をしのぐ代田の人口の急騰は、昭和八年の帝都電鉄の開通によるものであろう。なお、経堂のばあいには、同じく小田急沿線とはいっても、下北沢に比べ宅地として人びとをひきつけるにはまだまだ多くの不便があったものと察せられる。

それはともかく、世田ヶ谷町にとって小田急線の開通は、玉川線の開通に勝るとも劣らない大きな影響を与えたことは事実である。特に市中への通勤者にとっては、当時定期券の発売をしていなかった玉川電車の沿線に比べて、定期の利用ができて、しかも急行の停車する小田急線の下北沢や経堂の周辺は、住宅地として一層大きな魅力をもったに違いない。

松沢村の人口増加と準世帯員

これに比べて松沢村は、大正四年まで人口、戸数ともにほとんど停滞をつづけていたが、大正九年以降、京王線の開通によってきっかけを与えられた住宅地化の趨勢は、帝都線の開業によって加速的に進行した。大正一四年を一〇〇（実数七千二三七人）とする松沢村の人口指数は、昭和五年に一七

第Ⅵ－3図
松沢村大字別人口の増加

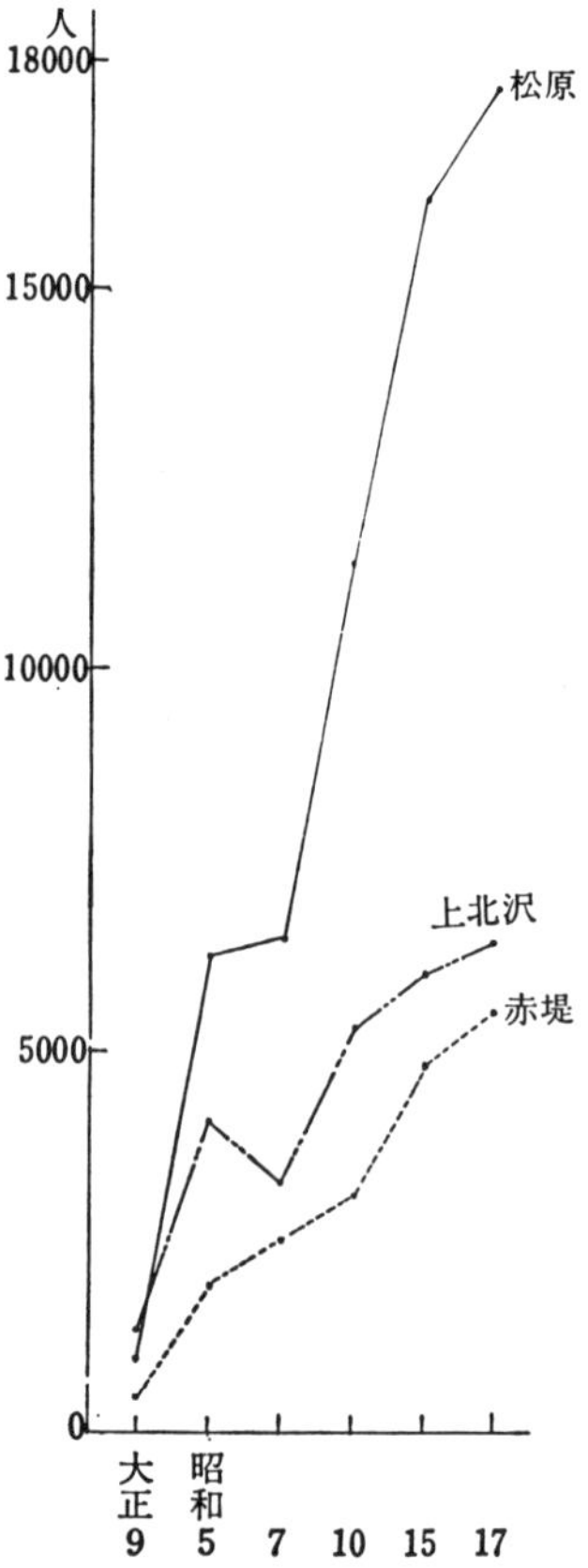

○（一万二千三三七人）、同一〇年に二七四（一万九千八一七人）で旧世田ヶ谷町を抜き、同一五年には三七七で、旧世田ヶ谷町の三四二との格差を拡大している。旧松沢村の大正九年以降の人口の上昇率は旧六カ町村において最高のものである。

このような人口の急激な増加を大字別でみると、第Ⅵ－3図にしめしたごとく、大字松原の伸びが、他の上北沢、赤堤のそれを断然圧している。松原のばあいには、大正九年から昭和五年に至る関東大震災直後の急増と、もう一つ、帝都線開通後の昭和七年以降における急増の、二段階の伸びが際だっている。ちなみに、松原尋常小学校が昭和一四年に実施した「住宅地域として発展した松原町に就いての若干の考察」と題する調査報告から、学区内の都市化の模様について抜すいしておこう。すなわち同報告は、松原が「大震災を契機として人口の著しい増加を招来した」としながら、それに伴なう畑地、荒地の変容について次のように記述している。

畑作物は大麦、小麦、ほうれん草、小松菜、葱、陸稲、甘藷等である。荒地には分譲地、売地、貸地の札が立てられ、早晩此所が宅地化する事は予想される。松原四丁目は畑地荒地共に今尚広く残存し、一丁目、二丁目に若干存在する。京王線の北部には極く僅かしか存在しない。（中略）荒地畑地に接して新築家屋が分布してゐる。駅の比較的近くに商店が七軒新築された以外は全て住宅である。住宅地域として急激に発展し文化住宅の立並ぶ中に農家が点在し、周囲の屋敷林、藁屋根等に依つて往時の武蔵野の俤を偲ぶ事が出来る。水田は極く僅か北沢用水及その支流に沿つて分布してゐた。宅地化の急激な発達は農業者をして貸地業者に転ぜしめた。農家の中で農業のみ営んでゐる者は僅かに一軒、他は漬物業一、雑貨商二、その他は土地賃貸を専業となし、かつては笹塚、新宿等の市場へ出した畑作物も自給以外は作らず、甚だしきものは自給用のものまで購入し、藁葺用の藁さへ購入するやうな状態である。地価は最近騰貴したる事は他の地域と共通的現象であるが、交通の比較的便か否かによつても相当に差を生じている。

以上のごとく、大字松原の宅地化の進行と農業経営の衰退とは昭和期になお一層の激しさを増したのである。このように急速に成長した松原に比べると上北沢、赤堤の宅地化と人口増は遅れがちであった。

ところで、上北沢で特に目をひくのは、他の大字に比べて準世帯員の人数が大正九年以来急増していることである。これは、大正八年に巣鴨町から府立巣鴨病院が移転し、松沢病院として開業したことに起因している。同病院は、入院患者および職員を加えて一千人余の大きな世帯をなしており、それは、昭和五年の時点で、実に大字上北沢の人口の三分の一を占めるほどであった。これと同様に、松原地内には市内の青山町で火災に遭った斉藤紀一の経営になる青山病院が再建され、四、五百人の患者を収容して大きな準世帯を成していた。住宅とともに、こうした施設の移転が次々と農地を蚕食していき、やがてあたり一面を宅地に化してしまうのである。

駒沢町と上・下馬引沢の高度成長

さて次に、旧駒沢町について述べよう。ここでは、明治三八年頃から人口の増加が目立つようになってきたものの、戸数は伸び悩んでいた。大正期に入ると戸数増が著しくなってくるが、しかしそれでも人口増が戸数増をかなり上まわっている。これは二千人余に及ぶ準世帯員（その圧倒的多数は兵営内の兵士によって占められている）をそこに含んでいるからである。

駒沢町の発達と軍事施設の密接な関連についてはすでに述べたところであるが、軍事施設の増設は町内の農地を著しく減少させた。昭和一四年当時、深沢小学校の教諭であった岡崎一は、「旧駒沢町の農業の一考察」という報告において、旧駒沢町の農業の変遷を次のように述べている。

住宅地としてかなりの発展をしつゝある旧駒沢町の農耕地の減少と農業組織の変遷について考察して見る。

一、本町は従来より純然たる農村で全面積の約六割が耕地であり、全戸数の過半は（大正六年、全戸数九一七、農家四八〇）農業によつて生計を営んでゐたが、都市の膨脹により耕地、原野は逐年蚕食されて来た。大正六年より約十年を経た昭和二年までに全戸数は約五倍に増加し聚落の発達は相当活潑であつた。然るにこの間の耕地の減少を見るに田畑合はせ僅か十六町余に過ぎない。これは経済的事情により山林、原野を開墾して耕地に、或は宅地に変へた為である。尚当時の宅地は面積広く宅地内にかなりの余剰地があつたので、これらが移住者の宅地となつたのも一つの理由である。昭和四年以後一層急激な人口増加は遂に耕地を蚕食し始め、急速な勢を以て耕地は縮小され、実に現在は昭和初期より二〇〇町歩も減少、六割の耕地が四割になつた（第Ⅵ－4図参照）。

第Ⅵ－4図　駒沢町における田、畑面積の変化

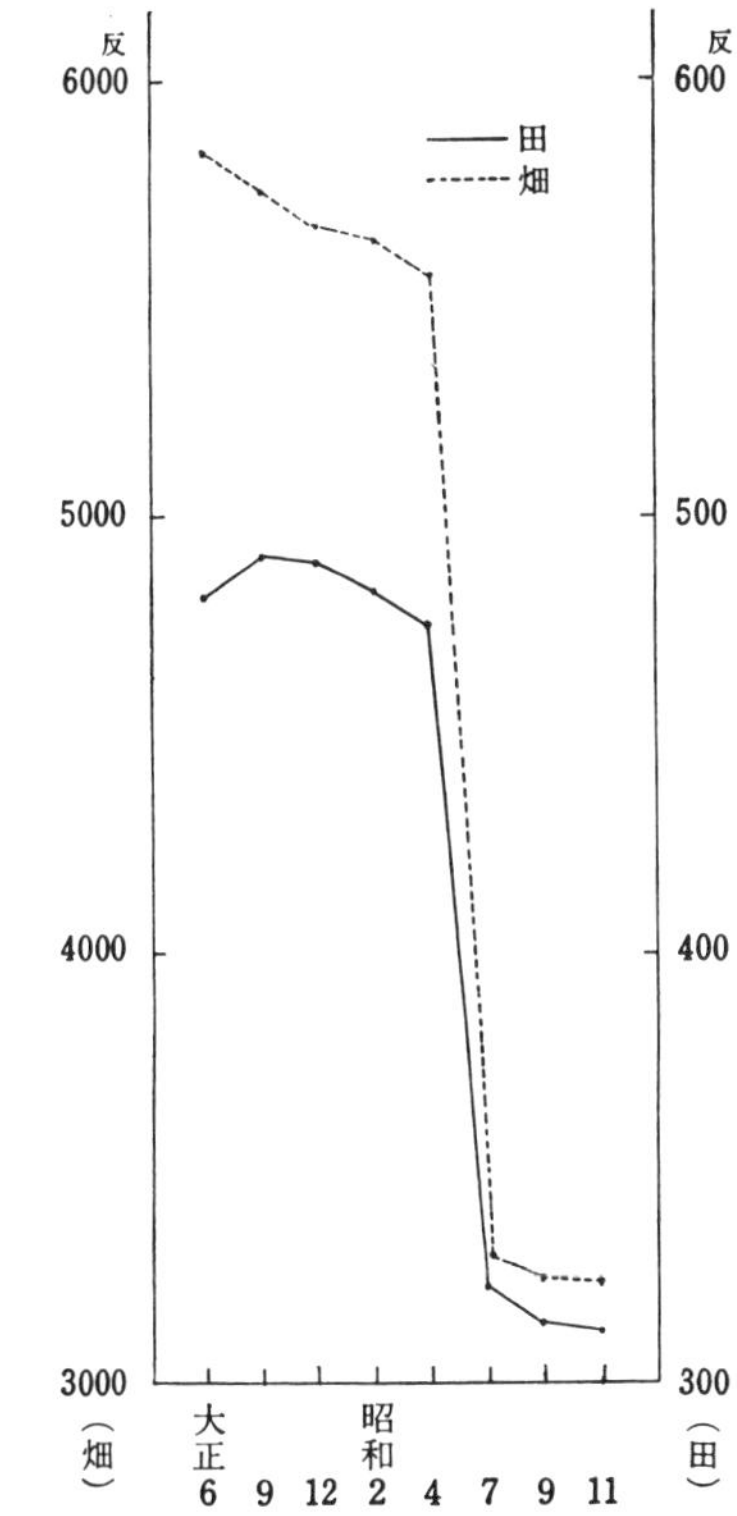

二、農家数と耕作反別　前述の如く住宅地の拡張と道路区画整理の結果、農耕地は縮小されるに伴ひ、農家も次第に減少し、二十年前約四八〇戸あつたが、現在は三一〇戸になつてゐる。随つて一戸当りの耕作反別には余りの変化が無いとみられるが、質に於ては増加してゐる。

三、園芸本位の集約農業へ　従来より蔬菜の栽培は行なはれたが穀類に重きを置く経営法であつた。然るに経済上の変遷に伴ひ急転面目を改め技術の巧妙を競ひ、労力資本の集約を要素とする園芸農に変つた。往日は水田を重んずる風があつたが、園芸農勃興の機運に向かひて以来、水田地目を変換して畑地とするまでになつた。随つて穀物の産額が減少した事は言を俟たない。

栽培種目も従来は粟、蜀黍、蕎麦、大小豆、荏胡麻等の栽培も少なくなかつたが、近年は殆んど影を没し蔬培反別も増加し、栽培法の改良技術の進歩と相まち、其の収量は昔日の倍額に達してゐる（第Ⅵ－5表参照）。要するに旧駒沢町の農業は其の量に於ては減じてゐるが、質に於ては増加してゐる。殊に、聚落の発達最も盛な下馬辺にこの現象が顕著に見られ反対の位置にある弦巻、深沢辺は比較的低調である

といふ。其の原因について識者は精神力をあげてゐる。

次に、大字別の人口推移についてみていこう。第Ⅵ－５図は、大正九年から昭和一七年に至る大字別の人口推移をしめしている。これをみれば、上・下馬引沢が、その他の新町、野沢、弦巻を断然しのぐ人口の増加をみせていることがわかる。そのうちでも上馬引沢の大正九年から昭和五年と、昭和一〇年から一五年に至る間の、すさまじいばかりの激増は注目に価する。

昭和小学校が昭和一四年にまとめた「兵営を中心とした三軒茶屋附近の一考察」は、その結語で兵営と駒沢町の関連について次のように結んでいる。「ここに於いて当然その場所よりして兵営がなければよりよくもっと発展したに違ひないというのはあながち地元住民ばかりが考へることではあるまい。我々はここに於て今後はどうであれ兵営はたしかに

第Ⅵ－５表　駒沢町農産物見積金額累年比較表

年度	大正９年	同12年	昭和２年	同４年	同７年	同９年	同11年
穀類	万 14.0	万 12.4	万 5.0	万 3.2	万 2.6	万 3.6	万 5.0
野菜	36.5	46.3	33.0	29.5	25.6	25.0	23.5
畜産物	10.1	8.7	6.3	10.0	?	?	9.5
地価	円 4,500	円 5,500	円 5,500		円 3,000		円 4,500

第Ⅵ－５図　駒沢町大字別人口の増加

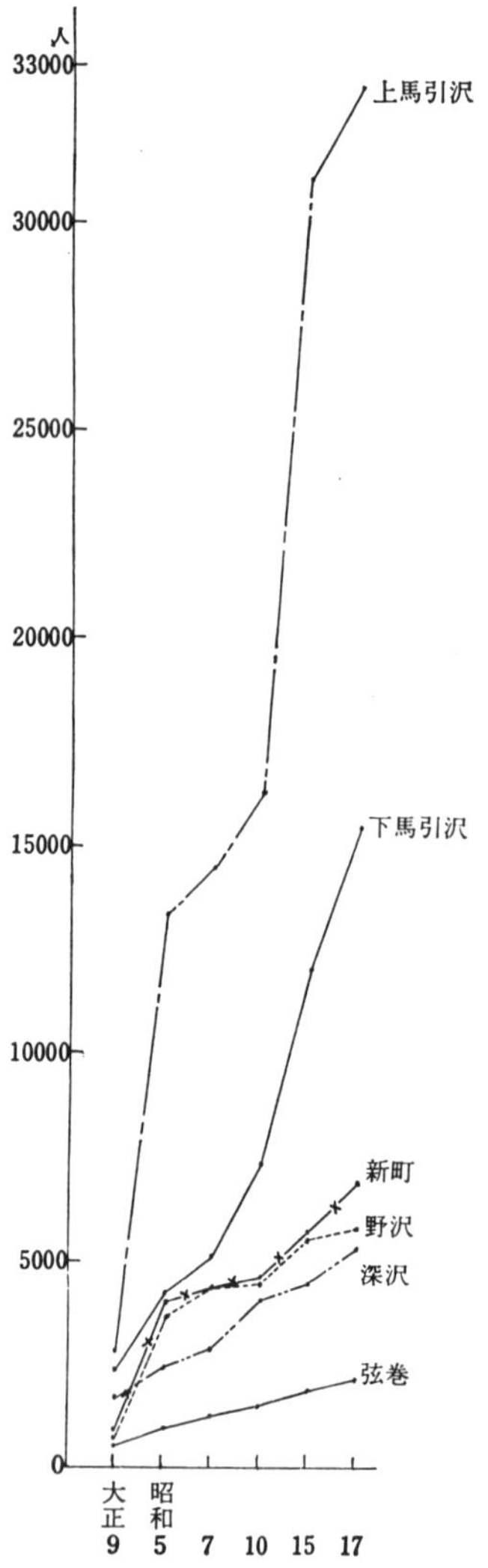

第Ⅵ－６図　玉川村大字別人口の増加

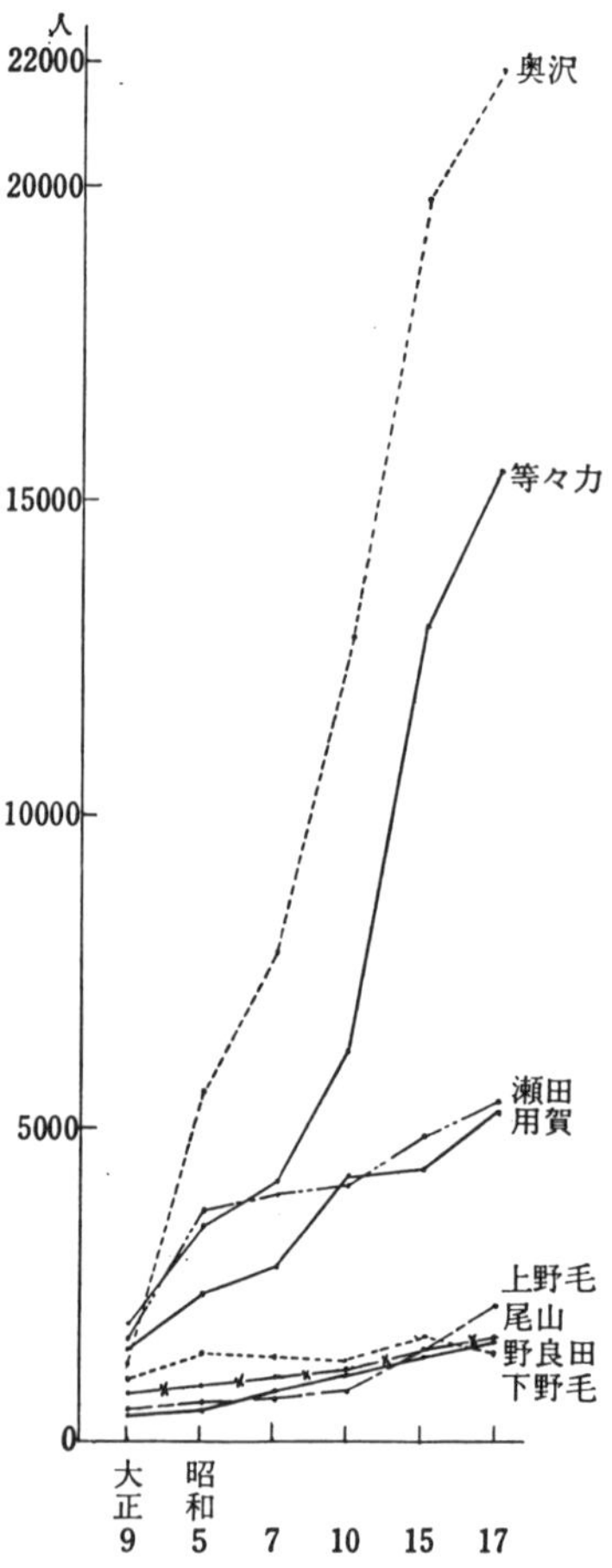

三軒茶屋附近の発展の契機であった事を銘記すべきである」と。

玉川村と宅地造成

駒沢町に比べると、玉川村の人口増加は一層早く、明治二〇年代の後半期からはじまった。しかしその急増期は、後述するように玉川全円耕地整理事業が軌道に乗り、一部の耕区で事業の完成をみた昭和五年以降までをまたねばならない。先の第Ⅵ－4表をみれば明らかなごとく、昭和五年までの玉川村の人口の伸び率は駒沢村とほとんど変わるところはないが、それ以降では著しい差を生じている。こうした差違が、玉川村における計画的で大規模な宅地造成と、旧市中に通じる交通機関の整備によるものであることはいうまでもなかろう。

しかしこの玉川村のばあいにおいても、その人口増に大字別で格段の遅速のあることは、第Ⅵ－6図で明白である。奥沢および等々力の著しい人口増加に比べて、下野毛、野良田、尾山、上野毛、さらに用賀、瀬田では、きわめてゆるやかな伸びしかしめしていない。

奥沢における宅地化は、大正八年、田園都市会社の田園都市づくりにその農地の一部が買収されたことにはじまる。八幡小学校の地理研究部は、「郷土の発展と土地売買価の変遷状況」（昭和一四年）なる報告で以下のように述べている。

大正八年旧玉川村奥沢、東調布町に跨り田園都市が計画され、田園都市株式会社の手により着々その歩が進められた。この田園都市計画が現在の田園調布なる宏大な住宅地を生んだのである。然して田園都市に含まるるわが奥沢の地域は約十万坪である。大正十二年に目蒲線が敷設され、又その二年後に東横線が開通し、目黒、蒲田、渋谷、横浜間の交通至便となるや田園調布及目蒲東横の三線に挟まれた奥沢の地域は著しく発展するに至った。しかして更に昭和四年目蒲線の支線たる大井線が開通するに及んで、その沿線九品仏、尾山台が発展し、現在の如き模範的なる住宅地となったのである。

今奥沢駅の一日の乗降客を見るに昭和七年頃に約四千名、現在は一万名の多きに及んでいる。又奥沢に於ける戸口の増加状態を調べると、昭和六年末一、四〇四戸で、同七年四月より八月までに一一一戸新築された。月に平均三十戸の増加である。しかして現在は約三、一六〇戸といふ素晴らしい数に上ってゐる。これによって見るに最近七年間には年二三〇戸、月二〇戸平均の増加である。

過去に於て農村としての玉川村の時代は農作物の生育に適する湿潤の低地が《ママ》其の売買価が高価であったが、交通機関の発達に伴ひ郊外住宅地として発展するや高燥景望の土地の価が非常に騰貴した。又一般に従来の耕作地が住宅地として使用せらるるや其の価格に著しい変動が生じた。

前記大正八年田園都市株式会社が田園都市計画を実施するに当り買収した地価が坪二円拾銭であったが、其の後住宅地として設備完備するや最低十七円から最高五十円程度にまでなった。

結局、現在に於ける奥沢、九品仏、尾山台、等々力の住宅地として発展しつつある土地は従来の耕地として地価が宅地としての地価で売買されるので、ここに当然の騰貴を見たのである。

千歳村と砧村の停滞

先の荏原郡下四カ村に比べると千歳、砧二カ村の状況はかなり異なっている。千歳村は、明治四〇年頃から人口、戸数とも微増しはじめているが、その増加の度合は、大正期に入ってもさほど著しいものとはならず、戸数については明治二八年に比べて約一・三倍となったものの、この増加率は六カ町村中の最低にとどまった。また砧村は、人口増のあらわれ始めた時期こそ千歳村や、松沢村、さらには駒沢村、玉川村と比べてわずかに早いとはいうものの、その後の伸びは千歳村と同様に緩慢である。結局、大正九年に至るまでの増加率は、人口のばあい、両村とも低いし、戸数に関しても砧村の方がやや大幅とはいえ、それでさえ明治二八年の一・五倍にすらなっていない。両村の人口増が著しくなるのは、昭和一五年以降、とりわけ第二次大戦の終幕をまたねばならなかった。それまでは、千歳、砧両村のばあい都会の喧噪から離れた田園の静けさを温存しえたのである。

最後に、千歳村の北部を過ぎる甲州街道周辺の模様について、烏山尋常高等小学校編の「学区内に於ける甲州街道の一考察」（昭和一四年）から引用しておこう。

関東大震災後急に自動車の発達となり、（甲州）街道の破損甚しくなり、昭和になりてコンクリートとなり、自動車の数は益々多くなり、殊に多摩御陵の参拝者及春秋の候高尾山へのハイキングの人々のドライヴウェーとして日曜祭日は一時間の自動車通過量は数十台を下らざる状態となった。

又府中に競馬場が出来上り、此れも競馬当日は午前、午後の最も多く自動車の通過する量は日曜及祭日の数倍である。

然るに支那事変後、ガソリンの統制により乗用車はほとんど影を没し、トラックが砂礫、木材、鉄製品、野菜等の運搬に通過す。又、ダットサン、トラック及オート三輪車が牛乳及木炭等を新宿方面へ輸送し、府中方面へは生活必需品を輸送して居る。

東京市の最西部に位する学区内の甲州街道は京王電車千歳烏山駅を中心に東西に延び東は杉並区高井戸町に通ず。此の中部に低地あり、水田地あり、人家は区切られ南流し目黒川に入る流路あり、此の流路を利用してトマト工場あり、沿道に商店点在す。

西部は神代村に通ずるが、これ又低地あり、水田地帯にて人家なし。沿道は農家が大部分を占める欅木、杉の並木をなし、商店は二、三を数ふるのみ。事変後は重工業地帯として神代村の発達により工員及社員の住宅地として急激な発展途上にあり。

中央部は人家の密度最も大にして両側は商店で、大正、昭和の年代に出来た店多し。これ等は日用品又は食料品等にて大なるものなし。これ住民中サラリーマン多く、大部分の主要物品新宿方面にて購入し来るためで呉服店の如き三軒あるのみ。

街道の北側は震災後浅草及築地等より引越して来た寺院二十有余の所在地にて門前町を形成せり。これ自動車にて来る者電車にて来る者、これ等はバスにて寺院に至るためならん。

此の部分の南側は住宅地として発達の可能性大なり。然しガスは引けたるも水道引けず、下水の設備無きためと、新宿の所要時間が三十分を要するために大住宅地とならず。

山林・耕地の減少と宅地の増加

市内人口の遠心的流出現象は、世田谷地域の人口を急激に膨ませ、旧六カ町村内各大字において在住人口を来住人口が圧倒しはじめた。新しい町村民の多くは、市内を勤務地とするサラリーマンであった。かれらは交通の便利がよく、日当りや景観に恵まれた地に宅地を求めて住宅を建設し、そこから市内に通勤したのである。こうした新しい町村民の流入は、在住農家に農業外の現金収入の途を与え、先祖伝来の田畑山林を宅地に転換することを思いつかせた。しかし、農家の土地所有に対する愛着の強さは、必ずしも土地を売り払うことを積極的とはさせず、地主として貸地を造成させることが多かった。またこのことは、来住する人口の大半を占める若年のサラリーマンにとって好適の条件でもあったから、貸地は増える一方であった。とはいえもちろん、農家の手を離れて企業や個人に売買される土地も少なくなかったことは、すでに述べたところである。

いずれにせよ宅地化は著しい速度で進行し、耕地の減少を招来した。

第Ⅵ－7図をみると、六カ町村とも大正一四年以来、急速に宅地が増加しはじめていることがわかる。なかでも世田ヶ谷、駒沢のばあいには、他村に先立ち大正初期から宅地化の趨勢が始っているのであり、これをみてもこの二カ町への人口の流入が他に先じていたことが理解できる。

いうまでもなく、こうした宅地の増加は、地域全体としての土地利用に変化を来たし、その結果、地域の景観を変容させるばかりか、ひいては地域の社会生活の在り方を根本的に変化させる原因となる。先に引用したごとく、農家が貸地業者に転業し、自家消費の野菜まで購入するに至るのは、そうした地域社会生活の変化の端的なあらわれといえるであろう。一体、どのような形で土地利用の変化が展開したのであろうか。第Ⅵ－8図は、旧六カ町村の地目別構成の年次別変化を図示しているが、これによると大正一四年以来、宅地の割合が大幅に広がっていることがわかろう。しかしその増え方と、そして減少していく地目が、町村によって一様でないことに注目する必要がある。以下で簡単に各町村別の様相を点描してみよう。

まず、世田ヶ谷町では、大正一四年に一五％にすぎなかった宅地が、昭和五年に三八・二％と倍増し、そして翌六年には全体の四〇％を占め

第Ⅵ－7図　町村別宅地面積の推移

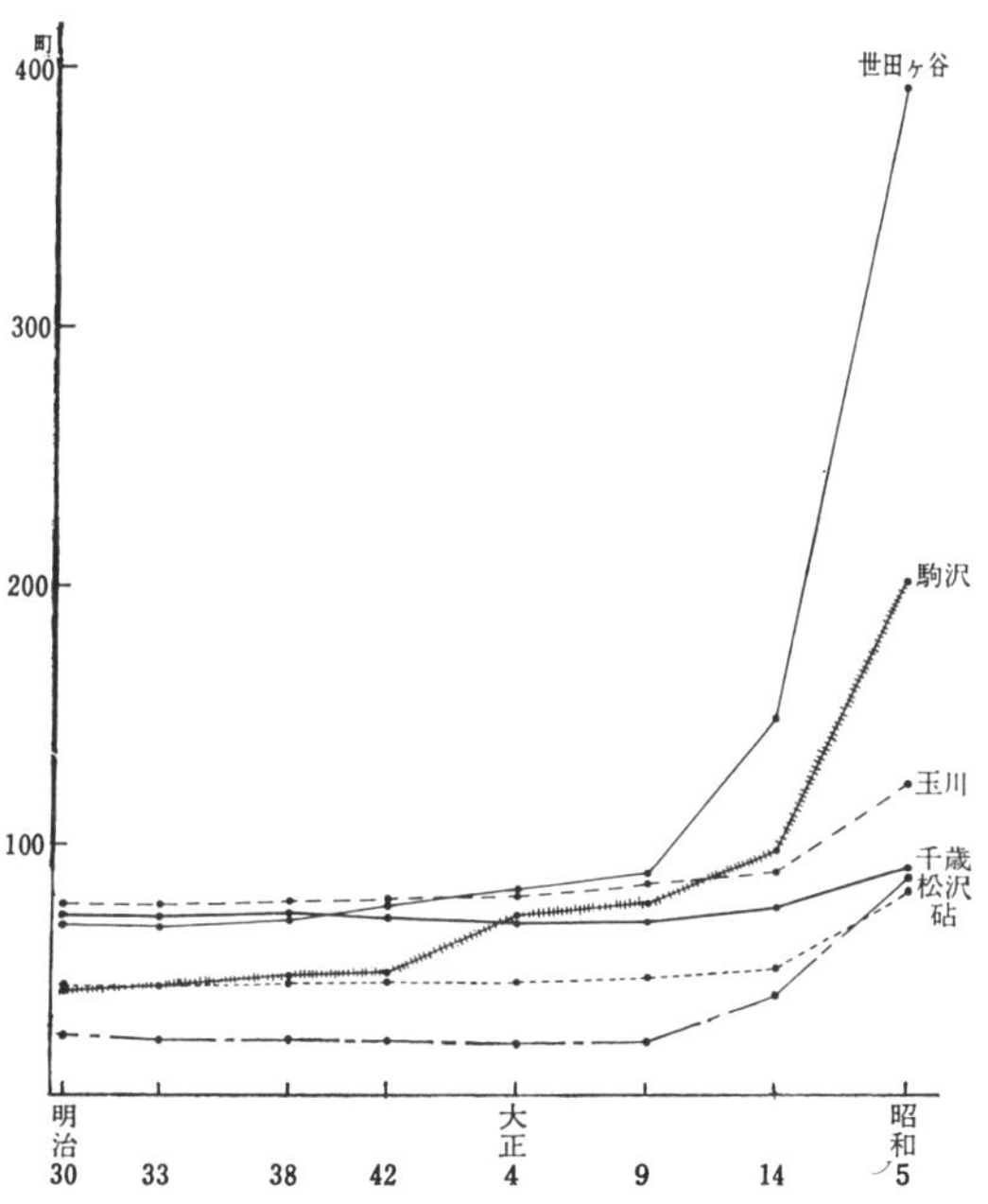

第Ⅵ－8図　町村別・地目別構成の推移

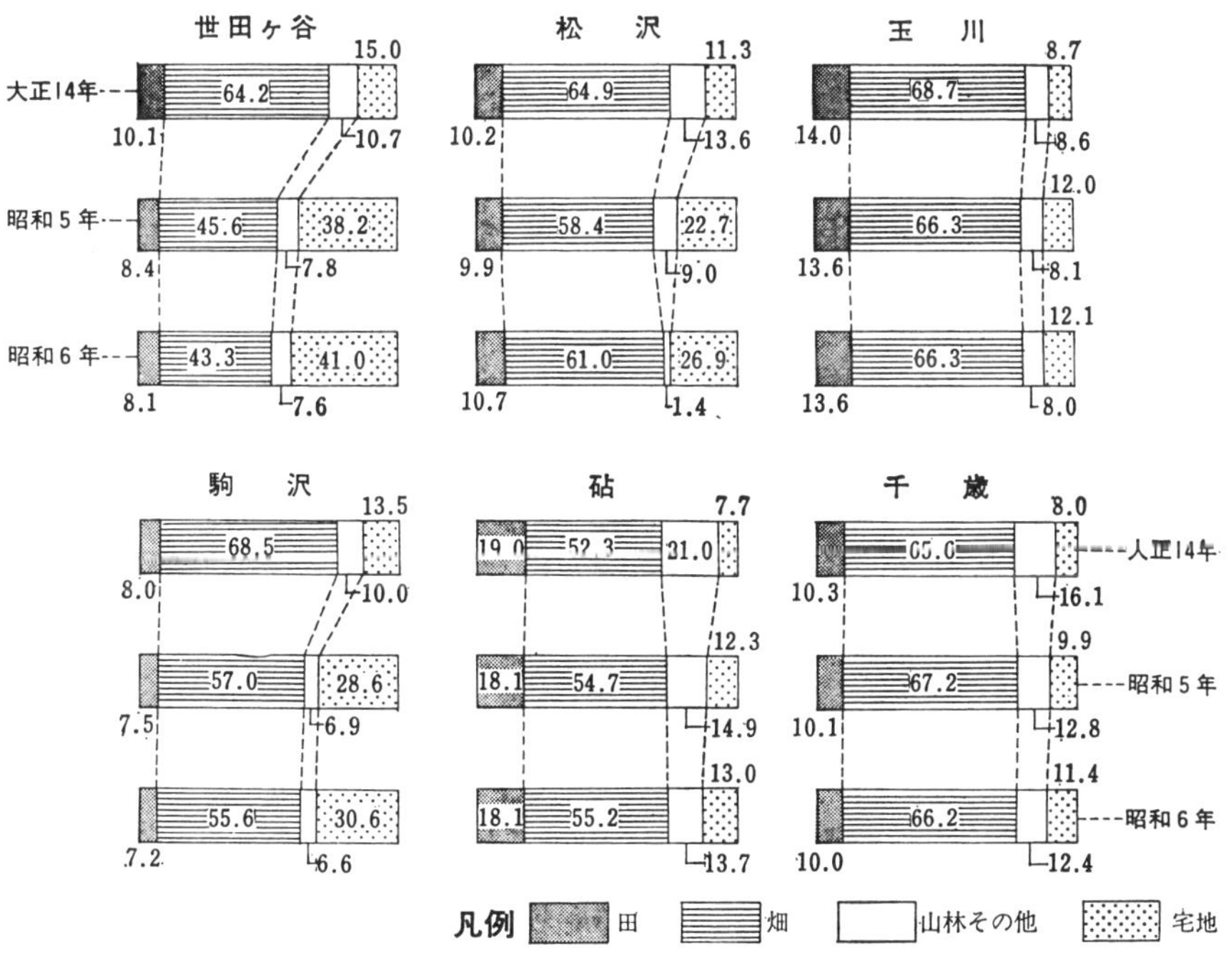

るまでに拡大している。世田ヶ谷町のばあいには、明治初期以来、山林原野の開畑、開田の努力が重ねられ、事実大正九年までは、畑はむろんのこと、田も僅少ながら増加してきた。しかし人口の急増し始めた大正一四年には、畑、田、山林がいっせいに減少してゆき、反対に宅地が急激に増大した。これでみる限り、世田ヶ谷町における宅地の増加がそこにおける離農現象を同時的にもたらしたといえるであろう。池尻、三宿、太子堂、世田ヶ谷の一部は、まさしくそうした形で宅地化がはじまったのである。

これに対して松沢村のばあいには、事情が異なっている。ここでも大正一四年以来、宅地は増加し始め、昭和五年には倍増しているのであるが、しかしそれは耕地を大幅に宅地化するという形をとってはいない。むしろ昭和六年には、田に関しては大正一四年時の面積をしのぎ、畑でもその年次に近づいているほどである。しかし山林・原野は確かに減少した。すなわち、松沢村における宅地化は、少なくともこの時点では農業との並存状態を保ちつつ進んでいたわけである。

次の玉川村のばあいには、大正一四年という時期は、以後延々三〇年間にわたる耕地整理事業に着手せんとする時であり、したがって昭和五、六年においてもなお宅地面積の割合は全体としてはわずかなものである。玉川村の宅地化は、むしろ昭和一〇年以後に急進する。

ところが駒沢町のばあいには先の世田ヶ谷町と同様に、玉川電車の開通とともに宅地化が進み、大正一四年に一三・五%にすぎなかった宅地は、昭和六年に三〇%に拡大している。ここでは畑地の潰廃が相次いで起り、全面積の八割近くを占めていた畑地も、昭和六年には五割五分程度に急減している。約一〇〇町歩もの畑地が宅地に転換されたのである。

これら荏原郡下の四カ町村にみられた宅地増加と畑地の減少傾向に比べると、砧、千歳両村のばあいには趣が余程異なっている。両村とも大正一四年に比較すれば宅地は微増してはいるが、それ以上に畑地の増加が目立っている。すなわち、山林・原野が開畑されているのである。こうした新畑がいつまで畑地として農家の経営に利用されるかは別として、この時点はまだ宅地化を推進させる市中人口の遠心力は、この地域までは及んでいなかったというべきであろう。

地価の上昇と苦境に立つ小作農民

人口急増に伴なう宅地需要の増大は、地価の上昇をきたし、それが経営の拡大を目指す農家の経済を困難にさせていく一条件をなした。しかしそれでも、自分で農地を所有する農家は、山林や畑地の一部を宅地に転換することで地代収入を得ることができたのであるが、土地を所有しない多数の小作農民は、宅地需要の増大と地価の上昇とによって二重の苦しみを味あわされていた。一つは小作料の値上げであり、もう一つは地主による小作地の引上げ請求である。地主によるこれら二つの請求は、相互に絡み合って小作農民の家計を苦境に立せていた。

さて、第Ⅵ－6表は、明治三〇年から昭和五年に至る旧六カ町村の地価の推移を地目別にしめしている。これによってまずいえることは、三点である。すなわち、大正四年以来宅地価格が急騰していること、これに比べて田畑の地価が停滞していること、そして地域によって宅地価格にかなりの開きのあることである。

宅地化がひと足早く始まった世田ヶ谷、駒沢、玉川のばあいには、大正四年、すでに反あたり宅地地租評価格は一〇〇円をこえている。なかでも世田ヶ谷の一二六円は他をぬきんでている。その他の松沢、砧、千歳でも大正四年には宅地評価格の上昇がみられるものの、その上げ幅は、宅地需要の弱さをしめすかのように小幅である。とくに千歳のばあいには低く、この村の宅地評価格は田のそれとほとんど異なるところはない。ここでは、大正一四年から地価の動きが活発化しはじめている。また、田、畑地については余り値動きはみられないが、しかし世田ヶ谷、玉川

第Ⅵ－6表　民有有租地目別評価格の推移

単位：円／反

年次＼村名	世田ヶ谷			松沢			玉川			駒沢			砧			千歳		
	田	畑	宅地	田	畑	宅地	田	畑	宅地	田	畑	宅地	田	畑	宅地	田	畑	宅地
明治30	46	13	25	45	14	24	40	13	23	35	13	24	49	15	26	36	12	24
33	36	11	24	35	11	24	31	10	23	28	10	24	41	13	26	30	11	24
38	36	11	24	35	11	24	31	10	23	28	10	24	41	13	25	30	11	24
42	36	11	24	35	11	24	31	10	23	28	10	24	41	13	25	30	11	24
大正4	36	10	126	35	11	94	31	10	102	28	10	108	41	13	86	30	11	33
9	36	10	131	35	11	94	31	10	103	27	10	109	41	12	86	30	11	34
14	36	10	133	35	11	97	30	10	105	28	10	111	41	13	89	30	11	59
昭和5	36	10	121	35	11	99	30	10	108	28	10	112	41	12	88	30	11	96

（『東京府府統計書』より作成）

で畑地の価格の値下りしていることが目を引く。

　さて次に、宅地評価格の上昇がもっとも著しかった世田ヶ谷町について字別の地価（大正一三年）を第Ⅵ－7表にしめしておく。この表でみると、字別に宅地価格に著しい開きのあることがわかる。三宿、池尻、太子堂を筆頭に、世田ヶ谷の下町・上町、代田の萩久保、東大原、下北沢の下山谷、中山谷、大山谷、堀向などの地価が、坪あたり二五円をこす最高価格をしめしている。なかでも、太子堂の大塚（五〇円）、西山（三〇円）など幹線道路に面した商業地区の地価が最高値をしめしているのは、それらが世田谷地域の発展の中心地をなしていたことを考えれば当然のことといえるだろう。

商工業の漸進

　私鉄郊外電車の相次ぐ開通は、東京市内人口の近郊区域への移動をかなり急テンポに押しすすめた。その結果、市内に隣接する周辺町村の人口規模は著しく増え、しかもその構成に都市的な性格が付け加わってきた。

　こうした傾向は、世田谷地域でも無縁でありえようはずがなく、都心に隣接する渋谷、目黒などにつづき、これらに接続する世田ヶ谷町、駒沢町、玉川村にも浸潤しはじめた。すなわち、人口・戸数の増加は、農業主体の在来産業のほかに、新しい人口を相手とする商業やサービス業の発達を促した。さらに、これら新しい産業の勃興を助長した要因として、明治期における地域内への軍事施設の移転と、それに後続した高等教育機関の創設・移転とを指摘できる。また、大正八年に施行された都市計画法にもとづき府内の都市計画区域が策定され、これにしたがって市内の区画整理事業が着工されはじめると、工場の郊外移転も進み、これが世田谷地域の商工業の興隆に寄与するところも少なくなかった。

　ところで、大正期の世田谷地域に商店や工場が一体どれぐらいあったかを全体として正確に知ることは、資料の制約上困難を伴なうが、これと関連する昭和初期の興味深い資料が手元にあるので、まずそれを紹介しておく。これは、大正期における当該地域の住宅地化と商工業の発達の足跡を知る手がかりともなる。

　東京府は、関東大震災後、住宅問題に深い関心を寄せてきたが、ここにしめす『家屋賃貸事情調査』（昭和七年）もこうした意味での調査報告である。本調査は、府下五郡のうちから五四カ町を抽出して家屋賃貸事項（家屋用途、構造、家賃階級、建坪数、敷金など）について調べているが、このなかに世田ヶ谷町および駒沢町が含まれている。これによって両町の用途別の家屋状態をみることにしよう。第Ⅵ－8表は、両町における自家・貸家を用途別にしめしている。家屋総数からみると、世田ヶ谷町は一万四千一一四戸、駒沢町は五千六二四戸である。これに対して、昭和五年の国勢調査によれば、世田ヶ谷町一万六千八七世帯（七万三千一一〇人）、駒沢町六千一七六世帯（三万一千四三人）であったから、両町ともに家屋の不足が目立っている。しかるに、世田ヶ谷町に

第Ⅵ－7表　大正13年世田ヶ谷町小字別・地目別地価一覧

単位：円／坪

大字	小字	田	山林	畑	宅地
世田ヶ谷	下町		15～20	15～20	18～24
	上町		15～20	15～20	18～24
	供養塚	5～10	15～20	15～20	10～20
	横根		7～12	8～15	5～12
	溝中在家		7～10	8～15	5～12
	桜木		7～10	8～15	5～12
	漆畑	5～8		8～10	8～10
	元宿	5～8	13～15	10～15	8～15
	久保	5～8	8～10	7～10	8～10
	山崎	5～8	10～13	10～15	10～18
	北沢窪	3～7	5～10	5～10	
	羽根木	5～7	15		
	前田	8	10	8～10	15
	竹ノ上	5～7	10	8～10	6～12
	殿山	5	10	8～10	7～10
	辺房谷	5～7	8～10	7～10	8～10
	鶴免	5～7	8～10	7～10	8～10
	宮ノ坂	7～10	8～12	10～12	7～12
	谷中	7～10	8～12	10～12	7～12
	東横根	7～10	8～12	7～10	6～10
	赤羽根		8～10	6～10	7～10
	笹原		8～10	6～10	7～8
	原		5～8	5～10	5～10
	西横根		5～8	4～8	5～7
	西原		5～8	4～8	5～7
	宇山		5～8	4～8	6～10
	横根台		5～8	4～8	5～7
	勝光院下	5～10		10	10
	松原宿		7～10	6～12	7～12
	八幡脇	5～10	8～12	7～12	8～12
代田	松代	10～15	10～20	8～15	12～20
	溝ケ谷	10	10～20	8～15	12～20
	花見堂	10～12	10～20	8～15	10～12
	本村	8～10	6～15	8～15	8～12
	宮前	8～10	6～15	6～13	8～12
	砂別場	8～10	6～15	6～13	7～12
	吹上	10	8～15	7～15	10～12
	宮上		8～15	7～15	10～12
	西丸	10	10～15	10～15	10～12
	中丸	10	10～15	10～15	10～12
	守山	10	10～15	10～15	10～12
	東大原		10～20	10～20	15～25
	萩久保		15～25	12～25	12～30
	西大原		12～20	10～20	10～20
	栗原	8～10	8～15	7～15	7～15
	山下	7～12	8～15	7～15	8～18

大字	小字	田	山林	畑	宅地
三宿	南宿		15～25	15～25	15～30
	北宿		15～25	15～25	15～25
	本宿		15～25	15～20	15～25
池尻	仲町		18～25	15～25	12～30
	東町	10～15	18～25	15～25	12～30
	北町	10～15	18～25	15～25	10～25
	西町	10～15	18～25	15～25	15～25
若林	下山谷	5～10	5～15	7～15	8～20
	西山谷	5～10	5～15	7～15	8～20
	宮前	5～10	5～15	7～15	6～15
	宿原		6～15	6～15	6～15
	谷中	3～7	5～10	6～15	
	本村	3～7	5～10	6～15	7～15
太子堂	上本村		10～20	8～20	10～20
	下本村		10～20	8～20	10～20
	前田	6～15		7～20	10～20
	下ノ谷	8～15		8～20	10～20
	西山		10～30	12～35	15～30
	大塚		20～30	20～35	20～50
下北沢	池ノ上	7～10	10～20	10～20	15～20
	上ノ町	7～10	10～20	10～20	15～20
	本村	7～10	10～20	10～20	15～20
	梶山	7～10	10～20	10～20	15～20
	大下	7～10	10～20	10～20	15～20
	日蔭山	7～10	10～20	10～20	15～20
	下山谷	7～10	10～25	13～25	15～25
	中山谷	7～10	10～25	13～25	15～25
	大山谷	7～10	10～25	13～25	15～25
	堀向	7～10	10～25	13～25	15～25
	野屋敷	7～10	10～25	10～20	8～20
	新屋敷	7～10	10～25	10～20	8～20
	前耕地	7～10	10～25	10～20	10～20
	西山谷	7～10	10～25	10～20	10～20
経堂在家	本村	3～8	6～13	6～15	6～15
	山谷	3～8	6～13	6～15	6～15
	南椿場	3～8	6～13	6～15	6～15
	谷戸	3～8	6～13	6～15	6～15
	北中村	3～8	5～12	5～13	7～12
	中原	3～8	5～12	5～13	7～12
	向原	3～8	5～12	5～13	7～12
	小谷戸	3～8	3～8	4～10	7～12
	細谷	3～8	3～8	4～10	7～12
	北椿場	3～8	3～8	4～10	7～12
	南中村	3～8	3～8	4～10	7～15
	豊後	3～8	3～8	4～10	6～12

（相原家文書より作成）

は四四一戸、駒沢町には三六六戸の空屋がみられるのである。

さて、最初に家屋の所有関係別でみると、世田ヶ谷町では全家屋に占める貸家の割合が六八・四％で、駒沢町の五六・二％よりもかなり高くなっているが、しかし全調査対象五四カ町のなかでみると、世田ヶ谷町の貸家率は低い方の部類に属している。ちなみに、二、三の例をあげれば、品川町七五・七％、大崎町七六・九％、大井町七八・八％などが高く、逆に羽田町三二・五％、和田掘町五七・七％が低い。これでみる限り、交通条件の余り良くない新興住宅地ほど貸家率が低いといえるかもしれない。

次に用途についてみると、もちろん自家、貸家ともに住宅が断然多く、世田ヶ谷町八三・八％、駒沢町七九・〇％の高率をしめしており、両町が住宅地として発展してきた様子が理解できる。住宅に次いでは、店舗住宅がそれぞれ一四・〇％、一〇・四％、その他（市場、医院、銭湯、活動写真館、貸席、寄席および作業場、温室、物置、倉庫、材料置場など特殊性を有する建物）の家屋がそれぞれ一・八％、〇・五％、そして最後に工場が〇・三％、〇・五％の順位で並んでいる。

この数字から容易にわかるとおり、大正期、昭和初期において商工業が世田谷地域で漸進してきたとはいっても、ようやくその途についたばかりであることは論をまたない。表からも知れるごとく、店舗専用の家屋は両町ともに皆無で、すべてが「店舗住宅」で占められている。このことは、商店とはいえ家族従業員のみで経営する小規模のものが大部分であったことを物語っていよう。比較のために、同調査から品川町、大崎町、中野町について述べておくと、住宅は七六・九％、七一・〇％、八〇・〇％で、中野町がほぼ世田ヶ谷町、駒沢町と並び、品川町、大崎町はそれよりも低いことがわかる。一方、これら三カ町の店舗住宅は、一七・三％、二二・八％、一七・一％で、いずれも世田ヶ谷町、駒沢町をしのぎ、世田谷地域に先行する商業の発達をみることができる。それとともに、「その他」の建物も三・四％、三・六％、二・五％と高く、家屋形態の都市的多様性をしめしている。さらに、三町内の工場は二・四％、二・六％、〇・三％で、さすがに大崎町、品川町における工場地帯の発達が目立っている。

以上の調査報告は「町」を対象としたものであるから、玉川村、松沢村、千歳村、砧村の四カ村についての資料のないことは残念であるが、しかし他の資料をつき合せてみるならば、これら村々は、世田ヶ谷町、駒沢町と大同小異か、あるいは都市化の度合いにおいて両町に遅れているとみてまず間違いはない。こうした概観を念頭において、次に大正七年の『荏原郡勢一覧』から世田谷地域の事業所についてみることにしよう。

大正七年現在、荏原郡内の工場（ただし、職工五人以上を使用するもの）は二七七、職工総数は一千六八二人を数えているが、このうち世田谷地域四カ村に所在する工場は八カ所、そこに働く職工数は一二一人にすぎない（第Ⅵ－9表参照）。また、同一〇年、東京市役所商工課が、市内および隣接町村の警察署に各管内工場法適用の工場について依嘱調査した結果（東京都公文書館所蔵）をみると（第Ⅵ－10表）、荏原郡内の公・私営、大小合わせた工場は二三四、その従業員総数は一万七千三五四人であるが、うち世田谷地内にある工場数は一二、それらの従業員数は合わせて三一五人にとどまっている。いずれの資料によっても、世田谷地内に設置された工場は数も少なく、またその規模も小さいことがしめされている。

なかで比較的大きな工場は、大正三年五月に世田ヶ谷村三宿につくられた山元オブラート工場である。この工場は、創立当初はごく少数の職工を使うだけの小さなものであり、大正七年時でも職工数一八人を数えるにすぎなかったが、同一〇年には一四二人と大幅に職工を増やして急成長している。池尻に大正以降設置された千代田毛織工場も、工員九三

第Ⅵ－8表　世田ヶ谷町・駒沢町における用途別自家・貸家数

	世田ヶ谷町				駒沢町			
	自家	貸家	計	貸家率	自家	貸家	計	貸家率
住宅	3,702	8,126	11,828	68.7	2,273	3,609	5,882	61.4
店舗住宅	490	1,492	1,982	75.3	227	551	778	70.8
小計	4,192	9,618	13,810	69.6	2,500	4,160	6,660	62.5
工場	35	8	43	18.6	36	5	41	12.2
その他	229	32	261	12.3	722	22	744	3.0
店舗	—	—	—	—	—	—	—	—
小計	264	40	304	13.2	758	27	785	3.4
合計	4,456	9,658	14,114	68.43	3,258	4,187	7,445	56.24

『家屋賃貸事情調査』昭和7年東京府労務部社会課

第Ⅵ－9表　従業員5人以上の工場一覧（大正7年現在）

事業所名	所在地		従業人数	創立年月
阿武隈鉄工場	世田ヶ谷村	鉄製造	5	明治16年. 5月
佐竹製綿工場	〃	製綿	27	31. 8
中央電気工業株式会社	〃	絶縁布製造	14	45. 3
山元オブラート工場	〃	オブラート製造	18	大正3. 5
東京化学株式会社世田谷工場	〃	染料製造	17	3. 5
内国化学工業所	〃	工業薬品製造	9	6. 9
丸幸野口染工場	玉川村	染色	26	明治45. 12
駒嶺絹毛友禅工場	駒沢村	絹布綿染	5	大正6. 7

（『荏原郡勢一覧』より作成）

第Ⅵ－10表　世田谷四カ村内工場一覧（大正10年現在）

工場名	所在地	製品名	職工数		
			男	女	計
三家製綿所	世田ヶ谷村三宿	古綿打直シ	2		2
神谷製綿所	駒沢村上馬引沢	〃	1		1
佐竹製綿工場	世田ヶ谷村代田		13	4	17
千代田毛織工場	〃　池尻	毛織物製造	54	39	93
野口染工場	玉川村瀬田	染色	12		12
中央電気工場	世田ヶ谷村	電気絶縁物	7	3	10
東洋金網製造K.K.池尻工場	〃　池尻	金網製造	19	6	25
阿武隈鉄工場	〃　三宿	園芸用鉄製作	4		4
内国化学工業所	〃　池尻	染料	2		2
東京バリューム工場	〃　若林	礦石粉末染料	3		3
東京化学工場	〃　世田谷	染料顔料金料	4		4
山元オブラート工場	〃　三宿	オブラート製造	67	75	142

（公文書館蔵『東京市付近町村工場分布状態』より作成）

人を数える比較的大きい工場である。しかし、その他はみな小規模で、大正一〇年時点でも、半数の工場は五人に満たない工員で営業する極小の工場である。

玉川電車の開通があったとはいえ、まだまだ交通機関は未発達で、電気、水道、ガスといった近代的工場に不可欠の都市的設備も未だゆき渡っていない世田谷地域に大工場の建設されるはずもなかったのではあるが、それでもそれらの条件が整えられていたところには、わずかながらも工場が進出してきた、ということであろうか。それらの所在地は、大部分世田ヶ谷村の、しかも玉川電車の便が利く、渋谷に近い所に集中しているのである。

これら、世田谷地内に新設されたいくつかの工場について、念のため付言しておかねばならぬことは、それらがいずれも地元住民による、いわば地場産業として興ったものではないということである。むしろそれらのかなりの部分は、条件は悪いが地価だけは安い世田谷でしか経営基盤を持続できがたい弱小の企業ではなかったかと考えられる。したがってこれらの工場は、やがては、より至便な地への転出を図っていったし、それゆえにまた地元の繁栄に寄与する志向性は少なかったといえよう。他方、世田谷地域の人びとも、漸く農業に活路を見い出すことができるようになって、他産業に魅了される理由をもたなかった。かくして、これら移入してきた新工場は、むしろ地元地域と実質的には遊離したままで存在するといった状態であったのである。

生活関連施設の漸増

世田谷が東京の郊外として住宅地化をすすめるためには、新しい住民に都市的生活を保障しうるさまざまな生活関連施設を設置することが必要であった。電気、水道、ガスや下水溝などの敷設は、個々人の力でどうすることもできない社会的施設であり、世田谷地域の人びとは、市内におけるこうした施設の整備状況を横眼で見ながら、この地域の立ち遅れに切歯扼腕するばかりであった。それでも、交通機関の整備に伴なう新しい町村民の移住・定着は、施設整備に一つのきっかけを与えたことは事実である。

〈電灯の明るさ〉　世田谷地域にはじめて電灯がついたのは、明治四一年に玉川電気鉄道会社が電灯電力供給事業を開始してからのことだと推定される。すでにこれ以前、東京鉄道会社（後、このうちの電気供給事業部門が独立して東京市電気局となる）は世田谷地内の電気供給権を取得していたのだが、需要量の低さのために送電設備を施さないまま、わずかに池尻の騎兵連隊に電力を供給するのみであった。しかるに、前述したごとく電車線の開通を実現するために自力で発電所の設置を余儀なくされた玉川電気鉄道会社は、むしろ電気供給事業も兼ねることによって利得を殖やす方針から、まずは世田ヶ谷村、駒沢村の沿線二カ村に送電を開始した。その後明治末年まで同社による供給地域は漸次拡張されていくが、世田谷地内の供給地域は右にとどまったようである。

電灯用電気の供給が始まったとはいっても電気事業そのものがまだ初歩的段階にあったため電気料金は高く、電球も高価であったので、電灯は、到底、一般の家々の使用に耐えうるものではなかった。しかし、技術の発達は、電球、電気料の低下を可能にさせ、需要の伸びが見込まれるようになった。こうして、大正期に入ると、玉川電気鉄道会社、東京市電気局、あるいは京王電軌会社といった事業体が、世田谷地内のあちこちに競って配電を行なうようになっていったのである。したがって、配電開始時期は村ごとにかなり異なる。いまのところ、世田谷の各村々でいつから電気の供給が行なわれるようになったかを知る資料をもたないが、判明しているかぎりを左にあげておく。

（村名）	（配電開始時期）	（供給団体）
世田ヶ谷村 駒沢村	明治四一年五月	玉川電気鉄道
玉川村	大正四年	玉電、東京市
松沢村	大正五年一〇月	京王電軌
千歳村	大正一一年以前	不詳

『荏原郡勢一覧』の伝えるところでも、世田ヶ谷、駒沢、玉川、松沢の四カ村はすべて、大正七年には電灯をつけうる態勢が整っていた。とはいえ、この時点でこの四カ村一円が、電灯のあかりの下で夜を送れるようになっていたということではない。企業側の計画に従う電気の供給は、それゆえに、企業の便宜から供給地域をきめて行なわれた。たとえば、世田ヶ谷村は、右によれば明治四一年には供給をうけたごとくになっているが、この時点での供給可能地域はそのごく一部、おそらくは池尻、太子堂、三軒茶屋あたりであった。代田、若林周辺に供給されるようになるのは大正になってからであり、村の北端部（大原付近か）および中央部（上・下町、経堂在家周辺）に至っては大正五～六年になってはじめて供給地域とされたのである。

さらに、電気供給地域に組み入れられたとしても、そのことがただちに住民の電灯使用を可能にしたわけでもない。利用者側への配電は、一定数の利用申込みがあってはじめてそのための工事が計画されたからである。そのことはまた、電気の使用されはじめた時点が各家についても異なることを意味する。

世田谷上町・下町に、玉川電鉄によってはじめて電気がひかれたのは大正七、八年の頃であるが、当時五〇～六〇戸から成る上町では玉川電鉄側の提示する一〇〇灯の利用数を確保するのに、数回の会合を開いたという。一灯につき一円の使用料を贅沢とするものもあり、明るい電気の下では麦飯を食べられないというものもあって、一〇〇灯の利用見込み数に到達するまで一年近くもかかった。大抵の家は一灯しか申込まず、多くて二灯、三灯の利用申込みをする家は数えるほどしかなく、最高は旧代官家の七灯であった。もちろん、電気をひかない、というよりはひけない家もあった。以上は、現在も上町に住む榎本政太郎（明治三三年生）の話である。

電灯のついた家々では、その明るさ、簡便さが、人びとに驚きを与えた。それとともに、そのあかりに照らし出される部屋の様子や食膳が、人びとに一種のとまどいを感じさせはしなかっただろうか。だが子ども達にとっては、毎月のランプ掃除から解放されるうれしさを伴なって、電灯のついた日は長く忘れえぬ日となった。

　電灯は、大正十二年六月一日に点いた。震災直前であって、その日を記憶している。京王電鉄の工手が、附近の家に分泊して工事をした。十燭灯であったが、こんなに明るいものかと思った。それ迄は屋内は石油ランプ、外出にはちょうちんであった。毎朝石油ランプを掃除するのが子供の仕事であった。

　（「赤堤地誌」より、赤堤村西福寺・狩野後英住職（明治四一年生）からの聴き書）

こうして次第に電灯が普及していき、もはや人びとにとってそれが異物ではなくなる頃、世田谷の農村から市街地への変貌は著しさを増していくのである。

〈通信〉　明治三二年一〇月、池尻に郵便局が開設されて、世田谷にも遠方地域との交信を容易にする場が用意された。これは当初、目黒郵便局（三等郵便局）と称したが、同三七年世田谷局と改称され、爾来大正一一年に松沢郵便局が集配局になるまで、世田谷の郵便、電信、電話業務を一手にひきうけていたのである。もっとも、池尻（明治四二年同郵便局は三宿に移転）あたりまで出向くなら、直接相手を訪問した方が早いばあいの方が圧倒的に多かっただろうし、なによりも、通信媒体を必要とするほど世田谷の人びとの生活圏は広がっていなかったから、その郵便局利用度は高くあるはずはなかった。にもかかわらず、比較的早い時期に郵便局が開設されたのは、その設置場所が池尻であったことからもわかるように、それが兵営内の兵士達にとっての必需施設であったからである。

この世田谷郵便局は、開局後一〇年にして電話交換業務をも行なうようになった。すなわち、明治四二年六月、世田谷にも電話が開通したのである。同年三月一〇日に創刊の週刊多摩新聞は、六月二〇日付第一一号で〝雑報〟（各種ニュース欄）の一つとして、左の記事を載せている。

　世田ヶ谷の電話開通　世田ヶ谷郵便局に電話開通し去る十六日より特設加入の申込を受くるより而して其区域は世田ヶ谷村駒沢村の二ケ村ありと云ふ

三多摩地方を主たる購読圏とするとはいえ、その隣接地域である世田谷への関心は中央紙よりはるかに高いはずの多摩新聞でさえ、このように素気無いともいえる、簡単明瞭この上もない記事にしか扱っていないことは、当時この地方において電話を個人もちにできるという事実がよほど世間離れしていて一般的関心事たりえなかったことを示唆していよう。ちなみに府中町で電話の個人所有が可能となったのは、大正七年のことである。

それでも、世田ヶ谷、駒沢両村において、この時、特設加入（電話器代はもちろん交換局舎から加入者宅までの電話線架設費を加入者が負担する）の申込みは八名九件を数えた。したがって、当初の電話番号は〇および一番であった世田谷局を加えて一〇番までしかなかったのである。駒沢村の加入は一件（曹洞宗大学―現駒沢大学）のみで、世田ヶ谷村のばあいも太子堂が四件（染物屋、塩・煙草の元売捌所、他二件は個人）と多く、三宿一件（医者）、上町一件（個人）、下町二件（材木屋―同一加入者）という状態であった。

　このように、およそ庶民とは無縁の電話ではあったが、大正六年頃にはもう一つの電話交換局が玉川村諏訪河原に開設されている。需要度が高いと思われないこの時期に玉川村に新たな交換局が設置された理由として、一説では、上野毛の邸宅街に居住していた田健次郎が大正五年一〇月に逓信大臣に就任したことが指摘されている。

　それはともかく、大正七年には、世田谷内の二つの交換局管内の特設電話加入者もいささか増加し、世田谷交換局では四六、玉川交換局では一五の加入件数を数えている。加入者以外の電話利用もようやく普及の兆しをみせ、玉川交換局の管理する一台の公衆電話は、大正七年中の通話数を三千六六八としている（『荏原郡勢一覧』）。しかし到底一般化されたとはいい難く、まだしばらくの間は、電話局員が菓子折持参で加入勧誘に家々を訪ねる情景が時折みられたのである（前掲「赤堤地誌」より、狩野住職談）。

〈水道〉　世田谷地内に初めて近代的設備の水道による給水が行なわれたのは、大正一〇年、玉川村田園調布においてであった。

　東京市内では、江戸時代を通じて用いられてきた上水道（神田、玉川〈千川、青山上水を分水〉、亀有などの各上水）が、急速な勢いで伸長する需要に応じきれず、しかも衛生的な飲料水を供給しうる限界を超えていたので、その改良・整備は、市区改正委員会のつとに計画するところであった。かくして、浄水場の設置、鉄管による配水を内容とする近代的水道への改良事業が明治二五年一二月より着手され、予定より一月遅れの同三二年一月一日、改良水道による給水は開始された。と同時に、旧上水道はいずれも廃止され、その後は、田用水に衣がえしたのである。

　周知のごとく、世田谷地内には、市中へ送られる旧上水道のうち玉川上水の一部が通っていたが、その利用権はもとより地元になく、またそうであっても地元の人びとにとってなんら痛痒はなかったのである。人びとは小川や湧水で洗いものをし、井戸水を飲料に用いて一向に不便はなかった。けれども市街地化への胎動が起り、とりわけ非農業人口の移入が著しくなるにつれて、かれら移入者達を中心として、水道敷設が強く要望されるようになった。この機運に乗じて創設されたのが玉川水道株式会社である。

　大正七年二月、玉川水道株式会社は、北多摩郡調布村下沼部亀甲山において多摩川を引水し、荏原郡入新井村大森村、羽田町一帯に給水する計画をもって、創業を認可された。この会社設立の経由には言及できないが、それは「玉川」の名称や入新井村不入斗に本社が所在することから想像されるような地場企業ではない。二千余名におよぶ株主の居住地は、東京がもっとも多く九割を占めるが、その他は三五道府県、さらには外地からの出資もある（玉川水道株式会社「株主名簿」）。この内世田谷地内の株主であると確かめえたのは、たかだか一〇人ほどである。それはともかく、認可を得て間もなく着工、工事は給水区域の拡大を伴なって進められ、大正一〇年、給水開始の運びとなった。日本で最初の会社経営による水道・玉川水道の誕生である。

　調布で取り入れられた多摩川の水は、調布浄水道（取水箇所に併置）と玉川浄水道（玉川村奥沢・等々力）の二カ所において浄水され、荏原郡内諸町村に配水された。前記した玉川村への給水もその一環であるが、当初はその一画、田園都市として計画実現をみた玉川田園調布の二～三〇〇戸が、その利に浴しただけであった。

　しかるに、現品川区・大田区までを給水地域に取り込む玉川水道会社は、諸地域の急速な都市化によって、その営業成績を順調に伸ばすことができた。それは経営者をして、「数年来継続セル財界ノ不振ハ、本年ニ至リ倍々甚タシキニモ拘ハラズ、給水区域町村ノ発展真ニ著シク、……十数ノ配水線ノ竣工ト共ニ需要家ノ申込ハ前記ヨリ一層ノ好況ヲ呈スルニ至レリ」と誇らし気に報告させうるものであった。その結果、設立後八年、給水開始から二年後の大正一五年下半期には、その資本金を一千万円と一挙に倍加しえたほどである。

かかる水道需要の伸びは、東京府による改良水道の供給対象から除外された近郊、郡部の町村に給水すべく、私営・町営の水道事業の興隆を促すこととなった。玉川水道に続いて、大正一〇年に認可・着工された渋谷町営水道もその一つである。

略して渋谷水道とよばれるこの水道は、やはり多摩川を、砧村大蔵地先で取水、浄水し、駒沢村弦巻の給水場を経て渋谷町に配水されるものである。大正一二年五月より給水が開始されたが、程なく起った関東大震災が町内の井戸水使用をかなり不可能としたこともあって、利用申込みは増加する一方であったという。そればかりでなく、その装置の優秀さが町外からの給水希望をつのらせた。駒沢村に群立する陸軍施設もその例外でなく、大正一三年にはここへの給水が実現されている。

このように世田谷地内においても、二つの団体による水道給水が大正末期までに行なわれるようにはなったが、その利用範囲はごく一部に限られていた。否むしろ、大部分の世田谷住民は、従来通り、その飲料水を主として井戸水に頼っていたのである。世田谷において水道利用がやや一般化されるのは、関東大震災後の移入人口の急激な増加を動因として、昭和になってからのことである。

以上みてきたように、明治後半から大正時代にかけて世田谷の人びとは、種々の珍しいもの、新しいものを眼にし、また手にすることができるようになった。太陽の動きと寺の鐘で時を知る生活から、柱にかけた時計のボンボン鳴る音に時を伝えてもらう生活への変化、そして電車には及ぶべくもないとはいえ、足よりも早く便利な自転車が導入されてきたのもこの時期のことである。しかしながら、そうした文明の利器の多くは、世田谷の多くの人びとにとって、その生活に密着した不可欠のものとはなっていない。かれらは相変らず、井戸から水を汲み上げる苦労を厭わず、電球のスイッチよりもランプになじみ、自分の足で歩きまわることを当然とする生活を送っていたといえよう。この時期に世田谷地域に出現したこれら生活関連諸設備が、より広範な人びとにとって自分達のものとなるのはまだ先のことである。

高等教育機関の進出

明治維新後における東京の急速な発展を支えた要因の一つに、中央集権制を是認する社会構造を指摘することができる。政治、経済、文化などあらゆる分野の力を中央に集中し、その集権化した勢力によって地方社会を支配していくこの社会体制が、地方自治を基礎とする民主的な社会体制の対極をなすものであることはいうまでもない。この社会体制は、つねに地方社会に多大な犠牲を強い、しかも中央と地方との間のあらゆる格差の増幅をもたらす。しかしこの体制は全般的な社会力に乏しい後進国家が先進諸国に素早く追いつこうとするばあいに、経済的で能率的な方法の一つであり、実際のところ維新後の日本はまさにその理を実践したのである。そしてこうした強力な中央集権体制が東京の急速な発展をもたらした。

ところで、大学などの高等教育機関もこうした社会体制のなかで東京に著しく集中し、これらが地方の有能な青年達を東京にひき寄せた。「東京に出る」という言葉ほど明治以降におけるすべての時代の地方青年の心を揺がせたものはないのではなかろうか。それはともかく、こうして中央に集中した高等教育機関は、膨張をつづける東京のなかでなお一層の拡大をめざして、大正期から昭和初期にかけて、草創の市内を離れ、近郊の地域へ移転するケースが多くみられた。現在、世田谷地域に立地している大学のなかには、この期間に市内から移転してきた専門学校や中等学校を前身とするものが数多くみられるのである。この意味で、「進出」というにふさわしい世田谷地域の高等教育機関の増加であった。

第Ⅵ－11表は、明治三五年から昭和五年にいたる期間に世田谷地内に創設ないし移転した学校をしめしている。あわせて初等教育機関の増加の様子も記しておいた。

これによると、大正初年からはじまる世田谷地域内の交通網の整備が、学校の発展、とりわけ高等教育機関の創設・移転と深いかかわりのあることがわかる。というのも、中等学校、専門学校、あるいは大学へ通学する生徒・学生は、地域の子弟よりも、電車などを利用する他地域のものや、あるいは新しい移住者の子弟によって占められていたからである。

『千歳村史』は、昭和九年現在における村民の教育程度について、調査にもとづき次のように述べている。

調査の結果は遺憾乍ら村民一般の教育程度は必ずしも高率とは云ひ得ない。本村が震災後より住宅地として漸次発展するに及び、逐年移住者の増加を招きつゝあるが、右に示せる表（省略）の是等上級学校を経る者の大半以上は殆ど移住者に依って占められてゐるのであって、農業を主とする本村土着民に於ては甚しき低率を示している現況である。移住者の多くは智識階級であり、従って是等の子弟は小学校卒業後必然的に上級学校へ進むのであるが、近時土着子弟に於てもこの傾向の顕著たるは取りも直さず近代文化の浸潤影響と是等有識移住者の漸増と共（ママ）に刺戟とに依り土着民の教育程度又子弟教育向上に漸次目覚めつつある現象を明確に観取し得るのである。

第Ⅵ－11表　教育施設一覧

年度	学校の創設・移転	その他の特記事項
明治三五年	・朝陽および喜多見両尋常高等小学校、合併して砧尋常高等小学校となる。 ・**私立世田谷中等学校**、三宿に創立。	
三七年	・**曹洞大学林**（**明治一五年創立**）、曹洞大学と改称	・飯田橋—中野間に甲武鉄道開通。
三八年	・曹洞大学、設立認可される。	・東京ゴルフ倶楽部のゴルフ場、駒沢にできる。
四一年	・荏原小三宿分教場、独立して第二荏原小となる（三宿小の前身） ・**府立園芸学校**、深沢に創設	・世田谷青物市場開設。
四二年	・**陸軍獣医学校**、下代田に移転（麹町より）	
四三年	・八幡農業補習学校創立（八幡小内） ・玉川農業補習学校創立（玉川小内） ・京西農業補習学校創立（京西小内） ・駒沢農商補習学校創立（駒沢小内） ・砧実業補習学校創立（砧小内） ・烏山実業補習学校創立（烏山小内）	・品川警察署世田谷分署、池尻にできる（世田ヶ谷、松沢、駒沢、玉川、目黒の五カ村を管轄）。
四四年	・荏原農商補習学校創設（荏原小内） ・桜農商補習学校創設（桜小内） ・第二荏原農商補習学校創設（第二荏原小内） ・塚戸実業補習学校創設（塚戸小内）	
大正一年	・烏山小、高等科併設	・新町分譲地の造成・分譲（東京信託会社）。
四年	・松沢農業補習学校創設（松沢小内）	・新宿—調布間に京王線開通。
五年	・荏原女子実業補習学校創設（荏原小内） ・桜女子実業補習学校創設（桜小内） ・第二荏原女子実習補習学校創設（第二荏原小内）	

六年	・玉川女子実業補習学校創設（玉川小内） ・中央自動車学校（各種学校）、世田ヶ谷村に創設	・玉川水道K・K営業開始。現在の大田区、目黒区および玉川村の一部に給水。
七年	・第三荏原尋常小学校、代田に創立 ・第二桜尋常小学校、世田ヶ谷村に創立 ・東京府豊島師範学校附属農業補習学校、千歳実業補習学校と塚戸実業補習学校を併合して創立（烏山小内） ・海外植民学校（各種学校）、世田ヶ谷村に創立	
八年		・巣鴨病院、巣鴨町より松沢村上北沢に移転、松沢病院と称す。
九年	・砧女子実業補習学校創立（荏原小内）	
一〇年	・烏山実業農業補習学校創設（烏山小内）	・府営住宅（一四〇戸）、太子堂にできる。 ・千代田毛織K・K、池尻に創立。
一一年	・桜小の分教場創設 ・**私立日本女子体育専門学校**、松原に創立	・田園都市計画事業完成、売出しはじまる。
一二年	・**私立国士館中学**、世田ヶ谷町に創設	・世田ヶ谷村、町制をしき世田ヶ谷町となる。 ・世田ヶ谷上町～砧村喜多見間に仲田乗合自動車開設。 ・関東大震災発生。
一三年		・二子玉川～砧間に玉川電車開通。 ・都心から寺院の移転はじまる（昭和四年までに二二軒）。
一四年	・塚戸農業公民学校創設 ・**私立国士館商業学校**（**夜間**）創立 ・**曹洞宗大学**、駒沢大学と改称 ・**成城学園**、牛込の成城学校から分離して創立（砧村喜多見） ・日本時計工業学校（各種学校）、若林に創設	・三軒茶屋～下高井戸間に玉川電車開通。 ・渋谷の中豊沢～世田谷役場前、日東乗合自動車開通。 ・駒沢村、町制をしき駒沢町となる。
一五年	・旭尋常小学校、野沢に創設	
昭和一年	・荏原青年訓練所（荏原尋常高小内）創設 ・玉川青年訓練所（玉川尋常高小内）創設 ・砧青年訓練所（砧尋常高小内）創設 ・烏山青年訓練所（烏山尋常高小内）創設 ・塚戸青年訓練所（塚戸尋常高小内）創設 ・松沢青年訓練所（松沢小内）創設 ・第二荏原小に高等科併設 ・荏原小、大原分教場創設 ・**調布高等女学校**、等々力諏訪分に創設	
二年	・深沢尋常小学校、駒沢小から独立 ・代沢尋常小学校、第二荏原小から独立 ・**私立成徳高等女学校**、代田に移転	・新宿～小田原間に小田急線開通。 ・大井町～二子玉川間に大井町線開通。 ・渋谷～丸子玉川間に東横線開通。 ・玉川全円耕地整理組合の設立認可さる。
三年	・**私立駒沢高等学校**、弦巻に創設	・雪ヶ谷～新奥沢間に池上線支線開通。
四年	・第四荏原尋常小学校、太子堂に創設 ・京西青年訓練所（京西小内）創設 ・第三荏原商業公民学校創立 ・**私立国士館専門学校**創設 ・**東京林陰女学校**、世田ヶ谷町に創設（昭和六年青葉高等実践女学校と改称）	
五年	・町立駒沢実務女学校（駒沢小内）創設 ・桜丘尋常小学校、桜小学校から独立 ・**私立世田谷高等女学校**創設 ・昭和尋常小学校中里に創設 ・**明治薬学専門学校**、野沢に移転	

この引用文には、宅地・住宅の増加に伴なって田園の風景が次第に変貌を遂げていくばかりでなく、都会から移住者を迎え入れることによって、農村の文化や生活様式の影響される様子がうまく表わされている。そしてそこに、なによりも土着民の適応の強さをよみとることができるであろう。

宅地化の進展

(一) 住宅地造成の推進

初期の住宅地造成

畑や水田を潰して宅地を造成することは、労力の面でも、また資金の面でも容易なことではない。まして道をつけ、井戸を掘ったり、あるいは水道をひいたり、さらに下水路をつけるなどということになると、それはもはや個人の力を超えた共同的な事業、ないしは大きな資本の着手する事業にならざるをえない。

大正元年から二年にかけて東京信託株式会社（現日本不動産）が駒沢村深沢と玉川村下野毛飛地（現深沢七・八丁目と桜新町一丁目の南半分）にかかる約二三万平方メートル（東西約三丁、南北約七丁）の山林・原野を宅地に造成し、新町住宅地として分譲したのは、企業による大規模な宅地開発の、この地域における創始であった。この事業は、田園都市株式会社の手になる田園都市づくりに比べれば、その理念はいうに及ばず、その規模においても比較にならぬほど小規模なものであるが、しかしそれでもいわゆる文化住宅地のはしりとしてかなり配慮のなされた町づくりであった。もともとこの新町住宅は、渋谷―二子玉川間に玉川電車を開通させた玉川電鉄株式会社に、砂利営業開始の資金などの一部として二〇万円を投資し、しかも重役二名を送りこんでいた東京信託株式会社が、玉川沿線の乗客開発のために電鉄と業務を提携しながらすすめた事業であったから、この住宅にはその当初より周辺地域に先がけて電鉄から電気が供給され、電灯の使用が可能であった。

さて、このようにして造成された新町住宅地は百数十区に分割して分譲された様子であるが、開発当時に何世帯が居を構えたか正確には知りえない。しかし、大正末年に住民が共同利益をはかるため、従来の「新町親和会」を改組して「社団法人新町親和会」を結成したさいには、二〇〇世帯を越える規模に居住者は増加していた。造成当時の略図をしめすと第Ⅵ－9図のごとくである。

第Ⅵ－9図　新町住宅地の区画図

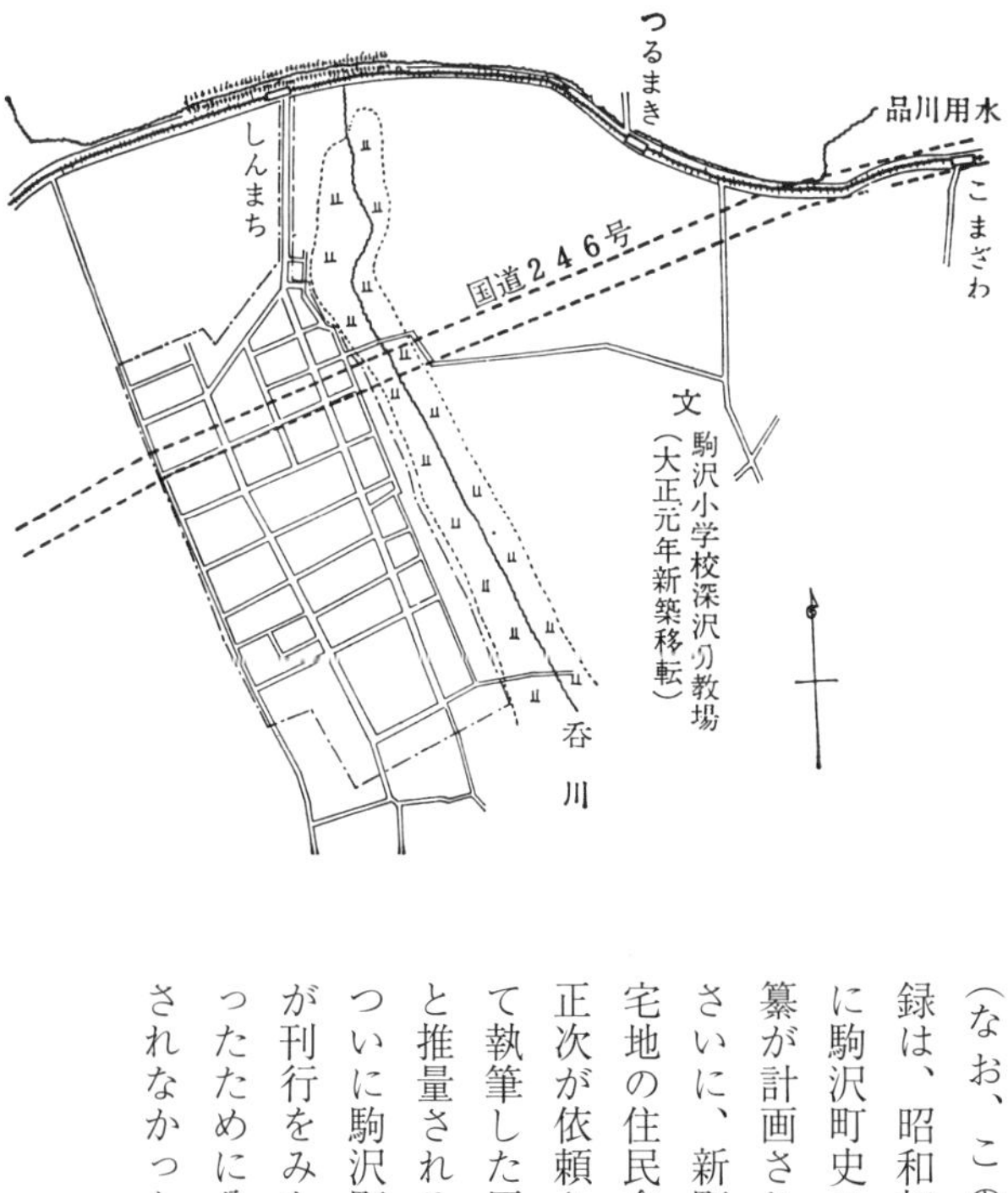

以下に「新町住宅地沿革記録」を引用して開発時の町の様子をうかがうことにしよう（なお、この記録は、昭和初期に駒沢町史の編纂が計画されたさいに、新町住宅地の住民金子正次が依頼されて執筆した原稿と推量されるが、ついに駒沢町史が刊行をみなかったために公表されなかった）。

新町住宅沿革記録

社団法人新町親和会ニ属スル通称桜新町住宅地ハ、元荏原郡駒沢村新町並ニ同郡玉川村下野毛ニ跨ル所謂武蔵野ノ高原地タル東西約三丁南北約七丁総面積七万余坪ノ区域ニシテ、今ヲ去ル二十余年、即チ大正二年五月東京信託株式会社ガ当時土地ノ有力者ト図リ、大半山林原野等ノ荒蕪地ニ過ギザリシ地域ヲ開拓シ、縦横ニ十数条ノ大小道路ヲ開設シ、之ニ排水溝ヲ鑿シ、桜樹壱千余本ヲ配植シ、百数十区ニ分画シ理想的住宅地トナシ、当時居住者ノ不便不安ナカラシメン為メ事務所、巡査駐在所、浴場、商店、電灯、電話等ノ設備ヲ完成シ、交通機関トシテ玉川電車新町停車場ニ因ンテ新町住宅地ナル名称ヲ附シ、以テ一般希望者ニ提供シタルモノナリ。其後チ大正十一年初春、本会ハ東京信託会社ヨリ之ヲ継承シ、爾来今日ニ到リタルモノニシテ、其当時ハ是ヲ以テ東都ニ於ケル文化住宅地ノ嚆矢ニシテ、土地高燥、樹木豊雅井水清冽ナルガ為メ、郊外ノ発展ニ伴ヒ現在居住スル者二百余戸ニ達シ、猶益ニ増加ノ実情ニアリ。駒沢ノ歴史トシテ特筆スルモ毫モ恥ヅル事ナキヲ思ヒ、茲に記録スルモノナリ。

以上に述べた新町住宅地のような住宅地の造成、あるいは分譲・賃貸家屋の建設は、これを嚆矢として世田谷地域の各地ですすめられるところとなった。そのなかで特に注目すべきは、喜多見における成城学園の移転に伴なう一大住宅地の建設であり、もう一つは先にふれたところの烏山における寺院町の形成である。ここでは、このうち成城学園について、砧尋常小学校の「郊外住宅地としての成城町」（昭和一四年）を引用して紹介しておく。

成城町は世田谷区の最西部、遠く西北より延びてきた武蔵野台地の南縁三十七万余坪の地に成城学園を中心として発達した街区広大・整然、知名人士多き東都西郊に於ける唯一の文化住宅である。（中略）此の地をして学園都市を築き教育の理想郷としようと計画されたのは当時牛込の成城学校長であった故沢柳政太郎博士、現玉川学園長小原国芳氏で全校父兄の人々が極めて熱心に之を後援したのである。即ち、大正十二年震災直後、成城学園後援会地所部なるものが出来、学校敷地及父兄への分譲住宅地として十万坪の買収が済んだ。翌十三年には住宅買収地の区画整理、学校敷地整理が行はれ、同時に地所部内に水道部がおかれ、水道敷設の大計画が着手せられた。斯くて大正十四年三月には、最初の住宅四戸が出来、四月にはバラック建ながら学園が開校された。七月には郊外居住者に最も必要な成城療園（現在の成城医院）が造られて計八戸となった。当時の住宅地の交通は京王電車に依り烏山より歩くか、玉川電車に依り砧終点より歩くか、渋谷より青山調布往還をタクシーに依るかより方法がなかった。そこで学園では烏山から一台の専用バスを運転して児童を運んだ。

曩に大正六、七年の頃、新宿小田原間を目標として武相中央電鉄会社なるものが設立され、認可があったが、欧州大戦の為資材関係から工事進捗せずあったものが、現小田原急行電鉄と改称され、大正十五年春工事に掛った。尚同年十二月に区画整理組合が成立、内務省都市計画課の指揮に従ひ、住宅地総面積三十七万余坪、内道路総面積五万二千八百余坪（三間乃至六間道路）、下水の総延長十二里廿三町余りの市街地に準ずる道路及下水道を持つ整然たる区画整理が行はれた。当時の住宅約三十戸、大部分学園関係者のものであった。翌昭和二年四月一日、小田急全線の開通を見、住宅地中央より稍々南よりに成城学園前駅がおかれ、住宅地より帝都西郊の大玄関新宿迄一一・六粁、廿数分となり交通の便頓に加はると共に住宅地の発展も目覚しいものがあった。

昭和三年二月、巡査駐在所がおかれ、郵便局が開設せられ、同五年五月からは電信電話も開通した。昭和四年八月、信用組合も設立された。尚昭和五年夏には朝日新聞社主催で朝日住宅展覧会を住宅地西部に開催、一般より募集せる模範文化住宅設計に依り、十数棟を建築、展覧即売に供した。この事により住宅地が広く世に紹介せられ、発展の度を愈々高めた。昭和七年、ガスの引込みあり、昭和九年九月、跨線橋に依る駅南口が開設され南住宅地の発展を急激ならしめた。

かくして、学校、病院、上下水道、郵便局、信用組合、駐在所、商店等あらゆる都市に必要の設備機関も備り、学園中心の文化住宅地成城町は今日の発展を見たのである。（後略）

地元の学校誘致に対する強い要望と、鈴木久弥（土地一万坪および資金一万円を寄付）のごとき地元地主の多大な協力を得て、成城学園は「東都西郊に於ける唯一の文化住宅」街を完成したのである。こうした学校や私企業、さらに後節で述べる地元農民の手になる計画的な町づくりは着々と各所で進められていったが、しかし公営住宅の建設は遅々としてはかどらなかった。そうしたなかにあって、世田谷地域で最初につくられた太子堂の府営住宅は特筆に価するものといえよう。また、昭和二年には、世田ヶ谷町営住宅の建設が横根に計画されるが、これについての詳細は不明である。

太子堂の府営住宅

東京府への人口の集中は、住宅問題への対応を当局の重要な課題とした。この課題を解決する一法として、東京府は「財団法人東京府住宅協会」を創設し、特に住宅困窮者のために住宅を供給してきた。世田谷地域における最初の府営住宅は、大正一〇年、世田ヶ谷村大字太子堂に完成した一四〇戸で、第Ⅵ－10図にしめすごとく、小規模ながら公設市場と児童遊園とを備えた本格的な公営住宅地であった。

一戸あたりの敷地は二〇坪から一〇〇坪に区画され、総面積は道路などを含めて九千二七七坪余であった。この敷地は、地元の萩原藤次郎ほか五人ばかりの地主からの借地であり、その地代は各戸の敷地に応じて個別に支払う契約であったが、この地代価格の変更や、敷地内の道路部分の地代負担をめぐって、居住者達と地主達との間で紛糾の生じることがあった。

住宅建設に先立つ大正九年一〇月に、「東京府住宅協会」は地主との間に地所賃貸契約を結んでいるが、それによると、地代は坪あたり月二銭五厘、借地存続期間二〇カ年で、三カ年毎に賃借料を変更増減することありというものであった。また注目すべきは契約条項に「下掃除ハ地主ノ取得トス」とあることである。当時、世田ヶ谷村には住宅が漸次建ち進み、住宅地区の様相をみせてきていたとはいえ、なお農地はあちこちに存在し、農家にとって屎はもっとも重要な肥料であった。それはともかく、問題は地代であった。

地主は一二年に大幅な借地料

第Ⅵ－10図　太子堂府営住宅略図

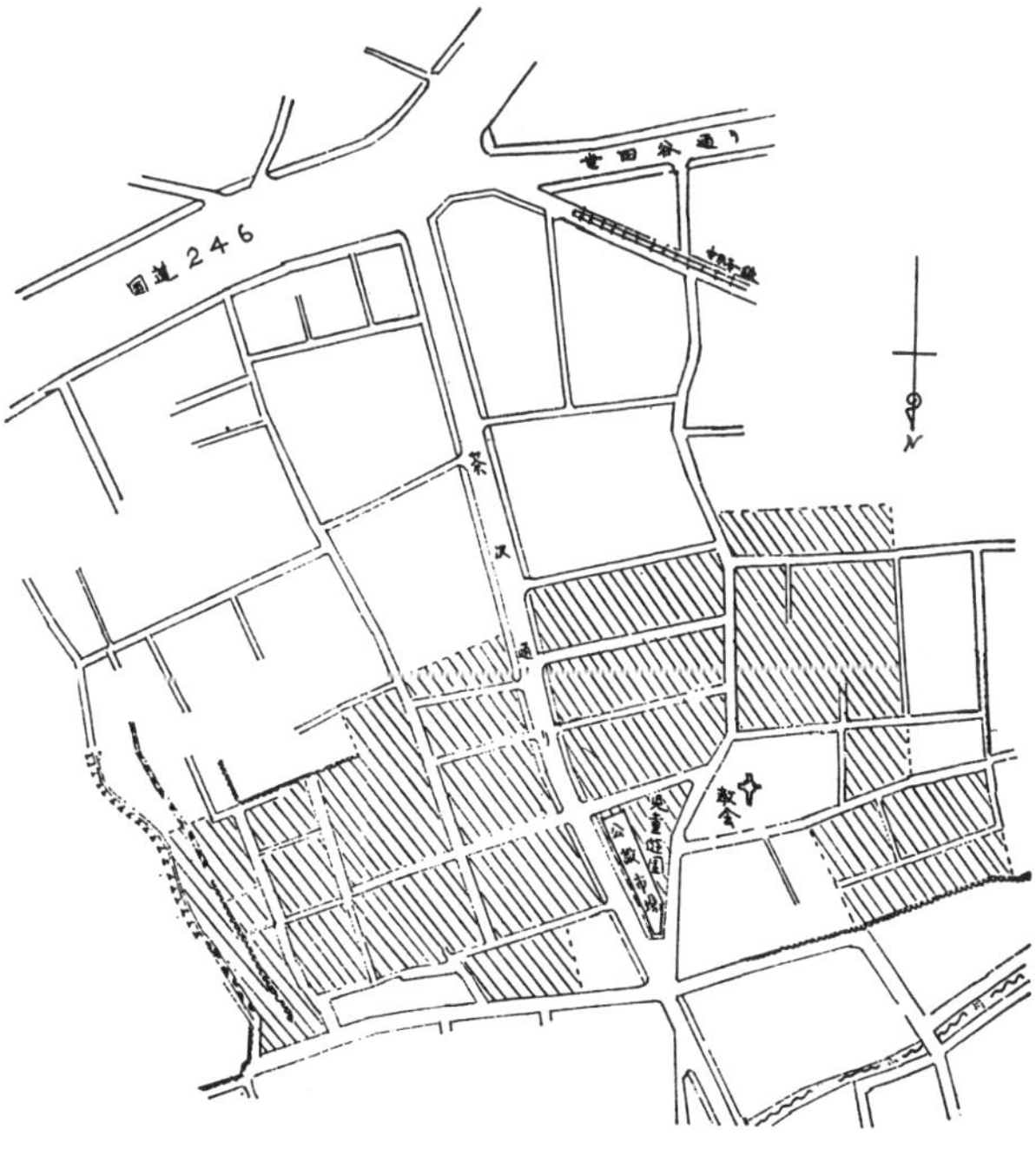

第Ⅵ－12表　貸家・給与住宅（昭和一九年度）

家屋所在地	納税義務者	住所
池尻町	大成信用組合	神田区錦町
三宿町	あさひ住宅組合	京橋区（朝日新聞社内）
	青南住宅組合	赤坂
太子堂町	山田商店小型自動車部	大阪市
	東京都住宅協会	麹町区（東京府庁内）
	園芸住宅組合	渋谷区栄通
若林町	昇竜住宅組合	世田谷区若林町
	東京建築信用購売利用組合	四谷区旭町
	田代組	京橋区越前堀
三軒茶屋町	青苑住宅組合	中野区野方
世田谷一丁目	興信住宅組合	杉並区方南町
	信和建築信用購売利用組合	四谷区旭町
二丁目	幸一住宅組合	麹町区（帝国火災保険会社内）
	銀座住宅組合	芝区（大和新聞社）
	時報住宅組合	京橋区南鍋町
	敬隣会学寮	板橋区板橋
三丁目	建興住宅組合	滝野川区上中里町
	蒼樹住宅組合	杉並区和田本町
	松陰利用購売組合	麹町区（帝国農会内）
	松浦住宅組合	世田谷3丁目
四丁目	青南住宅組合	赤坂
弦巻町一丁目	高島住宅組合	京橋区南伝馬町
二丁目	松友住宅組合	日本橋区（相互土地合資会社内）
代田二丁目	円成住宅組合	品川区西品川
	正光住宅組合	杉並区本田町
下代田町	尚文住宅組合	麹町区（文部省内）
	東京蒼竜住宅組合	大森区堤方
北沢一丁目	福利商会	北沢1丁目
二丁目	溜池住宅組合	赤坂区（東京逓信局内）
三丁目	二葉住宅組合	北沢1丁目
	松友住宅組合	日本橋区（相互土地合資会社内）
	照典住宅組合	北沢3丁目
	平原住宅組合	中野区橋場
五丁目	大日本無尽株式会社	小石川区春日
大原町	あさひ住宅組合	京橋区（朝日新聞社内）
	保全住宅組合	浦田区六郷
	保健住宅組合	麹町区（警視庁内）
羽根木町	同警住宅組合	〃（〃）
	乙丑住宅組合	京橋区弓町

改定を要求したが、関東大震災直後ということもあってか、住宅協会は、契約更新期間を一カ年繰延べるが、その間、坪あたり月額五銭を支払うことを地主に約した。そして翌一三年には、「自大正拾四年六月壱日至大正拾九年五月参拾壱日期間中ノ賃借料ハ一ケ月一坪金六銭」の契約を交わしている。しかるに昭和一〇年になって、再び地主が近隣地価との比較で坪あたり一〇銭を超える地代を要求したことに対して、「世田谷府営住宅会員」は「地代更新ニ関スル回答書」において、地代値上の不承認と、これまで会員が負担してきた道路用地の地主引取りを強く要求して地主側と対立した。その対立点を「回答書」から抜きだすと次の二点である。ただし、この資料は借地人側の回答書であり、これに対する地主側の資料が見当らないので、事実については必ずしも明らかでないことをことわっておく。

理由

一、地主側ハ土地賃貸料坪当リ金六銭ヲ以テ論議シ居ルモ、世田谷住宅敷地九千二百七十七坪余ノ中実際ノ各会員借地坪数ハ約七千二百五十坪ニ過ギズ。他ノ約二千余坪ハ道路トシテ既ニ十余年一般公衆ノ利用スル所ニシテ、住宅会員ハ其地代ヲモ負担セシメラルル結果、実際負担借地料ハ坪当リ約金八銭ナリ……（中略）

四、世田谷住宅ノ敷地ハ元凹凸甚シキ山林及畑地ニシテ、現在ニ於ケル整然タル住宅地トナス為メニ敷地費ノミニシテ約金三万八千円ヲ投ジ、其他側溝工事路面改修費等、地主ノ利益ノ為メニ投ジタル資本ハ数万円ノ巨額ニ達シ、然モ之等ニ対シテハ地主ハ唯一銭ノ負担ヲ為シタル形跡ナク、悉ク吾人住宅会員ガ之レヲ負担シ十五ケ年ニ分割償還シ来レリ。

然ルニ之等ト事情ヲ全ク異ニセル隣地及借地人間ノ契約ヲ以テ、直ニ吾ガ住宅ニ於ケルソレト比較論議セントスルハ、甚シキ謬想ト謂

松原一丁目	趣一住宅組合	豊島区雑司ケ谷
三丁目	親和住宅組合	麹町区（麹町区役所内）
	杏影住宅組合	上北沢2丁目
	師田組	福井県
赤堤二丁目	法曹住宅組合	日本橋区
	豊多摩住宅組合	杉並区阿佐谷
上北沢三丁目	浅貝住宅組合	芝区（浅貝工業株式会社内）
	宮本製袋東京支店	上北沢3丁目
経堂町	文部省住宅組合	経堂町
	武原住宅組合	荏原区平塚
下馬一丁目	青南住宅組合	赤坂区
上馬一丁目	あさひ住宅組合	京橋区（朝日新聞社内）
	相親住宅組合	上馬1丁目
	親和住宅組合	麹町区（麹町区役所内）
	やまと住宅組合	京橋区（大和新聞社内）
	東京府住宅協会	麹町区（東京府庁内）
二丁目	住宅営団	麹町区霞ケ関
野沢町一丁目	中央工業合資会社	三宿町
新町二丁目	曹洞宗同事会	小石川区久堅町
三丁目	大正住宅組合	品川区大井町
深沢四丁目	新町親和会	深沢町4丁目
玉川用賀町一丁目	東田住宅組合	麹町区（東京日々新聞社内）
玉川奥沢一丁目	幸一住宅組合	麹町区（帝国火災保険K・K内）
	興国住宅組合	芝区浜松町
	工丁住宅組合	麹町区（逓信省内）
	蒼樹住宅組合	杉並区和田本町
	新友住宅組合	麹町区（電気局内）
二丁目	工丁住宅組合	麹町区（逓信省内）
	恵比寿住宅組合	玉川奥沢2丁目
	目黒住宅組合	目黒区宮ケ丘
東玉川町	郡辺工業株式会社	京都府
玉川瀬田町	中外電気産業株式会社	玉川瀬田町
成城町	東京朝日住宅組合	豊島区
	松陰購売利用組合	麹町区（帝国農会内）

（郷土資料館蔵「家屋の所有者移転台帳」より作成）

フベシ。（後略）

以上の引用文で注目すべきは、地代の高低、あるいは値上げの妥当性の問題よりも、初期における府営住宅の性格である。徹底した受益者負担の原理を貫ぬき、整地費から側溝工事、路面改修費に至るまで借家人に負担させていることである。住宅困窮者対策の一環として行なわれたものとはいえ、そこに社会福祉的な視点を見出すことは、とてもできることではない。

それでも昭和一四年一〇月までに、一四〇戸中の九〇戸余が負担金の償還を完了し、家屋の所有移転を済ませている。

ここでは、新町住宅地（分譲）と、府営住宅（賃貸）の二例について紹介したのであるが、これ以後における企業や団体による宅地造成、あるいは家屋の建設は、前掲第Ⅵ－8表の貸家率の高さから類推して、そのほとんどが貸地・貸家の形でなされたものと思われる。このことはまた、区内における家屋の所有権移転（昭和一九年度）について記載した台帳から、所有権移転以前の納税義務者を集計してみても明らかである。これには、もちろん区内の個人所有者も多数みられるのであるが、それにもまして区外の団体が頻繁にあらわれている。区外の団体が数多く貸家を所有していたわけである。

この台帳に記されている団体名は、諸団体の経営する貸家、給与住宅総数のごく限られた部分にすぎないであろうから、このほかにも団地形式の貸家が各地にあったものと推測できる。ちなみに貸家の存在する町丁目別に、住宅団地を経営する団体名とその住所を一覧表にしてしめしておく（第Ⅵ－12表）。

耕地整理事業の進展

さて、上述の宅地造成とは別に、農業経営の合理化を目指して田畑の交換・分合、灌漑用水や農道の整備を行なうための耕地整理事業が、明治四二年制定の耕地整理法にもとづいて各地で施行されていた。とはいえ、この事業は農民の自己負担でなされるものであったから、それによって生産力が増大し、耕作が便利になることがわかっていても、事業の着手とその進行がいずれのばあいもスムーズとはいえなかった。

世田谷地域内で施行された耕地の区画整理事業は、第Ⅵ－13表にしめしたとおりであるが、その施行面積は区内総面積からすれば限られたものでしかなかった（第Ⅵ－11図参照）。多額の借金を背負うことがわかりきっている事業の実施に農民が二の足を踏んだこともあるが、それよりもむしろ、既述のように農地から宅地への転換が大正中期において急速に進み始めたことが、農地整備に対する農民の意欲を著しく失なわせる原因となっていた。

第Ⅵ－13表　土地区画整理事業一覧

組　合　名	施行面積	事業費	設立認可年月
	町	円	
1　玉川	42.7608	6,656	明治45年6月
2　大典記念玉川	47.8326	14,275	大正5．6
3　三宿共同施行	1.8101	2,212	11．6
4　第二三宿	13.1719	20,140	12．5
5　代田	3.1725	18,857	13．7
6　荏原第一	94.3306	338,727	13．10
7　千歳村砧喜多見共同施行	21.4420	84,690	14．5
8　玉川村田園都市一人施行	16.4512	114,903	14．8
9　玉川全円	1,110.1826	908,708	14．11
10　太子堂	5.9909	18,326	昭和2．9
11　上の台共同施行	8.8928	53,746	2．9
12　喜多見	85.9810	463,732	2．11
13　豪徳寺一人施行	3.3029	6,121	3．3
14　四ツ字	15.0001	11,045	3．3
15　永楽一人施行	4.2114	6,000	4．4
16　若林	16.3701	44,430	4．5
17　代田第二	39.5805	46,659	5．4
18　世田谷町竹の上	7.0313	17,475	5．6
19　〃　経堂第一	5.3322	7,491	5．9
20　駒沢町下馬	107.5700	529,307	5．10
21　世田谷町代沢	41.8415	182,869	5．12
22　〃　松竹	9.0701	24,255	6．4
23　駒沢町新町	28.4905	57,406	6．7
24　松沢村宮前第一	12.5310	42,137	6．9
25　長島壮行一人施行	3.1900	7,779	6．10
26　呑川以西共同施行	5.6325	10,690	7．5
27　世田谷町久保共同施行	1.2906	920	7．6
28　千歳村喜多見境共同施行	1.6813	9,200	7．12
29　駒沢町深沢	163.8100	464,083	7．9
30　〃　上馬	95.2511	465,260	8．2
31　〃　野沢	37.4004	110,654	8．9
32　砧村大蔵	5.800	1,880	9．3
33　世田谷町中丸共同施行	1.4629	12,230	10．4
34　砧第二	75.1001	135,200	11．6
35　梅丘西部	8.6417	25,340	12．1
36　宮前第二	53.5706	267,867	12．4
37　千歳	33.8927	306,505	13．11
38　弦巻	69.6227	492,610	14．9
39　山下	20.5207	83,500	14．12
40　経堂第二	47.1524	460,000	14．12
41　千歳第二	17.7720	446,400	17．8
42　世田谷烏山（一人）	5.0606		19．3

注　ここでは戦前に設立された組合のみを挙げた。
（昭和38、44年刊『土木概要』より作成）

さらに、大正八年に制定された都市計画法にもとづき、府下では地域の用途別指定が行なわれたが、それによると世田谷地域は、玉川風致地区を別にすれば、その大部分が住宅地域の指定を受けた。この都市計画法にもとづく区画整理事業は、この地域においては当面関わりはなかったが、しかしこの時期において着工される耕地整理事業の大部分は、耕地整理という名目において実施される宅地造成であったといっても過言ではない。

だが、こうした宅地造成を意図した耕地整理事業等も先に指摘したごとく、その事業体数が少なかったばかりでなく、その施行面積もごく限られた小規模のものが多かった。住宅の密集した世田谷地域が、後に道路事情が悪く〝世田谷の迷路〟として悪評を招くのは、もちろん耕地整理事業を実施しなかった地元農民の責任ではなく、宅地造成を個人や私企業に完全に依存していた中央政府や地方行政体の責任であることは言をまたない。

そうした無計画、無統制の宅地造成の趨勢のなかにあって、一千町歩を超える全村区域の耕地整理事業を計画した玉川村と、そしてその実施を担当した玉川全円耕地整理組合、さらになによりも多額の負債を分担しながら辛抱強く事業を敢行した地元の人びとの情熱と識見は、わが国の都市計画史のなかでも特筆に価する快挙とみなすことができるに違いない。以下において玉川全円耕地整理事業をかなり詳細に取りあげるのも、そうした意義を高く評価してのことであることを付記しておく。

㈡　玉川全円耕地整理事業

玉川全円耕地整理組合の誕生

大正一五年三月七日、玉川村大字野良田にある玉川小学校は、村内各地区から一千人を越える人びとを迎えて騒然とした雰囲気に包まれていた。この日、午後一時から玉川全円耕地整理組合の創立総会が開かれることになっているのである。それは、過去約二年間、玉川村をすっぽり覆った激しい抗争に一つの結着をもたらすはずであった。参集してきた人びとの顔は異様な興奮をあらわにし、血走った眼に殺気さえ漂わせている者もいた。

第VI－11図　土地区画整理実施図

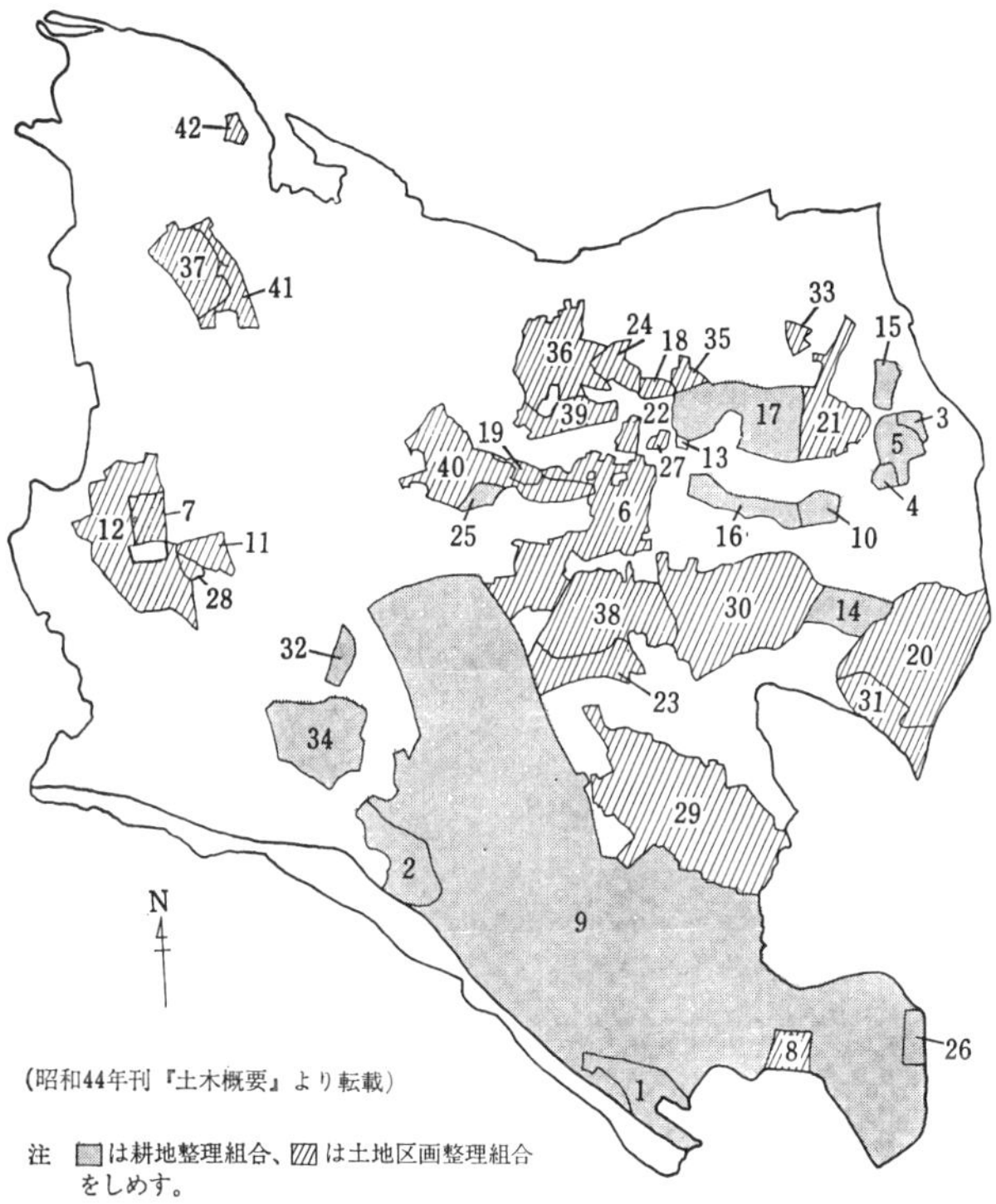

（昭和44年刊『土木概要』より転載）

注　▒は耕地整理組合、▨は土地区画整理組合をしめす。

「まったくあの時（創立総会）は賛成と反対の猛烈なさわぎで皆んな命がけでしたね。（中略）豊田村長も暴力団が来て殺してしまえってんで、耳に刃傷まで負わしたくらいなので、当時常に木村竹蔵さんが護衛についていたのです。賛成、反対の両派にはそれ〴〵壮士がついてまったく命がけでした。とにかく総会を済まさなければいけないというので、大変な騒ぎで仕事なんか手につかなかった。（後略）」

（山口正光談『郷土開発』座談会記録）

この日、かくのごとき興奮に人びとを追い込んだ事柄の発端は、大正一二年一月、等々力の豊田正治が第七代の玉川村村長に就任したことにさかのぼる。豊田村長は就任後最初の予算編成に際し、土地開発事業費として約三千円を計上したが、村長の目論見を正確に察知しない村会は、これに満場一致の賛成をしめした。

豊田村長の〝目論見〟とは、全村約一千町歩余を一本にした耕地整理の断行であり、計上した開発事業費はそのための土地基本測量と基本計画作成に充てられるはずのものであったのである。この構想は、各大字、もしくは区の有力者達に根回しをし、発起人として一七人の人選を済ませたのち、五月の村会で公表され、それの協賛を得ることができた。そこで村長は、これら発起人の協力も得て、翌六月から、事業母体となる組合の設立同意証の取り集めを開始する一方、元東京府の農業技手で、すでに玉川村を含めた周辺の耕地整理事業をいくつか完成させていた高屋直弘（当時は合資会社高屋事務所を開いて耕地整理の請負業に従事していた）に委嘱して基本計画の設計を進めた。

ところが、基本設計図が出来上り、村長の構想が具体的なかたちで人びとに把握されるに至って、それの実施に対する反対運動が燃え上った。当時、多くの人びとの理解する耕地整理事業とは、たとえば、先に完成をみた玉川耕地整理事業や御大典記念耕地整理事業のごとく、あくまでも現下の農業経営に利するための事業であり、単にそれの大規模化されたものとして「全円」と銘うたれているのだという了解が一般的であった。しかし、豊田村長の計画する全円耕地整理事業は、将来、農民に不利にならないかたちで耕地を宅地化するための、現段階での整理事業だったのである。

かくのごとき耕地整理を村長が計画した背景として、従来二つのことが指摘されている。一つは、田園都市株式会社による田園都市建設の進行であり、他は村長個人のパーソナリティである。

田園都市建設とは、政府官僚から政商に転じて明治実業界に君臨した渋沢栄一の発案になるもので、その具体化は、大正七年九月、田園都市株式会社の創立として実現していた。すなわち同社の目的は、「紅塵万丈なる帝都の巷に棲息して生計上衛生上風紀上の各方面より圧迫を蒙むりつつある中流階級の人士を空気清澄なる郊外の域に移して以て健康を保全し、且つ諸般の設備を整へて生活上の便利を得せしめんとする」(大正七年同社設立趣旨書、『東京横浜電鉄沿革史』昭和一八年)ところにあった。つまり同社は、田園の地を広く買収し、諸種の生活関連施設を用意しつつ大規模な宅地造成をしたうえで、それを購買者に分譲することを事業の骨子とする不動産会社なのである。

とはいえ、それは、造成地を大規模にすること、しかもその広大な造成地を一体として計画的な都市的諸施設を完備すること、さらに購買層の中心を中流階級とし、分割払い購入を是とすること、などの事業方針をとっている点で、すでに二、三存在していた不動産会社とは異なる特徴を有してはいた。そして、かかる田園都市の建設適地として選ばれたのが、荏原郡下の洗足池周辺、碑衾・馬込・池上各村にまたがる大岡山一帯、それに調布村の上・下沼部から玉川村奥沢にかけての多摩川台一帯、の三地区だったのである。

同社の買収作業は、地価の高騰などにより必ずしも当初の計画どおりというわけにはいかなかったが、大正一〇年一一月には、総計五〇万坪近くにのぼる買収を完了している(第Ⅵ－14表参照)。なお、表にもしめされているように、それに占める玉川村地内の面積は調布村に次いで多く、実に六町歩にも及んでいる。

第Ⅵ－14表　田園都市会社村別買収面積

(大正10.11)

村名＼地目	田・畑・山林	宅　地
玉川村	4,435.03畝	5,538坪
調布村	5,870.00	6,092
碑衾村	2,300.11	49
平塚村	1,481.20	
馬込村	1,511.11	
池上村	56.09	
総　計	15,654.24	11,679
	481,323坪	

(『東京横浜電鉄沿革史』、昭和18年、より作成)

同社の事業は着々と進行した。買収する片端からそれを宅地に造成し、また居住予定者の都市的生活様式の確保のために電気、上・下水道などの布設工事を行ない、のみならず、都心への足として電車路線敷設の準備も進めたのである。電車路線敷設は、種々の事情から目黒蒲田電鉄株式会社によって分離経営されることになったが、その敷設工事の着工後三カ月の大正一一年六月、田園都市会社は第一回分譲として、洗足地区の約五万五千坪の売り出しを行なった。電車開通の確実性がアピールされたためか、売り出しはきわめて好調で、翌年三月、目蒲線目黒―丸子多摩川間の複線開通のなったのち、八月には第二回分譲地として多摩川地区内の約三五万坪を売り出すに至っている。

こうした状況が玉川村豊田村長をして、前記のごとき従来にない耕地整理事業の断行を計画させた一つの大きな動機といわれている。つまり、それの刺激を受けて、また同時にそれへの対抗として、事業は計画されたというのである。いいかえれば、田園都市建設の進捗の中で、現実に玉川村にまで及んできた住宅地化の波は、さらに村を浸蝕しこそすれ退くことはないという判断の下に、そうした時勢に即応しつつ農民の利益を確保するためには、営利会社による農地のなし崩し的宅地化を排除し、それに遜色のない計画的住宅地づくりを農民自らの手によって行なうことが必要である、というのが事業計画にあたっての村長の主張であった。

かかる判断とそれにもとづくヴィジョンに加えて、村長個人の人柄もまた、計画の着手に大きくあずかっている。「村長をやるからには何か大きなことをやりたい」というのがその口癖であったという。

それはともかく、右のごとき意図をもち、かつ具体的には田園都市会社によってつくられた田園都市をモデルとする事業計画が明らかにされると、前記のごとく反対運動が繰り広げられた。公表された耕地整理の青写真は、幅三間四分から一二間までの大小道路の網羅や広大な公園の設置を予定するなど、理想的な都市づくりをはっきりと目指すものだったからである。反対運動については項を改めて述べることにするが、その激しさは、計画公表以来一年一〇カ月を経てようやく、事業開始が成るか否かを決する場を設けえたことからも推察されよう。

さて、その組合創立総会であるが、あたかも参集者の興奮に尻込みしたかのように、開会予定の午後一時を過ぎても一向に議事が始まる気配はなかった。ようやく、午後四時半、創立委員長豊田村長が議長席につき、開会が宣言された。出席者数一千九三名、委任状三九五通と記録されている。続いて発起経過の報告があり、次の創立承認の議案も「（異議ナシト呼《ママ》ブモノ多数）」で承認されたが、第三議案の規約変更の件（組合設立同意証に規約案がすでにあったと思われる）に議事が及ぼうとした時、議場は緊迫の度を増した。創立総会議事録によるとこうである。

（前略）

議長　議案第三規約変更ニ関スル件ヲ議題ニ供シマス番外高屋技師ヲシテ説明致サセマス

番外（高屋直弘）変更案ニ付キ逐条説明ヲナス

一〇二七番（山科定全）瀬田、用賀ノ大多数ハ府知事ヘ除外ノ申請ヲ致シマシタ故ニ此ノ際退場シタシ

（必要ナシト呼《ママ以下同》ブモノ多数）

議長　此ノ退場ヲ必要ナシト認メラレルヽ方ハ起立ヲ願ヒマス

（起立多数）

議長　起立多数ト認メマス退場ヲ許シマセヌ

此ノ時規約第二十七条及第三十条ニ付キ一三九〇番（池田清秋）ヨリ質問アリ創立委員長及番外高屋直弘ヨリ詳細説明スル処アリ

議長　本案ニ御異議ハアリマセンカ

（異議ナシト呼ブモノ多数）

一三九〇番（池田清秋）本事業ノ施行ヲ五カ年延期セラレタシト提案シ之ガ理由ヲ述ブル処アリ

（賛成ト呼ブモノアリ）

議長　只今一三九〇番ヨリ本事業ノ施行ヲ延期シタシト緊急動議ヲ提出セラレマシタガ賛成ノ方ハ起立ヲ願ヒマス

（起立少数）

議長　議長起立少数ト認メマス仍テ此ノ動議ハ成立致シマセヌ

一三九〇番（池田清秋）採決ニ異議ガアリマス（議場騒然）採決ヲ明瞭ニセラレタシ

此ノ時東京府農林課長阿部五郎氏ヨリ本事業ニ対スル監督官庁ノ方針及希望ヲ述ベラル

議長　更ニ延期説ニ賛成ノ方ハ挙手ヲ願ヒマス

（挙手少数）

議長　挙手少数ト認メマス

議長　更ニ延期説ニ反対ノ方ハ挙手ヲ願ヒマス

（挙手多数）

議長　延期説ニ反対ヲ多数ト認メマス仍テ此ノ動議ハ成立致シマセヌ

議長　議案第三規約変更ニ関スル件ヲ採決致シマス本案ニ御賛成ノ方ハ起立ヲ願ヒマス

（起立多数）

議長　起立多数ト認メマス尚本案ニ反対ノ方ハ挙手ヲ願ヒマス

（挙手少数）

議長　挙手少数ト認メマス仍テ本案ハ原案ヲ可決サレマシタ

議長　議案第四規約施行細則ノ件ヲ議題ト致シマス番外高屋技師ヨリ説明致サセマス

番外（高屋）原案ニ付提案ノ理由ヲ説明ス

一〇二七番（山科定全）其区ノ決議ニ依リ延期ガ出来ル御説明ナルモ除外モ亦出来得ルヤ

議長　区ノ専属工事ハ延期ガ出来マスガ地区ノ一部除外ハ出来マセヌ

議長　本案ニ御異議ハアリマセヌカ

（異議ナシト呼ブモノ多数）

議長　御異議ナキト認メマス仍テ本案ハ原案通リ可決サレマシタ

（後略）

（『郷土開発』昭和三〇年）

こうして、ともかくも玉川全円耕地整理組合は設立の運びとなったのである。組合の組織に関する具体的人事は、議長および議長指名の詮衡委員一七名に一任して後日決定すべしという動議が可決されて、閉会となったのは午後六時であった。

早期実行派と反対派

実際上、大きな団体の総会なるものは一定の形式を整える意義において開催されるのが一般的であるが、右の議事録をみても、全円耕地整理組合の創立総会はそうしたものとは明らかに異なっていた。豊田村長の計画に対する反対は総会席上においても表明され、それは計画の早期実行を図りたいとする人びとの心胆を密かに寒からしめた。後に、当時の関係者達は次のように語っている。

山口　反対派が池田という弁護士に土地を割けて組合員にさせて、総会で一席弁じさせる作戦をとつた。これにはもう負けちゃうかと思いましたよ。

毛利　池田弁護士は創立総会でその延期をとなえましたね。それでもなんとか多数で決定することが出来たんです。

鎌田　創立総会までが豊田さん初め早期実行派の人達が一番苦しんだ時だったと思うのですが。

司会　そのとおりだと思いますね。（後略）

（前掲座談会記録）

いうところの早期実行派をかくも困惑させた反対派の動きは、どのような背景をもっていたのだろうか。

反対運動の根底にあるものとして、一つには、計画の前提をなしているところの、玉川村一帯の住宅地化への移行という想定そのものが、多くの人びとにとって実感できなかったことが考えられる。しかも計画は、そうした将来のために、道路をはじめとする公共施設を農民自身の負担で工作することを要求していた。負担の最大のものは、父祖代々受け継がれ、現に自らの生活を支えている農地の提供である。確信のもてない将来の状態に賭けて、守り伝えることを責任づけられている家産を提供することに、多くの農民が不安と抵抗を覚えるのはきわめて当然のことであった。

ところが、組合設立同意証の収集が開始された直後の大正一二年八月には、都市計画法（同八年公布・施行）によって玉川村一帯は、一部を除き風致地区としての指定を受けた。このため、将来ともこの地域が工業地帯ないしは商業地帯として開発される見込みはほとんどなくなり、むしろ緑地をふんだんに残した田園的な住宅地帯として展開すべく策定されたのである。さらに日を経ずして起きた関東大震災は、その復興の過程で多くの東京市民を郊外に移住させる事態を惹き起し、とくに田園都市内外における住宅地化はめざましいものがあった。また、これら新興住宅地と都心とを結ぶ交通機関の設置も計画され、東横線、大井町線、目蒲線新奥沢支線などが敷設の準備を進めていた。こうした外的状況の急進が、少なからぬ人びと――とくに村の東部の――をして玉川村も開けてくるということ、移住者による住宅地化の不可避なことを実感させはじめたのである。

こうした気運に助けられてか、大正一三年二月、事業着手の本格的準備として、玉川全円耕地整理組合の創立事務が開始され、一〇月には整理によって造設される道路などの国有地編入認可の申請、さらに一一月には組合設立認可の申請が行なわれている。しかし、かかる具体的準備が進行する一方で、反対運動も一層の激化をみせた。否、むしろ、事業促進派によるかかる準備的活動が、農地喪失に対して一様に不安を覚えていた農民達に対して賛否いずれかに意を決せざるをえなくさせたといえるだろう。

反対を表明する人びとは、概していえば用賀・瀬田など西部地域に多かった。また、地域を超えて、若い者達よりも年輩者達の方が、土地所有の多い者より土地所有の少ない者や小作農民達が、概して反対の立場に立ちやすかった。さらにまた、豊田村長が政友会に属していたため憲政会支持者が反対にまわる傾向もみられた。

反対者達の心底には、おそらく、前記のごとき不安が残されていたのだろうが、他にも、それを助長し、正当化するための現実的理由がいくつかあった。それについては、現在も健在な当事者達に直接語ってもらおう。

用賀・瀬田が積極的に賛成しなかったのは、すでに玉川電車が開通していてその恩恵に浴していること、用賀に隣接する新町分譲地が地元の発展を招来しなかったという経験をもつこと、大山街道の宿であるため（用賀）すでに農外就労の道をかなり豊富にもっていたこと、などによる。（用賀中区・鎌田勝雄談）

とくに瀬田・用賀において反対が強かった理由は、㈠東部と違って大井町線などの開通による発展可能性を理解し得なかった、㈡計画には、墓地を一カ所にまとめる予定が含まれていたが、これに三つの寺院（慈眼寺、行善寺、法徳寺）が猛反対をした、㈢瀬田では小作を全くしない者がごくわずかしかいなかった、㈣土地を抵当に借金している者が相当いて、それらの者達は整理事業の実施でこれが広く知れわたってしまうことを恐れた、などのことが主たるものであった。（瀬田中区、内田秀雄談）

反対は、整理後の換地の際、小地主や小作人は価値の低い所を割り当てられ、結局は損をするのだという反対者の煽動にかなりの者が動かされたために起った。（上野毛、田中貞治談）

こうしたさまざまな理由から実施反対を叫ぶ人びとは、早期実行派による組合設立認可申請に対して、それを阻止すべくムシロ旗を立てて府庁に出向き陳情を行なった。一方、豊田村長をはじめ早期実行派といわれる人びとも必死であった。賛同者を増すべく個別の説得活動を展開する一方で、組合の早期認可を再陳情し、またそれをバックアップしてもらうべく目蒲電鉄社長五島慶太に働きかけをしたりした。

それぞれの立場における積極的な発言や行動は、相互に相手を刺激し合い、対立は激化する一方で、多くの地区でいろいろな事件が発生した。

たとえば上野毛では、部落寄合の際、双方が激論の末つかみ合いを演じ、警察沙汰になったし（田中貞治談）、用賀では慣行にのっとった鎮守祭礼の実施が困難になった（鎌田勝雄・鈴木芳夫談）。相対立する立場の兄弟（本家・分家）が一切の交渉を絶つという例もいくつかあった。

このように対立は次第に感情的傾向を強めたが、同時に政治的色彩も多分に帯びるようになった。とくに、玉川電車線敷設をめぐるトラブルで田中筑閭が失脚して以来の劣勢を挽回せんとする憲政会の〝てこ入れ〟は、かなりのものがあった。事実、同会の高木成年（品川出身の府議）は、用賀の反対集会などに一度ならず出席している（鈴木芳夫談）し、後の組合長毛利博一（憲政会）を介して全円に及ぶ事業の中止を勧告したりしている。

大正一四年一一月、早期実行派に東京府より組合設立認可の朗報がもたらされた。次いで一二月、国有地編入の申請も認可され、ここに事業開始のための形式的準備がようやく整ったのである。

しかし、根強い反対運動の前に、当初の計画どおりに事業を実施できる見込みはつかず、ために毛利博一組合副長（当時）の発案で全村にわたる同時的工事を断念し、一七に分割した工区ごとに若干の自主性をもたせる方向で事態を収束することとなった。すなわち「①工区に要する工事事務測量、管理等の諸費用一切は工区の責任負担とする、②全円組合に要する費用は、各工区に於て分担する、③工事施行に当っては、全円の計画によって実施する、④各工区は地域的事情を充分考慮して、工区の意志を取纏めて実施し、決して強制しない」（『郷土開発』）などが新たな方針となったわけである。

先にみた創立総会は、実はこうした反対運動の大局における劣勢と、他方では早期実行派の妥協とが相俟って開催されえたことであった。にもかかわらず、相互の不信は、それぞれの賛同者数を確保・増加するために土地を分筆して地主を急ごしらえしたり、また壮士を頼んで力を示威したりの挙を生んだのであったが、結果は前にみたとおり早期実行派の辛勝で、ここに至ってようやく類例をみない大規模な耕地整理事業が開始されることになった。

全円耕地整理事業の進行

こうして、玉川全円耕地整理組合は、総計約一千一七町歩にも及ぶ広範な地域において、「一、土地ノ交換、分合、開墾、地目変換其他区画形質ノ変更、二、道路、橋梁、堤塘、畦畔、溝渠ノ変更廃置並ニ排水ニ関スル設備及工事」（同組合規約第一条）に向って一歩を踏み出すことになった。各工区別の範域、面積、組合員数は、第Ⅵ－15表にしめしておいた。

ところが創立総会後も反対運動は一向に衰えをみせず、反対派の人びとは、たとえば滞税運動を起すなどのかたちで豊田村政に抵抗をしめした。かかる事態のためか、あるいは具体的阻止運動のあったためか不明であるが、総会後間もなく詮衡委員によって選出された組合役員のうち、耕地整理事業法によって監督官庁（府）の認可を得ることを定められている組合長・組合副長に対して、その認可の下りたのは申請後一年三カ月も経過してからであった。

が、ともかくもトップ役員の首脳部が正式に決まり、昭和二年一〇月には第一回の評議員会を開催することができた。ここにおいて発起人会より組合への事務引継が行なわれ、ようやく組合としての活動が開始されることになった。組合全体の組織概要は第Ⅵ－12図にしめすとおりである。

組合活動が本格的に行なわれはじめたこの年は、すでに七月に大井町線が、八月には東横線が開通しており、住宅地化の急進を自覚せざるをえない東部地域では、むしろ着工をあせってさえいた。第一回評議会の四日後にまず等々力南区が、次いで諏訪分区、下野毛地区、上野毛区が

第Ⅵ－15表　全円耕地整理組合工区別概要

区	範域		面積	組合員数
	大字	小字		
諏訪分区	等々力 奥沢	諏訪分の全部、六本松の一部 稲荷山の一部	477.309反	107人
奥沢東区	奥沢	沖ノ谷、諏訪山、丸山の各全部 八幡前、開平、稲荷山、鷺ノ谷の各一部	752.913	77
奥沢西区	奥沢 等々力	仏山の全部、鷺ノ谷、城前、大防野五十免 赤坂丸、千駄丸、八幡前の各一部 台場、城向、影谷、山下、六本松の各一部	811.427	52
尾山区	尾山 奥沢 等々力	東原の全部、西根、南根、北原の各一部、 大防野、五斗免、の各一部 根、六本松の各一部	331.610	71
等々力南区	等々力 奥沢 尾山	上河原、原の各全部、中丸下、台場の各一部 下防野、等々力前の各一部 西根、北原の各一部	566.805	272
等々力中区	等々力 奥沢	宿の全部、上原、谷戸、中丸、中丸下、台場、影谷、山下の各一部 城前、等々力前の各一部	627.922	277
等々力北区	等々力	山谷、熊ノ谷、東原の全部、上原、谷戸、中丸、山下、谷鷺草の各一部	684.426	369
下野毛区	下野毛 野良田	（谷川上の一部を除く）全域 南原の一部	519.315	178
上野毛区	上野毛 野良田	北原、南原、筑後丸、南本郷の全部、 稲荷丸の一部 稲荷森、谷際の各一部	584.320	170
野良田区	野良田 下野毛	（稲荷森、南原、谷際の一部を除く）全域 谷川上の一部	1,046.824	304
瀬田下区	瀬田	矢久保、東谷戸、鎌ヶ谷の各全部 下ノ原、下屋敷の各一部	581.711	208
瀬田中区	瀬田	中ノ原、滝ノ谷の全部、下ノ原、下屋敷の各一部	388.109	143
瀬田上区	瀬田	上ノ原、大塚原、三本杉の各全部	（約300反）	
用賀東区	用賀	南原、宇佐前、宇佐後の各全部 下南原、天祖出の各一部	534.413	164
用賀中区	用賀	下北原、寺西、大道西、向大道端の各全部 下新堀端、池下、横溝、本村、中丸道上、 中丸道下、下南原、天祖前、下西原の各一部	601.200	271
用賀西区	用賀	瀬田境、上西原、上東原、上新堀端上原、 池上、本村田端の各全部 下新堀端、池下、横溝、本村、中丸道上、 中丸道下、下西原の各一部	1,068.813	136
諏訪河原区	諏訪河原 上野毛 瀬田	全域 稲荷丸 矢口耕地、堤外の各一部	292.613	104

（組合資料より作成）

注　瀬田上区の面積、組合員数不明、ただし、全円の該面積は1,017町歩といわれている。

各地区組織をつくり、工事の準備にとりかかっている。その他、昭和二年中に地区組織を整えたのは、尾山区、奥沢西区であった。

第Ⅵ－13図は、事業沿革を図示したものであるが、これによって各地区別に実際の活動状況をみると、概して東部地域の立ち上りが早く、これに対して西部地域は東部地域で、すでに完工をみた区が出てきたあとにやっと活動を開始するという状態である。

このことをみても、事業の進行は、全円のレヴェルでいえば、むしろ難行したといえよう。その背後には、依然として反対の動きが陰に陽に繰り広げられていた。

第Ⅵ－14・15図は、評議会および組合会の各回ごとの議員出席状況をしめしたものであるが、実際は川崎在住の地主の多かった諏訪河原地区は別にしても、両会合への瀬田、用賀両区の参加状況は概して芳しくない。反対意見の根強いこれらの地区では、本部の会合へ出席者を出させぬよう部落各所に見張りを立てることもあった（鈴木芳夫談）。また反対派の抵抗は児童を巻き添えにした事件ともなって表面化した。すなわち、京西小学校に在学中の児童をもつ反対派の父兄達は、滞税運動と関連させて、

第Ⅵ－12図　全円耕地整理組合組織図

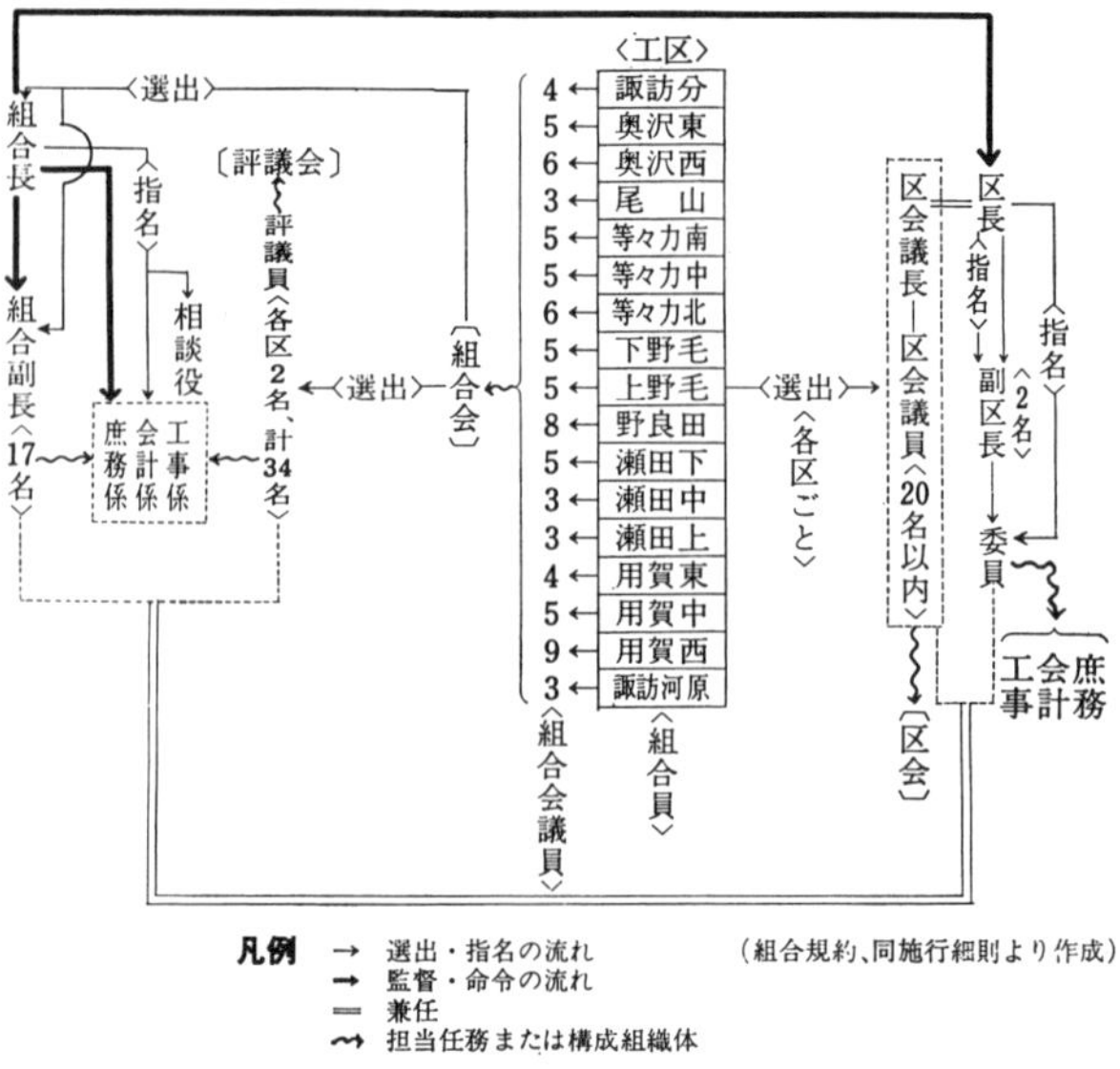

昭和二年七月、一〇〇名にものぼる児童を同盟休校させ、代わりに急造バラックの教場に通わせたのである。この事件は、夏休み中かかってようやく解決された（『京西小学校六十年史』）。さらに、昭和四年の村会議員選挙には、反対派はその代表として一〇人の議員を村会に送っている。

しかしながら、こうした表立った反対の動きも、村長・組合長に豊田が再任された頃から少なくなり、昭和六年には、神主立合いで早期実行派・反対派の和解の儀式（手打式）が行なわれた。のみならず、内外の状況の変化は反対運動の沈静を現実のものとさせていった。

早くも完工の時を迎えた尾山、諏訪分、奥沢西などの各区では、やがて整地した土地を旧田園都市会社（当時は目蒲電鉄に吸収されていた）の協力を得て売却をはじめ、事業計画どおりの利を実際に享受しはじめるようになった。一方、反対運動自体の中にも高齢の指導者達が死亡したり、議員に推された者の中に村長の説得や政治上の利害で組合長支持に回る者も出てきた。しかし、反対運動を沈静させたなによりも大きい要因は、長びく不況や先にみたこの地域一帯の蔬菜農業の行き詰り状態であったと考えられる。反対運動の一翼を担っていた感のある小規模土地所有者達は、農業の将来に不安を覚え、また生活難から土地を手放さざるをえない状態の中で、整理事業のもたらす効果を期待するようになっていった。

昭和一五年三月、瀬田中区の工事着手を最後に全円整理事業という当初の目的はほぼ全面的に実現の目途がついた。そして、戦時中の人手・資材不足をやりくりして、野良田区完工を最後に（瀬田上区のみ、地区内に大緑地造成地として府の買収用地にかかる部分があったことも手伝って昭和一七年、事業対象からの除外が承認された）いっさいの工事が終了したのは、敗戦の気配も濃厚となった昭和一九年一二月のことであった。

この間、賛否の抗争とは別に、人びと、とくに各区の役員達を困惑させたのは工費の調達であった。工費の捻出方法としては、あらかじめまとまった区画を設けて、該地区の地主達にそれぞれの土地を組合地に提供してもらい、それを一括売却して工費に充当するのが合理的とされていたのだが、そのことが工事進捗の機動力として生かされたのは諏訪分区などごく少数のばあいに限られた。昭和四、五年から始まった深刻な金融恐慌が大口の土地購入者の出現を阻んでいたからである。かかる困難な事態に対して、多くの区では、役員が組合地を買ったり、あるいは私有地を担保にして借金をしたりして対処したという。

それはともかく、工事完了後、残余の組合業務は換地処分やその結果の登記などであったが、これは、終戦前後の異常事態と、この間における高屋技師、豊田組合長の相次ぐ逝去とで、しばし休止のやむなきに至った。しかしそれも、昭和二三年、毛利博一新組合長のもとで再開後は急ピッチで進められ、昭和二九年七月末日、用賀中区の整地登記の完了をもって、全円耕地整理事業はいっさいを終えたのである。組合創立以来、実に三〇年が経過していた。

第Ⅵ－16表は、整理前後における各区の地積であり、第Ⅵ－16図はその変化を全円における主要地目別にみたものである。田および山林の減少、畑・宅地の増加、といった現象の中に住宅地域づくりを目指した耕地整理事業の結果が端的に表われている。なかんずく国有道路の激増は、この事業の面目躍如ともいうべき現象であろう。整理によって一変した村内道路網の様相は『新修世田谷区史』に掲示ずみであるが、迷路の多い世田谷地域にあってこの区域の整備された道路は、それだけでもあまりある事業の成果といえよう。

しかしそのために農民の手放した土地はかなりのもので、各区、少なくとも一〇％から多いばあいには二五％の減反率が算出される。また、各区の事業費は第Ⅵ－17表のごとくであるが、それに対して、耕地整理事業法による府の補助金は第Ⅵ－18表にしめすとおりで、全整理費用のわずか六％にすぎない。いずれも、玉川村農民の町づくりにかけた努力の大きさを物語っていよう。

玉川神社の境内には、大事業完成後、永年にわたる精神的、物質的労苦を喜びと自賛とにかえた組合員達によって、三基の石碑が建立された。整地記念碑、豊田組合長頌徳碑、高屋技師留魂碑がそれである。

全円耕地整理事業の成果

事業の完成を記念して同組合より発行された冊子『郷土開発』（昭和三〇年刊）において、毛利組合長は事業の成果を以下のごとくに記している。

——今日翻つてこの整理事業の行跡を見るに、第一に全村一千十七町歩に亘る最も広範な耕地を一丸として計画を立て組合組織を以て強力に実行したことである。第二には、思いきつて大道路網、大排水溝などを計画実施したことであつて、勿論組合の所有する面積には大きな減歩を生じ、多大の犠牲を覚悟しなければならぬことであつた。（中略）第三には耕地整理、区画整埋の両様を兼ねて土地の全面積をして、最高度の利用価値を実現させようとしたもので、中にも施行区域内の水田の如きは、ぞくに谷戸田と称して、灌漑水田も排水溝もなくて、耕しても満足の生産があげられぬ悪田であり、凡そ百二、三十町歩もあつた。これ等を殆んど道路工事により出る残土を以て埋立て、完全排水溝を構築して二、三毛作の畑地にして利用価値を数倍に上昇せしめた。畑地、山林は土地の起伏を利用して道路の勾配に意を用い、理想的住宅地たらしめた。

（後略）

まさにかかる指摘のごとく、全円耕地整理事業は、時代に対応した農民の生活保障を自らの手で確保するために、いわば生産地域から消費地域への転換を大規模に、しかも漸次的に敢行したことに大いなる意義があったといえよう。根強い反対運動の展開が当初の遠大な町づくり計画にいささかの変更を余議なくさせ、たとえば、道路幅員の縮小や地区によるズレ、あるいは広大な公園設置の廃止など、今にして思えば遺憾な結末を一部残してしまったが、それにもかかわらず、事業目的の大半はみごとに実現されたといって決して過言ではない。

そこで以下では、農村の住宅地への転換という本事業本来の目的が、いかなる過程を経て、どのように実現されていったかを具体的にみることにしよう。

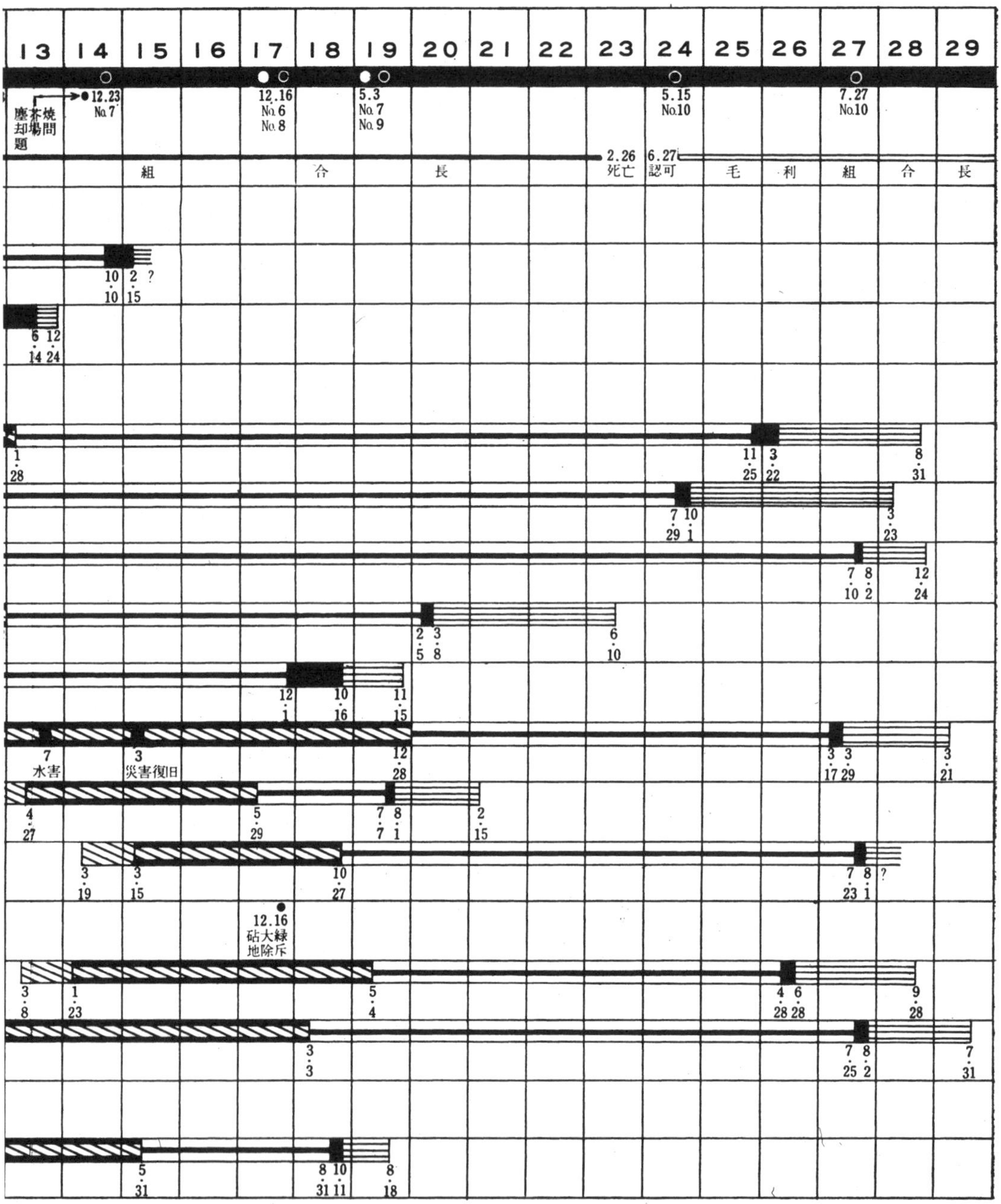

（組合資料，昭和30年刊『郷土開発』より作成）

評議員会　豊田組合長在任期間
組合会　毛利組合長在任期間
両派手打式

工区

工区組織（役員選挙）〜着工
着工〜完工
完工〜換地処分認可申請
換地処分認可申請〜同認可
換地処分認可〜耕地整理登記完了
工事期間中の特殊な事件

第Ⅵ－13図　全円耕地整理事業沿革一覧

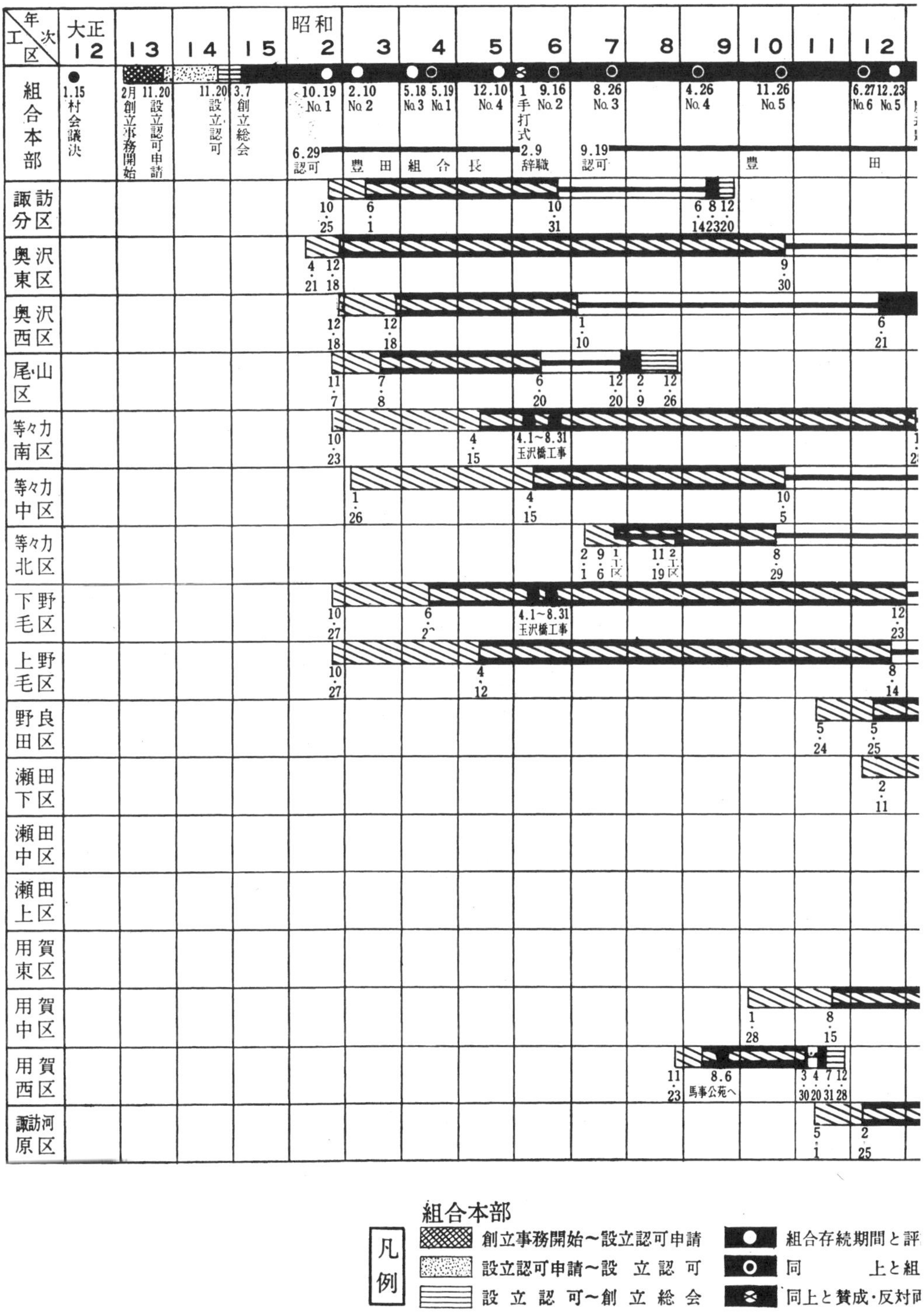

第Ⅵ－15図　組合会における各区組合員出席状況

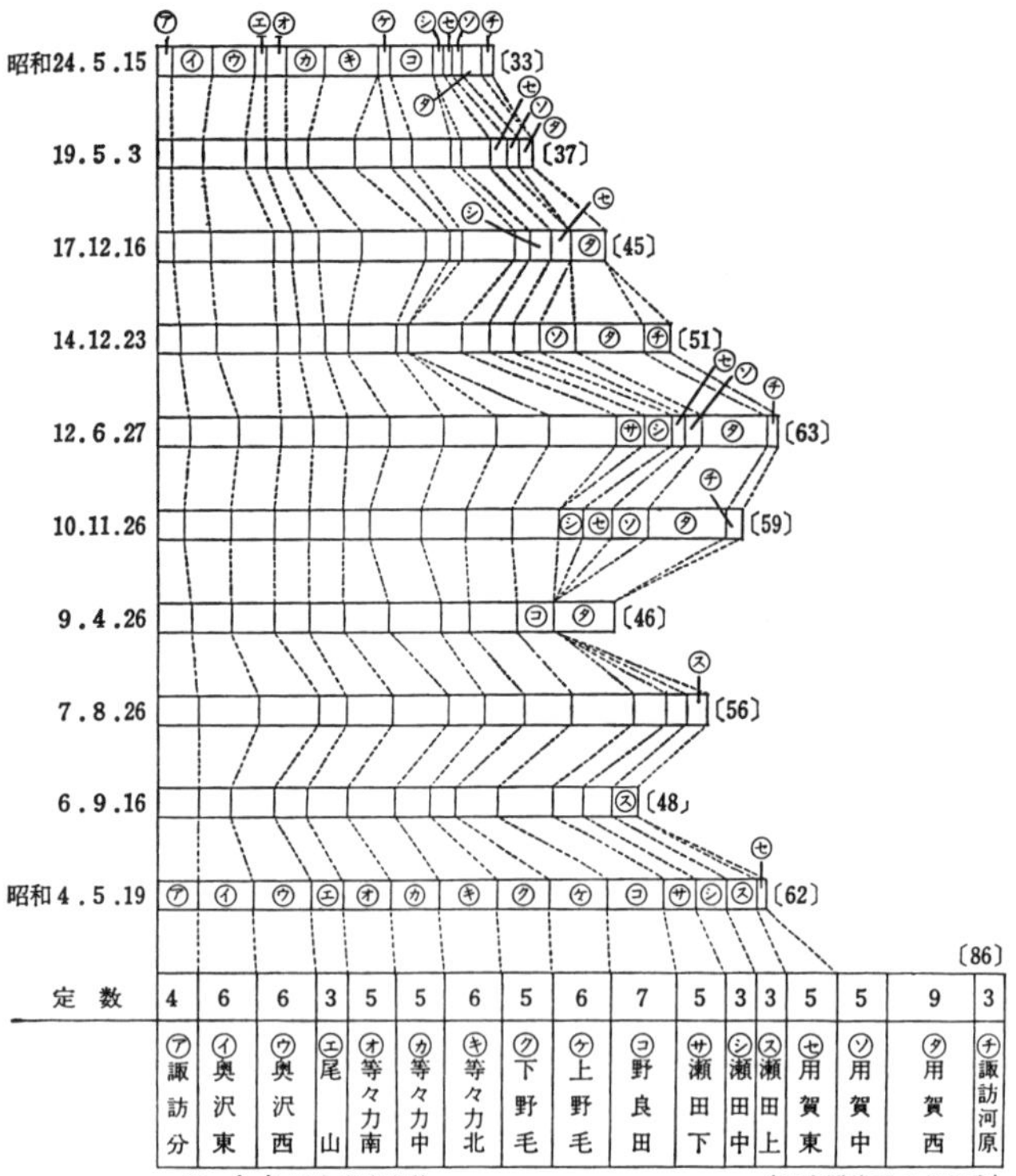

注〔　〕は全出席者数　　（組合議事録より作成）

第Ⅵ－14図　評議会における各区議員出席状況

工区＼開催年月日	2・10・19	3・4・10	4・5・18	5・12・10	12・12・23	17・12・16	19・5・3
諏訪分	■	■	■	■			
奥沢東	■	■	■	◪	◪		
奥沢西	■	■	■	■	◪	◪	◪
尾山	■	■	■	■	■		◪
等々力南	■	◪	◪	◪	◪		
等々力中	■	■	■	■	■	■	■
等々力北	■	◪	◪		■	◪	◪
下野毛	■	■	■	■			
上野毛	■	■	■	■	◪	◪	◪
野良田	■	■	◪	◪	■	■	■
瀬田下	■	■	■	■	■	◪	◪
瀬田中	◪	◪	◪			◪	■
瀬田上	■	■	■	◪			
用賀東		◪				◪	◪
用賀中					■	◪	■
用賀西	◪				◪		◪
諏訪河原					◪	◪	■

（組合議事録より作成）

注1.■ 2人、◪ 1人、空白 0人
2.評議員は各区２名を定数とするが、用賀のばあいは、昭和７年８月の評議員選挙で、用賀西１名、用賀中３名とした。昭和19年の評議会には用賀中の全評議員が出席した。

等々力、尾山における住宅地化の進展

住宅地化の進展は、具体的には宅地への地目変換の進捗、住宅用建造物件の増加、および地割細分化の推進、といった現象から把握できる。これらの諸点、わけても土地割（地割）の進展を中心に、旧玉川村における住宅地化の様相を跡づけてみよう。ただし、ここでは、その代表例として、整理事業施工区域のうち現在都内でも屈指の高級住宅街に発展した地区を含む旧大字等々力および尾山の範域についてみることにする。

前掲第Ⅵ－13図にしめしてあるように、この範域の工区（等々力南・中・北、尾山）は、総じて早い時期の昭和六年から一三年にかけて工事を終ったが、それらの整地完工直後の地割図が第Ⅵ－17図である。また、第Ⅵ－18図は、このうちの等々力中および南工区（現等々力一～五丁目、尾山台三丁目）についての、地目別地割図である。これらをみると、整理事業の内容がきわめてよくわかる。

この地域一帯は台地末端地特有の複雑な地形であり、しかもそこに若干の古墳も所在するため、地割の形状に奇異な箇所のできることもやむをえないのであるが、そうしたごく一部を除けば、全体として碁盤目状の整然とした地割が実施されたことがとらえられる。とくに大井町線（現東急田園都市線、昭和四年開通）に近い地区は、地割が矩形もしくは長方形できちんとしており、かつ一筆面積は小さく、売却を意図した地割であることがうかがわれる。しかし、この整理事業は、くり返し述べたように農業生産基盤の確保と同時に、既存居宅のできうる限りの現状維持を前提としていたため、整地後も区域の大半は農地として残り、また新しい地割の施行後も、農地、宅地に関わらず、一筆面積は大小さまざまなものが混在する結果となった。

このうち宅地については、地元農家（土地所有者中、宅地のほか畑地、山林を所有していた者＝在住地主）のそれが大きく、非農家（うち約四分の三は転入者、四分の一が在住地主の分家）の居宅もしくは購入地が

概して小さいことは第Ⅵ－18図からも看取できよう。ちなみに、当該区域内における当時の居住者の宅地面積を土地台帳によってみてみると、第Ⅵ－19表のようになる。在住地主の宅地はその八割以上が二〇〇坪を超えているのに対して、非農家の宅地は逆に八割以上が二〇〇坪以下で、とくに一〇〇坪未満のばあいが四六％も占めていることが注目される。なお、非農家で二〇〇坪以上の宅地を所有する三七名のうち、一二名は在住地主の親族である。

ところで、整地完工直後における右のごとき状態は、ほどなく大きな変化をみる。宅地面積の激増がそれである。第Ⅵ－20表は、第Ⅵ－17図に該当する区域における地目別面積比率を数時点においてみたものである。このうち宅地率をみると、整地完工直後においては、八～二〇％であったものが、その後約一〇年を経過する間に少なくとも五〇％は越え、さらに二〇年余を経ると八〇％を上まわるという具合に、急激な上昇をしめしている。もちろん、こうした宅地率の上昇は、かつての農地および山林の宅地への地目変換によることはいうまでもない。

整理成った幹線道路（現在の環八通り）の桜並木

このようにして、旧玉川村一円は、程度の差はあれ、住宅地化を進めてきたのであるが、その過程が地割の細分化を伴なっていたことが見落されてはならない。第Ⅵ－19図は、前掲第Ⅵ－17図と同じ範域における昭和四七年時点での地割図である。両者を対照すれば、地割の進展の急速なことが明瞭に観察できよう。このことは第Ⅵ－21表によっても検証できる。この表は、整地直後と昭和四六年との両時点における該区域の筆数を比較したものであるが、これによると、該区域の増加率は平均一六八％、つまり地割の筆数は整地直後の二・七倍弱にもなっているのである。

いま、かかる地割の進展がいつ頃からみられるようになったかについて知ることはかなわないが、第Ⅵ－22表はそれを推察する手がかりになると思われる。すなわち、表は整理事業開始以前から昭和二二年、および昭和二二年から現在までの、二つの期間における世帯数、人口、宅地面積の増加傾向をみたものである。これをみると、前者の二三年間は世帯・人口の増加と宅地面積の増加との間には調和がとれており、全体として住宅地化はいわば順調に行なわれていたと思われるが、次の二四年間においては、世帯数の伸び率が前者の期間と大差ないにもかかわらず、宅地面積の伸びは著しく鈍っている。そして、このことが地割の細分化を促進せしめたことはまず間違いのないところと考えられる。つまり、第Ⅵ－19図や第Ⅵ－21表にみられる地割の進展は、戦後の二四年間に行なわれたといいうるのであるが、その期間における地割進展過程のより詳細な分析は別の機会に譲らなければならない。

旧玉川村における住宅地化を跡づけるばあい、宅地率の上昇および地割の細分化と並んで、もう一点看過できないのは、地割の細分化を上まわる住宅建造物の著しい増加である。第Ⅵ－20図は、前掲17図および19図と同じ範域で実地調査を行なった結果得られた現在の居宅境界図であ

上野毛区		野良田区		諏訪河原区		瀬田中区		瀬田下区		用賀東区		用賀中区		用賀西区		合計	
整理前	整理後	整理前	整理後	整理前	整理後	整理前	整理後	整理前	整理後	整理前	整理後	整理前	整理後	整理前	整理後	整理前	整理後
反	反	反	反	反	反	反	反	反	反	反	反	反	反	反	反	反	反
10.023	10.312	79.721		40.708	39.304	1.106		21.121	14.815	63.309		59.519	6.322	67.915	61.519	727.006	289.511
435.829	402.806	686.416	633.220	179.711	182.011	155.608	128.704	344.823	329.127	268.207	320.805	259.001	320.501	695.823	678.605	5,582.818	5,653.220
79.602	80.005	152.111	247.608	38.917	34.101	142.326	151.221	117.603	116.810	126.804	118.807	179.026	186.324	41.626	45.808	1,854.201	1,988.421
23.427	19.925	38.624	29.207	0.315		43.827	36.103	56.824	40.007	21.625	12.425	30.315	2.526	114.602	117.725	664.108	544.511
		2.701		2.624	2.225	2.025		2.502	1.513			3.926		9.615	7.002	46.819	52.201
				0.410				0.006		0.120		0.100		3.803		9.415	
																0.110	
0.824	1.009	0.600	0.620			0.400	0.429	1.413	2.218			3.023	4.316			32.429	36.816
										0.209						0.209	
				6.329	6.921	16.200	8.924				8.826					22.529	49.426
																2.815	2.815
								1.201	1.111			6.015	5.715			7.216	6.826
										0.607	0.607					0.607	0.607
												3.326	3.009			68.221	67.825
																1.129	1.129
		6.709	8.807							17.827	20.000			74.724	66.110	110.100	105.100
11.421	11.106	6.129	6.302	6.414	6.822			1.506	1.427							62.004	63.122
										0.024		0.018	0.102			0.112	0.102
0.509	0.500															0.509	0.500
		1.620	1.620													1.620	1.620
								0.802	0.624							0.802	0.624
																0.929	
																0.326	
																34.716	31.816
		0.718														1.117	
										1.304	0.411					1.304	0.411
		2.325				0.612	0.919									3.312	1.106
																0.114	
22.309	72.922	53.420	172.306	9.717	36.901	20.008	59.908	24.417	84.209	20.626	75.429	40.410	89.226	39.519	138.514	488.801	1,422.328
0.026	0.502	8.709	10.629	3.623	2.506	3.222	0.523	3.111	0.413	6.709	3.507	8.607	3.126	8.405	3.808	84.229	57.508
		6.600	0.418	3.424	1.216	2.422		6.100		6.620		7.424	1.319	12.429	3.229	59.513	10.404
584.320	599.227	1,046.823	1,111.017	292.612	312.217	388.106	387.011	581.709	592.624	534.411	561.027	601.200	622.906	1,068.811	1,122.600	9,870.120	10,361.729

（『郷土開発』より作成、なお合計面積に間違いが認められたばあいは訂正を加えてある。）

第Ⅵ－18表　耕地整理事業に対する補助交付額

交付年月日	対象工区	補助金額
昭和 6年4月14日	諏訪分、奥沢東・西、尾山、下野毛、上野毛、等々力南	円 10,411.00
7．4．12	諏訪分、奥沢東、等々力南、上野毛、下野毛	2,011.00
8．4．14	等々力中	496.80
9．4．16	奥沢東、上野毛 等々力中・南・北	3,422.65
10．3．29	奥沢東、等々力中・南・北	2,843.29
11．5．22	用賀西	892.00
12．5．8	用賀西	3,093.77
13．5．16	用賀中、野良田	3,246.90
14．4．10	用賀中、野良田、瀬田下	5,425.34
15．5．25	用賀東、野良田、瀬田下、諏訪河原	5,852.12
17．5．8	瀬田中	3,217.38
18．5．10	瀬田中、瀬田下	3,008.11
19．5．20	瀬田下	161.60
計		44,081.96

（『郷土開発』より作成）

第Ⅵ－17表　工区別整理費

工区	整理費
諏訪分区	円 86,142.91
奥沢東区	275,182.00
奥沢西区	271,766.48
尾山区	114,896.14
等々力南区	836,970.48
等々力中区	368,110.25
等々力北区	645,225.00
下野毛区	132,568.00
上野毛区	293,996.00
野良田区	1,465,899.54
瀬田下区	71,109.71
瀬田中区	551,436.04
用賀東区	173,730.23
用賀中区	697,413.41
用賀西区	1,123,691.79
諏訪河原区	356,215.68
合計	7,464,353.66

（『郷土開発』より作成）

第Ⅵ－16図　主要地目面積の変化

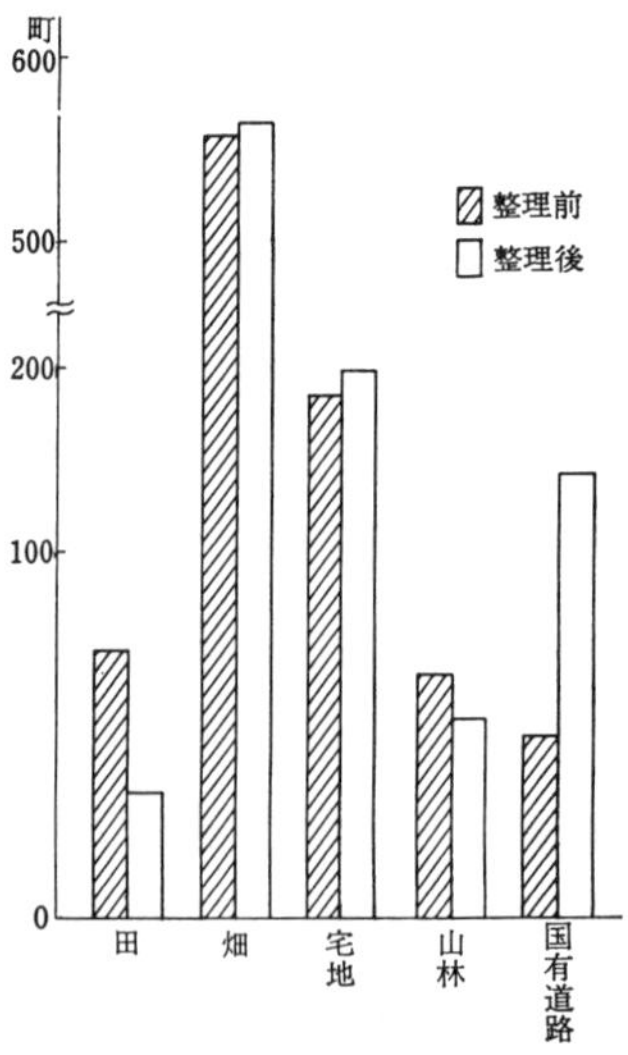

第Ⅵ－16表　整理前後における種別地積

種別＼工区・地積	諏訪分区 整理前	諏訪分区 整理後	奥沢東区 整理前	奥沢東区 整理後	奥沢西区 整理前	奥沢西区 整理後	尾山区 整理前	尾山区 整理後	等々力北区 整理前	等々力北区 整理後	等々力中区 整理前	等々力中区 整理後	等々力南区 整理前	等々力南区 整理後	下野毛区 整理前	下野毛区 整理後
	反	反	反	反	反	反	反	反	反	反	反	反	反	反	反	反
田			38.907	31.227	96.916	83.801	3.029		61.008		127.300		12.904		43.100	42.001
畑	396.009	385.026	179.328	168.806	456.904	457.621	250.727	241.604	391.917	381.626	305.329	424.021	330.521	332.500	246.105	265.817
宅地	16.828	18.300	450.507	450.710	47.206	47.906	27.604	28.312	141.300	175.305	104.709	105.009	115.401	116.804	72.211	65.111
山林	36.922	33.709	23.314	15.425	56.326	52.807	27.919	25.610	33.811	29.323	21.925	12.114	61.312	44.609	72.320	72.506
原野	0.220	0.217	0.201		7.705	6.925			6.301	2.200	1.112		2.011	1.210	5.526	3.629
溜井			0.408		0.124				4.304							
荒地											0.110					
墓地			0.912	1.223	20.718	22.012	0.800	0.817			2.314	2.503	0.019	0.119	1.126	1.200
稲干場																
雑種地										23.319				1.226		
緑地															2.815	2.815
寺地																
社地																
水道用地					64.816	64.816	0.009									
公園用地															1.129	1.129
学校敷地			1.016	1.009	1.326	1.408							8.218	7.626		
鉄道用地			9.109	9.201	13.318	13.727					13.827	14.327				
軌道用地																
陸軍省用地																
警察用地																
運輸通信省用地																
廃堤敷地															0.929	
堤塘															0.326	
官地									1.502						33.214	31.816
内務省道路敷									0.329							
世田谷区道路敷																
私有道路													0.305	0.117		
土取場			0.114													
国有道路			35.819	109.228	42.401	109.707	20.618	47.325	34.004	115.404	46.715	110.703	28.211	77.623	22.928	56.807
国有水路	27.119	65.626	4.902	4.912	2.315	3.911	0.623	1.026	5.529	3.419	3.413	9.013	7.615	3.318	17.000	6.405
国有堤塘			8.205	1.008	1.000	0.103			4.209	0.220	0.807	0.819	0.007		0.026	1.722
合計	477.308	503.018	752.912	793.029	811.425	865.024	331.609	344.904	684.424	731.026	627.911	678.719	566.804	585.502	519.315	551.308

る。第19図と対照すれば、地割の進展した小面積の一筆の中に、数個の家屋が建築されている箇所が散見されるであろう。

ところで、かかる箇所の多くが、かつての農家の貸地、あるいはそれら農家の貸家や子弟の居宅の敷地であることは注目される。玉川村のばあい、住宅地化の進展のなかでかつての農家はそのほとんどが転居せず、今もってそこで生活している。しかし、その生計維持の方途はもはや農業には求められていない。農家の人びとは農業を離れ、とりわけ新しい世代は種々の方向に転職していったのであるが、そのかたわら、都内における宅地の絶対的不足という状況に支えられて、木造アパート・貸家・マンションなどの経営に携わるようになった。まさしくこのことが、第20図にみるごとき状況を生み出した主たる要因と考えられる。

このことの一端を、前掲第18図の範域においてうかがってみよう。第Ⅵ－21図は、旧等々力中および南工区における現在の地割図にいくつかの項目を記号化して（凡例参照）加えたものである。完工直後八一戸を数えた農家のうち七五戸までが現在も転居せず在住しているが、第18図と第21図を照し合わせてみると（第18図の●印と第21図の■印）、完工直後におけるそれら家々の屋敷地は細分化され、しかも細分化された現在の敷地内に木造アパートを建てている例が少なからずみられる。むろん、これら不動産を運営することは、かつての農家に限らず、整地完工後の土地購入者も為しうるところであるが、かれらは、法人であるばあいを除き、所有する土地も小さく、また永住の傾向もかつての農家に比べて少なく（第18・21図の範域中、完工

第Ⅵ－17図　等々力北・中・南、尾山工区における完工直後の地割図

昭10～13（1935～1938）

第Ⅵ－18図　等々力中・南工区における完工直後の地目別地割図

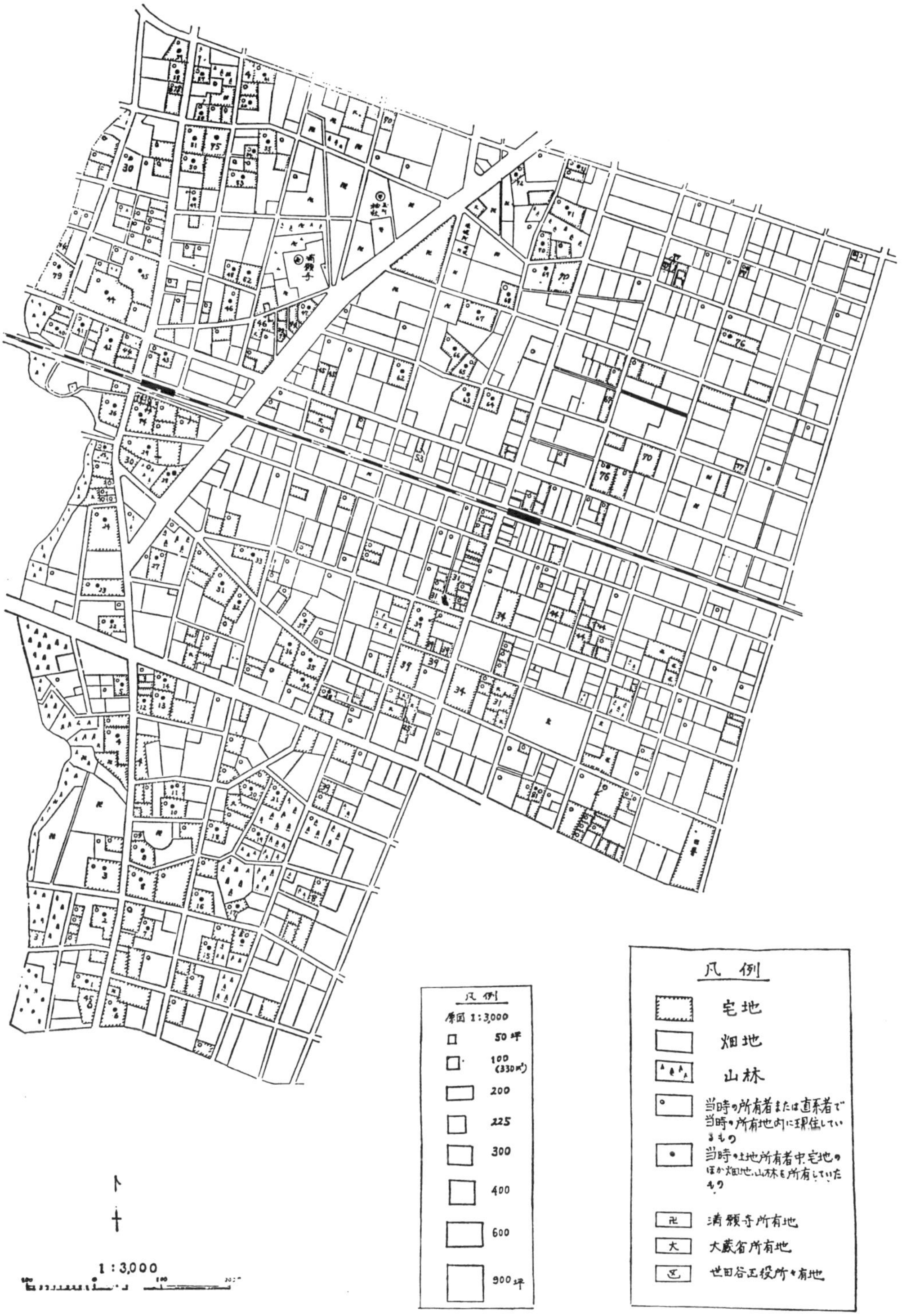

第Ⅵ－19表　完工直後居住者の宅地面積

宅地面積＼居住者数	在住地主（農家）		左以外（非農家）	
	人	%	人	%
49坪以下	0	0.0	22	10.5
50～99坪	3	3.7	75	35.7
100～199坪	11	13.6	76	36.2
200～299〃	21	25.6	22	10.5
300坪以上	46	55.8	15	7.1
合　計	81	100.0	210	100.0

注1．居宅の所在する宅地のみ集計した。
　2．在住地主で数カ所に宅地を所有しているものについては各1カ所のみ集計した。
　3．大蔵省、世田谷区、専売公社、寺社所有の宅地は除外した。

第Ⅵ－20表　地目別面積比率の推移（旧等々力、尾山地区）単位　㎡

		宅　地		農　地		その他		総面積	
整理前	等々力北区	139,887	20.6%	448,454	66.2%	89,295	13.2%	677,636	100.0%
	中区	103,683	16.7	428,370	68.9	89,605	14.4	621,658	100.0
	南区	114,249	20.4	340,049	60.6	106,847	19.0	561,145	100.0
	尾山区	27,337	8.3	251,348	76.6	49,629	15.1	328,314	100.0
	上記計平均	385,156	17.6	1,468,221	67.1	335,376	15.3	2,188,753	100.0
整理後	等々力北区	173,564	24.0	377,870	52.2	172,343	23.8	723,777	100.0
	中区	103,980	15.5	419,829	62.5	148,167	22.0	671,976	100.0
	南区	115,645	20.0	329,175	56.8	134,831	23.2	579,651	100.0
	尾山区	28,057	8.2	239,197	70.1	74,210	21.7	341,464	100.0
	上記計平均	421,246	18.2	1,366,071	59.0	529,551	22.8	2,316,868	100.0
A地域昭和22年		4,514,364	61.1	1,728,580	23.4	1,143,404	15.5	7,386,347	100.0
昭和46年	等々力1～8丁目	1,069,752	83.3	167,108	13.0	47,111	3.7	1,283,971	100.0
	尾山台1～3丁目	326,489	86.9	27,064	7.2	22,300	5.9	375,853	100.0
	上記計平均	1,396,241	85.1	194,172	10.1	69,411	4.9	1,659,824	100.0

（第Ⅵ－16表、農地改革時組合資料、昭46「統計書」より作成）

注1．昭和22年の資料は、農地改革時における組合案でA地域とされたもの。A地域は玉川等々力1～3丁目、玉川尾山町のほか、東玉川町、玉川奥沢1～3丁目、玉川田園調布1～2丁目、玉川中町1～2丁目、玉川野毛町、玉川瀬田町、玉川用賀1～3丁目にまたがる地域の全体。実際の宅地面積はこれよりやや少ないと思われる。
　2．昭和46年の町丁目は昭和45.3.1現在のもの。

直後の非農家居住者二一〇名のうち、本人もしくはその相続人が現住しているばあいは一〇二例（約四九％）、しかも、のちに移住してきたものの所有地はさらに小さくなるわけであるから、アパート・マンションなどを経営できる可能性は少ないであろう。一方、かつての農家は想像以上に土地を手放していないことが土地台帳よりうかがわれるわけで、それら持地の活用が多くのアパート・マンションの建造をみるに至ったものといえよう。

かかる建造物の多さは第Ⅵ－21図においても十分とらえられるところであるが、ちなみに、この範域を含む前掲第Ⅵ－17・19図の範域でのそれら建造物数は、第Ⅵ－23表にしめすとおりである。

以上みてきたように、旧等々力および尾山における住宅地化は、地目変更による宅地の漸増、次いで宅地の激増とそれの地割細分化、さらに細分化された一筆区画において複数家屋が併置する現象すら呈するまでに進展してきた。漸次的住宅地化は、耕地整理事業の目的とするところであり、その意味においてかかる現象は事業の成果をいかんなくしめすものではある。しかし、事業計画当初、人びとの描いた住宅地の様相と現在のそれとは必ずしも一致してはいないだろう。田園都市建設事業に啓発され、それをモデルとして構想された整理事業の青写真は、現実の中で大きな変更を余儀なくされ、一部には小規模住宅の密集地すら生み出す結果となったのである。

このことは、いうまでもなく、世田谷地域全体が名実ともに東京の一部となり、東京への異常なまでの人口流入が切れ目なく行なわれるという状況において、当然惹起されざるをえなかったのであるが、それのいま一つの要因は、旧玉川村における宅地分譲が地主各自の手に委ねられていた事実を指摘できよう。実際、なんらかの組織によって、きちんとした宅地造成の後、整然と区割して分譲の行なわれたばあい（たとえば、すでにみた旧成城町の一部、あるいは右にみてきた区域内にある旧尾山台貸住宅地）には、少なくとも右にみたごとき地割の細分化はその程度が著しく低いのである。

先に、該区域の地割進展をしめすものとして、整地完工後の筆数の現在までの増加率が約一七〇％であることを述べておいたが、これを前記〝成城〟および〝尾山台〟の法人組織による分譲地と比べてみよう。成城学園地所部が造成した分譲地のうち早期（昭和四年）のものは、現在までの筆数増加率が約一〇〇％であり、該地域にくらべ、一〇年ほど早く開発されたにもかかわらず六四％も低い。また該区域には、整地完工後、旧田園都市会社が地主から借り受けた土地を「尾山台貸住宅地」として四期に分けて販売した箇所があるが（第Ⅵ－22図参照）、ここの筆数増加率は平均約六四％であり、該区域全体のそれの三分の一弱でしかない。なお、参考までに、「尾山台貸住宅地」の地割を第Ⅵ－23図にしめしておいた。

第Ⅵ－21表　等々力・尾山における分筆数の変化

現町丁目＼分筆数	整地直後	昭和47年	増加率
尾山台 1	82	234	185%
2	128	463	261
3	214	575	168
等々力 1	205	451	120
2	228	610	167
3	162	403	148
4	117	434	270
5	195	574	194
6	289	664	129
7	156	419	168
8	182	432	137
総計・平均	1,958	5,259	168

注1．現尾山台1丁目内の51筆と等々力7丁目内の84筆とは、旧区域外であるので、除外してある。
2．地割の筆数と居宅の区画数とは異なる。

第Ⅵ－22表　旧玉川村における世帯数、人口、宅地面積の推移

年　次	世帯数 増加率		人口 増加率		宅地面積 増加率	
大正14年	1,900戸	%	10,313人	%	185ha	%
昭和22年	10,000	426	50,000	385	509	175
昭和46年	53,301	433	143,063	186	671	32

注　昭和22年時の数字は、実際をやや上まわる概数と思われる。

第Ⅵ－19図　旧等々力北、中、南工区、尾山工区における現在の地割図（1972年整理）

第Ⅵ－20図　等々力１～８丁目、尾山台１～３丁目における現在の居宅境界図　昭49（1974）

第Ⅵ－21図　等々力中、南工区　現在の地割と建造物配置状況―1972まで整理済―

第Ⅵ－23表　木造アパート・高層住宅等建造物数

町丁目	世帯数	人口	同居者をおく世帯数	木造アパート棟数	マンション棟数	社宅・寮棟数	一世帯平均面積、㎡（　）内坪
尾山台 1	352	1,043	27	5	1	4	380.68 (115.3)
2	622	1,746	75	4	0	2	315.11 (95.4)
3	1,199	3,138	118	42	0	4	144.28 (43.7)
等々力 1	758	2,172	58	14	2	4	366.75 (111.1)
2	1,261	3,532	118	35	2	6	207.77 (62.9)
3	917	2,482	92	18	1	2	217.01 (65.7)
4	883	2,249	78	31	1	6	160.81 (48.7)
5	1,120	2,953	80	16	5	8	187.50 (56.8)
6	1,402	3,327	89	31	3	9	174.75 (52.9)
7	900	2,337	82	24	1	5	244.44 (74.0)
8	754	2,075	55	17	0	4	286.47 (86.8)
合計・平均	10,168	27,036	872	237	〔ママ〕17	54	244.14 (73.9)

注1．世帯、人口は昭和49年「統計書」より記入。
2．同居者をおく世帯（間借人、借家人をもつ世帯）については昭和46年「統計書」より記入。
3．木造アパート、マンション、社宅等の棟数は昭和49年時における現地調査結果。

第Ⅵ－22図　目黒蒲田電鉄会社、東京横浜電鉄会社田園都市課の分譲、貸住宅地

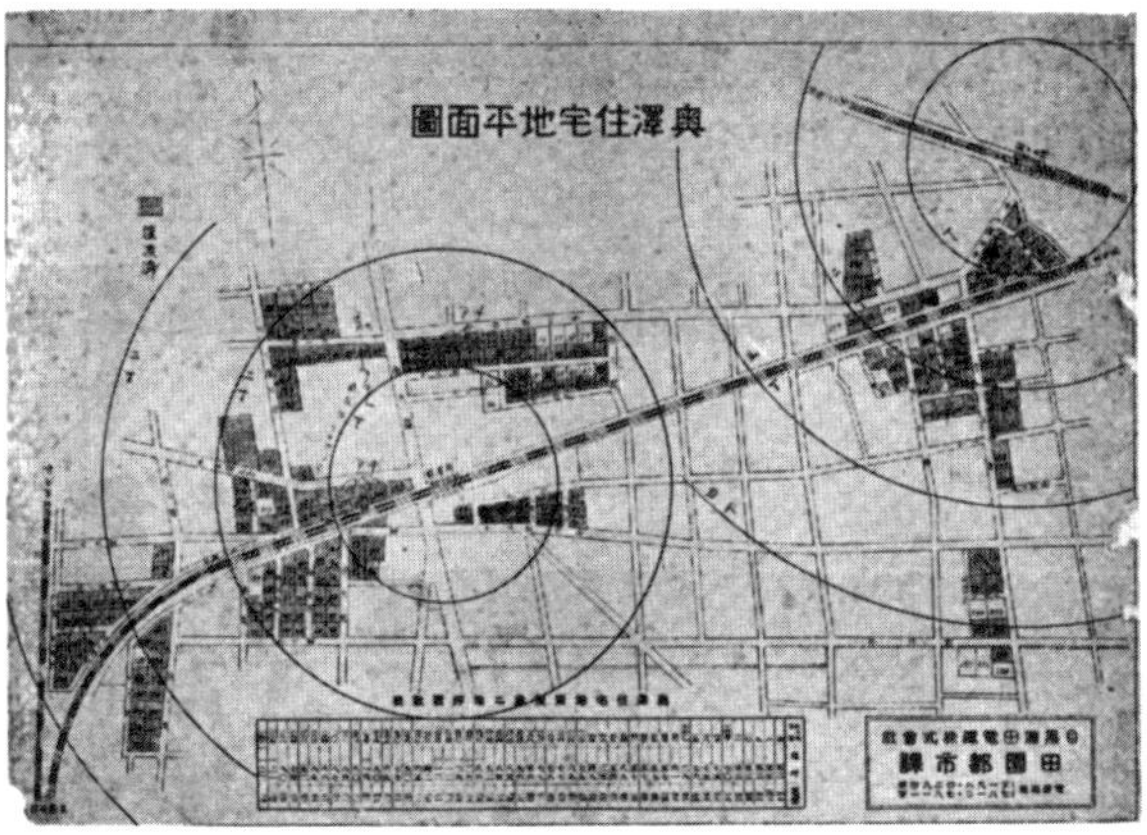

これらのばあいとは違い、旧玉川村における大部分の宅地分譲は、個々の地主によっていわば無計画的に行なわれてきた。そのために、現在における地割細分化現象は一層顕著なものとなったと考えられる。

しかしながらそのことは、宅地化への対応準備をしつつ状況の許す限り農業を営んでいこうとする耕地整理事業の前提からして当然のことではあった。それの結果が、たとえ〝スラム化〟寸前の住宅密集地を生もうとも、玉川村全円耕地整理事業とその後の住宅地化過程には、当時の玉川村の人びとの時代に対応する精いっぱいの努力が傾注されていたことが忘れられてはならないだろう。

なお、右にとりあげた旧等々力および尾山の区域における住宅地化の過程は、玉川村全円において同一に現象してきたわけでない。もちろん、整地完工後現在まで、どの区域も住宅地化の進展は著しかったのであるが、その過程と、それの結果である現在の住宅地としての様相とは、区域によってかなりの相違がある。いま、それらについて詳述する余裕はないので、現状における全円各地域における宅地率（第Ⅵ－24図）、規模別住宅地の各分布状況（第Ⅵ－25図）、普通住宅以外の建造物の分布状況（第Ⅵ－26図）をしめすにとどめたい。

これらだけからも、普通住宅地を主体とし、それの密集状況を一部呈しながらも、概して宅地面積の大きさが目立つ東・東南部区域と、大規模な高層住宅団地（都営および住宅公団による）、官庁・企業の寮、さらに学校、病院、公園などの公共施設と小規模普通住宅とが混在し、なお若干の農地山林も残る西・北西部地域との相違は容易に看取できよう。

第Ⅵ－23図　尾山台貸住宅地平面図

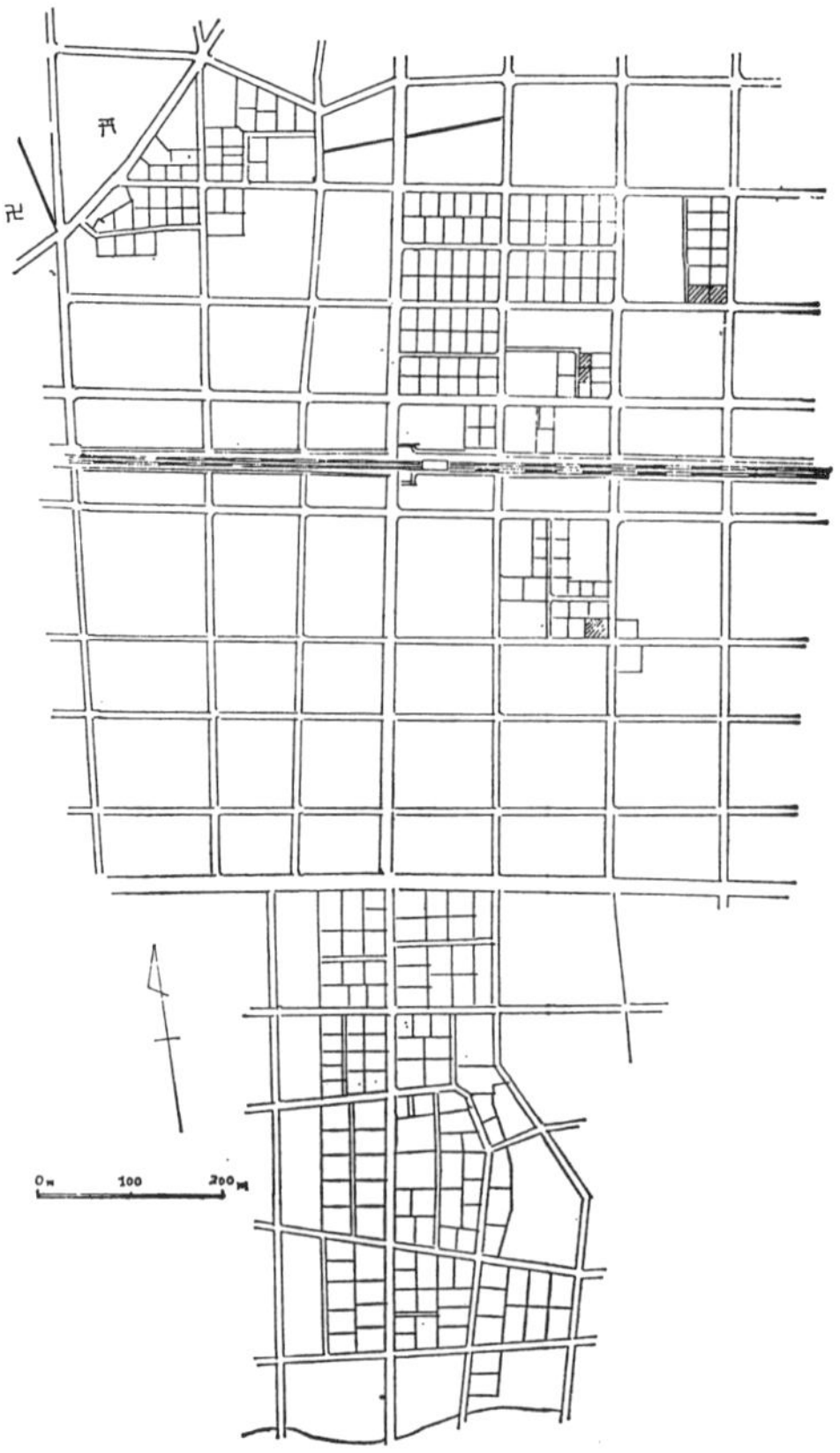

第Ⅵ－24図　旧玉川村における現在の宅地率

第Ⅵ－25図　旧玉川村区域における住宅地区の分類

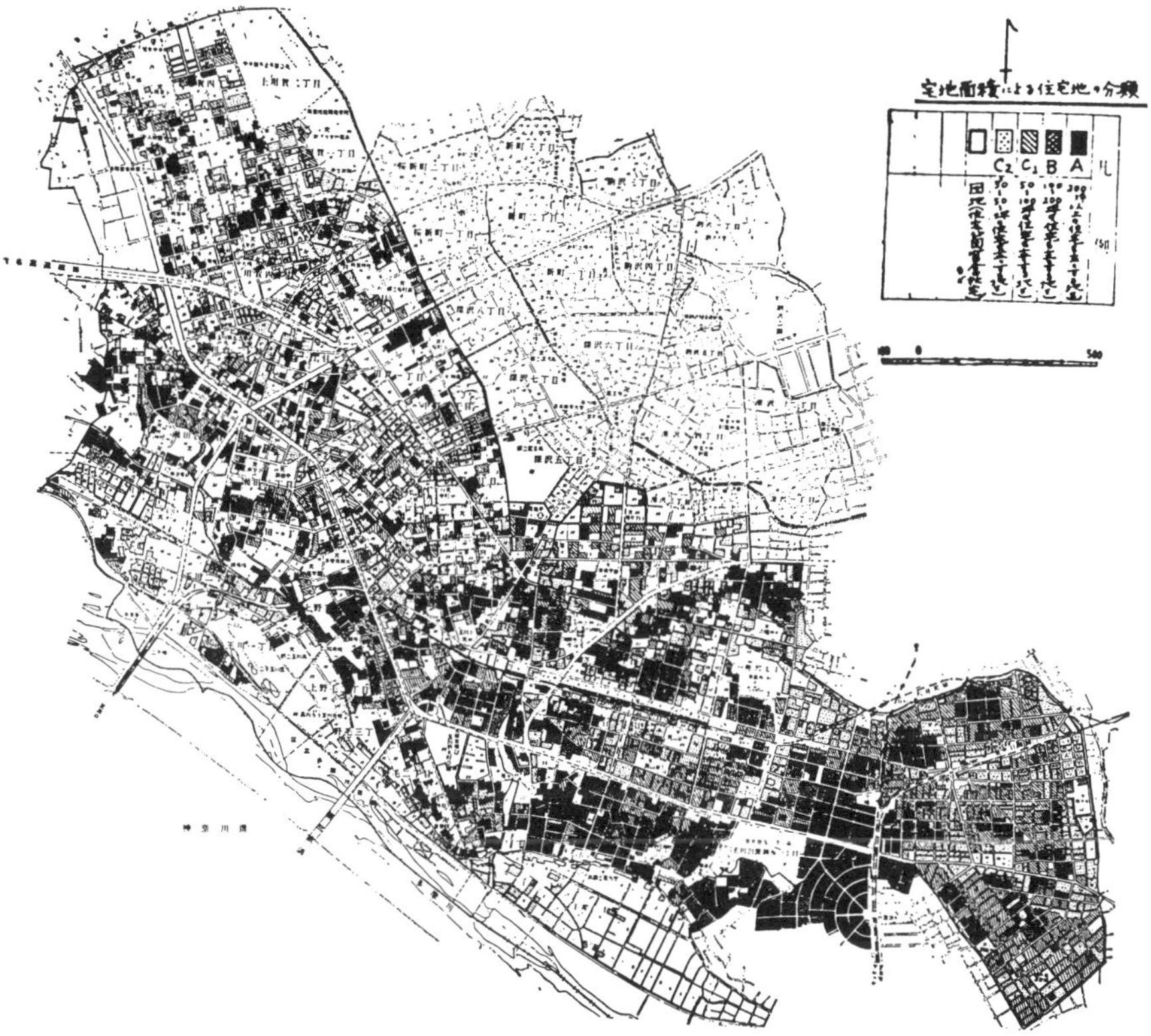

第Ⅵ－26図　旧玉川村区域における木造アパート、マンション、社宅、寮および団地の分布

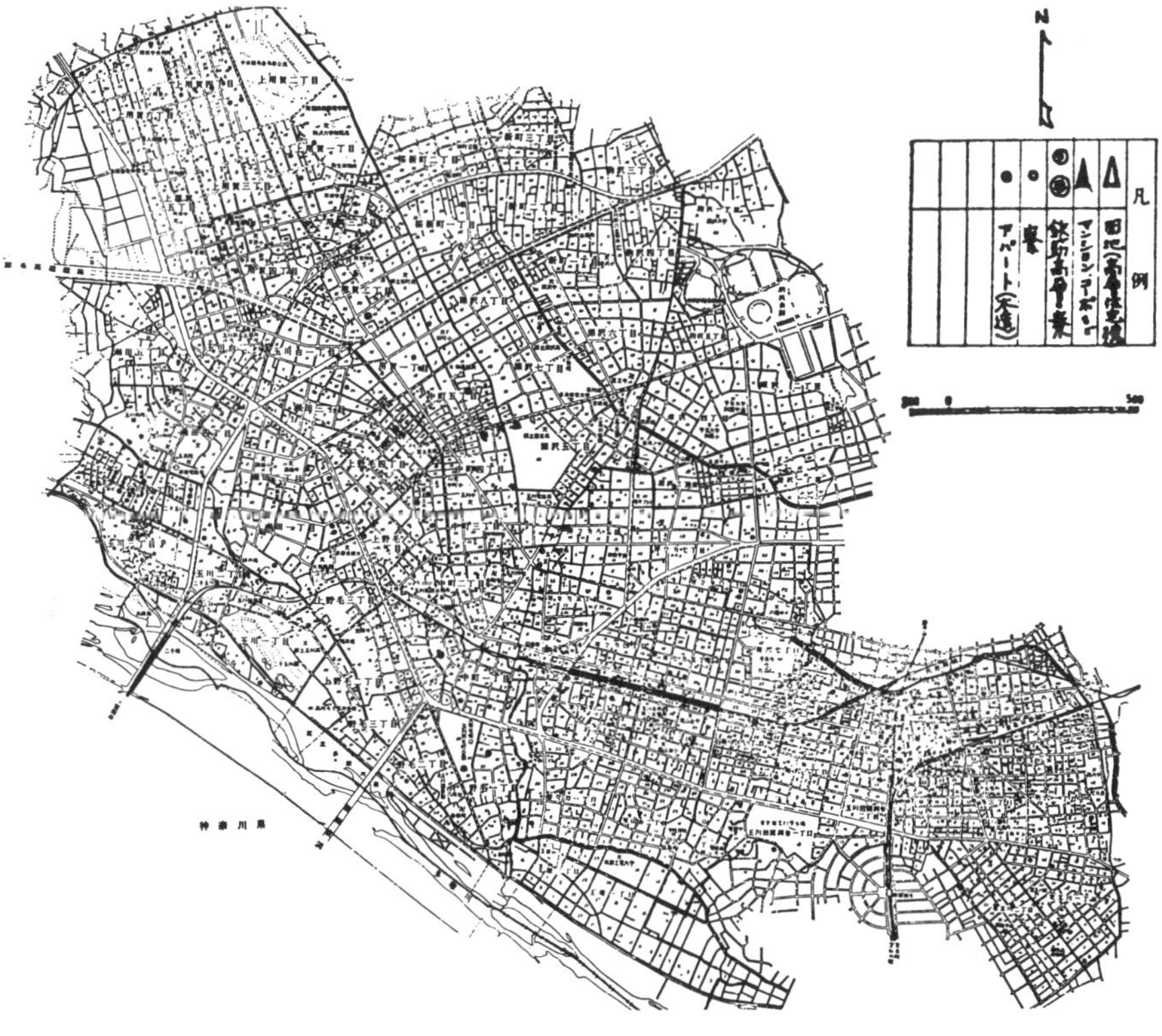

［1－3－④B］
世田谷区街並形成史研究会『世田谷区まちなみ形成史』（世田谷区都市整備部都市計画課、一九九二年、一一～四八、五七～六三、七五、七八～七九、一〇三～一〇四、一〇六～一一七、一四五、一四八、一八三～一九〇頁）

1868～1896年　明治期の世田谷

地租改正、学制発布、地方行政改革など、明治の新しい制度は世田谷地域にもおよんだ。明治維新の混乱で一時的に減少した東京の人口は、明治20年代になると１００万人の大台を回復し、市内では東京市区改正事業と呼ばれる都市改造が実施に移される。ただ、こうした事業は、直接世田谷地域に関わるものではなかった。

世田谷地域の村々は、１８８８（明治21）年の市制・町村制により世田谷村、松沢村、駒沢村、玉川村、千歳村、砧村の6カ村に統合された。明治初年の廃藩置県後多くは東京府に属したが、千歳・砧の2村の地域は、１８９３（明治26）年の三多摩地域東京府編入まで神奈川県に属していた。

当時の世田谷地域では、まだ目立った人口増もなかったが、消費都市東京の発展は、近郊農村世田谷に蔬菜《そさい》（あおもの）栽培増加等の影響をもたらした。なお、地租改正作業の完了後、一部有力地主への土地の集中など、農民間の格差がしだいに目立つようになった。

明治初期には学制に基づいて小学校が設置されたが、その多くは地元住民の負担を仰いでいた。

1　近郊農村としての世田谷

■江戸から明治へ

江戸から明治へと時代が大きく変わっても、世田谷一帯は畑作を主とする純農村、広大な武蔵野の一部にすぎなかった。

江戸幕府が地図に朱線を引き府内外の区別をした「朱引」によると、幕末の江戸は、その西端が、現在の山手線の内側におよんでいるものの、実際の江戸の市街地は、さらにその内側、四谷・赤坂あたりまでであった。江戸後期、世田谷農村はすでに自給自足的な農業を抜け出し、大消費地江戸への蔬菜など生鮮食品の供給地となっていた。一方江戸期を通じての小農経営は、決して恵まれた条件にあったとはいえず、労働力供給基地としての性格も強かった。

世田谷は、地域の大部分が武蔵野台地にあり、その表面は保水性に乏しく、乾燥しやすい関東ローム層が厚い。広大な台地は開発しにくく、永く雑木林や原野のまま放置された。自然の水系にも恵まれず、つねに旱害（日照り）の危険にさらされ、わずかに湧水を利用する谷戸付近の小さな田も、周囲を台地にかこまれて日あたりが悪く、作柄もよくなかった。また、低地部分の多摩川寄りは比較的開発しやすい土地柄であったが、江戸期においては毎年のように洪水にみまわれ、安定した農業経営を確立することは困難であった。

江戸の初期から中期にさかのぼる用水開発（六郷用水、玉川上水および玉川上水から分水してつくられた北沢用水、烏山用水、仙川用水、品川用水、三田用水など）は水田の開発を一時促進させたが、水懸りの可能な地域は限られ、結局、新たに開発される耕地の多くは畑以外にはなりえなかったという。そして江戸中期以降、年貢の金納化や貨幣経済が進行するなか、世田谷農業はますます商品生産的な畑作経営の傾向を強め、それ以降、近郊農村としての性格は幕末、明治期にも引き継がれてきたのである。

■明治期の世田谷農村

1874（明治7）年の「東京府志料」によれば、現在の世田谷区域（旧千歳村、砧村地域を除く）に当たる人口は1万2千人程、戸数にして約2200戸であった。1888（明治21）年の東京府調査（「市町村制実施録」）と比較してもその差はあまりないことから、この時期、目立った人口の動きはなかったものといえる。

耕地は大部分が畑であり、水田は三田用水・品川用水・六郷用水・烏山用水など各用水に沿った地域にわずかに存在するにすぎなかった。各村とも耕地は畑を主とし、ほぼ村の面積と人口に比例した耕地面積をもっていた。

また、先の「東京府志料」によれば、この地域の主な農産物は大麦・小麦・大豆・小豆・粟・稗《ひえ》の穀類と、大根・なす・たけのこ等の野菜類、柿・梅等の果実類となっている。

明治末から大正にかけて、農産物の生産は大都市近郊農村の特徴を示すように、穀類から野菜類へと移っていった。明治期には、外貨獲得のために重視された養蚕も行なわれている。また食生活の変化を反映して、養鶏に取り組む農家も少なくなかった。

この地域で生産された農産物は、新宿・目黒・神田等の青物市場に出荷された。当時の東京には、神田のほか各地に地域的な小市場が存在していた。運搬手段は、馬・荷車・人力車・農車・西洋小車そして牛であった。

米などを貢納する場合には、明治になっても、多摩川―東京湾―隅田川経由で水路浅草まで輸送した。

肥料としての下肥（人糞）の汲み取りには、東京の市内（新宿・四ツ谷近辺）にまで足を運んでいる。道路が悪く少し雨が続けば泥海と化するような中での、大変に困難な作業であった。

2　近代化の歩みと世田谷の町村

■村の再編、世田谷の6カ村

明治の初期から中期にかけて地方制度はめまぐるしく変わった。江戸の末期、世田谷地域は42の村々に分かれ、その支配は天領・旗本領・大名領（彦根藩井伊領）、寺社領の4つに組み込まれていた。維新直後の「府藩県之治制」により、世田谷は品川県と彦根藩領に一旦分割されるが、1871（明治4）年廃藩置県の断行後、多くの村は東京府に属し、千歳、砧の地域は神奈川県に編入された。また、各村は、新たな地方行

町村制実施当時の本区内（明治22年4月）

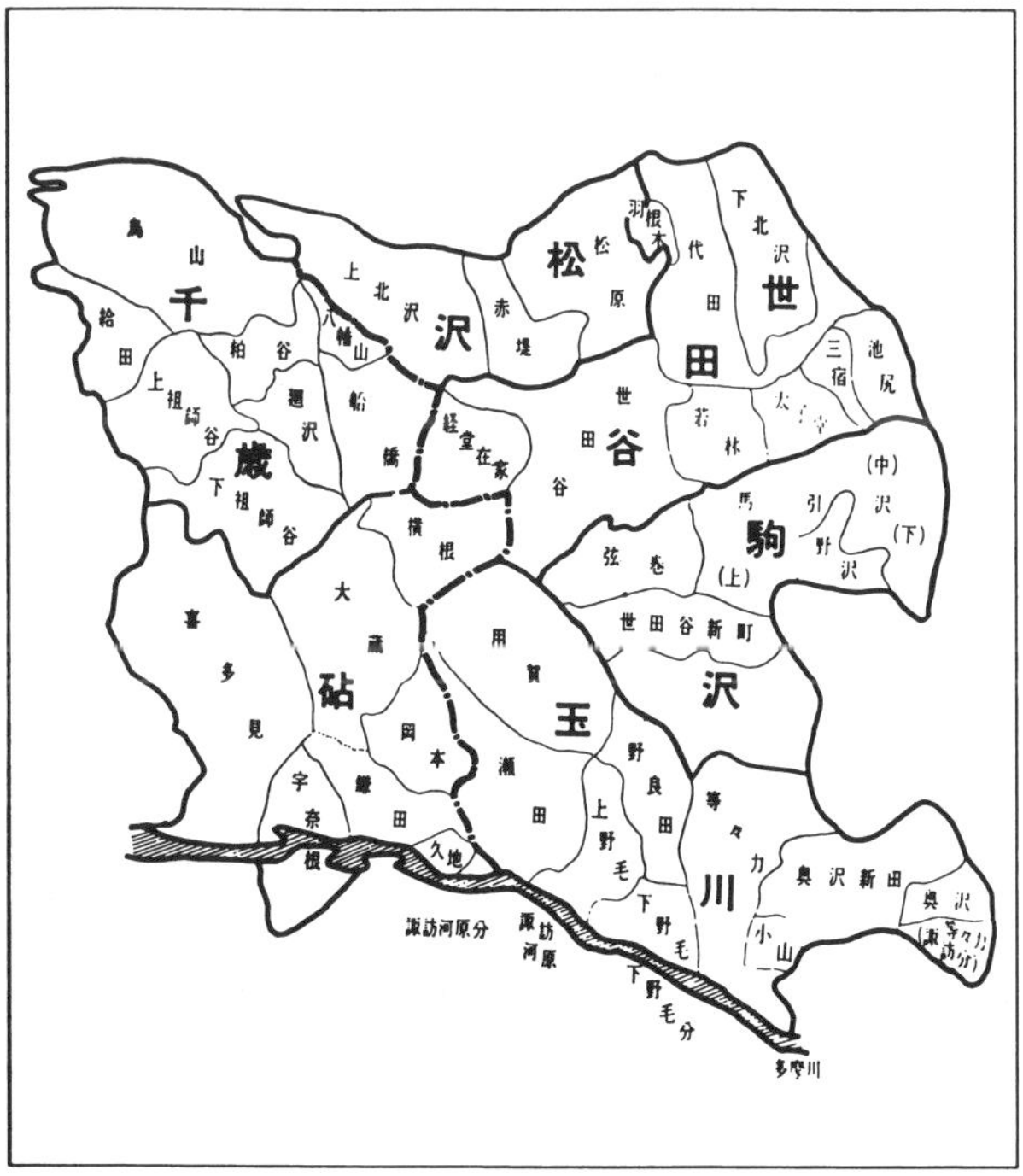

出典：「新修　世田谷区史」下巻

1―3―④B　世田谷区街並形成史研究会『世田谷区まちなみ形成史』

政単位である大区小区制のもとに再編された。

1878（明治11）年の郡区町村編成法は旧来の町村を復活させるとともに、小村は他の村と合併して連合村を形成することが求められた。旧藩時代には平均70戸程度の村落であった世田谷地域では、このときにだいたい6～7の村が合併して連合村が形成された。1880（明治13）年には区町村会法に基づき村会が組織され、初めての議員選挙が行なわれた。

さらに1888（明治21）年市制町村制の成立により、連合村が合併して、東京府荏原郡に世田谷村、松沢村、駒沢村、玉川村、神奈川県北多摩郡に千歳村、砧村が成立した。

1893（明治26）年には三多摩地域が東京府へ編入されたことから、1932（昭和7）年の東京市域拡大により世田谷区が成立するまで、この6カ村が世田谷地域の行政体として存在していた。

新しい村は旧村落が連合したものであるため、大村落が小村を合併した場合（世田谷村等）にも、相互に拮抗《きっこう》した村々が集まった場合（玉川村等）にも、それぞれに長い間政争が絶えなかった。時にはこれに当時の2大政党（自由党・改進党）間の争いが重なり、鉄道敷設や耕地整理等まちづくりに関連する事業に影響を与えることがあった。後述する玉川全円耕地整理事業もその一例である。

■地租改正と土地所有

明治の新政府はその財政基盤を確立するうえで、従来の封建制度の基礎となっていた土地制度を改革し、米中心のいわゆる石納《こくのう》制から租税中心の金納制に転換する必要にせまらせていた。

そして田畑の租税を金納にする前提として、江戸時代には田畑に米麦以外の作物を作ることが厳しく制限されていたのを、1871（明治4）年勝手作り許可へと変更した。同年には東京府下における武家地・町地の身分制行政区域を廃止し、すべての土地所有者に地券を交付して地租を上納させることとした。農民の耕作地のみに租税をかけるのは不公平との理由からである。

翌1872（明治5）年1月地券発行地租収納規則が施行されたが、このときは主に市街地を対象としていた。1873（明治6）年には、農村部にも、前提条件を整備したうえで地租改正条例を公布した。農村部では、1874（明治7）年頃から地租改正準備がなされ、土地の測量や田畑の等級付けが実施された。

こうして土地の価格が決定されたのであるが、そのことは各村の大問題であったため、時間をかけて慎重に実施されたといわれる。地方によっては不満が爆発して暴動になったところもあったが、東京近郊では比較的平穏に地券の交付が行なわれた。

しかし地租改正作業が完了した明治10年代から、農民間の格差が目立つようになってきた。「せたがやの歴史」によれば、下祖師ケ谷村における1877（明治10）年地租改正完了後の所有反別をみると、79戸中7反未満が26戸である反面、10町歩近くの田畑を所有する農家も3戸ある。以後一部地主への土地の集中と中堅農家の没落および多数の小作農民の出現は続き、第二次大戦後の農地改革では、約15町歩を解放した村内の有力地主も現れた。

「新修世田谷区史」では、賭博の横行により、田畑や家屋敷を取られてしまい、没落してゆく一部地主層があったことを記している。

有力地主の多くは江戸時代末期にすでに大農として成長していたのであるが、その地位を確立したのは明治以降であった。大正・昭和戦前期における耕地整理事業・区画整理事業では、後述する成城町の鈴木久弥のように、こうしや有力地主の協力が重要であった。

■学制発布と初期の学校

１８７２（明治５）年、日本の学校教育の基礎となった学制が発布された。翌年2月、東京府は管下の学区を定め、中学校、小学校設立の方針を発表、「邑《むら》に、不学の戸なく、家に不学の人なからしめん」とする国民皆教育の方針は、近代国家展開への第一歩でもあった。

ところで、明治初め世田谷の区域内には、寺子屋や私家塾がわずか7校しかなく、生徒数も２００名程度であった。これを憂えた村々の実力者たちは学校づくりに奔走し、１８７１（明治４）年には、公的な性格を有する最初の学校とみられる弦巻村の「幼学舎」や、太子堂村円泉寺の土地を借りての「郷学所（翌年には上北沢村と、目黒方面に分校を設置）」が開設された。この頃、世田谷では私家塾も徐々に増え、１８７４（明治７）年頃までに開学した家塾は、江戸末期に開かれたものを含めて32件を数えている。ただし、一校あたりの平均生徒数は20人台、最少5人前後から多くても60人台の規模であった。

また、太子堂の郷学所は、１８７４（明治７）年1月に世田谷最初の学制に基づく小学校となり「荏原学校」と改称、なお郷学所の分校もそれぞれ小学校に移行し、八雲学校、深沢学校となっている。さらに同時期、玉川（当時は等々力他9カ村）に玉川学校、砧・千歳（当時は神奈川県管下）には、研精学舎他4つの小学校が、その後も１８７９（明治12）年には世田谷村に桜学校、瀬田・用賀村に京西学校などが開校した。しかし当時はまだ不就学の児童が多く、村の有力者たちは学校にあげるよう勧誘して歩いたといわれる。

上野毛村の階層構成の変遷（江戸期）

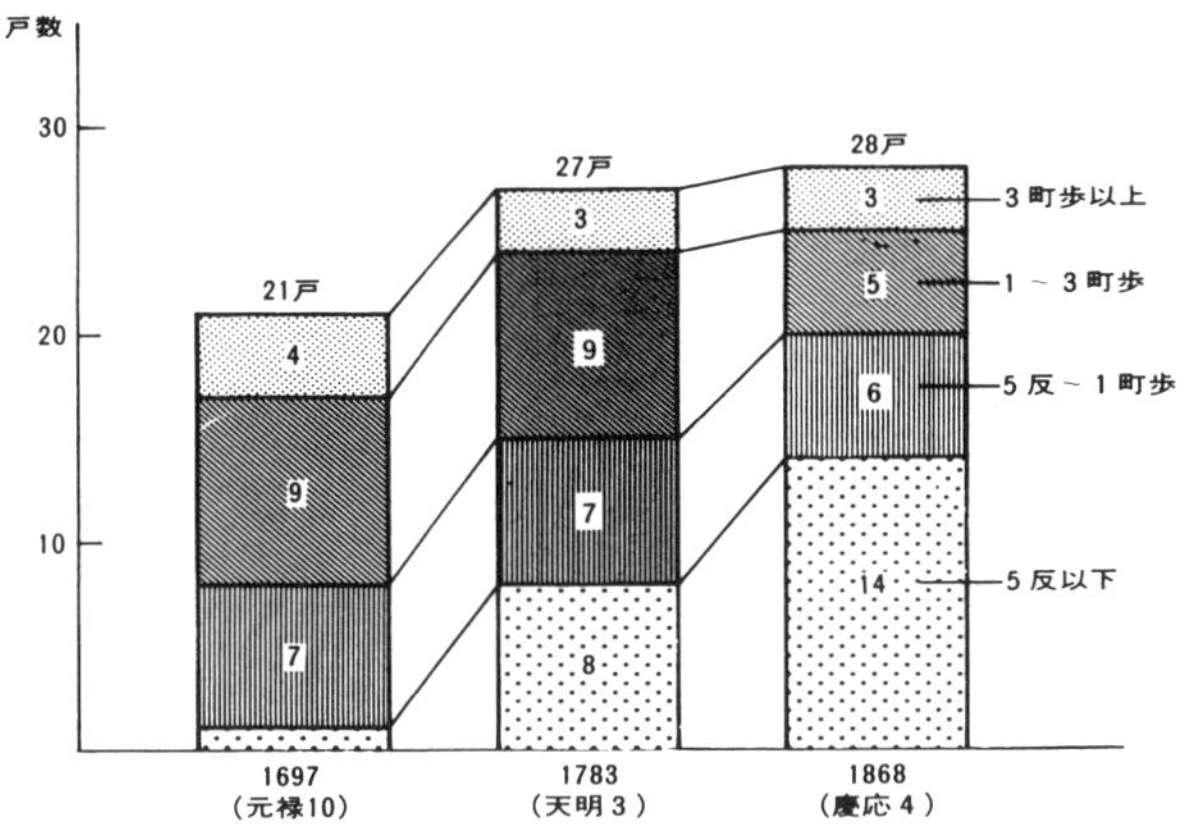

所有反別の階層――下祖師ケ谷村の場合（明治10年）

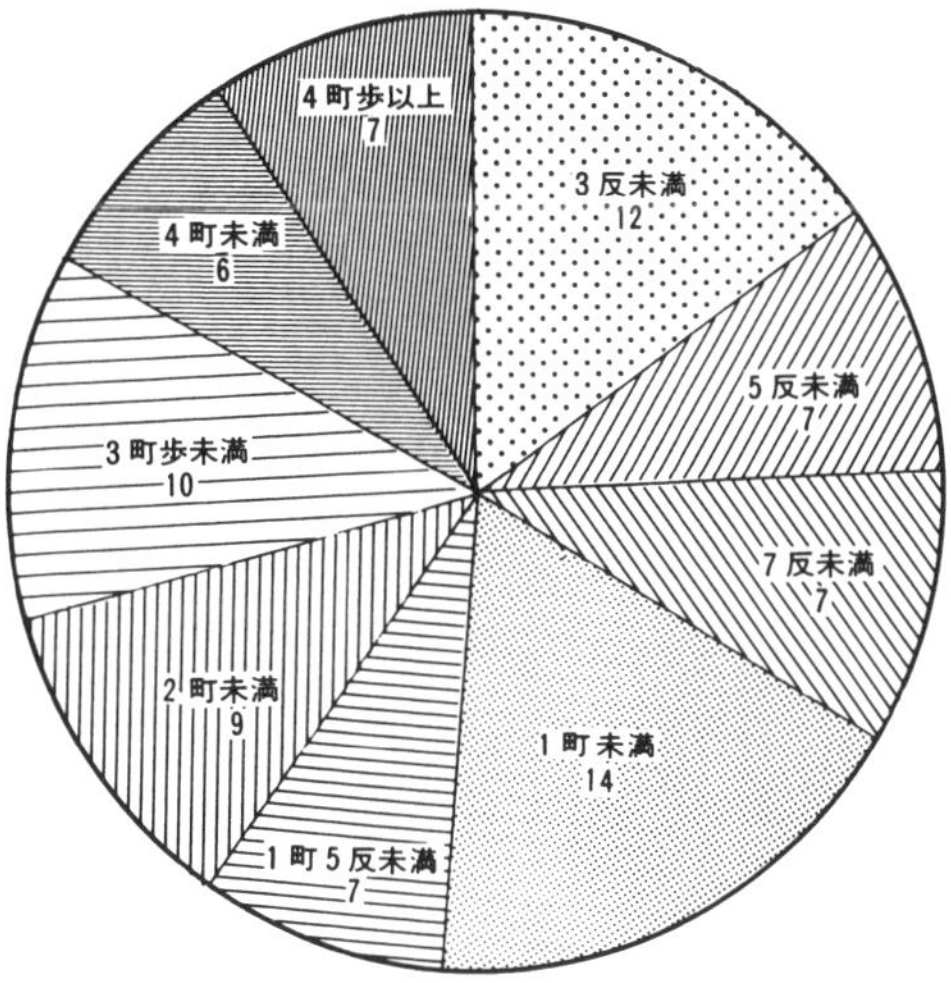

資料：「せたがやの歴史」より作成

桜小の前身・仙蔵院校舎

またこの頃は、学校の設立にも維持にも地元の負担が大きく、公立小学校の費用の約6割が民衆の直接負担によって賄われていた。学校建設は村あげての大事業、それはその後の町村行政にも引き継がれていく。

1897〜1923年　軍施設の立地と郊外電車の開通

純農村の趣があった世田谷も、三宿から三軒茶屋にかけて野砲連隊ができるなど、明治30年代以降の軍施設移転を機に、しだいに地域の様子を変えていった。明治末から大正期にかけて、玉川電車、京王線、目蒲線など私鉄の開通があいつぎ、沿線には少しずつまとまった宅地開発もなされるようになる。郊外住宅地としての世田谷がかたちづくられる時期であった。この頃隣接する地域では、田園都市株式会社による宅地開発、すなわち田園調布の開発も始められている。

一方東京市内では、東京市区改正事業と呼ばれる都市改造事業が本格化しており、軍施設の移転もこうした事業の進展が背景にあった。玉川電車も京王線も、当初は市区改正事業に使う多摩川の砂利輸送用に建設された鉄道であった。

この頃の代表的な宅地開発としては、東京信託株式会社の新町住宅、公的住宅の先駆けとしての太子堂府営住宅などがある。また岡本から上野毛の通称国分寺崖線沿いには華族・実業家・政治家等の別荘や邸宅が立地して、高級住宅としての世田谷を印象づけるもととなった。

1　軍施設の立地

明治の初期には、東京の中心部に多くの軍施設が配置されていた。しかし明治20年代になると、国内の治安の確立によって皇居周辺を兵営で固める必要がなくなったこと、繁華街に近いため兵士の風紀が乱れること、郊外のほうが広い練兵場を得られることなどから、これらの施設の移転が検討されるようになった。

そのうえ市区改正事業で丸の内等は市街地とすることになったため、兵営の移転は本決まりとなった。

世田谷と目黒にまたがる駒場野は江戸時代の末から軍事的に利用されており、まずここに多くの軍施設が移転したのである。1891（明治24）年騎兵第一大隊が外桜田から移転し、1896（明治29）年には騎兵第一連隊となった。1909（明治42）年にはその西北に陸軍獣医学校も移転してきた。さらに駒沢の練兵場、三宿の野砲第一連隊と、明治末には三宿・池尻に軍事施設が集中するようになる。

連隊の兵営が増加するにつれ、地域にはいろいろな影響が現れた。1907（明治40）年玉川電車の開通（最初は道玄坂上〜三軒茶屋、同年8月には渋谷〜玉川間全通）により、将校などが渋谷付近に家を構えて通うようになったが、一部には世田谷、下北沢などに住居をもつ例も出てきた。三宿の町には兵隊相手の商家も現れ、付近の農家は、いわゆる「兵隊屋敷」に大量の野菜を供給するとともに、下肥を得るようになった。

さらには、日清戦争以後の軍需産業育成が引き金となって、1919〜25（大正8〜14）年頃には、池尻、三宿、新町周辺にも毛織物工場、光学器機工場等が新設された。

2　郊外電車の開通

■玉川電車

東京市区改正事業による大規模な土木・建築事業に、多摩川の砂利を供給するための砂利舟に代わる輸送機関として地元の有力者たちが計画したものである。1896（明治29）年玉川砂利鉄道株式会社として出願したが、後に玉川電気鉄道株式会社と改称し、１９０３（明治36）年正式に発足した。世田谷地域の開発動向をみて、経営陣が旅客・貨物輸送も加えたのが改称の理由である。東京近郊の私鉄では先駆けとなるが、開通までにはさまざまな困難があった。

東京市区改正事業の停滞期と重なり、道玄坂～三軒茶屋間の用地買収が進まなかった。専用軌道案が駒沢村の反対で路面軌道となるなど地元に不統一があり、玉川村では路線引入地をめぐって地主間にトラブルがあった。資金難のため、新町に分譲住宅を計画していた東京信託株式会社に融資を仰いだ、等々である。

開通後は砂利輸送より旅客・貨物輸送が中心となった。駒沢村、世田谷村に設置された軍施設への通勤などである。

１９１１（明治44）年には東京市電が渋谷に達して都心とつながる（ＪＲ渋谷駅、新宿駅の開業は１８８５年である。当時は日本鉄道）。ただし、しばらくの間、玉川電車はむしろ郊外へくり出す東京人のための足で、沿線の市街化もそう急速には進まなかった。

■京王電車

甲武鉄道（現ＪＲ中央線）の建設に反対した甲州街道沿いの住民が、鉄道を拒否したためかえってまちがさびれたとして、この京王線（京王電気軌道、現京王帝都電鉄）の開通には協力的であった（鉄道敷設前の甲州街道には乗合馬車が通っていた）。

なお京王線にも多摩川の砂利輸送という目的があった。

大正末期の世田谷地域軍事施設所在地

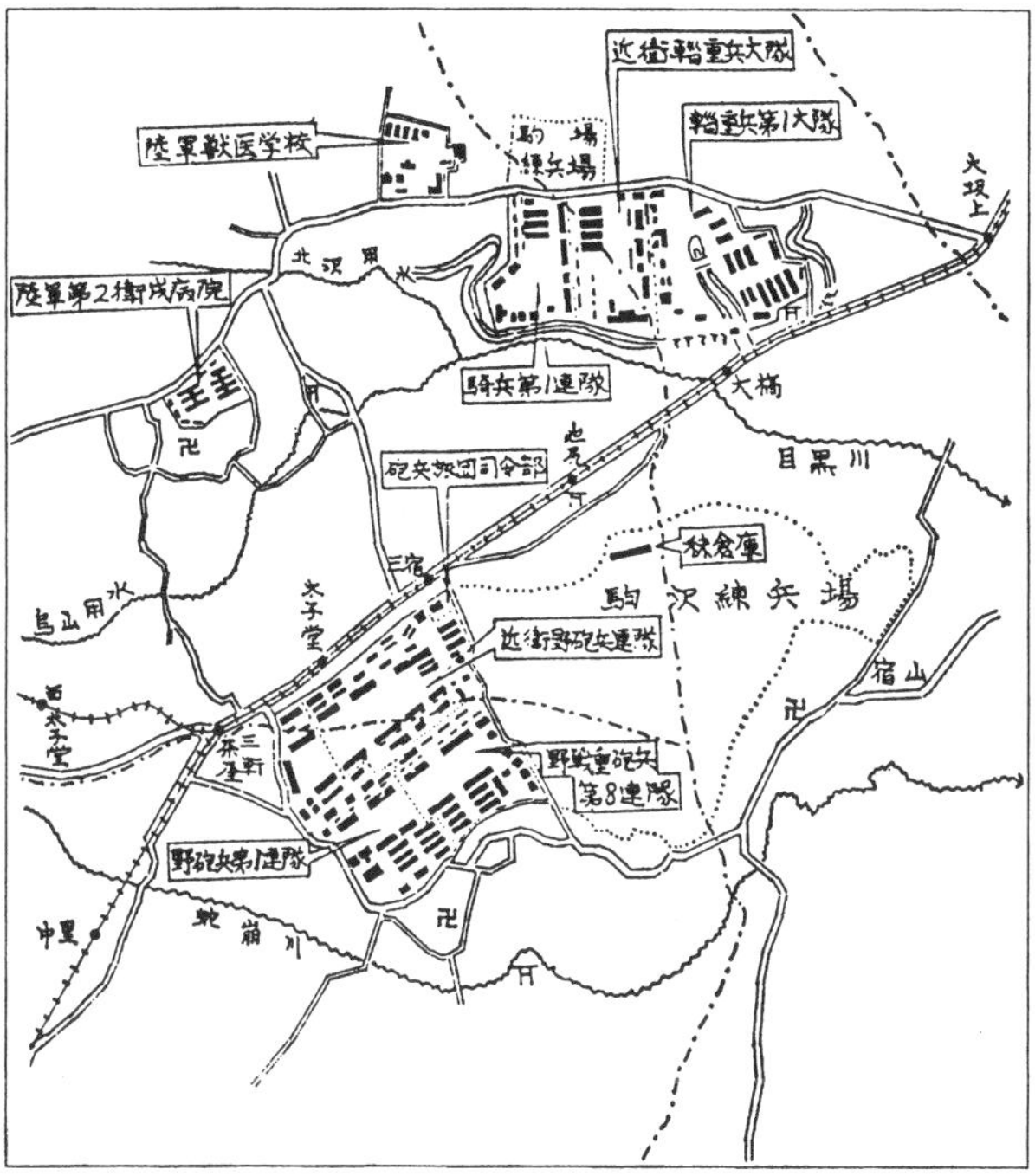

出典：「世田谷　近・現代史」

開通当時の玉電

明治40年の三軒茶屋交差点（玉電）

１９１５（大正4）年新宿〜調布間開通。このときの起点は新宿追分（新宿3丁目）であり、ここで東京市電に接続していた。沿線の本格的な市街化はもう少しあとになるが、開通直後より回数券、貸切券、団体券等のサービスを始め、通勤客への便宜をはかったことから、玉川電車よりも通勤客誘致は進んだ。

3　初期の住宅地開発

■明治後期以降の人口増と宅地化の進行

世田谷区域の6カ村人口動向を見ると、まず世田谷村で、ごく早い時期に戸数と人口の伸びが始まる。

もともとまちとしての性格をわずかに帯びており、他村にくらべて地味・水利など農業立地上の条件に恵まれなかったところから、兵営を中心とした「軍隊のまちづくり」にむかったものと思われる。

駒沢村の人口増も軍事施設の立地と結びついている。松沢村は１９１５（大正4）年まで人口・戸数ともほとんど増えていないが、京王線の開通以降急速に増加した。

玉川村では、奥沢・等々力が大正期に著しい人口増をみせているが、用賀・瀬田等ではきわめて緩やかな伸びになっている。砧村と千歳村は、この時期ではまだ市街化が進んでいない。

土地利用の変化をみると、この時期世田谷村、駒沢村の宅地の増加が著しい。

千歳村や砧村でも、統計上の変化は少ないが、市街化の波はひたひたと押し寄せていた。徳冨蘆花は、１９０７（明治40）年当時の千歳村粕谷に移り住み、１９１２（大正元）年に有名な「みみずのたはこと」を著わすのであるが、その序文で「東京が大分攻め寄せてきた」と書いている。それはまず、東京の市場向けに換金性の高い作物を作るところから始まった。雑木林は切り開かれて麦畑となる。次に大麦小麦より、直接東京向けの甘藍《かんらん》（キャベツ）や白菜、園芸物が良いということで「純農村は追々都会附属の菜園になりつつある」。

そのうえ「洋服、白足袋の男など工場の地所見に来たり」して「要するに東京が日々攻め寄せる」のであった。

■新町住宅の建設

１９１２〜１３（大正1〜2）年に開発された東京信託株式会社の新町住宅は、当時の駒沢村深沢と玉川村下野毛飛地にかかる約23万㎡の山林・原野を切り開いた分譲宅地であった。この新町住宅は、玉川電鉄株式会社に20万円を投資し、役員2名を送り込んでいた東京信託株式会社が、沿線開発による乗客増をねらって進めた事業である。区内では鉄道敷設と計画的な宅地開発を組み合わせた初めての例であった。

したがって居住者の利用のために新町停車場を開設し、電鉄より電気の供給を受けて電灯の使用を可能にしたほか、住宅地内には縦横に道路を通して排水溝を整備、さらに派出所・浴場・商店等を配し、文化的住宅地として売り出したものである。中心街路には桜樹約１０００本を植えたことが、桜新町の名の由来となった。

大正末には、住民が共同の利益をはかるため「社団法人新町親和会」を結成している。

■その他の民間開発

この時期、すなわち関東大震災前の、民間の計画的住宅地開発は少ない。そうした数少ない例として、南烏山の和田住宅をあげることができる。もともとこれは、和田新（和田工務店）が、府立松沢脳病院（現都立松沢病院）の左官工事の請負代金をもとに烏山中町の合羽工場を買い、待合を造ろうとしたものであった。しかし、かつての甲州街道の間宿烏山も、街道筋の交通量減から転換期を迎えており、待合の営業許可も厳しいことから住宅地への転換をはかったのである。

1922（大正11）年に完成した和田住宅は1戸あたりの平均敷地面積が50坪程度、26戸が道の両側に並んで建ち、つきあたりには公園（池と神社）が配されている。当初は借地借家で、平塚雷鳥などの有名人も住んでいたという。

■国分寺崖線の邸宅

多摩川左岸の通称国分寺崖線沿いに、岡本から上野毛にかけて政治家・実業家・華族・高級軍人などの別荘や邸宅が構えられるようになった。時期的にばらつきがあるものの、大正期にはすでにかなりの住宅が立地している。こうした邸宅の存在は高級住宅地としての世田谷を印象づけるものであった。

■公的住宅の先駆としての太子堂府営住宅

世田谷地域での公的住宅の建設は決して先行的に進んだわけではないが、1921（大正10）年の太子堂府営住宅の建設は、この時期にあって特筆すべきものであった。

大正期に入ると、東京への人口集中は住宅の絶対数の不足をもたらしたが、さらに大戦後の不景気は家主と店子の間の紛争を激化させたため、都市における住宅問題は一層深刻なものとなった。

東京府は「財団法人東京府住宅協会」を設立し、住宅困窮者への住宅

新町住宅地の開発

①新町住宅の区画図

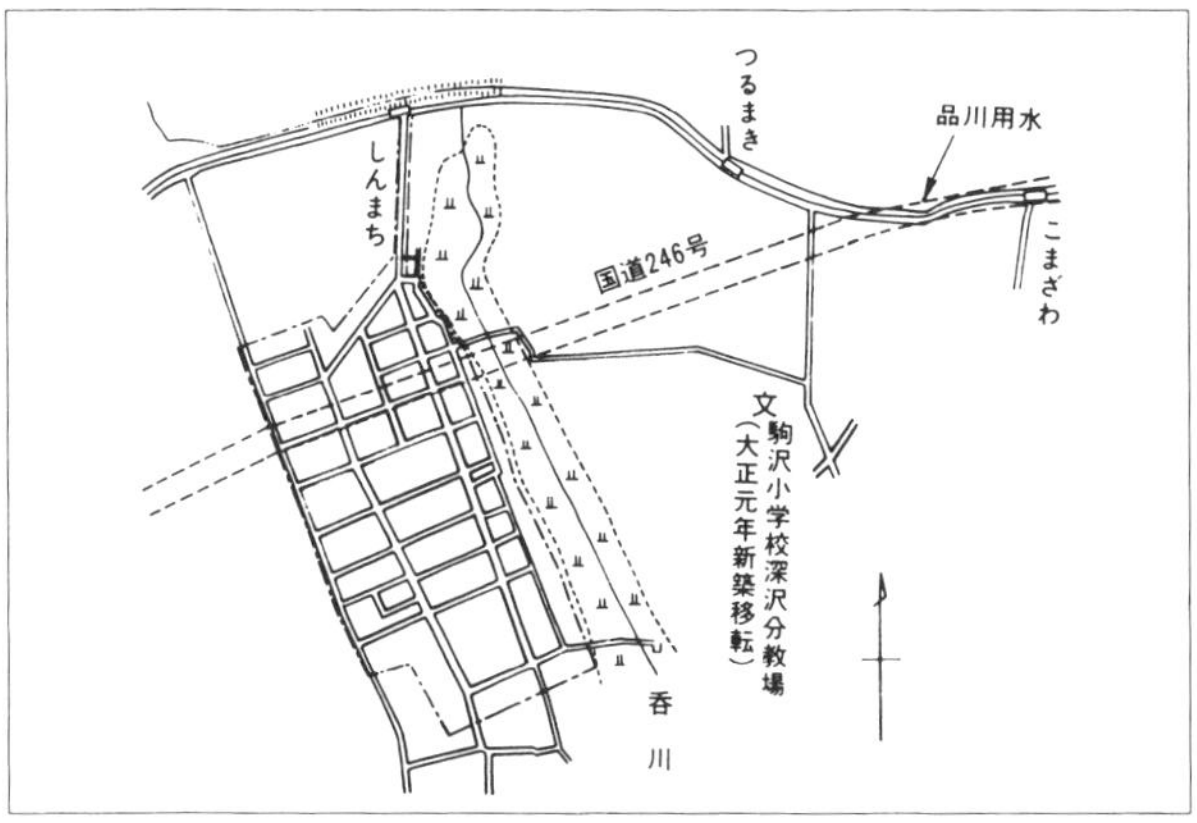

出典：「世田谷　近・現代史」

②桜新町売りだしの広告

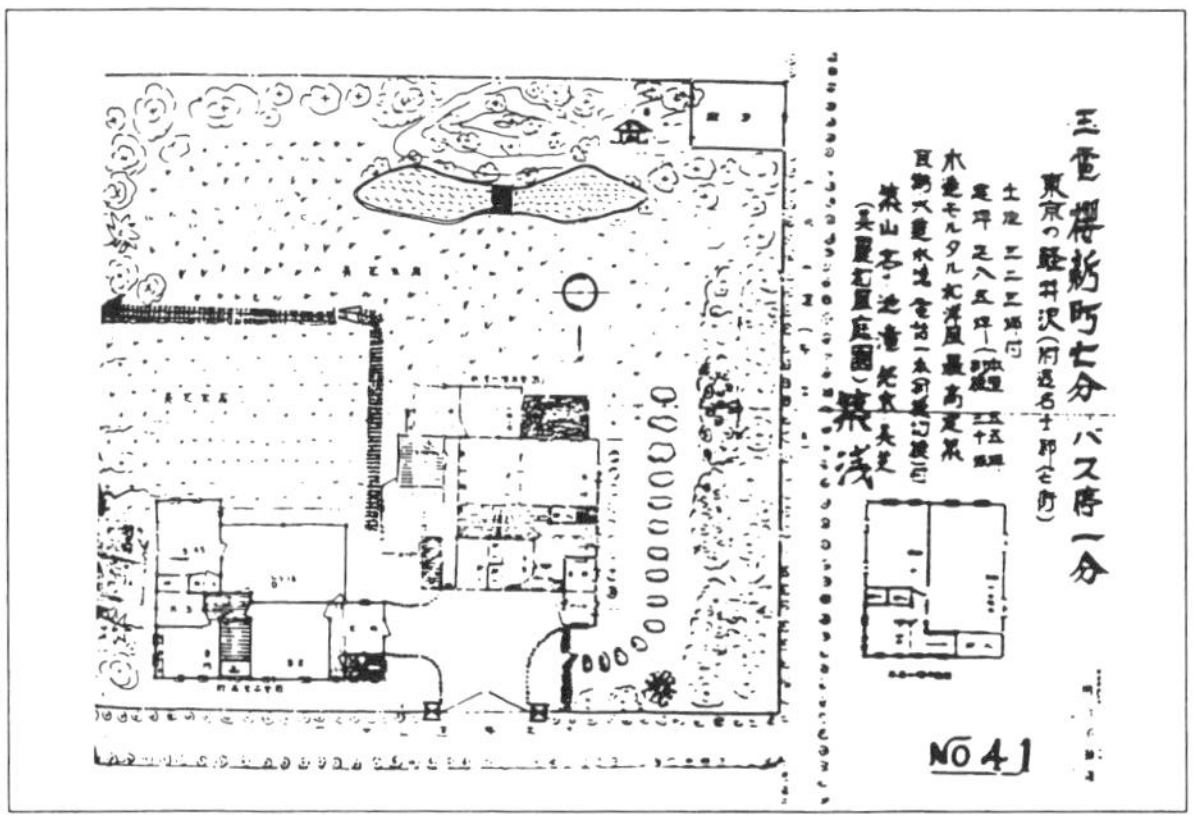

出典：「郊外住宅地の系譜」鹿島出版会

昭和3年頃の新町住宅地

国分寺崖線（二子付近図）

出典：「世田谷の近代風景概史」

供給にあたらせた。太子堂の府営住宅は、総面積約9300坪、住宅戸数140戸、小規模ながら公設市場と児童遊園をそなえた本格的な公営住宅であった。敷地は地元の地主からの借地であり、その地代をめぐっては居住者たちと地主たちの間で紛争を生じることもあった。

4　高等教育機関や新しい施設の進出

世田谷には住宅都市という印象とあわせて文教地域のイメージがある。世田谷地域には、すでに明治の末から高等および中等教育機関が立地していた。

この時期までの主な例をあげてみると、

1908（明治41）年　府立園芸学校（現都立園芸高校）深沢に創設
　09（〃　42）年　陸軍獣医学校、下代田に移転
　　　　　　　　　国士舘中学（現国士舘高校）世田谷に創設
1913（大正2）年　曹洞宗大学（現駒澤大学）駒沢に移転
　　　　　　　　　曹洞宗第一中学林（現世田谷学園）三宿に移転

以後も関東大震災後の成城学園を始め、多くの教育機関が区内に移転ないし創設されるのである。

こうした教育機関の移転・創設は、大正期以降の地域内交通機関の整備と深く関係している。こうした学校へ通学するのは、地元の子弟というより電車等を利用する東京市内居住者や、新しくこの地域の移住してきた世帯の子弟がほとんどなのである。

このあとの時期ではあるが、1934（昭和9）年に京王線沿線に明治大学予科が開校したことから、翌年には最寄り駅の名称が「松原」から「明大前」に改称された。後述する成城学園の場合も最寄り駅に学校の名称がついているが、このときは「喜多見成城」としてほしいとする地元との間で、多少のあつれきがあったようだ。

大正末以降のバス路線の新設も、学校への通学の便を考えたと思われるものが少なくない。

■新しい施設

世田谷地域にはこの時期、軍施設や住宅地だけでなく、特徴的ないくつかの新しい施設が立地している。そのうち駒沢ゴルフ場、玉川遊園地、松沢病院についてみてみよう。

■駒沢ゴルフ場

駒沢町に東京ゴルフ倶楽部が設けられたのは1905（明治38）年で

ある。著名人ばかりの倶楽部であり、駒沢の広大な土地を利用した東京初のゴルフ場は東京郊外の名所となった。東京倶楽部は１９３０（昭和５）年埼玉県朝霞に新たなコースを造って移転したため、目蒲電鉄が後を引受け駒沢倶楽部を組織して、その後もここをゴルフ場として使用した。

　大正末から昭和初年にかけてゴルフを楽しむ人々も増えたため、後には等々力や砧にもゴルフ場が造られた。

■玉川遊園地

玉川電鉄では玉川電車の乗客誘致のため、１９０９（明治42）年玉川神社の下、現在身延山関東別院と住宅のある一帯を地主から借り受けて、玉川遊園地を造った。

　多摩川沿いには明治末より料亭や船宿が軒をならべて行楽地の観を呈していたが、新たに小動物園や運動場などをそなえた遊園地が出現したわけである。遊園地の奥には京都の清水寺を模したといわれる玉川閣があった。

　玉川鉄道では、大正初期に玉川菖蒲園を、１９２２（大正11）年には第二玉川遊園地を、１９２５（大正14）年には玉川プール（日本初の公認プール）を建設、二子玉川を一大レクリエーション地帯としようとした。

　兵庫県には木を植え、せせらぎ亭、水光亭などの茶店を設け、春は観桜会、秋は紅葉狩りを催し、酒肴付きの乗車券を発売したこともあったという。

玉川園見取図

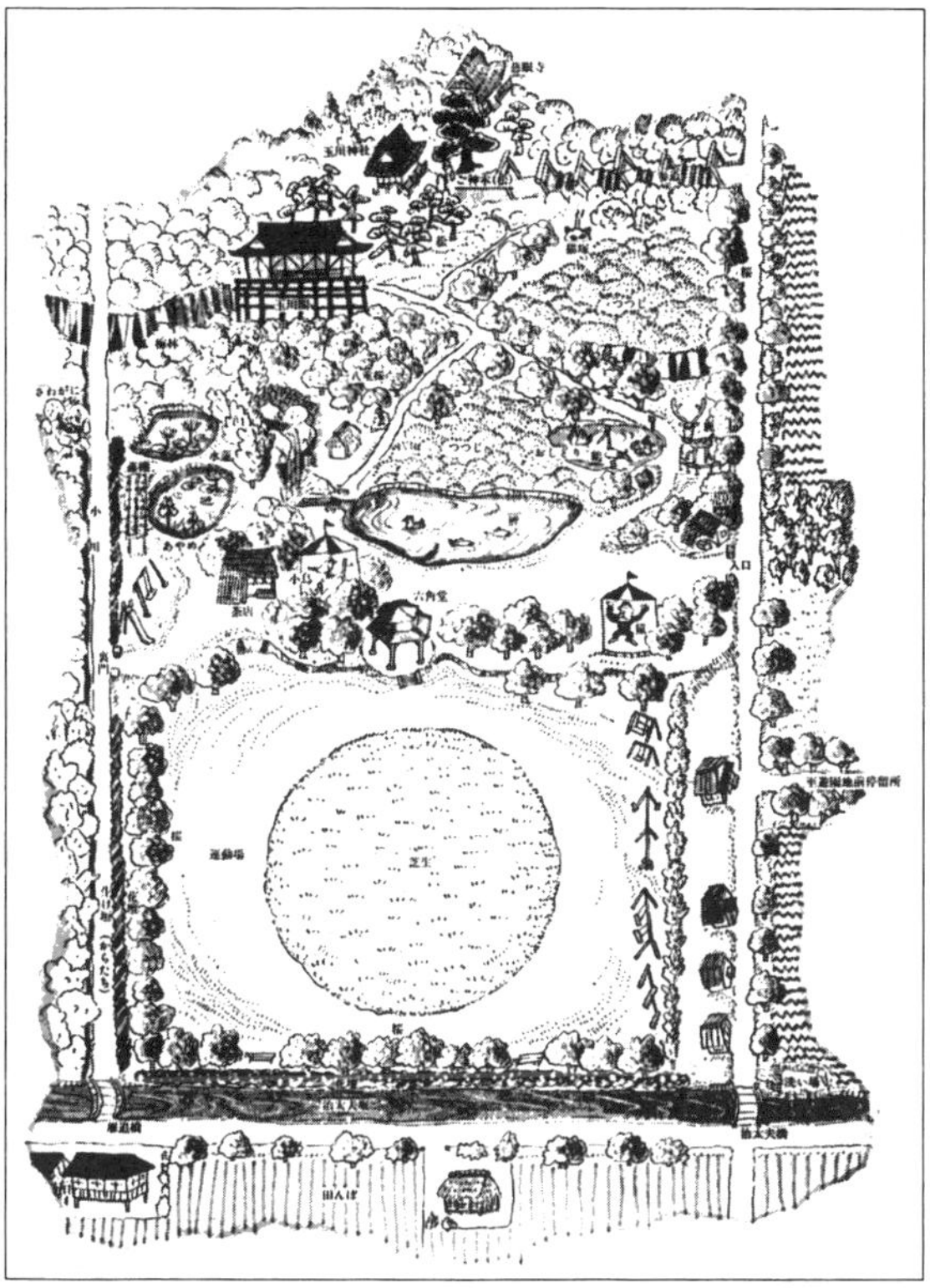

出典：「けやきの里日記」

大正10年の松沢病院正門前

しかし戦争が始まり遊園地に来る客も減って、遊園地も玉川閣も取り壊されてしまった（菖蒲園は多摩川の堤防工事の影響からか大正8年には姿を消していた）。戦時中は防空壕が掘られ、その土で池は埋立てられた。

戦後この土地は地主に返され、さらにそれを東京都が借りて1949（昭和24）年都営住宅が建てられた。

■松沢病院

1886（明治19）年本郷駒込片町の養育院から巣鴨に移った癲狂院は、当時市民がこの名を嫌ったため1889（明治22）年巣鴨病院と改められた。しかしこの地域も民家が建て込んできたので、患者の静養をはかるため郊外への移転を計画した。そして松沢村上北沢を適地として選定し、地元との交渉もかなったので、1919（大正8）年この地に病院を建設、名前も松沢病院とした。

地主の一部は村の発展につながるとして誘致に動いたという。

戦前松沢病院の名は、入院患者である蘆原将軍の名とともに東京市民には広く知られていた。

1924～1927年　関東大震災と宅地化へのうねり

1923（大正12）年9月1日に起きた関東大震災は、東京の下町に大打撃を与えた。世田谷地域の被害は少なく、むしろ市内からの避難民の救護に忙殺された。被災地では帝都復興事業が実施され、江戸的色彩を払拭した近代都市東京がしだいにできあがっていった。一方、焼け出されて一時郊外に落着いた層の中には、むしろその地に定住して、東京へ通勤するようになった人々も少なくなかった。サラリーマン層のなかには、被災を機に健康的で閑静な、しかも都心にくらべて家賃の安い郊外に居を移す傾向が顕著になっていった。小田急線、東横線等の開通もあり、世田谷地域の市街化は進展のきざしをみせていた。

この時期の代表的な宅地開発としては、成城学園周辺のまちづくりや玉川全円耕地整理事業がある。成城学園は震災直後に移転したもので、学校建設と住宅用地の区画整理を同時に行ない、整然とした学園町を造成した。玉川全円耕地整理事業は、玉川村全域を対象とした、計画的宅地造成を意図する耕地整理で、紆余曲折を経ながら約30年の月日を要して完成した。

1　関東大震災と世田谷

1923（大正12）年9月1日の関東大震災は、東京・横浜を中心に未曾有の被害をもたらした。死者・行方不明者約10万人・重軽傷者約5万2000人、罹災者総数約340万人、被災世帯約70万世帯。こうした被害のほとんどが、地震のあとに発生した火災によるものであった。

世田谷地域においては火災の発生はなく、死者・行方不明者8人と豪徳寺や松沢病院など一部の建物の被害にとどまった。

市内の罹災民約100万人のうち70万～80万人ほどが地方に避難したといわれる。世田谷地域では、東京市隣接の他町ほどではないにしてもかなりの避難民が身を寄せたことから、当座はこうした人々への救援に労をさいた。

しかし、避難民のなかから以後世田谷に定住する人々も現れたり、市内からも、比較的家賃が安く閑静な郊外の住宅地に移住する人々が出てきたことから、世田谷地域、特に世田谷町（世田谷は1923年4月に町制を施行して世田谷町になった）の人口は著しく増加した。

後述するように、目蒲線、東横線、小田急線など東京市内と結ぶ交通機関が整備され、通勤の便が良くなったことも、サラリーマン層の移住に拍車をかけた。

下町の寺院が移転した烏山寺町、牛込から移転してきた学校とその父母への分譲住宅地で形成された成城町、下谷から焼け出された人々が定住した下の谷商店街（太子堂）などの特徴あるまちは、関東大震災を契機に開発されたものである。

2　交通機関の整備

大正末から昭和の初期にかけて、世田谷地域ではさらに私鉄路線の建設が進んだ。世田谷線、小田急線、目蒲線、東横線、大井町線があいついで開業し、1933（昭和8）年の井の頭線開通でほぼ今日の区内の鉄道網ができあがった。

烏山寺町の図

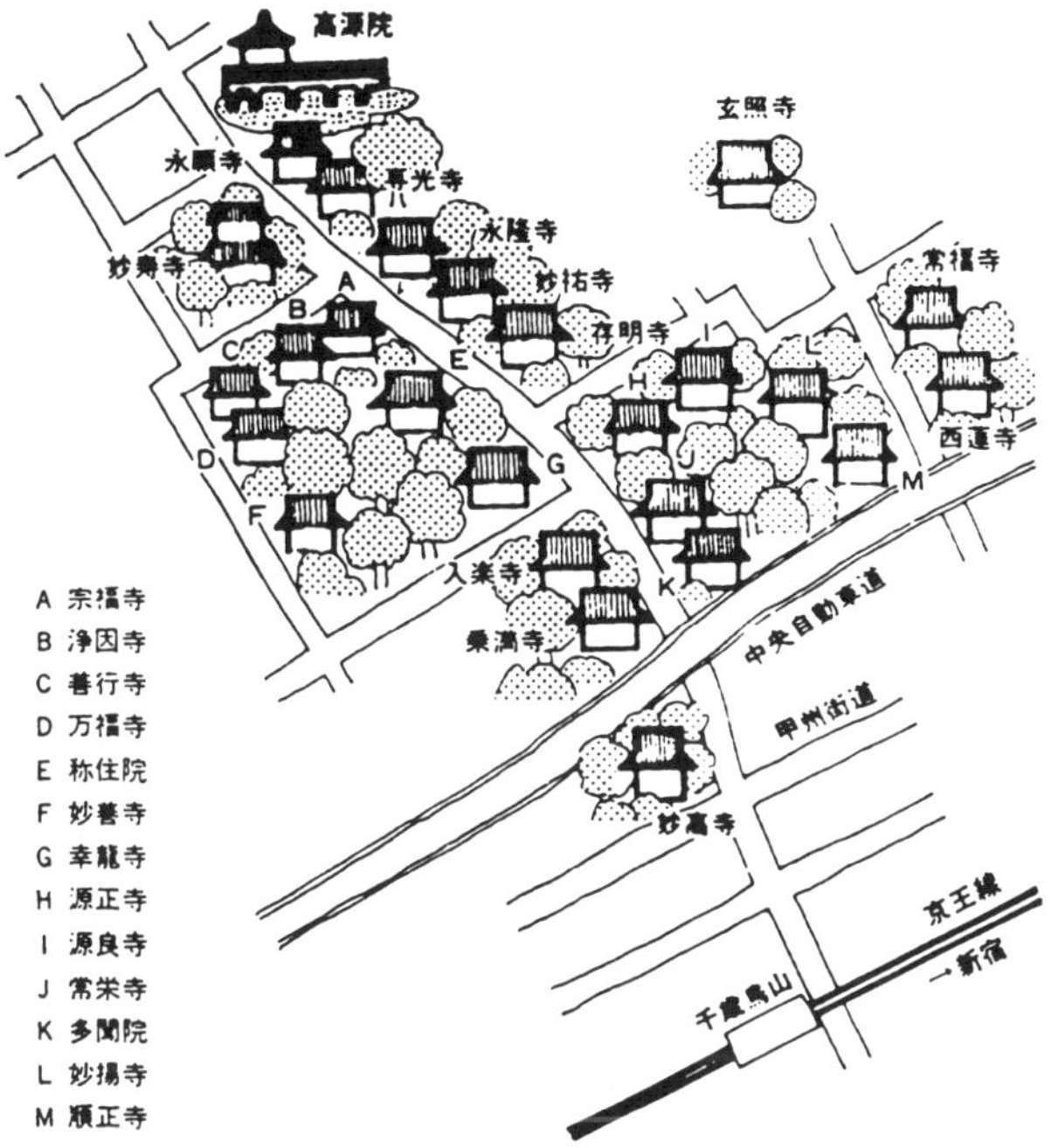

出典：世田谷区「都市計画概要」

こうした私鉄各線の沿線では、電鉄会社によるものを始めとする計画的な宅地開発も本格化していった。また大正末から乗合自動車の営業が始まり、区内の路線バスも徐々に整備されていった。

■世田谷線

玉川電車や京王線の開通により、周辺部での開発が相対的に進んだのに対し、三軒茶屋から西の中心地域では、同じ世田谷村のなかでもこうした影響を受けることは少なかった。1920（大正9）年に始まる世田谷線誘致運動は、この地域の地主層を中心に、玉川電鉄に対して、三軒茶屋から陸軍自動車隊方面にいたる路線の開設を求めたものである。

路線の新設にあたっては、当時の世田谷村村長相原栄吉や旧代官大場家の当主大場信続を始めとする沿線地主が、用地の提供等多大の協力を惜しまなかったことが文書に示されている（「世田谷　近・現代史」p.598）。

玉川電鉄はこうした地元の意向を入れて新線の建設を決定した。しかし電鉄側は地元の要望する路線を変更して、上町以西を京王線下高井戸に接続する計画とした。地元では、当時建設が予定されていた小田急線に接続する支線（勝光院西線）の建設を要望したが、結局これは実現しなかった。

1925（大正14）年世田谷線は開通したが、沿線の宅地開発が進むのはもう少しあとになってからであった。

■小田急線

後に小田急（小田原急行鉄道株式会社、現小田急電鉄株式会社）の社長となった利光鶴松は、地下鉄（東京高速鉄道）の建設をもくろんだが、内務省の反対や第一次世界大戦後の不況に遭遇し挫折、かわりに東京～小田原間の鉄道敷設計画が浮上した。当初は平河町起点の計画であったが、当時の鉄道省旅客課長の〝将来は新宿が山の手の中心になる〟との進言を入れて、新宿三丁目を起点とした。

新宿への乗り入れは、東京鉄道局の内部に反対があり一時は難航したが、結局認められた。

1927（昭和2）年新宿～小田原が開通したが、開業当初は乗客も少なく、運賃半額割引で海水浴客を誘致したり、霊場めぐりとセットで乗車券を売ったりという工夫のほか、多摩川からの砂利輸送も手がけた。

その後積極的に沿線開発に乗り出し、千歳船橋、喜多見などで宅地分譲、祖師ヶ谷大蔵で郊外住宅展覧会、成城で住宅展覧会を開き、いずれも好評で乗客も増えていった。

■目蒲線・東横線・大井町線

目黒蒲田電鉄株式会社は、田園都市株式会社が、洗足、大岡山、田園調布地区の計画的住宅地開発を行なうにあたり、都心への交通の便をはかるために設立した会社である。

会社の設立は1922（大正11）年、翌年には目蒲線目黒～蒲田間が全線開通した。多摩川台（現田園調布）、上野毛、奥沢、等々力などで積極的な宅地開発を行なったこともあって、乗客は開業以来増加の一途をたどった。

大井町線は1927（昭和2）年大井町～大岡山間が開通、さらに1929（昭和4）年には二子玉川～大岡山も開通して、世田谷の南部地域の足として活用されるようになった。

なお1927年には玉川に二子橋ができ、玉川電車が溝の口まで延長された。

東京横浜電鉄株式会社（現在の東急電鉄株式会社）の東横線は、1926（大正15）年丸子多摩川～神奈川間が開通、1927（昭和2）年には渋谷～丸子多摩川が開通した。これにより駒沢町（1926年町制施行）での人口増加が加速された。

東京横浜電鉄も、等々力、奥沢を始め、豪徳寺や下馬など世田谷のかなり広範な地域で宅地の分譲を行なっている。

■バス路線

大正末から昭和の初年にかけて、東京には数多くの小規模のバス会社が路線バスの運行を行なっていた。世田谷の地域では大正の末において仲田乗合自動車（渋谷～三軒茶屋～世田谷上町～砧村喜多見）、代々木乗合自動車（代々木三角橋～世田谷淡島前）、日東乗合自動車（渋谷町中豊沢～世田谷町役場前）、甲州街道乗合自動車（新宿三丁目～代々幡～下高井戸～松沢～烏山～調布～多摩村東京市営公園前）等が運行していた。

昭和初期にかけて路線が増設されるとともに、こうした会社の合併・吸収がくり返される。路線バスについては、当初の経営主体が弱体であり、その後の変更も多かったことから特に初期の実態がつかみにくいが、主な経由地をみると、鉄道駅から町役場等の公共機関や学校をつなぐものが多かったようである。

■幻の鉄道計画

大正の末から昭和の初期にかけて、いわゆる第3次私鉄ブームを背景に、開発の進む東京西郊を対象とした新線の計画がいくつかたてられたが、その多くは実現されなかった。

そのなかで第二山手線と呼ばれた、東京山手急行電鉄の路線計画について触れておく。この路線は、大井町～池上～玉川～駒沢～世田谷～杉並……滝野川を結ぶ環状鉄道で、1927（昭和2）年免許を得るが、昭和初年の不況に直面して建設は暗礁に乗り上げる。その後、一部が現在の井の頭線として建設された。なお、小田急線の梅ケ丘駅は、東京山手急行との共同使用駅として設置されたものである。

また、1928（昭和3）年に建設された池上線の支線雪ケ谷大塚〜新奥沢間は、当初雪ケ谷大塚から中央線国分寺をつなぐ路線として計画されたものであるが、やはり途中で挫折し1935（昭和10）年にはこの支線も撤去された。

3　成城学園周辺のまちづくり

1923（大正12）の関東大震災直後、牛込の成城学校長沢柳政太郎は郊外に学校を移転し、理想の学園都市を造ろうとした。この理想をともにいただき実現に貢献したのは、当時の成城小学校主事だった小原国芳（のちの成城学園長）である。当初は高井戸も候補地だったようだが、ほどなく開通するはずの小田急線が近くに駅を設置する予定であったし、周囲の恵まれた自然環境も学園都市にふさわしく、また、地元の熱心な勧誘と援助があったことも大きく働いて、砧村喜多見に決まったのである。

1924（大正13）年成城学園後援会地所部ができ、喜多見に10万坪の土地を買収、学校建設と住宅用地の土地区画整理事業が行なわれた。「新修　世田谷区史」下巻には、最初耕地整理をしたいと東京都に申請したところ、大東京10マイルの半径に入っているから土地区画整理にするようにいわれ、道路も二間だったものを三間半にしたと書かれている。

開学当時の成城学園校門

成城学園教育研究所提供

昭和4年頃の成城学園前駅

地所部のなかには水道部も置かれ、水道敷設に着手した。翌25年最初の住宅4戸が完成、4月にはバラックながら校舎もできて移転・開校にこぎつけた。

ただし、小田急線は関東大震災で建設が遅れいまだ開通せず、市内より通学する児童は大変な不便を強いられた。そこで京王線烏山駅から専用のバスを運行し児童を運んだ。

1926（大正15）年小田急線がようやく工事着工にいたり、翌年開通した。成城学園の駅は、地元が土地を寄付して今の位置に建設されたものである。

また1926年12月には土地区画整理組合が成立し、住宅地37万坪（うち道路面積5万2千坪、下水路延長13里23町を含む）の整然としたまちの基盤がかたちづくられた。そして、学校、病院、上下水道（上水道は成城学園水道利用組合が管理）、郵便局、商店、駐在所といった、生活に必要なものは大方そろう学園町ができあがった。その背景には土地1万坪、資金1万円を寄付した鈴木久弥のような、地元の地主の協力もあった。

当初の30戸はすべて学園関係者であったが、小田急線の開通により、一般の市民も移住してくるようになった。成城町を文化的な住宅地として広めたのは、１９３０（昭和５）年に朝日新聞社が主催した朝日住宅展覧会であろう。これは一般から公募した模範文化住宅の設計図に基づき十数棟を実際に建設、展覧・即売したもので、ハイカラな学園都市としてのイメージが定着するのに一役買ったといえる。

4　玉川全円耕地整理事業

明治末から大正期にかけて、世田谷においてもいくつかの耕地整理事業が実施されているが、当時は施行面積も限られており、その多くは農業経営に利するためのもので、計画的な宅地造成を意図したものではなかった。そのなかで１９２４（大正13）年の組合設立準備から１９５４（昭和29）年の事業完了まで、30年をかけて行なわれた玉川全円耕地整理事業は、現在の世田谷区の面積の約4分の１（１０００町歩）を占める玉川村全域を対象としたものであり、わが国の都市計画史上でも特筆に価する事業である。

玉川村村長豊田正治の構想は、自動車時代に適合する広幅員の道路、大公園の建設、整然たる街区を形成する区画道路などあまりに遠大であったため、玉川村一帯が近い将来全面的に宅地化するという予想すらにわかに信じられなかった人々から、強い反対にあった。

豊田村長の計画の背景には、玉川村の一部をまき込んで進められる田園都市株式会社による田園都市建設があった。玉川村にまでおよんできた宅地化の波は収まることはないであろう。これを会社にまかせず農民自身の手で開発しようというのが豊田のねらいであった。

農民自身が最後まで土地を確保しながら、企業に負けないまちづくりの準備をする。諸設備を用意して整理された土地は高く売れるはずだし、企業を通さないから収益はそのまま手に入るというわけである。

そして組合設立に向けて動き出す一方、元東京府技師で、玉川村を含む周辺の耕地整理をいくつか手がけている高屋直引〔弘〕に委託して、基本計画の検討を始めた。

当初の計画はすでに述べたように、整然とした道路計画、大小の公園計画を含む大規模なものであった。豊田は、電車の線路を敷くための大きな道路を整備し、これを電鉄会社に売れば、資金の心配はなく、全円1本で事業を実施できると考えていた。

この計画が公表されると、農地は激減し先祖伝来の土地がなくなる、あるいは一部の幹部が利益を得るだけだなどの反対意見が続出した。これに明治以来の政争も影響して（豊田村長は政友会に属していたことから反対派には憲政会の支援があった）、一時は村を二分する抗争となった。

当時の玉川村は戸数約２０００、人口約９０００、大部分が農家であった。反対者は、宅地化の進行を実感できない村の西部地域（瀬田、用賀等）の住民、東部でも、年長者や小農・小作農に多かった。

しかしながら、目蒲線の開通以降宅地化の進む奥沢地区などでは、事業の停滞が地域にとって大きな問題となってきたので、１９２５（大正14）年11月東京府が組合の設立を認可、ようやく実現に向かって動き出した。

ただし促進派も全村同時の事業化は断念し、17に工区を分割、それぞれの工区の独自性を重視することとして事業に着手した。それでも工区によっては反対が根強く、実現に多くの時間を費やしたところも少なくない。また工区の境目で道路にくい違いができるなどの、設計上の問題

喜多見土地区画整理地平面図

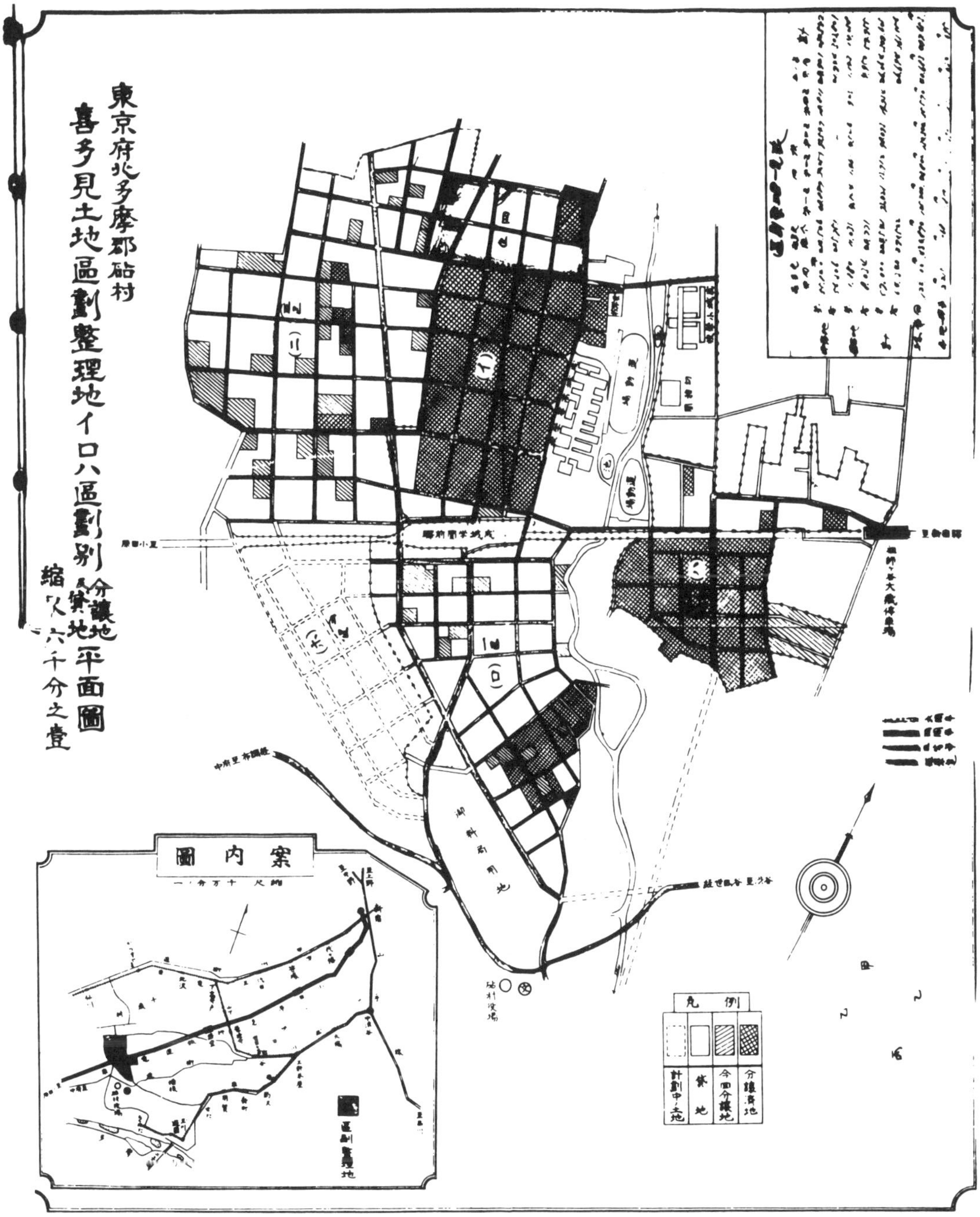

成城学園教育研究所提供

耕地整理前の道路図

出典：「郷土開発」

が生じた箇所もある。

１９４４（昭和19）年すべての工区の工事は終了し、換地等の作業が残されるのみであった。ところが、戦後の農地改革で、全円耕地整理事業区域が農地買収地域に組み入れられてしまったのである。これは大変な打撃であった。関係者は、買収除外の指定を取り付けるため運動を開始した。この指定を受けるためには、自作農創設特別措置法第5条第4項「都市計画区域における土地区画整理事業施行地区を同法の適用除外地とする」を、「耕地整理事業施行地域」にも適用し得るよう改正することが必要であった。

地元関係者の働きかけが実り、１９４８（昭和23）年には「昭和8年の都市計画法改正前に結成された耕地整理組合の施行区域は指定解除」となるむね決定された。しかし耕地整理施行区域がすべて解除になったわけではなく、現況で宅地化率70％以上、建築面積21％以上の実績を有する区域との条件が付いたため、除外区域の範囲をめぐって、耕地整理組合と農地改革を進める地区農地委員会との交渉が続けられた。指定区域が確定したのは１９４９（昭和24）年2月であった。

耕地整理後の道路図

出典：「郷土開発」

根強い反対運動によって当初の壮大な計画は縮小を余儀なくされたが、地域の一部は現在でも東京における有数の高級住宅地として残っており、長年にわたるその苦労は報いられたといえよう。

現在玉川神社境内には、整地記念碑、豊田組合長頌徳碑、高屋技師留魂碑の三つが建っている。

次にいくつかの工区における事業の特徴を述べてみよう。

①諏訪分区

17工区で最も東に位置する諏訪分区は、最初に着工した工区である。池上線の支線が雪ケ谷駅から分岐して工区の西側を通ることとなったため、線路用地を電鉄側に売却しこれを工費にあてた。そのため特に借入金もなく、工事は順調に進んだ。

池上線支線は１９３５（昭和10）年に廃止されたが、その線路跡地は現在では住宅地となっている。

②等々力北区

この地区では反対運動が多く、東部地域としては着工が比較的遅かった。そのため昭和初年の経済不況に遭遇し、組合地の処分が進まず役員は苦労を重ねた。ついには処分価格を2割引にして、役員が借金することになったといわれる。

この工区には、九品仏の北側に、田の地揚げ用土を掘削した池（３４４０坪）があり、一時はボート遊びの池として経営されていた。地図上では１９４５（昭和20）年頃まで池の存在は確認できるが、その後埋め立てられ東急から住宅地として分譲された。

③用賀中区

用賀や瀬田の西部地域では、住民の反対で事業が遅れた。この地域で事業が遅れた理由としては、鉄道の開通などによる市街化の可能性が理解されなかったこと、墓地を一カ所にまとめることに寺院が反対したこと、土地を抵当に借金しているものが多く事業により公になるのを嫌ったことなどがあげられている。しかしながらここでも、1943（昭和18）年までには基本的な整備を終えている。

1928～1940年　郊外住宅地化への対応

震災復興は1930（昭和5）年頃にほぼ完成したが、震災をきっかけに一層拡大した郊外部の市街地への対応は、この時期のもう一つの大きな課題であった。

世田谷区域における市街地建築物法の適用は、1928（昭和3）年以降のこと、用途地域もその翌年の1929（昭和4）年と1935（昭和10）年の追加指定で全域が住居地域に指定された。また1930年代は南部の「玉川全円耕地整理」の事業も本格化し、これに並行して土地区画整理や「面的建築線指定」もこの間に集中した。一方、郊外部の街路計画は、1927（昭和2）年に震災復興区域外として計画決定され、ほぼ現在にみられる主要街路の骨格が示されるが、これら主要街路を補完する細道路網計画も引きつづき町村主体で決定され、系統的な街路網計画が樹立された。

基盤整備の進展を背景に、住宅地開発も活発化した。代表的な「田園都市多摩川台」や「成城学園住宅地」の他、電鉄系の住宅地開発やさまざまな分譲地開発がみられ、町営住宅や同潤会の分譲住宅、低利資金貸付による公的住宅もいくつか建設された。また、世田谷に公園が最初に誕生したのもこの時期である。

1　市街地建築物法等の制度適用

■世田谷における法制度の適用

1919（大正8）年に「都市計画法」「市街地建築物法」の2法が公布され、その翌年、東京市を含む6大都市に適用されたが、世田谷がこの制度の適用を受けるには今しばらく待たなければならない。東京における「市街地建築物法」の適用は、その後1922～23（大正11～12）年にかけて、東京市域外近接36カ町村に拡張し、郊外部への市街化進行に対応したが、震災後の郊外地開発の勢いは衰えず一層拡大したため、1928（昭和3）年に再びその適用区域は、都市計画区域全体（ほぼ現在の23区内に該当）に拡大された。つまり世田谷区域は、震災後の昭和3年以降に制度適用を受けることとなる。

また、「東京都市計画区域（市と5郡82町村および北多摩・千歳・砧、他海面を含み595・5㎢）」の決定は1922（大正11）年のこと。用途地域の指定（ないし追加指定）は、1925（大正14）年、1929（昭和4）年、1935（昭和10）年に順次指定され、世田谷区域は1929年に世田谷・駒沢・松沢・玉川の4町村が、1935年の追加では千歳・砧の2村を加え、全域が「住居地域」に指定されている。

■郊外地統制としての建築線指定

1919（大正8）年創設の都市計画法は新しく「土地区画整理制度」を、一方の市街地建築物法は「用途地域制度（地域決定は都市計画法による）」と「建築線制度」を生み出したが、郊外地の整備手法として、特に土地区画整理制度と建築線制度がこの時期広範囲に活用されるようになる。

建築線の種類は多様であるが、郊外で活用された主なものは、①未開発地の個人の宅地造成や、業者の分譲宅地等の予定道路に指定される「申請建築線」と、②郊外地の整理を目的とする一団の地域にわたって指定された「積極的指定建築線」の2つが代表である。

とりわけ後者は、計画的な市街地形成をはかるものとして、「土地区画整理」にかわる郊外地の面的整備手法の1つとして積極的な運用が期待された。

■申請建築線の指定状況

区の建築線指定簿を資料として、1929（昭和4）年から1950（昭和25）年の間における申請建築線の指定状況をみると、この間、総指定件数は1089件にのぼる。1939（昭和14）年から1941（昭和16）年の昭和10年代の3年間にもっとも多く、ピーク時（1941年）には、200件に近い指定がみられた。また地域的には、全体として私鉄沿線上、特に、世田谷線沿い現太子堂・若林・世田谷や京王線千歳烏山駅周辺、小田急経堂などで多く、申請建築線の指定が建築活動と密接な関わりをもって行なわれていたことから、当時の市街化の進行状況がうかがわれる。

1936年頃の三軒茶屋

世田谷区の申請建築線の指定分布図

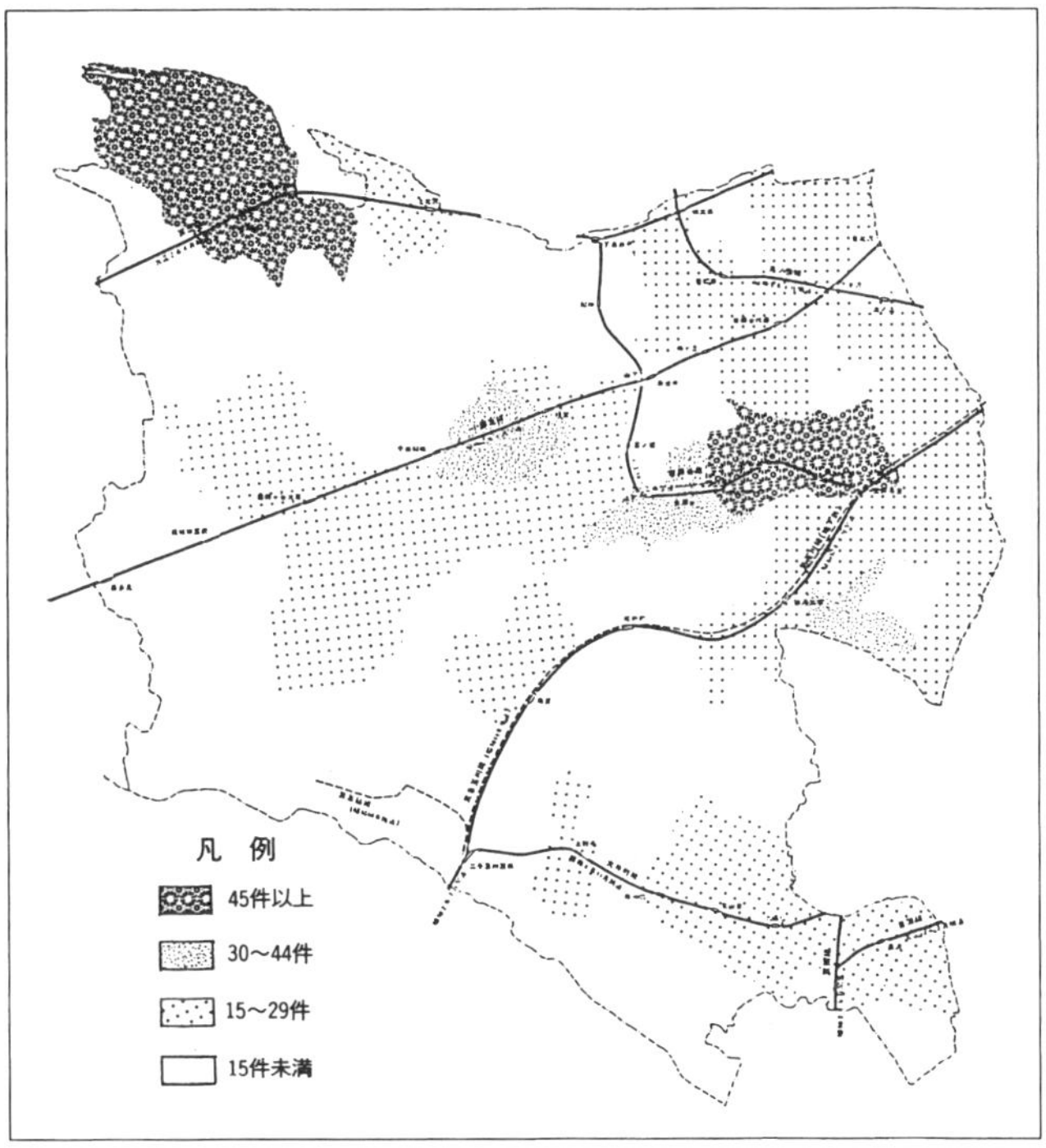

資料：建築線指定簿

世田谷区の積極的指定建築線の指定状況図

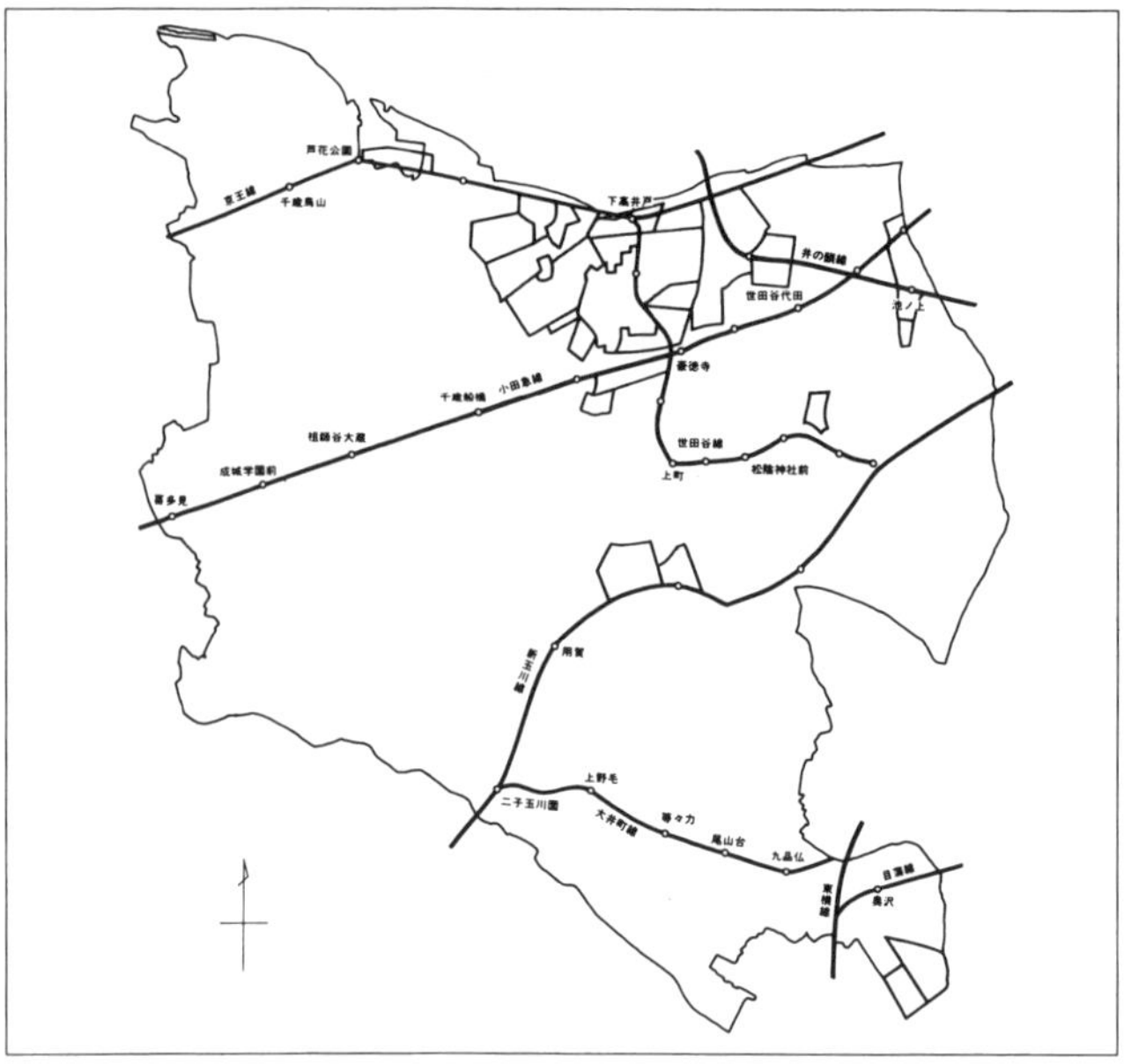

資料：「告示建築線索引図」

■北部地域に集中した積極的指定建築線

また、世田谷における積極的指定建築線は、１９２８（昭和３）年から１９３９（昭和14）年の間、合計23件が指定され、関係土地面積はおよそ４００ha前後におよび、１件あたりのその規模も決して小さくない。なお、指定された地域は、その大部分が区の北部地域、旧松沢村のほぼ全域に集中し、この地域の市街地の骨格が一部区画整理を含むものの、主として面的な建築線指定により形成され現在にいたったことがわかる。

世田谷に指定された積極的指定建築線は、その種類でみると次の４つのタイプ、①建築線区画整理型（郊外新開発地整理一般）が16件、②区画整理・耕地整理計画の助成、いわば計画追い込み型が４件、③区画整理・耕地整理施行地区内の補助道路指定型２件、④既建築地指定型１件と、その多くが「建築線区画整理型」のものである。

また建築線の指定は、この間、１９３５（昭和10）年２月の法改正（接線義務から接道義務への変更）および１９３９（昭和14）年２月の法改正（道路の定義変更で幅員の９尺を４ｍとした）をみて、質的な変更がなされたが、世田谷における指定時期はこれら法改正以前のものがほとんどで、その道路幅員は４ｍに満たない９尺道路や12尺道路を多く残している。

典型的な建築線指定の例をみると、建築線区画整理型の１つ「羽根木町・代田２丁目・松原４丁目指定建築線（昭和８年２月）」は、都市計画道路環状７号線の西側、井の頭線予定地を含み、道路幅員18尺および15尺を中心に、なかには12尺道路の指定がみられる。区画整理計画助成型の例である「駒沢町新町区画整理（昭和６年７月設立認可）」地区内の建築線指定（昭和７年３月）では、一部４ｍ未満の道路を含むものの基本幅員は６ｍとなっている。また、耕地整理施行地区内補助道路型の「東玉川町指定建築線（昭和10年６月）」の場合は、その幅員３ｍのものが多く指定されている。

2　基盤整備事業の進展

■土地区画整理事業の進行

昭和初期から昭和10年代の中頃における時期は、世田谷における基盤整備の全盛期である。先にみた北部地域の「面的建築線指定」や南部地域の「全円耕地整理」もその事業が本格化するのはこの時期である。そして、都市計画法が生み出した「土地区画整理」も上記の事業に並行して数多く着手されている。

世田谷の土地区画整理は、１９２４（大正13）年認可の「荏原第一区

羽根木町・代田２丁目・松原町４丁目指定建築線図

資料：警視庁広報（告建第7173号）

基盤整備の実績（累計）

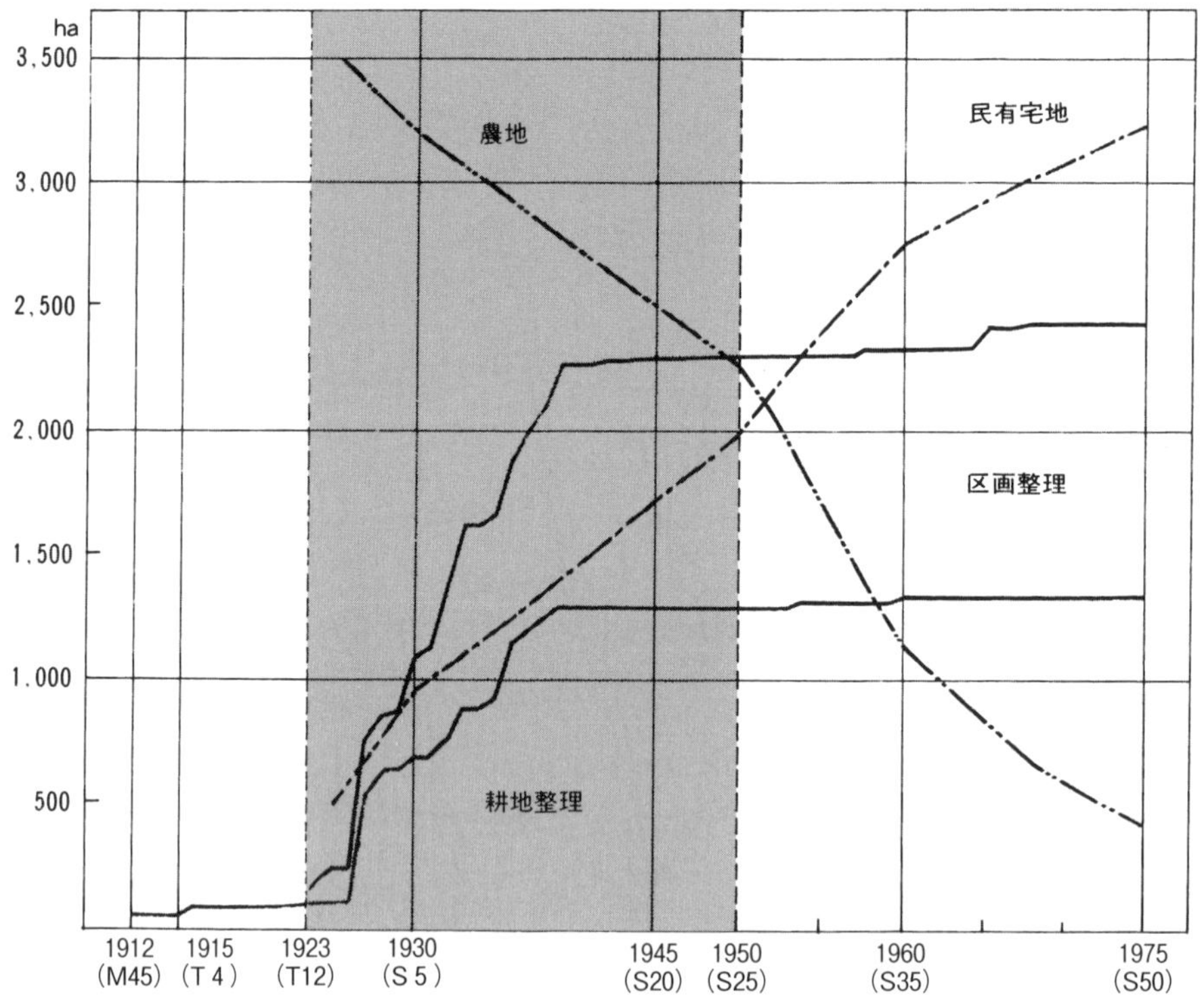

画整理（93・6ha／現豪徳寺周辺）」がその最初であり、次いで事業化された成城学園形成にかかる一連の区画整理（大正14年認可「千歳・砧・喜多見」および１９２７（昭和２）年認可「上の台」「喜多見」の区画整理、３地区合計１２０・４ha）が、いわば初期のものといえる。

その後１９３０（昭和５）年以降、区の東南部を中心に区画整理による基盤整備が本格化するが、その実績（旧法によるもの）は、初期のものや一部戦後にわたったものを含め、事業件数は合計27件、総面積約１０００haにもおよんでいる。それは「玉川全円耕地整理」にほぼ匹敵するほどの事業規模である。

なお面積が１００ha前後を超える比較的大きな区画整理は、１９３０（昭和５）年「駒沢町下馬（１０６・７ha）」、１９３２（昭和７）年「駒沢町深沢（１６５・８ha）」、１９３３（昭和８）年「駒沢町上馬（94・４ha）」の３つの区画整理で、いずれも駒沢町での施行、その西南部に広がる「玉川全円耕地」を含め、区の南部一帯が計画的な宅地基盤を形成した意味は大きい。

■耕地整理と区画整理

世田谷の郊外地整備の方法は、既述のごとく大きく、区分してみると、①南部地域を中心とする「耕地整理」、②北部地域において活用された「面的建築線指定」、③地域的には南部・北部の両者に挟まれた東南部地域を主とする「土地区画整理」の３つに分けることができるが、その実績からみると耕地整理と区画整理の２つが大きなウエイトを占めている。

下の図は、その実績（組合設立認可時期、ただし玉川全円耕地整理は工区ごとの組織設立時期）を経年的に示したものであるが、そのピークは、耕地整理では１９２７（昭和２）年から１９３９（昭和14）年の間、一方の区画整理は１９３０（昭和５）年から１９３９（昭和14）年の間、少し時期がずれているものの、ほぼ同時期である。

世田谷の耕地整理、といってもその大部分が「玉川全円耕地整理（1045・7ha）」であるが、それは将来の住宅地化を想定した事業である。

耕地整理による土地整理の水準は、区画整理（昭和8年以降、その面積の3%を公園用地として保留することが認可の条件）にくらべ一般に低く、宅地利用目的の耕地整理は、1931（昭和6）年の耕地整理法改正によって市の区域内での事業が禁止されるようになるが、「玉川全円耕地整理」は、その水準において決して見劣りするものではない。当初に計画された広大な公園設置の廃止やいくつか道路幅員の縮小などがみられたものの、住宅地づくりを意図した道路網等の全体の骨格は、当時の区画整理をも上回るほどである。各工区で少なくとも10%、多い場合には25%の減歩率が算出され、とりわけ「国有道路」は整理前後でおよそ「50町歩」から「140町歩」へと大きくのびている。

なお、玉川全円耕地整理をのぞく他の耕地整理は、総面積でみると約280haとそれほど大きくない。昭和に入って以降の宅地基盤の整備は、「全円耕地整理」以外では、もっぱら都市計画法による土地区画整理によったことがわかる。

3 都市計画街路網の決定

■郊外地の主要道路網計画

東京の街路計画は、1888（明治21）年の市区改正条例に始まるが、都市計画法施行後は大きく次の3つの段階、①1921（大正10）年決定の旧市内62路線、②震災後の1924（大正13）年決定の震災復興区域内174路線、③1927（昭和2）年決定の震災復興区域外「郊外部」を主とする142路線（うち「郊外の部」126路線）により、東京都市計画区域全域にわたる系統的な街路計画が順次樹立されてきた。

つまり、世田谷区域における主要道路網は、1927（昭和2）年の震災復興区域の外側で計画された126路線の決定により、このうちの幹線放射街路4路線（目黒通り、玉川通り、甲州街道、井の頭通り）、幹線環状街路2路線（環状7号、環状8号）および補助線街路15路線（世田谷通り、他）の、合計21路線からほぼ現在にみられる主要街路網の骨格がかたちづくられたことになる。

なお、これら世田谷の主要道路は、幅員構成でみると、幹線街路の幅員25～40m、補助線街路は15m主体（一部18m、20m）、総延長104km、総面積209・3ha（うち幹線街路は34・1km、96・5ha）におよんでいる。また、戦前までの整備状況をみると、甲州街道の整備をみた他は、この間に実施された基盤整備事業（区画整理や耕地整理）区域内において、一部計画道路の実現ないし概成をみるにとどまっている。

昭和2年の都市計画道路

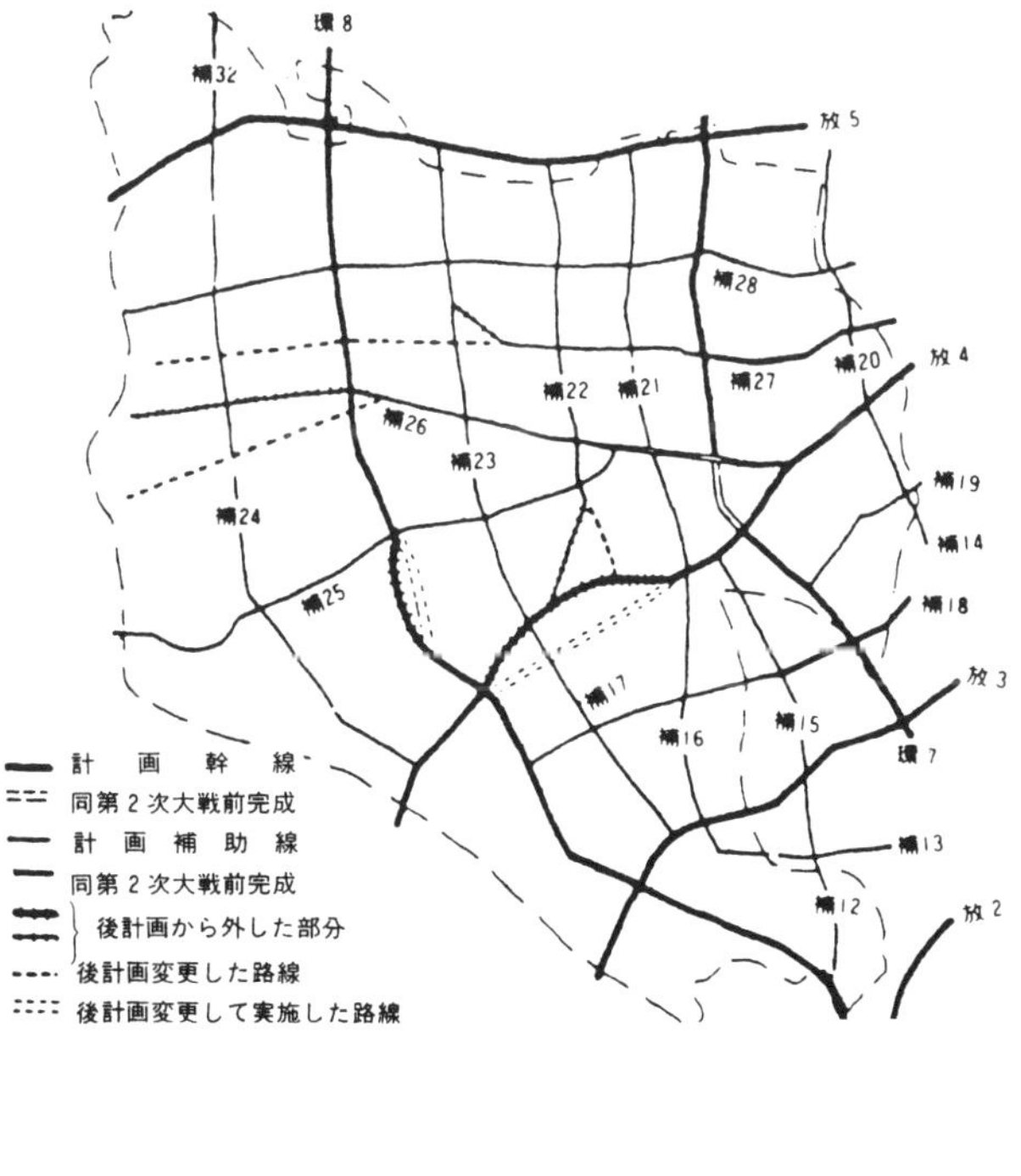

世田谷区の細道路網図

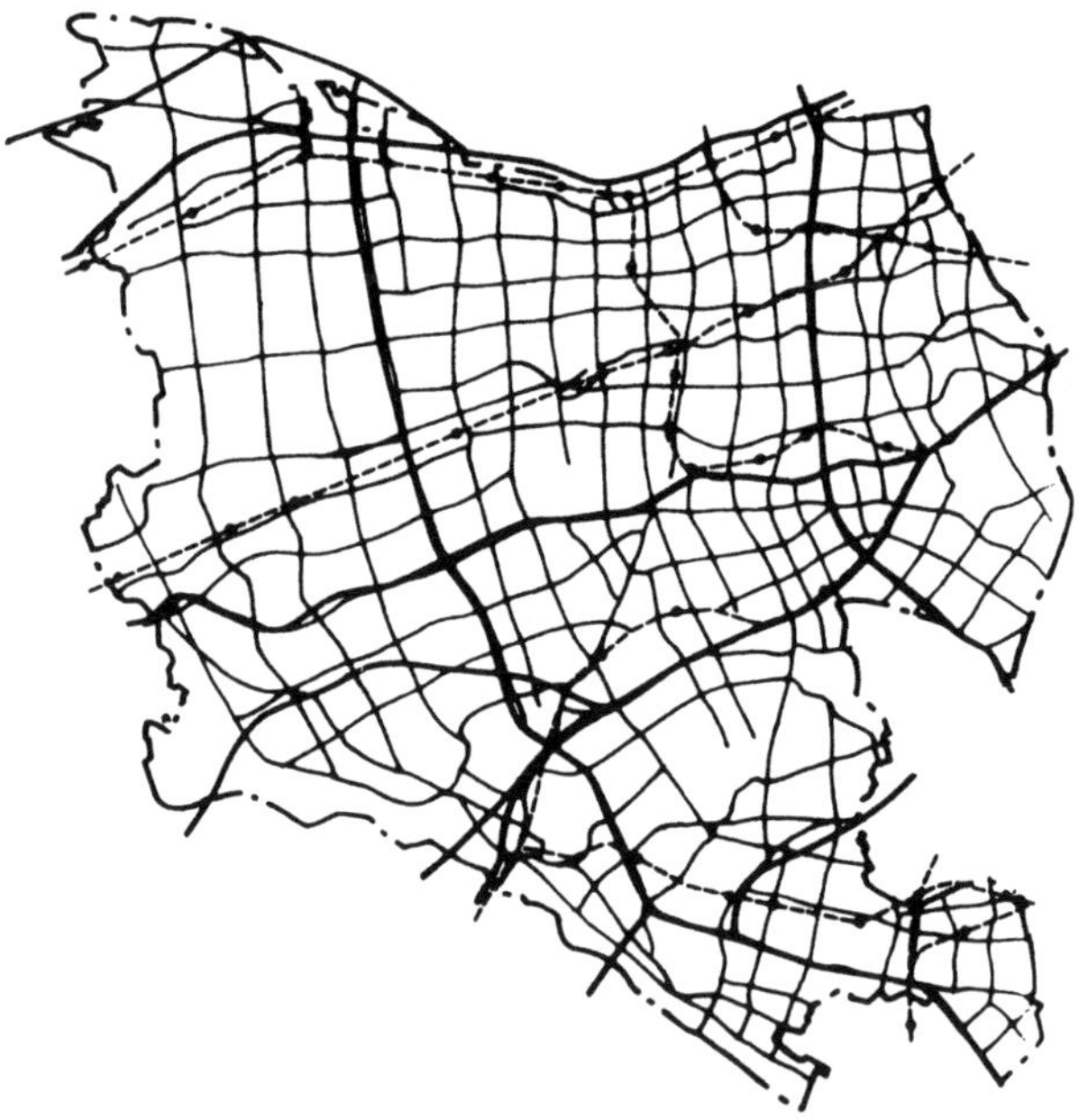

■町村主体の細道路網計画

道路はその効用等性格から分類すると、既述の広域的な主要道路網としての幹線街路（放射線街路と環状線街路）および補助線街路の他、宅地利用からみた、いわゆる生活に身近な地先的街路網とに分けられる。また、宅地利用街路は、文字どおり各敷地に接する区画街路と、これを主要道路に結びつける小街路（細道路、アクセス道路、サービス道路等の呼称がある）で構成される。

こうした道路の段階性、つまり、区画街路（幅員4～6m）→細道路（同8～12m）→補助線街路（同15～20m）→幹線道路（同25～50m）の道路網の構成は、すでに当時、理論的にも提示され、また実際の計画にも取り入れられていた。1927（昭和2）年の都市計画区域全域にわたる主要道路網計画に続き、「細道路網計画」が、1930（昭和5）年頃から、山手線周辺から郊外の地域にかけて決定され（町村主体の都市計画街路）、1943（昭和18）年頃までにはその総数1000路線を超したといわれる。

世田谷における細道路網計画は、1930（昭和5）年に駒沢町で、翌年の1931（昭和6）年には世田谷町・松沢村・千歳村・砧村、1936（昭和11）年に玉川村でそれぞれ決定され、計画路線数は合計103路線、総延長171・5km、また幅員別にみると11m幅員81路線、8m幅員22路線となっている。

なお、これらの計画路線は、区画整理等基盤整備区域内のものにあっては一応計画が実現したものの（一部には区画整理助成による道路改修工事をほどこしたものもある）、他の地域においては計画路線の範囲を出ていない。またこの細道路は、戦後もそのまま残されたが、1966（昭和41）年の都市計画道路改定により、一部補助線街路への指定変更（茶沢通り他）された他は、大部分が廃止されている。現在の城山通り、赤堤通りの一部、茶沢通り、東光通り、明薬通り、駒留通り、駒八通り、自由通りなど、これら区内でも比較的主要とされる道路が当時の計画の名残である。

4　住宅地開発と生活基盤

■郊外住宅地開発の類型

世田谷の住宅地開発は、震災後の郊外電車の整備や基盤整備（耕地整理・区画整理）の進展とともに本格化するが、その主体等の性格から区分すると大きく次の3つのタイプ、①郊外住宅地開発の中心となった民間企業開発、②公的機関やその援助等の公共事業型住宅開発、③地主の小規模貸家経営による個別型開発に分けることができる。また①の民間企業開発は、さらに、1)土地会社系、2)学校法人系、3)信託系、4)電鉄系の４つのタイプに区分できる。

民間企業による土地会社系の開発といえば、田園都市株式会社によるわが国の代表的な郊外住宅地「田園都市多摩川台」（大正12～昭和10年、約20万坪／世田谷区域では現在の玉川田園調布がこれに入る）の開発があげられる他、世田谷では箱根土地株式会社による３カ所の住宅地（代田６丁目「守山園」、代沢２丁目「永楽」、砧２丁目「東山野台」計約８万坪前後）や、第一土地建物会社による「左内町分譲地」（上北沢３丁目、大正13年）などの事例がみられる。

また学校法人系のものは、成城学園地所部による学園建設とあわせて行なった住宅地開発（区画整理後の昭和３年以降に分譲ないし貸地として販売）がこれにあたり、さらに信託系の開発では、東京信託と三井信託の例があり、前者は初期の開発例でみた「新町分譲地（大正１～２年、約７万坪）」、後者は１９２８（昭和３）年開発の「代田橋分譲地（合計18区画、１ha弱の規模）」がそれぞれ該当する。

東急電鉄系の住宅地開発

分譲形式	分譲主体	分譲年度	分譲地名	開発面積(坪)
社有地分譲	目蒲電鉄	昭５	上野毛	2,597
		昭４～昭10	奥沢	17,853
		昭７～昭９	奥沢中丸山	3,226
		昭７～昭14	等々力	10,609
		昭８～昭13	諏訪分（玉川町）	18,698
	東横電鉄	大15～昭４	玉川奥沢	3,228
		大15～昭４	玉川等々力	11,347
		昭12～昭14	守山公園	9,543
		昭12～昭14	豪徳寺前	8,281
		昭14	下馬	3,803
受託分譲	東横電鉄	昭13	三宿台（淡島）	5,532
貸地（昭和15年９月現在）	東横電鉄等		奥沢	1,407
			多摩川台	211
			九品仏	3,478
		昭10	尾山台	30,733
			上野毛	4,169
		昭14	府立園芸学校前	5,583

注）大正12～昭和10年の「田園都市多摩川台」約20.5万坪の開発を除く。なお、この開発は「田園都市株式会社」が主体であるが、その中の一部に目蒲電鉄の社有地分譲を含んでいる。

資料：「東京急行沿革史（昭和18年３月）」ほか関連資料

■電鉄系の住宅地開発

ところで、上記の「田園都市多摩川台」や「成城学園」の大規模な住宅地開発の事例をのぞくと、この時期の典型的な民間開発は東急電鉄、小田急、京王の「電鉄系」のものであり、３系列の開発は、昭和初年以降15年間ほどの間、総開発面積はおよそ30万坪近くにおよぶものと推定される。

特に、その半数約14万坪を占める東急電鉄系の分譲事例はその数16件にのぼり（多摩川台をのぞく）、区の南東部地域、目蒲線、東横線の整備にあわせ、そのタイプも「社有地分譲」を中心に、「貸地経営（約３万坪の尾山台分譲地が代表）」や、数は少ないが「受託分譲（地主から委託されて分譲）」など幅広く、なお開発規模は数千坪から１万坪オーダーのものが多い。

一方、小田急鉄道の住宅地開発は、１９２７（昭和２）年から２９年にかけ、祖師谷大蔵周辺、喜多見・成城学園を中心に、借地斡旋や住宅分譲など、その実績は10万坪を超えている。また、京王電気軌道は昭和10年代に入って、千歳区画整理（昭和13年認可、33・６ha）への参画による住宅地開発（「ひばりが丘住宅地」昭和16年分譲）を実施している。

■世田谷の町営住宅

世田谷における公的住宅の最初のものは、すでにみた１９２１（大正10）年建設の「太子堂府営住宅（１３９戸）」であるが、震災後昭和10

年代の初めにかけては、世田谷町・駒沢町による町営住宅、同潤会の分譲住宅、住宅組合法融資住宅の海軍村などの開発があげられる。

世田谷地域での「町営住宅」については、これまであまり知られていなかったが、「東京府史行政編」によると、1927（昭和2）年に、世田谷町営普通住宅（一般勤労階級を対象とした賃貸住宅）20棟、世田谷町営分譲住宅（中流階級向け、10年あるいは15年賦で販売）29棟、また、1932（昭和7）年には、駒沢町営分譲住宅（住宅戸数不明）が建設されたとしている。

世田谷町営住宅については、当初の建設戸数は32戸で、1927（昭和2）年に別に27戸が建設されたとも記されているが（世田谷住宅史研究会「世田谷の住居」）、いずれにしろ、この時期、世田谷町や駒沢町独自の政策として町営住宅建設に取り組んだことが注目される。

ちなみに、資金は東京府の低利資金貸付け、起債による15～16年賦償還、建物は、木造平屋建、和風瓦葺構造、建物の規模10～18坪、2～4部屋形式、敷地は分譲住宅も普通住宅もともに借地であった。またこれら町営住宅は、1932（昭和7）年の市域拡張と同時に東京市に移管された。

■同潤会の分譲住宅

この時期の公的住宅政策として今一つ注目されるものに同潤会による住宅建設がある。同潤会は関東大震災の罹災者救済のために、震災の翌年5月に設立された財団法人であるが、その業務は当初「普通住宅」からRC造の「アパートメントハウス」、さらに「不良住宅地区改良事業」「勤人向分譲住宅」「職工向分譲住宅」と展開している。ところで世田谷地域に建設されたのは、もっぱら「勤人向分譲住宅」であり、1931～36（昭和6～11）年にかけて、合計3カ所88戸、経堂分譲住宅（1931年、27戸）、駒沢分譲住宅（1932年、41戸）、松陰分譲住宅（1936年、20戸）の建設をみている。

同潤会駒沢分譲地（昭和7年）

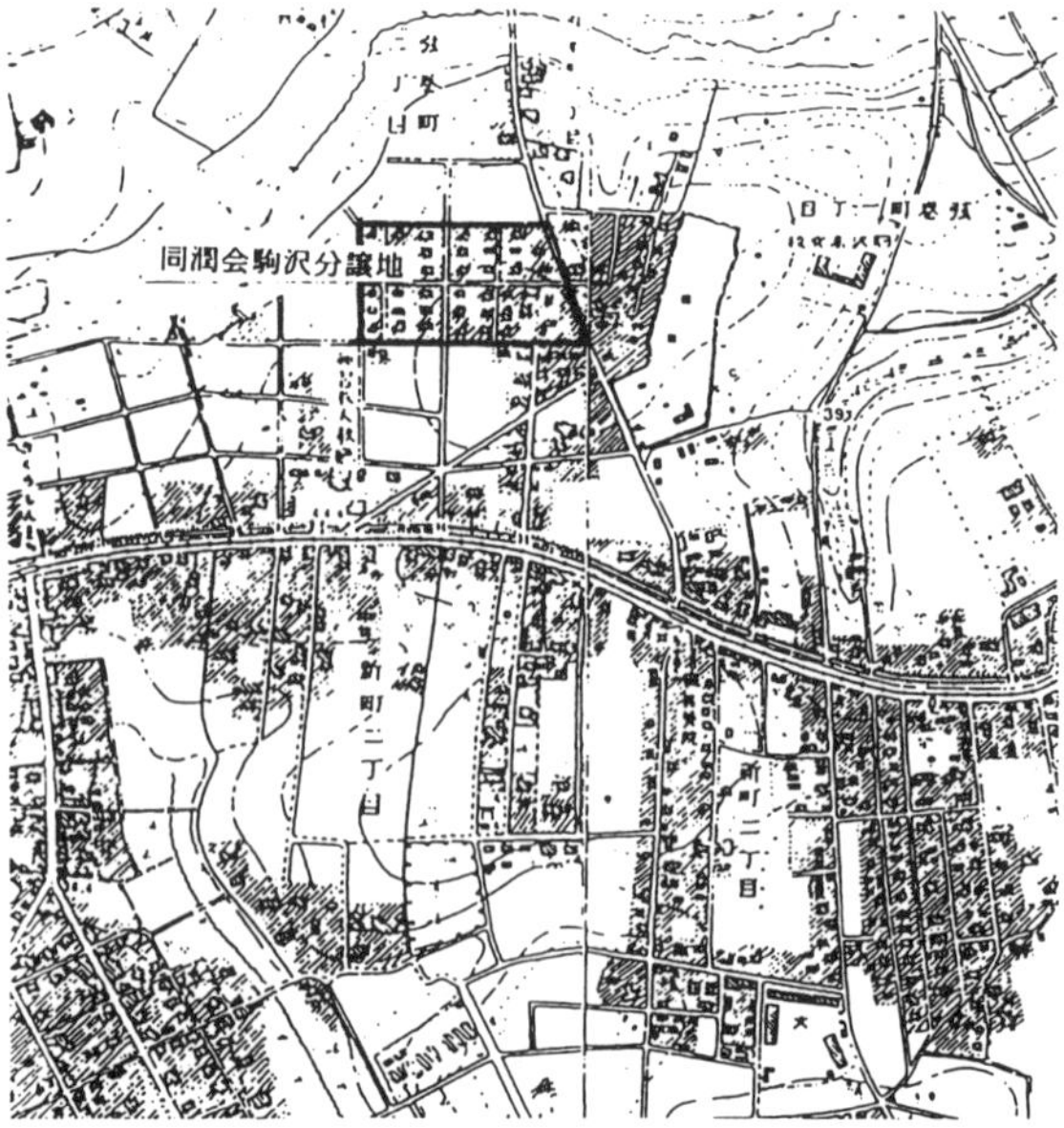

出典：「世田谷の住居／その歴史とアメニティ」

なお、駒沢分譲地についてみると、敷地面積約5700坪、戸数41戸、木造瓦葺二階建または平屋建で、一戸あたりの敷地規模は約139坪（借地）である。整った土地区画や隅切り、建物の施行精度の高さ等、それまでの公的住宅にくらべて、同潤会の分譲住宅は水準が高いと評価されている。

■奥沢の海軍村開発

1921（大正10）年に制定された住宅組合法は、持家取得を目的とした互助組織「住宅組合」について規定している。この法律は一定資格者による組合を組織できるサラリーマンなど都市中間層を対象として、国からの低利資金の貸付を行ない、持家取得を促進して住宅不足を解消

世田谷区内に建設された公益住宅（大正10〜昭和11年）

	名称	所在	経営主体	事業種別	最寄電車停留所	建設年代
01	東京府営世田谷住宅	太子堂363	東京府住宅協会	住宅供給	玉川電車・三軒茶屋	大正10年10月
02	世田谷町営住宅（三宿住宅）	三宿391	世田谷町	住宅供給	玉川電車・三宿	昭和2年3月
03	世田谷町営住宅（羽根木住宅）	羽根木1697	世田谷町	住宅供給	小田急・下北沢	昭和2年3月
04	同　分譲住宅（分譲1住宅）	世田谷1404	世田谷町	住宅供給	玉川電車・三軒茶屋	昭和2年3月
05	世田谷町営住宅（世田谷2住宅）	世田谷2丁目	世田谷町	住宅供給	玉川電車・三軒茶屋	昭和2年3月
06	世田谷町営住宅（世田谷4住宅）	世田谷4丁目	世田谷町	住宅供給	玉川電車・三軒茶屋	昭和2年3月
07	同　分譲住宅（分譲4住宅）	世田谷4丁目	世田谷町	住宅供給	玉川電車・三軒茶屋	昭和2年3月
08	同潤会経堂分譲住宅	経堂420、422	㈶同潤会	住宅供給	小田急・経堂	昭和6年4月
09	同潤会駒沢分譲住宅	弦巻2丁目	㈶同潤会	住宅供給	玉川電車・弦巻	昭和7年6月
10	駒沢町営分譲住宅	駒沢町弦巻	駒沢町	住宅供給	玉川電車・弦巻	昭和7年6月
11	同潤会松陰分譲住宅	上馬2丁目	㈶同潤会	住宅供給	玉川電車・松陰神社前	昭和11年7月

〈注〉（　）内は便宜的に付けた呼称
出典：「世田谷の住居／その歴史とアメニティ」

しようとしたものである。東京市では震災後の1925〜27（大正14〜昭和2）年の3年間に221の住宅組合が設立されているが、組合の住宅がまとまって建設される例は少なかった。

1924（大正13）年にできた奥沢の海軍村はその数少ない例の一つである。海軍村とは、海軍士官の親睦団体「水交社」内に事務所を置く水交住宅組合によって形成された住宅地であり、田園調布や洗足には手が出ないという層が移住したといわれる。

土地は付近一帯の土地を所有していた原菊次郎が、全円耕地整理が始まるその前年、宅地化を見込んで独力で耕地整理を行なったもので、整然とした区画に、木造平屋建ないし二階建洋風住宅が立ちならび、生垣に囲まれた緑の多い住宅地を形成した。また共同でテニスコートを造るなど、コミュニティ活動も行なわれていたという。

なお、住宅のいくつかは現在も残されており、当時の面影がわずかにしのばれる。

■水道・清掃事業にみる生活基盤

世田谷に初めて水道による給水が開始されたのは、大正10年代に入ってからのこと、それも当初は、池尻の軍施設（大正13年に「渋谷町水道」から許可を受ける）や、玉川田園調布（郊外水道の最初とされる民営「玉川水道／大正7年創立」による給水）、成城学園（大正14年に学園水道購買組合が創設され、付近の川から揚水して給水）などの計画的な住宅地に限られていた。

世田谷区域での本格的な水道は、1932（昭和7）年以降給水開始の民営「日本水道（昭和5年創立）」が整備されてから、給水区域は世田谷町、駒沢町の2つの町がその対象であった（千歳・砧両村の一部にも許可を得て給水）。また昭和10年代初めの世田谷の給水戸数をみると、およそ13，000戸強（日本水道11，465戸、市水道＝旧玉川水道1459戸、成城学園水道組合350戸前後）、総住宅戸数の3割程度となっている。つまりこの頃、生活に最も身近な飲料水も多くの人はまだ井戸水に頼っていたのである（なお、この時期、昭和7年の東京市域の拡張および11年の千歳・砧両村の東京市編入により、現在の世田谷区が成立している）。

また1939（昭和14）年頃の資料によると、塵芥（雑芥・厨芥等のゴミ）処理は、当時、市の清掃事業部が所掌、これを区の清掃係が受託していたが、募集・処分量はおよそ半数程度（推定）、中央部以西および南部の大半の地域は「自己処分」によっていた。

さらに、し尿（汚物）処理においては、市直営の汲み取りを実施していたのが区内の学校・兵舎を主とする官公署、ほか北沢・三宿・池尻等一部の地域にすぎず、大部分、全戸の9割近くが「農民汲み取り」か「自己処分」によっていた。

ちなみに、昭和初期に入る頃の世田谷の農業は、その肥料としてそれまでの下肥中心から化学肥料が広く用いられるようになっていたが、昭和10年代、戦時体制が強くなるにつれ、化学肥料も軍需生産へ転換、ふたたび下肥の再使用が注目・奨励されるようになった。また一方、し尿汲み取り業者に対する自動車用ガソリンの配給も厳しくなり、自己処分もごく普通であったという。

5 初期の公園整備

■区画整理による公園整備

世田谷に公園が誕生したのは、1937（昭和12）年6月の「世田谷新町公園」の開園がその最初である。この公園は新町土地区画整理（昭和6年認可28・5ha）に関係して、1935（昭和10）年に秋山紋兵衛氏他6氏より500坪の土地の寄贈を受けたことによる。

区画整理事業に関係しての公園整備は、引き続き同年6月に「駒留公園」、7月に「世田谷丸山公園」が、いずれも上馬土地区画整理（昭和8年認可95・3ha）による土地の提供で開園している。また、1938（昭和13）年4月には「鶴ケ久保公園」と「駒繋公園」が、前者の「鶴ケ久保公園」は下馬土地区画整理（昭和5年認可107・6ha）と野沢土地区画整理（昭和8年認可37・4ha）の共同で提供された土地に東京市が公園として整備したもの。一方の「駒繋公園」は、上記下馬土地区画整理により提供された600余坪の土地と、隣接する駒繋神社の土地120余坪に地上権を設定し、これらを合体させた土地に東京市が公園整備の末に開園した。

世田谷新町公園概要

世田谷新町公園

概要

位置 世田谷区新町三
面積 一、六五二平方米八九（五〇〇坪）
交通 玉川電車桜新町停留場下車北方約三町
工事着手 昭和十一年六月
工事竣功 昭和十二年二月
工費 約五、〇〇〇圓
開園 昭和十二年六月四日

本公園は厚木大山街道の沿線に位置し、起伏に豊む武蔵野の低地に湧出する一湧泉池を中心として設けられた自然風の方面小公園で、昭和十年九月所有者秋山氏外六氏より本市の公園地として提供せられたものである。遠くしては瀬々たる圃畝の中に一線の伏畑を望み、近くしては蒼翠たる一叢の雑林に接する此地は、閑寂静寂そのもの〻如く、今尚都会の喧騒を知らぬ昔の郷土武蔵野の俤をとゞめてゐる。園地は本市受領以前に於て已に駒沢町新町土地区劃整理組合が一部の公園的施設を為してゐたのであるが、本市は之が補修改造を為して茲に開園を見るに至つたのである。

園地はほゞ正方形をなし、東側及び南側は道路に沿ふてゐる。外周は金網柵とし東南隅の正面入口の外に二門を設けた。内園は東半部にある在来の湧水池と西半部の自由広場及び児童遊戯施設のある部分とに分れ、湧水池を周る遊園路によつて全園の融数を引立たせてゐる。約二〇〇坪の湧水池は四時清泉を湛え、中央に西洞の中島があり新しく護岸を施こしたので一際爽しく見られる様になつた。園樹はトベラ、黒松等二三の株物を新植した以外に悉く在来木を移植配置したもので、周囲の植込には椰、樹、女貞、樅柏樹、吉野櫻、花柏、黒松等の上木下木を列植し、池中に花菖蒲を植ゑて風趣を添へた。これらの外園手洗所、公衆便所、藤棚、水飲、電燈、腰掛等をも適所に配置した。

新町は、中世以来吉良氏の城下街として関東に於ける殷賑地として栄えた世田谷村の枝郷で、徳川時代に至つて元和十一年彦根藩主井伊侯の領地となり萬治年中開拓された所である。新町とは世田谷宿附属耕地の新開地といふ意味から称せられた名である。江戸より相州に至る山間の静線厚木街道（大山街道）に沿ふて開けた町で、園地は市域編入以前までは新町北浅と小字に呼ばれてゐたのは即ち街道沿ひの中心部より北方浅側に位してゐたからである。

園内の湧水池は以前は更に広く附近耕地の灌漑用水として用ゐられ、又は村民の洗ひ場としても飲み水としても利用されてゐたものであるが、改造に際し現在の如く修補せられたものである。

出典：東京市発行世田谷新町公園案内パンフレット

さらにその後、1941（昭和16）年3月には「赤松公園」（宮前第2区画整理／昭和12年認可53・6ha）、同年5月「三島公園」（深沢区画整理／昭和7年認可163・8ha）、1942（昭和17）年4月「小泉公園」（上馬区画整理）と続くが、いずれも区画整理による用地提供のあった公園である。

なお、区画整理の認可条件で公園用地の保留（面積の3％）が必要となったのは1933（昭和8）年以降のことであり、新町区画整理や下馬区画整理のように昭和8年以前の認可のもので公園が実現したことは注目される。ちなみに下馬区画整理（昭和5年設立認可、17年解散）による公園は、鶴ケ窪、下馬、駒繋、子の神、南原の計5カ所3550坪、公園敷地の無償提供分は地区総面積（38万2440坪）の1％に近いものである。

■蘆花恒春園・馬事公苑等の開設

昭和10年代に開園・開設した公園等施設は、先の区画整理事業による公園の他、蘆花恒春園（昭和13年2月開園）や馬事公苑（昭和14年11月開設）、それに世田谷城阯公園（昭和15年4月開園）などがみられる。

蘆花恒春園は、その名が示すとおり徳冨蘆花ゆかりの公園である。蘆花が千歳村粕谷の地に居を構えたのは1907（明治40）年のこと。氏没後、1936（昭和11）年に蘆花邸の寄付願が愛子未亡人より東京市に提出され、東京市会は翌37年2月に蘆花邸約3700坪の寄付受領を議決、同年6月に蘆花墓地120坪を追加受領して、その翌年の1938（昭和13）年2月に「蘆花恒春園（1・26ha）」として開園した。

蘆花恒春園平面図

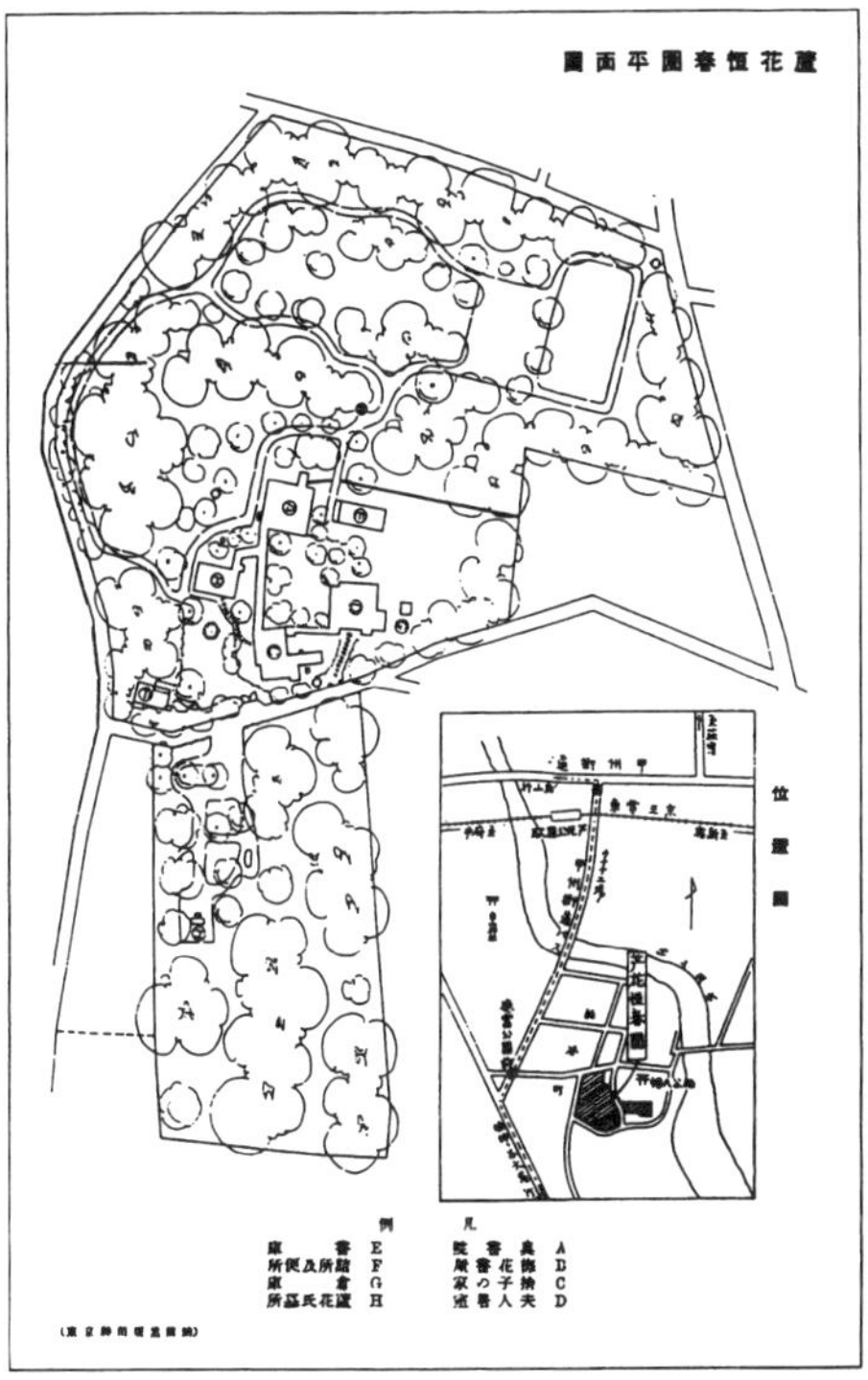

出典：東京市発行蘆花恒春園案内パンフレット

また、1939（昭和14）年11月に開設された「馬事公苑」は、その位置、玉川全円耕地整理の一角、同耕地整理「用賀西区」の予定組合地にある。用賀西区の耕地整理事業は、1934（昭和9）年に工事着工、36年に換地処分認可、わずか3年で事業が完了しているが、予定組合地は工事着工とほぼ同時期の1934年8月に、帝国競馬協会により、馬政第2次計画樹立記念事業として買収された。敷地は約6万4300坪、計画案の作成に際しては、技術者を海外に派遣し諸外国の事例を参考にしたという。

なお今一つ、1940（昭和15）年4月開園の「世田谷城阯公園」は、東横電鉄の所有地に東京市が地上権を設定し、市の公園として整備したものであり、当時の公園づくりが、区画整理による土地提供を主に、寄付（蘆花恒春園）や地上権設定による借り上げ等によっていたことがわかる。また上記の蘆花恒春園と馬事公苑は、その後1957（昭和32）年12月に、ともに特殊公園として都市計画決定され、前者は恒春園を含む「芦花公園」面積8・3haとして拡張されている。

1950〜1964年　東京集中と市街地の拡張

戦後の世田谷区は、東京への極端な人口集中の影響を直接受けて都市形成を果たし、そのまま漸次的な成長を遂げた。昭和の初期に東京市が急成長して市域を拡大したことにより世田谷区も新しい東京市の一部に含まれたが、その際の世田谷は大都市東京の近郊としての位置づけで、

東京都市計画用途地域図

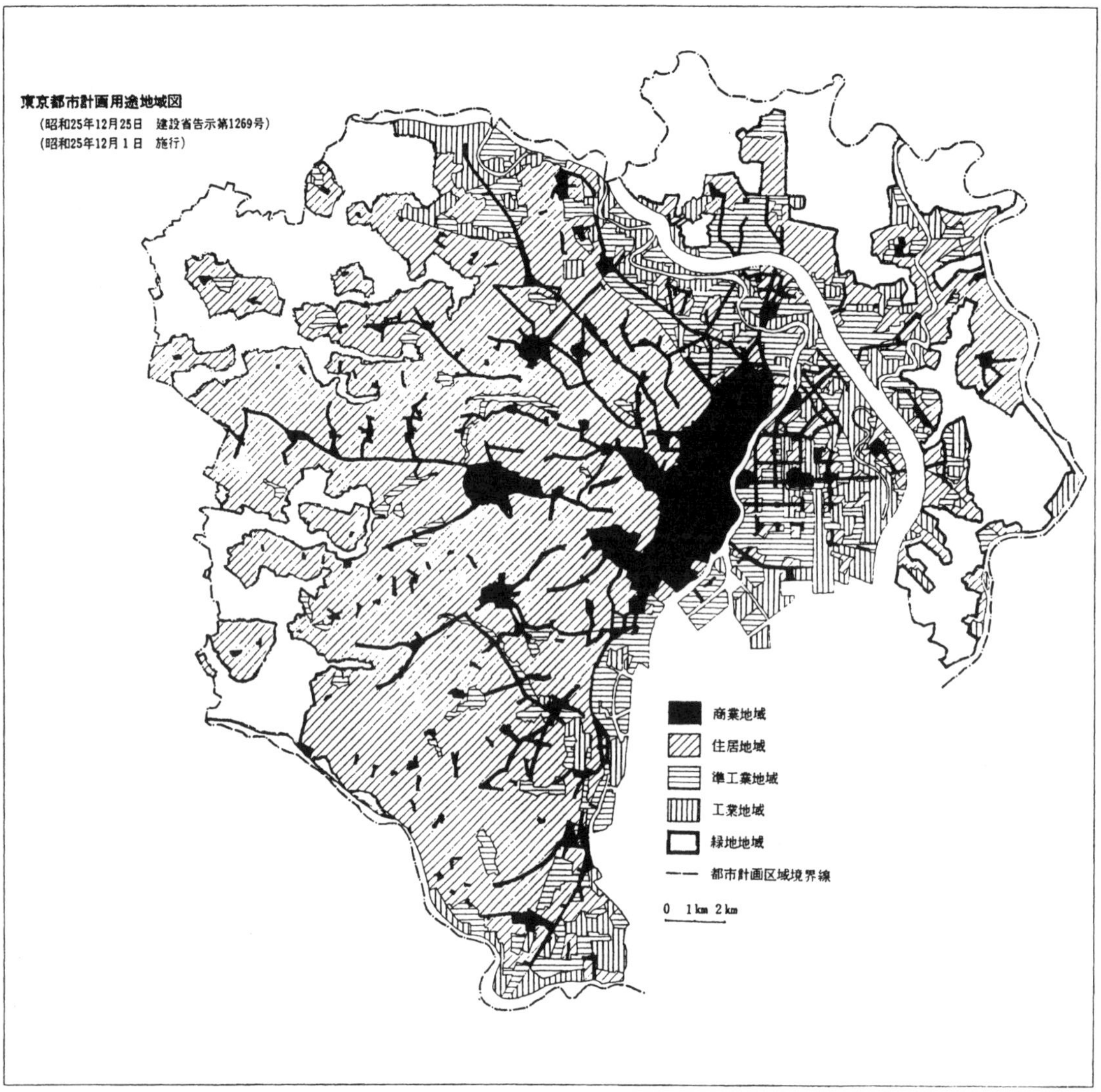

増大する東京市の人口を吸収するクッションとしての場であった。そのことは昭和8年から策定された東京緑地計画における本区の位置付けからも理解できる。つまり世田谷区域の中央部にグリーンベルトを設定したいというのが当時の東京都市計画としての緑地計画のねらいであった。そしてその後の戦災復興都市計画においても、この考えは変わらなかった。このため世田谷区域には広大な緑地地域の指定がなされた。

1　緑地地域指定

■特別都市計画法と緑地地域制度

第二次世界大戦による被災都市の復興を図るために、1946（昭和21）年の9月に「特別都市計画法」が制定された。この年は、東京の用途地域が全面的に改定された年でもある。この「特別都市計画法」に新しく誕生したのが緑地地域制度である。

その緑地地域制度が実際に動き出したのは、制度発足後間もなくであるが、地域指定の告示がなされたのは1948（昭和23）年7月のことである。

緑地地域の指定計画は、戦前の「東京緑地計画」や戦中の「防空空地・空地帯計画」を下敷になされたといってよい。そのことは、緑地地域の具体的な指定指針に関する次の2つの通牒に読みとれる。

それは「緑地地域指定方針」と「戦災都市における土地利用の設定について」である。

前者においては緑地地域は防空法による防空空地を根幹として指定することが、後者においては都市計画区域を市街化区域、緑地地域、保留区域に区分すること、および緑地地域は市街地周辺部に帯状、環状または放射状にとることなどが示されている。

東京都の緑地地域変遷図（1950年現在）

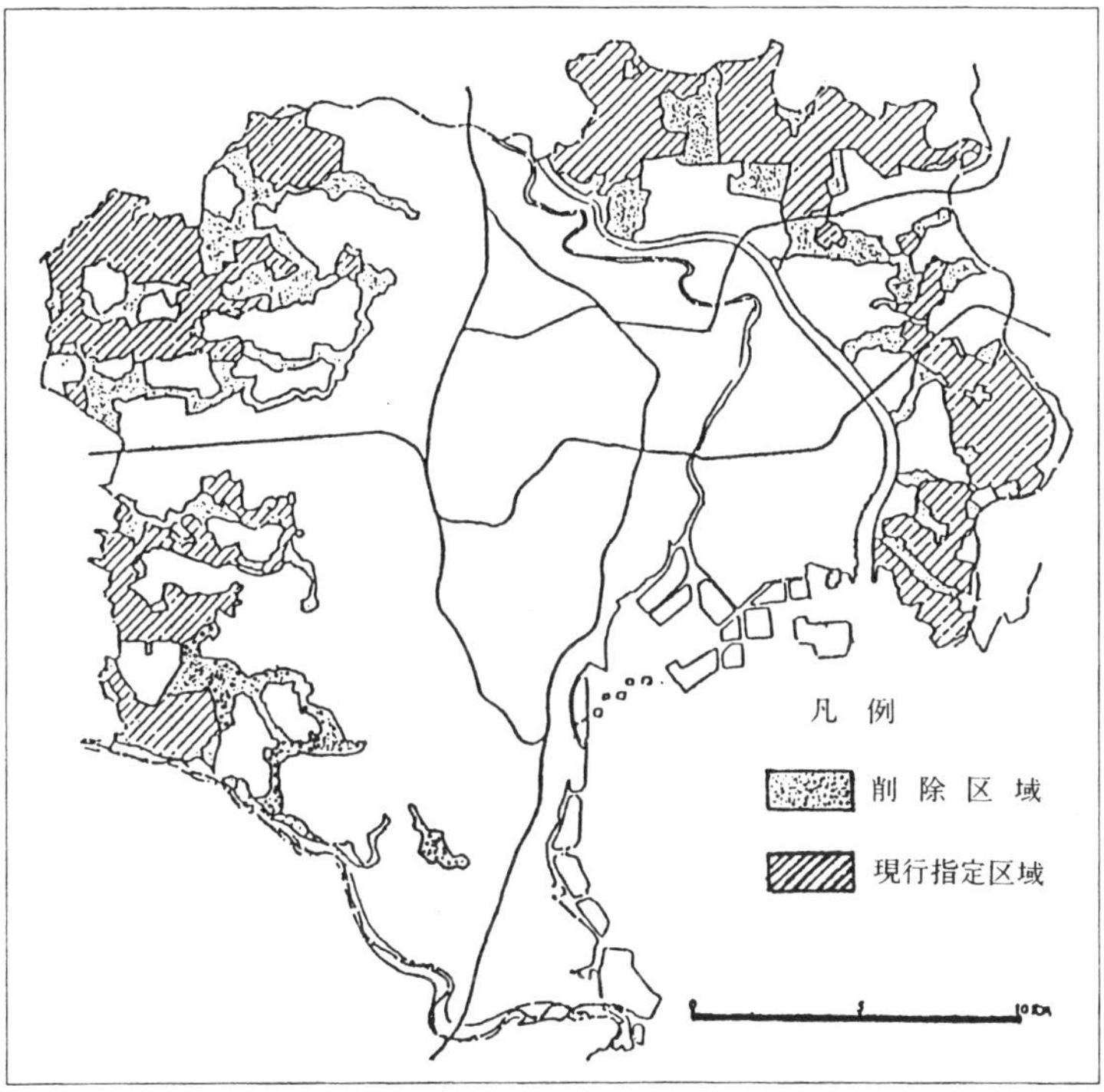

出典：「都市計画」1956・1

■農地をめぐるさまざまな期待

そうした指定指針にそって、都市計画として緑地地域を指定する準備は、1947（昭和22）年頃にはすでにできていたが、実際に指定されたのは前記のように1948年である。これは東京都区内において「自作農創設区域」が決定されていなかったことによる。

その背景には「緑地地域の性格を農業地域とした場合、農業地域の指定地では当然のこととして自作農創設を実施すべきである。なのに、自作農創設の具体が示される以前に緑地地域の決定をすることは不合理である」ということがあったようである。

いずれにしろ「農地」に対する都市計画の期待と農政の期待の違いがあったのであろう。

「自作農創設区域」が未指定のまま 応の緑地地域指定がなされたが、その後、1949（昭和24）年に「自作農創設区域」が指定されたことにより、この緑地地域の指定地の見直しの結果、追加拡大されることになった。

2　緑地地域の指定変更から廃止・解除まで

1949（昭和24）年の第1回目の指定変更は拡大への変更であったが、それ以後、昭和25年の第2回目の指定変更以降は、早くも緑地地域を限定しようとする縮小化の一途であった。第2回から第4回までの指定変更は、区画整理事業実施区域や駅周辺区域に指定されていた緑地地域を住居地域に指定替えするもので、それほど大規模な縮小といえるものではなかった。

しかし、1954（昭和29）年に特別都市計画法が廃止されてはじめての変更が行なわれた第5回の変更（1955年）は、大幅な市街化を目指してのものであった。そのような変更をもたらしたのは、異常なま

東京都市計画用途地域図

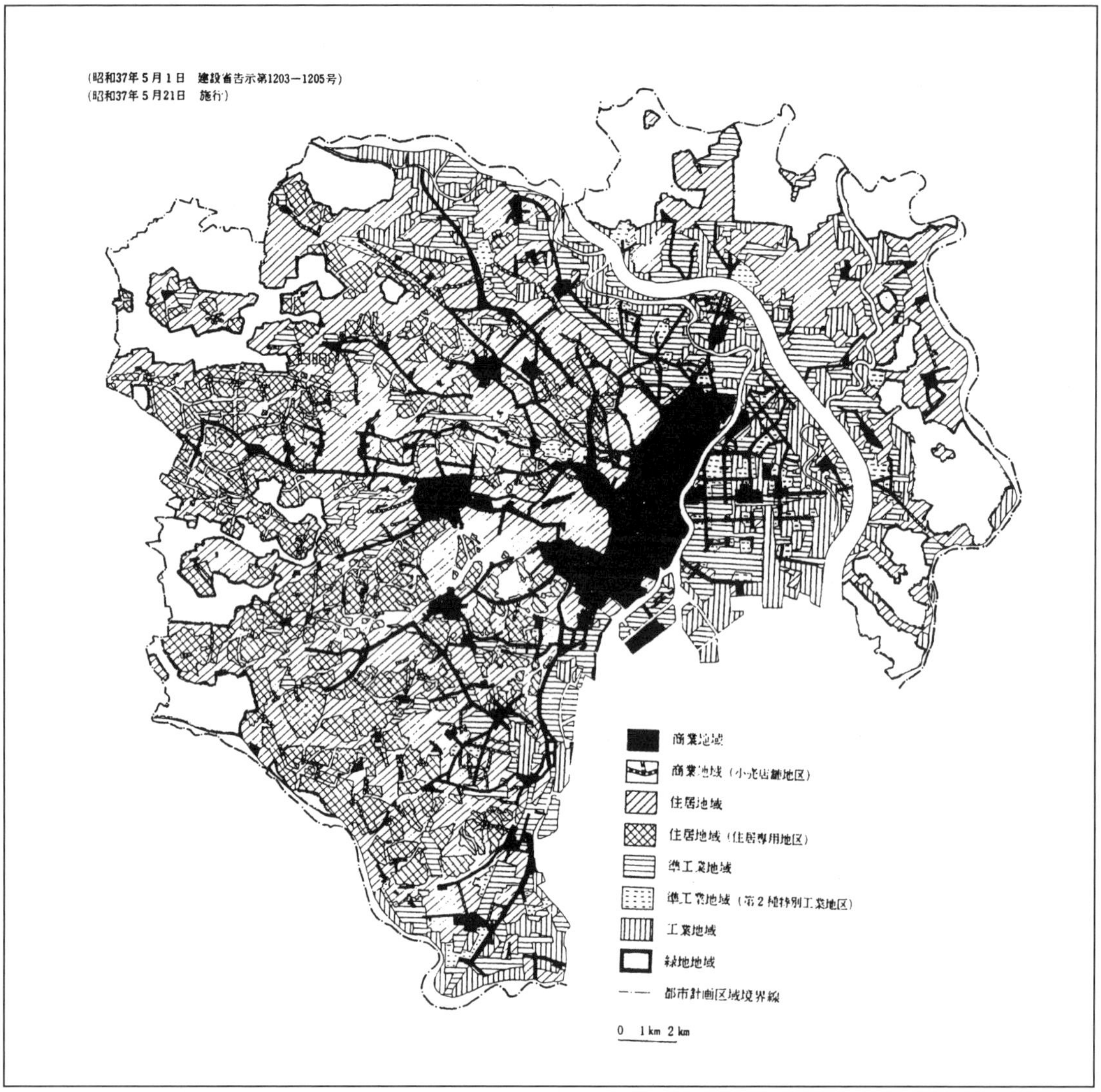

での東京への人口集中とそれにともなう住宅不足である。

１９５４（昭和29）年に土地区画整理法が制定され、大都市近郊の緑地地域には、住宅地化への期待が一層高まった。緑地地域に定められた建ぺい率1割の制限はあまりにも厳しいものであったため違反建築も多く取り締まりと緑地地域制度運用の限界が指摘された。

また、１９５９（昭和34）年に「農地転用許可基準」が制定されたことによって、都市地域での農地転用が以前より容易になった。

そうした流れの中で、第6回目（１９５９年）の指定変更以降は緑地地域内での区画整理事業および一団の住宅団地建築が促進された。したがって、１９５８年以降は緑地地域内での区画整理事業が相当なされたが、１９６９（昭和44）年の都市計画法の改正時期にいたって、緑地地域制度のもつ区画整理事業促進効果も低くなった。

また１９６９年の都市計画法の改正は、市街化区域と市街化調整区域の線引きの考えをもつものであったので、緑地地域は「区画整理を施行すべき区域」となって実質的に廃止された。

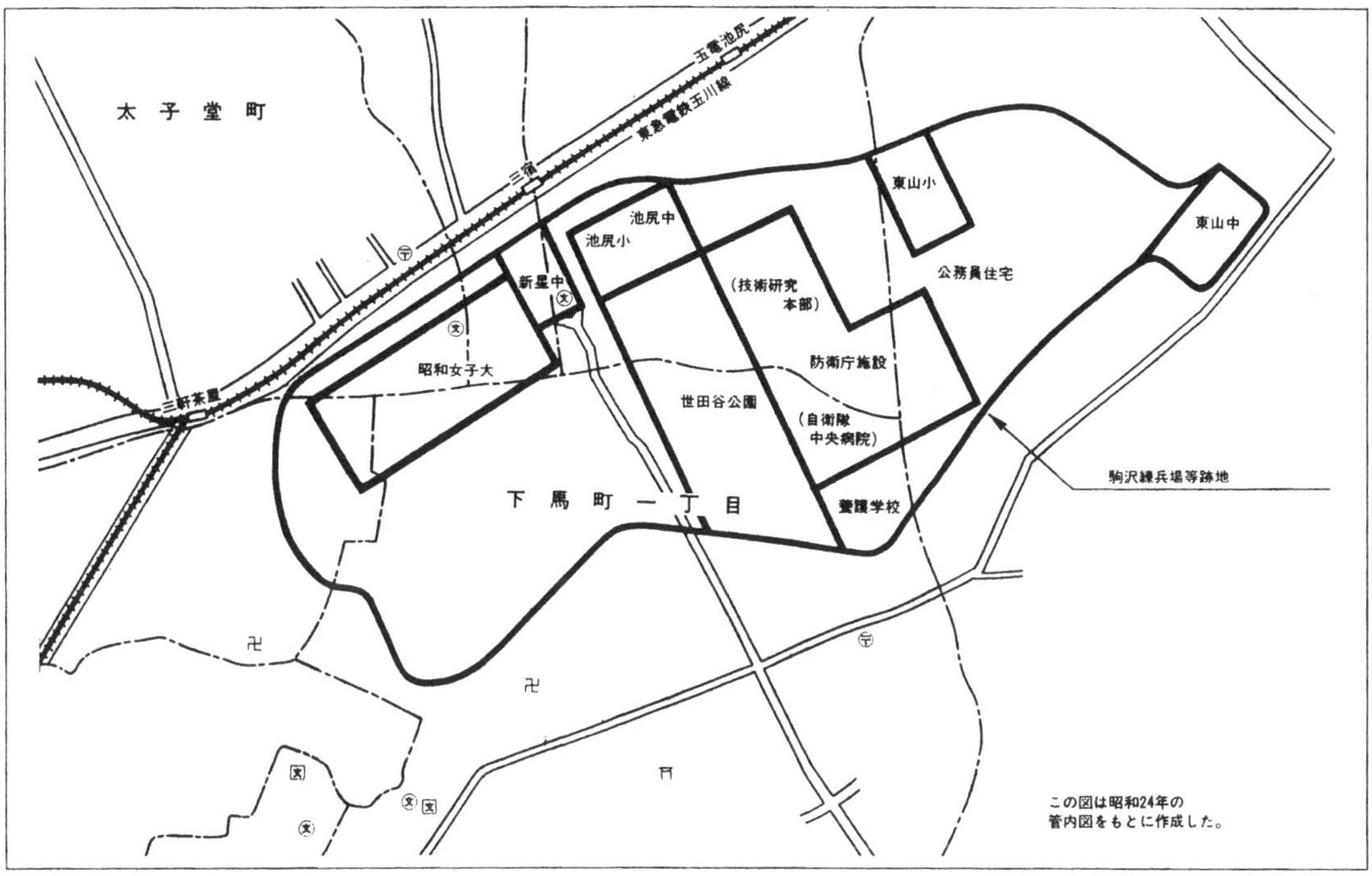

3　軍施設の跡地利用

1949（昭和24）年の大学令により、区内に東京都立大学が発足の運びとなる。また東京農業大学、東京獣医畜産大学、武蔵工業大学、駒澤大学、明治薬科大学、昭和薬科大学、昭和女子大学が新制大学としてスタートする。

このうち、昭和女子大学は太子堂1丁目の近衛野戦砲兵連隊営の跡地利用であり、東京農業大学は桜丘（当時の世田谷四丁目）の陸軍機甲整備学校の跡を校地としている。一種の軍用地の跡地利用である。池尻、下馬、太子堂、大蔵、用賀、桜丘、代沢等世田谷区内の各地に分布していた、練兵場、軍病院、兵舎、他軍関連施設用地が公私立の大学、高校、中学や国公立病院用地に転換された。

4　東京オリンピック開催とオリンピック関連事業

1964（昭和39）年に第18回オリンピック大会が東京で開催される。その第2会場となったのが駒沢オリンピック公園である。世田谷区内では、駒沢公園の他に馬事公苑が馬術競技の会場となったので、世田谷区内のまちづくりにもオリンピックの影響がおよんだ。国道246号線、環状6号線や環状7号線の開通、そして世田谷通りの改修がそれである。

まず国道246号線（放射4号線）は三宅坂から赤坂見附、青山、渋谷を経て三軒茶屋、二子玉川に至る路線であるが、この国道は、明治公園と駒沢オリンピック公園を結ぶ路線として重要な役割を果たすものとされた。

また環状6号線については、これと246号線との立体交差の改良に重きが置かれ、環状7号線は、中原街道との交差地点から中仙道の交差

完成したオリンピック関連街路と緊急主要事業施行箇所図

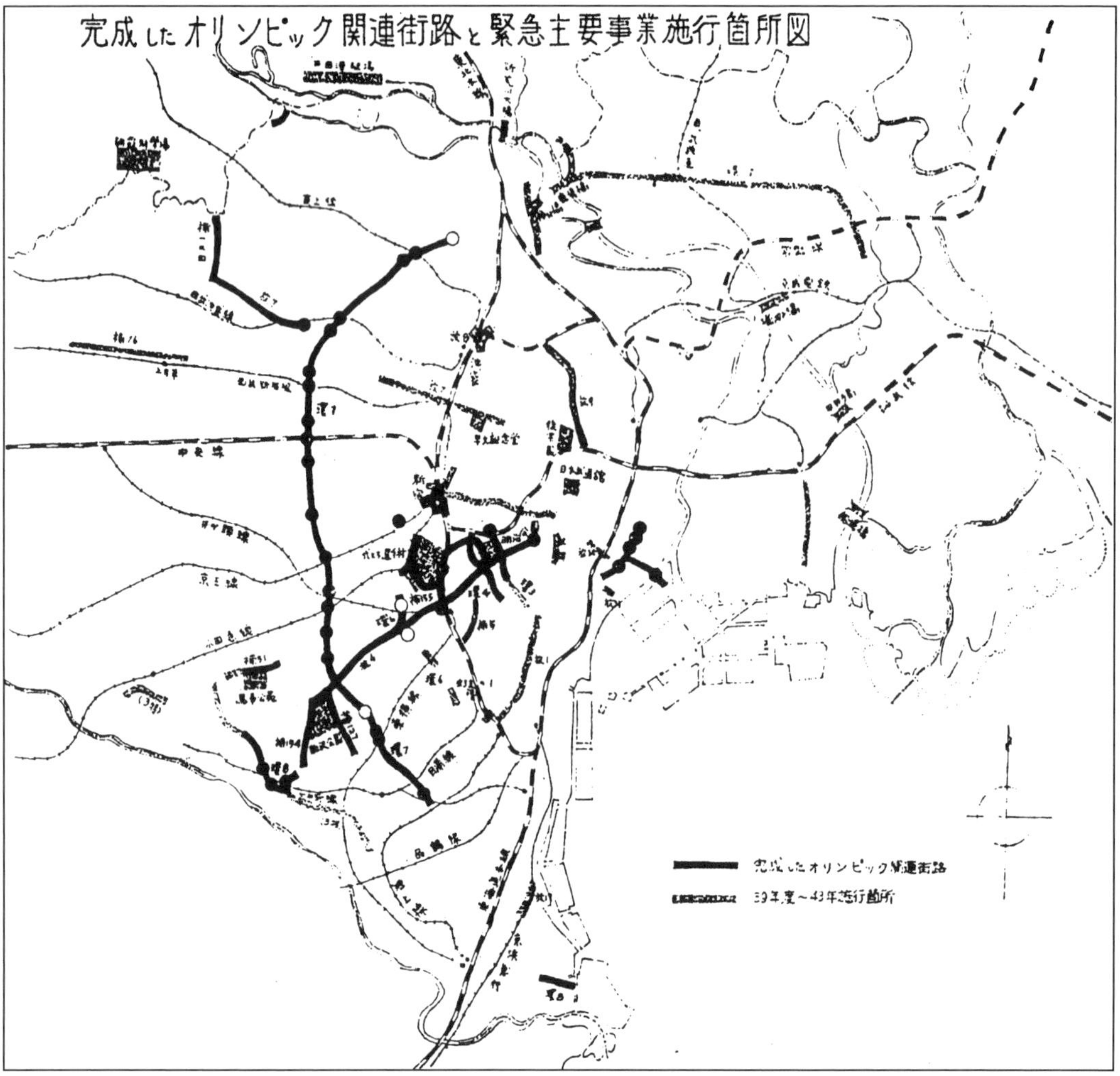

地点までの21㎞の区間の整備がオリンピック関連事業として推進された。さらに馬術競技の会場となった馬事公苑へのアクセスを確保するための世田谷通り（補助51号線）の改修が進められた。

人口と土地、行政区域

世田谷地域の村々は、明治期の地方制度改革、すなわち大区小区制（１８７３年）、郡区町村編成法（１８７８年）、市制町村制（１８８９年）を経て徐々に統合され、世田谷村、駒沢村、松沢村、玉川村、千歳村、砧村の6カ村にまとめられた。ただし千歳、砧の2村は１８９３（明治26）年の三多摩地域東京府編入まで、神奈川県に属していた。

１９３２（昭和7）年には東京の市域拡大で、すでに町制が敷かれていた世田谷町、駒沢町、および松沢村、玉川村は東京市に編入されたが、千歳村、砧村は北多摩郡のままであった。このためこれら2村の世田谷区編入運動が起こり、１９３６（昭和11）年両村は、世田谷区に編入された。

世田谷区における人口増は、大正中期から徐々に始まり、関東大震災後本格化する。人口増加の傾向は、旧世田谷町の地域で最も早くみられる。その後戦時期には疎開等で一旦減少するが、１９５０～６０年代にかけて大幅に増加し、これまで人口の少なかった、千歳、砧方面にも流入するようになった。

世田谷における人口動向（1868〜1968年）

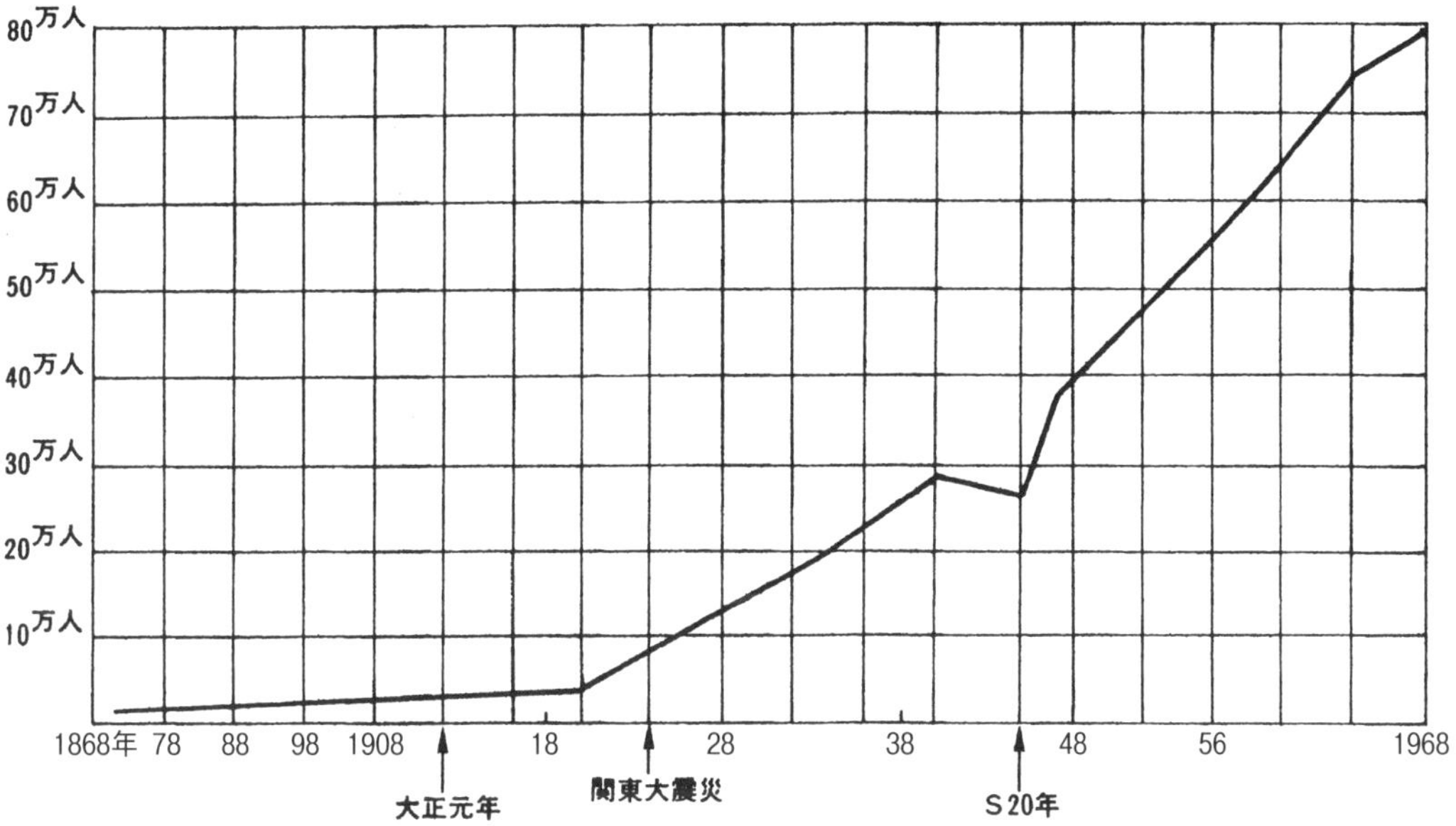

■世田谷の人口動向

世田谷地域の人口増は、関東大震災後に本格化するが、その前からも徐々に増えてきていることがわかる。戦後もまた人口は増加の一途をたどる。昼夜間人口の差をみると昭和30年代ではその差はかなり大きく、都内でもっとも多い流出過剰人口を抱える区となっている。

すなわちベッドタウン化が進んでいたのである。

■人口増加の特徴

人口増加の傾向は町村によって著しい特徴がある。

まず世田谷町がもっとも早い時期に人口増加を示している。これは関東大震災の時期にほぼ重なる。

松沢村では、関東大震災後と井の頭線の開通時期（１９３３年）に増加している。

玉川村は明治の早い時期と１９３０年以降に、駒沢町は１９３５年以降に増加している。千歳、砧では停滞している。

戦後の一時期都市への転入抑制策が取られたが、それにもかかわらずこれまでは人口の少なかった千歳、砧方面に多くの人が流入した。

成城学園の住宅地開発（大正末期～昭和初期）

①喜多見土地区画整理地平面図

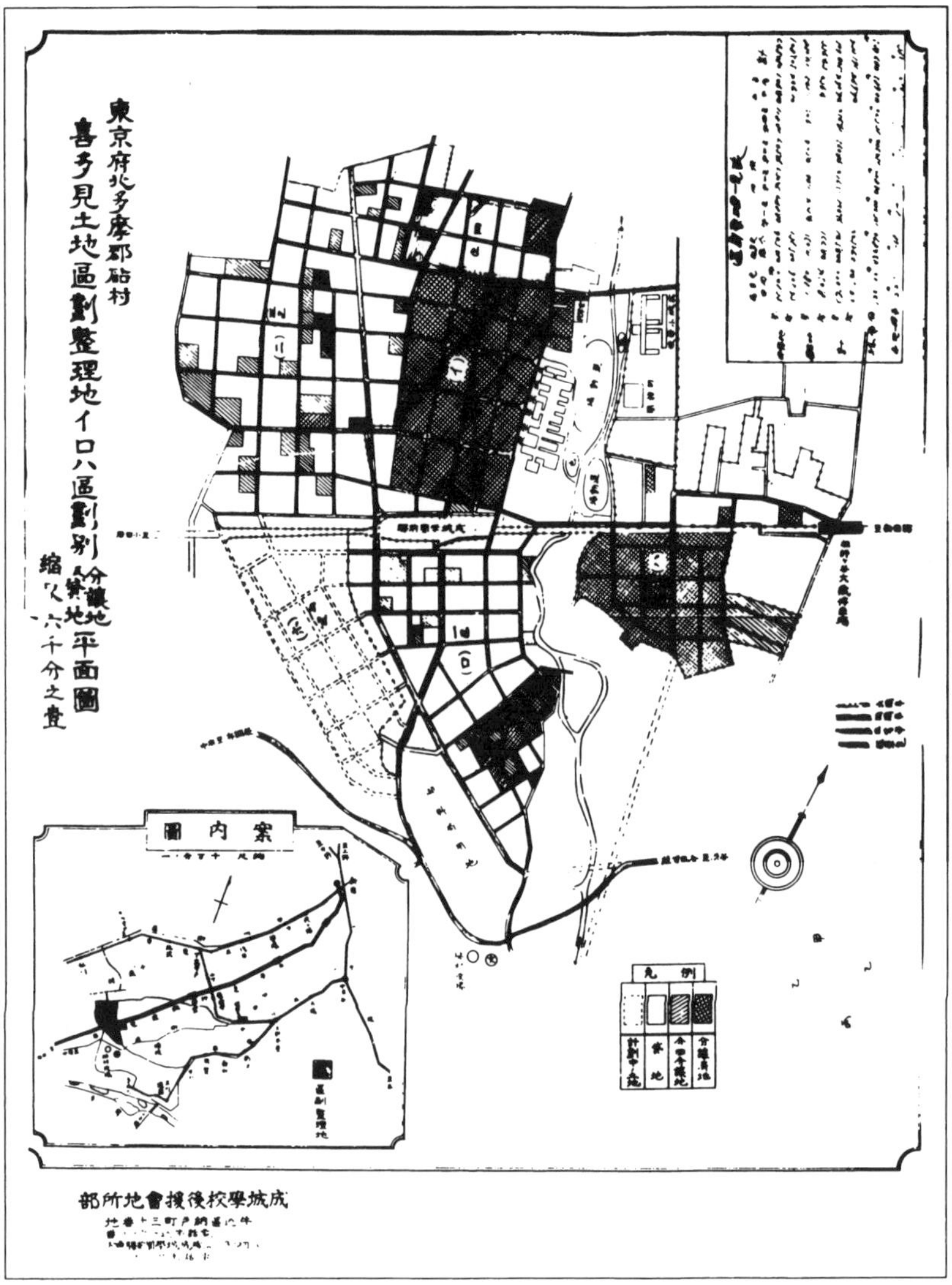

成城学園教育研究所提供

②上ノ台区画整理分割平面図

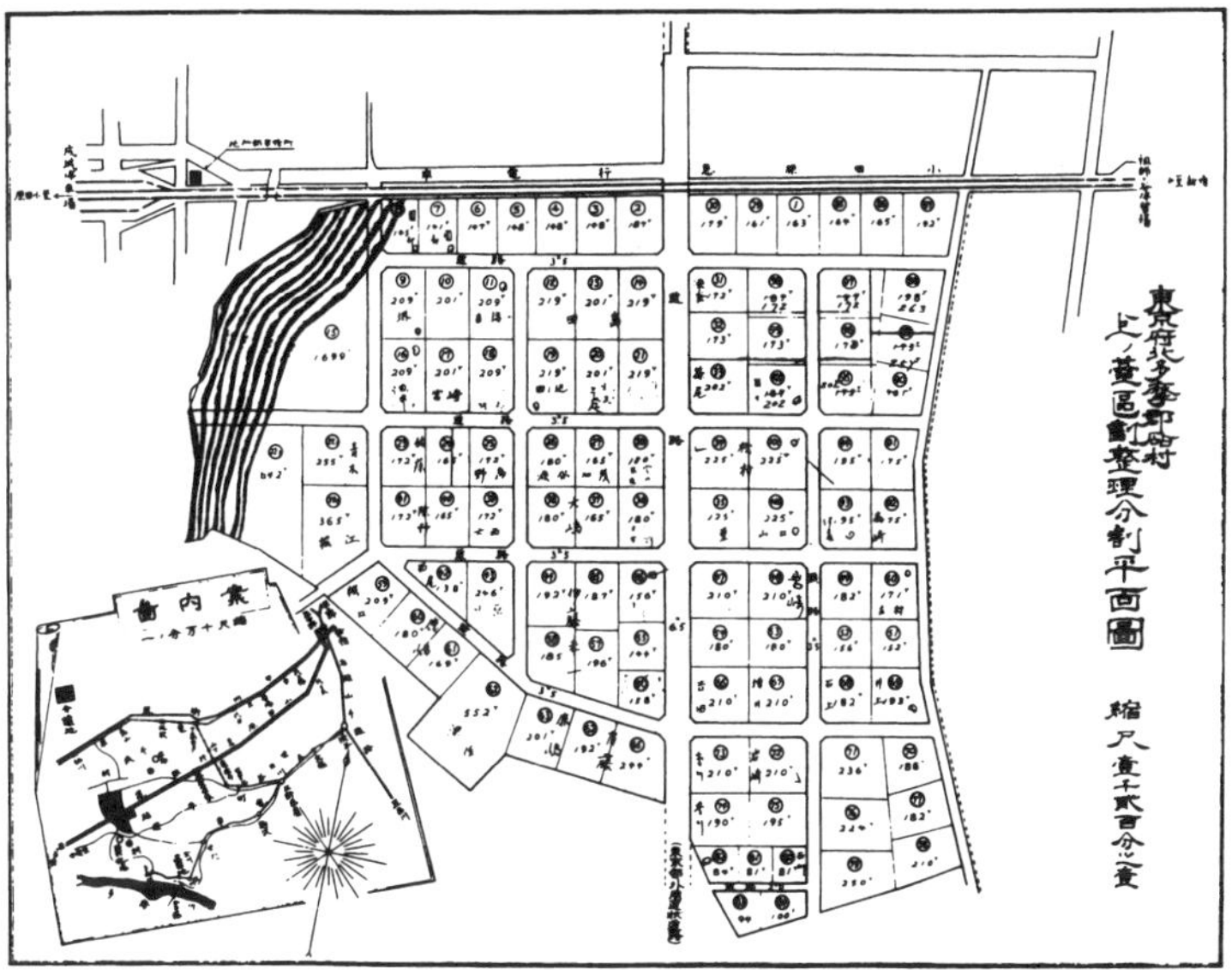

成城学園教育研究所提供

成城学園は震災後の1925（大正14）年、東京牛込原町（現新宿区）から当地に移り、1927（昭和２）年の小田急線開通を契機に学園主導（成城学園後援会地所部／学園建設資金調達の一環）で住宅地開発を進めた。

住宅総面積37万余坪、区画整理後に分譲ないし貸地として販売（喜多見区画整理では１区画210～450坪）。小田急線をはさみ北に学園、南に東宝砧撮影所の前身「Ｐ・Ｃ・Ｌ（写真化学研究所／昭和７年）」が位置し、学者・教育者・学園父兄に加え高級官僚・芸能人等も多く移り住んだ。

なお、成城の名を高めた懸賞モデルハウス「朝日住宅」企画は1929（昭和４）年のこと、また1933（昭和８）年の成城住宅地は500数十戸程度、戦前は空地も多かったという。

第一土地建物会社の土地分譲地開発（通称：肋骨道路／大正13年）

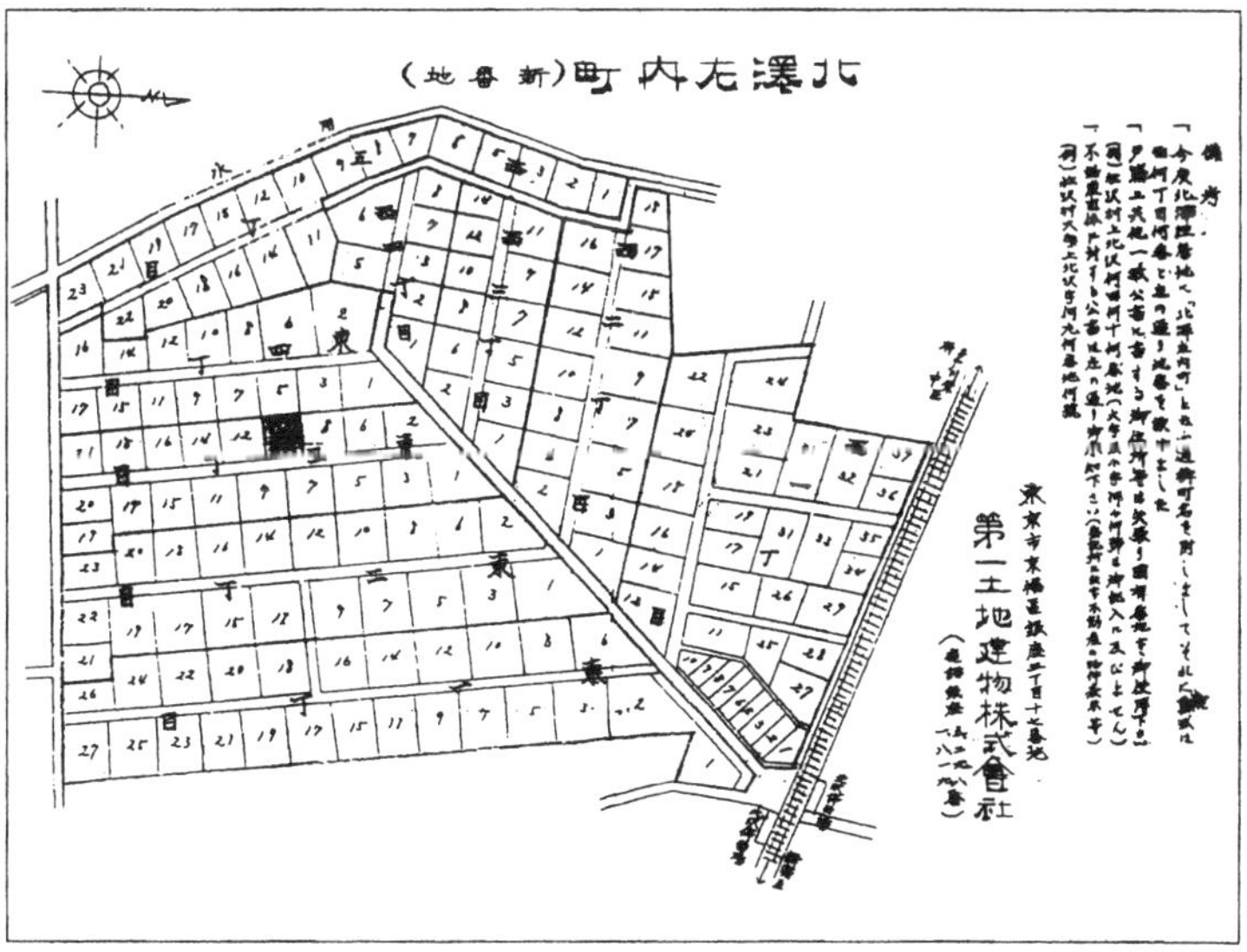

大島芳男氏提供

京王線上北沢南側、通称肋骨道路は、1924（大正13）年松沢村の村長であった鈴木左内の土地を第一土地建物会社が買い取り、区画整理後宅地分譲したもので、道路は駅より１本目の通りを13間、２本目は12間、３本目は11間の間隔をあけ、全体の道路はまさに「肋骨」のように配置されている。

当初の分譲は200坪単位であったが、1935（昭和10）年頃には１区画70～100坪単位と小さくなり、また第一土地建物会社が19軒ほどの建売り住宅を販売している。なお、当時の居住者は大部分が中流家庭の人たち。第一土地建物会社の社長の知り合いに軍人が多かったため、軍人関係者もかなり居住していたという。

三井信託・代田橋分譲開発（昭和３年）

①代田橋分譲地区割図

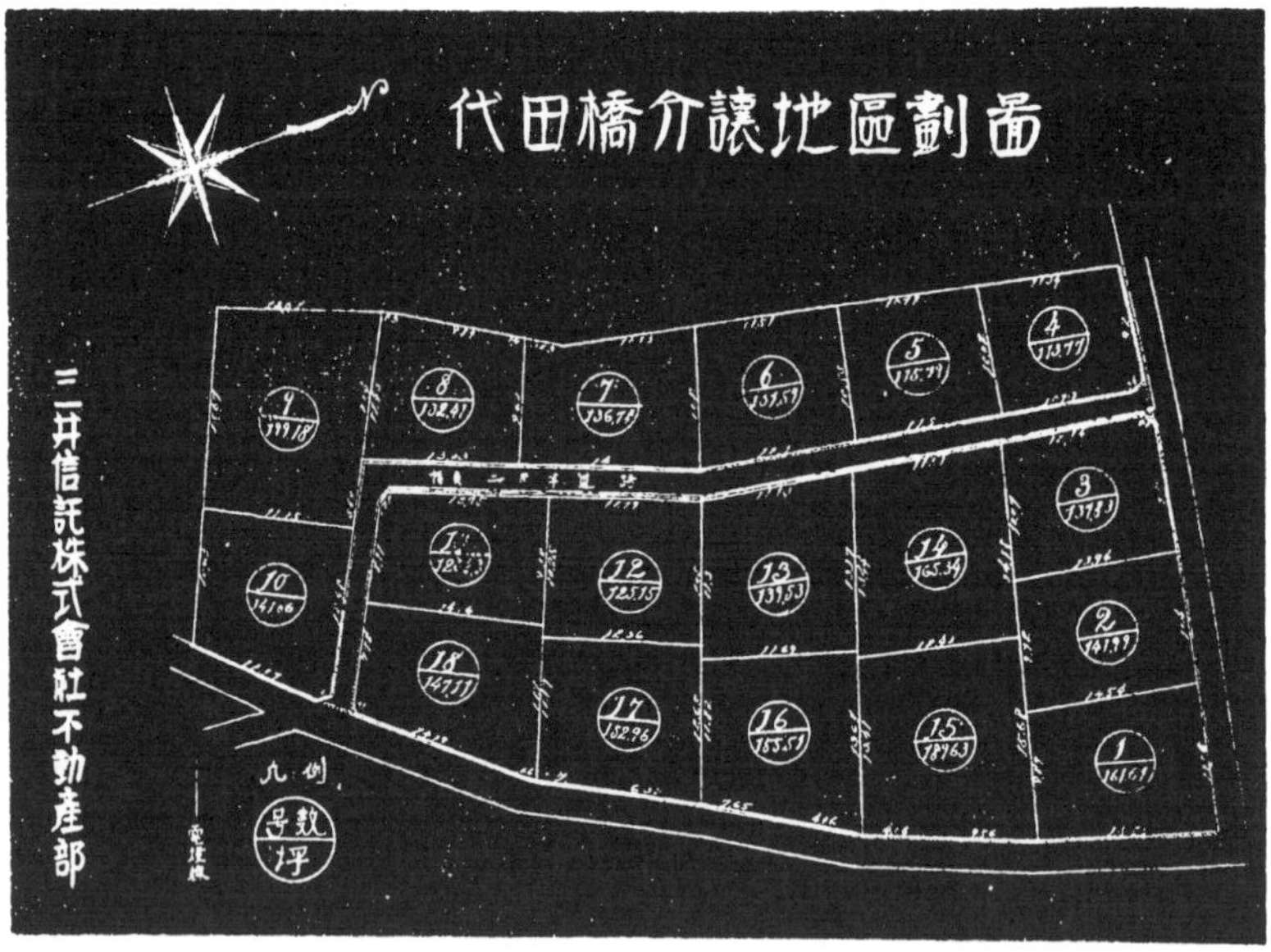

代田橋分譲地は、京王線代田橋駅より徒歩８分の所、中流以下向け住宅地として三井信託が1928（昭和３）年に開発したものである。開発面積は１ha弱、１区画116〜198坪、合計18区画。開発方針に「現状に従い、多く手を加えることなく整地工事を行う」と明記され、ごく一般的な分譲地の典型であったといえる。

当時、羽根木のメインストリートであった羽根木通りに面し、南下がりの良好な立地、「北側の町道は現在幅９尺を２間に拡張」し、自動車の出入りを配慮した点も注目される。

②代田橋分譲地のパンフレット

住宅団地の分布図（戦後の住宅団地開発）

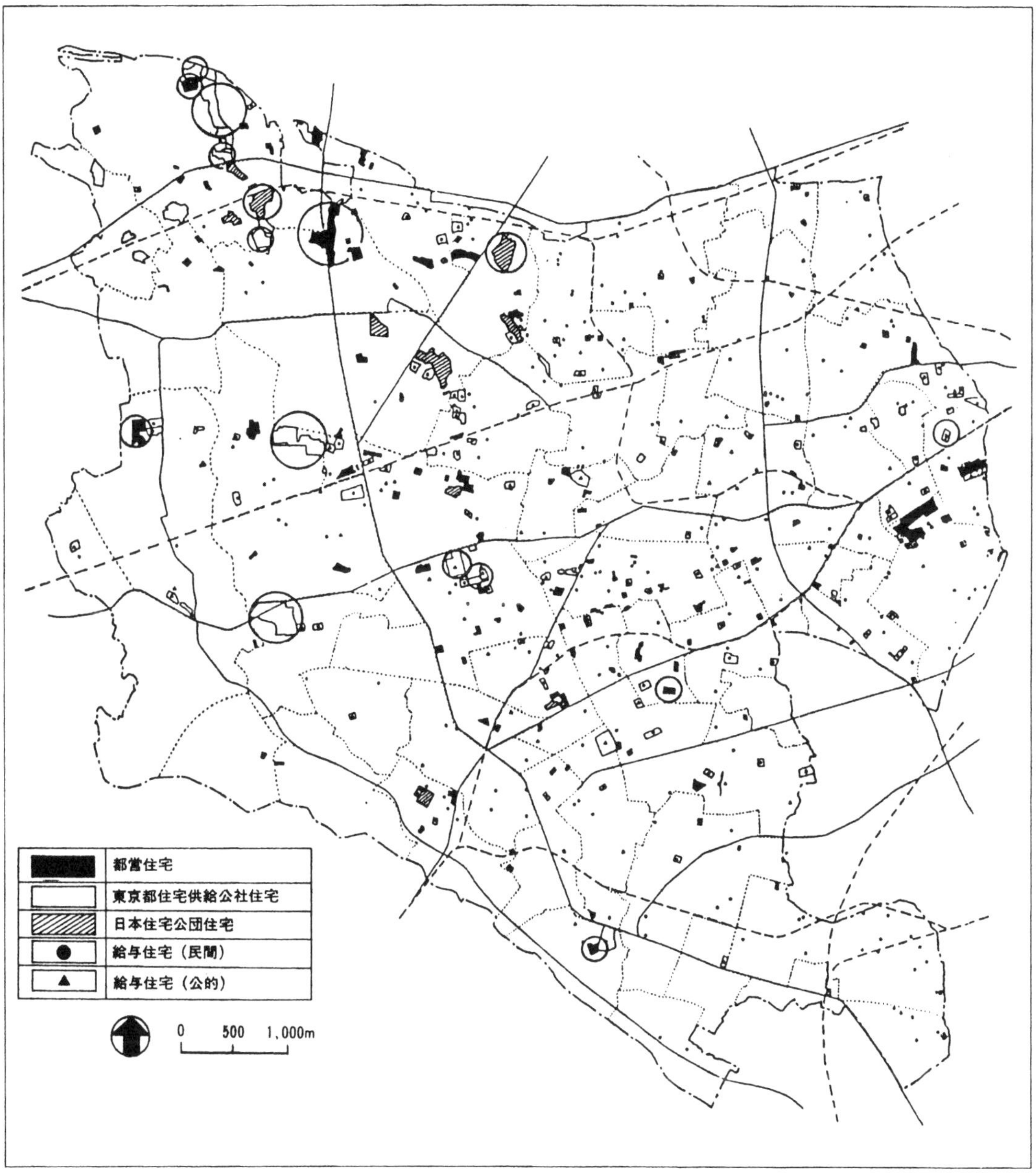

資料：世田谷区住宅施設図・都営住宅サービス公社調べ
出典：世田谷区「図説住宅白書」1985・2

この図は、戦後から1975（昭和50）年初め頃までの公的住宅を主とする団地開発の分布を示したものである。戦後の公的住宅は、公営住宅（昭和26）、公団住宅（昭和30）、公社住宅（昭和40）の各制度が整えられ、世田谷区域におけるこれら住宅は、昭和30年代前半を中心に40年代にいたりその多くが建設された。

1団地500戸を超えるような大きな団地は、都営住宅2団地→下馬アパート（約1500戸、昭35～45）、八幡山アパート（約750戸、昭36）、公団住宅4団地→希望ケ丘（約1840戸、昭47～48）、西経堂（660戸、昭32）、芦花公園（約570戸、昭32）、桜上水（分譲約400、昭40）、公社住宅4団地→大蔵住宅（約1260戸、昭34～38）、祖師ヶ谷住宅（1020戸、昭30～31）、烏山住宅（約580戸、昭31～32）、烏山北住宅（賃貸・分譲を含む約1000戸、昭39～41）など、合計10団地約9600戸があげられ、都営下馬アパートをのぞくほとんどが区の西北部に位置している。

図中○印は一団地の住宅施設。

交通施設・基幹道路施設

世田谷における鉄道・軌道の歴史は、１９０７（明治40）年に営業開始した玉川電車（現新玉川線）に始まる。その後京王線、目蒲線、世田谷線、小田急線等が開通、１９３５（昭和10）年頃にはほぼ今日の路線が出揃った。世田谷の宅地開発は、こうした私鉄路線の伸びと深く関わっていた。これらの路線の多くは、世田谷をほぼ東西方向に走って新宿・渋谷のターミナルと結んでおり、南北方向をつなげる路線があまり無い。地域内交通としては不便である。

これを補うかのように、大正末以降、バス路線が発達した。戦後は東京都交通局と民営各社との相互乗り入れが実現し、都心への直通バスが運転されるようになったが、自動車の普及により道路の渋滞が激しくなって、バスの運行速度は低下した。昭和40年代以降バス路線の改廃が進むことになる。

１９２７（昭和２）年東京都市計画区域全般にわたる道路計画が策定された。ここには環７、環８、放射３、４、５号、補助12～18、32号等現行の区内主要幹線道路のほとんどが計画されている。しかし戦前実現されたのはその一部であり、多くは戦後に持ち越された。

１９３０（昭和５）～１９３６（昭和11）年にかけて計画された細道路網計画についても事情は同じであり、舗装の普及も含めて世田谷の道路改良は戦後に持ち越された。世田谷の道路建設が進んだのは、１９６１（昭和36）～１９６４（昭和39）年の東京オリンピック関連事業においてである。また当初環状６号線のなかにあった都市高速道路が延伸され、世田谷区内では、東名高速道路と首都高速道路３号線が、中央高速道路と首都高速道路４号線が結ばれた。

■世田谷を走る鉄道

1907（明治40）年路線図

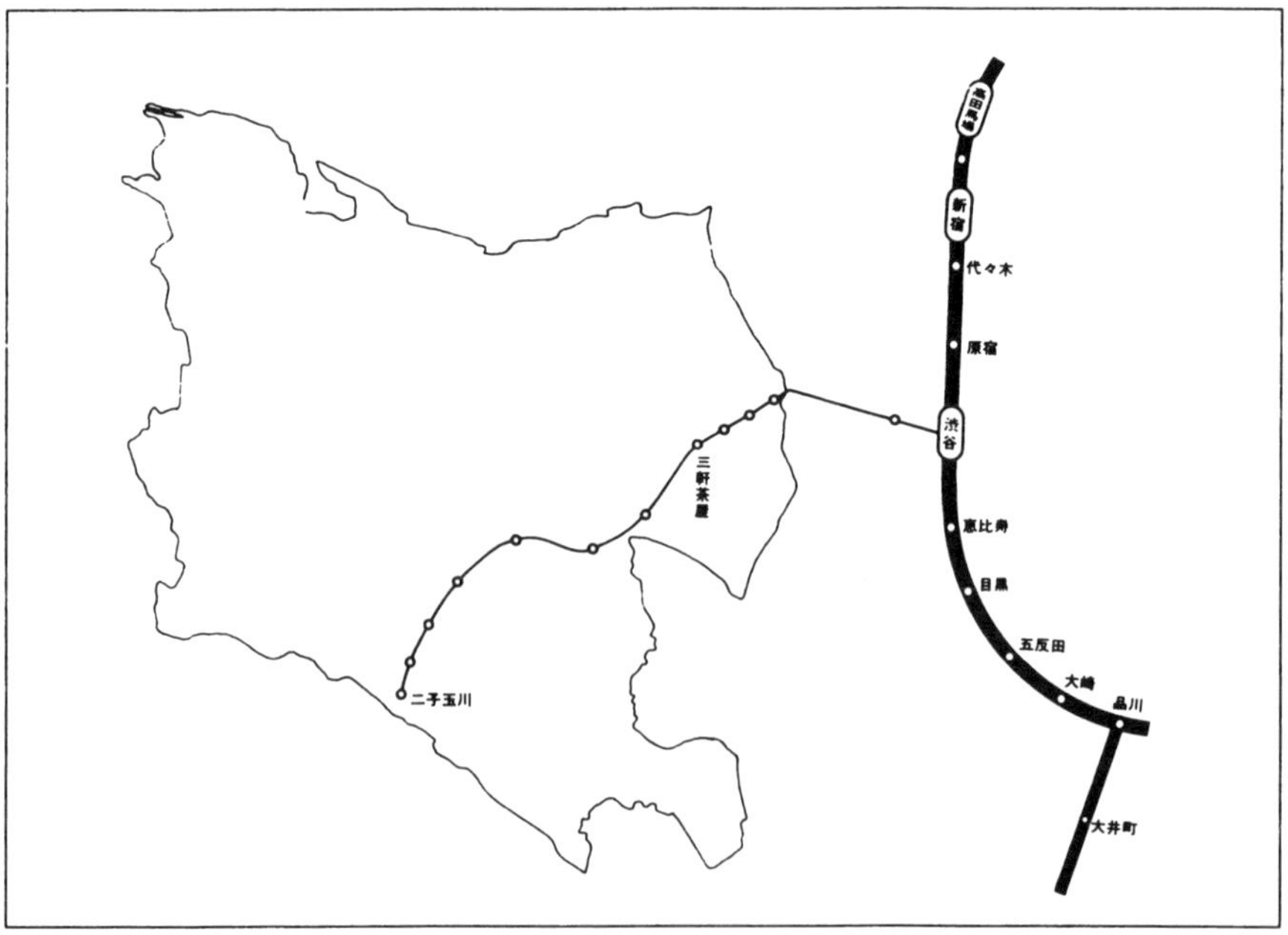

東京市区改正事業の進展にともなって、東京市内における砂利の需要が増加した。これをまかなうため多摩川から砂利を運ぶ玉川砂利電気鉄道が、1896（明治29）年、玉川～三宅坂間の軌道付設の許可申請を行なった。

1903（明治36）年には玉川電気鉄道株式会社が設立された。路線は曲折を経て渋谷～玉川間となり1907（明治40）年開通した。

1911（明治44）年には東京市電が渋谷まで延長され、市内への連絡も容易になった。

1915（大正４）年路線図

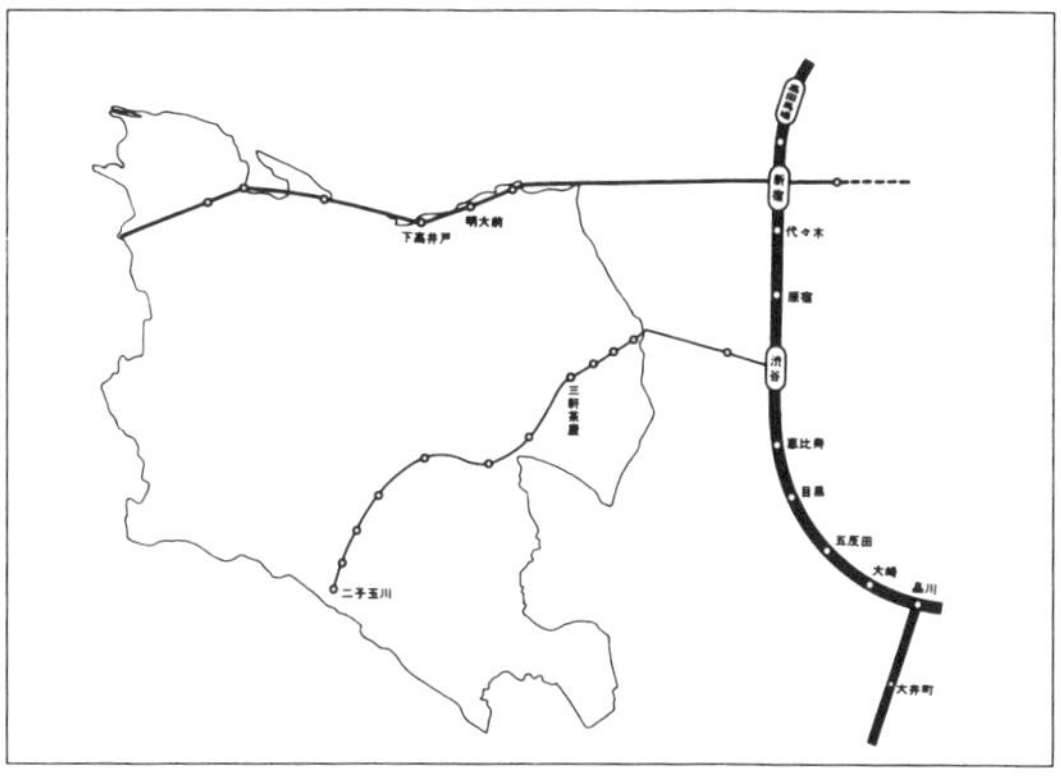

京王線が開通した。電車ができる前は甲州街道に乗合馬車が通っていた。

京王線も当初は砂利輸送に依存していた。

1923（大正12）年路線図

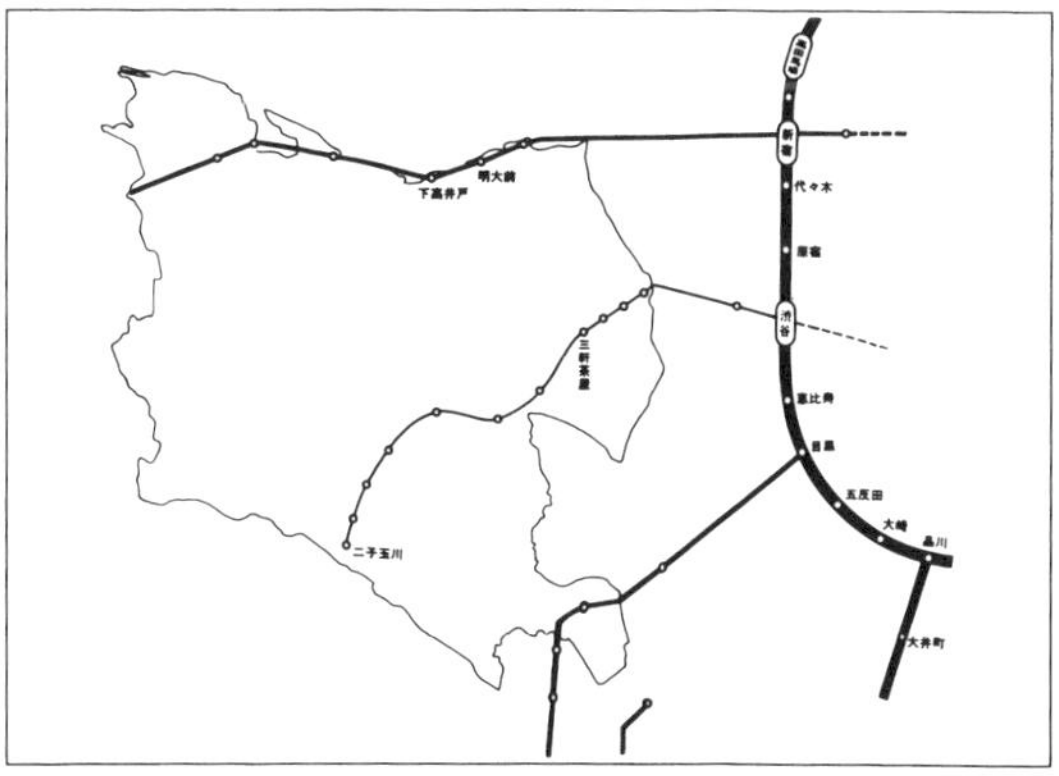

目蒲線および池上線の雪ケ谷大塚までが開通している。

玉川線は1922（大正11）年に恵比寿まで、1924（大正13）年に天現寺まで延長された。

1925（大正14）年路線図

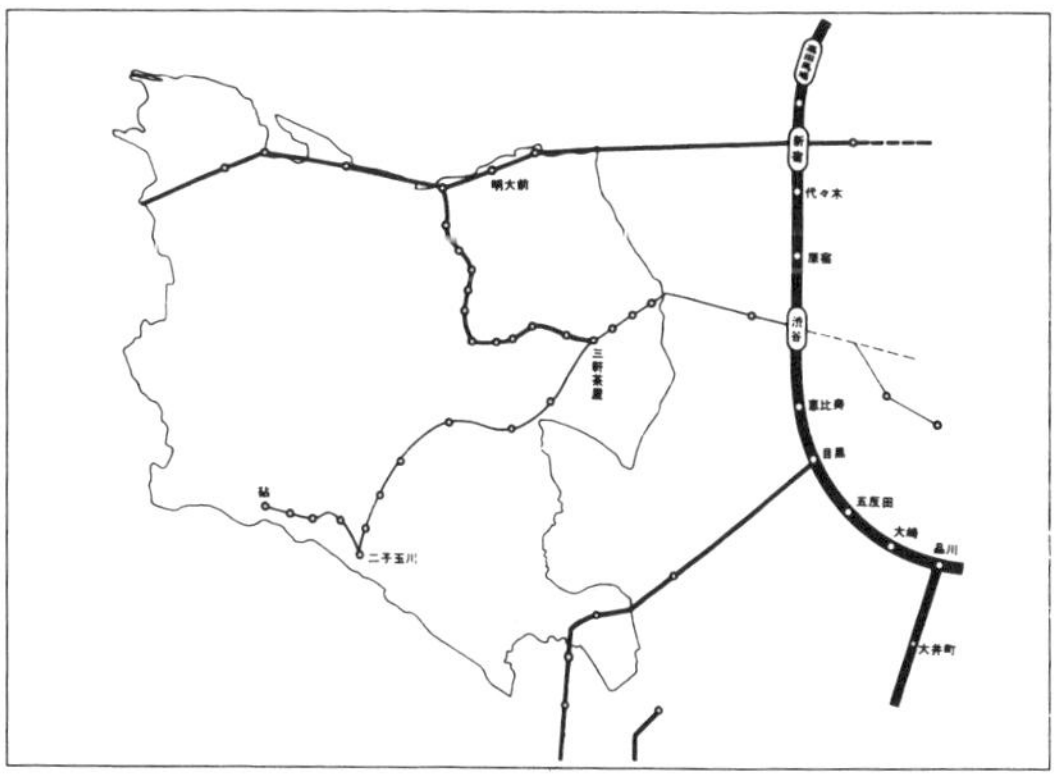

世田谷線が開通。なお玉川電車の砧支線がその前年に開通している。世田谷線誘致運動に弾みをつけたのは、玉川線の砧延長が近いという情報だった。砧支線は砂利の輸送を主な目的としていた。

1927（昭和２）年路線図

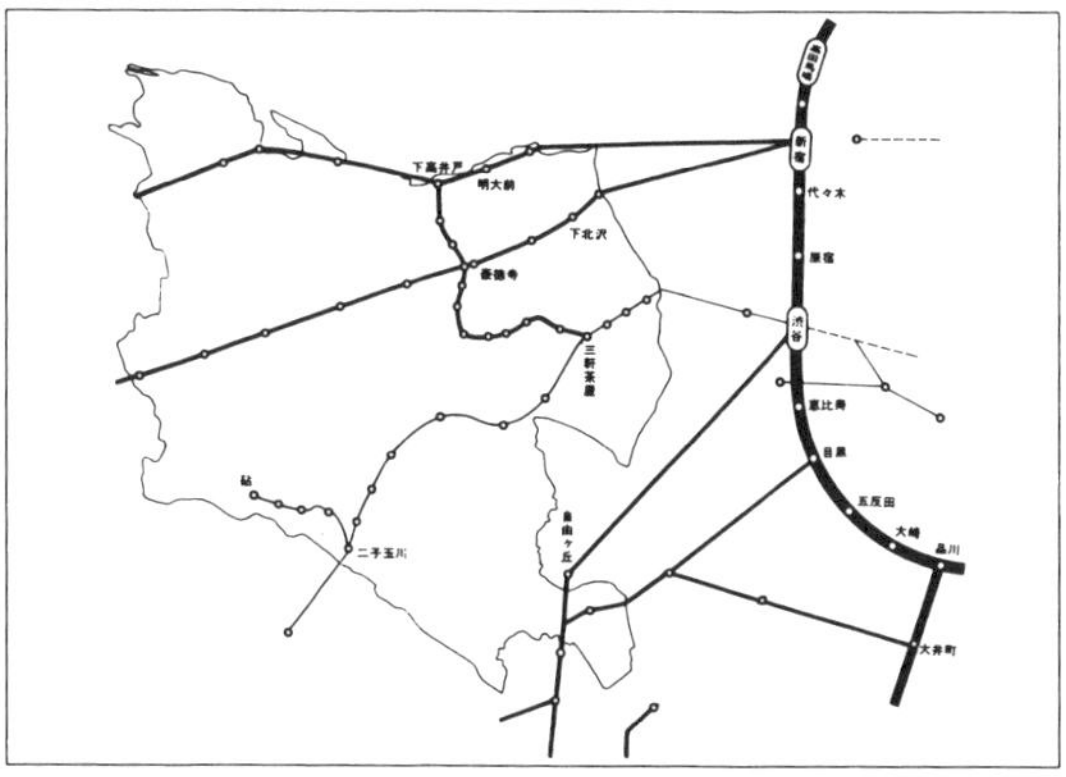

小田急線開通。東横線渋谷～丸子玉川間開通。大井町線大井町～大岡山間開通。

玉川電車中目黒まで延長。

二子橋ができて、玉川電車溝ノ口まで延長。

1928（昭和３）年路線図

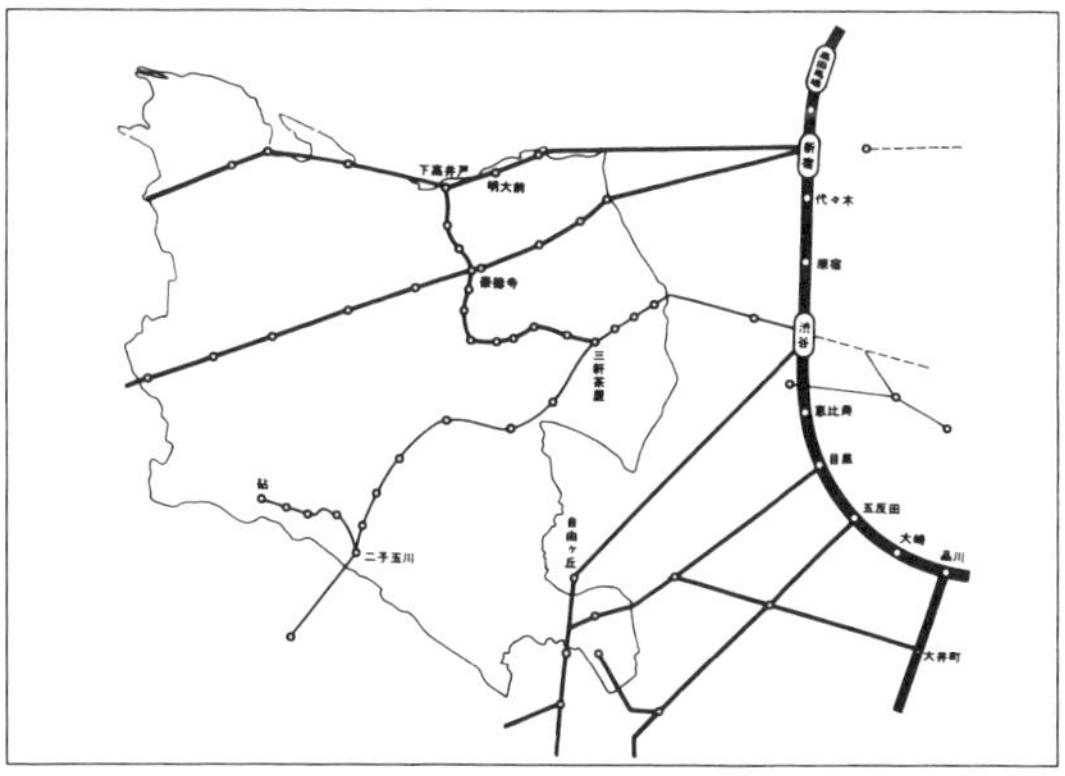

池上線の雪ケ谷大塚～五反田間が開通。支線が雪ケ谷大塚～新奥沢間で開通。玉川全円耕地整理事業と関わる。

1929（昭和４）年路線図

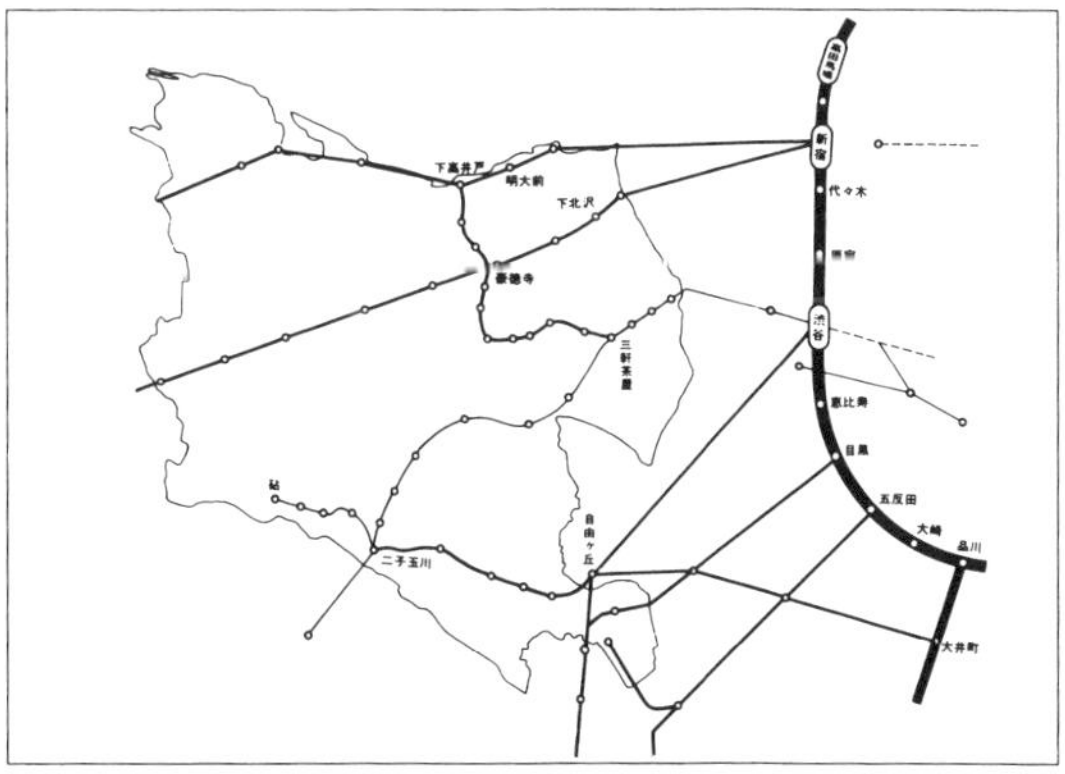

大井町線大井町～二子玉川間全通。

1945（昭和20）年路線図

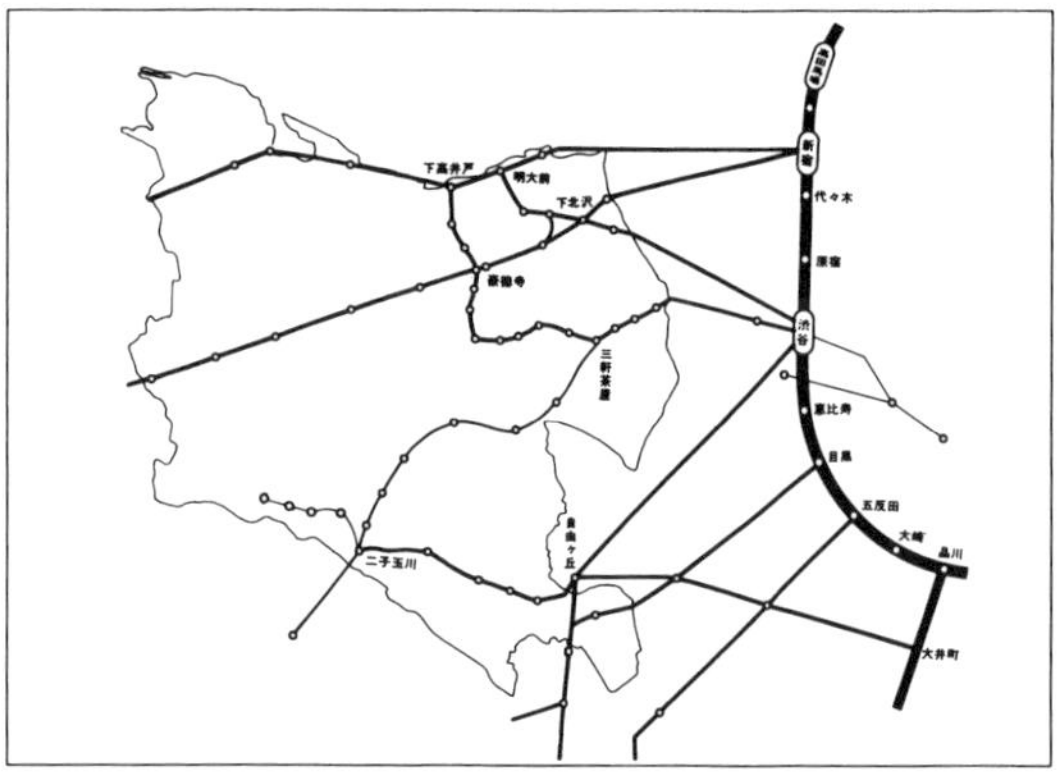

1945（昭和20）年軍隊の出動を得て、小田急線世田谷代田と井の頭線代田二丁目（現新代田）間の焼け跡を利用して、両線の連絡線が建設された。多数の車両が焼失した井の頭線には、この線を利用して小田急の車両が移送され急場をしのいだ。

この連絡線は、1953（昭和28）年に撤去された。

1969（昭和44）年路線図

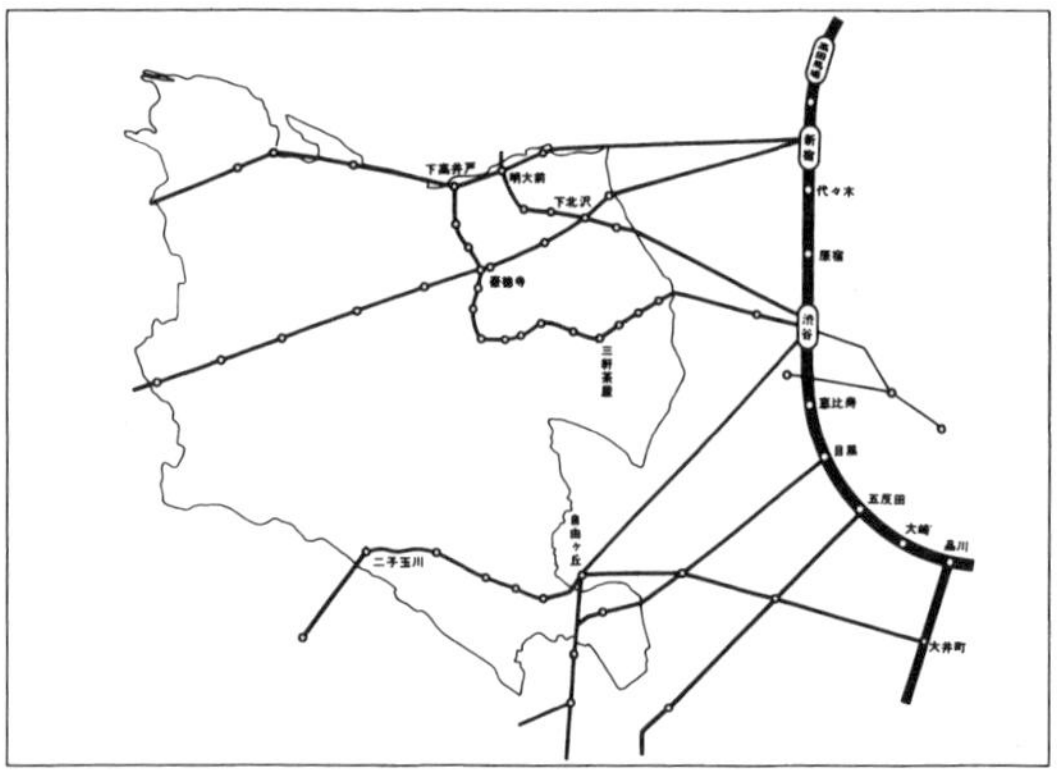

1969（昭和44）年玉川電車廃止。戦後における自動車交通の増大は、軌道を走る玉川線の輸送力を低下させ、その改廃が問題となった。

当初は専用軌道を検討していたが、1956（昭和31）年になって方針変更地下鉄新玉川線として新たに建設することとなったのである。

なお同時に砧線も廃止となった。

新玉川線の開通は1977（昭和52）年である。

1933（昭和８）年路線図

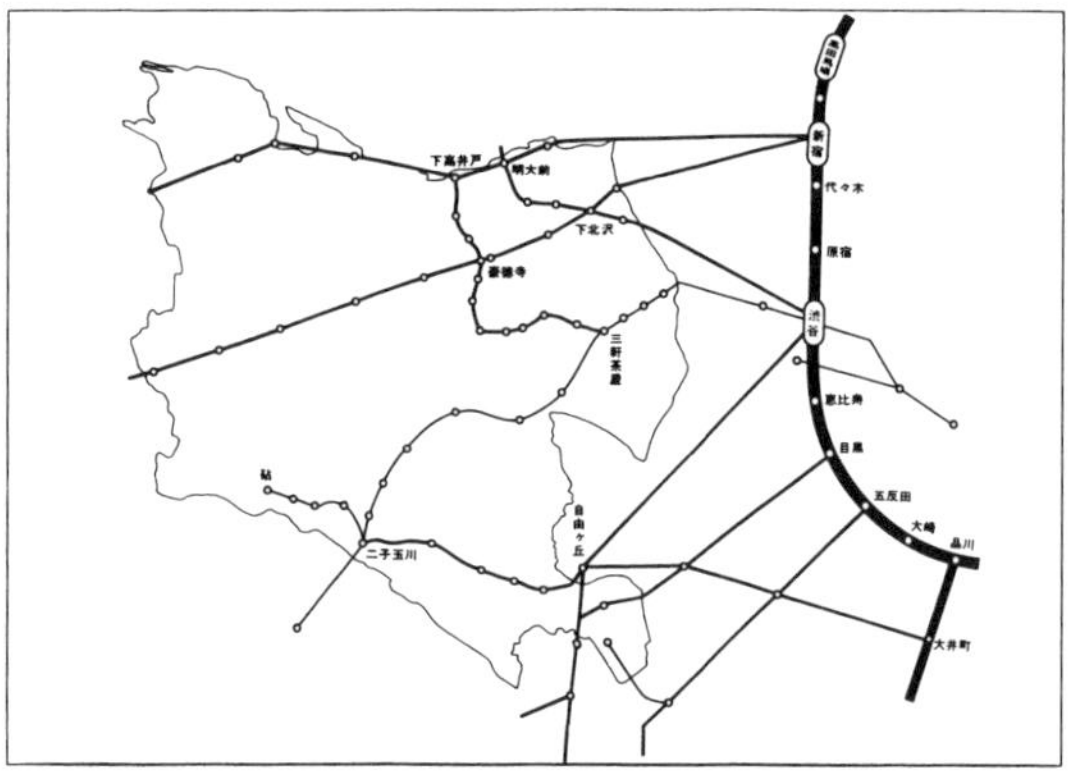

井の頭線開通。

1935（昭和10）年路線図

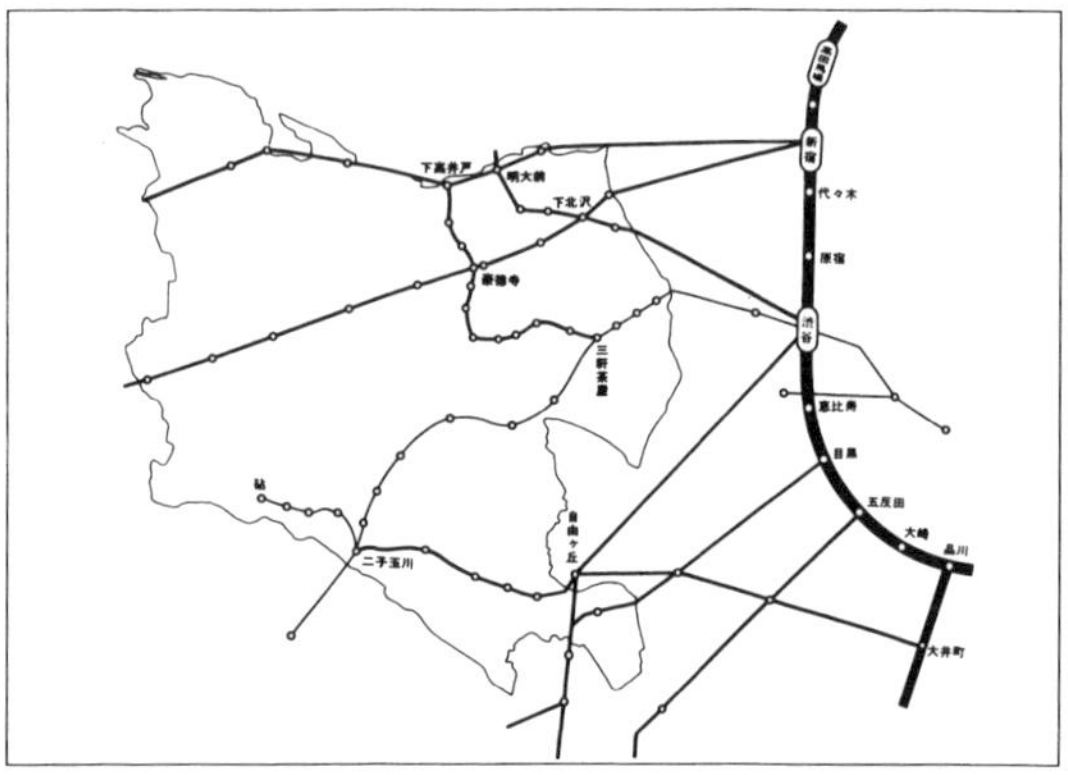

池上線支線廃止。

1943（昭和18）年路線図

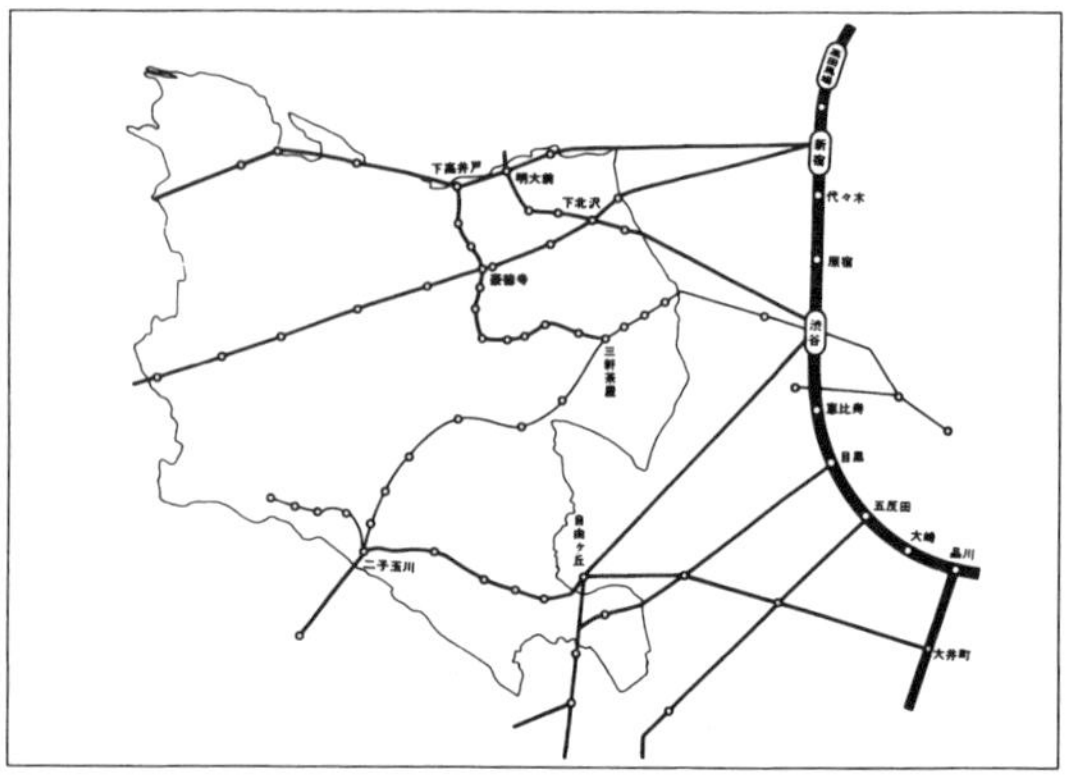

二子玉川～溝ノ口間の玉川電車を、大井町線に切り替え。大井町方面への通勤客に便利なように、大井町と溝ノ口をつなげた。

玉川電車の天現寺線と中目黒線は、1938（昭和13）年東京市に譲渡された。

■新宿・渋谷ターミナルの変遷

京王線が開通したとき、起点駅は「新宿追分」であった。

1937（昭和12）年には新宿3丁目に建てられた京王帝都本社ビルに移り、駅名も「四谷新宿（のちに京王新宿）」となった。これが山手線の新宿駅西口に移ったのは、1945（昭和20）年5月である。当時戦災その他の原因で動力用電線の電圧が下がり、「京王新宿」までの急勾配を上れなくなったためといわれる。

開通時の小田急線新宿駅は木造の小さな駅であったが、すぐに増築して山手線新宿駅と共同使用駅になった。

一方、開設当時の渋谷駅は現在より南に位置していたが、山手線複々線化にともなう改良工事により、1920（大正9）年現在の場所に移り旧駅は貨物専用となった。同時に高架化されたため、東京市電は宮益坂からガードをくぐって渋谷駅西口へ、玉川電車は道玄坂から同じく渋谷橋方面へとそれぞれ線路を伸ばした。玉川電車は、さらに中目黒まで延長された。

昭和期に入ると東横線、井の頭線があいついで開通、1938（昭和13）年には地下鉄銀座線が東横百貨店3階に乗り入れた。翌年玉川電車は玉電ビル2階を終着として、東側の線路は東京市に移管された。

郊外に移住する人口が増加するとともに、私鉄や市電が乗り入れるターミナル駅では、交通混雑が問題となってきたため、昭和初期にはこれらの駅の駅前広場設置が計画されていた（新宿は1934年、渋谷は1936年に都市計画決定）。

新宿西口駅前広場は1941（昭和16）年に完成したが、渋谷の計画が実現したのは戦災復興事業によってである。

■バス路線の発達

東京に初めて乗合自動車が運行されたのは、調布〜国分寺間と笹塚〜

1-3-④B　世田谷区街並形成史研究会『世田谷区まちなみ形成史』

昭和3年の渋谷

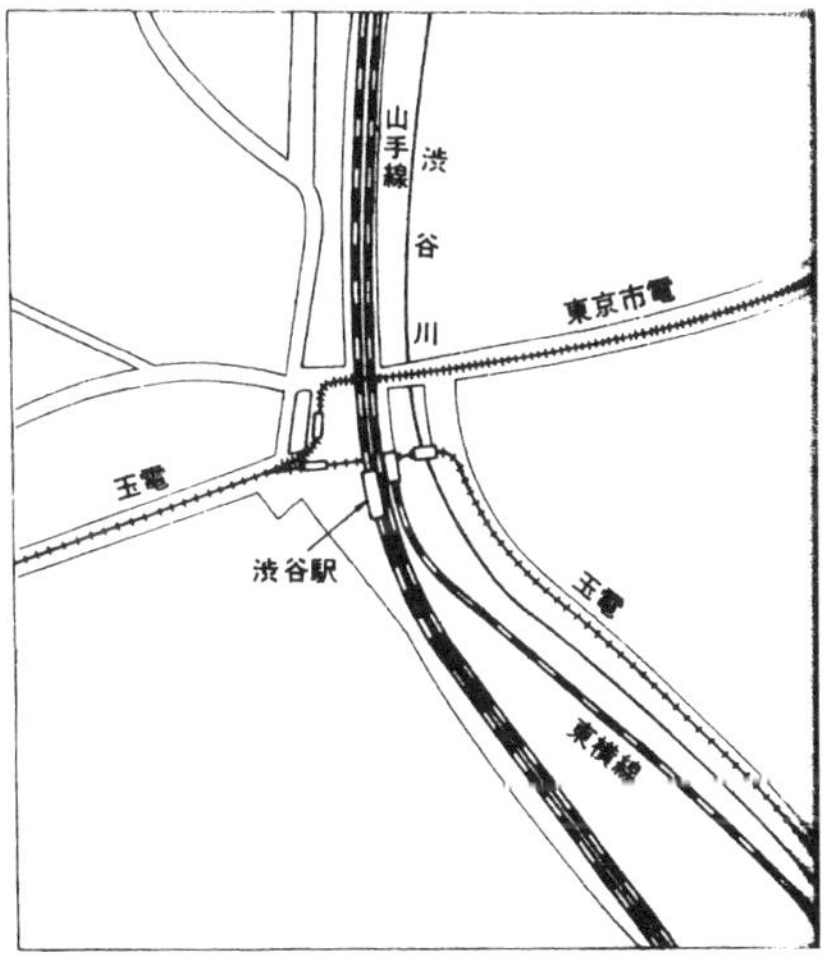

大正5年の新宿

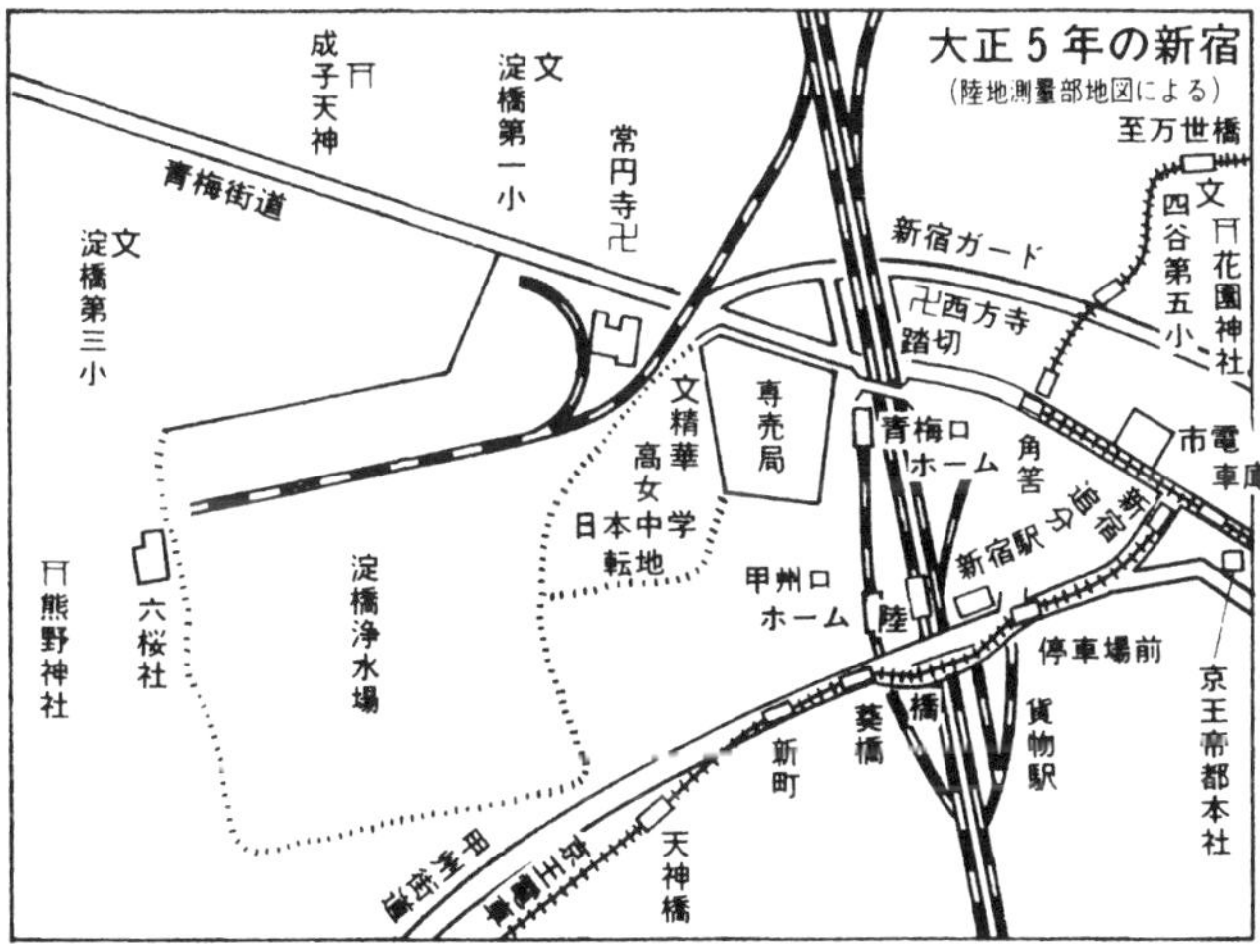

1936（昭和11）年世田谷地域の交通機関

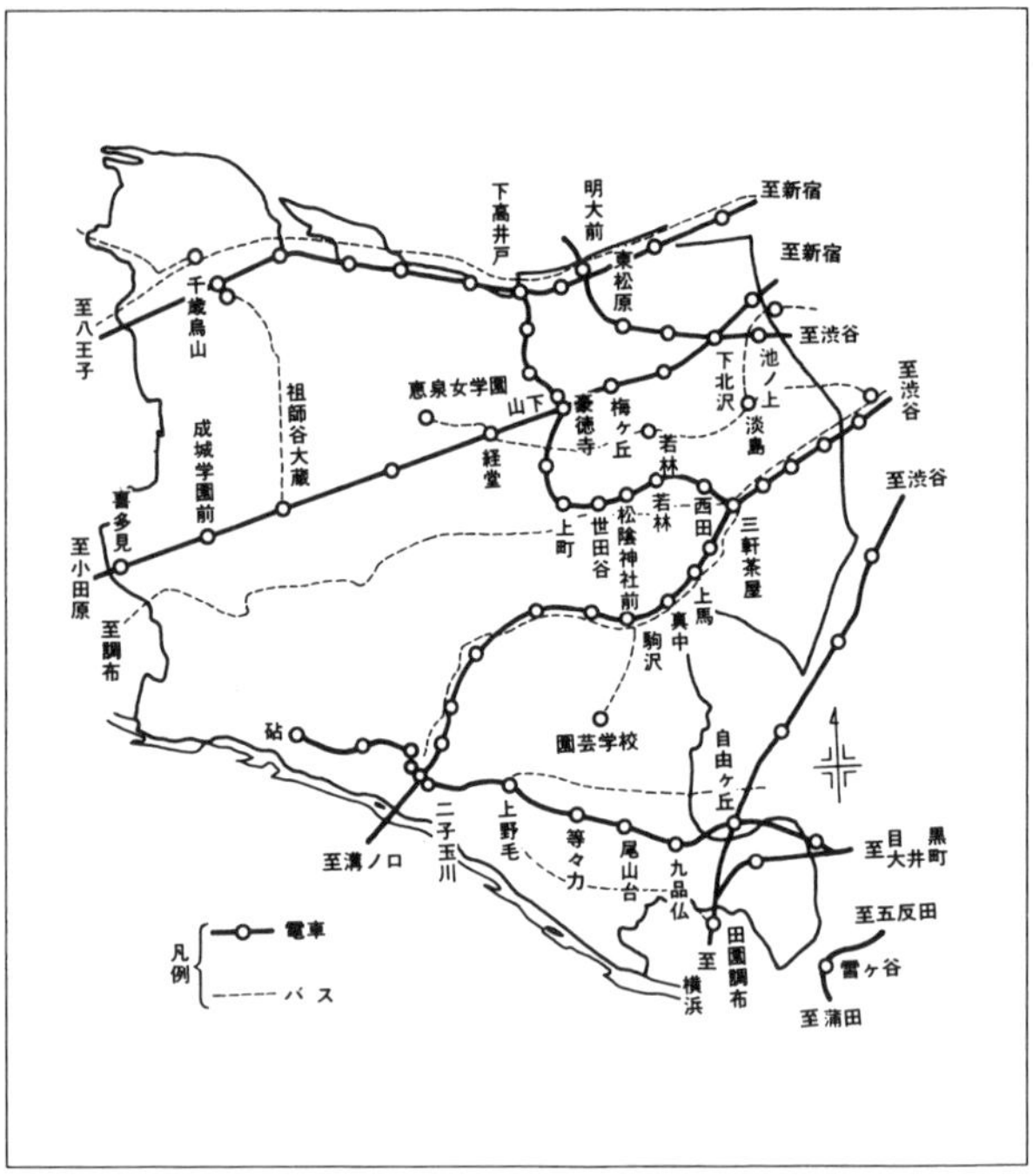

資料：「世田谷　近・現代史」

関東大震災で市内の路面軌道が損傷を受けたことにより、市民の足として急きょ市営バスが登場した。

昭和に入るとバス路線はさらにのびたが、戦争の足音とともに困難な問題が生じた。石油の統制や、外国車の輸入禁止がそれである。乱立した企業の存在も、問題であった。

バス会社の整理統合は、昭和10年代に入ると急速に進み、世田谷ではほとんどが東京横浜電鉄か京王電気軌道の傘下に組み入れられた。

戦争が激しくなると、交通機関の整理統合のほか路線の廃止や縮小が進み、燃料不足のため木炭車が走るという事態になった。

1951（昭和26）年バス路線図

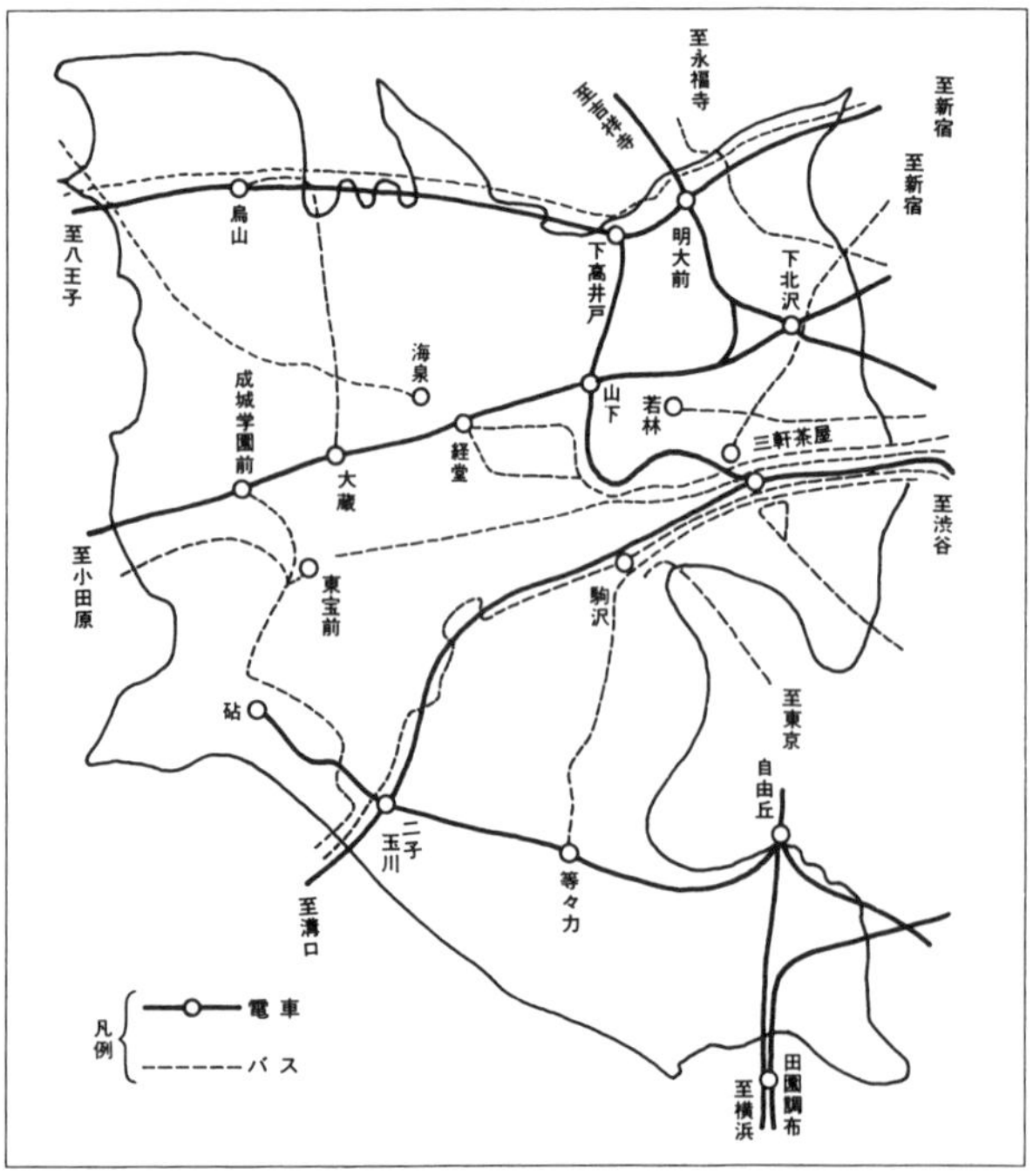

資料：「区政のあゆみ」1951年

戦後のバス運行のなかでまず取りあげるべきは、東京都交通局と民営各社との相互乗り入れである。

戦時統制により、旧東京市内は全て都バスとなっていたものが、1947（昭和22）年6月より民営のバスにも都心乗り入れが許可されたのである。逆に都バスの郊外進出も可能になった。郊外地域の人口がさらに増加し、都心への通勤輸送等交通需要が増えたためである。

これにより世田谷区内でも、駒沢～東京間、永福町～新橋間などの路線が運行されるようになった。

バス運行図（1960、61年頃）

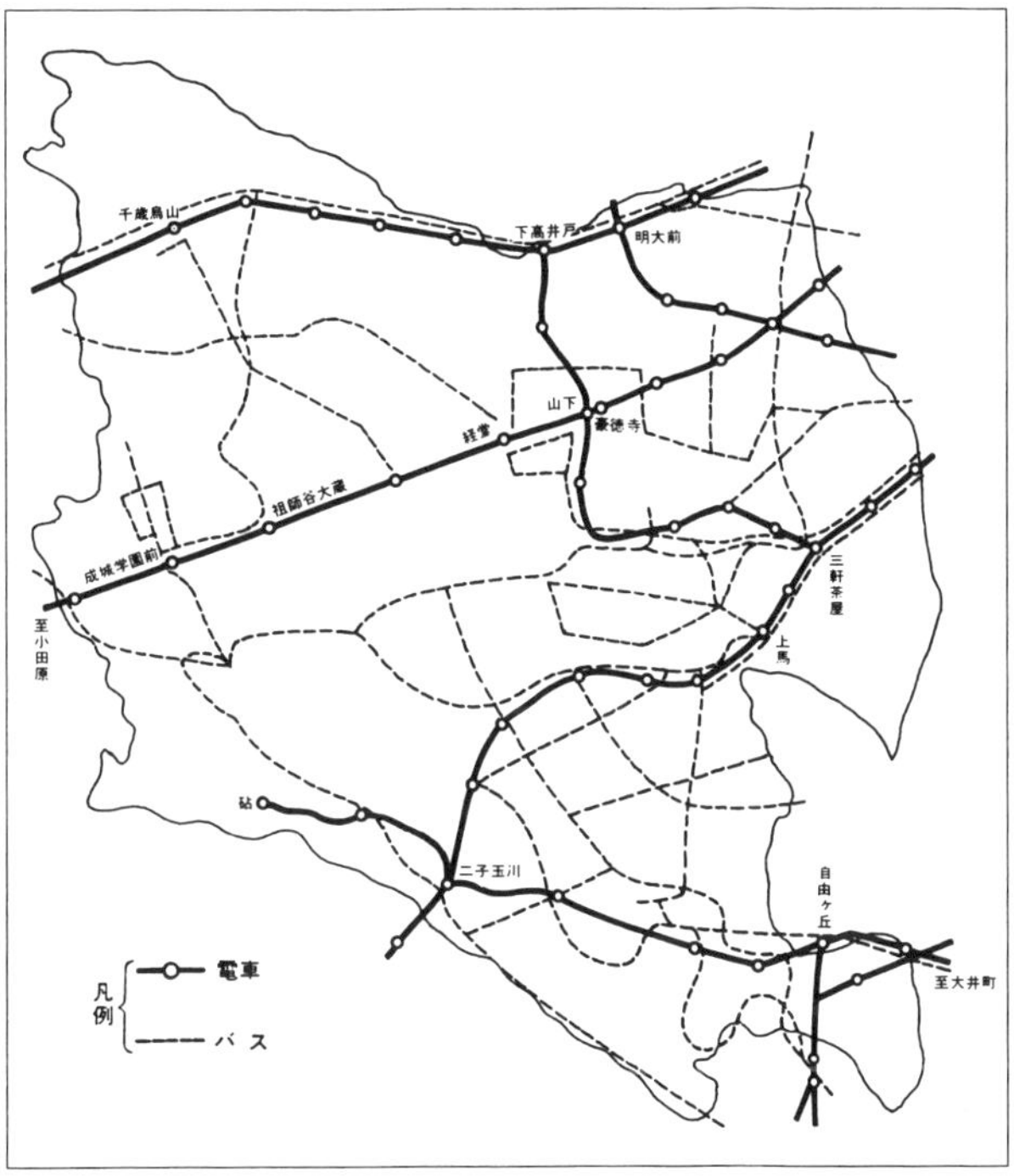

資料：「新修世田谷区史」下巻

1960年代以降、バス事業は危機を迎えることになる。すなわち路面渋滞の激化による、運行速度の低下である。さらに、地下鉄網の整備と民営鉄道との相互直通運転の開始は、相互乗り入れバス路線の意義を危うくするものであった。

こうした事態を打開すべく打ち出された方策に、首都高速道路を利用した通勤急行バスがある。桜新町～東京駅南口間、等々力～東京駅南口間がそれである。

左図は、1960、61（昭和35、6）年の世田谷区内バス運行図である。おそらく路線バスの最盛期といってよいであろう。これ以後バス路線の廃止・縮小が目立つようになる。

新宿間であった。1913（大正2）年のことである。京王線の未開通区間をつなぎ、新宿～国分寺間の連絡輸送をはかるための臨時措置であった。したがって電車の延長運転にともない、1915（大正4）年には廃止されてしまった。

本格的に乗合自動車の営業が開始されたのは、1919（大正8）年の板橋乗合自動車株式会社だとされている。これ以後、東京郊外の人口増加と第一次世界大戦後の好況にともなって、市内と隣接町村を結ぶ路線バスの営業が盛んになり、多くのバス会社が設立された。

世田谷においても、1920（大正9）年頃よりしだいにバス路線が開設されるようになる。

■幹線道路

明治・大正期においては、世田谷の道路計画にもさしたる進展はなかったが、明治末から郡部の道路改良が徐々に進んだため、地域の各村からの蔬菜の搬出と下肥の搬入に改善がみられた。天びんで運んでいたものが、牛車等を利用できるようになったのである。

1919（大正8）年の都市計画法に基づき、1921（大正10）年に決定された都市計画事業で道路計画が定められたが、世田谷地域におよぶものではなかった。1923（大正12）年の関東大震災の復興計画も、市内の焼失地域を対象としたため、世田谷地域にはおよばなかった。

その後の隣接市町村における人口増加等により、この地域における本格的な道路計画を必要としたため、1927（昭和2）年、復興道路計画に対応して、東京都市計画区域全域にわたる道路計画が策定された。

1927（昭和2）年の都市計画道路網計画では、現行の主要幹線道路に相当する路線が計画されている（環7、環8、放射3、4、5号、補助12～18、32号等183路線）。ただし戦前において実現されたのは、甲州街道（放射5号）、環7の一部、補助線の一部のみであった。

つづいて１９３０（昭和５）年、駒沢町、翌年世田谷町、松沢村、千歳村、砧村、１９３６（昭和11）年玉川村と、それぞれに細道路網計画（幹線道路に連絡する地区内幹線道路計画）が決定された。

これらのうち、赤堤通りの一部や城山通り、茶沢通り、井の頭通りの一部等として実現されたものもあるが、舗装の普及も含めて世田谷における道路の改善は、前後に持ち越された。

戦後の１９４６（昭和21）年、東京の戦災復興計画（東京特別都市計画）の道路網計画が決定された（補助51号〈世田谷通り〉の上町付近が一部変更）。しかし財政難等を理由に、１９５０（昭和25）年には大幅な変更（幅員の縮小）がなされた。

１９５７（昭和32）年東京都は道路整備に関する10年計画を発表し、環７、環８、放射３、４、５号などの幹線道路計画が事業化された。１９５９（昭和34）年には都市高速道路計画が公にされ、１９６１（昭和36）〜１９６３（昭和38）年の３年間に東京オリンピック関連の道路が集中的に整備された。世田谷区内でも駒沢、馬事公苑周辺の道路等が緊急整備の対象となった。

１９６４（昭和39）年には環状６号線の内側、１９６６（昭和41）年には環状６号線の外側の道路計画がみなおされ、昭和初期の細道路網計画は、一部拡幅して補助線指定を受けたほかは廃止された。また１９６６年には都市高速道路の追加が行なわれ、外郭環状線の指定ほか首都高速道路３号線が東名高速道路に、首都高速道路４号線が中央高速道路にそれぞれ延伸された。これにより環状６号線の内側を対象として計画された都市高速道路が、都市間高速道路と結ばれて、区部周辺まで拡張された。

最後に道路の舗装率について触れておく。戦前17・２％であった道路の舗装率は、戦時中の破損放置の結果、２・０％にまで減少した。その回復および改善には、かなりの時間を要した。

軍施設の変遷

世田谷のまちなみの形成を語るうえで、軍施設の立地と、その跡地利用の動きを考えることは欠かせない。

明治の初期には、多くの軍施設が、皇居周辺に配置されていた。しかし国内の治安が確立してきたこと、および都心部の市街化を図ることから、周辺部への移転が検討された。

とりわけ、世田谷から目黒にいたる駒場野は、江戸時代の末から軍事演習等に使用されてきたこともあって、各種の施設の移転が進んだ。

１８９１（明治24）年に、騎兵第一大隊が外桜田より移転してきたのをはじめとして、駒場・池尻・駒沢といった一帯には、数多くの軍施設が立地した。これに加えて、玉川電車の開通により、沿線に将校が住居をかまえたり、兵隊を相手とする商家も多くあらわれた。さらに、この兵営の拡大が大量の野菜を必要とし、ま

軍施設用地の跡地利用一覧

施設名	現所在地	跡地利用施設
・騎兵第１大隊営（後に連隊） ・近衛輜重兵大隊	池尻	筑波大付属駒場中・高校、駒場東邦中・高校 公務員住宅（警視庁、その他）
・駒沢練兵場	池尻	世田谷公園、都営池尻アパート 池尻小学校、池尻中学校、青鳥養護学校など 防衛庁中央病院、技術研究所、宿舎など
・野砲兵第１連隊営 ・野戦重砲兵第８連隊 ・近衛野砲兵連隊営 ・野戦重砲兵第４旅団司令部	（下馬 太子堂）	都営下馬住宅 新星中学校、朝鮮第８初級学校 昭和女子大学・短期大学・付属小・中・高校 公務員住宅（警視庁、国鉄など）
・陸軍第２衛戍病院	太子堂	国立世田谷病院→現・国立小児病院
・陸軍獣医学校	代沢	富士中学校
・陸軍自動車学校	（桜丘 桜）	東京農業大学・短期大学・付属高校、桜丘中学校 マルマ重車両（KK）
・陸軍衛生材料廠	上用賀	厚生省研究所→現・国立衛生試験所
・陸軍第４衛戍病院	大蔵	国立大蔵病院

た「下肥」の大きな供給源になることにより、農業や流通産業に与えた影響は大きい。

これらの軍施設は、戦後には、戦災罹災者への応急住宅等、さまざまな応急対策に利用された。さらに、一定の計画の下に跡地の利用計画が立案され、学校施設、公営住宅、公園、病院などの公共的な施設が再配置された。なお、旧軍施設の名残として、三宿から用賀にいたる地域には、自衛隊の施設も数多く存在している。

宅地化の進行――広範なまち（市街地）となる

■住宅の増加

関東大震災後、徐々に増えつつあった世田谷の人口は、第二次大戦後、急激に増加した。ということは、宅地化によって耕地――畑地は失われ、すでに宅地であったところも、建て替えられるとき一宅地が分割されるケースも起こってくる。

〈宅地の分割〉

次の歌は、成城の白秋邸付近の変遷のようすを詠んだものである。

転変の激しき戦後この丘も
　人も変りぬ成城十九番地
くやしき臍嚙《ほぞ》みてめぐれば
　成城の丘白秋邸あとに家いくつ建つ
多摩前期の白秋邸のさまわづか
　裏藪に見て佇《た》ちつくす

（鐔木　孝・雑誌『地平線』）

土地の分割は、住宅地でばかりみられたのではなかった。寺院が敷地の一部にマンションを建てようかという例さえ生じた。

〈烏山寺町〉

それは、区の西北部の烏山寺町でのことであった。

野田宇太郎の「『文学散歩』――烏山寺町」に書かれている。

――世田谷区西北端の烏山は、昭和三十年頃までは甲州街道とその南側に並行する京王電車の烏山駅附近がいくらか賑わっていただけで、北側の杉並区と三鷹市に挟まれて突出する部分はほとんど田園地帯だった。その後都市化が急劇〔ママ〕に進んで甲州街道には北側にバイパスができると、田園は次々に姿を消して烏山は一変し、地番整理でバイパスを境に南烏山と北烏山に分割された。そして都市化の追打ちをかけられるように北烏山にはまた東西をつらぬく中央高速道路が造られている。

中央高速道路と交差するかたちの、北烏山町のほぼ中央を南北に走る道は現在寺院通りと称されていて、寺院に来る人たちのための循環バスが昔のままの道の幅いっぱいに走っている。

野田は、ある日（1975―昭和50年ころか）新しい地図を手にこの界隈を歩いた。

――最近は宅地造成が激しいために、同じ道でも目標になるものが次々にかわる。思わぬところに住宅団地や新しい道が出来ていたりする。……この前までは確かに野中の分かれ道だった辺りがすっかり見も知らぬ新しい町角になっている。……国学院大学附属久我山高校の脇を過ぎると、わたくしの足はもう北烏山町北端に踏みこんでいた。その間田園らしいところも殆どなくなっていた。落着きのない建物の並ぶ通りが終ると、前方に南に向って両側に紅葉を交えた木立の茂る真直な道が一筋現れた。大きな樹木が多く落着いたその道には見覚えがあった。烏山寺町である。寺町を中心にすっかり住宅や学校の街となった北烏山は一丁目から九丁目まで小さく分割されていて、そのうち四丁〔ママ〕から六丁目までに三十六寺の大部分は纒まっているが、五丁目と六丁目の間を東西に分断した中央高速道路で、寺町の自然環境は既に破壊されていると云ってよい。

——寺の宗旨は真言宗、浄土宗、日蓮宗など様々だが、中でも日蓮宗の妙寿寺と幸龍寺が最も大きな寺で敷地も広大である。寺町に入ったとき、わたくしはマンション公害反対とか自然環境を保護せよとかのプラカードが寺の塀の上から表に出されていたり、手描きのポスターが電柱などに貼られているのに気づいた。こんな別天地のような精舎の町にふさわしくもないと思いながら少し歩いてみると、大寺を誇り顔の幸龍寺が広い敷地の一角に事もあろうに北烏山マンションを建てることにしたので、附近の寺に限らず北烏山の住民が一斉に反対していることがわかった。

この寺には『江戸名所図会』の挿絵を描いた長谷川雪旦の墓がある。野田はそれを探すつもりで境内に入ってみた。庫裡を訪ね、僧侶かと思える青年にもきいたのだが、「あまりにも広いので……」結局のところ探しあてられなかった。「……今どきこんな広大な地所の中に住んでいれば、精舎の精神も自然の恩恵も風のように忘れてマンションでも建ててみようかという煩悩も生ずるだろうと思った」とこの項を結んでいる。

このマンション計画は、幸龍寺が教団の本部会館を建てる資金調達のためのものだった。周囲からの寺町住民を中心とした幅広い反対運動もあって、結局、烏山寺町環境協定が結ばれ、寺側もいくらか譲歩したかたちで建設に着手された。この協定は、1970年代の住民運動の一つの到達点として評価されるものになった。

■**成城の発展**

成城学園前駅を中心とした「成城」町は、理想的なまちづくりを目指した結果として——もと白秋邸跡の敷地が分割されたような例もあるものの、いつの間にか都内有数の高級住宅地となり、小説家や映画俳優など、高収入の文化人が住むことで有名になった。「成城」という町名をつけることによってイメージが上がり、地価も高くなるということで、「成城」町の範囲が広がったともいう。この町で成長したスーパーマーケットもまた、高級イメージをもつ店と目されるようになっている。

〈柳田國男〉

柳田國男の『炭焼日記』には、孫の「清彦をつれて外を歩く」「電車を見に行く」など、近辺を歩いた折のこと、いろいろな花、鳥などについての記述も多い。

——十一月（昭和20年）二日　金よう　午後曇
山桑、ドウダンなど色づく。鶫鳥さかんに啼く、又知らぬ鳥も来る、或は百舌の擬声か。……清彦の御伴で労研の近くまで行く。
十一月三日　土よう　晴れ　あたゝかなり
明治節、昔思ひ出づ。外へ出てみるに国旗を立てた家、まことに少なし。気がついて見ると我家でも忘れてゐたやうなり、心淋しくなる。

……清彦と駅の階段をのぼりにゆく、……。

十二月三十一日　月　晴　風ふく
けふも尾長鳥大いに來る。庭はひどい霜。
こたつに入って年を淋しく送る。

と、終わっている。

鳥や花についての関心は、自治会報『砧』への寄稿文にも書かれている。

——昭和二年の四月、始めて小田急が通じて、この不細工な家を立てた頃には、あたりは一面のクヌギ林、その外は麦畑、遠くにただ一軒の赤い瓦の屋根が見えるばかり、春は雲雀の声が終日絶えなかった。成るだけ空を広く見るようにわざと大きな木は栽えなかったが、それでも以前が原であった故に、色々なもの、種が飛んできて、勝手なところに成長した。

庭のあちこちに生えたもの、ネム、サンショ、ハギ、ヤマブキ、ススキ、ワラビ、ゼンマイなど。そして、住宅地のはずれにまだ残っているもの、ウケラ、アカネ、ムラサキなど、と列挙し、それを詠んだ歌も記されている。

いにしへのあかねむらさきむさし野の
跡とふものはただ秋の風

（成城自治会会報『砧』）

彼の住んだ家は、長野県に移築することになっているという。

〈野上彌生子〉

野上彌生子は、戦後、成城に家を持った。

日記によれば、以前にも来たことがある。

——五月二日（１９３６年）砧の市河さんに行く。まだYが幼稚園の頃（注：大正末期）に来た以来なので、すっかりお邸町になってゐるのに驚いた。……駅まで見送って貰ふ道すがらなほ成城町見物をして帰宅。どこの家も瀟洒におもひおもひの趣味を家や垣根に示しつゝ、幸福に平和らしく住んでゐる。……煤っぽい空気と、埃まみれの汚ない花一つ植物一枝見つからない町に生活してゐる人たちから見れば、なにか天国じみた美しい場所に見えるに相違ない。

と、書いた時には、やゝ羨望の目でみたこの町にやがて自分も住むことになったのだった。終戦の年の4月にそれまで住んでいた日暮里渡辺町の家は戦災で焼失し、その後、軽井沢の山荘と、上京の折には末の子の成城の家に、という居住状況となる。ある日、息子の家の近くを病後の夫豊一郎と、散歩した折、「住宅地としては実際この辺は好ましい。適当な家がこのあたりにみつかれば」と思う。ところが、その日、すぐ近くの家が売りに出ていることを知る。「百万というい値においそれとは極められないが……」、しかも借地でもあったが、東京に家が必要であり、「この家は外のかたちもこの近くでは一番とゝのってゐる」こと、すでにこの町に住んでいる二人の息子の家に近いこと、それが、「成城といふ住宅地で、場所としても最上であること」などと考慮した上、「それを利用しうるものには、どんな高いものでも高くはない」し、それを支払うということからいうと私たちには収入の可能性は約束されている、ということで話を進め、相手方も「終に90に折れ買ひ入れが確定された」のはこのあたりに家をもてたらという話が始まってからほぼ40日、1948（昭和23）年5月初めのことであった。

「世田谷区成城町二〇、土地五百八拾七坪（借地）地代一ケ月五十円建坪四十二坪五合、外に建増三坪五合。内容、和室八、六、六、三、洋室十二、五、五、四五四、三、五、合計九室」という規模であった。

秋になると、それまで気づかなかった栗の木にたっぷり実がなった。友人の間でもこの家は好評だった。住み着いてみると、思い切って買って良かったと思う。散歩したときなどに、その思いは強まる。

――成城から宇奈根の台地の邸にそうて歩き、以前は一種羨望なしには見られなかった家々が、今は冷然と眺められ、形のわるさや、場所の不適当や、好みのわるさの方が目につくのは、この美しい家をもってゐるからであるが、誠に人のこころとはこんなものであらう。（十月十六日―1948年）

――かう歩いて見ても家のかたちから庭のたたずまひではうちは殆ど完全といってもよいほど美しい。我がものとなってゐればなんでもないが、ひとには羨やまれてゐる事ならん。（四月五日―1953年）

約600坪のこの敷地には、のちに息子たちの家が2戸建てられた。三等分しても1戸当たり約200坪程度であるから平均的にいうとなお余裕があるともいえる。

……成城の学園のところまで花見かたがた散歩。こんなことは殆んどないことだ。花は丁度満開。今日が盛りの絶頂であらう。各所の花の場所は今日は花見のさわぎで暮れ［る］に違ひない。このあたりはどこの家にも庭には黄水仙、ツバキ、ボケその他の花があり、桜あり、桃ありでたしかに美しい。（四月五日―1953年）

彌生子は、100歳の誕生日直前まで執筆をつづけたのであったが、90代以降には散歩にも出なくなり、たのしみだった成城の花見も車に乗って、そして二階の窓から双眼鏡でだったという。

この家は、故郷大分県の臼杵に移されて、野上文学記念館となった。

〈大岡昇平〉

大岡昇平も、1969（昭和44）年からこの町に住んだ。彼は湘南大磯からここに転居した理由として、東名、中央高速道路の中間で交通が便利であること、高台なので大地震にも安全と思えること（その他にも自身の子どもたちの家庭と近距離であること）などもあげているが、「われ年老いて生まれ育ちし東京に帰りたくなった」とき、「成城を選びしは、われ成城学園（注・旧制高校）第一回卒業生にて地縁あること」としている。

「ただし、標高五十米、気温都心より三度は低く、冬は寒く閉口す」ではあるのだが、気候の穏やかな時期には自宅界隈をあちこち歩き回り、ときに応じて感じたことを『成城だより』（日記抄．Ⅲ部作）に記している。

彼は〝地理感覚〟に長じており、諸作品のなかの地形描写や風物からうける感覚叙述がたくみであることで知られている。

――往時通学路、いまだに通学路らしきは、おのずからなる学生の「けものみち」の如きなるのはおかし。（『Ⅱ』―昭和五十七年一月十二日）

というのは、駅から成城大学前までの道で、「駅よりなるべく早く、キャンパスに近づく道」であり、〝往時、通学路〟として彼自身が歩いた、郵便局前を通って、その角を曲がるジグザグの道が今も学生達に利用されていることをいっている。

春、成城のまちには次々に花が咲きあふれる。寒い日が続いた年には、もろもろの花が東北地方のごとくに一時に開く。

十数年住んでいるので、どこにどのような花が咲くか、ほぼ知っている。

――昭和初年、小田急開通を見こして、ここに大きく土地を買って学校を建て、同時に土地を父兄に分譲して、成城学園前の駅を作らせたのは、故小原国芳先生の学校経営の才だった。なるべく前庭を広く取って、塀を低い透し垣とし、庭を解放的とし、花樹を植うるを申合事項とす。現在の校門前の銀杏と大島桜並木は同時の植樹なり。昭和四年卒業の第一回卒業生たる筆者は、それらの樹が身丈ぐらいの高さしかなかった記憶あり。成城七丁目より北の染井吉野トンネルは、その頃は畠中の道にて、街路樹まだ植えてなかったはず。銀杏も大島桜も古木となったが、あと植えの染井吉野は今が盛りとなりたるなり。

もっとも落花の掃除、毛虫、運転の邪魔になり、害のみ多しと町内報に投書する者あり。一方、そんな心掛けの奴は、成城を出て行け、という投書もあり。高級住宅地区の特権意識は嗤うべきだが、並木に衝突事故生ぜしことも聞かず。

道だけにて空地なければ、酒盛りして、放歌する人種は来たらず、駅向うのお住いの野上弥生子先生は、毎年見物に来られて、拙宅に寄られしことあり。その後、嫁御さんの運転の車中よりの見物と変られしが、今年はお見えにならず。（六十年四月九日）

オオシマザクラが優勢な通りもある。二代目、三代目なのであろうが、持ち主が変わらず、建て替わらぬ家の前に多いとか。その通りを、彼は「われ勝手に大島通りと名づく」とのことである。

彼の家は、「昔、まだ小田急開通前、京王線烏山が成城学園の駅だった頃の通学路の一つだった」、それに沿っての、「這いつくばったる如き平屋」である。

「十一年前、この空地に接して建てた時は、空地はすぐ新築の家で埋ってしまうだろう、マンションが建っても驚かぬように、窓小さく、防音として、防御態勢をととのえたのだが、その後高度成長とまり、家建たず、わが家の前の道は、いつまでも行きどまりにて、車入って来ず」というところだった（五十四年十一月十二日）。

しかし、そのあたりも2年余ののちには、

――成城に住んですでに十三年、この間に変遷あり。まずこの道のケヤキ樹群までの間、前庭にガレージを持ちたる住宅にてうまりたること。竹藪には「ちかんに注意、すぐ一一〇番へ」と「ちかん」を朱書せるおぞましきブリキ板おかれたることなり。そんな場所、二、三ケ所、成城の辺境にあり。（五十七年七月一日）

という、町なみからややはずれたところとなっている。近所の引越した家の「あと地は二軒に分割売却ずみ、ただし家なかなか建たず。有刺鉄線にて閉じたる門内に、こわれた自転車投げ込みあり」という状態である。

それがさらに、

――わが家より烏山に向う形なるケヤキ林の道に最近ガス工事あり、地主代替りて、住宅地になるとの説あり。行ってみるとなるほど、竹藪の奥、片づいている、カギ型を曲れば、先の自動車道までの右側、もとの栗林の残っていたところ、きれいさっぱり整地されている。寒かった今年の四月に、来られなかった間の出来事なのだ。
しばし茫然、しかし成城へ越して来てすでに十五年〔ママ〕、これくらいの変化あって当然なり。びっくりする方がばかなのだ。
（六十年五月四日）

となる。

居住地界隈についての叙述は彼らしく詳密である。

欅の林が拓かれて家が建ち、学園がつくられ、まちなみが広がり、駅付近にはビルも建ち、人通りが絶えなくなった成城、それはかつての喜多見村であり、武蔵野の一角であったのであるが、また、このまちでも第二次大戦時には空襲の恐怖におののいた人びともいたのだった。

区内には、区画整理の行なわれたところもあるものの、ところによってはいかにも畑中の道の両側にいつの間にか家が建てられ、市街地となっていったというところもある。

甲州街道と大山街道は、主要道としてそれぞれ国道20号（一部は首都高速4号線）・国道246号（一部は首都高速3号線）と名付けられ、さらにそれぞれ中央自動車道と東名高速道路に接続している。また、1964（昭和39）年のオリンピックに向けて開通した環状7号線と続けて工事の進められた環状8号線が、これらの道路と交差するかたちとなり、それらの道路を大小の車が日々というより365日24時間絶え間なく走っている。

これらの道路がつくられるときに、立ち退かされた家も少なくない。また、車公害から逃れるため、都心からさらに離れた郊外に移り住むようになった人びともあった。

■世田谷の夜空

〈野尻抱影〉

野尻抱影の家は桜新町にあった。

――世田谷の桜新町に住みついて、そろそろ半世紀にとどく。七号線（注．玉川通り―国道246号であろう）というハイウェイが町を東西に貫ぬいたため、わたしの古い家は、晴れがましくも四つかどになってしまった。
その代り、路はばが三十メートルもあるので、そこまで出ると、今ごろは雪の富士が真西に見えるし、夜は冬の先駆けのすばる星から、オリオンを中心とする豪華な諸星座が、東の空にばらまかれる。これは思いがけない拾いものだった。
けれど、戦前に比べると、星数はげっそりと減った。都心の方向はむろんだが、地もとの空明かりでも星の光は奪われて、ことに駒沢でナイターのある間は天頂近くまではほとんどダメになった。それにバスやトラックの地響きが望遠鏡の星をふるわせ、秋の土星などもリングの形が乱れるので舌打ちするばかりだった。
大正の初め、ここの住宅地ができたころは、まだ荏原郡駒沢村で春は庭さきからヒバリが舞い上がり、道ばたにスミレやリンドウが咲き、夏は近くの水田でホタルが明滅していた。どこかの女中がキツネに化かされたという話も聞いた。
玉電は人間と砂利を半々に運んでいて、ちょんまげのじいさんが座席の上で長ながと昼寝をしていたり、村の花よめさんが母親とすわりこんで化粧直しをしてもらっていたり、のどかな光景が見られた。

今ごろ東京から帰ってくると、人家の灯もまばらで、空は降りかぶるような星だった。桜並木の入口の請願巡査の交番のところで、東の丘から現れたオリオンに見とれていると、すぐ頭の上の電線で、フクロウが鳴きだして、それに答えるように、向こうのお稲荷さんの森からも鳴きだしたことがあった。

（『星まんだら』―「桜新町」）

大震災の年の冬の夜ふけ、町の人たちと火の番をやっていたときに、南の地平線すれすれに東京の緯度ではめったに見られない南極老人星を見つけたが、その後二、三年たつと横浜あたりの空明かりで見えなくなった。その後、また、空襲で裏まで焼けて、江戸時代の夜はこんなだったかと思うほどの暗闇を体験したときの秋から冬の星もすばらしく、天の川も手がとどきそうに近くて、その明るさにさらされる東京が不安にさえ思われた……しかし、最近は東京とその周辺の星がだんだん影が薄くなっている、と、星の観察を続ける一方で星についての叙述をものして星の文学者といわれた人らしく、世田谷のまちの移りかわりと共にこのまちに住む人の眼から見える夜空のようすの移りかわりも記述している。

世田谷でも市街化が着実に進み、〝野〟や〝丘〟が減少した。とはいうものの、23区の中では〝自然〟がいくらか残っており、間近にそのようなものがあるところで生活することをやすらぎとしている人びともあった。

しかし、高速道路や環状道路が区内を東西南北に貫通し、市街化のスピードが加速されていくにつれて、さらにそのような〝残された緑の地域〟にも開発の波がおよぶようになってくる。

■区画整理反対運動

〈喜多見――平野謙〉

文芸評論家の平野謙は、1969（昭和44）年、居住する喜多見の緑地地域指定が解除され区画整理の対象になったとき、「道路面積や公園用地の比率を上げるために、住民の土地を強制的に無償提供させるのは私権の侵害」という論理で、反対運動をリードした。

地域住民への説明書、都知事あての陳情書、マスコミを利用してのアピールなどに彼のペンが活躍した。それらの文章自体は、「文学」ではないように思うが、文学者がペンの力を住環境の保持のために用いたということで、記録されるものであろう。

文学の描写には、〝情〟と〝知〟の分野があるといわれる。文学作品のなかに、地域の発展との関連をみるのは、〝知〟の分野であるといえよう。

今回は、まちなみ形成のあとをたどるというテーマのもとでの探索であった。とりあげた作品のなかでの、初期のものは、見たものについての観察と叙述という内容のものであった。やがて、そこをステージとして起こったことがらという、ある場所を小説や自伝的記述の進行のなかにおいたものも見られるようになった。そして、さらに平野謙のように、自らをふくむ人びとの住環境の良さを保持するために、文学者が周囲の人びとや行政に対するはたらきかけの手段として文章を利用するというケースさえ生じた。

これらの、文学者にとっての〝もの〟を観る眼や、書くということに対する姿勢の変転などにも時代の流れを感じとることができるように思われる。

まちがつくられてきた経過のなかで、多くのエポックがあったのだが、それらの〝事実〟があったからといっても、それが必ずしも文学作品のなかに書き止められているとはかぎらない。しかし、それぞれの時代の描写・叙述が残されていれば、それは研究・報告を目的とした文章とはまた異なる着眼のものとして、われわれに、当時のありさまを思い起こさせ、貴重な資料として生命をもつ。

この他にもまだ該当作品があるかとも思われるので、必要があれば、追加、改訂したい。

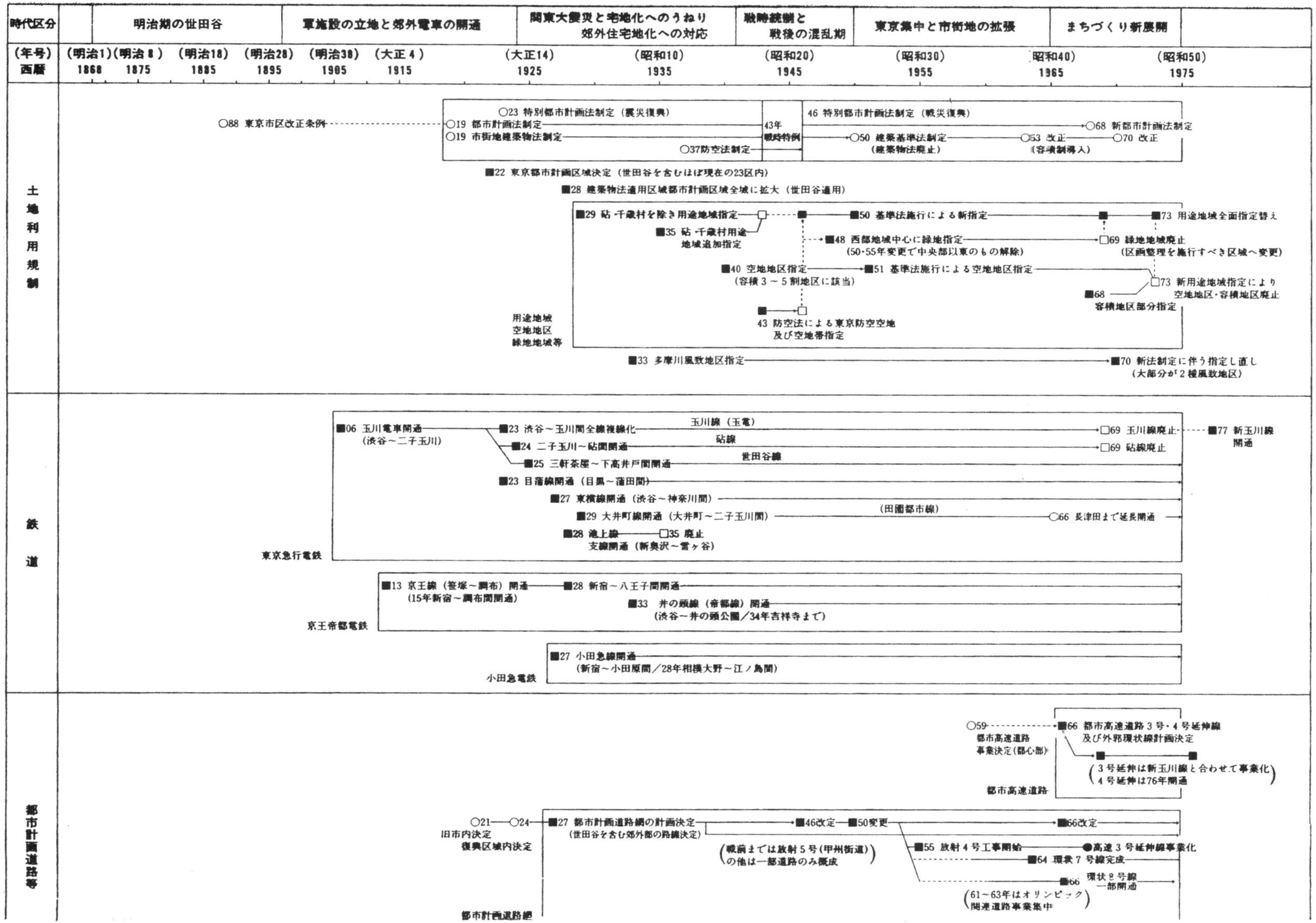
時代区分
明治期の世田谷
軍施設の立地と郊外電車の開通
関東大震災と宅地化へのうねり
郊外住宅地化への対応
戦時統制と
戦後の混乱期
東京集中と市街地の拡張
まちづくり新展開
(年号)
西暦
(明治1) 1868
(明治8) 1875
(明治18) 1885
(明治28) 1895
(明治38) 1905
(大正4) 1915
(大正14) 1925
(昭和10) 1935
(昭和20) 1945
(昭和30) 1955
(昭和40) 1965
(昭和50) 1975
土地利用規制
○88 東京市区改正条例
○23 特別都市計画法制定（震災復興）
○19 都市計画法制定
○19 市街地建築物法制定
○37防空法制定
43年
戦時特例
46 特別都市計画法制定（戦災復興）
○68 新都市計画法制定
○50 建築基準法制定
（建築物法廃止）
○53 改正
（容積制導入）
○70 改正
■22 東京都市計画区域決定（世田谷を含むほぼ現在の23区内）
■28 建築物法適用区域都市計画区域全域に拡大（世田谷適用）
■29 砧・千歳村を除き用途地域指定
■35 砧・千歳村用途
地域追加指定
■50 基準法施行による新指定
■73 用途地域全面指定替え
■48 西部地域中心に緑地指定
（50・55年変更で中央部以東のもの解除）
□69 緑地地域廃止
（区画整理を施行すべき区域へ変更）
■40 空地地区指定
（容積3～5割地区に該当）
■51 基準法施行による空地地区指定
□73 新用途地域指定により
空地地区・容積地区廃止
■68
容積地区部分指定
43 防空法による東京防空空地
及び空地帯指定
用途地域
空地地区
緑地地域等
■33 多摩川風致地区指定
■70 新法制定に伴う指定し直し
（大部分が2種風致地区）
鉄道
■06 玉川電車開通
（渋谷～二子玉川）
■23 渋谷～玉川間全線複線化
玉川線（玉電）
□69 玉川線廃止
■77 新玉川線
開通
■24 二子玉川～砧間開通
砧線
□69 砧線廃止
■25 三軒茶屋～下高井戸間開通
世田谷線
■23 目蒲線開通（目黒～蒲田間）
■27 東横線開通（渋谷～神奈川間）
■29 大井町線開通（大井町～二子玉川間）
（田園都市線）
○66 長津田まで延長開通
■28 池上線
□35 廃止
支線開通（新奥沢～雪ヶ谷）
東京急行電鉄
■13 京王線（笹塚～調布）開通
（15年新宿～調布間開通）
■28 新宿～八王子間開通
■33 井の頭線（帝都線）開通
（渋谷～井の頭公園／34年吉祥寺まで）
京王帝都電鉄
■27 小田急線開通
（新宿～小田原間／28年相模大野～江ノ島間）
小田急電鉄
都市計画道路等
○59
都市高速道路
事業決定（都心部）
■66 都市高速道路3号・4号延伸線
及び外郭環状線計画決定
（3号延伸は新玉川線と合わせて事業化
4号延伸は76年開通）
都市高速道路
○21
旧市内決定
○24
復興区域内決定
■27 都市計画道路網の計画決定
（世田谷を含む郊外部の路線決定）
■46改定
■50変更
■66改定
（戦前までは放射5号（甲州街道）
の他は一部道路のみ概成）
■55 放射4号工事開始
●高速3号延伸線事業化
■64 環状7号線完成
■66 環状8号線
一部開通
（61～63年はオリンピック
関連道路事業集中）
都市計画道路網

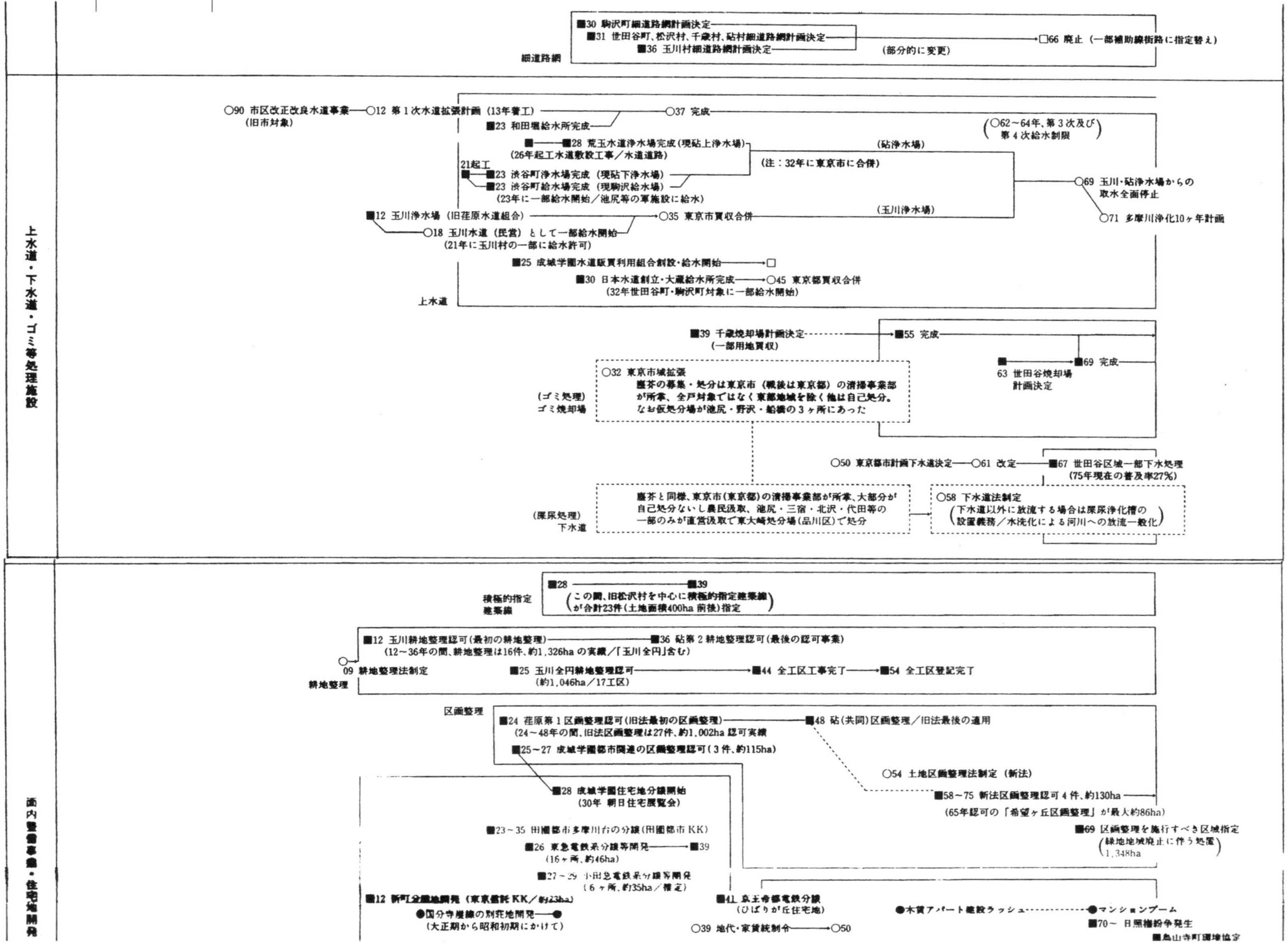
細道路網
■30 駒沢町細道路網計画決定
■31 世田谷町、松沢村、千歳村、砧村細道路網計画決定
■36 玉川村細道路網計画決定
(部分的に変更)
□66 廃止（一部補助線街路に指定替え）
上水道・下水道・ゴミ等処理施設
上水道
○90 市区改正改良水道事業
(旧市対象)
○12 第1次水道拡張計画（13年着工）
○37 完成
■23 和田堀給水所完成
■28 荒玉水道浄水場完成(現砧上浄水場)
(26年起工水道敷設工事／水道道路)
21起工
■23 渋谷町浄水場完成（現砧下浄水場）
■23 渋谷町給水場完成（現駒沢給水場）
(23年に一部給水開始／池尻等の軍施設に給水)
(注：32年に東京市に合併)
(砧浄水場)
(玉川浄水場)
■12 玉川浄水場（旧荏原水道組合）
○35 東京市買収合併
○18 玉川水道（民営）として一部給水開始
(21年に玉川村の一部に給水許可)
■25 成城学園水道販賣利用組合創設・給水開始
■30 日本水道創立・大蔵給水所完成
○45 東京都買収合併
(32年世田谷町・駒沢町対象に一部給水開始)
(○62〜64年、第3次及び第4次給水制限)
○69 玉川・砧浄水場からの取水全面停止
○71 多摩川浄化10ヶ年計画
(ゴミ処理)
ゴミ焼却場
■39 千歳焼却場計画決定
(一部用地買収)
■55 完成
■63 世田谷焼却場計画決定
■69 完成
○32 東京市域拡張
塵芥の蒐集・処分は東京市（戦後は東京都）の清掃事業部が所掌、全戸対象ではなく東部地域を除く他は自己処分。なお仮処分場が池尻・野沢・船橋の3ヶ所にあった
(屎尿処理)
下水道
塵芥と同様、東京市(東京都)の清掃事業部が所掌、大部分が自己処分ないし農民汲取、池尻・三宿・北沢・代田等の一部のみが直営汲取で東大崎処分場(品川区)で処分
○50 東京都市計画下水道決定
○61 改定
■67 世田谷区域一部下水処理
(75年現在の普及率27%)
○58 下水道法制定
(下水道以外に放流する場合は屎尿浄化槽の設置義務／水洗化による河川への放流一般化)
面内整備事業・住宅地開発
積極的指定建築線
■28
■39
(この間、旧松沢村を中心に積極的指定建築線が合計23件(土地面積400ha前後)指定)
耕地整理
○09 耕地整理法制定
■12 玉川耕地整理認可(最初の耕地整理)
(12〜36年の間、耕地整理は16件、約1,326haの実績／「玉川全円」含む)
■36 砧第2耕地整理認可(最後の認可事業)
■25 玉川全円耕地整理認可
(約1,046ha／17工区)
■44 全工区工事完了
■54 全工区登記完了
区画整理
■24 荏原第1区画整理認可(旧法最初の区画整理)
(24〜48年の間、旧法区画整理は27件、約1,002ha認可実績
■25〜27 成城学園都市関連の区画整理認可(3件、約115ha)
■48 砧(共同)区画整理／旧法最後の適用
○54 土地区画整理法制定（新法）
■58〜75 新法区画整理認可4件、約130ha
(65年認可の「希望ヶ丘区画整理」が最大約86ha)
■69 区画整理を施行すべき区域指定
(緑地地域廃止に伴う処置 1,348ha)
■28 成城学園住宅地分譲開始
(30年 朝日住宅展覧会)
■23〜35 田園都市多摩川台の分譲(田園都市KK)
■26 東急電鉄系分譲等開発
■39
(16ヶ所、約46ha)
■27〜29 小田急電鉄系分譲等開発
(6ヶ所、約35ha／推定)
■12 新町分譲地開発（東京信託KK／約23ha）
●国分寺崖線の別荘地開発
(大正期から昭和初期にかけて)
■41 京王帝都電鉄分譲
(ひばりが丘住宅地)
○39 地代・家賃統制令
○50
●木賃アパート建設ラッシュ
●マンションブーム
■70〜 日照権紛争発生
■烏山寺町環境協定

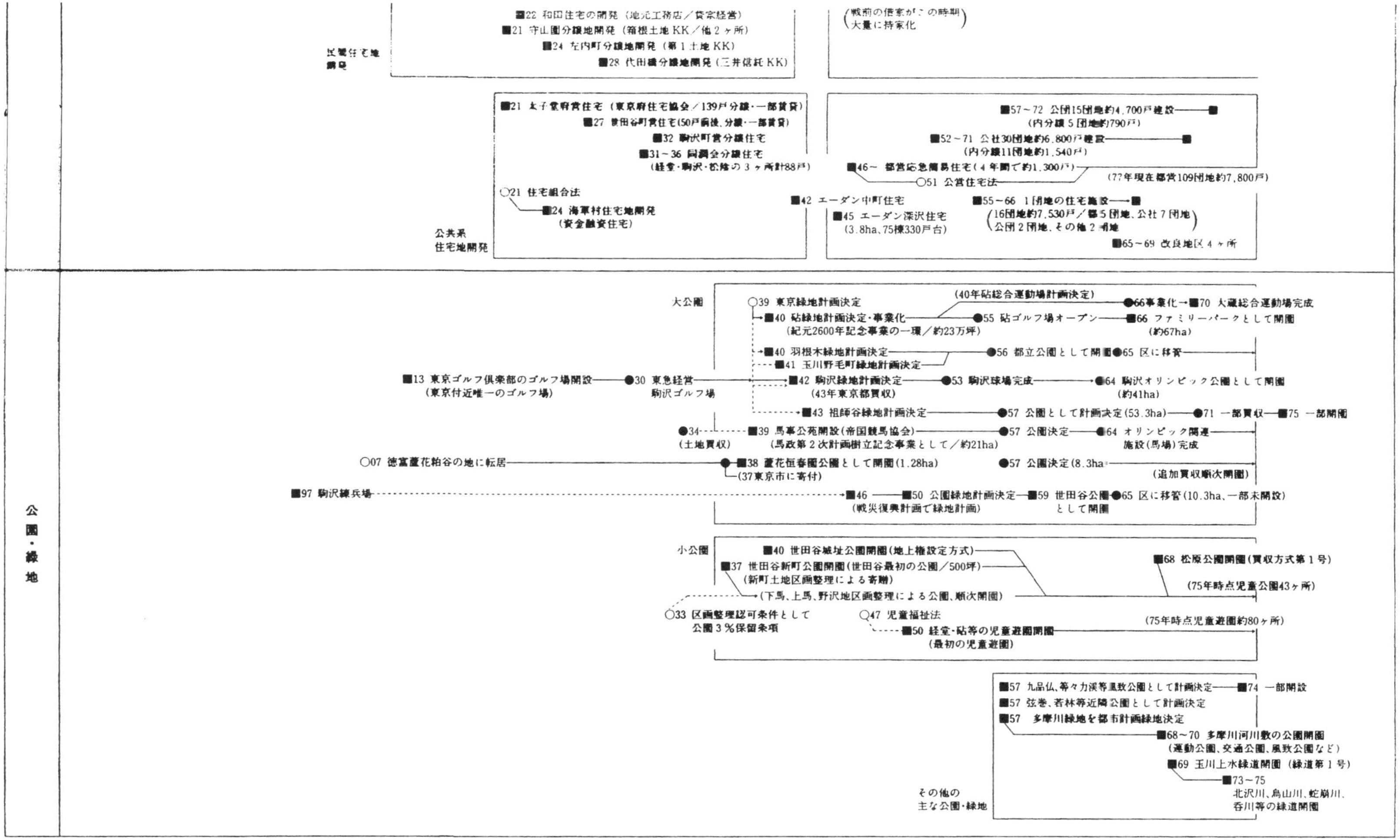
民間住宅地開発
■22 和田住宅の開発（地元工務店／貸家経営）
■21 守山園分譲地開発（箱根土地KK／他2ヶ所）
■24 左内町分譲地開発（第1土地KK）
■28 代田橋分譲地開発（三井信託KK）
（戦前の借家がこの時期大量に持家化）
公共系住宅地開発
■21 太子堂府営住宅（東京府住宅協会／139戸分譲・一部賃貸）
■27 世田谷町営住宅(50戸前後、分譲・一部賃貸)
■32 駒沢町営分譲住宅
■31～36 同潤会分譲住宅
（経堂・駒沢・松陰の3ヶ所計88戸）
○21 住宅組合法
■24 海軍村住宅地開発
（資金融資住宅）
■42 エーダン中町住宅
■45 エーダン深沢住宅
（3.8ha、75棟330戸台）
■57～72 公団15団地約4,700戸建設
（内分譲5団地約790戸）
■52～71 公社30団地約6,800戸建設
（内分譲11団地約1,540戸）
■46～ 都営応急簡易住宅（4年間で約1,300戸）
○51 公営住宅法
（77年現在都営109団地約7,800戸）
■55～66 1団地の住宅施設
（16団地約7,530戸／都5団地、公社7団地、公団2団地、その他2団地）
■65～69 改良地区4ヶ所
公園・緑地
大公園
○39 東京緑地計画決定
(40年砧総合運動場計画決定)
●66事業化
■70 大蔵総合運動場完成
■40 砧緑地計画決定・事業化
（紀元2600年記念事業の一環／約23万坪）
●55 砧ゴルフ場オープン
■66 ファミリーパークとして開園
（約67ha）
■40 羽根木緑地計画決定
■41 玉川野毛町緑地計画決定
●56 都立公園として開園
●65 区に移管
■13 東京ゴルフ倶楽部のゴルフ場開設
（東京付近唯一のゴルフ場）
●30 東急経営
駒沢ゴルフ場
■42 駒沢緑地計画決定
（43年東京都買収）
●53 駒沢球場完成
●64 駒沢オリンピック公園として開園
（約41ha）
■43 祖師谷緑地計画決定
●57 公園として計画決定(53.3ha)
●71 一部買収
■75 一部開園
●34
（土地買収）
■39 馬事公苑開設(帝国競馬協会)
（馬政第2次計画樹立記念事業として／約21ha）
●57 公園決定
●64 オリンピック関連施設(馬場)完成
○07 徳富蘆花粕谷の地に転居
■38 蘆花恒春園公園として開園(1.28ha)
（37東京市に寄付）
●57 公園決定(8.3ha)
（追加買収順次開園）
■97 駒沢練兵場
■46
（戦災復興計画で緑地計画）
■50 公園緑地計画決定
■59 世田谷公園として開園
●65 区に移管(10.3ha、一部未開設)
小公園
■40 世田谷城址公園開園(地上権設定方式)
■37 世田谷新町公園開園(世田谷最初の公園／500坪)
（新町土地区画整理による寄贈）
（下馬、上馬、野沢地区画整理による公園、順次開園）
■68 松原公園開園(買収方式第1号)
（75年時点児童公園43ヶ所）
○33 区画整理認可条件として公園3％保留条項
○47 児童福祉法
■50 経堂・砧等の児童遊園開園
（最初の児童遊園）
（75年時点児童遊園約80ヶ所）
その他の主な公園・緑地
■57 九品仏、等々力渓等風致公園として計画決定
■74 一部開設
■57 弦巻、若林等近隣公園として計画決定
■57 多摩川緑地を都市計画緑地決定
■68～70 多摩川河川敷の公園開園
（運動公園、交通公園、風致公園など）
■69 玉川上水緑道開園（緑道第1号）
■73～75
北沢川、烏山川、蛇崩川、呑川等の緑道開園

⑤杉並区

［1－3－⑤A］
『新修　杉並区史　下巻』（杉並区役所、一九八二年、四九〇～五〇七頁）

交通網の拡張と人口の増加

明治維新以降、中央集権体制が漸次固められていくなかで、首都東京は、政治ばかりでなく経済、文化の中心地としても急速な成長の一途にあった。あらゆる活動の中心地としての東京には全国各地から多くの人口が漸次集中を続けてきていたが、この過程は大正三年（一九一四）に勃発した第一次世界大戦の余波による日本経済界の活況によって一層加速された。この結果、すでに大正中期頃には市内の人口は飽和状態に達したとみなされた。実際、大正九年の第一回国勢調査の結果、東京市域の人口密度は百万坪につき約八万七千人と計算されたが、この数値は、当時のドイツ・ベルリン市、フランス・パリ市に次いで高いものであった。

こうした市内人口の稠密状態の影響は、市に隣接する郡部町村の人口膨張として、大正期半ばにはすでに端的に現れていた。すなわち、大正九年時点におけるこれら町村部の人口密度は、百万坪につき二万四千人を数え、さらにその外周に位置する地域の人口密度・二千人余と比べると、文字通り桁違いの高さを示している。（図9－1－1参照）。つまり、これら市に隣接する二九町五カ村は、少なくともその人口の密度からみるかぎり、形式的にこそ郡部に属するものの、実際上は東京市の一部とみなしうる状況をこの時点で示していたといえる。いいかえれば、すでにこの時期、東京市の第一次拡張の過程はかなり進行していたということである。

ところで、このように市内人口の著しい稠密状態の影響が市隣接地域における人口の膨張として現れるにあたっては、交通機関の発達が大きな役割を果たした。市内の交通網の拡張は、もちろん早くから進められてきていたが、明治三十年代に入ってからは、電気技術の発達に助けられて、市と郊外を結ぶいわゆる郊外電車線が次次と開設されるようになった。明治三十二年・東武鉄道、同三十四年・京浜電気鉄道、同四十年・玉川電気鉄道、同四十四年・王子電気軌道、大正元年・京成電気軌道、同二年・京王電気軌道、同四年・武蔵野電気鉄道、同六年・城東電気軌道、などがそれである。これら私企業による路線開設の他にも、大正三年十二月には東海道線に電車専用線の竣工をみている。このように漸次拡張された郊外電車線が、東京市とその隣接町村との距離を事実上大きく短縮させたことはいうまでもない。そしてそのことが、〝東京〟に来ながら、しかし東京市に入ること、市域に住むことを暗に阻止された人びとを、これら市隣接地域に滞留させることを容易にしたといえよう。

このようにして移住人口を膨張させてきた市隣接町村では、たとえば、学校施設の増設、住宅地の確保、汚物処理の方途などさまざまに困難な問題に当面することになった。しかしもちろん、それら難題を処すための種々の資源は町村によって相違があり、したがってその対応にもかなりのバラつきがみられたのは止むをえないことであった。とはいえ、こうした状態の放置は〝東京〟への人口集中が逆行しえない現象とみなされ、またむしろそれが生じては日本の資本主義の発達にとって好ましくないと判断される以上、なんらかの手だてが講じられねばならなかった。こうしてようやく政府は、この事態への対応に着手することになり、東京はもちろんのこと、東京とほぼ同様の現象を呈しつつある横浜、名古屋、京都、大阪、神戸の六大都市を対象とした都市計画法を大正八年四月に発布、次いで同年十一月には都市計画法施行令を公布した。

　これらに基づき設置された都市計画東京地方委員会は、審議の結果、東京市に加えてその隣接五郡八二カ町村および北多摩郡下二カ村を含めて、東京都市計画区域とすることを決定した。この区域を都市計画区域に設定した理由は、次に掲げる資料に明らかである。

東京都市計画区域設定理由書

（前略）

都市計画区域設定ノ基本ハ将来ニ於ケル都市発展ノ程度ノ予定ニアリ而シテ普通都市ニ於ケル発展ノ概括的測定ハ略人口ニ依ルヲ得ヘク従ッテ計画区域設定ノ基本ハ将来ニ於ケル人口ノ増加ノ予定ニ目途ヲ置クヲ妥当トスヘシ更ニ計画区域設定ニ当リ之ヲ支配スヘキ具体的要件ハ交通ノ設備人口ノ密度土地ノ形態行政ノ区域等其ノ主要ナルモノニシテ就中交通ノ設備ヲ以テ重要ナル基件トス一般都市ニ於テ其ノ商業的中心地ハ都市生活者活動ノ最モ多ク集中スル所ニシテ従ッテ交通系統ノ中枢ヲ為ス故ニ今後交通機関ノ相当ナル普及ヲ得ハ一般公衆カ約一時間以内ニ商業的中心地ニ集散シ得ヘキ範囲ハ各都市生活ノ有機的機能ヲ発揮シ得ヘキ限界ト思考スルヲ得ヘク之ヲ現代交通機関ノ進歩ノ程度ト東京附近発展ノ実況トニ考ヘ又四方闊達ナル東京附近ノ地形ニ鑑ミ前記中心地ヨリ半径四里約十哩ノ円圏内ニ包含セラルル区域ヲ以テ其ノ範囲ト見做ス事ハ欧米諸都市ニ於ケル大都市区域ノ例ニ徴スルモ亦大過ナキカ如シ（以下略）

（東京市役所『東京市域拡張史』、昭和九年刊）

　このように、都市計画東京地方委員会は、「人口増加ノ予定、交通ノ設備、人口密度、土地ノ形態、行政ノ区域」を都市区域設定にあたり考慮すべき基本的要件とする中で、とりわけ交通の設備の要件を重視している。そして、「今近キ将来ニ於ケル東京ノ商業上並ニ交通上ノ中心地点ハ東京駅附近ナリト推定」した上で、まずそこより「半径四里」の範域をおさえ、それに「計画事業施行ノ便易」「天然ノ区画タル河川ノ

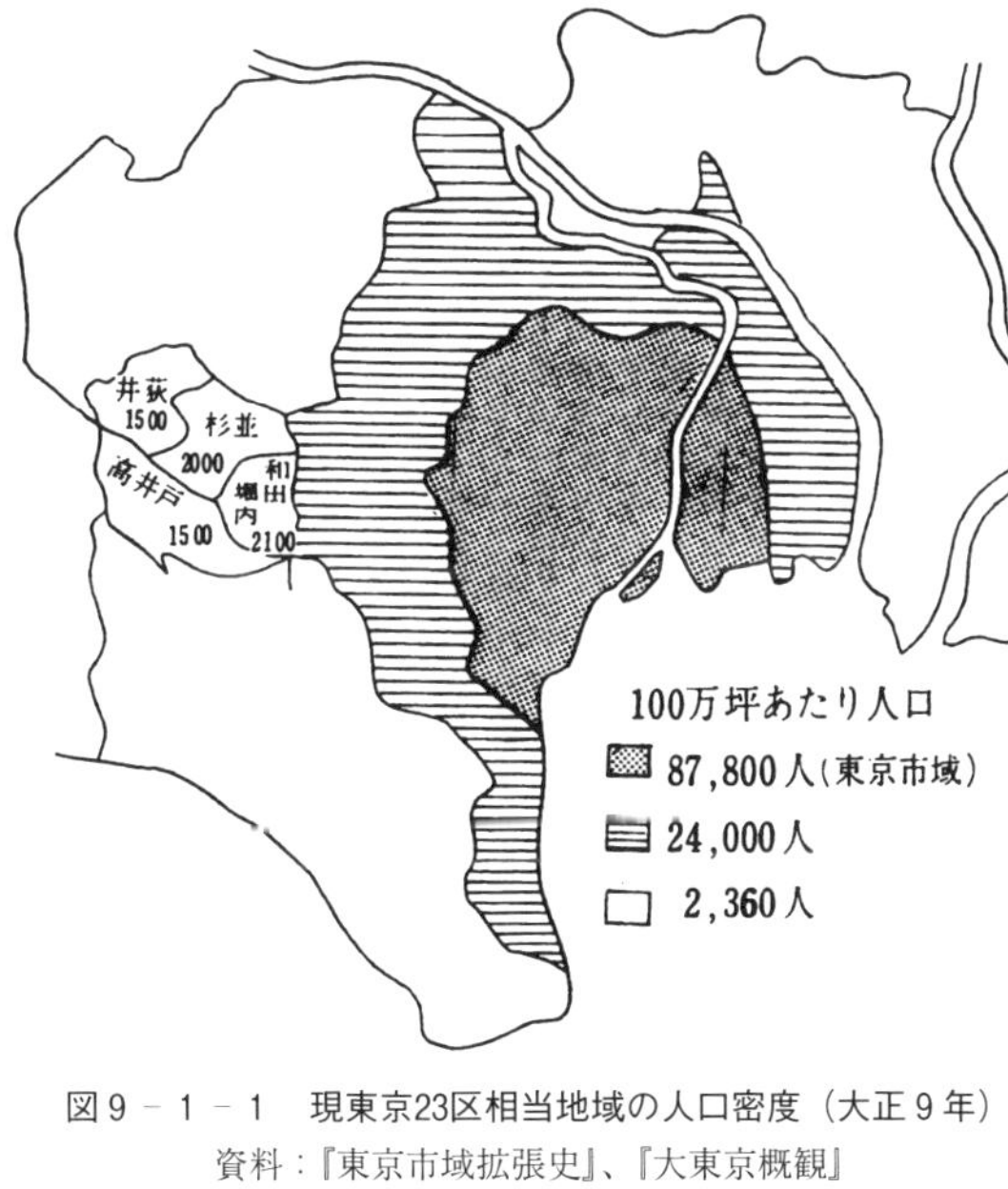

図９－１－１　現東京23区相当地域の人口密度（大正９年）
資料：『東京市域拡張史』、『大東京概観』

位置」および「行政区画線」を考慮して修正を加えたところ、「東ハ東京府ト千葉県トノ境界タル江戸川ヲ境トシ北ハ埼玉県トノ境界線ニ沿ヒ西ハ北豊島多摩両郡ノ西部ヲ過ク南ハ神奈川県トノ境界タル多摩川ヲ縫フテ東京湾ニ入ルモノニシテ市全部、荏原、豊多摩、南足立、南葛飾ノ四郡全般及北豊島郡内十九ケ町村、北多摩郡内二ケ村ヲ包含」する範域が得られた。さらにこの範域における過去一〇年来の人口趨勢、および大正九年の国勢調査結果にもとづく人口分布からみる将来の人口動態を検討した上で、この範域、すなわち東京市および周辺八四カ町村を都市計画区域として設定したのである。

この東京都市計画区域の申請は、そのまま、大正十一年四月、内閣総理大臣によって認可・告示された。しかしこの告示は、事態の変化を促す力をもちえなかった。というよりも、市周辺町村の人口増加に対するその場しのぎの対応に対して、この計画範囲内においてなにほどか規制を加え、全体として秩序ある都市域を造成しようとするこの告示の意図は、第一次大戦後の不況の中で、また都市計画区域が一つの行政体でなかったことによって、さらには関東大震災の発生によって、具体的施策に反映されることを一〇年余にわたり阻まれたのである。とはいえ、この告示が、新しく計画区域に含まれることになった諸町村と市中心部とを結ぶ交通機関の一層の拡充整備や、またそれら町村における宅地開発の要を暗に示唆するものであったことは想像に難くない。とくに、大正九年時点ではまだ人口の増加が著しくなかった五町四五カ村においては、この告示は各町村の近い将来の姿を示唆するという意味で看過しえないものであったし、事実これら町村の中には、そうした将来に向けての積極的な取り組みを示しはじめたものもあった。また、不況時にあって目蒲電鉄や小田急電鉄の企業設立がなされたのも、都市計画区域の設定をふまえてのことだったと思われる。

ところで、杉並地内四カ村は、右の都市計画区域に含まれていたものの、その中では後進地域に属していた。先の図9－1－1にも明らかなように、これら四カ村の大正九年時の人口密度は低く、産業の状態や諸施設の状況からいっても、まだ実質的に〝東京〟の内に包み込まれてはいない。もっとも、人口増加の波は、杉並村に隣接する中野町、和田堀内村に隣接する代々幡町まで押し寄せてきており、杉並地内にその波が及んでくることはもはや時間の問題であった。しかも、大正十年の西武鉄道による荻窪線の開通、および翌十一年七月の中央線高円寺、阿佐ヶ谷、西荻窪三駅の新設にみられるように、杉並地域を、市域から溢出する人口の受皿とする具体的な準備も進められつつあった。加えて、都市計画地域の告示により、地内四カ村の近い将来の姿は、都市のそれとしてほぼ確定したようであった。そればかりか、後にもみるように、地内杉並村では移住者が増加しはじめ、大正十一年のその人口は前年の倍に達するほどになって、この杉並地域にも新しい時代の息吹が確かに感じられつつあった。

まさにこのような時期に、関東大震災が発生した。これによって、杉並地域を含む震災以前の郊外後進地域は、短期間に大量の移入人口を迎え、すでに緒についていた都市社会への変貌の道を、いわば駆足で進むことになったのである。この意味で関東大震災は、東京の第二次拡張にとって、促進剤ともいえる役割を果したとみなされよう。

では、なぜ関東大震災が郊外の急激な人口増加を引き起こしたのであろうか。

すでにふれたように、遅くも大正九年には市域人口は飽和状態に達していたが、その後震災に到るまで、この状態が大きく崩れたことは確かめられていない。この時期に到るまでの市中人口の集積過程からみて、また明治初頭以来、住民は二の次にして帝都・軍都としての体裁を整えることに急であった東京の市区改正事業の内容から推しても、市民の居住環境はおそらくかなり悪化していたものと想像されるが、しかし、市中からの流出人口が滞留人口および流入人口を大きく上まわることはなかったのである。たしかに、悪化した居住環境も許容できるほど市域に住むことの便益は多面にわたってあっただろうし、また、ひとたび市域に居を定めれば、そのための資金の用意や、予想される日常生活の不便を覚悟しなければならない郊外への転居は、決して容易なことではなかったはずである。ところが、大震災は、市域内での生活の魅力を少なからず減少させ、それどころか多くの人びとの生活の根城さえ奪ってしまった。市域で生活していた人びとの中には、再び市内に住むか、新たに郊外に移住するかの収支計算は後者に分が残ると決断したものも少なくなかっただろう。また、復興成らない市域に、新たに東京に出てきたものが入り込める余地はきわめて少なかっただろうから、かれらも同様に郊外を生活の場に求めたはずである。

表9－1－3　人口・戸数の変化

年次	全体		和田堀（内）		杉並		井荻		高井戸	
	人口	戸数	人口	戸数	人口	戸数	人口	戸数	人口	戸数
明治43	14,297	2,178	2,964	427	3,891	642	3,596	530	3,846	579
	79	72	76	67	69	65	82	74	92	85
大正4	16,289	2,486	3,221	545	4,769	804	3,980	572	4,319	565
	90	82	82	85	85	82	91	80	103	83
9	18,099	3,024	3,907	640	5,632	985	4,369	719	4,191	680
	100	100	100	100	100	100	100	100	100	100
14	68,986	14,779	11,668	2,601	36,608	8,555	10,864	2,279	6,846	1,344
	364	489	299	406	650	869	249	317	163	198
昭和5	134,528	28,719	19,195	4,216	79,191	17,288	22,724	4,605	13,418	2,610
	743	950	491	659	1406	1755	520	641	320	384
10	190,223	39,138	29,659	6,253	102,722	21,450	37,928	7,507	19,878	3,925
	1051	1303	759	977	1824	2178	868	1044	474	577
15	247,988	54,389	42,876	9,378	124,045	28,112	52,624	11,193	28,443	5,706
	1370	1799	1097	1465	2203	2854	1205	1557	679	839

注：上段は実数。下段は大正９年を100とした指数。
資料：明治43・大正４年：『東京府豊多摩郡誌』（大正５年刊）
現住人口＝本籍人口－出寄留者＋入寄留者
大正９・14・昭和５年：国勢調査
昭和10・15年：国勢調査付帯調査

　こうして震災後、市内人口の流出現象が生じ、とりわけ被害の総じて軽微であった郊外地域、いいかえれば市に隣接する二九町五カ村のさらに外延部分において、人口の急激な増加現象が見られることになったのである。いうまでもなく杉並の地域も、このように震災を契機に多くの移住者を迎えて人口の急増をみた地域の一つであった。おそらく、震災直前に交通手段の上でかなりの便宜を確保していた杉並の地域は、移住者にとって比較的好ましい条件をもった移住地の一つだったものと思われる。

　表9－1－3は、明治四十三年から昭和十五年に到る三〇年間の杉並地内四カ村・町の人口および戸（世帯）数の変化を五年間隔でみたものである。これを瞥見しても気づくように、大正九年以降の人口・世帯数の増加は、（明治四十三年および大正四年の資料が戸籍にもとづく、したがって実際とはズレるかもしれない資料であることを斟酌するとしても）、驚異的である。このことは、たとえば四カ村・町合わせた地内全体の人口の変化を、大正九年を一〇〇としてみ直してみるなら、一層判然とするだろう（図9－1－2）すなわち、杉並地域全体の人口は大正九年のそれが同十四年には三・五倍となり、さらにその五年後にはその倍近くに上昇しているのである。

　明らかに、大正九年から十四年までの間に杉並地内には外部から多くの人びとが流入してきたのである。しかもこの流入現象は、昭和十五年に到るまで一貫して、人口増をかなり上まわる世帯増がみられることによって、単に一時期にかぎって生じたものではないことが知られる。

　この杉並地内における人口の増加過程について、もう少し詳しくみていこう。図9－1－3は明治二十一年から昭和七年まで続いた四つの行政単位（村のちに町）ごとに、公簿人口の変化を年ごとに追ってみたものである。

まずこの図から指摘されることは、前記した大正九年以降の杉並の人口増加が、具体的には十一年、あるいは大勢からいえば十二年以降に生じているということである。このことは、杉並地内の人口が震災以前にすでに増加の兆しを示していたこと、しかしその傾向が震災を契機に促進されたことを意味している。

しかし、この人口増加の趨勢は、村・町ごとにかなり異なっていることもまた、容易に知ることができる。もともと明治二十一年の町村制施行時において四カ村の人口規模は大差がなく、そのことは大正十年においてまだ妥当する事実であった。ところが、十一年になると、杉並村で著しい人口増加をみた反面、他の三カ村では大きな変化がみられないという、村による差違が顕わになっている。しかもこの時点で初めて現れた人口規模の村別の相違は、その内容はさまざまであるけれども昭和十一年までの期間、引き続き見られると同時に、より明確になっていくようである。この点は、表9－1－4によって村・町別の人口密度の推移をみても示唆されるところであろう。

さて、村・町別の人口推移を比較したばあい、もっとも著しい動きを示しているのは杉並村（町）である。この村では、他の三カ村に先がけてすでに大正十年から十一年の間に人口が倍加している。つまり、大震災以前の杉並地域全体の人口増加の兆しは、ひとえにこの杉並村が引き受けていたということである。杉並村が、他村に先んじて移住者の受け入れ地になるにあたっては、この村が、すでに大正期半ばにかなり市街地化していたと考えられる中野町の地続きであること、またその一部地区には中央線中野駅利用の便があったことが少なからず作用したと思われる。しかしそれにもまして、大正十年の杉並線の開通、十一年七月の高円寺、阿佐ヶ谷両駅の新設が、大量の人口吸引に多大の力をもったことは間違いないところである。〝東京〟を主たる活動の場にする人びとにとって、市中への往来が容易であることは、居住地を求めるばあいに優先的に考慮すべき事柄であったに相違ない。

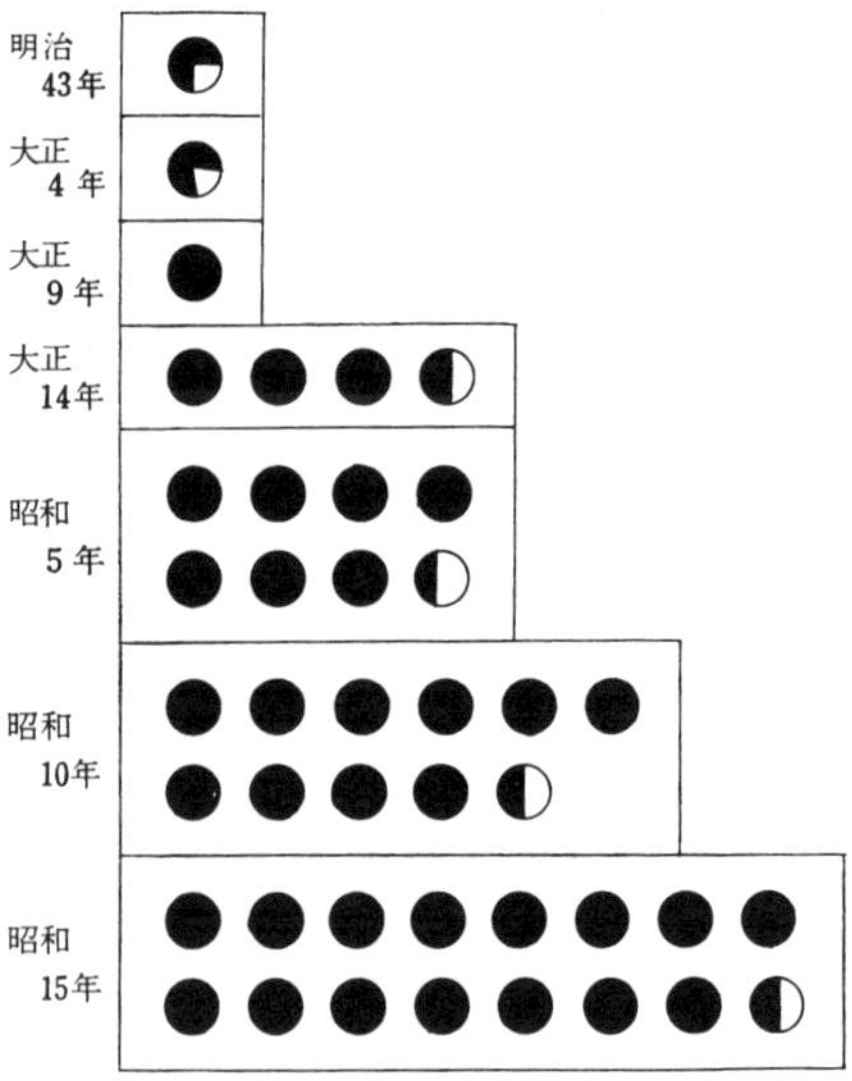

図9－1－2　杉並地区の人口の増加
（大正9年を100としたばあい）

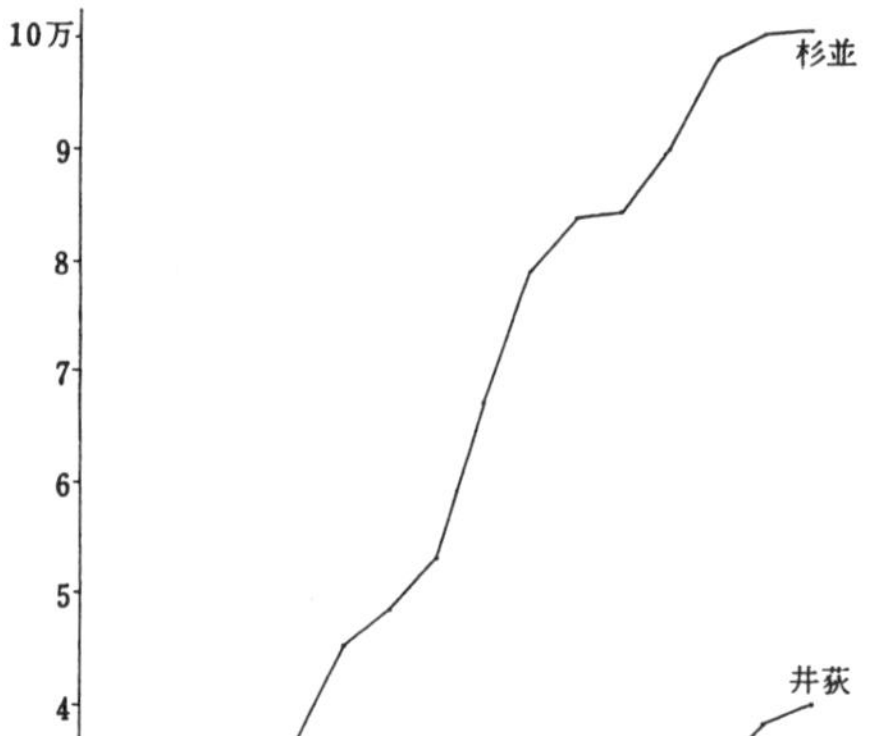

図9－1－3　人口の年次別推移
資料：『杉並区史』、『杉並区報』

表9－1－4　人口密度の推移

100万坪あたり人口

年次＼村・町	和田堀	杉　並	井　荻	高井戸
大　正 9	2,100	2,000	1,500	1,500
14	6,200	13,300	3,800	2,400
昭　和 5	10,200	28,800	8,000	4,700

資料：各年国勢調査

この、市中への往来の容易さは、もちろん第一に交通手段の有無によって評価されたと思われるが、それに加えて市中、とりわけその中心部にあたる東京駅周辺までの距離の遠近も判断の基準として重要であったようである。というのも、たとえば井荻村は、高円寺、阿佐ヶ谷両駅にかなり先立って設置されていた荻窪駅、および両駅と同時に開設された西荻窪駅の二つを地内に含み、東京駅に直結する交通手段を利用できる点において杉並村と同様であるが、しかしその人口増加の開始時期や勢いは決して杉並村と同じとはみなされないのである。杉並村とくらべると、東京からより遠いという点で当初の人口吸引力が小さかった井荻村のばあいは、それに影響された市街地化の遅れ、したがって移住者からすれば生活の不便ということもあって、杉並村ほどの人口の急成長はみられなかったといえよう。

このことは杉並地内に所在する中央線四駅の利用者数を比較するなら一層明らかである。表9－1－5は、この四駅の月平均乗降客数を大正十一年度から十五年度の五カ年間にわたってみたものである。各駅、各年度とも乗客数と降客数がほぼ等しいこと、またこの時期地内のどこにも大量の労働者を吸収するような大企業がなかったことを考えるまでもなく、これら四駅の利用者は、杉並地内に居住し、その外部（おそらく大部分は東京市内）に職場を持つ人びとと思われるが、その数は四駅間でかなり差があり、しかも人口増加が地内一円にみられるようになった大正十四、十五年度においては、東京に近いほど利用者数が多い。

表9－1－5　大正後期中央線各駅の乗降客数

年度	高円寺駅		阿佐ヶ谷駅		荻窪駅		西荻窪駅	
	乗客	降客	乗客	降客	乗客	降客	乗客	降客
大正11	17,439	16,932	10,444	9,135	27,721	27,318	6,968	6,864
12	56,976	53,788	23,792	21,688	42,009	41,093	11,272	11,099
13	143,749	141,681	73,414	73,225	75,699	75,750	41,863	41,482
14	213,562	211,613	139,002	137,792	112,080	112,329	72,921	72,493
15	290,688	289,036	217,122	217,122	156,001	152,506	97,404	96,961

注：資料２）が年度ごとの資料であったため、資料１）の月別乗降者数は４月～３月の分を加算して12で除し平均した。

なお、大正11年開設の３つの新駅については、７月から３月までの総数を8.5カ月で除して平均とした。また高円寺、阿佐ヶ谷の大正15年度の平均は、大正15年４月から６月までの３カ月の平均である。

資料：１）高円寺、阿佐ヶ谷については、『杉並町誌附杉並町名鑑』、杉並町報社、大正15年刊。
２）荻窪、西荻窪については、『井荻町誌』、昭和３年刊。

この点については、便宜上乗客数だけを取り出して、その四駅における分布率の変化を示した図9－1－4、および、それの大正十一年度のばあいを一〇〇とした指数で各駅ごとの増加率を示した図9－1－5がより端的に物語っている。これらによれば、大正十一年度においては、荻窪駅の乗客数が他の三駅を圧倒して多い。もちろんこのことは、荻窪駅が明治二十四年の開設以降、かなり広い範囲にわたる周辺住民に利用されてきたのに対し、他の三駅はこの大正十一年になってはじめて設けられたという事実の反映である。ところが早くも翌十二年度には、高円寺駅の利用者数は前年度比の三倍強となって、四駅の利用者中約四割が高円寺駅で乗降する現象が出現した。しかしまだ、阿佐ヶ谷、西荻窪の利用者数は、高円寺駅ほどの増加をみていない。この両駅の利用者の伸びが目立つようになるのは大正十三年度になってからである。とくに阿佐ヶ谷駅のばあいは、十三年度から高円寺駅に勝る伸び率を示している。しかしそれでも、十二年度以降の四カ年間で常にもっとも多い乗降客のあったのは高円寺駅である。また、荻窪駅がその古い歴史にもかかわらず、その利用者の伸びを四駅中最小にとどめたこと、高円寺、阿佐ヶ谷駅と同時に開設された西荻窪駅の利用者数は、両駅に次ぐ伸び率こそ示しているものの、その絶対数は常に四駅中最小であることをみれば、先に指摘しておいたように、現在でこそ無きに等しい東京中心部への距離の長短が、少なくとも移住が始まった当初にあっては移住者の吸引力としてかなり大きく作用していたことがうかがわれるのである。

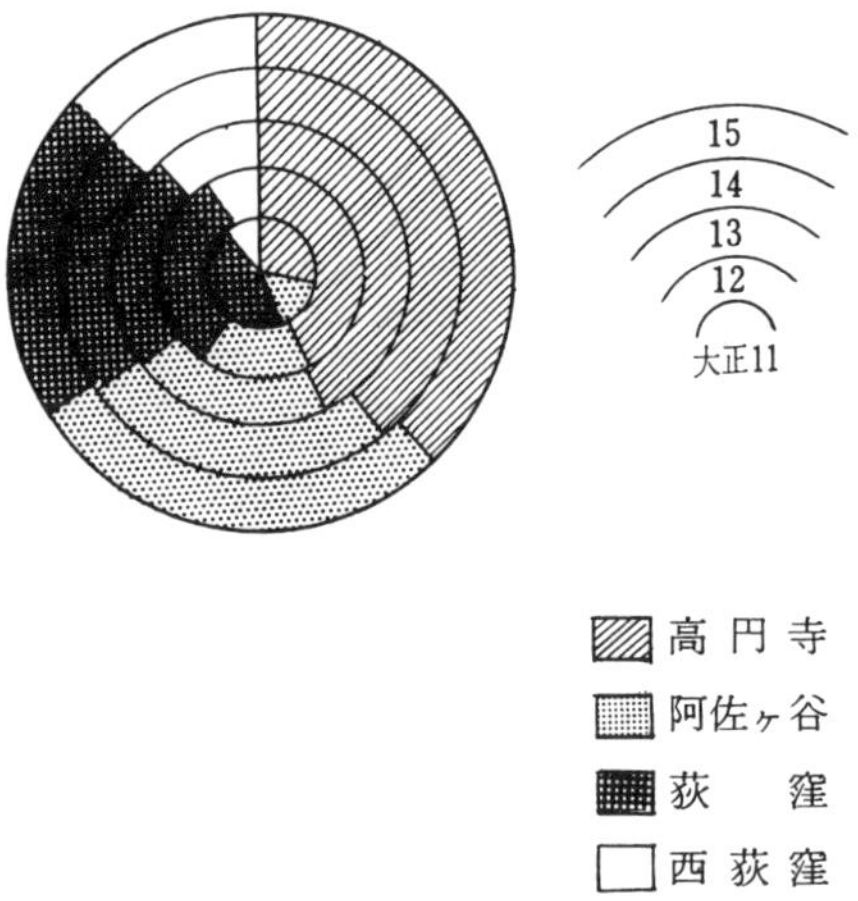

図9－1－4　中央線4駅の乗客数年次別比率

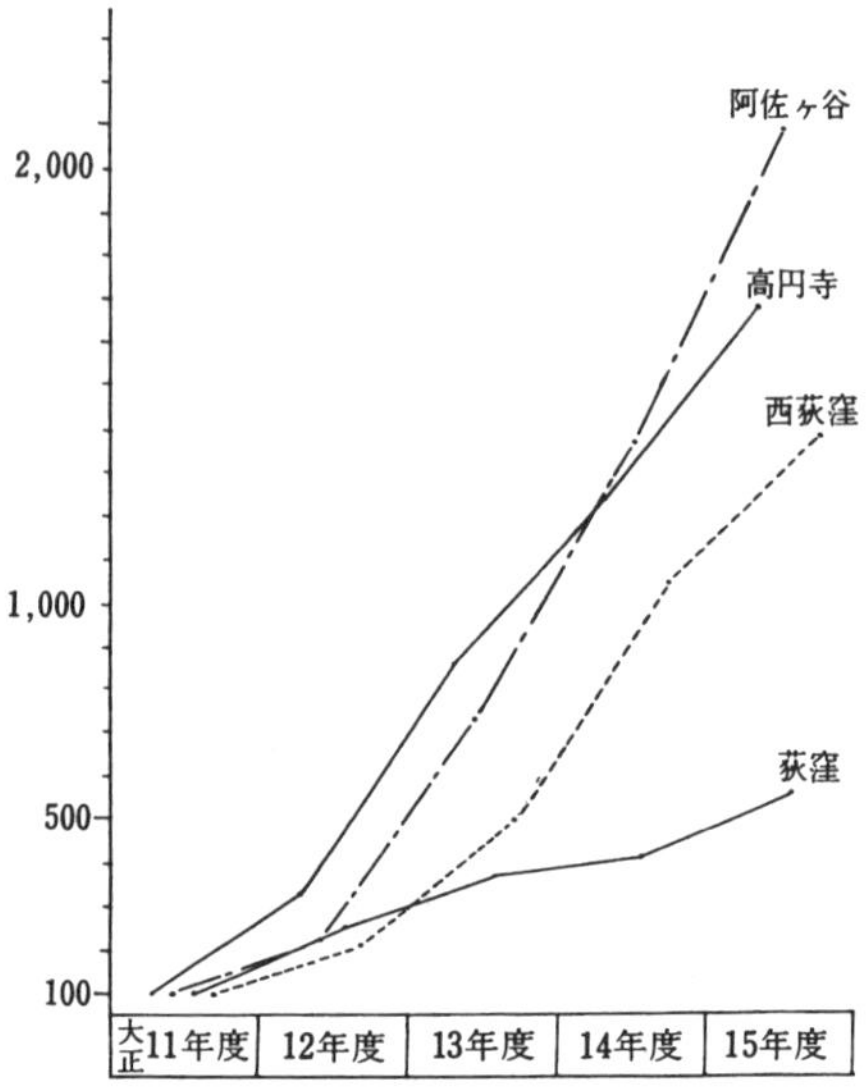

図9－1－5　月平均乗客数の上昇率の推移
（大正11年を100としたばあい）

右にみてきたように、単に東京への交通手段をもっているだけでなく、東京により近いことが人口吸引力となっていたことは、四カ村（町）中もっとも激しい人口増加をみた杉並村（町）内における人口分布によっても知ることができる。

表9－1－6は、大正十一年から十四年までの同村（町）の人口、戸数、人口密度を大字（旧村）別に示したものであり、また図9－1－6はそのうち人口だけを取り上げて上昇率を示したものである。

大字高円寺は、もともと規模の大きい集落であったが、大正十一年以降の人口増加はすさまじく、その趨勢は杉並村全体のそれを代表している（図9－1－3参照）。ここでは大正十一年に百万坪あたり九百人余であった人口密度が、十四年には四千人を数えるほどになっており、かなりの人家密集がみられたことを想像させる。高円寺のばあいは、中央線高円寺駅および西武電気軌道杉並線の最寄り停留場の利用によって（図9－1－7参照）東京駅および新宿駅に容易に、しかもより短時間で往復できたと思われるのであって、このことが移住者にとって大きな魅力であったのだろう。

大正十一年から十二年にかけての人口上昇率において、高円寺とほぼ同様の動きを示しているのが天沼および成宗であるが、天沼のばあいは荻窪駅を利用しやすい範域が大字全体に及んでいず、しかも東京に遠いこと、また成宗のばあいも中央線阿佐ヶ谷駅利用に至便なのは一部地区にかぎられていること、によって十二年以降の人口の伸びはやや鈍っている。

馬橋、阿佐谷の両大字は、他の大字に遅れること一年にして増加傾向を顕著にしているが、その後は、いずれも区域のほぼ中央を中央線が走り、高円寺、阿佐ヶ谷両駅の利便性が認められたためか、高円寺に次ぐ人口密集地に急成長している。

二つの電車線をもっとも利用しにくい位置にある大字田端は、さすがに上昇率は他に比べて劣っている。

このような内部における相違がみとめられるとはいえ、杉並村のばあいには総じて、東京の中心部との交通機関による連絡が容易な位置にあるところから、早くから著しい人口の増加をみた。それに伴って発達した商店街は、移住しようとするものにとってもう一つの魅力になったにちがいなく、人口は増加の一途をたどった。そしてそのことが、同村に、他村に先がけての町制施行を促したのであり、またこの〝町〟への発展がさらなる人口の吸引を生じさせたものとみなされる。

この杉並村（町）と比較するなら、他の三カ村（町）の人口増加は、かなり漸次的といいうる。

中央線荻窪駅、杉並線荻窪停車場を含む井荻村（町）は、大正十年時

表9－1－6　杉並村（町）の人口・戸数の推移

年次	高円寺 人口	高円寺 戸数	高円寺 密度	馬橋 人口	馬橋 戸数	馬橋 密度	阿佐谷 人口	阿佐谷 戸数	阿佐谷 密度	天沼 人口	天沼 戸数	天沼 密度	田端 人口	田端 戸数	田端 密度	成宗 人口	成宗 戸数	成宗 密度
大正11	4,168	772	94	1,815	336	74	2,014	373	51	982	182	24	453	84	12	286	53	9
12	10,323	2,066	232	2,180	436	88	2,714	542	69	2,435	487	59	945	189	26	693	138	22
	248	**268**		**120**	**130**		**135**	**145**		**248**	**268**		**209**	**225**		**242**	**260**	
13	14,504	2,876	326	3,743	854	152	4,723	1,085	120	2,675	535	65	987	203	27	795	161	26
	348	**373**		**206**	**254**		**235**	**291**		**272**	**294**		**218**	**242**		**278**	**304**	
14	17,716	4,282	398	5,716	1,407	232	7,780	1,718	198	2,902	39	70	1,423	294	39	1,082	218	35
	425	**555**		**315**	**419**		**386**	**461**		**296**	**351**		**314**	**350**		**378**	**411**	

注：人口密度：明治21年の旧村別「戸口資力調査」による面積を用いての１万坪あたり人数
　　太字は大正11年を100としたばあいの指数
資料：『杉並町誌……』

点では四カ村中最大の規模を示していたが、その後の人口の伸びは、西荻窪駅の新設や、関東大震災によっても、飛躍的なものとはならなかった。これは、西荻窪駅が東京駅から遠いこと、およびこの駅の利用も村内のせいぜい南半分を居住地とするばあいに可能であったこと、が多分に影響したのではないかと思われる。この村の北半分の地域に人口が集積するためには、昭和二年の西武鉄道新宿線の開通をまたなければならなかった。とはいえこの西武新宿線も、高田馬場駅を起点としていたために、中央線に比べると利便性は低く、村内人口の激増をもたらすには到らなかったのである。

　和田堀内村（和田堀町）の人口増加は、大正十三年から始まっている。すなわち、十二年から十三年の間に、それは約倍増したわけである。地理的には、杉並村と並んで東京に近いこの村が、人口増加過程において杉並村と軌を一にできなかった理由の一つは、やはりそこで利用可能な交通機関の問題にあるといえよう。この村の範域は、西武電気軌道杉並線と京王線に挟まれており、しかもいずれを利用しても新宿までの便しか与えられなかったことが、杉並村ほどの急激な人口増を阻んだものと思われる。

　残る高井戸村（町）のばあい、その人口増加は四カ村中もっとも鈍い。その北端は中央線西荻窪駅に、また南端は京王線松沢駅（現八幡山）、上高井戸駅（現芦花公園）に

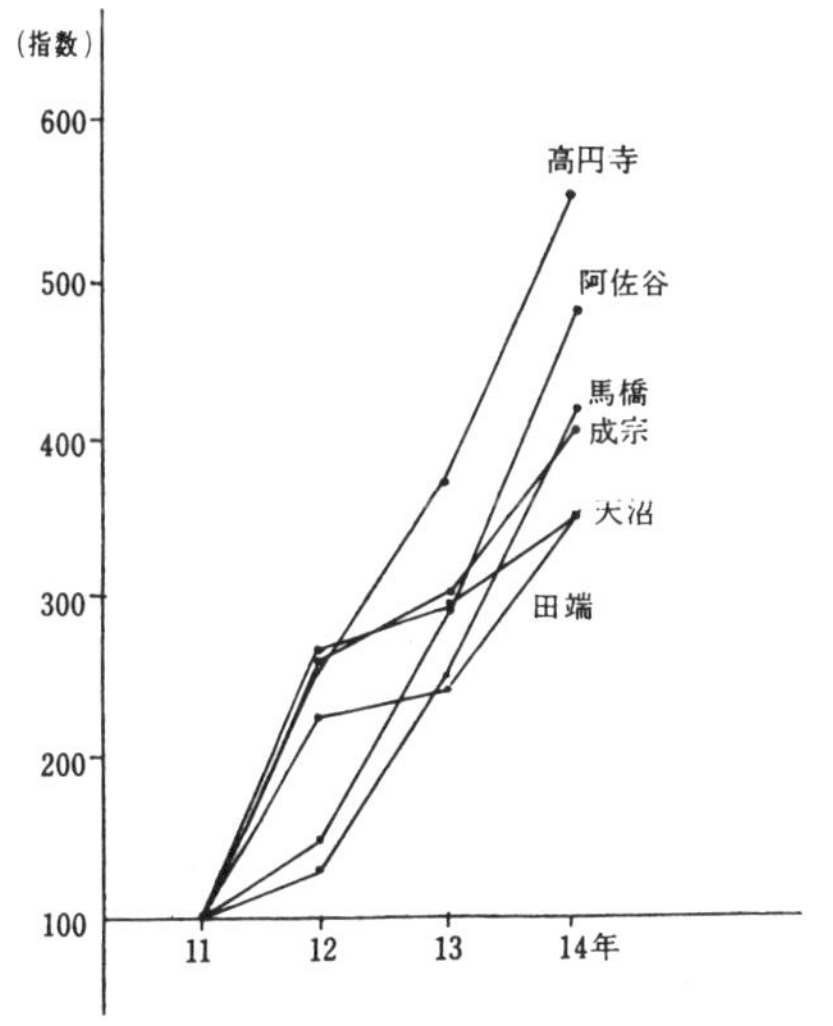

図9－1－6　杉並村大字別の人口増加

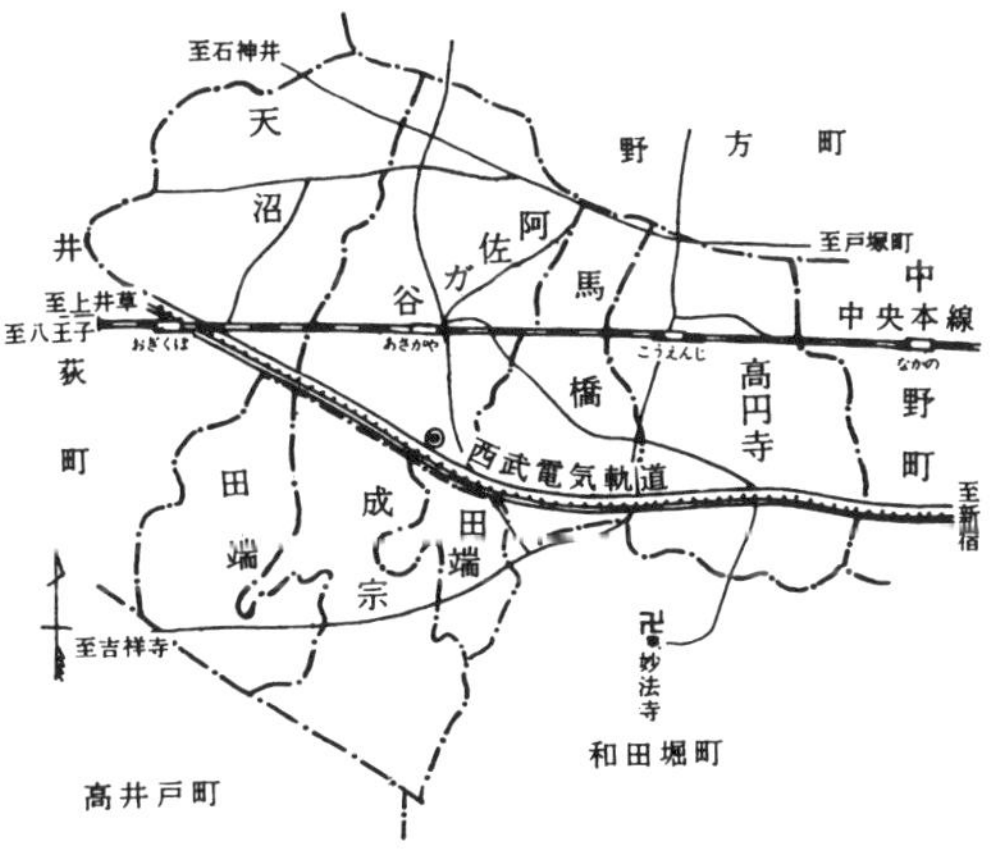

図9－1－7　杉並町略図
（『杉並区史』より作成）

近いとはいうものの、村内の大部分は長いこと交通の便に恵まれなかった。ようやく昭和八年になって京王帝都井の頭線が開通し、村内の下高井戸、上高井戸、久我山が沿線地区となった。この町の昭和九年から十年にかけての人口増が、他の期間にくらべてやや急なことはこのことの影響と思われる。

以上みてきたように、杉並地内の人口は、東京市の人口膨張の余波、交通手段の発達によって大正十一年以降増加の兆しを示し、関東大震災がその勢いに拍車をかけたということができよう。しかし、その人口増加の様相は地内において一様ではなく、東京市、なかんずくその中心部に交通上至近なところに早くから人口の密な集積がみられたのである。これによって、大正期半ば頃まではその規模においても、また景観からしても大差のなかった四つの村は、漸次その相違を顕著にしていくことになった。

なかでも、中央線高円寺、阿佐ヶ谷両駅の利用の便に恵まれた杉並村（町）は、早くから多くの移住者を迎え、しかもそれによる人口増加の波は衰えることを知らぬものであった。村内の山林、耕地は住宅や商店に蚕食され、農村の相貌は急速に失われていったのである。こうした杉並村（町）の他村にも増す著しい変貌が、やがて四カ村の統合による杉並区の成立をみるにあたって、旧杉並町を区の中枢部とする決定をスムーズに行わせた背景になった、といっても決して過言ではないだろう。

［1－3－⑤B］
高見澤邦郎『井荻町土地区画整理の研究――戦前期東京郊外の形成事例として』（南風舎、二〇〇六年、一七〜八三頁）

第1章　井荻町土地区画整理事業の成立まで

1－1　近郊農村から東京市の郊外へ

井荻村にも都市化の波が

東京市区改正条例公布の翌年、１８８９年（Ｍ22）に、市制・町村制による地方組織の再編成がなされた。これによって「井荻村」も誕生した。上井草村、下井草村、上荻窪村、下荻窪村の４村が「井」と「荻」を用い「東多摩郡井荻村」となったのである（その後１８９６年に「東多摩郡」は豊島郡を併せ豊多摩郡となり、この呼称は消滅する）。寺下浩二によれば、江戸期からの村落は明治に入ってから東京市外郷村として大区小区に属したり（井荻一帯は第８大区の小５区・６区）、数村ずつで６つの連合となったりしたが、この町村制によって新たな時代を迎えたという。[1] 図１－１は寺下の著作から、後に杉並区となる20の村の位置を示したものである。

井荻村は１９２７年（Ｓ３）に「町」になり、杉並区成立の１９３２年（Ｓ７）まで存続する。『東京府豊多摩郡誌』[2]と『杉並区史』[3]を参照すると、井荻村は１８７２年（Ｍ５）に４１５戸２３４６人だったが、約30年後の１９０５年（Ｍ38）には４８７戸３４９２人となり、約千人の人口増を見るに至っている。10年後の1915年（T4）には572戸3980人に、さらに5年後の1920年（T9）には730戸4369人にと引き続いて増加が見られる。とは言え、この頃まではさほど激しい市街化は進んでいない。明治末期から大正期にそれが急だったのは大崎町、渋谷町、千駄ヶ谷町、淀橋町、代々幡町、巣鴨町など山手線の沿線、あるいは日暮里町、三河島町、吾妻町、亀戸町などの常磐・総武線沿線であり、いずれも東京市に隣接する地域だった。

しかし井荻村（町）はその後、1925年（T14）には13514人と5年間で3倍を超える急激な増加をみせる。1930年（S5）には22724人となって、さらに1・7倍の増加が見られる。関東大震災が契機となって郊外化が進展したのである。

図1－1　杉並区を構成する20の村落

出典：寺下浩二『杉並・まちの形成史』

1889年（M22）に新宿と立川を結んで敷設された甲武鉄道（その後、八王子や御茶ノ水への延伸、電化、国有化等がなされた。現在のJR中央線）には、その翌々年の1891年に荻窪駅が開設される。かなりの時間を隔てた1922年（T11）に西荻窪駅が開設され、また1927年（S2）には西武鉄道村山線の開通をみる。これら井荻村（町）にかかわる関東大震災前後の交通基盤整備は郊外化の促進要因でもあり、郊外化の結果でもあった。

郊外化の中で区画整理へ

このような時期、井荻村も含んだ東京都市計画区域の指定（1922年。なお1920年には大都市計画要項が発表され、井荻村も都市計画区域に入ることが示された）、町制施行（1927年）、そして杉並町・和田堀町・井荻町・高井戸町の合併による杉並区の誕生（1932年）となる。井荻町を含む一帯がいわゆる35区時代の東京市の郊外区となるわけで、1920年ころからの約10年間は、大きな変動の時代であった。井荻町土地区画整理事業は1925年（T14）に認可され組合設立がなされたのであるから、まさに上記のような市街化と時期を同じくしている。事業の成立にはこの人口急増の「時期」が欠かせなかった。また逆に言えば、区画整理事業の進展が新たな人口増をもたらしたのでもある。

もっとも都市計画区域が取りざたされ、事業が構想されていた1920年頃は5千人足らずの人口だったから、『内田秀五郎翁』(4)における記述「当時の井荻村は、城西の一農村にして、戸数僅かに6百余戸、宅地田畑を通じ680余町歩、山林原野にて150町歩を占め、武蔵野の俤を偲ぶに足る、長閑なる村落であった」も的を射た記述といえよう。旧東京市に隣接した地域の多くがそうだったような、野放図に市街化が進行してしまって区画整理事業が困難、といった状況はまだ生じていない

図1－2　内田秀五郎（還暦を迎える頃）
出典：『事業誌』

時期であった。

1907年（M40）から1928年（S3）までの市街化が急展開するはるか以前から、関東大震災を経て人口急増に至る20余年間を村長・町長として、またその後も井荻町土地区画整理事業の組合長として井荻発展の舵取りをしたのが内田秀五郎だった（図1－2）。

急速な市街化が始まる前の地形図（原図は陸地測量部2万分の1。1906年田無・1909年中野の両図にまたがる井荻村付近を約3万分の1に縮小している）を図1－3として示しておこう。中央線と荻窪駅は認められるが区画整理等、計画的な市街化の姿はまだ見られない。

1－2　井荻第一耕地整理事業の先行実施

その概要

井荻町土地区画整理事業の直前に「井荻第一」と称せられる耕地整理事業が実施された。しかしこの事業に関連する文献・資料はあまりない。うち、行政資料として東京市によるものを見れば、組合設立認可は1923年（T12）2月22日（関東大震災の半年ほど前）で、換地処分が翌24年5月26日、事業前面積37・6ha事業後面積40・3haとなっている。[5] なお完了（組合解散）時期はこの資料には記載がないが、1926年（T15）とみられる（井荻町土地区画整理事業組合が設立された翌年に当る）。[6] したがってこの事業には区画整理の先導的施行としての位置付けが与えられよう。「第一」という命名も、さらに続く事業を予測させるものである。上記東京市資料での記載を表1－1として挙げる。

次に事業区域についてだが、筆者の手元には図面的な資料は得られていなかった。しかし本書を執筆中に寺下浩二氏より東京都公文書館に「井荻村第一耕地整理地区国有地図面（縮尺六百分の一）」という名称の図面があったとの連絡があって、そのコピーの提供を受けることができた。これを約1万分の1に縮小したものを図1－4として示す。この図から耕地整理事業の区域と道路構成を知ることができる。

一つ留意しておくべきは、第5章〔本書には収録せず〕でふれる東京女子大学の土地がこの区域に含まれていないことである（同大学はこの図の西側、潰れてしまって読めない凡例の表のところ辺りに位置する）。また次章以下で区画整理区域を考察するわけだが、区画整理の『事業誌』等には区画整理区域（細かく言うと第3工区）に本耕地整理区域を含んだ図が掲載されている。このあたりのこと、耕地整理区域に後続の区画整理事業が重ねられて実施されたのか否か等については興味が持たれるところで、後に改めて論ずることとしたい。

さて表1－1に戻るが、同表からわかるのは、公共用地は面積も比率も3倍以上増えたが民有地面積はほとんど減っていないことである。これはいわゆる縄のびの影響で、公共用地の増分（2・9ha）を従前民有地面積（36・5ha）で割れば形式的な減歩率は7・9％となるが、民有地の絶対的な減少量（0・2ha）を従前の民有地面積（36・5ha）で割ると0・5％と1％にも満たない数字である。

結局この耕地整理は、少ない減歩、当時付けられていた府の補助金、公有地払下げ（これについては内田が語っている。次章の冒頭に収録）等が幸いし、上述のように、市資料によれば認可の翌年には換地処分、他の文献からの推定であるが1926年には完了と、短時間に比較的順調に事業が進んだと考えられる。事業の進展は引き続く区画整理事業実施への自信を生むものであっただろう。

耕地整理事業が行われた経緯

さて事業のいきさつであるが、前出の『内田秀五郎翁』（1936年刊）と戦後に編纂された『米寿秀五郎翁』（1963年刊）においてそ

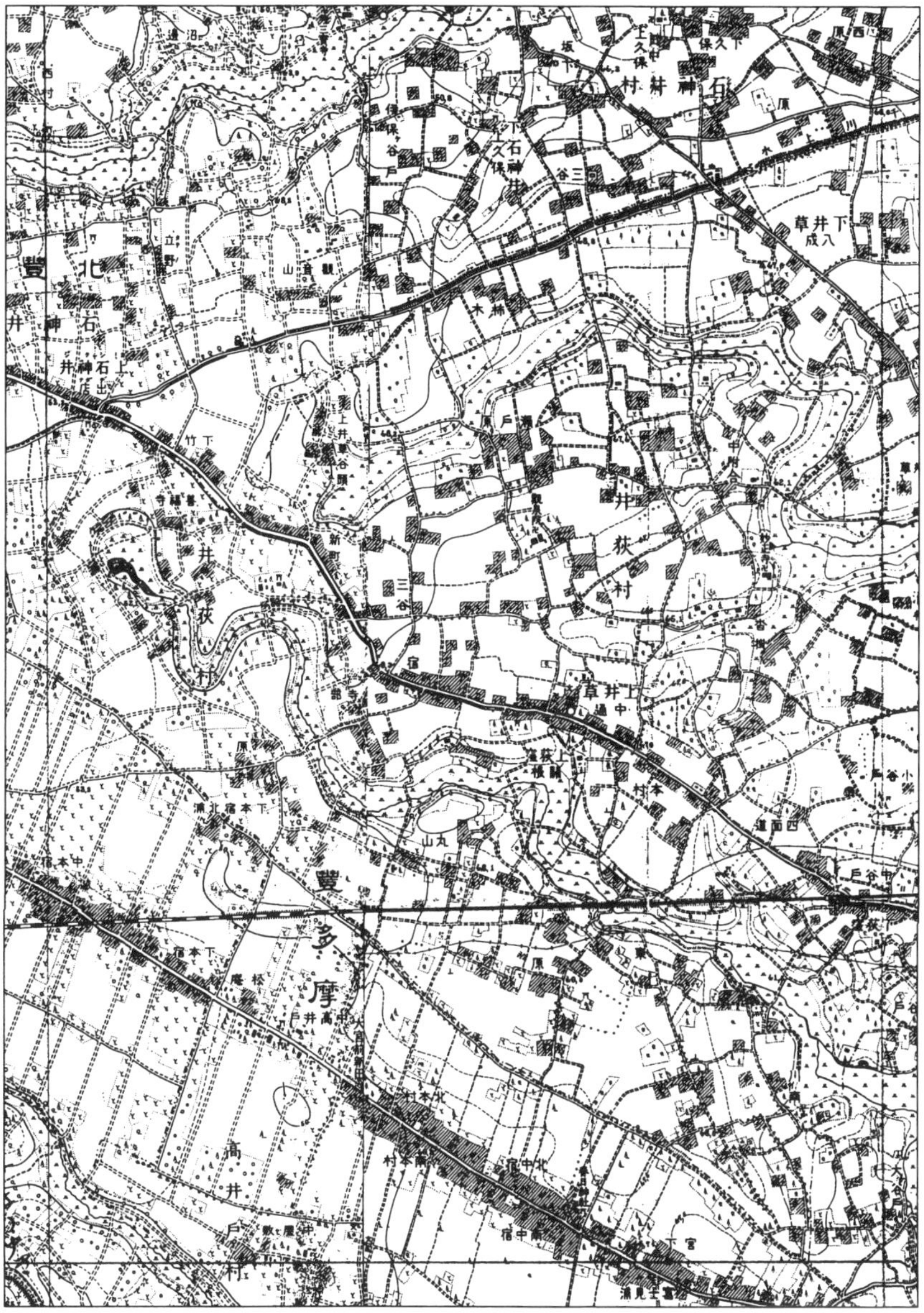

図1－3　大正期の井荻村

出典：陸地測量部地図（2万分の1を約3万分の1に縮小）

表1－1　井荻第一耕地整理事業の諸元

総面積	民有地面積（対総面積比）	公共用地（道路のみ）面積（対総面積比）	事業費総額（坪当り額）	設立認可 換地処分
事業前 37.6ha	36.5ha（97.1%）	1.1ha（2.8%）	19.554円	1923.2.22
事業後 40.3ha	36.3ha（90.0%）	4.0ha（9.9%）	（0.49円／坪）	1924.5.26

資料：東京市『都市計画道路と土地区画整理事業』1933、p.107（坪をhaに換算）

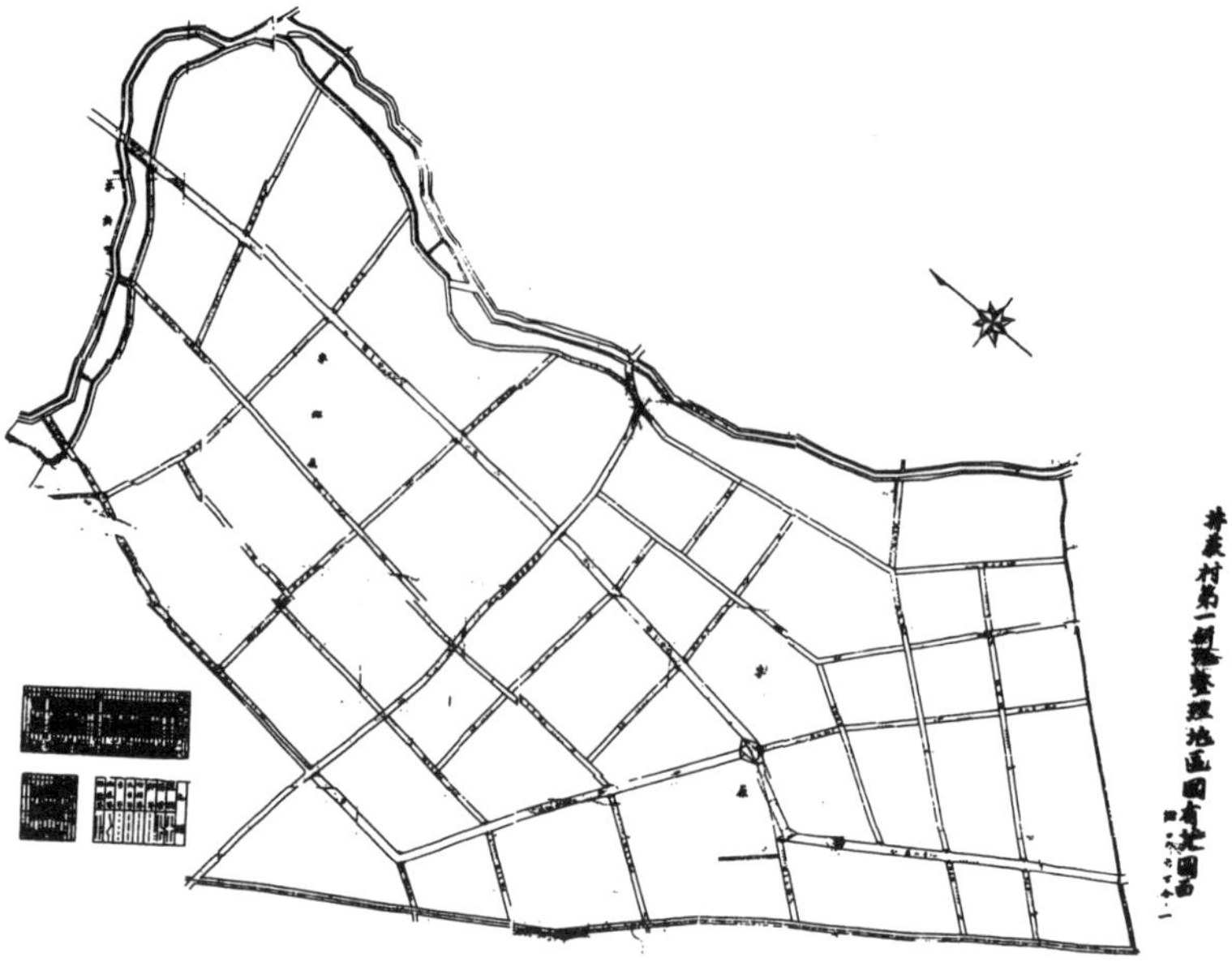

図1－4　井荻村第一耕地整理地区（国有地図面）
出典：600分の1の原図を約1万分の1に縮小（東京都公文書館蔵）

の内容はほとんど同一のものと言ってよく、各々2頁ほどの記述となっている。それらから要点を引用すれば「（村長の内田の）努力によって西荻窪駅が開設されるに至った（このことについては後述する）」（が）「駅は畑の真ん中で通ずる満足な道路はなく、これの開鑿を企画しつつあったところへ、上井草神社付近の有志から希望が出、（内田へ）意見が求められた」「これを契機に耕地整理組合創立の機運が醸成されたが耕地の減少をもって反対する意見も少なくなかった」「明け方まで協議が続くこともあったが（内田の）熱情、熱誠とはついに関係者の容認するところとなり、大正11年10月、円満に組合設立がなされた」等とある。

また以下は『米寿…』の記述だが、「その後4年間、翁は組合長としてこの事業完成の衝に当り、西荻窪駅より西北方に、整理面積12万2千坪、四通八達した道路網は、やがて震災後、都人士の移住に大きな誘引力を与え、地方発展に対する土地整理の効果を社会一般に認識せしめ、延いては、その規模全国に誇る井荻町土地区画整理組合創立の試金石となるに至ったものである」とある。[(7)] これで知れるところは、事業が1922年に具体化し1925年までの4年間かかったこと、区域面積が122000坪（約40・3ヘクタール）だったこと（その他の数値については市資料による前掲表1－1の通り）、内田の熱意で円満に進行したこと、震災後の人口増の時期に適合し区画整理への下地づくりともなったこと、である。

上記『翁』以外の資料としては、内田が著した（聞書き的な本であって、当時の全国農業会議所・池田済総務部長がまとめた）『東京農業の今昔』があるが、上記を超える記述はほとんどない。それに編者が用語や数値を取り違えている部分もあるので、それほどの参考にはならない。ただこの資料で一つだけ他にない記述があって、耕地整理を思い立った事情に関し当時（西荻窪駅が開設された1922年頃）の郡長の示唆と保土ヶ谷の先行事例視察の話が出ている。すなわち、

「当時の郡長は、服部良太郎さんという人で、50歳をこした老郡長でした。といいますのは、そのころの郡長は、たいてい若い大学出がおおかったのですから、50歳でも老郡長といったのかもしれません。服部さんはたしか神奈川県の鎌倉郡から転任してきた人で、経験も豊富で話の面白いひとでした。この人からは、いろいろなことを勉強しました。

あるとき服部さんから横浜の先の保土ヶ谷町の区画整理を視察し

ようという話がでまして、郡内の町村長がそろってでかけたことがあります。わたくしは、東京からずっとはなれた保土ヶ谷町でさえもりっぱに区画整理をしているのをみて、感心して帰りました。それから村へかえって誰彼をつかまえては耕地整理の話をだしてみますが、誰ひとりこの話にのってくれません。まだ機が熟さなかったのでしょう。」

とある。(8) そして「ところが、そんなとき、地元から…」と、先の道路の話へつながれている。なおこの記述から内田の「研究熱心」「他人の意見に耳を傾ける」「確信が持てれば他を粘り強く説得」といった気質を推察することができよう。

また『翁』以外の資料としてもう一つ、杉並の郷土史研究に多くの貢献をなしている森泰樹による内田からの聞き取りの中に、

「道は狭く曲がりくねって、急坂が多く、その上側溝が浅い為に水の流れが悪いので、一雨降るとぬかるみで歩くのも困難な位ですから、荷車が立ち往生して積荷の大根を人が背負って運ぶのをよく見かけ、村長として胸の痛む思いをしました。貧弱な村の財政では、道路の整備等は思いも及ばず、僅かに砂利をまく程度でした。…大正11年7月に、皆さんの協力で鉄道省へ駅敷地４３０坪を寄付して、西荻窪駅が出来ましたが、駅から青梅街道までは、巾9尺のアゼ道だったのでこれを3間道路にしようと関係地主に相談しましたが、大地主のKさんが「自分だけ損をするのが嫌だ」と反対した為、難航し説得に随分苦労しました。…この頃全村の耕地整理をして、道路を整備すれば負担の公平が帰せられると考え、有志と協議致しました。『耕地整理をすると、道路用地として耕地が減少する。耕地の減少は収入の減少であり、其の上工事費の負担金を出すのでは、生活上の脅威だ』と反対する意見が多く、仲々まとまりませんでした。『…道路が良くなれば農作業が楽になる。土地の利用効率が高くなるから減収分はカバー出来る。負担金は心配するな』と夜明かしで、協議会と言うより説得会をした事は珍しくありませんでした。」

とある。(9) ここでは、「駅の開設↓道路の拡幅」という都市開発側の発想と別に、「農家のための道普請」の意味合いも語られている。これ、すなわち〈農業者の視線〉も、内田の依拠するところだったことは間違いあるまい。単純な開発論者ではなかったといえよう。

道路整備や西荻窪駅の開設への内田の熱意

「農業」を生業として、後には流通の整備を図って一つの産業として発展させようとする内田の立場は生涯維持される。例えば村長時代、道路敷設に力を注いだが『米寿秀五郎翁』にも、

「殊に府県道以外の里道の如きは、…その荒廃の甚だしさは想像に余りあるものがあった。…このまま放置せんか、産業の振興発展などは思いもよらぬことを憂慮し、…改修工事を積極的に推進したほか、…斯くして、井荻村を走る道路は数年ならずして全く面目を一新するに至り、…大正8年、法律第58号により道路法発布施行せらるるや、直ちに管内前道路の実測を行い、員数２０３路線を認定し町村道とするに至った」

とある。(10) しかしもちろん、農業基盤の整備を意図したこれらの道路整備も結局は都市開発へと結びついていくわけではあるが。

先ほどの聞書きにも少し出ているが、西荻窪駅開設の経緯は次の通りである（『内田秀五郎翁』１９３６年（S11）と『米寿秀五郎翁』の記述はほとんど同一）。１８８９年、新宿八王子間に民有鉄道として開設された甲武鉄道は１８９４年から１９０４年の間に、御茶ノ水まで市街線の延長と御茶ノ水―中野間の電化を行い、その後１９０６年の鉄道国有法により国有化される。１９１９年（T8）には吉祥寺までの電化を

図1－5　開設された頃の西荻窪駅

出典：『東京女子大学の80年』

終わり郊外鉄道としての形態を整えるに至った。早く1891年には荻窪駅が開設されていたとはいえ吉祥寺駅との間の距離は長く、新駅開設の話が鉄道省側でも持たれていた状況にあった。

このような時期に（以下、『内田秀五郎翁』p．124）、

「時の村長内田秀五郎翁を筆頭に、荻窪駅と吉祥寺駅の中間に、新駅設置の一大運動を試みることとなった」

「茲に最も苦心を要せし点は、敷地の寄付問題であった。当時の農村井荻に於いては、2、3千円と云う大金は、真に思いもよらぬことではあったが、内田村長を始めとして、其の他二三土地有力者等の、大口篤志の寄付に併せ、付近関係者の寄付により、苦心数ヶ月の結晶は、遂に目的の彼岸に到達するを得、ここに於いて早速、敷地429坪寄付の上申をなし、大正11年7月5日、其の名を西荻窪駅として、開駅を見るに至ったものである」

とのことがあったのである。この「寄付」は、土地と現金の両方ではなくて、集まった寄付金をもって該当地を購入し鉄道省に寄付したと推測してよかろう。

当時の西荻窪駅の写真を図1－5として示す。

論点は改めて

論点として、区画整理に先行した井荻村第一耕地整理事業は、区画整理ではなくて、なぜ耕地整理手法を採用したのだろうか、がある。道路敷設による農業経営の円滑化・効率化への思いがあったことにふれたが、そういった「農業」のためにとの意識が耕地整理を選ばせたとの推測がなされよう。しかし耕地整理とはいえ実際には宅地化の進行を予測していた。本来ならば区画整理だったが震災前であって、まだあまり使われていなかったゆえに耕地整理を採用した、との説明もできよう。

であるならば、それでは耕地整理のすぐ後に井荻町全域を対象に、なぜ「区画整理事業」を採用したのかという問いが生ずる。「第一耕地整理事業」という命名は「第二、第三、…」の耕地整理事業を予測させているのにもかかわらず、である。さらには井荻町土地区画整理事業と同年に認可された玉川全円が耕地整理事業として実施されたことと対比させても、「なぜ区画整理？」との疑問が出てくる。

これらについては、後に改めて検討することとしよう。

〈注〉

(1) 寺下浩二『杉並・まちの形成史』私家版、1992　図1－1は同書p．2より引用。

(2) 東京府豊多摩郡役所『東京府豊多摩郡誌』1916・7

(3) 杉並区役所『杉並区史』1955・3

(4) 内田秀五郎翁還暦祝賀協賛会『内田秀五郎翁』1936・11、p．100　なお『杉並区史』p．1426の「都市計画区域の設定された当時の井荻地区は未だ城西の一寒村に過ぎず、…戸数僅かに600余戸、田畑を通じて680余町歩、…いわゆる武蔵野の景観を偲ぶのどかな農村であった」は上記『翁』を底本とした記述だろう。

(5) 東京市『都市計画道路と土地区画整理事業』1933・7、p．107

(6)『内田秀五郎翁』と『米寿秀五郎翁』によれば、大正11年10月組合設立とあるが、市資料では設立認可は翌年で、大正11年は発起人会の設立と思われる。また「其の後4ヶ年、翁は組合長として、これが完成の衝に当たり…」とあるので本書では大正11年から4年後の１９２６年（T15）に完了と記述した。
(7)内田秀五郎翁米寿祝賀会『米寿内田秀五郎』１９６３・８、p. 48
(8)内田秀五郎『東京農業の今昔』共同組合通信社、１９５７・４、pp. 60～61
(9)森泰樹『杉並区史探訪』杉並郷土史会、１９７４、pp. １０８～１１１
(10)前掲注（7）、p. 12

第2章　土地区画整理事業の展開

2－1　井荻町土地区画整理組合の設立

慌しく区画整理へ

「全村を一度にやろうとしてかかったところが、中々その区画整理なんてことは考えておらないし、できないから、私の部落の18町歩ばかりを実はお手本に一戸10円[1]ずつ集めたんです。そうして18町歩ばかりのところをやったところが、幸いにその官有地が3反歩ばかりあるのを都（戦後の書物なので都だが正確には府：筆者注）から安く払い下げて貰いまして、それがために一戸当り3、4円返すことができました。…それでまあ、こういう風に区画整理はいくらもかからなく、うまく行くものだから、どうか全村やろうということで、その間も随分問題もあったけれども、皆さんの承諾を得て始めたものです。」

と内田は後に「話しに多少の誤りがあると思います…」と断った上で語っている[2]（「私の部落の18町歩ばかりを…お手本に…」は前章の井荻第一耕地整理12万2千余坪（約40ha）のことであり、「皆さんの承諾を得て…」が区画整理のことだろう）。

したがって耕地整理か区画整理かは別に、井荻全村を対象とした事業を企図したのは内田であり、その決意の時期は耕地整理着手の１９２２年より前だったと推測される。『翁』等では、都市計画法施行の１９２０年（T９）に発表された大都市計画要項が区画整理への想いを募らせることになった、ともされている。

１９２２年（T11）には（その後東京市への編入となるのだが）周辺町村の範囲（現23区の範囲）に、いよいよ都市計画区域が設定された。その翌年に関東大震災が起きて市内からの転出が進み、東京の郊外化が急進展するに至る。用途地域指定（１９２５年）は旧東京市の範囲にとどまったが、都市計画街路は１９２７年（S２）に、都市計画区域全域にわたって幹線（放射道路17路線、環状道路８路線）および補助線の決定が行われている。

本節以下に関係する事項を年表として整理したのが表２－１であるので、本文と対照しながら見ていただきたい。

組合の設立まで

土地区画整理組合による『事業誌』[3]を資料として、組合設立までの状況を見ておこう。区画整理事業の公式のスタートは関東大震災の翌年、１９２４年（T13）４月24日付けの内田秀五郎以下15名を発起人とする府知事にあてた事業準備調査の願い出だった。次いで５月19日には内務省都市計画課長および東京府知事あてに技術官派遣申請を提出している。10月９日に発起人会の開催に至り、10月13日には「耕地整理法第８条第２項（事業手続きは耕地整理法準用となる）による土地立入り測量許可願い」を高井戸町他４ヶ町村に提出。１９２４年はまことに慌しい。

表2－1　井荻町土地区画整理事業の経過

1924（T13）	4.24 府知事へ区画整理事業準備調査要請、5.19 内務省と府知事へ技術官派遣要請、10.9 発起人会、10.13 土地立入り測量許可願い
1925（T14）	3.16 組合設立認可申請、9.21 認可告示、10.3 第1回組合総会、11.18 規約改正組合会議（第8、9工区の除外）、12.14改正認可申請
1926（T15）	1.10 第1第2工区着工、7.9 前年の規約改正認可、（町制施行内田町長に）
1927（S2）	3.11 第3～第6工区着工（西武村山線開通、3駅開設）
1928（S3）	第7、第8工区の追加（2.27 規約改正、3.14 申請、9.3 認可）（内田町長退任）
1929（S4）	2.5 第7、8工区着工
1931（S6）	2.14 第2工区、3.12 第1工区換地処分認可
1932（S7）	6.27 第6工区、8.19 第5工区換地処分認可、（10.14 4町合併東京市杉並区誕生）
1933（S8）	4.18 第4工区換地処分認可、7.24 第3工区換地処分認可
1934（S9）	1.29 第7工区換地処分認可
1935（S10）	3.13 第8工区換地処分認可（これをもって全工区換地処分終了）、3.30『事業誌』刊行
1936（S11）	（11.1 還暦記念『内田秀五郎翁』刊行）
1940（S15）	5月 井草神社隣接の放射6号道路に面する地に記念碑建立
1941（S16）	3.31 組合会議で解散議決、12.28 清算残務終了、12.28『事業報告書』刊行

さてここで発起人会について砂子論文（一橋大学修士論文）を参照しよう。砂子は、発起人の居住地をその後の組合評議員・議員の地区別氏名と照合することによって、上井草は内田を含む6名、下井草は3名、上荻窪は1名、下荻窪は3名と上井草が多く上荻窪が少ないことを明らかにしている(4)。後述する上荻窪地区の事業撤退の伏線が、発起人の居住地にも現れているようだ。

翌1925年3月16日に組合設立認可申請を行い、9月21日に認可指令を受けた後、9月24日に認可の告示を得た。認可申請は耕地整理法第50条の条件（土地所有者総数の二分の一以上、かつ、区域内土地の総面積および総地価の各三分の二以上に当る土地所有者の同意）に関し、土地所有者587名中452名（77％）の同意、民有地総面積588・2ha中同意者分546・3ha（92・9％）、民有地総価格98246・57円中同意者分90240・36円（91・9％）という数値において満たしている。現在の区画整理事業の常識からは想像もつかないが、8割に満たない土地所有者同意率での申請である。面積・価格要件では同意者が9割を超えているから、反対者には小規模土地所有者がやや多かったと推測してよかろう。

2つの工区が事業から撤退

このように『事業誌』のみを見れば多少の不同意者を残しての出発といったことしか読み取れないが、実際には一部地区からの強い反対もあり、紆余曲折を経ての船出であった。

3つの回想録的な記述から抜き書きをしておこう。

「まえの耕地整理のときでさえも、なかなか反対者がおおかったのですから、これを拡張して、区画整理組合をつくろうという案には、またまた猛烈な反対がおこりました。『内田はなにをやりだすか知れたものではない。殺してしまえ』という声さえおこりました。」「それで、どうにも手の打ちようがなく数年間、計画はタナ上げになっていましたが、大正14年10月には、警官たちあいで測量をすませ、井荻村土地区画整理組合を設立することができました。」「大正15年11月（1926年）には町制もしかれ、郊外住宅地の発展も、意外にはやかったので、さしもがんこに反対してきた人たちも折れて、急にまとまる方向にきました。8工区にわけたうち、6工区は着工し、その整備されていく姿をみて、7工区8工区の上荻窪方面の人たちも、急に同意してきて、ついに全町区画整理にこぎつけることができました。」

と、内田秀五郎著（聞書き）の『東京の農業今昔』[5]にある。『むかしの杉並―古老座談会―』[6]には、

「それでまあ、こういう風に区画整理は（既述のように井荻村第一耕地整理のこと：筆者注）いくらもかからなく、うまく行くものだから、どうか全村やろうじゃないかということで、その間も随分問題もあったけれども、皆さんの承諾を得て始めたのです。梅田の親父さんも一生懸命で、そこで上荻、下荻、上井草、下井草とそれで２８０町歩ばかり（８８０町歩の誤りであろう：筆者注）のところへ一遍にやろうとしたところが、一旦その梅田さんの区域の上荻窪が賛成はしたけれども、そのうち反対を唱える者が出て、己の方は脱退すると意気込み、内田の野郎叩き殺せというように鉈や鎌を持って役場へ10人も20人も押しかけたこともある。私はよいと思ってやる。将来のことであるから、私は何処までもやるつもりであった。ところが一旦ふり上げた鉈や鎌だって叩くわけには行かないから、そこで上荻窪あたりはいよいよ脱退するということになったが、梅田の親父さんなどは外の大字が整理するのにこちらばかり抜けることは後で悔になると、やっと説き伏せて、まあ、上荻窪も入って貰ったわけで、それで一つの村に対して8つの工区に分けて、それぞれ8人の副組合長を選出して、…」

とある。ここでは、脱退から復帰へ要した2年余りは随分と圧縮して語られている。さらに森泰樹による『杉並区史探訪』[7]には、

「ところが認可の直後、字上荻地区（旧上荻窪村）より脱退を申し入れて来ました。同地区は西荻窪付近なので、土地の使用売買が一時制限されると、折角土地利用の希望者が来ても、売ることも貸すことも出来ないため発展が遅れるとの理由です。この事が他地区に波及すれば、折角苦労して設立した組合も瓦解するのは火を見るより明らかなので、心配で幾晩も眠られず、申し入れを撤回させようと、寝食を忘れて説得に奔走し、結局反対者は法定数の三分の一以下になったのですが、無理して共同事業を行ってもうまく行く筈がないからと思い、他の三地区（六地区の誤りだろう：筆者注）代表者の了解を得て脱退を許し東京市（東京府だろう：筆者注）へ除外の手続きを執りました」

と記載されている。「結局反対者は法定数の三分の一以下になった…」が認可申請時（１９２４年3月）であり、それをもって組合設立に至ったが、「無理して共同事業を行ってもうまく行く筈がないからと…」…除外の手続きを執りました」とせざるを得ない状況に追い込まれたのが、組合設立直後のことだったのだ。区画整理事業は当初8つの工区で認可を得たにもかかわらず、第7、第8の2工区を外した6つの工区でのスタートとなった。

この経緯を確認しておこう。『事業誌』には組合規約変更表が記載されているが（pp. 10～11）、第1回総会（１９２５・10・３）直後の１９２５・11・18に変更の議決を行った後、同12・14に改正認可申請、１９２６・７・９に認可指令とされている一連の事柄は、第2条（工区分割）関係等であり、総会の直後に当初の8工区を6工区に減らしたことの事実関係を示すものである。なお2年余を経た１９２８・２・27の4回目の規約改正も再び2条関係で、これの申請（同３・14）、認可（同９・３）は２つの工区の復帰を示すものである。

2-2 事業の進展

組合規約、役員等

本節では『事業誌』（昭和10年3月編 井荻町土地区画整理組合）と『事業報告書』（昭和16年12月編 同）を基本資料とし、砂子論文からの補足も得ながら、事業経過を時系列で整理することにする。

第1回総会は10月3日に426名が出席して桃井第一尋常高等小学校で開催され、第1号議案（組合規約）、第2号議案（役員選挙）、第3号議案（組合設立費用）の3件が満場一致で議決された。

組合規約は第1条（事業事項）、第2条（8つの工区に分割）から始まり、第5条（役員）、第6条（役員選挙）、第11条（組合会と議員）、第14条（議員選挙）、第18条（総会の表決権）等があって、以下、予算執行のこと、補償金の徴収・交付のこと、費用負担は工区ごとであること、土地面積の1％~20％を組合費として充当するため提供すること（これを金銭で支払ってもよいこと）、都市計画道路沿道地権者（幅員の7倍までの範囲）の用地負担のこと、東京府道用地売却金のこと、換地交付のこと、精算金のこと、従前および換地後の土地価格算定のこと等が続き、全47条と附則よりなる。

以上のうちでも特に費用負担が工区ごとであること、すなわち工区での独立採算制が取られていた（もちろん、全体的な事務費用などは共通費として徴収するが）こと、および組合費は土地の提供が原則とされていたことなどは記憶しておきたい。

組合役員は組合長1、副長6、評議員38、議員61であり、総会当日に選ばれている。注意すべきは、規約第2条で8工区と定めながら、工区別に置かれるべき副長（副組合長）が6名しか選ばれておらず、すでに第1回総会時に第7、8工区の離脱を前提としていたことだ（議員も本来なら88名の筈が27名足りない。第7、8工区に割当てられた議員は26名で、ほぼその数にあたる。規約を当初から〈6工区〉と書き直して総会に諮るには時間的余裕がなかったのだろう。結局は前述のように、1ヶ月半後の11月18日に組合会議を開催して工区を6とする改正を議決し、12月14日に改正の認可申請、翌1926年（T15）7月9日に認可指令を受けるという際どい進行となったのである。

第7、8工区の復帰、換地処分の終了から事業の終結まで

工事の進捗を目の当たりにして、結局は第7、8工区も区画整理事業に復帰することになる。1928年（S3）2月27日の組合会議でこのことに関する規約改正が承認され、3月14日認可申請、9月3日認可、9月17日総会で副長、評議員の選任となっている。

復帰のことについては森泰樹の著述に次がある[8]。

「工事は順調に進み、日が経つにつれて、台地は削られ、湿田は埋立てられて平坦となり、起伏錯綜した農地は、碁盤の目のように縦横に走る道路で、整然と区画され、美しい住宅地に変って行きました。この状況を見た上荻地区の人々は、昭和三年二月に再加入の申入れをしてきました。『虫が良すぎる。そんな申し出は蹴れ』という多くの組合員を、内田組合長は、『村のためだ。過去のことは水に流し、力を合せて全村の事業を完成させよう』と説得され、上荻地区を第七工区、第八工区に追加して、工事を続行しました。」

森は内田にも会っているから、このような「説得」の経過があったと聞いたのだろうし、あってもおかしな話ではない（ただし、「2つの工区が復帰することへの反対論があって、それを内田が説得した」との直接の記録は他には見出されていない）。

第1回総会以後は、総会が6回、組合会議が19回、評議員会が54回開催され、他に副長会や工区別の会議が多数開催されて、1934年度

（S9）末に至っている。最後となる第8工区は1935年（S10）1月7日に工事が完了し、同日付で換地処分申請をして3月13日認可、3月16日告示をもって全事業は概ねの終了を迎える。

それ以後も、総会1、組合会議5、評議員会29等が重ねられ、換地の登記や清算が進められて、最終的には1941年（S16）3月31日の組合会で解散の議決が行われた。同年12月28日付けの内田組合長の挨拶文のついた清算残務終了の報告が12月31日に全組合員に対してなされている。

1924年の組合設立からすべての換地処分の完了（1935年）まで約12年、清算の完了（1941年）まで約18年の壮大な事業であった。

図2－1　井荻町土地区画整理組合事務所

出典：『事業誌』

図2－1は組合事務所と関係者の写真である。事務所は下見板張りの質素な建物だ（左奥は井荻町役場）。

事業の完了を祝して1940年（S15）5月、井草八幡の鳥居脇に記念碑が建てられた。図2－2としてそれを掲載しておくが、漢文調で事業の経緯が記された、筑波黒花崗岩とされる台座も入れて2メートルを超える大きな碑である。これの総工費1万6千円との記録がある。

図2－2　井荻町土地区画整理記念碑

出典：『米寿秀五郎翁』

耕地整理事業区域との重なりについて

図2－3として8つの工区からなる井荻町土地区画整理事業の区域図（『事業誌』等の「路線図（6千分の1）」に工区名と工区界を書き入れ、[9]縮小して収録）を示しておこう。

工区別の図と写真は次の第3章の終わりにまとめて掲載するが、そのうち、『事業誌』に掲載されている第3工区の図だけはここに図2－4として示す。というのも、これらの図に関連して、前章で述べた井荻第一耕地整理事業との重なりをどう理解するのかの問題が生ずるからである。

両図とも、区画整理事業の第3工区は耕地整理の区域（第1章 図1－

4）を包含したかたちで描かれている。また後述の町名地番整理も耕地整理区域も含めて実施されている。したがって、区画整理事業は直前の耕地整理事業区域を含んだ区域で行われたようにも取れる。しかし実施したばかりの耕地整理区域に再度区画整理をかけるというのも不自然だ。とは言え重複実施されなかったということの証拠もない。

そこで今回、6千分の1の区域図（路線図）から〈耕地整理区域相当分〉、〈耕地整理区域相当分を除く第3工区〉の面積を図上計測してみた。その結果それぞれは概数だが、41ha、97haという数値となった。

耕地整理区域の面積は前章で示したように、東京市資料によれば40・3ha（事業後）であり、第3工区の面積は『事業誌』等によれば98・79ha（事業後）である。「図上計測による面積」と「資料による面積」との差は計測誤差の範囲としてよかろう。

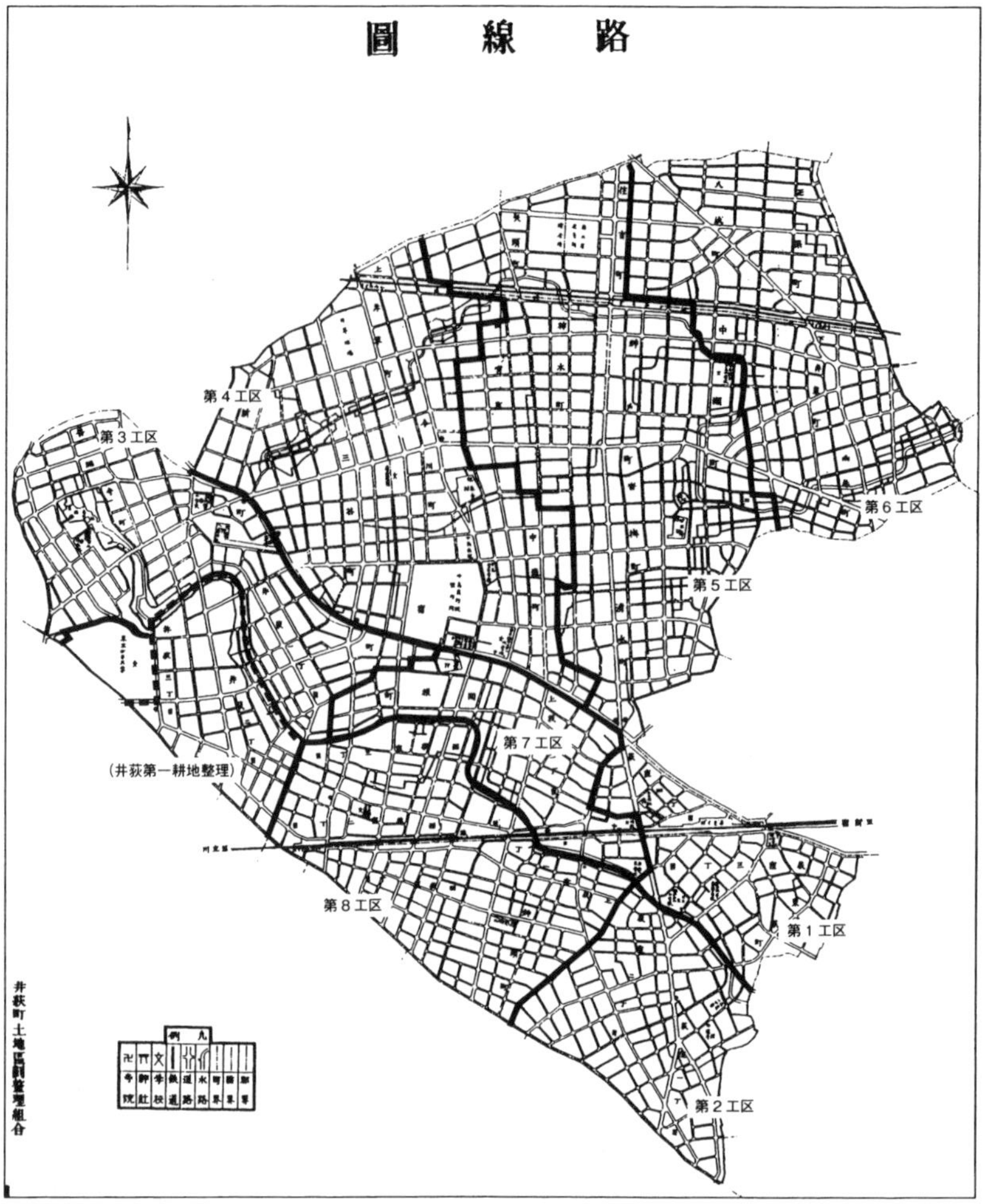

図2－3　井荻町土地区画整理事業区域図（路線図）

出典：『事業誌』の挿図に加工

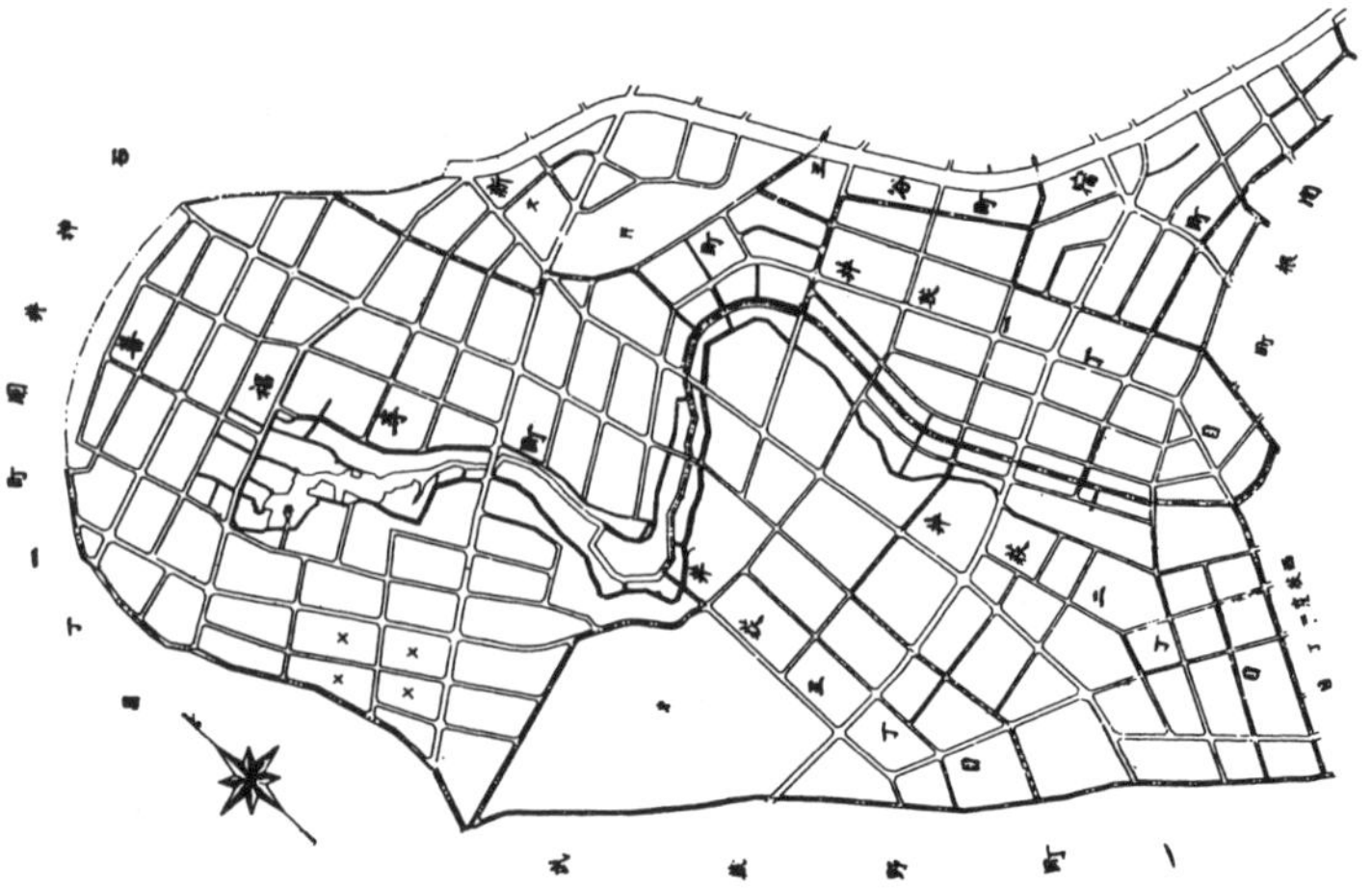

図2－4　第3工区区域図

出典：『事業誌』

したがって区域の重複問題については、「区画整理事業区域図（『事業誌』や路線図をはじめとする当時の図面）には耕地整理区域も含んだ表現がなされているが、事業としては別個のものである」と結論付けられよう。ただし、耕地整理区域外の東京女子大学敷地のごく一部が第3工区に含まれること、町名地番整理は耕地整理区域も区画整理区域も一体的に行われたとみるべきことについては第5、6章〔本書には収録せず〕で後述する。

工区別の事業状況

『事業誌』を資料として、表2－2と表2－3に工区別の諸元や経過を示す。50ha規模の第1、第7工区がある一方、150haを超える第4、第5工区があるように、各工区の面積と組合員人数はかなり違う。

表2－2　工区別面積と組合員数

	総面積（ha）		組合員数（人）		
	事業前	事業後	設立認可時	換地処分認可時	組合解散時
第1工区	50.984	53.552	89	103	184
第2工区	61.489	64.373	46	56	170
第3工区	92.383	98.179	121	176	287
第4工区	166.818	179.525	199	283	414
第5工区	177.103	184.681	102	201	401
第6工区	130.849	135.827	168	187	357
第7工区	51.299	53.895	110	153	225
第8工区	108.372	111.612	145	264	345
合計	841.298	881.644	980	1,423	2,383

出典：『事業誌』（坪をhaに換算。例えば事業後総面積は2,666,798.85坪×3.306で881.644haと算出した）

表2－3　工区別の進捗状況

	工事着手	換地予定地使用区域指定	工事完了	換地処分認可
第1工区	1926.11.1	1930.11.1	1931.1.10	1931.3.12
第2工区	1927.3.11	同上	1930.12.1	1931.2.19
第3工区	同上	同上	1933.4.26	1933.7.24
第4工区	同上	同上	1932.11.30	1933.4.20
第5工区	同上	同上	1932.7.20	1932.8.23
第6工区	同上	同上	1932.3.5	1932.6.27
第7工区	1929.2.5	1932.11.1	1933.10.5	1934.1.29
第8工区	同上	同上	1935.1.7	1935.3.13

出典：『事業誌』

ところでこの区画整理は「ほぼ全町を対象とした」とされてきた。しかし井荻町の総面積は『杉並区史』p．595によると943・863haで、表にある区画整理区域面積の881・644haに耕地整理面積約40・3haを加えても921・944haだから多少の差がある。事業区域面積に公有水面（善福寺池、妙法寺池および河川の）が含まれていないならばそれも原因と考えられるが、このことに関する数値的な裏付けは見出せなかった。従来からの「ほぼ…」という記述をここでも繰り返しておくにとどめる。

表2－3の換地処分等の期日のうち、「換地予定地使用区域」指定は今日の仮換地指定と同じ意味としてよかろう。事業認可後この予定地使用区域の指定までは使用収益が禁じられ、指定以後は自由となるので、以後、土地譲渡等によって所有者数の増大が生ずる。

2－3　区画整理を選択したこと、および事業への賛否

二つの論点

前節まで、『事業誌』や内田秀五郎の伝記、区史、そして既往論文などを用いて井荻町土地区画整理事業に関し、事実関係を中心に述べてきた。事実経過や事業の諸元はそれとして、「なぜ区画整理事業が選ばれたのか」と「事業への反対あるいは賛成の状況がいかにあったのか」の2点は重要な論点だろう。結論を先に言ってしまえば「両方とも確定的なことは分からない」に尽きるのではあるが。

しかしこのことについてできるだけの検証をしておきたいと思う。なお分析に際しては、砂子論文[10]での論述が参考になったし、耕地整理事業が選択され、しかも極めて強い反対に遭遇した玉川全円耕地整理事業と

の比較が意味をなすので、全円に関する篠野・内田・中野論文[11]や、当時の耕地整理事業を論じた池端・藤岡論文[12]を参考にした。また加藤仁美による「近郊町村区画整理計画」に関する論述[13]は、当時、区画整理手法を活用する機運が盛り上がっていたことを具体的に示すもので、これも引用させてもらう。

耕地整理事業に有利性あり

内田が井荻村の将来を構想してまず行ったのは1922年（T11）に設立認可を得た耕地整理事業であった。しかし全村を対象に、1924年（T13）に設立認可を得たのは「土地区画整理事業」であった。なぜ耕地整理でなく区画整理だったのだろうか。

篠野・内田は〈1926年3月4日に府令第9号として土地区画整理費補助規程がつくられ、同年3月24日に日本勧業銀行法・農工銀行法・北海道拓殖銀行法改正で区画整理に対しても無担保融資が可能となったことで補助や融資に関する両事業の差異は縮まった〉とする。その上で、しかし依然として、市域編入までは東京市郊外で耕地整理組合が設立されていた理由を、〈耕地整理の方が減歩率が低かったこと、事業後も地価を据置く恩典が保証されていたこと、田畑から宅地への地目変更が事実上可能であったので地権者同意を得やすかったこと〉等に求めている。さらに〈1926年時点では郊外部の都市計画道路網計画がなく、府は建築線指定での宅地開発を促進していたくらいで、都市計画法適用の区画整理事業が望ましいとしても、より地権者同意の得られやすい耕地整理事業を現実的な選択肢と意味づけていた〉と推測している。

区画整理への条件整備

以上の指摘は耕地整理事業が選択されやすい理由であって、井荻で区画整理事業が選択された理由とはならない。区画整理手法が広まっていく理由については〈1927年に郊外部の都市計画道路が決定され、同じ頃、震災復興土地区画整理事業が進展しだしてその手法が周知されて技術も進捗するなど、条件整備がなされたこと〉がまず指摘されよう。

井荻の『事業誌』4頁には「大正13年4月24日…東京府知事宛本事業準備調査の願出をなし、次いで同年5月19日内務省都市計画課長及東京府知事宛技術官派遣申請を為し…」と記されている。砂子論文ではこれを手がかりとして、以下に引用するところの、当時の記録（旧小俣家文書に収録）を見出している[14]。

「一　大正拾参年四月弐拾四日土地区画整理執行ノ為メ校地整理法ヲ準用シ準備調査ノ為メ技師派遣方ヲ東京府知事ニ申請シ続テ五月拾九日内務省都市計画課長ニ技術官派遣方ヲ申請セリ

一　仝年六月六日東京府道路技師土木技師小島達太郎東京府道路主事高澤義智ヲ派遣セラレタルヲ以テ全地区ニ渉ル本村内ヲ案内セリ」

その上で砂子は、派遣されるに至った主事、高澤義智による「東京府に於ける土地区画整理の状況」（『都市公論』第七巻第十号、1924）という論文を引用する。

「之を放任するときは其の弊の及ぶ所測るべからざるものあり。土地区画整理の施行は一日を緩ふする能はざるを以て、東京府に於いては震災に因り財政窮迫の折柄なるに拘らず、特に大正拾三年度予算に土地区画整理費約三万円を追加して、取り敢へず土木技師一人、土木書記二人土木技手五人を置き、之が指導助成に当たらしむこととせり。而して前述の如く宅地造成の為の土地整理が、耕地整理として施行せらるる為、不合理なる結果を招致するに鑑み、都市計画区域中市街地建築物法適用区域内に於ける宅地利用増進の為行ふ土地の整理施設は、特別の事由あるものの外総て之を土地区画整理として施行せしむる方針とし、指導助成の方法は耕地整理の例に倣い、基本調査、測量設計、工事監督及事務指導等を行ふものとす。偶々震災に因る焼失地域の復興計画が土地区画整理を根幹として執行せらるる為、隣接町村に於いても土地区画整理の必要及便益を覚り、之が施行助成の希望多く、殊に目下工事執行中に係る環状及放射道路の沿道に於ける一団の土地にして、其の利用の増進を図る為起業せむとするもの多きに至れり。（以下、例として井荻町も挙げられている）」

また砂子は新聞記事（１９２５年5月10日 東京朝日新聞）からも区画整理の増加を紹介する。

「郊外の区画整理 目下の状態

東京市では近来郊外の人口が激増するので土地区画整理事業の必要を認めてこれを断行することになったが府が自ら事業施行の衝に当ることが不可能なため府は設計図面を作成して町村をして区画整理組合を組織せしめてこれを行はしめ幾分を補助すべく目下の状態は左の通りである。

・内務省において認可済みのもの…世田谷第一区、目黒町、大崎町

・内務省にて認可申請中のもの…井荻村二百十万坪四十四万四千円、中野町北裏、南千住町、世田谷第二区、奥戸町

・認可申請中のもの…砧村、板橋町、中野町第二区、中野町第三区、目黒町小柳町、大森町」

「井荻村」の後の「二百十万坪四十四万四千円」の意味が取れないが、それはともかくとして以上のような資料からわかることは、東京府においてもこの時期（１９２４年頃）は区画整理への助成制度を用意し、長く耕地整理を担当してきた農商務省系の事務官・技師に加えて内務省系の事務官・技師を置くなど、区画整理を奨励する方向が重視されていたことである。井荻が耕地整理の事業化を図った時期（１９２２~２３年）と区画整理の事業化を図った時期（１９２３~２４年）は、ちょうどこの過渡期であり、少なくとも府には区画整理を郊外地でという意思が働き出した時期であった。

都市計画東京地方委員会の取り組み

もう一つ東京のこの時期の動きを紹介しておこう。以前から石田もその存在を指摘していた「近郊町村区画整理計画」の内容を加藤は詳しく調査し、論述した[15]。加藤論文の要点は以下である。

1　都市計画法等の制定がなされたのち、その最も中心的対象都市である東京市について都市計画東京地方委員会（内務省直轄の組織）は、都市計画区域の設定、用途地域の指定、街路網の計画、そして土地区画整理のための調査を開始する。区画整理調査は、市街地建築物法の適用で道路が整備されないと建築行為ができないことへの対応を考慮したものであった。人口増状況等から東京市隣接の15町村１３００万坪を調査対象に（その他に市内の２５０万坪）、１９２１年度にはその半分の７７５万坪を対象に62千円の調査費が計上され、スタートした。

2　（調査の詳細は原論文に譲るが）事業をすべき範囲、道路や街区の基準、設計の方針などが1年がかりで研究され、１９２３年7月には関係官庁（東京府関係部長、警視庁関係部長、東京市関係助役等、郡役所職員）を交えた「土地区画整理第一回協議会」の開催に至っている。協議会では調査結果たる整理計画案の提示や組合設立を勧誘する方策等が検討され、以後、毎月2回の協議会を開催して順次具体化を図ること等が決められた。

しかし直後の関東大震災で一切の資料は焼失し、計画も頓挫した。震災が起こらず区画整理が進行していたら東京の郊外化は随分違った形になっただろうが、そのことを云々していても意味はあるまい。まさに「幻の郊外地整備」という、記憶の残像である。

ただここで見るべきは、対象エリアは例えば落合村とか和田堀内村とかの旧東京市の境界内外であって井荻村までは含まれていないとはいえ、この時期に郊外地での区画整理実施への強い意志が内務省・東京府・東京市にあったことである。

さてそのような時期に、府行政に通暁していた内田村長（町制施行の1926年からは町長。そして1924年の府会選挙に豊多摩郡選挙区から出てトップ当選し、府会議員も兼ねた）[16]が、直前の耕地整理事業の経験にもかかわらず、時代の急進展の中でこの新しい制度を選択したのも十分に考えられることである。

もちろん既に断ったように、以上のいくつかの状況説明にもかかわらず「区画整理を選択」の直接の動機や経緯を具体的に指摘する資料は発見できなかったが。

ではなぜ玉川全円は耕地整理だったのか

翻って玉川村村長豊田正治は、同じ宅地化のための手法として、同じ1924年に、なぜ「耕地整理事業」の認可申請を行ったのだろうか（図2－5に事業前の状況を、図2－6に耕地整理事業区域図を示す）。もちろん、池端・静岡の指摘するように耕地整理事業の方が地権者からの納得が得やすいという事情もあっただろう。また玉川村（荏原郡）は多摩川を下った衾村、碑文谷町、さらには蒲田・大森方面につながるわけで、この多摩川左岸の地域では既述のように大正期頃から、宅地化準備のための耕地整理事業が盛んに行われていたことの影響もあろう。

さらには、篠野・内田・中野は玉川全円耕地整理事業の研究報告書において、豊田が早くに渋沢栄一にまみえている事実に基き、田園都市株式会社の用地買収の仲介役を務めたことの可能性も指摘している[17]（図2－7として篠野他の引用による、渋沢事務所訪問時の写真を示す。大正7年「土地買収委員事業の着手にかからんとするの記念撮影」とある）。

多摩川下流域で早くから行われたのが耕地整理であったこと、そして渋沢栄一や田園都市株式会社との繋がりからして、豊田には耕地整理以外の選択は頭に浮かばなかったのではなかろうか。

そのこととの対比において、内田秀五郎は行政官、政治家であり実業家ではあったが、いわゆる「大物」との交流は少なく、あるいは距離を置いている。何事においても人の意見を聞き慎重に状況を見たうえで自らの意思と判断によって選択し、一度決めた後は反対者の説得に努める性格でもあった。

事業への賛成と反対と

玉川全円では根強い反対があり事業は難航した。井荻でも第7、8工区の撤退は事業反対の具体的な行動だった。既述のように、組合総会直後に規約変更が行われ、区域から除外という異常事態が生じたわけである（結局は2年余りの後に復帰したが）。そこで井荻町土地区画整理事業における、賛成・反対の状況についてみておこう。

耕地整理への反対の主な理由は「農地が減る、工事費の負担がある」等だったが説得し、理解を求め、何とか事業化に持ち込んでいる。区画整理への第7、8工区からの反対はさらに「土地の使用売買が一時制限されると、折角土地利用の希望者が来ても、売ることも貸すこともできないため発展が遅れる」というもので、要は荻窪駅に近い両工区の土地所有者には、時間をかけてわざわざ区画整理しなくても土地は活用できるとの思いがあったのだろう。

地元での感触――砂子論文所収のインタビュー等から

他方、区画整理への賛成があったからこそ事業化に進んだとも言える。賛成の声は内田の地元である上井草において多かった。この辺りの事情を砂子は長老へのインタビュー調査（8名を対象に1997年実施）や農家収入調査から分析している。一部を引用しよう。

「まあ、内田さんの人柄、内田さんのすることに間違いはない、と」（上井草、明治生まれ、E氏）、「おれたちの村の先輩なんだ、と。そういう点もあるかもしれないですよね、反対運動をしなかった、というのは」（上井草、昭和生まれ、A氏）、「この辺の人はですね、内田さんがするんですから反対する人はいなかったと思うんですよ」（上井草、大正生まれ、G氏）など。

また、「井草の方の人間はね、（荻窪の方が）ああいう駅ができたり、早くひらけてね、羨ましいなと言ってた。井草の方が借り手がないし、こっちの方は中央線沿線ですぐに借り手があって羨ましいなと…。Nさんのご主人が、うちの方は借り手がなくて困っている、って言ってたころがあったね」（上荻窪、明治生まれ、Bさん）

まず、内田への圧倒的な信頼がある。そして土地の活用という実利的な問題がある。後者について砂子は1925年6月19日開催の井荻村会の議題「村税制限外課税の件」の付表を引用する。[18] 数値の一端を紹介すれば、反当り年間純益が、山林（材木など）約25円、田畑（米・大根な

図２－５　玉川全円耕地整理従前区域図（道路図）
出典：『世田谷まちなみ形成史』（原図は『郷土開発』）

図２－６　玉川全円耕地整理区域図（事業後の道路図）
出典：『世田谷まちなみ形成史』（原図は『郷土開発』）

図2－7　渋沢事務所での記念撮影（1918）
前列中央が渋沢栄一、「後列右から7人目が豊田正治」とある
出典：『東京横浜電鉄沿革史』

ど）約46円に対し、宅地（賃借料）約130円となっている。[19] 宅地化の有利性は明らかである。

　さらに砂子は1926年から1931年の間の、農家戸数と農地面積について自作、自小作、小作の割合を井荻町、豊多摩郡、全国について比較する。[20] 年度によって相違はあるが、井荻町では自作農家は45％程度、自小作農家は50％弱で推移し小作農家は5％程度にすぎない。これに対して豊多摩郡全体の値は45％程度、30％台前半、20％台前半と井荻村単独の数値よりは小作が多く、全国値では30％、43％、27％とさらに小作が多い。農地ベースでも井荻が自作地70％～60％（宅地化で漸減）、豊多摩郡もほぼ同様なのに対して全国値では50％台前半で動いていない。すなわち井荻町は全国値はもとより郡内でも小作率が低く、砂子は明示的には言っていないが、このことは区画整理反対が弱かった（農業が維持できず宅地化の恩恵は受けられない小作人からの声が目立たなかった、逆に言えば宅地化の恩恵を受ける農家が多かった）一つの理由とも考えられよう。

　さらに付言すれば井荻町は田地比率が昭和初期には10％以下であり、豊多摩郡（10％台前半）、全国（50％前後）より低く、一般的に農家地主において宅地化への抵抗感が田より弱いとされる畑地・山林が大多数だったことも、開発に誘導する上で有利だったと言えよう。

玉川全円の場合

　さてここで熾烈な反対の起きた玉川全円耕地整理事業について再度見ておこう。『世田谷近・現代史』には、事業完了後に刊行された『郷土開発』を資料としつつ、かなり詳細に及ぶ記述がなされている[21]（『郷土開発』をベースに、篠野ほか、および池端・藤岡は一次資料にも戻った分析をしている）。ここではこれらから概況の範囲ではあるが、紹介をしておく。

　同耕地整理は、1923年（T12）1月15日の玉川村村会における土地開発事業の企画議決（および予算議決）を公式のスタートする。設立認可申請は1924年（T13）11月20日であるが、その認可はちょうど1年後の11月20日と遅い（井荻は約半年で認可）。また設立総会は1926年（T15）3月7日であり、この間にこれまた1年半がかかっている（井荻は直後に開催）。そして初期の工区（諏訪区、尾山区）の工事開始が1928年の6月と7月、最初の換地処分認可（尾山区）が1933年2月、全工区の登記完了が実に戦後の1954年7月31日と気の遠くなるほどの年月を要している。[22]

　長時間を要した最大の原因は施行面積1101ha（施行後。施行前は1022ha。いずれも東京市『土地区画整理と都市計画道路』1933による）組合員数1407人（創立総会議事録）という巨大さにあろう（井荻は882haと面積的にはそうひけをとらないが、組合員数は許可申請時で587名、認可時で980人とやや少ない）。

　さて認可に1年を要したことについて池端・藤岡は、府知事に対し、反対と早期認可の両側からの陳情があって府当局が慎重を期したため、と文献から推測している。[23] 反対が起きた理由については次の新聞記事を引いて、「大地主や交通の便のよい地区にとっては魅力ある事業だったが、それ以外の地権者（特に小地主）にとっては減歩率が高いうえに工費もかさむということで、事業の必要性がかんじられない、ということだったのである。」と分析している。[24]

「多摩の清流を背景に田園都市計画の一段階として、二里にわたる玉川一円の素晴らしい耕地整理が計画されていたが、いよいよ実現の際になって、土地権利者の一部に猛烈な反対運動が起り、…反対派の主力は瀬田、用賀、等々力の二百四十余名等で、瀬田、用賀の二村落は組合からの『脱退』を主張し、等々力は『尚早』を叫んでいる。…激昂した村民は『最初は一反三十円か四十円で整理が出来るという話であったが、いよいよ昨年暮整理組合が認可されると、一反歩七十円位の経費がかかり、かつ大道路をたんぼの中に引くと云ふので一割位の土地は無くなる始末だから之では小地主は先祖伝来の身代をつぶして終まふ、電車に近い所は即行もよいが、山の中の村までも何時実現さるゝか判らぬ田園都市の夢を見てそんな仰山な耕地整理は必要ない』と主張している」

また池端・藤岡は反当りの年間賃貸料が1929年に開通した大井町線の九品仏近辺が271・5円～273・7円だったのに対し、玉川電気鉄道からも離れている用賀の辺りでは80・6円～94・3円と大きな差があったことを示している[25]（ちなみに前出のように、井荻村のそれは144円とされているから、井荻はちょうど中間的である）。

強い反対のため、全工区を当初の9区から17区に増やし、各工区には計画や事業に自主性を持たせること、大公園を廃止すること、道路設計を見直すこと等で妥協を図り、時間をかけた実施へと移行する。

玉川村と井荻町の地政学的な相違、リーダーの性格等の相違

このように玉川全円の事業が難渋した最大の原因は、東西に長く巨大で地権者が多く、開発への利害が地域によって一致しなかった点にあろう。井荻の場合は大きいとはいえ細長くて地域性が異なるという状況にはなく、また、西武鉄道の布設によって駅からの距離の差はあるものの開発の可能性に玉川のような極端な差異がなかった。荻窪駅に近い第7、8工区が、当初は放っておいても宅地化は進むとして脱退したのにもかかわらず2年余りで復帰している。これも旧村ごとの地域的差異がさほどは大きくなかったためであり、玉川全円との相違を象徴的に表すものだろう。

また玉川全円は東西に長く大きいゆえに西端部と東端部では日常的な交流も薄かったのに対して、井荻の場合はお互いにさほどの距離がなく、日頃から交流が密だったのではなかろうか。

さらに言えば、リーダーだった豊田と内田の性格の違いもあるかもしれない。豊田は玉川村屈指の名家（父周治は府会議員を30年あまり務めた）に生まれ、渋沢栄一に近づき、田園都市の理想を共有した。また五島慶太とも親交を結んだ。このようなことを逆に見れば一般村民からは多少遠い人だったのかもしれない。豊田正治は1923年、40歳で玉川村村長に推され、3期務めた後、市域拡張時に市会議員1期を務め、後は1948年2月に亡くなるまで組合長の任務に専念した。前述の『世田谷近・現代史』には、豊田が「村長をやるからには何か大きなことをやりたい」と語っていたというエピソード、あるいは憲政会に属して政治的にかなり激しく活動したことも紹介されている。

これに対して内田秀五郎は、地主の家に生まれたとはいえ戸主として自ら農業に携わり、農業労働をしつつ収入役、村長、そして町長と進んだ。区画整理事業も事績のひとつではあるが、同時に、自由党にシンパシーを感じながらも政党的な活動に深入りせずに都会議長まで務めた政

治家としての人生を、そして平行して金融機関や青果会社等を設立した実業家として人生を送った。井荻村から始まって最後には全国レベルの農業団体の長としての仕事を果たし、天寿を全うした点でも、ある意味で豊田と対照的な「熟慮型」、「大成型」の人生を歩んだのである。

やや強引に走る豊田の性格と、異なる意見にも耳を傾けつつ説得に努める内田の性格の差が、東京の戦前の2大開発事業の進展に表れているのかもしれない。

〈注〉

（1）「戸当り10円」はどの程度の負担だったのだろうか。1923年の三菱系大卒者の初任給は帝大・早稲田などが75円、明治・地方高商等が65円だった（『江戸東京年表』小学館、1993、p.193による）。なおこの額は『値段の明治大正昭和風俗史』朝日文庫、1987掲載の、〈1926年の高等文官試験合格者の75円〉と同じ。普通の勤め人の場合はその半分ほどか。また、井伏鱒二は昭和2年5月から荻窪に住むが、坪7銭で借りている（『荻窪風土記』p.19）。耕地整理に際して集められた10円という額がどの程度の負担かは分からないが、以上からして地主層にとってはさほど多額という印象ではない。

（2）杉並区教育委員会『むかしの杉並』1970、p.107

（3）井荻町土地区画整理組合『事業誌』1935・3・30

（4）砂子真理「大正中期から昭和初期にかけての東京近郊農村の都市化と農民〜東京府豊多摩郡井荻村を事例として」1998・3　一橋大学大学院社会学研究科修士論文、p.36

（5）内田秀五郎『東京農業の今昔』協同組合通信社、1957、pp.62〜63

（6）前掲注（2）、pp.107〜108

（7）森泰樹『杉並区史探訪』杉並郷土史会、1974、p.112

（8）森泰樹『杉並郷土史会々報』杉並郷土史会、第57号、1983・1・25、pp.396〜397

（9）各工区の区域図にも工区界の重なったところが一部あり、その部分は筆者の推定によって書き入れた。

（10）前掲注（4）

（11）篠野志郎・内田青蔵・中野良『郊外住宅地開発・玉川全円耕地整理事業の近代都市計画における役割と評価—近代の都市開発における住宅地供給に関する史的研究—』第一住宅建設協会、1997

（12）池端裕之・藤岡洋保「東京市郊外における耕地整理法準用の宅地開発について」『建築学会計画系論文集』1999・4

（13）加藤仁美「幻の郊外地整備」石田頼房編『未完の東京計画』1992、ちくまライブラリー

（14）前掲注（4）、pp.35〜36。旧小俣家文書は井荻の旧家小俣家所蔵の資料で、現在は杉並区郷土資料館に保存されている。本稿の執筆に際しては旧小俣文書までは辿っていない。なお東京朝日新聞の記事の紹介はp.3。

（15）前掲注（13）。なお加藤論文の主な資料は伊部貞吉「土地区画整理論」『建築雑誌』524、525、527号（いずれも1929）である。

（16）当時はこのような行政の長と議員の重複が許されていたようである。

（17）前掲注（11）、pp.40〜41など。『東京横浜電鉄沿革史』1943、所収のもの。図2-7として示す。なお同沿革史には、豊田ほか荏原郡の地主有志が1915年（T4）3月に飛鳥山渋沢子爵邸を訪問した時の写真も紹介されている。

（18）前掲注（4）、p.41、資料の表2-1。旧小俣家文書による。

（19）前掲注（1）の井伏の賃料を反当りに換算すると250円程度になる。

（20）前掲注（4）、表1-5、1-7

（21）世田谷区『世田谷近・現代史』1976・9・30、pp.749〜786。なおそこでは全円耕地整理事業の経過等だけでなく、その後の市街化に関する記述もある。

（22）いずれも玉川全円耕地整理組合『耕地整理完成記念誌—郷土開発』1955、による。

(23) 前掲注（12）、p．273
(24) 前掲注（12）、p．273に、『東京朝日新聞』1926・3・7朝刊よりの引用として。また1927年には児童の集団登校拒否や親子が賛成反対派に分かれて自殺未遂事件まで起きたことなどが記事になっているとの紹介もある。
(25) 前掲注（12）、p．274

第3章 設計計画の内容

3－1 道路等の公共施設について

都市計画道路は実現されたか？

事業地区に関係する都市計画道路の状況を東京都市計画報告（東京市、1937）の附図（都市計画道路並土地区画整理区域図より）図3－1として示す。読み取りにくいが、放射6号、環状8号の幹線他の道路配置が示されている。

そのうち区画整理で施行されたものを一覧したのが表3－1であり（『事業誌』[1] p．56のまま。ただし「間」はメートルに換算している）、放射6号、環状8号の幹線と、32号ほか合計5本の補助線のあることがわかる。道路延長としては、計画通り合計で7299間（約13270m）の実現をみているが、その幅員においては、すべてが実現したわけではいない。

すなわち、放射6号は全延長が幅員25mで実現したものの、環状8号は全延長について22mの計画が11mと半分の幅員である。補助32号は延長1067mで幅員11mの計画であるが、85m分については幅員10mと狭く、982m分については幅員8mとさらに2m狭い。他の路線につ

表3－1　都市計画道路の状況

都市計画道路番号	延長（m）	幅員（m）	区画整理施行 延長（m）	区画整理施行 幅員（m）
放射線6	2,376	25	2,376	25
環状線8	4,089	22	4,089	11
補助線32	1,067	11	うち 85	10
			うち982	8
補助線39	558	11	558	8
補助線40	638	11	638	8
補助線43	1,274	15	1,274	11
同	1,105	11	1,105	11
補助線44	2,162	11	うち987	11
			うち509	11
			うち311	11.9
			うち355	12.1
計	13,270		13,270	

出典：『事業誌』（間をメートルに換算）

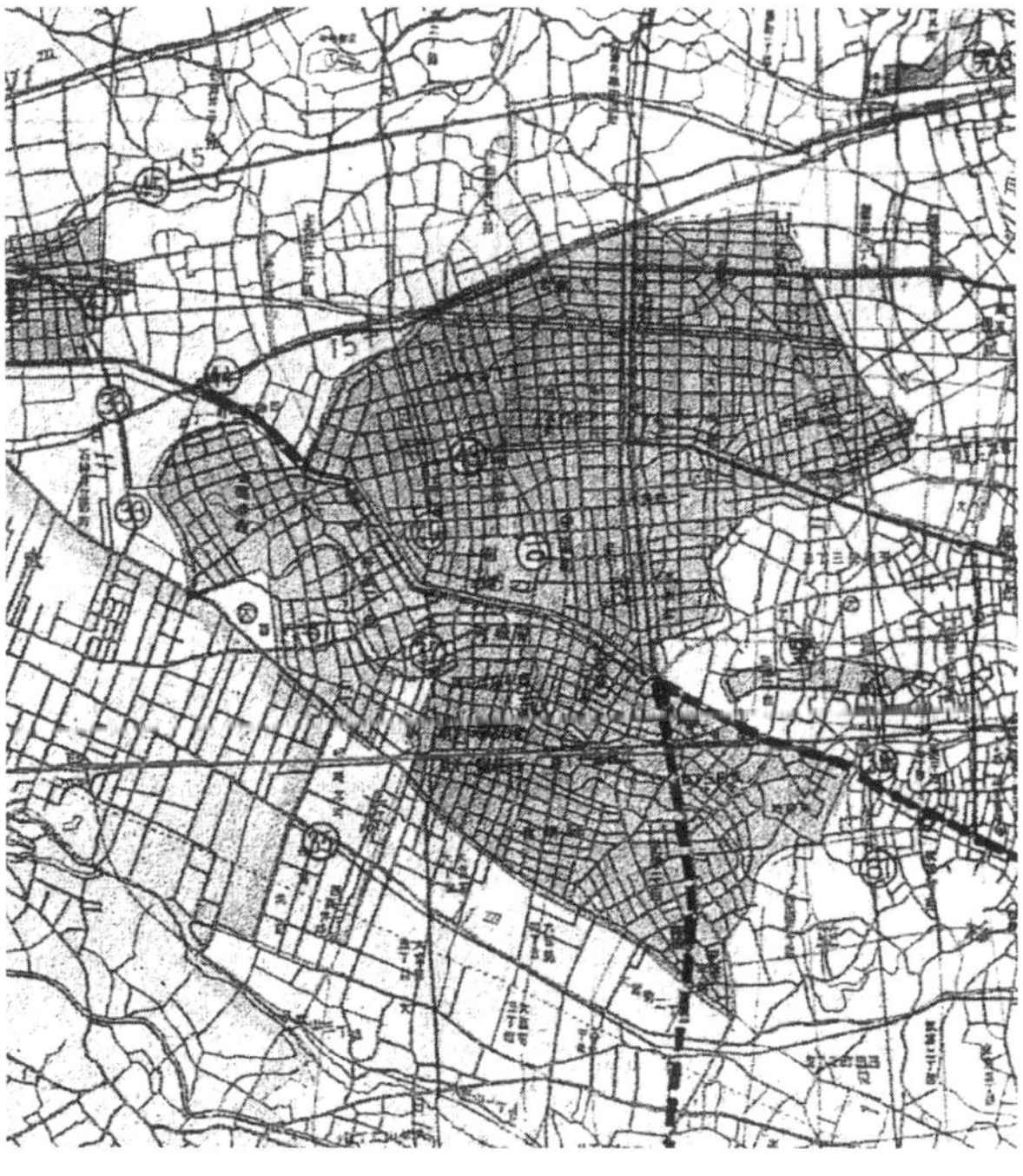

図3－1　都市計画道路
出典：都市計画概要附図（昭和12年）

図3－2　放射6号（青梅街道）

出典：『事業誌』

いても表の通りで、補助43号の一部と44号以外は計画幅員より狭いまま施行されている。

このように必ずしも都市計画で予定された幅員が実現されていないこと以外にも、延長に関する問題もある。都市計画道路のおよその距離を地図上で計測すると、放射6号の区域に関係する延長は3・5キロメートルほどで環状8号のそれは4・5キロメートルに近い。しかし『事業誌』の表における都市計画道路の延長として掲げられている数値は、前者が実際の長さの三分の二程度であり、後者も少し下回った値になっている。つまりは『事業誌』によるこの表では、最初から都市計画としての道路の全延長は計上されていなかったのである。

以上のように、一見したところでは区画整理事業において都市計画道路の実現が図られたと読み取れるが、実は第1に延長は当初からその全部は対象とされておらず、また第2に幅員は一部分を削減したかたちで実現されたのが実際であった。

いずれも土地所有者の都市計画道路負担減、すなわち減歩の削減につながる。またその背景には公共施設等の整備に対する補助（東京府土地区画整理費補助規定1926・3・4）が十分でなく、助成（東京市土地区画整理助成規定は1934年から）も実施が遅くその対象にならなかったという事情があろう(2)。

結局のところ当該区域に残った（路線延長として、また幅員として）都市計画道路の実現は、行政側（東京府）の単独事業に委ねられることになる。図3－1に挙げた東京都市計画報告の付図を詳しく見ると、放射6号の善福寺北部付近すなわち第3工区に沿っているものの道路の反対側は上石神井（石神井町）で相手側に区画整理がない部分、同様に第1工区の北を通る部分で道路の反対側は天沼（杉並町）で同じく相手側がないところ、および両側が区画整理地区ではあるが環状8号の放射6号以南は「府知事施工決定路線」との表示になっている。図中の太い鎖線部分である。区画整理では実現せず、府の事業とされたわけである。

完成した道路の例として、図3－2に区画整理によってつくられた放射6号（青梅街道）の写真を載せておく。当時の25mはいかにも広い。

付言すれば、放射6号の荻窪陸橋は戦前期に着工されたものの空襲などで工事中断があり完成は戦後のこととなったし(3)、環状8号は幅員が1946年の都市計画変更で概ね33mに拡幅されたこともあって、その完成は1970年代を待つこととなった。図3－3は1946年12月の地形図（戦災復興院仮製版）だが、青梅街道には陸橋の形状は認められるものの工事中の様子であるほか、環状8号道路（同図に含まれているのは四面道付近）はまったく拡幅されていない。

一般道路の整備と宅地基盤整備

その他の一般道路についても『事業誌』記載の表をそのまま表3－2として掲げる。事業前の幅員は1・8mないし10・9mだったが、事業後には3・6m（市街地建築物法の最少幅員）ないし25・0mに広がっている。道路の路線数は444から508とさほどではないが、道路延

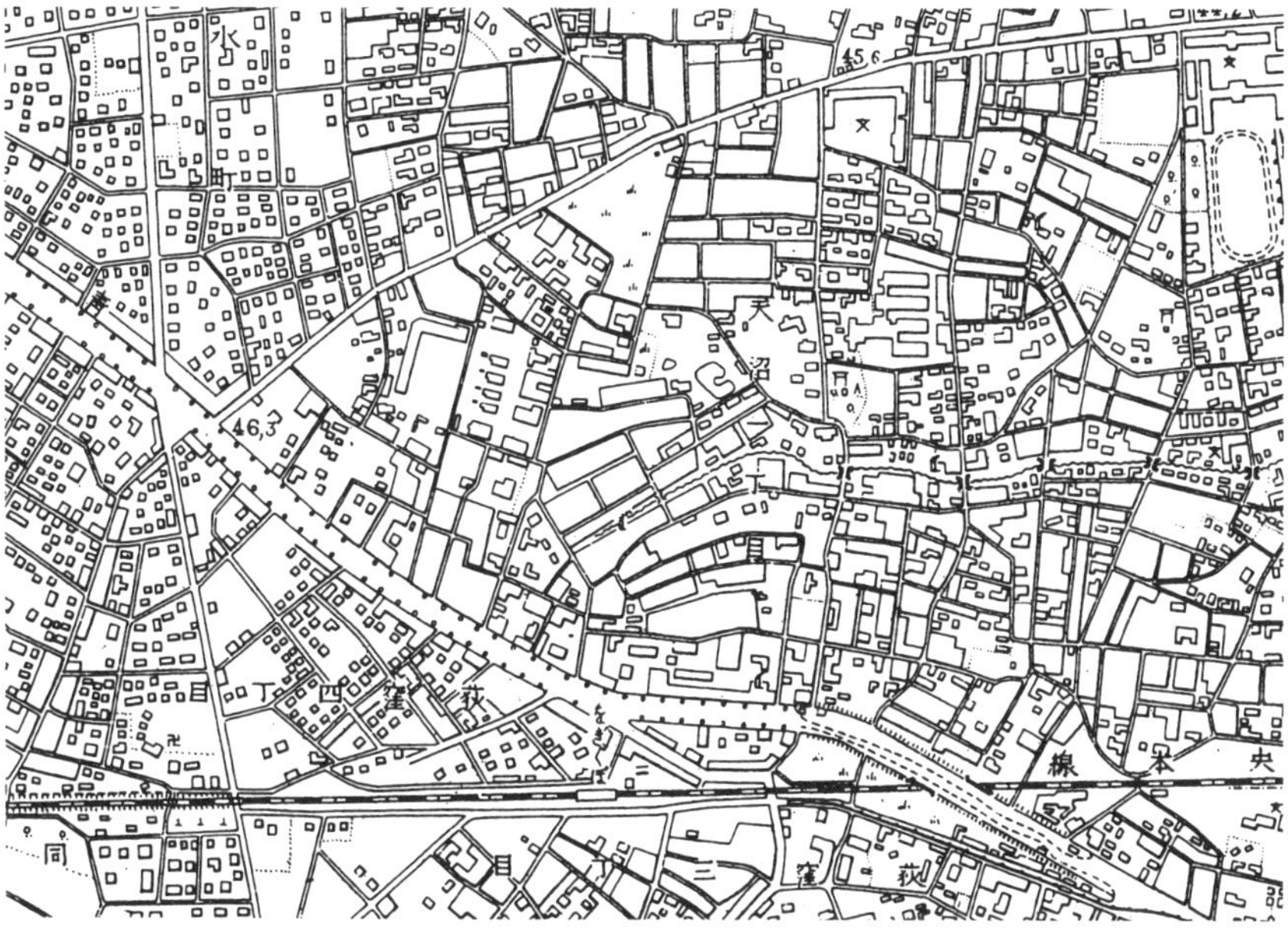

図３－３　戦後すぐの荻窪駅付近（約１万分の１）
出典：戦災復興院1945年12月仮製版地形図（複製・之潮刊2005）

長は１２０・４kmから１８５・５kmへと大幅に増えている。なお『事業誌』には「以上の如く地区内道路網の幹線は都市計画道路を以って決定せらるるが故に之を根幹として宅地利用の増進を計り、幅員６米、８米、11米の区画整理道路を開設して四通八達を計り、大体一街衢《がいく》二千坪を標準として配置した。」とある。『事業誌』の工区別地目別面積表から、換地処分時点における、前項の都市計画道路と上記一般道路を足した道路率（道路面積の総面積に対する比率）を求めることができる。表３－３がそれであるが、各工区とも総計としての「事業前４・１％から事業後の14・５％」に前後する値を示している。事業収支は工区ごとに独立であっても、道路等にそう大きな差は出ていない。

水路等の都市化の過程での縮減

『事業誌』記載の表を表３－４として載せる。特に付言すべきことはないが、道路とは逆に最大幅員が少し減じられ、員数・延長が縮小されているのは、当然のことではあるが農村地域から宅地化の時代への転換を示すものである。

『事業誌』にはこの他、水田埋立７３８筆３６１・９８１反（約36・9ha）との記載等もあるが省略する。

表３－２　一般道路の状況

整理前			整理後		
最小幅員（m）	最大幅員（m）	道路延長（km）	最小幅員（m）	最大幅員（m）	道路延長（km）
1.818	10.9	120.4	3.636	25.0	185.5

出典：『事業誌』（間をメートルに換算）

表３－３　道路率の変化

	第１工区	第２工区	第３工区	第４工区	第５工区	第６工区	第７工区	第８工区	総計
事業前（%）	5.5	5.3	3.5	3.6	4	4.9	4.9	3.2	4.1
事業後（%）	13.7	14	15.7	13.8	14.6	15.5	14.8	13.9	14.5

出典：『事業誌』（地目別面積表から算出）

表３－４　水路等の変化

水路・整理前			水路・整理後		
最小幅員（m）	最大幅員（m）	水路延長（km）	最小幅員（m）	最大幅員（m）	水路延長（km）
0.909	5	46.928	0.545	5.454	33.612
土揚・整理前			土揚・整理後		
最小幅員（m）	最大幅員（m）	土揚延長（km）	最小幅員（m）	最大幅員（m）	土揚延長（km）
0.455	3.636	31.727	0.455	2.747	26.554

出典：『事業誌』（間をメートルに換算）

公園はほとんど整備されなかった

これは『事業誌』（1935年）には記載がなく、『事業報告書』（1941年）に「第2工区組合地杉並区荻窪一丁目百九番池沼一段三畝弐拾八歩ノ土地ヲ昭和十年九月東京市ニ小公園敷地トシテ寄附上地シ市ニ於テ公園整備ヲナシ既ニ開園シ児童ノ遊園地ニ供セラル。」とある。現在の荻窪2丁目27番地にある荻窪公園がそれに当る。

882haもの区画整理で僅か1300㎡ほどの公園とは今日的な目で見れば異常に少ないが、事業認可時には区画整理標準もなく、公園用地率が義務付けられていたわけでもなかった。事業の最終段階になって何らかのいきさつで、地目としては上記のように池沼の土地（組合地であるか個人の土地であるかは不明）が寄附されたのだろう。公園としての開設は1937年（S12）8月24日で、杉並区の他の公園はすべて戦後の開設であるのだから、ともかくも区内第1号の公園ではあった(4)。

なお、唯一の大きな公園である善福寺公園については第5章〔本書には収録せず〕で取り上げるが、当時は公有水面を除けば民有の池沼あるいは田・荒蕪地で、公園としての買収（一部は寄付もあった）と整備が進むのは戦後のことである。区画整理事業そのものによって整備された公園ではない。

3－2　街区の設計について

街区と宅地
——大村・合田による調査（日本住宅総合センター報告書）を資料として

本章の終わりには『事業誌』から各工区の図面等を載せているが、それらの図から事業後の道路概況が分かる。街区の規模については、概ね長辺方向で100m～150m、短辺方向で50m～75m辺りの多いことが観察される(5)。

大村・合田は、杉並区役所に保存されていた、第1、2、7、8工区の「縮尺1/3000の換地後における道路・街区割りがわかる図面」を用いて街区別の面積を求めている(6)。またそれに記載されている筆割りを用いて（筆割り＝宅地割りと仮説して）街区別の区画数を求めている。

表3－5　街区規模の分布

	～3,000㎡	～4,000㎡	～5,000㎡	～6,000㎡	～7,000㎡	～8,000㎡	～10,000㎡	～15,000㎡	15,001㎡～	街区数合計
第1工区	9	5	8	8	5	5	13	5	5	63
第2工区	11	9	10	10	11	3	11	8	5	78
第7工区	8	3	8	3	17	4	12	8	1	64
第8工区	21	24	37	25	20	15	16	5	1	164
規模別合計	49	41	63	46	53	27	52	26	12	369

出典：注（6）より再編

表3－6　宅地区画の状況

工区名	街区面積計（ha）	街区数	区画数	街区当り平均区画数	平均区画規模（㎡）
第1工区	45.53	63	462	7.3	985.5
第2工区	53.53	78	461	5.9	1,161.2
第7工区	45.21	64	492	7.7	919.0
第8工区	89.08	164	937	5.7	950.0

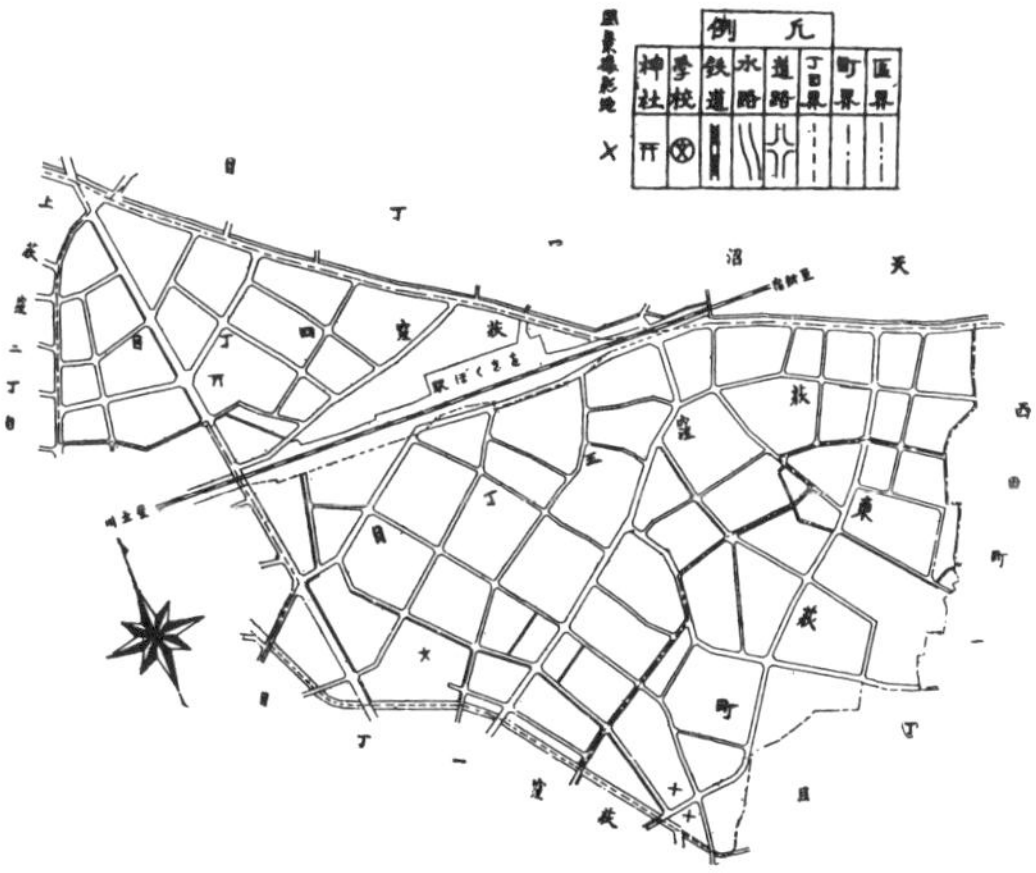

図3−4　第1工区

出典：『事業誌』

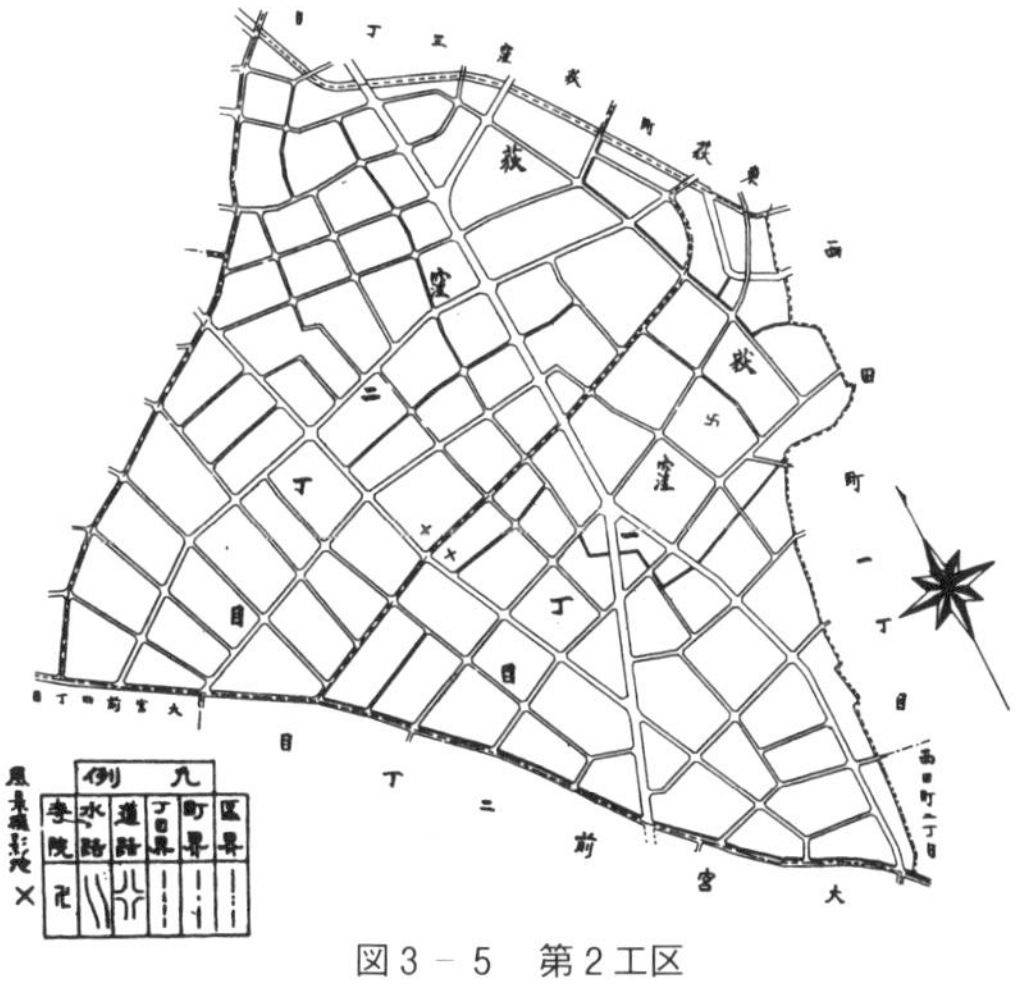

図3−5　第2工区

出典：『事業誌』

興味深い結果が見出されているので引用させてもらおう。

まず街区面積の平均であるが、第1工区7227・2㎡、第2工区6863・2㎡、第7工区7065・0㎡、第8工区5432㎡と、『事業誌』等にいう「2千坪（6612㎡）を平均」より、4つの工区ではすこし大きい値になっていることが明らかにされている。その上で街区規模別の出現頻度表が作成されているが、ここでは規模の数値を少し括った上で示した。表3−5である。これを見ると第8工区の街区数が他よりずっと多いことがまずわかる。工区総面積が他は50ha前後なのに対して111・4haと倍以上だから当然のことではあるが。また街区規模の平均値は『事業誌』にある通り2000坪程度ではあるが、そこに集中しているわけではなく、かなりの範囲に分散していることがわかる。なお第8工区は総面積の大きさを割引いても街区数が多いわけで、そのことは平均街区面積が上述のように5432㎡と他よりかなり小さいことに結果している。

街区内の筆割り

次いで〈街区内の筆割りを宅地区画とみなす〉としたときの宅地区画数やその平均値であるが、これも大村・合田の表を転載させてもらおう。表3−6がそれであり、平均区画規模は1000㎡程度となっている。この値は宅地区画としては当時であっても過大である[1]。実際に建物が建つときには宅地分割が必要な場合もあっただろうが、当時は借地の形態がむしろ一般だったから、必ずしも権利を割らなくても建物を建てることもできたのだろう。ただし権利形態にかかわらず、接道を満たすために最小限の私道整備──当時では市街

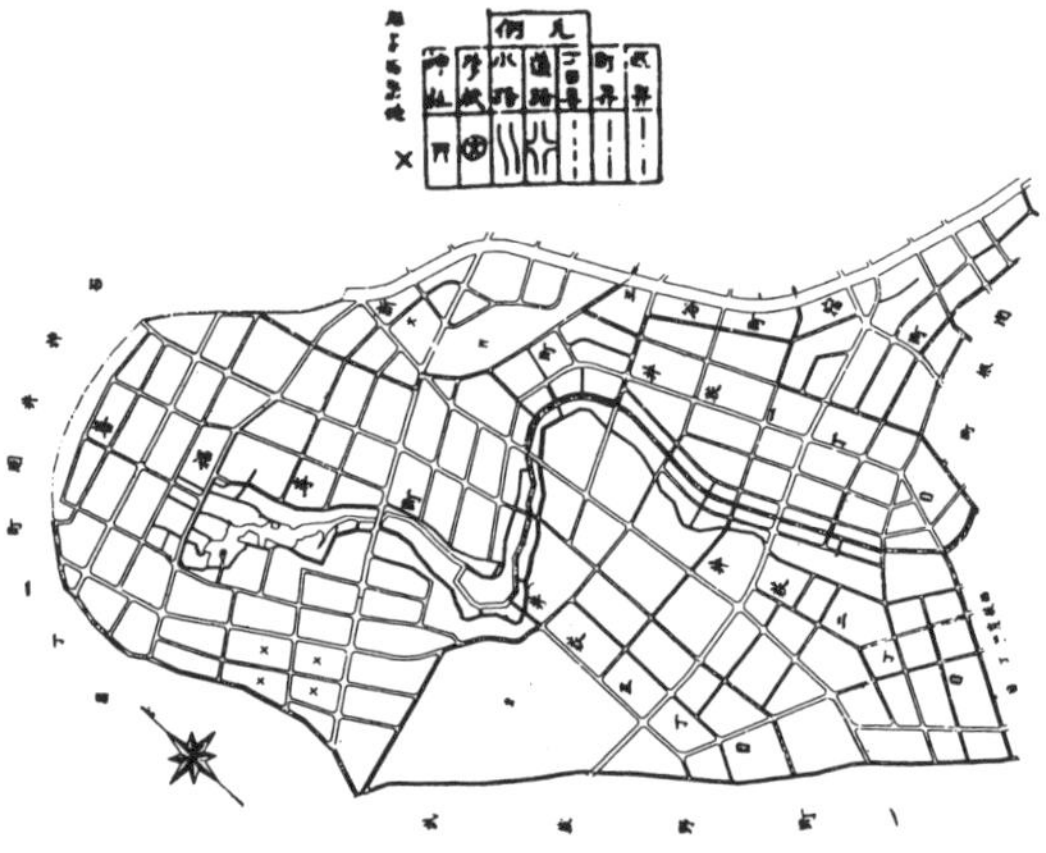

図3－6　第3工区

出典：『事業誌』

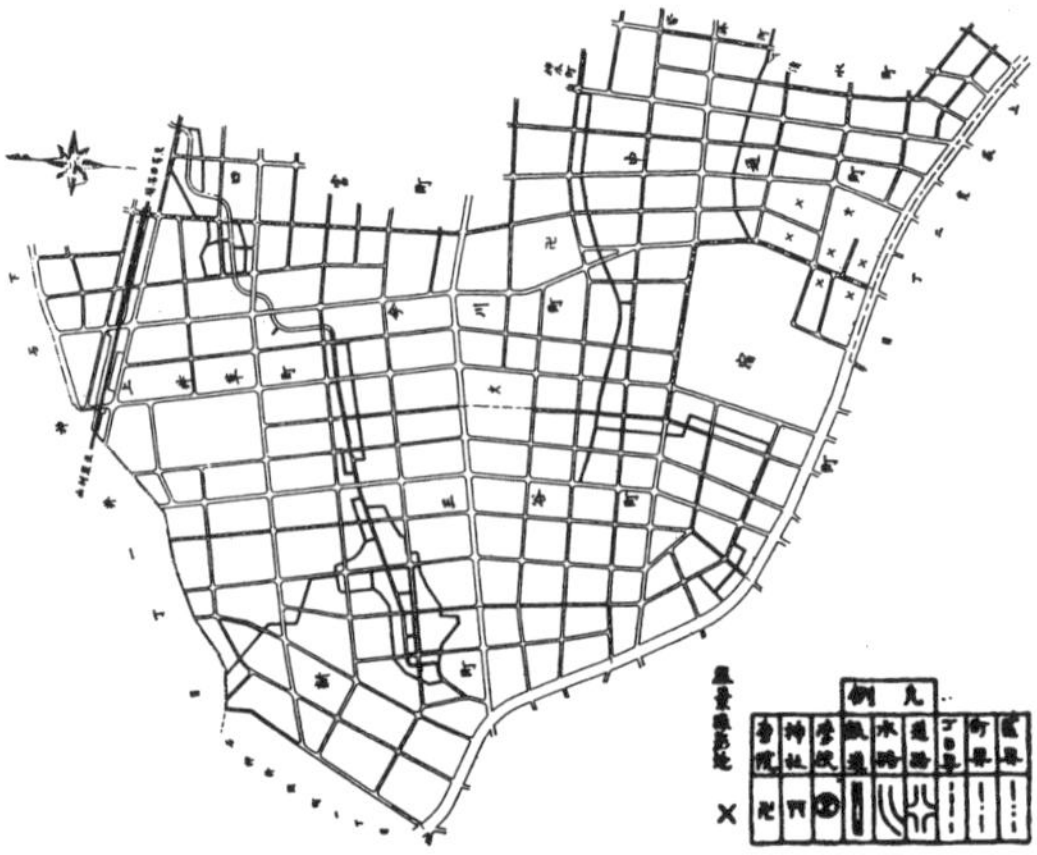

図3－7　第4工区

出典：『事業誌』

地建築物法による申請建築線、戦後には建築基準法による道路位置の申請―は必須であったろう。このことにはまた後でふれたい。

玉川全円耕地整理事業との比較
―篠野・内田・中野による調査を資料として

篠野ほかは、世田谷郷土資料館が所蔵する玉川全円関係の図面で最も初期のものと思われる「設計変更図」（1931・9・16）を用いて街区割や画地割の状況を分析している。そこから数点を要約しておこう。(8)

1　道路関係であるが、都市計画道路は耕地整理で受けているが、例えば環状8号線（計画幅員22m）を7間（12・7m）で工事し後は府施行に委ねるといった方式がとられている。また一般道路は3・6m～12・7mで設計されている。

2　街区は一辺50間が標準で、背割線を入れ、8～10筆に短冊状に割っている。結果的に1筆1反の画地割となっている。

3　結局のところ、玉川全円は、1反という耕地としての土地利用の想定と、住宅地として必要とされる道路幅員の両者が採用されており、街区計画そのものが矛盾をはらんでいた。

これらを井荻土地区画整理と比較すれば、まず、都市計画道路の扱いや一般道路の設計は同等と言ってよいということがある。他方、街区割りは玉川全円の〈1反の耕地を想定し、50間四方の方形〉といった耕地整理特有の画然とした設計は井荻にはない。しかし1筆が概ね1000㎡程度という点で

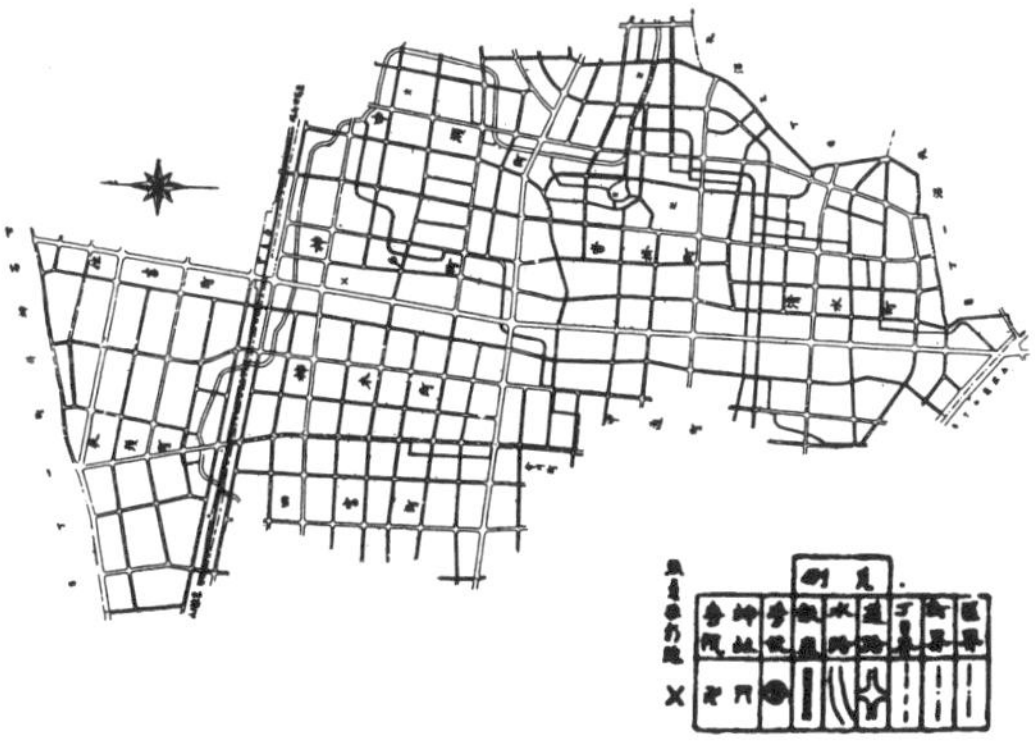

図3－8　第5工区

出典：『事業誌』

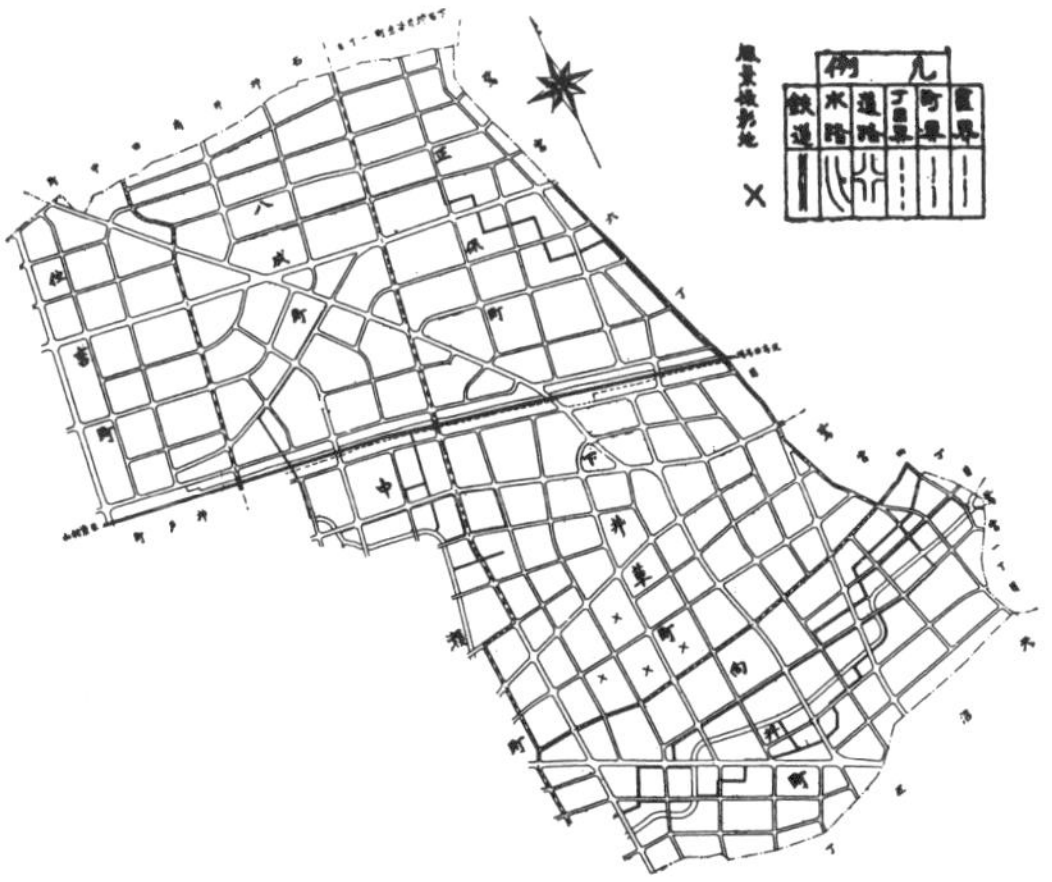

図3－9　第6工区

出典：『事業誌』

は、結果的にではあるが類似性が窺える。

なお道路面積であるが、篠野ほかでは奥沢東区のみではあるがその値が紹介されており、事業前の道路率4・8％が事業後に13・8％となっている。他地区でも同程度の数値だとすれば、玉川全円と井荻は同じような道路水準であるといえよう。

3－3　工区別の区域図と写真――『事業誌』からの転載

章の最後になったが、第1工区～第8工区の区域図と写真を『事業誌』より各頁をそのまま転載するかたちで図3－4から図3－11として載せておく。事業当初の雰囲気がつかめよう。

〈注〉

(1) 井荻町土地区画整理事業組合『事業誌』1935・3　なお本章においては『事業誌』と同組合による『事業報告書』1941・12記載の数値を直接、あるいは他の論文を経由して間接に用いているが、以後、個々には文献資料としての注記をしない。

(2) 鶴田佳子・佐藤圭二「近代都市計画初期における1919年都市計画法第12条認可土地区画整理による市街地開発に関する研究―東京、大阪、名古屋、神戸の比較を通して―」『建築学会計画系論文集』1995・4　および池端裕之・藤岡洋保「東京市郊外における耕地整理法準用の宅地開発について」『建築学会計画系論文集』1999・4に補助・助成規定が紹介されている。ただし筆者は原史料に目を通していないのでその内容については確認

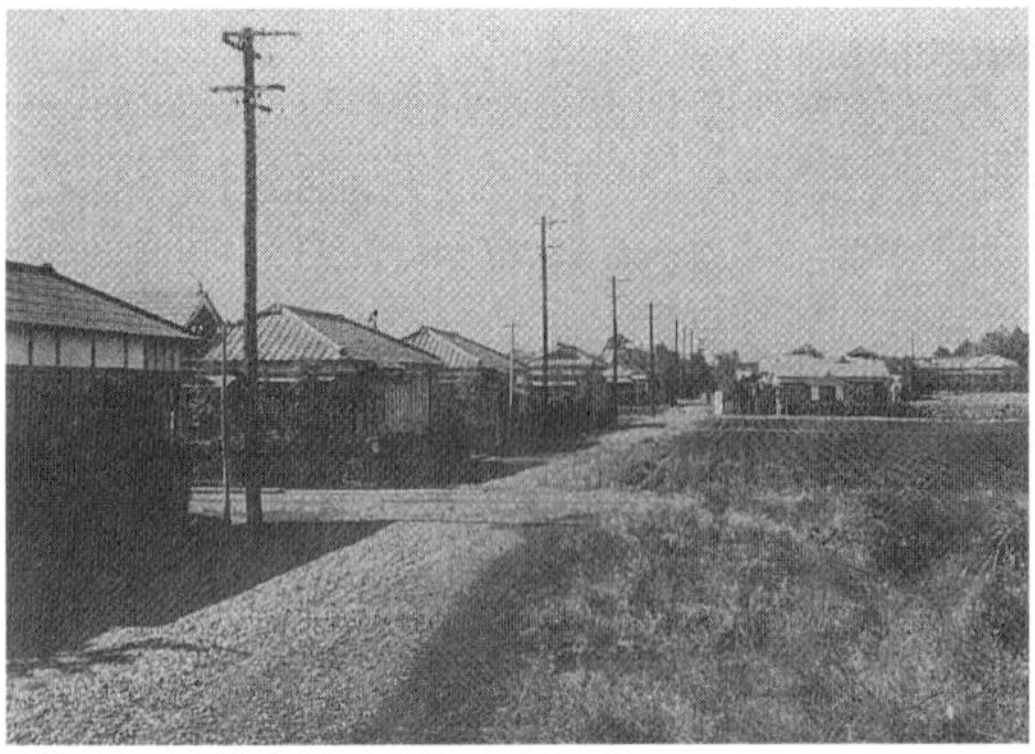

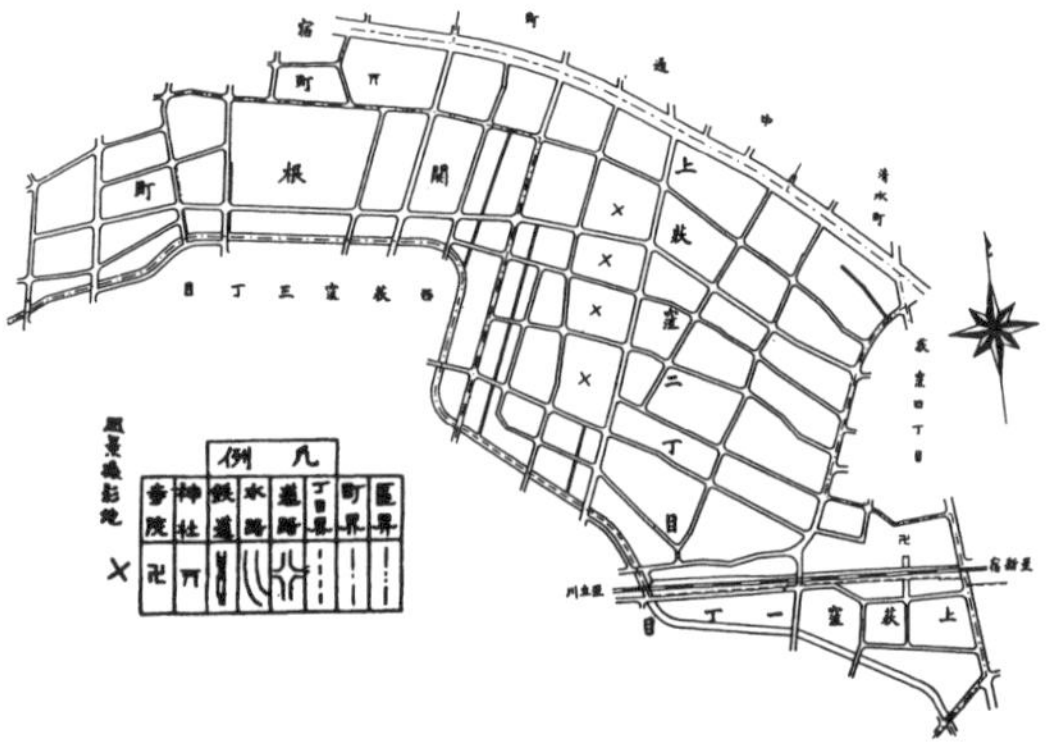

図3－10　第7工区

出典：『事業誌』

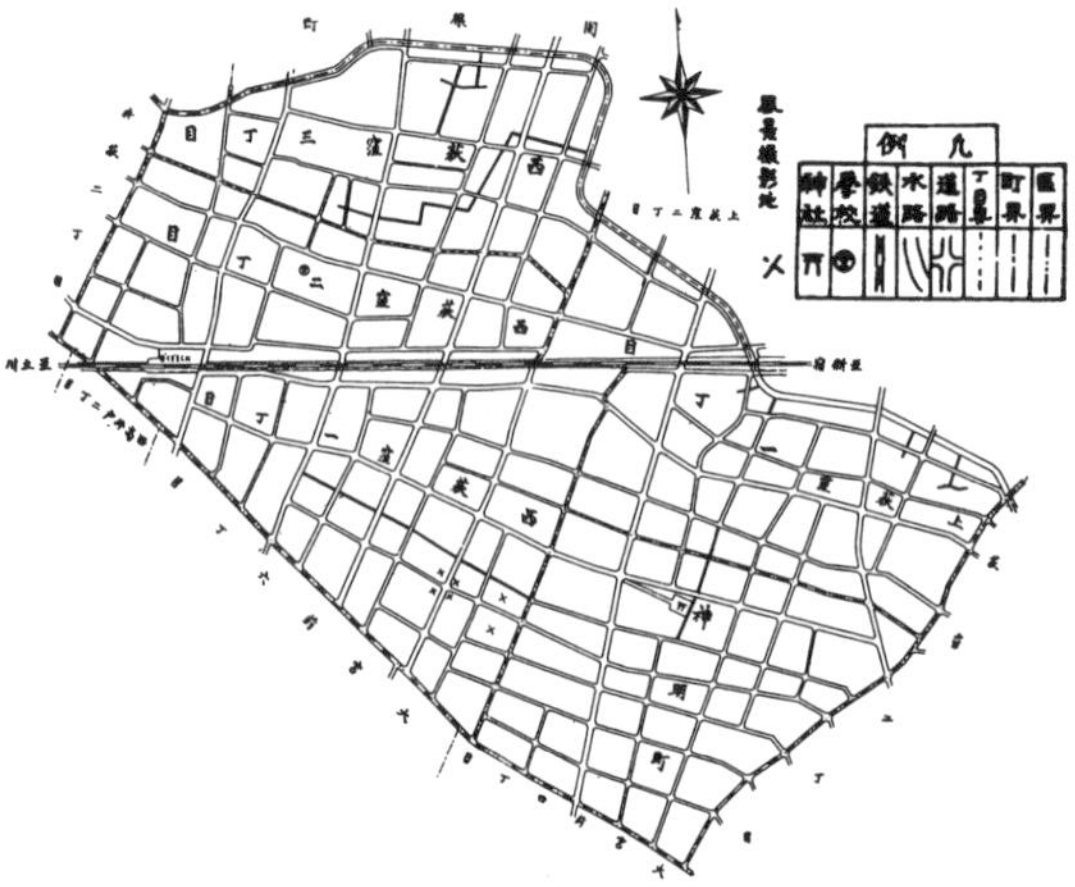

図3－11　第8工区

出典：『事業誌』

していない。

(3) 森泰樹『杉並風土記』上巻、杉並郷土史会、1977、p.57には、昭和17年に着工されたが資材不足で中断、19年10月には爆撃で破壊され中央線も一時途絶、戦後工事が再開され23年に自動車のみが通行可能になり、以後、31年には都電が陸橋上を経由することになり、荻窪駅北口に停車場（終点）が移設された、等が紹介されている。

(4) 東京都建設局公園緑地部『公園調書』1974・4・1による。

(5) 土地区画整理の設計理論を展開した伊部貞吉は、敷地の規模・用途がいずれの場合にも適用できる大街区寸法として芯心160メートル角を提案している。大街区内部の道路割り次第で様々な敷地需要に応えられるとした。「土地区画整理論（一）～（三）」『建築雑誌』524・525・527号、1929　井荻の区画整理にはこのような考え方は窺えない。

(6) 『戦前の住宅政策の変遷に関する調査（Ⅲ）―戦前東京の市街地形成―』日本住宅センター、1983・1、pp.68～71。なお本書執筆に際して杉並区に「換地後地籍図」の有無を照会したが、その存否を確認することができなかった。

(7) 後の内務省次官通牒『土地区画整理設計標準』1934、では四級62・5㎡、三級157・5㎡、二級360・0㎡、一級684・2㎡、特一級1225・0㎡の5等級を示し、「都市ノ外縁」では一級以上を5％、二級を15％、三級を20％、四級を60％程度にすることを推奨している。

(8) 篠野志郎・内田青蔵・中野良『郊外住宅地開発・玉川全円耕地整理事業の近代都市計画における役割と評価―近代の都市開発における住宅地供給に関する史的研究―』第一住宅建設協会、1997、pp.69～77

第4章　事業としての内容

4－1　減歩の問題

減歩率――その用語について

前章で述べたように、事業前の道路率は4％程度だったが事業後には15％と増えている（逆に水路や水路脇の「土揚」の面積は少し減少しているが）。こういった公共用地の生み出しは、地権者の負担において行うのが組合区画整理事業の通例である（例えば現代の区画整理では少なくとも3％を超える公園用地が必要とされる。なお前章でふれたように井荻の組合認可時には公園の義務付けがなく、井荻では、1ヶ所の小公園のみだった）。これら公共用地は井荻土地区画整理の頃には「潰地」と呼ばれていたが、今日の公共減歩と同意である。

他方、事業の実施には当然ながら諸般の経費がかかるわけで、補助金等を除くかなりの部分もまた組合員の負担となる。これは徴収金と呼ばれ、年度ごとに集められていた。組合費と呼ばれる場合もある。しかし組合員の多くは徴収金を現金払いできないので、そのかわりに土地を組合に提供する方法をとり、このための土地を「替費地」（組合側からみれば「組合提供地」）と呼んでいた。これは今日の保留地減歩とほぼ同意である。

徴収金とそれに替わる土地提供について、井荻町土地区画整理事業の規約では次のように規定している。

「第三十条ノ二　組合員ハ組合費ニ充当スル目的ヲ以テ別ニ定ムル所ニ依リ従前ノ土地面積ノ百分ノ一乃至百分ノ二十二該ル土地ヲ組合ニ提供スルモノトス　但シ組合費ヲ賦課徴収スル工区ニアリテハ此ノ限リニ在ラス…」

減歩割合は極めて少ない？

さて減歩から保留地処分、そして事業収支等についてであるが、『事業誌』の66～68頁には民有地・国有地の事業前後の増減とそれらを用いた「減歩割合」の表が掲載されている。その数値をヘクタールに置き換えて示したのが表4－1である。それによれば、減歩割合は0・03程度から多くても0・07程度で、合計値としては0・054という数値が示されている。すなわち減歩率は3％～7％、平均で5％と読め、そ

表4－1　工区別面積と減歩割合

		第1工区	第2工区	第3工区	第4工区	第5工区	第6工区	第7工区	第8工区	合計
事業前（ha）	民有地 A	47.3	57.0	87.0	159.6	165.1	122.2	46.8	103.2	788.2
	国有地 B	3.7	4.4	5.4	9.2	12.0	8.7	4.5	5.1	53.1
	合計 C	51.0	61.5	92.4	168.8	177.1	130.8	51.3	108.4	841.3
事業後（ha）	民有地 A'	45.6	54.6	81.5	152.5	154.0	112.5	45.0	95.0	748.6
	国有地 B'	8.0	9.8	16.6	27.0	30.7	23.4	8.9	16.6	141.0
	合計 C'	53.6	64.4	98.2	179.5	184.7	135.8	53.9	111.6	881.6
減歩割合	（A － A'）／C	0.032	0.038	0.056	0.040	0.060	0.071	0.033	0.074	0.054

出典：『事業誌』（坪を ha 換算）

表4－2　工区別の潰地率・配当率

		第1工区	第2工区	第3工区	第4工区	第5工区	第6工区	第7工区	第8工区	合計
事業前民有地（ha）	A	47.3	57.0	87.0	159.6	165.1	122.2	46.8	103.2	788.2
潰地面積（ha）	B	1.7	2.5	5.5	7.1	11.1	9.7	1.8	8.2	47.6
潰地率　B／A	C	0.0357	0.0431	0.0629	0.0445	0.0675	0.0794	0.0391	0.0797	0.0604
組合提供地 ha	D	1.2	1.6	3.3	7.8	8.5	5.4	3.7	4.8	36.9
率　D／A	E	0.0258	0.0279	0.0377	0.0487	0.0515	0.0493	0.0800	0.0464	0.0468
配当率　C＋E		0.0616	0.0710	0.1006	0.0932	0.1190	0.1287	0.1186	0.1261	0.1072

出典：『事業誌』（坪を ha 換算）

うであるならば極めて低い減歩率といえる。

しかしこの数値を今日的な減歩率と捉えては誤りとなる。それは「減歩割合」の定義が当時と今日では異なっているからである。『事業誌』でのこの数値は、民有地の減少分を事業後の総面積で割ることで求めている。分母は今日の計算に使う「事業前の宅地面積」ではない。事業後の総面積を分母とすれば、当然に小さな「減歩割合」として算出される。

今日的な算出方法では約1割

今日的な減歩の概念に合わせるには、潰地と呼ばれる国有地の増分（逆に言えば国有地すなわち道路用地等への供出分）に「替費地」すなわち組合費の代わりに供出する土地の面積を加える必要がある。前者が公共減歩分であり、後者が保留地減歩分である。

『事業誌』では、前者については「潰地面積」「潰地率」として集計表示し、後者については「組合提供地面積」および（単に）「率」として集計表示している。そしてこれらの集計の際の分母には事業前民有地面積を用いているから、この二つの比率を加えたもの（『事業誌』では「配当率」と記載されている）、実はこれが今日的な減歩率（平均減歩率）とみなされるのだ。

このような数値（配当率）を示したのが表4－2であり、これを見ると、第1工区・第2工区は0・06から0・07と小さいが、その他の工区、あるいは合計値では0・1前後（正確には合計値で10・72％）になっている。すなわち井荻土地区画整理事業の減歩率は一般的に1割程度、とされるわけである。

なお第1工区と第2工区の組合提供地面積率が3％を下回っているのは、前述の規約第30条を用いたためで、「特に第一、第二工区に限り、費用負担は大部分徴収金によりたる為め土地の提供はその負担を低減するを得た。」と『事業誌』69頁にも記されている。

低減歩率の要因

それでも少ない印象が残るが、その原因は第1に道路や公園の計画水準が低いことによる。既述のように整備後の道路率は15％弱であり（その結果、実際の市街化過程では私道の築造がなされることになる。良好な住宅地の道路率は普通20％程度）、公園は全地区で小さなものが一つしかなかった。

第2の原因はいわゆる「縄のび」が生じていることにある。農地や山林においては、公簿上の土地面積を実測面積が上回るのが一般的といわれている。井荻においても、全体で縄のびの面積が約40ha生じている。事業前の総面積約841haの5％程度に当る。国有地の増分すなわち公共減歩に向けられた土地面積は約87haだが「この約87haに縄のび分約40haが吸収された」という見方も可能なわけで、もし縄のびがなければ、5％程度のさらなる減歩が生じたともいえるわけである。

そこで縄のびの影響を排除するために、道路・水路等公共用地の増減面積（『事業誌』では「国有地の増分」と記載されている）と保留地減歩面積（『事業誌』では「替費地」あるいは「組合提供地」と記載されている）を加えたものを分子とし、事業前の総民有地面積を分母として計算すると、（265953・14坪＋111691・03坪）／2384093・81坪であって、15・8％という数値が求められる。前掲の10・72％という数値よりもほぼ5％高くなる。保留地（替費地）でなく組合費を支払った工区もあることから、この算出方法でもやや小さめとも見られるが、「縄のびがなければ16％程度の減歩率だった」としても大きな間違いではあるまい。

縄のびに関しては組合長の内田も十分に認識していた。聞書きには次のようにある[1]。

「そこで実測すると六分位余計出たんです。それで道路を整理し、どう橋も皆んな新規にしちゃったんです。こんな風でありますから、どうも反対がありましたところが、そこで金は集めない、金は集めないが余りの分と増歩をいくらか貰うということで、ようやく全村が納得できまして、昭和十三年にようやく出来上がった訳なんです。その増歩分の土地を売ってなにしたんで、今だったら何百億ってかかるんでしょうけれどね、二百八十万円ばかりであの区画整理が出来上がったわけなんです。」

８４１haに対する縄のび分は40ha、約5%だから、六分は間違いだろうが、減歩に反対する土地所有者に「余りの分は道路に充てよう」と説得し、他方「増歩なんだから組合にいくらか提供せよ」と説得する様が想像される。公共減歩と保留地減歩の両方を賄うには足りない縄のび面積ではあるが、両方の説得材料に使っているわけだ。なお付言すれば、事業終了は昭和16年であるにもかかわらず「昭和十三年に」と言っている。昭和13年は借入金の完済時であった。組合＝内田にとっては、借金の返済で、やれやれ事は終わった、の認識だったのだろう。

また減歩に関して郷土史家の森泰樹は、井荻土地区画整理の紹介の中で「土地の減歩率は7%でしたが、大地主より小地主の方が土地減少の影響が大きいことを考慮して、小地主の所有地は殆んど減らさず…」と書いている。[2] 森が内田から聞いた話と推測されるものの、その根拠、あるいは類似の既述を他の資料から見出すことはできなかった。後述のように、換地清算金の徴収をもって減歩に替えたこと（所有地が1宅地のみの場合など、小土地所有者への措置として行われた）を指すならば、減歩に代える別途の措置がとられたのであって特記すべきことではない。もし減歩の圧縮や無減歩換地が行われたならば興味深いことがらではあるのだが。

当時の減歩の一般的な状況について

当時の減歩率について岩見は、東京市の「都市計画道路と土地区画整理」に示された区画整理50地区、耕地整理１３６地区を対象に減歩率の分布を見ている。[3] そして全体の集計をし、「土地区画整理の平均減歩率は6・2%、耕地整理のそれは1・2%と、現代における区画整理の減歩率とくらべるときわめて低い。増歩になっている地区すらある。もっとも、実際の減歩率はこれより10%程度高いであろう。なぜなら、…」と記している。そして縄のびで5%ほど、保留地減歩がこの当時の概念には含まれていないことで5%程度、合計して10%程度の増加を推測している。井荻の場合も岩見の記述に準じていると見られよう。

玉川全円耕地整理における減歩率

また篠野ほかも玉川全円の研究報告の中で、全事業に関してではないが、減歩率を見ている。奥沢東区についてで、第4回総会（１９３８・1・20）議事録を資料とし、「換地ハ実測面積ヨリ一割二部五厘ヲ減シタルモノヲ標準トシテ大体割当テ…」との記述を引用し、この12・5%を公共減歩と保留地減歩の両方を加えたものと推測している。[4] ここでも計算上の分母を事業後の実測面積（総面積と思われる）に求めているようなので、減歩率計算の原則、「分母は事業前の宅地面積で」を考慮すれば多少低めに出ているかもしれない。

いずれにしても井荻町土地区画整理事業の減歩率は、当時の水準からすれば一般的なものと考えていいだろう。

4-2 事業収支

およそ２３０万円の事業であった

井荻の収支決算は2時点でなされている。１９３５年の『事業誌』では、１９３３年度までの収支決算を行うとともに１９３４年度以降の予算を計上している。そして１９４１年の『事業報告書』には、すべてが終了した時点での収支決算額が記載されている。

　前者においては、事業が開始された１９２６年度から１９３３年度までの8年間の収入決算額が２１６４９７５・４円であり、支出決算額が（これをかなり下回る）１６３６６５２・2円と記載されている。そして今後に必要とされる収入・支出を予測し、１９３４年度以降事業完了までの収入予算額を１０９５２９８・６円とし、支出予算額についてはこの収入予算額に上記8年間の支出残を足したところの１５２３７５２円としている。以上の「8年間」と「今後」を合計した３１６０２７４円が収入総額＝支出総額とされている。なお備考として欄外に「途中時での『旧債借替』（政府系低利資金への借換えによって当初の見込みより節約できた金額）６５７８７９・９１円は含まず」と記されている。またこの時点での収入には借入金が、支出にはその返済金が加わっていることにも留意しておかなければならない。

　以上を要するに、途中段階では、収支総額が３１６万円程度と算出されていたわけである。

　これに対して『事業報告書』では、収入総額２２８３９４８・９２円（借入金含まず）、支出総額１９２７０６０・７円（返済金含まず）とされ、残金の３５６８８８・２円は繰越金とされている。繰越金はさらにその後の雑収入金８３１５・２３円を加え、清算事務の所要経費３６５２４２・４５円に充てられた。したがって、支出総額と清算事務費を加えた２２９２３０３円15銭が全体の収入額＝支出額となる。すなわち、約２３０万円の事業として会計が閉じられたわけである。１９３３年時点で想定された３１６万円を90万円近く下回った金額となっているが、この90万円は『事業誌』の段階での収支に加算されていた借入金92・5万円にほぼ見合うもので、結果的には１９３３年年度時点での想定に近い形で収束したとしてよい。

　２３０万円は今日で言えばどの程度の額だったのか…。推測の域を出ないが、当時の物価指数を今日の五千分の一と想定すれば、１１５億円という事業規模である。１１５億円を８８２haで割ればha当り約１３００万円となり、今日の目から見れば驚くほどに安い(5)。

収支の細目

　当時の土地区画整理事業において収入は賦課徴収金（組合費）、土地（替費地。組合地とも呼ばれる。今日の保留地）売却代金、換地清算残余金、府・市・町補助金、寄付金、雑収入であり、支出は創業費（初年度の諸経費）、事務所費（人件費等）、会議費、工事費、補償金（立木、農作物、工作物、墓地等の除去改修費）、雑費、維持管理費、借入金利子、町名町界地番整理支出費となっている。

　１９４１年（S16）の事業報告書によって、これらを図に示せば、図４－１のようになる。また清算事務にかかわる所要経費の収支は表４－３のようである。

収支の分析

　収入においては保留地の売却金が6割近くを占め、これに補助金が2割弱と続く。なお補助金約42万円の内訳は府から約20・1万円、市から約15・6万円、町から約6・2万円である。支出においては工事費が最大でこれを事務所費（うち人件費が4分の3）が追い、借入金の利子もこれに次ぐ。

　借入金については「而して事業当初に於て財源の基礎未だ確立せざる期間は、中野銀行其の他より資金を借入れ事業頭初に於ける資金の融通を計り、昭和三年組合債を起債し之が補充を行った。其の後事業の進捗するに従ひ、政府地方低利資金の借入れを以て旧債の借替を行ひ…」とある。年度別の収支表から、昭和4、5年の両年度に約66万円の借り換えが行われ、借入れ総額が80万円となったことが読み取れる（昭和9年度以降にさらに12・5万円借り増して総額92・5万円とすることが予定されているが、最終的な借入額は昭和16年の事業報告書には明示されていない）。また『事業誌』の「事業資金運用状況」表からは、昭和6年度以降は、借入れ銀行が勧業銀行他1行のみとの記載があり、また、『事業報告書』には「借入金ハ日本勧業銀行扱政府低金利資金参拾四万円ト日本勧業銀行東京支店（旧東京府農工銀行）扱政府低利資金四拾六万円トノ合計金八拾万円也ヲ借入レタルモ償還期ニ至リ両行共其ノ都度償還シ昭和十三年三月十七日ヲ以テ完済シタリ其ノ後他ニ借入金ナシ。」とあって、「他1行」が借入れ当時は東京府農工銀行だったことがわかる。

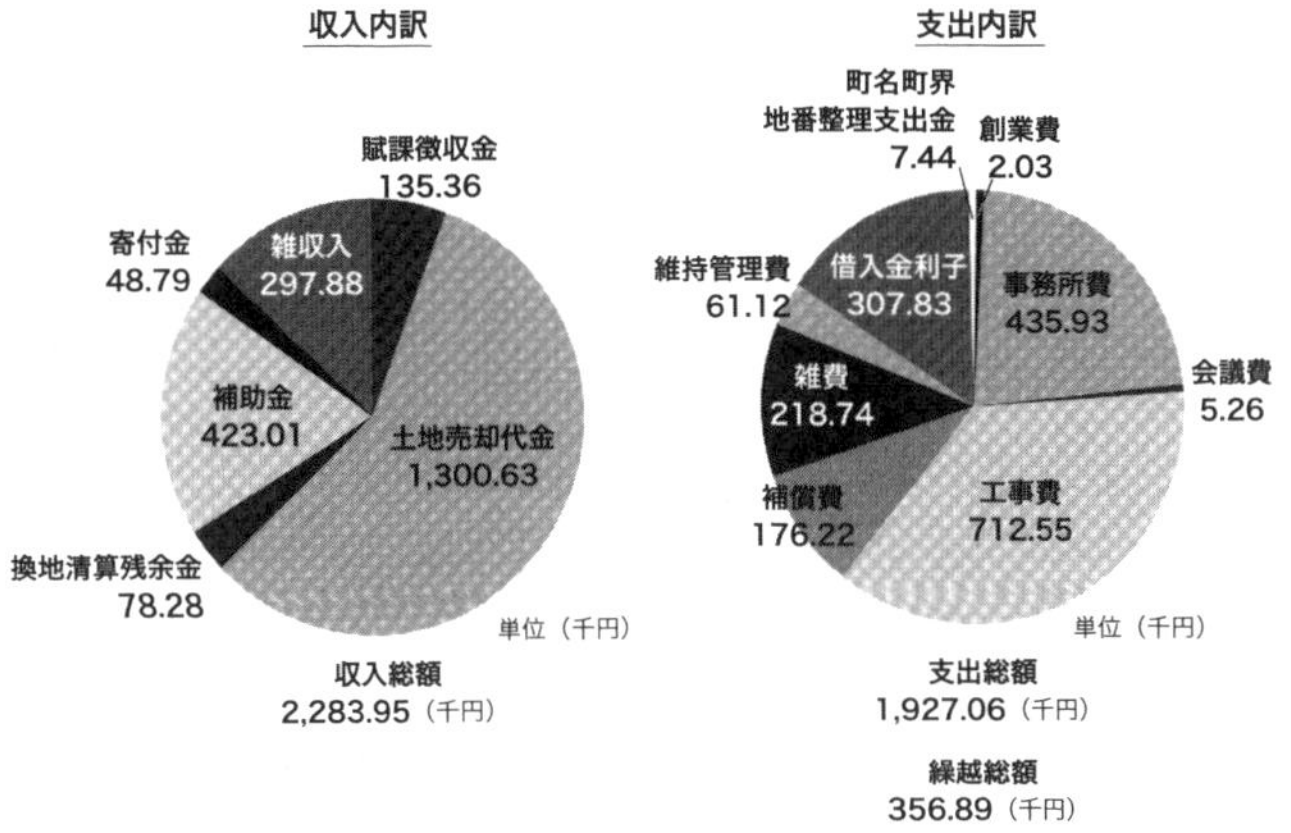

図4－1　事業収支の内訳

出典：『事業報告書』

表4－3　清算事務所要経費収支決算（円）

収入総額		支出総額		
365,242.45		365,242.45		
繰越金	雑収入	事務所費	会議費	雑支出
356,888.22	8,354.23	231,732.27	144.40	341,365.78

出典：『事業報告書』

宅地（商店地・住宅地）と農地の価格設定は別立て

土地の価格に関連してであるが、『事業誌』に、宅地を商店地と住宅地に大別し、事業前価格は時価と基木に売買事例を加味したこと、事業後価格は標準価格を路線幅員等を勘案して決めたことが書かれ、工区別に平均・最低・最高価格が示されている。例えば第1工区の坪当り価格は、従前が最高60円、最低3円、平均約31円で、換地評定価格が最高62円、最低5円、平均約33円となっている。換地評定価格は坪当りの平均で約10円～12円の第3～第6工区、21円～23円の第2、7、8工区、約33円の第1工区と3段階で、かなりの差が見られる。他方農地、山林、原野等については耕地整理法を準用するとされ、従前および整理後について、地価、賃貸価格が筆数、面積で示されている。

保留地はなんとか完売に至る

収入の約6割を占める組合地売却がどのように行われたかを見ておこう。まず組合地の選定方針だが、『事業誌』に「組合地は地上権及び其の他の権利の設定なきものにして、地上物件の存在せざる地勢有利なる位置に於て組合費に相当する面積を選定した。而して住宅地若しくは商店敷地等にして、一筆のみの所有者又は所有地全部を貸付したる等に依り、替費地提供不能のものに限り組合費負担に相当する換地精算金の徴収を行ひ、其の徴収金は清算残余金として経理した。」とあり、一筆のみの所有者等への措置が書かれている。なお既述のように、第1、第2工区では替費地でなく組合費での支払いが多かった。

組合地の売却面積とその支払い方法、価格等を工区別に示したのが表4－4である。第1、第2工区は上記組合費のこともあって売却面積は小さいが平均価格は高い。他の工区は総面積の大きさにほぼ比例した売

表4－4　組合地の処分状況（面積は坪、全額は円）

工区	売却決定面積	売却済面積	売却予定面積	即時払	一年以内払込	年賦	予約地代金	合計金額
第1工区	3,693.25	3,660.25	32	20,024.92	2,117.00	36,924.89	660.00	59,726.81
第2工区	4,822.00	4,589.75	232.25	17,029.61	2,340.00	44,969.79	3,065.70	67,405.10
第3工区	9,805.18	9,805.18	—	7,362.50	5,443.00	103,986.61	—	116,792.11
第4工区	23,498.45	23,498.45	—	140,052.02	14,782.10	80,731.20	—	235,565.32
第5工区	25,724.84	25,724.84	—	124,999.30	19,032.10	73,964.40	—	217,995.80
第6工区	18,212.42	18,212.42	—	25,981.55	35,541.90	97,061.40	—	158,584.85
第7工区	11,319.97	11,113.00	206.97	14,157.01	3,767.60	139,577.06	2,069.70	159,571.37
第8工区	14,299.66	12,791.75	1,507.91	33,252.31	15,083.14	212,596.83	15,062.79	275,995.07
計	111,183.58	109,203.45	1,980.13	382,859.31	98,106.84	789,812.18	20,858.19	1,291,636.43

出典：『事業誌』

却面積だが、平均価格は、10円に満たない第5、6工区から20円に近い第8工区までかなりの差がある。総平均価格は坪当り11・6円となっている。[6]

個別の売却価格は評議員・副組合長の査定で決め（価格の公表はしない）、買い取り希望者と交渉したとある。そして、「最後の残存地に対しては評議員会の議を経て二割内外の価格低下を行ひ、残存地全部の処分を完了した。」と記述されている。要は値下げをせざるを得なかったということである。単なる売れ残った土地の値引きではなく、1929年の世界恐慌に連動した昭和恐慌の影響がここにも現れていると見られよう。

いずれにしても、約37haの土地が保留地処分ということで売却されたわけである。もちろんこの他に、個々の地主から土地を求める都市市民などに売却あるいは土地賃貸が行われたことは言うまでもない。

4－3　土地の所有状況――大村・合田による分析から

換地後の土地所有状況

ところで、誰から（保留地の場合は組合からだが）誰に土地が動いたのか、さらには売却だけでなく貸借がどう行われたかは、その後の市街化の動向や市街地水準を検討する上で重要な情報である。しかし残念なことにこれに関する資料は『事業誌』にも、内田秀五郎に関する文献にも見当たらない。

そういった中で、住宅総合センターの報告書の作業において大村・合田は換地後の土地所有者に関する図面を入手して筆寄せ（位置的に散らばっている同一所有者の筆―登記上の土地区画―を合計する）という面倒な作業を行い、貴重な分析結果を提供している。[7] 少し長くなるがこれをそのまま引用するかたちで紹介しておこう。

「第3、4、5、6工区について、区画整理換地後の土地所有者名とその土地所有規模を一筆毎に記した図面（S＝1／600）―一応「換地後地籍図」とする―を杉並区から借用することができたので、この工区の区画整理後の土地所有状況について以下に記す。

この4つの工区全体の面積は152061０・82坪であり、組合、社寺等も含めた土地所有者数は720である。[8]

土地所有者の内、上位20位の大土地所有者の状況を示したのが表…である。組合地—これは、区画整理事業の事業費捻出のための保留地として確保されたものと思われる—が第1位の土地所有状況にある。第2位は観泉寺で、この他20位以内に、八幡神社（10位）、西武鉄道（16位）が入っており、これら工区では、私人が、圧倒的な割合で土地所有をしているという形の、寡占的土地所有状況ではなかったように思われる。従って、この井荻の土地区画整理の事業化にあたっては、少数の大土地所有者が主導権を握った、というよりは、土地所有はそれ程でなくても、政治的影響力を持っていた人々も、この区画整理の事業化に大きく関与したのではないかと思われる。

例えば、この区画整理事業化に最も与った一人である当時の町長、内田秀五郎氏の土地所有も2500坪弱と、当時としてはそれ程大規模な土地所有ではなかった。

これは、他の土地区画整理事業の行われた地区の事情が判らないので、比較による分析はできないが、この第3~第6工区での上位10名の土地所有者の所有規模が累計で20・0%、上位20位までで29・4%という数字—しかもこの中には団体所有が11%分含まれている—は、土地所有の少数集中という点では低いとはいえないだろうか。

「土地所有の規模別分布を示したのが表…である。これによれば、500坪未満の土地所有者が半数近くと、比較的零細規模の土地所有者が相当数いることが判る。」

とあって、いくつかの興味深いことがらが指摘されている。すなわち少

表4－5　第3～第6工区の大規模土地所有者・上位20名

順位	所有者名	所有面積（坪）	筆数	一筆当り平均面積（坪）	全土地に占める割合（%）
1	組合地	69,802.7	343	203.5	4.6
2	観泉寺	64,722.8	117	553.2	4.3
3	野田M	34,704.6	86	403.5	2.2
4	渡辺T	23,283.7	65	358.2	1.5
5	森田K	21,713.5	66	329.0	1.4
6	本橋K	19,816.5	63	314.5	1.3
7	清水T	17,879.6	43	415.8	1.2
8	井口K	17,799.1	54	329.6	1.2
9	井口Y	17,122.7	33	518.9	1.1
10	八幡神社	16,565.2	46	360.1	1.1
11	浅賀R	16,325.1	48	340.1	1.1
12	井口T	15,471.4	10	1547.1	1.0
13	田中K	14,491.9	28	517.6	1.0
14	本橋G	14,459.2	42	344.3	1.0
15	野田K	14,281.4	41	348.3	0.9
16	西武鉄道	14,033.9	26	539.8	0.9
17	衣口S	13,997.0	44	318.1	0.9
18	西山K	13,831.2	45	307.4	0.9
19	井口Sn	13,567.7	39	347.9	0.9
20	榎本S	13,513.3	7	1930.8	0.9

（資料：換地後地籍図）（全土地所有者720名　総面積1,520,610.82坪）
出典：『戦前の住宅政策の変遷に関する調査（Ⅲ）—戦前東京の市街地形成—』日本住宅総合センター、1983.1

表4－6　土地所有規模別分布
（第3～第6工区）

所有規模（坪）	所有者数*	構成比（%）
～500未満	327	45.5
500～1,000未満	105	14.6
1,000～2,500未満	131	18.2
2,500～5,000未満	89	12.4
5,000～1万未満	41	5.7
1万～1.5万未満	15	2.1
1.5万～2万未満	7	1.0
2万～3万未満	2	0.3
3万～4万未満	1	0.1
4万～5万未満	0	0.0
5万以上	2	0.3

（*含団体）

出典：『戦前の住宅政策の変遷に関する調査（Ⅲ）—戦前東京の市街地形成—』日本住宅総合センター、1983.1

数の大土地所有者が大半の土地を占めるといった状況にないこと（これは既述の、砂子による、小作戸数率が井荻町において全国値はもとより豊多摩郡の価に比べてもずっと低かったとの指摘とも符合する）、組合長・町長の内田の所有地面積でさえもそう多くはなく、彼は個人的利益より政治・政策的な立場から事業を主導したと推察されること、等の指摘である。

文中の「表…」につき、『報告書』のものをそのまま再掲したのが表4－5、表4－6であり、以上のような指摘の妥当性が明らかだろう。

なお大規模な土地所有者である観泉寺は、幕府より正保2年（1645）に井荻を下された今川氏が、その50年ほど前に開山されていた観音寺を現在の位置に移転改称したと伝えられている。今川氏は桶狭間で信長に討たれた義元の一族で徳川家に重んじられた。観泉寺は今も威容を誇る大きな寺院である。また八幡神社は、第3工区にある井草八幡のことである（既述のように、鳥居の脇に土地区画整理事業の完成を記念する石碑が建っている）。

外部資本による土地購入について

注目されるのは、西武鉄道が約1・4万坪を所有していることである。区画整理の着手以前に取得したか、事業中（換地の位置決定時以後は、換地処分認可を待たずして譲渡等の処分が可能になったと思われる）だったかは不明であるし、この換地図作成時点以後も取得していった可能性も大いにある。これら西武鉄道などの行動については本書でも明らかにできていない。ただ少なくとも鉄道会社が宅地開発に関与していたという事実だけは指摘し得よう。

〈注〉

（1）杉並区教育委員会『むかしの杉並』1970、p．109

（2）森泰樹「井荻町の区画整理と町営水道」『杉並郷土史会々報』第57号、1983・1・25、p．397

（3）岩見良太郎『土地区画整理の研究』自治体研究社、1978、p．86

（4）篠野志郎・内田青蔵・中野良『郊外住宅地開発・玉川全円耕地整理事業の近代都市計画における役割と評価―近代の都市開発における住宅地供給に関する史的研究―』第一住宅建設協会、1997、p．84

（5）筆者の住んでいる町田市で最近行われた数十ha規模の組合区画整理事業では、ヘクタール当り1億円から2億円程度を要している。

（6）ちなみに、例えばこの頃、4畳半・6畳の大塚女子アパートの家賃（月払い）が10円～16円だったから（『江戸東京年表』p．200）、現在と比べれば土地価格は随分安かったことがわかる。

（7）『戦前の住宅政策の変遷に関する調査（Ⅲ）―戦前東京の市街地形成―』日本住宅総合センター、1983・1、pp．86～89。なお第3章の注（6）と同様、本書執筆に際して杉並区にこの図の有無を照会したが、その存否を確認することはできなかった。

（8）第2章の表2－2（『事業誌』による）の数値とは少し違っている。

〔1－3－⑥A〕
『大田区の近代建築　住宅編2』（大田区教育委員会、一九九二年、一八三～一九〇頁）

耕地整理と区画整理事業(1)

1. はじめに

江戸末期以降になると東京近郊の農村では、米作中心の農業から地理的な条件を生かした蔬菜栽培などの換金作物を生産する機運が高まってきた。そのため明治中頃からは水田を潰して畑とし、またその畑を潰して住宅地や工場用地などに転化することが増加してくる。農業を取り巻く地味、水利などの条件から、大正中期にはすでに穀類を中心の農業から、蔬菜栽培、果樹、促成栽培、養蚕、畜産などへの転換がなされていたと見られる。

関東大震災を契機として、都心に近い割には地価が安く、省線京浜線（現JR京浜東北線）、目蒲電鉄（東急目蒲線）、東横電鉄（東急東横線）、池上電鉄（東急池上線）などが開通するなど交通の便に恵まれていた多摩川沿線の農地は、住宅地として見直されるようになる。特に田園都市株式会社による多摩川台等の開発に触発され、耕地が浸食され宅地化して行く。

このような状況の中で行われた耕地整理事業は、本来の目的であった農業経営の合理化よりもむしろ、宅地化を前提とした土地の区画整備という性格をもつようになる。このような意味で、区内で行われた耕地整理事業は昭和戦前期までの〝宅地供給地〟としての大田区の骨格の一部を形成したと見ることができる。その過程を解明することは、現在の様々な土地・宅地問題を解消する一つの糸口を提示してくれると見られ重要である。

しかし、土地に関わる問題は現在においても個人や企業のプライバシィに属する要素が多く、資料の収集が困難なことに加えて、入手した情報に関しても口外を憚られるものが多い。限られた資料を用いながら、以下調査地域の耕地整理、土地区画整理事業の概要を述べて整理を試みる。

2. 耕地整理事業と区画整理事業

まず耕地整理という事業の概要を簡単に記しておく。耕地整理は既に明治20年代に水田を区画整理することに対する関心を強く示す地域（静岡県・石川県）も見られたが、いずれも民間農法的なものを契機とした規模の限られたものであった。耕地整理の技術の進歩や、意識の変化に伴い「事業規模が少しでも大きいほうが合理的」であると考えられ、明治20年代後期には民間主体による事業の普及は限界に達していた。学会でも一部の土地所有者に対して、強制的に耕地整理へ参加させるような法律の必要性が論議されるようになった。こうした事情を背景に、明治32年（1900）耕地整理法が公布、翌年施行となる。この法律の最大の眼目は、「土地区画の整理にあたり、一部分の支障によって、計画全体が妨げられることのないように」地主の3分の2以上の同意によって、小部分の反対者を強制することができる点にあった。これは通常「耕地整理旧法」と呼ばれている。

明治40年代には耕地整理の目的が、むしろ灌漑排水を主体とする工事を目的とするように転じてゆき、これがいわゆる「耕地整理新法」となり、昭和24年（1949）まで耕地整理の基本法となった。この新法では耕地整理組合の権利義務を明示して、その事業上の主体の確認がおこなわれた。政府の耕地整理事業への積極性はこのころから強くなり、明治43年からは「耕地整理及び土地改良奨励費規則」を設けて、大蔵省預金部資金が日本勧業銀行を通じて貸し下げられるようになる。これを基礎に暗渠排水、揚水機の設置、そのためのセメントを利用した恒久的な施設と、明治時代後期から大正時代前期における用排水施設の整備が各地に進められ、法的にも事業的にも耕地整理に関する体系的な整備ができ上がったといわれている。

それに対して土地区画整理事業は、大正8年に都市計画法によって初めて規定された都市計画の事業方式の一つで、換地と減歩の2方式によって土地基盤の整備を行うことを目的とした。日本の市街地形成に大きな役割を果たしたところから、「都市計画の母」と呼ばれている。区画整理事業の前身と考えられる耕地整理については既に触れたが、明治30年に制定された「土地改良ニ係ル件」（法律第39号）を出発点とし、明治32年の耕地整理法を経て、明治42年の新耕地整理法に準拠したものとして、土地区画整理事業は立法化された。都市計画法の制定される頃には都市部における宅地需要も、この耕地整理によって行われていた。しかし、耕地整理法制定以降も土地区画整理事業の適用区域の制限、手続き規定の不十分さ、融資制度の欠如により区画整理事業は耕地整理にとって代わる都市整備の有効手段とはならなかった。

大正12年～昭和5年の震災復興事業による区画整理が特別都市計画法によって行われると、急速に土地区画整理の理論、技術が進展し、郊外開発の一つの手段として浸透してゆく。そして昭和6年都市計画区域内での耕地整理が禁止されると、都市の人口増加とも相まって「区画整理の黄金時代」に入ってゆく。

3. 土地区画整理事業の先駆

大田地区で土地区画整理及び耕地整理事業として認可されたものは、50組合に上り、その設立認可時期は玉川耕地整理組合の明治45年6月（1912）から昭和9年（1934）3月まで22年に亘っている。そのうち震災以前に設立されたものは、玉川耕地整理組合（明治45年6月13日設立認可、大田区は一部がこの範囲に入る）から、矢口耕地整理組合（大正12年5月30日設立認可）まで21組合が数えられる。震災後は大森町千代田土地区画整理組合（昭和9年3月7日設立認可）まで29組合が記されている。

明治45年に区内で最初に行われた玉川耕地整理組合[2]は、旧玉川村の等々力堤根、根田、大島、尾山字南根、竹森（以上世田谷区）、旧調布村の上沼部字上、下沼部字上沼部前（大田区）と同時に行われ、総地積128280坪、事業費総額6656円、組合長は豊田周作、組合副長は小池久衛門、落合周次郎であった。昭和12年修正測図の大日本帝国陸地測量部地図で見ると、多摩川沿いの低地で、街区のブロックが180m×120mほどで、殆どが水田として利用されている。この事業はいわば「あくまでも現下の農業経営に利するための事業」（『世田谷近・現代史』）であったと考えられている。

この事業の推進者は当時玉川村の村長を務めていた豊田正治であった。彼の計画する耕地整理事業は将来「農民に不利にならないかたちで耕地を宅地化するための、現時点での整理事業であった。」この背景としては田園都市株式会社による田園都市建設の進行に対する対抗手段であり、もう一つは村長個人のパーソナリティとされている。周知のように田園都市株式会社は渋沢栄一の発案による、郊外の田園地を買収し、諸種の生活関連施設を設け、大規模な宅地造成をした後に分譲販売する土地会社である。農地を買収し、宅地化すると共に電気、上下水道などの付設工事を行い、都心への交通手段として電車路線を整備していた。こうした時勢の中で、農民の利益を確保するためには〝営利会社〟による農地のなし崩し的な宅地化を防ぎ、それに止どまらず田園都市による計画的な住宅づくりに劣らない住宅地整備を農民自らの手でおこなおうというものであった。

彼の提案は当時としては適確に将来を予測していたが、彼が危惧したとおりに事態は進行して行った。これらの郊外の農地の保全は、民間の力では限界であったと言えよう。

4．区内の整理事業の沿革

東京市企画局都市計画課内に設置された「東京土地区画整理研究会」が、昭和13年に編纂した『交通系統沿線整理地案内』の記載のうち、大田区内の整理事業を整理したのが次頁に示した表である。

ここで取り上げた事例は、世田谷区域が主体であった玉川耕地整理組合を除き49組合である。そのうち耕地整理事業は43組合と圧倒的に多く、

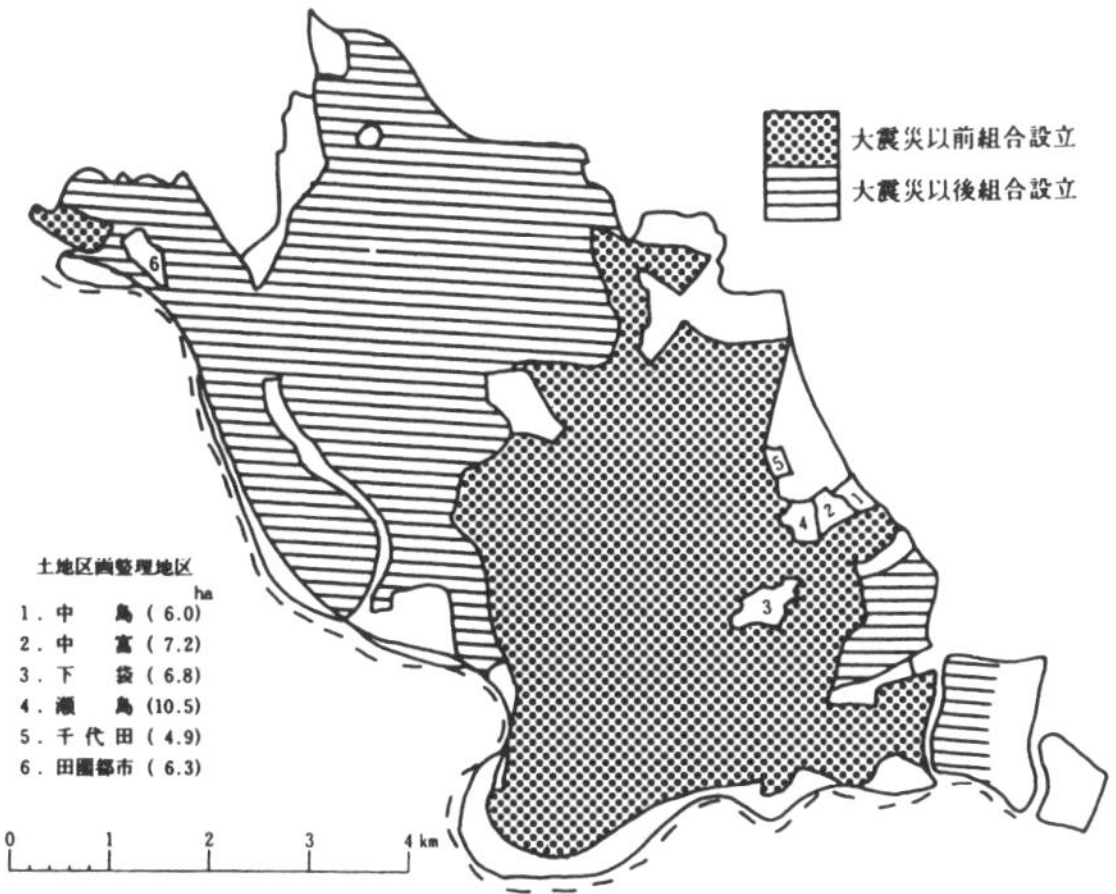

区内の耕地整理地区の設立時期（大田区の文化財第24集より転載）

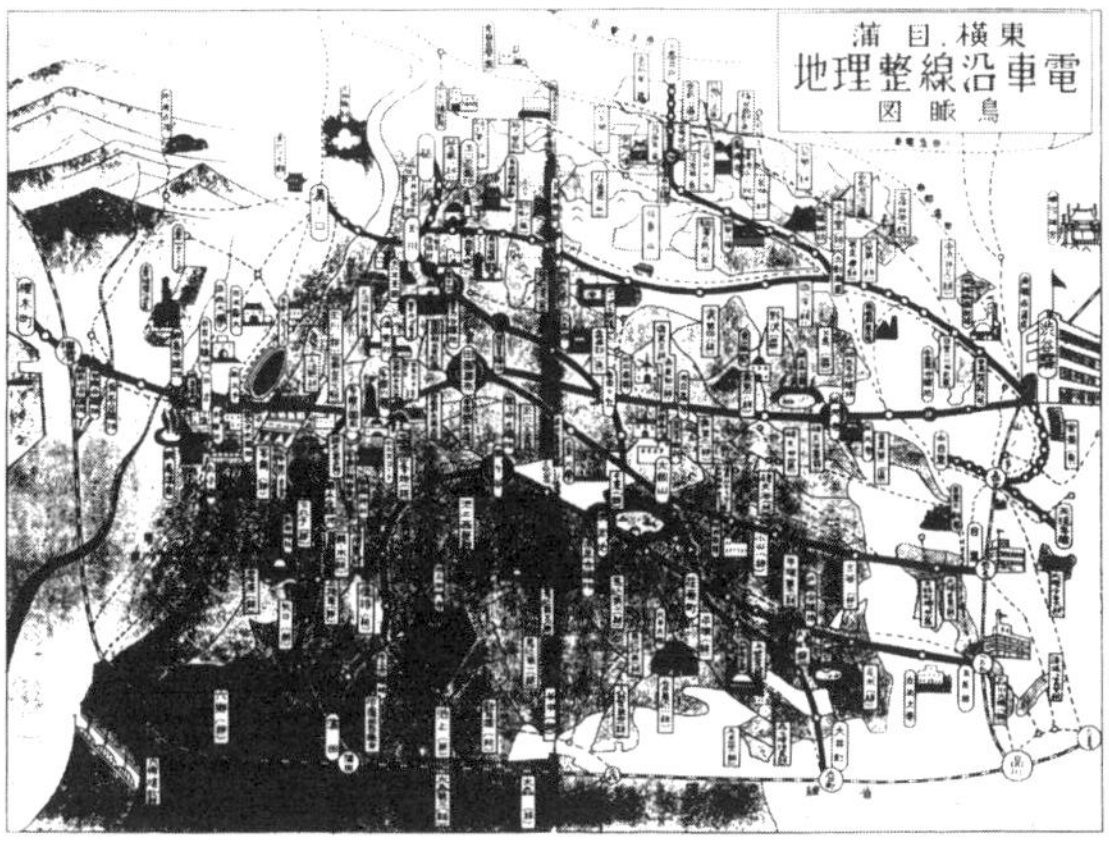

東横・目蒲電鉄沿線の整理事業（『交通系統沿線整理地案内』（東京土地区画整理研究会、1938年）より転載）

京浜電鉄沿線の整理事業（『交通系統沿線整理地案内』（東京土地区画整理研究会、1938年）より転載）

事務所所在地区名及代表者	地域	総地積 事業費総額	設立認可 工事完了	換地処分 解散	最寄り駅
大森区 田園都市調布第二耕地整理一人施行 施行者　市原　求	住居	115,097.00坪	大正13年3月27日	大正14年3月17日	田園調布駅（目蒲電車）
		195,000.00円	大正13年11月25日	昭和6年2月24日	田園調布駅（東横電車）
大森区 千束耕地整理組合 元組合長　大庭竹太郎	住居	286,097.00坪	大正13年10月13日	昭和6年2月23日	洗足駅（目蒲電車）
		98,036.24円	昭和4年6月3日	昭和10年5月16日	
大森区 上沼部第二耕地整理組合 元組合長　落合重吉	住居	84,601.00坪	大正13年12月4日	昭和3年5月30日	田園調布駅（目蒲電車）
		118,480.71円	昭和2年3月30日	昭和4年12月7日	田園調布駅（東横電車）
大森区 東調布田園調布土地区割整理一人施行 施行者　田園都市株式会社	住居	18,933.00坪	大正14年7月31日	大正15年4月21日	田園調布駅（目蒲電車）
		54,374.00円	大正15年2月15日	昭和4年1月17日	田園調布駅（東横電車）
大森区大森町7-3192 大森町中之島土地区割整理組合 組合長　平林藤左エ門	工業	18,112.29坪	大正14年11月7日	昭和13年3月4日	大森山谷駅（京浜電車）
		166,000.00円	昭和12年10月15日		
大森区大森7-3192 大森町中富土地区割整理組合 組合長　鳴島八郎左衛門	工業	21,746.32坪	大正14年11月7日		大森山谷駅（京浜電車）
		82,097.24円	工事中		
大森区調布嶺町1-139 嶺耕地整理組合 組合長　天明　薫	住居	257,973.00坪	大正15年1月6日		御嶽山駅（目蒲電車）
		92,805.32円	工事中		
大森区池上本町73 池上西部耕地整理組合 組合長　綱島伝蔵	住居	1,343,101.92坪	大正15年1月29日	昭和13年9月21日	洗足池（目蒲電車）
		600,400.00円	昭和12年2月22日		
蒲田区 羽田町下袋土地区割整理組合 元組合長　綱島庄蔵	工業	20,459.43坪	昭和2年2月25日	昭和7年4月19日	梅屋敷駅（京浜電車）
		12,902.00円	昭和6年6月26日	昭和11年1月28日	
蒲田区糀谷町4-1372 羽田第四耕地整理組合 組合長　江川庄蔵	工業	50,379.40坪	昭和2年5月24日	昭和4年6月24日	糀谷駅（京浜電車）
		78,580.66円	昭和4年1月31日		
蒲田区 下丸子耕地整理組合 元組合長　鈴木啓次郎	工業一部住居	275,099.00坪	昭和2年8月24日	昭和10年10月12日	下丸子駅（目蒲電車）
		293,494.07円	昭和10年8月4日	昭和12年4月27日	
大森区 鵜ノ木耕地整理組合 元組合長　天明和助	住居	33,706.27坪	昭和2年9月5日	昭和6年2月25日	久ヶ原駅（目蒲電車）
		10,000.00円	昭和6年1月20日	昭和7年12月15日	
大森区調布嶺町1-446 横須賀耕地整理組合 組合長　天明勝太郎	住居	33,858.00坪	昭和3年6月29日		千鳥町駅（目蒲電車）
		14,921.79円	工事中		
大森区馬込480 馬込第二耕地整理組合 組合長　加藤甚五郎	住居	321,275.65坪	昭和4年1月14日		籏岡駅（目蒲電車）
		189,577.45円	工事中		
蒲田区羽田7-1645 羽田台場耕地整理組合 組合長　高津浜太郎	工業	50,707.00坪	昭和4年5月28日		穴守駅（京浜電車）
		46,858.38円	工事中		
蒲田区羽田本町347 羽田堤外耕地整理組合 組合長　家亀梅三郎	工業	76,898.92坪	昭和4年10月15日		糀谷駅（京浜電車）
		33,961.37円	昭和8年1月10日		
大森区大森7-3192 大森東部耕地整理組合 組合長　田中　孝	住居	92,529.88坪	昭和5年7月11日		大森山谷駅（京浜電車）
		29,125.53円	工事中		
大森区馬込本町一丁目 馬込第三耕地整理組合 組合長　河原久輝	住居	150,817.97坪	昭和6年12月22日		池上駅（目蒲電車）
		98,500.00円	工事中		
蒲田区 上根岸耕地整理組合 元組合長　森　長太郎	住居	8,986.45坪	昭和6年12月28日	昭和7年12月27日	千鳥町駅（目蒲電車）
		4,203.20円	昭和7年6月30日	昭和11年1月26日	
蒲田区 矢口町中河原耕地整理組合 元組合長　森　長太郎	工業	24,167.23坪	昭和7年1月15日	昭和8年8月5日	武蔵新田駅（目蒲電車）
		6,544.64円	昭和8年6月15日	昭和11年1月26日	
大森区石川町43 呑川以西耕地整理共同施行 施行者代表　鈴木伊三郎	住居	16,915.05坪	昭和7年5月10日		大岡山駅（目蒲電車）
		10,690.26円	工事中		
大森区調布嶺町1-446 嶺鵜耕地整理組合 組合長　天明勝太郎	住居	148,889.93坪	昭和7年9月21日		鵜ノ木駅（京浜電車）
		45,400.00円	工事中		鵜ノ木駅（目蒲電車）
大森区大森7-3165 森ヶ崎耕地整理一人施行 施行者　田中祐貞	工業	74,101.77坪	昭和7年9月24日		大森山谷駅（京浜電車）
		11,485.00円	工事中		
大森区大森7-3192 大森町瀬島土地区割整理組合 組合長　田中　孝	工業	31,960.89坪	昭和8年7月12日		大森山谷駅（京浜電車）
		18,000.00円	工事中		
大森区大森7-3192 大森町千代田土地区割整理組合 組合長　島田由兵衛	工業	15,050.54坪	昭和9年3月7日		大森山谷駅（京浜電車）
		6,800.00円	工事中		

『交通系統沿線整理地案内』（東京土地区画整理研究会、1938年）より作成

大田区の耕地整理・区画整理事業一覧

事務所所在地区名及代表者	地　域	総地積 事業費総額	設立認可 工事完了	換地処分 解散	最寄り駅
大森区 新井宿耕地整理組合 元組合長　平林半三郎	住　居	188,034.41坪 9,506.00円	大正5年2月28日 大正7年3月11日	大正7年6月22日 大正11年2月28日	大森駅(省線京浜線) 大森駅(京浜電車)
蒲田区羽田本町 尾崎耕地整理共同施行 施行者代表　伊藤市兵衛	工　業	30,891.00坪 656.28円	大正5年8月4日 大正6年1月31日	大正6年8月16日	六郷土手駅(京浜電車)
大森区 入新井第三耕地整理組合 元組合長　平林浅次郎	工　場	17,979.11坪 5,198.01円	大正5年9月14日 大正8年5月26日	大正8年6月20日 昭和4年2月1日	大森駅(省線京浜線) 大森海岸駅(京浜電車)
大森区 大森耕地整理組合 元組合長　平林浅次郎	工　業	462,850.00坪 571,280.94円	大正6年2月16日 昭和9年2月10日	昭和9年12月17日 昭和11年9月27日	大森駅(省線京浜線) 大森八幡駅(京浜電車)
蒲田区御園町14 池上矢口蒲田総合耕地整理組合 組合長　吉田縫之助	工業一部住居	816,687.49坪 46,940.30円	大正7年1月11日 大正12年7月14日	大正11年9月22日 昭和13年7月31日	大森駅(省線京浜線) 梅屋敷駅(京浜電車) 池上駅(目蒲電車)
蒲田区御園町14 蒲田耕地整理組合 組合長　吉田縫之助	工　業	229,408.00坪 16,270.38円	大正7年10月25日 昭和3年8月10日	昭和9年12月26日 昭和13年7月31日	出村駅(京浜電車)
蒲田区 六郷耕地整理組合 元組合長　石渡百太郎	工　業	590,710.07坪 32,627.19円	大正7年11月27日 昭和5年4月20日	昭和6年1月22日 昭和6年12月6日	蒲田駅(省線京浜線) 出村雑色駅(京浜電車)
蒲田区糀谷町2-709 羽田第一耕地整理組合 組合長　田中　孝	工　業	189,099.00坪 12,584.98円	大正8年10月21日		糀谷駅(京浜電車)
大森区大森7-3257 大森第二耕地整理組合 組合長　田中　孝	工　業	148,930.00坪 26,310.94円	大正9年3月17日 大正10年6月31日	大正11年10月31日 昭和14年1月31日	大森駅(省線京浜線) 大森山谷駅(京浜電車)
大森区 入新井第四耕地整理組合 元組合長　平林浅次郎	住　居	47,952.00坪 16,887.17円	大正9年3月31日 大正15年3月31日	大正15年10月27日 昭和2年6月26日	大森駅(省線京浜線) 大森海岸駅(京浜電車)
蒲田区萩中町601 羽田第三耕地整理組合 組合長　石井仲藏	工　業	474,101.00坪 8,076.36円	大正10年1月14日	大正13年10月5日	糀谷駅(京浜電車)
大森区 馬込村東耕地整理組合 元組合長　加藤常次郎	住　居	25,307.62坪 6,950.63円	大正10年10月3日 大正11年10月5日	大正11年1月17日 大正12年5月20日	御嶽前(目蒲電車)
大森区池上本町83 池上耕地整理組合 組合長　横溝直也	住　居	259,569.40坪 33,565.20円	大正10年12月21日 昭和3年7月31日	昭和9年7月3日	大森駅(省線京浜線) 池上駅(目蒲電車)
大森区馬込町西1-1052 谷中耕地整理組合 組合長　加藤三郎	住　居	44,138.00坪 5,986.64円	大正10年12月21日 大正12年8月25日	大正12年10月12日	大森駅(省線京浜線) 鮫洲駅(京浜電車)
大森区馬込町西1-1052 谷中耕地整理組合 組合長　加藤三郎	住　居	370,114.00坪 16,893.79円	大正10年12月27日 昭和5年12月25日	昭和6年4月30日	糀谷駅(京浜電車)
大森区 上沼部耕地整理組合 元組合長　落合甲之助	住　居	14,478.00坪 17,174.93円	大正11年3月22日 大正11年7月20日	大正12年7月12日 昭和2年12月25日	田園調布駅(目蒲電車) 田園調布駅(東横電車)
大森区大森7-3257 大森第三耕地整理組合 組合長　田中　孝	工　業	120,096.27坪 23,059.57円	大正11年6月14日 昭和9年8月31日	昭和10年11月29日	大森山谷駅(京浜電車)
大森区 田園都市耕地整理一人施行 施行者　田園都市株式会社	住　居	77,568.00坪 100,000.00円	大正11年6月28日 大正11年10月30日	大正11年11月28日 大正13年2月1日	多摩川園前駅(東横電車)
蒲田区六郷町285 六郷堤外耕地整理組合 元組合長　前島敬之助	工　業	123,214.00坪 32,627.19円	大正12年1月18日 昭和9年8月31日	昭和9年10月8日 昭和10年9月6日	蒲田駅(省線京浜線) 六郷土手駅(京浜電車)
大森区池上本町83 徳持耕地整理組合 組合長　指田政太郎	住　居	209,702.00坪 26,565.47円	大正12年5月30日 昭和3年7月31日		池上駅(目蒲電車)
蒲田区小林町6 矢口耕地整理組合 組合長　瓜生友勝	工業一部住居	619,295.00坪 61,226.31円	大正12年5月30日 工事中		矢口ノ渡駅(目蒲電車)
大森区調布嶺町1-139 調布第二耕地整理組合 組合長　野村彦太郎	住　居	41,331.56坪 13,173.83円	大正12年12月15日 大正15年8月15日		沼部駅(目蒲電車)
大森区 田園都市調布第一耕地整理一人施行 施行者　市原　求	住　居	296,304.16坪 122,608.71円	大正12年12月25日 大正13年3月5日	大正13年5月9日 大正14年4月16日	多摩川園前駅(目蒲電車) 多摩川園前駅(東横電車)
大森区馬込西2-2109 馬込第一耕地整理組合 組合長　野村喜七	住　居	282,188.92坪 78,385.14円	大正12年12月26日 昭和4年8月31日	昭和5年1月31日	大森駅(省線京浜線) 戸越公園駅(目蒲電車)

田園都市株式会社によっても田園都市耕地整理一人施工（18）として、耕地整理事業として設立されていることが注目される。

また、大正8年に制定された都市計画法に基づく区画整理事業は、大田区では6組合が設立され、田園都市株式会社による東調布田園都市土地区画整理一人施行を含めて、規模の小さな、一部地主による個人的な宅地造成の範囲にとどまっている。特筆されるのは、田園都市株式会社によるものが住居地域で施行されている以外は、すべて工業地域に属していることである。大田区は郊外の住宅地として認識されると同時に、京浜工業地帯の一角を担う工業地域でもあった。50箇所の整理事業地のうち約半数の24箇所が一部住居を含むが工業地域に属している。震災以前の整理事業地の中でも21組合の内13組合が工業地域に属し、半数を越えている。

組合の事業地を年代順に見てゆくと、震災以前は省線京浜線（JR京浜東北線）の大森、蒲田駅を中心とした区南部地域で組合が設立されている。このことは同時に平行して走る京浜電車（京浜急行品川線）の沿線で事業が行われていることを示している。ところが、大正10年以降は目蒲電車や東横電車の沿線に徐々にその範囲が拡大され、大正14年頃は目蒲電車を主体として区北部と、京浜電車を含めて海岸一帯の開発が進められている。その範囲、規模は大きくないが沿線駅に散在しているなどの特徴がある。主に京浜電車の軌道周辺では、工業地域としての事業が中心である。

耕地整理と区画整理事業に関する当時者の認識について見てみたい。池上西部耕地整理組合（表中32、大正15年）の評議員であった宮田信造の過去帳によると、「久ガ原、下池上、上池上、雪ガ谷、道々橋　全地区宅地耕地の区画着工、久ガ原は第4工区と称し、工事完成約20カ年、土地所有者は面積の1割8分を提供す」と記されている。ここでも耕地整理という目的でありながら、宅地造成が主眼の一つであることが示されている。

組合長の下に組合員は昭和6年当時８８３人、組合副長10名、53名の評議員という大組織であった。工事完成に20年という予定をたてているが、実際には12年余りで完成している。工事の見積がずさんであったというよりも、それだけ複雑な要因の錯綜する大事業として認識されていたことを示している。第3章第3節〔本書1－3－⑥C〕で述べた久が原街町営住宅はこの組合地の中に建築されている。

5. 耕地整理と区画整理のもたらしたもの

耕地整理は本来農業経営の合理化を目指して田畑の交換、分合、灌漑用水や農道の整備を行うことを主な目的としていた。しかしこの事業は基本的には農民の自己負担でなされるものであったため、効用は理解されても実施となると二の足を踏むことが多かった。そのため施行された耕地整理事業の大部分は耕地整理という名目で行われた宅地造成のための準備であったとも言える。

整理事業組合によって実施されたのは、延施行面積３００３ヘクタール、区の総面積の72％に及んでいる。その原因としては震災以前に設立された組合が21、残りの28が震災後に設立されており、早い時期に耕地整理が着手されたことがわかる。区の東部・南部の水田地帯が震災以前に施行され、東海道（第一京浜国道）拡幅工事が大正7年には始まり、一方で多摩川改修工事の施行が決定されている。こうした刺激によって東部・南部から西部へと波及し、田園都市株式会社の高級住宅地田園調布という直接的な刺激も大きく影響していると言える。田園調布の直接・間接的な影響は前述のように見られ、地域的にも大田区の南部での区画整理事業の早期実施が顕著である。それと同時に目蒲電鉄（東急電鉄）による交通網の整備が直接的に耕地整理と結び付いていることもあげられる。

しかし耕地整理や区画整理を住宅政策上から見ると、これらの事業は対象を道路・公園などの基盤施設整備に限定したものであったため、広い意味での住宅地を形成させたものの、敷地を含めた建物との関係に対して何ら規定しなかったことに大きな問題を残すことになった。建物と敷地に対する根本的な政策の無かったことが、住宅地としての劣悪さを生み出す要因となった。造成区画としては短辺40m程度の街区寸法が採用されたが、当初は100坪以上の区画が50%以上を占めていたのに対し、戦後になってそれが細分化され、当初の造成された住宅区画の意図が失われてしまっている。戸建て住宅から低層・中層のアパートまでフレキシブルに使用できる街区形成が、かえって安易な宅地の分筆化を生み出したと言うことができる。

田園的な色彩を多く残していた地域を、結果として旧市街地と同様に次第に密集した住区に凝縮してゆく、日本的ないわゆる〝盆栽的な〟住宅地を形成することになった。このことにより経済力の伴う一部の階級のみが、より未開発で別荘地的な色彩を残す新たな居住地を求めて脱出して行き、一極集中構造を残したままの〝大東京〟が更に拡散して行くことになった。

註

(1) この節の記載に関しては、大田区の文化財第24集『地図で見る大田区(3)』掲載の平野順治「V．耕地整理」の内容を中心にして、大田区区史・民俗編他の資料を参照して記述した

(2) 玉川耕地整理組合に関しては、『世田谷近現代史』『せたがやの歴史』等の資料を参照した

[1―3―⑥B]
大田区史編さん委員会編『大田区史　下巻』(大田区、一九九六年、三二二～三二九頁)

黒沢村の相貌

大正一〇年(一九二一)の夏、初代社会局長を経験した床次内務大臣は、近衛公爵や田子一民社会局長らとともに、東京府荏原郡矢口村字下田の黒沢商店蒲田工場を訪れ「社会的設備視察」をした。店主、黒沢貞次郎は一行を案内し、一万二五〇〇坪の構内を一巡した。一行は、黒沢自ら率先してコンクリートをねり文字通り手作りしたという工場をはじめ、私設消防隊・浴場・食堂・幼稚園・社宅の数かずをつぶさに視察して賛辞をのべ、ことに公園の設備や水道設備の完備については、他の模倣を許さない理想に近い施設と激賞した。

黒沢商店の創立者黒沢貞次郎は、明治八年(一八七五)一月五日に生れ、若き日に渡米、タイプライターの技術を修め、平カナタイプを開発、三四年二七歳の秋に帰国、京橋区で商売をはじめた。黒沢商店は、京橋区弥左衛門町から、明治四三年に銀座尾張町二丁目一番地に新ビルを建設して移転、「大正二年工場敷地を現在の地に撰定し爾来風雨四年幾多の艱苦を経大正六年末漸く二万余坪に渉る大地域の買収」をなし、同七年より工場と従業員住宅の建設に着手した。

黒沢貞次郎は、黒沢小学校の設立認可申請に添付した履歴書にうかがえるように、日本におけるタイプライターの普及と発展に力をつくし、経営者として名をなしたのである。なお、黒沢の渡米について一族の黒

沢張三氏（貞次郎三男、明治四五年生）は、小僧奉公を終えて番頭格出世の祝い金を渡航費として、念願の渡米をするときに撮った写真の裏書きに、「コレワ一九才　ヨコハマ　タツトキ」と記されていることから、数えの一九歳、明治二六年としている。同履歴書には明治二三年渡米と記されているが、履歴書の記述は、黒沢張三氏によれば、黒沢小学校設立にかかわる申請書のために形式をととのえようとしたためであろうという。ちなみに黒沢貞次郎は、晩年においても、薬問屋奉公時代の苦しい思い出にふれられることを好まなかったという。

「履歴書」には、「原籍地　東京市京橋区尾張町二丁目一番地」「現住所　東京府下荏原郡蒲田町御園三百六拾六番地」「明治八年一月五日生」の記載後に、「学事及ビ職業」「教育事項」「賞罰」として、各事項がつぎのように認められている。

学事及ビ職業

自明治十四年 至明治廿三年	初等教育ヲ受ケタル後英語独学
明治廿三年	商工業修業及ビ語学研究ノ為渡米
自明治廿三年 至明治卅年	米国ニテ漁業農業商業ニ従事ノ傍ラ語学研究
自明治卅年 至明治卅一年	米国ニユーヨルク市エリオツト、ハツチ、タイプライター会社工場ニ就職傍ラ仮名文字タイプライターノ発明ニ着手之レヲ完成セリ
同卅二年	仮名文字タイプライターニ更ニ改良ヲ施シ其印刷見本ヲ時事新報社ニ送付シ同年九月三日同紙上ニ之ヲ掲記セラル
同卅三年	米国ニユーヨルク市マルゲルタラー、ライノタイプ会社ブロクリン本工場ニ就職同機ノ構造及ビ運用ヲ習得ス
同卅四年	帰　朝
自明治三四年 至明治卅八年	京橋区弥左衛門町一番地ニ於テタイプライター販売ニ従事ス同時ニ店舗内ニ小規模ノ修理作業室ト小型机上旋盤一個ヲ施設ス黒沢工場ノ濫觴ナリ
明治卅八年	営業所ヲ京橋区尾張町二丁目二番地ニ移ス
明治四十一年	欧米各国商工業視察、帰朝ス
自明治四十二年 至明治四十五年	京橋区尾張町二丁目一番地ニ鉄筋コンクリート三階層ノ建築を自カラ設計監督シテ建設ス、階下ヲ営業室、二階及ビ三階ヲ工作場トシテ業務ヲ拡張ス蓋シ我国ニ於ケル最初ノ鉄筋コンクリート造ノ一ナリ
自大正元年 至大正五年	工場拡張ノ為其敷地ヲ郊外蒲田村ニ選ビ買収ヲ行フ
自大正五年 至大正十二年	工場並ニ従業員住宅、簡易水道造築、落成ス
自大正十二年 至昭和三年	大震災ニヨリ被害ヲ受ケタル工場及ビ住宅施設ノ改築再建ヲ行ヒ復興工事終リ更ニ拡張増築中

教育事項

自明治卅七年 至大正四年	大倉商業学校ニ講師トシテタイプライターノ運用ヲ教授ス
大正九年	黒沢幼稚園ヲ開設シ今日ニ至ル
大正十年六月	逓信省ノ委嘱ニヨリタイプライター修理講習ヲ行フコト技手一名職工九名ニ対シ二週間
大正十一年五月	右同技手一名職工十名ニ対シ三週間
大正十一年七月	右同技手一名職工十一名ニ対シ三週間
大正十二年五月	右同技手一名職工十一名ニ対シ三週間
大正十四年六月	右同技手一名工手及職工十八名ニ対シ四週間
昭和二年二月	右同逓信省所属技手十七名同属一名鉄道省所属技手二名ニ対シ一週間

賞　罰

一、学校、公共事業、罹災救恤等ニ金員或ハ物品ヲ寄附シタル廉ニヨリ銀盃一個木盃数個ヲ下賜セラル

（右褒状ハ大震火災ニヨリ焼失シタルヲ以テ年月日等詳カニ記スルヲ得ズ）

一、昭和三年十一月実業上ノ功労ニヨリ緑綬褒章ヲ下賜セラル

一、罰ヲ受ケタルコトナシ

右之通リ相違無之候也

昭和四年七月廿三日　右

黒沢貞次郎㊞

（東京都公文書館所蔵「小学校設立申請書」昭和四年）

その事業は、創業二〇周年という「意義ある光輝ある大正十年を祝福する」として、黒沢商店、黒沢工業の機関誌『吾等が村』でつぎのように回顧されている。

大正元年店舗の建築全部完成するや其の階上に設けられたる工場も亦面目を新むるに至り加工及び修繕作業の傍ら自信ある製品を産出し得るに至れり。一方時代の要求は愈々最新業務用器用品の需要を激増し店務の拡張となり延いて印刷、製本、木工の新設備を見るに至れり。而して時代に適応せる、営業方針と店員一同の勤勉努力と相俟つて各部各作業倍々発展多忙を究め人員に於て已に明治四十三年店舗一部落成当時に比し十倍余、工場も現在店舗の二階三階全部を占有するも尚狭隘を告げ隣接三階建一棟に木工部を置くの已むなきに至れり。斯くて最もアップ、ツー、デートなる、卓越せる我が黒沢商品の販路は拡大又拡大、時代は遂に我工場をも現在の状態に満足せしめず且は住宅難の声喧しき昨今、就業員の健康、執務の便宜等店主の崇高なる社会奉仕の篤志が遂に大正二年工場敷地を現在の地に撰定し爾来風雨四年幾多の艱苦を経大正六年末漸く二万坪に渉る大地域の買収を了せり。同七年二月初めて工場及び従業員住宅の大建築に着手し茲に其の第　期計画工事終りを告げんとして目下第二期計画工事の一部に着手せり、現在落成したる工場の面積六百三十坪、使用の動力八十馬力、機械総計百四十二台、従業員総計百二十二人にして業未だ半ばなりと雖も二十年前机上旋盤一台の当時を回想せば転た今昔の感深きものあり、而して本年将に其の創業二十周年として意義ある光輝ある大正十年を祝福するを得更に堅実なる歩みに益々隆盛の域に達せんとしつゝあるは一に店主の慧眼と時代に策応せる確実なる営業方針に負ふ所多大なりと雖も亦就業員諸氏の不断の勤勉努力与つて力ありとす。今や更に更に活躍すべきの秋は来れり、奮闘の舞台は眼前に迫れり、勤精一番以て力を黒沢商店の大に致されん事を望んで已まざる次第なり。

（『吾等が村』第一巻三号　大正一〇年一〇月）

黒沢貞次郎は、聖書を愛読し、聖句や英詩の一節を英和両国語で口ずさむ人物であった。在米中に見聞したプルマンの鉄道村の印象は、ユートピアとして、黒沢の眼にやきついていた。それだけに事業の成功は、蒲田の地にユートピアを実現すべく、黒沢村の建設におもむかせた。

「吾等が村」として

かくて黒沢工場は、工場を中心に社宅、農園、遊園地、テニスコートなどのみならず、従業員の子どものための小学校までを擁する「工場村」として形成された。一従業員は、大正一〇年の神戸における川崎・三菱造船の大争議を念頭におき、黒沢商店創業二〇周年を誇らかに「過分の賜金を受け世に忌しき労働問題は愚人の辞書にあるの感」との感慨をもらしている。

黒沢工場では、共に村人であるとの思いで心を一にし、「労資協調」がめざされていた。それだけに村上生は、「労働提議《ママ》の一項と工場員舎宅」（『吾等が村』第二巻三号　大正一〇年一〇月）を記し、労働時間の短縮を提議した労働争議にふれ、工場村の利点をつぎのように説いている。

　偶々郊外に建設せられたる工場が、其の従業員舎宅を工場に隣接したる事は良く如上の問題を極めて容易に解決するに価するものである。

　本工場は工場の建築完備に先んじて工場従業員住宅を工場に近き一廓に建設した、為めに従来市井に散在する工場へ日々集散する従業員が往復に費すところの時間数字を省略し得る。其の省き得る時間数字は恰も上述の争議に捻出しやうとした時間数字に匹敵して余りあるものであり、尚ほ通勤に伴ふ疲労を除き住宅難の脅威を免れ物質的経済を齎す上に於て彼の所謂操業時間短縮の比に非ざるものである。

　然うして其の住宅たるや坊間にありふれたる恰も蜂の巣の如き兎もすれば我等の着実心を遮ぎらうとする共同家屋と其の撰を異にし、凡て一戸建乃至二戸建を美しき庭園をもつて繞し、各従業者をして一家族団欒なさしめ、遺憾なく休養且つ修養し得る設備は工場従業者舎宅として異彩を放つものである。世を挙げて労資問題の姦しき時代に良く平静を保つ所以の一つとしても的確に内容を立証して居ると思ふ。

　若し始めに叙述した私の牽引した観察にさしたる誤りがなかつたならば、斯くの如き従業者待遇法に拠り根強い労資に纏るところの社会問題を解決する一端となる事であるなれば近来稀にみる偉績であると云はなければならぬ。（十一年十月十日）

まさに黒沢工場村は、店主黒沢貞次郎を父として、「一方ならぬ御教導」をなし、「一視同仁」によってきずかれた一大家族の「吾等が村」として営まれていた。村の生活は、大正一四年（一九二五）末において、八六戸三二〇余人からなり、「吾等が村は一大家族主義であります。相互に扶け合ひ、親切を旨とし、睦ましく、愉快に苟くも人の噂さをする如きを慎み、模範工場としての面目を永久に保持する様努め居らる丶事は信じて疑はない所」であるから、「勤倹を主とし、和気靉々真の水入らずのおつきあいを致したい」とよびかけたなかにうかがえよう。

生活と職場を共にすることは、「一大家族」とはいえ、日常の交際においで何かとわずらわしくもあった。それだけに大正一四年には、「吾等が村」として、一〇項からなる申合せをした。それは、購買組合による生活改善とともに、工場村にふさわしい新しい気風を生み育てることをめざしたものにほかならない。

一、大正十五年一月一日以後中元、歳暮は勿論、婚姻、出産及死亡に対する贈与返礼を廃すること

一、已むを得ず贈与を受けたる時はお返しは絶対に成さゞること、及び招待を受けたる時は空手で行くこと

一、婚姻出産及死亡にありたる時は吾等が村一同で行ふこと

一、吾等が村居住者一世帯に付一ケ月金弐拾五銭を交際費として集むること（但し一家を持たざるものを除く）

一、吾等が村に世話人二名を置き各世帯の主婦輪番に行ひ六ケ月にて交代すること

一、世話人は交際費を集め会計を行ひ剰余金は工場事務所金庫内に預け置くこと

一、吾等が村に婚姻、出産及死亡等ありたるときは世話人は交際費を左の区分に依り贈呈すること

イ、婚姻出産及死亡に対しては金拾円

　但し満三歳以下の者に対しては金五円

ロ、臨時に吾等が村に来り。イ、に該当する者に対しては金五円
満三歳以下の者に対しては金参円

ハ、吾等が村居住者となり満三ケ月以上に渉らざる者はロ、に準ず

一、工場従業員の入営又は死亡に対しては別に工場内に於て定めあるを以て顧慮せざること

一、吾等が村の長老五名相談役として推薦すること

一、本申合せに別段定めなき事項に対しては世話人は相談役に相談の上臨機の処置を採ること

以上

（『吾等が村』第三巻第十一号）

こうした村の掟は、一大家族としてのまとまりをきずき、時代の風波に「吾等が村」の個性をかがやかせた。ちなみに相つぐ労働争議に揺れた大正一〇年、黒沢貞次郎は、関西視察旅行ののち、川崎・三菱両造船所の労働争議の見聞をふまえ、全従業員を食堂に集合させ、「友愛会ごとき団体には絶対に加盟相成らず、又不穏の行動、煽動的行為を為す者あらば、直ちに自発的に制裁を加へ以て吾等が村の美風を保護維持すべし」と問いかけたところ、全従業員は「一人残らず喜び勇んで」違背しない旨の誓約書に署名した。『吾等が村』は「誠に喜ばしく美しきこと」と報じた。まさに、「吾等が村」は、黒沢貞次郎が若き日にいだいた理想の場として光彩を放ったのである。

村には、従業員の子弟のために大正九年から幼稚園が開設され、昭和四年（一九二九）には小学校が設立された。私立黒沢小学校は、翌五年、尋常小学校として認可され、一学級二〇人の定員であった。校主の黒沢貞次郎はじめ校長以下六人の職員の教育目標は、個性の尊重、道徳の重視、常識の涵養と、特に「小学校ヲモツテソレ自身完結シタ目的ヲ有スルモノトナシ、目標ヲ上級学校ニ向ケナイ教育。出来ルタケ速ヤカニ実務ニ従事シ又従事シ得ル教育」にあった。昭和一一年四月現在の児童数は、幼稚園三八名、小学校九七名で、一部社外の児童も受入れていたが、同一六年、国民学校令の公布に際して閉鎖した。

鮎のさばしる多摩川の　水に朝夕口すゝぐ　我等は心清くして　至誠一つに日を送る

黒沢尋常小学校のこの校歌は、国文学者で東京音楽学校教授の高野辰之が作詞し、黒沢の長女で音楽学校に学んだ田中すみが作曲した。

詩人サトウハチローの『僕の東京地図』を一読すると、いかにもユートピア黒沢村の姿が彷彿としてくる。

門をくゞつておどろいた。左り手に工場、右手に野菜畑、桜の並木は、はるかにつゞき、コンクリートの道には、ゴミ一つ落ちてゐない。（略）門のわきからずツと見渡される畑は、この村人が（本当は社宅の人だが）たがやして、朝のおつけの実にしたり、夜になると牛肉と煮たりする野菜が植ゑられてあるのだ。一戸あたり十五坪だ。（略）ネギ坊主が夏を迎へる風に吹かれてゐた。畑の向ふに、食堂があり、湯がある。午後の五時からお風呂は、はじまるのだ。生垣にとりかこまれた百二十戸の家、どの家もみな青い木にとりかこまれてゐる。村のはづれに学校がある。（略）学校のわきに、深さ一尺位のプールがある。夏になると水あそびをするのだ。学校の右側には、水道の給水塔がある。ことこゝに至つては、おどろきの一手より他にない。

こうした黒沢村の姿は、黒沢貞次郎が「理想の田園都市にある我等が村人」とよびかけているように、「店主自ら統一する吾等が村は或る程度まで家族主義である」ことにより、ひとつの理想を追求したことで実現しえた。この工場村こそは、黒沢貞次郎の志と事業によって可能となったものであるが、ハワードがかかげた田園都市像にもっとも近いものにほかならない。現大田区域は、帝都の近郊として開かれるなかで、田

園調布に象徴される住宅地がきずかれる一方で、時代に一閃の光芒を放った黒沢工場村を生み育てたのである。黒沢村は、戦火のなかに場を失い、戦後の財産税の重圧で故地を失うこととなる。

〔1－3－⑥C〕
『大田区の近代建築　住宅編2』（大田区教育委員会、一九九二年、一六一～一七二頁）

公益住宅の建設と郊外住宅地

1．大田区域における公益住宅の建設

我が国における住宅政策の成立については、内務大臣の諮問機関であった救済事業調査会が内務省に「小住宅改良要綱」の答申を行い、それに基づいて内務省が地方公共団体に対し公益住宅の推奨を行った大正8年からとされている。内務省は大蔵省預金部資金を財源として、公共団体の住宅建設、社会事業施設建築に対する低利資金融資を行った。この資金により建設された住宅を一般に「公益住宅」と呼び、経済保護事業として主として社会中層階級の経済的負担の軽減を目的として実践された。

当時、公益住宅の建設をおこなったのは、公共団体である東京府、東京市、各町村等と、公益団体と呼ばれた東京市児童奨学奨励会、東京府社会事業協会、東京府住宅協会、東京府慈善協会等であった。住宅建設のための低利資金融資は、大正8年度から昭和10年度までに約1億2000万円、建設戸数は約7万7000戸にのぼった。

公益住宅の多くは、低所得層向けの住宅が大部分を占めていたが、一戸建て4～7室の中流家庭を意識した規模の分譲住宅も含まれていた。公共的な機関の住宅建設については、これまで同潤会や住宅営団による

表－Ⅰ　大田区内に建設された公益住宅（大正10年～昭和16年）

	名　称	所　在	経営主体	事業種別	最寄電車停留所	建設年代
01	東京市営東調布住宅	調布鵜の木	東京市	住宅供給	目黒蒲田電車・鵜の木	昭和２年４月
02	東京市営東調布住宅	同	同	同	同	同
03	東京市営東調布住宅	調布嶺１丁目	同	同	同・沼部	同
04	東京市営東調布分譲住宅	同	同	同	同・沼部	同
05	東京市営東調布住宅	田園調布１、２丁目	同	同	同・沼部	同
06	東京市営東調布住宅	同	同	同	同・沼部	同
07	東京市営池上住宅	久が原210	同	同	同・池上	昭和３年３月
08	東京市営池上住宅	同	同	同	同・池上	同
09	同潤会洗足台分譲住宅	上池上273～286	同潤会	同	同・長原	昭和６年３月
10	同潤会洗足台第２分譲住宅	雪が谷840～1038	同	同	同・石川台	昭和７年１月
11	同潤会雪が谷分譲住宅	雪が谷13、30	同	同	同・調布大塚	昭和８年７月
12	森菊花寮	新井宿5-13	東京市	同	大森駅	—
13	東京市営大森住宅	大森1-459	同	同	京浜電車・学校裏	大正13年８月
14	東京市営大森住宅	大森4-1798	同	同	京浜電車・梅屋敷	同
15	東京市営大森住宅	大森5-2097	同	同	同	同
16	東京市営大森住宅	大森7-3210	同	同	京浜電車・梅屋敷	同
17	東京市営矢口（分譲）住宅	小林、道塚	同	同	目黒蒲田電車・矢口	昭和２年
18	東京市営矢口（分譲）住宅	原、志茂田	同	同	目黒蒲田電車・矢口	同
19	東京市営矢口（分譲）住宅	蓮沼、安方	同	同	目黒蒲田電車・矢口	同
20	東京市営矢口（分譲）住宅	下丸子、今泉	同	同	目黒蒲田電車・矢口	同
21	東京市営矢口（分譲）住宅	矢口、古市	同	同	目黒蒲田電車・矢口	同
22	同潤会調布千鳥町分譲住宅	千鳥町783	同潤会	同	同・武蔵新田	昭和13年７月
23	同潤会調布千鳥町第２分譲住宅	千鳥町783	同潤会	同	同・武蔵新田	昭和15年７月
24	同潤会調布千鳥町第３分譲住宅	千鳥町38	同潤会	同		昭和16年４月（予）

註）カッコ内は資料掲載予定年次である。

ものが知られているが、それ以前の公益住宅の実態は明らかにされていない。

本節では、区内に建設された公益住宅に限って検討を加え、大田区が郊外住宅地として発展してゆく過程の一つとして紹介したい。大正期から昭和戦前期に区内に建設された公益住宅を、表－１として示した。これに関しては資料的な制約があり未だ調査過程であるが、資料の一部を掲載した。

大田区域内に建設された公益住宅を大きく分けると、町営のもの（昭和７年東京市に移管）、同潤会[1]によって建設された勤人向き分譲住宅地[2]と同じく同潤会による職工向き分譲住宅[3]の３つに分けられる。それぞれの組織の概要と事例を紹介しながら論を進めてゆきたい。

2．町村営住宅の建設

大正９年東京府は、町村・社会事業団体・産業組合及び市場協会に住宅・店舗の建設資金として低利資金の貸付けを行っている。その資金を用いて各町村が建設したのが、これから記す町村営の住宅である。

それらは昭和７年10月１日の市域拡張と同時に、東京市に移管され、それまで東京市の建設した市営住宅と同様に管理される。しかし、東京市の建設した市営住宅と旧町営住宅との間には、住宅供給に対する明らかな意図の違いが見られる。東京市営の住宅が高密度都市居住を前提としたのに対して、旧町村営の住宅は郊外の新しい住まいに対する提案を含んでいる。言い換えれば、前者が都市の居住環境整備としての住環境の再編成に重点を置いているのに対して、後者は住まいに適した住環境を新たに形成し、新規の居住者のために住宅を提供して行こうとする視点の相違と言うことができる。郊外に独立住宅を計画的に分譲した公的な機関としては、東京府住宅協会の住宅があるが、それ以上に一般的に知られているのは、同潤会の勤人向きの分譲住宅である。しかし、同潤会が分譲住宅地を建設する最初期のものは、昭和3年7月の斎藤町（20戸、横浜）で、東京に最初に建設されるのは、昭和4年5月の赤羽第一分譲地の8戸、同年6月阿佐ヶ谷分譲地の22戸である。このことからも、数が少ないとはいえ公的な機関として直接郊外の住宅地開発に先鞭をつけた町営住宅の実態は興味深い。

これらの町営住宅が建設されたのは、当時の町名を用いると豊多摩郡の戸塚町・渋谷町を初めとして、荏原郡の目黒・世田谷・東調布・矢口・池上・南足立郡の千住・伊興の各町村であった。それぞれの各町村へ順次交付された資金総額は、94万3000円にものぼった。

3．町営普通住宅と分譲住宅

町営住宅は主に3種類の住宅によって構成されている。1番目は普通住宅と呼ばれる一般の賃貸住宅である。社会の大部分を占める「一般勤労階級」を対象とした、建物としても余り質の高いとは言えない「安易な住宅」を供給するためのものであり、その建築としての評価は高くない。しかし、その多くは郊外の環境の良い場所に建つ、平屋ないしは二階建ての一軒家で、東京市内の劣悪な環境と比べて、比較的良好な居住環境であったと言っても過言ではない。

2番目には店舗向住宅と呼ばれる、小売商経営に適応した、いわゆる店舗併用の住宅である。東京市営住宅の中では、月島住宅（大正13年）、本村町住宅（大正14年）、玉姫町住宅（昭和2年）、東京府社会事業協会では、王子住宅に店舗向住宅が見られる。町営住宅の中では、大森町、目黒町、渋谷町、千住町に建設されている。住宅地と店舗向住宅を合わせて計画しているのは、東京市内に建設された市営住宅などと同様の手法である。

大森町営住宅の竣工図

3番目は分譲住宅である。これは中流階級の人々に住宅を所有させることを目的として建設されており、住宅を10年或は15年賦で販売しようとするものである。当初は東調布町、池上町、矢口町、世田谷町の4カ所に建設され、多くは〝閑静の地〟が選ばれて建設されている。

住宅使用に関しては東京市に移管後、東京市営住宅使用条例、東京市分譲住宅規程などによって規定され、住宅を使用するものは市長の許可を受け、その上に下記の条件を満たしていることが必要であった。

イ．普通住宅に在りては一定の職業又は収入の途を有し、独立の生計を営むものたること。

ロ．店舗向住宅に在りては1年以上其業務に従事したるもの足ること。

ハ．分譲住宅に在りては、1．本市内に於いて居住に適する家屋を所有せざるもの。2．独立の生計を営み相当の資力信力を有するもの

その上、使用許可を受けたものは保証金（使用料の1カ月から2カ月分）を納付し、保証人が連署した請書を提出しなければならない。このような規程を設けながらも、家賃の納付状況はよくないため、昭和6年には市営住宅入居者に使用料完納組合を作らせ、半期毎にその組合員が全員家賃を支払った場合には、総額の24分の1を交付するというものである。昭和8年後期にこの制度を利用した組合数は126、組合員数は918名に上っている。当時この規程の適応を受けた市営住宅は1624戸であるから、6割弱がこの制度を利用している。奨励金交付とは言

え、組合員に連帯責任を負わせる一種の5人組制度を適応しなければ、家賃を回収できなかったと見られる。

大田区に建設された町営住宅については、『大田区史資料編・民俗』に簡単な記載がある。大正15年に創設された池上西部耕地整理組合の第4区の久が原では、各戸が面積の18%を供出して事業費に充当したが、「この供出された組合地には池上町が町営住宅を建てて賃貸した。これは大震災後の住宅不足に対する措置として行われたもので、この町営住宅は1棟2世帯の建物であって、呑川沿いの現在のトーヨーボールの南側の場所には田圃の中に約50棟約百世帯の住宅が建てられていた。」と記載されている。

表－Ⅱ　区内に建設された市営（旧町営）住宅（昭和7年当時）

	名　称	戸数	一戸当たりの坪数	使用料（円）	敷地総坪数	借地料／坪	備　考
01	東調布住宅（3カ所）	16戸	12半～21半	10.33～18.72	2010坪	15～17銭	
04	東調布分譲住宅	19戸	14～16	13.95～16.90	—		一部2階建
07	池上住宅	26戸	13～16.5	13～16.9	1200坪	10銭	平屋建
08	池上分譲住宅	8戸	13.5～16	8～10			
13	大森住宅（4カ所）	72戸	8～15.5	9.5～18	2626坪	14～16銭	一部2階建
14	大森住宅（店舗向）	9戸	6～15	15～35			一部2階建
17	矢口（分譲）住宅（5カ所）	30戸	———	20.52～49.80	2079坪	20～26銭	

これが表に示した東京市営（旧町営）池上住宅にあたり、1200坪の敷地の中に34戸の木造瓦葺きの平屋が建設されていた。池上住宅の間取りと規模には3種のタイプがあり、13坪半（10戸、使用料月8円）、15坪（12戸、10円）、16坪（12戸、10円）であった。そのうち8戸は分譲住宅であった。その他の地域の規模と家賃は上の表を参考にされたい。

4. 同潤会分譲住宅の建設

財団法人同潤会は、大正12年9月の関東大震災によって生じた罹災者の救済を目的として、翌年の5月に設立されている。当初の事業計画は（1）住宅の建設経営事業、（2）不具廃疾者並に授産事業に関しては、啓成社として独立し、住宅経営に専念することになる。その経営事業内容は『同潤会十八年史』によると、

1）住宅ノ建設、経営並分譲
2）住宅敷地ノ造成、貸与並分譲
3）不良住宅地区ノ改良
4）住宅施設ノ設計、工事監督建設並管理ノ受託
5）住宅ニ関する調査、研究並指導
6）授産場、浴場其他居住者ニ対スル福利施設
7）其ノ他必要ト認メル事業

以上の7項目が上げられている。これらのうち住宅の建設は、大正13年の「仮住宅」[4]を手初めに、「普通住宅」[5]、「アパートメント」[6]、「不良住宅地区改良事業」[7]、「勤人向分譲住宅」、「職工向分譲住宅」が逐次建設された。

では、大田区に関係する勤人向き分譲住宅の建設事業について見てみよう。大正14年、同潤会は計画していた木造普通住宅の建設を終わり、以後はアパートメント・ハウスの建設が進められた。これらの事業は、震災後の慢性的な住宅の払底に悩んでいた、市民に受け入れられたが、「時代の要望は住宅の量の問題から更に質の問題へ」と進んでゆき、さらには「一般勤労知識階級の住宅所有熱」が高まってきた。そのような人々を対象として「何等かの方法に依って住宅を所有せしめ」「同時に最も時代に適した文化的合理的なる小住宅の模範を供給し」、それに加えて「一般の住宅知識普及向上に資すること」を考慮した結果、新たに「月賦小住宅」を建設することになった。昭和2年8月監督官庁の承認を受け、実際に昭和3年3月3日、横浜市に斎藤分譲住宅を起工するに至っている。

5．同潤会の設定した住宅像

分譲住宅の整地の選択に際しては、以下のようなことに注意が払われた。

①土地高燥にして環境佳良たること
②東京方面においては市電終点まで十銭以内の交通費にて事足るか又は省線を利用するものにありては定期券月額5円以内なること
③借地の地代は成るべく月坪10銭以内なること
④瓦斯、水道の引用容易なること
⑤小学校、医師等の不便なきこと

また分譲地に建築された住宅の規模に関しては、

①住宅の間取り（部屋数）は、3室乃至5室とした。
②延べ面積は最大35坪とした。
③清楚なる木造瓦葺和風を主とした。
④平屋のものと、2階建てのものがあった。
⑤子供室或は「サンルーム」等に利用し得る広縁を配している。

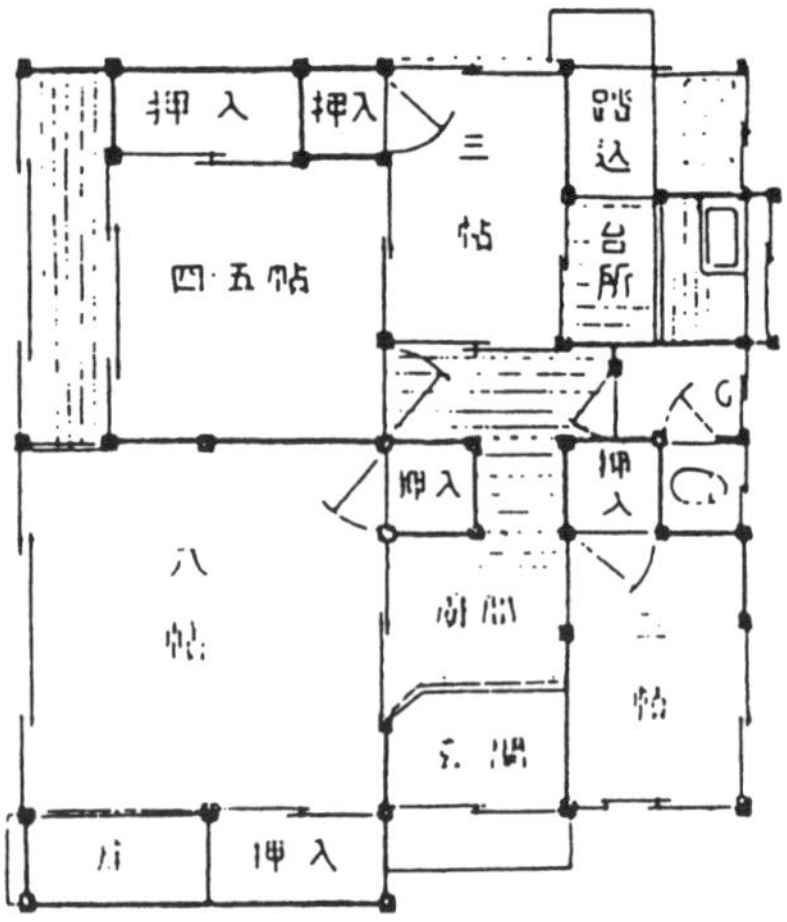

同潤会千鳥町分譲住宅「り型」

同潤会千鳥町分譲住宅竣工写真

配置計画としては次のようなことに注意を払っている。『同潤会経営住宅の業績』では、

イ．敷地は建坪の3倍以上を標準とし、将来増築し得るよう空地を存せしめたこと。
ロ．保険的見地より東南の陽光を多く採り入れ、且つ通風を妨げぬよう敷地の西北に近く寄せて建物を配置し、又同時に各住宅相互の位置を同様の考慮の下に按配せること。
ハ．台所付近には特に物干場、物置等のため空き地を存したこと。
ニ．一団地に似通った住宅を多数建設することにより、所謂集団住宅が単調に陥る弊を防ぐ為、道路より建物迄の距離に長短を与へ、玄関の位置を変え、又屋根形式に変化を持たしめ、且つ敷地内における建物の位置を異にせしめたこと。

同潤会洗足分譲地案内（1931年）

6．大田区の分譲地と分譲住宅

大田区内には勤人向き分譲地3カ所、職工向き3カ所の同潤会分譲住

宅が建設されている。勤人向き分譲地は好評を収めていたが、この分譲事業の経験を生かし、熟練職工を対象とした職工向き分譲住宅が企画された。まず職工住宅の素人設計の懸賞募集が行われたが、千人に達する応募があった。これに確信を得て、昭和9年2月に起工した深川三好町を手初めに昭和16年住宅営団に事業を引き継ぐまで、15カ所、1105戸を建設した。当初は工場労働者向き土地付分譲住宅と呼ばれていたが、勤人向きと異なり最初から土地付きの分譲であった。

懸賞募集の応募案からも3～4部屋の規模が望まれていたことから敷地が狭くてすむこと。地代の高騰により居住者の不安が生じはじめたことなどから、昭和9年頃からは勤め人向きでも土地付きのものが現れてくる。

大田区内では、調布千鳥町783番地に建設された86戸が最初のものである。木造平屋建の2～3室構成の1戸建で、総敷地面積3344坪の中に、28坪から33坪の敷地に分割されていた。ここでも同様に20カ年の月賦販売が行われている。

他に調布千鳥町第2期分譲地が千鳥町783番地に88戸、調布千鳥町第3期が千鳥町38番地に60戸が建設されている。戦争の激化とともに資材が不足し始めたが、政府は職工の重要性を認め、政府から資材の特配を受けるような有り様であった。

表－Ⅲ　調布千鳥町分譲地の概要

名　称	所　　在	戸数	構　　造	敷地面積（坪）	建坪（坪）	延坪（坪）	総工費
第1期	千鳥町783番地	86戸	木造平屋（—）	3344	1211.2	1211.2	158,132円
第2期	千鳥町783番地	88戸	木造平屋（—）	3400	1216.9	1216.9	187,054円
第3期	千鳥町38番地	60戸	木造平屋（20）	2066	718	818	162,729円

構造欄の（　）内は2階建戸数

職工向き分譲地が、戦時体制への協力的な発想で計画されずに、少なくとも昭和初期に田園式に広範囲に計画されていれば、その評価はもっと高かったであろう。

勤人向きの分譲地は、洗足第第1（昭和6年、25戸）、洗足台第2（昭和7年、36戸）、雪ケ谷（昭和8年、31戸）が区内に建設される。それらの内容については表に示すに留め、最後に建設された雪ケ谷分譲地の分析を試みてみたい。

『洗足台分譲地案内』によると洗足台第1分譲地は、「省線五反田駅を経て池上電鉄長原駅下車、西南約6丁の所で、長原駅からは8分毎に発車して五反田駅まで8分、東京駅まで25分位で参ります。本住宅は文化住宅地として有名な田園調布の連なりで、洗足池等の風光明媚な場所の小池台という丘の上に」建設されていると説明されている。田園調布がすでに分譲地のステイタスをもっているのが分かる。その他電気、瓦斯、水道などの設備も整い、「この点は市内となんら変わりなく、永久に住み心地よき住宅地」で、世帯主に限って「五反田、長原駅（池上電鉄）間無料乗車券を交付」してくれる特典があるという。電鉄と分譲地の関係は密接で、東京近郊で最初期の世田谷桜新町分譲地（大正2年）でも玉川電鉄が無料乗車券を配布していたようである。採算よりも路線沿線に早く居住者が増えることをねらっての投資であったのであろう。

案内の冒頭には分譲住宅であることが謳われているが、2番目に「住宅組合の様に連帯責任を負う必要がありませんから安心です。」と住宅組合との差を強調していることが注目される。間取りなどについては雪ケ谷分譲地で述べることにして、以下分譲地の概要を列記しておく（表－Ⅳ）。

7. 同潤会「雪ケ谷住宅」の概要と建設

雪ケ谷住宅は昭和8年の「雪ケ谷分譲住宅案内」によると、住宅地付近一帯は緩やかな（南下がりの）スロープを持つ高台で、東南に本門寺

表－Ⅳ　区内の同潤会分譲住宅地の概要

洗足台第1分譲地（昭和5、6年度事業報告）

所在地	東京府荏原郡池上町大字池上字小池277番地10筆		
型　式	木造瓦葺二階建又は平屋建		
敷地面積	3,033坪31	戸数	25戸
坪当地代	8銭（月額）	借地年月日	昭和5年8月8日
借地期間	昭和6年9月16日～昭和30年8月7日		
1戸当延坪	24坪56	1戸当敷地	121坪32
敷地／建坪	5.11	総工費	55,285円
1戸当工費	90円06		
竣工年月日	昭和6年2月23日	工事請負	大林組
備考	総工費中には建築費の外に電気、瓦斯、水道、植樹等の諸工費を含む。敷地面積中には新設及拡張道路敷を含む		

区内の同潤会分譲住宅地の概要

名　称	戸数	構　　造	敷地面積（坪）	建坪（坪）	延坪（坪）	総工費
洗足台	25	木造平屋12（5）	3,033	593.4	613.9	55,285円
洗足台2期	36	木造平屋32（4）	5,536	884.2	925.2	97,396円
雪ケ谷	31	木造平屋28（3）	3,856	755.0	787.2	77,922円

構造中の（　）は2階建戸数

を眺め南西に富士を仰ぐ「近郊稀に見る景勝の地」で、また付近には洗足池があるなど、住環境として優れていることを特筆している。大日本帝国陸地測量部（昭和12年修正測図）によると、分譲地は台地上の舌部を選んで計画されている。

都心への交通機関は、「省線五反田駅又は蒲田駅より、池上電鉄調布大塚駅下車東南約3丁の所」と、非常に交通の便が良い。このほかに池上電鉄は世帯主、家族に対して特別、割引乗車の特典を設けていた。

同潤会の場合分譲地の敷地は、ほとんどが（敷地付き分譲の江古田、松陰住宅を除く）借地である。分譲住宅と言っても建物だけを販売し、土地は地主からの賃貸としている。この方法は公益住宅では既に大正10年に建設された東京府住宅協会の住宅地（7ケ所502戸）に同様の手法が見られる。同協会の場合は3種類（甲種＝15年年賦で建物を分譲、乙種＝賃貸住宅、丙種＝寄宿舎利用）の住宅を供給していた。同潤会の勤人向き住宅が東京府住宅協会の甲種に相当し、普通住宅、アパートメントが乙種に相当する。雪ケ谷住宅の地代は月額6銭の20年契約（昭和7年10月1日から昭和27年の9月30日まで）であった。

同時期周辺では瓦斯が敷設されていなかったにも拘らず、瓦斯・水道・電気などの設備は雪ケ谷住宅では入居時より各戸に完備していた。

周囲の環境は池雪小学校、清明学園、荏原病院等に隣接しており、住環境として整った場所が選択されたといえる。当時は郊外の開発が急で小学校などの教育施設が慢性的に不足し、集合的に住宅地を建設する場合には教育施設・病院等の所在は分譲地開発にとって重要な要素であった。

8．勤人向分譲住宅の入居対象者

分譲住宅の入居規定に関しては「住宅貸付規定」「分譲住宅貸付規定」によると第三条イ項に「現ニ住宅組合又ハ住宅ノ供給ヲ目的トスル産業組合ノ組合員ニ非サルモノ」とあり、住宅組合等の組合員は除外されている。住宅組合法は組合員に住宅を供給する目的で、中産階級の自助的組合を作らせようとするものとして、大正10年に施行されている。『同潤会十八年史』には同潤会の分譲住宅と住宅組合の住宅を比較して

1）住宅組合は組合員の希望する場所に、希望した形式の家を建築できるが、かえって経済的な価値の低下を招く。これに対し、同潤会では集団的に快適な住宅街を形成するため、近隣から脅威を受

けることがなく、市場性を帯び損失が少ない。

2）同潤会の敷地は処女地を低廉に借入れ又は買い取るため安価である。

3）住宅組合の場合は素人設計で大工任せの施工であるのに対して、同潤会は専門技術者の研究に基づく緻密な設計と工事監督により施工精度が高い。

4）集団的に建設するために、敷地の構成や下水の処理が容易で、瓦斯・水道などの引用費が少ない。

5）住宅組合は組合員が相互連帯責任を負うが、同潤会の場合は他人の責任の負うことがない。

以上のように同潤会は、住宅組合による住宅供給に対してかなり批判的であるといえる。保証人には「所得税30円以上納付する方で東京横浜市に居住」という条件がある。分譲住宅の昭和6年入居者によると、「申し込み資格の75円以上という規定を満たしていなかったため、上役

同潤会雪ケ谷分譲住宅案内（1933年）

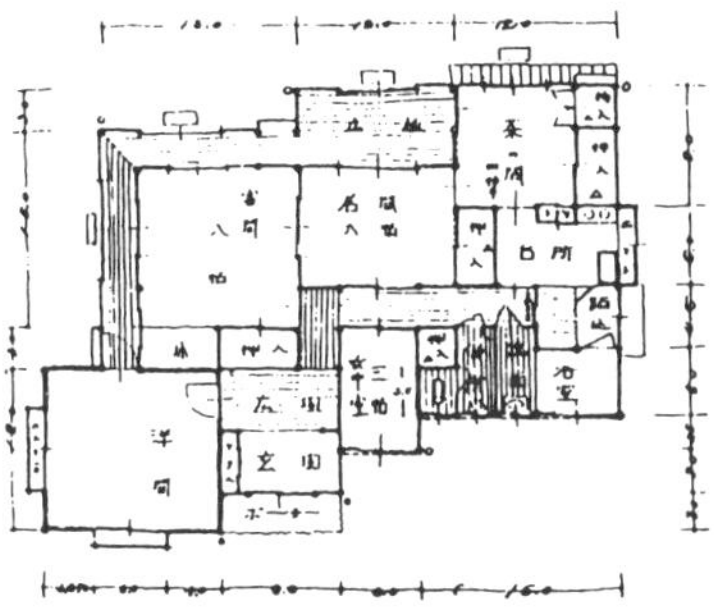
同潤会雪ケ谷分譲地「り型」の間取り

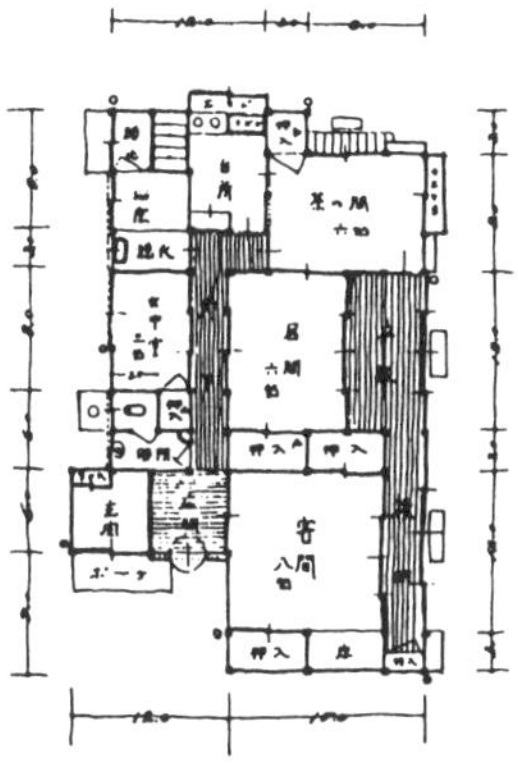
同潤会雪ケ谷分譲地「ぬ型」の間取り

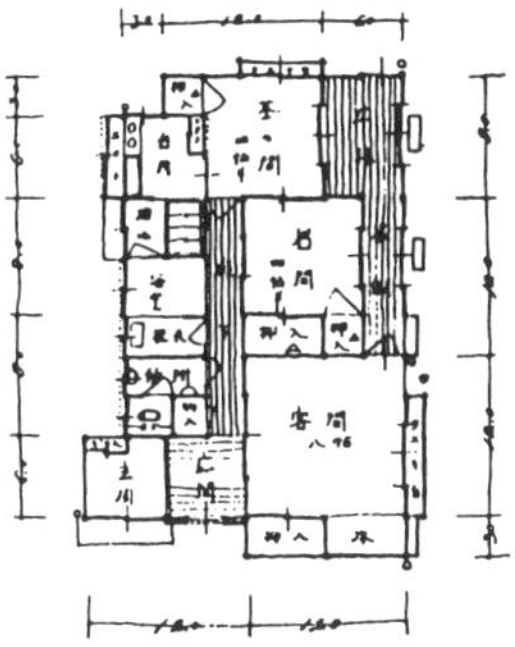
同潤会雪ケ谷分譲地「わ型」の間取り

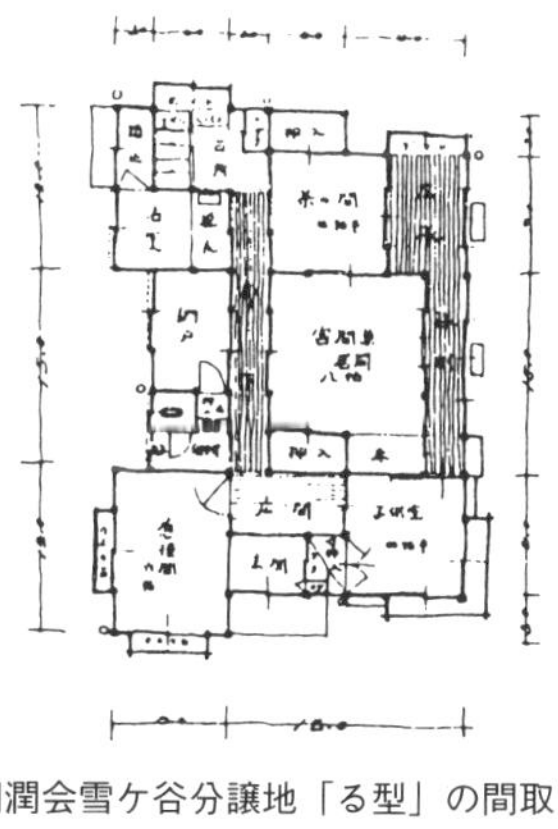
同潤会雪ケ谷分譲地「る型」の間取り

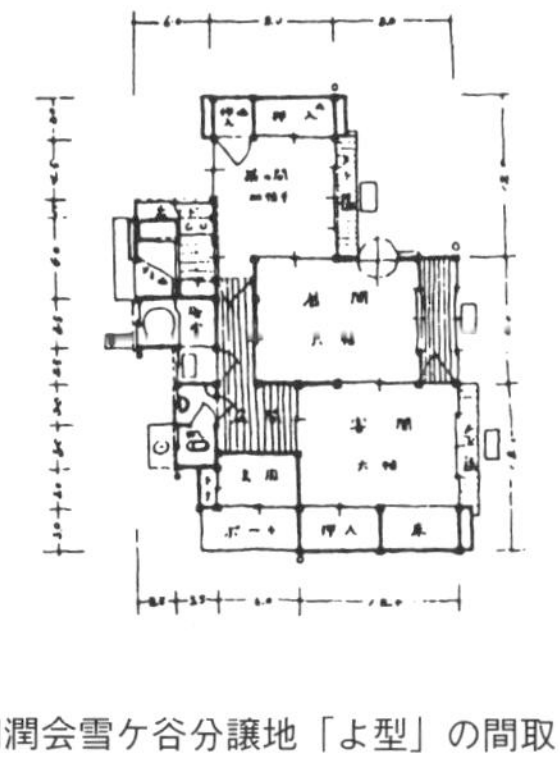
同潤会雪ケ谷分譲地「よ型」の間取り

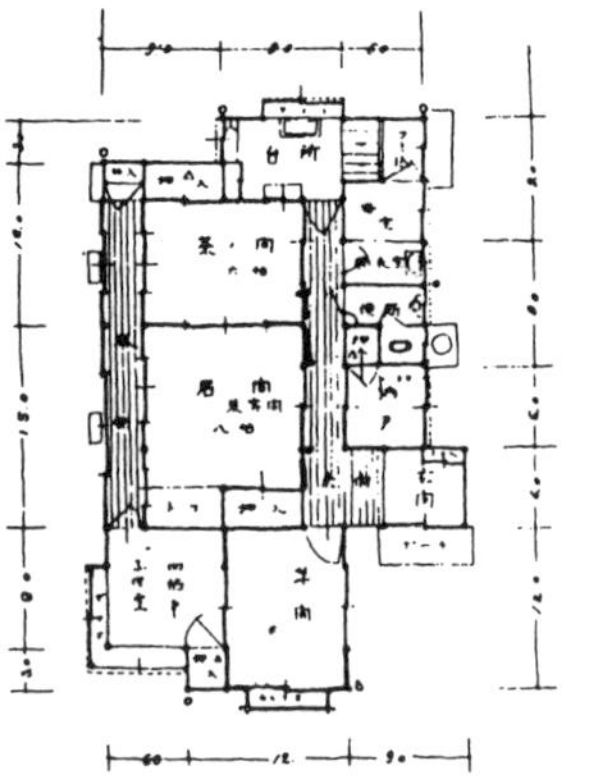

同潤会雪ケ谷分譲地「を型」の間取り

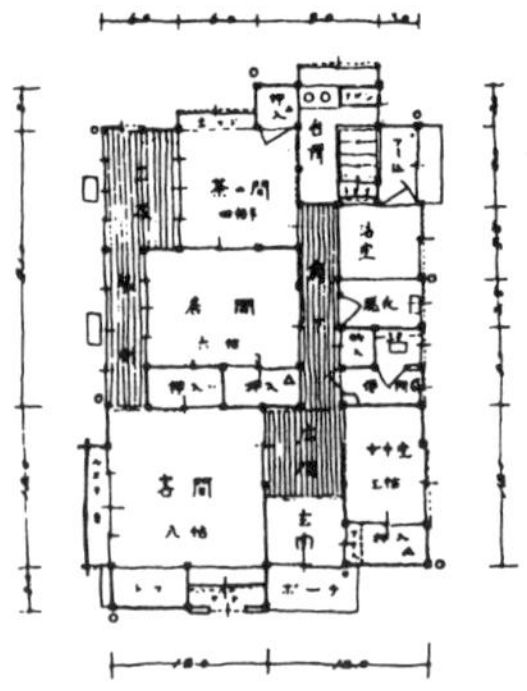

同潤会雪ケ谷分譲地「G型」の間取り

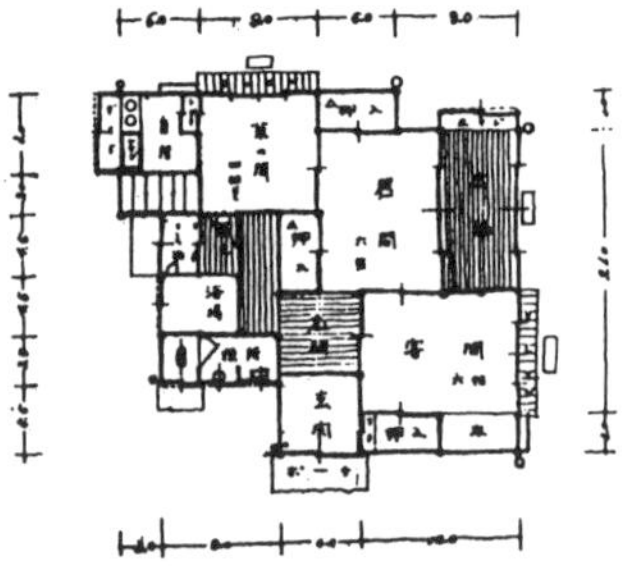

同潤会雪ケ谷分譲地「か型」の間取り

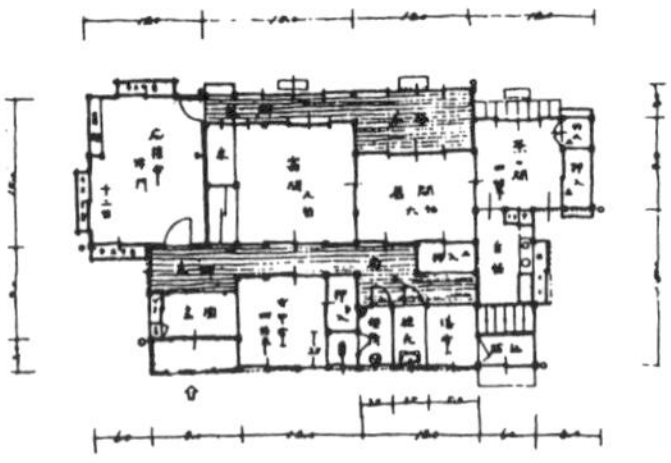

同潤会雪ケ谷分譲地「ち型」の間取り

に代わりに申し込んでもらい、抽選にあたり入居した。」という記載があり、申し込み資格に下限があり、入居者層を所得により限定していた。

9. 実現された雪ケ谷分譲地

敷地面積（3856坪44）の敷地を31に区画して宅地を造成している。敷地全体は北西－東南を軸として計画され、「保健的見地より東南の陽光を多く採り入れ、且つ通風を妨げぬよう敷地の西北に近く寄せて」建物を配置し、又同時に「各住宅相互の位置を同様の考慮の下に按配せる」（『同潤会経営住宅の実績』）という、配置計画の理念が忠実に守られている。1区画は最大171坪、最小で79坪である。敷地は「建坪の3倍以上を標準とし、将来増築し得るよう空地を存せしめた」ために当時の他の公的な供給住宅の中では敷地面積が極めて広い。第1区（宅地番号1～6、26～34）、第2区（7～12、16、18、20、23）、第3区（14、15、17、19、21、22）、残りの5区画を第4区と便宜的にわけ、第1、4区を飯島組（飯島泰徳、芝区芝浦町3丁目1番地）が、第2、3区を松陰住宅を施工した渡邊豊吉に請負せ同時に起工させている。

各敷地の外周は生け垣で囲われて、道路に面した部分は土塀又は生け垣で、各戸に表門と裏木戸があり、植栽も施されている。また隣地との南側の境界には4間幅程度の擁壁が目隠しとして設けられている。

また、1つの団地に同類の住宅を多数建設することは、「集団住宅が単調に陥る弊を防ぐ為」、道路より建物迄の距離（アプローチ）に長短をもたせ、玄関の位置を変え、又屋根形式に変化を持たせ、且つ敷地内における建物の位置までも異った配置としているなど細かな配慮がなされている。

同潤会住宅の平面は居室の部屋数によって3室型、4室型、5室型の3つに分けられている。雪ケ谷住宅においても、5室型が3形式3種（と型3戸、ち型2戸、り型3戸）、4室型が4形式4種（ぬ型4戸、る型5戸、を型4戸、G型2戸）、3室型が3形式3種（わ型4戸、か型1戸、よ型3戸）の10形式10種の31戸建設されている。間取りのうち〝G型〟の2戸を除けば全部新形式のものである。前年度に建設された善福寺分譲地では『五室以内の新住宅設計』という懸賞設計の入選作を一部建設したが、その成果を取り入れて改良を加えている。

勤人向き住宅の構造は木造で、瓦葺きの和風意匠の住宅であるが、平面はどのタイプも中廊下型で、〝と型〟だけが2階建てで、階下には6

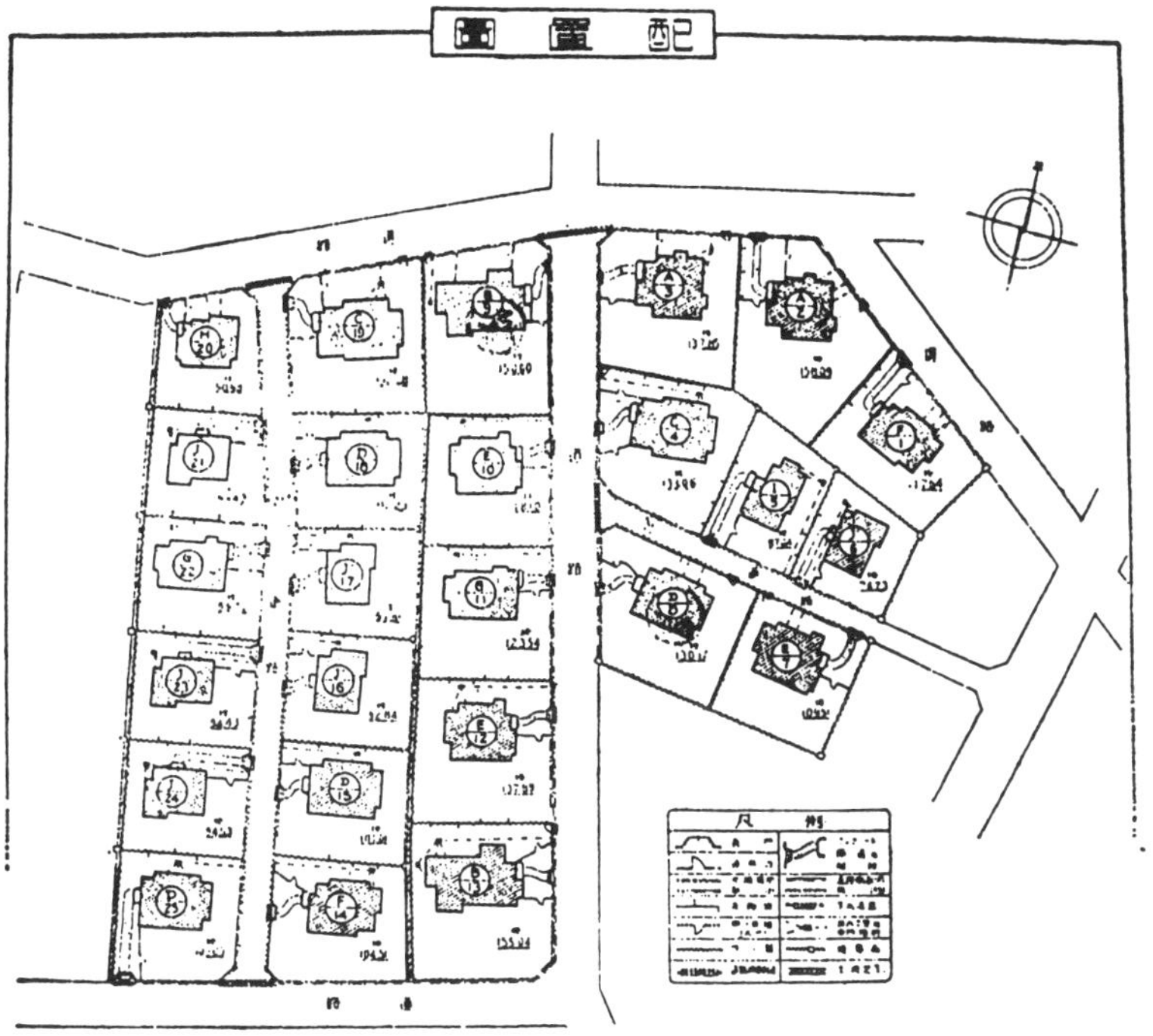

同潤会洗足台分譲地配置図

畳大の洋間の応接間と8畳の居間、6畳の茶の間、2畳大の納戸があり、階上には8畳の客間と4畳半の次の間で構成されている。洋間は6畳大（〝と型〟〝る型〟〝を型〟）、10畳大（〝ち型〟）、9畳大（〝り型〟）があり、全体の17戸（54・8％）に洋間の応接室が付属している。また、4畳半の子供部屋をもつ〝を型〟、最小規模の〝よ型〟を除くと総てのタイプに広縁がある。これも同潤会の間取りの特徴の一つである。各居室と広縁の関係を見ると、茶の間に付属しているもの（と型、る型、G型、わ型）、居間に付属しているもの（ち型、り型、ぬ型、か型）があり、広縁は「冬にサンルーム」に使えるように東南の日当たりの良い場所に設けられており、広縁と居室との直接的な結び付きは薄い。広縁の幅は6尺で3畳大、4畳大の2種がある。女中室は4畳半（〝ち型〟）、3畳（〝り型〟〝ぬ型〟〝G型〟）があり、納戸は2畳大（〝と型〟〝を型〟）、3畳大（〝る型〟）がある。また、子供室を玄関脇（〝る型〟）に持つもの、洋間の奥（〝を型〟）に設けるものがあり、独立した子供部屋が設けられている。この場合には居間と客間を兼ねて1部屋としている。

延べ面積は2階建の〝と型〟の35・5坪を最大に〝よ型〟の15・5坪までであり、上限に関しては、前述の住宅組合が「住宅は35坪まで、用地は70坪以下」のものに限って家屋の登録税が免除されているように、その範囲にとどめられている。また施工に関しても、基礎に5寸の割栗石を入れ、その上に地上面から1尺2寸の高さのコンクリートの土台を入れるなど施工技術水準も高い。

10. 住宅展覧会と雪ケ谷住宅の特徴

同潤会の分譲住宅の建設の主旨は、単に中産階級に住宅を供給するだけでなく、「現代文化の理想」と実際に叶う「日本の小住宅の模範設計」を提供し、社会一般に「住宅知識の普及並に住宅改善の促進」を目的としていた。それらの主旨から分譲住宅の竣工のたびに住宅展覧会を開催している。[8] 雪ケ谷住宅の場合は、週末の4日間（昭和8年の6月10日（土）、11日（日）、17日（土）、18日（日））間に亙っている。申し込み期間は1ケ月（5月20日から6月20日）で、分譲年限が長期の15年の場合は戸数19戸に対して529名、短期7年の10戸に対して22名の申し込みを受けている（2戸は管理者用住宅）。分譲年限の長期のものに人気が集中する傾向は、他も同様で、洗足台第2住宅の場合では長期／短期の倍率は23・5倍／2・7倍、善福寺住宅13・7倍／1・3倍、袋町住宅19・5倍／2・3倍である。また展覧会に供された住宅は5室のものでは8畳大の洋間のある〝ち型〟、4室型では洋間のない〝ぬ型〟と、6畳大の洋間の付いた〝る型〟、洋間の付かない3室型では〝わ型〟〝よ型〟が公開されている。

雪ケ谷住宅を中心に同潤会の勤人向き住宅について見てきた。以上から分譲住宅について次のようなことが考えられる。

1）これまで同潤会の分譲住宅は、震災復興後の住宅供給としてのみ位置付けられてきたが、東京府住宅協会などで行われた公益住宅事業の延長線上にある要素が多く、その手法の多くを踏襲している。

2）政府の住宅供給政策としてすすめられた住宅組合に対して批判的な側面を持ち、計画的・専門的な立場から「模範的な住宅像」を提供しようとした。

3）分譲地において住宅展覧会を開くなど、社会一般に対する「住宅知識の普及並に住宅改善の促進」に勤人向き分譲住宅は大きく貢献している。

4）入居対象者を中産階級におき、宅地の造成・配置計画・合理的な間取りの追求など郊外開発のプロトタイプとして、社会に受け入れ易い数々の提案を行った。

5）中産階級に対して持家政策としての分譲住宅のシステムを示し、住まいの月賦購入という形式を定着させようとした。

6）公的な機関による専門的な高水準の住宅供給を示し、住宅の施工術や精度の質を高めた。

以上限られた中で同潤会の勤人向き住宅について述べたが、社会の要求に見合ったかたちでの「模範的」住宅供給及び「住宅知識の普及」に果した郊外開発という視点から考えると、同潤会分譲住宅の功績は改めて評価する必要がある。今後も住宅地の事例についても研究を進め、提案された間取りの変遷や周辺社会に及ぼした影響を考察したい。

11．公益事業としての郊外開発の幕切れ

最初に述べた旧町営の分譲住宅は、建物の規模も、敷地の規模も小さなものであり、量的な意味での住宅供給にはあまり大きな成果を上げることができなかった。しかし、後に続く同潤会の分譲住宅、そして民間サイドで行われた様々な形での郊外地の開発に、これらの実験的とも言える試みが、郊外地の開発のプロトタイプとして果たした役割は大きい。田園都市の開発が一部で実践・検討されていた時期に、公共機関が自ら郊外地開発に先鞭を付けたものの、その後の展開は一部の民間業者や機関に任され、「住まい」と「郊外住宅地」という形式だけが、〝商品〟として一人歩きを始め、公的機関が都市及び住宅問題の本質から撤退して行くという後ろ向きの構図が読み取られる。

また、分譲地として同潤会の事業をみると、整った土地区画や隅きり、建物の施工精度の高さ、完備している設備、月賦販売のシステムなどこれまでの公益住宅に比べて一段と進歩している様子が分かる。同潤会のスタッフが、過去の失敗から多くのものを学んだことも理解できる。しかし、当時の中産階級の住まいに同潤会の与えた最大のものは、住宅の間取りに対して簡易な表現を用いながらも、合理的な提案を行ったことであろう。どのタイプにも南面した居間と広縁を設け、中廊下式の住宅様式を採用したこと、主婦のための動線の配慮など住まいの計画に対する〝科学性〟を中産階級の人々に示したこと等、その功績は大きい。少しでも工夫して住み易く、暮らしに便利な住宅として住まいを設計するという、現在においては当たり前ともいえる生活に対して真面目な設計姿勢が、実際に中産階級の住宅の技術・思想・経済水準の向上に果たし

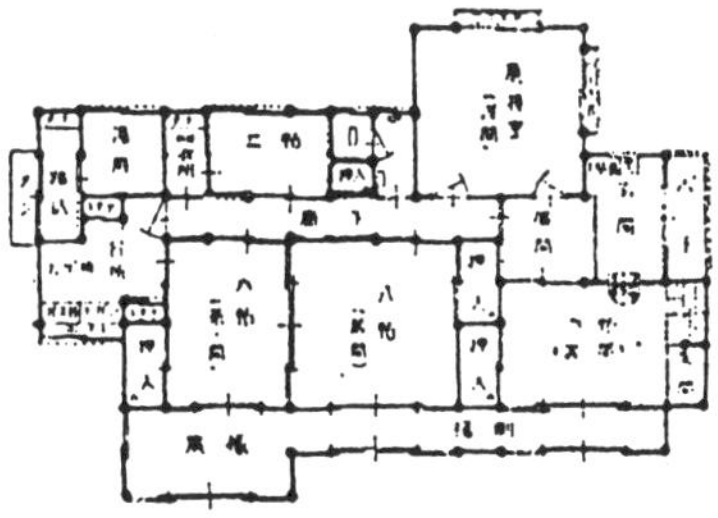

B型

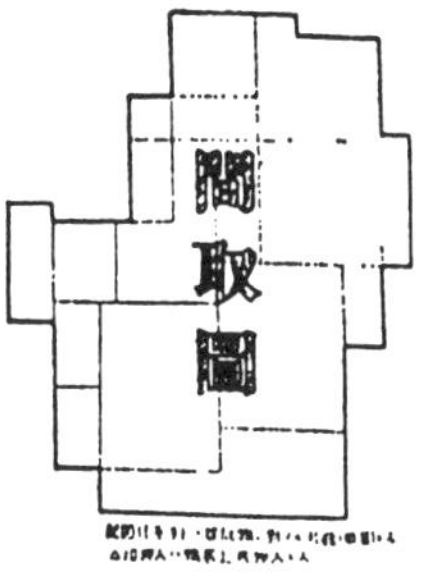

A型

E型

D型

C型

H型

G型

F型

J′型

J型

I型

同潤会洗足台平面図（洗足台分譲案内）

た役割は計り知れない。

註

（1）同潤会関係の記載は次の資料による
『同潤会十八年史』『同潤会経営住宅の業績』『同潤会十年史』宮沢小五郎　同潤会発行　昭和9年、昭和12年、昭和17年

（2）勤人向分譲住宅
中産階級の模範的な小住宅の建設を目的として、昭和3年より開始した主に借地の分譲住宅

（3）職工向分譲住宅
一般労働者階級を対象として、昭和9年より建設を始めた土地付・小規模分譲住宅地

（4）仮住宅
震災によって生まれた罹災者らのスラムを除去することを目的とし、同時に保安・衛生・教育上の弊害を取り除き、罹災者の生活を安定させる生活保護もめざしていた　大正13年に7カ所、2160戸の木造平屋建ての長屋住宅が建設された

（5）普通住宅
震災による住宅不足を解消し、低所得者の生活保護を目的とする恒久的な住宅として、木造二階建て、平屋建てが12箇所計3493戸が建設された

（6）アパートメント
耐寒・耐火の恒久的なRC造アパートメント・ハウスとして、15カ所に2508戸を建設した

（7）不良住宅地区改良事業
社会の底辺層の住宅環境の改良のため、大正15年の深川猿江町（住吉）をはじめ3ケ所、計807戸の住宅及び福祉施設を建設した

（8）同潤会洗足台分譲住宅における展覧会の観覧人数

昭和6年1月31日	（土）	975人
2月1日	（日）	1293人
7日	（土）	675人
8日	（日）	2275人
計		5218人

同潤会洗足台第2分譲住宅における展覧会の観覧人数

昭和6年11月28日	（土）	151人
29日	（日）	1135人
12月5日	（土）	322人
6日	（日）	1204人
計		2812人

当日は天候に恵まれなかったとの記載あり

第4章
三多摩、神奈川、埼玉

❶東村山市

［1－4－①］
野田正穂「旧西武鉄道の経営と地域社会」（『東村山市史研究』第4号、東村山市、一九九五年、一〜三三頁）

一　はじめに

現在の西武鉄道は周知のように、一九四五年（昭和二〇）九月に武蔵野鉄道（池袋・吾野間その他）が当時の西武鉄道（高田馬場・東村山間、国分寺・本川越間その他）を合併して成立した。はじめは食糧増産という会社をあわせて合併したため、西武農業鉄道と称していたが、四六年一一月に「農業」の二字を削って西武鉄道に改めた。このように同じく西武鉄道といっても、四五年九月以前とそれ以後とでは経営する会社、営業する路線などが異なっている。そこで四五年九月以前を旧西武鉄道、それ以後を現西武鉄道と区別することが必要になる。ここでとり上げる旧西武鉄道とは、四五年九月以前の西武鉄道を指していることをまずお断りしておきたい。

旧西武鉄道の母体となったのは、一八九五年（明治二八）三月に全線の開通をみた川越鉄道（国分寺・川越間）であった。川越鉄道は明治末年まで、一〇％前後という良好な配当を継続したことに示されるように、比較的順調な経営を続けていたが、一九一四年（大正三）五月に東上鉄道（池袋・川越間、現東武鉄道東上線の前身）、翌一五年四月には武蔵野鉄道（当時は池袋・飯能間）とあいついで競争線が開通し、川越・入間川・所沢方面の旅客・貨物の一部を奪われるという大きな打撃を受けた。川越鉄道にとって、両鉄道に対抗し「生き残り」をはかるためには、国分寺ではなく新宿またはその近くへ進出すること、そして輸送能力の向上のため電化をはかること、以外になかった。

そして電化とのからみで、一九二〇年（大正九）一〇月、川越鉄道は川越を中心に埼玉県西部に広い営業基盤を築き、川越電気鉄道を合併してすでに川越・大宮間の電気鉄道を経営していた電力会社の武蔵水電によって合併されることになった。なお、一六年（大正五）一〇月に設立された村山電灯（所在地は東村山村野口）は、この武蔵水電から電力の供給を受けており、その営業基盤は県境をこえて東京の西部にまで及んでいたといえよう。

ところで、武蔵水電は電力業界の再編成が進むなかで、一九二二年（大正一一）六月、こんどは帝国電灯により合併されることになった。北は北海道、西は兵庫県に至る広範な地域を営業基盤とする電力専業の帝国電灯は、武蔵水電から引き継いだ鉄道・軌道部門[1]（国分寺・川越間、川越・大宮間のほかに二一年一〇月に合併した西武軌道の淀橋・荻窪間）を自ら経営する意思をもたず、二二年八月、資本金六〇〇万円で武蔵鉄道（同年一一月に西武鉄道と改称）を設立し、鉄道・軌道部門を分離することにした。こうして生まれた西武鉄道は、その株主や役員の多くを武蔵水電から引き継ぎ、たとえば武蔵水電の役員（取締役・監査役）一二名のうち六名は引きつづき西武鉄道の役員に就任したのである。

以上、旧西武鉄道が成立するまでの経緯[2]を簡単にふり返ってみたが、国分寺・川越間の鉄道を経営した主体は、川越鉄道にはじまり、第一次大戦後には武蔵水電→帝国電灯→旧西武鉄道とめまぐるしく変転した。当時、電力会社が鉄道や軌道を兼営することは決して珍しいことではなかったが、国分寺・川越間の鉄道の場合も、第一次大戦後は二年間にわたって二つの電力会社によって経営されたのである。

注

（1）一九一九年（大正八）四月公布の地方鉄道法にもとづき、原則として道路以外の専用の用地上に敷設するものを鉄道といい、二一年（大正一〇）四月公布の軌道法にもとづき、原則として道路上に敷設するものを軌道といった。

（2）青木栄一・老川慶喜・野田正穂編『民鉄経営の歴史と文化・東日本編』（一九九二年、古今書院）の一三三ページ以下に詳しい。

二　村山線の建設とその影響

西武鉄道は一九二二年（大正一一）の一一月、川越線（旧川越鉄道の国分寺・川越間）、大宮線（旧川越電気鉄道の川越・大宮間）、新宿線（旧西武軌道の淀橋・荻窪間）の三つの路線をもって営業を開始した。また、新たな兼営事業として、関東大震災からの復興のため需要が急増していた砂利の採掘・販売にのり出した。まず、二五年（大正一四）二月にはそのための貨物線として南大塚・安比奈間（砂利線）を開通させ、二七年（昭和二）八月には砂利鉄道として知られる多摩鉄道（現多摩川線）を四七万五〇〇〇円で買収した。[1]

第二次大戦前の私鉄は、日本の東西を問わず、電灯・電力の供給、遊園地経営、土地の分譲、デパート経営などの副業を重要な収入源としていたが、西武鉄道の場合は、当時の営業報告書が「兼業」の項目に「土地経営」と「砂利営業」の二つをあげていたことからも明らかなように、砂利の採掘・販売は重要な副業となっていた。そして、たとえば一九三二年度から三六年度までをみていくと、年平均で約四万二七〇〇円の砂利販売収入をあげていたのである。

ところで、西武鉄道が当時直面していた最大の問題は、川越鉄道時代から懸案となっていた東京の中心部へ進出する電化新線の建設であった。そして、そのルートをめぐっていくつも案が登場することになるが、最終的には東村山と高田馬場を結ぶルート、いわゆる村山線が選ばれることになった。すでに東村山から井荻までの鉄道建設については、旧川越鉄道と旧西武軌道が免許をもっていたため、西武鉄道が新たに免許を申請しなければならないのは井荻・高田馬場間であった。そして一九二五年（大正一四）一月、免許を得ると直ちに建設工事をはじめ[2]、あわせて川越線のうち東村山・川越間の電化にもとりかかったのである。なお、村山線については早稲田まで延長する計画があり（二六年一月免許）、その後「殆んど用地の買収は済んだ」[3]といわれたが、ついに実現をみることなく終わった。

これより先、西武鉄道が村山線建設の計画を立てると、早くも予定線路の沿線住民の間では、建設の促進や駅の誘致など、さまざまの動きが現われた。その一つとして、田無町の期成同盟会による用地買収への協力と駅の誘致があげられよう。

もともと田無町は、江戸時代から明治中期にかけて、青梅と江戸（東京）の中間に位置する輸送の中継場・宿場として、また周辺農村にとっては交流の場（市場）として繁栄し、一八七九年（明治一二）六月には早くも町制を施行したほどであった。しかし、甲武鉄道や川越鉄道、青梅鉄道があいついで開通すると、青梅その他からの旅客・貨物の輸送は鉄道に奪われ、急速に衰退することになった。田山花袋の弟子である白石実三は、大正中期の田無を次のように描いている。

田無……はこの野《や》の新しい交通機関から見放された、むしろそれに背き逃れた古駅の中でも、最も有力なさうして捨て難い感じを有《も》った宿場の一つであった。境からの馬車はいつも小さな笛を鳴らしつゝ、やがて欅樹などの多いそこの裏町へはひって行った。……曽てこの駅にはすくなくとも七八軒の旅舎があった。……あの麹町と八王子までの間で、その繁華と設備の大きいのを以て称された旅舎なども、今ではしかし、まったくほろびた。……八棟まで軒を並べた土蔵のあとも、今は一面に桑畑となり……。(4)

もっとも、この間に田無と荻窪を結ぶ鉄道の建設も一度ならず計画されたが(5)、いずれも不発に終わっていた。それだけに村山線の建設にかける田無町の期待は大きかったといえよう。一九二五年（大正一四）一月、田無町期成同盟会は東村山・小平・保谷・石神井・井荻の各村有志と連名で「村山線敷設促進趣意書」(6)を発表しているが、その中で村山線開通がもたらす利益として、東京との往来の費用と時間を節約できること、沿線の地価の上昇が期待できることをあげ、「吾々が西武会社に向って、鉄道用地に付ては無償に近い極めて低廉なる価を以て提供することを条件として、迅速建設方を懇請し」たと述べている。そして、田無駅が一般貨物の取扱いをするというので、寄付を集めて広い構内用地を買収し、これを会社に提供したという(7)。

また、西武鉄道が村山線の建設にのり出した頃、井荻町では総面積一八九万坪に及ぶ土地区画整理事業がはじまっており（一九二六年一一月工事開始）、村山線はその北部を東西に貫通する予定であった。事業の主体である土地区画整理組合は、鉄道用地を格安で提供することを条件に、町内に三つの駅を開設することを要求したのである。しかし「一哩以内に二駅の設置は、鉄道側にて容易に首肯せざりしも、内田〔秀五郎〕組合長は井荻将来の発展を考え、飽くまで距離の関係を度外視して町内三駅設置を強調し、遂に鉄道側の容るるところとなり、下井草、井荻、上井草、三駅設置を見るに至った」(8)。そして各駅の敷地は、駅から三町以内の地主により寄付されたという。

駅の開設は当然、周辺の地価の上昇をひき起こした。たとえば、新井薬師駅が開設される以前は、その周辺は落合町や椎名町方面からの薬師参詣客や中野への買い物客以外にはほとんど人通りがなく、都市施設としては約四五五〇坪の法政大学グラウンドや中野カントリー倶楽部のテニスコートがある位であった。しかし、駅の開設が決まると、周辺の地価は二倍近くにはね上がったという(9)。このような土地の値上がりは新井薬師駅周辺だけでなく、村山線の各駅周辺でも起こり、駅の位置をめぐる住民の対立などさまざまの波紋をまねくと同時に、土地所有のかなりの変動をひき起こすことになった。その中でもとくに注目されたのは、関東大震災後の東京郊外を中心とした「土地ブーム」の波にのった土地会社（今日でいう不動産会社）の動きであった。

ここでは、一九二五年（大正一四）三月以降、村山線の開通を見越し、のちに開設された久米川駅周辺で自称一〇〇万坪という大規模な土地分譲をおこなった東京土地住宅の例をみてみよう。第一次大戦後の東京では、住宅難の中で大小さまざまの土地会社が誕生したが、一九一九年（大正八）九月に設立された東京土地住宅（社長は三宅勘一）は、当初の資本金が一〇万円であったことからも明らかなように、中小の土地会社の部類に属していた。なお、二〇年三月に設立された箱根土地（コクドの前身、初代の社長は藤田謙一）はのちに小平・国立などで大規模な宅地分譲にのり出し、東京土地住宅と肩を並べることになるが、当初の払込み資本金は五〇〇万円で、東京では最大級の土地会社の一つであった。

以上のように、東京土地住宅は当初は群小の土地会社の一つであったが、東洋製糖社長の山成喬六、東京瓦斯社長の渡辺勝三郎らを監査役に、そして東武鉄道社長の根津嘉一郎、政友会幹事長の山本条太郎らを相談役にと、一流の政財界人を看板に並べ、また「不動産の科学的鑑定」「土地の原価販売」をキャッチフレーズに急速に頭角を現わし、増資に次ぐ増資の結果、一九二二年（大正一一）には資本金一五〇万円の土地会社へと成長した。そして翌年には、国分寺で一〇万坪（今の国立駅の北側）、清瀬で一四万坪（今の病院村の一帯）を分譲し、さらに二五年には東村山で一〇〇万坪の分譲計画を発表したのである。

東京土地住宅は一九二五年（大正一四）四月より第一次分として三〇万坪を一口二〇〇坪以上、最低坪六円八〇銭、最高坪一〇円八〇銭で売り出した。地主から買収した土地の価格は一反七五〇円（坪二円五〇銭）といわれており、約二〇％の土地を遊園地、[10]グラウンド、道路等にあてたとしても、残りの土地の分譲が成功すれば東京土地住宅はかなりの利益が得られたはずであった。

東京土地住宅は発表後一か月間で第一次分を完売したとして、購入者名を発表しているが、その中には徳川圀順（侯爵）、鎌田勝太郎（貴族院議員）、野間清治（講談社社長）、岩田謙三郎（三井鉱山重役）、長部松三郎（六十九銀行頭取）、藤瀬政次郎（三井物産常務）、槇哲（塩水港製糖社長）、村田由蔵（日清紡績専務）、三宅川百太郎（三菱商事会長）、羽太鋭治（医学博士）、川井源八（三菱電機重役）荻野元太郎（古河電工重役）などそうそうたる資産家が名前を連ねていたのである。なお、東京土地住宅は第一次に引き続き、第二次分として二〇万坪の分譲にのり出しているが、条件は第一次と同一であった。

当時、東京の西郊に向かって都市化が進んでいたとはいえ、中央線の沿線についてみると吉祥寺周辺までであり、まだ近郊農村であった東村山の分譲地は居住用にはほど遠く、もっぱら投資用もしくは別荘用として販売され購入されたといえよう。事実、東京土地住宅の分譲地の購入者のなかには、大日本製糖や野間清治（講談社社長）のように、購入した土地をその後小作に出して不在地主化したものもみられたのである。たとえば、野間家は一九二九年（昭和四）当時、四万九二〇〇坪の畑を約四〇名の小作人に貸し付け、年間で五七五円余の小作料を収得し、また大日本製糖は約一万九六〇〇坪の畑を二〇名の小作人に貸し付け、年間で三九二円余の小作料を収得していた。なお、大日本製糖は四三年（昭和一八）七月、所有地をすべて西武鉄道に売却した。[11]

以上のように、東京土地住宅の土地分譲は村山線の開通を前提としたものであり、ある程度の売行きをみせた[12]とはいえ、そのほとんどは投資目的で購入され、したがって住宅の建設、乗客の増加には何ら寄与するものではなかった。これらの土地が農地から住宅地へ変わるのは、第二次大戦後のことであったのである。

注

（1）『ダイヤモンド』一九二八年三月一日号。

（2）村山線の建設には、千葉の鉄道第一聯隊が演習として協力したところから、「建設費は、いわば、ただ同様の少ない費用ですんだ。しかも、軍隊の演習だから……昭和二年一月に着手して、四月には開通という短期間の工事だった」（中野区編『中野区史』昭和編一、一九七一年、一六六ページ）といわれている。しかし、鉄道聯隊が分担したのは主としてレールの敷設工事であり、それに先立って用地の測量と購入、路盤の造成、橋梁の架設などにかなりの費用と時間を必要とした。事実、村山線の建設費は総額で七二七万円、一キロあたり約三〇万二九〇〇円で、同じ時期に建設がおこなわれた小田原急行鉄道の小田原線（新宿・小田原間）の建設費二四五五万円、一キロあたり約二九万七六〇〇円とほぼ同じであった。「ただ同様」も「短期間の工事」も根拠がない。

なお以上の点について、西武鉄道株式会社編『西武』三六号（一九六〇年一二月一五日）の座談会の中に、「東村山から田無までの工事は千葉の鉄道聯隊がやったんです。そのときは軍隊式でね、枕木一丁持つときでも号令でね。田無から先は確か成田組という請負だと思いました。……」という発言がみられる。

（3）『東洋経済新報』一九二九年九月七日号。

（4）白石実三『武蔵野巡礼』一九二一年、大同館書店、一〇四～五ページ。

（5）最も早いものとしては、一八九六年（明治二九）九月に田無町の旧戸長下田太郎右衛門らが敷設の申請をした武蔵興業鉄道があげられる。これは荻窪から田無を経て飯能まで、および田無から分岐し小平を経て西多摩郡長岡までの鉄道を敷設する計画であったが、第一〇回鉄道会議は「現今地方ノ状況鉄道敷設ノ必要ヲ認メサルヲ以テ本願書ハ之ヲ却下」した（同会議『議事速記録』第二号、一八九八年五月一一日――野田正穂他編『明治期鉄道史資料』第Ⅱ期第二集第九巻（日本経済評論社刊）に収録）。この他に、一八九七年（明治三〇）一一月に免許を得た堀之内自動鉄道（西武軌道の前身）は田無・荻窪間、一九一五年（大正四）三月に免許を得た村山軽便鉄道（翌一六年五月、敷設権を川越鉄道に譲渡）は田無・吉祥寺間をそれぞれの予定路線内で敷設する計画となっていた。

（6）田無市史編さん委員会編『田無市史』第二巻（近代・現代史料編）一九九〇年、五一六～七ページ。

（7）前掲『西武』六三号、一九六三年三月一五日。

（8）鈴木市太郎編『米寿秀五郎翁』一九六三年、同翁米寿祝賀会刊、六七ページ。

（9）『法律新聞』二六四一号、一九二七年一月二三日。

（10）東京土地住宅は一〇〇万坪分譲計画の目玉としてその中心部に大遊園地を建設した。これについては、野田正穂「うたかたの東村山大遊園地」（東村山郷土研究会『東村山郷土のあゆみ』一九八〇年）を参照されたい。

（11）以上については、もっぱら『當麻勉家文書』（東村山市恩多町）による。

（12）前掲「うたかたの東村山大遊園地」で、「分譲は完全な失敗に終わり」と述べたのは、間違いであり、ここで訂正させていただく。

三　西武鉄道による沿線の開発

村山線の建設が始まった頃、予定線路周辺の大部分はまだ武蔵野のおもかげを色濃く残す畑と雑木林からなっていた。開通によって市域に近い沿線では都市化の進展が期待できたとしても、西武鉄道が村山線の建設費に対して十分な収益をあげるためには沿線の開発、とくに通勤・通学客と行楽客の確保が緊急の課題となった。もちろん、沿線には新井薬師、哲学堂、三宝寺池などの史蹟や行楽地があり、また開通の前後には沼袋・野方などで急速な住宅地化が進んでいた。しかし、収益をあげるのに十分な乗客を確保するためには、積極的な沿線開発が必要となっていたのである。

この点で特筆しなければならないのは、上保谷の開発であろう。西武鉄道は村山線の開通に先立って、一九二五年（大正一四年）九月、早稲田大学に対して上保谷の土地約二万五〇〇〇坪の寄付を申し入れ、また開通と同時に、上保谷駅（のち東伏見駅と改称）の南西部を住宅地として開発、分譲を開始したのである。早稲田大学は寄付を受けた土地を総合グラウンド（陸上競技場、ラグビー場、野球場など）として整備し、村山線の開通後は各体育部が練習場として利用することになった。また、分譲地は南面緩傾斜の高台という良好な立地条件から、西武鉄道によって「長者園」と名づけられた。そして村山線が早稲田まで延長される計画があったことも関係して、ここには「考現学」の創始者・今和次郎教授をはじめ早稲田大学関係者が数多く居住することになったのである。[1]

いま西武鉄道による沿線住宅地の開発の推移をみると、第1表のように、当初は保谷と沼袋が主力の地位を占めていたが、その後井荻と下落合に移り、一九三八年（昭和一三）以降は再び保谷（東伏見）が浮上するという変遷をたどっており、保谷は当時の西武鉄道を代表する分譲地であったといえよう。なお、作家の佐藤春夫は三三年二月、「大きな洋館の赤い屋根」(2)がみられるこの上保谷の一帯を舞台にした小説『武蔵野少女』を発表している。

さらに西武鉄道は、京都の伏見稲荷大神の分霊を関東地方に奉斎しようという計画がおこると、一九二九年（昭和四）一月、用地七〇〇〇余坪と費用三万円を寄付してその実現のために協力し、同年一一月の遷座祭にあわせて上保谷駅を東伏見駅と改称した(3)。

以上のように早大グラウンド、長者園住宅、そして東伏見稲荷は西武鉄道が主体となって進めた三位一体の沿線開発であったといえよう。そして、東伏見稲荷神社の春・秋の大祭の際には、東伏見折返しの臨時電車を運転し、そのために上りと下りのホームの間に折返し用の中線が設けられた(4)。また、三三年九月からは高田馬場・東伏見間の定期運賃割引も開始した。こうして、上保谷（東伏見）の開発は西武鉄道に土地の売却益をもたらしただけでなく、通勤・通学客や行楽客などの乗客の増加にも大きく寄与したのである（第2表参照）。

第1表　西武鉄道の住宅地分譲

年・期	主な地域	面積（坪）
1932・下	保谷	4,140
33・上	沼袋・保谷	3,140
下	沼袋・保谷	2,540
34・上	沼袋・井荻	1,269
下	沼袋	529
35・上	井荻	110
下	石神井・下落合	130
36・上	下落合・沼袋	115
下	下落合	5,271
37・上	下落合	7,680
下	井荻	225
38・上	東伏見・井荻	452
下	東伏見・井荻	2,699
39・上	井荻	711
下	東伏見・新井	14,394

（注）西武鉄道株式会社『報告書』各回より作成。

第2表　上保谷（東伏見）駅と西武柳沢駅の乗車人数

（人）

年度	上保谷（東伏見）駅	西武柳沢駅
1927	7,172	13,934
28	18,840	28,335
29	43,948	24,734
30	68,552	27,667
31	80,987	24,978
32	95,893	23,560
33	113,860	22,631

（注）保谷市史編さん委員会『保谷市史』通史編3（近現代）1989年　950ページ。

村山線が開通をみた同じ一九二七年（昭和二）の三月、二〇〇万東京市民の「水がめ」として一六年（大正五）五月いらい工事が進められてきた村山貯水池が完成した。この村山線と貯水池という二つの建設工事の拠点となったのは東村山駅であり、約三〇万トンといわれた貯水池の建設資材（砂利、セメントなど）は西武鉄道の東村山駅を経由し、二〇年（大正九）六月に東村山駅前から清水町までの間（三・七キロ）で開通した東京市専用の軽便鉄道で現場へ輸送されたのである。また、東村山駅構内は村山線の建設資材（砂利、レール、電柱など）の集積地となった(5)。こうして二七年までの数年間、東村山駅は資材の搬入、関係者の乗降りなどで「建設ブーム」を呈し、駅前には飲み屋、カフェー、下宿屋などが軒を並べることになった。

ところで、狭山丘陵内の石川の谷をせきとめて造られた村山貯水池が、江戸時代から〝緑の島〟といわれた狭山丘陵に人工とはいえ広大な水の景観をつけ加えたことはいうまでもない。浸蝕谷を利用しただけあって、複雑に入り組んだ貯水池の周辺の緑とひろびろとした水面は絶妙なコントラストを生み、人造の堰堤や取水塔もかえって近代的ともいえる景観をつくり出すことになった。こうして、村山貯水池は東京の都市部から日帰り可能な行楽圏のなかでは、高尾山などに匹敵する有数の景勝地となったが、同時にこのような村山貯水池の出現を、折からの不況のなかで、行楽客など乗客の誘致に腐心していた周辺の私鉄が見逃すはずはなかった。

早速、村山貯水池めざして支線や延長線の建設にのり出し、はげしい乗客争奪戦をくり広げることになった。まず、一九二九年（昭和四）五月には、武蔵野鉄道の西所沢駅から分岐して村山公園駅（その後村山貯水池際駅と改称）に至る支線が開通した。ついで三〇年一月には、箱根土地が小平学園の土地分譲を兼ねて建設した多摩湖鉄道（のちに武蔵野鉄道が合併）の村山貯水池駅までの全線が開通した。なお、多摩湖という貯水池の通称は、この鉄道名に由来する。そして同じく三〇年四月、西武鉄道の東村山駅から分岐して村山貯水池前駅に至る延長線（村山線）が開通した。

注目されるのは、西武鉄道は延長線を建設しただけでなく、貯水池畔に村山ホテルと児童園（無料）を開設するなど、行楽客や遠足児童の誘致をはかったことであろう。村山ホテルについて、一九二八年（昭和三）三月の『東京朝日新聞』は次のように報じていた。

最近この村山貯水池下せき堤付近の高台に西武鉄道会社および東京有力者により素晴らしいホテル建設が計画され既に基礎工事が始められて居る。

建築様式は早稲田大学教授十代田三郎氏の考案になるもので、外観は四辺《あたり》の風光にふさはしい三階建の庭園様式とホテル様式を総合したおとぎ話の宮殿といった様なものだといふ事で客室二十九の外に娯楽室、音楽室、温浴場、史蹟研究陳列室なども出来る予定……。(6)

ありし日の村山ホテル（昭和10年頃）

第3表　遠足の目的地と参加児童数

（1931年度～33年度）

順位	目的地	参加児童（学校）数
		人
1	豊島園	7,964（8）
2	代々木付近	5,196（11）
3	高尾山	4,572（13）
4	井之頭公園	4,217（9）
5	多摩御陵	3,644（10）
6	村山貯水池	3,466（10）
7	大宮八幡	3,425（6）
8	鎌倉	3,364（11）
9	上野公園	3,181（7）
10	江ノ島	2,834（9）

（注）2の代々木付近は明治神宮、代々木練兵場、代々木八幡を総称。東京市役所『市立小学校児童遠足旅行に関する調査報告』による。

一九二八年（昭和三）五月末、村山ホテルが完成すると、早速西武鉄道は同ホテルのPRにのり出し、八月には「四階屋上公開、御家族連れの夕涼みに最も適す」と、往復運賃二割引きの「納涼電車」を運行したりした。(7) なお、この村山ホテルは第二次大戦末には上林暁の短編『彷徨者』、戦後は大岡昇平の長編『武蔵野夫人』でとり上げられたことから、広く知られたが、一九六一年（昭和三六）の秋にとりこわされ、今は存在しない。

また、児童園との関連で注目されるのは、村山貯水池は東京の山手の一帯の小学校によって校外教授（遠足）の格好の目的地に選ばれていたことであろう。東京市役所の調査によると、一九三一年度から三三年度にかけての遠足の目的地と参加児童（学校）数は第3表のとおりである。ここで見られるように、村山貯水池は第六位にランクされている。なお、この調査によると、村山貯水池以外にも西武鉄道沿線の所沢（一二位）、田無（一三位）、三宝寺池（一七位）、哲学堂（一八位）、東伏見稲荷（二一位）が遠足の目的地となっていた。西武鉄道の村山線は、春と秋のシーズンには以上の目的地に小学生を運ぶ〝遠足電車〟でもあったのである。三〇年五月から落合で借家住まいをしていた林芙美子はのちに西武鉄道の思い出を次のように述べていた。

家の前は道をはさんで線路になってゐる。その線路はどの辺まで伸びて行ってゐるのか、こんなに長くゐて沼袋までしか行った事がないので知らない。朝々窓から覗いてゐると、近郊ピクニックの小学生達の白い帽子が、電車の窓いっぱいに覗いて走って行く。夕方になると疲れたやうなピクニック帰りが、また、いっぱい電車に群れて都会の方へ帰って行った。(8)

なお、西武鉄道の村山線沿線の開発としては以上のほかに、一九三五年（昭和一〇）以降の「久米川テント村」や三六年九月にオープンした東京野球協会所属の上井草球場があげられる。ここでは東村山と関係の深い「久米川テント村」を紹介することにしよう。そのきっかけとなったのは三一年七月、野火止用水に隣接した萩山で挙行された東京聯合少年団主催の「夏の村」で、全国から約二五〇〇名の健児が参加した。また、三五年八月には遠く上海・満州・台湾なども含め三一四一名が参加した全日本少年団主催の大野営が同じ場所で開催され、この時、初代総長後藤新平の胸像の除幕式がおこなわれた[9](現在、小平霊園の一隅に台座だけが残っている)。

こうして萩山はキャンプ場として広く知られるようになったのを受けて、西武鉄道は同じ地域を「久米川テント村」として一般にも開放し、電車賃は三割引き、テントは賃貸(一日一名五〇銭、子供は半額)そして「家族連れ向き、交通至便、通勤も出来る!」と宣伝した[10]。

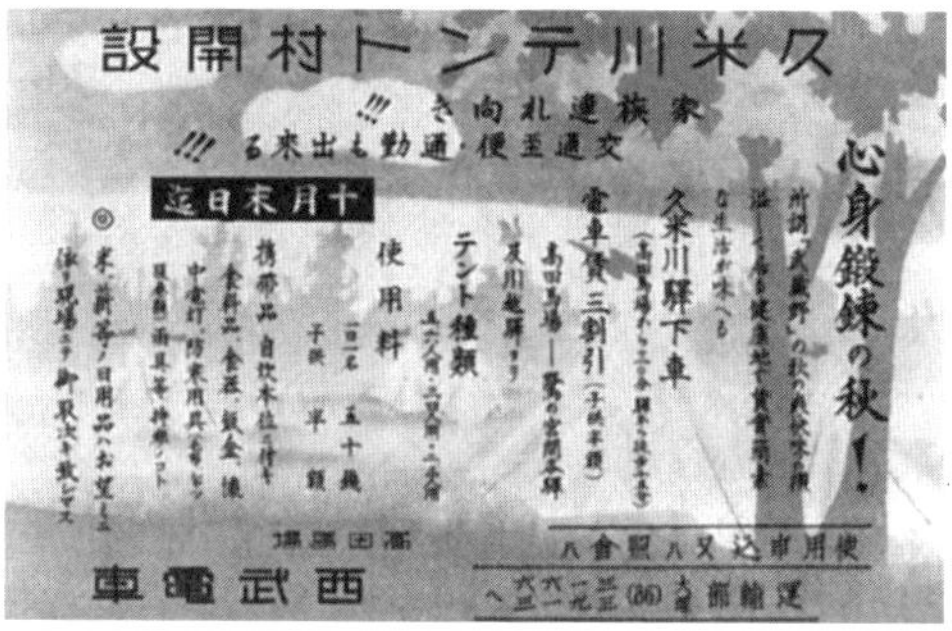

(表)

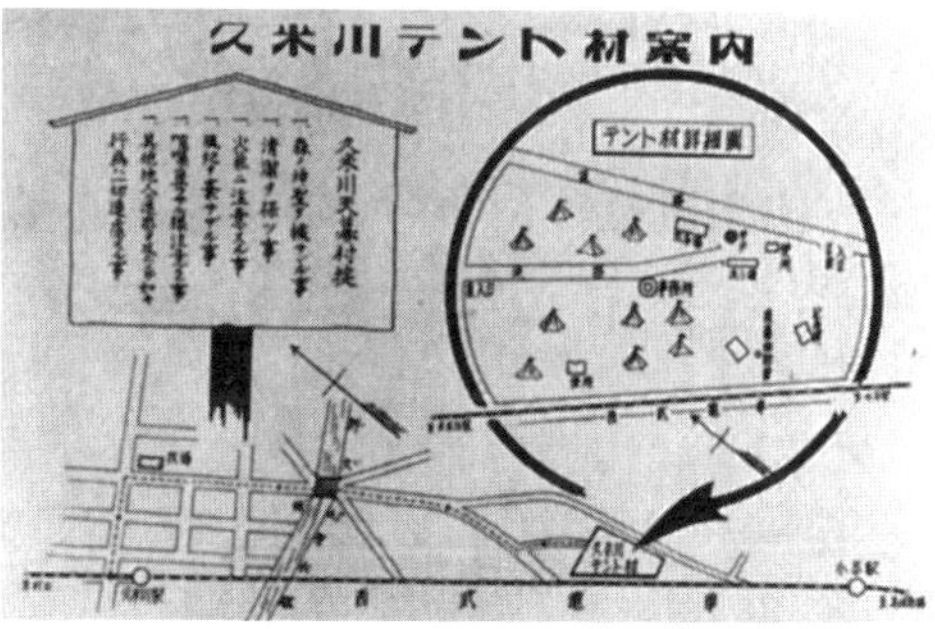

(裏)

久米川テント村開設広告(『當麻勉家文書』所蔵)

注

(1) 上保谷の開発については、保谷市史編さん委員会編『保谷市史』通史編三(近現代)、一九八九年、九四一ページ以下にくわしい。

(2) 佐藤春夫『武蔵野少女』、新潮社、一九三二年、五一ページ。

(3) 前掲『保谷市史』史料編四(近現代)、一九八七年、五一〇ページ以下。

(4) 東伏見駅と同じ構造のホームとしては、第二次大戦前、花見時に臨時電車の折返し駅となった花小金井駅のホームがあげられる。戦後、上りと下りのホームをつないだため、現在の花小金井駅のホームの幅は他の島型ホーム(野方駅など)とくらべて異常に広くなっている。

(5) 岡本憲之『水瓶軽便物語』一九九四年、けいてつ協会、にくわしい。

(6) 『東京朝日新聞』一九二八年三月一六日。なお、この記事にでてくる「東京有力者」とは小島證作の四男四郎をさしている。證作は東村山村野口で村山水車合資会社を経営する一方、一八九一年(明治二四)には第二代村長となり、さらに一九二四年(大正一三)の衆議院選挙では東京府第一六区から立候補して当選するなど、政界でも活躍した人物である。四郎は一九三四年(昭和九)三月に山口貯水池が完成すると、村山ホテル前から山口貯水池前まで七・三キロのバス運輸事業もおこなったが、四〇年五月、同事業を西武鉄道に譲渡している。

(7) 『東京朝日新聞』一九二八年八月二三日の広告。

(8) 林芙美子「落合町山川記」『林芙美子全集』第一六巻(一九七七年、文泉堂出版)、一六〇ページ。

(9) 『東京朝日新聞』の一九三一年七月二一日号、三五年八月二日号などによる。

(10) 前掲『當麻勉家文書』所蔵のチラシによる。

四　経営の悪化とその要因

　西武鉄道の村山線が開通した一九二七年（昭和二）四月といえば、政治面では満蒙の特殊地域化を基本政策にかかげた田中義一内閣が誕生し、経済面では前月に始まった金融恐慌がさらに拡大して、全国の銀行が二日間にわたって一斉休業するといういわゆる「金融恐慌」が開幕した波乱にみちた月であった。そして金融恐慌につづいて、二九年一〇月には追い打ちをかけるように世界恐慌が勃発し、日本経済は数年にわたって深刻な不況に落ち込むことになった。失業者は三〇〇万人を数えて「大学は出たけれど」が流行語となり、冷害や凶作が加わった農村では「娘の身売り」が深刻な社会問題となった。

　このような工業・農業を中心とする長期かつ深刻な不況に対して、鉄道などの運輸業が例外でありえなかったことはいうまでもない。事実、私鉄の間では運輸収入の減少や債務の増大などから、重大な経営危機に直面するものがあいついだのである。いま、私鉄の運輸収入の推移をみると（第4表）、一九二九年度のピークと比べて、旅客は三二年度までに八・五%、貨物は同じく三一年度までに実に二三・七%も減少していた。その結果、多くの私鉄が赤字に陥り、減配や無配に転落することになった。

　いま、東京周辺の主な私鉄について、配当率の推移を調べてみると第5表のようになる。みられるように、西武鉄道の場合は一九二七年（昭和二）下期から減配、そして三〇年下期からは無配に転じていたのである。なお、長期かつ深刻な不況のなかでも、運輸収入の減少から減配をよぎなくされたとはいえ、なお五%以上の配当を維持していた私鉄も少なくなかった。その多くは京王電軌や京成電軌のように、沿線での電灯・電力の供給などの副業からかなりの収益をあげていた私鉄であった。

　ここで、当初一〇%の配当を継続していた西武鉄道が一九二七年（昭和二）下期以降、減配からさらに無配に転じたのはなぜか、が問題になる。まず、第6表により西武鉄道の運輸収入の推移をみると、二九年上期から三二年上期までの間に、私鉄の平均を大きく上回る二七・三%の減少を記録していた。西武鉄道の路線の中には、川越線や大宮線のように、農村部を営業基盤とするものがあるとはいえ、以上のような運輸収入の減少を深刻な不況の影響だけから説明することはできないであろう。そこで、運輸収入を路線に分け、さらに検討することが必要になる。

　まず、西武鉄道の主な五つの路線で最大の運輸収入をあげていたのは村山線であるが、一九三一年（昭和六）下期までは川越線と砂利線と一緒になっているため、村山線だけの運輸収入の推移を把握できるのは三二年上期以降である。しかし、経済雑誌などの記事によると、二九年上期以降は村山線も深刻な不況の影響で一時運輸収入の減少に見舞われたが、「他会社線に比較し、又当社自身の諸線のそれに比較して、その程度が軽微」[1]であったという。事実、三一年下期以降をみても村山線の運輸収入は着実にかなりの増加をとげており、西武鉄道全体の運輸収入がまだ減少から回復していない三一年上期と三六年上期の間に、実に二七・〇%の増加を記録していた。

　もっとも、西武鉄道は村山線の建設のために、主として債務（一九二七年下期の社債と支払手形の合計は六五〇万円）に依存しながら、七二七万円もの費用を投じており、村山線がある程度の収益を計上できるためには、以上の程度の運輸収入では決して十分ではなかった。しかし前節でみたように、西武鉄道の積極的な沿線開発と乗客誘致、沿線人口の増加のおかげで、村山線がいち早く不況から脱出し、着実な収入の増加を実現していたことは注目してよい。

　他方、一九三一年（昭和六）から三四年までの平均で運輸収入の三〇%強を貨物収入に依存していた川越線は、農村不況の影響、それに二九年一〇月に池袋・川越間を電化した東武鉄道東上線など競争線の圧迫を受け、不振を続けていた。同じく運輸収入の七〇％強を砂利などの貨物収入に依存していた多摩線の場合は、「帝都復興事業」の一応の完成（三〇年三月）による砂利需要の減少、多摩川での砂利採掘の制限から、貨物収入はピーク時の三分の一近くまで低落していた。これに対して、貨物収入には依存しない大宮線の場合は、「沿道農村ノ不況ト他社乗合自動車進出ノ影響トニ因リ……不振ニ終リ」(2)という状況であった。

問題はかつて西武鉄道のドル箱路線であった新宿線のいちじるしい不振であろう。新宿線は一九二八年（昭和三）下期には二八万余円の運輸収入をあげ、一日一マイルあたりでは村山・川越線の七八円に対して三二七円余にのぼっていた。また、新宿線は営業路線では西武鉄道全体の八・九％を占めるだけであったが、運輸収入では実に三一・八％をあげていたのである。それだけに、新宿線の大幅な運輸収入の減少が西武鉄道全体の経営に及ぼした影響は深刻であったといえよう。

新宿線のいちじるしい不振の要因の一つには、もちろん深刻な不況の影響（徒歩の増加など）があげられるが、最大の要因はバスやタクシーといった自動車の普及・競合の影響であった。もともと新宿線は道路との併用軌道であるため時速は二四キロに制限されていた上、一九三四年

第４表　私鉄の運輸収入の推移

（金額：100万円）

年度	旅客収入	貨物収入	営業線（km）
1927	46.3	21.9	5,472
28	52.0	22.8	5,938
29	60.5	23.3	6,513
30	59.3	19.7	7,018
31	56.9	17.9	7,195
32	55.4	17.8	7,242
33	59.0	19.3	7,189
34	62.2	20.3	7,088
35	64.1	21.4	7,098
36	68.9	22.3	7,019
37	73.5	23.6	6,828

（注）日本銀行統計局『本邦主要経済統計』1966年による。営業線は年度末。

第５表　私鉄の配当率の推移

（年・％）

年・期	京浜	東横	小田急	王子	京王	西武	武蔵野	東武	京成
1926・上	12.0	6.0	7.0	13.0	13.0	10.0	8.5	13.9	12.0
下	12.0	6.0	8.0	13.0	13.0	10.0	9.0	13.9	12.0
27・上	10.0	6.0	5.0	12.0	12.0	10.0	9.0	13.9	12.0
下	10.0	6.0	5.0	12.0	12.0	9.0	9.0	13.9	12.0
28・上	10.0	6.0	5.0	11.0	11.0	8.0	8.0	13.9	10.0
下	9.0	6.0	5.0	11.0	11.0	8.0	8.0	13.9	10.0
29・上	9.0	6.0	5.0	11.0	10.0	8.0	6.0	13.9	10.0
下	9.0	6.0	5.0	11.0	10.0	6.0	0.0	13.9	10.0
30・上	8.0	6.0	5.0	11.0	10.0	5.0	0.0	12.0	10.0
下	8.0	5.0	0.0	10.0	9.0	0.0	0.0	10.0	9.0
31・上	8.0	5.0	0.0	10.0	9.0	0.0	0.0	10.0	9.0
下	7.0	5.0	0.0	10.0	8.0	0.0	0.0	9.0	9.0
32・上	7.0	5.0	0.0	10.0	8.0	0.0	0.0	9.0	9.0
下	5.0	5.0	0.0	10.0	7.0	0.0	0.0	7.0	8.0
33・上	5.0	5.0	0.0	10.0	7.0	0.0	0.0	7.0	8.0
下	5.0	5.0	0.0	10.0	7.0	0.0	0.0	7.0	7.0

（注）大阪屋商店調査部編『株式年鑑』各年版による。

第６表　西武鉄道の運輸収入の推移

（1,000円）

年・期	村山線	川越線	多摩線	新宿線	大宮線	合計
1927・上	276		33	233	77	619
28・上	495		46	256	67	864
29・上	549		53	275	65	943
30・上	506		42	259	58	865
31・上	445		30	226	46	747
32・上	259	178	36	171	42	686
33・上	290	174	29	168	32	693
34・上	304	176	18	103	31	632
35・上	319	172	17	124	26	658
36・上	329	175	19	127	26	676
37・上	363	175	19	115	26	698

（注）西武鉄道株式会社『報告書』各回より作成。

（昭和九）当時でもなお全線の三分の二が単線のためしばしば待避線で交換待ちをよぎなくされるという「カメノコ電車」であった。したがってバスやタクシーの進出に対抗できるわけはなく、事実、東京乗合自動車（いわゆる青バス）をはじめ「沿線には十種以上のバスが縦横馳駆し……それに円タク、省線の圧迫が加はり」[3]、ついに致命的ともいうべき大幅な収入減を招くことになったのである。

以上のような新宿線の不振に対して、西武鉄道は決して手をこまねいていたわけではなかった。一九三二年（昭和七）三月以降は電車の増発、通勤回数券の設定、三四年一二月には市電との連絡乗車券の発売[4]などの対策を講じているが、頽勢を挽回することはできなかった。

すでに見たように、東京の私鉄の中には不況のもとでも副業からの収入で運輸収入の減少をおぎない、ある程度の収益を確保していた私鉄も少なくなかった。このような副業の第一にあげられるのは、電灯・電力の供給事業であった[5]。しかし、東京電燈などによる東京の電力市場の分割がほぼ完成しているもとでは、西武鉄道や小田原急行鉄道など後発の私鉄が電力市場に参入できる余地はなかった。このように、有利かつ収入の大きい副業に恵まれなかったことが、西武鉄道が無配に転落した大きな要因の一つであった。

事実、一九三三年（昭和八）から三六年までの平均でみると、西武鉄道の副業収入は全体の一一・一％を占めるにすぎず、その主なものはバス事業収入と砂利販売収入であった[6]。このうち、バス事業についてみると、西武鉄道は他社のバスの進出に対抗するため、三三年一月には川越（久保町）・大宮駅前の間、同じ年の九月には追分・荻窪間でバスの営業を開始していた。これらの副業収入の合計は三三年には一一万円、三六年には一四万一〇〇〇円を数えたが、これから営業費を差し引くと、利益は三三年から三六年の平均で、三万五五〇〇円にすぎなかった。

他方、西武鉄道は債務に依存しながら多摩線の買収、川越線の大部分の電化、そして村山線の建設などに一〇〇〇万円に近い多額の建設投資をおこなっていたから、運輸収入の減少にともない利益が一九三〇年（昭和五）下期以降急激に低落したのは当然であった。そして三一年下期にはついに一八万余円の赤字を計上し、さらに三四年上期から三五年下期までも赤字を継続し、累積赤字は三五年下期末で一三万余円に達したのである。

注

（1）『ダイヤモンド』一九三二年二月一日。

（2）西武鉄道『第二十六回報告書』一九三五年六月、七ページ。

（3）『ダイヤモンド』一九三四年六月一日。

（4）連絡乗車券の発売は、必ずしも私鉄の側からだけの発意ではなかった。早くも『東京朝日新聞』の三一年七月二日号は、次のように報じている。「市電気局では電車とバスの減収に次ぐ減収に頭痛鉢巻の体《てい》だが、その対策の一つとして近く郊外電車との共通切符を発売して連帯運輸により郊外乗客吸収につとめる事となり……」と。

（5）京王電軌などは電灯・電力の供給事業のおかげで不況下にも収益をあげることができたが、一九四二年（昭和一七）四月以降の電力国家管理（配電統制）によってこの有利な兼業部門を奪われることになった。その影響は私鉄によって一様ではなかったが、打撃の大きかった京王電軌は、陸上交通事業調整法をたてにとった五島慶太の東京急行電鉄により併合された。他方、京成電軌の場合は「運輸部門の成績が順調に上昇していたので、社業に影響を残さなかった」（京成電鉄社史編纂委員会編『京成電鉄五十五年史』一九六七年、三一六ページ）という。

（6）西武鉄道の兼営事業のうち、いわゆる「土地経営」については第一表のように同社『報告書』が毎期ごとに分譲地域とその面積（売上げ）を記載しており、一九三二年下期から三九年下期までの合計は四万三四〇〇坪にのぼっていた。

しかし、西武鉄道の損益計算書に「土地建物収入」が記載されるのは三八年下期以降であり、それまでの土地分譲の収入は損益計算書のどこにも記載されていない。恐らく、土地分譲による収入は新たな土地の購入にあてられていたものと思われるが、この点については次節で検討したい。

五　「合理化」と大幅減資

不況下の収入の減少、収益の悪化に対して、各私鉄が一方では経営の多角化（バス事業の兼営、住宅地の開発など）により収入の増加をはかると同時に、他方では経費の節減などの「合理化」により収益の確保をはかろうとしたことはいうまでもない。そして、経費の節減の第一にあげられるのは人件費の節減、すなわち従業員の賃金の切下げ、人員の削減であった。いま、東京の主な私鉄の平均月額給与と従業員数の推移をみると、第7表のようになる。

第7表　私鉄の平均月額給与（人員数）の推移

鉄道名	1929年度 円	1929年度 人	1931年度 円	1931年度 人	1933年度 円	1933年度 人
京浜電鉄	85	(736)	86	(711)	85	(738)
東横電鉄	78	(394)	76	(367)	72	(433)
玉川電鉄	94	(512)	97	(439)	96	(442)
小田急鉄道	60	(850)	58	(811)	55	(803)
京王電鉄	86	(594)	85	(554)	70	(543)
西武鉄道	69	(756)	62	(646)	62	(657)
武蔵野鉄道	51	(610)	59	(514)	49	(454)
東武鉄道	62	(2,515)	55	(2,493)	55	(2,566)
京成電鉄	70	(821)	67	(861)	62	(982)

（注）鉄道省『鉄道統計資料』各年度版による。給与は重役を除き、人員は重役を含む。

京浜電鉄や玉川電鉄のように、不況下にもかかわらず従業員の賃金水準を維持した私鉄もないわけではないが、多くの私鉄は従業員の賃金の切下げ、人員の削減を強行していた。西武鉄道の場合も一九二九年（昭和四）から三三年までの間に、従業員の賃金は一〇％強切り下げられ、人員数は一三％強削減されていた。もっともこの間に、東京の小売り物価は平均で一九・三％低下していたが、人員の削減による労働強化を考慮すると、労働条件はむしろ切り下げられていたといえよう。とくに、人員の削減は当時は首切りをともなう場合が多く、従業員にとっては深刻な問題であった。労働組合運動が抑圧されている中で、西武鉄道でも首切りに端を発する争議が何回となく起こっている(1)。

次に、この間の経費節減方策の一つとして見落とすことのできないのは、金利の引下げであった。当時、私鉄の多くは債務（社債、借入金、支払手形）に依存して新線や延長線の建設、電化や複線化などの改良をおこなっており、債務に対する金利の支払いは大きな負担となっていた。しかし、不況の進展にともない市中金利は徐々に低下し、たとえば日本銀行の公定歩合（商業手形割引）は一九三一年（昭和六）末の六・五七％から三五年末には三・六五％へと大幅に低下していた。このような情勢の中で、各私鉄の間では経費節減のための金利の引下げが具体化することになったのである。

西武鉄道についてみると、一九三三年（昭和八）三月には二七年九月発行の第二回物上担保附社債三五〇万円（受託・引受銀行は日本興業銀行＝興銀）、そして三四年一二月には二七年一二月発行の第三回物上担保附社債三〇〇万円（受託・引受銀行は同じく興銀）の償還問題(2)がおこった。西武鉄道は興銀からの借入金（支払手形）に振り替えることで辛うじてこれらの社債のディフォルトを免れ、しかも第二回社債（利率七％）を振り替えた借入金の利率は二％の引下げ、第三回社債（利率六％）のそれは一％の引下げにも成功したのである。その結果、西武鉄道は年間で一〇万円もの金利の負担を軽減することができた。

もっとも、西武鉄道は一九三六年（昭和一一）六月に期限が来た第四回物上担保附社債（三一年六月発行）一五〇万円の振替えを加え、実に八〇〇万円の債務を興銀に負い、三四年一二月には興銀が推した曽我正雄（相模鉄道専務）が専務取締役に就任するなど興銀の完全な管理下におかれることになった。

　すでにみたように、西武鉄道の運輸収入の減少をもたらした大きな要因の一つは、新宿線のいちじるしい不振であり、それは青梅街道上を走るバスとの競合によるものであった。なかでも、「青バス」で知られる東京乗合自動車との間では、乗客確保のため一区間一〇銭を五銭に値下げするなど、激烈な競争がくり広げられていた。これに省電（のちの国電）新宿・荻窪間やタクシーの圧迫が加わり、西武鉄道と東京乗合自動車のいずれもが大きな打撃を蒙ったのである。

　ところが、東京乗合自動車は一九三五年（昭和一〇）上期に興銀を債権者とする東京地下鉄道（現帝都高速度交通営団の前身）の支配下に入ることになった(3)。その結果、「興銀の肝煎りもあって(4)」西武鉄道と東京乗合自動車との間では、相互の過当競争を排除し運転整理による経費の節減をはかるため、新宿線の東京乗合自動車への経営委任が実現した。

　一九三五年（昭和一〇）一二月から始まった委任経営（一〇か年）の条件は、東京乗合自動車が西武鉄道に対して毎年二五万五〇〇〇円（三六年六月からは二二万九五〇〇円）を報償金として支払うというものであった。このうち八万円は西武鉄道が負担する軌道等の維持費であるから、西武鉄道の正味の手取りは新宿線の建設費二六〇万円に対して六・七％に相当する一七万五〇〇〇円であった。当時の新宿線の電車並びにバスの利益は合計して約六万五〇〇〇円であったから、差引き一一万円の利益増加となり、その分だけ経営委任は西武鉄道にとっても有利であったといえよう(5)。

　以上のように、西武鉄道は人員の削減、金利の軽減、それに新宿線の経営委任などの「合理化」により収益の回復・増加につとめたが、なお経営再建のために避けて通れない大きな問題が残っていた。巨額の不良資産の存在がこれに他ならない。たとえば一九三六年（昭和一一）上期についてみると、高田馬場・早稲田間の延長線を建設するため四四万余円（用地の購入その他）を支出していたが、早稲田線の建設が暗礁にのり上げた以上(6)、四四万余円は利益を生まない不良資産となっていたといえよう。また、土地建物勘定の推移をみると、第8表のように村山線の建設以降急増しており、三三年上期末には一八九万九〇〇〇円の巨額にのぼっていた。その多くは村山線沿線での住宅用土地の購入にあてられたが、その中には不良資産となった売れない土地がかなり含まれていたのである。

第8表　西武鉄道の土地建物勘定の推移

（1,000円）

年・期	土地建物勘定
1926・上	207
27・上	494
28・上	827
29・上	1,483
30・上	1,678
31・上	1,827
32・上	1,894
33・上	1,899
34・上	1,831
35・上	1,815
36・上	1,814
37・上	1,737
38・上	482
39・上	475
40・上	338
41・上	226

（注）前掲『株式年鑑』各年度版による。

　ところで、一九三七年（昭和一二）三月に地方鉄道補助法が改正され、私鉄に対する補助はそれまでの建設の促進を目的とした建設補助から、営業の改善を目的とした営業補助に改められた。そこで西武鉄道は同年八月に村山線の東伏見・村山貯水池前間、翌三八年一月には川越線の川越・国分寺間、多摩線の武蔵境・是政間、そして同年四月には村山線の上石井・東伏見間に対して政府補助を申請することにした。これに対して、まず三七年一一月、東伏見・村山貯水池前間について三七年度よりの補助（概算六万二〇〇〇余円）の交付がきまったが、これには「繰越欠損金ノ整理(7)」などの条件がつけられていた（なお、上記の川越線等についても、後に政府補助の交付がきまった(8)）。

その結果、西武鉄道は一九三八年（昭和一三）一一月、臨時株主総会を開き、次のような大幅減資を決定したのである。すなわち、資本金一三〇〇万円のうちその五分の二を減じ「繰越損失ノ補塡及財産価格ノ消却ニ充当スル」[9]こと、減資の方法は新旧株とも各五株を併合して三株とし、併合後の一株の払込み額は新旧株とも併合前の払込み額と同一とすること、であった。翌三九年三月に完了した以上のような大幅減資により、西武鉄道の資本金は七八〇万円（払込み四八六万円）となったが、その減資差益により合計で三四二万円を越える繰越損金や不良資産はほぼ一掃され、ここに西武鉄道の経営は折からの景気の上昇、運輸収入の激増に支えられて、急速に好転することになったのである。（なお、第8表が示しているように、三八年上期に土地建物勘定が急激に減少しているのは、以上の大幅減資による消却の結果であった）。

注

（1）たとえば、一九三〇年（昭和五）七月には新宿線の従業員が八名の解雇に対して、解雇者の復職と精勤手当（月五円）の復活を要求して「緩慢な怠業状態に入った」（『東京朝日新聞』三〇年七月二八日）が、その後「会社側で解雇者八名のうち五名を復職させること今後解雇者をださぬこと争議資金は追って考慮するといふ三項目を承認して解決した」（同上、三〇年八月五日）。

（2）当時の経済雑誌、たとえば『東洋経済新報』三五年三月九日号や『ダイヤモンド』三五年九月二日号はこれを償還不能（ディフォルト）事件として扱っている。しかし、社債の償還には借換債の発行、借入金への振替えなどの方法があり、以上の西武鉄道の社債はディフォルトではなく償還されたとみるべきであろう。

（3）一九三五年九月末、東京地下鉄道は東京乗合自動車の株式八万七七八五株（持株比率四三・九％）を所有する筆頭株主となった（前掲『株式年鑑』昭和一一年度による）。

（4）『東洋経済新報』一九三五年八月三一日。

（5）『ダイヤモンド』一九三五年九月一一日。

（6）早稲田線は戸山ヶ原の陸軍射的場の地下に建設する関係から工事施行許可がおりないこと、経営不振下に二〇〇万円もの建設費の調達は不可能であること（『東洋経済新報』一九三〇年八月一五日）、さらに東京市が「市内交通機関を市自体の手に独占せんとする意図」から私鉄の市内乗入れを阻止しようとしたこと（井上篤太郎『交通統制概論』一九三六年、春秋社、三四二ページ）がその要因としてあげられる。

（7）西武鉄道株式会社『第三十一回報告書』一九三七年一一月、五ページ。

（8）一九三七年（昭和一二）五月、興銀の推薦で西武鉄道の専務に就任した曽我正雄および社長の山本源太が退任し、代わって後任の社長には同じく興銀推薦の大島清が就任した。大島は東大政治科卒業の鉄道官僚で、三六年七月、仙台鉄道管理局長を最後に鉄道省を去り、そのあと第九回万国鉄道会議に出席したりしていた（谷元二編『大衆人事録』一九四〇年、帝国秘密探偵社）。西武鉄道に対する政府補助の決定にあたって、大島の政治力が少なからぬ役割を果したことは否定できない。

（9）西武鉄道株式会社『第三十三回報告書』一九三八年一一月、四ページ。

六　戦時下の西武鉄道と村山線

東京周辺の私鉄は昭和初期の長期にわたる不況のなかで、いずれも業績の低下や不振に見舞われ、減配や無配をよぎなくされていたが、一九三五年（昭和一〇）以降、とくに三七年七月の日中戦争の開始にともなう軍需ブームのなかで急速な回復をみせ、三九年頃には「黄金時代の様相を帯びる」[1]程となった。いま各私鉄の配当状況をみると、東横電鉄がいち早く三六年下期に一・〇％の増配にふみ切ったのに引き続き、三八年下期には京浜電鉄、京王電軌、京成電軌がいずれも一・〇％の増配をおこなった。また、無配に転じていた武蔵野鉄道は三八年下期に復配（六・〇％）したのに引続き、小田急鉄道は三九年上期、そして西武鉄道も遅ればせながら三九年下期にそれぞれ復配（小田急は二・四％、西部は三・〇％）することになった。

西武鉄道の営業報告書は、当時の業績の回復と向上について、次のように述べている。(2)

当期間ノ営業ハ旅客ニアリテハ沿線住宅ノ増加及軍需工場ノ新増設ニ起因スル電車利用者ノ激増並国民体位向上運動ニ伴フ村山山口貯水池方面行諸団体客其他「ハイキング」客ノ増加ニヨリ又貨物ニアリテハ砂利輸送数量ノ増加ニヨリ前年同期ニ比シ近時ニ於ケル記録的増収ヲ示シ之ニ地方鉄道補助法ニヨル政府補助金ノ交付、利率引下ニ依ル支払利息額ノ減少ヲ綜合スルトキハ従業員ノ待遇改善及諸施設ノ改良ニ伴フ経費ノ増加アリタルニ拘ラス収支差益ノ上ニ於テ顕著ナル改善ヲ見タリ……。

いま、西武鉄道各線のうち営業の中心を占める村山・川越線の乗客の推移をみると、第9表のようになる（一九三七年下期以降は、西武鉄道は村山線と川越線を合計した数字しか発表していない）。ここでみられるように、一九三七年（昭和一二）以降は顕著な増加をとげており、三七年上期と四三年上期を比較すると旅客人員は実に三倍の増加となっている。なかでも四二年上期の増加はめざましく、旅客賃についてみると、四二年四月の運賃値上げも大きく寄与して、四一年上期から四三年上期までの間に倍増していることが分かる。なお、三七年下期の減少は「当社線ノ書入期タル秋季行楽期ニ入リテ降雨多ク為ニ亦遊覧客ノ出足ヲ抑止シ……」(3)など、主として一時的な要因によるものであった。

以上のような戦時下における業績の回復・向上をもたらした要因の中でも、とくに注目しなければならないのは田無を中心とする沿線での軍需工場の新増設であった。田無は日野・町田と並ぶ三多摩の「軍需工場の三角形」(4)の一角の地位を占めていたのである。そして、数多くの軍需工場の中でも、規模が大きく、その中心となったのは中島飛行機製作所とその関連工場であった。

田無町と中島飛行機との関係をみると、一九二四年（大正一三）秋に井荻町上井草にエンジン製作のための東京工場（約一万三〇〇〇坪）が建設されたことに始まる。(5)そして間もなく、田無町北部の谷戸に試運転場が設けられることになった。問題はエンジンの試運転中に発生する騒音のすさまじさであり、一九二八年（昭和三）頃から数年にわたって、地元住民や久留米村の自由学園などとの間では、この「騒音禍」が大きな社会問題となった。

中島飛行機は日中戦争の開始とともに航空機生産の拡張にのり出し、一九三八年（昭和一三）二月に田無鋳鍛工場（のちに中島航空金属田無製作所となる）、そして同年五月には武蔵野町西窪に武蔵野製作所を建設し、さらに四一年一一月にはその隣接地に多摩製作所を増設した。その結果、武蔵野町から田無町にかけての一帯は、中島飛行機の各工場やその下請工場が密集する一大軍需工場地帯へと発展することになったのである。田無町に限ってみても、四〇年にかけて中島飛行機の下請である豊和重工業、東洋鍛工田無工場、小野美製鉄所などがあいついで開設され、また軍需品の生産もおこなったシチズン時計（のちの大日本時計）とその子会社日東精機、そして三共田無工場なども設置された。また、以上のような軍需工場のほかに、軍関係の施設として陸軍兵器本廠田無教育隊、逓信省電機試験所も開設されたのである。(6)

なお、東村山では一九四〇年（昭和一五）の夏、電波兵器用のセレン整流器などを生産していた電元社（本社は上落合一丁目、資本金二五〇万円）の新工場が建設されることになり、七月二五日地鎮祭がおこなわれた。(7)同社は第二次大戦後の四九年八月に新電元工業に改組され、飯能工場に主力を移したため、東村山工場は廃止となった。その跡地に建設されたのが現在の住宅公団久米川団地である。

ところで、田無を中心とした沿線の軍需工場地帯化は、当然のことながら、工場関係者の大量の流入とその住宅需要を生み出したが、供給が追いつかず、深刻な住宅難をひきおこした。一九三八年（昭和一三）頃をみると「多数の軍需工場の相次ぐ進出に田無町の住宅はこれ等の従業者のために不足をつげ、田無神社の社務所まで間借りに行くほどの住宅払底ぶり(8)」であったという。また四〇年頃をみると「田無地方における住宅難は最近ますます深刻となり六畳一間に七、八人の職工が昼夜交代で間借りをしてゐるといふ有様(9)」であった。このような住宅難に対して、各軍需工場は社宅を供給し、住宅営団は分譲住宅を建設したりしたが、「焼け石に水」であったことはいうまでもない。

いま、西武鉄道村山線沿線の田無・小平、東村山各町村の人口の推移をみると、第10表のようになる。日中戦争の開始以降一九四四年（昭和一九）までの人口の増加は、田無が二・五〇倍、小平が二・一七倍といちじるしく、とくに四二年から四四年にかけて、田無・小平の人口は急激な増加を示している。小平の場合は四〇年以降、傷痍軍人武蔵療養所、陸軍経理学校、陸軍技術研究所、陸軍兵器廠小平分廠などの軍関係施設があいついで設立されたことが、人口の増加に拍車をかけた大きな要因であった。これに対して、東村山の人口の増加は緩慢であり、田無・小平の人口が急激な増加をとげた四二年から四四年までの間はまったく停滞していることが注目される。東村山にも電元社工場や陸軍少年通信兵学校（四二年一〇月）などが開設されてはいるが、全体としては近郊農村としての性格を強くもっていたといえよう。

以上のような田無を中心とする軍需工場地帯化は沿線の住宅地化の進展とあいまって、一九三七年（昭和一二）以降に西武鉄道の乗客が大きく増加し、その業績を回復・向上させる大きな要因となったが、さらに四〇年以降に乗客の増加をもたらした要因として見落とすことのできないのは、沿線における学校農園（錬成道場）のあいつぐ開設であった。

西武鉄道はもともと「遊覧電車」の性格が強く、ハイキングや遠足などの行楽客はその重要な収入源となっていたが、四三年以降の戦局の悪化にともない行楽や遠足は自粛を強制され、さらに四四年五月には東村山・狭山公園（村山貯水池前駅が改称）間は不急不要線として休止をよぎなくされることになった。他方、この間に目立って増加したのは学校農園や錬成道場に出かける男女生徒・学生であった。いま村山線沿線の学校農園（錬成道場）の主なものをあげてみると、第11表のようになる。

これらの学校農園は借地による場合と持地による場合の両方があったが、花小金井駅と小平駅の周辺に比較的多くみられた。なお、早稲田人学の錬成道場が設置されたのは久留米村であるが、最寄りの東小平駅というのは一九四〇

第9表　村山・川越線の旅客の推移

年・期	旅客人員	旅客賃
	千人	円
1936・上	5,690	445,797
下	5,677	450,931
37・上	6,241	484,950
下	6,042	469,232
38・上	6,892	517,454
下	7,428	533,804
39・上	8,687	626,805
下	9,341	683,620
40・上	11,202	823,993
下	11,939	897,271
41・上	13,762	1,015,601
下	14,568	1,087,423
42・上	16,990	1,395,269
下	17,165	1,799,035
43・上	19,448	2,030,657

（注）西武鉄道株式会社『報告書』各回より作成。

第10表　田無・小平・東村山の人口推移

年次	田無	小平	東村山
	人	人	人
1937	4,516	7,200	8,825
38	4,592	7,276	8,949
39	5,463	7,276	9,017
40	6,264	7,323	9,257
41	7,650	8,226	11,537
42	8,911	8,674	11,809
43	10,850	12,657	10,852
44	11,299	15,595	11,271
45	9,248	14,270	12,014

（注）各市史などより作成。

第11表　学校農園・道場の開設状況

年・期	学校名（最寄駅）
1940・上	拓殖大学（花小金井）
下	共立高等女学校（花小金井）、海城中学校（久米川）
41・上	成城中学校（野方）、目白商業学校（野方）、東亜商業学校（野方）、早稲田大学（東小平）
下	小石川高等女学校（下井草）、千代田高等女学校（西武柳沢）、府立第二高等女学校（小平）、東京女子高等師範学校（小平）
42・下	田端商業女学校（武蔵関）、帝国第一高等女学校（花小金井）、村山女子計理学校（花小金井）
44・下	早稲田中学校（花小金井）

（注）西武鉄道株式会社『報告書』各回その他より作成。

年（昭和一五）四月に昭和病院の近くに開設された駅で、四四年六月に始まった「糞尿電車」（都民の糞尿を沿線の農家の肥料用に輸送）のための貯溜槽も近くに設置されたが、四四年八月、人員の不足を理由に駅は閉鎖され、第二次大戦後の五四年一〇月には正式に廃止となった(10)。

戦時下の西武鉄道村山線は、以上のように軍事色を強めていただけに、一九四四年（昭和一九）一一月以降、田無などの軍需工場を対象としたアメリカ軍の空襲を数回にわたって受け、大きな被害を蒙った。なかでも四五年四月一二日には、田無町は五〇〇キロ級爆弾による大規模な空襲に見舞われ、住民の死者は五〇人以上、重傷は一五人を数えた。また駅建物はホームごと吹き飛び、レールも一部損壊したため村山線は不通となり、東伏見駅と花小金井駅で折返し運転を行い、数日後ようやく下り線だけ開通にこぎつけたという(11)。

そして、一九四五年（昭和二〇）八月の敗戦とともに沿線の軍需工場や軍関係施設はあいついで閉鎖され、村山線の旅客・貨物の輸送は一時かなりの減少をとげることになった。その一端は第10表からも読みとることができよう。

注

（1）『ダイヤモンド』一九三九年五月一日号。

（2）西武鉄道株式会社『第三十三回報告書』一九三九年一月、一〜二ページ。

（3）同右『第三十一回報告書』一九三七年一二月、一ページ。

（4）『東京日日新聞』一九三八年一一月二日号――田無市史編さん委員会編『田無市史』第二巻（近代・現代史料編）一九九二年、五五一ページによる。

（5）高橋泰隆『中島飛行機の研究』一九八八年、日本経済評論社、三一ページ。

（6）北河賢三「戦時下の田無」（田無市史編さん委員会『たなしの歴史』三号、一九九〇年）

（7）前掲『當麻勉家文書』による。なお、電元社の工場を誘致したのは西武鉄道であった。同鉄道株式会社の『第三十八回事業報告書』（昭和一六年上半期）は「久米川駅前ニ商工省国立自動車研究所及電元舎等ノ事務所、工場ヲ誘致シ目下建設中ナリ」（一三ページ）と述べている。

（8）『東京日日新聞』一九三八年六月四日号――前掲『田無市史』第二巻、五五二ページ。

（9）『東京日日新聞』一九四〇年六月二日号――同右、五五四ページ。

（10）昭和病院組合『公立昭和病院五〇年のあゆみ』一九七七年、六六ページ。

（11）田無市立中央図書館編『田無の戦災誌』一九八二年、および前掲『西武』六三号（一九六三年三月一五日）による。

七　あとがき

太平洋戦争中の西武鉄道の経営にとって忘れることのできないのは、一九四二年（昭和一七）以降に武蔵野鉄道（堤康次郎社長）、東武鉄道（原邦造社長）、京王電軌（穴水熊雄社長）の間でくり広げられた文字通り三つ巴の経営権争奪戦であろう。結果は、堤康次郎が率いる箱根土地が経営権を掌握し、ここに武蔵野鉄道による西武鉄道の合併の軌道が敷かれることになるが、すでに紙数がつきた上に、以上の経緯については前掲『民鉄経営の歴史と文化・東日本編』の中でとり上げているので、ここでは省略することにしたい。

最後につけ加えておかなければならないのは、新宿線と大宮線の運命であろう。まず、東京乗合自動車に経営委任された新宿線であるが、同社は一九三八年（昭和一三）四月に東京地下鉄道に合併されたため、同鉄道が経営管理にあたり、さらに四二年一月、東京市の手に移って市電となった（東京都に譲渡されたのは第二次大戦後の五一年四月）。また大宮線は四〇年七月に国鉄の川越線が開通したため四〇年一二月営業を休止し、翌四一年二月末に廃止となった（設備はすべて日本発送電の子会社である北海道石炭へ四〇万円で売却）。

こうして一九四五年（昭和二〇）九月に武蔵野鉄道により吸収合併された時の旧西武鉄道の営業路線は川越線（砂利線を含む）、村山線、多摩線の三線だけとなったのである。

❷ 小平市

［1－4－②］
小平市史編さん委員会編『小平市史　近現代編』（小平市、二〇一三年、二一五〜二三三頁）

学園開発のはじまり

1 「大東京」と郊外化

『東京府農会報』（第七四号、一九二三年一月）は、「田園の趣味」と題する小平市の農民の文章を掲載した。

田園の趣味

来《きた》れ来れ、自然の美に接し度《た》き都会人士《じんし》よ、田園には自然の音楽あり、新鮮な空気あり、新しき野菜は無尽蔵にあり、この楽園は、長寿を願ふ君達を一日千秋の思ひで待って居る。実際田園の趣味は筆や口では言ひ尽くせぬ、上戸の酔ざめの水の味が、下戸《げこ》に解せぬと同じ事で、接してみなければ到底判らない。

来れ来れ、そして趣味深い田園生活を実際に味はへよ。（北多摩郡小平村馬場春男）

この文章は「都会人士」に対し、「自然の音楽」と「新鮮な空気」、そして「新しき野菜」にあふれる「趣味深い田園生活」に触れることを呼びかけている。都市住民にとって「自然」の価値が再発見された時代にあって、郊外農村の住民自身もまた、「田園生活」の意味を再認識している文章であるとみることができる。

産業革命が進展した一九世紀から二〇世紀への変わり目の時期、騒音、煤烟《ばいえん》、過密など、都会の生活環境の悪化が目立つようになり、郊外の自然とそこで営まれる「田園生活」が、新たな価値をもって捉えられるようになっていた。たとえば国木田独歩は一九〇一（明治三四）年に『武蔵野』を発表して、武蔵野の自然美を新しい感受性で捉えた。そのなかで独歩は「郊外の林地田圃に突入する処の、市街ともつかず宿駅ともつか」ない「町外れ」において、「大都会の生活の名残と田舎の生活の余波とがここで落ちあって、緩やかにうずを巻いている」ことを肯定的に捉えてみせた。「大都会」と「田舎」の境界領域である郊外に独特の価値を見いだす立場を表明しているのである。

ちょうど同じ頃、イギリスのハワードは、労働者の悲惨な住環境を改善するために都市と農村の魅力をあわせもち、産業と良好な生活環境とを兼ね備えた職住接近型の「田園都市」を建設すべきであると提言し（『明日の田園都市』一九〇二年）、その構想は日本にも紹介された。田園都市とは自立的、自己完結的な都市のイメージであって、ベッドタウンではない。それは仕事とくらしの場であり、人間と自然の共生の場であり、住民の自立と共同による自治的コミュニティであり、したがって社会問題解決のための手段として建設されるべきものであったのだ。

ところが日本では田園都市という言葉は、労働者のための職住接近型都市という本来の理念から離れて一人歩きしていった。渋沢栄一は「田園都市株式会社」を設立（一九一八年）して、荏原郡調布村の田園地帯に宅地を開発し、省線（鉄道省の電車線）に接続する鉄道を敷設して、都会ぐらしの中流に向けて宅地分譲を開始した。そのパンフレットには、「煤烟飛ばず塵埃《じんあい》揚《あが》らず、真に絶好の保健地！　常住の避暑避寒地！」「田園郊外の趣味を享楽し併せて文明の施設を応用できる地は他にありません」として、都心への通勤を前提として「田園郊外の趣味」と「文明の施設」が整っていることを、田園都市の利点としてうたっている。こうして「田園都市」という言葉とともに郊外の住宅地には、環境が悪化した都会を離れて、都心に通勤するサラリーマン家族が住まい、良好な環境のなかで私生活を追求する空間、というイメージが与えられたのである。鉄道会社や土地会社はそのイメージを利用しながら、郊外に電車を敷いて沿線住宅地を開発し、あわせて学校を誘致し、行楽地・遊園地を経営するという郊外開発を推し進めるようになったのであった。

先の「田園の趣味」という文章を書いた小平村の農民が、こうした時代状況をどこまで見通していたかはわからないが、小平村の未来が「都会」との関係で大きく変わるであろうことを予感していたのではなかろうか。実際、小平村はその後「大東京」影響圏に組み込まれていくことになった。

「大東京」の誕生

一九二三（大正一二）年の関東大震災をきっかけに、東京の都市構造は大きく変容を遂げた。震災で壊滅的な打撃を受けた都心や下町地域では、大規模な土地区画整理事業がおこなわれ、東西（大正通り）と南北（昭和通り）の幹線道路をはじめとした街路の整備・拡張が進み、街並みが整備された。丸の内や有楽町にはオフィス・ビルがたち並び、銀座や新宿にはデパートをはじめ、モダンな流行を発信する商店や映画館、劇場、カフェなどがたち並んだ。震災義損金の一部を利用して設立された同潤会は、中流向けの近代的なアパートを建設し、新しい都会のライフスタイルを生み出した。しかし、震災で減少した東京市域の人口は、回復するまでかなりの時間がかかり、その後も横ばい傾向が続いた。

一方、震災後は目覚ましい勢いで人口の郊外化が進行した。一九二五（大正一四）年に市内一五区と周辺五郡（荏原郡、豊多摩郡、北豊島郡、南足立郡、南葛飾郡）の人口が逆転し、後者の人口は二五年からの一五年間に二・二倍となった。市内からの移動人口だけでなく、地方から東京へ流入する人口を周辺五郡が吸収していったのである。都心や下町が復興事業で計画的に街路が整えられる一方で、郊外では前述のような郊外住宅地も誕生したが、多くの場合無計画なままスプロール状に宅地化や工場立地が進んでいった。

こうした人口の郊外化はそもそも、第一次世界大戦前後に急速に進んだ産業の高度化（重工業化と第三次産業の発展）と都市人口の増大、とりわけ職住分離を前提とした雇用労働者（サラリーマンや工場労働者）の増大という社会構造の変化がもたらしたものであった。そして郊外電車が発達し、人口の郊外化をさらに推し進めた。震災後の一九二五年に山手線が環状運転を開始し、二八（昭和三）年には中央線が中野までの複々線化を完了、翌年には立川まで電化するなど、省線電車の利便性と輸送力が向上した。また山手線の渋谷、新宿、池袋を起点として、西郊へ延びる私鉄電車が発達し、私鉄電車と省線とを乗り継いで郊外の住宅地から都心部に通勤する者が増えたのだった。

東京市に連続する都市域は、行政区画をこえて隣接五郡に及んでおり、それを含めて「大東京」と呼ばれた。行政区画と実際の都市域とのズレを解消し、一体的・総合的な都市政策をおこなうため、一九三二年一〇月一日、東京市は隣接五郡八二町村を市域に編入して、それまでの一五区に加えて新たに二〇区を発足させた。人びとは「大東京市」誕生と呼んで、それを祝福した。

さて大東京に隣接する北多摩が、以上のような関東大震災後における東京の変化の影響を受けたことはいうまでもない。北多摩郡の人口は一九二〇年に一〇万九千人、一九三〇年に一六万四千人、一九四〇年に二六万四千人と増え、一〇年間の人口増加率はそれぞれ五〇・四%、六〇・一%であった。東京府全体に占める割合はまだ小さいとはいえ、増加数・増加率ともに三多摩地域でもっとも高い値である。これは非農業人口の増加によるものであり、北多摩地域の都市化・郊外化の進展をあらわしている。

産業化と都市化が進展した二〇世紀は、同時に郊外開発の時代であったといってもよい。都市の拡大とともに、周辺農村は郊外化・都市化への対応に迫られることになった。小平地域の場合、関東大震災後にそのような時代にさしかかっていた。在来産業の「改良」に地域主体で取り組むことで、地域の「進歩」をはかるというそれまでのあり方とは別に、外部からの「開発」の論理に将来を託すという選択肢があらわれてきたのである。それが次節に見る小平学園開発である。

2　箱根土地の小平学園開発

堤康次郎の学園都市構想

小平村の宅地開発に着手したのは箱根土地株式会社（のちのコクド、現在はプリンスホテルに合併、以下箱根土地と表記）であった。箱根土地は、一九二〇（大正九）年三月に堤康次郎によって資本金二千万円で設立された土地会社である。箱根強羅や軽井沢の別荘地開発、そして目白文化村などの郊外住宅の開発を手がけ、一九二四年から二五年にかけて大泉学園都市・国分寺大学都市（のちの小平学園）・国立大学町の一連の「学園都市」の開発・分譲を矢継ぎ早におこない、のちに西武グループ中核へと発展していく。

堤は関東大震災後の学校の郊外移転に着目し、一連の学園都市を構想した。神田からの移転を計画していた東京商科大学（現在の一橋大学）を誘致するために、北豊島郡大泉村（現在の練馬区大泉）の用地を買収し、同大学を中心とした大泉学園都市の建設に着手した。大泉学園都市約五〇万坪の分譲は一九二四年一一月にはじまった。第一回から第三回の分譲は即完売し、売れ行きは好調であった。後述するように国分寺大学都市の計画は、大泉学園の分譲とほぼ並行して進められた。箱根土地の営業報告書（一九二四年下期）には、「本社ハ近ク国分寺方面ニ建設スベキ大学都市分譲ノ計画アリ之レ亦業績ヲ見ルベキモノアルヲ確信ス」と記載されている。ところが、一九二五年九月、東京商大は、大泉ではなく北多摩郡谷保村（現在の国立市）に移転することを決定し、大泉学園都市計画は暗礁に乗り上げた。

女子英学塾・明治大学の移転計画

小平村への移転をいち早く計画したのは女子英学塾（現在の津田塾大学）である。同校は、一九〇〇（明治三三）年に津田梅子により設立された日本で最初の女子高等教育機関であり、一九〇四年に専門学校令にもとづく専門学校となった。同校では生徒の増加に対応するために震災以前より東京市麹町区から郊外への移転を計画しており、箱根土地が開発に着手する前の一九二二（大正一一）年一一月に小平村小川字鷹野街道外一四九一番から一五二五番に約二万五千坪の移転用地を購入した。関東大震災で校舎が全焼した後は焼跡の仮校舎で授業を再開し、津田梅子が内外からの寄付を募るなどして小平村への移転の準備を進めていた。

続いて小平村への移転計画が持ち上がったのは明治大学である。関東大震災で神田駿河大の校舎がほぼ全焼したため、学内に設置された復興審議会では再び災害が起こった際の危険を考慮して郊外への移転の方針が立てられた。移転にかんして理事会・商議員会では賛否が分かれたが、明治大学の出身で当時同大学の理事を務めていた箱根土地社長藤田謙一の働きかけもあり、小平村に土地を購入して移転することが決定された。

国分寺大学都市計画

箱根土地は、大泉学園都市とほぼ並行して明治大学を中心とする学園都市の開発を計画した。震災直後の一九二三（大正一二）年一〇月より小平村の土地の買収を開始し、最終的に坪単価三円で約六〇万坪（山林が四割、畑が六割）の土地を買収した。そして一九二四年八月一八日に明治大学との間で小平移転にかんする本契約を締結し、ここに明治大学を中心とした国分寺大学都市計画が本格的にスタートした。

図３－３　学園分譲地と明治大学建設予定地の看板　1928年２月
プリンスホテル所蔵

国分寺大学都市の分譲地は、中央線国分寺駅から北に伸びる八間道路を中心に東西に分断され、西側には明治大学の広大な建設敷地が二区画（合計七万坪）用意された。後述するようにこの広い道路には鉄道を敷設し二つの停留所を設置することが当初から予定されていた。一九二五年一月三日に地鎮祭がおこなわれ、宣伝のために大学都市内の風景を題材とした懸賞写真の募集がおこなわれた。本格的な分譲は三月から開始され、第一回分譲は道路の東側の区画であった。一区画は三〇〇坪であり、中央を貫く八間道路から近い順に一号地から五号地の五つの等級に分けられ、坪単価は最低の五号地が九円八〇銭、最高の一号地は一二円八〇銭で、角地は二割増であった。一九二五年三月三日の『東京朝日新聞』には以下のような広告が掲げられた。

国分寺大学都市は桜の名所小金井の地つゞきで東京市の郊外公園（東村山貯水池）の敷地に近い高燥な十地です。大学都市に明治大学が移転する計画が出来ました。明治大学には約八千の学生と一万五千の校友とそれにともなふ多くの商店がありますからスグ繁華な都市になります。女子英学塾もこの隣地に移転するためにすでに二万坪の敷地を買収しました。

東京駅から省線電車約一時間で国分寺に着き駅から電車で三四分で大学都市に着きます。省線電車は一日に六十一往復、朝夕特別に七往復の通勤電車が出ます。乗車賃は定期なれば東京駅まで往復何回乗っても一日に十五銭位ですから、市電の賃金とほゞ同じです。このほか道路（幹線八間）、電灯、電熱設備等は勿論、日用品市場、模範小学校、公園、運動場、娯楽場、乗合自動車等を設置します。

大泉学園都市と同様に土地分譲の出足は好調であったものの、翌二六年に計画は大きな曲がり角に立たされることになる。

国分寺大学都市から小平学園へ

一九二六（大正一五）に入って八間道路の西側の明治大学の移転用地を取り囲む区画の分譲がはじまった。ところが、明治大学では一九二五

図3－4　多摩湖鉄道　1928年
小平市立図書館所蔵

年九月の商議員会において移転にともなう資金的な問題などが持ち上がり、移転案そのものが白紙撤回され、翌二六年七月に箱根土地との契約の解除に至った。

都市計画の中心となる大学の移転が頓挫したことは、国分寺大学都市にとって死活問題であった。しかしながら、東京商科大学学長で明治大学商議員でもあった佐野善作の発案もあり、震災後に石神井に移転していた東京商科大学予科の小平村への移転計画が浮上してきた。一九二七（昭和二）年三月、商大予科の誘致をなんとしても成功させるために堤康次郎と小川良助の名で以下のような内容の陳情書を商大学長宛に送っている。箱根土地と小平村は、商大予科の移転が実現した場合には、①小金井桜堤の府道から大学正門までの八間道路を作ること（敷地は箱根土地より無償提供）、②学生の風紀を乱すような営業を村が取り締まること、③プールに必要な用水を提供すること、④箱根土地は予科移転の契約調印後六か月以内に電車を開通させること、⑤大学経営に不便をきたすことのないように小平村の地主一同は土地の取引を向こう一年間延期すること、以上の五点を確約するというものであった。最終的に一九二七年四月一三日に箱根土地と東京商科大学との間で、石神井の用地と小平村内の用地とを交換する契約が交わされた。こうして国分寺大学都市は、商大予科を中核とする小平学園として再出発することとなった。

多摩湖鉄道の開通

堤康次郎は、「元来土地の開発と交通機関とは、不可分の関係にある」と考えていた。大泉学園計画においては、武蔵野鉄道（現在の西武鉄道池袋線）の株式を取得し、一九二四（大正一三）年一一月に東大泉駅（現在の大泉学園駅）を設置し武蔵野鉄道に寄付した。また国立大学町計画では、中央線の国分寺・立川間に国立駅を新設した。

二つの学園都市計画では既設の路線に駅を新設したが、国分寺大学都市の分譲予定地は中央線の国分寺駅、西武鉄道の小川駅からかなりの距離があるため、当初より鉄道の新設を織り込んでいた。

箱根土地が小平村の開発に着手した頃、北多摩郡東村山村、大和村にまたがる狭山丘陵では村山貯水池の完成が目前に迫っていた。村山貯水池は、東京市の人口増加に対応して水道用水を確保するために一九一六年に工事が開始された人造湖である。同時にそれは新たな観光地となることが期待されており、宅地開発に加えて観光開発をも目的として鉄道敷設が計画された。路線は中央線国分寺駅から小金井桜の土手通り、学園都市を貫通し、東村山を経由して村山貯水池に至るというものだった。

箱根土地は手はじめに一九二五年一〇月に中央線国分寺駅前と西武鉄道小平駅前を結ぶ鉄道敷設免許を取得し、次いで一九二七（昭和二）年一一月に萩山・村山貯水池間の鉄道敷設免許を取得した。翌年一月、箱根土地は子会社として多摩湖鉄道株式会社を資本金一〇〇万円で設立し、鉄道敷設権を譲渡した。

一九二八年四月に国分寺駅―萩山駅間が、同年一一月には萩山駅―本小平駅間が開通した。そして一九三〇年一月に萩山―村山貯水池間の工事が完成し、多摩湖鉄道が全線開通した。なおこれにより、国分寺駅―

村山貯水池間が本線となり、萩山駅―本小平駅間は支線に格下げされた。この時点で本線の駅は、国分寺・桜堤・小平学園・青梅街道・萩山・村山貯水池の六駅であった。多摩湖鉄道は国産初のガソリン動車を導入したが、故障と振動が激しかったため、一九二九年末の株主総会で全線の電化を決定した。直ちに工事に取りかかり、一九三〇年四月に国分寺駅―村山貯水池間の電化が実現した。

女子英学塾・東京商科大学予科移転後の小平学園

国分寺大学都市を引き継いだ小平学園の分譲地は西側に拡張され、川越線の線路にまで及んでいた。しかし分譲地の売れ行きは思わしくなく空き地が目立つ状態であった。小平学園の中央を走る多摩湖鉄道は、行楽客の増える日曜・祭日以外乗客数は少なかったため、地元では「四《し》十二《じゅうに》人乗り」(始終二人乗り＝運転手・車掌のみ)と揶揄されていた。一日平均の乗客数は、開通直後の一九二八(昭和三)が一九四人、一九三〇年が八六一人であった。

こうした状況のなか懸案であった女子英学塾、東京商科大学予科の小平村への移転が相次いで実施された。女子英学塾(一九三三年七月、津田英学塾と改称)は、一九二九年より防風林の整備や校舎・寄宿舎の工事を進め、一九三一年八月に竣工すると、九月より新校舎で授業を開始した。新校地の象徴となったのが鉄筋コンクリート造三階建(中央部分四階建)で、瓦葺の本館である(図3－5)。敷地内には寄宿舎も併設された。校舎までは、中央線国分寺駅から徒歩で四〇分、多摩湖鉄道桜堤駅からでも徒歩二五分かかるので、通学生のために国分寺駅から校舎までを一〇分で結ぶ専用バスを運行した(片道五銭)。

一方、東京商科大学は一九三三年六月に予科本館が落成したのち八月までに移転を完了させ、九月から新校舎での授業を開始した。一九三三年時点での予科の学生数は六三七名、教員数六八名であったが、一九三六年四月に「一橋寮《いっきょうりょう》」が設置されるまで予科に寮はなかった。移転直後の『一橋新聞』によれば予科の学生九八名の下宿先は、荻窪(二六名)、阿佐ヶ谷(一五名)、吉祥寺(一五名)、西荻窪(一三名)、高円寺(一一名)、国立(九名)、武蔵小金井(五名)、中野(三名)で、多くの学生は中央線と多摩湖鉄道を乗り継いで小平まで通学していた。

商大予科移転にともない一九三三年九月、多

表3－1　小平の鉄道年表

1892年8月2日	川越鉄道設立
1894年12月21日	国分寺駅―久米川駅間(8.1km)開業
1920年6月1日	川越鉄道、武蔵水電に合併
1922年8月15日	帝国電灯、鉄道・軌道部門を分離し武蔵鉄道を設立
1922年11月1日	帝国電灯、武蔵水電を合併
1922年11月15日	帝国電灯、武蔵水電から引き継いだ鉄道事業を武蔵鉄道に譲渡、西武鉄道と改称
1927年4月16日	高田馬場駅―東村山駅間(23.5km)開業
1928年3月7日	多摩湖鉄道設立
1928年4月6日	国分寺駅―萩山駅間(4.4km)開業
1928年11月2日	萩山駅―本小平駅間(1.0km)開業
1930年1月23日	萩山駅―村山貯水池駅間(3.6km)開業
1933年9月11日	商大予科前駅開業・桜堤駅移転
1936年12月30日	延長(0.9km)にともない村山貯水池駅移転
1939年1月1日	厚生村駅開業
1940年3月12日	多摩湖鉄道、武蔵野鉄道に合併
1945年9月22日	武蔵野鉄道、西武鉄道と食料増産を合併し西部農業鉄道と改称
1946年11月15日	西部農業鉄道が西武鉄道と改称

(出典)野田正穂他編『多摩の鉄道百年』1993年より作成。

表3－2　多摩湖鉄道の輸送状況

	旅客人員(人)	運賃収入(円)
1928年	46,369	5,457
1929年	138,383	14,333
1930年	277,437	35,482
1931年	335,776	35,749
1932年	237,664	20,483
1933年	451,043	23,883
1934年	498,963	24,515
1935年	561,668	24,750
1936年	467,538	28,893
1937年	530,236	32,698
1938年	588,812	30,338
1939年	708,144	35,856

(出典)野田正穂「多摩湖鉄道の一二年間」『東村山市史研究』第7号、1998年3月より作成。

図3－5　女子英学塾本館校舎（ハーツホン・ホール）1932年落成
津田塾大学所蔵

図3－6　東京商科大学予科校舎全景
たましん地域文化財団所蔵

摩湖鉄道は桜堤駅と小平学園駅の間に商大予科前駅を設置した。これにより「四十二人乗り」という状況は一変し、乗客数は前年比で倍増し、単線で四両編成の電車で朝・夕はラッシュとなった。多摩湖鉄道は老朽化した車両を使用しており、発電所の故障もあってしばしば運休となった。多くの学生はそれに不満をもっており、一九三五年一〇月の予科記念祭終了後に、酒に酔った五〇数名の学生が商大予科駅に押しかけて、車両を破壊するという事件も起こった。

なお、多摩湖鉄道はバス事業も兼営し、一九三三年から三八年まで青梅街道駅前から昭和病院前・小川一番までのバスを運行した。

国分寺厚生の家と西武鉄道

小平学園の分譲はその後も低調であり、引き続き空き地が目立つ状況であった。箱根土地は一九三九（昭和一四）年、多摩湖鉄道に厚生村駅を新設し、開発地六〇万坪のうち六万坪を国分寺厚生の家と名づけて土地付き建売住宅の分譲を開始した。

その後、箱根土地は武蔵野鉄道の株式を買い占め、経営権を掌握し、その経営再建に乗り出した。そして一九四〇年三月に子会社である多摩湖鉄道を武蔵野鉄道に合併させ、武蔵野鉄道多摩湖線となった。一九四五年九月、武蔵野鉄道は西武鉄道（現存する西武鉄道と区別するため、以下(旧)西武鉄道と表記）と食料増産株式会社とを合併して西部農業鉄道となり、翌年西武鉄道と改称して今日に至っている。

旧西武鉄道村山線の開通

(旧)西武鉄道の母体となった川越鉄道は、一九二〇（大正九）年六月に電鉄経営もおこなっていた電力会社の武蔵水電に合併された。そして一九二二年に武蔵水電が帝国電灯に合併されたことにともない、鉄道・軌道部門が分離され、川越線（国分寺・川越間）・大宮線（川越・大宮間）・新宿線（淀橋・荻窪間）の三路線をもつ(旧)西武鉄道が設立された。

(旧)西武鉄道は懸案となっていた東京の中心部への進出を実現するため、東村山・高田馬場を結ぶ村山線の新設を計画した。すると一九二三年頃から、村山線の沿線となる田無をはじめ、小平、保谷、村山、石神井、井荻などの各町村の地主を中心として、駅の誘致運動が展開された。

一九二五年一月に(旧)西武鉄道は、すでに免許を取得していた井荻―東村山間に加えて、井荻―高田馬場間の敷設免許を取得し、ただちに建設に着手した。一九二七（昭和二）年四月、(旧)西武鉄道村山線が開通し、小平村内には花小金井、小平の二駅が設置された。村山線は複線で、朝五時から夜一一時過ぎまで一日四六本の電車を運行し、小平から高田馬場までは約三〇分程度で行くことができるようになった。

３　郊外型施設の進出

海外拓殖学校・東京高等拓殖学校

　商大予科や女子英学塾のほかにも、昭和初期に小平村に移転した学校があった。一九二九（昭和四）年四月、小平村野中新田（花小金井駅北側）に開校した私立の海外拓殖学校である。設立者は拓殖大学教授でマライ語が専門の別所直尋であった。その前身となる拓殖語学校は、別所が東京市神田区三崎町で設立（一九二七年四月）した夜間学校で、設立後二年間に三〇数名の卒業生を南米、南方に送り出していた。もっとも入学者の不足で経営難が続き、講師は無報酬で出講していたという。そうしたなか、小平村の円成院住職渓桂岩《たけいがん》の篤志により、三千坪の校舎敷地と一万坪の農場用地を取得できたことから、教育の拡充と学校の発展を期して移転・開校したのであった。

　海外拓殖学校は「志を海外に抱いて自己の運命を開拓し民族発展の先駆者たらんとする青年の為に必要なる語学と基礎学科とを教授し併せて社会人として緊切なる常識と剛健なる思想とを涵養せしめ以て天下有用の財を養成することを目的」（学則第一条）とし、南洋科、南米科に加え、新たに支那科を開設した。修業年限は高等小学校卒業程度の者を入学させる普通部が二年、中等学校卒業程度の専攻部は一年であった。マライ語やスペイン語、中国語などの語学科目だけでなく、法学や商業、海外事情などの諸学科目を教育するほか、農業実習にも力をいれる「半研半労の教育」をうたっていた。

　海外拓殖学校設立の「賛助員」には、上原勇作、財部彪《たからべたけし》、斎藤実《まこと》、永田秀次郎、平沼騏一郎といった海軍や官界のそうそうたる人物が名前を連ねていた。また講師には拓殖大学教授の満川亀太郎と東郷実が名を連ねており、拓殖大学との関係が強かった（「拓殖語学校・海外拓殖学校に関する資料」）。

　ところが経営不振が続いたのに加え、別所の急死（一九三一年六月）により休校に追い込まれた。休校中の一九三一年一一月には、寄宿舎が火災に遭うという不幸な出来事（『東京朝日新聞』一九三一年一一月四日）もあって、翌年四月、校長に東京府七区選出の衆議院議員坂本一角が就き、校名を東京高等拓殖学校と改めて再出発した。「植民に必須なる学術技芸を教授し、実習を指導し、兼ねて剛健なる思想と独立自営の精神を涵養し、身体を錬磨し、以て海外拓殖に適切なる人材を養成」することを目的として、南米科、南洋科、満蒙科の三学科を置いて、中等学校四年修了程度の青年を教育した（『最新東京男子学校案内』）。満州事変を経て、日本軍の手により満州国が建国され、満蒙開拓が国策となる状況が後押しとなって学校は存続したが、一九四〇年四月、東京高等拓殖学校は拓殖大学に買収され、小平の校地は拓殖大学予科校舎となった。

結核療養所

　豊かな自然環境と広大な敷地をもとめて、小平に進出した施設は、学校だけではない。私立の結核療養所である多摩済生院も、「大東京」の時代に小平に誕生した私設である。

　産業革命の時代（明治後半）に猖獗《しょうけつ》をきわめて以来、「国民病」として恐れられていた結核に対する政府の施策は遅れていたが、大正時代になると「肺結核療養所設置及国庫補助に関する法律」（一九一四〈大正三〉年）、「結核予防法」（一九一九年）が成立し、大都市近郊など全国各地に公立の結核療養所がつくられるようになった。

　こうしたなか、和田重久医師はみずからの重病体験をきっかけに社会事業を志した。貧困のために充分な治療を受けられない結核患者が多いことから、私財を投じて結核療養所の建設を決意したのである。そして「都心より遠く離れず交通便に且静寂にして気清浄、光線に充分に恵まれたるを条件」として用地を探した結果、一九三六（昭和一一）年一一月、小平村大沼田新田の約一万坪の敷地を取得して、多摩済生院を開設したのだった（多摩済生院『事業概要』）。なお結核療養所の建設過程では、地元住民による反対運動が起きることが多く、近隣の清瀬村では東京府立の結核療養所建設をめぐり、住民の反対運動が起こっていた。しかし、多摩済生院の場合は、そうした反対運動は確認できない。

　多摩済生院は創設の理念どおり、結核に特化した医療救護のための社会事業施設であり、国や東京府、東京市などから委託を受けた患者が多かったが、多摩済生院が独自に無料ないし軽費で入所させている患者もいた（「社会事業法の規定に依る届書」一九三八年一二月一五日）。こうして多摩済生院は、小平の恵まれた自然環境を利用して、主に貧困者を対象とした結核医療に貢献した。

研究施設の移転

　広大な敷地を必要とする研究施設も郊外型の施設で、この時期二つの研究所が小平に進出した。一九三七（昭和一二）年、農林省の獣疫調査所小平分室が小平村鈴木新田に開設された。明治の殖産興業政策のもとで西洋の技術に学んで酪農や畜産の振興がはかられたが、家畜伝染病の発生に対応し、その調査研究のための施設として一八九一（明治二四）年、東京府北豊島郡西ヶ原の農商務省農事試験場内に獣疫試験室が発足した。これは一九一〇年に獣疫調査所と改称し、それが一九二一（大正一〇）年に独立して農林省獣疫調査所となった。調査・研究だけでなく

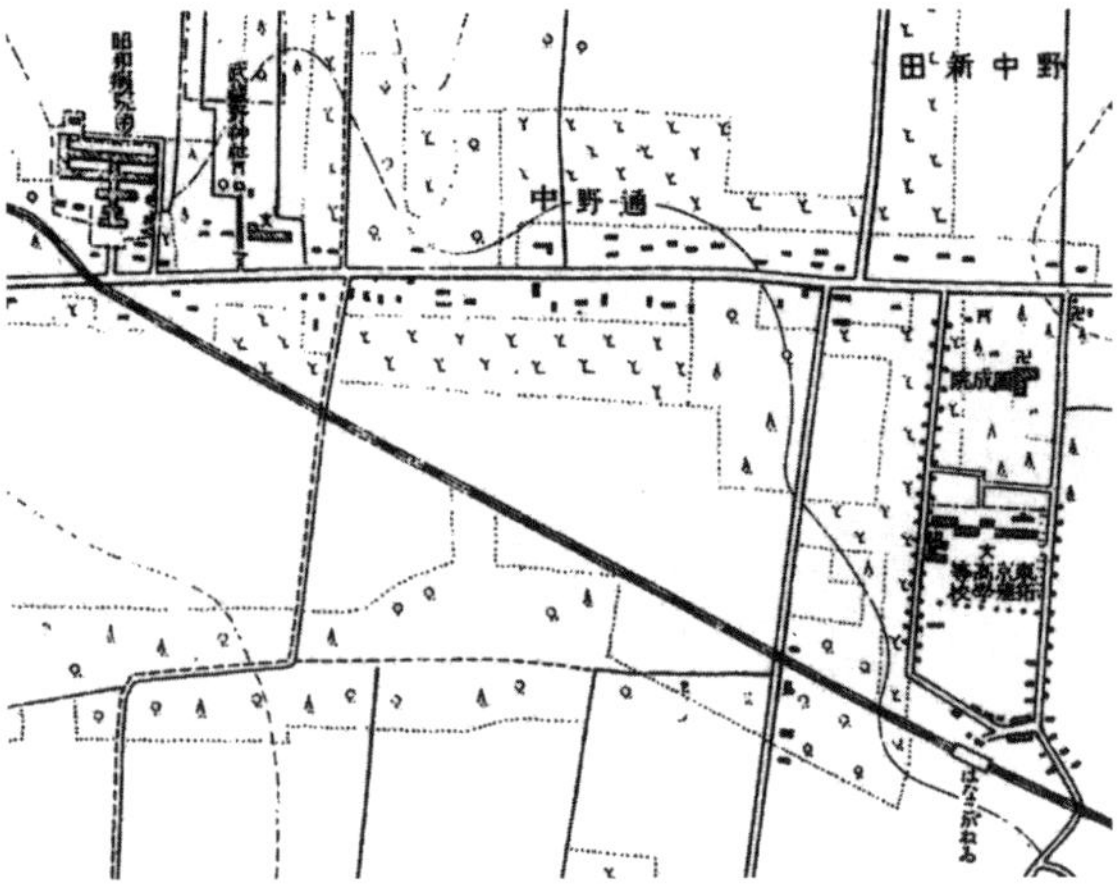

図3－7　東京高等拓殖学校付近の地図　1939年
国土地理院

図3－8　多摩済生院の絵葉書　1941年
多摩済生医療団『創立50周年記念誌』

図3－9　ゴルファーと球童（キャディー）　1938年頃
『小金井カントリー倶楽部50年史』

家畜伝染病の免疫血清や予防液の製造および配布をおこなうなど、家畜伝染病の予防法や治療法の研究とその普及を担当する施設であった。しかし西ヶ原の敷地が手狭になったため、小平村に二万二千坪の敷地を取得(のち二万七千坪に拡張)し、施設を徐々に小平村に移設する計画であったが、種々の事情で移転が順調に進まないうちに、西ヶ原の施設は空襲で焼失してしまった。敗戦後になってようやく施設は西ヶ原から小平に完全移転し、一九四八年三月に農林省家畜衛生試験場となった。

蚕糸科学研究所は一九四〇年三月、業界の拠出金により設立された。当初研究所の施設はすべて小平村小川の敷地に建設することを計画していたが、経済統制のもとで建築材料の入手が困難となり、研究に必要な水道・ガス・電力を設備することも難しいため、急遽東京市淀橋区(現新宿区)柏木に建物付の土地を購入し、既設の建物を改造して、ここで繭や蚕糸の生産や利用にかんする科学的な研究を進めることにした。そして、小平の敷地には桑園を造成し、養蚕室も建築して、蚕糸科学研究所小平養蚕所を開設することになった(一九四一年四月)。なお同研究所は一九四二年に大日本蚕糸会と合併し、大日本蚕糸会蚕糸科学研究所となった。

小金井カントリー倶楽部

日本のゴルフの歴史は、二〇世紀初頭に在日英国人によってはじまったが、その後ゴルファーの数も徐々に増えて、昭和一〇年代に東京のゴルフ人口は四万人を数えたという。「今までの貴族的クラブゴルフの時代は過ぎて大衆的ゴルフ時代が来た」とまでいわれたが、ゴルファーの増加とともにゴルフ場が東京近郊に増えはじめていた(『東京朝日新聞』一九三七年四月二八日)。

一九三四(昭和九)年ごろ、ゴルフ用具の輸入商である深川喜一のもとに、小平村にゴルフ場の適地があるという情報が持ち込まれた。都心から一時間圏内の省線小金井駅に近く、松林と桑園が中心で、理想的な起伏もあるその土地をみて成功を確信した深川は、ここにゴルフ場建設を決め、一九三五年の夏から七〇人にも及ぶ地主への接触を開始した。地主を六郷ゴルフ場での見学会と接待に招き、キャディーの雇用などで地元への経済効果があることを説明した。買収交渉は約一年かかったが、地主の鳥塚勘兵衛や円成院住職の渓柱岩(のち小平村長)ら地元有力者の協力を得て進められた。養蚕を中心に農村不況の時期であったこともあって、価格面では買収者側有利にまとまり、約一六万坪の土地を平均坪単価三円で買収することができた。ただし小作地の買収では小作人との交渉が長引いて小作調停となり、買収者が換地と離作料を提供することで和解したケースもあった。

買収に目処がつくと、深川はメジャー大会で数々の優勝歴を誇るアメリカの名ゴルファー、ウォルター・ヘーゲンに設計を依頼するとともに、ゴルフ場建設・運営の主体である小金井カントリー倶楽部を立ち上げた。倶楽部の創立委員長には大阪毎日新聞の主筆である高石真五郎を招き(のち理事長)、池貝鉄工所の池貝庄太郎(二代目)、小説家の邦枝完二、杉野学園の杉野繁一、そのほか企業経営者らが発起人に名前を連ね、代表取締役には深川が就任した。開場直前までに三二一名が会員となった(年末には四五八名)が、会員になるには一株五〇〇円の株式を購入する必要があり、やはり「大衆」には高嶺の花であったといえよう。一九三七年一〇月三日に開場式を迎えたが、時すでに日中戦争の時代であった。

❸ 日吉

［1－4－③］
『港北区史』（港北区郷土史編さん刊行委員会、一九八六年、四〇二～四一五頁）

日吉の移り変わり

閑静なたたずまい

日吉は東横線の開通、慶應義塾の移転とともに発展したまちで、現在では港北区の文化の中心となっているが、昭和初期まではまことに閑静な田園であった。

古くは左大臣従一位関白藤原房嗣の三男准后道興が『廻国雑記』（『群書類従』第十八輯、巻第三百三十七）につぎのように書いている。

　駒林といへる所にいたりて宿をかり侍るに。あさましげなる賤《しず》のふせやに落葉《おちば》所をせき侍るを。ちとはきなどし侍りける間。たゝずみて思ひつゞけける。

　つなかれぬ月日しられて冬きぬと又はをかふる駒はやし哉

文明十八年（一四八六）のころの日吉は、このような淋しい地域であった。

江戸時代の村勢と世相

江戸時代の日吉には矢上村、駒林村、駒ヶ橋村、箕輪村の四村があり、武蔵国橘樹《たちばな》郡に属していた。『新編武蔵風土記稿』によれば、民家の戸数は矢上村九十五軒、駒林村九十二（九十）軒、駒ヶ橋村二十四軒、そして箕輪村四十五軒であった。また嘉永五年（一八五二）三月の「宗旨人別帳　御霊屋料武州橘樹郡駒林村」（二冊、駒林、川田実家蔵）によれば、駒林村の所属寺院別人口は次のとおりである。

天台宗	金蔵寺（駒林村）	一四三人	男	七六人	女	六七人
天台宗	西光院（駒林村）	一五人	男	七人	女	八人
浄土真宗	専念寺（蟹谷村）	三六人	男	一九人	女	一七人
		計一九四人				

四村の石高は次のように推移している。

元禄十五年（一七〇二）「武蔵国橘樹・久良岐・都筑三郡郷帳」（『神奈川県史』資料編5近世(2)二）

矢上村	五八一石七升七合六夕五才
駒林村	六五七石三斗一升二合
駒ヶ橋村	一七九石一斗九合三夕三才
箕輪村	三六三石一斗二升三合三夕三才

寛永六年（一八五三）「武蔵国村数石高家数取調書」（『神奈川県史』

資料編8近世(5下)付録)
矢上村　六二六石八斗五升五合　八八軒
駒林村　七四二石四斗七升六合　七七軒
駒ヶ橋村　一六八石七斗五升七合　三一軒
箕輪村　二七一石六斗二升三合　四五軒

明治五、六年(一八七二、一八七三)「横浜農村明細帳」(『横浜市史』第一巻、付表)
矢上村(明治六年)　六二二石九斗二升八合
駒林村(明治六年)　七二六石二斗八升二合
駒ヶ橋村(明治六年)　一八六石一斗八升八合
箕輪村(明治五年)　二七一石六斗三升八合

明治十年(一八七七)の人口および戸数「横浜農村明細帳」(『横浜市史』第一巻、付表)には以前と比べて顕著な変化は見られない(箕輪村のみ明治五年)。
矢上村　九七戸　五八一人　村用掛　相原弥右衛門
駒林村　五七戸　五七一人
駒ヶ橋村　三八戸　二一〇人　村用掛　小島政吉
箕輪村　四五戸　二七一人　村用掛　小島久左衛門

さて、村は幕府がじきじきに治める天領と、旗本や御家人の支配地と、寺社の領地に三分されていた。村には、名主・組頭・百姓代の地方《じかた》三役がおかれ、村を治めていた。その任務は多岐にわたり、年貢米の取りたてにはじまり、宗門改め、用水工事、助郷役の割当、結婚の仲人から夫婦喧嘩の仲裁に至るまでなんでも行なっていた。さらに幕府は村人に規則を守らせ、農事に励み、村人を互いに監視させるために五人組の制度をつくっていた。五人組とは村に住んでいるすべての人を五人ずつ組みにし、ときおり組頭や名主のもとに集めて心得書を学ばせ、租税徴収と犯罪人の発見を容易にするため、連帯責任を負わせる制度であった。

村の百姓は本百姓と水呑百姓に大別され、水呑百姓は土地をもたずに他人の土地を耕したり日雇に出たり、農間あきないや農間職人をして生計を立てていた。嘉永五年(一八五二)三月の「当子年田畑作付反別小前書上帳　御霊屋料武劦橘樹郡駒林村」(駒林、川田実家蔵)には、田畑がなく病身なので菰作りをしているとか、他に鍛冶屋、紙すき、奉公稼ぎ等についての記事が見える。奉公稼ぎについては、御府内町方奉公、近隣の本百姓方への奉公、或は武家屋敷などへの奉公等があったようで、弘化五年(一八四八)三月「宗旨人別帳　奉公稼之分　御霊屋料武劦橘樹郡駒林村」(駒林、川田実家蔵)によると、駒林村だけでも奉公稼ぎに出た者が二十四名(男十六人、女八人)になっている。

村の生活を圧迫するものに「助郷」があった。助郷とは、公用の道中に要する馬や人足を差し出すことを義務づける制度である。

その割当は時代が下がるにつれて次第に増加し、村の負担は大きくなっていった。箕輪村は元禄二年(一六八九)には保土ヶ谷宿・神奈川宿の臨時の助郷村であり(『神奈川県史』資料編9近世(6)交通編六九)、後年には助郷村に属していない。矢上・駒林・駒ヶ橋の三村は川崎宿の助郷村であった。

江戸中期以後は貧困のためばかりではなく、比較的豊かな百姓もさまざまな商売をするようになっていった。これは農村に商品経済が浸透していった過程に対応している。これにつれ農村の生活も徐々に変化し、日常の生活物資も豊かになっていったが、幕府はこれを「奢り」として取締りを強化していった。大ざっぱにいって、幕府や領主は田畑の生産高に対して課税をしていたのであるから、農民が田畑の耕作以外の仕事をすることは、税収の減少につながると考えられていた。他に政治的な理由もあったと考えられるが、最大の理由はこれである。以下の文献から当時の農民の生活ぶりがうかがえよう。

天保十二年（一八四一）十一月「農民取締につき代官心得方申渡」
（前略）
一　近来百姓共奢侈ニ長し、衣服・飲食共身分不相ニ相成、遠在迄も平日油灯・蠟燭《ろうそく》・雪駄を用ひ、少しも手廻り候者は家作結構にしつらひ、都《すべて》而農業ニ《ヲ》怠り余業に走り、農家ニ不似合遊芸等いたし候もの茂有之《これ》由ニ付、自今以後右躰奢《みぎていおごり》ケ間敷もの有之由相聞ハ、、当人は勿論村役人共迄急度《きっと》咎可申付条、（下略）

天保十三年四月「幕府改革につき取締向寄場組合議定」
（前略）
一　宿村役人共衣類之儀ハ、五人組帳前文ニ有之候通、太織・紬《つむぎ》之外決而着用致間敷候事、
　付、縦女子・小児ニ至迄天鵞絨《びろうど》・縮緬《ちりめん》類、都而美敷衣類等是亦着用為致申間敷事、
一　小前之もの共并下男・下女四季共木綿ニ限、結《絹カ》・紬之類決而着用為致申間敷事、
　但、帯之儀ハ太織より宜敷品かたく為用申間敷事、
一　神事・祭礼之儀ハ可成丈質素ニいたし、作物出し等之類は勿論、風俗花麗ニ相成候義ハ、決而為致申間敷事、
（下略）

天保十四年三月「農民奢侈禁止および奉公稼等取締の触書請書」
（前略）
一　百姓之儀は麁《そ》服を着し、髪も藁《わら》を以つかね候事古来之風儀ニ候処、近来奢《おごり》ニ長し身分不相応之品着用いたし、髪も油元結《もとゆい》を用ひ候而已ならす流行之風俗を学ひ、其外雨具も蓑《みの》笠のミを用候事ニ候処、当時傘・合羽を用ひ、（下略）
（以上、『神奈川県史』資料編7近世⑷一八三、一八七、一九八）

文中の「余業」といわれる仕事には質屋等も含まれ、天保九年（一八三八）には、矢上村に三軒、駒林村に二軒、駒ヶ橋村に一軒あった（小塚光治『川崎史話』下巻）。

明治から大正へ

明治四年（一八七一）に廃藩置県が実施され、その後、地方制度整備の一環として大区小区制が施行された。箕輪村は南綱島・北綱島・大曽根・太尾・樽と併せて第三大区第七小区に、矢上・駒林・駒ヶ橋の三村は、南加瀬と併せて第四大区第九小区になった。明治二十二年（一八八九）には市制・町村制が施行され、神奈川県は一市二十六町二百九十四村となった。このとき矢上・駒林・駒ヶ橋・箕輪・南加瀬・鹿島田・小倉の七カ村が合併して日吉村となり、はじめて「日吉」の地名が登場することになった。学校も箕輪学校（現在の綱島小学校）、駒林学校（現在の日吉台小学校）ができ、一般子弟の就学が可能になった。

日清戦争、日露戦争、第一次世界大戦参戦と、日本は富国強兵の道を歩んでいったが、一方ではデモクラシー運動も盛んになり、大正七年（一九一八）には米騒動が起こるに至った。こうした世相を背景に「民力の涵養・自治の振興」が唱えられ、横浜でもそのための実行要目が作成され、活発な運動が展開された。大正九年三月の「大綱村民力涵養実行要目」（『神奈川県史』資料編11近代・現代⑴二三八）を見てみよう。

大綱《ママ》村民力涵養実行要目

訓令第一要綱

立国ノ大義ヲ闡明シ国体ノ精華ヲ発揚シテ健全ナル国家観念ヲ養成スルコト

実行要目

一 毎朝祖先ノ霊位ヲ参拝スルコト

一 村社ノ祭式及村主催ノ追悼会ニハ小学校児童、在郷軍人会員、青年団員参拝スルコト

一 社寺ノ構外ヲ通行ノ際ハ叩頭シテ敬意ヲ表スルコト

一 三大節及ビ其ノ他ノ祝祭日ニハ各戸国旗ヲ掲揚スルコト

訓令第二要綱

立憲ノ思想ヲ明瞭ニシテ自治ノ観念ヲ陶冶シテ公共心ヲ涵養シ犠牲ノ精神ヲ旺盛ナラシムルコト

実行要目

一 部落的感情ヲ去リ公共ノ福利ヲ図ルコト

一 納税義務ヲ怠リ又ハ納期ヲ誤ラザルコト

一 言責ヲ重ンジ実践躬行ノ美風ヲ涵養スルコト

訓令第三要綱

世界ノ大勢ニ順応シテ鋭意日新ノ修養ヲ積マシムルコト

実行要目

一 優良ナル書籍雑誌ヲ購読シテ日新ノ智識ヲ修ムルコト

一 補習教育ヲ奨励スルコト

訓令第四要綱

相互諧和シテ彼此共済ノ実ヲ挙ケ軽進妄作ノ憾ナカラシムルコト

実行要目

一 隣保相助ケ組内ノ改善発達ヲ図ルコト

訓令第五要綱

勤倹力行ノ美風ヲ作興シ生産ノ資金ヲ増殖シテ生活ノ安定ヲ期セシムルコト

実行要目

一 農産増収ヲ図ルコト

一 時間ヲ励行スルコト

一 冠婚葬祭ニ際シ冗費ヲ節シ地方改良費ニ寄付スルコト

一 奢侈ヲ戒メ質実ヲ旨トスルコト

一 混食米ヲ奨励スルコト

一 貯金ノ励行ヲ期スルコト

一 道路ヲ愛護スルコト

（下略）

1-4-③ 『港北区史』

関東大震災

大正十二年（一九二三）九月一日、関東大震災が起こり、東京・横浜が焦土と化した。日吉村では四百九十五戸が全半壊、これは大正九年末の全戸数五百六十戸の実に八八パーセントであった。この壊滅的な打撃に対し、全国から救援の手が差し延べられた。『神奈川県震災誌』（昭和二年）によれば、九月末日までに日吉村に配給された救援物資の内訳は次のとおりである。

外米	一六八袋	一袋七斗五升入
食塩	五〇俵	一俵五〇斤入
小麦粉	六三〇袋	一袋二斗入

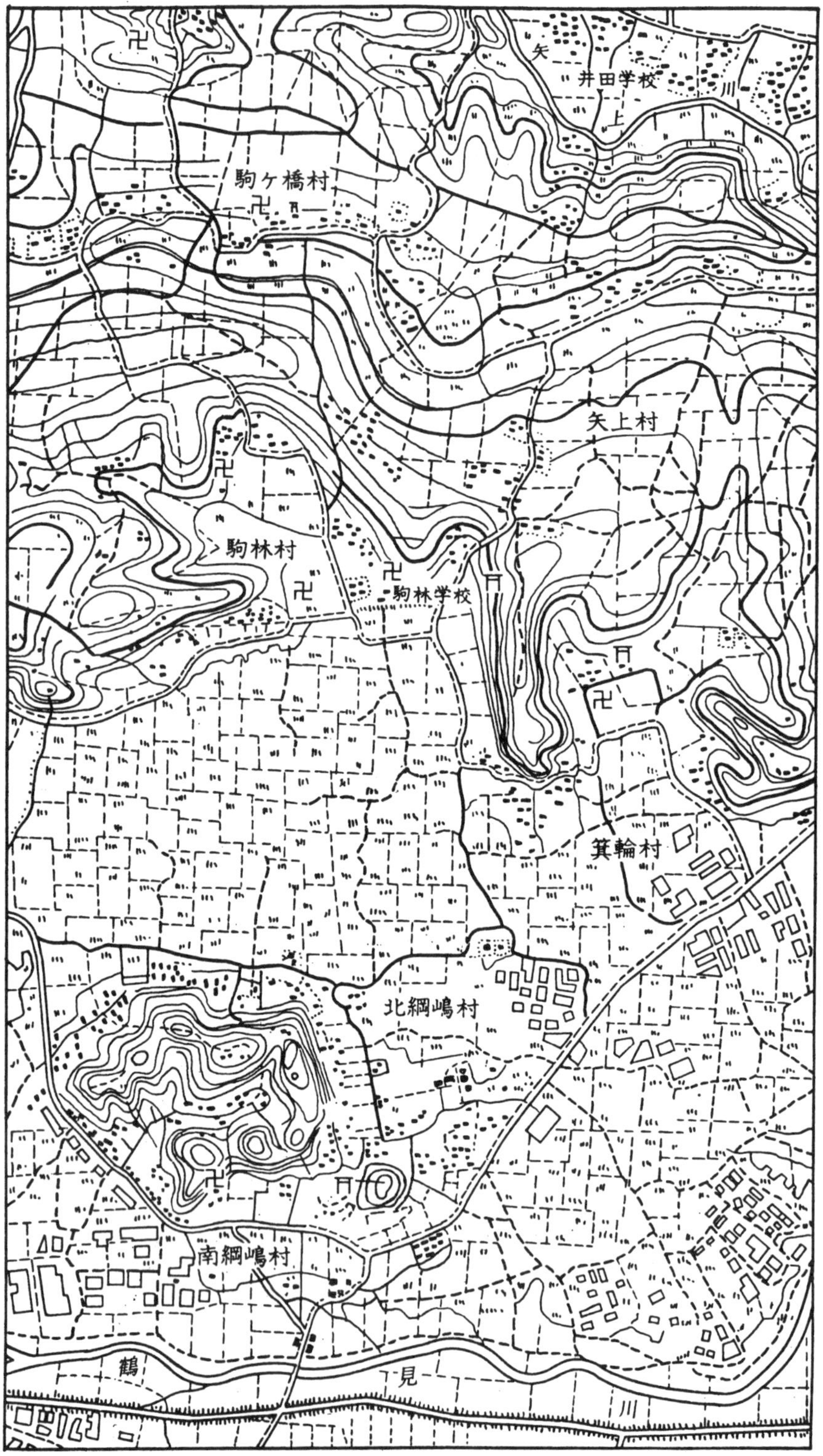

図1　明治十四年（一八八一）測量地図

砂糖　一五袋　一袋一六五斤入
ローソク　六箱　一箱四〇斤入

横浜市全体では全半壊、全焼、破損を含め九万四千八百八十三世帯が被災した。全世帯九万九千八百四十世帯の九五パーセントであった。いかに大きな被害であったかは「大正十二年地方長官会議書類」（『神奈川県史』資料編　近代・現代(1)二八一）によってうかがうことができよう。

（前略）

二日非常徴発令ノ発布以前海外渡航者検査所ノ如キ倒壊火災ヲ免レタル個所ニ於テハ既ニ二日早朝ヨリ傷病者ヲ収容シテ救護ヲ開始シタリ当時二日ニ至ルモ猛火ハ尚鎮マルヘクモアラスシテ幾万ノ火傷外傷疾病者ノ阿鼻叫喚スル者アリタルヲ収容シテ之カ救護ニ努力シタリト雖モ死者二万三千傷者四万ヲ算シタル程ナリシヲ以テ（中略）当時罹災民救護ニ従事セル職員中ニハ徒歩過度飲食物不給ノ為メ栄養不良ニ陥リタル者尠《スクナ》カラス殊ニ警察官ノ中ニハ多クノ疲労困憊《コンパイ》者ヲ出シタルモ殆ント休養ノ寸暇スラ得サリシ状況ナリキ

（下略）

昭和になって

昭和に入り日吉は住宅地として発展をはじめるが、そのきっかけとなったのは、東横線の開通（昭和二年）と慶應義塾大学予科の日吉移転（昭和九年）である。昭和四年当時の地価一覧表（表1）と分譲区画（図1）を示しておく。

昭和十二年四月、日吉村は川崎および横浜両市へ分割合併された。合併に際しては相当深刻な紛争があったが、結局矢上川を境として、旧北加瀬（北加瀬は大正十四年、日吉村に編入された）・南加瀬・鹿島田・小倉の四カ村は川崎に、旧矢上・駒林・駒ヶ橋・箕輪の四カ村は横浜に帰属することになった。横浜に編入された四カ村は、それぞれ横浜市神奈川区日吉町・日吉本町・下田町・箕輪町となった。横浜に編入された四町の戸数・人口は、五百十二戸、二千八百七十九人（昭和十一年末現在）である。合併に伴う約束にもとづいて、同年、日吉駅前の国道が整備され、翌十三年には水道・ガスがひかれている。昭和十四年、横浜市は五区から七区となり、新たに港北区が誕生した。第二次世界大戦後の日吉は急速に発展するが、その端緒となったのは、昭和二十六年の市営住宅建設であるといわれている。現在の日吉は、東京のベッドタウンとしての性格が強く、人口もかつてとは比べものにならないほど増加している。

日吉町（旧矢上村）	世帯数	六八一六	人口	一万六二五六
日吉本町（旧駒林村）	世帯数	一万三一	人口	二万三八八四
下田町（旧駒ヶ橋村）	世帯数	四九三八	人口	一万三五一八
箕輪町（旧箕輪村）	世帯数	二九六八	人口	五七八五
合計	世帯数	二万四七五三	人口	五万九四四三

『横浜市町別世帯と人口～昭和59年10月1日現在～』

日吉駅の乗降人員は、『日吉村勢要覧（昭和六年度）』によれば、一カ年間乗客五八、六九〇人、一カ年間降客八二、六四〇人（一日平均乗降客数、約三八七人）であった。昭和五十年には一日平均一〇万三千八百人であったが、昭和六十年上期には一日平均十一万四千二百十四人と増加している。

表1　日吉台分譲地売買並ニ地坪概数表

区分地番号	1	2	3	6	7	9	10	12	16	18	19	22	23	24	25	26	27	28	29	30	31	32	33	34	35	37	38	39	40	41	43	45	50	51	52	53	57	58
地坪	一四八坪	一五八	一五八	一七五	一五六	一五二	一一二	七二	九一	二〇五	二四五	二四五	二一七	一九五	一八六	一七〇	一八七	一八七	一八七	一八六	一八六	一八七	一八七	一六八	一五三	五五	五六	一四七	一三四	一九〇	一五〇	一五〇	一五〇	一五七	一五〇	一五〇	一五〇	一五〇
単価	二八円	二七	二八	二七	二七	二四	二六	二九	二七	二四	二四	二七	二八	二九	二八	二五	二四	二四	二四	二五	二四	二三	二二	二一	二一	二四	二三	二二	二二	二三	二四	二四	二五	二五	二五	二五	二四	二三

区分地番号	71	72	73	74	75	76	77	78	79	80	81	82	83	84	85	86	87	88	90	91	92	93	96	97	98	99	100	101	102	103	104	105	106	107	108	109	110	111
地坪	二一二坪	一二六	一二五	一一八	一二一	八二	九二	一三八	一四〇	一四七	一四〇	一五七	一六五	一六四	一四九	一五〇	一五〇	一六五	一七四	一六五	一五〇	一五〇	一五〇	一五〇	一五〇	一五〇	一三九	一三九	一五〇	一五〇	一五〇	一五〇	一四九	一六四	一六五	一八二	一一三	一六五
単価	二四円	一八	一七	一六	一五	一五	一六	一七	一八	二〇	二二	二二	二三	二四	二五	二四	二四	二四	二二	二一	二一	二〇	一八	一七	一九	一九	一九	二一	二一	二一	二一	二一	二二	二二	二〇	一九	二〇	二〇

区分地番号	123	124	125	126	129	132	133	134	135	136	137	138	139	140	141	143	143	144	145	146	147	148	149	150	151	152	153	154	155	156	157	158	159	160	161	162	163	164
地坪	一五四坪	一四五	八一	一一二	一二五	一二四	一二五	一二五	一二五	一二五	一二五	一四〇	一五五	一七五	一五九	一五〇	一二五	一二五	一二四	一四九	一四五	一三一	一三〇	九五	二一三	九〇	九三	一〇一	一一五	八七	一〇八	一二五	一〇五	一〇〇	一〇三	一一二	八〇	九〇
単価	二〇円	二一	一七	一七	一九	二一	一九	一九	一九	一八	一六	一六	一七	一七	一八	一八	一八	一八	二〇	一九	一七	一七	一二	一四	一五	一五	一五	一五	一六	二〇	一八	一八	一七	一六	一四	一五	一五	一四

区分地番号	178	179	180	181	182	183	184	185	186	187	188	189	190	191	192	193	194	195	196	197	198	199	200	201	202ノ甲	202ノ乙	203	204	205	206	207	208	209	210	211	212	213	214
地坪	八四坪	一一〇	一一六	一二一	二三〇	二一二	九三	九四	一二八	一七五	一〇四	一四七	一七〇	一六五	一五二	一五〇	一四〇	一五〇	一七〇	一五七	一三〇	一三〇	一二八	一四四	一二一	一四四	一三〇	一三五	一〇〇	一一七	一一〇	一二〇	一二一	一〇七	一八六	二一〇	二三三	一八七
単価	一八円	一六	一七	一八	一八	一九	一九	二〇	二八	二八	二七	二八	二六	二八	二七	二七	二七	二五	二六	二六	二六	二一	一七	一七	二六	二四	二四	二四	二五	二五	二六	二五	二四	二四	二六	二八	二七	二五

区分地番号	226	227	228	229	230	231	232	233	234	235	236	237	238	239	240	241	242	243	244	245	246	247	248	249	250	251	252	253	254	255	256	257	258	259	260	261	262	263
地坪	一五〇坪	一五〇	一四九	一四九	一五〇	一五〇	一五七	二三二	一五七	一五〇	一五〇	一四九	一四九	一五〇	一五〇	一三五	一三八	一三五	一三五	一三五	一五〇	一四九	一二九	一三〇	一二五	九五	一一三	一〇二	一四〇	一五三	一七〇	一五五	一二五	一七三	一九四	二三八	二三二	二一九
単価	二三円	二三	二四	二三	二一	二一	二一	二〇	二一	二一	二一	二三	二三	二二	二一	二一	二二	二一	二〇	二〇	二一	二三	二二	二一	二〇	一八	二〇	一九	一八	一八	一八	一八	二〇	一九	一九	一九	二〇	二〇

区分地番号	274	275	276	277	278	279	280	281	282	283	284	285	286	287	288	289	290	291	292	293	294	295	296	297	298	299	300	301	302	303	304	305	306	307	308	309	310	311
地坪	一二三坪	一二二	一二九	一三六	一四五	一三八	一三六	一二九	一二二	一二七	二一七	二五〇	二六九	二六二	一三七	一四五	一五〇	一三八	一五二	一五五	一八一	一八二	二〇五	二五〇	二六八	二四〇	二〇七	一六四	一六五	一六〇	一三〇	一二〇	一一七	一二五	一二五	一二五	一八〇	一八三
単価	一七円	一九	二〇	二一	二二	二〇	一九	一八	一七	一六	一四	一五	一七	一九	二五	二五	二五	二五	二五	二五	二四	二五	二四	二三	二三	二三	二三	二三	二二	二二	二二	二一	二一	二四	二四	二四	二三	二二

区分地番号	323	324	325	326	327	328	329	330	331	332	333	334	335	336	337	338	339	340	341	342	343	344	345	346	347	348	349	350	351	352	353	354	355	356	357	358	359	360
地坪	一五三坪	一五五	一六五	一六五	一六五	一六五	一二五	一四四	一四二	一四二	一四二	一四二	一四二	一四七	一三六	一三一	一三一	一四二	一四二	一三八	一一〇	一四一	一四二	一四二	一四二	一二〇	一八六	一六五	一六五	一六五	一六五	二五〇	一八一	一九〇	一八七	一七五	一四五	一八〇
単価	二四円	二三	二三	二三	二三	二五	二二	二四	二四	二五	二五	二五	二五	二五	二五	二四	二四	二四	二四	二四	二一	二五	二四	二四	二四	二四	二五	二四	二四	二四	二四	二四	二五	二六	二六	二五	二五	二五

59	一五〇	二三	112	一五〇	一八	165	一〇〇	一四	215	二〇一	二五	264	一四四	二〇	312	一六四	二一	361	二一〇	二五
60	二〇四	二三	113	一五〇	一七	166	一三〇	一三	216	一七〇	二五	265ノ甲	一二六	二二	313	一九一	二〇	362	一一五	二三
61	一五〇	二三	114	一三六	一六	167	一四〇	一三	217	一八八	二五	265ノ乙	一〇四	二〇	314	一九五	二〇	363	一〇八	二四
62	一五〇	二三	115	一四〇	一八	168	一八五	一二	218	二四〇	二七	266	一三四	二三	315	一八〇	一六	364	一一八	二五
63	一五〇	二三	116	一六四	二〇	170	一三七	一六	219	二一一	二八	267	一三五	二二	316	一七四	一八	365	一五五	二五
64	一四九	二四	117	一三八	二〇	171	一〇〇	一七	220	一八六	二七	268	一三四	二二	317	四二〇	二三	366	四一〇	二五
66	一五〇	二二	118	一四九	二一	172	一一九	二〇	221	一四九	二六	269	一四二	二二	318	一三〇	二三	367	一六三	二五
67	三一六	二二	119	一二四	二一	173	八四	一九	222	一五〇	二五	270	一五五	二二	319	一五〇	二三	368	一六五	二五
68	一六四	二一	120	一二五	二〇	175	八五	二〇	223	一五〇	二四	271	一六五	二〇	320	一五〇	二三	369	一六三	二五
69	一一二	二〇	121	一二五	二〇	176	八五	一九	224	一五七	二三	272	一六二	一九	321	一五〇	二三	370	一五五	二五
70	一一〇	二〇	122	一二五	二〇	177	八〇	一八	225	一八〇	二三	273	一六一	一八	322	一五〇	二三	371	一四八	二五

（『目黒蒲田・東京横浜電鉄沿線分譲地案内』より）

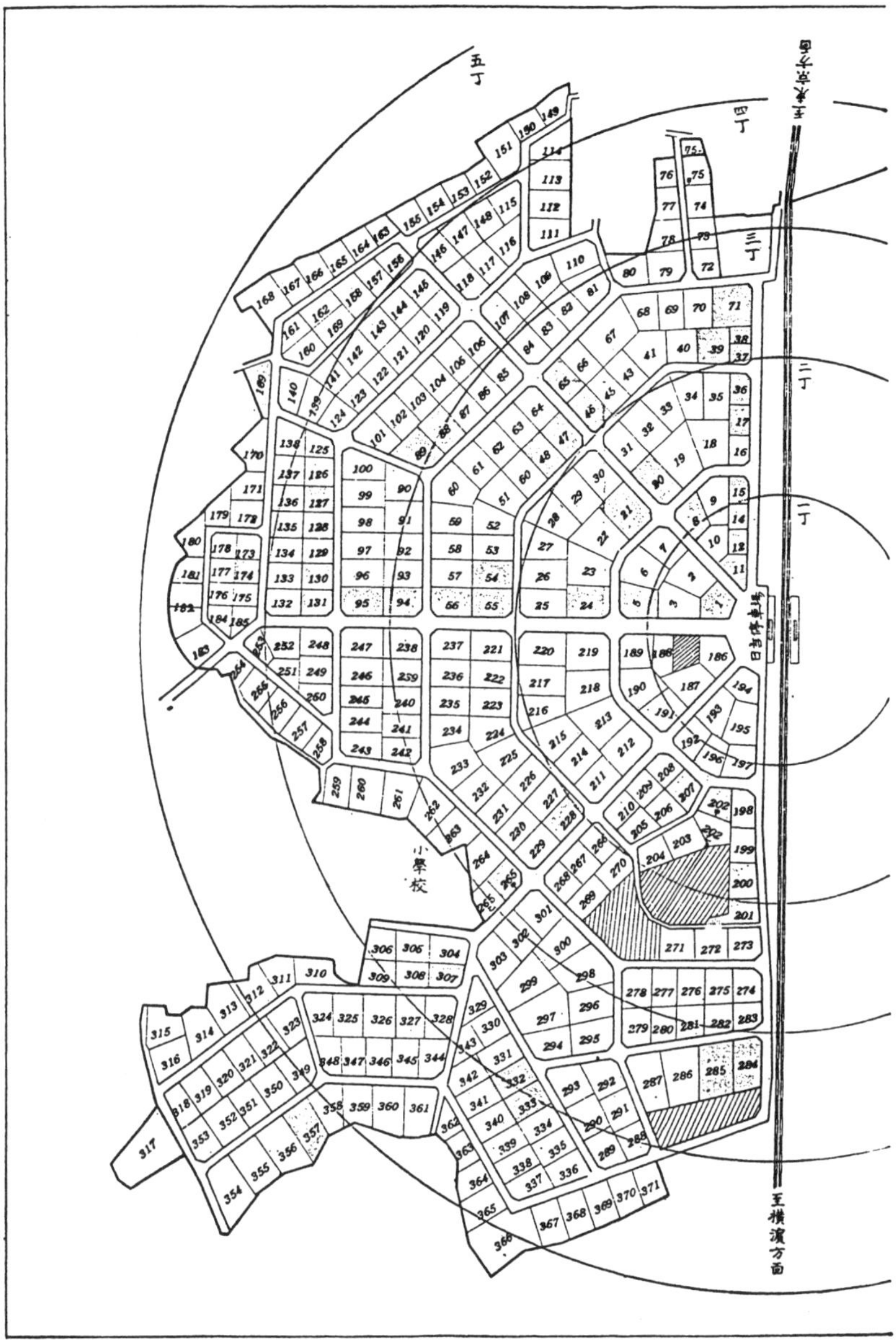

図2　日吉台分譲地平面図

図3　日吉村の一部（昭和八年）

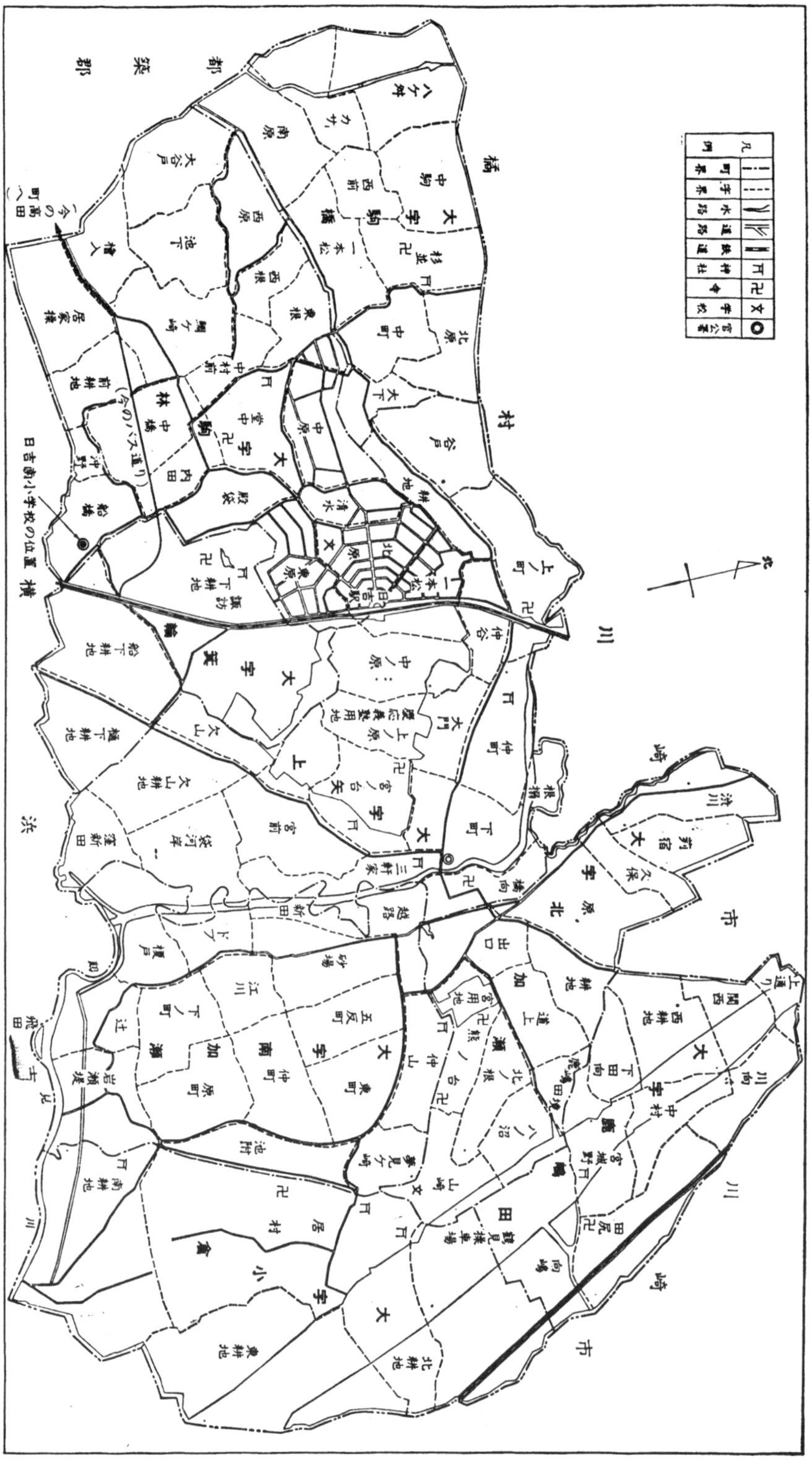

図4　日吉村村図

〔1-4-④〕
藤沢市史編さん委員会編『藤沢市史　第六巻　通史編』（藤沢市役所、一九七七年、五三二～五四七頁）

別荘地の開発と発展

明治期・湘南海岸の別荘地

海水浴場の発展には、自然の美景とあわせて、鉄道その他の交通手段の開通・整備とともに、それを紹介する先駆者の登場が必要であったことは前述した〔本書には収録せず〕が、別荘地の開発も避暑・行楽などという海水浴に似た目的をもつ以上、その発展の要因として、それに近い条件が必要である。

例えば、古来、避暑向きの別荘地として知られる長野県軽井沢にしても、明治一九年、当時のイギリス公使館付きの宣教師アレキサンダー・クロフト・ショーによる紹介があって、それから二か年後の信越本線の延長・開通がその発展に貢献した。

湘南海岸一帯における別荘地も、さきの軽井沢などの開発とほぼ同時期にひらけた。明治一七年、神奈川県令野村靖（同一一年県令就任）が、居住の地を湘南に求めようとして、ドイツ人医師、ベルツ博士（明治九年、東京医学校教師として来日、後に宮内省御用掛となる）に選定を依頼した。同博士は、調査の結果、第一に鵠沼海岸、つぎに酒匂海岸、第三に小田原海岸を適地とした。しかし、野村県令は、交通条件などから小田原に決めた（加藤徳右衛門『現在の藤沢』）。また明治二六年七月に『読売新聞』掲載の避暑地案内の欄には興津・我入道・牛臥・大磯・北条・稲毛・箱根・長岡その他が紹介されている。さらに『風俗画報』（第九七号、明治二八年八月）には、県下の海水浴場として、大磯・国府津・小田原・鵠沼・逗子・富岡（横浜）などがあげられている。ここには静岡県各地まで含まれていたが、湘南海岸に限れば、大磯や鎌倉などが別荘地としては先進地で、鵠沼海岸の開発は、ほぼ同じころに着手されながらも、多少たちおくれたとみてよい。

海水浴場としての大磯の発展が松本順の活躍に負っていた点に関してはふれた〔本書には収録せず〕が、それはまた別荘地の形成の条件にも通じていた。すなわち明治二十年代以降、大磯では海水浴客を対象に、禱竜館・招仙閣・長生館などの大旅館を始め、料亭・茶屋などが設けられるとともに、東海道線の大磯停車場の開設をきっかけとして、各界名士の別荘が激増した。その意味で、明治二九年五月、当時の政府最高指揮者の一人であった伊藤博文が西小磯に別邸滄浪閣を建築した影響は重要である（『伊藤博文伝』下巻）。それに続いて西園寺公望・山県有朋・原敬などの政治家また島津忠亮・坂井忠道・徳川頼倫・鍋島直大らの華族さらに岩崎弥之助・浅野總一郎などの政商・財閥関係者が、いずれも別荘をかまえ、明治四〇年には、その概数一五〇余戸を数えた（河田羆『大磯誌』）。このため、夏の閣議が同地で開かれたともいわれる。その翌年に、大磯は全国優良避暑地の人気投票で第一位となった（『神奈川

明治末ごろの鵠沼・辻堂海岸、遠方に江の島が見える(落合氏提供)

の百年』上巻)。

鎌倉もまた大磯とならぶ屈指の別荘地で、明治二二年に東海道線と横須賀線が開通してから急速に発展した。明治末期の鎌倉にも、皇族別邸や華族・官僚・実業家の別荘が合計五八〇戸余りあった(大橋左狂『現在の鎌倉』)。当時、同地の総戸数が約一、七三〇戸であったから、三戸に一戸が別荘であり、このほかにも貸別荘・貸家が多く、文士・作家などの避暑・転地にも利用された。

伊東将行と鵠沼海岸の別荘地

海水浴場として、鵠沼海岸を発展させるうえで、伊東将行が東屋旅館を建築して、重要な役割を果した点については前述した(「一、片瀬・鵠沼海岸の海水浴場」(本書には収録せず)を参照)。しかし、かれはまた同時に、同地の別荘地の形成にも先駆者の役割を果した。開発初期の鵠沼海岸の動きについては、史料の制約から明らかでない。ただ大正九年一二月、伊東将行の功績を顕彰した「鵠沼海岸別荘地開発記念碑」が、賀来神社(鵠沼藤ケ谷)の一画に建設され現存している。これから、われわれは伊東将行の活動を中心に、その開発の経過をうかがうことができる。重要な史料なので、つぎに引用しよう。

鵠沼海岸別荘地開発記念碑

湘南海岸一帯ノ地ハ往昔砥上ケ原ト称シ、鵠沼ハ其ノ東南隅ニ在リ、左ハ片瀬ヲナシ右ハ辻堂ヲナス、南スレバ即チ積水天ヲ涵シ浩蕩涯ナク、伊豆大島三浦半島其ノ間ニ隠見ス、西スレバ即チ芙峰高ク天際ニ嶷立シ、箱根足柄雨降ノ諸山其ノ左右ニ環列ス、明治十九年武州川越之人伊東将行偶此ノ地ニ来リ、徘徊移刻、俯仰四顧シテオモエラク、郊外生活ノ好適地ナリト、遂ニ住ヲ移ス、三觜直吉ト協力シテ鵠沼館ヲ創設シ、以テ士女游渉ノ便ニ供セリ、翌二十年……将行…専ラ游客招致ノ策ヲ講ジテ、共ニ未ダ其ノ績ヲ挙グルニ到ラズ、将行敢テ屈セズ、二十二年……海岸ノ開発ニ従事セリ、道路ヲ闢キ松樹ヲ種エ、以テ屋宇ト園庭ヲ作ルニ便ニス、是ニ於テカ……往昔、汀沙漠々トシテ風塵面ヲ払ウノ域、今変ジテ一望曠観、風光明媚ノ佳境トナリ、貴紳富豪ノ別邸ヲ構エ、別野ヲ設クル者、年々其ノ教《(ママ)》ヲ増加セリ……将行益奮励シ、二十五年更ニ一旅館ヲ営ミ、東家トイウ……楼観ハ精工巨麗ニシテ靡ラズ、館皆松ヲ還ラシ、池ヲ造リ水ヲ蓄エ、清洒掬スベシ……鵠沼ノ今日アルハ、蓋シ亦将行ノ積日累労ノ致ス所……将行今年七月二十九日病歿セリ、享年七十有五、此ノ地ノ有志、其ノ功ヲ嘉尚シ、ミナ諮リテ碑ヲ樹テ、此ノ地ノ開発ヲ記念シ兼テ之ヲ不朽ニ伝エント欲ス……依リテ其ノ概ヲ録シ且ツ係ワルニ銘ヲ以テス

大正五年庚申十二月　頭山満題字　牧野随吉撰文書

(原漢文)

すなわち明治一九年以降、鵠沼海岸に定住したかれは、名士を誘致する目的で、武相倶楽部(高座郡長今福元頴、羽鳥の三觜八郎右衛門、鵠

沼の斎藤六右衛門らも加入）を設立した後、明治二十年代始めから同地区の開発を促進した。その結果、各界の「貴紳富豪」の別邸が増加した。（職業その他は第2表参照）。三十余年間にわたり開発につくした伊東将行は、大正九年七月、病没したが、その後継者によって、事業が継続された。

なお同碑文にはないが、『横浜貿易新報』（大正三・四・一〇）によると、地主の大給子爵家が東屋旅館付近の土地について貸与・分譲を実施したことが「鵠沼の大発展」を促したといわれ、また同月二六日の記事は、当時、久松子爵家が同海岸に数千坪の土地を購入して、伊東将行の

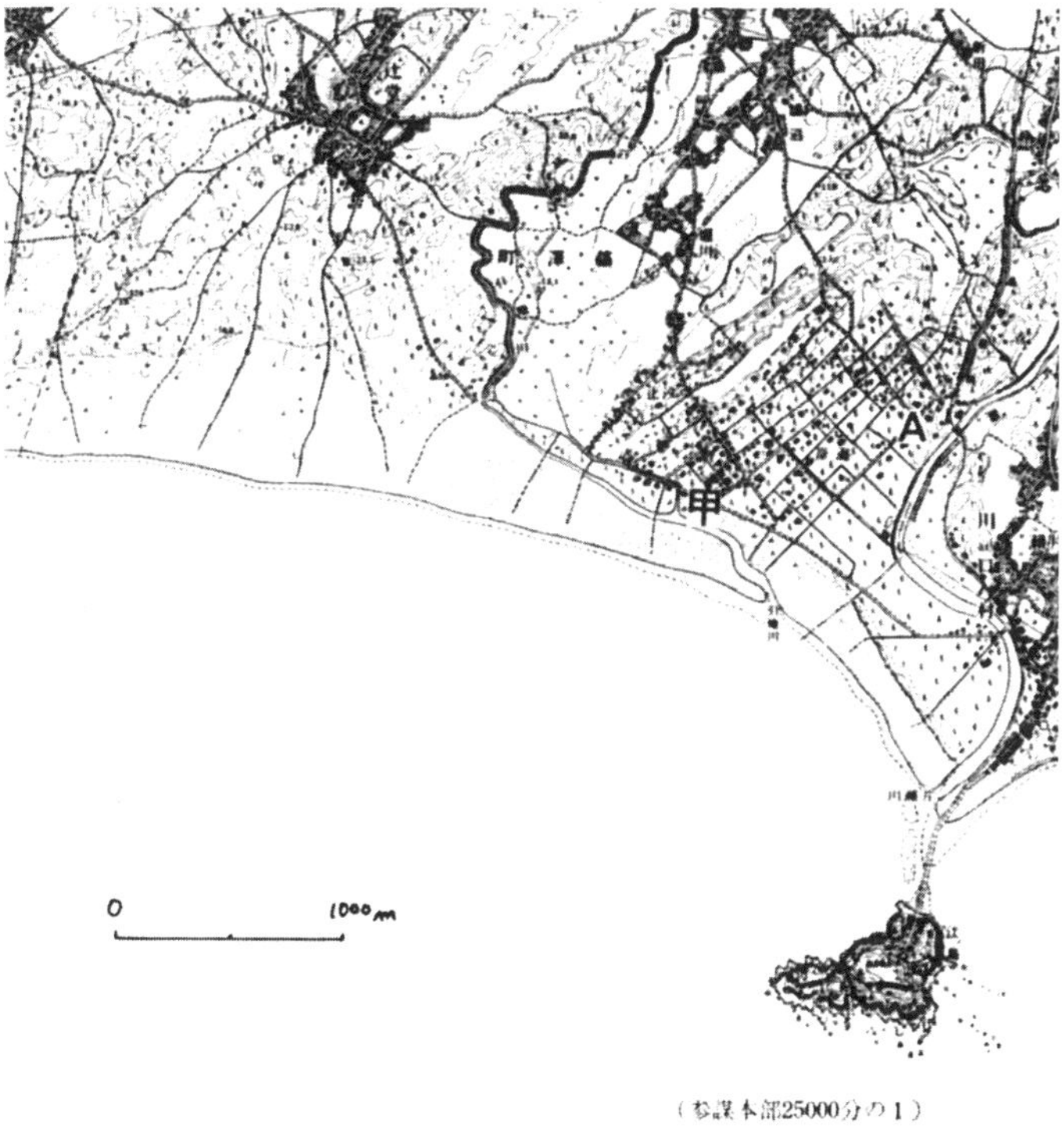

第1図　別荘地の開発（大正10年）

監督下に別荘の工事中であったことを報道している。いずれも華族による土地の開発が、明治二〇年前後から、北海道などを中心とするかれらの全国的な地主化の進展に対応して、伊東将行の事業の周辺で進行していた点で興味ふかい。

こうしてかれが病没した直後の大正一〇年には、江の電・鵠沼停車場の西方一帯に広大な別荘地が形成された（第1図A参照）。片瀬川と引地川の下流にはさまれたこの砂丘地帯の総面積は、約二五万八〇〇〇坪（八五万一、九〇〇平方メートル、地図の縮尺から概算）に達する。

この後、昭和四年四月、小田原急行電鉄支線（江の島線）が開通した前後から、藤沢地区における別荘地の造成は、ただ鵠沼海岸一帯にとどまらず、多数の地主により、辻堂西海岸方面に至るまで広範囲にひろがった（第1表参照）。ここには、伊東将行未亡人（縫子）とともに、初代藤沢町長高松良夫あるいは加藤徳右衛門・桜井兵四郎・高瀬弥一その他多数の元町会議員などの地元の有力者が、いずれも別荘地の売買に関係していたことが明らかである。当時、別荘地の分譲は、いわば一つのブーム（にわか景気）をよびおこしたともいえよう。

こうして第3図の時期から約二〇年近く経過した昭和一四年の第2図には、A地区に加えて、片瀬西浜一帯（B）、あるいは辻堂海岸の浜見山・地蔵袋方面（C）にも主要な開発別荘地が拡大している。これらのなかでB地区の総面積は約九万五〇〇〇坪（三一万二五〇〇平方メートル）あり、小田急江の島線の開通が発展の画期になったことは疑いない。またC地区は約一三万二〇〇〇坪（四三万五六〇〇平方メートル）に達するが、まだこの段階では新開地であったようで家屋の数は少なかった。

ところで、こうした造成別荘地は、どのような条件で分譲されたであろうか。この問題について、その一例は、昭和五年、つまり新宿—片瀬間の小田原急行電鉄が開通した翌年に、片瀬在住の山本信次郎（山本百太郎の弟で庄太郎の子、日露戦争当時、海軍大尉として、三笠艦に搭乗、

第1表　藤沢地区の別荘地一覧（昭和8年）

湘南荘	（藤沢、風早、石名坂）東海道国道北側高丘地	事務所　藤沢台町	三橋善吉
羽鳥住宅	（羽鳥本村）東海道国道南側林間土地	事務所　辻堂駅前	昭和起業合資会社
緑ヶ丘住宅地	（西富）東海道国道西側高台土地	地主　西富	青木覚太郎
松島苑	鵠沼東部海岸	事務所　鵠沼南部海岸	有田金八
上岡住宅地	鵠沼本村小田急本鵠沼駅附近	事務所　鵠沼西部海岸	加藤徳太郎
藤ヶ谷住宅地	鵠沼、江之島電鉄高砂停留所附近	事務所　鵠沼南部海岸	有田金八
高松通住宅地	鵠沼高松通り附近	地主　鵠沼中東	高松良夫
中東新道住宅地	鵠沼中東通附近	同	同
高瀬住宅地	鵠沼橘町通り附近、高瀬通り附近	地主　鵠沼高瀬通り	高瀬弥一
藤ヶ谷住宅地	鵠沼、江之島電沿線	事務所　藤沢領家	田中勇吉
鵠沼海岸別荘地	鵠沼海岸観光道路附近	地主　鵠沼南部海岸	伊東縫子
鵠沼海浜別荘地	鵠沼海岸観光道路附近	地主　鵠沼南部海岸	田中耕夫郎
			秋山正男
御所ヶ谷住宅地	藤沢庚申堂裏	地主　藤沢庚申堂	葉山都類
			中野清之助
御所ヶ谷住宅地	大鋸御所ヶ谷（御幣山附近）	地主　大鋸御所ヶ谷	雨谷繁蔵
田島住宅地	藤沢寿町東裏	地主　藤沢寿町	田島儀平
南仲通住宅地	藤沢南仲通り、中学校通の中間	地主　藤沢入町	堀内良
花沢町住宅地	藤沢駅南口	地主　藤沢町蔵前	榎本市右衛門
同		地主　鵠沼宿庭	関根守太
同		同　同所	山下八造
花沢町住宅地		同　同所苅田	斎藤保
鵠沼林間別荘地	鵠沼海岸駅附近	地主　鵠沼中部海岸	関根善太郎
一本松住宅地	鵠沼大東新東附近	地主　鵠沼苅田	関根国松
大東別荘住宅地	鵠沼大東新道附近	地主　鵠沼宿庭	関根守太
永楽別荘住宅地	辻堂日の出橋附近	管理　辻堂北	高橋亀八
桜花園住宅地	辻堂西海岸	地主　辻堂西海岸	桜井兵四郎
寿園住宅地	羽鳥辻堂間県道附近	地主　辻堂駅前	鈴木茂吉
稲荷山住宅地	東海道国道北側引地川上	地主　鵠沼引地	加藤徳右衛門
寺田住宅地	藤沢駅線路道春日町附近	地主　藤沢栄町	寺田合名会社
西横須賀住宅地	藤沢台町国道南裏湘南中学校前	地主　藤沢南仲通二丁目	広瀬久
富士見丘住宅地	鵠沼南部海岸	地主　鵠沼海岸	伊東ぬい
藤ヶ谷別荘住宅地	鵠沼南部藤ヶ谷橋通り	地主　東京市銀座三丁目	木村泰治

（『現在の藤沢』加藤徳右衛門による）

後に少将へ昇進、宮内省御用掛などをつとめた）が、川口村片瀬西浜一帯（第2図のB地区の一部）約三万坪余りを一八一区画に分割して、分譲した場合にみることができる。同分譲地は一区画約二〇〇～四〇〇坪（平均一七〇坪弱）の単位で、分譲地内からの「ラジウム」冷鉱泉の湧出を宣伝材料に、別荘・住宅・投資向きとして売りに出された。「片瀬西浜分譲地　湘南之別荘地　高級住宅地」とうたわれた宣伝用の小冊子には、一四〇坪の一区画を坪当り三五円で購入すれば、その費用合計四、九〇〇円、そこに三五坪程度の家屋を建坪七〇円で建築すれば、同経費合計二、四五〇円、その他電灯などの諸設備費用として六五〇円を加算した場合、以上総計八〇〇〇円で別荘が入手できると見積られている。なお同小冊子掲載の売出し合計一〇一区画（八〇区画はすでに契約済で購入者の氏名が記入されている）について、別荘地の坪当り単価は三四～六二円で、眺望がよい海岸と江の電「片瀬江ノ島駅」に近接するほど高額となっている。また駅前商店街は、坪当り単価平均五九円の価格がつけられている。

この小冊子が配布された段階で、全一八一区画の約四割強が売却済ではあったが、当時、経済界は前年から深刻な恐慌状態にあり、全国で失業者約三〇〇万人、全国農家の負債総額四〇億円（農家一戸当りで平均七～八〇〇円）という不況のもとで、前記の別荘建築費総計八〇〇〇円は、かなり高額であったと考えられる。新たに宣伝されている残りの一〇〇区画余り（それらの大部分は海岸寄りで坪当り単価が高い地域）が、その後、順当に売れたか否かは明らかでない。

さらに他の一例として、目黒蒲田東京横浜電鉄株式会社の田園都市課が、片瀬東浜にある江の電・新屋敷停車場前の土地合計一万七〇〇〇坪の分譲に関して作成した宣伝広告が残されている（三觜家文書、同史料には日付を欠くが、片瀬町の人口五三〇〇人の記載から昭和九年と推定）。すなわち同社は第一回分譲地約五〇〇〇坪

（一区画は三〇坪より一五〇坪まで）の代金支払いについて、即金と賦払いの二方法を採用し、契約時に、価格の二割の内金納入と同時に土地を引渡すことを契約条件にした。残金について、即金契約の場合には、それを受領と同時に所有権移転登記をおこない、賦払い契約の分については月賦または半年賦支払いの方法を設け、三年以上一〇年までの分割を認めている。利子は年利五～六パーセント強であった。

別荘所有者の階層と変化

いわゆる貸別荘や借家などの利用者を除けば、本来、別荘ないし別荘地の所有者は、そうした不動産の取得・保持が可能な高額所得者か、あ

（参謀本部 25000 分の１）

第２図　別荘地の開発（昭和14年）

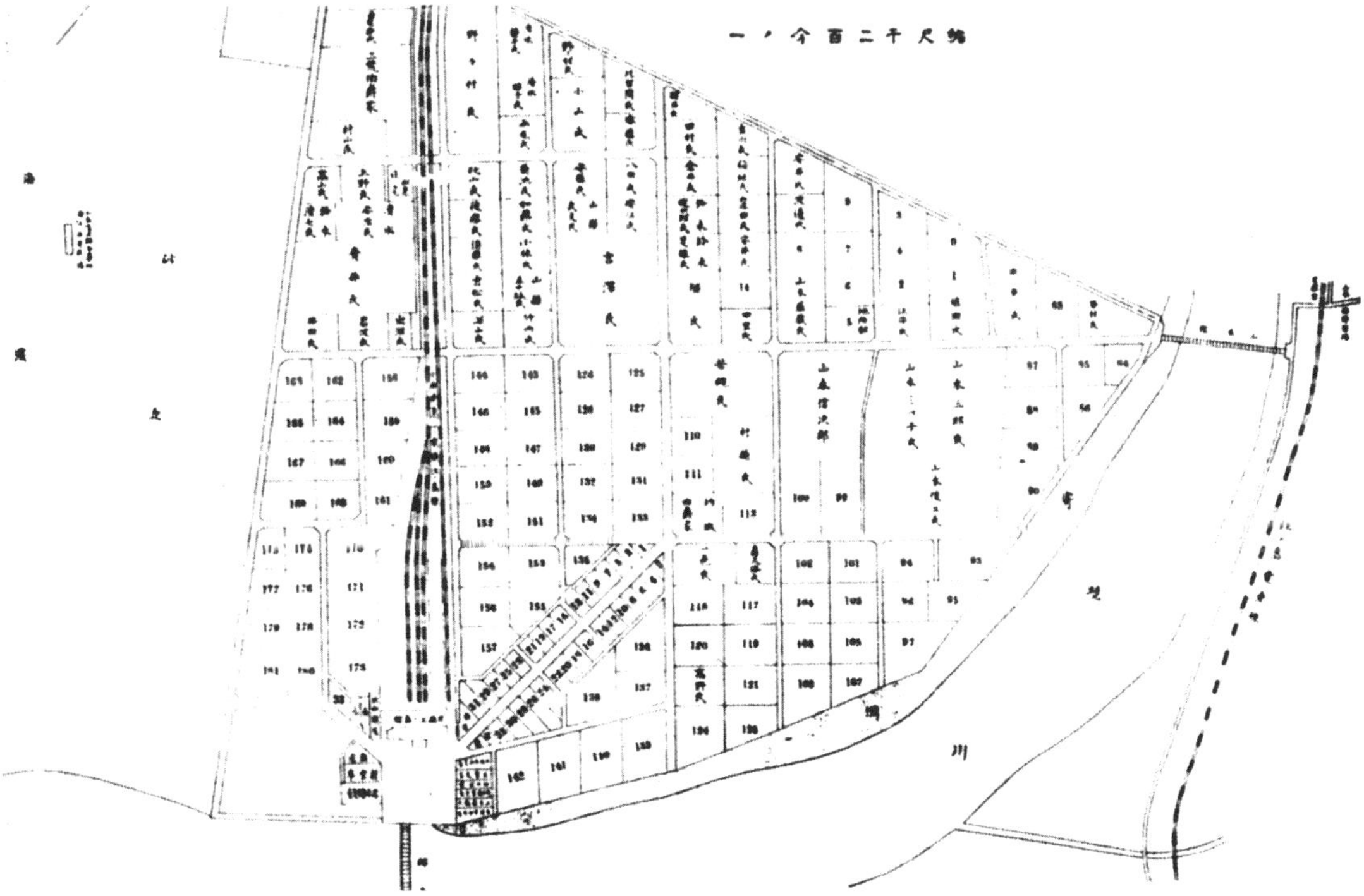

片瀬西浜　山本信次郎分譲地平面図（昭和５年）（縮尺1200分の１）

（小沢氏提供）

るいは多額の家産・資産の所有者に限られる以上、別荘地帯には特定の階層が集中する傾向があることは否定できない。

前述したように、開発当初の大磯海岸では、別荘ないし別荘地の所有者は、華族や政・財界の指導者などが中心であった。

第2表　鵠沼海岸の別荘地所有者一覧

昭和20年代初め（注1）		明治43年（注2）		昭和8年（注3）	
氏名	職業その他	氏名	職業その他	氏名	職業その他
*藤堂高紹	侯爵・旧津藩主	*大給近孝	子爵：旧府内藩主	一木与十郎	陸軍少将・元藤沢町長
*蜂須賀承茂	〃・旧徳島藩主	*藤堂高紹	（前出）	大倉喜七	帝国ホテル・大日本ビール取締役
*久松定謨	伯爵・旧松山藩主	市ヶ谷宗兵衛	東京・酒商	岡田時彦	映画俳優
小田柿捨次郎	三井物産参事長	小野光景	横浜生糸商・横浜電機・横浜生命取締役	大谷幸四郎	海軍少将
郷誠之助	東京電灯社長・商工会議所会頭	梶仁太郎	東京・機械商	川口章吾	音楽家・ハーモニカ奏者
田中銀之助	田中銀行・東洋鉱山取締役	加藤為次郎	逓信省技師	上郎新二	
広岡助五郎	東京・清酒問屋	金杉英五郎	医者・病院長	長谷川路可	画家
馬越恭平	三井物産支店長・大日本ビール社長	斎藤清兵衛	東京・煙管商	馬越恭平	（前出）
益田孝	三井物産社長	下平繞	東京・会社員	松岡静雄	海軍大佐・言語学者
		田中常徳	帝国劇場・キリンビール取締役	松岡冬樹	医学者
		田中平八	田中銀行・東電・北炭取締役	松室昇	国学者
		佃一予	日本興業銀行副総裁	三輪徳寛	千葉医大学長
		広岡助五郎	（前出）		
		松本直祐	東京・木綿太物商		
		村田峰次郎	三井同族会事務員		
		茂木惣兵衛	横浜生糸商・茂木銀行代表		
		吉村鉄之助	機械商・東京商業会議所議員		

（職業不明者6名省略）

（職業不明者23名省略）

注（1）『鵠沼海岸別荘地開発記念碑』による
（2）『鵠沼懇親会寄附人名簿』による
（3）『現在の藤沢』（加藤徳右衛門）による
（4）配列順については、華族（＊印）のみを一括したうえ、その他の氏名は五十音順にした
（5）各年度とも、「職業その他」に関しては、『大日本人名事典』・『明治宝鑑』・『明治過去帳』・『現代華族譜要』・『日本紳士録』（各年度）などによる

それに対して鵠沼海岸などでは、いかなる階層が、開発初期の明治二〇年代始めに別荘または別荘地の所有者として登場するか、またそうした所有者が、それ以後、どのように変化するか、こうした設問に答えてくれる史料はきわめて限られる。

さきに紹介した「鵠沼海岸別荘地開発記念碑」は、最初の別荘地所有者を第2表のように示している。ここから旧徳島藩主の蜂須賀家（侯爵）、旧津藩主の藤堂家（侯爵）、旧松山藩主の久松家（伯爵）などの華族がまず注目される。伊東将行の開発事業とあわせて、大正初年に旧府内藩主の大給家やさきの久松家も地主として活動していたことに関してはふれた。同表はまた、益田孝・馬越恭平らの三井物産関係の実業家たちの登場も明らかにする。つまり開発当初の鵠沼海岸の別荘地所有者が、こうした華族・実業家たちであったことは、同じ湘南海岸地帯の別荘地でも、大磯の場合とは、かなり事情が異なっていた。その点について、明治四十年代になっても、『大磯誌』（河田羆）に記載されているような政・財界関係の指導者層は、鵠沼海岸ではほとんどみられず、藤堂・大給家などを残して、華族の進出も、むしろ後退傾向にあったのではなかろうか。同表は、また明治末期になって、東京の銀行関係者・諸商人などとならんで横浜出身の生糸貿易商やその他の資本家が、この地区の別荘地取得者として登場してくる点にも注意が払われる必要があろう。それは、京浜地区の経済発展を示す結果でもあった。

しかし、このような動きは、昭和期になって、さらに再転する方向にあったことを同表は示している。すなわち、この時期には、鎌倉・逗子

などの別荘・住宅地の動きにも若干共通していたようであるが、軍事都市の横須賀との関係で退役の軍部指導者をまじえながら、鵠沼海岸では医学や国学関係などの学者・知識人それに画家や音楽家などの芸術家・文化人などが別荘居住者の中心となった（開発の初期から、実業家の馬越恭平が定住しているのは注目してよい）。このような変化は、すでに大正期を通じて進行していったと思われるが、それ以後の鵠沼別荘地の性格は、それに作家・小説家などを加えて、むしろインテリ知識人や文化人・芸術家などを主体に、鎌倉などの別荘地のそれに近くなっていったといえよう。

別荘生活のあれこれ

明治二〇年代始め、伊東将行らの先駆者によって開発された鵠沼海岸の別荘地は、その後、同三五年八月における藤沢―片瀬間の江の電開通によって、さらに発展の段階にはいった。その結果、海水浴客と別荘居住者が増加するなかで、地元の有志者が発起人となり、明治四三年八月、鵠沼懇親会が結成された。この組織は「海水浴場設備の不完全及びこの地に於ける人士の親睦の薄き」（『鵠沼懇親会寄附人名簿・及び切符売高』）を改善する目的から設立された。伊東将行（東家）・井上大次郎（対江館）・大中辰蔵（鵠沼館）が賛助員として加わり、同月一五日、参会者七〇〇余人のもとに一大懇親会が開催された。またこのとき、藤沢町長金子角之助、元町長高松良夫の提案で、鵠沼開発記念碑の建設計画とその資金募集が提案された。これが、その後、大正九年一二月に実現した点は前述した通りである。同日の懇親会出席者のなかには、第2表のように多数の別荘居住者も含まれていたが、また別荘出入りの職人・小売商なども加わっていた。その意味では、ある程度、懇親の目的も達成された。

第3図　湘南海岸の避暑客数
（『横浜貿易新報』昭和2・8・5）

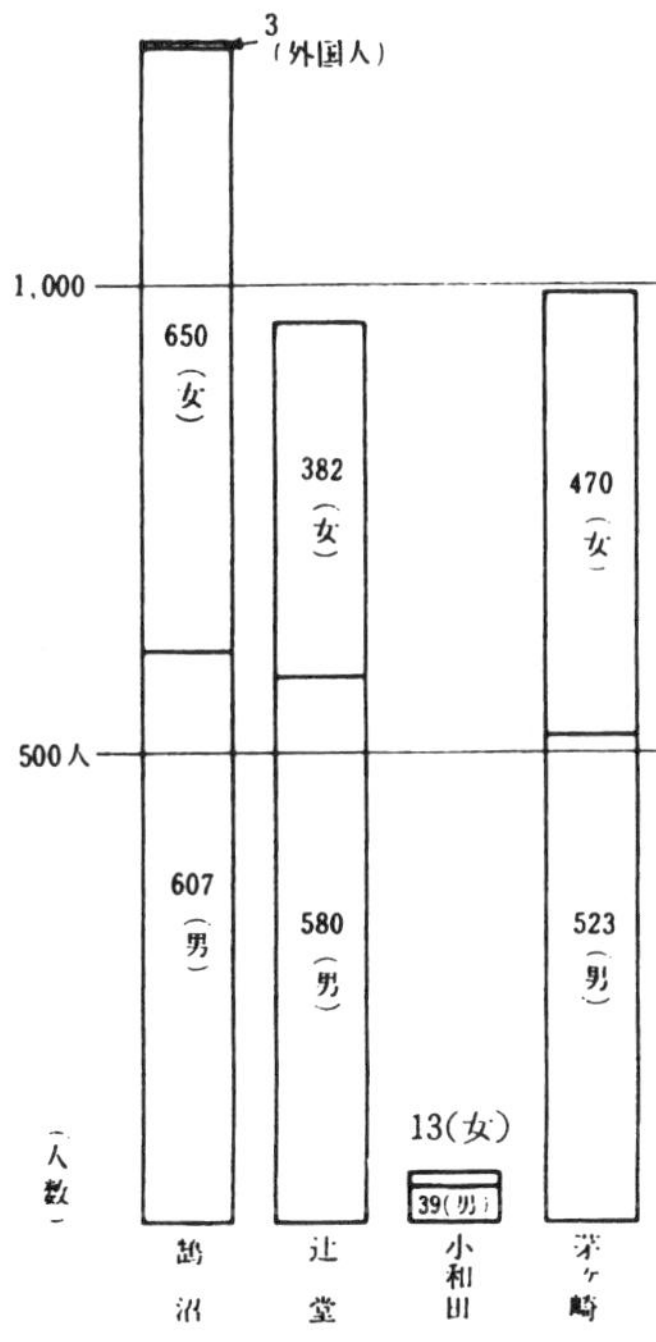

また大正二年二月には鵠沼に賀来神社が建てられた。同神社は元賞勲局長の大給子爵邸（東京市神田区淡路町に在住、鵠沼海岸の別荘所有者）の邸内にあった三七稲荷の神体を、鵠沼の有志者や伊東将行の尽力で同地へ移して氏神としたものである。同月六・七両日は祭礼がおこなわれ、別荘居住者慰安の芝居が興行された（『横浜貿易新報』大正二・二・六・記事）。この報道によると、当時、避暑客のみならず、避寒のためか、冬期でも別荘居住者が滞在していたことが明らかである。なお同神社の境内に、後年になって「鵠沼海岸別荘地開発記念碑」が建立されたことについては、すでに指摘した。

別荘地の発展と居住・滞在者の増加は、当然、公共・生活設備の整備を必要とする。すでに明治三九年には鵠沼郵便局が開設され、大正九年になって鵠沼地区に電話も開通した。さらに別荘生活に不可欠の水道施設も、同一五年三月における江之島水道会社の設立により、一応解決される。

こうして大正末期、藤沢署の調査で管内避暑客は男女合計約六〇〇名に達したのみならず（『横浜貿易新報』大正一四・七・一八・記事）、その後も増加を続けた。（第3図参照）。

❺ 沿線広告資料

〔1—4—⑤A〕
奥原哲志「武蔵野鉄道・旧西武鉄道の沿線開発と地域社会——沿線案内図からの検討」（『地域史・江戸東京』岩田書院、二〇〇八年、二七三～三一二頁）

はじめに

現在、池袋と新宿を起点として、東京西北部に一七八・四㎞の路線網を有する西武鉄道は、その成立過程をたどると、一九四五（昭和二十）年九月に武蔵野鉄道が当時の西武鉄道を合併して成立している。その時合わせて食料増産という会社を合併したため、西武農業鉄道と称したが、一九四六年十一月に「農業」の二文字をとって西武鉄道に改めた。本稿ではこの合併以前の池袋—吾野間（現池袋線・秩父線）を主体とした武蔵野鉄道と、高田馬場—東村山間、国分寺—本川越間（現新宿線・国分寺線他）を主体とした西武鉄道（現在の西武鉄道と区別するため、以下旧西武鉄道と称する）が、大正末年から昭和戦前期にかけて沿線各地で取り組んだ沿線開発の状況と両社の競合関係について、両社の発行した沿線案内図を通じて明らかにしていきたい。

沿線案内図とは、横長の画面上に鉄道会社の路線図を中心として、沿線の名所や史蹟、行楽地などを実際の地理的関係を無視し、極端に強調して配置したり、大胆なデフォルメを施して描きこんだ、きわめて主観的な絵地図である。大正中期から昭和初期の旅行・行楽ブームの起こった時期に数多く制作され、各社が沿線の観光名所を宣伝し、路線の特色をアピールするために専門画家に依頼して作られたもので、多くの人々の目を楽しませた。この沿線案内図は多色刷りの美しい画面を持ち、その包含する情報の豊富さには目を見張らされる。この発注者の意図のもとに描き出された沿線案内図の内包する情報を分析することを通じて、鉄道会社の意図した沿線開発戦略を明らかにすることができる。

筆者はかつて、京王電気軌道（現京王電鉄）が大正末期から昭和初期にかけて発行した三点の沿線案内図の記載内容の分析を通じて、当時の同社の沿線開発への取組みの姿について分析を行った[1]。その結果、沿線案内図の記載内容からは、発注者である京王電気軌道の各時期における沿線での、さまざまな開発の意図と様相を明らかにすることができた。今回もこの分析手法を援用して、両社の沿線開発の意図を示していきたい。また戦前期を通じて競合関係にあった両社は、沿線開発の局面でも激しいつばぜり合いを演じてきた。こうした両社の関係についても、沿線案内図の分析から明らかにしていくことが可能と考えられる。これらの点について両社が作成した四点の沿線案内図を分析し、比較、検討を加え、当時の両社の沿線開発の状況と競合関係の実際について明らかにすることが、本稿の目的である。

一　東京近郊の私鉄各社と沿線開発

1　東京近郊の鉄道網の形成と沿線地域の変貌

明治期以降、首都・東京の都市規模の拡大にともない、東京とその周辺地域では官設鉄道による鉄道路線の整備が進められていった。そして官設鉄道にとどまらず、多くの企業家が鉄道会社を設立し、国に免許を申請し、認可を受け、資金調達をへて路線を建設し、開業させるようになった(2)。このような傾向は、明治中期にはじまって主要私設鉄道会社が国有化された明治後期には一旦停滞するが、末期頃からはまた顕著になり、大正期から昭和初期にかけては山手線の各駅を起点として、郊外の集落・都市との間を結ぶ路線が次々に開業し、現在にいたる東京の鉄道網の基本形態が形成されていった。東京の場合、大阪・京都・神戸というそれぞれに経済的・文化的な固有性・独自性を有した相当規模の都市が並行していた関西地域とは異なり、その都市規模に拮抗できるような人口・経済力を持つ大都市が周囲に存在しなかった。そのため関西のような都市間連絡路線というよりは、東京と郊外地域の集落・中小都市を結ぶ起点集中型の郊外路線が多くを占めた。

また東海道本線・中央本線・高崎線・東北本線・常磐線・総武本線・山手線といった東京の鉄道網の基本骨格となる路線は、すでに官設鉄道として建設されるか、私設鉄道として建設されたものが明治末期に国有化されており、さらに東京市内交通も、明治末までに東京市が私鉄各社の建設した稠密な路線網を買収して独占し(3)、私鉄各社の市内域への乗入れを拒んだ。そのため各社は官鉄路線に従属する形で、沿線人口の少ない郊外地域に路線を設定せざるをえなかった。その結果、開業当初の各社線は利用者が少なく、経営が苦しい場合が多かった。そこで少しでも利用者を増やし、沿線人口を増加させ、収益を伸ばす施策に取り組むことで、鉄道路線を基盤にした自社の勢力圏を拡充・確保し、経営基盤を安定させることに腐心した。

具体的な施策としては、沿線での住宅地の開発・分譲(4)、大学や高等学校などの高等教育機関の誘致、病院や研究機関といった公共施設、軍事施設の誘致、遊園地やハイキング、海水浴や別荘経営といった行楽施設・観光地の開発(5)、電灯事業や砂利採取、乗合自動車の経営といった副業の充実など、さまざまな形で沿線開発を行って沿線の居住人口を増やし、さらに沿線以外の地域からの入り込みを喚起して利用者を増加させようとした。なかでも多くの会社が沿線での行楽施設の設置、観光地の開発に力を入れ、それを通じて東京の都市住民を乗客として獲得しようとした。

またこうした各社の路線建設は、それまで東京近郊の農村地帯だった沿線地域を、鉄道によって巨大都市・東京と直結させることになった。それによって東京から人・物・情報が鉄道路線を介して直截的に流入することになり、各地域は東京の都市としての動静がもたらす影響を直接に蒙るようになり、それによって地域の姿を大きく変貌せざるをえなくなっていく。こうして結果的に、東京郊外が都市化、市外化されていく上で私鉄各社の路線建設と沿線開発の取組みが、各地域にとっても大きな変化をもたらし、さまざまな影響を及ぼすことにもなったのである。

2　周知手段としての沿線案内図

私鉄各社は、自社の沿線の魅力を広く一般に周知させる手段として、さまざまなメディアを利用した。新聞広告・ポスター・チラシ・パンフレット等を作成し、配布した。そうしたなかでも代表的なメディアのひとつとして、この時期に私鉄各社が数多く制作したものに、沿線案内図があげられる。沿線案内図とは、私鉄各社が自社沿線の代表的な景観、史跡や名所・行楽施設等を路線図とともに独特の横長パノラマ画面に展開して作成した地図である。会社側が吉田初三郎・金子常光といった専門画家に制作を依頼し、大正期から昭和初期に莫大な点数が発行され、ほとんど全国の私鉄会社が制作している(6)。

この沿線案内図の大きな特色は、発注者側の主観にもとづいて掲載情報が選択された地図である、という点にある。初三郎らはこの沿線案内図だけでなく観光名所図、温泉図、旅館・ホテル図、寺社図、都市図などさまざまなジャンルの案内図を制作しているが、それらはいずれも発注者の意向により、自社の宣伝したい施設や観光地を強調し、ライバルの鉄道や観光地、旅館はまったく無視されている場合が多い。また地形を含めて、極端なデフォルメを施された鳥瞰図として描かれている。画面上では中央部を細かく描写し左右両端をU字状に湾曲させ、見えないはずの遠景までをも描き込むという技法を駆使している。実地の測量で得た情報にもとづいて作成された地図とは異なり、主観によるデフォルメを施し、本来見えるはずのないものまで画面に取り込んでいるにもかかわらず、画家の卓抜したテクニックが見る側に違和感を抱かせず、それを見ただけで旅行気分を味わうことのできる、旅情を誘う鳥瞰図として大いに流行した。

つまりこうした極端なデフォルメと強調、省略といった技法を通じて、発行者・制作者が何を主眼に沿線案内図を制作したかという意図が、画面上に如実に現れている。ということは、沿線案内図の内容を詳細に比較し検討することを通じて、それを制作させた会社の意図、さまざまな施設の設置、開発を受け入れた沿線地域の思惑をも明らかにすることができるのである。具体例として、前回の京王電気軌道の制作した三点の沿線案内図の検討を通じて、各時期の同社の沿線開発の意図について検討し、歴史資料としての沿線案内図のもつ意義を示すことができた。

そこで本稿においては、同一会社が異なる時期に発行した沿線案内図の比較・検討を行うだけでなく、さらに一歩進んで並行路線を持ち競合関係にあった武蔵野鉄道と旧西武鉄道が、各々の画期にあたって制作した沿線案内図を取り上げて分析し、記載内容と情報の比較・検討を行うことで、競合関係の具体的な状況を示し、さらにいかなる局面において両社間に対立関係が現れてくるのかという点にも着目しつつ、以下の検討を進めていきたい。

二　旧西武鉄道と武蔵野鉄道の沿革

1　川越鉄道の開業と武蔵野鉄道の出現

沿線案内図の検討に入る前に、まず東京西北部での鉄道網形成過程の中で互いに影響を与え合いながら発展してきた、武蔵野鉄道と旧西武鉄道の複雑な沿革をたどり、両社の歴史的な関係性についてみていくことにする。

旧西武鉄道のあゆみは、一八九四（明治二十七）年十二月二十一日に国分寺―久米川仮駅間で開業した川越鉄道に始まる。翌年三月一日に川越（現本川越）までの間を全通させた同社は、大株主に雨宮敬次郎・岩田作兵衛ら甲武鉄道系の資本家が名を連ねていたことからも分かるように、一八八九年四月に新宿―立川間を開通（同年八月に八王子まで開通）させていた甲武鉄道の支線的な性格が強かった(7)。川越から国分寺経由で東京中心部に向かうにはかなりの迂回ルートとなるが、建設費が少額ですんだこと、総合する鉄道路線がなかったことから、同区間の輸送の独占的な地位を確保することができた。

その後、川越と東京を結ぶ新たなルートとして川越地域で電灯事業を営んでいた川越電灯と、川越―大宮間に特許を申請していた川越馬車鉄道が合同して川越電気鉄道となり、一九〇六年四月十六日に川越町―大宮間で路面電車（電気軌道）による営業を開始した。これによって川越鉄道の対東京方面への独占体制が崩れ、大宮経由で東京へ向かうルートができあがった。これに対して川越鉄道は、運賃の割引や軌道の改良などを行い、影響をわずかにとどめた。

しかし大正期に入ると川越鉄道にさらなる強敵が出現する。一九一四（大正三）年五月一日に池袋―川越間に東上鉄道が開業し、さらに翌一九一五年四月十五日には池袋―飯能間に武蔵野鉄道が開業した。武蔵野鉄道は飯能在住または出身の有力者が中心となって設立された鉄道会社で、それまで交通の便に恵まれなかった埼玉県西部の経済的中心地だった飯能地方を東京と結び、木材・砂利・織物といった物資を輸送することを目的とした[8]。前者は川越と東京を、後者は所沢と東京を直接結ぶルートで開業し、両社の開業は川越鉄道に大きな影響を与えることになる。

2 旧西武鉄道の東京進出

川越鉄道と所沢で交差する武蔵野鉄道の開業は、東上鉄道の開業とあわせ同社の経営に大きな打撃を与え、旅客・貨物収入は大幅に減少した[9]。川越鉄道が武蔵野・東上両鉄道の後塵を拝した要因は、両社が山手線上の池袋を起点とし、直接東京への乗入れルートを確立したのに対し、国分寺で中央線[10]に乗り換えて東京へと向かわねばならず、距離・所要時間ともに不利な立場に立たされたことにあった。こうした劣勢を挽回し両社と対抗するには、川越鉄道自体が東京の中心部ないしはその近くまで延長線を建設するしかなかった。またさらに、旅客の利便性向上のために路線の電化によるスピードアップを計画するようになった。この点については一九二二年十一月に早くも池袋―所沢間を電化し、高速電車の運転を開始した武蔵野鉄道への対抗策としての色合いが強かった。

しかしながら、川越鉄道は独力で電化を実現させるだけの資金・設備を有していなかった。そこで先に川越電気鉄道を開業させ、埼玉県下の広い地域を営業基盤とし、さらなる安定した電力の供給先を求めていた武蔵水電（一九一三年三月に川越電気鉄道と神流川水力電気が合併）と合併することで、電化工事を推進させようとした。一九二〇年六月に、武蔵水電が川越鉄道を買収する形で両社は合併した。さらに武蔵水電は、翌一九二一年十月には青梅街道上の淀橋―荻窪間を路面電車（電気軌道）で開業させた、西武軌道を合併した。これは西武軌道の営業路線に加えて、同社が保有していた荻窪―田無間の特許をも獲得することで、先に旧川越鉄道が買収していた村山軽便鉄道の特許（吉祥寺―箱根ヶ崎間）とあわせて、東京中心部への進出ルートを確保しようとしたものと思われる。

ところが大正末期の電力業界再編の流れの中で、一九二二年六月に武蔵水電は、関東地方を中心に各地に広大な営業基盤をもつ、帝国電灯に合併されてしまった。帝国電灯は自ら鉄道・軌道部門を経営する意思はなく、同年八月に武蔵鉄道を設立して鉄道・軌道部門を独立させることにし、同社は同年十一月に社名を西武鉄道に改めた。このように新線建設・電化をめざすなかで、川越鉄道は特許獲得のための合併や電力業界の業界再編などの複雑な経緯をへて旧西武鉄道へと姿を変え、武蔵野鉄道に対抗して電化と新線建設を進めることになったのである。

その後旧西武鉄道は、新線の建設にあたっては軌道線であるため大きな輸送力が望めない新宿線（旧西武軌道）を活用した新線建設はあきらめ、新たに東村山から田無・井荻を経て山手線の高田馬場にいたる新線を建設することに方針転換した。さらに高田馬場から先、早稲田までの免許を取得し、早稲田で東京市が建設する予定の地下鉄道との接続をもくろんでいた。こうして武蔵野鉄道と中央線の間を縫うように建設された村山線は、一九二七（昭和二）年四月一日に高田馬場仮駅―東村山間が開通し、翌年四月十五日には山手線の築堤をくぐり抜け現在地の本設駅まで達した。また村山線の開業に合わせて既存の川越線のうち東村山―川越間も電化工事が行われ、高田馬場―川越間で電車による直通運転が開始され、国分寺—東村山間は支線に転落した。またこの時期には副業としての砂利採掘・輸送のために、一九二五年二月に支線の安比奈線を建設し、一九二七年八月には多摩鉄道を買収して是政線とした。

　こうして東上鉄道・武蔵野鉄道の開業以来の課題であった、川越から東京への自社路線による直通と電化がここに完成を見た。これによって旧西武鉄道は、武蔵野鉄道、東武鉄道東上線（一九二〇年に東武鉄道が東上鉄道を合併）と対抗する地位を得た。旧西武鉄道が途中で中央線と交差する新宿線のルートをとらず、中央線と武蔵野鉄道とにはさまれた地域の、きわめて近接した位置に路線を建設したこと、さらに所沢で武蔵野鉄道の路線と交叉していることから、必然的にそれ以前にも増して競合関係が強まることになった。武蔵野鉄道から見れば自社路線にきわめて近接した位置に強力なライバルが登場したことになり、以後戦前期を通じてさまざまな局面で、激しい乗客獲得合戦が繰り広げられていくことになった。

3　武蔵野鉄道の積極経営と破綻

　先に見たように、武蔵野鉄道は飯能在住ないしは出身の有力者が中心となって設立された。埼玉県西部からの物資輸送をめざしていた武蔵野鉄道だったが、一九一五年の開業当初から貨物収入よりも旅客収入の方が多く、とりわけ関東大震災後に沿線の住宅地化が進み、旅客収入の増加が著しかった[11]。このため同社は、当時の石炭価格高騰への対策と、会社有力者が多く在住し本社の所在する飯能と池袋の間の所要時間短縮を目的として、一九二〇年四月には早くも電化に乗り出すことになった。一九二二年十一月一日には池袋—所沢間が電化されて高速電車の運転が開始された。これは東京周辺の蒸気鉄道では、最も早い電化であった。その後も電化工事は続けられ、一九二五年十二月二十三日には飯能までの全区間の電化が完成した。

　しかし当時としては先進的だった電化は、同社の経営を少なからず圧迫した。第一次大戦後の資材や人件費高騰のさなかに建設工事を行ったため、借入金が増加し収入が減少してしまったが、旅客の増加を受けて同社はさらなる積極経営に打って出た。練馬—豊島園間（一九二七年十月開業）、西所沢—村山公園間（一九二九年五月開業）の支線を建設し、さらに大株主の浅野セメント系の強い要求により、石灰石輸送を主眼とした飯能—吾野間の延長線が建設された。これら支線や延長線の建設工事は、昭和初期の不況下で採算を度外視して行われたために、収益の増加をともなわない過剰投資となってしまい、多額の累積赤字を抱えることになった。

　こうした放漫経営の結果、武蔵野鉄道は経営不振に陥り、浅野セメント系の経営陣が経営から手を引くことになった。その結果、大泉での学園都市建設を通じて同社の株主となっていた、堤康次郎率いる箱根土地会社が再建に乗り出すことになった。これによって、同社は徹底的な経費節減をはかるとともに経営の多角化を進めようとしたが、経営の悪化は深刻で、一九三四年九月には鉄道財団の強制管理下に置かれることになり、武蔵野鉄道は事実上の倒産にいたってしまった[12]。

　その後、武蔵野鉄道と債権者の間で強制和議が成立し、債権者側が大幅な譲歩をする形で同社の再建は進められることになった。そして一九三八年九月になって、ようやく堤による経営再建は成功を収めたのである。昭和初期の不況下の過剰投資により武蔵野鉄道は経営危機に陥ったが、その間隙を縫って箱根土地会社の堤は同社を支配することに成功し、きわめて苦しい経営状況のなか再建を進め、その過程で東武鉄道の根津嘉一郎をはじめとする債権者の譲歩を引き出して、ついには再建にこぎつけたのであった。経営の建て直しに成功した同社は収入が順調に伸び、沿線での積極的な住宅地・行楽地の開発に取り組んでいくことになり、旧西武鉄道との対立を深めていくことになる。

三　沿線案内図の検討

1　四点の沿線案内図

武蔵野鉄道、旧西武鉄道は当時の私鉄各社と同じく、数多くの沿線案内図を発行している。なかでも武蔵野鉄道は所沢までの電化開業時に、旧西武鉄道は村山線の開業時に何種類かの案内図を発行した。いずれも沿線案内図画家として著名な金子常光に作画を依頼していることからも、両社にとって電化・新線開業が大きな画期となったことがうかがえる。以後は管見の限り、いわゆるビッグネームに依頼した案内図は見当たらないが、一九三八（昭和十三）年頃まで各種の案内図を発行し、沿線の名所・旧蹟、行楽地や高等教育機関、住宅地など両社の特色をアピールしている。

本稿では武蔵野鉄道が作成した沿線案内図として一九二三（大正十二）年発行の「武蔵野鉄道案内」、一九三六―三七年頃発行の「武蔵野電車御案内」の二点を、旧西武鉄道作成の沿線案内図として一九二七年発行の「西武鉄道沿線御案内」、一九三七―三八年頃発行の「沿線御案内」を取り上げることにする。「武蔵野鉄道案内」は同社が池袋―所沢間を電化した際に発行したもの、「西武鉄道沿線御案内」は高田馬場―東村山間の村山線の電化・開業時に作成されたものである。これら二点からは当時の両社の沿線の状況と、沿線のどのような名所をアピールしようとしていたかがうかがわれるであろう。また「武蔵野電車御案内」と「沿線御案内」は、戦前に両社が作成した最後の頃の案内図で、各社の電化、新線開業時から約十年後の沿線の状況を伝えている。さらにほぼ同時期に発行されていることから、両社の競合関係についてもたどることが可能である。

以下ではこうした点に留意して、これら四点の沿線案内図に掲載されている情報を詳細に検討・比較し、そこから各時期の両社が意図した沿線開発戦略のあり方と競合関係について見ていくことにする。

2　「武蔵野鉄道案内」（図1）

一九二三年四月発行、作者は金子常光、著作権者兼印刷者は小山吉三、印刷所は日本名所図絵社、発行所は武蔵野鉄道株式会社となっている。前年十一月一日に完成した池袋―所沢間の電化、電車運転開始を受けて発行されたものである。同区間の電化によって、同社が東京郊外の蒸気鉄道から電車運転による大都市近郊鉄道へと生まれ変わったことをアピールするために作成されたもの、と考えられる。

案内図の描かれた表面は、横長の画面全体にわたって沿線の様子が描き込まれている。路線の北方から沿線を鳥瞰しており、左手に東京市街と起点の池袋があり、武蔵野の路線が画面を一直線に横断していく。中央付近に所沢が描かれ、注目すべきことにわずかながらも旧西武の川越線が記入されている。通常沿線案内図ではライバルとなる路線は完全に無視される場合が多いのだが、ここではわずかな長さではあるが川越線が記入されている。武蔵野の所沢駅が先に開業していた川越鉄道に駅業務を委託していたために無視するわけにはいかないという事情が、川越線記入の理由とも考えられるが、この段階では東京に直通するルートを持ち電化をも成し遂げた武蔵野は、旧西武に対して圧倒的優位に立っており、さほどライバル視していなかったということかもしれない。本稿で取り上げる他の三点の案内図がお互いに相手を完全に無視していることから考えても、この段階での武蔵野の対旧西武観を示すものとして興味深い。

所沢から先も路線は一直線に進むが、路線上には電車の絵が描かれている。まだ所沢以西は電化されてはいないのだが、電化と電車の運転開始をアピールするためにわざと描き込んだのであろう。この先で入間川を渡り、路線はカーブを描いて飯能にいたる。飯能の市街は東京市街や所沢をしのぐスペースをとって描かれ、日和田山・天覧山・御岳山・武甲山・三峰山にいたる秩父連山が記入されている。山岳地の鋭角的な描き方や渋めの色調、あまり極端なデフォルメを施さずに路線全体を描きこむところに、常光独特のタッチが感じられる作品となっている。また裏面には「沿道案内」として、池袋から飯能までの各駅ごとに最寄りの施設とその概要が記されている。また、表題が記入され電車・川・山が描かれた外カバーの裏面には、沿線の名所五ヶ所の写真が掲載されている。

この「武蔵野鉄道案内」と次に見る「武蔵野電車御案内」に記入されている沿線名所について、すべてを項目別に拾い上げて分類・整理したのが表1である。四点の案内図を比較するために、沿線名所をその性格ごとに、寺社、名所・史跡、公園・行楽施設、皇室関連施設、軍事施設、都市周辺施設、高等教育機関、住宅地、その他、の九項目に分類し、一覧表とした。旧西武の二点の案内図についても同様の作業を行った結果を、表2にまとめた。またこれらの記入項目について、四点の案内図間で比較・分析した結果を、表3にまとめた。

本図を全体的に見てみると、後年発行の武蔵野電車御案内と比較して、寺社と名所・史跡が非常に数多く記載されていることがわかる。また逆に都市周辺施設や高等教育機関、住宅地の数が少ない。このことは沿線の市街化がまだ進んでおらず、必然的に古くから沿線に所在する寺社や名所・史跡を沿線の目玉として強調せざるをえない、という事情が反映されているものと思われる。ただし市街化がまったく進行していなかったわけではなく、江古田・練馬・石神井・保谷の各駅近くには「住宅地」との記入がある。電化当初は池袋—練馬間は七分半、保谷までは十五分間隔で電車が運転されるようになっており、電化の恩恵を受ける地域に住宅地が設けられたことが分かる。同社としても保谷までを電車の

頻繁運転区間として、東京郊外の住宅地として売り出す意図があったのだろう。こうした狙いに便乗する形で、一九二四年には後に同社を支配する堤康次郎率いる箱根土地会社が、練馬―石神井間の大泉村北部の山林約五〇万坪を買収して区画整理し「大泉学園都市」として売り出しを開始している[13]。こうして池袋―所沢間の電化をきっかけとして、沿線の市街化が緒についた。

ところでこの案内図全体を見渡してみると、特に大きく描かれた名所や施設は見当たらない。強いてあげれば哲学堂、千川上水沿いの桜の名所である新小金井ノ桜、三宝寺池とその周辺の各施設、所沢の飛行場がやや強調されている程度である。むしろ強調されているのは飯能市街と、その周辺の名所や山岳である。路線の終点地域が行楽地として強調されるのはよくあるパターンではあるが、寺社や名所だけでなく入間川や名栗川にかかる橋梁まで記入されている。その上、起点の池袋や所沢よりはるかに大きく扱っているところも、異例である。これは当時の武蔵野鉄道の有力者の多くが、飯能とその周辺に居住していたことの反映と思われる。当時として早い時期に為し遂げられた電化も、飯能と東京との時間距離を短縮することが大きな目的だったといわれている。当初は池袋に置かれていた同社の本社も、電化後まもなくに飯能に移されている。

このように同社にとって飯能は、池袋にもまして重要な拠点となる地域であったことがうかがわれるが、東京と郊外を結ぶ鉄道が起点よりも終点側を重視するのは、きわめて異例のことと思われる。さらに、都市近郊路線の沿線案内図にしては珍しく、「狭山茶園」（三ケ島―豊岡町間）や「岩沢砂利採取場」（仏子―飯能間）が記入されている。さらに豊岡町近くに「石川製糸場」が記入されているが、これは武蔵野の第二代社長・石川幾太郎の経営する製糸場である。このような工場は地域の代表的な産業施設だったのだろうが、それにとどまらず同社の有力者の経営する工場でもあった。こうした点にも、会社側の意図が垣間見えて

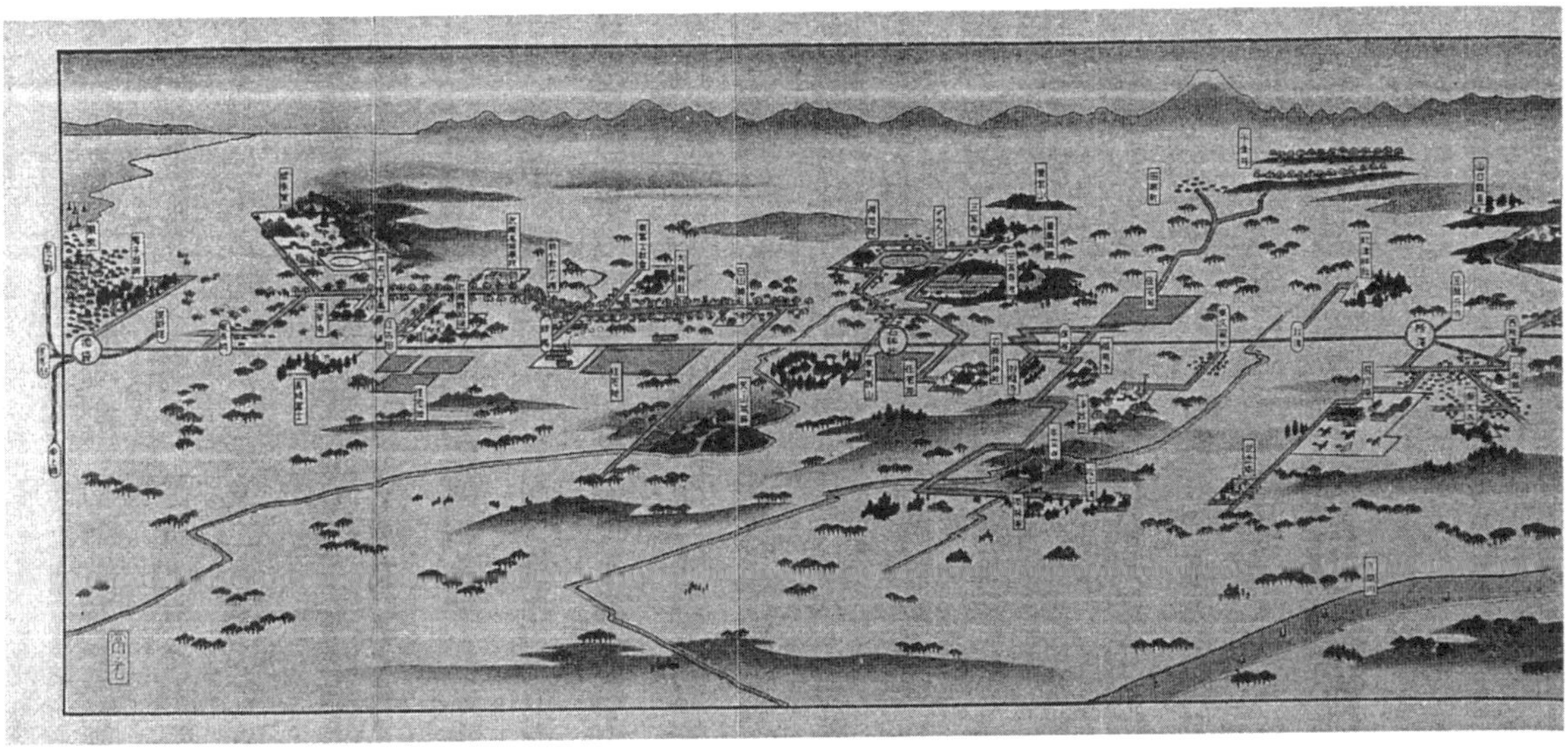

図1　武蔵野鉄道案内（表面）

表1　武蔵野鉄道沿線案内図比較

表　題	①武蔵野鉄道案内	②武蔵野電車御案内
発行年、作者、制作者、発行者	大正12年(1923)4月　金子常光　日本名所図絵社　武蔵野鉄道株式会社	昭和11～12年(1936～37)頃　作者未詳(サインはあり)　東京巣鴨工文堂　武蔵野電車
寺　社	鬼子母神(池袋)、蓮華寺・井上円了博士墓(東長崎)、武蔵野稲荷(江古田)、東冨士教会、大鷲神社、白山神社(練馬)、東高野山、石神井神社、禅定院、三宝寺(○石神井→石神井公園)、妙福寺、福泉寺、本立寺(保谷)、平林寺、浄牧院(東久留米)、秋津神社(秋津)、新光寺(所沢)、山口観音、鳩峯八幡《鳩ヶ峯八幡神社》、北野天神《北野天満神社》(西所沢)、愛宕神社、甲子大黒天、久保稲荷(○豊岡町→入間市)、高正寺(仏子)、丹照寺、観音寺、諏訪神社、能仁寺、滝不動、高麗神社、聖天院(飯能)	首継地蔵(江古田)、石神井大師(石神井公園)、大泉祖師、大泉帝釈天(大泉学園)、浄牧院(東久留米)、平林寺(東久留米・清瀬)、中氷川神社、北野天神(山口貯水池)、山口観音、玉湖神社(村山貯水池際)、光福山大黒天(○豊岡町→入間市)、円照寺(元加治)、矢颪毘沙門、飯能大師、円泉寺、観音寺、諏訪神社(飯能)、高麗神社、聖天院(高麗)、高山不動、子ノ権現(吾野)
名所・史跡	哲学堂、新小金井ノ桜(東長崎)、長崎冨士(江古田)、矢ノ山城跡《練馬城址》(練馬)、三宝寺池、豊島城跡(○石神井→石神井公園)、小金井《小金井の桜》、片山ノ滝(保谷)、記念塔(所沢)、八国山、将軍塚、荒畑新富士(西所沢)、小手指原、金井原古戦場(○三ヶ島村→狭山ヶ丘)、天王山、遊園地《天王山遊園地》、阿須山(仏子)、多峯主山、重忠墓、子ノ山、御岳山、日和田山、高麗王ノ墓(飯能)	哲学堂(東長崎)、千川堤(江古田)、豊島城址(豊島園)、三宝寺池(石神井公園)、北条氏照ノ墓(所沢)、荒幡富士(西所沢)、東雲亭(飯能)、日和田山、物見山、高麗王ノ墓(高麗)、宿谷ノ滝、鍾乳洞(武蔵横手)、顔振峠、吾野渓谷(吾野)
公園・行楽施設	グランド《石神井グランド》(○石神井→石神井公園)、グランド(飯能)	グランド・プール・富士写真スタヂオ〔豊島園〕(豊島園)、大ボート池、プール、石神井グランド、日銀グランド(石神井公園)、朝霞ゴルフ(大泉学園)、稲荷山公園(稲荷山公園)、グランド(飯能)、東郷公園(吾野)
皇室関連施設	浅間山御野立所(○豊岡町→入間市)、天覧山、紀念碑(飯能)	天覧山(飯能)
軍事施設	飛行場《陸軍飛行場》(所沢)	所沢飛行場(所沢)
都市周辺施設		新興キネマ撮影場、市民農園(大泉学園)、東京自動車学校(○田無町→ひばりが丘)、村山貯水池、大噴水(村山貯水池際)、山口貯水池、大展望台(山口貯水池)、狭山茶場(狭山ヶ丘)、狭山少年航空隊(稲荷山公園)
高等教育機関	武蔵高等学校(江古田)	豊島師範、立教大学(池袋)、立教グランド(椎名町)、府立第十高等女学校(東長崎)、武蔵高等学校(江古田)、富士見高等女学校(中村橋)、自由学園《自由学園小学部》、拓殖大学グランド(○田無町→ひばりが丘)、豊島師範農園(東久留米)
住宅地	住宅地(江古田)、住宅地(練馬)、住宅地(石神井)、住宅地(保谷)	貸地(江古田)、練馬貸地(練馬)、富士見台貸地(富士見台)、貸地(石神井公園)、大泉映画都市、大泉学園(大泉学園)、南沢住宅地(東久留米)、芝山荘住宅地(清瀬)
その他	狭山茶園《狭山茶場碑》(○三ヶ島村→狭山ヶ丘)、石川製糸場(○豊岡町→入間市)、沢砂利採取場(仏子)　東京、田無町、愛宕山、川越線、入間川町、入間川、名栗川、岩根橋、鉄淵、名栗川瀑布、玉簾ノ滝、名栗ラジューム温泉、獅々岩橋、天神橋、高麗橋、武甲山、三峰山、坂石町分	乗合自動車路線沿いの名所　入間川、高萩街道、鮎漁、竹ヶ淵　朝日山、岩井堂観音、富岡温泉、岩蔵温泉、石頭山無際大師、多摩川、鮎漁、万年橋、鮎漁、射山渓、鳩ノ巣奇勝、吉野梅林、大日本寒山寺、山の家、スケート場、日の出山、ケーブルカー、御嶽神社、御嶽山、奥ノ院、大嶽山、数馬ノ石門、高水山、惣岳山、川苔山、日原鍾乳洞、氷川、小河内温泉、立石山、鷹ノ巣山、七ツ石山、雲取山　トーノス山、あづま吉野、榛ノ嶺　飯盛峠、檥峠、奥武蔵スキー場、正丸峠、ヒュッテ、伊豆ヶ岳、山伏峠、妻坂峠、双子山、武甲山、秩父神社、中津川渓谷、天目山、太陽寺、大日向山、白岩山、三峯神社、三峯山、荒川、利根川、筑波山、赤城山、榛名山、妙義山、浅間山、城峰山、南アルプス、岩殿、両神山、三国山、十文字峠、甲武信嶽、大菩薩峠
記載内容の特色	年代は裏面に記載 所沢付近に川越線(川越鉄道→西武鉄道)の記入あり 近郊に直営住宅地多数、都市周辺施設・高等教育機関少数、全線の名所・史跡案内を重視した内容、都市近郊産業もあり、駅数少ないため各駅から記載施設までの距離長し 哲学堂、三宝寺、小金井堤エリアで旧西武と競合 住宅地、高等教育機関は重複せず→それぞれのエリア確立か、資本関係によるか	桜台(1936.7.10 開業)記入あり、所沢飛行場(1938.2.19 松井村として開業、1938.3.1 所沢飛行場に改称、1940.11.1 東所沢に改称、1945.2.3 営業休止)記入なしから年代を比定 旧西武、多摩湖鉄道は無視(多摩湖鉄道合併は1940.3.12) 鉄道路線だけでなく乗合自動車路線と沿線の名所を記載 堤康次郎経営権取得、債権者との和議が成立した頃(1937)の沿線案内図→堤の武蔵野として再出発時の沿線案内図、再出発を図る時期、沿線の住宅地、行楽地をまんべんなく紹介 公園・行楽施設、高等教育機関、住宅地増加、絵柄的には住宅地を強調　豊島園、三宝寺、村山・山口貯水池強調　画面では西側のハイキング関連が大きなスペースを占める、バス路線を含め飯能～吾野間を重視　青梅、多摩川沿いをもエリアに収める：青梅鉄道と競合　画面上に各季節ごとの沿線の売りの催しを紹介 哲学堂、三宝寺、村山・山口貯水池エリアで旧西武と競合

(　)内は最寄駅・停留場、△は廃止駅・停留場、○は旧駅名、→は現駅名をさす　《　》は案内図裏面の表記、〈　〉はひとつの施設・地域名の下に付属施設・局地名が記載されたもの
①の□でかこった項目は表2の③の□でかこった項目と、②のアミをかけた項目は表2の④のアミをかけた項目と重複しているもの

表2　旧西武鉄道沿線案内図比較

表　題	③西武鉄道沿線御案内 （沿線案内図面には「西武鉄道沿線図絵」とあるが、外カバーの表題をとった）	④沿線御案内
発行年、作者、制作者、発行者	昭和2年（1927）3月　金子常光画　日本名所図絵社　西武鉄道株式会社	昭和12～13年（1937～38）頃　作者未詳　西武電車
寺　社	村山線・川越線　万昌院（中井）、**新井薬師**（新井薬師前）、百観音（沼袋）、福蔵院、八幡神社（鷺ノ宮）、妙正寺、観泉寺（井荻）、本立寺（武蔵関）、山口観音堂、物部天神（東村山）、清水八幡、広瀬神社（○入間川→狭山市）、喜多院（川越・△川越久保町） 大宮線　氷川神社（△大宮）、秋葉神社（△遊馬、裏面は合土） 新宿線　十二社（△成子坂下）、宝仙寺（△宝仙寺前）、**妙法寺堀ノ内御祖師様**（△妙法寺口）、大宮八幡（△西馬橋）	村山線・川越線　新井薬師（新井薬師前）、百観音（沼袋）、本立寺（武蔵関）、東伏見稲荷（東伏見）、国宝地蔵堂（東村山）、山口観音（村山貯水池前）、喜多院（○川越～本川越） 大宮線　氷川神社（△大宮）、成田不動尊（△成田山前） 新宿線　妙法寺（△妙法寺口）
名所・史跡	村山線・川越線　哲学堂（新井薬師前）、妙正寺池（井荻）、善福寺池（上石神井）、三宝寺池〈石神井プール・三宝寺・氷川神社・石神井城址記入〉（上石神井）、**小金井ノ桜**（花小金井）、**稲荷山ノ躑躅**（○入間川→狭山市） 大宮線　**芝池ノ桜草**（△芝地）、伊佐沼ノ蓮（△沼端・二之関）	村山線・川越線　落合牡丹園（下落合）、哲学堂（新井薬師前）、三宝寺池（上井草）、善福寺池（上石神井）、富士見池（武蔵関）、小金井堤（花小金井）、国宝元弘ノ碑、将軍塚（東村山）、荒幡富士（村山貯水池前） 大宮線　川越城址（○川越→本川越） 新宿線　十二社（△成子坂下）
公園・行楽施設	村山線・川越線　遊楽園《野方遊楽園》、テニスコート（新井薬師前）、西武鉄道会社グランド（上井草）	村山線・川越線　上井草球場（上井草）、テニスコート、プール（東伏見）、少年団常設野営地・後藤伯胸像（久米川）、狭山公園、村山ホテル（村山貯水池前）、稲荷山公園、ゴルフ場（○入間川→狭山市）、川越競馬場（△競馬場前）
皇室関連施設		
軍事施設	村山線・川越線　所沢飛行場（所沢）	村山線・川越線　**所沢飛行場**（所沢）
都市周辺施設	村山線・川越線　落合町火葬場（中井）、**村山貯水池**〈上貯水池・下貯水池〉（東村山） 新宿線　浄水場（△浄水場前）、**堀ノ内火葬場**（△高円寺）	村山線・川越線　落合斎場（中井）、東京市療養所（沼袋）、東本願寺墓地（田無）、小児牛乳牧場（花小金井）、**村山貯水池**、**水道事務所**、**山口貯水池**（村山貯水池前）　是政線　多磨墓地（○多磨墓地前→多磨）
高等教育機関	村山線・川越線　法政大グランド《法政大学運動場》（新井薬師前）、明大グランド《明治大学第二運動場》（野方）、女子大学《東京女子大学校》（上石神井）、智山中学校（上石神井）、早大グランド《早稲田大学運動場》（○上保谷→東伏見）、商科大学建設地（小平）	村山線・川越線　早稲田大学（高田馬場）、目白商業学校（中井）、東亜商業学校（新井薬師前）、府立家政女学校（○府立家政→都立家政）、智山専門・中学校（上石神井）、カトリック神学校（武蔵関）、早大運動場（東伏見）、帝大農学部実習地（田無）、津田英学塾（小川）
住 宅 地	村山線・川越線　文化村《文化住宅地》（下落合）、住宅地（井荻）、西武鉄道会社住宅地《長者園住宅地》（○上保谷→東伏見）、箱根土地会社住宅地（小平）、東京土地会社住宅地（久米川）	村山線・川越線　目白文化村（下落合）
そ の 他	明治神宮、井の頭公園、大正天皇陵、高尾山	
記載内容の特色	新宿から東村山付近までが詳しい、近郊地域（1927年に開業した区間）を詳細に紹介、所沢以北は簡略 都市周辺施設、高等教育機関（の屋外施設）、住宅地などが多く見える スペース的には哲学堂、三宝寺池、村山貯水池を強調 武蔵野鉄道無視 高田馬場～早稲田間（1926.2.18免許取得、1948.4.10失効）、東村山～箱根ヶ崎間（1915.3.15村山軽便鉄道が箱根ヶ崎～吉祥寺間免許取得、以降川越鉄道→武蔵水電→帝国電灯→西武鉄道と譲受、1931.10.7村山貯水池前～箱根ヶ崎間失効）、川越～川越久保町間の予定線記入 哲学堂、三宝寺、小金井堤エリアで武蔵野と競合	村山線の記載中心（特に西方）、住宅それほど記入されず、高等教育機関（のグランド）が増加、住宅地、都市周辺施設、運動場も増加、村山・山口貯水池巨大化、行楽施設重視 安比奈線（1925.2.15開業）記入なし、貨物線のため記入せず 武蔵野鉄道、多摩湖鉄道無視 府立家政（1937.12.25開業）記入あり、所沢飛行場前（1938.6.21開業、1941.4.1所沢御幸町に改称）記入なしから年代を比定 哲学堂、三宝寺、村山・山口貯水池エリアで武蔵野と競合

（　）内は最寄駅・停留場、△は廃止駅・停留場、○は旧駅名、→は現駅名をさす　《　》は案内図裏面の表記、〈　〉はひとつの施設・地域名の下に付属施設・局地名が記載されたもの
太字は案内図で強調されているもの
③の□でかこった項目は表1の①の□でかこった項目と、④のアミをかけた項目は表1の②のアミをかけた項目と重複しているもの

表３　各沿線案内図の比較

表　　題	①武蔵野鉄道案内	②武蔵野電車御案内	③西武鉄道沿線御案内	④沿線御案内
発行年、作者、制作者、発行者	大正12年(1923)４月　金子常光　日本名所図絵社　武蔵野鉄道株式会社	昭和11～12年(1936～37)頃　作者未詳(サインはあり)　東京巣鴨工文堂　武蔵野電車	昭和２年(1927)３月　金子常光画　日本名所図絵社　西武鉄道株式会社	昭和12～13年(1937～38)頃　作者未詳　西武電車
制作の背景	前年(1922年)11月に池袋～所沢間が電化され、蒸気鉄道から郊外電気鉄道へと脱皮を遂げつつある時期の沿線の概要を紹介。全線の名所・史跡案内をまんべんなく紹介。目玉に位置づける行楽地はまだ登場せず。新小金井堤、三宝寺池、飯能周辺を多少強調。池袋近郊に住宅地多数、本社のあった飯能地域の施設を詳細に紹介	強制和議により、会社再建のめどがつき、堤康次郎の支配体制が確立し、再出発を図ろうとした時期に発行。新生・武蔵野鉄道をアピールするための案内図か。案内図には鉄道路線だけでなく、直営バス路線をも紹介　池袋近郊は住宅地と村山・山口貯水池、飯能周辺ではハイキングコースを多数紹介、沿線の二極化か。池袋～所沢間の駅数倍増、都市近郊路線化	村山線高田馬場～東村山間開業時に発行、新規開業区間を主体に沿線名所を紹介 哲学堂、三宝寺池、村山貯水池が巨大化、重複、武蔵野の名所と競合 武蔵野鉄道路線は無視、新宿線、大宮線についても記入	武蔵野鉄道との競合が激化しつつある時期に発行、村山・山口貯水池重視 武蔵野鉄道・多摩湖鉄道路線は無視 住宅地の記載少 多摩線(1927年８月買収)記入あり 沿線に都市近郊施設が増加、武蔵野鉄道との競合地域増加
表面の案内図に描かれた沿線名所の件数と傾向				
寺　　社	31件　全線の寺社を紹介。飯能周辺は詳細	22件　山口観音④と重複	村山線・川越線：13件 山口観音堂①と重複 大宮線：２件　新宿線：４件	村山線・川越線：13件 山口観音堂②重複 大宮線：２件　新宿線：１件
名所・史跡	24件　哲学堂、三宝寺池、小金井③と重複	14件　哲学堂、三宝池寺と周辺施設、荒幡富士④と重複	村山線・川越線：６件 哲学堂、三宝寺池と周辺施設、小金井ノ桜①と重複 大宮線：２件	村山線・川越線：９件 哲学堂、三宝寺池、荒幡富士②と重複 大宮線：２件　新宿線：１件
公園・行楽施設	２件　運動施設が登場	10件　①より大幅に増加、稲荷山公園④と重複	村山線・川越線：３件 テニスコート、グランド	村山線・川越線：10件 稲荷山公園②と重複
皇室関連施設	３件	１件　皇室ブランドへの注目度少	０件　皇室ブランドへの関心なし	０件　皇室ブランドへの関心なし
軍事施設	１件　所沢飛行場③と重複	１件　所沢飛行場④と重複	村山線・川越線：１件 所沢飛行場①と重複	村山線・川越線：１件 所沢飛行場②と重複
都市周辺施設	０件	９件　村山貯水池、山口貯水池④と重複、映画撮影所、自動車学校あり	村山線・川越線：２件 村山貯水池詳細に紹介 新宿線：２件	村山線・川越線：７件 村山貯水池、山口貯水池②と重複 多摩線：１件
高等教育機関	１件　この段階では少数、東武系の武蔵高等学校のみ	９件　①より急増、グランド・農園といった校外施設含む	村山線・川越線：６件 グランド中心、早稲田大学重視	村山線・川越線：９件 ③より増加、早稲田大学重視
住宅地	４件　電車頻繁運転区間の保谷以東に集中	８件　清瀬以東に集中、大泉映画都市(大泉学園都市)あり	村山線・川越線：５件 直営住宅地、土地会社経営の住宅地	村山線・川越線：１件、 住宅地の記載③より減少
そ の 他	茶園、製糸場、砂利採取場といった産業施設記入。飯能以西の山岳、河川、橋梁紹介。川越線記入、まだライバルの認識少？	直営バス路線沿線の名所を多数紹介、秩父・青梅・奥多摩までを自社エリアと認識	早稲田への延長線、箱根ヶ崎への延長線記入	
裏面の記載事項	沿道案内、沿線名所写真(５点)	電車運賃表(バス連絡賃金表、回数券割引率、定期券割引率、団体割引率付)、クーポン式遊覧券、季節遊覧御案内、直営バス路線図、ハイキング、神社仏閣、奥多摩新四国八十八ヶ所霊場札所、沿線の学校、沿線名所写真(５点)　表面案内図上に各季節の沿線の目玉行事を紹介	西武鉄道沿線案内、沿線名所写真９点	沿線遊覧御案内、普通旅客運賃表(村山線、大宮線、新宿線、多摩線)、団体割引率

いるのである。

　このように電化当初の武蔵野鉄道は、まだ目玉となるような沿線の名所は出現しておらず、とりあえず寺社や名所・史跡を主体として沿線の名所をまんべんなく紹介していることが分かる。また沿線の市街化は始まったばかりで、都市周辺施設や高等教育機関、住宅地の数は少ないが、電化後の市街化の萌芽はうかがえる。さらに当時の同社の有力者の多くを占める終点の飯能とその周辺地域が大きく描かれ、起点よりも終点側の存在を重視した当時の同社の体質が、この案内図から透けて見えてくる。一方、所沢近辺に旧西武鉄道の川越線が記入されていることは、当時圧倒的優位に立っていた同社が、旧西武の存在を軽んじていたことの証左かと思われる。

3 「武蔵野電車御案内」（図2）

　発行年の記載がなく、作者も案内図の左下隅にサインがあるものの読み取れず不明であるが、案内図の記載内容からみて一九三六―三七年頃に発行されたものと推定される[14]。発行者は武蔵野電車、東京巣鴨・工文堂印行とある。武蔵野が経営破綻にいたり、債権者との強制和議が成立してようやく立ち直りを図ろうとする時期に発行された案内図である。大正末期から昭和初期には何点か発行されていた同社の沿線案内図だったが、その後発行が途絶えていたようで、この案内図が発行された頃から、ハイキングのパンフレット類を含めて沿線の名所を案内する印刷物を再度発行するようになった。

　表面は路線の南方から沿線を鳥瞰し、右手に東京市街と山手線、起点の池袋が描かれ、飯能までほぼ一直線に路線が引かれ、さらに飯能で折り返して左上に向かって吾野にいたる路線が記入されている。あまり極端なデフォルメはないが、画面右手（池袋寄り）は平坦地、左手は（吾野寄り）山岳地とはっきり描き分けられている。また吾野以西の地域についても、同社の乗合自動車路線が記入されて秩父から三峰山、青梅をへて御嶽から御嶽山にいたる範囲までが描かれており、山間部のウェイトが大きい事がわかる。案内図の上方には四季折々各月ごとに観梅、散策、ピクニック、キャンプ、いも掘り、紅葉狩、スキー・スケートといった沿線での時期ごとの遊覧案内が記載されている。また裏面は電車賃金表、クーポン式遊覧券、季節遊覧御案内、ハイキング、神社仏閣、霊場札所、そして沿線の学校が一覧表で紹介されている。

　この「武蔵野電車御案内」を先の「武蔵野鉄道案内」と表1で比較してみると、寺社や名所・史跡が減少し、村山貯水池をはじめとする都市周辺施設、高等教育機関、住宅地の増加が目につく。これは沿線の開発が進んだ結果、寺社や名所といった古来からの史跡よりも、同社の開業にともなって沿線に新たに立地した、都市近郊に置かれる施設が増加したことを示している。なかでも池袋寄りの清瀬までの地域に「貸地」「住宅地」といった住宅地、学校や企業のグランド、プールなどが見受けられ、電車の運転開始から十数年を経て沿線の宅地化、近郊化が進んだことがわかる。こうした住宅地の記入の増加は、同社の実質的支配者である堤康次郎が箱根土地会社を同時に経営し、大泉学園都市をはじめとする東京近郊での住宅地開発に積極的に取り組んでいたことをも反映したものと考えられる。また企業や大学のグランド、農園などが見られることからも、当時の沿線で近郊化が進んでいたことがうかがわれる。池袋から所沢の間の駅数が七駅から一五駅へと倍以上に増加していることは、蒸気列車に比べて起動・停止が簡便にでき加速・減速性能にすぐれた電車の特性を活かす施策であると同時に、電化による沿線地域の近郊化が進んでいることを裏付けている[15]。

　一方、「武蔵野鉄道案内」にはまだ記載のなかった豊島園と、村山貯水池が登場している。豊島園は一九二五年に開業した郊外の自然を取り入れた大型の遊園地で、武蔵野は一九二七年十月十五日に練馬―豊島園間に支線を開業させ、遊園地に向かう旅客を輸送した。一九二九年には年間三〇万人にのぼる入園者があり、同社にとっては大きな観光資源になっていた。当初は独立経営だったが、一九四一年には買収されて武蔵野直営の遊園地となった。一方、村山貯水池は人口増加の著しい東京市の水道重要を確保するために建設された貯水池で、一九二四年に上貯水池が、一九二七年には下貯水池が完成した。貯水池の堰堤は芝生で覆われ、池畔には何千本もの桜が植樹されて、武蔵野の丘陵地に造られた貯水池は人工池ながらも風光明媚な景観を作り出しており、箱根や日光にも匹敵しうる景勝地となっていた。このような景勝地の出現を近隣の私鉄各社が静観しているはずはなく、一九三四年に完成した山口貯水池とあわせ、両貯水池周辺では武蔵野、旧西武、さらには多摩湖鉄道の三社が入り乱れて貯水池へ向かう支線を建設し、乗客を奪い合うことになり、結果として貯水池周辺には三社の複雑な路線網が形成されることになった。特に両貯水池をめぐる武蔵野、旧西武の乗客争奪争いは激しく、これを契機に両社の対立は深まっていくことになった(16)。

また「武蔵野鉄道案内」にも見られたが、三宝寺池を中心とする石神井地域の行楽地化が顕著になっている。日本最初の一〇〇mプールが設置され、池東方の湿地帯には人工池を造成して大ボート池として石神井池と名付け、付近一帯を石神井公園として整備していった。これに対応して最寄りの石神井駅も、一九三三年三月には駅名を「石神井公園」に改称している。こうした三宝寺池周辺の行楽地化は、武蔵野の電化によってもたらされたものと言える。

こうした池袋寄りの地域での市街化、郊外化とともに飯能・吾野周辺地域についてもかなりのスペースが割かれている。分類上はその他の項目としたが、電車の沿線だけではなく、同社直営の乗合自動車路線沿線の名所や山岳が多数紹介されており、かなりの数に上っている。これは秩父から奥多摩にいたる地域までを、同社が自社のエリアとして認識し

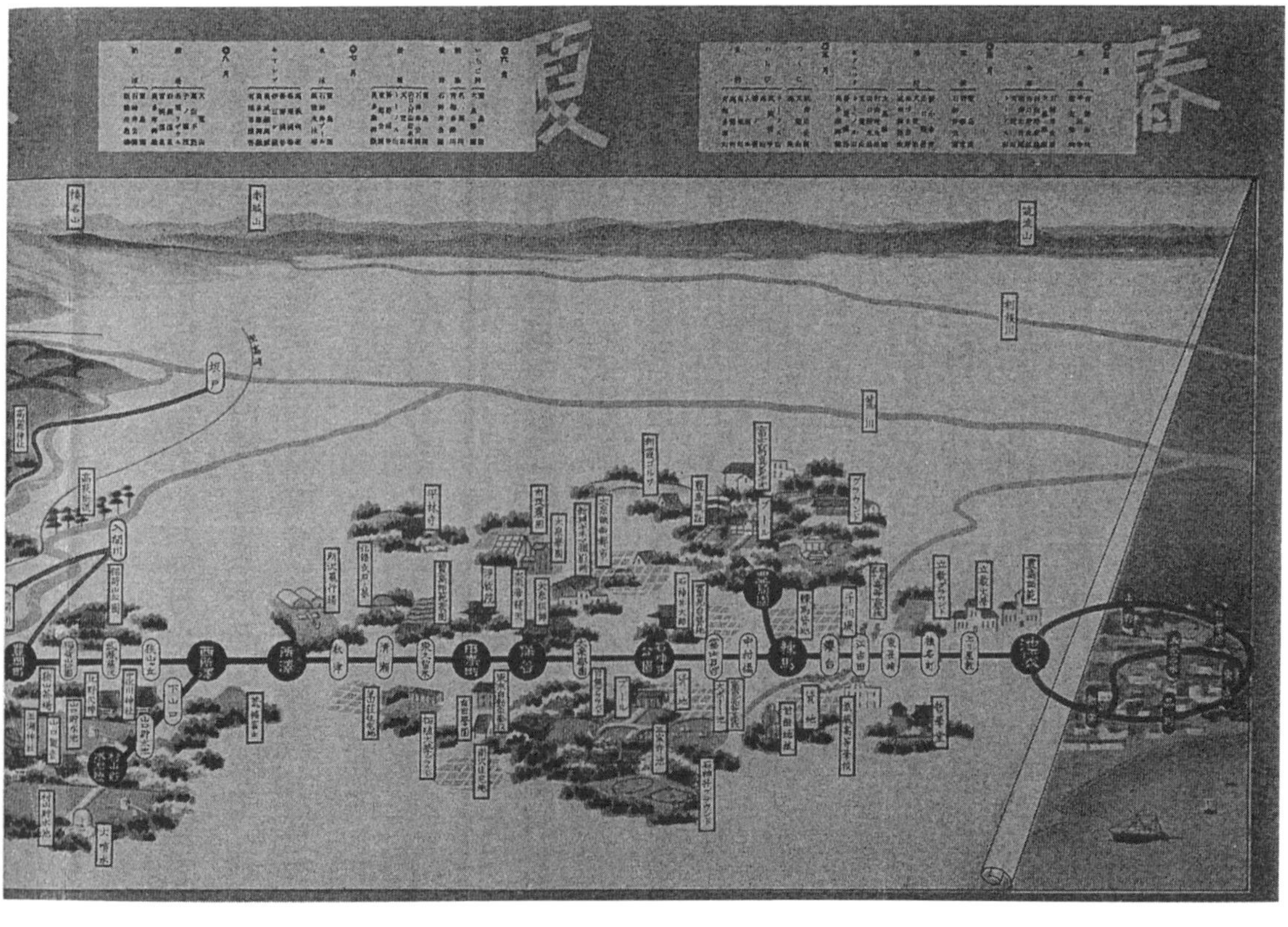

ていたことを反映したものと考えられる。鉄道だけでなく、バス路線をも含めて自社の勢力圏を認識するようになったわけである。また裏面を含めたハイキングコースの強調は、昭和十年代に入り戦時体制へと向かう状況のなかで、多くの余暇、レクリエーションが禁止されながらも、体位向上、身体鍛錬といった大義名分によってハイキングのみがレクリエーションとして存続を認められていく当時の状勢を、はからずも示している。戦時体制への傾斜の流れへの対応として、こうしたハイキング重視の姿勢が現れてきたものと思われる[17]。

このように武蔵野電車御案内からは、先の武蔵野鉄道案内に比較して沿線開発の深度化による市街化、郊外化の進展がみられ、村山・山口貯水池をめぐる旧西武との対立の発生、さまざまな行楽の中でもハイキングへの傾斜を見て取ることができる。さらに発行時期からみて、堤康次郎の経営手腕により経営破綻から立ち直りを見せ、新生・武蔵野鉄道としての再出発を図ろうとする時期に発行されていることから、乗合自動車路線を含めて同社沿線の見所を一挙に紹介しようとしたのであろう。名所・旧蹟や都市近郊施設、新しい行楽地について、どれかひとつを強調するのではなく、すべてをまんべんなく取り上げている。この沿線の情報を全般的に記載しようとする姿勢からは、発行時の同社の立場についても推測することができるわけである。

4 「西武鉄道沿線御案内」（図3）

一九二七年三月発行、作者は金子常光、発行は西武鉄道株式会社となっており、日本名所図絵社納との記載がある。高田馬場—東村山間を結ぶ村山線の電化開業と東村山—川越（現本川越）間の電化と直通運転の開始に備えて、東京市街へ直通する新しい路線のアピールと、沿線の名所を紹介して売り込むべく制作された案内図である。

表面の案内図は路線の南方から沿線を鳥瞰し、右手に東京市街と高田

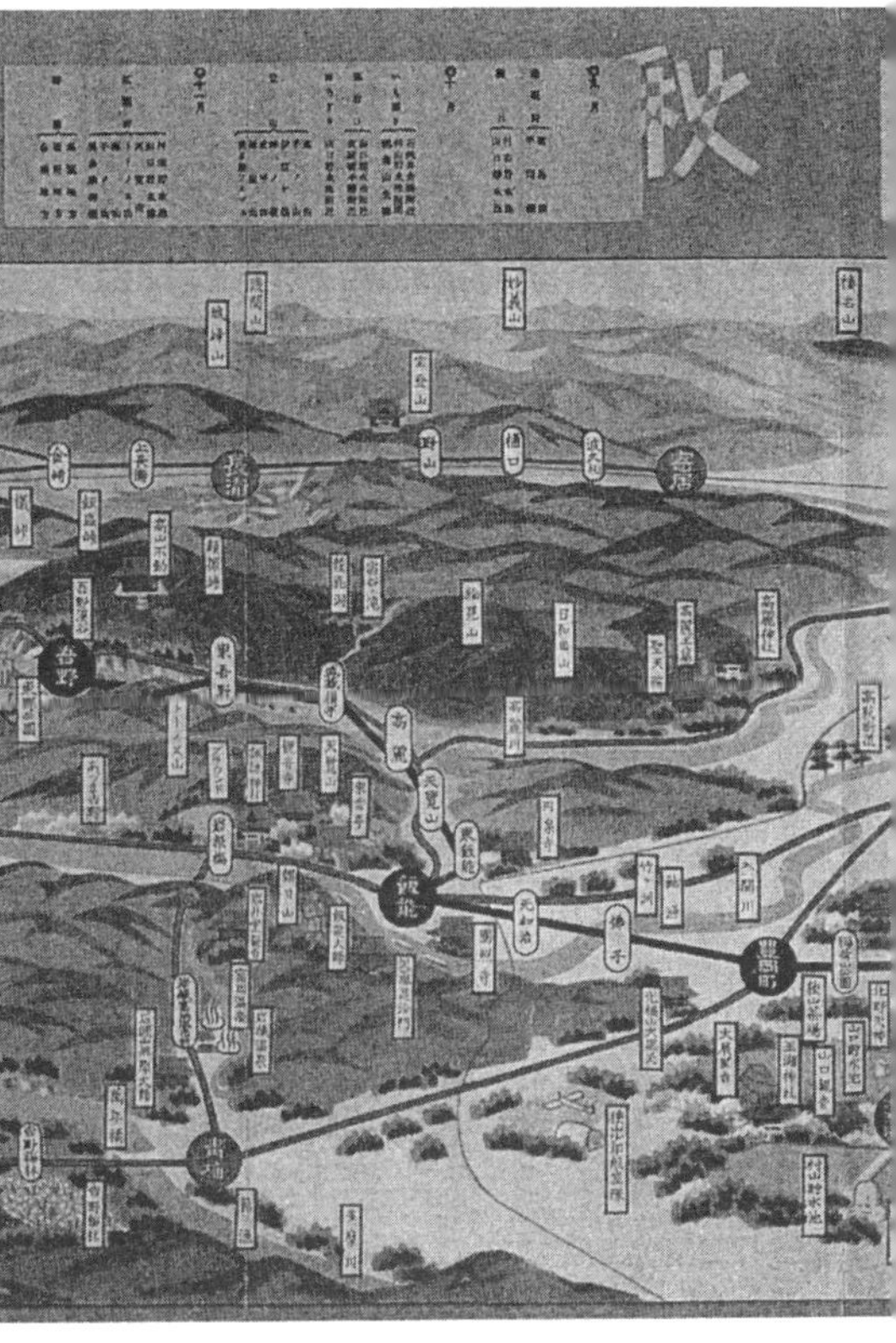

図2　武蔵野電車御案内（表面）

馬場が描かれ、新規開業区間の東村山までほぼ一直線に路線が引かれている。東村山で国分寺から延びてきた川越線が交わり、所沢・入間川（現狭山市）をへて川越にいたっている。南大塚から分岐して安比奈にいたる、安比奈線が記入されている。また画面上部には大宮―川越久保町間の大宮線、下部には新宿駅前―荻窪間の新宿線の両軌道線が描かれている。また高田馬場―早稲田間、東村山―箱根ヶ崎間の予定線についても描き込まれている。このように旧西武は独立した各線から成り立っているため、描かれたさまざまな項目については村山線・川越線、大宮線、新宿線に分けて次にみる「沿線御案内」とともに表2に記載した。またこの案内図では、画面中央に存在しているはずの武蔵野の路線は、当然のごとく無視されている。

裏面では各駅ごとの名所が紹介されており、村山線と川越線各駅の記載が大部分を占めている。村山貯水池については東村山駅の項に記載があり、「駅より下堰堤まで二十町、上堰堤まで約一里、自動車の便あり、当駅より行くを順路とす。村山貯水池は北多摩郡大和村草窪地先及清水地先（通称村山）に各土堰堤を築き、天然の地形を利用し上下二つの大貯水池を設けしものにして南北の両山脈松柏雑樹鬱蒼として茂げり、山容千姿万態紺碧を湛へ、所謂山紫水明天下の絶勝なり」と紹介している。

まずこの案内図全体を見て気がつくことは、新規開業区間である高田馬場―東村山間について事細かな紹介がなされ、さらに沿線の名所の扱いにメリハリがつけられていることである。同区間の寺社、名所・史跡、公園・行楽施設、高等教育機関や住宅地がかなり詳しく紹介されているのに対して、所沢以北の区間はかなり簡略な記載となっている。これは、この案内図が新規開業区間の紹介を目的に制作されたことから考えて、当然といえる。また下落合近くの目白文化村から始まって久米川の東京土地会社住宅地まで、沿線にいくつかの「住宅地」の記載がある。これは沿線での住宅開発を進めることで、村山線の利用者を増やそうとの意

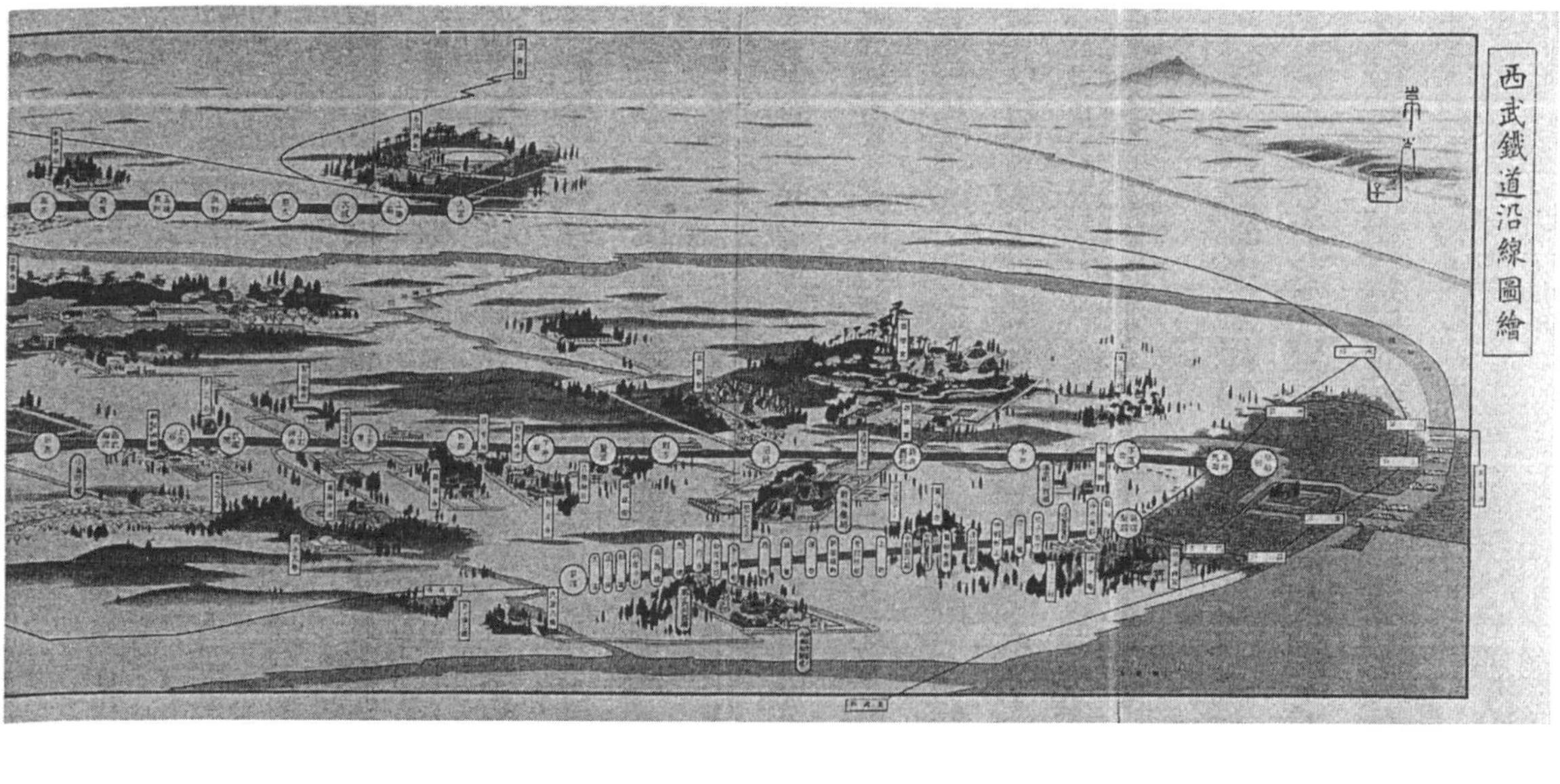

識の現れと考えられる。しかし実際には宅地の開発は、順調には進まなかった[18]。

これらの中で上保谷駅の南西部の土地を旧西武自らが開発・分譲し、「長者園」と名付けて売り出した。この長者園には、今和次郎・佐藤武夫をはじめとする早稲田大学の教員が数多く居住していた。また同駅南方の自社所有地の二万五千坪を同大学に寄付し、同大学はこの地に総合グランドを整備した。将来の起点を高田馬場から延長して早稲田に置くことにしていたことと合わせ、旧西武は早稲田大学との間に強固な関係を築くことで路線の利用者を増やし、沿線を開発しようとしていた[19]。また上保谷には、京都の伏見稲荷大社の分霊を関東に奉斎する計画に対して、旧西武が用地と費用を寄付することで東伏見稲荷神社が遷座された。それに合わせて一九二九年十一月に、駅名も「東伏見」に改称されている。このように上保谷駅周辺では旧西武が主体となった開発が行われ、住宅・スポーツ施設・神社が三位一体となった郊外住宅地として開発され、それまでの武蔵野の農村景観は一変した。

また案内図上に特に大きく扱われた行楽地として、新井薬師前北方の哲学堂と周辺施設、上石神井北方の三宝寺池、そして東村山西方の村山貯水池が挙げられる。なかでもこの年に完成する村山貯水池は、将来有望な行楽地として特に大きく扱われている。住宅地についての記入はあるが、開業段階ではまだまだ居住人口が確保されておらず、緒についたばかりの住宅地開発に対し、村山貯水池は沿線最大の集客力の見込める行楽地として、旧西武としてもっとも力を入れた地域であった。

このように「西武鉄道沿線御案内」は旧西武が村山線の電化開業にあたり、東京市街への直接乗入れを実現した同社が、新線開業と沿線の名所を広くアピールするために制作・発行したものといえる。武蔵野鉄道・東上鉄道の開業以来の長年の懸案であった東京市街への乗入れを果たし、川越までの電化を完成させて高速電車の運転を開始したことと合

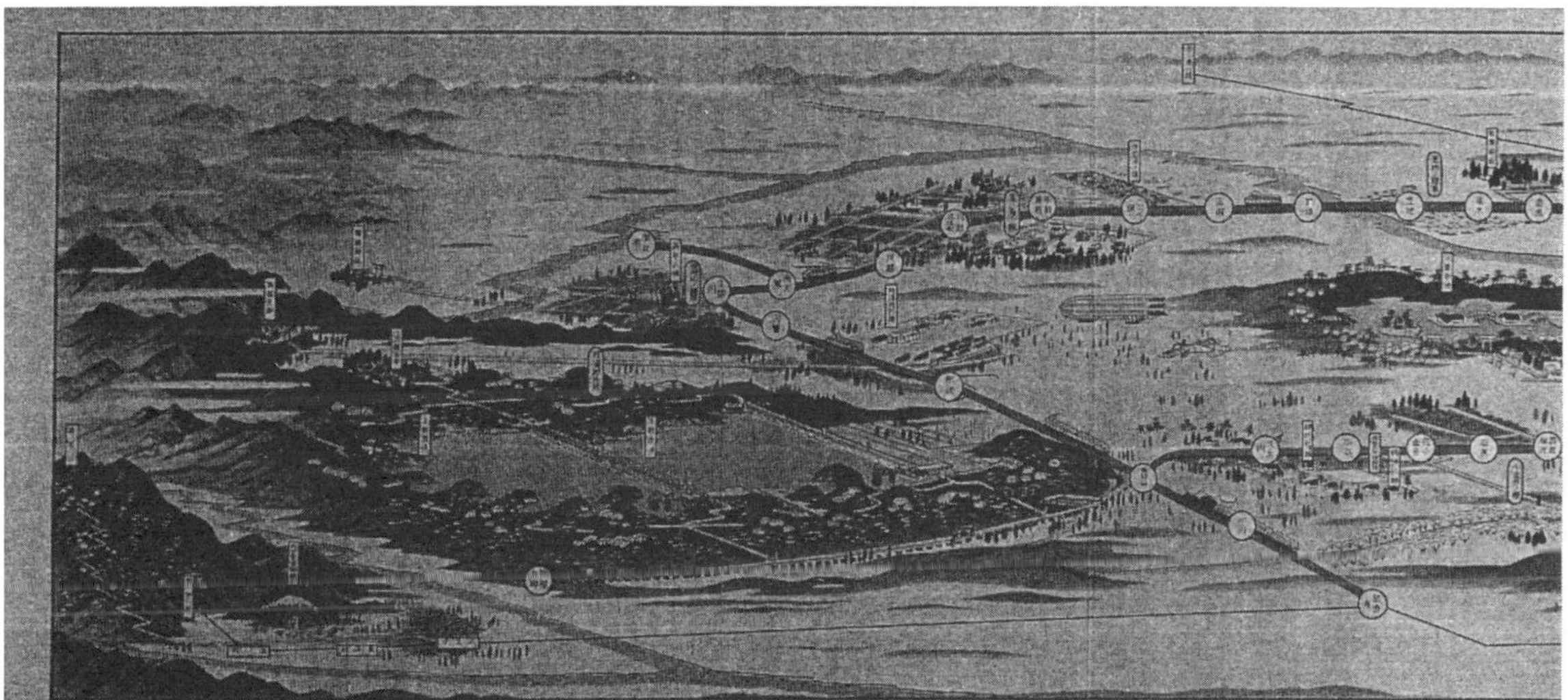

図3　西武鉄道沿線御案内（表面）

わせて、新生・西武鉄道の姿を広く周知させようとしたのであろう。旧西武にとって画期となる年に発行された、記念すべき案内図である。

またすでに沿線の重視すべき名所が、明確に示されていることは注目される。武蔵野が電化時に発行した「武蔵野鉄道案内」では、これほどまでにはっきりと前面に打ち出す名所は示されていなかった。それに対して旧西武は、この段階ではっきりと哲学堂、三宝寺池、そして村山貯水池周辺を売り出すべき行楽地として位置づけているのである。この点では、電化時の武蔵野よりも沿線行楽地開発については、一歩リードしていたと言えるかもしれない。そしてこれらの行楽地はすべて武蔵野の重視した行楽地でもあり、以後これら行楽地をめぐる乗客の争奪戦が激しく展開していくことになった。

5　「沿線御案内」（図4）

発行年の記載がなく、作者名も未詳であるが、案内図の記載内容からみて一九三七―三八年頃に発行されたものと推定される[20]。発行者は西武電車とある。村山線の開業から十年を経て新宿線、大宮線、多摩線と村山線の支線からなる当時の同社の全路線と、開発の進んだ沿線の様子が描き込まれている。

表面の案内図は路線の南方から沿線を鳥瞰し、右手に東京市街と高田馬場が描かれ、東村山までほぼ一直線に路線が引かれている。東村山で国分寺から延びてきた川越線が交わって北上し、所沢・入間川（現狭山市）をへて川越にいたっている。安比奈線の記入が省略され、画面上部には大宮―川越久保町間の大宮線、下部には新宿駅前―荻窪間の新宿線の軌道線、やはり下部に武蔵境から是政にいたる多摩線（一九二七年多摩鉄道を買収）、そして東村山から村山貯水池前にいたる支線が描かれている。また、さきの「西武鉄道沿線御案内」には記入されていた、予定線の記入は省略されている。さらにこの図でも当然のごとく、武蔵野

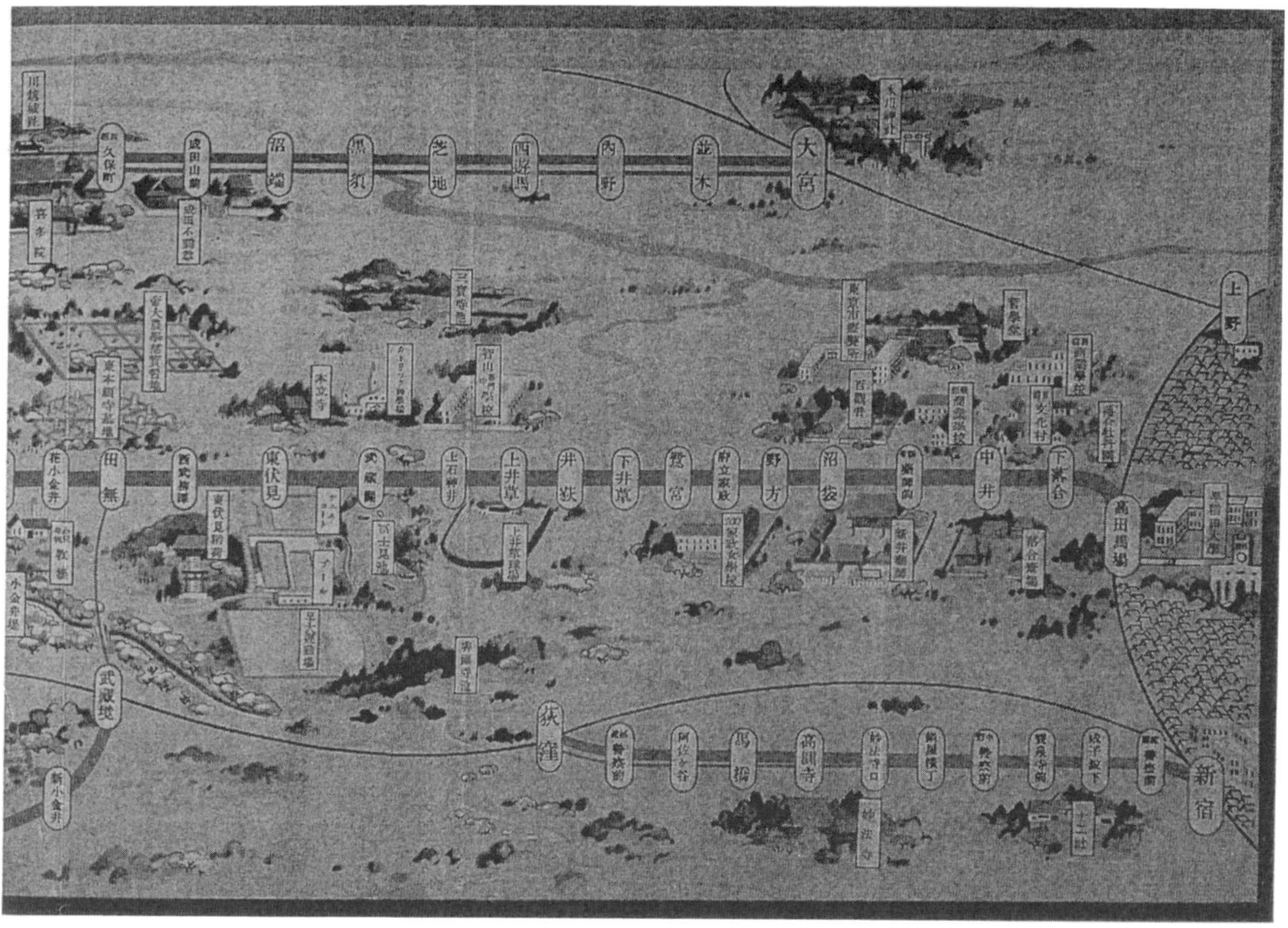

の路線は無視されている。

裏面では「沿線遊覧御案内」として各線ごとの名所が紹介されており、東伏見健康地区、村山山口貯水池が特に大きく扱われている。また前文で沿線の特徴を「前記沿線一帯は古への武蔵野情緒豊にして、就中高田馬場より村山貯水池に至る村山線に在りては、全線に亘り土地起伏高低に富み、丘あり、森あり、池あり、展望広く、爽快の気溢れ、加ふるに名所史跡所々に散在し、郊外住宅地としては勿論、探勝、考古及散策等には近郊に其の比を見ざる所」と記し、郊外住宅地としての居住条件のよさ、歴史と自然に恵まれた散策地としての魅力を強調している。

この「沿線御案内」と「西武鉄道沿線御案内」の記載内容を表2で比較してみると、村山線の開業から約十年を経て沿線の公園・行楽施設や都市周辺施設が増加し、旧西武や沿線地域の関与による沿線開発が進んでいることがわかる。表2で比較してみると寺社や史跡・名所の数に大差はないが、上井草球場、東伏見のテニスコート・プール・早大運動場、東本願寺墓地、久米川の少年団野営地、稲荷山公園、霞ヶ関ゴルフ場、川越競馬場、そして村山・山口貯水池といった行楽施設・都市周辺施設があらたに設けられている。いずれも都市・東京の巨大化していく過程で広大な用地を必要とするレクリエーション施設や都市インフラの整備が求められ、旧西武自身や自治体による設置、あるいは地域の有力者が中心になった誘致等によって、同社の沿線にもこうした施設が増加していった。

上井草最寄りに一九三六年九月に開設された上井草球場は、旧西武が資本参加して同年に結成されたプロ野球団・東京セネタースがフランチャイズを置き、当時発足したばかりの日本職業野球連盟の公式戦が行われていた。プロ野球発足当初、関西では阪神電気鉄道が大阪タイガース、阪神急行電鉄が阪急軍を設立し、それぞれ沿線に建設した甲子園球場、西宮球場で公式戦を開催し観戦客を輸送して乗客増加をはかろうとして

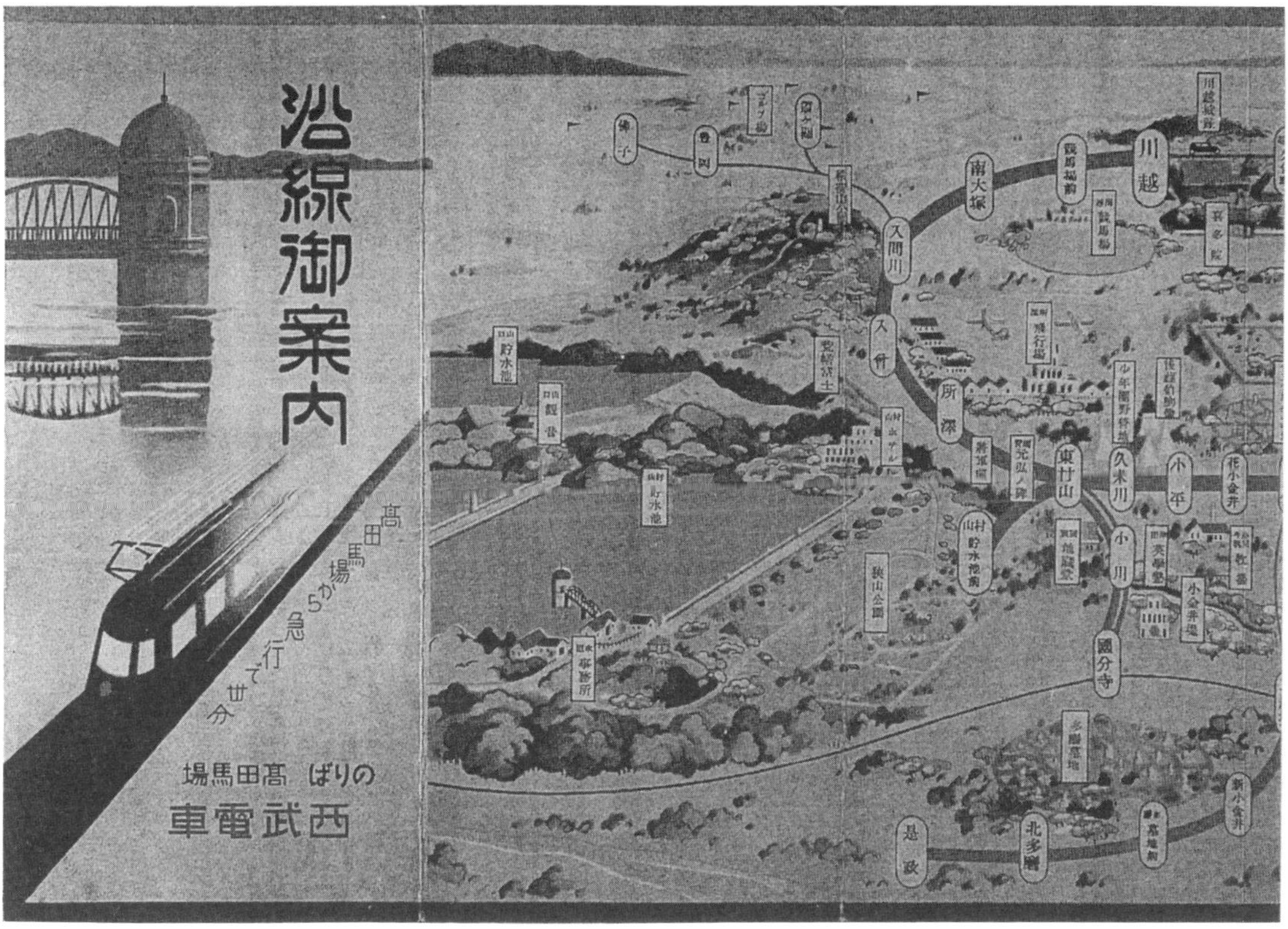

図4　沿線御案内（表面）

いたが、関東地区での電鉄会社によるプロ野球への参入は旧西武が最初の例と思われる。(21)また久米川では、代々東村山村の村長をつとめた當麻家が中心となって耕地整理を行い、東京土地住宅による宅地分譲を先導した。さらに一九三五年八月に上海・旧満州・台湾なども含め約三〇〇〇名が参加した全日本少年団主催の大野営が開催され、當麻家は大野営への援助・協力を惜しまなかった。この大野営をきっかけにして久米川はキャンプ場としてその名を知られるようになり、旧西武がキャンプ場経営に乗り出し「久米川テント村」として一般にも開放されるようになった。(22)

さらに先にも触れたように旧西武がもっとも力を入れたのが、村山・山口貯水池周辺の行楽地化による観光客の誘致であった。この「沿線御案内」は表紙で貯水池の絵柄をあしらい、「高田馬場から急行で三〇分」をうたい文句にしている。さらに表面の沿線各施設の中でも、両貯水池にもっとも大きなスペースを割いて描き込んでいる。また裏面の名所解説でももっとも詳しく解説し、その魅力を「そして此の自然公園はあらゆる方面より見て、都人士にとりて理想的の自然遊園で、家族連れの散策、又は中小学校生徒或は会社工場等の勤労者の運動会又は遠足会等に絶好の地であり、春は新緑、桜、つゝじに秋は黄葉、紅葉、又は茸狩、栗拾ひ、いも掘等に都塵と喧燥《ママ》とを逃れ、清澄の空気の中に思ふ存分の紫外線を浴び、一日を楽しく過す事が出来ます」とうたっている。都会暮らしの疲れを癒す、自然あふれる場としての魅力を強く強調している。

貯水池への足として、東村山から村山貯水池までの支線も一九三〇年四月五日に開業させ、さらに一九二八年五月には貯水池ほとりに村山ホテルを開業させている。宮殿のような外観に客室・娯楽室・音楽室・温浴場・史蹟研究陳列室をそなえた、いまでいうリゾートホテルのような内容を持ち、夏には屋上を開放し往復運賃二割引の納涼電車を運行した。さらに貯水池周辺に遠足児童の誘致をはかるため、貯水池畔に児童園を開設していた。(23)

このように旧西武は村山・山口貯水池での行楽客獲得に力を入れたが、両貯水池は先にもみたように武蔵野鉄道にとっても沿線最大の行楽地であることに変わりはなく、同社も支線の延長やハイキングコースの整備に取り組んでいった。ここに両貯水池への行楽客の獲得を巡り、国分寺から路線を建設した多摩湖鉄道を交え、まさに三つ巴の行楽客獲得合戦が繰り広げられることになった。昭和恐慌以後の不景気のなか私鉄各社は乗客数が落ち込んでおり、少しでも乗客を増やすべく行楽地開発にしのぎを削っていた。なかでも武蔵野と旧西武は、路線が接近しているために沿線圏域が重複してしまい、その勢力圏の獲得を巡り事毎に対立が繰り返された。(24)

武蔵野が経営破綻し再建が急務とされた一九三〇年代前半には両社間の対立はあまり表面化しなかったが、堤康次郎による再建が軌道に乗り始めた一九三〇年代後半になると行楽客獲得を巡った対立が激化する。表3から「武蔵野電車御案内」とこの「沿線御案内」の記載項目を比較してみても、哲学堂、三宝寺と周辺施設、所沢飛行場、稲荷山公園、そして村山・山口貯水池と沿線の主要行楽地のほとんどが、両者で重複して取り扱われているのである。こうした各所に向かう行楽客の奪い合いが展開され、それがもっとも激しく現れたのが村山・山口貯水池であった。沿線案内やハイキングのパンフレットが多数発行され、武蔵野は「池袋からが一番近い」、旧西武は「高田馬場から急行で三〇分」と利便性を競い合い、各社が相次いで建設した支線は、非常に接近して路線が敷かれ、似たような名前の駅が乱立したために、利用者はかえって混乱してしまう状況であったという。こうして行楽客獲得を巡り、両者の対立はエスカレートしていった。

このように「沿線御案内」は村山線開業から十年余りを経た時期の、旧西武沿線の郊外化、行楽地開発の模様を知ることができる。寺社や名所・史跡の数に大差がないのに対し、公園・行楽施設、都市周辺施設、高等教育機関の増加がこうした傾向を裏付けている。そしてこうした行楽地の多くは、武蔵野鉄道の沿線地域と重複する場所に立地していたために、行楽地へと向かう乗客の獲得を巡り、激しい争いが繰り広げられることになった。武蔵野の電化、旧西武の村山線電化当時の沿線案内図でも沿線名所の重複は見られたが、武蔵野が圧倒的優位に立っていた当時は対立は顕在化してはいなかった。ところがそれから約十年が経過し「武蔵野電車御案内」と「沿線御案内」の記載内容を比較してみると、主要行楽地の重複が数多く見受けられるようになり、この傾向は両社の沿線での行楽地開発が進んだ結果、各所での対立が深まっていったことを示しているものと思われる。そしてこうした対立の激化が、のちの武蔵野による旧西武の吸収合併への遠因になったことは想像に難くない。こうした両者の対立の過程と構図が、沿線案内図の記載内容の比較からも浮かび上がってくるのである。

おわりに

以上のように、武蔵野鉄道と旧西武鉄道の発行した沿線案内図の記載内容の分析と検討、時期の異なる同社内、同時期の両社間の案内図を比較することで、各時期の沿線案内図の有する情報の意義、沿線開発の進展の度合い、そして各時期の両社間の関係の変化について明らかにすることができた。電化による蒸気鉄道から都市近郊の高速電車への脱皮では武蔵野鉄道が旧西武鉄道に一歩先んじたが、その後の都市近郊鉄道の特性への着目と意識化、沿線地域での宅地化・行楽地化への取組みは、武蔵野の業績停滞とあいまって旧西武が先んじていたことがうかがわれる。そして約十年後に発行された両社の沿線案内図からは、沿線の近郊化・行楽地化が進んだことが読み取れる。その結果、路線が近接して敷かれているために両社の勢力圏が沿線の各所で重複し、特に主要行楽地の多くが重なり合っていることが両者の対立を招くこととなった。主要行楽地の重複からはこうした対立の構図が透けて見え、それが後年の武蔵野による旧西武の吸収合併への要因のひとつとなったことをもうかがわせている。

　このように、同一会社の沿線案内図の比較・分析からは、その時期ごとの鉄道会社の沿線開発戦力の一端が示され、他会社の同時期の沿線案内図の比較・検討を通じて、当時の両社間の関係性が如実に現れてくることを示すことができた。きわめて恣意的な主観を元に描かれた沿線案内図は、そのまま眺めるだけでは客観的な情報を得ることは難しいが、細部にいたるまで注意深く内容を分析・検討することで、それを制作させた鉄道会社の意図や置かれた立場を読み取ることが可能になるのである。今回は十分に考察できなかったが、鉄道会社の沿線開発の取組みに対して沿線地域の人々がどのように対処し関わっていったかを地域の資料からたどっていけば、さらに沿線案内図に描きこまれた情報に多面的な評価を加えることが可能になると思われる。今後はこうした方向からのアプローチを試み、歴史資料としての沿線案内図の有する意味を明らかにすることを今後の課題としたい。

註

（1）拙稿「京王電気軌道株式会社による沿線行楽地の開発—沿線案内図からの検討—」（奥須磨子・羽田博昭編著『都市と娯楽—開港期〜一九三〇年代—』、日本経済評論社、二〇〇四年）。

（2）私鉄を監督する法令は一八八七年制定の私設鉄道条例を嚆矢としている。これは蒸気鉄道を規制するためのものであり、私設鉄道法を経て地方鉄道法（一九一九年制定）へとつながる。所管は鉄道院から鉄道省、運輸通信省、運輸省へと移っていった。これに対して馬車鉄道や人車鉄道、路面電車を規制する軌道条例が一八九〇年に定められ、一九二一年には軌道法へと改正される。軌道は道路に敷設されるため、道路を管轄する内務省が監督することになった。事業免許はそれぞれ「免許」「特許」と名称が異なるが、法律上の意味は同じとされている（和久田康雄『私鉄史ハンドブック』、電気車研究会、一九九三年、三〜六頁）。

（3）東京市内の路面交通は、一八八二年に東京馬車鉄道が新橋—上野間を開業したことに始まる。一九〇三年に電化されて動力を馬力から電力に変更し東京電車鉄道となり、同年に東京市街鉄道、翌年に東京電気鉄道が開業し、三社が競い合いながら路線を延伸させていった。やがて一九〇六年に三社は合併して東京鉄道となり、さらに一九一一年に東京市に事業を譲渡して市内交通機関の一元化が果された（交通局六〇年史編纂委員会編『東京都交通局六〇年史』、一九七二年、九二〜一〇六頁）。

（4）関東では目黒蒲田電鉄の母体となった田園都市会社による田園調布、東武鉄道による常盤台、小田原急行鉄道による林間都市、西武鉄道による長者園、のちに武蔵野鉄道の経営を掌握する箱根土地による目白・小平・国立・大泉学園の宅地開発がある。また民間の土地会社による開発には、東京信託による玉川電気鉄道沿線の桜新町、東京土地住宅による西武鉄道沿線の東村山等があり、学校経営者による小田原急行鉄道沿線の成城学園・玉川学園がある（くにたち郷土文化館編『学園都市くにたち—誕生のころ』、一九九八年、六〜九頁）。

（5）遊園地には青梅鉄道の楽々園（一九二一年開園）、王子電気軌道の荒川遊園（一九二二年開園、当初は資本参加、一九三二年から直営）、玉川電気鉄道の玉川児童遊園（一九二二年開園）、目黒蒲田電鉄傍系の多摩川園（一九二五年開園）、東武鉄道の兎月園（一九二四年開園）、京成電気軌道の谷津遊園（一九二五年開園）、小田原急行鉄道の向ヶ丘遊園地（一九二七年開園）、京王電気軌道の多摩川原遊園（一九二七年開園）などがある（野田正穂「新宿にあった遊園地の話」新宿歴史博物館編『ステイション新宿』、一九九三年、佐藤美知男「資料で見る幻の遊園地」『武蔵野』三三七、二〇〇三年）。

（6）初三郎の制作した作品の種類と数については諸説があるが、案内図に限っても一六〇〇種以上を制作したといわれている（矢内一磨「吉田初三郎—その生涯と作品—」堺市博物館編『パノラマ地図を旅する—「大正の広重」吉田初三郎の世界—』、一九九九年、五一頁）。

（7）川越鉄道の大株主には雨宮敬次郎・岩田作兵衛といった甲武鉄道の株主・経営者がおり、路線の建設工事、開業後の経営も甲武鉄道に委託されていた。経営委託は一九〇六年に甲武鉄道が国有化されるまで続けられていた（老川慶喜「川越鉄道と青梅鉄道」野田正穂・原田勝正・青木栄一・老川慶喜編『多摩の鉄道百年』、日本経済評論社、一九九三年、三〇頁）。

（8）鉄道省編『日本鉄道史』下巻（一九二一年）六六一頁。

（9）川越鉄道の一九一五年上半期の減収は一万九四九五円、同年下半期も一万四八〇四円あまりの減収となり、それまで一〇パーセントを維持してきた配当も六・五パーセントと大きく低落した（野田正穂「西武鉄道—私鉄間の競合・対立と地域独占の成立—」青木栄一・老川慶喜・野田正穂編『民営鉄道の歴史と文化　東日本編』、古今書院、一九九二年、一四一〜一四二頁）。

（10）甲武鉄道は一九〇六年三月三十一日公布の鉄道国有法により、同年十月一日に国有化された。当初の政府案では川越鉄道も国有化の対象とされていたが、一地方の交通を目的とする鉄道は除外する方針が貴族院で示され、川越鉄道は国有化の対象から外された（原田勝正「鉄道の国有化と多摩の鉄道」前掲『多摩の鉄道百年』、三九頁）。

（11）開業当初の時期から武蔵野鉄道の運輸収入に占める旅客収入の割合は六〇パーセントを上回っていたが、関東大震災後には収入の伸びが大きく、一九二五年上期には六九・三パーセント、一九二六年下期には七四・五パーセントに達していた（由井常彦編著『堤康次郎』、リブロポート、一九九六年、二二八〜二二九頁）。

（12）当時武蔵野鉄道は電力料金の支払いも満足にできず、一九三五年一月には一一万円の電力料金を滞納したのに対して、供給元の東京電灯が制限送電にふみきった。その結果、電圧低下によって電車が所定の速度で走れず、ノロノロ運転を余儀なくされ通勤通学輸送に大混乱を引き起こすほどであった（前掲『民営鉄道の歴史と文化　東日本編』、一四九〜一五〇頁）。

(13) 一九二四年十一月から分譲を開始した大泉学園都市は、高等教育機関を中心とした町作りという、それまでの宅地開発には見られなかった発想の元に開発が進められた。箱根土地会社は大泉学園都市の開発に当たり新駅（東大泉）を造って寄付し、駅から分譲地まで七間幅の道路を通して乗合自動車を走らせた。分譲地の売れ行きは好調だったといわれているが、分譲地への移転を見込んでいた東京商科大学（現一橋大学）が最終的に北多摩郡谷保村（国立）へ移転することになったため、一九三〇年頃になっても松林の中に二、三〇戸の住宅が点在しているに過ぎない状況だった（前掲『堤康次郎』、一五〇〜一五二頁）。

(14) 同鉄道の駅の設置に注目し、桜台（一九三六年七月十日開業）が記入され、秋津—所沢間の所沢飛行場（一九三八年二月十九日松井村として開業、同年三月一日改称、一九四〇年十一月一日東所沢と改称、一九四五年二月三日休止）の記入がないことから判断した。

(15) 池袋—所沢間の新駅設置は以下の通り。上り屋敷（一九二九年五月二十五日開業、一九四五年二月三日休止、一九五三年一月十五日廃止）、椎名町（一九二四年六月十一日開業）、江古田（一九二二年十一月一日開業）、桜台（一九三六年七月十日開業、一九四五年二月三日休止、一九四七年四月一日再開）、中村橋（一九二四年六月十一日開業）、貫井（一九二五年三月十五日開業、一九三三年三月一日富士見台に改称）、東大泉（一九二四年十一月一日開業、一九三三年三月一日大泉学園に改称）、田無町（一九二四年六月十一日開業、一九五九年五月一日ひばりヶ丘に改称）、清瀬（一九二四年六月十一日開業）、秋津（一九一七年十二月十二日開業）（西武鉄道『会社要覧二〇〇五』、二〇〇五年、宮脇俊三・原田勝正編『JR・私鉄全線各駅停車別巻1　東京・横浜・千葉・名古屋の私鉄』、小学館、一九九三年、二四五〜二四六頁）。

(16) 武蔵野鉄道は村山貯水池の北側から一九二九年五月一日に西所沢—村山公園（現西武狭山線）を開通させた。次いで箱根土地が親会社の多摩湖鉄道が、一九三〇年一月二十三日に貯水池の南東側から萩山—村山貯水池仮駅間（現西武多摩湖線）を開業させた（村山貯水池駅まで開業するのは一九三六年十二月三十日）。そして旧西武鉄道は貯水池の東側から同年四月五日に東村山—村山貯水池前間（現西武西武園線）を開業させた。このように村山貯水池周辺には乗客争奪のために非常にまぎらわしい名前の駅が三つも出現し、武蔵野が「池袋から一番近い」と宣伝すれば、旧西武は「急行で三〇分」と宣伝して競い合った（青木栄一「西武鉄道のあゆみ　その路線網の拡大と地域開発」『鉄道ピクトリアル』五六〇、一九九二年、一一二〜一一三頁）。

(17) パルテノン多摩編『郊外行楽地の誕生〜ハイキングと史蹟めぐりの社会史〜』（二〇〇二年）三五〜六二頁。

(18) 久米川駅周辺では東京土地住宅が一九二五年に、自称一〇〇万坪という大規模な土地分譲計画を発表した。華族・財界人といった資産家が分譲地を購入したが、その多くは投資用もしくは別荘用として購入され、多くは農地のままで定住人口の定着はみられなかった（野田正穂「旧西武鉄道の経営と地域社会」東村山市史編さん室『東村山市史研究』四、一九九五年、六〜七頁）。

(19) 保谷市史編さん委員会編『保谷市史』通史編3近現代（一九八九年）九四一〜九五三頁。

(20) 同鉄道の駅の設置に着目し、府立家政（一九三七年十二月二十五日開設、一九四三年七月一日都立家政に改称）が記入され、所沢飛行場前（一九三八年六月二十一日開業、一九四一年六月一日所沢御幸町、一九五一年六月十一日北所沢に移設、一九五九年二月一日新所沢に改称）の記入がないことから判断した。

(21) 東京セネタースは、日本職業野球連盟の発足にともない貴族院議員の有馬頼寧がオーナーとなり、旧西武が資本参加して結成された。横沢三郎が監督をつとめ、東京六大学野球のスター・苅田久徳や野口明らがプレーしたが、成績はあまりふるわなかった。一九四〇年十月に戦争の影響でチーム名を翼軍と改称、一九四一年には名古屋金鯱軍と合併して大洋軍となる。一九四三年には西鉄軍となるが同年に解散した。旧西武の関与は名古屋金鯱軍との合併までだったようである（杉並区立郷土博物館『上井草球場の軌跡』、二〇〇三年）。

(22) 野田 前掲註（18）、一四～一五頁。

(23) 同前、一二～一三頁。

(24) 両社の路線の交錯する所沢駅は、旧西武の前身である川越鉄道の時代から所沢市街に面した駅の西側に駅舎を設置していた。そのため後から開通した武蔵野は、川越鉄道に出改札その他の駅業務を委託していた。このような関係は旧西武発足後も引き継がれ、村山線が開通すると所沢で線路を指定せずに省線各駅に向かう乗客に対しては、旧西武駅員が村山線経由の乗車券を売り出すため、武蔵野の乗客が大幅に減少したという。こうした事態に対して武蔵野は旧西武に強く抗議したが、旧西武側の対応は変わらず、ついには両社の社員による暴力事件まで引き起こしたという。さらに一九四〇年一月には武蔵野の秋津―所沢飛行場間で電車と貨物列車の正面衝突事故が発生し、多くの死傷者が出た。この事故の原因は両社の共同使用駅である所沢でのタブレットの間違えとされており、この事故を契機にして武蔵野の経営を掌握した堤康次郎による旧西武合併に対する決意が固められたといわれている（野田 前掲註（9）、一四六～一四七頁、一五〇～一五一頁）。

［1－4－⑤B］『武蔵野の理想郷』（東京土地住宅、一九二五年、一～一一頁）

緒　言

東京市民が前年の大震災から受けた最も強い教訓は、今後近郊に万一の避難地を所有して居らねばならぬと思つた。此の希望は決して贅沢でなく全く人間生活の基調をなす必需品の一つと認めらるゝに至つたのであり、単なる都塵の雑踏から遁れたいと云ふ兪安的な意味のみではないのであります。

そうして此の目的に副ふ土地の条件としては、第一に震災に絶対安全なる地盤であり、次に交通至便にして而も物資の供給が、豊富潤沢であり、更に地価低廉空気清澄風光明媚であつて、附近に行楽の名所旧蹟に富む地でなければならぬのであります。

一方目醒しく発展した戦後の東京郊外は不秩序に建設された為めに自然風紀、衛生、警備、消防等の設備が不完全で、毫も郊外生活の味ふべき気分が出ないので現在是等郊外に住む多くの人々は、郊外生活として真に恵まれた土地を欲求して居るのであります。

本社は是等大勢の向ふ焦点を洞察して、苦心惨憺の結果計画設計したのが本地百万坪であります。西武平原に建設せらるべき近代都市の其の内容は以下各章に述ぶる如くであります。

幸ひ本社の微意の存する処を充分御賢察願ひます。

一、地勢

位置

本地は東京市の西郊、約十里西武平原の中心にあつて所沢町と府中町の略ぼ中間に当り、北は武蔵野線、南に中央省線が走り、川越線は本地を東西に両断し南北に横走して居ります。

地形

本地の地勢としては、先づ武蔵野の地形から説かねばならぬが、地理学者の云ふピエーモンプラトーと称し、即ち秩父山脈の横はる方から台地が発達して、僅な傾斜を以て海岸の方へ延長してゐる多少の高低起伏があるも、概して平坦な地形（海抜平均四十米突）であります。

本地の北、大貯水地のある東西三里の連崗は往昔狭山と称した台地で、比較的平坦な武蔵野台地に独立突起し、低い所で百米、最高は百九十四米を示し、本地の北方に当つて宛も屛風の風を防ぐ役目をして居ります。従て、東南に広く展開した本地は、南に暖かい陽光を受けて冬季は凌ぎよく、夏は又武蔵野千里の風を運んで涼さ限りない、最も恵まれた土地であります。

地層

学説によれば本地は第三紀層に属する地盤である、本社が地内鑿泉の

本社新築事務所（有楽橋畔）

国分寺駅前経営地入口

経営地本社事務所前より見たる富士

際現はれた土質が立派に証拠立つて居る、大震災後本地へ遷都論の起つた点から云つても地震に対する不安が絶対に無い事を有力に物語つて居ります。

二、風光――残された武蔵野

村山の名称は、武蔵七党の一である村山党の祖、村山貫主頼任が此地に蟠居してゐたによる。往昔は此一帯を指して狭山と称えた。千載集に顕季の歌として

五月暗さ山の峰にともす火は雲の絶間の星かとぞみる

とある狭山――村山郷の西南、山岡の尽きる所、広漠な平原の、武蔵野特色の赤松を上木とする雑木林の線に画された地点が本社の経営する百万坪であります。

是亦、武蔵野の特色である土地の起伏は、地内に緑の丘の緩やかな円《まる》みを見せて、其処に立つと地形上先づ第一に眼につくのは、

筑波蒼穹の東にあり、富士碧落の西にありて絶頂は妙にきえすそ野に
夕日を帯朧月空に懸り扁雲行つくして四域に山なし
――尭恵法師『北国紀行』

の風光で武蔵野の広潤な平野と相調和して、単純な中に男性的情趣が滾々と湧いて、汲めども終に尽きぬのであります。

北には、秩父の山地は遥かに連り、小仏大菩薩の峠は屹然と聳えて、春は翠巒をたゝえ、冬は山襞《ひだ》に白雪をみせてゐます。

転じて平野を見渡すと、丘から林、林から丘が起り此二つが愉快なリズムを作つて波を画いてゐる。或は街道打ち続く欅の並木実に本地は西武平原の中心であり、風光の上にも恵まれた土地であります。

三、交通――省線・西武線・武蔵野線及自動車線

本地は現在中央省線及川越線に拠るの外既に設計確定し、或は工事進捗中の交通機関を列挙すれば、

本社専用の直通八間道路

中央省線国分寺駅前と本経営地間の坦々たる大道路には軽快なる最新式乗合自動車が四五分間にて往復して居ます。

新電車の内部

国分寺駅構内

西武高速電鉄

現在の新宿荻窪間の外に早稲田市電終点を発し本経営地を縦走して貯水池に達する高速電鉄が、既に工事に着手し、今秋十月の候には運転する予定であります。

東京、貯水池間連絡大道路

貯水池から渋谷に達する八間道路には乗合自動車を開通し、近き将来貯水池公園遊覧電鉄とする計画であります。

武蔵野電鉄の延長線

近く所沢駅より支線を貯水池、箱根ケ崎に新設すべき計画があります。

西武鉄道川越線

最近国分寺川越間の電化が実現されて本地中央を横走し埼玉県下と東京市の交通要衝になります。

以上の交通網が漸次竣成すれば実に本地と東京間の時間的距離は著く短縮せられ、市の中心地との連絡は何れの地点からも容易となるのであります。

四、上下水道と道路――水質は好良・道路は総面積の二割

上水道

本地の稍西方に村山貯水池があり、多摩の清流が地下水になつて居るから何処からでも清涼な清水が滾々と湧出しますが本社は将来の長計を慮り、随所に鑿泉式によつて地下水を取るのである。既に一部の鑿泉工事は終つて地下四五百尺から湧出する水量は豊富にして、夏尚ほ氷の如く、冬は温気を含む浄水であるが、之れを鉄管誘導法により各戸に水道を引き、人口十万人以上の飲料水を供給する準備をする。水質は飲料水としては実に上等であり安心し得らる、と共に、枯渇の憂ひは毫もありません。

下水道

商店街、住宅地の体裁上からも衛生上からも緊要な事業ですから、特に注意して其場所に応じ地下埋設式或は露面溝渠式を併用し、更に汚水清浄装置により処理しますから、現在東京郊外に見るやうな汚ない下水が道路に溢れるやうな醜状はありません。

道路

幹線道路を六間、副線道路は五間、支線道路は三間半として、本地中心街衢の『中央公園』に放射線状に連絡せしめ、何れの地点にも最も短距離で達する事が出来ます。別に本地を横走する多摩川支流の玉川上水畔には緑樹帯道路を設け、運動散策に便し現事務所から遊園地に至る八間道路、東京市の貯水路上の八間道路は本社の稍中央を縦走して居るが、総面積百万坪に対し二割を道路に割いた事は、本地が市街地としての充分なる施設と云ふべきであります。

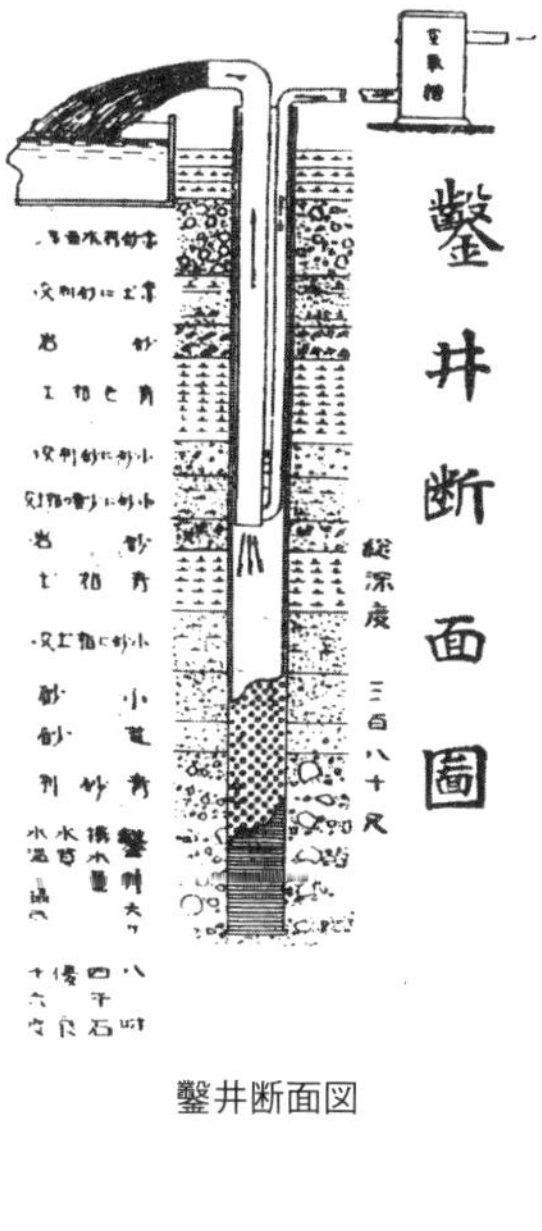

鑿井断面図

五、地上の楽園——天然と人工を兼ねた

『人は娯楽を全然離れて生活は出来ぬ』と謹厳なフランクリンすら云つて居ます。華やかな淫蕩的な都会を離れて一時間の郊外、其処には東京市中の何処でも見る事の出来ない一切の娯楽機関が完備されて居つたならば、住む人々の愉快さは何んなであらう。そうして帝都の塵埃と騒音に悩まされた人々をこの遊園地に招き、興つくれば、清澄な空気を心ゆくばかり吸収し、前に富士、後に筑波の秀峰を、近くは翠緑の秩父甲州に跨る大菩薩と小仏峠に眼をやりつゝ、彼処の丘茲の雑木林を散策する時、真に武蔵野の雄大と興趣を味ふ事が出来るのであります。

そうして此興趣は、破壊され行く武蔵野の情景の中で僅に此一帯のみに残された天然的記念地である唯一の誇りを持つて居るのであります。

遊園地の設備

経営地の中央に約一万坪に余る一角の高台に高尚優美にして、俗悪に流れない大遊園地を完成したのでありますが、その主要なものは

一、大温室　朝夕陽光を受けて黄金の光まばゆく、雨に煙る時は氷の殿堂の如く、恰も大英国の水晶宮を想はしむ大建築物である。嘗て酒井伯爵家にありて、東洋第一の誇りを擅にし、故大隈候をして垂涎三尺たらしめたものである。

一、動植物園　動植物学の科、目、綱に分類し大温室の熱帯植物と併せて、専門、中、女学及小学校の学生々徒の参考資料とする。

一、野外劇場　本地西北隅の樹林を背景として自然を充分加味した設備をなし、観覧席二千の椅子を準備する。

一、音楽堂と舞踏館　時々和洋の名流を招き音楽会或は舞踏会を開き、ラヂオを設備し各国名流の妙音を居ながらに聴き得るのである。

遊園地内大温室の遠望

一、趣味の会席　処々に瀟洒な席亭を建築し、囲碁、将棋席、点茶席、生花席其他の娯楽設備がある。

一、倶楽部　住居者相互の親睦を図る為めに文化式会館にして小集会、講演会の大講堂の外、玉突、ピンポン其他室内遊戯室を設備する。

一、大浴場　浴槽は大理石で飾り宏壮なる建物の周囲には各国の温泉を引き、別に家族風呂を設け保養の目的を達せしめる。

一、活動写真館と寄席　住居者のキネマ趣味と落語講談の娯楽に供する。

一、児童遊園地　には遊戯器具、砂山、徒渉池の外、愛嬌ある猿其他小禽を配して児童の真に自由な天地を作る。

以上の完備した機関が遺憾なく開始された暁は、老若男女は素より児

洋風別荘（建築中）

遊園地（囲碁席等）の一部

童が嬉々として、終日愉快に何等の危険も感ぜずに暮らし得る真に地上の楽園と云ひ得るのであります。

六、教育機関――連絡統一さるゝ学園

現在では郊外田園生活には子女を通学せしむるのに不便と不安がある。是等の欠陥を充分考慮し、幼稚園、小学校、女学校は既に一部有志と協力経営する事に決定し、南に陽光を受け、北に防風林ある緑樹林を学校地域に選定し、本地発展と同時に建設さるるのであります。

自然的に恵まれた本地は更に教育的にも恵まれた地と云はれます。即ち本地の近傍には

一、商科大学　二、明治大学　三、日本大学　四、府立中学校　五、成蹊学院（近く大学部新設の予定）　六、女子英学塾

等が漸次雑踏の東京から逃れて続々移転し、更に其他二三の専門学校が移転希望を本社に述べられてゐますから、是等も恐らく実現する事でありませう。

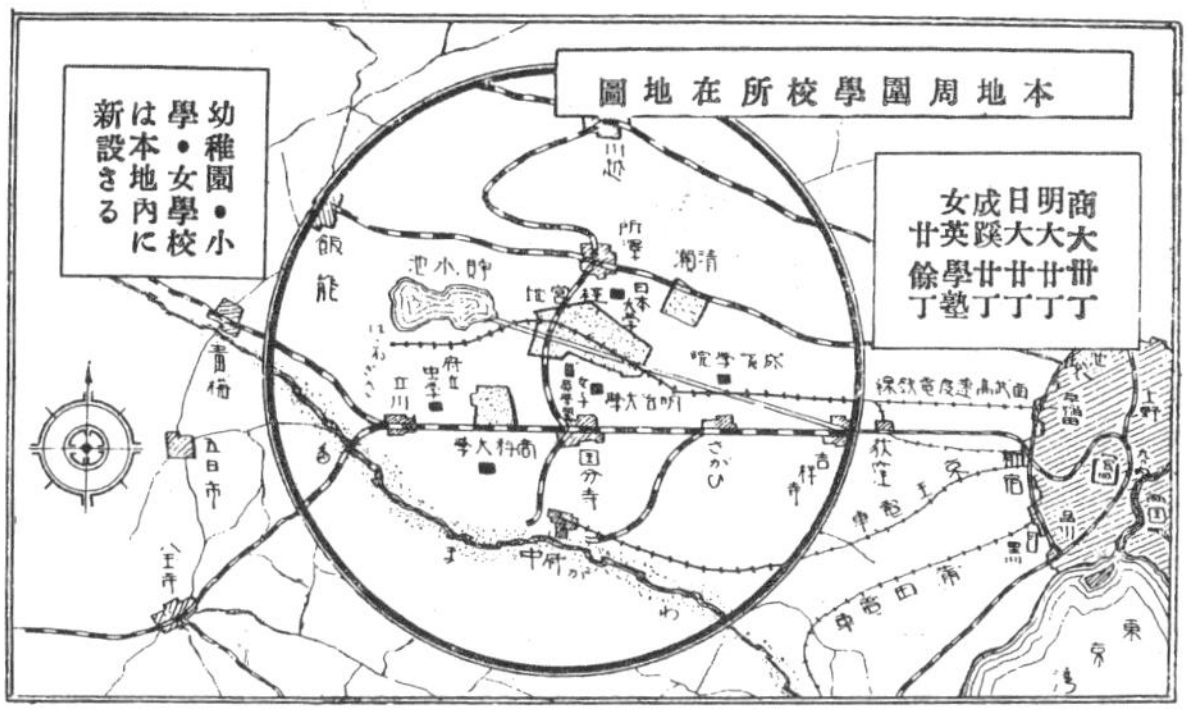

本地周囲学校所在地図

経営地内の緑樹林
村内の長寿者川島きん女（九十三歳）

学園地区としての本地の価値

将来国家の中堅となるべくのびて行く学生達が、凡てを打忘れ、唯一心に教育と強健な身体を涵養するには、環境の恵みを受くる事が極めて大切である。

従つて学園地区としての本地の価値は遠き将来を待つ迄もなく、その殷盛は目睫の間に迫つて居り、文化的に建設された軒並を、快活に高歌放吟しつゝ、散策する学生達の姿が目の当りに見えるやうであります。

図書館

各国書籍、新聞、雑誌を備付け趣味の涵養に資するのであります。

七、保健と衛生――他に類のない病院

雑踏の都会を逃れ郊外に安住の地を求め健康を欲するのは貧富の別なく凡ての人間生活第一の欲求であります。

『健全なる身体に宿る精神の強さ』が今後の社会的地歩を占むる力であります。郊外地と云へば汚ない下水が道路に溢

れ、往来も難儀しつゝ常に伝染病の不安に戦いて居る現在であるが、本社は別項の如く完全なる暗渠式或は露出式溝渠を作り、雨水下水の流通排泄を完全にし、是等の欠点を全然ないやうにします。

恵まれた自然的保健地

東村山村役場の調査によると、人口七千七百三十八人の中にて、八十歳以上の高齢者が三百二人、九十三歳以上の長寿者は男二人女三人であり、死亡率は百分の一強に過ぎないのを見ても、本地が如何に健康地であるかが、証拠立てられてゐます。

共同病院建設

郊外生活の欠点は急病等の場合に立派な医師が居ないので応急の場合に不便を感じます。本地には東都一流の各科博士に別荘を持つて頂き、更に本社が従来の病院らしくない共同病院を建設して、少くも毎週二回は各科博士の診断治療を受け、而も低廉な入院料とし、都塵の騒音を避け生新な空気と絶好の風光に浸りつゝ静かに治療と保養を兼ねらるゝ理想的の病院となります。

八、商店街の建設──西武蔵の中心市場

将来東京近郊の模範的都市を形成せんとする本地は、其居住者に日用品以外に各人の趣味性を満足せしむる高級品をも販売する必要があります。

此意味から本社は経営地内の一等幹線道路に全国の代表的自家製品販売の大商店を茲に誘致して、清新、優良な商品を、廉価で供給する一大商店街を作る事にしました。

商店街鳥瞰図（前ハ店舗後ハ倉庫住宅）

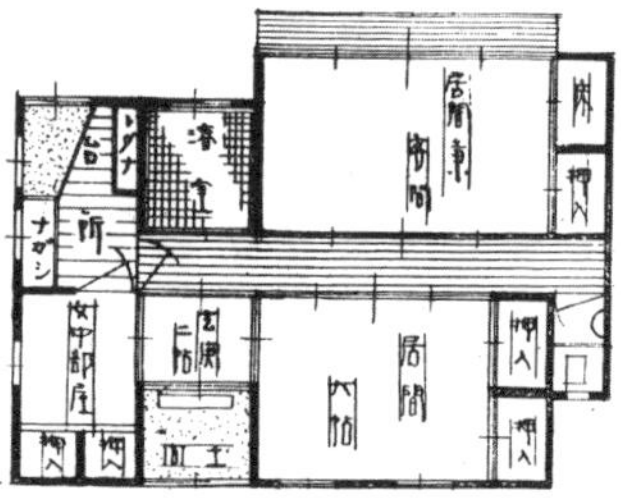
間取平面図の一

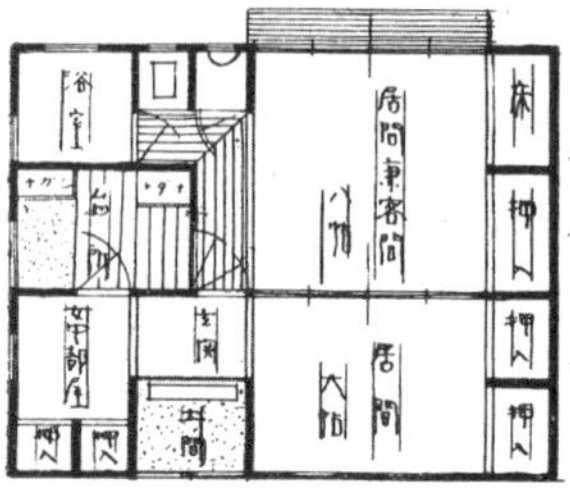
同その二

之は本地内の新丸ノ内村に対して、丁度新銀座、日本橋通とも云ふべく、散歩、素見をするやう、舗道には樹木を植付け、街灯を明るくして、兎角淋しい郊外都市の夜を賑はす事にしました。

又商店の一部には住宅を作り店員の慰安休養所に供し、階下は倉庫として商品を保管、貯蔵し少くとも西武町村に対する物質の供給市場として恥しからぬものとなります。

本地は約十万の人口を抱擁し得る面積を持ち、附近には四五の大学専門学校が現在建設中のもの、近く移転し来るもの等あつて、将来は学園の中心地域となり、夫等学生の数丈けにても、数万を算し、附近町村の人達も全国の代表的商店が此処に直接販売所を設ける為め、遊園地へ観覧旁々購買に来集するから商業も活潑となり、各学校の開設と相俟つて、

其殷賑は刮目すべき事と思ひます。

九、中流郊外住宅別荘——土地建物一切にて二千円也

塵埃と騒音に悩まされる東京の生活は、又地震、火災、伝染病等の恐怖に襲はれ勝ちであります。終日の劇労を慰すべく、都会は余りに不安と焦燥に充ち過ぎてゐます。静かな郊外に適当な安息所を得たいのは都会人の等しく持つ願望であります。

『郊外に適当な地所附の住宅はないか』『金の余りかゝらない一週に一度か二度出掛けて行くやうな簡単な別荘はないか』と云ふ言葉が屢々繰返えされます。

其御要求に副ふやう、本社は小じんまりと気の利いた、極く感じのいい家屋を経営地の一部に建築しましたが其概略は

一戸の敷地　六十五坪
建坪　十五坪（平家）
間取　客間兼居間（八畳）居間（六畳）浴室（二畳）土間（七合五勺）玄関（七合五勺）女中部屋（二畳）台所（三畳）
価格　二千円也

で、最初申込金として若干頂戴し残金は半年賦五回払の便宜で取扱つてゐます。

平潤な武蔵野の地平線ゆるやかに、丘と林の自然交響楽を娯しみ乍ら此地に生活する事は如何に愉快なる生活を送る事でありませう。（詳細なる説明書は御申込み次第お送しします）

【1－4－⑤C】遅塚麗水編『京浜遊覧案内』（京浜電気鉄道、一九一〇年、一～七、四六～四七、七三～七六頁）

郊外生活のすゝめ

◎人生の最大幸福

人の斯の世に生を享けて、何が一番幸福なりやといふに、一身の寿福と一家の康福こそ、他に比類なき幸福なるべし、実に名誉も黄金も、健康なる躰躯あつてのものなれば、康寿は総ての悦楽、快楽の根源なり、扨此の最大幸福は、什麼にして享け得らるゝかといふに、飲食の節制、趣味の修養、精神の慰安、其の身を律し其の心を養ふにいろ〳〵の方法はあれど、擾々たる黄塵十丈の都会を離れて、大気の新鮮なる郊外に棲むことが、最も簡易くして且つ最も効験ある方法なることは、学者の斉しく唱道するところなり。

◎市内生活が何故悪いか

輓近十数年来、東京市の発達は異常の速度にて、住民はいよ〳〵繁殖し、人家は益す稠密となり、諸工場の煙突から噴き出す煤煙、道路より舞ひ起つ塵埃、溝渠より発散する瓦斯、人の身体から排泄する汚穢物などに依つて溷濁らされたる空気は、大厦高楼、乃至九尺二間の裏屋の隅々隈隈にまで充ち満ちて、而も日光の透射は悪く、新鮮なる大気の流

通は障へらる、今更茲に事新らしく言ふまでもなく、人間生活の必要条件は、大気を呼吸することにて、大気は人間に取りては最も貴き滋養物なり、呼吸は大気を肺臓に呑吐して、其の中の酸素を摂つて血液に収め入れ、全身に新鮮なる血液を循環させ、又た胃と腸にて消化されたる食物の滋養性分を吸収つて、これを全身に分配し、酸素と相会つて燃焼作用を起す、此の燃焼が元気と活力とを生じて、乃ち人の生命となるなり。

然るに都市の道路より滾起する塵埃の中には、恐るべき黴菌ありて棲息す、肺炎菌や、インフルエンザ菌や、咯いた痰の中の結核菌や、諸種の醸膿菌や、時としては彼の怖るべきペスト菌をも存在し、この外、溝渠や下水や、厠圊などの有機質の分解に由りて発生する毒瓦斯が、風の去来に吹き揚りて、呼吸と共に鼻や口から肺臓深く浸入するなり、生活力の強き健康な人に在りては、此の病菌の魔力に勝つて、其の惨毒を受けざれども、尪弱い体質や身体の那辺に弱処のある人は、覿面に此の毒菌に打ち負けて生命を促むるなり、大都会に棲む者の病気の中にて、咽喉の病や肺病が、他の患者に比較して十の六分を占めて居るのを観ても、寒心すべき事実なり。

西洋の諺言に『倫敦に三代住めば一族滅亡す』といふことあり、川柳の『売据と唐様で書く三代目』とあるも、人口に膾炙する名句なるが、こは啻に、祖父が艱難困苦して身代を作り上げ、父がこれを受け嗣ぎて、家業を守り成したるを、其の子不肖にして婬蕩游惰に荒さび、終に家を亡すに至りしを諷詠したるもののみには非ずして、都市生活に中毒して、三代目に羸痩虚弱の劣敗者となりしといふ意味にも解し得べし。

都市生活の忌はしき怖るべきは独り衛生の上のみにはあらず、年を逐ふて圧迫し来る生活難は益す物価を騰貴せしめ、風儀を荒頽せしめ、掏児か詐欺師か気心の知れぬ人達と比隣合壁、孟母三遷の教へは兎に角第一児女の教育にも心を注がざるべからざる事柄なり。

首を挙げて四顧すれば、人生の康福、平和に充てる楽天地は、近く郊外に在りて、納々たる碧山、緑野は、欣然として我等の来たり棲むを青眼に迎ふるなり。

◎何故に郊外生活が好きか

都市の空気を泥水に喩ふれば、郊外、殊に海辺の空気は水道の水にも擬ふべし、海辺の大気は市街の大気よりも遥かに多くの灝気を含む、この灝気は有機体の腐敗より発生する不良の瓦斯や病毒菌に対して峻烈なる撲滅力を有すること、淡雪に熱湯を濺ぐがごとし、灝気は海潮の日光に照射されて蒸発する際に発生し、又た松杉檜などの針葉樹の多き処に生ずる『香ある大気』にて、最も人に元気と活力とを寄与す、頭上には澄み渡れる青冥あり、眼前には打ち潤けたる蒼野あり、地価は廉く家宅も好む儘に建てられ、遠山近水、自在に引いて我が庭前の眺めとなし、日当りも好く、風通しも充分なれば、塵埃も飛んでは来ず、春来れば花や禽や、夏は林間の清風に涼味饒かに、秋の夜は煙と塵の都市には曾つて見られぬ冴やけき名月を眺むべく、冬は南窓日温かにして光浴を試み得べし、新鮮なる魚肉や、脆美なる蔬菜や、日用の物資をも容易く求め得らる、這般愉快な世界のあるにも拘はらず、何を好んで空気の不潔な都市の生活に憧るゝ、斯く自然の恩沢の厚い上に、交通の機関が完備し居りて、都市との往来に多くの時を費ず、程遠からぬ処に児女を送るべき小学校あり、歌舞伎座の演劇を観たければ、八百善の料理が食べたければ、園遊会や音楽会、社交団の集会や、親戚知友の訪問や、物見遊散に家族を伴れて容易に往ける処があれば、誠に理想的の郊外生活なり。

◎理想的の郊外生活地

前に記せしごとき郊外生活に適当の場所を相すれば、京浜鉄道沿線の地に勝さるものなし、沿線の地勢をいへば、西北に一帯の丘陵を負ひ、東南に東京湾を控へたれば、空気の清浄なることは言ふまでもなく、夏は涼しく冬は温たかに、四季を通じて気候に劇しい変化もなく、魚介、野菜は新鮮なり、獣肉、牛乳の供給にも欠くることなし、適宜の場所には小学校あり、京浜電車は数分時毎に品川、神奈川間を快速に往来し、汽車の発着も頻繁なれば、東京、横浜、毎日勤務の往復にも多くの時間を要することなく、主なる箇所には自働電話又は特設電話ありて都市への通話も自在に為し得られ、京浜電車を初め、東京電灯、東京鉄道、東京瓦斯、横浜電灯の各会社よりは灯火を供給し、更に京浜電気鉄道会社にては、此の巻末に記せるごとく、近頃『京浜地主協会』といふを創立し、京浜間所在の貸地、売地、貸家、売家を調査紹介して、公平親切なる仲介者となり、協会の仲介に係る移住者には、乗車券の大割引をなして、市内への通勤通学の便利を図り、日用品、家財器具の輸送にも特別の取扱ひをなし、沿道各地に信頼すべき医師医院を紹介して、診察料医薬料の特減を計り、確実なる使屋を毎日東京へ差遣して、日用品の購買配達の方法をも講じ居れば、都市の生活に比較して毫も不便を感ずることなし、加之、沿道到る処、名所古蹟に富めることは案内記に記すがごとく、春は大森、池上、蒲田、原村の梅に始まりて、六郷の桃、梨の花、大師道の花のトンネルあり、夏は大森、八幡ケ浜、森ケ崎、羽田、鶴見の海水浴、秋にも冬にも行楽多く、殊に養生地としては海水浴は言ふを俟たず、池上、羽田、森ケ崎の鉱泉浴、大森の砂風呂の、善く諸病に効験あるは遍ねく人の知るところ也。

一身一家の康福を望む人は、一日も早く此の楽天地に来り棲みて、大自然の恩恵を享受せよ。

◎川崎停留所

六郷の橋を渡れば川崎町なり、横浜へ八哩、新橋へ十哩、殆ど京浜の中間に位する一都会にて、吾が京浜電気鉄道株式会社本社の所在地なり、明治三十二年一月廿一日、川崎大師間に電車運転を開始して、実に関東に於ける電気鉄道の嚆矢たり、我国に人力車といふもの創めて造られしも、亦此の川崎にて、明治三年十一月始めて神奈川川崎の間に現はる、其の制車台に椅子を着け一人乃至三四人を載せて走る、四柱ありて布帛を張ること幕のごとし、力夫は前に挽き後より推して之れを行る、小なるもの双輪、大なるもの四輪ありしが、旋て今の車制独り盛に行はる、

京浜電気鉄道株式会社

東海道八丁畷より川崎宿を望む

こと、なれりと記されたり、文明の交通機関の此に起りて、関東に率先したるは其の因縁なきにあらず。

◎京浜地主協会

都門に住ふといふことは誠に楽しい事に相違ありませんが、今日の東京や横浜のやうに著しく人家が稠密になつて来ると、単に居住するだけの目的に対してはいろ〳〵の不便と障害とが起つて参ります、第一に衛生上の危険であります、是れは黒煙濛々天を蔽ふ東京市内に於て、樹木がだん〳〵枯死して行くといふ実例を見て其の一端を知る事が出来ます、第二に生活費の増進であります、四囲風物日に〳〵文華に傾く都門に在りて、物価が次第に増進して行くことは自然の勢とはいへ、一般に堪へ難き苦痛であります、此の二ツの生活上の大障害から、漸次人が都会を避けて市外に転居せんことを希望するのは当然の結果でありまして、特に都会に勤務する中等人士一般の切なる要求であります、然るに今日東京市を囲繞する郡部は、人口塡塞して第二の市街地を成して居りますから、此の方面には市外居住地として既に余裕はありません、ところが、茲に京浜電車の沿道は、東京の南を開いて直下横浜通ずる要路に当り、汽車あり電車ありて、市内への往来に些の不便なく、主なる場所には自働電話又は特設電話ありて市内との通話も自由に出来、また灯火としては京浜電車をはじめ東京電灯、東京鉄道、東京瓦斯及横浜電灯の各会社より各〻特色ある灯火の供給を致しますし、其の地勢たるや、西北一連の丘陵は東南東京湾に映対して自然の風趣に富み、山海の魚肉蔬菜は到処潤沢低廉に、且つ気候温順、夏は涼しく冬は暖き良地でありますから、市外居住地としては最も適当なる地方であります、本協会は上記市外居住希望者の為めに、此の京浜間に適当なる居住所を紹介して移住の便を図り、又生活上種々の利便を提供し郡部居住の不便を補ひ、斯くして地方の発展を画ると同時に、時勢の要求を満さんとする地主組合であります。

協会は地所家屋を紹介し且つ売買貸借の仲介をなす

本協会は事務所を神奈川県橘樹郡川崎町字堀の内八百卅一番地京浜電気鉄道株式会社本社内に置き、出張所を東京市京橋区山下町十三番地井上敬吉方（電話新橋九八番）に設けまして、京浜間所在の貸地売地貸家売家に関する詳細の事柄を調査紹介して、売買貸借契約の仲介者となり、又此等価格の公平を維持し、幷に低廉に之を供給する事を図るものであります。

協会と京浜電車との特約

京浜電車は本協会の仲介に依る移住者に対しましては電車の大割引をなし、そして市内通勤又は通学の利便に資し、其他生活用品家財器具等に対しまして輸送上の便利を図ります。

協会と沿道医院医師との特約

市外移住に就て誰彼も懸念されますのは医師医院の便否でありますが、本協会は京浜間の各地に於て信頼すべき医師医院を紹介し、且つ特約を以て診察料医薬料等を特減する計ひを致します。

協会と日用品購買

市外移住者の時に不便を感じますのは地方になき物品の購買方でありますが、本協会は此の要求に便せんが為に確実なる御用使屋を毎日東京へ差立てます、故に用事の場合には品物代金を予納せられ、品名買入先等を示され事務所へ御申込にならば、翌日中には夫々居宅へ配達せしむる方法を講じます。

但し此の場合には幾分の手数料を申受けます。

第5章 論文など

［1－5－A］山口廣「郊外住宅の100年」（『田園と住まい展——世田谷に見る郊外住宅の歩み』世田谷美術館、一九八九年、九〜一六頁）

1　田園の発見

「武蔵野《むさしの》の俤《おもかげ》は今わずかに入間《いるま》郡に残れり」と、国木田独歩は名作『武蔵野』の冒頭に記してしる。[1] しかし、これは「萱原《かやはら》のはてなき光景」のひろがる昔の武蔵野のことであるのが、読むほどにすぐわかる。そして、「今の武蔵野は林である。林は実に今の武蔵野の特色といってもよい」と、独歩は改めて断言する。

国木田独歩は1896年（明治29年）秋から翌年の春にかけて、渋谷村に住んだ。しばしばここを訪ねた田山花袋によると「夕日の明るい丘の上の家」であったという。そして、

10月25日「……朝まだき霧の晴れぬ間に家を出《い》で野を歩み林を訪う。」

11月26日「……午后犬を伴うて散歩す。林に入り黙座す。犬眠る。……」

と日記に書くような田園生活を続ける。この渋谷村での散歩と思索から、独歩の『武蔵野』が生まれる。

同じ頃、同じ世代で、すでに文章家として知られていた大町桂月も、東京の市中だけでなく郊外へも足をしばしば運んでいる。たとえば、

「堀切に遊びてより十日ばかり家にこもりて執筆しけるに、また胃の具合悪し。また、散歩して来む。」

と言い訳をして「等々力の滝」を訪ねる。[2] こうして書き溜めた紀行文をまとめて『東京遊行記』を出版したのは、独歩の創作集『武蔵野』より5年後であった。

『東京遊行記』は忘れられ、『武蔵野』は今も読まれている。なぜか。桂月が世田谷の「喜多見不動の滝」を訪ねた紀行文の冒頭に、

「一夜、江戸名所図会に画《えが》かれたる和泉村の霊泉と長尾村の大師穴との図を見て、登戸附近へ遠足せむと思いたち」

計画を立てたと、書きはじめている。彼が訪るのは『江戸名所図会』に載っているような名所旧蹟である。そうした場所は、都会人が休日に遠足（昔風にいえば物見遊山《ものみゆさん》）に出かける所である。名所旧蹟とは、風景でいうなら春の桜が美しく、秋の月を眺めるにふさわしく、また伝説があり、歴史にも記された所である。

独歩がひかれたのは名所旧蹟でない。彼は武蔵野の櫟《くぬぎ》林をよく歩いた。特に、彼は東京の市街地から郊外へのびる、甲州街道《かいどう》、青梅道《おうめみち》、中原道《なかはらみち》、世田《せた》が谷《や》街道が、林地田圃《りんちでんぽ》に突入するところの、

「市街ともつかず、宿駅《しゅくえき》ともつかず、一種の生活と一種の自然とを配合して一種の光景を呈《てい》しおる場処を描写することが、すこぶる自分の詩興を喚《よ》び起こす」

といっている。つまり人間不在の単なる田園のみの風景でなく、田園と都市の接点すなわち「郊外」に関心があるといっているのだ。なぜか。

このような「町外《はず》れの光景」には「大都会の生活の名残《なごり》」と「田舎の生活の余波」とが、ぶつかり合い渦を巻いているのを見たからだ、と独歩はその光景の魅力を指摘している。

ここでいう「光景」は「風景」と同じと考えてよい。風景とは単なる自然を意味しない。風景とは、そこにある自然と、そこに住む人びとの持つ文化と、人びとが造りだす環境の3要素から成ると考えてよい。河川改修や宅地造成などの環境整備は自然の人工化を促す。そして、こうした郊外住宅地に建つ文化住宅がまた田園の風景を変えている。

東京の町外れでは、異質な文化と環境が出合い、自然に手が一層加えられ、風景は変りつつあった。そこは都市から見れば「郊外」と呼ばれる地域であるが、他方、農村から見れば新しい「田園」であった。

桂月は名所的風景を再訪しただけであるが、独歩は新しい田園（郊外）風景を発見して歩いた。そして彼が発見した田園風景は、今も都会人が手に入れたいと願っている風景である。たとえ都心への通勤にかなりの時間と交通費がかかるであろうとも……である。

2　田園住宅

東京がまだ江戸と呼ばれ、将軍が住む天下の総城下町であったころ、すでに人口100万をこえる世界でもまれな巨大都市の一つであった。江戸の市街地は、武家地、寺社地、町人地に分けられていた。江戸時代に正確な統計は土地と人口のどちらについてもない。大まかな数字でいうと、江戸後期に約65万人の武士が約38・7平方キロの武家地に住み、約60万人の町人がわずか8・9平方キロの町人地に住んでいた。したがって武家地の人口密度は1平方キロ当り約1万6800人と現代の東京の衛星都市並みであるが、町人地の人口密度は1平方キロ当り約6万7300人となり、現代の過密都市でも比較するものがない高密度である。[3)]

大名は上《かみ》・中《なか》・下《しも》と3つの屋敷を構えている。大名屋敷はその知行高に応じ、1～2万石で2500坪という最小規模から10～15万石で7000坪という最大のものまで8階級が定められている。18世紀末、大名の上屋敷265か所、中・下屋敷734か所あったという。小石川後楽園は水戸藩上屋敷、有栖川公園は南部藩下屋敷、新宿御苑は高遠藩中屋敷の跡である。どれも美しい庭園を残している。

東大の本郷キャンパスも加賀の前田家上屋敷跡である。構内の三四郎池のほとりに「まいまい山」があるが、同じものが金沢の兼六園の池のほとりにもある。参勤交代で江戸にとどまらねばならぬ日々に、故郷をしのび慰めるため眺めを移したのだといえる。

より一般化していうなら、大名に限らず少し大きな武家屋敷に造られた庭は、都市に在って故郷の田園をしのぶ代償風景であったのではないか。

さらにさかのぼれば平安時代に、貴族は洛中《らくちゅう》の邸宅内の庭に、擬似的な山里をつくり、幽栖閑居《ゆうせいかんきょ》の趣を楽しんだという。ここまで広げて考えると、どんな都会の小さな庭にも、日本人が心象風景として持つ広い豊かな田園を写しこもうとする心情に行き当る。

西洋のたとえばあの幾何学模様に苅込むフランス式庭園と、王権神授説に基く絶対王朝とは無縁ではない。なぜなら王は人民に対してだけでなく自然に対しても絶対の権威を持つ。であるから、パリ郊外のヴェルサイユ宮に庭園を造るのに、豊かな自然があるにもかかわらず宮殿から見える限り真直ぐな池を掘らせたのだ。

日本では違う。後水尾上皇が洛北修学院の地に離宮を造営されるとき、上茶屋に池を設けるため流れをせきとめる土手を築いた。上皇自ら粘土を手に模型で工夫されたのだという。これが有名な大苅込《おおかりこみ》と呼ばれる堰堤であるが、すっかり風景に溶けこんで言われねばそれと気付かない。日本では絶対の権力者といえど自然に親しみ、征服しようなどとは思わない。

武家屋敷の主屋は庭園に面して建ち、相互に深くかかわっている。それゆえ、武家住宅は本ものの田園の中に置かれても少しも違和感がない。世田谷区北烏山には寺町がある。その中の妙高寺書院は麻布・広尾にあった有栖川宮家の書斎を、幸竜寺大書院は目白台の細川家別邸の一部を、妙寿寺客殿は麻布・狸穴の鍋島侯爵邸の一部を移したものである。

明治以降になっても、山の手の住宅街のほとんどは武家住宅か、これを手本とした同じ系譜の住宅である。なぜなら、山の手の住人、それは官吏、軍人をはじめほとんどが勤め人であり、新しい社会秩序の中に組みこまれている。幕藩体制では望めなかった新しい地位と権力を手に入れた人びとは、特にそれなりの住居を持とうとした。つまり身分の表徴《ステイタス・シンボル》としての住宅を欲した。そのとき手本となったのが武家住宅である。であるから、明治維新直後は大名屋敷をはじめ武家住宅は空家となるが、ほとんどこわされることなく新しい主人を迎え入れ、かつしばらく東京の住宅難を救ってくれ、さらに増殖を続けたのだ。

3　郊外住宅

徳冨蘆花は国木田独歩のすすめもあり、1898年（明治31年）の元旦から大晦日《おおみそか》まで一日も欠かさず、毎日自然を見つめて日記を書いた。これを題材に2年後、独歩の『武蔵野』より早く『自然と人生』と題して出版する。題は、「自然を主《あるじ》とし、人間を客とせる、小品の記文、短篇の小説」を集めて編んだからという。独歩と同じ態度で田園を見つめたといえる。

7年後（1907年）の春、蘆花は北多摩郡千歳村（現世田谷区粕谷）に居を定め、半農生活に入る。門を閉じ、外との交渉を絶って、「み、づの真似して、土ほじくりする間に、折にふれて吐き出したるたは言共《ことども》をかき集め」て、6年後に『みみずのたはこと』を出版する。内容からして、『自然と人生』の延長線上にこれがくると考えてよい。

しかし、この間に蘆花は聖書から離れ（1891年ごろ）、トルストイに傾倒してヤスナヤ・ポリヤナまで彼を訪ね（1906年）ている。詳しくは文学史に譲るとして、信仰の対極に自然を置き、その中で生活し思索することを願って千歳村に転居したのだと言える。

同じ頃、渋谷の宮益《みやます》坂の先の向うの、「大きな欅《けやき》の樹《き》の下に、さびしい一軒の藁《わら》屋があって、そこの一間に」柳田国男が住んでいた。まだ柳田家へ養子に行く話がきまったばかりで、松岡姓でここから農商務省へ通っていた。しかし、当時すでに恋の詩人であった柳田は、訪ねてきた田山花袋が丸善から受取ってきたばかりのハウプトマンの『沈鐘』など新着本を手に語りあかした。そして最後に「我々はこうしていられない。ぐずぐずしてはいられない。飽《あく》まで新しい社会のチャンピオンとして出て行かなければならない。」と、確認し合うのが常であった。[4]

江戸時代の郊外「呉竹の根岸の里」は、酒井抱一、亀田鵬斉などの文人墨客が住んだので知られる。「この里の鶯は声すぐれてよきゆえに」（『江戸名所花暦』）と、風流を求めて集り住んだのだ。それゆえ、天保の禁令で武家町人が百姓地に住むのを禁止されるや、皆市中にもどり「根岸の一時原野の如くなりし」という。

国木田独歩、徳冨蘆花そして柳田国男が郊外に移り住んだのは、風流を求めてでもなければ、隠棲するためでもない。「自然を主《あるじ》とし、人を客とする」、すなわちようやく確立しはじめた自我をみつめるためという共通した動機がうかがえる。

見直してみれば自明の理に近いが、江戸時代の住宅にはプライバシーの守れる空間がほとんどない。武家屋敷と町屋と農家では、間取りもデザインも全く異るが、プライバシーの薄い点だけは共通している。

それゆえ、明治になって身分制度上の制約がとれたとき、高級官僚は官邸と別に私邸を建て、大店《おおだな》の主人は店住いを止めて山の手に本宅を構えた。そして、さらに余裕があれば、世田谷で最初の分譲住宅地である桜新町で見られたように、郊外住宅地に別荘を持とうとした。

しかし、より一般的には独歩や蘆花も含めて都会の騒がしさを離れて自分を見つめ、家族を大切に考え、より合理的、衛生的な住居を求める風潮が、官民を通じて広くおこってきたのも見のがせない。

さらに道路、鉄道など交通の発達、電気、ガス、水道など都市基幹《インフラ・ス》施設《トラクチャー》の整備されてきたことも重要である。その代り、封建都市「江戸」から帝国首都「東京」への改造が進むにつれ、全面積の約7割を占める武家地にあった田園風景は、武家屋敷が学校になり兵舎になり急速に失われていった。

明治維新後、武家地は主なきゴースト・タウンになり、首都東京の人口は約78万人まで激減する。しかし1890年代には江戸の最大人口を越え、1920年には217万人をこえ、当時の区部の許容限界に達している。関東大震災（1923）がおこらずとも、東京のサラリーマンは郊外へとあふれていった。

彼らサラリーマンが求める郊外住宅とはどんなもので何であったか。それは基本的には武家住宅から造り出された和風住宅である。したがって、

①接客空間（座敷、次の間）を設ける。

②収納空間（押入、納戸）は少ない。

③門構えと庭に関心を払う

そして、できれば、

④洋館か洋間を持つ。

というのが共通の特色であった。世田谷、杉並、練馬などの住宅街を歩くとき、今でも一番多く目につくのが、この種の郊外住宅である。

4　田園郊外住宅地

ガーデン・サバーブを日本では「田園郊外住宅地」と訳す。明治以前の城下町や港町を探しても、こう呼ぶのがふさわしい地区はない。いや、発祥の地イギリスでも、19世紀以前にはない。より具体的にいえば、1877年、建売業者ジョナサン・カーがロンドン西郊に45エーカの土地を得て開発したベッドフォード・パークが「田園郊外住宅地《ガーデン・サバーブ》」と呼ぶにふさわしい最初のものだという。[5]

産業革命後、都市には中産階級《ホワイト・カラー》と労働者階級《ブルー・カラー》が急増し、彼らの住まいを中心に住宅問題がおきた。交通機関が未発達で割高な時代、収入の低い労働者は工場の近くか、居住条件が悪いが安い所にしか住めなかった。しかし、中産階級は経済的にも時間的にもより幅広く住居を選べた。都市の郊外に出て、「絵の中で見たような家」に住む彼らの夢をかなえてくれたのが田園郊外住宅地である。

イギリスの先例にならっていえば、東京信託株式会社が荏原郡駒沢村・玉川村にまたがる一画約7万1000坪を開発して新町と命名し、1913年（大正2年）に分譲開始したのが、郊外住宅地の第1号といえる。ただし宅地の造成と分譲が主で、希望があったときのみ住宅建築も請負っている。[6]

新町住宅地は「東京の軽井沢」をキャッチフレーズに売り出され、その言葉通り現存するK邸は日本橋の呉服問屋の別荘、M邸は歌舞伎役者の別荘として建てられている。したがって、これが第1号とはいえ東京近郊の別荘地の性格が強く、イギリスの先例とまだずれがある。

文化村という名付け《ネーミング》のうまさで事業を伸ばしたのは、西武グループの創始者堤康次郎である。1922年（大正11年）、平和記念東京博覧会が上野公園を会場に催された。生活改善運動の一環としての住宅改良に熱心であった建築学会は、会員に呼びかけモデル住宅14棟を集めて建て、この一画を文化村と呼んだ。

この平和博の開催中の1922年6月に、堤は目白第一文化村の39区画の分譲をはじめ、約1ヵ月で完売している。以後、第二文化村から第4文化村まで毎年分譲を続けてゆく。しかし文化村と名付けるが、電気、ガス、上下水道の敷設のほか倶楽部ハウスを設けたのみで他に文化施設はない。

同じ1922年（大正11年）に分譲された大和郷《やまとむら》住宅地は、ここに11

万坪の庭園を持っていた岩崎家が、六義園の3万坪を残して残りを宅地造成したものである。三菱財閥の営利事業でなく、岩崎久弥の社会事業であった。それゆえ東大教授佐野利器《としかた》の計画案に従って都市施設をなし、倶楽部、郵便局、交番、購買組合まで設け、さらに前北海道長官俵孫一を村長とする自治組織まで造らせている。住宅は各自の好みに任されたが、居住者に高級官僚や学者が多かったため、はじめから個性的な住宅地として広く知られた。

郊外住宅地で最も知られるのは、田園都市会社が開発分譲した田園調布や洗足であろう。田園都市《ガーデン・シティ》の思想は1902年E・ハワードが提唱し、たちまち世界中に広まり、日本でも強い関心を持たれた。すでに1910年、内務省地方局有志により『田園都市』が刊行、紹介されている。田園都市株式会社は実業界の元老渋沢栄一が、最後の社会奉仕として設立に尽力した会社であった。

田園都市は、封建都市と違う近代都市を、それも日本人の好む自然との融和の中に建設する理論と希望を与えてくれた。しかし、かつて三十六人衆による自治のあった堺が弾圧されて以来、都市自治（あるいは都市の自立）の歴史を持たぬ日本では、田園都市を都市機能の完結した自治体として捉え、建設することはとても不可能であった。それゆえ、田園都市株式会社の開発造成した洗足も田園調布も、環境整備のよくなされた田園郊外住宅地であり、田園都市とは成り得なかった。

かえって興味をひくのは、成城学園後援会地所部が窓口で40万坪にもおよぶ開発をなした成城学園住宅地である。事業を推進したのは実業家でも技師でもない、成城小学校主事小原国芳であり、彼自ら地主の交渉に当り、資金を集め、地図に建物や道路を書きこむ仕事までしている。

なぜ素人に近い小原の仕事が成功し、かつ成城学園住宅地が今も良好な環境の住宅地として知られるのか。郊外に住む場合の不安に子供の教育がある。特に中産階級の教育熱は当時すでに有名校を造り出し、かつ独自の教育方針を掲げる私立校を生んでいた。成城学園もその一つである。

つまり、郊外に移り住んでも子女の教育の心配はなく、かつ同レベルの人びとと共に住める安心感が、普通の郊外住宅地よりはるかに人びとを成城学園住宅地へと引きつけたのであろう。

学校を核にする郊外住宅地の開発の有利さに、堤康次郎もすぐ気付いている。東京商科大学の佐野善作学長と語り合った堤は、商大の移転を核に面積80万坪、人口5万の「学園都市」の建設に着手する。それも商大を中心とする国立だけでない、大泉と小平にも同じ学園都市の建設に着手する。「学園都市」とは堤による命名《ネーミング》であるが、規模は大きくても田園都市ではなく、どれも同じく田園郊外住宅地であったのには変りない。

5　アメリカ住宅

栃木県那須野ヵ原に、明治時代の外交官青木周蔵の別邸がある。外壁を白いシングル葺きにした優雅《エレガント》な純洋風の住宅である。かつては広大な耕地と山林を周囲に持っていた。別荘というより、東京の屋敷のほかに広大な領地の中に建てた邸館《マナーハウス》と考えた方がよい。それは彼が一番長く暮したプロシアの郷士《ユンカー》の暮しぶりをイメージさせる。彼らの生活が彼の理想であったろう。したがって、青木別邸は田園の中に建つが郊外住宅とのつながりはない[7]。

イギリスで最初の郊外住宅として良く知られるのは、近代工芸運動の指導者ウィリアム・モリスが友人フィリップ・ウェブの設計協力を得て建てた自邸「赤い家《レッド・ハウス》」である。ロンドンより1時間ほどの東郊ベックスレイ・ヒースにある。歴史的に見て、当時の都市住宅と比較すれば、間取りも外観も、そしてインテリア・デザインもユニークであったのは良くわかる。しかし、モリスがいかに金持であったといえ、26歳と19歳の新婚カップルのための新築された家として眺めたとき、せいぜい4LDKぐらいの家しか思い浮べられない現代日本との格差は大き過ぎる。

　赤坂の迎賓館（建設当初は東宮御所）のような宮殿から神戸・北野町の「風見鶏の家」などの異人館までさまざまな西洋館が都心に建った。評判になったが庶民の住宅にはせいぜいそのデザインの一部を真似するだけで、これも郊外住宅とつながりは見当らない。

　郊外住宅を都市住宅と分けるポイントはどこにあるのか。郊外住宅の思想つまり郊外に出て住居を構える論理に、無意識にせよ大きな影響を与えたのはアメリカの郊外住宅であると考える。

　もともとヨーロッパからアメリカへ渡った人びとは自由を求めて旧大陸を捨てた。捨てた中には身分とこれにまつわる土地所有も含まれている。新大陸では人と住まいと土地の関わりは、階級のない民主主義社会という理想を目指すかぎり、誰にも平等であった。

　アメリカ人宣教師は信仰の開拓者である。身分を捨て土地を捨てただ信仰の自由を守って新大陸に渡った建国の父たちの直系の子孫といえる。彼らはインディアンを教化の民とみなし西へ西へと進んだ。19世紀にフロンティアは消滅する。すると彼らはもっと西の太平洋の彼方の日本、中国へ、教化の民を求めてやってきた。

　宣教師たちは経済的成功の外にいる。彼らの住居は、住生活の最小限の要素を満足すればよい。構造も設備も合理的要求を満せばよい。したがって宣教師館は、合理的で経済的で、物質的には質素であるが道徳的に優れた家庭生活の場であった。しかも、この宣教師館は教化する民の住む村や町に建てるのであるが、土地の風習と妥協することなく際立ってこそ意味があった。

　クリスマスに牧師さんの家で手作りのクッキーを頂いた……というような話は、どこの宣教師館についても思い出として語り継がれている。


世田谷に昔の宣教師館はない。豊島区雑司が谷の旧宣教師館（マケレブ邸）は、典型的なアメリカ住宅である。まだコロニアル様式を色濃く残し、郊外住宅の原型に近い。

　明治末から半世紀にわたり伝導と共に建築設計を続けた異色の建築家W・M・ヴォーリズ（1880―1964）がいる。彼の著書『吾家の設計』（1923年）は、冒頭に彼の住宅観が記されている。人は何んのために「住まい」を造るのか。彼はつぎの5つの目的があるとする。[8]

　「安全の確保」「安楽の増進」「個性の尊重」「健康の増進」「人種の発達」

の5つである。だが多民族国家であるアメリカ合衆国で「人種の発達」といっても、取って付けたような無理がある。また住宅とはその原始より外部から身を守る「隠れ家《アジール》」であったのを「安全の確保」で表わすなら、これは住宅の原点である。とすると、ヴォーリズの住宅観の特色は、「安楽の増進」「個性の尊重」「健康の増進」の3つに集約される。「安楽」とは明るく楽しく心地良い場所であることを意味する。個性の尊重とは、家族の中でも特に子供たちの資質を形成する大切な場所が住宅なのだという意味がこめられている。健康の増進については補足するまでもない。まだ中産階級しか住むことができないが、牧歌的な郊外住宅地に建つ一戸建の住宅は、上記の5つの日的を満たすことで道徳的にも経済的にもそして社会的にも、代表的なアメリカンホームになったことを示している。

　しかし、これはアメリカンホームの典型であって日本のそれではない。しかし、わずかながら日本に建てられた例はある。田園調布の大館邸（旧財部邸）は日本人の設計であるが、ハワイ帰りの大工が建て、幸い住み手に恵まれ素朴なバンガロー様式を最後まで残していた。

　アメリカの巨匠フランク・ロイド・ライトは1890年代にシカゴ郊外のオークパークに住まいとスタジオを構え、住宅の設計をはじめる。

ゆるいこう配の屋根を軒深く出し水平のラインを強調した彼の住宅は、その空間の扱いや独特の細部装飾と合わせて「大草原の家《プレーリー・ハウス》」と呼ばれる。彼は多くの実作品を建てただけでなく、アメリカンホームの主役たちのための女性雑誌『レディス・ホーム・ジャーナル』にかなりの作品を発表する。どれも質の高いユニークな郊外住宅というよりむしろ田園住宅と呼ぶべきであろう。新しいモダン生活の容器として独特の評価を得、かつ広く影響を与えた。

　ライトは日本でも住宅を建てた。数は少ないが幸い世田谷にもある。それゆえ日本でも彼の影響は大きい[9]。

6　文化住宅

　明治維新後、近代日本のスタートに当り、「文明開化」が国策のレベルでとりあげられ、散髪廃刀を命じ、士族と平民の結婚を許し、職業の自由を認め、すべての国民に教育の機会を与えるなどの開化政策を推進した。国民も福沢諭吉の『文明論之概略』を買い求めて読み、「開化丼《どんぶり》」を食べ、自由民権を論じ、新文明を理解し実践しようと努めた。

　1920年代になって、今度は文明ではなく「文化」という言葉が流行しはじめた。大は文化住宅、文化アパートから小は文化コンロ、文化鍋まで、衣類でも文化御召から文化エプロンまで、いささかアナーキーに広く用いられた。これらをすべて含めて「文化生活」と呼ぶ。

　「文明開化」と違い、「文化生活」が国策のレベルで語られることは少なかった。だが、1921年（大正10年）の建築学会の合同講演会のテーマは「建築と文化生活」であり、建築家だけでなく、吉野作造、後藤新平らも招かれて講演している[10]。

　そして翌年、上野公園を会場に平和記念東京博覧会が開かれるや、建築学会は会員に呼びかけて文化住宅の実物出品を求め、これらを会場の一隅に集め文化村と名付けた。このイベントが、文化住宅と文化村のはじまりらしい。

　国政のレベルでも少し前から動きがあった。1919年（大正8年）文部省主催で東京教育博物館を会場に「生活改善展覧会」が開かれる。そしてこの展覧会をきっかけとして、文部省の後援により「生活改善同盟会」が結成される。衣・食・住にわたる生活改善のうちの住については、東大教授佐野利器が参加して意見をまとめ、翌年「生活改善の方針」を発表する。そして平和博文化村に同盟会からもモデル住宅を出品している。

　文化住宅の設計のポイントはどこにあるのか。同盟会の「生活改善の方針」によれば、

①椅子式に改めなさい。
②間取りは家族本位に改めなさい。
③構造と設備は衛生と防災を重視しなさい。
④庭は眺めるのでなく実用を重視しなさい。
⑤家具は住宅と同じでシンプルで丈夫なのが良い。
⑥大都市では場所により共同住宅や田園都市も考えなさい。

という6項目が示されている。簡略に記したので、ここから新しい住宅観は読みとれぬであろう。そこで、谷崎潤一郎の『痴人の愛』の主人公の意見を記すので呼んで欲しい。

　「実際今の日本の『家庭』は、やれ箪笥だとか、長火鉢だとか、座布団だとかいう物が、あるべき所に必ずなければいけなかったり、主人と細君と下女との仕事がいやにキチンと分れていたり、近所隣りや親類同士の附き合いがうるさかったりするので、そのために余計な入費もかかるし、……若いサラリーマンに決して愉快なことでもなく、いいことでもありません。」

　ここで主人公が歎いているのは住宅の不便さではなく、古い住生活の習

慣を断ち切れぬ歎きである。それは女中さんを増したからといって解消するわけでなく、電話やラジオをとり入れたからといって変りもしない。

主人公が望む「シンプル・ライフ」とは、当時の新しい文化の担い手を意識しはじめたサラリーマンや自由人にとって、「生活改善の方針」に示された合理的な文化生活が、そのままそれであると感じたに違いない。しかもちょうど良い実例があった。それが前節で述べた宣教師館でありアメリカ住宅である。

その「所謂《いわゆる》『文化住宅』と云う奴」について、谷崎は『痴人の愛』の中でつぎのようにスケッチしている。


「勾配の急な、全体の高さの半分以上もあるかと思われる、赤いスレートで葺いた屋根。マッチの箱のように白い壁で包んだ外側、ところどころに切ってある長方形のガラス窓。そして正面のポーチの前に、庭と云うよりは寧《むし》ろちょっとした空地がある。」


そして、この中で文化コンロや文化鍋を使ってなるべく生活を合理化する。そうして浮いた時間を婦人雑誌を読むか書斎の円本に手をのばすか、あるいは「今日は三越、明日は帝劇」と外出するかに当てた。

職住分離した郊外の文化住宅は、新しい文化生活の象徴となったが、同時に消費生活の拠点ともなった。これこそ江戸っ子と違う東京人の道徳的、経済的成功を象徴する住まいでもあった。

文化住宅は、はじめシンプル・ライフの場としてスタートした。しかし、文化生活に余裕が出てくると住宅も飾るようになる。特にアメリカ流アール・デコは、かつてのアール・ヌーヴォーと違い、デパートで売られた。アール・デコの家具、洋服、装身具、ステンドグラスもあれば詩集や小説本のブックデザインにも見られた。生活に余裕ができるほどに、文化住宅のインテリアはアール・デコ様式の品々で賑やかに飾られた。しかしアール・デコの幾何学模様《パターン》は、文化住宅でのシンプル・ライフをそれほど乱しはしなかった。

7　白い住宅

昭和10年代（1935年～45年）に建てられた「白い住宅」には、つぎの2つの特色がある。
①外壁が白い。
②陸屋根で外観が四角い箱に見える。
したがって「白いマッチ箱の様な住宅」と呼ばれたりする。

こうした住宅をいくつか世田谷の等々力で試みた建築家蔵田周忠は、「軽い中空の白い箱」とも言い変えている。したがって「白い住宅」とは積木細工のように中が詰まっていて重いのでなく、紙模型のように中空で軽い家であると考えておく。

改めて文化住宅まで含めてこれまで挙げた住宅を見直してみると、木造に限ってみても壁は土を練って塗り付けるし、瓦を屋根に並べるし、紙と木で出来ているが、決してそれほど軽くはない。

「白い住宅」は、軽く造るために、乾式構造《トロッケン・バウ》であるのを前提としている。この構造の特色は、
①骨組は木で造る
②外壁に石綿スレート板を張る。
③内壁と天井にはテックスを張る。
④陸屋根とする。
という4点が挙げられる。土を練って塗ることはしないので乾式《トロッケン》という。土壁の代りに石綿スレート板を張るので、改めてペンキを塗らなくても白い。

では、なぜ乾式構造を用いるのか。蔵田は、「現代の住宅は須《すべか》らく規格の整然たる工場生産品を以て工業的にどんどん建設されなくてはならない」からであると説明している。

都市の住宅問題で深刻なのは、より大量に建設し供給せねばならぬ勤労階級の住宅である。もちろん彼らの資力で解決するには限界があり、何らかの公的援助を必要とする。日本でも、1920年代から融資による持家の建築促進のほか、それ以下の階層のための公益住宅の建設がなされてきた。その中で一番良く知られるのが、関東大震災直後に設立された同潤会で、これは住宅専門の今でいう公社か公団に当る。同潤会は最も大規模に住宅の建設供給をなした。それでも18年間で約15万7000戸である。住宅不足の総数から見ればまだまだ少ない。

住宅の供給量を増すにはどうすれば良いか。一つは建設単価を安くし戸数を増す方法がある。ただし安くするため住宅の質を落してはいけない。もう一つは建設に要する日数（工期）を短くし、年間の建設戸数を増す方法がある。ただし急ぐため仕事の手抜きをしては困る。この二つの要求を満たす構法として乾式構造が注目された。なぜなら壁はスレート板やクロスを張るだけだから工期を短くできる。またスレート板やクロスは大量生産し大量に用いるほど価格は安くなる。それにこのスレート板やクロスの寸法に合わせて無駄の出ないように設計すればもっと安くなる。つまり、規格化され大量生産される材料を用い、工期を短縮できる乾式構造の住宅を建設すれば、それは時代の先端をゆく住宅作品であるばかりでなく、もっと大きな社会的貢献をなせると考えられた。

乾式構造《トロッケン・バウ》という言葉が示すように、第一次世界大戦に敗れようやく立ち直ったドイツで、この構造は熱心に研究された。ただし骨組は鉄であったが、日本ではこれを木にした。ドイツでは合せて合理的な住生活のための科学もしきりと研究された。住居内での行動の観察から、「動線」や「生活最小限住宅」などという考えが生まれた。

だから、「白い住宅」に暖炉はない。シンプルなデザインが進歩の象徴となった。建築家は感性豊かな芸術家としてより、住まいの科学の専門家として設計するようになった。より合理的、衛生的、経済的な住生活を説く記事は、『婦人之友』や『主婦之友』によく載るようになった。主婦之友叢書の中に『中流住宅の模範設計』『台所と湯殿の設計』『電気の設備と使ひ方』といった住宅に関する本がつぎつぎ加えられていった。住宅でのイニシアチブは完全に女性の手の内に移る。

規格化、量産化という近代産業の特色と、住居の科学をベースに新しいモデル住宅が提示された。それが「白い住宅」である。しかし石綿スレート板はあっても、板と板とを継ぐ目地《めじ》棒はまだなかった。「白いマッチ箱の様な家」にするためどうしても陸屋根にするのだが、5・6年たつとどの家も雨漏りがはじまった。日本では生産システムも技術の蓄積もなく、すべて新しい試みにすぎなかった。

「白い住宅」は住生活の伝統から切れようとするが、そこで求められる新しい生活や家族のイメージはもう一つはっきりしない。それと同じく「白い住宅」は田園とも切れ、都心にもどって建てはじめられもする。「白い住宅」はもっと量産化され、大規模な郊外住宅地に1000戸、2000戸と建てられるべきものではなかったか。それともストーブも冷蔵庫も電化し、車庫もある、より産業技術の進歩を象徴するようになるべきなのか。わずかの建築家たちであったが、手探りで試作をはじめた所で戦時体制に入り、前進は押しとどめられてしまった。

註

1）国木田独歩『武蔵野』からの引用は岩波文庫版（1972年改版）によりなした。
2）大町桂月『東京遊行記』（明治39年　大倉書店）
3）人口、面積、人口密度については、内藤昌『江戸と江戸城』（昭和41年　鹿島出版会）を参照した。
4）田山花袋『東京の三十年』（岩波文庫　1981年）
5）片木篤『イギリスの郊外住宅』（1987年　住まいの図書館出版局）
6）東京の郊外住宅地の実例については、山口廣編『郊外住宅地の系譜・東京の田園ユートピア』（昭和62年　鹿島出版会）によって記した。

7）山口廣「青木周蔵の白い家」（『建築知識』１９８３年７月号）

8）建築家W・M・ヴォーリズについては、つぎ著書によって記した。
山口廣『日本の建築・明治大正昭和6：都市の精華』（昭和57年　三省堂）
山形政昭『ヴォーリズの住宅・伝道されたアメリカンスタイル』（１９８８年　住まいの図書館出版局）

9）建築家F・L・ライトの住宅については、つぎの著書が参考になる。
F・L・ライト、遠藤楽訳『ライトの住宅・自然人間建築』（昭和42年　彰国社）
谷川正己『日本の建築・明治大正昭和9：ライトの遺産』（昭和58年　三省堂）

10）建築学会についてはつぎの本を参照した。
日本建築学会編『近代日本建築学発達史』（昭和47年　丸善）

〔1−5−B〕内田青蔵「**住宅作家の誕生**——住宅作家山田醇を中心に」（『田園と住まい展——世田谷に見る郊外住宅の歩み』世田谷美術館、一九八九年、一三八〜一四一頁）

1．住宅作家の誕生　「国家」から「生活」へ

大正4年（１９１５）に「家屋耐震構造論」をまとめ、わが国の耐震構造理論の基礎を築いた佐野利器は、明治33年（１９００）東京帝国大学工科大学建築学科に入学した際「国家公共の為に働きたい、個人の住宅とか色彩や形の問題などやりたくない」と考えていた。佐野は、形や色の良い悪いなどは婦女子のすることで、男子の口にすべきことではないとして育てられたのだという。[1] 佐野の中にあってはまさに「個人の住宅」は「国家公共」の仕事より下位に位置づけられていたのであった。この佐野に代表されるように、とりわけ明治期には男子の仕事として「国家」を扱うことが重んじられ、それゆえ明治期に建築家になるための高等教育を受けた多くの人々は、建築家という職業は官公庁の建築や銀行そして工場建築などを扱うことと考え、自分自身の生活の場である住宅はほとんど視界に入れてはいなかった。たとえ住宅を扱ったとしても大半は高官や貴族・華族という貴顕紳士の住宅で、自分自身を含む一般の住まいではなかったのである。

しかしながら、この佐野も大正9年（１９２０）には文部省の後援により設立したばかりの生活改善同盟会の分科会である住宅改善調査委員会の委員長に就任し「住宅」の問題を扱ったり、また、森本厚吉や有島武郎が中心となって設立した文化生活研究会の機関誌『文化生活』誌上

図1 「住宅」創刊号表紙

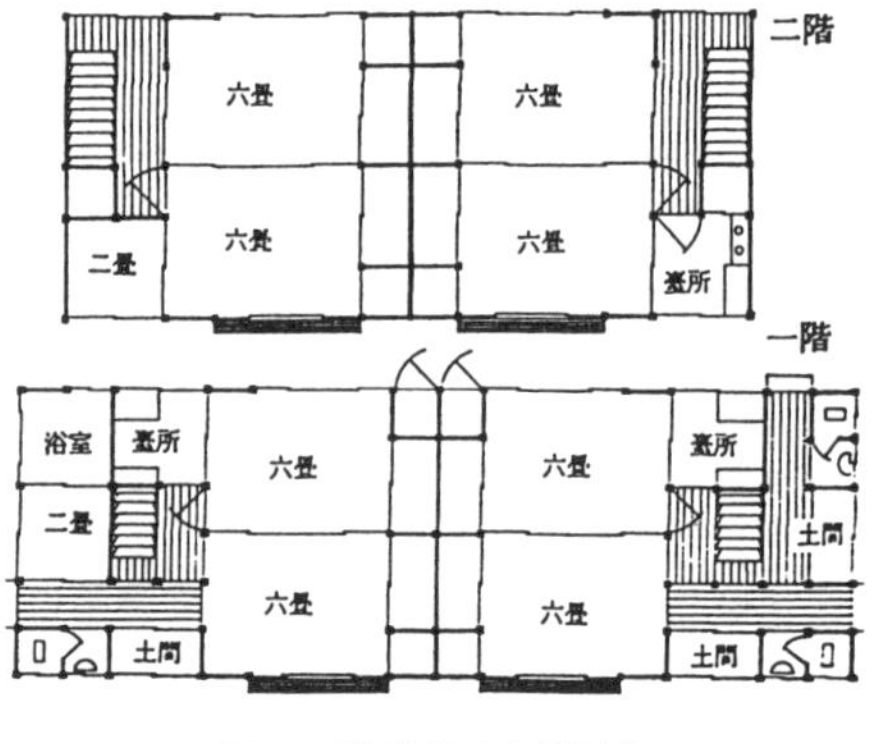

図2 「規格住宅」計画案

で「住宅論」を展開し大正14年（1925）にはそれを1冊の単行本にまとめている。[2] このように、あれほどかたくなに「住宅」を下位のものと解していた佐野も大正中期以降になると真摯に「住宅」と対峙することになる。佐野自身の価値観が変わったのか、それとも、変わらざるを得ない状況の変化があったのであろうか。想像するにおそらく、どちらも正しいように思える。建築を実際に学ぶことにより男子の仕事として「住宅」を再認識したのかも知れないし、さらには、「住宅」を取り巻く状況も明らかに変化していたのである。そのような変化を生み出した社会的要因として次の三点を挙げておきたい。すなわち、

①明治末期以降の都市人口の急増に伴う新中間層の増加および新中間層の住宅不足[3]

②明治末期以降に本格化する外来文化の流入に触発された生活改善運動（住宅改良運動）の気運の高揚[4]

③出版及び写真メディアの流行[5]

である。明治末頃から都市人口の急増に伴う住宅不足を解消するためにいろいろな社会現象が生じたが、その1つが都市郊外の住宅地化であった。住宅不足に悩む中・下層の人々は住宅を求め郊外へと移動したが、これに伴い郊外にはそれまで見られなかった公共住宅地や企業による住宅地が開発されたのである。このうち、新中間層と呼ばれる人々の多くは一戸建ての郊外住宅を求めた。彼らは経済的にはそれほど恵まれてはいなかったが、高等教育を受けていたため欧米の事情にも詳しく、それゆえ伝統的な生活を批判しながら新しい生活を追求するという生活改善運動の担い手でもあったのである。そのため、彼らは生活の場としての住宅にこだわり、新しい住宅を求めたのであった。そして、この様な動きを支えたのが新しい生活や住宅に関する豊富な情報であった。明治末期以降になると、建築関係の単行本の発行が急増し、また、大正期には『住宅』（大正5年創刊 住宅改良会発行）（図1）に代表される写真や記事を満載した住宅専門の雑誌も発行され、住宅に関する情報が一般化しはじめた。人々は新しい住宅の姿を直接目にしたりあるいは新しい住宅に関する思想に触れることができ、場合によっては単行本や雑誌を仲介

として建築家に住宅を依頼することもあったのである。そして当然ながら、この出版というジャンルの確立は建築家にとって作品や思想表明の場の確立をも意味していたのである。

このような背景の中で、新中間層と呼ばれる一般的な人々の住宅の設計に固有の意義を見出した建築家、言い換えれば「生活」を担う建築家として〈住宅作家〉が誕生し、活動の場の1つとして郊外住宅地へと乗り出して行くことになる。彼らは、「国家」ではなくその基礎となる「生活」を扱ったのであり、「生活」から「国家」を見ていたのであった。

なお、さきに佐野も大正期になると「住宅」に手を染めたと述べたが、生活改善同盟会設立の直接の契機となった大正8年（1919）の生活改善展示会に佐野は「規格住宅」（図2）を出品していることから考え、[6] 個人の住宅というよりも「国家」が見えかくれする公共的な住宅に興味を持っていたことが窺える。それは「住宅」を下位のものとして解していた佐野の限界であったように思えてならないものの、この時期には公共住宅にやはり独自の意義を見い出した建築家もまた誕生したのであった。

2. 世田谷にみる建築家と住宅作家

世田谷区教育委員会により昭和62年（1987）に公刊されている『世田谷の近代建築　第1輯・住宅系調査リスト』によると、住宅の設計者としてわずかではあるが良く知られている建築家の名前がみられる。山田醇・遠藤新・碓井英隆・中村寛・松ノ井覚治・吉田鉄郎・蔵田周忠らである。このうち、山田醇と遠藤新はわが国最初の住宅作家として良く知られ、特に、山田は「保岡勝也・山本拙郎と並び郊外の独立小住宅の発展に尽くした三大建築家といってもよい」というように高い評価を受けている建築家である。[7] また、中村寛は終始官吏として当時わが国でもようやく必要視された公共住宅に携わった建築家であった。他の建築家は必ずしも住宅を専門としてはいなかったが、時には住宅に携わり、その活動の場の1つとして世田谷という郊外住宅地があったことが垣間みられるし、質の高い住宅や時代を画する住宅を世田谷に提供していたことが現存する住宅から窺える。これらの建築家は、卒業年次に注目するとほぼ大正初期以降の建築家といえ、この時期を1つと区切りとして住宅作家と呼ばれる建築家が誕生しはじめ、さらには、建築家が一般的な住宅を手掛ける機会もまた徐々に増えていたことが窺える。このため、ここではこれらの建築家の経歴を簡単に紹介してみたい。

遠藤新は、大正3年（1914）東京帝国大学を卒業し、フランク・ロイド・ライトに師事したことで知られる建築家である。特に、ライトが基本設計をして、遠藤が実施設計を行った旧山邑太左衛門邸が国の重要文化財として保存されているように、質の高い住宅を多く手掛けた住宅作家として知られている。また、遠藤の作品や住宅に関する論文の大部分は、羽仁とも子・吉一の手になる『婦人之友』誌上で紹介されており、婦人層に対する住宅の重要な啓蒙活動の一旦を担っていたと考えられる（図3）。彼の作品の多くは、ライトの考え方に共鳴した証として、ライトの考案した草原住宅の強い影響を受けている。世田谷に現存する住宅は一棟しかないが、やはりライトの影響を見て取れる。

彼の具体的な住宅観は、わが国の住宅観に関する最初の論争と思われる「拙新論争」として知られる。[8] すなわち、大正14年、山本拙郎と遠藤新による「拙新論争」が起こった。これは、遠藤の住宅作品に対して山本が批判し、これに対し遠藤が再び反論を行ったもので、いわばお互いの住宅観の対立が表面化したものである。遠藤は、住宅を設計する場合、単に容器としての住宅だけではなく内装・家具も含めて一貫した考えに基づいて、またその証として統一された様式で設計すべきと考え、実際家具なども含めて設計していたのである。それゆえ、山本からすれば遠藤の住宅は、自分の主張を重視するあまり施主の意向は二の次となり、施主にとっては〈不自由〉な住宅と見えたのである。なお、論争の相手の山本は、「あめりか屋」というわが国最初期の住宅専門の設計・施工会社の技師長として活躍していたためか、遠藤のごとく一糸の乱れも許さない統一された様式を追求するのではなく、施主の好みや主張を十分反映させながらその人そして家族にふさわしい1つの形式に整えるという方法で住宅を追求していたのである。言い換えると、山本は自分を殺した住宅作家であり、遠藤は自分を生かした住宅作家といえるし、施主からみれば一見山本は住む人を尊重するあまり創ることを放棄し、遠藤は一見創ることを尊重するあまり住む人をなおざりにしている住宅作家といえるかも知れない。いづれにしても、遠藤は自己主張する明快な住宅観を持った住宅作家であったのである。

　碓井英隆は、遠藤より1年先輩で大正2年（1913）東京帝国大学を卒業し、古橋建築事務所、東洋コンクリート株式会社を経て大正13年（1924）に独立している。当初は、住宅以外のものを主に扱っていたが、独立の少し前の大正10年（1921）には日本建築協会主催の改良住宅懸賞に応募し入選する[9]など住宅に興味があったようで独立後は住宅を中心に設計活動を行っていたようである（図4）。世田谷には二棟作品が確認され、共に様式としてはアール・デコの臭いのする住宅である。このうち一棟は、主に椅子座式として計画されているが、他の一棟は一階部分が椅子座式に、2階は床座式に、というように明確に区別されて計画されており、それぞれの施主の求めた生活の様子が窺える。この二棟からだけでは十分判らないものの、山田や遠藤ほど自分の考えを施主に押し付けることはなく、施主の要望を基に設計していた建築家であったようである。

　また、中村寛は、大正6年（1917）東京帝国大学を卒業し、文部技師、社会局技師、厚生技師兼軍事保護院技師、計画局工営課長というように当時ようやく台頭し始めた公共住宅の事業に終始官吏として携わっていた建築家で、同潤会の最初期の集合住宅である青山アパートメント（図5）や大塚女子アパートメントの設計に関与したといわれている。[10]

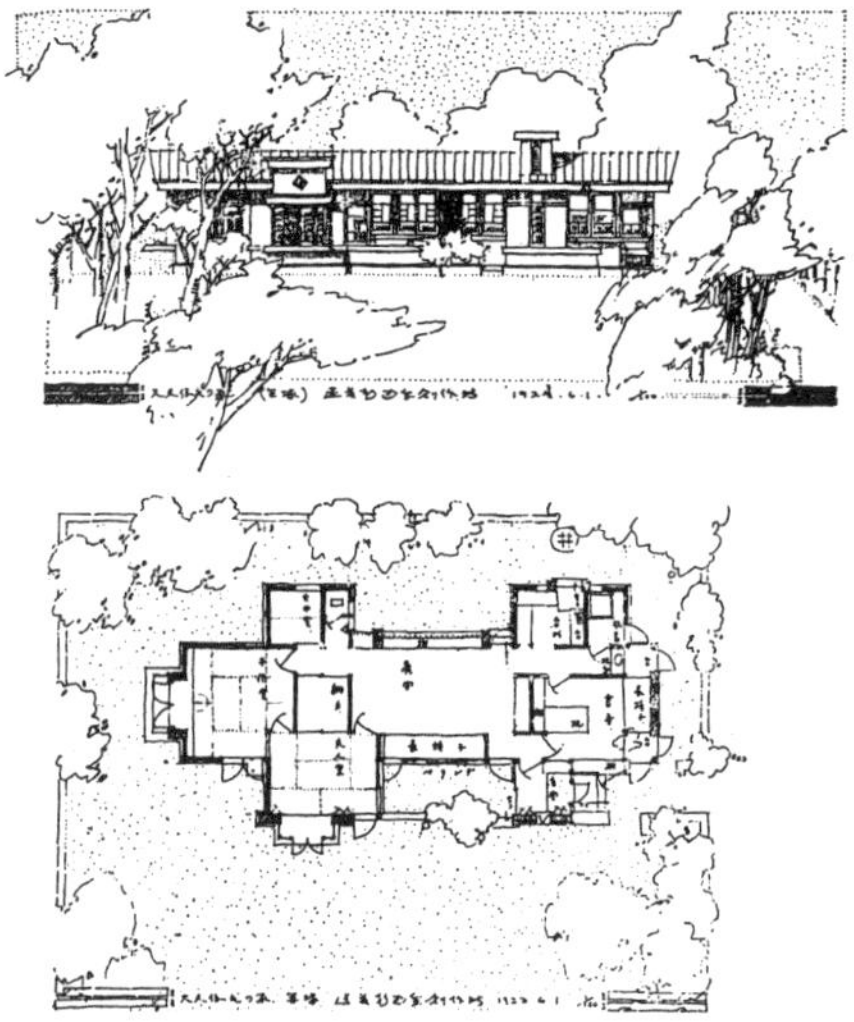
図3　遠藤新の住宅　『婦人之友』大正13年5月号より

図4　碓井英隆の入選案　『建築と社会』大正10年11月号より

個人を対象としてはいないため住宅作家とはいえないが、一般の住宅を扱っていたという意味では住宅作家といえなくもない。既に述べたように中村のような公共住宅に意義を見い出した建築家の存在もほぼこの時期から確認できるのである。世田谷に残る作品は彼が所属していた内務省社会局の長官の住宅として建てたもので、中村の貴重な独立住宅の遺構である。

このほか、世田谷には大正7年（1918）に早稲田大学を卒業とともにアメリカに渡り、昭和8年（1933）に帰国してボーリズ建築事務所に入り、翌年には東京支店長となって活躍した松ノ井覚治[11]や、大正8年（1919）に東京帝国大学を卒業し、逓信省に入り日本的デザインの祖形として評価の高い東京中央郵便局の設計者として知られる吉田鉄郎の住宅作品も現存する[12]。また、大正2年（1913）に工手学校を卒業し、三橋四郎建築事務所・曽根中条建築事務所・関根要太郎建築事務所を経てドイツ留学後独立した蔵田周忠は、ドイツで学んだジードルンクの建設を目指していた。この蔵田が、規模縮小の後にようやく実現した乾式構造による住宅も残されている[13]。

図5　中村寛の関与していた同潤会のアパートの例—青山アパート—

3. 健康的住宅を求めて　住宅作家山田醇にみる住宅観

ところで、住宅作家として評価の高い山田醇は、明治45年東京帝国大学を卒業し、当時東京駅の仕事で士気あがる辰野・葛西建築事務所に入社するが、大正6年（1917）には川崎男爵の知遇を得て神戸で独立し、大正11年（1922）からは新たに東京で住宅専門の事務所を開設している。この様に彼は、大学卒業と共に住宅作家を目指したのではなかったが、東京での独立以後は、ハーフチンバー・スタイルを強く意識した多くの住宅を設計し、かつ、住宅に関する著書も多数出版するなど、単に住宅を設計するだけではなく独自の住宅の考え方も主張し続けた住宅作家であった。世田谷に現存する作品は二棟で共に彼の作風を良く伝え、一棟は施主が山田の著書を読んで共鳴して依頼したという経緯で建てられた住宅である。

ところで、山田の手掛けた作品を通して見てまず気づくことが2点ほどある。すなわち、

①平面計画、とりわけ各部屋の配置は極めて類似している
（大半の住宅が中廊下型住宅の典型例とも言える）
②外観は大半がハーフチンバー・スタイルを採用している

である。この二点を糸口に山田の住宅観を見てみよう。

山田が、住宅を一生の仕事として意義を見いだす契機となったのは、大正4年（1915）の自分の子供の病気であった。当時、山田は理想的な住宅と考えて選定した借家に住んでいたが、子供の病気の原因が室内の暑さが籠るという住宅のまずさにあると医者に言われたのであった。この指摘から、住宅と健康の関係に興味を持ち、彼の主張する健康的住宅の研究を開始することになる。この研究に当たって彼が注目したのは

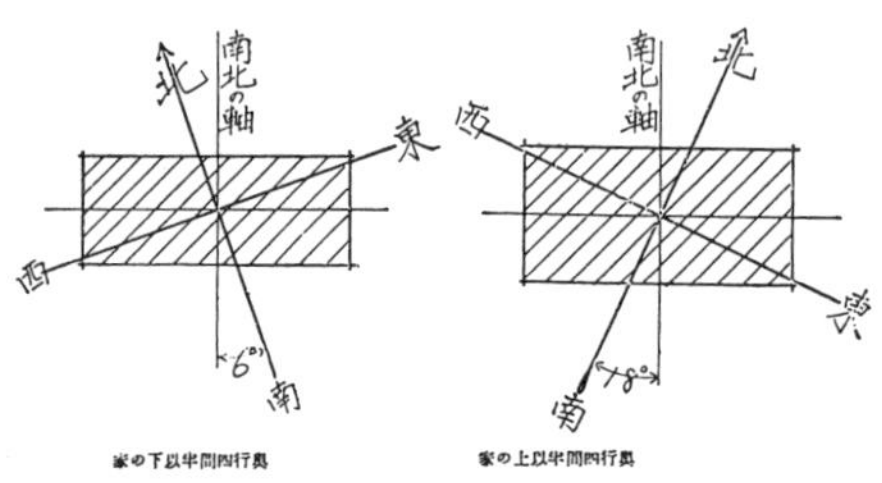

図6　住宅配置図　『住宅建築の実際』より

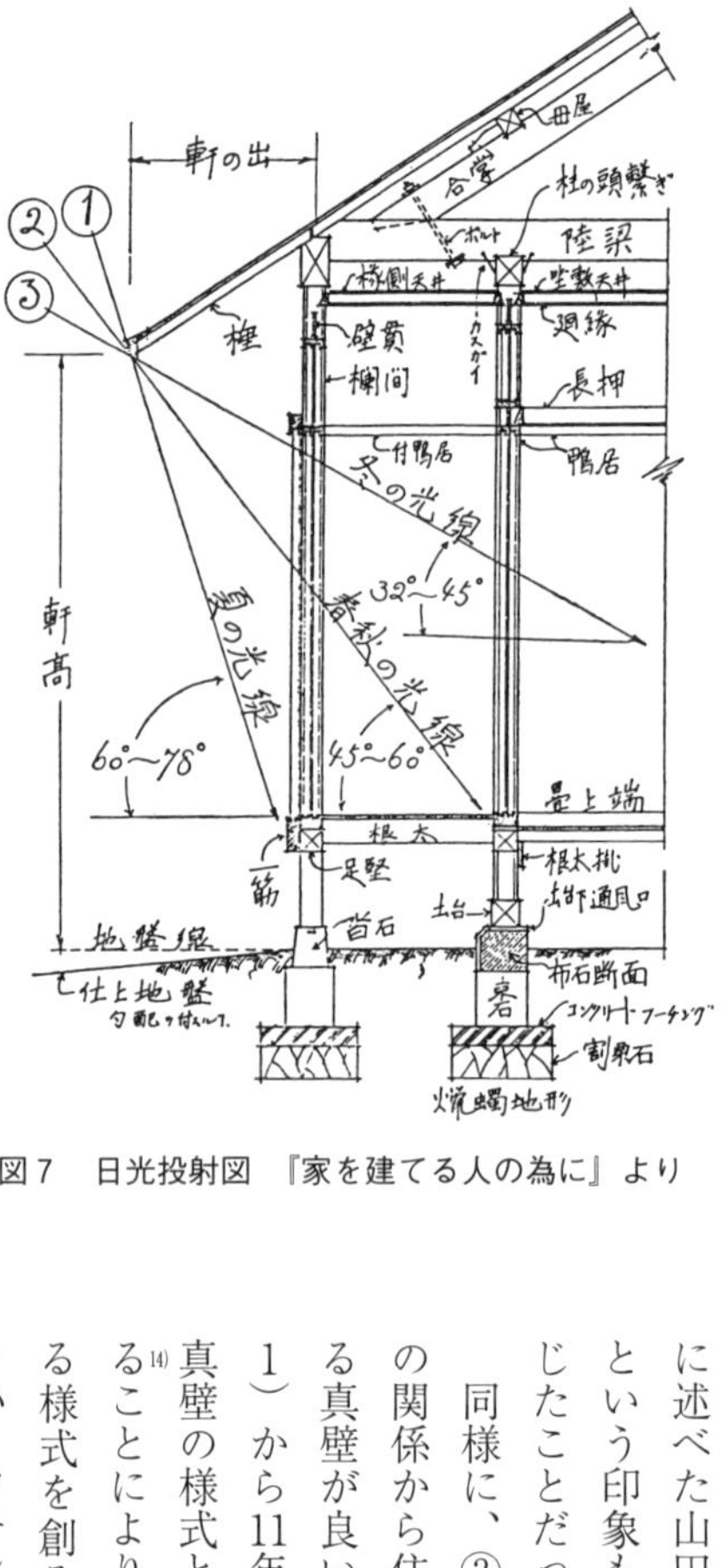

図7　日光投射図　『家を建てる人の為に』より

〈日本の気候〉であった。彼の最初の著書『家を建てる人の為に』（昭和3年）によると「間取りを作るに当たり、先ず第1に考へなければならぬことは、気候との関係であります」（p．11）と述べている。その気候とは「夏は暑さ酷しく、冬は寒さ厳しく、しかも湿気も深く、雨量も多く、風も強く、其の上に地震」（p．11）もあるというものであった。そのため、例えば平面計画の基本的考えとして、

a．通風の良い間取りとする

b．夏冬共に都合の良い日光を取り入れる事のできる窓を設ける

c．各部屋の交通を出来るだけ便利に工夫する

という3点を挙げている。一般的に求められる便利さの追究よりも、通風・採光を第一に重視しており、山田の独特な住宅観の一端が窺われるのである。このように気候との関係を重視していたため、具体的な設計段階では方位（図6）や日光投射図（図7）などを基にして通風・採光・湿気を考慮した住宅を計画することになる。この様な設計方法を取ると必然的にどの住宅の計画も極めて類似したものとなりやすい。最初に述べた山田の作品に感じた①の平面計画の類似性という印象もこの気候との関係を重視したために生じたことだったのである（図8）。

同様に、②の外観に関する印象も、山田は気候との関係から住宅の外壁は伝統的建築に用いられている真壁が良いと判断すると共に、大正10年（1921）から11年（1922）にかけての外遊の機会に真壁の様式としてハーフチンバーの良さを再確認する[14]ことにより、真壁でも欧米の住宅様式に比肩しうる様式を創ることが出来ると考え、真壁＋羽目板＋ハーフチンバー＋瓦という独特の外観を生み出したものと考えられるのである（図9）。この、一見、画一的に見える作品は、強い個性といえ、その個性は、住宅のあり方を人々に問うていたのである。そして、そのような問いを喚起することこそが住宅作家の1つの役割であったのではあるまいか。

ともあれ、この様に彼は、気候に対応するということを最も重視し、それゆえ、伝統的建築が気候に対応しつつ形成されてきたとしてその特性を継承することを意図したのであった。なお、これまで、気候を科学的に分析し住宅設計に応用することにより住宅計画学の基礎を築いた建築家として藤井厚二が知られている[15]。山田は市井の建築家故に研究業績はないものの、藤井とほぼ同時期に同様なアプローチで住宅を考えていたことが判る。このことは従来あまり知られておらず、その意味で、彼の業績をもう一度見直すべきではあるまいか。

註

1）村松貞次郎『西洋館を建てた人々』p．217　世界書院　昭和40年9月

2）『住宅論』文化生活研究会　大正14年

3) 『生活史 Ⅲ』（体系日本史叢書17 p．252 山川出版社 昭和49年）によるとこの新中間層について「大正九年の第一回国勢調査によれば、新中間層つまりサラリーマンに相当する職員が、全就業者中、だいたい五～七パーセント、約一五一万人であった……東京市在住の有業人口のうちでも、職員の占める比率が、明治四一年の五、六パーセントだったものから、大正九年の21・4パーセントへと顕著に増加しており、明かにサラリーマンの社会層として形成されたことを示している」と記している。

4) 拙著『あめりか屋商品住宅』第2章 住まいの図書館出版局 昭和63年

5) 『日本出版文化史』（岡野他家夫 原書房 昭和58年）によると明治後期～大正前期は「出版企業確立時代」と称されている。また、わが国の画報雑誌の草分けとして明治22年創刊の『風俗画報』があるが、「石版画中心だった最盛期の精彩をとみに失い、写真グラフィックへの脱皮に失敗し」大正5年に廃刊となっている。このように廃刊の理由として当時台頭しつつあった写真メディアの存在が窺われる（『風俗画報目次総覧解説』）

6) 生活改善展示会と生活改善同盟会の関係については「生活改善同盟会の設立について」（内田・磯野・日本建築学会大会昭和62年）参照

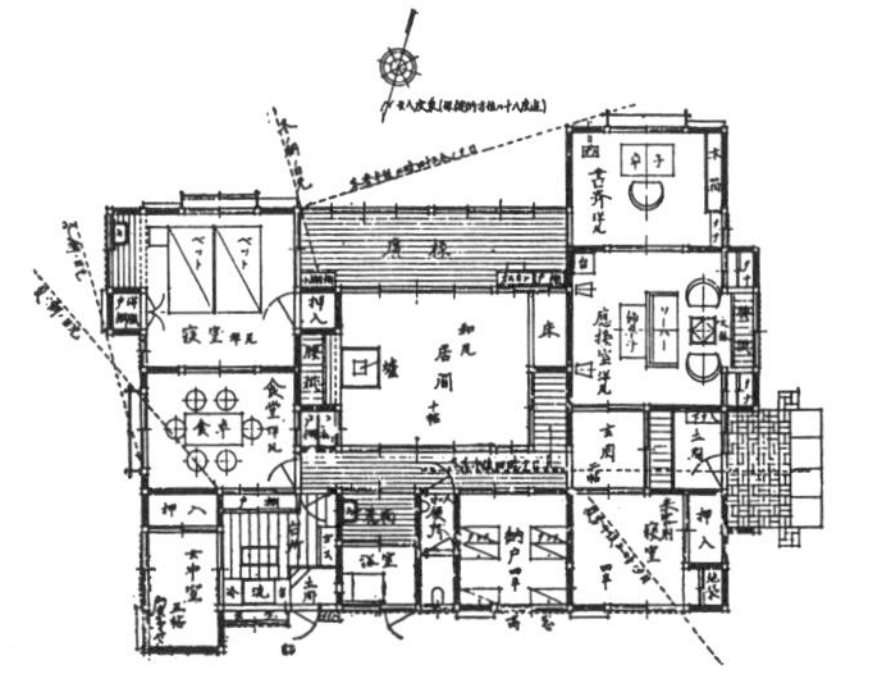

図8 山田醇の作品 『家を建てる人の為に』より

図9 山田醇の住宅作品例 英国風住宅の影響が見てとれる

7) 『日本の建築家』新建築臨時増刊号 昭和56年

8) 註4参照。なお、遠藤の業績をまとめたものとして『建築』（昭和38年7月号）、『日本の建築・明治大正昭和・9・ライトの遺産』（三省堂 昭和55年）などがある

9) 日本建築協会では、翌年の大正11年の住宅改造博覧会開催に当たり改良住宅の設計競技を3回行っている。碓井は第1回の設計競技の第3等第1席に選ばれている。

10) 堀薫「同潤会アパートメントの建設に関与した人びと」日本建築学会大会昭和59年

11) 「アメリカを生きた日本の建築家 松ノ井覚治の数江邸」『住宅特集』昭和62年9月号

12) 『昭和住宅史』新建築臨時増刊号 昭和51年

13) 同右。

14) 山田はハーフチンバーについて「木造住宅の様式としては、純然たる日本住宅と共に、世界のあらゆる様式の内で、最も垢抜けしたもの」（『家を建てる人の為に』）と述べており、高い評価をしていることが判る

15) 藤井の研究成果は「我が国住宅建築の改善に関する研究」として大正14年から15年にかけて『国民衛生』に発表されている（「藤井厚二の体感温度を考慮した建築気候設計の理論と住宅デザイン」堀越哲美他 日本建築学会計画系論文報告集 昭和63年4月）。しかし、より広く藤井の考え方が普及したのは研究成果をまとめた著書『日本の住宅』が岩波書店から昭和3年12月に出版されてからと考えられる。一方、山田の最初の著書も同じ昭和3年6月に出版されていることから、ほぼ同時期に「気候」を意識した住宅論を展開していたと考えられる。

〔1－5－C〕
岩渕潤子・ハイライフ研究所山の手文化研究会編『東京山の手大研究』（都市出版、一九九八年、二五～八四頁）

「居住者分布で見た「山の手」の拡大――帝大教授と陸軍将官を指標に」

高田宏・黒田洋一郎・加藤智津子・金谷千都子

「山の手」居住者の指標としては何が適当であろう。いつの時代にも「山の手」住民全体を見れば、商人もいれば、労働者もいる。結局、私たちのもつ「山の手」らしさのイメージにあうものとして、学者、文化人、高級官吏、高級軍人、大会社の管理職などの案が出た。そこで総数が少なく年次資料がたやすく手に入って調査しやすいという理由で「学者＋高級官吏」である東大教授（戦前においては東京帝国大学教授）と高級軍人の代表としての陸軍将官が選ばれた。

歴史的に見た「山の手」階層の形成

武家屋敷と「山の手派」

江戸後期の〈山の手〉（江戸城の外堀周辺の台地）には主として各藩の武家屋敷があった。たとえばJR中央線市ヶ谷駅から堀をへだてて見える台地上にある新宿区（旧牛込区）市谷加賀町の名は加賀藩の屋敷があったことに由来する。一般に「山の手」階層の形成と拡大は明治以後の日本の〝近代化〟と併行していると考えられるが、明治以前のこれらの地域にも、学者、知識人をかねた上級武士（官吏＋軍人）が住んでいたことが認められる。そして「山の手」知識人として初めて歴史上に出てくるのは、一名「山の手派」と呼ばれたグループである。メンバーのすべてが「山の手」に住んでいたかどうかは別として、このグループはその名前のみでなく「山の手」階層のパイオニアとしての性格を見逃せない。

「山の手派」は歴史上は尚歯会《しょうし》と呼ばれるグループで一八三二年（天保三年）、田原藩渡辺崋山、シーボルト門下の蘭学者で町医者の高野長英、岸和田藩藩医小関三英らの交友を中心に、幕府代官江川太郎左衛門など洋学に深い関心をもつ知識人が集まった。当時もっぱら医学など専門科学の分野にのみ沈潜していた蘭学者たち（「下町派」とも呼ばれた）に対し、この「山の手派」グループは幕府や諸藩の内部で日常民政に携っているものを多数含み、おのずから政治意識に立って、うちつづく飢饉、疫病と百姓一揆の続発という社会を論じ、その対策をねり、かつ海防的見地を加えて内外の情勢を研究した。一八三七年（天保八年）、大塩平八郎の乱に衝撃をうけた幕府は、長英の『夢物語』などの幕府批判に神経をとがらせ、洋学者を敵視した者の密告により、「海外事情を研究し、幕府を批判した」などの理由で一八三九年（天保十年）、崋山らを検挙した。これが蛮社の獄である。これ以後、洋学に対する圧迫ははげしくなり、この弾圧は洋学者の活動をいじけさせ、一層、専門科学に沈潜させる結果になった（高野碩一「蛮社の獄」〔『世界大百科事典』平凡社〕による）。

すなわち「山の手派」グループはのちの「山の手」階層のもつ、①西洋からの学問知識の輸入を主とする知識人、②国家体制中での高級官吏、技術者という二つの特徴をすでにもっている。

大きな違いは「山の手派」グループは時代を先取りしたパイオニアだ

ったゆえに当時の体制からは弾圧され、明治以降の「山の手」階層は、国家の大方針が西洋からの実利知識の輸入による〝近代化〟であったために、支配階級の一部として厚遇され順次体制化していったことにある。

明治政府による〝近代化〟と「山の手」階層の形成

明治政府がその形を徐々に整えるに従い、多くの人々が新しいポストを求めて東京に集まった。これらの人々は主として、地方で失業した士族階級や新しい生活を求めた他階級の若者であったと想像される。

古い体制が新しい体制に置きかわる激動期、それは、NHKにしてはめずらしくおもしろかったテレビドラマ『獅子の時代』に凝縮して描かれていた。ドラマで見られたように自由民権の運動は結局弾圧され、それぞれの専門知識・技術をもった人々のうち、結果として政治的に政府側についた人々が新しい支配階級を形成していった。その中のエリート層はヨーロッパに派遣され、新しい知識、技術の導入に努めたが、それはこれらの知識と技術を生んだ国々の社会や思想全体の紹介ではなく、現在からみると文化的なものでさえ、皮相的、個別的なものが多かった。専門知識・技術の紹介者に留まり、社会の矛盾には目をつぶるという点では、江戸時代の「山の手派」よりも、むしろ「下町派」に類似していたともいえよう。しかし、良きにつけ悪しきにつけ、「山の手」階層を代表し、日本の〝近代化〟の表舞台に立ったのは彼らだったのである。

これらの人々が明治初期から住み始めたのが本郷、小石川、牛込、麹町、四谷、麻布など《古》山の手と呼べる地域であった。この地域は①各藩の武家屋敷などの元の住人がいなくなり空家が多かった。②薩長など地方の武士階級を中心とした出自をもつ彼らにとって、武家屋敷には住みやすく、逆に心情的には幕府びいきで、成熟した江戸町人文化を誇り〝田舎武士〟をバカにしていた「江戸っ子」の住む下町には住み難かったろうから当然の選択であったといえる。以後「山の手」は拡大を始める。

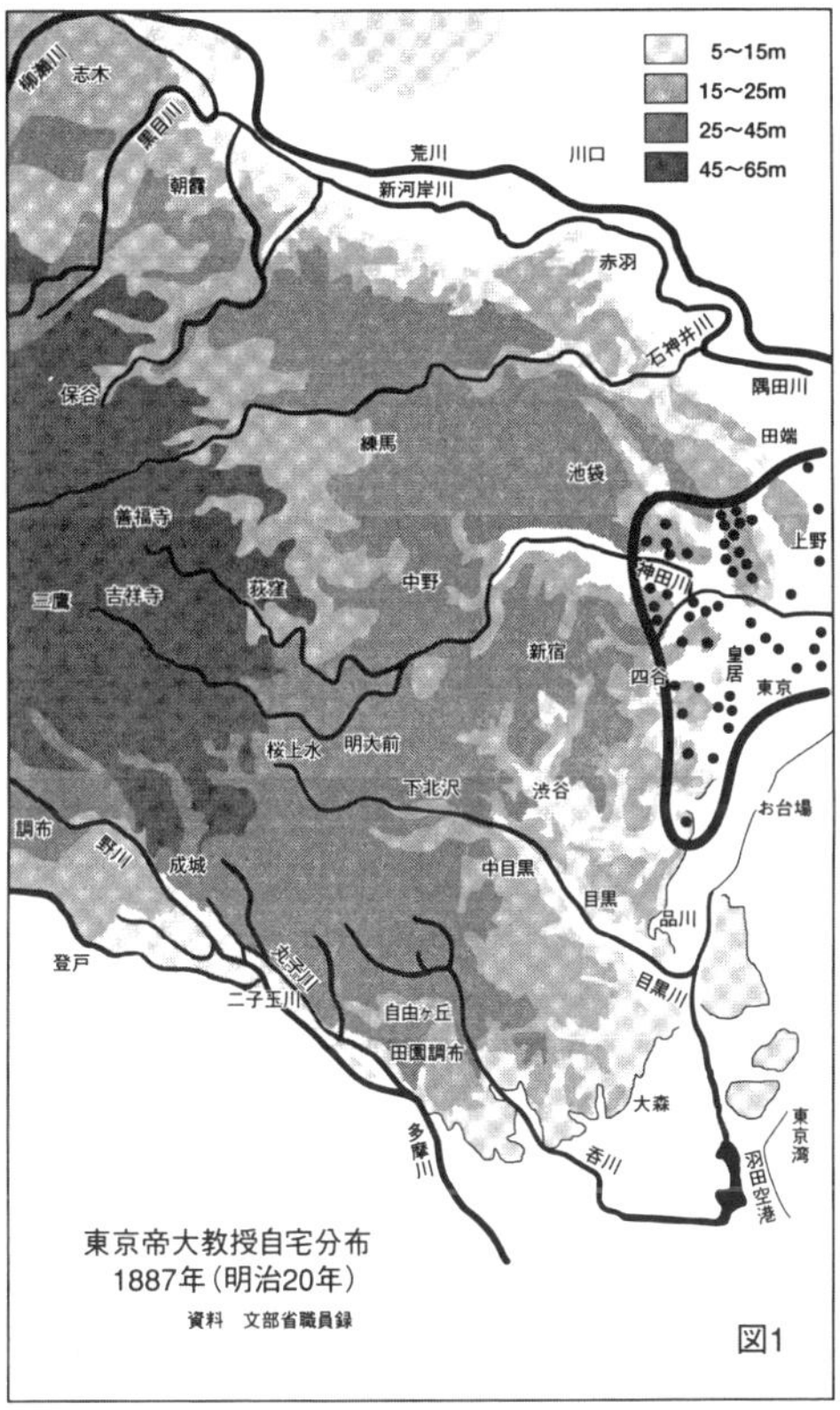

東京帝大教授自宅分布
1887年（明治20年）
資料　文部省職員録
図1

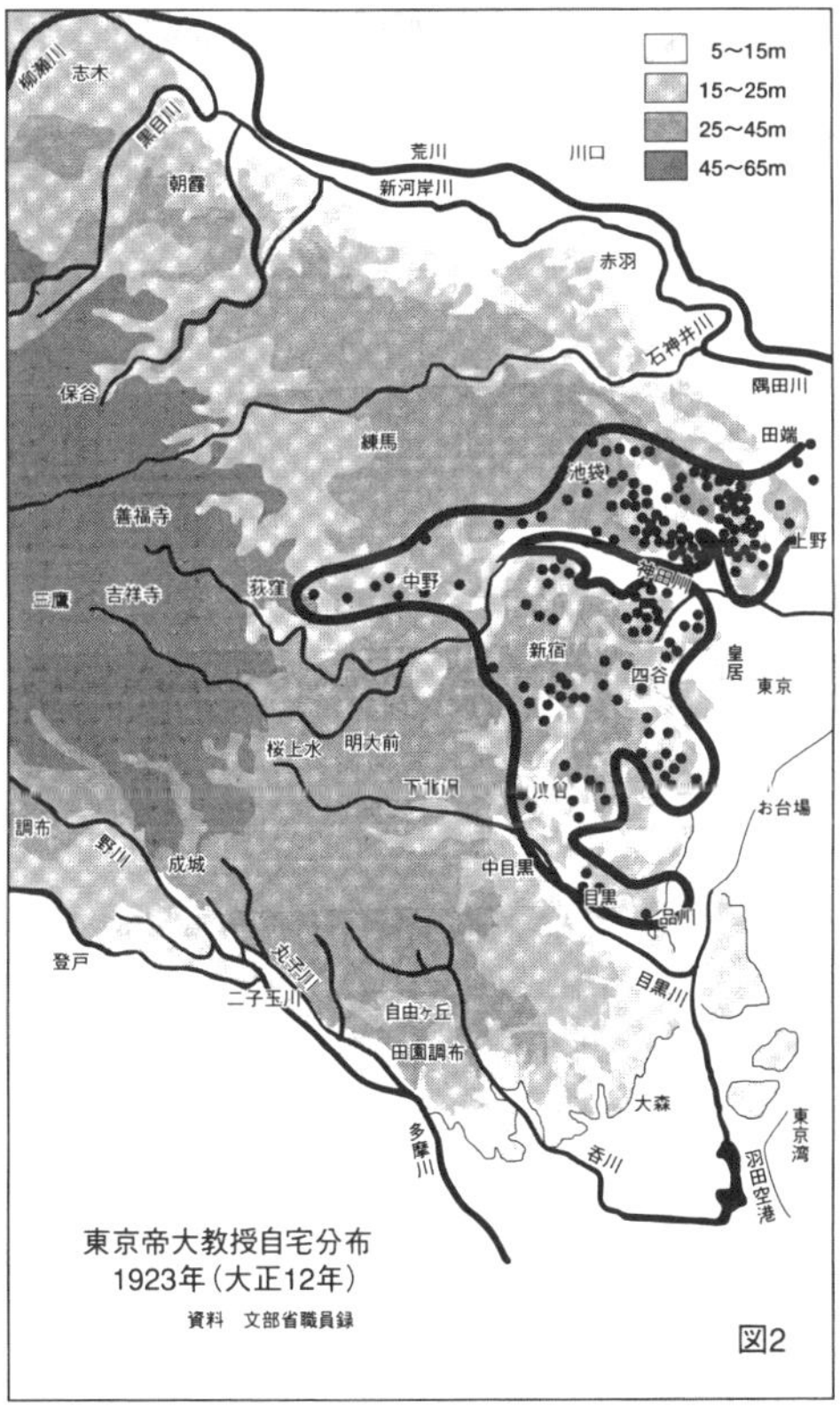

東京帝大教授自宅分布
1923年（大正12年）
資料　文部省職員録
図2

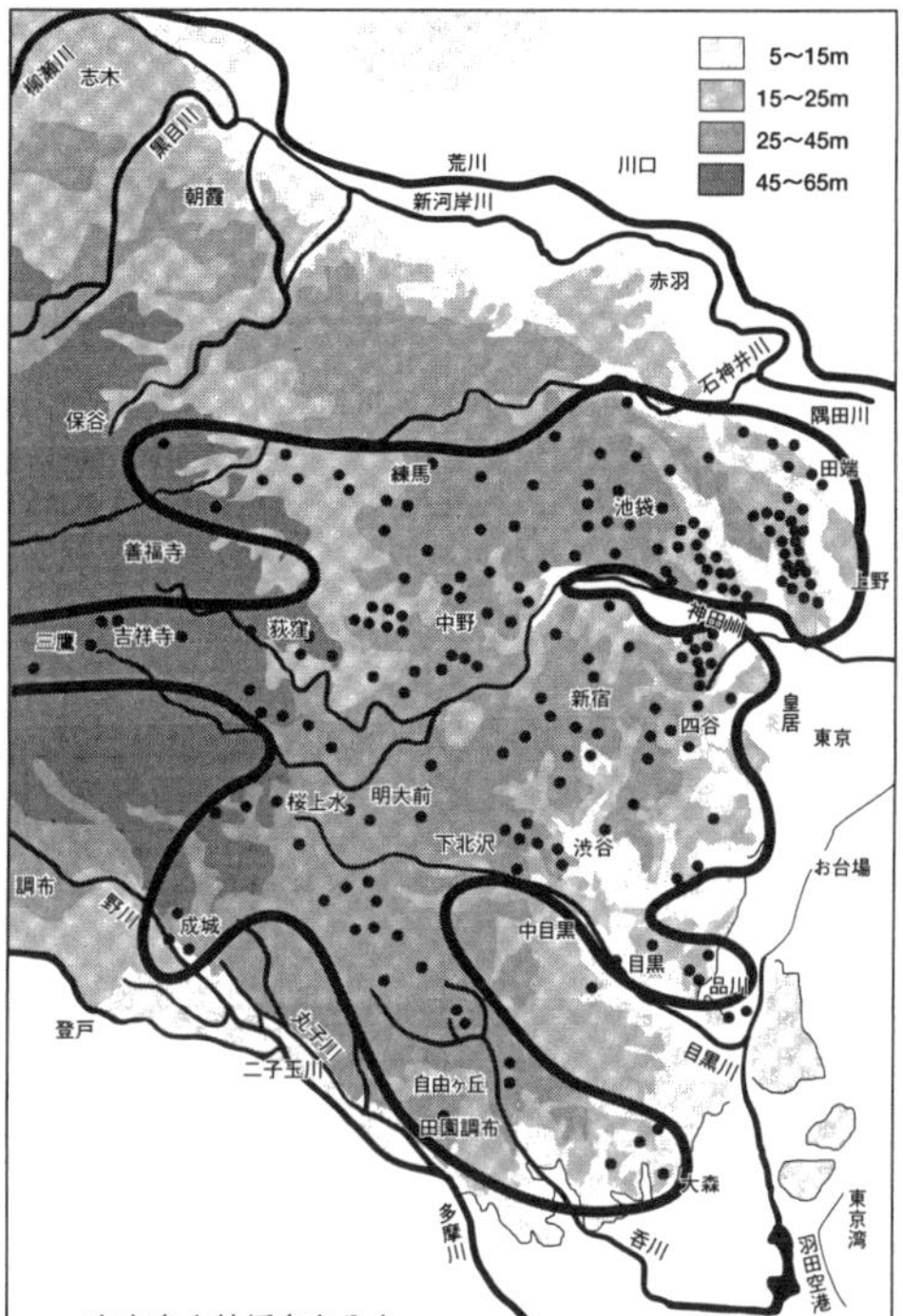

東京帝大教授自宅分布
1943年（昭和18年）
資料　文部省職員録
図3

東京帝国大学教授の居住分布で見た「山の手」

『文部省職員録』で入手可能だった明治二十年版を最も古いものとして、関東大震災直前の大正十二年版、東京空襲による疎開前の昭和十八年版を調べ、教授（助教授以下は除いた）の自宅を地図上にプロットし、分布図をつくった（図1〜3）。（なお戦後版の一部に目を通したところでは、すでに同じ図内では全面分布になり定性的には意味がなくなったので省略した）。これらの三つの時点は偶然か、かなり典型的な分布拡大を示したので以下のような、《古》山の手から《旧》《新》山の手への拡大と名付けた。

《古》山の手時代（明治二十年　図1）

この時代の帝大教授は本郷、小石川、牛込、麹町、赤坂、麻布など下町に接する台地の上に主として住んでいたことがわかる。いわゆる武家屋敷あとが中心である。注目すべきことは、文学部などをはじめとして、三分の一の教授が下町にも住んでいたことで、この時代にはまだ〔帝大教授—山の手〕の完全な相関はない。「山の手」階層の出来はじめの時期にあたるのであろう。

表1

	明治20年 (1878)	大正12年 (1923)	昭和18年 (1943)
下町	20 (34%)	3 (2%)	2 (1%)
古・旧山の手	37 (63%)	124 (66%)	63 (29%)
新山の手	2 (3%)	61 (32%)	133 (61%)
都下	0	0	6 (3%)
他県	0	1 (0%)	13 (6%)
合計	59	189	217

《旧》山の手への拡大（大正十二年　図2）

第一の特徴は分布が西と南へ拡がり、池袋、新宿、渋谷、品川を結ぶ線、すなわち《旧》山の手、JR山手線内へ拡がったことである。第二の特徴として下町に住む教授は二パーセント以下になり、「山の手」地域と帝大教授の自宅分布との相関が非常に強くなった。くわしく見れば第三に、同じ「山の手」でも台地に切れ込んだ谷間、たとえば神田川の流域などには帝大教授はほとんど住んでいない。山の手の中でも、ミニ山の手、ミニ下町の住み分けがあり、この意味でも、帝大教授は〝低いところには住まなくなった〟のである。第四に、この年にすでに「中央線志向」とでも呼べる傾向があることである。すなわち、高円寺、中野などJR中央線の沿線に限って分布は西へ突出して〝「つ」の字型〟分布を形成している。この時代は、大正デモクラシーがさかんな頃とも重なり、私たちが今日もっている「山の手」のイメージの原型はこの時代に形づくられたものが多い。

《新》山の手への拡大（昭和十八年　図3）

第一に分布はますます西と南へ拡がり、ほぼ現在の練馬、杉並、世田谷、目黒、大田区にあたる部分になった。山手線の外から西、南に拡がるこれらの地域を《新》山の手と呼ぶことができる。第二に中央線志向は続き、この沿線だけはさらに西に拡がり、吉祥寺、三鷹、小金井にまで延びている。第三に下町およびその東に拡がる低地にはやはり例外的にしか居住者がいない。

以上《古》→《旧》→《新》山の手への分布の拡大をまとめると表1のようになる。

時代を追って明らかに古・旧から新「山の手」への移動が見られ、この傾向は同じ時点の帝大教授自宅分布を見た場合でも、世代差としてあらわれる場合もある。すなわち、古手教授は《古》山の手に住み、若手教授はもっと外にある《旧》山の手、《新》山の手に住む傾向がみられる。

（黒田洋一郎）

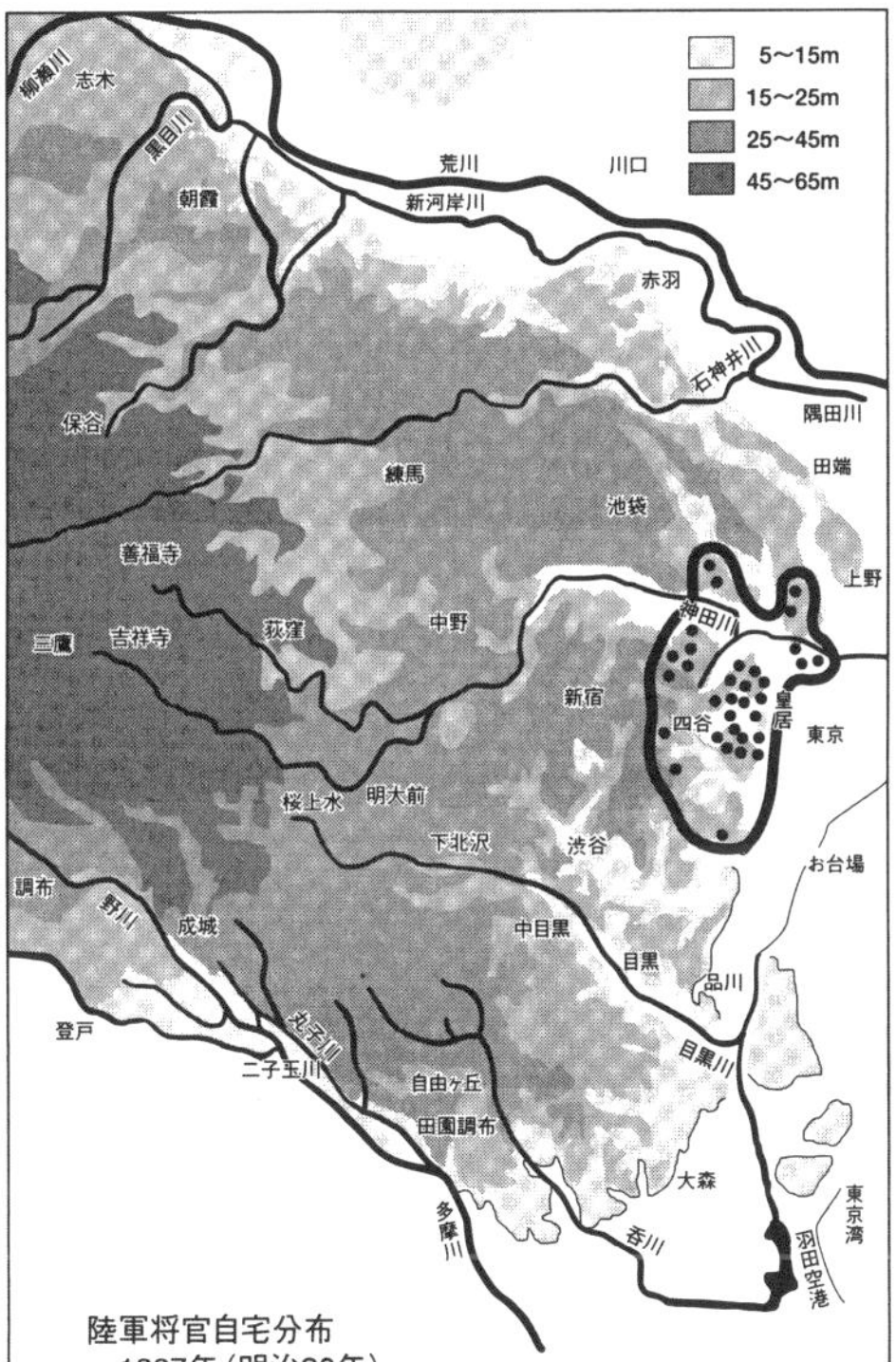

陸軍将官自宅分布
1887年（明治20年）
資料 内閣文庫職員録
図4

陸軍将官の居住分布で見た「山の手」

江戸時代、大名屋敷や下屋敷が多く分布していた東京山の手、その地域に明治以降はだれが住みついたのだろうか。つまり山の手風俗の担い手は一体だれなのか、その点を探るのが先決である。

そこで、大名没落後、代って登場した明治政府の新興階層の内の一つ、職業軍人（陸軍将官以上）の居住地を調べた（『国家公務員職員録』より）。

明治二十年（図4）、皇居の西隣りの麹町に過半数が住み、その他はやはりかつての大名屋敷が並んだ高台に居住していた形跡がある。

次いで大正十二年関東大震災以前の居住分布をみると（図5）、分布の中心は西へ移動、現在の新宿駅、渋谷駅周辺地区と皇居との間に密集。さらに中央線に沿って西に延びるとともに、西南地区への移動のきざし

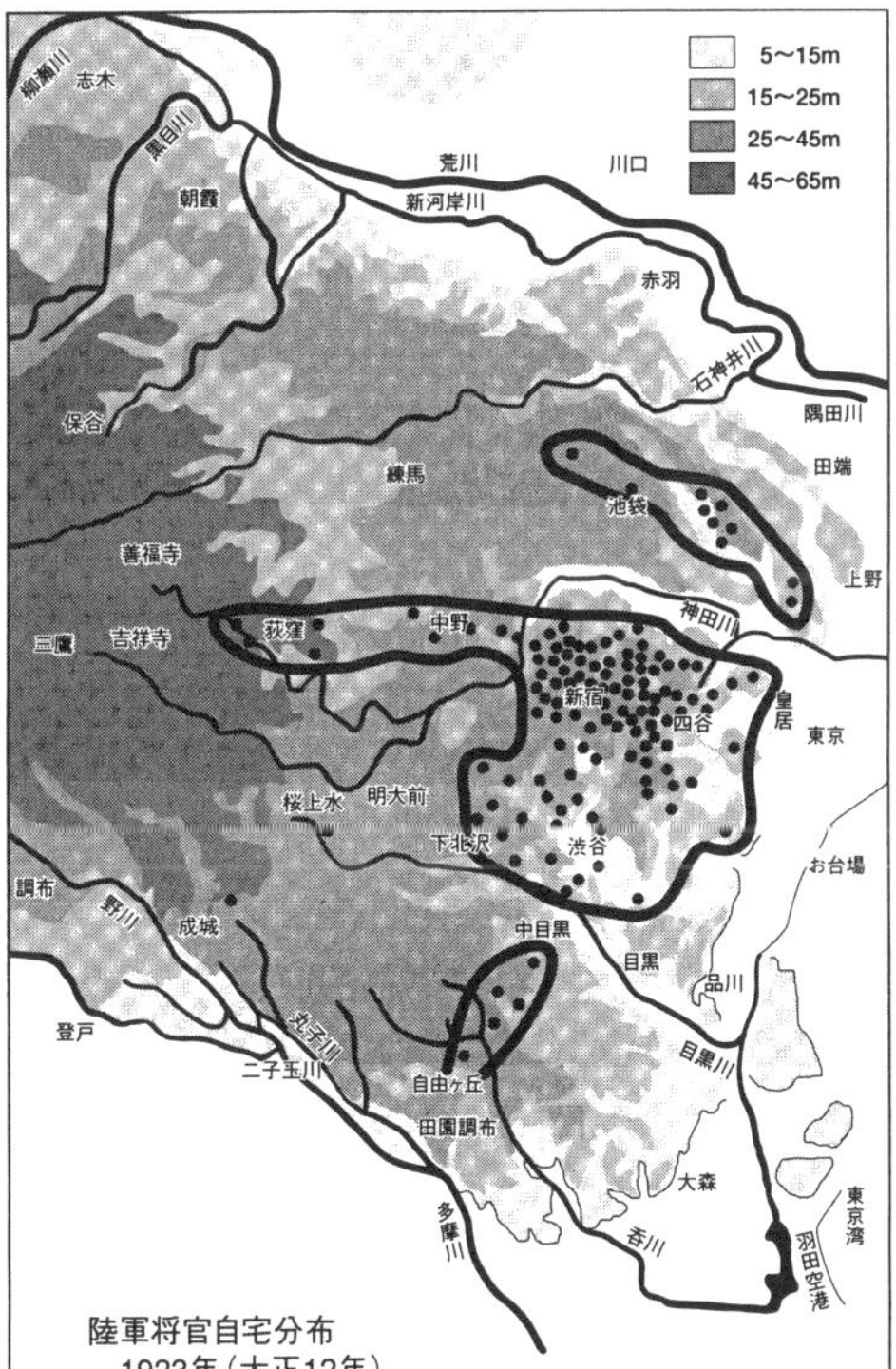

陸軍将官自宅分布
1923年（大正12年）
資料 内閣文庫職員録
図5

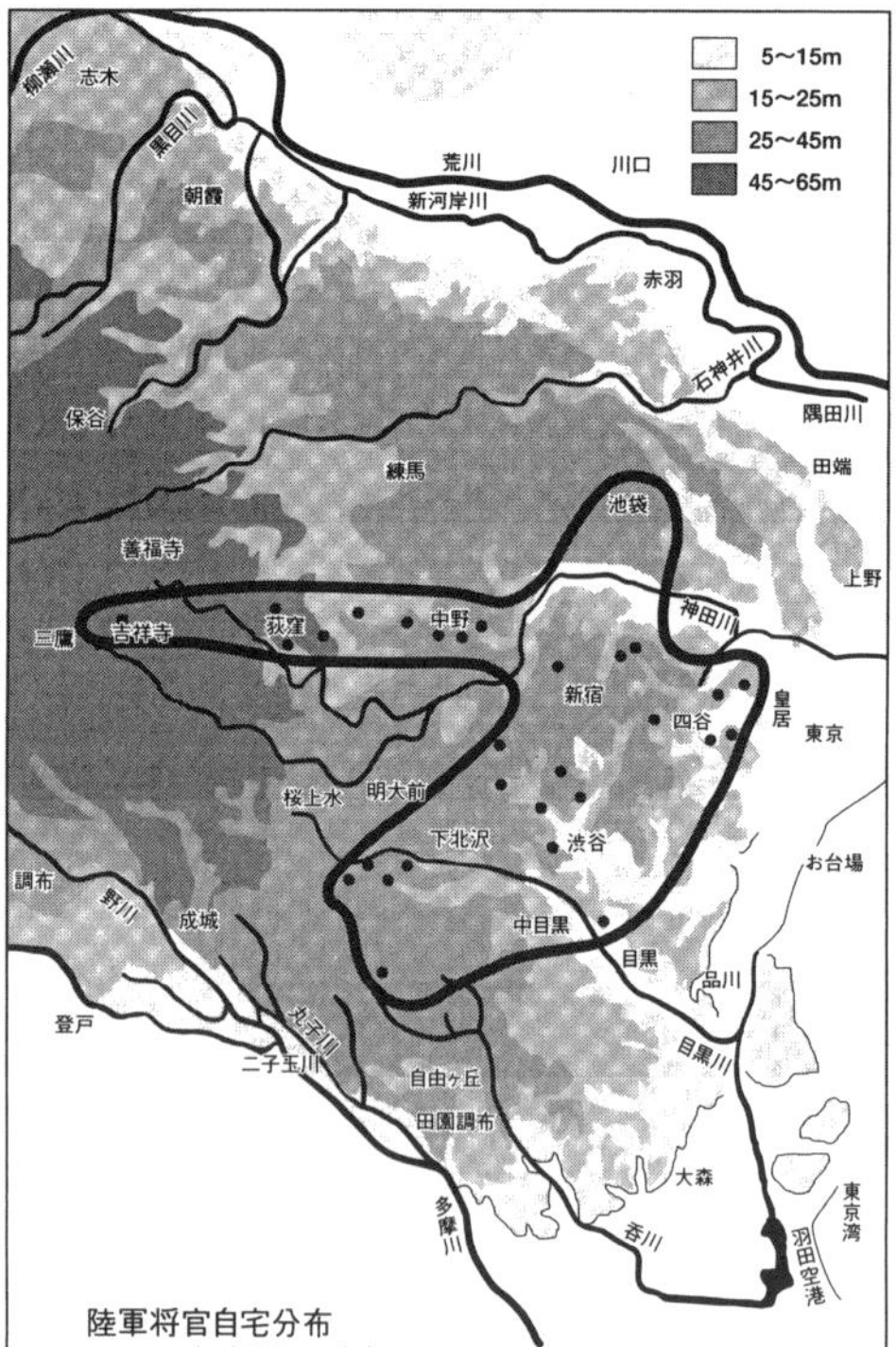

陸軍将官自宅分布
1942年（昭和17年）
資料　内閣文庫職員録
図6

がある。

これは、代々木、戸山ヶ原両練兵場、目黒、世田谷方面の連隊本部など各施設の増設にともなう移動とも考えられる。

確実に軍国主義の道を歩み始めた昭和に入ると（図6）、さらに西の台地に向かって奥深くくい込むと同時に南西部に向かっても拡大する。四谷、麹町を中心に帝大教授の居住分布同様、〝「つ」の字型〟、あるいは西へ向かって撃つピストル型を描く。昭和初期といえば、山手線の外側に住居が拡大していった時期であり、中野、杉並、目黒、世田谷など新たな「山の手」として、新興階層の居住地となったところへ、職業軍人も間違いなく、居住地を拡大していったことが判明する。

このように、陸軍の将官は決して下町には住まなかった。東京の台地に、そして、新たな住まいも必ず高台へと求めていったことがうかがえる。

その点、帝大教授の中には明治初期（明治二十年ころまで）下町に居住していた人もいるが、これは学者の中に江戸時代から江戸住まいの学者やご典医の末裔がいたことにもよろう。しかし陸軍軍人は全くの他所者であったため、明治初期から下町には居住せず、山の手に住んだとみられる。

（加藤智津子・金谷千都子）

戦後の「山の手」の拡大

「山の手」の拡散

「山の手」階層が「山の手」に住み、「山の手」らしくあったのは、戦前までのことだったのではないか。

戦争による疎開、空襲、戦死、そして戦後の混乱は、明治維新につぐ社会の激動期であり、「山の手」階層は大きくいれかわった。もちろん空襲にあわなかった昔ながらの部分は残ったし、知識人・文化人といわれる人、高級官吏は相変わらず「山の手」に住んでいる人が多い。しかし〝ねえや〟はいなくなり、御用聞きや出入りの商人は少なくなった。

帝大教授の分布でも想像がつくように、東京都市部の戦後の拡大にともない、西はすでに高尾山、多摩丘陵あたりまでに、南へも多摩川を渡った町田、日吉あたりまで、「山の手」階層にあたる人の分布は拡がった。最近では、これらの人々が従来決して住むことのなかった石神井川の北、さらに下町のはずれであった東部低地にまで拡がり、この東への拡大は今日では市川、習志野、船橋など千葉県内へまで達している。

これらの拡大の方向は、まず西から始まり、東に終っている「西南北東」の順であり、これらは一般に新しい住宅、マンションの建設に併行している。すなわち、昔は「山の手」階層の人は「山の手」に住んでいたが、今はさまざまな職業・階層の人々と混って「山の手」以外にも住んでいる状態である。もっとも、《旧》山の手、《新》山の手自体、その当時の新開地だったのだから、新しいパワーをもった階層が新開地に住宅を求めるという図式は変っていないのかもしれない。

「山の手」階層の大衆化

戦後の復興、そのあとの高度経済成長を担った新しい階層は、戦前の「山の手」階層とは異った性格をもっていた。

すなわち、①西洋知識の輸入はもはや特権階級のものではなくなり、さらに輸入知識そのものだけでは追いつかず、日本独自の知識・技術が必要になった。②戦後の復興・高度成長に占める国家の直接の関与は、戦前に比してはるかに少なくなり、高級官吏はコントロール役となることが多く、実際の進歩は民間の企業の関与が大きくなった――ことなどから、はるかに多くの人が戦前の「山の手」階層と同じような役割を担うことになった。こういう一種の大衆化は「山の手」階層という特定グループの成立をあいまいにした。

逆にいうと、多くの人々が「山の手」階層を目ざし努力したという面がうかがえる。戦後の復興から高度成長の原動力は、人々が努力すれば昔の「山の手」階層のような〝中流生活〟ができるという望みをいだいたことにあり、その実現への道は「良い大学にはいれば良い会社にはいれ、良い生活ができる」というものであり、このコースが現実的な検討なしに信じられた。受験競争の過熱が起り、教育の退廃がもたらされた。そして、高度成長が終った今、多くの人は〝ウサギ小屋〟の生活を〝中流生活〟と思い込み、それを保つための日常の生活に追われ社会的視野を失ってゆく。

「山の手」にかわるもの

良い意味でも悪い意味でも「山の手」はなくなりつつある。新しい動きは国家機構をまず考え、大所高所から観念的にものをいっていた「山の手派」以来の「山の手」の伝統からではなく、日常生活の中からそれにかかわる「政治」「国家」を批判してゆく、市民運動の中に芽ばえるのであろう。これらの市民運動はもはや「山の手」と呼ばれた地域からではなく、全国の小さな町や村からでも起りうるものである。

（荒けずりな議論と独断と偏見に満ちていると思うが、「山の手」に祖父母の代から住んでいる一原住民として日頃感じていることを述べてみた。）

（黒田洋一郎）

山の手住宅地の成立

水野統夫

江戸から東京へ。新たな山の手の出現

明治維新で起こった大変貌

山の手の住宅史を調べることは、日本の近代都市住宅史を振り返ることであり、その生活様式の変遷をたどることである。

明治維新を境に、西洋文明を受容し近代国家への転換が進んで行くに従い、日本の都市住民の生活のあり方は大きく変容していった。江戸三百年の歴史の中で育まれてきた生活様式（生活意識とそれによって生まれる仕組みや約束ごと、衣食住のあり方や生活習慣など）は、今日の目で見ても非常にレベルが高く完成されており、高い文化的成熟を示していた。中でも「江戸しぐさ」として表される「粋」のレベルに達した生活モラルをはじめ、生活の一部となっていた芝居や音楽、絵画、一般市民の教育水準の高さと教養を尊ぶ文化的風土、汚物処理や古着の活用といったリサイクルのしくみ、富士見町（坂）の例に見られる景観づくり

などは、江戸の生活様式の完成度を物語っている。この質の高さは、明治初期に日本に来た欧米人にとっても賞賛の対象になっているほどである。

たとえば、明治七年に来日し、一年半にわたって滞在した亡命ロシア人革命家メーチニコフは、その回想記において、東京に着いた初日から本屋の多いことに驚き、日本人の識字率の高さを知って江戸の教育水準の高さに感心するとともに、当時の西欧の最先進国が、初等教育を国民の最下層にまで普及させようとしているレベルに未だとどまっていることとの比較をしている（『回想の明治維新―ロシア人革命家の手記』岩波文庫　一九八七年）。

このような質の高い文化生活とその様式は、明治以降の西洋文明受容の過程の中で崩壊していかざるを得なかった。特に東京では、西洋文明を受け入れ、全国に流通していく拠点であったため、その変化は急激なものとなった。

東京でも、江戸以来の住民が明治維新の騒動の中でも住み続け生活様式を守り続けた下町に対して、山の手では住民がほとんど入れ替わり、西洋文明による社会変革の当事者たちが新たに住みつくことになった。その結果、山の手は新しい生活様式を模索し、西洋文明を日本の気候風土に根付かせる場となったのである。そうして山の手の生活様式は、日本の近代都市生活の標準となり日本全国へと拡がっていった。その生活様式がどの程度の完成度を獲得したかを、住宅における変遷を通じて調べてみようというのが本稿の試みである。

戦前の山の手住民が獲得した生活様式の質を検証するとともに、それが戦後にどう受け継がれ、現在のわれわれの生活につながっているのかを考えてみることは、国民の大半が中流意識を持っているといわれる現在、今後の生活のあり方を検討するためにも意義のあることではないだろうか。

江戸武家社会の国際性

明治以降の近代日本において、山の手の生活様式がなぜ日本の「標準」、あるいは一種の到達目標となっていったのかを考えると、「山の手」が近代日本の都市形成において非常に有利な特性を持っていたことが浮かびあがってくる。その特性をまず詳らかにしておきたい。

その第一は、江戸時代から山の手に住んだ武士の世界が持っていた国際性（小木新造氏はこれを「国内国際社会」と呼んでいる。小木新造『江戸東京学事始め』ちくまライブラリー　一九九一年）があげられる。

江戸の市中は大きく分けると、武家地、寺社地、町人地の三つから成り立っており、その中でも武家地と呼ばれる大名・旗本の居住地が全体の六〇パーセントを占めていた。町人の住む下町に対し武士の居住地は山の手と言われたが、ここでの生活はわれわれが考える以上に国際性に富んだものだった。

江戸時代の武家社会を律していたもっとも大きな制度に「参勤交代」があるが、これにより諸藩の大名とそれに仕える家臣は在府（江戸暮らし）と在国（郷里暮らし）を繰り返すことになった。多くの在府の武士が、「江戸詰」（藩主の供で江戸に一年滞在すること）や「詰越」（さらに一年後、国へ帰る藩主を見送り江戸に留まること）として江戸の藩邸で暮らし、江戸と国元との往復を繰り返していた。その例を挙げると、石高三十五万石の彦根藩が江戸に住まわせていた藩士の数は千五百人と言われる。これほど大きな人口の移動・交代が江戸を中心に行われ、彼らの生活の拠点が山の手にあった結果、山の手に住む武士の文化が地方にも拡がっていったのである。

このような生活文化の中でもっとも重要であったのが「言葉」である。山の手における武士の言葉が、「江戸ことば」として江戸に集まる各藩の武士や出入りの商人らの間で公用語としての性格を帯びていった。彼らは国元で日常的に話す地域語（お国ことば）と、江戸で話す共用語

（江戸ことば）という言語の二重生活を持っていた。その事実を示すものとして、文化・文政期（十九世紀はじめ）には、江戸ことばとお国ことばを対照させた江戸会話読本のようなものが全国各地に現れるようになったほどである。

当時江戸の武士の人口は、町人と同じく五十万人ほどであり、しかもその半数近くが江戸と国元との交流人口として新陳代謝されていたことを考えると、江戸ことばが共通語として全国に拡がっていったのは当然のことと言える。さらに、江戸ことばは幕末には山の手の武家社会だけでなく、上層の町人の間にまで浸透していった。

明治に入って全国から上京してきた人々（その多くは地方士族）は、自藩のお国ことば以外に山の手ことば（江戸ことば）を共通語として使えたため、言葉の面では無理なく新たな生活をスタートすることができた。共通語としての山の手ことばは、全国から集まった人々のコミュニケーションの円滑化にもずいぶん役立ったのではないだろうか。

明治維新後に統一国家日本を目標とした時、江戸以来の山の手文化が持つ国際性の象徴としての山の手ことばの存在意義は非常に大きかったと言える。

さらに、言葉はコミュニケーションの手段であると同時に、思想や文化、風俗などを伝えていく。江戸時代の山の手は、当時の知識階級であった武士が、国元から上府して他国の人々と交流し、教養を高め、情報を交換する場所でもあった。この結果、文化の共用性のようなものが生まれ、それが参勤交代によって地方に拡がっていく「メカニズム」ができあがっていた。

こうした仕組みの一例として、前出の『江戸東京学事始め』に、神楽坂にあった大久保甚四郎（俳号巨川）が催していたサロン（大小会という）があげられている。大小会には、武士、町人を問わず多くの文化人が集まっており、その一人である浮世絵師鈴木春信による絵暦には、趣向考案、彫り、刷りなどにサロンのメンバーが加わっているなど、風通しのよい自由な交流の場となっていた。

このように江戸期の山の手は、諸国の人々の交流の拠点となり、文化や風俗の発信基地であり、その結果として日本の統一性と一体性を育んできたのである。

江戸・山の手を中心とするこの国際性は、他国者を排除するより同化しようとする住民意識を生んでいる。たとえば、E・S・モースが「挙動の礼儀正しさ、他人の感情に就いての思いやり……これ等は恵まれた階級の人々ばかりではなく、最も貧しい人々も持っている特質」（E・S・モース『日本その日その日』平凡社　一九七〇、七一年）と感嘆しているように、開放的であると同時に、江戸の雰囲気が生む「排他的でない暖かさ」が、明治以降の近代日本形成期に多くの地方人を受け入れるとともに、新しい西洋文明を受け入れ育む土壌となっていった。

幕藩体制が崩壊した後、多くの士族が上京し、新しい学問や技術を吸収して明治政府の官吏や学者、技術者、実業家となって東京の山の手に居住するようになった。彼らは旧藩時代においても江戸（＝山の手）在住の経験があった者が多かったと思われるし、共通語としての山の手ことばを話すことができたので、国元での職場（藩）を失っても、上京して新たな生活の場を求めることができた。彼らにとって山の手の「国内国際社会」は非常にありがたい土壌であったと思われる。

新たな山の手階級の精神性

明治五年には五十七万八千人（旧江戸朱引地内）にまで減ってしまった東京の人口も、明治二十二年には東京市内十五区（朱引地内に対応）で百三十七万八千人と、江戸の人口を越えるまでになっていった。この間に一時期茶畑にまでなっていた江戸の山の手が住宅地として復活し、明治の新体制の中で中産階級となっていく人々の生活の場となっていった。

この新しい階級の精神的バックボーンとして受け入れられたのが、明治四年に出版され数十万部の大ベストセラーとなった『西国立志編』である。これは、S・スマイルズ著の『自助論』（"Self Help"）を中村正直（元幕臣で、英国に留学しプロテスタントとなった）が翻訳したものであるが、「独立心をもて」「自主的であれ」「誠実であれ」「勤勉であれ」「正直であれ」という徳目が強調されており、新たな山の手階級の生活信条となっていった。

彼らは既存の体制を否定し、新しい生活原理や思想的立場の確立を目指していた。その出身の違いにより否定の対象は薩長藩閥による支配体制であったり徳川幕藩体制による身分制度であったりするが、新しく入ってきた西欧の生活信条は、彼らがまさに目指しているものそのものであった。学問を修め、技術を習得し、勤勉に努力することによって自律する人間が評価される、自由な社会の形成がそれである。このような信条を伝えたアメリカのプロテスタンティズムは、英語とともに新しい中産階級に浸透していった。

こうした徳目は、武士道や、大商人の家訓、町人の心学、農民の勤勉、整理整頓に厳しい職人の労働習慣などのように、それと共鳴する倫理的風土が江戸時代の日本にもともとあったことも手伝って、受け入れられやすかった。新渡戸稲造（南部藩）、内村鑑三（高崎藩）、新島襄（上州安中藩、江戸生まれ）、本多庸一（津軽藩）のような武士道的クリスチャンをはじめ、明治期のプロテスタントは、そのほとんどが幕臣や佐幕派の藩の出身者であることの意味には深いものがある。

このような新しい価値観や文化は、山の手の中産階級を中心に浸透していくようになる。特に彼らの子どもの世代は二代目ならではの強みとして、これらの価値観を自然に身につけており、旧いものを否定し新しい文化や生活様式の創造に向かっていった。

大正デモクラシー、キリスト教、特にプロテスタントの普及、女子の教育と地位の向上、文化学院や京華中学などに代表されるリベラルな精神に基づいた私学や文学（白樺派など）は、大正から昭和初期にかけて花開くことになるが、これら新しい価値観の影響のもと、生活様式とそれに伴う住宅様式の変化が表れてくる。

具体的に言えば、自我の確立への欲求によるプライバシーの尊重、女性の地位の向上と家事の合理化、公衆衛生の普及などが一体となって、新しい生活様式を生み出し、それらに応じた住宅を形づくっていったのだ。

山の手住宅様式の成立

まず最初に、大正・昭和の山の手を代表する住宅様式となる「居間中心住宅」の成立過程として、明治以降の日本の都市住宅の様式の変遷をたどっていきたい。

明治初期の山の手

明治二年、東京の土地（旧江戸朱引地内）の六九パーセントを占めていた旧武家地は参勤交代の廃止により居住者がいなくなり荒廃の一途をたどっていった。青山周辺などは昼間でも危険だと言われるほど治安が悪くなり、一時期は桑や茶の畑に転用されたりもしたが、明治五年以降は地券を発行して徐々に土地が払い下げられた。その後、官吏や軍人、教職者、技術者、会社員など新たに東京に移住した人々がその住人となっていく。以前旗本屋敷だった住宅の再利用の例も含めて、彼らの住居は、かつての中下層の武家の住居をモデルとしたものだった。

これらの住宅は、表・中・奥というように書院形式の結合で成り立っていた（規模が小さくなれば、構えは減り、形式も崩れていたが）。このため、玄関部分のスペースが大きく、部屋から部屋への動線をとらざるを得ない間取りであり、便所は居住部分から突き出して設けられ、浴室はない例が多かったので入浴は湯屋を利用していた。

当時の山の手の住居をE・S・モースは、『日本人の住まい』（八坂書房　一九九一年）で、次のように記している。

「（左図上の建物は）つくられたばかりの道に面して建てられており、隣りの地所は空地のままである。それでもやはり家屋の周囲は高い板塀が巡らされている。――かくて、日本家屋は開放的構造になってはいるが、必要があればプライヴァシーも、高塀か厚い生垣を巡らすだけで確保される。（中略）図のなかで、左にある門を入るとすぐにこの家の玄関がある。この正面から見て、何らかの建築様式を特徴づけるようなものはなく、実際、それは正面に限らず、この家のどの部分にも見出すことはできない。大広間とか座敷とかは家の後部にある。裏庭と見られる庭があって、台所がそれに面しているのだが、その庭は、家の正面玄関前の中庭《エリア》と平行していて、中庭とは高い垣根によって区分している。二階は一部屋のみで、客間として使われる」

「（下図は）この家の後ろからの眺めである。図で分かるように、部屋はすべて庭に面している。縁側ぞいに三部屋が並んでいるのが見える。二階の張出縁《バルコニー》は、差掛屋根がつけられている。その屋根から遮光のために竹の簾が掛けられている。同じ竹の簾が階下にも取り付けられているのが見える。縁側はかなりの広さがある。そして、部屋の区画に合わせて、敷居が縁側にもつき出ているので、仮に家を二分して使いたい時は、戸や遮断扉《シャッター》をそこに嵌める。図のなかで縁側の左端には便所がある。階下はいたるところ開け放たれて、風通しは申し分がない」

モースが描いた日本家屋
通りから見た東京の住宅

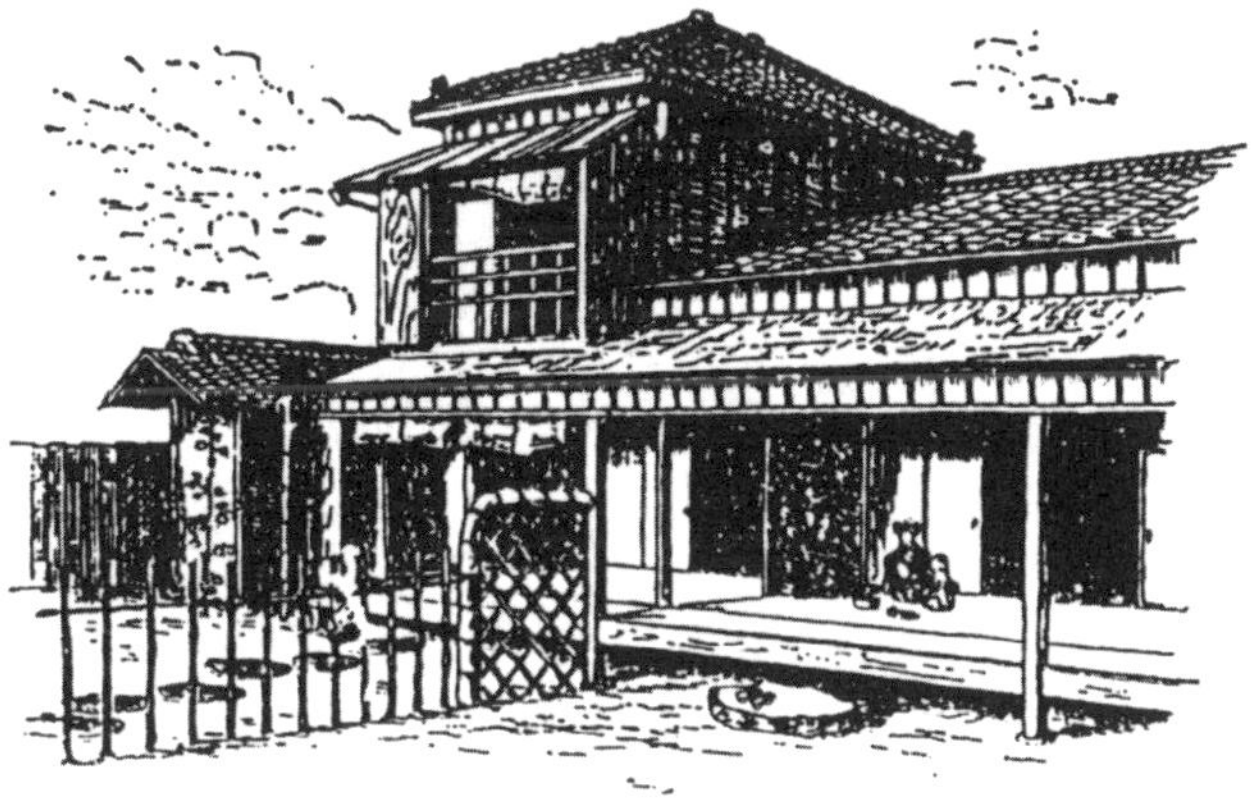

庭から見た東京の住宅
（2点とも『日本人の住まい』より）

洋館と和洋併置式の住宅

こうした状況の中で、西欧の技術・文明の導入とともに、その建築様式も入ってくるようになる。いわゆる「洋館」が、山の手の住宅として建てられるようになり、人々の畏怖と興味とあこがれの対象となり、錦絵などにもしばしば描かれるようになっていく。

洋館は、従来の日本建築に較べ明快な建築的表現を持っており、高い関心を集めたので、必然的に新しいステイタスの象徴となった。

住宅の洋風化は、まず宮家、公家や旧大名などの華族、高級官僚や実業家などの明治のリーダーによって進められた。これらは洋館といっても、日常の居住の場である和館（和風住宅）の横に接客空間としての洋館を併置している「和洋併置式」の邸宅であった。

なお洋館の住宅としては、幕末から明治初期にかけて、長崎や横浜、神戸などの開港地に建てられた外国人住宅があり、これらは「コロニアル住宅」と呼ばれていた。長崎のグラバー邸のようにベランダが周囲に張り出しているもので、日本人向けの洋館に、住宅スタイルとして大きな影響を与えている。たとえば、日本に多くの西洋建築を残したコンドル設計の邸宅には必ずベランダが付いており、ヨーロッパの一般的な西洋館とは建築様式的に異なっている。しかし日本では、洋館にはベランダのあるほうがオーソドックスであると受け取られていた。

湯島の岩崎久彌邸

和洋併置式の住宅は、明治中期以降多く造られている。純洋風の住宅も一部あったが主流とはならず、基本的には和洋併置式の住宅が中心であった。

洋館、和館ともに現存する、この様式の代表的なものは東京湯島の岩崎久彌邸である。明治二十九年にコンドルの設計で竣工している。

敷地内の建物の配置は下図のようになっている。図の右下・南東部に表門があり左手に庭を見ながらアプローチをたどると、ぐるっと廻るかたちで北入りの玄関部分に到着する。東側に洋館と玉突室があり、西側に和館が中庭を含んで大きく展開している。和館の裏手には発電所があり、

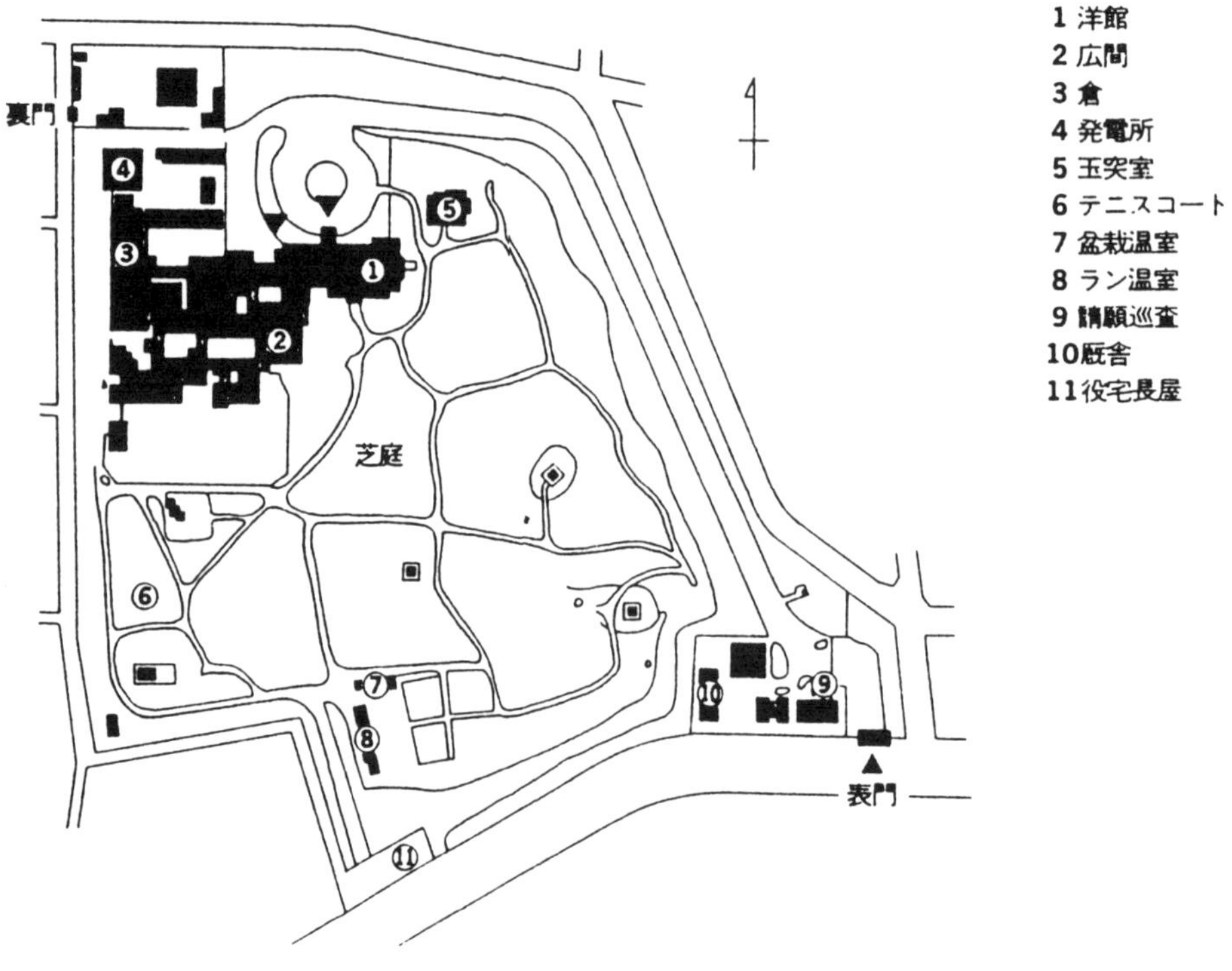

岩崎久彌邸配置図

自家発電をしていたことがわかる。庭は和風庭園を改造して芝生を張った和洋折衷様式で温室、茶室や氏神社が共存している。

この建物の中でどういう生活が行われていたかという聞き取り調査が、建築史家の藤森照信氏によって行われている（『日本の近代建築』岩波新書　一九九三年、「新説・日本近代住宅史」『江戸東京学への招待〔3〕生活誌編』日本放送出版協会　一九九六年）。

それによれば、洋館は主人とその客だけが使用し、家族の日常生活は和館で行われている。下の平面図に示されているように、玄関も三つに分かれていて洋館の玄関からは主人が日常的に出入りし、家族は洋館と和館の境界部の玄関から、使用人はさらにその奥から出入りするようになっている。

洋館は、日常においては主人が書斎として使用するだけで、洋館全体を使用するのは外国人、または日本人の客を招待するさまざまなパーティーの時のみであったという。特に岩崎家本家として一族を招いての会食が定例であった。

さらに和館にも接客空間がとられていた。洋館に近い場所にある広間がそれで、結婚式、正月の一族揃っての年賀、法事、雛祭りなど、冠婚葬祭の行事はここで行われている。接客を代表とするハレの場所としては洋館だけでなく、和館の広間も使われていたことがここからわかる。通常、洋館は接客のハレの場、和館は日常生活の場と考えられがちだが、実際の使われ方を聞き取り調査により解明しており、この点が藤森氏の研究成果であると言えよう。

この和洋併置式住宅の意義として従来定説となっていた

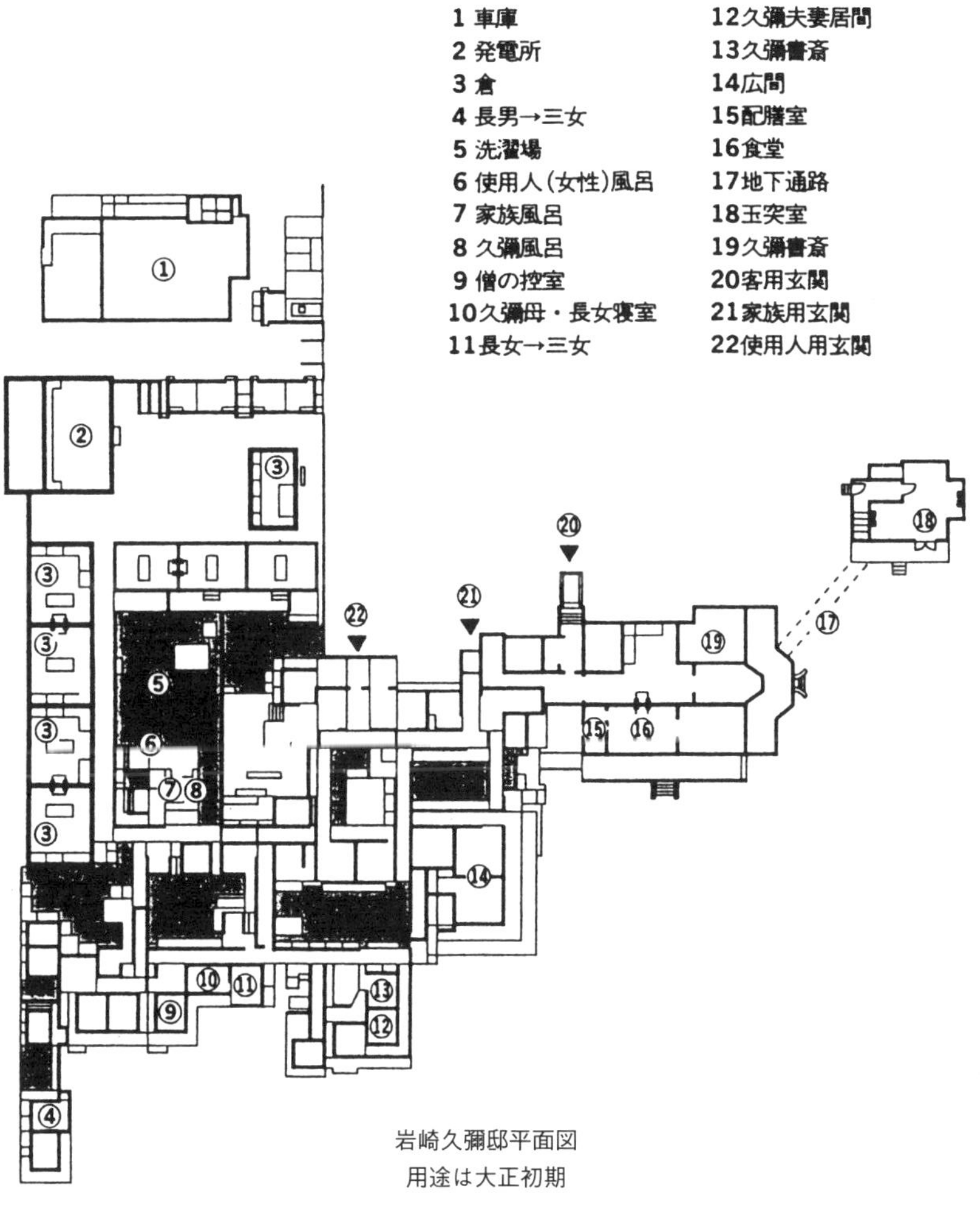

岩崎久彌邸平面図
用途は大正初期

のは、

①洋風建築技術または設備を大規模に輸入し、わが国の住宅の洋風化の先駆けとなった

②特に生活形を豊富にした点において住宅史的意味が大きい

③しかしながら、封建時代的住宅観＝生活思想は前進していない

という点である。①と②に関してはそう言えるし、③に関しても一〇〇パーセント否定するつもりはないが、生活様式の表れである住宅の使われ方は一朝一夕に変化するものではなかった。むしろ、和洋併置というこの様式は、明治維新以降外国人との交際が生じ、留学やお雇い外国人の採用などで西欧の生活様式が導入されつつある中、従来の生活様式との狭間に否応なく生まれたものであり、日本人の生活の知恵の成果と考えるべきものではないかと思う。日本人はこの過程で、新しい生活様式を発展させていくためのさまざまな学習成果を得ている。

前述の岩崎久彌邸において、邸内に発電施設を備えていたことからうかがえるように、この時代に歴史上初めて日本人は冬でも暖かい住宅での生活を経験している。すでに明治三十一年、「建築雑誌」第一四四号で北田九一氏は、

「世に謂はゆる貴顕縉紳の邸宅なるものは、多く完全なる和洋の二館を備ふ。此故に各館互に固有の美を競ひ粋を網羅して更に遺憾なしとす。即ち寒威凛冽雪降るの日は、温暖春の如き洋館の炉辺に侍し酷熱肌を蕩らかすの夕は、閑雅清素の座上に座して涼風と親しむ。此に至りて住家的人生の快楽も又極まれりと云ふべし」

と述べている。

このほかにも、鍵のかかるドアで区切られた個室のよさを知ること、食事を食堂で家族一緒にすることの楽しさを知ったことなど、慣れないながらも洋館の住まいを使いこなそうと努力していく過程で獲得した成果は大きく、この時代以降の新しい住宅様式を生み出す原動力になっていったものと考えられる。

頭の中で理解したことよりも、体験の中から感覚的に把握したものの方が、実際の生活には大きく影響を与えていくものではないだろうか。住宅史など、永年の時間軸の中でのものごとの変化を追う必要のある研究では、このような点を留意するべきであろう。

中廊下式住宅の登場

和洋併置式住宅に次いで明治末期頃から造られるのが、「中廊下式」の住宅である。玄関の脇に洋風の応接間があり、残りはすべて和風で、中央に廊下があって、南側には居間や座敷など主人たちの生活部分が置かれ、北側には書生や女中の部屋、台所、浴室などサービス部門が分かれて配置されている形式の住宅である。

明治三十年代頃から、日本にも資本主義が成長発展したことにより、山の手地域に居住する都市中産階級が発生し、彼らの住むのに適した住宅の需要が起こる。こうした住宅は居住者の生活信条や意識を背景に、規模、形式、設備を含めてこの時代の「ありたき標準（モデル）住宅」としての性格を求められた。その結果として、

①四、五十坪程度以上で百坪以下くらいの規模の住宅に洋風独立応接間が付加される

②洋館での生活経験を踏まえてプライバシーが意識されるようになり、通り抜けの部屋が嫌われ、その解決策として中廊下が導入される

③中廊下によって、南側に家族の生活部分、北側に水まわりを主とする付帯部分と女中室などが集められる

④明治末期から大正期にかけて展開された生活改善運動の結果、台所、洗濯場などの設備が改善される

などの特徴を備えた形で成立したのが「中廊下形式」の住宅である。

その典型的なプランを示すと次ページの図のようになる。

しかし、このタイプの住宅については従来批判的な位置づけがなされてきた。極端な接客尊重が改善されておらず主人中心の住宅である、中廊下式により部屋の通り抜けはなくなったが、寝室が独立していないなどの点で個人生活のプライバシーの確立度が低い、主婦の地位が低く、女中の存在などによりまだまだ封建的である、などがその理由である。

木村徳国「近代都市独立住宅様式の成立と展開に関する史的研究」（北大工学部研究報告No.18〜21　一九五八年、五九年）にあるように、「洋風応接室の存在は、接客部をこの部屋に縮小・限定することになり、在来の主座敷・次の間形式の主居住部は、居間・茶の間ないしは寝室・居間等に機能的に転化し、家族の生活部は南面好位置に進出して『家族中心』の住宅観に自ら変化していった」点を評価している例もあるが、実際の使われ方を調べると必ずしも接客部が洋風応接室に限定されていた訳ではない。

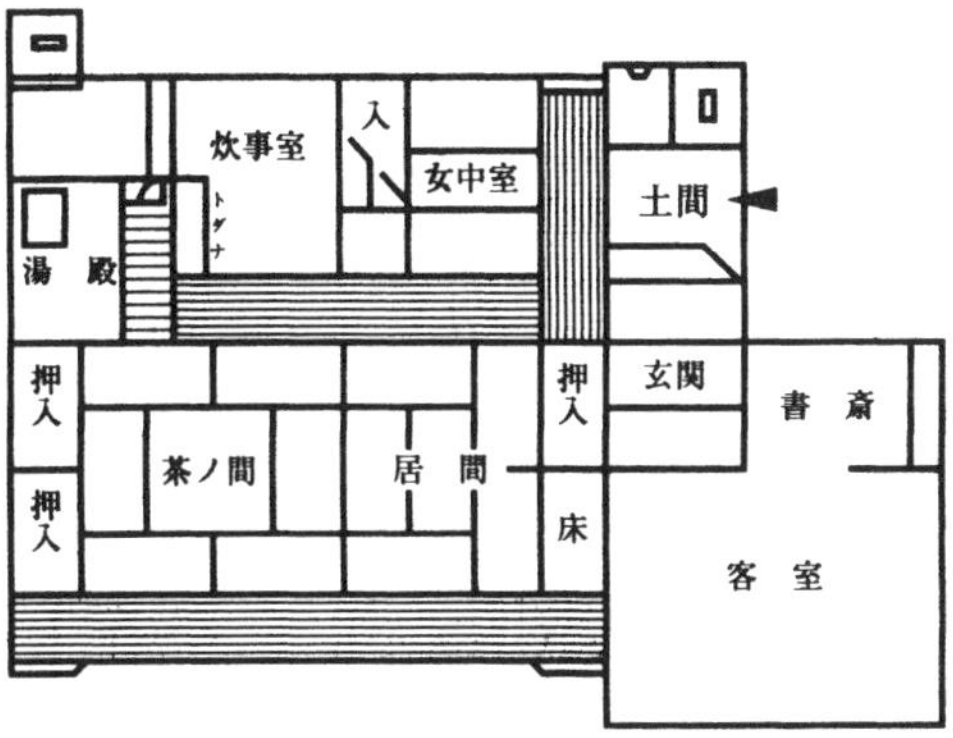

中廊下式住宅。大正６年「住宅」競技設計
１等になった剣持初次郎案

『江戸東京たてもの園物語』（東京都江戸東京博物館　一九九五年）に収録されている座談会「江戸東京の建築に再注目」でも、このタイプの住宅での生活ぶりについて建築史家・渡邊保忠氏、藤森照信氏らの発言が見られる。

大正、昭和時代の中廊下式住宅は、課長クラスの一つの理想像であり、そういう家に住むようになると、会社帰りに部下を連れ帰り、もてなすというライフ・スタイルが見られるようになる。その典型的な例としての接客の様子を渡邊氏が話している。

まず、客を玄関脇の洋風応接間に通す。お茶が出され、その間、奥の座敷では奥さんが子どもを寝かせるための布団をはぎとり、大急ぎで和風のお膳とお酒を用意。つまり、応接間の奥は和風の座敷でプライベートな空間だが、そこが和風の客間として用いられていたというわけだ。

したがって、中廊下式住宅は明治の和洋併置式の大邸宅を小規模化したものにすぎないと藤森照信氏は指摘している。以前に示した岩崎久彌邸の洋館を洋風の応接間に縮小し、和館部分の中庭をなくして、南側の家族居住部分と北側のサーバント部分を廊下で区切れば中廊下式の住宅と同じことになるというのだ。

中産階級が、彼らの生活意識を背景にして中流規模の住宅を目指した時に、和洋併置の大邸宅がモデルになったことは容易に想像される。

また木村徳国氏の中廊下式住宅への評価は、現代の感覚と等価値でこれをそのままとらえていいのものかという疑問が残る。つまり、現在のわれわれが考える以上に、この時代には自宅における接客の機会が多かったものと思われるからである。会社帰りの夫の同僚の接客や親類縁者の集まりなどが、自宅に持ち込まれる確率は昭和初期までには相当多かったはずだ。その後、本郷や小石川、市ヶ谷、牛込などまでの地域にあたる、第一、第二山の手地域から、住宅地が郊外化するにしたがって、このような接客尊重の住宅様式は衰退していったと考えられる。

この形式の住宅の第一の問題点は、部屋の機能分化が進んでいない点にある。先の座談会でも、子どもの布団をはぎとって和室を客間に転換した時のいじましさが話題になっているが、そのような問題点を身体的感覚で理解し続けてきた結果として、山の手住民の間に次の新しい住宅様式が生まれてくることになる。

大正期の住宅改良、生活改善

大正三年（一九一四年）四月、大阪朝日新聞に、当時パリに在住していた河上肇による「鍵付の戸と紙張の障子」が発表される。

「西洋人の精神的乃至物質的生活を何かに纏めて掌の上に載せて見せろと注文さるるなら私は鍵を出して示そう」として、西洋に来て人々が多くの鍵を携帯していることに驚いたとともに、鍵を西洋の個人主義の象徴として理解し、日本の家屋と西洋の家屋の違いについて次のように述べている。

「鍵を下ろしたる重き戸の代わりに、日本では紙一枚の障子で部屋を囲んでいる。出入自在である。共同主義である。たとひ一軒の家が五間になって居ようと、十間になって居ようと、実は一間の家である。五間六間乃至数十間の室が離るるが如く即くが如くにして、呆然漠然自から一室を成せるものが日本の家である」

河上肇は、西洋の場合、内部と外部を画するのは「部屋」であるのに対し、日本では「家」がそれに相当すると主張し、西洋における「鍵」を中心にした空間の最小単位の違いについて述べている。

このような西洋での生活を体験した進歩的文化人をはじめとする人々から、部屋の独立性に対する欲求が生まれてくるのと並行して、大正時代から昭和初期にかけて住宅改良、生活改善の運動が起こり、やがてそれは激しい大波となって展開するようになる。

大正四年　　わが国初めての住宅懸賞競技設計（報知新聞主催）が行われる。以後数回開催される

大正五年　　住宅改良会の発足（あめりか屋の橋口信助が中心となって、武田伍一ら建築家、大隈重信ら政治家、三角錫子ら女子教育家が参加）。
機関誌「住宅」の発刊

大正五、七年　台所懸賞競技設計

大正八年　　生活改善展覧会開催及び生活改善同盟会発足（文部省主導で佐野利器東京帝国大学教授、考現学の今和次郎らが参加）。
「住宅」競技設計で居間中心型案入選

大正九年　　生活改善同盟会、「住宅改善方針」発表

大正十年　　建築学会大会テーマ「建築と文化生活」
「建築と社会」競技設計、入選案は居間中心型が独占

大正十一年　平和記念東京大博覧会、住宅展示会開催
大阪桜ヶ丘住宅展示会開催
消費経済展覧会開催

こうした一連の動きに示されるように、大正デモクラシー、大正文化主義を背景にした思想的・倫理的生活改良の流れが住宅を主題にして沸き起こる。これらの運動は女性を含めた一般知識層を中心に民間団体、教育界・学界、文部省、マスコミなどを巻き込んで幅広く展開された。

住宅改良の目指したものについて建築史家の藤岡洋保氏は、それは家族重視の洋風生活を導入することであり、具体的には「椅子座式の採用」「家族の団欒」「プライバシーの重視」「台所の改良」といった点であったと述べている（『失われた帝都東京―大正昭和の街と住まい』柏書房　一九九一年より）。

さらに「家族の団欒」については、それが現代では当たり前のことになっていること自体が生活改善運動の成果だということができるとし、「住宅を家族本位にしようというのは当時においては革新的な思想である」と断言したうえで、「具体的には洋風の居間（家族の団欒の場）を中心とする平面計画を採用し、子供も含めて家族の構成員に個室を与えることを意味する。障子や襖で仕切るのではなく、ドアで隔離された個

室を与えるというのはそれまでの日本人の生活様式にはまったくなかったものだった」と、その運動を大いに評価している。

居間中心住宅を生みだした生活意識

日露戦争以降進行した日本の産業革命は、第一次大戦後、軽工業から重工業への転換を起こし、工業生産が農業生産を上回るようになった。その結果、日本における近代資本主義が確立し、東京の都市化は急速に進んだ。

官庁街、ビジネス街、下町・臨海の労働者街が形成され、東海道線、東北線、中央線、山手線などの鉄道網が整備されていく。また、路面電車、市街自動車も運行を始める。またこの頃、日比谷公園、東京駅が完成し、公衆電話やビヤホール、カフェ、デパートなどの新風俗が登場し、帝国劇場、東京歌劇座などの近代的な劇場もできた。

これら都市化の進行や資本主義の発展は、生活の豊かさや文化的多様性を生み出すと同時に、東京における貧富の差の拡大や近代社会の落伍者を生み出していく。これに対してキリスト教から社会主義にいたるまでさまざまな思想、宗教団体などが問題の解決を目指して活動を展開するようになる。

生活改善運動は、まさにこうした状況の中で展開されていった。民間、行政の両サイドで行われた生活改善運動を比較すると、民間では生活の理想像を提示する啓蒙的性格を持っていたのに対し、行政側では社会主義や婦人解放運動の盛り上がりを抑制し国家社会の安定をはかろうとする政策的な性格を持っていたと言えよう。

明治三十六年に「家庭の友」を創刊した羽仁もと子や、「家庭雑誌」を発刊した堺利彦らは、民主的な家庭生活を基盤とした生活の合理化や簡素化をすすめ、主婦を「家庭管理の主宰者」と位置づけている。これに対し文部省は、技術主義的な立場から生活改善運動をすすめ、それは形を変えて良妻賢母主義の女子教育ともなっていった。

官民それぞれの生活改善運動は、異なる傾向を示しながらも対立することはなく、むしろ相補い刺激しながら展開されていく。この官民それぞれの運動の奇妙なバランス関係が、山の手の家庭における生活意識を象徴的に示しているのではないだろうか。

生活経済学者の森本厚吉は、目標とする生活を「文化生活」と総称し、それを実行できるのは都市の中流階級、とりわけ知識階級であるとして、彼らを中心に運動を実践しようとした。まさに「山の手」の住人がその対象とされたわけだ。

一般的に言ってこの時代の山の手の住民は、経済発展の恩恵を受け、社会階層としては中の上以上の生活をしていて、その多くが教育のレベルも高く知識階級として先進的な思想、信条の理解者で、文化的教養も高かった。大正期には、そのような人々を対象にした数々の生活改善の展覧会が開かれた。

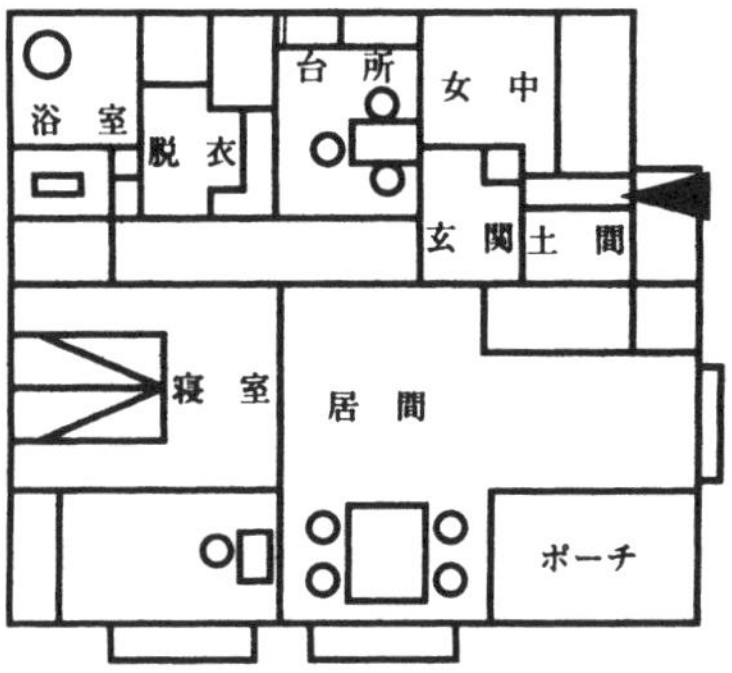

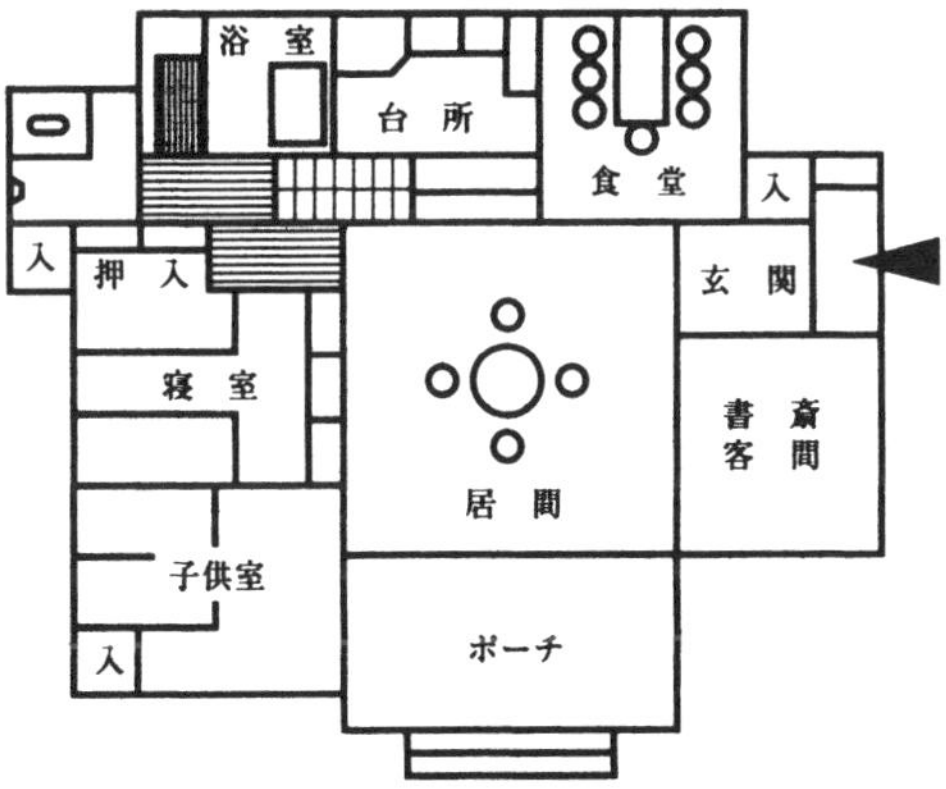

大正11年平和記念東京大博覧会実物住宅展示会に出品された居間中心住宅。
上・生活改善同盟会出品のもの
下・あめりか屋出品のもの

例をあげると、日本女子大学、津田塾、日本基督教婦人矯風会などが出展したもので、節約を奨励し、浮華軽佻な消費を戒めた「消費経済展覧会」（大正十一年）、三越百貨店で行われた「家庭電化展覧会」（大正十二年）、「新設計台所展覧会」（大正十五年）などがある。

また、「婦人之友」「婦人公論」「主婦の友」「婦人倶楽部」「女性」「女性改造」などの婦人雑誌が相当幅広い思想的尺度の中で共存していた。これらの雑誌は、戦前の山の手の家庭には必ずどれかは存在していたものので、戦後に古本となったそういう雑誌を眺めることなどで親の世代のものの考え方を理解するのに役立った。

目指すは、家族本位の生活

さらに述べると、山の手の生活意識のベースとなっているものに社会的地位や経済的安定と、思想的革新性や教養水準の高さとのバランス性があると思われる。

大正九年の時点での日本の政治エリート三百三十一人の教育水準と政治的地位の調査を見ると（高根正昭の調査『日本の政治エリート』中公新書　一九七六年による）、華族は教育水準と政治的地位の関係がほとんどないのに対して、士族では高等教育を受けることが高い政治的地位を得るために必要であり、それ以外の身分では高等教育を受けることが決定的に重要になっている。

一般に知識階級は、高等教育や海外留学などで習得した学問や技術によって社会的・経済的な地位を築くことが多い。しかし、その知識のバックグラウンドにある価値観や理念・信条なども同時に摂取されがちである。キリスト教や共産主義思想などがそれに当たることになるのだろうが、こうした思想・信念が社会改革の方向に向かわず、家庭の中に向かっていったのが山の手住民の特殊性であろう。家族本位で合理的な生活を営み、文化を楽しむことがその目標となったのである。

山の手の生活様式の特徴をいくつか挙げてみよう。虚礼廃止や悪習の打破による生活の簡素化、家事労働の軽減と能率化、健康な生活のための衛生面の向上、接客本位でない居間中心の住宅、椅子式の生活、さらにはスポーツや音楽などの多彩な余暇活動などである。

この中の「居間中心住宅」について、建築家ヴォーリズ（一八八一年〜一九六四年）は大正十二年に、その住宅論『吾家の設計』（一九二三年）及び『吾家の設備』（一九二四年）において、実際の住宅設計の手順と内容を次のように説明している。

「文化生活にあてはめる住宅を建てるならば、第一の目的は台所にあります。……台所が完全にできたら第二の目的は寝室です。……台所と寝室があれば家です。けれども家とホームは違います。居間ができて初めてホームの資格になる。そしてホームを完全にするならば、少しでも多く子供のために特別の設備を考えなくてはならん」

モダン東京人と郊外住宅地の発生

大正末期の頃になると、山の手の住人も世代交替の時期を迎えることになる。

明治時代に立身出世を目指し故郷を後にした人たちは、いずれは故郷に帰りそこに骨を埋めるつもりだった。その典型が森鷗外である。明治五年に十一歳で石見・津和野から上京し、戸籍も東京に移して、死ぬまで東京に住んだにもかかわらず、鷗外は次のような有名な遺書を残した。「死ハ一切ヲ打チ切ル重大事件ナリ奈何ナル官憲権力威力ト雖此ニ反抗スル事ヲ得スト信ス余ハ石見人森林太郎トシテ死セント欲ス」

しかし、彼らの子どもの世代は生まれた時から東京で生活しており、「江戸東京」の伝統と「近代」の文化を併せて身につけることができた。

明治十二年小石川で生まれ、アメリカ、フランスで学び、帰国後、山の手（大久保余丁町及び麻布市兵衛町）に住みながらも下町を徘徊した永井荷風のような特殊例をのぞけば、彼ら山の手の二代目住人たちは、家族中心の生活意識や衣食住における洋風の生活が身についており、それらを自由に展開できる場としての郊外住宅地に新鮮さを感じている。

例えば、作家、文筆家の山田邦子は「婦人公論」大正十三年五月号で次のように述べている。

「東京の郊外は、いまだ若さのふくまれた明るい生々しさが動いていいます。……東京には土にも人にも若い味があります。排他的でない暖かさがあり、おのづからなる創造力がひそんでいます。之が東京の味です」

郊外住宅の理論的拠り所となった田園都市構想は、ロンドンの都市問題が深刻化していた今世紀初頭に描かれたものだった。ハワードによる"Garden Cities of Tomorrow"が一九〇二年（明治三十五年）に刊行されたのを契機に、都市の文明的利便性と田園の自然環境を結びつけた「田園都市」が提案され、職住近接の小都市が提案されたのである。

最初の田園都市レッチワースは、一九〇三年（明治三十六年）に、ロンドンの北六六キロメートルの土地に建設されている。日本でも一九〇七年（明治四十年）には内務省地方局有志により『田園都市』が出版され、一九一三年（大正二年）には東京信託株式会社により府下荏原郡駒沢村、玉川村の造成地（後の桜新町）の分譲が行われるなど、早くから関心を持たれていたが、一九二三年（大正十二年）の関東大震災による被害を契機として郊外住宅地の発展が一挙に進むこととなった。この前後の時期、田園調布（多摩川台の改名）、目白文化村、国立の学園都市、成城などの多くの郊外住宅地が開発されていったのである。

田園調布、目白文化村の暮らし

このような郊外住宅での暮らしについて、江戸東京たてもの園に移築された田園調布の大川家の夫人大川満子氏は、『江戸東京たてもの園物語』の「田園調布・分譲初期の暮らし」で次のように語っている。

「関東大震災で家が壊れてしまいまして、それで、田園調布に移り住むことになりました。……そのころは二十、三十軒の家が建っている程度で、四丁目の私どもの家から田園調布駅の赤い屋根が見えていました」

「渋沢栄一さんは、田園調布の景観とそこでどういう生活をするべきかということを、お考えになっていらしたんでしょうね。契約時の約束事として、建物敷地は宅地の半分以下とし、家の周りに土塀などの囲いはしないようにとありました。ですから、どこの家もお庭が広く、周りは植木で囲う程度で街全体が開放感にあふれていました。そんな明るい環境のせいでしょうか、お友達とは庭から出入りするというフランクなお付き合いでした」

「部屋も、居間を中心に蛸の足のように広がっておりまして、南側の庭に面した書斎や居間、寝室などはさんさんと日の光が入ってきて、明るくて気持ちいい部屋でございました。居間には庭へ出られるドアがございまして、家族の者もご近所のお友達も、そこから出入りしておりました」

またこの他にもこの記事では、ガラス戸でつながっている続き部屋の居間と食堂、収納式の台所、水洗式のトイレなど、当時の日本にはめずらしかった住宅設備について、また、麻布の第三高女でアメリカ人の教師に洋裁を習い、子どもたちの普段着は手作りしたことや、婦人会で西洋料理の勉強のため帝国ホテルへ試食に行ったこと、子どもたちのおやつに自家製のクッキーやアイスクリームを作ったこと、庭にバラのアーチを造りアメリカから種を取り寄せて花を育てたことなど、最先端の西洋式のライフ・スタイルについて語られている。

また、目白文化村の生活についても、野田正穂らが『目白文化村』（日本経済評論社　一九九一年）で、「目白文化村で繰り広げられたさま

江戸東京たてもの園に移築された田園調布の大川邸（写真　門馬央典）

ざまな個性的生活を通して共通してみられるのは、それぞれの家庭が慣習にとらわれない新しい生活を追求していることである」と述べているように、当時の郊外住宅地ではホームパーティーが行われたり、ピアノやレコードを聴いたりする家族の共同生活が重視され、食堂兼居間が家族が集まる共同の場となっていた。

　このような居間中心型の家は、山の手における新しい生活意識が生んだ住宅様式であり、郊外住宅にその典型が表されているが、このような意識はまだほんの一部の人々のものでしかなく、したがってこの住宅様式によって建てられた家の実例は非常に少なかった。戦後、この「居間式」が都市住宅の基本形になっていくわけだが、それが戦前の山の手を継承したものであるかどうかは疑問である。

コミュニティに根ざした郊外生活

　もう一つ、郊外住宅における革新性としてあげるべき点に、家の周りに塀を造らなかったことがあげられる。前述の田園調布の大川満子氏の思い出にもあるように、家だけでなく街全体が開放感にあふれ明るい環境を保てたため、近隣住民とはお互いの庭から出入りするようなフランクな交際ができた。また、目白文化村での住人の証言にも「見通しがよくてどこの家にも入っていける感じでしたし、実際にも自由に通り抜けて遊びました」（前出『目白文化村』坂西まゆみ氏談）とあるように、山の手の住宅として初めてコミュニティとのつながりが生まれている。

　一般的に、山の手と下町を比較して、下町は路地と長屋に代表される開かれた生活文化を持ち、町内というコミュニティ意識が豊富であり、人間的な暖かさを感じさせるのに対し、山の手は塀と独立住宅に代表される閉ざされた生活文化しかなく、囲まれた空間の中で家族中心にものごとが行われ、コミュニティ意識がなく、土地とのつながりが希薄なため、冷たい感じがすると言われる。

　たとえば、和辻哲郎は『風土』（一九三五年）の中で、

「もう少し進んでこの『洋服』を着た『洋館』に住む人を追求してみよう。彼はその洋館の前庭に芝生を敷き花壇を作っている。それは彼とその家族とがそこにおいて楽しむためである。しかし、彼は町の公園に対しては何の関心も示さぬ。公園は『家』の外にある、だから他人のものである」

　と記しているように、実際に山の手の生活は塀の中で行われていた。この問題の重要性に気づいた人たちが、コミュニティに根ざした新しい生活様式のモデルとして、欧米、特にアメリカの生活を念頭においた理想的な生活を営むことを目指し、その舞台として選んだのが郊外住宅地における居間中心型の住居なのであった。

　田園調布では、渋沢栄一の理想主義を実現した結果として個々の住宅に塀を造らせなかったため、日本の都市型の独立住宅としては初めてオープンな街並みが生まれた。「塀をつくらず、低い生垣とし、外から庭を見ることができるようにする」という紳士協定を守る中で、この住宅

地が掲げる田園都市の理想への共鳴と自分たちの住む町の環境を自ら守っていく精神が生まれ、コミュニティ意識が育つようになった。

また、他の郊外住宅地の例をあげると、大和郷における自治組織（町内組織としては日本最初の社団法人）によるクラブハウスでの自治活動や、幼稚園を住民が自主運営していたことに示されるようなコミュニティ活動や、目白文化村における「ハッカ会」（町内組織）によるプールの寄付、子供会、音楽会などの草の根的コミュニティ活動があげられる。現在でも練馬区の「みどりのモデル地区」として存続している城南文化村で行われた組合活動による環境づくりなどに、郊外住宅地が目指した理想主義によって芽生えたコミュニティ形式の事例を見ることができる。

さらに小原国芳による成城学園や玉川学園の住宅地、羽仁もと子による自由学園南沢学園町開発に見られるように、教育的理想の実現と結びついた郊外住宅開発もある。

現在においても、これだけしっかりとしたコミュニティ形成を目指した住宅地開発がほとんどないことを考えると、われわれは今一度これらの郊外住宅地が持っていた生活の内容とその根幹にある生活意識を振り返ってみる必要があるのではないか。

戦後、山の手はどうなった

山の手の生活様式は継承されているか

山の手の住宅史を振り返ってみると、そこに見られるのは、江戸の生活様式に西洋文明を取り入れ、それを日本なりのライフ・スタイルに落ち着かせる努力の積み重ねであった。

江戸時代の「国内国際性」という言葉に代表される完成度の高い生活様式を継承しながら、開国に伴う新しい西洋文明の導入に対応し、それにふさわしい住空間（住宅と住宅地）を造りあげる工夫が絶えずなされてきた。その一応の成果は、郊外住宅地における居間中心型の住宅での家族中心の生活様式として結実した。そして、この住宅様式は2LDK、または3LDKと言われる形をとる戦後の住宅に受け継がれているようにみえるが、それは果たして真実なのだろうか。

戦後の混乱期を脱し、経済的にもゆとりが出て、最小限の間取りと設備しか備えていない住宅の役目が終了した高度経済成長期以降、人々の目指した住宅は○LDKという表現で示されるようになった。家族の構成人数分の個室があり、主婦が働きやすく、電化製品の揃ったシステムキッチンのある台所（K）を持ち、家族が集まることができる居間・食堂（LD）中心というものだった。これは一見、戦前の住宅様式を引き継いだもののように見えるが、実はまったく別のものである。

その理由を理解するためには、戦前の山の手の郊外住宅のモデルとなったアメリカの郊外住宅の基本的性質の変化をたどらなければならない。

アメリカン・ウェイ・オブ・ライフ

アメリカにおける郊外住宅は戦後激しく変質していた。戦前のピューリタニズムに裏打ちされた中産階級の郊外住宅に対し、終戦後は（特に復員軍人の）住宅不足に対応するためレヴィット・タウン（一九四八年）に代表されるような大量生産方式の住宅が建てられた。

レヴィット・タウンとは、ウィリアム・レヴィットにより、マンハッタンの東四〇キロメートルのロングアイランドのじゃがいも畑に開発された一万七千戸の住宅地で、八万二千人の人が住んだ。基本的な住宅のコストは七九九〇ドルで、頭金は五八ドル。当時の自動車工場労働者の週給は六〇ドルで年収は三〇〇〇ドルであり、モデルハウス前には長蛇の列ができ、次々と契約が成立したという（三浦展『家族と郊外」の社会学』ＰＨＰ研究所　一九九五年）。

分業に基づく住宅建設方式が確立された結果、工場労働者を含む広汎な大衆が郊外住宅地に住み、そこを基盤にしていわゆる五〇年代以降の豊かなアメリカの消費生活が展開されていく。

アメリカにおける、大衆レベルでの郊外住宅地における生活様式は、「アメリカン・ウェイ・オブ・ライフ」として、テレビや映画の映像を通して日本に入ってきた。『パパは何でも知っている』『うちのママは世界一』『陽気なネルソン一家』『ビーバーちゃん』などのアメリカンホームドラマは、テレビ草創期の日本で視聴者に強力な影響を与えた。

『パパは何でも知っている』の舞台はスプリングフィールドという名の郊外住宅地のサウス・メイプル・ストリート607番地にあるケープコッド型住宅である。明るく、陽気で、清潔な世界に描かれた、冷蔵庫などの電化製品や自動車などのある生活は、戦後の混乱を乗り切り、経済的な安定を迎えつつあった昭和三十年代後半から四十年代にかけての日本人にとって夢のように見えたと同時に到達すべき目標ともなった。

戦後日本の大衆社会

戦後の日本社会を特徴づける言葉を一語だけ選ぶとすれば、それは「平等」であろう。戦後復興期には重要な価値観をともなっていたこの言葉は、経済的豊かさが実現していく中で段々に個人の自律を否定し、すべての人間が一定の枠の中で同じような行動をすべきであるという強制となって、人々の生活を拘束する力を持つようになってしまった。

しかしこの言葉は、階級制度の否定、財閥解体、農地解放などの民主化政策の理念的価値観となり、大衆社会の実現に役立った。経済的合理性という価値観のみが、だれもが納得する「平等」の実現になり、私たちの生活は商業ベースによる消費活動の中に巧みに組み込まれていった。

『うちのママは世界一』などのテレビ番組を通して、日本人の夢となったアメリカの郊外住宅のライフ・スタイルは、日本でも家電製品の普及などから徐々に広まり、豊かになるにつれて商品としての郊外住宅が成立するようになっていく。それは一九八〇年代に、ショートケーキハウスと呼ばれる、出窓、白い外壁、フローリングの床、システムキッチンを備えた画一的な住宅となり、第三、第四山の手と呼ばれる東京郊外の住宅地に展開される光景となった。

こうしたショートケーキハウスに代表されるような日本の郊外住宅は、戦後の「豊かなアメリカ」を実現する商品として大衆消費社会が生み出したものであり、戦前までの山の手が育んできた居間中心の郊外住宅とはまったく別物と考えるべきである。

なぜ戦前の山の手の居間中心型の郊外住宅は戦後に継承されなかったのか。そして、なぜ戦前の家族中心の生活様式が戦後の民主化の時代になり評価されないままに消えていったのかをここで改めて考えてみたい。

新しい生活様式が生んだものは？

明治維新後西洋文明が日本に入ってきて、江戸三百年の間に確立された私たちの生活様式は、根本的な変革を余儀なくされた。そして、西洋の文明を受容しながら日本の歴史的遺産の継承をも図りながら、新しい生活様式を築きあげることが目指された。

たとえば言語について言うと、西欧の言葉を新しい日本語に翻訳するとともに、近代社会にふさわしい新しい文体を模索し、夏目漱石の頃になってそれはようやく確立するに至った。

住宅においても、今までの生活様式の中から西洋文明を導入した新しいスタイルを生みだし、それに基づいた新しい住宅の創作を目指していた。

こうした新しい生活様式の創造は、その生活の背景となる生活信条、モラル、あるいは生活規範といった精神的なものが存在して初めて可能になる。

今まで慣れ親しんだ生活から脱却し新しい生活を現実に創りあげるには、かなりの精神的強靱性が必要であり、自己の生活信条に対するゆるぎない信頼がなければならない。こうした精神性の結実として家族中心の生活様式と居間中心の郊外住宅が生まれたと考えるべきである。

しかし、これらを実現した住宅の例が非常に少なかったことが示すように、残念ながらこの新しい生活様式は一部の人々のものでしかなかった。この新しい生活を創り出すもととなったのは、武士道や江戸の商人、職人に受け継がれてきた生活倫理と、明治になって入ってきたプロテスタンティズムとその背景としての西欧文明であった。

これら新しい生活モラルは、国際的視野に裏付けられ、道徳的緊張のもとで育まれ、革新的創造性に富んだものだった。この質の高い生活信条が基礎となって、家族中心の新しい生活様式が築かれたと言える。そして、これこそが山の手の生活意識であったはずのものなのに、それは戦争によって崩壊し、戦後に継承されることがなかった。

この問題を深く検討すれば、結局のところ文明と文化の問題に突き当たってしまう。内村鑑三や福沢諭吉らが指摘しているように、明治国家による文明開化はその背景となる精神的基軸（内村鑑三で言えばキリスト教であり、福沢諭吉では自律した人間精神）を同時に受容しなかった。その結果として市民社会が未成熟であり、国家主義の台頭を許してしまったため、自律した市民生活を築けなかったということだ。しかし、これは今まで度々指摘されてきた結論である。

さきに述べた生活改善運動でも、羽仁もと子や堺利彦らが目指した民主的な家庭生活のための運動と、内務省や文部省主体の民力涵養運動や良妻賢母の女子教育が対立することなく全国的な規模で拡がっていった結果、戦時下には「ぜいたくは敵だ」のスローガンとなって国民生活の統制に道を開いてしまった。自律した市民が存在し、しっかりとした生活意識を持っていなければ新しい生活様式の創造は困難なのである。

しかし、この問題を真正面から取り上げるのは本稿の分を越えるところであり、今後の課題とさせていただきたい。

ただ、これからわれわれが質の高い生活様式を創造し、住宅様式においても新しい形を築き上げるためには、個人の自律の上に生活信条やモラルのような精神的基盤の確立を今一度模索することが必要だろう。戦前のエリート層を形成していた山の手仕人たちの中には、精神性を欠いたテクノクラートとなったあげく、学閥意識、エリート意識、大国意識の妄想の中でどうしようもない堕落に陥っていった者も多い。例をあげると、『伜・三島由紀夫』（文藝春秋　一九七二年）を書いた三島由紀夫の父親・平岡梓（東京帝大法学部卒で農商務省の局長を務め、退官後国策会社に天下り）の文章を読むと、戦後山の手の生活文化がその精神的基盤を失うことによっていかにひどい状況になっていたのかが理解される。

福沢諭吉が『文明論之概略』の中で、あえて、もっともむずかしい人間精神の問題から、ものごとに取り組むことの大事さを指摘していたことを提起して、本稿を終わりたい。

【1−5−D】 奥須磨子「郊外の再発見——散歩・散策から行楽へ」（奥須磨子・羽田博昭編著『都市と娯楽——開港期〜1930年代』日本経済評論社、二〇〇四年、一九三〜二一五頁）

はじめに

近代の東京においては、一九〇〇年前後に、郊外の光景あるいはそこを逍遥・散策することが一部の人の関心を惹くようになった。そして、一九一〇年代半ば以降その関心がより多くの人々のあいだに広まるにつれ、一九二〇年代半ばころから、郊外あるいは近郊に出かけて楽しむことが広く東京住民の娯楽の一つになっていったと考えられる。

一九二〇年半ば以降の東京において郊外あるいは近郊へ出て遊ぶことが人々の娯楽になっていったと推測するのは、国会図書館および都立図書館の蔵書目録から歴史・地理・地誌・紀行に分類されている一九四五年以前出版のものを拾い出すうちに気づいたことが根拠になっている。気づいたことが二つある。一つは一九一〇年代半ば以降、とくに一九二〇年代に入るころから一九三〇年代末にかけて、東京の郊外・近郊案内書および類似の書物が数多く出版されていることである。もう一つは、それらのうちで、「行楽」という言葉が、一九三〇年代の案内書の表題中にしばしば用いられている、すなわち東京郊外・近郊案内書界でこの言葉がもてはやされたらしいことである。これらを根拠に、冒頭のような仮説を立ててみた。表題中に「郊外」「近郊」あるいは「行楽」という言葉が用いられている単行本刊行の推移を手がかりに、同時期の新聞・雑誌も参照しつつ、この仮説を検討してみたい。

もっとも、都市居住者が郊外へ出かけて楽しむこと自体は、近代になって初めて行われたものではない。前田愛が次のように指摘している。東京が江戸と呼ばれていた時代、一八〇〇年代初頭から「行楽趣味」が「江戸市民のあいだに普及した」、すなわち「行楽の大衆化」が生じ、それは一八三〇年前後に江戸市民のあいだに「郊外という都市空間の発見」をもたらした。[1] この指摘を踏まえるならば、一九一〇年代半ば以降に起きたことは、東京市民による郊外の再発見と言うのが妥当であろう。

第一節　忘れられていた郊外

一九一〇年代半ば以降を見るに先立って、まず、それ以前の様子を概観しておきたい。一九一四年以前に刊行されたものを拾い出すと、左の六点となる。

一九〇〇（明治三三）年　『郊外散策』（『文章世界第一巻四号臨時増刊）椎の舎信成　文学同志会

一九一〇（明治四三）年　『東京近郊名所図会』（『風俗画報』増刊号）東陽堂

『郊外散策　六阿弥陀詣』大浜掬波　服部書店

一九一一（明治四四）年　『八王子案内　附・高尾山及近郊名所』島村愛次郎　熊沢文華堂

『郊外探勝　その日帰り』落合浪雄　有文堂

一九一二（明治四五）年　『東京近郊　遊覧案内』武藤鐸三　毎日新報社

表題中に「郊外」「近郊」「行楽」をこそ用いないが、郊外あるいは近郊への出遊を内容とするもの、「東京近傍」といった類似の言葉を用いるものにまで範囲を広げてみると、右の六点以外に拾い出せるものはもちろんある。(2) それにしても、かつて一八三〇年前後に、『江戸名所花暦』（一名『江戸遊覧花暦』一八二七・文政一〇年）・『東都花暦名所案内』（一八三一・天保二年）・『東都歳時記』（一八三八・天保九年）など、江戸郊外あるいは近郊出遊の実用的な案内記が裏店の住人を含む江戸市民の間で流行したとの指摘を想起するとき、(3) また、後に見る一九一〇年代半ば以降の状況と比べると、少ないという感は否めない。

わけても、一九〇九年以前はいかにも少ない。ただ一つ『郊外散策』を見るのみである。しかも、この内容は、「凡例」が述べるとおり「鎌倉氏末年より徳川氏の末年に至る凡そ五百余年間に輩出せる諸大家の紀行中其妙所」の抄録で、「全国各所に就て広く其材料を蒐集」したものであるから、かならずしも江戸（東京）の郊外を中心に編集されたものではない。案内記の出版状況から推察すると、一九〇九年ころまでの東京住民の多くは、郊外への出遊の楽しみばかりでなく、「郊外」「近郊」という言葉すらほとんど忘れてしまっていたかのようである。

ところで、この時期の東京郊外に関する書物と言えば、現在では、国木田独歩の『武蔵野』があまりにも有名である。これは、一九〇一年の刊行で、(4) 刊行当時は「少しも評判にならず、売れもしなかった。負け嫌ひの国木田は、自分の作品は新しい文学の予言書なのだが、世間の奴等は遅れてゐて、それを理解しないのだ、と言つた」(5) とされている。文学的価値の理解無理解はともかく、『武蔵野』が売れなかった主な理由は何であったか。それは、この時期に東京の郊外および近郊出遊に関する書物の刊行が少なかった理由と同様であったと推測できる。すなわち、一九〇一年当時、東京では「明治維新によって、人口が半減してしまい、郊外への関心は、ほとんど失せてしま」ったままで、いまだ多くの「人びとの関心が郊外に向く」時期には至っていなかった。(6) このような状況を背景に、東京の郊外および近郊の風物を叙述した書物や案内記は、大方の東京住民の関心を惹かなかった、需要されなかったということではなかろうか。

それでも、『武蔵野』の刊行から一〇年ばかり経た一九一〇年代に入ったころには、やや様子が変わってくる。先に掲げた「郊外」「近郊」を表題中に用いる六点のうち五点が一〇年代初めの刊行であったように、まず、複数が続けて発刊されるようになった。そればかりでなく、継続して売れるものが出てきた。落合浪雄『郊外探勝 その日帰り』などは、初版三年後の一九一四年に増補訂正版が出された。新聞広告からすると、翌年も、更に一六年ころまでは売れていたようである。これら案内記の内容はどのようなものであったか、一瞥してみよう。『東京近郊名所図会』（全一七冊）は、『新撰東京名所図会』に続く『風俗画報』の増刊号として一九一〇年二月から翌年一〇月までかけて刊行されたものであるが、その表題が示すとおり、また「緒言」が「江戸名所図会より一層精にして確なる者を作らむと欲する」と明確に述べているように、『江戸名所図会』の増補・改訂版を意図したものであった。つぎの『郊外散策六阿弥陀詣』は、電車・汽車の利用例が加えられている点を除けば、化政期以降よく出版された六阿弥陀詣案内記・案内図のうちの北方案内記そのものである。そして、もっとも継続して売れたと思われる『郊外探勝 その日帰り』はどうであろうか。その目次「もゝのはな…市川」「をまゐり…成田山」が示すように、一八二七年の『江戸名所花暦』が確立した名所分類を踏襲したものである。ただ、「船遊山」「虫聞」に代えて「かいすゐよく」「えんそく」といった項目を取り入れているのは新しい。つまり、これら一九一〇年代前半刊行のものは、概して、一八三〇年前後から郊外あるいは近郊出遊の実用的な案内記として江戸の人々に親しまれていたものの増補・最新版というべき内容のものであった。

これら単行本の刊行に先立って、雑誌では「郊外」を表題に入れたものが一九〇〇年ころから見られるようになっていた。例えば、博文館の『太陽』をみると、国木田独歩「郊外」が一九〇〇年一〇月（六巻一二号）に、生田葵山「郊外の停車場」が〇四年九月（一〇巻一二号）に、田山花袋「郊外」が〇五年四月（一一巻六号）に、戸川秋骨「郊外日記」が一〇年六月（一六巻八号）に、それぞれ掲載されている。また、一九一〇年前後の新聞も、「春は何処へ?·神詣でと郊外散策」（『読売新聞』〇九年一二月二二日）・「近時交通機関の発達に伴ひ、市民多く去って郊外に移住する」（同前一〇年八月一一日）・「由来東京の郊外は、寒村籬落都べて風致に富み、春秋亦各その景を新にす。而て其間、史蹟の尋ぬべきもの亦決して少しとせず」（同前一一年一〇月七日）などと、郊外にまつわる話題を取り上げ始めていた。郊外・近郊という言葉が、改めて人々の前に立ち現れた。ちなみに、一九一一年、東京市の人口は一〇年前の約一・二倍まで増加していたし、市に隣接する五郡のそれは、約一・六倍を超えるまでになっていたのである(7)。新しい市街地が形成され始めると同時によき江戸名所の廃滅が予見されるようになった。この事態を前に、一部の人々はかつての楽しい記憶とともに、出でて遊んだ地すなわち郊外への関心を取り戻し始めた。そのような関心に応えるものの一つとして、先に挙げたような郊外案内記が刊行されたものと考えられる。

第二節　郊外散歩のすすめから郊外ブームへ

一九一〇年代も半ばを過ぎたころから、東京郊外および近郊案内書をめぐる状況は大きく変化していくことになる。その出版点数が明らかに増加するのである。一九一五年から一九二九年までの一五年間を見てみると、表題中に「郊外」「近郊」あるいは「行楽」を用いるものだけに限っても、左の如く一六点を拾い出すことができるようになった。

一九一六（大正五）年　『東京郊外　名所めぐり』小菅広胖・小川煙雨　厚明社書房
『東京の近郊』田山花袋　実業之日本社
『帝都郊外の史蹟』安藤祐専　仁友社
一九一八（大正七）年　『一日の行楽』田山花袋　博文館
一九一九（大正八）年　『郊外探勝日帰りの旅』松川二郎　東文堂
一九二一（大正一〇）年　『郊外名所井之頭公園』小林定吉　文盈堂
一九二二（大正一一）年　『東京近郊写真の一日』松川二郎　アルス
『近郊探勝　其日帰りと一夜泊り』池田紫雲　京屋書房
『東京近郊めぐり』河井酔茗　博文館
『カメラを携へて東京の近郊へ』奥川夢郎　東文堂
一九二三（大正一二）年　『東京近郊　一日の行楽』田山花袋　博文館
『史蹟を探る人々に　東京郊外編』第一高等学校史談会　黎明社
一九二四（大正一三）年　『行楽案内　三円の旅』大村豊吉　東光会
一九二五（大正一四）年　『東京郊外楽しい一日二日の旅』高橋寿恵　九段書房

一九二七（昭和二）年　『東京近郊史蹟案内』一高史談会　古今書院
一九二九（昭和四）年　『東京近郊日帰りの手引』西東社　西東社出版部

このほかにも、「郊外」「近郊」「行楽」は用いないが、東京の郊外・近郊案内書あるいはそのような性質をもつものが多数見出され、数で言えば、少なくとも右に挙げた一六点を上まわる(8)。右には掲げなかったものも含めて概観すると、一九一〇年代半ば以降二〇年代は、表題も様々に、有名無名の様々な書き手になるものが、大小様々な出版社から次々と送り出されるようになっていったことが分かる。現在拾い出し得たもので見る限り、とくに二〇年代前半は東京郊外・近郊案内書出版ブームと呼んでもよいような状況になったと推察される。

この出版ブームを生み出すきっかけを作ったと思われるのが、一九一六年に刊行された二書、すなわち小菅広胖・小川煙雨『東京郊外　名所めぐり』と田山花袋『東京の近郊』である。前書の特徴は、著者の「はしがき」によれば「吾人は元来徒歩散策を主唱す、されど徒歩には限りあり、遠く遊びて一日の快を得んには、交通機関によるを要す、茲に考ふるありて本書は各交通線を経とし、之に沿へる名所旧蹟等を系統的に記し之に説明を加へた」ところにある。鉄道・電車利用を前面に出した点、そして、従来は各沿線別であったものを一冊に網羅した点で画期的であった。この特徴にすぐさま注目した人がいたのであろう、同書は新聞の新刊紹介欄に「都人士の郊外散策の便を図り、その手引たらんとしたるもの、郊外を走る鉄道電車各線を以て一項とし地図を挿みて郊外名所を収録す」（『読売新聞』一六年二月三日）と取り上げられた。その効もあってか、一月一日初版の後、二月五日二版、四月一八日三版と、短期間に版を重ねることとなった。後書はどうであったかと言えば、同じく新聞の新刊紹介欄で取り上げられている。「十数年来紀行文作家として令名ある著者のことなれば読物としても興味あり、先に出したる日本一周と同様なる文体にて此種の書中一新機軸を出したるものと称すべく、近郊散策者の最好伴侶たるべし」（『読売新聞』一六年五月四日）と迎えられた。実用的な手引き書というだけでなく、新しい紀行記として評価を受けるものが東京近郊案内書中に生まれた点で画期的であった。このような二書が一月・四月と続けて現れ、しかも、性格を異にする二書がそれぞれ新しい書として注目されたことは、書き手や出版社を刺激したであろうことは想像に難くない。

一九一〇年代後半には、新聞の調子も変わってきた。郊外に関する話題を取り上げるに止まらず、郊外散歩の効能について語る記事をしばしば掲載するようになったのである。たとえば、年若い女性に「現今に於ても、家の中に引込んでゐてする事計りが多く、たまに外へ出る事があつても、それは芝居へ行くとか三越へ行くとか、人の大勢出盛る処計りで、郊外へ出て清い空気を吸ふとか、遠足をして体育を計るとか言ふ事が一向ない…（略）…三四人の友が集まつて、郊外の散策を企てるのは、ひとり身体の為めによい計りでなく、自然精神も爽快になつて、清い趣味も養はれ、又歴史的の意味ある場所でも探る事にすれば、地理歴史的の智識も養はれる事になるから、どれ程利益があるか知れません」（『読売新聞』一六年四月一四日）と説く。家庭をもつ女性には、秋のころをとらえて「この時期に婦人は出来るだけ機会を作つて散歩をし、郊外の清らかな空気を呼吸して、自然の悠んびりした間に精神を養ひ、体力を養ふ事が必要です…（略）…婦人はどうしても、（出）かけ悪いものですが、仮令半日、一日でも周囲の開けた処へ行つて愉快に遊んで来る事です」（同前一〇月一四日）と勧める。しばらくすると、「お子様を持たれる両親方は特に子供の為めに一週に一度なり又は二度なり、時間を割いて、郊外の延びやかな、空気のよい地に散策を試み」（同前一九年四月一〇日）る一家そろっての郊外散歩を主張するものも掲載されるようになった。こうしてみると、一〇年代後半というのは、女性や子供を主な対象に健康上・教育上の効能を挙げつつ、郊外散歩を推奨する気運の醸されてきた時期であった。

柳田国男が「近年の所謂武蔵野趣味」と書いたのは一九一九年七月のことである。[9] この「武蔵野趣味」の流行は、どこから興ったのであろうか。柳田は「自分の知る限りに於ては故人国木田独歩君を以て元祖と為すべきもの」と言う。たしかに元祖は独歩であったにしても、一〇年代半ば以降におけるその普及にあずかって力のあったのは、鳥居龍蔵を代表とする武蔵野会の活動ではなかったか。武蔵野会が発足したのが一六年七月、その機関紙として『武蔵野』が創刊されたのは一八年七月である。そもそも武蔵野会は、考古学・人類学者の鳥居ら数人が各自の専門の余閑に武蔵野を中心としてその旅行や家庭の会食会をするというのんびりした集合を目的として始まったという。ところが、その二年後、機関紙『武蔵野』を創刊し、創刊号に会の目的を「武蔵野の自然並に人文の発達を研究し且つ其の趣味を普及する」と明文化したころには、早くも一〇〇人以上の会員を有するまでになっていた。たちまちにして多くの会員が集まった理由について、鳥居は創刊号「本会の設立と雑誌発行の趣意」で次のように述べている。「之れまで武蔵野をバックとした、自然人文の会合が起りさうであつて未だ何人もそれを企つる者がなかった…（略）…必要をとくに感じて居つたにも拘はらず、知らず識らず其儘になって」いたからであると。換言すれば、一〇年代半ば過ぎというのは、東京住民の多くがその郊外・近郊への関心を取り戻し、そして、その関心を満たす機会を積極的に求めようとする人々が増加した時期であった。「この時に当て忽然と」設立された同会は、「何人と云へども苟しくも武蔵野に興味と同情ある者なれば来つて会員たる事が出来ます」と掲げるとおり、発足時からその門戸を研究者以外にも広く開いていた。機関紙『武蔵野』創刊後は、二年足らずの間に会員実数が六五〇人に達したと言う。また、同会は当初から会員以外も参加できる研究旅行・談話会・講演会などの活動を活発に行った。そのような諸活動のうち、とくに注目したいのは百貨店を会場とした催しである。一九年七月二六・二七日、同会は第一回「武蔵野会江戸研究資料展覧会」および講演会を上野広小路松坂屋で行った。[10] このような女性や子供が訪れる百貨店を会場とする催しは、会員はもちろん会員以外の、女性や子供を含む、より広範な人々の間に武蔵野への関心をかき立てたに違いない。こうした機会を通じてかき立てられた関心が、人々の内で、古くから武蔵野と呼ばれてきた東京の郊外・近郊を研究したいあるいは趣味的に味わいたい、実際にそこを散策したいという欲求に凝固していったとしても不思議はない。つまり、一〇年代後半は、新聞などを通じてなされる郊外散歩の推奨や武蔵野会による武蔵野趣味の普及活動などに促されつつ、東京住民の多くが郊外・近郊散策欲求を高めていった時期と言える。

こうした一九一〇年代後半期を経て二〇年代に入るころには、東京に在る広範な人々が、それぞれの欲求に応じて、この欲求を実行に移すための伴侶すなわち案内書を求めるようになっていた。すなわち、二〇年代前半の出版ブームは、柳田国男言うところの「武蔵野趣味」の流行、郊外・近郊散策欲求の高まりを反映したものと理解することができる。ちなみに、二〇年前後の数年間は、「郊外」「近郊」ばかりでなく「武蔵野」という言葉がしばしば目に飛び込んでくる時期でもある。先には挙げなかったが、必ずしも案内書として書かれたわけではないものも含めると、「武蔵野」を表題中に用いる単行本が毎年のように刊行されていた。[11] 郊外・近郊案内書ブームは武蔵野書ブームでもあったのである。独歩の『武蔵野』が少しも評判にならず売れもしなかった一九〇一年ころに比べると、様子は一変していた。

一九二〇年代には、様々な人たちが案内書の書き手として登場する。先に掲げたなかに見える田山花袋と河井酔茗だけでなく、磯ケ谷紫江・

森暁紅・矢田挿雲といった著名な文人たちが、競うように東京郊外・近郊に関する書を刊行した。また、大村豊吉のような鉄道関係者や一高史談会のような教育関係の手になるものもあった。他にも、無名の、すなわち今となってはどのような人物であったのか容易には知り得ない書き手たちも多くいた。様々な書き手のなかでも、とりわけ注目されるのは田山花袋と松川二郎である。花袋は、すでに見たように、一六年刊行の『東京の近郊』で出版ブームのきっかけをつくったのみならず、その後も、一八年『一日の行楽』、二三年『東京近郊　一日の行楽』と書き継いで行く。『東京の近郊』は二〇年に『一日二日の旅　東京の近郊』と改題して再刊されるが、その際にも改めて新聞に取り上げられた（『読売新聞』二〇年八月一七日）。後の二書も、当時の大出版社博文館から刊行されたことも手伝ってか同社発行の雑誌あるいは新聞で紹介され、たびたび広告もされた(12)。花袋が出版ブームへの道を開き、そしてブーム期には主要な書き手としての位置にあったことは明らかである。

　他の一人、松川二郎は、一九一九年に『郊外探勝　日がへりの旅』を東文堂から刊行し、東京郊外・近郊案内書の分野に参入した(13)。この書に関して言えば、文章は軽妙であるが、その構成・内容はとくに画期的というほどのものではない。むしろ、花袋の特徴とされる会話の多い文章であること、さらには、花袋に依拠した箇所、類似した表現が散見され(14)、『東京の近郊』を傍らに執筆したかと思われるほどである。また、この版元である東文堂は、その所在地が「東京市中外渋谷二四三番地」であったことからすると、それほど大きな出版社ではなかったと想像される。そうであるならば、出版物の広告なども博文館ほど十分にはできなかったかも知れない。それでも発刊年内に版を重ねていることからすると、売れ行きは良かったのであろう。松川二郎については、「東京世田谷の池尻に住んでいたというだけで、その履歴は全くわからない(15)」とされてきたが、一八八七年福井県生まれで、この時三二歳。彼にはこの時までに読売新聞の記者として同紙に旅行記を連載したりしていた実績があり、また、『南米と南洋』『四季収穫蔬菜栽培法』など数冊の編著書もあった(16)。とは言え、花袋が日本自然主義の主要な作家として、また紀行文作家としても、すでにその名を確立していた有名人であったのに比べると、その知名度ははるかに低かったと推察される。しかし、この後、二二年にアルスから出した『東京近郊写真の一日』は新聞や雑誌で取り上げられ(17)、二八年には博文館から『趣味の旅　武蔵野をたづねて』を出し、東京郊外・近郊案内書分野での位置を確かなものにして行く。同時に、日本全国を対象とする旅行案内書の分野にも進出し、後の人をして「もしどこにも就職せずに旅の記事だけで暮らしをたてていたとしたら、この松川二郎こそ、わが国最初のプロの旅行作家といえようか。そして趣味の旅を普及させた功労者でもある(18)」と言わしめるようになった。

　松川二郎という新しい書き手が登場し、活躍することになった背景にあったのは、もちろん案内書に対する需要すなわち東京住民の郊外・近郊散策欲求であった。しかもそれは、一九一〇年代後半期のそれよりも一段と強くなった。二〇年代には、雑誌を開けば、挿画か小説か紀行記か、あるいは論説か短歌か、はたまた新刊紹介か、いずれかで郊外ないし近郊という言葉を目にしない号はないというほどになっていた(19)。新聞を見れば、「花咲く郊外　美しい自然に子供の健康を託せ」（『読売新聞』二三年三月一八日）「子供は郊外へ　外国では遊山が大流行　殊に日曜日は大賑ひ」（同前四月二九日）と、引き続き郊外散歩の効能が説かれ、その必要性が強調されていた。しかも、「子供を郊外に連れて行つてユツクリ自然の中に遊ばせる様に殊に暖かい春日の日光浴をさせることは最も望ましいことです…（略）…お休み中は子供を活動や興業物など人混みの中にやるよりその方がどれ程よい事か…（略）…腺病質、神経過敏、栄養不良の子供などは毎日でも弁当持ちなり若しくは田舎に託するなりして自然に親しますがよいでせう」（同前三月一八日）などと、その口調は一段と強くなった。これに加えて、新聞は、二〇年代に入ると、郊外・近郊を走る鉄道の沿線情報・案内を相当な紙面を使って掲載するようになった。初めは「一日の暑を避ける近郊の遊覧地（一）東武、京成、王子の三沿線」「一日の暑を避ける近郊の遊覧地（二）池袋起点の武蔵野、東上線」（『読売新聞』二〇年七月二五・二八日）のような連載記事で始まった。それが、二〇年代半ばころには、半頁あるいは一頁全部を使った特集形態のものが登場するようになる。たとえば、「一日の避暑地を訪ねて」の総題のもとに「東武沿線の名勝　京王電車にゆられて　清涼の玉川々畔へ玉川電車にゆられて　京浜電車沿線の名勝を訪ねて　王子電車沿線の名勝　多摩川の水泳と納涼目黒蒲田電車を利用して秘れたる一日の清遊地城東電車沿線の風光」（『読売新聞』二四年七月二八日）と、多数の沿線案内を一挙に掲載する。同様に、季節が変わると「晩秋の郊外を訪ねて」の総題で「京浜沿線の風光と名勝　清閑を利して郊外の風光に接せよ（京王電気の沿線）　武蔵野鉄道沿線の風光」（同前一一月二八日）を案内するといった具合であった。電鉄会社などとの提携記事もあったかもしれない。いずれにせよ、徒歩による散歩というより鉄道を利用した郊外散策の勧めである。

　当時の東京市一五区の外縁部から外に向かう諸鉄道は、一九一〇年代末までにほぼ放射状を成すまでに整った後、二〇年代半ばころから低速電車や蒸気列車の高速電車化を促進しつつあった。高速電車化によって大量輸送・高速・フリークェントサービスの能力を向上させた鉄道は、快適になり、より利用しやすくなった[20]。いわゆる郊外電車の時代を迎えたのである。新聞が二〇年代半ばころに鉄道の沿線情報・案内を掲載したのは、こうした鉄道事情の変化を反映していたのであろう。人々を郊外散策へ誘うことについて、電鉄諸会社は案内書や新聞に任せてばかりいたわけではない。そもそも日本の鉄道は旅客を増やす手段として早くから観光客の誘致に努力したと言われている。東京圏の鉄道も例外ではなく、開業と同時に、寺社の縁日、観梅・観桜や蛍・紅葉狩りなどなど、沿線に人出の見込める機会をとらえては運賃割引や臨時運転を行って乗客誘致を試みてきた。高速電車化促進のこの時期には、鉄道会社自らが遊園地経営を盛んに行って、さらなる乗客増加を図るようになった。二二年に王子電鉄が荒川遊園地を開設したのを皮切りに、二五年には京成電気が谷津遊園地・目蒲電鉄が多摩川園を、二七年には小田急が向ヶ丘遊園・京王電気が京王閣を開業しているごとくである[21]。家族づれで出て遊べと、遊園地が人々を盛んに郊外へと誘うようになった。

　百貨店も傍観してはいなかった。むしろ、積極的に一役買っていた。そのような観点からすると注目すべき催しが、一九二九年一月、日本橋の三越で開かれた。その催しとは「武蔵野今昔の会」である。主催は先に触れた武蔵野会であったが、東京府・神奈川県・埼玉県・東京市の後援を得て、会期は一月二〇日から二八日までの九日というから、かなり大がかりなものであった。会場の三越四階西館では、「石器時代より現代に至るまでの武蔵野に関する文献、参考品等を沢山に陳列、其他美しい人形応用の場面を展開し、名所の紹介等」（『東京朝日新聞』二九年一月一九日夕刊）が行われた。ここに展示された品々は四〇〇余点を数える。これらは、主催の武蔵野会および東京府農会や東京市水道局といった後援関係機関は言うまでもなく、多数の個人、浅草寺や大國魂神社などの寺社、東京高等師範学校歴史研究室や國學院大學考古学研究室など学校関係、川越図書館や東京帝室博物館、東京朝日新聞社などが提供したものであった。また、三越も「有史以前住民の生活」など模型四点を提供したし、京王電気・王子電鉄・京成電気・目蒲電鉄・青梅鉄道の電鉄五社も、それに豊島園が加わって、それぞれ沿線案内額面や沿線案内写真を出品している。さらに、この五社に玉川電鉄を合わせた電鉄六社および豊島園は、それぞれ二〇～三〇円の寄付も行っている。電鉄会社はこぞって、この催しに熱心であった。展示と同時に、会期中は毎日正午と午後二時の二回、六階ホールを使って、講演会、埼玉県飯能町連の飯能おどりと八王子の車人形の実演、鉄道省その他各鉄道会社関係の提供による武蔵野にちなんだ映画の上映会が開催された。八日目の早朝に伏見若宮も来場したというから、評判が高かったのであろう。会場は東京の三越であり、その上に武蔵野会主催『武蔵野今昔展覧会』の看板で、押すな押すなの大繁昌、人群れはかたつむり式にうねり行く状態であったと参観記は言う[22]。多少割引いても、盛況であったことは想像できる。この「武蔵野今昔の会」の開催とその成功は、二〇年代後半期の東京における郊外をめぐる状況をまさに象徴している。武蔵野すなわち東京の郊外・近郊に対する関心は、すでに郊外・近郊ブームと呼ぶべき状態になっていたのである。しかも、このブームは、電鉄会社が勧誘役に加わり、都会人にとって一種の娯楽機関となっていた百貨店も積極的に後押しすることによって、散歩の効用云々よりも遊ぶ楽しみの色彩を強く帯びるものになった。

なお、一九二〇年代には、郊外を出かけて遊ぶ場所としてだけでなく生活を築く場所としてとらえようとする主張や運動が一部には生まれていた[23]。しかし、次々に刊行される案内書、新聞記事、鉄道会社の勧誘策、百貨店での催し物などに促され、こうした主張に耳を貸す暇すら惜しむかのような勢いで、人々は郊外へ出かけて行くようになった。二〇年代も末に近づくころになると、新聞は、郊外散歩推奨だけではなく、次のような見出しで郊外への人出の多さを報じ始めた。「レコード破り　人出百三十万　きのふの日曜日で　ホクホクもの、鉄道局」(『東京朝日新聞』二七年四月一九日夕刊)「郊外の賑ひ　たけ狩りや栗拾ひなど　ほくほくもの、郊外電車」(同前二八年一〇月一八日夕刊)「大うかれの花の日曜　桜に、海に、野外の行楽に　出も出たり人の波　電車の客だけ百八十万人　平日の四倍五倍で　どの会社も大ホクホク」(同前二九年四月一五日)。

第三節　郊外ブームは行楽熱へ

「郊外へ！　郊外へ！　要するに都会人よ郊外へ出でよ」。一九三〇年代の東京郊外・近郊案内書界は、こう号令する松川二郎著『東京近郊日がへりの行楽』の刊行で始まった。この他、表題中に「郊外」「近郊」あるいは「行楽」をもつ単行本で三〇年以降四五年までの刊行になるものは次のようである。

一九三〇(昭和五)年　『東京近郊　日がへりの行楽』松川二郎　誠文堂

一九三一(昭和六)年　『東京近郊の山と渓　附キャンプサイトとスキー地』菅沼達太郎　大村書店

『東京横浜近郊』長田源一　日本商工通信社

一九三四(昭和九)年　『東京近郊探勝趣味の旅』小峰光葉　日本鉄道旅行社

一九三五(昭和一〇)年　『大東京と郊外の行楽』水島芳静　荻原星文館

一九三六(昭和一一)年　『東京近郊日帰へりの行楽・附ハイキング・コース』松川二郎　金正堂

『東京附近日帰りの行楽』菊地隆之　朋文堂

『東京近郊の行楽案内』金沢柳寿(共著)　朋文堂

一九三七(昭和一二)年　『東京の四季　年中行事と近郊の行楽地』東京市設案内所　東京市設案内所

『行楽と史蹟の武蔵野』寺島裕　新生堂

一九三八（昭和一三）年　『史蹟名勝　大東京と近郊』帝都教育会　三省堂

一九四〇（昭和一五）年　『東京近郊フナ釣場案内』野瀬市郎　黄河書院

一九四一（昭和一六）年　『東京近郊神社仏閣蒐印道案内』（増補）伊藤喜久男　河内書店

一九四二（昭和一七）年　『東京近郊撮影地ガイド』冬木健之介　玄光社

一九四三（昭和一八）年　『東京近郊の沢歩き』今井茂雄　天佑書房

『図説　東京附近健民鍛錬コース　東京近郊交通地図・歩程・賃金・時間早わかり』野村廬江　アトラス社

拾い出し得たものは一六点である。この数は、この前の一五年間すなわち一九一五年から二九年間が一六点であったのと変わらない。この他、右に挙げなかった東京郊外・近郊案内書あるいはそのような性質をもつものについて言えば、三〇年以降の一五年間にはやや少なくなっている。しかし、大幅な落ち込みというほどではない。案内書の出版点数で見るかぎり、昭和恐慌と名付けられる大不況を経験しても、人々は郊外・近郊に出て遊ぶ楽しみを忘れなかったごとくである。忘れなかったばかりでなく、郊外・近郊での楽しみ方を増やしていったようである。表題を見ると、キャンプ・スキー・ハイキングと、これまでは見られなかった新しい言葉が登場するようになった。山・渓・沢が取り上げられているのも目新しい。山に関する言葉が見られるようになるのは、ちょうどこのころ山岳界において高峻山岳だけでなく低山への関心が拓かれ始めたといわれるが、このことと呼応していたのであろう。

とにかく、一九三〇年以降、東京近郊・郊外案内書の表題に用いられる言葉はそれ以前とかなり変わった。とりわけ注意を引くのは、「行楽」という言葉がしばしば用いられるようになったことである。三〇年代の幕開けを飾った松川二郎の『東京近郊　日がえりの行楽』ばかりではない。これも含めて、右に掲げた一六点中七点が「行楽」を表題中に用いている。三〇年より前は、田山花袋の二書、すなわち一八年の『一日の行楽』および二三年の『東京近郊　一日の行楽』、それに二四年の大村豊吉『行楽案内　三円の旅』が見出されたのみであった。それを思うと、明らかに増えた。三〇年代の東京郊外・近郊案内書界では、「行楽」が流行語になっていたと言ってもよい。

そもそも「行楽」とはどのような意味であろうか。小学館『日本国語大辞典』第二版は、「行楽」の意味するところとして二義を示している。①が（「行」はおこなうことの意）楽しむこと。遊びの楽しみ。②が（「行」を行くことの意と解し）郊外などに出て楽しみ遊ぶこと、と言う。同辞典の用例や『大漢和辞典』などを参照すると、もともと①の意味であったところに、ある時期に②の意味が加わり、いつのまにか、もっぱら②の意味で用いられるようになったものと理解することができる。そうであるならば、②の意味が加わることになった事情とその時期が気にかかる。まず、新たな意味が加わることになった事情についてはどうであろうか。①と比較した場合の②の特徴は、楽しむことが「郊外」と分かちがたく結びついていることである。このこと自体が、新たな意味が加わることになった事情を示唆しているように思われる。換言すれば、「行楽」に新たな意味と使用法が生まれたことは、楽しむと言えば何よりも郊外に出て遊ぶこと、こうした風潮が、ある時期、人々の間に巻き起こった事実の現れであると見ることが可能であろう。その時期に関しても『日本国語大辞典』の挙げる用例が示唆を与えてくれる。それは、②の用例として挙げられている文章の書かれた年である。挙げられているのは、「或る女（一九一九）〈有島武郎〉後・二三」の一文、そして

「読書放浪（一九三三）〈内田魯庵〉銀座繁盛記・二」の一文である。前者は書き下ろしで『有島武郎著作集』第九集として一九一九年六月に叢文閣から刊行された。しかし、後者については、その初出は二九年二月の『中央公論』であるから、こちらの年を採っておこう。そうすると、「行楽」に②の意味が加わったのは一〇年代末から二〇年代ころのことで、遊びの楽しみを言う場合、この時期、郊外に出かけて行くことが大いにもてはやされていたと推測される。

　単なる推測ではなく、実際、この時期には郊外ブームのあったことはこれまで見てきたとおりである。しかしながら、郊外ブームを経ることで「行楽」に②の意味が加わることになったと断定するには裏付けが不足している。そこで、「行楽」の用例をもう少し見ておきたい。

　新聞などでその用例を探してみると、一九一〇年代半ばころまでは意外に少ない。それでも、「今日の行楽」（『読売新聞』一八九二年四月三日）・「暮春の行楽」（同前一九〇四年四月二九日）・「花を余所に△日曜日行楽の栞」（同前一二年四月七日）などを拾うことができる。これらの見出しのもとに語られている内容は、春の郊行・芝居寄席行き、料理屋や酒楼あるいは遊里での浅酌低唱・観桜・摘草・汐干狩、白木屋呉服店演芸所・浅草のルナパークと十二階・文芸活動写真舘めぐりなどである。なお、「今日の行楽」の行楽には「あそび」の仮名が振られている。また、雑誌には「熊谷地方新年の行楽」と題して、凧揚げ・独楽回し・毬衝き・羽子追い・カルタ・双六・花合わせ・福引き・小謡・芝居寄席・初観音などの参詣を述べたものを見出すことができる[24]。これらの用例からすると、「行楽」は郊外も含む遊びの楽しみ全般を指していた。つまり、一〇年代半ばころまではそれほど使われる言葉ではなかったが、使われる場合には明らかに『日本国語大辞典』の①の意味で用いられていた。

　その後一九一〇年代末から二〇年代は、「行楽」の使用例が徐々に増えていく時期である。先に見たように、郊外・近郊散策欲求に駆られた人々が手に取る案内書の中にこの言葉を表題中に用いるものが現れた。また、新聞でも「行楽の地　郊外に一日の清遊が必要」（『読売新聞』一九年四月八日）・「上野浅草へ直通電車　新春行楽の為」（同前二〇年一月二日）・「今日の日曜の行楽　秋草の眺めもよく鯉釣りも賑ふ」（同前二一年九月二五日）などと、使用される回数が増していく。とくに二〇年代半ば、特集形態の郊外電車沿線情報・案内記事が作られるようになると、その記事中で必ずといってよいほど目にする言葉となった。「行楽の好適地」（『読売新聞』二四年七月二二日）・「春秋の行楽に憧れの地」（同前一一月二八日）といった具合である。このように、案内書や新聞で家族揃って郊外に出かけて楽しむことを語る文脈でしばしば使用されることによって、「行楽」は酒色の匂いを帯びない遊び・楽しみを意味する、清新なイメージを付与されて流布するようになっていったと考えられる。

　一九二五年四月、美術評論家石川宰三郎を編輯人とする一つの雑誌が創刊された時、その月刊誌は『行楽』と名付けられた。創刊号の「編輯だより」によると、この雑誌は「淋しい旅路にも、日常の生活にも必ず皆様の清く楽しい伴侶となりたい、そしてこの人生を出来るだけ豊富に味つて頂きたい―斯ういふ切望の下に」生まれたと言う。美術、演芸、映画、音楽、競技会等、人生の楽しみにちなみあるもの何でも取り上げようと志すこの雑誌の表題として、「行楽」という言葉が当時得た清新さがふさわしかったのであろう。しかしながら、『行楽』は五号までで、六号からは『美の国』と改題される。「この世の美を求め、人生のよろこびを探ぬる志は彼も是も一[25]」と言いながらもわずか半年間ほどで改題に至った理由を考えてみると、次のように推察される。その清新さが「郊外」と結びつくことで得られたものであったから、二〇年代後半の郊外ブームのなかで、「行楽」は郊外を連想させずにはおかない言葉となった。換言すれば、「行楽」の意味が『日本国語大辞典』に言う①から②へと急速に変化していったため、人生の楽しみにちなみあるものすべてを取り上げる雑誌の内容にそぐわなくなってしまったということではなかったか。さらに三〇年代に入ると、「行楽」は、新聞紙上ではしばしば日和という言葉を伴って用いられるようになる。「秋深む　けふお中日　恵まれた行楽日和」（『東京朝日新聞』三一年九月二四日）・「雨さへ上れば…絶好の行楽季節　山へ海へ、東京を中心にピクニックの案内」（同前一〇月一〇日）・「花にさきがけて微笑む行楽日和」（同前三二年三月二二日夕刊）などの見出しに見られるとおりである。日和がとくに重要視されるのは野外すなわち郊外・近郊などに出ていくことを前提としているからであることは言うまでもない。「行楽」は、明らかに、郊外などに出て楽しみ遊ぶことの意味で使われるようになったのである。そして、この意味での「行楽」は、「近郊一日　『わたしの好きな』行楽地を聴く」（『東京朝日新聞』三四年三月二一日から三一日まで八回連載）・「春の行楽」（同前三八年四月三日から一三日まで夕刊六回連載）などと新聞でも、あるいは案内書の表題でも、四〇年代になって鍛錬や健歩などの言葉にとって代わられるまで、くり返し用いられる言葉となった。

一九三〇年代、「行楽」が新しい意味でたびたび用いられたこと、しかも「秋色を探りに—二百万人を突破　一日行楽の総決算」（『東京朝日新聞』三三年九月二六日夕刊）・「正午迄郊外へ繰だした人数は無慮二百万」（同前三四年四月一六日夕刊）などと人出の多さが報じられたこと、また雑誌には「行楽熱」[26]という言葉さえ登場したりしたこと、これらはいずれも、当時、郊外へ出かけて行くことが健康のための散歩や清い趣味を養うための散策というより遊びとなっていた、しかも東京住民の多くがそれに熱心であった実態の反映であろう。郊外あるいは近郊に出かけて楽しみ遊ぶこと、すなわち「行楽」が東京住民の主要な娯楽になっていたと言ってよい。

おわりに

表題中に「郊外」「近郊」あるいは「行楽」という言葉が用いられている単行本刊行の推移を手がかりに、新聞や雑誌の動向も参照しながら、近代の東京において、郊外あるいは近郊に出かけて楽しむことが人々の娯楽の一つになったとの仮説を検証しようと試みた。この作業を通じて確認できたことをまとめてみると、以下のようである。一九一〇年代後半、新しい案内書の出現そして郊外散歩の効能を説く新聞の論調や武蔵野趣味普及を目的とする会の活動などによって、郊外あるいは近郊への関心が広く住民の間に喚起された。二〇年代になると、送り出される多数の案内書に先導され、さらに電鉄会社の勧誘策や百貨店の催し物に刺激されて、人々は大挙して郊外あるいは近郊へ出かけるようになった。この過程で、郊外あるいは近郊へ出かけることは健康上の効用云々よりも楽しみ・遊びの色彩を強く帯びるようになったため、散歩・散策に代わる言葉として、「行楽」という言葉が改めて見出された。そして三〇年代には、明らかに、そしてたびたび案内書や新聞で、「行楽」が「(「行」を行くことの意と理し）郊外などに出て楽しみ遊ぶこと」という新たな意味で用いられるようになった。このことは、この時期の東京住民の多くが実際に郊外に出かけて行って楽しみ遊んだ、行かない場合でも大いに気をそそられる楽しみとしていた実態の反映であったと考えられる。これらのことからすると、近代の、とくに二〇年代半ば以降の一〇年余間の東京において、郊外あるいは近郊に出かけて楽しむことが娯楽の一つになっていたと言ってよいであろう。

ただ、「行楽熱」と評されるほど、当時の人々が何故郊外あるいは近郊に心惹かれたのかという点については、検討することができなかった。この点を考察する手がかりは、案内書の主要な書き手として多くの読者に支持された田山花袋そして松川二郎の著書にあるかもしれない。

注

(1) 前田愛『都市空間のなかの文学』、筑摩書房、一九九二年、一一二頁。

(2) 前者の例に『近遊日録』（一八八六年、細川潤次郎、細川潤次郎）・『東京遊行記』（一九〇六年、大町桂月、大倉書店）、後者の例としては、『東京近傍遊覧図絵』（一八九三年、牧金之助、牧金之助）と『東京近傍勝地集覧地図』（一八九八年、谷衛修、博愛館書店）がある。また、『東武鉄道沿線遊覧案内』（一九〇七年、富永忠治、東武鉄道）を初めとして、一九一〇年代に入ると鉄道沿線案内もいくつか刊行されるようになった。

(3) 前田愛『都市空間のなかの文学』、筑摩書房、一九九二年、一一二～一一五頁。

(4) 民友社刊。初出は雑誌『国民之友』三六五・三六六号、一八九八年一・二月。初出時の題名は「今の武蔵野」であった。一八九六年九月から翌年四月まで、独歩は当時の東京府豊多摩郡渋谷村に住んでおり、主としてそのころ見聞した武蔵野景情の描写が叙景文「今の武蔵野」であるとされている。塩田良平「解説」国木田独歩『武蔵野』、岩波書店、一九九二年、二二四頁。

(5) 伊藤整『日本文壇史6明治思潮の転換期』、講談社、一九七八年、五八頁。なお、独歩の『武蔵野』が一般に流布するようになるのは、独歩の文壇的名声が高まる一九〇五、六年ころから後のことと言う。塩田良平「解説」国木田独歩『武蔵野』、岩波書店、一九九二年、二二三頁。

(6) 樋口忠彦『郊外の風景—江戸から東京へ』、教育出版株式会社、二〇〇〇年、四六頁。

(7) 年末公簿人口。資料は各年の『東京府統計書』。

(8) いくつかの例を挙げておこう。『東京を中心として名蹟勝地一日の遊覧』（一九一九年、野田文六）・『東京から　最近実査』（一九二一年、永渓早陽、東海堂書店）・『半日一日一晩泊まり一寸した旅』（一九二一年、森暁紅、博文堂）・『町村行脚　歩むま、』（一九二一年、渡辺欽城、武陽新報社）・『関東遊覧その日帰り』（一九二六年、金尾種次郎、金尾文淵堂）・『命の洗濯　日帰りの旅』（一九二七年、一杏白根清四郎、白根回春堂）などである。

(9) 「武蔵野の昔」『定本　柳田國男集第二巻（新装版）』筑摩書房、一九七〇年、三三三・四八三頁。

(10) 以上の武蔵野会に関することは、『武蔵野』一巻一号（一九一八年七月）～三巻一号（一九二〇年五月）を参照。

(11) 『武蔵野巡礼』（一九一七年、白石実三、大同館書店）・『武蔵野の文学』（一九一七年、野村八良、研文社）・『川沿ひの街道　武蔵野と私』（一九一九年、磯ケ谷紫江、後苑荘）・『武蔵野の草と人』（一九二〇年、太田三郎、金星堂）・『武蔵野みやげ　名勝案内』（一九二一年、渡辺愛彦）・『撮影探勝武蔵野めぐり』（一九二二年、横山信、アルス）・『武蔵野　武蔵野線沿道案内』（一九二四年、武蔵野社）・『武蔵野及其周囲』（一九二四年、鳥居龍蔵、磯部甲陽堂）など。

(12) 『一日の行楽』については、『文章世界』（一三巻四号・一八年四月）と『太陽』（二四巻七号・一八年六月）の「新刊紹介」欄。『読売新聞』二一年六月三〇日の広告では第一四版とされている。『東京近郊　一日の行楽』については、『太陽』（二九巻一一号・二三年九月）「新刊紹介」と『東京朝日新聞』（二三年八月一〇日）「出版界」欄。広告は『東京朝日新聞』二三年八月九日、『読売新聞』二三年八月二日、同二四年七月一〇日、同二六年一月三・四月二八日・五月三日など。

(13) 『郊外探勝　日がへりの旅』の発刊は一〇月であるが、これに先立つ六月に同じく東文堂から『一泊旅行　土曜から日曜』を出していた。前者の「書き終りて」に依れば、この二書は姉妹篇であるという。なお、松川には、筆者は未見であるが、これら二著刊行の前年すなわち一八年七月刊の『東京史蹟見物』があるとされる（同著『名所回遊　四五日の旅』裳文閣、一九二二年、奥付後頁の「松川二郎著作書目」参照)。これが、郊外・近郊の史蹟案内を主とするものであれば、松川の東京郊外・近郊案内書分野への参入は一八年ということになる。

(14) 花袋に依拠した箇所を挙げれば、一五頁「田山氏の如きは此の(浅草十二階の—引用者)階上の展望を以て、天然の大パノラマ、日本にもたんとない眺望だと激賞してゐる」、一七頁「川口の停車場のプラットフォームが、また、冬の山の雪を見るのに好い位置だと、花袋氏は云つてゐる」。また、松川の「東京の郊外」と花袋の「林の趣味と水郷の美」の初め二・三頁を読み比べると、その類似に気づかされるであろう。

(15) 山本鉱太郎「大正〜昭和期のガイド・ブック」日本交通公社出版事業局編・刊『人はなぜ旅をするのか　第九巻〝陸海空〟旅行の時代』一九八二年、九四頁。

(16) 彼の著書『南米と南洋』(実業之日本社、初版一九一一年)の「本書の読者に」の末に「明治四十四年八月読売新聞社編輯局にて　松川二郎識」とある。また、旅行記については、まつかわ生の署名で『読売新聞』一九一三年四月二四日から五月七日まで「北陸の春の旅」全一二回の連載、七月一一日から一六日まで「勝浦より小湊」全四回の連載などがある。また、生年と出身地については、日本出版文化協会監修『現代出版文化人総覧　昭和十八年版』(共同出版社、一九四三年)六九五頁。

(17) 『読売新聞』一九二二年三月一四日「批評と紹介」、『太陽』第二八巻第五号(一九二二年五月一日)「新刊紹介」九九頁。

(18) 山本鉱太郎「大正〜昭和期のガイド・ブック」日本交通公社出版事業局編・刊『人はなぜ旅をするのか　第九巻〝陸海空〟旅行の時代』一九八二年、九四頁。

(19) 『太陽』二六巻四号(一九二〇年四月)〜三二巻一〇号(一九二六年八月)参照。

(20) 青木栄一・老川慶喜・野田正穂編『民鉄経営の歴史と文化　東日本編』古今書院、一九九二年、三〜八頁。

(21) 同前、一四および一二二〜一二三頁。

(22) 日頭賤男「武蔵野会展覧会と奈良朝気分」『武蔵野』一三巻四号、一九二九年四月、三一頁。服部清五郎「素見雑感」同前三六頁。なお、この他「武蔵野今昔の会」についての記述も『武蔵野』同巻参照。

(23) 月刊誌『郊外』は、一九二三年四月の創刊号「編輯後記」に「雑誌『郊外』は政治文芸誌といふ看板ではあるが、郊外に於る文化生活の研究誌であり、また郊外に住む、すべての人たちの家庭雑誌として創刊された…(略)…郊外を中心にしてどんなムーブメントをやるか。これも期待していたゞいていいと思ふ」と述べている。大島貞吉を編集者として郊外社(東京府下滝野川町西ケ原七四)から創刊された。

(24) 菊坡生「熊谷地方新年の行楽」『風俗画報』一五六号、一八九八年一月、九〜一〇頁。

(25) 「編輯だより」『美の国』一巻第六号、一九二五年一〇月、一二〇頁。

(26) 某旅館主「旅行熱を逆用」『趣味と旅』二巻九号、一九三四年九月、一一頁。

［1―5―E］
白幡洋三郎「西洋見立ての理想郷、王子・飛鳥山」（北区飛鳥山博物館編『江戸のリッチモンド　あこがれの王子・飛鳥山展』北区教育委員会、二〇〇五年、六～一一頁）

1　西洋の目に映った江戸郊外

幕末から明治初期、外国人たちが口を揃えて賛美し、うっとりした口調で語る場所があった。江戸郊外の王子・飛鳥山である。彼らはそこをどのように描写したか、どうしてしばしば王子・飛鳥山を口にしたのだろうか。まずは、そのいくつかをみてみよう。

「九月二十八日、われわれは江戸の北西部にある王子 Odsi という村へ遠乗りをした。ここは粋な茶店のある格好な行楽地である。」
（1860年7月の記事。フリードリッヒ・ツー・オイレンブルク『日本遠征記』中井晶夫訳、新異国叢書、雄松堂書店、1969年）

「江戸北方の近郊の中で、実益と愉楽、また、神聖と俗事、これらがもっとも高度に結び付いているのは王子の庭園であって、庶民に愛好されている。」
（1863年8月の記事。エーメ・アンベール『幕末日本図絵』高橋邦太郎訳、新異国叢書、雄松堂書店、1970年）

「首都の北部は飛鳥山のような遊びの公園や、パリ周辺の散歩道を思い出させる小さな村に続いている。江戸に滞在している全てのヨーロッパ人は、風景の美しさでこれらの村の中でも一番の『王子』を訪れたものである。」
（1860年代初頭の記事。ルドルフ・リンダウ『スイス領事の見た幕末日本』森本英夫訳、新人物往来社、1986年）

以上は幕末、まだ徳川の支配下にあった時代の叙述である。素晴らしい自然と遊楽の装置を備えた場所、古きよき美しき日本の代表が王子・飛鳥山である、といった叙述になっている。しかしこのような筆の運びは明治に入ってもまだ続いていた。

「翌日は学校が休みだったので、東京の北のはずれの王子という美しい郊外の静かな場所へ遠足をすることになった。」
（1871年の記事。ウィリアム・E・グリフィス『明治日本体験記』山下英一訳、平凡社、1984年）

このような記述からうかがえるように幕末から明治初めにかけて、西洋人たちにとって王子は最高の行楽地、あこがれの地だった。数多くの西洋人たちが王子を語った文章のうちで、簡潔にして最も印象深いものが次に掲げるものであろう。

「王子は、言わば、日本のリッチモンド［ロンドン西郊の住宅地］で、そこにはイギリスの「スター・アンド・ガーター・ホテル」に匹敵する有名な茶屋がある。ここは江戸の善良な市民達が一日の遊楽や気晴らしに来る所で、たしかにこれ以上の娯楽場を探すのはむずかしいだろう。」
（1860年8月の記事。ロバート・フォーチュン『江戸と北京　英国園芸学者の極東紀行』三宅馨訳、広川書店、1969年）

スコットランド生まれの英国人園芸学者ロバート・フォーチュンは王子をロンドン郊外の閑静な行楽地に見立て、そこにある茶屋をイギリスの上質なホテルと比較した。本書は、英国人以外にもかなりの読者を得て、日本についての大事な情報源の一つになったものである。ここに見られる簡潔な見立て表現によって、少なくとも英国人にとって王子は、遠く神秘のヴェールにつつまれた日本にありながら、具体的なイメージが描ける「身近」な場所になったのである。

「日本のリッチモンド」。この愛称を得た王子は、幕末・明治初期に外国人にとって最も有名な日本の土地の一つになった。

2　西洋見立ての中の幕末・明治日本

王子を閑静な住宅街であり、行楽地であると見立てた英国人の目には、王子の心地よい茶店は高級ホテルのスター・アンド・ガーターに匹敵するものだった。

1859年、駐日英国公使として来日したラザフォード・オールコックは大坂を訪れて、「日本のベネチア」と称した。

「すくなくとも100の橋がいたるところでこのさまざまな水流にかかっている。そして多くの橋は、非常に幅が広く、金をたくさんつぎ込んで作ってある。」

（オールコック『大君の都』山口光朔訳、岩波書店、1962年）

これは水路網や架橋の充実ぶりなどを見て、都市の豊かさ、形態や機能が似ている点を表現したにすぎないと受け取るべきではない。英国人にとって西洋文明のふるさとイタリアにある、あこがれの文化・芸術都市に見立てた誉め言葉と考えるべきだろう。

また、山形の都市とその郊外（米沢盆地）を指して、「エデンの園」「アジアのアルカディア（桃源郷）」と称したイザベラ・バードのような人もいる。

「米沢平野は、南に繁栄する米沢の町があり、まったくエデンの園である。「鋤で耕したというより鉛筆で描いたように」美しい。（中略）実り豊かに微笑する大地であり、アジアのアルカデヤ（桃源郷）である。」

（1878年7月の記事。イザベラ・バード『日本奥地紀行』高梨健吉訳、平凡社、1973年）

西洋人にとって、日本は未知の国、知られざる神秘の国であった。幕末の時代は間違いなくそうであった。そうなるとその未知で神秘の国を訪れることができた僥倖の人物は、この国を訪れたことがない圧倒的多数の人々（本国人）に向けてどうしても簡潔な説明をする必要に迫られる。そこから生まれたのが見立て表現であった。自国あるいは世界的に有名な地名を使って、日本の場所について一挙にイメージをつかんでもらおうという手法である。長らく国を閉ざしていた日本は、長らく未知であったせいもあって、こうした見立て手法で説明される場所も少なくなかったのである。

富士山は、テネリフェ島（現スペイン領）のテイデ山にたとえられることがよくあった。テネリフェ島は、イギリスやオランダなど北ヨーロッパから喜望峰経由で東洋に到る航路の要所で、停泊する船も多かった。テイデ山はコニーデ形の火山であり、標高も富士山とほぼ同じである。そこで、日本に到着した西洋人旅行者は富士山を目にしたとき、長い航海を振り返って、テイデ山を思い出したのであろう。

日本政府の法律顧問として招聘されたフランス人ジョルジュ・ブスケは、日光を西洋の廟にたとえた。

「私は今年は、昔の将軍のために建てられた優れたモニュメントの数々を見に行こうとしていた。日光は日本のサンドゥニかパンテオンだからである。ここに、芸術の努力が見事な自然と一緒になって、偉人たちのためにその遺体を守るに値する墓を作ったのである。」

（1873年12月の記事。ブスケ『日本見聞記』野田良之訳・久野桂一郎訳、みすず書房、1977年）

サンドゥニは聖人を記念して建てられた修道院、パンテオンは偉人の墓所であり、共にパリの名所である。将軍の霊廟である日光をパリの聖堂にたとえたブスケは、大阪に旅したとき、ヴェネチアに見立て「大阪は東洋のヴェニスと呼ばれた」と記している。ブスケより10年以上も前に大阪を訪れたオールコックの『大君の都』を読んでいたのだろう。

日本各地が西洋の有名な場所に見立てられ、西洋人の想像力を刺激した。一度誰かに「見立て」られた場所は、のちにそこを訪れる旅行者によって再確認され、「見立て」はさらに広まった。未知で神秘の国日本は、見たての手法によってある面では了解され、ある面ではさらに神秘化された。

3　心ひかれる王子　―江戸のリッチモンド―

王子は「日本のリッチモンド」にたとえられ、西洋人たちの憧れの地となったが、それはいつ頃始まるのだろうか。すでに引用したいくつかの書物から、およそ1860年代であると想定できるのだが、「日本のリッチモンド」という簡潔で明快な「見立て」の表現をあみだしたのはフォーチュンである。彼はまた「有名な茶屋」に「スター・アンド・ガーター・ホテル」の名を提供したが、これは彼がはじめてだっただろうか。

じつはそれ以前に日本を訪れた英国の使節団エルギン卿一行の記録がそのさきがけであろう。団長のエルギン卿秘書であったローレンス・オリファントが描写する王子は、じつに美しく心地よい理想の郊外である。そしてそこに「スター・アンド・ガーター」と「リッチモンド」の名が現れる。引用が長くなるので図録P．35の記述〔本書には収録せず〕にまわすことにしよう。（『エルギン卿遣日使節録』岡田章雄訳、雄松堂書店、1968年）読者はこの文章に描かれる美しい幕末の王子を味わって頂きたい。

おそらくこの書物を読んでいたフォーチュンの頭に「日本のリッチモンド」という表現が思い浮かんだのであろう。それはじつに見事な「見立て」であった。

王子は彼ら英国人のみならず、各国人が好む江戸の行楽地であったことは先に述べた。それぞれの記述をたどりながら、当時の西洋人の描いた王子にさらに思いを馳せてみよう。

「（中略）染井からわずかの騎行で王子に着いた。公使はここで朝食を予定していたのである。

扇家 Facherhaus ――われわれの訪問した茶屋はそういう名前だった――は、小川のさらさら流れる所にあった。小川は狭い緑の谷間を人工の滝となって落ちていた。家も茶亭も、半ばは水の上に突き出て建てられており、向い側には谷間の絶壁がけわしくそびえ立っている。坐っている所は、木蔭の涼しいさらさらと流れる水の上なのである、念入りに手入れされた庭園の横に茶屋がある。」（オイレンブルクフォーチュンが「スター・アンド・ガーター・ホテル」にたとえた茶屋が「扇屋」である。各国人が王子を目指し、扇屋を目指したらしい。プロイセンが派遣した遣日使節団のオイレンブルクたちにとって王子はたんなる景勝地ではない。そこは自然の中に人々の楽しみと暮らしがちりばめられている郊外である。楽しい朝食がとれる生活の場である。

「朝食の後、われわれは飛鳥山 Askayama へ散歩にでかけた。そこはほど遠くない丘陵の一つで、かつては大君の狩猟の館が建てられていたという。だから今日でも、ここには徒歩でしか入ってはならないとされている。この丘の背は平坦で耕作されており、傾斜面には高い針葉樹が鬱蒼とした草藪の中から生えている。今日でもなお、大君は毎年ここに鴨猟にやって来る。ここからの眺望は、江戸の北部、大川の流れる肥沃な平野をおさめている。この丘の西の縁には、密生した木立の中に簡素な神殿［王子稲荷］があり、その基部は背後の谷間にかかっている。ここには、木に覆われた岩壁から清冽な泉が迸り、流れの中の石像を洗っている。」（オイレンブルク）

楽しい朝食がとれるだけではなく、そこは眺望の美しい遊楽の場である。そして「肥沃な平野」で農耕が行われる生産の場でもある。さらにそこは「神殿」や「石像」などの文化財も各所に見られる。まさにただ自然に恵まれただけではない、人の快適な暮らし全体を支えてくれる「郊外」なのである。

１８６０年代は西洋諸国が都市改造に取り組んでいた時期だ。１８40年代から50年代にかけて、劣悪な住環境に悩まされていた西洋の都市は、その解決に向けて動き出しはじめた。ちょうどそのころ日本が開国したのである。そして外国人が訪れはじめ、彼らが目にしたのが日本の都市と自然、とくに大都市江戸の郊外であった。江戸は西洋人にとっての理想の都市にも見え始めたのである。

4　郊外の「先進国」、日本

西洋人たちは王子の景色を愛で、茶屋で食事を楽しみ、飛鳥山に遊んだ。大がかりな準備が必要な旅ではなく、気楽な日帰りの行楽である。朝住まいを出て、夕方には戻る近郊への楽しい外出。その目的地は「郊外」である。

英語圏の人々はこうした行動を outing や picknick などと呼んだが、ドイツ人オイレンブルクたちは、これを Landpartie と記している。「田舎での屋外パーティ」というくらいの意味になるが、中井晶夫氏はこれを「遊山」と見事に訳された。そうした「外出文化」とでも名付けるべき行動は、西洋では19世紀の後半になって生まれてきた新風俗であった。西洋世界は部屋の中や石畳の街路上での暮らしを超えて、ようやく都市の外、郊外へ目を向け始めたのである。印象派マネの「草上の昼食」（１８６３）やモネの「日傘をさす婦人」（１８７５）、スーラの「グランド・ジャット島の日曜日の午後」（１８８４〜１８８６）などの絵画に見られるような、屋外の新風俗を描いた絵画作品がこの時期につぎつぎと現れるのはそのせいである。

もちろん西洋にもこれ以前から屋外の楽しみはあった。けれども江戸時代後期の時点で考えると、日本の「外出文化」はその大衆性、多様性において群を抜いていた。王子だけを例にとっても、飛鳥山の花見や滝野川の紅葉狩りといった屋外の楽しみは、一部上流階層だけのものではなく、きわめて大衆的なものだった。花見や紅葉狩りの浮世絵が多数板行され、また煙草盆や弁当・重箱などの携帯用具が各種残されていることも大衆性の証である。

京都では、室町時代にすでに桜の時期に着る花見小袖があらわれるほど花見は春の行事として広まっていたし、江戸においても徳川前期には俳諧や川柳に詠まれるほどに大衆化していた。

季節に応じた年中行事に屋外行動が多いのが日本の特徴である。その中には純粋な宗教行事もあったが、寺社への参詣はほとんどが同時に花や自然を愛でる楽しみと結びついていた。外出行動のきっかけに参詣という宗教的意味づけがあるにしても、その上に花鳥を愛で、名物を食すなど飲食の楽しみが付加されるのが当たり前になっていた。都市民は都市周辺部すなわち「郊外」を精神的、身体的遊楽の地としてつくりあげていたのである。

郊外は市街地を取り囲む農産物の供給地だけでなく、また都市労働の人材補給地だけでもなく、都市民の保養・遊興の地となっていた。都市周縁部への楽しい外出を江戸時代の人々は「遊山」と総称したが、王子は江戸市民にとって遊山の地の一つであり、美しい郊外を代表する地だったのである。江戸中期には京・大坂・江戸の三都が並び立ち、それぞれ郊外を発達させ、また各地の城下町でもそれぞれ周辺部の郊外地が開発されていた。日本はすでに18世紀に郊外生活を成立させた郊外の先進国だったのである。

都市生活の反省から、ようやく19世紀の半ばに郊外へ目を向け始めた西洋諸国に日本が一つのモデルとして紹介され始めた。自分たちが最近になって注目し始めた郊外を、はるか以前から育て、使いこなしている日本。それまでは情報が乏しく、神秘のベールに包まれた未知の国のイメージだけが強かった日本は、都市と自然をうまく調和させた理想的な郊外の先進国として認識され始める。来日した西洋各国人の日本見聞記録は、本国における郊外への関心をより強く刺激したであろう。開国初期から頻繁に取り上げられた王子・飛鳥山は郊外の先進国日本を印象づける一つの、しかし大きなきっかけとなったのである。

TEA HOUSE AT O-JEE, BACK VIEW.
The Far East（1872）

リッチモンド風景

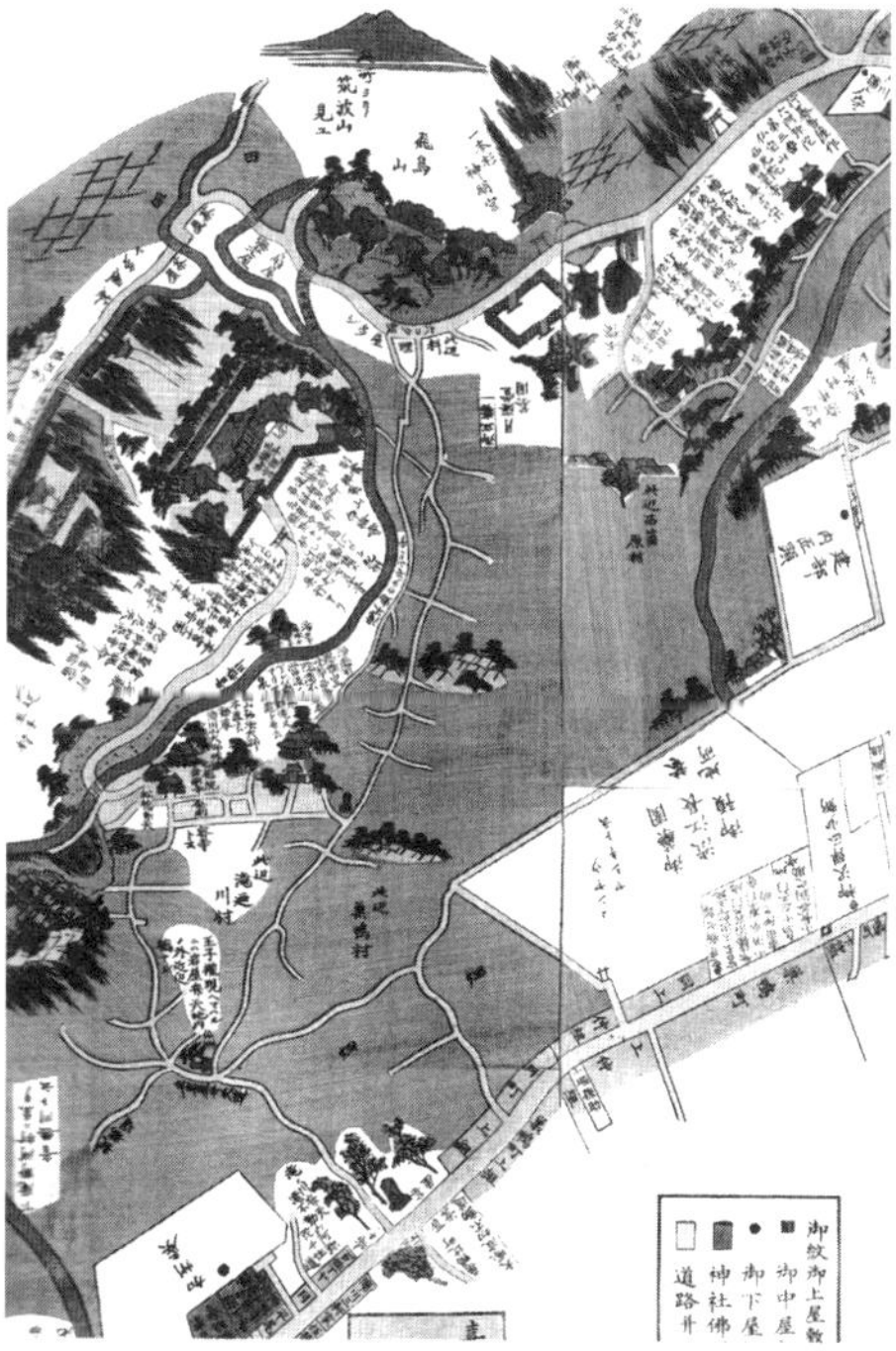

染井王子巣鴨辺絵図　部分

［1－5－F］今和次郎「郊外風俗雑景」（今和次郎・吉田謙吉編著『モデルノロヂオ（考現学）』春陽堂、一九三〇年、一一一〜一二七頁）

1

朝と夕方、新宿、渋谷、大塚等々のプラットホームに集る群衆のものすごさつたら、……学生、会社員、職人、労働者その他その他……は、車中の温気に蒸されて、肩と肩とをなぐり合はせて、活動地と休養地との間に投げられたるコンクリートの一直線の関所に錯綜してへし合ふのである。大震災以後郊外居住者の数はめつきりふえる、不景気だと云へば郊外へだし、健康上合理的だと宣伝され奨励されては郊外へだし、また住宅地切売りの広告につられては郊外へと頽れ込むのだから。市内の様子それ自身もこの放射的な現象に伴はれて変つて来た。××町は衰えて、カフェー、喫茶店のピンク色やチョコレート色の看板が増えて来た。ありし東京はもはや昔の東京である、郊外発展とそれの完成化とは何んと云つても市民の生活を合理化させ、よき休息とよき活動との帳面づらを整へて来、広くその余波をあらゆる方面へと及ぼしてゐると見られるのだ。そこでこの最新の郊外国の情景を空間と時間との関係で実見することの出来ない人々の為に、ほんの一端でもを探索して紹介し記して置く為に今度の仕事 fortnight work がなされたのである。

2

昨年以来、銀座の風俗しらべ、貧民窟の風俗しらべの経験をもつてゐるのだが、今回のしらべに当つて又中々の困難を感じました。これもやりづらい仕事の一つだつたのです。

漠然と郊外風景と考へるべきものには個々の家庭の、家庭生活から抽出されてゐる分子が多いので、しらべ上げたとしても極めて散漫な常識程度のものしか得られさうにない、と云ふ根本的な理由と、今一つは調べるテクニックの問題、それは余り度々同じ道をウロ〳〵すると、此奴キットあやしい！　なんて目を付けられさうなので、従つてギリキリに突込めない場合が多い。こんな理由で着手中度々歎いた次第です。これに比べると銀座の通行人は万人皆機械的な結合ですから、その中の一人二人にあやしいと感付かれたつて大局に関係がない、幾度でも腑に落ちるまでシヤーシヤー所謂客観的視察と云ふ奴をやれるのです。ですから今度のはやりたい事の何分の一もやつてゐない次第で、その点お許しを乞うておきます。

3

一番最初に見ていたゞくのは第1図及第2図です。これは一郊外町（高円寺附近）の一K米突（銀座通り京橋から新橋までと同じ）の舞台に於ける通行者の身分しらべを綜合して表にしたのです。朝、昼、夕方この三者の比較を取つてみたのです。お解りの方は成程と点頭いて下さるでせう。さうしてこれを採る方法は待ち伏せ式でなく、歩きながらやるやり方にしたのです、踏切附近を余程場所さがししたのですが、坐るべく決心するまでの勇気が出なかつたものですから。それからこれは各々一回づつやつただけですから正式のしらべものにはなつてゐないのですが、郊外の人の出入其他の大約の動静をば玩味して頂けるとは自信を持てます。

通行往来人を分析して見ますと

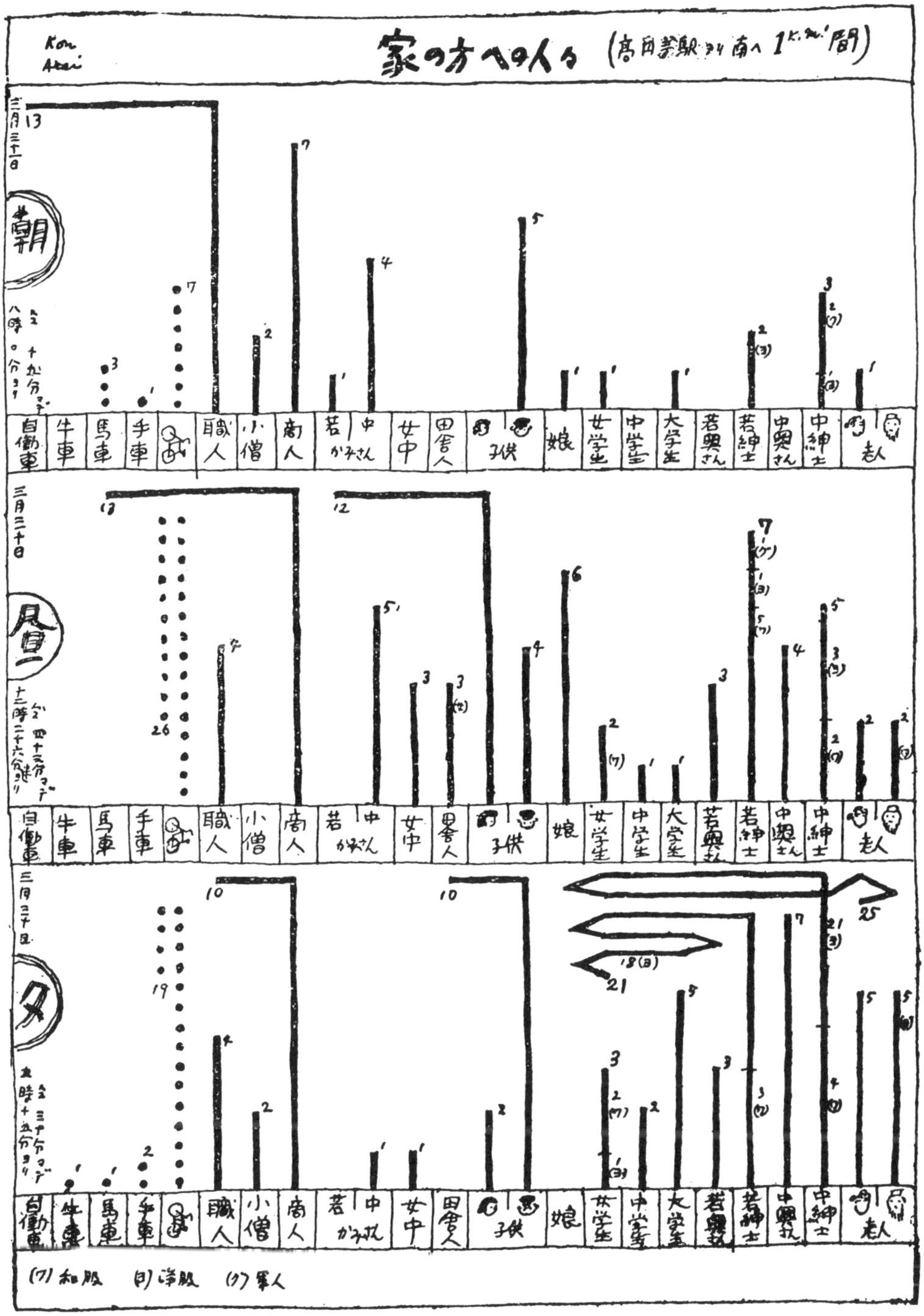

第１図　郊外通行人の構成(1)

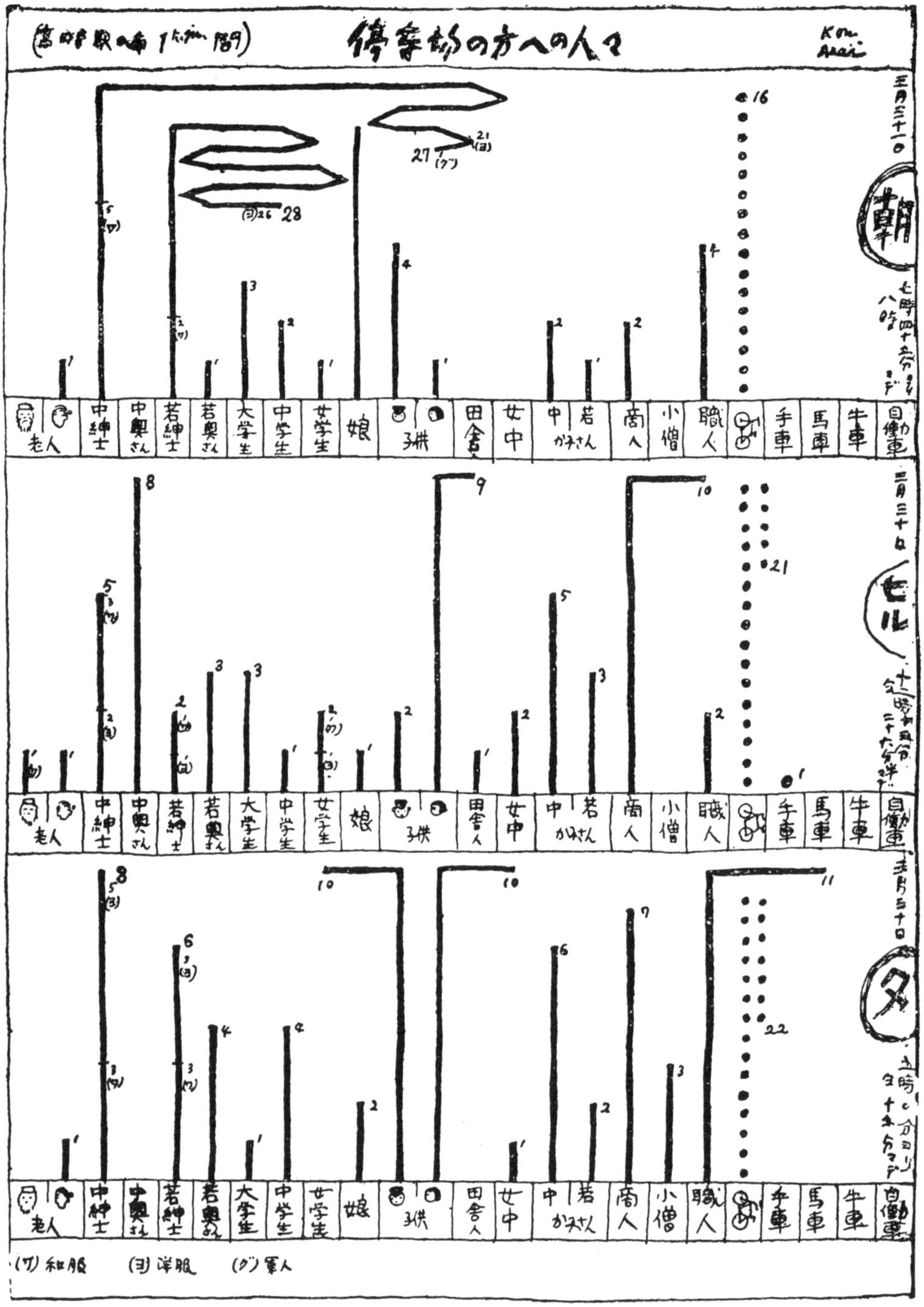

第２図　郊外通行人の構成(2)

一、郊外は市中に送り出す紳士其他の原産地たる事
二、建設されつゝある郊外に職人及労働者は輸入されてゐる事
三、家庭に残る家族達——老人、奥さん、子供、書生、女中等——のさまよひ
四、家庭に直接種々の用品を商ふ御用聞及行商人の類の縫ひ歩き
五、家庭への訪問客

の類別が可能と考へられます。

さて、これだけの構成分子及大約の分量関係を知つてしまへば、研究者の立場としてはこれ等全部を一律に平面的に扱ふのは不得策で、第一の紳士其他の諸君をばそれらの輸出先なる市内の街頭で検べた方が徹底的であり、また労働者風俗を知るのにはそれらの群居してゐる個所で調べた方が便宜だとなります。さうしてそれら各々の可成り詳しいのは昨年度の調査として読者は御存じの箇条でゐらるゝ筈です。だから今回は上の一及二に就いては殆ど注意しませんでした。

それで、郊外プロパーの風俗は一及二を去つた三以下のものになります。三の情景としては、家族のどれかのメンバーが近所に買ひものに出たり、かるい散歩に出たり、運動をしてゐたり、また子供を相手にしてゐる態、子供達そのものなどで、四の情景としては豆腐屋、新聞配達、洋傘直し、下駄歯入、牛乳屋、出前持ち、其他酒屋、米屋、魚屋、八百屋等の御用聞きの有様などです。

4

先づ郊外そのもの、コンストラクションを紹介します。住宅の有様や町並の有様です。武蔵野そのもの、自然なり風景なりは独歩全集でも繙いていたゞく事にしまして、こゝでは第3図及第4図を直ぐにご覧願ひませう。

住宅や町の事はもう少し私の専門に属してゐますので、説明するのに都合がいゝのですが、こゝでは風俗の背景乃至舞台として存在する有様のト書きの役をさするに止めます。

第3図は一停車場（中央線阿佐ケ谷）附近の十三万二千余坪の地域に建てられてゐる雑多な住宅の統計で、日本住宅と文化式との割合と、どんな屋根が多いか少ないかの二つを挙げたのです。盛んに宣伝されました文化住宅の実際建てられてゐる割合がどんなだか興味をもつて見ていたゞきませう、それが二〇％で、そして応接間だけ洋館にしたのが五％です。つまり五軒に一軒づつの文化式住宅が建てられつゝあるわけで、二十軒に一軒づつの和洋併置式があり、その他のもの即ち全体の大部分のものは在来式即ち日本式だとなります。又電車で見ますと大分赤い屋根があるやうに感ぜられますが、二十軒に一軒だけの赤瓦屋根が現実の状態です。そして全体の四〇％までトタン屋根とは驚くではありませんか。

嘗て私は銀座の風俗統計で驚いたと同様、目をひく存在物の実数は案外少数なのだとこの場合も感じた次第です。

この調査は衣服と住宅の関聯状態如何、寧ろ、住居と衣服とを一つのものとして綜合的に常に考へたい私の趣旨から飛躍的に試みて見たもので、銀座の風俗しらべの方式と平行させて十数箇条の項目の詳細を究めて見たもの、一部分なのです。（詳しい発表は別の機会に譲ります。）確たる現実を土台としての比較研究、それが私をそゝるのです。

第4図は郊外町の現実を想像してもらふ為のものです。家並の有様、かゝる家並みの通りを第1図の人波が往復してゐるのです。さうして店を大体別けて見ますと、

食に関した店	三一
住に関した店	一二
衣に関した店	一七

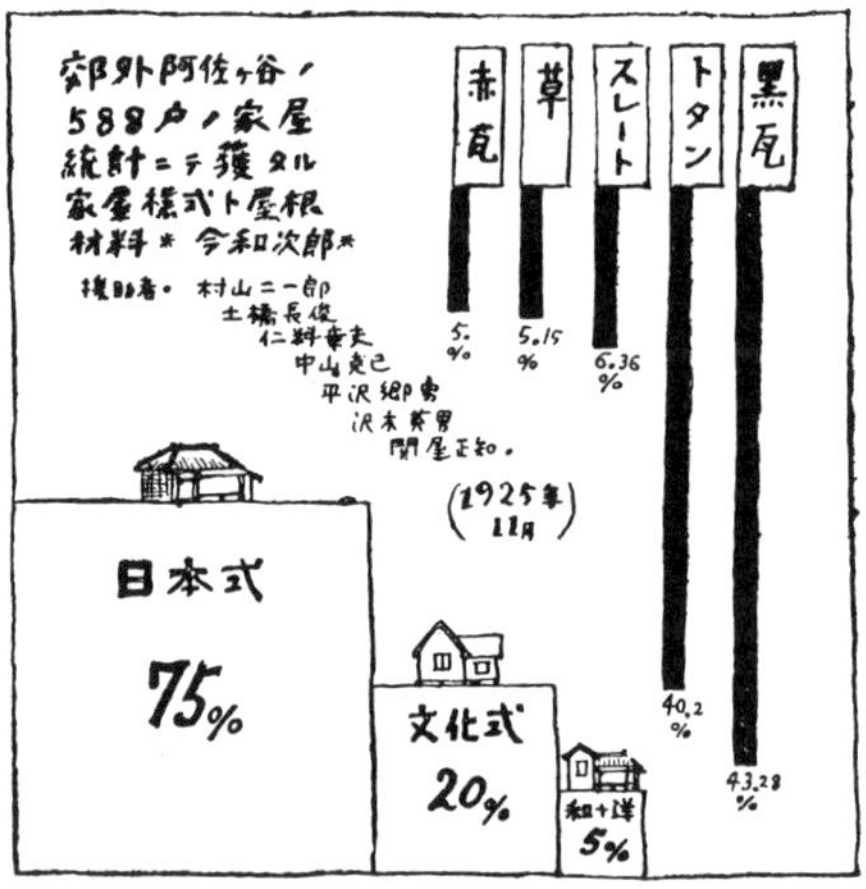

第3図　住宅の統計

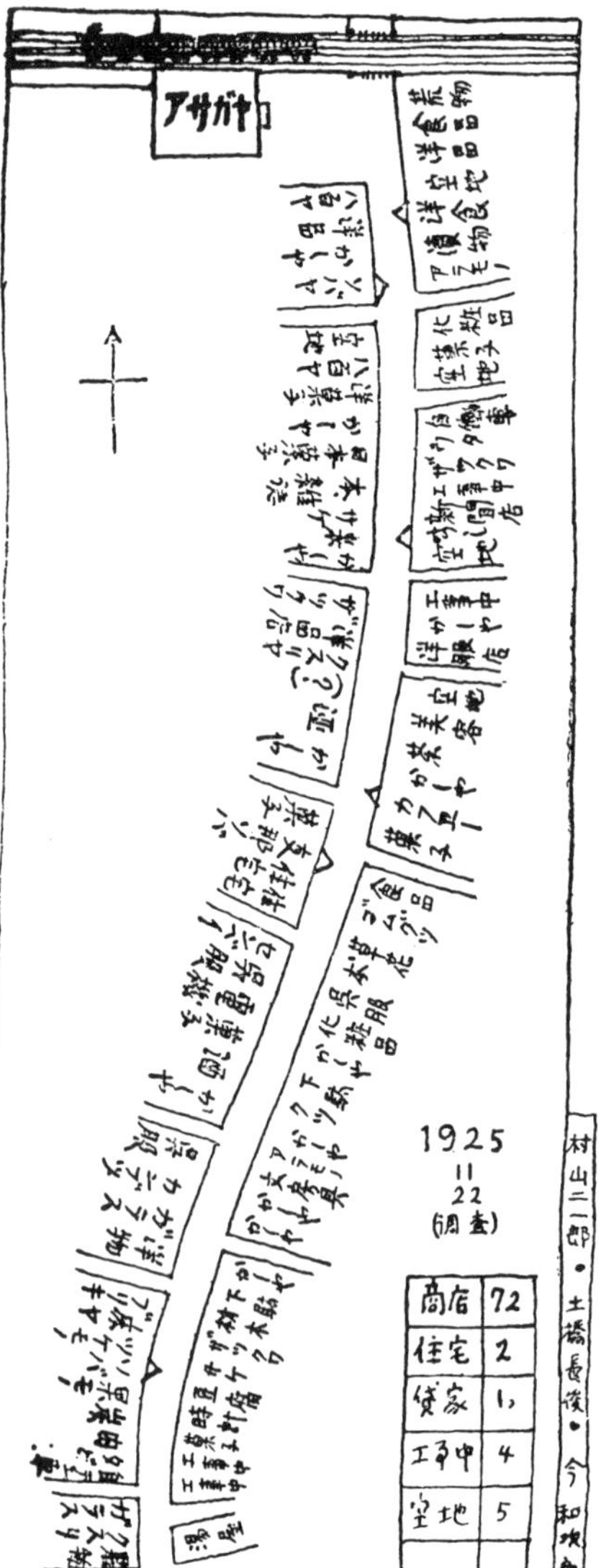

第4図　商店街の構成

其　他　一二

となります。これらは所によつて大変違ひます。それらの比較研究は現在新井泉男君の手で進行中なのですから、同君の発表を傾聴すべく待たねばなりませんが、店の家並みによつてその附近の住民の生活の容態を診察し得ると言つても大過ないと云へるやうです。さうして尚ほ、更にこれは市場の計画や、デパートメントストアの計画の作戦資料たるものであるは確かでせう。

そして、住宅と商店との割合は七五と二五の割りです。それは帝大セツルメントでの本所のしらべにも恰ぼ同様な関係に出てゐます。（帝大セツルメント、柳島元町戸口調査報告）

5

さて、これらの町や道を歩いて見ますと、朝の十時までは静粛な感を受取ります。各人総べては澄んだ真面目な気分で生活してゐるのだ！と、感ぜさせられるのです。それは勤めに行く人達が出てしまつた後のしばらくの時間です。そして十時頃からは陽もポカ〳〵して来、それに伴れて、人達の行儀も崩れて来、それが時間の進行と共に漸次にふやけて来るやうに思はれるのです。坊ちゃんや、嬢ちゃん達もさうです。朝のうちは何かをみつめてゐるらしい表情を見せてゐますが、だん〳〵いたづら気たつぷりな現はれに変ります。それが尚ほ、時間の進行に伴れて益々混濁へと変るのです。かくして、家庭の人達も、――素朴――繊細――疲労――と、順次に変化を経験して日を送るもののやうです。

6

□途上採集報告書

（阿佐ケ谷より高円寺に至る。なるたけ住宅の多い道を選びて歩き、順次に会ひたる人総べてに就いて記述的採取をなせり、――三月二十九日午後三時十二分より……此日晴天、微風最高温度一九、

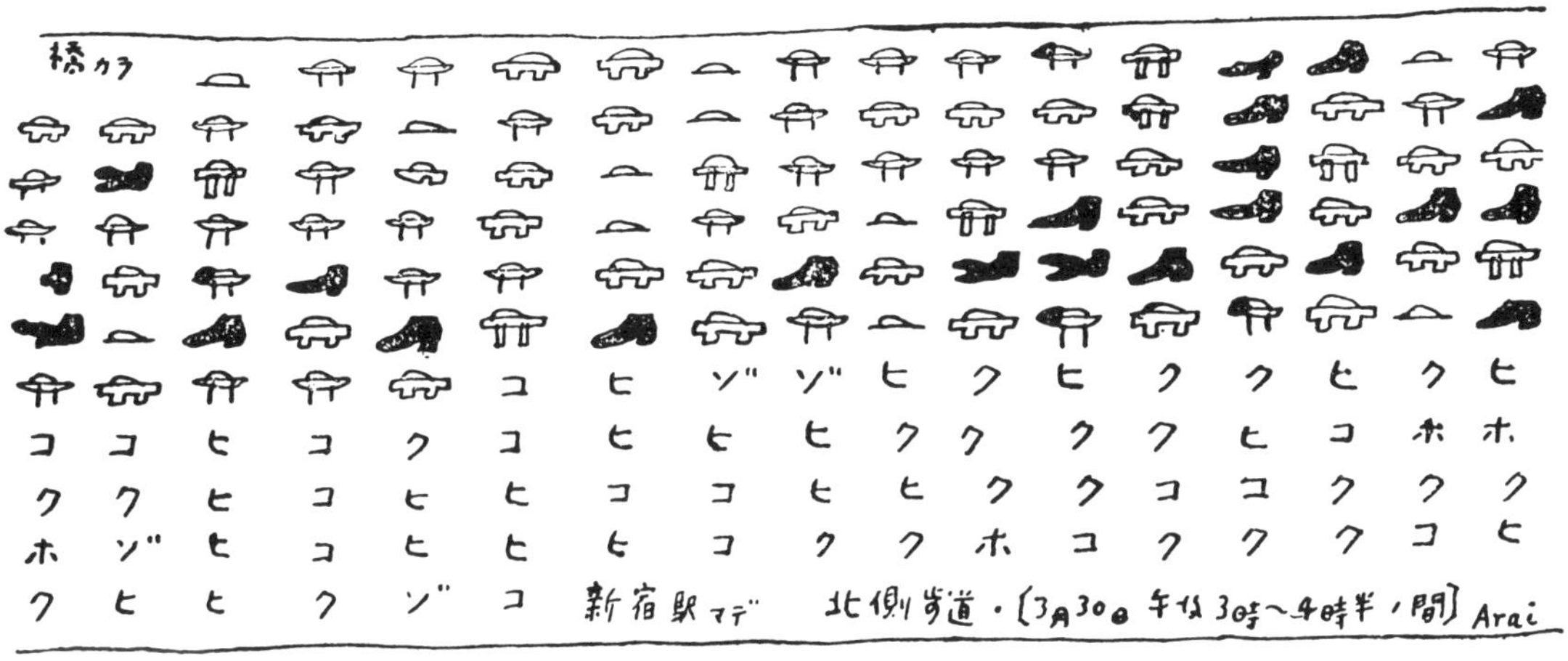

第5図　履物のしらべ

五）

1職人。半天、半ヅボン、クツ下、草履、トタン板を肩にす。

2女の児。五六歳、キモノ、木片を玩具にして持つ。

3職人。セーター、半ズボン、クツ。

4御用聞き。半天、足袋、籠を負ふ（肉屋？）。

5学生。専門学校程度、和服。

6老母。絹物羽織、風呂敷を持ち手を後へ廻す。

7娘。子を背負ふ、ネンネコ。女の子。四五歳、黒エプロン、ゲタ。

洋服学生。中学程度位、帽なし、下駄。

8中年紳士。二重廻し、ソフト、絹物、黒足袋、下駄、………植木屋の車路傍にあり。

9中年奥さん。風呂敷、黒毛糸の肩掛、前掛、新銘仙。

10自転車御用聞き。半天。

11中年紳士。絹物、縞の前掛、小包を下げ、角帯。

12自転車呉服屋番頭。荷物風呂敷包、メクラ縞の羽織。

13荷物自転車菓子卸屋。筒ツポ、半ズボン、足袋、板草履。

14学生。ソフト、木綿絣、セル袴、銀鎖、ロイド眼鏡、コマゲタ。

15職人。半天、股引、手拭鉢巻、角刈。

16少年。

17自転車職人。

18小僧桶屋。メクラ縞半天、セーター、鳥打、黒の兵コ帯、モ、ヒキ、ゴム足袋。……「オケの直しはありませんか」

19綿屋のお届け。鳥打、縞の半天、手拭を衿に巻く、綿の大包を両手に下ぐ。

20中年かみさん。ガス羽織、手拭かぶり、白足袋、ヒヨリ。

21女中。白カツポー着、束髪、薬缶を下ぐ。

22少女。十二三歳、筒袖、ゲタ。

23御用聞き。自転車、品物の箱を負ふ、紺のセーター、半ズボン、クツ下、運動靴、髪シヤン、帽なし。

24中年紳士。茶のソフト、背広、黒絹襟巻、スプリングコート。

25十二三歳少年。無帽、絣、足袋、足駄。

26中年紳士。和服、絹物、ソフト、紙包を下ぐ。

27小僧三人。

28老婆。木綿の縞物、オバコ。

29商人。

30牛乳屋。

31自転車小僧。

32荷車職人。

33女の子と小さい子と遊ぶ。子供乗自動車、桃色のリボン付オ下げ、友仙モス。

34女の子。四五歳、白エプロン、小さい棒を持つ、友禅モスの着物。

35八九歳の女の子。木綿縞、赤色兵コ帯。

36十三四歳の女の子。銅貨を掌に載す。

37若紳士。ソフト、オーバー、背広、黒靴、生垣に小便す。

38魚屋。手ぶら、小豆色の縞半天、半ズボン、ゴム長靴、メリヤスのシヤツを広く出す。

……コ、デ野原の景。

39道端にセリを摘む女。手拭かぶり、縞の絹物、風呂敷を下ぐ、白足袋。ヒヨリ。

40掛紙屋。車を曳く、鳥打、縞の半天、クツ下、ゴム足袋。

41子守。ネンネコ、素足、コマ下駄。

42女の子。十三四歳、運動グツ、黒いエプロン。女の子。ヒヨリ、ネンネコで児を負ふ。

……両側住宅
43束髪若夫人。ネンネコで赤児を抱く、日本封筒の手紙二通を歩きながら読む（投函途中）お化粧、マゲナシ。

44人足。鳥打、渋縄を負ふ、ゲートル、ゴム足袋。

45自転車の小僧。

46牛乳屋。

47……62（略）

63豆腐屋。

64マントの学生。

65自転車。

66黒カバン持紳士。オーバ、ソフト。

67老紳士。若紳士。

……コ、ラ停車場ヨリの道。

68耳隠しの十八位の看護婦、瓶を抱へる。

69職人。

70カツポー着風呂敷包と紙包を持つ、十九歳位。

71若奥さん。新聞紙にタクアンを包みて持つ（覗かなければタクアンだと云ふ事解らず）。子供二人、オカツパの十二歳位と八歳位、何れも現代式ハイカラの和服。

72束髪、素足、ヘルト草履、風呂敷を持つ奥さん。

73荷車。

74人力車に十八歳位の洋装令嬢乗る。

（以下略）

7

上の報告書からいろんな詳細が学ばれるでせうが、第6図と、7図を見て、それらの形を組み立て、更に想像していたゞきませう。

家庭内の人達を注意するのには、屋敷の中、即ち縁側や庭や、窓それから玄関と台所口、その他境内どこでもを注意して、何かの仕事をしてゐる有様の数々を採集して歩かねばならない。途上採集も同様で各様の場合が出て来ます。極端な例で云へば、妊婦の歩いてゐるそれを四五十も集めて、それらの間に見らるゝ風俗上の特性を詮索探求したり、また子供の顔の掃除具合、鼻の下の汚れてゐる統計などを採つたりすると、夫々一かどの読みものとして提供出来るものになるのですが、今回はそれらの鑿井事業に特別な能力と智慧とを持つてゐる吉田謙吉氏がゐないので、手が廻りかねたのは残念なのです。

一般的な情景も尚ほ色々紹介せねばならないのですが、それも止めるとして、子供服の断片統計を進呈し、その方面の考慮をなさる御参考に資するとしませう。

中野から高円寺へかけて約一時間半歩き廻つた子供採集の伝票の結果によれば（四月一日午後）

男の子	和服	一二
	洋服	三五
女の子	和服	二一
	洋服	三三

です。これによれば、男の子は和服一に洋服三の割、女の子は和服二に洋服三の割になります。これはところによつて大分違ふのかも知れませんが、小児の洋服化は実に大いしたもの、驚くべき変移だと考へられます。更に家具の事に就いて考へますと、前の住宅統計とてらして、家具の洋化は住宅と衣服の中間に位置するものとしましても、まだ〳〵空つぽの室にころがる式の方が多い事が想像出来るやうです。

第6図　家庭人雑景

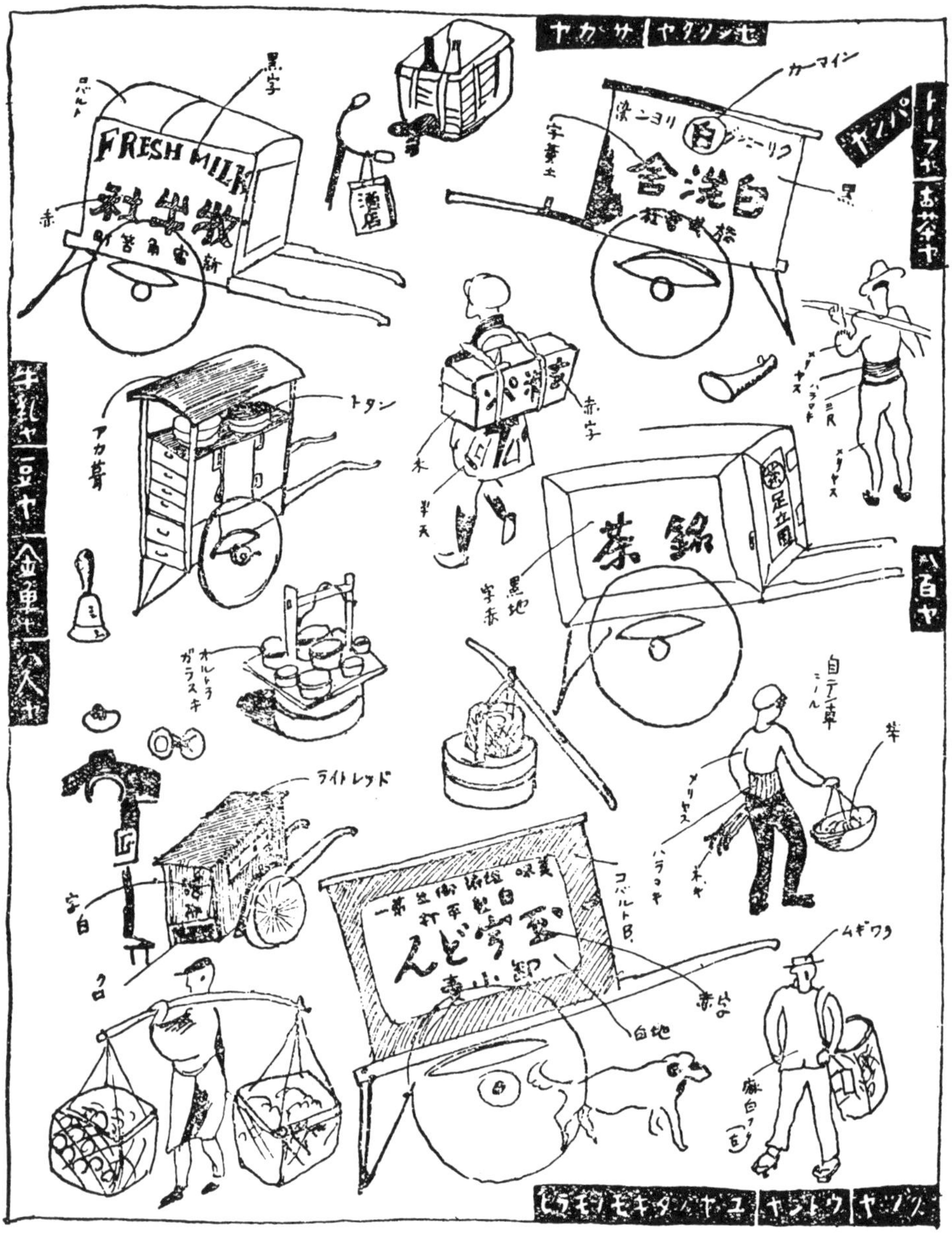

第7図　途上商人雑景

8

第7図をご覧願ひます。

これらは現在の郊外に見らる、商人の活動振りからの態の代表的な種々です。百態図五枚続き位にしないと尽せないのでせうが、新井君に頼んでこれ位でがまんしてもらひました。

これらの態は大人達にとつてはたゞ実際的な交渉を持つだけで一向特別な興味を持つに足らぬものでせうが、子供の眼には、特に静かな郊外の家に住む子供達には、これら種々の姿は移動博物館の陳列品の役をしてくれるのではないでせうか。空想を旺んにしますならば、あのレコードの中にあるベエトヴェンのパストラル・シンフォニー、あれは私にたまらなくうれしいのですが、あんな風味がこれらのものの錯列のうちに感ぜられないでせうか！　正にJapanese suburban symphony がこゝにあるんではないでせうか！　音もあり、動きもあり、色沢もあり、そして個々が夫々固有の滋味を持つてゐるぢやありませんか！

家庭の人達には総べて円味があり、柔軟な感じが満ちてゐるのに対して、これらは鋭角で稲妻形です。生垣や赤瓦などをも加へて、昼或は夕方の郊外シンフォニーの全幅員をこゝで考へて置かうぢやないですか！

9

第8図はおんぶの採集です。淀橋の通りで私は百八十三箇の女の頭髪具合をスケッチ採集しました。そしてそれを精選して階級や年齢による髪の波其他の癖を多少共常識を突破した程度にマスターし得たと感じてゐるのですが、一千箇位当り終つて自信を深めるまで発表見合せにしておきます。このおんぶの絵は多少その研究を役立たせて描き別けたつもりです。子供の頭と髪の毛とは親茸から子茸が生えてゐる関係に整ひます。守つ子がボヤボヤ毛を子供の顔に浴せないやうに鉢巻をしたのを極く稀れにしか見ませんでしたが、その代りに大きなお下げ留めが土留斜面のやうに頸筋から突つ立てられてゐるのが普通の始末法のやうです。

第８図　買物時のオンブ

こんな事は考へられないでせうか、おんぶさるゝ子とおんぶする人と位が同格だと、おんぶする人の髪形は子供には遠慮なくその人の本来の形のまゝでゐますが、おんぶさるゝ子の方がおんぶする人よりも位が一段上の場合には、おんぶする人の髪が変形的に整へられなければならぬのだとは。子供の立場から考へれば、従者たる守つ子の髪には愛も親しみも感じられないが、お母さんや姉さんの髪にならば愛を感ずる、とでもなるのでせう、さうではないでせうか。

それからおんぶする高さの関係にも随分変化がありますが、それらの癖はどうしたものなのでせうか？　たゞよく眼付いたか眼付かないばかりの差異からではないやうに思はれるのですが、どんなものなのかこゝに質問の形式で添へておきます。

女の子の頭の絵（第9図）は貧民窟のと比較する為に挿入しました。

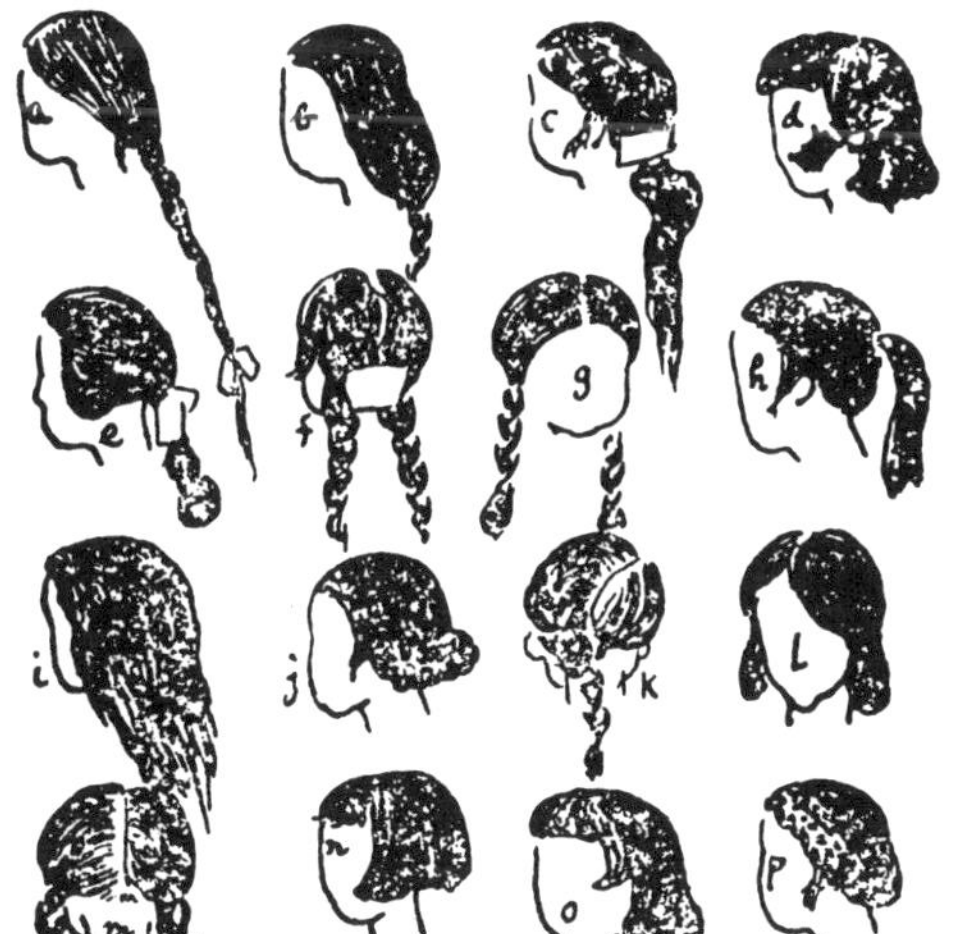

第９図　女の児の髪

園芸作物で云へば肥料も手入も行き届いたのと行き届かないのとの相違で——美しい地膚の林檎や梨は一つ一つ紙袋をかぶせて仕立てるのです——赤い毛のモヂヤ〳〵した、顔の光沢のないのと、ふつくらした顔と光沢のある黒い毛髪とは、それは幸福の程度の相違からでせう。文化住宅とうら長屋との相違、銘仙と安木綿との相違、それらにも対比出来ませう。

10

一寸余分を挿みます。場末と郊外とは

違つた観念として分けねばならぬやうです。場末の味ひは何もかもごつちやな、あらゆる階級と職業者との摩擦し交錯する所、主として交通関係から成立し出現する個所ですが、そんなところを交へて普通郊外と云つてゐる。勿論郊外とは元来広い漠然たる地域を指すのでせうが、此頃観念付けられてゐる新都市の郊外と云ふのは、より積極的に新らしい生活を営む人達の住所が主体となつてゐるところと考へてい、やうです。（正確に言へば、郊外住宅地と言はねばならぬのでせうが。）今回のしらべはその意味に限定して対象にしたのです。東京の場末には各方面のそれはまた各々共通した気分があり、共通した性質の風俗が現はれてゐると見られます。場末の気分はセンチメンタルです、場末に固定してゐる住民は外力の作用で感覚は尖つてゐます。これに対して郊外の住民は温かな平和な気分に生活し、家庭の和楽が、円満な細胞体のやうに外力と関係なくそれ自身素直に存在してゐるのです。徹頭徹尾家庭讃美、………それに帰着する存在なのです。

11

か、る郊外家庭、それを本体として考へれば、都市の中心に勤めに出ねばならぬそれらの家の主人公は一つの犠牲者です。電車の中に寿司詰にされて、キチンときまつた時間に運ばれて行き、夕方また運び返されて来るのです。電車の中では仕方がない新聞を読む、隅から隅まで、眼を疲らし頭を空つぽにする為に喰ふやうに読むのです。勤人はみじめです。（恐らく大多数は。）自分自身の興味は何にあるのかの意識が、見付からない、しかたがない、社会的であると云ふモンスター？　からの言葉で深刻さを避けた安直さで、或者は気取つて見、或者は安泰第一へと、各自魂のお団子をば仕上げてしまふのです。

朝の電車の殺風景な有様は第10図を逆さにしてご覧になつてください。次ぎ〱と駅を経て益々殺風景なメートルが高まり、そして最後にドッとビジネスの市場にひつくりかへされるのです。

昼になると、家庭移動とでも言へる状況が電車内で見られます。第10図の下半分がそれです。ぢつとそれらの状態を観察しますならば、それらの人達の持つ幸福の重みは、朝の犠牲者達を運ぶ車の光景に対してどうでせうか、単にうら表てたるに過ぎないものではないでせうか。

12

こ、らで桁をはづす事にしまして、郊外の住宅群の屋根上に立つてゐるアンテナでも数へて見ませう。阿佐ケ谷附近で数へたのでは、それの立つてゐる家の割合が一二・六%に当りました。第11図のやうな色々のがです。

また住宅地をさまようて、案内指針の役をつとめてゐる立つたり吊されたりしてゐる看板を見物して見ませう。第12図はそれらの採集の一部です。

マリア、アカシヤ、リリー、ピノチオ、グリーン・ハウス、コスモス、スズラン………何んてペンキ書きの文字は慎ましやかに読まれます。こ、に於て時代の変遷は、三河屋さん、尾張屋さんの釣瓶井戸式を一拭ひして、正にポンプ式、タンク式に変つたのと一律な進行だとわかるのです。

次ぎの貸家札の図（第13図）の中の「雛分譲」等も時世的な文字です。女髪結ひは美容院に代り、綜合的に、合理的にさうして感じを主として新らしき美しさを漂はすべき工夫発明の連発万々歳だ、と言ひませう。

例によつて最後の余興の統計を一つ紹介する光栄にありつきます。

太郎君に手伝つてもらひました。「散歩して見当つた犬をクロとかシロとか何匹あるかやつて見てくれ」つたら、勇んで奮闘してくれました。

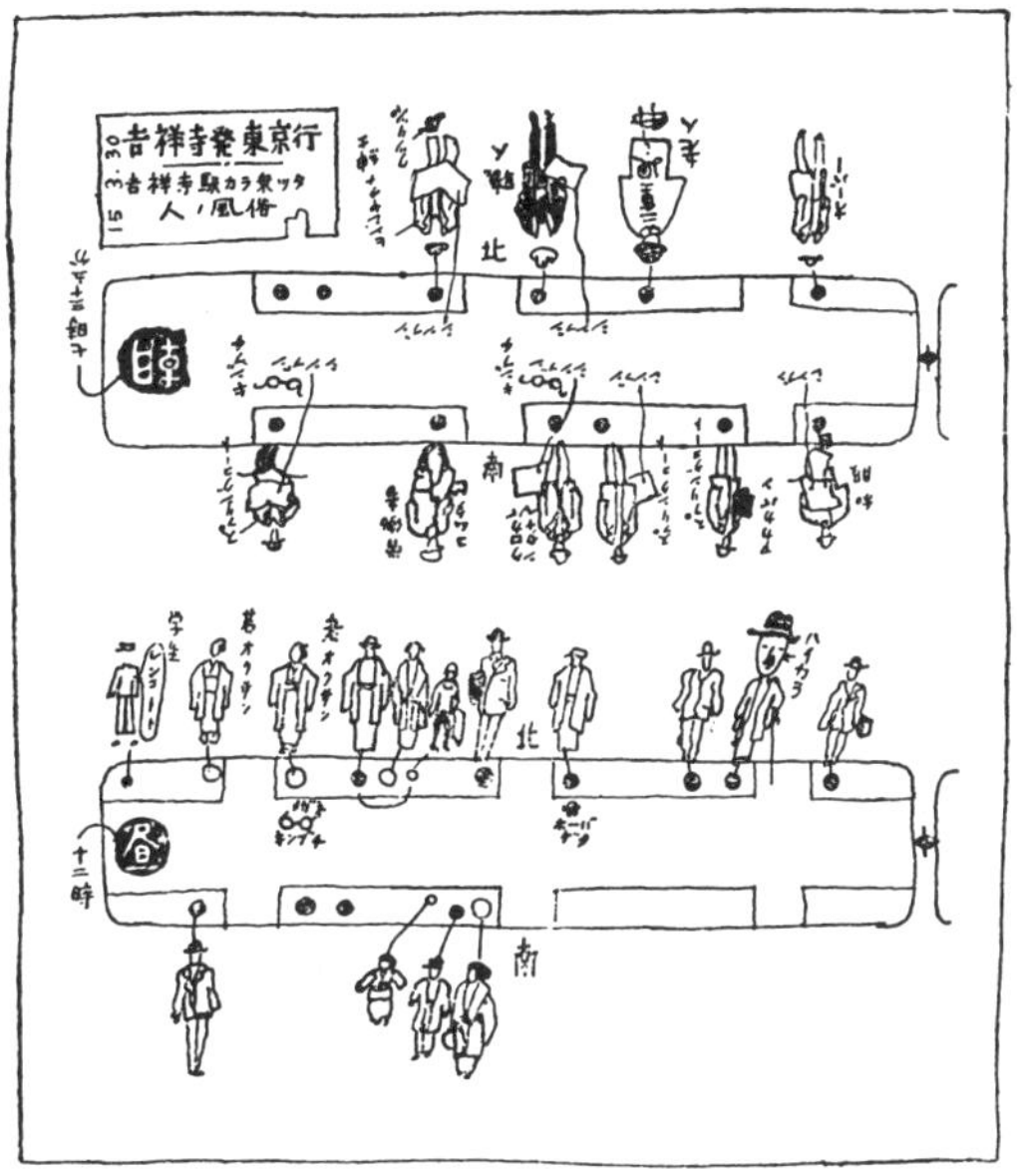

第10図　省電内の風俗

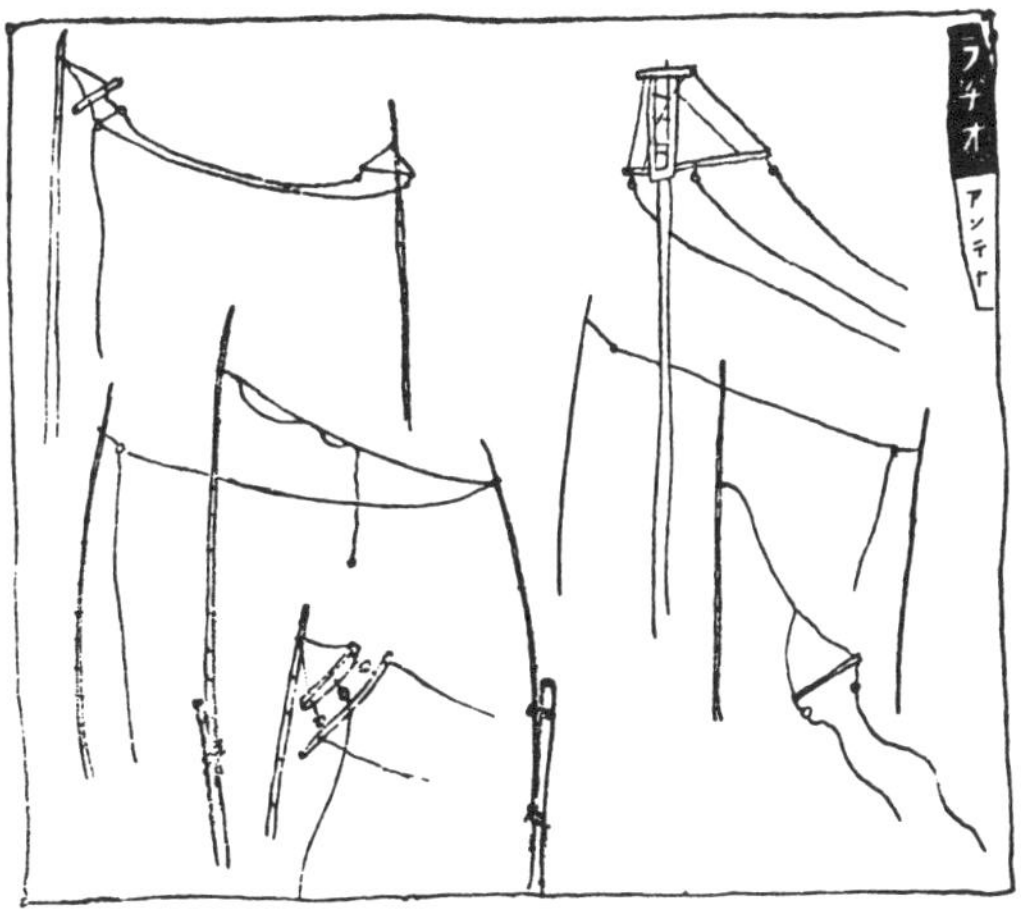

第11図　アンテナ

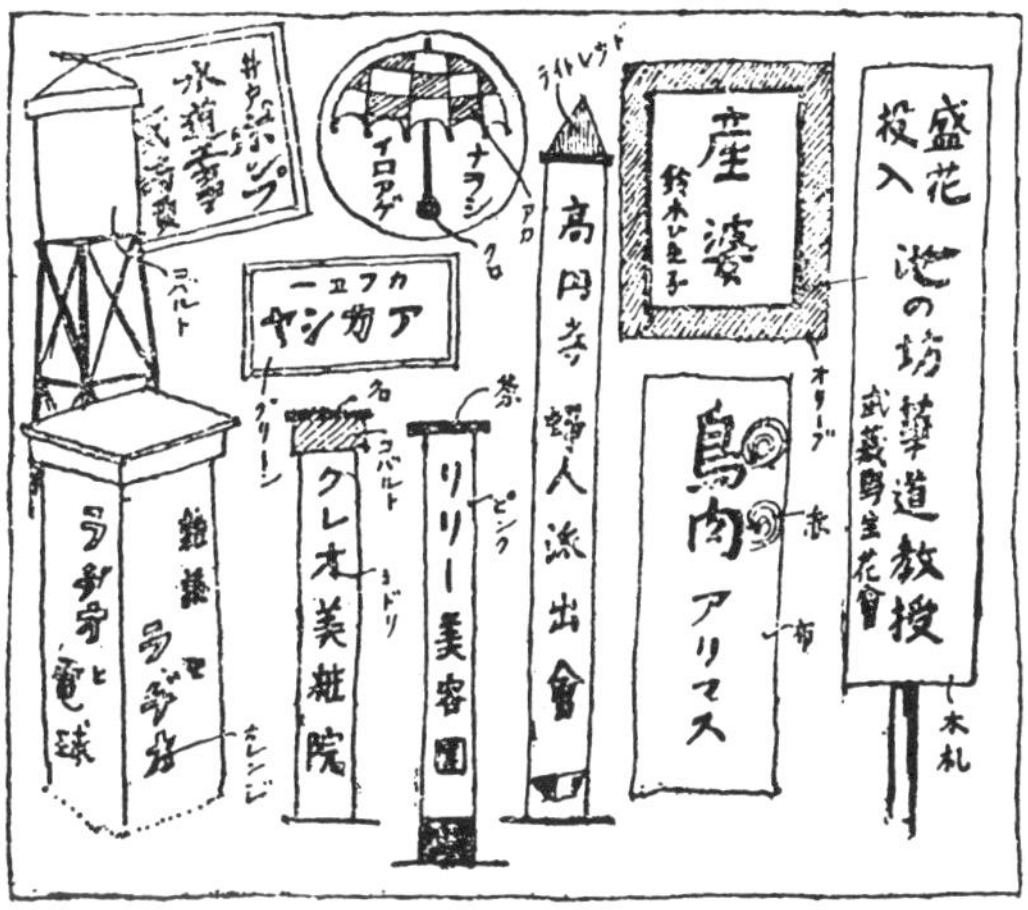

第12図　カンバン

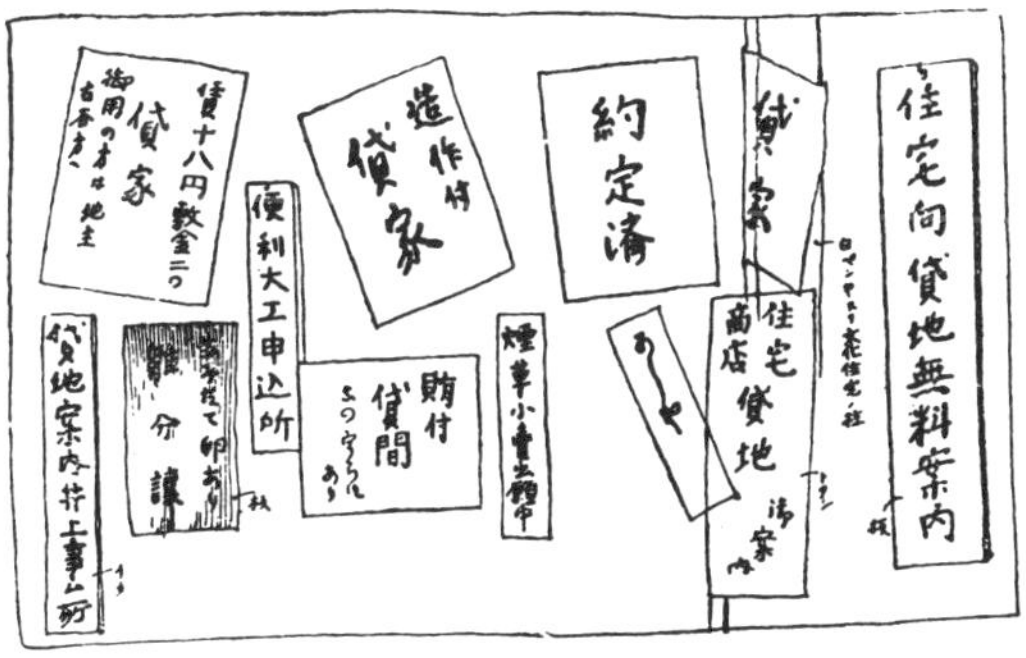

第13図　貸家札

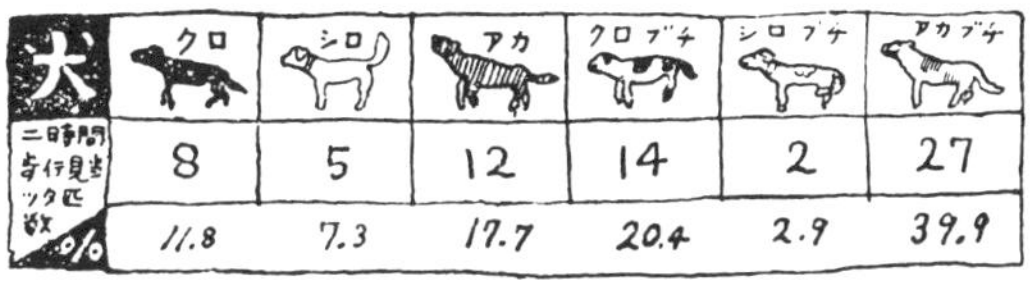

第14図　犬の統計

それが第14図です。曰く「中々見付からなかつたよ、小さい家の所には余り居ないよ、大きい家の方が沢山見付かつたよ」つて註釈を口頭で附け加へました。

これで終りにします。

（附　記）○第5図は淀橋通の通行人の履物だけをねらつて、出会つた人のを漸次に採つたものです。（コ）はコマゲタ。（ヒ）はヒヨリ。（ゾ）はゾーリ。（ク）はクツ。（ホ）ホーバの略です。下町よりもヒヨリの率は多いと新井君の発見があつたやうです。○運動、遊びの事は略しました。○しらべた範囲は中央線沿ひの区域のみでした。○調べた時期は諸学校休暇中だつたので学生通学の状況は出ませんでした。

［1－5－G］
『特別展 Montage Suginami '30～'60――映画にうつされた郊外』（杉並区立郷土博物館、二〇〇五年、一～二七、三二頁）

都市と郊外

大東京の成立と郊外

江戸時代世界有数の百万人都市であった東京（江戸）も、明治維新により一時人口が衰退し、明治の初年には五十万人ほどになっていた。しかし、明治十九年には江戸時代の人口、百万人を回復し、第一回の国勢調査の行われた大正九年には旧市内（現在の山手線内）だけでも二百十七万人に達し、既に街の中は飽和状態となっていた。

市内の四十％を焼土と化し、人口の六十％が住居を失ったといわれる大正十二年の関東大震災は、市内の人口をその近郊に流失させ、第二回の国勢調査の行われた大正十四年には、市内人口二百万人弱に対して、近隣五郡（荏原・豊多摩・北豊島・南足立・南葛飾）では二百十万人に達していた。

この時、人口増加が最も著しかった荏原郡荏原町（現品川区の一部）では、大正九年に八千五百人であった人口が、十年後の昭和五年には、十三万人に膨れ上がるというまさに人口爆発であった。

このような人口増加は、第一次世界大戦以降の近代産業の発達に原因があるとされ、東京への企業集中とその従事者の居住地の確保が〝大東京〟を成立させ、そして〝郊外〟を生み出していったといえる。また、このような大東京が生み出された要因の一つに、都市交通機関の発達が指摘されている。

市と郊外を結ぶ郊外電車が、最も早く発達したのは城南地域で、明治末には京浜電気鉄道、多摩川砂利電気鉄道（玉川電気鉄道）が営業を開始し、大正十一年に池上電気鉄道、十二年には目黒蒲田電気鉄道、大正十五年には東京横浜電鉄が丸子多摩川（現多摩川園）・神奈川（廃駅・横浜辺）間で開通し、昭和二年には渋谷まで乗り入れていた。このような環境が、荏原町などの人口を増加させた下地であるといわれている。

一方、震災以前の市内人口の増加による居住環境の悪化と、増大する人口を受け入れるための都市整備の必要から、大正八年に都市計画法が制定され、急激な市街化への対処が図られた（東京を含む横浜、名古屋、京都、大阪、神戸を対象）。その成果の一つが、先の郊外電車の開通でもあった。

そして、大正十一年にはその都市計画を施行していく区域として、東京駅を中心に近隣五郡を含む十六km（四里）の範囲が決定され、ここに旧市内を倍する〝大東京地域〟が誕生した。

郊外都市杉並の成立

現在の杉並区域は、江戸時代二十の村に分かれていた。明治時代になり連合六村の時代を経て、明治二十二年、町村制の施行により、杉並、井荻、和田堀内、高井戸の四ヶ村が成立した。

大正十一年に定められた都市計画区域のなかに杉並の四ヶ村も含まれてはいたが、この四ヶ村はその地域の中では後進地域の一つであった。しかし、隣接する中野町（明治三十年町制）、代々幡町（大正四年町制）はすでに人口増加の波に飲み込まれていて、杉並の四ヶ村が〝東京〟の中に包み込まれるのも時間の問題であった。

その波を四ヶ村の中で一番早く蒙ったのは杉並村で、大正十一年に居住者が倍増し、大正十三年に町制を敷いた。

人口の増加は、この地域でも交通機関の発達によるものが強く示唆される。区内で一番早く鉄道が走ったのは甲武鉄道（現ＪＲ中央線）で、明治二十二年に区内の中央を東西に貫き、明治二十四年に、区内の略中央に当る荻窪に駅が開設された。その後、大正二年に京王電気軌道が笹塚・調布間に開通し（大正十五年開設の桜上水駅を除く区内三駅が開設され、八幡山駅は当初松沢駅と呼ばれていた）、大正十年には、青梅街道上に西武軌道荻窪線（淀橋—荻窪間）が路面電車として登場した。翌十一年には、中央線に高円寺、阿佐ヶ谷、西荻窪の各駅が増設された。

北部では、昭和二年に西武鉄道村山線（現西武新宿線）が開通し、下井草・井荻・上井草の各駅が開設された。また、昭和八年には帝都電鉄（現井の頭線）の渋谷・井の頭公園（翌年吉祥寺駅まで開通）が開通し、区内には永福町・西永福・浜田山・高井戸・富士見ヶ丘・久我山の各駅が設置された。

このような電車の開通は、電気事業とも重なっており、電車の開通と、家庭への電気供給など住民を受け入れる素地が固められていった。その影響が区内で一番顕著だったのが杉並村で、大正十一年に住民が倍増したことはすでに述べたが、その原因の一つに大正十年に開通した西武軌道や翌年に中央線の高円寺・阿佐ヶ谷の両駅が開設されたこと（大正八年吉祥寺まで電化も）が大きく関与していることは推測に難くない。

一方、明治二十四年に荻窪駅が開設され、杉並村と同様に大正十一年には西荻窪駅も開設された井荻村では、杉並村ほどの人口増加は見られなかった。その原因は東京駅周辺との距離にある（『新修杉並区史』）ともされるが、その僅かな余裕からか、この地域では大正十四年に「井荻町土地区画整理組合」を設立し、全村八百八十八haに亘る区画整理を断行した。

この事業を推進したのは、村長内田秀五郎で、就任した当時は、被選挙権の発生する三十歳であったため、全国一若い村長ともいわれた。

この区画整理は、大正十一年に始まった井荻第一耕地整理事業が発端で、同年に開設された中央線の西荻窪駅と青梅街道間を結ぶ道路の敷設が記念碑的事業といわれている。その後起こった関東大震災をはさみ、全村に亘る区画整理事業へと発展していった。現在杉並区の地図を見れば、その西北部四分の一に亘る地域に、整然と碁盤の目状

人口の推移

国勢調査年	杉並	和田堀(内)	井荻	高井戸
大正４年	4,769	3,221	3,980	4,319
大正９年	5,632	3,907	4,369	4,191
大正14年	36,608	11,668	10,864	6,846
昭和５年	79,191	19,195	22,724	13,418

（『新修杉並区史』下巻より作成）

上井草競技場（昭和６年ころか）

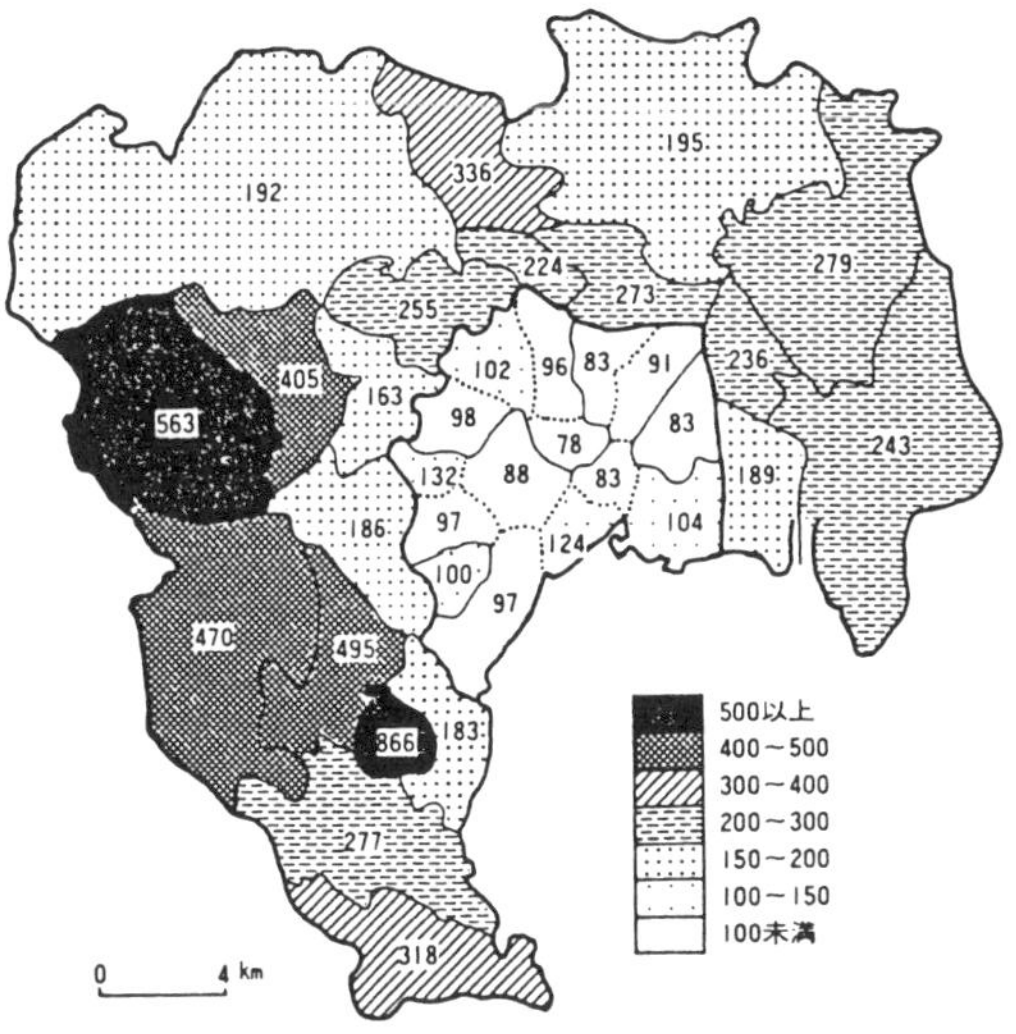

大震災前後における宅地の増減
（大正５年の面積を100とした昭和10年の指数）
（江波戸昭『東京の地域研究』〔１－１－F〕より）

に配された道路がその成果を示している。

この一連の事業の中では、道路だけではなく、町営の水道事業や公害の出ない企業の誘致（中島飛行機）や金融事業の設立などが積極的に行われた。

また、交通機関としては村の北部を走る西武鉄道村山線の敷設に際して、別名「村山急行」とも呼ばれていた計画線は、駅間を広く取ることが想定されており、当初は区内には一駅が開設される予定であった。それを三駅設置に変更させ、その見返りとして利用客の増加を狙って、テニスコートやトラック、遊園地を備えた競技場を上井草駅近くに設立させた。

井荻村のように積極的にその受け入れに動くところは少なかったものの、人口の増加と交通機関を含む社会的資本の整備により、この杉並の地域にも〝村〟からの飛躍の季節が到来し、杉並村は大正十三年に、その他の三村は大正十五年に、それぞれ町へと発展していった。その意気込みは、〝躍進の〟とか〝新興の〟とかを冠したものが当時の出版物にみられることからも窺うことはできる。

このような大きな枠組みが進む中で、昭和五年東京市会は「隣接町村合併ニ関スル建議」を議決し、昭和七年、旧市内十五区に隣接町村をあわせた三十五区からなる〝大東京市〟が成立し、ここに杉並・和田堀（町制施行時に名称変更）・井荻・高井戸四町からなる「杉並区」も誕生した。

昭和七年に市内の人口は五百万人を超え、十五年には六百七十八万人に達した。その後も東京への人口と政治・都市機能の集中は止まらず、今日においても膨張をつづけ、終に交通機関の発達は〝大東京〟を隣接の神奈川・千葉・埼玉へも広げ、「埼玉都民」なることばまで生まれた。

二つの郊外論と山の手論

郊外とは

一般的に「郊外」という言葉からイメージされるのは、自然に恵まれた環境のよい田園風景といったものではないだろうか。しかし、ここで問題にしたいのは、一九七〇年代から盛んになった都市論でとりあげられている「郊外」という概念である。

一九七〇年代の都市論は、高度成長期の都市開発の経験などから、都市を単に機能や社会資本の問題に還元せず、文学作品を読み解くように都市の深層部分を文学作品や絵画、映画、地図等から解読し成果をあげてきた。しかし一九九〇年代に入って転機を迎え、これまで一つの完結した有機体として見なされてきた都市という概念では、最早、十全な意味や体系を見出し得なくなった。それが〝郊外〟という場への視点の移行になったという。（註1）

現在、郊外論は大きくは二つの領域で語られている。一つは「郊外住宅地の成立」に関わる論。もう一つは「社会学の領域」に関わる論。どちらにしてもここでの問題は「郊外化」ということばが象徴するように、「郊外」というものが、最初に掲げたような言説的な意味での田園風景をさしたものではなく、近現代の都市の発展が生み出してきた産物としての「郊外」である。

サバービアとバンリュー

いま「郊外住宅地の成立」を議論する都市論の中で「郊外」を論じる際、郊外概念の二つの異なった系統が指摘されている。一つは英米系の「サバービア」という概念で、もう一つは欧州大陸系の「バンリュー」という概念。「バンリュー」も「サバービア」も共に、都市に従属、隣接する地域という意味では、原義的にはさして差があるわけではないが、その語で指し示される地域の成立の歴史には、対極的な違いがある。（ここでは特に英国の「サバービア」と仏国の「バンリュー」をとりあげる）

サバービアとは

サバービアという言葉は「都市的な城砦施設」を意味する〝urbs〟と「下に、近くに」を意味する〝sub〟が結合してできた語の名詞形で、「都市の近くのところ」を意味するラテン語〝suburbium〟を語源とするが、「自立的な地域社会」を意味するものではなく、都市との関係において成立する場を指したものだったという。（註2）

サバービアという語で示される「郊外」の概念は「十八世紀から十九世紀のイギリスで、都市から脱出したブルジョワジーたちが、貴族のヴィラを模倣して近郊に形成した高級住宅地のなかに見出」（註3）されるという。それは「階級の懸隔が大きかったこの国では、ブルジョワ階級は、不潔で混雑した都市や住民との『接触』を嫌忌した。さらに十八世紀に英国国教内におこった福音主義運動は、家庭、家族の役割を強調し、核家族のイデオロギーを広めていった。家庭人たるもの、都市の誘惑（娼婦、居酒屋、舞踏場、遊園地…）を退けて家庭を守り、女はその『炉辺の愉しみ』で、男たちに安らぎを与えよ、というわけである。同じく十八世紀にイギリスに流行した『ピクチャレスク・ガーデン』は、郊外住まいの理想と結びつき、ロンドン郊外には中流階級が、こぞってプライベート・ホームを築くようになった。公園のようにセッティングされた、いわば広大な庭のような〈サバービア〉の中に、プライベート・ガーデンでさらに囲まれた一戸建ての家をつくること――それがイギリスの〈郊外〉の理想であ」ったという。

そして、このような「都市郊外の緑地に居住するというブルジョワたちの理想のトポスを（ハワード・フィッシュマンは『ブルジョワ・ユートピア』の中で）〈サバービア〉と名付けている」という。（註4）

バンリューとは

一方、フランス語であるバンリューという言葉は、語源的には「領主の布告」を意味する〝ban〟と、その布告が及ぶ「里（約四キロ）」を意味する〝lieue〟が結合したもので、転じて『大都市を囲み、その都市に従属する地域』を意味するという。（註5）

このバンリューということばが「郊外」という概念と関係を持つようになるのは、十九世紀後半のことであった。「十九世紀後半のオスマン都市大改造計画は、ブルジョワたちにおける居住形態の選択に、決定的な影響を与えたと言える。それがパリ市内の主要街路に整然と建築された高級アパルトマンだった。」「大革命による旧体制の崩壊後も、今度は新たに台頭したブルジョワジーが、かつての上流クラスの特権を享受しようと願った。パリの劇場や舞踏会での夕べ、カフェでの語らい、レストランでの食事――といった生活形態は、都市の中に居住してこそ可能である。イギリスと異なって、フランスのブルジョワジーは家庭生活と都市文化の愉しみの間に、何の矛盾も感じなかった。」そしてこの大改造計画は、「『諸階層の混在』というパリの伝統的生活様式を崩し、イギリスとは全く逆のかたちで、『階級別棲み分け』を急速に進行させた。考えてみれば、元来『オスマン都市大改造計画』の目的そのものが、パリの中心部の過密状態を解消し、貧民窟を撤去して大通りを貫通させ、空気の流通をよくすることにあった。」「この結果、二十区に拡大した直後の一八六一年から六六年の間に、パリ市区内は人口の急激なドーナッツ化現象をおこし、小郊外（プチット・バンリュー）と呼ばれた地区の人口（略）が、ついにその内側の人口（略）を上回ったという。さらにパリ市内の家賃高騰（略）のあおりを受け、労働者や貧民層は、パリの

城壁外＝郊外へと移転を余儀なくされた。」（註6）

そして「二十世紀のパリ郊外は、工場が進出して労働者はますます郊外に居住し、城壁外の『空き地』には次々と低所得者層向けの住宅が建設されていった。」「郊外の『一戸建て』は、ブルジョワたちの夢の形態ではなく、むしろ中流以下の市民たちの夢と現実の妥協の選択なのである。」（註7）

「バンリューとサバービアの相違は、何よりも十九世紀以降の産業社会下の都市環境において、ブルジョワ階級が都市とのいかなる関係のもとに私的生活の理想を求めたか、に由来している。片やパリ神話が強く、都市生活の愉しみと家庭生活の両立に何の矛盾も感じなかったパリで、ブルジョワたちは市内（つまり城壁内）に高価なアパルトマンを求めることを好んだ。ゆえに都会に奉仕する工業や農業、廃棄物や汚水、延いてはそれに従事する労働者たちは、壁の外へと追い出されることになる。一方十九世紀のロンドン・ブルジョワジーは、汚染された大気と治安の悪化する都会を避け、下層階級との接触を忌避して、緑豊かな郊外に邸宅を構えることを理想とした。これには、家庭生活こそを守るべき砦と考える福音主義イデオロギーも影響を与えている。」（註8）という。

このようなサバービアとバンリューとによる分析が、現在の都市問題全てを解き明かすというものではないが、都市の後背地としての近郊を考える際の、大きなヒントを与えてくれることは確かである。

田園都市

郊外と似たことばに「田園都市」というものがある。このことば（概念）は二十世紀のイギリスの都市計画家エベネザー・ハワードとの関係で取り上げられることが多いが、既に十九世紀中ごろには、伝統的なヨーロッパの都市形態とは違った形で考えられた「パーク・エステイツ（公園地所）」にその萌芽があるという。

伝統的なヨーロッパの都市形態は都市を自然に近づけるという考え方は持っているが、「パーク・エステイツ」のような自然の中に家屋を点在させて都市を自然に溶け込ませるという考えはなかったという。このような考え方は伝統の強いヨーロッパではなかなか取り入れられず、新大陸アメリカでの実践からハワードの「田園都市」は構想されたという。

しかし、社会思想家としてのハワードにとって、都市計画はそれ自体が目的だったのではなく、それは真の社会改良を進めるための手段であり、新たな共同体創設にその目的はあったという。したがってハワードの「田園都市」の住人は、その土地の所有者であること、そしてその土地からの不動産所得の独占的な受益者であること。それは、公共施設の建設と保守の財源確保であり、財政的自律性を担保するものだった。

また、都市の産業と田園の農業が自足する「田園都市」は小規模であり、牧草地や森林などの緑地帯に囲まれていることなどが条件であった。

彼の構想は一九〇二年『明日の田園都市』として纏められ、「田園都市」の名は各国の団体や出版物にも使われ、全世界を席巻し、二十世紀の都市計画に決定的な影響を与えた。しかし、かれの思想は正しく理解されず、外観の形態のみが矮小化されて伝えられ、大都市周辺の緑豊かな「郊外」に農業地帯である緑地帯が忘れ去られて建設されたり、さらにはニュータウンやその語の意味を転化させた団地へと、ついには、ハワードの思想とは対極的なところへも行き着いてしまったといわれている。（註9）

東京の郊外住宅地

日本の郊外住宅地の歴史は、明治四十年代から始まった阪神電鉄と阪急電鉄による大阪、神戸間の分譲住宅の開発が嚆矢とされる。

東京では、東京信託（現日本不動産）が駒沢村から玉川村（現世田谷区）へかけての七万坪に、大正二年から「東京の軽井沢」を標榜して開発した「桜新町」住宅地がその走りといわれている。

　この住宅地は、多摩川の砂利運搬を目的として、貨客併用電車を走らせようとしていた多摩川砂利電気鉄道へ、東京信託が資金援助の見返りとして、駅の設置を求めたことがその発端。その駅の名前が新町停車場であったため、最初は「新町分譲地」といわれていたが、街路に植えられていた桜が育ってからは駅名が「桜新町」と改称され、この分譲地も呼び名がかわった。

　その後、大正五年に日暮里渡辺町、同九年に駒込・巣鴨大和郷（岩崎久弥）、同十一年に目白文化村（堤康次郎＝箱根土地㈱）、洗足住宅地（田園都市㈱）、十二年田園都市多摩川台（田園調布・田園都市㈱）同十三年に大泉学園都市（箱根土地㈱）、同十四年に国立学園都市（箱根土地㈱）等、郊外住宅地が続々と造られていった。このうち「渡辺町」や「大和郷」は、東京市内の二十分の一を占めていたという諸侯や富豪の大所有地の開放策で、購入者は学者や官吏などの高級サラリーマンが占めていたという。また、大正十三年に設立された三井信託会社は、このような上流階級の土地を、「山の手の高級住宅地」として売り出していった。

　「桜新町分譲地」は、最初は日本橋の商家や実業家、世田谷にあった陸軍の関係者が購入していたが、昭和になると中堅のサラリーマンや文化人、芸術家が購入者の中心を占めるようになったといわれている。

　これらの開発も田園都市構想の影響を受けたもののひとつではあるが、ハワードの「田園都市」を前面に掲げて開発されたものに、田園調布の開発があった。

　ハワードが提唱する「ガーデン・シティ（田園都市）」を理想とする渋沢栄一が、設立に関与した田園都市株式会社は、その設立趣意書に「紅塵万丈なる帝都の巷に棲息して生計上衛生上風紀上の各方面より圧迫を蒙りつつある中流階級の人士を、空気清澄なる郊外に域に移して以て健康を保全し、且つ諸般の設備を整へて生活上の便利を得せしめんとする」とあるように、電灯、電力の直営、玉川水道への補助、既設の五反田・蒲田駅への鉄道連絡だけでは満足せず、更に自社による新鉄道線の敷設による新宿への乗り入れなど、インフラの整備を整え、さらに、ローン制度の導入や、美観と環境を維持するための住民の建築協定の締結など、理想の住宅地作りを目指してはいたものの、緑地帯が確保されていなかったために田畑が急速に開発されてしまうなど、ハワードの理想の「田園都市」には程遠く、あくまでも郊外住宅地としての域を出なかったといわれている。

　民間でのこのような動きと平行して、内務省などでも郊外化は盛んに議論され、住宅地の郊外化と併せて、サラリーマンの健康・リクリエーションなども視野に入れた環状緑地帯・健康道路等の構想（当館特別展図録『杉並の地図をよむ』参照）なども進められてはいたが、日本の郊外住宅地構想は、ハワードの理想とは最もかけ離れたものの一つであるといわれている。

山の手の変遷

江戸の町は江戸城を中心に「の」の字形に形成されていた。そして江戸城の外郭には、南に外様大名、南西から北東にかけては旗本、御家人、北東から東南にかけては町人が住むというように、身分によってその居住地が定められていた。

　明暦三年（一六五七）の大火以降、郭内の大名屋敷が郭外へ移転したり、上屋敷、中屋敷、下屋敷などの制度が整備され、江戸の町はより外側へと拡大して行った。それらの大名屋敷は二千五百坪以上、十万石以上になると七千坪の用地が宛がわれていたといわれており、台地の端に別荘として作られた下屋敷は、その地形を上手く利用して、台地上には住居を、そして崖下の低地には湧水や付近の流れを引き込み庭園が造られていた。

このような町人の住む沖積地を下町、武家地の形成された洪積台地を山の手といっていた。この山の手と下町という概念は、江戸初期には成立していたようで、天和二年（一六八二）に書かれた井原西鶴の『好色一代男』には「山の手のさる御方」として武家が描かれ、また、同三年に書かれた、戸田茂睡の『紫の一本』には「下タ町権左衛門」と町人が登場し、「下町はおもに町人の居住地域、山の手はおもに武家の居住地域という、江戸を二分する社会的地域概念は、すでに一七世紀なかば過ぎに人々のあいだに定着していた。」（註10）とされている。

この山の手について「曲亭馬琴は『玄同放言』（文政元年）のなかに『四ツ谷、青山、市ヶ谷、北は小石川、本郷をすべて山の手といふ』と記していて、現在の文京区、新宿区、港区あたりを」（註11）江戸の人々は山の手と呼んでいたことを記している。

ところが明治時代になり、武士は江戸を後にして帰藩し、その土地を新政府は上地した。東京の七割を占めたといわれる武家地は召し上げられ、その後、官庁や学校といった官有地となったり、大名の下屋敷にあたる台地の端や隅田川の川端などは、貴顕の別荘地として使用されるようになった。

このような江戸時代の大名下屋敷の流れを汲んだ別荘地は、交通機関の発達により、より外側へと移転をして行き、貴顕の移動に伴いいわゆる「山の手」も東京の西郊へと場所を移して行った。

大正七年に書かれた、小田内通敏の『帝都と近郊』には、その様を「波浪の如く小起伏に富める台地の地形は、高燥にして眺望宜しき地区少なからずを以って、市内との交通便利となれる今日、斯かる地区は貴族及富豪の処有する所となり、天然の景勝と人工の趣致と相俟ちて、自から別個の住宅地区たる所決して少なからざるなり」（註12）と記されている。

また、山の手が西進して行く一つの要因として、国木田独歩が明治三十一年に書いた『武蔵野』が影響をあたえているともいわれている。独歩の描いた『武蔵野』が武蔵野ブームを生み、その野趣に富む近郊が、二葉亭の訳した「あいびき」からツルゲーネフへ、そして文学・歴史へとその裾野を広げていった。

この時、独歩の考えていた武蔵野とは「先ず雑司谷から起って線を引いて見ると、それから板橋の中仙道の西側を通って川越近傍まで達し、君の一篇に示された入間郡を包んで円く甲武線の立川駅に来る。この範囲の間に所沢、田無などいう駅がどんなに趣味が多いか……殊に夏の緑の深い頃は。さて立川からは多摩川を限界として上丸辺まで下る。八王子は決して武蔵野には入れられない。そして丸子から下目黒に返る。この範囲の間に布田、登戸、二子などのどんなに趣味が多いか。」（註13）と多摩川・八王子より東の部分を武蔵野としている。

しかし、独歩はこの武蔵野を単に野趣ある田園とだけは考えていない。「僕の武蔵野の範囲の中には東京がある。しかしこれは無論省かなくてはならぬ」「しかしその市の尽くる処、即ち町外れは必ず抹殺してはならぬ。僕が考には武蔵野の詩趣を描くには必ずこの町外れを一の題目とせねばならぬと思う。例えば君が住われた渋谷の道玄坂の近傍、目黒の行人坂、また君と僕と散歩したことの多い早稲田の鬼子母神辺の町、新宿、白金……また武蔵野の味を知るにはその野から富士山、秩父山脈国府台等を眺めた考のみでなく、またその中央に包まれている首府東京をふり顧った考で眺めねばならぬ。」（註14）とすでに東京との関係の中で武蔵野を考えている。

閑話休題、この「山の手」という語が指し示す地域・社会・生活を、社会学の領域に係る論として取り上げたものにマーケティング情報誌「アクロス」（昭和六十一年五月）がある。その中で「江戸時代以来の山の手である本郷界隈を『第一山の手』、明治以降武士の所有地などに住宅地が開発された麻布、青山あたりを『第二山の手』、大正末期以降、新宿、渋谷、目黒などの山手線西側ターミナル駅から敷設された郊外電車の鉄道沿線に開発された世田谷、杉並、目黒などを『第三山の手』と呼び、さらに戦後の高度成長期以降、都心から二〇～四〇㎞圏の三多摩、横浜・川崎市内陸部などを中心に開発された新興住宅地ゾーンを『第四山の手』と命名した。『第一山の手』から『第四山の手』への変遷は社会・生活の『大衆化』の変遷そのものであり、その意味で『第四山の手』は限られた上流階級・中産階級の住む山の手ではなく、より広汎な中流階級の住む『大衆化した山の手』である。（註15）と、今見てきたような貴顕の住む場所としての「山の手」が「大衆化した山の手」へと推移して行く意味を社会学的に分析しようと試みている。

「日本の郊外はサバービアを基底としながら、バンリュー的生活を合わせもって」（註16）いるといわれているが、ハワードの「田園都市」思想とも関連して、この「山の手」概念は「郊外」とも重なっている部分がある。

　杉並地域が含まれているとされる「第三山の手」という概念はどのような意味を持っているのだろうか。このような視点で地域を見直してみることも意義あることではないだろうか。

映画と郊外

映画とモンタージュ理論

現在、映画館で上映されているスクリーン上映式の映画を発明したのは、フランスのリュミエール兄弟といわれている。明治二十八年（一八九五）にパリで公開されたこの映画を、彼らは「シネマトグラフ」（動く絵）と呼び、これがのちに「シネマ」の語源になったといわれている。

　一方、アメリカでは明治二十四年（一八九一）にトーマス・エジソンが、のぞき穴から映像を見るキネトスコープを発明し、同二十九年には現在の映画と同様な、ヴァイタスコープを発明した。

　日本では、明治二十九年に神戸で、エジソンのキネトスコープが初めて上映され、翌年には大阪でシネマトグラフ、ヴァイタスコープが上映された。

　また、日本製映画の初興行は、明治三十二年に東京の歌舞伎座で行われたといわれている。

　リュミエール兄弟の映画は報道や記録といった実写映像から出発したが、フランスのジョルジュ・メリエスは、明治三十五年（一九〇二）に『月世界探検』を制作し、そのなかで、現在の映画制作と同様な、別々のカットをつなぎあわせる技法を開発した。

　アメリカのグリフィスは、ロング・ショットやクローズ・アップなど断片的に撮影したフィルムを効果的に繋ぐことによって、人間の心理をも描いた作品『イントレランス』をつくり、その細分化されたカットの集積で映画独自のリズムとテンポを作り出すことに成功した。

　この技法をさらに理論付けたのは、ロシア革命で疲弊していたソ連にあった映画人達で、かれらはグリフィスの作品に、画面と画面の組み合わせが、単に場面の効果を挙げているだけではなく、思想や観念をも語らせていることに着目し、それを更に理論化させた。それが、モンタージュ理論といわれ、長く映画製作の基本とされてきた。

　このモンタージュという言葉は、レフ・クレショフが、フランス語の建築用語から援用したもので、レンガなどを設計図通りに積み上げて行くこと、つまり、映画も長いワンショットで映像を組み立てるのではなく、ある意図をもって、カットを積み上げて制作して行くことを意味した。

その弟子フセヴォロド・ブドフキンは、この理論によってダイナマイトの爆発場面を撮影した。その映像が、目で見た時と同じように再現されるように、電気マグネシュウムの閃光や煙のカットをダイナマイトの爆発映像のカットの中に挿入して、現実の爆発のような映像を作り上げた。

また、クレショフの弟子で、この理論の古典的理論者といわれるエイゼンシュテインの理論では、ある対立した二つのカットがあり、それが互いに対峙した緊張関係の中で、それらを統合する形で第三のカットを接続する。つまり全く関係のない時間空間を繋ぐことにより、その葛藤のなかから統一された時空の観念が生み出され、そこに更に新たな意味を発生させるのがモンタージュ理論であるとする。それは、異なった画面をただ積み重ねていって思想を説明するというものではなく、異なった画面と画面を衝突させ、そこに新たに思想を生み出そうとするもので、この手法によって、ここに何の関係もないバラバラな画像が意味を持ち、筋を作り、物語を語りだすというのである。

ロシアのモンタージュ理論は「個々のショットそれ自身は何の意味ももたず、いくつかのショットが組み合わされることによって、はじめて一定の意味が表現される、と解したことに特徴があるといわれている。」（註17）

しかし、モンタージュ理論は、カットやアクションや映像そのものの力を認めておらず、映像の組み合わせに他ならないと批判されたり、トーキーの時代となって、フィルムに録音された言葉は分割することができないから、撮影された場面も分割できず、技法としてのモンタージュが使われなくなったりした。更に、モンタージュ手法は抽象的な時間の表現であり、映像のリアリズムを尊重していないと批判されたりもした。しかし、この批判は、詳細を描くことがリアリズムだとの誤ったリアリズム論に陥り、映画を硬直化させたり、ワンシーン・ワンカットの「長まわし」などを復活させたりした。

このような、モンタージュ理論について映画監督の山田洋次は、「映画の本質はモンタージュである、という原理は今日でも変りはありません。ただ、今日はすでに衰弱しきって姿を消しつつあるハリウッド映画や日本映画のなかには、モンタージュのもつ意味、内容の百のうちひとつの部分をうんと拡大して、それだけにたよってつくられていたものが多い。つまりモンタージュは全く形骸化していたと思います。映画のモンタージュ、という問題はもっと研究されねばならない、それはたんなるショットのモンタージュというようなことでなく、より敷衍したシーンのモンタージュ、また大きいシークレスのモンタージュ、さらにそのうえで全体が総合されていくという、あらゆる面から考える必要があります」（註18）と、現在でもモンタージュ理論が有用であると認めている。事実、異なった場所での出来事を交互に映し出し、緊張感を生み出す、いわゆる「平行モンタージュ」などはグリフィスの発明であり、現代の山本薩夫監督の「白い巨塔」や野村芳太郎監督の「砂の器」などの作品でも効果的に使われている。

映画と郊外

東京を舞台とした映画には「東京五人男」「野良犬」「また逢う日まで」「稲妻」「東京物語」「驟雨」等々数多くのものがある。

それらの映画は、舞台が下町の浅草や柴又であったり、銀座や新宿の繁華街であったり、戦前の姿を描いたものや、戦後の混乱期に取材したものなど様々な形で東京を描いてきたが、そこにあるのは東京らしさであり、東京とはこんな町だという作者の想いが語られている。

映画を作るとき、「女優を美しく写す秘訣は、その女優を美しいと思いこむことしかない、とカメラマンがよくいいます。多勢のスタッフがカメラの前の女優を見つめながら心から美しいな、と感じ、その思いが伝わって女優はますます美しくなるのです。このことはなにも女優についてではなく」「その風景を美しいな、と見惚れるスタッフの気持はそのままスクリーンに写しだされ、観客に伝わっていくものなのです。映画をつくるという仕事は、対象を愛すること、そのなかに美点を発見し、ほめたたえる気持にささえられているといい切ってもいい。」（註19）と山田洋次監督はいっている。

映画に描かれている東京は、このように東京を愛し、その表現の最適の場所として東京を選んだ作者の心が、見るものに何かを語りかけているのである。

映画が東京という都市を舞台として作られてきたのは、その作品の多さを見れば理解できることだが、それでは映画と郊外とはどのような関係を築いてきたのだろうか。

「小市民映画」「下町もの」「山の手もの？」

京都新京極で演劇興行をしていた松竹が東京に進出し、映画に手を染めたのは大正九年のことだった。

松竹は、松竹キネマ創立と同時に東京市外蒲田に撮影所を設け、映画制作を開始したが、昭和十一年にはトーキーに対応した映画製作力拡大を狙い、蒲田の五倍にもあたる白亜の撮影所を大船に築き、松竹映画の黄金期を作り上げた。（註20）

この時代の松竹の監督には、神田、日本橋などのブルジョア商人の生まれである島津保次郎や五所平之介、小津安二郎などがおり、下町の爛熟した文化を引き継ぎ、下町の人情味あふれる、粋な、下町文化の香りを伝えた「蒲田調」「大船調」などと言われる作品を作り出していた。

また、彼らはアメリカ映画から都会的で粋な、洗練されたタッチを学び、何気ないユーモアとペーソスに富んだ都会の家庭や地域社会を描くことを得意とした。それらの作品は蒲田周辺の新興住宅街に住むサラリーマンの家庭を題材としていたため、「小市民映画」とも呼ばれた。五所や小津たちの作品で、下町を題材としたものを「下町もの」と呼ぶことがある。

一方、都心部の山の手に多く住んでいた知識層が、関東大震災以降東京の拡大と共に先ほど見た「第三山の手」の地域に移り住み、欧米の新しいデモクラシー思想をこの地域に持ち込んだ。このような人々・家庭を題材とした映画も作られ、例えば「硝子越しの接吻」でよく知られた、戦争で死んで行く若い恋人を描いた今井正監督の「また逢う日まで」では、主役の女性画家は、西郊の雑木林の中のアトリエ付の家に住んでいる。この映画について評論家の佐藤忠男は「彼らはインテリだから西洋に親しみ、西洋に親しんでいるから軍国主義に懐疑的であり、そういう二人には山の手やその延長としての杉並か世田谷あたりの風物が似つかわしい」（註21）かったのだろうと述べている。

しかし、これらの西郊のいわゆる「第三山の手」を舞台とした映画を、映画史のなかでは「山の手もの」としてまとめるジャンル、概念はないという。佐藤は「東京の下町を扱った多くの作品を、下町ものと一括して呼ぶことが可能であるのに対して、山の手ものと呼ばれる映画の分野はない。ただ、上流家庭を扱ったホームドラマやメロドラマでは、その家が多くの場合山の手のどこかにあるというだけである。下町ものでは、たんに一軒の主要な役割を果たす家が下町にあるというのではなく、その近隣の家々も重要な役割を果たすのがふつうであり、地域社会全体の雰囲気と、互いによく知りあっている近隣の人々の気質が、ドラマの重要な要素になっているのである。」「したがって、上流家庭の生活を描いた映画はたくさんあるけれども、それらは個々の家庭はよく描いても、街の人情風俗を描こうとはしない。それゆえ、山の手ものという分野は成立しないわけだ。」（註22）といっている。

郊外にあった撮影所

松竹が「蒲田調」「大船調」の上品な「下町もの」を作っている時代のトップスターは田中絹代で、対する〝山の手もの〟のトップスターは原節子だった。原節子は山の手の教養ある上品な令嬢を演じる女優として東宝映画には欠かせぬ存在だった。

映画に〝山の手もの〟というジャンルは成立しないものの、〝山の手もの〟は山の手を舞台とし、山の手でロケーションされたものも多いのは事実である。それは、松竹が蒲田撮影所時代、その周辺の郊外住宅地に取材したように、撮影所の立地とも関係している。

東宝は、阪急電鉄の小林一三が日比谷に日本一の劇場街を造ることを目的に、昭和七年に㈱東京宝塚劇場を創設したことに始まる。

一方、同年世田谷区千歳船橋に設立された録音スタジオの写真科学研究所（P・C・L＝Photo Chemical Laboratory）は当初、日活の録音を請け負っていたが、後にその技術を使ってトーキーを自社制作していた。しかし、配給などの関係から昭和十二年に東宝と資本提携し東宝映画配給会社をつくり、さらに昭和十八年に合併して「東宝映画株式会社」として成立した。スタジオは昭和八年にP・C・Lが世田谷区砧にハリウッドのRKOスタジオを模して造った敷地一万坪の建物を東宝東京撮影所（砧撮影所）として使っていた。（註23）

また、大正元年創立という日本映画界の長い歴史を背負った日活は、向島に総ガラス屋根の最新のスタジオを誇っていたが、関東大震災で被災し、一時京都に作成の場を移していた。

昭和九年に多摩川にあった元日本映画株式会社のスタジオを買収し、東京へ戻ってきたが、戦中、大映に製作部門を譲渡し、この多摩川スタジオも大映東京撮影所となっていた。

戦後、洋画の配給会社として活躍していた日活も映画制作を行なうため、昭和二十九年所縁の多摩川べりの下布田に撮影所を建設した。（註24）

一方、京王線の西調布駅近くには、異常に高い煙突の脇に、独立プロが利用していた調布撮影所があった。傍らに高い煙突があるのは、撮影所の前身がドライアイス製造工場であったためで、昭和二十八年に国際テレビがテレビ映画作成を計画し話を持ちかけ、翌年に、独立プロを取り纏めた中央映画社がこの場所に開設された。そのため、高い煙突の撮影所として愛されたが、昭和二十八年を境に大会社の製作陣が立ち直りだし、その後撤退を余儀なくされた。（註25）

昭和三十一年に撮影された上林暁の「あやに愛しき」はここで撮影された。上林は「スタジオ見学記」として次のように記している。「三月二十八日の午後、私は初めて映画の撮影所を見学に行つた。京王線の上石原駅に近い、中央映画社の撮影所である。」「この撮影所は戦時中の軍需工場だつたさうで、廃工場の荒れた風景である。煙を吐かない煙突が二本、ニヨキッと聳えてゐて、『煙突のある撮影所』と言はれてゐるとか。」（註26）

戦後の昭和二十六年に設立された東映も、昭和二十二年設立の太泉スタヂオの流れを汲んでいるように、練馬区の大泉に撮影所を持っていた。太泉スタヂオは後に太泉映画となり、昭和二十六年に東映の前身ともいわれる東横映画と合併して東映が誕生したが、この東横映画は、東京横浜電鉄（現東急電鉄）が沿線の住民拡大を狙って昭和十三年に設立したもので、渋谷・横浜周辺に映画館を経営していた。

東宝に阪急の小林一三が関係していたように、こちらも東急の五島慶太が関係しており、鉄道の敷設と映画制作にも関係がありそうである。

このように郊外には日本を代表する幾つもの映画会社の撮影所が造られていたことと、東京が拡張して「郊外」が成立して行く中で、日本の典型的な家族を描く映画のロケーションとして「第三山の手」を含むこの西郊がよく使われたものと考えられる。

映画に見る杉並の姿

映画と、登場する場所との間には二つの関係が考えられる。一つは作品の舞台として設定されている場合、もう一つは直接の舞台ではないがロケーションの場として登場する場合。

作品の舞台とされている場合は、映画と撮影の場所との関係がはっきりとしているが、ロケーションの場としての場合には、その映画における撮影の場所の意味はなかなか分かりにくい。

しかし、今回採り上げた「青い山脈」も石坂洋次郎の原作では青森県の弘前が舞台とされていたが、映画ではもっと明るいところでと下田で撮影され、それがこの映画の成功の鍵になったといわれている。ロケーション・ハンティング（撮影場所探し）は、映画制作の最初のデッサンといわれ、その選択によっては映画の主題がボケるため、ロケハンは大事な〝場面〟探しといわれている。（註27）

この時代の映画に、杉並が登場する場面はあまり知られていない。それは、杉並が映画の舞台としては余り採り上げられないためで、杉並が映画との関係を持つのは、ロケーションの場として登場する場合が多い。

今回の展示では、「郊外」を考える素材の一つとして映画に登場する杉並を採り上げてみた。

非常に類型的ではあるが、すでに見てきたような郊外を二つのカテゴリーに分けて考えた場合、映画に登場する杉並はどのように描かれているのだろうか。

バンリュー的に描かれている杉並の姿

ここでいうバンリュー的に描かれているというのは、杉並がまだ都市化していない〝近郊〟的なイメージで捉えられている作品を意味している。

この中で「白雪先生と子供たち」「月夜の傘」といった作品は、都市近郊のまだ自然が残る場所であったり、まちとしては落ち着いた人情を残した場所として描かれ、都市化する前の近郊の風情が感じられる作品。

一方、「あやに愛しき」では原作者でもあり、主人公でもある阿佐ヶ谷文士・上林暁が「家庭の悲惨事を切り売りして、それで作家生活を立て、作家的生命を繋がうとする私小説作家の苦しい営みが、そんなことは見たことも聞いたこともない一般観衆の前に公けにせられるのは、これが初めてであらう」（註28）と、綴っているように、戦前の中央線沿線に住んだ「阿佐ヶ谷文士」達の生活を彷彿とさせるものがある。

近代の都市近郊ならではの、人々の壮絶なそして真摯な生き様が描かれている。

サバービア的に描かれている杉並の姿

ここでいうサバービア的に描かれているというのは、杉並が〝郊外化〟され、いわゆる「第三山の手」の地域に入り、〝近郊〟に更にプラス・アルファーされたイメージで捉えられている作品を意味している。

昭和二十四年に封切られた「青い山脈」は、その年の日本映画ベストテンの第二位に入った作品で、「あの映画に出てきたキラキラ輝く車輪の自転車さえあれば、私たちはどこへでも行けるし、何でもできると思ったものだ。」（註29）という久世光彦氏の言葉のように、戦後の潑剌とした空気を伝えているが、そのなかでも特に戦後の映像らしい、主人公新子と六助がテニスをする場面では、区内の立教女学院のコートがロケ地に使われた。

昭和十六年に制作された「希望の青空」では、高峰秀子扮する戦前の山の手風の躾の行き届いた令嬢が、井の頭線の中で見初められ、その住いが高井戸駅周辺と設定されていて、戦前の高井戸駅が登場する。

また、「情熱のルンバ」では、高峰三枝子扮する斜陽華族令嬢が、昼は大学生、夜は戦後の生活難を救うために、キャバレーの歌姫としてアルバイトをしているという設定。その令嬢の住いが、映画の会話の中で「貴女の住いは荻窪でしたよね。」と出てきて、斜陽華族の邸宅が荻窪にあったことがわかる。

「めし」「稲妻」「晩菊」「浮雲」「放浪記」など林芙美子原作の一連の作であり、「めし」「夫婦」とともに成瀬巳喜男監督の夫婦もの三部作の一つ「妻」にも杉並が登場する。

上原謙演じる仲の冷え切った夫婦の夫が、会社のタイピストに惹かれる。一時身を引くタイピストが、上京した時に身を寄せる先として名刺に「高円寺」の地名が出てくる。いずれも杉並が、主題の舞台として設定をされているわけではないが、どれも、バンリュー的として採り上げたものにはない〝郊外的〟〝都市的〟な、山の手的要素をその設定の中に読み取ることができる。制作者が、杉並をそのような場所と認識していた、といえるのではないだろうか。

バンリュー的に描かれている杉並の姿

「女優と詩人」

昭和十年　P・C・L・映画製作所
◎演出　成瀬巳喜男
◎原作　中野　実
◎出演　二ツ木月風　宇留木浩
　妻・千絵子　千葉早智子
　月風の友人　藤原釜足
　花島金太郎　三遊亭金馬
　妻・お浜　戸田春子
　若い夫　佐伯秀男
　若い妻　神田千鶴子

主夫をしている童謡詩人の二ツ木月風と女優をしている妻千絵子、隣人の花島金太郎とその妻お浜、月風の友人小説家志望の梅童が織り成す人情喜劇。

千絵子が月風と夫婦喧嘩の芝居の稽古をしていると、本当の夫婦喧嘩と勘違いした梅童が止めに入り、事情を聞いて照れ笑いする。

ところが梅童が下宿を追い出され、月風の家に居候することを聞いた千絵子は、月風と今度は本当の喧嘩になるが、それを見た梅童はまた稽古かと思う。

花島金太郎は保険の外交員で、隣に引っ越してきた若夫婦に保険の勧誘をする。その時差出した名刺に「東京市杉並区高円寺一四二六」とあり、この舞台が高円寺であることが分かる。昭和十年の映画であり、阿佐ヶ谷文士などにも通ずる下積み生活者の生活の場という設定が窺える。

「秀子の応援団長」

昭和十五年　南旺映画社（配給　東宝映画）
◎監督　千葉泰樹
◎原作　高田　保
◎出演　秀子　高峰秀子
　高嶋二郎　千田是也
　百合子　音羽久米子
　母親　澤村貞子
　父親　小杉義男

高嶋監督率いる野球チームアトラス軍は、主力選手を戦場に送り最下位に低迷している。そこで、監督の姪で野球好きの秀子は、従妹の百合子と共に応援歌をつくり、練習や試合に出かけて行って応援をする。
秀子の父と母はそれをよく思っていなかったが、父親の商談相手が野球ファンだったことから商談が進み、応援を許される。
秀子たちの応援のお蔭でアトラス軍も優勝することができる。

この映画の制作には、日本野球連盟も関わっていて、発足当時の商業野球のPR映画的性格があったともいわれている。アトラス軍の球場として上井草球場が設定されており、撮影も行われた。
杉並と関係の深い、東京セネタースとのイメージと重なる部分もある。そのほかにセネタースの苅田、浅岡、巨人の水原、スタルヒンなども出ている。（当館特別展図録『上井草球場の軌跡』参照）

「月夜の傘」
昭和三十年　日活
◎監督　久松静児
◎原作　壺井　栄
◎出演　小谷律子　田中絹代
　倉田美枝　新珠三千代
　小野妙子　坪内美詠子
　村井かね子　轟　夕起子
　小谷耕平　宇野重吉
　鈴木吾郎　伊藤雄之助

朴訥にして頑固な中学教師小谷耕平と妻律子、律子の女学校の友達で隣に住む村井かね子、村井家の一室を借りている戦争未亡人の小野妙子、その隣りの新婚、倉田美枝と信男、の四世帯が住む東京郊外の住宅地。四人の妻たちは、かね子の家にだけある井戸端に集るのがならわしになっていた。妙子は、かね子が勧める鈴木吾郎との再婚を一度は断るが、ある雨の夜、映画館で再会し、恋に落ちて行く。耕平は大事にしていた庭の苔のことで子供達といさかい、それを引きずっていた。雨の夜、律子は耕平を駅まで迎えに行く。

ラスト・シーンの撮影された井荻駅周辺で、映画の撮影を目撃した作家・干刈あがたは、映画館で「月夜の傘」を見た帰り「井荻駅でおりた文子は、少し歩いて小さな橋にさしかかると、ここから田中絹代と宇野重吉は川面にうつる月を見たのだと思い、妹と並んで川を見た。」（註30）と「ラスト・シーン」に書いている。

「あやに愛しき」
昭和三十一年　劇団民藝
◎監督　宇野重吉
◎原作　上林　暁
◎出演　小早川武吉　信　欣三
　妻・徳子　田中絹代
　徳子の父　東野英治郎
　花菱の女将　山田五十鈴
　吉田　芥川比呂志

私小説作家小早川武吉の妻徳子は、長年の貧困と過労から神経を病み、遂に入院しなければならなくなる。武吉は、徳子を犠牲にしてまで文学をするのかと悩み、自己嫌悪に襲われる。みじめな思いの彼を作家仲間の吉田が訪ね、彼と話すうち、武吉はどんなに苦しくとも文学は止められぬと思い、妻あってこそ自分の文学精神が支えられたのだ、という考えに到達する。

原作者上林暁が、撮影の行われている上石原駅近くの中央映画社スタジオを訪ねた際「主人公小早川武吉の住居が組立てられてあつた。小早川武吉は、つまり私がモデルなのだが、その貧乏作家らしい家の構へがうまく出来てゐるのに驚いた。私の蔵書もまじる、本を一ぱい並べた書斎に、休憩しながら本を読んでゐる田中絹代さんの姿が見えた」「しかしこのセットは、阿佐ヶ谷でロケーションした某家を模したものだから、私の家よりも間数が多く、勝手もよく、家具調度の類も、かつての私の家より整つてゐた。」（註31）と「スタジオ見学記」に記している。

「純愛物語」

昭和三十二年　東映
◎監督　今井　正
◎脚本　水木洋子
◎出演　早川貫太郎　江原真二郎
　宮内ミツ子　中原ひとみ
　食堂の主人　中村是好
　屑屋　東野英治郎
　聖愛女子学園長　長岡輝子

戦後十年、いまだ上野の山には孤児達がたむろっていた。スリ仲間から足を洗おうとする孤児のミツ子は、仲間からリンチをうける。その中の一人、貫太郎は、余りの残酷さにミツ子を救い、共通の境遇から仄な慕情を感じる。資金を得ようと二人はスリをして捕り、ミツ子は聖愛女子学園へ収容されるが、病気（原爆症）に冒され始める。それとは知らないミツ子は学園から逃走し、ドヤ街へ身を移した。貫太郎は、そんなミツ子を励まそうと一日、ピクニックへと連れ出す。

全体的に暗い映像の続く作品の中で、唯一、明るいこころ救われるシーンであるピクニックの場面。若い二人が、心軽やかに出かける場面で、高井戸駅が登場する。干刈あがたは、荻窪の四つの封切館でやっていた日活『俺は待ってるぜ』、東宝『青い山脈』、松竹『喜びも悲しみも幾歳月』、東映『純愛物語』の中から荻窪東映で、『純愛物語』を見たと「ラスト・シーン」で記している。（註32）

サバービア的に描かれている杉並の姿

「希望の青空」

昭和十七年　東宝
◎監督　山本嘉次郎
◎出演　成島秀子　高峰秀子
　父・文之進　江川宇禮雄
　太田務　池部　良
　太田鶴右ヱ門　山本禮三郎
　務の姉　入江たか子
　務の姉　霧立のぼる
　務の姉　原　節子

銀座の老舗カステラ屋「明治堂」の隠居太田鶴右ヱ門は、電車の中で見かけたある出来事から女学生の成島秀子を気に入り、末の孫、務の嫁にしようと後を追う。

秀子の父、文之進が、鶴右ヱ門の句友だったので話はトントン拍子に進むが、まだ若い二人は乗り気ではなく、務の兄姉たちの結婚生活を見学することになる。

戦前の昭和十六年に制作されたもので、まだ、時局を感じさせるものはない。

高峰秀子扮する戦前の山の手風の躾の行き届いた令嬢が、井の頭線の中で起きたある出来事から見初められ、鶴右ェ門に後をつけられる。

高峰の下車した駅は高井戸駅で、彼女の住いが高井戸駅周辺と設定されていたことが分かる。

戦前の井の頭線と高井戸駅の姿が登場するものとして珍しいもの。

「青い山脈」

昭和二十四年　東宝＝藤本プロ
◎監督　今井　正
◎原作　石坂洋次郎
◎出演　島崎雪子　原　節子
　　　金谷六助　池部　良
　　　寺沢新子　杉　葉子

封建的な地方都市。女学生の寺沢新子は高校生の金谷六助と知りあい、交際を始めた。ある日、ラブレターを受け取った新子は、信頼する島崎先生に見せるが、たちまち理事会を巻き込む大問題に発展し、町全体が大騒動に。新子は六助や島崎先生たちの協力を得て、事態を解決して行く。

この映画の中に新子と六助達がテニスをする場面が出てくる。これを撮影したのは区内の立教女学院。撮影を見に近所の人が黒山の人だかり、その中にこの学校の小学生がいて、「『あっちへ行ってくれる』と助監督。『アッチってどこですか』。『じゃこの線から中に入ったらダメだよ』と助監督。『線が消えちゃったらいいんでしょ』と足で線を消すのである。」「『どけっ、この雌ガキ』とどなったのは監督である。『ひどいことおっしゃるのネ、暴力はいけないのよ、先生が言ったわ。あの声は暴力だわ！　ワーイ』と逃げた。この雌ガキの中に家内がいたなんて想いもよらぬことだった。」（註33）と池部良氏が記している。

「妻」

昭和二十八年　東宝
◎監督　成瀬巳喜男
◎原作　林芙美子（「茶色の目」）
◎出演　中川十一　上原謙
　　　妻・美種子　高峰三枝子
　　　相良房子　丹阿弥谷津子
　　　谷村　忠　三国連太郎

結婚十年を迎えた中川夫妻は、貧寒な生活から夫婦仲も褪めていた。そんな妻とひきかえ、貧しいながらも絵画、音楽と趣味の広い、会社のタイピストで未亡人の相良房子に十一は惹かれる。

房子は一時、大阪に身を引くが、十一が社用で来阪すると逢瀬を重ね、結局、美種子に気づかれてしまう。

洋服のポケットから出たマッチや名刺で、それと感づいた美種子の詰問に、正直な十一はすべてを打ちあける。彼女は、十一の勤務先や交友関係を嗅ぎまわり、上京した房子の宿所をたずねてこれをなじる。

上京した房子が身を寄せていたのは友人の住いで、十一のポケットから出てきた名刺には、「杉並区高円寺四丁目五十七番地　阿部方」と、高円寺の住所が書かれている。

美種子がこの住所を訪ねる場面が映像として流れるが、実際に撮影されたのは、世田谷区の豪徳寺周辺と台本にある。

テレビドラマの時代へ　そして……

映画からテレビドラマへ

日本のテレビ放送の歴史は、昭和とともに始まった。大正十五年十二月二十五日、大正天皇崩御の日、高柳健次郎は、世界で初めてブラウン管に「イ」の字を受信し、昭和十四年には国産初の受像機（反転式）が日本ビクターから発売された。

その翌年、NHKは実験放送として、杉並の作家・伊馬鵜平（春部）作のテレビドラマ「夕餉前」を放映し、テレビ放送の草創期からドラマは大きな位置を占めていた。しかし、戦争でテレビ放送の研究は中止を余儀なくされ、本格放送が始まったのは戦争を挟んだ昭和二十八年から。その年の十一月にはNHK連続ドラマ「幸福の起伏」（今日出海作）が放映された。

当時、テレビ受像機（テレビ）は大変高価で、一般の国民は、街角に設置された「街頭テレビ」でプロ野球やプロレス中継を観戦した。テレビが家庭に普及したのは、昭和三十四年の皇太子ご成婚からと言われているが、一千万台を超えたのは昭和三十六年である。

一方、映画の観客動員数は昭和三十三年の十一億三千万人をピークに、昭和三十八年には五億一千万人へと半減した。

このように映画の観客激減とテレビの普及がクロスするなか、昭和三十一年には東宝・松竹・大映・東映・新東宝の五社（後に日活も加わり、六社）が、苛烈な俳優の引抜き合戦を予防するため、専属俳優は他社の映画に出演しないという五社協定を結んだ。その条文のなかには、劇場用映画をテレビ局に提供しない、専属俳優をテレビ出演させないとの一文もあり、テレビ局はその活路のひとつをアメリカ映画に求めたといわれている。（註34）

昭和三十年代初めに放映された「アイ・ラブ・ルーシー」や「パパは何でも知っている」といったアメリカの軽いホームドラマ（この言葉は大映の宣伝部が作った和製英語といわれる）は、戦後の時代背景とも重なり、新しい家庭像・家族像を植え付けていった。

ホームドラマの時代

日本映画には、もともと松竹の「蒲田・大船調」の系譜を引く「家族劇」と呼ばれる伝統があったといわれている。

小津安二郎監督は、「生まれてはみたけれど」「一人息子」「戸田家の兄妹」「父ありき」といった戦前の作品では親子の絆を軸に家族の姿を描き、戦後は、「晩春」「麦秋」「東京物語」などで子供の成長をとおして日本の家族関係の崩れを描いたといわれている。

これと同じように、テレビドラマにも初期の頃には家族の問題を見据えた「家族劇」的作品が見られたといわれている。それが昭和四十年代に入るとこのような家族劇的ドラマが激減し、娯楽的な連続ドラマが主流となり、昭和四十年代のホームドラマ全盛期を迎えるようになる。

その契機となったのが、昭和三十九年に始まったTBSのシリーズドラマ「七人の孫」や「ただいま11人」といった番組。ともに家長主義の大家族ドラマで、高度経済成長下で核家族化が進展するなか、昔ながらの大家族ではありながら、戦後の裕福な家庭の中で、祖父や父親が家族間のもめごとを解決して行くという父権的ストーリー。

これらのドラマは杉並、世田谷といった「第三山の手」あたりの郊外

住宅地を舞台としていたといわれている。（註35）

そして、昭和四十年代になるとNHKやTBSの「朝の連続ドラマ」や「肝っ玉かあさん」「ありがとう」といったTBSの娯楽性の強い「母親中心ドラマ」や「時間ですよ」といった下町人情ドラマが人気を博した。

家族の崩壊とテレビドラマ

高度成長期の歪みの表れだした昭和四十年代の終わりには、当時の社会状況を見据えたドラマが作られるようになる。その契機となったのが、昭和四十八年に始まった山田太一監督の「それぞれの秋」。

昭和三十年頃から始まった日本の高度成長期に陰りが見えはじめ、このドラマの始まった翌月には第一次オイルショックが勃発するという、まさに日本の混乱期の始まりを象徴するような時期に、このドラマは放映された。

声高に事挙げすることなく日常性を描くことに定評のある山田監督が、郊外に住む夫婦と三人の子供という、この時期を象徴するようないわゆる核家族の日常性のなかに潜む、もう一つの現実に光を当てた作品。「『それぞれの秋』の新しさは、家族のなかの《他人性》を描き出した点にあります。たとえ家族が向き合っていても、心のなかのほんとうの自分は、他人のように振る舞っている。山田太一氏は、そんな現代人の孤独な心象風景を描き出したのです。」（註36）といわれている。

山田太一監督はこの主題をさらに進めて、昭和五十二年には「岸辺のアルバム」というドラマを制作した。

昭和四十九年九月、台風十六号による多摩川決壊で、民家十九戸が川に流されるという災害が起こった。その時、マイホームを失った人々が記念のアルバムを探し続ける姿を、テレビのニュースは映し出していた。その実際の映像を見た山田監督が、この映像に触発されて作ったのがこのドラマといわれている。

ドラマは、主人公は小田急線和泉多摩川に住む商社マンの夫と専業主婦の妻、大学生の娘と予備校に通う息子という典型的な核家族。同じ家に暮らしながら、夫は仕事のために社会的モラルを喪失しかけ、妻は万引きや浮気、娘はレイプをされるという、それぞれ家族には相談できない秘密をかかえているといった、家族の崩壊を取り上げたもの。妻の閉鎖的日常性とそれへの挑戦、あるいは主婦の浮気を採り上げた最初のドラマとしても注目された。

この作品について原作・脚本を担当した山田太一は「視聴者は物語の進行と共に、その『平穏無事』がいかに多くの潜在化した歪みをひそめているかということを知るようになり、さすれば自分の家庭の『平穏無事』も蓋をあければ同質の歪みを持っているのではないかと、ふと家族の顔を見直す、というようなことが作者の野心である。」「物語は最後に崩壊寸前の家族の『入れもの』である家そのもの（多摩川の決壊による）の崩壊で終るが、その時家族は、その結びつきをもう一度とり戻そうとする。それは多分に感傷的な心の動きだが、商業主義の要請によるのではなく、われわれの多くの家庭がそのように感傷を含めた曖昧な形で、家庭という形を辛うじて保っているからである。」（註37）と家族・家庭といったものの危うさを暴きだしていた。

娯楽性が強いとはいうものの昭和四十年代のドラマには、家族とその近隣社会との濃密な関係の中で人々の生活が成立していたが、この時代になると下町のような人情やかつての山の手のような〝家庭〟はもはや存在しなくなっていた。そして、昭和五十八年には「キンツマ」なる流行語まで生んだ「金曜日の妻たちへ」がはじまった。

このドラマの舞台は、東急田園都市線の「つくしの駅」などの沿線を舞台としており、ドラマの舞台が実名で登場することから、この沿線の人気が高まったともいわれている。このように当時のドラマの舞台は多摩川を越え、昭和四十六年に登場した、多摩ニュータウンや東急田園都市線を中心とした都心から二十～三十㎞にあたる地域、先に記した「第四山の手」の地域へと移っていった。

ドラマのストーリーは、郊外にテラスハウスや一戸建てのマイホームに住む三組の夫婦と、独身の友人達がホームパーティなどで男女平等友達夫婦の新しいライフスタイルを見せるなか、離婚や不倫・浮気といった危ない人間模様を描き出す。

「岸辺のアルバム」では家族の崩壊を描きながらも、最終的には家族の再生を示唆していたのに対し、このドラマでは家族や夫婦の求心力は弱く、最後まで家族や夫婦の絆が再確認されることはなく（註38）夫婦・友人といった団塊の世代特有の横の人間関係が描かれていたといわれている。（註39）

テレビドラマと家族論

映画からテレビドラマへと人々の娯楽が変化するなかで描かれた家族像は、その時代その時代で変化してきた。映画の「母もの」「小市民もの」「下町もの」といったものから、テレビドラマの「大家族ドラマ」「母親中心ドラマ」「ホームドラマ」へと、「家族」に対する人々のイメージがその時代によってどのように変化したのかを映像のカテゴリーで見てきたが、これとパラレルに現実の「家族像」にも変化のあったことを、現在の社会学やマーケッティング論、文学、メディア論などの様々な分野が採り上げている。

テレビドラマのなかに変化の兆しが現れだした「それぞれの秋」の家族は核家族であった。

この核家族世帯を国勢調査で見てみると、昭和三十年から昭和五十年にかけての核家族世帯数は略倍増しているが、以後増加が鈍り、昭和六十年から平成二年にかけてはやや減少し、逆に昭和四十五年から平成二年にかけての夫婦のみの世帯は倍増しているという。この核家族と郊外との関係について「第四山の手」論を提唱した三浦展氏は「典型的な『核家族化』という現象はすぐれて『戦後的』『高度経済成長期的』なトレンドであったということ、したがって核家族が住民の大半を占める郊外の住宅地が、いかに『戦後的』『高度経済成長期的』な価値を集約した地域であるかということを物語っている。すなわち『核家族化』とは『郊外化』とパラレルな現象なのである。逆に言えば、一九七〇年代以降『家族』という問題が社会的にこれほど強く意識され様々な局面で論じられなくてはならなくなった背景に、この郊外化の進展があったと言えるであろう。」とされている。そして、家族が崩壊する中で、「家族をつなぎとめるためには家族自身が家族を意識的につくり出していかなければならなくなった。家族が家族を『演戯』しなくてはならなくなったのである。」「ファミリーレストランでの食事も、マイカーでのドライブも、RV車で行くオートキャンプも、花を飾る出窓のあるツーバイフォー住宅へのリハウスも、それらはみな、家族が家族であることから自然に発生してくる行動ではなく、むしろ家族が家族になるための、『幸福な家族』になるための意識的な行為であり『演戯』であると言った方が正しい。」（註40）と、一見「幸せそうな」崩壊していない家族もすでに昔の家族ではなくなっているのだという。

今後の郊外論へ向けて

このような「郊外」という概念は家族論、都市論、に留まらず戦後の日本が生み出していきた様々な分野での矛盾を考察するキーワードとして、適当なアイテムであることは確かである。勿論今回採り上げた「サバービア」と「バンリュー」という二項対立的採り上げ方や「第四山の手」論といった地域考察が、「郊外」時代に増えた離婚・不倫・非行を含む全ての出来事をオールマイティに説明できるものとは考えていない。

また、その批判があることも承知している。しかし、杉並という地域が東京の後背地として成り立ってきた歴史を考えると、この「郊外」という概念は魅力的であるとともに、今後も建築や文学、交通史、文化史など、様々な分野で考察することによってその概念をより確かなものとしてくれるだろう。

「寺内貫太郎一家」と大事な忘れもの

昭和四十年代のホームドラマ全盛の時代、下町の人情ドラマの一つに「寺内貫太郎一家」があった。

　このドラマは、谷中墓地近くにある三代続いた石材店〝石貫〟こと寺内貫太郎一家の一日を綴ったもので、頑固一徹で、口より先に手が出てしまうという戦前の旧弊な家長スタイルの家長と、三世代同居の家族、隣人たちとのふれあいを描いたホームコメディ。

　「飯食いドラマ」などとも揶揄されるほど、茶の間での卓袱台を囲んだ食事風景をよく映し、画面に「寺内貫太郎一家、今朝の献立」とテロップのでる始末。これについて当時プロデューサーをしていた久世光彦氏は「向田さんが献立を台本に書いてくるんですから（笑）。そういう配慮がすごくある人だった。放送が終わると、献立を教えてくれっていう電話や手紙があまりたくさんくるので、（略）テロップを入れたんです。」（註41）と語っている。

　それほどこの家族（ドラマ）にとってこの茶の間は重要な位置を占めていたわけだが、久世氏は「私のホームドラマは、どれも間取りがおなじである。茶の間があって向かって右側に台所があり、正面に中庭に面した廊下があって、左に行くと玄関と二階への階段があり、反対方向には浴室、洗面所、その奥は夫婦の部屋と決まっている。食事はもちろん畳敷きの茶の間で卓袱台を囲んでということになる。」（註42）と語っている。

　では久世氏はなぜ、それほどこの間取りにこだわるのだろう。それは、「子供のころを過ごした家は、忘れられないものらしく、私はいまでも、できるものなら将来、あの家とおなじような家を造って棲みたいと思っている。」「思いはいつもそこへ還るのである。仕方がないから、自分の作るドラマを、背景は昭和のはじめ、舞台は杉並辺りの住宅街ということにして、昔の家とそっくりの外観、おなじ間取りの家をセットに作り、しばしの夢を愉しんでいる。」（註43）のだという。

　久世氏が「杉並辺りの住宅街」と記しているには訳がある。久世氏は阿佐ヶ谷駅に程近い杉並区で生を受けた。その家は、「大谷石の門柱に唐草模様をあしらった鉄の門扉があり、その両側に連なって背の低い椿の生け垣があった。昭和のはじめごろ流行った和洋折衷の文化住宅という奴で、門から踏石伝いにいくと、円い柱に曲線のアーチがついたポーチがあり、玄関の脇にはステンド・グラスを気取った色硝子の丸窓がいかにもアール・ヌーヴォー風だったのを憶えている。この家には、ほぼ十年住んだことになるが、近所には、おなじような造りの家が何軒もあった。」（註44）と記しており、昭和十八年に疎開で離れ、戦後十年ぶりに東京に戻ってきた時には、まず行ってみたのも阿佐ヶ谷の家で、「それから三十何年の間に、私はいったい何度その辺りへ行ってみたことだろう。」「そこへ行けば、それがあるという安心があった。いつか、ここへ帰ってくるような予感さえあった。」（註45）とまで、記している。

　このような〝家〟への愛着は、勿論、家そのものへの愛着でもあるが、当時の生活、家族、そして空気への安堵感なのではないだろうか。そして、この安堵感は「寺内貫太郎一家」を一緒に作り上げた原作者の向田邦子にも当てはまる想いだった。

　久世氏は「元はと言えば、これは私や向田さんが子供時代を過ごした昭和十年代の、東京山の手の月給取りの家の構造である。中庭には痩せた金木犀の木が三本ばかり、そこから裏手へ廻ると塀沿いに背の低い八手の木が植わっていて、根方には松葉牡丹が小さな花を咲かせている。その辺りからツンと鼻をつくドクダミの匂いがしはじめて、少し行くと白い石灰を撒いたご不浄の汲取口がある。お互い、そんな自分の育った家を話していて、昔の二軒の家がびっくりするくらい似ているので、向田さんと二人で笑ったことがあるが、別に私たちの家が特殊だったわけではなく、あのころはどの家も、おなじような間取りで、おなじような生活をしていたのである。」（註46）と、何も昭和十年代まで遡らなくとも、東京オリンピック前の昭和三十年代の空気を知っている者には、懐かしく想い出される〝記憶〟である。

向田邦子は世田谷区若林に生を受けたが、その後父親の転勤で東京を離れ、小学校に入るころには目黒区中目黒へ戻ってくる。その後また、九州、四国を廻って女学校のころにまた、中目黒へと帰ってきた。

大学卒業後は、昭和二十五年から三十七年まで、杉並区久我山に、その後二年間、本天沼にも居住した杉並人でもある。

向田は久我山時代、『映画ストーリー』の記者をしながらラジオ番組の構成台本を書いたり、雑誌のライター等をしていたが、本天沼に移り、ラジオの「森繁の重役読本」、テレビの「七人の孫」などで本格的な脚本家としてデビューしていった。

向田と久世氏が初めてあったのは片や駆け出しの演出家、片や新人のシナリオライターとしてだったというが、その後二人は「時間ですよ」「寺内貫太郎一家」「春が来た」「冬の家族」など数々の名作を世に送り出していった。

向田の作品は「寺内貫太郎一家」が下町を舞台にし、「冬の運動会」では渋谷を、「阿修羅のごとく」では阿佐ヶ谷を、「あ・うん」では白金三光町をといったように舞台はそれぞれ設定されているが、それは「どれも向田のその〈町〉に対する実感から選び取られ」たもので、そして「向田は〝知らない町〟については書くことはしなかった」という。つまり、「〝東京〟という抽象的な〈街〉ではなく、広い東京の中でそれぞれ違った顔を持った〈町〉にこだわった。〈町〉とは人のぬくもりと匂いのある場所、つまり人間臭い場所」にこだわったのだという。（註47）

それでは、久世氏と同じように昭和十年代を過ごした目黒の家というのは、どのような家だったのだろう。昭和十七年から住んだ油面（中目黒四丁目）の家について妹の向田和子氏は、「いちばん最後に住んだ油面の家が、お正月に久世さんが姉の作品を撮るような、ああいう構えの家なんですよ。なんでかわからないけれど、姉が探してきて。平屋で、築山みたいなものや灯ろうがあったりして、家族全員気に入ったんです。」（註48）と転勤やら修学で、一時離れ離れで暮らしていた家族の団欒を実感する家だったのだろう。

向田の作品は、「全部とはいわないけれど、自分史的な要素を持った作品がかなり目立っている。それは改まって私小説とか自伝とかいうよりは、自分が生きた時代や時間と共にあった家族、そして友人たちの、あの時、この時に見た光景を一瞬のまばたきのうちに想い出すようなところから発想されている。」（註49）といわれるが、そのような時代を下敷きにしてみると、東京という〝まち〟は変貌を遂げていた。そこで「もはやユートピアになっていることを承知の上で、『核家族』に対するアンチテーゼとしての『大家族』を、私たちは提示したのです。」（註50）

「東京五輪から10年たった74年に、向田さんと組んでドラマ『寺内貫太郎一家』を手がけました。核家族が常識になっていた時代。子供の発言権を増し、家族がてんでんばらばらでまとまりがなくなってきた風潮を、向田さんは『困ったことだ』と嘆いていました。」「向田さんとぼくは、現実の家族の変わりように、『私たちは戦前のあの時代に何か大事な忘れものをした』と感じ、それをホームドラマで伝えたいと願っていました。それは古くからの日本の良さであり、家族の温度とかにおいと

か言ったものであり、一言で言うならば『連帯』です。人と人の結びつきが希薄になったと感じていたのです。」(註51)

「蒲田・大船調」の「家族劇」から「大家族ドラマ」、「ホームドラマ」、「家族崩壊のドラマ」へと、映像に描かれた家庭は我々の現実の姿を投影する鏡として人々に問い掛けている。そのターニングポイントになったのがこの「大家族・家父長ドラマの寺内貫太郎一家」だったのではないだろうか。向田が、「何でもない日常を非日常化することによって、人の気づかない、あるいは気づいていても意識にのぼらない真実を」(註52)ドラマの中に描いていたように、我々は過去の映像に何を重ね(モンタージュして)新しい歴史を築いてゆくのだろう。

「寺内貫太郎一家」

昭和四十九年一月~十月　水曜夜九時から

制作TBS

◎原案・脚本　向田邦子

◎プロデューサー・演出　久世光彦

◎出演　寺内貫太郎　小林亜星

妻・里子　加藤治子

母・きん　悠木千帆(樹木希林)

長女・静江　梶芽衣子

長男・周平　西城秀樹

相馬ミヨ子　浅田美代子

杉並の映画館盛衰

演芸場から映画館へ　~活動写真のころ~

杉並に映画館ができる以前は、チャンバラ芝居や舞踊、寄席などが催される演芸場が娯楽の場であった。昭和初期の杉並には、高円寺の高円寺館、阿佐ヶ谷の演芸場、荻窪の高砂館、西荻の横山座と中央線沿線の街にそれぞれ一館ずつ演芸場が存在していた。建物はそのほとんどが二階建ての造りで、一階は椅子席、二階はこの一階席を囲むように桟敷席が設けられ、畳やじゅうたんに座りながら鑑賞する建築構造になっていた。

これらの演芸場がいつごろからあったかということについては、横山座は昭和六年七月創業とはっきりとしているが、この他の三館の創業時期については不明である。ただし、昭和六年頃の「杉並町勉強商工者案内地図」には、横山座を除く三館が地図上にあり、昭和六年以前からあったことは確かである。高円寺館においては、地元に住む方々の話から考えても、少なくとも大正時代まで創業時期が遡るものとされる。

一九三〇年代(昭和五~十四年)は、活動写真(無声映画)に代わりトーキー映画(発声映画)の到来時期であった。昭和十年度には封切り映画総本数のうち三分の一がオールトーキーとなる。しかし、この時代の杉並の動きをみると、上映されるのは未だ活動写真ばかりで、杉並のような都市近郊までにはトーキー映画が普及していなかったのが実状のようである。

第二次世界大戦がはじまると、映画も時勢に逆らうことができず、映画法のもと国家統制されることになる。昭和十二年創業の西荻館においては、戦時中は客席の最後尾に一段高くなった場所が設けられ、そこに警官が座って映画を検閲していたという話もある。こういった戦時体制のなか、建物強制疎開などの影響もあり、杉並にあった映画館の多くはその姿を消すことになる。

高円寺館

和服にエプロン姿の女給が客と同席して飲食をサービスするカフェーは、大正末期から昭和初期にかけて隆盛した。「杉並町勉強商工者案内地図」にも、高円寺を中心にカフェーが数多く軒を並べ、そんなカフェー街の一角に高円寺館があった。高円寺館は、昭和十五年頃まで活動写真とよばれる無声映画で、活動写真弁士（活弁）が映像にセリフを入れるというかたちの上映であったという。

阿佐ヶ谷演芸場（阿佐ヶ谷映画劇場）

かつては演芸場として運営していたが、昭和十七年には阿佐ヶ谷映画劇場として映画館経営に移った。この演芸場があった場所は、ちょうど中杉通りの真上で、現在の三井住友銀行阿佐ヶ谷支店前にあたる。

高砂館

高砂館前で撮影された館主ほか館員の記念写真
（『躍進之杉並』昭和11年より）
杉並区立郷土博物館所蔵

高砂館の外観（『躍進之杉並』昭和11年より）
杉並区立郷土博物館所蔵

横山座

かつて芝居小屋を営んでいた横山座は、昭和二十八年に新東宝がこれを買取り、シネマ西荻という映画館として再出発する。これにちなんで、五日市街道から西荻窪駅南の新田道までの約三百ｍあるこの通りを「シネマ通り」と呼ぶ人も多い。横山座が創業したのは昭和六年のことで、横山座が開かれる以前はこの通りを「本橋通り」と呼んでいた。本橋通りと呼ばれていた当時は、井荻町での区画整理事業が開始される以前のことで、この通りも桑畑が一面に広がる農道であり、そもそも本橋家の私道であったという。その後、区画整理の影響を受けてこの道路を拡張する際に、商店街活性化のメーンに据えられたのが横山座だったのである。このネーミングは、株式会社取締役社長の横山利太郎の名字から名付けられたものである。時を同じくして昭和六年頃には、北口のみであった西荻窪駅の改札に対して、横山利太郎を中心として南口設置運動が芽生え始め、昭和十三年四月七日には南口開設の運びとなる。大正から昭和初期にかけての西荻窪は、中央線の列車が停まるようになり、区画整理によって街並みが整備されていった。これとともに、人々もこの地へと移り住み、郊外として発展していく。昭和六年に創業した横山座も、このような郊外化の動きのなかで生まれた娯楽のシンボルであった。

映画ブームの到来

戦時中には急激に衰退した映画館も、戦後の復興が進むと人々にゆとりができはじめ、徐々に息を吹きかえしはじめた。昭和三十年代の映画全盛期を迎えると、杉並にも次々と映画館が建設され、昭和三十四年には二十二館とピークを迎える。また、この前年の昭和三十三年は、日本の映画館全体で観客動員数が十一億二千七百万人と興行史上のピークをむかえた年である。まさに、このような映画ブームの到来とともに杉並にも映画館が続々と建設されていった。中央線沿線以外では、永福町や堀ノ内にも映画館が建設されるほどの映画ブームであった。

この時代の映画館の外では、自転車の後ろに丸く平らな金属製のフィルム缶を縛りつけて、次に上映する映画館へと急いで運びに行くという光景もみられた。オデヲン座などでは、中央線沿線の系列館へと運び、堀ノ内にあったコガネ座では、新井薬師や永福町にあった映画館などへ運んだという。

映画館の入場料も日本映画封切館で昭和二十九年には百円、昭和三十二年は百五十円、昭和三十五年は二百円と年々上がっていった。昭和三十二年に開館した堀ノ内コガネ座では、開館から五年間ほどは入場料が五十五円であり、杉並の映画館と都市部にあった封切館とでは相場もだいぶ異なっていたようである。昭和三十五年当時の荻窪東宝でも毎夜十時から入場料三十円でナイトショウを上映していた。ちなみに昭和三十五年は、ラーメン一杯の値段が四十五円の時代である。

昭和三十一年にシネマ西荻で上映された「鞍馬天狗」は、主演の鞍馬天狗を嵐寛寿郎、杉作を松島トモ子が務めた大人気作。鞍馬天狗が馬に乗って登場すると、場内ではどこからはじまったのか一斉に拍手の渦となった。幕間になると、場内にせんべい・チョコ・森永キャラメルを売り歩く人が来て、それを買い求めるという風景もみられた。

その後、テレビの普及や娯楽の多様化により映画館も軒並み姿を消してゆく。なかには都市化にともなう鉄道網の拡充によって閉館を余儀なくされたところもある。昭和三十七年に開通する地下鉄丸の内線の新宿―荻窪の工事の影響により、昭和三十四年に杉並映画劇場は閉館し、この跡地は地下鉄の変電所となっている。西荻セントラルも昭和四十四年に完成した中央線荻窪―三鷹間高架四線化によって姿を消していった。平成四年に荻窪スター座が閉館すると、とうとう杉並には映画館が一つもなくなってしまう。現在、杉並にある映画館は平成十年に開館したラ

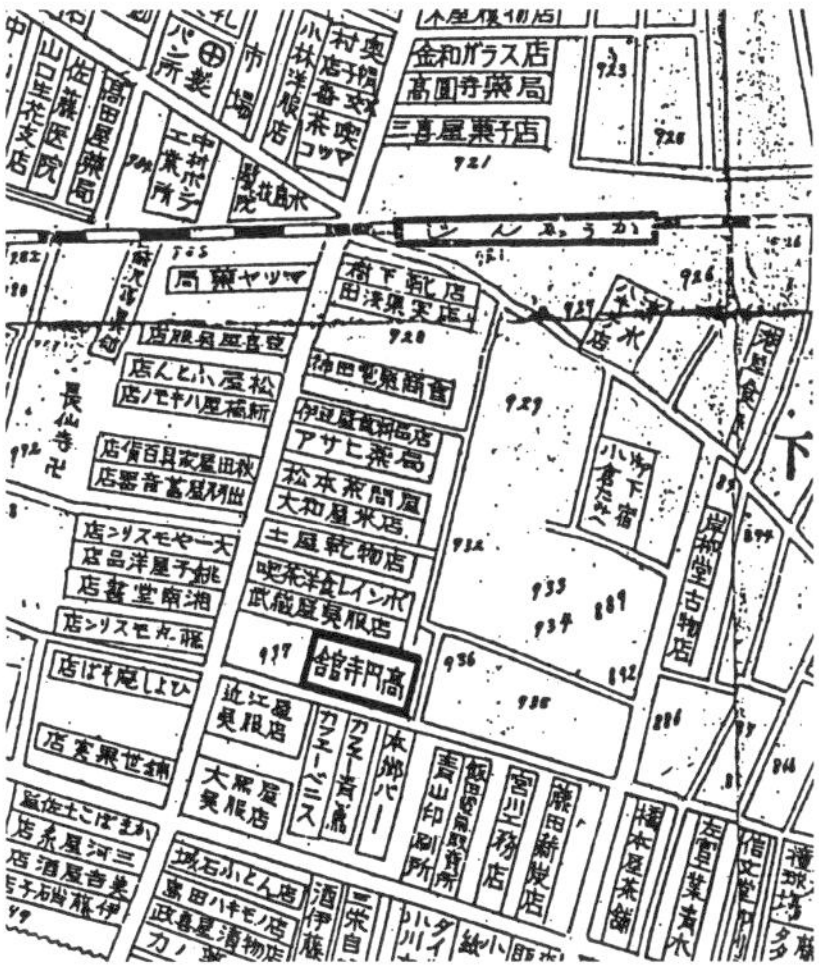

「杉並町勉強商工者案内地図」（昭和６年ころ）
原田弘氏所蔵

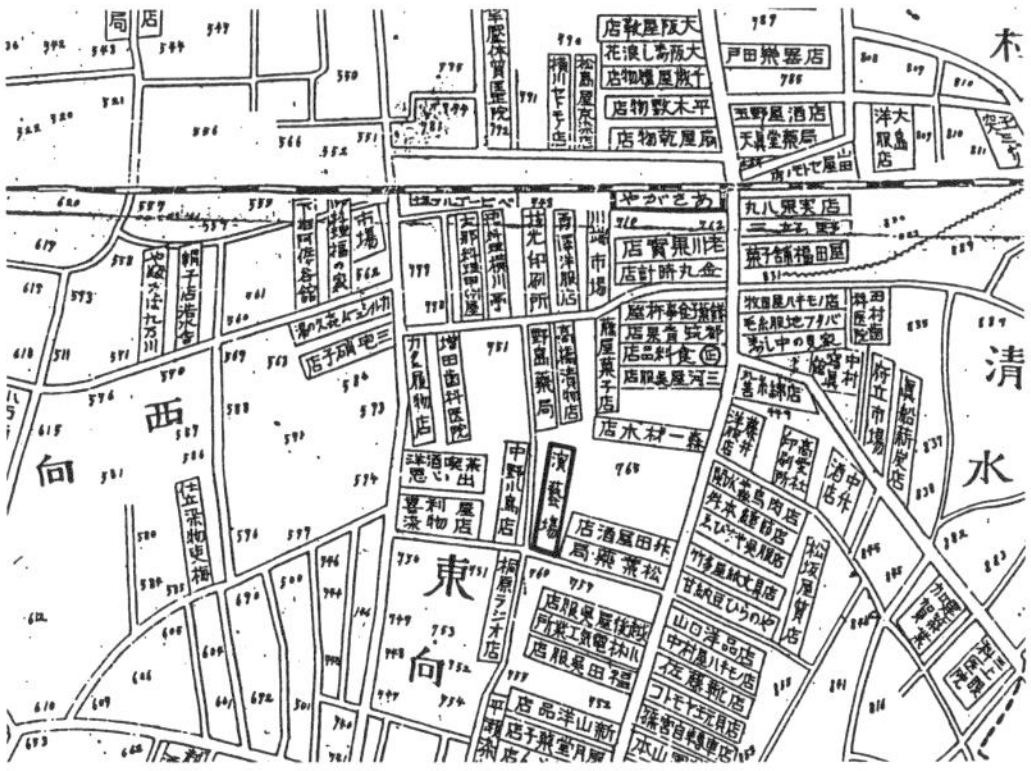

「杉並町勉強商工者案内地図」（昭和６年ころ）
原田弘氏所蔵

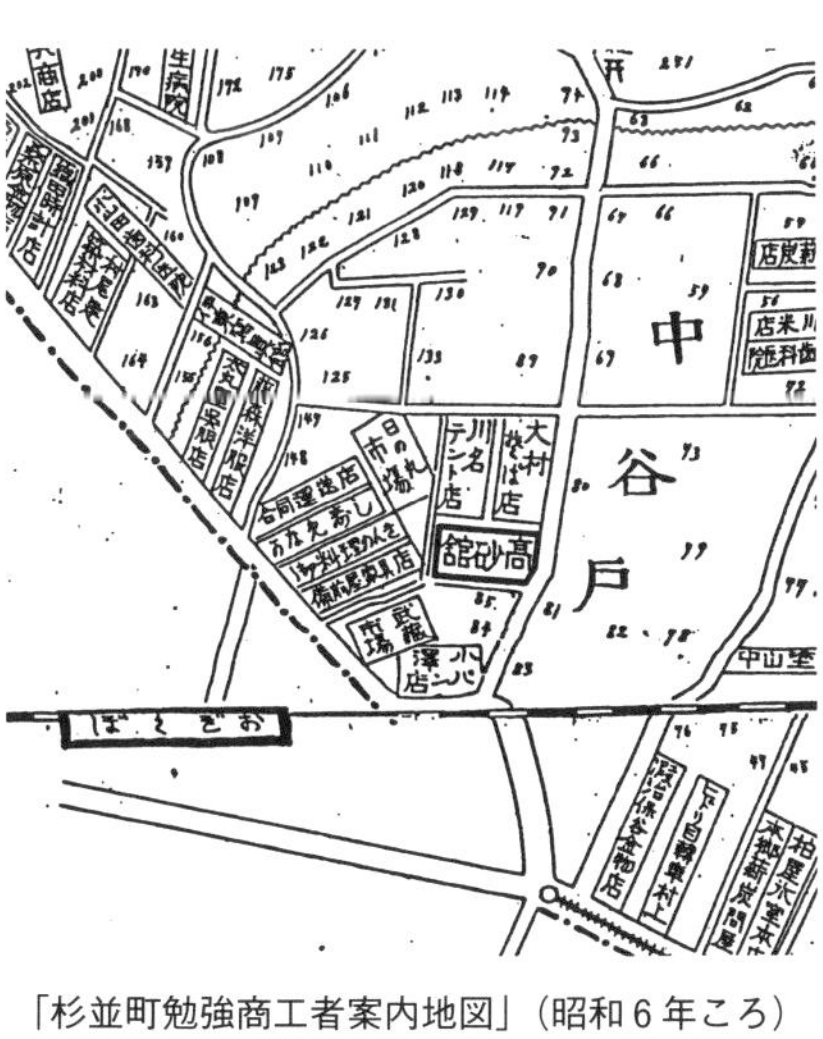

「杉並町勉強商工者案内地図」（昭和６年ころ）
原田弘氏所蔵

ピュタ阿佐ヶ谷のみで、今となっては懐かしい日本映画を数多く上映している。

註

註1　今橋映子編著『都市と郊外―比較文化論への通路』（平成十六年十二月　NTT出版　10頁）

註2　若林幹夫「都市への／からの視線」（『都市と郊外―比較文化論への通路』　391頁）

註3　若林（393頁）

註4　今橋（206頁）

註5　今橋（205頁）

註6　今橋（207・208頁）

註7　今橋（209頁）

註8　今橋（15頁）

註9　オギュスタン・ベルク「都市のコスモロジー」（『都市と郊外―比較文化論への通路』　319頁）

註10　小此木新造他編集『江戸東京学事典』（昭和六十三年二月　三省堂　97頁）

註11　『江戸東京学事典』（118頁）

註12　小田内通敏『帝都と近郊』（89頁）

註13　国木田独歩『武蔵野』（新潮文庫　昭和五十八年一月　26頁）

註14　国木田（24・25頁）

註15　三浦展『「家族と郊外」の社会学―「第四山の手」型ライフスタイルの研究』（平成七年九月　PHP研究所　35頁）

註16　今橋（16頁）

註17　佐々木基一『映像の芸術』（講談社学術文庫　平成五年三月　27頁）

註18　山田洋次『映画を作る』（平成六年一月　大月書店　60頁）

註19　山田洋次（186頁）

註20　松竹株式会社ホームページ

註21　佐藤忠男『映画の中の東京』（平凡社ライブラリー　平成十四年三月　156頁）

註22　佐藤（153・154頁）

註23　「東宝☆スタジオ《砧撮影所》」
http://members.jcom.home.ne.jp/qqq7/toho.htm
「東宝年代記」 http://www010.upp.so-net.ne.jp/tohoscope/19321939.html

註24　野口雄一郎・佐藤忠男「暴力のデパート・日活」撮影所研究五（『映画評論の時代』　平成十五年五月　カタログハウス　366頁）

註25　野口・佐藤「売られゆく調布撮影所」撮影所研究四（『映画評論の時代』　321～323頁）

註26　『上林暁全集』十四巻（昭和四十二年五月　筑摩書房　171・172頁）

註27　木村威夫『彷徨の映画美術』（平成二年十月　トレヴィル）

註28　上林暁「あやに愛しき」―自作の映画化について―（『上林暁全集十四巻　169頁』）

註29　久世光彦『時を呼ぶ声』（平成十一年七月　立風書房　61頁）

註30　干刈あがた「月夜の傘」（『ラスト・シーン』平成三年十二月　河出書房新社　31頁）

註31　上林暁「スタジオ見学記」（『上林暁全集』十四巻　172頁）

註32　干刈あがた「純愛物語」（『ラスト・シーン』　49頁）

註33　池部良『風凪んでまた吹いて』（平成三年九月　講談社　168頁）

註34　「NHKは何を伝えてきたか」
http://www.nhk.or.jp/archives/nhk50years/history/p09/index.html

註35　三浦（91頁）

註36　平原日出夫編著『向田邦子・家族のいる風景』（平成十二年四月　清流出版　17頁）

註37　山田太一『岸辺のアルバム』あとがき（平原　17頁）

註38　三浦（95頁）
註39　佐怒賀三夫『ドラマの風景　同時代14人の作家たち』（平成七年五月　日本放送出版協会　78頁）
註40　三浦（80・82・84頁）
註41　「座談会　向田邦子とそれぞれの昭和」（『東京人』十五巻一号　平成十二年一月　東京都歴史文化財団　48頁）
註42　久世光彦『家の匂い町の音』（平成十三年十月　主婦の友社　95頁）
註43　久世（71頁）
註44　久世（70頁）
註45　久世（１０６頁）
註46　久世（96頁）
註47　小林竜雄『向田邦子の全ドラマ　謎をめぐる12章』（平成八年三月　徳間書店　２６１・２６３頁）
註48　『東京人』（46頁）
註49　佐怒賀（１８１頁）
註50　久世光彦「縁側に忘れた『連帯感』」（『朝日新聞』平成十七年一月六日）
註51　久世光彦「縁側に忘れた『連帯感』」
註52　佐怒賀（１８６頁）

［編者］

三浦　展（みうら　あつし）

社会デザイン研究者。1958年新潟県生まれ。一橋大学社会学部卒業。パルコの情報誌『アクロス』編集長、三菱総合研究所を経て、カルチャースタディーズ研究所設立。主な著書に、『「家族と郊外」の社会学』（PHP研究所、1995年）、『「家族」と「幸福」の戦後史——郊外の夢と現実』（講談社現代新書、1999年）、『「郊外」と現代社会』（共著、青弓社、2000年）、『ファスト風土化する日本——郊外化とその病理』（洋泉社新書、2004年）、『商店街再生計画——大学とのコラボでよみがえれ！』（共著、洋泉社、2008年）、『奇跡の団地　阿佐ヶ谷住宅』（共著、王国社、2010年）、『高円寺　東京新女子街』（共著、洋泉社、2010年）、『郊外はこれからどうなる？』（中公新書ラクレ、2011年）、『第四の消費——つながりを生み出す社会へ』（朝日新書、2012年）、『東京は郊外から消えていく！』（光文社新書、2012年）、『中央線がなかったら』（共編著、NTT出版、2012年）、『東京高級住宅地探訪』（晶文社、2012年）、『現在知 Vol.1　郊外 その再生と危機』（共編、NHKブックス、2014年）、『新東京風景論——箱化する都市、衰退する街』（NHKブックス、2014年）、『昭和「娯楽の殿堂」の時代』（柏書房、2015年）、『郊外・原発・家族——万博がプロパガンダした消費社会』（勁草書房、2015年）、『人間の居る場所』（而立書房、2016年）など多数。

昭和《しょうわ》の郊外《こうがい》　東京《とうきょう》・戦前編《せんぜんへん》

2016年5月31日　第1刷発行

編　者　三浦　展
発行者　富澤凡子
発行所　柏書房株式会社
東京都文京区本郷2-15-13（〒113-0033）
電話（03）3830-1891［営業］
（03）3830-1894［編集］

装　丁　山田英春
組　版　株式会社キャップス
印　刷　壮光舎印刷株式会社
製　本　小高製本工業株式会社

ISBN978-4-7601-4704-5

昭和の郊外

東京・戦後編

三浦展編　B５判上製・約700頁　予価(本体20,000円＋税)　2016年６月刊行予定

〈収録予定資料〉

第１章　総説

亀岡誠・鈴木真由美「第四山の手ゾーン」『アクロス』1986年５月号／長谷川徳之輔『東京の宅地形成史』

第２章　多摩ニュータウン

都市再生機構『多摩ニュータウン開発事業誌　通史編』／『多摩市史　通史編二　近現代』／『稲城市史　下巻』／パルテノン多摩編『企画展　多摩ニュータウン開発の軌跡』／岡巧『これぞ人間試験場である』／横倉舜三「用地提供者の開発利益」『オーラル・ヒストリー　多摩ニュータウン』

第３章　東急多摩田園都市

東京急行電鉄『多摩田園都市――開発35年の記録』／『東京急行電鉄50年史』／東急不動産『街づくり五十年』

第４章　論文など

「新しき庶民〝ダンチ族〟」『週刊朝日』1958年７月20日号／上田篤「貧しき日本のすまい」『朝日新聞』1973年１月３日／国民生活センター編『大都市におけるニュータウンの居住形態と生活環境に関する研究』／京王帝都電鉄『住まいのすべて』

第５章　東京都

『板橋区史　通史編　下巻』／『三鷹市史』／『小金井市誌　Ⅰ　地理編』／『町田市史　下巻』／町田市役所『団地建設と市民生活〔団地白書〕本論編・資料編』／『日野市史　通史編四　近代㈡　現代』／『保谷市史　通史編３　近現代』／『武蔵村山市史　通史編　下巻』／野田正穂「西武鉄道と狭山丘陵開発」『東村山市史研究　第13号』

第６章　埼玉県

『新編埼玉県史　通史編７　現代』／『浦和市史　通史編Ⅳ』／『川口市史　通史編　下巻』／『所沢市史　下』／『日本新都市開発株式会社　社史　昭和59年版』

第７章　千葉県

『千葉県の歴史　通史編　近現代３』／『新京成電鉄五十年史』／『千葉県の歴史　資料編　近現代９（社会・教育・文化３）』／中沢卓実編『常盤平団地40周年記念写真集　常盤平団地40年の歩み』／渡邉幸三郎「高度成長下の変貌」『昭和の松戸誌』／『千葉県の歴史　別編　地誌１　総論』／『京成電鉄五十五年史』／『昭和のモダン住宅　八千代のテラスハウス』

第８章　神奈川県

『横浜市史　Ⅱ　第三巻（下）』／『京浜急行百年史』／『川崎市史　通史編　４上　現代　行政・社会』／『相模原市史　現代テーマ編　軍部・基地そして都市化』

※内容は変更になる場合がございます。